《长清区志（1986—2008）》
荣获2014年度山东省优秀
市县级志书

济南市

长清区志

(1986—2008)

济南市长清区地方史志编纂委员会　编

（上卷）

方志出版社
Publishing House of Local Records

图书在版编目（CIP）数据

济南市长清区志：1986—2008 / 济南市长清区地方史志编纂委员会编.—北京：方志出版社，2014.12
ISBN 978-7-5144-1524-7

Ⅰ.①济… Ⅱ.①长… Ⅲ.①区（城市）-地方志-济南市-1986—2008 Ⅳ.①K295.21

中国版本图书馆CIP数据核字（2014）第311537号

济南市长清区志（1986—2008）

编　　者：济南市长清区地方史志编纂委员会
责任编辑：王笃银

出 版 人：冀祥德
出 版 者：方志出版社
地址　北京市朝阳区潘家园东里9号（国家方志馆4号）
邮编　100061
网址　http://www.fzph.org
发　　行：方志出版社发行中心
（010）67110500
经　　销：各地新华书店
法律顾问：北京市大禹律师事务所
设计制版：济南世同华印图文有限责任公司（82068185）
印　　刷：山东新华印务有限责任公司

开　　本：889mm×1194mm　1/16
印　　张：83
字　　数：2200千字
版　　次：2014年12月第1版
印　　次：2014年12月第1次印刷
印　　数：0001～3000套

ISBN 978-7-5144-1524-7/k・1247　　定　价：998.00元（上、下卷）

长清精神

CHANGQING SPIRIT

厚德 · 包容

实干 · 图强

VIRTUE　TOLERATION

HARD WORK　STRUGGLE

人文长清

HUMANE CHANGQING

黄河——中华民族的母亲河

月庄遗址——后李文化遗址

齐长城——中国长城之最、世界壁垒之最

卢故城遗址——世界卢姓发祥地

孝堂山郭氏墓石祠——中国最早的地面房屋建筑

长清仙人台邿国贵族墓地——1995年全国“十大考古新发现”之一

长清双乳山西汉济北王墓——1996年全国“十大考古新发现”之一

灵岩寺——中国“四大名刹”之首

灵岩寺千佛殿彩色泥塑罗汉像——海内第一名塑

五峰山洞真观——江北最大的道教圣地之一

馒头山——世界第三地质名山。

马山植物标语“毛主席万岁”——大世界基尼斯之最

扁鹊——中国医祖

义净——中国历史上著名的唐三藏法师

史元厚——国际主义战士

武中奇——武体创始人、著名书法家

魅力长清

CHARMING CHANGQING

全国综合实力百强县

全国城市环境综合整治优秀县城

全国文物工作先进区

全国初级卫生保健先进县

全国体育工作先进县

全国特殊教育先进县

全国农村电气化县

全国中医工作先进县

全国科技工作先进县

全国团组织建设工作先进区

全国科普工作示范区

全国计划生育优质服务先进区

中国建筑之乡

济南市长清区地方史志编纂委员会

（2009年3月）

济南市长清区地方史志编纂委员会

(2014年8月)

《济南市长清区志(1986—2008)》编审人员

主　　审　张洪武

副 主 审　李廷正

主　　编　陶明东

副 主 编　边绍林

编　　辑　赵　洁　董　芳　刘宣忠　赵子明

摄　　影　李文德　曹建民

编　　务　赵志波

中共济南市长清区委书记、长清区人大常委会主任　王京文

序

欣逢盛世，政通人和。历时六载的《长清区志（1986—2008）》终于付梓面世，这是全区人民政治文化生活中的一件大事，也是精神文明建设的一项重要成果，可喜可贺！

长清历史悠久，文化灿烂，是中华民族古代文化的重要发祥地之一。长清人民素有编修方志的优良传统，自明代至今，先后有明万历，清康熙、雍正、道光，民国和1992年版《长清县志》修成。2009年4月，区委、区政府启动《长清区志》编修工作，本志上限1986年，下限2008年。短短的23年，仅是浩瀚历史长河中的一瞬，却在长清发展史上留下浓墨重彩的一笔。这23年，是长清区（县）人民在历届区（县）委、区（县）政府的正确领导下，解放思想、深化改革、抢抓机遇、干事创业的23年；也是长清区（县）经济实力显著增强、城乡面貌日新月异、各项事业蒸蒸日上、人民生活水平显著提高的23年。可谓是盛世修志，志载盛世。本志运用辩证唯物主义和历史唯物主义观点，广征博采，去粗取精，科学谋编，精心修编，客观翔实地记述了23年来全区（县）自然、政治、经济和社会各方面的发展变化，既体现了鲜明的时代性，又具有独特的地方特色，是一部客观详实的区情百科全书，也是服务当代、惠及后世的一笔宝贵财富。

《长清区志》编修工作是一项非常艰苦复杂的社会系统工程。它的出版，凝聚了各级党委、政府和全区人民的智慧和心血，得益于省、市史志业务部门的精心指导和大力支持，得益于全区党政机关、企事业单位同志们的通力协作。参与编修的同志们发扬艰苦奋斗的开拓精神、辛苦修史的敬业精神、清苦自律的奉献精神，殚精竭虑，秉笔直书，笔耕六载，完成了跨越23年的长清历史编修，殊非易事，令人敬佩！值此出版之

中共济南市长清区委副书记、长清区人民政府区长　张洪武

PREFACE

际，谨向全体编辑人员、以及关心、支持本志编纂出版工作的专家、学者和社会各界人士表示感谢！

“治天下者以史为鉴，治郡国者以志为鉴”。《长清区志》记录着发展的足迹，承载着厚重的历史。相信本志的出版，必将对长清今后的发展发挥巨大作用。真诚地希望全区各级干部以此为鉴，明兴旺之凭，知交替之据，察民情之厚，晓万业之艰；全区人民以此为伴，了解长清23年的辉煌历程，激发热爱家乡、建设美好家园的豪情壮志；区外人士以此为友，从中领略长清的独特魅力与风采，从而关注长清、支持长清，使其成为展示长清、宣传长清、推介长清的重要窗口和靓丽名片。

今日之事，明日之史。以史为鉴，继往开来，坚信长清人民将弘扬“厚德、包容、实干、图强”的长清精神，用勤劳、智慧和汗水不断开创全区更好更快发展的新局面，共同谱写实力长清、宜居长清、平安长清、幸福长清的绚丽篇章,为长清加快融入省会中心城区作出新的更大贡献！

热切地祝福长清的明天更加美好，衷心地祝愿长清人民更加幸福安康！

中共济南市长清区委书记
长清区人大常委会主任　王军

中共济南市长清区委副书记
长清区人民政府区长　张洪武

二〇一四年十二月

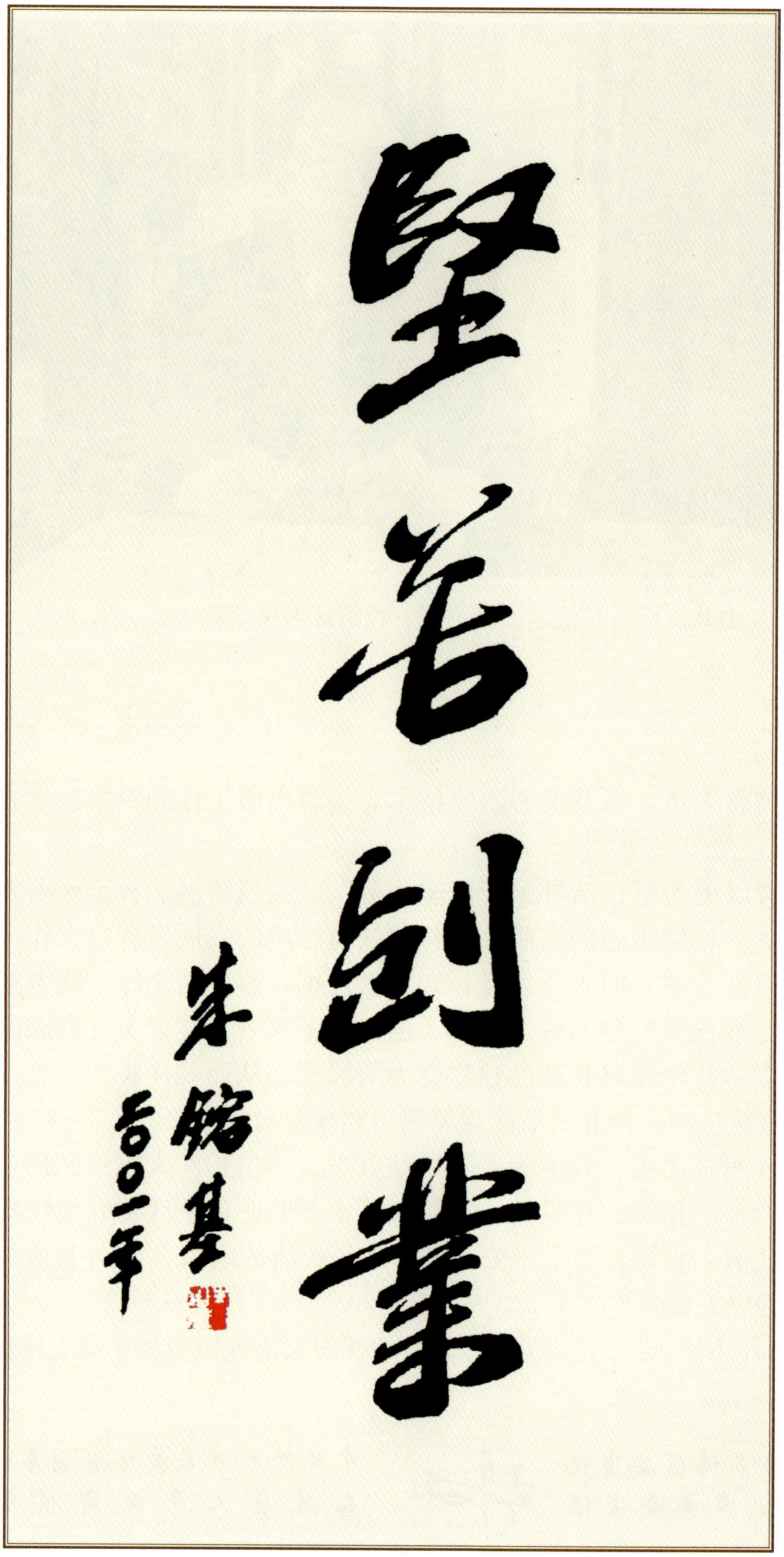

2001年，国务院总理朱镕基为济南市农业高新技术开发区（位于长清区内）题词

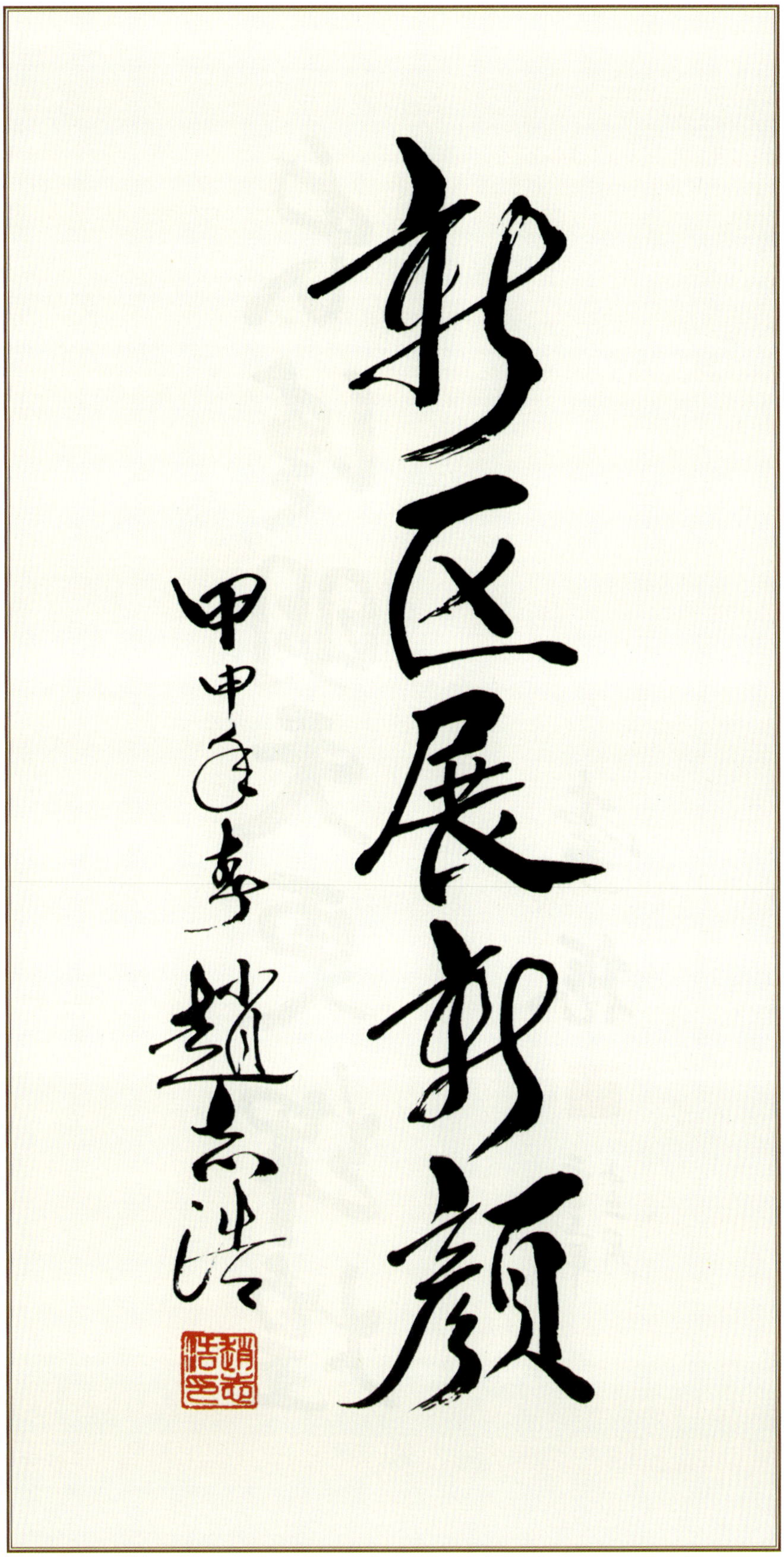

2004年，山东省人大常委会原主任赵志浩为长清题词

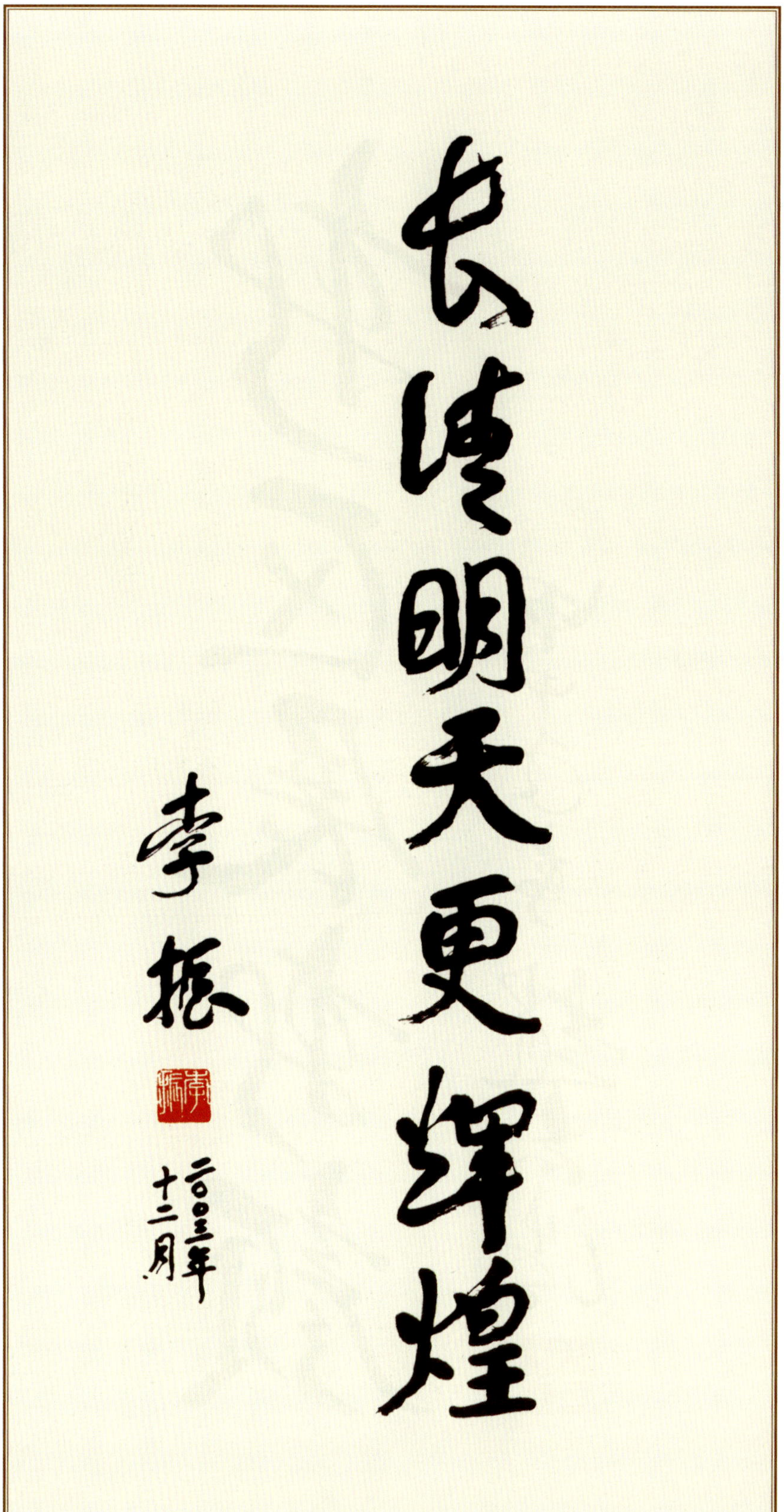

2003年12月，山东省人大常委会原主任李振为长清题词

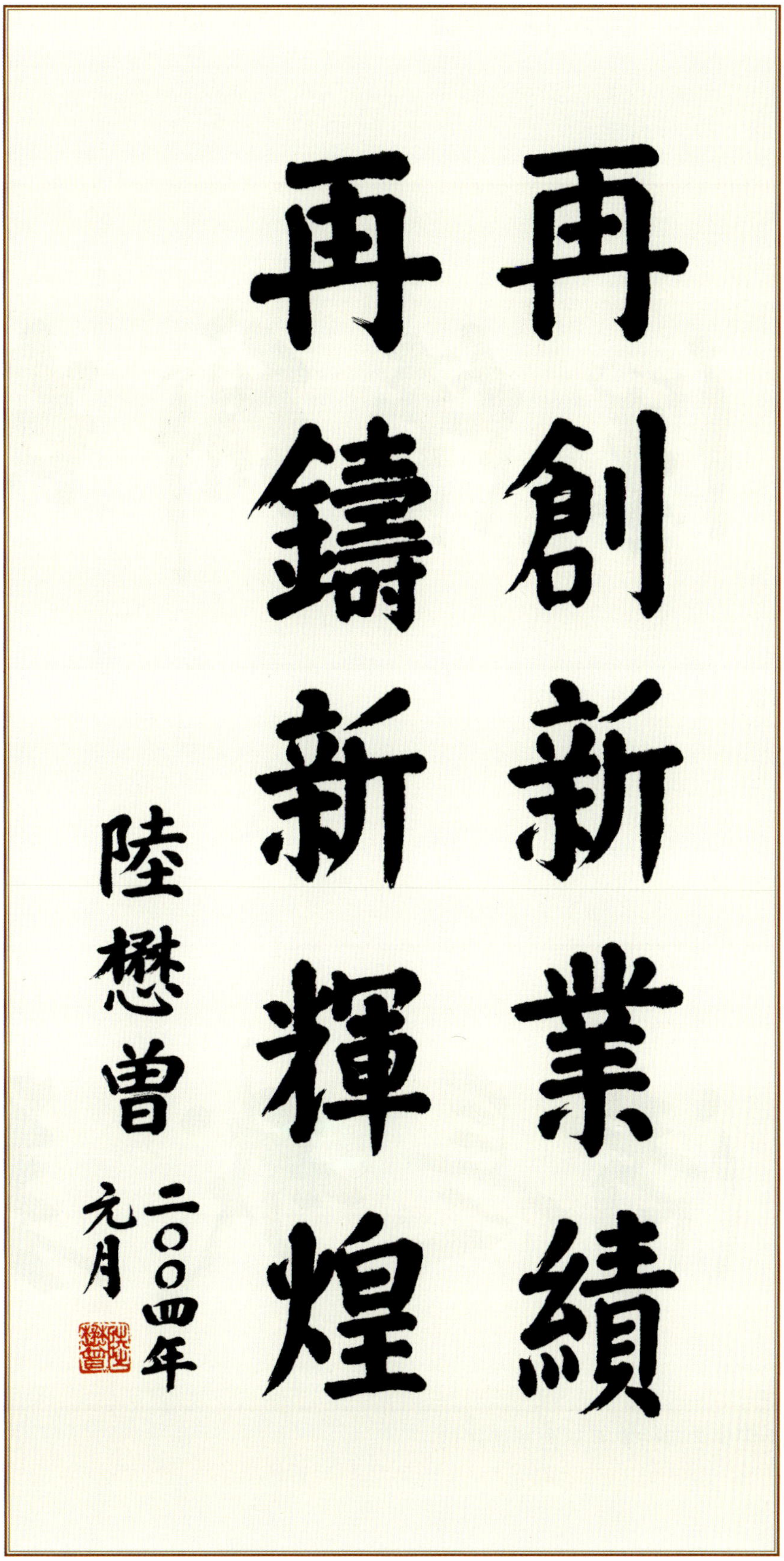

2004年1月，山东省政协原主席陆懋曾为长清题词

1983年，著名书法家武中奇为长清题词

1999年10月，中国著名词作家乔羽为长清题词

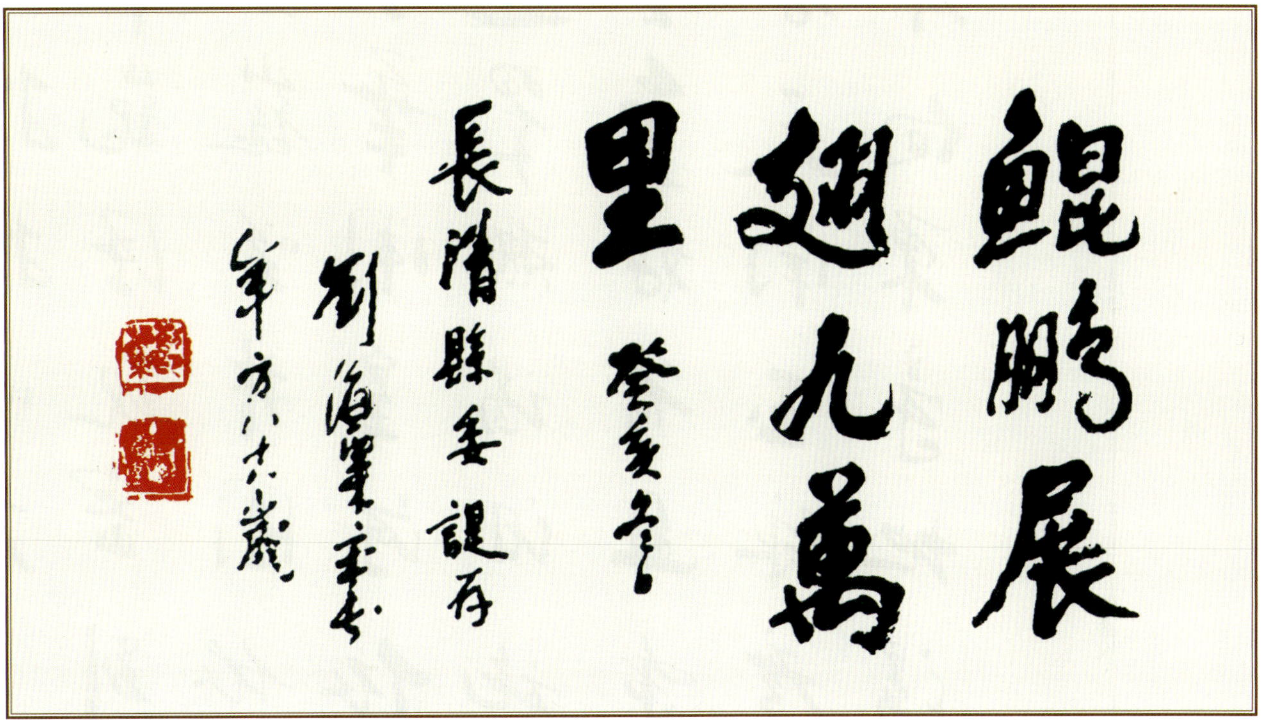

1983年11月23日，艺术大师刘海粟为长清题词

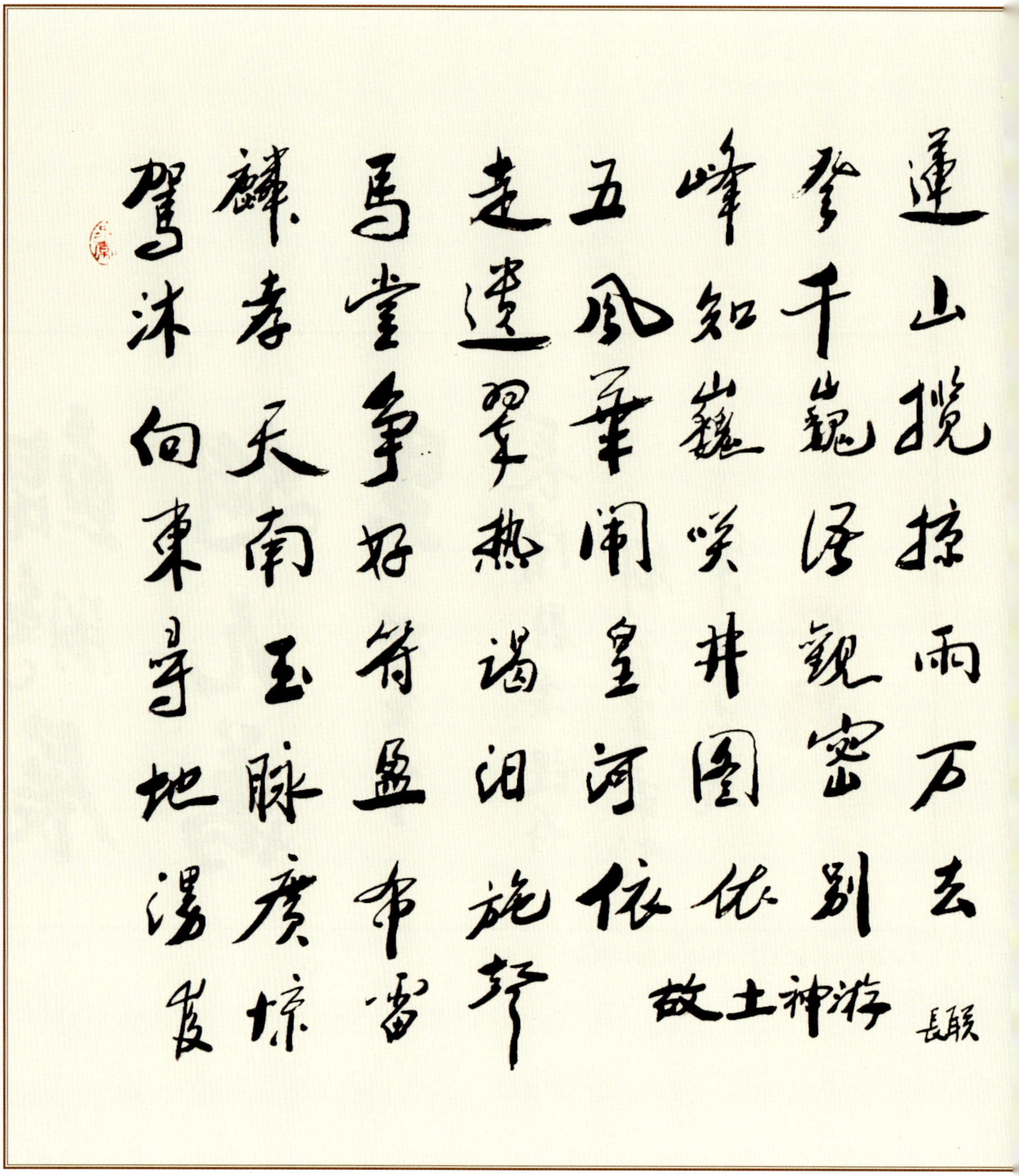

故土神游

驾麟马，走五峰，登莲台，参固顶；感文昌浩气，沐孝堂遗风，知千山悟彻皆灵岩，拔地仰首向天争；翠华巍巍揽金玉，心心拥岱忙奔踊。东南好热闹，笑语掠苍穹。

濯双泉，听水鸣，寻玉符，谒皇井；观雨沙飞涛，访三眼故情。识地脉盈汩河图密，万壑畅流总长清；大地漫漫广布旋，依依别去伴黄龙。西北多壮事，日夜惊雷声。

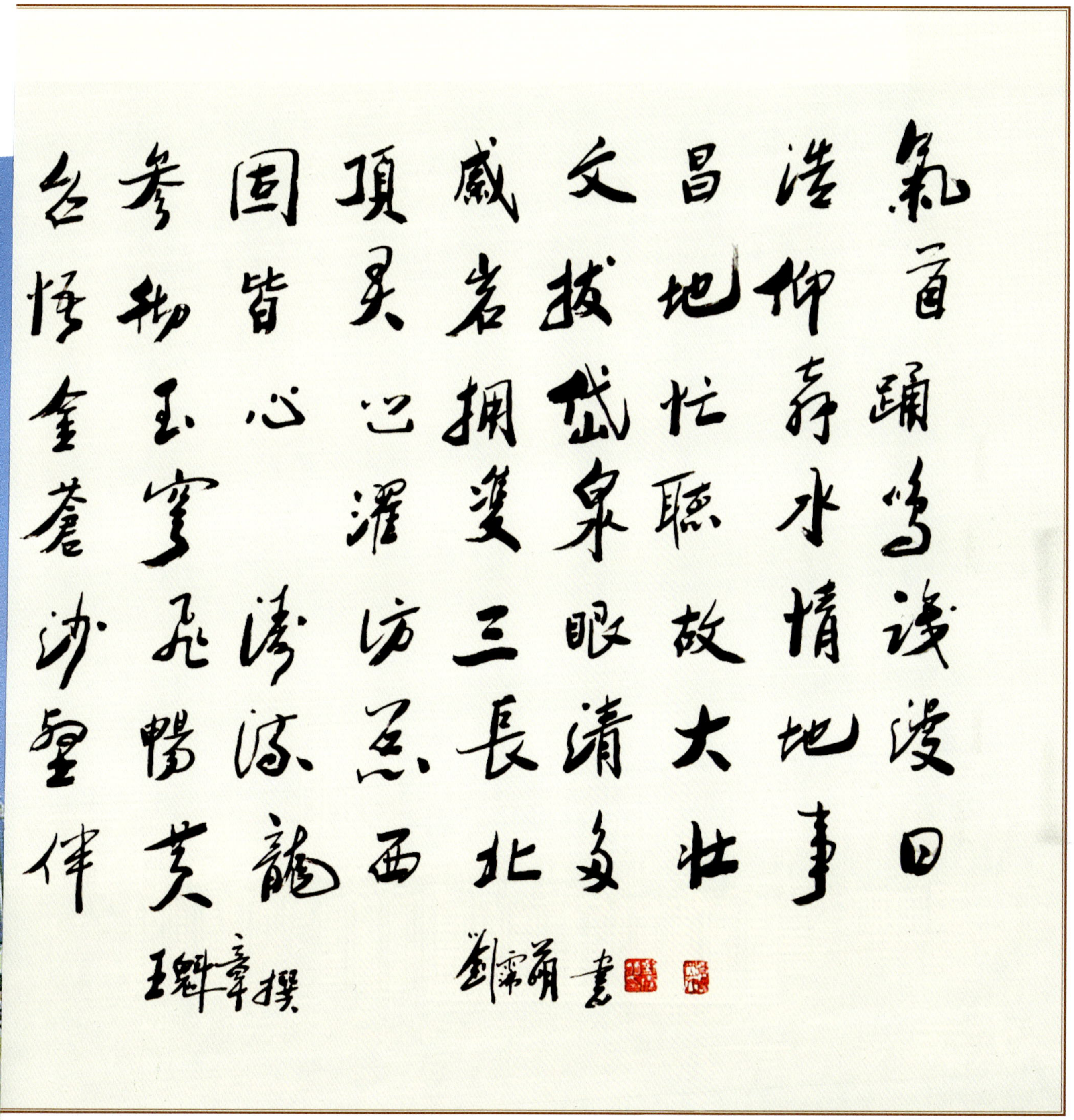

王魁章　撰　　　　　　刘霈萌　书

长清

景色秀丽的长清湖

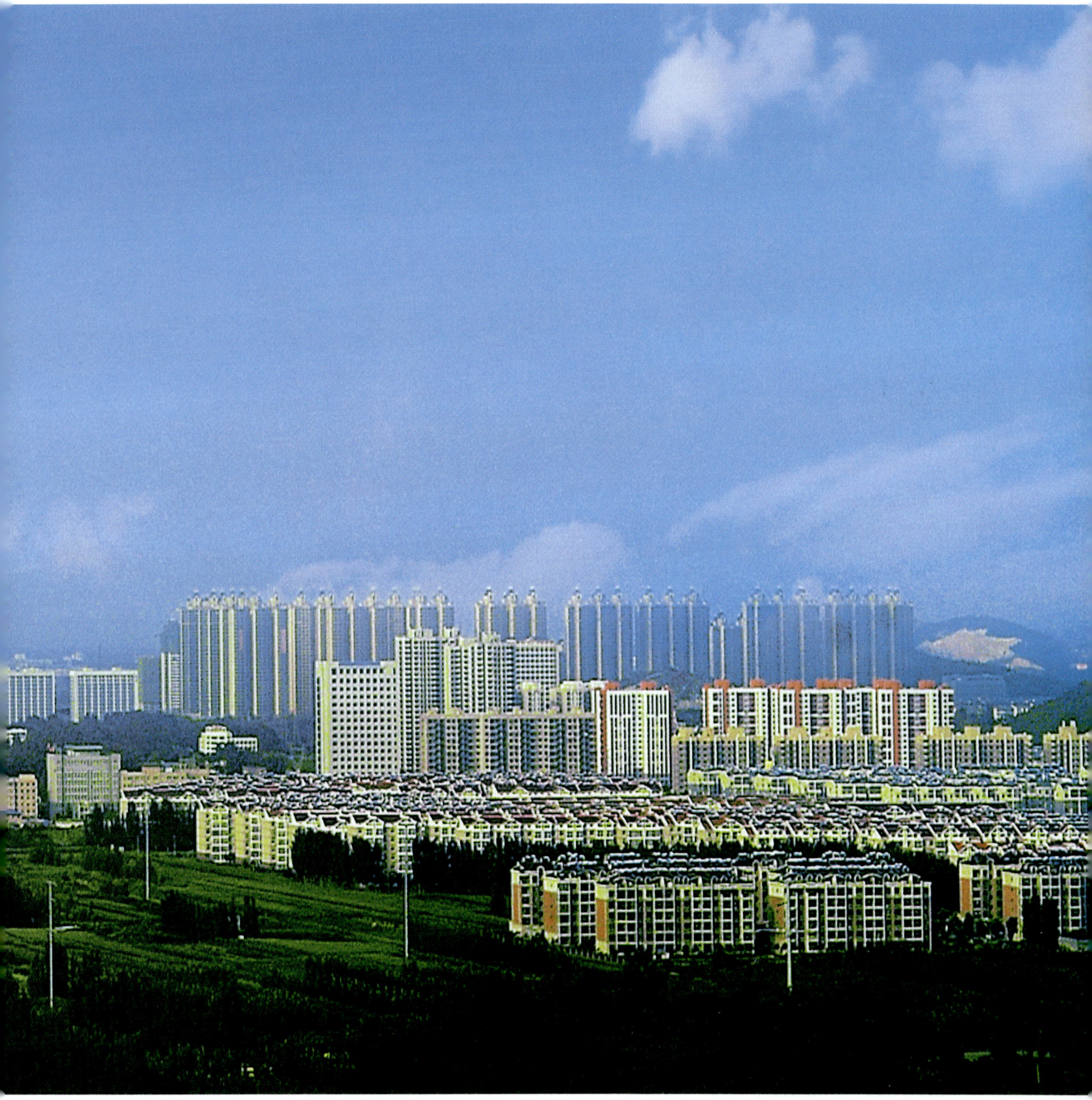

（曹建民　2013年 摄）

灵岩寺全景

（王传昌　2007年 摄）

景色秀丽的长清湖

（董梦乾　2009年 摄）

齐长城杜庄山寨段

（曹建民　2008年 摄）

黄河——长清区孝里镇姚河门段

（李文德　2004年 摄）

大学科技园

（曹建民　2013年　摄）

2002年5月8日，济南市长清区成立大会举行

2009年9月22日，第七届中国（济南）国际园林花卉博览会开幕式在长清区举行

2014年6月11日，山东省政协副主席焉荣竹（中）到长清区调研，长清区委书记、区人大常委会主任王京文（左三），区委副书记、区长张洪武（左一）陪同

2014年5月9日，济南市委副书记、市长杨鲁豫（前左二）到长清区调研，长清区委书记、区人大常委会主任王京文（右二），区委副书记、区长张洪武（前左一）陪同

2013年6月14日，全区科学发展现场观摩会举行，区委书记、区人大常委会主任王京文（前右二），区委副书记、区长张洪武（前右一），区委副书记孙常建（前右三）等领导带领与会人员到双泉镇参观

2012年9月14日，长清区委副书记、区长张洪武（左三）到企业调研

京福高速公路崮山服务区　（2006年 摄）

济菏高速公路长清段　（2008年 摄）

大学路 （2008年 摄）

灵岩路 （2008年 摄）

清悦园 （2008年 摄）

山东数娱广场 （2008年 摄）

长泰大厦　（2008年　摄）

华新大厦　（2008年　摄）

大学科技园一角　（2008年　摄）

长清新城夜景（2005年 摄）

魅力新长清（2008年 摄）

济南柴油机股份有限公司 （2012年 摄）

济南变压器股份有限公司 （2012年 摄）

佳宝乳业生产流水线　　（2004年　摄）

济南沃德汽车零部件有限公司新厂区启用庆典仪式　　（2006年　摄）

孝里西瓜 （2004年 摄）

佳宝奶牛 （2005年 摄）

伟农有机蔬菜 （2008年 摄）

西李花卉苗木 （2006年 摄）

西李山药 （2008年 摄）

长清大樱桃（2008年 摄）

马山雪桃（2008年 摄）

双泉石榴（2008年 摄）

张夏玉杏（2003年 摄）

立泰山有机茶园（2008年 摄）

山东师范大学　　　　（2005年　摄）

山东中医药大学　　　　（2008年　摄）

长清一中　　（2003年　摄）

长清区乐天小学　　（2005年　摄）

长清区人民医院　　（2004年　摄）

长清区中医医院　　（2004年　摄）

明珠新世纪商业广场（2008年 摄）

大学城商业街（2007年 摄）

东王商城 （2008年 摄）

五峰路商业街 （2008年 摄）

第七届中国济南国际园林花卉博览会（2009年 摄）

孝堂山郭氏墓石祠（2008年 摄）

山东黄金崮云湖国际高尔夫球场（2008年 摄）

济西湿地（2012年 摄）

和谐之花（2009年 摄）

手龙绣球灯表演（2008年 摄）

春节晚会（2007年 摄）

双龙迎盛会（2008年 摄）

武庄秋色　　（李文德　2008年　摄）

济西湿地　　（曹建民　2008年　摄）

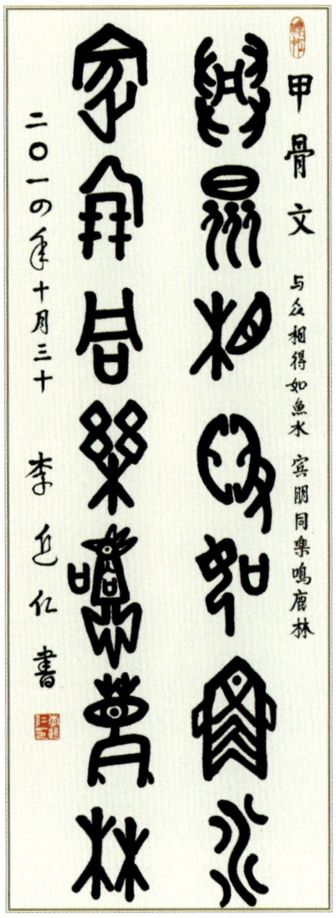

李近仁书法

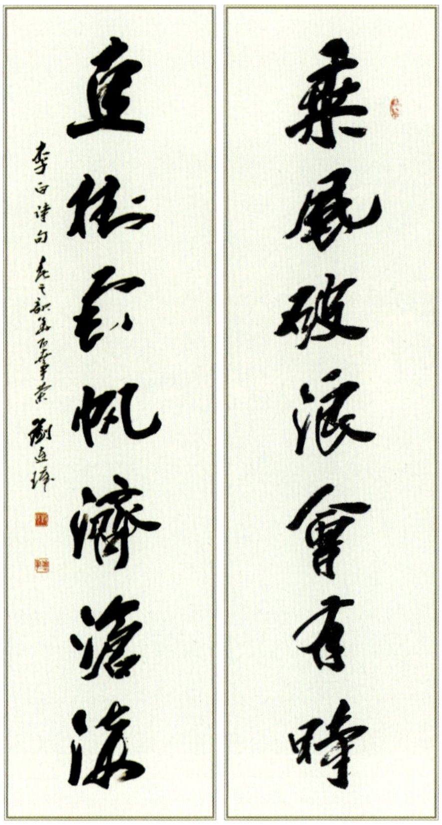

刘连璋书法

刘小青书法

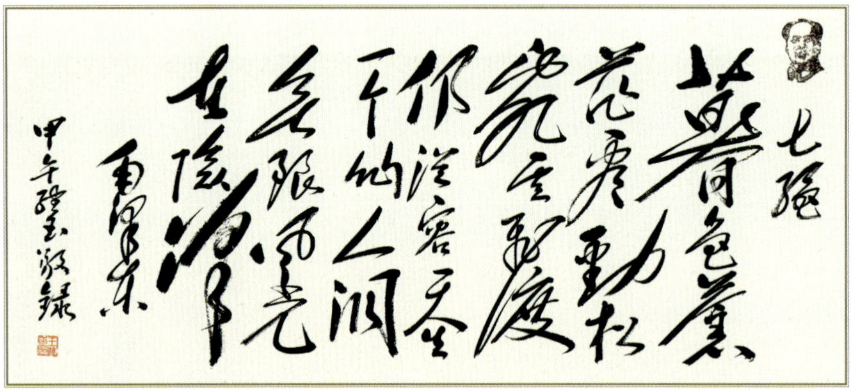

王继玉书法

王景吾书法

《松鹤图》 李良盛

王富华绘画

高桂兰剪纸

刘小青绘画

凡 例

一、本志以马列主义、毛泽东思想、邓小平理论、“三个代表”重要思想和科学发展观为指导，遵循国务院《地方志工作条例》，坚持辩证唯物主义和历史唯物主义的立场、观点和方法，坚持实事求是的原则，全面客观地记载长清区（县）自然和社会的历史与现状，突出时代特点和地方特色，力求做到思想性、科学性、资料性的统一。

二、本志为第一部社会主义新方志《长清县志》（1992年版）的续志，上限为1986年，下限为2008年。为保持事物的连续性与完整性，部分内容适当上溯或下延。

三、本志采用述、记、志、传、图、表、录等体裁，以志为主。个别编设附记，随文插入图表、照片，力求图文并茂。

四、文字记述采用规范语体文、记述体，行文力求朴实、严谨、简洁、流畅。

五、以事业分类，适当结合社会分工。采用编、章、节、目结构，以时为序，横排竖写，力求横不缺要项，竖不断主线。

六、采用公元纪年，个别地方使用历史纪年的，括注公元纪年。

七、各类名称，使用全称或规范简称。人名一般直书其名，必要时名前冠以职务。地名，使用事件发生时标准地名，如后有变化，加注今地名。区划名称，2001年6月前为县，后为区，断限内为区（县）。单位名称，2002年5月前冠长清县，后为长清区。

八、本志人物分人物传略、人物简介、人物表、人物名录四部分。坚持生不立传原则，人物传略以卒年为序，人物简介以生年为序或以任职先后为序，人物表以姓氏笔画为序或获奖时间为序，人物名录以相关届次、姓氏笔画和批次为序。

九、本志采用的数据，以区（县）统计局公布者为准，部分数字由相关部门提供。计量单位执行《中华人民共和国法定计量单位》标准，个别地方沿用习惯用法。

十、本志资料主要由区直各单位、乡镇（街道）、经济开发区、驻长清区单位提供，部分资料来自档案、文献、报刊、网络及社会调查，均考证有据，文中不再注明出处。

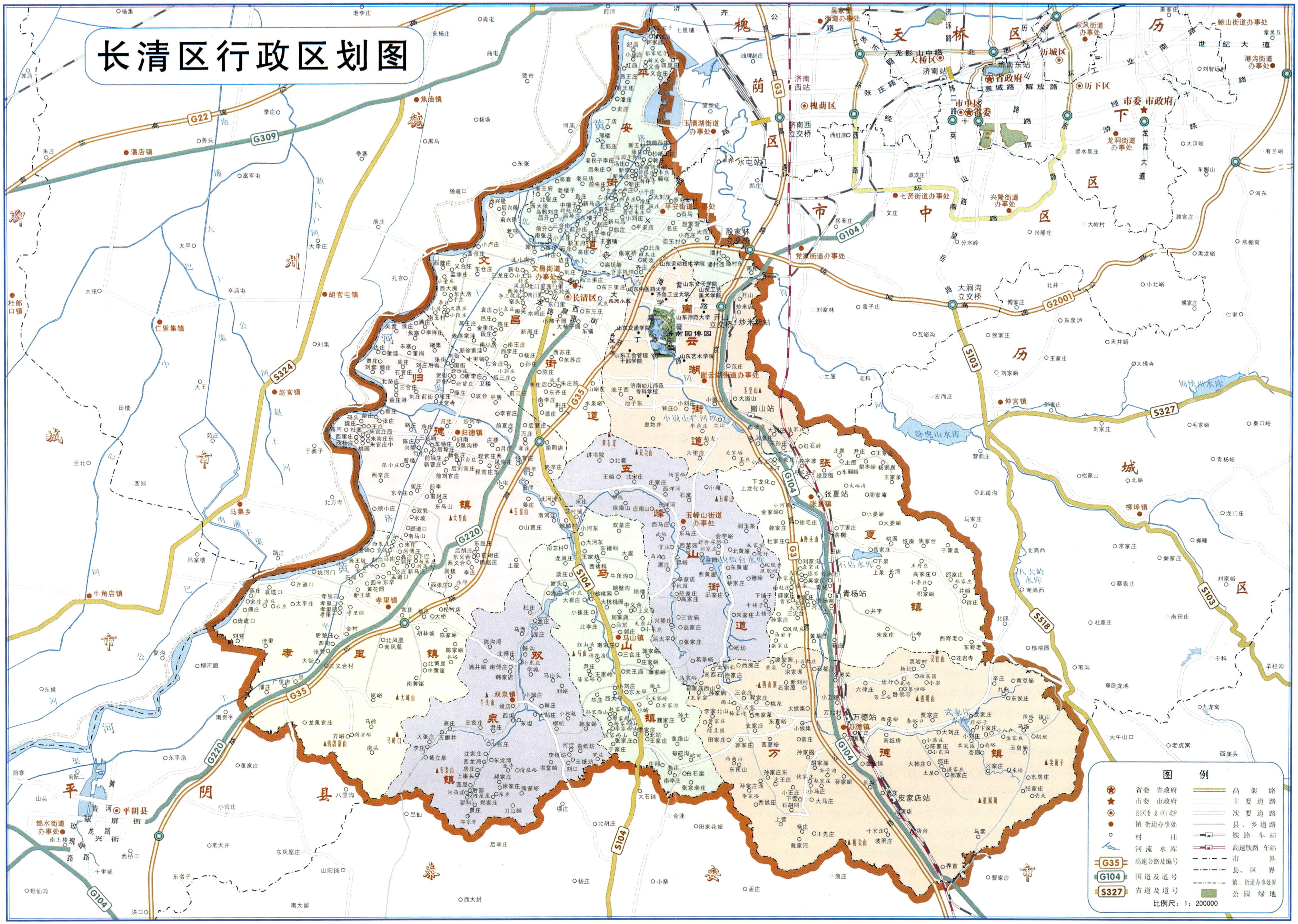

济南市勘察测绘研究院编制

审图号：鲁SN（2014）148号 2014年12月

长清县政区图

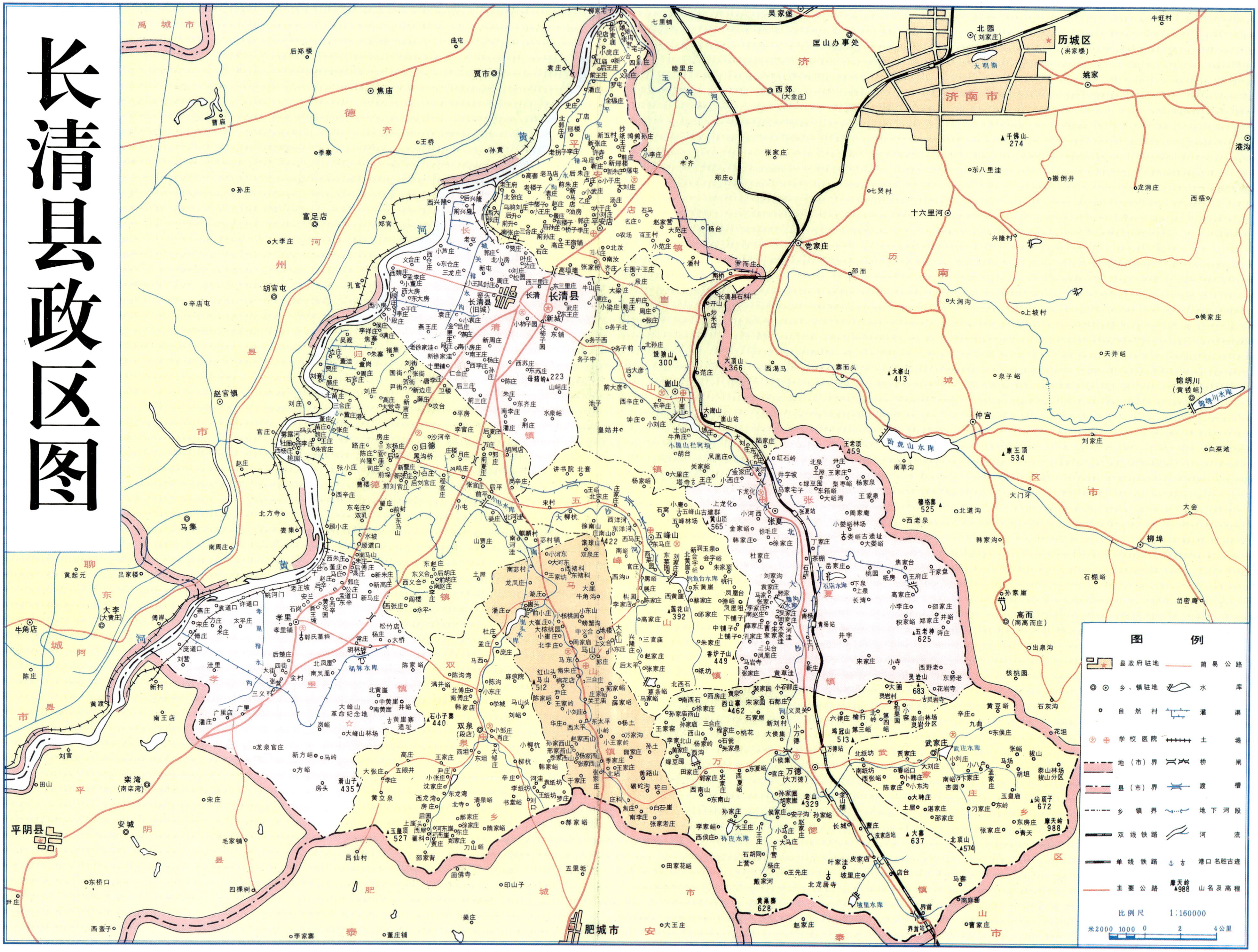

长清县地名委员会编制

目　　录

上　卷

第三编　人　口

第四编　大学科技园

第五编　园博园

第六编　政党　群团

第七编　政权　政协

第八编　政　务

第九编　法治　武装

第十编　农　业

第十一编　水　务

第十二编　工　业

第十三编　开放型经济

第十四编　商　贸

第十五编　财税　金融　保险

第十六编　城建　环保

第十七编　交通　邮电

下　卷

第十八编　经济管理

第十九编　教育　科技

第二十编　文化　体育

第二十一编　卫　生

第二十二编　文　物

第二十三编 旅 游

第二十四编 精神文明建设

第二十五编　社会生活

第二十六编　街道　乡镇

第二十七编　组织机构

人　物

附　录

索　引

CONTENT

The First Volume

Part III Population

Part IV University Science Park

Part V Garden and Flower Expo

Part VI Political Parties and Alliances

Part X Agriculture

Part XI Water-related Affairs

Part XII Industry

Part XIII Open Economy

Part XIV Commerce and Trade

Part XV Finance and Taxation, Insurance and Banking Business

Part XVI Urban Construction and Environmental Protection

Part XVII Transportations, Posts and Telecommunications

The Second Volume

Part XVIII Economic Management

Part XIX Education, Science and Technology

Part XX Culture and Physical Education

Part XXI Health

Part XXII Cultural Relics

Part XXIII Tourism

Part XXIV Development of Spiritual Civilization

Part XXV Social Life

Part XXVI Streets, Towns and Villages

Part XXVII Institutional Framework

Figures

Appendix

Index

概述

Overview

新航　　（2005年 摄）

1985年，长清实施县城东迁，图为正在建设中的长清县人民医院

2008年，长清新城区规模不断扩大，已成为长清区政治、经济、文化的中心

一

长清区位于山东省西部，省会济南西南，黄河下游东岸，泰山西北麓。地处北纬 36° 14′ 37″ ~ 36° 41′ 50″ ，东经 116° 30′ 38″ ~117° 4′ 14″ 。北邻济南市槐荫区，东北接济南市市中区，东临济南市历城区，东南与泰安市岱岳区相连，南与肥城市为邻，西南与平阴县接壤，西与西北濒黄河，隔河与聊城市东阿县和德州市齐河县相望。区政府驻地文昌街道，位于清河街 1617 号。长清城区北距北京市直线距离（下同）为 380 公里，西距聊城市 70 公里，东北距济南市中心 28 公里，东南距泰安市 55 公里，南距肥城市 35 公里。长清区境自北向南横向逐渐加宽，呈三角形。东西最宽 50.8 公里，南北最长 50.3 公里，总面积 1178.08 平方公里。2008 年，全区辖 4 个街道、5 个镇和 1 个乡，34 个居民委员会，590 个村民委员会，16.35 万户，57.06 万人，人口密度 484.42 人 / 平方公里。除汉族外，有少数民族 33 个，人口 6021 人，占总人口的 1.06%。

长清区呈东南高西北低的倾斜地势，由东南向西北依次是山地丘陵、山前平原和黄河洼区，按比例大体是“八山一洼一平原”。山地丘陵属泰山余脉，山岭起伏，沟壑纵横，土薄水贫；山前平原土质肥沃，水资源相对丰富；沿黄洼区因黄河洪水淤积形成槽形洼地。长清属暖温带大陆性半湿润季风气候，四季分明，光照充足，降水集中，雨热同季，年平均日照时数为 2447.6 小时、平均气温 14.4℃、平均降水量 661.7 毫米、平均相对湿度 62%。

长清区资源丰富。土地膏润，泉水甘洌，木拙拱然，梨栗丰实，是一块令人眷恋和热爱的宝地。全区土壤共有 4 个土类 8 个亚类 11 个土属 68 个土种，土地总面积为 12.1 万公顷。年均水资源量 2.98 亿立方米。主要矿产有铁、铜、铅、煤、钾长石、重晶石、花岗石、木鱼石、玉石、石灰石和黄沙等，其中花岗岩储量 200 亿立方米，有罗汉绿、长城红、灵岩三花等 20 余个品种，产品已打入国际市场。区内名山有灵岩山、五峰山、大峰山、莲台山、马山、孝堂山、馒头山等。主要河流有黄河、南大沙河、北大沙河、玉符河和清水沟。长清区的袈裟泉泉群为济南十大泉群之一，除袈裟泉、卓锡泉、清泠泉、晓露泉、檀抱泉名列济南新七十二名泉外，还有 108 处已知泉点分布于境内的山地丘陵间。享有“山水长清”的盛誉。

二

长清历史悠久，文化灿烂。早在距今 8500 年前，出现以归德月庄遗址为代表的山东省所发现的最早的有陶新石器文化——后李文化。后李文化以后，在长清区域内，北辛文化、大汶口文化、龙山文化、岳石文化一脉相承，自成谱系，这足以说明长清区是中华民族古代文化的重要发祥地之一。长清区境，春秋战国时属齐国。秦代，于境内卢邑设卢县。西汉时为泰山郡卢县、茌县和平原郡祝阿县地。北朝魏时为齐州东太原郡太原县、卢县和山茌县地。隋代开皇五年（585），废太原县于升城置长清镇。开皇十四年（594），以长清镇置长清县。至此始有长清县名，县以境内齐长城和清水命名。至道二年（996），长清县城由升城迁至刺榆店，即今长清区老城区。1978 年 11 月，长清县划归济南市，成为济南市的郊区县之一。2001 年 6 月 26 日，经国务院批准，撤销长清县，设立济南市长清区。2002 年 5 月 8 日，济南市长清区正式成立。撤县设区是长清发展史上的一个“里程碑”，它标志着长清从此告别 1409 年的县建制的历史，揭开了长清区历史上崭新的一页。

长清区文化底蕴深厚，文物荟萃，古迹众多，是山东省重要文物大县（区）。2008 年，长清区有各级文物保护单位 106 处，其中全国重点文物保护单位 4 处、省级文物保护单位 8 处、市级文物保护单位 13 处、县级文物保护单位 61 处、依法登记单位 20 处。孝堂山郭氏墓石祠，是中国现存最早的地面房屋建筑，祠内的汉代画像，是珍贵的历史画卷。1961年，孝堂山郭氏墓石祠被国务院列为全国首批重点文物保护单位。灵岩寺，名肇于晋，知于苻秦，兴于北魏，盛于唐宋元明各代。寺院规模恢宏，唐李吉甫将其与浙江天台国清寺、江苏南京栖霞寺、湖北江陵玉泉寺誉为域内“四绝”，宋人赞灵岩寺为“四绝中最幽”者。千佛殿内40尊彩塑罗汉，栩栩如生，被清代梁启超赞为“海内第一名塑”；现代艺术大师刘海粟称赞彩塑罗汉：“灵岩名塑，天下第一；有血有肉，活灵活现。”1982年，灵岩寺被国务院列为国家重点文物保护单位。1987年，灵岩寺作为泰山的附属部分被联合国教科文组织公布为世界自然遗产。齐长城为春秋战国时期齐国修建的军事防御体系，是中国现存最早的长城，比著名的秦长城早近500年，比欧洲的雅典壁垒护道墙早百余年，被誉为“中国长城之最”“世界壁垒之最”。齐长城西起长清区孝里镇广里村北，经孝里、双泉、马山、万德4乡镇，东入泰安境内，境内全长97.8公里。2001年，齐长城遗址被国务院公布为第五批全国重点文物保护单位。汉济北王墓由双乳山汉墓、福禄山汉墓和东辛汉墓组成，皆分布于济北国都城周边区域。1996年，完成双乳山汉墓抢救性发掘，共出土包括金器、玉器、青铜器、铁器等文物2300余件。是年，双乳山汉墓发掘被评为“全国十大考古新发现”之一。2001年，汉济北王墓被国务院公布为第五批全国重点文物保护单位。小屯遗址、张官遗址、大柳杭遗址、月庄遗址、明德王墓群、石佛堂、五峰山洞真观、莲花洞石窟造像、万德西南遗址、东三里遗址、陈庄遗址、张营遗址、卢故城遗址、神宝寺遗址、四禅寺遗址、真相院释迦舍利塔地宫、大成殿、王泉摩崖造像、龙兴寺丈九佛等历史文物，都反映出长清县的悠久历史和灿烂的古代文化。大峰山革命根据地，是中共长清县委的诞生地，为抗日战争、解放全中国做出过重大贡献，同时为中国共产党培养了大批领导骨干和高级将领。大峰山革命遗址是济南市重要的爱国主义、革命传统教育基地。

长清区钟灵毓秀，英才辈出。这片古老而又充满生机的热土，孕育了一批医学家、政治家、译经家、武将文人、革命志士等，他们灿若群星，辉映后世。扁鹊，战国时医学家，最早提出“望、闻、问、切”的诊断方法，是全国切脉治病的先驱。应用砭刺、针灸、按摩、汤液、热熨等法治疗疾病，被尊为医祖，尊称“扁鹊”。西汉著名的政治家、谋略家娄敬，是汉高祖刘邦的重要谋士之一，对于汉初国策的制定及西汉政权的稳定起过很大作用。唐代著名高僧义净，是中国古代佛教四大译经家之一，与法显、玄奘并称为中国历史上到印度取经求法最著名的三大高僧。元太宗时著名将领严实官至金紫光禄大夫，行尚书省事，授东平路行军万户，为元初汉地七万户之一。元世祖中统二年(1261)，追封其为鲁国公，谥号“武惠”。金元间散曲家杜仁杰，武宗追谥他为“文穆”。元朝武将张立官至明威将军兼后卫亲军都指挥使，赐双珠虎符，加昭勇大将军。张立长子张温，以世爵为千户，加宣武将、右卫亲军总管。父子并佩虎符，乡里荣之。明代李纲，铁面无私、执法严明，被称为“铁御史”，官至左佥都御史，名扬全国。明代保定总兵官鲁钦，勇敢善战，为西南诸将之冠。死后追赠少保、左都督，世荫指挥佥事。近现代，史得金、武迹沧、张石庵、魏金三、一门三烈士(张贻荣、张贻昌、张贻祯)等革命志士为人民解放事业英勇献身，他们的英名流芳千古，功绩永载史册，其精神永垂不朽，浩气长存。历经抗日战争、解放战争的磨炼，新中国成立后，涌现出一大批师厅级以上高级干部，其中有中国人民解放军空军政治委员、党委书记、空军中将朱光，吉林省军区司令员陈兴印，湖北省第五、六届政协副主席董玉森，西藏自治区第三、四届政协副主席宋子元，铁道兵学院院长(正军)董超，空降兵第15军副政委(正军职)张有壬，铁道兵东北指挥部副司令员吴志笃，兰州警备区司令员李兆亭，空军第三军副军长张怀连，山东省人大常委会副主任、党组副书记兼政法委员会主任高逢五，湖北省军区参谋长董涛，空军第二高射炮兵学院院长、政治委员唐刚，浙江省委副书记崔健，北京军区空军副政委兼政治部副主任杜镜秋，贵州省人大常委会常务副主任、党组副书记夏页文，铁道兵东北指挥部

政委张治安,山东省林业厅厅长张耀南等。中共十一届三中全会后,涌现出全国劳动模范孙士水,全国五一劳动奖章获得者张广祥,全国五一劳动奖章获得者、全国模范检察官、全国“三八”红旗手、首届“感动山东十佳人物”孟红伟等。还有长清县早期女共产党员庄毓英(又名庄东晓)、国际主义战士史元厚、著名书法家武中奇等。他们都是长清区人民的骄傲。

三

1986年年底,全县有中共基层党委20个,党总支88个,党支部979个,党员20636人。2002年5月8日,中共长清县委员会更名为中共济南市长清区委员会。2008年年底,中共长清区委工作机构有7个,全区共有基层党委38个,党总支171个,党支部1496个,党员35679人。

精神文明建设成绩显著,和谐社会建设扎实推进。1986年起,长清区(县)以提高公民思想道德素质、科学文化素质、社会文明程度和培养有理想、有道德、有文化、有纪律“四有”新人为目标,以群众性精神文明创建活动为载体,积极开展社会主义精神文明创建活动,社会更加和谐,涌现出中华全国孝亲敬老之星马春梅、雷锋学习的好榜样刘成德、见义勇为的革命烈士王守峰、“知心孟姐”孟红伟等一批先进典型。1996年5月、1998年12月,长清县获第三、四届山东省精神文明建设工作先进县称号。2008年8月,长清区被山东省委、省政府命名为“创建文明城市工作先进区”。至2008年年底,全区共有全国创建文明村镇工作先进镇1个,省级文明单位31个,市级文明单位186个。

四

23年来,长清人民在中共长清区(县)委、区(县)人民政府的正确领导下,以经济建设为中心,解放思想,深化改革,扩大开放,艰苦创业,在开拓创新中科学发展、和谐发展,经济综合实力显著增强,全区面貌日新月异,各项事业欣欣向荣,人民生活水平大幅提高。1995年,长清县跻身于全国“百强县”先进行列。2008年,全区地区生产总值193.18亿元,其中第一、二、三产业增加值分别为24.29亿元、107.42亿元、61.47亿元,三次产业结构为12.57∶55.61∶31.82。全区地方财政收入4.04亿元,城镇居民人均可支配收入15578元,农民人均纯收入7517元。

五

工业经济迅猛发展。1986年,全县仅有冶金、化工、机械、建材、食品、造纸等工业门类,县属及乡镇工业企业182家,其中县属企业32家,乡镇企业150家,完成工业总产值17336万元。1988年—1993年,先后两轮对县属、乡镇企业实行承包经营,促进了企业的发展,但工业发展增速缓慢。1997年,中共长清县委、县政府制定《关于进一步深化企业改革的若干规定》,全县工业领域进行以建立现代企业制度为目标的一系列重大改革,通过改组、改制、改造,国有、集体企业逐步转为民营企业,为工业发展注入生机和活力。1999年,济南市工业园南区晋升为省级开发区,更名为济南经济开发区。进入21世纪,长清区委、区政府紧紧抓住撤县设区、省城西进和大学科技园建设三大机遇,坚持“工业立区,招商强区”战略,积极对接省会经济圈,工业发展速度不断加快、发展质量明显提高、发展后劲显著增强。2005年,济南经济开发区跨入全省“十大产业集群”行列,被山东省政府命名为“山东省机械制造产业集群”。至2008年,全区形成以重汽长清工业园、济南柴油机厂、济南沃德汽车零部件有限公司、济南铸锻所捷迈机械有限公司等企业为龙头的交通运输设备制造业,以山东北辰集团有限公司、山东水龙王集团、济南冶金化工有限公司等为龙头的压力容器制造业,以晶恒工业园、山东鲁能恩翼帕瓦电机有限公司等为代表的电子电器制造业,以山水集团、山东平安建设集团有限公司、济南长兴建设集团有限公司等为龙头的新型建筑建材业，以济南佳宝乳业有限公司、济南欣和食品有限公司等为代表的食品医药业五大主导产业。全区规模以上工业企业发展到181家，完成工业增加值83.8亿元，主营业务收入310.4亿元，实现利税33.7亿元。完成工业投入55亿元，规模以上工业高新技术产业完成总产值103.5亿元。工业税收占全部税收的比重达60.9%，成为全区财源重要支柱。先后获山东省十大（工业）产业集群（济南长清机械制造产业）、山东（长清）电子信息产业园、国家动漫产业发展基地、山东省软件产业园区、山东省国际服务外包示范基地等。

农村经济稳步发展。1986年起，全县农村进一步完善家庭联产承包责任制，深化经营体制改革，调整农业结构，农民生产积极性高涨，促进了生产力的快速发展。1987年，长清县被评为全省绿化先进县。1989年10月，长清县被列为瘦肉型猪商品生产基地县。1992年7月，全国农机包修工作经验交流会在长清县召开，在全国推广长清县基层农业机械维修方面的成功经验。1995年，长清县被评为山东省畜牧业强县。1998年，全县第一轮土地承包合同相继到期，县委、县政府于10月起开展第二轮延长土地承包期工作，将土地的承包期一律延长到30年。2004年，长清区全部取消农业特产税，农业税降3个百分点。是年，区委、区政府制定《关于加快乡村经济发展的意见》，加快建设八大农业产业体系。2005年，长清区全面取消农业税、附加及“两工”（农村义务工和劳动积累工）。2008年，全区有各类农业园区55处，农业龙头企业138家，全区认证无公害农产品、绿色食品、有机食品认证45个，标准化生产基地1.2万公顷，农业总产值36.4亿元。

城乡市场繁荣活跃。1978年后，全县商贸流通企业实行改革开放，国营集体商业“一统天下”的格局被打破，逐步形成多种经济成分、多种经营方式、多条流通渠道并存，国营、集体、个体私营商业竞争的新格局。除食盐、烟草、成品油、民爆器材及部分粮食等关系国计民生的商品限制和禁止个体经营外，其他商品逐渐放开经营，个体私营经济快速发展。1986年，全县首家大型综合市场黄河商场竣工剪彩。1991年起，全县商业系统逐步推行“四放开”（即经营、价格、用工、分配四放开）改革、国有民营改革。1993年，县物资局、商业局、供销社整建制转建为集团公司。1994年开始，推行产权制度改革。国营、集体商业由于体制僵化、经营管理不善、市场竞争激烈等原因，长期出现亏损，相继倒闭破产。进入21世纪，商业市场网点建设步伐加快，以超市、专卖店、物流配送、总代理为主要形式的新型商贸流通业迅速发展。2002年8月，长清首家超市“长清上海华联超市”营业。2008年，全区城乡市场繁荣活跃，市场供需两旺，有大型商场、超市13家，集贸市场71处，经营服务网点597个，全区实现社会消费品零售总额68.1亿元。

城乡面貌日新月异。1983年，长清县被列为济南市科学文化教育的卫星城。1984年，国务院批复《长清县新县城总体规划》，规划面积为5.17平方公里。1985年，长清县城实施东迁后，全县城乡建设进入快速发展时期。1996年，对县城总体规划进行第四次调整，编制完成1996年—2010年远景规划。是年，获“齐鲁杯”先进县城称号。至1997年，累计投资8亿多元，基本完成县城规划区内道路、供水、供电、通讯等基础设施工程，现代化城市框架初步形成，新城区已成为全县政治、经济、文化中心。1998年，实现城区集中供暖。2003年起，对老城区实施改造。2006年11月，污水处理厂竣工投入运行。是年，长清区再次获山东省建筑业十强县（区）称号，建筑业已成为全区国民经济的重要支柱产业，被誉为“山东省建筑建材之乡”。至2008年年底，城区面积扩大到20平方公里，居民15万人，累计投资30亿元；形成七横八纵道路框架，总长30.71公里；建成有物业管理的住宅小区17个，现代化商业设施相继建成；有公园广场6处，总面积8.2万平方米；城市环境优美，绿化覆盖率40%，供水、供电、供热、供气、饮食娱乐等服务功能显著增强。是年，城乡环境质量明显好转，全年环境空气质量良好以上天数比例为89.8%，噪声达标区覆盖率

80%，工业固体废物综合利用率98%以上。

交通业发展迅猛。1986年，全县仅有干线公路3条，县道8条，通车总里程333.1公里。1999年9月，首条高速公路京福高速竣工通车，境内设炒米店和小万德2个出入口。2001年，省道104长清段改建为二级公路。2002年，国道220长清段改建为二级公路。2003年，全面启动村村通公路工程，历时5年，改造改建县乡村公路567条，村村通公路率96.2%。至2008年年底，境内有高速公路2条、国道2条、省道1条、县道8条、乡道32条、村道525条，公路通车总里程1475.3公里，形成“以高速公路为依托，干线公路为骨架，县乡路为经络，乡村路为补充”的三横五纵一环的公路交通网络。

邮电业变化翻天覆地。1986年，全县仅有电话737部，邮电业务总量78.2万元。1988年4月，开通自动交换机，结束“摇把子”电话历史，实行全自动拨号。1992年，开通无线寻呼业务。1994年，境内投入使用美国摩托罗拉蜂窝模拟移动电话。1996年7月，长清县开通163国际互联网。1998年9月，邮电分营，成立长清县邮政局、电信局。2002年11月，长清区开始小灵通基站网络建设。至2008年年底，长清区建成以光纤传输为载体，本地电话网、高速宽带互联网、基础数据、移动通信、信息技术为框架的完善通信网络，全区固定电话总量12.16万部，小灵通用户4.25万户，移动用户31万户，互联网用户4.43万户，邮电业务总收入8367万元。

教育事业今非昔比。1986年，全县有幼儿园443所，在园幼儿22616人，幼儿教师569人；有小学359所、初中64所、高中6所、进修学校1所、师范1所、职业学校3所、聋哑学校1所，在校生79925人，教职工4762人。是年，实现农村中小学“教室、桌凳、院墙、校门、厕所、操场”六配套。1988年11月，长清县被评为全国扫除文盲先进县。1992年，完成城镇中小学校舍改造任务，办学条件得到明显改善，获山东省城镇中小学校舍改造先进单位称号。1995年10月，长清县顺利通过省政府“两基”（基本普及九年义务教育、基本扫除青壮年文盲）达标验收，被国家教委确认为全国第二批“两基”达标县。1998年6月，全县918名民办教师全部转为公办教师。2000年11月6日，长清一中新校建设工程奠基仪式举行，共投资7000余万元。2002年，九年义务教育由“五四制”过渡为“六三制”。至2008年年底，全区有幼儿园203所，在园幼儿10117人，幼儿教师511人；有小学100所、初中19所、高中4所、进修学校1所、职业学校1所、聋哑学校1所，在校生61554人，教职工4876人。

卫生事业成效显著。1986年，全县有医疗机构16家，其中县级医院有县人民医院、县中医医院，乡镇卫生院10家，卫生技术人员781人，病床503张。是年，全县进行领导管理体制改革，按照“精简、统一、效能”原则，卫生局建立相应科室，实行院（站、所）长负责制，全权负责单位管理，各院（站、所）实行业务承包制。1988年起，建立多种途径多种形式的医疗联合体。1991年，县政府决定在全县范围内实行集资医疗，制定《长清县农村合作医疗管理办法》。是年，对全县公费医疗制度进行改革，制定《长清县公费医疗管理办法》。1994年，各乡镇分别设立农村合作医疗工作委员会和农村合作医疗监事会。是年，县医院成为二级甲等医院，长清县城被命名为省级卫生县城。2001年，成立药品集中招标采购办公室，统一管理各医疗机构的药品招标工作。2005年，新型农村合作医疗制度在全区推行，全区行政村覆盖率97.4%，参合率83.4%，共筹集资金685.99万元。2006年，长清区成为新型农村合作医疗省级试点区，行政村覆盖率100%，参合率94.7%，共筹集基金1476.46万元。2008年，区委、区政府制定《关于切实做好新型合作医疗工作的意见》，全区参合人数415869人，参合率99.01%，行政村覆盖率100%。至2008年年底，全区有医疗机构18家，其中区级医院2家，乡镇（街道）卫生院10家，共有卫生技术人员1535人，村级卫生室395个，乡村医生1211人。

文化广播事业蓬勃发展。长清文化底蕴深厚，民间文艺活动活跃。1986年起，每逢重大节日，举办各类文艺演出活动。1992年，新编《长清县志

(1840—1985)》出版发行。1993 年，建立长清广播电台、电视台、有线电视台。1995 年起，每年农历正月十三在区(县)体育场开展庆新春大型民间艺术广场会演，主要有舞龙、舞狮、高跷、手龙绣球灯表演、武术表演等，观众达 3 万人次；每年自 5 月底到 10 月 1 日止，举办消夏文化广场演出活动，年演出 30 余场次。1996 年 11 月，长清县档案馆晋升为山东省一级档案馆。2004 年 5 月，电视实现数字化播出。2005 年，长清区图书馆被国家文化部评为二级图书馆。至 2008 年年底，全区文学创作硕果累累，出版著作 22 部，在各类报刊上发表文学作品 3400 件。年末有艺术表演团体 1 个，群众性文化馆 1 个，公共图书馆 1 个，馆藏量 6 万余册；档案馆 1 个，馆藏量 5.05 万册(卷)。申报成功非物质文化遗产省级 1 项，市级 20 项，省非物质文化遗产山东快书传承人 1 人。全区有线电视用户 70835 户，电视人口覆盖率 89%。

大力实施科技兴区(县)战略。1996 年 8 月，长清县获全国科技工作先进县称号。至 2008 年年底，全区共有各类研发团体 28 家，专业技术人员 1.5 万人；有高新技术企业 76 家，其中省级 28 家，高新技术产品 86 个，高新技术比重达 31%；共实施各级各类科技计划 400 余项，其中国家级 28 项，省级 65 项；获市级以上科技成果奖 233 项，其中省级 38 项，市级 195 项；全区共实现专利申请 1521 项。

长清区是旅游资源大区，旅游资源丰富，自然风光秀丽，文物古迹荟萃。20 世纪 90 年代前后，对灵岩寺、五峰山、莲台山等重点文物古迹进行修复开发。1998 年 4 月 21 日，中共长清县委、县政府颁布《关于加快旅游业发展的十项规定》。进入 21 世纪，重点开发自然生态旅游，卧龙峪、凤凰岭旅游区相继开园迎客。2005 年 12 月，长清区被评为全国文物工作先进区。2006 年 8 月，由山东省旅游规划设计研究院编制完成《长清区旅游产业发展五年行动规划》，长清区政府批准实施。2008 年，长清区著名风景区有“海内名刹”灵岩寺、“世界壁垒之最”齐长城、“国际园林”园博园、“齐鲁仙境”五峰山、“世外桃源”莲台山、“自然生态游”卧龙峪和凤凰岭、“革命遗址”大峰山、“第一古迹”汉石祠、“济北王墓”双乳山、“国家级水利风景区”长清湖、“度假胜地”崮云湖等，以及杏花节、樱桃节、雪桃采摘节、柿子节等节庆旅游资源；有山东黄金集团高尔夫度假村、名仕学府酒店、灵岩宾馆、檀园宾馆、三仙堂宾馆、五峰阁宾馆、莲台山度假村、银东生态园等较高档次宾馆酒店 10 余家，旅行社(包括旅行社营业部)10 家，农家乐 200 多家。旅游业从业人员 3.8 万人，全年接待海内外游客 182 万人次，旅游业总收入 1.32 亿元。有木鱼石系列茶具、灵岩绿茶、泉城绿茶及其他干鲜农产品等旅游商品。全区构成东线以佛教道教文化为主、西线以秦汉文化为主的“山河文化”景观群，形成宗教观光、生态旅游、休闲度假、乡村旅游四大旅游品牌，可谓是：“东西两条线，景点连成片；围着长清转，处处有景观”。长清是省会济南市的“后花园”，被誉为“山水长清，齐鲁仙境”。

人民生活水平显著提高。1986 年，全县职工总人数 13169 人，年平均工资 1121 元，农民人均年纯收入 458 元，居民储蓄存款余额 5699 万元。2008 年，全区在岗职工总人数 86514 人，年均工资 21309 元，农民人均年纯收入 7517 元，居民储蓄存款余额 62.4 亿元。城乡居民居住条件有较大改善，年末城市居民人均住房面积 33.5 平方米，农村居民人均住房面积 36.5 平方米。民生保障更加有力，企业职工养老保险参保人数 22389 人，机关职工养老保险参保人数 13177 人，农村养老保险参保总人数 58634 人，失业保险参保人数 24741 人，全区城镇农村享受低保人数 13834 人。居民消费结构发生明显变化，生活质量提高，城市恩格尔系数 39.1%，农村恩格尔系数 39.8%。居民消费开始由量的满足转向质的追求，崇尚“吃讲营养，穿讲新潮，用讲高档，住讲舒适”，彩电、冰箱、洗衣机、空调、电脑、热水器等耐用消费品已成为居民家庭生活的普通用品，汽车等高档消费品也逐渐进入城乡居民家庭。

六

1986年—2008年，是长清区(县)人民解放思想、深化改革、抢抓机遇、干事创业的23年；是长清区(县)经济实力显著增强、城乡面貌日新月异、各项事业蒸蒸日上、人民生活水平显著提高的23年。其间，长清区(县)委、区(县)政府带领全区(县)人民紧紧抓住县城东迁、济南经济开发区、撤县设区、大学科技园区、园博园建设的重大机遇，实现自封闭走向开放、由落后逐步崛起、从欠发达县到全国百强县的历史性转折，实现生活水平由温饱到小康的历史性跨越。但纵观长清区情，全区综合实力还不够强，经济总量小，人均水平低，结构不尽合理，城乡、区域发展不够平衡。对外开放程度不高，大项目、好项目、高科技项目总体偏少且拉动能力弱。农业基础比较薄弱，生态文明建设任务艰巨。财政收支矛盾突出，社会保障体系建设亟待加强，一些关系群众切身利益的问题还没有得到根本解决。因此，要推动长清科学发展、和谐发展、跨越发展，还需全区人民的不懈努力。

长风破浪会有时，直挂云帆济沧海。全区人民在区委、区政府的坚强领导下，高举中国特色社会主义伟大旗帜，以邓小平理论、“三个代表”重要思想和科学发展观为指导，大力弘扬“厚德、包容、实干、图强”的长清精神，加快推进经济、政治、文化、社会、生态文明建设，凝心聚力谋发展，奋力崛起铸辉煌，让我们共同谱写长清区更好更快发展的绚丽篇章，一个实力长清、宜居长清、平安长清、幸福长清的新区在不久的将来展示在世人面前。

1986—2008年长清区(县)经济和社会发展主要指标统计表

年份	生产总值(亿元)	第一产业增加值(亿元)	第二产业增加值(亿元)	第三产业增加值(亿元)	农林牧渔业总产值(亿元)	地方财政收入(万元)	金融机构各项存款余额(万元)	其中居民储蓄存款余额(万元)	职工平均工资(元)	农民人均纯收入(元)
1986	3.63	2.01	0.94	0.67	2.92	1514	9340	5699	1121	458
1987	5.13	2.58	1.70	0.85	3.82	1805	12034	7210	1155	545
1988	6.54	3.58	1.91	1.04	5.31	2076	19360	14157	1336	610
1989	6.83	3.29	2.37	1.17	5.11	2874	17962	9566	1509	646
1990	7.49	3.54	2.63	1.31	5.18	3163	34280	27340	1503	716
1991	8.77	3.68	3.51	1.58	5.54	3698	41746	35195	1995	792
1992	12.46	4.29	5.78	2.38	6.62	4196	53710	45163	2103	906
1993	20.84	5.27	11.11	4.46	8.26	6063	69124	58578	2587	1060
1994	28.07	7.43	13.43	7.20	12.39	4484	98762	85134	3555	1440
1995	36.41	10.07	16.80	9.54	17.68	6238	136488	117847	5146	1860
1996	45.54	12.08	21.08	12.38	20.26	8536	176028	148127	5146	2320
1997	52.11	12.81	24.28	15.02	20.72	11266	195600	171323	5958	2631
1998	54.61	13.70	24.22	16.69	21.56	14218	234197	200797	6430	2863
1999	55.50	13.23	24.90	17.37	20.82	16500	260912	221941	6961	2979
2000	60.12	13.45	27.17	19.50	21.13	15016	290626	234935	7420	3082

续表

年份	生产总值（亿元）	第一产业增加值（亿元）	第二产业增加值（亿元）	第三产业增加值（亿元）	农林牧渔业总产值（亿元）	地方财政收入（万元）	金融机构各项存款余额（万元）	其中居民储蓄存款余额（万元）	职工平均工资（元）	农民人均纯收入（元）
2001	60.20	13.56	28.13	18.52	21.78	18026	312399	251611	7731	3190
2002	64.21	13.23	30.30	20.68	21.11	18186	351267	272621	8329	3364
2003	74.47	14.14	37.03	23.30	22.61	22080	417464	302413	9379	3643
2004	91.23	16.06	46.45	28.72	25.14	19769	444292	337819	10564	4099
2005	118.82	18.27	65.99	34.56	28.55	23626	589005	393506	12581	4939
2006	142.81	19.48	81.19	42.15	30.40	29126	603001	458785	13602	5725
2007	164.05	21.04	92.13	50.88	33.10	34818	646626	503808	16326	6565
2008	193.18	24.29	107.42	61.47	36.40	40415	784369	623556	21309	7517

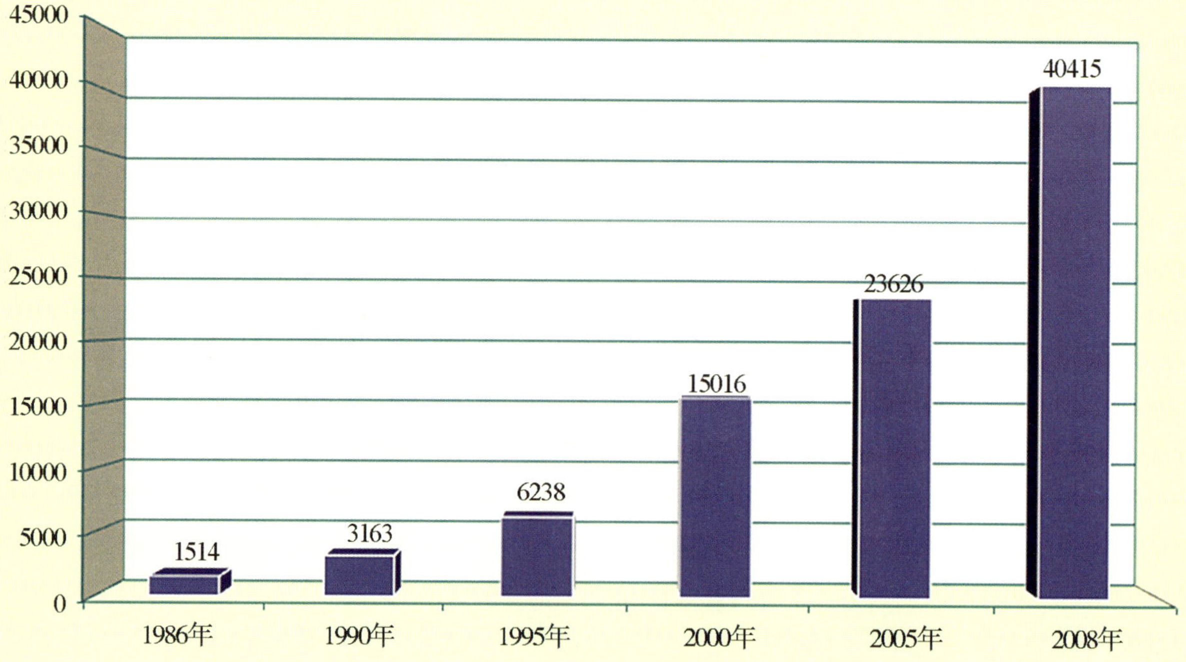

1986—2008 年长清区（县）地方财政收入示意图（万元）

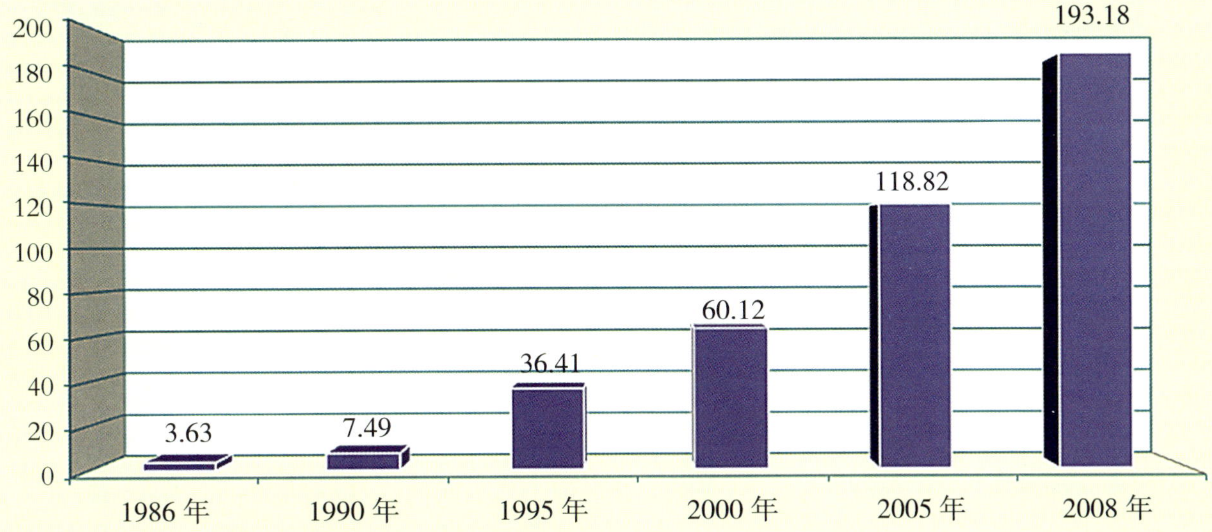

1986—2008 年长清区(县)地区生产总值示意图(亿元)

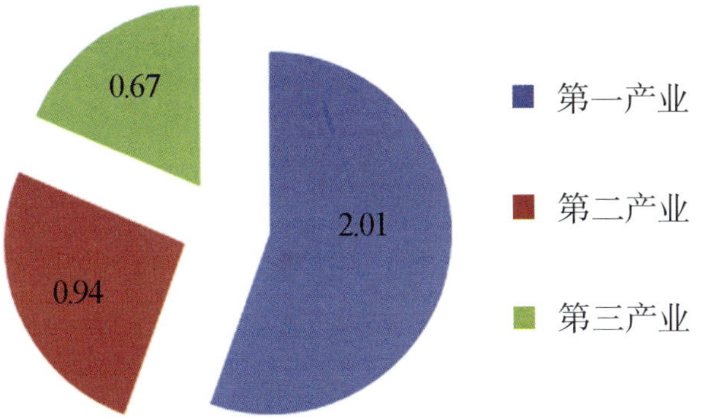

1986 年生产总值构成示意图(亿元)

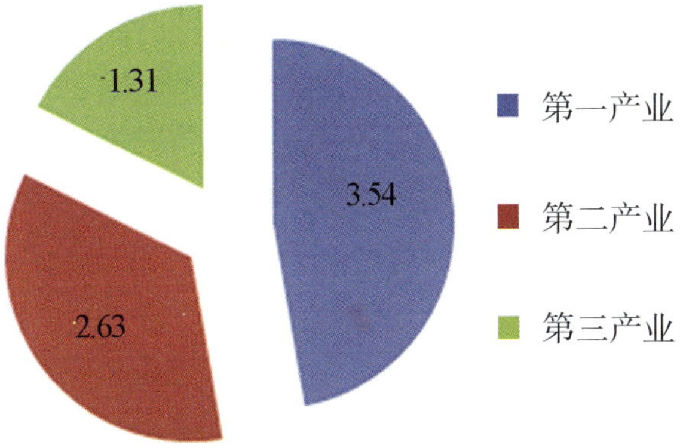

1990 年生产总值构成示意图(亿元)

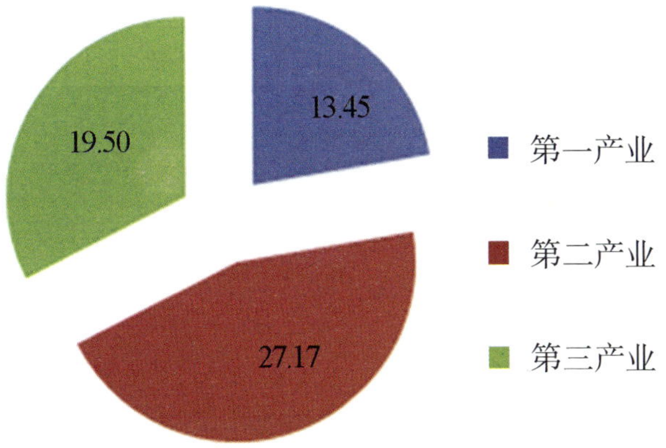

2000 年生产总值构成示意图(亿元)

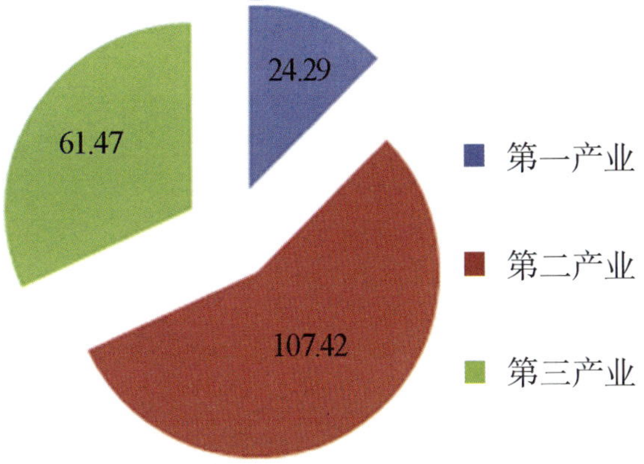

2008 年生产总值构成示意图(亿元)

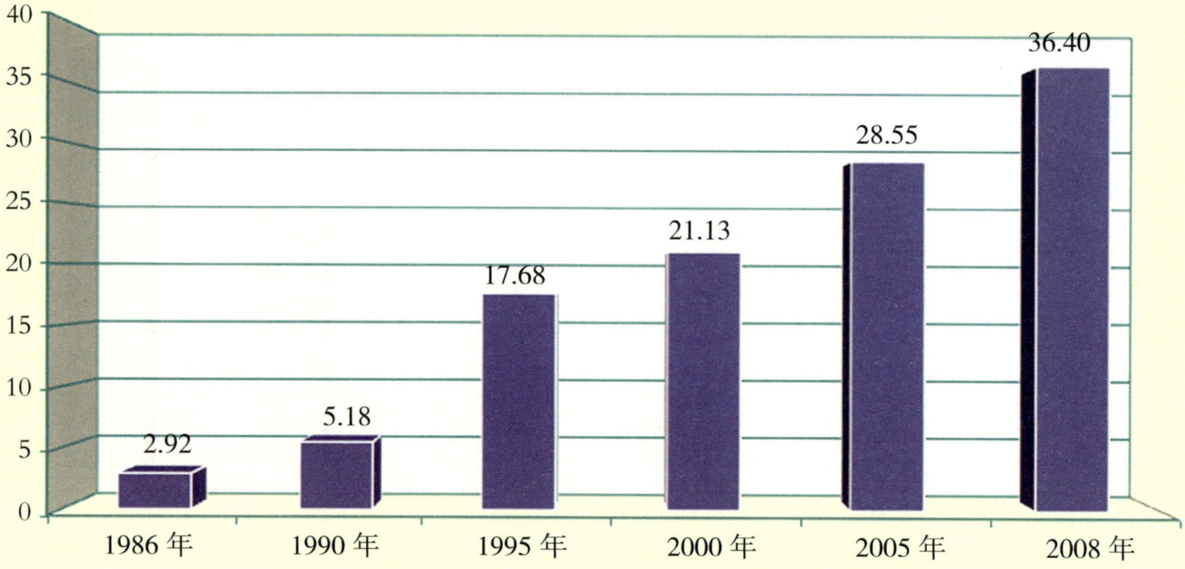

1986—2008 年长清区（县）农林牧渔业生产总值示意图（亿元）

大事记

Chronicle of Events

热烈庆祝济南市长清区成立　　（2002年 摄）

2006年8月19日，最高人民检察院检察长贾春旺（左一）、山东省委书记张高丽（中）为孟红伟（右一）颁发全国模范检察官和山东省优秀共产党员证书

1986年

1月4日　长清县委抽调干部600余名，组成11个“三讲四访”代表团，分赴11个乡镇，向农村广大群众宣讲党的全国代表会议和全国农村工作会议精神、讲农村整党、讲大好形势，走访烈军属、老党员、致富户和贫困户。

1月6日　济南市政府召开常务会议，专门听取长清县关于申请长清县城东迁、解决县城东迁补贴费等事项的汇报。随后，市政府作出同意长清县城东迁的有关决定。

1月　武家庄乡科普学校建立，是济南市第一所乡镇科普学校。

2月28日　长清县委、县政府抽调255名干部，组成11个庭院经济工作组，深入农村，帮助群众发展庭院经济，进一步落实党的富民政策。

3月14日　长清县委、县政府在张夏镇金庄村召开学习缅怀金庄村党支部书记梁金贵事迹大会，县、乡镇、村干部和群众1500余人参加大会。会上宣读县委《关于授予梁金贵模范党支部书记的决定》，同时，县政府追认梁金贵为劳动模范，并号召全县广大党员、干部向梁金贵学习。

3月15日　长清县新城建设指挥部成立，副县长潘志民任第一指挥，县计划委员会主任刘传英任第二指挥，赵明玉、薛正喜、马成才、李连元、文玉石、陆继信、董林生、孟祥增任副指挥。

3月17日　长清县第九届人大常委会第十二次会议通过，决定国槐为长清县县树、石榴花为县花、玉杏为县果、白腊条为县条、香椿树为县菜树。

5月14日　长清县委、县政府抽调机关干部119人，组成11个检查团，分别到乡镇、村、户和工厂，检查庭院经济、林业生产和各级服务体系等项工作，帮助各乡镇总结经验、制定措施。

5月18日　长清县委书记贾文青应邀前往山西省朔县参加中央《农村工作通讯》和《农民文摘》杂志社主办的发展庭院经济经验交流会。会后，《山西农民报》《四川农民报》《北京日报（农村版）》《济南农民报》《河南农民报》《湖北农民报》《陕西农民报》《江苏农民报》《山西科技报》《陕西科技报》等8省市10家农民报社记者团先后到长清县城关镇后三村、归德镇贾庄等10余个村庄考察，对长清县开发庭院经济进行报道。

5月　长清县间隔式生育二胎政策全面铺开。

6月5日　长清县委书记贾文青率67名干部赴浙江省温州市参观学习温州经验，号召全县上下学习温州经验，大力发展商品经济。

6月9日　长清县被确定为全省13个经济林基地县之一。

7月　全国政协副主席钱伟长到长清县视察工作。

秋季　济南市委书记姜春云、长清县委书

1986年6月5日，贾文青（左二）等在温州参观时听取经验介绍

1986年秋，国务委员谷牧（左二）到五峰山视察（左一为山东省委副书记、济南市委书记姜春云，左四为县委书记贾文青）

记贾文青陪同国务委员谷牧到五峰山视察。

9月4日 黄河商场竣工剪彩。商场系钢柱铁架结构，面积9460平方米，投资87万元。

10月14日—16日 山东省委农村工作部在灵岩寺召开庭院经济现场会，副县长卢现起向来自全省14个地、市的100多名代表介绍长清县开发庭院经济的情况，与会人员到8个乡镇的15个村和80个农户进行实地参观。

11月30日 中央驻华东整党巡视组组长姚仲明到长清县检查整党工作。

12月 在水鸣街中段投资1200万元兴建的第一自来水厂及供水管网工程竣工投入使用。

1987年

1月5日 长清县委书记贾文青作为全国唯一县级报刊发行工作先进代表，参加在北京人民大会堂举行的《中国农村经营报》创刊两周年社庆招待会。

1月14日 《长清县"七五"期间社会主义精神文明建设规划》颁布实施。

2月19日 长清县委书记贾文青调离长清，刘善友接任中共长清县委书记。

3月2日 审计署审计长吕培俭到长清县视察审计工作。

3月3日 长清县委组织机关干部300人，组成宣讲团，分赴各乡镇宣讲中共中央关于《把农村改革引向深入》的文件，调查研究，深化农村改革，开展春季生产。

4月7日 中共中央纪委第二书记王鹤寿到长清县检查指导工作。

4月13日—18日 召开政协长清县第二届委员会第一次会议，会议选举桑云芳为政协长清县第二届委员会主席，谯廷祥、傅佃三、韩方顺、韩密山、罗辑明为副主席。

4月14日—18日 长清县第十届人民代表大会第一次会议在长清剧院召开。选举尚瑞亭为县人大常委会主任，孙肇治、郑立平、林开兴为副主任；选举张新一为县长，李连元、于瑞昌、马兆荣、李玉芝（女）、卢现起为副县长；程绪泉为法院院长，潘德才为检察院检察长。

4月 孝里镇万人上阵开发治理孝里洼，建鱼池61个，养鱼水面49公顷，藕池667公顷，初步形成鱼、藕、禽、林、粮、果、条综合开发立体种养的涝洼地开发模式。

5月10日 长清宾馆建成投入使用。

5月11日—13日 "全国扁鹊·秦越人里籍学术研讨会"在灵岩寺召开。全国医学史界、历史学界、社会科学界、考古学界的专家和教授61人到会，经专家们反复论证认定：扁鹊里籍应是齐国卢（今长清区）。

5月19日 山东省委副书记、济南市委书记姜春云到长清县检查指导工作。

5月20日 国务院副总理田纪云到灵岩寺视察。

5月20日—23日 中共长清县第六次代表大会召开，选举产生中共长清县第六届委员会和中共长清县纪律检查委员会，刘善友当选为县委书记，徐慎斋当选为县纪委书记。

6月17日 长清县委副书记、县长张新一带领各乡镇及县直有关部门32名负责人赴苏南、浙北参观乡镇企业。

7月15日 崮山镇成立济南市第一个乡镇级计划生育协会。

8月6日 国务委员姬鹏飞到灵岩寺参观。

8月26日 17时30分至18时30分，长清县突降特大暴雨，平均降水110毫米，最大降水量220毫米。同时，马山乡大崔、西褚科、东褚科村和双泉乡部分村庄共26个村庄遭受特大龙卷风袭击。全县受灾村庄534个，82576户33.12万人，其中重灾户5452户25705人，受伤500余人，死亡22人，农作物受灾面积1.28万公顷，绝产1400公顷，毁坏树木3.9万棵，倒塌房屋10853间，直接损失4442万元。马山乡西褚科村最为严重，全村127户房屋夷为平地，死亡18人。是日晚，县委、县政府召开紧急会议，研究部署救灾任务和措施，并组织力量奔赴现场指挥抢险救灾。

8月27日 山东省委副书记陆懋曾，省委常委、济南市委书记贺国强到长清县灾区视察灾情，慰问受灾群众，指导抢险救灾工作。

9月2日 济南军区政委迟浩田到长清县西褚科村慰问受灾群众。

10月7日 首都记者团一行10余人到长清县采访马山乡西褚科等村抢险救灾情况。

10月 长清县被山东省政府命名为尊师重教先进县。

11月16日 山东省委常委、济南市委书记贺国强到长清县调查了解学习中共十三大文件情况，听取县委及孝里镇负责人汇报，并就学习贯彻中共十三大文件精神提出具体要求。

12月18日 平安店镇后朱村成立济南市第一家农村信用合作基金会。

12月31日 长清县人口突破50万人。

是年 长清县被评为山东省绿化先进县。

1988年

2月27日 山东省人大常委会主任李振、副主任徐雷健到长清县视察工作。

3月 长清县被山东省畜牧办批准为羊毛生产基地县。

4月6日 中顾委委员、山东省委原书记谭启龙到长清县孝堂山汉石祠和城关电扇厂考察。

4月7日 长清县被山东省委、省政府授予社会治安综合治理先进县称号。

4月22日 山东省人大常委会主任李振、副主任许森到长清县后三村检查工作。

5月1日 国家档案局局长冯子直到长清县视察档案工作。

5月10日 洪都拉斯副议长费尔南德斯率国民议会代表团一行19人，在山东省人大常委会主任李振陪同下参观访问后三村。

5月13日 英国路透社记者耿必儒、《独立报》记者贺安雷到长清县后三村考察。

1988年4月6日，山东省委原书记谭启龙(右二)到长清县考察

5月16日 长清县委作出为1938年7月至1939年4月任中共长清县委书记的魏金三和1939年第一任长清县抗日民主政府县长张耀南立碑的决定。

6月22日 由建设部、中组部和中国科协联合举办的第八期全国市长研究班46人，到长清县考察新城建设和名胜古迹保护情况。

8月19日 黄河第七次洪峰经过长清河段时达5800个流量，归德镇桃园护滩工程13号坝下跨角出现滑坡，由1米发展到120米，情况非常紧急。长清县委、县政府立即组成紧急抢险班子，调动4500余人、300余部车辆，经过3昼夜的奋战，及时控制险情。

1989年3月17日，山东省省长赵志浩(前左一)到长清视察

9月9日 长清县供电局通过省级先进单位验收，成为全县第一家省级企业。

10月25日 上午9时30分，在未正式通车的220国道月庄大桥南发生一起特大交通事故。一辆载有39人的泉城630大客车在行至月庄大桥南时，大客车在超车时左侧与同方向行使的小拖车左引擎盖及左前把碰撞，大客车在撞断大桥栏杆16.7米后，翻入9.5米深的桥下，事故共造成3人当场死亡，8名重伤者送往医院抢救无效死亡，其余28人送省、市、县医院抢救治疗。

11月22日 长清县委、县政府抽调67名机关干部到乡镇、办事处挂职，时间为一年半。

11月 长清县委抽调机关干部922名，组成12个宣讲团，深入农村和企事业单位宣讲中共十三届三中全会精神。

是月 长清县被国家教育委员会授予全国扫除文盲先进县称号。

1989年

1月 长清县政府印发《关于在承包企业中积极推行全员风险抵押制的通知》，要求所有承包、租赁企业，推行分档风险抵押制。

3月6日 归德镇红旗电灌站西万米石渠开工。工程南起辛庄干、支渠，北至桃园扬水站干渠，全长10571米，投资118.17万元。

3月17日 山东省省长赵志浩、副省长高昌礼到长清县视察归德镇科技工作和孝里洼水产综合开发工程。

4月 长清县科协和归德镇科协分别被中国科协授予全国农村科普工作先进集体称号。

5月 长清县委副书记、县长张新一调离长清县，曹维新任长清县委副书记、代县长。

6月 长清县委、县政府办公大楼竣工，县机关搬入新办公大楼。

8月18日 在长清县五峰山乡召开济南市“签订家庭赡养协议书”现场会，市政协主席、市老龄委员会主任陈宝玺到会讲话，全市五区三县及市直有关部门负责人，长清县六大班子主要领导等参加会议。

9月12日 长清县被山东省委、省政府评为信访工作先进县。

10月16日—22日 在山东省星火计划成果展交会上，长清县参展的8种产品全部获奖，其中金奖3个、银奖3个、铜奖2个。

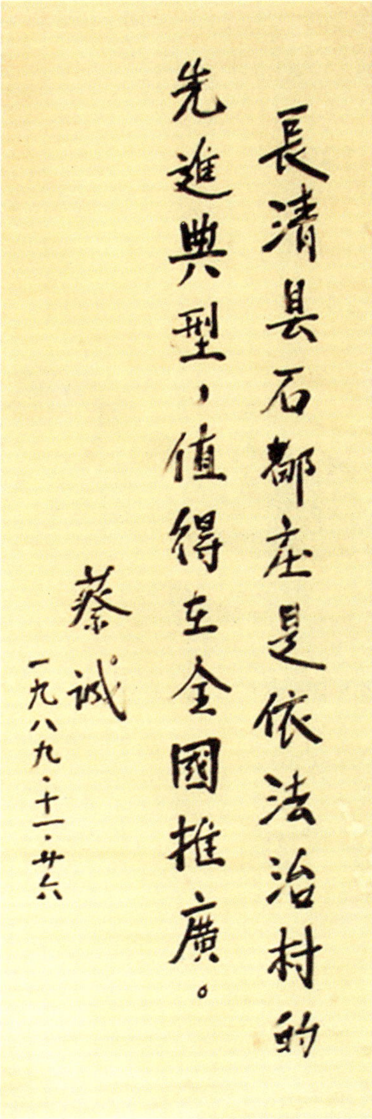

1989年11月26日，司法部部长蔡诚为石都庄题词

10月 长清县被山东省农业厅、财政厅列为瘦肉型猪商品生产基地县。

11月26日 司法部部长蔡诚到万德镇石都庄村考察依法治村工作，并亲笔题词："长清县石都庄是依法治村的先进典型，值得在全国推广。"

12月26日 城关镇西三里村明星化工厂与香港顺帆设备工程公司合资经营"济南星港装饰材料有限公司"在广州签字，成为长清县第一家中国内地与香港的合资企业。

12月 长清县归德镇被国家教委评为全国实施"燎原计划"先进乡镇。

是年 长清县红十字会被评为全国先进集体。

1990年

1月11日 长清县政府在张夏镇召开农村宅基地有偿使用现场会。

2月21日 全国人大常委会科教文卫委员会副主任张承先视察长清一中和东关小学，并瞻仰长清县第一任抗日民主政府县长张耀南墓。

2月26日至3月2日 政协长清县第三届委员会第一次会议召开，会议选举陈淑水为政协长清县第三届委员会主席，李玉芝（女）、谯廷祥、林开兴、罗辑明、刘振铎、邱兆虎为副主席。

2月27日至3月2日 长清县第十一届人民代表大会第一次会议在长清剧院召开。选举李近仁为县人大常委会主任，孙肇治、马兆荣、郑立平、魏方正、张继伟为副主任；选举曹维新为县长，李连元、于瑞昌、卢现起、赵保健（女）、陈兆昌为副县长，邹世平、张信礼为科技副县长；程绪泉为法院院长；魏来贵为检察院检察长。

3月26日—29日 召开中共长清县第七次代表大会，选举产生中共长清县第七届委员会和中共长清县纪律检查委员会，刘善友当选为县委书记，潘德才当选为县纪委书记。

4月3日 山东省委书记姜春云到长清县五峰山视察，对五峰山道教建筑群的修复工作做重要指示。

5月6日 平安店镇石马村有6户家庭遭雷击。

5月 财政部副部长张佑才考察长清县财政工作。

6月19日—27日 长清县委副书记、县长曹维新带领县计划委员会等部门负责人，赴北京

1990年5月，财政部副部长张佑才（前右五）到长清县考察

参加由中国五金矿产品进出口总公司、中国国际贸易中心联合举办的“国际五金矿产品及其加工技术和设备展览会”，并在京丰宾馆召开长清县花岗石开发恳谈会。

6月30日 长清县委下发通知，将“长清县精神文明建设协调委员会”更名为“长清县精神文明建设委员会”，文明委成员单位由24个增至29个。

7月3日 济南市委副书记、市长翟永浡带领市政府部门主要负责人120余人到长清县崮山镇六里村东山参加雨季造林活动。

8月1日 万德镇石都庄村党支部书记徐振海，应邀参加由中宣部、司法部在安徽省黄山市组织召开的全国各省、市、自治区司法厅、局长法制工作座谈会，徐振海作为全国唯一的最基层农村党支部书记，在会上介绍依法治村的先进经验。

8月10日 国务委员、财政部长王丙乾到灵岩寺参观。

8月20日 长清县万德镇农民画家李卫东向北京第11届亚运会组委会捐赠3幅国画，被组委会收藏并颁发证书。

9月 长清县被山东省政府列为沿黄经济开发区。

11月2日 山东省高级人民法院院长宇培杲到长清法院视察，赞誉长清法院法庭建设为“鲁西南地区的样板”。

1990年11月2日，山东省高级人民法院院长宇培杲（中）到长清法院视察

11月 中国农工民主党长清县第一届委员会成立，选举李玉荣为支部主任委员。

1991年

3月12日 著名书法家启功到灵岩寺参观。

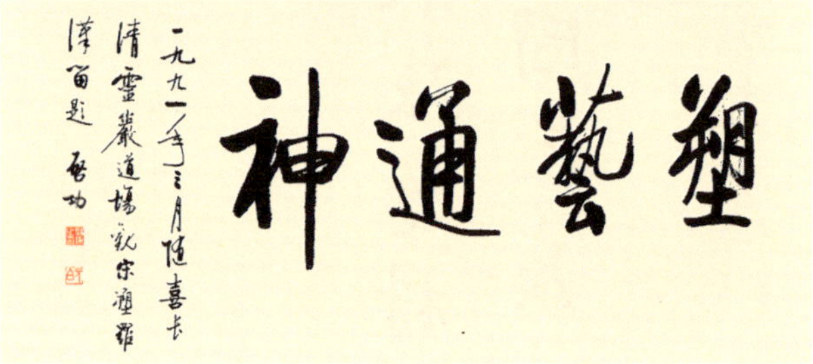

1991年3月12日，著名书法家启功为灵岩寺题字

4月30日 长清县第十一届人大常委会第七次会议通过《关于在全县深入开展法制宣传教育工作的决议》。

5月12日 《长清百余村电工当上村干部》在中国电力报头版头条发表。

5月21日 14时40分，在220国道孝里镇广里村附近，发生一起恶性交通事故。菏泽地区客运六队解放牌大客车由南往北行驶中与迎面驶来的东明县科委一辆面包车相撞，两车共有乘客27人，5人死亡（当场死亡4人），3人重伤，3人轻伤。

6月26日—27日 长清县第十一届人大常委会第八次会议召开，会议通过《关于解决山区人畜缺水问题的决议》和《关于设立信访工作室的决定》。

7月15日 长清县政府颁布《长清县城镇人

口计划生育实施细则》。

7月28日 长清县普降大到暴雨，平均降雨121.6毫米，受灾面积1.63万公顷，其中绝产0.35万公顷，倒塌房屋1979间，死亡3人，伤17人。灾情发生后，县委、县政府领导分赴各乡镇组织抢险救灾。

7月 长清县委书记刘善友调离长清县，李树山接任中共长清县委书记。

11月18日 万德麦芽厂投资450万元的3万吨麦芽生产扩建项目竣工投产，市委副书记、市长谢玉堂参加竣工剪彩仪式。

11月 长清县委抽调县直机关干部224名，乡镇干部881名组成11个宣讲组奔赴各乡镇开展社教活动。

12月3日 长清县举行全民奔“小康”大讨论活动。活动历时20余天，全县形成“齐心协力抓经济，团结奋进奔小康”的局面。

12月20日 长清县青年联合会成立，共有委员78人，下设7个界别，常委会由25人组成，其中主席1人、副主席7人、常委17人。

12月30日—31日 济南市委副书记、市长谢玉堂到长清县检查指导农村社教工作。

1992年

2月28日 长清县第十一届人大常委会第十二次会议通过《全县人民齐心协力奔小康的决议》。

3月16日 长清县政府制定《长清县乡镇企业推行股份合作制实施方案》《长清县乡镇企业推行股份合作制试行办法》，同时印发《长清县乡镇企业股份合作制示范章程》。

3月25日—27日 长清县第十一届人民代表大会第三次会议召开，听取审议县人大常委会、县政府、县法院、县检察院工作报告，作出关于实施国务院《农民承担费用和劳务管理条例》和《山东省农民负担管理条例》的决议。

4月8日 长清县委、县政府选调101名优秀青年干部到乡镇办事处任职。

5月14日 长清县委、县政府在福州市举办对外开放新闻发布会。

5月23日 长清县开展“解放思想、扩大开放”大讨论活动。

6月12日 位于五峰山，建于东魏、北齐年间的圣佛莲花洞石窟造像被公布为省级文物保护单位。

6月19日 长清县供电局被电力部评为全国电力“三为”服务达标单位。

是日 马山镇53个行政村均安装程控电话，成为济南市第一个实现村村通电话的乡镇。

6月 新编《长清县志(1840—1985)》出版发行，该书除序、凡例、概述、大事记、附录、编后记外，设政区、自然环境等27篇，121章397节，共82.6万字，济南出版社出版，金勇(深圳)印务出版有限公司承印，印数2100册，国内外公开发行。

7月1日—4日 全国农机包修工作经验交流会在长清县召开，农业部农机化司副司长张承华在会上讲话，各省(市、区)农机局农机修理处

1992年7月1日—4日，全国农机包修工作经验交流会在长清县召开

长、长清县委书记李树山、县长曹维新等出席会议，与会人员参观长清县农机包修现场，学习推广长清县基层农业机械维修方面的成功做法。

8月6日 长清县委、县政府重奖9名有突出贡献的科技人才和重视科技的模范干部。

8月 全国黄淮海开发治理现场会在孝里镇召开，推广孝里洼治理经验，山东省省长赵志浩出席现场会。

10月 卫生部、国家计委、农业部、国家环保局、全国爱卫会为长清县颁发“中国农村实现2000年人人享有卫生保健规划试点达标县”奖状。

是月 长清县清怡园竣工。清怡园位于长清县委、县政府东侧，占地1.3公顷，总投资182万元。

11月14日 长清县五峰山林场被山东省政府命名为“五峰山省级森林公园”。

11月24日 长清县委副书记、县长曹维新调离长清县，县委副书记雷建国兼任代县长。

11月 长清县被国家散装水泥协会定为全国农村推广散装水泥示范县。

是年 长清县被山东省人民政府授予“齐鲁杯”三上活动先进县城称号。

1993年

1月8日 经济南市体改委、济南市计委、济南市经委批准，长清县物资局整建制转为济南长清物资集团，并成立集团总公司，为中型(一)企业，保留物资局牌子。

1月8日—10日 政协长清县第四届委员会第一次会议在长清宾馆召开，会议选举陈淑水为政协长清县第四届委员会主席，徐立英(女)、谯廷祥、林开兴、罗辑明、刘振铎、邱兆虎为副主席。

1月9日—11日 长清县第十二届人民代表大会第一次会议在县委会议厅召开，选举李近仁为县人大常委会主任，孙肇治、马兆荣、张继伟、魏方正、马庆福、李文德为副主任；选举雷建国为县长，陈延河、卢现起、赵保健(女)、陈兆昌、王宪谱、韩庆森为副县长；程绪泉为法院院长，魏来贵为检察院检察长。

1月18日 长清县第一家市级乡镇企业集团——济南平安集团总公司成立。

1月 建立长清人民广播电台。

是月 建立长清县电视台。

2月3日 山东省委书记姜春云、济南市委书记王怀远、副省长张瑞凤、省建委主任宋希焕、济南市市长谢玉堂等领导到长清县归德镇大黄山参加植树活动。

3月 莲台山风景区管理处成立，景区定名为“莲台山度假村”。

是月 长清县文化局与济南市文物局合作对五峰山明德王墓进行抢救性清理发掘。

4月 电力工业部部长史大祯、副部长查克明到长清视察电力“三为”服务工作。

5月17日 国家土地管理局局长王先进到长清县视察土地有偿使用和土地详查工作，为长清县土地管理局题词“开拓进取”。

6月8日 经济南市政府批准，建立济南市农业高新技术开发区。开发区位于平安店镇潘村管理区，占地28公顷。

1993年2月3日，山东省委书记姜春云(中)等领导到长清县归德镇参加植树活动

6 月 25 日 长清县电话进入济南扩大的本地电话网 C3 网，统一使用济南市的长途电话区号“0531”，号码同时由 6 位升至 7 位。

6 月 长清县档案馆征集到归德镇前刘官庄村民赵风刚保存的康熙十四年（1675）敕书一件和赵氏家谱一宗，经国家第一历史档案馆鉴定敕书为真品。

7 月 1 日 长清县新华书店由老城搬迁至清河街 1869 号，正式营业，同时举办长清县新华书店首届灵岩书市。

8 月 13 日—17 日 联合国社会发展中心“老年人参与社会发展”调查研究项目，中国农村老年人调查在长清县进行（城市老年人调查在济南市区），抽样调查城关镇、平安店镇、崮山镇、万德镇、马山乡的 15 个村共 301 户。

8 月 济南市农业高新技术开发区被省政府确定为省级农业高新技术产业示范区。

9 月 长清县被国家计生委授予全国计划生育先进单位称号。

10 月 9 日 中国砂石协会在灵岩寺召开会议，学习推广长清县建材管理工作经验。

10 月 19 日 长清乐园建成开放，公园位于清河街南侧，长清宾馆以西，占地 2.67 公顷，总投资 387 万元。

10 月 万德镇被国家计委列入全国百家小城镇开发建设试点镇。

11 月 9 日 长清县第十二届人大常委会第五次会议通过《关于保护旅游区环境、防治污染的决定》。

11 月 长清县被山东省委、省政府评为计划生育“三为主”先进单位。

12 月 1 日 长清有线电视台正式成立。

12 月 8 日 长清县人民政府将县供销社整建制转为济南市长清供销合作社集团，并成立集团总公司。

12 月 9 日 长清县人民政府将长清县商业局整建制转为济南市长清商业集团，同时成立济南市长清商业集团总公司，保留长清县商业局牌子。

12 月 12 日 莲台山庄投入运营。

1994 年

1 月 6 日 长清县第十二届人大常委会第六次会议通过《关于深入开展反腐败斗争加强廉政建设的决议》。

2 月 城关镇被山东省政府评为综合经济实力百强镇。

3 月 22 日 长清县文明委印发《关于积极开展“唱响主旋律，塑造新形象”活动的实施意见》。主要内容是“两学”（学外语、学文明涉外知识）、“三育”（加强职业道德教育、社会公德教育和家庭美德教育）和“三树”（树立一批文明标兵、树立一批文明窗口、树立一批新风行业）。

4 月 16 日 山东省委书记姜春云到长清县视察。

4 月 长清县中医医院被列为全省重点中医院建设单位。

5 月 9 日 全国妇联副主席赵地一行 4 人，在山东省、济南市妇联领导陪同下到长清县视察妇女基层组织建设工作。

7 月 6 日 石店水库大坝背坡出现裂缝，累计长 938 米，最大裂缝宽 12.8 厘米，最大错距 8.5 厘米。引起国家防总、省、市领导的高度重视，将该水库列入全省水库除险加固计划。

7 月 13 日 中日农机维修技术培训中心专

1994 年 7 月 13 日，中日农机维修技术培训中心专家到长清县考察

家、日本国际协力事业团专家组组长、农学博士諏泽健三和日本专家酒井保幸、堀山三郎在北京农业工程大学、中日农机维修技术培训中心副主任李民赞等陪同下，到长清县考察农机维修工作，先后参观县拖拉机站、归德农机站、西三里农机维修网点。

7月 济南灵芝集团与加拿大卢堡集团合资兴建麦芽厂，总投资2000万元人民币，年产量6万吨，成为江北第一家规模大、产量高的麦芽厂。

1994年9月17日，最高法院咨询委员会主任、原副院长王怀安(右二)等领导到长清县视察

8月15日 长清县税务局分为长清县国家税务局和长清县地方税务局，县委、县政府在长清宾馆召开国税局、地税局成立大会。

8月22日 山东省委副书记、省长赵志浩到长清县视察工作。

8月 济南市委、市政府在长清县召开县域经济体制改革工作现场会，长清县介绍全方位推行股份合作制的经验。

9月1日 全国第一所部队与地方共同兴建的长清县"八一"希望小学在孝里镇落成。山东省副省长吴爱英、济南军区副政委张文台、济南市副市长赵志冰参加落成仪式。

1994年9月1日，济南军区、山东省军区与地方政府共同兴建的长清县"八一"希望小学举行落成仪式

9月4日 济南市投资最大的外商独资企业——新西兰铭峰纺织公司在万德镇北工业区奠基，工程总计投资5000万美元。

9月17日 最高法院咨询委员会主任、原副院长王怀安等一行5人，在省高级法院副院长李德蓉、副院长谢金城、市法院院长周玉华等陪同下，到长清法院视察指导办案方式改革工作。

9月27日 灵岩寺与新加坡碧祥有限公司合资600万元兴建的灵岩世界水族昆虫馆正式接待游人。

是日 由雕刻之乡——长清县归德镇前封村著名石雕艺人曹承林(时年72岁)，选用长清灵岩花岗石厂生产的优质花岗石，为国家主席江泽民的题词精刻石碑一通。其碑文是"为了世界和平，为了人类幸福。江泽民一九九四年十月一日"。此碑被运往

著名石雕艺人曹承林介绍当年为江泽民主席题词雕刻纪念碑情况 （1997年 摄）

1995年2月，长清县被评为山东省建筑业十强县

菲律宾国的“和平公园”珍藏。

10月22日 长清县第十二届人大常委会第十二次会议通过《关于监督决议决定和视察审议意见执行办理工作的试行办法》。

10月 占地面积1.7万平方米建筑面积1.5万平方米的长清县渤海商城竣工启用。

是月 在东王村北兴建的日供水规模5万立方米的第二自来水厂竣工投产。

12月 武家庄乡代表济南市及长清县接受并通过林业部灭荒达标检查验收。

是年 平安店、归德、双泉、马山、五峰山、万德、张夏、崮山8个乡镇的39个办事处，443个行政村，实行合作医疗制度，参加人数304599人，占全县农业人口的67.2%。

1995年

1月17日 长清县被济南市政府命名为“建筑建材之乡”。

1月25日 《农民日报》刊发题为《归德，山东粮食生产第一镇》的报道。

1月 长清县委书记李树山调离长清县，雷建国接任中共长清县委书记，县委副书记王荣玉任代县长。

2月 长清县被命名为山东省建筑业“十强”县。

3月1日—3日 长清县第十二届人民代表大会第三次会议召开，选举王荣玉为县长。

3月22日 国家“八六三”计划新材料专家组首席专家、中科院院士姜明华率有关专家到归德镇长虹铸管厂考察。

3月22日—25日 召开中共长清县第八次代表大会，选举产生中共长清县第八届委员会和中共长清县纪律检查委员会，雷建国当选为县委书记，张化富当选为县纪委书记。

3月 长清县被山东省政府、山东省畜牧局认定为山东省畜牧业强县，五峰山镇、马山镇、平安店镇被认定为山东省畜牧业强乡（镇），后朱村被认定为山东省畜牧业强村，徐洪祥、张传广、曹文水被认定为山东省畜牧业富户。

4月21日 全国人大常委会原副委员长廖汉生到长清县考察指导工作。

4月30日 由日本国山口县知事平井龙带队的友好访问团，专程到万德镇灵岩商城访问万德镇经商女状元康茂娇。

5月1日 长清县体育场建成启用，投资600多万元，占地4.4公顷。

5月15日 山东大学考古队在长清县文化局的配合下完成长清县五峰山仙人台邿国贵族墓地的发掘，共发掘文物560余件（套），被列入1995年全国“十大”考古新发现之一。

5月 五峰山林场划归五峰仙庄旅游文物管理处。

1995年6月9日，山东省委副书记、省长李春亭（右二）等领导到平安店镇参加麦收劳动

6月9日 山东省委副书记、省长李春亭，省政协主席陆懋曾，省委副书记李文全，省委常委、省军区政委刘国福，省人大常委会副主任郭长才等到平安店镇名庄村参加麦收劳动。

6月18日 长清县建立平安店镇潘村、张夏镇青杨两个非建制镇管理区，并各设党委（副局级）。

6月23日 长清县灵岩寺举行佛像开光仪式，居士、游客、新闻记者等1万余人参加。

是日 在农业部乡镇企业局、中国乡镇企业协会联合组织开展的1995年中国乡镇企业评价活动中，灵芝集团入选中国最高利税总额乡镇企业1000家行列第534位。

6月28日 长清县造纸厂因污染严重和经营不善，被令停产。

7月6日—22日 长清县委书记雷建国率团赴江苏省、浙江省部分县（市）考察学习乡镇企业、农村现代化和城镇市场建设及改革开发等方面的经验。

8月24日 以日本国宫城县南乡町町长齐田澈郎为团长和议长远腾贞雄为副团长的“日本南乡町友好访问团”一行18人访问长清县。长清县委书记雷建国、县人大常委会主任李近仁、县长王荣玉会见访问团成员。王荣玉代表长清县人民政府与南乡町签订友好协议。

8月 长清县提前一年实现省级“八五”绿化达标。

是月 长清县人民政府印发《长清县兽医卫生监督检验实施办法》《长清县兽药管理办法》《长清县畜禽管理实施办法》《长清县兽医从业人员管理办法》《长清县养犬管理办法》5个规范性文件。

9月10日 全国人大常委会委员长乔石到长清视察指导工作，并参观游览灵岩寺。

10月10日 《人民日报》报道，长清县在农村普遍建立“两议”“五公开”制度，促进农村民主法治建设。

10月11日 长清县被评为第三届中国综合实力百强县，位居第92名。是济南市唯一跨入“百强县”的县。县长王荣玉率团赴张家港参加“百强县”新闻发布会，并在会上介绍长清县发展的基本情况，领取“百强县”匾牌。

10月18日 中国济南平安肉类批发市场建成启用，工程投资1000万元，占地7公顷，日交易生猪1000头以上，日生产加工生肉6万公斤。

10月31日 长清县委、县政府召开全县领导干部会议。县长王荣玉通报第三届中国综合实力百强县新闻发布会情况，县委书记雷建国作题为《以跨入百强县为动力，推动全县两个文明建设再上新台阶》的讲话。

10月 中国人民解放军空军原政委、全国人大内务司法委员会副主任、中共第十三届中央委员朱光回原籍长清县考察。

1995年10月，县委书记雷建国（左）会见朱光（右）

是月 长清县文化局与山东省文物局、山东大学历史系联合组成考古队，对归德镇双乳山汉墓进行抢救性发掘。

是月 长清县顺利通过山东省政府“两基”（基本普及九年义务教育、基本扫除青壮年文盲）达标验收，被国家教委确认为全国第二批“两基”达标县。

11月1日 长清县第十二届人大常委会第十九次会议通过《关于对行政执法机关执法实行责任追究的试行办法》。

11月6日 中共中央政治局委员、全国人大常委会副委员长田纪云在北京接见县委书记雷建国。

11月10日 《中国文物报》头版头条刊发《长清县西汉济北王陵发掘获重大成果》专文。

11月21日 五峰山被山东省政府确定为省级旅游度假区。

11月 平安店镇被评为“首届中国乡镇投资环境300佳”之一。

是月 长清县灵芝、水龙王、花岗石、国安4家企业集团相继由市级晋升为省级企业集团。

是月 城关镇被评为首届中国乡镇投资环境百强镇。

12月1日 长清县委八届二次全委会议召开，审议并原则通过《长清县国民经济和社会发展第九个五年计划及2010年远景目标纲要（草案）》。

12月21日 长清县供电局自行设计、自行建设的第一座110千伏变电站——崮山变电站正式并网投入运行，装机总容量3.15万千伏安，总投资1050万元。

12月28日 投资1600万元建筑面积8000平方米高5层的银河商厦竣工开业，成为长清县国有商业的龙头企业。

1995年12月28日，长清县银河商厦、供销大厦开业典礼仪式在县委会议厅举行

1995年12月28日，举行长清银河商厦开业剪彩仪式

是日 长清县供销大厦开业。

12月 长清县被评为全国农村电气化县，长清县供电局被评为全国电力“三为”服务先进单位。

是月 长清县有10个乡镇实行合作医疗，参加合作医疗的村为522个，覆盖率85%，参加人数为372735人，占农业人口的82%。

是年 长清县黄河商场被市政府评为“十强”市场，被国家工商局评为全国文明市场。

是年 兵器工业部所属北方物业公司山东分公司，投资1500万元，对长清县崮山镇崮云湖进行开发建设，初步形成以沙滩娱乐、浅水游泳、游艇、餐饮为主的多功能度假区。

1996年

1月9日 中央电视台新闻联播播出《长清科技文化下乡受欢迎》新闻。

1月13日 山东水龙王集团有限公司经中共长清县委批准成立全县第一个村级党委。

1月16日 山东省暨济南市文化、科技下乡活动在长清县归德镇举行开幕式。

1月 长清县被山东省人民政府授予山东省村镇建设"十百千"活动先进县称号。

2月26日—29日 政协长清县第四届委员会第四次会议召开,选举郭恩廷为政协主席,增选张瑞金为副主席。

2月27日至3月1日 长清县人大第十二届四次会议召开,选举陈淑水为县人大常委会主任,王继玉、李良盛为副主任,傅佑民为长清县人民政府科技副县长,杨洪祥为长清县人民法院院长。

3月12日 专家评估"水龙王"名牌商标价值2.1亿元。

3月21日 长清县委印发《关于进一步创建"五好"村活动的意见》。"五好"是指好领导班子、好队伍、好发展经济路子、好经营体制、好管理制度。

4月1日 长清县人武部复归军队建制。

4月8日 中国木鱼石城建成开业,全国人大常委会副委员长王光英题写"中国木鱼石城"。

4月16日 三月三马山庙会恢复。

4月 长清县工业区管理委员会办公室成立,为局级单位。

是月 长清县委副书记、县长王荣玉率长清县人民政府经济贸易友好考察访问团赴日本国宫城县南乡町进行经济贸易考察及友好访问,并与南乡町签订友好交流协议。

5月8日 长清县工业区被济南市政府列为济南市工业园南区。

5月 长清县获第三届山东省精神文明建设工作先进县称号。

是月 浙江省委原副书记崔健访问母校长清一中。

6月16日 济南市委副书记、市长谢玉堂,副市长刘克昌带领市政府有关部门负责人到长清县检查指导农业和乡镇企业工作,县委书记雷建国、县长王荣玉陪同。

6月26日 山东省委书记赵志浩围绕农村奔小康、走共同富裕道路等问题,到长清县调查研究并发表重要讲话。省委常委、省委秘书长张宗亮,长清县委书记雷建国,县长王荣玉等陪同。

6月27日 凌晨5时,长清县双泉乡突降暴雨,降雨量193毫米,冲毁塘坝18座,大小桥梁14座,毁坏道路50160米,农作物受灾面积752.4公顷,冲毁地堰68560米,直接经济损失360万元。

6月27日至7月2日 长清县委副书记、县长王荣玉率团赴北京招商,在紫玉宾馆会见"长清驻京友人联谊会"成员,宣传介绍长清的发展情况,联系到三九集团等重要客户10余家。

7月25日 日本国宫城县南乡町友好访问团第二次访问长清县,县长王荣玉与南乡町町长齐田澈郎签订友好交流计划协议。

7月 民政部部长多吉才让到长清县考察。

1996年7月,民政部部长多吉才让(中)到长清县考察

8月9日 长清县第十二届人大常委会第二十五次会议召开，通过《长清县人大常委会关于对公、检、法机关实行错案责任追究的试行办法》和《关于评选执法责任制先进单位和执法模范的实施意见》。

8月13日 山东省委书记赵志浩、济南市市长谢玉堂到长清视察沿黄滩区抗洪抢险工作。

8月17日18时 黄河第一号洪峰到达长清县境内，洪峰至长清镇孟李测量点时水位高达37.1米，是历史最高水位的一次洪峰。全县共投入劳力15万人次，动用土方近10万立方米、石方7000余立方米，确保县城和沿黄4镇20多万人民的生命财产和1.3万余公顷粮田安全。

8月19日 南大沙河河槽内黄河水倒灌5公里，最大水深4.3米，两岸堤防出现20多条裂缝，最长裂缝156米，缝宽1.5厘米。左堤较薄弱的房庄段的坝脚出现8处管涌和128米长的塌方。县委书记雷建国到现场指挥抢险，经10个小时的奋力抢险，险情排除。

8月20日 黄河水倒灌玉符河，卧虎山水库下泄洪水滞蓄在玉符河下游4公里河槽内，左堤出现20多处裂缝，最长裂缝85米，裂缝宽0.5~2厘米；四里村坝段的坝脚处出现多处管涌，还有滑坡迹象。县长王荣玉带领5000多人抢险队配合2000多人的长清驻军日夜抢护大坝，及时排除险情。

8月 长清县获全国科技工作先进县称号。

是月 成立长清县万德镇城镇居民委员会。

9月1日 长清县石麟小学由老城区搬迁到新城。新校占地3.62公顷，建有教学楼1幢，建筑面积5300平方米，综合楼及阶梯教室2400平方米。该校是县委、县政府动员全县上下集资600多万元，历时一年零两个月建成的。

9月6日 全国人大法制委员会主任薛驹、副主任蔡诚带领全国执法检查组到万德镇石都庄村检查指导工作，对石都庄村“依法治村”工作给予肯定并题词。薛驹的题词是：“依法治镇，确保一方平安。”蔡诚的题词是：“依法治镇，成绩卓著。”

9月15日 在归德镇双乳山举行济北王陵

1996年9月15日，山东省委原书记梁步庭（前右二）到双乳山汉墓视察

1996年9月15日，在双乳山举行济北王陵博物馆奠基仪式

博物馆奠基仪式，省委原书记梁步庭等省、市领导参加。

9月25日　中国《农民日报》头版头条刊发《令人瞩目的跨跃》报道，介绍长清县由欠发达县到百强县的发展历程。

9月　长清县获全国体育工作先进县称号。

10月6日　举行长清国家粮食储备库奠基仪式，山东省粮食局局长乔秀伦、济南市粮食局局长张大印等领导出席奠基仪式。

10月8日　长清县第十二届人大常委会第二十六次会议召开，通过《关于批准文昌小区开发建设规划的决议》。

11月6日　长清县“扁鹊医院”举行落成典礼。该院占地1.64公顷，门诊大楼面积6300平方米，共投资800万元。

11月10日　山东省委副书记、省长李春亭，副省长张瑞凤，省军区政委刘国福，副司令员秦江昌率工作组到长清县检查征兵工作。

11月23日　山东省政协副主席翟永浡率领驻济百名省政协委员到长清县视察指导工作。

11月　山东三友锅炉有限公司LSZ、QXL两大系列锅炉获第八届中国新技术新产品博览会金牌。

12月14日　济南市委副书记、市长谢玉堂，市人大常委会副主任张福山，市政府秘书长刘善友及市有关部门负责人到长清县万德镇检查指导工作，就农村奔小康工作提出要求，县长王荣玉等陪同检查。

12月20日　环冠集团研制开发出XJ脱硫旋激除尘设备，并通过部级鉴定，列入省科技星火项目，其旋激脱硫方式填补国内空白。

12月28日　济南市委副书记、市长谢玉堂在济南宾馆主持召开长清县与三九集团合作协调会议，副市长谭永青、徐华东和县委书记雷建国、县长王荣玉、副县长赵聿兴等领导参加会议。

12月29日　长清县委副书记、县长王荣玉赴深圳与三九企业集团签订长清5家企业划转三九集团协议。

12月　万德镇北马套村被全国绿化委员会授予全国绿化千佳村称号。

是年　“水龙王”“灵芝”两家企业集团晋升为国家部级企业集团。

是年　长清县被山东省农业厅确定为省农村集体资产管理试点县。

是年　长清县被山东省人民政府授予1993—1995“齐鲁杯”先进县城称号。

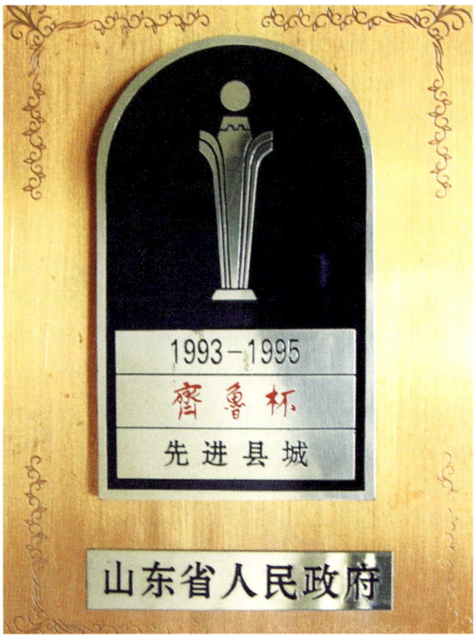

1996年，长清县获“齐鲁杯”先进县城称号

1997年

1月1日　长清县第一次全国农业普查工作正式启动，全县3000多名普查人员对613个行政村、12万农户进行调查。

1月2日　长清县在灵岩寺举行'97中国旅游年（长清）首游式，并迎来首批游客——天安门国旗班战士。

1月9日　长清县委印发《关于学习推广双泉乡党委加强精神建设经验的通知》，对双泉乡党委实施“民心工程”“十星级文明户”评选活动予以肯定和推广。

1月28日　长清县委印发《关于学习推广马套村党支部带领群众艰苦创业走共同富裕道路经

验的通知》。

2月2日 长清县济北王陵发掘被列为1996年全国“十大考古新发现”之一。

2月4日 国务院副总理姜春云到水龙王集团公司视察，并到武家庄乡北纸坊村走访慰问，山东省委书记赵志浩、省长李春亭等陪同视察。

3月9日 全国人大常委会原委员长万里在北京接见山东水龙王集团董事长梁国利、副董事长王如泉。

3月21日 由埃塞俄比亚中央执行委员赛耶·阿布拉哈率领埃塞俄比亚人民革命阵线一行5人，在中联部及省、市外办负责人陪同下，到长清县进行友好访问。县委书记雷建国、县长王荣玉等领导参加会见。

3月 “水龙王”杯“三八”国际网球赛在北京举办。

是月 五峰山镇明陵杏园被市政府命名为济南市市长科技示范园。

5月14日 长清县委、县政府召开长清县史志工作会议，启动第一部《长清年鉴》的编纂工作。县长、县第五届史志编委会主任王荣玉主持会议，县委书记雷建国讲话，山东省地方史志办主任张守富、济南市史志办主任许汝岭等出席会议。

5月 山东省委副书记、省长李春亭到长清县视察小麦育种情况。

6月18日 孝里陶瓷厂自营出口权被国家经贸委批准，成为全县唯一具有自营出口权的乡镇企业。

6月21日 山东省沿黄滩区村庄搬迁现场会在长清县召开。省委副书记、副省长宋法棠到会讲话，并对长清县黄河滩区村庄搬迁工作给予肯定。

7月1日 济南军区前卫歌舞团著名相声演员唐爱国应邀参加万德镇“迎七一庆香港回归”大型文艺演出活动。

7月 长清县公安局被评为全国优秀公安局。

是月 长清县被山东省人民政府命名为村镇建设先进县。

8月8日 位于五峰山旅游度假区内的五峰阁宾馆投入试运营，占地面积6.8万平方米，建筑面积1.8万平方米。

8月29日 山东省专家咨询会在莲台山宾馆召开。山东省委书记吴官正，省委常委、秘书长张宗亮，副省长吴爱英和驻鲁中科院士参加会议。

8月 长清县被省政府定为全省计划生育工作优质服务试点县。

是月 长清县自筹资金2785.4万元，建成长18.6公里的五万路（五峰至万德）。

9月15日 五峰山旅游区管委会与山东电视台“快乐星期天”栏目摄制组联合举办“五峰山森林宿营地暨中秋赏月联谊会”。

9月27日 山东省政协主席陆懋曾到长清县视察三秋生产。济南市副市长刘克昌参加视察活动，县委书记雷建国、县长王荣玉、县政协主席郭恩廷等陪同视察。

10月3日 国务院副总理姜春云到五峰山、水龙王集团视察工作，省、市领导李春亭、李文全、

1997年5月，县长王荣玉（左三）陪同山东省省长李春亭（左一）视察长清县小麦育种情况

■ 1997 年 10 月 23 日，印度尼西亚消灭脊髓灰质炎访问团一行 6 人到县人民医院考察并进行学术交流

谢玉堂等陪同视察。

10 月 6 日 孝里镇燕庄至东阿县大李庄黄河浮桥竣工正式通车。

10 月 23 日 印度尼西亚消灭脊髓灰质炎访问团一行 6 人到县人民医院考察并进行学术交流。

11 月 18 日 由《人民日报》《经济日报》《农民日报》和中央电视七台、中央人民广播电台、新华社 6 家新闻单位组成的“全国菜篮子工程实施十周年成果展”采访团到长清县平安肉类市场采访。

11 月 “中国济南平安肉类批发市场”被农业部确定为全国“菜篮子工程”定点鲜活农产品中心批发市场。

12 月 17 日 长清县万德镇工贸小区被农业部命名为第二批全国乡镇企业示范区。

12 月 长清县委书记雷建国调离长清县，王荣玉接任县委书记，长清县委副书记卞允斗任代县长。

是月 长清县被评为全省社会治安综合治理模范县。

1998 年

1 月 12 日—16 日 政协长清县第五届委员会第一次会议在清河宾馆召开，201 名政协委员参加会议，会议选举郭恩廷为政协长清县第五届委员会主席，徐立英（女）、谯廷祥、张瑞金、林开兴、刘振铎、邱兆虎、李良森为副主席。

1 月 13 日—18 日 长清县第十三届人民代表大会第一次会议在县委会议厅召开。选举李连元为县人大常委会主任，卢现起、王宪谱、韩庆森、王继玉、李良盛、陈兆禄、郝兆芳（女）为副主任；选举卞允斗为县长，陈兆昌、顾建军、王家云、魏军、宋家岭、司云平、赵文平为副县长；杨洪祥为法院院长，郭绪庭为检察院检察长。

1 月 长清县工业区管理委员会更名为济南市工业园（南区）管理委员会，为县级事业单位。

2 月 6 日 中共中央政治局委员、国务院副总理姜春云到长清县视察农业高新技术开发区。

2 月 长清县获全国农村 2000 年人人享有卫生保健规划目标普及阶段先进县称号。

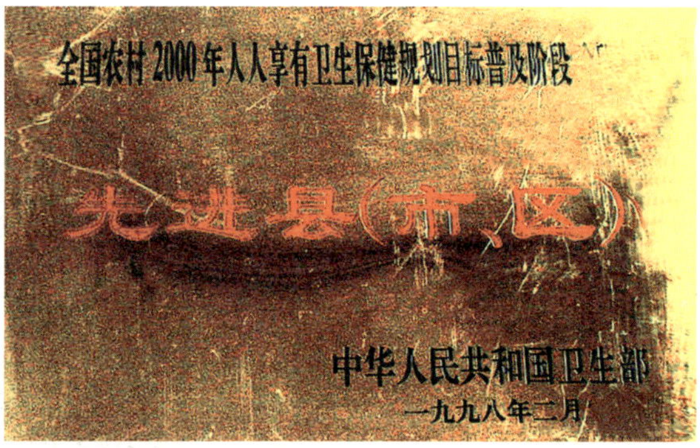

■ 1998 年 2 月，长清县获全国农村 2000 年人人享有卫生保健规划目标普及阶段先进县称号

3 月 19 日—22 日 召开中共长清县第九次代表大会，选举产生长清县第九届委员会和中共

长清县纪律检查委员会,王荣玉当选为县委书记,赵保健(女)当选为县纪委书记。

4月8日 东风水库改建工程开工奠基。

4月18日 中国人民解放军总后勤部副部长王太岚中将到济南三九益民制药有限责任公司视察。

4月21日 长清县委、县政府颁布《关于加快旅游业发展的十项规定》。

5月3日 济南市委副书记、市长谢玉堂到长清县五峰山镇视察农村经济工作,县委书记王荣玉、县长卞允斗陪同视察。

5月12日 济南市委副书记、市长谢玉堂视察东风水库改建工程。

5月20日 齐鲁碑林筹建工作汇报会在五峰阁宾馆召开,省市领导梁步庭、李子超、苗枫林、邵桂芳、谢玉堂、陶安岭、刘荫岛和长清县委书记王荣玉、县长卞允斗出席会议。

6月5日 山东省副省长韩寓群、陈延明到长清视察东风水库改建工程。

7月16日 孝里镇被列为全省畜牧改良示范镇。

8月18日 长清一中与长清十五中合并,十五中成为长清一中初中部。

9月1日 长清县供电局印发《长清县农村电工统一管理办法》,标志着长清县在全国率先实行对农村电工的统一管理,全县农村统一电价,实行"四到户、五统一、三公开"管理。

9月8日 山东省妇联系统普法工作经验交流会在长清县召开,与会者参观崮山镇范庄村普法"六个一"工程现场。

9月 《长清年鉴(1986—1997)》出版发行,该书除编辑说明、序、特载、大事记、附录外,设概况、政治等25个栏目,共98万字,中华书局出版,深圳当纳利旭日印刷有限公司印刷。该书在第二届全国地方年鉴评奖中获一等奖,在山东省年鉴优秀成果评比中获特等奖。

10月2日 中共中央政治局委员、中科院院长李铁映在山东省省长李春亭、省委副书记吴爱英(女)、济南市市长谢玉堂陪同下,到长清县视察,指示长清县要更进一步开发保护好文物,以旅游业为支柱发展经济。

10月9日 长清县第十三届人大常委会第五次会议召开,通过《关于批准长清县城市总体规划的决议》和《关于深化完善执法责任制的决定》。

10月16日 长清县文明委印发《关于在全县农村实施精神文明建设"521"工程的意见》。"521"中的"5"是指村村建一条标准进村路、一条文明街、一处宣传阅读栏、一处政务公开栏、一条精神文明建设宣传标语;"2"是指在全县200个行政村建立图书阅览室;"1"是指全县村村要有一处农民夜校或文化大院。

10月31日 中国山东省与日本国山口县绿色黄河友好林植树欢迎仪式在长清县举行。副省长林书香,山口县副知事小河启佑等出席会议。

10月 全国政协原副主席、历史学家胡绳到长清县视察文物工作。

是月 成立济南市第一家"148"法律服务专

1998年10月31日,中日绿色黄河友好林植树欢迎仪式在平安店镇举行

线，在全市乃至全省推广。

11 月 21 日 长清县孝里镇黄牛改良站竣工落成。省畜牧局原局长、省农业顾问团畜牧团团长王桂月，省良种中心主任张志民等参加落成典礼。

11 月 水龙王集团在济南东方大厦召开 ISO 9001 质量认证新闻发布会，成为全县首家取得 ISO 9001 质量认证证书的企业。

1999 年 5 月 13 日，第七届中国电影表演艺术学会举办期间，电影表演艺术家在文昌山西麓参加“影星长青林”植树活动

是月 实现对长清城区的集中供热，建成换热站 1 处，铺设管道 4 公里，供热用户 200 户，供热面积 1.8 万平方米。

12 月 16 日 济南市委副书记、市长谢玉堂，市人大常委会主任李启万带领济南市的全国人大代表视察东风水库建设情况。

12 月 21 日 国家计委主任曾培炎视察水龙王集团，山东省委副书记宋法棠、副省长林书香等陪同视察。

12 月 长清县被山东省人民政府授予 1998 年度“齐鲁杯”创建现代化城市优秀县城称号。

是年 双泉集团研制的翅片管散热器被建设部确定为小康住宅建设首选产品，企业被确定为散热器专业生产厂家。

是年 长清县第一轮土地承包合同相继到期，县委、县政府于 10 月起开展第二轮延长土地承包期工作，将土地承包期一律延长到 30 年。

1999 年

3 月 17 日 长清县第十三届人大常委会第八次会议通过《关于加强城市和农村教育费附加征收管理的决议》。

4 月 21 日 长清县被评为全国城市环境综合整治优秀县城。

5 月 13 日 第七届中国电影表演艺术学会举办期间，电影表演艺术家陈强、于蓝、陈汝斌、潘虹、卢奇、杨再葆等近百人在文昌山西麓参加“影星长青林”植树活动。

5 月 28 日 山东省委副书记、省长李春亭到长清县视察“三夏”生产情况。

5 月 31 日 总投资 6 亿多元的山东鲁能工业园 3 个中外合资项目签字仪式在长清县举行，济南市市长谢玉堂等领导出席。

6 月 11 日 山东省人民政府下发《关于调整济南经济开发区区域位置的批复》(鲁政字〔1999〕130 号)，同意将济南经济开发区(原济南外向型工业加工区)调整到济南市工业园位置。济南经济开发区位于长清县县城的东北部，南从玉符街、中川街，北至平安南路；东从琵琶山、张牛路，西至石庄东路、高庄高怀路。

6 月 根据国务院及省、市政府关于清理整顿农村合作基金会的文件精神，开始清理整顿农村合作基金会。

8 月 19 日 日本宫崎县友好访问团参观长清县妇女儿童活动中心。

8 月 许立全任长清县委书记(原副厅级不变)。

9 月 30 日 长清一中学生朱继刚收到清华大学录取通知书，成为长清 40 年“考清华”第一人。

10 月 31 日 齐鲁碑林奠基仪式在五峰山举行。省、市领导韩喜凯、董凤基、邵桂芳、谢玉堂、孙常印、刚占标、王宝玲、刘萌岛，省里的老领导梁步庭、李子超、陆懋曾、苗枫林等出席奠基仪式。

11月4日 来自日本国山口县的150多名志愿者，在平安镇后朱庄村黄河岸边参加“中日绿色黄河友好林”植树活动。

12月18日 全国妇联副主席华福周、省妇联主席赵玉兰等一行5人在市委副书记雷建国等领导陪同下到长清县视察工作。

12月21日 国家计委主任曾培炎、副主任张国宝、国家电力公司副总经理陆延昌在省市领导宋法棠、林书香、谢玉堂陪同下视察长清县农网建设与改造工程。

2000年6月7日，中国齐长城文化学术研讨会在长清县召开

2000年

1月19日 以卢旺达首都基加利市市长马克·卢班达那为团长的友好经贸团一行9人到长清县考察。

2000年1月19日，卢旺达经贸代表团到长清考察

5月31日 万德镇副镇长杨君信到鄄城县闫代镇挂职副书记，杨君信在由鄄城到长清为新办企业催促贷款的途中因公殉职，终年37岁。中共菏泽地区委员会追认他为“优秀共产党员”并追记二等功。长清、鄄城县委、县政府分别作出开展向杨君信学习活动的决定，并追认他为“优秀共产党员”。

6月7日 “中国长城文化学术研讨会”在长清县开幕，山东省委常委、宣传部部长陈光林，省委原书记梁步庭等领导和中国长城学会副会长王定国，古建筑专家、长城专家、中国文化学会会长罗哲文、中国东方文化研究会常务副会长游琪等出席研讨会。

6月18日 “世界卢氏源流研究会”创立大会在长清县召开，世界卢氏家族的代表、韩国前总统卢泰愚及夫人金玉淑一行到长清县寻根问祖并出席大会。

6月21日 长清县工资发放管理中心成立，开始实行财政统一发放工资，将行管局等52个单位和县直教师工资纳入财政统一发放，共3685人。

9月6日 长清卧龙峪生态旅游区正式开业。

9月11日 济南市机构编制委员会下发《关于组建济南经济开发区管理委员会的通知》，决定组建济南经济开发区管理委员会。建制级别为正局级，下设党政办公室、经济发展局、建设局、财政局、社会事务局，均为处级建制。

10月8日 全国人大常委会副委员长何鲁丽到灵岩寺参观。

10月18日 长清县委、县政府向济南市委上报撤县设区的请示。

10月19日 张夏至历城区高而公路改建工程竣工通车。

11月3日 以日本山口县农林部次长德光学为团长的林业协议团和以山口县议会副议长横山丰治为团长的志愿者植树团一行107人到长清县平安店镇后朱村黄河岸边进行植树活动。山东省人大常委会副主任王道玉、济南市副市长王天义、省林业局党委书记孙庆传等陪同。

2001年3月14日，武中奇(左)与崮山镇委书记孟令敏(右)商谈捐资建校事宜

11月6日 长清一中新校奠基仪式举行。

11月13日 举行全省第一家肉牛合作社——济南市孝里肉牛合作社成立大会。

11月 长清县通过“一推双考”方式，公开选拔副局级年轻领导干部共30人。

12月 长清县被评为全省信访工作先进县。

2001年

1月1日 《长清天地》正式更名为《长清报》。

1月3日 济南市委副书记、市长谢玉堂到长清县视察“一环九射”工程。

1月4日 长清县“三个代表”重要思想学习教育活动动员大会召开。

2月13日 在长清宾馆对位于县城中川街南侧、灵岩路西侧的一宗面积为2581.77平方米国有储备土地进行首宗公开拍卖，用途为商住综合用地，起拍卖价为120万元。报名参加竞买的有8家开发商，经过10轮激烈的竞价，最终由03号竞买人(济南新天地房地产工程有限公司)以154万元的价格取得该宗土地50年使用权。

2月17日 济南经济开发区辖区内11个行政村(平安店镇的王宿、高垣、南汝、北汝、张桥、齐庄、高庄、郭庄、桥子里、石庄村和长清镇的牛山村)的社会事务，由原来的平安店镇、长清镇管辖划归济南经济开发区。

3月3日—6日 长清县第十三届人民代表大会第四次会议在县委会议厅召开，会期4天。选举孙瑞祥为长清县县长。

3月14日 长清籍著名书法家武中奇到长清县参观考察。

4月6日 长清县委、长清县政府制定《关于引进开放招商引资的优惠政策》。

6月3日 全国政协副主席张思卿到长清视察。

6月15日 5时30分—42分，全县除孝里镇和双泉乡外的9个乡镇遭受大风暴雨冰雹袭击，最大冰雹直径2.5厘米，风力8级；农作物受灾面积8610公顷，绝产面积513.3公顷；受灾林果4000公顷，绝产面积1280公顷；毁坏房屋227间。

是日 济南市委副书记、市长谢玉堂在市政府第五接待处主持召开会议，专题研究济南经济开发区建设问题。

6月26日 经国务院批准，撤销长清县，设立济南市长清区，行政区域不变。

7月 武庄水库二期续建工程竣工，总容量由原来180万立方米增加到337.1万立方米。

8月21日 长清县计生委、卫生局联合制定下发《长清县禁止私自鉴定胎儿性别和选择性终止妊娠管理办法》。

8月28日 灵岩寺旅游区被评为国家

2001 年 9 月 11 日，日本国宫城县角田市工商界考察团到长清县考察

AAAA 级旅游景区。

9 月 8 日 长清一中高中部从西校东迁至原十五中校址，学校规模扩大，建筑物共 9 幢，其中新建 6 幢（科技文化大楼、教学楼、学生餐厅、教工餐厅、男生宿舍楼、女生宿舍楼），原十五中建筑 3 幢（励志楼、耕耘楼、浩然楼）。

9 月 11 日 以若木郎为团长的日本国宫城县角田市工商界考察团一行 15 人到长清县考察。

9 月 12 日 中国青年科技创新行动——金桥计划现场经验交流会在长清县莲台山宾馆召开，来自全国的代表 120 多人参加会议。

9 月 21 日 山东省城市标准地名标志设置现场经验交流会在长清县召开，与会代表 140 多人，全国设标办主任刘保全参加会议。

9 月 25 日 上海大世界基尼斯总部将巨幅植物标语“毛主席万岁”正式命名为“大世界基尼斯之最”。

9 月 长清县被国家技术监督局授予全国消灭无标生产县称号。

10 月 由济南市人民政府投资兴建的武庄至柳埠（药乡）公路竣工通车。

11 月 6 日 长清县村级“三个代表”重要思想学习教育活动动员大会召开，活动历时 2 个月，重点解决“班子不强”“路子不明”“服务不行”“财务不清”“办事不公”“作风不正”六大问题。

11 月 9 日 佳宝工业园和明发科技园落户长清县签字仪式在长清宾馆举行。

11 月 13 日 长清县政府办公室下发《关于全面落实农村独生子女父母奖励费的意见》。

11 月 18 日 济南市委副书记雷建国陪同著名书法家武中奇视察长清一中新校区。

12 月 24 日 中共中央政治局委员、山东省委书记吴官正到长清县视察。

12 月 25 日 长清县供电局被国家电力公司命名为“首批国家电力公司一流县级供电企业”。

是年 长清县被列为全省 47 个森林生态效益补偿首批试点区县之一，全区共有 1.29 万公顷森林被列为国家公益林管护范围。

是年 齐长城遗址被国务院确立为第五批全国重点文物保护单位。

是年 长清县被国家技术监督局列入首批全国消灭无标生产试点县。

2002 年

2 月 2 日 山东省委常委、省军区政委赵承

2002 年 2 月 2 日，山东省军区政委赵承凤（左一）等领导到双泉庄慰问

凤，省军区司令员张齐红，济南军分区政委傅振宽，司令员石臣胜到长清县慰问马山镇双泉庄困难群众。

3月15日 “泉城新春第一游——济南市首届杏花节”在张夏镇万亩杏园举办。

5月7日 长清县第十三届人大常委会第二十九次会议召开，作出《关于撤销长清县设立济南市长清区有关问题的决定》，会议决定：撤县设区后，机关所属机构以及各乡镇、企事业单位、学校、村庄均改为济南市长清区属名称，长清区自2002年5月8日起正式对外办公。

5月8日 济南市长清区成立揭牌仪式在区委、区政府办公楼前举行。大会由市委常委、长清区委书记许立全主持，省民政厅厅长亓凤海宣读国务院2001年6月26日下发的《关于撤销长清县设立长清区的批复》，济南市六大班子主要领导分别为长清区委、区人大、区政府、区政协、区纪委、区人武部揭牌。撤县设区是长清发展史中的一个“里程碑”，它标志着长清从此告别1409年的县建制历史。

5月10日 济南市县(市)区党校基础设施建设现场观摩会暨长清区委党校揭牌仪式举行，济南市委副书记雷建国、山东省委党校副校长刘继富和济南市人大常委会副主任、济南市委党校党委书记、常务副校长朱文兴等领导出席。

5月16日 济南市首届“玉杏采摘节”在张夏镇举行。

5月17日 长清区政务中心成立，行政审批实行“一个窗口”对外，共有19个部门42名工作人员入驻大厅办公。

5月18日 济南佳宝工业园举行开工奠基仪式。总投资5亿元，占地66.7公顷。

5月19日 归德镇工业园被山东省中小企业办公室、山东省建设厅命名为省级乡镇企业示范区暨民营经济示范区。

5月24日 由西藏白朗县委书记李全宝带队的白朗县党政代表团到长清区考察。

5月 举办“中国体育彩票全国健康老人五峰山登山健身”系列活动。

6月15日 全国政协副主席任建新在山东省政协副主席时立军、济南市政协主席孙常印陪同下到长清区视察。

6月24日 济南军区政委张文台在省市领导的陪同下，到长清区马山镇双泉庄村视察帮扶工作。

6月26日 济南市委副书记、市长谢玉堂出席五峰山旅游度假区招商发布会。

6月28日 长清区第十三届人大常委会第三十次会议召开，批准《济南市长清区旅游发展总体规划》。

6月 全区乡镇教师共3374人工资全部上划区财政局统一发放，工资统一发放人数7598人。

7月15日下午 济南市长清区长清镇西魏村村民孙某某、王某某趁黄河调水调沙浮桥拆除之际，非法驾驶铁质挂桨机渡船，由长清阴河浮桥下游开航，航至对岸阴河浮桥渡口(德州市齐河县境内)时，船尾部触碰到作为浮桥趸船的双体船首，致使船舶左倾沉没，造成10人死亡，直接经济损失90万元。此后县委县政府取缔辖区内所有渡口渡船，保留7处浮桥专用码头。

8月28日 被列为国家“双高一优”和省市重点工程的山水集团长清日产2500吨水泥熟料生产线竣工投产。

8月 由三联集团长清家电商场有限责任公司出资职工入股的形式成立长清首家超市“长清上海华联超市”。

9月2日 长清至济南的高档豪华公交巴士客车开通。

9月27日 山水工业园落户长清区，园区占地30余公顷，总投资5亿元，由集团总部办公区、技术开发区和生产制造区三大区域构成。

10月8日 山东省委书记张高丽到平安店镇检查指导工作。

10月28日 山东明发科技园落户长清区，该项目总投资4000万元，占地6.7公顷。

11月 长清清悦园建成开放。

2002年12月8日，举行山东师范大学长清校区建设签字仪式

12月8日 举行山东师范大学长清校区建设签字仪式。

12月10日 山东省副省长韩寓群，济南市委副书记、市长谢玉堂等省市领导到长清区视察。

12月20日 双泉至肥城公路竣工通车。

12月22日 南水北调济平干渠长清段开工建设。

12月 孙瑞祥任中共长清区委书记，覃俊文任区委副书记、长清区代区长。

是年 孝里镇被评为山东省唯一的全国内审先进镇。

是年 长清区地税收入10538万元，首次突破亿元大关。

2003年

1月17日—21日 政协长清区第六届委员会第一次会议在区委会议厅召开，206名政协委员参加会议，会议选举张化富为政协济南市长清区第六届委员会主席，赵文平、张瑞金、李良森、井永平、宋云福、时华勤(女)为副主席。

1月18日—22日 济南市长清区第十四届人民代表大会第一次会议在区委会议厅举行，选举刘太义为区人大常委会主任，卢现起、林开兴、王陆军、王继玉、郝兆芳(女)、刘兆银为人大常委会副主任；覃俊文为长清区区长，顾建军、魏军、司云平、张昭森、徐宾、房玉萍(女)为副区长；杨洪祥为长清区法院院长，范芸(女)为长清区检察院检察长。

1月22日 济南市委副书记、代市长鲍志强到长清区走访慰问。

2月12日 长清区政府下发《济南市长清区重特大安全事故应急处理预案》，制定重特大事故处置程序及应急措施。

2月18日 崮头水库除险加固工程开工建设。

3月3日 举行山东交通学院长清校区规划建设签字仪式。

3月5日 中华女子学院山东分院落户长清区。

3月5日—8日 召开中共济南市长清区第一次代表大会，选举产生中共济南市长清区第一届委员会和中共济南市长清区纪律检查委员会，孙瑞祥当选为区委书记，江林当选为区纪委书记。

3月23日 中共中央政治局委员、国务院副总理回良玉视察玉清湖水库。

4月7日 山东轻工学院新校落户长清区。

4月9日 举行山东中医药大学、山东工艺美术学院建设签字仪式。

是日 济南市西区工程建设指挥部成立，邹世平任总指挥，李克云、王迪生、卢纪文任副总指挥。

4月21日 长清区做出“行动起来，积极做好非典型肺炎的防治工作”的倡议。是年，共设监测点52个，13处医疗单位设立发热门诊，对“非典”“人禽流感”进行排查。

5月15日 崮山镇被山东省政府批准为中心镇。

5月18日 完成康熙十一年(1672)《长清县志》抢救、保护工作，出版康熙十一年《长清县志》复制版和白话文版两种，获山东省开发利用档案信息资源成果奖一等奖。

5月26日 济南经济开发区与济南柴油机厂签订落户协议。

6月9日 济西水源抽水试验工程正式启动，山东省副省长陈延明，济南市委副书记、市长鲍志强等领导参加启动仪式。

6 月 30 日 济南市委副书记、市长鲍志强，副市长邹世平到大学园区进行现场办公。

7 月 6 日 长清区与山东黄金集团纳米金刚石项目协议签字仪式在鲁能专家公寓举行。

7 月 13 日 全国政协副主席马万祺到灵岩寺参观。

7 月 长清区计划生育局在济南市建立首家男性健康俱乐部。

8 月 武家庄乡党委、政府在凤凰岭景区召开千人动员大会，下发《关于建设生态旅游园区的实施意见》，提出“旅游兴乡”发展战略，明确开发八大旅游景区和十大旅游景点的布局。

9 月 经山东省人民政府批准，长清区撤销长清镇、平安店镇、崮山镇、五峰山镇，分别设立文昌街道、平安街道、崮云湖街道、五峰山街道。

是月 长清区被山东省人口计生委确定为“全省计划生育优质服务运行机制试点区”。

10 月 8 日 明珠新世纪广场开工奠基。

10 月 14 日 济南市首届金秋柿子节在武家庄乡凤凰岭开幕。

10 月 26 日 大学园区地上附属物清点工作全面展开。

10 月 大学园区中心区规划确定。

11 月 4 日 济南市政协主席徐华东、副主席张印峰等领导到长清区就 104 国道长清段规划进行调研。

11 月 28 日 文昌街道、平安街道、崮云湖街道、五峰山街道同时举行成立大会。

是年 “村村通公路”工程启动，历时 5 年，全区共改造改建县乡村公路 567 条，总里程 1279.2 公里，“村村通”公路率 96.2%。

是年 长清县国税收入 11475 万元，首次突破亿元大关。

2004 年

1 月 1 日 山东省电视台“大家一起来——走进长清”大型文艺演出在崮云湖街道京福高速公路服务区举办。

1 月 8 日 山东省委副书记、省长韩寓群到文昌敬老院慰问并检查指导工作。

1 月 19 日 山东省国土资源厅下发〔2004〕14 号文，批准长清张夏—崮山省级地质公园，张夏—崮山地区为寒武纪地层剖面，生物(特别是三叶虫)化石富集且保存完整。

1 月 26 日 莲台山度假村接待全国人大常委会原副委员长姜春云。

1 月 长清重汽工业园一期工程底盘零件厂、传动轴厂建成投产。

2 月 1 日 京沪铁路提速长清段改建工程开工。

2 月 2 日 完成民国 23 年《长清县志》复制工作。

2 月 23 日 山东省委副书记、济南市委书记姜大明视察佳宝工业园。

4 月 2 日 灵岩寺景区内的檀抱泉、袈裟泉、卓锡泉，五峰山景区的清泠泉和张夏镇的晓露泉，入选济南新七十二名泉。

4 月 30 日 济南市长清区企业家协会成立。

5 月 山东省人大常委会原副主任高逢五访问母校长清一中。

7 月 6 日 长清区供电公司就“两改一同价”问题召开新闻发布会，《人民日报》《中国经济时报》《经济参考报》《中国改革报》《中国企业报》《科技日报》《山东电力报》和中央电视台、中央人民广播电台、国家电网动态等 10 余家新闻媒体参加。

7 月 8 日 长清区未成年人保护委员会成立。

8 月 13 日 长清区第十四届人大常委会第九次会议召开，作出《关于对老城区进行改造的决议》。

8 月 21 日 山东省首次铁人三项锦标赛在长清区成功举办，崮云湖为本次比赛的起点和终点。

8 月 济南经济开发区管委会由市政府派出机构转交长清区管理。

9 月 2 日 济南市委副书记、市长鲍志强一行到崮山湖街道进行调研。

9月6日 山东师范大学复工(2003年10月开工,后因政策原因停工),标志着整个大学园区全面进入施工阶段。

9月10日 孝里中学教师袁吉廷被评为全国优秀教师并受到党和国家领导人接见。

9月 山东省副省长王军民到孝里中学看望身患癌症坚持工作的全国模范教师袁吉廷。

10月2日 中共中央政治局原常委、全国政协原主席李瑞环到灵岩寺参观。

10月11日 长清区被中国科协命名为“全国科普示范区”。

10月18日 长清一中喜庆百年华诞，山东省人大常委会原副主任高逢五到长清一中母校参加校庆活动。

11月4日 山东省委副书记、济南市委书记姜大明到长清区视察。

11月13日 山东省委书记张高丽，省长韩寓群,省委副书记王修智、姜大明等省市领导带领全省科学发展情况交流现场会与会人员参观考察佳宝工业园、山水工业园等。

12月15日 山东省委副书记、济南市委书记姜大明对长清区检察院丁传希的事迹做出重要批示，市委政法委书记李家政和市检察院检察长丁瑞云一行到区检察院慰问丁传希。

12月20日 山东省委副书记、省长韩寓群视察南水北调济平干渠长清段。

是年 长清区全部取消农业特产税，农业税降3个百分点。

是年 武家庄乡在济南市率先完成村村通公路建设工程。

2005年

1月5日 山东省委副书记、市委书记姜大明,市领导许立全、赵文朝等到长清区调研农村经济社会发展情况并走访慰问部分农村老党员。

1月22日 山东省委副书记、济南市委书记姜大明视察崮头水库除险加固工程。

2月9日—23日 举办“2005’明珠新世纪商业广场·灵岩(首届)新年祈福会”,首次对新年祈福会冠名权、第一声平安钟和第一响吉庆鼓进行成功拍卖。

4月14日 万德镇乡镇企业园被国家发展和改革委员会、国土资源部、建设部、商务部审核批准命名为“济南市长清区万德镇乡镇企业示范园”,成为全省25个重点园之一。

4月21日 大学园区搬迁工作正式开始,第一个搬迁村崮云湖街道小梁村安置房分配大会召开。

4月22日 长清区获全国青年文化活动中心建设先进区称号。

4月25日 景观湖开工建设。

5月1日 长清区新华书店由清河街1869号搬迁到莲台山路247号，同时成立济南心连心超市有限责任公司。

5月18日 济南经济开发区工业南园正式挂牌。

5月20日 长清区被评为全省社会文化先进区。

6月1日 第一安置区乐天小学举行落成暨开学典礼。

6月10日 “西气东输”天然气管道铺到长清区。

6月15日 济南沃德汽车零部件有限公司揭牌仪式在山东大厦举行,标志着国有企业济南汽车配件厂重组改制为外商投资的有限公司。

2005年6月15日，济南沃德汽车零部件有限公司揭牌仪式在山东大厦举行

6 月 22 日 济南市政协主席徐华东到长清就济南经济开发区和高校建设、旧城改造等情况进行视察。

6 月 长清区全面推行新型农村合作医疗工作。

7 月 18 日 国务院南水北调办公室主任张基尧、山东省委书记张高丽、省长韩寓群、济南市委书记姜大明视察南水北调济平干渠长清段。

8 月 26 日 山东轻工业学院举行入驻新校区仪式，成为第一个入驻大学科技园的高校。

8 月 30 日 济南市长清区大学科技园党工委、管委会成立。

是日 中共中央政治局原常委、国务院原副总理李岚清到灵岩寺参观。

9 月 9 日 长清区乐天中学举行落成暨开学典礼。

9 月 14 日 济南市委副书记、市长鲍志强带领市直有关部门负责人视察经济开发区、大学科技园，实地察看经济开发区道路建设及沿路美化、绿化、亮化建设情况。

9 月 18 日 山东省副省长赵克志视察大学科技园。

9 月 20 日 驻济全国人大代表到长清区对农村医疗卫生体制建设问题进行专题调研。

9 月 24 日 崮云湖街道的王府、魏庄、大梁、小梁等 9 个社区居委会举行揭牌仪式。

9 月 26 日 山东省检察系统加强基层建设现场会在长清区召开，省检察长国家森到会并讲话。

9 月 27 日 长清区旅游局、灵岩寺管委会与《都市女报》联合举办“四世同堂游灵岩”活动。

10 月 2 日 长清区归德镇房庄村 104 岁老人焦其明在全省百岁寿星评比中获铜奖。

10 月 19 日 由美国旧金山博物馆协会、美国中华文化中心一行 20 人组成的美国旧金山文化代表团到长清区参观。

10 月 26 日 长清区归德镇被评为全国创建文明村镇工作先进村镇。

10 月 29 日 山东省委副书记、市委书记姜大明，市长鲍志强带领全市科学发展情况交流检查团视察长清区大学科技园及济南经济开发区。

10 月 济南市西区投融资管理中心（济南市西区建设投资有限公司）成立，王迪生任董事长，魏军任总经理。

11 月 2 日 辽宁省政府考察团在济南市市长鲍志强陪同下到长清区考察。

11 月 8 日 全国人大常委、全国人大农业与农村委员会主任刘明祖率领全国人大调研组到长清区视察农业和农村改革进展情况。

11 月 10 日 山东省委副书记、省长韩寓群到长清区视察，省市领导姜大明、鲍志强等陪同。

11 月 19 日 合肥市委书记孙金龙等一行 9 人，在济南市委书记姜大明等领导的陪同下到大学科技园考察。

11 月 20 日 长清区人民医院获全国百姓放心示范医院称号，该日在北京人民大会堂授牌。

2005 年 11 月 20 日，长清区人民医院获全国百姓放心示范医院称号

12 月 8 日 根据《中华人民共和国国家发展和改革委员会公告》(〔2005〕第 74 号)，明确济南经济开发区已通过土地利用总体规划和城市总体规划审核，符合土地利用总体规划、城市总体规划及环境保护规划。确定主要产业为机械电子、通用设备、医药。

12 月 16 日 南水北调胶东输水干线的首段工程——济平干渠工程土方及建筑物工程经过 3

年建设全部完成，山东省委副书记、市委书记姜大明，副省长陈延明等领导进行视察。

是日 济南鲁联集团落户济南经济开发区。

12月23日 长清区获全国文物工作先进区称号。

12月27日 南水北调济平干渠长清段竣工，共完成土石方1088.4万立方米，混凝土5.1万立方米，投资17861.6万元。

12月 长清区科普画廊被中国科协确定为全国科普示范画廊。

是年 长清区全面取消农业税、附加及“两工”(农村义务工和劳动积累工)。

2006年

1月17日 长清区检察院渎侦局综合科科长孟红伟荣膺2005年十大“山东好人”称号。

1月24日 武家庄乡撤销并入万德镇，改设武庄党工委。

1月 长清区被山东省建设厅、省建筑工程管理局授予山东省建筑业十强县称号。

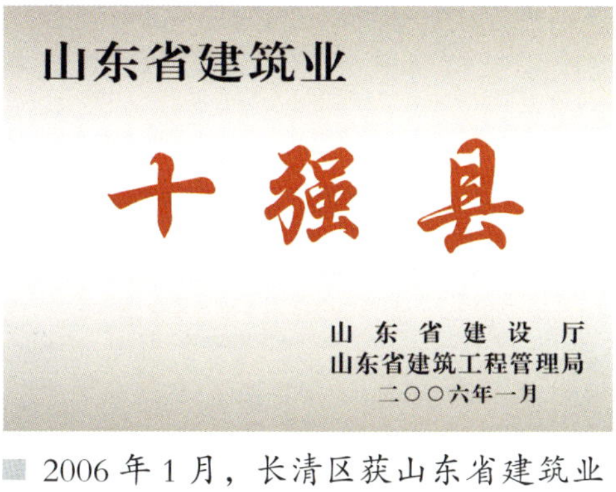

2006年1月，长清区获山东省建筑业十强县称号

2月4日 中央组织部原部长张全景到长清区视察大学科技园。

2月21日 济南市委副书记、市长鲍志强到长清区视察重点片区建设工作。

2月28日 教育部副部长陈小娅在省市有关部门领导的陪同下到大学科技园视察。

3月10日 长清区检察院被省检察院记集体一等功，该院干警孟红伟被省检察院记个人一等功。

3月13日 经国家发改委第74号公告和国土资源部〔2006〕第8号公告审核批准，保留园区2个，分别是济南经济开发区(包括济南长清大学新校区，规划面积1189.82公顷)和济南市长清区万德镇企业示范园。

3月24日 山东省人大常委会副主任莫振奎在济南市人大常委会副主任谢传仁陪同下到长清区视察大学科技园建设。

3月27日 在山东工艺美院东北西大山举行徐志摩公园揭幕仪式。《人民文学》社主编韩作荣、诗刊编委林莽、中国诗歌学会副会长牛汉、诗歌月刊主编王明韵，学者刘福春、施战军、吴开晋、耿建华、吕家乡、孙基林，著名诗人食指、蓝野、江非、路也、王夫刚、孙方杰，省书法家协会副主任、山东工艺美院党委书记于茂阳等参加。

4月6日 济南市长清区乡村游启动仪式在万德镇拔山村举行。

4月19日 中共中央政治局常委、中央纪委书记吴官正到长清区视察大学科技园，省市领导张高丽、韩寓群、姜大明、鲍志强、徐长玉、许立全等陪同视察。

4月27日 全国人大常委会原副委员长姜春云到大学科技园视察，省市领导姜大明、许立全陪同视察。

5月13日 国务委员陈至立到长清区大学科技园视察，省委书记张高丽、省长韩寓群、济南市委书记姜大明、市长鲍志强等领导陪同视察。

5月26日 中央综治委副主任、中央政法委副秘书长、中央综治办主任陈冀平到长清区视察。

是日 由中央人民政府驻香港特别行政区联络办公室主任高祀仁、副主任黎桂康为特别顾问的香港知名人士山东访问团到长清区访问，参观大学科技园的规划建设情况，省、市领导姜大明、徐华东、许立全等陪同。

2006年6月5日，山东省委副书记、省长韩寓群(前左二)到长清区视察三夏生产工作

6月5日 山东省委副书记、省长韩寓群，济南市委副书记、市长鲍志强到长清区视察三夏生产工作。

6月11日—25日 山东灵岩寺首届佛教文化节及首届灵岩佛教文化论坛在灵岩寺举办。

6月13日 山东省委副书记、济南市委书记姜大明，市委常委、秘书长许立全到济南经济开发区、大学科技园视察。

2006年6月13日，山东省委副书记、济南市委书记姜大明(中)到长清区视察

是日 长清区南外环路建设工程正式开工，南外环路西起经十路，东至济菏高速公路立交桥，与大学科技园对接，全长3109米。

6月26日 台湾“中华救助总会”理事长、“中华文化社会福利事业基金会”副董事长葛雨琴一行到长清区大学科技园参观访问。

6月 长清区计划生育服务站获全国人口和计划生育科技工作先进集体称号。

是月 《长清人物年鉴》出版发行。该书收录的人物分时政人物、先模人物、拔尖人物和社会知名人物，共收录各类人物1000余人、彩页160余码，共40余万字。

7月6日 长清区城管老年志愿团成立。

7月 长清区获首届“泉城人口文化节”一等奖。

8月2日 济南市政协主席徐华东带领市政协第24期读书会的全体学员到长清区视察。

8月10日 长清区情网站正式开通。该网站设有区情概况、政区沿革、自然环境、领导简介、大事记、古今名人、旅游、五大片区、民俗风情、民间传说、图片集锦、乡镇风采、方志信息、招商引资、工业企业、时代先锋等18个栏目，《长清县志》《长清年鉴》转化为数字化地情资料，共计200万字，图片资料100余幅。

8月16日 山东省旅游规划设计研究院编制完成《长清区旅游产业发展五年行动规划》，长清区政府批准实施。

8月19日 最高人民检察院、山东省委在济南召开授予孟红伟“全国模范检察官”和“山东省优秀共产党员”荣誉称号命名表彰大会，最高人民检察院检察长贾春旺、山东省委书记张高丽为孟红伟颁奖。

2006年8月19日，授予孟红伟荣誉称号命名表彰大会举行

9月13日 文昌街道牛山、大柿子园、东王、东三里、西三里5个村撤村设社区居民委员会，同时成立文昌街道城区8个社区居委会。

9 月 21 日 山东省委书记、省人大常委会主任张高丽，省委副书记、济南市委书记姜大明，省委常委、秘书长杨传升，省人大常委会副主任、山东大学党委书记朱正昌，副省长王军民，一起来到长清大学科技园，先后考察山东交通学院、山东轻工业学院、大学科技园商业街、山东师范大学，并参加驻济部分高校负责人座谈会。

9 月 28 日 济南(马山)第一届雪桃采摘节在马山镇开幕。

2006 年 9 月 28 日，济南(马山)第一届雪桃采摘节开幕

9 月 山东省委副书记、省长韩寓群，省委副书记、市委书记姜大明，市长鲍志强视察济南长兴建设集团承建的济南二宫劳动广场改扩建工程。

2006 年 9 月，山东省委副书记、省长韩寓群(前右二)到济南长兴建设集团承建工程视察

是月 "双泉"牌系列散热器被评为国家免检产品。

10 月 3 日 山东省台属联谊会会长王克三，省台属联谊会名誉会长、山东省政协副主席苗淑菊，山东省人大常委会原副主任严庆清和省、市台办主要领导 20 余人到长清区视察台属企业济南市台属种植养殖示范基地。

10 月 24 日 撤销济南市农业高新技术开发区管理委员会，其管理职能移交济南经济开发区管理委员会。

10 月 长清区峰山路改造工程全线竣工，正式通车。该工程北起原造纸厂，南至陈庄路口，改造总长度 7100 米，车行道 25 米，路面双向 6 车道，排水系统实现雨污分流。

是月 召开长清区科技工作大会，全面部署长清区未来 15 年科技发展工作，加快推进创新型城区建设，制定《长清区中长期科技发展规划纲要》《中共济南市长清区委、济南市长清区人民政府关于实施科技规划纲要建设创新型城区的决定》及《济南市长清区建设创新型城区若干政策》。

11 月 7 日 归德镇后平村以徐立平为团长的"山东曲艺说唱团"被山东省文化厅公布为省级优秀庄户剧团。

是日 济南市委副书记、市长鲍志强，副市长赵文朝带领市直有关部门及相关处室负责人到长清区调研新农村建设情况。

11 月 9 日 全国工商联副主席谢伯阳带领工商联及产业商会考察团到长清区参观。

11 月 18 日 中国石油济南柴油机厂落成典礼在济南经济开发区举行，山东省副省长王仁元、济南市市长鲍志强、副市长杨佩钦出席落成典礼。

11 月 22 日 山东省委原书记梁步庭在山东省委副书记、市委书记姜大明的陪同下到长清区视察。

11 月 27 日 位于文昌街道叶庄村、占地面积 3.3 公顷、总投资 5300 万元、设计标准为 96 国标一级排放标准的济南市长清区污水处理厂投入使用。

12月7日 参加2006年中韩(济南)科技合作发展论坛暨项目洽谈会的韩国企业代表30人，在济南外贸局局长耿建新的陪同下到长清区考察。

12月13日 济南市长清区被确定为山东省"两网"(药品监督网、药品供应网)建设示范区。

12月19日—22日 召开中共济南市长清区第二次代表大会，选举产生中共济南市长清区第二届委员会和中共济南市长清区纪律检查委员会。

12月 山东省建设厅授予长清乐天小区山东人居环境范例奖。

是年 长清区成为省级参合试点区，全区614个行政村全部参合，参合人员389413人，参合率94.7%。

2007年

1月1日 山东省委书记、省人大常委会主任张高丽到济南经济开发区、济南柴油机厂走访慰问，向企业职工和坚持节日生产的干部职工表示慰问。省市领导姜大明、雷建国陪同。

1月15日 山东省委副书记、市委书记姜大明到长清区调研。

1月19日 长清区获全国团建工作先进区称号。

1月25日 韩国前总理李寿成一行考察长清区大学科技园，山东省人大常委会副主任邵桂芳等领导陪同。

1月26日 山东省军区司令员谈文虎带领20余名将校军官，携带2万余元的生活用品到长清区慰问烈军属和困难群众。

2月16日 济南经济开发区管理委员会加挂济南市农业高新技术开发区管理委员会牌子，增设内部机构农业高新技术发展局。

3月5日—11日 成功举办第一届中国孝堂山孝文化旅游节，同时举办孝子郭巨系列纪念活动，评选出全镇"十大孝子"。

3月8日 济南市委副书记、代市长张建国带领市直有关职能部门负责人到长清区调研。

2007年3月18日，山东省委书记、省人大常委会主任张高丽(前中)等党政军领导到"南水北调"济平干渠参加义务植树活动

3月18日 山东省委书记、省人大常委会主任张高丽，济南军区司令员范长龙，济南军区政委刘冬冬等党政领导与1000多名部队官兵、各界群众一起到"南水北调"济平干渠参加义务植树活动。

3月31日 山东崮云湖国际高尔夫球场开业，山东省人大常委会原主任赵志浩等省市领导参加开业典礼，高尔夫体验游成为济南市旅游的新亮点。

4月11日 济南市流动人口和城区计划生育工作现场会在长清区召开。

4月22日 由济南市旅游局、济南市长清区人民政府、山东省交通运输集团共同主办，济南市长清区旅游局、济南旅游发送中心、山东省交通旅行社、《济南时报》旅游工作室具体承办的"山东交运杯"首届大学生旅游节在长清大学科技园开幕，发行50元游遍长清4个知名景区的大学生旅游"一票通"，大学生旅游成为长清旅游新的亮点。

4月25日 山东省委书记李建国到长清区调研经济开发区情况，焉荣竹、张建国、杨鲁豫等省市领导陪同调研。

4月28日 由济南市长清区旅游局、山东交通学院校团委、《济南时报》旅游工作室联合主办的"驻济高校旅游形象大使"决赛，在长清大学科技园商业广场举行，10所高校的选手参加决赛，冠军王齐齐被聘请为长清区旅游形象大使。

5月3日 济南市长清区第一届樱桃采摘节在万德镇裴家园举办。

5月10日 长清区首个经济适用房雅居苑住宅小区奠基。

5月25日 江苏省委书记、省人大常委会主任李源潮带领党政考察团到长清区考察，高新亭、张建国等省市领导陪同考察。

是日 中共中央政治局原常委、中纪委原书记尉健行到灵岩寺参观。

6月4日 济南市长清区与德州市陵县正式缔结友好关系。

6月25日 民政部原副部长、全国老龄办常务副主任李宝库到长清区孝堂山视察，向孝里中学捐赠由其本人作词、著名作曲家孟庆云谱曲的《孝亲敬老歌》光盘及图书，并为孝里中学题词："弘扬孝道文化，构建和谐校园"。

7月8日 王守峰烈士铜像在孝里镇山东福寿园英模园内落成，山东省人大常委会原主任李振等领导出席落成仪式。

7月10日 潍坊市委书记张新起、市长许立全带领党政考察团到长清区参观大学科技园建设情况，山东省委常委、市委书记焉荣竹等领导陪同。

7月15日 16名台胞乘坐的旅游大巴在万德镇驻地发生车祸，死亡1人，重伤2人，轻伤5人，济南市人民政府台湾事务办公室、长清区人民政府等部门对涉台交通事故进行妥善处理。

7月18日 美国白蛾疫情在平安街道红庙村首先发现，危害林地面积33余公顷。

7月22日 文昌街道西李村在全市首批注册成立苗木花卉专业合作社。

10月19日 由长清区实验小学承办的全国读讲精练教学法研究会第二届教学研讨会在长清区召开。

10月23日 崮头水库除险加固工程竣工，完成工程量35万立方米，投资2850.5万元。

10月26日—28日 组织举办山东省首届慈孝文化论坛。民政部原副部长、中国老龄事业发展基金会会长李宝库等领导和来自中国社科院、山东省教育科学研究所及各大专院校、中小学的专家学者等300余人出席论坛会。

2007年10月26日，民政部原副部长李宝库（中）出席山东省首届慈孝文化论坛

10月31日 山东省压力容器制造业基地在长清区揭牌，长清区压力容器协会同时成立。

11月7日 全国产品质量和食品安全督导组到长清区视察。

11月 长清区被评为全国计划生育优质服务先进区。

12月1日—5日 政协长清区第七届委员会第一次会议在区委会议厅召开，231名政协委员出席会议，会议选举周宝华为政协济南市长清区第七届委员会主席，井永平、赵贵华、王圣才、张勇、郭卫东、赵洁（女）为副主席。

12月3日—6日 长清区第十五届人民代表大会第一次会议在区委会议厅召开。选举刘太义为区人大常委会主任，司云平、时华勤（女）、孟庆华、褚兴达、韩明清为区人大常委会副主任；覃俊文为长清区区长，庞涛、刘延文、房玉萍（女）、张彦、李本文、韩军为副区长；赵其魁为长清区法院院长，张生为长清区检察院检察长。

12月11日 归德镇被科技部确定为全国新农村建设科技试点镇。

2008年

1月9日 济南市政协主席徐长玉到长清区

慰问老党员。

2月19日 长清区获山东省对外开放先进区称号。

3月6日 山东省委常委、济南市委书记焉荣竹到佳宝集团、山水工业园、晶恒工业园等调研。

2008年3月6日，山东省委常委、济南市委书记焉荣竹(前左二)到长清区调研

3月20日 山东省委副书记、省长姜大明，济南军区司令员范长龙等党政军领导与1000多名部队官员、各界群众到长清区崮云湖街道池子村南山参加植树活动。

3月21日 由国家疾控中心结核病防治临床中心主任傅瑜带领的国家疾控中心结核病防治组到长清区就结核病的防治模式进行现场调研。

4月12日 “全国中医中药中国行走进扁鹊故里——济南·长清大型宣传活动”启动仪式在明珠广场举行，国家中医药管理局和省市区领导出

2008年4月12日，“全国中医中药中国行走进扁鹊故里——济南·长清大型宣传活动”启动仪式在明珠广场举行

席开幕式。

4月24日 济南时代试金试验机项目开工建设，总投资1.8亿元，占地6.8公顷。

5月5日 山东省史志办主任刘增秋到长清区调研，市政府副秘书长杜平、副区长房玉萍陪同调研。

5月13日 经住建部和济南市政府充分协商，正式确定济南市长清大学科技园景观湖为第七届园博会园址。

5月15日 共青团长清区委组织长清区青年抗震救灾志愿团一行12人奔赴汶川地震灾区救灾，成为济南市第一支青年志愿服务队。

5月22日、26日 长清区人民医院、区中医院120急救中心，按照济南市统一指挥，到遥墙机场两批次接回26名汶川大地震灾区伤员。

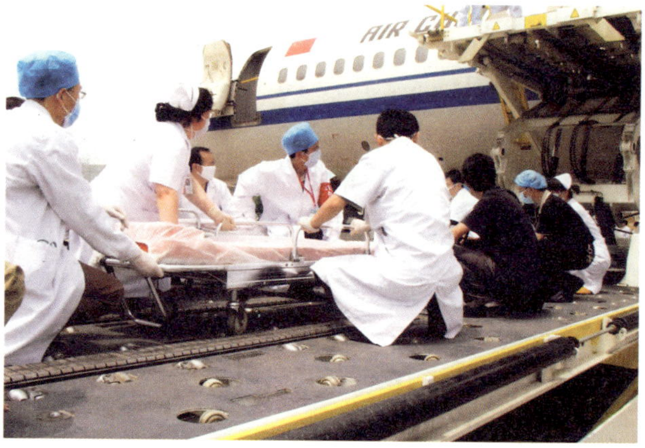

2008年5月22日，长清区医务工作人员到济南国际机场接送伤员

5月24日 山东省委常委、市委书记焉荣竹到长清区实地察看水库安全、夏粮生产情况。

5月30日 济南市最大的土地整理项目——孝里镇560公顷土地整理项目竣工并通过市国土资源局验收。

6月6日 山东省委书记姜异康到长清区大学科技园和济南经济开发区检查指导工作。

6月13日 济南市人大常委会主任徐华东到长清区调研经济社会发展情况。

7月9日 济南市委副书记、市长张建国到长清区鲁能恩翼帕瓦机电公司、通发实业、晶恒

实业等进行调研。

7月10日 山东省委常委、市委书记焉荣竹,市委副书记、市长张建国,市人大常委会主任徐华东,市政协主席徐长玉带领市委、市政府及各区县负责人到长清区检查上半年经济社会发展情况。

7月23日 以“点燃激情,传递梦想”为主题的北京2008奥运火炬接力山东省济南市传递活动举行。长清区赵金川、孟红伟两名火炬手参加火炬传递。

2008年7月23日,孟红伟(左二)参加奥运火炬传递

2008年7月23日,赵金川参加奥运火炬传递

7月25日 山东(长清)电子信息产业园在长清区大学科技园举行揭牌仪式,山东省信息产业厅厅长牛启忠,长清区领导覃俊文、张洪武、刘太义、张昭森、张彦出席揭牌仪式。

8月 长清区被山东省委、省政府命名为“省级创建文明城市工作先进区”。

9月10日 第七届园博会组委会第一次会议在北京召开,会议确定将“文化传承·科学发展”作为第七届园博会主题,把“有特色、高水平”作为第七届园博会的办会目标。

9月23日 第七届园博会园博园建设指挥部正式成立,济南市委常委、常务副市长殷鲁谦任指挥,济南市西区投融资管理中心主任王迪生任常务副指挥,济南市园林管理局局长韩晓光、西区投融资管理中心副主任魏军、长清区区长覃俊文任副指挥。

10月19日 第七届园博会园博园建设开工仪式在大学科技园工程现场隆重举行。山东省副省长郭兆信,第七届园博会组委会主任、济南市市长张建国,园博会建设指挥部指挥、济南市委常委、常务副市长殷鲁谦等出席开工仪式,并为园博园工程奠基。

11月4日 中共中央政治局常委、国务院副总理李克强视察济南长兴建设集团承建的济南棚户区改造顺河片区工程。

12月6日 第七届园博会齐鲁园建设(第一阶段)动员部署会议在大学科技园召开,山东省建设厅厅长杨焕彩出席会议并讲话,要求山东省17个地市全部参展。

12月19日 长清区被山东省人民政府评为2008年全省农村公路建设养护示范区。

12月21日 济南市商业银行长清支行举行开业仪式,副市长张宗祥、董事长邱云章、行长郭涛、监事长张苏宁、长清区领导参加开业仪式。

12月27日 济南变压器集团股份有限公司新厂开工奠基仪式在济南经济开发区举行。

12月28日 北辰小额贷款公司正式挂牌成立,列全省第十七家、全市首家。

2008 年 12 月 29 日，长清区供电公司调度大楼启用仪式举行

12 月 29 日 长清区供电公司举行新调度大楼启用仪式。

12 月 中国民主同盟济南市长清区支部成立,选举王志勇为支部主任委员。

是年 长清区被中国科协命名为全国科普示范区。

2009 年

1 月 19 日 济南市委副书记、市长张建国到园博园建设工地视察。

3 月 10 日 第七届园博会倒计时 200 天揭牌仪式在园博园天圆广场工程现场举行，园博会各项筹办工作全面提速。

4 月 1 日 中国地方志指导小组秘书长兼办公室主任田嘉在山东省地方史志办公室主任刘秋增、济南市史志办公室党组书记王历历、市史志办公室主任袁淑玲的陪同下到长清区调研。

2009 年 4 月 1 日，中国地方志指导小组秘书长兼办公室主任田嘉(右二)到长清区调研

4 月 21 日 中共中央总书记、国家主席、中央军委主席胡锦涛视察济南长兴建设集团承建的济南棚户区改造顺河片区工程。

4 月 29 日 第七届园博会组委会第二次会议在北京召开,会议确定第七届园博会开幕时间为 2009 年 9 月 22 日,第七届园博会吉祥物为“泉水姑娘——泉泉”，并通过开幕活动一揽子总体方案。

6 月 14 日 园博会开幕倒计时 100 天启动仪式在泉城广场隆重举行，济南市委副书记、市长张建国出席仪式并启动 100 天倒计时,标志着第七届园博会筹办和园博园建设进入全面冲刺阶段。

7 月 22 日 山东省委书记、省人大常委主任姜异康在省委常委、济南市委书记焉荣竹,济南市委副书记、市长张建国等陪同下,对园博会筹备工作进行视察调研。

8 月 21 日 济南市委、市政府召开园博会倒计时 30 天动员大会,动员全市力量,鼓足干劲,凝聚力量,以决战决胜的姿态,全面完成筹备任务。

9 月 22 日 第七届园博会在济南国际园博园泉韵广场开幕。

2009 年 9 月 22 日,山东省委副书记、省长姜大明在第七届园博会开幕式上致辞

第一编

行政区域

Administrative Regions

2002年5月8日，举行济南市长清区成立大会

长清新城区一角 （2012年 摄）

长清新城风采 （2008年 摄）

长清历史悠久，是中华民族古代文化的重要发祥地。早在8500年前，就出现以月庄遗址为代表的山东省所发现的最早的有陶新石器文化“后李文化”。长清区境，在史前以及夏代地属东夷腹地，春秋战国时属齐国。秦代，于境内卢邑设卢县。隋开皇十四年(594)，始置长清县，以境内齐长城和清水命名。2001年6月26日，经国务院批准，撤销长清县，设立济南市长清区。2002年5月8日，济南市长清区成立大会举行，它标志着长清从此告别1409年县建制的历史。2008年，全区辖4个街道、5个镇、1个乡，624个行政村(居委会)。

长清区位于山东省西部，省会济南西南，总面积1178.08平方公里。长清老城区在黄河东岸，西距黄河6公里。1983年，长清县被列入济南市科学文化教育的“卫星城”。据此，于1985年长清县城实施东迁，城区规模不断扩大。长清撤县设区后，成为济南市重点发展的“西部片区”。至2008年年底，城区面积扩大到20平方公里，居民15万人，累计投资30亿元，一座现代化的新城市规模初现，新城区已发展成为长清区政治、经济、文化的中心。

第一章　位置境域

第一节　位　置

长清区位于山东省西部，省会济南西南，黄河下游东岸，泰山西北麓。地理坐标为北纬36° 14′ 37″ ~36° 41′ 50″ ，东经116° 30′ 38″ ~117° 4′ 14″ 。北邻济南市槐荫区，东北接济南市市中区，东接济南市历城区，东南与泰安市岱岳区相连，南与肥城市为邻，西南与平阴县接壤，西与西北濒黄河，隔河与聊城市东阿县和德州市齐河县相望。区政府驻地文昌街道，位于清河街1617号。长清城区北距北京市直线距离（下同）为380公里，西距聊城市70公里，北距德州市110公里，东北距济南市中心28公里，东南距泰安市55公里，北距齐河县27公里，南距肥城市35公里，西南距平阴县39公里。

第二节　境　域

长清区境自北向南横向逐渐加宽，呈三角形。区境东起万德镇拔山村泰山林场拔山分区，西至孝里镇刘营村西，宽50.8公里；南起万德镇界首村南，北至平安街道柳家宅子村北黄河岸，长50.3公里。黄河从平阴县流入长清区境内，经孝里镇、归德镇、文昌街道、平安街道，流入济南市槐荫区。京沪铁路纵贯区境东部，经平安街道、崮云湖街道、张夏镇、万德镇入泰安。京福高速公路，纵贯区境东部，济菏高速公路纵贯区境中部，220国道、104省道和104国道3条干线公路，分别从区境西部、中部和东部穿过。

长清县的面积历史上曾有多次变化。1920年，全县总面积为1237.5平方公里。1930年，为1287平方公里。1934年，为1854平方公里。

1947 年，为 1627.5 平方公里。新中国成立后，长清县面积又经几次变动，至 1956 年基本形成现区域范围。2008 年，长清区总面积 1178.08 平方公里。

第二章 建 置

第一节 建置沿革

长清历史悠久，早在距今 8500 年前，出现以归德月庄遗址为代表的山东省所发现的最早的有陶新石器文化——后李文化。后李文化以后，在长清区域内，北辛文化、大汶口文化、龙山文化、岳石文化一脉相承，自成谱系。长清在史前以及夏代地属东夷腹地。殷商时代，长清位于京畿地区的东部边缘。周革殷命，于泰山南北分别建立鲁国和齐国，夹处两国之间的长清地域大致分属于两个小邦国，即立国于长清西部的卢国和立国于长清东部的郕国。

长清区境，春秋战国时属齐国。秦代，于境内卢邑设卢县，属济北郡。西汉时为泰山郡卢县、茌县和平原郡祝阿县地。三国魏时为兖州济北国卢县、泰山郡山茌县和青州济南国祝阿县地。西晋时，县境属济北国卢县，县境东北部属青州济南郡祝阿县地，东部为兖州泰山郡山茌县地。东晋时为太原县地。南朝宋时县境属济北郡。北朝魏时为齐州东太原郡太原县、卢县和山茌县地。

隋代开皇五年（585），废太原县于升城置长清镇。开皇十四年（594），以长清镇置长清县。至此始有长清县名，县以境内齐长城和清水命名。此时长清县属济北郡，县境东北部为历城县和祝阿县地。

唐代，长清县初属河南道济州。贞观十七年（643），废济州，长清属河南道齐州。

北宋时，以路辖府，长清属京东东路齐州济南府。县内界首镇属京东西路郓州。至道二年（996），长清县城由升城迁至刺榆店、即今日长清区老城区。

金代，长清属山东东路济南府。广里镇属山东西路东平府。

元代，长清属中书省泰安州。

明代，长清属山东省济南府。宣德三年（1428），属山东布政使司济南府。

清代雍正二年（1724），属泰安州。雍正十二年（1734），复属济南府。

民国元年（1912），长清属岱北道。1913 年，改属济南道。1928 年，废道置省，长清属山东省。

1939 年，长清县抗日民主政府成立后，因尚未成立专署，长清县受鲁西北第四地委领导，后属泰西专署。1941 年 9 月，长清县分为长清、峰山两县，均隶属于泰西专署。1946 年，改峰山县为长清县，改长清县为河西县，仍隶属于泰西专署。1950 年 5 月，长清县与河西县合并统称长清县，隶属于泰安专署。1956 年，将长清县所辖的黄河西 4 个区划归齐河县。1958 年 12 月，泰安地区并入济南市，长清县同泰安地区一起并入济南市。1959 年，撤销长清县。1961 年 5 月，恢复泰安地区，同时恢复长清县，仍属泰安地区。1978 年 11 月，长清县复划归济南市，成为济南市的郊区县之一。2001 年 6 月 26 日，经国务院批准，撤销长清县，设立济南市长清区。

第二节 撤县设区

2000年10月18日，长清县委、县政府向济南市委上报撤县设区的请示。2001年6月26日，经国务院批准，撤销长清县，设立济南市长清区，行政区域不变。2002年5月8日，济南市长清区成立大会在区委、区政府办公楼前举行。大会由市委常委、长清区委书记许立全主持，省民政厅厅长亓凤海宣读国务院2001年6月26日下发的《关于撤销长清县设立长清区的批复》，济南市六大班子主要领导分别为中共济南市长清区委员会、济南市长清区人大常委会、济南市长清区人民政府、政协济南市长清区委员会、中共济南市长清区纪律检查委员会、济南市长清区人民武装部揭牌。撤县设区是长清发展史上的一个"里程碑"，它标志着长清从此告别1409年县建制的历史。

2002年5月8日，长清区委书记许立全主持长清区成立大会

长清区(县)历史沿革情况表

表1－1

历史沿革	公元纪年	隶属县(邑、区)	治(所)驻地	隶属郡国州府市	治(所)驻地	备注
周代	前11世纪—前771年	卢邑	—	—	—	
春秋战国	前770年—前221年	祝柯邑	古城	齐国	临淄	古城今属济南市槐荫区
		卢邑	—	—	—	
		石窖邑	石窝	齐国	临淄	石窖即今五峰山街道石窝
		清邑	学城	齐国	临淄	学城即今双泉乡学城
秦	前221年—前207年	卢县	东障	济北郡	博阳	
西汉	前220年—25年	卢县	东障	泰山郡	奉高	
		茌县	张夏	泰山郡	奉高	
		祝阿县	古城	平原郡	平原	
东汉	25年—220年	卢县	学城	济北国	卢县	
		茌县	张夏	泰山郡	奉高	
		祝阿县	古城	平原郡	平原	
三国	220年—265年	卢县	学城	济北国	卢县	
		山茌县	张夏	泰山郡	奉高	
		祝阿县	古城	济南国	东平陵	

续表 1－1

历史沿革	公元纪年	隶属县（邑、区）	治（所）驻地	隶属郡国州府市	治（所）驻地	备　注
晋	265 年—420 年	卢县	学城	济北国	卢子城	
		山茌县	张夏	泰山郡	奉高	
		太原县	升城	泰山郡	奉高	太原县治所升城即今归德镇卢城洼
		祝阿县	古城	济南郡	东平陵	
南北朝	420 年—589 年	卢县	学城	太原郡	山茌县	南朝宋属济北郡，北朝属太原郡，当时长清地在北朝的范围
		山茌县	张夏	太原郡	山茌县	
		太原县	升城	太原郡	山茌县	
		祝阿县	古城	太原郡	山茌县	
隋	581 年—618 年	长清县	升城	济北郡	碻磝城	
		历城县	济南	齐郡	历城	山茌县并入历城县的部分
		祝阿县	古城	齐郡	历城	
唐	618 年—907 年	长清县	升城	济州	碻磝城	贞观十七年（643 年）长清县改属齐州济南郡
		济北县	刺榆店	济州	碻磝城	刺榆店即今长清区老城区
		山茌县	丰齐	齐州	历城	武德元年复置山茌县，天宝元年更名丰齐县，元和间并入长清县
宋	960 年—1127 年	长清县	刺榆店	济南府	历城	
元	1127 年—1368 年	长清县	长清城	泰安州	泰安	
明	1368 年—1644 年	长清县	长清城	济南府	历城	
清	1644 年—1911 年	长清县	长清城	济南府	历城	
中华民国	1911 年—1949 年	长清县	长清城	济南道 山东省	济南	长清县在抗日战争年代曾更名峰山县
中华人民共和国	1949 年—1958 年	长清县	长清城	泰安专署	泰安	
	1958 年	长清县	长清城	济南市	济南	
	1959 年	撤销建制	撤销建制	历城县	济南	许寺、石麟（后改长清）、归德、张夏、万德划属历城县
				肥城县	肥城	双泉、马山、五峰划属肥城县
				平阴县	平阴	孝里划属平阴县
	1961 年—1978 年	长清县	长清城	泰安专署	泰安	
	1978 年—2001 年	长清县	长清城	济南市	济南	
	2001 年—	长清区	长清城	济南市	济南	

第三章 区 划

第一节 区划变更

明代洪武年间,县内居民多为元末土著,行政区划设置里甲。永乐年间,徙直隶、川陕等地居民来长清县定居后,行政区划实行仓里制。清代沿袭明制,至道光年间,全县划为 4 仓 44 里,辖 1018 个村庄。东仓 11 里:坊东保、崮保、青保、戴保、时保、丰保、安保、石保、耿东、耿西、辛屯;南仓 11 里:正屯保、归保、赵保、杜保、贺保、褚保、下保、吴保、卢保、马南、马北;西仓 11 里:坊西保、相保、薄保、辛店、辛兴、仁保、潘保、潘西、潘东、吕保、尚保;北仓 11 里:王南保、正保、中保、季南、季北、王东、莒屯、郭屯、莒保、郭保、下屯。

1921 年,全县划为 10 个区 71 里。近县城 2.5 公里区域内划为城区,其余 9 个区或因山为界,或因其所在之古地名命名,或因其境内名山大川命名。全县共辖 912 个村庄。城区 6 里:正屯里、贺保里、坊西里、坊东里、王南里、耿西里,辖 35 个村庄(街);汉卢区 4 里:马南里、顺保里、马北里、赵保里,辖 120 个村庄;济北区 12 里:潘西里、富保里、辛兴里、郑保里、潘东里、季南里、季北里、莒保里、相保里、坊西里、潘保里、吕保里,辖 108 个村庄;故河区 6 里:潘保里、辛店里、莒保里、尚保里、潘东里、季北里,辖 153 个村庄;锦川区 5 里:赵保里、褚保里、仁保里、吕保里、潘西里,辖 122 个村庄;靡笄区 7 里:顺屯里、耿东里、中保里、郭保里、王东里、时保里、丰保里,辖 79 个村庄;祝阿区 9 里:王南里、王东里、戴保里、升保里、郭屯里、丰保里、时保里、耿西里、顺屯里,辖 89 个村庄;升城区 10 里:安贺里、归保里、吴保里、卢保里、杜保里、正屯里、相保里、辛屯里、褚保里、马北里,辖 75 个村庄;中川区 4 里:安保里、石保里、马北里、马南里,辖 60 个村庄;山茌区 8 里:戴保里、辛屯里、崮保里、青保里、耿东里、耿西里、马北里、马南里,辖 71 个村庄。

民国 20 年(1931 年),取消里制,旧区名称改为第一至第十区。区内村庄划分为乡镇闾邻。第一区(城区),镇 2、乡 20、闾 227、邻 1315,区公所驻县城。第二区(升城区),镇 3、乡 23、闾 345、邻 1705,区公所驻归德街。第三区(山茌区),镇 4、乡 21、闾 351、邻 1825,区公所驻大崮山。第四区(祝阿区),镇 2、乡 20、闾 392、邻 1906,区公所驻许家寺。第五区(靡笄区),镇 1、乡 19、闾 369、邻 1266,区公所驻大金庄。原为 2 镇 22 乡,民国 22 年(1933 年),济南市划界时,将该区东南隅 16 个庄划归济南市区,该区仅剩上数。第六区(中川区),镇 5、乡 16、闾 313、邻 1576,区公所驻大万德。第七区(汉卢区),镇 5、乡 18、闾 411、邻 2055,区公所驻崮头。第八区(锦川区),镇 3、乡 21、闾 423、邻 1968,区公所驻赵官镇。第九区(济北区),镇 3、乡 13、闾 336、邻 1756,区公所驻云禅寺。第十区(故河区),镇 3、乡 13、闾 401、邻 2005,区公所驻潘店东街。全县共有 31 镇、184 乡、3618 闾、17377 邻。

民国 23 年(1934 年),全县化为 10 个区、184 个乡、31 个镇。

1939 年 6 月,长清抗日民主政府成立后,全县辖 12 个区。1941 年 8 月,以黄河为界划长清县为峰山、长清两县。黄河以东为峰山县,划为第一至第八区、耀南区（1940年6月成立，1941年12月撤销）和第十区。峰山县成立后，肥城县划入峰山县32个村庄，分别是：孝里铺、老王坡、太平庄、燕庄、袁道口、北姚河门、石岗、安澜、庞道口、傅庄、宋庄、米庄、刘营、洼里、东障（包括：大街、三义、张街、四街、金村、楚庄）、南凤凰、北凤凰、潘庄、广里、广里店、龙泉官庄、岚峪、马岭、房头、张庄、李庄、黄立泉、方峪、五眼井、中黄崖、南黄崖、许道口。是年12月，耀南区撤销后，全县共辖9个区。1946年，峰山县改为长清县，长清县改为河西县。长清县的区域范围与原峰山县相同。1949年，长清县划为11个区、94个乡。1950年，长清、河西两县合并统称长清县，全县划为17个区，黄河以东划为第一至第八区和第十七区9个区，黄河以西划为第九区至第十六区8个区。是年，长清县东北隅五区所辖北店子、张庄、三教堂、阎庄、韩家道口、陈庄、张庄、安庄、席家庄、申家庄、七里沟、云遮寺、周官屯、辛庄、刘庄、朱庄、龙王庙、古冢坡、中店铺、赵家庄、彭家庄、宋家桥、常旗屯、大里庄、高家庄、于家庄、演马庄、田家庄、小金庄、小饮马庄、马庄、担山屯、大金庄等41个村庄划入济南市郊区。1951年，肥城一区的上营、王先庄、戴家河、杨家庄、李家峪、侯家庄划入长清六区。1952年11月，并17个区为15个区。1956年，因黄河阻隔，交通不便，经国务院批准，将长清县所属的黄河以西各区，划归齐河县，全县改划为1个镇、11个区、94个乡。是年，由历城县划入长清县万德区12个村庄：辛庄、九曲、黄豆峪、侯庄、官马场、张峪、拔山、胡坦、玉皇庙（东升）、房庄、张庄、青天。长清县东北部划入济南市郊区的村庄有：周王庄、宋庄、杨家庄、河头王、汪屯、水屯、王府庄、仁里庄、张家庄、任庄、郑庄、马庄、董庄、陡沟、大庙屯、鸡耳屯、黄山店、殷家林、北橛山桥、罗而庄。1957年，调整为1个镇52个乡。1958年，全县改划为18个乡镇。是年，撤销乡镇成立11个人民公社，不久撤销崮头公社，全县设10个人民公社。是年秋，长清县大庞庄、前河圈、后河圈3个村划入齐河县。1959年2月，张夏公社、崮山公社合并为张夏公社，全县设9个公社。1959年10月，撤销长清县，孝里公社划属平阴县，双泉、马山、五峰公社划属肥城县，其余各公社划入历城县。1961年5月，恢复长清县建置，长清县改属泰安地区，长清县东北隅的赵庄、杨台、双庙屯、袁庄、杜庙、丰齐、朱庄、孙庄、小李庄、大李庄、谢家屯、古城、王府庄、由里庄、吴庄、八里庄、石头庄、筐李庄等20个村庄划入济南市西郊公社。1962年，五峰公社、马山公社合并为马山公社，全县共8个公社。1963年8月，双乳山、水坡、顾小庄、南马山、顾道口由孝里公社划入归德公社。1976年8月，恢复崮山公社和五峰公社，全县共设10个公社。1982年2月，全县划为1个镇9个人民公社。1984年2月，撤销人民公社，全县划为9个区、1个区级镇，31个乡、5个乡级镇。1985年10月，撤区调整乡镇，全县行政区划改为城关、平安店、崮山、归德、张夏、孝里、万德7个镇和五峰山、双泉、马山、武家庄4个乡。1986年1月18日，五峰山乡的孙家庙、徐家庄、孙家庙西山、西房庄和南西石5个行政村划归万德镇。1995年4月，撤销五峰山乡、马山乡设立五峰山镇和马山镇；12月，城关镇更名长清镇；全县行政区划为9镇2乡。

2001年6月26日，经国务院批准，撤销长清县设立济南市长清区。2003年9月，经山东省人民政府批准，长清区撤销长清镇、平安店镇、崮山镇、五峰山镇，分别设立文昌街道、平安街道、崮云湖街道、五峰山街道；11月28日，文昌街道、平安街道、崮云湖街道、五峰山街道同时召开成立大会。2006年1月24日，经山东省人民政府批准，撤销武家庄乡，将其行政区域并入万德镇。

第二节 现行区划

2008年，全区辖文昌、崮云湖、平安、五峰山4个街道，归德、孝里、万德、张夏、马山5个镇和双泉乡，辖34个居民委员会，590个村民委员会。（行政村、自然村见第二十六编）

第四章　城　区

第一节　老　城

北宋至道二年(996),因大清河水为患,长清县城由升城迁至刺榆店,即今长清区老城区。

长清区老城区在黄河东岸,西距黄河6公里。地理坐标为北纬36° 36′,东经116° 44′。老城位于县城西北部。元代至正十四年(1354),始筑土城。明代成化十一年(1475),知县解瑛将土城改筑为石城。正德年间(1506—1521),知县刘儒、县丞吕竣再筑长堰,城高5米、阔3.3米,周围长2公里,环甃以石,女墙为砖砌,雉堞1410个。城门及门楼4座:东为迎恩门景阳楼;南为距鲁门向离楼;西为挹清门怀庚楼;北为拱极门安贞楼。有角楼4座:乾角楼、坤角楼、艮角楼、巽角楼。城外有池,深5米,阔8.3米,堤外有马道,宽1米。嘉靖九年(1530),建西门桥和北门桥。崇祯年间(1628—1644),知县刘之蛟在四门各增月城。为重四门:东为青杨门,南为南熏门,西为西成门,北为拱宸门。清顺治六年(1649),城垣因夏雨连绵而崩颓过半。清康熙七年(1668),因地震四城楼尽毁,月城大半坍塌,经知县吕朝辅、岳之岭20余年整修,始恢复原貌。清道光二十五年(1845),知县周仁福在官、民中捐银5.84万余两,重修县城。清光绪二十一年(1895),甲午战争爆发后,知县孙绍曾发动县民捐款修筑城池。光绪二十六年(1900),知县张瑞芬又一次重修县城。民国8年(1919),县长吴福森任内重修县城一次,补修角楼。民国12年(1923),县城因夏秋之间连降大雨,东、西、南3面城墙塌损多处。民国13年,县长项保祯派员分段监修。抗日战争和解放战争时期,县城受到战争的破坏,著名的全阳塔也被盘踞在县城的国民党军拆掉两层修建炮楼。1948年,长清解放后,县城成为县民主政府驻地,城墙被逐年拆除。

清道光年间,县城主要街道有3条:县署前以东称辛街;县东门内以南为孝堂街;南门内以北为青龙镇街。其他街道参差不齐,歧径错出,其街名多不可考。民国24年,城内街道纵横交错。南北向,自西向东有西太平街、北门大街、南门大街、南关街、阁北街、阁南街、望麟街、公正街、东太平街、北义合街、南义合街;东西向,自南向北有水鸣庄街、菜市街、维新街、中学前街、东关街、东门大街、西门大街、西关街、东新街、西新街等23条大小街道。因长清县城地处水陆交通要道,清末以来商业颇盛,每逢农历二、五、七、十日为集。

新中国成立后,县城逐年向东发展,规划建设东关大街和东北关以东工业区。20世纪70年代起,在石麟山北水鸣庄东规划建设文化教育区,东关大街建设为商业区。1975年,投资55万元,建成县委党校4层办公大楼。1978年,投资76万元,建成长清旅社4层楼。1980年,投资71万元,建成县委、县政府4层办公大楼;投资40万元,建成长清影院,分舞台、观众厅、前门楼三部分,有座席1250个。1983年,制定长清县城建设总体规划方案,县城东迁纳入县城建设总体规划。1985年,老城驻有长清县委、县人大、县政府、县政协、县纪律检查委员会、县人民武装部等领导机构;建有县人民医院、县中医院、邮电局、电影院、剧场、教育中心及县重点中小学校;有化肥、水泥、电力、农机、轻工、造纸、被服、印刷、酿酒等厂矿企业,是全县的政

■ 20世纪80年代老城一角

■ 20世纪90年代老城一角

治、经济、文化中心。

1985年起，长清县城实施东迁，新城规划避开1983年黄河防水位淹没线，长清老城建设基本上处于停滞状态。2001年，长清撤县设区后，随着济南市西进战略的实施，新城区建设日新月异，旧城越显陈旧。以峰山路为界，路东路西新城老城形成极不相称的鲜明对照。为改善和提高旧城区居民生活环境和质量，提升城市形象，拓展城市发展空间，区委、区政府决定按照“高起点规划、高标准建设、高效能管理、高水平经营”的要求，对旧城区实施彻底改造。旧城改造项目东至峰山路、西至孝堂山路、南至龙泉西街、北至中川西街，是长清历史上的老县城，总面积136.39公顷，内有6个村庄，1个居委会，2900户居民和67个单位。按照济南市政府关于各区重点工程项目土地熟化前期工作进行委托的意见，经市政府批准，以济南市长清区政府投融资管理中心作为前期土地熟化平台。2003年2月，成立旧城改造指挥部，主要负责项目申报、策划包装、招商引资、调查摸底、拆迁安置、宣传发动、组织实施等工作。2005年起，进行拆迁，先后拆除百货大楼、燃料公司、电影院、长箭建设集团有限公司、服务公司沿街营业楼、物资集团、邮电局宿舍楼、城关粮所等。2007年11月，经市政府批准，列入济南市棚户区改造范围。旧城改造按照统一规划、分期实施的原则，分期分区建设。2009年，正式启动旧城改造一期工程建设，包括逸和新居(6幢回迁安置楼)、逸和财富广场、国际B座三项工程。

第二节　新　城

1978年11月，长清县划属济南市。1983年，根据济南市建设总体规划，长清县被列为济南市科学文化教育的卫星城，为市区文化科研扩散和建设其他项目提供用地。据此，县委、县政府制定《长清县城建设总体规划方案》，县城东迁纳入县城建设总体规划。1985年，长清县城实施东迁，绘制1/2000地形图9平方公里，制订2.2平方公里新城详细规划施工图。新城区范围南至大、小柿子园村，北至大沙河，西起老城，东至东王庄东山，东北部与牛山庄相连。南北长2.5公里，东西宽2.2公里，总面积5.53平方公里，比老城扩大1.8倍，规划控制区9平方公里。规划新城街道14条。南北向街道，自西向东依次是石麟路、峰山路、马山路、五峰路、灵岩路、文昌路、东环路；东西向街道自北向南依次是北环路、玉符街、中川街、宾谷街、清河街、水鸣街、南环路。新城清河街为中心大街，县机关、教育中心、体育中心、县医院、县宾馆等分布在两旁。北大沙河两岸规划为工业区，工业区以东为仓库用地。1986年1月6日，济南市政府召开常务会议，专门听取长清县关于申请县城东迁、解决县城东迁补贴费等事项的汇报，市政府作出同意长清县城东迁的有关决定。是年3月15日，长清县新城建设指挥部成立，潘志民任第一指挥，刘传英任第二指挥，赵明

图1 1985年长清县老城区图

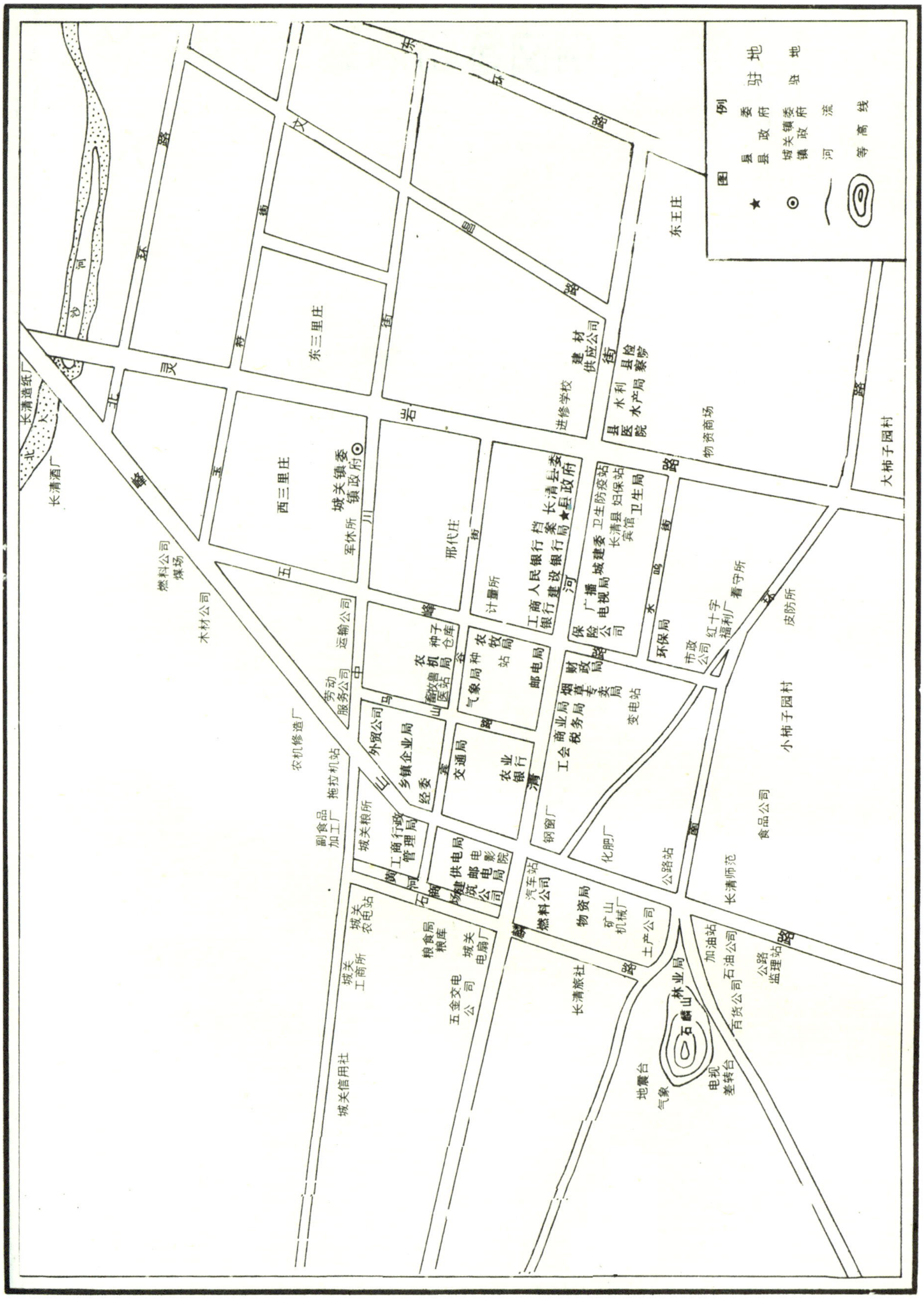

图2 1985年长清县新城区图

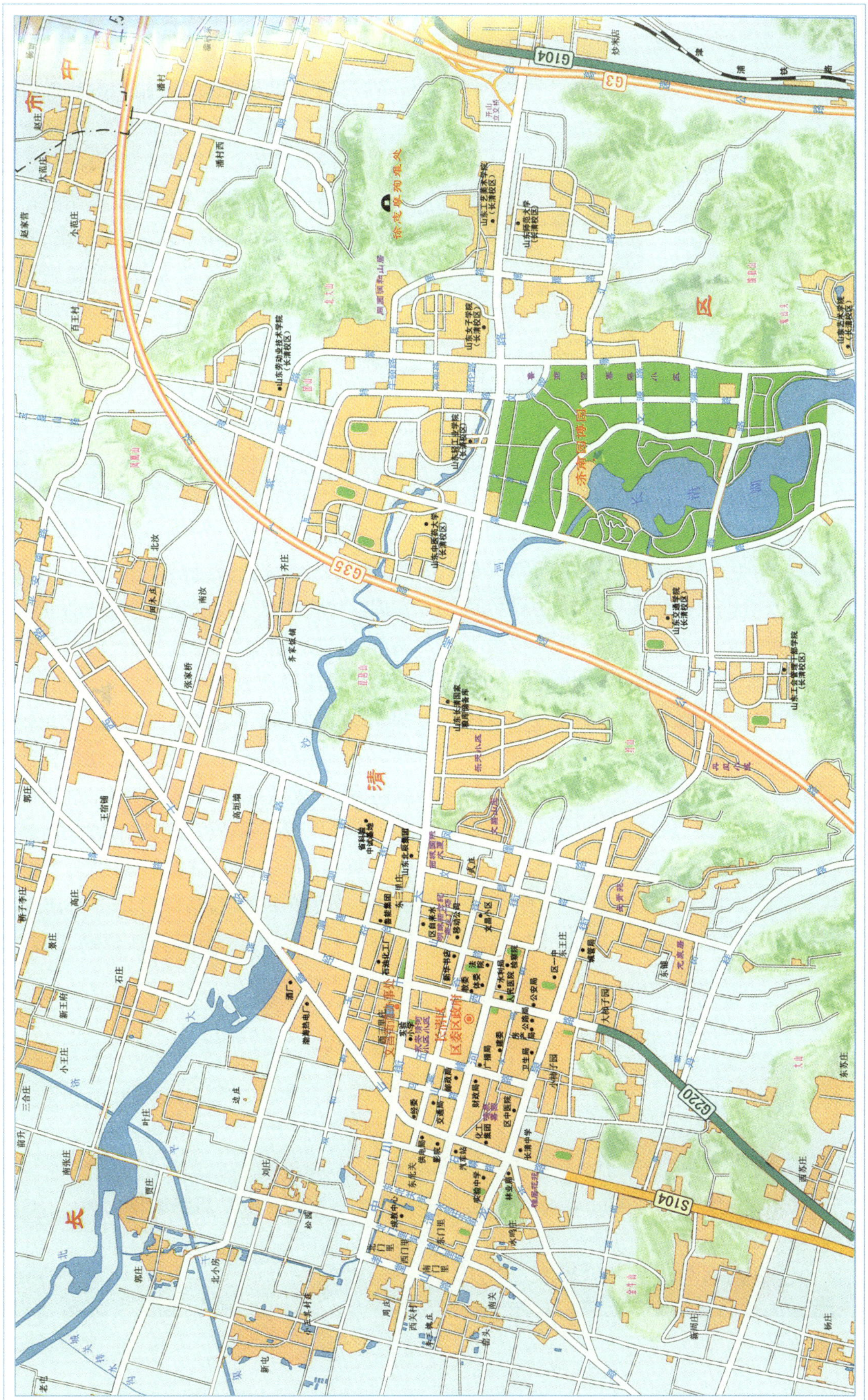

图3 2008年长清城区图

长清县委书记贾文青(右一)到新城建设工地指导工作（1985年摄）

玉、薛正喜、马成才、李连元、文玉石、陆继信、董林生、孟祥增任副指挥，自此长清新城建设步入快速建设时期。是年5月，位于新城清河街黄金地段的县委、县政府机关办公大楼开工建设。是年12月30日，新城第一自来水厂一期工程竣工并开始供水，日供水1500立方米。1988年，清河街西段道路工程完成，街宽60米。1989年6月，县医院迁至新城灵岩路与清河街交叉路口东南。是年6月，县委、县政府机关办公大楼竣工交付使用。1995年12月28日，长清银河大厦、供销大厦竣工开业。至1997年，先后多渠道筹集资金8亿多元，基本完成县城规划区内道路、供水、供电、通讯等基础设施工程。新建自来水厂2处，日供水能力6万立方米；长清宾馆、五峰路商业街、宾谷街商业街、渤海商城等城市生产、生活服务的大中型商业服务设施和餐饮接待设施相继建成；长清邮电大厦、广播电视大厦、体育中心、区人民医院、长清乐园、老干部活动中心等公益事业项目投入使用；县城主要街道四季常青、三季见花，城市美化、绿化等管理水平明显提高，现代化城市框架初步形成，新城区已成为全县政治、经济、文化中心。2001年，长清撤县设区后，新城建设步伐加快。至2008年年底，政务商住区面积扩大到20平方公里，居民15万人，累计投资30亿元，新建道路15条，总长30.71公里，形成7横8纵道路框架。城市环境优美，供水、供电、供热、供气、饮食娱乐等服务功能增强，建成有物业管理的住宅小区17个，银河大厦、供销大厦、银座超市、心连心超市、东王步行街、长泰大厦、华新大厦等现代化商业设施相继建成。建成区绿化面积20万平方米，绿化覆盖率48%，人均绿地面积15平方米。区人民医院、中医医院、妇幼保健站、结核病防治站、皮肤病防治所、疾病预防控制中心各1处。建有长清一中新校区、长清中学、石麟小学、实验小学、实验幼儿园，设有工商银行、建设银行、中国银行、农业银行、长清区信用合作社联社等，有图书馆、博物馆、文化中心、体育场、体育馆、新华书店各1处。

长清新城区鸟瞰（2008年摄）

第二编

自然环境

Natural Environment

世界第三地质名山——馒头山　　（2000年 摄）

灵岩寺五步三泉 （2008年 摄）

长清区滨河公园 （2008年 摄）

长清区东南依泰山，西北濒黄河，形成东南高西北低的倾斜地势，由东南向西北依次是山地丘陵、山前平原和黄河洼区，按比例大体是“八山一洼一平原”。区内名山有灵岩山、五峰山、大峰山、莲台山、马山、孝堂山、馒头山等。主要河流有黄河、南大沙河、北大沙河、玉符河和清水沟。长清区的袈裟泉泉群为济南十大泉群之一，除袈裟泉、卓锡泉、清泠泉、晓露泉、檀抱泉名列济南新七十二名泉外，还有108处已知泉点分布于境内的山地丘陵间。享有“山水长清”的盛誉。长清属暖温带半湿润大陆性季风气候，四季分明，年平均日照时数为2447.6小时、平均气温14.4℃、平均降水量661.7毫米、平均相对湿度62%。全区土壤共有4个土类8个亚类11个土属68个土种，土地总面积为12.1万公顷。年均水资源量2.98亿立方米。主要矿产有铁、铜、铅、煤、钾长石、重晶石、花岗石、木鱼石、玉石、石灰石和黄沙等，其中花岗岩储量达200亿立方米，有罗汉绿、长城红、灵岩三花等20余个品种。

第一章 地 质

第一节 构 造

长清区境内地质构造体系为总体向北倾斜地层，总体倾向NW30°~NE45°之间，倾角6°~15°。东西方向上，局部形成背向斜褶曲，形态平缓。长清区内未见大的断裂构造，在长清东部有走向NE35°的高角度断裂，总体东盘（地层板块）上升，西盘（地层板块）下降，西盘广泛出露张夏组灰岩地层及崮山组、炒米店组地层。

第二节 地 层

境内出露的地层由南向北依次有：太古界泰山群变质岩、寒武系灰岩和页岩、奥陶系石灰岩。从东、南山前平原到黄河之间是第四系砂砾石层和各种土类，厚度由东向西逐渐增大。

太古界泰山群变质岩出露区为长清区的砂石山区。主要分布在万德镇、五峰山街道、马山镇南部，双泉乡东南部和张夏镇西南部，面积422.6平方公里，占全区总面积35.9%。寒武系石灰岩出露区为长清区的青石山区。主要分布在万德镇东北部，五峰山街道和马山镇北部，双泉乡西部和张夏镇部分地区，面积313.79平方公里，占全区总面积26.6%。奥陶系石灰岩，大部隐伏在山前冲积扇内，分布在崮云湖街道北部，文昌街道、平安街道、孝里镇东部，面积149.75平方公里，占全区总面积12.7%。山前平原至黄河之间的第四系砂砾石层，包括第四系坡洪积砂质黏土夹砾石层、第四系冲洪积砂砾石层和第四系冲积砂砾石层，面积291.93平方公里，占全区总面积24.8%。

寒武系和奥陶系石灰岩、页岩，构成长清区中部丘陵区，面积463.54平方公里，占全区总面积39%。

第二章 地 貌

第一节 地貌特征

长清区东南依泰山，西北濒黄河，形成东南高西北低的倾斜地势，由东南向西北依次是山地丘陵、山前平原和黄河洼区。山地丘陵属泰山余脉，山岭起伏，沟壑纵横，海拔均在200米以上，地面坡度大于10度。山丘低凹处，河谷横切，成为南、北大沙河和清水沟的发源地。山地丘陵，土薄水贫，占全区总面积的75.6%。山前平原为条形地带，长22公里，宽5公里，地面高程在40~100米之间，坡度约为1/300。山前平原土层厚，土质肥沃，水资源相对丰富，占全区总面积的10.7%。沿黄洼区因黄河洪水淤积形成槽形洼地，地面高程在29.4~40米之间，为黄河滞洪区，占全区总面积的13.7%。长清地形地貌，按比例大体是"八山一洼一平原"。

第二节 地貌类型与分布

长清区主要地貌类型有中度切割低山、微弱切割丘陵、山间剥蚀平原、山前冲洪积平原、黄河冲积平原等。区内土质主要为棕壤、褐土和沙风土。中度切割低山主要分布在长清区东部、南部地区的万德镇、张夏镇、崮云湖街道、马山镇、双泉乡、五峰山街道。微弱切割丘陵主要分布在长清区东部地区的万德镇、张夏镇、崮云湖街道。山间剥蚀平原主要分布在长清区东部山区。山前冲洪积平原主要分布在长清区东部山区。黄河冲积平原主要分布在平安街道、文昌街道、归德镇、孝里镇等沿黄地区。

第三节 山 脉

长清区南部和东南部为山区，全区山区面积884.88平方公里。其中由变质岩构成的山区面积占山区总面积的47.8%。由石灰岩、页岩构成的山区面积占山区总面积的35.5%。东南部山区是泰山北支山脉，自摩天岭主峰分别向北和西北延伸出两大支脉。一是位于万德镇的黄山(即黄巢寨)支脉和崮云湖街道的大山顶支脉，从黄山向北延伸形成黄山顶支脉；二是从黄山向西延伸形成玉皇顶支脉。

灵岩山 又名方山、玉符山。相传苻秦时有竺僧朗来此说法，听者千人，山石点头，朗公称"此山灵

■ 灵岩山 (2008年 摄)

也”，遂得名灵岩。位于城东南31.5公里(直线距离，下同)万德镇境内，主峰海拔683.7米。山之阳的灵岩寺是全国重点文物保护单位，著名的旅游胜地。

五峰山 因有群仙、志仙、会仙、望仙、聚仙(又名迎仙)五个山峰环连错列而得名。位于城东南15.5公里五峰山街道境内，风景秀丽，是游览名胜区。山上有建于金元时的洞真观遗址。聚仙峰西侧悬崖上有东魏、北齐之间的莲花洞石窟造像。五峰山洞真观和莲花洞石窟造像为山东省文物保护单位。

青崖山 位于城东南17公里，五峰山南侧，海拔565.4米，因“阴霁望之，常青青然”得名。山势陡峭险峻，仅西北隅有一小径可达山顶。金元时曾是严实屯兵之地。山前有明德王墓群，为山东省文物保护单位。

马山 因山形似马得名，古称格(隔)马山。《春秋左传》有“晋伐齐，齐师夜遁，夙沙卫殿。殖绰、郭最曰：子殿国师，齐之辱也。乃代之殿。卫恨之，遂杀马于隘以塞道，欲使晋师得之”的记载。相传“杀马塞道”的地方即今马山。位于城南21公里，南北走向，主峰海拔512.3米。古为道观，曾与灵岩、五峰山并称“三山”。1938年1月始，抗日战斗爆发后，长清县抗日游击队以此为根据地。

大峰山 位于城西南24.5公里孝里镇境内，地处长清区、肥城市、平阴县三地交界，海拔376.2米。山势险要，山峦重叠，翠柏漫山，有璇玑洞、天麻峪、三教堂、簸箕掌四景，风景优美。抗日战争爆发后，中共党员魏金三等人在此开辟建立大峰山根据地。新中国成立后，在此建立大峰山革命烈士公墓和大峰山林场。1979年，大峰山革命遗址被确定为市级文物保护单位。

娄敬洞山 又名莲台山、万花山，相传因汉娄敬曾在此隐居而得名。位于城东南22.5公里张夏镇境内，主峰海拔583米，面积2平方公里。有蓬莱观、洞虚观、三元殿、张仙祠、吕祖祠、玉皇殿等道观遗址和朝阳洞、老君洞、王母洞、八卦洞、火龙洞、三清洞、娄敬洞等岩洞。山内景色优美，古洞深邃，已开发为莲台山度假村风景区。

孝堂山 位于城西南22公里孝里镇境内，海拔60米。山上有建于东汉初的郭氏墓石祠，是中国现存最早的地面房屋建筑。石祠内的汉代画像石刻是研究汉代历史和社会生活的重要实物资料，有重要的学术和艺术价值，为全国重点文物保护单位。

黄崖寨山 位于城西南24公里孝里镇和双泉乡交界处，海拔426米，西、南、东北三面自山腰向上皆悬崖峭壁，西北向有一崎岖小路可通山顶，形势险要，原名黄崖山。清咸丰十一年(1861)，江苏仪征人张积中到此筑寨传教讲学，遂更名为黄崖寨山。山顶上有呈丫字形庞大高山建筑群，总建筑面积6万多平方米，有一寨门、二寨门、祭祀堂等张积中山寨遗址。清同治五年(1866)清军在此屠杀手无寸铁的寨民2000多人，制造震惊全国的“黄崖教案”。

石麟山 位于城南水鸣庄东，曾名石虎山，明代知县于璞改名石麟山，海拔84米。清代山上曾有玉帝、后土、广生等殿。民国时辟为植树场和烈士陵园。解放战争中，国民党军在山顶修筑炮楼。新中国成立后，在石麟山建林场、苗圃，安葬抗日战争和解放战争中及新中国各个建设时期牺牲

马山晨曦 (2005年 摄)

馒头山 （2000 年 摄）

的革命烈士，辟为革命烈士陵园，建有革命烈士纪念堂。

馒头山 又名馒寿山，位于城东南 20.5 公里张夏镇境内，海拔 408.9 米，约有 5.5 亿年历史，属早、中寒武纪浅海相沉积地层，是华北寒武纪地层剖面的重要组成部分。2001 年 4 月，被列为省级地质遗迹自然保护区。2003 年，被世界教科文组织命名为世界第三地质名山。2004 年 1 月，被省国土资源厅批准为省级地质公园。

长清区海拔 300 米以上山峰统计表

表 2－1

名　称	名称由来	位置（直线距离公里）	海拔高度（米）
摩天岭	山峰直插云霄	城东南 42.5	988.8
老鸹尖	山尖突起，人不易攀，老鸹聚其上	城东南 41.5	903.9
拔山顶	山顶石似八仙桌、灯挂椅，由八仙顶讹传	城东南 39.5	769
尖顶子	山峰突起而竖立，周围诸山中以此最高	城东南 39	672
五花岩山	山顶狼牙石形似五朵花	城东南 36	663
黄山	黄巢义军曾屯兵于此	城东南 36.5	628.8
北顶山	登山西南望以此为高	城东南 39	574
槐树口	山东侧有一山口，曾有槐树林	城东南 36	560
落鹰石	有成群老鹰居其上	城东南 37.5	532
柘条窝	山上长满野桑和柘条	城东南 37.5	522
莲花盆山	山似花盆，山顶似开放莲花	城东南 36.5	476
寺西崖	山在北龙居寺西	城东南 36	465
豹子洞	曾名影壁石，石西有洞	城东南 36	417
转山子	山顶突起形似钻头	城东南 37	397
犁铧山	山形似犁铧	城东南 39	380
瓷盆山	山顶巨石突起状似瓷盆	城东南 37.5	330
凤凰台	传山崖上曾落凤凰	城东南 38.5	329

续表 2－1

名　称	名称由来	位置(直线距离公里)	海拔高度(米)
桃尖山	山顶隆起形似桃尖	城东南 36.5	532
围石崖	意为围绕黄山半腰	城东南 35.5	635
郎英寨	女英雄郎金定曾在此立寨	城东南 33.5	553
竹杆顶	有似竹节一样的山崖	城东南 38	524
大寨	传隋代曾有人在山上筑寨为王	城东南 37	637
老山	山形似卧牛，曾名老牛山	城东南 32	329
帽山	形似古代官员乌纱帽	城东南 29	432
油篓山	形似油篓	城东南 35	425
连环山	数个山头紧紧相连	城东南 25	339
石旮山	山石交错杂乱，曾名石旯旮、石壑旮	城东南 34	487
楼台山	山形似楼台	城东南 32	580
黄山尖	山岩呈黄色，高于周围诸山	城东南 31.5	605
杨家寨	传宋杨业曾在此筑石寨	城东南 29.5	718.5
透明山	山上有洞南北通透	城东南 32	557
鸡冠山	山顶巨石酷似鸡冠子	城东南 29.5	513.5
老公寨	山崖刻有老公像	城东南 32.5	665
鸡鸣山	传群盗在此山闻鸡鸣改邪归正	城东南 29.5	418
西山寨	清末群众在山上筑寨自卫	城东南 25.5	462.6
青龙山	山形似龙	城东南 23.5	394.8
灵岩山	传竺僧朗山岩下说法山石点头	城东南 31.5	683.7
公子顶	山形似古时公子帽	城东南 30.3	675
佛爷顶	山顶庙中有佛像	城东南 24	460
娄敬洞山	相传汉娄敬曾在此隐居	城东南 22.5	583
香炉子山	山形似香炉	城东南 23	449.9
五老神	山顶有五巨石似五巨人	城东南 29	625.6
莲花山	有八个山头环抱主峰状似莲花	城东南 19.5	392.3
馒头山	山形圆似馒头	城东南 20.5	408.9
天马寨	传宋人在山上筑天马寨	城东南 26.5	697
黄山顶	山顶山岩呈黄色	城东南 16.5	565.5

续表 2－1

名　称	名称由来	位置(直线距离公里)	海拔高度(米)
五峰山	有五个山峰环连错列	城东南 15.5	395
青崖山	阴雾望之常青青然	城东南 17	565.4
滚球山	山势陡峻不容一粟,曾名滚粟山	城东南 14	422
馍馍顶	山顶形似馍馍	城东南 14.5	474
骆驼嘴	山峰突起如驼背	城东南 13.5	332.7
九女寨	传古时有九女在此筑寨为王	城东南 10	408
桃花峪	数个山岭从峪内突起似桃花	城东南 11	411.3
黄石崖	山有数丈黄色石崖	城东南 9	345
窟窿山	山顶悬崖有透明洞	城东南 9.5	340
岭后山	地处王峪岭以北	城东南 8.5	357
王老顶	原名老仙岭	城东南 20.5	459
九顶莲花山	有九个山头相连状如莲花	城东南 27	428
玉皇山	山上有玉皇殿	城东南 13.5	365
唐王寨	传说李世民曾登山建寨	城东南 13.5	360
大山顶	高出周围群山顶	城东南 12.5	366.4
饿狼山	传说有狼饿死山上庙中	城南 10	300
鹰嘴子山	山顶巨石状如鹰嘴	城南偏东 18.5	372
卧牛山寨	形如卧牛,有太平军筑之山寨	城南偏东 9.5	338
黄崖寨山	山上石崖呈黄色,有清人张积中筑山寨	城西南 24	426
大峰山	山名由来无考	城西南 24.5	376.2
石小子山	山有石崖远望如人状	城西南 23.5	440
梯子山	山势陡峭登山如登梯	城西南 23	374
红山	山石呈红色	城西南 30.5	445
玉皇顶	山顶上曾修玉皇庙	城西南 29.5	529
滑山子	中间凸起四面坡陡平	城西南 28	435.5
鹁鸽山寨	山洞多栖鹁鸽,有清人筑之山寨	城西南 28.5	308
夹子山	两山矗立中夹一峪	城南 36	600
牛头山	山形似卧牛,主峰似牛头	城南 23.5	404
马山	山形似马	城南 21	512.3

第三章　气候　物候

第一节　气候特征

长清区(县)大陆度为62%,干燥度为1.26,属暖温带半湿润大陆性季风气候,四季分明。其特点是:冬季寒冷少雨雪,夏季炎热多雨,冬夏两季时间较长,分别为136天和107天;春季干燥多风,秋季天高气爽,春秋两季时间短,分别为57天和65天。春季气温升高快,降水少,光照充足,蒸发量大,北方较强冷空气活动频繁,南风、北风均较大。春季气候特点是温暖、足光、风大、缺雨、多干旱。夏季7月份平均气温最高,极端最高气温有61%的年份出现在6月份、35%的年份出现在7月份,降水主要集中在7、8月份,7月份最多。夏季炎热、多雨、少光照,因雨量集中多有暴雨而引发洪涝灾害。秋季天高气爽,风和日丽,有30%的年份发生秋旱,个别年份出现连阴雨天气。冬季寒冷、少雨雪,1月份气温最低,月平均气温为-0.7℃。

第二节　日照　云

日照　1986年—2008年,长清区(县)年平均日照时数为2447.6小时,年平均日照百分率为55%。1992年,日照时数最多为2794.9小时,日照百分率最高为63%。2003年,日照时数最少为1979.6小时,日照百分率最低45%。累年平均5月份日照时数最多为262.6小时,而最高月平均日照百分率出现在4月份为62%;12月份日照时数最少为151.8小时,7月份日照百分率最低为47%。

1986—2008年长清区(县)年及各月日照时数及日照率统计表

表2-2

年日照时数及日照率						各月平均日照时数及日照率		
年份	日照时数(小时)	日照率(%)	年份	日照时数(小时)	日照率(%)	月份	日照时数(小时)	日照率(%)
1986	2761.1	62	1995	—	—	1	160.4	52
1987	2789.0	63	1996	—	—	2	168.3	55
1988	2740.3	62	1997	—	—	3	205.3	56
1989	2682.2	60	1998	—	—	4	243.6	62
1990	2627.9	59	1999	2265.3	51	5	262.6	61
1991	2453.9	55	2000	2404.9	54	6	243.6	55
1992	2794.9	63	2001	2323.0	52	7	212.8	47
1993	2772.2	63	2002	2375.0	53	8	227.0	54
1994	—	—	2003	1979.6	45	9	209.5	55

续表 2－2

年日照时数及日照率						各月平均日照时数及日照率		
年 份	日照时数（小时）	日照率（%）	年 份	日照时数（小时）	日照率（%）	月 份	日照时数（小时）	日照率（%）
2004	2152.2	48	2007	2129.1	48	10	201.9	57
2005	2262.6	51	2008	2355.5	53	11	177.0	58
2006	2188.9	49				12	151.8	51

云　1986年—2008 年，长清区（县）年平均总云量为 4.9 成。7 月份平均总云量最高为 6.5 成；11、12 月份平均总云量最低为 3.9 成。冬季多为晴到少云，夏季阴天最多。年平均晴天（日平均总云量小于 2 成）日数 103 天，1992 年晴天日数最多为 141 天，2006 年晴天日数最少为 72 天；累年平均 11、12 月份晴天最多各为 13 天，6、7 月份最少各为 4 天。年平均阴天（日平均总云量大于 8 成）日数 104 天，2006 年阴天最多为 153 天，1986 年阴天最少为 76 天；累年平均 7 月份阴天最多为 13 天，2、11、12 月份最少各为 7 天。

1986—2008 年长清区（县）年及各月平均云量及晴、阴天日数统计表

表 2－3

年平均云量及晴、阴天日数										各月平均云量及晴、阴天日数				
年份	总云量（成）	低云量（成）	晴天（天）	阴天（天）	年份	总云量（成）	低云量（成）	晴天（天）	阴天（天）	月份	总云量（成）	低云量（成）	晴天（天）	阴天（天）
1986	4.5	0.9	116	76	1998	—	—	—	—	1	4.4	0.7	11	8
1987	4.8	1.2	110	93	1999	5.0	1.5	105	112	2	4.5	0.8	10	7
1988	4.9	1.0	107	96	2000	5.0	1.7	108	108	3	5.1	0.7	8	9
1989	5.5	1.1	85	123	2001	5.2	1.4	100	109	4	5.1	0.9	7	8
1990	4.9	1.3	109	102	2002	4.6	1.4	109	78	5	5.4	1.4	7	9
1991	4.7	1.2	108	80	2003	5.7	1.8	85	130	6	6.1	1.7	4	11
1992	4.2	0.8	141	85	2004	4.9	2.0	104	102	7	6.5	2.5	4	13
1993	4.6	1.0	123	95	2005	—	1.7	96	109	8	5.8	2.4	5	10
1994	—	—	—	—	2006	5.0	1.5	72	153	9	5.1	1.4	8	8
1995	—	—	—	—	2007	5.0	1.0	87	115	10	4.5	1.1	11	8
1996	—	—	—	—	2008	5.2	1.0	83	109	11	3.9	1.1	13	7
1997	—	—	—	—						12	3.9	1.1	13	7

第三节　气压　风

气压　1986年—2008 年，长清区（县）年平均本站气压 1011.3 百帕。极端最高本站气压 1043.7 百帕，出现在 2000 年 1 月 31 日；极端最低本站气压 984.8 百帕，出现在 1993 年 4 月 23 日。气压与气温的年际变化相反，1月—7 月气压逐渐降低，7 月份降至最低值 998.1 百帕；7月—12 月气压逐渐回升，至 12 月份升到最高值 1022.3 百帕。

风 1986年—2008 年，长清区（县）年平均风速 2.6 米 / 秒。春季（3月—5 月）风速较大，月平均风速在 3.1~3.6 米 / 秒之间，夏末秋初（8、9 月份）风速较小，月平均风速均为 1.9 米 / 秒。一日中，中午前后风速较大，早、晚风速较小。年最多风向为东北风，频率为 31%，南风为次多风向，频率为 30%。冬季盛行东北风，夏季盛行西南风，春季西南、南风最多，秋季多为南风。

1986—2008 年长清区（县）年及各月气压及风速统计表

表 2－4

年平均本站气压				各月平均本站气压		年平均风速				各月平均风速	
年份	本站气压（百帕）	年份	本站气压（百帕）	月份	本站气压（百帕）	年份	风速（米/秒）	年份	风速（米/秒）	月份	风速（米/秒）
1986	1011.5	1998	—	1	1022.3	1986	2.6	1998	2.0	1	2.4
1987	1011.0	1999	1011.0	2	1019.9	1987	3.1	1999	3.0	2	2.8
1988	1011.7	2000	1011.1	3	1014.5	1988	2.5	2000	3.0	3	3.3
1989	1012.1	2001	1011.5	4	1008.6	1989	2.3	2001	3.2	4	3.6
1990	1011.4	2002	1010.8	5	1004.3	1990	2.4	2002	3.2	5	3.1
1991	1011.3	2003	1011.6	6	999.7	1991	2.3	2003	3.1	6	2.9
1992	1011.1	2004	1011.1	7	998.1	1992	2.2	2004	3.2	7	2.3
1993	1011.8	2005	1011.0	8	1001.9	1993	2.1	2005	3.2	8	1.9
1994	—	2006	1010.6	9	1008.9	1994	2.2	2006	2.9	9	1.9
1995	—	2007	1010.9	10	1015.3	1995	2.1	2007	2.6	10	2.3
1996	—	2008	1011.3	11	1019.2	1996	2.1	2008	2.5	11	2.6
1997	—			12	1022.3	1997	2.5			12	2.4

第四节 气 温

气温年变化和月变化 1986年—2008 年，长清区（县）年平均气温 14.4℃，年平均气温变化范围为 13.7℃~15.8℃。1月—7 月平均气温逐渐回升，7 月份气温最高；7 月至次年 1 月逐渐下降，1 月份最低。月最高和最低气温与月平均气温的变化一致。春季回温，秋季降温较快，各月之间平均气温变化较大；夏季和冬季气温较稳定，各月之间平均气温变化不大。

气温日变化和日较差 日最高气温多出现在 14 时—15 时；日最低气温，冬季多出现在早晨 7 时—8 时，夏季多出现在 4 时—5 时，春、秋季出现在 6 时前后。最低气温出现后增温很快，但最高气温出现后降温较慢。冬季增、降温较快，夏季较慢。年平均气温日较差 10.0℃，累年各月平均气温日较差 4、5 月份最大，均为 11.2℃；7 月份最小为 8.5℃。年最高气温日较差 21.3℃，出现在 1998 年 4 月 27 日；年最小气温日较差 1.1℃，出现在 1993 年 11 月 11 日和 1998 年 12 月 4 日。极端最高气温为 41.3℃，出现在 2002 年 7 月 15 日，极端最低气温为 -18.6℃，出现在 1990 年 1 月 31 日。

严寒期和暑热期 严寒期（候平均气温≤0℃）始于 12 月，结束于次年 2 月，约 80 多天，日最低气温≤-10℃的日期最早出现在 11 月下旬，最晚出现在 3 月下旬；日最低气温≤-15℃的严寒期最早出现在 12 月下旬，最晚出现在 1 月底。

酷热期(候平均气温≥30℃)最早出现于4月23日,最晚出现于10月上旬。

霜期和无霜期 初霜期平均在10月26日,最早出现在10月10日,最晚出现在11月20日;终霜期平均在3月27日,最早出现在2月19日,最晚出现在4月28日;霜期为153天,最多185天,最少118天。无霜期最早开始日期为2月20日,最晚终止日期为11月1日,最长无霜期为255天;最晚开始日期为4月29日,最早终止日期为10月28日,最短无霜期为183天。

第五节 降　水

受季风气候影响,长清区(县)四季分明,降水量季节变化和年际变化较大。夏季降水量最多,约占全年降水量的66%以上,冬季降水最少,只占全年降水量的3%左右,春秋二季为冬夏过渡期,降水明显减少,分别为年降水量的15%和16%左右。

1986年—2008年,长清区(县)年平均降水量为661.7毫米,最大年降水量为1005.1毫米,出现在1993年;最小年降水量为370.3毫米,出现在2002年。

降水强度夏季最大,冬季最小。月最大降水量为389.2毫米,出现在1998年8月。累年平均降水量7月份最多,为201.3毫米,8月份次之,为149.8毫米,1月份、12月份最少,分别为5.4毫米和5.3毫米。2月—7月降水量总体趋势递增,前期降水增加较慢,5月—6月骤增,7月—8月达到全年最高峰;9月份以后减少,前期减少幅度大,后期减少幅度小,1月份达到全年最低值。全年平均降水日数为68.9天,累年平均7月份最多为12.0天,12月份最少为2.5天。最长连续降水日数为2006年7月29日至8月6日共9天,最长连续无降水日数为1995年10月24日至次年3月20日共149天。

平均降雪初日为11月15日,终日为3月3日,最晚4月4日,平均降雪初终日数为93天,年平均降雪日数10天,最多18天,最少4天,年平均积雪日数为5天。

第六节 湿度　蒸发

湿度 1986年—2008年,长清区(县)年平均相对湿度为62%。年中只有7月、8月属于湿润时段。月平均相对湿度8月最大,为79%;3月最小为51%。相对湿度的日变化一般与温度的日变化恰好相反;夜间温度低,相对湿度大;白天温度高,相对湿度小。

蒸发 1986年—2008年,长清区(县)年平均蒸发量为1783.8毫米。年最大蒸发量为1986年的2093.3毫米,年最小蒸发量为2007年的1360.5毫米。年中各月平均蒸发量相差较大,1月份最小,为49.9毫米,2月—6月份逐渐递增,6月份达270.6毫米,7月—12月蒸发量逐渐减少。

第七节 地温　冻土

地温 1986年—2008年,长清区(县)年平均地面温度为15.7℃,地面极端最高温度为69.0℃,出现在2002年6月28日;地面极端最低温度为-26.9℃,出现在1990年1月31日。年中各月地面平均温度的变化与平均气温的变化大体一致,累年平均1月最低,为-1.2℃;7月最高,为29.9℃。

地中温度变化与年气温变化趋势基本一致,随着深度的增加,最冷月和最热月的出现时间均比地面温度相应推迟,最冷月和最热月的温度差变化幅度减少。5厘米平均地温稳定通过12℃的平均初日为4月4日,最早初日4月1日,最晚初日4月15日;5厘米平均地温稳定通过15℃的平均终日是10月19日,最早终日9月29日,最晚终日10月27日。

冻土 1986年—2008年,长清区(县)土壤平均冻结初日在12月1日,平均冻结终日在3月2日,平均冻土期为91天,最长冻土期为113天,出现在1988年;最短冻土期为52天,出现在2001年。最大冻土深度32厘米,出现在2000年2月4日、5日。

1986—2008 年长清区(县)年及各月平均气温及极值统计表

表 2－5

年平均气温及极值												各月平均气温及极值					
年份	平均气温(℃)	极端最高气温(℃)	出现时间	极端最低气温(℃)	出现时间	年份	平均气温(℃)	极端最高气温(℃)	出现时间	极端最低气温(℃)	出现时间	月份	平均气温(℃)	极端最高气温(℃)	出现时间	极端最低气温(℃)	出现时间
1986	13.8	38.9	14/7	－12.5	4/1	1998	15.8	37.2	28/6	－11.8	18/1	1	－0.7	17.9	2002.01.11	－18.6	1990.01.31
1987	14.4	36.0	4/6	－13.0	29/11	1999	14.6	37.0	2/7	－11.9	2 天/12	2	2.6	22.6	1996.02.13	－14.1	2000.02.01
1988	14.2	37.9	14/6	－10.6	24/1	2000	14.0	37.5	1/7	－14.1	1/2	3	8.3	27.4	2003.03.30	－8.6	1988.03.03
1989	14.5	37.3	28/6	－9.9	28/1	2001	14.1	36.0	2/7	－13.7	14/1	4	15.8	33.8	1993.04.23	－1.0	1991.04.01
1990	14.3	36.0	8/7	－18.6	31/1	2002	14.6	41.3	15/7	－16.6	25/12	5	21.1	36.2	1986.05.31	4.6	2005.05.06
1991	14.0	35.8	21/6	－11.7	28/12	2003	13.7	37.8	20/6	－16.1	5/1	6	26.1	41.0	2005.06.23	11.7	1987.06.06
1992	14.2	38.4	2/7	－8.9	2天/2个月	2004	14.3	36.1	11/6	－13.6	24/1	7	27.4	41.3	2002.07.15	17.6	1993.07.23
1993	14.1	37.0	19/6	－12.9	16/1	2005	13.8	41.0	23/6	－12.1	1/1	8	25.9	37.0	1994.08.04	13.4	2003.08.31
1994	15.3	37.0	4/8	－9.9	19/1	2006	14.7	37.4	27/6	－12.0	7/2	9	21.7	36.8	2002.09.02	7.7	1987.09.26
1995	14.8	35.4	19/6	－8.6	25/12	2007	14.6	38.5	8/6	－9.2	12/1	10	15.5	34.4	1998.10.01	－1.1	2002.10.29
1996	14.3	37.8	12/6	－9.6	8/1	2008	14.2	36.0	3/7	－14.1	22/12	11	7.8	25.6	2003.11.01	－13.0	1987.11.29
1997	15.2	40.6	22/6	－11.2	5/1							12	1.4	18.1	1987.12.28	－16.6	2002.12.25

说明："14/7"表示某月某日，"2 天/2 个月"表示几个月份内有几天，"2 天/12"表示某月有几天

表 2-6

1986—2008 年长清区(县)降水量统计表

年降水量				月降水量		月最大降水量			月最小降水量			日最大降水量			
年份	降水量（毫米）	年份	降水量（毫米）	月份	降水量（毫米）	月份	降水量（毫米）	出现年份	月份	降水量（毫米）	出现年份	降水量（毫米）	出现时间	降水量（毫米）	出现时间
1986	405.9	1998	731.2	1	5.4	1	28.7	2001	1	无	2 年	58.9	1986.07.24	151.7	1998.08.04
1987	815.0	1999	390.5	2	8.0	2	38.1	1990	2	0.0	3 年	123.6	1987.08.27	60.3	1999.06.07
1988	500.6	2000	667.4	3	13.2	3	46.4	2007	3	0.0	2004	65.4	1988.07.09	70.9	2000.06.21
1989	420.6	2001	601.0	4	25.7	4	95.4	2003	4	3.9	1986	69.6	1989.07.19	55.1	2001.06.29
1990	865.5	2002	370.3	5	60.5	5	168.2	1993	5	5.0	1996	59.2	1990.07.10	48.1	2002.08.25
1991	724.4	2003	754.2	6	88.4	6	247.3	2001	6	2.0	1997	159.2	1991.07.28	76.5	2003.10.11
1992	467.5	2004	992.9	7	201.3	7	372.9	2004	7	43.1	1997	76.9	1992.07.20	104.1	2004.07.17
1993	1005.1	2005	830.5	8	149.8	8	389.2	1998	8	30.1	1989	156.0	1993.05.12	100.8	2005.09.19
1994	861.2	2006	523.4	9	56.8	9	249.9	2005	9	12.5	2006	154.0	1994.07.06	91.3	2006.05.05
1995	707.6	2007	717.6	10	32.1	10	103.3	2003	10	0.0	2006	68.9	1995.07.07	135.2	2007.07.18
1996	707.2	2008	680.0	11	17.5	11	110.5	1993	11	无	2 年	98.0	1996.07.03	120.5	2008.07.05
1997	480.1			12	5.3	12	19.9	1994	12	0.0	5 年	90.3	1997.08.20		

1986—2008 年长清区(县)最长连续降水日数和最长连续无降水日数统计表

表 2－7

年份	最长连续降水日数			最长连续无降水日数		年份	最长连续降水日数			最长连续无降水日数	
	日数(天)	起止日期	降水量(毫米)	日数(天)	起止日期		日数(天)	起止日期	降水量(毫米)	日数(天)	起止日期
1986	5	9 月 6 日—10 日	13.2	41	1985 年 12 月 31 日至 1986 年 2 月 9 日	1998	5	8 月 6 日—10 日	132.6	37	1997 年 12 月 8 日至 1998 年 1 月 13 日
1987	6	10 月 13 日—18 日	45.8	37	9 月 6 日至 10 月 12 日	1999	5	3 月 16 日—20 日	16.8	70	1998 年 12 月 2 日至 1999 年 2 月 9 日
1988	4	7 月 18 日—21 日	68.5	58	1 月 15 日至 3 月 12 日	2000	4	10 月 8 日—11 日	68.8	22	12 月 10 日—31 日
1989	5	7 月 15 日—19 日	179.0	37	11 月 12 日至 12 月 18 日	2001	5	7 月 24 日—28 日	80.0	29	5 月 1 日—29 日
1990	4	8 月 13 日—16 日	63.0	30	9 月 24 日至 10 月 23 日、12 月 1 日—30 日	2002	3	5 月 14 日—16 日	48.6	30	11 月 1 日—30 日
1991	4	5 月 30 日至 6 月 2 日	40.3	29	11 月 8 日至 12 月 6 日	2003	4	9 月 4 日—7 日	45.9	21	1 月 1 日—21 日、12 月 11 日—31 日
1992	5	8 月 29 日至 9 月 2 日	31.1	30	1 月 7 日至 2 月 5 日	2004	7	7 月 15 日—21 日	129.2	39	2 月 22 日至 3 月 31 日
1993	8	11 月 6 日—13 日	69.0	41	11 月 21 日至 12 月 31 日	2005	6	9 月 28 日至 10 月 3 日	17.6	47	11 月 14 日至 12 月 30 日
1994	5	8 月 31 日至 9 月 4 日	47.1	56	1993 年 11 月 21 日至 1994 年 1 月 15 日	2006	9	7 月 29 日至 8 月 6 日	144.1	60	9 月 26 日至 11 月 24 日
1995	5	8 月 13 日—17 日	52.7	69	11 月 21 日至 12 月 31 日	2007	6	6 月 19 日—24 日	21.2	38	2006 年 12 月 31 日至 2007 年 2 月 6 日
1996	5	7 月 7 日—11 日	72.9	149	1995 年 10 月 24 日至 1996 年 3 月 20 日	2008	5	8 月 13 日—17 日	51.1	28	12 月 4 日—31 日
1997	4	9 月 11 日—14 日	99.9	50	1 月 5 日至 2 月 23 日						

1986—2008 年长清区(县)相对湿度及蒸发量统计表

表 2－8

年平均相对湿度				月平均相对湿度		年平均蒸发量				月平均蒸发量	
年份	相对湿度（%）	年份	相对湿度（%）	月份	相对湿度（%）	年份	蒸发量（毫米）	年份	蒸发量（毫米）	月份	蒸发量（毫米）
1986	59	1998	62	1	57	1986	2093.3	1998	—	1	49.9
1987	63	1999	63	2	52	1987	1980.7	1999	1759.2	2	77.7
1988	57	2000	66	3	51	1988	2001.2	2000	1741.8	3	148.0
1989	61	2001	64	4	53	1989	1834.0	2001	1899.2	4	223.7
1990	67	2002	62	5	59	1990	1684.0	2002	2049.1	5	240.6
1991	64	2003	68	6	58	1991	1735.0	2003	1644.2	6	270.6
1992	60	2004	65	7	74	1992	1857.3	2004	1751.6	7	201.9
1993	62	2005	57	8	79	1993	1708.6	2005	1956.3	8	164.5
1994	61	2006	61	9	70	1994	—	2006	1655.4	9	144.5
1995	58	2007	61	10	63	1995	—	2007	1360.5	10	126.4
1996	59	2008	58	11	61	1996	—	2008	1396.9	11	83.7
1997	58			12	61	1997	—			12	52.0

1986—2008 年长清区(县)冻土情况表

表 2－9

年　份	冻土极值(厘米)	出现时间	年　份	冻土极值(厘米)	出现时间
1986	19	2 月 3 天	1998	—	—
1987	8	1 月 2 天	1999	21	1 月 2 天
1988	12	12 月 1 天	2000	32	2 月 2 天
1989	11	1 月 3 天	2001	14	12 月 1 天
1990	25	1 月 1 天	2002	11	1 月 2 天、12 月 1 天
1991	13	12 月 2 天	2003	27	1 月 2 天
1992	13	1 月 2 天	2004	21	1 月 3 天、2 月 3 天
1993	22	1 月 4 天	2005	15	12 月 1 天
1994	—	—	2006	14	1 月 2 天、2 月 2 天
1995	—	—	2007	13	1 月 3 天
1996	—	—	2008	18	1 月 1 天、2 月 3 天
1997	—	—			

第八节 积 温

日平均气温≥0℃和≥10℃的积温，可反映地区作物生长季节的长短及发育期的早晚，也是决定一定耕作制度、作物布局和播种选择的主要依据。

日平均气温≥0℃的时期称农耕期。长清区(县)日平均气温≥0℃的初日在2月16日，终日在12月10日，初终间日数为298.0天。累年≥0℃的积温为5209.2℃。

日平均气温≥5℃的时期称作物生长期。长清区(县)日平均气温≥5℃的初日在3月12日，终日在11月19日，初终间日数为252.8天。累年≥5℃的积温为5022.2℃。

日平均气温≥10℃的时期称生长活跃期。长清区(县)日平均气温≥10℃的初日在4月3日，终日在11月2日，初终间日数为214.7天。累年≥10℃的积温为4678.2℃。

日平均气温≥20℃的时期称喜温作物生长适宜期。长清区(县)日平均气温≥20℃的初日在5月20日，终日在9月16日，初终间日数为120.6天。累年≥10℃的积温为3086.2℃。

第九节 物 候

长清区(县)四季分明，气候和动植物表现随季节而变化。

动物候 布谷鸟4月中旬(谷雨前后)啼叫，10月南迁。家燕3月中下旬由南方归来筑巢、产卵、育雏，10月下旬或11月上旬南飞越冬。大雁10月下旬(霜降)前后由北方南飞，来年3月由南方北飞。蝉6月下旬鸣叫，10月下旬销声匿迹。杜鹃5月下旬鸣叫，俗称“杜鹃叫、夏至到”。青蛙于3月初(惊蛰前后)出洞活动，4月开始鸣叫，5月下旬产卵，11月上旬开始冬眠。

植物候 杨、柳树2月下旬(雨水前后)开花、吐芽，10月下旬开始落叶。榆树，3月上旬吐芽，4月下旬开花，4月底5月初榆钱(种子)熟，10月底落叶，11月底落尽。桃树4月开花，5月结果，6月红熟，秋桃7月底9月初成熟。樱桃，3月开花，5月成熟。核桃、梨、柿树，4月开花，5月结果。8月核桃成熟，9月梨成熟，10月柿子成熟，俗称七月核桃，八月梨，九月柿子去赶集。

冬小麦10月1日—10日为播种适宜期。10月上旬出苗，次年2月26日前后返青，4月下旬抽穗，5月下旬灌浆，6月10日前后成熟。夏玉米5月下旬播种(直播6月下旬播种)，7月下旬至8月上旬抽雄，9月下旬成熟。夏花生5月1日前后播种，5月中旬出苗，6月下旬至7月上旬为盛花期，9月中下旬成熟。夏地瓜6月中下旬插秧，8月下旬至9月下旬块根膨大，10月下旬收刨。

第四章 水 文

长清区境内有5条河流，各条河流的流域面积、长度、水量差别较大，除黄河外，其他4条河流属雨源型季节性河流。全区有5处泉水列济南新72名泉，其他已知108处泉水分布在东、南部山区，泉水的涌水量较小，大多数属雨源型季节性泉，利用价值较小。长清区的地下水资源山地丘陵区较贫乏，在孝里洼区和黄泛平原区及南、北大沙河下游两侧的古河道区域，地下水较丰富，为济南市区供水的水源地之一。

第一节　河　流

长清境内黄河河段一角　(2003 年　摄)

长清区属黄河流域，南、北大沙河水系，主要河流有黄河、南大沙河、北大沙河、玉符河和清水沟。

黄河　长清区(县)黄河河段地处黄河下游右岸，现行河道是1855年黄河在河南兰阳铜瓦厢(今兰考县东坝头以西)决口，改道北流，夺大清河入渤海后形成的，属弯曲型河道。黄河流经长清区西部区界，自东阿县邵庄东北和平阴县王营村北流入长清区，经孝里镇、归德镇、文昌街道、平安街道西部，于娘娘店村北流入济南市槐荫区。长清黄河河段汇入的支流自上而下为：孝里的清水沟、归德的南大沙河、文昌和平安的北大沙河、平安的玉符河。长清河道上迄长平滩区，下至玉符河口，境内河道长52公里，无大堤，东以山束水，全部为滩区，黄河滩区宽一般2~7公里，总面积226平方公里，耕地1.51万公顷，主河槽宽一般0.5~2公里，河道纵比降约1/10000，横比降1/300~1/1000，排洪能力约为4500立方米/秒，黄河防洪工程为控导工程。每年7月—10月，来水量占全年水量的85%，含沙量占全年的90%。黄河在枯水季节流量很小，个别年份甚至断流。小浪底水库启用后，通过调水调沙，河槽淤积、摆动的现象有很大改善，而且河道基本上没有发生过断流。黄河是长清区的主要客水资源，因境内黄河河道滩宽槽窄、无堤防，有洪凌之危害。

南大沙河　南大沙河古称宾谷水，有3条支流，西支流发源于双泉乡与肥城市交界的小泰山，中支流发源于马山镇张老庄附近，东支流发源于五峰山街道的青龙山。西、中支流于马山镇漩庄东南汇流北去，与东支流汇流于归德镇苾村铺村南，三条支流总汇于小屯水库后，流向西北，在归德镇董庄流入黄河。主河全长37.2公里，流域面积406.3平方公里。中游河段河宽50~110米，下游河段河宽90~280米，属雨源型季节性河流。沿河建有崮头、钓鱼台、小屯等水库。

北大沙河　北大沙河古称中川水、沙沟，有3

治理前的北大沙河城北段　(1996 年　摄)

治理后的北大沙河城北段 （2008 年 摄）

条支流，东支流发源于历城区南高尔乡清凉台；中支流发源于泰山西麓的桃花峪，中、东支流在万德镇金山铺村西汇流北去，西支流发源于黄巢寨山，在小侯集村东与中、东支流相汇北流，在 3 条主支流之外，还有 20 多条小支流、溪流汇集入主河道，经崮云湖、长清湖拦蓄后，流向西北，在平安街道的老王府村西流入黄河。北大沙河全长 54.3 公里，流域面积 584 平方公里，汇集地面径流 150.7 平方公里，属雨源型季节性河流。中游河段宽 90~150 米，下游河段宽 110~400 米。

玉符河 玉符河因玉符山（即灵岩）而得名。发源于灵岩山阴，由众多无名小溪汇集于历城区的卧虎山水库后，往西北流入市中区，再由平安街道内的檞山东脚下流入长清区，在潘村东流入市中区，经槐荫区至平安街道的四里庄东北复入长清区境，至柳家宅子村北注入黄河。河道全长 85.4 公里，流域面积 751.3 平方公里。玉符河是长清区北部的边境河流，在长清区内流长 2.8 公里，流域面积 82.68 平方公里，是平安街道北部村庄主要排除内涝的河道。因黄河倒灌淤积下游河道，淤深 1.2~3.5 米，形成倒比降，汛期如遇卧虎山水库泄洪又遇黄河水顶托，洪水宣泄不畅，滞留在下游 4 公里河段。

清水沟 清水沟即孝里铺河。由大峰山、马岭、三黄崖三条支流在凤凰庄北汇流，经孝里铺至老王坡村北流入黄河，全长 13.5 公里，流域面积 107.8 平方公里。该沟在孝里铺以下原无河道，汛期洪水漫流淹地成灾。1961 年，开挖从孝里铺至老王坡 1.5 公里的排水干沟，形成排洪河道。上游已建成小（一）型水库 1 座，小（二）型水库 5 座，塘坝 11 座，总拦蓄能力 350.2 万立方米，并在入黄口建成防洪闸 1 座，以防黄河水倒灌成灾。该沟源短流急，加之石灰岩地区裂隙岩溶发育，现有拦蓄设施主要起防洪和水土保持作用。

第二节 泉 水

泉水的形成与分布 根据地质普查和勘测研究，长清区山丘区的泉水来源于大气降水入渗补给，属奥陶系石灰岩岩溶地下水类型，具有典型的雨源性特征。泉水区地处泰沂山脉西北麓，地形东高西低，南高北低。由东、南向西、北依次为山地、丘陵和山前平原；东、南部山区山峦起伏，川谷纵横，岩石裸露，裂隙发育，地表水渗漏严重；奥陶系石灰岩岩溶水接受大气降水入渗后汇流，由于地堑断层阻挡，在破碎带裂隙处涌出地表。长清区的泉水分布较广，涌水量较小，主要分布在万德、张夏、马山、五峰、孝里、双泉的山峪中。2004 年 4 月 2 日，济南新七十二名泉评审结果揭晓，长清区的袈裟泉、卓锡泉、清泠泉、晓露泉、檀抱泉位于济南新七十二名泉之列。同时还公布济南十大泉群，分别是趵突泉泉群、黑虎泉泉群、珍珠泉泉群、五龙潭泉群、白泉泉群、涌泉泉群、玉河泉泉群、百脉泉泉群、袈裟泉泉群、洪范池泉群。长清区的袈裟泉泉群为十大泉群之一，该泉群分为两部分：一部分在长清万德镇的灵岩寺风景区及张夏镇、崮云湖街道一带，属于北大沙河流域上游；另一部分在长清五峰山街道的五峰山风景区，属于南大沙河流域。长清区除 5 处泉池名列济南新七十二名泉外，还有108处已知泉点分布于境内的山地丘陵间，主要集中在袈裟泉泉群。

列入济南新72名泉的5处名泉 袈裟泉 位于长清区灵岩寺地藏殿南50米，别名独孤泉、印泉。金《名泉碑》收录。因泉边立有一形似袈裟之铸铁而得名。泉源在封闭的岩洞中，出露形态为岩缝渗流。水自崖壁石罅流出，汇入一半圆形石潭，溢而为溪，盘桓曲绕，由石雕龙口泻入池。池为不规则形，长8米，宽2米，池中荇藻飘浮，金鳞嬉游。泉周危崖峻峭、丛木悬生、亭廊环绕、鸟语花香，环境清雅幽美，别具风采。2004年，将长清区境内40余泉统称为“袈裟泉泉群”。金《名泉碑》称独孤泉。元《齐乘》称独孤泉在灵岩寺。清康熙《灵岩志》载：“昔有隐者姓独孤，结茅泉侧，后人以姓命泉也。”故名“独孤泉”。明万历年间，进士、历城人刘亮采隐居泉畔，建“面壁斋”，因厌恶“独孤”之名，改泉名为“印泉”。“印”为佛语，即用手指做出种种形态，作为法德的标志，以印证功果。但印泉之名未得广泛流传。清代之后，又以泉旁有一形似袈裟的铸铁取名为“袈裟泉”。“铁袈裟”传为汉代铸铁之遗物。据清《长清县志》《灵岩志》载，北魏法定禅师开创此刹时，袈裟自地涌出。有人又云，当年达摩自西域来面壁九年，道成而去，弃袈裟于此。

■ 袈裟泉 (2008年 摄)

卓锡泉 位于长清区灵岩寺千佛殿东侧岩壁下。亦名锡杖泉。清康熙《灵岩志》载：“世传为佛图澄锡杖卓出者，故名。流三四步，入大石池内，合寺皆汲于此，名曰‘镜池’，亦曰‘功德池’。”清道光《长清县志》载：“僧法定开创灵岩，苦近庵乏水，乃谋于佛图澄。澄曰：‘何地无水！’至一处，曰：‘此下有甘泉。’以九环锡杖卓之，得泉甘洌，遂名。”今泉水出露形态为涌状，水自岩壁下一洞穴涌出，汇入深1米的水泥砌就的不规则泉池中。卓锡泉是“灵岩八景”之一——“五步三泉”中的一泉。另外两泉是双鹤泉和白鹤泉。与白鹤、双鹤泉相比，卓锡泉水势最盛。泉旁石崖苍苔满壁，上垂虬髯翠柏，下植凤尾修竹。历代名人游览灵岩圣地后，对卓锡泉多有题咏。其中题咏最多的当数清乾隆皇帝。乾隆多次驻跸济南，亦间或游览过趵突泉、珍珠泉，但对灵岩胜景却情有独钟，

■ 卓锡泉 (2008年 摄)

图 4 2008 年趵突泉泉群泉点分布图

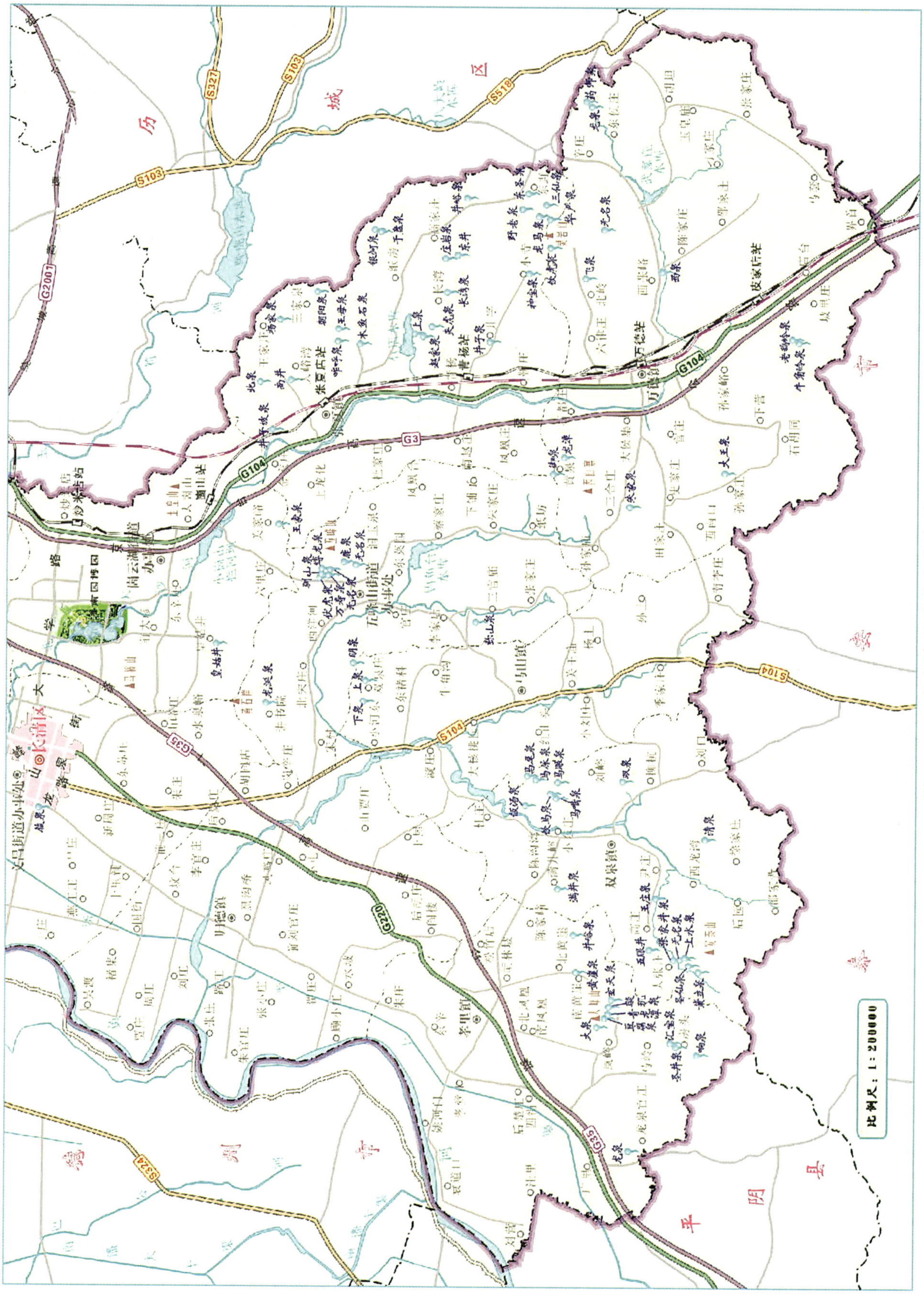

图5 2008年长清区境泉点分布图

不仅数次到此观瞻，还在卓锡泉畔筑建规模宏大的行宫。每次游览卓锡泉后，乾隆都题诗咏赞，并有题字。今泉上方石壁上仍镌刻着乾隆御笔题写的泉名，为丹色篆书。泉西侧岩壁上嵌有乾隆咏泉石刻5方。其中一方为《卓锡泉》诗："泉临卓锡一亭幽，万壑千岩景毕收。最喜东南缥缈处，澄公常共朗公游。"此诗是清乾隆二十二年(1757)乾隆帝再次巡视济南，驻跸灵岩寺，乘兴为灵岩八景题诗中的一首。另一方是清乾隆五十五年(1790)乾隆最后一次到灵岩，为卓锡泉的题诗："五年隔复偶斯来，不改青山崔与嵬。信宵便当催辔去，谓他卓锡涉多哉。"

清泠泉　位于长清区五峰山玉皇殿东，因清泉激石，泠泠作响而得名；又因位于五峰山志仙峰下，亦名"志仙泉"。清《长清县志》和道光《济南府志》俱载。金、元时期，曾在这里建有洞真观，因洞真观是长江以北最大的道教圣地之一，故清泠泉被誉为观内"第一名泉"。泉池为长方形，石砌，长3米，宽2米，深1米。该泉是洞真观道士主要饮用水源。出露形态为渗流，水自石雕龙口流出，注入方形小池，溢流为二脉：一脉西流约6米穿过小石桥，跌入"连二湾玉女盆"；另一脉伏流至清泠亭西侧，从两个石雕龙口泻出，喷珠溅玉，落入石砌方池，再伏流而西，泻入龙王殿内雕栏石池，潜流至玉皇殿前石桥下出露。今清泠泉上有单檐四面小亭，建于清嘉庆年间，因泉取名"清泠亭"。亭柱南侧镌黄易于清嘉庆二年(1797)以隶书题写的楹联"露滴仙人掌，云流玉女盆"，柱北侧镌英和行书联"到此息尘虑，对之清客心"。泉周还散布着青龙、白虎、七星、七仙、鹿泉等许多名泉，形成泉群景观。清泠亭西有一株雄雌同株古银杏树，虽历经千年风雨，却依然枝繁叶茂，生机勃勃。

檀抱泉　位于长清区灵岩寺第四峪村，别名檀井、东檀泉、东檀池、水屋泉。因泉穴上方岩壁上，有

清泠泉　(2008年 摄)

檀抱泉　(2008年 摄)

一株千年青檀，俯抱此泉，故名。泉池呈长方形，石砌，长 4.35 米，宽 1.2 米。泉水出露形态为岩洞涌流，水自青檀树下石穴涌出，积于石砌长方池中，再沿暗渠注入石塘。相传很久以前，东海龙王路过此地，被这里的秀美风光所吸引，慷慨赠予当地百姓两件宝贝：一颗龙珠和一枝海桐花。龙珠落地，化成一泉，润泽着这片土地；海桐花则化作巨大的青檀，树根纵横交错，怀抱清泉，仿佛慈母护卫婴儿般护卫着泉水。于是，当地百姓形象而又贴切地称它为“檀抱泉”。青檀树有泉水滋润，生长得格外旺盛。而檀抱泉受到古檀的呵护，长年喷涌，水质清冽甘甜，四季不竭。

晓露泉　位于长清区张夏镇积家峪村东北岩洞中。相传泉水因晨露凝聚而成，故名。民国《长清县志》有载。据说该泉石洞建于明洪武年间，洞深 4 米，宽、高各 2 米。洞门由张夏产石材砌垒而成。洞内上方有无数块巧石凌空悬挂，下面是顽石啮波，左右秀石错落。晓露泉清冷的泉水从洞底的岩石缝隙之中喷涌而出，通过暗流，从一汉白玉雕刻的龙头中流出，跌进石砌泉池中，溅起白雪般浪花，声若钟鸣。泉池呈长方形，甃石为壁，绕以花岗石栏。水盛时溢出池外，沿山沟蜿蜒向北，流入石店水库。因其毗邻灵岩，旧时将此泉列为“灵岩外八景”之一。今泉池旁存有清同治二年(1863)《重修晓露泉记》碑刻。泉洞洞口上方有一棵树龄已逾千年的古柏，树北侧一株虬曲的南蛇藤盘绕其上，两树同生，古奇苍劲，妙趣横生，堪称一景。

晓露泉　(2008 年 摄)

境内其他诸泉　双鹤泉　位于灵岩寺千佛殿南，卓锡泉南七八米处。清《长清县志》、道光《济南府志》均收录。泉池为南北向双池，南池壁上题“双鹤泉”三字。与邻近的卓锡泉、白鹤泉水汇为小潭，名曰“镜池”，又称“功德池”。池边原有“卓锡亭”，建于清乾隆年间。今卓锡亭已毁。“双鹤”“白鹤”“卓锡”三泉相邻，有“五步三泉”之说，被列为灵岩八景之一。

白鹤泉　位于灵岩寺千佛殿南，卓锡泉东约 18 米崖壁下。清《长清县志》、道光《济南府志》均收录。泉池石窟状，泉水自窟壁缝隙中流出。窟上方岩壁嵌乾隆二十年(1755)“白鹤泉”石刻，行书涂丹。与卓锡泉、双鹤泉构成“五步三泉”景观。

甘露泉　位于灵岩寺大雄宝殿东北 500 米处的“乾隆行宫”遗址东崖下。因自石隙似露珠般流出，清冽甘美而得名，旧有“灵山第一泉”之称。清《长清县志》、道光《济南府志》均收录。泉池石砌长方形，长 5.7 米，宽 1.1 米，久旱不涸。盛水季节，水自池西壁石雕龙头口中泻出，沿溪奔流，声闻数里。池东侧崖壁上嵌“甘露泉”泉名石刻，为乾隆皇帝御笔。历史上多有文人，如元代的郝经，清代的施闰章、姚鼐、王培荀等咏诗撰文赞美此泉。乾隆皇帝曾在这里建行宫并多次驾临，每次均有诗作留世，其中清乾隆四十一年(1776)《甘露泉》诗曰：“石罅淙泉清且冷，观澜每至小徜徉。设云此即是甘露，一滴曹溪谁果尝。”如今，池壁上尚存有乾隆

甘露泉 （2008 年 摄）

帝咏泉诗刻数方。泉池西侧 10 余米岩壁上，嵌明嘉靖二十七年（1548）山东巡抚彭黯所书“活水源头”巨字刻石。

饮虎池 位于灵岩寺风景区内，灵岩山积翠证明龛西南约 50 米的飞云浦北侧危崖下。泉水自岩壁缝隙淌下，积于长 1.5 米、宽 1 米石砌长方形池中，泉流处石壁挂满青苔，旁镌“饮虎池”三字。属季节性泉，旱季枯竭。

上方泉 位于灵岩寺风景区内，饮虎池北约 20 米处的同一岩壁间，亦名“虎跑泉”。清《长清县志》和道光《济南府志》均收录。水自岩壁缝隙淌下，流入长 1.5 米，宽 1 米的石砌长方池。泉上方岩壁刻“上方泉”三字；再其上，松柏悬植。属季节性泉，雨季甚可观，旱季枯竭。

飞泉 又名“滴水泉”。位于灵岩寺风景区崇兴桥南约 0.5 公里处，灵岩路观音院内。泉从悬崖半空泻下，故称“飞泉”。水弱时，串串水珠沿崖壁滑下，故又称“滴水泉”，山崖被称作“滴水崖”。飞泉泻下汇入长 50 米、宽 19 米的石砌长方池，常年不涸。飞泉一带石润水滴，淋漓如雨，若遇霞光照耀，颗颗水珠流光溢彩，乾隆皇帝取其名为“雨花岩”，并有“未见飞空天女散，落来岩际尽天花”（清道光《济南府志·卷首》）的诗句。此处上临峭壁飞泉，下接清溪潺潺，溪岸芳草萋萋，岩壑松柏森然，青萝垂挂，被古人列为灵岩八景之一。

朗公泉 位于灵岩寺风景区，朗公石东南十八亩地北。清《长清县志》和道光《济南府志》均收录。属季节性泉。

龙居泉 位于万德镇坡里庄龙居寺遗址。泉水自山隙中流出，水流较大，水质清澈甘甜。泉池为石砌圆井形，井口直径 1.1 米，深 2.5 米，常年不涸，据传当年寺僧 400 余人均以此泉为饮用水源。龙居寺创建于元代，属“四大名刹”之一的灵岩寺的下院。此寺三面环山，山势像条俯卧的巨龙。龙居寺原有山门、天王殿、大佛殿，各殿内塑有泥像。现仅留有大佛殿，为区级文物保护单位。殿前有明

飞泉冰瀑 （2005 年 摄）

龙居泉　（2008 年 摄）

弘治、清乾隆年间《重修龙居寺碑》两通和千年银杏树一棵。寺南群山高崇逶迤，建有齐长城。

牛角岭泉　位于万德镇坡里庄龙居寺西牛角岭山脚。泉池呈不规则形，自然土石池岸。泉水出露形态为渗流，常年不竭，为农业灌溉水源。

老鸹岭泉　位于万德镇坡里庄龙居寺西北老鸹岭。泉水自岩缝流出，常年不竭。

牛鼻泉　位于万德镇卧龙峪风景区，游乐场向东百米路北。泉从山崖流入溪内，颇为壮观。此地沟谷幽深，怪松奇石遍布，植被茂密，潭瀑溪流常年不断，夏秋丰水季节尤为壮美。

龙泉　位于万德镇东侯庄合龙寺大雄宝殿东北侧。泉池井形，水泥修筑，池口直径 0.95 米。泉水出露形态为渗流，为合龙寺僧人主要饮用水源。合龙寺所在的位置，原为龙泉观遗址。今存明嘉靖二十五年（1546）和明隆庆二年（1568）《重修龙泉观记》石碑两通。

合龙泉　位于万德镇合龙寺内。泉水出露形态为渗流，常年不竭，积水成池，为饮用水源。泉池长方形，水泥修筑，长 0.74 米，宽 0.63 米。

大王泉　位于万德镇大王村。泉水从岩缝中涌出，流入边长为 0.85 米的正方形泉池，再汇入小溪。水量很大，饮用观赏俱佳。

御泉（黄泉）　位于万德镇黄泉村北。原称“黄泉”，2007 年在此地举办“樱桃节”时，根据乾隆皇帝赐名传说改称“御泉”。泉水自岩隙涌出，流入水泥方池，清澄甘美，是村民主要饮用水源。泉边有 2 株树龄逾 260 余年、树高 5 米、树冠占地 40 平方米的樱桃树。相传，当年乾隆皇帝赴灵岩寺时曾到此处。乾隆喝泉水后，顿觉神清气爽，遂赐名“御泉”，并称两株樱桃树为“夫妻树”。

龙潭　位于万德镇裴家园村西南龙王庙北侧岩壁下。潭池长 6.5 米，宽 5 米，常年积水。庙南有龙潭水库，两岸青山绿水，环境幽雅。

朱家泉　位于万德镇朱家泉村。泉池井形，乱石砌壁，长 1.5 米，宽 1.2 米。水质清澈，久旱不涸。泉水

龙潭　（2008 年 摄）

自井东壁石隙流出，溢而形成小溪，流入附近小河。

西泉 位于万德镇陈家庄，又名“中泉”。泉池井形，水泥修筑，井口直径 0.9 米，深 6 米。泉水出露形态为渗流，常年不竭，为村民主要饮用水源。

无名泉 位于万德镇大刘庄北山顶。泉池为石砌，长方形，长 0.8 米，宽 0.5 米。泉水常年不竭，是村民主要饮用水源。

神宝泉 位于张夏镇小寺村南山下，方山之阴。清、民国《长清县志》和清道光《济南府志》均收录。此处为神宝寺旧址，泉以寺得名。清代《灵岩志》载：此地“凿井不能得水，土民于泉源凿池蓄水，遇秋泉旺，则溢出成溪”。现在泉涌处安装水管引水流入村头石砌井形水池。水池口径 3.9 米，久旱不涸。泉水清冽甘美，已被开发为神宝泉矿泉水。据传神宝寺由东晋高僧朗公所建，初名静默寺，南北朝时期遭破坏。北魏正光年间，法定禅师云游至此，重修此寺，并据寺北的宝山和神谷而取名神宝寺。后来法定又在与神宝寺一山之隔的方山之阳修建灵岩寺。随着灵岩寺规模不断扩大，神宝寺规模愈见其小，故俗称“小寺”。当地人流传着“先有小寺，后有灵岩”之说。后神宝寺废圮。

华严泉 位于张夏镇花岩村南华严寺遗址。又名“花岩泉”。泉因寺而得名。清代、民国《长清县志》和清道光《济南府志》均收录。有相距约 200 米、规模流势相当的南北两处泉池。北泉池在寺遗址南，泉水自山崖流入水井，再由水井流入水池。水池长 3.1 米，宽 2.2 米，为村民主要饮用水源；南泉在村南头山崖下，平地砌池，水自池西壁岩缝流入，盛时溢出池外，沿石渠蜿蜒北流，经黄家峪汇入石店水库。两泉泉水清冽，均常年不竭。

野老泉 位于张夏镇东野老村，别名南井。清康熙《灵岩志》载：野老村“乃晋张忠隐居处也”。泉池为石砌圆井形，直径 0.65 米，深 10 米。泉水出露形态为渗流，常年不竭，积水成井，是村民主要饮用水源。

东圣泉 位于张夏镇东野老村，别名东野老泉、庄里井池。泉池为长方形，长 0.7 米，宽 0.4 米。泉水出露形态为渗流，常年不竭，水泥修筑，是村民主要饮用水源。

龙马泉 位于张夏镇西野老村。据当地人介绍，昔日石堰中有《大唐齐州神宝寺之碣》。碑碣记载，唐李治皇帝自神谷石路骑马去泰山，途经此地，人马正饥渴时，李治御马脚踏处，忽然涌出两泉。因皇帝为“龙”，故名“龙马泉”。1965 年，村民在龙马泉处建成直径 30 米、深 3 米的半石砌椭圆形泉水池。泉水出露形态为渗流，常年不竭，积水成池，为农业灌溉水源。水盛时，水从池口通道溢出，沿河而流，注入石店水库。

神宝泉 （2008 年 摄）

三仙泉 位于张夏镇西野老村东。泉池为石砌长方形，长 1.8 米，宽 0.8 米，泉水出露形态为渗流，常年不竭，为农耕水源。

井峪泉 位于张夏镇井峪村东。泉池石砌方形，池口边长 0.6 米，为居民主要饮用水源。此处泉眼密布，小桥众多，有“一步三口泉，八步五座桥”之说。

庄岩泉 位于张夏镇积家峪村西北崖下。泉池长 6 米，宽 1.3 米。泉水出自一幽深岩洞，久旱不涸，为村民饮用水源。水盛时溢出池外，蜿蜒东流，与晓露泉水相

于盘泉 (2008年 摄)

峪北流，入石店水库。

赵家泉　位于张夏镇上泉村西南。泉水自岩缝流出，积水成池。池长1.08米，宽0.92米。溢后沿山峪北流，入石店水库。

井子泉　位于张夏镇井字村。泉池水泥修筑，长方形，长3.9米，宽3.2米，深2.3米。为村民饮用水源。

长湾泉　位于张夏镇长湾村东。泉池直径5.1米，深3.5米，池口被棚盖。为村民饮用水源。

双泉　位于张夏镇张夏村东通明山下，双泉庵大雄宝殿前。为南北相对的两个方井形泉池，故名“双泉”。两泉池口边长0.6米，深数米，池下相通，常年有水，积水成井。两泉口西侧各有参天古柏一株，其中南侧一株主干已枯。泉水经孔道自西侧石堰下石雕龙头口中流出，入水池，是寺院主要饮用水源。此处四周皆山，泉水常流，古木森郁。东侧山顶山岩通透如月，名“通明山”。双泉庵始建年代无考，明代中叶达到鼎盛，新中国成立后荒废。

井子坡泉　位于张夏镇井字坡村北。泉池石砌方形，池口边长0.6米，池深4.5米。是村民饮用水源。

汇，流入石店水库。

东井　位于张夏镇积家峪村东。泉池为石砌长方形，长4米，宽3米，深4米。泉水出露形态为渗流，常年不竭，为当地主要饮用水源。

于盘泉　位于张夏镇于家盘村北，五郎山腰。水自岩缝流出，流入石砌方池，常年不竭，为村民饮用水源。

银河泉　位于张夏镇于家盘村。泉池为石砌长方形，长2.6米，宽1.1米。泉水出露形态为渗流，常年不竭，为村民主要饮用水源。

段家泉　位于张夏镇纸坊村北山峪。泉水从悬崖下石缝中流出，先流入一个石凿的小池，再流入长14米、宽11米的石砌水池中。雨季时泉水甚旺，落差达3米多，颇具特色。据化验，泉水富含13种对人体有益的微量元素。

上泉　位于张夏镇上泉村西。泉水自岩隙滴流，入长6.2米、宽3.2米池中，池水常年不溢不涸，为村民主要饮用水源。

夹虎泉　位于张夏镇上泉村南。泉水自岩缝流出，积水成池。池长1.89米，宽1.3米。溢后沿山

双泉 (2005年 摄)

北泉 （2008 年 摄）

北泉　位于张夏镇北泉村北岩下。雨后涌。泉水自 10 余米长岩缝涌出，汇入石砌方形泉池。泉池边长 0.55 米，深 4.5 米。水盛时沿峪沟漫流。为村民主要饮用水源。由于经常干涸，村民在其下游打深井一眼。

南井　位于张夏镇车厢峪村。泉池为石砌方井形，井口边长 0.7 米，井深 2.5 米。为村民主要饮用水源，其上加盖棚子。

杨家泉　位于张夏镇杨家泉村南。此处山崖陡峭，壁立千仞。泉自山崖岩缝涌出，顺势跌落，水花四溅，状如飞瀑，沿山体下泄，入村头蓄水池，供村民饮用。

王家泉　位于张夏镇王家泉村南。泉池南北对列，一为天然石池，一为石砌方池。水质清澈甘美，终年不竭。池口半弧形覆盖，为村民饮用水源。泉周山势嵯峨，林木葱郁。东南侧山崖处，有唐至金元摩崖造像 70 余尊，保存较为完好。

朝阳泉　位于张夏镇王家泉村东。距村东 200 米有一石刻佛像，雕刻于隋唐时期，人称“朝阳佛”，朝阳泉位于朝阳佛下，因此而得名。泉池为长方形，水泥修筑，长 3 米，宽 1.6 米。泉水出露形态为渗流，常年不竭，甘甜可口，为村民主要饮用水源。

长寿泉　位于张夏镇莲台山丁庄村东山脚下。泉池始建于明朝。泉出自木鱼石岩层。据《本草纲目》记载，木鱼石有“益脾、安脏气、定六腑、镇五脏”之功效。丁庄村有“长寿村”之说，因村民常年饮用此泉水，遂名为“长寿泉”。

卧龙泉　位于张夏镇莲台山张仙祠东北，梯子崖旁。泉池石砌长方形，长 0.68 米，宽 0.42 米。泉水甘洌，终年不竭。

咋呼泉　位于张夏镇莲台山玉柱峰西侧崖下。为季节性泉。盛水期，泉水从水桶粗的岩孔涌出，水声轰鸣。在莲台山“莲台胜境坊”南 40 米处的山崖下，还有两眼山泉，无名，常年不竭，清冽甘美，煮沸后无垢，常有人到此汲水。

王母泉　位于张夏镇莲台山王母洞。泉自王母洞岩壁缝隙涌出，流入井形泉池。传说王母娘娘曾在此洗漱，故名。洞口镌有对联“壶中灵药山中采，宴内蟠桃洞中寻”，横批为“西望瑶池”。王

长寿泉 （2008 年 摄）

■ 王母泉　　(2008年 摄)

母洞上下两层,登上洞顶可一览群山。

木鱼石泉　位于张夏镇莲台山长寿泉山庄。泉水由一天然形成的木鱼石池中流出,故名。泉池为石砌不规则形,长1米,宽0.8米。泉水出露形态为渗流,常年涓涓流淌,为村民主要饮用水源。

青龙潭　位于孝里镇大峰山峰云观东侧。泉水出露形态为渗流,水自山崖下石穴中流出,汇入洞内石砌长方形泉池。泉池长2.13米,宽1.25米,池壁镌“青龙潭”三字。为峰云观道士饮用水源。

豆腐泉　位于孝里镇大峰山峰云观北岩洞中。泉水出露形态为渗流,四季不涸,水自面积20多平方米石洞的顶端滴下,落于洞内,叮咚作响,颇有情韵。泉池井形,直径2.45米,是大峰山著名景观。洞外古柏耸立,杂木悬生,青苔铺绿,浓荫幽深。

璇玑泉　位于孝里镇大峰山璇玑洞。泉水出露形态为渗流,常年不竭,积水成池。池长方形,自然土石池岸,长1.99米,宽1.13米。

玄天泉　位于孝里镇大峰山璇玑洞旁。泉水出露形态为渗流,常年不竭,积水成池。泉池人工凿成,不规则形,长3.1米,宽2.9米。泉旁岩壁有石雕佛像。

大泉　位于孝里镇大峰山主峰西北侧三教堂遗址处。泉池石砌长方形,长0.59米,宽0.38米。泉水出露形态为渗流,水自岩缝流出,常年不竭。此外,三教堂遗址下侧,璇玑洞西北约200米、峰云观西约500米处,各有无名山泉,或顺势漫流,或蓄水为池,皆常年不竭。

龙泉　位于孝里镇龙泉官庄村西。泉水出露形态为渗流,常年不竭、水量颇丰,泉水自山西、南两面流入长5.7米、宽2米、深6米的石砌水池。池口棚盖,留有三个长方形取水孔,可同时供三人提水。龙泉寺建于唐初,遗址在村北,占地五六亩。当年龙泉寺内,钟、鼓二楼东西分立,大雄宝殿、观音殿、天王殿巍峨壮观。寺院内僧侣众多,香火兴盛。传说后来,因为寺里和尚对一个过路赶考举子起了歹心,等那举子高中之后,便奏请皇上,扒了龙泉寺。寺里的和尚和香客都转移到灵岩寺。原比龙泉寺冷清的灵岩寺,香火从此兴盛起来。因此当地有“毁了龙

■ 豆腐泉　　(2008年 摄)

泉，兴了灵岩”之说。

汇宝泉 位于孝里镇房头村东。泉池石砌长方形，长7.7米，宽4.4米。泉水自池底岩缝涌出积于池内，溢出后流入西侧直径约20米的自然水塘。塘深如潭，水色墨绿，可资灌溉。

圣井泉 位于孝里镇房头村东南侧，村小学校门外。泉池为圆井形，直径5.7米，深17米多，水面距池岸仅1米。泉水出露形态为渗流，水量颇大，常涌不竭。池顶半掩，旁建抽水机房。为全村饮用和农田灌溉水源。

双泉　　(2008年 摄)

响泉 位于孝里镇房头村西南响泉峪。泉水出露形态为涌状，水自岩隙涌出，常年不竭，汇入深潭。潭石砌方形，边长5.4米，深30米，潭顶用水泥板棚盖。盛水季节，泉水由潭口溢出，顺山谷腾突而下，轰鸣震耳，故名。

黄崖泉 位于孝里镇南黄崖村东首。泉水出露形态为涌状，水势旺盛。泉池圆井形，直径1.5米，深约10米，从未干涸。雨季，水自井口溢出；旱季，水深亦在8米以上。大旱年份，方圆八九里的村民均至此汲水。夏日，水中可见小鱼虾，乡民传此泉与海通，故又称为“海眼泉”。

黄崖泉　　(2008年 摄)

井峪泉 位于孝里镇井峪村。泉池石砌长方形，长1.9米，宽0.9米。泉水出露形态为渗流，为村民饮用水源。

双泉 位于双泉乡双泉庵水库东。泉水出露形态为渗流，常年不竭。由两个泉池组成，故名双泉。一泉池为石砌长方形，长2.1米，宽1.1米；一泉池为假山石垒砌，不规则形，最长处2.04米，宽1.95米。池内常年满水，溢出流入泉北湖中。

黄立泉 位于双泉乡黄立泉村东南，村以泉名。传说因泉边有黄鹂鸟栖息而得名“黄鹂泉”，后讹称“黄立泉”。泉水出露形态为渗流。水自深约8米、宽约3米的岩洞深处石隙中流出，伏流至洞口前长2.72米、宽1.08米的石砌长方池。村民引水入村内的上、中、下三池。为村民饮用及农田灌溉水源。泉水清澈甘洌，终年不竭。水盛时直接从洞口溢出，在村中纵横流淌。冬季，泉流处终日雾气蒸腾。泉东五六十米为三教堂遗址，周围岩崖峭立，松柏森郁，翠鸟啾鸣，景致清幽。

圣仙泉 (2008年 摄)

圣仙泉　位于双泉乡大张庄东台山西坡。李庄村历来缺水，村民通过管道引此泉至村东直径1.3米石砌圆井形水池内，供全村人饮用，也用于农业灌溉。后因该村多长寿者，故当地村民称此泉为圣仙泉。泉水出露形态为渗流，从未干涸。泉池旁刻有乾隆年间的石碑，上刻“圣仙泉”三字。

上水泉　位于双泉乡大张庄上水庵东15米。泉水出露形态为渗流，常年不竭，积水成池。池为自然水坑，长7米，宽6米，水较浅。池内杂草丛生，泉水溢出流向山下。泉池附近有一古庙，因泉而名上水庵。

张家井泉　位于双泉乡大张庄。泉池为石砌长方形，长0.83米，宽0.61米。泉水出露形态为渗流，常年不竭，为村民主要饮用水源。

无名泉　位于双泉乡大张庄。泉池为石砌长方形，长3.98米，宽2米，泉水出露形态为渗流，常年不竭。

五眼井　位于双泉乡五眼井村天齐庙南。外表看是一字排开的五眼井，实际是一泉，泉池上覆四块条石，间隔成五个井眼。泉池石砌，长5.34米，宽1.45米。该村原名魏家庄，后因泉改称“五眼井村”。泉水出露形态为渗流，水势旺盛，枯水季节水亦不竭，为村民饮用水源。泉东北约百米处是一断崖，盛水时，泉水汇流成溪，流下断崖，形成飞瀑，声如狮吼虎啸，蔚为壮观。泉旁立清嘉庆二十四年(1819)《合庄重修官井建立碑记》石碑。

五眼井 (2008年 摄)

上水泉 (2008年 摄)

王庄泉　位于双泉乡王家庄九顶莲柱山，又名“神泉”。泉水自山石岩缝渗流而出，常年不竭，雨季丰沛，为村民饮用水源。泉水汇入石砌长方形泉池。池长5.44米，宽3.3米。传说，从前这一带闹瘟疫，一天来一老者手拿拂尘往山下扫了一下，山下便涌出一泉，人们喝泉水很快痊愈。众人大悟，原来是太白金星下凡救人，便称泉为“神泉”。后来，人们依此神话传说，曾在泉水上方建金星老爷庙。

清泉　位于双泉乡清泉峪村东。泉池呈井形，长1.02米，宽

清泉 (2008年 摄)

0.69米，深3.2米。泉水出露形态为渗流，常年不涸，为村民饮用水源。

满井泉　位于双泉乡满井峪村西南。泉池系天然石井，井口长1.17米，宽0.78米。水常溢出井口，故名。泉水出露形态为涌状。雨季，泉水自井口喷出，形似水柱，漫井而出，沿石渠汇入宾谷河。

饭汤泉　位于双泉乡马西村东山坡。传说当年马山奶奶烧饭汤救薛仁贵兵马时，放瓦罐的地方形成一泉，故名。泉池不规则，石砌。泉水出露形态为渗流，现已干涸。

马山泉　位于双泉乡马山庙南。由相距不远的两个季节性泉组成。泉池不规则，石砌，泉水出露形态均为渗流，村民将泉水引入下游泉池，为饮用水源。

鬼谷泉　俗称马眼泉，位于双泉乡马山西南。泉池长方形，石砌，长0.9米，宽0.4米。泉水出露形态为渗流，常年不竭，为农业灌溉水源。

膑谷泉　位于双泉乡马山西南，鬼谷泉南200米。泉池长方形，石砌，长0.7米，宽0.4米。出露形态为渗流，常年不竭，为农业灌溉水源。

马嘴泉　位于双泉乡马山西南。泉池不规则，石砌。泉水出露形态为渗流，常年不竭，为农田灌溉水源。

饮马泉　位于双泉乡马山。泉水出露形态为渗流，为村民饮用水源。

丰施泉　俗称马尿泉，位于双泉乡马山西。泉

满井泉 (2008年 摄)

饭汤泉 (2008年 摄)

池为石砌圆井形，井口直径 1.1 米。泉水常年不竭，水质佳，为村民饮用水源。

马尾泉　位于双泉乡马山北马尾洞。泉池不规则形，自然土石池岸。泉水出露形态为渗流，属季节性泉。

上泉　位于马山镇双泉庄东。泉常年不竭，泉池为石砌长方形，长 13 米，宽 6 米。泉旁建有一座凉亭。下方修三连池，颇为壮观。

下泉　位于马山镇双泉庄西巨石下。泉常年不竭，积水成湾，为农田灌溉水源。

七仙泉　位于五峰山风景区。清《长清县志》和道光《济南府志》均载在“县东南六十里”。清《长清县志》载：斯处“又有白石泉，众水相合，为青崖上流”。民国《长清县志》载：“在五峰东南。”

白虎泉　（2008 年　摄）

上泉　（2008 年　摄）

下泉　（2008 年　摄）

青龙泉　位于五峰山群仙峰东，青龙峪安乐轩附近。民国《长清县志》载：“在山东岩畔安乐轩下，平时水止细流，大雨时行泉，建瓴而下，声振山谷，流入沙河。”

白虎泉　位于五峰山东南白虎峪。民国《长清县志》有载。泉从水泥塑成的虎口中涌出，注入直径 1.2 米的泉池。白虎峪，为昔日五峰山内八景之一，现在此建成“百鸟林”。

鹿泉　位于五峰山鹿泉峪中，五峰阁东南五六十米处的山崖下。泉旁岩石上镌有“鹿泉”二字。

玄明泉　位于五峰山鹿泉峪东侧，属季节性泉。

无名泉　位于五峰山南。泉池由自然土石围成。为季节性泉，用于农田灌溉。

润玉泉　位于五峰山街道润玉泉村中石崖下。民国《长清县

润玉泉　　(2008 年　摄)

志》有载。因泉水自山崖流下，状如飘雨，取名“润雨泉”，后依音改称今名。原泉水沿山岩漫流，没有泉池。后为方便乡民提水，临崖凿池。泉池方形，池口边长 1 米。池旁立“润玉泉庄”石碑。泉水盛时溢出池外，沿街漫流。池畔立 1929 年润玉泉《重修碑碣记》。此泉北四五十米处，另有一泉，水势不及润玉泉，池畔亦立有“润玉泉”泉名石碑。润玉泉村西、北方，青崖寨、黄山顶等 7 座山峰锦翠如屏，昔日被称作“润玉七峰”，列为五峰山外八景之一。

万寿泉　位于五峰山街道石窝村中南部。泉池石砌方形，池口边长 4.8 米。泉水从五峰山伏流而下，自池东壁石雕龙头口喷出，跌落于从池东壁探出的石板上，泉水击石，铿锵有韵，水花四溅，落于池内。石雕龙头上方池壁，嵌 1965 年雕凿的“万寿泉”泉名石刻一方。村东五峰山西麓莲花洞内，有东魏至北齐石窟造像近 300 尊。属季节性泉。

胜天泉　位于五峰山街道石窝村，万寿泉西。1966 年建石砌方形泉池，池口边长 2.2 米。池东壁石雕龙头上方嵌“胜天泉”泉名刻石。属季节性泉。

驯山泉　位于五峰山街道石窝村，南距万寿泉百余米。泉池石砌方形，边长 2 米，池东壁石雕龙头上方嵌 1966 年镌“驯山泉”泉名石刻。属季节性泉。

缚龙泉　位于五峰山街道石窝村，驯山泉东约 30 米。泉池石砌方形，边长 1.85 米。原名“普济泉”。昔日泉上有石亭，今尚存莲花座柱基。清咸丰元年(1851)“普济泉”刻石镶嵌于池壁。1965 年重修泉池改为今名，并在池东壁嵌“缚龙泉”泉名石刻。

无名泉　位于五峰山街道石窝村南。属季节性泉，泉池由自然土石围成，泉水供农耕之用。

伏虎泉　位于五峰山街道石窝村，驯山泉西约 30 米。泉池石砌方形，池口边长 2.2 米。属季节性泉，旱季干涸。原称“永便泉”，池畔尚立有清咸丰元年《创建永便泉碑记》和“永便泉”石刻。1966 年重修泉池，改为今名，并在池东壁嵌立“伏虎泉”

胜天泉　　(2008 年　摄)

缚龙泉　　(2008 年　摄)

伏虎泉　　（2008 年 摄）

泉名石刻。昔日，泉上建有石亭。

糠沟泉　位于五峰山街道东马庄东南。民国《长清县志》载：“在青崖山西，东马庄南，每至夏秋，水颇旺，居民多用以灌田。”泉池呈不规则形，自然土石池岸。泉水出露形态为渗流，水自岩隙流出，积水成池，为农田灌溉水源。

明泉　位于棣山顶，西邻滚球山。棣山，又名五峰南山。泉水出露形态为岩隙渗流，水沿崖坡漫流，在朝阳照耀下，闪烁明亮如镜，故名。此景被称作“明泉早照”，昔日列为五峰山外八景之一。为自然土石泉池，不规则形。为村民灌溉农田用。

庄南山泉　位于五峰山街道庄南山村老村南。水自石缝流出，汇积于长 4 米、宽 3.5 米、深 2.3 米的石砌水池中，清澈甘美，常年不涸。村民铺设水管，引水入村饮用。距泉东、西 500 余米远处还各有一泉，均未砌垒泉池，分别被村民称为东大泉、西大泉，曾为村民饮用水源。

惠泉　位于庄南山村老村西，滚球山北侧五色崖下。民国《长清县志》载：“其水味甘，用以煮茗甚佳。”泉水出露形态为渗流，常年不竭，水自岩石隙缝流出，积水成池，为农田灌溉水源。泉池为正方形，边长 0.6 米。

徐南山泉　位于五峰山街道徐南山村老村南崖下。水从木鱼石岩缝涌出，流入长 2.5 米、宽 1.3 米、深 2.2 米的石凿水池内，常年不涸，清澈甘美。池北壁留有出水口，泉水溢出北流，跌入西侧涧中。泉池被水泥板棚盖，村民铺设水管，引水入村饮用。

五色崖泉　位于徐南山村新村西南，滚球山五色崖下。在长约百米的山崖峭壁上，多处泉水从岩缝流出，落入崖下河中，常年不竭。冬季形成壮观的冰瀑景观。

明泉　　（2008 年 摄）

韩家峪泉　位于五峰山街道柳杭村东南，韩家峪黑岔沟内。水从沟底涌出，常年不断。村民在泉口处用砖砌垒直径 1.3 米的圆形井池，并铺设水管，将水引至池西 200 余米处，供村民饮用。水盛时，泉水从井壁出水口溢出，沿黑岔沟西流。

石牛瓮泉　位于五峰山街道宋村北山（卧牛寨）山腰。水池为一自然石窍，上窄下阔，状如石瓮，瓮中有一牛头状天然岩石，故名“石牛瓮泉”。常年有水，水盛时“牛头”淹没。山上有卧牛山寨。

龙涎泉 位于五峰山街道北套村。泉池石砌方井形，边长0.7米。泉水出露形态为渗流，常年不竭，是村民主要饮用水源。泉边有古树相伴。

北泉 位于五峰山街道北套村。水从岩缝渗出，跌落崖下，汇入砖砌方池内，水满溢出流淌。

弥山泉 位于五峰山街道三官庙村东“弥山沟”。民国《长清县志》有载。泉池圆井形，水泥修筑，井口直径1米。泉水出露形态为渗流，常年不竭，为农田灌溉水源。

玉珠泉 位于崮云湖街道土山村东南，崮云湖大桥西南约百米路南，小白顶山脚下。清《长清县志》和道光《济南府志》均收录，称在“崮山南三里许，出山崖下，状如井筒，水与地平，深不过二尺余。虽大旱，河井皆干，而此泉不竭。附近数十村庄、崮山驿马，皆需此水。灌溉近泉地数十亩，不费人力”。民国《长清县志》作“东泉子”，称“在山荏区土山庄，水颇旺，附近灌田若干亩。世俗天旱，乡村祈雨者多到此取水”，并称此泉“冬温夏凉”。今泉水水势依然。泉水量大且清冽甘美，是村民主要饮用水源，兼以灌溉。泉水出露形态为岩缝渗流。水自土崖下三个碗口粗的洞穴中流出，北流10余米，汇入一石砌长方形池，池长7.3米，宽3米。再从池壁溢水口泻出，沿小溪东流，入崮云湖。崮云湖偎依青山，波光粼粼，景色秀丽。土山村投资30万元，对玉珠泉进行开发。由长清籍著名书法家武中奇题写的泉名碑矗立泉边，泉西侧建有一亭，泉北侧修筑有三个大小不等的蓄水池，成为崮云湖畔一大景观。

王家泉 位于崮云湖街道王家村南，通沟山东侧。泉池石砌长方形，长9米，宽8米。泉水出露形态为渗流，为村民生活水源。泉南侧不远处的山崖，有保存较为完好的唐至金元摩崖造像70余尊。

皇姑井(韩姑井) 位于崮云湖街道皇姑井村南。清《长清县志》、道光《济南府志》均收录。泉水出露形态为涌状。泉池圆井形，井口直径0.8米，井深5米。清《长清县志》载：“韩姑井，在县东南十五里，地名池子村。山枯无泉，居民苦之，韩姑毅然募工，穿凿数丈始及泉。人咸德之，遂呼今名。”韩姑井改称皇姑井，与一段传说有关。据传，乾隆皇帝下江南时，路过此地，当时正值酷暑，乾隆皇帝和随从口渴难耐，恰遇韩姑。乾隆皇帝上前询问，何处有水解渴？韩姑见是外乡人，便热情地指引乾隆皇帝到韩姑井边，取水送与乾隆。乾隆喝到甘甜的泉水后，龙颜大悦，便认韩姑为干女儿。韩姑做了乾隆皇帝的女儿，自然成了皇姑，“韩姑井”便改称“皇姑井”。昔日，皇姑井北侧有几通清代立的石碑，南侧还有一座皇姑庙，庙内大殿供奉着皇姑。“文化大革命”期间，皇姑庙被拆除，石碑被砸，碑文内容已不得而知。此泉水势甚旺。民国《长清县志》载：“夏秋间，水自井口涌出。虽大旱，水亦不竭”。今况依然。泉水从古井汩汩喷出，高出井口约20厘米，随后涌进北侧蓄水池中，水盛时，泉水喷出井口半米多高，十分壮观。

玉珠泉 (2008年 摄)

皇姑井不仅供本村，也供附近村庄饮用。20世纪50年代，村民在泉眼上方搭建成两个井口，遂成一泉两井格局。

佛公井　位于崮云湖街道炒米店村南，京沪铁路复线东侧。清道光《长清县志》《济南府志》均收录。井址东侧，旧时是济南通往泰安的大道，东南约200米处有古泰山行宫，清代为灵岩寺的下院。据县志记载："此地土薄石深，向无井泉，因无水煮米而得名'炒米店'"。过往行人、车马至此歇息，饮水十分困难。清康熙三十一年（1692）秋，山东巡抚佛伦去曲阜视察，返回济南路经此地时，问及当地疾苦，灵岩寺下院僧人永泰即以无水告之。又问及地名，告曰"炒米店"。又问为何称"炒米店"，告之仍为无水。佛伦听罢对永泰说：我为你凿井找到泉水，可改"炒米店"之名矣！遂命令长清知县巴柱朝负责办理此事。由济南府同知升任济东泰武临道道员的戴圣聪精于堪舆之学，他观察此处地形后手指一地说：在此处挖六丈多深，可挖到泉水。于是，知县巴柱朝召集工匠凿石挖泉。兴工不久，佛伦升任川陕总督，继任山东巡抚桑格继续过问凿井之事，省司、济南府官员亦亲临工程现场视察。井凿至十二丈深时，仍不见泉水，戴圣聪缒绳下井探视。下到一半深时，听见石内有水声，便用笔在其处作出标记，命工匠旁凿一孔。随之，一股清泉汩汩涌出，在井内蓄积深达五六丈，旱涝不变。为感念佛伦爱民之志，遂将此井泉命名为"佛公井"，将"炒米店"改称"佛公店"，当地百姓又俗称泉井为"仙井"。现泉井被弃用，盖在一村民房屋内。昔日井旁立有泉名石碑，上署"佛大老爷创始，桑大老爷告成"，中刻"仙井"两个大字，井上盖屋后被移至灵岩寺下院故址院内。

履泉　位于长清老城区南门里街25号居民家中。民国《长清县志》称作"履泉井"，并将其景誉为长清八景之"通衢名泉"，称："南门大街中间迤西，有井号'履泉'，沾润万家，虽亢旱之时，水亦滔滔不穷。"泉池圆井形，水泥修筑，井口直径0.7米。泉水出露形态为渗流，常年不竭。现泉井被弃用，井口被覆盖。

水泉　位于文昌街道水泉峪村东。为一古老井泉，井口方形，井壁石甃圆形。井旁有碑，碑文已漫漶不清。不远处有一石砌塘湾，湾旁有1963年水泉峪大队修建幸福水库竣工纪念碑。

泉水的利用　长清区的山丘区有多处泉眼，大部分属于雨源季节性的。每逢雨季山峪中众泉喷涌，汇成溪流。雨季过后，泉水涌出明显减少。干旱季节，大多数泉眼不再涌流，甚至干涸。全区有16处泉水被引用，即张夏镇小寺村的神宝泉、杨家庄的杨家泉、王家庄的王家泉、积家峪的晓露泉、于家盘村的于盘泉；崮云湖街道关王村的关王泉、皇姑井村的皇姑井泉；马山镇双泉庄的双泉；五峰山街道石窝村的青龙泉、伏虎泉，润玉泉村的润玉泉，北套村的北泉；孝里镇龙泉官庄的龙泉，房头村的圣井泉、汇宝泉；双泉乡满井峪村的满井泉。泉水多属浮泉，雨季泉水溢流量大的每小时近100立方米，溢流量小的每小时只有5立方米。被引用的泉水多数用于人畜饮水；少数溢流量大的泉水灌溉附近的农田，最大灌溉面积1.3公顷。

第三节　地下水

地下水的类型及含水层　长清区内地层以单斜出现，岩层倾向北西33度，倾角小于10度，由南向北依次出露有：泰山群变质岩系、寒武系灰、页岩和奥陶系石灰岩。从山前到黄河之间第四系砂砾石层及各种土类发育，其厚度由东向西逐渐增大，到平安街道后王村一带，最大厚度298.2米。区内各含水层由于岩性、构造、埋藏条件及富水性的差异，开采方式亦不同。

太古界泰山群变质岩系风化裂隙含水层　主要分布在万德镇、五峰山街道、马山镇的南半部、双泉乡的东南部，总面积约424平方公里，占全区总面积的36%。变质岩遭受多期构造运动及长期风化，风化厚度约20米，含风化裂隙潜水。水位随地形而异，埋藏深度一般小于10

米。水量甚微，单井涌水量 1 立方米 / 小时左右，宜开凿大口井。

下寒武馒头组灰岩裂隙岩溶含水层　馒头组灰岩裂隙岩溶含水层主要分布在万德镇东北部、五峰山街道和马山镇的北部、双泉乡的西部及张夏镇的部分地区。水位埋深不等，单井涌水量一般在 40~60 立方米 / 小时，该含水层是长清区的重要灰岩含水层，宜钻岩石深井。

毛庄、徐庄、张夏、崮山、长山组灰岩层间裂隙岩溶含水层　主要分布在万德镇的东北部，张夏镇、崮云湖街道的中南部，五峰山街道、马山镇、双泉乡及孝里镇的东南部。灰岩裂隙岩溶较差或被石膏及黏土充填，单井出水量一般小于 40 立方米/小时，水位埋深不等，开采难度大。

凤山组、下奥陶及中奥陶灰岩裂隙岩溶含水层　主要分布在平安街道、文昌街道、归德镇、孝里镇的东南部及崮云湖街道的北部。此岩层裂隙岩溶较发育，富水性强，单井涌水量 60~100 立方米 / 小时，是长清区开采利用的主要灰岩含水层，宜钻深井，构造合适部位亦可凿大口井。

第四系洪坡积砂质黏土夹砾石孔隙含水层　主要分布在山丘区的山坡及地形低凹处，面积较广，由于分选性差，砂、碎石与黏土混杂，孔隙率低，含水量微弱，水位埋深一般小于 10 米，单井涌水量小于 10 立方米 / 小时，宜打浅井。

第四系冲洪积砂砾石孔隙含水层　主要分布在平安、文昌街道，归德镇的济平公路以东的山前平原区和南北大沙河的古河道一带，砂砾石分选性较好，透水性、含水性均较强。水位埋深 7~20 米，单井涌水量 20~80 立方米 / 小时，宜用冲击钻或冲抓钻打浅井。

第四系冲积砂砾石孔隙含水层　主要分布于平安街道、文昌街道，归德镇、孝里镇的济平公路以西的黄泛平原区。含水层主要由黄河冲积物粉细砂和南北大沙河所携带的粗、中砂组成，呈多层。水位埋深小于 5 米，单井涌水量 40~60 立方米 / 小时，宜用小磨盘钻机打浅井。

地下水的补给、径流与排泄　长清区地下水的补给以大气降水为主，南部区界恰好为地下水的分水岭，在变质岩区，大气降水以 0.1 左右的入渗系数补给地下水。地下水以近似地形的水力坡度向下游运动，遇沟谷深切处，部分地下水又补给地表水。在石灰岩山区，由于灰岩裂隙岩溶发育，大气降水的入渗系数增加到 0.2~0.3；地下水一般沿隔水底板向下游运动，个别地段因构造作用破坏隔水层的完整性，致使地下水在垂直方向上也相互串通。地下水进入山前平原后，主要沿古河道向下游运动。在山前平原和黄泛平原地下水被大量开采利用，剩余部分则排向黄河，流出区外。少量地下水在黄泛平原区和孝里洼区因埋藏浅被蒸发。长清区地下水总的运动趋势是由东南注向西北，但如遇黄河涨水，河水漫滩，被淹地区的含水层完全饱和，这时的浅层地下水由于受到东南和西北两个方向的补给，在济平公路一带将转为东北向运动排向玉符河。

地下水的动态　长清区地下水的动态，随大气降水的补给和人为开采呈明显的季节性周期变化。每年 6 月后，地下水得到大量补给，地下水位开始回升，到 7 月上旬水位明显回升。9 月底 10 月初即达到最高水位。之后由于降雨减少和农田灌溉用水猛增，地下水位开始逐渐下降，同幅度的水位下降一直要延续到第二年 2 月底。3 月份春灌期，地下水位急剧下降，6 月中旬即降到全年最低水位。在变质岩山区、石灰岩山区、山前平原区和黄泛平原区，由于各地区水文地质条件及开采水平的差异，地下水的变幅呈明显的不同。据长期地下水观测结果，在孝里洼区和黄泛平原区及南、北大沙河的古河道一带，平均年变幅小于 3 米；山前平原及南、北大沙河古河道远侧年平均变幅在 3~6 米，变幅大的是石灰岩山区，9 个观测井变幅平均值 10.16 米。

第五章 土壤 植被

第一节 土 壤

长清区土壤，从区境东南到西北依次分布着棕壤、褐土、潮土和风沙土。全区共有4个土类8个亚类11个土属68个土种。

棕壤 发育在酸性岩上，呈微酸性反应。分布于万德镇和双泉乡、马山镇南部及与泰安、肥城接壤的地方，五峰山街道和张夏镇亦有少量棕壤分布。棕壤分棕壤性土和普通棕壤两个亚类，棕壤性土俗称马牙沙土、岭沙土，分布于万德镇、马山镇、双泉乡南部沙石山丘的中上部荒岭坡和部分岭坡梯田上，面积2.05万公顷，可利用面积1.76万公顷。普通棕壤俗称姜黄土、黄沙土，分布于马山镇、双泉乡东南部和万德镇南部山区的缓坡的沟谷梯田上，面积7867公顷，可利用面积6733公顷。土层深厚，淋溶和淀积明显，通体无石灰反应，呈微酸性反应。

褐土 俗称黄土，是长清区主要土类，全区10处乡镇(街道)均有分布。发育在石灰岩山区，以薄层粗骨性的土壤较多。面积共有7.43万公顷，可利用面积6.39万公顷。褐土在区境内有3个亚类：褐土性土、普通褐土和潮褐土。褐土性土，农民称石渣土，在砂石山称岭砂土，分布在山丘的中上部，面积2.02万公顷，可利用面积1.73万公顷，土体发育不完全，土层浅薄，含有大量砾石，土壤结构差。普通褐土，分布在近山阶地、沟谷梯田和山前平原，面积5.21万公顷，可利用面积4.48万公顷。潮褐土，俗称夜潮土。分布于220国道两侧，面积1973公顷，可利用面积1693公顷，是全区较好的土壤。

潮土 是由黄河冲积而成的土壤。分布在平安街道、文昌街道、归德镇、孝里镇沿黄冲积平原上。面积1.13万公顷，可利用面积9733公顷。此类土壤，土体深厚，层次分明，中下层有铁锈斑纹，表层多为轻壤、中壤，少部分为沙壤、重壤。通体有石灰反应。区境潮土有普通潮土、湿潮土两个亚类。普通潮土，为沉积物砂黏交错覆盖，形成多种土体结构，土壤质地由砂到黏，面积1.03万公顷，可利用面积8867公顷。分布于沿黄4镇(街道)的缓平坡地上。湿潮土，是本区一种低产土壤类型，分布于平安街道全福庄大坝两侧，归德镇双乳、水坡、顾道口和孝里镇孝里洼附近，面积1000公顷，可利用面积867公顷。

风沙土 是由黄河洪水漫溢主流道和主流道两侧砂粒沉积而形成的一类土壤。物理性黏粒含量极低，无黏结性，易随风飞扬。分布于沿黄决口处的高地上，面积2467公顷，可利用面积2133公顷，是一种肥力很低的土壤。

长清区土壤，在物理性能上表现出薄、隔、硬、沙、板等限制因素。土体厚度小于30厘米的土壤占土地面积的24.7%。约有7%的土壤厚度小于10厘米，砾石含量达40%以上。在棕壤和褐土耕层以下20~30厘米，隔一砾石层或粗砂层，20厘米以下为坚硬的犁底层。沿黄风沙土，质地松散，肥力差。土壤瘠薄是长清区发展农业生产的一大障碍。

2008 年长清区表层土壤质地面积情况表

表 2－10

质　地	总面积(公顷)	可利用面积(公顷)	占总可利用面积的%
粗砂土	2643	2271	2.27
石碴土	16310	14011	13.99
马牙砂土	11298	9705	9.69
砾质壤土	10501	9020	9.01
松砂土	2465	2118	2.12
砂壤土	1138	977	0.98
中壤土	54919	47178	47.12
轻壤土	13430	11537	11.52
重壤土	3843	3301	3.30
合计	116547	100118	100

第二节　植　被

境内植被类型属暖温带落叶阔叶林植被，原生植被已基本绝迹，现有植被绝大多数是人工植被，少数为天然次生植被。

自然植被　主要有酸枣、荆条等灌木和黄草、白草等草本植物以及芦苇、浮萍等水生植物，马齿苋、远志、柴胡、车前、蒲公英、苍耳等野生中药材资源在全区各地均有分布。

人工植被　人工植被分为人工季节植被与人工常年植被。主要有小麦、玉米、花生、红薯、蔬菜等短季节性农作物及多年生的松柏等常绿针叶树和杨柳等阔叶落叶树。全区除农作物广泛种植外，西部黄泛平原地区以速生丰产林和农田林网为主，主要树种为杂交杨等用材林；中部及东南部低山丘陵区以防护林、经济林为主，主要树种为侧柏、松树、刺槐、国槐、杨树、臭椿、黄栌、火炬及核桃、板栗、樱桃、杏、桃、柿子、梨、花椒、石榴、苹果等。城乡“四旁”及道路绿化树种多为法桐、杨树、桧柏、柳树、银杏、紫叶李、冬青、黄杨、五角枫、龙柏、栾树、白蜡、雪松、白皮松等。刺槐、榆树、桑树、枣树、皂荚等乡土树种明显减少。2008 年，据全区二类林业资源调查，全区林业用地面积 42818 公顷，按地类分有林地 32973 公顷，疏林地 1130 公顷，未成林造林地 2364 公顷，无林地 6020 公顷，固定苗圃 331 公顷。森林覆盖率 29.9%。

济西湿地芦苇　（2008 年　摄）

第六章　自然资源

第一节　土地资源

根据2008年长清区土地利用变更调查，全区土地总面积为120919.3公顷。其中，农用地包括耕地、园地、林地、其他农用地，总面积88576.8公顷，占土地总面积的73.3%。耕地包括灌溉水田、水浇地、旱地、菜地等，全区耕地面积45923.2公顷，占土地总面积的38.0%。园地包括果园、桑园和其他园地等，全区园地面积3568.5公顷，占土地总面积的3.0%。林地包括有林地、灌木林地、疏林地、未成林造林地、迹地、苗圃等，林地面积22373.2公顷，占土地总面积的18.5%。其他农用地包括畜禽饲养地、设施农业用地、农村道路、坑塘水面、养殖水面、农田水利用地、田坎、晒谷场用地等，面积16711.9公顷，占土地总面积的13.8%。建设用地包括城市用地、建制镇用地、农村居民点用地、工矿用地、特殊用地、交通运输用地、水利设施用地等，全区建设用地面积15297.6公顷，占土地总面积的12.6%。未利用地包括荒草地、盐碱地、沼泽地、沙地、裸土地、裸岩石砾地、其他未利用土地等，全区未利用地面积17044.9公顷，占土地总面积的14.1%。

第二节　水 资 源

地表水　1986年—2008年，全区平均降水量661.7毫米，最大年降水量1005.1毫米(1993年)，最小年降水量370.3毫米（2002年），极限相差634.8毫米。平均地表径流量为13077万立方米，相当于频率P=62.8%，处于平水年与偏枯年之间。全区水库、塘坝总拦蓄能力7917万立方米，其中水库7465万立方米。全区平均地表水资源量为12773万立方米(除去蒸发、入渗等)。地表水可利用量为3031万立方米，占资源量的23.7%。

地下水　1984年3月至1986年12月，省地矿局801水文地质队在长清县西部进行大量勘察和试验工作，提交《山东省济南市长清—孝里铺地区供水水质勘探报告》。1987年10月13日，全国矿产储量委员会经审议批准该报告，预测地下水可开采资源为12.5万立方米/日。2008年，对地下水进行初步测算，地下水资源量为16998.4万立方米（包括重复计算水量4185万立方米，黄河侧补2618万立方米)，当前可利用量为12918.7万立方米,占地下水资源量的76.0%。

水资源开发利用现状　长清区的地表水和地下水多年平均资源量为29771.4万立方米，其中地表水12773万立方米，地下水资源量为16998.4万立方米。长清区的水资源在丰水年、平水年供求能够平衡有余，遇枯水年供需矛盾较突出。据2008年统计资料:2008年，全区实际供水量10369万立方米。按水源分，地表水2185万立方米，地下水8184万立方米。按用途分，工业用水516万立方米，农业灌溉和林牧渔畜用水8293万立方米，城市生活及公共用水1467万立方米，生态环境用水93万立方米。

水质与污染　水质　长清区地表水、地下水在水质类型上都属于水质良好的重碳酸型水。地下水矿化度一般在0.2~0.6克/升，属于低矿化

度淡水，其水质 pH 值一般在 7~8.5，为中性到弱碱性水，总硬度为 8~19 德国度，为微硬水。长清区深层岩溶水化学类型较简单，分布具有一定的规律性，由东南至西北，水化学类型由 – Ca 型逐渐过渡为 – CaMg 型，矿化度由 0.2 克 / 升增高到 0.6 克 / 升；第四系含水层在山前平原及山间盆地，大部分地区为 – Ca 型水，其矿化度小于 0.4 克 / 升；在沿黄的部分地带，地下水化学类型较复杂；如山前平原与黄河冲积交接的低洼地带，矿化度较高，在 0.4~0.8 克 / 升之间，孝里洼区矿化度更高，达到 0.6~1.6 克 / 升，南、北大沙河下游两侧，矿化度均小于 0.4 克 / 升。1993 年，经过水样普查，全县绝大部分地区达到饮用水标准，只有归德镇翟庄和董洼村附近地区个别水样中硫酸根、氯离子和矿化度达不到饮用标准。

水污染　地表水污染　长清区(县)的地表水污染主要在南、北大沙河下游和孝里洼及部分中型水库。北大沙河下游在 20 世纪 80 年代中期至 90 年代中期，随着工业的发展和城镇的扩大，工业废水和城镇生活用水排入该河道，对环境污染日趋严重。年纳入酿酒、造纸、化工、建材等行业的工业废水 344.7 万吨，其中城区污水 40.3 万吨，主要污染为挥发酚，最大检出浓度 0.22 毫克 / 升，超标 10 倍；硫化物最高值 1.36 毫克 / 升。1995 年后，长清县造纸厂、化肥厂相继停产关闭，在北大沙河下游建污水处理厂，同时在下游河段进行清障、疏挖、排污、建水上公园。水质由原来的劣Ⅴ级类别，改善到Ⅳ级类别，能够适宜农田灌溉，但不适宜人畜饮用。南大沙河的上中游，尚未发现污染现象，但河道附近的农田、果园的农药化肥随着雨水的冲刷流入河道、库塘，也造成地表水的污染。据济南市水质监测，钓鱼台水库水质较好，达到Ⅲ级类别，适宜人畜饮用；崮头水库水质达到Ⅳ级类别，不适宜人畜饮用，只适宜农田灌溉。1986年—1996年，济南红光化工厂的污水排入孝里洼、幸福渠，农田、苇地受到严重污染。

地下水污染　长清区北大沙河下游 7 公里两岸约 20 平方公里的浅层地下水受到污染，南大沙河下游地段浅层地下水也有不同程度的污染，孝里洼浅层地下水污染严重。1993 年，水质化验，山前平原区局部地区，浅层地下水的硫酸根离子含量超标。平安店镇的石庄、马店、朱庄、南张村，城关镇的北刘、郭庄、叶庄村，归德镇吴渡、房庄村地下水硫酸根离子含量一般在 20~60 毫克 / 升，高出饮用标准 2~6 倍。孝里镇广里、后楚村，归德镇坟台、前刘、庄楼村深层地下水的硫酸根离子含量超标。1996 年，济南红光化工厂关闭停产，孝里镇对孝里洼进行综合治理，地表水和地下水水质得到改善。

第三节　生物资源

植物资源　1986 年，据长清县农业资源调查，全县有植物 111 科 461 种，其中蕨类植物门有 7 科 8 种，裸子植物门有 4 科 10 种，被子植物门有 100 科 443 种。2008 年，全区树木 57 科 118 属 234 种。

人工栽培林木　侧柏、松树、麻栎、刺槐、毛白杨、杂交杨、柳树、国槐、黄栌、火炬、五角枫、核桃、板栗、柿子、枣、花椒、苹果、梨、桃、杏、葡萄、石榴、山楂、雪松、白皮松、冷杉、龙柏、银杏、杜仲、悬铃木、栾树、白蜡、水杉、玉兰、棕榈、栀子、山茶、杜鹃、桂花、扶桑、茉莉、榕树、袖珍椰子、巴西木、铁树、发财树、柑橘、米兰等。

野生植物　酸枣、马齿苋、远志、柴胡、荆条、丹参、地黄、车前、忍冬、栝楼、沙参、蒲公英、苍耳、芦苇、半夏等。

动物资源　陆栖野生脊椎动物　鸟类有乌鸦、喜鹊、雉、鹌鹑、凫、杜鹃、黄鹂、鹰、斑鸠、猫头鹰、啄木鸟等。两栖类有青蛙、蟾蜍等。爬行类有蛇、壁虎等。哺乳类有鹿、黄鼠狼、狐狸、狼、獾、刺猬、野兔等。

陆栖野生无脊椎动物　环节动物有蚯蚓、蚂蟥等。软体动物主要有蜗牛等。节肢动物包括多足纲(如蜈蚣)、甲壳纲(如虾、蟹等)、蛛形纲(如蜘蛛、蝎子等)和昆虫纲(如蜂、蝴蝶、蝉、蜻蜓、蟋蟀、蚊蝇等)。

第四节　矿产资源

金属矿藏有铁、铜、铅、锌、金等。铁矿石储量达数百万吨，主要分布在马山镇、双泉乡和万德镇,已开采部分露天铁矿石。金矿分布于万德镇坡里庄附近。其他金属矿储量较少。非金属矿藏有煤、钾长石、重晶石、蛇纹石、花岗石、木鱼石、玉石、石英、石膏、蛭石、石灰石和黄沙等。城西黄河沿岸一带有储量为2亿吨的煤田，可利用量为1.39亿吨,长清境内的储量约4937万吨。钾长石储量为770万吨,分布于张夏镇的金家峪,双泉乡的刘口、柳杭、书堂峪,马山镇的孙土、碾蛇沟,万德镇的坡里庄。重晶石储量约120万吨,分布于马山镇的张老庄。蛇纹石储量为80万吨,分布于马山镇季庄和万德镇界首等地。万德镇界首发现珍贵玉石碧玉矿。全区已探明的花岗岩储量达200亿立方米,主要分布在万德镇、马山镇、双泉乡、五峰山街道,有罗汉绿、黑红花、青白粒、青红花、青黄花、长城红、灵岩三花、仙庄黑等20余个品种。木鱼石主要分布在张夏镇。石灰石储量丰富,遍布全区。黄沙资源极为丰富,主要分布于南、北大沙河流域,20世纪80年代,最大年开采量150万吨,至2008年基本枯竭。

2000年，全区共发现矿产18种（不含地下水),矿产地58处(不含砖瓦用黏土、建筑用石料及地下水),其中查明资源储量的矿产9种(能源矿产2种,金属矿产1种,非金属矿产5种,水气矿产1种),查明资源储量的矿床13处,另有矿点44处。

第七章　自然灾害

长清区(县)的自然灾害主要有洪涝、干旱、大风、干热风、冰雹、霜冻、龙卷风等气象灾害和作物病虫灾害。

第一节　旱　灾

1986年—2008年,出现旱灾10次,平均2.3年1次，其中大旱2次（受旱面积33333公顷以上)，平均11.5年1次；中旱3次（受旱面积20000公顷以上),平均7.7年1次;轻旱4次(受旱面积13333公顷以上),平均5.8年1次;基本无旱年13次,平均1.8年1次。

1986年，长清县发生春旱,1月—4月降水量仅为20.7毫米,受旱面积1.61万公顷,成灾面积1.26万公顷，有40多个村庄4000多人吃水困难。

1988年,全县发生春旱,1月15日至3月12日58天无雨,3月—4月降水量仅为14.2毫米,受旱农田35333公顷,其中麦田23333公顷、秋田12000公顷,农作物绝产3467公顷,有661眼井干涸,58座扬水站失去作用,120个水库、塘坝失去灌溉能力,有87个村、4.6万人吃水困难。

1992年1月—9月,全县累计降雨只有361.4毫米,仅为常年降雨的58.8%;全县247座水库塘坝仅蓄水841万立方米，比上年同期减少467万立方米。60%的水库塘坝干涸,黄河断流50多天,地下水位普遍下降,山区下降3~6米,平原下降1~4米,致使95%的引黄灌溉工程无法引水,1400多眼机井抽不上水来,52个村4万余人吃水困难,其中24个村庄近2万人基本上靠县和乡镇送水生活。全县近3333公顷夏田因缺水未能适时播种,有5333公顷春播、夏播作物因干旱而枯死,累计受旱面积34667公顷。

2002年,长清区的孝里、马山、双泉、崮山、武庄、张夏、万德、五峰和归德等乡镇遭受重旱,3月下旬,农田干土层平均厚度5厘米,总重旱面积8666.7公顷,其中麦田5333.3公顷,有的麦苗白天凋萎夜间不能恢复。马山镇崮头水库已干涸。6月上旬,农田干土层平均厚度2厘米,重旱面积666.7公顷,夏玉米直播基本不能出苗或不能播种。7月中旬,农田干土层平均厚度6厘米,重旱面积12066.7公顷,其中有3333.3公顷农田出现干枯死苗现象。64个村庄发生人畜吃水困难,其中人口4万人,大牲畜1.97万头。120处塘坝、25座水库干涸。是年,总受灾面积2.28万公顷。

1986—2008年长清区(县)旱灾统计表

表2-11

年　份	年平均降水量(毫米)	受旱面积(公顷)	减产面积(公顷)	绝产面积(公顷)	减产粮食(万吨)
1986	392	16067	12600	—	1.2
1988	387	35333	19867	3467	2.5
1989	356	20667	10667	—	1.8
1991	624	15333	13333	333	2.3
1992	373	34667	16667	4000	2.9
1997	484	14860	9340	5520	2.7
1999	436	20933	20200	733	2.4
2001	477	14000	11800	600	1.9
2002	283	22800	15333	3933	3.1
2008	451	10000	7000	2400	3.0

第二节　涝　灾

1996年7月6日21时30分,长清县双泉乡的马西、龙湾两办事处遭受狂风暴雨的袭击,降雨量达到72.9毫米,受灾最重的是马西办事处的马西和陈沟、龙湾办事处的郝庄和后园共4个村,全乡其他办事处的个别村也不同程度受到损失,共造成29.2公顷农作物受灾,倒折树株16513株,损坏水果21.075万公斤,毁坏地堰1200米,冲毁顺河堰360米,倒塌院墙1000米,倒塌房屋16间,损坏房屋80间,倒折电线杆25根,损坏通信线路10005米,损坏输电线路4200米,直接经济损失160万元。7月29日—31日,长清县连降大暴雨,平均降水量151毫米,造成全县11个乡镇116个行政村受灾,沿黄平安店、长清、归德、孝里4个乡镇,由于地势低洼,造成大面积积水,个别地块达半米以上,冲毁塘坝4座、桥涵12座;农作物受灾面积0.50万公顷,成灾面积0.26万公顷,绝产面积0.10万公顷;倒塌房屋125间,毁坏房屋302间,倒塌院墙1.5万米,冲毁道路、地堰各2万米;直接经济损失1500多万元。

2003年7月24日13时,双泉乡突降暴风雨,40分钟降水量103毫米,风大雨急,全乡400

公顷玉米倒伏，233.3 公顷谷子严重倒伏，冲毁生产路 2.8 万米、地堰 1.04 万米、围墙 800 米、塘坝 2 座，冲倒树木 1.5 万株，陈沟村大井塌陷。袁纸坊村一名 7 岁女孩被洪水冲走死亡。7 月 24 日 14 时，武家庄乡突发暴风雨及冰雹天气，降水持续 15 分钟左右，降水量 28.5 毫米；冰雹持续 10 分钟，冰雹的最大直径为 10 毫米。武家庄乡粮食受灾 180 公顷，果树受灾 73.3 公顷，直接经济损失 100 万元以上。刁庄、杏园两村被大风刮毁住房 60 余间，刁庄、杏园、小刘村的部分大树、果树被大风连根拔起、刮倒，柿子、苹果、板栗、核桃损失严重。8 月 1 日至 9 月 4 日，天气阴雨连绵，中到大雨、大到暴雨过程多，总降水量 227.9 毫米。9 月 4 日，长清区测站降水量 36.6 毫米，全区普降大到暴雨。农作物受灾 93.3 公顷，冲毁地堰 1.9 万米、护坡 20 米、顺河堰 150 米、土地 13.3 公顷、道(土)路 11 公里、房屋倒塌 72 间、小学平房倒塌 15 间。小崮山拦河坝 3 处漏水，东风水库库区 97.3 公顷土地被淹，崮山养猪场近 5.3 公顷被淹，2000 余头猪被困。张夏镇徐毛桥、长湾桥冲断，高庄、三尖台、诗庄 3 座桥被冲毁，53.3 公顷土地被淹。万德镇石胡同至万德公路桥冲毁 40 米，桥被中断，北岭头水库大坝滑坡，裂缝长 20 米、宽 0.03 米，石胡同、长城等村庄生产路冲毁。10 月 10日—12 日，长清区突降暴雨，极大风速为 18.1 米 / 秒。全区平均降雨 96 毫米，其中孝里镇降雨 107 毫米，五峰山镇降雨 114 毫米，双泉乡降雨 106 毫米。倒塌房屋 280 间，小麦受灾 810.0 公顷(播种后未出苗，被水冲毁)，冲毁地堰 9800 米，冲毁桥梁 2 座(五峰—万德的公路桥梁 1 座，万德长城办事处桥梁 1 座)，刮倒树木 19800 余棵，直接经济损失 1165 万元。

2004 年 7 月，长清区降水明显增多，中旬以后，出现连阴雨天气，雨量明显增大。7 月份总降水量 372.9 毫米。7 月 30 日晚 8 时至 31 日早 8 时，全区平均降水量 40 毫米，南部山区降水量达 60 毫米，造成大小水库蓄满外溢，沿黄四镇出现严重内涝。农作物受灾 2000 公顷，成灾 666.7 公顷，洪水冲毁道路 8000 米，地堰 3000 米，冲毁桥梁 4 座，有 10 座塘坝出现滑坡，损坏房屋 240 间，倒塌房屋 180 间，直接经济损失 2600 万元。

2005 年 7 月 2日—3 日，长清区的归德镇、孝里镇、马山镇、双泉乡、五峰山街道、武家庄乡、张夏镇降暴雨、大暴雨，降水量分别为 139 毫米、77 毫米、99 毫米、62 毫米、138 毫米、142 毫米、92 毫米，马山镇的崮头水库降水量为 159 毫米，共有 2900.6 公顷玉米、花生、地瓜等农作物被淹，绝产 261.3 公顷，土地被冲淹 133.3 公顷，冲毁地堰 2.8 万米、路堰 500 米、生产路 2.58 万千米，冲毁塘坝 4 座，其中 1 座漏水，冲毁大口井 1 眼、机井 3 眼，房屋倒塌 40 间、损坏 480 间，20 余户村民房屋进水，院墙倒塌 2238 米，冲垮道路 4600 米，冲毁桥涵 12 座，29300 株树木被刮倒。直接经济损失 800 万元以上。

2005 年 7 月 3 日，马山镇遭暴雨袭击，房屋倒塌，农作物被淹(上下图)

2007年7月18日—19日，长清区普降大暴雨，降水量140.4毫米。全区受灾人口8万余人，死亡2人（因公排涝死亡1人、大学城死亡1人），损坏房屋235间，其中倒塌房屋16间，冲毁坝堰累计1700米，冲毁树木500余棵，紧急转移安置120人，农作物受灾面积1442公顷，绝产面积400公顷，直接经济损失1200万元，其中农业经济损失931万元。

第三节 雹 灾

1986年—2008年，长清区（县）出现雹灾5次。

1993年7月26日14时30分—48分，五峰山镇庄庄、菜园2个办事处9个村遭受雹灾，冰雹直径0.5~3厘米左右，受灾面积800公顷，重灾333.3公顷，绝产166.7公顷，损坏房屋124间，冲毁地堰1500米、电杆12根，造成直接经济损失112万元。8月18日15时30分至16时30分，马山镇季庄办事处6个村遭受雹灾，受灾农作物266.7公顷，果树1.3万棵，造成经济损失50多万元。

2001年6月15日5时30分—42分，全县除孝里镇和双泉乡外的9个乡镇96个村遭受雹灾，最大冰雹直径2.5厘米，受灾农作物9800公顷，其中绝产513.3公顷；受灾林果4000公顷，其中绝产1280公顷，破坏大棚118个，冲毁地堰7400米，造成直接经济损失2500万元。

1986—2008年长清区（县）雹灾统计表

表2－12

年 份	受灾村（个）	冰雹直径（毫米）	降雹持续时间（分）	农田受灾面积（公顷）	损坏房屋（间）	受伤（人）	牲畜伤亡（头）	损坏大棚（个）
1987	48	1~3	15—20	5533.3	345	3	388	—
1988	153	1~3	15—30	15666.7	276	3	786	—
1993	64	0.5~3	5—18	1066.7	124	5	269	—
1996	103	0.5~2	7—12	10333.3	137	7	386	—
2001	96	1~2.5	5—15	9800.0	239	4	227	118

第四节 风 灾

1986年—2008年，长清区（县）遭受较大的风灾5次，风力最大时10级以上。

1987年8月26日17时30分至18时30分，长清县突降特大暴雨，平均降水110毫米，最大降水量220毫米。同时，马山乡大崔、西褚科、东褚科村和双泉乡部分村庄遭受特大龙卷风袭击。全县受灾村庄534个，82576户33.12万人，其中重灾户5452户25705人，受伤500余人，死亡22人，农作物受灾面积1.28万公顷，绝产1400公顷，毁坏树木3.9万棵，倒塌房屋10853间，直接损失4442万元。马山乡西褚科村最为严重，全村127户房屋夷为平地，死亡18人。

2001年6月15日5时30分—47分，全县9个乡镇遭受风灾，风力8级以上，农田受灾9800公顷，损坏房屋239间，树株1.31万株，其中果树0.7万株，低压线杆90根。

1986—2008 年长清区（县）风灾统计表

表 2－13

年份	风力级别（级）	受灾村（个）	大风持续时间（分）	农田受灾面积（公顷）	损坏房屋（间）	死亡（人）	受伤（人）	伤亡牲畜（头）
1987	8～10	534	20—40	12800	10853	22	500	898
1988	7～8	153	30—40	15667	253	—	2	174
1993	8～9	64	20—30	4533	118	—	4	236
1996	8～9	103	30—50	10333	125	—	3	352
2001	8～9	96	20—40	9800	239	—	4	179

第三编

人口

Population

长清区人口大厦 （2008年 摄）

1993年，长清县被评为全国计划生育工作先进单位

2007年，长清区获全国计划生育优质服务先进区称号

1986年，全县总人口498633人。全区(县)人口数量呈逐年增加的趋势。至2008年年底，全区总人口570644人，23年间共增加72011人，年均增加3131人。随着改革开放力度逐步加大，经济社会快速发展，人们的生育观发生重大变化，全区人口综合素质明显提高。计划生育服务、管理工作有序展开，实行计划生育“三为主”工作方针和人口目标管理责任制，先后推行双向“扇形服务”、“双十”服务、“711”优质服务等模式，获全国计划生育先进单位、全国计划生育优质服务先进区称号。

第一章 人口状况

第一节 人口数量

1986年，全县有114648户、498633人，户均4.35人。全区(县)人口数量呈逐年增加的趋势，23年共增加72011人。至2008年年底，全区有163547户、570644人，户均3.49人。

1986—2008年长清区(县)人口状况统计表

表3-1

年份	户数(户)	人数(人)			农业户口人数(人)	非农业户口人数(人)	人口密度(人/平方公里)
		合计	男	女			
1986	114648	498633	251698	246935	465726	32907	423.29
1987	115157	500985	253713	247272	464203	36782	425.28
1988	116906	505190	256303	248887	466434	38756	428.85
1989	119333	509131	258685	250446	467900	41231	432.20
1990	124613	513857	261086	252771	472109	41748	436.21
1991	125165	516125	262050	254075	473637	42488	438.14
1992	129019	515233	261351	253882	472373	42860	437.38
1993	136099	514997	260723	254274	471597	43400	437.18
1994	139208	515153	260749	254404	453577	61576	437.31
1995	142922	516252	261181	255071	452364	63888	438.24
1996	143496	518698	262334	256364	452860	65838	440.32
1997	143970	521663	263621	258042	453916	67747	442.84
1998	151475	524043	264743	259300	454895	69148	444.86

续表 3－1

年　份	户数(户)	人数(人)			农业户口人数(人)	非农业户口人数(人)	人口密度(人/平方公里)
		合计	男	女			
1999	155898	525433	265506	259927	455443	69990	446.04
2000	156194	527380	266222	261158	455388	71992	447.69
2001	158101	530063	267359	262704	456050	74013	449.97
2002	159374	531752	267849	263903	456532	75220	451.40
2003	160136	533152	268398	264754	455643	77509	452.59
2004	160762	537403	270149	267254	457103	80300	456.20
2005	160720	550811	276002	274809	449072	101739	467.58
2006	162591	563213	281549	281664	279212	284001	478.11
2007	163125	570789	285001	285788			484.54
2008	163547	570644	285365	285279			484.42

说明:2007 年起,市辖区不再分农业人口、非农业人口

第二节　人口分布与密度

人口分布　1986 年，全县农业人口 465726 人,主要分布在 611 个行政村;非农业人口 32907 人,主要分布在城区和 11 个乡镇政府驻地。1990 年,第四次全国人口普查时,全县农业人口 463013 人,占总人口的 91.8%,非农业人口 40814 人,占总人口的 8.1%,户口待定 686 人,占总人口的 0.1%。2000 年，第五次全国人口普查时，全县农业人口 443211 人,占总人口的 87.5%,非农业人口 62516 人,占总人口的 12.3%,户口待定 852 人,占总人口的 0.2%。2007 年起,市辖区不再分农业人口、非农业人口。

人口密度　1986 年，全县人口密度为 423.29 人/平方公里。2000 年,人口密度为 447.69 人/平方公里。2008 年,全区人口密度为 484.42 人/平方公里,其中:文昌街道人口密度最大为 1107.08 人/平方公里,是全区人口密度的 2.29 倍,双泉乡人口密度最小,为 316.4 人/平方公里。

2008 年长清区乡镇(街道)人口数量、人口密度统计表

表 3－2

单　位	户数(户)	人数(人)			面积(平方公里)	人口密度(人/平方公里)
		合计	男	女		
文昌街道	36572	108051	54917	53134	97.6	1107.08
平安街道	14751	55636	27286	28350	86.8	640.97
归德镇	22371	80101	40045	40056	148.8	538.31
孝里镇	13635	48084	24109	23975	124.6	385.91
崮云湖街道	12940	66471	32013	34458	94.4	704.14
张夏镇	13389	46682	23377	23305	137.4	339.75

续表 3－2

单　位	户数(户)	人数(人)			面积(平方公里)	人口密度(人/平方公里)
		合计	男	女		
万德镇	21869	72234	36581	35653	217.0	332.88
五峰山街道	9437	31257	15755	15502	90.5	345.38
马山镇	9520	32545	16261	16284	87.4	372.37
双泉乡	9063	29583	15021	14562	93.5	316.40
总计	163547	570644	285365	285279	1178	484.42

第三节　人口变动

自然变动　1986 年，人口自然增长率 7.67‰。1990 年，人口自然增长率为 11.62‰，是 1986年—2008 年最高自然增长率。1991年—2005 年,人口自然增长趋于平稳,呈“少生优生优育”的人口再生产类型。2008 年,全区出生 5113 人,死亡 4330 人,人口自然增长率 1.37‰。

机械变动　1993 年起,随着普通高等院校招生规模扩大,学生升学,区(县)外就业,迁出迁入人数逐年增多。2003 年起,因大学科技园建设,各高校相继招生,迁入迁出人数变化较大。是年,迁入 22271 人,迁出 21705 人。2005 年,迁入 14392 人，迁出 3335 人，机械增长率 20.57%，达最高值。2008 年,全区迁入 3882 人,迁出 4568 人,机械增长率 -1.19%。

1986—2008 年长清区(县)人口变动情况表

表 3－3

年份	自然变动			机械变动		
	出生人数(人)	死亡人数(人)	自然增长率(‰)	迁入人数(人)	迁出人数(人)	机械增长率(‰)
1986	7516	3688	7.67	—	—	—
1987	8527	3411	10.21	—	—	—
1988	8490	3645	9.63	—	—	—
1989	8492	3318	10.16	—	—	—
1990	9649	3705	11.62	—	—	—
1991	5683	3602	4.05	—	—	—
1992	5017	3879	2.21	—	—	—
1993	4552	3741	1.58	—	—	—
1994	5308	3901	2.76	—	—	—
1995	6421	3776	5.13	—	—	—
1996	6999	4051	5.68	—	—	—
1997	7314	3866	6.6	—	—	—
1998	7158	4181	5.68	—	—	—

续表 3－3

年份	自然变动			机械变动		
	出生人数(人)	死亡人数(人)	自然增长率(‰)	迁入人数(人)	迁出人数(人)	机械增长率(‰)
1999	6077	3746	4.44	—	—	—
2000	6246	4241	3.8	—	—	—
2001	5410	3602	3.4	7876	7128	1.43
2002	5692	4036	3.12	6249	5034	0.11
2003	5087	4253	1.56	22271	21705	1.06
2004	6422	3484	5.47	13401	12088	2.46
2005	5902	3551	4.27	14392	3335	20.57
2006	5696	4044	10.11	14215	3151	20.09
2007	5586	4171	9.79	10411	4250	10.86
2008	5113	4330	1.37	3882	4568	－1.19

第四节　人口构成

性别构成　1990 年,第四次全国人口普查,全县总人口 504513 人,其中男性 254889 人,占总人口的 50.52%；女性 249624 人，占总人口的 49.48%;男女性别比为 102.11。

2000 年，第五次全国人口普查，全区总人口 506579 人，其中男性 254075 人，占总人口的 50.16%;女性 252504 人,占总人口的 49.84%;男女性别比为 100.62。

2008 年，全区总人口 570644 人，其中男性 285365 人,占总人口 50.01%;女性 285279 人,占总人口的 49.99%;男女性别比为 100.03。

年龄构成　1990 年，第四次全国人口普查,全县 0~14 周岁人口 114863 人，占全县总人口的 22.77%;15~59 周岁人口 337455 人，占全县总人口的 66.89%;60 周岁以上人口 52195 人，占全县总人口的 10.34%。

2000 年,第五次全国人口普查,全县 0~14 周岁人口 101536 人，占全县总人口的 20.04%;15~59 周岁人口 342065 人,占全县总人口的 67.53%;60 周岁以上人口 62978 人,占全县总人口的 12.43%。

长清县全国人口普查人口年龄构成情况表

表 3－4　　　　单位:人

年龄组别(周岁)	第四次人口普查			第五次人口普查		
	男	女	合计	男	女	合计
0～4	22795	20178	42973	16476	15372	31848
5～9	16958	15483	32441	13781	12501	26282
10～14	20429	19020	39449	22791	20615	43406
15～19	25747	24863	50610	14186	13793	27979
20～24	27332	26876	54208	14573	16052	30625

续表 3－4

年龄组别(周岁)	第四次人口普查			第五次人口普查		
	男	女	合计	男	女	合计
25～29	26260	25938	52198	21994	21979	43973
30～34	22577	21205	43782	27465	26845	54310
35～39	21167	20291	41458	26164	25674	51838
40～44	16283	15782	32065	21565	20100	41665
45～49	10532	11079	21611	20545	19809	40354
50～54	10645	10542	21187	15591	14964	30555
55～59	10195	10141	20336	10106	10660	20766
60～64	8429	9090	17519	9179	9505	18684
65～69	7126	7973	15099	7885	8637	16522
70～74	4527	5441	9968	5801	6963	12764
75～79	2442	3181	5623	3671	5187	8858
80～84	1106	1768	2874	1583	2584	4167
85～89	309	668	977	520	966	1486
90～94	26	95	121	137	249	386
95～99	4	10	14	62	45	107
100 岁以上	—	—	—	—	4	4

文化构成 1990 年，第四次全国人口普查，全县 6 周岁及 6 周岁以上人口数为 456410 人。6 周岁及以上人口中具有大学本科文化程度的 327 人，具有大专文化程度的 1681 人，具有高中及中专文化程度的 34073 人，具有初中文化程度的 145804 人，具有小学文化程度的 180820 人，不识字或识字很少的 93705 人。

2000 年，第五次全国人口普查，全县 6 周岁及 6 周岁以上人口数为 468737 人。其中：研究生学历 43 人，大学本科文化程度 2049 人，大专文化程度 6727 人，中专文化程度 11752 人，高中文化程度 33822 人，初中文化程度 212976 人，小学文化程度 146665 人，扫盲班 5890 人，未上过学 48813 人。每 10 万人中大专及大专以上文化程度 1741 人，比第四次全国人口普查时增加 1343 人。

职业构成 1990 年，第四次全国人口普查结果：全县 15 周岁以上的在业人口 321703 人，占总人口的 63.77%。全县在业人口中，男性 170740 人，占在业人口的 53.07%；女性 150963 人，占在业人口的 46.93%；各行业中从事农、林、牧、渔、水利业的人口最多，共 273142 人，占在业人口的 84.91%；其他行业 48561 人，占在业人口的 15.09%。全县各行业的职业分布状况是：各类专业技术人员占 3.56%，国家机关、企事业单位人员占 1.98%，商业服务性人员占 3.01%，农林牧渔业劳动者占 83.25%；生产工人、运输工人和有关人员占 8.20%。

2000 年，第五次全国人口普查按 10%抽样调查显示：全县共有 15 周岁以上的在业人口 31536 人，占人口的 61.83%。全县在业人口中，男性 17413 人，占在业人口的 55.22%；女性 14123 人，占在业人口的 44.78%；各行业中从事农、林、牧、渔业的人口最多，共24596人，占在业人口的77.99%；其他行业6940人，占在业人口的22.01%。全县各行业的职业分布状况是：各类专业技术人员占4.31%，国家机关、企事业单位人员占3.00%，商业服务性人员占4.89%，农、林、牧、渔、水利业生产人员占77.95%；生产工人、运输工人和有关人员占9.85%。

第二章 民族 姓氏

第一节 民 族

1990年，第四次全国人口普查结果：全县共有民族12个，其中：汉族500363人，占总人口的99.18%，少数民族4150人，占总人口的0.82%。在少数民族人口中，回族4102人，蒙古族2人，藏族7人，维吾尔族1人，苗族1人，壮族8人，布依族2人，朝鲜族2人，满族14人，土家族10人，其他未识别的民族1人。

2000年，第五次全国人口普查结果：全县共有民族31个，其中：汉族501450人，占总人口的98.99%，少数民族5129人，占总人口的1.01%。在少数民族人口中，回族4391人，蒙古族182人，藏族42人，维吾尔族17人，苗族43人，彝族28人，壮族15人，布依族12人，朝鲜族20人，满族41人，侗族8人，瑶族2人，白族1人，土家族16人，哈尼族259人，傣族7人，黎族5人，傈僳族9人，佤族8人，拉祜族7人，纳西族1人，景颇族2人，达尔族1人，毛南族1人，普米族2人，塔吉克族1人，怒族5人，俄罗斯族1人，鄂温克族1人，独龙族1人。

2008年年底，全区除汉族外，有少数民族33个，人口6021人。

第二节 姓 氏

2008年，全区姓氏共有384个，其中5万人以上的有王、张2姓，1万人以上的有李、刘、赵、董、房、孙、陈、杨8姓，千人以上的有64姓，百人以上的有93姓，百人以下的有216姓。

2008年长清区姓氏人口统计表

表3－5 单位：人

姓氏笔画	人数	姓氏（人口）
二笔	459	丁（332） 刁（88） 卜（31） 刀（8）
三笔	16213	马（9432） 于（5237） 万（1187） 卫（346） 门（9） 山（1） 弓（1）
四笔	69956	王（60098） 尹（3072） 孔（2214） 方（1962） 牛（543） 邓（458） 井（417） 车（271） 公（191） 亓（146） 毛（120） 卞（96） 丰（87） 韦（69） 云（48） 从（27） 文（26） 勾（24） 尤（24） 仇（20） 户（19） 支（6） 化（5） 仉（3） 乌（2） 亢（2） 木（2） 贝（1） 介（1） 中（1） 历（1）

续表 3－5

姓氏笔画	人数	姓氏(人口)
五笔	26893	卢(5433) 田(3876) 石(3635) 冯(2911) 史(1898) 付(1814) 边(1554) 叶(1454) 司(984) 代(738) 艾(488) 白(486) 申(442) 兰(417) 左(352) 宁(100) 玉(77) 冉(57) 包(49) 龙(34) 丛(27) 平(14) 母(11) 仝(8) 甘(7) 占(7) 古(4) 厉(4) 东(4) 由(4) 丘(2) 皮(1) 帅(1)
六笔	90875	刘(43053) 孙(12252) 朱(9909) 庄(4397) 邢(3326) 齐(2465) 闫(2135) 许(2095) 安(2058) 吕(1922) 任(1407) 曲(1129) 伊(1097) 乔(826) 毕(586) 江(423) 米(307) 纪(281) 汤(199) 巩(181) 阮(162) 华(137) 关(134) 牟(92) 阴(54) 权(52) 仲(36) 祁(34) 扬(20) 师(19) 成(15) 池(11) 向(9) 回(9) 邬(8) 伍(7) 匡(6) 衣(4) 吉(3) 阳(3) 亚(3) 仵(2) 农(2) 伏(2) 后(1) 伦(1) 年(1)
七笔	153393	张(53622) 李(49748) 陈(11197) 杨(10876) 宋(7655) 杜(5161) 吴(4405) 邵(3189) 肖(1583) 邱(927) 苏(860) 何(636) 邹(612) 陆(484) 谷(448)辛(445) 冷(356) 时(309) 沈(216) 位(216) 汪(106) 怀(58) 沙(46) 步(40) 余(33) 迟(28) 闵(26) 来(22) 严(18) 芮(13) 佟(13) 初(9) 狄(9) 花(8) 良(3) 佘(3) 阿(3) 郜 (2)束 (2)麦 (2) 邴(2) 巫(1) 利(1)
八笔	44420	房(12776) 周(7754) 孟(5942) 郑(3739)林(3061) 范(2356) 金(1750) 国(1066) 武(1033) 季(927) 庞(887) 苑(740) 岳(483) 苗(420) 罗(357) 宗(251) 昌(245) 尚(231) 明(203) 单(66) 屈(27) 官(18) 宛(17) 郎(15)和(11) 郁(8) 易(7) 郅(7) 英(6) 绍(4) 油(3) 苟(3) 卓(3) 居(2) 朋(1) 青(1)
九笔	40404	赵(23173) 段(5383) 郝(4439) 侯(2963) 胡(2519) 姜(1520) 钟(693) 荆(448) 娄(407) 姚(402) 贺(301) 查(282) 郗(208) 宫(93) 茹(87) 祝(51) 闻(49) 费(47) 柏(43) 胥(38) 柳(37) 洪(35) 荣(28) 项(27) 施(16) 骆(12) 相(10) 饶(8) 俞(8) 禹(7) 封(6) 柯(5) 荀(4) 祖(4) 郜(3) 逄(3) 宦(2) 咸(2) 秋(1) 郦(1) 昝(1) 宣(1)
十笔	36039	徐(7739) 高(5877) 郭(5792) 贾(3913) 顾(2315) 袁(2167) 唐(1712) 梁(1391) 耿(820) 柴(803) 陶(799) 姬(567) 殷(483) 席(443) 栾(306) 聂(123) 涂(83) 夏(80) 班(78) 莫(77) 党(75) 倪(72) 桑(69) 钱(62) 索(59) 晁(32) 翁(21) 奚(17) 谈(15) 宰 (14) 凌(11) 晋(6) 桂(4) 都(4) 容(3) 晏(2) 敖(2) 能(1) 桓(1) 海(1)
十一笔	13756	曹(8059) 崔(2384) 黄(1547) 康(396) 常(391) 梅(242) 符(153) 商(138) 麻(100) 盛(57) 萧(53) 龚(35) 逯(32) 戚(28) 扈(27) 阎(25) 隗(24) 宿(16) 盖(15) 寇(14) 章(13) 屠(5) 隆(1) 巢(1)
十二笔	18793	韩(8604) 焦(2465) 程(2446) 蒋(1216) 葛(1108) 谢(750) 鲁(595) 温(433) 景(263) 湛(246) 曾(239) 傅(171) 彭(168) 喻(58) 舒(7) 惠(7) 滑(5) 童(4) 储(4) 禄(2) 富(1) 强(1)

续表 3－5

姓氏笔画	人数	姓氏（人口）
十三笔	22804	董(18084) 路(2410) 褚(1340) 满(302) 楚(157) 解(147) 靳(92) 甄(81) 雷(60) 窦(53) 鲍(37) 廉(9) 蒲(5) 詹(4) 蒙(4) 福(4) 赖(3) 訾(3) 蓝(2) 虞(2) 阙(2) 简(1) 鄢(1) 裘(1)
十四笔	3409	谭(905) 裴(839) 翟(749) 谯(388) 熊(156) 蔡(143) 臧(86) 蔺(55) 管(33) 廖(22) 阚(21) 缪(8) 慕(2) 蔚(2)
十五笔	5077	潘(3497) 樊(1040) 颜(359) 滕(164) 黎(17)
十六笔	3591	薛(3043) 燕(334) 霍(125) 薄(44) 穆(38) 冀(7)
十七笔	5397	魏(4372) 鞠(537) 戴(487) 糜(1)
十八笔	3	瞿(3)
十九笔	—	—
二十笔	22	籍(22)

第三章　婚姻　家庭

第一节　婚　姻

1990年，第四次全国人口普查，全县15周岁及15周岁以上人口389650人。未婚92174人，占15周岁及15周岁以上人口的23.66%，其中男性53469人，女性38705人。有配偶的269027人，其中男性132402人，女性136625人。丧偶的27122人，其中男性7787人，占丧偶人数的28.71%；女性19335人，占丧偶人数的71.29%。离婚1327人，占全县15周岁以上人口数的0.34%，其中男性1049人，占离婚人数的79.05%；女性278人，占离婚人数的20.95%。

2000年，第五次全国人口普查按10%抽样调查显示：全县15周岁及15周岁以上人口共40632人，其中男性20168人，女性20464人。未婚6645人，其中男性3897人，女性2748人。初婚有配偶的30356人，其中男性15040人，女性15316人；再婚有配偶的776人，其中男性342人，女性434人。离婚179人，其中男性145人，女性34人，离婚人数占已婚人数的0.53%。丧偶的2676人，其中男性744人，女性1932人。

第二节　家　庭

1990年，第四次全国人口普查，全县总户数134492户，其中家庭户134067户、500128人，户平均人口3.73人。在家庭户中：单身6073户，一代8729户，二代87453户，三代24333户，四代888户，与其他亲属和非亲属等6591户。2000年，第五次全国人口普查，全县总户数151722户，其中：家庭户150387户、497107人，户平均人口3.31人。在家庭户中：一代30961户，二代88704户，三代29621户，四代及以上的户1100户。

第四章 计划生育

第一节 计划生育体制

工作机构 1963年4月，成立长清县计划生育工作委员会，由县长、副县长、卫生局长等任正、副主任。1964年，设立县计划生育工作委员会办公室，负责全县计划生育的宣传教育和避孕指导工作。各公社也相继成立计划生育领导小组，具体工作由公社卫生院负责。1967年，"文化大革命"初期，县、社计划生育机构瘫痪。1970年4月，恢复县计划生育工作委员会及其办公室。1972年12月，县计划生育工作委员会改为县革委计划生育领导小组，下设县革委计划生育办公室。1973年，各公社均设立计划生育办公室。1975年，为各公社配备计划生育专职主任。1979年，为全县10处公社招收录用计划生育专职干部14名。1982年3月，县计划生育办公室改为县计划生育局。1984年4月，又改为县计划生育委员会，设专职正、副主任3人，专职干部7人。是年12月，成立长清县计划生育宣传技术指导站，各乡镇也建立计划生育服务站，全县70%的村建立计划生育服务室。全县共有县、乡（镇）、办事处专职计划生育干部166名。2002年9月，更名为济南市长清区计划生育局。2005年5月，更名为济南市长清区人口和计划生育局。2008年年底，济南市长清区人口和计划生育局共有干部职工63人，内设办公室、财务科、政工科、信访政策法规科、统计科、宣教科、药管站、区直计划生育办公室、总务科、科技中心，辖计划生育协会办公室、区计划生育宣传技术指导站、流动人口计划生育管理办公室。

服务站（室） 1984年12月，长清县成立计划生育宣传技术指导站，为全县计划生育宣传与技术的指导服务机构，负责全县的宣传教育、技术咨询、避孕药具供应发放等工作。1987年，有10个乡镇计划生育服务站；村级计划生育服务室430个，占村总数的70%；乡镇计生办计划生育服务站工作人员按乡镇总人口的万分之三配备，其中技术人员按乡镇总人口在4万人以上的不少于5人、4万人以下的不少于4人。乡镇计划生育服务站设站长1人，业务副站长1人，在岗人员全部具有执业资格。村计划生育服务室，由具备专业知识和技能的人员负责并开展工作。2002年6月，长清县计划生育宣传技术指导站更名为长清区计划生育宣传技术指导站。2006年6月，长清区计划生育服务站被国家人口和计划生育委员会评为全国人口和计划生育科技工作先进集体；7月，长清区人口大厦落成，计划生育服务站搬入。2007年8月，被山东省人口和计划生育委员会命名为数字化服务站。2008年年底，长清区计划生育宣传技术指导站

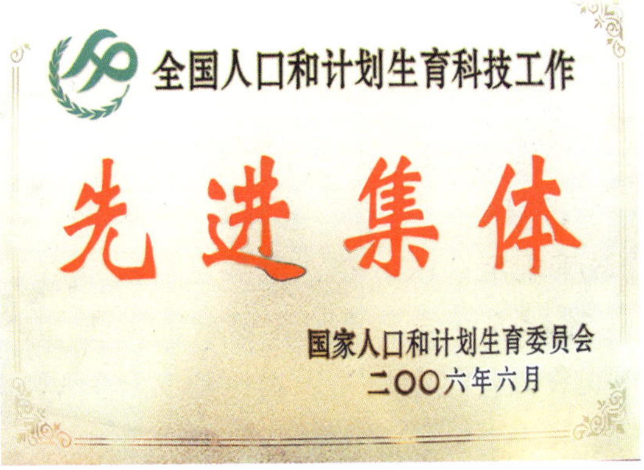

2006年6月，长清区计划生育服务站获全国人口和计划生育科技工作先进集体称号

内设办公室、档案室、咨询室、财会室、药房、收款处、女性门诊、男性门诊、优生门诊、心电图室、观察室、康复室、宣教室、消毒室、药库、仓储室及夜间值班室、服务办证大厅等,有干部职工23人,其中主任医师1人、副主任医师2人、主治医师7人、医师5人、护师3人、药师2人、会计3人。

计划生育协会 1987年7月15日,崮山镇计划生育协会成立,是济南市第一个乡镇级计划生育协会;7月29日,西三里村计划生育协会成立,是济南市第一个村级计生协会;9月25日,长清县计划生育协会第一次会员代表大会召开,长清县计划生育协会成立,各乡镇陆续建立计划生育协会。乡镇计划生育协会每届任期3年。各行政村、企事业单位、住宅区、流动人口集居地等社区成立基层计划生育协会。1992年10月,长清县计划生育协会办公室成立,为正局级事业单位,核定编制3人。2002年6月,改称为济南市长清区计划生育协会办公室。至2008年年底,全区共有计划生育协会组织675个,会员小组3100多个,会员6.2万人。

流动人口计划生育管理办公室 1997年12月10日,长清县流动人口计划生育管理办公室成立,为副局级事业单位,核定编制3人。2002年6月,改称为济南市长清区流动人口计划生育管理办公室,主要职能是对流动人口成年育龄群众进行建档,出具"流动人口婚育证明",查验证件,定期随访,开展宣传教育、避孕节育、优生优育、生殖保健及生产、生活等方面的管理和服务。2008年年底,全区流动人口3361人。

第二节 计划生育管理

政策规定 1986年,全县贯彻执行山东省《关于计划生育若干问题的规定》《关于二胎生育政策的暂行规定》《关于农村独女户间隔生育第二胎的决定》,制定贯彻落实意见和相关配套措施。1988年7月20日,《山东省计划生育条例》及其配套文件颁布实施。1991年,《中华人民共和国收养法》颁布实施后,长清县就计划生育收养问题作出明确规定。1992年3月13日,县政府办公室下发《关于做好农村计划生育经费统筹工作的通知》。1994年4月26日,县委、县政府办公室下发《关于城镇流动人口计划生育管理的有关规定》。1995年9月16日,县政府办公室印发《长清县流动人口计划生育管理暂行规定》。1996年10月14日,按照省人大常委会重新修订的《山东省计划生育条例》的规定要求,对一些计划生育政策规定进行修改完善与补充。1998年9月10日,县计生领导小组转发县计生委、县卫生局《关于严禁非法进行医学鉴定胎儿性别和选择性终止妊娠的通知》。2001年8月21日,县计生委、县卫生局联合下发《长清县禁止私自鉴定胎儿性别和选择性终止妊娠管理办法》;11月13日,县政府办公室下发《关于全面落实农村独生子女父母奖励费的意见》。2002年6月8日,区计生委、财政局、卫生局、物价局联合下发《关于向农村实行计划生育的育龄夫妻免费提供避孕节育技术服务有关问题的通知》;9月1日,第一部《中华人民共和国人口与计划生育法》颁布施行,长清区按照上级要求,清理与国家、省计生法律、法规不一致的文件与规定。2003年2月15日,长清区人口与计划生育领导小组下发《关于加强流动人口、下岗职工等特殊人群计划生育管理服务工作的实施意见》;4月6日,区委、区政府办公室下发《关于深入开展计划生育优质服务年活动的实施意见》;10月6日,区委、区政府办公室下发《关于进一步做好晚婚晚育工作的意见》。2004年3月5日,区政府办公室下发《关于进一步做好晚婚晚育工作的意见》;6月9日,《山东省计划生育技术服务管理办法》经省政府第31次常务会议讨论通过,决定自2004年10月1日起执行。2005年1月24日,区政府下发《关于积极应对第四次人口出生高峰进一步抓紧抓好人口和计划生育工作的紧急通知》;3月23日,区政府下发《关于争创全国计划生育优质服务先进区工作的实施意见》;9 月 28 日，区委、区政府下发《关于认真落实科学发展观进一步加强人口和计划生育工作的实施意见》;12 月 30 日,区监察局、区人口和计划生育局下发《关于认真落实独生子女父母奖励费和奖励扶助费的通知》。2006 年 1 月 18 日,区人口与计划生育领导小组下发《关于在建设社会主义新农村中开展创建幸福花新家庭活动的实施意见》;4 月 17 日，区人口与计划生育领导小组下发《关于进一步加强计划生育薄弱环节整改工作的通知》;5 月 16 日，区人口与计划生育领导小组下发《济南市长清区关于出生人口性别比治理的通知》;9 月 23 日,区委、区政府下发《关于在农村综合改革中稳定加强基层计划生育机构和队伍建设的意见》。2007 年 6 月 15 日,区委、区政府下发《关于贯彻中央全面加强人口和计划生育工作统筹解决人口问题的实施意见》;7 月 31 日,区委、区政府办公室转发《区人口和计划生育局〈关于控制出生人口性别比严厉打击非法鉴定胎儿性别和选择性终止妊娠行为的意见〉的通知》。2008 年 3 月 7 日,区人口和计划生育局下发《关于加强村级计划生育技术服务规范化建设的通知》;3 月 15 日,区人口和计划生育局下发《长清区城市避孕药具管理体制改革及发放方式城乡一体化实施方案》的通知;3 月 18 日,区委、区政府下发《关于全面加强人口和计划生育工作统筹解决人口问题的实施意见》;3 月 26 日，区人口和计划生育局转发《济南市人口计生委关于在全市计划生育系统打击非法行医专项整治工作的通知》。

计划生育“三为主” 1986 年—1993 年,全县推行“以宣传教育为主,经济处罚为辅;以避孕节育为主，补救措施为辅；以经常性工作为主,突击活动为辅”的“三为主”工作方针。主要措施:一是建立健全基层计划生育工作网络(计划生育技术服务网络。以区计划生育服务站为中心,乡镇计划生育服务站为纽带,村服务室为基础的计划生育技术服务网络。计生协会网络。按照村级计生协会会长、秘书长、会员小组长、会员四级工作网络要求，村计生协会完善充实会员小组,每个自然村都有会员小组和会员。人口和计划生育工作信息化网络。对村计生专职干部进行 PIC 全员人口信息管理系统培训,村级计生专职干部及时收集、向乡镇上报和反馈计划生育源头信息);二是抓计划生育工作队伍建设,加强业务培训、岗位培训、道德培训;三是落实计划生育管理制度与措施（合同管理制度。同未婚、已婚育龄群众签订晚婚晚育、落实节育措施等内容的合同。实行定期走访制度。开展育龄妇女小组长月走访已婚育龄群众活动，通过走访发现问题解决问题。管理信息统计上报制度。通过各级计划生育统计人员,将育龄人群的结婚、生育、节育等情况及时准确统计上报）；四是开展群众性的自我管理、自我教育、自我服务活动；五是在育龄群众家庭中树立计划生育模范典型;六是制定落实计划生育“三为主”工作标准,开展计划生育“三为主”合格达标与争创模范村活动；七是开展计划生育基层工作分类指导与帮促活动，对全县计划生育工作进行分析排队，将各行政村按照工作差别分为一类村、二类村和三类村,实施分类指导。1993 年 11 月,长清县被评为山东省计划生育“三为主”先进县。

计划生育村民自治 1989 年，在农村开展计划生育依法建制、依制治村、民主管理的新尝试。1997 年,形成计划生育依法建制、民主管理、优质服务的工作新思路。1998 年始,首先在“三为主”模范村五峰山镇小庵村实施计划生育村民自治,后在全县范围内推广,各行政村先后制订独立的《计划生育村民自治章程》。2003 年,计划生育村民自治工作在全区全面铺开。

人口目标管理责任制 1986年—1988 年,县委、县政府每年年初与各级签订《主要经济指标和社会发展指标责任书》,计划生育工作列入年终考核的指标之一,考核分数占 10%,规定主要指标不合格的单位,取消年终评奖资格。1989 年起，县委、县政府每年与各乡镇、县系统及县属工矿企业单独签订《人口目标管理责任书》，实行人口目标责任管理一票否决。1992年，制定《关于对党政领导干部控制人口增长情况进行审计和奖惩的实施细则》，对领导干部实施追踪审计与奖惩制度，一年一评估、一届一审计；对年度评估中出现重大问题的实施重点管理，同时纳入党务管理。贯彻实施山东省和济南市纪委《关于共产党员违反计划生育政策党纪政纪处分的规定》，对党员的超生违纪情况，在认真清理和查处的基础上，将计划生育工作纳入党务目标管理工作之中。

流动人口计划生育管理 1980年起，全县流动人口迅速增加。至1996年，全县流动人口1.2万人。1997年12月，建立长清县流动人口计划生育管理办公室，逐步建立健全八项管理服务机制：一是计生部门主管，其他部门协管机制；二是“一把手”亲自抓，“一班人”共同管理机制；三是行业内部管理机制；四是奖惩激励约束机制；五是流动人口自我管理机制；六是下岗职工计生管理机制；七是农村抓流出、城区抓流入管理机制；八是社会监督机制。2005年，全区流动人口计划生育管理和服务工作形成“计生为主、部门配合、多方参与、齐抓共管、综合治理”的工作格局。流动人口计划生育管理服务工作实行户籍所在地和现住地乡镇人民政府、街道办事处共同管理，并以现居住地管理为主的原则，坚持“属地化管理、市民化服务、信息化支撑”，定期与户籍地和现居住地进行双向联系。2007年4月11日，市流动人口和城区计划生育工作现场会在长清区召开。2008年12月，全区流动人口3361人，其中流出人员2372人（已婚人员2076人、未婚人员296人），流入人员989人（已婚人员747人、未婚人员242人）。

第三节 计划生育服务

双向“扇形服务”模式 1997年起，长清县计划生育优质服务工作启动，创新推行计划生育优质服务的双向“扇形服务”模式，即以人为本，以人的全面发展为“轴心”，以育龄群众及其家庭的现实需求、潜在需求为工作标准，以现实需求的七个方面和潜在需求的七个方面为辐射面（扇面）的双向“扇形服务”模式。

在满足群众现实需求方面，开展七项工作：一是围绕群众的求知、求美、求乐需求，开展新型生育文化宣传；二是围绕群众避孕节育需求，全面推行避孕节育措施知情选择；三是围绕育龄群众的优生优育和生殖健康需求，开展以技术服务为重点的系列服务；四是围绕计生家庭的求富需求，推行“三结合”（计划生育与发展农村经济相结合、与建设文明幸福家庭相结合、与帮助农民勤劳致富奔小康相结合），为群众开展生产、生活服务；五是围绕群众政治上有地位、经济上得实惠的心理需求，建立完善计划生育利益导向机制；六是围绕群众的优质服务需求，

2005年8月，归德镇计生办工作人员向育龄妇女讲解政策

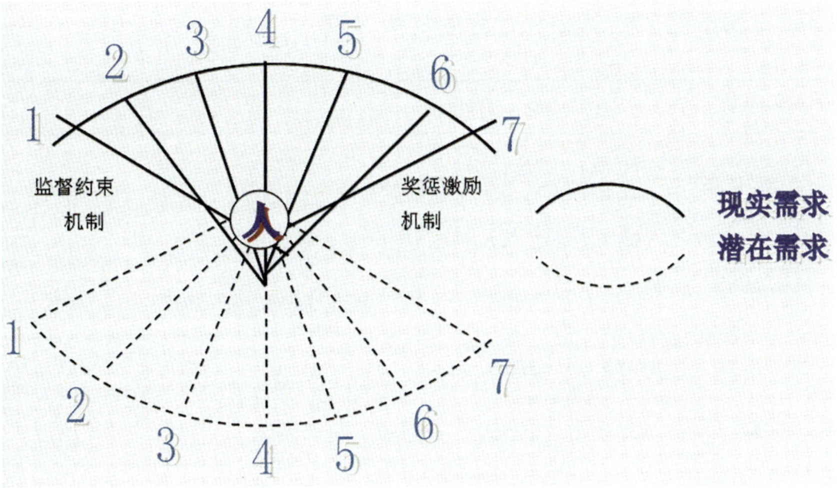

图6 双向“扇形服务”模式图

建好3支队伍（行政管理队伍、技术服务队伍、协会组织队伍），塑造计生干部新形象；七是根据群众需求，加强计划生育计算机信息网络建设。在满足群众潜在需求上，开展七个课题研究：一是人口可持续发展与考核课题；二是保障群众合法权益课题；三是社会保障课题；四是发展计划生育产业课题；五是新型生殖健康课题；六是社会伦理课题；七是家庭教育课题。潜在需求的七大课题与现实需求的七个方面构成“扇形服务”运行模式，二者互相联系、相互发展，全区（县）优质服务工作取得明显成效。2002年8月26日，“扇形模式”在国家《人口和计划生育情况》第56期刊发、推广。

“三结合”工作 1994年，在实施“少生快富”工程基础上，全县开展“计划生育与发展农村经济相结合、与建设文明幸福家庭相结合、与帮助农民勤劳致富奔小康相结合”的计划生育“三结合”工作。1996年10月22日，长清县委、县政府下发《关于在全县开展计划生育“三结合”工作的意见》。在全面开展为育龄群众提供“生产、生活、生育”综合服务的同时，重点帮助独生子女户和双女户中低于当地人均收入水平的困难家庭，帮其提高经济收入水平，短期内摆脱贫困，赶上或超过当地人均收入水平。至2008年，“三结合”帮扶措施主要有帮带型、就业型、承包型、扶持型、传授型、联合型6种形式，共筹集帮扶资金160万元，实施帮扶项目11个，帮扶240户，帮扶户的年收入提高到7000元。

“双十”服务 “双十”服务又称“十到家、十服务”。内容为：到未婚青年家，宣传晚婚晚育，落实晚婚计划服务；到新婚和符合二胎生育的夫妇家，宣传优生优育，落实生育计划服务；到已孕妇女家，宣传孕期保健知识，落实孕期跟踪服务；到围产期妇女家，宣传围产期保健，落实围产期保健服务；到生育妇女家，宣传避孕节育，落实节育措施服务；到独生子女家，宣传优教优育知识，落实优待政策服务；到不孕症夫妇家，宣传孕育有关知识，落实治疗措施服务；到流动人口家，宣传流动人口计划生育管理办法，搞好追踪管理服务；到已婚育龄妇女家，宣传计划生育政策，落实健康查体服务；到两户（独生子女户、双女结扎户）贫困户家，宣传计划生育“三结合”工作，落实帮扶措施服务。1997年，“双十”服务在全县推开。2003年3月，长清区被山东省人民政府评为计划生育优质服务先进区。2007年11月，被评为全国计划生育优质服务先进区。

“711”优质服务 2002年，实施以7月11日世界人口日为标志的“711”计划生育优质服务工程，实行“四专一优”（专用服务热线、专用服务车辆、专业服务网络、专业服务队伍和特殊优惠政策）。区计划生育局、区计生服务站、乡镇（街道）计生办、计生服务站和10个“711”计划生育服务点，都设立“711”优质服务热线电话。区、乡两级计划生育服务站统一配备专用“711”优质服务车，10个服务点固定专用车辆。至2008年，形成以区计生服务站为龙头，以乡镇（街道）服务站为主体，以10个服务点为基础，覆盖全区的“711”优质服务工作网络。

1986—2008年长清区(县)人口和计划生育情况表

表3-6

年份	年末总人口(万人)	出生人数(人)	符合生育政策		晚育			晚婚		
			人数(人)	出生率(‰)	一胎出生人数(人)	晚育人数(人)	晚育率(%)	女性初婚人数(人)	晚婚人数(人)	晚婚率(%)
1986	49.86	7516	7486	99.6	5758	2906	50.5	6088	3878	63.7
1987	50.10	8527	8459	99.2	6953	3238	46.6	5614	3795	67.6
1988	50.52	8490	7193	99.4	5814	2935	50.5	5570	4183	75.1
1989	50.91	8492	8033	94.6	6543	6026	92.1	4951	4114	83.1
1990	51.39	9649	9396	97.4	7370	7119	96.6	4174	3681	88.2
1991	51.61	5683	5603	98.6	4324	4121	95.3	3289	2993	91.0
1992	51.52	5017	5012	99.9	3651	3629	99.4	3637	3575	98.3
1993	51.48	4552	4543	99.8	3209	3177	99.0	3695	3688	99.8
1994	51.52	5308	5292	99.7	3631	3606	99.3	4318	4313	99.9
1995	51.63	6421	6408	99.8	4306	4297	99.8	4776	4771	99.9
1996	51.87	6999	6992	99.9	4708	4699	99.8	4714	4710	99.9
1997	52.17	7314	7299	99.8	4704	4695	99.8	4459	4457	99.9
1998	52.40	7158	7151	99.9	4509	4504	99.9	3667	3663	99.9
1999	52.54	6077	5995	99.5	4095	4083	99.7	3811	3807	99.9
2000	52.74	6246	6215	99.5	4336	4323	99.7	3784	3780	99.9
2001	53.00	5410	5477	99.9	3586	3582	99.9	5692	3552	99.0
2002	53.17	5692	6063	99.9	3962	3919	98.9	3745	3692	98.6
2003	53.32	5087	4777	99.7	3172	3085	97.3	5484	3915	71.4
2004	53.74	6422	6777	99.8	4773	4213	88.3	5035	2976	59.1
2005	55.08	5902	5711	99.4	4140	3117	75.3	3430	2059	60.0
2006	56.32	5696	5307	99.6	3787	2844	75.1	4142	2613	63.1
2007	57.08	5586	5613	99.9	3978	2832	71.2	3707	1996	53.8
2008	57.06	5113	4906	98.8	3441	2249	65.4	3867	2046	52.9

第四编

大学科技园

University Science Park

大学科技园 （2008年 摄）

正在建设中的大学科技园　　（2005年 摄）

长清湖畔　　（2012年 摄）

2002年，为加快山东省高等教育事业发展，大力实施“科教兴鲁”战略，省、市政府决定在济南市长清区规划建设大学科技园。大学科技园作为济南西部新城的重要组成部分，规划面积43.11平方公里。是年12月，山东师范大学长清校区建设签字仪式举行，成为第一所入驻高校区的大学。2003年4月，成立济南市西区工程建设指挥部，大学科技园正式破土动工。2005年8月26日，山东轻工业学院举行入驻新校区仪式，成为第一个入驻大学科技园的高校。至2008年年底，大学科技园共有9所高校16万师生入驻，建成各类教辅设施240万平方米，农民安置区110万平方米，拆迁安置村庄20个，产业发展基地8万平方米，商业街12万平方米，高标准道路70公里，一个水、电、气、公交等配套设施齐备的“宜学、宜居、宜业”的高校新区已具规模。

第一章 机构设置

第一节 西区工程建设指挥部

2003年4月，济南市政府决定成立济南市西区工程建设指挥部，作为高校新校区建设的决策者、运作者和服务者，从市直和长清区有关部门抽调人员组成工作班子。指挥部设综合组、规划组、征地组、工程组、资金组、廉政组、安保组、信访组、审计组、协调组、管线组、绿化组、水利组等工作组。

总 指 挥 邹世平

副总指挥 李克云 王迪生 卢纪文

成　　员 魏 军 金德岭 孟宪伟 赵基平 董海涛 蒋项波 李从战 李建国 江存森 王 璞 王 勇 王玉志 丁 毅 黄文道 吴建光 刘志清 李永太

第二节 西区投融资管理中心

2005年10月，济南市编委下发文件，成立济南市西区投融资管理中心，为市政府直属全额预

西区投融资管理中心 （2008年 摄）

算管理正局级事业单位，设综合处、财务处、工程处、经营开发处、资产管理处、土地整理开发处6个处室。

董事长 王迪生
经　理 魏　军
副经理 吴建光　王金廷　李全升　刘　英

第二章　决策　规划

第一节　决　策

进入21世纪，省属驻济部分高校出现严重“超载”现象，山东中医药大学、山东轻工业学院、山东工艺美术学院、山东交通学院等高校生均占地不足20平方米，达不到国家标准的三分之一，校舍不足制约新增招生的规模。2002年，为加快山东省高等教育事业发展，实施“科教兴鲁”战略，为全省长远发展提供人才和智力支持，省、市政府决定在济南市长清区规划建设大学科技园。大学科技园作为济南西部新城的重要组成部分，规划面积43.11平方公里，位于崮云湖街道辖区内，计划入驻高校12所、在校生20万人，建成后将成为有40万人口的城市新区。2002年12月，山东师范大学长清校区建设签字仪式举行，成为第一所入驻高校区的大学。2003年4月，济南市西区工程建设指挥部成立，大学科技园正式破土动工。是年6月26日，省委召开常委（扩大）会议，专题研究省会济南城市规划建设管理问题。会议确定“东拓、西进、南控、北跨、中疏”的城市发展战略“十字”方针和东部产业带、东部新城、泉城特色风貌带及老城、西部新城、西部片区“五大板块”的城市布局。位于长清区的济南市大学科技园是济南西部新城发展的第一个大手笔，它将带动整个长清组团的发展。是年10月24日，山东师范大学长清校区率先举行新校区建设奠基仪式，标志着大学科技园建设正式启动。2005年8月26日，山东轻工业学院举行入驻新校区仪式，成为第一个师生入驻大学科技园的高校。2007年9月29日，中共山东省委再次召开常委扩大会议，围绕举办2009年第十一届全国运动会，专题研究推进济南城市规划建设管理迈上新台阶、再上新水平问题，济南西部的重要地位和长远发展前景得到进一步放大。是年，济南市城市总体规划（2006—2020）得到国务院批复，未来济南确定“一城两区”的总

■ 山东师范大学长清校区奠基仪式　（2003年　摄）

体布局和“一心三轴十六群”的市域城镇空间组织结构。自此,“济南西部新城”开始与中部、东部并驾齐驱。至2008年年底,大学科技园共有9所高校16万师生入驻,建成各类教辅设施240万平方米,农民安置区110万平方米,拆迁安置村庄20个,产业发展基地8万平方米,商业街12万平方米,高标准道路70公里,一个水、电、气、公交等配套设施齐备的“宜学、宜居、宜业”的高校新区已具规模。

第二节 规 划

大学科技园坚持“先策划研究,再规划设计”的原则,通过国内外招标、市规划委员会专家组评审、按规定报批等法定程序,完成大学科技园与城市空间形态和功能相协调战略研究,确定建设西部新城区的战略;完成压覆矿床评价、地质灾害危险性评价、环境影响评价、水文地质评价、水土保持评价及工程地质评价,为大学科技园选址提供科学依据;完成西部新城区总体规划,形成大学科技园与西部片区和谐发展的格局;完成大学科技园总体经营管理策划,确定园区开发建设时序和投入产出预测。2003年年底,完成大学科技园总体规划,完成道路交通、市政、环境保护、园林绿化等9大类专项规划。开展大学路城市设计、商业街夜间照明、雕塑、喷泉等专项设计。开发数字化城市系统,为园区今后规划建设提供先进管理平台。2004年年初,山东师范大学、山东中医药大学、山东轻工业学院、山东交通学院、山东艺术学院、山东工艺美术学院、中华女子学院山东分院、山东工会管理干部学院、山东劳动职业技术学院9所高校先后完成新校区校园规划。

大学科技园区位于济南市西南方向的长清城区东部,距市区16公里。东起京福高速公路,西至济菏高速公路,南起崮云湖街道驻地以南一带山体,北至北大山山体。规划用地面积43.11平方公里,可建设用地29平方公里。

规划目标是:山东省高级人才培养基地;科研与交流中心;学、研、产一体化发展的城市新区;环境生态化,运转信息化;在国际上有一定知名度,国内一流的能容纳20万在校生的高校新区。规划建设各类建筑物1800万平方米,总投资约340亿元,建成后将是一个有40万人的城市新区。

园区采用较为自由的道路网系统。规划主干道7条,路网结构为“三纵四横两环”。通过长清大道、6号路与104国道衔接;通过刘长山路延长线与主城区连接;通过两条干道与经济开发区连接;通过长清大道、2号路、7号路与长清城区连接;设置滨水游览路和环山路。

大学园区中心区用地13平方公里,主要承担文化娱乐、教育科研、体育、医疗、商业金融、行政办公和居住等功能。规划以长清湖为中心,围绕水面分层次布置写字楼、文化、金融、商业、产业研发等公共建筑,建筑规划总面积695万平方米。

第三章 配套设施

第一节 基础设施

2004年,济南市西区工程建设指挥部对基础设施工程建设加强调度,科学安排,周密组织,引进先进的工程建设管理模式,采取竞赛、奖惩、评优等激励措施,各项基础设施建设快速推进。2005年,大学园区内12条总长56公里的高标

图 7　长清大学园区中心区控制性详细规划(总平面图)

丁香路　　（2008 年 摄）

准道路建成通车，水、电、气、公交等开通运营；9 所高校开工建设教学楼、办公楼、学生公寓、学生食堂共 135 幢 153 万平方米。2006 年，累计完成绿化投资 8000 多万元，园区绿化总面积 123.1 万平方米；投资 1150 万元，铺设 6.4 公里的污水集流干管；建成日处理污水 2.5 万吨的污水处理厂。至 2008 年年底，建成 1~7 号主干路和 9 条中心区支路总长 70 公里，大型桥梁 4 座，铺设通信、供电等总长 1120 公里的 16 种地下管线，建成供水加压站、110 千伏变电站、调压站、公交站、污水处理厂及 14 个中水处理站，完成 400 万平方米的道路、校园、山体、核心区等城市绿化，园区基础设施日趋完善，初步形成“校在林中、林在城中、城在山水之间”的城市景观。

第二节　商业设施

2004 年，完成中心区一期 100 万平方米商业服务设施单体设计，工程建设采取市场化运作。2006 年 9 月 1 日，商业公园一期工程 10 万平方米商业楼建成，正式向社会开放，入驻商家 426 家。至 2008 年年底，先后建成商业公园、商务公园、产业园等商用建筑设施。

商业街　　（2007 年 摄）

山东数娱广场　　（2008 年 摄）

山东数娱广场　位于大学科技园紫薇路中段，紧邻大学路，占地面积 5.30 公顷，总建筑面积 12 万平方米，总投资 6.6 亿元。其中 A、B、C 座用于产业办公，D、E 座用于产业配套。山东数娱广场，A 座运营管理商为济南丰德瑞达商业管理有限公司；B、C 座由济南西区大学科技园发展有限公司自主运营管理；D 座为名仕学府酒店，由济南名仕学府酒店有限公司经营；E 座为商业配套，由济南同创西区运营管理有限公司经营。2008 年 11 月，对外招商运营。

第三节　房地产开发

鲁商常春藤　位于大学科技园区核心，主干路大学路和紫薇路交汇处。西临园博园及长清湖，与大学城商业中心区为邻，东临山东师范大学，北隔大学路与中华女子学院、山东工艺美术学院相望。项目总占地面积 100 公顷，规划建筑面积 130 万平方米，计划总投资 30 亿元。其中常春藤普通住宅项目占地 66.7 公顷，建筑面积 110 万平方米；御龙湾项目占地 33.3 公顷，建筑面积 16 万平方米。项目涵盖多层、小高层、高层及别墅、高档人文住宅等。2007 年 3 月 15 日，开工建设。至 2008 年年底，完成建筑面积 18.5 万平方米。

■ 鲁商常春藤花园 (2008 年 摄)

■ 圣菲花园入口 (2009 年 摄)

■ 圣菲花园 (2009 年 摄)

■ 圣菲花园一角 (2009 年 摄)

康桥圣菲 位于大学城中心区东南，背靠双龙山，在紫薇路的东侧，总用地 44.60 公顷，净用地为 37.83 公顷。北临山东艺术学院，西临园博园，是为大学科技园引进高科技人才居住的最佳园区。该项目为南加州风情西班牙建筑风格，分三期建设开发，主要由双拼及联排别墅组成。规划总建筑面积 27.10 万平方米，包括地上面积 19.22 万平方米，地下面积 7.78 万平方米。其中，一期占地 14.7 公顷，共 77 个单体建筑，总建筑面积 8.71 万平方米，其中住宅面积 7.97 万平方米。二期工程建设用地 16.9 公顷，地上容积率 0.53，绿地率 41.7%，规划总建筑面积 11.5 万平方米，其中住宅面积 11.1 万平方米。规划建设 101 个单体，为长清区和大学科技园区提供环境最美，质量最好的低密度花园小区。2008 年 8 月 12 日，开工建设，山东康桥置业有限公司承建开发。是年，完成建筑面积 8.70 万平方米。

第四章 村民安置

第一节 旧村拆迁

2004 年，高校新校区建设占地 4000 公顷，崮云湖街道的王府、魏庄、周庄、小梁、段庄、大梁、石围子王庄、张庄、北孙、前大彦、后大彦、东辛、务子前、务子西、务子北、务子中、西辛村和文昌街道的东八里、西八里、牛山庄共 20 余个村庄需要搬迁。先后完成整个园区地上物测量、清点、复核和补偿公示。2005年4月21日,小梁村率先拆迁,拆迁157户。5月10日,北孙拆迁,拆迁196户。5月14日,王府拆迁,拆迁567户。5月18日,段庄拆迁,拆迁384户。5月20日,魏庄村拆迁,拆迁536户。5月22日,大梁拆迁,拆迁186户。8月1日,石围子王庄拆迁,拆迁427户。8月6日,张庄拆迁,拆迁223户。8月8日,周庄村拆迁,拆迁367户。是年,支付征地拆迁及青苗地上附属物补偿费3111万元,预支土地补偿费1.26亿元。2005年11月23日,务子西村拆迁,拆迁218户。11月28日,务子中村拆迁,拆迁260户。12月9日,务子北村拆迁,拆迁190户。12月,文昌街道的东八里拆迁,拆迁125户;西八里拆迁,拆迁102户。2006年1月1日,正式出台实施《大学科技园整体搬迁村庄失地农民基本生活保障暂行办法》。是年,共拨付土地补偿、地上物补偿等2.52亿元。是年1月7日,务子前村拆迁,拆迁230户;7月,文昌街道的牛山庄拆迁,拆迁146户。2007年9月15日,后大彦拆迁,拆迁450户。2007年10月1日,前大彦拆迁,拆迁723户。2008年4月28日,西辛村拆迁,拆迁110户。2008年9月25日,东辛村拆迁,拆迁267户。至2008年年底,共拆迁村庄20个,5864户,16450人。累计拨付给农民各类补偿款14.02亿元。

拆迁前的牛山庄 (2004年 摄)

第二节 安置小区

大学科技园规划建设第一安置小区、第二安置小区和第三安置小区。至2008年,第一安置小区、第二安置小区已建成,共安置峀云湖街道17个村,文昌街道3个村,共20个村,6733户,20054人。

乐天小区(第一安置小区) 2004年,第一安置小区开始规划建设,位于大学路以南,文昌山以东,济菏高速公路以西,占地66.8公顷。2005年,总投资9.3亿元的108幢住宅楼交付使用。2005年4月,峀云湖街道的小梁村率先搬迁至4区1~7号楼,共计157户,526人,成为入驻乐天小区的第一村。5月,段庄搬迁至5区1~11号楼、20号楼,共483户,1174人;北孙搬迁至4区6~14号楼,共287户,836人;魏庄搬迁至2区1~18号楼,共642户,1638人;王府搬迁至3区13~28号楼,共578户,1680人。8月,周庄搬迁至3区10~12号楼和4区15~26号楼,共465户,1385人;大梁搬迁至5区12~19号楼,共255户,895人。张庄搬迁至5区30~36号楼,共228户,680人。石围子王庄搬迁至5区21~29号楼,共427户,1089人。12月,文昌街道的东八里搬迁至3区1~7号楼,共220户,510人;西八里搬迁至1区1~7号楼,共222户,524人。2006年7月,文昌街道的牛山庄搬迁至1区16~18号楼、22、23、26、27号楼和3区6号楼,共217户,636人。2008年9月25日,东辛村搬迁至1区8~14号、28~30号楼,共计267户,961人。至2008年年底,峀云湖街道先后有小梁、魏庄、北孙、段庄、王府、石围子王、张庄、大梁、周庄9个社区及东辛村共3789户10864人和文昌街道的东八里、西八里、牛山庄3个社区659户1670人搬入乐天小区。乐天小区设中学1所、小学1

第一安置区——乐天小区 (2005年 摄)

所,幼儿园2所,托老所1处,商业街1条。

丹凤小区(第二安置小区) 2004年,第二安置小区开始规划建设,位于文昌山东南,济菏高速公路以西,丁香路南北两侧,占地40公顷。2005年10月,务子中搬迁至丹凤南区1区8号楼、9号楼,2区3号楼、8号楼,3区1~9号楼,共计262户,881人。11月,务子西搬迁至南区2区1~8号楼和1区9~10号楼,共计266户,764人。12月,务子北搬迁至南区4区1~7号楼、3区6号楼和1区8号楼,共计256户,777人。2006年6月,务子前搬迁至丹凤南区1区5、8号楼,4区7号楼,5区1~9号楼,共287户,842人。2007年9月30日,后大彦村搬迁至丹凤北区东区1~10、14、17~22号楼,共448户,1373人。2007年10月1日,前大彦村搬迁至丹凤北区东区3、4、11、16、23~27号楼和西区1~14号楼,共651户,2483人。2008年5月,西辛村搬迁至南区1区3、4、7、11号楼,共计115户,400人。至2008年年底,丹凤小区总投资5亿元的85幢住宅楼交付使用,先后有务子中、务子西、务子北、务子前4个社区和后大彦、前大彦、西辛3个村共2285户7520人搬入丹凤小区。小区设小学1所,幼儿园2所、托老所1处、商业街1条等。

崮云湖街道丹凤小学 是一所公办六年制义务教育完全小学,位于丹凤南区,2006年6月建成使用,学校占地1.5万平方米,校舍建筑面积4980平方米。学校教学设施完备、功能齐全。学校配图书室、阅览室、微机室、音乐室、美术室、舞蹈室、实验室、综合实践活动室、录播教室各1个,音体美器材60余种800余件。每班均配备多媒体,学校实现校园网、班班通;学校微机98台,其中教师用机36台。运动场占地7640平方米,建有200米环形跑道,篮球场2个,乒乓球场地6个。2008年,通过长清区规范化学校验收。

第二安置小区——丹凤小区 (2008年 摄)

崮云湖街道丹凤幼儿园　是一所由政府出资修建的公办幼儿园。南园建于 2005 年 8 月，占地面积 5250 平方米，建筑面积 4250 平方米。北园建于 2006 年 10 月，占地面积 2250 平方米，建筑面积 2520 平方米。南园、北园均设有室外大、中型组合玩具，大型滑梯、蹦蹦床、转椅等，分小、中、大班，各班有电子琴、电视机、DVD、玩具柜、消毒设施、幼儿图书等。

第五章　院校简介

第一节　山东师范大学

学校办学历史可追溯到 1902 年山东大学堂内设的师范馆。1950 年 10 月，在原华东大学教育学院和山东省行政干校的基础上组建山东师范学院，系新中国成立后山东省成立最早的高校之一。1952 年，原齐鲁大学物理、化学、生物三系并入。1970 年 9 月，学校机关及部分系部迁到聊城办学。1974 年 4 月，迁回济南。1981 年 3 月，学校被确定为省属重点高等学校；是年 8 月，更名为山东师范大学。山东师范大学分校本部、长清校区。长清校区位于长清大学科技园内，南依风景秀丽的双龙山，北临大学路，东与京福高速公路和京沪铁路相接，占地面积 200 公顷，是大学科技园中占地面积最大的院校。2002 年 12 月 8 日，举行山东师范大学长清校区建设签字仪式。2003 年 10 月 24 日，举行山东师范大学长清校区建设开工奠基仪式。2005 年 10 月，该校长清校区正式启用，7887 名学生入驻新校区。至 2008 年，山东师范大学长清校区总投资近 10 亿元，建筑总面积 68.9 万平方米，在校生 3 万人。

山东师范大学　(2005 年 摄)

第二节　山东工艺美术学院

山东工艺美术学院建于 1973 年，是中国独立建制的 31 所普通高等艺术院校之一。学校是学士学位、硕士学位授予单位，现已形成本科教育、研究生教育、高等职业教育和继续教育的多层次办学格局。经过多年建设，学校逐渐发展成为特色鲜明的高等设计艺术院校。学校有千佛山校区和长清校区两个校区。山东工艺美术学院长清校区位于山东师范大学北侧，占地面积 60 公顷，建筑面积 25 万平方米，招生规模 1 万人，总投资 3 亿元。2004 年 10 月，开工建设。2005 年 10 月，部分投入使用。2006 年 8 月，基本

■ 山东工艺美术学院　　(2008 年 摄)

建成，学校主体迁入。

第三节　中华女子学院山东分院

中华女子学院山东分院是由教育部和山东省人民政府批准、山东省教育厅和山东省妇联共同主管的全日制普通本科院校，是山东省唯一一所女子院校，全国三所女子普通本科院校之一。学校前身是创建于 1952 年的山东省妇女干部学校，1987 年、1995 年先后更名为中国妇女管理干部学院山东分院、中华女子学院山东分院。学校老校区位于济南市市中区玉函路，新校区位于长清区大学科技园。2005 年 9 月，学校整体搬迁至长清校区，位于济南市长清区大学科技园紫薇路以东，大学路以北。总占地面积 73.3 公顷，建筑面积 25 万平方米，总投资 4 亿元。2008 年，学院有 10 个教学部，专业涵盖文

■ 中华女子学院山东分院长清校区建设签字仪式 (2003 年 摄)

学、教育学、管理学、工学、法学、经济学、艺术学七大学科门类，全日制在校生近万人。

第四节　山东轻工业学院

山东轻工业学院是山东省重点建设的省属普通本科高校，是国务院学位委员会批准的硕士学位授权单位和全国首批学士学位授权单位。学校创建于 1948 年，是山东省建校较早的公办本科院校之一。学校现已发展成为有 65 个本科专业，64 个研究生学位授权学科，涵盖工、理、文、经、管、法、艺等学科门类的多科性工业大学，成为山东省人才培养、科学研究和社会服务的骨干高校，是山

■ 山东轻工业学院　　(2008 年 摄)

东省首批“应用型人才培养特色名校”立项建设重点单位。新校区位于大学路以北，中医药大学东邻，大学科技园商业街以西。2004 年 11 月，开工建设，规划总用地 138 公顷，总建筑面积 70 余万平方米，全日制在校学生 2 万人，总投资 9.6 亿元。

第五节　山东中医药大学

山东中医药大学创建于 1958 年，1978 年被确定为全国重点建设的中医院校，1981 年成为山东省重点高校，是教育部本科教学工作水平评估优秀学校、山东省首批应用基础型人才培养特色名校。有 21 个本科专业，涉及医、理、文、工、管等学科门类齐全的综合性中医重点院校。2007 年，学校由济南历下区主体迁入长清大学科技园，新校区位于大学科技园的西部，大学路以北，

山东中医药大学 （2008年 摄）

山东轻工业学院以西，济荷高速公路以东，总占地面积122公顷，总建筑面积54.5万平方米，全日制在校生2万余人。仪器设备总值17087.6万元，馆藏纸质图书110万册、电子图书47万册，有配置完善的计算机校园网和现代教育技术设施。学校设13个二级学院，有3所直属附属医院和11所非直属附属医院、22所教学医院、50余处临床教学基地。

第六节 山东艺术学院

山东艺术学院是山东省唯一一所综合性高等艺术学府。学校前身为始建于1958年8月的山东艺术专科学校。1978年12月，经国务院批准，学校改建为山东艺术学院，开设本科专业。学校现设有音乐学院、美术学院、戏剧影视学院、音乐教育学院、设计学院、艺术文化学院、舞蹈学院、戏曲学院、传媒学院、职业教育学院、成人教育学院、国际艺术交流学院、公共课教学部13个教学单位。是歌唱家彭丽媛，演员、节目主持人倪萍的母校，同时培养陈瑾、刘曦林、王沂东、隋建国等演员、美术理论家、画家，是全国同类艺术院校中学科门类齐全、规模较大、办学层次多样、师资力量雄厚的学院之一。山东艺术学院长清新校区于2006年9月正式启用，新校区位于济南市长清区大学科技园南部，双龙山（饿狼山）西南山脚下，景观湖东侧，靠山面水，环境优美。总投资4.2亿元，总占地面积80公顷，建筑面积28.3万平方米，全日制在校生近1万人。

第七节 山东交通学院

山东交通学院前身为济南交通高等专科学校，始建于1956年。2000年2月，由交通部划转山东省人民政府主管。2002年3月，经教育部批准，济南交通高等专科学校与中国重汽集团职工大学合并组建山东交通学院，由省政府主管，实行省教

山东艺术学院 （2008年 摄）

山东交通学院 （2008年 摄）

育厅与省交通厅共管、以省教育厅为主的管理体制。2005 年 7 月，经省政府批准，将原山东省水运学校并入，学校成为山东省唯一一所以培养公路、水路交通运输专门人才为主的本科高校，设有汽车工程学院、交通与物流工程学院、机械工程学院、土木工程学院、信息科学与电气工程学院、财经学院等 13 个二级学院和社会科学教学部、体育教学部、继续教育学院、职业技术学院 4 个教学单位。是以工学学课为主，以交通类专业为特色，培养应用型高级人才的高等学院。学校现有校本部、长清校区、威海校区三个校区。长清校区位于务子片区，丁香路与海棠交叉口西北部，东邻园博园，占地面积 156 公顷，总建筑面积 56.7 万平方米，总投资 10 亿元，在校师生近 2 万人。

山东劳动职业技术学院 (2008 年 摄)

第八节　山东工会管理干部学院

山东省工会管理干部学院，其前身是 1938 年创建于革命老区沂水县的山东省总工会干部学校，1950 年迁至济南。1985 年，开始举办成人大专教育。1987 年，经国家教委和山东省人民政府批准，改建为山东省工会管理干部学院。1998 年，经山东省教育厅批准，成为山东省首批高等职业技术教育办学单位之一。2004 年，省政府批准学院成立国际交流学院，与 6 个国家开展联合办学。2006 年，开始面向全国招收普通高等职业技术教育专科生。学校以高等本专科教育为主体，同时承担成人本专科教育、工会干部培训等任务。学校现有历城区和长清区 2 个校区。长清校区位于大学科技园西南部，丁香路南侧，济菏高速公路以东，占地面积 68.3 公顷，总建筑面积 18 万平方米，总投资 3.5 亿元，招生规模 1 万人。

山东工会管理干部学院全景 (2008 年 摄)

第九节　山东劳动职业技术学院

山东劳动职业技术学院（山东劳动技师学院）是山东省人力资源和社会保障厅直属的国办全日制普通高等院校。学院始建于 1955 年，是全国第一所高级技工学校，办学底蕴深厚，具有培养“专科学历 + 技师职业资格”高技能人才的独特优势。学院是全国职业教育先进单位、国家高技能人才培养示范基地、山东省高等教育特色名校，并获国家技能人才培育工作突出贡献奖。牵头组建全省最大的职教集团——山东省机械行业职业教育培训集团。学院现有槐荫区和长清区两个校区，长清校区位于大学科技园的北部，总占地面积 92 公顷，建筑面积 35 万平方米，总投资 4.8 亿元，招生规模 1.5 万人。

第五编

园博园

Garden and Flower Expo

第七届中国（济南）国际园林花卉博览会在大学科技园举行　　（2009年 摄）

园博园夜间喷泉　　（2009年 摄）

园博园晨曦　　（2009年 摄）

第七届中国(济南)国际园林花卉博览会(以下简称园博会)是住房和城乡建设部、济南市政府共同主办的一届园林盛会。2008年5月13日,经住房和城乡建设部和济南市政府正式确定济南市长清大学科技园景观湖为第七届园博会园址。10月19日,园博园重点建设工程在大学科技园正式破土动工,此时,留给济南的筹办时间不足一年。省委书记姜异康,省委副书记、省长姜大明,省委常委、市委书记焉荣竹,副省长郭兆信,市委副书记、市长张建国,市人大常委会主任徐华东,市政协主席徐长玉,住房和城乡建设部城建司司长陆克华等领导先后到园博园现场办公、视察指导,有力地推动了园博会各项筹办、建设工作。2009年9月22日,第七届园博会在济南国际园博园泉韵广场隆重开幕,参展城市达86个,设计师展园9个,专类园4个,企业展园9个,展园总数108个。本届园博会建设时间最短,水平最高,参展范围之广(展园不漏省份),展园面积之大,植物材料之丰富,环保节能技术之广泛,均为历届园博会之最,创造"覆盖全国、融涉五洲"历史新纪录。

■ 2009年9月22日,第七届中国(济南)国际园林花卉博览会开幕式

第一章　第七届中国(济南)国际园林花卉博览会

第一节　选　址

在福建厦门举办第六届中国国际园林花卉博览会(以下简称园博会)期间,济南市确定争取举办第七届园博会的目标。一个城市申办园博会须具备三大条件:一是必须是国家级园林城市;二是需要具有一定的地域代表性;三是在经济、文化、环境等方面具备相当的综合实力。第七届园博会申办城市有济南、重庆、秦皇岛、郑州等,济南最终靠两大优势夺下主办权。一是济南地处中国南北交汇地带,兼具沿海城市与内陆城市双重特性,园林风格集南方私家园林与北方皇家园林之长,从气候到物种再到造园手法,具有过渡地带的代表性;二是山东是儒家文化的发源地,济南又是国家历史文化名城,独有的“山泉湖河城”自然景观天下闻名,恰恰契合本届园博会的主题——“文化传承,科学发展”。2008 年 1 月 17 日,中华人民共和国建设部(后改为住房和城乡建设部)致函济南市人民政府,确定 2009 年第七届中国国际园林花卉博览会在济南举办。4 月 16 日,济南市委副书记、市长张建国在第六届厦门园博会闭幕式上,从住房和城乡建设部副部长仇保兴手中接过第七届园博会会旗,第七届园博会筹办工作全面展开。4 月 24 日—25 日,住房和城乡建设部城建司副司长陈蓁蓁带队到济南考察第七届园博会园址。5 月 13 日,住房和城乡建设部和济南市政府充分协商,正式确定济南市长清大学科技园景观湖为第七届园博会园址。

■ 2008 年 4 月 16 日,济南市市长张建国(右一)从住房和城乡建设部副部长仇保兴(中)手中接过第七届园博会会旗

第二节　机　构

第七届园博会筹备工作领导小组　2008 年 8 月 10 日,济南市委、市政府正式成立第七届园博会筹备工作领导小组,市委副书记、市长张建国任组长,常务副市长任常务副组长,分管副市长、市人大常委会副主任、市政协副主席任副组长,市有关部门和长清区的主要负责人为成员。领导

小组下设“一室五组”，市政府分管副秘书长担任办公室主任，规划施工组、宣传策划组、邀展招商组、环境整治组、工程保障组分别由政府相关部门正职担任组长，责任到人，分工协作。

园博园建设指挥部 2008年9月23日，园博园建设指挥部正式成立，市委常委、常务副市长殷鲁谦任指挥，市西区投融资管理中心主任王迪生任常务副指挥，市园林管理局局长韩晓光、西区投融资管理中心副主任魏军、长清区区长覃俊文任副指挥。

济南国际园博园管理处 2008年10月12日，济南国际园博园管理处成立，刘建东任主任，田晓东任党总支书记，设行政管理工作人员17人，技术人员5人，共22人，其中大学本科以上学历20人。

第三节 规 划

园博园最终选定的长清大学科技园长清湖及周边区域，处于山东黄金旅游线山水圣人线上，距济南市区25公里，周边104省道、220国道、104国道、京福高速公路、济菏高速公路、京沪铁路、京沪高铁密布，文化氛围浓厚。园博园规划面积345公顷，其中湖面面积96公顷，陆地面积249公顷，是国内陆地面积最大的园博园。园区规划以“文化传承·科学发展”为主题，以“有特色、高水平”和“建设一流园区，成就精品工程”为目标，坚持高起点规划、高标准建设、高效能管理，汲取国内外相关展会以及历届园博会的成功元素，深入挖掘城市积淀与文化内涵，突出齐鲁文化及儒家文化，结合园区现状地形、地貌，打造一座集休闲、旅游、观光、会展等为一体的永久性园林景观。园博会按照“传承创新，以人为本，生态和谐，可持续发展”的理念，在园博园规划设计“一条中央主轴、两条景观观赏轴、八个功能分区、三大主题建筑”，突出展现“文、水、花、新、广、和”六大特色。在布局上，“一条中央轴线”即园博大道，由泉韵广场、花博大道、天圆地方广场及和谐广场四部分组成，形成全园

图8 第七届园博会总体规划图

的景观主轴。“两条景观观赏轴”为“特色展园观光轴”和“自然·文化体验轴”。“特色展园观光轴”依次分布为传统园林展园→都市·现代园林展园→国际展园→设计师展园→未来人居环境展园，形成传统→现代→未来的展示顺序，体现“传承发展”的理念。“自然·文化体验轴”依次分布山地植物群落→坡地植物群落→湿地植物区→休闲娱乐区→趣味园展区，展示园林植物的多样性，推广园林知识，体现齐鲁文化地域特色。“三大主题建筑”是水之门、会展中心、和谐广场。“八个功能分区”是公共区、中央湖区、国内展区、国际·未来展区、齐鲁展区、休闲娱乐区、趣味园展区、苗木储备区。在特色中，“文”是以中华文化为主线，融合国外园林文化，贯穿整个园区。“水”则以“生命之源——水”作为环境构思出发点，注重水元素运用，体现济南“泉”的特色。“花”是指强调花卉的运用，展示花卉季相变化、丰富物种、缤纷色彩的宏大场面。“新”是新材料、新技术、新工艺、新能源、新理念在全园贯彻应用，并且在特定位置集中运用和展示。“广”是吸引社会各界广泛参与，形成综合、互动性强的园林花卉盛会。“和”是指规划“天圆”“地方”“人和”序列空间，营造“人水和谐”“人文和谐”“人居和谐”“人人和谐”的意境。

第四节　建　设

2008年9月23日，园博园建设指挥部正式成立。10月19日，第七届园博会园博园建设开工仪式在济南大学科技园园博园工程现场举行，园博园建设全面启动。10月22日，济南市召开第七届园博会招展工作会议，会议明确市直40个部门为对口招展接待重点单位，并要求各部门通过各种渠道走出去请进来，力保目标城市全部参展。10月28日，全国城市园林绿化工作座谈会暨第七届园博会全国招展工作会议在北京召开，住房和城乡建设部副部长仇保兴出席会议并讲话，园博会全国招展工作随即展开。11月—12月，由市领导带队，组成6个招展小组，奔赴各城市招展。12月6日，第七届园博会齐鲁园建设（第一阶段）动员部署会议在济南大学科技园召开，山东省建设厅厅长杨焕彩出席会议并讲话，要求山东省17个地市全部参展。2009年2月21日，第七届园博会齐鲁园建设（第二阶段）动员部署会议在济南大学科技园召开，按照省建设厅提出的“齐鲁园早干，山东省先行”的目标要求，齐鲁园建设转入施工建设阶段。3月4日，占地1.3万平方米的园区建设服务中心投入使用，服务中心可同时容纳50个参展城市工程管理人员集中办公食宿。3月10日，第七届园博会倒计时200天揭牌仪式在园博园天圆广场工程现场举行，园博会各项筹办工作全面提速。3月12日，省、济南军区暨济南市领导与广大干部群众、驻济官兵等1000多人在园博园建设现场义务植树。5月12日，以色列卡法萨巴园举行开工仪式，至此，21个国际展园建设全面启动。5月21日，住房和城乡建设部城建司副司长陈蓁蓁在济南主持召开第七届园博会参展城市展园建设情况调度会，要求进一

2008年10月19日，第七届园博会园博园建设开工仪式举行

第五节 开 幕 式

2009年4月29日，第七届园博会组委会第二次会议在北京召开。会议确定第七届园博会开幕时间为2009年9月22日，第七届园博会吉祥物为“泉水姑娘——泉泉”，并通过开幕式活动深化一揽子总体方案。6月13日，第七届园博会筹备工作领导小组办公室举行新闻发布会，正式确定出生于济南的加拿大籍华裔女孩马艳冰为第七届园博会形象代言人。8月1日，“四建杯”济南国际园博会形象大使选拔大赛拉开序幕，共有10名选手成为本届园博会形象大使，获奖选手作为本届园博会的公众形象大使参加各项公益活动和文艺演出。2009年9月22日，第七届中国（济南）国际园林花卉博览会在济南国际园博园泉韵广场隆重开幕。园博会是住房和城乡建设部和济南市政府共同主办的一届园林盛会，来自全国各省（自治区）住建厅、直辖市园林绿化主管部门的有关领导，65个国内参展城市、港澳台地区的代表，21个国外参展城市（机构）的嘉宾及国内外百家媒体记者等近5000人参加开幕式。

2009年6月14日，园博会开幕倒计时100天启动仪式在泉城广场举行

步扩大室外招展成果。6月14日，园博会开幕式倒计时100天启动仪式在泉城广场举行，市委副书记、市长张建国出席仪式并启动100天倒计时，标志着第七届园博会筹办和园博园建设进入全面冲刺阶段。7月27日，园博园建设指挥部召开“大干30天，建成园博园”誓师动员大会，要求各施工标段交叉进行，动态衔接，全面推进，8月底土建工程全面竣工。9月1日起，园博园转入布展、内部调试运行。9月21日，园博园建设布展全部完成，工程总投资34亿元，共有86个城市参建室外展园，其中国内城市65个、港澳台地区以及国外城市21个。建有设计师展园9个和企业园9个、专类园4个，展园总数108个，展园总面积345公顷，栽种各类乔灌木46万多株、花卉101万株、水生植物6.9万株，是国内陆地面积最大、栽植植物种类最丰富的园博园。本届园博会参展城市之全、展园数量之多，为历届园博会之最，创造“融涉五洲、覆盖全国”新纪录。

第七届园博会开幕式现场 （2009年 摄）

山东省委书记、省人大常委会主任姜异康，国家住房和城乡建设部部长姜伟新，副部长仇保兴，山东省委副书记、省长姜大明，省委常委、济南市委书记焉荣竹，济南市委副书记、市长张建国等有关领导出席。展会期间，共有23个国家和地区，91个城市（机构）参加室外展，展示了各种流派的园林造园艺术、植物花卉景观。室内展展出插花、盆景、赏石、书画、摄影作品581件。举办“生态、文化、发展”高层论坛、国际青年风景园林师设计大赛、齐鲁民俗艺术展演等20余项活动。9月23日，园博园正式对外开放。展期延续到2010年5月。

附：七彩的梦——中国国际园林花卉博览会会歌

七彩的梦

蒋开儒　张黎　作词
肖白　作曲

1＝F 12/8

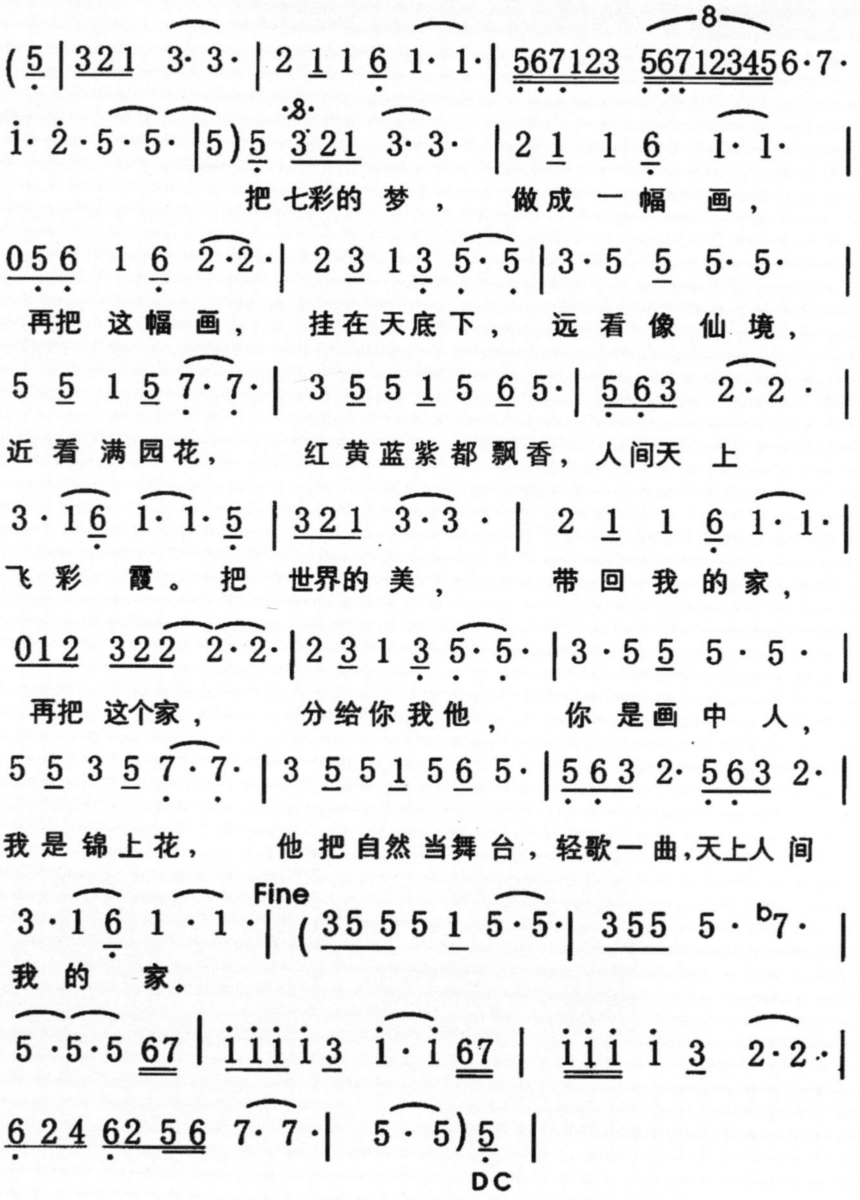

2010 年 5 月 8 日，第七届中国（济南）国际园林花卉博览会闭幕式暨颁奖典礼在山东大厦影视会议厅举行

第六节 闭 幕 式

2010 年 5 月 8 日，第七届园博会闭幕式及颁奖典礼在山东大厦影视会议厅举行，各省、自治区住房和城乡建设厅、直辖市园林绿化主管部门和全国 60 余个参展城市、香港地区的代表近 500 人参加大会。大会分别为获得本届园博会组委会 6 大类 340 项大奖的参展城市及个人，为本届园博会中做出突出贡献的城市、先进单位和个人进行颁奖。济南市委副书记、市长张建国代表济南市和第八届园博会主办城市重庆市代表进行会旗交接，住房和城乡建设部副部长仇保兴发表讲话。闭幕期间，还举行“园博事业及园博园可持续发展”座谈会、“科学发展观与城乡规划”报告会。至此，第七届园博会圆满落幕。

园博园夜间喷泉 （2009 年 摄）

第七节 济南园博园之最

展园数量创历届最多 本届园博会共有 86 个城市参展，展园总数 108 个，创造园博会展园总数新纪录。

济南园——古城泉韵最具特色 济南园的设计以“古城泉韵”为主题，以济南的泉文化为主要表现内容，着重突出济南的造园特色，体现古城济南浓厚的文化气息和古老韵味。

和谐广场喷泉济南最大 和谐广场附近的音乐喷泉面积约是泉城广场喷泉的 1.5 倍，而且喷泉的水均为泰山余脉流下的活水，最高能喷射 20 米。

主展馆大屏幕全省第一 “齐鲁第一屏”位于主展馆楼顶，该 LED 大屏幕高 6.75 米，长约 200 米，整体面积约 1100 平方米，是省内最大的 LED 屏幕，其供电主要靠太阳能。

长清湖比扩建后的大明湖水面还要大 园博园的中心区域是一个面积 96 公顷的湖泊“长清

湖”，比扩建后的大明湖水面还大。湖上碧波荡漾，水鸟嬉戏，景色分外秀美，为整个园博园增添无穷魅力。

北川园——首个以县为单位、以羌文化为主题参展的展园 北川园占地总面积0.8公顷，是历届园博园首个以县为单位、以羌文化为主题的园区，位于园博园滨湖大道东侧。

除此之外，在济南园博园，据初步测算，75%的设施穿上绿色科技的外衣，是历届园博会中最高的；在园博园内主展馆的最高点，安装1717块太阳能板，每小时可发电300千瓦时，是山东最大的太阳能发电系统；本届园博会还创造建园时间最短、展会时间最长纪录。

第二章 功能分区

第一节 公 共 区

公共区内有泉韵广场、水之门、花博大道、天圆广场、地方广场、和谐广场六大景观，形成园博园的主入口和中央轴线，整个区域贯穿以中华传统文化，体现水、生态、文化、科技的理念。

泉韵广场 园博园的迎宾广场，位于水之门外，占地面积约7万平方米。广场宽阔大气，色彩鲜明，各色鲜花组成的花坛形似河水流淌，彩色地面铺装犹如水波荡漾，拱形的花架、旗杆好像水中映象，棵棵绿树恰似济南遍布的清泉。

水之门 园博园的主入口，大门呈弧形，面宽128.2米，最高处14米，进深10米。大门充分体现“水与环境”的主题，外部利用水循环系统形成立体水幕，四周环以清清流水。弧形大门犹如敞开的臂膀，欢迎来自四面八方的宾朋，水幕上显示“有朋自远方来，不亦乐乎”字样，充分体现齐鲁人民儒雅与好客。大门上方题写“第七届中国(济南)国际园林花卉博览会”。

花博大道 位于水之门内，长476米，宽260米，是园博园景区中轴线上的景观大道。花博大道由交叉的花海、树阵、溪流组成错落有致的园林景观空间，不同国家和地区的各种花卉沿道路集中展示，姹紫嫣红，美不胜收。采用砂砾石子铺成的小路与绿色植物空间搭配和谐，形成自然生态的环境氛围。大道东侧是园林科普知识展示区，西侧是与园林绿化和生态环境有关的新科技、新

泉韵广场 (2009年 摄)

■ 天圆广场主体雕塑"玉琮" （2009 年 摄）

米，呈方形，体现古时人类对地的认识。广场中心设有大型地刻，其造型借鉴中国古代铜镜的纹饰。地刻布局源于太极图形的无极状态，无论从哪个方向都可进入观看，也可从任何位置转出，方便游客的观赏及流动。地刻呈微微起伏的山峦状，宽度为 2 米左右，最高处约 0.4 米，采用浮雕、线刻相结合的手法，图文并茂地展示人类社会的形成和发展历程。地刻中心位置浮雕采用"桥"的造型纹样（同时也借鉴铜镜背面"钮"的形状），寓意人类的发展需要沟通与交流。广场四周设有反映"十二地支"内容的浮雕，浮雕刻在自然起伏的坡面上，采用古代泥封印纹风格制作。广场地面依据五行方位所对应的颜色进行铺装，体现"五色土"的立意。地方广场南侧通道被称为"历史长河"，地面铺装以象征着前六届园博会的六个大脚印为核心，两侧布置大小不等的鹅卵石，表现历史长河、大浪淘沙意境。鹅卵石上雕刻着古人关于道德修养方面的嘉言警句。

产品、新能源企业展示区。

天圆广场 是花博大道的延续。天圆广场面积 1.1 万平方米，呈圆形，设计理念是为表现古时人们对天的认识，以及"天一生水，水生万物"的思想。广场中心矗立着高 20 米的园博园主体雕塑，其外形借鉴中国古代玉琮的形状。玉琮是古人祭祀天地的重要礼器，是最早与天沟通的器物与象征。雕塑呈高耸的柱状，柱身利用玉琮造型自然的纹理层（共九层，九为阳数，代表天），从下至上用浮雕的形式分别展示原始天体图、古代彗星图、星座图、浑天仪、天文望远镜、卫星、太空舱、航天飞船、太阳系等图案。雕塑的柱身是空心的，内部通过灯光处理，夜间更加雄伟、神秘。在主雕塑"玉琮"周围，环绕着 10 座不锈钢景观雕塑，代表与太阳、历法有关的中国古代"十天干"。每座雕塑高 3.6 米，形状分别为"甲、乙、丙、丁、戊、己、庚、辛、壬、癸"古篆书字样。雕塑立面 1～2 米之间为金属腐蚀的图饰展带，雕刻有关"十天干"的知识以及关于太阳的传说故事。

地方广场 面积 4200 平方

和谐广场 位于地方广场南侧，面积 18.3 万平方米，是园博园的核心广场。它延续"天圆、地

■ 和谐广场 （2009 年 摄）

园博园大型音乐喷泉及主展馆　　(2009年 摄)

方”发展理念，构成“人和”意境，一方面体现“天、地、人”的和谐统一，另一方面体现国内外参展城市欢聚一堂的融洽氛围，形成入园后景观序列的高潮。和谐广场为下沉式广场，四周是阶梯式的观演台，可容纳2000～3000名观众，中间是圆形的下沉广场，可作为演出舞台，是园博会期间举办活动、进行演出的主要场所。游客坐在观演台上，还可欣赏西侧湖面上大型音乐喷泉。观演台外侧设有纪念品销售、餐饮等综合服务设施，是园内主要的购物、休憩场所之一。广场西南侧临近湖边形成亲水平台，平台上设置的五个花坛自西向东是依次开放的莲花，寓意“步步莲花，如意吉祥”。

主展馆　展会期间的中心会场，位于中央湖区北侧、临近水边地势较平处。设计形式新颖、简洁、大方，具有现代气息，与周围环境有机融合，具有极佳的水面观赏效果。占地面积约1.7万平方米，建筑面积4.15万平方米。第一展馆分为五个区，游人可以看到省内各市园林部门选送的精品插花、盆景、摄影、书画、赏石。第二展馆展出景观小品、工程公司、苗木花卉、园林机具产品。第三展馆展出优秀园林城市和环保节能产品。

第二节　长清湖区

位于园博园的中心，总面积96公顷。长清湖前身为东风水库。2005年4月，济南市西区指挥部在东风水库原址上改建，改名为景观湖，该工程于2008年年底完成，总投资1.4亿元，工程量369.6万立方米，改建后总库容882万立方米。2009年，改名为长清湖。水域面积广阔，湖岸蜿蜒曲折，美丽的湖水映照着青山绿树。为方便游客到各展园参观，开辟水上航线，设4处码头和水上巴士，形成水上游赏线，游览船票价格每人每站次10元，全程通游每人次30元。湖区东岸建有湿地园，蕴含着多样性的生物资源。散发着原始洪荒气息的湿地风光扑面而来，蒲苇吐翠，水鸟飞鸣，水盛鱼肥，各地园林展园交相辉映，仿佛置身世外桃源。

长清湖　　(2009年 摄)

第三节　国内展区

国内展区分为传统园林展园和都市现代园林展园。

传统园林展园　位于长清湖东岸，滨湖大道西侧，占地面积 20 公顷。包含 20 个国内城市展园，所有展园以中国传统园林为基调，集中展现各参展城市的园林风格与深厚的城市文化内涵，通过现代材料的运用进行创新发展，展现蕴涵不同园林文化、地域文化的园林景观。由北向南，一览传统园林的魅力。

天津园　占地面积约 3000 平方米。特色：采用船形空间体现天津。天津园在园区景观中轴线上，依次设置牌楼（天津文庙牌楼形式）、杨柳青年画雕塑、人工浅溪、汉白玉拱桥、九道跌水景墙和地势最高处的八角亭，形成以牌楼为前景，雕塑和跌水景墙为中景，八角亭为背景的多层次景观视觉效果。在植物景观的营造上，采用自然式和盆景式植物搭配相结合的方式，以白蜡和月季（天津市树市花）为骨干品种，配以紫叶李、金叶槐、紫薇等花灌木以及大量的花卉。

南昌园　占地面积 3280 平方米。特色：南昌旅社、军旗景墙。南昌园主入口位于展园东部，横卧的巨石上刻有“军旗升起的地方”7 个大字，在鲜花的簇拥下，红色的八一军旗雕塑随风“飘扬”。由主入口进入，一条蜿蜒的主园路贯穿全园，把主题建筑“南昌旅社”（南昌八一起义纪念馆）和军旗式景墙等景点联系在一起。“南昌旅社”位于园区的最高处，建筑面积 107 平方米，前半部是南昌旅社的正面外墙，再现二十世纪二三十年代南昌旅社的原貌；后半部是“U”字形的纪念廊，廊内陈列着介绍南昌起义酝酿、起义、作战过程的展板。二者之间的空地采用透明玻璃铺装，玻璃下面是“全国各地武装起义和革命根据地创建示意沙盘”和“抗日战争敌后抗日根据地示意沙盘”模型。

武汉园　占地面积 2680 平方米。特色：春秋战国时期楚国园林“台榭陂池”。武汉园以春秋战国时期楚国园林的主要题材“台榭陂池”为表现元素，突出台与池的运用。园区中部为宽阔的水池，池畔建有水榭、方亭和高台，建筑形式均为先秦风格。水榭是园内主体建筑，临水而建，风格古朴。榭旁建有高台，高 10 余米。水榭东南侧建有方亭，二者之间有长廊连通，廊壁上设有 10 余方碑刻。园内通过青铜制品、丝织刺绣、木竹漆器等物品的展

天津园　（2009 年　摄）

南昌园　（2009 年　摄）

武汉园　（2009 年　摄）

郑州园 （2009 年 摄）

西安园 （2009 年 摄）

北京园 （2009 年 摄）

成都园 （2009 年 摄）

示，体现春秋战国时期的楚文化。通过“芙蓉芰荷”等《楚辞》中描述的香草花木的运用，营造以“离骚”为代表的楚文化浓厚氛围。

郑州园　占地面积 2730 平方米。特色：登封观星台。郑州园以“万龙归宗、炎黄祈福”为主题。从展园主入口拾阶而上，迎面是一堵浮雕墙，炎黄二帝的凸雕点出区域主题，“炎黄颂” 篇章讲述炎黄二帝丰功伟绩。展园主体建筑“博苑”，以登封观星台为蓝本，建筑分 2 层，高 9 米，底层架空，取“天圆地方”之意。

北京园　占地面积 3980 平方米。特色：玉泉趵突、皇家园林。北京园以泉水为脉，串联六景：品玉轩、乾隆碑、玉泉源、碧琳亭、待霜坪、往事泉。主入口设在展园南部，曲径入园即见主建筑品玉轩，仿照乾隆花园褉赏亭修建。轩内设品泉之景流杯渠。远景巨石状如芙蓉，上刻“玉泉”二字。品玉轩东右行可至主峰平台，上立“玉泉趵突”石碑，碑阴摹写乾隆咏玉泉诗，在此低头可俯瞰全园，抬头可远眺西南方向马鞍三山。

西安园　占地面积 1550 平方米。特色：曲江流饮、唐仕女雕塑。西安园设计以反映唐代长安风貌为主题。展园入口未设园门，园内外景观自然地融合在一起。展园中心位置是一条蜿蜒曲折的溪流式水体，名为“流饮池”，取意于长安八景之一的“曲江流饮”。

成都园　占地面积 1500 平方米。特色：薛涛井。成都园园名为“蜀园唐韵”，“蜀园”指具有成都园林文化风貌的展园，“唐韵”指成都唐代女诗人薛涛诗篇的千古流韵。展园分为历史古迹区、室内文化区、园林景观区三大部分。历史古迹区是整个展园的核心部分，由薛涛井、影壁、浣笺亭、枇杷门巷组成，所有景观仿照原建筑按 1∶1 的比例修建。薛涛井前建有小广场，便于游人集聚和留影。

厦门园　占地面积 3700 平方米。特色：闽南传统清水红墙、白石漏窗。厦门园在布局上用轩榭廊亭围合成自然山水园，配以三角梅和棕榈科等亚热带植物，建筑保留闽南传统清水红墙、

厦门园 （2009 年 摄）

白石漏窗的明丽特色。主入口位于展园西部，进园后沿顺时针游览可观赏“坐看云起”“莘荫疏影”“紫气东来”“月泉松风”“迎芳撷秀”“凌波知鱼”等景观。园内建筑形式均为福建当地古建筑风格，所用建筑材料却是钢材、玻璃、铝板等现代材料，在继承传统的同时，融入现代元素，体现厦门园林发展承古开今特色。

遵义园　占地面积 1000 平方米。特色：“怒掷酒瓶震国威”雕塑。遵义园以突出贵州、遵义特色酒文化为主题，以 1915 年巴拿马博览会上中国官员“怒掷酒瓶震国威”的故事为设计元素。

南京园　占地面积 1000 平方米。特色：凤凰台。南京有六朝古都之称，展园名为“绿筠精舍”，立意为“楼台沐烟雨，轻落六朝梦”。展园主入口有六块方石，分刻“东吴、东晋、宋、齐、梁、陈”六朝之名，景墙上书园名“绿筠精舍”。透过景窗可览中心水景“天渊池”。临水平台取六朝名胜“凤凰台”之名，侧石上刻李白《登金陵凤凰台》一诗。

南宁园　占地面积 2500 平方米。特色：壮式木楼。南宁园以独特的山水田园景观和民族建筑物为主景。展园包括绣球迎宾、五彩梯田、平桥花洲、壮乡胜景四个景点。主景为一座壮式木楼（风雨楼），背倚着八桂大地的奇山秀水。

杭州园　占地面积 2000 平方米。特色：按西湖“三面云山一面城”布局。杭州园主入口位于展园西北部，绿地内摆放一块自然景石，石上题刻着园

遵义园 （2009 年 摄）

南宁园 （2009 年 摄）

南京园 （2009 年 摄）

杭州园 （2009 年 摄）

名，周围配以花卉、红枫等植物。主入口广场位于展园西侧，对景为一堵雕刻杭州城标的景墙，两侧与具有杭州地方特色的院墙相连，象征杭州主城区。主入口广场南北两侧是以“虎跑梦泉”和“龙井问茶”为主题的开敞式小庭院，庭院布置分别以建筑和植物为主体，意在表现“虎跑水、龙井茶”之“西湖双绝”的韵味。

长沙园　占地面积3000平方米。特色：文夕大火。长沙园以“湘楚夕拾”为设计主题，以抗战时期“文夕大火”为历史背景。展园以反映“文夕大火”历史事件的景观“陨夕”为中心景观，“陨夕”景点前通过“星启”“入盛”两景点反映湘楚文化的千年积聚，“陨夕”景点后通过“兴成”反映新长沙的勃勃生机。

苏州园　占地面积2400平方米。特色：苏州院落。苏州园布局为经典山水格局，西南部主入口区域为苏州“院落”体现，东北部为自然“山水”写意格局。园门匾额题“涵碧庄”，进门后是一处庭院，由景墙、主体建筑“山水间”水榭、游廊围合而成，庭院内设有园林景观小品。东北部的山水格局以中央水面“爱莲池”为核心，环池有水榭、方亭、拱桥、峰石、花木等。园区东北部堆土成山，山顶筑“乐山亭”，可展望全园。

苏州园　(2009年 摄)

广州园　(2009年 摄)

广州园　占地面积2000平方米。特色：临池别馆。广州园名为“盈芳园”，展园设计采取“起、承、转、合”的古典园林布局，以入口区域为起点，以园路、小品为承接，以厅堂院落为转折，以山水景观为融合。广州园主入口设在展园西南部，建有岭南建筑风格的园门、影壁。转过影壁，沿园路前行，路旁设有园林雕塑小品，再转过一面博古景墙，可至园内以岭南风格为主体建筑的“临池别馆”，馆前为印月池，是园内中心水景。

宁波园　占地面积2000平方米。特色：麻将雕塑。宁波园外部三面被水系包围，内部呈现“一轴四区”的格局。“一轴”包括入口平桥、门廊、植物造景、景观桥、雕塑、浮雕景墙、次入口，是整个园区的中轴线。“四区”包括藏书文化展示区、麻将起源地文化展示区、园林休闲区、沿河生态区。藏书文化展示区位于展园中心区域，六面浮雕景墙及墙前的天一池紧扣“天一生水，地六成之”之意，通过鄞县通志、浮雕县城图、黄宗羲题词对藏书文化进行展示。展园西侧的麻将起源地文化展示区通过“三缺一”麻将雕塑及文字叙述，呈现麻将的历史和发展。

石家庄园　占地面积2500平方米。特色：封龙书院。石家庄园以封龙书院为蓝本，封龙书院是中国古代唯一有别于儒教而以科学教育为主的书院，被称为古代的“清华大学”。石家庄园定

宁波园　(2009年 摄)

石家庄园 （2009年 摄）

贵阳园 （2009年 摄）

扬州园 （2009年 摄）

太原园 （2009年 摄）

名为“封胧苑”，通过园林手法再现封龙书院昔日风采。展园入口由门前广场和仪门组成，驻足广场，站在仪门外“整冠弹尘，端庄仪表”，然后恭恭敬敬进入书院，仪门匾额题写“封胧苑”三字。进门后迎面一堵影壁墙，墙后是一湾水池，名“砚池”。“砚池”对面为园内主体建筑“讲堂”，长11.7米，进深6米，为悬山顶式建筑，是集中授课、讲学的地方。讲堂右侧建有天元轩、学思桥，横跨砚池之上。

扬州园　占地面积1000平方米。特色：无双亭。扬州园园名为“祥园”，展园入口采用扬州传统花窗景墙形式，形成障景。入门后迎面一峰山石，上题“映月”二字。园内一泓碧水，池水清澈，可鉴明月，取名“月池”。园东南建有重檐翘角的“无双亭”，周围遍植扬州“市花”琼花。展园种植琼花、垂柳、竹类、桂花等树种。

贵阳园　占地面积2450平方米。特色：侗寨建筑。贵阳园分为入口区、歌坪景区、水景区、绿地区4个景观区域。入口景观区设在园区北部，分为主、次两个入口。主入口是侗寨前门，为“井干式”木构建筑，设计为一组指示牌，上面刻有贵阳园建园简记。一条小溪横穿园路，溪上设有汀步，水中架设水车。次入口处建有侗寨寨门。

太原园　占地面积2000平方米。特色：鱼沼飞梁。太原园名为“并州风韵”，展园布局规整，主轴线清晰，从入口的对越牌坊到鱼沼飞梁，再到轴线尽头的悬瓮山之水，构成统一协调的景观序列轴线。对越牌坊系仿照晋祠著名的“对越”修建，四柱三门结构，单檐歇山顶。园内中心位置是仿照晋祠鱼沼飞梁修建的方形鱼池和池上“十”字形的桥梁，因桥的造型如展翅飞翔的大鸟，故名“飞梁”，轴线末端的假山跌水体现晋水“微波龙鳞莎草绿”意境。

都市现代园林展园　位于长清湖东岸，滨湖大道东侧，占地面积34.5公顷，形成缓坡、凹地等自然地形，局部形成水面、水溪等景观，设置有景观小品及服务设施。该展区分为三个区域，分别以“花”“水”“环境”为主题。展园内共有国内28个城市展区和1个企业展园，大多以植物造景为主，利用现代表现手法，展现时代都市园林发展趋向及特征，注重突出新技术、新材料、新能源的运用，体现各城市的园林风格及地方特色。

主题一：环境。以“环境”为主题的区域位于展园北部，体现环境保护的概念。

香港园　占地面积1000平方米。香港园主入口位于展园西部，未设园门。全园以一条环形跑道形式的主园路，贯穿起各个景点。

安阳园　(2009年 摄)

澳门园　占地面积2000平方米。澳门园设计为一座富有澳门风情的自然式庭园。展园内的主景是具有澳门特色的民间小屋及长廊。

哈尔滨园　占地面积3000平方米。展园主题为“欧陆风情”，园内没有实体建筑，而是选用五色草为材质，仿建圣索菲亚教堂，作为园内中心景观。圣索菲亚教堂是哈尔滨最著名的城市名片之一，五色草造型也是哈尔滨园林文化的代表。

安阳园　占地面积3050平方米。展园以殷墟遗址、红旗渠、周易、灵囿等历史文化遗产为原型，园内水景以“洹河”为主题，形成“前河后园”的布局。展园文化内容分为以礼仪文化和周易卦爻为主题的两条轴线，两文化轴汇聚在园中的制高点“帝王台”。

海口园　占地面积1000平方米。海口园以海口市绿色生态、热带海岛的城市特点为表现主题。展园呈“一海、一岛、一轴”的空间布局，园内三面环水，象征大海；园区东南部为一座圆形岛屿，在岛上通过“约亭”“琼台福地”景石、“景墙”“风雨廊”“琼台广场”等景点，展现热带海岛的自然人文风情。

上海园　占地面积3280平方米。上海园以2010年举行的上海世博会为设计主题。园区内的道路形式运用黄金比例分割的“九宫格”造型体现“城市格局”。展园中间是从上海世博会的Logo演变而来的大型立体花墙。

重庆园　占地面积4000平方米。重庆园以“写意重庆”为主题，展园浓缩重庆主城“两江(长江、嘉陵江)交汇”城市布局，分为历史文化景观区和现代都市景观区。历史文化景观区位

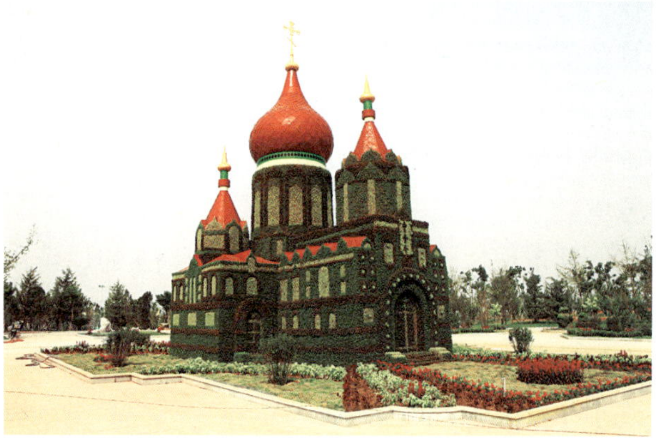

哈尔滨园　(2009年 摄)

海口园　(2009年 摄)

重庆园 (2009年 摄)

于展园东部，主要展现三峡文化（白帝城、石宝寨、丰都鬼城、夔门等）、古城记忆（通远门、山城步道）等内容。现代都市景观区位于展园西部，通过“人人重庆”城市标志等，展现当代重庆风采。

东莞园　占地面积3000平方米。东莞园名为“莞香园”，因东莞盛产莞香而得名，设计主题为“莞邑盛世，古韵新风”。展园主入口位于园区西部，进入园内，首先是空间较封闭的主展馆区域，通过莞香堂及左侧两个简化的建筑剖面及连廊，形成三进院落空间。

拉萨园　占地面积1000平方米。拉萨园入口处为传统的藏式木制园门。园内主体景观是一座西藏风格的单层方形建筑，建筑面积201平方米，采用西藏特有的花岗石垒砌而成。建筑前面设有藏族风格的帐篷，帐篷上绘有各种藏式图案。

东莞园 (2009年 摄)

呼和浩特园　占地面积3300平方米。呼和浩特园以蒙元文化为主线，撷取其中的服饰、军事、文学和生活等部分运用园林语言予以表达。展园整体布局依照蒙文“呼和浩特”字样来设置，主入口在展园东部，入口两侧设置木制哈那墙。

主题二：水。以“水”为主题的区域位于展园中部，体现节约、生态理念。

常州园　占地面积5000平方米。常州园以“淹城印象”为主题，淹城遗址作为常州古老的文化印迹，是中国从西周到春秋时期保存下来的最古老、最完整的地面古城池，也是世界上唯一保存下来的三城三河形制的古城。主入口设在展园南部，入口通道两侧设置书简雕塑。

呼和浩特园 (2009年 摄)

常州园 (2009年 摄)

平顶山园　　　　　　　　　　　　（2009年 摄）

平顶山园　占地面积1000平方米。平顶山园入口采用景墙跌水的形式，景墙材料为室外防腐木，样式由博古架演绎而来，跌水效果则用汝瓷冰裂纹雕塑来体现，表现汝瓷文化浓厚底蕴。展园中心是一处水体，水上架有平桥。在水体的源头和下游各设置一处泉眼，分别为上汤泉和下汤泉，代表平顶山市丰富的地热资源。

福州园　占地面积2000平方米。福州园以“巷园·写意”为主题，展园体现“三坊七巷内”福州传统私家园林的造园特色，重点突出具有福州特色的万顷碧波式山墙、门房、巷道等建筑元素。同时通过假山、覆龟亭、泉池、铺地、天井、回廊、建筑壁画等，体现福州私家园林的造园艺术。

深圳园　占地面积4000平方米。深圳园主入口位于展园东部，以敞开的扇门表现深圳的开放与包容。门内广场正中设有拓荒牛雕塑，体现深圳勇于开拓、敢于创新的城市精神，两侧是采用玻璃构筑的雕塑，《鹏城赋》雕刻其中。形起伏，坡地上建有观景亭，于亭内可观赏全园景色。

长春园　占地面积1000平方米。长春园主入口花坛内设有“长春”字样的小品，中部地面采用胶片特色铺装，体现长春电影城的特点。

深圳园　　　　　　　　　　　　（2009年 摄）

福州园　　　　　　　　　　　　（2009年 摄）

长春园　　　　　　　　　　　　（2009年 摄）

台北园 (2009 年 摄)

沈阳园 (2009 年 摄)

昆明园 (2009 年 摄)

大连园 (2009 年 摄)

台北园　占地面积 1000 平方米。台北园以台北多样化的城市生活、独具特色的台湾少数民族民俗文化及美丽的自然风光为主题，以台湾的特色植物、景点作为设计元素，介绍台湾北部引人入胜的自然风景与人文特色。

昆明园　占地面积 2000 平方米。昆明园以“国歌奏响”为主题，分为四个区域：入口区、中心景观区、文化展示区和音乐广场。在主、次入口处，分别设置“金马”“碧鸡”两个牌坊，代表作为昆明门户的金马关和碧鸡关。

沈阳园　占地面积 3103 平方米。沈阳园以盛京十景之一“浑河晚渡”为原型，共包括四个景观分区。一是位于展园南部的入口景区，建有沈阳古建筑风格的门牌坊、红漆门、青瓦檐。沿门拾级而上，映入眼帘的是点题的松石景观，石上刻有“沈阳园”三字。二是与入口景区隔池相对的“浑河晚渡”景区，由仿古渡口和古色古香的水榭组成。三是位于水榭北侧的民俗风情景区。四是位于展园西部的古亭景区。

大连园　占地面积 2050 平方米。大连园以“根”为主题，表现大连人对山东老家难以割舍的深厚情感，同时体现有着山东人秉性、风骨的“海南丢”及其后人通过百余年的努力，把大连建成一个国际化都市的历程。

主题三：花。以“花”为主题的区域位于展园南部，体现城市花卉植物生态系统理念。

北川园　占地面积 1000 平方米。北川园以“用羌族宅园讲述爱的故事”为基本设计理念。展

北川园 (2009 年 摄)

园分为东、西两部分，西侧为“羌风民俗”景区，东侧为“抗震救灾”景区。“羌风民俗”景区总体布局参照著名的“桃坪羌寨”进行设计，在重要空间节点上设置羌石寨门、泰山石敢当、大禹治水雕塑、羊图腾、羌俗浮雕、咂酒景墙、吐水瑞兽、羌族史诗浮雕、尔玛人家碉楼、火盆等独具特色的景物。展园西南部原汁原味的羌族民居——碉楼，其外部墙体石材和内部用品均从羌族地区运来，成为羌风民俗的小型博物馆。“抗震救灾”景区室外雕塑部分以“大爱无疆”为主题，展现抗震救灾、灾后重建等多个画面。

合肥园　占地面积1500平方米。合肥园以“科技”为主题，展园入口处，园门、窗景建成“0”和“1”的形状，为传统的徽派建筑注入科技元素。进门后左右两侧是用植物材料组成的“河图”与“洛书”两个古老的神秘图式，并辅以象征人类染色体和日月之遥的趣味科普景观小品。

桂林园　占地面积1000平方米。桂林园以大型盆景“漓江百里图”为景观中心，将漓江的百里自然风光体现在盆景作品之中。盆景长10米，宽度和高度均为1.5米，所用石料是具有桂林本地特色的风化石。在盆景制作中使用现代造景技术，如人工雾化等，表现漓江烟雨时节风光特色。

兰州园　占地面积1000平方米。兰州园以体现兰州地方特色的水车为主要景观，兰州水车外形酷似巨大的古式车轮，轮辐直径大的有20米左右，小的也有10米，日复一日倒挽河水灌溉万亩良田。

平凉园　占地面积1000平方米。平凉园主要展现甘肃平凉民居建筑风格。“四合院”是甘肃陇东平凉境内常见的民居建筑之一。

西宁园　占地面积1000平方米。西宁园设计以“清凉夏都、魅力西宁”为主题。展园入口处园墙采用土夯墙与西宁民居柱梁装饰相结合的方式，土墙前设有涌泉水景，表现西宁凉爽宜人的气候条件。

新疆园　占地面积2400平方米。新疆园以

合肥园　(2009年 摄)

西宁园　(2009年 摄)

兰州园　(2009年 摄)

新疆园　(2009年 摄)

鄂州园 (2009 年 摄)

银川园 (2009 年 摄)

“和谐新疆”为主题，园中主景是经过地形处理的维吾尔族乐器“都塔尔”造型的铺装广场，广场中央是一组展现维吾尔族歌舞的主雕塑，雕塑的背景是展现新疆地域特点和城市建设成果的景墙。

鄂州园　占地面积 1600 平方米。鄂州园内主要有凤凰亭、铜镜墙、吴王试剑石、比剑石、汉阙及旱溪等景观。“凤凰亭”是全园的景观中心，在其周围设置吴王试剑石、比剑石和铜镜等景观，展示鄂州古老的吴都文化。

银川园　占地面积 1600 平方米。银川园名为“贺兰山·岩画园”，以远古文明的贺兰山岩画为题材。展园主要景观有：各类贺兰山岩画，山舞银蛇、石圈、石斧、太阳神祭台、女娲补天等园林小品，以及妙音泉、贺兰小溪、万凤落珠瀑布、万凤亭等，体现银川塞上湖城的地域特色和植物景观。

第四节　国际未来展区

国际未来展区包括国际展园和设计师展园。

国际展园　位于园博园北部，面积 14 公顷，园内分布着 21 个国外城市的展园，集中体现独特的异域风情和各国先进的园林设计理念、园艺技术，代表国际园林发展潮流。

白俄罗斯维捷布斯克园　维捷布斯克是白俄罗斯东北部城市，自古以来，维捷布斯克就被称为“勇士之城”，城市徽记上刻画着骑士高举长矛和盾牌的形象。维捷布斯克园占地面积 1024 平方米，以展现当地如画的风景为主题，突出渲染北欧古镇独特的自然风光。

俄罗斯下诺夫哥罗德园　下诺夫哥罗德市始建于 1221 年。该市历史文化深厚，文物古迹众多，被联合国教科文组织确定为 100 个世界文化城市之一。下诺夫哥罗德园占地面积 800 平方米，主景为最具俄罗斯特色的标志性建筑物——“东正教堂”。教堂建筑面积 32 平方米，通高 21.7 米，白色主体，蓝色大斜面帐幕式屋面，洋葱头状

白俄罗斯维捷布斯克园 (2009 年 摄)

俄罗斯下诺夫哥罗德园 (2009年 摄)

的尖顶，再现了俄罗斯东正教堂高耸、美丽的建筑风格，教堂周边以高大乔木为背景。

芬兰万达园　万达市位于芬兰南部，是芬兰第四大城市，紧邻芬兰首都赫尔辛基。万达园占地面积800平方米，整体布局基于万达市地貌特点规划而成，把该市的山谷、河流、草地融入展园之中。体现万达市标志的七颗“万达珍珠”、景观钢柱建筑小品，点缀在花园之中，交错纵横的园路寓意万达市发达的城市交通，形成人与自然的和谐氛围。

芬兰万达园 (2009年 摄)

美国萨克拉门托园　萨克拉门托市位于美国加州中部、萨克拉门托河流域下游，是加州州府所在地。萨克拉门托园占地面积809平方米，该园设计取材于2003年建成的加州国会花园，该花园被称为“世界和平玫瑰园”。园内道路布局呈“米”字形，中心位置建有一个大型、造型别致的花钵，道路间的绿地内种植100多个品种的不同种类、不同颜色的玫瑰，再现“世界和平玫瑰园”精彩园林景观。

日本山口园　山口市建于公元14世纪，仿照日本京都建造而成。与京都地形相似的山口市，以八街九陌的街道格局，交织成不逊于京都的城市景观风貌。山口园占地面积1950平方米，是以与山口市颇有渊源的禅道精湛、画技高超的日本中世纪画圣——雪舟所筑庭园为蓝本，采用池泉回游式结构的日式庭园。通过墙壁、石板路、假山、亭子等细节的处理，以及对包围着池泉和庭园的景石绝妙的配置，使游客在“和谐”的佳境中感受具有日本中世纪色彩的造

美国萨克拉门托园 (2009年 摄)

日本山口园 (2009年 摄)

法国雷恩园 （2009年 摄）

日本和歌山园 （2009年 摄）

澳大利亚郡德勒普园 （2009年 摄）

印度尼西亚泗水园 （2009年 摄）

园艺术。

法国雷恩园　雷恩市位于法国西部，是法国布列塔尼大区的首府。城市规模适中，有40万居民，生活惬意，文化遗产和自然风光资源丰富。雷恩园占地面积1410平方米，主景为取材于雷恩塔博公园的音乐亭，用音乐符装饰的八角亭像太阳般将它金色的光束洒向园中。象征着生命和欢悦的流水，在园中的池塘里尽情地流淌，池中设有金属制成的乐符。敞开迎接游客的拱形大门，制作成乐符形状，突出音乐主题。

澳大利亚郡德勒普园　郡德勒普市是澳大利亚发展最快的城市之一，有16公里长的原始海岸线，那里有保存完好的原始林带、湿地，沿海环境十分优美。郡德勒普园占地面积1800平方米，以展现当地保护完好的自然环境为主题，集中体现郡德勒普市自然亲和的人居环境。

日本和歌山园　和歌山市是日本和歌山县首府，位于本州岛南部纪伊半岛，16世纪后期，丰臣秀吉修建和歌山城。和歌山园占地面积1890平方米，以和歌山城为蓝本修建。展园东南、西南、东北3个方向架起石墙，西北方植以树木增添开放感，中央为天守阁之形象，内侧（东北侧）建造日式庭园。连接各石墙的道路用白沙砾铺设，营造护城河的印象，石墙后种植樱花，春天可尽赏樱花盛开的美景。

印度尼西亚泗水园　泗水市是印度尼西亚第二大城市，东爪哇省首府。它不仅是印度尼西亚工业化程度最高的城市，自然景色也十分优美。泗水园占地面积990平方米，以当地村落为蓝本，以最具印尼特色的“发呆亭”为主景建筑，设置竹桥、假山、流水，摆放当地寺庙中宗教色彩极强的雕塑，配以体现热带风貌的棕榈、竹类等植物。

日本滨松园　滨松市是日本18座政令指定都市之一，人口80多万，面积1500多平方公里。滨松市观光的最大特点，是将自然与历史、产业、文化等多彩的观光资源自如地结合在一起，让游人自乐于其中。滨松园占地面积800平方米，以“展示滨松名胜、突出滨松特色”为设计理念，以象征滨松市北部的天龙美林及著名的龙潭寺庭院景致为核心景观，用园林的表现手法将有“腾龙”之称的天龙川激流、巨龙雄姿，以及滨松象征——阔底斗形的坚固石垣等日本庭园景观依次展示在游客面前。

韩国水原园　水原市是韩国京畿道的首府城市，是韩国第八大城市。水原市是一座历史文化古城，文化遗产和旅游资源丰富，水原华城于1997年被联合国教科文组织列为世界文化遗产。水原园占地面积5000平方米，将韩国水原的传统形象元素和现代形象元素有机结合在一起，构成别致的景观，表现水原市引以为豪的世界文化遗产水原华城的历史风貌。

坦桑尼亚达累斯萨拉姆园　达累斯萨拉姆市是坦桑尼亚的旧都，全国第一大城市，该市终年绿色，环境优美，是海上“丝绸之路”沿线城市。达累斯萨拉姆园占地面积1370平方米，以具有坦桑尼亚地域特色的茅草亭廊和热带海滩风景为景观元素，配以伞亭、特色铺装、体现热带风情的植物配植，向人们传达自然生态的理念，展示非洲大陆“和平绿洲”的形象。

以色列卡法萨巴园　卡法萨巴市位于以色列沙隆地区，该市以建立“第一个以色列绿色城市”为目标，在保护自然环境的基础上为居民提供许多休闲娱乐场所。卡法萨巴园占地面积1011平方米，展园分为公众互动区、宠物运动场、健身休闲区和情侣岛四个部分。整个展园凸显人与自然和谐相处的浓厚氛围。

日本滨松园　（2009年　摄）

坦桑尼亚达累斯萨拉姆园　（2009年　摄）

韩国水原园　（2009年　摄）

以色列卡法萨巴园　（2009年　摄）

巴布亚新几内亚莫尔斯比港园 (2009 年 摄)

英国考文垂园 (2009 年 摄)

德国奥格斯堡园 (2009 年 摄)

佛得角普拉亚园 (2009 年 摄)

巴布亚新几内亚莫尔斯比港园　莫尔斯比港市是巴布亚新几内亚的首都，面积 253 平方公里，人口 25 万人。该市热带风光十分优美，山水相依，绿树成荫，美不胜收。莫尔斯比港园占地面积 1500 平方米，以表现港口城市的船形建筑作为展园的主景。主体建筑屋面呈两端向上高高翘起的船形，巧妙运用立体绘画和雕刻手法将当地民族图腾符号、热烈的歌舞场面、祭祀所用的面具等元素融于建筑装饰中，建筑周围营造茂密幽深的植物景观。

德国奥格斯堡园　奥格斯堡市位于德国巴伐利亚州西南部，面积 147 平方公里。该市属于森林城市，有森林面积在德国排第三位，被授予欧洲最绿和生活最佳城市称号。奥格斯堡园占地面积 2000 平方米，以奥格斯堡市郊的植物园为蓝本，是一座规则式布局、以植物景观为主题的景园，营造自然、生态田园风光。

英国考文垂园　考文垂市位于英国中部，面积 98 平方公里，是英国著名的汽车城。考文垂园占地面积 1155 平方米，采用英国园林以自然风景为主，洁净化、简练化的设计风格。简洁单一的环路设置、搭配考究的植物配置、欧式风格的休憩亭，呈现出有别于欧洲传统的规则式园林的英国“自然风致园”。

佛得角普拉亚园　普拉亚市是佛得角首都，著名的海港城市。普拉亚在葡萄牙语中是“海滩”的意思，因有 1000 多米长的海滩，城市由此得名。普拉亚园占地面积 700 平方米，汲取普拉亚当地具有代表性的城市景观元素，运用园林的手法加以组合，因地制宜地进行布局。几何形的城市雕塑主景，体现城市标识的入口景石，城市街景中的绿地、铺装、小品，构成玲珑丰富的展园，真实而又艺术地再现普拉亚港口城市独特魅力。

加拿大里贾纳园　里贾纳市是加拿大萨斯喀彻温省的省会城市，面积118平方公里，人口约20万。该市有100多处公园，自然风光十分优美。里贾纳园占地面积530平方米，呈规则式布局。展园以最具代表性的加拿大国旗—枫叶旗、国树—枫树、皇家骑警雕塑为景观元素组合而成。

巴西巴伊亚园　巴伊亚州位于巴西东北部，人口1300多万。巴伊亚州具有悠久的历史、优美的热带自然风光、得天独厚的海岸旅游资源。巴伊亚园占地面积936平方米，园内以一波浪形的艺术墙体构筑物贯穿全园，两侧设置表现巴伊亚州传统文化的船帆模型、雕塑。

乌克兰哈尔科夫园　哈尔科夫市是乌克兰最大的工业中心、重要的商业及文化中心，有着举足轻重的地位。乌克兰哈尔科夫园占地面积1640平方米，呈规则式布局。平整的草坪、精致的花坛、乌克兰教堂风格的景观亭以及具有标志性的哈尔科夫市徽一起构成简洁、开敞的展园。

土耳其马尔马里斯园　马尔马里斯市位于土耳其西南部，地处海湾一端，背靠翠柏成荫的群山，是一座迷人的海滨城市。马尔马里斯园占地面积1098平方米，采用自然式布局，中心位置设有一处收放有致的水体。自然曲线形的园路贯穿全园，漫步在园路上，穿梭于茂密的丛林中，能感受到自然风景中的自由和惬意，更能充分领略爱琴海与地中海之间马尔马里斯迷人的小镇风情。

设计师展园　包含9个风景园林师设计园（国际、国内），采用新的设计理念及表现手法，展现现代的、后现代的以及未来的景观环境，探索园林设计事业的发展方向。

巴西巴伊亚园　（2009年 摄）

土耳其马尔马里斯园　（2009年 摄）

乌克兰哈尔科夫园　（2009年 摄）

设计师展园　（2009年 摄）

第五节 齐鲁展区

齐鲁展区位于园博园长清湖西侧，处在园博园中央轴线的尽端，与园博园中心广场遥相呼应，占地面积23公顷。齐鲁展区是山东各地风土人情、地域特点及民俗文化的荟萃之地，也是造园艺术的交流展示之地。展区总体骨架以小型山丘及缓坡地形为主，共设置历史文化城市展区、黄河流域城市展区、沿海城市展区3大组团，集中展示全省所属17城市参展的园林作品，总投资5660万元。

历史文化城市展区 位于齐鲁展园南部，有济南园、泰安园、济宁园、淄博园、莱芜园、枣庄园、临沂园，重点体现深厚的齐鲁文明、历史文化以及随时代发展的生机与活力。

济南园 位于齐鲁园东南部的小岛上，占地面积2700平方米，以“古城泉韵”为主题，以济南泉文化为主要表现内容，着重突出济南造园特色，体现古城浓厚文化气息和古老韵味。济南园处于三面环水景观视点上，建筑、园林和谐统一，层次丰富，形成和谐悦目的山水画卷。全园建筑均为传统风格，以灰、白为主基调，选用青砖、灰瓦作为主要建筑材料。展园门前建有3座拱桥，与陆地相连。入门后为一方亭，亭顶中空，意为承天露。亭后为主体建筑瀛泉楼。展园北侧叠石成山，山上建有小亭，玲珑精致，为园内制高点。园内水系贯通全园，富于变化，体现“清泉石上流”意境。展园附近水面上种有荷花，临水岸边栽植柳树，体现老济南“四面荷花三面柳”的景观效果。

■ 泰安园 （2009年 摄）

泰安园 位于齐鲁展园南端，占地面积2700平方米。整个园区以土石山为地形构架，“五岳独尊石”置于山顶作为主景与松林相配，四角石亭“月观亭”在南侧与之呼应。泰山园以“松石为骨”作为主要景观意向，整个布局与泰山原型相仿。线条流畅的小路在丰富的地形空间若隐若现，暗含“泰山日出”“云海玉盘”“黄河金带”三大自然奇观。泰安园中有一条轴线，入口牌坊—中部平台—山顶制高点，分别代表着红门、中天门和南天门，设置的登山小径仿佛陡峭的十八盘。

济宁园 位于齐鲁园的最南端，占地面积2000平方米。济宁园主景建在自东向西逐渐升高的“山坡”上，形成以“杏坛”为制高点的中轴线格局。园区中间为孔子“杏坛讲学”的雕塑，与刻有论语经典语句竹简的文化墙相映生辉；东入口处以水元素表现济宁地区的人杰地灵。

■ 济南园 （2009年 摄）

■ 济宁园 （2009年 摄）

淄博园　位于园博园齐鲁园南部，占地面积6000平方米。淄博园主景位于斜向轴线和主景轴线的交会点上，形式为仿汉高台建筑，台的内部设计成古窑形状，展示陶瓷文化。园区在展现齐鲁文化方面，打造“横竖斜”三条主线。一横为齐长城，展示齐国兵家文化，在城墙脚下石头上，用岩画形式，表现围魏救赵、田忌赛马、田单复齐、屈原使齐等著名典故。一竖为诸子墙、百家廊，展示诸子百家哲学思想。一斜则是田齐王陵（齐威王、齐宣王、齐闵王、齐襄王），四冢等距横列南山。

莱芜园　位于齐鲁展园中心，占地面积2200平方米，园区利用整个地势起伏较大的优势，围绕“烽火台——锦阳关”展开。莱芜有保存较好、比秦长城还早400多年的齐长城，是历史上著名战役“长勺之战”的古战场。莱芜园设计以园林为载体，以“长勺古韵”和“钢城新姿”两条设计为主线。整个园区以“石鼓”“片石矮墙”等主要景观为元素，古老与新生的碰撞让游览者仿佛重回千年古城，体会现代莱芜“绿色钢城”新姿。

枣庄园　位于齐鲁园西南部，占地面积1000平方米。“智者乐水，运河古城”是枣庄园的设计主题，着力体现运河古城、万亩榴园，展现历史文化和城市特色。整个园区规划以“智者乐水”为主题，以园区中心水面配以“运河古城”景观组为主，以西北侧的“榴园风情”景观组为辅，着力体现枣庄地域特色景观。

临沂园　位于齐鲁园西南部，占地面积1000平方米。临沂园入口位于齐鲁展园北部，入口广场中央设有一座雕塑，体现沂蒙红嫂用乳汁救活受伤红军的故事。展园东南部建有“书亭”，用于纪念“书圣”王羲之。展园南部建有一组大型假山，山势峭拔、雄伟，象征蒙山，山前一组蜿蜒的水系，象征沂河，体现沂蒙山区壮丽山水风光。

淄博园　（2009年　摄）

枣庄园　（2009年　摄）

莱芜园　（2009年　摄）

临沂园　（2009年　摄）

德州园 (2009 年 摄)

菏泽园 (2009 年 摄)

东营园 (2009 年 摄)

滨州园 (2009 年 摄)

黄河流域城市展区 位于齐鲁园北侧，有德州园、东营园、菏泽园、滨州园、聊城园，重点体现黄河沿岸特有文化习俗、美丽风光及城市变迁与发展。

德州园 位于齐鲁园北部，占地面积 2000 余平方米。庭院灯、地埋射灯、草坪灯均是太阳能发电，设计主题是“太阳之城”。展园的主题雕塑以太阳为造型，外围立方体的六面采用不锈钢材质做成篆体的德、鬲、禹、凤等字，以反映德州悠久的历史文化。

东营园 占地面积 4000 平方米，以“大河之洲”为主题，以黄河入海口独具特色的人物风情、历史文化为表现内容，分为“大河之洲”“河海人家”“大河向东流”“从胜利走向胜利”四个景区。设有“黄河门”“湿地门”和“胜利门”3 个出入口。

菏泽园 占地面积 2500 平方米。菏泽园的设计以牡丹为脉络，串联起各个景点和“三乡”文化。菏泽园以“万斛春”为设计主题，园区以“牡丹城”作为主轴，通过运用雕塑、特色铺装等小品，将“武术之乡”“书画之乡”“戏曲之乡”的特色融入其中。通过现代催花技术，让原本在四五月间盛开的牡丹在九十月间傲然吐蕊，为菏泽园的一大看点。

滨州园 占地面积 1000 平方米。一辆长约 3 米、高 2.5 米、配备 4 匹“战马”的“巨型古战车”，一扇高 2 米、用篆书刻制的“36 计竹简”，是承载滨州园兵家文化的主题建筑。采用三层台阶四层面的结构形式，由两个圆形广场组合而成。

聊城园 位于齐鲁展区滨州园西侧，占地面积 1000 平方米。“漕挽之咽喉，天都之肘腋，江北

聊城园 (2009 年 摄)

青岛园 (2009年摄)

烟台园 (2009年摄)

一都会”，是聊城园的主题。设计上，整个园区体现聊城的水城特色，宽阔的湖面隐喻东昌湖，中部的溪流代表穿越水城的古运河。园区的东南部集中表现水城主题，两侧入口为镂空的“光岳楼”形式；西北部则以表现景阳冈、古阿井为主题。

沿海城市展区 位于齐鲁展园东侧沿湖岸，有青岛园、烟台园、日照园、潍坊园、威海园，重点体现特有的海滨风光、浓郁的胶东风情以及改革开放后日新月异的城市变化。

青岛园 位于齐鲁园中部，占地面积3000平方米。以“香螺”螺旋形通道为入口，吸引游客步入其中，欣赏“浓缩青岛”的迷人风姿。展园以“帆船之都”为主题，展示青岛的企业文化和滨海风貌。青岛园以浪花纹样作为园区主基调，并贯穿始终。展园东侧湖面上设置“青岛号”帆船微缩景观，体现青岛新的名片——“帆船之都”。

烟台园 烟台园以“五色烟台”为主题，将五色的概念融入园林中，诠释烟台的多彩印象。“红色印象”运用水果形状的种植池、枝条纹样的铺装、抽象镂空的红苹果雕塑等元素体现主题。“金色印象”运用金矿石纹样的铺装、钢化玻璃嵌矿石观赏条带等元素表达金色主题。“蓝色印象”运用蓝白相间的波纹地面铺装、水幕镜墙桥等元素，结合大的水面景观体现海的概念。“紫色印象”运用体现葡萄酒主题的酒桶景墙，以及酒瓶和酒杯造型的门户景墙等元素表达设计理念。“绿色印象”包含体现海文化的妈祖神像、贝壳型水池、砂石场地和花卉带等元素，于密林掩映中营造出一片别有趣味的场所。

日照园 占地面积6200平方米，整个展园以“日出印象”为主题，展示日照“日出初光先照”的特色。主入口位于展园东北部，入口处种植芦苇丛、莎草等植物材料，并用细沙、礁石、贝壳营造沙滩景观。园区中央用石笼墙和木编墙围合成大小不同的圆形空间，石笼墙内的植物被修剪成波浪形状，代表大海的波涛，中间地势最高处用木编墙围合成“观日台”，代表太阳从大海中冉冉升起。

日照园 (2009年摄)

潍坊园 (2009 年 摄)

石滩、湿地等景观。

威海园　展现胶东人文景观、体现"幸福人居"理念的威海园占地面积2000平方米，园内的高处设置威海传统民居海草房，通过现代的空间构成手法营造一个相对围合的、温馨的主景空间；中心水体模仿威海海岸线的轮廓勾勒，水边种植着芦苇荡，体现威海良好的湿地生态环境；桅杆、渔网、木船体现着威海传统渔家生活的质朴清幽；"福"字地雕铺装，从水中升腾而出。

潍坊园　位于齐鲁园中部，占地面积2000平方米。潍坊是世界风筝之都，展园也尽显风筝文化，设计上将风筝作为串联园内各景观区域的空间骨架，通过设置一系列不同材质与色彩的架构、张拉膜以及景观建筑，体现风筝在天空中飞舞的情景。展园内建有风筝造型的潍坊城市标志雕塑。根据潍坊市区有三条河流过的地理特点，园内建造一处穿园而过的河溪水景，设置浅水湾、卵

威海园 (2009 年 摄)

落霞园 (2009 年 摄)

第六节　专类园区

为体现园林景观独特的风光及植物特色，园内规划4处专类园。

落霞园　位于园内西北部山体区域，展示常绿植物及秋季色叶植物为主的山地植物群落，充分体现园林植物的丰富性和多样性。

台地园　位于国际展区东侧，充分利用原有地形，设计成为

台地园 (2009年 摄)

湿地园 (2009年 摄)

以花卉及花灌木为主的自然坡地谷地，形成五彩缤纷，花团锦簇的特色花谷。

湿地园 位于齐鲁园东侧靠近湖面的区域，以湿地植物和水生植物为特色，以大树草坪为骨架，配以简洁的园路、小桥，形成水溪蜿蜒，植物葱郁的自然湿地景观。

愿学书院 位于国际展区滨湖大道南侧，取材于明隆庆年间长清愿学书院，是一个集优美园林景观环境、浓厚文化内涵表达的文化休闲场所。由愿学书院、斗拱广场、沁春阁广场、景观梯田及讲学村建筑群等主要组成部分。

第六编

政党 群团

Political Parties and Alliances

2003年3月5日，中共济南市长清区第一次代表大会召开

2004年3月，济南市长清区青年联合会第一届委员会第一次会议召开

长清区总工会春节送温暖启动仪式 （2006年摄）

1938年1月，中共长清县临时支部成立。是年9月，建立中共长清县委。1948年9月，长清全境解放，县委驻长清县城。1978年11月，中共长清县委隶属于中共济南市委。1986年年底，全县共有基层党委20个，党总支88个，党支部979个，党员20636人。1989年6月，长清县委、县政府由老城搬迁至新城清河街新办公大楼。1995年，长清县跨入中国综合实力百强县，位居第92名。2001年6月，撤县设区后，长清驶入发展的快车道，形成政务商住区、大学科技园区、济南经济开发区、农业高新技术开发区、五峰山旅游度假区“五大片区”。2008年年底，中共长清区委工作机构有7个，全区共有基层党(工)委38个，党总支171个，党支部1496个，党员35679人。群众团体有总工会、共产主义青年团、妇女联合会、工商业联合会、科学技术协会、残疾人联合会等。

长清县委、县政府办公楼（1986年 摄）

长清区委、区政府办公楼（2008年 摄）

第一章　中共长清区(县)委员会

1984 年 5 月、1987 年 5 月、1990 年 3 月、1995 年 3 月、1998 年 3 月，中共长清县第五、六、七、八、九次代表大会分别选举产生中共长清县委员会，贾文青、刘善友、李树山、雷建国、王荣玉、许立全、孙瑞祥先后任县委书记。2003 年 3 月、2006 年 12 月，中共济南市长清区第一、二次代表大会分别选举产生中共济南市长清区委员会，孙瑞祥任区委书记。

第一节　党员代表大会

中共长清县第六次代表大会　1987 年 5 月 20 日—23 日，中共长清县第六次代表大会在长清县人民剧院召开，出席代表 385 名。会议听取并审议通过刘善友代表第五届县委作的题为《深化改革，开拓前进，夺取经济建设和精神文明建设的新胜利》的工作报告，提出继续深化改革加快全县经济发展，届期 3 年的工农业总产值每年递增 20%以上。会议听取并审议通过县纪委向大会提交的工作报告。会议选举产生中共长清县第六届委员会，选举委员 27 名、候补委员 4 名；会议选举产生中共长清县纪律检查委员会委员 17 名。中共长清县六届一次全委会上选举产生常务委员会，刘善友、张新一、李近仁、陈淑水、李连元、金增厚、郭恩廷、赵保健(女)当选为常务委员，刘善友当选为县委书记，张新一、李近仁、陈淑水当选为县委副书记；徐慎斋当选为县纪委书记。

1988 年 5 月 28 日，中共长清县委在县委小礼堂召开全县党员代表大会，出席代表 233 名，大会选举产生出席中共济南市第五次代表大会代表 29 名。

中共长清县第七次代表大会　1990 年 3 月 26 日—29 日，中共长清县第七次代表大会在长清县人民剧院召开，出席代表 380 名。会议听取并审议通过刘善友代表第六届县委作的题为《坚持治理整顿和深化改革的方针，把我县两个文明建设提高到一个新水平》的工作报告，强调把稳定放在压倒一切的位置，保障各项经济任务的完成。会议听取并审议通过县纪委向大会提交的工作报告。会议选举产生中共长清县第七届委员会，选举委员 31 名、候补委员 4 名；会议选举产生中共长清县纪律检查委员会委员 16 名。中共长清县七届一次全委会上选举产生常务委员会，刘善友、曹维新、金增厚、郭恩廷、潘德才、李连元、王义来、韩道亮、王陆军、王荣玉、张明当选为常务委员，刘善友当选为县委书记，曹维新、金增厚、郭恩廷当选为县委副书记；潘德才当选为县纪委书记。

1993 年 10 月 8 日，中共长清县委在县委会议厅召开全县党员代表大会，出席代表 238 名，大会选举产生出席中共济南市第六次代表大会代表 30 名。

中共长清县第八次代表大会　1995 年 3 月 22 日—25 日，中共长清县第八次代表大会在县委会议厅召开，出席代表 385 名。会议听取并审议通过雷建国代表第七届县委作的题为《团结实干，开拓进取，为建设经济强县实现小康而奋斗》的工作报告，提出 5 年间全县生产总值年递增 20.8%的奋斗目标。会议听取并审议通过县纪委向大会提交的工作报告。会议选举产生中共长清县第八届委员会，选举委员29人、候补委员5人；选举产生县纪律检查委员会委员17名。中共长清县八届一次全委会上选举产生常务委员会，雷建国、王荣玉、陈延河、李连元、张化富、赵聿兴、韩道亮、王陆军、刘太义、肖明才、司庆福当选为常务委员，雷建国当选为县委书记，王荣玉、陈延河、李连元当选为县委副书记；张化富当选为县纪委书记。

中共长清县第九次代表大会 1998年3月19日—22日，中共长清县第九次代表大会在县委会议厅召开，出席代表360名。会议听取并审议通过王荣玉代表第八届县委作的题为《抓住机遇，开拓前进，为实现我县跨世纪奋斗目标而努力》的工作报告，提出5年间全县生产总值年递增17.9%，地方财政收入年递增19.2%，农民人均纯收入年递增11.3%的奋斗目标。会议听取并审议通过县纪委向大会提交的工作报告。会议选举产生中共长清县第九届委员会，选举委员29名、候补委员5名；选举产生县纪律检查委员会委员15名。中共长清县九届一次全委会上选举产生常务委员会，王荣玉、卞允斗、刘太义、张化富、赵保健(女)、肖明才、王陆军、司庆福、王振范、王钟、朱兴林当选为常务委员，王荣玉当选为县委书记，卞允斗、刘太义、张化富当选为县委副书记；赵保健(女)当选为县纪委书记。

1998年9月5日，中共长清县委在县委会议厅召开全县党员代表大会，出席代表243名，大会选举产生出席中共济南市第七次代表大会代表31名。

中共济南市长清区第一次代表大会 2003年3月5日—8日，中共济南市长清区第一次代表大会在区委会议厅召开，这是长清撤县建区以来召开的首次党员代表大会，出席代表320名。会议听取并审议通过孙瑞祥代表第九届县委作的题为《团结实干，开拓创新，为建设现代化新长清而努力奋斗》的工作报告，提出2006年生产总值比2000年翻一番，地方财政收入年递增15.3%的奋斗目标。会议听取并审议通过区纪委向大会提交的工作报告。会议选举产生中共济南市长清区第一届委员会，选举委员27名、候补委员5名；会议选举产生区纪律检查委员会委员15名。中共济南市长清区委一届一次全委会上选举产生常务委员会，孙瑞祥、覃俊文、高辅卿、周宝华、江林、顾建军、毛华铭、夏武军、李广贤、庞涛、杨玉华(女)当选为常务委员，孙瑞祥当选为区委书记，覃俊文、高辅卿、周宝华、江林当选为区委副书记；江林当选为区纪委书记。大会选举产生出席中共济南市第八次代表大会代表33名。

中共济南市长清区第二次代表大会 2006年12月19日—22日，中共济南市长清区第二次代表大会在区委会议厅召开，出席代表318名。会议听取并审议通过孙瑞祥代表第一届区委作的题为《立足新起点，谋划新蓝图，建设充满活力富有魅力的现代化新长清》的工作报告，提出落实科学发展观，全面建设小康社会，构建和谐社会的奋斗目标。会议听取并审议通过区纪委向大会提交的工作报告。会议选举产生中共济南市长清区第二届委员会，选举委员37名、候补委员8名；会议选举产生区纪律检查委员会委员22名。中共济南市长清区委二届一次全委会上选举产生常务委员会，孙瑞祥、覃俊文、江林、毛华铭、李广贤、庞涛、王福军、刘延文、葛殿起、阴波、刘明霞(女)当选为常务委员，孙瑞祥当选为区委书记，覃俊文、江林当选为区委副书记；李广贤当选为区纪委书记。大会选举产生出席中共济南市第九次代表大会代表37名。

第二节 重要会议与决策

1986年—2008年，中共长清区(县)委贯彻执行上级路线、方针、政策，按照本区(县)实际，根据不同历史时期的工作重点召开重要会议，制定下发决议、决定、规定、规划、意见等，对长清经济社会发展、精神文明建设、党的建设、反腐倡廉建设和学习实践“三个代表”重要思想、学习实践科学发展观等，做出一系列重要决策。

重要会议 1986年4月3日—5日，县委召开全县工作会议，县委书记贾文青讲话。会议确定在确保粮食稳定增产的基础上，调整产业结构，加快向城郊型、贸工农型发展的步伐，搞好农村整党，实现党风和社会风气的根本好转。8月17日，县委、县政府召开大力发展庭院经济、加快商品生产步伐动员大会，会上介绍赴温州学习考察农村商品经济基地的发展情况，鼓励广大农民经商办企业，大力发展庭院经济，搞好商品流通。1987年7月21日—23日，县委召开全县四级干部会议，副县长马兆荣介绍赴江苏、浙江参观学习的情况，县委书记刘善友作《搞好农村商品经济大合唱，推动全县经济持续稳定发展》的报告，要求做好五篇文章，建立五大工作体系，强化三个商品经济运行机制，逐步建立八大商品基地，把农村商品经济“大合唱”落到实处。1988年7月5日，县委召开全县教育为经济建设服务三级干部会议，县委书记刘善友在会上作讲话。会议确立以教育为本的战略指导思想，加快深化教育改革，在全县范围内动员全社会都来关心支持教育事业的发展，更好地为长清经济建设服务。1989年9月6日—8日，县委召开长清县平原滩区农业开发建设工作会议。会议确立全县平原滩区建设工作的路子：一是平原滩区开发建设走出新路子；二是平原滩区农业开发的目标和路子；三是加强领导，搞好服务，进一步加快平原滩区开发建设的步伐。10月12日—14日，县委召开长清县山区农业开发建设工作会议。县委副书记、县长曹维新讲话，要求开发水利资源，向水要粮食、要效益；开发荒山资源，发展食草畜禽；开发矿产资源，发展乡镇企业；开发建设好山区道路，繁荣山区经济。

1990年12月29日，县委召开七届二次全委（扩大）会议，县委书记刘善友在会上作《统一思想，团结奋进，全面完成1991年各项任务》的讲话。会议正确分析评估1990年的工作，明确当前形势和明年任务，增强继续前进的信心和决心，继续推进治理整顿和深化改革，促进经济稳定健康发展，贯彻稳定的方针，为改革开放和经济建设创造良好环境。1991年3月14日，召开县委七届三次全委扩大会议，审议通过长清县国民经济和社会发展七年规划和第八个五年计划纲要。8月24日，县委召开全县经济工作会议，县委书记李树山讲话，会议确定长清县建设城镇社会化服务体系和发展第三产业规划。12月3日，召开县委七届四次全委（扩大）会议，审议通过《长清县八五经济发展奋斗目标规划》和《组织动员全县人民奔小康的意见》，制定小康县的20条标准，16条小康乡镇标准，8条小康户标准。1992年4月8日，县委召开县直机关青年干部下基层欢送大会，101名县直机关优秀青年干部到乡镇办事处任职，县委书记李树山在会上作讲话。4月11日，县委召开全县乡镇企业股份合作制试点工作会议。县委书记李树山讲话。会议交流总结首批股份合作制试点经验，研究部署今后乡镇股份合作制工作。5月5日，县委召开全县对外开放工作会议，县委书记李树山讲话。深入学习贯彻邓小平视察南方重要谈话精神和全省对外开放工作会议精神，结合长清实际，研究确定加快全县对外开放的战略目标、基本思路和工作措施。1993年1月7日，县委召开部门兴办经济实体经验会，县委书记李树山讲话。劳动局、畜牧局、物资局、农业局、农机局、城建局、民政局、科委等单位作经验介绍。会议要求，加快部门兴办经济实体的步伐，促进全县经济再上新的更大的台阶。10月25日，县委召开全县领导干部会议，县委书记李树山讲话，会议正确分析当前的经济形势，坚定加快发展的信心，提出实施经济“反弹”战略，推动全县经济高速高效发展，要求着眼明年、立足当前，打好第四季度攻坚战。1994年5月7日，县委召开全县对外开放工作会议，县委书记李树山作《全面实施外向带动战略，推动全县经济再上新

台阶》的讲话，会议正确分析当前形势，增强发展开放型经济的紧迫感，明确目标任务，推动全县开放型经济快速高效发展，强化措施，打好对外开放总体战。

1995年4月28日，县委召开全县土地管理工作会议，县委书记雷建国，县委副书记、县长王荣玉分别讲话，会议贯彻落实国务院、省、市土地使用制度工作会议精神，研究部署全县土地管理和土地使用制度改革任务，动员各级、各单位和全县人民进一步强化土地基本国策意识，切实加强土地管理，保护耕地，尽快建起规范有序的社会主义土地市场体系，推动全县经济更快更好地发展。5月19日，县委召开教育工作会议。县委书记雷建国讲话，会议传达贯彻全国和省、市教育工作会议精神，围绕落实教育优先发展战略，统一思想，提高认识，研究制定加快全县教育改革和发展的指导思想、任务目标和改革措施，努力开创全县教育工作新局面，提出优先发展教育是加快全县改革开放和社会主义经济发展的迫切需要。5月26日，县委召开全县引进工作会议。县委书记雷建国作《认真实施引进带动战略推动全县经济再上新台阶》的讲话，会议明确近几年全县引进工作的主要任务，动员全区上下采取多种形式，努力引进县外、国外的项目、资金、技术、人才等，作为加快经济发展的重要力量。8月10日，县委召开全县财源建设工作会议，这是一次关系全县经济发展全局的重要会议。县委书记雷建国，县委副书记、县长王荣玉，人大常委会主任李近仁，政协主席陈淑水，纪委书记张化富分别讲话。会议强调把加强财源建设作为兴县富民的一项重要战略举措。8月31日，县委召开企业改革工作会议。县委书记雷建国讲话，会议贯彻落实全省县域企业改革暨改革开放试点县工作会议精神，总结交流前段全县改革情况，部署企业改革的任务，提出“借助改革添活力，依靠管理出效益”的口号。9月27日，县委召开全县科技大会。县委书记雷建国、县委副书记、县长王荣玉在会上分别讲话，大会要求增强创建全国科技工作先进县的紧迫感和责任感，会议明确科技领导体系、科技规划编制，健全科技管理体系。1996年10月8日，县委召开引进开放年工作现场会，县委书记雷建国作重要讲话。会议确立着力强化“三种意识”，形成抓引进开放的浓厚气氛，正确处理“四个关系”，千方百计抓好引进开放工作，认真做好五篇“文章”，促进引进开放工作取得更大成效。1997年1月4日，召开县委八届三次全委会议，审议通过《雷建国在中共长清县八届三次全委会议上的报告》《中共长清县委1997年工作要点》《长清县“九五”期间精神文明建设规划》和《中共长清县委关于学习贯彻〈中共中央关于加强社会主义文明建设若干重要问题的决议〉的实施意见》。

1998年2月17日，县委召开全县领导干部会议，县委书记王荣玉作讲话。会议明确全县经济工作的主要任务是培植“六个经济增长点”，打好“四个硬仗”，精神文明建设重点抓好“三项工作”，党的建设突出抓好思想、组织、作风三大建设，要求各级各单位采取强有力的措施，抓好各项任务的落实。5月15日，县委召开全县个体、私营经济暨市场建设工作会议，县委书记王荣玉讲话，要求明确思路，选准路子，进一步加快全县个体私营经济的发展步伐。9月28日，县委召开全县领导干部会议，县委书记王荣玉作《学习先进，真抓实干，推动全县经济社会事业快速发展》的讲话。会议对组织县级领导和乡镇党委书记赴上海、浙江、广东三省市部分地区学习考察的情况进行总结。结合全县实际情况，提出新的任务目标，强化发展观念，争先意识，全力促进经济社会的快速发展。1999年1月6日，召开中共长清县九届二次全委会，县委书记王荣玉作题为《统一思想，团结奋进，努力开创1999年各项工作的新局面》的报告，会议通过《1999年国民经济和社会发展安排意见》和《中共长清县委关于贯彻〈中共中央关于农业和农村工作若干重大问题的决定〉的实施意见》。4月

9日,县委召开全县创建全国科普示范县动员大会,县委书记王荣玉讲话,明确创建全国科普示范县是实施"科教兴县"战略的重要举措。9月10日,县委召开全县农业产业结构调整暨三秋生产动员会,县委书记许立全讲话,要求调整农业结构,稳定粮食总产,提高粮食单产,压缩粮食种植面积,扩大经济作物种植面积,大搞农业结构调整,提高农业产出效益。2000年11月11日,县委召开全县民营经济工作会议,县委书记许立全讲话,会议提出要把发展民营经济作为加快全县经济发展的一条重要路子,把环境创新作为发展民营经济的核心问题来抓,促进全县民营经营快速发展。12月9日,县委召开全县教育工作会议,县委书记许立全作题为《统一思想,提高认识,全面开创长清教育事业发展的新局面》的讲话,动员全县各级党政和社会各界,统一思想,提高认识,全面开创长清县教育事业发展的新局面,为实施科教兴县战略,促进全县经济持续快速健康发展,奠定坚实的人才和知识基础。2001年1月8日,召开中共长清县九届四次全委会议,县委书记许立全在会上讲话,县委副书记、县长卞允斗作关于《长清县国民经济和社会发展第十个五年计划纲要(草案)》的说明,会议原则通过《长清县国民经济和社会发展第十个五年计划纲要》。4月6日,县委召开全县财税工作会议。县委书记许立全,县委副书记、县长孙瑞祥分别就实施《长清县农村税费改革工作方案》讲话。2002年1月11日,县委召开全县经济工作会议。县委书记许立全讲话,会议正确分析当前形势,进一步增强加快发展的紧迫感,要求立足于加快发展,努力开创经济工作的新局面,真抓实干创一流,把各项工作任务落到实处。1月22日,召开县委九届五次全委(扩大)会议。县委书记许立全作题为《抓住机遇,迎接挑战,努力开创全县两个文明建设的新局面》的报告,会议审议通过县委书记许立全作的工作报告。5月8日,召开济南市长清区成立大会。大会由市委常委、长清区委书记许立全主持。省民政厅厅长亓凤海宣读国务院关于撤销长清县设立济南市长清区的批复,济南市六大班子主要领导分别为长清区委、区人大、区政府、区政协、区纪委、区人武部揭牌。

2003年7月17日,召开区委工作会议。区委书记孙瑞祥讲话,动员全区上下,进一步解放思想,抓住机遇,推动长清攀高争先,跨越发展,以党的十六大精神和"三个代表"重要思想为指导,以解放思想、干事创业为保证,向全区发出"奋战五年,综合竞争实力跨入全省三十强行列"的动员令。10月31日,区委召开一届二次全委会,区委书记孙瑞祥讲话。会议贯彻党的十六届三中全会和省委八届六次全会、市委八届二次全会精神,动员全区党员干部群众,进一步解放思想,干事创业,加快发展,为超常规、跨越式发展建设新长清而努力奋斗。2004年6月18日,区委召开一届三次全委会。会议审议通过《中共济南市长清区委牢固树立和认真落实科学发展观的决定》。区委书记孙瑞祥作《树立和落实科学发展观,把长清建设成为现代化新城区》的讲话。11月9日,区委召开一届四次全委会,区委书记孙瑞祥讲话。会议确立立足跨越式发展,奋力开拓创新,全区两个文明建设再上台阶的目标,要求深入学习党的十六届四中全会精神,全面落实加强党的执政能力建设的各项任务,紧扣发展目标,完成全年任务,为长清长远发展奠定坚实基础。2005年2月17日,区委召开全区四级干部会议。会议提出,将大力实施"5321"工程作为全年工作的总体思路,即突破五区(济南开发区、大学园区、现有主城区、农高区、五峰山旅游度假区),做强三园(济南开发区南园、水龙王工业园、万德工业园),推进两化(工业化、城市化),力争早日实现进入全省三十强这一目标,动员全区上下进一步解放思想,抓住机遇,乘势而上,再创佳绩,推动全区经济和各项社会事业更快更好地发展。6月29日,区委召开一届五次全委会。区委书记孙瑞祥作题为《抓住机遇,乘势而上,加快长清在省会西部的崛

起》的讲话，动员全区上下进一步统一思想，坚定信心，自我加压，奋力拼搏，抓住机遇，乘势而上，加快长清在省会西部的崛起，全面完成阶段性任务目标。8 月 12 日，区委召开全区领导干部会议。区委书记孙瑞祥在会上讲话，会议确立统一“三个认识”，坚定加快发展的信心和决心；提出加快“四个提升”，努力在新的起点上实现新发展的思路；要求增强“五种意识”，开创各项工作新局面。12 月 30 日，区委召开一届六次全委会。会议原则通过《长清区国民经济和社会发展第十一个五年总体规划纲要》。2006 年 11 月 10 日，区委召开一届八次全委会议。审议通过《中共济南市长清区委关于学习贯彻党的十六届六中全会精神，构建社会主义和谐社会的意见》。

2007 年 5 月 26 日，区委召开全区领导干部会议，区委书记孙瑞祥讲话。会议提出对照先进找差距，切实增强科学发展，加快发展紧迫感和责任感，要求借鉴先进经验，推动全县经济和社会更好更快发展。7 月 3 日，区委召开全区领导干部会议。传达学习贯彻省第九次党代会精神和全市领导干部会议精神，结合长清现代化建设的实际，安排部署推进全区科学发展、率先发展的任务措施。2008 年 9 月 6 日，区委召开全区领导干部会议。区委书记孙瑞祥就构筑惩治预防体系打造廉洁高效长清讲重要意见，要求各级干部进一步解放思想，提升境界，振奋精神，奋发有为，切实抓好第七届中国国际园林花卉博览会在长清区举办这一重大历史机遇，推动全区在新的起点上实现新发展。12 月 11 日，区委召开全区《借势园博会推动科学发展》动员大会，区委书记孙瑞祥讲话，会议正确分析科学发展大检查情况，提出借势园博会，实现新发展，要求深入研究形势，科学谋划明年工作。

重要决策 *机构改革* 1994 年 2 月，县委、县政府印发关于《长清县县级党政机关机构改革实施方案》的通知，按照政企分开和精简、统一、效能的原则，走小机构、大服务的路子。通过改革，把全县各级党政机构建设成为职能配置合理、机构人员精干、运转协调高效的工作系统，更好地促进改革和全县经济与各项社会事业的发展。2002 年 9 月，区委、区政府印发《关于长清区党政机构改革方案》。该方案提出，以党的十五大精神为指导，认真贯彻中央、省和济南市关于区、县、乡机构改革的方针和原则，结合撤县划区的实际，围绕建立社会主义市场经济体制，加强改善党的领导、转变政府职能、调整组织机构、精简人员、编制、完善运行机制。

党的建设 1986 年 3 月，县委下发《关于乡镇以下设立办事处的通知》。1987 年 3 月，县委下发《关于进一步转变机关作风的规定》。1988 年 1 月，县委下发《关于在全县基层党组织中开展民主评议活动的通知》。1989 年 7 月，贯彻中共中央、国务院《关于近期做几件群众关心的事的决定》，长清县委、县政府决定：一是控制小车使用，县委、县政府领导干部上下班不坐车；二是查处非法建私房；三是杜绝请客送礼的恶劣行为。

1990 年 3 月，县委印发《关于推广石都庄依法治村经验的决定》。3 月 29 日，县委印发《关于坚持群众路线改进领导作风的决定》，明确提出，各级党政组织要加强同人民群众的联系。6 月，县委制定《关于实行党务工作目标管理的意见》。10 月，县委下发《关于清理回收干部职工挪用欠款的意见》，规定还款期限，党员干部要带头按期还款。是月，县委下发《关于印发〈长清县党的建设三年规划〉的通知》，对各级党的建设提出明确任务目标。1991 年 12 月，下发《关于在全县推行村级基础工作管理的意见》。1994 年 7 月，县委下发《关于深入开展学习〈党章〉活动的通知》。11 月，印发《关于今冬开展党建活动的实施意见》。

1995 年 6 月，县委下发《关于设立非建制镇试点工作的意见》；9 月下发《关于建立平安店镇潘村管理区党委、张夏镇青杨管理区党委的通知》。1998 年 4 月，县委下发《关于在全县机关干部中开展思想、作风、纪律“三整顿”集中活动的意见》。1999年3月，县委下发《关于党建工作实行目标责任制的通知》《关于对全县农村党支部建设实行动态管理和对乡镇党建工作实行位次管理的意见》。2000年1月，县委下发《关于在县级领导干部中深入开展“讲学习、讲政治、讲正气”为主要内容的党性党风教育的实施方案》。5月，县委下发《关于印发〈长清县村级规范化管理实施细则（试行）〉的通知》。11月，县委下发《关于在全县开展“三个代表”重要思想学习教育活动的意见》。2002年4月26日，县委上报《关于长清区组建工作有关问题的请示》；县委、县政府下发《关于简化政务建设建立政务中心的意见（试行）》。

2003年3月，区委印发《关于加强自身建设的决定》。2004年3月，区委下发《关于印发〈“五好”乡镇党委、“五好”村党组织和基层满意区直部门、群众满意站所考评办法〉的通知》。6月，下发《关于长清区农村党员干部现代化远程教育工作的实施意见》。11月，区委印发《关于深入学习党的十六届四中全会精神加强党的执政能力建设的意见》，提出牢牢把握以保持党同人民群众的血肉联系为核心，以建设高素质干部队伍为关键，以改革和完善党的领导体制和工作机制为重点，以加强党的基层组织建设和党员队伍建设为基础，使党始终成为立党为公、执政为民的执政党，成为科学执政、民主执政、依法执政的执政党，成为求真务实、开拓创新、勤政高效、清正廉洁的执政党，始终做到“三个代表”，永远保持先进性，经得起各种风浪考验。2005年2月，区委下发《关于深入开展以实践“三个代表”重要思想为主要内容的保持共产党员先进性教育活动的实施意见》，明确集中教育时间不少于3个月，分学习动员、分析评议、整改提高三个阶段。2007年11月，下发《关于在全区深入开展“学习实践科学发展观”思想大讨论活动的意见》，明确活动到2008年2月底结束，分宣传发动，查找问题；边整边改，制定措施；巩固提高，检查验收3个阶段。

经济建设　1986年3月，县委制定《关于发展庭院经济的试行政策》，印发《关于发展庭院经济的规定》，组织县乡千余名干部深入到村，帮助农户在农家小院发展以种植业、养殖业和加工业为主的庭院经济。庭院经济是农民增收致富的捷径，千家万户纷纷操作经营，《大众日报》、山东电视台、《农村工作通讯》等多家报刊、媒体进行采访并报道，长清“庭院经济”名闻全国。1987年4月，县委印发《关于深化经济体制改革，增强企业活力的意见》。11月，县委印发《关于全面推行企业承包租赁经营责任制的试行意见》，加快企业改革的步伐。1988年4月，县委印发《关于放活科技人员促进经济发展的试行规定》。5月，县委印发《关于发布〈长清县发展外向型经济的试行规定〉的通知》。

1990年5月，县委印发《关于依靠科技进步、振兴农业的决定》，提出一系列科技兴农的措施。1992年4月，县委印发《关于发展外向型经济的优惠政策》。5月，县委印发《关于加快工业开发区建设的优惠政策》。6月，县委发出《关于认真学习邓小平南巡讲话的通知》。县委要求广大干部群众认真学习邓小平视察南方重要谈话，坚定不移地贯彻执行“一个中心，两个基本点”的基本路线，抓紧有利时机，加快改革开放步伐，力争全县经济更好更快地上一个新台阶。8月，县委印发《关于引进人才的优惠政策》，更加注重从政策上引导经济快速发展。1993年1月，县委印发《关于开展“村办企业年”活动的实施意见》，督促乡村办企业。3月，县委印发《关于“四引进”（项目、资金、技术、人才）政策兑现的决定》《关于科技人员业余兼职管理的暂行规定》。1994年3月，县委印发《关于1994年消灭荒山全面绿化的决定》。6月，县委印发《关于今年雨季造林一级达标的通知》，督促干部群众大规模开展山区造林活动。是月，县委印发《开放型经济的优惠政策》，提出对引进项目、资金、技术、人才、信息的奖励办法，对外商投资企业在使用土地、税收方面及外商投资开发建设经营

电力、农业项目，都规定优惠办法；对出口创汇型企业和产品、发展驻境外机构（公司）和劳务输出等的优惠办法都作出明确规定。7月，县委下发《关于印发〈长清县县属企业深化改革推进股份制实施方案〉的通知》，明确提出企业改革的方向是建立产权明晰、权责分明、政企分开、管理科学的现代企业制度，重点是推进产权制度改革。措施是：实行股份制改革，进行产权出售或租赁，通过联合实施骨干膨胀战略，组建企业集团，兴办合资企业，大搞嫁接改造。8月，县委印发《关于大力发展畜牧业的通知》。是月，县委印发《关于加快发展个体私营企业的意见》，调动各方发展民营企业的积极性。

1995年6月，县委印发《关于加快县属企业发展的意见》。10月，县委印发《关于加强经济发展软环境建设的意见》。11月，县委印发《长清县深化企业改革的若干规定》，力促企业产权改革，建立法人治理结构，转变政府职能，实行科学管理，使之真正成为自主经营、自负盈亏、自我发展、自我约束的商品生产经营者和市场竞争的主体，实现经济体制从传统的计划经济向社会主义市场经济体制转变，经济增长方式从粗放型向集约型转变。1996年2月，县委制定《关于开展“引进开放年”活动的意见》，要求全县上下大规模开展引进活动。5月，印发《关于济南市工业园（南区）有关问题的决定》。1997年6月，县委印发《关于加快发展乡镇企业的意见》。8月，县委印发《关于发展农业产业化的实施意见》。9月，县委印发《关于进一步深化企业改革的实施意见》，提出一系列深化农业企业改革的措施。

1998年5月，县委印发《关于加快发展个体私营经济的规定》。10月，县委印发《关于鼓励引进项目、资金、技术和人才，加快济南市工业园（南区）开发建设的优惠政策》。11月，县委印发《关于鼓励机关事业单位工作人员离岗从事个体私营经济活动的规定》。1999年1月，县委印发《关于贯彻〈中共中央关于农业和农村工作若干重大问题的决定〉的实施意见》《关于稳定完善土地承包关系延长土地承包期的实施意见》两个文件，文件以党的十五届三中全会提出的“稳定农村家庭联产承包责任制，完善统分结合的双层经营体制”为指针，以延长承包期30年不变为核心，加强土地承包合同管理，逐步建立土地流转机制为重点，坚持“大稳定、小调整”的原则，以点带面，扎实稳妥地搞好土地承包工作，调动农民积极性，促进农业和农村经济持续、稳定、健康发展。文件从四个方面提出任务要求：一是认真落实土地承包的各项政策；二是加强对土地承包合同及土地承包费的管理；三是建立土地承包经营权流转机制；四是及时发放“土地承包经营权证”。2000年3月，县委印发《关于加快全县企业发展的政策》。4月，县委印发《关于加快全县农业和农村经济结构战略性调整的决定》。11月，县委印发《关于加快发展民营经济的意见》。2001年3月，县委印发《关于积极开展“百、千、万”（100个专业村、1000个重点大户、10000个专业户）活动的意见》，进一步加快农业结构调整，推动全县农业和农村经济持续、健康快速发展。4月，县委印发《关于引进开放招商引资的优惠政策》。

2003年3月，区委印发《关于引进开放招商引资的优惠政策》。2004年1月，区委印发《关于加快乡村经济发展的意见》，提出紧紧围绕农业增收的目标，以市场化运作的手段，选择一批市场前景好、效益高、开发潜力大的高效特色产业进行整体建设，经过五年左右的调整和发展，基本建立起结构明显优化、布局较为合理，能够较好适应国外市场要求的八大农业产业体系，逐步构筑具有城郊特色的现代农业和农村经济新格局。是月，区委、区政府作出《关于完善科技创新体系，加快高新技术产业发展的决定》，提出的目标是：到2007年，基本形成制度创新与科技创新相结合、政府引导与企业相结合、自主创新与引进消化相结合的“三结合”科技创新体系；高新技术产值占规模以上比重达到34%以上，省市级高新技术企业达到40家以上，高新技术产品达到40项以上，使科技创新真正成为全区经济社会发展的强大推动力。2005年8月，区委下发《关于进一步优化经济发展环境的若干规定》。2006年4月，区委印发《关于实施社会主义新农村建设的意见》。8月，区委印发《济南市长清区农村综合改革方案》。2008年6月，区委印发《关于招商引资的政策规定》。12月，区委下发《关于借势园博会推动科学发展的意见》。

社会发展　1988年6月，县委印发《关于深化教育体制改革的决定》。11月，县委印发《关于进一步加强计划生育工作的决定》。1993年1月，县委印发《关于开展"农业技术推广年"活动的意见》，提出提高农业发展的技术含量。4月，县委印发《关于加快科技进步推动经济发展的意见》《关于进一步加强环境保护工作的意见》。1996年4月，县委印发《关于五峰至万德公路拓宽改建工作的实施意见》，提出改善山区公路交通，促进山区经济发展。7月，县委印发《关于实施农业科技富民工作的意见》《关于加速奔小康的意见》。1997年6月，县委印发《关于进一步加快实施再就业工作的意见》。

1999年3月，县委印发《转发县科协〈创建全国科普示范县实施方案〉的通知》。2004年1月，区委印发《关于加快发展旅游业的意见》。10月，区委、区政府印发《关于加快我区劳动力培训的意见》，针对全区现有22.51万名农村劳动力，小学文化程度和文盲半文盲的占23.5%的现状，该意见提出的目标是：从当年到2007年，全区培训农村劳动力12万人以上，其中6万人通过职业技能培训。2005年3月，区委下发《关于开展包百村联千户访万家活动的意见》。4月，区委下发《关于全区建立新型农村合作医疗制度的实施意见》。6月，区委下发《关于落实财政转移支付资金确保村级组织正常运转的意见》。2006年2月，区委下发《关于实施社会主义新农村建设的意见》，提出从2006年开始，每年建成100个村，力争经过5年的努力，全区80%的村基本建成"生产发展、生活富裕、乡村文明、村容整洁、管理民主"的社会主义新农村。9月，区委印发《关于实施科技规划纲要建设创新型城区的决定》。

2007年1月，区委下发《关于加快发展现代农业扎实推进社会主义新农村"双十工程"的意见》。12月，下发《关于进一步加强新型合作医疗的实施意见》。2008年2月，区委下发《关于切实加强农业基础建设促进农业发展农民增收的实施意见》。4月，区委下发《关于推动科学发展促进社会和谐综合考核评价体系的实施意见》，该意见提出：完善考核指标体系，创新考核方式方法，合理运用考核结果，加强配套制度建设，推动全区经济社会又好又快发展。5月，区委下发《关于建设文化强区推动文化大发展的意见》《关于进一步加强节能减排工作的意见》。6月，区委下发《关于进一步加强以流动人口为主的社会管理实施意见》。11月，区委下发《关于切实做好新型合作医疗的意见》。

精神文明　1986年12月4日，县委印发《关于长清县社会主义精神文明建设"七五"规划的意见》。1988年5月16日，县委印发《关于给魏金三、张耀南立碑的决定》。1992年7月30日，县委下发《关于印发〈长清县"八五"期间社会主义精神文明建设规划〉的通知》。1994年11月17日，县委作出《关于在全县广泛开展向张峰学习活动的决定》。1995年4月，县委作出《关于在全县广泛开展向孔繁森、王廷江、韩素云学习活动的决定》。1996年3月21日，县委印发《关于进一步创建"五好"村活动的意见》。"五好"是指好领导班子、好队伍、好发展经济路子、好经营体制、好管理制度。1997年1月9日，县委印发《关于学习推广双泉乡党委加强精神文明建设经验的通知》，对双泉乡党委实施"民心工程""十星级文明户"评选活动予以肯定和推广。1月10日，县委印发《长清县"九五"期间社会主义精神文明建设规划》。1月28日，县委印发《关于学习推广北马套村党支部带领群众艰苦创业走共同富裕道路经验的通知》。5月14日，县委印发《关于在全县集中开展精神文明创建活动的实施意见》，要求在全县范围内深入开展文明机关、文明乡镇、文明企业、文明行业、文明村庄、文明家庭、文明楼院、军(警)民共建先进单位八大群众性精神文明创建活动。1998年4月21日，县委作出《关于建立大峰山革命传统教育和爱国主义教育基地的决定》，在全县开展爱国主义和革命传统教育。6月3日，县委作出《关于开展向优秀共产党员梁国利学习活动的决定》。

2000年6月27日，县委作出《关于在全县开展向杨君信学习　活动的决定》。2002年4月25日，区委印发《长清县"十五"期间社会主义精神文明建设规划》。2003年11月5日，区委作出《关于向革命烈士王守峰学习的决定》。2004年3月23日，区委、区政府印发《关于2004年全区农村文明一条街建设的实施意见》，掀起以"文明一条街"建设为重点的农村精神文明创建高潮。2005年3月30日，区委作出《关于开展向孟红伟学习活动的决定》，要求以先模人物的生动事迹，进行优秀品质和高尚道德的教育。5月19日，区委、区政府印发《关于建设"文明长清"创建文明城市的实施意见》，提出2008年争创省级文明区的奋斗目标。2006年4月27日，区委、区政府印发《关于开展"建设文明长清、创建文明城市"主题行动实施意见的通知》，决定在全区组织开展素质提升、道路畅通等十大文明创建行动。2007年3月22日，区委、区政府印发《关于在全区开展"勤政廉政、科学发展"主题教育活动的实施意见》及《关于在全区开展"养老育小、勤劳致富"主题教育活动的实施意见》，决定在全区开展"两大主题教育"活动。2008年3月26日，区委、区政府决定在全区党政机关开展"提升市民素质，建设文明长清"主题教育活动。5月8日，区委、区政府印发《关于表彰"十佳勤政公务员（工作者）、"十佳科学发展先进单位"的决定》，授予周波等10人十佳勤政公务员(工作者)称号，授予工商银行长清支行等10个单位十佳科学发展先进单位称号。

社会稳定　1988年9月，县委下发《关于印发〈依法治县的总体规划的通知〉》。1992年5月，县委印发《关于进一步加强政治工作，维护社会稳定的意见》。1995年5月，县委下发《关于进一步加强信访工作的意见》。1996年7月，县委下发《关于进一步加强社会治安综合治理工作的意见》。2003年9月，区委下发《关于进一步维护社会稳定工作机制的意见》。2004年2月，区委印发《关于建设"平安长清"的决定》。

廉政建设　1986年10月，县委下发《关于严禁利用公款进行吃喝接待的通知》。1988年6月，县委下发《关于进一步转变机关工作作风提高办事效率的意见》《转发组织部〈关于局级领导班子半年集体述职和民主测评实施意见的报告〉》。1989年4月，县委下发《关于印发〈长清县县级领导干部廉洁勤政守则〉的通知》。1993年7月，县委下发《关于印发〈关于全县党政机关副局级以上领导干部廉洁勤政的通知〉》。1994年5月19日，县委下发《关于印发〈1994年反腐败工作的实施意见〉的通知》。1995年6月26日，县委下发《关于全县党政机关企事业单位领导干部廉洁自律的十条规定》。1996年4月，县委下发《关于实行领导干部"双包双联责任制"的通知》。1998年8月，县委下发《关于转发县评选"人民好公仆"活动协调小组〈关于在全县开展评选"人民好公仆"活动的实施方案〉的通知》。2002年5月，区委下发《关于加强督查工作的意见》。2003年10月28日，区委下发《关于加强预防职务犯罪工作的意见》。2005年3月，区委下发《关于2005年全区党风廉政建设和反腐败工作的实施意见》。2008年1月，区委下发《关于评选全区"十佳廉政公仆""十佳勤政公务员""十佳科学发展先进单位"的通知》。8月，区委下发《关于建立健全惩治预防腐败体系保证长期又好又快发展的实施意见》。

第二章 组织工作

第一节 基层组织建设

1986年,县委组织部印发《关于调整和改进党的基层组织设置的意见》,改变过去完全以行政村建党支部,以村民小组建党小组的设置,开始在乡(镇)办企业,跨村跨乡经济联合体,村办企业和行政村内的经济联合体中根据党员的多少和企业规模大小分别建立党支部或党小组,党员人数超过50人的建党总支。是年,全县有党委20个,党总支88个,党支部979个,党小组2664个,党员20636人。1988年,县委印发《关于加强农村党组织建设和党员管理工作的意见》《关于加强企业党组织建设的意见》,在县委党校对村党支部书记、村委会主任进行岗位培训。在村党支部换届选举中引入竞争机制,支部书记候选人由党内外民主推荐、党组织考察确定、候选人答辩、党内差额选举,全县有400个党支部引入竞争机制,进行支部改选。是年,农村党支部普遍推行党员年度目标责任制和考核制度。1989年,在全县开展党务工作目标责任制,实行党务工作目标化管理,试行农村党支部班子分类管理。1990年,县委组织部印发《关于开展农村党支部达标升级活动的意见》《关于在社会主义思想教育活动中搞好农村基层党组织建设的意见》《关于搞好农村党支部换届选举的意见》《关于搞好企业党组织换届选举,充分发挥党组织在新一轮承包中作用的意见》《关于建立农村后备干部队伍的试行意见》。是年,全县全面开展农村党支部达标升级活动,县委成立长清县党政机关下基层领导小组,29名县级领导干部分别联系11个乡镇、22个村、5家企业、2所学校,抽调217名干部进驻落后村进行集中整顿,其中119个农村党支部跨入先进党支部行列,55个三类班子转化升级。是年,对农村、机关和企业党组织按期进行换届选举,推行党务工作目标管理,在农村建立89人的村级后备干部队伍。

1991年,县委印发《关于加强机关党的建设的意见》《关于开展争创农村党的建设工作先进县、先进乡镇活动的意见》,对农村217名后备干部分两批在县委党校进行集中培训,对全县评出的101个先进党支部,50名优秀党务工作者,302名优秀共产党员进行表彰,马山镇、城关镇、平安店镇被市委命名为党建工作先进乡镇。1992年,按农村支部书记、村主任一职一备配备后备干部,实行建档立卡、定期考核、动态管理。是年,全县配备农村后备干部909名,调整农村党支部131人,充实支部委员137人,提拔支部书记54人,13个后进班子转化升级,先进党支部达143个。1993年,县委印发《关于进一步搞好党务目标管理的通知》《关于加强乡镇企业党建工作的意见》《党建工作先进村标准》《关于搞好基层党支部换届选举工作的意见》。是年,全县559个村建立后备干部档案1100人,其中男871人、女229人,非党积极分子512人。1995年,长清县委制定《关于加强农村基层组织建设的三年规划》《关于实行农村干部规范化管理的暂行规定》,明确村干部可实行易地任职,乡镇干部、企业干部、职工可回村任职,规定农村干部的任职条件、后备干部选拔与培养、农村干部退休及待遇等规定。对

全县确定的56个后进村支部班子实行乡镇领导干部强村、强企业“包、帮、带”责任制，采取内选、下派、回返等措施解决后进村班子问题。1996年，县委印发《关于建立健全乡镇、村党建工作十项制度和开展“争先创优”三项活动的通知》《关于进一步创建五好村活动的意见》，全县组织532人包181个村和35家企业，进行“社教”和党建集中活动。是年，全县五好村党支部277个，占全县总村数的45.2%，30个村被授予五好红旗村称号。1999年，县委印发《关于对农村后进党支部班子进行集中整顿的通知》《关于进一步加强和改进以党支部为核心的村级组织建设的意见》《关于实行党建工作目标责任制的通知》，制定《乡镇党委党建工作目标及考核细则》《县直各党委党建工作目标及考核细则》，明确村级财务、政务“十公开”内容和“四日”（公开日、质询日、接访日、曝光日）制度的实施办法。

2002年，全区农村党支部（党总支）任期届满，按照减少职数、改善结构、提高素质、增强活力的要求，对全县农村党支部（党总支）全部实行“两推一选”，即由党员和群众代表分别推荐党支部成员初步人选，召开党员大会正式选举支部成员。2003年，制定“三级联创”活动工作意见，对农村干部工资实行统筹发放，农村党支部书记实行持证上岗制度。2004年，区委印发《“五好”乡镇党委、“五好”村党组织和基层满意区直部门、群众满意乡镇站所考评办法》，区委组织部印发《关于进一步搞好村级规范化管理工作的通知》《关于认真搞好民主评议村班子和村干部工作的通知》。2007年，区委组织部印发《关于进一步做好新形势下非公有制企业党建工作的意见》，全区22名区级领导干部，对22家非公有制企业的党建实行领导干部联系点制度，乡镇、街道党（工）委向辖区内非公有制企业选派党建工作指导员。是年，区委、区政府落实财政转移支付资金，用于对无集体收入或不能全部解决补助的村任职10年以上的离任村支部书记、村主任的生活补贴和现任村支部书记、村主任、村会计及村级组织办公经费的补助。2008年，全区开展“村级组织规范化建设年活动”，制定《长清区村级规范化管理实施细则》，明确村级组织领导体制，规定村级事务决策、农村干部管理、党员发展和教育管理、村民管理、村级财务管理、印章和档案管理等内容，建立村村派驻督导员、分类指导、限期整改等制度。2008年年底，全区有党（工）委38个，党总支171个，党支部1496个。

1986—2008年长清区（县）党员、党组织情况表

表6－1

年份	党员（人）		发展新党员（人）	党（工）委（个）	党总支（个）	党支部（个）	党小组（个）	备注
	总数	其中女						
1986	20636	1807	590	20	88	979	2664	乡镇党委11个，机关、经委、教育局、卫生局、建委、武装部、县联社、商业局、长清水泥厂
1987	21584	2047	682	20	95	1143	3115	
1988	22058	1978	473	20	101	1171	3196	
1989	22613	2048	403	20	105	1216	3234	
1990	23058	2112	401	23	110	1229	3288	增设农委、粮食局、物资局党委
1991	23333	2117	408	23	113	1248	3288	
1992	23640	2234	406	24	117	1270	3525	增设花岗石集团党委
1993	24182	2271	528	28	123	1307	3665	增设计委、财委、公安局、供电局党委

续表 6－1

年份	党员(人)		发展新党员(人)	党(工)委(个)	党总支(个)	党支部(个)	党小组(个)	备注
	总数	其中女						
1994	24837	2395	736	29	123	1338	3618	增设水利局党委
1995	25657	2550	897	31	124	1335	3659	增设党校、工商局党委
1996	26848	2731	1136	32	142	1406	3552	增设山东水龙王集团党委
1997	27706	2941	963	32	150	1426	3537	增设邮电局党委。撤花岗石党委
1998	28281	3085	840	33	146	1427	3459	增设邮政、电信党委。撤邮电局党委
1999	28830	3295	729	34	145	1429	3583	增设农业银行党委
2000	29384	3551	821	34	149	1406	3363	
2001	29732	3458	776	34	154	1398	3354	增设平安集团党委。撤长清水泥厂党委
2002	29816	3590	740	37	150	1412	3255	增设农业局、林业局、劳动局、旅游局、交通局党委。撤机关、农委、化肥厂党委。机关党委职能并入机关工委
2003	30523	3628	864	38	154	1379	3268	增设工商银行党委
2004	32340	3800	826	37	178	1450	3296	
2005	32983	4127	853	37	178	1450	3315	
2006	33841	4036	1000	36	181	1430	3376	撤武家庄乡党委
2007	34140	4167	803	37	181	1432	3390	增设富美科技党委
2008	35679	4256	850	38	171	1496	3456	增设公路局党委

第二节　党员队伍建设

1985 年 3 月至 1987 年 4 月，长清县分三期，分别在县、乡(镇)、村三级进行整党工作，全县先后派出 640 名整党联络员（其中村级整党联络员 216 名），组织指导全县的整党工作。有 20086 名党员参加整党，19542 名正式党员进行重新登记，对 181 名党员进行组织处理，其中开除党籍 11 人、不予登记 29 人、缓期登记 48 人、取消预备资格 4 人、留党察看 12 人、党内严重警告 41 人、党内警告 13 人、撤销党内职务 14 人、继续调查 9 人。1988 年，县委制定《关于发展党员工作若干问题的规定》，规定发展党员要"坚持标准，保证质量，改善结构，慎重发展"。是年，建立入党积极分子写实制度，县委组织部印制《发展党员工作程序图》，制定《关于民主评议党员中组织处理的政策规定》《关于民主评议党员和妥善处置不合格党员的工作意见》，在全县开展民主评议党员活动，把评选优秀党员同处置不合格党员结合进行，对评议出的不合格党员，先行教育，并限期改正，改正期半年，经教育帮助仍无转变的劝其退党或党内除名。是年，全县共处置不合格党员 97 名，其中劝其退党 6 名、党内除名 4 名、取消预备党员资格 3 名、限期改正 63 名、其他处分 21 名；全县举办入党积极分子培训班 31 期，培训入党积极分子 1520 名。

1991 年，县委制定《长清县党的建设三年规划》，要求发展党员工作，实行按计划发展党员数量的 3~5 倍培养入党积极分子。对入党积极分子每季度考察一次，集中培训，经过 1年—2 年的培养，对确实具备党员条件的才能发展。1992年，全县开展对入党积极分子集中培训和统一考试，23个基层党委共培训入党积极分子1653名，有875名重点发展对象和积极分子参加县里的统一考试。1995年，县委印发《关于乡镇党委成员包5年以上不发展党员村责任制的通知》，对5年以上不发展党员的74个村，实行乡镇党委成员包村责任制，有44个村当年得到解决。1997年，县委制定《关于进一步做好发展党员工作的意见》，提出发展党员要抓好“民主推荐、党委预审、党员大会表决、搞好谈话、及时审批、加强对预备党员的跟踪教育”六个环节的意见。

2002年，长清区委组织部、共青团长清区委制定《关于进一步做好推荐优秀团员作为党的发展对象的意见》，要求28周岁以下的青年入党一般要从团员中发展，团员入党从团组织推荐的对象中挑选。2003年，区委对长期不发展党员的村实行发展党员责任制。规定：乡镇党委成员每人要包一个长期不发展党员村，村党支部每年至少要培养吸收两名入党积极分子，每年至少发展1名党员，对长期不发展党员的党支部实行预警制度，凡是被预警的党支部，不能被评为先进党组织。2005年，区委组织印发《关于进一步做好发展党员工作的通知》，纠正发展党员中存在的标准掌握不严、征求群众意见不广泛、执行程序不严格、新党员培养时间不够、无计划等问题，建立党员发展公示制度。2007年，区委组织部印发《关于进一步做好新形势下发展党员工作的意见》，提出突出发展重点、确保党员队伍质量，严格执行计划、改善党员队伍结构，慎重确定发展对象，加强入党积极分子的培养教育，规范发展党员公示制度，严肃召开支部党员大会，慎重做好异地发展党员工作，实行发展党员工作失误追究制度8条意见。2008年，区委组织部印发《关于进一步做好个体劳协党组织发展党员工作的意见》，规范街道、乡镇个体劳协党组织发展党员工作。2008年年底，全区共有党员35679名，其中女党员4256名，35岁以下党员6328名，大专以上党员9070名，新中国成立前党员440名，离退休党员2553名，农民党员18612名。

第三节 领导班子建设

1986年，县委组织部、县人事局印发《关于进一步健全和完善党政机关岗位责任制的通知》，在全县党政机关普遍推行领导班子工作目标责任制，年底党政机关进行岗位责任制考核。是年，对全县党政机关、企业单位的96名45岁以下高小文化程度的干部开展培训，补习文化课。1988年，县委印发《关于深化干部人事制度改革，进一步做好干部工作的暂行规定》，提出：树立新的用人观点，贯彻“四化”方针，加强各级领导班子建设，建立和完善领导干部年度工作考核制度，干部交流轮换制度，逐步推行选任制和考任制。是年，先后对58个局级班子进行调整充实，29个县属企业厂长（经理）书记实行一人担；组织43名正、副乡镇长参加济南市举办的乡镇长岗位职位培训，345名干部参加各类成人大、中专招生考试，其中317名被录取。1989年，县委组织部、县委宣传部、县委党校、县人事局联合发出《关于做好办事处岗位职务培训工作的通知》，分6期对全县279名办事处正、副书记和正、副主任进行统一的岗位职务培训。

1990年，完成县、乡（镇）换届选举。1991年，县委印发《长清县党的建设三年规划》，提出加强干部培训，坚持和完善领导干部学习制度。县委党校对副局级以上领导干部每年培训一遍，县、乡（镇）党校相结合，每两年对办事处书记培训一遍。是年，调整充实局级领导班子69个。1992年，县委鼓励干部积极到乡镇工作，凡选调下去的干部均上浮一级工资，到贫困乡工作的上浮两级工资。是年，调整充实领导班子71个。1994年，县委印发《关于做好乡镇党委换届工作的通知》，11个乡（镇）按期进行换届工作，对74个党委、县直部门领导班子进行调整充实，对8家企业领导班子进行调整。1995年，县委印发《关于加强乡镇党委建设的意见》，提出：乡镇党委领导班子要由40岁左右、35 岁左右的干部组成，要有 1~2 名 30 岁左右的干部；大专以上占 80%；至少有一名妇女干部，2~3 名后备干部。1996 年，对 51 个中层领导班子进行调整充实，调整干部 205 名，对考核不称职的 2 名领导干部实行诫勉。1997 年，县委组织部、县妇联在县委党校举办全县女干部培训班，32 个基层党委的近百名女干部参加培训。1998 年，县、乡镇科局级女干部由 1991 年占全县科局级干部总数的 5.2%上升到 9.6%。

2002 年，区委制定《关于加强和改进领导班子作风建设的决定》，在全区开展“联千户、访万家、察民情、送温暖”活动。2003 年，区委组织部印发《关于对全区处级以上领导干部进行“三个代表”重要思想轮训的通知》，在区委党校举办学习贯彻“三个代表”重要思想专题轮训班，对全区副处级以上干部分 2 期，每期 3 天进行轮训，共有 704 名处级领导干部参加培训。2004 年—2008 年，全区共有 3 名区级干部参加省委党校的脱产学习，有 7 名区级干部参加市委党校的脱产学习，有 49 名局级干部和 7 名一般干部参加市委党校的脱产培训。2008 年，对区管领导干部在区委党校分 2 期进行中共十七大精神培训学习，区委建立乡镇、街道党（工）委书记履行基层党建工作责任情况报告制度。

第四节　党员教育

思想政治教育　1986 年 5 月，长清县委制定“党员活动日”制度，确定每月 15 日为全县党员统一活动时间。全县 11 个乡镇建立党校。1987 年 2 月，在全县开展“新时期共产党员如何发挥模范作用”的大讨论和“坚持四项基本原则、反对资产阶级自由化”的教育活动。1990 年 9 月，在全县党员中开展“学党章、正党风”集中教育活动。1991 年，在全县党员中开展“忆传统、做贡献、做新时期合格共产党员”的教育活动，全县评出建功立业模范党员 100 人，优秀党员 485 名，城关镇东关村等 68 个党员活动室被评为“先进党员活动室”。1992 年，在平安店镇王宿村试点的基础上，全县普遍推行党员联户联富责任状制度，实行一年一签。是年，全县有基层党校 24 所，企业党校 3 所，乡镇党校 11 所，建党员活动室 507 个，培训党员 23640 名，培训入党积极分子 1899 名；开展民主评议的党支部 1270 个，授予优秀党员称号 910 名；11 个乡（镇）606 个村实行党员目标责任制；606 个村实行党员联户联富制度，11157 名党员联户 50046 户。1994 年，长清县委制定《关于加强流动党员教育管理的暂行规定》。1995 年，在全县党员中开展建设有中国特色社会主义理论和党章集中学习活动。

2001 年，县委在全县各级党的组织中开展“三个代表”学习教育活动，县委组织部印发《关于以“三个代表”重要思想学习教育活动为契机，切实抓好软弱涣散村级党组织整顿建设工作的意见》《关于在全县企业领导班子及成员中开展“三个代表”学习教育活动的通知》。2003 年，在全区党员中开展学习贯彻“三个代表”重要思想活动，在党员干部中开展“双带”（带头致富、带领群众致富）活动，建设示范园、示范田，落实党员包帮带“一助一”责任制。是年，全区参加“联户”活动的党员 13145 人，联系农户 25684 户，创办科技示范服务基地 31 处。2005 年，在全区共产党员中开展保持共产党员先进性教育活动。2007 年，在全区开展“情系民生尽责奉献”为主题的“党员奉献日”活动。2008 年，区委组织部印发《关于认真做好开展深入实践科学发展观活动前期准备工作的通知》，该通知提出：全区分两批进行，每批半年左右时间，要求统一思想认识，深入搞好调查摸底，认真抓好基层党组织集中整顿，切实加强组织领导。

党员电化教育　1991 年，部分有条件的乡镇党校，开始配备电教设备。是年，县委印发《长清县党的建设三年规划》，提出：1992 年底前有条件的党员活动室逐步配备电化教学设备。1994 年，县委组织部印发《加强党员电化教育工作意见》，建立党员电化教育领导小组，制定全县党员电化教育发展规划，县委设立电教中心，11 个乡镇建立党员电教工作站，57 个办事处、250 个村建立播放收看

点。电教中心制定《村播放收看制度》《党员电教设备管理制度》《党员电教工作人员守则》等制度，县、乡、村三级党员电化教育网络基本健全。1995年，县委组织部印发《关于进一步加强党员电化教育工作的通知》，要求县直各党委建立电教站，电教站和村播放点要做到“五有”标准，即：有牌子、有人员、有设备、有场地、有制度。是年，全县农村党员干部现代远程教育终端站点全部建成。1996年，县委电教中心明确为正局级事业单位，80%以上的基层党委成立电教机构，216个党支部设立党员电教片播放点。1999年，县委组织部印发《关于进一步加强党员电化教育工作的意见》，要求党员电教片播放点实行“定地点、定时间、定人员、定内容”的“四定”播放计划。

2002年，区委组织部印发《关于健全农村“一村一点”电教网点的通知》，要求到年底，全区电教网点普及率达到100%，实现“一村一点”的目标。是年，县委电教中心创办《长清党建》栏目。2003年，全区开展农村党员干部现代远程教育试点。2004年，全区开展党员电教强村富民“双百工程”，并对全区首批农村党员干部现代远程教育工作管理员进行培训。2006年，区委组织部印发《关于建立党员干部现代远程教育村(居)网络党校的实施意见》《关于在全区开展党员干部现代远程教育规范化站点创建活动的实施意见》《关于在全区推广农村党员干部现代远程教育“流水式”学习法的实施意见》，实行区农村党员干部现代远程教育中心工作人员包乡镇，协调指导乡镇(街道)的远程教育工作。是年，对50个农村党员干部现代远程教育示范点和50名优秀管理员进行表彰。2007年，区委组织部印发《长清区党员干部现代远程教育村级站点管理员考核办法》《长清区党员干部现代远程教育工作暂行规定》。是年，全区实施党员干部现代远程教育科技致富工程。2008年，区电教中心制作的《村官刘兴胜》获第五届中国纪录片国际选片会银奖，同时获省、市委组织部组织的课件节目评比一等奖；制作的《农民科学家靖树章》获市委组织部庆“七一”党建新闻展播一等奖。

第五节 干部任免和管理

1986年1月，中共中央下发《关于严格按照党的原则选拔任用干部的通知》。1987年7月，长清县委组织部印发《关于进一步贯彻落实中发〔1986〕4号文件精神，加强干部管理问题的通知》，针对长清县实际情况，制定坚持按德才兼备原则选拔任用干部、严格选拔任用干部程序、建全干部呈请备案制度、严格组织人事工作纪律、坚持干部能上能下原则、提高各级组织人事干部素质六条意见。是年，全县调整任免干部122名。1988年，县委推广深圳经验，印发《关于深化干部人事制度改革，进一步做好干部工作的暂行规定》，逐步推行选任制和考任制，对新建的成人中专领导干部实行公开选任。是年，全县任免局级干部76名，对新提拔干部跟踪考察1年。1989年，对94个单位361名领导干部进行年度考核，任免正、副局级干部148名。1990年，县委印发《关于加强干部管理工作的意见》，制定所在单位采取集体研究、民主推荐和民主评议，对选拔对象进行考察，组织部门征求分管副书记或分管常委的意见及政府正职和分管副职的意见，县委集体研究，通报人事安排意见，履行任免手续，搞好领导谈话，及时办理手续等八条意见，对干部选拔、考核、任用、调配、实行统一管理。是年，调整任免正、副局级干部186名，其中新提拔103名。

1991年，县委组织部印发《关于进一步做好任免干部汇报和备案工作的通知》，提出：控制干部职数，坚持干部标准；严格任免汇报，通气和备案制度；严格副局级以上领导干部外出报告制度三条意见。是年，调整任免领导干部192名，其中新提拔95名，明确23名一般干部享受副局级待遇。1992年，县委批准组织部《关于确定县和乡镇机关干部职级待遇的报告》，为40名连续任职10年以上，男55岁，女50岁以上副局级干部享受正局级待遇，为114名男53岁以上，女48岁以上连续工龄20年以上的县、乡镇机关干部享受副局级待遇。是年,县委组织部印发《关于进一步做好乡镇办事处干部任免配备及编制的工作意见》,明确办事处书记、主任由组织部行文公布,副书记、副主任由乡镇党委研究报组织部备案后由乡镇党委公布。全县提拔干部131人,对6家县属企业的正职领导干部,明确享受副局级待遇,对3家乡镇企业主要负责人提拔为乡镇领导干部。1993年,县委印发《关于改革企业干部任免管理制度的通知》,下放企业党总支、党支部负责人及其领导班子管理权,由所属党委按党章规定考察公布,报县委组织部备案。有规格类别的企业领导干部,按程序任命后,组织、人事、劳动部门承认其级别待遇,县委只研究任免小型二类以上企业的厂长经理,其副职由企业法人根据干部标准和工作需要选聘,报县委组织部批复后由单位公布任免。年内,县委制定《关于改革干部人事制度,实行干部分类管理的意见》,明确县政府、县人大、县政协党组成员,县委各部门的正、副职,纪委书记、纪检组长,县政府各部门正、副职,县人大、县政协、县人武部各科室正、副职,法院、检察院副职,群团单位正、副职,县直副局级单位正职,县级学校正、副职,局级事业单位正职,乡镇副职以上,企业党委书记、副书记、纪委书记、县属小型(二)及其以上企业的厂长经理为甲类,属于县委管理干部。甲类所属各部门的党委委员、党组织成员,乡镇、县直各单位退居二线的协理员,正副局级审判员、检察员、秘书等,局级事业单位的副职,副局级事业单位党、政正职,按副局级规格配备的工会主席,小型(二)及其以上企业行政副职和按副厂级配备的工会主席,其他按有关规定享受正、副局级待遇的干部为乙类,由县委组织部代县委管理。乡镇办事处书记、主任,乡镇党总支、支部书记,群团组织主要负责人,县直各部门所属股级单位的党总支、支部书记为丙类,由各基层党委管理。1995年,县委组织部印发《加强企业改制中干部管理工作的意见》《关于加强乡镇办事处党总支书记管理工作的意见》。1996年,调整任免干部205名,对考核不称职的2名领导干部实行诫勉,明确公、检、法、信访等8个单位51人非实职领导职务。

2000年,县委印发《关于公开推荐与考核相结合选拔年轻领导干部的实施意见》,在全县对30个副局级职位的干部实行“一推双考”,采取组织推荐、群众举荐、个人自荐、笔试、面试、考核、公示等步骤进行选拔,经过笔试,共有93人入围参加面试,60人入围参加考核,最终确定使用30人。2001年,县委组织部印发《关于乡镇及县直机关事业单位新提拔干部实行试用期制度的通知》,该通知提出:凡党、政、群机关和事业单位新提拔担任副科级领导职务的干部(不含选举产生和人大、政协任命的干部)一律实行试用期,试用期限为1年。试用期满,经考核试用合格的,由组织部书面通知本人和所在单位,不再重新发文;经考核试用不合格的,按照干部管理权限和规定程序免去试用职务。试用期间,履行试任职务职责,享受相应的政治和生活待遇。2002年8月,区委根据长清设区后干部管理工作的需要,对区直部门(单位)领导班子和未达到法定退休年龄的正、副科级干部和非实职领导职务干部进行考察,区委组织部制定《关于区直部门的(单位)干部考察工作意见》。是年9月,对全区344个部门的680名正、副职科级干部进行正、副处级职务的确认。是年,落实修订后的《党政领导干部选拔任用条例》,对国家公务员科级职位,面向社会公开招考实行竞争上岗。2003年,完善差额考察制度,建立领导干部自愿辞职和引咎辞职等制度;对4个镇撤镇设街道后的领导班子进行职级确认工作。是年,全区区直部门(单位)开展科级职位竞争上岗工作,共有115名干部通过竞争担任科级职务(其中正科级96名,副科级19名),有31名原科长、副科长职务的人下岗。2005年,按照《公开选拔党政领导干部工作暂行规定》,区委对7个公务员副局级职位,5个副乡镇职位,10个事业单位副局级职位,7个公、检、法系统副局级职位,在全区范围内进行公开选拔。按照个人报名、单位推荐、资格审查、笔试、面试、组织考察、研究任用、任前公示等程序，最终确定选拔任用干部28名。2008年，全区对5名副镇级干部，5名区直（街道）副处级干部，2名事业单位副局级干部，实行公开选拔。是年，区委组织部印发《长清区事业单位科级职务竞聘上岗实施细则》，事业单位科级职务实行竞聘上岗。

第六节 干部监督管理

1988年，长清县委印发《关于深化干部人事制度改革进一步做好干部工作的暂行规定》，提出建立和完善民主推荐和民主评议干部制度，扩大干部考核范围，开展干部交流轮换。1993年，县委组织部制定《关于建立同领导干部谈话制度的意见》，提出按照干部管理权限，分级负责，实行个别谈话和集体谈话相结合。1995年，县委制定《关于全县党政机关企事业单位领导干部廉洁自律十项规定》。2002年，加强和改进干部监督工作，完善干部谈话打招呼、组织函询、诫勉、重大事项报告、经济责任审计制度。2003年，制定《关于对领导干部特别是主要领导干部监督管理的实施意见》，实行党政“一把手”和年轻领导干部年度思想报告等制度。制定《选拔任用干部报告制度》，重点搞好干部选拔任用中的推荐、考察、任用三个重点环节的监督。2004年，在全区党员干部中开展学习贯彻《中国共产党党内监督条例（试行）》《中国共产党纪律处分条例》活动。2005年，在领导干部中开展述职述廉制度，经济责任审计由离任审计向任中审计延伸。2007年，实行党员领导干部报告个人有关事项制度和领导干部外出请销假制度。2008年，区委、区政府印发《济南市长清区经济责任审计实施意见》，对领导干部实行审计计划管理、任中审计、审计公示、被审计对象书面述职述廉、领导干部谈话报告、执法责任追究、集体回访制度。是年，共对27名干部进行经济责任审计。

第七节 后备干部队伍建设

1988年，县委下发《关于深化干部人事制度改革，进一步做好干部工作的暂行规定》，提出加强后备干部建设的意见，确定乡镇和部、委、办、局一般保持1~3名后备干部，由30岁左右、40岁左右、中专、高中以上文化的青年组成，每年一次考换，实行滚动管理。1990年，县委下发《关于加强干部管理工作的意见》，提出大力加强后备干部队伍建设，注重培养选拔妇女干部、少数民族干部和非党干部。1991年，县委制定《长清县党的建设三年规划》，提出3年内选拔200名局级后备干部，并有一定数量的党外干部和妇女干部，年龄以30~40岁为主体，具有大、中专以上文化程度的占70%。是年，县委组织部印发《关于进一步健全完善局级后备干部队伍的意见》《关于选拔培训和任用党外干部工作的意见》《关于进一步做好培养选拔妇女干部工作的意见》，要求局级后备干部每部门1~2名，乡镇级后备干部每乡镇2~3名。1994年，确定57名优秀人才为企业后备干部，选拔12名乡镇后备干部参加济南市委在商河县委党校举办的为期1年的乡镇后备干部培训班，选调42名不同层次的干部参加省、市组织的领导干部岗位培训、企业干部培训、妇女干部培训。是年，县直机关101名到乡镇办事处任职的青年干部有62名被提拔重用，其中担任乡镇领导干部的11人。1998年，县乡（镇）科局级女后备干部由1991年占全县后备干部总数的7%上升到28%。2003年，制定并落实年轻干部培养使用规划，对后备干部进行补充调整。2004年，区委组织部印发《关于加强后备干部队伍建设的意见》，要求每个乡镇、街道推荐5名左右、每个区直部门推荐1~3名后备干部，乡镇、街道和区直部门女后备干部应不少于20%，同时推选适当数量少数民族干部和党外干部。后备干部原则上从中层正职中推荐，对后备干部实行动态管理。是年9月，对50名中青年干部进行为期3个月的集中培训。2008年，区委组织部印发《关于认真做好建立区后备干部队伍工作的通知》，对区管后备干部进行推荐和考察，共确定后备干部58人。

第八节　知识分子和人才工作

1987年12月，县委制定《关于加强专业技术拔尖人才选拔和管理工作的实施意见》，对专业技术拔尖人才的选拔条件、选拔程序、管理内容和管理方法作出规定。1988年4月，县委制定《关于放活科技人员促进经济发展的试行规定》。6月，县委组织部印发《关于建立知识分子工作联络员制度的通知》。是年，对全县知识分子重视程度、知识分子发挥作用情况、知识分子再教育情况进行全面检查，建立知识分子健康档案。1989年3月，县委对选拔出的首批9名专业技术拔尖人才进行命名表彰。5月，县委成立长清县知识分子工作领导小组。是年年底，县委组织部对县级专业技术拔尖人才年度考察，并对全县专业技术人员进行健康查体，同时决定，对年满45周岁已聘任的具有高、中级专业技术职称者和首批专业技术拔尖人才每两年组织一次健康查体。

1991年，县委决定选拔第二批专业技术拔尖人才，并对第一批专业技术拔尖人才进行重新评定。县委组织部印发《关于进一步加强和改进知识分子工作的意见》，落实知识分子政策，平反冤假错案400多件，补发"文化大革命"中错、停、减发工资，为千余名知识分子家属办理农转非。1992年8月，县委作出《关于重奖有突出贡献的科技人才和重视科技模范干部的决定》，授予陶俊昌、孟现阁、陆奉刚、赵富祥为长清县科技明星称号，并给予重奖；授予靖树章、韩春荣为长清县农民科技状元称号，并给予重奖；授予梁国利、谯凤华、李润武为长清县重视科技模范干部称号。是年12月，县委对选拔出的15名专业技术拔尖人才进行表彰。1993年，组织部印发《关于选拔乡村优秀科技人才的意见》，对县级专业技术拔尖人才的补贴标准由每人每月40元调整为60元。至1994年，全县知识分子、科技人才共取得科技成果123项，其中有80项具有国内先进水平和填补国内空白，获国家发明奖和国家科技进步奖1项，省科技进步奖4项，市级科技进步奖38项。

2004年，区委成立济南市长清区人才工作领导小组，印发《关于实施人才强区战略，进一步加强人才工作的意见》《济南市长清区专业技术拔尖人才选拔管理暂行办法》。2005年，万克敏、石绍祥、刘继杰、李昌利、张同新、张庆新、张道山被授予济南市第四批优秀农村实用人才称号。2006年，区委、区政府对选拔出的11名"第一批农村优秀实用人才"进行表彰。2007年，张兴龙、张洪河被授予济南市第九批青年学术技术带头人称号。2008年9月，区政府印发《推荐选拔第一批济南市长清区"有突出贡献的高技能人才"工作实施意见》，潘玉堂、刘汉龙、康文明、李胜伟被授予济南市第九批专业技术拔尖人才称号；张同新、刘继杰、靳卫兰、张廷一、王祯、唐友良、张风玲、唐友泉被授予济南市第五批优秀农村实用人才称号。至2008年年底，全区（县）共命名表彰6批共151人（次）专业技术拔尖人才；1批11人优秀农村实用人才。

第九节　老干部工作

1986年，长清县共有离休干部733人。2006年，代管市属企业离休干部103人，其中山水集团91人，红光味精厂10人，鸿华集团2人。2008年年底，长清区共有离休干部326人（不含代管市属企业离休干部），其中：区直294人，乡镇、街道32人。根据单位性质划分，行政和事业单位离休干部176人，企业102人，自收自支单位48人；根据参加工作时期划分，老红军1人，抗日战争前期20人，抗日战争后期39人，解放战争时期266人；根据待遇划分，享受副厅级待遇3人，实职正县2人，正县级待遇5人，实职副县5人，副县级待遇及以下311人。

思想政治工作　1986年，全县共有老干部党支部26个，党小组39个，离休党员709人。1997年，全县老干部党支部39个，党小组58个，离休

老年大学建校二十周年报告会 （2006 年 摄）

报销。2001 年，针对老干部“高龄、高发病”现象，长清县转发省、市《关于提高离休干部护理费》的文件。2003 年 1 月起，长清区对离休干部每人每月发放 300 元护理费。2006 年 1 月，全区离休干部全部享受公费医疗，公费医疗标准每人每年 3000 元。2008 年，离休干部护理费提高到每人每月 600 元。

老干部文体活动 1986 年，长清县老年大学成立，是全省第一所县办老年大学。1996 年，老党员 676 人。2006 年，举行老年大学建校二十周年报告会。至 2008 年年底，共组织政治理论学习 80 多期，举办报告会 62 期，按规定组织老干部阅读文件、听报告，向老干部通报工作情况，组织老干部参观全区经济建设成果。是年，全区共有老干部党总支 2 个，联合支部 1 个，党支部 50 个，党小组 96 个，离休党员 326 人。崮云湖街道办事处老干部党支部获山东省先进离退休党支部称号，长清中学、万德镇老干部党支部获济南市先进离退休党支部称号，长清区医院、区教育局机关老干部党支部获济南市离退休党支部示范点称号。

老干部生活待遇 1986 年起，老干部局坚持定期慰问制度，每年春节对全区（县）离休干部进行走访慰问，每两年定期走访安置在外省市的离休干部。常年坚持为老干部订阅刊物，为老干部健康查体，保证离休费、护理费按时足额发放，医疗费按规定据实

庆祝中共十六大召开联欢会 （2002 年 摄）

老年大学学员专心听教授讲课 （2006 年 摄）

干部活动中心成立,设有图书阅览室、台球室、乒乓球室、健身房等活动场所,开展丰富多彩、健康向上的文体活动,每年组织各类老年人文体比赛。2003年,被评为济南市示范活动中心。2006年,老年大学被评为山东省老年大学示范校。至2008年,老年大学在校学员333人,开设音乐、书画、戏曲、剪纸、舞蹈等专业课,重点课程聘请省、市大专院校的教授专家授课。

发挥老干部作用 引导老干部在新形势下发挥作用,开展"建言献策"活动,引导老干部在参政议政、关心下一代以及科技、教育、卫生等领域发挥作用。1986年—2008年,先后有3000多人次参与维护交通秩序、治理城市环境、创建文明社区、建设社会主义新农村、宣传计划生育等社会公益活动,有1000多人次参加革命传统教育、爱国主义和艰苦奋斗教育宣传活动。

第十节 干部下派与包村工作

1986年始,长清县开展干部下派挂职工作,全县抽调2批共22名县直机关干部分别到乡镇挂职副乡、镇长,时间一年半。1988年11月,县委抽调19名未在乡镇担任过领导职务的副局级干部和48名未经基层锻炼的机关一般干部到乡镇和办事处挂职副书记、副乡镇长、副主任,侧重抓经济工作,制定《挂职干部守则》,对挂职干部提出具体要求,时间一年零三个月。1990年,县委选派15名副局级干部和55名机关一般干部到11个乡镇的54个办事处挂职锻炼,每人侧重包一个村,为期一年半。是年,78个部门分别包45个村、10家企业、2所学校。1992年3月,县委设立部门包村包企业工作领导小组,下设办公室,制定《关于县直部门包村包企业的意见》,实行干部下派挂职锻炼与包村包企业相结合。是年,从县直机关选调216名干部下派包村,一包两年。为加强乡镇的办事处一级的建设,从县直机关选调101名机关干部到乡镇的办事处任职,户粮、工资、行政、党团关系转到乡镇,列乡镇行政编制,是党员的担任办事处副书记,非党员的担任办事处副主任。中共中央组织部《组工通讯》(1992年第40期)对该项工作的有关做法和经验进行专门刊登。8月,从县直党、政、群机关,事业单位的部分局级领导干部和局级后备干部及有志到企业锻炼的机关干部中,选调60名到企业挂职锻炼,分别担任企业的副书记、副厂长(经理)、厂长助理,时间一年半。1993年,县委将县直部门的包村包企业工作纳入岗位目标责任制重要内容进行考核。1994年3月,县委印发《关于实行领导干部"三包一联"责任制和落实重点项目的通知》,确定县级领导干部分别联系乡镇,负责指导乡镇的工作,每人包一个村、一个重点项目和一家企业,实行工作目标责任管理,县直机关部门包村责任到人。11月,县委成立干部下派工作领导小组,设立长清县干部下派工作办公室,为局级行政单位,常设机构。制定《关于选派干部包村驻点的意见》《长清县下派干部管理办法》,组织千人下乡下基层包村驻点,下派干部重点是包村帮助抓班子、搞经济,时间为3年。设立县驻各乡镇下派干部工作队,工作队成立临时党、团支部,下派干部吃住到村,工作与原单位脱钩。12月7日,县委召开下派干部包村驻点欢送大会,济南市人大常委会主任李启万到会并发表讲话。是年,从县、乡镇机关企事业单位选派34人到村任职。

1995年2月,济南市县(市)区下派干部工作现场调度会在长清宾馆召开,市委常委、市纪委书记、市县(市)区下派干部工作办公室主任倪世崇到会讲话,号召全市下派干部向长清县归德镇李官村下派任实职的庄振水学习。3月,长清县委、县政府下发《关于开展向下派干部庄振水同志学习活动的通知》。4月,济南市县(市)区下派干部工作办公室下发《关于在全市县(市)区下派干部中开展向庄振水同志学习的决定》。是年,全县有71名县、乡镇机关干部到60个村任实职,全县48个"三类村"实现转化升级。县委办公室、县人大办公室、县政府办公室、县供电局、县粮食局、县农机局、县劳动局、县宾馆8个单位被市委、市政府授予包村工作先进工作组称号,16人被评为先进个人。1996年,县委调整

县、乡镇机关下派干部包村包企业和包村驻点的时间，时间改为2年，人员一年一调整，县直机关驻乡镇工作队队长挂任驻地乡镇党委副书记。县委制定《关于县直机关到企业挂职干部考核奖惩暂行办法》，时间一年半，抽调县直机关新提拔的30名副局级干部和22名机关骨干干部到31家县、乡镇企业挂职，帮助企业引项目、引资金、引技术、引人才。是年，县人大办公室、县乡镇企业局、县水利局、县公安局等包村工作组被市委、市政府分别授予包村工作先进工作组称号，9人被评为先进个人。1998年，分两种形式包村驻点，一是县和乡镇机关下派干部混合编组，进驻全县50个班子后进村、治安混乱村和经济落后村，二是由各乡镇机关下派干部单独包驻51个村，一包一年，县驻各乡镇下派干部工作队改设工作大组。继续实施县、乡镇机关干部到后进村任实职。1999年，下派干部包村改为部门包村，选派县、乡镇机关干部到村任实职。实行一个部门、单位包一个村，一包两年。实行部门包村责任制，下派干部不再与原单位工作脱钩，不再要求吃住在村，县直八大口确定一名领导干部为联络员，协助县委干部下派办公室对本口所属各包村部门的日常管理、调度、考核。年底，全县11个乡镇选派80名机关干部到55个村任实职，其中45人任党支部书记，22人任村科技副主任。2003年起，县直部门包村由11个乡镇缩减到3个乡镇，县直部门设3个包村工作大组，集中力量对双泉乡、马山镇、武家庄乡进行帮扶，每期两年。2004年，继续实行区级干部“双包双联”责任制，即每位区级领导干部负责联系一个街道(乡镇)、联系一个村，包一个(或几个)重点项目和利税大户。2005年，全区开展“包百村、联千户、暖民心”活动，98个区直部门分别包驻马山镇、双泉乡、武家庄乡的97个村和归德镇1个村，714名副处级以上领导干部分别联系城乡714户贫困户并进行帮扶。是年，全区98个部门帮助所包村修路、打井、修渠、建塘坝、安装自来水、改善办公条件，提供科技致富信息，办各类实事500余件，共无偿帮扶钱物296万余元；副处级以上干部落实帮扶款物计30余万元，落实致富项目216个。2008年，继续实行“包百村、联千户、暖民心”活动，全区103个部门包马山、双泉、万德、孝里、归德、张夏6个乡镇的103个村，743名副处级以上领导干部包743户农村贫困户。是年，各包村部门和单位共为所包村办实事130余件，累计提供帮扶资金138万元。

第三章 宣传工作

第一节 理论教育

1986年，坚持以党的基本理论、基本路线、基本方针为指导，发挥县级领导成员理论学习中心组的示范带头作用，利用报告会、培训班等形式，狠抓各级领导干部的学习，加强理论教育宣传工作。1990年，开展以奔小康教育为主要内容的城乡社教活动，成立宣讲团、报告团在乡镇巡回报告。1991年，针对东欧、苏联局势变化，开展以“坚定社会主义信念”“发展社会主义经济”“反演变斗争”为主要内容的社会主义教育活动。1992年，以解放思想为先导，以深化改革扩大开放为动力，以全县上下齐心协力抓经济为中心，开展“解放思想、扩大开放”大讨论。1997年，开展以党员干部“讲学习、讲政治、讲正气”为主要内容的党性党风党纪

举行"勤政廉政、科学发展"主题教育活动——唱响廉政歌曲歌咏比赛
（2007 年 摄）

教育活动。至 1997 年，为"理论学习中心组"购置教材 2000 册，举行大型专题报告会 50 次，在县委党校举办各类培训班 600 期，培训各类人员 10 万人次，全县有 3 所党校被评为省级先进党校、8 所党校被评为市级先进党校、5 处党员活动室被评为省级先进党员活动室。

2001 年，开展"三个代表"重要思想学习活动。1 月 4 日，召开长清县"三个代表"重要思想学习教育活动动员大会，学教活动历时 2 个月，重点解决班子不强、路子不明、服务不行、财务不清、办事不公、作风不正六大问题，把学习"三个代表"重要思想的成果，转化为履行职责、做好工作的实际行动。2002 年，实行党委书记亲自抓中心组学习，出题目、作部署、提要求、了解情况、解决问题，分管书记具体抓学习落实，把中央省市的要求与全区实际紧密结合起来，引导大家加深理解，做到学习经常化、制度化。充分利用广播、电视、网络等大众传媒工具，通过专题、专栏、专访等形式释疑解惑，回答干部群众关注的热点难点问题。在长清区政府网站、济南长清新闻网页开办论坛栏目，围绕学习中国特色社会主义理论体系，学习实践科学发展观、社会主义核心价值体系建设等专题，组织广大党员干部在网上开展学习交流，注册会员 3000 多人。2006 年，以保持共产党员先进性教育活动为载体，加强对全区党员的理想信念、勤政为民、干事创业、无私奉献的教育。2007 年，组织开展"科学发展观""构建社会主义和谐社会""勤政廉政、科学发展""养老育小、勤劳致富"等专题学习教育活动。邀请中央党校教授田应奎为全区副处级以上领导干部作学习宣传贯彻党的十七大精神辅导报告。实施"富民工程""爱老工程""育苗工程"等三项惠民工程。2008 年，开展"学习实践科学发展观——解放思想大讨论"活动，组织召开活动动员大会，下发《关于在全区深入开展"学习实践科学发展观——解放思想大讨论" 活动的实施方案》，先后邀请市委党校教授王旭玲、北京大学人文学院教授王齐国、省委党校教授袁永新到长清区作专题报告会。各单位通过知识竞赛、演讲比赛等形式，引导党员干部深刻认识科学发展观的科学内涵、精神实质和根本要求。

第二节　社会宣传

1986 年 1 月，开展春节期间计划生育集中宣传活动。3 月，结合学习《大众日报》长清专版文章，开展宣传家乡、热爱家乡、建设家乡宣传活动。7 月，开展商品经济宣传活动。8 月，开展保险宣传活动。1987年—1989 年，向干部群众进行反对资产阶级自由化斗争和"坚持立国之本，走好强国之路"的形势教育。1991 年 4 月 19 日，全县社会主义思想教育动员大会召开。12 月 3 日，长清县举行全民奔"小康"大讨论活动，活动历时 20 余天，全县形成"齐心协力抓经济，团结奋进奔小康"的良好局面。1992 年 5 月 23 日，全县开展"解放思想、扩大开放"大讨论活动，围绕 5 个专题进行。1996 年，社会主义思想教育内容为中共十四届五中全会精神的宣传教育、解放思想更新观念的教育、党的宗旨教育、道德法治教育、发展农村社会主义市场经济教育5个方面，成立中共十四届六中全会精神宣讲团和由县公安局以及国安集团组成的精神文明建设先进事迹报告团，在全县巡回宣讲。1997年，开展学习中共十五大精神宣传教育活动，邀请国务院发展研究中心农村部部长王西玉、《半月谈》杂志社副总编张正宪等到县作学习十五大精神辅导报告。其间，组织中共十五大精神宣讲团、心连心下乡服务队，帮助各乡镇开展教育活动。1996年—1997年，县委宣传部被省委宣传部评为文化下乡活动先进集体。

2002年3月28日，全县以德治县现场会在万德镇界首村召开。2004年3月23日，区委、区政府印发《关于2004年全区农村文明一条街建设的实施意见》，掀起以“文明一条街”建设为重点的农村精神文明创建高潮。2005年10月22日，区创城委印发《关于开展“扮靓西部新城，构建和谐长清”活动的实施方案》，决定在全区党政机关、企事业单位开展“创城卫士三十佳”“灯亮工程三十佳”“门前五包三十佳”评选活动。2006年，在全区青少年中组织开展“弘扬民族精神、培育爱国情怀”主题教育活动，配合“文明长清”创建活动，强化群众参与城市管理、支持城市建设的意识，增强广大市民的城市意识和主人翁意识，为“创城”工作烘托气氛，营造氛围。举办为期一个月的消夏文化广场活动，以晚会、电影等形式丰富群众的业余生活，在城区内形成浓厚的文化氛围。2007年，积极唱响社会主义和谐文化的主旋律，为全区人民群众创造丰富多彩的精神文化生活。邀请省吕剧院、山东卫视民生直通车栏目到长清区演出10多场。举办10多场消夏广场文化演出。组织举办庆“七一”、香港回归十周年文艺演出、书画展、“立泰山”杯青年歌手大奖赛等活动。与山东卫视《天下父母》栏目联合举办山东省首届慈孝文化论坛，打造慈孝文化品牌。是年3月22日，区委、区政府印发《关于在全区开展“勤政廉政、科学发展”主题教育活动的实施意见》及《关于在全区开展“养老育小、勤劳致富”主题教育活动的实施意见》，在全区开展“两大主题教育”活动。8月22日至12月28日，长清区举行首届道德模范评选活动，共选出10类58名道德模范。2008年4月，组织省市40余名著名书画名家到长清区开展文化采风活动。5月，组织八大口共同参与，举办10多场消夏广场文化演出。7月，参与组织文化进军营活动，举办长清区首届排舞大赛、长清区抗震救灾义演募捐晚会、“流金岁月，盛世欢歌”纪念改革开放30周年文艺晚会。

创城集中宣传月活动 （2006年 摄）

第三节 企业思想政治工作

1988年，县委企业思想政治工作部撤销。是年，在县委宣传部内设企业思想政治工作科，负责全县企业的思想政治工作。1989年，开始政工职称评定试点工作，对全县4000名35岁以下青年职工进行政治轮训，经考核，全部获山东省青年职工政治轮训“结业证书”。1990年，企业思想政治工作科升格为副局级单位，隶属于宣传部。1990年—1995年，召开10次全县企业思想政治工作优秀党支部、先进班组经验交流会，组织全县5000名职工参加省委宣传部举办的爱国主义教育知识竞赛。1996年，开展思想政治工作理论研讨征文活动，评出优秀政工论文110篇。1997年，组织全县企业职工开展“喜迎回归、爱我中华、兴我企业”和学习贯彻中共十五大精神系列宣传教育活动。1998年，开展“讲文明、树新风、创建文明店”活动。2001年，通过演讲比赛、有奖征文、红色电影展、书画展等形式，开展纪念中国共产党成立80周年活动。2002年9月，撤销企业思想政治工作科。至2008年年底，自来水公司等8家企业被评为省优秀政工企业，邮电局等8家企业被评为市优秀政工企业，五峰山旅游文物管理处职工政研会等3个政研会被评为市优秀政研会，15人获市企业优秀政治工作者、优秀政工干部称号。全县共评出高级政工师52名，政工师307名，助理政工师309名。

第四节　新闻宣传

1986年，由县委报道组负责新闻宣传。1990年11月，长清县宣传部设立新闻科。2002年5月，新闻科改为长清区新闻办公室。1986年—2008年，共在市级以上报刊、网络等新闻媒体发表稿件1.5万多件。其中影响较大的有《人民日报》一版发表的《双泉乡“十星级”文明户》《抗旱》照片，二版头条发表《寻找第二方》；《农民日报》一版头条发表的《令人瞩目的跨越》；《经济日报》发表的《水票已经变成藏品，村民喝上自来水》；《大众日报》一版头条发表的《长清一举跨入百强县》；《济南日报》一版头条和《大众日报》《齐鲁晚报》《生活日报》《济南时报》分别发表的《看长清如何进位》《长清密切干群关系推动经济发展》《外来资金激活长清经济》《沃土引得众商来》《而今迈步从头越》等稿件。

旅游宣传　长清是济南市传统的旅游大县，有着得天独厚的旅游资源。1995年9月23日，在《人民日报》海外版发表《长清县旅游开发成效显著》。1997年4月19日，在香港《文汇报》发表《长清振兴旅游业》。6月9日，在《大众日报》一版头条发表《长清县旅游业渐成气候》。

招商引资宣传　1993年5月29日在《济南日报》一版头条、1994年10月19日在《光明日报》四版、1995年2月28日在《经济日报》十版发表《长清木鱼石占领国际市场》。1997年8月8日，在《香港大公报》发表《长清县引资成绩喜人》。2001年6月9日，在《济南日报》一版头条发表《建设济南“西辅城”》。

农业宣传　长清是传统的农业县，重点围绕农业发展进行新闻宣传。1991年1月18日在《中国土地报》、2月10日在《人民日报》发表《“人造荒地”重新发挥土地使用效益》。1992年9月22日，在《农民日报》二版头条发表《领导带头跑重奖有功人》。1994年2月12日，在《农民日报》发表《金庄村农民自我“农转非”在山窝里圆了城市文明梦》。1996年1月10日，在《农民日报》发表《长清种子压山东，户户书橱建奇功》。1998年6月21日、10月8日、12月14日，在《农民日报》分别发表《麦田里的故事》《长清“农学会”带富千万家》《干旱山区的绿色之光》。1999年1月7日、2月11日、5月27日，在《农民日报》分别发表《长清县土地承包合同续签一条龙》《长清县招商引资“软硬兼施”》《长清县实施乡村医疗机构一体化管理的调查》。1999年6月7日，在《新华每日电讯》发表《优质小麦农家乐+育种场里局长急》，并配加新华社短评。2000年9月2日，在《大众日报》一版头条发表《长清林果业成为农民的“绿色工厂”》。2000年11月27日，在《农民日报》发表《长清县品牌农业强县富民》。2003年，以大学科技园落户和失地农民搬迁为主题的《七千人搬迁静悄悄……》《西进！西进！》等稿件在《济南日报》一版头条发表。

泉城新区宣传　长清立足“山水绿城，泉城新区”的定位，打造文化之城、生态之城。2008年7月17日在《济南日报》、7月17日在《生活日报》一版头条发表《百里画廊绘出山水长清》，《经济日报》

《齐鲁晚报》《山东商报》《济南时报》也在重要位置刊登。在《经济日报》发表《那山、那水、那城……》《幸福生活乐出来》《日子比蜜甜》。2008年8月19日，在《农民日报》发表《原来农民也可以这样当》。2008年8月、12月，在《济南日报》一版头条分别发表《两头擎起文明新天地》和《生态农业让长清山清水秀》。

第四章　党校教育

第一节　干部培训

1986年—1997年，县委党校先后举办各类培训班11种75期，共轮训党员干部10578人次，培训、轮训副局级以上领导干部4574人次，轮训村支部书记、村主任5333人次，培训后备干部、青年干部、妇女干部、企业干部、党务干部、组工干部671人。2000年，举办商贸系统领导干部培训班，培训干部42人；对30名全县“一推双考”选拔的副局级领导干部进行岗前培训。2001年，举办学习江泽民“七一”讲话研讨班，培训干部800余人。2002年，举办2期世界贸易组织知识培训班、7期学习“十六大”精神培训班、组织人事干部学习《党

1994年4月，长清县农村支部书记培训班合影

长清区第三期局级领导干部进修班开学典礼 （2005 年 摄）

政领导干部选拔任用工作条例》培训班，共计培训干部 2500 人。2003 年，举办农村基层干部培训班（共 2 期）、举办全区领导干部"三个代表"重要思想轮训班（共 2 期），全年共培训 1000 余人。2004 年，举办全区第一、二期局级领导干部进修班、第一期中青年干部培训班、国家公务员初任培训班，共培训干部 288 人。2005 年，举办全区第一期村（居）党支部书记、村主任法律专题培训班和第三期局级领导干部进修班，共培训干部 400 人。是年，区委党校被评为全市党员教育工作先进党组织。2006 年，举办第四、五期局级领导干部进修班，培训干部 127 人。2007 年，举办第六、七期局级领导干部进修班，培训干部 134 人；举办全区第二期中青年干部培训班，培训中青年干部 54 人。2006 年—2007 年，区委党校被评为全市党校系统先进单位。2008 年，围绕学习党的十七大精神，举办培训班 2 期，培训干部 660 人；举办第八、九期局级领导干部进修班，共培训干部 125 人。1986 年—2008 年，共举办各类培训班 120 余期次，培训干部 2 万余人次。

第二节 学历教育

1985 年，长清县委党校开始举办中专学历教育，招收学员 61 人。1987 年，党校举办第一届中央党校函授教育大专班暨'87 中央党校函授经济管理专业大专班，学制 3 年，培训学员 71 人。至 1993 年，举办中央党校函授大专班 5 期，培训学员 513 人。1994 年，举办市委党校大专班 1 期，培训学员 256 人；举办第一届省委党校业余教育本科班，专业为经济管理，招收学员 199 人；举办省委党校农干班，招收学员 83 人。1995 年，举办第一届省委党校函授经济管理专业大专班，招收学员 256 人。1999 年，省委党校函授本科班开设法律专业，学制两年半，招收学员 78 人。至 2008 年年底，共招收省委党校业余本、专科班 35 个班次，培训学员 3585 人，其中大专班学员 1841 人，本科班学员 1744 人。

第三节 队伍与科研

教学队伍 1986 年，县委党校共有专业教师 11 人，其中本科学历 3 人、专科学历 8 人。2008 年，区委党校共有专业教师 9 人，其中研究生学历 1 人、本科学历 8 人；高级讲师 5 人、讲师 1 人、助理讲师 3 人。

科研工作 1986年—2008 年，区（县）委党校教师共参与省委、市委党校教科书编写 17 本，著书 30 余本，其中王友海著《农业产业化理论与实践》获省党校系统优秀成果二等奖，《邓小平理论与改革开放二十年》《光辉的历史理论的丰碑》获济南市社会科学优秀成果奖；在国家级刊物发表论文 20 余篇，在省、市级刊物发表论文 100 余篇。

第四节 教学设施

1986 年，中共长清县委党校位于东北关大街，有办公教学楼 1 幢，建筑面积 5000 平方米，其中办公室 16 间，教室 4 个，学员宿舍 20 间。另建有

位于东北关大街的县委党校办公楼（1997年 摄）

区委党校办公楼（2008年 摄）

食堂1处。1997年11月，投资900万元，在清河街东首建设新校区。2001年7月，县委党校新校建成，占地2公顷，建筑面积5400平方米，有会议厅1个，教室3个，接待室1个，小型会议室2个，食堂1个。2001年9月，迁入新党校办公。是年，建起中央党校远程教学网C级站。2002年5月，举行长清区委党校揭牌仪式。2008年，有电脑10台，投影仪2台，藏书1.1万册。

第五章　机关党建

第一节　思想政治建设

1986年—1989年，利用举办学习班、“三会一课”和自学等多种形式，组织党员学习中共十二大、十三大会议精神、《中国共产党章程》、社会主义市场经济知识等。1990年，开展机关“学党章、正党风”活动，举办党员培训班2期，共培训党员856名，占应训人数的86%。1991年，开展“解放思想、扩大开放”大讨论活动，举行报告会3场，参加报告会的党员3628人次。是年3月，成立业余党校。1994年，开展学习基本理论、提高党员素质活动，重点学习邓小平建设有中国特色社会主义理论，进行党史教育，组织800名党员参加省党建知识竞赛，3人获奖。1995年，开展学习邓小平建设有中国特色社会主义理论和学习新党章以及向孔繁森、王廷江、韩素云等先模人物学习活动。是年11月，推广党员电化教育，各党总支、支部建立放映点16处，党员活动室46个，其中司法局、民政局、五峰山管委会、灵岩管委会投资建成高标准的党员电化教育室。1996年，开展学习“反对新形势下的自由主义”活动，组织党员干部320人到聊城参观孔繁森事迹展览，进行机关思想、工作作风整顿，推行机关文明用语，杜绝工作忌语，实行党政机关工作人员工作日禁酒的规定，机关面貌和工作作风明显好转。是年12月，机关党委在长清宾馆召开党员跟踪教育讲评会，有6名老党员、6名新党员、3名预备党员分别向党组织汇报思想工作情况。党员跟踪讲评教育活动，得到市委、县委组织部门的充分肯定。1997年5月，市委组织部、市委市直机关工委对长

召开高效机关创建实践活动动员大会 (2008 年 摄)

对 6 个党总支、39 个党支部班子进行改选。1991 年起，在县直机关全面推行党务工作目标化管理，每年县直机关工委（党委）与下属党总支、党支部签订党务目标责任状，实行年终考核总结表彰，每年召开民主生活会，对党员班子进行民主评议。是年，在市委直属工委举办的机关党建工作研讨会上，长清县机关党委作《试论县级机关党委的地位、职能和作用》的典型发言。1996 年，在全市机关党建工作经验交流会上，作《聚精会神抓党建，两学活动重落实》的经验介绍。1986年—2008 年，区直机关工委（党委）每年都建立入党积极分子考核情况登记簿，分为近期发展对象、重点培养对象和长期培养对象三个层次，加强对预备党员的考察，对发展对象进行党的基础知识测试，坚持组织员谈话制度。机关工委每年举办入党积极分子培训班，组织学习党的基础知识，同时组织区关心下一代委员会的老党员及机关退下来的老党员搞好传、帮、带，把党的优良传统传授给新党员。共举办入党积极分子培训班 26 期，培训 4740 人次，共发展新党员 1029 名。2008 年年底，区直机关工委下设党总支 5 个、党支部 67 个，共有党员 1705 人。

清县机关党委党员跟踪讲评教育活动经验予以推广。是年，开展"学习民政经验，争创文明机关"活动和机关思想、工作、作风整顿工作。1998 年，召开全县乡镇机关党建工作经验交流会。是年，开展"创一流成绩、建文明机关"活动。2001 年，开展以"学党章、守纪律、正党风"教育活动，组织 300 名党员领导干部参加"学党章、守纪律、正党风"知识竞赛。2002 年，对在"创一流成绩、建文明机关"活动中的 39 个单位授予文明机关单位称号。2003 年，开展"艰苦奋斗、廉洁从政"为内容的主题教育活动。2006 年，在区直机关开展"创群众满意机关"活动和党员义务奉献"志愿者行动"活动，发挥党员先锋模范作用。2007 年，为加强和创新机关党建工作，建立区直机关党建工作考核评价机制。2008 年 12 月，开展"迎接园博会、工作创一流"高效机关创建实践活动，机关干部的工作效能进一步提高。

第二节 组织建设

1986 年，机关党委下属 61 个党支部，党员 1376 名。1990 年，对县直 116 个机关基层支部进行摸底排队，

召开县直属机关新党员跟踪教育讲评会 (1996 年 摄)

第三节 机关群团工作

■ 长清县第三届县直机关运动会入场式 （1998年 摄）

工会工作 1996年，成立县直机关工委工会，召开机关工委工会第一次代表大会，选举产生县直机关工委工会第一届委员会、第一届工会经费审查委员会，重点建立机关工会组织，工委所属7个部门和单位建立机关工会。2005年，举办区直机关干部职工乒乓球比赛。至2008年，先后向上级工会推荐市劳动模范17人、省劳动模范3人，累计举办县直机关运动会、职工篮球赛、乒乓球、羽毛球比赛等文体活动15次。

团委工作 1991年，成立中国共产主义青年团长清县直机关团委，对所属机关团支部进行改选，共新建团支部6个，改选15个。是年，机关团委举办“县直属机关庆祝国庆文艺晚会”。1998年，机关团委科技兴农志愿行动服务队共为帮扶对子捐款6200元。2008年，在“5·12”汶川大地震期间，为支援灾区缴纳特殊团费1000余元。

武装部工作 1994年，撤销县直武装部，其职能移交县人民武装部。1995年，恢复建立长清县机关武装部，隶属于县直机关党委。县直武装部在完善民兵连正规化建设和民兵组织整顿的基础上，开展民兵带建工作，做好预备役登记，县直适龄青年报名率98%以上。至2008年年底，共为部队输送合格兵员588名。

第六章 纪律检查

1984年5月、1987年5月、1990年3月、1995年3月、1998年3月，中共长清县第五、六、七、八、九届代表大会分别选举产生县纪律检查委员会，徐慎斋、潘德才、李连元、张化富、赵保健（女）、迟丽华（女）、高辅卿、江林先后任县纪委书记。2003年3月、2006年12月，区第一、二届党代会选举产生区纪律检查委员会，选举江林、李广贤为区纪委书记。

第一节 历届会议

中共长清县纪律检查委员会第六届一次全委会 1987年5月23日，长清县纪委召开全委会议，县第六届党代会选举产生的17名纪委委员出席会议。全体会议采取无记名投票方式，选举徐慎斋、潘兆刚、张化富、董树芳、张庆华（女）、韩春时、王丙荣为县纪委常委，徐慎斋为书记，潘兆刚、张化富为副书记。

中共长清县纪律检查委员会第七届一次全委会 1990年3月29日，长清县纪委召开全委会议，县第七届党代会选举产生的16名纪委委员出席会议。全体会议采取无记名投票方式，选举潘德才、张德芳、郝兆芳（女）、张庆华（女）、王丙荣、李士祥、王兆荣为县纪委常委，潘德才为书记，张德芳、郝兆芳（女）为副书记。

1988 年 3 月 15 日，长清县监察局成立大会召开

中共长清县纪律检查委员会第八届一次全委会 1995 年 3 月 25 日，长清县纪委召开全委会议，县第八届党代会选举产生的 17 名纪委委员出席会议。全体会议采取无记名投票方式，选举张化富、张绍武、李志华、贾玉珍(女)、张传清、李宏、邵家荣为县纪委常委，张化富为书记，张绍武、李志华、贾玉珍(女)为副书记。

中共长清县纪律检查委员会第九届一次全委会 1998 年 3 月 22 日，长清县纪委召开全委会议，县第九届党代会选举产生的 15 名纪委委员出席会议。全体会议采取无记名投票方式，选举赵宝健(女)、徐士显、贾玉珍(女)、张传清、李宏、邵家荣、董庆波为县纪委常委，赵宝健(女)为书记，徐士显、贾玉珍(女)为副书记。

中共长清区纪律检查委员会第一届一次全委会 2003 年 3 月 8 日，长清区纪委召开全委会议，区第一届党代会选举产生的 15 名纪委委员出席会议。全体会议采取无记名投票的方式，选举江林、刘道辰、戴传华、邵家荣、董庆波、高贵忠、谯新民为区纪委常委，江林为书记，刘道辰、戴传华为副书记。

中共长清区纪律检查委员会第二届一次全委会 2006 年 12 月 22 日，长清区纪委召开全委会议，区第二届党代会选举产生的 22 名纪委委员参加。全体会议采取无记名投票的方式，选举李广贤、刘道辰、戴传华、高贵忠、于颖(女)、高长宝、韩义东为区纪委常委，李广贤为书记，刘道辰、戴传华为副书记。

第二节　信访举报

1979 年 6 月，县纪委设立信访科。1986 年始，随着改革开放和农村经济的发展，涉及农村党员干部的信访案件逐年增多。1987 年，中共长清县纪委制定《关于乡镇纪检信访工作细则》，全县乡镇纪检信访工作更加规范化、制度化。1988 年 1 月 23 日，长清县监察局成立。1989 年，建立来信来访回访制度。1993 年 3 月，中共长清县纪委和长清县监察局合署办公，提出“突击解决信访老案，坚决杜绝信访积案，认真处理信访新案，努力把信访解决在基层”的工作思路，在全县范围内建立起 1285 人的“信访网络”队伍，做到乡镇有领导小组，办事处有信访干部，村有信访联络员，县直各部门有信访组，建立 29 个信访领导小组，专兼职信访干部 121 人。1993 年 8 月，对信访案件采取“分级负责归口办、复杂案件联合办、集体上访重点办、‘热点’问题跟踪办”的方法。是年，全县纪检监察部门共受理来信来访 795 件次，其中来信 338 件次，来访 457 人次；属检举控告 765 件次，党纪申诉 16 件次，政纪申诉 2 件次，其他问题 12 件次。受理纪检监察信访案件 181 起，当年处结 181 起，处结率 100%。1996 年—2003 年，推行信访工作目标化管理，办案效率和办案质量明显提高。2004 年，设立电子举报信箱，拓宽群众信访举报渠道，实行领导干部函询谈话制度、信访通报制度，坚持

分级负责、归口办理，建立起有效的信访处理机制和群体性突发事件的应急处理机制，妥善解决群体访、重复访和越级访等问题。2005 年，开展"信访举报工作质量年"活动，推行信访举报工作办事公开制度，实行"阳光信访"；在各乡镇（街道）推广信访代理制，将信访"窗口"设在村（居）；坚持领导接待日制度，开通"绿色邮政通道"，进一步规范信访秩序，畅通群众诉求渠道。2007 年，健全基层信访组织网络，每个区直单位及基层站所、行政村配备一名纪检监察信访信息员，并通过实行信访信息员代理制度和《双向承诺书》制度，加强化解矛盾纠纷的力度，做到"小事不出村、大事不出镇、难事不出区"。2008 年，实行信访工作电子化管理，实现信息的共享和上下级信访信息的沟通，实现纪检监察信访工作的数字信息化管理。1986 年—2008 年，全区（县）共受理信访案件 8655 件，按期结案率和优质结案率分别达 99% 以上。

第三节 案件查处

1986 年，立案查处违纪违法案件 109 起，党纪处分 100 人。1991 年，立案查处违纪违法案件 82 起，党纪处分 75 人。1997 年，立案查处贪污受贿、违反社会管理秩序、失职类案件 68 起，其中党纪处分 53 人，政纪处分 15 人。2001 年，立案查处经济类、违反管理秩序类等案件 93 起，其中大要案 32 起，副科级以上领导干部 8 人。2002 年，立案查处经济类、违反社会管理秩序类、失职类等案件 65 起，其中大要案 21 起，副处级以上领导干部 8 起。2003 年，立案查处经济类、违反社会管理秩序类、失职类、违反社会主义道德类、侵犯党员权利类等案件 65 起，其中大要案 22 起，万元以上经济大案值 14 起，副处级以上领导干部 10 起。2004 年，立案查处经济类、违反社会管理秩序类等案件 65 起，其中大要案 26 起，万元以上经济大案 14 起，副处级以上领导干部 9 起。2005 年，立案查处经济类、违反社会管理秩序类等案件 65 起，其中大要案 35 起，副处级以上领导干部 7 起。2006 年，立案查处经济类、失职类、严重违反社会主义道德类等案件 53 起，其中大要案 10 起，副处级以上领导干部 2 起。2007 年，立案查处经济类、失职类等案件 53 起，其中大要案 16 起，副处级以上领导干部 3 人，正科级 3 人。2008 年，立案查处经济类、失职类等案件 69 起，其中大要案 24 起，副处级以上领导干部 2 人，正科级 1 人。至 2008 年，全区（县）共立案查处违纪违法案件 1356 起，其中大案要案 363 起，查处副处级领导干部 115 人，正科级 86 人。

1986—2008 年长清区（县）纪委处分党员情况表

表 6－2　　单位：人

年 份	人数	处分类别							
		开除党籍	留党察看	撤销职务	严重警告	警告	免处	批评教育	其他
1986	109	7	22	1	25	31	14	—	9
1987	44	4	2	—	12	18	—	—	8
1988	38	5	11	2	10	6	—	—	4
1989	50	6	15	1	8	15	—	—	5
1990	94	14	30	1	17	22	—	—	10
1991	82	5	36	1	13	20	—	—	7
1992	41	9	10	1	8	10	—	—	3

续表 6－2

年 份	人数	处分类别							
		开除党籍	留党察看	撤销职务	严重警告	警告	免处	批评教育	其他
1993	35	7	8	2	5	9	—	—	4
1994	27	3	3	1	6	12	2	—	—
1995	46	15	12	1	5	6	7	—	—
1996	53	18	15	3	11	3	3	—	—
1997	53	19	14	5	7	4	4	—	—
1998	64	19	13	3	15	11	3	—	—
1999	56	25	8	1	10	12	—	—	—
2000	44	20	1	—	10	12	1	—	—
2001	86	35	13	2	17	17	2	—	—
2002	60	22	8	3	10	16	1	—	—
2003	56	18	1	—	11	23	—	—	3
2004	59	22	1	5	13	11	3	—	4
2005	57	29	6	—	13	6	1	1	1
2006	53	21	3	1	10	9	2	5	2
2007	50	12	2	—	17	10	1	8	—
2008	69	33	1	4	15	16	—	—	—

1988—2008 年长清区(县)监察局处分监察对象情况表

表 6－3　　　　单位：人

年 份	人数	处分类别							
		开除政籍	留用察看	撤销职务	降级	记大过	记过	警告	免处
1988	1	—	—	—	—	—	1	—	—
1989	1	—	—	—	—	—	—	1	—
1990	—	—	—	—	—	—	—	—	—
1991	—	—	—	—	—	—	—	—	—
1992	—	—	—	—	—	—	—	—	—
1993	10	1	—	2	1	2	—	4	—
1994	7	1	—	1	—	2	1	—	2
1995	6	3	—	2	—	—	—	1	—
1996	14	1	4	5	2	1	—	1	—
1997	15	4	3	3	3	1	1	—	—

续表 6－3

年 份	人数	处分类别							
		开除政籍	留用察看	撤销职务	降级	记大过	记过	警告	免处
1998	14	5	—	3	—	2	1	3	—
1999	13	5	—	1	—	2	3	2	—
2000	3	1	—	2	—	—	—	—	—
2001	7	4	—	—	—	1	—	1	1
2002	6	—	—	2	—	—	2	2	—
2003	9	2	—	—	—	1	3	3	—
2004	6	2	—	—	—	2	2	—	—
2005	9	3	—	—	1	—	3	2	—
2006	7	4	—	—	1	1	—	1	—
2007	3	—	—	—	—	—	3	—	—
2008	2	2	—	—	—	—	—	—	—

第四节 纠风正纪

1986 年起，针对群众反映强烈的不正之风，不同时期突出不同重点，集中进行治理整顿。1991 年，对未经批准擅自统一着装问题进行清理，涉及 3 个系统，15 个单位 156 人，收缴服装折价 2.8 万元。开展乱收费、乱罚款、乱摊派治理工作，全县废止不符合规定的罚款项目 5 个，停止部门地方性项目 53 个，完善修订制度 56 条。1992 年，对公安、工商、金融、交通等 9 个部门进行行风整顿，聘请义务监督员 82 名，召开座谈会 6 次。1993 年，在全县开展民主评议活动，对 10 个重点部门进行评议，全县 13 个基层站所被评为市、县行风先进基层站所。1994 年，在全县推广“村账镇管、户电镇核”的经验做法。1995 年，对全县 483 个单位行政性事业性收费罚款及预算外资金进行清理，查处违规金额 1979.33 万元，收缴 112.2 万元；全县有 5 家重点企业，被县纪委、监察局作为工作联系点。2000 年，在全县 11 个乡镇全部实行涉农收费公示制度。2003 年，召开全区优化经济发展环境工作会议，成立长清区纠风执法监察办公室、长清区经济发展环境投诉中心、长清区收费管理办公室等专门机构，印发《关于解放思想干事创业超常规跨越式建设新长清创造良好发展环境的意见》和《在纪检监察系统开展优化发展环境监督检查年活动的意见》等文件。2004 年，成立济南市长清区行政效能投诉中心，制定《行政效能投诉处理暂行办法》。2005 年，建立到企业检查、收费审批登记制度，凡各单位到企业开展检查、收费活动，必须将检查、收费的依据报投诉中心进行审批、备案，经审批后方可到企业检查、收费，否则视为乱检查。是年，受理损害发展环境投诉举报 55 件，查处违规违纪金额 105 万元，清退 83 万元。2007 年，对全区规模以上企业推行“合理定费，费种整额上卡，凭卡分期交纳，集中一口收取”的“一卡通”收费方式，减少入企、扰企的频次。印发《关于进一步优化经济发展环境的若干规定》《关于对损害经济发展环境案件查处工作的实施意见》《关于对损害经济发展环境行为的处理办法》《关于对损害发展环境行为实行有奖举报的暂行办法》《关于印发济南市长清区政务中心分中心管理办法》《集中收费管理办法》和《关于加强罚没收入管理的通知》等制度。2008 年，出台《关于优化发展环境“三条禁令”的实施细则》,制定《涉企检查审批、备案制》《企业"宁静日"制度》《发展环境一票否决制》,实施行政审批两集中(即:部门审批职能集中到一个科室,审批科室集中到行政审批服务大厅)、两到位(即:审批项目进入行政审批服务大厅到位,审批授权到位)改革,实施区级领导联系企业制度和企业联系卡制度,为全区50多家企业发放区级领导联系企业服务卡和优化交通运输环境联系卡。2006年—2008年,开展行风大检查6次,立案查处损害发展环境案件7起,纠正违规收费行为2起,撤销各种评比达标项目10余项,节省资金10余万元。

第五节　党风廉政建设

廉政教育　1985年—1989年,全县按照党要管党,从严治党的要求,协助党委管好党风,贯彻"教育为主、预防为主"的方针,加强党员干部党性教育。1990年—1991年,深入开展"学党章,正党风"活动及"党政干部三大纪律八项注意"等内容的学习活动,举办党员学习班26期,播放录像140多场,收看人数2万多人次。1992年,印发《党风党纪教育工作实施细则》。1993年,对党员进行"学党章,讲奉献,做合格党员"教育,举办各类培训班108次,党课讲座695场,听讲人数1.6万余人次。1994年,播放党员教育录像664场次,收看人次1.88万人次。1998年,组织开展《中华人民共和国行政监察法》知识竞赛活动。1999年,学习《纪律处分条例》《廉政准则》《中华人民共和国行政监察法》等7个重要法律法规。2000年,学习《中国共产党纪律处分条例(试行)》及《邓小平论党风廉政建设和反腐败》等有关内容。2001年,开展"学纪守纪,警钟长鸣""学党章、学讲话、学条规知识教育"的两个主题教育活动,建立党风廉政宣传教育联席会议制度。2002年,以"理想信念、廉洁从政"为主题,深入开展党风廉政教育,在"七一"前夕举行"学党章、学条规知识教育答卷"活动,组织全区708名副局级以上领导干部参加答卷,平均分数91分。2003年—2008年,先后在全区领导干部中开展"艰苦奋斗、廉洁从政""为民、务实、清廉""廉洁奉公、执政为民""勤政廉政、科学发展""学党章、守纪律、做表率、树形象""做勤廉表率、促科学发展"主题教育活动,组织开展廉政歌曲、廉政书画、廉政短信征集活动。制定下发《关于加强廉政文化建设的实施意见》,在全区开展廉政文化进机关、进社区、进家庭、进学校、进企业、进农村"六进"活动。至2008年年底,先后多次邀请市纪委、市委党校的人士作廉政建设报告,受教育人数2万余人次。

全区纪检监察工作暨"党风廉政建设年"现场会　(2008年 摄)

廉政监督　1985年—1989年,清理党政机关和党政干部经商办企业22家,清理滥发奖金、补贴、实物,折款6万余元。1990年—1991年,清理干部违纪建私房、超标准建房,利用公款装修私房以及拖欠公款等问题。1992年,清理违规建房56户,清理农村"三级"财务,清理金额1.8亿元,违纪金额3.6万元。1994年,对党政机关工作人员借用公款问题进行清理,清退资金115万元。1995年—1996年,清理预算外违规资金4000万元,清理超标车辆

5 辆，清理超面积住房 600 多户，收缴超标住房款 49 万余元；加强党政机关干部作风建设，禁止党政机关工作人员在工作日饮酒，先后对 6 名违纪者给予通报批评和电视曝光，2 人受到组织诫勉处理，招待费用同比下降 30%。1999 年，建立副局级以上领导干部廉政档案 826 份。2000 年，清理 2 套以上住房 420 户，超标准 383 户，收缴超面积房款 598 万元。2001 年，在县农行建立“981”廉政账户，对领导干部收受现金、有价证券、支付凭证进行两次清理，对全县 43 名县处级领导干部的配偶、子女从业情况进行登记清理，清理因私护照及本人、配偶办理前往港澳通行证、外国居住证的情况，登记清理超标汽车 6 辆。2002 年，区纪委制定《长清区人民政府机关处科级干部廉洁勤政行为规范》。2003 年，清理党政机关、事业单位违反规定用公款为个人购买商业保险，共有 7 个单位为 427 人购买商业保险，总额 64047.52 元，全部清退。2005 年，清理出党政机关违规挂武警汽车牌照 7 辆；查处党政机关事业单位干部职工虚报冒领工资补贴 66 人，30 余万元；印发《长清区加强村（居）干部廉洁自律工作意见》，对村（居）党员干部廉洁自律做出“十不准”具体规定，加强村（居）党员干部廉洁自律的监督，建立完善“八项制度”，制定责任追究办法。2006 年，落实党风廉政建设责任制和加强领导干部廉洁自律，对全区 6 个乡镇党委、4 个街道党工委及 18 个区直党委的党风廉政建设和领导干部廉洁自律工作进行全面督查，保证党风廉政建设责任制的全面落实和党员领导干部廉洁从政；加强廉政档案的管理工作，管好用好廉政档案；对农村财务进行清理。2007 年，对全区 6 个乡镇党委、4 个街道党工委中的 45 个镇直部门、28 个管区（办事处）、29 个村（居）、20 个区直部门的财务账目进行检查，共纠正违纪违规问题 40 余起，收缴违纪款 10 余万元；对全区楼堂馆所建设情况进行清理；对全区公务用车配备和使用情况进行专项清理；对全区领导干部配偶、子女从业情况进行申报登记；对《中共中央纪委关于严格禁止利用职务上的便利谋取不正当利益的若干规定》进行贯彻落实及自查自纠。2008 年，对全区“小灵通”捆绑单位固定电话进行全面清理；成立“制止党政干部公款出国（境）旅游领导小组”，制定专项工作方案；对全区行政事业单位的公务用车情况进行摸底和清理，清理违规用车 3 辆；对全区领导干部在工程建设项目中领取补贴、奖金和福利的情况进行清理。

第六节 执法监察

1993 年 3 月，执法监察室成立。是年，围绕减轻农民负担各项措施的贯彻落实，组织开展“四清理”“三整顿”（即：清理涉及农民负担的各项文件、项目、非生产建设和承包合同外收费提留，整顿村提留、乡镇统筹费的使用管理，整顿收费、罚款的使用与管理，整顿义务工和劳动积累工的使用与管理）工作，摸清农民负担的基本情况，清理涉农负担收费达标的文件 17 份，清理乱收费、乱集资、搭车收费 30 余项，全县减负近 7 万元。1994 年，对全县中、小学乱收费情况开展全面监督检查，查处违规金额 21.17 万元，纠正超标准收费项目 1 个，自立收费项目 10 个。根据省、市《关于对个人借款、挪用公款进行清理的通知》，清理 183 个单位，清查出挪用公款人员 597 人，其中党员 187 人，挪用公款 102.9 万元。1995 年，清理公款购房、建私房和超标准建房工作，清理出两套住房者 120 户，超面积的 600 户，全部进行处理，收缴罚款 80 余万元。1996年—1997 年，对婚姻登记搭车收费问题开展专项检查，共查处超标准收费问题 1514 起，全部进行处理。组织企业开展效能监察，共立检查项目 22 项，挽回经济损失 342 万元，创造经济效益 279 万元，修订完善各种规章制度 16 项。1998 年，清理公费住宅电话 596 部，违反规定的 347 部，全部作价处理给个人，收缴资金 18.73 万元。清理移动电话 66 部，收缴资金 3.15 万元。对黄河滩区搬迁资金使用情况，进行专项检查，查处并清退不合理支出 3.3 万元。1999 年，立项 4 项，被查单位 4 个，查处各类违法金额 2815.9 万元，清理违纪金额 125.1 万元，挽回经济损失 49.98 万元，给予党纪处分1人，提出工作建议56条。2000年，对全县医疗卫生单位和药品销售进行全面检查。查处无证经营单位15处，按《中华人民共和国药品管理法》没收药品价值8000元，罚款1.3万元。2001年，组织财政、审计等部门进行财经纪律检查，查处各类违纪金额448.6万元。2002年，对1999年后党政机关和领导干部配备小汽车情况进行全面清理，共查处81个单位，对查出违反“双控”标准的4辆进行处理；组织劳动、财政、民政部门，对2000年至2001年6月期间企业下岗职工基本生活保障金、失业金、养老保险基金、城镇居民最低生活保障资金的征收管理使用情况进行专项检查，共查67个单位和企业，查出拨付不到位资金660万元、虚瞒报违规资金291万元，责成13个部门进行整改。2003年，对农村税费改革监督检查，在区和乡镇驻地、村庄设置涉农收费价格公示牌500多块，涉农收费全部公示。2004年，全年组织执法检查7项，其中以行政效能监察、征用农民集体所有土地补偿费管理使用情况、基层土矿所收费及财务管理、城市重点工程和清理拖欠农民工工资，专题立项进行监察，检查单位169个，涉及总金额25448.14万元，查处违纪违规金额152.55万元，纠正清退违纪金额13.4万元，避免经济损失11.02万元，挽回经济损失4.72万元，提出整改建议121条，协助单位建章立制59项，执法检查中发现案件线索4个，建议有关单位给予行政告诫处理2人，调整工作岗位3人，通报批评乱收费行为1起。2005年，开展《中华人民共和国行政许可法》的学习、宣传和培训工作，对行政许可事项进行清理，取消行政审批项目539项。2006年，对土地整理、村村通自来水、南外环道路建设、热电厂管道延长等国有投资重点建设项目，进行全程监督检查，共涉及资金3.2亿元。2008年，对工程建设招标投标监督检查，查处违纪违法金额3200万元，纠正违规违法建设项目9个，立案9起，有9人被移送司法机关。

第七章　统战与对台工作

第一节　统战工作

1987年，全县有10类统战对象3292人，其中民主党派成员12人，无党派知名人士35人，非党知识分子干部1699人。1988年12月，18类统战对象共39162人，占全县总人口的7.8%。1989年，中共长清县委统战部（以下简称统战部）专门印制《中、高级党外干部登记表》发至县直系统各部门和各乡镇，对全县中、高级党外知识分子进行摸底调查，共有中、高级党外知识分子371名，其中高级党外知识分子37人，中级党外知识分子334人。1990年，统战部对党外知识分子较集中的文教、卫生、科技、农业、水利等部门进行登记和考察，共有党外知识分子656人，其中大专以上文化程度322人，中专文化程度334人，从中选拔出25人举荐到组织部门。至1990年11月，统战部累计考察党外干部158人，推荐县处级干部11人，科级8人。1991年8月29日，中共长清县委召开全县选拔党外干部工作会议。是年，统战部会同组织部先后印发《关于进一步健全完善局级后备干部队伍的意见》《关于选拔、培养和使用党外干部工作的意见》和《党外后备干部推荐表》。是年，推荐县直党外干部29名，推荐乡镇党外干部14名，县直安排科股级干部13名。1992年，县委选派101名县直机关干部到乡镇、办事处任实职，其中党外干部60人，占总数的59.4%。1994年，安排14名党外干部到县直企业挂职锻炼。1995年，考察党外干部30多名，对其中新选用的20多名党外优秀年轻干部充实到党外后备干部队伍中。1997年9月，县委统战部、组织部联合在县委党校举办党外知识分子培训班，37名党外骨干知识分子参加培训。1997年，全县已建立起32人的党外干部队伍，建立17个党外知识分子联系点，聘请20名党外知识分子联络员，向市委推荐1名党外知识分子联络员。1998年8月，县委统战部组织党外知识分子开展"建言献策，建功立业"活动，从中选出25名优秀党外知识分子，11名党外知识分子作典型发言。1998年年底，全县共有在职党外后备干部37名，其中副县级领导干部1名，正局级领导干部1人，副局级领导干部2人。1999年，全县党外知识分子5000多人，其中具有中级以上职称者3100多人，副县级领导干部5人（县政府1人、县政协4人），副局级领导干部3人（外经委、体委、气象局各1人），退居二线的副局级领导干部1人（妇幼站1人），部门科、股级干部104人。2000年11月，在全县组织的领导干部公开选拔活动中，选拔1名党外女干部任副局级领导干部。2005年，统战部将《关于长清区培养和选拔党外干部工作的现状及建议》和《关于长清区开展公开选拔党外干部工作的报告》呈报区委领导及有关部门。是年7月，有1名党外女干部通过公开选拔被任命为副局级领导干部。2007年，在换届工作中安排区级党外领导干部5名，同时为35名党外后备干部建立档案。2007年—2008年，在市委统战部组织开展的党外知识分子"爱泉城、建良言、做贡献"主题活动中，有4名党外知识分子被评为先进个人。2008年年底，在公开选拔领导干部活动中，有1名党外女干部被任命为副局级领导干部。是年，党外干部和党外知识分子中共有区人大代表52名，区政协委员35名。

第二节　对台工作

宣传教育　中共长清区（县）委台湾工作办公室（以下简称区（县）委台办），连续23年被评为全省涉台宣传教育先进单位。1992年，《现代中国》杂志刊登《石材之乡——长清》图片2幅、文稿1篇。1995年5月，配合国务院台办完成入岛宣传品《千年古刹——灵岩寺》大型画册的拍摄出版发行工作；7月，在《台声》杂志第7期发表长清专辑，介绍长清工农业、旅游业等方面的文稿23篇，图片35幅。1998年，完成《齐鲁仙境——五峰山》明信片的出版发行工作；是年，发放总书记江泽民解决台湾问题的八项主张为主要内容的挂图150余份，对中小学生进行涉台知识教育。1999年，为庆祝中华人民共和国成立50周年和澳门回归祖国，在全县台属中开展涉台知识答卷活动，抽取10名台属组成代表队，参加济南市台胞联谊会举办的"爱我中华"知识竞赛活动，获二等奖。2001年，邀请市台办副主任孙启忠到长清在全县中青年干部培训班上作"台海"形势报告。2005年4月，开办新的宣传载体《对台工作简报》。8月，为纪念中国人民抗日战争胜利60周年在全区范围内举行涉台知识竞赛活动。2008年，在全区干部职工和中小学生中开展涉台知识答题活动。至2008年年底，每逢佳节，区（县）委台办给台湾朋友和在台的长清籍台胞邮寄贺卡和书信，累计2900余封；向到访台胞赠送宣传画册3516册、录像带35盘、光盘202盘。

对台经济　1992年5月，县委台办组团参加长清县在福州、厦门举行的新闻发布会和长清县发展外向型经济座谈会。1993年3月，组团参加山东省在香港举办的"'93经贸洽谈会"。2004年，参加在潍坊举办的第十届鲁台经贸洽谈会。2005年，参加在济南举办的首届鲁台科技交流合作周。是年9月，参加第十一届鲁台经贸洽谈会。2006年9月，参加第十二届鲁台经贸洽谈会。10月，山东省委台湾工作办公室主任杨庆文、副主任马仁江和秘书处处长庄卫平到长清区调研，参

明德小学举行落成典礼仪式 （2007 年 摄）

和问题，累计为台商解决纠纷、住房、孩子入学、供电、治安、防疫等方面的问题 25 起。

对台交往 1990 年，制定《长清县接待台胞工作规程》。1990 年 1 月，与长清县文化馆联合举办海峡两岸书画展，5 位台胞的作品参加展出。1992 年，台湾原“刑警局局长”卢金波回长清探亲。1996 年，台胞庄长水回长清定居，成为回长清定居的第一位台胞。1999 年，台胞李宪良回长清定居。2001 年 4 月，台湾营造建筑业考察团到长清考察。2004 年 5 月，台湾化工原料同业公会、台湾桃园工业公会组团访问长清。2005 年 7 月，台湾知名人士——美国得州仪器亚太区总裁程天纵访问长清。2006 年 6 月，台湾“中华救助总会”理事长、“中华文化社会福利事业基金会”副董事长葛雨琴带领到济南市参加“社会福利学术研讨会”的成员到长清区大学科技园参访；10 月，台胞李瞻在长清一中设立“李象宸奖学金”，捐赠 8000 元人民币奖励 10 名品学兼优的学生。2007 年 4 月，首届“泉城杯”国际台商高尔夫邀请赛观大学科技园、济南经济开发区。2007 年 11 月 26 日，“明德小学”（明德小学是世界 500 强企业台湾台塑集团董事长王永庆在贫困地区所创办的一个捐资兴学项目，统一命名为明德小学）落成仪式在万德镇西夏峪村举行，该学校由台湾台塑集团捐资 45 万元、济南市配套资金 22.5 万元，总投资 67.5 万元。2008 年 10 月，组织在长清的部分台商参加第十四届鲁台经贸洽谈会；12 月，台湾台塑集团捐资 45 万元、济南市配套资金 20 万元，在文昌街道段庄村建设的第二所“明德小学”交付使用。至 2008 年年底，长清区累计批准台资项目 23 个，合同利用台资 1000 多万美元，实际利用台资 980 万美元。正常运行的台资企业有济南骏宇建筑机械化施工有限公司、济南金东亚建材有限公司、台湾兴隆立体生态农场 3 家，常住台商 2 人，台商投资项目包括农业、畜牧业、加工制造业、商业等。区委台办对辖区内的台资企业提供高效优质服务，派专人帮助企业办理登记注册等手续，协调解决台商遇到的困难

李象宸奖学金颁发仪式 （2006 年 摄）

在崮云湖高尔夫俱乐部举行。至2007年,连续4年配合济南市人民政府台湾事务办公室举办“长清自然文化一日行”和“相聚泉城、你我同行”等对台青少年交流活动。在回乡探亲的台胞中,有5位台胞捐资用于助学和家乡的公益事业,共捐款10万元。2008年10月,配合济南市台湾事务办公室接待30余位经济实力较强的驻济台商到长清大学科技园、第七届中国(济南)国际园林花卉博览会(以下简称园博园)会址参观考察,决定在园博园建设台湾展园。至2008年年底,接待到长清探亲、旅游、考察、洽谈项目的台胞台商2000多人次,随团赴台交流考察8人次,赴台探亲30人次,境外会亲9人次,赴台定居1人,涉台婚姻5人,回大陆定居2人(其中庄长水1998年去世),涉台遗产继承6人,骨灰返乡3人,帮助寻找亲人56人次,帮助台胞办理证件延期手续60次,帮助解决回乡探亲期间遇到的家庭困难49次。

台属工作 1989年,成立长清县台属联谊会。2000年,济南市人民政府台湾事务办公室在长清县召开全市台属发展经济现场会。是年,县委台办被中共济南市委台湾工作办公室评为对台联络先进单位。2002年,山东省台属联谊会、济南市台属联谊会三次在长清区召开台属企业经验交流会;是年3月,山东省人大常委会原副主任、山东省台属联谊会会长严庆清,济南市政协副主席、济南市台属联谊会会长姚兆迪出席台属企业“济南市台属种植养殖示范基地”揭牌仪式。2004年6月,台属张同新被评为济南市“十佳”台属。2005年2月,张同新被评为全省“十佳”台属;11月,济南市台湾事务办公室、济南市台属联谊会在长清区召开台属工作现场观摩交流会。2006年10月,山东省台属联谊会会长王克三,省台属联谊会名誉会长、山东省政协副主席苗淑菊和山东省人大常委会原副主任严庆清等领导20余人到长清视察台属企业济南市台属种植养殖示范基地。2007年5月,进行第四届换届选举,选举产生会长1名,副会长8名、秘书长1名、理事25名。是年,济南市台属种植养殖示范基地种植的“齐鲁华新”牌爱宕梨成为山东省2008年奥运会唯一供梨品种。2008年1月,张同新、董伟、王成振被评为山东省优秀台属企业家。2008年5月,四川汶川大地震后,区委台办及时向全区台属发出为灾区捐款的倡议书,共收到台属捐款7万余元。2008年,全区共有在台台胞227户、2118人,共有台属411户、3201人,其中与在台亲友有联系的184户,区委台办累计为台属企业协调贷款60余万元,组织台属外出参观48人次。

第八章 民主党派地方组织

第一节 组织发展

民革长清区支部 1984年9月8日,中国国民党革命委员会(以下简称民革)长清县人民医院支部成立,党员7人。1987年12月,民革长清县医院支部举行第一次换届,选举肖振亚为主任委员,刘振铎为副主任委员,董传湖为组织委员,田宝山为宣传委员,卢现柏为联络委员,支部成员5人,党员8人。1991年12月12日,民革长清县医院支部举行第二次换届,并更名为民革长清县支部,选举刘振铎为主任委员,王恩宝为组织委员,田宝山为宣传委员,卢现柏为联络委员,支部成员4人,党员11人。1996年年底,民革长清县支部举行第三次换

2007 年 2 月，举行民革长清区支部第五次换届大会

2006 年 8 月，举行农工党长清区支部第四次换届会议

届，选举刘振铎为主任委员，王恩宝为副主任委员，李有才为组织委员，田宝山为宣传委员，卢现柏为联络委员，支部成员 5 人，党员 11 人。2003 年春，民革长清县支部举行第四次换届，并更名为民革济南市长清区支部，选举王恩宝为主任委员，李有才为组织委员，李娜为宣传委员，支部成员 3 人，党员 14 人。2007 年 2 月，民革济南市长清区支部举行第五次换届，选举王恩宝为主任委员，李有才为组织委员，李娜为宣传委员，支部成员 3 人。2008 年年底，民革济南市长清区支部共有党员 12 人。

民盟长清区支部 2008 年 12 月，中国民主同盟济南市长清区支部成立，有盟员 6 人，选举王志勇为主任委员，韩晓魁为组织委员，李富生为宣传委员。

农工党长清区支部 1990 年 11 月，中国农工民主党（以下简称农工党）长清县第一届委员会成立，选举李玉荣为主任委员，董金亮为委员，党员 6 人。1994 年 12 月，农工党长清县支部举行第一次换届，选举董金亮为主任委员，时华勤为副主任委员，王向林为组织委员，魏文林为宣传委员，党员 10 人。1997 年 11 月，农工党长清县支部举行第二次换届，选举董金亮为主任委员，时华勤为副主任委员兼宣传委员，王向林为组织委员，党员 12 人。2000 年 11 月，农工党长清县支部举行第三次换届，选举时华勤为主任委员，王向林为副主任委员兼组织委员，董德印为宣传委员，党员 12 人。2006 年 8 月，农工党长清区支部举行第四次换届，选举时华勤为主任委员，王向林为副主任委员兼组织委员，董德印为宣传委员。2008 年年底，农工党长清区支部共有党员 14 人。

2008 年 12 月，举行民盟长清区支部成立大会

第二节 自身建设

1992 年，各民主党派建立和落实每月一次的学习生活会议制度。1994 年，各民主党派开展以“拒红包”为主要内容的职业道德教育活动（县民主党派成员多数在医疗卫生界）。1993 年—1996 年，农工党成员

为幼儿园儿童免费查体95人次，各民主党派4次联合组织医疗队到张夏、万德、双泉、武家庄等乡镇的偏远山村义诊，就医者700多人次。1997年上半年，统战部组织县民革、农工党部分成员和卫生界有关人士在万德镇、长清镇分别举办两次迎香港回归义诊活动，就医者600多人次。1997年6月下旬，民革长清县支部参加由民革济南市委组织的“庆七一·迎回归”义诊活动，医治患者150多人次。2003年7月，民革长清区支部与民革市中医医院支部到平安店镇王宿村联合义诊，医治群众300多人次。1998年—2008年，民革和农工党两支部每年联合组织医疗卫生界党员到张夏、万德、双泉、孝里等乡镇的偏远山村开展义诊活动，累计医治患病群众3000多人次。

第三节 参政议政

1986年—1997年，全县各民主党派累计召开协商对话会、专题座谈会30多次，参加人员600多人次，提出合理化意见建议700多条，所提意见和建议均被采纳；各民主党派中的人大代表、政协委员向市和县两级提出提案85件，其中市级9件，县级76件，采纳49件，占提案总数的57.6%。1998年—2008年，各民主党派中的人大代表、政协委员累计向市、区（县）两级提出提案134件，其中市级45件，区（县）级89件，采纳80件，占提案总数59.7%。

第九章 群 团

第一节 工 会

职工组织 1986年，全县共有基层工会103个，工会会员13222人，专职工会干部55人。1997年，县总工会下辖11个乡镇工会工作委员会，13个系统工会工作委员会，178个基层工会，1个工会经费审查委员会，117个基层工会经费审查委员会（小组），120个工会女职工委员会。工会会员24349人，其中女会员8116人。2002年，有基层工会247个，工会会员28795人。2006年，全区基层工会组织发展到738个，工会会员80241人。2008年年底，区总工会辖乡镇总工会6个，街道工会工作委员会4个，系统工会工作委员会14个；全区基层工会组织共996个，工会会员91022人。

送温暖工程 1986年起，每年元旦、春节、中秋节区（县）工会筹集资金，对全区（县）的困难劳动模范、特困职工和考入大学的特困职工子女进行救助。2002年11月，区总工会成立困难职工帮扶中心，建立帮助下岗失业人员再就业、困难帮扶、法律咨询、职业介绍、信访接待等一条龙服务的长效机制，1560人次得到帮助。2004年起，开展以“工字号”创业工程为重点的促进再就业工作，至2008年年底，共培植“工字号”创业基地410家，带头人106名，吸纳下岗职工3000余名，发放“工字号”创业奖金11万元。区（县）总工会累计救助困难职工7000余户，帮扶资金2100余万元。

维护职工合法权益 1986年，全县85个单位建立职工代表大会制度。1992年4月3日，中华人民共和国新工会法颁布实施，县总工会组织全县各级工会学习、贯彻新工会法。全县各级工会共举办工会法培训班51期，培训干部职工5000余人；

举办"工字号"创业基地命名授奖仪式 （2008 年 摄）

展"创建学习型组织，争当知识型职工"活动。至 2008 年，县(区)总工会多次组织开展"技术比武""岗位练兵"等多种形式的建功立业劳动竞赛、技术竞赛活动；全区(县)职工累计提出合理化建议 8 万多条，节约和创造经济价值 3.2 亿元；开展节能减排活动，悬挂节能减排宣传标语 100 余条，发放宣传资料 2 万余份。

职工教育和文体活动 1984 年，长清县总工会投资 50 万元，建设总面积 2200 平方米的工人

举办庆"五一"文艺联欢会 （2008 年 摄）

举办工会法知识竞赛 20 场，与会人员 1.5 万余人次；同时 2 万余人参加工会法知识百题问答。1997 年，全县有 130 个单位建立企业职代会制度。2006 年，发放《济南市工会条例》500 册，在城区内的主要街道两侧悬挂 300 幅学习、宣传《济南市工会条例》牌匾，开设专栏 30 期、电视讲话 1 期、知识竞赛 3 期、专题节目 2 期、法律咨询 5 场、悬挂宣传标语条幅 100 条。至 2008 年年底，全区国有企业职代会建制率 100%，规模以上非公有制企业建制率 90%以上。企业的发展规划、重大生产经营决策等都经职代会审议通过，职代会质量不断提高、职工民主管理形式不断创新、民主管理渠道不断拓宽、代表参政意识不断增强。

劳动竞赛 1987 年，开展"双增双节"社会主义劳动竞赛活动。1995 年，开展"创先、创优、创新"劳动竞赛活动。2004 年，开

2008 年，举办长清区"庆五一迎两会"职工乒乓球大赛

文化宫，位于长清县清河街西段路南。1989年—1991年，开展“三个教育”(坚持四项基本原则教育,工人阶级历史使命和主人翁思想教育,艰苦奋斗教育)和“四爱一学”(热爱祖国、热爱社会主义、热爱中国共产党、热爱解放军和学习雷锋)活动，全县各级工会共举办各类培训班130期，专题讲座96次，黑板报1500期，知识竞赛与读书活动1200余场次。1993年—1995年,组织全县各级工会开展以“为工人阶级争光,让党满意”为主题的教育活动,职工受教育面100%。1998年,举办庆“五一”党在我心中知识竞赛。2005年、2007年两次举办全区职工篮球赛。2008年,举办全区“庆五一”文艺晚会和长清区“庆五一迎两会”职工乒乓球大赛。至2008年年底,各级工会共组织各种文体活动2000余场次,参与职工累计20万余人次。

劳动模范 1986年—2008年，有1人被授予全国劳动模范称号,2人获全国“五一”劳动奖章;14人次被授予山东省劳动模范称号,18人次获山东省富民兴鲁奖章;74人次被授予济南市劳动模范称号,55人次获济南市五一劳动奖章;114人次被授予长清区(县)劳动模范称号,10人获长清区“五一”劳动奖章。(历年劳动模范见人物编)

第二节 共青团

组织建设 1986年,全县共有45个基层团委，团员14022人。1991年—1994年,全县22个团组织受团省委表彰,18人被评为省市优秀团干部，基层团干部配备率85%,农村团支部书记进两委会率43.1%。1994年,全县有56个基层团委,187个总支,915个支部,团员19335人。1998年，团员与青年比例为25.19%，团员23394人。2002年,全区14个团委获省市级五四红旗团委称号，涌现出平安店镇小王村等140个先进典型。2007年1月,长清区被评为全国团组织建设工作先进区。2007年—2008年,在保安公司、平安建筑集团等建立团委6个,新经济组织建立团组织31个。2008年年底,共青团长清区委共辖51个团委,128个团总支,1324个团支部,共有团员27298人,其中农村团员12523人,区直团员1632人,新型经济组织团员及流动团员2383人,学生团员10760人。

青年农民活动 1986年,开展“学科学、用科学”和实用技术培训活动,全县11个乡镇建立农业科普学校。1990年—1994年,深化“科技兴农青年当先”活动,举办各种致富技术培训班280期，恢复和建立青年科技服务队伍180支,攻关小组320个,推广新成果15项,2万名农村青年掌握一技之长。1995年—1998年,建立各类青年专业协会236个，青年科技服务队517支,共青科技服务站154处,举办各类致富培训班1600期,486支青年突击队创建“青字号”工程936项,建设“五四”林场15处,植树323万株。1998年,团县委被团中央评为沿黄青少年二期工程绿化先进集体。2001年,开展“科技兴农金桥行动”，实现人才与项目和市场的对接,492名人才与136个项目实现对接。是年9月,“中国青年科技创新行动——金桥计划长

金桥计划长清现场经验交流会召开 (2001年 摄)

清现场经验交流会”在长清县召开，全国30多个省、市、自治区的团组织统战部长和全省17地市团的分管领导参加会议，长清青年科技创新经验向全国推广。2002年，青年星火带头人与农村青年“一助一”扶贫结对率100%，建立青年科技书屋340处，“三位一体”（从农村青年星火带头人中选配团支部书记并兼任村委会成员）团支部296个。2004年，实施农村青年劳动力培训工程，举办各类培训班122期，培训农村青年5430人次。2005年，长清区被团中央评为全国青年文化活动中心建设先进区。2006年，建立农村信息化培训基地，免费举办电脑培训班43期，累计建设各类青年中心13处，会员2810人。至2008年年底，共培养全国青年星火带头人韩春荣、崔延庚2人，省级32人，市级73人，县级640人。

青年职工活动 1986年，在全县开展“争当新长征突击手”活动，共涌现出新长征突击手137人，其中省级2人、市级18人、县级117人。1991年—1994年，开展“岗位学习、岗位奉献、岗位成才”活动，涌现出先进典型210多个。1995年—1998年，全县近2万名青年职工参与“一争一创”（即争当岗位能手、创建“青年文明号”）活动，43个“青年文明号”岗位开展“青年文明号服务卡助万家”活动。1998年—2002年，以“创新创效”为主题的“四个一”（开发一项新产品、创造一项新工艺、推广一项新技术、转化一项新成果）和“五小”（小攻关、小设计、小发明、小革新、小改造）活动中，企业青年共研制开发改造新成果980多项，提出合理化建议1860余条。2004年，启动“青春创业行动”，通过中国青年国际创业计划（YBC）和商业银行小额贷款，重点对中小型企业、下岗失业青年和大学毕业生进行扶持。至2008年年底，累计帮扶企业15家，创业青年186人，协助贷款1000余万元，创造就业岗位980个，累计建立青春创业行动基地12家。共创建青年文明号193家，其中省级5家、市级66家、区级122家。

少先队工作 1986年—1991年，先后开展“四有小金星”“爱劳动的小金星”、全国“勤巧小队”“红领巾立功行动”“学赖宁、学十佳，争做长清好少年”等活动。1989年—1990年，开展“踊售爱国粮，争做小主人”活动。1990年，全县第一家乡镇少年团校在平安店镇建立。是年，全县少先队建鼓号队率15%，建队室率70%，314名辅导员获全国辅导员进修学校岗位合格证书。1991年6月1日，召开少先队第二次代表大会。1997年，成立石麟少年军校。2003年8月，成立长清区青少年活动中心。2005年—2008年，开展“十佳少年”评选、“青少年科技创新大赛”“少先队技能达标竞赛”“雏鹰争章竞赛”、军事夏令营、科普宣传周等活动，少年儿童自学、自理、自护、自强、自律能力增强。至2008年年底，共有19个少先队中队被评为省级“优秀国旗中队”，40个中队被评为市级“优秀国旗中队”。

希望工程 1992年起，长清县实施希望工程。1994年5月，成立长清县希望工程领导小组，办公室设在团县委。1995年5月，长清县实施希望工程动员

弘德希望小学教学楼落成仪式 （2008年 摄）

大会召开，在全县发起领导干部“1+1”结对救助活动。1997 年，全县有 100 多个单位，2 万余群众先后为希望工程捐款 19.5 万元。是年，发起希望工程爱心储蓄活动，总储蓄额 290 万元。2004 年 3 月，设立“希望之星”助学基金，主要用于救助贫困中学生。至 2008 年年底，累计筹集资金 260 万元，救助贫困学生 6500 余人次，其中 283 人考入大学，先后建立“八一”“华龙”“李阳克里兹”“神光”“龙箭”“红星圣象”“宝健”“港基”“弘德”9 所希望小学，建立希望图书库 10 个，希望体育器材室 4 个。

1998 年 5 月 5 日，共青团长清县第十五次代表大会召开

志愿者工作 1995 年 4 月，长清县青年志愿者协会成立。1995年—1998 年，开展“星期六志愿服务”“科技青年志愿扶贫奔小康”“成人预备期青年志愿服务行动”等各类志愿服务活动，参加人员累计 1.4 万人次。2001 年，团县委被团中央评为全国百个优秀志愿者服务集体。2008 年，全面推行志愿者注册制度，注册人数 3700 人。是年，“5·12”汶川地震发生后，团员青年捐款 2.2 万元，并缴纳“特殊团费”3.1 万元，12 名志愿者深入灾区为当地灾民搬运、分发食物和饮用水 3000 多箱，帮助转移受伤群众 200 多人，发放预防疫病宣传材料 2 万份，团区委程海金被团中央评为全国抗震救灾先进志愿者。

关心下一代工作委员会 1995 年 9 月 21 日，长清县关心下一代工作委员会（简称关工委）成立。1996 年，全县 11 个乡镇关工协会全部建立。2004 年，区关工委班子调整充实，全区 10 个街道、乡镇关工委相应调整。全区各级关工组织采取多种形式对青少年进行革命传统教育和法治教育，累计举行各类报告会 300 多场，受教育青少年 36 万人次。2008 年年底，承办全市青少年法治教育现场会。关工委长期坚持救助贫困中学生，累计筹集资金 230 多万元，救助 1680 人次。先后编写《长清革命斗争史》抗日篇和解放篇，撰写革命斗争文章 60 篇近 20 万字，共印刷 1.6 万册，作为爱国主义教材免费发放给全区各级关工委和中小学学生。区关工委被评为山东省关心下一代工作先进单位，县人大常委会原主任李近仁被评为山东省关心下一代工作先进个人，12 人获市级表彰。

青年联合会 1991 年 12 月，长清县青年联合会（以下简称青联）成立，共有委员 78 人，其中女委员 18 人，少数民族委员 3 人。下设共青团界、经济管理界、科教文卫界、港澳台界、民主党派宗教界、农工财贸界及其他 7 个界别，常委会由 25 人组成，主席 1 人，副主席 7 人，常委 17 人。先后成立青年星火带头人协会、青年科学养殖学会、青年林果栽培协会、青年蔬菜种植协会、青年食用菌养殖协会等。1997 年，成立长清县青年书画协会。先后举办 6 届 “长清县卡拉 OK 歌手大奖赛”、3 次乒乓球比赛和 2 届围棋比赛。2004 年 3 月，青联举行撤县划区后首次换届，成立长清区青年联合会。2008 年年底，区青年联合会主席团成员 49 人，有青联委员 182 人，下设 12 个协会，会员 231 人。

历届团代会 1986年—2008 年，共青团长清区（县）委员会分别于 1987 年、1991 年、1994 年、1998 年、2002 年召开第十二至十六次会议，会议审议工作报告，选举产生新一届委员会。

1986—2008 年共青团长清区(县)代表大会情况表

表 6－4

届次	时　间	地点	代表人数(人)	主要议程	选举结果
第十二次	1987.3.26—29	长清剧院	400	审议关于《团结全县青年,坚持四项基本原则,争做四有新人,开展增产节约、增效节支活动,做社会主义精神文明建设先锋》的工作报告;选举第十二届委员会。	选举赵保健为书记,王友海为副书记,选举产生常务委员 9 人。
第十三次	1991.4.7—9	长清剧院	300	审议关于《动员全县青年积极行动起来,为振兴长清贡献青春和力量》的工作报告;选举第十三届委员会。	选举王友海为书记,万秀水、刘吉利为副书记,选举常务委员 11 人。
第十四次	1994.5.26—28	县委会议厅	163	审议关于《牢记党的嘱托,肩负时代重任,在"建设长清 振兴长清"的伟大实践中贡献青春》的报告;选举第十四届委员会。	选举万秀水为书记,张振河为副书记,选举常务委员 9 人。
第十五次	1998.5.5—7	县委会议厅	172	审议关于《团结带领全县青年在实现党的跨世纪目标的伟大实践中建功成才》的工作报告;选举第十五届委员会。	选举张振河为书记,杨玉华、刘明忠为副书记,选举常务委员 9 人。
第十六次	2002.4.20—21	区委会议厅	187	审议关于《与时俱进,求实创新,谱写长清共青团事业新篇章》的工作报告;选举第十六届委员会。	选举董庆哲为书记,刘兴文、亓明为副书记,选举常务委员 11 人。

第三节　妇女联合会

组织建设　1986 年,有村妇代会 597 个,乡镇妇联 11 个。1987 年,全县建"妇女之家"154 处。1990 年 11 月、1993 年 11 月两次整建村级妇女组织,建村妇代会 614 个,设专兼职妇女干部 2473 人。1994 年 5 月 9 日,全国妇联副主席赵地到长清视察,对长清县基层组织建设给予高度评价。1996 年,全县村级妇代会成员 2473 人,乡镇企业建妇代会 60 个,县直八大系统均建立妇女工作委员会,建立妇委会 44 个,妇工组 54 个。1997 年,全县 11 个乡镇、县直 8 个系统 44 个正局级单

全国妇联副主席赵地(前中)到长清县视察　　(1994 年　摄)

位，妇女组织建立健全。县妇联于1994年、1996年、1997年3次被省妇联评为基层妇女组织建设先进单位。2001年，由县妇联联合县委组织部、县民政局下发《关于进一步做好我县农村妇女进村“两委”工作的通知》，村妇代会主任进村党支部、村委会班子的比例为96%。2004年，下发《关于在全区开展争创“先进妇联”“先进妇代会（妇委会）”活动的实施意见》，评出区级先进妇联、先进妇代会、妇委会50个。2006年，双泉乡妇联被省妇联评为先进妇女组织，马山镇宋庄村妇代会、归德镇李官村等11个村妇代会被评为“济南市百佳村妇代会”，区妇联获全市妇女工作先进单位。2008年，与区委组织部联合下发《关于印发〈关于以科学发展观为指导加强“党建带妇建”工作的意见〉的通知》，将妇联基层组织建设纳入党的基层组织建设。是年年底，全区10个乡镇、街道，配备专职妇女干部16人，其中有6个乡镇配备2名专职妇女干部；624个行政村（居委会）全部建有村（居）妇代会组织，建立妇女之家624个，组建率100%。区直部门共有68个妇委会（妇工组），组建率100%。

巾帼建功活动 *农村妇女增收致富* 1986年，围绕“提高妇女素质年”，县妇联组织引导全县妇女开展“千元姑娘”“千元大嫂”评选活动，全县涌现出收入千元以上妇女47117名。1987年，围绕“三学”“三比”（学政治、学文化、学科学技术，比中国女排拼搏精神、比南疆将士的吃苦精神、比永争第一的拼搏精神），组织开展“提高妇女素质立志达标”活动。1992年，在开展以发展庭院经济为主要内容的“增百创千”“十佳女能手”等竞赛活动基础上，开展“双学双比”（学文化、学技术、比成绩、比贡献）活动。8月，召开全县庭院经济开发现场经验交流会，推广归德镇沙河辛村庭院经济的经验。1995年，开展“争当科技女状元、致富女能手”活动，共评出科技女状元100名，致富女能手1000名。1996年—1997年，围绕全县中心工作带领农村妇女参与经济发展，实施“双学双比”竞赛活动及“巾帼建功”活动。1999年，在全县农村妇女中开展“创科技专业大户、抓龙头项目、建妇字号基地”活动，在全县培养树立妇女科技专业大户15个、妇女龙头项目12个、妇字号基地3个。是年10月，全市女科技专业大户暨妇字号基地现场观摩会在长清县召开。2001年6月，实施“巾帼科技致富工程”，建设“三八”科技示范基地，对全区妇女进行多层次、多形式、系列化科学文化技术培训。是年，县、乡镇都成立妇女科技指导中心，组建科技服务队32支，建立农村妇女专业技术协会14个，带动全县农村妇女依靠科技增收致富，提高广大妇女科技素质和科技致富能力。2002年，邀请省农业专家对农村妇女进行农业结构调整与农业标准化知识培训。是年3月，成立长清区“阳光大姐”家政服务社。2005年，成立长清区女企业家联谊会。是年，区妇联联合区林业局举办送科技下乡活动，聘请专业技术人员为农民传授果树科学种植实用新技术。2006年，成功开办全市首个“巾帼新农民大课堂”，为农村妇女转移就业、增收致富铺路架桥，市妇联在全市总结推广长清区创办“巾帼新农民大课堂”的成功经验。是年，区妇联被评为全省“巾帼科技致富工作”先进集体。2007年，“济南市女企业家农业科技示范基地”在文昌街道西李村建立，成为全区吸纳农村妇女施展才能、参与发展、增收致富的示范点。至2008年年底，共开展27次科技下乡活动，赠送农业科技书籍1000余册，发放科技宣传手册1万余份，受益群众4.01万余人。以“阳光大姐”家政服务社为载体，帮助721名妇女实现再就业，培训安置妇女1139人，就业率85%。累计举办各种形式的培训班300余期，培训妇女1万余人次，有6690名妇女掌握1~2门实用技术，7491名妇女取得“农民技术员”技术职务，1267人获绿色证书，6731人取得大专以上学历。全区（县）共评出“双学双比”女能手43名，其中孝里镇靳卫兰、万德镇段德菊、平安街道吴德凤、崮云湖街道王本珍先后获全国“双学双比”女能手称号。建成专业村96个，“三八”科技示范基地47处，“三八”绿色工程基地87个，“妇字号”龙头企业18个，“妇字号”专业合作组织2个，“巾帼致富带头人”36名，妇女科技大户1800多户、种养专业户3894户。

城镇妇女建功立业　1986年，县妇联在城镇职业妇女中开展“巾帼建功”活动。1997年，制定《关于开展争创巾帼建功示范单位、岗组的实施意见》。1998年，下发《关于开展巾帼建功示范单位、岗组的申报授牌活动的通知》，全县参赛妇女7359名，占女职工总人数的96%，百名职业妇女获县以上“巾帼建功标兵”“三八”红旗手称号。是年3月，授予10个单位及岗组长清县巾帼建功示范岗称号。1999年10月，召开全县争创“巾帼建功示范岗”现场会。至2000年，通过开展“巾帼建功”竞赛活动，全县参加培训职业妇女5593人，有1569名妇女获专业技术职称。2001年，以“岗上抓建功，岗下抓就业”为主题，开展“争创巾帼文明示范岗、争做巾帼建功标兵、争当再就业明星”活动，召开全区争创巾帼建功示范岗现场会，举办巾帼创业演讲会，涌现出省级“巾帼建功先进工作者1人，市级“巾帼文明示范岗”4个，县级“巾帼文明示范岗”14个，“巾帼建功标兵”20人。2004年，实施“女性再就业工程”和“巾帼社区服务工程”。2006年，制定《长清区“巾帼文明岗”管理办法》，区检察院孟红伟获全国“三八”红旗手称号。至2008年年底，全区涌现出省级“巾帼建功”先进个人2名（区妇联蔺红红、区中医院张承莲），省级巾帼文明岗3个（区医院急症科、区市容环卫园林管理局女子保洁班、区妇女儿童活动中心），市级巾帼文明岗26个，区级巾帼文明岗129个，巾帼建功标兵150名，巾帼示范村32个、巾帼科技特色专业村40个，巾帼创业示范点5处，表彰巾帼建功能手356名，“三八”红旗手778名，“三八”红旗集体220个。

全省妇联系统普法工作经验交流会在长清县召开　（1998年 摄）

维护妇女儿童合法权益　普法维权　1986年始，每年举办法律培训班、开展法律咨询活动。1991年7月，举办“巾帼‘一五’普法杯”知识竞赛，近千名妇女参加，评出一等奖10名、二等奖25名、三等奖50名。1992年4月，《中华人民共和国妇女权益保障法》颁布实施后，把每年3月定为宣传普法月。1998年9月8日，全省妇联系统普法工作经验交流会在长清县召开，与会者参观崮山镇范庄村普法“六个一”工程现场。2001年9月，成立“妇女法律援助中心”“148”妇女法律热线、公安“110”妇女报警服务台、“家庭暴力伤情鉴定中心”，以上维权岗热线共接听妇女咨询人数357人次，“110”维权报警服务台接报警数65件。2004年，开展“零家庭暴力村庄”和“平安家庭”创建活动，全区616个村（居）建立“平安家庭”创建活动领导机构。2005年3月，实行人民陪审员制度，全区落实女人民陪审员11名，其中6名妇联干部。是年，全区建立妇女维权工作联席会议制度，形成妇女维权齐抓共管的社会格局。2006年，继续做好“五五”普法的宣传培训工作，发放宣传材料1万余份。是年，实施“巾帼平安行动”，95%的社区、村建立妇女儿童维权机构，90%的社区（村庄）达到“零家庭暴力社区（村庄）”创建标准。2007年始，区妇联在全区实施单亲特困母亲救助行动，两年间共救助单亲特困母亲136人次，发放救助金4.8万元及价值2.1万元的生活用品。至2008年年底，全区（县）共举办各种法律知识培训班126期，开展法律咨询活动132场次，发放各类法律知识答卷

3.2万份，受教育妇女12万人次。妇联干部共参与审理案件126起，共接待来信来访案件1720余件次，处结率98%；配合公安等有关部门开展“扫黄打非”专项斗争和打击拐卖妇女儿童犯罪活动，共解救妇女儿童55名。评选优秀维权岗30个，“零家庭暴力村庄”20个，平安家庭100户。

《妇女儿童发展纲要》实施 1986年—1988年，县妇联通过挂过街联、印发宣传资料、设宣传站开展咨询等活动宣传《妇女儿童发展纲要》。1989年，县委、县政府成立县儿童少年工作协调委员会。1994年8月，长清县妇女儿童工作委员会成立。1995年，长清县儿童事业发展“八五”规划顺利通过全省达标验收。1996年，制定《长清县妇女事业发展规划(1996—2000)》和《长清县儿童少年事业发展规划(1996—2000)》，并将其纳入全县国民经济和社会发展整体规划。1997年8月，省妇女儿童工作委员会将长清县列入全省县级儿童发展监测统计试点县。2000年，通过省级儿童“八五”规划监测检查，检查团视察东城小学、崮山医院、大刘村，给予较高评价。2001年，县妇联通过挂过街联、印发宣传资料、设宣传站开展咨询等活动，宣传《妇女儿童发展纲要》，共发放宣传资料3万余份，受益妇女1.7万人。2002年1月，颁布实施《长清妇女发展纲要(2001—2010)和长清儿童发展纲要(2001—2010)》，将每年的3月和6月定为“两纲”宣传月。是年3月，召开全区妇女儿童工作会议，共表彰妇女儿童工作先进个人90名、先进集体30个。2008年，区委办公室、区政府办公室转发《长清区妇女儿童工作委员会〈关于为妇女儿童办好十件实事的实施方案〉》，重点解决“两纲”实施的热点、难点问题，生育保险指标提高30个百分点，完成“两纲”中期监测统计评估任务。2008年，区妇联被市委、市政府表彰为妇女儿童工作先进集体。

文明家庭创建 1986年，开展“五讲四美三热爱”活动(讲文明、讲礼貌、讲卫生、讲秩序、讲道德；心灵美、语言美、行为美、环境美；热爱祖国、热爱社会主义、热爱中国共产党)。1993年，开展“五育进家(科学技术进家、“三优”知识进家、法治教育进家、文明道德进家、健康生活进家)家家美”美好家庭评选活动。1994年，开展“国际家庭年”及“国际家庭日(每年5月15日)”宣传活动，全县设宣传站17个，充分利用广播、电视、咨询服务、散发宣传材料等方式，其中接受咨询人数1500余人，散发宣传材料2万余份。1996年，在全县举办“做合格家长，建文明家庭”事迹巡回报告会，组织优秀家庭成员张诗俭、警官王绍芬、女会计师刘瑾、女农民张德青、女教师庄云萍等7户文明家庭标兵，在全县共做巡回报告12场，受教育群众3万余人次。1997年，开展“家庭美德进万家”活动，下发倡议书3万余份，举行“争做优秀家庭成员、创建五好文明家庭”大型签字仪式，全县1万余名妇女参加。1999年12月，全国妇联副主席、书记处书记华福周一行3人，在省市领导的陪同下视察长清县农村妇女政治思想工作及美在家庭活动情况，给予高度评价。2000年，开展评选“五好文明家庭、优秀家庭成员”活动，县妇联被评为省级五好文明家庭创建活动先进单位。2001年，制定《2001年—2005年美在家庭活动实施意见》。是年，评选

1999年12月，全国妇联副主席华福周(中)到长清县视察指导工作

出750户五好文明家庭。2004年，在城区开展创建“五好文明家庭户”活动，在农村开展“美德在农家”活动，全区共评选表彰600户文明户。2007年，实施“爱我长清，建我家园”主题行动，鼓励妇女参与居民文明户、学习型家庭、绿色家庭、温馨家园、文明楼幢、“美在家庭”“平安家庭”等文明创建活动，区妇联被评为省“美在家庭”活动先进单位。2008年，实施“创和谐家庭，建文明长清”主题行动，评出47户和谐家庭标兵户。至2008年年底，全区(县)共评出五好文明家庭2200户，文明家庭标兵2356户，十星级文明户1800多户，“好婆婆”2000户，“好媳妇”2100户。

少年儿童及家庭教育工作 家庭教育 1986年，长清县家庭教育促进委员会成立。1987年，开展“为国教子，争做合格家长”活动。1989年，开展“为国教子好妈妈”评选活动。1992年，开展“为国教子全家光荣”活动，共有4对家长被评为市级科学育儿好父母，1对父母被评为市级“十佳”父母，4名儿童被评为市级健美儿童。1996年，开展“十佳儿童”“家庭教育先进工作单位”评选和“为儿童献爱心”活动。1997年，全县共有家长学校980所，家庭教育咨询服务站24个。2004年，全区共有各类家长学校447所，家庭教育咨询站15个，举办家教骨干培训班156期，培训家长10万人次。2004年，区妇联联合教育局向全区20万母亲发出《身体力行做榜样，携手共育出栋梁——致全区母亲的一封信》。2006年4月，市妇联在长清区启动“八荣八耻从家庭做起——泉城十佳好妈妈社区巡讲活动”，全区600余名家长受益。是年，区实验小学褚允兰被评为“泉城十佳好妈妈”。2007年，区妇联被评为山东省“家庭教育工作”先进集体。2008年，联合教育局陆续开展优秀家长学校、好家长、家庭教育园丁等多项评选活动。5月，邀请山东英才学院董事长、教授、全国十大杰出母亲、全国“三八”红旗手标兵杨文做“提高家长素质，培养合格人才”报告会，全区600余名学生家长听取报告。至2008年年底，全区各类家长学校有329所，其中省级优秀家长学校有区实验小学1所，省级示范家长学校有区石麟小学、区实验小学、区乐天小学3所，市级优秀家长学校7所，区级示范家长学校36所，市优秀家庭教育68户，“齐鲁好家长”1名，“泉城好家长”9名，“长清好家长”20名。

“春蕾计划” 1994年始，县妇联组织实施“春蕾计划”，动员社会各界救助贫困女童。1998年，救助失学儿童68名，共资助2.7万余元。2000年，开展为孤儿寻找“代理妈妈”活动，救助贫困女童178名，为20名孤儿找到“代理妈妈”。2001年6月，长清撤县设区后，农村剩余劳动力大规模地向城市转移，产生一个特殊的群体——“留守儿童”，其中女童占59%。开展为留守儿童献爱心，向贫困留守儿童家庭送技术、信息、学费等活动。2002年，对贫困女童的分布进行调查摸底，建立春蕾数据库。2003年，由市公路局资助的第一个春蕾班在文昌中心小学成立。2006年，济南市首个留守儿童春蕾班在长清双泉乡柳杭小学成立，沙欧国际训练机构向20名农村留守春蕾女童捐赠1万元。2007年，开展“百岗结对百名女童”活动，全区103个“巾帼文明岗”捐资2.36万元与112名贫困女童结成救助帮扶对子。是年“六一”前夕，全国“三八红旗手”孟红伟捐资6000元，在马山镇关王小学成立“知心孟姐春蕾班”；市卫生局在马山镇褚科小学成立“白衣天使留守儿童春蕾班”。2008年，“5·12”四川汶川地震后，区妇联发动全区妇女姐妹为汶川灾区群众奉献爱心，共向省儿童少年基金会上交55439.7元的捐款和价值3万元的救灾物资。区妇联被评为“泉城母亲行动帮灾区妇女儿童建个家”活动先进集体。是年，省妇联、省广播电台音乐频道、省儿童少年福利基金会在长清区张夏镇举行“这城市有爱”——救助孤困儿童捐款仪式，救助孤困儿童40名，募集爱心捐款3万元，分3年发放。至2008年，全区共救助“春蕾女童”2895名，救助款30余万元，区妇联被评为全省“春蕾计划”工作先进集体。

“小公民”道德建设 1986年—2008年，妇联开展“我做合格小公民”活动，发放《儿童发展纲要》《中华人民共和国未成年人保护法》《小公民道德建设基本知识》等宣传资料3万份，为5000多人提供咨询服务。1994年，开展“齐鲁新苗、十佳新苗”竞选活动，1名儿童被授予市级“十佳”新苗称号。2002年，以“为国教子、以德育人”为主题，开展“我爱长清、我爱我家，争做合格家长，培养合格小公民”的“双合格”实践活动。围绕“道德规范，从我做起”这一主题，开展“长清之星”评选活动，评出20名“长清之星”。2005年，开展以“五小”（小帮手、小标兵、小伙伴、小卫士、小主人）为主要内容的小公民道德建设活动，推动小公民道德建设进家庭、进学校、进社区、进公共场所，发放宣传单1000多份，举办活动10余次。2006年，开展“长清新苗”评选，共评出32名小朋友为“长清新苗”，其中6名被评为“泉城新苗”，石麟幼儿园的小朋友陈天悦被评为“十佳齐鲁新苗”。2007年，区妇联联合区教育局、区文明办、区广播电视局、区新闻信息中心开展长清区首届“十佳创业女性”“十佳母亲”和“巾帼养老之星”“巾帼育苗之星”评选活动，对评选出的优秀典型进行表彰。

1986—2008年长清区（县）妇女代表大会情况表

表6－5

届次	时间	地点	代表人数（人）	主要议程	选举结果
第六次	1987.6.3—4	县委小礼堂	252	审议关于《全县妇女团结起来，努力拼博，在两个文明建设中再立新功》的工作报告；选举县妇联第六届执委会	选举产生长清县第六届妇女联合会主任1人、副主任2人，常委9人，执委31人
第七次	1994.6.2—4	县委会议厅	169	审议关于《全县妇女团结起来，为振兴长清经济、推进社会进步再立新功》的工作报告；选举县妇联第七届执委会	会议选举产生长清县第七届妇女联合会主席1人、副主席2人，常委7人，执委31人
第八次	2003.7.8	区委会议厅	200	审议关于《全面贯彻“三个代表”重要思想，团结动员全区妇女为建设现代化新长清而努力奋斗》的工作报告；选举区妇联第八届执委会	会议选举产生长清区第八届妇女联合会主席1人、副主席3人，常委9人，执委33人

附：全国“双学双比”女能手

靳卫兰 女，1964年6月生，长清区孝里镇孝里四村人。现任济南荣达养殖有限公司经理。公司占地2.7公顷，圈舍300多间，是济南唯一一家斯格种猪繁育基地，存栏生猪3000多头，年出栏量6000多头，年纯收入100万元，是长清区养猪大户之一。

1981年初中毕业后，她先后从事养鸡、粮食购销、生猪养殖工作，经历创业三部曲。特别是自2001年从事生猪养殖起，养殖规

养猪女状元靳卫兰 （2008年 摄）

模不断扩大，成为当地有名的养猪女状元。2007年8月，成立长清区首家农村养猪专业合作社，带动周边村庄群众发展养殖业，为农村家庭妇女致富提供致富门路。在长清区“养老育小、勤劳致富”主题行动报告会上做典型发言，并到各乡镇进行巡回演讲，受教育人数5000余人。先后被评为全国“双学双比”女能手，被省、市、区、镇授予“科技致富带头人”“养猪女状元”“十大创业女性”“好媳妇”“好公民”等称号。

小梁社区手工艺术品制作现场 （2008年 摄）

王本珍 女，1961年7月生，长清区平安街道人。1984年，嫁入崮山区小梁村。先后从事商品经销、豆腐皮加工、摩托车修理、汽车美容装具等。1996年7月，加入中国共产党。是年，担任村妇代会主任。1998年，当选为小梁村委会主任。2001年，当选为村党支部书记。至2008年，任长清区崮云湖街道小梁社区党支部书记、居委会主任、妇代会主任。

自1996年起，带领全村90%以上的户从事豆制品加工，产品打入济南、泰安、肥城等周边市场，成为远近闻名的豆腐皮加工专业村。2003年，因大学科技园建设，小梁村搬入农民安置小区——乐天小区。村庄成为社区，农民成为居民。王本珍与劳动部门多方协调联系，免费培训妇女就业技能，转变就业观念，小梁社区半数妇女到高校从事保洁、绿化、餐饮等工作，月收入800元以上。2006年，全市巾帼新农民大课堂在乐天小区启动，培训失地妇女137名，成立中国结、剪纸、浴衣加工、刺绣加工、工作服加工等手工艺制作研发基地，人均增收500多元，失地妇女实现足不出户就能就业增收的愿望。2008年，小梁社区成立一个以妇女为主要劳动力的济南崮云湖工贸有限公司，采用传统手工工艺，利用纯天然棉絮、纯棉面料，精心制作喜庆用被和儿童棉衣及婴儿用品，为不方便外出打工及年龄偏大的妇女拓展就业空间。她先后获全国“双学双比”女能手、省市“三八”红旗手、省科技致富女能手、市劳动模范、市“十佳村(居)妇代会主任”、区“十佳创业女性”“十大巾帼建功标兵”“尊老爱老好儿女”等称号。小梁社区先后获全国“美德在农家”示范社区和省级文明社区称号。

第四节 科学技术协会

1959年，长清县科学技术普及协会成立；是年，建科普协会6个，会员104人。1984年前，建立城关、许寺、归德、孝里、双泉、五峰、张夏、崮山8个公社科协。1985年，建立万德、马山2个乡镇科协。1986年，建立武家庄乡科协。1989年3月7日—8日，中国科协科普部副部长苑郑民一行4人

2004年，长清区获全国科普示范区称号

到长清县调研，了解县、乡镇科普推广和农技推广情况。1989年4月，长清县科协被中国科协授予1988年全国农村科普先进集体称号。2001年，长清县被命名为山东省科普示范县。2004年10月，长清区被命名为第二批全国科普示范区。2008年12月，经中国科协检查验收长清区再次被命名为全国科普示范区。

协会组织 1986年，全县有县直学会15个，会员1852人；农民专业技术研究会6个，会员83人。2008年年底，全区10个乡镇街道全部设立科协组织，有专兼职乡镇干部15人，597个行政村建有村级科协，农村科普宣传员613名；发展区级学会20个，会员3200人；建有农村专业技术协会46家，会员38140人；科技示范村204个，科技示范乡镇6个；形成区、乡镇、村三级科普网络。

科普宣传 1986年—1997年，共组织科普赶集、赶会2500多次；举办科技讲座762次，听众20余万人次；组织科技巡回报告团18个，宣讲200余场，采取有线广播、画廊等多种形式开展科普宣传活动。2003年5月17日—23日，举办第三届长清区科技活动周，主题是“依靠科学，战胜非典”。“非典”期间，区科协会员有关医学专家编印防非典宣传资料16万份，分发到全区11个乡镇（街道），对公众消除恐慌、科学预防起到积极作用。是年12月，在清悦园广场建立长30米高2.5米的不锈钢科普画廊。2005年，开展科普村村通宣传栏建设，全区613个行政村建有科普宣传栏，每季度及时更换科普挂图，科普村村通已成为科协服务社会主义新农村建设的科普宣传平台。是年12月，长清区科普画廊被中国科协确定为2006年度全国科普示范画廊。2007年，长清区科协被山东省科协、山东省财政厅命名为“山东省科普村村通建设先进单位”。至2008年年底，共组织科普宣传活动1000余次，举办各类科技培训班821次，科普活动周、全国科普活动日20次，科技“三下乡”30次，共发放各类科普宣传资料10万余份，各类科技明白纸20余万份，受教育群众30余万人次。

科技培训 1986年5月，县科协科技培训中心成立。是年，全县11个乡镇共建立科普学校13所，村科普夜校516所。1993年7月，成立中国农村致富技术函授大学长清分校，城关镇、崮山镇、万德镇、孝里镇、马山镇、武家庄乡6个乡镇成立辅导站，共招收学员1000余人，其中864人取得结业证书。1995年，崮山镇被中国农函大命名为“全国示范基地”。2007年，成立由12名农、林、牧、渔、医、农机专家组成的科普专家服务团，巡回全区10个乡镇街道300个村，举办技术讲座302次，受益群众2.5万人。是年，在城区建立乐天小区科普大学，区科协邀请省农科院专家齐世军、济南市气象局高级工程师首席预报员闫学超、原济南大学教授孙积汉等知名专家前来讲课，培养结业学员1200多名。至2008年年底，累计举办科技讲座863次，受教育群众30余万人次。

■ 科普村村通宣传栏 （2005年 摄）

科技推广 1986年，全县共有科技咨询服务部12个，各级服务队401个，其中县直21个，乡镇176个，村204个。至1997年，

长清区科普服务团专家现场讲授果树剪枝技术　（2007年　摄）

科技咨询服务部发展到18个，各级服务队905个，新建科技示范基地30个，面积1517公顷，先后引进推广节水灌溉、立体种植、淡水网箱养鱼等先进技术72项，小麦、玉米、地瓜、蔬菜、果树等优良品种28个。2002年，在农村发展成立农村专业协会，以科技示范带动全区农业结构调整和实现新技术、新农业的推广。2008年，长清区开展科普示范工程，全区共兴办科普示范基地26处，面积1333公顷，带动科技示范户1.5万户，引进推广新技术、新品种180余项。长清十里铺蔬菜基地、崮山散养山鸡养殖基地被命名为“省级科普示范基地”。是年，全区有农村专业技术协会46家，其中有17家获济南市科协表彰；实现科普龙头带一方，一村一品成规模的新农村产业发展模式。

青少年科普教育　1986年—1998年，县科协联合县教委多次开展丰富多彩的青少年科普活动。1999年起，组织参加济南市科协举办的“三小”（小发明、小制作、小创造）活动。2001年，“三小”活动更名为青少年科技创新大赛。2005年起，连续开展4届以“大手拉小手”科技传播行动为主题的青少年科普教育，邀请中科院老科学家潘厚任、张厚英、孙万儒、郭耕为全区青少年作科普讲座，每年有近5000名中小学生受教育。至2008年年底，共参加省、市青少年科技创新大赛10次，参赛选手5000余人，参赛作品4000余件，26人获省级表彰，其中12人获一等奖，125人获市级表彰，15件创新作品获国家专利证书，长清区实验小学、长清区石麟小学获市级科普示范学校称号，8名青少年科普辅导员获济南市优秀科技辅导员称号。

学术交流　2000年、2002年，在济南市第六届、第七届优秀学术成果评选活动中，全区（县）有25篇论文获奖，其中二等奖3篇，三等奖22篇。2002年，在中国科协第四届青年学术年会卫星会议暨济南市科协第二届青年学术年会上，全区有6篇论文获奖。至2008年年底，长清区（县）科协举办各种学术报告会120余次，交流发表各类学术论文2400多篇，其中1210篇在省、市以上学术刊物上发表。

中科院科学家潘厚任在长清一中作科普报告　（2005年　摄）

历届长清区(县)科技代表大会情况表

表 6－6

届次	时间	地点	代表人数	主要议程	选举结果
第一次	1964.2.3—6	县委礼堂	正式代表76人，列席代表34人	副县长许步霄传达省科技工作会议精神和今后科普协会工作计划的意见；县委常委高荣卿作科普协会工作总结和科普工作计划报告	选举主席鲁秀峰(县委副书记兼)，副主席高荣卿(县委常委、宣传部长兼)、许步霄(副县长兼)；选举委员27人
第二次	1987.5.7—8	县委礼堂	正式代表229人，特邀代表21人。	审议关于《团结奋斗，投身改革为实现"七五"计划振兴长清经济贡献才智》的工作报告。选举第二届委员会	选举李树春为主席，安兴桂为副主席；选举委员7人
第三次	1996.11.28	县委会议厅	正式代表260人，特邀代表26人。	审议《团结奋进再创辉煌为实施科教兴县战略，实施"九五"计划和2010年远景目标而奋斗》。审议《长清县科学技术协会章程》。选举第三届委员会	选举张振法为主席，李学德、王丙荣为副主席；选举委员11人
第四次	2003.7.30	区党校会议室	正式代表200人，特邀代表10人。	审议关于《求实创新，与时俱进团结动员全区广大科技工作者为建设现代化新长清而努力奋斗》。选举第四届委员会	选举史文成为主席，孙继生为副主席；选举委员9人

第五节　工商业联合会

1987年，长清县工商联合会（以下简称工商联)恢复，在编人员3人，有会员65人。2008年，工商联共有企业、团体、个人会员850名。

思想政治工作　工商联利用座谈会、走访、寄发学习材料、电视宣讲、举办学习班等形式，进行政策法规学习。1998年、2008年，两次为扶贫、助学、助残、支援灾区及各类公益事业捐款、捐物600多万元。至2008年，先后有2名企业家获泉城优秀社会主义建设者称号，65家企业被评为"重信誉，守合同"企业；致富思源、富而思进、致富不忘众乡亲的先进典型王长庭、吴志平在全市做巡回发言。

为会员服务　1992年起，组织8家企业3次参加华东六省一市产品展销会，为140家民营企业印发《中华人民共和国劳动法》《中华人民共和国民事诉讼法》等宣传资料；出台《关于为全县民营经济提供法律服务的意见》，以保障个体私营者的合法权益。1995年起，工商联主要在融资、维权、信息技术等方面为民营企业做好服务工作，维护会员合法权益。1998年，工商联在会员中开展"先富帮后富"的活动，得到上级领导的高度评价，并在全市区县推广先进经验。1998年—2008年，帮助15名企业家办理技术职称，帮助20家企业贷款1800万元，协调资金1000万元；帮助会员协助处理交通事故12起，解决各类纠纷10起，举办《中华人民共和国合同法》《会计》《法律》培训班6期，累计培训人员350人次，为企业提供各类供求信息2000余条。

参政议政 1987年—2008年，工商联做好工商界的政协委员、人大代表的推荐工作，引导各级政协委员、人大代表中的工商联会员参政议政，献计献策，利用座谈会、工作通报会、“人大、政协两会”等时机进行调研、撰写提案。会员中的各级代表共提出议案、提案185项，其中《对进城个体工商户应加强教育》《当前民营经济中应当注意解决的几个问题》和《建议把民营企业党的建设纳入党建工作的范畴》等14项被列为重点议案、提案。

1986—2008年长清区(县)工商联合会代表大会情况表

表6-7

届　次	召开时间	地　点	代表人数(人)	主要议程	会长
第四届执行委员会	1988.11	县委会议室	100	总结上届工作情况，选举本届会长及副会长	韩方顺
第五届执行委员会	1993.04	粮局会议室	180	总结上届工作情况，选举本届会长及副会长	刘振铎
第六届执行委员会	1997.04	粮局会议室	180	总结上届工作情况，选举本届会长及副会长	曹恒才
第七届执行委员会	2002.04	教育局会议室	150	总结上届工作情况，选举本届会长及副会长	李修灵
第八届执行委员会	2008.04	区人大会议室	120	总结上届工作情况，选举本届会长及副会长	田宪云

第六节　残疾人联合会

残疾人状况 1991年4月，长清县残疾人联合会建立，全县共有残疾人2.4万人。2008年年底，长清区共有残疾人33998人，其中农村残疾人23573人，城镇残疾人10425人。按残疾类型分：听力残疾8942人，语言残疾394人，肢体残疾11306人，视力残疾4018人，智力残疾1822人，精神残疾2172人，多重残疾5344人。无劳动能力的17336人，有劳动能力的16662人。有劳动能力的残疾人就业再就业率80%以上。

残疾人康复 2006年11月，依托区中医院、万德精神病卫生院、聋哑学校分别建成肢体康复、低视力康复、白内障复明、精神病防治、聋儿语训、弱智儿童培训照料6个区级康复中心。2007年6月，投资30万元，依托10个乡镇街道的卫生院或敬老院，建立10处康复指导站。2008年，依托村卫生所，建成200处残疾人康复站，由康复医生、康复志愿者、社区工作人员、康复服务员等对辖区内残疾人进行康复训练和指导，提高残疾人生活自理能力和参与社会生活的能力。投资10万元依托新农村建设，建成10处村级残疾人康复示范点。对11名脑瘫、小儿麻痹症患者实施免费矫形手术。至2008年年底，共免费为1200名白内障患者免费实施复明手术，为860名精神病患者免费送药，为86名聋哑残疾人配戴助听器，为382名肢体残疾人安装大、小腿假肢，为1500名残疾人赠送轮椅、拐杖、手杖辅助器具，对42名脑瘫儿童、73名聋哑儿童、680名肢体重度残疾人进行康复训练，对8000余名残疾人普及康复训练和残疾预防知识。

残疾人就业 2003年5月，长清区残联贯彻执行省政府《关于开展分散按比例安置残疾人就业》规定，要求驻长清区所有用人单位都要按1.5%

的比例安置残疾人就业，不安置残疾人就业的单位要依法缴纳残疾人就业保障金。2003年10月，在10个乡镇(街道)安置76名初中以上文化程度的残疾人从事残疾人康复员、联络员工作，在平安街道、马山镇各招聘专职干事1名。2007年8月，依托长江高科技助残就业项目，选拔2名残疾人参加市残联的高端培训，对26名残疾人进行为期两个月的低端培训。至2008年年底，共建立12个残疾人就业扶贫基地，辐射带动1580名残疾人从事种植养殖业、手工业和多种经营；组织1350名残疾人到济南市残疾人培训中心参加园艺、农技、雕刻、书画、种植养殖、家电维修、电气焊等培训，协调工商税务等部门对360名残疾人个体就业落实优惠政策，出资40万元对162名贫困残疾人个体就业提供扶持资金；共征收保障金340万元，按比例安置残疾人就业726人。

残疾人扶贫救助 2004年6月，多渠道筹集社会福利基金，建立长清区残疾人捐助便利店，将社会捐赠的物品发放给残疾人，累计发放价值12万元的棉衣、棉被、面、食用油等救助物品，解决重度贫困残疾人日常生活用品。2006年8月，对加入新型农村合作医疗的残疾人提供每人每月10元的补助，解决农村贫困残疾人看病难问题。2005年6月起，从残保金中列支30万元，按照本科2000元、大专1000元标准发放残疾人学生救助金。至2008年年底，共救助残疾大学生100人次；为750户农村贫困残疾人进行危房改造和重建工作，为385户贫困残疾人家庭实施“一建三改”工程(建沼气池、改水、改厕、改厨房)。开展“情系我的兄弟姐妹、帮扶贫困残疾人”活动，帮扶残疾人2600人次，为残疾人送款送物210万元。利用“全国助残日”“国际残疾人日”、中秋节、春节走访慰问3216户贫困残疾人家庭，送去价值100多万元的棉衣、棉被、油、面等生活必需品。

残疾人文体宣传活动 2003年12月，举办“我的兄弟姐妹”公益演出大型文艺晚会。2006年7月，残疾人演出队在济南市残联举办的第五届残疾人艺术汇演中获三等奖。2007年6月，在济南市第二次残疾人运动会上，取得9金8银6铜的成绩。2007年10月，举办“长清区首届助残日征文、摄影大赛”，评出一等奖2名、二等奖6名、三等奖10名、优秀奖20名。

残疾人合法权益保护 2005年，依据《济南市保障残疾人合法权益的若干规定》，成立长清区残疾人法律援助服务中心，接受残疾人法律咨询，解答各类信访案件，免费为残疾人提供法律咨询和代理各项诉讼请求。至2008年年底，共为残疾人解决养老保险、就业等纠纷930起，解决农村邻里纠纷500余起，解决生活困难、看病困难、住房困难等1200起。

残疾人联合会代表大会 1991年—2008年，长清区(县)召开5次残疾人联合会代表大会，大会审议通过工作报告，选举产生主席团，推举残联执行理事会。

1991—2008年长清区(县)残疾人联合会代表大会情况表

表6-8

届次	时　间	地　点	代表人数(人)	主要议程	选举结果
第一次	1991.04.11	长清宾馆	103	长清县民政局局长李玉军做第一次代表大会筹备工作报告，通过第一次代表大会选举办法，选举产生第一届主席团	选举李玉军为理事长，褚允芝为副理事长，理事2名
第二次	1994.08.13	长清宏粮宾馆	111	长清县民政局局长李玉军做第二次代表大会工作报告，通过第二次代表大会选举办法。选举产生第二届主席团	选举李玉军为理事长，褚允芝、郑军为副理事长，理事2名

续表 6－8

届次	时　间	地　点	代表人数（人）	主要议程	选举结果
第三次	1998.06.07	长清宏粮宾馆	115	褚允芝做第三次代表大会工作报告，通过第三次代表大会选举办法，选举产生第三届主席团	选举褚允芝为理事长，郑军、郑书桐为副理事长，理事2名
第四次	2003.03.12	长清区人大会议厅	117	王峰做第四次代表大会工作报告，通过第四次代表大会选举办法，选举产生第四届主席团	选举王峰为理事长，郑军为副理事长，理事2名
第五次	2008.12.29	长清区人大会议厅	121	王峰做第五次代表大会工作报告，通过第五次代表大会选举办法，选举产生第五届主席团	选举王峰为理事长，郑军为副理事长，理事2名

第七节　文学艺术界联合会

1991年4月，长清县文学艺术界联合会成立，同时成立文学工作者协会、书法美术摄影协会、音乐舞蹈协会、戏剧曲艺协会。1996年9月，书法美术摄影协会分立为书法美术协会和摄影工作者协会。2008年4月，书法美术协会分立为美术协会和书法协会。2008年，长清区文学艺术界联合会下设文学工作者、书法、美术、摄影、音乐舞蹈、戏剧曲艺6个协会。

文学工作者协会　1991年，成立县文学工作者协会，会员40人。1992年，文联创办不定期刊物《灵岩文苑》，每期发文10万余字。至1995年，共出刊物4期，发表小说、散文、诗歌、报告文学、评论等作品300余件。至2008年年底，会员增加到100人，其中中国民间文艺家协会会员1人、山东省作家协会会员2人、济南市作家协会会员16人。

书法协会　1991年，成立长清县书法美术摄影协会，有会员115人。1996年9月，书法美术摄影协会分为书法美术协会和摄影工作者协会。2008年4月，书法美术协会分为美术协会和书法协会。是年年底，书法协会有会员500人，其中国家书协会员3人，省书协会员20人，市书协会员50人。

美术协会　1991年，成立县书法美术摄影协会，有会员115人。2008年4月，书法美术协会分立。是年年底，美术协会有会员200人。

摄影协会　1991年，成立县书法美术摄影协会。1996年9月，摄影工作者协会分立。是年，摄影工作者协会有会员50人。2008年年底，有会员60人。

戏剧曲艺协会　1991年4月，成立县戏剧曲艺协会，有会员44人。2008年年底，有国家戏曲协会会员1人，山东省戏曲协会会员10人，济南戏曲协会会员20人。

音乐舞蹈协会　1991年，成立县音乐舞蹈协会，有会员60人。2008年年底，发展到118人。

第八节　红十字会

1981年8月，在许寺公社成立红十字会组织。1982年12月，长清县红十字会正式成立。万德、城关、孝里、张夏、归德5个镇及长清县人民医院、长清县中医医院相继建立红十字会组织。1989年，长清县红十字会被评为全国先进集体。2001年5月，长清县红十字会被山东省卫生厅、山东省红十字会评为全省献血促进先进集体。2006年3月，长清区卫生学校整制划转长清区红十字会。2008年5月12日，四川汶川发生地震后，长清区红十字会开展赈灾捐款活动，共筹集救济款61万元，物资2万多元。至2008年年底，组织义务献血活动35次，义务献血4000人次，66万毫升。

第七编

政权 政协

Political Power and CPPCC

2007年12月3日，济南市长清区第十五届人民代表大会第一次会议召开

2003年1月17日，政协济南市长清区第六届委员会第一次会议召开

1984年—1992年,县人民代表大会三年一届。1993年起,改为五年一届。1984年—2008年,共选举产生长清区(县)人民代表大会七届。区(县)人大及其常委会坚持以经济建设为中心,切实履行宪法和法律赋予的决定权、监督权、人事任免权,强化对“一府两院”的法律监督和工作监督,在保障全区(县)政治、经济和社会各项事业协调发展等方面,做了富有成效的工作。至2008年年底,共召开常委会会议156次,听取审议“一府两院”专项工作报告308项,作出决定、决议118项,依法任免工作人员1013人次,充分发挥地方国家权力机关的重要作用。

1986年起,区(县)政府本着精简高效的原则进行机构改革,转变政府职能,坚持依法行政,调整产业结构,加强宏观经济管理,坚持突出工业主体地位,做大做强机械装备、压力容器、电子电气、新型建材、食品医药五大产业,优化发展环境,加大招商引资力度,全区(县)经济社会实现又好又快发展。“三农”工作成效显著,城市建设日新月异,民生保障更加有力,社会事业全面进步,人民生活水平明显提高,社会大局稳定和谐,历届人民代表大会确定的全区(县)经济和社会事业发展目标及各项工作任务全面完成。2008年,全区实现地区生产总值193.18亿元、地方财政收入4.04亿元、职工平均工资21309元、农民人均纯收入7517元,为建设实力长清、宜居长清、平安长清、幸福长清奠定了良好基础。

1984年,建立中国人民政治协商会议山东省长清县委员会。1986年—2008年,共协商产生政协长清区(县)委员会六届,召开全委会议23次、常委会议92次、召开主席会议156次,为全区(县)改革开放和经济建设献计献策,充分发挥了“政治协商、民主监督、参政议政”作用。

第一章　地方权力机关

第一节　人民代表大会

长清县第九届人民代表大会　第一次会议　1984年4月7日—11日,长清县第九届人民代表大会第一次会议在县城召开,出席代表250名。大会听取审议并通过长清县人民政府工作报告、长清县1983年国民经济计划执行情况和1984年计划安排意见报告、长清县1983年财政决算和1984年财政预算报告、长清县人大常委会工作报告、长清县人民法院工作报告、长清县人民检察院工作报告。收到建议、批评、意见106件。选举尚瑞亭为长清县人大常委会主任,孙肇治、路玉吉、郑立平、毛守纲为副主任;陈雨为长清县人民政府县长,桑云芳、马兆荣、张继伟、李玉芝(女)为副县长;程绪泉为长清县人民法院院长;潘德才为长清县人民检察院检察长。

第二次会议　1985年4月7日—10日,长清县第九届人民代表大会第二次会议在县城召开。大会听取审议并通过长清县人民政府工作报告、长清县1984年国民经济计划执行情况和1985年计划安排意见报告、长清县1984年财政决算和1985年财政预算报告、长清县人大常委会工作报告、长清县人民法院工作报告、长清县人民检察院工作报告。选举张新一为长清县人民政府县长。

第三次会议　1986年4月17日—19日，长清县第九届人民代表大会第三次会议在县城召开，出席代表217名。大会听取审议并通过长清县人民政府工作报告、长清县国民经济和社会发展第七个五年计划纲要的报告、长清县1986年国民经济和社会发展计划的报告、长清县1985年财政决算和1986年财政预算的报告、长清县人大常委会工作报告、长清县人民法院工作报告、长清县人民检察院工作报告。收到建议、批评、意见65件。

长清县第十届人民代表大会　第一次会议　1987年4月14日—18日，长清县第十届人民代表大会第一次会议在县城召开，出席代表251名。大会听取审议并通过长清县人民政府工作报告、长清县1986年国民经济和社会发展计划执行情况与1987年国民经济和社会发展计划（草案）的报告、长清县1986年财政决算和1987年财政预算（草案）的报告、长清县人大常委会工作报告、长清县人民法院工作报告、长清县人民检察院工作报告。收到建议、批评、意见176件。选举尚瑞亭为长清县人大常委会主任，孙肇治、郑立平、林开兴为副主任；张新一为长清县人民政府县长，李连元、于瑞昌、马兆荣、李玉芝（女）、卢现起为副县长；程绪泉为长清县人民法院院长；潘德才为长清县人民检察院检察长。

第二次会议　1987年12月7日—8日，长清县第十届人民代表大会第二次会议在县城召开，出席代表224名。会议听取审议并通过长清县人民政府工作报告。选举出席济南市第十届人民代表大会代表34名。

第三次会议　1988年4月15日—18日，长清县第十届人民代表大会第三次会议在县城召开，出席代表222名。会议听取审议并通过长清县人民政府工作报告、长清县1987年国民经济和社会发展计划执行情况与1988年国民经济和社会发展计划（草案）的报告、长清县1987年财政预算执行情况和1988年财政预算（草案）的报告、长清县人大常委会工作报告、长清县人民法院工作报告、长清县人民检察院工作报告。

第四次会议　1989年3月28日—30日，长清县第十届人民代表大会第四次会议在县城召开，出席代表232名。会议听取审议并通过长清县人民政府工作报告、长清县1988年国民经济和社会发展计划执行情况与1989年国民经济和社会发展计划（草案）的报告、长清县1988年财政预算执行情况和1989年财政预算（草案）的报告、长清县人大常委会工作报告、长清县人民法院工作报告、长清县人民检察院工作报告。收到建议、批评、意见59件。

长清县第十一届人民代表大会　第一次会议　1990年2月27日至3月2日，长清县第十一届人民代表大会第一次会议在县城召开，出席代表257名。会议听取审议并通过长清县人民政府工作报告、长清县1989年国民经济和社会发展计划执行情况与1990年国民经济和社会发展计划（草案）的报告、长清县1989年财政预算执行情况和1990年财政预算（草案）的报告、长清县人大常委会工作报告、长清县人民法院工作报告、长清县人民检察院工作报告。收到建议、批评、意见91件。选举李近仁为长清县人大常委会主任，孙肇治、马兆荣、郑立平、魏方正、张继伟为副主任；曹维新为长清县人民政府县长，李连元、于瑞昌、卢现起、赵保健（女）、陈兆昌为副县长；程绪泉为长清县人民法院院长；魏来贵为长清县人民检察院检察长。

第二次会议　1991年3月26日—29日，长清县第十一届人民代表大会第二次会议在县城召开，出席代表232名。会议听取审议并通过长清县人民政府工作报告、长清县国民经济和社会发展第八个五年计划纲要的报告、长清县1990年国民经济和社会发展计划执行情况与1991年国民经济和社会发展计划（草案）的报告、长清县1990年财政预算执行情况和1991年财政预算（草案）的报告、长清县人大常委会工作报告、长清县人民法院工作报告、长清县人民检察院工作报告。收到建议、批评、意见149件。选举王学孔为长清县人大常委会副主任。

第三次会议 1992年3月25日—27日,长清县第十一届人民代表大会第三次会议在县城召开,出席代表247名。会议听取审议并通过长清县人民政府工作报告、长清县1991年国民经济和社会发展计划执行情况与1992年国民经济和社会发展计划(草案)的报告、长清县1991年财政预算执行情况和1992年财政预算(草案)的报告、长清县人大常委会工作报告、长清县人民法院工作报告、长清县人民检察院工作报告。收到建议、批评、意见45件。

长清县第十二届人民代表大会 第一次会议 1993年1月9日—11日,长清县第十二届人民代表大会第一次会议在县委会议厅召开,出席代表255名。会议听取审议并通过长清县人民政府工作报告、长清县1992年国民经济和社会发展计划执行情况与1993年国民经济和社会发展计划(草案)的报告、长清县1992年财政预算执行情况和1993年财政预算(草案)的报告、长清县人大常委会工作报告、长清县人民法院工作报告、长清县人民检察院工作报告。收到建议、批评、意见56件。选举李近仁为长清县人大常委会主任,孙肇治、马兆荣、张继伟、魏方正、马庆福、李文德为副主任;雷建国为长清县人民政府县长,陈延河、卢现起、赵保健(女)、陈兆昌、王宪谱、韩庆森为副县长;程绪泉为长清县人民法院院长;魏来贵为长清县人民检察院检察长。选举出席济南市第十一届人民代表大会代表29名。

第二次会议 1994年3月2日—4日,长清县第十二届人民代表大会第二次会议在县委会议厅召开,出席代表248名。会议听取审议并通过长清县人民政府工作报告、长清县1993年国民经济和社会发展计划执行情况与1994年国民经济和社会发展计划(草案)的报告、长清县1993年财政预算执行情况和1994年财政预算(草案)的报告、长清县人大常委会工作报告、长清县人民法院工作报告、长清县人民检察院工作报告。收到建议、批评、意见35件。

第三次会议 1995年3月1日—3日,长清县第十二届人民代表大会第三次会议在县委会议厅召开,出席代表235名。会议听取审议并通过长清县人民政府工作报告、长清县1994年国民经济和社会发展计划执行情况与1995年国民经济和社会发展计划(草案)的报告、长清县1994年财政预算执行情况和1995年财政预算(草案)的报告、长清县人大常委会工作报告、长清县人民法院工作报告、长清县人民检察院工作报告。收到建议、批评、意见49件。选举王荣玉为长清县人民政府县长,郭恩廷为长清县人大常委会副主任。

第四次会议 1996年2月27日至3月1日,长清县第十二届人民代表大会第四次会议在县委会议厅召开,出席代表255名。会议听取审议并通过长清县国民经济和社会发展第九个五年计划及2010年远景目标纲要的报告、长清县1995年国民经济和社会发展计划执行情况与1996年国民经济和社会发展计划(草案)的报告、长清县1995年财政预算执行情况和1996年财政预算(草案)的报告、长清县人大常委会工作报告、长清县人民法院工作报告、长清县人民检察院工作报告。收到建议、批评、意见68件。选举陈淑水为长清县人大常委会主任,王继玉、李良盛为副主任;傅佑民为长清县人民政府科技副县长;杨洪祥为长清县人民法院院长。批准李近仁辞去长清县第十二届人民代表大会常务委员会主任、郭恩廷辞去长清县第十二届人民代表大会常务委员会副主任、程绪泉辞去长清县人民法院院长职务的请求。

第五次会议 1997年2月17日—19日,长清县第十二届人民代表大会第五次会议在县委会议厅召开,出席代表251名。会议听取审议并通过长清县人民政府工作报告、长清县1996年国民经济和社会发展计划执行情况与1997年国民经济和社会发展计划(草案)的报告、长清县1996年财政预算执行情况和 1997 年财政预算(草案)的报告、长清县人大常委会工作报告、长清县人民法院工作报告、长清县人民检察院工作报告。收到建议、批评、意见 57 件。

长清县第十三届人民代表大会 第一次会议 1998 年 1 月 13日—18 日,长清县第十三届人民代表大会第一次会议在县委会议厅召开,出席代表 217 名。会议听取审议并通过长清县人民政府工作报告、长清县 1997 年国民经济和社会发展计划执行情况与 1998 年国民经济和社会发展计划(草案)的报告、长清县 1997 年财政预算执行情况和 1998 年财政预算(草案)的报告、长清县人大常委会工作报告、长清县人民法院工作报告、长清县人民检察院工作报告。收到建议、批评、意见 104 件。选举李连元为长清县人大常委会主任,卢现起、王宪谱、韩庆森、王继玉、李良盛、陈兆禄、郝兆芳(女)为副主任;卞允斗为长清县人民政府县长,陈兆昌、顾建军、王家云、魏军、宋家岭、司云平、赵文平为副县长;杨洪祥为长清县人民法院院长;郭绪庭为长清县人民检察院检察长。选举出席济南市第十二届人民代表大会代表 30 名。

第二次会议 1999 年 2 月 4 日—6 日,长清县第十三届人民代表大会第二次会议在县委会议厅召开,出席代表 210 名。会议听取审议并通过长清县人民政府工作报告、长清县 1998 年国民经济和社会发展计划执行情况与 1999 年国民经济和社会发展计划(草案)的报告、长清县 1998 年财政预算执行情况和 1999 年财政预算(草案)的报告、长清县人大常委会工作报告、长清县人民法院工作报告、长清县人民检察院工作报告。收到建议、批评、意见 88 件。

第三次会议 2000 年 1 月 24日—26 日,长清县第十三届人民代表大会第三次会议在县委会议厅召开,出席代表 208 名。会议听取审议并通过长清县人民政府工作报告、长清县 1999 年国民经济和社会发展计划执行情况与 2000 年国民经济和社会发展计划(草案)的报告、长清县 1999 年财政预算执行情况和 2000 年财政预算(草案)的报告、长清县人大常委会工作报告、长清县人民法院工作报告、长清县人民检察院工作报告。收到建议、批评、意见 59 件。

第四次会议 2001 年 3 月 3日—6 日,长清县第十三届人民代表大会第四次会议在县委会议厅召开,出席代表 207 名。会议听取审议并通过长清县国民经济和社会发展第十个五年计划纲要(草案)的报告、长清县 2000 年国民经济和社会发展计划执行情况与 2001 年国民经济和社会发展计划(草案)的报告、长清县 2000 年财政预算执行情况和 2001 年财政预算(草案)的报告、长清县人大常委会工作报告、长清县人民法院工作报告、长清县人民检察院工作报告。收到建议、批评、意见 67 件。选举孙瑞祥为长清县人民政府县长。

第五次会议 2002 年 3 月 11日—13 日,长清县第十三届人民代表大会第五次会议在县委会议厅召开,出席代表 206 名。会议听取审议并通过长清县人民政府工作报告、长清县 2001 年国民经济和社会发展计划执行情况与 2002 年国民经济和社会发展计划(草案)的报告、长清县 2001 年财政预算执行情况和 2002 年财政预算(草案)的报告、长清县人大常委会工作报告、长清县人民法院工作报告、长清县人民检察院工作报告。收到建议、批评、意见 67 件。

济南市长清区第十四届人民代表大会 第一次会议 2003 年 1 月 18日—22 日,济南市长清区第十四届人民代表大会第一次会议在区委会议厅召开,出席代表 217 名。会议听取审议并通过济南市长清区人民政府工作报告、济南市长清区 2002 年国民经济和社会发展计划执行情况与 2003 年国民经济和社会发展计划(草案)的报告、济南市长清区 2002 年财政预算执行情况和 2003 年财政预算(草案)的报告、济南市长清区人大常委会工作报告、济南市长清区人民法院工作报告、济南市长清区人民检察院工作报告。收到建议、批评、意见 116 件。选举刘太义为济南市长清区人大常委会主任,卢现起、林开兴、王陆军、王继玉、郝兆芳(女)、刘兆银为副主任;覃俊文为济南市长清区人民政府区长,

2013年1月18日，济南市长清区第十四届人民代表大会第一次会议召开

收到建议、批评、意见63件。

第四次会议　2006年1月21日—23日，济南市长清区第十四届人民代表大会第四次会议在区委会议厅召开，出席代表210名。会议听取审议并通过济南市长清区人民政府工作报告、济南市长清区人大常委会工作报告、济南市长清区人民法院工作报告、济南市长清区人民检察院工作报告，审查批准济南市长清区国民经济和社会发展第十一个五年总体规划纲要草案的报告和济南市长清区国民经济和社会发展第十一个五年总体规划纲要、济南市长清区2005年国民经济和社会发展计划执行情况与2006年国民经济和社会发展计划（草案）的报告、济南市长清区2005年财政预算执行情况和2006年财政预算（草案）的报告。收到建议、批评、意见63件。

顾建军、魏军、司云平、张昭森、徐宾、房玉萍（女）为副区长；杨洪祥为济南市长清区人民法院院长；范芸（女）为济南市长清区人民检察院检察长。选举出席济南市第十三届人民代表大会代表30名。

第二次会议　2004年1月5日—7日，济南市长清区第十四届人民代表大会第二次会议在区委会议厅召开，出席代表219名。会议听取审议并通过济南市长清区人民政府工作报告、济南市长清区2003年国民经济和社会发展计划执行情况与2004年国民经济和社会发展计划（草案）的报告、济南市长清区2003年财政预算执行情况和2004年财政预算（草案）的报告、济南市长清区人大常委会工作报告、济南市长清区人民法院工作报告、济南市长清区人民检察院工作报告。收到建议、批评、意见71件。

第三次会议　2005年1月11日—13日，济南市长清区第十四届人民代表大会第三次会议在区委会议厅召开，出席代表204名。会议听取审议并通过济南市长清区人民政府工作报告、济南市长清区人大常委会工作报告、济南市长清区人民法院工作报告、济南市长清区人民检察院工作报告，审查批准济南市长清区2004年国民经济和社会发展计划执行情况与2005年国民经济和社会发展计划（草案）的报告、济南市长清区2004年财政预算执行情况和2005年财政预算（草案）的报告。

第五次会议　2007年1月10日—12日，济南市长清区第十四届人民代表大会第五次会议在区委会议厅召开，出席代表204名。会议听取审议并通过济南市长清区人民政府工作报告、济南市长清区人大常委会工作报告、济南市长清区人民法院工作报告、济南市长清区人民检察院工作报告，审查批准济南市长清区2006年国民经济和社会发展计划执行情况与2007年国民经济和社会发展计划（草案）的报告、济南市长清区2006年财政预算执行情况和2007年财政预算（草案）的报告。收到建议、批评、意见52件。

济南市长清区第十五届人民代表大会　第一次会议　2007年12月3日—6日，济南市长清区第十五届人民代表大会第一次会议在区委会议厅召开，出席代表224名。会议听取审议并通过济南市长清区人民政府工作报告、济南市长清区人大常委会工作报告、济南市长清区人民法院工作报告、济南市长清区人民检察院工作报告，审查批准济南市长清区2007年国民经济和社会发展计划执行情况与2008年国民经济和社会发展计划（草案）的报告、济南市长清区2007年财政预算执行情况和2008年财政预算（草案）的报告。收到建议、批评、意见44件。选举刘太义为济南市长清区人大常委会主任，司云平、时华勤（女）、孟庆华、褚兴达、韩明清为副主任；覃俊文为济南市长清区人民政府区长，庞涛、刘延文、房玉萍（女）、张彦、李本文、韩军为副区长；赵其魁为济南市长清区人民法院院长；张生为济南市长清区人民检察院检察长。选举出席济南市第十四届人民代表大会代表33名。

第二次会议　2009年1月7日—9日，济南市长清区第十五届人民代表大会第二次会议在区委会议厅召开，出席代表216名。会议听取审议并通过济南市长清区人民政府工作报告、济南市长清区人大常委会工作报告、济南市长清区人民法院工作报告、济南市长清区人民检察院工作报告，审查批准济南市长清区2008年国民经济和社会发展计划执行情况与2009年国民经济和社会发展计划（草案）的报告、济南市长清区2008年财政预算执行情况和2009年财政预算（草案）的报告。收到建议、批评、意见44件。

1984—2008年长清区（县）历届人民代表大会代表构成统计表

表7－1　　单位：人

届次	代表人数	代表构成				
		中共党员	工人	知识分子	妇女	少数民族
九	260	149	26	58	61	4
十	260	155	29	45	53	2
十一	260	157	26	37	55	3
十二	260	173	26	45	53	2
十三	219	153	9	24	47	1
十四	219	169	72	49	50	2
十五	226	151	63	37	51	2

第二节　主要工作

常委会会议　1986年—2008年，长清区（县）第九届至第十五届人民代表大会常务委员会共召开常委会会议156次。主要是依据宪法及有关法律规定和常委会总体工作安排，听取审议“一府两院”工作报告、讨论决定重大事项和进行人事任免。共听取审议“一府两院”专项工作报告308项。

重要决议决定　1986年—2008年，济南市长清区（县）人大常委会做出决定、决议118项。其中有《关于在全县深入开展法制宣传教育工作的决议》《关于深入开展反腐败斗争、加强廉政建设的决议》《关于深化完善执法责任制的决定》《济南市长清区“四五”依法治区纲要的决定》《关于在全区公民中开展第五个五年法制宣传教育的决议》等，推动全区（县）民主法治进程；《关于加强预算外资金管理的决定》《关于加强地方志工作的决议》《全县人民齐心协力奔小康的决议》《长清县林业发展规划的决议》《关于保护旅游区环境、防治污染的决定》《关于批准长清县城市总体规划的决议》《关于加强城市和农村教育费附加征收管理的决议》《关于批准文昌花苑规划的决议》《关于撤销长清县设立济南市长清区有关问题的决定》《关于对老城区进行改造的决议》等，推动全区（县）经济社会健康发展。

长清区第十四届人大常委会举行第 28 次会议 （2006 年 摄）

人事任免 1986年—2008 年，长清区（县）人大常委会依法任免“一府两院”和人大常委会办事机构工作人员 1013 人次。工作实践中，在人事监督方面进行探索，研究制定《济南市长清区（县）人大常委会人事任免和监督办法》，进一步规范任免范围和任免程序。日常工作中，通过多种方式，进一步加强对任命人员履职情况的监督，有效增强他们的群众观念、人大观念、代表观念，促进依法行政、公正司法和民主政治建设。

法律监督 保障法律法规在全区（县）的正确实施，促进各项工作依法运行是人大常委会的一项重要职责，也是人大常委会实施法律监督的一项重要举措。1993 年 6 月 14日—15 日，县人大常委会组织部分代表对《中华人民共和国食品卫生法》贯彻执行情况进行检查。建议县政府多部门联动，多措施并举，加大对食品卫生违法行为的查处力度，确保城乡居民菜篮子安全。1996 年 11 月 29 日—30 日，县人大常委会组织部分代表对《中华人民共和国妇女权益保障法》贯彻执行情况进行视察。对维护弱势群体利益，落实相关帮扶政策等提出具体建议。2001 年 8 月 29 日—30 日，县人大常委会组织部分代表对《中华人民共和国消防法》贯彻执行情况进行检查。要求县政府相关职能部门，要建立教育指导、设施验收、定期检查为一体的消防安全管理体系，避免消防事故发生，确保人民生命财产安全。2002 年 7 月 19 日，区人大常委会组织部分代表对《中华人民共和国律师法》贯彻执行情况进行检查。要求从业人员要严守职业道德和社会公德，依法履职，相关部门要严格监督全区的法律工作者，保障百姓合法权益。2003 年 10 月 29 日，区人大常委会组织部分代表对《中华人民共和国母婴保健法》贯彻执行情况进行检查。要求区政府加强对保健法的学习，保障母婴合法权益；要严格执行带薪休产假制度，杜绝企业借故侵犯产妇权益和变相歧视育龄妇女。2004 年 6 月 24 日，区人大常委会组织部分代表对《中华人民共和国工会法》贯彻执行情况进行检查。建议区政府严格按照工会法规定安排工作、组织活动，为机关干部服务；要组织好相关人员对工会法进行学习，坚持依法办事、依法履职。2005 年 4 月 22 日，区人大常委会组织部分代表对《中华人民共和国人口与计划生育法》和《山东省人口与计划生育条例》贯彻执行情

长清区人大常委会对全区贯彻落实《工会法》情况进行调研 （2006 年 摄）

况进行检查。建议区政府加大宣传力度,引导人们树立正确生育观念;加强监督管理,运用合理方式开展计生工作,避免激化矛盾。2006年11月28日,区人大常委会组织部分代表对《济南市农村公路管理条例》贯彻执行情况进行检查。要求区政府多措并举做好农村公路管理养护工作;要加强宣传引导,树立村民爱路护路的意识,自觉抵制超载等破坏公路的行为。2008年10月30日,区人大常委会组织部分代表对《中华人民共和国劳动合同法》贯彻执行情况进行检查。建议区政府要加强监督管理,督促区内用人单位与单位职工依法签订劳动合同,以法律的形式保障劳动者合法权益;要加强宣传教育,增强劳动者维权意识,维护合法权益。

法治教育 1995年9月4日,县人大常委会对县法院、县检察院、县地税局、县水利水产局的法律知识考试情况进行通报。1996年12月24日,县委、县人大常委会召开全县国家机关和部门执法责任制总结表彰大会。1997年4月28日,县人大常委会召开行政执法工作会议。1998年10月22日,县人大常委会召开全县深化完善执法责任制动员大会。2003年4月24日,区人大常委会举办组成人员学习班,学习宪法及相关的法律法规。2004年8月11日—13日,区人大常委会举办组成人员读书班,学习宪法及相关的法律法规。2008年4月25日,区人大常委会举办人大代表培训班,学习代表履职有关知识,促进代表依法履职;7月28日—30日,区人大常委会举办组成人员培训班,学习宪法及相关的法律法规。

视察调查 1992年8月13日—14日,县人大常委会视察黄淮海项目开发建设情况。要求县政府加强领导,提高认识,增强开发紧迫感;坚持高标准、严要求,从勘探设计到施工都要按科学规律办事,保证质量。1994年5月6日,县人大常委会视察环境保护工作。建议县政府加强环保宣传,提高机关、企业、群众环保意识,创造全民参与的氛围;要严肃查处污染企业,做到不姑息不纵容,不贪图眼前利益。7月6日—8日,县人大常委会视察农民负担情况。建议区政府把减轻农民负担纳入法治轨道,坚持依法管理,不多收费、乱收费,加强资金管理,把统筹提留款与乡镇财政资金分开,专款专用,不平掉挪用。1996年1月25日,县人大常委会视察看守所工作。要求看守所按规定执行伙食费,不截不扣,解决好看守干警的保健费问题,改善看守所供暖和照明条件,看守所迁址问题要早日列入规划。1998年4月22日,县人大常委会视察沿黄防护林建设工作。要求相关部门正确处理采伐与新植的关系,搞好统一的全局性规划;加强林木管护工作,在收获季节严禁焚烧秸秆,以免发生火灾。是年12月10日—11日,县人大常委会视察县法院人民法庭工作。要求县法院研究执行工作特点,要审执分离,加强审判队伍建设,强化审判人员业务和法律培训。1999年9月7日,县人大常委会视察长清一中建设情况。建议县政府要加快合校进度,立足实际,解放思想,多渠道筹措资金;要科学论证合理规划,坚持高标准、高质量建设。是年10月21日—22日,县人大常委会视察县公安局派出所工作。要求县公安局围绕中心工作,以“治安防范、管理”为

■ 县人大常委会主任陈淑水(右一)到孝里视察农业综合开发工作 (1997年 摄)

主要任务,防患于未然;要加强派出所组织和物质装备建设,解决自身通讯网络问题。

2000年6月8日,县人大常委会视察学前教育工作。要求教育部门按照积极稳妥的原则,改革要考虑社会和教师的承受能力;要考虑当前利益和长远目标,扩大教育规模的同时也要提高质量。是年11月1日,县人大常委会视察电信工作。要求电信部门进一步增强服务意识,建章立制,提高服务水平;继续开拓创新,抢抓机遇,进一步加快电话村、电话镇、电话县建设步伐。2001年8月24日,县人大常委会视察文化工作。建议县政府突出重点,克服困难,深入持久开展“扫黄打非”行动;要利用全县文化资源优势,加强对外交流,提高长清知名度。是年12月31日,县人大常委会视察市场建设情况。要求县政府把市场建设纳入城市建设整体规划,进一步搞好市场建设规划和治理;已建成的市场要加强规范化管理,加强市场配套建设,完善服务功能。2002年5月23日,区人大常委会视察档案工作。建议区政府增加档案局行政编制,配足财政资金;档案局要加强学习,立足本职,努力推动档案管理工作与时俱进。是年11月12日,区人大常委会视察道路交通管理工作。要求交通部门注重法律法规的宣传,在学校开设交通安全课程,对驾驶员进行交通法培训;要加强自身建设,注重业务和法治培训,树立文明公正的形象。2003年7月18日—19日,区人大常委会视察防汛工作。建议区政府要进一步加强宣传,增强广大干部群众防汛意识;突出重点,采取应急措施,对险库、险段逐一排查。是年9月26日,区人大常委会视察国税工作。建议国税局加强队伍建设,内强素质、外树形象;要加大国税稽查工作力度,做到应收尽收。2005年4月12日,区人大常委会视察农业生产情况。要求区政府严格保护耕地,退耕还林还果要遵守国家政策,不该退的坚决不能退;要搞好水利建设,通过挖蓄水池、打深水井等形式解决灌溉问题。2007年7月5日,区人大常委会视察新型农村合作医疗工作。要求区政府进一步做好宣传工作,扩大新型农村合作医疗覆盖面,不断提高全区医疗卫生水平;要不断加强医疗人才队伍建设,提高医务人员水平。2008年9月11日,区人大常委会视察村村通自来水工程建设情况。建议区政府要注重工程质量,扎实做好勘测建设工作,重点做好管建结合。

代表工作 人大代表是人民代表大会的主体,代表工作是人大工作的关键环节。多年来,常委会把代表工作作为基础工作来抓,强化措施、完善制度、密切联系,促进全区(县)人大工作健康发展。每次换届选举,都按照法定程序成立选举委员会,层层建立工作机构,划分选区,进行选民登记,并进行选民资格审查。除视察调研等常规形式外,常委会每年都组织丰富多彩的活动,让代表参与到全区(县)经济社会发展中来。1991年8月30日和1996年3月2日,分别召开县人大代表经验交流会。2000年9月—10月,组织县人大代表分别对统计局、县乡镇企业局、县体委、县旅游局、县劳动和社会保障局进行评议。2001年9月—10月,组织县人大代表分别对县公安局、县工商分局、县文化局和县城建监察大队进行评议。2003年,开展人大代表“三个一”(每年为全区建设和发展提一条好的意见、建议,引进一个项目或一笔资金,为群众办一件实事)主题活动。2005年1月,召开人大代表“三个一”表彰会。至2008年年底,共收到区人大代表各类建议意见387件次。

第三节 乡镇人大机构

1986年,全县11个镇(乡)均设有人民代表大会,设有人大主席团,一般有专职或兼职人大主席、副主席各1人,其工作机构是人大办公室,负责人代会闭会期间人大工作。2003年9月,长清区行政区划调整,下设4个街道、7个镇(乡),根据《中华人民共和国地方各级人民代表大会和地方各级人民政府组织法》有关规定,只有镇(乡)设有人民代表大会,4个街道设立人大工作室,作为长清区人大常委会的派出机构。2008年,长清区下设4个街道,6个镇(乡),4个街道设有区人大常委会派出的人大工作室,负责本地区人大工作。

第二章　地方行政机关

第一节　区(县)政府领导成员

1986年—2008年,长清区(县)人民政府历经第九届、第十届、第十一届、第十二届、第十三届、第十四届、第十五届,政府领导成员多有变动。张新一、曹维新、雷建国、王荣玉、卞允斗、孙瑞祥、覃俊文先后担任区(县)长。

第二节　会议　公文

会议　区政府实行全体会议、常务会议、区长办公会议、区政府党组会议和区政府工作会议制度。

全体会议　由区长、济南经济开发区主任、副区长、区政府工作部门的主要负责人组成,由区长召集和主持。必要时召开扩大会议,各街道办事处、镇政府和区有关部门主要负责人列席会议。一般每半年召开一次。会议的主要任务是:传达贯彻上级党委、政府和区委的重要指示、决定和会议精神,以及区人民代表大会及其常委会的决议、决定,研究提出贯彻意见;讨论通过提请区人民代表大会审议的政府工作报告;讨论决定区政府工作中的重大事项;部署区政府的重要工作。

常务会议　由区长、济南经济开发区主任、副区长、区政府办公室主任组成,由区长召集和主持。区人武部、监察局、法制办的主要负责人列席会议,区政府办公室有关副主任和区政府有关部门的主要负责人列席相关议题讨论。原则上每个月召开一次,必要时由区长决定随时召开。会议的主要任务是:传达贯彻上级党委、政府和区委的重要指示、决定和会议精神,以及区人民代表大会及其常委会的决议、决定,研究提出贯彻意见;讨论通过提请区人民代表大会及其常委会审议的议案;讨论通过由区政府制定发布的行政管理措施和规定;听取区政府重要工作情况的汇报;讨论决定区政府工作中的重要事项;研究通过人事任免事项;研究通过以区政府名义表彰事项;通报和讨论其他重要事项。

区长办公会议　由区长、副区长、区政府办公室主任组成,必要时请济南经济开发区主任参加,由区长或区长委托常务副区长召集和主持,区政府办公室各副主任列席会议,原则上每周召开一次。会议的主要任务是:交流重要工作情况,部署工作任务;研究处理需提交区政府常务会议解决的重要问题和区政府日常工作中的其他重要事项。

党组会议　由党组书记召集和主持,党组成员参加。会议的主要任务是:通报重要情况,交流思想,开展批评和自我批评;研究加强机关思想政治工作和公务员队伍建设的有关问题。

工作会议　由区长、副区长召集和主持,各街道办事处、镇政府和区政府有关部门负责人参加。会议的主要任务是:研究解决区政府领导分工职责范围内的具体问题;协调分管工作中涉及多个部门的事项;安排部署区政府重要工作。

公文　公文制度　区政府对各街道办事处、镇政府、区政府各部门、直属事业单位直接行文,并受理请示、报告。以区政府或区政府办公室名义制发的公文,其内容应属于关系全区国民经济和社会发展的重大改革方案、重要决定、政策措施、政府规章以及需要全区各级行政机关、企事业单位执行和周知的重要事项。

公文报送 各街道办事处、镇政府和区政府各部门报区政府审批的公文，由区政府办公室审核后根据区政府领导分工呈批。向区政府报送需要审批的公文，除区政府领导直接交办的事项和必须直接报送的涉密事项外，不得直接报送区政府领导个人，更不得多头主送、越级行文。区政府领导收到直接报送要求审批的公文，一般应交区政府办公室按规定程序审核、运转。区政府领导批示的公文，由区政府办公室统一转办。

各街道办事处、镇政府和区政府各部门报送区政府的请示性公文，应坚持一事一报原则，由其主要负责人签发。可以直报区政府部门解决的事项，不应再报区政府审批。区政府部门报送区政府审批的请示事项，凡涉及其他部门职能的，主办部门要事先与有关部门协商一致。区政府部门内设机构工作中需要请示的事项，一般应向主管部门请示；确需向区政府请示的事项，应由主管部门向区政府呈文。非常设机构不得直接向区政府报送公文。

公文审批 凡以区政府或区政府办公室名义制发的公文，均由区政府办公室负责审理和送签。运转程序为：先由办公室分管副主任修改，区政府分管副区长同意后，分管办文的副主任审修，经办公室主任审核后，报请区政府领导签发。其中：以区政府名义制发的正式公文，报请分管副区长审签，区长签发（其中事先已报请区长同意，属于例行行文程序，需以区政府名义行文的，可由分管副区长签发）；（二）以区政府名义制发的便函类公文，根据公文内容，由分管副区长签发；内容涉及数名副区长分管范围的，或有意见分歧的，报请区长签发；以区政府办公室名义制发的正式公文，报请分管副区长或区政府办公室主任签发。

政府规范性文件应先送区政府法制办公室进行合法性审查后再按程序行文。

第三节 政府决策

发展地方经济 1986年1月31日，批转县财政局《关于建立乡（镇）财政所的报告》，在全县11处乡镇设立乡（镇）财政所。1月，决定设立长清县旅游行政管理局，加快全县旅游开发建设步伐。7月28日，印发《关于长清县城东移规划和实施方案的报告》。1988年3月23日，决定设立长清县对外经济贸易和长清县体制改革委员会，以适应改革、开放需要。6月25日，决定申报黄淮海平原农业开发项目。在“七五”后三年，重点搞好中低产田改造，提高名特优产品生产能力，加快农业商品基地建设步伐，进一步巩固和加强农业在国民经济中的基础地位。1989年1月29日，下发《关于企业试行股份制的暂行规定》，在县属和乡镇企业试行股份制，以逐步实行政企分开，完善自我激励、自我约束机制，充分调动劳动者积极性。8月20日，作出《关于建立林业发展基金的决定》，要求自1989年起，农业人口每人每年集资0.5元，非农业人口每人每年集资1元，作为林业发展基金，加大对林业生产的资金投入。

1990年4月3日，下发《关于吨粮田开发的实施意见》，决定在全县开发吨粮田2000公顷，带动田1万公顷。通过采用高产良种、合理密植、高产模式化栽培等多项实用技术，力争2~3年内实现亩产850~1000公斤。8月29日，发布《长清县城商业网点规划建设管理办法》的通知。1991年3月8日，作出在全县开展“质量、品种、效益年”活动的决定。4月2日，下发《长清县基本农田保护管理办法》，对基本农田的范围、保护、监督及管理方法做出明确规定。9月4日，批转《关于长清县国有商业企业实行“四放开”试点的报告》，决定在百货大楼、五金公司、县供销社购销经理部、城关供销社4个单位实行经营范围、价格、分配、用工“四放开”试点，以搞活全县国有商业。1992年3月14日，决定建立长清石材有限公司第一花岗石厂、第二花岗石厂。4月23日，批转《关于在全县乡镇企业系统开展“质量百里行”活动的意见》，要求各乡镇、部门和单位，充分认识开展此项活动的重大意义，加强领导，制订方案，抓好落实，尽快在全县乡镇企业系统开展起来。6月24日，决定成立县对外贸易公司厦门分公司，开展内外贸业务，宣传长清，扩大开放。10月17日，决定自1992年11月1日起，全面放开粮油销售价格。12月28日，下发《长清县国有土地使用权出让出租转让暂行办法》，明确国有土地由无偿无限期使用变为有偿有限期使用。1993年4月3日，制定放宽经营范围、方式和企业名称管理，放宽从业人员范围，简化办照手续等8项规定，鼓励发展个体、私营经济。5月25日，决定发挥近郊优势，以保护栽培为重点，大力发展蔬菜生产。6月8日，批准成立长清县外贸总公司，经营对外出口及国内贸易，为独立核算全民小(一)型企业。6月15日，发布《长清县木鱼石开发经营管理暂行办法》，以加强木鱼石资源管理，合理开发、利用和保护木鱼石资源。12月5日，决定建立长清县农村合作基金会联合会。1994年10月22日，发布《长清县关于股份制和股份合作制企业劳动管理暂行规定》的通知。1995年12月21日，决定在104国道以西、220国道以东、南起长炒路、北至长清和槐荫交界处的三角地带，建立长清工业区，规划面积168平方公里。1996年2月6日，决定对县城至西魏、万德至马山北站、归德至五峰、张夏至历城、双泉至肥城等五条县级公路进行拓宽改造。7月29日，决定治理开发农村“四荒资源”，改善生态环境和农业生产条件，促进农业可持续发展。11月26日，制定11项优惠政策，扶持发展少数民族经济。1997年3月5日，下发《长清县银企联手发展实施意见》，决定建立由政府引导、银行与企业按照平等、自愿、互利、互信的原则结成的新型经济协作关系，以推动区域规模经济和银行信贷资产的健康发展，提高经济增长质量。4月9日，决定向市政府申请在崮云湖南岸建设济南游乐园。4月22日，决定申报中国济南肉类市场为全国菜篮子定点鲜活农产品中心批发市场。

2001年2月12日，印发《关于建立土地收购储备制度的通知》，要求优化存量土地资源的合理配置，保证国有土地资产的保值增值。5月24日，县政府第35次常务会研究通过《长清县城镇规划建设管理暂行规定》，规范和约束开发建设、管理行为，使之有序进行。7月17日，印发《长清县旅游体制改革方案》，决定建立长清县旅游管理委员会——景区管理处、景区旅游发展服务公司两级管理运营机构，实行行政事业管理与企业化经营两条线并行，景区以企业化运营为主的管理运营体制。12月30日，印发《关于济南经济开发区内企业实行一站式收费的通知》，要求创造良好的投资环境和稳定的经济秩序。2002年1月19日，印发《关于加快全县外经贸工作发展的意见》，要求进一步扩大对外开放，改善投资环境，加快全县外向型经济的发展。5月27日，印发《关于济南市长清区都市农业发展规划的通知》，要求优化产业结构，提升城市整体服务功能。5月28日，下发《关于进一步深化政务分开工作的意见》《关于提高行政效率优化发展环境的意见》。2003年6月11日，印发《关于进一步实施蓝天工程的通知》，要求为人民群众的生产生活及经济的健康发展创造良好生态环境。5月19日，第4次区政府常务会议讨论通过《济南市长清区人民政府工作规则》，进一步建立健全政府工作制度、程序，有利于政府各项工作高效运转。2004年2月4日，印发《长清区农村承包土地流转暂行办法》，提出合理开发、利用农村土地资源，促进农业、农村经济发展和农村社会稳定。2月15日，决定开展长清区第一次经济普查工作。11月3日，印发《关于开展“十一五”规划编制工作的通知》。11月22日，决定在全区开展济南市长清区土地利用总体规划(1997—2010)和街道、乡镇土地利用总体规划修编工作。12月9日，印发《关于调整乡镇财政管理体制的意见》，明确区、乡两级事权、财权。2005年5月17日，印发《关于促进农业产业化经营和标准化生产的意见》，要求推进农业产业化经营和标准化生产，促进农业增效和农民增收。9月8日，印发《关于加强农业招商引资推进现代化农业发展的实施意见》，要求加快农业和农村经济发展，全面推进建设小康社会步伐。11月17日，印发《济南市长清区国有粮食企业改革实施方案》，启动国有粮食企业改革工作。2006年3月31日，下发《关于促进农民专业合作经济组织发展的意见》，决定大力发展农民专业合作经济组织。4月29日，印发《关于实施生态示范区建设的意见》。5月29日，发布《实施长清区矿产资源总体规划的通知》，要求最大限度的保护和合理利用矿产资源。2007年3月7日，印发《林业生产实施意见》，要求提高全区造林绿化整体水平，构建人与自然和谐的生态环境。3月30日，印发《济南市长清区农村集体资产与财务管理办法》，对农村集体资产与财务管理进行规范。9月16日，下发《突发公共事件应急预案》，要求加强突发事件的处理处置能力。2008年5月18日，印发《经济结构调整中期发展规划》。10月9日，下发《关于实施质量兴区战略的意见》，决定积极构建与全区经济社会发展相协调的质量工作体系，切实提升质量管理水平，全力推动全区经济社会又好又快发展。

发展社会事业 1986年3月31日，决定投资56万元，整修石麟山和大峰山烈士陵园两处革命传统教育阵地。5月7日，决定设立长清县城市建设局，统一管理县城规划建设。8月11日，制定《长清县县城规划建设管理规定》，并经县九届人大常委会第十三次会议原则通过。9月23日，决定设立长清县劳动争议仲裁委员会和劳动保险事业管理处。11月11日，批转《长清县科学技术进步奖励试行办法》，决定建立县级科技进步奖，鼓励科技人员多出成果、快出成果，以促进全县经济建设和科技事业的发展。1987年3月3日，下发《关于全面完成农村中小学校舍改造工作的意见》，要求各乡镇政府及各有关部门把农村中小学校舍改造工作当作农村工作的中心任务来抓，限期于4月底以前完成全县农村中小学校舍改造任务。11月18日，颁布《长清县科技示范户组织管理条例（试行）》，以进一步发掘和启用各种人才，提高农民科技文化素质，壮大农民科技队伍，增强农业发展后劲。1988年3月15日，县政府决定建立成人教育中等专业学校。1989年7月31日，发布《长清县九年制义务教育实施规划》，决定开始实施义务教育。自9月1日起，分两步走，到1999年全部实现九年制义务教育。10月6日，县政府发布《长清县村镇规划建设管理暂行规定》，对全县行政区域内的集镇、村庄、工矿企业以及国营农场、林场等管理机构所在地的一切规划建设活动进行规范。

1990年8月9日，下发《长清县实现“2000年人人享有卫生保健”规划目标》，要求各级、各部门明确目标责任，强化措施，加大投入，按期完成规划目标。10月13日，决定在全县范围内开展乡镇科技工作达标活动，以推动“科技兴县”战略方针的实施。12月31日，下发《关于加强幼儿教育工作的意见》，要求各级、各有关部门充分认识幼教工作的重要性，明确管理职责，加强领导，多渠道筹集幼教资金，提高幼儿教师工资待遇和幼师队伍素质，以推动全县幼儿教育事业的发展。1991年8月31日，下发《关于解决山区人畜缺水问题的实施意见》，决定本着自力更生为主、国家补助为辅的原则，采取国家、集体、群众多渠道、多层次集资积劳的办法，3年内解决66个自然村的吃水问题。10月7日，决定长清第一职业高中改为职业中专，并报请市政府审批。10月18日，下发《关于公布第一批全县重点文物保护单位的通知》，将35处具有历史、艺术、科学价值的近代重要史迹、古代建筑、古遗址、古墓葬等列为长清县第一批重点文物保护单位。12月12日，发布《关于开展土地登记发证的通告》，对全县国有和集体所有土地，经审核批准后注册登记，颁发“土地使用证”。1992年3月6日，下发关于认真落实国务院《农民承担费用和劳务管理条例》和《山东省农民负担管理条例》的通知。7月20日，决定建立长清县旅游总公司，主要任务为围绕旅游事业发展，搞好旅游资源的开发建设和旅游服务，振兴全县旅游事业。1993年6月28日，发布《长清县县城规划建设管理规定》，共8章42条。10月20日，决定将长清电视台、长清县人民广播电台升格为局级事业单位。1994年1月8日，发布《长清县农民技术人员管理办法》，目的在于充分发挥广大农民技术人员在农业和农村经济中的作用，保障农业技术推广体系的稳定发展，加快农业科技进步。8月17日，印发《关于加快城镇住房制度改革的实施意见》等六个文件的通知。8月27日，《长清县“九五”计划和2010年远景目标》编制完成。1995年8月16日，制定《长清县集中供热管理办法》，以加强城市集中供热管理，节约能源，减少环境污染。12月29日，发布《长清县文化市场管理办法》，以加强全县文化市场管理，保证文化市场为社会主义、为人民服务。1996年2月1日，决定创建全省沼气化试点县，发展“四位一体”的庭院经济户用沼气池，综合开发利用好秸秆，培肥地力，以加快畜牧业发展，解放妇女生产力。9月10日，决定为困难企业特困职工办理特困职工证，以保障困难企业职工及家庭的基本生活，维护社会治安。9月11日，制定完成《长清县妇女事业发展规划(1996—2000)》及《长清县儿童少年事业发展规划(1996—2000)》。1997年1月23日，决定对沿黄四镇滩区90个村、5525户群众实施搬迁，以避免黄河洪水造成的严重灾害。5月15日，决定在新城区建设长清博物馆，对全县出土的6000多件珍贵文物实施有效保护。1999年6月21日，印发《长清县安居工程实施方案》，以深化住房制度改革，加快城镇住房建设。

2001年3月30日，印发《关于编制农村公路发展规划的通知》，推动农村经济和社会发展。6月25日，印发《长清县农村合作医疗保健管理办法》，以发展和完善农村合作医疗保健制度。7月25日，印发《关于加快建设全县广播电视宽带信息网的意见》，促进广播电视事业健康发展。2002年3月18日，决定自秋季开始，将全县义务教育阶段“五四”学制改为“六三”学制。5月18日，印发《关于乡镇中小学教师工资由区统一发放的通知》。2003年11月20日，印发《关于企业退休人员实行社会化管理服务的通知》，逐步建立完善城镇社会保障体系。12月5日，印发《济南市长清区城镇职工基本医疗保险实施意见》，决定按照“先易后难，稳步推进，全面实施”的原则，稳步启动城镇职工基本医疗保险工作。12月12日，印发《关于长清区义务教育阶段家庭经济困难学生救助办法的通知》，帮助家庭经济困难学生完成九年制义务教育。2004年9月8日，印发《关于加快教育改革发展的意见》，要求深化教育改革，加快全区教育发展步伐。2005年6月，区政府决定全面推行新型农村合作医疗，全部取消农业税及附加。7月22日，印发《关于进一步做好文物保护工作的通知》，促进全区文物事业持续健康发展。9月3日，制定印发《大学科技园整体搬迁村庄失地农民基本生活保障暂行办法》。2006年10月13日，印发《关于长清区建设创新型城区若干政策的通知》，提出增强创新能力，发展壮大高新技术产业。10月31日，印发《长清区中长期科学和技术发展规划纲要(2006—2010)》。2008年1月30日，印发《应对价格异常波动工作预案》，提出保持市场价格基本稳定。5月28日，印发《清理化解农村义务教育债务工作实施方案》，提出化解农村义务教育债务，促进农村义务教育事业健康发展。8月11日，印发《政策性农业保险试点工作实施方案》，提出分散农业风险，提高政府社会管理效率。

第四节　法治政府

制发规范性文件　1987年—2008年，共制发规范性文件384件，主要涉及完善社会保障机制、促进科技创新、环境创新、加快农业和农村经济发展、加强城市管理等方面的工作。2002年4月，对新中国成立以来发布的规范性文件进行全面清理，经县政府同意发文公布停止执行被废止的文件252件，其中以县政府名义发布的文件170件，以县政府办公室名义发布的文件82件。2004年7月，为推动行政许可改革，对全区行政许可主体、行政许可事项、行政许可收费进行全面清理，经审查共保留有法律法规依据的行政许可事项194项，依法享有或者依委托授权享有行政许可权的单位或组织共计35个，有收费依据

的行政许可收费项目计 176 项。2007 年 10 月，在 2002 年清理结果的基础上，再次进行清理，最终保留 15 件规范性文件予以继续实施。

法治监督　坚持行政执法人员上岗培训和行政执法证件管理制度。申领行政执法证的人员，必须是在编在职干部，必须通过统一培训和考试。建立和完善规范性文件备案审查制度。凡是政府出台的规范性文件，都事先经过政府法制部门审核把关，并及时上报市政府备案审查。同时对区（县）政府有关部门、乡镇政府报审的规范性文件及时进行审核和备案登记。推动全区（县）行政审批制度改革。组织人员对全区（县）各部门申报的行政审批事项逐一审查认定。2001 年 11 月，县政府公布取消第一批县级行政审批事项 388 项。2003 年 2 月，公布取消第二批区级行政审批事项 151 项。2005 年 3 月，举办行政许可法培训班，全区 1098 名行政执法人员参加培训。至 2008 年年底，共举行行政执法人员学习培训 26 次，涉及执法主体 51 个，执法人员 3895 人。

行政复议　1991 年—2008 年，共受理复议案件 176 件，涉及土地争议、房产纠纷、工伤认定纠纷、行政处罚等各个方面，处结率 100%。代理政府被申请行政复议案件 7 件，代理政府行政诉讼应诉案件 68 件。组织副科级以上领导干部专题培训班 2 次，培训行政执法人员 1200 余人次，制作过街横幅标语 35 幅，散发宣传材料万余份，制作大型挂图 100 幅，电视台制作电视字幕标语 30 条滚动播出。

第五节　外事侨务

外事　1986 年起，贯彻执行中共中央、国务院、山东省和济南市关于因公出国方面的方针政策和规定，严格按照因公出国的范围和条件进行把关和初审。1995 年 8 月 24 日，日本宫城县町长齐田澈郎带领“日本国南乡町友好访问团”访问长清，与长清县政府签订友好协议。2000 年 6 月 18 日，韩国前总统卢泰愚及夫人金玉淑一行访问长清县，到归德镇的坟台村参拜卢国国君墓，出席“世界卢氏宗亲会”成立大会。2008 年，成立全区外事管理领导小组。至 2008 年年底，累计办理因公出国团组手续 500 余批、2000 余人，为济南柴油机厂等企业办理邀请外国专家到华手续 50 余批、200 余人，组织和参与接待来访外宾和华侨社团 200 余批、2000 余人。

侨务　2006 年起，为 7 名生活困难归侨争取每月 150 元的市财政补助，有 2 名归侨享受低保，2 名归侨享受区财政补助。2008 年，全区共有归侨侨眷 61 户，其中归侨 11 户、15 人，多数为朝鲜归侨，其亲属大部分分布在朝鲜、俄罗斯、东南亚等国家和地区，全区大部分归侨侨眷生活在农村。至 2008 年年底，共为归侨侨眷送慰问品、慰问金价值 10 余万元，为归侨侨眷解决实际问题 200 余个。

第六节　民族宗教

民族事务　1997 年，全县少数民族中的县级人大代表 3 人，乡镇人大代表 6 人。县政协委员中有少数民族委员 6 人。在国家机关和事业单位中，全县共有少数民族干部和教师 45 人，其中局级 1 人，有中级以上职称的 5 人。2007 年，少数民族中有省级人大代表 1 人，市级人大代表 1 人，区级人大代表 2 人，市级政协委员 1 人，区级政协委员 5 人。

1982 年，赵营村小学改为赵营回民小学。1986 年，划拨 10 万元物资，为崮山镇凤凰村修混凝土桥 1 座，解决该村长期出行难问题。1989 年 8 月，青北小学、凤凰庄小学改为青北回民小学、凤凰庄回民小学，长清境内 3 个民族村小学全部更名为回民小学。1992 年，凤凰村打深水井 1 眼，全村村民吃上自来水。1996 年，济南市民委和长清县水利局出资 10 万元为张夏镇青北村修建提水工程 1 处。2000 年，凤凰村筹资 140 万元，修建长 86 米、宽 8 米的进村大桥。2003 年，学校布局调整，只保留青北回民小学。2005 年，赵营村重新组建手龙舞

■ 赵营村清真寺庆祝开斋节 (2008 年 摄)

表演队。2005 年起，3 个民族村投资近 400 万元，硬化道路 10 公里，进行亮化、绿化，村内面貌焕然一新。2007 年，青北回民小学新修建教学楼，建筑面积 1200 平方米，配备微机室、活动室等，有学生 120 余人，全部为回民。2008 年，赵营村新建幼儿园 1 所，有 40 多名儿童入园。3 个民族村都建立高标准的卫生室，配备专业医务人员。民族村运输、废旧金属回收、油脂加工、花生米加工、清真食品加工等行业稳步发展，村民收入不断增加。

宗教事务 1986 年起，长清区（县）宗教管理部门为加强与宗教界人士的联系，不定期召开各宗教团体、宗教界人士参加的茶话会。每逢重要的宗教节日，宗教部门前往寺庙、教堂祝贺。区（县）宗教部门与各宗教团体建立联席会议制度，听取信教群众对政府的意见和建议，及时传达上级有关指示精神。宗教活动场所规章制度健全，宗教活动规范有序。1993 年 11 月 10 日，获国务院宗教事务局全国基层宗教工作先进集体称号。2008 年，全区有佛教、道教、伊斯兰教、天主教、基督教五大宗教，道教有少量信徒但无开放场所，有伊斯兰教协会和基督教三自爱国运动委员会两个宗教团体。

第七节 驻外办事处

1992 年 3 月，设立长清县人民政府驻北京办事处、驻上海市办事处、驻福州办事处、驻佳木斯市办事处，主要职责是向县委、县政府及企业提供各类信息、为企业牵线合作项目和协助召开经济发展恳谈会、推介会、新闻发布会等。姜少军、董梦尧先后任驻北京办事处主任，其他 3 个办事处主任空缺。1993 年 3 月，设立长清县人民政府驻海南省办事处，朱敬信任主任。1998 年 2 月，设立长清县人民政府驻天津市办事处，王文正任主任。

第八节 信访工作

1984 年—1985 年，县委、县政府在信访工作中重视落实党对知识分子的政策，除抽调专人组成班子外，对重大问题，县委、县政府领导亲自处理，对人民来信来访中的 422 件积案处理完毕。1986 年起，在全县开展争创"三无"（无集体访、无进京访、无信访积案）乡镇活动。1992 年，县委、县政府结合全县情况制定《分级负责归口办理实施细则》。1993 年，县委、县政府制定《乡镇、县直部门信访工作岗位目标管理考核计分标准》和《信访工作奖惩办法》。1994 年，县委、县政府制定《引导群众逐级上访实施意见》。1995 年 10 月，县委、县政府下发《关于实行信访协议暂行办法》。1996 年，在全县实行信访工作"两金一书"（信访稳定制约金、信访稳定保证金和信访协议书）制度，全县信访工作逐步纳入法治化、规范化管理轨道。2004 年，针对信访工作出现的新情况、新问题、新特点和群体性事件不断增多的趋势，根据中央、省、市关于建立处理信访突出问题及群体性事件联席会议制度的通知精神，区委、区政府决定建立长清区处理信访突出问题及群体性事件联席会议制度。联席会议下设办公室（设在区委办公室），具体承担联席会议的日常工作，组织联席会议、形成会议纪要，督促落实联席会议决定的事项，掌握工作动态和信息，协调、调度、汇总、分析和上报工作有关情况。根据全区群众来信来访中反映比较突出的问题，成立 8 个专项工作小组：企业军转干部问题工作小组、泰灵塔问题工作小组、复员退伍军人安置问题工作小组、基层组织建设问题工作小组、涉法涉诉问题工作小组、国

有企业改制和破产问题工作小组、城镇房屋拆迁问题工作小组、农村土地征用问题工作小组。是年，全区共受理群众来信来访 800 件批，其中来信 186 件，来访 614 批次、4902 人次，办结率 95%。2006 年 7 月，印发《区委、区政府领导信访接待日制度》和《关于进一步完善街道、乡镇及区直部门领导干部信访接待日制度的意见》的通知，要求区委、区政府领导信访接待日活动实行定期接访，一般确定为每周的星期一上午，接访时间不少于半个工作日。每位领导每年参加 4 次以上接访活动。区信访局编制每年的领导接访时间表，由区委办公室、区政府办公室编入每周领导活动安排表中。接待群众来访日活动主要采取正常候访的方式，遇到特殊情况，区委、区政府领导可以安排约访、下访、回访、座谈等方式接待上访群众。街道、乡镇原则上每天明确一名领导班子成员负责接待来访群众，区直部门领导班子成员信访接待日为每周第一个工作日的上午。2007 年 9 月，联席会议在原有 8 个专项工作小组的基础上，新增信访投诉监察工作小组、信访复查复核工作小组、信访舆情控制工作小组、经济适用房和廉租房问题工作小组、原民办教师问题工作小组 5 个专项工作小组。2008 年，区信访局印发《关于进一步加强基层信访组织网络建设的通知》，着重抓好队伍建设，以队伍建设促进网络建设，以网络建设带动队伍建设。突出抓纵横“两条线”，即：纵向抓区、乡镇（街道）、管理区（办事处）、村（居）四级网络，横向抓区、系统、部门（大的企事业单位）、基层企事业单位四级网络，形成纵、横四级信访工作领导小组和专兼职干部队伍。全区共有专兼职信访干部 2454 人，其中区直部门信访调解员 240 人、乡镇（街道）信访调解员 195 人、管理区（办事处）238 人、村级信访调解员 1781 人。各级信访组织全部做到“三有三落实”，即有接待办公场所和电话、有完备的工作制度上墙、有排查化解和信访台账簿及各级工作人员档案橱，落实人员、落实责任、落实待遇，提升基层超前预防减少矛盾、畅通渠道吸纳矛盾、整合力量化解矛盾的水平，夯实基层信访工作的基础，在全区形成横向联动、纵向贯通，覆盖全区的信访工作网络。是年，全区共发生区以上信访事项 801 件批，其中来信 269 件，来访 532 批、2625 人次，办结率 96%以上。

2008 年长清区领导信访接待日安排情况表

表 7－2

姓　名	职　务	接访时间（日/月）
孙瑞祥	区委书记	25/2　9/6　22/9
覃俊文	区委副书记、区长	3/3　16/6　29/9
张洪武	区委副书记	23/6　6/10
李广贤	区委常委、区纪委书记	17/3　30/6　13/10
庞　涛	区委常委、区政府常务副区长	24/3　7/7　20/10
王　伟	区委常委、区人武部政委	31/3　14/7　27/10
刘延文	区委常委、区政府副区长	7/4　21/7　3/11
徐　宾	区委常委、区委办公室主任	14/4　28/7　10/11
葛殿起	区委常委、区委政法委书记	21/4　4/8　17/11
刘明霞	区委常委、宣传部部长	7/1　28/4　11/8　24/11
赵金民	区委常委、组织部部长	14/1　5/5　18/8　1/12
房玉萍	区政府副区长	21/1　12/5　25/8　8/12
张　彦	区政府副区长	28/1　19/5　1/9　15/12
李本文	区政府副区长	4/2　26/5　8/9　22/12
韩　军	区政府副区长	18/2　2/6　15/9　29/12

第九节 行政事务管理

1986年1月，长清县行政科和长清县旅游公司合并，成立长清县旅游行政管理局。1989年4月，撤销长清县旅游行政管理局，成立长清县机关行政事务管理局。区(县)机关行政事务管理局主要负责机关房地产管理；编制区(县)级机关房地产开发建设规划、计划，集中统一建设和管理区(县)级机关办公用房和职工用房；负责机关办公、宿舍区的供水、供电、供暖，保障正常供给；负责机关食堂、机关会议室、会议厅的管理和服务等。

长清县委、县政府机关办公大楼位于长清县新城清河街中段，始建于1986年5月，1989年6月竣工交付使用，总建筑面积1.3万平方米，另建有传达室、食堂、锅炉房、澡堂等附属设施。会议厅始建于1991年，1992年8月交付使用，建筑面积1247平方米，可容纳600人。1989年—1997年，投资1000万元，建成宿舍楼8幢，总建筑面积2.35万平方米，302户，另建24户平房。1997年7月，清河小区管道液化气投入使用，成为全县第一家使用管道液化气的小区。1998年，办公大楼停止锅炉供暖改用热电厂管道供暖。2003年5月，老干部活动室投入使用。2004年，建成宿舍楼3幢，总面积9671平方米，共96户。2007年7月，对长清区委、区政府办公楼进行内部装修，更换自动门、粉刷墙壁等。

第十节 乡镇政府机构

1986年，长清县设城关镇、平安店镇、崮山镇、归德镇、孝里镇、张夏镇、万德镇、五峰山乡、双泉乡、马山乡、武家庄乡11个乡镇人民政府。1995年4月，撤销五峰山乡和马山乡，设立五峰山镇和马山镇。1995年12月，城关镇更名为长清镇。2003年9月，经山东省人民政府批准，撤销长清镇、平安店镇、崮山镇、五峰山镇，分别成立文昌街道、平安街道、崮云湖街道、五峰山街道，行政区域不变。2006年1月，经山东省人民政府批准，撤销武家庄乡，将其行政区域并入万德镇。至2008年年底，全区设4个街道办事处、5个镇人民政府、1个乡人民政府。

第三章 政协长清区(县)委员会

第一节 政协全委会议

政协长清县第一届委员会 1983年，成立中国人民政治协商会议山东省长清县第一届委员会筹备委员会。1984年4月6日，完成筹备工作，建立中国人民政治协商会议山东省长清县委员会。4月6日—11日，政协长清县第一届委员会第一次会议在县委礼堂召开，123名政协委员出席会议。会议选举董林洲为政协长清县第一届委员会主席，董信荣、韩方顺、韩密山为副主席。本届政协召开全体会议3次，审议政协常务委员会工作报告、提案工作情况报告。第三次会议增选谯廷祥为副主席。

政协长清县第二届委员会 1987年4月13日—18日，政协长清县第二届委员会第一次会议在县委礼堂召开，195名政协委员出席会议，15名特邀代表列席会议。会议选举桑云芳为政协长清县第二届委员会主席，谯廷祥、傅佃三、韩方顺、韩密山、罗辑明为副主席。本届政协召开全体会议3次，审议政协常务委员会工作报告、提案工作情况报告，列席人代会，听取政府工作报告和计划、财政、法院、检察院工作报告。

政协长清县第三届委员会　1990年2月26日至3月2日，政协长清县第三届委员会第一次会议在县委礼堂召开，194名政协委员出席会议。会议选举陈淑水为政协长清县第三届委员会主席，李玉芝（女）、谯廷祥、林开兴、罗辑明、刘振铎、邱兆虎为副主席。本届政协召开全体会议3次，审议政协常务委员会工作报告、提案工作情况报告，列席人代会，听取政府工作报告和计划、财政、法院、检察院工作报告。

政协长清县第四届委员会　1993年1月8日—10日，政协长清县第四届委员会第一次会议在长清宾馆召开，191名政协委员出席会议。会议选举陈淑水为政协长清县第四届委员会主席，徐立英（女）、谯廷祥、林开兴、罗辑明、刘振铎、邱兆虎为副主席。本届政协召开全体会议5次，审议政协常务委员会工作报告、提案工作情况报告，列席人代会，听取政府工作报告、国民经济和社会发展计划、财政预决算及法院、检察院工作报告。1996年2月，第四次会议同意陈淑水辞去政协长清县第四届委员会主席职务，选举郭恩廷为政协长清县第四届委员会主席，增选张瑞金为副主席。

政协长清县第五届委员会　1998年1月12日—16日，政协长清县第五届委员会第一次会议在清河宾馆召开，201名政协委员出席会议。会议选举郭恩廷为政协长清县第五届委员会主席，徐立英（女）、谯廷祥、张瑞金、林开兴、刘振铎、邱兆虎、李良森为副主席。本届政协召开全体会议5次，审议政协常务委员会工作报告、提案工作情况报告，列席人代会，听取政府工作报告、国民经济和社会发展计划、财政预决算及法院、检察院工作报告。2001年3月，第四次会议同意谯廷祥辞去政协长清县第五届委员会副主席职务，增选张化富、井永平为政协长清县第五届委员会副主席。

政协济南市长清区第六届委员会　2003年1月17日—21日，政协济南市长清区第六届委员会第一次会议在区委会议厅召开，206名政协委员出席会议。会议选举张化富为政协济南市长清区第六届委员会主席，赵文平、张瑞金、李良森、井永平、宋云福、时华勤（女）为副主席。本届政协召开全体会议5次，审议政协常务委员会工作报告、提案工作情况报告，列席人代会，听取政府工作报告、国民经济和社会发展计划、财政预决算及法院、检察院工作报告。2007年1月，第五次会议增选周宝华为政协济南市长清区第六届委员会副主席。

政协济南市长清区第七届委员会　2007年12月1日—5日，政协长清县第七届委员会第一次会议在区委会议厅召开，231名政协委员出席会议。会议选举周宝华为政协济南市长清区第七届委员会主席，井永平、赵贵华、王圣才、张勇、郭卫东、赵洁（女）为副主席。至2008年，召开全体会议2次。

第二节　主要工作

参政议政　1986年起，历届区（县）政协探索政治协商的新途径、新方法，围绕全区（县）国民经济和社会发展规划、政府工作报告、财政预算报告和区（县）人民法院、人民检察院的工作报告进行协商讨论。至2008年年底，共召开全委会议23次、常委会议92次、主席会议156次，先后听取区（县）政府办公室、发改委、财政局、环保局、农业局、大学园区建设指挥部等有关部门的工作通报50余次，共审议通过各类调研报告28份。着重围绕群众关注的热点、难点问题和党政中心工作出主意、想办法，向区（县）委、区（县）政府提出许多意见和建议。各专门委员会围绕工业经济发展、新农村建设、教育、卫生等工作与有关部门进行对口协商，许多意见、建议被采纳。

民主监督　1986年起，区（县）政协履行民主监督职能，建立健全沟通、反馈机制。区（县）政协组织委员围绕民营经济、科技兴区（县）、土矿资源管理、种子产业化、设施农业建设、建安业、招商引

政协委员视察工作 (2008年 摄)

资、畜牧产业化、工业经济、农业结构调整、土地整理、基础教育发展、新型农村合作医疗、广播电视、工商行政管理、地税征收、民政工作、环境保护等工作开展视察200余次，提出许多好的意见和建议，先后被区委、区政府和相关职能部门采纳。先后组织委员对区供电局、国税局、地税局、交通局、工商局、卫生局、教育局、公安分局、建委以及农口系统等开展民主评议，促进相关部门工作的开展以及行风、部门工作作风的转变。历届政协注重推荐有关委员担任行政、执法、执纪部门的特邀监督员，增强政协民主监督的实效。至2008年年底，历届区(县)政协共收到委员和党派、团体提案2675件，立案2377件，立案率88.9%。

联谊交往 历届区(县)政协围绕团结和民主两大主题，广泛联谊，增进团结。每年举办全区(县)各界人士国庆中秋茶话会，组织各界人士代表畅谈祖国统一伟业、共话长清发展大计。利用重大节日、纪念日开展各种纪念活动19次。参加市政协、区(县)政协组织开展的各类联谊活动90多次，接待外地来访客人400余批次，召开联谊会、座谈会38次，开展书画联谊活动40余次，组织文艺演出8场。接待台胞500多人次。通过外出参观学习、接待来访、召开周边县市区政协联谊会、开展书画联谊等方式，促进长清与外地区经济文化的合作与交流。

文史宣传 1986年起，发挥文史资料"存史、资政、团结、育人"的作用，坚持征集、编辑、推荐、出版并举原则，先后编辑出版《长清文史资料》第3～11辑、12辑(委员风采专辑)、13辑(财贸专辑)、14辑(区政协六届委员会工作概览)，约计150万字。参与《山东重点文物保护纪实》《齐鲁百年名碑集》《济南名胜辞典》《历史名城》《可爱的济南》《济南名胜古迹楹联选》等丛书的资料征集、组稿工作。先后在省市媒体发表文史稿件百余篇。1999年、2002年被省政协评为文史工作先进集体，连年被省政协评为宣传发行工作先进集体。2002年11月，成立济南长清灵岩书画院。2007年，长清区政协网站开通。2008年，《长清政协工作》创刊，为加强政协宣传、促进委员交流、联系社会各界、反映社情民意提供新的平台。至2008年年底，区政协累计在国家、省、市级新闻媒体发表各类反映长清政协工作的新闻稿件1000余篇，其中有90多篇稿件在省、市政协组织的好新闻评选中获奖；区政协还多次在长清电视台、《新长清》报开辟专题节目和专栏，宣传全区三个文明建设的巨大成就和优秀委员的先进事迹。

第三节 基层政协机构

1984年4月，建立中国人民政治协商会议山东省长清县委员会，各乡镇相继成立政协委员联络组，由县政协委员中中共乡镇党委副书记任组长。1991年10月，全县7镇、4乡各成立政协统战工作室，规格为正乡镇级，是县政协的派出机构。主要职能是加强同驻地乡镇政协委员及各界代表人士联系，组织其开展经常性活动。2003年9月，撤销街道政协统战机构；2006年8月，撤销乡镇政协统战机构。未到退休年龄的工作室主任、副主任继续保留任职，工作室主任离任的乡镇街道，由党委分管党务的副书记负责联系政协工作。

第八编

政 务

Government Affairs

长清区人力资源市场开工奠基仪式 （2008年 摄）

长清区文昌街道办事处敬老院　　（2008年 摄）

长清区军休所向金婚老人颁发纪念证书　　（2008年 摄）

1984年，长清县废除“政社合一”体制，建立611个村民委员会。1991年，全县第一个居委会城关镇东关居委会成立。1997年，建立城乡最低生活保障制度。2000年起，先后两批共安置三峡移民57户240人。2002年，长清县被评为山东省双拥模范城。2006年，长清区制定《健全和完善村务公开民主管理的意见》，民主管理、民主理财和民主监督制度不断完善。至2008年年底，优抚、救济救助、安置、城乡低保等政策得到全面落实，殡葬、婚姻、地名、福利企业等管理更加规范。

1989年，实行考任制，将竞争机制引入干部管理。1993年起，专业技术岗位不再受数额限制，实行评聘分开。1994年，本着精简高效的原则，党政机构进行改革，精简机构40个，精简人员545人。至1997年，全县推行国家公务员制度工作基本完成，过渡为国家公务员的1130人。是年起，新录用国家公务员，实行严格的考试制度。2000年，建成人才市场，办理人事代理服务。2002年起，面向社会招考国家公务员。2008年年底，全区共有机构59个，编制人数1390人。

1985年，长清县开始实施劳动合同制度，代替计划经济体制下的固定工制度。1987年起，开展城乡劳动力技能培训及下岗失业职工再就业培训工作，逐步建立起“劳动者自主择业、市场调节就业、政府促进就业”和“劳动力资源由市场配置”的新型劳动就业制度，同时建立以促进就业为目的，以市场需求为导向，“先培训、后就业”的职业培训和技能鉴定制度。劳动工资由原来国家宏观调控、企业自主分配，逐步实行工资水平由市场调节的新型工资分配制度，同时建立健全劳动争议仲裁、劳动监察制度。2008年，实现就业再就业5355人，城镇登记失业率控制在3.3%。

第一章 民 政

第一节 基层群众性自治组织

村民委员会（居民委员会）选举 1984年，长清县废除“政社合一”体制，建立611个村民委员会，村委会干部实行委任制。1987年4月，长清县第一届村民委员会任期届满，全县11个乡镇611个村委会进行第二届换届选举。1990年3月，全县613个村民委员会进行第三届换届选举，改选成功608个，占全县行政村总数的99%。1993年，完成第四届村（居）换届选举工作。1996年4月1日至6月10日，全县589个村完成第五届村民委员会换届选举，其中542个村一次选举成功，占92%。第二届至第五届村民委员会换届选举，是以选民小组为单位，组织选民提名，酝酿协商，确定候选人，经过党支部提名候选人，然后由村民或村民代表大会选举。1999年，第六届村委会换届选举是第一次按照《山东省村民委员会选举办法》进行村委会直选，在全县各村进行宣传，张贴公开信1800多张，出动宣传车300多车次。第六届村委会换届选举有选举权的村民参选率93%，613个村选出村干部2447人，换届成功率97%。2002年，进行第七届村委会换届选举，换届成功率97.5%，选出村委会成员2256人，比上届减少干部职数191

人。2004 年 9 月—12 月，进行第八届村委会换届选举，当选的 2009 名村委会成员中，45 岁以下占 85%、高中以上学历占 61%、村中致富带头人占 78%。2007 年 9 月—12 月，进行第九届村委会换届选举，换届成功率 99.7%，书记、主任一人兼的 520 个村，占 85.9%；选出村委会成员 1899 人，当选委员“双高双强”(政治素质高、群众威信高，带头致富能力强、带领群众致富能力强)人才占 89.7%，高中以上学历占 87%，有女性干部的村占 90%。至 2007 年，全区共有基层自治组织 613 个，其中村民委员会 579 个。

居民委员会 1991 年，城关镇东关居委会成立，为全县第一家居委会。1996 年 8 月，万德镇城镇居委会成立。2000 年 4 月，崮山镇欣源社区居委会成立。2005 年 9 月，长清区进行村改居工作，撤销小柿子园、东铺等 14 个村，改为小柿子园、东铺、华新、西八里、东八里、王府庄、石围子王、大梁、小梁、段庄、魏庄、张庄、北孙、周庄 14 个社区居委会。2006 年，务子前、务子北、务子中等 9 个村进行村改居工作，改为务子前、务子北、务子中、务子西、东王、东三里、牛山、大柿子园、国安社区居委会；在长清城区新设清河街一至六社区、中川社区、文昌社区 8 个社区居委会。2007 年，23 个村改居的居委会按村委会换届程序完成第九届村委会换届。2008 年年底，全区社区居委会 34 个。

2005 年 9 月，举行崮云湖街道 9 个社区居委会挂牌仪式

村民自治 1991 年，村民自治示范活动在平安店镇试点。1994年—1995 年，印发《关于在全县开展示范乡镇和行政村的意见》《关于对村民自治示范村进行验收和命名表彰的通知》，将村民自治工作纳入规范化管理轨道。1997 年，长清县出台《关于加强村级“两议五公开”的意见》，各村对村民最关心的土地、财务、计划生育指标、干部工资、集体财产等方面进行及时公开，增强农村工作透明度。1999 年，长清县下发《村级规范化实施细则》，对各村的干部管理、财务管理、议事规则、监督考核等进行明确规定。2006 年，长清区制定《健全和完善村务公开民主管理的意见》，明确村务公开的内容、程序等，完善民主管理、民主理财和民主监督的制度建设。每年到乡镇进行一次督导检查，检查结果记入各乡镇(街道)的全方位目标考核分数。各乡镇(街道)对村务公开工作进行督导检查，各村设有公开栏、村务公开监督小组，财务、政务每月公开一次。

第二节 优 抚

优待 1986 年，全县优待总户数 4260 户，发放优待款 103.5 万元，优待金最高每年每户 300 元，最低每年每户 170 元。每逢春节、八一建军节，县委、县政府向全县烈、军属和荣、复、转、退军人发慰问信、送年画和光荣牌；乡镇政府干部带慰问品进行走访慰问；各村党支部带领青年为烈、军属打扫卫生、挑水，送光荣花、光荣灯，贴对联、送慰问品。1995 年，县政府下发《关于做好义务兵家属优待工作的通知》，统一优待标准，优待金每年每户 400 元。2004 年起，优待金由县民政局通过银行系统发放。2008 年，出台《抚恤定补优抚对象医疗保障办法》，将残疾军人、烈士遗属、因公牺牲军人遗属、病故军人遗属、复员军人、带病回乡退伍军人、参战退役人员纳入城乡医疗保障体系，享受医疗保障。2008 年，优待总户数 3600 户，发放优待款 228.2 万元。

1986—2008 年长清区(县)优抚对象优待金兑现情况表

表 8－1

年份	年优待金总额（万元）	优待总户数（户）	军属				其他优待对象	
			农村		城镇			
			户数（户）	户均款数（元）	户数（户）	户均款数（元）	户数（户）	户均款数（元）
1986	103.5	4260	2390	300	1870	170	—	—
1987	108.0	4203	2395	300	1808	200	—	—
1988	100.3	3322	2300	300	1022	306	—	—
1992	121.8	4289	2401	350	1888	200	—	—
1993	123.5	4344	2443	350	1901	200	—	—
1994	124.4	4365	2472	350	1893	200	—	—
1995	128.0	3763	2263	400	1500	250	—	—
1996	131.3	3871	2304	400	1567	250	—	—
1997	129.6	3786	2288	400	1498	250	—	—
1998	146.5	3651	2601	450	1050	280	—	—
1999	160.5	4031	2799	450	1232	280	—	—
2000	166.0	4229	2800	450	1429	280	—	—
2001	192.0	4063	890	1650	159	700	3014	113
2002	255.8	4003	745	1800	143	800	3115	354
2003	186.2	3069	559	2000	118	800	2392	272
2004	202.1	3679	1658	834	201	1000	1820	240
2005	223.0	3593	1816	900	223	1000	1554	240
2006	217.8	3499	1734	900	255	1000	1510	240
2007	225.2	3570	1793	900	278	1000	1499	240
2008	228.2	3600	1850	900	259	1000	1491	240

说明:1989 年—1991 年无资料

抚恤 1986 年起，对优抚对象除发放抚恤费外还实行定期定量补助。补助的对象有:孤老烈士家属、病故军人家属、失踪军人家属;没有亲属抚养或虽有亲属而无能力抚养的烈士、病故、失踪军人的未成年子女;丧失劳动能力而无能力供养的父母和配偶;带病回乡,生活困难,不能经常参加劳动的复员退伍军人；完全丧失劳动能力,生活困难的复员军人。对在乡特等残废军人和一等残废军人及其家庭、未成年子女,本人申请就地转为非农业人口。1999 年,两次提高优抚对象补助标准,烈属每月补助 120 元,在乡复员军人 100 元。2008 年,烈士遗属抚恤标准为：居住农村的每人每年 4260 元，居住城镇的每人每年 7020 元；因公牺牲军人遗属抚恤标准为：居住农村的每人每年 3950 元，居住城镇的每人每年 6500 元；病故军人遗属抚恤标准为：居住农村的每人每年 3870 元，居住城镇的每人每年 6120 元。至 2008 年年底,累计发放抚恤补助费 1256.65 万元。

2008年长清区优抚对象抚恤补助标准情况表

表8－2

类　别	人　数（人）	三属定期优抚金（元）		伤残军人抚恤金（元）		
		因公	因病	农村	城镇	因战
三属	218	4260	7020	—	—	—
一等伤残军人	17	—	—	18990	17910	17010
二等甲级伤残军人	54	—	—	11520	10080	9360
二等乙级伤残军人	142	—	—	9000	8520	7200
三等甲级伤残军人	198	—	—	6840	6120	—
三等乙级伤残军人	245	—	—	4320	3960	—

烈士褒扬　1980年8月，成立革命烈士英名录编写小组，对在革命战争以及社会主义革命和建设时期为国捐躯的烈士逐一编写入册。每年清明节期间，全区（县）机关、部队、学校、厂矿企业等单位组织有关人员前往烈士陵园向烈士敬献花圈，缅怀革命先烈，进行革命传统教育和爱国主义教育。1990年后，平均每年到烈士陵园瞻仰悼念烈士的干部群众9000余人次。长清大学科技园建成后，烈士陵园接待量大幅增长，2008年，达2万余人。至2008年年底，全区共有革命烈士1620人。其中抗日战争时期牺牲589名、解放战争时期牺牲889名、抗美援朝牺牲99名、云南边防保卫战中牺牲5名、在社会主义革命和建设中牺牲38名。全区有革命烈士陵园2处，较大的烈士墓碑8座，共安葬革命烈士341名。

大峰山革命烈士陵园　位于城区西南24.5公里处的孝里镇大峰山下。1951年，修建陵园，占地面积1.3公顷，安葬抗日战争和解放战争时期的革命烈士22名。

石麟山烈士陵园　位于石麟山北侧。1956年修建，陵园占地面积3.3公顷，安葬革命烈士287名。陵园内有骨灰堂1座，安放着32名烈士骨灰。

清明节中学生祭奠革命烈士　　（2006年　摄）

大峰山烈士陵园　　（2008年　摄）

石麟山烈士陵园　　（2008年　摄）

第三节 拥军优属

1984年12月,长清县军民双拥共建领导小组成立。1985年,长清县双拥工作领导小组下设办公室,作为县双拥工作领导小组的常设办事机构,规格为正科级,办公室主任由县民政局局长兼任。1986年,长清县被山东省人民政府、济南军分区评为拥军支前模范县,曾连续3次被济南市委、市政府、济南军分区评为双拥模范县。2003年,长清区被山东省人民政府评为双拥模范城。2005年—2008年,连续4年获省双拥模范区称号。

中共十一届三中全会后,全县拥军工作把工作重点从单纯保障部队主副食品供应工作转移到扶持和帮助部队发展农副业生产上来,增强部队的自供能力。1986年起,县委、县政府每年组成慰问组,走访慰问驻军单位、烈军属等优抚对象。1995年,落实二等伤残军人公费医疗政策。1998年,成立维护军人军属合法权益领导小组,与县司法局、天齐律师事务所联合成立维护军人军属合法权益法律服务咨询站,在县法律援助中心咨询接待室和县“148”协调指挥中心设立拥军热线。1999年3月,开展“爱心献功臣”活动,为生活困难的老烈属、老伤残退伍军人送款筹粮。2000年起,与县法院协商成立涉军案件法庭,调整配齐双拥工作领导小组,建立健全双拥工作体系,制订一系列拥军优属措施和有关规定,做到双拥意识普及化、军地联谊制度化、拥军组织网络化、拥军活动社会化。县(区)确定每年2月为“拥军优属月”,在元旦、春节、“八一”建军节等重大节日,开展拥军优属活动,区(县)主要领导走访慰问驻区(县)部队,登门入户慰问烈军属、荣誉复退军人,送年画、年货,贴春联,走访慰问,排忧解难。2001年10月1日起,长清各旅游景点对军人免费开放,累计接待官兵近5000人次。是年,长清县23家企事业单位与驻军部队结成军地共建双拥对子,县政府决定免收驻军的水费,每年可为驻军节省资金20多万元;科技拥军进军营,共为部队培训军地两用人才230名,赠送彩电12部、微机8台和价值3万多元的科技书籍。2004年,建立区领导干部联系部队制度。2007年,建立现役军人特困家庭救助机制,每年救助特困军人300人,每人500元。2008年,区委宣传部、区民政局、区文体局共同筹划“固我长城,爱我中华,‘八一’建军节军民联欢晚会”;组织第一届军民“共建杯”篮球邀请赛,2支地方球队和6支部队球队参赛。至2008年年底,涉军案件法庭共接待咨询5000多人次,受理投诉10件,立案4件,审结执行3件,协调处理涉军纠纷20起,接受外地法院委托执行案件1起,发放公开信、法律服务咨询联系卡3200多份(张)。

附:创建双拥模范县(区)

1989年始,长清开展军队、地方共同创建“双拥模范县(区)”活动。1990年,长清县成立以县委副书记、县长为组长,五名副县级领导干部和驻军主要领导为副组长,乡镇党委书记和县直部门领导为成员的创建双拥模范县工作领导小组,制订《长清县创建“全国双拥模范城”的实施方案》,先后出台《拥军优属若干规定》《驻区部队拥政爱民若干规定》等文件,教育、民政、劳动、人事、文化、新闻等部门均制订“争创”措施。2001年,长清县委明确提出“五个到位”的要求,即认识到位、领导到位、宣传到位、落实到位和督查到位,建立健全组织机构、法规制度、服务网络三项体系,每年的区委常委议军会,对需要解决的问题,当场决定,形成纪要。2002年,全区有双拥工作机构75个,配备专(兼)职干部260人,有拥军扶优小组452个,服务人员900余人。2004年,建立和完善双拥工作监督机制,区、乡各级机关全面推行公开办事依据、公开办事程序、承诺办公制度、自觉接受优抚对象的监督,利用新闻媒体开通拥军优属热线,接受舆论监督。2005年,开展“迎奥运、讲文明、树新风”“爱长清、爱军队,共建美好家园”“军民共学雷锋、树新风”“读好书、唱好歌、演好戏”等军民共建活动。2008年,长清区开展创建双拥工作“双六进”活动,“六进军营”是文化、社区体育、社区服务、科技和法律援助、社区温暖、就业岗位进军营,“六进社区”是治安服务、卫生服务、绿化服务、国防教育、扶贫帮困、便民服务进社区。长清区先后多次被评为省、市双拥模范城、双拥模范区。

第四节 安 置

复员退伍军人安置 1981年，成立复退军人安置办公室。1988年起，按照《退伍义务兵安置条例》和《志愿兵退出现役安置暂行办法》的要求，对长清籍退伍义务兵、转业志愿兵做妥善安置。2000年，对在西藏服役退伍义务兵给予安排工作，共安置4人。2003年，贯彻公开、公平、公正的原则，第一次实行文化考试与档案考核相结合的安置办法，安置事业单位8人，企业单位45人。制定退役士兵自谋职业优惠政策，自谋职业50人。2004年—2008年，共接收退役士兵1381人，其中安置262人，自谋职业188人。

1986—2008年长清区(县)复退军人接收安置情况表

表8－3　　　　单位：人

年份	接收人数	安置人数	自谋职业人数	年份	接收人数	安置人数	自谋职业人数
1986	720	205	—	1998	332	98	—
1987	659	172	—	1999	454	193	—
1988	546	153	—	2000	461	156	—
1989	452	123	—	2001	365	126	—
1990	430	145	—	2002	321	82	—
1991	380	125	—	2003	295	53	50
1992	266	83	—	2004	326	97	30
1993	389	158	—	2005	318	73	51
1994	343	113	—	2006	303	37	45
1995	325	133	—	2007	219	25	31
1996	346	108	—	2008	215	30	31
1997	412	102	—				

军休所部分离退休干部与工作人员合影 (2008年 摄)

军队离退休干部安置 1981年，征地9507.8平方米，筹建军队离退休干部休养所（以下简称军休所）。1983年，军休所竣工，安置军休干部25户，其余为分散安置。2000年，为军休所安装集体供暖。2004年，军休所重新安装电路，安装健身器材。2006年，粉刷军休所的内外墙，维修各户的房顶，更换各户的内门窗。2007年，装修大门，硬化美化院落，装修活动室、阅览室、办公室及会议室。2008年，整修院内的路面，重新铺设沥青，为军休干部家属办理居民医疗保险。至2008年年底，共接收军队离休干部23人、退休干部15人、退休士官5人及无军籍职工15人，共计58人。其中师职2人、团职26人。军休所先后被省民政厅评为山东省离退休干部工作先进单位、达标单位和山东省文明军休所。

移民安置 2000年6月2日，济南市政府移民安置工作会议决定，长清区接收三峡工程重庆库区忠县农村外迁移民安置任务38户158人，安置在经济条件好、发展潜力大、交通便利的长清镇的袁庄村，归德镇归北村和李官村、崮山镇大刘村和东孙村、孝里镇广里村和广里店村、五峰山镇宋村和西洋河村、平安店镇名庄村。2001年2月16日—23日，组织考察团赴忠县进行考察，对移民资格进行复核。3月4日—7日，忠县移民代表考察团到长清县考察对接，确定宅基地、耕地，签订建房委托书和移民住房建设责任书。建房完成后，县移民办公室统一为移民购制家具、日常生活用品等。8月10日，县委、县政府组织安置镇有关人员到济南火车站迎接库区移民。8月12日，办理交接手续，镇村干部与移民结成帮扶对子。2004年8月5日，第二批重庆开县移民入住长清区，安置在文昌街道窑头村，孝里镇张营村、金村，归德镇归南村，马山镇漩庄村，万德镇义灵关村，安置19户82人。两批共安置57户240人。

为三峡库区移民新建的住宅 （2004年摄）

2001—2004年长清区接收安置三峡移民情况表

表8－4

乡 镇	村	户数(人)	人数(人)	随迁(人)	时间
长清镇	袁庄村	6	22	2	2001.08
归德镇	归北村	3	16	—	
	李官村	3	9		
孝里镇	广里村	3	16	—	
	广里店村	3	13	2	
五峰山镇	宋村	3	12	—	
	西洋河村	3	12	—	
平安店镇	名庄村	7	31	—	
崮山镇	大刘村	4	15	—	
	东孙村	3	12	—	
文昌街道	窑头村	6	28	—	2004.08
归德镇	归南村	2	10	—	
孝里镇	金村	3	10	—	
	张营村	2	10	—	
马山镇	漩庄村	3	12	—	
万德镇	义灵关村	3	12	—	

第五节　救济救助

抗灾救济　长清区(县)是自然灾害频发地区之一,主要以旱灾、水灾、风灾为主。1996 年,全县建立并实施救灾工作分级负责、救灾款分级负担新机制,形成有灾救灾、无灾积累、丰欠调剂、扶持贫困者发展生产的社会保障新制度。至 1997 年,全县积累救灾预备金 44 万元,救灾救济储备粮 60 万公斤。2002 年,长清区遭受严重干旱,从年初至 8 月底降雨不足 200 毫米,全区农作物受灾面积 2.28 万公顷,其中减产面积 1.53 万公顷,绝产面积 3933 公顷,直接经济损失 3.8 亿元。受灾人口 21 万人,其中特重灾民 12 万人,重灾民 6.5 万人。区委、区政府多方筹集资金 300 万元补贴群众,减免农业税 500 万元,安排救灾款 378.6 万元,救灾面粉 300 吨、大米 15 吨、衣物 643 件,救济 34246 户、15.48 万人。2007 年 7 月 18 日下午 5 时,长清区降特大暴雨,降雨量近 200 毫米,造成房屋损坏 235 间,死亡 2 人,紧急转移安置 120 人,冲毁坝堰 1700 多米,冲毁树木 500 余棵,直接经济损失 1200 万元,其中农业损失 931 万元。区委、区政府组织力量进行抗灾自救,整修危房 500 余间,下发救灾款 400 余万元。至 2008 年年底,累计拨款 1634.76 万元,共救助 36.45 万户次,140.35 万人次。

救灾　　(2007 年　摄)

2008 年 5 月,华新社区居民为汶川地震灾区募捐

慈善救助　2004 年 10 月 29 日,长清慈善总会成立,设会长 1 名,副会长 11 名,理事 58 名,常务理事 24 名,单位会员 118 名,个人会员 178 名,慈善分会 11 个,慈善超市 1 处,慈善门诊 1 处。2005 年—2007 年,长清区共募集善款 157.31 万元,支出善款 130 余万元。其中救助特困户、残疾人 1700 余户,支出善款 79 万元;救助贫困老人 60 名,支出善款 3 万元;救助大学生、特困优秀教师 250 余名,支出善款 22 万元;发放医疗救助卡 400 张,救助贫困医疗家庭 400 户,支出善款 20 万元;救助万德科技扶贫养羊基地 3 万元;救助聋哑学校 3 万元。2008 年,全区为四川汶川地震灾区捐款 1119 万元,捐物折价 593 万元。

第六节　民政管理

婚姻管理　1986 年 3 月 15 日,民政部发布

长清居民领取结婚证

新的《婚姻登记办法》。是年,全县 11 个乡镇设立婚姻登记处,配备专职婚姻登记员。婚姻登记时间每月不少于 5 天,正式建立婚姻档案。1988 年,《山东省实施〈婚姻登记办法〉细则》实行。1993 年,县直婚姻登记处成立。是年,对城镇户口和城关镇的婚姻当事人进行婚前检查。1996 年,长清县解决结婚登记"搭车"收费问题后,领取"结婚证"只需交工本费 9 元。1997 年 8 月,长清县婚姻服务中心、婚姻登记处成立。婚姻登记由过去的乡、镇变为县(区)集中办理结婚登记、离婚登记、补办结婚登记等。2007 年 4 月 4 日,长清区婚姻登记管理处更名为济南市长清区民政局婚姻登记处。2008 年,全区结婚登记 3842 对,离婚登记 419 对。

1986—2008 年长清区(县)婚姻登记统计表

表 8 - 5　　单位:对

年 份	结婚登记	离婚登记	年 份	结婚登记	离婚登记
1986	3995	8	1998	4360	37
1987	3785	13	1999	4962	35
1988	3656	18	2000	3989	21
1989	3560	15	2001	3992	38
1990	4289	21	2002	4229	18
1991	3895	19	2003	6474	66
1992	3452	20	2004	5089	187
1993	4022	23	2005	3635	278
1994	3995	22	2006	4186	330
1995	3988	24	2007	3717	383
1996	4320	29	2008	3842	419
1997	3748	33	合计	95180	2057

民间组织管理 1991 年,县民政局增设社团登记管理科,编制 2 人。1992 年,完成县镇(乡)级以上社团的清理整顿、复查登记、颁发证书和旧印章收缴、新印章刻制工作。1994 年,社团登记管理科与地名办合并为地名社团科。2001 年,地名社团科合并到行政管理科。2004 年起,发展农村经济协会,先后成立 53 个农村经济协会。至 2008 年年底,全区共有社会团体 87 家、民办非企业单位 42 家,发展个人会员 2 万余人,团体会员(以企事业单位名义加入的协会或社团的会员)2008 个,清理整顿非法社会团体 18 个。

殡葬管理 机构设施 1973 年,殡仪馆始建,位于城区东南山坳中,共投资 23 万元,征地 1.5 公顷。1974 年,投入使用。1987 年,全县村村建立红白理事会。1988 年 2 月,县政府发布《关于加强殡葬管理的布告》,全县火化率提高到 88%。1991 年,县政府印发《关于推行火化、清理土葬、

长清区殡仪馆　　(2008 年 摄)

促进精神文明建设的通知》,实行责任制管理,遏制土葬回潮。1994 年,城关镇西三里村兴建的骨灰堂投入使用。1999 年—2001 年,投资 350 万元对殡仪馆进行改造,投资 120 万元购置高档火化炉,建成火化车间、停尸房、告别厅建筑面积 1121 平方米,办公室 180 平方米,职工宿舍建筑面积 520 平方米,其他配套设施 114 平方米。至 2008 年年底,长清区殡仪馆共有在职干部职工 47 人,其中在编 14 人,合同制 33 人。

管理服务　1974 年,火葬场建成后,逐步实行火葬,废除土葬。县、公社两级均设推行火葬领导小组,各村设丧葬改革委员会。至 1987 年,共化尸 24137 具,火葬率 98.7%。1988 年,在每个乡镇配备一名殡改员,专门负责殡葬管理工作。各乡镇均建立婚丧服务网络,各村建立红白理事会,制定章程和各项规章制度,火化率逐年提高。1994 年,全县首次实现火化率 100%。2008 年,化尸 4983 具,火化率 100%。

1986—2008 年长清区(县)死亡火化尸体统计表

表 8 - 6

年　份	数量(具)	年　份	数量(具)	年　份	数量(具)	年　份	数量(具)
1986	3220	1992	3850	1998	4320	2004	4890
1987	3410	1993	3964	1999	4579	2005	5350
1988	3580	1994	4620	2000	4620	2006	4726
1989	3830	1995	4207	2001	3864	2007	4612
1990	3600	1996	4060	2002	4982	2008	4983
1991	4210	1997	4002	2003	4895	合计	98374

堪界与地名管理　堪界　1999 年,以县民政局人员为主组成工作组,历经 3 年堪定长清县与济南市槐荫区、济南市市中区、济南市历城区、泰安市泰山区、泰安市岱岳区、泰安市肥城市、济南市平阴县、聊城市东阿县、德州市齐河县的边界线 238.977 公里,埋设界桩 26 个,涉及 10 个乡镇 116 个村。

■ 设立长清县与历城区界碑　(1999 年摄)

地名管理　1980 年,通过地名普查和考证工作,掌握大量的古今地名材料。1986 年,进行地名资料立卷、归档工作,建起文书档案 13 卷,综合资料类档案 7 册,地图 22 筒 38 幅,地名档案 1650 份。1990 年 5月—11 月,完成地名补查和资料更新,共补查各类地名 1156 条,其中新生地名、漏查地名和内容更新地名 325 条,获历史资料 313 件。1991 年,出版《长清县行政区划地图》。1992 年,出版《长清县地名录》,对新老城区的街巷做通盘规划和命名,新命名 7 街 14 巷,各乡镇沿路村庄共设置地名碑598块。1993年,完成全县村碑照片和文字材料的入档工作。1995年,编印出版第一部《长清县地名志》,完成《山东省地名志·长清》的编写工作,上报129条,约8万字。2001年,长清县政府转发《县地名委员会关于对全县地名标志和门(楼)牌进行整顿及设置标准地名标志的意见》、制定《长清县地名管理办法》、下发《长清县标准地名标志设置规范》等文件。共测量28条路街,全长50公里,安装地名标志170余个;安装门(楼)牌1568个,设居民小区牌132个,单元牌1672个,户牌13376个;绘制《路街住户门牌号码示意图》28张,《居民小区楼房住户示意图》18张,命名更名9条道路2个居民小区。2005年,完成《千年古县》编写任务,共收集照片40余幅。2006年,收集、整理、审核长清区地名录,并录入《济南市地名录》。

第七节 社会福利

五保供养 1986年,全县共有"五保"(保吃、保住、保穿、保医、保葬)户1896户、2031人。有乡镇敬老院13处,供养"五保"户170户、"五保"老人178人;村办敬老院15处,供养"五保"户85户、"五保"老人91人,全县集中供养率13.24%。1987年,《长清县农村"五保"工作暂行规定》印发实行,"五保"费用纳入各乡镇统筹,对分散供养的"五保"老人落实每人每年粮食250公斤,每月零花钱5元的供养标准,其医疗费由所在村负担。1989年10月,县民政局被山东省民政厅评为敬老院建设先进单位。1996年,新建平安店镇敬老院,对张夏镇、崮山镇敬老院进行续建、扩建,对全县其他敬老院进行维修、绿化,新增房屋50余间,床位100余个,集中供养率50%以上。全县27处敬老院生活、文化、娱乐、康复、医疗设施齐全,其中有6处乡镇敬老院先后被省民政厅评为文明敬老院。对分散供养的五保老人,提高生活标准,细粮每人每年不低于150公斤,零用钱每人每月不少于20元,10个乡镇均达到40元。2006年—2007年,对文昌街道、崮云湖街道、归德镇、马山镇、万德镇、孝里镇、张夏镇敬老院进行新建和改扩建,共投资1000多万元。2008年,五峰山街道敬老院开工建设。是年,长清区"五保"对象集中供养率70%以上。

文昌街道办事处敬老院 1990年,城关镇敬老院建成,位于东三里村南,总投资65万元,建筑面积900平方米,2幢2层楼,床位60张,入住老人40人,管理人员8人。1999年8月,搬迁至长清城南青龙山,占地1.3公顷,建筑面积2050平方米,累计投入600万元,床位60张,入住老人36人。2003年,更名为文昌街道办事处敬老院。2004年1月8日,省长韩寓群到文昌敬老院慰问并检查指导工作,对敬老院建设给予充分肯定。2007年,二期工程总投资112万元,建成600平方米的老年宿舍楼、老年活动中心和710平方米的高标准休闲娱乐广场,入住46人。先后获全区示范标准敬老院、全省五保供养先进单位、省级模范敬老院、山东省一级敬老院、山东省文明敬老院、济南市五星级敬老院等称号。

2004年1月8日,山东省省长韩寓群到文昌敬老院慰问老人

五峰山街道办事处敬老院 （2008 年 摄）

孝里镇敬老院 （2008 年 摄）

五峰山街道办事处敬老院　始建于 1985 年，是在原部队营房基础上改建而成，总占地面积 4018.5 平方米，建筑面积 900 平方米，房间 34 间，其中工作用房 14 间，面积 370 平方米，住房 20 间，面积 530 平方米，设有床位 40 个，有工作人员 4 名，集中供养老人 20 人。2008 年 3 月，在原敬老院院内新修二层公寓楼 1 幢，建筑面积为 1136 平方米，住房 37 间，新设床位 74 个，总投资 188.2 万元。

孝里镇敬老院　2007 年 9 月，宋庄、下巴、广里 3 个敬老院合并为孝里镇敬老院，位于新镇驻地，总投资 160 万元，占地面积 6667 平方米，可安置五保老人 120 人，已入住 64 人。2008 年，被评为全省模范五保供养机构。

崮云湖街道办事处敬老院　位于丹凤小区，2007 年建设，占地面积 3000 平方米，建筑面积 1500 平方米，总投资 280 万元，供养老人 25 人。

福利企业　1986 年，全县有福利企业 8 家，从业人员 162 人，安置残疾人 74 名，占职工总数的 45.7%。1991 年—1997 年，县民政局所属福利企业与县聋哑学校联合，共安置毕业生 30 人，其中 20 人成为企业技术骨干。1997 年，全县有福利企业 29 家（县属企业 4 家），全年实现年产值 3500 万元，实现利税 250 万元，年收取福利基金 6 万元，安置有劳动能力的残疾人 340 名，生产的产品涉及十几个门类、数百个品种。2008 年，共有福利企业 8 家，产值 7800 万元，退税 471 万元，安置残疾人 152 人。

福利彩票销售　1994 年，长清县在渤海商城销售即开型奖券 120 万元。1996 年，在黄河商场销售即开型奖券 40 万元。2001 年，销售即开型社会福利有奖募捐奖券 89 万元。2000 年，开始发行电脑福利彩票。是年，销售电脑福利彩票 300 万元。2002 年，销售即开型社会福利有奖募捐奖券 29 万元。2008 年，销售电脑福利彩票 1373 万元。

2000—2008 年长清区（县）电脑福利彩票销售情况表

表 8－7

年　份	金额（万元）	年　份	金额（万元）	年　份	金额（万元）
2000	300	2004	830	2008	1373
2001	530	2005	950	合计	8220
2002	670	2006	1145		
2003	820	2007	1602		

第二章　人　事

第一节　人事制度改革

聘任制　1984年—1987年，选聘乡镇合同制干部141人。1987年，为156名合同制聘用干部办理续聘手续。1991年，为8名任副乡（镇）级以上职位3年的选聘干部办理国家正式干部录用手续，从机关优秀工人中录用国家干部74名。1992年起，根据山东省委组织部、山东省人事局《转发中共中央组织部、人事部〈关于印发全民所有制企业聘用制干部管理暂行规定的通知〉的通知》和山东省人事局《关于印发〈山东省国家不包分配的大中专毕业生就业办法〉的通知》等文件规定，办理聘用制干部手续。1996年，为34名自费进修、电大和函授普通专科班毕业生办理录用干部手续，为3名省级优秀乡镇企业家办理国家干部录用手续。至2008年年底，共为不包分配的大中专毕业生和企事业单位在职工人2790人办理聘用制干部手续。

考任制　1989年，根据《关于县直机关补充工作人员实行考试办法的报告》，为新建、缺编单位补充工作人员实行考任制，将竞争机制引入干部管理。是年12月，通过公开招考、平等竞争，以聘任制形式聘用12名乡镇农业技术干部，为农税系统招聘8名干部。1994年，经笔试、面试、体检、考察，为地方税务局录用30名。2001年，实行考试录用，逢进必考制度，为公安局招聘治安巡逻队员50名，为城建监察大队招聘城建监察人员11名。2002年10月，对全区教师进行公开招聘，共招聘教师54名。2003年，公开招聘事业单位人员29名。2004年，面向社会为区直机关招聘工勤人员45名。2005年，为区直部分事业单位招考工作人员42名，为区城市行政执法局执法中队招考工作人员10名。2006年，为区灵岩管委会公开招聘工作人员8名，为豫剧团招考工作人员34名，为区部分事业单位公开招聘工作人员50名。2008年，为区直部分事业单位招考工作人员53名。

第二节　编制管理

机构编制　1986年，全县党政机构50个，其中党委机构19个，政府机构31个；人民团体3个，全县编制数2022人。对全县机关事业单位人员实行编制卡片管理，按编制卡片核对各单位实有人数，全县党政机关实有2104人。1994年6月，“长清县编制委员会”“长清县编制委员会办公室”分别更名为“长清县机构编制委员会”“长清县机构编制委员会办公室”。1997年10月，下发《关于印发县直和乡镇事业单位机构编制方案的通知》，对全县事业单位进行编制核定。是年，成立长清县事业单位登记管理办公室，为股级事业单位。1999年，严格控制机构、编制、人员增长，对全县机关事业单位使用临时工进行清退，共清退1205人。2000年，根据济南市编办的要求，对全县事业单位编制进行冻结，凡新设立增加的编制由全县统一调剂使用。2001年2月，根据《关于对企业化经营的事业单位实行编制管理的通知》的规定，对全县企业化经营管理事业单位编制进行统一管理。2002年6月，对全区街道乡镇农口6站（水利站、畜牧兽医站、农业技术推广站、农业经济管理站、林业站、农业机械推广站）由区直主管部门管理为主改为由乡镇管理为主。2003年8月，将城市管理行政执法局列入政府序列部门。是年，对全区人大、政协、群团及街道进行机构改革，并对其机构职能、内设机构和人员编制进行设置。2004年5月，对全区中小学进行编制核定，核定编制4303名。2005年4月，将安全生产监督管理局列入政府序列部门。2007年1月，对全区中小学教职工进行编制核定，核定为4133名。是年10月，对济南市公安局长清区分局人员向市局进行移交，共移交684名。2008年，对全区机关单位实行实名制管理，并对全区机关人员进行实名制登记，登记人员1197名。是年，全区共有机构59个，其中有党委机构11个，人大1个，政府机构29个，政协1个，人民团体4个，法院1个，检察院1个，公安局1个（垂直管理），街道4个，乡镇6个；全区编制数1390人，实有1566人。

2008年长清区机构编制情况表

表8－8　　单位：人

机构类别	机构名称	核定行政编制数	实有人数
党委机构	区纪律检查委员会	23	21
	区委办公室	37	30
	区委人民政府信访局	9	10
	区委农村工作办公室	8	8
	区委组织部	20	11
	区委老干部局	5	6
	区委宣传部	16	14
	区委统战部	13	12
	区委政法委员会	10	8
	区委610办公室	3	4
	区委区直机关工作委员会	8	7
人大	区人民代表大会常务委员会	25	23
政府机构	区人民政府办公室	36	27
	区发展和改革委员会	15	14
	区物价局	5	6
	区经济贸易局	18	14
	区教育局	9	9
	区科技局	10	9
	区监察局	—	—
	区民政局	15	15
	区司法局	38	16
	区财政局	21	21
	区人事局	16	13
	区劳动和社会保障局	13	14
	济南市国土资源局长清分局	15	13

续表 8－8

机构类别	机构名称	核定行政编制数	实有人数
政府机构	区建设委员会	17	17
	区审计局	13	12
	区环境保护局	9	8
	区交通局	10	9
	区水务局	10	11
	区农业局	10	6
	区林业局	11	10
	区对外经济贸易合作局	10	7
	区文化体育局	10	12
	区卫生局	13	14
	区人口和计划生育局	12	12
	区统计局	12	10
	区旅游局	6	6
	区城市管理行政执法局	6	4
	区安全生产监督管理局	8	7
	济南经济开发区管理委员会	30	27
政协	区政治协商委员会	17	15
人民团体	区科学技术协会	4	4
	团区委	5	4
	区总工会	6	7
	区妇女联合会	7	7
法院	区人民法院	91	84
检察院	区人民检察院	71	62
街道	五峰山街道	32	27
	崮云湖街道	32	27
	平安街道	46	35
	文昌街道	62	52
乡镇	双泉乡	40	31
	归德镇	45	46
	孝里镇	40	37
	马山镇	40	29
	万德镇	45	39
	张夏镇	40	35
	合计	1198	1038

说明：公安局属垂直管理单位，未统计在内

机构改革 1994年党政机构改革。中共长清县委、长清县人民政府下发《长清县县级党政机关机构改革实施方案》的通知。县直党政群部门按照简政放权、政企分开的原则，经过撤销、合并、转制，县直部门由50个精简为25个，政府部门由31个精简为16个；县直机关工作人员由1010人精简为572人，乡镇机关工作人员由677人精简为570人。

2002年党政机构改革。制定济南市长清区机关"三定"（定职责、定内设机构、定人员编制和领导职数）工作意见，按照加强和改善党的领导，理顺党政部门之间的工作关系；转变政府职能，实现政企、政事、政社分开；精兵简政，优化结构；科学界定职能，合理划分事权；依法行政，改管并举；实事求是，因地制宜的原则。区直政府部门由28个精简为24个，机关工作人员由954人精简为853人，其中区直精简64人，乡镇机关工作人员由397人精简为360人。

2006年乡镇机构改革。根据区委、区政府《济南市长清区农村综合改革方案》，对全区乡镇机关事业单位进行改革。按照权责一致、精简效能的原则，乡镇机关设立党委、人大、政府、纪律检查委员会、人民武装部、共青团委员会、妇女联合会、工会组织机构；乡镇事业单位，除农村中小学、卫生院外，各乡镇统一设置5个财政拨款事业单位，分别为财政所、司法所、计划生育服务中心、农业综合服务中心、文化服务中心，归德、孝里、万德、张夏、马山、双泉6个乡镇的事业单位由原来的84个精简为36个，工作人员由836人精简为239人。

第三节 干部管理

干部队伍 1986年年底，全县有干部6008人。其中，党群系统404人，其他机关干部5604人；女干部1219人；大专以上学历704人，中专及高中文化程度3428人，初中文化程度1876人。1993年，全县有干部7253人。其中，党政机关干部1554人，事业单位干部4790人，企业单位909人；女干部1799人。2001年年底，全区有干部9887人，大专以上学历4481人，中专学历4668人，高中文化程度459人，初中文化程度279人；女干部4102人。2008年年底，全区有干部10112人，其中，公务员727人、企事业单位9385人；研究生学历40人，本科学历3501人，专科学历3926人；女干部4464人。

干部调配 1986年，县人事局负责党群系统外的一般干部调动工作，调配范围是：干部跨县调动、县内各系统间的调动、干部调出调入机关等。1987年，办理调配手续107人次，其中调出32人次，调入27人次，县内调整48人次。1990年，县政府批转县人事局《关于县政府机关补充干部实行考选制的暂行规定》《关于全民所有制事业单位实行聘用制的暂行规定》，国家机关补充工作人员实行考选制，采用公开、公平、竞争、择优的原则，笔试与面试、答辩与考核相结合的办法选调干部。是年，先后调配干部72人，其中，调入22人次，调出17人次，县内调整33人次。2003年，区委组织部、区人事局严格按照《党政机关中层干部竞争上岗实施细则》的基本程序和方法步骤，遵循"公开、平等、竞争、择优"的原则，按照宣传发动、制定方案、公开报名、资格审查、笔试、演讲答辩、民主测评、确定考察人选、组织考察、任前公示、决定任命11个步骤进行，共审批单位竞争上岗实施方案48个，审批科级职位316个，其中正科职位239个，副科职位77个。区委组织部、区人事局分六个考察组对全区44个党政机关的153名（非领导职务36人）初定人选进行等额考察（单独对公、检、法等单位220名竞争人选进行组织考察，其中非领导职务20人），通过考察人员153人（含29名提前离岗人员）。2001年—2008年，全区共调配干部280人。

干部奖惩 1985年，落实新颁布的《山东省国家行政机关工作人员奖惩试行办法》（以下简称《办法》），集体奖励分为：先进集体、通令嘉奖两种；个人奖励分为：先进工作者、记功、记大功、升级、通令嘉奖、劳动模范六种。1986年，根据《办法》，对全县83个国家行政机关的2149名工作人员，进行年终总结评比、奖惩工作，共评出先进单位20个，先进工作者213人，记功195人，升级10人。1994年，根据《国家公务员考核暂行规定》和《济南市机关工作人员考核实施意见》，结合全县实际情况，制定《长清县机关工作人员考核实施意见》，对全县各级党政群机关和行使行政职能并实施国家行政机关工资制度的事业单位中9921名工作人员进行考核，其中参加考核的机关干部1908人、事业单位干部8013人，被确定为优秀的1058人，被确定为称职的8499人，被确定为基本称职的364人。2007年，共94个单位（含4个街道、6个乡镇以及大学城西区指挥部、区政务中心、区纠风执法办公室、区旧城改造指挥部4个临时办事机构），参加考核的总人数13224人，其中行政机关1030人，事业11877人，工勤317人；评出优秀人员1481人，其中行政机关186人，事业1261人，通过考核不合格1人。2008年，对全区机关事业单位工作人员12139名进行考核，其中机关干部550人（不含领导干部和公安系统干部），事业单位干部、工勤人员11589人（不含领导干部），评出优秀人员1224人，其中机关94人，事业1109人，工勤21人。是年，全区立三等功人员13人，优秀工作者884人，服务地方经济建设先进个人3人，精神文明建设标兵10人。

军转干部安置 1986年，接受军队转业干部91名，其中团职3人，营职28人，连排50人，技术干部10人，随带家属41人，分配原则按中办〔1985〕44号文件和省政府〔1985〕119号文件规定的方针、政策执行，分配去向主要是加强工交、财贸等基层企事业单位，对是年有增人指标的工商、税务、银行、保险等系统，首先从军队转业干部中补充。是年，转业干部全部参加培训。2000年，实行公开、平等、竞争、择优的原则，对营职（含营级）以下军转干部采取考试安置的办法，考试主要以笔试的方式进行，根据考试成绩对应确定单位，不参加考试者视为服从组织安置，考试安置全过程有纪检、监察部门和公证机关参与，做到政策公开，安置程序、方法公开，安置结果公开，主动接受社会各界的监督。是年，接受军转干部35人，其中正团职9人，营职9人，连排8人，技术干部9人，随带家属12人；女军转干部2人。2008年，接收军转干部6人，其中营职干部1人，技术干部5人，随带家属3人。

干部离退休 1982年4月起，执行国务院颁发的老干部离职修养的规定。凡1949年9月30日以前参加革命工作，享受供给制待遇的干部，男年满60周岁，女年满55周岁，或身体不能坚持正常工作的，可以提前办理离休手续，享受离休待遇。至1985年年底，全县共有离休干部669人，其中第二次国内革命战争时期参加工作的2人，抗日战争时期参加工作的182人，解放战争时期参加工作的485人。其中县级以上干部13人，局级干部150人，一般干部506人。对新中国成立后工作的干部实行退休制度，男年满60周岁、女年满55周岁，工作年限达15年以上，或因公致残丧失工作能力的可以退休，发安家费。1986年2月24日，县委建立老干部局，负责离退休干部的服务工作；各乡镇和县直各单位均配备专职或兼职老干部管理人员，定期走访，解决老干部的困难。1993年，全县退休干部123人，离休干部454人。2008年年底，全区有退休干部3723人，离休干部172人。

第四节 职称管理

1986年10月7日，长清县职称改革领导小组召开第一次会议，明确县职称改革领导小组及其办公室的主要职能，其办公室设在科委。1987年，印发《长清县1987年全民事业单位职称改革实施计划方案》，先后成立长清县中小学教师职务、长清县卫生技术职务、长清县农业技术职务、长清县工程技术职务、长清县会计技术职务、长清县统计专业职务、长清县经济技术职务、长清县中等专业学校教师职务等初级评审委员会。1988年9月，成立长清县乡镇企业职称改革领导小组，负责全县乡镇企业财会、统计、工程工艺美术专业技术人员的推荐工作。至1989年年底，长清县首次职称改革工作基本结束，长清县共有

9355人评聘专业技术职务，分18个系列，其中评聘高级专业技术职务89人，中级专业技术职务1408人，初级专业技术职务7858人；分布在全民所有制单位的7095人，集体所有制单位的946人，乡镇企业的1314人。1990年4月起，职称改革工作由科委移交人事局管理。1991年7月，对长清县企事业单位的专业技术人员8854人进行首次考核，其中参加考核的高级职称67人，中级职称1258人，初级职称7529人。考核结果优秀的2107人，称职的6372人，基本称职的363人，不称职的12人。1992年2月，根据济职改〔1990〕5号文件精神，对长清县302名符合正规全日制院校毕业生确定专业技术职务条件的人员进行首次任职资格确定，并办理聘任手续。至1992年12月31日，长清县机关共有321名人员取得专业技术职务，其中高级6人，中级70人，初级245人。事业、企业共有4699名人员取得专业技术职务，其中高级64人，中级896人，初级3739人。1993年，长清县事业单位评聘专业技术职务实行评聘分开，专业技术人员申报职称不再受单位专业技术岗位数额限制，聘任专业技术职务要在批准的专业技术岗位数额内进行。按照省规定的结构比例，对长清县全额和差额拨款事业单位专业技术人员6040人(高级303人，中级2483人)进行岗位设置，共设高级岗位426个，中级岗位1770个。1994年，推荐评审乡镇企业高、中、初级专业技术人员2400人，评审农民职称2000人，为正规院校毕业的251名大中专毕业生按期确定专业技术职务。1997年6月起，对长清县申报高、中级专业技术职务人员推荐实行量化赋分办法。1997年12月，成立考试中心，建立健全考试工作规范和各项工作制度。2008年年底，长清区共有专业技术人员8075人，其中：高级565人，中级2560人，初级4950人；工程技术人员473人，农业技术人员536人，卫生技术人员1545人，教学人员4791人，经济人员217人，会计人员251人，统计人员35人，图书档案文博人员68人，播音人员11人，其他148人。

第五节　工资福利

工资　1985年，国家机关事业单位实行以职务工资为主要内容的结构工资制度。1986年，全县2009人升级增资，人均月增资6.8元。1987年，全县383人增资，人均月增资8元。1988年，3008人升级增资，人均月增资5.8元。1991年，为2056人发放考核奖，人均118元；调整所有机关事业单位工作人员的奖励工资标准，每人每月增15元。1992年，全县9014人增加职务补贴，每人每月增20元。1993年，工资制度改革建立起正常增资机制。机关工作人员实行职级工资制，即基础工资、职务工资、级别工资、工龄工资。事业单位工作人员实行职务(岗位)工资加津贴。2001年6月，长清撤县设区；是年7月，实行科级升处级工资。至2005年，先后进行11次工资调整，其中6次晋升工资档次（1995年10月、1997年10月、1999年10月、2001年10月、2003年10月、2005年10月)，5次调整工资标准（1997年7月、1999年7月、2001年1月、2001年10月、2003年7月）。2006年，工资制度改革，公务员实行职级工资制，机关技术工人实行岗位技术等级工资制，普通工人实行岗位工资制，事业单位工作人员实行岗位绩效工资制。全区共有19100余人参加工改，其中：在职15428人（机关1680人，参照机关728人，事业13020人)，离退休人员3600人，人均月增资345元。2007年、2008年均按规定机关工作人员正常增加工资档次和晋升级别，事业单位工作人员正常增加薪级工资，正常的增资机制建立。

福利　1980年12月，按基本工资总额的2.5%提取福利费，由各核算单位掌握使用。本着救急不救贫的原则，对确有困难的工作人员给予补助。1994年1月，全县国家机关工作人员福利费标准改按每人每月8元提取，年终一次性发放。2005年4月，全区机关事业单位工作人员按月基本工资的15%发放住房补贴。2007年1月，增至月基本工资的35%。

第六节 人才交流管理

人才交流 1984年12月，长清县人才交流服务中心成立。主要负责引进人才，办理调动手续，提供中介服务；负责办理聘干，办理辞职手续，负责知识分子家属农转非；负责引进国外智力，大中专毕业生就业分配。1993年，采取外地引进、兼职、聘用等形式，引进专业技术人员8人，其中高级职称1人，中级职称4人。1994年5月，县人事局对全县出口创汇企业人才需求情况进行调查，引进专业技术人员5名。1994年—1995年，对全区专业技术人员进行继续教育培训，受训人员2000余人。1997年，为全县720名计划内毕业生和12名自费生办理就业手续。1998年，为企业引进各类急需专业技术人才45名，为全县840名计划内大中专毕业生办理就业安置手续，为35名国家不包分配的大中专毕业生安排工作，办理聘干手续。1999年，为320名要求流动和求职的大中专毕业生办理登记建档和推荐手续；组织县和乡镇企业参加全市人才交流大会、金秋经贸洽谈会和各级人才交流大会，接待各类专业技术人员320人，达成交流意向122人。2000年，建成人才市场，为10家民营企业和社会中介组织100多名工作人员办理人事代理服务。2005年，实施人才强区战略，引进各类高层次人才80人。2008年，组织企业参加区、市、省等各级人才交流会9次，签订人才交流意向900余人，引进高层次人才20人。至2008年年底，共为企业引进各类急需人才151人，为6899名要求流动和求职的大中专毕业生办理登记建档和推荐手续，为235名不包分配的自费生办理聘任录用手续，为全区152个单位办理人才招聘事宜，为全区181家企事业单位办理人事代理，为317人办理个人人事代理；举办各类招聘会60余场次，达成交流意向2400余人次。实行人才市场会员制，发展会员单位20多个。办理聘用制干部录用手续2540人。

引进国外智力 1996年始，加强引进国外智力工作，重点为农业、畜牧业、工业服务，确定果树等项目为引智重点。至2008年年底，先后聘请日本、德国、澳大利亚、荷兰等外国专家63人次到长清进行指导，受益乡镇10个，受益企业10多个，争取国家无偿资助经费70多万元，受训人员2000多人。

第七节 岗位目标责任制

1984年起，全县各级党政机关建立和实行岗位责任制。1987年，全县有88个副局级以上单位，2300名工作人员参加年终岗位责任制总结评比奖励工作。是年，全县共评出先进集体22个，先进工作者328人。1994年，年度岗位目标考评范围，主要是按照年初与县委、县政府签状的党政群部门、县直企事业单位和条条管理的单位，共计96个，6117人参加考核评比，全县共评出先进单位21个，先进工作者692人。2003年，全区评出国家机关和局级企事业单位全方位目标管理标兵单位8个，全方位目标管理先进单位32个，立三等功人员15名，全方位目标管理优秀工作者785名。2008年，全区97个单位（含4个街道、6个乡镇以及大学城西区指挥部、区政务中心、区纠风执法办公室、区旧城改造指挥部等4个临时办事机构），12500人参加考核，其中：行政机关532人，事业11733人，工勤235人；按上级考核公务员优秀比例最多不超20%的要求，事业、工勤优秀比例最多不超15%的要求，评出优秀人员1279人，占10%。其中：行政机关93人，占17%；事业1165人，占10%（其中：教育卫生651人，其他事业514人）；工勤21人，占9%。是年，共评出科学发展标兵单位7个，科学发展先进单位21个，立三等功人员12名，科学发展目标管理优秀工作者512名，评选抗震救灾模范集体10个，抗震救灾模范个人18名，精神文明建设标兵单位10个。

第八节 公务员队伍

公务员过渡 1993年，国务院颁布《国家公务员暂行条例》。1995年，制定《长清县县乡机关推行国家公务员制度的实施方案》，根据机构改革确定的机构设置方案及省市有关规定，确定35个县直部门及11个乡镇行政人员，作为首批实施国家公务员制度的单位，并确定县土矿局和孝里镇为试点单位。1996年6月始，本着“积极稳妥、分步实施、逐步完善”的原则，至1997年6月全县推行国家公务员制度工作基本完成，全县过渡为国家公务员的1130人，过渡为党的机关工作者的396人，暂缓过渡的18人，不予过渡的3人。

招考录用 1997年，组织国家公务员和机关工作者考录工作，全县计划考录职位17个，375人报名参加考试，实际录用17人。2002年，面向社会招考国家公务员，全区计划考录职位30个，报名970人，实际录用30人。2003年，全区计划考录职位70个，报名1175人，实际录用70人。2004年，计划考录职位40个，报名1142人，实际录用35人，其中法院3人，乡镇32人。2005年，招考城市管理行政执法工作人员10人，报名人数225人，实际录用10人。2006年，公务员计划考录职位24个，报名1185人，实际录取24人，其中区直机关20人，乡镇机关4人。2007年，计划考录职位10个，报名377人，实际录用10人。2008年，计划考录职位20个，报名2334人，实际录用20人。公务员考录工作严格按照上级要求和政策法规规定，严把资格审查、笔试、面试、体检考核四关，实行考录计划、招考条件、考试成绩、录取结果四公开和领导、舆论、社会、纪检四监督制度。

公务员登记 2006年1月1日，《中华人民共和国公务员法》实行，干部人事管理进入法治化新阶段。是年11月，全区开展公务员登记工作，共登记60个单位，登记1576人，其中离岗231人。

公务员培训 2001年，组织全县国家公务员参加普通话培训；对全县46岁以下的公务员共796人进行计算机初级A类培训。是年4月，在全县公务员中开展学法用法活动，共1178人参加依法行政培训。2008年6月，对全区各级公务员开展公共管理核心内容培训，共有1030人参加培训，其中971人参加公共行政、应对突发事件能力和办文办会办事知识统一考试，及格率100%，各科目85分以上的优秀率分别为88.56%、87.12%和72.29%。

第三章 劳 动

20世纪80年代起，随着社会主义市场经济体制改革和深化，党和政府对劳动和社会保障改革作出一系列重大决策，从“统分统配”型就业机制到“市场竞争”型就业机制，从对收入分配实行高度集中的管理模式到坚持按劳分配为主体、多种分配方式并存原则，从做好“两个确保”（确保企业离退休人员基本养老金按时足额发放、确保国有企业下岗职工基本生活费按时足额发放）到建立“三条社会保障线”（国有企业下岗职工从再就业服务中心最长可领取三年的基本生活费；三年期满仍未实现再就业的可继续领取失业保险金，时间最长为两年；享受失业保险金期满未就业的，可申请领取城镇居民最低生活保障金），长清区（县）劳动保障历经体制改革的重大变革。至2008年年底，全区（县）市场导向的就业机制初步形成，走出一条市场调节就业和政府促进就业相结合的路子，政府对收入分配宏观调控，资本、技术等生产要素参与收益分配的格局已经形成。

第一节 用工制度改革

1985年，长清县开始实施劳动合同制度，逐步代替计划经济体制下形成的固定工制度。1986年10月，贯彻国务院《国营企业实施劳动合同制度暂行规定》和省政府颁发的《国营企业实施劳动合同制度实施细则》，改革劳动用人制度。一是在新招用工人中全部实施劳动合同制度；二是废除“子女顶替”和“内招”职工子女的办法，招工在国家下达的劳动计划指标之内，实行面向社会，公开招收，全面考核，择优录取；三是给厂长以辞退违纪职工的权力；四是建立合同制工人养老保险和职工待业保险制度。至1988年，有3006名职工与企业订立劳动合同。1992年8月，长清县职业介绍所成立。根据国务院《全民所有制工业企业转换经营机制条例》，实行“在国家统筹规划指导下，企业择优录用工人，个人竞争就业，市场调节需求，双向自由选择”的就业方针，打破过去“统分统配”“一次性分配”定终身的格局。企业享有劳动用工权，自主决定招工时间、条件、方式、数量；改变过去待业青年统一分配的做法。1993年起，县内国有、集体、三资等各类企业及乡镇企业、私营企业、个体工商户由职业介绍所组织招工。1997年，按照济南市劳动局《关于进一步做好就业培训工作实施意见》，规定凡有就业愿望的初、高中毕业生，必须经过系统的职业技能培训并取得职业资格证书后方可登记就业，对未取得职业资格证书的人员不予办理招用工手续。1999年12月，在全县实行劳动预备制度，对就业前人员进行为期1~3年培训。2005年9月后，实行空岗报告制度，规范用工行为。2008年年底，全区共有职工43272人。

1986—2008年长清区(县)历年职工人数统计表

表8－9　　单位：人

年份	国营	集体	合计	年份	国营	集体	合计
1986	10798	13368	24166	1998	17584	12842	30426
1987	12037	13230	25267	1999	17883	12825	30708
1988	13368	13942	27310	2000	17852	13583	31435
1989	11737	12514	24251	2001	19949	11797	31746
1990	12006	10980	22986	2002	19896	10612	30508
1991	12764	12601	25365	2003	21356	12080	33436
1992	13450	15121	28571	2004	22822	13548	36370
1993	13610	16987	30597	2005	24285	15016	39301
1994	11817	13575	25392	2006	25736	16483	42219
1995	15766	13719	29485	2007	25908	16838	42746
1996	16648	16220	32868	2008	26079	17193	43272
1997	17400	15785	33185				

第二节 劳动培训

就业培训 1987年，成立长清县劳动就业训练中心，开展全县城乡劳动力技能培训及下岗失业职工再就业培训，先后开设木工、瓦工、电工、厨师、面点、缝纫、旅游服务、市场营销、计算机等专业。至1995年，共培训学员8109人。1997年，与县职业中专联合开办会计、旅游服务中专班，培训学员50名。1998年，与市成人高级中学联合开办劳动预备

■ 岗前培训工程启动仪式 (2008年 摄)

制成人高中班。至2003年年底，共培训学员315人。2005年，开展失地农民培训工作，培训失地农民2169人；采取进厂矿企业办学方式开展在岗在职培训，累计培训各类企业职工3237人。至2008年年底，累计培训各类人员43873人次，培训合格率100%。

失业职工培训 2001年，按照济南市劳动和社会保障局《关于加强失业职工职业技能培训管理工作的意见》，对原县造纸厂、印刷厂、汽车改装厂等破产企业职工开展失业职工技能培训。针对失业职工年龄偏大、技能单一等特点，灵活设置专业，开设计算机、市场营销、厨师、面点等专业。至2008年年底，累计培训失业职工5658人，培训合格率100%，培训就业率80%。

职业技能鉴定 1995年4月，成立长清县工人技术考核委员会，对国有、集体企业技术工人进行技术等级培训考核。1996年6月，实行职业资格证书制度和就业准入制度。1999年5月，成立长清县职业技能鉴定所，鉴定初级级别15个工种，将社会培训机构毕（结）业生纳入职业技能鉴定范围。2003年12月，成立职业技能鉴定中心，鉴定工种增至18个。至2008年年底，共8778人次参加职业技能鉴定（考核），8546人次获国家职业资格证书。

1986—2008年长清区（县）职工培训情况统计表

表8－10 单位：人

年份	就业前培训	失业职工培训	劳动预备制培训	年份	就业前培训	失业职工培训	劳动预备制培训
1986	268	—	—	1998	726	216	—
1987	162	—	—	1999	1056	219	102
1988	895	—	—	2000	872	252	129
1989	905	—	—	2001	521	1669	287
1990	998	—	—	2002	539	621	329
1991	1026	—	—	2003	678	632	516
1992	1005	—	—	2004	913	256	352
1993	893	—	—	2005	1790	346	379
1994	1268	—	—	2006	4010	186	1272
1995	689	—	—	2007	5600	253	1800
1996	682	—	—	2008	5765	1008	1087
1997	701	—	—				

区劳动和社会保障局举办长清区民营企业招聘会 （2008年 摄）

第三节 劳动就业

就业渠道 1986年—2008年，贯彻落实“劳动部门介绍就业、组织起来就业和自谋职业相结合”的就业方针，实行多渠道就业安置。指令性安置。共安置退伍军人、转业士官、部队转业干部、高校、技校毕业生3276人。劳动就业服务企业安置。共建立劳动服务企业26家，吸收安置待业青年和下岗失业人员1956人。各类企业安置27408人，其中农民合同制工人4689人。自谋职业安置17315人。

下岗再就业 1997年9月，长清县成立下岗职工再就业服务中心，有下岗职工的县属企业分别成立企业再就业服务中心，落实下岗职工各项优惠扶持政策，筹集下岗职工基本生活保障金，保障下岗职工的基本生活，为其缴纳养老和失业保险金。至2000年6月，再就业服务中心3180名下岗职工全部再就业，下岗职工再就业服务中心工作结束，下岗与失业并轨。2008年，全年实现就业再就业5355人，其中下岗失业人员1926人，安置困难群体就业423人，城镇登记失业率控制在3.3%以内。

安置调动 1986年—2008年，安置退伍军人、转业士官及部队转业干部家属2787人，安置技工学校毕业生3840人。

1986年—1994年，省外调动职工实行计划控制，每年度内10人左右。1994年，不同所有制企业之间固定职工流动放开。至2008年年底，共为区(县)内外办理职工调动5682人。

1986—2008年长清区(县)就业安置统计表

表8－11　　单位:人

年份	安置人数	年份	安置人数	年份	安置人数
1986	679	1994	1235	2002	2206
1987	785	1995	1369	2003	2682
1988	796	1996	1524	2004	4259
1989	827	1997	1558	2005	5580
1990	859	1998	1672	2006	5628
1991	912	1999	1726	2007	5294
1992	1026	2000	1827	2008	5355
1993	1126	2001	1987		

第四节　劳动工资

工资改革　1986年，对全县国营、集体企业实行工资计划控制。1988年，对国有企业实行工资同经济效益挂钩，对全县全民企业进行测算、摸底，对37家全民企业实行工资同经济效益挂钩。实行工效挂钩的企业实行利税下浮时，工资总额相应下浮，下浮最多的超过工资总额20%。1990年，取消工效下浮保底80%的规定，实行“总挂总提”，增人不增工资，减人不减工资，对上年新增效益工资全部核入基数。1994年，将集体和股份制企业扩入挂钩范围，全县挂钩企业78家。是年起，全县实行岗位技能工资制。企业工资分配形式逐步放开，实行自主分配，政府监督，宏观调控，对城镇各类企业实行工资指导线制度和最低工资保障制度。1999年，对工资挂钩国有企业规定，工资总额以劳动部门为主，经济效益指标率审核以财政、地税部门为主，提取工资总额从生产成本中列支；企业必须足额完成上缴利税任务和国有资产保值增值计划，完不成任务，不得提取效益工资，实行上不封顶，下保最低工资标准的原则，工资结余建立工资储备金，不能挪作他用。至2008年，全区仅有供电公司、盐业公司2个企业实行工资总额与效益挂钩。

工资调整　1986年，对企业工资标准中固定工资进行调整，由标准起点35元、36元调整为36元、37元、38元。1987年1月，按企业1986年年底在职固定工、合同工人、计划内临时工和全民企业中混岗的集体人员，人均增资1.8元。对五大毕业生（即普通大学、函大、夜大、成大、职大），见习期工资调整为每月45元；职业高中安排在干部岗位上，见习工资每月调整为40元。1989年6月，全县37家全民企业6950人实行浮动工资，人均浮动工资13.50元。1990年，为全县企业职工晋升工资，人均增资28元。1993年，通过工效挂钩，为4620名职工办理固定升级。1994年10月，将企业职工的等级工资套改为岗位技能工资，全县共有2.5万人套改工资，人均月增资68元。1999年，调整企业岗、技能工资标准，岗位工资起点提高20元，技能工资起点提高30元，全县企业职工人均升级2级。2001年，对企业职工固定升级，主要向生产一线以及部分关键技术管理和营销等岗位倾斜，平均每人升级2~3级，同时提高大中专和技校毕业生的定级标准，取得职业资格证书的定为15级、中专16级、大专17级、本科18级、研究生19级、硕士生21级、博士生23级。

工资指导线和最低工资标准　1999年起，政府对城镇各类企业实行工资指导线制度，指导线增加的工资总额，由劳动部门审核后可用以调整职工岗位技能工资标准和职工晋级。是年，济南市政府工资指导线基数788元，增长上线26.3%，基准线22.3%，增长下线不低于18.3%。市政府每年下达工资指导线。2008年，工资指导线22766元，增长上线22%，基准线15%，增长下线7%。

1995年起，实行最低工资标准。是年5月至1997年3月，长清县最低工资标准150元。2008年1月起，为620元。

1986—2008年长清区（县）最低工资标准统计表

表8-12

执行时间	最低工资（元/月）	执行时间	最低工资（元/月）
1995.05—1997.03	150	2002.10—2004.12	380
1997.04—1999.06	180	2005.01—2006.09	470
1999.07—2001.06	260	2006.10—2007.12	540
2001.07—2002.09	340	2008.01—	620

第五节　劳动监察

1995年11月，设立劳动监察室，属劳动局内设机构，有专职监察员2名。劳动监察室成立后，依照《劳动保障监察条例》等劳动法律法规，采取日常检查、专项检查、报送材料核查和举报投诉专查等形式先后开展劳动合同、社会保险扩面征缴、清理非法中介、妇女儿童合法权益保护、民工权益保护等专项检查。至2008年年底，有专职监察员8名，兼职监察员30人，累计检查用人单位5000户次，纠正违法单位310户次，补签劳动合同1.6万份，清退违规抵押金、集资5.3万元，督促补发职工工资780万元，追缴社会保险费460万元，受理群众举报投诉360起，立案查处340起，结案率100%。先后5次被省劳动保障厅评为先进单位。

开展进城务工人员服务周活动　（2008年　摄）

第六节　劳务输出

1986年，劳务输出主要采取以农村剩余劳动力就地转移为主，以自发劳务输出为补充的劳务输出模式。1990年，成立劳务输出办公室，开始有序组织全县劳务输出。是年，劳务输出2100人。随着城乡经济迅速发展，农村劳动力向城镇转移速度加快。1999年，全县劳务输出9560人，其中双泉乡输出劳动力5600人，劳务收入790万元。2003年起，全区11个街道（乡镇）成立劳动保障服务中心（事务所），劳务输出工作进一步规范。至2008年年底，有8个街道（乡镇）设立劳动保障服务大厅，安装电子显示屏，配备计算机，实现全区联网资源共享。全区（县）累计劳务输出230446人。

1990—2008年长清区（县）劳务输出统计表

表8－13　单位：人

年　份	输出人数	年　份	输出人数	年　份	输出人数
1990	2100	1997	5520	2004	20280
1991	2560	1998	5680	2005	23700
1992	3210	1999	9560	2006	29500
1993	4125	2000	12125	2007	25252
1994	4216	2001	13286	2008	25774
1995	5145	2002	15279	合　计	230446
1996	5610	2003	17524		

第七节　劳动争议仲裁

■ 劳动争议裁决　　(2008 年 摄)

争议仲裁　1986 年 9 月，设立长清县劳动争议仲裁委员会，下设劳动争议仲裁办公室，为劳动局内设机构，有实职仲裁员 2 名、兼职仲裁员 2 名，主要职责是依法处理全县企业单位与劳动者之间发生的劳动争议。1987 年—2000 年，劳动争议案件较少，共受理劳动争议案件 289 件。2001 年后，劳动争议案件逐年增长。2003 年，增加在职劳动仲裁员 2 名。2006 年，在全区 10 个乡镇(街道)增加兼职仲裁员 14 名。2001年—2008 年，受理劳动争议案件 1360 件，涉及职工 4671 人，其中裁决 656 件，调解 320 件，其他 384 件，按时结案率 100%，为企业挽回经济损失 45 万元，为职工追回被拖欠的社会保险金、工资、经济补偿金等共 4800 万元。

劳动合同　1985 年，全县企业开始实行劳动合同制。至 1994 年 12 月，全县企业单位共招收城镇合同制工人 4852 名，农民合同制工人 3689 名，签订劳动合同 8501 份。1995 年 1 月 1 日，《中华人民共和国劳动法》实施后，全县国有、集体、乡镇企业职工，个体私营企业雇工及行政机关、事业单位工勤人员中全面推行劳动合同制。至 2007 年，全区(县)签订劳动合同总人数 2.1 万人，对 1.78 万人进行劳动合同鉴定。2008 年始，实行劳动合同备案制度，对全区 412 个用人单位 13710 名人员进行劳动合同备案。

第九编

法治 武装

Rule of law and Arms

长清区深入开展严打整治斗争　　　　（2003年 摄）

1997年，长清县公安局获全国优秀公安局称号

长清区检察院召开年度总结表彰大会　　（2004年 摄）

1986年—2008年，区(县)委政法委组织公安司法机关，开展多次“严打”整治行动，严厉打击刑事犯罪、经济犯罪，保护人民生命财产安全，维护社会稳定，充分发挥为经济发展保驾护航的作用，先后获济南市社会治安综合治理模范县、平安山东建设先进区称号。公安工作方面，组织开展一系列严打整治行动，重点打击杀人、抢劫、重大盗窃、重大伤害、车匪路霸等严重危害社会治安的犯罪案件，成立保安服务公司、巡警大队等，实施社区警务战略，健全预防犯罪和治安联防机制，社会稳定和谐。1997年，长清县公安局被评为全国优秀公安局。检察工作方面，加大对贪污、贿赂等经济犯罪的检察力度，依法快捕、快诉，从重、从快惩治犯罪分子。2007年，长清区人民检察院获全省十佳基层检察院称号，记集体一等功，涌现出第七届中国优秀检察官、全国“五一劳动奖章”获得者孟红伟。审判工作方面，完善审判监督机制，改革民事审判方式，在济南市推广长清“十改”经验，不断加大执行力度，提高审判时效。司法行政工作方面，开展普法和依法治区(县)活动，推出依法治村全国先进典型万德镇石都庄村，成立济南市第一家“148”法律服务专线，改革律师、公证工作制度，开展法律服务和法律援助活动，群众学法、知法、守法和依法办事能力不断提高。1991年，被评为全国“一五”普法先进单位。

至2008年，长清区(县)人民武装部在做好征兵、民兵建设、国防教育、双拥共建等工作的同时，积极支援地方建设，为长清经济建设和社会稳定做出重要贡献。

第一章　政法委及综治工作

第一节　政法委工作综述

1986年，开展整顿纪律作风活动，教育干警依法办事，抵制和纠正不正之风。1987年，以全国政法工作座谈会提出的“四个做到”(做到廉洁奉公、秉公执法、忠诚积极、文明礼貌)，“七个不准”(不准打骂群众、白吃白拿、酗酒、调戏妇女、滥用警械刑具、刑讯逼供、徇私枉法)为准则，抓好纪律作风建设。是年，被山东省普法工作领导小组评为全民普及法律常识先进集体。1990年，县、乡镇建立社会治安综合治理委员会及办公室，全县办事处和铁路、公路沿线村庄及千人以上的村建立综合治理办公室511个。1994年，取消办案中的“搭车”收费项目及办案中的“三同”(与当事人同车、同吃、同住)。是年，全县有22个政法单位和101名干警被省、市政法部门授予荣誉称号，其中有27名干警立一、二、三等功。1995年—1996年，连续2年被评为全国和全省铁路护路联防先进单位。1996年，各政法部门聘请社会各界监督员，开门评议干警，实行24小时挂牌办公，制定对违法干警实行黄牌警告、

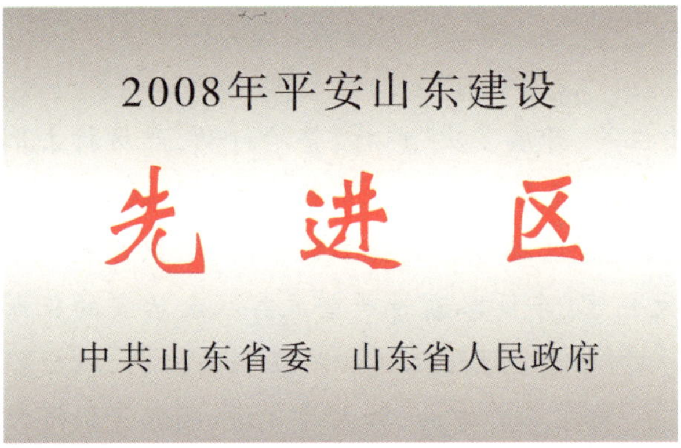

2008年，长清区获平安山东建设先进区称号

待岗、调离、降职、辞退等制度。1996年—1997年，连续2年被市委、市政府评为社会治安综合治理模范县。1997年，强化“三个建设”（思想政治职业道德建设、领导班子建设、制度建设），进行“三讲”（讲学习、讲政治、讲正气）教育，立好“三观”（世界观、人生观、价值观）。1998年，按照省人事厅、省财政局下发《关于政法委机关工作人员实行特殊岗位补贴问题的通知》，政法委在职、在编干部开始享受特殊岗位补贴。1999年，开展万人征求意见活动，征求到各类意见建议8类160余条。2000年，建立司法公开联系箱，公开征集社会各界人士对政法工作、政法干警的意见和建议。2002年，被省综治委评为基层创安工作先进单位。2006年，开展市民文明素质教育工程，对全区政法系统领导干部建立执法档案，制订考核办法予以考核。2008年，推广区公安分局“三早工作法”即前期处置早预警、现场处置早介入、后期处置早到位，破解群访难题。是年，长清区被评为平安山东建设先进区。

第二节　社会治安综合治理

1986年，由政法委统一领导组织协调，开展首次“严打”（严厉打击严重刑事犯罪和经济犯罪）斗争。1988年，开展“反抢劫、打盗窃、抓流窜、扫黄、除‘六害’（卖淫嫖娼、吸毒贩毒、拐卖妇女儿童、制售淫秽物品、走私贩私、聚众赌博）”5次专项斗争和集中行动。1990年，县委、县政府调整充实县政法委和县综合治理领导小组，各乡镇建立政法办公室，完善乡镇村、厂矿企事业单位的综合治理组织制度，组建县城治安防范网络。1992年，在全县实施社会治安综合治理“三四”工程（坚持四为主：以防为主、治本为主、基层基础工作为主、重点治理为主；强化四个网络：治安防范网络、法治宣传网络、调解疏导信息网络、社会保障网络；建立四个机制：领导机制、制约机制、协作机制、激励机制），全县依法治村达标率80%。1993年，市政法委向全市推广平安店镇“开展综合治理宣传活动，促进小城镇建设”的经验。县政法委组织“打团伙、破案件、促防范”和“打击车匪路霸，清理在押未决犯”等6次较大规模的行动。制定《长清县预防青少年违法犯罪工作计划》，全县失足青少年和刑释解教青少年改好率95%以上。开展“创建社会治安综合治理模范县”和“双基”（抓基层、抓基础）建设年活动。组织打流窜、破积案等10次较大规模的集中打击和治安清查。1994年，将未破获的案件为主攻案件，实行“六定”（定领导、定任务、定人员、定责任、定时限、定奖惩）责任制，加大县直机关各系统综合治理工作力度，在金融、仓储、财务等经济要害部门推广多功能报警电话和电视监控系统。1996年起，县政法委和各乡镇建立领导干部抓综治工作的政绩档案，把各级领导干部抓综治工作的政绩同职务升降、经济奖惩挂钩。1996年7月21日，省委常委、省委政法委书记张惠来带领全省执法检查组，9月6日全国人大法制委员会主任薛驹带领全国执法检查组，分别到长清县检查了解社会治安综合治理工作。1997年，围绕香港回归和中共十五大召开，全力维护社会和政治稳定，开展创建安全文明街居、镇村、单位活动。以健全完善社会治安综合治理目标管理责任制和领导责任制为总抓手，以实施“223411工程”（即重点抓好2个企业、2个小区、3个商场、4个乡镇、1条路、100个村）为载体，在县城抓基层基础工作制度化、规范化、法治化建设；在农村抓基层民主

法治建设，建立完善村民代表、党员代表议事会制度，制定村规民约，建立村民档案。1999年，制定政法部门对疑难案件实行公安局、检察院、法院、司法局、信访局“五长”联合接访制度。县委办公室、政府办公室转发县综治委、纪检委、组织部、人事局、监察局五部门制定的《长清县实行社会治安综合治理领导责任制实施细则》，细化领导责任制。在全县开展千村百居创安达标竞赛活动，初步形成“公安辐射全面、交警管线、巡警管片、联防管村”的防范格局。2001年，开展集中清查打击行动和治爆缉枪专项活动。2003年，召开全区“严打”整治斗争动员大会，开展冬季严打整治斗争，维护社会稳定。在归德镇召开全区综治工作现场会，推广信访工作“一督六严”（“一督”：实行督办单制度。“六严”：严程序、严责任、严查处、严反馈、严调度、严奖惩）工作法和治安“网格化”管理工作法。2004年，区委下发《关于集中处理涉法涉诉上访问题的实施意见》，落实领导包案责任制。是年，区委制定《关于处置信访问题及群体性事件围堵、冲击党政机关等要害部位的工作预案》《关于处置信访问题及群体性事件留置拘禁工作人员的工作预案》《关于处置突发性事件的工作预案》，应急管理有据可依，有章可循。2006年，实施综治固垒工程，健全完善上下贯穿的工作体系。区财政拨款保障基层村居治安工作人员的报酬。开展社会公众安全感调查，人民满意率93.3%。2008年，开展奥运安保百日行动，调处各类矛盾纠纷2485起，成功率98%以上；破获刑事案件3578起，抓获刑事犯罪嫌疑人937人。

第二章　公　安

1986年，长清县公安局位于老城东门里大街路南。1992年7月1日，县公安局由老城东门里大街迁至位于新城区灵岩路1458号的办公大楼，建筑面积3800平方米。1997年，被评为全国优秀公安局。2006年、2007年，被山东省公安厅评为全省优秀公安局。2008年，被山东省文明办评为省级文明机关。

■ 长清县公安局　　　　（1986年 摄）

济南市公安局长清区分局办公大楼 （2008 年 摄）

第一节 打击犯罪

打击刑事犯罪 1997 年 4 月，县公安局进行刑侦工作改革，预审科合并到刑事警察大队，刑事警察大队内设“一室七队”（办公室、机动中队、预审中队、技术中队、四个责任区中队），形成“侦审一体、刑事警察大队驻所、打防并举、一包到底”的大刑侦格局。2001 年 3 月，长清县公安局刑事警察大队升格为副局级单位。2002 年 6 月，长清县公安局刑事警察大队改称为济南市公安局长清区分局刑事警察大队，为副处级单位。2007 年，济南市公安局长清区分局刑事警察大队，升格为正处级单位，内设八队一科（四个责任区中队、便衣侦查中队、禁毒中队、技术中队、机动侦查中队、综合科）。

案件侦破 1986 年，全县共发生各类刑事案件 41 起，破获 38 起，其中重大案件发生 15 起，破获 15 起。1992 年，全县共发生各类刑事案件 104 起，破获 93 起，其中重大案件发生 49 起，破获 46 起；刑事案件发案比 1986 年增加 63 起，上升 153.6%；重大案件比 1986 年增加 34 起，上升 226.6%。是年，相继破获“4·19”强奸案，“4·30”平安滕屯杀人案等一批重大案件。4 月 30 日晚，平安店镇邢楼村发生一起强奸杀人案，办案民警连续奋战 20 昼夜，将犯罪嫌疑人抓获，受到济南市公安局的通报表扬。1994 年 1 月 23 日，“1·15”犯罪嫌疑人张某某、李某某重大杀人移尸案侦破。2005 年 6 月 2 日，于某某失踪，专案组初步走访调查后，认定这是一起抢劫杀人案。经过深入细致的摸底排查和技术侦察，锁定犯罪嫌疑人后，相继在 8 月 28 日、9 月 1 日将犯罪嫌疑人孙某某、董某、卢某某抓捕归案。是年 8 月 26 日，“8·26”山东联合大学学生赵某被杀案，专案组参战民警连续奋战，缜密侦察，于 9 月 4 日抓获主要犯罪嫌疑人孙某。济南市公安局专门为侦破“6·2”“8·26”抢劫杀人案发来贺电。2008 年，全区共发生各类刑事案件 3930 起，破获 2793 起，其中重大案件发生 1960 起，破获 1390 起。

专项治理 1986年—2008 年，共组织专项行动 211 次，摧毁各类犯罪团伙 467 个，其中黑恶犯罪团伙 46 个，抓获各类违法犯罪嫌疑人 5233 人；破获“两抢一盗”案件 5698 起；破获“三电”（破坏电力设备、破坏公用电信设施、破坏广播电视设施）案件 1310 起；缴获汽车、摩托车、变压器等大宗物品和赃款共计 201 万元。

网上追逃 1999 年起，将辖区内逃犯全部录入公安部全国在逃人员信息系统，在全国范围内进行追捕。至 2008 年年底，共追捕逃犯 1787 名，其中杀人逃犯 39 名。

1986—2008 年长清区(县)刑事案件情况表

表 9－1 单位:起

年份	总案数		其中重大案件		年份	总案数		其中重大案件	
	发案	破案	发案	破案		发案	破案	发案	破案
1986	41	38	15	15	1998	679	518	168	141
1987	52	46	23	20	1999	486	423	196	166
1988	60	55	21	19	2000	707	412	286	168
1989	102	89	39	36	2001	897	551	288	135
1990	108	98	58	53	2002	904	386	405	107
1991	110	99	72	65	2003	1202	518	578	129
1992	104	93	49	46	2004	1598	848	631	232
1993	113	106	62	57	2005	2055	990	1035	308
1994	120	113	54	50	2006	1973	1158	767	394
1995	418	306	110	92	2007	3001	1757	1228	619
1996	417	386	82	74	2008	3930	2793	1960	1390
1997	637	581	96	82	总计	19714	12364	8223	4398

打击经济犯罪 2003 年 6 月，成立经济犯罪侦查大队，内设侦查一中队、侦查二中队。2004 年 6 月 18 日,张某某虚假注册成立济南天地梅花科技有限公司，在长清区万德镇小侯集村以建设农作物秸秆处理厂为名,同 19 家施工队签订施工合同，在收取 38.3 万元保证金后逃逸，经济犯罪侦查大队通过缜密侦查，于 2007 年 8 月 30 日在贵阳市将涉嫌合同诈骗的犯罪嫌疑人张某某抓获，张某某合同诈骗案成功告破。至 2008 年年底，共侦破各类经济犯罪案件 800 余起,涉案总价值 9000 余万元,抓获各类犯罪嫌疑人 764 人，避免和挽回经济损失 8000 余万元。是年,被评为全省先进经侦大队。

第二节 治安管理

案件查处 1986 年，长清县公安局治安科负责和指导全县治安管理工作。1986 年 9 月，《中华人民共和国治安管理处罚条例》颁布。2005 年 8 月,《中华人民共和国治安管理处罚法》颁布。两部法律法规的出台为治安案件查处工作提供法律支持和保障。2002 年 6 月,治安科改称为济南市公安局长清区分局治安警察大队,为副处级单位。2007 年,升格为正处级单位,内设综合科、户政管理科、出入境管理科、保安管理科和 4 个中队。至 2008 年年底,共查处各类治安案件 22091 起,处罚 23953 人,其中治安拘留 4046 人,罚款 9710 人,警告 10197 人。

枪支及涉爆物品管理 1986 年起,长清县公

1986—2008 年长清区(县)治安处罚情况表

表 9－2

年 份	治安案件(起)	处罚人数(人)	年 份	治安案件(起)	处罚人数(人)
1986	77	132	1998	543	550
1987	89	102	1999	582	625
1988	140	173	2000	621	649
1989	154	169	2001	447	528
1990	768	965	2002	568	620
1991	852	934	2003	890	936
1992	267	300	2004	935	1013
1993	252	319	2005	972	1268
1994	199	249	2006	884	982
1995	756	891	2007	4244	4236
1996	181	300	2008	7390	7673
1997	280	339	总计	22091	23953

安局对公务用枪单位和所有配枪人员，按照人、枪两证三对照(持枪证、枪证，对人、对枪、对证件)的要求，逐人、逐单位进行多轮次核对，各配枪单位健全完善人防、物防、技防措施和各项管理制度，无涉枪案件发生；对涉爆单位进行反复检查，发现隐患，及时整改，制定生产、运输、销售、使用规章制度，多次组织从业人员进行培训。1999 年，推出对涉爆单位实行购买、运输、储存、使用、清退“一条龙”管理服务，达到当日购买，当日使用，当日清退，日清日结，账物相符，从源头上堵塞爆炸物品流失渠道。同时，加大对非法枪支及涉爆物品的查处收缴力度。至 2008 年年底，共收缴非法枪支 3039 支、弹药 5699 发、废旧炮弹 20 枚、炸药 20671 公斤、雷管 74513 枚、导爆索 16327 米。

公共娱乐场所管理 1986 年起，公安局机关坚持“露头就打，打防结合，以打促防”的原则，严厉打击黄赌毒等违法犯罪行为。至 2008 年年底，依法查处传播淫秽物品、卖淫嫖娼、赌博、吸毒、容留妇女卖淫案件 562 起，刑事拘留 37 人，逮捕 17 人，治安处罚违法人员 629 人，其中治安罚款 579 人，治安拘留 276 人，收容教育卖淫妇女 79 人，收缴淫秽书刊 1289 册，淫秽录像带 21 盘，淫秽光盘 2192 盘，电子游戏机 49 台，有效净化社会环境，遏制社会丑恶现象的滋生蔓延。

安全防范 长清区安全防范体系包括治安巡逻、治安检查、社区警务、内部安全保卫四个部分，覆盖城区和所有乡、镇、街道，形成以查、防、守、堵、巡为手段的治安防控格局。

治安巡逻 2003 年 5 月，济南市公安局长清区分局巡警大队正式成立。根据济南市公安局全时流动警务工作要求，巡警大队每天有 3 部巡逻车实行 24 小时全天候巡逻，担负着城区治安防控和打击街面犯罪的重要任务。2008 年，巡警大队下设 3 个中队，2 个科室，共有 160 名队员。至 2008 年年底，共抓获各类违法犯罪嫌疑人 2600 余人，协助侦破各类案件 1930 起，调解纠纷 1560 件，处置不安定因素 2510 起，挽回经济损失 670 余万元。

2008 年 1 月，举办警民相约警务室活动

治安检查 济南市公安局长清区分局张夏治安检查站位于 104 国道张夏金家收费处，其前身为张夏治安堵截点，始建于 1998 年，张夏治安检查站实行 24 小时工作制。至 2008 年年底，张夏治安检查站共检查过往车辆 10 万余辆，查获无证驾驶人员 2300 余人。

社区警务 社区警务主要承担五项职责任务，即开展群众工作、掌握社情民意、管理实有人口、组织安全防范、维护治安秩序。2008 年 1 月，开展警民相约警务室活动。是年年底，全区共有社区警务室 71 个，其中一级警务室 1 个，二级警务室 1 个，三级警务室 69 个。

内部保卫 2006 年 1 月，区政府组织召开由区人大、政协、法院、区直八大口、各部委办局分管负责人，乡镇、街道分管负责人，综治办主任，全区治安保卫重点单位等 500 余人参加的贯彻落实国务院颁布的《企业事业单位内部治安保卫条例》会议，逐一填写《企业事业单位基本情况登记册》作为基础台账，实现对单位的建档管理。2008 年，全区共有一级治安保卫重点单位 1 家，二级治安保卫重点单位 3 家，三级治安保卫重点单位 39 家。

群体性事件处置 1986 年起，公安局机关按照“最大限度地激发社会创造活力、增加和谐因素、减少不和谐因素”的目标，坚持“有利于化解矛盾、有利于维护稳定、有利于促进发展，依法主动开展工作”的思路，探索处置群体性事件的“三三”工作法，即：情报信息上及早预警，建立村居、内部单位、道路监控系统三张网络；化解处置上适时介入，用好法治教育、现场控制、调查取证三种手段；后期处理上积极善后，严格承诺兑现、依法打击、掌握舆论三项措施。至 2008 年年底，共妥善处置因干群矛盾、企业下岗、农村两委班子选举、房屋拆迁、医患纠纷等引发的群体性事件 258 起。

保安服务 1993 年 8 月 1 日，长清县保安服务公司正式挂牌成立，首批招收保安队员 200 名，分为 3 个保安中队，为 26 家厂矿企事业单位提供保安服务。2002 年，为 35 家厂矿企事业单位提供保安服务。2003 年 7 月 16 日，佳宝工业园施工人员在安装路灯移动施工铁梯时，不小心将铁梯与 1 万伏高压电线连接，2 名施工人

2007 年 2 月，举行保安公司办公楼落成典礼

员被高压电击倒，不省人事，由于保安人员报警及时、处置得当使1名工人脱离生命危险。2005年，成立7个大学保安中队，为大学科技园区提供保安服务。2006年起，连续3年被市公安局授予优秀保安分公司称号，先后有6个保安中队被团市委授予青年文明号称号，女子保安中队被区妇联授予巾帼文明号称号。2007年2月，保安服务公司办公楼落成。至2008年，保安服务公司有15个保安中队，保安队员1503名，服务于区直机关、大学科技园区、10个乡镇（街道）的厂矿企事业单位及供水、供电、金融等重点单位，服务单位78家。协助公安机关查处各类案件956起，抓获各类违法犯罪分子975人，劝阻制止各类治安纠纷1280起，处置各类不安全因素869起，扑灭火灾56起，为客户挽回经济损失210万元。保安服务公司先后通过国际标准化组织ISO 9001、ISO 14001、ISO 18001管理体系认证。

第三节　户籍管理

居民身份证管理　1987年1月起，全县实行居民身份证制度。1995年，实行居民身份证微机打印底卡。1997年，完成21万张10年有效期身份证换发工作，换证率97%。1998年，按照公安部要求，对全县居民身份证清理纠错，更正居民静态项目信息16789条，为居民免费换证4663个。2000年，居民身份证号码由15位升18位，完成全县53万人常住人口的编号赋码、常表注改、户籍登录、编码簿过录等工作，完成"一取一建"工作（用常住人口登记表取代户口登记簿，建立户口卡，为户政管理提供翔实的人口档案）。2005年，开展第二代居民身份证换发工作，由各派出所为群众采集照片，通过网上认证、网上传输将信息传送至济南市公安局户政处信息中心，由制证所统一制证。2005年7月至2006年12月，全区共换发第二代居民身份证35万张。2007年，开展省内及跨省身份证纠错工作，共纠正重证号265人。

常住人口管理　1995年，实现户口微机化管理，实行户口簿、常住人口登记表、门牌、方位图、居民实际住址"五统一"。1998年—1999年，组织全县派出所换发微机打印的120113本户口本。2003年，对全区160136户533152人常住人口信息清理纠错，共清理出空挂户口2176人，应销未销户口1678人，应建未建常表7865张，主要项目差错1264项，动态项目信息21256项。2004年4月，全区实现区内户口迁移"一门办结"，网上迁移。2005年8月，完成大学科技园11050名高校学生户口迁移。2006年6月12日，实现市内户口迁移"一门办结"，网上迁移。2007年12月20日，对全区常住人口进行户口改登，取消农业、非农业性质划分，统一登记为"居民户口"。2008年年底，全区常住人口570644人。

暂住人口管理　1986年起，围绕暂住人口和租赁房屋管理开展三方面工作：一是广泛宣传。通过发放《致群众一封信》、出动流动宣传车、制作社区宣传栏等形式，宣传暂住人口管理法规。二是组织各派出所召开房主、雇主、用工单位责任人座谈会，明确"谁用工、谁管理、谁出租、谁负责"的治安责任，将暂住人口全部纳入管理视线，维护社会稳定。三是建立健全登记、函查通报制度，对暂住人口中16~45岁的公民，采取发函查询、电话查询、网络查询等多种途径，了解其在户籍所在地的现实表现，及时发现查处隐匿的违法犯罪嫌疑人员。1996年，全县共有暂住人口3803人，办理暂住证3176个，办证率83.5%，租赁房屋712户。2006年，共办理暂住证8802个。2007年，办理暂住证13624个。2008年，共办理暂住证54747个，租赁房屋5620户，通过暂住人口管理抓获各类逃犯74人。

出入境管理　1994年1月，成立外事科，负责受理中国公民出国（境）申请，查处境外人员违反出入境管理法律法规的案件，协助处置其他涉外案（事）件，会同有关部门对境外人员住宿登记实施管理，掌握境外人员居留活动情况，搜集与研判涉外情报信息，指导涉外单位协助对境外人员实

施管理，归口掌握各类涉外信息，开展出入境管理有关法律、法规的宣传教育工作，提高中外人员的自觉守法意识。2008年，出入境管理科受理公民因私出国（境）申请1203人次（其中护照844人次，港澳通行证352人次，大陆居民往来台湾通行证7人次），依法上报法定不批准出境人员127人次。至2008年年底，共受理公民因私出国（境）申请9000人次（其中护照5700人次，港澳通行证3000人次，大陆居民往来台湾通行证300人次），依法上报法定不批准出境人员2000人次，登记境外人员住宿登记3000余人次，查处境外人员违法犯罪案件17起，依法处罚23人。

第四节 消防管理

1975年4月，县公安局设立消防股，配备消防干部3人。1983年，县公安局消防科干部编入武警部队序列。1996年12月，县公安局消防科改编为县公安消防大队（正营级建制）。1997年12月，成立县公安局消防大队，为事业编制，编制20人，隶属于县公安局管理。2002年5月，县公安消防大队改为区公安消防大队。2003年9月，济南市公安消防支队在万德镇设立消防第十九中队，编制为25人，为现役中队。2005年12月，济南市公安消防支队在玉符街设立消防第十一中队，编制为25人，为现役和合同制混编中队。2008年5月，万德消防中队搬迁至大学城文汇路东段路南，与消防大队合住同一办公楼，十一中队与十九中队同属于区公安消防大队管理。

1997年12月，县公安局消防大队购进“东风”牌水罐车1部。市公安消防支队对所属的区公安消防大队所属的两个中队先后配置“东风153”泡沫车、斯太尔王（6吨、8吨、17吨）水罐车、“解放16”平柴水罐车、“依维柯”抢险救援车、“福特”搜救犬救援车、“五十铃”A类泡沫车、22米登高车、32米登高车、“斯太尔王”明光抢险救援车、“中卓豪沃”8吨泡沫车、“天河斯太尔王”8吨水罐车、“斯太尔”6吨水罐车、“东风153”水罐车、“东风140”水罐车共计16辆消防用车。至2008年，全区机关、学校、医院、厂矿企事业单位均设有防火标志、消防栓、防火水池、沙土堆（箱）、灭火器、消防桶等工具，大型企业、公共场所、高层建筑等设有消防泵、潜水泵、火灾自动报警、自动喷水灭火、气体灭火等装置，各种消防栓156个，消防水池58个，消防水塔63个，灭火器1.2万余具，消防重点单位285个。

1996年，共检查重点防火单位174次，查处火灾隐患432条，下发整改通知书147份，办理建筑工程项目审核23份。2002年，共扑救火灾25起，挽回经济损失27.01万元。2008年，扑救火灾45起，挽回经济损失18.46万元。1996年—2008年，共查处消防违法案件171起，举办消防安全知识培训班156期，检查防火单位4301个，发放各类整改通知书2237份，处罚单位156个，处理责任人37人。

1996—2008年长清区（县）火灾事故统计表

表9－3

年份	火灾（起）	经济损失（万元）	死亡（人）	年份	火灾（起）	经济损失（万元）	死亡（人）
1996	28	4.3	0	2003	23	15.0	0
1997	18	3.0	0	2004	26	16.0	0
1998	21	6.7	0	2005	30	11.2	0
1999	11	5.7	0	2006	31	22.0	2
2000	37	31.6	0	2007	35	13.2	0
2001	39	17.6	0	2008	45	18.5	0
2002	25	27.0	0	总计	369	191.9	2

第五节　交通安全管理

1987年10月，长清县交通监理站划归县公安局管理，更名为长清县公安局交通管理队，内设车管股、驾管股。1991年，更名为长清县公安局交通警察大队。2002年，长清县公安局交通警察大队更名为济南市公安局交通警察支队长清区大队，设秘书科、政工科、交通科、宣传科、交通肇事处理科、济南市公安局车辆管理所长清区分所，辖城区、张夏、归德、五峰、万德、高速6个责任区中队，编制105人。

车辆管理　1987年，全县交通车辆由县公安局交通管理队统一管理。1991年，公安局交通管理队更名为长清县公安局交通警察大队，下设车管所，负责辖区内车辆及驾驶员的管理、培训以及交通安全宣传等工作。车管所按照《全国机动车产品生产企业及产品公告》《机动车登记工作规范》规定的要求、程序和流程办理业务。是年，共召开驾驶员例会115场次，发放交通安全宣传材料2500份。1994年，举办违章驾驶员学习班56期。1996年，审验各类机动车驾驶员2万人次，检验机动车8200辆，机动车挂牌6528辆，培训摩托车驾驶员5903名。至2008年年底，全区共有机动车99924辆，驾驶员93015人。

1987—2008年长清区(县)驾驶员统计表

表9-4

年　份	摩托车(人)	汽车(人)	年　份	摩托车(人)	汽车(人)
1987	2430	525	1998	30256	3069
1988	2855	679	1999	37298	3560
1989	3523	882	2000	40287	4258
1990	3920	998	2001	46562	4989
1991	5022	1115	2002	49889	6203
1992	6018	1237	2003	51667	6512
1993	7075	1526	2004	56390	7216
1994	8725	1698	2005	60583	8557
1995	10890	1803	2006	63596	9107
1996	15350	2056	2007	69726	10852
1997	25120	2876	2008	71906	21109

交通秩序管理　1985年，长清设立第一个标准岗亭电影院岗亭，此后又设立县医院、保险公司岗亭，由交通协管员站岗指挥。1990年，共清理纠正非交通占道770处，纠正机动车违章5万次，纠正违章驾驶员2800人次，查处机动车27万台次。1991年，集中开展两次交通秩序整顿和一次客运秩序专项治理，查处违章车辆25万台次，消除事故隐患657起，清除违章占道1.5万处。1994年，清除违法占道400处，迁移集贸市场6处。1995年，在长清城区5个路口设立红绿灯，设置标志牌102块。1996年，纠正违章4万次，清除路障123处。2005年—2007年，改革勤务模式，勤务中队实现勤务、车管、事故、宣传四位一体的工作模式，交通协管员退出交警协勤的位置，80%的警力投入到路面管理，交通管理变静态管理为动态管理；对主要公路干线和事故易发路段，实行"定路段、定人员、定责任、定奖惩、定安全"的岗位责任制，保障道路交通安全畅通。2008年，城区红绿灯路口增至37个，标志牌600余块，大学路山师路口、大学路务子路口、

■ 执法检查 （2008 年 摄）

城区车辆乱停乱放、机动车无牌无证上路行驶、酒后驾驶、超载、超速等进行综合整治，共查纠交通违法 58915 人次。

交通事故处理 先后推行首案负责制和“三快三卡”制，即：快出警、快调查、快结案，警民联系卡、处理程序卡、征求意见卡。1991 年，共出现肇事逃逸事故 9 起，查获 5 起。1994 年，侦破肇事逃逸案件 4 起。至 2008 年，交警大队共受理道路交通事故 4041 起，其中重大肇事逃逸案件 332 起，破获 299 起，破案率 90%，打击交通肇事犯罪嫌疑人 462 人，抓获上网逃犯 12 人。

220 国道平房、孝里等处安装监控卡口系统，初步实现科技化管理。是年，重点对城乡道路秩序、

1986—2008 年长清区（县）交通事故情况统计表

表 9－5

年份	起数（起）	死亡（人）	伤人（人）	经济损失（元）	年份	起数（起）	死亡（人）	伤人（人）	经济损失（元）
1986	78	82	23	18700	1998	217	93	40	57200
1987	121	67	25	22700	1999	225	123	34	117500
1988	136	54	37	28700	2000	189	82	24	145800
1989	147	76	18	41000	2001	172	78	13	139100
1990	137	65	22	39800	2002	217	84	24	198400
1991	123	80	16	40050	2003	284	94	36	211200
1992	140	74	28	43750	2004	218	111	69	246000
1993	118	48	31	47200	2005	247	117	48	191700
1994	158	57	41	49720	2006	224	74	58	192600
1995	157	78	29	48970	2007	203	65	70	131200
1996	142	59	40	58270	2008	179	46	23	99950
1997	209	86	34	62780	总计	4041	1793	783	2232290

第六节 “110”报警服务

1995 年，长清县公安局投资 40 万元，对机房、办公室进行改装，购置 S918 无线调度台、S9219 有线调度台、S232“110”应急报警台、S9230 有线传输报警接收台、S9217 计算机辅助调度等设备。是年 12 月 14 日，“110”报警系统正式开通，投入使用。

“110”报警服务台坚持“有警必接、有难必帮、有险必救、有求必应”的工作准则，服务群众、服务基层。1996 年，长清县公安局“110”指挥中心成立。是年 8 月 9 日 5 时，县局“110”报警台接到济南市公安局指示，山东省市政公司一辆“野牛牌”装载机被盗，要求堵截，县局“110”报警台迅速向有关派出所、交警中队下达处警指令，5 时 30 分在 220 国道孝里段将盗窃犯罪嫌疑人抓获。2003 年，“110”共接处警 11679 次，抓获犯罪嫌疑人 2201 名，接受群众求助 283 次。2005 年，接处警 13251 次，抓获犯罪嫌疑人 3459 名，接受群众求助 315 次。2008 年，指挥中心有无线电座机 2 台，直拨电话、传真机 1 部，119 火警电话 1 部，内线电话 2 部，建立以巡警、刑警、交警、派出所为主的联动网络，实行 24 小时全天候备勤，形成快速高效运转的工作机制。是年，“110”接处警 16805 次，抓获违法犯罪嫌疑人 6303 名，接受群众求助 412 次。

■ 长清区看守所 （2007 年 摄）

第七节 监所管理

1948 年 9 月，长清解放后，县民主政府在旧监狱成立看守所。1976 年，看守所迁至城东小柿子园村东新址，占地 5120 平方米，有监室 8 间，其中未决在押犯 7 室，已决在押犯 1 室，最大羁押量 100 人，配有卫生室、图书室等设施。看守所设所长 1 人，会计、内勤各 1 人，看守员 2 人。1982 年，增设医生 1 名。2002 年，编制增至 18 人。2008 年，长清区看守所、行政拘留所新所在归德镇岗辛村开工建设。是年，长清区看守所更名为济南市公安局监所管理支队六大队（挂济南市第三看守所牌子），为正处级建制，下设综合科、一中队、二中队，均为正科级。

1986 年—2008 年，以监所和民警队伍“双安全”为中心，加强监所规范化建设。强化被监管人员管理规范化，着力抓好习惯养成，实现对被监管人员的动态化和信息化管理。开展狱情分析、预案演练、安全大检查和集体教育工作。按照《在押人员一日生活规范》，看守所对羁押的犯罪嫌疑人、被告人及余刑一年以下的罪犯实行半军事化管理。2008 年，看守所羁押犯罪嫌疑人 400 人次。

■ 长清区看守所、行政拘留所建设工程奠基仪式 （2008 年 摄）

第三章 检 察

长清县(区)人民检察院履行法律监督职责，重点做好侦查监督、审查起诉、控告申诉、查办职务犯罪、监所检察、民事行政检察和技术检察等项工作。1987年3月16日，县检察院由县政府院南侧迁至清河街2910号面积为2076平方米的新办公楼。2000年，长清县人民检察院被山东省人民检察院授予首批五好检察院称号。2007年，长清区人民检察院被山东省人民检察院授予全省十佳基层检察院称号，并记集体一等功。2008年，长清区人民检察院内设办公室、反贪污贿赂局等15个科室局，共有干警71名。培养出第七届中国优秀检察官、全国模范检察官、山东省优秀共产党员、全国五一劳动奖章获得者孟红伟先进典型人物。

第一节 侦查监督

1979年，县人民检察院设刑事检察一科，履行审查批准逮捕人犯的工作。1986年，县检察院按照依法从重从快的方针，稳准狠地打击严重刑事犯罪活动，受理公安机关提请批准逮捕的人犯44人，经审查批准逮捕38人。1988年，打击重点放在“反扒窃”“打流窜”“挖团伙”等专项斗争，全年受理公安机关提请批准逮捕案件50案59人，经审查批准逮捕48案57人。1995年，对重大案件采取提前介入措施，引导侦查取证，审查批捕提前介入

长清县人民检察院 (1986年 摄)

长清区人民检察院 (2008年 摄)

案件57件，占受案数的53%。1996年，县检察院成立"严打"领导小组，集中打击杀人、抢劫、强奸、重大盗窃等严重危害城乡治安的刑事犯罪活动。是年，受理提请批准逮捕案件135案165人，依法决定批准逮捕119案142人。1998年，县检察院加强立案监督工作，坚决纠正有罪不究、以罚代刑以及不该立案而立案等问题，纠正公安机关应立案而未立案的刑事案件1件，对应当逮捕而未提请逮捕，追加逮捕3人。2004年，加大全程跟踪监督力度，对应当立案而未立案的刑事案件，监督公安机关立案16件。2003年—2007年，共监督公安机关立案51件53人，其中立案监督的冯某某放火案，被判处有期徒刑11年，此案被评为全市社会主义法治理念教育优秀典型案例，并被省检察院评为精品案件。2008年，区检察院下发《关于提高办案质量效率各项工作提速增效的意见》，规定各业务部门做到"一个提速"（各个诉讼环节上的办案节奏加快、办案期限缩短、案件流转迅速）、"三个延伸"（公诉向侦查延伸，侦查向公诉延伸，公诉向法院延伸），在保证案件质量的前提下，提高工作效率。全年批准逮捕各类刑事犯罪嫌疑人226人，不批准逮捕36人，对应当逮捕而未提请逮捕，追加逮捕9人，监督公安机关立案11件15人。

1986—2008年长清区（县）人民检察院审查批捕情况表

表9－6

年份	受案		批捕		不捕		退捕		追捕	
	件	人	件	人	件	人	件	人	件	人
1986	42	44	38	38	1	1	3	5	1	1
1987	43	50	40	46	2	3	1	1	2	2
1988	50	59	48	57	—	—	—	—	—	—
1989	60	69	58	67	—	—	—	—	—	—
1990	92	127	78	113	6	9	1	1	2	4
1991	140	151	124	135	—	—	—	—	—	—
1992	66	94	57	83	3	3	6	8	—	—
1993	91	143	82	130	8	9	—	—	3	4
1994	111	193	97	164	2	16	—	—	5	8
1995	107	162	90	135	14	21	—	—	4	6
1996	135	165	119	142	9	14	—	—	7	10
1997	115	159	111	155	4	4	—	—	3	3
1998	78	121	68	88	8	30	—	—	2	3
1999	142	169	131	145	11	24	—	—	—	—
2000	112	158	111	155	1	3	—	—	4	4
2001	112	158	112	158	—	—	—	—	3	4
2002	87	122	87	122	—	—	—	—	—	—
2003	100	123	95	117	5	6	—	—	1	1
2004	143	172	142	171	1	1	—	—	16	16

续表 9－6

年份	受案		批捕		不捕		退捕		追捕	
	件	人	件	人	件	人	件	人	件	人
2005	133	176	126	168	7	8	—	—	8	16
2006	163	226	144	199	19	27	—	—	5	5
2007	178	260	159	230	19	30	—	—	4	4
2008	195	262	173	226	22	36	—	—	9	9

第二节　审查起诉

1979 年，县人民检察院设刑事检察二科，履行审查起诉和审判监督工作。1986 年，受理公安机关移送审查起诉 39 案 47 人，向法院提起公诉 33 案 41 人，免予起诉 3 案 6 人，追诉漏犯 2 人，法院开庭审理 35 案 39 人，均作有罪判决。1997 年，修改后的《中华人民共和国刑法》和《中华人民共和国刑事诉讼法》实施，县检察院审查起诉工作严把事实关和证据关，受理移送审查起诉案件 106 案 128 人，起诉 83 案 107 人，不起诉 16 人，审查起诉准确率 100%。2004 年，贯彻“严打”方针，重点打击严重暴力犯罪、影响群众安全感的多发性犯罪和破坏市场经济秩序的犯罪活动。全年审查起诉各类犯罪案件 173 件 274 人，其中，起诉杀人、抢劫、强奸等严重暴力犯罪嫌疑人 36 人。审查起诉于某某放火案件时，发现犯罪嫌疑人被捕后，家中 5 岁的孩子无人抚养，区检察院协调有关方面，将孩子妥善安置在崮山敬老院，干警自发捐款捐物，该罪犯由衷感激，表示彻底悔罪服法，重新做人。区检察院尊重和保障人权的做法，在全国检察机关基层检察院建设工作会议上作专门介绍，得到最高人民检察院肯定。2008 年，共起诉各类刑事犯罪嫌疑人 455 人，对应当起诉而未移送起诉的，追加起诉 11 人；办案中，注重宽严相济刑事政策的运用，调处轻伤害案件 21 件，妥善处理和化解各类矛盾纠纷 43 件次。

1986—2008 年长清区（县）人民检察院审查起诉情况表

表 9－7

年份	受理		起诉		免诉		退查		抗诉		出庭公诉		不起诉	
	件	人	件	人	件	人	件	人	件	人	件	人	件	人
1986	39	47	33	41	3	6	3	3	—	—	35	39	—	—
1987	36	44	33	38	2	2	—	—	—	—	24	30	1	1
1988	49	73	45	59	7	13	—	—	—	—	30	45	—	—
1989	46	69	40	51	—	—	—	—	—	—	40	51	1	2
1990	94	137	78	108	40	45	—	—	—	—	78	108	2	2
1991	99	165	86	142	5	11	—	—	—	—	86	142	—	—
1992	82	116	80	112	2	2	—	—	—	—	78	111	—	—
1993	86	133	84	126	2	2	—	—	—	—	81	124	—	—
1994	114	187	106	169	3	3	—	—	—	—	103	166	—	—
1995	138	213	126	196	1	1	—	—	—	—	126	196	—	—

续表 9－7

年份	受理		起诉		免诉		退查		抗诉		出庭公诉		不起诉	
	件	人	件	人	件	人	件	人	件	人	件	人	件	人
1996	147	219	142	212	1	1	—	—	1	1	102	157	—	—
1997	106	128	83	107	—	—	—	—	—	—	74	96	12	16
1998	75	94	65	76	—	—	—	—	—	—	42	56	1	1
1999	142	171	126	150	—	—	—	—	—	—	110	135	1	1
2000	109	154	109	154	—	—	—	—	—	—	94	114	—	—
2001	216	328	166	247	—	—	—	—	—	—	141	203	—	—
2002	116	173	80	103	—	—	35	35	—	—	78	101	1	2
2003	193	258	147	182	—	—	42	75	—	—	132	177	—	—
2004	173	274	167	265	—	—	22	36	—	—	151	249	—	—
2005	240	366	202	304	—	—	48	80	—	—	210	314	—	—
2006	244	404	203	306	—	—	63	163	—	—	199	297	—	—
2007	297	493	244	420	—	—	47	115	—	—	239	411	—	—
2008	350	581	296	455	—	—	49	101	—	—	240	379	10	11

第三节　控告申诉检察

1986 年，县人民检察院设监所信访科，履行对在押犯的教育改造和接待人民群众的来信来访等职责。是年，控告申诉工作发挥“窗口”和“桥梁”作用，接待群众来信来访 209 件（次），自行查办案件 16 件，提供经济、法纪案件线索 17 件。1988 年 12 月，设立控申检察科，承担受理人民群众的来信来访等职责。1995 年—1997 年，共受理群众来信来访 717 件（次），控申接待室连续 3 年被省检察院授予文明接待室称号。1998 年，实行检察长接待日制度，受理群众来信来访 229 件，其中举报线索 96 件；深入开展举报宣传活动，发放宣传材料 5000 余份，受教育群众 2 万多人。2001 年 4 月，县检察院控申举报接待室被最高人民检察院授予全国文明接待室称号。2004 年，成立流动申诉室，坚持每月 2 次巡回下乡，当场受理、解决群众的控告申诉。2005 年，健全检察长接访、首办责任制和公开听证、答询等控申接访制度，共接待群众来访 54 人次，受理群众来信 76 件次，及时处理集体访 18 件次、告急访 2 件次。2006 年 8 月，建立以全国模范检察官孟红伟名字命名的“知心孟姐”工作室，通过互联网、来信来电来访等形式，直接为人民群众解疑释惑、排忧解难。至 2008 年，接待省内外群众的法律咨询、涉法求助等 2000 余人次。是年，共受理群众来信 59 件次，来访 31 件次，检察长接访 26 人次，处理集体访 8 件次、告急访 3 件次，处理刑事申诉 5 件次。至 2008 年年底，共受理群众来

2001 年 4 月，长清县检察院控申举报接待室获全国文明接待室称号

■ 法治宣传活动 （2008 年 摄）

■ 法律咨询 （2008 年 摄）

信来访 3426 件次。

第四节 查办职务犯罪

1979 年，县人民检察院设立经济检察科，依照法律规定，办理贪污案、行贿受贿案、偷税抗税案、挪用救灾抢险等款物案、假冒商标案、盗伐滥伐森林案及其他经济犯罪案件。1986 年，县检察院把打击严重经济犯罪作为主要任务，初查各类经济犯罪案件线索 85 件，依法立案侦查 23 件，挽回经济损失 24 万余元。1987 年，法纪检察工作重点是查处玩忽职守、重大责任事故和侵权案件，初查各类法纪案件线索 32 件，依法立案侦查 10 件 19 人，提起公诉 7 件 9 人，决定免予起诉 6 人，法院开庭审理 6 件 8 人，均作有罪判决。1996 年，县检察院设立反贪污贿赂局，专门侦查贪污贿赂案件，初查各类经济犯罪线索 218 件，依法立案侦查 34 件，其中大案 30 件，挽回经济损失 260 余万元。开展法治宣传教育，组织巡回宣传 24 场次，为企事业单位上法治教育课 36 次，受教育干部群众 20 余万人，向 30 多个单位提出检察建议 168 条，协助 15 个发案单位建章堵漏、整顿治理。7 月 22 日—24 日，全省反贪工作会议在长清县检察院召开，最高人民检察院副检察长梁国庆，省检察院检察长赵长风、副检察长郑刚参加会议。1998 年，撤销法纪检察科，成立渎职犯罪侦查局，全年初查国家机关人员渎职、侵权犯罪案件线索 18 件，其中涉及司法人员的 6 件。2002 年，立查各类职务犯罪案件 26 件，其中贪污贿赂犯罪案件 20 件，渎职侵权犯罪案件 6 件，大要案 18 件，省检察院和最高人民检察院先后以检察工作简报的形式转发长清区检察院查办职务犯罪的工作经验。2004 年，立查各类职务犯罪案件 21 件 27 人，其中大案要案 25 人，涉及处级领导干部 4 人，科级干部 10 人。2008 年，共查办贪污贿赂、渎职侵权等职务犯罪嫌疑人 20 人，大案要案 18 人，窝案串案 13 件 13 人。区检察院开展跨地域办案，查处山东某机械化施工公司副经理邱某等 7 人贪污受贿窝案，邱某等7人分别被判刑。开展严查涉农职务犯罪专项活动，共查办案件5件。1986年—2008年，共查处贪污贿赂、渎职侵权等各类职务犯罪嫌疑人601人。其中2003年—2008年查办大案要案137人，涉及处级干部9人、科级干部20人。

第五节 监所检察

1986年，考察外执犯、刑释解教人员38名，督促协助有关单位建立帮教组织，该项工作受到省市检察院业务部门的好评，并在省检察院分片召开的看守所检察工作经验交流会上作关于加强对外执犯管理的经验介绍。1988年12月，成立监所检察科，重点是加强对监管改造场所执法活动的监督和对缓刑罪犯、保外就医罪犯的监督考察。1992年，开展对在押人犯和监外执行罪犯的监督改造，集中上法治课9次，纠正监管人员违法现象12次，提出纠正建议22条，对在押人犯的延伸教育和监外罪犯的追踪考察，实现监所检察工作经常化、制度化、规范化。1993年，履行法律监督职责，及时检查纠正在办理减刑、假释、保外就医工作中出现的违法现象13次，坚持每年两次对监外执行犯进行回访考察，被市检察院评为先进单位。1995年，为在押人犯上法治教育课11次，跟踪考察监外执行犯19次，开展对在押人犯教育转化工作的做法，得到市委领导肯定，并被省市检察院以检察工作简报的形式推广。2005年，对看守所进行安全防范检察48次，针对发现的问题提出书面检查建议7次，口头建议16次，提出书面纠正违法2次，均被采纳落实。2008年，在监外执行检察中，向公安机关发出检察建议书1件，收监缓刑犯1名；发出纠正违法通知书6件，依法纠正漏管6起；审查逮捕又犯罪案件1案1人，审查起诉又犯罪案件1案1人。区检察院驻看守所检察室被最高人民检察院授予二级规范化检察室称号。

第六节 民事行政检察

1991年12月，县检察院设立民事行政检察科，检察人民法院判决后已发生法律效力的民事及行政判决、裁定，发现确有错误或违反法定程序，可能影响案件正确判决、裁定的依法提出抗诉。1995年，县检察院受理不服民事、行政、经济判决和裁定的申诉案件20件，立案审查17件，向济南市人民检察院提请抗诉6件。1996年，受理民事行政申诉案件33件，立案审查21件，提请抗诉6件，出庭支持抗诉3次，被市检察院评为先进单位，并在全省民事行政检察工作会议上介绍提高民行案件抗诉改判率的经验。2005年，运用检察建议启动再审程序，4件当事人恶意串通、损害国家利益的民事调解案件获得改判。加强对法院执行环节的监督，运用检察建议，对一起违法执行案件及时中止执行，维护被执行人的合法权益。全年共办理民事行政抗诉案件20件，检察建议启动再审13件，法院改判13件。2008年，受理案件24件，提请抗诉、建议提请抗诉

检察官履行监督职责 (2007年 摄)

19件,法院改判9件。1992年—2008年,共受理民事、经济、行政诉讼案件506件,立案审查337件,向济南市人民检察院提请抗诉174件。

第七节 技术检察

1984年,县检察院设刑事技术科,负责公安机关报捕的重大案件技术复核鉴定和自办案件的现场勘察、照相、绘图、解剖、化验、文检、痕检、物检等刑事技术工作。1986年,刑事技术科配合公安机关勘查重大刑事案件现场19次,拍摄现场照片97幅,为获取证据拍照27次,洗印放大照片482幅。1987年,为经济犯罪案件勘查现场2次,拍摄各种证据照片989幅,复印各种证据材料216份,拍摄刑事案件物证照片41幅。1990年,进行伤情鉴定2件,拍摄技术照片1800幅。1991年,参与办案6件,调查案件线索12件,参与搜查3件,勘验现场2件,拍摄技术照片622幅。2003年,受理各类案件的检验鉴定47件,提供各类技术协助295件次。2005年,受理各类案件的检验鉴定5件,出具司法会计检验报告11件,视听技术办案2件。是年,实行讯问职务犯罪嫌疑人全程同步录音录像制度,对18件职务犯罪案件进行同步录音录像。2008年,对22件职务犯罪案件进行同步录音录像,协助反渎局取证1次,拍摄证据照片12幅,拍摄各类照片3200余幅,录像370余分钟。1986年—2008年,共办理各类技术鉴定835件,现场勘验137次,物证照片4372件,出具司法会计鉴定书716件。

第四章 法 院

1987年1月1日,《中华人民共和国民法通则》正式实施。是年,长清法院设刑事审判庭、民事审判庭、经济审判庭。1987年10月,法院增设执行庭,专司法院审结案件的执行工作。1989年前,行政纠纷主要由民事审判庭审判解决。1989年4月,《中华人民共和国行政诉讼法》颁布;8月,长清法院增设行政审判庭,专司行政诉讼案件的审理和非诉行政案件的执行工作。1992年6月,法院由老城区搬迁至新城区清河街2935号。2002年,长清法院被济南中

长清县人民法院 (1986年 摄)

长清区人民法院 （2008年 摄）

院记集体三等功，长清法警队被评为全省优秀法警队。2008年，长清区人民法院设立案庭、刑事审判庭、执行局、办公室等24个室庭局，全院共有116人。

第一节 立案 信访

立案 刑事案件立案工作仍由刑事审判庭自行承担，实行立审分立，加强立案管理，采取亮红黄牌和警示督办制度。2000年，强化立案职能，实行审判流程一体化管理。建立“大立案”机制，立案庭成为审判流程控制中心和服务于审判程序保障中心，立案庭配置12人，设置立案组、内勤组、外勤组、信访组。2002年起，完善“大立案”审判流程管理机制，当事人可以到立案庭立案，也可到法庭起诉，最大限度地保护当事人的诉讼权利。立案大厅实行“一条龙”服务，设立当事人休息室、接访室、听证室，增强立案工作的公开性和透明度，提高办事效率和服务水平；在立案庭设导诉台，提供诉讼指导材料，设置饮水机、座椅等，为当事人诉讼提供良好的环境；坚持落实司法救助制度，对确有困难的当事人，实行诉讼费减免；实行上门收案、预约立案，减轻当事人的诉累。2007年，被市委政法委、市人事局评为公正执法先进单位。

信访 1986年，处理人民来信552封，接待人民来访3661人次，调处简易纠纷269起。1989年前，信访工作以政治处和各审判执行业务庭为主。1989年，成立告诉申诉审判庭，信访工作由告诉申诉审判庭承担。是年，接待群众来访569人次，处理群众来信82封。1990年，在北京举办11届亚运会期间，做好上访老户工作，没有发生一起上访、闹事事件。1997年，建立便民接访室，制定相关规章制度，由专人负责接访工作，解决群众告状难、申诉难的问题。1998年，在各法庭和业务庭设立信访信息联络员，协助做好信访工作。至1998年，共接待到访群众8502人次，处理人民来信246封。1999年，树立“大信访”观念，坚持院长接访日，做到件件有着落，事事有回音。对上访老户，采取定案件、定人员、定措施的工作方式，在各级重要会议和国庆50周年、庆祝澳门回归期间，未出现一起越级上访和缠诉闹事现象，接访室获全省文明接访室称号。至2006年，连续8次获区（县）级信访工作先进单位。2008年，获市级奥运期间涉诉信访工作先进单位。

第二节 刑事审判

1986年，共召开宣判大会6次，宣判罪犯42名。其中故意杀人案2起，故意伤害案6起，巨额盗窃案2起，万元以上贪污案12起，重大交通肇事案1起；判处10年以上有期徒刑的5人，判处7年以上10年以下的9人；经济犯罪人数从1985年的1人增加到1986年的20人；自诉案件由1985年的4件增加到12件，其中重婚罪占50%。1987年，建立和完善“三关”（事实证据关、定性关、量刑关)、“三不开庭”(事实不清、主要证据不足不开庭,不触被告人和主要证人不开庭,写不好庭审提纲不开庭)制度。本着实事求是和“有错必纠”的原则,完成对历史反革命案件和其他政治性案件复查工作。全年审结各类刑事案件53件,选择28件具有典型教育意义的案件到犯罪分子所在地公开宣判,就案讲法,扩大教育面。1989年,召开宣判大会6次,公开宣判35案56犯,其中10年以上有期徒刑7人,受教育群众2.25万人次,印发大小布告2800份。1990年,深入刑事审判方式改革,发挥合议庭的职能作用,合议庭自行办案率60%以上。1991年,建立少年法庭,从县妇联、团县委、县教委等聘请4名特邀陪审员,审理少年犯罪案件7件,对加强少年教育起到较好作用。1998年,强化帮教工作,对全县范围内被判处管制、缓刑、免刑、监外执行等刑罚的93名罪犯进行考察帮教,做到预防、惩罚、改造的有机统一。1999年,全年新收各类刑事案件155件,审结140件。加大对贪污、贿赂、挪用公款等国家工作人员职务犯罪的打击力度,共受理案件32件,审结25件。2001年—2005年,刑事案件具有三个特点:刑事案件收案数逐年上升,外来人员犯罪比例明显上升,交通肇事案件升幅较大。2008年,各类刑事案件297件,审结296件。先后被团市委命名为“青少年维权岗”,被市委、市政府授予严打整治斗争先进集体称号,被济南中院记集体三等功两次、被评为全市政法系统公正执法先进集体称号,被济南市委政法委、市人事局授予创人民满意活动先进集体称号,获济南市“创争”活动先进班组。

宣判大会 (2003年 摄)

1986—2008年长清区(县)刑事案件收结案情况表

表9-8

年份	收案(件)	结案(件)	年份	收案(件)	结案(件)
1986	61	61	1993	74	71
1987	59	53	1994	120	120
1988	63	63	1995	107	100
1989	75	68	1996	151	149
1990	78	78	1997	90	108
1991	92	89	1998	62	64
1992	73	72	1999	155	140

续表 9－8

年　份	收　案(件)	结案(件)	年　份	收　案(件)	结案(件)
2000	106	122	2005	210	209
2001	164	157	2006	218	210
2002	145	150	2007	255	254
2003	138	140	2008	297	296
2004	190	188			

1986—2008 年长清区(县)普通刑事罪犯年龄情况表

表 9－9

年份	判处犯罪人数(人)	不满 18 岁		18～25 岁		25 岁以上	
		人数(人)	百分比	人数(人)	百分比	人数(人)	百分比
1986	70	3	4.3	9	12.9	58	82.8
1987	63	4	6.3	9	14.3	50	79.4
1988	93	3	3.2	30	32.3	60	64.5
1989	101	12	11.9	51	50.5	38	37.6
1990	104	10	9.6	47	45.2	47	45.2
1991	141	3	2.1	36	25.5	102	72.4
1992	97	1	1.0	49	50.5	47	48.5
1993	86	5	5.8	34	39.5	47	54.7
1994	123	4	3.2	43	35.0	76	61.8
1995	149	4	2.7	42	28.2	103	69.1
1996	170	2	1.2	17	10.0	151	88.8
1997	112	5	4.5	26	23.2	81	72.3
1998	72	2	2.8	16	22.2	54	75.0
1999	143	7	4.9	36	25.2	100	69.9
2000	142	5	3.5	34	24.0	103	72.5
2001	219	3	1.4	34	15.5	182	83.1
2002	208	9	4.3	52	25.0	147	70.7
2003	188	15	8.0	50	26.6	123	65.4
2004	268	7	2.6	48	17.9	213	79.5
2005	311	11	3.5	77	24.8	223	71.7
2006	288	57	19.8	75	26.0	156	54.2
2007	211	12	5.7	69	32.7	130	61.6
2008	109	10	9.2	45	41.3	54	49.5

第三节 民事审判

1986年1月1日，《中华人民共和国民法通则》正式实施，民事审判工作走上依法办案的规范化轨道。是年，收案566件，结案587件。1987年—1989年，民事收案范围扩大，如名誉权、肖像权、相邻权、不当得利、无因管理等，相继进入诉讼程序。1991年，民事案件数量大幅上升，全年收案1056件。1992年，民事审判由一般服务向主动超前服务转变，审判方式由坐堂问案、就案办案向送法上门、巡回办案转变。是年，巡回办案113件。1993年，进行民事案件办案方式的十项改革：改审判人员包揽调查取证方式为当事人举证方式；改庭前调解方式为庭审调解方式；改背靠背调解方式为当庭面对面调解方式；改审委会定案方式为合议庭与承办人负责制方式；改单方个别宣判方式为双方公开宣判方式；改事后送达方式为实行简易调解书当场送达方式；改法律文书多环节制作方式为少环节、快节奏方式；改传统审判管理方式为专业化审判方式；改审判人员单打一工作方式为互相配合工作方式；改单纯办案服务方式为多种服务方式。实行“一步到庭”的做法，即庭前一般不询问、不调查，在当事人举证的基础上，直接开庭审理。庭审中，通过双方当事人的陈述、举证、质证、辩论来了解案情，判断是非，分清责任，做出调解或判决。对直接开庭仍搞不清的个别问题，庭后有重点地进行调查。是年，收案762件，结案793件。1994年3月23日，全市法院民事审判办案方式改革经验交流会在长清法院召开，院长程绪泉介绍“十改”经验，观摩城关法庭开庭。5月13日，省高院院长宇培杲到院视察工作，要求：“要认真总结、宣传、推广长清法院的‘十改’经验做法”。至12月，上海高院、江苏省高院、上海中院、南京中院、西安中院等到院学习办案方式改革经验。1995年，继续深化审判方式改革，突出强调“六个当庭”，即当庭调查、当庭举证、当庭质证、当庭辩论、当庭裁判、当庭讲法说理。1996年，收办劳动争议、新闻侵权、名誉权等新类型案件。1998年，被济南中院评为优秀合议庭。1999年，成立立案庭，民事案件实行立、审、执分离，解决群众告状难和案件久拖不决的现象。2000年，民事审判重点深化三项改革：一是推选审判组织负责制，选任审判长和独任审判员，确定11名审判长和9名独任审判员；二是全面落实审判公开制度，实行开庭公告和旁听制度；三是提高当庭宣判率和一庭结案率。2001年，深化民事审判改革，加强审判管理，建立专业合议庭，提高当庭宣判率，全年民事案件当庭宣判率61%。2002年，指定归德法庭为庭前调解工作试点法庭，全院调解撤诉率49.8%。2003年—2005年，加强对征地补偿、拆迁等纠纷案件的审理力度，保障城市建设、重点工程顺利进行。落实司法救助制度，年均为困难群众减免诉讼费20万元，保证经济确有困难的当事人打得起官司。2005年，长清法院从社会各界选聘40名人民陪审员，增加公开度和透明度。2008年，收案1291件，结案1444件。

长清法院人民陪审员任命书颁发仪式 （2005年 摄）

1986—2008 年长清区(县)民事案件收结案情况表

表 9－10

年　份	收 案(件)	结 案(件)	年　份	收案(件)	结案(件)
1986	566	587	1998	1603	1428
1987	521	512	1999	1934	1907
1988	557	509	2000	1777	1798
1989	547	615	2001	1687	1517
1990	573	563	2002	987	1022
1991	1056	1067	2003	1098	1060
1992	563	545	2004	1339	1254
1993	762	793	2005	1442	1367
1994	973	979	2006	1178	1272
1995	883	897	2007	1305	1258
1996	1309	1303	2008	1291	1444
1997	1795	1796			

第四节　经济审判

1986 年,除经济庭从事经济审判工作外,还从机关庭室抽调审判人员,组成巡回法庭,深入基层,巡回办案,以案讲法,提高干部群众的法治观念。是年,收案 1542 件,结案 1570 件。1987 年,组成 2 个巡回执行庭,深入 11 个乡镇,巡回办案。是年,收案 122 件,结案 125 件。1988 年,经济审判建立和落实“六个坚持六不”制度:对大案疑难案件,坚持承办人、合议庭、审委会共同审查把关,不搞主观臆断;对调解案件,坚持自愿和合法的原则,不强加于人;对可能使判决不好执行的案件,坚持诉讼保全措施,不给当事人造成人为的经济损失;对发回重审或改判的案件,坚持总结经验教训,不敷衍了事;对外地委托办理的案件,坚持法律面前一律平等的原则,不搞地方保护主义;对法律文书的制作,坚持严格引用法律条文,不笼统采用“根据有关法律政策”。1991 年,先后抽调 42 名干警组成 3 个巡回法庭,深入乡镇,为银行、信用社清收逾期借款 12671 户,收回沉淀多年的资金 232.8 万元。1993 年,经济庭增加到 11 人,利用非诉讼手段调解解决经济纠纷,化解争议金额 560 万元。1999 年,加强对涉及企业改革、国家整顿金融秩序、清理“金融三乱”、房屋、土地不动产以及农村承包等案件的审理,受理破产企业 12 件,审结 12 件。是年,取消办案指标,实行案件评查结果、违法审判等通报制度和发回重审、原则改判和再审改判案件评析制度。2002 年,经济庭更名为民事审判第二庭。2003 年—2008 年,共受理经济案件 11115 件,审结 11005 件。

1986—2008 年长清区(县)经济案件收结案情况表

表 9－11

年　份	收案(件)	结案(件)	年　份	收案(件)	结案(件)
1986	1542	1570	1988	186	168
1987	122	125	1989	336	347

续表 9－11

年　份	收案(件)	结案(件)	年　份	收案(件)	结案(件)
1990	564	559	2000	1766	1741
1991	560	561	2001	1540	1480
1992	346	355	2002	1720	1753
1993	1281	1286	2003	2339	2180
1994	1282	1284	2004	1850	1850
1995	1188	1156	2005	1615	1544
1996	1791	1793	2006	1570	1496
1997	1764	1752	2007	1769	1764
1998	1480	1420	2008	1972	2171
1999	1530	1514			

第五节　行政审判

1989 年前，行政纠纷主要由民事审判庭审判解决。1989 年 4 月，《中华人民共和国行政诉讼法》颁布；8 月，长清法院增设行政审判庭，专司行政诉讼案件的审理和非诉行政案件的执行工作。是年，共受理行政案件 8 件，均为土地行政纠纷案件，审结 6 件。1990 年—1993 年，行政案件呈逐年上升趋势，共受理行政案件 46 件，有土地行政处罚和治安处罚两种案件类型，行政案件一律由审委会研究决定。1993 年，向县水利局、县土管局等行政单位派驻行政巡回法庭，监督、支持、帮助行政机关依法行政。1994 年，案件类型向多样化发展，全年共受理行政案件 17 件，其中不服土地管理行政处罚的 6 件，不服治安管理行政处罚的 4 件，其他 7 件。1995 年，受理行政案件 28 件，审结 23 件。是年，被评为全市法院行政审判先进集体。1996 年，受理行政案件 58 件，审结 40 件；执结行政非诉案件 210 件，结案标的额 15.97 万元。1997 年—1999 年，行政审判注重涉农案件特别是农民负担案件的优先审理，改变对农民"乱收费、乱摊派、乱罚款"的状况，共审结农民减负案件 52 件，执结非诉行政案件 1203 件。2001 年—2005 年，加强对涉及大学科技园、经济开发区建设和城建规划、道路拓宽、房屋拆迁、城管执法、土地补偿等政府行使相关职能中"民告官"案件的审理，共受理各类行政案件 249 件，审结 241 件。2008 年，受理各类行政案件 26 件，审结 26 件。

1989—2008 年长清区(县)行政案件收结案情况表

表 9－12

年　份	收案(件)	结案(件)	年　份	收案(件)	结案(件)
1989	8	6	1995	28	23
1990	8	6	1996	58	40
1991	12	12	1997	55	46
1992	13	13	1998	58	52
1993	13	13	1999	62	61
1994	17	16	2000	36	36

续表 9－12

年　份	收案(件)	结案(件)	年　份	收 案(件)	结 案(件)
2001	46	43	2005	40	40
2002	55	50	2006	18	18
2003	50	50	2007	33	33
2004	58	58	2008	26	26

第六节　执行工作

1987 年前，法院未设专门的案件执行机构，案件执行工作由各审判业务庭自审自执。1987 年 10 月，法院增设执行庭，专司法院审结案件的执行工作，各法庭审结民事、经济案件的执行工作仍由各法庭自行完成。是年，执行案件收案 74 件，结案 102 件。1990 年，针对不少案件空调空判、案结事不了的问题，在办案方式改革中，强调强化执行意识，审执不分家，从立案、调查、开庭、审理各个环节上，提前注意执行工作。1993 年，向县公证处、县标准计量局等行政单位派驻执行工作室，帮助执行具有强制约束力的公证债权文书和行政处罚决定。1996 年—1998 年，"执行难"越来越成为社会普遍关注的热点、难点问题，每年的 10 月—11 月，法院集中人员、时间和力量，开展为期 15 天的执行大会战，共执结各类案件 1383 件，执行标的额 1080.72 万元，"空调""白判" 现象得到有效遏制。1999 年，对 1998 年以前的未执案件逐一登记造册，做到案件到人落实、执行期限落实、执行措施落实、领导责任落实。是年，共受理执行案件 1479 件，执结 1549 件，执结标的额 1351.67 万元。2000 年 3 月，成立执行局，设执行一庭、执行二庭，干警 14 人，办案用车 7 辆，传真机 1 台，摄像机 1 台。是年，共受理执行案件 1989 件，执结 2013 件，结案标的额 2703 万元。2002 年，实行执行命令权、执行实施权、执行裁决权"三权分离"，加强对执行行为的监督制约。2003 年，将各法庭的执行权收归，各法庭不再担负执行工作任务，实现统一指挥、统一调度、统一协调。是年，共受理各类申请执行案件 1721 件，执结 1721 件。2005 年，加大对拒执人员的惩处力度，对拒不执行及妨害执行公务的人员采取拘留措施 20 人次，罚款 19 人次，采取搜查、查封、扣押、冻结等其他强制措施 61 次。是年，受理各类执行案件 1655 件，执结 1655 件。2008 年，受理各类执行案件 1416 件，执结 1443 件。

执行大会　　(2005 年　摄)

1986—2008 年长清区(县)执行案件收结案情况表

表 9－13

年 份	收案(件)	结案(件)	年 份	收案(件)	结案(件)
1986	6	8	1998	1573	1369
1987	74	102	1999	1479	1549
1988	72	79	2000	1989	2013
1989	107	106	2001	2105	1937
1990	677	672	2002	1828	1829
1991	662	670	2003	1721	1721
1992	346	345	2004	1715	1715
1993	173	246	2005	1655	1655
1994	307	317	2006	1407	1408
1995	508	508	2007	1483	1467
1996	1179	1063	2008	1416	1443
1997	673	715			

第七节 审判监督

1986 年，成立刑事审判第二庭，负责对刑事申诉案件的审理工作。是年，受理刑事申诉案件 61 件，审结 58 件，其中依法改判 19 件 19 人(其中改判无罪 15 件 15 人，不予追究刑事责任的 2 件 2 人，减刑的 2 件 2 人)。按照中办发〔1986〕6 号文件和全国法院院长会议精神，长清法院决定对新中国成立以来法院判处的反革命案件和其他政治性案件进行全面复查。全年共阅卷 419 个，向审委会汇报 324 件，其中维持原判 202 件，改判 122 件 122 人(其中改判无罪 121 件 121 人，不予追究刑事责任的 1 件 1 人)。1989 年，成立告诉申诉审判庭，负责处理告诉申诉案件和群众接访工作。1990 年，受理告诉案件 82 件，并及时转有关庭室审理；受理申诉案件 51 件，其中刑事 45 件，民事 5 件，经济 1 件；审结 46 件，其中改判 21 件。1997 年，共受理申诉案件 44 件，审结 30 件；处理认罪服法、确有立功或良好表现的减刑案件 2 件 2 人，处理人民来信 47 件，接待群众来访 664 人次；告诉申诉工作在济南市中级人民法院考核中，取得全市法院第一名。1998 年，转变工作作风，变“群众上访”为“法官下访”，由“坐堂问案”为“基层巡访”，改“控制上访”为“积极预防”，全年共受理申诉案件 32 件，审结 26 件，其中维持原判 1 件，改判 5 件，调解 1 件，驳回 9 件，其他方式处理 10 件。1999 年，撤销告诉申诉审判庭，成立审判监督庭，对申请再审案件一律采取听证制度，全年受理申诉和申请再审案件 39 件，审结 33 件，其中维持原判 1 件，改判 3 件，驳回 26 件，其他方式处理 3 件。是年，落实逐案评查、每月通报、瑕疵案件限期整改等制度，坚持发回重审、原则改判案件评析制度。2001年，实行错案追究责任制度，提高案件质量。

第八节　司法鉴定

1995年，成立法医室，承担法医鉴定工作。法医室成立后，案件数量呈逐年上升趋势。1998年—1999年，共鉴定人身损害赔偿案件245件。2000年，法医室更名为技术室，鉴定案件范围扩大，担负着法医鉴定和文、印、指纹鉴定及财务审计、工程造价、资产评估、房地产评估、产品质量等鉴定。是年，增加专业人员2名，配置4台鉴定用仪器设备6件，共鉴定各类案件12件。

第五章　司法行政

1986年起，长清区（县）司法局在司法行政中，重点开展普法教育依法治理、人民调解、基层法律服务及公证、律师、社区矫正、法律援助等工作。1988年，县司法局被济南市司法局记集体三等功。1989年，在“一五”普法中推出依法治村的全国先进典型万德镇石都庄村，县司法局被省司法厅记集体二等功。1991年，被评为全国“一五”普法先进单位。1995年10月，司法局由老武装部迁至宾谷街184号。1996年，被评为全省“二五”普法先进集体，立三等功。1998年10月，成立全市第一家“148”法律服务专线，在全市乃至全省推广。1999年，立集体二等功。2001年，被评为全省“三五”普法先进集体。2006年，被评为全省“四五”普法先进集体。2008年，局内设办公室、基层管理科等5个科室，辖公证处、法律援助中心、“148”协调指挥中心和2个律师事务所，共有干警27人，公证员5人，律师23人。

司法局办公楼　（2008年 摄）

第一节　普法教育

1986年—2008年，在全区（县）开展“一五”“二五”“三五”“四五”“五五”普法教育。1986年—1990年，“一五”普法期间，全县34万多名普法对象普遍学习《中华人民共和国宪法》《中华人民共和国民族区域自治法》《中华人民共和国兵役法》《中华人民共和国刑法》《中华人民共和国刑事

2003年10月，全省民族村依法治理工作现场会与会人员到崮云湖街道凤凰村参观

诉讼法》《中华人民共和国民法通则》《中华人民共和国民事诉讼法（试行）》《中华人民共和国婚姻法》《中华人民共和国继承法》《中华人民共和国经济合同法》《中华人民共和国社会治安管理处罚条例》基本法律，简称为“十法一条例”，普及面100%，培养万德镇石都庄村全国依法治村典型。1989年11月，司法部部长蔡诚到长清县视察，对全县的依法治理工作给予高度评价，题词为：“长清县石都庄是依法治村的先进典型，值得在全国推广。”1991年—1995年，“二五”普法教育期间，在继续抓好《中华人民共和国宪法》等基本法律知识普及的同时，强调部门专业法律知识的宣传教育，全县34.7万余名普法对象重点普及以社会主义市场经济法律法规为主要内容的专业法律法规，普及率98%，全县613个行政村，95%的厂、店、学校达到依法治理阶段性考核标准。对全县600余名副局级领导干部进行脱产培训。1992年，推广县黄河商场依法治理商场的经验。1993年年底，济南市在长清县召开依法治理市场现场会，推广长清经验。1994年，在全市第一个制订《行政部门执法责任制》。1996年—2000年，“三五”普法教育期间，重点抓五峰山镇依法治校、双泉乡“十星级”文明户、万德镇依法清欠等典型。1998年起，每年对全县近万名行政事业单位干部、企业经营管理人员、农村两委会成员进行年度普法考试，参考率98%，及格率95%。2001年—2005年，“四五”普法期间，推广崮云湖街道凤凰村依法治理民族村的先进经验。2003年10月，在全省民族村依法治理工作现场会上，济南市委副书记雷建国陪同与会人员参观崮云湖街道凤凰村，充分肯定他们依法治村的先进经验。2006年起，全区实施“五五”普法，深入开展法律进机关、农村、企业、社区、学校、单位“法律六进”活动，开展“民主法治示范村”创建活动。至2008年年底，全区有6个村（居）达到省级“民主法治示范村”标准，141个村达到市级标准。

第二节　人民调解

1986年，人民调解工作逐步走向制度化、法律化和规范化，全县建立各级人民调解组织585个，共调处民间纠纷1983件，调解成功率99%。至2008年，全区形成区、乡镇（街道）、管理区、村居（社区、单位）四级矛盾纠纷排查调处工作网络，实现司法调解、行政调解、人民调解的有效衔接。全区建人民调解组织674个，其中村（居）624个、乡镇（街道）10个、企事业单位40个，覆盖全区的人民调解组织网络体系形成。全区10个乡镇（街道）每年举办1~2期调解主任培训班，提高调解人员业务素质。2008年，全区各级调解组织共排查调处各类矛盾纠纷2242件，防止“民转刑”5件15人，防止群体性上访7件160人次，调处成功率99%。

1986—2008年长清区(县)人民调解组织调处纠纷情况表

表9－14 单位:件

年份	婚姻家庭纠纷	邻里纠纷	赔偿纠纷	劳动纠纷	村务管理纠纷	土地承包纠纷	征地拆迁纠纷	房屋宅基地纠纷	其他纠纷	防止民间纠纷引起自杀	防止民转刑案	防止群体性事件	防止群体性上访	总数	调处成功率(%)
1986	1159	381	106	100	72	64	37	17	28	4	4	6	5	1983	99
1987	1052	403	130	110	73	54	39	10	29	3	7	5	6	1921	98
1988	1096	412	147	119	68	59	30	13	18	5	3	8	9	1987	98
1989	1134	336	137	106	64	64	29	11	20	9	4	8	7	1929	98
1990	984	398	131	100	60	75	31	13	21	2	3	4	6	1828	99
1991	1051	357	146	105	73	64	36	14	22	8	5	6	8	1895	98
1992	1065	367	129	88	61	36	35	15	24	3	5	4	9	1841	98
1993	1100	306	137	112	58	61	37	12	23	6	3	6	5	1866	99
1994	1120	350	130	105	56	40	32	14	20	5	5	6	6	1889	99
1995	1003	299	167	98	75	57	47	17	26	7	4	5	6	1811	98
1996	1073	316	178	88	66	75	40	20	21	5	4	4	9	1899	99
1997	1055	325	132	108	71	66	45	20	25	8	7	7	7	1876	99
1998	1067	312	150	126	68	81	56	18	29	4	6	7	9	1933	99
1999	967	368	149	135	62	65	53	21	26	6	5	3	8	1868	98
2000	1056	320	145	98	70	58	48	19	27	9	6	5	8	1869	98
2001	1079	312	138	86	75	60	42	17	31	3	4	8	7	1862	99
2002	1013	365	147	125	64	47	54	22	29	8	5	4	10	1893	98
2003	1067	365	159	102	66	55	51	21	35	5	5	6	9	1946	99
2004	1025	336	176	98	80	63	60	26	30	7	6	6	6	1918	99
2005	1050	187	168	113	73	56	49	23	37	5	7	5	8	1781	98
2006	1082	313	153	96	82	73	56	19	26	6	6	7	7	1926	98
2007	1033	425	136	85	30	30	35	18	17	5	5	7	9	1835	98
2008	1143	374	195	150	141	91	61	25	39	6	5	5	7	2242	99

第三节 法律服务

1986年，在11个乡镇相继建立法律服务站（所），每站（所）1人，共有11人，与乡镇司法所实行“一个班子、两块牌子”。1995年6月，长清县在全市第一个进行司法所和法律服务所分离改革工作，法律服务所主要为乡镇政府、农村、农民提供法律服务。1998年10月，在全市成立第一家“148”法律服务热线，其经验做法在全市乃至全省推广。2001年年初，基层法律服务所脱钩改制为社会中介组织，成为合伙制法律服务所。2008年，全区法律服务所发展到12家，基层法律工作者67名，为396个机关、企事业单位、农村担任常年法律顾问，解答咨询728人次，诉讼、非诉讼代理1518件，为公民和法人挽回经济损失1564万元。

第四节 律师工作

1981年3月，长清县法律顾问处成立，为副局级行政单位，有干部2人。1986年，县法律顾问处在全省首创《律师业务档案管理办法》。是年10月，省司法厅在县法律顾问处召开全省律师业务档案管理规章制度现场会，推广长清的先进经验。1991年9月，县法律顾问处改称县律师事务所。1992年7月，设立长清县涉外律师工作部。1993年1月，县律师事务所升格为正局级事业单位。1994年4月，成立长清经济律师事务所。1995年6月，长清县律师事务所改称济南公元律师事务所，长清县经济律师事务所改称济南天齐律师事务所。2000年6月，济南公元律师事务所、济南天齐律师事务所脱钩改制为合伙制律师事务所，分别改称山东灵岩律师事务所和山东天齐律师事务所。2008年，全区律师发展到23名，其中研究生学历4名，法律本科学历19名，共为53个政府部门、企事业单位担任法律顾问，代理诉讼和非诉讼案件671件，为企事业单位和公民挽回经济损失5000余万元。

1986—2008年长清区（县）律师业务开展情况表

表9－15

年　份	担任常年法律顾问（个）	民事代理（件次）	刑事辩护与代理（件次）	行政代理（件次）	非诉讼代理（件次）	代书（件次）	解答法律咨询（件次）
1986	20	105	39	7	19	56	112
1987	20	137	45	8	29	65	138
1988	20	129	31	5	42	79	156
1989	20	145	43	12	23	82	198
1990	20	138	52	10	29	78	201
1991	22	142	37	8	38	72	179
1992	22	132	21	7	45	64	135
1993	22	156	27	12	73	43	189
1994	45	386	83	21	78	130	437
1995	45	397	62	19	64	149	402
1996	46	389	70	17	68	124	375

续表 9－15

年　份	担任常年法律顾问（个）	民事代理（件次）	刑事辩护与代理（件次）	行政代理（件次）	非诉讼代理（件次）	代书（件次）	解答法律咨询（件次）
1997	46	395	82	17	84	157	446
1998	46	396	77	23	93	179	410
1999	97	399	60	15	96	121	398
2000	97	403	52	9	113	146	426
2001	97	427	55	13	84	103	450
2002	97	405	68	21	76	160	379
2003	49	453	59	20	121	185	486
2004	49	467	54	17	99	173	474
2005	49	493	47	9	138	184	503
2006	52	486	49	11	159	157	457
2007	52	473	53	8	87	123	465
2008	53	492	68	15	96	195	526

第五节　公证工作

1981 年 3 月，长清县公证处成立，为副局级行政单位，有干部 2 人。1987 年，增加到 4 人，公证项目发展到土地承包、房屋买卖、收养子女、遗嘱、赠予等 20 多项。1989 年，公证处在五峰山乡开展家庭赡养协议公证，得到省、市、县三级充分肯定。1992 年，在全市第一个开展计划生育合同公证。1993 年 1 月，县公证处升格为正局级事业单位。2005 年—2008 年，区公证处为大学科技园涉及的文昌、崮云湖街道农民搬迁安置提供公证服务，未发生安置群众信访案件。2007 年 5 月，长清区公证处更名为济南市长清公证处。2008 年，长清公证处共办理各类公证 811 件。

1986—2008 年长清区（县）公证业务开展情况表

表 9－16

年　份	民　事（件次）	经　济（件次）	合　计（件次）	接待来访（件次）	涉及金额（万元）
1986	213	95	308	97	65
1987	405	136	541	63	78
1988	816	365	1181	58	75
1989	98	246	344	31	135
1990	389	824	1213	105	117
1991	8671	1023	9694	134	128
1992	9503	1364	10867	278	4955

续表 9－16

年　份	民 事(件次)	经 济(件次)	合 计(件次)	接待来访(件次)	涉及金额(万元)
1993	4005	1227	5232	603	4563
1994	116	1285	1401	232	717
1995	365	784	1149	234	73
1996	182	985	1167	511	5014
1997	239	2579	2818	245	2878
1998	196	2515	2711	1360	11201
1999	190	2774	2964	504	56186
2000	278	645	923	51	7544
2001	257	698	955	104	6783
2002	330	337	667	125	612
2003	325	355	680	164	522
2004	297	639	936	167	212
2005	4351	156	4507	129	15179
2006	325	180	505	141	192
2007	359	94	453	167	214
2008	550	261	811	185	117

第六节　社区矫正

1998 年年初，刑满释放和解除劳教人员的帮助教育和安置工作移交司法局管理。2006 年，判处管制、暂予监外执行、缓刑、假释、剥夺政治权利并在社会上服刑的五种罪犯(统称为社区矫正对象)的管理由公安机关移交司法局管理。2006 年 5 月，区司法局社区矫正科成立。2008 年，全区共有社区矫正对象 99 人，其中缓刑 69 人，假释 30 人。有刑释解教人员 297 名，其中刑释人员 209 名，解除劳教人员 88 名。通过实施社区矫正对象的家属、志愿者、村(居)干部与派出所、司法所“五帮一活动”，对 99 名社区矫正对象共同进行跟踪管理，严防脱管失控。对 5 名生活困难的刑释解教人员，开展“帮扶救助送温暖”活动。

第七节　法律援助

2000 年，长清县法律援助中心成立，为副局级事业单位，主要为老年人、残疾人、下岗职工、农民工、妇女儿童等弱势群体提供法律援助。在老龄委、工会、妇联、团委 4 个单位建立维权岗，在 10 个乡镇(街道)司法所成立法律援助工作站，组建 2 个法律援助志愿团，对弱势群体发放 500 张援助便民联系卡，认真落实《法律援助条例》，扩大法律援助覆盖面。至 2008 年年底，共为社会各界群众提供法律援助 640 件，维护老弱病残妇幼等弱势群体的合法权益。

第六章 武 装

1986年6月20日，长清县人民武装部由军队序列改为地方建制，由军队正团级单位改为地方副县级单位，接受地方党委政府和军队系统的双重领导。1989年，长清县人民武装部由老城搬迁至长清县委办公大楼。1994年5月，位于清河街2928号的长清县人民武装部办公楼落成使用。1996年4月，长清县人民武装部由地方建制收归军队建制，称“中国人民解放军长清县人民武装部”，编制为正团级，接受军队系统和地方党委政府的双重领导，隶属于济南军分区。至2008年，长清区（县）人民武装部围绕部队建设和地方经济建设，发挥职能作用，做好征兵、民兵建设、国防教育、双拥共建等各项工作。

■ 长清区人民武装部 （2008年 摄）

第一节 驻 军

抗日战争和解放战争期间，先后有八路军、解放军的多支部队进驻长清。新中国成立后，先后有中国人民解放军济南军区空军某后勤仓库、炮兵部队等军事单位长期驻防境内。

■ 长清县人民武装部 （1986年 摄）

94213部队 1954年8月，进驻长清，后改为94213部队。

55257部队 1960年，进驻长清。

72478部队 1960年，55545部队进驻长清，后改为72478部队。

济南军区工程兵教导大队 1962年2月，6079部队进驻长清。后撤出，改驻济南军区工程兵教导大队。

55204 部队　55205 部队　1967 年 7 月，55204 部队、55205 部队进驻长清。1985 年，改为某防空旅。

济南军区射击训练场　1970 年，济南军区在长清建设射击训练场。

72221 部队　1995 年 11 月，55158 部队进驻长清。2000 年 10 月，改为 72221 部队。

72502 部队　1997 年 6 月，55362 部队进驻长清。2000 年 10 月，改为 72502 部队。

驻长清区的武警部队有两支：济南市长清区公安消防大队、武警济南支队长清区中队。

济南市长清区公安消防大队　前身是 1977 年 4 月，长清县公安局增设的消防股。2008 年，济南市长清区公安消防大队是一支公安现役部队，下辖 2 个中队。

武装警察济南支队长清区中队　抗日战争时期至新中国成立初期，负责看押执勤的武装力量是县公安局保卫队，由长清县公安局直接领导。1950 年后，长清县公安保卫队改称长清县武装警察中队。1962 年 1 月起，县武装警察中队以接受上级武装警察部队机关领导为主，同时接受县公安局领导。1966 年 6 月至 1967 年 1 月，县武装警察中队改名中国人民解放军长清县中队，由长清县人民武装部领导。1976 年以后，恢复武装警察济南支队长清县中队。2005 年，改为武装警察济南支队长清区中队，接受武警部队和公安局的双重领导，主要负责看押执勤等任务。

第二节　兵　役

兵役登记　长清县（区）兵役登记始于 1955 年。1956 年—1957 年，在全县采取普遍登记和定期登记两种形式进行兵役登记统计工作，对年满 18 岁的男性公民和具有专门技术的女性公民进行兵役登记，并颁发“兵役证”。1984 年 5 月，公布《中华人民共和国兵役法》和《征兵工作条例》，规定：“各县、市（区）兵役机关，在每年 9 月 30 日以前，应组织基层单位对当年 12 月 31 日以前，年满 18 岁的男性公民进行兵役登记，女性公民不进行兵役登记”。1990 年，兵役登记的年龄和范围，为当年年满 18~20 岁的男性公民，范围是农村、城市、厂矿、企业、事业、机关和群众团体，适龄公民都要按兵役法规定进行兵役登记，各基层单位的适龄公民到户口所在地兵役登记站进行登记。确定预征对象的人数，依据上一年度征兵人数，按 1∶3 的比例，由基层单位推荐，乡（镇）审批，农村为初中毕业以上文化程度，非农业户口青年具有高中毕业文化程度，年龄在 18~20 岁，企事业单位的青年职工可以放宽到 21 岁，应届高中毕业生，本人自愿，17 岁的也可以确定为预征对象。是年，预征对象 2000 多人。1996 年 6 月 21 日，省政府、省军区印发《山东省兵役登记办法》，共 18 条。长清县按照“办法”的各项规定，共有 2000 名适龄公民进行登记，占适龄青年总数的 95%以上，确定当年预征对象 1200 人。1998 年 12 月，颁布修改后的《中华人民共和国兵役法》进一步强化兵役登记的行政措施，规定对拒绝、逃避兵役登记和体格检查的，由市（区）级人民政府强制其履行兵役义务并处以罚款。长清镇、平安店镇、张夏镇共有 5 例逃避兵役登记和体格检查人员受到行政处罚。2005 年，长清区设 12 个兵役登记站，兵役登记 1500 人，占适龄青年数的 96.4%。2008 年，共登记 1500 人，占适龄青年数的 94.1%。

预备役登记　1980 年 11 月，长清县根据国务院、中央军委关于转发《退伍军人预备役登记统计暂行规定》的通知，恢复预备役登记。预备役登记分为军官预备役登记和士兵预备役登记。

军官预备役登记　1990 年，中组部、人事部、总参谋部、总政治部发出《关于对转业军官进行预备役登记统计的通知》，确定从 1991 年起，开展转业军官预备役登记统计工作。1996 年 1 月 1 日，公布施行《中华人民共和国预备役军官法》，预备役军官一般分为军事、政治、后勤和专业技术军官，长清县军官预备役登记工作实现制度化、法治化、正规化。军官预备役登记统计实行

“档案性管理”，填写“一卡一表”，即转业军官预备役登记卡片、转业军官预备役统计表。

士兵预备役登记　1984年，实行民兵制度与预备役制度相结合，规定士兵预备役分为两类。第一类包括：经过登记服士兵预备役的35岁以下退出现役的士兵；经过登记服士兵预备役的35岁以下的地方与军队专业对口技术人员；其他编入预备役部队和预编到现役部队的28岁以下的预备役士兵(29岁转入二类士兵预备役)。第二类包括：除服第一类士兵预备役的人员外，编入民兵组织的人员和其他经过登记服士兵预备役的35岁以下的男性公民。2008年，士兵预备役登记统计的对象主要包括转服预备役的退伍军人、民兵、35岁以下的专业技术人员，以及经过兵役登记且未服现役的公民。登记统计主要是填写退伍军人预备役登记卡片、退伍军人预备役统计表。

征兵工作　1984年—1986年，按照上级指示，由部队接兵改为地方送兵，长清县3年共派出干部40多人，送出新兵1000余名。1987年起，恢复由部队到地方接兵的办法。1990年，总参谋部将现行的应征公民入伍登记表改为应征公民入伍批准书和应征公民入伍审查表。1991年12月1日起，应征公民入伍批准书一律由省征兵工作办公室统一制发管理。启用新的应征公民入伍通知书，按“非农”“农业”户口分别编号；实行接收新兵专用卡制度。1995年8月16日，省第八届人民代表大会常务委员会第17次会议通过《山东省征兵工作若干规定》，共23条。1999年，贯彻修改后的《中华人民共和国兵役法》，要求新兵中高中以上文化程度的达到50%以上，其年龄可放宽到21岁，大专以上文化程度的可放宽到22岁。2001年，国务院、中央军委修改的新《征兵工作条例》颁布，规定可征集在校大学生入伍，从非军事部门直接招收志愿兵。2008年，组织全区1100余名应征青年进行体检，具有大专以上的200余名在校大学生报名体检，应征大学生35人。是年，296名合格应征青年入伍。

第三节　民　兵

民兵组织　1986年，长清县民兵训练基地改为民兵工程兵训练基地，民兵军事训练以工程兵专业为主。1995年，长清县基干民兵压缩，有基干民兵营××个、连××个、排×××个、班×××个；县以上民兵应急分队×个连，普通连×××个，长清县613个行政村，全部建立民兵连。1998年，长清县在县直×个单位组建×××人的×个对口专业分队(医疗保护、通信保障、交通运输、水电抢修分队)。是年，长清县、乡镇两级建立民兵应急分队。2000年，在济南市争创“百强民兵连”活动中，崮山镇范庄村、张夏镇青北村、长清县供电局、孝里镇广里店村、孝里镇广里村、长清镇东关居委会、长清镇东王村、平安店镇大于村、归德镇前封村、归德镇三友锅炉有限公司10个民兵连推荐为“百强民兵连”。2008年，长清县优化基干民兵队伍结构，将基干民兵整合为作战队伍、勤务保障队伍、应急队伍、其他队伍四大类，在区直

2005年12月，长清区举行新兵入伍欢送会

各部委办局组建卫勤分队、维修抢修分队、通信支援分队。

民兵教育 1986 年 7 月，在全县民兵中开展“祖国在我心中” 演讲活动。1987 年 1 月至 1988 年 8 月，先后组织民兵参加总政治部组织的“龙岩杯”“齐鲁杯”和济南市组织的“济钢杯”国防知识、民兵基础知识百题竞赛活动，获一等奖 1 个、二等奖 2 个、三等奖 5 个、鼓励奖 1 个。1988 年始，每个普通民兵连或基干民兵排订《中国民兵》《黄河民兵》各 1 份，采取集中学习、分散传阅、刊授作业等多种形式搞好刊授，连续 8 年被总参动员部、总政群工部和《中国民兵》《黄河民兵》杂志社评为订刊用刊先进单位。1990 年 3 月，万德镇万北村民兵连长董传贤代表长清县参加济南市组织的“雷锋在我心中”巡回演讲赛。1991 年，董传贤被山东省政府、省军区评为“双稳定，做贡献”先进个人。1993 年，长清县建成设施规范、资料齐全的民兵基层教育活动阵地 647 个，其中一类 31 个、二类 99 个、三类 517 个，应建数、实建数均达到 100%。1995 年 2 月，孝里镇、崮山镇获济南军分区基层民兵政治教育先进单位称号。1996 年，组织民兵开展“读书育人”活动，归德镇在济南军分区“读书育人”经验交流会上作典型发言。1997 年，长清县人武部下发《1997 年民兵政治教育意见》和国防教育计划。1999 年，对民兵进行庆祝澳门回归和庆祝中华人民共和国成立 50 周年的形势战备教育。进入 21 世纪，对民兵和民兵中党员进行党的宗旨、“三个代表” 重要思想、保持共产党员先进性、科学发展观、构建和谐社会为主要内容的教育。民兵干部教育侧重基本理论、形势战备和国防知识等方面内容；基干民兵侧重方针政策、形势战备教育和国防知识等方面的内容；普通民兵侧重性质任务、形势战备、光荣传统等方面的内容；新入队民兵侧重性质任务、光荣传统以及爱国主义等方面的内容。至 2008 年，基干民兵每年集中教育 4 次，不少于 16 个课时；参训民兵政治教育时间不少于 2 天；民兵干部、专业技术分队政治教育时间为 3 天；民兵应急分队、专业分队和步兵分队新入队的民兵政治教育时间为 2 天；对口专业分队政治教育时间为半天；普通民兵的政治教育，结合整组、征兵、重大节日活动进行，每年不少于 2 次，每次不少于 4 个课时。

民兵训练 1987 年，长清县划定为“预备役工程兵专业技术兵储备区”，长清县民兵训练任务由步兵课目为主改为侧重于工程兵专业技术课目为主。民兵工程兵训练，一般分为组织计划、训练实施、考核验收、总结评比、登记统计 5 个阶段进行。参训民兵按专业或单位编组，由人武、专武干部进行管理，并成立临时党、团支部。由人武干部、专武干部、民兵干部和退伍军人担任教练员，同时利用驻地部队、军队院校的优势，聘请教员和骨干担负民兵训练的教学任务。年度训练采取少数量、多批次的方法，一般分 3~4 期实施，每期 160 人左右，训练时间不少于 20 天。训练内容

2005 年 8 月，长清区民兵应急分队进行黄河防洪演练

设有工程兵、通信、共同科目和政治教育等。1990年12月，在济南军分区组织的电化教学观摩评比中，长清县的《战时兵员动员》《地雷》教学幻灯片获济南军分区最高分。1992年6月，长清县民兵冲锋枪应用射击班在山东省暨济南市组织的纪念毛泽东提出的民兵工作“三落实”30周年军事表演中，获军事训练表演优胜单位称号，受到济南军区司令员张万年的表扬。至1995年，长清县建立20名相对稳定的“四会”教练员队伍。1998年—2000年，长清县连续3年被济南军分区评为军事训练先进单位。2004年，分期进行对口专业训练，区人民医院和中医医院的专业技术分队训练内容主要有战地救护、卫生防疫、急救包扎；区交通局、公路局、黄河河务局的技术分队主要是交通运输、油料供应以及黄河防汛等专业技术的训练；平安街道、万德镇、武家庄乡的技术民兵主要是82迫击炮的训练；归德镇、张夏镇、五峰街道、马山镇、双泉乡的民兵主要是工兵训练。2008年5月，突出以城市民兵训练为主，先后对区医院、供电公司、电信公司、自来水公司等专业技术人员进行22天的强化训练，重点是工程技术兵、82迫击炮、筑城等专业技术课目训练，提高分队的专业技能。

2005年9月，长清区人武部组织在校学生参加国防教育活动

第四节　国防教育

组织机构　1986年4月16日，组建长清县国防教育领导小组。2000年8月30日，改为长清县国防教育委员会，设主任1人，副主任5人，成员15人，负责全县的国防教育工作。2003年10月，长清区人民武装委员会、国防教育委员会合并（一个机构两块牌子），统称为长清区国防动员委员会，统一挂牌，合署办公。

教育活动　20世纪80年代，长清县委、县政府把国防教育纳入社会宣传活动之中，运用广播、电视、报刊等大众媒体宣传国防知识，开办“军事知识”“国防教育专栏”“国防教育讲座”等。20世纪90年代，每年清明节期间组织部队官兵和中小学生到革命根据地大峰山、石麟山烈士陵园、史元厚烈士纪念堂、“一门三英烈”烈士墓4处县国防（爱国主义）教育基地，进行传统的爱国主义教育，定期开展国防教育进校园活动，聘请部队官兵到学校为中小学生进行军训和国防知识教育。1994年，为纪念新《中华人民共和国兵役法》实施10周年，对民兵进行国防教育和开展国防知识竞赛活动。是年，济南军分区对全县基干民兵进行国防常识“四课”教育全面考核验收，及格率98%，基干民兵取得国防教育合格证书。孝里镇、崮山镇分别于1995年、1996年被山东省国防教育委员会评为订刊用刊先进单位。2002年9月，区人武部制定《纪念〈国防教育法〉颁布一周年宣传周活动实施方案》和《第二个国防教育日活动方案》，印制《国防教育试题》2万余份，在全区中小学生中开展“国防教育知识竞赛”，受教育人数3万多人；悬挂横幅28条，张贴标语6000余条，出动宣传车16台次，发放宣传单7000余份，各乡镇出动宣传车、张贴宣传标语等形式进行国防知识宣传。2006年9月18日，在全区范围内组织以“爱中华、强国防、奔小康”为主题的万人签名活动和知识竞赛，共组织答题4万余份。2008

年，先后为6所学校、近6000名中学生进行国防教育，组织在校学生、企事业单位职工、群众2万余名参加“小灵通杯”国防知识竞赛。

第五节 人民防空

组织机构 1984年1月，人防工作归属县建委。1995年，县政府成立国防动员委员会，健全办事机构，人民防空办公室设在县（区）建委，县（区）建委主任兼人民防空办公室主任。主要职责：贯彻执行国家关于人民防空工作的方针、政策和《中华人民共和国人民防空法》，制定人民防空建设规定和措施；拟定本地人民防空建设规划、计划，监督检查人民防空建设规划和计划的执行情况；组织制定城市防空袭方案、人口疏散计划；指导人民防空指挥业务建设，组织人民防空科学研究、成果鉴定，推广运用新技术；指导本地人民防空专业队伍训练和人民防空知识的宣传教育；掌握、分配人民防空建设经费指标，负责人民防空工作统计；战时组织人民防空斗争。

工程建设 1987年，长清县对人防工程进行普查，抽调13人，组成3个地下工程普查建档小组。通过普查，建立地下工程技术档案26卷，其中等级符合人防工程战术技术五级要求工程16卷16处。至1997年，长清县城区人防工程长××××米，使用面积××××平方米，工事分布在城区68个单位。乡镇人防工事大部分由单位自发构筑，由各乡镇（街道）人民政府管理。至2008年，长清区人防工程不断壮大，广播电视局、农业局、银座广场、文昌小区等地下防空面积×××××平方米。

专业队伍 20世纪70年代，民兵配备防空武器，建立防空专业队伍。对空火力有×个民兵高射机枪连，配备12.7毫米高射机枪××挺，分别编在县化肥厂和济南市发酵食品厂。2008年，编有×个双37高炮营，×个14.5高机连。

通信警报 1983年10月，国家人民防空委员会对城市人防音响警报设备使用体制作出规定，实现人防通信警报设备标准化、制式化，对警报信号等做出统一规定。音响警报信号分为预先警报、空袭警报和解除警报三种。预先警报鸣36秒钟，停24秒钟，反复3遍为1个周期（时间3分钟）；空袭警报鸣6秒钟，停6秒钟，反复15遍为1个周期（时间3分钟）；解除警报连续鸣3分钟。1984年，长清县成立人防通信站，每5年按省人防办要求重新修订完善防空袭方案。城区设电动警报器11台，音响覆盖面80%，警报器完好率、音响率100%。每年6月在孝里、归德、城关、平安店沿黄4镇举办鸣放警报防汛演练活动。1989年，县委办公大楼由老县委搬至清河街，在县委办公大楼顶部设置安装新的警报器。2008年，长清区建成无线警报到发系统和广播电视切换警报信号系统，城区各重点单位设电动警报器34台，有车载电声警报器1台。中国联合网络通信有限公司长清分公司加入省无线电战备值班网，全区实现无线电统一控制，城区音响警报覆盖率95%，警报发放率100%。

第六节 抢险救灾

长清濒临黄河，洪涝、干旱和其他自然灾害时有发生，驻长清部队及时派出人力、物力支持地方抢险救灾。1987年8月26日，马山、双泉乡共26个村遭受特大暴雨和龙卷风袭击，受灾严重，驻军和人武部人员，第一时间赶赴现场，清理整修道路，抢救受灾群众，协助通水、通电，帮助群众重建家园。9月2日，济南军区政委迟浩田到马山乡西褚科村指导救灾工作并慰问受灾群众。1988年8月19日，黄河长清段共有13处27段护滩工程出现险情，驻军和济南市黄河修防处机械抢险队、沿黄群众投入抢险，经军民日夜奋战，保住护滩工程。1989年7月，黄河16处护滩工程328段堤坝告急，驻军部队千余人和沿黄民兵3000余人进行抢险，共搬运石料1324立方米，土方2730立方米，铁丝21760公斤，确保工程安全。1996年8月17日，孝里镇老王坡排水闸闸门启闭失灵，形成黄河水倒灌，驻军部队官兵同孝里镇的千余民兵用柳枝、木桩、草袋进行抢堵，奋战一天，终止黄河水倒灌。是年，县人武部被省政府评为抗洪抢险先进单位，被济南军分区记集体三等功。2002年—2004年，长清区人武部及时协调58091部队、58118部队等数千余名官兵参加崮山、张夏、万德等山林大火灭火行动。2007年—2008年，长清区人武部先后组织部队官兵500余人次、民兵2400余人次，车辆70余台次，对五峰山、东铺南山山火进行扑救。

第十编

农 业

Agriculture

玉米联合收获机 （2003年 摄）

石都庄村番茄大棚　　（2008年 摄）

1986年起，全县农村进一步完善家庭联产承包责任制，深化经营体制改革，调整农业结构，农民生产积极高涨，促进了生产力的快速发展。1992年7月，全国农机包修工作经验交流会在长清县召开，在全国推广长清县基层农业机械维修方面的成功经验。2005年，长清区全面取消农业税、附加及“两工”（农村义务工和劳动积累工）。2008年，全区有各类农业园区55处，农业龙头企业138家，全区认证无公害农产品、绿色食品、有机食品45个，标准化生产基地1.2万公顷，农业总产值36.4亿元。

第一章 农村经济体制改革

1978年中共十一届三中全会后，长清县贯彻落实党在农村各项方针政策，农村家庭联产承包责任制逐步建立和完善，发展农村专业户、重点户。在发展粮食生产的同时，发展农村商品经济，全民、集体、个体不同经济成分一齐上，农村经济得到快速发展。2004年起，全部取消农业特产税。2005年6月起，全面取消农业税及附加和“两工”（农村义务工和劳动积累工），并对农民实行粮食直补、良种补贴、农机购置补贴三大惠民政策，农民负担明显减轻，农业生产快速发展，人民生活水平得到明显改善。

第一节 土地承包责任制

1978年中共十一届三中全会后，全县推行农民家庭联产承包责任制，由生产队统一分配改为“大包干”分配，即农村劳动所得，除上交国家和集体提留部分外，其余全部归己。土地承包到户经营，所有权归集体。1984年，县委、县政府向全县11万户农民颁发土地使用证，延长土地承包期15年，山岭梯田承包期为30年以上，荒山荒滩由农户承包长期不变，允许继承。在农村基层体制改革的同时，撤销人民公社，全县设9个区6个镇31个乡，将生产大队和生产队分别改建为村民委员会和村民小组，土地和主要生产资料仍归农村集体所有，由农户承包经营。1986年，全县贯彻中央农村工作会议精神，完善家庭联产承包责任制。1987年起，坚持大稳定，小调整，缺什么补什么的原则，全县范围内相继建立县、乡（镇）、村三级管理机构，进行农业承包合同的补签和完善。1988年5月3日，县政府办公室转发《县农委、县农牧局〈关于在归德镇归北村进行完善农业承包合同，实行“两田制”试点工作情况的报告〉通知》，通过试点，对实行“两田制”（口粮田、责任田）和适度规模经营、稳定和完善土地家庭承包制形式积累经验。是年5月7日，根据《山东省农业承包合同试行办法》，县政府办公室下发《关于建立长清县农业承包合同管理委员会的通知》，管理委员会办公室设在农业局。至1988年年底，全县有566个村与农户完善土地承包合同，占全县611个总村数的92.6%，其中履行鉴证或公证的村474个，建档管理的村412个，签订土地承包合同10.38万份，建立档案2100卷。实行“两田制”的村192个，“三田制”（口粮田、责任田、机动田）的村85个。

1990 年 10 月 15 日，县政府印发《关于充实调整长清县农业承包合同管理委员会和建立长清县农业承包合同仲裁委员会、乡镇建立农业承包合同调解委员会的通知》，11 个乡镇成立经济经营管理站。1993 年 4 月 16 日，县政府下发《关于转发县农业局〈关于续签 1993 年农业承包合同的报告〉的通知》。1995 年 4 月 5 日，县政府制定《长清县农村集体经济承包合同管理办法》。1996 年 7 月 29 日，下发《关于治理开发农村四荒资源工作的通知》，办公室设在县农委。1998 年，全县第一轮土地承包合同相继到期。至 9 月，全县粮田面积 3.26 万公顷，其他耕地面积 0.8 万公顷，无合同面积 3634 公顷，完全无合同村 44 个，部分无合同村 38 个；已到期合同 21799 份，未到期合同 77189 份；两田制面积 960 公顷，实行村数 18 个，机动地面积 163 公顷，实行村数 68 个。10 月，县委、县政府开展第二轮延长土地承包期合同续签工作，下发《关于延长土地承包期有关问题的说明》和《长清县稳定和完善土地承包关系延长土地承包期实施方案》，提出延包工作的指导思想和任务目标，将土地的承包期一律延长到 30 年。全县共签订农村土地承包合同 8.5 万份，发放农村土地承包经营权证书 6.9 万份。1999 年 1 月 22 日，长清县委、县政府制定《关于稳定完善土地承包关系延长土地承包期的实施意见》，4 月组织检查验收。是年，全县 613 个行政村，总户数 12.22 万户，总耕地面积 4.06 万公顷，完成延包的村 449 个，占 563 个应续签村的 79.8%，完成延包面积 2.8 万公顷，占应延包面积的 75.9%，续签补充条款 3.32 万份，建立合同档案 1250 卷。

2003 年 3 月 1 日，《中华人民共和国农村土地承包法》颁布实施。2004 年 2 月 4 日，区政府制定《济南市长清区农村承包土地流转暂行办法》，严格规范土地流转程序。8 月，按照《关于开展全国农村土地突出问题专项治理的通知》，全区开展农村土地突出问题专项治理，通过专项治理，切实解决普遍存在的突出问题，完善二轮延包扫尾工作，全面彻底整顿和纠正“两田制”、多留机动地等问题。至 2004 年，土地流转涉及 340 个村，7632 户，流转面积 5600 公顷，其中耕地流转面积 1733 公顷，“四荒”流转面积 3867 公顷。2007 年 8 月，全区完善第二轮延包扫尾工作，完善规范土地承包、机动地发包、农村土地转包等合同档案管理工作，建立信访、调解和诉讼等多渠道解决土地纠纷调处机制。9 月 18 日，区政府下发《关于开展农村土地突出问题专项治理的通知》，成立区专项治理工作领导小组，检查纠正农村土地承包和征占土地情况，全面开展农村土地突出问题专项治理。2008 年 9 月 8 日，区专项治理工作领导小组下发《关于进一步加强农村土地承包管理工作的通知》，建立健全农村土地承包管理的各项机制。至 2008 年年底，全区应进行第二轮延包的村有 598 个，完成土地延包的村 545 个，签订土地延包合同 10.4 万份，占总户数的 78%；发放土地承包经营权证 8.5 万份；全区农村土地承包档案齐全的有 344 个村，全区预留机动地的村有 151 个，机动地总面积 379.7 公顷；第二轮土地延包后有过一次以上土地大调整的有 162 个村。

第二节　农民负担监督管理

1990 年前，农民负担监督管理体制不健全，农民负担监管和约束处于起步阶段，农民负担较重。1990 年 7 月，中共山东省委、山东省人民政府下发《关于切实减轻农民负担的通知》，规定以乡镇为单位，人均集体提留和乡统筹费一般应控制在上年人均纯收入的 5%以内；农村义务工，一般每个农村劳动力平均负担 5~10 个标准工；农民劳动积累工，每个农村劳动力年平均负担数量应控制在 30 个标准工以内。农村义务工和劳动积累工以出劳为主。9 月，山东省农民负担监督管理领导小组发布《山东省减轻农民负担暂行办法》，对农民合理负担的项目、数量和使用范围以及农民负担费用的提取和管理，进行明确规定，农民负担工作开始步入规范化轨道。

1991 年，全县农民承担的村提留、乡镇统筹和社会负担总额 5819.42 万元，人均 128.4 元，占上年人均纯收入18.5%,其中村提留和乡镇统筹总额4034.67万元,占上年人均纯收入12.8%。农民负担项目20多项,除"三提五统"(三提指村集体提留,包括公积金、公益金、管理费;五统指乡镇统筹费,用于乡镇村两级办学、计划生育、优抚、民兵训练、修建道路等民办公益事业)外,还有广播电视、畜牧防疫、灭鼠、报刊、妇幼保健、保险、各种基金、医院集资、学校集资、办事处统筹等项目。是年,农村义务工365.39万个,劳均17.5个;农村劳动积累工349.98万个,劳均16.8个;国务院发布的《农民承担费用和劳务管理条例》,是减轻农民负担,正确处理国家、集体、农民三者利益关系,保护农民合法权益的法规依据,标志着农民负担管理工作步入法治轨道。1992年,山东省政府颁布《山东省农民负担管理条例》,依据条例规定,农民应向国家、集体上缴农业税、农业特产税、"三提五统",并承担一定数量的"两工"。是年起,农民承担费用、劳务,除完成国家农产品定购任务外,向乡(镇)村上交一定数额的乡(镇)统筹费和村集体提留,并承担5~10个农村义务工和10~20个劳动积累工。是年,三提五统、社会负担人均102元。1993年—1995年,按上年人均纯收入5%计提"三提五统",由县减负办进行审批。1997年,长清县委、县政府印发《关于认真贯彻落实中央13号文件切实减轻农民负担工作的意见》,对"三提五统"的计提实行"一定三年不变"的政策,即1996年—1998年以1995年人均纯收入的5%计提"三提五统",人均92.10元;1999年—2000年,以1996年人均纯收入的5%计提取"三提五统",人均117.14元;2001年以1997年人均纯收入5%计提"三提五统",人均140元。

2001年,国务院下发《关于进一步做好农村税费改革试点工作的通知》。3月,山东省税费改革全面展开。税费改革的主要内容是"三取消、两调整、一改革"。"三取消"一是取消乡统筹费、农村教育集资等专门面向农民征收的行政事业性收费和政府性基金、集资;二是取消屠宰税;三是逐步取消统一规定的劳动积累工和义务工。"两调整"是调整农业税政策,调整农业特产税政策。"一改革"是改革村提留征收使用办法。在税费改革以前,农民承担"三提五统"平均140元/人,再加上农业两税20元/人,合计160元/人。税费改革后,按新的政策征收农业税,农业两税及附加全县人均92.7元,人均减负67.3元,减负率42%。"两工"执行标准逐年下降,2002年规定"两工"不超过25个,2003年不超过20个,2004年不超过10个。2004年,长清区全部取消农业特产税,仅此一项全区减负267万元,农业税降低3个百分点,全区共免征农业税及附加1651万元,人均减负37.5元;全面落实减轻农民负担四项制度:即涉农税收、价格和收费公示制,农村义务教育收费一费制,农村公费订阅报刊费用限额制、涉及农民负担案(事)件责任追究制。是年,山东省政府下发《关于对种粮农民实行直接补贴的通知》,对种粮农民实行直接补贴,全区共核定小麦种植面积2.38万公顷。2005年,长清区全面取消农业税及附加和"两工",结束延续2600多年的缴纳农业税的历史,全区免征农业税及附加3359万元,其中,农业税2399万元,附加960万元。取消"两工"后,村内兴办集体公益性事业,采取"一事一议"筹资筹劳,规定非劳动力年龄段筹资每人每年不得超过15元,筹劳每个劳动力每年不得超过10个工。区减负办制定《关于村级兴办集体公益事业筹资筹劳的工作意见》,规范管理"一事一议"。根据《山东省减轻农民负担工作一票否决考核实施办法》,与各乡镇(街道)签订减负岗位目标责任书,实行一票否决。2005年起,对于没有集体经济收入或集体收入少,村级组织运转困难的村,实行村级财政转移支付,保证村级组织正常运转。是年,对农民实行粮食直补、良种补贴、农机购置补贴三大惠民政策,共核定粮食直补面积2.69万公顷。2006年,全区粮食直补面积2.68万公顷。2007年,组织实施长清区农村义务教育债务清理核实工作,按照《山东省人民政府办公厅关于开展清理核实农村义务教育债务工作的通知》,区农村经济经营管理办公室会同纪检、财政、教育、审计等部门对全区2005年12月31日以前各街道(乡镇)、村委会、农村义务教育阶段公办学校发生的债务进行清理核实和化解,全区农村义务教育债务清理化解资金5393.42万元。是年,全区粮食直补面积2.52万公顷。2008年,全区粮食直补面积2.75万公顷。

第二章　农业开发

第一节　黄淮海平原农业开发

第一期(1988—1990)　1988年,长清县被列为黄淮海平原农业开发县。是年,成立长清县黄淮海平原农业开发办公室。第一期项目涉及长清、平安店、归德、孝里、万德、武家庄6个乡镇。共完成开发项目11个,开发工程612项,新打机井146眼,配套旧井92眼,修配扬水站12座,建桥、涵、闸56座,建封闭闸4座,修防渗渠21条37公里,架设输电线路22公里,建机房230间,绿化道路12条35公里,新建农田林网133公顷,改造中低产田4000公顷,开垦宜农荒地1500公顷。该期工程总投资462万元,其中县以下自筹60万元,投入义务工650万个。通过实施开发项目,扩大灌溉面积1866公顷,改善灌溉面积2333公顷,增加产值2176.8万元。

第二期(1991—1993)　第二期项目涉及马山、长清、五峰山、双泉、孝里5个乡镇。共完成开发项目4个,开发工程211项,新打深井13眼,浅井50眼,配套旧井48眼,建扬水站17座,建蓄水池20个,建机房250平方米,架设输电线路16公里,修建防渗渠41.5公里,开挖疏浚渠道69公里,埋设地下管道28公里,配套桥、涵、闸41座,搞喷灌30公顷,购机电设备4台(件)。机械深翻2800公顷,平整土地2600余公顷,客土改良1250公顷,秸秆还田1666公顷,配方施肥1666公顷,小麦、玉米增产技术开发800公顷。购置秸秆还田机30台(件)、深耕犁90台,购置仪器设备54台(套);新建林网2260公顷,植树8.68万株;培训农业科技人员1.02万人次。改造中低产田3333公顷,开发荒地200公顷。第二期开发总投资800万元,其中县以下自筹150万元,投入义务工796万个,扩大灌溉面积1200公顷,改善灌溉面积2333公顷。

第三期(1994—1996)　第三期项目涉及长清、归德2镇。共完成开发项目2个。中低产田改造项目。共开挖渠道11公里,修防渗渠11.5公里,埋设低压管道96公里,建桥、涵、闸256座,新打机井110眼,购置机电设备118台(套),架设农用输电线路4.5公里,建机井房980平方米,建压力池80个;修生产路81公里,机械深翻、整平土地1467公顷,配方施肥1800公顷,秸秆还田667公顷;新建林网73公顷,植树6万株,沟渠路旁植树7万株,补植40公顷,植树2.8万株,建护林房16间;小麦、玉米增产技术开发1600公顷,培训人员0.8万人次,配套农技服务站2处,建蔬菜大棚50个。该项目共投资872万元,投入劳动工日103万个,搬运土石方134.5万立方米。龙头项目。建成济南泉都集团GSH降解膜扩建工程1处,投入资金300万元。第三期开发共投资1172万元,扩大灌溉面积399公顷,改善灌溉面积1400公顷,年增产值2648万元,项目区人均年增收888元。

第二节　农业灌溉项目

世行二期农业灌溉项目(1997—2003)　世行二期农业灌溉项目涉及平安店、长清、归德3镇

94个村5333.3公顷耕地，总投资2327.5万元。平安店镇项目区，1998年—1999年，开发面积1333.3公顷，涉及18个村，1.33万人。粮食年增产值295万元，农民人均增收1000元，森林覆盖率由13.1%提高到17.1%。长清镇项目区，1998年10月至2003年4月，开发面积2666.7公顷，涉及42村，3.4万人。粮食增产7554吨，农民人均纯收入提高40%，林木覆盖率由12%提高到20%。归德镇项目区，1999年—2001年，开发面积1333.3公顷，涉及34个村，1.96万人。年增粮食3640吨，农民人均收入增加1200元，林木覆盖率由18%提高到23%。2003年4月，世行二期项目通过验收。

山区农业综合开发项目（2004—2005） 山区农业综合开发项目区位于万德镇长城村，涉及936户2100人，开发面积467公顷，总投资426万元。主要完成项目：新打配套大口井4眼，修复配套机井3眼，配套潜水泵8套，购变压器1台；新建100~800立方米蓄水池16个，15立方米蓄水池40个，维修1万立方米水池1个；改建扬水站2座，新建风力提水站13座；架设线路5000米，埋设管道4.5万米，修顺河堰350米，建桥、涵16座，建机井房7间，变压器房2间。新修环山路1.8万米，改良土壤267公顷，新建绿化池9个；建农田林网27公顷，植树1.2万株，建护林房9间，观赏亭1处。科技培训2500人次。

世行三期农业灌溉项目(2006—2009) 世行三期农业灌溉项目涉及归德镇、孝里镇，共9个办事处67个行政村。2006年—2009年实施，共开发中低产田5666.6公顷，其中归德镇29个村共3333.3公顷，孝里镇38个村共2333.3公顷。项目总投资3825万元，其中水利项目投资2866万元，农业项目投资554万元，林业项目投资229万元，其他176万元。

第三节 扶贫开发

2001年，县区划办公室兼管长清县扶贫开发任务。双泉乡被济南市列为“一县十三乡镇”扶贫开发重点乡。至2003年，全区贫困人口5.9万人。根据全区扶贫开发现状，制定《长清区农村扶贫开发规划(2004—2007)》。规划规定，自2004年始，按照贫困人口明显下降，基础设施建设明显增强，群众生活水平明显提高的目标，实施产业扶贫、农村剩余劳动力转移、“村村通”工程建设、人畜吃水及农田水利基础设施建设等，修水泥路或沥青路193公里，解决28个村1.8万人饮水困难。至2007年，全区共投入基础设施建设资金2892万元，双泉乡、万德镇武家庄片区农民人均纯收入分别由2003年的1150元、2300元增长到4100元、4200元，全区贫困人口由5.9万人下降到2.7万人，基本上解决重点贫困村户的脱贫问题。2008年，投资700万元，对双泉、马山、万德、张夏、孝里5乡镇的22个村进行扶贫开发，全年栽植核桃、杏530公顷，樱桃8公顷，茶园3.3公顷，新修生产路3.16万米，其中硬化7500米，修建蓄水池8个，安装风力提水机2个，铺设低压管道1300米，修生产桥4座，砌护河堰1000米，建塘坝1个。项目区实现总收入2983万元，纯收入1218万元，人均增收865元，2624户9156人实现脱贫。

第四节 农业区划

1981年10月，长清县农业资源区划办公室(简称区划办)成立。1982年，县政府组织农业系统科技人员，组成种植、土壤、水利、林果、畜牧、渔业、农机、农经、气象等工作组，对全县农业资源进行全面普查。1983年10月，形成《长清县农业区划报告》，将全县划分为三个农业区，即东部山丘粮林油牧区、中部平原粮菜区、西部涝洼粮林油区，并制定不同区域的发展方向、建设途径、措施。1988年—1990年，完成长清县主要副食品基地布局与开发建设研究，完成长清县蔬菜基地布局与开发建设研究、长清县水产基地布局与开发建设研究、长清县肉、蛋、奶基地布局与开发建设研究3个辅助专题。1990年—1992年，完成《长清县农业区域开发总体规划》，该规划运用系统工程的原理和方法，对长清县1995年度和2000年度的农、林、牧、渔生产提出规划方案。1992年，对全县“四荒”资源进行调整，全县“四荒”面积6967公顷，其中荒山面积4667公顷。1994年2月，区划办归口县农委，为正局级单位，定编3人。1995年10月，针对农村经济从“温饱型”向“小康型”转变的实际，完成《长清县农村经济区划》，各乡镇分别编制《农村经济区划》。1996年12月，完成长清县农业产业化经营战略研究。1997年12月，完成长清县农业现代化战略研究。是年，累计拍卖“四荒”面积6000公顷。2002年，农业区划职能移交农业局产业化办公室。2003年，全区农业产业化工作提出发展畜牧、蔬菜、林果、良种、花卉、苗木、食用菌等八大主导产业，建设十万亩产业化基地和40个龙头企业的目标。至2008年，目标全面完成。

第五节 农村能源开发和利用

沼气池建设 1985年年底，全县户用沼气池1399个，总容积1.12万立方米，年产沼气41万立方米，主要分布在归德、五峰山、万德、马山等乡镇。1986年起，重点抓沼气技术培训、沼气综合利用、沼气化村建设。1994年，归德镇边苗村率先成为全市第一个沼气化村。1996年，全县已发展沼气化村16个，成为济南市沼气建设重点县。是年，县政府提出用3年时间，将长清建成沼气化县。在池型上，普遍推行“四位一体水压自流混凝土浇筑”模式，即鸡舍、猪（牛）圈、厕所、沼气池联为一体，实现自动进、出料。开展沼液浸种，利用沼渣养蘑菇，沼液喂猪、养鱼，实现沼气与种植、养殖的结合。至1997年，共举办沼气池技术培训班260期，培训1800人次，全县有独立工作能力的技术人员186人；全县累计发展沼气化村65个，发展户用沼气池6386个，总容积5.9万立方米，年产沼气167万立方米。2003年—2008年，实施以生态家园富民工程为重点的农村新能源建设，完成国债项目投资500万元，建农用沼气池5925个；省级项目投资544万元，建沼气池6550个；市级项目投资1100万元，建沼气池10820个；服务网点建设投资100万元。至2008年年底，全区累计发展沼气化村110个，发展户用沼气池2.8万个，总容积30万立方米，年产沼气400万立方米。

太阳能利用 1986年起，县能源办协同有关部门推广太阳能应用项目。至1997年，全县推广太阳能热水器2.4万台。2006年起，实施“阳光屋顶工程”，建成太阳能示范村20个，安装太阳能热水器6470台。至2008年年底，全区（县）太阳能热水器示范村达100个，累计推广太阳能热水器3.2万台。

第三章 种植业

第一节 粮食作物

长清区主要粮食作物有小麦、玉米、地瓜、大豆、谷子、高粱等。1986年起，随着种植技术的改进和品种改良，粮食作物的单位产量不断提高。

小麦 冬小麦是长清区主要粮食作物之一，年种植面积在2.33万公顷左右。多在秋分前后播种，麦田要深耕细耙，加厚活土层，土壤上虚下实，表面平整。培肥地力，选用良种，合理密植。播种后适时浇水追肥，历秋冬春夏四季250余天成熟，平均亩产一般为300~400公斤，高产地块460公斤以上。

玉米 有春玉米和夏玉米两种。1986年—2003年，玉米种植面积在1.8万公顷左右，平均亩产为360~400公斤。2004年起，面积维持在2.2万公顷左右，平均亩产为400~460公斤。春玉米面积较少，每年在2000公顷左右；夏玉米是秋季主要粮食作物。

地瓜 清代乾隆年间在本县始种。1986年起，全区（县）种植面积一直在6667公顷以上，2003年种植面积最大，为9833公顷。平均亩产一般为400~500公斤，1996年最高亩产550公斤。多在山区丘陵地带种植。

大豆 是本区粮油兼用作物和重要的副食品原料。1986年起，大豆种植面积在1333公顷左右，平均亩产为110~180公斤，最高亩产出现在2008年，为183.8公斤。

谷子 1986年—1990年，谷子种植面积2667公顷左右。1991年起，种植面积减少。平均亩产220~280公斤，最高亩产在1995年，为324.6公斤。

高粱 在新中国成立初期曾是本县人民生活的主食，至1986年减少为1000公顷，以后逐年减少。2008年降至27公顷。高粱主要用于饲料加工，平均亩产160~240公斤，最高亩产出现在2007年，为295公斤。

第二节 经济作物

长清区种植的主要经济作物有花生、棉花、芝麻等。

花生 多在山区沙壤土地种植。1986年—2008年，种植面积一直维持在4667公顷左右，平均亩产为110~240公斤，最高平均亩产出现在1996年，为250公斤。2008年，鲁花11号高产攻关田平均亩产量461.5公斤，核心示范区平均亩产量421.8公斤，示范推广区平均亩产量325.0公斤。

棉花 1986年，全县种植面积40公顷，亩产32公斤。1992年，最大种植面积1547公顷，亩产在20~60公斤。最高平均亩产量出现在2008年，为55.4公斤。至2003年，全区棉花种植面积在数百亩左右。2004年起，随着棉花市场的放开和棉价上调，种植面积逐渐增加。

芝麻 1986年—2008年，种植面积10公顷左右，平均亩产50~85公斤，丰产年120公斤。

第三节 品种改良

引进与推广 小麦 1986年—1990年，全县主要引进推广种植的小麦品种为鲁麦5号、鲁麦7号、鲁麦8号、济南13、晋麦21等。1991年—1995年，主要推广种植的品种为鲁麦12、鲁麦19、鲁麦21、山农45、莱农

■ 国家优质小麦展示品种 （2000年 摄）

1986—2008年长清区(县)主要农作物种植面积产量统计表

表10－1　　　　单位:面积(万亩)　亩产(公斤)　总产(吨)

年份	合计			小麦			玉米			地瓜			大豆			谷子			花生			棉花		
	面积	亩产	总产	面积	亩产	总产	面积	亩产	总产	面积	亩产	总产	面积	亩产	总产	面积	亩产	总产	面积	亩产	总产	面积	亩产	总产
1986	83.92	279.01	234149	34.06	235	80055	24.69	366	90365	11.91	381	45377	2.81	106	2979	4.72	234	11045	5.67	76	4309	0.06	32	19
1987	85.53	280.29	239735	35.14	192.8	67760	24.66	384	94694	12.8	420	53760	2.71	125	3387	4.22	257	10845	5.94	156	9266	0.06	38	23
1988	86.13	284.99	245459	35.32	234.6	82850	24.68	376	92797	13.18	390	51402	3.03	118	3575	3.84	216	8294	6.22	105	6531	0.04	24	10
1989	78.15	290.78	227245	29.69	246.5	73185	25.34	338	85650	13.39	395	52890	2.71	109	2954	—	—	—	7.02	179	12566	—	—	—
1990	83.54	299.75	250413	34	247	83985	26.42	371	98018	13.39	395	52890	2.71	109	2954	—	—	—	7.02	179	12566	—	—	—
1991	88.06	319.7	281521	35.41	260	92055	27.08	407	110216	13.37	422.8	56528	2.78	119	3308	2.25	244	5490	7.17	194.2	13924	—	—	—
1992	89.7	208.2	276442	36.45	267	97592	27.05	392.8	106252	12.74	438.7	55890	2.57	124	3187	2.06	245.3	5053	6.51	121.6	7916	2.32	23.8	552
1993	88.39	339.1	299731	35.91	273	98033	26.39	427.5	112817	13.9	463.9	64482	3.63	146.4	5314	2.12	271.4	5754	6.44	207	13331	—	—	—
1994	87.23	350.8	306035	35.44	300.6	106531	26.9	404.4	108784	13.51	494.4	66793	2.7	105	2835	1.94	272.5	5287	6.74	234.5	15805	—	—	—
1995	88.96	361.5	321584	35.03	310.8	108776	28.79	405.7	116801	13.69	507.1	69422	2.7	140	3780	1.85	324.6	6005	6.85	245	16783	0.05	34.5	17
1996	88.37	367.7	324910	36	316	113968	27.3	400.4	109309	13.96	549.6	76724	2.66	119	3165	1.8	284	5112	6.65	250	16625	0.02	35.5	7
1997	89.84	351.1	315399	36.1	360	129973	28.06	353	99052	14.47	459	66417	2.9	115.6	3352	1.78	231	4112	6.5	192	12480	0.03	42.1	13
1998	91.88	379.6	348811	38.25	356.8	136472	29	402.3	121887	13.56	503.3	68247	2.67	140	3738	1.9	244.7	4649	6.47	215.7	13805	0.03	44.5	13
1999	91.81	351.7	322873	38	359	136611	29.13	362.3	105538	13.3	462.7	61539	2.83	133	3764	1.9	196	3724	6.62	176.5	11684	0.03	44.5	13
2000	90.32	346.5	312924	36	313.3	112790	28.76	387.9	111560	13.39	488.8	65450	3.3	148.3	4894	1.9	208.4	3960	6.93	205.7	14255	0.04	38.5	15
2001	89.22	345.8	308492	34.6	288.9	100823	29.23	411.5	120281	13.68	477.4	65308	3.38	142.7	4823	1.7	233.5	3970	6.63	200.4	13287	—	—	—
2002	88.25	212.3	187370	33.68	238.6	80361	29.32	269	78871	14.13	144	20347	1.97	126.7	2496	2.1	98.8	2075	7.03	45.8	3220	0.02	—	—
2003	81.3	346	281291	26.67	332.1	88566	27.88	393.9	109819	14.75	412.5	60844	2.49	155.6	3874	1.87	233.9	4374	7.57	182	13777	0.07	53	37
2004	90.2	354.7	319909	32.07	345.2	110716	33.54	407.7	136743	12.28	405.2	49759	2.03	137.4	2789	1.99	287.8	5727	7.41	185	13709	0.88	53	466
2005	92.87	372.8	346209	34.5	365.76	126200	35.83	418.87	150092	10.92	430.27	46985	1.63	157.9	2574	2	280.8	5616	7.51	196.3	14742	0.48	—	—
2006	92.94	379.2	352422	34.9	370.4	129519	34.98	424.79	148592	11.95	445.37	53222	1.64	130.5	2140	1.58	260.32	4113	7.36	197.7	14551	0.53	53.8	285
2007	88.15	381.6	336371	32.27	359.9	116130	32.19	435.13	140059	11.56	480.13	55503	2.09	172.2	3599	2	247.93	4959	7.57	209.6	15867	0.47	53.97	254
2008	89.38	393.8	352010	34.76	388.61	135094	33.06	463.8	144406	9.63	489.6	47148	2.05	183.8	3768	1.75	277.5	4856	7.63	215.74	16461	0.5	55.4	277

8834、54368 等。1996 年—2000 年，主要推广种植鲁麦 21、鲁麦 22、鲁麦 23、54368 等。2001 年—2008 年，主要推广种植邯 6172、临麦 2 号、泰山 23 号、济麦 19 等。

玉米 1986 年—1990 年，全县主要引进推广种植的玉米品种为掖单 2 号、掖单 4 号、掖单 5 号、丹玉 13 号、烟单 14 号、沈单 7 号等。1991 年—1995 年，主要推广的品种为掖单 12 号、掖单 13 号、农大 69、沈单 7 号、鲁玉 11 号等。1996 年—2000 年，主要推广种植鲁玉 2 号、鲁玉 10 号、掖单 12 号、掖单 22 号、鲁单 50、登海 2 号等。2001 年—2008 年，主要推广种植郑单 958、鲁单 981、莱农 14、农大 108 等。

良种培育 种子产业为长清区(县)的特色产业，始于 1975 年。1989 年，注册“长青”牌商标，长清县被定为国家种子基地。1994 年，玉米制种面积发展到 1000 公顷。1995 年，被定为中国种子产业化试点县。1996 年，被定为山东“三〇工程”玉米制种十大样板县之一。由农业部投资在长清县建设的农业部山东小麦原种总场是国家级农作物新品种区试站之一。2006 年，玉米制种面积发展到 4000 公顷，范围涉及 5 个乡镇 105 个村，利用“龙头带基地、基地连农户”的形式，有 2.6 万户农户与公司签订产销合同，每年收购玉米杂交种 1 万吨左右，农民增收 3000 多万元。区内种子生产经营单位与省内外大专院校、农业科研单位合作交流，成功引进鲁单 50、农大 108、郑单 958、鲁单 981 等一系列玉米优良新品种，掌握“科学平衡配方施肥、地膜覆盖、超前去雄、杀父本”等较为安全先进的制种高产优质管理技术，实现玉米制种标准化生产。在小麦制种方面，先后引进开发优质面包小麦济南 17 号、邯优 3475、淄麦 12 等，优质面条小麦 935031、D9401 等 10 多个优质专用小麦新品种，获得良好的经济效益。

长清种业集团总公司为长清区良种产业化的龙头企业，承担国家及山东省的小麦、玉米、蔬菜区试、预试和新品种展示试验，是国家农作物新品种区试站之一。长清种业集团总公司先后完成省市的科研项目 10 项，获省科技进步二等奖 1 项、市科技进步三等奖 5 项。2008 年，企业有员工 127 人，其中科技人员 62 人，中高级技术人员 15 人，有耕地 53.3 公顷，固定资产 5000 万元，注册资金 864 万元；年安排小麦、玉米、蔬菜等农作物良种繁育面积 9333 公顷，其中玉米制种 4000 公顷，年产销小麦良种 8000 吨，玉米杂交种 1.2 万吨。

第四节 科学栽培

小麦栽培技术研究与实验 1986 年—1990 年，实施“小麦独秆栽培法”“小麦良种区域实验”“5406 菌肥实验示范”“小麦根际固氮试验示范”“小麦钛微肥试验”。1991 年—1995 年，进行“冬小麦肥效实验”“小麦品种对比试验”“冬小麦高产攻关试验”“高旱小麦试种”“小沟麦试验”“麦田施用不同基肥的肥效实验”“小麦种衣剂拌种试验”等。1996 年—2000 年，进行“旱地小麦地膜覆盖综合增产技术推广试验”“小麦高产良种综合配套增产技术试验”“冬小麦品种试验” 等。2001 年—2008 年，进行 “冬小麦品种试验”“冬小麦高产攻关试验”“冬小麦施肥试验”等。

玉米栽培技术研究与实验 1986 年—1990 年，实施 “夏玉米配方施肥试验”“夏玉米品种试验”“玉米施锌试验”等。1991 年—1995 年，进行“玉米品种对比试验”“氯化钾肥在夏玉米上的示范试验”“小麦、玉米两熟最佳播期高产栽培技术试验”等。1996 年—2000 年，进行“玉米品种试验”“三〇工程玉米良种开发”“玉米套种技术” 等。2001 年—2008 年，进行“玉米一增四改技术试验”“夏玉米高产栽培技术试验”等。

第五节 病虫害及防治

病虫害种类 境内农作物病虫害有：小麦病害有锈病(条锈、叶锈、杆锈，其中以叶锈为主)、纹枯病、赤霉病、白粉病等，其中以纹枯病、白粉病危害最重；虫害有麦蚜、麦红蜘蛛、麦叶蜂等。玉米病害有大小叶斑病、玉米粗缩病、青枯病、瘤黑粉病、茎基腐病等；虫害有玉米螟、玉米穗虫、黏虫、蓟马、灰飞虱等。谷子病害有白发病、黑穗病、谷瘟病等；虫害有粟灰螟等。高粱病害有黑穗病、红叶病；虫害有高粱蚜、高粱条螟等。地瓜病害有黑斑病、茎线虫病、软腐病；虫害有地瓜天蛾、甘薯麦蛾等。大豆病害有花叶病、叶斑病；虫害有大豆造桥虫、食心虫、豆荚螟、豆蚜、豆天蛾等。棉花病害有枯萎病、立枯病、炭疽病、红腐病、角斑病、褐斑病、轮纹病、红叶病、红粉病等；虫害有棉铃虫、棉蚜、红蜘蛛、蓟马、盲蝽象等。花生病害有叶斑病、根腐病、茎腐病等；虫害有花生蚜、棉铃虫等。蔬菜病害有白菜霜霉病、软腐病、病毒病，黄瓜霜霉病、白粉病、细菌性角斑病、枯萎病，茄子枯萎病、绵疫病、褐纹病，辣椒病毒病、炭疽病，番茄病毒病、早疫病、晚疫病，大葱紫斑病、霜霉病等；虫害有小菜蛾、甜菜夜蛾、菜青虫、烟青虫、棉铃虫、豆荚螟、蚜虫、菜螟、白粉虱、烟粉虱、种蝇、大葱潜叶蝇、葱蛆以及美洲斑潜蝇等。杂食性害虫有小地老虎、黄地老虎、蝗虫、黏虫；地下虫害有蝼蛄、蛴螬、金针虫、拟地甲等。果树病害有苹果轮纹病、腐烂病、早期落叶病，梨黑星病，桃褐腐病，山楂花腐病，葡萄霜霉病、黑痘病、炭疽病等；果树虫害有苹果叶螨、食心虫、蚜虫、金纹细蛾、二斑叶螨，桃小食心虫，梨大食心虫，梨木虱，桃蛀螟，山楂红蜘蛛等。

■ 崮山镇农机 110 在喷洒农药灭蝗　（1998 年 摄）

作物虫害天敌　昆虫类有大灰食蚜蝇、黑带食蚜蝇、玉米赤眼蜂、松毛虫赤眼蜂、日本赤眼蜂、拟澳洲赤眼蜂、七星瓢虫、二星瓢虫、多异瓢虫、中华草蛉、丽草蛉、叶色草蛉、大草蛉、土蜂、马蜂、窄姬猎蝽、华野姬猎蝽、小花蝽、中华茧蜂、螳螂、寄生蝇等。鸟兽类有啄木鸟、猫头鹰、家燕、家猫、黄鼠狼等。微生物类有杀螟杆菌、松毛虫杆菌、青虫菌、蚜露菌、白僵菌、黑僵菌、颗粒体病毒等。

病虫害发生　1992 年—2008 年，境内各种病虫害发生总面积 424.2 万公顷次，其中病害发生面积 121.2 万公顷次，虫害发生面积 300.6 万公顷次。总防治面积为 381 万公顷次，其中病害防治面积为 94.9 万公顷次，虫害防治面积为 286.1 万公顷次，总计挽回粮食损失 770662 吨。1998 年，孝里、崮山等乡镇发生蝗虫灾害（东亚飞蝗、土蝗），受害面积 1 万公顷次，防治及时，挽回粮食损失 8991.86 吨。2001 年—2002 年，全区（县）范围发生烟粉虱，玉米、蔬菜受害严重，玉米密度最大 120 头 / 株；蔬菜以茄子、西红柿发生最重，最大密度 800 头 / 复叶。由于防治及时，未造成重大危害。

防治措施　*防治方法*　地下虫害防治主要采用药剂拌种（小麦、玉米）种子包衣技术，对地瓜茎线虫病主要采取浸苗施药，蔬菜多采用耕翻施药、苗期浇水灌冲药。地上虫害主要采用化学防治，使用最多的农药有三唑酮、氧化乐果、高效氯氰菊酯、辛·氰乳油、吡虫啉、灭多威、敌杀死、阿维菌素、甲基1605、久效磷、敌敌畏等(2004年1月起,久效磷、甲基1605、氧化乐果等高毒高残留农药禁用,主要推行使用高效低毒低残留的农药:如灭幻脲、抑太保、甲氨基阿维菌素苯甲酸盐等)。2003年,在万德镇北马套村开展使用频振式杀虫灯灭虫害的示范工作,对果树实施防治,示范面积133.3公顷,防治效果60%以上。

预测预报 主要采用定点测报和面上调查相结合的测报方法。1986年起,在全县分区域建立粮、菜、果树等农作物病虫害测报点4个。至2008年,共向社会公开发出病虫害情报300多期,向省、市有关部门拍发电报电话汇报500多次,为及时防治病虫害起到预警、指导作用。

建立机防队 1989年,崮山镇率先建设病虫害机防队,配备专业技术人员45人,购置机动喷雾机14部,是年防治病虫害面积666.7公顷次。至2008年,各乡镇相继建立机防队,实行"五统一分"(即统一组织、测报、防治方法、用药品种、防治时间),分户施药的防治措施。

第六节 种植业管理

种子管理 1989年前,全县种子实行计划管理。1991年,《山东省种子管理条例》颁布实施,县种子管理部门为全县11个乡镇农技站及县农技站核发种子经营许可证,经营计划均纳入县种子站计划管理,为全县唯一一家具有生产、经营资质的长清县种子公司核发种子生产许可证和经营许可证,为其配齐种子检验员,严格执行种子质量合格证制度。2000年12月1日,《中华人民共和国种子法》实施,进一步规范种子管理。至2005年,依法为长清永丰种业有限公司审核办理主要农作物种子生产许可证和经营许可证各1个,依法办理委托代销备案70余家,依法查处各类违法生产、经营假冒伪劣种子案件9起,行政处罚、没收违法所得13.1万元;田间纯度检验小麦种子生产田1267公顷、玉米种子生产田1万公顷。2006年—2008年,共安排小麦制种867公顷、玉米制种1267公顷,制种过程中,严格田间检验操作技术规程,达不到国家种子质量标准的地块坚决予以报废。

植物检疫 1986年—1990年,实施小麦、玉米种子产地检疫2933公顷、573万公斤,调运种子303批次、24万公斤。1991年—1995年,实施小麦、玉米种子产地检疫1787公顷、808万公斤,地瓜8913公顷、250万公斤。调运种子434批次、114.68万公斤。1996年—2000年,实施小麦、玉米种子产地检疫2140公顷、775.86公斤,调运种子522批次、586.53万公斤。2001年—2005年,实施小麦、玉米种子产地检疫5333公顷、2000万公斤,调运种子327批次、158万公斤。2006年—2008年,实施小麦、玉米种子产地检疫1587公顷、600万公斤,调运种子106批次、102万公斤。至2008年,常年普查有害生物豚草、番茄溃疡病、葡萄根瘤蚜、美洲斑潜蝇、苹果棉蚜、小麦腥黑穗病、小麦全蚀病、甘薯茎线虫、假高粱、黄瓜黑星病、瓜类果斑病等。

农药管理 区农业局药检所加强农药经营资格管理,坚持农药经营许可证制度,联合农业监察大队加强市场检查,打击销售假冒、伪劣农药不法行为,对农药市场进行安全管理。2005年6月30日,取消甲胺磷等5种有机磷农药的457个混配制剂产品在市场上的销售。2005年—2008年,检查农药生产、经营单位120家,查处伪劣农药1.2吨。加强对全区无公害农产品生产基地和绿色农产品生产基地内农药经营业户的管理,从源头上杜绝违禁农药的经营和使用。

肥料管理 2000年6月12日,农业部发布施行《肥料登记管理办法》,区农业局土肥站加强肥料生产及流通市场的监督管理工作。2005年起,联合农业监察大队开展化肥市场检查和打假工作,每年对全区60家肥料经营单位及生产企业依法进行定期或不定期检查。至2008年年底,共检查肥料20批次,查处假劣肥料15吨,立案8起。

第四章　蔬　菜

■ 金西李山药

1986年，成立长清县蔬菜生产办公室，全县蔬菜面积2214公顷，总产3.5万吨。2008年，全区蔬菜播种面积1.53万公顷，总产100万吨，总产值7.8亿元。认定无公害蔬菜生产产地1000公顷，“三品”（无公害农产品、绿色食品、有机食品）认证45个，发展市级蔬菜特色品牌基地6家，市级重点农业龙头企业6家，蔬菜经济合作组织35个。

第一节　生产概况

产区　1986年，全县蔬菜面积2214公顷，主要分布在归德镇、平安店镇、孝里镇、城关镇4个镇。2008年，蔬菜面积1.53万公顷，重点是开发“两线”，扩张“四大基地”，打造“六个亮点”。两线：一是104国道沿线，主要发展大棚菜、浅水藕、食用菌；二是220国道沿线，发展大路菜和精细菜。四大基地：平安圆葱、冬瓜基地，面积667公顷；文昌甘蓝、山药基地，面积800公顷；归德大蒜、菠菜基地，辐射带动2667公顷；孝里西瓜、莲藕基地，面积667公顷。六个亮点：袁庄、西李、张营、店台、石都庄、广里店6个核心区。

产品　1986年，全县种植的蔬菜有8个类型200多个品种。2008年，蔬菜品种有11个类型400多个品种，主栽品种为：茄果类有茄子、辣椒、番茄；瓜类有黄瓜、南瓜、冬瓜、西瓜、甜瓜、西葫芦、丝瓜、吊瓜、葫芦；豆类有芸豆、豆角、扁豆、青豆；甘蓝类有甘蓝、菜花、苤蓝；白菜葱蒜类有白菜、葱、蒜、韭菜、菠菜、山药、藕；其他菜类有芹菜、芫荽、萝卜、圆葱、马铃薯、莴苣、蔓菁、芥菜、椿芽、芦笋、黄花菜、生菜、茼蒿、芥末等。食用菌主要有平菇、香菇、双孢菇、草菇、猴头菇等。其中春季甘蓝、黄皮圆葱、西瓜、秋季大白菜、菠菜、大蒜规模都在667公顷以上。大蒜年种植面积2667公顷，总产量10万吨，集中在归德镇、孝里镇以及张夏镇的青杨一带，销往东北、内蒙古、河北等省市和日本、新加坡等国家。

第二节　科技推广

新品种引进　1986年—2008年，共引进推广新品种200多个。白菜类：有鲁春白1号、天正春白1号、夏光、夏阳50、夏优2号、丰抗70、80大白菜、北京5号、天津绿、胶白8号、北京新3号、晋菜3号、津育75、津育6号等大白菜。甘蓝品种有8398、中甘11。茄果类：有毛粉802番茄、L402番茄、粉安娜番茄、金棚一号番茄、宝冠1号番茄、东圣番茄、圣女樱桃番茄、龙女樱桃番茄、亚蔬6号番茄，以色列彩椒、世纪红彩椒、红英达彩椒、利昂彩椒、威利彩椒、方舟彩椒、玛丽彩椒、萨非罗彩椒、长剑辣椒、羊角椒、牛角椒，嫁接墨菲

1986—2008 年长清区(县)瓜菜播种面积及产量统计表

表 10－2

年份	播种面积(公顷)	总产量(万吨)	年份	播种面积(公顷)	总产量(万吨)
1986	2214	3.5	1998	10667	42.8
1987	2806	5.6	1999	11400	46.1
1988	3387	10.5	2000	12333	49.8
1989	4000	12.5	2001	12667	54.7
1990	5000	15.0	2002	13067	60.2
1991	5467	16.3	2003	13467	67.8
1992	6233	17.5	2004	13800	74.7
1993	7200	21.8	2005	14267	79.6
1994	8000	24.4	2006	14600	84.9
1995	8700	28.2	2007	14933	92.2
1996	9333	32.6	2008	15333	100.0
1997	10200	38.2			

长茄、紫圆茄等。瓜类:黄瓜品种有新露地 2 号、津绿 4 号、津绿 5 号、津优 12 号、津研 1 号、津研 3、津研 4 号、津春 4 号、郑杂 2 号、鲁黄瓜 8 号、中农 6 号、新泰密刺、津春 3 号、津优 2 号、津绿 3 号、长春密刺、津优 1 号、津优 3 号、津优 5 号、盛丰 3 号、津优 30、中农 13、温超 1 号、无刺水果黄瓜、冬棚优优 10 号等;西瓜品种有京欣西瓜、金钟冠龙西瓜、丰抗 3 号、黑美人西瓜、郑杂 5 号、特小凤西瓜、无籽西瓜;引进的其他瓜类有早青一代西胡、纤手西胡、金皮西葫、网纹甜瓜、一串铃小冬瓜、黑皮冬瓜等。葱蒜类:有平韭 2、4、5 号,汉中冬韭,脱毒大蒜 VF681、VF684,黄皮圆葱及章丘大葱等。绿叶菜类:有日本大叶菠菜、小白菜、空心菜、美国西芹、玻璃脆芹菜、四月慢油菜、五月慢油菜、奶油菜、大叶茼蒿、小叶茼蒿、意大利生菜球、油麦菜、落葵、苦菜等。豆类:有法国地芸豆、丰收 1 号、九粒白芸豆,丰产三号豇豆等。薯蓣类:有中薯 3 号、中薯 2 号、早大白、鲁引 1 号马铃薯,荷兰 7 号、荷兰 15 号马铃薯、克新 4 号马铃薯,日本大和长芋 1 号山药、淮山药、铁棍山药、曲沃山药、细长毛山药和灵芝山药等。水生蔬菜:有济南白莲藕、鄂莲 4 号、鄂莲 5 号白莲藕等。菌类:有香菇、双孢菇、花菇、鸡腿菇、灵芝、平菇等。其他蔬菜品种还有白萝卜、潍县萝卜、五寸参、七寸参胡萝卜等。

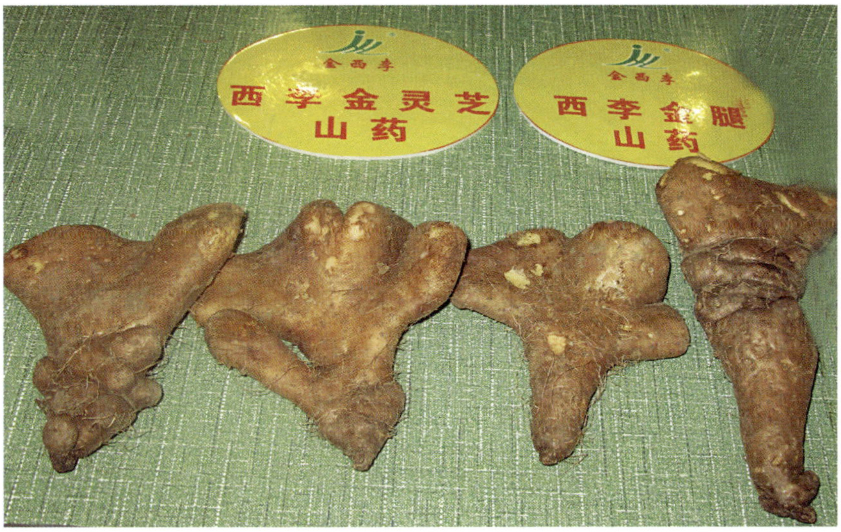

山药新品种灵芝山药 (2008 年 摄)

棚内黄色诱板 (2008年 摄)

新技术推广 1986年前，全县蔬菜种植品种较少，种植技术比较落后，管理粗放，除少量的风障畦、风障阳畦、地膜覆盖及早春秋延长拱棚、大拱棚种植外，基本没有越冬菜的保护措施。在冬季很难买到新鲜蔬菜。1986年—2008年，先后推广山区番茄越夏栽培技术、越冬黄瓜栽培技术、大棚微滴灌技术、防虫网应用技术、秸秆生物反应堆应用技术、小拱棚双膜覆盖甘蓝栽培技术、大拱棚多膜覆盖技术、山药及生姜的栽培新技术、嫁接茄子栽培技术、嫁接西瓜技术、起垄栽培、秸秆浅水藕栽培技术、标准化蔬菜生产技术、沼气沼液沼渣的综合利用技术；马铃薯—玉米—大白菜粮菜间作三作三收模式、西瓜—甜椒—豇豆三作三收模式、毛豆—冬瓜—大白菜三作三收模式等栽培模式；引进应用紫光膜、灰色避蚜膜、银白反光膜、黄色诱板、遮阳网、微滴灌、频振式杀虫灯等。

第三节 设施蔬菜

保护地栽培包括早熟栽培、延迟栽培、越冬栽培和软化栽培。保护地形式有风障畦、风障阳畦、温室、塑料棚（塑料大棚、中棚和小拱棚）及地膜覆盖等。

风障畦栽培 风障畦又名"影栅"，用秫秸密排竖埋于畦北，可起防风保温作用，主要用于越冬菠菜和早春速生菜。

风障阳畦栽培 风障前加盖草苫、苇毛苫、塑料薄膜等覆盖物，用于越冬的芹菜、青蒜、盖韭和早春育苗。

塑料中、小拱棚栽培 多为竹木结构，高度一般为1~1.5米，用料少，成本低。塑料中、小拱棚用于早春番茄、甜椒、甘蓝、韭菜等作物的早熟栽培。

塑料大棚栽培 1986年起，推广寿光单坡面大棚，一般棚长50米左右，宽8米，以竹竿做骨架，两边有山墙，在城关镇大房、燕王、十里铺，平安店镇冷庄、小刘、王宿、张桥、桥子李8个村建起33.3公顷大棚。1988年，平安店镇桥子李村引进瓦房店琴弦式日光温室和西红柿、黄瓜越冬栽培技术。1993年，引进寿光改进型日光温室。1999年，引进山东Ⅱ型和山东Ⅲ型日光

中棚韭菜 (2008年 摄)

温室，日光温室的推广应用彻底改变以往蔬菜的淡季供应紧缺局面。至2008年，发展大棚200公顷，主要分布在平安街道、文昌街道、归德镇、孝里镇和万德镇。发展西瓜—甜椒—豆角三作三收模式66.7公顷，主要分布在孝里镇的张营村；春提前秋延迟茄子40公顷，主要分布在文昌街道袁庄村、西李村；拱棚韭菜13.3公顷，主要分布在归德镇万庄村。

西李特色品牌基地 （2008年 摄）

地膜覆盖 地膜覆盖在全区最早应用于蔬菜生产，现已普遍推广。蔬菜成熟期比不覆盖地膜的提前4~10天，经济效益显著。

第四节 基地建设

万源蔬菜基地 位于归德镇万庄村，始建于2005年3月，面积41.3公顷，年产各类蔬菜4000吨，为济南市现代农业特色品牌基地，商标“万鲁”。该基地以万生源农牧发展有限公司为龙头，以万源蔬菜合作社为经营主体，整合畜牧养殖、能源建设在蔬菜产业上综合应用，是一处集奶牛、沼液、蔬菜为一体的现代蔬菜产业区。

西李特色蔬菜品牌基地 位于文昌街道西李村，以金西李山药合作社为经营主体。2008年，面积40公顷，主导品种为日本长芋1号山药，年产山药1800吨，商标“金西李”。

平安街道圆葱冬瓜基地 主要集中在平安街道小于、大于、四里等8个村，20世纪90年代开始起步，面积667公顷，以出口订单为主，是济南市最大的圆葱、冬瓜基地。

文昌街道早春甘蓝基地 该基地以种植春季甘蓝为主，面积200公顷，甘蓝采摘后种植夏季菜、秋季菜及冬季大白菜，三作三收、四作四收，亩均年收入1万多元。

万源蔬菜基地 （2008年 摄）

归德镇大蒜菠菜基地 20世纪90年代初，归德镇种植大蒜1333公顷、菠菜2667公顷（包含粮菜、菜菜间作）。90年代后期，随着地膜覆盖技术大面积推广、应用，粮菜、菜菜间作受到限制，菠菜种植面积逐渐减少。至2008年，菠菜稳定在333公

袁庄甘蓝喜获丰收 （2008年 摄）

顷左右、大蒜2667公顷左右。

万德镇设施蔬菜基地 主要分布在万德镇店台村和石都庄，总面积66.7公顷。2005年起，推广下卧式冬暖大棚模式。该模式以自然山体为墙体，下挖深坑为大棚主室，棚内光照充足、保温效果极佳，非常适应山区发展。

孝里镇西瓜浅水藕基地 20世纪90年代末，形成规模，发展大拱棚内“西瓜—甜椒—豆角”三作三收种植模式，面积66.7公顷，亩收入1.45万元，其中西瓜6000元，甜椒6500元，豆角2000元。2008年，浅水藕基地面积200公顷，以鄂莲系列品种为主，平均亩产2500~4000公斤，亩效益1.2万元。

第五节 特色品牌基地

2008年，以220、104国道为主线，规划沿黄常年菜、设施观光蔬菜两大品牌基地。沿黄常年菜特色品牌基地，规划核心区面积220公顷，示范区面积2000公顷，辐射带动面积5333公顷，文昌街道西李村、袁庄村和孝里镇张营村是核心区内3个示范点，是年完成投资798.1万元。设施观光蔬菜特色品牌基地，规划核心区面积66.7公顷，示范区面积133.3公顷，辐射带动面积333.3公顷，万德镇店台村、石都庄村是核心区内示范点，是年完成投资680万元。

第六节 销 售

市场建设 1986年，长清县第一个大型农产

蔬菜专业批发市场 （2009年 摄）

品交易市场黄河商场建成，各乡镇也筹建交易市场，较大规模的有归德镇蔬菜批发市场、万德镇蔬菜批发市场。2007年，济南创绿农产品开发有限公司租用济南味精厂4.7公顷闲置场地建设蔬菜专业批发市场，总投资800万元，建设2万平方米的交易厅棚，设计简易门头房100间。2008年，有蔬菜市场80处，城区较大的市场有水鸣庄蔬菜批发市场。2009年5月，蔬菜专业批发市场正式投入使用，日交易蔬菜1000吨、交易额150万元，成为全区第一家全天候、大流量、高标准农产品产地市场，建成现代化的信息收集和发布中心，农残检测中心和安全监控中心，形成开放式的信息发布平台，销往内蒙古、河北、陕西、湖北、四川等省。

2008年长清区主要蔬菜合作组织及品牌情况表

表10－3

名　称	法　人	成立时间	批准机关	品牌
长清区蔬菜协会	郑富和	2003.08	长清区民政局	绿　园
长清区金西李山药合作社	刘继杰	2007.07	济南工商局长清分局	金西李
长清区舜平蔬菜种植专业合作社	王顺平	2007.07	济南工商局长清分局	舜　丰
长清区万源蔬菜合作社	万克敏	2007.12	济南工商局长清分局	万　鲁
长清区袁庄园蔬菜种植专业合作社	石绍祥	2007.12	济南工商局长清分局	袁庄园
长清区大峰山瓜果蔬菜种植专业合作社	张廷一	2008.02	济南工商局长清分局	大峰山
长清区金牛山蔬菜种植专业合作社	郭光利	2008.03	济南工商局长清分局	金牛山

龙头企业　济南鼎龙食品有限责任公司　2005年11月，在孝里镇成立，以农产品生产加工、流通为主业。2008年，销售收入1669万元，总资产1167.8万元，其中固定资产774.8万元，流动资产393万元，净资产886.2万元。公司有广里、广里店、潘庄村3处原材料生产基地，“耕博园”“酱园村”2个商标，年产酱菜5000余吨，带动基地农户4100余户。

济南创绿农业开发有限责任公司　成立于2006年5月，前身为2003年成立的济南市长清区大峰山无公害瓜果蔬菜配送中心，位于长清区宾谷街东段，基地位于孝里镇大峰山脚下。2006年5月，被济南市人民政府农业产业化经营小组评为市级农业产业化重点龙头企业。2008年，管理人员7人，销售人员14人，基地技术人员20人，职工30人，配货车3辆。有无公害瓜果蔬菜基地1333公顷，种植栽培村15个，合作户860户，合同制户410户，农户1270户，种植甘蓝667公顷。2008年2月，注册“大峰山”牌蔬菜、瓜果商标。

济南佘老大馅料厂　2006年3月建厂，位于平安街道四里村，主要对冬瓜进行深加工，制作销售水果味馅料。2008年，企业总资产850万元，固定资产550万元，流动资金300万元。有技术人员5人，管理人员5人，销售人员3人，吸纳当地农民80余人就业，年加工冬瓜6500吨，销售收入1120万元，净利润68万元。

济南市长清区鑫汇源蔬菜配送中心　2005年3月成立，位于黄河商场内，年配送蔬菜瓜果4000吨，加工净菜400吨，销售收入1653万元，带动7000户农民发展蔬菜种植1000公顷。2008年，总资产870.1万元，其中固定资产503.6万元，流动资金366.5万元，蔬菜配送量3600多吨，销售收入1200万元，利润72万元。

第五章 畜牧业

1986年，长清县在济南市率先实行畜禽防疫技术承包责任制，实施“畜牧富民工程”和“专业大户带动战略”，畜禽养殖开始由农户分散养殖向专业化、规模化发展。1987年起，长清县引进和发展“矮脚洛克”父母代肉食鸡、微山麻鸭、五龙白鹅和中国“美利奴”细毛羊，推广配合饲料应用、青贮氨化、肉牛改良、黄牛冷配、瘦肉型猪人工授精及综合育肥、畜禽防疫技术承包等先进技术。1989年10月，长清县被山东省农业厅、财政厅列为全国商品瘦肉型猪生产基地县。1992年，长清县被山东省畜牧局评为瘦肉型猪商品生产基地建设先进县。1995年3月，长清县被山东省政府、山东省畜牧局认定为山东省畜牧业强县，畜牧业成为全县农村经济支柱产业。2000年，长清县启动畜牧小区建设，以蛋鸡、生猪、奶牛为主的畜牧养殖业发展迅速。2008年，全区大牲畜存栏7.2万头，奶牛存栏1.2万头，猪存栏26.1万头，羊存栏26.5万只，家禽存栏307万只，肉、蛋、奶产量分别为3.5万吨、3.2万吨、2.8万吨。

第一节 家畜饲养

家畜分大家畜、小家畜。大家畜包括牛、马、驴等；小家畜包括猪、羊、兔等。

大家畜 牛 境内牛以改良肉牛和奶牛为主。

肉牛 1986年，境内肉牛主要品种为鲁西黄牛、秦川牛的杂交牛，全县养牛1.5万头。1994年，在全县推行肉牛良种改良技术，引进利木赞、西门塔尔、夏洛莱等优良肉用种牛进行杂交改良，其畜群结构由役肉兼用型向肉用型转变。2008年年底，全区肉牛存栏5.95万头。

奶牛 主要品种为荷斯坦奶牛。1986年—1995年，县内无乳品加工企业，全县奶牛数量少、养殖不成规模。1995年，济南佳宝乳业公司在平安店镇潘村建成奶牛养殖场，引领全区奶牛养殖规模快速发展，先后引进秸秆青贮养牛技术、奶牛良种、奶牛良种冻精改良等技术。2008年年底，全区奶牛小区18处，存栏1.24万头。

马、驴、骡 1986年，全县马、驴、骡存栏量分别为1237匹、5268头、1988匹。随着农业机械化程度的提高，饲养量不断下降，存养量逐年减少。2008年年底，全区马、驴、骡共444头(匹)，仅有部分山区零星饲养，主要以拉车、犁地为主。

小家畜 猪 1986年，全县猪存栏量为16.99万头。1989年，长清县被山东省农业厅、财政厅确定为商品瘦肉型猪生产基地县，县政府制定《商品瘦肉型猪生产基地县建设实施方案》，投资70万元，先后建立健全良种繁育、饲养加工、疫病防治及技术服务体系，引进大约克、汉普夏等良种公猪64头，建立和完善县、乡(镇)、村三级配种网络，推广瘦肉型猪人工授精技术，建成平安店镇高庄、长清镇西李、万德镇胡家崖、崮山镇段庄、归德镇前刘、孝里镇新王等良种猪基地。1992年，长清县被山东省畜牧局评为瘦肉型猪商品生产基地建设先进县。2007年起，国家实施生猪标准化建设、能繁母猪补贴等政策，农村专业合作经济快速发展，全区建成一批标准化养猪场、养猪专业户。2008年，全区有85处生猪标准化养殖场，其中年出栏万头以上猪场5家，年底全区生猪存栏26.1万头。

羊 1986 年，全县养羊 8.37 万只，多为小群散养。1988 年 3 月，长清县被批准为羊毛生产基地县。1996 年起，引进小尾寒羊、波尔山羊等良种羊，对全区的绵羊、山羊进行杂交改良。2008 年年底，全区羊存栏量 26.52 万只。

兔 1986 年，全县兔存栏 30.10 万只。随着兔毛皮出口量和兔肉加工量的增加，养兔业发展加快，品种由普通肉兔和产毛量较低的毛兔转变为以皮毛为主的獭兔和以产肉为主的专用肉兔。2008 年年底，全区兔存栏量 30.86 万只。

1986—2008 年长清区（县）畜禽存栏量统计表

表 10－4

年份	牛（万头）	其中奶牛（头）	马（匹）	驴（匹）	骡（匹）	猪（万头）	其中母猪（万头）	羊（万只）	兔（万只）	家禽（万只）
1986	1.50	—	1237	5268	1988	16.99	1.47	8.37	30.10	155.89
1987	1.81	—	1040	6001	2036	14.24	1.68	10.77	35.20	162.21
1988	2.04	—	1365	6114	1961	15.52	2.07	13.50	26.06	221.27
1989	2.27	—	1490	5643	2028	15.48	1.10	16.12	13.96	159.16
1990	2.50	—	1700	1300	2000	17.42	1.38	18.12	16.06	182.57
1991	2.72	—	1500	6100	2300	18.57	1.80	16.04	19.21	212.51
1992	2.95	—	1500	5900	2400	19.50	2.26	19.60	35.02	243.70
1993	4.24	—	1700	7300	2600	25.57	2.04	21.02	34.90	308.15
1994	8.22	—	3300	12900	6100	33.18	3.20	25.23	46.21	335.44
1995	10.52	—	4100	16000	6000	37.91	4.04	33.96	63.66	385.13
1996	12.06	—	5100	18400	6100	41.48	4.46	40.81	67.61	448.23
1997	8.10	157	3300	12900	6100	25.68	2.86	23.99	65.30	335.11
1998	7.76	1210	954	9089	1849	26.26	2.67	25.91	65.33	364.78
1999	8.35	1530	939	8340	1392	27.84	3.61	28.55	66.81	370.78
2000	8.47	1850	945	8360	1405	28.11	3.64	28.83	67.48	374.49
2001	8.66	2605	951	8372	1459	29.16	3.25	30.11	67.66	387.38
2002	8.92	5106	900	7955	1320	29.45	3.31	30.71	68.87	395.13
2003	9.08	5964	905	7788	1295	29.82	3.38	31.32	70.17	388.23
2004	9.33	6600	900	2512	1102	30.77	3.48	31.71	70.82	394.54
2005	9.58	7021	892	2470	1092	31.56	3.50	32.28	70.93	386.08
2006	9.67	7063	820	2912	1001	31.63	3.53	32.44	71.10	364.54
2007	9.81	7359	802	6708	997	32.04	3.60	33.07	71.96	370.02
2008	7.19	12413	55	151	238	26.07	3.29	26.52	30.86	307.22

1986—2008 长清区(县)畜牧产品情况表

表 10－5　　单位:吨

年份	肉类	蛋类	奶类	年份	肉类	蛋类	奶类
1986	11673	5097	399	1998	33557	37379	3965
1987	13035	6657	429	1999	35982	43881	4017
1988	16312	9329	370	2000	36342	46044	4222
1989	16048	8684	1249	2001	37758	46849	4627
1990	16544	10141	642	2002	39079	48723	9477
1991	19815	11800	318	2003	41287	49325	11856
1992	21903	16194	659	2004	42920	49895	14859
1993	28408	23367	921	2005	43980	50493	18618
1994	37333	28209	1017	2006	44068	50599	21970
1995	40338	30080	1210	2007	45130	51619	25529
1996	47742	34840	1482	2008	34955	32326	28135
1997	30506	35210	817				

第二节　家禽饲养

蛋鸡　蛋鸡饲养以专业乡镇、专业村和饲养大户为主,采用舍饲,利用笼养,使用配合饲料,实行人工控制光照,自动饮水器等新设备、新技术。蛋鸡品种以海蓝、罗曼为主,除部分山区村户外,已基本改变传统散养的方式。2008 年,国家出台蛋鸡以奖代补政策扶持蛋鸡生产,全区的蛋鸡生产发展加快。是年,全区存养蛋鸡 290 万只,蛋鸡养殖大户 285 家,大部分养鸡场引进自动投料、自动饮水、自动清粪设备,基本实现机械化。

肉鸡　肉鸡的饲养方式以简易型塑料大棚为主,笼养和网上平养。一般每个大棚饲养 1000~1500 只,饲养时间 45~56 天,出栏体重 2.5 公斤左右。2008 年,出栏肉鸡 108 万只。

肉鸭　1986 年,全县养鸭 6.26 万只,肉鸭品种有微山麻鸭等,以家庭饲养为主。2000 年起,肉鸭养殖逐渐向规模化发展,饲养方式以六和集团为龙头,向饲养户投放雏鸭,签订回收合同,形成产、供、销一体化生产格局,肉鸭生产辐射到归德、孝里、张夏、万德、马山等乡镇。2008 年,全区肉鸭养殖量 85 万只。

鹅　主要是农村散养,存栏量较少。

第三节　特种养殖

特种养殖包括蜜蜂、梅花鹿、山鸡、大雁等。

蜂　20 世纪 80 年代,农户养蜂极少。2000 年起,蜜蜂在万德、五峰、张夏等几个乡镇有部分饲养户,万德镇有 1 家种蜂场。

鹿　2005 年前,文昌街道有梅花鹿养殖场 1 处,受市场行情影响,该场随后转产。2008 年,全区仅有几只观赏鹿。

在区内农村还有肉鸽、乌鸡、观赏犬、金鱼、蜗牛、土元、蝎子、黄粉虫等经济动物的小规模零星饲养。

第四节 检疫屠宰

1986年，长清县动物检疫站负责畜禽产品检疫工作。1995年，国务院决定对生猪实施定点屠宰，长清县成立县生猪定点屠宰管理办公室，11个乡镇成立相应机构。县畜牧局根据定点屠宰、集中检疫的原则，在全县开展畜禽检疫工作，对畜禽加工实施宰前检疫、宰后检验，对病害肉实行无害化处理，未经检疫或者建议不合格的肉类一律不准上市。1996年，在长清县动物检疫站基础上成立长清县兽医卫生监督检验所。1997年，济南平安肉类批发市场获全国“菜篮子工程”定点鲜活农产品中心批发市场称号。2001年，成立长清县畜禽屠宰管理领导小组。2005年8月，撤销区畜禽屠宰管理办公室和区动物卫生监督检验所，组建长清区牧政执法大队，负责对全区畜禽的屠宰加工及检疫监督工作。

第五节 疫病防治

1986年，全县有11个乡(镇)兽医站，均配有专职防疫员，县畜牧兽医站建有化验室，县畜牧兽医站及11个乡镇兽医站配有冰箱保证疫苗质量。1990年12月，长清县畜牧局成立后，疫病防控由长清县畜牧兽医站负责。2002年，长清县畜牧兽医站更名为长清区畜牧兽医站，负责全区动物疫病防疫、动物疫病的监测和普查以及全区重大动物疫病疫情应急处理工作，在全区各乡镇设动物疫情测报员，每月按时向农业部国家疫情测报信息中心汇总上报疫情。2003年，全国及周边地区相继发生高致病性禽流感和亚洲I型、O型口蹄疫，长清区建立区、镇、村三级防疫网络，在全区613个行政村，建立村级动物防疫员体系，每村设一名专职动物防疫员，负责本村疫情测报及疫病防疫工作。每年春、秋季节，防疫人员定期到养殖户进行集中畜禽防疫，全区应免畜禽免疫密度100%，免疫抗体合格率在70%以上。2005年—2007年，禽流感、口蹄疫疫苗由省、市、区三级财政负担，养殖户免费注射。2008年，猪瘟、高致病性猪蓝耳病疫苗经费纳入财政预算。至2008年，共免费发放亚I型、O型口蹄疫疫苗516万毫升，猪O型口蹄疫疫苗626万毫升，禽流感疫苗2094万毫升，猪瘟疫苗62.2万头份，高致病性猪蓝耳病疫苗124.4万毫升；每年对村级防疫员培训2次，提高防疫注射水平，免疫密度100%；抗体检测家禽血清869份，猪血清362份，牛血清698份，羊血清654份，免疫检测合格率100%。

第六节 兽药饲料

1986年—1996年，长清县兽药饲料产值在畜牧业中所占的比例很小，兽药饲料经营主要以兽医站为主。1999年起，山东天聚安普瑞农牧发展有限公司、济南天聚牧业科技有限公司、山东明发兽药股份有限公司等兽药饲料生产企业先后落户长清。2008年，全区有兽药生产企业11家，兽药年产值1.7亿元；饲料生产企业26家，饲料年产值5.9亿元；兽药饲料经营单位39家。

山东明发兽药股份有限公司 1992年成立，位于济南市济微路136号。2003年，迁入长清区明发路666号，注册资金3100万元，占地面积5.56万平方米，建成6个兽药车间、9条生产线，从事兽药、饲料和饲料添加剂的生产销售业务，被山东省科技厅命名为山东省高新技术企业。先后研制开发国家二类新兽药10个，三类新兽药7个，获省

■ 山东明发兽药股份有限公司 (2008年 摄)

科技进步二等奖1项，三等奖5项，济南市科技进步一等奖1项。2008年，完成产值2200万元，利税120万元。

山东天聚安普瑞农牧发展有限公司 1998年成立。2002年迁入长清，占地面积1.3公顷，净资产4000万元，有员工150人，主要从事蛋鸡预混料和猪浓缩料的生产与销售。2008年，产值2500万元。

济南天聚牧业科技有限公司 1999年成立，位于济南市经济开发区南园苏燕路9号，公司占地面积1.3公顷，其中建筑面积3120平方米，净资产1300万元。有员工100人，大专以上科技人员占80%以上，主要从事兽药禽药的开发和生产。2006年1月8日，通过农业部兽药GMP认证。2008年，产值1200万元，利税40万元。

第七节 畜牧小区

济南佳宝乳业有限公司第一奶牛繁殖场（佳宝一牧） 位于长清区明发路1999号，占地20公顷，1995年建成，是国家"十五"奶业重大科技专项实施过程中建立起的高产、优质、生态化奶业科技集成示范园。采用拴系式饲养、管道仿生机械化挤奶、配备自动饮水、自由采食、喷雾降温、强力通风、播放背景音乐、牛床铺放橡胶垫等设施，采用TMR饲喂，实行精细化饲养。2006年6月，第一批通过良好农业规范（GAP）一级认证，是中国奶协良好农业规范认证示范场，是国家标准委认定的全国农业标准化示范项目奶牛繁殖标准化示范牧场，是国家公益性行业科技专项及现代农业产业技术体系（奶牛）核心示范场。2008年，存栏良种荷斯坦奶牛2000头，年产鲜奶1.2万吨。

济南天聚牧业科技有限公司 （2008年 摄）

济南佳宝畜牧有限公司（佳宝二牧） 位于文昌街道前朱村，占地16公顷，是济南佳宝乳业有限公司和山东农业投资有限公司共同投资兴建的大型规模化奶牛繁殖场。2004年11月，先后通过省科技厅、科技部高标准牧场验收，是国家标准委认定的全国农业标准化示范项目奶牛繁殖标准化示范牧场。2008年，有高标准产奶牛舍6栋，配套产房1栋，长300米颈枷式后备牛饲喂走廊1处，存栏荷斯坦母牛1500头，年青贮玉米秸秆1500余万公斤，全群采用TMR饲喂技术，产奶牛实行舍内拴系饲养，管道式挤奶，年产鲜奶0.9万吨。

长清区万泉奶牛养殖专业合作社（归德镇万庄奶牛小区） 万庄奶牛小区位于104省道西，2003年始建，占地33公顷，养殖户25户，饲养荷斯坦奶牛1100余头，其中繁育奶牛600头，后备母牛500头，年产奶量3000余吨。投资30万元，购置大型铡草机30余台，建有挤奶大厅1处。建节能循环沼气池30个，计600立方米。2004年，被省奶业协会评为奶牛示范养殖小区。2008年，成立万泉奶牛养殖专业合作社，入社奶农25户。

长清区汇富源奶牛养殖专业合作社 位于孝里镇大桥村西，220国道东1500米，建于2003年，占地8.7公顷，养殖户18户，饲养荷斯坦奶牛850头，聘有专职兽医师2人，大型铡草机18台，青贮池21个，汇富源奶牛养殖专业合作社与佳宝乳业公司合作建设现代化挤奶大厅1处，配备大型挤奶设备1套。

济南市华新养殖有限公司（原济南市华新乳业有限公司） 位于长清新城区东南，主要从事畜牧、果品、牧草生产，建有奶牛场、牧草、果品3个科技示范基地，占地133.3公顷。奶牛养殖基地建有高标准牛舍3栋，面积2000多平方米，饲养高产良种奶牛400头，日产鲜奶3吨，年繁殖小母牛100多头。牧草基地，种植美国、加拿大优良苜蓿品种，实行机械化

华新奶牛场 （2006年 摄）

华新爱宕梨 （2006年 摄）

管理加工，年产苜蓿干草1500多吨。林果基地，栽种日本爱宕梨、速生杨。奶牛养殖场与果品基地相邻，奶牛养殖场的牛粪，通过无害化处理（牛粪沼气化发酵），沼液灌溉梨园，形成良性循环高效生态农业模式。2004年，被中国奶业协会认定为全国奶牛养殖示范小区。2005年，被认定为济南市农业龙头企业、济南市高新技术企业。2006年，被认定为山东省高新技术企业、全国食品放心工程先进单位。

万德镇界首奶牛小区 位于万德镇界首村北，西临104国道，占地10公顷，建于2002年，总投资2200万元，牛舍1.8万平方米，饲养户28户，奶牛存栏863头，其中产奶牛455头，年产鲜奶2500吨。建挤奶大厅1处，面积560平方米，兽医5人。

万德镇石都庄奶牛小区 位于万德镇石都庄村东，2000年始建，占地8公顷，奶牛养殖户24户，饲养奶牛430余头，其中产奶牛200头、后备牛230头，年产鲜奶1100吨。2007年5月1日，建成挤奶大厅1处。是年8月，成立合作社，入社养殖户24户，聘用专业兽医2人。

济南活力种猪场 位于归德镇前平村，2000年8月始建，占地2.5公顷，种猪场直接引进美系大约克、美系大白、美系长白、美系杜洛克、台系杜洛克等优质种猪，采用先进育种方法，培育出适应能力强、四肢粗壮、后臀丰满的多个品系种猪。2008年，猪存栏1870余头，其中种公猪、可繁二元母猪430余头。

第六章 水 产

1984年起，水产养殖业由集体所有变为单户或多户组成的经济联合体所有，90%以上的养殖水面为单户或联户承包。1986年，成立长清县水产开发服务中心，渔业新品种、新技术逐步得到引进和推广。1990年起，水产养殖由单纯追求高产量逐步向高质量、高效益方面转变；休闲渔业、无公害渔业、标准化渔业等逐步得到发展。1994年，县委、县政府把水产养殖业作为发展农村经济的五大产业龙头实体之一，加大渔业新品种、新技术的推广力度，养殖效益不断提高。2000年—2008年，由于降水量少，有些库、塘干涸，洼地水面缩小，水产养殖业有所萎缩。

第一节 环境资源

渔业环境 2008年，长清区的东南部的山丘地区分布着中、小型水库43座，水面274.4公顷，塘坝239座，常年有水的128个，水面148.2公顷，库塘水面绝大多数可用于养鱼；其水源以地表径流为主，有的有河、泉补源。西部沿黄多是涝洼，坑塘星罗棋布，河、沟纵横交错，沼泽面积大而连片，有坑塘490个，面积261.2公顷，其中水深1米以上的宜养殖坑塘212个，水面152.1公顷，内含商品鱼池26处，普通鱼池136个，水面101.8公顷；水深1米以下的宜种水生经济作物的坑塘278个，水面109.1公顷，其水源以大气降水为主。沿黄洼地的沼泽地有708.5公顷，可开发种植水生经济作物。全区各类水域面积2046.6公顷，有渔用价值的1322.3公顷。

渔业资源 鱼类 全区淡水鱼类分属5目，10科27个品种。主要养殖鱼类有：草鱼、白鲢、黄河鲤鱼、杂交鲤、红鲤、团头鲂、三角鲂、细鳞斜颌鲴、鲫鱼、日本鲫、罗非鱼。鲤鱼科品种多，产量大，是渔业生产中主要养殖品种。

虾类 虾类主要养殖品种有：沼虾、长臂虾、秀丽白虾、红螯螯虾、细足米虾。其中沼虾、长臂虾野生的较多。全区虾类养殖面积较小，产量很少。

甲鱼和蟹 甲鱼也称鳖，蟹即螃蟹。境内的河沟、水库、坑塘、沼泽地均有生长，大多数为野生品种，利用水面养殖甲鱼和蟹的极少。

水生植物及底栖动物 全区水生植物品种多，生物量大，有2门8科，12属。主要有芜萍、紫背浮萍、槐叶萍、水花生、马莱眼子草等，槐叶萍、小茨藻、金鱼藻的饵料价值较高，是草食性鱼类的良好食物；多数水生植物是鲤、鲫等鱼类产卵的良好附着物。底栖生物有田螺、河蚌、蜻蜓幼虫、尤虱幼虫、黑蛭等，多数生物是底层鱼类鲤鱼、鲫鱼、黑鱼的良好饵料。

第二节 淡水养殖

20世纪70年代前，境内无人工水产养殖。1974年8月，在长清县农业局建立水产站，开始进行有重点的淡水人工养殖技术指导。1977年5月，水产站划归长清县水利局管理，业务范围扩大，从水库到坑塘，建立渔业发展基地，开展淡水养殖技术指导，水产事业有所发展。至1985年，全县淡水养殖128公顷，水产品总产量264吨。1986年6月，建立长清县水产开发服务中心，渔业新品种、新技术逐步得到引进和推广。1987年—1989年，孝里镇将孝里洼的1000公顷荒洼废坑，改造成480公顷高标准鱼塘，200公顷台条田，320公顷苇田，建成水产基地56.7公顷。在孝里、归德、城关、平安店镇和石店水库建立8个不同单产水平的模式点，建成罗非鱼越冬池1200平方米，可保种280万尾，满足66.7公顷养殖所需鱼种。1989年—1990年，在省淡水所、济南市水利局的扶持下，进行8项科学养鱼课题的研究和探索，其中4项获奖。省、市、县共同投资80万元，在平安店镇建起一处鱼用饲料厂，年生产能力2000吨。1990年，养鱼面积607公顷，亩产224.1公斤，超过全省平均亩产152公斤的水平。1991年—1995年，以开发133.3公顷中产鱼塘为中心，推广网箱养鱼高产技术、小水库投饵施肥养殖技术、渔用饲料配方技术，从莱芜市雪野水库购进大规格鲤鱼种1万公斤。2001年，孝里渔厂引进乌鳢、红螯螯虾新品种。2004年，五峰山镇西洋河村引进倒刺鲅鱼2000尾，平安店镇桥子李村引进红鲫和鳄鱼龟的养殖。全区还发展休闲渔业14处37.3公顷，新增网箱养鱼2处，1500平方米，新发展名特优养殖面积53.3公顷。2008年，全区水产养殖面积469公顷，鱼产量1021吨。

1986—2008年长清区(县)淡水养殖情况表

表10－6

年 份	养殖面积(公顷)	产量(吨)	年 份	养殖面积(公顷)	产量(吨)
1986	482	584	1998	607	1620
1987	610	775	1999	720	1700
1988	602	1100	2000	600	1500
1989	373	540	2001	520	1360
1990	607	1160	2002	220	260
1991	633	1230	2003	266	300
1992	720	1500	2004	342	480
1993	633	1320	2005	470	600
1994	692	1660	2006	473	655
1995	620	1570	2007	513	960
1996	600	1520	2008	469	1021
1997	560	1480			

第三节 水产科技

1986年—2008年，全区(县)共完成各类科技成果9项，获奖6项(其中省级3项、市级1项、县级2项)。

千亩连片坑塘亩产千斤高产试验 该试验主要是为沿黄滩区开发并为大面积池塘养鱼获得高产。选择草鱼、罗非鱼、杂交鲤三种养殖模式，采取多品种、大规格、高密度合理混养的技术，从1989年4月初放养鱼种，9月24日捕捞验收，67.1公顷坑塘总净产63.73万公斤，平均亩产632.9公斤，总产值409.69万元，平均亩经济效益1852元，超过原定500公斤的指标。1989年，该项目获省水产局科技进步三等奖。

大城市郊区池塘养鱼高产技术研究 该项目是1989年由市农牧渔业局牵头，组织长清县、槐荫区、历城区共同完成，养殖池塘面积333.3公顷，其中长清县养殖试验面积56.7公顷，采用高密度肥水精养措施，亩产1100.84公斤。1989年，该项目获省水产局科技进步二等奖。

鸡粪饲料养鱼开发试验 该试验是1992年省水利厅科教处下达的试验课题。以鸡粪为主，添加其他成分制成颗粒饲料，作为网箱养殖罗非鱼及池塘培育鲤鱼种的饵料进行试验，在石店水库0.03公顷养殖罗非鱼的网箱内和孝里鱼场0.11公顷养殖鲤鱼种的池塘分别投喂试验饲料，百余天喂养，现场验收，网箱罗非鱼折合每亩单产367.5公斤，鲤鱼种单产322.7公斤。1992年，该项目获省水利厅科技进步三等奖。

孝里洼综合开发技术 该项目是省水产局科技包县试验项目。对孝里洼333.3公顷涝洼进行挖池抬田，实行以渔为主，鱼藕牧禽粮果林苇综合开发。1987年—1990年，共生产商品570.2万公斤，其中鱼87万公斤，藕324.6万公斤，农产品112.3万公斤，瓜果43万公斤，畜禽肉3.3万公斤。年均向社会提供产品142.5万公斤，比任务超额42.5%，综合亩盈利433.4元，比任务指标200元超额116.7%，鱼亩均产304公斤，超指标103%。1990年，该项目获济南市科技进步二等奖。

百亩罗非鱼乌仔当年养成高产试验 该试验

项目在孝里渔场百亩水面进行。1988年6月4日放养乌仔，9月13日—14日捕捞验收，亩净产467.41公斤，超过原定400公斤的指标，亩纯盈利1137.6元，创造亩盈利的高水平，饲养100天，群体增重435倍，罗非鱼平均尾重0.18公斤，商品率96%，饵料系数1.5，该项目采取大棚保温措施解决罗非鱼越冬保护的难题。1989年，获长清县科技成果二等奖。

大银鱼移殖推广试验 该项目是在石店、崮头、钓鱼台3座水库引进投放大银鱼受精卵300万粒，推广面积100公顷，成活率80%以上，试养成功。1998年，该项目获长清县科技进步二等奖。

全价配合颗粒饲料的技术引进和推广 1988年，引进并推广全价配合颗粒饲料，在全县推广应用面积10公顷，通过提高饲料利用率，降低生产成本，单产提高28.6%。1993年，在全县推广应用，结束长清县饲料投喂"一把麸子、一把草"的历史。

网箱养殖技术 1980年，由县水产站引进在钓鱼台水库试养。该技术是在水库或池塘内架设小体积网箱，养殖鲤鱼、罗非鱼等底层吃食性鱼类，具有节省饲料、易捕捞，便于生产管理的特点，每立方米水体可养鱼100公斤以上。1991年，该技术在全县推广。

工厂化养殖技术 1989年，在孝里渔场、平安、归德建成越冬渔场3处，面积1200平方米。1990年，引进罗非鱼进行越冬养殖，年可向社会提供罗非鱼、淡水白鲳3万公斤。1992年起，工厂化养殖鱼种技术的应用，每年可放养罗非鱼种280万尾，满足全县66.7公顷水面的养殖所需。

第四节 新品种引进

罗非鱼 原产非洲尼罗河流域，属热带鱼类。1987年，长清县开始引进养殖，并进行越冬培育养殖试验。随着养殖技术的成熟，养殖面积逐步扩大，逐渐成为水产养殖的主要品种之一。1989年，该品种最大养殖面积66.7公顷，产量575吨。

淡水白鲳 原产于南美洲亚马逊河流域，具有生长快，耐低氧，产量高的特点。1988年，从枣庄引进，在孝里渔场进行试验养殖成功。1991年，全县套养面积56.7公顷，产量127.5吨，为长清县水产养殖的主要品种之一。

革胡鲶 又称埃及胡子鲶。原产于非洲埃及，具有生长快，食性杂、产量高等特点。1992年，长清县开始引进养殖，亩产量1500公斤，最大个体1.6公斤，亩效益3900元。1993年—1999年，全县年平均养殖面积106.7公顷。2000年后，受市场价格影响，养殖面积逐步萎缩。2008年，全区养殖面积仅6.7公顷。

其他品种 1994年，引进秀丽白虾。2001年，引进细足米虾和红螯螯虾。2004年，引进倒刺鲅鱼和鳄鱼龟。

第七章 农机管理

1986年起，农机产品作为商品进入流通领域，农机销售形成以国营农机公司为主、个体农机经营为辅的多元化市场格局。农业机械由以耕作机械为重点，向林业、牧业、副业、渔业全面发展。20世纪90年代，农机服务不断向纵深发展，服务领域逐步拓宽。1991年，长清县被农业部授予农机维修管理先进县称号。1994 年、1995 年两次被省农机局评为农机强县。1995 年 5 月，全县首次组织 10 台小麦联合收割机赴省外跨区作业。至 2008 年年底，全县农机总动力 44.69 万千瓦，农机总值 2.08 亿元，农业生产综合机械化程度 85%。

第一节 农业机械

1986 年—2008 年，长清县农业机械稳步发展，耕作机械由单机逐步趋向配套，农业机械化作业由单纯耕地向机播、机收方向发展，小麦生产实现全过程机械化，玉米收获机械发展迅速，各项农业机械化作业水平明显提高。2008 年，农业生产中的耕、耙、播、收、运、脱和农田排灌、农产品加工等环节基本实现机械化，全区农机总动力 44.69 万千瓦，农机总值 2.08 亿元，农用汽车 598 辆，农用运输车 11365 辆，拖拉机 4815 台，配套机具 5224 台，机耕作业面积 3.41 万公顷，玉米机械秸秆还田 1.22 万公顷，农田水利建设、道路工程施工中机械化作业量 85%以上。

耕种机械 旋耕机 1986 年年底，全县有旋耕机 30 台。2008 年年底，全区共有旋耕机 1241 台。

播种机 1986 年，全县有播种机 155 台。2008 年年底，全区共有播种机 1200 台。

免耕播种机 2006 年起，全区大力推广小麦机械化免耕播种机械。至 2008 年年底，全区共有小麦免耕播种机 70 台。

收获机械 脱粒机 1986 年，全县有脱粒机 1899 台。因联合收获机械迅速发展普及，脱粒机数量逐年减少。2008 年年底，全区有脱粒机 638 台。

收割机 1986 年，全县有收割机 222 台。2008 年年底，全区共有小麦联合收割机 324 台，单功能小型收割机逐步淘汰。

玉米联合收获机 2003 年始，引进玉米联合收获机。至 2008 年年底，全区共有玉米联合收获机 127 台。

玉米秸秆还田机 1984 年，引进玉米秸秆还田机。1986 年，全县有玉米秸秆还田机 9 台。2008 年年底，全区有玉米秸秆还田机 265 台。

运输机械 农用拖拉机 1986 年，全县有农用拖拉机 3806 辆。2008 年年底，全区有农用拖拉机 4815 辆。

农用运输车 1986 年，全县有农用运输车 70

■ 小麦免耕播种机 (2008 年 摄)

■ 小麦联合收割机 (2008 年 摄)

■ 玉米秸秆还田机 (2008 年 摄)

辆。2008年年底,全区有农用运输车11365辆。

其他机械 排灌机械主要有农用水泵、喷灌机械等。植保机械主要有手动喷雾器、机动喷雾器等。农产品加工机械主要有碾米机、磨面机、轧花机、榨油机、淀粉加工机等。牧业机械主要有铡草机、打捆机、饲料粉碎机、机动挤奶机。设施农业设备主要有塑料大棚电动卷帘机、微耕机等。

1986—2008年长清区(县)主要农业机械化作业情况表

表10-7 单位:万公顷

年份	机耕面积	机播面积	机收面积	秸秆机械化还田面积	年份	机耕面积	机播面积	机收面积	秸秆机械化还田面积
1986	2.44	1.38	0.55	—	1998	3.02	2.25	1.85	—
1987	2.62	1.52	0.54	—	1999	3.04	2.30	1.97	—
1988	2.65	1.79	0.94	—	2000	3.12	2.95	2.00	—
1989	2.56	1.67	1.13	—	2001	3.16	2.89	2.21	—
1990	2.62	1.66	1.24	—	2002	2.91	3.04	2.35	—
1991	2.67	1.75	1.37	—	2003	3.02	2.85	1.90	0.03
1992	2.74	1.89	1.54	—	2004	3.22	2.86	2.11	0.09
1993	2.74	1.82	1.54	—	2005	3.31	2.97	2.17	0.16
1994	2.75	1.85	1.57	—	2006	3.30	2.85	2.03	0.27
1995	2.76	2.05	1.55	—	2007	3.29	2.93	2.40	0.50
1996	3.14	2.02	1.62	—	2008	3.41	3.02	2.54	1.22
1997	3.13	2.12	1.67	—					

1986—2008年长清区(县)农机总动力、农机总值及主要农业机械保有量情况表

表10-8

年份	农机总动力(千瓦)	农机总值(万元)	拖拉机(台/千瓦)	配套机具(台)	小麦联合收获机(台)	玉米联合收获机(台)	农用汽车(辆)	农用运输车(辆)
1986	172222	4325	3806/48527	4325	1	—	253	70
1987	176706	4477	4003/49166	4857	2	—	246	132
1988	193769	5148	4994/56132	5648	2	—	308	231
1989	789736	5323	4941/53845	5711	2	—	321	429
1990	192150	5477	5055/55690	6174	2	—	324	964
1991	206855	6283	5620/60097	7217	3	—	346	1990
1992	222144	7024	6096/67823	10050	5	—	404	2622

续表 10－8

年份	农机总动力（千瓦）	农机总值（万元）	拖拉机（台/千瓦）	配套机具（台）	小麦联合收获机（台）	玉米联合收获机（台）	农用汽车（辆）	农用运输车（辆）
1993	225528	7568	6286/66541	8242	3	—	416	3257
1994	248782	8673	6576/69898	8874	3	—	421	3644
1995	319943	8652	6112/64458	9063	3	—	478	5686
1996	318387	9120	5341/57819	9207	7	—	461	6357
1997	326654	9197	4849/53111	9075	29	—	515	6916
1998	336760	10399	5095/55076	8141	72	—	541	8540
1999	352820	10803	4891/56772	8267	148	—	507	9051
2000	374514	11072	4642/55470	7557	149	—	558	9393
2001	367777	12868	4411/52107	7373	189	—	574	9022
2002	380108	13403	4541/55523	7221	231	—	572	10494
2003	380627	10437	4329/54334	7067	80	7	563	9873
2004	399943	13975	4777/62759	6964	90	21	572	9902
2005	403561	14296	4479/61566	6564	94	35	654	9862
2006	407899	14308	4523/62156	6659	99	43	655	10098
2007	409502	14964	4196/61170	6661	104	98	661	9781
2008	446934	20830	4815/72560	5224	324	127	598	11365

第二节 农机经营

农机制造 长清县机械厂 1959年1月，县合作铁工厂和轴承工厂合并成立长清县机械厂，修理和制造农具。1970年，长清县机械厂更名农机修造厂，生产播种机、脱粒机、扬场机、收割机、铡草机、排灌钢管和农机配件等11种机械产品。1975年，全省农机产品选型定点，长清农机修造厂定型产品有195柴油机体、195柴油机缸头、铡草机和农用排灌钢管4个品种。1976年，县农机修造厂建成195柴油机体加工生产流水线，产品合格率94%。至1980年，该厂累计生产泰山牌铡草机2898台，195柴油机体6.9万件，钢管68万米。1995年后，因受市场经济冲击、个体维修企业竞争激烈等影响，农机修造厂经营效益大幅下滑。2000年停产。

长清县拖拉机总站 1961年8月，成立长清县拖拉机总站，负责全县各个国营分站农业机械的合理使用、管理、供应、维修、经营和训练农机人员，隶属于县农业局。1969年年初，拖拉机总站生产出小四轮拖拉机。1976年1月，划归农机局。是年3月，拖拉机总站生产碾米机、一吨拖斗。1976年年底，拖拉机总站承接制造300台麦稻割晒机。1977年，长清拖拉机总站研制生产4GW1.4米收割机300台，在全省同行业质量检查中名列前茅。20世纪80年代，拖拉机站负责对全县拖拉机、汽车的保养与大修任务，设有钳工、车工、修理三大车间，同时有磨床、油泵校验、电工、锻工、木工、铸造生产组，同时负责研制为拖拉机配套的农机具和部分零配件的生产。1995年后，拖拉机站经营效益大幅下滑，

2000年停产。

农机销售 农机公司 1977年10月，长清县农机公司成立，负责全县农机产品的供应、调拨、储备等业务。1985年起，国家取消农机产品由农机供应部门统购包销的规定，实行敞开供应，农业机械作为商品进入市场。1986年，农机公司下属6个门市部，主要销售拖拉机、排灌机械、农副产品加工机械等农机及配件。1994年，县农机公司在县城设4个门市部，在全县11个乡镇均设立农机供应点，形成供应网络。1995年，开始销售小麦联合收获机，型号为“新疆－2”。1996年起，由职工个人承包经营。至1997年，农机公司累计销售总额1.6亿元。2000年后，因市场经济冲击、经营管理不善等原因，农机公司的销售额逐年下降。2008年，农机销售全部为个体经营，全区共有126家农机销售网点。

农机购置补贴 2004年，国家开始对农民购置农业机械进行补贴，额度在30%。至2008年，全区共争取中央、省、市各级财政补贴资金430万元，累计拉动农民投入2810万元，实际受益农民539户。一批效率高、能耗低、性能好的先进大中型农机具得到推广，农机逐步实现向质的转变，由低档次向高性能、由单项作业向多功能复式作业发展，农机化步入良性发展的轨道，同时培植一批农机合作组织、农机专业户、农机大户。

2004—2008年长清区国家购机补贴机械情况表

表10－9

年份	补贴资金（万元）	补贴户数（户）	补贴机具					
			拖拉机（台）	玉米收获机（台）	还田机（台）	免耕播种机（台）	其他（台）	合计（台）
2004	50	26	18	15	—	—	15	48
2005	50	26	16	18	—	—	10	44
2006	70	43	15	20	—	—	9	44
2007	130	242	26	28	3	6	220	283
2008	130	202	112	27	52	16	33	240
合计	430	539	187	108	55	22	287	659

第三节 农机修配

1987年5月，长清县农机修配管理站成立，工作人员4名，对农机维修点设备、技术、质量及配件供应点的各种配件质量、收费等经营活动进行检查、监督和发证。自1991年，全县推行农机包修制，又称农机维修联包制，即有机户凭牌证到所在乡镇农机包修站一次或分季交足一年的包修费，领取包修证，凭包修证可在全县范围内的包修站进行车辆维修，维修时不再交修理费而只交配件费。1992年7月，全国农机包修工作经验交流会在长清县召开，农业部农机化司副司长张承华在会上讲话，肯定长清县在农机包修方面取得的成绩和经验，推广长清县基层农业机械维修方面的成功做法，与会人员参观长清县农机包修现场。1997年，全县11个乡镇均实现“联包”，联包拖拉机4800台，基层维修网点195处，其中国有12处、个体183处，一级点1处、二级点12处、三级点130处、配件供应点52处，从事农机维修人员205人，其中技术员45人、修理工及其他人员160人，全年共修理农机具1.7万台(件)。是年，全县农机维

■ 全国农机包修工作经验交流会在长清县召开 （1992 年 摄）

修固定资产 316 万元，其中个体维修户为 286 万元。2007 年，区修配站开展创建星级文明网点活动，共评选二星级文明网点 2 处，组织全区各维修网点修理工参加阳光培训，学习农业机械新机具、维修新技术，举办培训班 2 期，86 人次。至 2008 年年底，全区从事农机维修行业的人员共 320 人。

第四节 农机监理

1984 年 8 月，农机安全监理站成立，同时全县 10 个镇区均成立农机监理组，配备监理员 30 名。1986 年，年审拖拉机 3000 台、驾驶员 2900 人。1995 年、1996 年，济南市农机监理站先后两次在长清县农机局召开依法治机经验交流会，总结推广长清县农机监理站在依法治机方面取得的经验。根据国办发(1998)84 号文件规定，在全省率先对农用三轮车的挂牌管理。至 2004 年，农用车挂牌 4200 余台，驾驶员登记办证 3300 余人，农用车无牌无证局面得到治理，农机安全环境得到改善。2004 年 5 月 1 日，《中华人民共和国道路交通安全法》实施，农用三轮车、农用运输车依法由交警部门管理，区农机监理站将所有农用三轮车、农用运输车及驾驶员的档案全部移交至各属地交警部门。2008 年，全区年审联合收获机 43 台、大型拖拉机 111 台、小型拖拉机 42 台；全区年审联合收获机驾驶员 58 人、大型拖拉机驾驶员 898 人、小型拖拉机驾驶员 94 人。至 2008 年年底，累计挂发和换发各类拖拉机牌证 3.5 万副，培训考核各类农机驾驶操作人员 1 万人次，每年拖拉机及驾驶员年检年审率 95%以上，连续 23 年未发生农机死亡事故，连续 7 年被省农机管理办公室评为“文明监理、优质服务”示范窗口先进单位。

第五节 农机培训

1974 年 8 月，长清县农业机械化学校成立，有教职工 3 人，主要是负责培训拖拉机、农用运输车、收割机、固定作业机具的操作人员以及对农村

■ 农机现场培训 （2008 年 摄）

有机户提供维修、使用、咨询等服务工作。1986年，有教职工9人，学校占地面积8000平方米，建筑面积1050平方米的教学楼一幢和实习车间、宿舍等，可容学员200人。另有录放机、投影仪等电教设备，教练车6部，固定资产50万元，县农机化学校下设11所分校。1989年，被山东省农业厅认定为首批“四有”(有教师队伍、有校舍、有电教设备、有独立财务)农机校之一。1994年，被市教委列入成人教育系列。1999年，与莱阳农学院联合办学，在长清县成立莱阳农学院成人教育长清教学处，莱阳农学院院长李宝笃参加揭牌仪式。2004年，被首批认定为山东省县级农机化规范化建设示范学校、山东省农村劳动力转移阳光工程培训基地。2007年，通过招标确定为新型农民科技培训实施单位，承担农机、农艺结合的综合实用技术和畜牧生产培训任务，培训合格农民辅导员57人，带动示范户1000人。2008年，承担“世行三期项目农民技术培训”项目，完成培训计划指标314人。至2008年年底，共举办培训班2100期，培训各类人员3.5万人次，每年加强拖拉机驾驶员和其他各类机手的复训工作，年复训2200人次。

第六节 农机科研与技术推广

1986年3月，长清县农机技术推广站成立，有工作人员4人，负责制定全县农机化发展规划，引进、试验、推广农机新技术，普及农机科技知识。2008年，长清区农机推广站共有人员3名，全区10个乡镇(街道)农机站负责本乡镇的农机推广工作。

小麦生产综合机械化技术开发。1989年—1990年，与济南市农机推广站合作开发小麦生产综合机械化技术。通过采取机械深耕、半精量播种、化肥深施、机械化收获等技术措施，推广小麦精量播种机125台，完成开发面积7467公顷，小麦平均每公顷单产较开发前3年平均增加942公斤，增产小麦703.4万公斤。1990年，该项目被评为山东省农机化科技进步三等奖。

小麦高产综合机械化增产技术推广。1990年，该项目由山东省农业厅下达，全县推广8000公顷。通过实施小麦高产综合机械化增产技术，平均每公顷增产小麦855公斤，共增产684万公斤，新增产值916.56万元，节约成本320万元。1994年6月，该项目被济南市政府评为济南市星火计划二等奖。1995年，被山东省农业厅评为山东省丰收计划三等奖。

农户粮食收获贮存科学化配套工程技术研究。1991年—1993年，县农机推广站组织完成山东省农机局和山东省工程学会下达的该研究项目。通过科学化配套技术和农机具的合理配备，粮食收获贮存等环节总损失率小于5%，研究面积600公顷，完成辐射示范面积2.5万公顷，全县减损粮食2971.32万公斤，直接经济效益3052.43万元。1993年，该项目获山东省农机化科技进步二等奖。

花生机械化种植、收获技术推广。1999年—2004年，区农机推广站因地制宜抓好山区乡镇花生机械化种植、收获技术的推广，两项技术提高劳动生产率15~20倍，亩均增产80公斤以上。分别实现机械化种植、收获面积8000公顷、6267公顷，累计增加农民收入810万元。2002年9月，列入济南市科技兴农创新示范工程。2008年，推广花生种植机械180台，花生收获机械40台。

保护性耕作技术推广。保护性耕作是对农田实行免耕、少耕，用作物秸秆覆盖地表，减少风蚀、水蚀，提高土壤肥力和抗旱能力的先进耕作技术。与传统耕作相比，保护性耕作方式减少作业次数2~4次，降低成本10%~30%，增收20%~30%，每亩减少农机作业费30~40元，节约化肥50%，且肥效集中。2006年—2008年，经过实践与推广，全区各类保护性耕作机械800余台，累计实现作业面积9000公顷。

第七节 农机跨区作业

1995年3月，县农机局实行“联合购机、滚动发展”战略(即农机局提供无息购机款的50%，三

年还清，个人自筹50%），鼓励支持农机局10名职工购进10台小麦联合收获机。是年5月20日，赴河南省驻马店漯河地区和山东省潍坊、青岛开展跨区作业，完成作业面积400公顷，总收入24万余元。2004年，下拨首批国家农机购置财政补贴500万元，扶持长清区购进30台玉米联合收获机。9月17日，15台玉米联合收获机赴德州、淄博参加秋季跨区作业，作业面积267公顷，作业收入20余万元。至2008年年底，跨区作业小麦联合收获机共出动1950台次，完成作业面积6.5万公顷，总收入2925万元；跨区作业玉米联合收获机共出动150台次，完成作业面积3333公顷，总收入300万元。

第八章　林果业

第一节　林业资源

构成与分布　全区现有植物111科461种，其中树木57科118属234种。20世纪80年代起，先后引进用材林和经济林优良新品种，良种资源十分丰富。主要防护、用材树种有侧柏、松树、麻栎、刺槐、毛白杨、杂交杨、柳树、国槐、黄栌、火炬、五角枫等；经济树种有核桃、板栗、柿子、枣、花椒、苹果、梨、桃、杏、葡萄、石榴、山楂等；绿化观赏植物有雪松、白皮松、冷杉、龙柏、银杏、杜仲、悬铃木、栾树、白蜡、水杉、玉兰等；盆栽室内越冬的木本植物有棕榈、栀子、山茶、杜鹃、桂花、扶桑、茉莉、榕树、袖珍椰子、巴西木、铁树、发财树、柑橘、米兰等近百种。

防护林和经济林多分布于山区，用材林多分布于西部沿黄地区。

2008年长清区主要树种资源统计表

表10－10

科名	属名	品　种
杨柳科	杨属	107杨、中林46、意大利69
		毛白杨、八里庄杨、小叶杨
	柳属	旱柳、金丝柳、垂柳
榆科	榆属	白榆、黑榆、大果榆
豆科	槐属	速生国槐、龙爪槐、黄金槐
	刺槐属	石林刺槐
	紫穗槐属	紫穗槐
	合欢属	合欢
玄参科	泡桐属	豫林1号桐、楸叶桐
苦木科	臭椿属	臭椿
木犀科	白蜡属	绒毛白蜡、速生白蜡

科名	属名	品　种
胡桃科	核桃属	核桃
悬铃木科	悬铃木属	法桐
楝科	香椿属	香椿
	楝属	苦楝
杜仲科	杜仲属	杜仲
鼠李科	枣属	圆铃、山枣、冬枣
卫矛科	卫矛属	大叶黄杨(冬青)、小叶黄杨
银杏科	银杏属	银杏
安石榴科	石榴属	石榴
蔷薇科	苹果属	富士、红香蕉、新红星、嘎啦

续表 10－10

科名	属名	品　种	科名	属名	品　种
蔷薇科	梨属	黄金梨、爱宕梨、小白梨、杜梨	无患子科	栾树属	栾树
	李属	樱桃、杏、桃、李子、	漆树科	盐肤木属	火炬
芸香科	花椒属	花椒		黄栌属	黄栌、美国红栌
松科	松属	白皮松、油松、黑松、赤松	柿树科	柿树属	君迁子(软枣)、柿树
	雪松属	雪松	壳斗科	栗属	板栗
柏科	侧柏属	侧柏		麻栎属	麻栎、栓皮栎
	园柏属	龙柏、球柏、铺地柏	杉科	水杉属	水杉

林地面积　1989 年，全县进行二类林业资源调查。林业用地 36608 公顷。在林业用地中，按地类分有林地 18143 公顷，疏林地 1904 公顷，未成林造林地 472 公顷，天然灌木林 15 公顷，无林地 16032 公顷，固定苗圃 42 公顷。在有林地中，用材林 2403 公顷、防护林 11472 公顷、经济林 3605 公顷、特用林 663 公顷。四旁折实 2976 公顷，林木覆盖率 17.86%。

1997 年，全县进行二类林业资源调查。林业用地 40038 公顷。在林业用地中，按地类分有林地 26100 公顷，疏林地 1707 公顷，未成林造林地 2388 公顷，天然灌木林 17 公顷，无林地 9775 公顷，固定苗圃 51 公顷。在有林地中，用材林 2188 公顷、防护林 17388 公顷、经济林 5756 公顷、特用林 691 公顷、薪炭林 77 公顷。四旁折实 3161 公顷，林木覆盖率 24.7%。

2008 年，全区进行二类林业资源调查。林业用地 42818 公顷。在林业用地中，按地类分有林地 32973 公顷，疏林地 1130 公顷，未成林造林地 2364 公顷，无林地 6020 公顷，固定苗圃 331 公顷。在有林地中，用材林 5904 公顷、防护林 17427 公顷、经济林 9174 公顷、特用林 468 公顷。四旁折实 2263 公顷，林木覆盖率 29.9%。

林木积蓄　1989 年，全县进行二类林业资源调查探明，全县活立木蓄积量（胸径大于 5 厘米）为 49.6 万立方米。其中有林地蓄积 29.1 万立方米，疏林地蓄积 1.3 万立方米，农田林网及间作蓄积 4.8 万立方米，四旁蓄积 14.4 万立方米。

1997 年，全县进行二类林业资源调查探明，全县活立木蓄积量 88.2 万立方米。其中有林地蓄积 63.5 万立方米，疏林地蓄积 2.7 万立方米，农田林网及间作蓄积 4.5 万立方米，四旁蓄积 17.5 万立方米。

2008 年，全区进行二类林业资源调查探明，全区活立木蓄积量 98.3 万立方米。其中有林地蓄积 70.8 万立方米，疏林地蓄积 3.0 万立方米，农田林网及间作蓄积 5.0 万立方米，四旁蓄积 19.5 万立方米。

林场　*灵岩林场*　灵岩林场在万德镇内。原为寺庙山林。1949 年，建立国营林场，称省立灵岩林场，面积 473 公顷，其中原有成林 207 公顷。1951 年，属省立泰历林场。1952 年，划归长清县管理。1957 年，完成全部造林任务后，林场改为经营场所，划归泰山林场。2001 年，被评为全国首批 AAAA 级景区。2008 年，林场面积 760 公顷，木材蓄积量 2449 立方米，主要树种为侧柏。

五峰山林场　地处城区东南 20 公里。1948 年，建立山东省泰历林场后，即成为泰历林场的一个分场。1952 年，林场划归长清县管理，名为国营长清县五峰山林场，是县林业局领导的国营全民所有制事业单位，林场经营实行差额补助。1956 年，有职工 13 人，1985 年增至 15 人。1992 年 11 月 14 日，建立省级森林公园。1995 年，被确立为省级旅游度假区。2001 年，被评为首批国家 AAA 级

景区。2008 年,林场面积 177 公顷,有林地 167 公顷,木材积蓄量 8700 立方米，主要树种为侧柏，林场职工 26 人。

莲台山林场（原名小娄峪林场） 位于张夏镇境内,现属区林业局茶棚苗圃管理。山场原为庙产,1950 年由县建设科接管，是年泰安专署专员张耀南到此指导，在林场下建茶棚苗圃,提供苗木封山造林。有珍稀树木 100 余种，以侧柏、黄栌、火炬、榆树等为先锋树种的混交林为主，贵重药材有木灵芝、枳壳、柴胡、银花等,素有江北第一植物园的美誉。2008 年,山场面积 128 公顷,有林地 125 公顷,木材积蓄量 6336 立方米,林场职工有 23 人。

■ 大峰山林场 (2005 年 摄)

大峰山林场 地处孝里镇与双泉乡之间。原为庙产,新中国成立后收归国有。1958 年,建立国营林场,经营面积 791 公顷,有林地 741 公顷,木材积蓄量 6086 立方米。全部为国家级生态公益林,树种以侧柏为主,刺槐次之。1998 年,建立省级森林公园。2001 年,被评为首批国家 AA 级景区。2008 年,林场总面积 800 公顷,有林地 790 公顷，木材积蓄量 48800 立方米,林场职工 38 人。

古树名木 2002 年,根据省市绿委办《关于开展古树名木普查建档工作的通知》要求,区林业局组织有关人员完成全区古树名木调查，历时 22 天，涉及 11 个乡镇、43 个村庄、2 处旅游景点,按统一要求测量每株树的高度、胸径、冠幅、干高、地径、根系及分枝情况，目测冠形、干形及生长势,考察记载古树生长地点的地形、地势、生态植被以及自然环境,并选择能反映古树生长状态的角度拍摄照片。调查树木栽培生长历史及有关人文资料，对树龄进行查证及估测,并详细作记载。至 2008 年,长清区共有古树名木 81 株，其中国家一级古树 49 株,国家二级古树 20 株,国家三级古树 12 株,大部分分布在境内山地和丘陵地区，平原地区较少,且较分散,为孤立木。

■ 归德镇沙河辛国槐 (2008 年 摄)

2008年长清区主要古树名木统计表

表10－11

编号	科	种名	保护等级	生长地点	株数	雌雄	树龄（年）	生长势	树高（米）	胸径（厘米）	冠幅（米）
0113010001	豆科	国槐	II级	平安街道大范	1	雌雄同株	400	一般	7.0	105.0	11.5
0113010002	豆科	国槐	I级	山东女子学院	1	雌雄同株	900	一般	10.0	115.0	13.5
0113010003	柏科	侧柏	I级	双泉乡尹庄	1	雌雄同株	500	一般	7.0	60.0	7.5
0113010004	柏科	侧柏	I级	双泉乡郝庄	1	雌雄同株	700	一般	7.0	65.0	7.0
0113010005	豆科	国槐	I级	双泉乡王庄	1	雌雄同株	1000	一般	9.0	133.0	13.0
0113010006	柏科	侧柏	I级	双泉乡王庄	1	雌雄同株	900	一般	10.0	40.0	17.5
0113010007	无患子科	栾树	III级	双泉乡王庄	1	雌雄同株	100	一般	10.0	40.0	8.5
0113010008	榆科	大叶朴	III级	双泉乡王庄	1	雌雄同株	200	一般	6.0	25.0	6.5
0113010009	豆科	国槐	I级	双泉乡陈沟	1	雌雄同株	800	一般	7.0	105.0	10.5
0113010010	榆科	青檀	I级	万德镇灵岩村	1	雌雄同株	1000	一般	10.0	120.0	10.5
0113010011	榆科	白榆（榆树）	III级	万德镇灵岩村	1	雌雄同株	120	一般	11.0	74.0	8.5
0113010012	柏科	侧柏	I级	万德镇灵岩村	1	雌雄同株	600	一般	11.0	85.0	9.5
0113010013	木犀科	紫丁香	III级	万德镇灵岩村	1	雌雄同株	200	一般	3.5	20.0	3.0
0113010014	榆科	青檀	I级	万德镇灵岩村	1	雌雄同株	1000	一般	8.0	40.0	8.5
0113010015	柏科	侧柏	I级	万德镇灵岩村	1	雌雄同株	1200	一般	10.0	111.0	11.0
0113010016	榆科	青檀	I级	万德镇灵岩村	1	雌雄同株	1000	一般	9.0	86.0	8.0
0113010017	榆科	青檀	I级	万德镇灵岩村	1	雌雄同株	1000	一般	10.0	89.0	9.0
0113010018	银杏科	银杏	I级	万德镇灵岩村	1	雌雄同株	1200	一般	15.0	135.0	18.0
0113010019	豆科	国槐	II级	万德镇万南	1	雌雄同株	400	一般	8.0	80.0	8.5
0113010020	豆科	国槐	I级	万德镇万南	1	雌雄同株	600	一般	5.0	78.0	7.8
0113010021	银杏科	银杏	I级	万德镇坡里庄	1	雌株	1600	一般	22.0	140.0	16.0
0113010022	豆科	国槐	I级	万德镇界首	1	雌雄同株	1200	较差	9.0	77.0	12.5
0113010023	桑科	柘树	I级	万德镇马套	1	雌雄同株	700	一般	11.0	48.0	6.0
0113010024	豆科	国槐	I级	张夏镇徐毛	1	雌雄同株	500	一般	9.0	85.0	8.5

续表 10－11

编号	科	种名	保护等级	生长地点	株数	雌雄	树龄（年）	生长势	树高（米）	胸径（厘米）	冠幅（米）
0113010025	豆科	国槐	I 级	张夏镇徐毛	1	雌雄同株	1100	一般	10.0	120.0	8.5
0113010026	豆科	国槐	I 级	张夏镇车厢	1	雌雄同株	500	一般	10.0	105.0	10.0
0113010027	豆科	国槐	II 级	张夏镇杜庄	1	雌雄同株	300	一般	8.0	75.0	7.5
0113010028	柏科	侧柏	I 级	张夏镇王泉	2	雌雄同株	800	一般	12.0	80.0	7.0
0113010029	柏科	侧柏	I 级	张夏镇王泉	1	雌雄同株	800	一般	12.0	80.0	7.0
0113010030	木犀科	流苏树	I 级	张夏镇周家庵	1	雌雄同株	1000	旺盛	12.0	78.0	10.0
0113010031	柏科	圆柏	I 级	张夏镇土屋	1	雌雄同株	600	一般	11.0	78.0	9.5
0113010032	柏科	侧柏	I 级	张夏镇土屋	1	雌雄同株	600	一般	10.0	75.0	6.0
0113010033	柏科	侧柏	I 级	张夏镇积峪	1	雌雄同株	1300	一般	12.0	53.0	14.5
0113010034	杨柳科	旱柳（柳树）	III 级	张夏镇诗庄	1	雌雄同株	100	一般	13.0	62.0	9.0
0113010035	蔷薇科	杏	III 级	张夏镇焦台	1	雌雄同株	100	旺盛	8.0	67.0	10.5
0113010036	柏科	侧柏	I 级	张夏镇宋庄	1	雌雄同株	1000	一般	10.0	102.0	8.5
0113010037	豆科	国槐	I 级	张夏镇宋庄	1	雌雄同株	500	一般	12.0	80.0	9.5
0113010038	柏科	侧柏	II 级	张夏镇三尖台	1	雌雄同株	400	一般	9.0	78.0	9.0
0113010039	柏科	侧柏	I 级	张夏镇三尖台	1	雌雄同株	500	一般	8.0	75.0	7.0
0113010040	柏科	侧柏	I 级	张夏镇三尖台	1	雌雄同株	600	一般	6.0	67.0	7.0
0113010041	柏科	侧柏	I 级	张夏镇土门	1	雌雄同株	700	一般	8.0	68.0	8.0
0113010042	柏科	侧柏	I 级	张夏镇土门	1	雌雄同株	700	一般	8.0	68.0	8.0
0113010043	柏科	侧柏	I 级	张夏镇土门	1	雌雄同株	800	较差	8.0	70.0	7.0
0113010044	豆科	国槐	III 级	张夏镇下龙	1	雌雄同株	100	一般	8.5	62.0	10.5
0113010045	柏科	侧柏	III 级	张夏镇下龙	1	雌雄同株	200	旺盛	12.0	68.0	7.0
0113010046	柏科	侧柏	III 级	张夏镇焦台	1	雌雄同株	100	一般	10.0	32.0	5.5
0113010047	柏科	侧柏	III 级	张夏镇焦台	1	雌雄同株	150	旺盛	12.0	45.0	5.5
0113010048	胡桃科	胡桃（核桃）	II 级	张夏镇义净寺	1	雌雄同株	400	较差	12.0	75.0	9.0
0113010049	柏科	侧柏	I 级	张夏镇义净寺	1	雌雄同株	800	一般	15.0	65.0	7.5
0113010050	柏科	圆柏	II 级	五峰山林场	1	雌雄同株	300	一般	5.6	38.0	7.3
0113010051	柏科	侧柏	I 级	五峰山林场	1	雌雄同株	600	一般	8.0	63.0	7.5
0113010052	柏科	侧柏	II 级	五峰山林场	1	雌雄同株	300	一般	8.0	30.0	5.5
0113010053	柏科	侧柏	III 级	五峰山林场	1	雌雄同株	100	一般	10.0	105.0	6.5

续表 10－11

编号	科	种名	保护等级	生长地点	株数	雌雄	树龄（年）	生长势	树高（米）	胸径（厘米）	冠幅（米）
0113010054	柏科	侧柏	II 级	五峰山林场	1	雌雄同株	300	一般	9.0	35.0	7.8
0113010055	柏科	侧柏	II 级	五峰山林场	1	雌雄同株	300	一般	9.0	45.0	8.5
0113010056	银杏科	银杏	I 级	五峰山林场	1	雌雄同株	2600	一般	35.0	207.0	14.5
0113010057	柏科	侧柏	II 级	五峰山林场	1	雌雄同株	500	一般	8.0	62.0	7.0
0113010058	柏科	侧柏	I 级	五峰山林场	1	雌雄同株	800	一般	9.0	75.0	8.5
0113010059	豆科	国槐	III 级	五峰山街道凤凰台	1	雌雄同株	200	一般	15.0	82.0	11.0
0113010060	柏科	侧柏	II 级	五峰山街道宋庄	1	雌雄同株	500	较差	7.0	65.0	3.5
0113010061	柏科	侧柏	II 级	五峰山街道宋庄	1	雌雄同株	500	较差	5.0	38.0	2.8
0113010062	柏科	侧柏	II 级	马山镇关王	1	雌雄同株	400	一般	5.0	56.0	5.0
0113010063	柏科	侧柏	I 级	马山镇关王	1	雌雄同株	600	一般	7.0	68.0	8.0
0113010064	豆科	国槐	I 级	孝里镇孝里四	1	雌雄同株	800	一般	7.0	123.0	14.0
0113010065	榆科	青檀	II 级	大峰山林场	1	雌雄同株	300	一般	4.0	38.0	5.5
0113010066	豆科	国槐	I 级	孝里镇胡林	1	雌雄同株	1700	一般	12.0	155.0	18.5
0113010067	榆科	小叶朴	II 级	大峰山林场	1	雌雄同株	300	一般	11.0	64.0	7.3
0113010068	豆科	国槐	II 级	大峰山林场	1	雌雄同株	300	一般	8.0	64.0	8.0
0113010069	柏科	侧柏	II 级	大峰山林场	1	雌雄同株	400	一般	9.0	54.0	5.5
0113010070	柏科	侧柏	I 级	大峰山林场	1	雌雄同株	500	一般	12.0	60.0	5.8
0113010071	柏科	侧柏	I 级	大峰山林场	1	雌雄同株	400	一般	10.0	40.0	5.5
0113010072	豆科	国槐	I 级	文昌街道后三	1	雌雄同株	500	一般	7.0	50.0	5.5
0113010073	豆科	国槐	II 级	文昌街道东八里	1	雌雄同株	300	一般	8.0	70.0	11.5
0113010074	柏科	侧柏	I 级	归德镇坟台	1	雌雄同株	800	一般	7.0	78.0	8.0
0113010075	豆科	国槐	II 级	归德镇沙河辛	1	雌雄同株	400	一般	7.0	98.0	7.0
0113010076	豆科	国槐	II 级	归德镇沙河辛	1	雌雄同株	400	一般	8.0	75.0	9.0
0113010077	豆科	国槐	I 级	归德镇凤鸣	1	雌雄同株	600	一般	7.0	100.0	8.0
0113010078	豆科	国槐	I 级	归德镇李官	1	雌雄同株	600	一般	6.0	60.0	8.5
0113010079	豆科	国槐	I 级	归德镇李官	1	雌雄同株	600	一般	6.0	75.0	7.0
0113010080	豆科	国槐	I 级	归德镇李官	1	雌雄同株	600	一般	8.0	60.0	9.0
0113010081	榆科	榔榆	I 级	双泉乡双泉庵	1	雌雄同株	200	旺盛	7.0	36.0	9.5

第二节 植树造林

育苗 1986年，长清县国营苗圃有东风苗圃、茶棚苗圃，主要繁育侧柏、黄栌、火炬等苗木，用于荒山绿化。20世纪90年代后，全县育苗工作逐渐摆脱依靠国营场圃的局面，开始实施社会化育苗。县委、县政府制定领导干部任期包育苗基地制度，规定县长不少于3.3公顷，乡镇长不少于0.7公顷。各乡镇都成立以农委、林业站为主要成员的育苗工作领导小组，组织开展育苗活动，全县形成以国营苗圃为龙头，乡镇育苗为骨干，千家万户育苗为主体的三级育苗体系，在搞好大田育苗的同时，推行绿化带育苗和营养杯育苗。1994年—1995年，全县各场圃出圃苗木6000多万株。“八五”期间，全县累计育苗2000余公顷，用于荒山造林、平原绿化、城市绿化的各类苗木1.2亿多株。1997年，县政府下发《长清县县长、乡镇长育苗基地管理办法》，明确要求县长育苗基地每年县财政补助资金不少于6万元。是年，县苗圃作为县长育苗基地被省林业厅评为先进国有苗圃，大峰山林场被省林业厅评为先进国有林场。进入21世纪后，林木种苗花卉业作为一项新兴的朝阳产业在长清兴起，经历由单纯的国营苗圃计划生产向市场化生产的过渡。2005年7月，长清区被山东省林业局评为山东省林木种苗花卉工作先进单位，文昌街道被评为山东省十佳花木强镇，平安街道被评为山东省花卉苗木标准化生产基地。至2008年，建成花卉生产龙头企业1个（济南澳利花卉园艺有限公司），花卉经营市场3个（平安花卉市场、莲台山林场花卉市场、港基花卉市场），苗木生产基地7个（张夏镇土屋村核桃苗木生产基地、文昌街道西仓村杂交杨苗木生产基地、后三村园林绿化苗木生产基地、西李村柳树苗木生产基地、南王村北方龙柏苗木生产基地、万德镇侯庄白皮松苗木生产基地、平安街道潘村园林绿化苗木生产基地），林木种苗花卉品种138个，总面积1791公顷，苗木蓄积9915万株，从业人员5800余人，全区林木种苗花卉业产值1.8亿元。

长清区苗圃 1965年，建立，原名东风苗圃，是济南市中心苗圃，位于长清区平安街道东1.5公里处。2000年，被国家林业局授予全国无检疫对象苗圃称号。2002年，被国家林业局授予全国质量信得过苗圃称号。2008年，苗圃面积20公顷，以培育造林苗木和园林绿化苗木为主，主要品种有侧柏、女贞，共生产苗木30多万株，产值50余万元。

济南澳利花卉园艺有限公司 1997年，公司建立，位于平安街道潘村，占地23.3公顷，主要生产蝴蝶兰，主要品种有大花蕙兰、蝴蝶兰。至2008年年底，共生产花卉苗木3000万株，产值3亿元。

张夏镇土屋村核桃苗木生产基地 1995年，基地建立，位于张夏镇土屋村，占地20公顷，主要生产核桃苗木。至2008年年底，共生产苗木3000万株，产值5000万元。

文昌街道西仓村杂交杨苗木生产基地 20世纪70年代，省林科所在城关公社西仓村建立杨

■ 长清区龙柏育苗基地 （2006年 摄）

树繁育试验基地。1993年，建立杂交杨苗木生产基地，占地20公顷，主要生产杂交杨苗木。至2008年年底，共生产苗木1500万株，产值2000万元。

后三村园林绿化苗木生产基地 1984年，基地建立，位于文昌街道后三村，占地133公顷，主要生产法桐、玉兰、樱花、五角枫苗木。至2008年年底，共生产苗木1000万株，产值6000万元。

西李村柳树苗木生产基地 1991年，基地建立，位于文昌街道西李村，占地66.7公顷，主要生产柳树苗木。至2008年年底，共生产苗木1200万株，产值3600万元。

南王村北方龙柏苗木生产基地 2006年，基地建立，位于文昌街道南王村，占地20公顷，主要生产龙柏苗木。至2008年年底，共生产苗木600万株，产值2000万元。

万德镇侯庄白皮松苗木生产基地 2003年，基地建立，位于万德镇侯庄，占地20公顷，主要生产白皮松苗木。至2008年年底，共生产苗木3万株，产值3000万元。

平安街道潘村园林绿化苗木生产基地 2002年，基地建立，位于平安街道潘村，占地100公顷，主要生产复叶槭、雪松、云杉、白蜡、法桐苗木。至2008年年底，共生产苗木750万株，产值5000万元。

植树造林 1984年，县委、县政府决定建立西部沿黄滩区防护林体系、中部平原区林网化体系和东部山区林果体系后，全县各级党委政府把林业列入重要议事日程，以建设三个林业体系为中心，连年开展植树造林活动。1985年，县委、县政府下发关于依法护林、搞好造林规划和育好苗木、调剂好苗木的3个文件，进一步完善和落实林业生产责任制，促进林业生产的开展。至1988年，全县有包山专业户、重点户13116户，联营体191个，进山营林户164户。是年，万德镇界首村成立董事会，全县涌现出武家庄乡东房养山造林、双泉乡刀山峪封山育林、城关镇西仓村科学营造丰产林、崮山镇张庄段德平以林为主开展多种经营、双泉乡柳杭村刘长友进山营林致富等典型。1989年起，实施“保泉绿化工程”，该工程历时10年，涉及长清县11个乡镇，完成规划设计造林面积14838公顷。

1991年，县委下发《长清县“八五”绿化标准和验收奖惩办法》。省、市、县、乡(镇)签订三年、五年绿化责任状，并全面推行领导绿化目标责任制。1994年，是山东省消灭荒山年，全县各级党政组织把灭荒工作列入重要议事日程。3月4日，县委作出《关于1994年消灭荒山、全面绿化的决定》，提出年内要消灭宜林荒山的要求。6月29日，县委、县政府制定下发《关于今年雨季造林、一役达标的意见》，对荒山绿化达标的奖惩和义务工的使用等方面都进行明确规定。至年底，全县投工300万个，投资300多万元，搬运土石240万立方米，完成治山整地4733公顷，整鱼鳞坑1850万个，造林面积10355公顷，共栽植各类上山苗木3500万株，基本上消灭全县宜林荒山，年底顺利通过林业部核查验收组的验收。1995年，县委、县政府发动全县人民开展“八五”绿化达标活动，在继续搞好荒山绿化的同时，开展平原农田林网建设、堰边植

大苗栽植绿化荒山 (2007年 摄)

■ 中日绿色黄河友好林纪念碑 （1998 年 摄）

果、“四旁”植树，全县共完成荒山（滩）造林 13251 公顷，疏残林补植改造 1895 公顷，农田林网化面积 1.84 万公顷，堰边植果树 6433 公顷，实现“八五”绿化达标。是年起，实施“市长三号工程”，历时 3 年，该工程是以林业项目为重点的农业综合开发工程，在平安店、崮山、五峰山、张夏、万德、武家庄 6 个乡镇完成荒山造林 1.18 万公顷，建果园 6667 公顷，栽植侧柏、黄栌、火炬等绿化苗木 2570 多万株，超额完成规划设计任务。1996 年，被团中央、林业部、水利部联合授予青年黄河防护林二期工程建设先进集体称号，被市委、市政府评为造林绿化先进县。是年起，实施世界银行贷款“森林资源发展和保护项目”，历时 6 年，该项目分布在平安店、长清、归德、孝里 4 镇的 126 个村庄，总面积 2709 公顷，栽植苗木 148.7 万株。项目树种主要以黑杨派 I-69/55 杨、中林 23 杨、中林 28 杨、中林 46 杨为主，培养大、中径材。1998 年起，实施“中日友好林工程”，历时 5 年，总投资 375 万元人民币，其中山东省投资 200 万元人民币，日本国山口县投资 2800 万日元。该工程分布在长清镇、平安店镇、归德镇、孝里镇的黄河沿岸地区，总面积 500 公顷，栽植乔木 24.4 万株，灌木 2.0 万株。

2000 年—2002 年，实施“蓝天工程”，完成经济林 333 公顷，用材林 333 公顷，防护林 667 公顷，风景林 533 公顷，补植造林 933 公顷，新建农田林网 4000 公顷，完善农田林网 1800 公顷，村镇植树 130.7 万株，104、220 国道和黄河东岸全部造林补植绿化。2000 年起，实施“债券工程”，历时 3 年，完成造林 1428 公顷，其中防护林 1100 公顷，经济林 281 公顷，风景林 47 公顷。2002 年起，全区林业建设调整为建设四大林业体系：一是沿黄防护林体系，主要是西部沿黄 4 镇以杨树为主丰产林；二是平原滩区速生丰产林体系，主要是西部沿黄 4 镇平原滩区内以杨树为主的丰产林；三是东南部山区经济林体系，主要是崮山、张夏、万德、武家庄、马山、双泉、孝里、五峰等乡镇以核桃、板栗、樱桃、杏、柿子、桃、苹果为主要树种的经济林；四是山区生态

■ 荒山绿化 （2007 年 摄）

风景林体系，主要是山区以侧柏、松树、刺槐、火炬、黄栌等为主的生态防护林。2004年，被评为全省绿化工作先进单位。2005年，实施京福高速公路绿色通道工程，造林规模433公顷，其中平安街道27公顷、崮云湖街道134.7公顷、张夏镇136.6公顷、万德镇134.7公顷。2007年，全区启动"造林绿化行动"，重点实施荒山绿化工程。是年，完成荒山造林1467公顷，被评为全省林业工作先进单位。2008年，全区"造林绿化行动"完成荒山造林1400公顷。

1986—2008年长清区(县)造林育苗面积情况表

表10－12　　　　单位:公顷

年份	造林面积	新育苗面积	总育苗面积	年份	造林面积	新育苗面积	总育苗面积
1986	6888	318	481	1998	3036	281	447
1987	3872	223	407	1999	2817	391	391
1988	2330	148	303	2000	2600	231	439
1989	900	201	248	2001	657	152	228
1990	2518	106	155	2002	569	182	286
1991	2883	288	373	2003	918	171	318
1992	5522	401	468	2004	860	280	398
1993	6968	259	456	2005	1085	480	712
1994	10355	300	415	2006	1632	358	1100
1995	7717	334	462	2007	2382	373	1408
1996	5991	292	395	2008	1928	374	1500
1997	5245	260	423				

义务植树　20世纪80年代起，每年在植树节前后，长清区(县)利用广播、电视、会议、标语等形式宣传全国人大《关于开展全民义务植树运动的决议》，宣传《中华人民共和国森林法》，组织机关干部、学校师生、群众开展义务植树活动。1991年，县政府设立县级机关、企事业单位义务植树责任基地，各乡镇也分别确定各自的义务植树责任基地。1994年，县委、县人大、县政府、县政协、县纪委、县武装部率先在万德、张夏、崮山、平安店、城关等乡镇建立起义务植树基地。县妇联、团县委、县教委等相继建立起"三八""五四""六一"等绿化基地。2000年，县政府出台《长清县义务植树基地管理办法》，对开展义务植树活动进行规范。2004年3月11日和7月28日，区委、区政府及区直机关干部先后到文昌街道西隆村和卧牛山进行义务植树。2006年3月10日，长清区委、区政府及区直机关干部1200余人到文昌街道南五村进行义务植树。2007年3月12日，区委、区政府及区直机关干部到文昌街道三龙庄参加义务植树活动。3月18日，省委书记、省人大常委会主任张高丽，济南军区司令员范长龙，济南军区政委刘冬冬，济南市委书记焉荣竹，市长张建国等党政军领导与千余官兵和机关干部群众到长清区归德镇南水北调济平干渠参加义务植树活动。2008年3月12日，区委、区政府及区直机关干部共1000余人到归德镇参加义务植树活动。3月20日，山东省委副书记、省长姜大明，济南军区司令员范长龙，济南市委书记焉荣竹，市长张建国等党政军领导和一

千多名部队官兵、各界群众到崮云湖街道池子村参加义务植树活动。至 2008 年年底，全区共建义务植树基地 189 个，植树 5071.5 万株，造林面积 4467 公顷。

第三节 林 果

林果生产 长清区果树栽培历史悠久，资源丰富，品种优良。主栽品种有杏、樱桃、梨、桃、苹果、核桃、柿子、板栗、大枣、石榴、花椒等。2008 年，全区果品总产量 41505 吨。

苹果 20 世纪 80 年代，苹果主栽品种为金帅、红星、国光、青红香蕉等。1986 年，苹果面积 1067 公顷，产量 5078 吨。进入 90 年代后，开始大量发展富士，少量栽植乔纳金、北斗、新红星等四红品种。90 年代末，苹果价格下跌，全区苹果面积迅速减少。至 2008 年，全区苹果面积 260 公顷，产量 4525 吨。

杏 张夏镇、五峰山街道是杏的主产地。1986 年，全县杏种植面积 667 公顷，产量 600 吨。2008 年，全区杏种植面积 1117 公顷，年产量 13870 吨。

梨 1986 年，全县梨种植面积 307 公顷，产量 2470 吨。20 世纪 90 年代前，长清县是泰山小白梨的主产地，皮薄、肉嫩，含糖量高、果肉透明，在省内外和国际市场享有盛誉。90 年代末，引进爱宕梨、水晶梨、黄金梨等优良品种。2008 年，种植面积 137 公顷，产量 3800 吨，主要品种有爱宕梨、水晶梨、黄金梨。

板栗 主产于万德镇。1986 年，全县板栗面积 600 公顷，年产量 43 吨。2008 年，全区板栗面积 1575 公顷，年产量 1816 吨。主要栽培品种有红明栗、红光栗、石丰、海丰等品种。在栽培上推广优质、无公害、丰产技术，质量达到绿色产品标准。“金拔山”牌和“店台”牌板栗通过国家级无公害农产品质量认证，“卧龙峪” 牌板栗通过省级无公害农产品质量认证。

柿子 主产于万德镇、张夏镇等。1986 年，全县柿子栽植面积 1240 公顷，产量 5740 吨。2004 年，“卧龙峪” 牌柿子通过省级无公害农产品质量认证。2008 年，全区柿子栽植面积 1286 公顷，产量 3352 吨。

核桃 20 世纪 80 年代前，长清栽培的核桃主要是当地核桃，皮较厚，含油量高。80 年代后，以引进新疆核桃与当地核桃为主。1986 年，全县核桃 973 公顷，产量 257 吨。90 年代后，开始推广元丰、香玲、鲁光、丰辉等近 20 个新品种，仍属实生繁殖。2003 年起，逐渐开始良种薄皮核桃的嫁接、繁育和大量推广。2008 年，全区栽植核桃 3840 公顷，产量 3522 吨，主要品种有香玲、元丰等。主产地是万德、双泉、孝里、张夏、马山、五峰山、归德等乡镇（街道）。

樱桃 五峰山街道、双泉和万德镇是大樱桃主产地。20 世纪 80 年代，以小樱桃种植为主，大樱桃在全县有少量栽植。1995 年起，引进栽培红灯、那翁、大紫、拉宾斯、撒姆、早大果等品种。2008 年，全区大樱桃种植面积 200 公顷。

五峰山街道明陵杏园 （2007 年 摄）

桃　1986年，全区桃栽植面积120公顷，产量550吨。马山镇是桃的主产地，主要品种为中华寿桃、寒香蜜雪桃等。2005年，马山桃生产基地被市农业产业化办公室命名为市级科技示范园。2008年，全区桃栽植面积403公顷，产量6004吨。

1986—2008年长清区(县)干鲜果品产量统计表

表10－13　　　　单位：吨

年份	果品总产量	水果										干果				
		合计	苹果	梨	葡萄	桃	杏	枣	柿子	山楂	其它	合计	核桃	板栗	花椒	白果
1986	15453	15153	5078	2470	125	550	600	50	5740	40	500	300	257	43	—	—
1987	16105	15755	6863	2820	326	560	301	26	4749	80	30	350	291	59	—	—
1988	16909	16391	6251	3875	392	110	165	117	5406	58	17	518	443	75	—	—
1989	16493	16116	6034	3825	467	159	228	134	4817	64	388	377	357	20	—	—
1990	15553	15078	5065	2755	405	646	403	94	5535	59	116	475	438	37	—	—
1991	16246	15669	4553	3008	395	776	407	106	6138	85	201	577	491	52	—	—
1992	15860	15223	5036	3051	400	877	500	141	5040	97	81	637	501	97	39	—
1993	20637	19822	6771	3465	438	1277	581	156	6270	326	538	815	644	135	36	—
1994	25363	24426	8916	3366	507	2516	588	117	6766	359	1291	937	698	180	56	3
1995	29197	28219	10282	3402	681	3271	1470	138	6622	477	1876	978	725	189	62	2
1996	37235	36041	15000	4300	670	4500	1850	18	6200	477	3026	1194	819	267	106	2
1997	40185	38780	17476	3643	1261	4500	1850	167	7351	496	2036	1405	897	399	96	2
1998	49682	47758	23728	4228	1567	3380	1798	183	7528	573	4773	1924	1055	747	108	2
1999	48733	46907	25528	4560	564	3156	1189	692	7588	560	3070	1825	1182	493	134	2
2000	52018	49749	26271	4136	1082	4920	2249	192	7358	560	2981	2269	1489	667	130	—
2001	34411	33040	18809	4012	1190	2612	303	207	4318	565	1024	1371	459	839	41	2
2002	37062	29784	17709	4010	1929	2645	1201	217	5438	390	1900	7278	747	775	72	2
2003	41305	33034	14646	4486	865	3074	8137	435	5985	214	1612	8271	886	877	65	3
2004	43367	33710	15100	4630	853	2850	8765	502	6645	183	1329	9657	1018	980	65	5
2005	50060	38268	15500	5230	2587	2930	8863	431	8312	163	2995	11792	1138	930	50	3
2006	51020	47340	11820	6110	2820	3995	8430	605	8802	281	4477	3680	1304	1230	74	2
2007	44153	41041	11780	6820	1910	5360	7850	510	5610	280	921	3112	1780	820	76	—
2008	41505	35763	4525	3800	617	6004	13870	38	3352	200	3357	5742	3522	1816	74	1

说明：2002年—2005年数据中，干果包括柿子、枣的产量，水果不包括柿子、枣的产量

林果科研　科研成果　长清区(县)实施科技兴林战略，在繁育新品种、研发新技术上求突破，坚持将选育、引进优新品种作为工作重点。1992年，林业局主持完成的《矮化苹果苗木快繁技术研究》项目获济南市科技进步二等奖、《柿树花期喷赤霉素提高坐果率技术》项目获长清县科技进步

大棚玉杏 （2005年 摄）

三等奖。1996年，《裸岩山地绿化技术试验研究》获济南市科技兴农竞赛三等奖、济南市优秀科技信息成果奖三等奖。1996年—1997年，《果树旱作技术推广》《板栗花期喷稀灵一号、硼砂提高坐果率技术》《柿树花期喷赤霉素提高坐果率技术》等项目，分别获县科技兴农二、三等奖。1996年—1998年，《红玉杏、红荷包杏优质丰产栽培技术》和《幼龄苹果早期丰产栽培技术》项目分别获济南市科技兴农竞赛三等奖、济南市科技兴农三等奖。1998年，《杨树丰产栽培配套技术推广》项目获济南市科技兴农竞赛二等奖、济南市科技星火奖三等奖。2004年，《景区景观美化与林木资源保护开发技术研究》项目获山东省林业局科技进步奖三等奖。2007年，由区林业局与市林果科技推广站共同研发的《北方龙柏快繁技术研究与开发》项目获济南市科技进步二等奖。2008年，参加完成的《高维生素C大酸枣新品种选育研究》和《良种核桃快繁及标准化技术集成与示范》项目分别获省林业科技成果一、二等奖。2008年，《丰产林定向培育技术推广与应用》获山东省林业局科技进步奖三等奖、济南市科技进步奖三等奖。

科技服务　20世纪80年代后期，全县各乡镇都建立健全林业站。至1988年，全县11个乡镇聘用27名农民林果技术员充实到林业站，7个乡镇建起“三支服务队”共567人，其中修剪服务队326人，嫁接服务队82人，病虫害防治服务队159人，284个自然村建立林果服务小组，村级林果技术服务员发展到1180人。90年代后，坚持选育、引进优新品种作为工作重点，推广应用生物防治病虫害、整形修剪、果品套袋、嫁接改良、无公害果品生产等新技术。2000年起，林业科技人员每年都到各街道（乡镇）开展科技下乡活动。至2008年，累计赶科技大集120次，举办技术培训班150期，发放林果技术资料5万余份，设立“绿色服务热线”，先后邀请省果树所研究员王均毅、山农大教授陈学森、省林科院博士侯立群等林果专家到长清指导。引导并扶持成立林果协会，先后成立区林业局龙柏协会、文昌街道花卉苗木协会、大峰

科技下乡宣传 （2007年 摄）

林果技术人员现场示范 （2006 年 摄）

主的桃基地，以双泉乡为主的大枣基地。

进入 21 世纪，全区立足名特优果品资源优势，扩大特色树种的种植规模，将各树种向最适应种植区集中并形成规模，探索出“精品园带动，基地化发展”的林业产业发展路子，确立名优果品主导产业，形成市场带龙头、龙头带基地、基地连农户的产业发展格局。2004 年，“张夏”牌玉杏被农业部产品质量安全中心审定为无公害农产品，“马山雪”牌中华寿桃、“卧龙峪” 牌核桃、柿子、板栗等通过省级无公害农产品质量认证。2005 年，“华新”牌爱宕梨被农业部中绿华夏有机食品认证中心认定为有机食品和绿色 AA 级食品。2007 年 10 月，“华新”牌爱宕梨被中国林业产业协会、中国园艺学会、中国果品流通协会和北京果树产业协会共同认定为“奥运推荐果品”，成为长清区唯一进入奥运会的果品。至 2008 年年底，全区形成十大林果基地（万德镇柿子、核桃、板栗、大樱桃生产基地；双泉乡核桃、大樱桃生产基地；张夏镇玉杏、核桃生产基地；五峰山街道核桃、大樱桃生产基地；孝里镇核桃生产基地；马山镇桃生产基地；沿黄丰产林基地；文昌街道绿化

山林场林木种子协会、马山镇雪桃协会、张夏镇果品协会、万德镇果品协会、双泉镇果品协会等 20 个林果协会，其中万德镇果品协会被列为市级第二批财政扶持的农民专业合作经济组织试点单位。

基地建设 1986 年起，全县坚持把林果基地建设作为农村产业结构调整的重要内容来抓，由县长带队统一组织各乡镇负责人到泰安市邱家店镇旧县村参观学习山楂密植丰产技术，还先后 8 次组织有关人员 270 余人到外地参观学习。至 20 世纪 90 年代中期，建起以张夏镇黄家峪为重点的万亩玉杏基地，以张夏镇纸坊、焦台、上下泉为重点的万亩小白梨基地，以武家庄乡东侯、马场、拔山为主的万亩板栗基地，以平安店镇小范办事处为主的万亩苹果基地，以崮山至五峰山镇钓鱼台水库沿线为主的万亩干杂果基地。至 1999 年，基本形成以沿黄四镇为主的速生丰产林基地，以武家庄乡为主的柿子、板栗基地，以万德镇为主的苹果基地，以五峰山镇为主的大樱桃、杏基地，以张夏镇为主的红玉杏、泰山小白梨基地，以马山镇为

林业科技推广示范基地 （2006 年 摄）

苗木生产基地；平安街道精品花卉生产基地；张夏镇、万德镇有机茶叶生产基地）和八大特色精品示范园（马山镇北李、马东雪桃示范园；张夏镇金峪大樱桃示范园；万德镇代家河核桃示范园；万德镇裴家园大樱桃示范园；文昌街道华新集团爱宕梨示范园；万德镇店台果树设施栽培示范园；双泉乡书堂峪大樱桃示范园；五峰山街道纸坊大樱桃示范园），武庄柿子、双泉核桃、张夏玉杏、五峰大樱桃基地被济南市农业产业化办公室命名为济南市果品标准化生产基地，马山中华寿桃、万德果树设施栽培两个示范园被济南市农业产业化办公室命名为济南市果品示范园。

第四节 林业管理

林权制度改革 20世纪90年代起，在林业生产中逐渐改变以往林业建设中重造林轻管护的做法。1991年，县委下发《长清县"八五"绿化标准和验收奖惩办法》。1994年，全市开展"四荒"使用权拍卖，借鉴外地经验，推行荒山、荒滩、林网、路林和经济林拍卖，涌现出双泉乡东坦、马山镇于庄、归德镇吴渡、孝里镇四街等一批拍卖典型。1996年，双泉乡陈国桐承包王庄荒山100公顷，发展林果种植，通过5年的开发治理，昔日的荒山已变为满山苍翠、花果飘香。采取召开新闻发布会、座谈会、在外工作的同乡联谊会等形式，宣传长清的区位优势、资源优势和"四荒"拍卖承包的优惠政策。2000年9月23日，在泉城广场召开五峰山镇333公顷"四荒"拍卖新闻发布会。2001年11月，在山东展览厅成功举办长清7333公顷"四荒"拍卖展销会，归德镇召开路林拍卖现场会，其他乡镇通过新闻、报纸等多种渠道推行拍卖承包的做法，林权改革工作掀起以拍卖承包为重点的高潮，涌现出双泉乡邵宝发、五峰山街道朱峰松、张夏镇姜风云、归德镇董正岭等一批承包大户。是年，归德镇东辛村进行林权改革，实行"分林到户，集体、户进行统一规划、统一购置树苗、统一管理、统一采伐"的政策，仅树木收入一项，全村人均1500元。2003年，万德镇拔山村板栗精品园实行承包期30年和统一管理的做法，果园产量提高3倍，全村人均板栗收入超过2000元，成为名副其实的"板栗村"。2004年，归德镇归北村将一条1500米的路林以每米60元的价格拍卖给4户群众，使这条连续栽6年都不成功的路林绿树成荫；归德镇吴渡村通过对路林和荒地进行拍卖承包，村里每年增加收入5万元，村民每年增加收入2000元。归德镇在实行林权制度改革的8年中，将460公里路林和800公顷荒山全部拍卖或承包给农民，全镇增收1800万元。2005年，办理林权证1000余份。2007年，全区平原地区林木承包和购买户421户，1733公顷，其中67公顷以上1户，33公顷以上4户。至2008年，全区1.9万公顷林地落实林地权属，林权流转面积1.7万公顷，荒山承包拍卖面积1867公顷，累计发放林权证1300余份、发证面积2.1万公顷。

林业防火 1989年，县政府成立以县长为指挥，分管副县长为副指挥，有关部门负责人为成员

长清区森林消防专业队演练 （2008年 摄）

森林消防车发放仪式 (2006年 摄)

的护林防火指挥部，各乡镇及各林场相应成立护林防火指挥机构。是年起，县、乡镇、村每年层层签订护林防火责任书，实行乡镇长、派出所所长、林业站长、村委会主任“四长”负责制。2000年起，实行县长(区长)、乡镇长(街道办主任)、林业站长、村长“四长”负责制，实行森林防火责任追究制度和区森林防火指挥部成员单位包乡镇（街道、林场)、乡镇(街道)机关干部包山头责任制。2003年，制定森林火险火警通报制度。2005年，制定收取风险抵押金制度和烧制防火隔离带制度。2006年，统一购置10部森林消防专用车配发给乡镇(街道)。2007年10月，长清区被山东省人民政府森林防火指挥部评为全省森林防火工作先进单位。至2008年，全区各乡镇(街道)均配备20台风力灭火机、200把2号扑火工具(又名打火把)和森林消防专用车，在大峰山林场、莲台山林场建成望台和森林消防队营房，组建起专业护林员队伍，成立两支森林消防专业大队（区巡警大队和莲台山大队)、21支护林中队和63支护林小队，构筑起覆盖全区的网络化防火体系。

封山育林 20世纪80年代至90年代中期，提倡封山育林，但全县除国有林场和风景区外，封山育林几乎处于放任状态。1994年，长清县下发《关于对部分荒山实行封山育林的通知》，确定对1295公顷荒山实行封山育林。1995年，发布关于“牛座槽、羊圈养”的规定和关于封山育林的布告，进一步落实封育措施。1999年，县政府下发《关于实施〈长清县封山育林规划〉的通知》，提出确保规划顺利实施的有效措施。2002年，区政府下发《关于封山育林工作的通知》，明确禁止在封山育林区内放牧牛羊。2007年，区林业局和区畜牧局联合下发《关于封山育林、禁牧牛羊的通告》。

2001年，中央决定建立森林生态效益补偿制度，长清县被列为全省47个首批试点区县之一，全区共有12936公顷森林被列为国家公益林管护范围。2006年，新争取省级公益林管护5213公顷、市级2087公顷。2008年，新争取省级公益林管护5533公顷。至2008年年底，全区共有25769公顷山林享受中央和省、市级生态效益补偿政策，护林补助资金183.6万元。按照67公顷一个护林员的原则，全区组织建立350人的专职护林队伍。

病虫害 分布 据2004年普查数据，长清区有林业有害生物67种，其中病害14种(其中杨树4种，苹果5种，葡萄2种，柿树、桃树、核桃树各1种)，虫害52种(其中昆虫纲6个目、26个科、50个种，蛛形纲直螨目叶螨科2个种)。在文昌街道、归德镇、孝里镇主要病虫害为杨树溃疡病、褐斑病、杨白潜叶蛾、光肩星天牛等；在青石山区，主要病虫害是柏毛虫、柏毒蛾、木撩尺蠖、刺槐小皱蝽、肖黄掌舟蛾、缀叶丛螟、双条杉天牛、侧柏红蜘蛛等；在砂石山区，主要虫害是赤松毛虫、肖黄掌榆舟蛾；在经济林中，主要病虫害是苹果腐烂病、轮纹病、褐斑病、桃穿孔病、桃小食心虫、苹果瘤蚜、黄蚜、柿蒂虫、柿棉蚧、草履蚧、舟形毛虫、云斑天牛、栗瘿蜂、

涂毒环作业 (2008年 摄)

红蜘蛛、桑天牛等；在苗圃中，主要以杨树溃疡病、光肩星天牛、桑天牛、白杨透翅蛾、黄刺蛾、国槐尺蠖、舟形毛虫等；在路林和庭院绿化中，以根癌病、褐斑病、白粉病、绣色粒肩天牛、蚜虫等为主。在青石山区，柏毛虫不断蔓延成灾，侧柏红蜘蛛也在旱年蔓延。在大峰山林场、五峰林场，时有柏毒蛾发生。在万德、武庄的松林时常发生松毛虫虫害，在崮山、归德、孝里等乡镇发生双条杉天牛危害，在万德店台、双泉郝庄、刀山峪发现松墨天牛。

检疫 1988年，根据林业部和省市的要求，开展森林植物检疫对象普查工作，共发现柳小吉丁虫、杨圆蚧、白杨透翅蛾等14种检疫对象。1989年5月—8月，开展美国白蛾普查工作，采取专群结合的方法，完成普查任务，被评为济南市第一名。6月，根据国务院发布的《植物检疫条例》，结合长清实际，对《长清县森林植物检疫收费办法》进行重新修订。至2008年年底，全区共有专职检疫员6人，兼职检疫员32人，设立中心测报站1处，设市级监测点3处，街镇监测点11处，村级虫情调查员600人。

监测与防治 1997年，根据春季的虫情调查，全县发生较严重的侧柏毒蛾、松毛虫虫害，虫株率分别平均为71%和56%，其中大峰山林场危害面积233公顷。是年，全县林木病虫害发生率27.5%，监测率84.7%，防治率75.3%，林木种苗产地检疫率93%，上述指标均达到省、市林业部门制定的管理目标。1999年，春季抽样调查，沿黄丰产林的杨尺蠖平均虫口密度达每株600头，以长清镇的孟里、三隆、东仓，平安店镇的潘庄、丁店，归德镇的吴渡、大觉寺最为严重，最高达每株1200头，虫株率95%以上，发生面积347公顷，其中严重受害面积93公顷。是年，大峰山林场发生红蜘蛛虫害和柏毒蛾虫害，危害面积为240公顷和40公顷。2000年，大峰山、石磷山、孝堂山、小娄峪等地发生侧柏双条杉天牛虫害，双泉乡刀山峪发生松墨天牛虫害，县林业局采取措施，指导各地开展防治工作。2004年，调查发现，榆树上发生肖黄掌榆舟蛾虫害，黄栌上发生缀叶丛螟虫害，杨树上发生褐斑病，4年以上生树木发生早期落叶病，苹果树发生早期落叶病和苹果瘤蚜、黄蚜、轮纹病，柿树发生柿棉蚧、柿蒂虫害，武家庄乡核桃发生云斑天牛虫害，特别是双泉乡双条杉天牛，万德镇松毛虫，五峰山、崮云湖街道和孝里镇的柏毒蛾、红蜘蛛虫害严重，区政府筹措资金，购置农药，组织力量在技术人员的指导下进行防治。2007年7月18日，美国白蛾疫情在平安街道首次发生，疫情不断向周边蔓延。2008年，呈现出全区大暴发的势头，对林业乃至农业建设造成极大的危害。区委、区政府决定成立以区长为总指挥的美国白蛾防治工作指挥部，逐级签订《目标责任书》，明确任务，落实责任，多次召开会议进行动员、安排和调度，明确“专群结合，群防群控”的防治原则，组建区、乡镇和村三级防治专业队386支4200多人，投资300多万元购置药物和器械，先后采取灯光诱杀、人工摘除网幕（卵块)、化学药剂防治、涂毒环、绑毒绳和围草诱虫(蛹)等措施进行综合防治,全力以赴防控美国白蛾疫情。至2008年年底,全区累计投入资金600余万元,完成防治面积7000公顷,作业面积1.07公顷,上阵人数10万多人次,动用各种防治器械1200多台套,使用药品35吨,白蛾防治得到有效控制。

林政执法 20世纪80年代,县政府和各乡镇都建立护林委员会,各级制定护林规定。1985年,县委、县政府下发《关于依法护林的通知》。1986年,双泉乡在牛头山建立33公顷法制林。至1988年,全县共有法制林18处,面积405公顷。1988年8月,县林业局与县交通局协商,委托运输管理所对调运的木材及其产品进行检疫证(费)、运输证、育林费检查。1996年10月12日,县政府下发《长清县森林资源保护管理规定》,加强对森林资源的保护力度。2003年,林业局成立林业综合执法中心,实行林业系统内的联合执法,由公安、林政、森保、种苗四个部门共同组成联合执法大队。是年,将公安、林政合并为林业公安科,与区公安分局、区国土局等10余个部门建立起联动机制,实行24小时值班接警和联合办案制度。2002年至2004年上半年,共查处各类林木案件489起,其中刑事案件19起,移送法院26起,刑事拘留6人,共处罚当事人360人。2004年,长清区被评为全省森林公安基层基础建设先进单位、全省林木种苗行政执法和质量监督先进单位。2005年,林业行政审批项目全部纳入区政务大厅办理。是年,长清区被评为全省依法治林保护森林资源工作先进单位。

森林公园建设 1992年,五峰山被批准为省级森林公园。1998年,大峰山被批准为省级森林公园。2001年,卧龙峪被批准为省级森林公园。2003年,马山被批准为市级森林公园。2005年,凤凰岭被批准为市级森林公园。至2008年年底,境内共有省级森林公园3处,市级森林公园2处,总面积135.6公顷,森林公园林木平均覆盖率92%。

2008年长清区市级以上森林公园情况表

表10-14

公园名称	所在乡镇	总面积(公顷)	有林地面积(公顷)	覆盖率(%)	级别
五峰山森林公园	五峰山街道	11.8	11.1	94	省级
大峰山森林公园	孝里镇	52.7	49.4	94	省级
卧龙峪森林公园	万德镇	26.7	24.4	92	省级
马山森林公园	马山镇	22.2	20.0	90	市级
凤凰岭森林公园	万德镇	22.2	20.4	92	市级

第五节 对外交流

1996年,争取世界银行保护发展森林资源项目,总投资为838.50万元,分布在平安店、长清、归德、孝里4镇的126个村庄,总面积2709公顷。1997年7月21日,日本山口县农村部副部长板垣靖彦一行3人到长清县对友好林建设进行实地考察。是年11月,省林业厅及省外事办的有关领导一行5人进行回访。经双方商定,在山东省长清县建设"绿色黄河"友好林,总面积500公顷,设置13片,共20个小班,需栽植乔木24.4万株,灌木2.0万株。造林树种品种主要为黑杨(I-69、I-72、中林46、23、28等)、毛白杨(鲁毛50、易县雄株)、柳树(J172、J194)、银杏、白蜡。建设期限为1998年—2002年,计划总投资375万元人民币,其中山东省投资200万元人民币,日本国山口县投资2800万日元。纪念碑设置在平安店镇后朱村,碑周围设置50×50平方米的绿地,栽植银杏、日本樱花、桧柏及其他花灌木。

1998年5月22日，以日本国山口县农林部林政课课长原邦夫为团长的考察团一行3人，到长清县对友好林协议进行磋商。是年6月8日—17日，省林业厅厅长辛云岩及长清县副县长宋家岭等7人在日本国山口县签订建设友好林的正式协议。10月25日至11月3日，日本农林部林政课林业专家相川敏朗到长清县就速生丰产林的栽培管理进行技术交流。10月31日，以日本山口县副知事小河启佑为团长的日本山口县植树团一行90人到平安店镇后朱村参加中日绿色黄河友好林开工仪式和植树活动。11月4日，以龟永恒二为团长的日本山口县议员代表团和以龙井勇为团长的林业协议团及志愿者植树团150余人，到平安店镇后朱村开展“绿色黄河友好林”植树活动。2000年11月3日，以日本山口县议会副议长横山丰治、农林部次长德光学为团长的山口县志愿植树团、山口县林业协议团一行107人，到平安店镇后朱村参加“绿色黄河友好林”植树活动。2002年11月2日，以日本山口县知事二井关成、议长岛田明为团长的林业交流团在长清镇西仓村举行绿色黄河友好林竣工仪式和植树活动。2004年4月22日—24日，德国林业专家克劳斯·萨拉青到长清区就丰产林栽植技术进行交流。是年，7月3日—12日，法国林业专家莫治到长清区就造林密度、营林树种、造林地管理、森林防火等进行技术指导交流。2007年4月26日至5月2日，日本林业专家南幅正治就丰产林栽植管理等情况到长清区进行技术指导交流。是年8月16日—18日，日本花甲协会樱桃专家小林良次到长清区进行为期3天的大樱桃生产管理技术指导。

第九章 名优特产

第一节 张夏玉杏

张夏镇是玉杏的原产地，至今已有2600多年的栽培历史，从汉武帝时到清代一直被列为宫廷贡品，史称汉帝杏、汉武杏和贡杏。该果品果实早熟，色泽鲜艳，果肉多汁，风味甜美，酸甜适口。平均果重65克，最大重180克。1985年，作为名特优稀果品编入《山东农业名

张夏玉杏 （2008年 摄）

产》，是济南市政府批准的长清县果。1996 年，长清县被济南市命名为红玉杏生产基地。2002 年起，张夏镇政府通过举办杏花节、玉杏采摘节促进张夏玉杏的发展。2004 年，张夏镇政府注册“张夏”牌商标，张夏玉杏通过农业部无公害农产品认证，并编入《山东农业名优特产》。张夏万亩玉杏种植基地位于黄家峪内，是全省最大的玉杏生产基地，也是济南市十大林业示范基地，主要分布在娄峪、岳庄、桃园、纸坊、焦台、高庄、邵庄、诗庄等 17 个村。基地内空气新鲜、光照充足、水质优良，沟渠、林、田、路配套，无任何污染和污染源，是山东省农业厅批准的无公害绿色产品。2008 年，全区玉杏种植面积 640 公顷，年产量 9300 吨，果品畅销哈尔滨、沈阳等大城市，还远销新加坡、韩国、日本等国家和中国澳门、台湾地区。

第二节　马山栝楼

马山镇是著名的栝楼之乡。据《长清县志》记载，早在清代以前，马山庄科、焦庄一带就开始种植，距今已有 400 余年的历史。栝楼有仁栝楼、糖栝楼和山栝楼，别名又叫做瓜蒌、药瓜等，是一种多年生草质藤本葫芦科栝楼属植物，药效十分显著，具有清热去痰、宽胸散结、润燥滑肠之功效，多用在肺热咳嗽、痰浊黄稠、胸痹心痛、结胸痞满、乳痈、肺痈、肠痈肿痛、大便秘结等症状上，具有极高的药用价值和经济价值。“马山栝楼”作为栝楼中的精品，因主要产地在马山镇庄科村、焦庄村一带而得名。其品质与马山的特定地域环境密不可分，马山具有土层深厚、肥沃、排水良好的沙壤土，四季分明的气候条件，因而能够保证栝楼的产量和质量。现还存有马山栝楼老株，根深叶茂，根深 2 米多，果实累累，个大质优。马山栝楼以个大、皮厚柔韧、籽多、含糖量高、药用价值大的特点誉满国内外。1987 年，全乡种植栝楼 130 公顷，总产量 10 万公斤。1989 年后，因产品供大于求，价格下滑，利润降低，栝楼种植面积逐年减少，全镇不足 10 公顷。2008 年，在镇政府的倡导下，庄科村开始逐步恢复栝楼种植，面积 20 公顷。2009 年 4 月 15 日，“马山栝楼”通过国家农产品地理标志认证。

■ 马山栝楼　(2008 年 摄)

第三节　长 清 茶

长清种茶历史悠久，唐朝时期就有记载，灵岩寺内碑刻载有：“身在净土上方界，闲观野鸟鸣幽谷，顿觉超俗话新茶，再整衣冠拜佛牙”。此中的“新茶”即为“长清茶”。后因北方气候严寒、战乱等原因，灵岩寺一带的茶树种植逐渐减少。20 世纪 50 年代，国家进行“南茶北引”，长清县茶叶种植规模不断扩大。至 2008 年，茶叶种植面积 48 公顷，产量 41 吨，开发茶产品种类 30 多个，主要有济南立泰山茶叶有限公司生产的被誉

■ 长清茶 (2008 年 摄)

为泉城第一茶的“灵岩绿茶”和济南南湖玉露茶叶科技开发有限公司生产的被誉为泉城名茶的“泉城绿茶”，分别于 2006 年、2008 年通过农业部有机食品认证。

济南立泰山茶叶有限公司种植基地 位于长清区万德镇灵岩寺风景区，是集茶叶科研、茶树栽培、茶叶加工、销售于一体的股份制企业。2003 年，在第四届全国食品博览会上，灵岩雪针、雪芽系列产品获金奖。2004 年，在“3·15”省级名优商品博览会上，灵岩绿茶获优秀奖。2005 年 5 月，雨花岩绿茶获“中国济南第三届国际茶叶博览会名茶评比金奖”。10 月，灵岩绿茶获“2005 年中国三绿工程博览会放心茶中茶协推荐品牌”“山东省茶文化协会推荐品牌”。2006 年，被授予市级农业产业化重点龙头企业，通过农业部有机食品认证。2008 年，有机茶园面积 28 公顷，年产茶叶 21 吨，产品有灵岩牌有机绿茶、灵岩禅茶、灵岩雪芽、雪毫、雪峰、灵岩银杏茶等 10 多个品种，产品销往北京、上海、广州等。

济南南湖玉露茶叶科技开发有限公司茶叶种植基地 位于长清区张夏镇纸坊村，是集茶树科研、栽培、加工、销售于一体的现代种植基地。公司是中国茶叶流通协会团体会员单位和济南市茶叶行业协会理事单位。2008 年，基地有机茶种植面积 20 公顷，年产茶叶 20 吨，培育出南湖玉露泉城绿茶系列产品，有黄金峪、御芽、黄金玉露、泉城绿、明湖绿、雪毫、雪峰等系列绿茶 20 多个品种。

第四节 武庄柿子

武庄是山东省最大的柿子之乡，已有 500 年的栽培历史，有“生态武庄，齐鲁柿乡”的美誉。2003 年起，每年 9 月举办济南市金秋柿子节。2008 年，全区柿子栽植面积 1286 公顷，产量 3352 吨。主要栽培品种有车头柿、合柿、水柿，其深加工产品有柿饼、柿干、果脯三大系列，主要出口韩国、日本、新加坡、马来西亚等国家并销往中国台湾地区。

■ 武庄柿子 (2008 年 摄)

第五节　武庄板栗

武庄板栗产于万德镇东部山区，所产的泰山红明栗赤褐色，每500克40~80粒，大小均匀，糯性强，早在20世纪50年代就远销日本及东南亚等国家，被外商称为“中国干栗”。2008年，全区栽植板栗1575公顷，年产量1816吨，主要栽培品种有红明栗、红光栗、石丰、海丰等品种，推广优质、无公害、丰产技术，质量达到绿色产品标准。

第六节　马山桃

马山镇是马山桃的生产地，主要品种为中华寿桃、寒香蜜雪桃等。中华寿桃个大(最大果875克)，色泽鲜红，脆嫩甘甜，每年9月下旬至10月上中旬成熟上市。寒香蜜雪桃果实成熟时黄绿色，阳面红晕，平均果重278克，最大果810克，甜脆可口，汁多香甜，耐贮运，在常温下可贮藏近一个月，国庆节前上市。2006年起，每年9月举办雪桃采摘节。2007年，成立雪桃种植专业合作社，有社员300户，从事雪桃生产、经营、销售。2008年，通过农业部无公害农产品认证，栽植面积133公顷，年产量4300吨。

马山雪桃　(2008年　摄)

长清大樱桃　(2008年　摄)

第七节　长清大樱桃

长清区樱桃种植历史悠久，五峰山街道、万德镇和双泉乡是大樱桃主产地。1995年起，引进栽培红灯、那翁、大紫、拉宾斯、撒姆、早大果等品种。其特点是成熟早、甜度大，果大、肉多、色泽鲜艳，口味甘甜，富含维生素ABCE，低热高纤，补铁补血，健脑益智。上市时间为每年5月初至6月初(比胶东地区早半月，比长清周边地区早1周左右)。张夏金峪樱桃、万德鑫昌源樱桃、店台樱桃通过农业部无公害农产品认证。2008年，全区大樱桃种植面积200公顷，结果面积80公顷，产量240万公斤，建成万德镇裴家园、双泉乡书堂峪、五峰山街道纸坊村3个大樱桃基地。

第八节　泰山小白梨

张夏泰山小白梨又称美人梨。张夏镇是泰山小白梨的主产区之一。该品种成熟早，果型端正，色泽美观，皮薄肉嫩，汁多香甜，含苹果酸、柠檬酸、葡萄糖、果

泰山小白梨 （2008年 摄）

薄皮核桃 （2008年 摄）

糖、胡萝卜素及多种维生素，具有清心润肺、止咳化痰、降低血压的功效。1986年，泰山小白梨种植面积307公顷，产量1760吨。20世纪90年代末，随着爱宕梨、水晶梨、黄金梨等良种的引进栽培，其市场地位逐渐被替代。至2008年，面积减少到137公顷，产量3800吨。

第九节 薄皮核桃

2003年起，推广薄皮核桃的嫁接和繁育，由实生繁殖发展模式向核桃良种化和优树无性繁殖发展，面积逐步扩大。与传统核桃相比，薄皮核桃提前3年结果，用手就能把核桃壳捏碎，成熟期早，口味好，含油量高，经济价值高。2008年，全区栽植核桃3840公顷，产量3522吨，主产地是万德、双泉、孝里、张夏、马山、五峰山、归德。

第十节 西李山药

西李村位于文昌街道西南部，距城区4公里。民国《长清县志》卷二地舆志土产中就有“山药”的记载。西李村山药种植已有近百年的历史。2005年，西李村开始引进山药新品种，进行规模种植。2006年8月，成立长清区文昌街道办事处无公害山药协会。2007年，成立长清区金西李山药专业合作社，注册“金西李”商标。至2008年，全村山药种植面积60公顷，年产量3500吨，建立山药园，山药种植已成为西李村的一大产业，形成支部＋协会＋龙头企业＋合作社＋基地＋农户的管理模式，形成规模农业、生态农业、合作农业、效益农业为特点的现代农业模式，是济南市山药种植第一村。先后引进大和长芋一号、灵芝山药、紫山药、铁棍山药等新品种13个，其中“大和长芋一号”是金西李山药的主导品种，能生吃，又叫水果山药，口感香甜清脆；

西李山药 （2008年 摄）

■ 长芋一号山药（2008 年 摄）

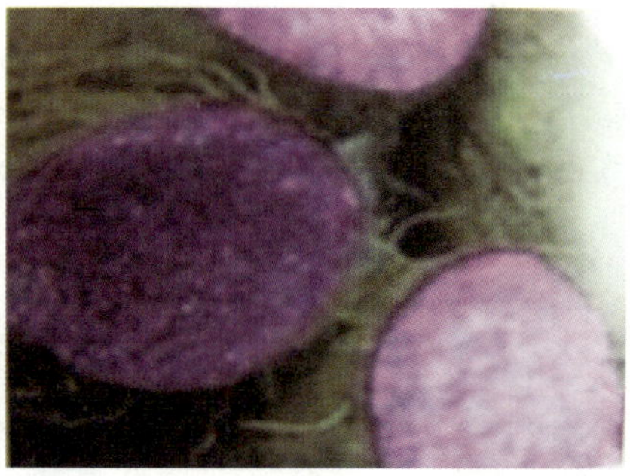

■ 紫山药（2008 年 摄）

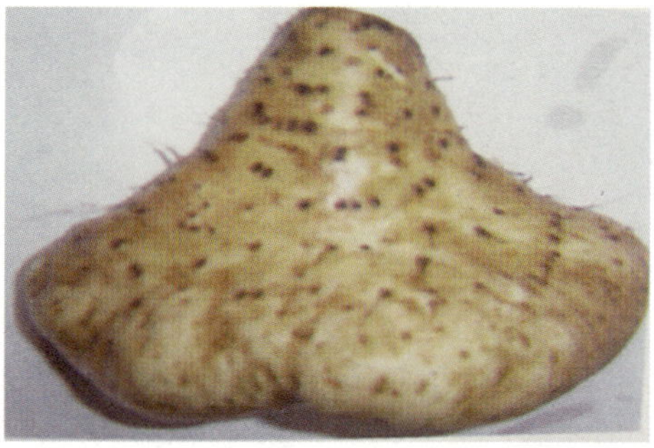

■ 灵芝山药（2008 年 摄）

山药去皮后洁白如玉，与空气接触不氧化，不发黑；耐储藏，常温下能储存三到四个月。“紫山药”也称“紫人参”，为天然紫色，可生吃，味道鲜美，是天然的补品，营养价值极高。山药具有健脾益胃、助消化、滋肾益精、益肺止咳、降低血糖、延年益寿等功效。山药深加工产品有金西李牌山药酒、山药酱、山药面条、山药馒头、山药酱菜等 10 余种，金西李山药销往上海、广州等大城市，深加工产品进入日本、韩国市场。“金西李”牌山药被评为泉城市民最喜爱的十佳特色农产品，被国家农业部确定为全国无公害农产品。

第十一节　归德大蒜

归德镇种植大蒜有近千年的历史，主要有白皮蒜和红皮蒜两个品种。蒜头个大，皮薄、味道纯正，汁黏味浓，营养丰富，含多种维生素、矿物质和大蒜素，辛辣清香，具有开胃健脾、增加食欲、帮助消化、舒筋活血、散热驱瘟的功效。2008 年，归德大蒜通过农业部无公害农产品认证，大蒜种植面积 2000 公顷。

第十一编

水务

Water-related Affairs

武庄水库　　（2008年 摄）

潺潺宾谷水（南大沙河马山镇小崔村北段）　（2004年 摄）

长清湖大桥　（2008年 摄）

1986年起，长清区(县)按照“东治山，西引黄，中部平原建设丰产方”和“因地制宜，重点突破，全面推进”的水利建设方针，先后实施孝里洼以鱼为主的综合治理开发工程，东风、红旗引黄电灌站的更新改造和灌区配套工程，石店、崮头水库的除险加固工程，小型水库的维修加固，武庄水库的扩建、山丘区水保小流域的综合治理，南、北大沙河的中下游治理，平原井灌区的节水灌溉，山丘区的果蔬微滴灌，12处集中供水的水厂等重点水利建设工程，实现从抓小型水利工程为主到抓骨干工程为主和由工程数量型到科技进步型的转变，累计投入水利建设资金1.57亿元，完成工程量1.19亿立方米，工日0.83亿个。至2008年年底，全区有效灌溉面积2.246万公顷，占全区耕地面积的61.07%，各类节水灌溉面积1.35万公顷，占有效灌溉面积的60.1%。

第一章 水利工程建设

1986年起，长清区(县)水利工程建设实现“从抓小型水利工程为主到抓骨干工程为主的转变和由工程数量型到科技进步型的转变”，在内河治理、治涝排涝、水库建设等工程建设方面成效显著。至2008年，内河经过综合治理，改变“堤防残缺不全，河道淤塞，行洪不畅”状况，成为防洪、灌溉的水利设施，变水害为水利。是年，全区有中、小型水库43座，总库容7465万立方米。

第一节 内河治理

北大沙河治理 北大沙河全长54.3公里，流域面积584平方公里，其中山区面积475平方公里，占81.3%，平原面积109平方公里，占18.7%，河道比降0.00239米/米。北大沙河上游段(张夏大桥以上)，建成中型水库1座，小(一)型水库7座，小(二)型水库14座，塘坝105座，总拦蓄能力为3295万立方米。中游段(自张夏大桥下至长清灵岩路大桥)为自然冲刷的宽浅河道，河宽90~150米，没有堤防，汛期洪水大时易于漫滩，非汛期河水常常断流。据崮山水文站实测资料，1979年—2005年间有11年断流，多年平均径流量4282万立方米。该河段中因乱采砂石，废弃土砂堆积较多，形成障碍，影响行洪。河道下游段(自叶庄村东至入黄口)长4.5公里，两岸筑有堤防。2008年，堤防高度3~4.5米，堤顶宽4~4.5米，河道宽110~400米。因黄河淤积形成倒比降，从河口向上游淤积4.2公里，淤高0.5~4.1米。中小洪水不能排入黄河，滞留在河道内，两岸洼地易受洪灾。

1986年—2008年，万德镇在北大沙河3条主支流上实施5处小流域治理工程，治理面积40.53平方公里，建梯级蓄水坝21座，塘坝19座，谷坊350座，修顺河堰13.3公里，环山路32公里；北大沙河上游小型水库除险加固12座，完成土石方23万立方米。

1994年—1999年，张夏镇在纸房河实施节节拦蓄工程，共建成拱形蓄水坝9座，扩大灌溉面积20多公顷，减少下游水库淤积。在北大沙河中游段，以裁弯取直，平整河道，节节拦蓄为主整治主河道。2001年起，张夏镇在北大沙河清挖河道2.5

公里，开挖一条深1米宽90米的子槽，两岸进行护砌，新建宽浅式拦河坝3座，改建生产桥3座，形成清水长流的小湖泊。

1998年4月，在北大沙河主河道原东风水库大坝缺口处，重新开挖清基，兴建浆砌石拦河坝。1999年5月，因缺资金停建。停建时水库库容719万立方米。2005年起，东风水库由大学科技园区规划建设，并改名为景观湖。2006年—2007年，从崮云湖至景观湖入口，全长4.76公里的河道、岸坡全部进行治理。河道比降1/450，河底宽200米，岸坡进行削坡护砌。至2008年，总投资1.4亿元。

北大沙河下游段，全长4.5公里，两岸设有堤防。1985年前，堤防低矮、坡陡，并有多处塌陷，抗洪能力低。1986年起，进行过5次较大的大堤加高培厚和疏挖河道工程，共完成土方15万立方米。1993年，在老屯村北兴建1座3台机组的排涝站。1994年，城关镇在郭庄村北兴建1座排水能力为2立方米/秒的排涝、排污站。1999年，对排涝站进行改造，排涝面积333.3公顷。2003年，平安街道在入黄口修筑3处干砌石坝头，以防洪水冲刷。通过治理，扩大河槽行洪断面，行洪流量由380立方米/秒提高到500立方米/秒。2007年—2008年，投资1456万元对主河道进行扩宽、加深、平整，岸坡进行护砌、绿化。

南大沙河治理 南大沙河全长37.2公里，流域面积406.3平方公里，有主支流3条，小支流15条，大小溪流汇集，源短流急。南大沙河中、上游段（小屯水库以上）建成中型水库2座（崮头、钓鱼台），小（一）型水库2座，小（二）型水库6座，塘坝122座，总拦蓄能力3162.9万立方米。中游段（苾村至归北大桥）为自然冲刷的宽浅河道，河宽50~110米，没有堤防，汛期洪水易于漫滩；非汛期河水常常断流，该河段河中因乱采砂石，废弃土、砂堆积较多，形成障碍，影响行洪。河道下游4.5公里，两岸筑有堤防，左堤从房庄东到董庄长4.0公里，右堤从归北大桥至董庄入黄口4.5公里。2008年，堤防高度3.5~4.3米，顶宽4~4.5米，边坡1：2~1：2.5，河道宽90~280米。因黄河水倒灌淤积，形成倒比降，从河口向上游淤积3.5公里，淤高0.5~3.6米，中小洪水不能排入黄河，滞留在河道内，两岸洼地易受渍涝。

1986年起，在南大沙河3条支流上游实施以小流域为单元的水保治理工程和河道整治、水库除险加固工程。双泉乡在西支流上治理2处小流域（双泉庵、尹庄南），总面积20.4平方公里，建塘坝、梯级拦河坝25座，谷坊66座，修环山路38公里，修顺河堰2900米，疏挖河道3.6公里。五峰山街道在东支流上游段实施三官和邱庄小流域治理，治理面积5.1平方公里，建塘坝7座，拦河坝8座，修谷坊39座，修顺河堰2300米。在东支流下游段疏挖清障3公里，建成3座拦河坝。马山镇在中支流上游实施杨土、双泉庄小流域治理，治理面积4.6平方公里，建蓄水池5座，塘坝4座，谷坊7座。在中支流下游建成3座拦河坝，修建4处顺河堰，长3200米，河道疏挖清障2.5公里，形成节节拦蓄的梯级蓄水湖，在河道的干流中游段进行裁弯取直、清障，确保行洪畅通。

归德镇归北大桥至入黄口是南大沙河的下游段，两岸设有堤防。1986年起，共进行4次加高培厚大坝、疏挖河道的治理，完成土石方22万立方米，行洪流量由原来的340立方米/秒提高到450立方米/秒。1994年，归德镇在左岸的路庄新建1座5孔的排涝闸。1996年，在排涝闸西新建1座3台机组装机165千瓦的排涝站，排涝面积333.3公顷。

第二节 水库建设

长清区的中小型水库绝大多数是20世纪60~70年代修建的，1986年后兴建的较少，重点放在除险加固和维修配套、发挥效益上。1998年后，修建长清湖和张夏镇的杜庄水库。至2008年，全区有中小型水库43座，其中中型水库3座，小（一）型水库12座，小（二）水库28座，总库容7465万立方米，总兴利库容4333.5万立方米，有效灌溉面积3400公顷。共建塘坝239座，总库容532.5万立方米，有效灌溉面积933.3公顷。

崮头水库 （2004年摄）

重点水库建设 崮头水库位于马山镇崮头村西，南大沙河的西支流上，流域面积100平方公里。始建于1958年春季，在原拦河坝的基础上经过3次扩、续建，1966年竣工，达到中型水库标准。崮头水库大坝为均质土坝，长859米，最大坝高21.5米，坝顶高程93.5米，顶宽5米；迎水面用粗料石护坡。溢洪道在大坝南首，原为开敞式溢洪堰，堰顶高程85米，净宽48米，最大泄量1285立方米/秒。放水洞在副坝中部，为高2米、宽1米的砌石涵洞，建有启闭塔1座，闸门为平面钢闸门，设计流量为2立方米/秒。总库容1185万立方米，兴利库容373万立方米，死库容49万立方米。因坝体质量差，坝基渗水严重等情况，安全防洪标准定为百年一遇，控制水位90.2米，相应总库容1026万立方米。1986年起，该水库进行过6次局部的维修加固，但规模较小，效果不大。2000年3月，长清县水利水产局组织专业技术人员进行安全鉴定。2002年，济南市水利建筑勘测设计院完成崮头水库除险加固工程施工图设计。2003年2月18日，水库除险加固工程开工建设。2007年6月，济南市市长张建国视察崮头水库除险加固工程。是年10月23日，工程基本完成。项目概算投资4225万元，其中主体工程完成投资2850.5万元，完成工程量35万立方米。完成的主要工程有：坝基防渗工程。坝基基础防渗工程共完成886米，其中C10混凝土防渗墙632米，高压喷射水泥防渗墙254米。溢洪道加固工程。将原溢流堰拆除下落1.5米，再做厚1米的C25钢筋混凝土底板，堰顶高程83.5米，其上建4孔5×10米泄洪闸和4跨（每跨11.5米）的交通桥及机架桥、桥头堡、启闭机房等设施；拆除右侧浆砌石岸墙，砌筑锥形M10浆砌石护坡并设挡土墙；左侧翼墙拆除改建为C25钢筋混凝土扶臂式挡土墙；拆除原浆砌石消能设施，改建成长33米，宽44.5米，末端设消力坎的钢筋混凝土消力池，后接M7.5的浆砌石海漫和抛石防冲槽。坝体高程85.5米以上部分，进行坡面找平压实，翻修干砌石护坡，面积为4.83万平方米，坝顶修建宽5米，长859米的混凝土路面，并在主坝顶段修建防浪墙。拆除原放水洞，改建成钢筋混凝土箱式涵洞；闸后为拱式廊道，内设直径1.4米钢管连接灌溉渠道，放水洞设1.4×1.4~10.9米潜孔滚轮式钢闸门。建水库管理所大楼1幢，总面积500平方米。崮头水库除险加固工程完成后，技术指标发生重大变化；最高水位达93.08米，兴利水位88米，总库容1530万立方米，增加345万立方米；兴利库容676万立方米，增加303万立方米；溢洪闸最大泄量1779.7立方米/秒，较原溢洪道泄量增加494.7立方米/秒，放水洞设计流量在兴利水位88米时为10.78立方米/秒，水位在79米时为3.24立方米/秒。崮头水库灌区设计灌溉面积560公顷，有效灌溉面积333.3公顷，年平均实灌面积200公顷，灌区干渠全长12公里，支

崮头水库加固维修工程 （2003年摄）

渠 10 条长 21 公里，沿干渠有节制闸 6 座、泄水闸 8 座、涵洞 7 座、渡槽 1 座、生产桥 5 座。

石店水库 原名岳庄水库，位于张夏镇石店村东，北大沙河支流纸坊河的下游。1966 年 11 月，在原拦河坝上开工兴建，1968 年 5 月完成，流域面积 40.8 平方公里，校核水位 141.3 米，相应总库容 1055 万立方米。1973 年，因大坝质量较差，副坝坝基漏水等原因，经省水利厅批准实施保安全工程。1973 年 10 月至 1981 年 6 月，进行护坡翻修，坝基坝体灌浆，加宽加深溢洪道，建溢洪闸、非常溢洪道，改建放水洞及渠系配套工程等。该水库经保安全施工，但有些工程没有完成，坝体出现多次裂缝，坝基渗漏严重，仍是一座病险水库。1994 年汛中，因连降大雨，大坝再次出现多条裂缝，裂缝总长 938 米，缝宽最大 12.8 厘米，深 4.7 米。是年 9 月，济南市水利勘测设计院编制《石店水库除险加固初步设计方案》，建设 5 大项工程：大坝加固，将大坝高程 135.5 米以上部分坝体翻压和翻修坝前护坡及坝趾、坝坡排水沟及坝顶路面、防浪墙、大坝观测设施等；坝基防渗工程；溢洪道、溢洪闸设施改造、加固工程；放水洞加固工程；管护基础设施工程，即大保护区界定、征地、管理和生活设施。因经费不到位，只完成一、二、四项部分工程。该工程 1995 年 4 月开工，1997 年 12 月停工，共完成土石方 23.5 万立方米，砌石 0.84 万立方米，混凝土及钢筋混凝土 0.32 万立方米，投资 750.6 万元。2005 年 12 月 5 日，对水库进行加固维修。至 2006 年 5 月 30 日，共完成土石方 1800 立方米，浆砌石 1180 立方米，混凝土及钢筋混凝土 280 立方米，完成投资 150.93 万元。石店水库灌区设计灌溉面积 626.7 公顷，有效灌溉面积 400 公顷，多年平均实灌面积 233.3 公顷。灌区设有总干渠 1 条长 1 公里，干渠 2 条长 13 公里，分支渠 20 条长 15 公里，沿干渠建闸 50 座，渡槽 8 座，涵洞 15 座，生产桥 3 座。

钓鱼台水库 位于五峰山街道东莱园村东，南大沙河的东支流上游。1957 年 11 月，开工建设，后经 6 次扩建、续建，1968 年竣工。控制流域面积 39 平方公里，总库容 1080 万立方米，兴利库容 760 万立方米，死库容 22 万立方米。整个大坝为均质土坝，主坝长 215 米，坝顶高程 134.1 米，副坝长 470 米，最大坝高 19.2 米，坝顶宽均为 4 米，迎水坡为二级粗料石护坡，背水坡为二级草皮护面。溢洪道位于大坝南端，开敞式浆砌石溢流坝，溢洪道宽 68 米，堰顶高程 128.3 米，溢洪道最大泄量 906 立方米 / 秒。北放水洞建在北副坝南段，为一浆砌石无压涵洞，断面为 1×1 米，进口底高程 121.73 米，设计流量 7.5 立方米 / 秒。1980 年，北放水洞因渗漏严重，且放水流量小，将其堵死。1982 年 6 月，在主坝南段修建一孔竖井式钢板衬砌有压混凝土圆涵，直径 1.4 米，用平面钢闸门控制，进口底高程 118.15 米，放水流量达到 13.6 立方米 / 秒。1986 年起，水库进行 5 次较大的扩建、加固工程。1986 年，大坝加高培厚，部分副坝干砌石护坡翻修及修筑 1000 米长的防汛公路，完成土石方 12319 立方米，投资 12 万元。1989 年，主、副坝加高、背坡培厚、建挡土墙及反滤排水工程，完成土石方 3.42 万立方米，投资 13.7 万元。1995 年 5 月—6 月，对放水洞洞体进行加固，对闸门进行配重加固，对启闭设施进行配件更换，完成投资 5.3 万元。1999 年，主坝坝后河卵石补坡加固，完成工程量 19403 立方米，投资 10.3 万元。2005 年汛期，大坝出现多次裂缝、沉陷，汛后对大坝进行翻土

石店水库 (2004 年 摄)

钓鱼台水库 （2004年 摄）

压实加固，完成土方3.6万立方米，投资110万元。钓鱼台水库灌区，设计灌溉面积820公顷，有效灌溉面积467公顷，多年平均实灌233公顷。灌区内有干渠1条全长12公里，支渠13条长10公里，沿干渠建渡槽12座，节制闸、分水闸62座，生产桥20座。

武庄水库 位于万德镇武庄村南，在北大沙河东支流上，流域面积55.6平方公里。武庄水库按现有库容属于小(一)型水库，初建时为中型水库规模，济南市水利局、长清县水利局从初建到现在一直按中型水库管理，设置水库管理所。1977年12月，开工兴建。至1979年，完成大坝底部工程，溢流段坝体砌筑到高程194米，非溢洪段坝体砌筑到高程196米。1980年年初，因水利投资压缩，水库停建，共完成浆砌石6.2万立方米，混凝土及钢筋混凝土1.55万立方米，工日125万个，完成投资303万元。1990年，对工程进行一期续建，溢流段坝顶加高到高程196米，坝面长105米，坝面宽22米，最大坝高16米，非溢流段坝顶加高到198米，两端坝面总长125米，坝面宽6米，最大坝高13米，水库总库容180万立方米。放水洞为原来的施工导流洞，底高程193米，放水洞为直径600毫米的钢管，采用手动闸阀控制。水库可灌溉农田133.3公顷，果园66.7公顷，水库仍为半成品。2001年4月，济南市水利局投资543万元，对武庄水库进行二期续建。2001年7月，竣工，坝顶高程由198米加高至203.5米，坝顶宽度由6米加宽至7.7米，溢流堰顶高程由196米加高至199米，溢流面及原溢流坝面浇筑C20钢筋混凝土，在溢流坝段新建荷载级别为汽－20的钢筋混凝土板交通桥，长258米宽8.5米。新建放水洞洞底高程为187.5米，最大泄量1立方米/秒，在非溢流段坝顶设观光方亭1处。共完成浆砌块石5558立方米，浆砌粗料石2100立方米，混凝土及钢筋混凝土2603立方米。库容337.1万立方米，兴利库容130万立方米，死库容70万立方米，大坝总长258米，其中溢流坝长106米，实灌面积166.7公顷。

武庄水库 （2005年 摄）

长清湖 即原东风水库，位于崮云湖街道魏庄村南，属北大沙河流域。1958年4月28日，开工兴建，本县出民工1.5万人，汛期前从肥城、章丘两县调民工1万人。共完成大坝土方124万立方米，石方26万立方米，混凝土2713立方米，国家投

■ 东风水库 (2000 年 摄)

资 112 万元。设计蓄水 1.14 亿立方米，灌溉面积为 1.35 万公顷，是当时全省第一座蓄水 1 亿立方米以上的大型水库。1962 年 7 月，省、地、县三级领导和技术人员到水库现场勘察，因淹没土地多，库区移民无法安置，且漏水严重，灌溉效益低，权衡利弊，决定废除东风水库。是年 7 月 8 日，调民工 1400 人，用黄色炸药 3.4 吨，在主河床大坝炸开缺口，至 7 月 26 日完成废库任务。水库废除后，遗存土坝 1700 米。1998 年 4 月，为拦蓄地表径流，滞蓄洪水，增加河水入渗，补充地下水源，在原东风水库大坝缺口处，重新开挖清基。1999 年 5 月，因缺资金停建。停建时，溢流坝段总长 110 米，坝顶高程 53 米，非溢流坝段总宽 10 米，堰顶高程 56 米，放水洞与坝体一起建成，水库库容 719 万立方米。2005 年 4 月，济南市西区指挥部在东风水库原址上改建，改名为景观湖。2008 年年底，基本建成，原溢流坝下落 3 米，坝面宽 10 米，在坝面上新建高 2.7 米、总长 110.8 米 22 折的折线型钢筋混凝土迷宫堰，最大泄量 1467 立方米 / 秒；在迷宫堰下游建 1 座 10 孔净跨 10 米、总长 126 米、桥面宽 4.5 米的浆砌石拱桥；在迷宫堰右侧建钢筋混凝土整体结构的 2 孔单孔宽 10 米、孔高 9.5 米的叠梁式泄洪闸，最大泄量 1046 立方米 / 秒；闸后建钢筋混凝土 2 孔长 20 米、桥面宽 4.5 米的交通桥，桥左端与溢流坝上的拱桥相连接；闸下游建钢筋混凝土长 20 米的消力池，消力池后接长 20 米消力池海曼，最末端设长 10 米的抛乱石防冲槽。岸坡下段部分用草皮护坡，固土护堤；上段建浆砌块石直立挡土墙和 8 米宽的游览便道。景观湖溢流坝北端改建放水洞 1 座，为有压钢管，直径 1 米，采用平面钢闸门控制，最大放水流量为 2.2 立方米 / 秒。新建 3 条围湖路，轴线长 2.3 公里，最大宽度 700 米。湖底整平防渗。将湖区分成深水区和浅水区，深水区水深 11 米，面积 21.7 万平方米，浅水区水深 7 米，面积 58.9 万平方米；湖底采用土工膜和无防布铺筑防渗治漏。在景观湖上游 2300 米处建有 1 座两个坝段总长 115 米、坝高 5 米的彩色橡胶坝，在橡胶坝上游建交通桥 1 座，交通桥全长 178.28 米，单跨 16 米，桥面宽 5 米。将上下游河道进行堤坡填筑整修、绿化，边坡整修成 1∶3、1∶4、1∶3 的斜坡，斜坡之间设有 2 米、5 米和 8 米宽的平台，底部斜坡和平台采用浆砌石和干砌石，上部斜坡采用草皮防护。将 3 条流入景观湖的支流入口用浆砌挡土墙护砌，在皇姑井河入湖口新建 1 座全长 42.8 米、单跨 15 米、路面宽为 5 米的浆砌石拱桥。共完成投资 1.4 亿元，工程量 369.6 万立方米。库容 882 万立方米，兴利库容 675 万立方米。2009 年，改名为长清湖。

玉清湖　位于济南市槐荫区与长清区平安街道的西北部交界处。1995 年 5 月，开工建设。2001 年 6 月，竣工，总库容 4850 万立方米，是一座提蓄

黄河水为济南市区供生活用水的平原水库。坝体为均质土坝，坝前迎水坡为干砌块石护坡，坝后设置导渗排水沟；大坝总长 9630 米，坝高 12 米，水库总面积 607.2 公顷，设计防洪水位 38.5 米，校核防洪水位 35 米，年供水量 14600 万立方米。共淹占土地 280.6 公顷（其中移民村土地 34.1 公顷），有 2 个村、195 户 734 人（其中罗屯村 127 户、469 人，全福村 68 户、265 人）移民搬迁，有 12 个村（义合、四里、新五、孙庄、抄纸王、潘庄、前王、韩庄、史庄、张庄、邢楼、后王）需生产安置，移民村及生产安置村事宜于 2005 年完成。玉清湖由济南市水利局清源公司管理。

2008 年长清区中型水库情况表

表 11－1

序号	水库名称	河系	所在乡镇（街道）	流域面积（平方公里）	库容（万立方米）		建成时间
					总库容	兴利库容	
1	崮头水库	南大沙河	马山	100	1530	676	1966.06
2	石店水库	北大沙河	张夏	40.8	1055	752	1968.05
3	钓鱼台水库	南大沙河	五峰山	39	1080	760	1968.10

小型水库建设 1986 年后，全区（县）修建的小型水库较少。2007 年 5 月，对全区小型水库进行安全排查，全区小（一）型水库共 12 座，其中一类水库的 2 座，三类水库 10 座；小（二）型水库共 28 座，其中二类水库 3 座，三类水库 25 座。2008 年，全区有小型水库 40 座，有 11 座完成除险加固工程，总库容 3800 万立方米。

2008 年长清区小（一）型水库情况表

表 11－2

序号	水库名称	河系	所在乡镇（街道）	流域面积（平方公里）	库容（万立方米）		最大坝高（米）	安全类别	建成时间
					总库容	兴利库容			
1	武庄	北大沙河	万德	55.6	337.1	130	26	Ⅰ	2001.07
2	长清湖	北大沙河	崮云湖	422	882	675.1	13.2	Ⅰ	2006.05
3	坡里庄	北大沙河	万德	7.5	131.6	88	20	Ⅲ	1972.06
4	田庄	北大沙河	万德	3.1	122.4	91.6	21	Ⅲ	1967.07
5	石胡同	北大沙河	万德	6.5	105	33	23	Ⅲ	1992.05
6	胡林	清水沟	孝里	17.5	117	77.2	20	Ⅲ	1957.10
7	孙庄	北大沙河	万德	4.3	100	59.7	21	Ⅲ	1977.06
8	崮云湖	北大沙河	崮云湖	290	240	160	12	Ⅲ	1966.09
9	葡萄湾	北大沙河	张夏	18.5	103.5	46	21	Ⅲ	1963.06
10	滕家沟	北大沙河	张夏	3.75	105.4	63.9	24	Ⅲ	1978.07
11	张庄	南大沙河	五峰山	3.5	132	95	20.2	Ⅲ	1978.12
12	小屯	南大沙河	归德	262.5	580	174	16	Ⅲ	1959.05

2008 年长清区小(二)型水库情况表

表 11－3

序号	水库名称	河系	所在乡镇（街道）	流域面积（平方公里）	库容(万立方米)		最大坝高（米）	安全类别	建成时间
					总库容	兴利库容			
1	姜良峪	北大沙河	万德	0.5	10	7.8	20	Ⅲ	1980.05
2	北岭头	北大沙河	万德	2.0	19.5	5.3	12	Ⅲ	1980.06
3	黄连峪	北大沙河	万德	1.3	19.4	13.1	20	Ⅲ	1973.06
4	小武庄	北大沙河	万德	12.5	28.4	18	19	Ⅲ	1990.05
5	田庄	北大沙河	万德	2.4	15.6	4.1	10	Ⅲ	1974.06
6	石马	北大沙河	万德	34.5	88	46	10	Ⅲ	1973.11
7	灵岩	北大沙河	万德	1.83	22	13.5	19	Ⅲ	1973.05
8	邵庄	北大沙河	万德	4.2	64	35.2	15	Ⅱ	1976.05
9	东侯	北大沙河	万德	1.95	24	15.4	22	Ⅲ	1979.12
10	西张	南大沙河	归德	3.6	17.6	8.6	13.8	Ⅲ	1969.10
11	大沟	南大沙河	归德	15	30.9	8.5	8	Ⅲ	1966.04
12	北黄	清水沟	孝里	3.6	18.2	10.1	16.9	Ⅲ	1968.09
13	中黄	清水沟	孝里	4.7	24.5	15.1	14	Ⅲ	1959.06
14	马岭	清水沟	孝里	8.0	32	17.6	10.7	Ⅲ	1959.09
15	龙泉官庄	清水沟	孝里	2.5	13.7	3.3	9	Ⅲ	1958.05
16	岚峪	清水沟	孝里	15	47.2	25	14.9	Ⅲ	1967.03
17	下巴	哑巴沟	孝里	8.0	55.1	36.5	12	Ⅲ	1958.05
18	褚科	南大沙河	马山	7.5	64.8	33.5	12	Ⅲ	1966.02
19	学城	南大沙河	双泉	3.8	11.5	2.2	13	Ⅲ	1965.03
20	柳杭	南大沙河	双泉	2.3	48.4	28.2	17	Ⅲ	1958.10
21	双泉庵	南大沙河	双泉	1.7	45.4	27.5	18	Ⅲ	1966.06
22	郝庄	南大沙河	双泉	8.0	17.8	13.0	14	Ⅲ	1978.10
23	张峪	北大沙河	万德	2.0	45.4	18.6	19.5	Ⅱ	1981.06
24	西石	北大沙河	万德	0.98	20.1	11.5	19	Ⅲ	1978.05
25	米面山	北大沙河	万德	0.88	14.7	8.5	12	Ⅲ	1988.11
26	马套北	北大沙河	万德	1.0	21.0	14.0	20	Ⅲ	1973.11
27	马套南	北大沙河	万德	2.75	13.2	6.5	14	Ⅲ	1976.06
28	杜庄	北大沙河	张夏	1.04	11.65	5.38	16.9	Ⅱ	1999.07

说明：安全类别是2007年长清区水库排查情况

第三节 排涝工程

1986年前，全县沿黄有易涝洼地0.61万公顷，呈槽形分布，主要是黄河水泛滥倒灌、河唇及内河入黄口泥沙淤积，山洪排泄不畅造成的。1986年起，沿黄4镇(街道)按照各自的地形、排泄条件，建立独立排涝系统。至2008年，易涝面积减少到0.38万公顷。

平安街道排涝工程 1986年前，平安店镇原有一条乌鸦刘村西北至怀庙村北入黄河的排水干沟，总长13.5公里，上游段(乌鸦刘村至邢楼村东)底宽6米，深2米，内坡1∶2，外坡1∶3；下游段(邢楼村东至怀庙北)底宽12米，深2.5米，内坡1∶2，外坡1∶3；总汇水面积47.5平方公里。在排水沟入黄口，建有1座怀庙排水闸，该闸为一联6孔，每孔净宽1.5米，高4.5米，排水能力9.6立方米/秒。1980年，重建4孔排水闸。1982年，在玉符河南岸四里庄北建1座排水闸，该闸为一联6孔，每孔净宽1米，高4.5米，排水能力4立方米/秒。1986年起，因黄河水漫滩淤积，每年的冬春对排水干沟进行清淤。1987年，对北大沙河北堤进行培土加固，完成土方5.5万立方米。1988年，在义合村北修建一联2孔的排水闸，排水能力4立方米/秒，排水面积1000公顷，解除四里、全福、义合、罗屯、新五村内涝威胁。1995年，将排水沟下游段(自义合村至怀庙村)的2公里进行拓宽加深，底宽25米，加深2米，达4.5米。1996年，改建加固怀庙排水闸。1997年，新建怀庙排涝站1座，装机3台135千瓦，排涝面积2000公顷，投资120万元。1997年—2003年，利用世行二期贷款，疏挖平安排水干沟下游段2公里，在原排水干沟两侧新开挖排水支沟5条长6公里，新开挖排水斗沟50条，长55公里，建生产桥20座，过路涵115座。2003年—2008年，对北大沙河北堤和玉符河南堤各进行2次培土加固，完成土方6.8万立方米。

文昌街道排涝工程 1986年前，城关镇涝洼区有排水干沟1条(三龙村西至老屯村北6孔闸)长3公里，在排水干沟上游有2条排水支沟，东支沟（水泉峪经陈庄至三龙村西北）长10公里，西支沟(归德镇大觉寺村经褚集村和城关镇燕王村、袁庄、吕庄至三龙庄西北入排水干沟)长9公里，在排水干支沟上建桥涵27座。自老城西北护城河至郭庄开挖1条长2.5公里的排污排涝渠。在北大沙河左岸建有3座排涝闸(老屯3孔闸、6孔闸，郭庄1孔闸)，建有2座排涝站(老屯排涝站、郭庄排污排涝站)。1993年，改建老屯排涝站1处，装机3台机组，165千瓦，排涝面积333.3公顷。1995年，疏挖清障排水沟10公里，其中排水干沟1条长3公里，支沟2条长7公里；维修、改建桥涵29座，其中改建老屯、新屯、三龙较大生产桥3座。1995年，改建郭庄排污、排涝站1座，装机4台机组，220千瓦，最大排水流量2立方米/秒。1998年—2002年，利用世行二期贷款项目，疏挖清障排水干、支沟13公里，完成土方8万立方米，建生产桥20座，过路涵98座。2003年—2008年，对北大沙河南堤和黄河生产堤各进行2次培土加固，共完成土方21万立方米。

归德镇排涝工程 1986年前，归德镇涝洼区有排水干沟2条：一条自坦山起，经南马山、水坡、翟庄、曹楼至路庄排水闸，全长20公里；一条自大觉寺村起，经褚集至城关镇燕王，长4公里。在2条排水干沟上建桥涵52座，在南大沙河南堤的路庄北建有长20米，高6米，净跨1.2米的10孔排涝闸，排水能力24立方米/秒。1992年，疏挖南大沙河6公里，完成土方19万立方米，投资96万元。1994年，疏挖南马山至路庄的干沟6公里，完成土方7万立方米；疏挖前封至曹楼的支沟3公里，完成土方4.5万立方米；疏挖坦山至曹楼排水干沟5公里，完成土方13.5万立方米；疏挖西辛至翟庄、小屯至南马、归南至路庄的支沟3公里，完成土方9万立方米。1995年，在路庄老排水闸东修建5孔排水闸1座，该闸高7米，净跨6米，长21.5米，排水能力48立方米/秒。

1996 年，新建路庄排涝站 1 座，装机 3 台机组，165 千瓦，排水能力 360 立方米 / 小时，排涝面积 333.3 公顷，总投资 78 万元。2003 年，加高培厚黄河生产堤 19.6 公里，完成土方 60 万立方米，投资 360 万元。2006 年—2008 年，利用世行三期贷款项目，新开挖排水斗沟 18 条共 19 公里，建桥涵 96 座。

孝里镇排涝工程 1986 年前，孝里镇涝洼区原有主要排水沟 3 条：一是自广里村起穿东风干渠至姚河门入黄河，长 5.2 公里，底宽 30 米；二是清水沟下游，孝里铺至老王坡，长 1.5 公里，平均底宽 30 米；三是哑巴沟，自归德镇西张村入下巴水库，经东辛、公庄滞蓄后入归德排水沟，长 3 公里，平均底宽 15 米。在姚河门修建 1 座长 9.8 米，高 5.5 米，净跨 1.8 米 5 孔排水闸，排洪能力 25.2 立方米 / 秒；在老王坡修建 1 座长 16.7 米，高 4.5 米，净跨 1.5 米的 6 孔排水闸。1990年—1996 年，新开挖排水支、斗沟 31 条长 12 公里，建生产桥 65 座，涵洞 58 座，节制闸 6 座，完成土石方 28.5 万立方米。1997 年，新建姚河门排涝站，装机 4 台 200 千瓦；建下巴排涝站，装机 2 台 60 千瓦；建广里排涝站，装机 2 台 60 千瓦；共投资 200 万元，增加排涝面积 666.7 公顷。2003 年，加高培厚黄河生产堤，长 12.74 公里，平均加高 1.9 米，完成土方 15 万立方米，投资 120 万元。2005年—2008 年，利用世行贷款项目，疏挖排水干沟 3 条长 9 公里，排水支沟 21 条长 15 公里，新开挖排水斗渠 25 条长 14 公里，建生产桥 19 座，过路涵 84 座。

第四节 济平干渠

南水北调东线输水工程是为解决天津市、华北地区缺水兴建的大型水利工程。南水北调东线输水工程主干渠起于江苏省扬州市江都扬水站，沿京杭大运河，经江苏省至微山湖入山东省境内，经南四湖、济宁、梁山、东平湖，在东平县境内穿越黄河底部入聊城市东阿县位山引黄干渠，再入京杭大运河，经河北省至达天津市。东线输水分干渠自东平湖的青龙闸，经平阴县、长清区入槐荫区的小清河，该分干渠也称济平干渠。

济平干渠长清段自 2002 年 12 月 22 日开工，于 2005 年 12 月 27 日主体工程竣工，全长 43.33 公里，共完成土石方 1088.37 万立方米，混凝土 5.12 万立方米，投资 17861.55 万元。长清段自桩号 41+987 至 85+317 米。自孝里镇潘庄的贵平山口，进入孝里洼，沿洼地边缘，经潘庄、广里店北，在大街村西穿东风引黄干渠，向东北方向在孝里铺穿清水沟，经安兰、赵庄、董庄村西至红旗引黄干渠。在归德镇境内，穿过红旗引黄干渠经双乳村西至东辛村西，向西偏移，避开后垛庄村，在司庄村与兴隆庄村之间穿过，折向东北，从房庄村东转向北，沿高程 35~36 米的等高线穿越南大沙河，经大觉寺村东、薛庄、新苗庄、国街村西至张街村西折向东北方向。从燕王庄村西入文昌街道境内，向东北方向延伸，至三龙村西北过城关排水沟转向东，经新屯、郭庄村南至北大沙河。过北大沙河进入平安街道境内，从三合庄和小王庄村之间穿过，向东北方向延伸，经靳庄、新李、邢楼村西至新五村西，在新五村北折向东，经鹁鸽孙村北进入槐荫区境内。济平干渠长清段设计渠底宽 14 米，渠底比降 1/1 万至 1/1.8 万，流速 0.83

■ 济平干渠 （2008 年 摄）

米/秒至 1.07 米/秒，渠道内坡戗台以上 1∶2.5，戗台以下 1∶2，渠道外坡 1∶2.5；渠道设计流量 50 立方米/秒，可加大到 60 立方米/秒，设计水深 3 米，可加大到 3.3 米。渠道左堤顶宽 6 米，右堤顶宽 8 米，在渠道右堤以外设有防洪堤，堤高 4.5 至 5.8 米，堤顶宽 3 米，边坡 1∶2.5。济平干渠长清段建成配套建筑物共 104 座，其中节制闸 2 座、泄洪闸 1 座、分水闸 3 座、进洪闸 2 座、排涝闸 9 座，输水渠倒虹吸 4 座，河沟渠穿输水渠倒虹吸 7 座，渡槽 4 座；公路桥 8 座、交通桥 54 座、人行桥 10 座，建成的桥梁除赵庄公路桥和潘庄人行桥外均带有过路闸。2008 年，在长清段建成管理房 40 处，护栏 43.3 公里；设置管理站 5 处，专职护渠员 40 多人。

第二章 农田水利建设

1986 年起，全县农田水利建设逐步向小型配套建设、加强工程管理、发挥工程效益方面发展。1987 年起，全县以山、滩治理为中心，实施整地改土、修渠打井、涝洼治理、水土保持等工程。1991 年起，开展以济微、济兰公路两侧两条线和沿黄、东南部山区两大片为中心的农田水利基本建设会战，实行“山、水、林、田、路、村”全面规划，坚持以小型配套为主、当年见效为主、乡村自办为主的“三主”方针，做到区(县)有中心战场，乡镇有重点工程，村村有水利项目。至 2008 年年底，全区有沿黄扬水站 14 处，机电井 6124 眼，有效灌溉面积 22460 公顷。

第一节 引黄灌溉

长清县引黄灌溉始于 1965 年。至 1985 年，全县引黄扬水站发展到 22 处，其中中型扬水站 2 处，中小型引黄扬水站共设计灌溉面积 10046.7 公顷。1986 年起，沿黄地带进行农田水利基本建设，打井配套，提高灌溉率。至 2008 年，沿黄引黄工程因失于管理维修，有 8 处报废，其余 14 处扬水站年审批取水许可量 372 万立方米，设计引水能力为 5.73 立方米/秒，设计灌溉面积 3866.7 公顷，多年平均灌溉面积 2333.3 公顷，灌区干支渠多采用块石衬砌，衬砌总长度 96.2 公里，渠系利用系数 80%左右。引黄水量和灌溉面积因受新打机井因素影响，呈逐年减少

红旗电灌站 （1986 年 摄）

红旗电灌站小屯三级扬水站 (1990 年 摄)

趋势。

红旗电灌站 位于归德镇南马村，是一个国家投资、农民投工兴建的电力引黄灌溉工程。1968 年 11 月，开工建设。1975 年，灌区工程竣工。该工程解决坦山、翟庄、小屯 3 个管理区 26 个自然村的 3000 公顷农田灌溉和坦山 1.2 万人的人畜用水。全站共分三级五站，安装机组 21 台，装机容量 3930 千瓦，总扬程 83.2 米，一级站引水每秒 4.5 立方米，三级总设计灌溉面积 3000 公顷。整个工程共完成土石方 53.42 万立方米，投工 121.1 万个，国家投资 120 万元，村、户自筹 30 万元。1986 年，改造一级站，国家投资 52 万元，总投资 202 万元。引黄灌区总干渠 1 条长 1.1 公里，干渠 3 条全长 26.1 公里，支渠 34 条全长 46.1 公里，沿干渠建桥、涵洞、节制闸 153 座。1989 年和 1990 年，在红旗电灌站一级站和南三级站各修 1 条万米石渠。

一级站万米石渠工程 位于归德镇西南沿黄滩区，工程由两部分组成：一是扩建一级站灌区西辛干、支渠，二是新建的桃园扬水站干渠，1989 年 3 月开工，是年 4 月竣工，渠道总长 10.57 公里，实际完成 8.57 公里，配套建筑物 93 座，总计完成土石方 9.35 万立方米，完成工日 8.6 万个，投资 118.17 万元，该工程有 3 个管理区 20 个村 2 万人受益，控制灌溉面积 1066.7 公顷。

东万米石渠工程 位于红旗电灌站南三级站，主要工程项目为原干渠建筑物进行改建、维修、配套完善。工程于 1990 年 3 月动工，是年 4 月竣工，干渠总长 14.7 公里，配套建筑物 58 座，总计完成土石方 9.05 万立方米，工日 7.6 万个，投资 100.4 万元，控制灌溉面积 533.3 公顷。

红旗电灌站原为事业单位、企业化管理，1989 年之前属县乡镇企业局和归德镇管理。1989 年至 1995 年 6 月，由县水利局管辖。1995 年 6 月后，由归德镇政府管理。1997 年，停止运行。

东风电灌站 位于孝里镇大街村南，始建于 1970 年 11 月，1981 年全部建成，共完成土石方 573.73 万立方米，投工 2268 万个，国家投资 447 万元。该站分四级五站，四大灌区（付刘、东障、马岭、胡林），四级总装机量 4640 千瓦，总扬程 108.7 米；灌区内有总干渠 1 条长 5 公里，支渠 29 条长 40 公里，沿渠建桥 45 座，涵洞 37 座，节制闸 14 座，输水渡槽 12 座。东风渡槽坐落在黄米山与黑山之间，横跨济菏公路，全长 367 米，共 46 孔，主孔高 7 米，跨度 12 米，蔚为壮观。全灌区设计灌溉面积 3733.3 公顷，多年平均有效灌溉面积 1666.7 公顷。1987 年，完成东风渡槽的防渗治漏工程。1990 年，完成一级泵站改造及封闭闸施工，是年修建灌区测水量水设施 13 处；改建 3 条支渠 4 公里，完成一级站管理房的

改建工程。1992 年，完成浆砌石一级干渠 1 公里。1998 年,完成改造 35 千伏高压线路 7 公里。2001年—2003 年,完成二、三级泵站改造和变电站更新改造工程。2008 年,因设施老化实灌面积仅有 1000 公顷。

2008 年长清区沿黄中小型扬水站装机容量及提水流量情况表

表 11 -4

站 名	装机容量(千瓦/台)	提水流量(立方米/秒)	备注
庞道口扬水站	60/2	0.30	小型
东风电灌站	4640/24	2.50	中型
宋庄扬水站	30/1	0.15	小型
燕庄扬水站	30/1	0.15	小型
许道口扬水站	90/3	0.48	小型
姚河门扬水站	30/1	0.18	小型
王坡扬水站	60/2	0.32	小型
付庄扬水站	30/1	0.12	小型
南五村扬水站	60/2	0.30	小型
西仓扬水站	44/2	0.24	小型
后隆扬水站	30/1	0.15	小型
老李扬水站	60/2	0.30	小型
潘庄扬水站	60/2	0.30	小型
红庙扬水站	44/2	0.24	小型

第二节 机井灌溉

机井灌溉始于 1957 年。20 世纪 50 年代—60 年代的机井灌溉动力主要以锅驼机、柴油机、汽油机为主。1968 年通电,电机开始应用于农田灌溉。1986 年，长清县用于农田灌溉的电机 3952 台，42858 千瓦;柴油机 2292 台,24363 千瓦;汽油机 36 台,91 千瓦;喷灌机 68 套,232 千瓦;全县机井灌溉面积 15113 公顷。是年起,农村实行联产承包责任制,农民投工集资、国家投资,连续 8 年实施农田水利基本建设项目,打井配套,从 1 台 100 型磨盘钻机发展到 300 型、500 型岩心钻机 18 台,并引进汽车 20 型冲击钻 8 台,冲抓机 4 台。从打浅机井发展到打 500 多米的岩石深井。至 1997 年,新打机井 364 眼,配套 369 眼,扩大机井灌溉面积 3000 公顷。1997年—2003 年,实施世行二期农业灌溉项目,水利建设项目投资占总投资的 59%,完成水利建设项目 1421 项，其中新打配套机井 477 眼，维修旧井 50 眼，扩大机井灌溉面积 3200 公顷。2006 年起,实施世行三期农业灌溉项目,完成水利建设项目 1680 项，其中完成新打机井 247 眼,配套机井 254 眼,扩大机井灌溉面积 1667 公顷。2008 年,全区有机井 6124 眼,配套机井 5040 眼;全区有 87%的机井落实管理责任制,承包管理人员 4600 人,机井灌溉面积 16840 公顷。

1986—2008 年长清区(县)农田水利灌溉项目情况表

表 11－5

年份	有效灌溉面积(公顷)		旱涝保收面积(公顷)	机电井(眼)	
	合计	其中:机电井灌溉		合计	其中:配套机电井
1986	24080	15113	20727	5372	4181
1987	21800	15447	19207	5441	4327
1988	22380	15833	19647	5408	4379
1989	23393	16713	20307	5724	4738
1990	23847	16753	20300	5555	4815
1991	24130	16780	20860	5702	4937
1992	24359	16927	21100	5867	5109
1993	24032	17074	20941	6006	5250
1994	23940	17221	21200	6096	5309
1995	24550	17388	21680	6178	5349
1996	25014	17515	21840	6308	5372
1997	24820	17664	22060	6356	5468
1998	24574	17013	22330	6250	5480
1999	24430	16700	22210	6144	5458
2000	24400	17490	22100	6171	5509
2001	23930	17340	21920	5969	5223
2002	22890	16620	19390	5936	5177
2003	22820	16370	19540	5949	5201
2004	22910	16930	19210	6081	5237
2005	22840	16640	18860	5926	5145
2006	22350	16180	18810	5972	5213
2007	22390	16470	18795	6048	5126
2008	22460	16840	18782	6124	5040

第三节　节水灌溉

节水灌溉的主要形式为聚氯乙烯塑料低压管道灌溉、喷灌、滴灌和混凝土预制管道灌溉。长清县的节水灌溉技术最早出现在 1977 年,引进的是移动式喷灌和半固定式喷灌。1977 年 10 月和 1978 年 3 月,在城关公社后三大队进行 10

公顷的半固定式喷灌试点。1978年5月，在崮山公社沿小崮山扬水站干渠两侧进行13.3公顷的移动喷灌，由于受条件制约，没有大面积推广。1986年，全县有喷灌面积50公顷。1990年，开始引进试用低压管灌技术。1991年起，结合济微、济兰公路沿线的综合治理及黄淮海开发工程实施，在平原地区的城关、平安店、归德、崮山等乡镇大面积推广。至1995年，发展低压管灌面积6400公顷，埋设管道92.1万米。1996年—1997年，在万德镇北马套村和马山镇大河东村实施果树微滴灌试点，面积213.3公顷，共埋设聚氯乙烯塑料管道1.76万米，总投资214万元，经试点测算，果树亩均增产300公斤，年增产值160万元。1998年，喷灌面积820公顷，滴灌面积500公顷。是年，在万德镇界首村发展低压管灌266.7公顷。1998年—2002年，利用节水灌溉“精品园”项目和世行贷款二期农业灌溉项目，总投资478.34万元，在长清、平安店、归德、孝里、马山、崮山等乡镇实施节水灌溉工程，完成聚氯乙烯塑料低压管灌7200公顷，喷灌1066.7公顷，微滴灌486.7公顷，防渗渠灌溉1000公顷。2003年，在文昌街道的蔬菜种植基地，总投资165.6万元(其中国家扶持50万元)，完成低压管灌133.3公顷，其中射频卡控制灌溉33.3公顷；完成苜蓿草半固定式喷灌126.7公顷，大棚蔬菜滴灌6.7公顷，防虫网有机蔬菜微灌3.3公顷，共产生综合经济效益111.6万元。2004年，省财政扶持100万元，区、乡(镇)、村自筹资金415万元，新发展节水灌溉866.7公顷，其中低压管灌400公顷，喷灌133.3公顷，微灌33.3公顷，防渗灌溉233.3公顷，其他节水灌溉66.7公顷。双泉乡利用土地整理项目，进行沟渠路林田综合治理，新建防渗渠5000米，发展节水灌溉面积200公顷。万德镇灵岩村利用精品园节水灌溉项目，新打配套机井1眼，建200立方米蓄水池1座，安装聚乙烯管道5000米，发展节水灌溉面积66.7公顷。2005年，利用省财政扶持和区、乡(镇)、村投资259万元，完成节水灌溉面积366.7公顷，其中低压管灌233.3公顷，喷灌133.3公顷。利用市财政扶持和地方自筹资金122.7万元，在万德镇店台村发展节水灌溉面积113.3公顷，其中低压管灌80公顷，大棚滴灌33.3公顷。2006年起，在归德镇和孝里镇实施世行贷款三期农业灌溉项目，规划节水灌溉面积5666.7公顷，投资2866万元，共安排978项工程，666.7公顷的水库灌区全部建防渗渠，1333.3公顷的引黄灌区以渠灌为主，实行井渠双灌，3666.7公顷的井灌区全部安装聚氯乙烯塑料低压管道灌溉；同时安排射频卡控制低压灌溉技术示范工程。2006年—2007年，济南市财政局、水利局扶持万德镇孙家圈村节水灌溉资金20万元，镇村又自筹资金12.24万元，实施果树微灌33.3公顷，完成新打配套机井1眼，新建蓄水池3座，购置风力提水设备5套，铺设各种管道2620米，安装出口护墩260个。

节水灌溉 (1992年 摄)

第三章 防汛 抗旱

长清区东南高、西北低、坡度大(易发山洪),山区土薄水贫(易旱),黄河洪水淤积形成洼地(易涝),受地理和气候条件的影响,旱涝灾害频繁。1986年—2008年,涝灾年次47%,旱灾年次43%,无水旱灾害年次10%。防汛工作从单纯的以防洪为主,转向“以防为主,防重于抢”,建立健全各级责任制,防汛工作向正规化、规范化、科学化发展。抗旱工作事关国计民生,区(县)、街道、镇(乡)列入重要议事日程,建立抗旱机构,分工明确,责任到人。

第一节 防汛

防汛机构 每年汛前,区(县)政府调整充实区(县)、乡镇(街道)两级防汛指挥部及办公室成员。由区(县)长或区(县)委副书记兼任指挥,副指挥由常务副区(县)长、分管副区(县)长、区(县)武装部长兼任,区(县)直各有关单位的“一把手”任成员。指挥部下设内河、黄河、城防3个防汛办公室,各办公室主任分别由水务局长、河务局长、建委主任兼任。乡镇(街道)建立防汛指挥机构,书记或乡镇长(主任)任指挥,副书记、副乡镇长(副主任)任副指挥,乡镇(街道)各有关部门负责人为成员,办公室设在乡镇(街道)党政办公室,乡镇(街道)政府办公室主任兼任防办主任。落实行政首长责任制,明确行政责任人、技术责任人、岗位责任人;统一指挥,协作抗洪,按照分级负责的原则,崮头水库、石店水库、钓鱼台水库及武庄水库、长清湖水库、南北大沙河、清水沟实行区(县)级领导包库、包河道责任制及乡、镇(街道)领导具体负责制。小(一)型水库实行乡镇(街道)领导包库责任制,由乡镇负责。小(二)型水库及塘坝由所在乡镇(街道)的村负责。各单位在区(县)政府和防汛指挥部的统一领导下,做到各司其职、各负其责。水利部门负责编制抗洪抢险预案,及时提供雨情、水情、汛情和洪水预报;计划、财政、交通、物资、商业、供销等部门负责做好防汛经费和物资安排、供应、储备、调配等;气象部门准确及时向当地政府和防汛指挥机构报告天气形势,搞好预测预报;电力部门负责保障正常管理和防汛抢险电力供应;电信部门确保防汛抗洪、通信联络畅通;民政、卫生、粮食部门负责做好救灾、防疫、救护及灾区群众安抚工作;公安部门负责水利工程保卫和维护抗洪抢险秩序及灾区的社会安定;广播、电视等新闻部门负责防汛宣传和紧急情况下的天气公告、汛情通报;人民解放军、武装警察部队和民兵是抗洪抢险的主力军,各级防汛指挥部门主动联系介绍情况,搞好军民联防,团结协作,共同抗洪。

1986—2008年长清区(县)防汛指挥成员情况表

表11-6

年份	指挥	副指挥
1986	张新一	李连元　郭恩庭　马兆荣　卢现起
1987	张新一	李连元　马兆荣　卢现起

续表 11-6

年份	指挥	副指挥
1988	张新一	李连元　马兆荣　卢现起　郭恩庭
1989	曹维新	李连元　郭恩庭　马兆荣　卢现起
1990	曹维新	李连元　郭恩庭　王陆军　卢现起
1991	曹维新	李连元　张　卿　马兆荣　卢现起
1992	曹维新	李连元　张　卿　马兆荣　卢现起
1993	雷建国	陈延河　卢现起　韩宝晨　王陆军
1994	雷建国	陈延河　卢现起　韩庆森　王陆军
1995	王荣玉	陈延河　张化富　韩庆森　卢现起　王陆军
1996	王荣玉	李连元　张化富　王陆军　卢现起　韩庆森
1997	王荣玉	李连元　张化富　王陆军　卢现起　韩庆森
1998	卞允斗	张化富　王振范　陈兆昌　宋家岭
1999	卞允斗	张化富　董海涛　陈兆昌　王振范　魏　军　宋家岭
2000	卞允斗	董海涛　赵玉海　王振范　朱兴林　陈兆昌　魏　军
2001	孙瑞祥	肖明才　夏武军　魏　军　张昭森
2002	孙瑞祥	肖明才　夏武军　魏　军　张昭森
2003	覃俊文	高辅卿　顾建军　夏武军　魏　军　张昭森　赵　虎
2004	覃俊文	高辅卿　顾建军　夏武军　魏　军　张昭森　赵　虎
2005	覃俊文	高辅卿　顾建军　王福军　张昭森　刘延文　罗　矗
2006	覃俊文	高辅卿　顾建军　王福军　张昭森　刘延文　罗　矗
2007	覃俊文	江　林　王福军　刘延文　徐　宾　罗　矗
2008	覃俊文	张洪武　刘延文　王　伟　韩　军　赵贵华　付少柱

防汛队伍　1986年—2008年，各乡镇（街道）成立常备队、抢险队、后备队。石店、钓鱼台两座中型水库各配常备人员10人，崮头水库配备15人。2008年，全区有61支抢险队，抢险队员9312人。

防汛物料　防汛物料储备有三种：国家每年给中型水库补充一些常备物料，麻袋、草袋、苇席、竹竿、木材、铁丝、电石、炸药等存放在工程管理单位；工程管理单位储备常备物料，块石、土方、沙子以及专用机械与工具等；群众号料，柳枝、秸料、木桩等，汛前登记，防汛抢险备用。

汛前检查　每年汛前，区（县）指挥部成立防汛督导组，成员由各包水库、包河道负责人组成，带领技术人员对全区的度汛工程进行全面检查。汛前对全区43座中小型水库的坝体、溢洪道、放水闸进行全面检查，发现问题及时整改。检查防汛队伍、防汛物资落实情况，必要时抢险队进行实战训练。汛前对全区（县）所辖河道按属地管理原则，对河道中影响排水的垃圾、砂石、灌木丛林及时清除，排除不安全隐患。

抗洪抢险 1994年，整个汛期全县平均降雨778.2毫米，占全年的降雨量的90%。7月6日，石店水库在坝背坡出现多条裂缝，累计长达938米，最大裂缝宽12.8厘米，最大错距8.5厘米，局部出现环形裂缝，大坝有滑坡迹象。7月11日，崮头水库出现11条纵向裂缝，总长367米，最大裂缝长92米，宽5厘米；大坝下游漏水量64公升/秒，坝脚处出现陷坑。7月15日，北放水洞洞口塌陷，南副坝戗台处坝体渗水。水库出险后，国家防总、省、市领导高度重视，副省长王建功到现场视察，指导防汛抢险工作。包河、包库的县级领导和乡镇主要领导全部上岗到位，指导抗洪抢险。1996年汛期，有雨涝，也有黄河洪灾。8月17日，两次黄河洪峰进入长清县境，洪峰流量大，水位高，滞留时间长，是历年黄河洪峰之最，孟李站最高水位37.1米，沿黄护滩及内河堤防频繁出险。8月19日，南大沙河河槽内黄河水倒灌5公里，水深4.3米，两岸堤防出现20多条裂缝，最长156米，缝宽1.5厘米，房庄段堤脚出现8处管涌、128米长的塌方。县委书记雷建国，立即组织人员赴现场指挥抢险。归德镇组织2000名青壮年到出险堤段打桩、排压装土的编织袋。双泉、五峰山、马山三乡镇连夜组织23辆汽车将装土的8000条编织袋及时运到出险地段，经10个多小时奋战，排除险情。抢险共用编织袋1.8万条，装运土1500多立方米，打木桩150多根。8月20日，由于卧虎山水库泄洪和黄河水倒灌，有1亿多立方米的水滞留在玉符河下游4公里的河槽内，水深4.5米，左堤出现20多条裂缝，最长裂缝85米，裂缝宽0.5~2厘米，四里坝段出现多处管涌。县长王荣玉与县、镇领导干部驻守在四里险工段，组织5000多人日夜抢险。万德、武庄、张夏、崮山、马山、五峰、双泉等乡镇组织1000多名抢险队协助抢险，同时组织42辆货车运送草袋、编织袋20多万条，运土方3.2万立方米。长清驻军55091部队、济南军区工程兵训练大队、55158部队、87318部队出动2255人次，抢险险工12处，装运土砂15.3万袋，搬运土石方2.35万立方米。

第二节　抗　旱

抗旱预案 出现较大旱情时，区（县）防汛抗旱指挥部均及时召开有农委（办）、水务、财政、建委和各乡镇政府、街道等相关单位参加的抗旱工作会议。2000年起，编制年度农业抗旱预案及城区抗旱预案，每年对预案进行完善修订。农业抗旱预案主要是根据季节和具体情况，提出抗旱“双保”（保春播、保夏种），广开水源，扩大改善灌溉面积，解决山区缺水村庄的人畜吃水。城区抗旱预案主要是根据水源和供水状况，做好因干旱造成事件的防范与处置工作，满足城区居民生活用水、工业生产用水和生态环境用水。

抗旱措施 引黄灌溉　全区（县）14处扬水站，冬前搞好渠道清淤及渠道和建筑物的检修。根据谁受益谁负担的原则由受益单位负责，跨乡镇（街道）的工程，区（县）统一安排，乡镇（街道）本辖区内工程自行安排。工程清淤要在封冻前完成，为明年灌溉做好准备。

水库渠道灌溉　利用全区43座中小型水库蓄水和河道、拦河坝的蓄水，进行自流和机械提水灌溉。

地下水源灌溉　全区地下水资源丰富，且补源条件好，井灌面积占全区灌溉总面积的80%。

节水灌溉　井灌区推广以塑代渠、喷灌等节水技术，提高水的利用率，扩大灌溉面积。

抗旱减灾 1992年，全年降雨仅467.5毫米，全县43座水库仅蓄水841万立方米，黄河断流50多天，95%的引黄提灌工程无水可提；全县地下水位普遍下降，降幅平均2~7米，有1400眼机井抽不上水来；全县有52个村4万多人吃水困难，其中24个村2万人靠乡镇送水生活。是年，全县拨款222.5万元，用于农田水利配套设施及解决人畜饮水困难；组建抗旱服务队打井配套，节水灌溉，维修排灌设施。完成水利建设项目1638项，完成土石方39.6万立方米，投工36.2万个，扩大和改善灌溉面积2133公顷。2002年，1月—5月全区平均降水90.2毫米，3月份仅降雨5.4毫米，4月份多为无效降雨。6月—9月，全区平均降雨177.9毫米，比常年平均偏少216毫米，是有降雨观测资料以来的最低值。6月25日至8月中旬50多天，全区无有效降雨。全区库塘仅蓄水168.3万立方米，90%的水库干涸；地下水降幅2.5~8米，造成全区1320眼机井抽不上水来，山区有83个村5.18万人、3.8万大牲畜出现饮水困难。孝里镇陈峪村，张夏镇于家盘、孔家庄、车厢村，归德镇坦山，双泉乡李庄、大张等村缺水严重，从外村运水限量供应。旱灾导致全区粮食减产10.9万吨，林果减产1500吨。区委、区政府组织抗旱工作队，深入旱情严重乡镇村，帮助群众抗旱，组织力量拉水、送水；区水务局成立抗旱服务110，设立机电维修、找水定井、送水服务和节水灌溉4个服务队，科学调度水源，为抗旱提供服务。

第四章 水土保持

1986年—2008年，长清区（县）重视水土流失治理，因地制宜，讲求实效，做到治一片成一片，治一域成一域，治理小流域33条，治理面积142.3平方公里。

第一节 水土流失治理

1983年，长清县提出“一治一座山，一治一道岭”的要求，制定“先治上，后治下，先治小，后治大，治山必治水，治水先造林”等科学的治理方案，进行综合治理。1984年—1986年，长清县对水土流失状况进行全面普查。采取小流域样点详查和全县面上普查相结合的方法，运用万分之一地形图实地测绘土地利用现状，结合航片判读、调绘和量算，对地面土壤流失抽取144个调查点，施测3座水库、11座塘坝、280座谷坊和5条河道的泥沙淤积测量。经普查和平衡演算，全县山丘区土壤年侵蚀深1.028毫米，年侵蚀总量为123.2万吨；风沙区土壤年侵蚀深0.54毫米，年侵蚀总量14.3万吨；全县山丘和风沙区统算，年平均侵蚀和淤积量137.5万吨。全县水土流失面积824.1平方公里，占全县总面积的69.9%，其中山丘区水土流失面积704.3平方公里，占山丘区面积的79.4%；风沙区水土流失面积98.1平方公里，占风沙区总面积的49.9%；平原区水土流失面积21.7平方公里，占平原区面积的23%。至1990年，全县共治理水土流失面积378.2平方公里（其中风沙区71.5平方公里），占总水土流失面积的45.9%。1991年起，以两条线（济微、济兰）、四大片（武庄、双泉、张夏、五峰）为重点，实行“山、水、林、田、路、村”全面规划。张夏镇用2年的时间，在黄家峪小流域修建拦河坝9座，建扬水站5处，修桥26座，扩大改善灌溉面积200公顷。武家庄乡用3年的时间，在侯庄小流域建梯级蓄水坝8座、万方蓄水池5座、扬水站4座、拦河谷坊6座、砌石顺河堰1.1万米；修环山路6.46公里，造林126.7公顷，该小流域成为济南市的治理样板。1991年12月，长清县水土保持监督管理站成立，对全县人为水土流失进行管理，编

第二节 小流域治理

济南市水利局领导验收武家庄乡侯庄小流域治理工程 (1994年 摄)

1982年起，长清区（县）以小流域为单元，实行山、水、林、田、路统一规划、综合治理、集中治理、连续治理，农林牧副渔全面发展。山区采取以封山育草育林，植树造林，堰边植果，整修地堰，深翻整平土地，增施有机肥。梯田地堰建排水设施，在沟道实行节节拦蓄，建塘坝、谷坊、水窖、水池及小型农田水利工程。平原风沙区，建设林带林网、林粮间作、淤地改土、植草护坡和发展小型农田水利工程，减轻水土流失，达到治一域成一域的目的。至2008年年底，全区共治理小流域33条，142.3平方公里，整修梯田3836.7公顷，建谷坊457座、梯级坝14座、水池112座、塘坝96座、造林9203.7公顷。

北马套小流域 地处万德镇东南部泰山北麓，位于北大沙河中支流源头，属黄河水系，南与泰安市接壤，东北与武家庄乡毗邻，流域内只有马套村，480户1568人，流域面积6.4公里，其中水土流失面积3.93平方公里，占流域面积的61.1%。北马套小流域综合治理项目是济南市科委下达给长清县的水土保持推广项目，1995年立项，1997年完成。完成水土保持综合治理面积4.5平方公里，新建三合一梯田16.6公顷，水平梯田16.6公顷，梯田地926.7公顷，新营造水保林93.3公顷，水土保持林340公顷，新植经济林76.7公顷，累计117.7公顷，新修过路桥涵53处，建顺河堰1000米，修谷坊10座，修建塘坝6座，发展果园喷灌91公顷，新修环山路1万米。水土保持治理程度由治理前的39%提高到94%，林木覆盖率由44.79%增加到73.33%，各项水保措施的拦沙量0.93万吨/年，泥沙减少量81.6%，水土保持综合措施年增产粮食28.84万公斤，农业产值115.9万元，比试点

制《长清县人为水土流失普查报告》和《长清县人为水土流失预防监督规划报告》，举办3期水土保持监督执法培训班。1993年起，在水土保持治理模式上，县、乡（镇）政府因地制宜，出台一系列优惠政策，鼓励和调动民营企业与群众进行荒山治理，林果开发。1995年起，开展水土保持创精品工程活动。对“四荒”（荒滩、荒水、荒山、荒坡）资源和小型水利水保工程分别采取拍卖、租赁、承包、股份合作形式，按照“谁投资、谁经营、谁受益”的原则，明晰产权，放开建设。至2000年，群众独资、合股承包或租赁“四荒”资源，进行治理开发面积133.3公顷以上的大户120户，治理开发面积16平方公里，总投资累计452万元，群众投工投劳236万个。至2002年，全区水保治理创精品工程达到15个。2003年—2008年，水土保持治理的重点是林果开发、水上山工程，双泉、马山、五峰山、万德、张夏、武家庄等乡镇先后建成64处林果开发、水上山工程；国家、乡（镇）、村投资360万元，共完成各类工程52项，其中新建蓄水池12座、扬水站5处，维修蓄水池10座，购置安装储水铁罐18个，高压泵16台，新打机井8眼，铺设输水管道58公里，增加蓄水量14万立方米。至2008年年底，全区共治理水土流失面积554.9平方公里，占总水土流失面积的67.3%。

前提高 113.8%，人均占有粮食由原来的 279 公斤增加到 642.7 公斤。1997 年，全流域经济总收入 1241.38 万元，比治理前增加 341.38 万元，人均收入由治理前的 3000 元提高到 4200 元，各项治理指标均达到部颁标准。北马套小流域通过综合治理开发实现山顶松柏戴帽，山腰果树缠腰，山下层层梯田；小雨不下山，中雨不出川，大雨不成灾，灌溉节水化，林茂粮丰，生态、社会、经济效益同步增长的样板精品工程。

大峰山小流域 位于长清区孝里镇东南部，面积 8.52 平方公里，三面环山，山头林立，相对高差 267 米，大小支沟 14 条，地形复杂，部分沟道侵蚀严重，是以水力侵蚀为主的典型区。域内有 3 个行政村，930 户 3400 人，农业用地 476 公顷，林业用地 3225 公顷，占流域面积的 37.8%。2001 年起，经过两年多规模化综合治理，新增水保林 113.3 公顷，新增经济林 80 公顷，整修梯田 66.7 公顷，新建蓄水池 5 个，容量 0.29 万立方米，新建拦河坝 1 座，修生产路 3 条 3.5 公里。共完成土石方 17.4 万立方米，投工 7.61 万个，完成投资 134.75 万元。

1986—2008 年长清区(县)小流域治理情况表

表 11－7

流域名称	流域面积（平方公里）	治理面积（平方公里）	梯田（公顷）	梯级坝（座）	谷坊（座）	水窖（个）	水池（个）	塘坝（座）	造林（公顷）
双泉庵小流域	2.8	2.8	33.3	5	24	—	5	—	66.7
三官庙小流域	12.1	2.9	60.0	—	31	—	—	3	213.3
尹庄南小流域	20.0	17.6	386.7	—	42	6	4	20	133.3
马岭小流域	12.9	7.8	486.7	—	18	—	8	3	800.0
杨土小流域	5.3	4.1	180.0	—	5	—	4	3	273.3
刁庄小流域	14.0	6.3	700.0	—	28	—	—	3	—
石胡同小流域	6.5	5.2	296.7	—	30	—	8	9	225.3
界首西山小流域	4.8	1.5	40.0	—	27	—	2	2	53.3
侯庄小流域	11.3	9.2	280.0	9	28	—	14	12	786.7
前封小流域	5.3	6.7	286.7	—	4	—	2	4	320.0
黄家峪小流域	40.3	9.7	153.3	—	38	—	22	4	800.0
会子峪小流域	3.5	1.5	140.0	—	—	—	—	—	33.3
邱庄小流域	26.5	2.2	—	—	8	—	4	4	173.3
马场小流域	21.4	9.0	80.0	—	27	—	1	5	533.3
柳杭小流域	16.3	5.6	180.0	—	49	—	5	4	506.7
潘南小流域	11.5	2.5	33.3	—	—	—	—	—	172.0
徐庄小流域	7.2	2.9	60.0	—	16	—	6	6	166.7
北马套小流域	6.4	4.5	33.3	—	10	—	—	6	420.0
灵岩小流域	25.8	1.8	60.0	—	1	—	2	—	93.3
石马南山小流域	2.7	1.5	6.7	—	—	1	1	—	80.0
大峰山小流域	8.5	3.0	66.7	—	—	—	5	1	213.3

续表 11-7

流域名称	流域面积(平方公里)	治理面积(平方公里)	梯田(公顷)	梯级坝(座)	谷坊(座)	水窖(个)	水池(个)	塘坝(座)	造林(公顷)
五峰小流域	40	2.5	6.7	—	—	2	2	—	233.3
西龙湾小流域	10.5	5.6	200.0	—	68	—	10	3	346.7
双泉庄小流域	0.8	0.5	—	—	2	—	1	1	—
宋庄小流域	5.2	3.5	13.3	—	—	—	—	—	300.0
三龙小流域	1.8	0.8	13.3	—	—	—	—	—	333.3
马山小流域	4.6	2.5	—	—	—	—	—	—	253.3
凤凰岭小流域	9.8	1.3	—	—	—	—	—	3	133.3
燕庄小流域	5.4	3.2	20.0	—	—	—	—	—	313.3
房头峪小流域	8.8	2.5	20.0	—	—	—	1	—	226.7
孙圈小流域	7.2	2.5	—	—	—	—	3	—	200.0
龙泉官庄小流域	10.3	5.0	—	—	1	—	—	—	400.0
积家峪小流域	10.1	4.1	—	—	—	—	2	—	400.0
合　计	379.6	142.3	3836.7	14	457	9	112	96	9203.7

第五章　饮水工程

长清区的缺水地区主要分布在东、南部山区和沿黄地区极少部分的微咸水区。1986年—2008年，从解决单村饮水困难，发展到几个村联片供水，或规模化水厂供水，从挑水吃发展到户户通自来水。饮水工程累计投资16213万元。

第一节　饮水解困工程

1986年起，解决人畜用水主要以单村为主。至1990年，国家投资112.9万元，群众集资140.6万元，完成岩石深井19眼、大口井40眼、扬水站2处、水池57个、水塔2座，无塔压力罐1个，铺设各类管道32公里，其他工程14项，建成自来水村5个，村内固定点供水34个，解决改善54个村7604户31799人的吃水困难。1991年起，由于连续干旱，塘坝水池无水可蓄，地下水位下降，部分机井、泉水干涸或出水量减少，有的饮水工程老化、失修等原因，全县有85个村庄、12847户53063人存在不同程度的吃水困难。至2000年，解决人畜饮水工程总投资1244万元，其中中央、省市投资448万元，地方和群众集资796万元，受益群众投劳40万个工日，累计解决人畜饮水困难村56个2.8万人，完成各类饮水工程455项，其中打深井99眼、大口井148眼、建扬水站12座、建蓄

武庄联片供水服务站 （2008 年 摄）

水池 139 座、修方塘 54 座、引泉 3 处，埋输水管道 6.65 万米，建石渠 1.72 万米。2001 年—2005 年，全区先后建成武庄、坦山、胡林、王庄、钓鱼台、徐庄 6 个联片供水工程和 80 个单村集中供水工程，村村通上自来水，共投资 2413 万元，解决 130 个自然村 77083 人的饮水困难。

第二节　通自来水工程

2005 年，长清区开始对农村自来水工程进行规划设计，制定《长清区农村通自来水工程总体规划》和《长清区农村通自来水工程三年规划》。按规划要求，重点是规模化供水和集中连片供水。根据水源条件，规划建后王、新李、赵庄、三龙、西李、国庄、万庄、曹楼、漩庄、孝里、万德、青杨 12 座水厂，实施规模化供水。五峰山街道、崮云湖街道、马山镇、张夏镇、万德镇和双泉乡、武家庄乡，重点实施集中联片供水工程。2006 年—2008 年，全区农村自来水工程共完成投资 12356 万元，农村自来水供水 38.5 万人，其中集中式供水 33.7 万人，建成供水工程 87 处，其中规模化供水工程 12 处，规模化以下联片供水工程 27 处，单村供水工程 48 处，新打井配套 162 眼，新建蓄水池 158 处，塘坝 5 座，铺设各类输水管道 256 公里。完成土石方 64 万立方米，工日 52 万个，新增通自来水村 295 个 18.96 万人，农村通自来水率 95%以上。

第三节　沿黄饮水工程

沿黄地区的农村人畜饮水历史上多以直径 1 米以上，深 6 米左右的敞口砖石水井为饮用水源。20 世纪 90 年代中后期，沿黄地区绝大部分农户在院内打手压井，深度 10~20 米；个别农户安装小电机。2005 年，中央提出建设农村饮水安全工程。2006 年，长清区开始实施。至 2008 年，在沿黄地区建成规模化供水厂 8 处（后王、赵庄、新李、三龙、西李、国庄、孝里、曹楼），解决沿黄地区群众吃自来水的问题。

平安街道供水工程通水仪式 （2006 年 摄）

1986—2000 年长清区(县)单村解决人畜饮水工程情况表

表 11 - 8

年份	村(个)	户数(户)	人口(人)	大牲畜(头)	工程内容									投资(万元)	
					钻深井(眼)	打大口井(眼)	配套深井(眼)	配套大口井(眼)	建方塘(座)	建水池(座)	引泉(处)	铺管道(米)	建石渠(米)	国家	地方及群众自筹
1986	22	3512	11728	—	1	—	5	1	—	—	—	—	—	25.2	14.6
1987	16	2009	8489	1102	3	11	3	4	—	9	—	4560	—	12.0	11.3
1988	21	3244	12916	3859	4	7	8	7	—	14	—	1008	1300	17.9	25.6
1989	29	3715	14922	4237	4	14	5	17	—	17	—	6760	1500	40.8	46.0
1990	15	2654	11103	11203	7	8	4	6	—	7	—	5610	—	17.0	43.1
1991	12	2026	8674	8509	3	6	3	5	2	5	—	6856	—	18.0	48.6
1992	14	2538	9807	10846	7	10	5	8	3	8	—	8231	1200	21.3	64.1
1993	17	3145	11836	2024	9	13	10	12	6	11	—	5346	2600	27.8	77.5
1994	23	3676	14923	2581	12	18	11	15	8	14	2	6924	3100	38.3	84.0
1995	20	2864	11837	1753	10	11	10	11	5	5	—	3750	—	44.3	65.2
1996	18	2915	13612	2683	12	8	10	8	6	12	—	3348	1800	37.6	58.4
1997	21	3145	13817	3669	8	15	8	13	7	8	—	4328	1500	50.6	77.6
1998	16	1926	7532	1302	6	10	6	10	5	11	—	2832	—	32.3	48.2
1999	13	1784	6325	1923	4	9	4	8	4	9	1	2956	3000	28.5	52.0
2000	17	3285	13587	2918	9	8	9	8	8	9	—	3541	1200	36.4	79.8
合计	—	—	—	—	99	148	101	133	54	139	3	66050	17200	448	796

第六章　水务管理

水务管理主要有工程管理、水资源管理、水利执法三部分组成。

第一节　工程管理

河道管理　南大沙河、北大沙河、玉符河、清水沟由水务局统一协调,各乡镇、街道具体管理。鉴于 3 河跨越几个乡镇或街道,而且流域面积大,采取乡、镇村实行分级管理的方法,明确责任;区水务局负责技术指导,乡镇或街道负责区域内三河一沟的筑堤、疏浚、防汛、绿化等工作。乡镇(街道)、村负责水利设施的保护、维修

加固、养护等工作，确保工程设施完整、行洪畅通；汛期由区领导包河道，乡镇、街道的领导实行包河段责任制，安排常备队日夜监护，组织抢险队、预备队待命，准备防汛物资以备抢险急用，确保河道度汛安全。

中小型水库管理 中型水库属区水务局管辖。1979年，崮头、石店、钓鱼台、武庄水库相继建立水库管理所。1996年，建立水库水政监察站。2006年，景观湖派驻管理人员。中型水库管理所担负着防洪、灌溉、水产养殖、维修加固等任务。小(一)型水库产权归国家，使用、管理归属乡镇(街道)，小(二)型水库由受益村管理。中型水库的灌溉由水库和沿渠灌区的村干部组成的灌溉委员会管理。水费征收按方或亩次征收。小型水库的灌溉主要有灌区村的干部管理，水费征收主要以亩次为主，征收的水费主要用于渠道维修加固。

引黄工程管理 1986年，全县有中型引黄工程2处，即东风、红旗电灌站，20处小型引黄工程。东风、红旗两座中型引黄工程归长清县水利水产局直接管辖。1986年后，沿黄13处小型扬水站，相继实行承包管理。1995年6月，红旗电灌站由归德镇管辖，1997年停止运行。中型引黄工程的灌溉管理主要由电灌站和灌区村的干部组成的灌溉领导小组管理。2008年，全区有中型引黄工程1处，小型13处。

机井及小型水利工程管理 1986年起，长清区(县)采取措施落实机井及小型水利工程管理责任制。采取的承包方式主要有：一是统一管理，专业队承包；二是联户承包、综合经营；三是专业户或专人承包；四是季节性承包；五是建立浇地服务队或水电管理服务站。

第二节 水资源管理

1975年起，为掌握全县静态地下水位及动态地下水位变化规律，合理开发利用地下水资源，在全县布设地下水观测井孔49处。1976年，增加到60处。1980年，调整为13处。1986年10月，成立长清县水资源管理委员会。1987年8月，县政府发布《长清县水资源管理暂行办法》，并对全县工矿企业用水状况进行调查，加强统一管理。1988年起，水资源办公室对所有用水户进行统一管理和征收水资源费，对全县水资源现状进行评价，提出合理开发利用方案。1992年，全县水资源施行审批许可制度，对全县工矿企业用水全部实施“取水许可证”制度和计量管理，并依法收取水资源费，全县所有行政村发放“取水许可证”。1993年，制定《长清县水长期供求计划》。1997年，制定《长清县地下水资源开发利用规划》。2002年，水资源费征收实行票款分离制度，除上交省财政15%以外，其余全部交区财政，征收的水资源费，取之于民，用之于水，专款专用。2003年，区水务局水资源管理办公室对所有企业的自备井安装计量设施，并采取先交费，后用水的管理方法。是年，成立水利规费征收办公室，水资源费、河维费、水保两费统一由规费征收办公室统一征收。2008年，规费征收额318万元。

第三节 水利执法

1982年5月，建立长清县公安局驻石店水库派出所，负责石店、崮头、钓鱼台、武庄4座水库及灌区的治安保卫工作。1986年，撤销派出所。1989年8月，成立长清县水利水产局水政科。1999年4月，建立水政监察大队(副局级)，配备74名兼职水政监察员。2004年，山东省水利厅以鲁水政字〔2004〕1号文件公布，长清区水务局列为第一批全省水利综合执法试点单位，配备执法专用车辆，对水政执法人员进行系统的业务培训，集中学习水利执法的法律法规，做到业务精通，持证上岗。至2008年年底，共查处水事案件216件，结案211件，制止违法案件11起。

第七章　黄河河务

长清黄河河段地处黄河下游，属弯曲型河段，上迄长平滩区交界，下至玉符河口，全长52公里，无大堤，东以山束水，全部为滩区，主河槽宽一般0.5~2公里，纵比降约万分之一，黄河防洪工程为控导工程。1999年起，国家加大防洪基建投资力度，先后对7处控导工程的137段坝岸进行续建和整修加固，工程面貌明显改善，抗洪能力加强，控导河势溜向变化明显，滩区群众生活得到保障。长清黄河河务局连续多次被评为济南市防汛工作先进单位。

第一节　控导工程

长清河段控导工程始建于1949年—1974年，有16处控导工程343段坝(岸)。1999年起，国家加大防洪工程建设力度，先后续建和加高加固7处工程137段。至2008年，境内有控导工程16处343段坝(岸)，工程长度3.11万米，护砌长度2.96万米，均修建在弯道凹岸处，主要作用是控导河势，稳定河槽，保滩护村。

燕刘宋控导　位于孝里镇庞道口村至燕庄村，始建于1967年，计21段坝，工程长度2310米，护砌长度2369米。

许道口控导　位于孝里镇许道口村西，始建于1970年，计8段坝，工程长度650米，护砌长度674米。

姚河门控导　位于孝里镇姚河门村西，始建于1958年，计9段坝，工程长度960米，护砌长度

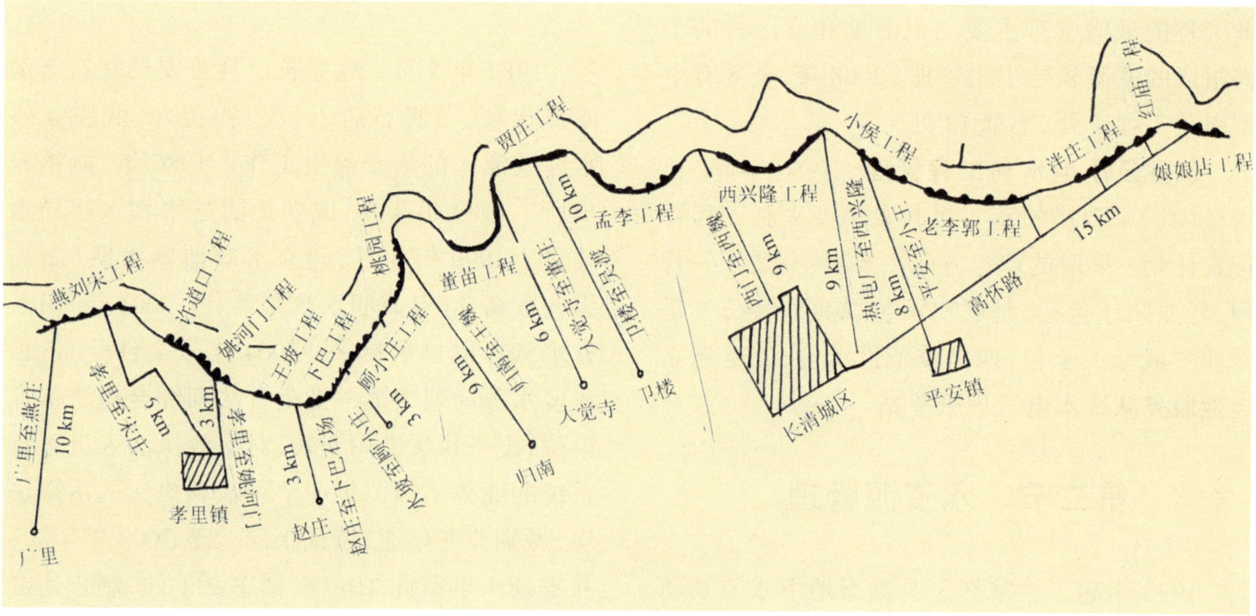

图9　长清黄河工程道路示意图

■ 姚河门防汛石料 （2008年 摄）

1098米。

桃园控导 位于归德镇李庄村至桃园村，始建于1969年，计14段坝，工程长度1355米，护砌长度1258米。1988年，全面整修达标。在“九六·八”洪水中1~4号坝全部漫顶，水深0.5米，5~14号坝出水1.2米，并多处出险。2001年起，对原工程全面整修并上延4段坝(-4~-1号)，上延工程长度575米，护砌长度478米，计18段坝，工程长度1930米，护砌长度1736米。

899米。“九六·八”洪水(1996年8月17日，艾山水文站出现流量为5000立方米/秒洪峰，称为“九六·八洪水”)中，全部漫顶，水深0.5~1.0米，并多处出险。1999年，全面整修达标。

王坡控导 位于孝里镇老王坡村西，始建于1974年，计6段坝，工程长度450米，护砌长度363米。

下巴控导 位于孝里镇老王坡村至顾小庄村，始建于1967年，计27段坝，工程长度2400米，护砌长度2139米。

顾小庄控导 位于归德镇顾小庄村西，始建于1965年，计9段坝。1999年，下延5段坝(10~14号)，计有14段坝，工程长度1280米，护砌长度

董苗控导 位于归德镇董庄村至北苗村，始建于1967年，计38段坝，工程长度3810米，护砌长度3561米。2000年，对7~38号进行整修加固。

贾庄控导 位于归德镇贾庄村至吴渡村西，始建于1967年，计22段坝，工程长度1640米，护砌长度1433米。“九六·八”洪水中，全部漫顶，水深0.5米，并多处出险。1997年，对14~22号坝应急加固。2000年，对1~13号坝进行整修加固。

孟李魏控导 位于归德镇小侯村至文昌街道西魏村，始建于1967年。2002年，新建4段，共计39段坝，工程长度4020米，护砌长度3964米。

西兴隆控导 位于文昌街道西仓村至西兴隆村，始建于1950年，计42段坝，工程长度3620米，

■ 孟李魏控导工程 （2008年 摄）

■ 西兴隆控导工程 （2008年 摄）

护砌长度3627米。

小侯控导 位于文昌街道小侯村西，始建于1972年，计21段坝，工程长度1980米，护砌长度1726米。

老李郭控导 位于平安街道后朱村至丁店村西，始建于1967年，计35段坝，工程长度2815米，护砌长度3104米。“九六·八”洪水中，全部漫顶，水深1.0~1.5米，并多处出险。2000年，对1~35号坝进行整修加固。

潘庄控导 位于平安街道潘庄村西，始建于1967年，计22段坝，工程长度1700米，护砌长度1388米。

红庙控导 位于平安街道红庙村西，始建于1972年，计7段坝，工程长度480米，护砌长度511米。1988年达标。

娘娘店控导 位于平安街道怀庙村至娘娘店村，始建于1949年，计14段坝，工程长度1100米，护砌长度1050米。“九六·八”洪水中，全部漫顶，水深0.5~3.0米，并多处出险。2000年，对1~14号坝进行加高加固。

2008年长清区黄河控导工程情况表

表11－9

控导名称	始建(年)	起止桩号	工程长度(米)	护砌长度(米)	坝岸类别(段)				坝身(段)	冲没段坝(段)
					合计	坝	垛	岸		
燕刘宋	1967	1～21	2310	2369	19	—	4	15	19	20#、21#
许道口	1970	1～8	650	674	7	—	2	5	7	1#
姚河门	1958	1～9	960	899	9	—	2	7	9	—
王　坡	1974	1～6	450	363	6	—	5	1	6	—
下　巴	1967	1～27	2400	2139	22	6	8	8	22	1～5#
顾小庄	1965	1～14	1280	1098	14	—	12	2	14	—
桃　园	1969	－4～14	1930	1736	18	4	10	4	18	—
董　苗	1967	1～38	3810	3561	38	7	20	11	38	—
贾　庄	1967	1～22	1640	1433	22	1	14	7	22	—
孟李魏	1967	－2～35	4020	3964	38	7	23	8	38	35#
西兴隆	1950	1～42	3620	3627	41	1	33	7	41	42#
小　侯	1972	1～21	1980	1726	16	1	14	1	16	1～5#
老李郭	1967	1～35	2815	3104	35	4	15	16	35	—
潘　庄	1967	1～22	1700	1388	22	—	14	8	22	—
红　庙	1972	1～7	480	511	7	—	3	4	7	—
娘娘店	1949	1～14	1100	1050	14	—	10	4	14	—
合　计	—	—	31145	29642	328	31	189	108	328	—

说明：“－”或“＋”都属于后续新建坝段

第二节 滩区建设

滩区概况 长清黄河滩区宽一般 2~7 公里，总面积 226 平方公里（其中耕地 1.51 万公顷），涉及孝里、归德镇和文昌、平安街道，226 个行政村，17.75 万人。是黄河下游较大的滩区行洪滞洪区，黄河 10000 流量最大滞洪量达 9 亿多立方米。

滩区水利工程 20 世纪 80~90 年代，先后分三期对长清黄河滩区进行综合水利开发和建设，累计投资 1361.84 万元，其中灌溉工程总投资 740.75 万元，排水工程总投资 388.48 万元，交通工程总投资 225.75 万元，淤滩工程总投资 6.86 万元。

第一期滩区水利工程（1988—1990） 建设简易扬水站 12 处，石渠 4 条 3540 米，新增灌溉面积 2741 公顷，改善灌溉面积 1560 公顷；新修滩区生产道路 4 条，改善交通道路 23.5 公里；新建排水闸 1 座，新增排水面积 1000 公顷；淤地土方 4.1 万立方米，面积 2.7 公顷。

第二期滩区水利工程（1991—1993） 新建扬水站 5 处，石渠 22 条，新打机井 97 眼，新增灌溉面积 1798 公顷，改善灌溉面积 373 公顷；新建排水站 1 座，排水沟 4500 米，石渠 2 条共 700 米，新增排水面积 733 公顷；新修砂石路 2 条 11.0 公里，沥青路 4 条 15.5 公里。

第三期滩区水利工程（1994—1996） 新建防渗渠 10 条 5300 米，排水渠 10 条 1500 米，新打机井 69 眼，新增灌溉面积 1227 公顷，改善灌溉面积 493 公顷；新建排水站 4 座，排水流量 7.4 立方米 / 秒，新修排水沟 3 条 5.0 公里，桥涵 9 座，新增排水面积 1600 公顷；新修砂石路 3 条共 12.5 公里。

第三节 引黄工程

长清黄河滩区共有 22 处引黄扬水站，分别为东风电灌站、庞道口、宋庄、付庄、燕庄、许道口、姚河门、王坡、红旗电灌站、董庄、边庄、小侯、南五、孟里、西仓、西兴隆、后隆、高套、后朱、老李、潘庄、红庙。灌区干渠均采用块石衬砌，从渠首直接到农田，衬砌总长度 96.2 千米，渠系利用系数一般在 80%左右。2000 年起，引黄水量和灌溉面积受新打机井等因素影响，呈逐年减小趋势。2001 年，已经吊销 8 处扬水站的取水许可证，能用的扬水站只有 14 处，灌溉面积呈逐年减少趋势，引黄取水量为 131.7 万立方米。2008 年，正常使用的 14 处引黄扬水站中除东风电灌站由长清区水利局管理，其余 13 处均由受益村庄管理。

第四节 黄河防汛

黄河防汛工作实行人民政府行政首长负责制，统一指挥调度，分级分部门负责。黄河防汛（包括防凌）工作由区防汛指挥部负责组织与领导，长清区黄河防汛指挥部由区长任总指挥，分管副区长具体负责，区委副书记、常务副区长、区人武部政委、副区长任副总指挥，区相关部门负责人为成员，负责区防汛准备及防洪抢险的指挥调度。区防汛指挥部下设防汛办公室，具体负责全区防汛日常工作。沿黄各镇（街道）行政首长负责本辖区内的黄河防汛工作，由防汛指挥部指挥调度。防汛抢险队伍主要由专业防汛队伍、群众防汛队伍、部队官兵组成。专业队伍是黄河防汛抗洪抢险的技术骨干力量，由黄河河务局职工组成，主要负责工程日常管理、水情、工情、险情的测报、通讯联络、工程防守和抢险技术指导。群众防汛队伍是黄河防汛的主力军，沿黄 4 镇（街道）16 处工程所在地的村庄组成，主要在防汛紧急状态时负责工程的巡查、抢险等任务。部队官兵担负着抗洪抢险的急、难、险、重任务。

1988 年 8 月 19 日，黄河出现洪峰，济南泺口站洪峰流量为 5800 立方米 / 秒，水位 31.23 米，姚河门水位 38.38 米，董苗水位 36.55 米，孟李水位 35.85 米，老李水位 34.35 米。洪水期间，长清段共

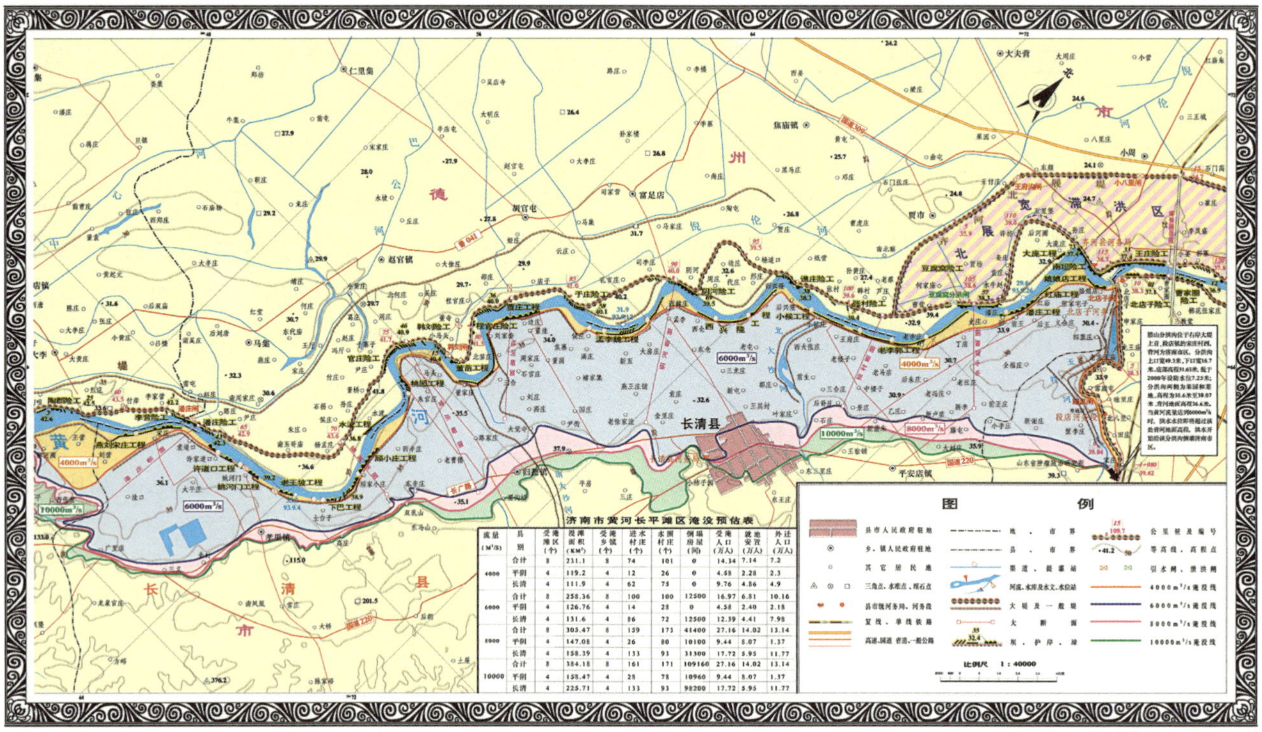

黄委会设计院航测制图大队 2000年5月计算机制图

图 10　济南市黄河长清滩区防汛风险图

有 13 处 27 段控导(护滩)工程出现险情,其中位于归德桃园的 13 号坝出现滑坡,险情出现后,市、县河务部门及县委县政府领导,迅速赶到现场,组成临时抢险班子,研究制定抢险方案,落实抢险措施和物料,驻军及市黄河修防处机动抢险队和沿黄群众投入抢险,经日夜奋战保住护滩工程,抢险共动用石 5600 立方米,铁丝 10670 公斤,土方 4700 立方米,柳料 63865 公斤,袋类 2200 条;其中,桃园抢险动用石料 2316 立方米,钢筋 668 公斤,铁丝 10670 公斤,木桩 152 根,柳枝 6 万公斤,麻、草袋 2000 条,麻绳 1 吨,用工 8300 个。

1996 年 8 月 17 日,艾山水文站出现流量为 5000 立方米 / 秒洪峰,称为“九六·八”洪水。此次洪峰力量不太大,但水位表现很高,段内姚河门水位 39.44 米,董苗水位 37.98 米,孟李水位 37.10 米。该洪峰持续时间长达 7 天,致使生产堤以西大部进水。孝里镇老王坡排水闸,由于闸门起闭失灵,关闭不严,形成黄河水倒灌。孝里镇调集 3000 余民工用柳枝、木桩进行抢堵,奋战一天,制止住黄河水倒灌,被淹没土地仅 20 公顷,灾害降至最低限度。“九六·八”洪水期间,16 处 66 段 70 次控导(护滩)工程出现险情,抢险共动用石 9025 立方米,铁丝 3424 公斤,土方 3825 立方米,柳料 36800 公斤,袋类 12256 条,工日 2.46 万个,共投资 61.97 万元。

黄河凌汛灾害是黄河下游严重的自然灾害之一,历史上曾以频繁决口、难以防治而著名。黄河下游河道上宽下窄,弯曲连绵,险工、控导交错对峙,容易形成冰塞、冰坝的河段较多。长清黄河河段凌汛期一般出现在每年 12 月至次年 2 月,1986 年—2008 年未出现较大的冰凌险情。

第五节　黄河调水调沙

利用小浪底水库进行调水调沙,尽量减少黄河下游河道淤积,是黄河治理的重要措施。2002 年 7 月 4 日,黄河首次调水调沙试验开始实施,长清河段历时 14 天。2003 年 6 月 24 日,黄河第二次调水调沙试验开始实施,长清河段历时 14 天。2004 年 6 月 19 日,黄河第三次调水调沙试验开始实

施，长清河段历时14天。2005年6月16日，黄河第四次调水调沙试验开始实施，此次调水调沙正式转入生产运行，长清河段历时19天。2006年6月15日，黄河第五次调水调沙开始实施，长清河段历时19天。2007年6月19日，黄河第六次调水调沙开始实施，长清河段历时20天。2008年6月19日，黄河第七次调水调沙开始实施，长清河段历时18天。

第六节 黄河水利执法

1991年3月21日，长清黄河河务局成立长清县黄河水政监察所，具体负责黄河水利执法工作。1993年12月7日，成立长清县人民法院驻长清黄河河务局行政巡回法庭，对依法管理工程渡口、浮桥和依法征收水费、渡口工程养护费，全面开展水利执法起到推动作用。1994年7月13日，长清县人民政府出台《长清县黄河工程及河道管理办法》，水利执法逐步走向制度化、法律化、规范化。1995年6月，行政巡回法庭撤回。1996年9月12日，成立长清黄河水政水资源科，隶属于长清县水政监察所。1998年12月30日，长清县黄河水政监察所更名为济南长清黄河水政监察大队，负责组织实施普法宣传、水事案件查处、取水口调查、辖区内浮桥的审批。至2008年，长清黄河水利执法部门共查处水事案件24起。

1987—2008年长清区(县)黄河河段控导工程抢险情况表

表11－10

年份	处数(处)	坝数(段)	次数(次)	主要材料					投资(万元)	使用人工(工日)
				石料(立方米)	铁丝(千克)	土方(立方米)	柳料(千克)	袋类(条)		
1987	3	6	10	1200	—	1700	—	—	2.05	900
1988	13	24	37	5600	10670	4700	63865	2200	14.55	8300
1989	5	10	10	1300	—	2700	—	—	2.49	2800
1990	5	12	18	1200	1680	4100	—	—	3.11	2700
1991	1	2	2	300	820	400	—	—	1.03	200
1992	4	6	6	500	1100	—	—	—	2.36	400
1993	4	6	6	498	1100	456	—	—	1.24	200
1994	7	19	20	1250	—	300	—	—	2.97	1000
1996	16	66	70	9025	3424	3825	36800	12256	61.97	24586
1998	9	24	24	2304	406	—	—	—	7.42	555
1999	2	6	6	770	—	—	—	—	2.47	169
2000	3	3	3	312	—	—	—	—	1.05	80
2001	4	6	6	500	—	—	—	—	2.05	110
2002	13	35	35	3370	203	—	—	—	19.04	914
2003	13	75	76	11112	1218	684	—	—	49.76	2634
2004	6	9	9	1398	2645	—	—	—	10.84	618
2005	3	14	14	2989	1757	740	—	—	22.39	917

续表 11－10

年份	处数（处）	坝数（段）	次数（次）	主要材料					投资（万元）	使用人工（工日）
				石料（立方米）	铁丝（千克）	土方（立方米）	柳料（千克）	袋类（条）		
2006	3	5	9	1256	296	—	—	—	8.75	407
2007	3	3	3	235	175	—	—	—	1.86	83
2008	4	6	6	814	586	—	—	—	6.82	290
合　计	121	337	370	45933	26080	19605	100665	14456	224.22	47863

第十二编

工业

Industry

2006年11月18日，中国石油济南柴油机股份有限公司新厂落成典礼仪式

山东水龙王集团压力容器产品　　（1997年 摄）

1986年，全县县属及乡镇工业企业182家，其中县属企业32家，乡镇企业150家；完成工业总产值17336万元（1980年不变价），其中县属企业完成6134万元，乡镇企业完成11202万元。1988年，长清县全面推行企业承包经营责任制。1992年起，以产权制度改革重点，实行股份合作制、股份制，逐步建立现代企业制度。进入21世纪，长清区委、区政府紧紧抓住撤县设区、省城西进和大学科技园建设三大机遇，坚持"工业立区，招商强区"战略，积极对接省会经济圈，工业发展速度不断加快、发展质量明显提高、发展后劲显著增强，形成交通运输设备制造、压力容器制造、电子电器制造、新型建筑建材、食品医药五大主导产业。2008年，全区规模以上工业企业发展到181家，完成工业增加值83.8亿元，主营业务收入310.4亿元，实现利税33.7亿元，规模以上工业高新技术产业完成总产值103.5亿元。工业税收占全部税收的比重达60.9%，成为全区财源重要支柱。

第一章　工业体制改革

1980年起，国营、城镇集体工业企业改革以实行承包经营为重点。1988年，全面推行企业承包经营责任制。1992年，为解决承包经营责任制存在的企业行为短期化、负盈不负亏等问题，围绕建立社会主义市场经济体制的目标，以产权制度改革为重点，实行股份合作制、股份制。1998年起，企业转制工作以建立现代企业制度为目标，以实行规范的公司制改革为重点，实施国有（集体）资产逐步从竞争性行业企业中退出。至2008年，企业基本建立现代企业制度。

第一节　推行承包经营责任制

1988年—1990年，全县实施企业第一轮承包经营。县属集体企业实行效益目标承包责任制，采取承包利润递增包干的办法，即以1986年实际实现的利润为基数，按每年5%的幅度递增，超过递增幅度部分，免征调节税和所得税，达不到递增幅度的企业用自有资金弥补，三年不变。全民企业实行企业经营责任制，即以1986年实际实现的利润为基数，按第二步利改税办法征55%所得税，超过基数的利润，国家同企业三、七分成，三年不变。1987年12月12日，县工业局分别与下属16家企业（其中9家全民企业：长清县化肥厂、水泥厂、酒厂、造纸厂、机械厂、农药厂、矿山机械厂、磷肥厂、印刷厂，7家县属集体企业：长清县钢窗厂、玻璃制品厂、灯泡厂、服装厂、橡胶厂、木器厂、色织布厂）承包者（厂长）签订为期3年的承包经营合同。企业承包以后，按照两权分离的原则，把竞争机制引入企业，在企业内部实行层层承包，搞活企业内部分配和劳动用工，推行计件工资、定额工资、浮动工资、结构工资等新的工资制度，多劳多得，调动企业干部职工的生产积极性，16家企业先后有209个车间、科室进行不同形式的经济指标承包和岗位目标承包，非生产人员由承包前的560人压缩到315人，精简43%。乡镇企业承包遵循的基本原则是：包死基数、确保上缴、超收多留、欠收自补。承包经营形式采取以小型乡镇属企业租赁经营为突破口，承租人一律公开招聘，投标人可以跨乡、镇或本单位干部、职工。明确责、权、利，对租赁合同进行公证，有承租人本人和两位保证人的财产做抵押，企业租赁前，对承租人及保证人的财产进行清查、登记造册，承租期间不允许转卖，租赁时间一般为3~5年。全县乡镇企业有21家实行租赁经营，13家企业实行厂长任期目标责任制，86家企业实行集体承包，2家企业实行私人承包。在134家乡镇企业中，有118家实行公开招标，有近500人投标，300人参与答辩。通过招标选聘厂长（经理），社会上和企业内一批优秀人才脱颖而出，成为企业的经营管理者。1988年年底，全县11个乡镇都召开年度承包合同兑现大会，有60名厂长（经理）受到奖励，发放奖金5万多元，11名厂长没有完成承包合同被罚款。1989年1月，县政府印发《关于在承包企业中积极推行全员风险抵押制的通知》，要求所有承包、租赁企业，推行分档风险抵押制。县属9家企业实行风险抵押，共收取风险抵押金98.6万元，全系统共收取201万元。乡镇办企业全部推行风险抵押承包，当年交纳风险抵押金401万元。

1990年9月，县政府下发《关于发展完善企业第二轮承包工作的实施意见》。9月27日，县经委成立第二轮承包领导小组，下发《关于发展完善企业第二轮经营责任制工作的实施意见》。1991年—1993年，推行第二轮经营承包。实行滚动式承包与主管部门任命制相结合，经营指标基数的确定按（长政发〔1990〕48号）文件及上级有关文件制定。第二轮承包有19家经委直属企业签订经营承包合同，其中化肥厂、水泥厂、酒厂、造纸厂、三纺机厂、农药厂、磷肥厂、矿山机械厂、印刷厂、色织布厂、羽绒厂11家全民企业分别与县经委、县财政局签订经营承包合同，钢窗厂、玻璃厂、灯泡厂、服装厂、木器厂、橡胶厂、益民制药厂、电子电器厂8家县属集体企业与县经委签订经营承包合同。县乡镇企业管理局印发《关于组织好新一轮企业承包的意见》，提出在新一轮企业承包中所要遵循的原则和工作步骤，按照“大稳定、小调整”的原则和先合同审计后承包的办法，在企业承包形式和内容上进一步改进和完善，对不同企业分别采取加数平均法、基数滚动承包，全县大部分乡镇企业实行集体承包，厂长负责制。

第二节　建立现代企业制度

工业企业推行股份合作制始于1992年。是年3月16日，县政府制定《长清县乡镇企业推行股份合作制实施方案》《长清县乡镇企业推行股份合作制试行办法》《长清县乡镇企业股份合作制示范章程》。按照国家有关规定，乡镇企业股份制改革坚持以发展为主，在发展中规范，在规范中发展的原则，由各乡镇确定试点企业，各企业成立筹备班子，制定章程，由县会计师事务所及委托的乡镇财政所进行资产评估和验资，明确界定产权，合理设置股份，募股后召开创立大会，建账发证，履行报批登记程序等。是年，全县实行股份合作制企业170家，其中乡镇企业86家，村办企业82家，县部门经济实体2家；参股户数6898个，完成总股金5409.8万元，其中原有资产3374.8万元，新增股金2035万元。1994年，县委、县政府制定《长清县县属企业深化改革推行股份制实施方案》。是年，县属企业完成转制的国有企业有化肥厂、矿山机械厂，集体企业有益民制药厂、灯泡厂、电子电器厂、供电局制修厂、第二水泥厂。益民制药厂是全县首批现代化企业制度改革试点单位，试点工作自3月起，6月5日开始第一期募股，总计募集股本金712万元（股），其中集体股金384万元（股）、职工基本股金164万元（股）、职工合股基金164万元（股），同时实行员工合同制、岗位技能工资制。6月8日，组建济南益民制药股份合作有限公司。化肥厂改建成山东省长清化工（集团）有限责任公司。以集团公司为核心企业，以公司投资控股的济南东风化工厂碳酸钾分厂、县化工实验厂、化肥厂、汽修分厂等为紧密层，实行董事会领导，总经理负责制，独立核算，自负盈亏，集团内部实行管理人员聘任制、员工劳动合同制、岗位技能工资制。对县色织布厂、县木器厂、县服装厂3家长期生产经营不善、资不抵债、扭亏无望特困企业，依法实行破产。1998年起，企业转制

工作以建立现代企业制度为目标,以实行规范的公司制改革为重点,建立现代企业管理制度,转换经营机制。至 2000 年,全县 27 家县属企业,通过各种形式改制的 25 家,其中股份制改造 17 家、破产重组 4 家、租赁承包 4 家。化肥厂、水泥厂、酒厂等企业采取资产剥离,职工入股、建立新公司方式改制。农药厂、服装厂、灯泡厂、矿泉水公司等小企业,采取股份制或股份合作制、租赁、出售等形式进行改制。乡镇企业累计完成改制企业 81 家,其中股份合作制 31 家,募集股金 1565 万元,拍卖企业 18 家,回收资金 3054 万元,兼并、联合 1 家,租赁企业 18 家,盘活资产 4457 万元,破产企业 13 家,甩掉包袱 5673 万元。至 2003 年,乡镇企业改制工作基本结束,乡镇企业大部分通过拍卖、租赁、公司制等改制形式转化为私营企业。

第二章 工业结构与技改

1986年—2008 年,全区(县)工业企业实施结构调整,不断加大投入,加强传统产业技术改造,形成稳定的投入增长机制,做到产业产品结构在发展中调整、在调整中升级,进一步拓宽工业企业生存和发展的空间。

第一节 工业所有制结构

1986 年,全县工业所有制结构以全民和集体所有制为主。全民所有制企业主要有县水泥厂、化肥厂、酒厂、汽车改装厂、造纸厂、农药厂、第二水泥厂、济南水利水泥厂、植物油厂、食品酿造厂等。集体所有制企业有长清钢窗厂、灯泡厂、橡胶厂、木器厂、服装厂、汽缸厂、供电局制修厂以及各乡镇属工业。1988 年,开始围绕转换企业经营机制,全面推行企业承包经营责任制。1992 年,全县乡镇企业进入快速发展的新阶段。1993年—1995 年,连续 3 年开展“村办企业年”活动,全县有 123 个一类村产值过千万元,107 个二类村转化为一类村,87 个三类村转化为二类村,崮山、万德、武家庄、城关、归德、孝里 6 个乡镇无经济三类村。营业收入过 5000 万元的村发展到 30 个,19 家实现村级企业化管理,村办企业成为全县乡镇企业的中坚力量。至 1997 年,全县组建企业集团 38 家,其中国家级 2 家、省级 10 家、市级 26 家,集团成员企业发展到 200 余家。有 28 家乡镇企业被农业部确定为大中型企业,其中水龙王晋升大型一档,双泉、金凤、泺源、冰山、三科达等集团晋升大型二档,宏源、鲁双、泉都、陶瓷、三丝绸、三友、国大等集团晋升中型一档,环冠晋升中型二档。1998 年起,国有及集体企业逐渐改为股份制企业。2000 年,企业基本建立现代企业管理制度,转换经营机制,按照市场需求组织生产经营。至 2008 年年底,全区工业所有制结构呈现出以股份制企业、个体私营企业、外资企业为主的格局,全区规模以上企业 181 家,其中股份制企业 28 家、私营企业 87 家、外资企业 4 家、其他企业 62 家。

第二节 工业行业结构

1986年—1997 年,长清县工业有建材、机械、化学、食品、医药、服装、纺织、电子、造纸、日用陶瓷、印刷、橡胶制品等行业。1989 年,全县关压并转 30 家企业(多数是兼并),转产产品 20 种(主要是铸造、小印刷、小电镀、建材、砖瓦、石灰、电扇)。

1998年后，随着改革的逐步深入，破产一批企业，淘汰一批高污染行业，引进和兴办一批大型企业。至2008年，形成交通运输设备制造、压力容器制造、电子电器制造、新型建筑建材、食品医药五大主导产业，全区工业涵盖机械铸造、压力容器、交通运输设备、食品医药、皮革制品、化学制品、汽车零部件、输配电及控制设备、水泥及制品、电子元件、电力等十几个行业。

第三节　工业技改

1986年—1997年，围绕开发新产品进行技术改造，累计投资118934.7万元，对水泥、花岗石板材、合成氨、大麦芽、大输液、摩托车汽缸等产品的生产技术进行重点改造，生产工艺、生产设备不断更新。济南灵岩水泥有限公司，投资4244万元(含利用外资201万美元)，对水泥生产线进行技术改造，引进德国沈克公司制造的13台称重喂料器，年生产能力由15万吨提高到40万吨。长清化肥厂投资2226万元，进行技术改造，合成氨年产量由1万吨增加到3.5万吨，碳酸氢铵12万吨，新上2000吨碳酸钾、200吨阳离子沥青乳化剂、400万条编织袋、500吨化肥添加剂生产线。济南益民制药有限责任公司累计投资1314万元，进行技术改造，大输液年生产能力由20万瓶增加到2000万瓶，产品品种25个。济南顺达汽缸有限公司，累计投资8126万元进行技术改造，引进美国侨胞公司设备24台、日本宇部公司UBE冷室压铸机6台、日本铃木公司低压铸造机、美国IBM公司三坐标测量仪等，形成200万件摩托车汽缸、12万件GS125汽缸头和50万件摩托车系列发动机箱体年生产能力。1998年，实施气缸、化肥、花岗石、全封闭高档门窗、特种铸管、陶瓷等较大的技改项目。是年，乡镇企业完成技改项目32项，实际投资6501万元。1999年，气缸厂先后投资6000万元，新上发动机和摩托车生产线，实现当年设计、当年投产、当年见效，50型小霸王摩托车跻身于南方市场。是年，发动机销量10万台，摩托车5万辆，新增产值2亿元，新增利税1200万元。2003年，佳宝工业园一期、明发工业园、捷迈工业园、北辰高科技工业园、宏达高科技工业园等项目顺利启动。2008年，根据省经贸委《关于进一步下放技术改造项目投资管理权限的通知》规定：总投资5000万元以下内资技术改造项目由县(市、区)经贸部门备案核准后即可建设，缩短企业技改项目申报审核时间。是年，共为23个技改项目进行备案核准。

1986—2008年长清区(县)工业重大技术改造项目情况表

表12-1

年　份	项目单位	项目内容	投资金额(万元)
1986	长清县被服厂	新上塑料鞋底生产线项目	6
1986	长清县造纸厂	10吨锅炉项目	66
1986	城关水泥厂	立窑改造项目	20
1986	孝里食品厂	啤酒分装线项目	20
1986	长清磷肥厂	4.4万吨水泥生产线项目	260
1990	万德电磁线厂	新上漆包线项目	100
1991	万德麦芽厂	3万吨麦芽生产扩建项目	450
1991	双泉散热器厂	年产25万片生产能力项目	150
1991	长清县钢窗厂	新上制管流水线2条	200

续表 12－1

年 份	项目单位	项目内容	投资金额（万元）
1992	长清县汽车改装厂	新上汽车改装项目	2000
1994	山东灵芝集团总公司	新上 3 万吨大麦芽生产线	2000
1995	长清县汽缸厂	摩托车汽缸生产线技术改造	2760
1996	益民制药有限责任公司	大输液生产能力项目	1314
1999	第二水泥厂	对一号二号立窑进行技术改造	40
1999	济南顺达汽缸有限公司	新上发动机和摩托车生产线	6000
2000	香港新纪元公司	微电子项目	3000
2000	山东莲花金泰有限公司	转接谷氨酸 1.5 万吨技改项目	3000
2000	邦和集团	摩托车技术改造项目	3000
2000	长清化肥厂	液态氨制造项目	380
2000	济南灵岩水泥有限公司	设备更新改造项目	3000
2000	长清热电厂	二期热电联产项目	2000
2000	晶恒工业园	电子开发项目	10000
2000	鲁能工业园	富士电器项目	5000
2000	水龙王集团	换热器改造项目	370
2001	陆通公司	H 钢压瓦生产线	110
2001	北辰集团	扩大脱硫除尘器生产能力	210
2001	双泉集团	扩大钢制翅片管散热器生产能力	200
2001	泺源集团	新上高档乳胶漆生产线	80
2001	水龙王集团	扩大“低位常压解析除氧器”能力	260
2002	三九益民制药公司	中药大输液车间二期改造项目	7600
2002	斯瑞美公司	H 型钢及环保设备改造	450
2002	宏达公司	新建宏达科技园	2980
2002	陆通实业总公司	征地扩大厂房新上生产线	1800
2002	铭峰公司	1000 平米成衣车间改造	300 万美元
2003	佳宝工业园一期	日产 1200 吨鲜奶生产线	20000
2003	明发工业园	明发兽药饲料生产线	5000
2003	捷迈工业园	数控激光切割机生产线	7000
2003	济南华东饮料总厂	饮料生产线二期	12000
2003	济南陆丰钢结构有限公司	扩大生产能力	1000

续表 12－1

年　份	项目单位	项目内容	投资金额（万元）
2004	济南柴油机厂	整厂搬迁	50000
2004	中国重汽集团	重汽长清工业园项目	30000
2004	长清热电厂	新上机组	7500
2004	山东黄金集团	新上纳米金钢石粉生产线	12000
2004	济南天聚公司	新上兽药饲料生产线	3000
2005	欣和食品有限公司	扩大生产能力	10000
2005	济南冶金化工设备公司	新建厂房	1000
2005	计算机应用公司	新建厂房	3000
2005	鲁润热能科技有限公司	厂房建设	1700
2006	沃德汽车零部件有限公司	整厂搬迁	39000
2006	济南高强标准件有限公司	汽车、柴油机配件、船用气囊	10757
2006	济南天诺光电材料公司	导电纤维、电磁屏蔽材料	10000
2007	鲁联集团	生产基地建设项目	54000
2007	山东博泰电器有限公司	非晶合金变压器生产线	360
2007	通发实业有限公司	新建项目	31000
2008	宏达集团	核容器车间项目	3000
2008	巨能液压机电工程公司	重工基地建设项目	13000
2008	沃德汽车零部件有限公司	福特出口气门项目	10420

第三章　工业产品

第一节　主要产品

1986年—1997年，长清县工业主要产品有水泥、花岗石板材、矿用自卸车、工程自卸车、摩托车汽缸、工业锅炉、汽车配件、散热器、碳酸氢铵、碳酸钾、油漆、饮料酒（白酒）、大麦芽、食用植物油、化学原料药、大输液、服装、机制纸、日用陶瓷、矿用灯泡等。“灵芝”牌麦芽在第三届全国农业博览会上获金奖，“五峰山”牌容积式双纹管换热器、“水龙王”牌直燃溴化锂热水机组、“三友”牌LSZ、QXL两大系列锅炉、“双泉”牌灰铸铁柱翼型散热器5种产品获中国新技术专利博览会金奖。双泉集团研制的翅片管散热器被国家建设部确定为小

康住宅建设首选产品。1998年—2008年，主要工业产品有交通装备、内燃机动力装备、数控锻压机械装备、中央空调、散热器、特种铸管、压力容器装备、汽车配件、摩托车及零部件、低压电力设备、高标号水泥、空心砖、乳制品、调味品、肉制品、蔬菜和粮食深加工产品、集成电路引线框架、半导体分离器、智能控制器、软体屏蔽材料、燃气报警器、高档电子玩具等。

2008 年长清区主要工业产品及生产企业情况表

表 12－2

产　业	主要产品	主要生产企业
机械装备制造业	汽车座椅、铝合金油箱、暖风机、方向盘、线束、卧铺等内外饰产品，190、260、140 系列发动机，液力传动装置、燃气动力集成、压缩机组制造及集成、动力电气控制、铸造机械及成套设备、汽车配件等	中国重汽（香港）有限公司橡塑件制造部、济南柴油机股份有限公司、济南铸锻所捷迈机械有限公司、济南沃德汽车零部件有限公司、济南第二汽车配件有限公司、济南平安精工机械制造有限公司等
压力容器制造业	SH 双纹管换热器、SHV 双纹管容积式换热器、板式换热器、高效智能换热机组、球磨机隔声罩、旋流浮动盘管换热器、横管初冷器、机械化焦油氨水澄清槽、电捕焦油器、圆筒管式加热炉、氨焚烧炉、螺旋板换热器、铅管和钛管分缩器、中央空调、散热器、内衬陶瓷复合管等	山东北辰集团有限公司、山东宏达集团有限公司、济南冶金化工设备有限公司、山东水龙王集团有限公司、山东双泉集团有限公司、济南张夏供水换热设备有限公司、济南泉鑫暖通设备有限公司、山东鲁润热能科技有限公司、济南长虹高科技复合管有限责任公司等
电子电气制造业	智能控制器、软体屏蔽材料、燃气报警器、高档电子玩具、气动执行元件、气动控制元件、气源处理元件、气源控制柜、低损耗 10kV、35kV 级电力变压器、干式电力变压器、非晶合金变压器、美式和欧式箱式变电站及电力成套设备等	山东迪生电子电气有限公司、济南晶恒山田电子精密科技有限公司、济南晶恒半导体有限责任公司、山东鲁能中天电子有限公司、济南市长清计算机应用公司、济南瑞原气动工程有限公司、山东博泰电气有限公司等
新型建筑建材业	425#R、525#R 普通硅酸盐水泥、水泥熟料、水泥制品、水泥塑编、钢丝网架聚苯乙烯夹芯板新型墙体保温材料、Φ1400～3000mm 大型管道等	济南山水集团、长清第二水泥厂、济南水利水泥厂、济南长兴建设工程有限公司商砼分公司、济南平安建筑集团有限公司商砼中心等
食品医药业	巴氏奶、灭菌奶、酸奶、含乳饮料、奶粉、速冻食品、调味品、肉制品、白酒、莪术油葡萄糖注射液、诺氟沙星葡萄糖注射液、兽药制剂、生物制药、化学原料药、动物保健品、兽药、饲料及饲料添加剂等	济南佳宝乳业有限公司、济南欣和食品有限公司、济南鼎龙食品有限责任公司、济南家家乐味精有限公司、济南三九益民制药有限责任公司、济南白鹤泉酒业有限公司、济南好运泉酒业有限公司、山东明发兽药股份有限公司、山东迅达康兽药有限公司、山东华尔康兽药有限公司等

第二节　名牌产品

1986年—2008年，长清区（县）工业企业优质、名牌产品共 115 个，其中国家级 1 个、省部级 44 个、市级 70 个。

1986—2008年长清区(县)市级以上工业优质名牌产品情况表

表12-3　　单位:年

企业名称	产品名称	级别	批准时间
长清县马山砖瓦厂	烧结普通砖	省优质产品	1986
长清电扇厂	冰雪牌 FRD1-6型400㎜交流圆周顶扇	省优质产品	1987
济南市长清锅炉厂	立彩牌 TCO.28/5-4灰铸铁长翼型散热器	省优质产品	1988
长清县孝里砖瓦厂	红砖	省优质产品	1988
长清县五峰砖瓦厂	红砖	省优质产品	1988
山东鑫源集团	铜铝纸包线	市优质产品	1988
长清张夏水暖器材厂	NZG囊式增压罐	市优质产品	1988
归德造漆厂	醇酸油漆	市优质产品	1988
长清县第一轻工机械厂	ZNG型侧压式浓缩机	市优质产品	1988
长清县第一轻工机械厂	圆网笼	市优质产品	1988
长清酒厂	白鹤泉牌39度特酿	市优质产品	1988
长清酒厂	白鹤泉牌陈曲	市优质产品	1988
长清植物油厂	长良牌花生油	市优质产品	1989
长清县第二水泥厂	福禄牌425#R硅酸盐水泥	市优质产品	1989
济南市灵岩电磁线厂	灵岩牌 ZB-0.45纸包绕组扁铜线	省优质产品	1989
长清县马山砖厂	金牛牌烧结普通砖	部优质产品	1989
济南市天然饮料食品厂	李密泉牌酸枣汁	省优质产品	1990
济南市冶金化工设备厂	安全阀	市优质产品	1990
济南张夏煤气管件厂	煤气管件	市优质产品	1990
济南张夏硬质合金厂	硬质合金刀	市优质产品	1990
长清县张夏砖瓦厂	红砖	市优质产品	1990
双泉机床厂	铸铁散热器	市优质产品	1990
济南三友锅炉有限公司	四标铸铁散热器	市优质产品	1990
长清县农药厂	海鸥牌蓝黑墨水	市优质产品	1990
长清恒利纸业有限责任公司	骏马牌40克/平方米有光纸	市优质产品	1990
长清恒利纸业有限责任公司	骏马牌40克/平方米出口条纹包装纸	市优质产品	1990
长清恒利纸业有限责任公司	骏马牌招贴纸	部优质产品	1990
济南长英特种灯泡有限公司	长英牌 KT4-0.7K矿灯泡	部优质产品	1990
济南长清环保节能设备厂	华福牌 ZXGT-4锅炉风机综合消声装置	省优质产品	1991
济南市麦芽厂	灵芝牌啤酒大麦麦芽	省优质产品	1991

续表 12－3

企业名称	产品名称	级别	批准时间
长清县孝里鞋厂	皮鞋	市优质产品	1991
长清县崮山金属制品厂	文件橱	市优质产品	1991
长清县崮山砖瓦厂	红砖	市优质产品	1991
长清县归德起动装置厂	罐装起动液	市优质产品	1991
长清酒厂	白鹤泉牌 54 度特酿	省优质产品	1991
山东长清水泥厂	峰山牌 425#R 普通硅酸盐水泥	省优质产品	1991
济南市麦芽厂	“灵芝”牌二棱大麦芽	省系统名牌	1994
济南长清双泉机床厂	鲁双牌 TDY 系列灰铸铁多翼型散热器	省系统名牌	1994
济南市张夏水暖器材厂	水龙王牌直燃式溴化锂冷温水机组	省系统名牌	1995
济南冰山集团公司	冰山牌起动液	省系统名牌	1995
济南市泺源化工集团	明湖牌醇酸调合漆	省系统名牌	1995
固德利钢制木制品有限公司	灵岩牌钢制文件橱	省系统名牌	1995
山东三科达集团	“风华”牌湿润烧伤膏	市系统名牌	1996
山东双泉集团	“双泉”牌灰铸铁柱翼型散热器	市系统名牌	1996
长清蓝泉供暖设备厂	“蓝泉”牌立式多管预热除尘器	市系统名牌	1996
长清电扇厂	“冰雪”牌 400 毫米圆周顶扇	市系统名牌	1996
济南环冠集团	“环冠”牌 DX 多管旋风除尘器	市系统名牌	1996
山东泺源集团	“泺源”牌胶粘牛皮男鞋	市系统名牌	1997
山东灵芝集团	“灵光”牌高能碱性电池	市系统名牌	1997
济南长清压力容器厂	“五峰山”牌 SHQW 双纹管换热器	市系统名牌	1997
济南国大塑化有限公司	“国大”牌 CST、A85 推拉塑料窗	市系统名牌	1997
济南市灵岩兽药厂	牧仙牌兽药原虫散	市系统名牌	1998
济南福信锅炉有限公司	满园春牌 WNS－Y 系列全自动燃油中央热水机组	市统名牌	1998
长清双泉机床厂	“鲁双”牌 TDY 灰铸铁散热器	市系统名牌	1998
济南市麦芽厂	“灵芝牌”二棱大麦芽	市系统名牌	1998
山东泺源集团	“明湖牌”醇酸调合漆	市系统名牌	1998
济南张夏水暖器材厂	“水龙王牌”溴化锂制冷机组	市系统名牌	1998
济南冰山集团公司	“冰山”牌起动液	市系统名牌	1998
济南崮德利钢木制品公司	“灵岩牌”钢制文件橱	市系统名牌	1998
山东长清制药厂	“风华”牌湿润烧伤膏（软膏剂）	市系统名牌	1998

续表 12－3

企业名称	产品名称	级别	批准时间
济南国大塑化有限责任公司	“国大牌”CST. A85 推拉塑料窗	市系统名牌	1998
山东双泉集团有限公司	“双泉”牌灰铸铁柱翼型散热器	市系统名牌	1998
济南长清压力容器厂	“五峰山”牌 SHQW 双纹管换热器	市系统名牌	1998
山东灵光电池有限公司	“灵光"牌 LR6 型碱性锌一锰干电池	市系统名牌	1998
山东泺源集团有限公司	“泺源”牌胶粘牛皮男鞋	市系统名牌	1998
济南佳宝乳业有限公司	佳宝牌纯牛奶	山东名牌	1999
济南佳宝乳业有限公司	佳宝牌纯牛奶	山东名牌	2000
山东水龙王集团	水龙王牌生活消防供水设备	山东名牌	2000
济南柴油机股份有限公司	驰动牌 G12V190ZL 型柴油机	山东名牌	2003
山东水泥厂	东岳牌水泥	山东名牌	2003
济南佳宝乳业有限公司	佳宝牌乳制品	山东名牌	2003
济南民天面粉有限公司	民天牌小麦粉	山东名牌	2003
济南山水管道有限公司	山水金石牌预应力钢筒混凝土管	山东名牌	2004
山东万德酒业有限公司	大山特牌低度浓香型白酒	山东名牌	2004
济南佳宝乳业有限公司	佳宝牌液体奶	中国名牌	2005
山东双泉散热器有限公司	双泉牌散热器	山东名牌	2005
济南柴油机股份有限公司	驰动牌 G12V190ZL 型柴油机	山东名牌	2005
山东水泥厂	东岳牌水泥	山东名牌	2005
济南佳宝乳业有限公司	佳宝牌乳制品	山东名牌	2005
济南山水管道有限公司	山水金石牌预应力钢筒混凝土管	山东名牌	2005
山东双泉散热器有限公司	双泉牌散热器	山东名牌	2005
济南佳宝乳业有限公司	佳宝牌纯牛奶	济南名牌	2005
济南佳宝乳业有限公司	佳宝牌酸牛奶	济南名牌	2005
济南三九益民制药有限公司	益均诛牌莪术油葡萄糖注射液	济南名牌	2005
山东北辰集团有限公司	山东北辰牌换热器	济南名牌	2005
济南柴油机股份有限公司	驰动牌 G12V190ZL 型柴油机	济南名牌	2005
山东水泥厂	东岳牌水泥	济南名牌	2005
济南张夏水暖器材厂	水龙王牌生活消防供水设备	济南名牌	2005
济南山水管道有限公司	金石牌系列水泥制品	济南名牌	2005
山东邦和集团有限公司	永驰牌气缸体	济南名牌	2005

续表 12－3

企业名称	产品名称	级别	批准时间
济南市长清区第二水泥厂	福禄牌普通硅酸盐水泥 32.5R	济南名牌	2005
山东双泉散热器有限公司	双泉牌散热器	济南名牌	2005
济南佳宝乳业有限公司	佳宝牌乳饮料	山东名牌	2006
济南柴油机股份有限公司	济柴牌、驰动牌柴油机	山东名牌	2006
山东高强标准件有限公司	鲁花牌高强度大六角头螺栓	山东名牌	2006
山东水泥厂有限公司	山水东岳牌普通硅酸盐水泥 52.5R、42.5R、42.5、32.5R、32.5，复合硅酸盐水泥 32.5，矿渣硅酸盐水泥 32.5R	山东名牌	2006
山东欣和食品工业有限公司	葱伴侣牌酱	山东名牌	2006
山东环冠科技有限公司	环冠牌 XJ、DCL 脱硫除尘器	山东名牌	2007
济南山水管道有限公司	山水金石牌预应力钢筒混凝土管	山东名牌	2007
济南家家乐味精有限公司	紫荆花牌鸡精调味料	山东名牌	2007
济南张夏供水换热设备公司	环水牌 GX 型高效换热器	济南名牌	2007
济南冶金化工设备有限公司	万通牌煤气初冷器	济南名牌	2007
济南市张夏水暖器材厂	水龙王牌全自动生活消防供水设备	济南名牌	2007
济南鲁日钧达皮革有限公司	钧达牌牛二层绒面革	济南名牌	2007
山东山水水泥集团有限公司管道分公司	山水金石牌预应力混凝土管、钢筋混凝土排水管	济南名牌	2007
济南志信电力设备制造公司	JNZX 牌聚氨酯复合钢管	济南名牌	2007
济南凤鸣散热器有限公司	欧宜斯牌铜铝复合散热器系列产品	济南名牌	2007
山水集团	山水东岳牌普通硅酸盐水泥 52.5R、42.5R、42.5，复合硅酸盐水泥 32.5，矿渣硅酸盐水泥 32.5R	山东名牌	2008
济南张夏供水换热设备有限公司	GX 型高效换热器	济南名牌	2008
济南冶金化工设备有限公司	煤气初冷器	济南名牌	2008
济南市张夏水暖器材厂	全自动生活消防供水设备	济南名牌	2008
济南鲁日钧达皮革有限公司	牛二层绒面革	济南名牌	2008
山东山水水泥集团有限公司管道分公司	预应力混凝土管、钢筋混凝土排水管	济南名牌	2008
济南志信电力设备制造有限公司	聚氨酯复合钢管	济南名牌	2008
济南凤鸣散热器有限公司	铜铝复合散热器系列产品	济南名牌	2008

第四章 工业管理

1986年起，工业管理从体制上更加科学合理、规范完善，管理职能转入以经济运行调控和创新服务为主的宏观间接管理。随着现代企业制度的确立，企业管理更加细化，提高产品质量、降低物质消耗，经济效益大幅提升。

第一节 管理体制

1984年，县经委、县工业局、县多种经营社队企业局合并为长清县经济委员会。是年10月，重新恢复长清县工业局。1986年1月12日，成立长清县乡镇企业局，形成县经委、工业局、乡镇企业局三家单位同时管理全县工业的格局，其中工业局侧重管理县属工业，乡镇企业局侧重管理乡镇属工业，县经委统筹管理全县工业，各乡镇设立工业办公室。1986年，部分企业开始实行厂长（经理）负责制。1988年，乡镇工业办公室改名经济委员会，管理本乡镇工业，乡镇企业主管部门按月收取一定比例的管理费。是年起，全县推行第一轮承包。1991年起，全县推行第二轮经营承包，企业普遍推行承包经营责任制和厂长（经理）负责制。1992年起，企业推行股份合作制，实行产权制度改革，现代企业制度逐步建立。1996年，《中华人民共和国乡镇企业法》颁布，取消乡镇企业主管部门按月收取一定比例的管理费。2000年11月，成立长清县民营经济发展局，与长清县乡镇企业管理局合署办公，对乡镇企业和民营经济行使管理、服务职能。2002年9月，区经委、区乡镇企业管理局（民营经济发展局）撤销，合并组建成立区经济贸易局，对全区工业经济行使规划、指导、监督、协调、管理和服务职能。至2008年，企业普遍进行公司制改造，企业管理的自主性增强，主管部门职能转入以经济运行调控和创新服务环境为主的宏观间接管理。

第二节 企业管理

1986年起，长清县工业企业围绕提高企业整体素质和经济效益，强化企业内部管理。一是加强标准化、计量、定额、信息、班组建设等企业管理基础工作；二是加强财务管理，推行成本控制工程；三是推行全面质量管理，开展创优活动。1989年起，先后开展“企业管理年”“市场效益年”等活动。1990年，乡镇企业有25家建立标准化体系，21家获计量证书，7家晋升省系统级先进企业，16家会计达标。1991年，开展“质量品种效益年”活动，对全县144家企业进行全面整顿；按照济南市企业整顿验收标准，长清酒厂、长清印刷厂、济南市特种灯泡厂、长清水泥厂等33家企业通过考核验收，其余111家企业，1992年通过考核验收。乡镇企业局在归德锅炉厂召开“质量品种效益年”活动现场会，全县132家乡镇办企业有87家推行全面质量管理，75家建立QC小组，有1家晋升省系统级先进企业，2家升为市级先进企业，12家会计达标。1994年，有2家企业进档升级（灵芝集团晋升中一级、双泉机床厂晋升中二级），4家企业被评为省一级现场管理合格企业（万德灵芝集团、电磁线厂、机械厂、归德台岛塑胶有限公司），3家企业被评为省二级现场管理合格企业（双泉机床厂、城关丝绸厂、平安制刷厂），孝里环冠除尘器厂、归德造漆厂被评为省级节能先进企业，灵芝集团被评为全国乡镇企业系统环保先进单位。1995年，开展企业管理状态评价工作，各企业对照济南市企业管理状态评价标准，自查整改。1996年起，开展学“邯钢”，加强“两本”管理活动。是年1月，经济南市经济师事务所组织的专家组咨询诊断评审，长清县供电局、长清化肥厂、济南灵岩水泥有限公司获企业管理A类企业称号，长清第二水泥厂、山东灵芝集团总公司、长清酒厂获企业管理B类企业称号，乡镇企业有16家被评为省级基础管理达标企业，5家被评为省级现场管理达标企业，15家被评为省级管理示范企业，4家获省现代化管理成果奖，13家被县政府命名为管理示范企业。1997年，推行水龙王集团“三统一”管理、五峰压力容器厂“市场模拟倒逼成本”管理和泺源集团人本管理，分别召开管理现场会。是年，全县有24家乡镇企业获省级管理先进称号，其中省级设备管理达标企业6家，省级现场管理和基础管理合格企业各7家，省级管理示范企业、省级信誉等级评定企业、省级设备管理和省级安全生产先进企业各1家。1999年，开展“管理效益年”活动，通过学邯钢、学亚星、学海尔、学十面红旗等活动，促进企业管理水平的提高。2000年，在“管理效益年”基础上，推广亚星经验，比价采购，控制成本；推广济钢经验，面向市场，挖潜增效，堵塞漏洞，节能降耗；推广海尔经验，日清日高，增强发展意识。至2008年，全区工业企业改变传统管理模式，利用现代信息技术逐步向企业信息化管理迈进。部分重点企业采用企业资源管理系统(ERP)、办公自动化系统(OA)、客户关系管理系统(CRM)、供应链管理系统(SCM)等，提高企业管理信息化水平，改善企业粗放落后的管理模式，初步建立现代企业管理制度。济南柴油机厂、山水集团、富美科技公司、沃德汽车零部件有限公司等企业均实现企业管理信息化。

第三节 困难企业管理

2000年前后，国有、集体企业因不适应市场经济的发展要求，水泥厂、化肥厂、酒厂、造纸厂、汽车改装厂、矿山机械厂、农药厂、羽绒厂、印刷厂先后依法破产。其余企业处于停产半停产状态，职工下岗、失业。2004年起，按照“保稳定、促和谐、求发展”的总体要求，先后帮助标志服厂、橡胶厂等13家企业的1000多名职工补缴企业从停产以来欠缴10多年的养老保险费，补缴金额1600多万元，为达到退休年龄的老职工及时办理退休手续。至2008年年底，先后为458名“40、50”(女职工年龄满40岁、男职工年龄满50岁)人员办理社会保险补贴，为破产企业1119名退休职工办理医保，为特困职工办理“低保”。

第五章 工业门类

1986年，长清县工业有建材、机械、化学、食品、医药、服装、纺织、电子、造纸、日用陶瓷、印刷、橡胶制品等行业。至2008年，全区形成以重汽、济柴、沃德、捷迈等企业为龙头的交通运输设备制造业，以北辰、水龙王、冶金等为龙头的压力容器制造业，以晶恒、鲁能正泰、恩翼帕瓦电机等为代表的电子电器制造业，以山水、平安、长兴等为龙头的新型建筑建材业，以佳宝、欣和、润华等为代表的食品医药业五大主导产业。

第一节　机械装备

1986年，长清县有机械工业企业23家，从业人员2771人，工程技术人员469人，其中县属企业2家，从业人员619人；乡镇企业21家，从业人员2152人。1997年，全县机械工业企业发展到61家，从业人员7289人，其中县属企业3家，从业人员2411人；乡镇企业58家，从业人员4878人。1998年起，县属机械企业开始衰退，新兴民营机械工业企业异军突起，新引进企业不断入驻，机械装备制造业进入快速发展时期。2005年，济南长清机械制造业被山东大学经济研究中心命名为“山东省十大产业（工业）集群”。2008年年底，全区共有机械装备制造企业153家，其中规模以上54家，机械装备制造业实现增加值32.5亿元，主营业务收入139.9亿元，规模以上机械工业企业完成产值占全区规模工业的40%，机械装备制造业成为全区支柱产业。

济南铸锻所捷迈机械有限公司　位于济南经济开发区，占地13.3公顷，是济南铸造锻压机械研究所直属企业，为国家大型中央企业“中国机械工业集团公司”所属二级子公司。2000年，济南铸造锻压机械研究所在长清县创立济南捷迈铸造机械工程有限公司、济南捷迈锻压机械工程有限公司、济南捷迈数控机械有限公司、济南捷迈液压机电有限公司4家企业，从事高新技术产品的研发和生产。2003年，4家企业经山东省科学技术厅审核认定为高新技术企业。2006年10月28日，4家企业合并重组为济南铸锻所捷迈机械有限公司，公司先后承担数十项国家科技攻关项目、新产品开发项目和国家政府间合作项目，多项成果获国家、部、省级科技进步奖和发明奖并填补国内空白。主要产品有角钢自动生产线、大型数控辗环设备、数控开卷校平纵横剪生产线、冷弯成型系列生产线、数控三维钻孔机、数控平面钻、数控连接板冲孔机、飞剪生产线、板式和辊式楔横轧机、各种制芯清理熔化浇注设备、机电液一体化集成系统、数控转塔冲床、数控直角剪板机、数控激光切割机、数控等离子切割机、数控激光焊接机、数控汽车纵梁冲孔线、板材柔性加工系统（FMS）、自动化立体仓库、数控折弯机、数控剪板机等各类数控板材加工设备。2008年，公司有职工576人，其中高级工程师110人、工程师121人，完成产值2.4亿元，上缴税金1677万元。

重汽长清工业园　位于济南经济开发区，占地17.3公顷，2003年引进，投资兴建5个零部件分厂。2004年1月，一期工程底盘零件厂、传动轴厂建成投产；3月4日，二期工程座椅厂、内饰件厂和橡胶件厂开工建设，至9月全部投产。2008年5月，底盘零件厂、传动轴厂迁址章丘，剩余厂合并成立中国重汽集团济南商用车有限公司零部件公司，主要产品有汽车座椅、铝合金油箱、暖风机、方向盘、线束、卧铺等内外饰产品。2008年，有职工1182人，其中工程技术人员126人，高级工程师23人，完成主营业务收入13亿元，上缴税金4280.3万元。

济南铸锻所捷迈机械有限公司　（2008年　摄）

重汽工业园 （2008 年 摄）

主要供应商，中国海军装备定型产品的指定供应商。中油济柴有 15 项国家及行业标准制定权，全国往复式内燃、燃气发电设备标准化技术委员会、全国内燃机标准化技术委员会燃气发动机工作组、全国石油钻采设备和工具标准化技术委员会钻采动力标准化工作部均设在中油济柴。济柴产品获中国驰名商标称号，济柴品牌被评为山东省著名商标，Z12V190B 柴油机获国家唯一的大功率内燃机金质奖，气体机获中国气体发动机行业最具影响力品牌，船用柴油机连年被评为中国渔船、渔机、渔具行业名牌产品。产品广泛应用于石油钻探、船用动力、可燃气体利用、电站、机车、军用等领域，遍布全国油气田和 32 个省、自治区、直辖市及港澳台地区，出口到美、日、俄、意等 40 多个国家和地区。2008 年，完成主营业务收入 13 亿元，上缴税金 4386.9 万元。

济南柴油机厂（中石油济南柴油机股份有限公司） 位于济南经济开发区，总投资 16 亿元，占地 53.3 公顷，2006 年建成。单体厂房面积 11.7 万平方米，在职员工 2100 人，年产中大功率内燃机及机组 5000 台以上。中油济柴核心业务是中大功率内燃机的研发制造，延伸业务包括液力传动装置、电气控制装置、燃气动力集成装置等。成为世界石油主流钻井动力制造商，中国非道路用中高速中大功率内燃机研发制造企业，中国重要场合和重点项目内燃机发电设备

济南巨能液压机电工程有限公司 位于平安街道平安北路，占地 10 公顷，2005 年引进，是集科研、生产、销售为一体的科技先导型股份制企业，主要从事重型液压设备、液压系统、电控系统开发、设计及其生产工作。公司是省市级“高新技术企业”，通过 CQC ISO 9001:2000 质量体系认证，被中国资信评估中心评为信誉安全质量 AAA 级企业，取得欧盟 CE 认证和国家进出口许可证，获多项省部级科技进步奖、专利及多项省市级高新产品证书。公司董事会 8 名成员全部具有高级职称，其中享受国务院政府津贴国内知名专家 1 名。公司创造 8 项“中国纪录”：中国第一台火车钩

中石油济南柴油机股份有限公司 （2008 年 摄）

尾框自动弯曲成形机、中国首台“横向预紧板框式模锻液压机”、第一台出口欧洲的6300吨锻造液压机、中国首台最大SMC玻璃钢制品液压机、亚洲单机压机流量最大电液控制系统、中国首台液压螺旋钻机液压电控系统、中国第一台比例伺服控制碾环机、中国第一套脱硫板生产线。产品出口美国、俄罗斯、法国、日本、印度、土耳其、韩国等。2008年，产值1.8亿元，上缴税金413.6万元。

■ 济南沃德汽车零部件有限公司 (2007年摄)

济南高强标准件有限责任公司 位于长清区沃德大道786号，占地8公顷，2006年引进，2007年4月建成投产，总投资1.6亿元。该公司是中国紧固件协会理事单位、中国钢结构协会会员、中国石化物资资源市场成员厂，通过挪威船级社DNV公司ISO 9001国际质量体系认证，“JG”牌产品被中国企业信誉调查部授予名牌产品称号，鲁花牌高强度大六角头螺栓被评为山东省名牌产品。主要产品用于发动机、汽车、工程机械、铁路、石化、电力、机床、钢结构建筑等行业，是高强度紧固件的专业化生产厂。2008年，完成主营业务收入3685万元，上缴税金124.2万元。

济南沃德汽车零部件有限公司 位于长清区沃德大道1号，占地20公顷，2006年引进，投资4亿元。该公司是中国规模最大的专业生产和销售汽车发动机气门和气门挺杆的企业，是2003年—2004年全国百家最佳汽车零部件制造商之一。生产的山河牌气门，是中国质量协会用户委员会评定的首届全国100种用户满意产品之一。上海大众桑塔纳进排气门、丰田8A进排气门分别获上海大众汽车有限公司、天津丰田汽车发动机有限公司免检产品。主导产品覆盖重、中、轻、微、轿等全部车型。公司气门和气门挺杆年产量位居国内同行业第一位。2008年，资产置入万得集团在美国纳斯达克上市。是年，完成主营业务收入2.9亿元，上缴税金2345万元。

第二节 压力容器

长清区是传统的“铆焊之乡”“压力容器之乡”。压力容器制造业兴起于20世纪50年代，生产小型锅炉、供水及采暖设备。进入90年代，乡镇企业异军突起，逐步形成以水龙王、北辰等为龙头的各类压力容器制造企业，主要产品有环保节能锅炉、中水设备、焦化设备、换热设备。进入21世纪后，压力容器制造业初具规模。2007年10月31日，山东省压力容器制造业基地在长清区揭牌，长清区压力容器协会同时成立。2008年年底，全区共有各类压力容器制造企业78家，其中规模以上企业29家，压力容器产品销量列全省第一。

山东水龙王集团 其前身是长清双桥农工商联合总公司，始建于1986年，位于张夏镇金庄村。1987年，引进资金、项目、人才、技术，开发NZG囊式供水设备、落地式膨胀水箱，通过省科委技术鉴定，取得省劳动厅颁发的制造许可证，是年产值过千万元。1992年，更名为金庄企业集团总公司，工业企业发展到9家。是年，

■ 山东水龙王集团 (1997 年 摄)

9 家工业企业组合为济南张夏水暖器材厂、济南张夏铸管厂两个骨干企业，年产值超过 5000 万元。1994 年，更名为济南水龙王企业集团总公司。1996 年，改制组建山东水龙王集团有限公司，“水龙王”牌商标经山东省信誉评级委员会评估达 2.1 亿元。2000 年，发展成为集科、工、贸、农于一体的国家级大型企业集团，其中，骨干企业济南市张夏水暖器材厂属国家大型二档企业，济南市张夏铸管厂属国家中型一档企业，年生产能力 1000 台套，实现产值 2 亿元，利税 2000 万元。集团公司具有一、二类压力容器制造许可证、D 级锅炉设计制造许可证、消防设备制造许可证，有自营进出口权，通过国际 ISO 9001 质量体系认证，是省级技术开发中心、省级高新技术企业、山东大学能源研究基地、清华大学紫光环境工程生产基地、省级热能动力专业委员会会员、暖通协会会员，是国家级“给排水暖通区域性支柱产品”龙头企业。2008 年，水龙王集团通过改制，实现主营业务收入 3.5 亿元，利税 4600 万元，总资产 3.6 亿元。

山东北辰集团有限公司 其前身是长清五峰压力容器厂，始建于 1976 年，位于五峰山公社驻地，1998 年改制。1999 年，通过 ISO 9001 认证。2002 年，由五峰山镇迁入济南经济开发区。公司辖济南市长清压力容器厂、冷暖设备公司、星辰公司、工程公司、华润公司、辰光公司 6 个子公司，是专业设计开发生产一、二、三类压力容器、板式换热器、消防供水设备的企业，并从事建筑工程施工、房地产开发、工业设备及压力管道安装等，有进出口自主经营权。主导产品有：SH 双纹管换热器、SHV 双纹管容积式换热器、板式换热器、高效智能换热机组、球磨机隔声罩、旋流浮动盘管换热器等设备。其中 SH 双纹管换热器、SHV 容积式换热器获国家专利，通过山东省科委专家鉴定，获中国专利技术博览会金奖及农业部科技进步三等奖。2008 年，注册成立以集团公司为主发起人的全市首家北辰小额贷款公司。是年，公司完成

■ 山东北辰集团 (2008 年 摄)

主营业务收入 2.34 亿元，上缴税金 1241 万元。

济南冶金化工设备有限公司 其前身是张夏铆焊厂，始建于 1970 年，位于张夏公社驻地。1998 年，改制为民营股份制企业。占地面积 4.5 万平方米，职工 480 人，其中工程技术人员 85 人，注册资金 1380 万元，资产总额 15833 万元。下设安装公司、供水设备公司、环保设备公司，有大型铆焊车间、加工车间和压力容器车间。公司通过 GB/T19001-2000 标准体系认证，具有第三类（A2 级）压力容器制造资质、有机热载体炉锅炉制造资质、压力容器设计资质、GB、GC 类压力管道安装资质、机电设备安装工程专业承包三级资质、危险化学品包装物制造资质、中国国家强制性产品认证证书（3C）、北京市生活饮用水供水设备卫生许可证等资质。是中国金属学会成员单位、中国技术监督情报协会核定的“换热器质量过硬放心企业”、中国炼焦学会核发的“成员单位确认企业”、山东省冶金工业总公司的“定点生产焦化设备专业化企业”、市级企业技术中心。“万通”牌商标被评为省级著名商标，产品出口伊朗、哈萨克斯坦等国家。2005 年 6 月，巴西客商到济南冶金化工设备有限公司考察。2008 年，实现主营业务收入 2.4 亿元，税金 1296.8 万元。

济南冶金化工设备有限公司 (2001 年 摄)

山东双泉散热器有限公司 其前身是济南市散热器厂，1986 年建成投产，位于双泉乡驻地，占地面积 15 万平方米，建筑面积 4.42 万平方米；职工 786 人，其中工程技术人员 160 人；有各种制造加工设备 150 多台（套），动力机械总能力 1920 千瓦；注册资金 1108.8 万元，流动资金 2000 多万元。主导产品有“双泉”牌高效节能 U 型翅片管散热器、铜铝翼柱型散热器、钢铝翼柱型散热器、钢管三柱型散热器、风机盘管空调器等六大类 100 多个规格型号。灰铸铁柱翼型散热器、铜铝翼柱型散热器等产品获发明专利。2004 年，获省级免检产品单位。2005 年，获国家免检产品、山东名牌产品。2008 年，公司完成主营业务收入 8000 万元，利税 800 万元。

山东宏达科技集团 其前身是济南市宏达供热设备有限公司，始建于 1996 年 10 月，位于五峰山镇驻地。2002 年，由五峰山镇迁入济南经济开发区。2005 年，成立山东宏达科技集团。集团辖宏达科技集团公司、宏达环保工程公司、宏达电站设备公司、宏达设备安装公司、济南宏达供热设备公司 5 家公司，注册资金 6445 万元，属股份制民营企业。占地面积 9.5 万平方米，建筑面积 2.98 万平方米，有大型框架式车间 3 座，最大起重能力 100 吨，先进生产、检验设备有德国梅塞尔数控切割机、卷板 60mm 的四辊卷板机、可记录式数字超声波探伤仪等。有固定员工 498 人，其中工程技术人员 150 人，是 ISO 9001 质量管理体系认证企业。主导产品有换热器、智能换热机组、A1、A2 类压力容器、环保污水处理设备，承接各类工业废水、生活污水处理的工程设计施工等。2008 年，实现主营业务收入 1.4 亿元，税金 700 多万元。

济南长虹高科技复合管有限责任公司 建于 1998 年 12 月，总部位于长清区灵岩路 1556

号，总占地面积6万平方米，厂房面积2.96万平方米。是集产品开发、设计、制造、调试服务于一体的股份制企业，是国内开发生产高耐磨、耐腐蚀、耐高温、抗冲击特种管道专业厂家。主导产品有：陶瓷耐磨复合管、衬胶复合管等产品。有市级技术中心和中试、生产基地，职工370人，专业技术人员86人，中高级职称40人。设机械制造、冶炼铸造、制管、钢构等产品专业生产车间，配备中频冶炼、机床加工和理化试验仪器设备。公司通过英国摩迪公司ISO 9001:2000标准质量体系认证。2008年，实现主营业务收入1.3亿元，税金1002万元。

山东鲁能恩翼帕瓦电机有限公司　(2007年 摄)

第三节　电子电气

1988年，长清县始建第一家县属电子工业企业长清县电子电器厂。至1997年，全县电子工业企业发展到3家，主要产品有综合报务训练仪、自动干手器、显示器、可燃气体检漏仪、管道煤气集中抄表仪等11个品种，生产规模较小，3家企业实现销售收入440万元。1998年，晶恒工业园开工建设。1999年，鲁能工业园开工建设。2008年年底，电子电气生产企业17家，主营业务收入16.6亿元，主要产品有气体绝缘金属封闭开关设备(GIS)、控制柜、集成电路和分立器件引线框架、变压器、电磁线、燃气报警器等产品。

山东鲁能恩翼帕瓦电机有限公司　位于济南经济开发区长清鲁能工业园，建于1999年5月，总投资29.15亿日元，注册资本12.15亿日元，投资方为山东鲁能发展集团有限公司、日本AE帕瓦株式会社、日本富士电机株式会社。股比分别为：AE帕瓦51%、鲁能发展44%、富士电机5%。主要产品有气体绝缘金属封闭开关设备(英文缩写GIS)，GIS组合电器是电网建设的主要设备，该产品在山东、北京、河北、广东、福建、江苏、贵州等地投入运行，部分产品出口日本、阿曼等国家和中国香港地区。2008年，完成主营业务收入6.2亿元，上缴税金4278.89万元。

晶恒工业园　位于济南经济开发区，建于

晶恒工业园　(2008年 摄)

1998 年，占地 20 公顷。园内有济南晶恒山田电子精密科技有限公司、济南晶恒半导体有限责任公司。

济南晶恒山田电子精密科技有限公司成立于2000 年 7 月，注册资金 2000 万元，是由济南晶恒（集团）有限责任公司和日本山田尖端科技株式会社合资兴建。公司在原集成电路和分立器件引线框架生产线的基础上，与日本山田尖端科技株式会社合作，引进日本先进的高速冲床、全自动卷对卷电镀生产线，成立生产高档引线框架、精密零部件的合资公司。2003 年 3 月和 2005 年 9 月两次追加投资，注册资金 4800 万元人民币，年生产集成电路引线框架 20 亿只和分立器件引线框架 20 亿只。2008 年，完成主营业务收入 6035.4 万元，上缴税金 69 万元。

济南晶恒半导体有限责任公司成立于 2003 年 8 月，由济南晶恒有限责任公司出资 450 万元与自然人股东注册成立，注册资金 500 万元。2005 年，在中国半导体行业协会统计的 57 家分立器件厂家中排名第 22 位。2008 年，主营业务收入 1319 万元，上缴税金 194.2 万元。

济南市长清计算机应用公司 位于济南经济开发区内，成立于 1992 年，是可燃气体报警探测器和毒性气体报警探测器的设计、开发、制造、销售及服务的高新技术企业。公司是山东省科委认定的高新技术企业，公司在全国有 40 多个办事处。主要产品有可燃气体探测器、毒性气体探测器、防爆电磁阀、绝缘法兰、自给式空气呼吸器等上百种产品。公司通过 ISO 9001 国际质量体系认证，产品均通过公安部消防产品合格评定中心的产品认可、国家消防电子产品质量监督检验中心的检验及国家防爆电气产品质量监督检验中心防爆认可。公司被指定为中石化、中石油物资采购系统的一级供应商。2008 年，主营业务收入 4287 万元，上缴税金 116.9 万元。

第四节 新型建材

1986 年，全县有乡镇以上建材工业企业 41 家，从业人员 3931 人，年产值 1115 万元，销售收入 1659 万元，利润 53 万元。1990 年，“峰山”牌 425 号 R 型、525 号 R 型普通硅酸盐水泥通过 GB／T9000-ISO 9002 质量认证。1991 年，425 号 R 型普通硅酸盐水泥被评为省优产品，“金牛” 牌黏土砖被评为部优产品。1993 年起，全县建材工业企业，建立现代企业制度，实行“三改联动”（改组、改造、改制），先后成立济南灵岩水泥有限公司、济南花岗石集团公司、福禄水泥有限公司、水利水泥有限公司 4 家企业。1996 年，济南灵岩水泥有限公司及长清县第二水泥厂分别被市政府评为企业管理状态评价 A 类和 B 类企业。至 1997 年，长清县第二水泥厂、水利水泥厂、孝里砖瓦厂先后晋升为市级先进企业，济南灵岩水泥有限公司晋升为省级先进企业，水利水泥厂被省水利系统授予十大明星企业称号。峰山牌 425 号 R 型、525 号 R 型普通硅酸盐水泥、425 号 R 型普通硅酸盐水泥、“金牛”牌黏土砖、“福禄” 牌 425 号 R 型普通硅酸盐水泥

■ 水利水泥厂实施爆破 (2007 年 摄)

被省技术监督局定为免检产品。全县建材产品出口 10 个国家和地区,累计出口创汇 1540 万美元。是年 10 月,花岗石集团停产。因济南“蓝天”工程及节能减排的需要,建材企业自 2000 年后陆续破产或转产。2001 年 2 月,济南灵岩水泥有限公司破产。是年,济南山水工业园落户长清。2007 年 12 月 29 日,水利水泥厂熟料产能 15 万吨的立窑水泥生产线成功实施爆破,转产为粉磨站。2008 年年底,全区建材企业 10 家,主营业务收入 46.1 亿元。

济南山水工业园 以原济南灵岩水泥有限公司为依托兴建,占地 30 公顷,总投资 5 亿元,由集团总部办公区、技术开发和生产制造三大区域构成,是集新型建材和高新技术产品于一体的综合性现代化大型工业园区,园内有 6 个公司。济南世纪创新水泥有限公司,2001 年 10 月 28 日动工建设,2002 年 8 月 28 日竣工投产,注册资本 4146 万元,职工 207 人,厂区占地面积 11.1 公顷。公司新建日产 2500 吨熟料生产线是国家经贸委第二批“双高一优”项目,该项目总投资 1.5 亿元,生产水泥熟料 80 万吨(可生产新型干法优质水泥 120 万吨)。2008 年,生产水泥 63.96 万吨,熟料 95.2 万吨。济南山水管道有限公司是山水集团全资子公司,是山东省规模最大的综合性水泥制品企业,主要承担水利、市政、电力工程输水管道的设计与生产,具有生产直径 1400~3000 毫米大型管道的生产能力。济南山水塑编有限公司生产各类塑编包装袋,总规模为塑编袋 8000 万条,覆膜袋 3000 万条,涂腹料 800 吨,为山东省最大的塑编企业。山东金珠粉末注射制造有限公司为合资企业,新上的山水金珠粉末注射金属项目为高科技项目,投资 2500 万元,占地 4800 平方米,生产金属粉末产品。采用金属粉末注射成形技术(简称 MIM 技术),产品广泛用于机械、汽车、摩托车、医疗机械、计算机、家用电器、军械等领域。济南山水史坦富新型建材有限公司是中美合资企业,总投资 890 万美元,中方占 35%,美方占 65%,生产钢丝网架聚苯乙烯夹芯板新型墙体保温材料,属高新技术企业,公司已获 10 项国家专利,获 11 项国际质量体系认证。济南山水水泥机械有限公司,由山东水泥厂投资建设,投资 1100 万元,占地 3.3 公顷,车间主体 1.3 万多平方米,为山水集团生产配套水泥机械。2008 年 7 月 4 日,山水集团在香港上市。是年,主营业务收入 30.8 亿元,上缴税金 6060.24 万元。

散装水泥 是指不用纸袋等包装,直接通过专用设备出厂、运输、储存和使用的水泥。1987 年,全县有长清县水泥厂、长清县水利水泥厂、长清第二水泥厂、长清第三水泥厂 4 家水泥生产企业。1991 年 1 月 18 日,国家散装水泥办公室主任刘松骄到长清视察农村推广散装水泥情况。至 1992 年,全县建成现代化散装水泥均化库 3 座,储存散水泥圆仓 7 座(总容量 9500 吨),购置散罐车 13 部,建成社会储存设施 123 个,总投资 516.3 万元,共推广散装水泥 22.6 万吨,占全县水泥总产量的 22%,按照国定标准计算,节约优质木材 7472 立方米,节电 15.8 万千瓦时,节约扎口棉线 91 吨,减少水泥损失 11321 吨,创经济效益 906 万元。是年,全县在 11 个乡镇设置农村推广散装水泥网点,开拓农村使用散装水泥市场,被国家散装水泥协会定为全国农村推广散装水泥示范县。2008 年,全区确立政府支持、部门协调、企业运作“三位一体”的推广散装水泥模式,涉及 5 个乡镇 176 个村,年推

■ 山水集团厂区 (2007 年 摄)

广散装水泥4.6万吨，减轻农民负担92万元。是年，全区有散装水泥发放库10座，年推广散装水泥量30万吨；散装水泥运输车23部，年运输量24万吨；散装水泥流动罐90个，年周转量24万吨；吸尘设施15个，网点90个，固定接收库15处，年接收量45万吨；混凝土搅拌站4座，混凝土搅拌车80部，年生产运输混凝土700万立方米。

1989—2008年长清区(县)水泥产量情况表

表12－4

单位：吨

年份	水泥产量	散装水泥	散装率(%)	年份	水泥产量	散装水泥	散装率(%)
1989	186090	39725	21.34	1999	349248	137116	39.26
1990	167652	50588	30.17	2000	260758	66142	25.37
1991	303016	93731	30.93	2001	197322	80254	40.67
1992	345122	127778	37.02	2002	201964	91887	45.50
1993	390650	130975	33.53	2003	251462	129171	51.37
1994	402570	135268	33.61	2004	309017	200475	64.88
1995	478154	145972	30.53	2005	320184	211560	66.07
1996	393112	148091	37.67	2006	332999	215087	64.59
1997	344940	135148	39.18	2007	291261	177556	60.96
1998	324908	135185	41.61	2008	127684	71016	55.62

第五节 食品医药

食品 1986年，长清县有食品工业企业42家，干部职工2000人，工程技术人员92人。其中县属工业企业8家，干部职工960人；乡镇、个体企业34家，职工1040人。1994年，济南灵芝集团总公司，累计投资4428万元，大麦芽年生产能力由1万吨增加到6万吨。1997年，全县食品工业主要产品有：白酒、大麦芽、酱油、食醋、花生油、豆油、面粉等12个品种，完成工业总产值6亿元，实现销售收入4.2亿元。21世纪初，佳宝工业园、欣和食品等项目入驻，长清食品工业快速发展。至2008年年底，全区规模以上食品企业16家，其中食品、饮料企业9家，农副食品加工企业7家，主营业务收入23.8亿元，利税2.2亿元。

济南佳宝乳业有限公司 1998年11月成立，2001年11月落户长清，位于长清区明发路1999号，是农业产业化国家重点龙头企业和济南市政府“菜篮子”工程骨干企业，下设一个工业园区、4个乳品加工厂、2个直属牧场和饲料、汽修、印刷等10个企业，员工2100人。佳宝工业园是国家发改委立项的“全国农副产品深加工示范工程”，是山东省内最大奶类项目，占地66.7公顷，总投资5亿元。第一期工程设计规模日处理鲜奶1200吨，2003年8月竣工投产，加工车间总建筑面积4.9万平方米，是国内乳品行业最大的液态奶加工车间。佳宝两大自营牧场是国家级标准化花园式示范牧场，存栏高产奶牛3500余头，引进意大利、德国、瑞典等世界最先进的设备，采用国际先进的DHI检测技术。佳宝牌产品分为巴氏奶、灭菌奶、酸奶、含乳饮料、奶粉、速冻食品六大系列100多个品种。佳宝乳业获中国名牌产品、中国绿色食品、中国无公害农产品、中国食品工业协会推荐产品、中国轻工业质量效益型先进单位、山东名牌、山东省著名商标、济南市“市奶”等称号。在乳品行业率先通过ISO 9001质量管理体系、HACCP食品安全管理体系、ISO 14001环境管

济南佳宝乳业有限公司 （2008 年 摄）

理体系和 OHSAS18001 职业健康安全管理体系以及计量“C”标志认证，获选为山东乳品协会理事长单位、中国乳品协会副理事长单位、中国奶业协会副理事长单位以及国际乳联 IDF 中国委员单位。2008 年，实现主营业务收入 5 亿元，上缴税金 943 万元。

医药 1986 年，长清县有益民制药厂一家县属民用医药工业企业。20 世纪 90 年代起，先后引进和新上明发、迅达康、华尔康等兽药企业。2008 年，全区有 12 家医药企业，实现主营业务收入 15.3 亿元，利税 1.7 亿元。

济南三九益民制药有限公司 位于阜新西路 20 号，始建于 1969 年 5 月，注册资金 91 万元。1987 年，有干部职工 126 人，工业产值 132 万元，销售额 106 万元。1988 年，投资 220 万元，建设新厂房。1991 年，投资 110 万元，建成 250 毫升输液生产车间。1992 年，投资 184 万元，建成年产 50 吨原料车间。是年，完成省重点开发项目甲硝唑原料药及制剂的开发，并通过省级鉴定。1994 年 6 月，组建济南益民制药有限责任公司。1995 年，省重点开发项目缩合葡萄糖原料药及制剂，火炬计划项目莪术油葡萄糖注射液、诺氟沙星葡萄糖注射液及后天力口服液等研制成功。1996 年，投资 800 万元，对输液车间 GMP 进行改造。1997 年 9 月，并入三九企业集团，成立济南三九益民制药有限责任公司。2001 年，三九集团将三九益民总股权的 51%出让给三九科技发展股份公司。2005 年，三九集团将持有的三九发展的股份转让给浙江鼎立，2006 年正式办理过户。因股权变动，公司经营大幅下滑。2008 年 9 月，公司全面停产。

山东迅达康兽药有限公司 位于济南农业高新技术开发区，成立于 1999 年 10 月，是动物保健品研究、开发、生产和销售的高新技术企业。2003 年，成立产品研发中心。2005 年，投资 1500 万元，建成 GMP 生产基地，通过农业部 GMP 验收。2008 年，主营业务收入 6184 万元，上缴税金 10.8 万元。

山东华尔康兽药有限公司 位于济南市农业高新技术开发区，成立于 2000 年，是专业从事兽药研发、生产与经营的高科技企业。主要生产兽药制剂、生物制药、化学原料药。公司固定资产 2800 万元，总资产 5800 万元。公司占地面积 2.7 公顷，建筑面积 1.2 万平方米，是国兽药 GMP 认证企业。公司下设山东华尔康动物医药研究所，已研制成功国家三类新兽药替米考星原料、替米考星溶液、替米考星预混剂、头孢噻呋钠、硫酸头孢喹肟、氟苯尼考琥珀酸酯钠、泰妙菌素、干扰素（因特威）、转移因子（普利特）、微生态制剂、复合酶制剂、复方注射剂等 20 多个新产品。2008 年，主营业务收入 1.9 亿元，上缴税金 51 万元。

第六节 电力工业

发电 1992 年 5 月，电厂筹建。1993 年 12 月 20 日，渤海集团长清热电厂成立。1995 年，山东渤海集团长清热电厂建成发电，总投资 2000 万元，建成 1 台 6 兆瓦汽轮发电机组和 2 台 35 蒸吨抛煤机链条炉，年发电量 5184 万千瓦时、供电量4320万千瓦时。2000年，建成1台35蒸吨循环流化床锅炉。2003年6月，经山东省商业集团总公司和济南市长清区供电公司重组，更名为济南银座奥森热电有限公司，双方持有股份分别为51%和49%。是年起，每年季节性生产120天，发电量1037万千瓦时，供电量710万千瓦时，工业用户有重汽集团、济南商用汽车、佳和泡沫、中润塑料、沃德汽车5家。

■ 具备五遥功能的110千伏变电站　(2008年 摄)

供电　1986年，境内变电站11座，35千伏变电站8座，110千伏变电站3座。是年，全县11处供电站、6处变电站被省电力局命名为“标准化供(变)电站”。1992年6月，长清县供电局被电力部授予全国三为服务达标单位称号。1994年，长清县第一座110千伏崮山变电站开工建设。1995年，长清县供电局获全国电力三为服务先进单位。是年，长清县供电局自行设计、自行修建的第一座110千伏变电站崮山变电站正式并网投入运行，装机总容量为3.15万千伏安，总投资1050万元，新增变压器1台，容量31.50兆伏安，新建线路1条，长度10.40千米，安装远动及通信设施1套。是年，投资900万元，完成五峰山35千伏室内变电站和五峰山供电站办公楼建设。是年，长清县获全国农村电气化县称号。1996年，投资210万元，对孝里35千伏变电站进行无油化改造；完成110千伏城内线路外迁任务。1998年8月8日，长清县供电局呈报《1998—2005年长清县电网发展规划》和1998年电网改造建设开工项目投资计划及申请建设改造资金的请示，标志着全县农网改造工程开始实施，一期投入资金6300万元。1999年9月21日，35千伏张夏变电站新站投入运行。2001年5月，平安新建35千伏变电站投入运行。6月30日，历时4年的长清县一期农网改造工程竣工，累计完成改造资金9893.22万元。是年，长清县供电局被山东电力集团公司命名为“山东省一流县供电企业”、被国家电力公司命名为“首批国家电力公司一流县级供电企业”。2002年6月，第二期农网改造开始启动。2003年7月，二期网改竣工，共完成

■ 山东渤海长清热电厂　(2008年 摄)

改造资金5651万元。2004年5月19日，长清110千伏变电站、马山110千伏变电站和鲁能35千伏变电站正式移交济南供电公司管理。是年6月，110千伏潘农变和35千伏潘水线一次送电成功。2008年，长清区电网的主供电源为220千伏许寺变电站、220千伏文昌变电站、110千伏肥城变电站，长清热电厂作为补充电源。长清区境内共有110千伏长清（济南供电公司产权）、110千伏马山（济南供电公司产权）、110千伏崮山、110千伏潘农、110千伏团山（济南供电公司产权）、110千伏河北6座变电站。110千伏主变共11台，容量38.9万千伏安，发电厂1座。长清区供电公司自有崮山、潘农2座110千伏变电站，110千伏主变4台，容量12.6万千伏安；有35千伏变电站10座，35千伏变压器19台，容量12.97万千伏安；10千伏配电变压器2653台，总容量393兆伏安。农村用电设备总容量45万千瓦。有110千伏线路4条12.94千米，35千伏线路19条230.53千米，10千伏线路68条1204.69千米，0.4千伏线路3384千米。

2008年长清区110千伏输变电网络情况表

表12－5

序号	线路名称	起迄点	线路长度	电压等级	导线规范	杆塔			开始运行时间
			公里	千伏		杆别	杆型	基数	
1	长马线崮变支线	长马线55号T接	0.1	110	LGJ－150	混凝土	卅	1	1994.12.01
2	许崮线	220千伏许寺变电站	8.924	110	LGJ－240	混凝土	两回垂直排列	40	2002.06.12
3	许崮线潘农支线	许崮线潘农支线6号	1.96	110	LGJ－240	铁塔	两回垂直排列	8	2004.06.23
4	许团线许潘支线	许团线许潘支线14号	1.96	110	LGJ－240	铁塔	两回垂直排列	8	2004.06.01

2008年长清区35千伏输变电网络情况表

表12－6

序号	线路名称	起迄点	线路长度	电压等级	导线规范	杆塔			开始运行时间
			公里	千伏		杆别	杆型	基数	
1	长红线	110千伏长清变电站	21.6	35	LGJ－95	混凝土、铁塔	上、垂直	166	1986.07.15
2	长红线归德支线	长红线94号杆	1.1	35	LGJ－95	混凝土	∢	10	2001.02.02
3	许清线	220千伏许寺变电站	5.5	35	LGJ－95	混凝土	∢	47	1998.01.01
4	武庄线	35千伏万德变电站	9.2	35	LGJ－95	混凝土、铁塔	上、⊿	70	2003.06.24
5	长热线	110千伏长清变电站	3.1	35	LGJ－120	混凝土、铁塔	∢、⊿	23	1995.01.14

续表 12－6

序号	线路名称	起讫点	线路长度	电压等级	导线规范	杆塔			开始运行时间
			公里	千伏		杆别	杆型	基数	
6	五峰线	110 千伏崮山变电站	8.1	35	LGJ－95	混凝土、铁塔	≮、⊿	66	1995.12.01
7	建材线	110 千伏崮山变电站	6.5	35	1#－9# LGJ－120	混凝土、铁塔	≮、⊿	53	1994.12.01
8	马崮线	马山变电站	7.5	35	LGJ－95	混凝土、铁塔	≮、⊿	57	1999.12.21
9	平安线	220 千伏许寺变电站	8.3	35	LGJ－95	混凝土、铁塔	⊿ 垂直 上字型	71	1998.01.15
10	平安支线	35 千伏平安线 40 号 T 接	0.5	35	LGJ－50	混凝土、铁塔	⊿、上	4	1998.06.25
11	平安 II 线（更名许平线西城支线）	220 千伏许寺变电站	4.0	35	LGJ－120/25	混凝土铁塔	上、垂直	31	2006.03.09
12	双孝线	35 千伏双泉变电站	10.4	35	LGJ－120	铁塔	上、⊿	91	2005.04.20
13	双孝线东风支线	双孝线 76 号 T 接	3.2	35	LGJ－95	混凝土、铁塔	上、⊿	27	2005.08.15
14	马乡线	110 千伏马山变电站	0.1	35	LGJ－95	混凝土	垂直	2	1987.12.09
15	长崮线	110 千伏长清变电站	11.3	35	LGJ－120	混凝土、铁塔	≮、⊿	80	1974.07.23
16	张夏线	110 千伏崮山变电站	23.1	35	1#－8#LGJ－120	混凝土、铁塔	≮、⊿垂直	174	1994.12.28
17	张夏线磷肥厂支线	35 千伏张夏线 22 号 T 接	0.2	35	LGJ－95	混凝土	垂直	1	1994.12.28
18	万德线	110 千伏崮山变电站	23.6	35	LGJ－95	混凝土、铁塔	≮、⊿垂直	178	1994.12.25
19	万德线张夏支线	35 千伏万德线 68 号 T 接	0.2	35	LGJ－95	铁塔	⊿	1	1994.12.28
20	万德线铭峰支线	35 千伏万德线 165 号 T 接	0.5	35	LGJ－95	混凝土	上	5	1994.12.25
21	长刘线	110 千伏长清变电站	14.3	35	LGJ－95	混凝土、铁塔	⊿垂直上	94	2002.07.25
22	长刘线归德支线	长刘线 87 号 T 接	1.4	35	LGJ－95	混凝土	上	12	2001.01.20

续表 12－6

序号	线路名称	起讫点	线路长度	电压等级	导线规范	杆塔			开始运行时间
			公里	千伏		杆别	杆型	基数	
23	马五线	马山变电站	8.7	35	LGJ－120/20	混凝土铁塔	上	63	没投运
24	潘水线	110 千伏潘村变电站	5.4	35	LGJ－240	混凝土铁塔	垂直	45	没投运
25	潘工线(更名潘平线)	110 千伏潘村变电站	4.0	35	LGJ－120/25	混凝土铁塔	上	27	没投运
26	长铁线	长清	12.9	35	LGJ－240	混凝土	上	115	2002.07
27	红旗线	归德变	8.0	35	LGJ－50	混凝土	⊿	71	1973.06
28	立新线	石横	21.3	35	LGJ－95	混凝土	≮	137	1973
29	许西线	西城变电站	4.2	35	LGJ－120	混凝土铁塔	垂直	11	2006.08.25
30	许平线西城支线	许平 9 号杆	2.4	35	LGJ－120	混凝土铁塔	垂直	7	2006.08.25

1986—2008 年长清区(县)供电售电情况表

表 12－7

年 份	供电量(万千瓦时)	售电量(万千瓦时)	线损率(%)	平均电价(元/k.kWh)
1986	10737	10387	3.25	88.0
1987	11649	11330	2.74	93.7
1988	13566	13327	1.76	84.5
1989	15517	15052	3.64	85.2
1990	12829	12668	1.25	91.1
1991	17498	17080	2.39	144.7
1992	21347	20892	2.17	169.1
1993	21756	21263	2.27	210.1
1994	23358	22996	1.55	210.1
1995	24651	24112	2.19	205.9
1996	23536	22772	3.25	217.8
1997	24049	23331	2.99	236.4
1998	22333	21586	3.34	269.6
1999	23206	22361	3.64	267.1

续表 12－7

年　份	供电量(万千瓦时)	售电量(万千瓦时)	线损率(%)	平均电价(元/k.kWh)
2000	23532	22803	3.10	414.8
2001	22941	22226	3.47	422.3
2002	27670	26389	4.63	448.3
2003	33402	32089	3.93	462.9
2004	35524	34489	2.91	444.0
2005	41176	40024	2.80	456.8
2006	46000	44592	5.10	565.0
2007	48200	46390	5.40	620.0
2008	52123	49443	5.14	630.6

用电　用电分类　1986年，全年售电量为10387万千瓦时,其中生活电量2223万千瓦时,占总售电量的21.4%;工业照明电量4456万千瓦时,占总售电量的42.9%;农业照明电量3708千瓦时,占总售电量的35.7%。2008年，全年售电量为49443万千瓦时，其中生活电量13263万千瓦时,占总售电量的26.8%;一般工商业电量33370万千瓦时,占总售电量的67.5%;农业照明电量2810万千瓦时,占总售电量的5.7%。

用电管理　1986年后，国家电价调整较多,逐步增加一些附加收费,主要有三峡集资、电力发展基金、还本付息、城建附加、煤运加价等,收齐后全部上缴。1989年,使用微机计算电费并自动打印单据。1992年始,实行分类综合电价,将基本电价、各类加价及差价进行统一测算,确定各类用电电价,经济南市物价局批准后施行。是年,实行农村电工工资统一发放。1993年10月19日—20日,山东省农电系统减轻农民负担现场座谈会在长清县召开。1995年,采取公布最高限价的办法,严格限制各用电村随电费搭车收费。是年,长清县节能灯推广工作全面展开,销售节能灯具12万只。1996年,对全县电费实行微机化管理,推行“村账乡管、户电站核”的措施,由供电站直接用计算机核算打印各家各户的电费单据,发到每家每户。1997年8月29日,济南市第一家用电远程抄表系统和农村用电营业厅在张夏供电站正式启用,县委副书记李连元和省市电力局领导出席开通仪式。1998年9月1日,长清县供电局制定《长清县农村电工统一管理办法》,长清县在全国率先实行对农村电工统一管理。2000年,成立客户服务中心,在全县推行“五统一”(统一电价、统一发票、统一抄表、统一核算、统一考核)、“三公开”(电量公开、电价公开、电费公开)、“四到户”(销售到户、抄表到户、收费到户、服务到户)管理。

用电价格　1981年12月起,对受电容量320千瓦安以上的大宗工业用户执行两部电价的计费办法,大宗、工业用户的两部电价包括基本电价、电度电价,按照用户使用电度数收取电费,工业动力用电0.058元/千瓦时。1986年8月1日起,取消二部制电价,执行单一制电价。1995年6月1日起,执行峰谷电价。1999年,在全县实行销售、抄表、收费、服务到户的“四到户”管理,解决农村电费管理中的乱收费、乱加价、乱摊派等现象。2002年，全省城乡居民生活用电实行同网同价。2006年,济南市城乡用电全面同网同价。

1996—2000 年长清县农村分类综合电价最高限价情况表

表 12 - 8 单位:元/千瓦时

单价 分类 \ 年份	1996	1997	1998	1999	2000
居民生活用电	0.50	0.57	0.63	0.67	0.67
非、普工业用电	0.74	0.81	0.97	0.98	0.98
非居民照明用电	0.80	0.89	1.06	0.99	0.99
农业用电	0.61	0.71	0.86	0.87	0.87
备 注	济价工字〔1996〕第 35 号	济价工字〔1997〕第 39 号	济价工字〔1998〕第 283 号	济价工字〔1999〕第 209 号	济价工字〔1999〕第 209 号

2001—2006 年长清区农村到户电价情况表

表 12 - 9 单位:元/千瓦时

单价 分类 \ 年份	2001	2002	2003	2004	2005	2006
居民生活用电	0.66	0.66	0.52	0.52	0.52	0.5469
非、普工业用电	0.88	0.88	0.86	0.86	0.86	0.6508
非居民照明用电	0.95	0.95	0.93	0.93	0.93	0.7029
农 业 用 电	0.79	0.79	0.77	0.77	0.77	0.4853
备 注	鲁价工发〔2000〕268 号、平价字〔2001〕04 号	鲁价格发〔2002〕80 号	济价字〔2002〕323 号	鲁价格函〔2004〕6 号	鲁价格字〔2005〕72 号	鲁价格发〔2006〕132 号

调度管理 1986 年 5 月 1 日，调度所独立，分设调度班和通讯班，调度通讯由磁石交换机进行联系。1987 年，更换纵横式交换机。调度自动化从 1988 年开始起步，先后采用西安电子、山大积成电子和东方电子的调度自动化系统，综合自动化分站包括崮山、潘农、平安、西城、双泉、马乡、五峰、归德、武庄等。1994 年，更换原调度室的简单模拟屏为电网一次电气主接线模拟屏。1996 年，采用程控交换机，方便调度员下令及与各科室各

■ 调度室 (2007 年 摄)

部门之间联系。1999 年，在崮山、张夏、平安、归德安装图像监控设备。2000 年，新上背投式大屏幕，调度员能够更直观、迅速、准确的根据变电站运行情况来合理调度。2001 年 6 月，变电站运行及人员管理划归调度所，新增 3 个操作队，负责 12 个变电站。调度指令由原来直接下达到变电站，改为下达到操作队，由 3 个操作队负责全部变电站的操作。随着变电站、远动分站及自动化主站升级改造，全部变电站具备无人值守条件，由原来的值宿制改为无人值守，达到减员增效的目的。2004 年，更换为先进的程控数字调度交换机 2 台，安装 UPS 备用电源系统。

第六章　工业园区

第一节　园区规划

长清工业区建设始于 1992 年，县委、县政府决定在县城和县内京沪铁路、济微、济兰、济兖公路沿线(或乡镇驻地)规划建立 11 处工业区。2003 年，随着国家对土地政策的调整，11 个乡镇工业园区取缔 6 个，保留水龙王、崮云湖、文昌、归德、万德 5 个工业园。2004 年，长清区邀请清华大学两位专家教授，结合长清地理位置、产业优势、旅游资源、企业布局等实际，借鉴先进地区经验，分析研究，确定“一区三园”的发展定位。“一区”即济南经济开发区，通过引导产业有序聚集，发展配套经济，拉长产业链，不断提高生产总量和技术质量水平，打造山东中西部机械装备制造业基地，总规划面积 30 平方公里。“三园”，即整合归德工业园和文昌城区创业园，组建济南经济开发区南园，建设承载济南经济开发区发展机械装备制造业，形成辐射带动孝里、马山、双泉、五峰机械制造业及相关产业长清西部片区，总体规划面积 12 平方公里；整合水龙王工业园和崮云湖大汇丰民营经济园，组建水龙王工业园，建设承载济南经济开发区发展的机械装备制造业及新型建筑建材业的东部片区，总体规划面积 10 平方公里；依托“一山一水一圣人”旅游黄金热线和灵岩、五峰山、莲台山等旅游胜地，建设承载济南经济开发区发展的轻工及食品工业，发展旅游食品、旅游纪念品，形成辐射带动周边相关产业发展的万德镇工业园，总体规划面积 3.18 平方公里。

第二节　园区建设

1992 年，县委、县政府下发《关于加快工业开发区建设的优惠政策》，召开全县工业小区建设和推行股份合作制流动现场会。1993 年，各乡镇以“三线”为中轴，集中连片规划和开发，建成 11 处工业小区，共建有企业 118 家，总投资 2.4 亿元，其中合资、独资企业 8 家，新建企业 70 家，通过技改搬迁企业 18 家。1996 年 5 月 8 日，长清县工业园被济南市政府批准列为济南市工业园南区。1997 年 12 月 17 日，长清县万德镇工贸小区被农业部命名为第二批全国乡镇企业示范区（农企发〔1997〕14 号）。1999 年，经省政府 130 号文件批准济南市工业园南区晋升为省级开发区，更名为济南经济开发区。是年，万德镇工贸小区和崮山镇工业区被山东省中小企业办公室、山东省建设厅命名为省级乡镇企业示范区（鲁乡发〔1999〕第 26 号）。2002 年 5 月 19 日，归德镇工业园被山东省中小企业办公室、山东省建设厅命名为省级乡镇企业示范区(鲁中小企办字〔2002〕22 号)。2002 年，根据济政发〔2002〕7号文件《关于加快县域工业园区建设的意见》精神，区政府第49次常务会议于2002年7月2日研究通过《乡镇工业园区“一站式”收费实施办法》。7月22日，区政府下发《关于加快乡镇工业园区建设的意见》，该意见在资金扶持、用地、税费、收费、人才引进等方面制定工业园区建设优惠政策。2005年5月，通过国土资源部审核，万德镇工业园成为全省232个重点园区（开发区）之一。至2008年，“一区三园”建设初具规模。济南经济开发区，东至济菏高速公路，西至南水北调干渠，南至北大沙河，北至铁路战备迂回线，建成区面积由2001年的2平方公里发展到12平方公里，固定资产累计投入131.1亿元，区内累计落户企业153家，其中规模以上企业41家。济南经济开发区南园，北起苏庄山口，南至归德镇大沙河，西至济平公路，东至220国道，已开发面积3平方公里，累计基础设施投入2570万元，进园企业60家，其中规模以上企业24家。水龙王工业园，北到崮云湖大刘村北沙河，南至车厢峪路，西至京福高速路，东至津浦铁路，园区分为工业区、办公区、娱乐区、生活区、旅游区五大功能区，开发面积2.6平方公里，区内排供水、道路、电力、通讯配套齐全，累计基础设施投资2802万元，累计进驻企业36家。万德镇工业园，北起木鱼石城，南至金山石材城，东至鸡鸣山环山路，西至大沙河以西，累计进驻企业28家。

附一：县属企业

1986年，全县有长清县水泥厂、长清化肥厂、长清酒厂等县属企业32家。1988年，围绕转换企业经营机制，全面推行企业承包经营责任制，把竞争机制引入企业，在企业内部实行层层承包，多劳多得，调动企业干部职工的生产积极性，推动了县属企业发展，成为全县的中坚力量。21世纪前后，随着经济体制改革的不断深入，企业间的竞争越来越激烈，县属企业因不适应市场经济的发展要求，长清县水泥厂、长清化肥厂、长清酒厂、长清汽车改装厂、长清县造纸厂、长清矿山机械厂等县属企业相继宣告破产。

长清县水泥厂 前身是“玉兴号”“永远号”两个商号开办的石料厂。1953年12月，由长清县人民政府接管。1954年4月，由泰安专署批准为地方国营长清炒米店石料厂。1972年3月，改名为长清县石料厂。1976年2月，改名为长清建材厂。1977年，改建为年产5万吨能力的水泥车间。1981年起，新增2.8×9.5米机械立窑1座，2.2×6.5米原料磨机2台，圆仓2座，脉冲除尘器3台，生产能力年产30万吨。是年4月起，专营水泥，生产“峰山牌”325号、425号、525号普通硅酸盐水泥，产品销往全国各地。1984年1月1日，更名为山东长清水泥厂，属于全民国家中型二类企业。1985年，在济南市27家水泥厂水泥质量评比中，与济南水泥厂并列第一名，产品远销江、浙等10余个省市，年产值694万元，利税199.1万元。1993年3月，与香港中国置业管理有限公司合资，成立济南灵岩水泥有限公司。1994年，企业改制，采取资产剥离，职工入股，公司有年出口8万吨的水泥出口许可证，产品销往韩国、东南亚地区，连年被评为山东省“重合同、守信用”单位和长清上缴利税先进单位。2000年5月，因济南市政府实行“蓝天工程”被关停。2001年2月5日，依法宣告破产，破产时有职工701人，离退休职工348人。是年，原企业厂区资产及土地被山水集团接收。

长清化肥厂 1968年7月筹建，1970年7月建成投产，开始生产氨水，该厂占地面积7.34万平方米，建筑面积1.53万平方米。1973年—1976年，进行年产3000吨改5000吨和5000吨改7000吨合成氨两项改造工程。1977年，自筹资金新上炼焦项目，年产焦炭3万吨，解决企业原料供应问题。1978年起，由生产普通氨水改产碳化氨水。1980年，新建年产2万吨碳酸氢氨车间，开始生产固体碳氨；组建化工实验厂，生产沥青乳化剂。1985年，生产合成氨5433吨。1988年，实施2.5万吨技术改造工程，由于资金紧张，设备进厂后难以形成系统生产能力，技术改造工程搁浅。1991年4月，2.5万吨改造工程重新启动，到1993年全面完成。1994年，企业改制，将原化肥厂改建成“山东省长清化工(集团)有限责任公司。集团公司为核心企业，以公司投资控股的济南东风化工厂碳酸钾分厂、长清县化工实验厂、长清化肥厂汽修分厂等为紧密层，实行董事会领导，总经理负责制，独立核算，自负盈亏。经过技术改造，年产合成氨3.5万吨、碳铵13万吨。1996年10月，长清化肥厂兼并已破产的矿山机械厂，增加沥青乳化剂、化肥添加剂、塑料编织袋、箱包等产品。1997年起，产品销售困难，资金严重短缺，环境污染严重。2001年9月30日，被迫停产。2002年2月10日，依法破产。企业破产时在册职工1033人。

长清酒厂 1949年6月，利用私营酒店设备建立长清酒厂，是长清县最早的全民所有制工业工厂。以高粱、小麦、玉米为原料生产粮食酒，生产技术由50年代的清蒸清烧，到80年代初，采用人工窖泥、高温发酵、高压蒸馏、长期储存、精心勾兑等方法，生产的粮食酒具有香醇浓郁、软面香甜的特色。长清县酒厂生产的"长清老窖"和"长清特酿"被济南市评为优质酒，试制成功原汁苹果酒和原汁梨酒，经省鉴定为一类酒，投入批量生产。1979年9月，由长清老城东关搬迁至长清县城北(峰山路5号)，总占地面积5.6公顷，其中张夏分厂占地0.97公顷，是国家中二类全民所有制企业。1996年，获济南市B类企业管理奖，9月，长清酒厂在保留原企业规模、产品不变的同时，与山东酒精总厂联合成立山东大家酒业有限责任公司，其主导产品为泺源特曲。1997年，全厂有干部职工401人，其中具有中、高级专业技术职务的35人，有固定资产2000万元，年生产"白鹤泉"牌系列白酒6000余吨，完成工业产值3000万元，实现销售收入3800万元，获利润200万元，"白鹤泉"牌特酿系列白酒多次获国内金奖和世界金奖，产品销往全国各地。是济南市重合同、守信用单位，多次被评为省、市精神文明先进单位、节能先进单位及物价计量信得过单位，是山东省白酒行业综合实力百强企业。1999年9月，企业内部体制改革，采取先立后破的方式，接收酒厂债务和资产，接收全部人员420人，分别成立"济南白鹤泉酒业有限公司"和"济南张夏酿酒有限公司"，脱壳经营。原酒厂于2001年3月8日宣布破产，张夏分厂拍卖给"济南张夏酿酒有限公司"经营。2005年，白鹤泉酒业有限公司与四川宜宾古鹤松酒业公司合资合作，注册成立济南好运泉酒业有限公司，主要产品为"好运泉"系列白酒。

济南长清汽车改装厂 前身是长清县合作铁工厂。1959年1月，县合作铁工厂和轴承工厂合并成立长清县机械厂，属地方国营企业，主要生产锄、锨等农具及农用轴承。1962年，工厂从长清县南关迁址长清县北门里。1964年，从长清县北门里迁址到长清县东北关。1966年，产值22.5万元，利润1.55万元。1968年10月，长清县机械厂与县拖拉机站、县农机配件厂、长清电器厂合并成立长清县农业机械厂，各单位独立核算。1969年9月，解散。1970年11月，长清县农业机械厂改名为长清县农机修理制造厂，生产播种机、脱粒机、扬场机、收割机、铡草机、排灌钢管和农机配件等11个机械产品。1975年，全省农机产品选型定点，定型产品有195柴油机体、195柴油机缸头、铡草机和农用排灌钢管4个品种。1976年，建成195柴油机体加工生产流水线，产品合格率94%。至1980年，累计生产泰山牌铡草机2898台，195柴油机体6.9万件，锻管68万米。1980年后，农机产品订货逐年减少，农业机械生产的发展受到严重影响。1986年，与济南市第二机床厂联营，生产机床铸件，形成年铸造1500吨的生产能力。是年，长清县农机修理制造厂更名为长清县机械厂。1987年，生产纺织机械JFA3-1型高速并条机，企业同时挂"济南市第三纺织机械厂"的牌子，主要产品有JFA3-1型高速并条机，排灌钢管、铸件等。由于并条机等产品滞销，企业生产经营困难。1992年，长清县机械厂更名为济南长清汽车改装厂，与济南汽车制造总厂联合，投资近2000万元新上汽车改装项目，先后开发"黄河"牌工程、矿用自卸车，"奔驰"牌大吨位工程自卸车等新产品，上缴利税500万元，属全县利税大户。1997年，企业停产。2000年4月，宣告破产。破产时有职工469人，退休职工63人。

长清县造纸厂 1976年6月筹建，以木器厂为基础，投资50万元，占地1.3公顷。1977年，国庆节试产。1978年，建成投产。1980年1月，开始扩建，1981年10月竣工，年产纸1500吨。1985年，与济南造纸公司联营，增加花色品种。是年，生产纸1864吨，其中凸版纸800吨。1992年8月，该厂麦草场发生自燃，引起严重火灾，焚烧20余天，烧毁麦草1万余吨，造成经济损失25万元。1994年，进行产权制度改革，成立长清恒利纸业有限责任公司，注册资金150万元，主要产品有招贴纸、书写纸、有光纸、条纹纸、单胶纸等文化用纸和包装纸，计8个系列33个品种，年制浆生产能力1万吨，制纸生产能力8000吨。1995年6月28日，因制浆废液污染环境停产，停产时有干部职工561人，占地8.3万平方米，建筑面积1.8万平方米，固定资产净值1207万元。1998年4月16日，由长清县人民法院依法裁定宣告破产。

长清矿山机械厂 前身是1958年成立的长清县社会福利厂。1968年，长清县社会福利厂更名为长清县电气厂。1977年，改名矿山机械厂，注册资金150万元，厂区占地8000平方米，建筑面积6000平方米，职工247人。主要生产0.1~2.5吨少年先锋式起重机和20吨以下手动、电动卷扬机、砂浆搅拌机等矿山用设备。1980年，与城关镇后三村联合研制X射线防护器材，并成立长清县放射器材厂，主要生产辐射防护器材，用于大型医疗机构X线室的辐射线防护及大型工业探伤机的X线防护，该产品1983年获国家经委金龙奖和国家科委科学进步二等奖。1991年，与济南市军区总医院联合研制开发XF遥控摇篮床，自行开发小型装载机、锯石机、火焰拉毛机等产品。企业由于管理不善及设备老化、技术力量薄弱、产品更新换代缓慢、资金链断裂等原因资不抵债，于1995年7月宣布破产。长清矿山机械厂破产时，共有在册职工252人，离退休职工29人，遗属10人。1996年，长清化肥厂赎买长清矿山机械厂，对原长清矿山机械厂厂房、设备、公用设施投资260万元进行技术改造，生产编织袋和化肥添加剂。2001年2月5日，宣告破产。

长清农药厂 其前身是长清县化工厂，位于县城东南苏庄山口003省道公路东侧，占地7.07万平方米，建筑面积1.06万平方米。1970年，长清县财政局拨款50万元筹建长清县化工厂，生产化工原料癸二酸。1972年6月，投产，由于原材料紧缺，生产不到半年停产。1973年，山东省化工厅投资373万元建成年产500吨杀螟松生产车间，主要产品有农药杀螟松。1974年，长清县化工厂改名为山东省长清农药厂，属地方国营企业。项目投产后，由于污水处理问题难以解决，生产没有达到设计能力，至1978年，共生产杀螟松500吨，造成企业年年亏损。1979年，因亏损停产。山东省化工厅投资106万元，建设年产300吨邻甲基苯甲酸化工中间体中试项目，产品试制合格但没有生产。1980年，与济南市打字机厂联营生产“海鸥”牌系列墨水。1982年—1984年，先后生产“107”涂料、建筑胶、SL-1型屋面防水涂料。1985年，生产泡沫石棉产品。1988年，与山东省科研所联合研制微生物菌肥。1993年，开发“酶制剂”项目，由于产品本身存在问题及建设资金没有到位等原因，建成“半拉子”工程，损失惨重。1994年，进行股份制改革，成立“长清轻化有限责任公司”。1996年9月6日，长清轻化有限责任公司被县政府发文核销，恢复山东省长清农药厂。1999年11月，企业进行第二次改制，成立山东省长清农药厂有限责任公司，注册资金50万元，股东40人，生产“山青”牌农药四大系列160多个品种。2003年7月4日，原长清农药厂依法破产。2006年8月，新成立的山东省长清农药厂有限责任公司迁址长清区归德镇济南经济开发区南园长兴路2001号。

长清县印刷厂 位于长清县西门里村，建于1958年，国有小型企业，占地面积0.8公顷。1971年，从建厂时的6人小作坊发展到50人。1978年起，从铅印发展到胶印、激光照排，花色品种由35个增加为55个。1981年—1989年，主要印刷全国性刊物《农民文摘》和书报杂志、烫金彩印年画、商标图案等高精度产品。1989年，产值300万元。

1992年起，生产经营困难。1998年4月，企业依法宣布破产。企业破产后，由于资不抵债，无法清偿职工债务，最终以债转股的形式，于1999年4月注册成立长清灵岩印刷有限公司。生产经营主要以租赁经营为主。

长清县羽绒厂 1987年1月建立。1988年6月1日，长清县人民政府以(1988)长政函字第9号文批准长清县羽绒公司改名为“长清县羽绒厂”，同时，由集体企业改为地方国营企业。长清县羽绒厂注册资金102.3万元，占地面积1066平方米，有职工150人。主要产品有羽绒服装及加工羽绒半成品。1988年，生产羽绒服装5718件(套)，完成工业产值132.8万元，利润11万元。1992年起，连年亏损，资不抵债。1995年7月12日，依法破产。

长清县磷肥厂 1971年5月筹建，位于京沪铁路崮山车站南。由泰安地区界首磷肥厂转让设备，于1973年建成，年产磷肥2.5万吨，占地5.42万平方米，建筑面积1万平方米。生产的磷肥有钙镁磷肥和磷矿粉两个品种。1975年—1985年，累计生产钙镁磷肥11.74万吨，折标准量为1.65万吨；生产磷矿粉3.5万吨。1985年，因矿石供应不足、产品质量差等原因，累计亏损200余万元，被迫停产。是年5月15日，县政府批准建立山东省长清铁厂，同磷肥厂一个单位两个牌子，分别核算。1985年，生产铁700吨。1991年，济南裕兴化工厂依法兼并长清磷肥厂，利用长清磷肥厂的设备生产铬铁，以综合利用济南裕兴化工厂生产铬盐产生的废渣。

山东灵岩花岗石集团公司 成立于1993年3月，是山东省最大的石材企业集团之一，属国有中型(1)企业，有固定资产8000万元，年总产值7000万元，利税150万元，员工1500人。下属三资企业6家，核心企业9家，集矿山开采、板材加工、各种异型石材加工、以及吊装运输为一体的大型综合性花岗石企业，年产花岗石荒料2万立方米，优质板材100万立方米，“宏磊”牌产品远销美国、意大利、德国以及东南亚等十几个国家和地区。北京人民大会堂、济南泉城广场等工程均采用“宏磊”牌产品。公司所属企业曾获“山东省花岗石薄板最大出口企业”和“五矿重合同、守信用”先进企业，多次被评为长清县先进企业。1997年后，石材市场竞争激烈，板材价格下降，进口设备维修费用高，企业资金周转困难，无力偿还银行贷款，生产设备遭银行封存，企业于1997年年底陆续停产，等待破产。

附二：

1986—2008年长清区(县)省级以上优秀农民企业家情况表

表12－10

姓　名	职　务	荣誉称号	年　份
孙延林	济南灵芝集团总公司董事长	全国乡镇企业家	1994
赵至领	山东泺源集团有限公司董事长	全国乡镇企业家	2003
金延辰	山东北辰集团有限公司董事长	全国乡镇企业家	2003
李昌利	山东泺源集团有限公司董事长	全国乡镇企业家	2006
梁国利	济南水龙王集团总公司总经理	山东省优秀农民企业家	1989
孙延林	济南市麦芽厂厂长	山东省优秀农民企业家	1991
赵学泉	济南台岛塑胶有限公司总经理	山东省优秀农民企业家	1993
邵怀新	济南鑫源集团总公司总经理	山东省优秀农民企业家	1995
刘汉龙	济南市散热器厂厂长	山东省优秀农民企业家	1995
张昌富	长清县万德机械厂厂长	山东省优秀农民企业家	1995

第十三编

开放型经济

Open Economy

2001年3月6日，全县引进开放工作会议召开

2001年4月,长清县举行招商引资新闻发布会

山水集团　　　　（2008年 摄）

长清县对外开放始于20世纪80年代。进入90年代后，对外开放的步伐加快，出台一系列鼓励外商投资、促进进出口贸易的政策。2000年9月，组建济南经济开发区管委会。2001年起，长清区实施开放性战略，发展开放型经济，组织参加各种涉外经贸活动。2002年，长清区政务中心成立，行政审批实行"一个窗口"对外，采取"一门管理，联合审批，一口收费，限时办结"的服务方式，招商成果丰硕，对外贸易发展强势。2006年3月，国土资源部确认济南经济开发区规划面积为11.8982平方公里。2008年，全区引进千万元以上市外项目91个，其中过亿元项目35个，获得自营进出口权的企业增加到50家。全区累计实现外贸出口11.7亿美元，累计利用外资和港澳台资4.4亿美元。

第一章　招商引资

第一节　政策环境

1995年4月，长清县外商投资企业管理局成立，为外商投资企业进行依法管理、服务。1997年4月，对外资企业实行承诺服务。2001年4月，中共长清县委、长清县人民政府制定《关于引进开放招商引资的优惠政策》。6月，实行局级领导干部包企业责任制。2002年9月，撤销区外商投资企业管理局，组建济南市长清区招商局，具体负责全区招商引资工作的统计、考核，招商引资优惠政策的拟定以及组织全区的招商引资活动等。2003年3月26日，区委召开常委会，学习借鉴南京市江宁区经验，研究制定《关于引进开放招商引资的优惠政策》。2004年5月21日，区委召开常委会，研究奖励办法、规范意见与全方位考核相结合，出台《关于进一步规范招商引资工作的意见》。是年，建立招商引资通报制度，撰写长清区招商指南，建成长清区招商局网站，网址：www.jncqzs.gov.cn。2005年3月，召开全区招商引资暨民营经济表彰大会。8月，下发《关于进一步优化经济发展环境的若干规定》。2007年6月，印发《长清区实际利用内、外资和出口创汇考核奖励办法》的通知。2008年6月，长清区委、长清区政府下发《关于招商引资的政策规定》，共分投资奖励政策、引进奖励政策、相关服务政策、企业发展奖励政策、有关说明5章24条。

第二节　重要活动

1997年5月，长清县外商投资管理局与财

济南金秋经贸洽谈会在长清宾馆召开（1999年 摄）

’99经贸洽谈会长清展品厅（1999年 摄）

政局联合举办全县三资企业财务培训班，学习有关涉外法律、法规及涉外会计实务。1999年9月19日，济南金秋经贸洽谈会在长清宾馆召开，济南市委副书记雷建国到会讲话，县委书记许立全主持会议，县长卞允斗介绍长清县的投资环境和引进开放情况，副县长陈兆昌介绍工业园建设情况和招商引资优惠政策。2000年3月，实行自营出口月预报制度。2001年4月28日，长清县、济南经济开发区举行招商引资新闻发布会。2003年7月，组织参加北京、青岛、上海三地举办的经贸洽谈会。2005年6月5日，参加在浙江省杭州市召开的浙商05’峰会。2006年4月，长清区招商局在区委党校举办第一期全区招商引资业务培训班。5月，在青岛参加“南京市六合区（青岛）投资环境推介会”，在青岛国际会展中心参加第四届APEC（亚太经合组织）中小企业技术交流暨展览会。7月，召开济南市长清区首届动漫游戏产业发展座谈会。2007年4月，邀请中国外经贸大学卢进勇教授作招商引资专题报告。2003年—2007年，全区共引进市外项目532个，计划投资478亿元，实际到位162.5亿元。其中过亿元项目40个，1000万元以上的项目300个。2008年7月，举行济南长清黄河公路大桥项目衔接会。8月，接待到济南考察选址的卡特比勒公司。10月，邀请上海实业公司下属东滩投资顾问公司到长清区举办生态城讲座，就生态城规划建设、招商等进行交流。是年，全区引进千万元以上市外项目91个，其中过亿元项目35个，计划总投资251亿元。

第三节　行政审批服务

2002年5月17日，长清区政务中心正式成立，行政审批实行“一个窗口”对外，采取“一门管理，联合审批，一口收费，限时办结”的服务方式，共有19个部门42名工作人员入驻大厅办公。2003年9月，成立收费办公室，具体负责行政审批济南经济开发区及全区规模以上企业的收费和缴费业务。是年，共办理业务16228件，其中办件11346件，承诺件4635件，联办件24

2002年5月，举行长清区政务中心成立仪式

件，补办件 208 件，上报件 15 件，集中收费 500 万元，解答群众咨询 3 万多人次，社会和群众满意率 100%。2004 年起，大厅每天有领导值班，实行首接负责制，负责全程完成客户交办的审批业务。是年，共办理各项业务 10015 件，其中即办件 7479 件，承诺件 1512 件，联办件 984 件，补办件 40 件，集中收费 509.5 万元。2005 年，设置房管局、交通局、公路局、公安局、计生局、地税局、国税局、人事局 8 个分中心，政务中心统一挂牌、统一设置意见箱，推进网上审批工作。是年，共受理各类行政审批 10153 件，办结 10153 件，办结率 100%，集中收费 805 万元。2006 年，实行一卡通集中收费，合理定费、按季缴纳得到企业的认可，全年共受理办结各类行政审批服务业务 13956 件，集中收费 2461 万元，办结率 100%，各窗口共收到锦旗 108 面，表扬信 20 余封，有 5 个窗口被评为济南市优秀服务窗口。2007 年，开展并联审批，建设绿色通道，实行全程代办工作，简化办事环节，缩短办事时限，降低审批成本，共受理办结各类行政审批服务业务 25986 件，集中收费 1850 万元，办结率 100%，有 5 个窗口被评为济南市优秀服务窗口。2008 年，遵循“公开公平公正，廉政高效便民”的服务宗旨，规范行政审批行为，优化经济发展环境，推进“两集中、两到位”（部门审批职能集中到一个科室，审批科室集中到行政审批服务大厅；审批项目进入行政审批服务大厅到位，审批授权到位）行政审批体制。是年，共受理办结各类行政审批服务业务 56188 件，集中收费 1687.42 万元，其中 117 家规模企业实行一卡通统一收费，共收取 87.9 万元。政务中心先后获省级文明机关、市委市政府“五个好”先进单位、济南市行政审批服务中心先进分中心、区全方位目标考核先进单位、区文明窗口单位等称号。

第二章　对外贸易

改革开放后，长清县根据国家产业政策和经济结构的需要，不断出台一系列鼓励外商投资、促进进出口贸易的政策。2001 年起，长清区实施开放性战略，发展开放型经济，组织参加各种涉外经贸活动。至 2008 年，与境外 200 余名客户建立业务关系，获得自营进出口权的企业数量增加到 50 家，全区累计实现外贸出口 11.7 亿美元，累计利用外资和港澳台资 4.4 亿美元。

第一节　外贸体制改革

1976 年，成立长清县对外贸易公司，该公司是外贸部门派出分支机构，负责上级进出口公司商品的收购工作。1978 年，中共十一届三中全会后，外贸体制改革，实行政企分开、简政放权、外贸代理制。1988 年 3 月，成立长清县对外经济贸易委员会，主要负责全县的外商投资审批管理，负责对外经济技术合作交流和进出口贸易管理，并承担海关、商检等部门的协调服务工作。1992 年 5 月，成立长清县外商投资服务公司。1994 年，外贸公司破产后先后组建长清县进出口公司（获得自营进出口权）和长清县外贸总公司，全县外贸出口逐渐形成外贸企业自营出口、三资企业出口、外贸公司组织供货的出口格局。1995 年 4 月，成立长清县外商投资企业管理局，承担外商投资企业的综合管理职能。1997 年

9月，长清县外商投资服务公司更名为长清县外商投资服务中心，该中心是县政府的常设联合办公机构，主要负责组织、协调、管理区政府有关职能部门审批业务，受理督办落实外商投资企业的投诉事项，为外商投资提供一站式、全方位、全过程服务。2002年9月，撤销县外商投资企业管理局，职能并入长清区对外经济贸易委员会。是年，长清区对外经济贸易委员会改称对外贸易经济合作局，主要职能是贯彻执行国家、省和市对外贸易、经济合作、外商投资和口岸管理的方针政策和法律法规，拟订本区有关政策、规划、计划、管理办法等，并组织实施。负责组织实施进出口商品配额计划，依法办理进出口经营资格登记，依法监督技术引进、机电产品的国际招标等工作。

第二节 外贸出口

1978年，外贸计划体制和外贸财务体制改革后，长清县外贸公司只担负为省、市外贸公司出口供货的任务，出口口岸有青岛、烟台、连云港、厦门、上海、北京等8个，出口产品以农副土特产品为主。1986年，出口产品增加陶瓷、刷把、绢花等工业品，年供货值850万元。1994年，长清县外贸公司获得自营进出口权，全县外贸出口逐渐形成外贸企业自营出口、三资企业出口、外贸公司组织供货出口格局。出口产品有建材、化工、机械、轻工、服装、食品等8大类，品种70余个，出口供货值大幅增长。1988年—2000年，全县出口企业55家，外贸出口累计达65940万美元。2001年起，长清区适应国家出口政策的调整，减少“两高一资”（高污染、高能耗、资源性产品）产品出口，鼓励机电类、高附加值产品出口。2006年，出口100万美元以上的企业13家，实现外贸出口8512万美元。2007年，实现外贸出口过亿美元。2008年，引导、鼓励区内企业申请自营进出口权，巨能液压、泽奥商贸等部分新兴企业接单并出口。是年，新增获得自营进出口权企业7家，有出口实绩的企业24家，实现外贸出口13637万美元。至2008年年底，全区累计实现外贸出口11.7亿美元。

1988—2008年长清区（县）外贸出口情况表

表13－1

年份	1988—2000	2001	2002	2003	2004	2005	2006	2007	2008
外贸出口企业（家）	55	11	14	17	16	18	20	24	24
外贸出口（万美元）	65940	2005	3012	3153	3809	5286	8512	11685	13637

第三节 利用外资和港澳台资

1988年—2000年，对全县的招商项目进行采集、筛选、论证工作，先后编制招商项目65项，81次组织企业参加境内外经贸洽谈会，开展招商引资活动。港澳台和外商投资企业数量不断增加，资金来源主要是日本、新加坡、韩国、美国、加拿大、英国、德国、意大利、荷兰、澳大利亚、新西兰等国家和中国香港、台湾地区。全县共审批港澳台和外商投资项目139个，实际利用外资10929万美元。2001年，审批港澳台和外商投资项目7个，实际利用港澳台资和外资3679万美元。2008年，全区新批项目3个，分别是意大迈迪（山东）轮胎翻新项目、山水集团增资项目、济南嘉迪诺畜牧发展项目，合同利用外资8769.3万美元，实际利用外资9958.2万美元。是年，三资企业累计35家，实现生产总值127.1亿元，销售收入118.6亿元，完成利税18.1亿

元，从业人员1.8万余人。山东山水水泥集团有限公司成功登陆香港股市，募集资金18.2亿港币（约2.6亿美元），成为长清区第一家境内外资上市企业。至2008年年底，全区累计利用港澳台资和外资4.4亿美元。

1988—2008年长清区（县）实际利用外资和港澳台资情况表

表13－2　　　　单位：万美元

年份	1988—2000	2001	2002	2003	2004	2005	2006	2007	2008	合计
利用外资和港澳台资	10929	3679	1027	1763	283	4396	2457	9801.3	9958.2	44293.5

第三章　济南经济开发区

济南经济开发区前身是1996年4月成立的长清县工业区管理委员会办公室。1998年1月，更名为济南市工业园（南区）管理委员会。2000年9月，正式组建济南经济开发区管理委员会，为市政府派出机构。2004年8月，济南经济开发区管理委员会由市政府派出机构转交长清区管理。2006年3月，国土资源部确认济南经济开发区规划面积为11.8982平方公里。至2008年，开发区初步形成经济园区化、园区产业化、产业集聚化的发展格局，先后引进各类企业153家，其中规模以上企业41家，形成一批技术含量高、生产规模大、特色鲜明的机械制造、压力容器、电子电气设备、新型建材、食品医药等新型产业群。

第一节　机构　规划

机构　1996年4月，长清县工业区管理委员会办公室成立，为局级单位。是年5月8日，长清县工业区被济南市政府批准列为济南市工业园南区。1998年1月，更名为济南市工业园（南区）管理委员会，为县级事业单位。1999年6月，经省政府130号文件批准晋升为省级开发区，更名为济南经济开发区。2000年9月11日，济南市机构编制委员会下发《关于组建济南经济开发区管理委员会的通知》，正式组建济南经济开发区管理委员会。济南经济开发区管理委员会为市政府派出机构，正局级建制，下设党政办公室、经济发展局、建设局、财政局、社会事务局，均为处级建制。是日，中共济南市委下发《关于建立中共济南经济开发区管理委员会和许立全等同志任职的通知》，决定建立中共济南经济开发区管理委员会。2004年8月，济南经济开发区管理委员会由市政府派出机构转交长清区管理。10月25日，济南市长清区机构编制委员会下发《关于印发〈济南经济开发区管委会内设机构的职能和人员编制意见〉的通知》，决定撤销社会事务局，组建开发区招商局。12月23日，下发长普发〔2004〕16号文件，成立济南经济开发区管委会社会事务局，为开发区管委会的非常设机构。是年12月，设立党组。2006年10月24日，济南市机构编制委员会下发《关于撤销济南市农业高新技术开发区管理委员会的通知》，决定撤销济南市农业高新技术开发区管理委员会，其管理职能移交济南经济开发区管理委员会。2007 年 1 月 4 日，济南市长清区机构编制委员会下发《关于在平安街道加挂开发区社会事务局牌子和成立开发区综合服务中心的通知》，在平安街道加挂济南经济开发区社会事务局的牌子，同时成立济南经济开发区综合服务中心。1 月 18 日，济南市长清区机构编制委员会下发《关于印发〈济南经济开发区管理委员会职能配置、内设机构和人员编制意见〉的通知》，明确济南经济开发区管委会内设 1 办 4 局，即党政办公室、招商局、经济发展局、建设局、财政局，均为处级建制。2 月 16 日，济南市机构编制委员会下发《关于济南经济开发区管理委员会加挂牌子的批复》，同意济南经济开发区管理委员会加挂济南市农业高新技术开发区管理委员会牌子，内部机构增设农业高新技术发展局，处级建制。3 月 6 日，济南市长清区机构编制委员会下发《关于济南经济开发区管理委员会加挂牌子的通知》，同意济南经济开发区管理委员会加挂济南市农业高新技术开发区管理委员会牌子，内部机构增设农业高新技术发展局，处级建制。至 2008 年，济南经济开发区管理委员会下设党政办公室、经济发展局、建设局、财政局、招商局、社会事务局、农业高新技术发展局，在平安街道加挂济南经济开发区社会事务局的牌子。

规划 1999 年 6 月 11 日，山东省人民政府批复同意将济南经济开发区(原济南外向型工业加工区)调整到济南市工业园位置。调整后的济南经济开发区位于长清县县城的东北部，南从玉符街、中川街，北至平安南路；东从琵琶山、张牛路，西至石庄东路、高庄高怀路，规划面积 9 平方公里。2003 年 6 月 16 日，山东省人民政府批复同意扩大济南经济开发区规划面积。扩区范围为：南区，东至京福高速公路，西至南水北调输水线路和长清镇叶庄、刘庄村西，南至金牛—苏庄山口分水岭和崮山镇来佛山一带山体，北至战备迂回线；北区，东至京福高速公路，西至铁路线和济西编组站，南至国道 220 线，北至黄河，规划面积 143 平方公里。是年 10 月 10 日，山东省人民政府将济南经济开发区交通机械加工基地（道路、供排水、供电、供热等基础设施）列入 2003 年第二批省重点建设项目名单。是年，济南经济开发区会同山东大学、山东省规划设计院就区域规划及发展问题进行全面、科学的发展战略研究，制定开发区内 20 平方公里的控制性详细规划。该规划坚持“以人为本”“自然生态与持续协调发展”的城市经营理念，将开发区定位于：工业经济高度发达、高新技术产业聚集、城市功能配套完备的西部新城区，定位于经十西路发展轴上新的城市综合体。将经济开发区营造成布局合理、设施配套齐全、有利于人才、资本要素聚集和技术、产品扩散的现代化产业带；打造成济南市未来经济发展的重要载体和示范区域；建设成一个功能齐全、辐射力强的工业加工、综合物流、商贸及休闲旅游产业化基地；塑造一个具有高效都市生活魅力、宁静幽雅生活环境、鲜明文化内涵氛围和独特个性发展空间的园林式、生态型、现代化的城市形象。根据功能定位和空间结构，开发区用地布局上分为三个功能区即：产业区、行政区、商住区。其中产业区规划占地 7.53 平方公里，发展机械制造、电子、食品为主导产业的现代化工业；行政区规划占地 0.81 平方公里，主要用于建设商业金融、行政办公、教育科研等公共服务设施；商住区规划占地 5.50 平方公里，主要承担安置居民和开发商业中心的功能。2005 年 12 月 8 日，根据《中华人民共和国国家发展和改革委员会公告》，明确济南经济开发区已通过土地利用总体规划和城市总体规划审核，符合土地利用总体规划、城市总体规划及环境保护规划。确定主要产业为机械电子、通用设备、医药。2006 年 3 月 13 日，国土资源部发布《第四批落实四至范围的开发区公告》，公告确认济南经济开发区规划面积为 11.8982 平方公里，四至为东至济菏高速公路，南至北大沙河，西至大于庄、桥子里村，北至藤屯村。

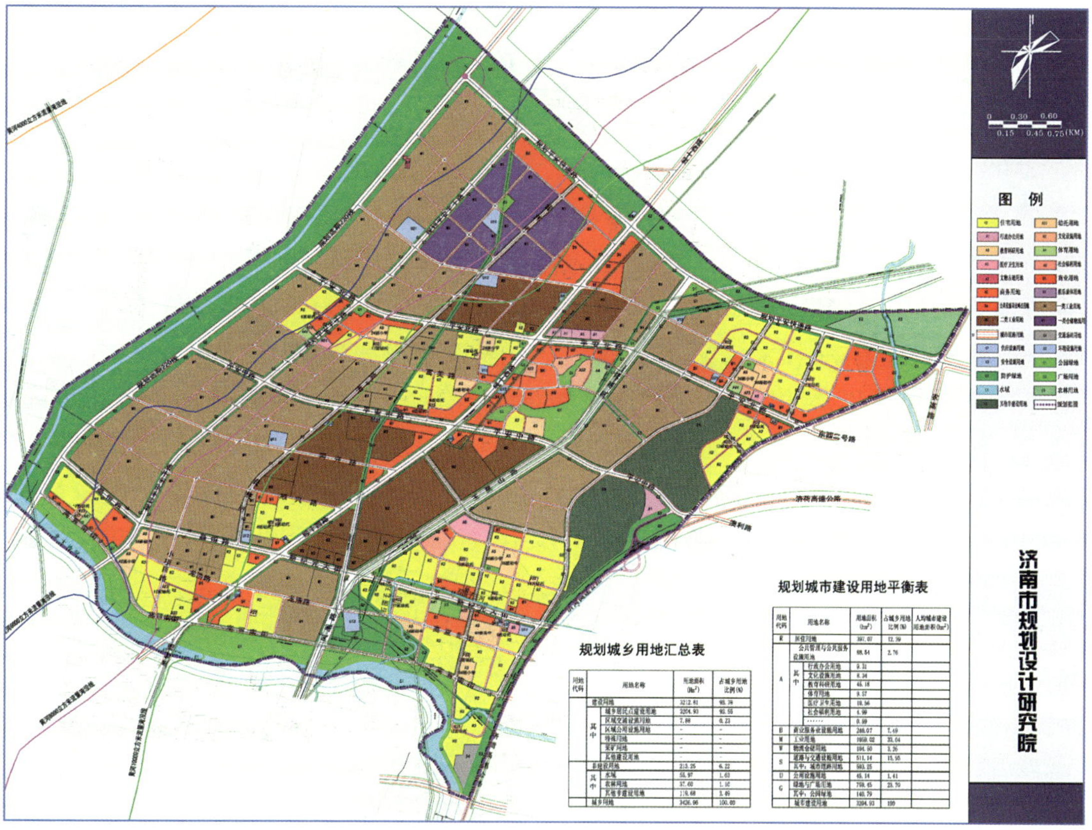

图 11　济南市平安片区控制性规划深化研究用地规划图

第二节　投资环境

基础设施　道路建设　2002 年，投资 600 万元，建成凤凰路，长 0.9 公里，宽 60 米，双向 6 车道，其中绿化带宽 14 米。2006 年，投资 9050 万元，建成道路 5 条。玉皇山路，长 4.8 公里，宽 96 米，双向 4 车道，其中绿化带宽 34 米；时代路，长 1 公里，宽 30 米，双向 4 车道，其中绿化带宽 14 米；玉清路南段，长 1.1 公里，宽 30 米，双向 4 车道，其中绿化带宽 14 米；同兴路，长 1.2 公里，宽 30 米，双向 4 车道，其中绿化带宽 14 米；华德路，长 0.7 公里，宽 20 米，双向 2 车道，其中绿化带宽 10 米。2007 年，投资 3400 万元，建成道路 4 条。玉清路中段，长 1.9 公里，宽 30 米，双向 4 车道，其中绿化带宽 14 米；顺兴路，长 0.5 公里，宽 20 米，双向 4 车

玉皇山路　(2008 年　摄)

平安南路　(2008 年　摄)

道，其中绿化带宽10米；富美路，长1.3公里，宽20米，双向4车道，其中绿化带宽10米；重汽黄河路，长0.25公里，宽30米，双向4车道，其中绿化带宽10米。2008年，投资17700万元，建成道路4条。平安北路，长2.8公里，宽50米，双向6车道，其中绿化带宽6米；新纪元大道，长3.3公里，宽50米，双向6车道，其中绿化带宽26米；平安南路，长5.1公里，宽50米，双向6车道，其中绿化带宽26米；经十西路，长4公里，绿化带宽26米。

管网建设　至2008年年底，投资3022万元，建成区内热网15公里；投资6200万元，建成区内水网22公里。

至2008年年底，济南经济开发区累计投入基础设施建设资金5.7亿元，区内达到“一平九通”（土地平整、通雨水管线、通污水管线、通电信管道及电缆、通热力管线、通电力管线、通自来水管线、通天然气管线、通道路、通有线电视线光缆），形成配套完善的基础设施体系。先后修建高标准道路13条28.85公里，形成“五纵八横”的路网框架，辐射区域约11.9平方公里；绿化面积95万平方米；铺设供排水、供热、天然气、污水管道等共115公里；建有变电站22万伏的1处、11万伏的2处；建有年发电量5万千瓦时的热电厂1座；建有日供水能力10万吨的自来水厂1处；建有污水处理厂、消防站各1个；开通各类电话业务和各种非话业务，具备国际国内联网分级交换、数据专线及计算机互联网功能，实现数字光纤传输。

软环境　济南经济开发区管委会坚持“一切为了投资者”的服务宗旨，以“投资零优惠，入驻零烦恼，服务零抱怨”为改善投资环境目标，把软环境建设作为立区之本，以建立和完善“招商审批过程的一条龙服务、项目建设中的全方位服务、项目施工投产后的经常性服务”三大服务体系为目标，优化软环境建设，提升开发区形象。区内投资项目在享受国家规定省级开发区优惠政策基础上，在国家法律法规允许的范围内，最大限度优惠，最大限度减免。制定一系列科学的、与国际惯例接轨的服务制度，如首问负责制、服务承诺制、办事时限制、责任追究制、办结反馈制等制度，进一步明确进区项目建设服务流程及责任分工。定期开展投资环境问卷调查活动，增强管委会服务功能，改进工作和提高效率，快捷、高效地为投资者提供优质服务。完成开发区总体环境评价，并通过ISO 9000质量体系和ISO 14000环境体系认证。为进一步优化开发区建设和发展环境，长清区委、区政府下发《关于举全区之力加快济南经济开发区建设若干问题的决定》《关于贯彻落实〈关于举全区之力加快济南经济开发区建设若干问题的决定〉的实施细则》等文件，出台联席会议制、企业准入制、企业评议制等一系列制度，为驻区企业创业提供一个更加和谐的发展环境。

园区管理　环境卫生管理　2007年前，企业产生的生产、生活垃圾委托长清区园林绿化管理局进行管理，开发区财政局支付管理费用；辖区内村庄的环境卫生按传统依然由村民自行处理。2007年起，按照长清区委、区政府制定的全力支持济南经济开发区的发展政策，确立长清区职能部门工作延伸的工作机制，明确济南经济开发区的环境卫生交由长清区市容环卫园林管理局管理。

绿化管理　2004年起，济南经济开发区绿化工程，按绿化合同约定，在养护期内由绿化施工单位进行管理。2007年，养护期满后的绿化工程，按长清区市容环卫园林管理局的要求进行交接管理，开发区财政局支付管理费用。

村庄管理　2000年9月，成立济南经济开发区社会事务局，处级建制，负责代管村的基层组织建设和党务工作；负责代管村的经济建设及各项社会事务；负责代管村被征用土地农民的补偿安置等项工作。2001年2月17日，根据《中共长清县第九届委员会常委会议纪要》[中共长清县第九届委员会第61次常委会议（2001年1月30日）、第62次常委会议（2001年2月10日）]，会议确定将开发区辖区内11个行政村（平安店镇的王宿、高垣、南汝、北汝、张桥、齐庄、高庄、郭

通发路绿化工程　（2008年摄）

庄、桥子里、石庄村和长清镇的牛山村）的社会事务，由原来的平安店镇、长清镇管辖划归济南经济开发区。2004年10月，撤销社会事务局，其原有职能移交平安、文昌两个街道。12月，重新设立社会事务局，为济南开发区管委会的非常设机构，负责开发区内村庄政权和党的建设；负责区内基本建设项目的迁建和补偿、安置及服务工作；负责驻区企业的治安保卫、民兵建设、计划生育、社会保障、优扶救济、卫生防疫和教育等工作。2007年1月，在平安街道加挂济南经济开发区社会事务局的牌子。

园中村改造　2008年5月，济南经济开发区管委会决定启动园中村改造工程。根据市委、市政府《关于加强和规范城区旧村（居）改造工作的意见有关规定》，按照开发区控制性详规的要求，规划建设张桥、王宿、平安三个片区。开发区成立专门领导班子，开展总体策划方案编制、规划等工作。9月，通过公开招标确定王宿片区、张桥片区、平安片区修建性详细规划方案的设计单位和设计方案。12月3日，济南市旧村改造工作领导小组批复王宿片区、张桥片区、平安片区旧村改造总体策划方案，王宿片区安置1691人，共需村民安置用地、生活保障用地和机动用地9.77公顷；张桥片区安置1655人，共需村民安置用地、生活保障用地和机动用地9.56公顷；平安片区安置1536人，共需村民安置用地、生活保障用地和机动用地8.87公顷。12月16日，区委办公室、区政府办公室联合发文成立开发区园中村改造工程领导小组和园中村改造工程指挥部，指挥部下设项目、规划建设、拆迁安置、土地、后勤保障和监察、综合服务6个工作组。

财税管理　2000年9月至2008年期间，财税管理体制历经三次调整。2000年10月，长清县政府下发《关于印发济南经济开发区财政体制暂行规定的通知》，2001年3月14日，长清县财政局下发长财预字〔2001〕第8号，进一步明确开发区财政体制的具体内容，规定“自2000年起对济南经济开发区实施划定收支范围，确定收入基数，核定上缴定额及留解比例，逐年递增上缴，一定四年不变”的财政管理体制，开发区留成比例为30%，上解比例为70%。由于2001年1月—10月济南经济开发区地方财政收入未能完成上缴任务，根据长财预字〔2001〕第8号中关于“分季考核开发区上缴定额，如连续两个季度无法完成上缴定额，应立即调整留解比例”的规定，长清县财政局于2001年11月下发长财预字〔2001〕第10号，对开发区财政收入留解比例进行调整，规定：“自11月1日起进行调整，所有地方财政收入100%上解县财政，实现收入全额上解，支出全额下拨的预算管理形式。”2008年，长清区政府下发《关于确定济南经济开发区财政管理体制的意见》，对开发区财政管理体制进行理顺和调整。5月，长清区财政局下发《关于实施济南经济开发区财政管理体制的具体规定》，进一步明确新体制的具体内容，规定“对济南经济开发区实行划定收支范围，确定收支基数，收支挂钩，环比增长，分档分成”的财政管理体制。

第三节 优惠政策

2000年3月10日，中共长清县委、长清县人民政府发布《关于加快全县企业发展的若干政策》。2001年4月，中共长清县委、长清县人民政府制定《关于引进开放招商引资的优惠政策》。2003年3月26日，区委、区政府借鉴外地先进经验，对原来制定的优惠政策进行完善和修订，中共济南市长清区委、济南市长清区人民政府发布《关于引进开放招商引资的优惠政策》。新的优惠政策共29条，分奖励投资者政策、奖励引进者政策、用地优惠政策、收费优惠政策、政策考核与兑现五部分。2008年6月14日，中共济南市长清区委、济南市长清区人民政府发布《关于引进开放招商引资的优惠政策》。新的优惠政策共22条，分投资奖励政策、引进奖励政策、相关服务政策、企业发展奖励政策、有关说明5章。

附一：

中共济南市长清区委
济南市长清区人民政府
关于引进开放招商引资的优惠政策

长发〔2003〕22号

（2003年3月26日）

为进一步优化长清区投资环境，加快引进开放步伐、促进全区经济和社会事业的健康发展，区委、区政府在认真总结前几年引进开放工作实践的基础上，借鉴外地先进经验，完善和修订长清区引进开放的有关政策如下：

一、奖励投资者政策

第一条　新办工业企业，自投产之日起连续3年每年按其贡献地方财力的40%奖励企业。

第二条　经上级主管部门认定的新上国家级、省级高新技术项目，自投产之日起，连续3年每年按其贡献地方财力的60%奖励企业。

第三条　新引进的商业、服务业等项目，自营业之日起，其年贡献地方财力达10万元以上的，连续3年每年按其超额部分的40%奖励企业。

第四条　新办出口外向型企业，自投产之日起，连续3年每年按其贡献地方财力的50%奖励企业。

第五条　兼并（实际出资或承担债务的）、购买或投资现有工业企业进行技术改造的，投产后连续3年每年按其新增贡献地方财力的50%奖励企业。

第六条　投资建设农产品加工、仓储项目及专业批发市场的，投产后连续3年每年按其贡献地方财力的50%奖励企业。

第七条　投资建设基础设施或社会公益项目的，投入使用后，按投资额度给予2%的一次性奖励。

第八条　投资从事农、林、牧、渔和农业综合开发项目的，连续3年每年按其贡献地方财力的50%奖励投资者。

第九条　以上奖励资金由受益级次的财政列支。

二、奖励引进者政策

第十条　区直部门或乡镇从上级业务部门争取的各类专项资金，给予一次性奖励。引进10~50万元的奖励0.5万元；引进50~100万元的奖励1万元；100万元以上的按1%奖励。

以上奖励资金由收益级次的财政列支。

第十一条　个人引进区外无偿资金的（各类专项资金奖励按第十条执行），非职务条件的，按实际到位资金的10%一次性奖励个人；职务条件的（副处以上领导干部），按5%奖励。职能部门在完成政策规定内正常应享受的专款专项资金后，多引进的无偿资金按职务条件标准奖励。

第十二条　个人引进区外有偿资金，与银行同期利率相同、使用年限为1年的，按引进额的0.5%进行奖励，2年的按1%奖励，3年以上的按1.5%奖励；利率低于银行同期利率的，除执行上述奖励标准外，再给予低于银行同期利息总额的

70%奖励；高于银行同期利率的由受益单位与引荐人协商奖励金额。

引进有偿资金不包括长清区金融部门正常的贷款业务。

以上奖励资金由受益单位列支。

第十三条 个人引进税源的（不包括随项目到长清落户的），按贡献地方可用财力的总额，非职务条件的，按10%一次性奖励个人；职务条件的，按5%奖励。

以上奖励资金由受益级次的财政列支。

第十四条 个人引进生产经营性项目，非职务条件的，从投产之日起，连续3年每年按企业贡献地方财力的10%奖励个人；职务条件的，连续3年每年按5%奖励。兼并、购买或投资现有工业企业进行技改的，按上述标准连续3年每年从其新增地方财力部分中奖励引进人。

以上奖励资金由受益级次的财政列支。

第十五条 个人引进非生产经营性项目，非职务条件的，按固定资产投资额的2%一次性奖励个人；职务条件的，按1%奖励。

以上奖励资金由受益级次的财政列支。

第十六条 以上奖励若有重复，执行较为优惠的条款。对在引进工作中做出重大贡献的个人，给予一定的政治荣誉。

第十七条 属单位引进的，可按个人职务条件标准奖励单位，并计入区委、区政府下达的年度招商引资任务。两个部门联合引进的，全方位目标考核计分和奖励资金，牵头部门获60%；两个以上部门联合引进的，考核计分和奖励资金，牵头部门获40%，其他部门原则上平均分配。或部门间自主协商计分和奖励金额。

第十八条 奖励给引进单位的资金，由引进单位根据参与者贡献大小进行分配，主要引进人奖金不低于总额的50%。奖励个人的资金均由个人按规定交纳个人所得税。

三、用地优惠政策

第十九条 投资建设生产经营性项目需征用土地的，其土地出让金除上缴国家和省、市部分外，属区级收取的先收缴，待项目建成后从企业上交的所得税中返还，其中投资100~500万元的返还30%，500~1000万元的返还40%，1000万元（含1000万元）以上的返还50%。

第二十条 对于投资额5000万元以上的工业项目、高新技术项目和农副产品加工项目，建设用地可根据投资者的要求，经协商可给予特殊优惠。

第二十一条 项目建成后，上述有关政策由国土部门会同财政部门予以返还。

四、收费优惠政策

第二十二条 在济南经济开发区、农业高新技术开发区和区民营经济园区、各乡镇工业园区内新引进的区外项目，前两年只收税不收费，后两年减半收费，并由统一的管理机构一站式收取；落户于区内其他地方的项目，自开业之日起，两年内减半收取各种规费。需办理的各类证照，只收取工本费。

第二十三条 新办工业企业，资金确有困难的，用水增容费和城建配套费减半收取。投资5000万元以上的，可再给予适当优惠。

第二十四条 外来企业及区内民营业户，在城区、乡镇驻地和民营经济园区有固定经营场所并经营一年以上的，允许本人及其配偶和未成年子女办理"山东省地方城镇居民户口"，免收增容费，子女入学、入托免收借读费。

第二十五条 各类收费的监督管理，由区财政局、物价局负责。

五、政策考核与兑现

第二十六条 区委、区政府成立招商引资委员会，下设办公室，办公室设在区招商局，与区经贸局、发展计划局、外经贸局、财政局、审计局、国税局、地税局、工商局等有关部门一起，负责对全区引进开放工作的考核。对新上引进项目的奖励，由纳税企业向各企业主管部门申报，税务部门出具证明，区招商局牵头，审计局与财政局共同确认；对引进者的奖励，由引进单位或个人向区招商局申报，受益单位或受益级次的财政出具证明，审计、财政部门审核确认；用地优惠政策的兑现，由用地单位申报，经招商局、国土局、财政局等部门确认；收费优惠政策的兑现，由物价、财政等有关部门共同确认，负责兑现。所有奖励，必须报区委、区政府批准，由区财政年终负责兑现。

六、有关说明

第二十七条　凡与本优惠政策条款相抵触的区内政策和规定，均以本政策为准。本政策发布前已签约的引进项目，按原政策执行。济南经济开发区参照本政策执行。各乡镇在执行本政策的基础上，可制定更加优惠的政策。

第二十八条　本政策由区招商局负责解释。

第二十九条　本政策自发布之日起施行。中共长清县委、长清县人民政府2000年3月10日发布的《关于加快全县企业发展的若干政策》同时废止。

附二：

中共济南市长清区委
济南市长清区人民政府
关于招商引资的政策规定

济长发〔2008〕29号

（2008年6月14日）

为进一步加大招商引资力度，吸引更多的投资者到长清区投资兴业，调动全区上下招商引资积极性，促进全区经济又好又快发展，在借鉴外地先进经验的基础上结合长清区实际，特制订本政策规定。

第一章　投资奖励政策

第一条　新办工业企业，当年投产并且年贡献地方财力达到50万元以上的，3年内按其每年贡献地方财力的40%奖励企业。

第二条　新引进的商业、服务业等项目，自营业之日起3年内，其年贡献地方财力达10万元以上的，按其每年超额部分的40%奖励企业。

第三条　新办数字创意产业类、服务外包类企业，自经营之日起5年内，按其每年贡献的地方财力奖励企业，前3年100%，后两年50%。

第四条　新引进劳动密集型企业，对新增安置本区（长清区户口）合同就业人数100人（含）以上的，给予企业一次性现金奖励。其中新增100~200（含，下同）人、200~500人、500~1000人和1000人以上的分别奖励1万元、2万元、3万元和5万元。奖励资金由区财政列支。

第二章　引进奖励政策

第五条　新引进固定资产投资额在1000万元（不含新征土地价格）以上的项目，给予引荐人（引荐人界定见第十七条）现金奖励。其中1000~2000万元（含，下同）、2000~5000万元、5000万元至1亿元、1亿元以上分别奖励3万元、5万元、15万元、20万元。

第六条　新引进的商业、服务员等项目，自营业之日起3年内，其年贡献地方财力达10万元以上的，按其每年超额部分的5%奖励引荐人。

第七条　对引进世界500强企业且外资投资5000万美元以上的项目，或国内投资5亿元以上的项目的引荐人，在执行第五条奖励的基础上，另奖励价值20万元轿车一部。奖励资金由区财政列支。

第八条　鼓励区直部门和街道、乡镇积极争取市级以上各类资金（正常计划补助资金除外），对贡献突出的单位或个人，采取“一事一议”方式，按其引资额的1%予以奖励。

第九条　鼓励各街道、乡镇共享招商信息，对推荐新建企业项目落户到其他街道、乡镇的，根据企业对财力贡献大小，采取“一事一议”方式进行奖励。

第十条　奖励给引进单位的资金，由引进单位根据参与者贡献大小进行分配。

第三章　相关服务政策

第十一条　对新办外来投资企业实行“一站式”收费。

第十二条　对所有涉及外来投资企业的收费项目，除国家、省、市有明确规定的，均按低限征收。

第十三条　外来企业及区内投资者，有固定

经营场所并经营一年以上的，当年纳税3万元或3年累计纳税5万元以上的，允许本人及其配偶和未成年子女办理“济南市居民户口”。外来投资企业员工子女就学按城区居民对待，外来投资企业高层管理人员及中层以上外籍管理人员子女在长清区就学，就读时可自由选择政府所办的所有中小学校。

第四章 企业发展奖励政策

第十四条 对上年实现地方财力40万元以上的企业，当年增加地方财力较上一年新增30—50万元的，按新增部分的10%奖励；新增50—100万元的，按新增部分的15%奖励；新增100万元以上的按20%奖励。奖励资金由区财政列支。

第十五条 对纳税总额达到1000万元的企业，由区委区政府授予荣誉称号。纳税总额在1000~3000万元的授予工业发展先进企业称号，3000~5000万元的授予工业发展优秀企业称号，5000万元以上的授予工业发展明星企业称号。

第十六条 对实现境内、外新上市的区内企业，区财政一次性奖励30万元人民币。

第五章 有关说明

第十七条 本政策所指引荐人是指第一个以书面形式将项目信息(包括投资单位或个人的联系方式、地址以及项目内容)报到区招商委办公室备案的单位和个人，或者将投资者直接引荐到招商委办公室的单位和个人。

第十八条 以上奖励若有重复则执行较为优惠的条款。

第十九条 以上奖励资金除明确说明由区财政列支的，其他均由受益级次的财政列支。

第二十条 奖励个人的资金均由个人按规定交纳个人所得税。

第二十一条 凡与本政策条款相抵触的区内政策和规定，均以本政策为准。本政策发布前已签约、落地的引进项目，按原政策执行。济南经济开发区参照本政策执行。

第二十二条 区委、区政府成立招商引资促进委员会，委员会下设办公室，办公室设在区招商局，负责对全区招商引资工作进行考核。对新上引进项目和新增地方财力的奖励，由纳税企业向各企业主管部门申报，区招商局牵头，财政局、税务部门共同审核确认；对引荐人的奖励，由引荐人向区招商局申报，财政局审核确认；对区直部门或街道、乡镇从市级以上部门争取的各类资金的奖励，由引资部门向区招商局申报，经财政局审核确认；对安置本地就业的奖励，由企业向区招商局申报，经劳动局、财政局审核确认，对收费优惠政策的兑现，由物价、财政等有关部门共同确认，负责兑现。所有奖励，必须报区委、区政府批准，由区财政局年终负责审核认定。

第四节 招商成果

2004年，共引进项目11个，合同总投资2.3亿元。2005年，共引进项目30个，合同总投资41.1亿元。2006年，共引进项目16个，合同总投资52亿元。2007年，共引进项目2个，合同总投资3.8亿元。2008年，共引进项目15个，合同总投资45亿元。是年，实现地区生产总值46.78亿元，业务总收入156.73亿元，企业总产值144.09亿元，规模以上工业增加值42.58亿元，财政收入3.37亿元，固定资产投资26.59亿元。完成出口创汇5530万美元，实际利用外资9958万美元。高新技术企业产业所占经济总量比重有较大提高，区内32个高新技术企业实现销售收入

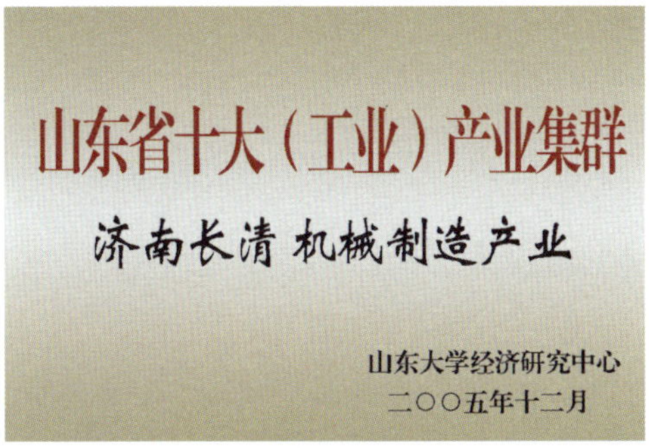

济南长清机械制造产业被列为山东省十大(工业)产业集群之一

120.38亿元，占开发区收入总量的76.8%。

至2008年年底，开发区累计开发面积12平方公里，完成固定资产投资131.1亿元，初步形成经济园区化、园区产业化、产业集聚化的发展格局，先后引进美国、日本、德国、英国等国家和中国香港、澳门、台湾地区以及内地的中国重汽长清工业园、济南柴油机厂、中国西电济南变压器股份有限公司、山水集团、鲁能集团等各类企业共153家，其中规模以上企业41家，形成一批技术含量高、生产规模大、特色鲜明的机械制造、压力容器、电子电气设备、新型建材、食品医药等新型产业群。济南经济开发区先后获山东省十大（工业）产业集群（济南长清机械制造产业）、山东（长清）电子信息产业园、国家动漫产业发展基地、山东省软件产业园区、山东省国际服务外包示范基地等。

第十四编

商贸

Commerce and Trade

银河商厦夜景（2007年 摄）

明珠新世纪商业广场　　　　（2005年 摄）

1978年后，全县商贸流通企业实行改革开放，国营集体商业“一统天下”的格局被打破，逐步形成多种经济成分、多种经营方式、多条流通渠道并存，国营、集体、个体私营商业竞争的新格局。除食盐、烟草、成品油、民爆器材及部分粮食等关系国计民生的商品限制和禁止个体经营外，其他商品逐渐放开经营，个体私营经济快速发展。同时由于国营、集体商业体制僵化、经营管理不善、市场竞争激烈等原因，长期出现亏损，相继倒闭破产。进入21世纪，商业市场网点建设步伐加快，以超市、专卖店、物流配送、总代理为主要形式的新型商贸流通业迅速发展。至2008年，全区城乡市场繁荣活跃，市场供需两旺，有大型商场、超市13家，集贸市场71处，连锁经营网点567个，全区实现社会消费品零售总额68.1亿元。

第一章 国有商业

第一节 商业体制改革

1986年起，长清县国有商业开始从商品的计划供应到放开经营的转变，主要是放开小商品价格经营，计划供应的商业范围逐渐缩小；是年9月，放开自行车价格并取消票证；年底，计划供应商品仅限于石油、食糖、纯碱、圆钉、铁丝等少数商品，逐步实现经营重点的转变。是年，引入“租赁制”改革，对服务公司的理发店、浴池、副食门市部和饮食第二综合商店实行租赁经营改革试点，分别签订租赁合同书，实现国家多得、企业多留、职工增收的目标。1987年，国家正式提出实行有计划的商品经济，市场进一步放开。8月，商业系统进一步完善租赁制，增加算账摸底，合理核定租赁费，选好承租人，实行财产抵押，搞好租后服务等新内容，在全系统小型门店中全面推行，共租赁门店17家；下半年，通过对企业的清产核资、资产审计，核定出承包基数，对局属的7个公司和1个加工厂面向社会公开招标，经过投标竞争，民主测评，合同公证，企业承包新机制在全县商业系统正式确立，承包期为1988年—1990年。1991年，县商业企业推行“四放开”（经营、价格、用工、分配放开）改革，县百货大楼和县五金交电公司为试点单位。是年年底，计划供应的历史基本结束。1992年年初，县商业系统全面推行“四放开”改革，“四放开”改革经验得到省商业厅和市财委充分肯定，先后有辽宁彰武、江苏邳县等20家省内外商业单位到长清参观学习。是年，商业局对全系统21家小型门店实行“国有民营”改革。1993年，商业局整建制转为集团总公司，商业系统的经营主要从以批发为主转向以零售为主批零兼营，重点采取“母体裂变”“账户分开”“单位划细”等形式开展经营。1994年，按照县委、县政府〔1994〕39号和〔1994〕50号文件，商业系统全面开展企业产权制度改革，对长期亏损资不抵债的食品公司、副食品公司依法实施破产，新组建肉类食品经营公司、糖茶酒水采购供应站。1995年—1998年，在商业内部推行“三项”制度改革（即干部制度、用工制度、分配制度），优化组合；对百货大楼与银河商厦合并，实行“两企一长制”,即一套领导班子,实行统一的财务核算和管理,统一的人事、用工分配;完成新城百货大楼股份合作制改革试点;对服务公司照相馆和银河商厦分别进行股份合作制和股份责任有限公司改制,共有280名职工入股,募集资金181.6万元,企业的产权制度改革走向规范。1999年—2004年,商业系统改变经营策略,开发闲置资产,盘活资产,促进国有资产增值保值。先后对所属企业食品酿造厂、蔬菜公司、饮食公司、五金交电公司、百货公司、银河商厦等单位的闲置土地和低效资产进行合理开发使用。2005年,商业总公司围绕“商品经营保饭碗,资本运营促发展”的工作思路,全年共完成商品收入3137万元,上缴税金50万元,清缴养老保险费130万元。2006年,百货公司与浙江星辰商场有限公司进行合作,在新城百货大楼投资100余万元进行整体设计、重新布局,9月正式营业。2007年2月,长清三联家电有限公司入驻长清银河商厦一、二楼。2008年年底,商业局下辖百货公司、五金交电公司、银河商厦责任有限公司、糖茶酒水采购供应站、肉类食品经营公司、蔬菜公司、饮食公司、服务公司、食品酿造厂9家企业,共有干部职工532人,其中下岗职工375人。

第二节　商品批发

1986年,县百货公司、副食品公司、五金交电公司为三级批发企业,其中百货纺织的批发由百货公司经营,糖茶酒水批发业务由副食品公司经营,五金交电化工商品的批发由五金交电公司经营。1987年起,国家正式提出实行有计划的商品经济,国营商业全面放开经营,三级批发可到一级批发企业及生产厂家直接进货,计划经济模式的进货渠道被彻底打破。1988年,市场出现抢购风,国营批发企业发挥主渠道作用,稳定市场,稳定物价,严格执行国家的物价政策。1990年,抢购风过后,商品销售逐渐滑坡,商品经营采取送货上门的方式,未能摆脱亏损局面。1992年—1994年,商业企业经营工作重点主要是拓宽市场,扩大经营,组织大批名、优、新、特商品货源,开展与厂家联展联销等多种形式的商品促销活动,突出特色经营,从以批发为主转向以零售为主的批零兼营,商品批发额逐年下降。1996年,三级批发退出流通领域。2000年,批发业务基本停止。

第三节　商品零售

1986年,国营商业计划供应的商品种类缩小,全年计划内进货额占购进定额的4%,大部分商品开始逐步放开经营。1988年,流通领域出现抢购风,销售环节商品断档,部分商品被抢购一空。1992年,商业全面推行“四放开”改革,对企业内部的小型门店开始抽回资金,实行国有民营改革。1993年起,计划分配商品全部取消,国营商业零售额逐年下降。1996年,国营零售业实行内部职工承租柜台的办法,独立经营,自负盈亏。1997年—2000年,商业开始推行股份制改革,先后对百货公司、新城百货大楼、服务公司照相馆分别进行股份合作制改革,实行联销联利计酬、计件工资、工效挂钩等形式的分配办法和竞标承包经营;对银河商厦进行股份责任有限公司的产权制度改制,采取“三定一保”(即定费用、定毛利、定上交管理费、保证上交)的形式,分楼层进行竞争承包经营。2000年4月,银河商厦有限责任公司实施资产有偿占用责任制的改革,全面实行内部职工租赁制。

第四节　饮食服务

饮食公司　1956年,由私营联营组成的饮食服务总店,通过改造成立长清县饮食服务总店。1961年,改名为长清县饮食服务公司,分设6个经营门店,其中包括1个旅店,5个食堂。1980年,饮食、服务分开,分别成立长清县饮食公司和长清县服务公司,隶属于长清县商业局,是独立的法人单位;饮食公司有6处营业网点,其中5处饭店、1处马车店。1983年,自筹资金改建长清第二饭店,为新式3层楼建筑,营业面积1600平方米。至1986

年，饮食公司下设国营饭店5家（第一饭店位于峄山路中段路西汽车站路南、第二饭店位于东关大街路南汽车站东邻、第三饭店位于大隅首路北、第四饭店位于东关大街中段路南县医院东邻、第五饭店位于东关大街中段路北东关小学东邻），旅店1个，综合商店2个，从业人员80人。是年5月，饮食公司第二饭店并入长清县商业综合公司，其中职工23人，营业面积1700平方米。是年10月，在原回民饭店的基础上进行改造，建成长清饭店、第二综合商店，面积460平方米。1989年，对公司所属长清饭店、第二综合商店，实行租赁经营试点，签订租赁合同书，公司利润逐年上升。至1992年年底，公司对所有门店全面推行“四放开”（即经营、价格、用工、分配）改革和实行“国有民营”，退库承租经营。1993年，公司自筹资金在老城东关大街原第五饭店位置重建2层小楼，建成长饮酒家，面积450平方米，是老城区唯一一家品位较高的餐饮酒楼。2001年年底，公司与汇富集团对交通旅社、长清饭店、第二综合商店进行联合开发。2004年3月，建成，增加营业面积1600平方米，全部租赁经营，收益大幅增加，偿还公司大部分债务，为下岗职工缴纳养老保险金和失业金。2008年年底，公司有5处营业网点，营业面积近3000平方米，年收入40余万元，固定资产总值800万元，干部职工31人，其中下岗职工25人。

服务公司　1980年，饮食服务公司饮食、服务分开，分别成立饮食公司和服务公司。1982年，位于东关大街的沿街商业楼竣工营业，经营面积1732.6平方米，是长清县规模最大、设施最好的服务场所，下设营业网点3处，从业人员25人。1986年，县服务公司固定资产有服务旅社大楼、餐厅、沿街商业楼等，下设旅馆、浴池、照相、理发、副食综合商品等营业场所，是全县服务接待行业重要窗口。1994年，县服务公司旅社大楼按县政府要求将旅社大楼人、财、物（包括退休人员）整建制转归县劳动技校管理，县服务公司迁往沿街服务商业楼办公。1996年，服务公司投资50万元新上彩扩设备，装修改造照相馆，与美国柯达公司建立摄影

服务公司沿街商业楼　　（2005年 摄）

彩扩连锁店，成为全县首家摄影彩扩连锁店。2006年，服务公司按照旧城改造指挥部拆迁办公室的要求，按时腾空在老城区唯一的沿街商业楼，拆除面积1732.6平方米，公司各门店停业，职工下岗。2008年，服务公司干部职工共12人，其中下岗职工11人，靠拆迁协议补偿金在外租赁办公场所，为职工缴纳退休养老金和生活补贴。

长清旅社大楼　1978年，长清旅社大楼建成，位于石磷路11号，建筑面积6480平方米，有房间220个，床位840张，主要承接县里召开的大、小型会议。1994年，县服务公司旅社大楼整建制转归县劳动技校管理。

第五节　食品加工

1956年，长清县副食品加工厂建厂，位于长清老城南门里，占地面积3521平方米，由两家私营社联营而成，共有股金4万元，员工20人，有厂房20间，大瓷缸200个，主要生产经营副食调料。1977年10月，投资44509.28元，征用东北关大队土地3.27公顷，建设新厂，位于中川街935号。1979年，新厂建成制糖车间、冰糕车间、糕点车间、腌制车间及办公用房。1980年春，搬至新厂办公经营。1980年—1983年，建成水塔、酱油车间、锅炉房。1986年，建成食醋车间，固定资产总值131万元，酱油车间生产规模2000吨，食醋车间生产规模1000吨，生产产品（包括糕点等）30多个，其中

采用新技术研制的新产品——米醋成为企业的知名产品。1988年—1990年,深化企业改革,完善承包责任制,实行为期3年的承包经营,企业与车间签订承包经营合同书,各车间按时超额完成生产经营任务,职工增收30%以上。1992年3月31日,经市计委批准"长清县副食品加工厂"更名为"济南市食品酿造厂"。1993年—1994年,全厂实行分厂经营承包制,将全厂分为糕点、酱油、食醋、腌制、机修、锅炉6个独立核算单位。1995年,糕点车间停产,车间人员下岗,酱油、食醋两车间合并管理。1995年—1998年,酱油、食醋销售量逐年递增,从1995年的2723吨增到1998年的4780吨,销售收入由100多万元增到240万元。1999年,对厂区沿街闲置地段进行招标开发,清偿企业累计本息260万元的银行贷款。2000年,通过职工个人集资建设职工宿舍楼面积4400平方米,占地面积1200平方米;扩建零售批发部营业门店,营业面积由20多平方米扩展到近200平方米。2002年,拆除闲置的腌制车间、冰糕车间,开发建成2号楼面积6500平方米,占地1300平方米。2003年,拆除闲置的糕点车间,开发建成3号楼面积5040平方米,占地面积1100平方米。是年,新购置软包装机1台,增加袋装酱油、食醋产品;新购置蒸酱机1台,实现面酱生产中独立的制曲工艺。2006年,投资23万余元,对生产设施设备、厂容厂貌进行改造,改善食醋过滤工艺和酱油浸淋工艺,注册商标,申请商品条形码,先后开发研制18个包装产品,添置储存罐。2008年,购置灌装机2台,整修灌装车间及成品仓库;购置耐腐玻璃钢罐8个,新增产品储量150余吨。是年,共有干部职工62人,酱油食醋年产量1650吨,营业额134万元,固定资产129万元。

■ 顺兴园米醋 (2008年 摄)

第六节 商业网点

1986年,县商业局下属各企业除食品公司在各乡镇设有网点,其他公司、厂(站)的经营网点分布在县城内。是年,完成饮食公司原第二饭店与综合公司百货大楼合并改造,食品公司575吨冷库扩建,副食品加工厂食醋车间改造及新建服务公司餐厅楼,饮食公司第二饭店,新城加油站六大工程。1987年,商业局新建新城加油站营业网点1处。1988年,局属石油公司的人、财、物及各加油站划归济南市石油公司统一管理。1991年,百货商店和第二饭店分别从百货公司、饮食公司划出,合并成立长清县综合公司,更名为"长清县百货大楼"。1993年,百货公司新建四层长清县新城百货大楼开始营业。1994年3月,商业局新城加油站转让县木鱼石开发有限

■ 食品厂沿街楼 (2008年 摄)

公司;5月,肉类食品经营公司成立;6月,食品公司破产,并将部分资产划给新组建的肉类食品经营公司,对所属11个食品站根据县政府意见批准人、财、物“三划归”,整建制移交乡镇政府管理。是年,糖茶酒水采购供应站成立;年底,副食品公司破产。1995年,银河商厦竣工营业。1997年下半年,集团总公司出资40万元,与县工商局联合筹建银河(农贸)市场,总建筑面积600平方米,店房面积260平方米,是年投入使用。1998年,长清县银河商厦、百货大楼,改组为长清银河商厦有限责任公司。2000年—2004年,新建在建网点面积4000多平方米,其中蔬菜公司通过开发增加商业网点面积1700多平方米,饮食公司交通旅社改造新增营业面积1500平方米。2005年,百货大楼在老城区改造中,被率先拆除;服务公司沿街营业楼相继被拆除。

银河商厦 位于清河街与灵岩路交叉路口东北处,清河街2705号,1992年始建。1995年12月28日,竣工开业。总投资1600万元,面积8000平方米,经营50多个部类,2万余种商品,配有中央空调、自动扶梯、中央玻璃采光顶、室内喷泉等设施。1998年6月,长清县银河商厦、百货大楼改组为长清银河商厦有限责任公司。2000年4月,银河商厦有限责任公司对各楼层的经营柜组实行企业内部职工租赁制。2001年,与汇富房地产合作开发银河商厦东侧的空闲地,建成综合楼2幢。2001年4月,引进联合证券。2003年12月,引进山木培训。2007年2月,长清三联家电有限公司入驻长清银河商厦一、二楼。

百货公司 1956年4月,济南百货公司在长清县设百货商店,实行报账制,不是独立核算单位;下半年改归泰安地区百货公司领导,更名为中国百货公司山东省长清县公司,独立核算。1959年,撤长清县建制,公司人员调往历城。1961年,重建百货公司。1984年年初,位于东关大街路南的1幢3层百货营业楼建成,名称“百货商店”,“五一”开始营业,是长清县第一座规模较大的百货营业楼。1985年年底,长清县百货公司设1个批发部,百货一门、百货二门、文具店、百货商店4个独立核算的零售店,共有职工205人,销售总额1073.2万元。1986年,由饮食公司第二饭店、综合公司、百货商店,合并成立百货大楼,隶属于百货公司;年底,百货大楼从百货公司分离成为独立法人企业,隶属于商业局。1987年,公司经营引入竞争机制,内部实行全面承包,采用自主经营、独立核算、利润定额、超利分成、包死基数、确保上缴的机制,成立5个法人单位(百货一门、百货二门、文具商店、百货批发部、百货纺织品批发部)。1992年,位于五峰路以西宾谷街以南的新城百货大楼开始筹建,1993年8月竣工,9月营业,总投资94.5万元,大楼高3层,建筑面积1518.57平方米,主要经营百货、服装、鞋帽、副食四大门类。1994年,销售额400余万元。1997年,新城百货大楼改制,实行股份制经营。1998年,因经营不善,员工退出股份制经营,对内实行租赁柜台经营。2000年,对新城百货大楼改造,全面实行对外租赁。2005年,将面积0.77公顷

■ 银河商厦 (1995年 摄)

■ 百货大楼 (2004年 摄)

新城百货大楼 (2008年 摄)

资金、自主经营、自负盈亏，将国有资产全部收回。1996年—2002年，销售食盐3500吨，获利近20万元。至2007年，公司将多年来闲置的仓库和职工宿舍区土地进行开发改造，完成总建筑面积1.4万平方米，安置拆迁近30户，增加营业网点面积1500余平方米，年新增效益20余万元。

的3排批发仓库卖给长清平安三建公司，价值221.52万元，为职工清缴1999年—2004年养老保险60万元，偿还工商银行贷款本息143.5万元，补发离、退休人员医药费、遗属补助等5万元，交纳不动产营业税及养老保险滞纳金13.02万元。2006年，星辰商场有限公司投资100余万元，对新城百货大楼改造，9月开始营业，经营服装、鞋产品。

蔬菜公司 1975年7月成立，职工7人，无门店和仓储设施，负责县城居民的蔬菜供应。1976年，干部职工增加到32人，设有生产、业务、财务3个组和1个蔬菜门市部，在城东（现清河街1509号）征用东关村1.33公顷土地，修建仓库11间，恒温仓库8间，车库3间，职工宿舍15间，建立蔬菜基地93.3公顷。1979年，增加调料商店。1982年，增加综合商店。1987年，企业推行承包责任制，采取包销售、包利润、包人员和效益挂钩的“三包一挂”管理形式，实行百分考核制。1989年，在新城宿舍区建设网点100余平方米，成立第三门市部；改造更新第一门市部，增加营业面积100余平方米。1990年，撤销业务股，成立公司批发部；公司所有门店不再经营蔬菜，经营范围由过去单一计划型向五金、百货、副食、调料、烟酒糖茶、土产杂品综合性市场化过渡。1992年，公司对小门店和公司批发部全面实施经营、用工、价格、分配“四放开”改革，统一签订劳动合同。1996年，公司对所属门店实行退库经营，把全部商品一次性处理给职工，实行自筹

五金交电化工公司 1977年5月，从县百货公司分出成立，经营五金、交电、化工3大类商品的批发和零售业务。1980年10月，五金大楼开业，办公楼面积600平方米，营业楼面积1260平方米，内设电工、电讯、车品、五金、水暖、化工6个组，4个维修部，1个批发部，职工108人，年销售310万元，批发额1280万元，利税28万元。1985年，公司设有1个批发部和2个零售商店（包括五金大楼），有职工67人，销售总额474万元。1991年10月，成立金鑫商场，内设8个组，1个综合批发部，年销售额1060万元。1993年，成立长清商场，5个法人单位，各经营部独立核算。1994年—1996年，五金交电公司各网点进行退库租赁。1997年，五金交电公司注销5个法人单位，从商品经营变成资产经营管理。1998年—2000年，将原公司仓库处理，解决银行贷款。2001年—2003年，五金大楼各承租人全部清退，职工全部下岗。2008年，筹

五金大楼 (2008年 摄)

资150万元,解决职工养老金、部分医疗费用。

食品公司 1954年4月,济南市食品支公司泰安收购站,在长清苾村设收购组。1955年,正式成立中国食品公司山东省长清县公司。1958年,改为食品经理部,隶属于供销社领导。1963年,移交县商业局,改称长清县食品公司。1985年,公司下设1个加工厂(肉联厂)、11个食品站和1个肉食零售门市部,经营猪、牛、羊、禽蛋的收购、调拨、加工与销售业务,有职工62人,销售总额905万元。1994年6月,食品公司破产,所属11个食品站人、财、物整建制划归乡镇管理。

长清县肉类食品经营公司 1994年5月,经县政府批准成立长清县肉类食品经营公司,位于苏庄山口路西,原食品公司部分资产划给新组建的肉类食品经营公司,固定资产13.8万元,主要是生猪屠宰、加工销售,年销售额80万元。2008年,公司设营业网点2处(东关大街1处面积500平方米,黄河商场1处面积60平方米),办公场地1处,面积4000平方米,职工10人。

副食品公司 其前身是专卖批发部。1953年7月,改为长清县专卖事业公司。1961年10月,改为长清县副食品公司。1962年,又改为长清县糖业烟酒公司。1966年11月,合并于百货公司。1972年4月,恢复副食品公司。1985年,下设1个批发部,3个零售店,经营烟、酒、糖、茶、罐头和食品的批发、零售业务,有职工76人,销售总额287万元。1994年12月,破产。

长清区糖茶酒水采购供应站 1994年10月,长清县糖茶酒水采购供应站成立,职工76人,下设3个经营网点。1997年,在中川街新建营业网点1处面积120平方米。2000年,中川街扩街,其营业网点拆迁。2008年,有职工34人,其中在岗3人。

第二章 供销合作商业

1985年,县社共有2个县直公司和1个纸箱印刷综合厂,基层社10处,基层社所属的采购站11个,零销门市部140个,饭店12个,服务行业10个,加工企业9家,全县共有代购代销员577人,全县供销社系统共有干部职工1524人。1988年,县社有4个县公司(生资、土产、购销经理部、纸箱厂),10个基层社,基层社所属采购站11处,零售门市部120处,饭店12处,旅店10处,加工厂9个,共有干部职工1753人;全县共有双代店539处,双代员568人,社员股金96万元。1990年—1996年,县以上公司及经营单位有长清县农业生产资料公司、长清县土产公司、长清县果品盐业公司、长清县再生

■ 供销大厦 (2003年 摄)

资源公司、济南市长清县棉麻公司、长清县供销社经济贸易公司、济南市长清供销装饰公司、济南市长清金华工艺品开发公司、济南市长清县灵岩电子有限公司、漯河工业学校长清分校、长清县纸箱印刷厂、济南市长清县供销大厦共12个公司单位，10个基层供销合作社，干部职工1681人，共建立村级综合服务部430处，其中经营门店252个、加油站12个。1997年，全供销社系统社员股金132万元。1998年9月6日，县联社搬迁至长清县五峰路439号，投资200万元，建筑面积336平方米。2008年6月8日，投资846万元，建筑面积4089平方米新办公楼竣工，区供销社由五峰路迁到龙泉街616号新址办公。8月6日，长清区农业生产资料公司、长清区土产杂品公司、长清区再生资源公司、长清区供销大厦迁至区供销社新址办公。2008年年底，区供销社系统共有基层供销社10个，区属公司有长清区农业生产资料公司、长清区土产杂品公司、长清区再生资源公司、长清区供销大厦、济南市长清区金合作商贸有限公司5个，专业合作社8家，专业协会5个，经营服务网点597个。

第一节　供销社体制改革

1984年，供销社开始实行联销计酬。至1986年，逐步改为利润指标与奖金挂钩，对系统内各门店实行经营承包责任制，实行一人挑头，集体承包，独立核算，自负盈亏；对县直公司实行包干承包形式。1992年2月，县联社以购销经理部为试点单位，在全县供销系统全面实行"四放开"（即经营、价格、用工、分配放开），在全系统各门店推行国有民营改革，共有142个门店实行国有民营，抽回资金258万元。1993年12月，长清县人民政府将县社整建制转建为济南市长清县供销合作集团，并成立集团总公司。1994年4月，济南市长清供销社集团总公司经县政府批准正式成立，县属企业，实行聘任制，进一步完善经营机制和目标责任制。7月，县政府出台《基层供销社划归乡镇管理实施意见》，10个基层供销合作社实行人、财、物划归乡镇，并与各乡镇政府办理交接划归意见书。1995年6月30日，根据中共中央、国务院《关于深化供销合作社改革的决定》精神，提请县委、县政府研究批准，将10个基层社收回由县供销合作社联合社管理。1997年5月，经长清县编委批复，县供销社机关使用差额事业编制。2002年5月，长清县供销社改名为济南市长清区供销合作社联合社。2003年，建立长清区农业生产资料协会和济南市长清区果品协会，为农民提供产前、产中、产后服务。2004年，全系统实行"保持稳定，突出重点，创新经营，盘活资产"的工作思路。2005年1月，上海联华超市租赁长清区供销大厦成立上海联华超市长清分店，年租金45万元，并以此为依托实施"万村千乡"市场工程。2006年4月，成立济南金合作商贸有限公司，通过变更试点企业，以此企业为依托，成立金合作日用品配送中心，继续实施"万村千乡市场工程"，发展加盟店113家，实现销售1.85亿元。是年，按照山东省供销合作社联合社"一个网络，两个平台"建设要求，长清区供销合作社结合供销系统实际制定"2235"工程，即在城区建立日用消费品和农业生产资料2处配送中心，在乡镇驻地设立20处具有辐射配送功能的中心超市，在较大村庄建立30处集经营性与公益性项目于一体的农村社区综合服务中心，在全区农村建立500处村级便民超市。经营服务网点覆盖10个街道乡镇和80%的村庄。2007年，对孝里社、归德社部分基层门市部实行长期租赁，50年不变。2008年，继续实施"万村千乡"市场工程，工作重点集中在发展、扩大、建设农村超市及农村综合服务中心网点建设上。是年，供销社系统有日用品配送中心1个，农资配送中心1个，连锁经营网点567个，其中日用品连锁经营网点389个、农资连锁经营网点178个，建立农村社区综合服务中心8处，总销售额2.25亿元。

第二节　农业生产资料经营

化肥经营　1986年，化肥市场活跃，碳酸氢铵

一度出现热销，磷肥改往年平销局面，出现较大回升，尿素供求脱节，全年化肥销售3.2万吨。1989年，国家恢复农资专营，供销社化肥销售量增大，共销售各种化肥4.53万吨，主要品种有尿素、碳酸氢铵、磷酸二铵、磷肥、复合肥等。1993年，国家取消粮、油、棉奖售化肥政策，农资市场由专营变为多渠道经营，市场竞争激烈。1999年，县供销社系统按照国务院化肥流通体制改革要求，加大农资企业经营体制改革力度，农资市场放开经营，供销系统化肥销售量增加，年销售化肥56094吨。2000年，农资市场供大于求，全系统共销售化肥52046吨。2002年，碳铵化肥销售量减少，优质复合肥逐年销售量增加，全系统共销售化肥48324吨。2005年，成立长清区农业生产资料协会，发挥协会和配送中心新型合作经济组织优势，形成全方位立体化的“三农”服务网络，农资公司配送各种化肥18223吨，其中尿素7794吨、复合肥2169吨、磷肥5872吨、磷酸二铵669吨、磷酸氢铵1719吨，销售额2495万元。2006年，运用现代流通方式改造、整合，成立农资配送中心1处，直营店6处，农资网络连锁店112家。2007年，与省公司开展网络对接，建立农资网络连锁店146家。2008年，全区共有配送中心2家，直营店2处，农资加盟连锁网点178家。被评为山东省“三农杯”农资经营放心单位、山东省农资经营优秀诚信企业、市级重合同守信用单位。

农药及农药器械经营　1983年，国务院决定停止“六六六”“敌敌畏”的生产，此后，供销社经营的农药以有机磷氨基甲酸酯及拟除虫菊酯制剂为主。1986年，农资市场主要以进口农药开始转向以除草剂为重点，全年共销售农药58吨。1990年，农药基本施用于小麦、玉米、花生等主要农作物，没有特大旱灾、病虫害，农药年销售33吨。1991年，全系统销售各种农药37吨。1995年起，玉米成为加工各种饲料最主要原料，社会需求量增大，带动玉米除草剂、杀虫剂、杀菌剂的销量增加。2008年，农药价格持续走高，杀虫剂、杀菌剂和除草剂销量增加，全系统销售农药55吨。

农药器械是使用农药的必备工具。1986年，基层社经营手动喷雾器、喷粉器，全县共销售900架农药器械。1991年，农药器械更新换代，圆桶铁壳喷雾器基本淘汰，推广“工农—16”背负式喷雾器，全系统共销售2900架。2008年，机械化逐步代替手动器械，全系统共销售400架农药器械。

农具经营　1986年，基层供销社经营的小农具主要有镰刀、铁锨、木叉、木锨、扫帚等，全系统共销售14.51万件。1991年，随着机械化逐步普及，中小农具销售明显下降，共销售中小农具8.51万件。2002年，农村耕地、浇地、收割、脱粒、成品等传统的锄、镰、锨、镢等手工操作的小农具逐步被淘汰，基本实现半机械化、全机械化生产，全系统销售农机604台。2008年，全系统销售农机179台。

农用塑料薄膜经营　1980年，塑料薄膜由农业部门分配，归供销合作社经营。1986年后，市场经营放开，原料多渠道供应。1987年，全系统销售42吨。1989年起，国家将农用薄膜列为专营品种，由供销合作社负责经营。1990年，全系统销售90吨。1995年，山东省开始推广塑料薄膜，主要用于棉花、花生、蔬菜、地瓜育苗，逐步扩大到作物地膜覆盖、场间覆盖和塑料大棚生产。2003年，农用塑料薄膜销售增加，宽幅、耐拉、通风透明好的棚膜销售成为热销货，全年销售135吨。2007年，受全区种植业结构调整的影响，蔬菜大棚、西瓜小弓棚增加，全无滴、防雾、保湿性能好的聚氯乙烯大棚膜深受欢迎，全年共销售292吨。2008年，受春旱影响，山区花生、地瓜种植面积减少，全年销售农膜196吨。

第三节　废旧物资收购

1986年，长清县土产杂品公司下设再生资源回收股，承担全县废旧物资收购、调拨任务，全县设10个采购站、8处代购代销点，负责城镇、农村的废旧物资收购。收购的废旧物资品种主要有废钢铁、有色金属、造纸原料、杂骨、旧棉、橡胶等。1990年7月，与土产杂品公司分开，成立长清县再生资源公司，干部职工 32 人，经营场地面积 6846 平方米。专业废旧物资收购经营，以公司为主各基层社采购站为辅，以现金收购或串换钢材等形式收购。是年，完成各类废旧物资收购 550 吨，串换钢材 200 吨，年销 120 万元。1992 年 8 月，县政府批复再生资源公司在西三里村征地 4022.7 平方米，因城区规划公司属于污染行业，影响市容，县政府将该宗土地与济南国泰大酒店置换。新地址位于龙泉街与灵岩路西交界处(石麟小学东邻)，占地面积 2657.7 平方米，建筑面积 669.89 平方米。是年 9 月，在全县设立 10 处再生资源收购点。1993 年 1 月，再生资源公司设钢材科、废钢科、业务科、有色金属科，定任务经营，全年完成销售 1900 万元。1994年—1996 年，收购废钢铁 3 万吨，有色金属 680 吨，钢材销售 1.4 万吨。1996 年 10 月，县内 10 处再生资源站撤销。1998 年 4 月，公司改制为集体股份合作制企业，分设第一公司、第二公司、第三公司和业务科，进行独立经营，单独记账，公司统一核标的经营模式，年收购废钢 1 万吨以上，有色金属 200 吨，钢材销售 3000 吨，年销售额 3000 余万元。2002 年 5 月，公司与汇富联合开发龙泉街中段的商住楼 4267.43 平方米，公司有 711 平方米门头房。2004 年 2 月，公司撤销分公司，收购业务逐年下降。至 2006 年，公司业务停滞。2007 年 5 月，成立再生资源业务经营部 1 处，年业务销售 800 万元。是年 6 月，因老城改造，完成办公楼宿舍楼拆除，土地由区政府收储。2008 年 8 月 6 日，公司搬迁至龙泉街 616 号长清区供销合作社大楼，干部职工 28 人。是年，完成收购废金属 9000 余吨，销售额 3300 万元。

第四节　生活资料供应

1986 年，生活资料供应完全从计划经济供应中摆脱出来，实行自由采购，灵活经营。家用电器彩电、冰箱、洗衣机等高中档商品，不再计划分配，仍属紧俏商品。是年，全县供销社系统生活资料销售额 4044 万元。1989 年，长清县供销合作社联合社发展跨地区、跨部门、跨行业的横向经济联系，各公司、基层社采取灵活多样的经营方式，实行批零兼营，经销、代购代销，扩大生活资料销售，全年县供销社系统生活资料销售额 5064 万元。1990 年，生活资料销售额 5455 万元，创历年新高。1991 年，全县供销社系统基层门店日用百货、副食品、纺针织品、五金交电、土产杂品等专项门市部，全部推行退库承包(抽本承包)，职工承包后的门市部自行改为综合门市部。实行承包后，职工自主进货，具有少进量、多进样、物美价廉、货全样多、赶集摆摊、批零兼营等优点，营业额扩大。1994 年，生活资料销售额 7588 万元，比 1990 年增长 39%。至 2000 年，由于个体经济发展迅速，供销社营业设施简陋，营业额逐年减少，生活资料销售明显下降，全供销社系统生活资料销售额 6480 万元。2005 年 4 月，申请“万村千乡”市场工程试点单位。是年，经济南市贸易服务局验收 13 家农家店。2008 年，供销社系统服务网点 560 处，其中日用品便民店 419 处，生活资料销售 7482 万元。

1986—2008 年长清区(县)供销合作社联合社经营情况表

表 14 - 1　　单位:万元

年份	总购进	农副产品	废旧物资	总销售	生活资料	生产资料
1986	5600. 1	604. 5	32. 1	6130. 6	4044. 3	687. 0
1987	5663. 4	657. 1	57. 4	6224. 6	4039. 4	929. 9
1988	7622. 9	589. 3	55. 8	8494. 5	5095. 4	1456. 8
1989	7926. 3	574. 9	82. 7	8817. 2	5064. 2	1756. 7
1990	7618. 9	741. 6	183. 5	8554. 4	5455. 3	1481. 2

续表 14－1

年份	总购进	农副产品	废旧物资	总销售	生活资料	生产资料
1991	7541.7	774.0	350.4	8420.9	3659.6	1532.6
1992	9938.0	777.3	469.4	11374.7	4913.4	1868.1
1993	10879.1	748.3	521.7	12048.7	5110.2	1929.6
1994	12750.0	726.2	926.9	15296.0	7587.9	2065.3
1995	1299.8	698.4	887.1	15487.7	6920.3	2022.7
1996	1268.7	717.3	902.9	15863.3	6890.6	2087.6
1997	12105.2	376.0	1124.4	14791.3	4762.8	2439.2
1998	14846.7	124.9	1108.7	17047.3	7546.7	3429.6
1999	15473.3	98.9	1139.3	16461.5	8736.5	3950.8
2000	14386.4	144.5	1263.2	15041.2	6479.8	2621.8
2001	14106.8	106.4	634.2	15200.8	5901.9	3753.7
2002	12052.6	71.2	103.6	13516.1	5387.3	3635.7
2003	13790.6	70.3	130.5	15321.4	6047.9	3608.9
2004	13697.6	168.0	272.0	15111.6	5774.0	2965.9
2005	16596.8	366.2	2880.3	17846.3	5701.3	4645.5
2006	17072.3	183.8	267.0	18475.8	6653.9	4623.9
2007	18826.6	150.7	1000.0	20085.3	7420.9	4643.3
2008	21125.3	272.0	3310.0	22523.8	7482.4	4474.0

第五节　经营机构

农业生产资料公司　1952年，成立长清县生产资料供应经理部。1956年，建立肥料药械供应站、大型农具建筑材料供应站，同时在基层社设6个分站。1963年5月，生产资料和土产门市部移交城关供销社经营。1964年，生资、土产经理部和棉花加工厂合并建立长清县供销合作社购销经理部。1965年，恢复生资经理部。1966年，改称配件商店。1970年，撤店成立生产资料批发站。1976年，改称长清县农业生产资料公司。1984年，农业生产资料公司新设零售门市部1处。1985年年底，农业生资公司共有干部职工39名，主要经营农药、化肥、小农具、药械、农膜等，经营额428万元，上缴利润6.12万元。1986年，有干部职工49人，总购进340万元，总销售394万元，利润6万元。1991年，总购进515万元，实现总销售582万元。1997年，总购进773万元，实现总销售781万元。2001年，有干部职工87人，总购进2402万元，总销售2510万元。2008年，在职人员26人，总购进2338万元，总销售2503万元，上缴利润3万元。

土产杂品公司　1953年，成立长清县土产推销经理部。1957年，改称农副产品采购经理部。1958年，改称土产经理部。1961年，改称土产废品经理部。1972年，成立长清县土产杂品公司。1979年7月，新建土产杂品公司综合门市部。1984年，将土产杂品公司划分为废旧物资回收、贸易服务、农副产品购销3个公司。1985年，撤销3个公司合为土产杂品公司，共有干部职工82人，主要经营土产杂品、日用炊具、陶瓷和废品收购等。1986 年,干部职工 85 人,总购进 304 万元,总销售 342 万元。1991 年,总购进 462 万元,总销售 415 万元。2001 年,总购进 385 万元,总销售 421 万元。2003 年,总购进 987 万元,总销售 1128 万元。2008 年,在职人员 12 人,总购进 764 万元,总销售 802 万元,上缴利润 10 万元。

购销经理部 1985 年 10 月,原购销公司改为购销经理部,设人事股、业务批发部、会计股、统计股。主要业务为长清酒厂代销各种散酒、瓶装酒等,批发副食品、五金交电、家用电器等日用品类。1986 年,实现总销售 4170 万元。1995 年 10 月 20 日,并入供销大厦,隶属于县社领导,是独立核算、自负盈亏、自主经营的集体企业,从业人员 100 人,其中管理人员 20 人,业务人员 80 人。

长清县果品盐业公司 1990 年 7 月 6 日,长清县供销合作社联合社批准土产杂品公司,分建为长清县土产杂品公司、长清县果品盐业公司、长清县再生资源公司。1998 年,果品盐业公司干部职工 44 人,年销售额 114 万元。2000 年 10 月,长清县果品盐业公司划归济南市盐务局。

长清县供销合作社联合社纸箱印刷综合厂 1985 年 9 月,建立长清县供销合作社纸箱印刷综合厂,干部职工 20 人,是年经营额 1.23 万元。1993 年 5 月,受新型胶印机的冲击,老式印刷机器淘汰,业务萧条,职工自谋职业。1994 年,实行内部个人承包。1995 年,将老机器处理后,厂房对外租赁。2000 年后,厂房常年失修,闲置。

长清县棉麻公司 1992 年 5 月 26 日,成立济南市供销社棉麻公司,隶属于县社,位于宾谷街西首(交通局西 20 米路南),租赁东关村楼房面积 300 平方米,干部职工 15 人。1994 年 3 月,由于长清县棉花种植没有铺开,棉麻公司与济南长清县供销装饰公司合并。

长清县供销社经济贸易公司 1992 年 11 月 30 日,成立长清县供销社经济贸易公司,位于崮山供销社石油油库,干部职工 21 人,年经营额 75 万元,主要与省社联营柴油、汽油、机油等业务。1997 年 7 月,公司解散,职工自谋职业。

长清县供销装饰公司 始建于 1992 年 12 月 14 日,当时公司没有营业场所,在城关供销社租赁楼房面积 900 平方米,安排城关供销社 16 名职工就业,干部职工总计 20 人,年经营额 380 万元。1995 年 4 月,因经营不善,公司解散,职工自谋职业。

长清县供销社木鱼石研发总公司 1993 年 4 月 22 日,长清县供销社木鱼石研发总公司成立。5 月 22 日,改名为“长清县金华工艺品开发公司”。公司租赁农行营业场所,占地面积 0.3 公顷,建筑面积 960 平方米,干部职工 150 人,年经营额 30 万元,利润 3 万元,主要经营木鱼石工艺品。2002 年下半年,公司解散。

长清县供销大厦 1995 年 12 月 28 日,长清供销大厦开业,位于五峰路与清河街交界处,占地面积 0.65 公顷,总投资 900 万元,建筑面积 1.8 万平方米,营业面积 8000 平方米,干部职工 100 人,年经营额 1000 万元,利润 5 万元,主要经营生活用品、家用电器、家具等。2005 年 1 月 28 日,租赁给上海联华超市,年租金 45 万元。2008 年,租赁给心连心百货超市;9 月 8 日,正式开业,年租金 70 万元。

济南市金合作商贸有限公司 2006 年 4 月,济南市金合作商贸有限公司成立,位于老城北门里,总投资 83 万元,建筑面积 978.66 平方米。

农资配送中心 2005 年 10 月,农资配送中心成立,位于长清区清河街(老城)508 号,自筹资金 60 万元,占地面积 3600 平方米,营业面积 1200 平方米,网点数 178 个。行业协会 1 个,会员 208 个。

济南灵岩电子有限公司 1992 年 12 月,济南灵岩电子有限公司成立,租赁长清县经委二楼,干部职工 29 人,年经营额 32 万元,利润 5 万元,主要经营电子血压计、全自动喷香器、自动给皂机。1997 年 4 月,商品滞销,效益亏损,公司解散,职工自谋职业。

漯河工业学校长清分校 1994 年 6 月 21 日,根据长清县人民政府《关于同意建立漯河工业学校长清分校》的批复意见,成立漯河工业学校长清分校，属中等专业学校，由长清县计划委员会下达年度招生计划，市县教育部门备案，列入国家计划内招生，漯河工业学校长清分校属于独立核算，自收自支自负盈亏企业。分校共有教职工 23 人，从各大专院校聘任专业教师 20 人，学校宿舍、食堂、教学场地面积 1 万平方米，其中租赁县委党校教学楼一幢，设有文秘、教学管理、外贸经济、法律、计算机等专业课程。1994 年—1998 年，分校共招收各专业委托代培生 400 名，由县供销社、县计划委员会、县人事局、县外企局负责学生毕业后的安置，分校与以上单位签订毕业生就业协议。1999 年 10 月，原供销社楼抵押贷款，分校教室、办公室、学校宿舍被县法院判给农村信用社。2000 年，分校无法继续办学，漯河工业学校长清分校宣布停止办学，所有档案、印鉴、各种办学手续移交河南漯河工业学校，分校解散，教职工自谋职业。

第三章 粮油贸易

■ 清河宾馆 （1995 年 摄）

1985 年，粮食征购改为合同定购。1990 年，在清河街中段投资 400 多万元建设清河宾馆，建筑面积 4000 平方米。1991 年，粮食合同定购改为国家定购。1992 年 8 月，根据国家政策要求，实行购销同价，取消差价补贴。1993 年，在清河街中段（与清河宾馆相邻）投资 400 多万元建设粮贸大厦，建筑面积 3400 平方米。是年，粮食油脂油料取消定购任务，实行粮食收购保护价和粮食风险基金制度，农业税一律征收实物。2004 年，全省放开粮食市场，取消定购粮，粮食收购计划依靠市场收购完成。2005 年，长清区政府制定《长清区国有粮食企业改革实施方案》，对全区国有粮食企业进行改革改制。至 2007 年，有 4 家企业（长清粮所、崮山粮所、汽修厂、货运队）改革改制，解除职工劳动关系 238 人，发放补偿金 484 万元。2008 年 12 月，全区粮食系统国有粮食企业 26 家，其中收储企业 14 家、军粮供应企业 1 家、附营企业 11 家，固定资产 3800 万元。

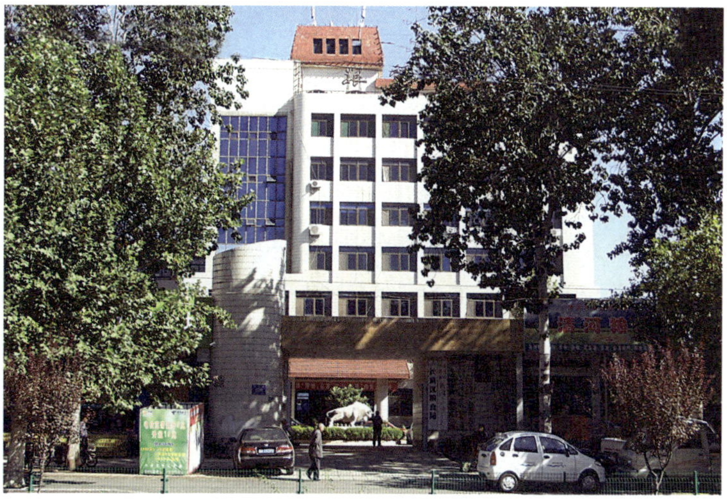

■ 粮贸大厦 （2008 年 摄）

第一节　粮油购销体制改革

1985年，粮油征购改为合同定购，由县政府同各乡镇签订粮油收购合同，合同一定5年不变。是年，全县合同定购小麦1万吨、玉米5000吨、瓜干750吨、花生仁1700吨；代购小麦1250吨、玉米1000吨。1991年，粮油合同定购改为国家定购，国有粮食企业推行车间、站、门市部一人牵头、多人参与、集体承包，对粮食生产经营企业推行“四分开，一完善”（政企分开、储备与经营分开、中央与地方责任分开、新老粮食财务挂账分开，完善粮食价格形成机制）政策。1992年8月，实行粮食购销同价，除国家定购粮外，全部实行议购议销，粮票停止使用。1994年3月，经县政府批准，成立济南长清粮油集团总公司，粮贸公司更名为粮油供应批发管理站。8月，长清直属粮库“清河街饭庄”更名为“清河宾馆”。1996年，粮油供应批发管理站撤销，分别划归长清县粮油加工厂和长清县饲料公司。1998年1月，经县体改委批准长清清河宾馆改制为长清县宏粮有限责任公司，有股东和职工75人；6月，组建长清军粮供应中心；12月，根据国务院“三项政策，一项改革”（按保护价敞开收购农民余粮、实行顺价销售、收购资金封闭运行，加快粮食企业改革）和“四分开一完善”的要求，长清县粮油收储中心和长清县粮油经贸中心分别为正局级事业单位和小型工业企业。各乡镇粮所变更为粮油经贸商行，会计账务、购销业务收归县粮油收储中心统一核算、统一管理。2000年6月，组建长清县国家储备油脂管理站，各乡镇粮所恢复机构名称，实行独立核算，县粮油收储中心将会计账务、购销存数字分割到各乡镇粮管所。是年，收购小麦2.25万吨。2004年4月26日，国务院颁发《粮食流通管理条例》，山东省制定《山东省粮食收购管理办法》及相关配套法规。2005年11月，根据国务院《关于进一步深化粮食流通体制改革的意见》，区政府制定《济南市长清区国有粮食企业改革实施方案》，对崮山粮所进行改革改制试点。2006年年初，崮山粮所解除42名干部职工劳动关系，发放工龄补偿金92万元。是年10月，区粮食局内设机构增加粮食行政执法大队、粮食行政执法科、粮油质检室。根据国务院《粮食流通管理条例》规定，区粮食局行使政府职能，负责本区域内粮食宏观调控和粮食流通监督检查工作。2007年，对长清粮所、粮食局货运队、经贸中心汽修厂进行改革改制，处置资产6处，对职工身份进行置换，共解除196名职工劳动关系，发放工龄补偿金392万元。

第二节　粮油征购与销售

粮油定购　*粮食征购*　1985年，按照中央1号文件精神，从1985年10月1日起，取消粮油统购实行合同定购，定购品种为小麦、玉米。合同定购的粮食执行“倒三七”比例价格收购（30%按原统购价，70%按超购加价），规定每收购50公斤粮食奖售平价标准化肥20公斤、柴油3公斤。合同定购以外的粮食可以自由收购，粮食部门按原统购价敞开收购。1986年，全县粮食定购任务15750吨，其中小麦10620吨、玉米5130吨，全县安排奖励化肥1094吨、柴油222.75吨；国家代购粮食2250吨，其中小麦1250吨、玉米1000吨。县政府与11个乡镇政府签订定购合同，各乡镇政府同各村户签订定购合同。1987年，国家委托代购取消，增加议转平任务（议转平：指议价粮转为平价粮），粮食征购实行“三挂钩”（平价化肥、平价柴油、预购定金）。1988年4月1日，山东省人民政府规定合同定购任务一定3年不变，小麦合同定购价格每公斤0.452元，调整为每公斤0.482元。1989年，小麦合同定购价由原每公斤0.482元调为每公斤0.516元。1990年，合同定购粮食不再发放预购定金。是年，建立国家专项粮食储备制度，全县储备小麦6000吨，玉米1500吨。1991年5月1日起，粮食合同定购改为国家定购，不再与农民签订合同，改由当地政府向村户发放国家粮食定购任务通知书，取消议转平任务，增加粮食

定购任务。1992年4月1日起，实行购销同价，统销价接近市场价格。由于国家粮油购销价格长期实行“两个倒挂”，至是年6月，全县粮食挂账3355万元(称为老挂账)。是年8月1日起，全县放开粮食销售价格。1993年，建立粮食收购保护价和粮食风险基金制度，农业税一律征收实物，定购任务不变。1995年起，粮食定购实行化肥奖售制度，即每交售100公斤小麦奖售平价国产尿素10公斤。1998年6月6日，国务院颁布《粮食收购条例》，规定对小麦、玉米、稻谷实行保护价政策。长清县粮食局会同长清县工商局联合成立粮食稽查大队，对未经批准擅自从事粮食收购活动的粮食商贩予以打击和取缔。1999年7月，国家规定粮食定购价与保护价并轨。1999年—2002年，粮食定购价格由原来以质论价改为等级差价。2001年秋，玉米退出保护价范围。2004年起，粮食市场放开，取消国家定购政策。

油脂油料征购　长清食用油脂主要有花生油、豆油、香油、棉籽油，食用油料有花生仁、果，大豆，芝麻，棉籽；非食用油料有蓖麻籽。1986年，对花生仁、果，实行合同定购，定购任务1700吨，执行统购价为：花生仁每百公斤110.76元，花生果每百公斤72.00元；收购比例价(指统购价按30%计价，其余按50%加价)为：花生仁每百公斤144.40元，花生果每百公斤92元。1988年，实行粮油购销调拨包干三年统算。1989年起，提高定购食油、奖售化肥标准，提高油脂油料的定购价格，即花生仁每百公斤统购价148.46元，花生果每百公斤104.3元，花生仁每百公斤比例价(指统购价按30%计价，其余按50%加价)193.0元，花生果每百公斤135.6元。1992年8月1日，取消定量人口供应，食油价格放开，经营放开。1993年起，取消油脂油料定购任务。

粮油议价收购　1986年，国家调整购销政策，增加委托代购和议转平任务。粮油议价经营活动逐步展开，粮油议价经营活动形式主要有内购外销、外购外销、外购内销和品种兑换。1997年，以保护价敞开收购粮食18090吨，其中小麦16590吨、玉米1500吨。1999年，定购价和保护价并轨，粮食市场趋于稳定。在议价经营的同时，各乡镇粮管所、县粮油供应公司开展食品生产、饲料生产、面粉加工、面条加工、养殖业等各种服务项目。是年，全县粮食经营总量12万吨，收粮地区间差价缩小。2002年，收购小麦42094吨，玉米2500吨，老库存小麦15545吨，随着粮食流通体制改革的不断深入，粮食经营量逐年减少。2004年后，各粮食企业停止粮食经营，进入改革改制阶段。

1986—2008年长清区(县)粮油收购销售情况表

表14-2　　单位:吨

年份	定购							议价油脂、油料购销				议价粮食购销	
	名称	任务	完成	其中:		油料收购		收购		销售		收购	销售
				小麦	秋粮	任务	完成	油脂	油料	油脂	油料		
1986	合同定购	15750	18233	10620	7613	1700	1870	106	4104	74	4234	15611	12632
1987	合同定购	14250	15265	10625	4640	1850	1850	236	5758	1319	8419	15075	5114
1988	合同定购	14250	14681	10620	4061	1820	1850	513	8653	1549	651	19974	15740
1989	合同定购	14250	14456	10770	3686	1820	1850	2638	8297	2594	8101	23265	34567
1990	合同定购	13470	16139	10795	5344	1820	1820	441	6709	1329	1933	34265	8590
1991	国家定购	13470	14441	10355	4086	1820	1820	207	9223	2175	2073	36078	13359
1992	国家定购	13470	13893	10386	3507	1820	1820	1451	8228	3922	8534	55173	42535

续表 14－2

年份	定购							议价油脂、油料购销				议价粮食购销	
	名称	任务	完成	其中：		油料收购		收购		销售		收购	销售
				小麦	秋粮	任务	完成	油脂	油料	油脂	油料		
1993	议转平	13470	14300	10100	4200	1820	330	2229	4915	2258	6723	62721	74378
1994		10420	10082	13470	14800	10200	4600	1820	331	98	1114	2168	6833
1995		13470	15200	11000	4200	1820	1027	21	390	206	735	—	—
1996		20000	16540	11100	3000	—	—	129	589	200	590	—	—
1997		20000	18090	16590	1500	—	—	563	310	210	434	—	—
1998	国家定购	20000	17141	15641	1500	—	—	96	430	83	561	—	—
1999		20000	20000	20000	—	—	—	62	189	79	219	—	—
2000		20000	22500	21000	1500	—	—	—	—	—	—	—	—
2001		20000	22993	22993	—	—	—	—	—	—	—	—	—
2002		20000	44594	42094	2500	—	—	—	—	—	—	—	—
2003		20000	11500	11500	1500	—	—	—	—	—	—	—	—
2004		20000	12000	12000	—	—	—	—	—	—	—	—	—
2005	收购计划	20000	15000	15000	—	—	—	—	—	—	—	—	—
2006		20000	18500	17000	1500	—	—	—	—	—	—	—	—
2007		20000	20000	20000	—	—	—	—	—	—	—	—	—
2008		20000	21500	20000	1500	—	—	—	—	—	—	—	—

粮油销售 粮油销售分为平价粮油供应和议价粮油销售及其他销售。平价粮油供应，主要指城镇居民口粮供应、事业供应、财政供应、行业用粮油（包括餐饮和糕点业）、农村种子、饲料供应及缺粮农民的供应。1986 年，全县城镇居民有 32907 人，年供应粮食 6000 吨，年供食油 90 吨；饮食供应计划粮食 900 吨，食油 110 吨；糕点供应计划粮食 550 吨，食油 200 吨。是年，全县有各种缺粮村 317 个，农村人口 69500 人，供应粮食 416 吨，因灾调减定购粮小麦 600 吨、玉米 180 吨。1988 年 6 月 1 日，根据山东省粮食局《关于取消各项补助用粮等几个问题的通知》要求，定量外的粮食补助一律取消，所需补助粮可供应议价粮。城镇居民口粮供应计划按粗粮 30%，细粮 70%。1991 年 4 月 1 日起，平价食油供应只保障城镇居民定量用粮油和军队用粮油供应，其他各行业用粮油一律改为议价供应或市场调节。1992 年 8 月 1 日起，除军队粮油按平价供应外，其他供应的粮油执行市场价格。1995 年起，实行两线（评价、议价）运行政策，定购粮实行保量限价向居民敞开供应。1998 年 6 月，济南市长清军供粮供应中心成立，负责部队用粮油的供应。2001 年 5 月 1 日，全省通用的“农转非”供粮审批凭证、农村粮食关系转移证明同时废止。城镇人口供应政策和定量供应取消。2003 年，济南市长清军供粮供应中心业务上收济南军粮供应中心。

1986—2008 年长清区(县)粮油销售情况表

表 14－3 单位:吨

年份	平价销售						议价销售		
	粮 食				油脂、油料		粮食	油脂	油料
	合计	城镇	农村	其他	油脂	油料			
1986	11679	7699	2102	1878	534	110	7427	74	4234
1987	16608	7216	5818	3574	524	233	10319	1320	8419
1988	15380	8429	4375	2576	510	63	15740	1549	651
1989	17741	8554	6835	2352	453	—	12000	2594	8101
1990	14389	8150	2297	3942	402	—	8590	1329	1933
1991	20286	16047	4016	223	219	—	13359	2174	2073
1992	10177	6046	4001	130	219	—	42535	3922	8531
1993	14046	8046	6000	—	219	—	74378	2258	6723
1994	15779	5505	275	9999	163	351	10082	2280	6103
1995	36549	4339	595	31615	142	355	—	206	735
1996	2519	2519	—	—	—	—	—	200	590
1997	3872	3872	—	—	—	—	—	210	433
1998	4416	4116	—	—	—	—	—	83	561
1999	45707	—	—	45707	—	—	—	79	219
2000	108425	—	—	108425	—	—	—	—	—
2001	15851	—	—	15851	—	—	—	—	—
2002	16004	—	—	16004	—	—	—	—	—
2003	16000	—	—	16000	—	—	—	—	—
2004	16000	—	—	16000	—	—	—	—	—
2005	19260	—	—	19260	—	—	—	—	—
2006	20000	—	—	20000	—	—	—	—	—
2007	10000	—	—	10000	—	—	—	—	—
2008	10000	—	—	10000	—	—	—	—	—

第三节 仓储 调拨

仓储 20 世纪 80 年代中后期,储粮设施比较落后,粮食只简单地整晒入仓储存,用药品种为六六六粉、磷化锌、氯化苦等。从塑料薄膜密闭提高储粮的稳定性到推广“三低”(低温、低氧、低剂量)保粮法,磷化铝成为重要熏蒸剂。空仓消毒采用敌敌畏。20 世纪 90 年代,开始在各个存粮点推行电子测温和熏蒸保管,除每年 4 个季度定期查仓外,危险粮天天查,半安全粮 2~5 天一查,安全粮 10 天一查。1999 年,山东长清国家粮食储备库开始使用微机测温。至 2000 年,每年都被市粮食局评为“四无”(无害虫、无变质、无鼠雀、无事故)粮仓先进县。2002 年,安装环流熏蒸新设备。2004 年,全区槽管仓容 4000 吨,双芭仓容 5000 吨,简易仓

500 吨，机械化通风 5 万吨，"四无"粮仓率 100%，电子测温 100%。2005年—2008 年，仓储运用机械通风、双低储粮的新式储粮方式。2008 年，运用新式储粮方式储粮 5 万吨。

调拨 1986 年，长清调入的粮食品种有大米、大豆、豆油，调出品种有小麦、玉米、花生油、瓜干。1987 年起，取消调拨合同制。1988 年，粮食调拨包干实行一定三年，三年调拨数量参照三年包干的收支差额确定，食油调拨计划实行一年一定。长清县粮食购销收支基本平衡略有节余，小麦当年收购量除供应城镇居民口粮、部队和缺粮农民外，略有节余，每年平均调出 7500 吨；食用油花生仁每年收购任务 1820 吨，加工花生油 680 吨，除本县供应外，每年调往济南 500 吨。1992 年，粮油销售价格放开后，定购粮自行销售，取消调拨计划。1996 年，恢复市内调拨计划。1998 年，调往济南小麦 3400 吨，主要调往济南一库、二库。1999 年起，定购粮实行市场销售，政府不再统一安排粮食调拨任务。

第四节 粮油加工

长清县粮油加工厂 位于东关大街 9 号，建于 1958 年，设有油脂车间和面粉加工车间。

油脂车间开始有 12 盘小型榨油机，日产花生油 2 吨。1958 年、1960 年、1980 年进行 3 次更新改造，更新改造后日产 20 吨，年产 881 吨。1987 年，投资 300 万元新上油脂浸出车间，日产 40 吨，年产 1000 吨。长清粮油加工厂生产的"长生牌"花生油获出口免检产品。1996 年，长清县粮油加工厂油脂车间同济南市长清植物油厂合并。

1958 年，面粉车间主要生产标准粉和全麦粉，日产 20 吨，年产 1500 吨。1983 年，由市粮食局投资 129.7 万元，新建特二粉车间，主要生产特二粉、特一粉和水饺粉。1990 年后，标准粉和全麦粉退出市场不再加工。1999 年 5 月，粮油加工厂破产，面粉车间停止生产。

济南市长清植物油厂 位于长清大桥南首路

粮油加工厂面粉车间 （1998 年 摄）

东长清县饲料公司院内，建于 1995 年。1996 年，经县政府同意，长清县粮油加工厂油脂车间同济南市长清植物油厂合并为济南市长清植物油厂。1997 年，生产植物油 500 吨。1999 年 10 月，宣告破产。

长清县饲料公司 位于西门里村大寺院内，建于 1983 年。主要产品是鸡、猪、鱼饲料三大类 14 个品种，附有养殖业，主要养鸡、养猪，年生产饲料 1 万吨。1985 年，县粮食局购进 0.6~1 吨饲料机组 9 台，分配到各粮所，分别成立饲料供应站。是年，生产饲料 310 吨，产值 281 万元，利润 26 万元。1989 年，饲料公司迁至长清大桥南首路东，新建饲料车间，仓库 1 幢，总投资 50 万元，主要生产配合饲料、混合饲料，年生产饲料 2 万吨。2001 年，长清县饲料公司同北京饲料公司合作组建济南资源饲料有限公司。2008 年，停止生产。

长清粮库 位于东关大街 9 号，建于 1952 年。主要负责城镇居民粮油供应和部队、机关、团体成品粮油供应。1985 年 8 月，更名为长清县粮油供应公司，主要业务有粮油供应、食品加工、糕点加工、餐饮服务。1996 年，经县政府批准恢复济南市长清粮库，为独立法人企业。1997 年 12 月，改名为济南市长清城镇粮油经贸商行，主要业务有粮食熟食加工、销售。2005 年，按照国务院及省、市、区政府文件，实行国有粮食企业改革改制，全区国有粮食企业停止生产经营。

第五节 粮油运输

1983年，成立粮食局汽车队，有汽车6部，总运输能力60吨。1990年，粮食局汽车队共有车辆24部，总运输能力240吨，年运输总量2万吨。1991年，增加汽车修理车间、配件服务部。是年，粮食局汽修车间组建为粮食局汽修厂，配件服务部组建为长清县粮食局劳动服务公司。粮食局汽车队被市粮食局评为市级先进企业。2006年，粮食局汽车队和汽修厂通过招拍挂进行资产处置，企业职工按照国有粮食企业改革方案相关政策进行改制。

第六节 仓库建设

1986年，全县共有粮所11个，储粮点30个，粮油加工厂1家。济南长清粮库共有储粮仓库282口仓、564间，容量3.5万吨。储粮仓库类型分为苏式仓、基建房式仓、简易仓和民房、祠庙，仓房全是砖木结构。1989年，新建仓库1座，仓容1600吨，立筒仓2个，仓容1300吨。1990年，5个粮所新建跨度12米的标准仓房，仓容6000吨。1993年，新组建武庄粮所，新建仓房1座，仓容1500吨。1993年—1995年，粮油加工厂新建面粉车间，建设2个立筒仓，仓容1300吨，新建仓房1座，仓容4000吨。

长清国家粮食储备库 (2008年 摄)

1996年1月8日，长清县粮食局申请长清县粮食局直属库（即长清粮库）异地扩建国家粮油储备库项目。是年4月4日，通过市计委批复。5月22日，通过省粮食局批复。长清县国家粮油储备库项目占地7.6公顷，位于东八里村。6月5日，经国家粮食储备局批准，长清县粮食局直属库被命名为山东长清国家粮食储备库。10月6日，正式开工建设。1997年，在山东长清国家粮食储备库投资300万元建10幢钢板仓，仓容2万吨。1998年6月，由县粮食局自筹资金1500万元建设的山东长清国家储备库仓容2.5万吨8幢高标准仓房建成使用。2000年9月，国家立项无偿投资1192万元，进行二期建设，建设面积6000平方米，建仓3幢，仓容2.5万吨，2001年5月竣工投入使用。2004年，8幢钢板仓拆除。2008年12月，山东长清国家粮食储备库总建筑面积15328平方米，总库容5.65万吨。

1998—2008年长清区（县）储备库粮食购销情况表

表14－4 单位：吨

年份	粮食购进		粮食销售		年份	粮食购进		粮食销售	
	粮食	其中玉米	粮食	其中玉米		粮食	其中玉米	粮食	其中玉米
1998	10317	1471	78	—	2004	5974	1500	5974	1500
1999	9584	3711	8015	4866	2005	16101	—	6127	—
2000	19720	6615	18216	6353	2006	10477	—	10477	—
2001	9117	395	9370	617	2007	6501	1500	6501	1500
2002	25292	1500	1500	1500	2008	7474	—	5974	—
2003	6501	—	6501	—					

第四章 物资流通

1986 年，县物资局下属企业有燃料公司、木材公司、金属建材公司、机电化轻公司、生产资料服务公司、青年服务公司、物资商场、物资回收公司。1988 年，对下属 7 个专业公司实行经济承包责任制，即第一轮承包。1990 年，在五峰路中段路西征地兴建物资局办公楼。1991 年，进行第二轮承包。1993 年 1 月，长清县物资局整建制转为济南长清物资集团，成立集团总公司，保留物资局牌子。1994 年 10 月，长清县物资集团获得全省物资流通综合实力百强企业称号。1998 年起，集团下属公司相继停业，物资流通以个体私营为主。2004 年，物资回收综合利用公司资产处置，民爆药库选址报批设计。2005 年，峰山路改造，旧城拆迁启动，回收公司、建材贸易中心、燃料、煤炭供应中心、燃料销售中心等单位进入拆迁程序，药库建设开工。2006 年，资产处置，职工安置分流，补缴养老保险，解除合同。2007 年，民爆新仓库验收合格，正式启用；全面清理各企业租赁事宜，规范合同。

第一节 物资流通体制改革

1978 年改革开放后，国家对物资流通体制进行重大改革，逐步取消物资分配计划，调整和放开商品价格，建立市场经济体系。长清县物资局按照改革的要求，不断转换内部经营机制，在经营机制、管理体制、经营方式等方面进行一系列改革。

政企分开 1984 年 4 月，组建金属建材、木材、机电化轻公司，物资局原有的业务职能改由公司承担，同时所有的经营、财务、人事权下放，公司均为独立的法人单位，自负盈亏，独立核算，企业内部机构设置、奖金分配皆由企业自主决定，物资局负责监督指导和管理。

承包经营 1988 年，按照县委、县政府的改革要求，长清县物资局对下属 7 个专业公司实行经济承包责任制，即第一轮承包，所有公司均向社会公开招标，通过竞争答辩，采取“包死基数、确保上缴、欠收自补、超收多留”的原则，一定三年不变。承包后，3 年共完成销售额 2.3 亿元，实现利润 260 万元，各项指标分别比承包前大幅度增长。1991 年，在第一轮承包的基础上又进行第二轮承包。

制度改革 1993 年，物资局按照国务院《全民所有制工业企业转换经营机制条例》的规定，对所辖企业进行三项制度改革：（一）改革劳动用工制度。推行合同化管理，建立起“国家宏观调控，企业自主用工，多种形式并存，全员劳动合同”的新型用工制度。同时依法签订劳动合同，明确企业与职工责、权、利关系。（二）改革人事制度。加强企业干部队伍建设，建立干部能上能下的新机制。结合全局第二轮承包，对公司经理实行聘任制，由局聘任公司经理，公司经理聘任副经理。局对所聘任干部在赋予企业自主权的同时，加强监督、考察和培训，对不合格者一律解聘。（三）改革内部分配制度。实行工资、奖金与企业效益挂钩的分配形式，公司把职工 20%的工资与奖金、提成捆绑到一块使用，按个人的业务实绩和任务完成情况重新分配，奖勤罚懒。

企业破产 1993 年 1 月，按照政府改革的要求，长清县物资局整建制转为物资集团，并成立集团总公司，为中型（一）企业。物资局改为集团总公

司后，行政职能和牌子暂时保留。集团成立金属建材、机电化轻、燃料、木材、物资回收、物资商场、综合、鲁清建安8个专业公司，主要经营各类金属材料、煤炭、木材、机电化轻、金属回收、建筑安装等。至1994年年底，全系统年销售收入2亿元，税金180万元，仍占据长清物资流通的主渠道。1995年后，国家采取“适度从紧”的宏观调控政策，物资流通格局向经营渠道多元化、经营方式多样化、经济体制多种化发展，生产企业自销比例迅速加大、个体私营企业猛烈冲击、流动资金空前紧张、企业负担不断加重，市场占有率逐渐缩小，企业出现经营困难、亏损严重的局面。1996年年底，金属建材、机电化轻、物资综合3家企业因长期经营亏损严重，资不抵债，宣告破产；物资商场、木材公司相继停业。1998年起，集团下属企业，多数因为经营困难停业破产，银行贷款债务近千万元，其他各类债务400多万元，拖欠职工工资、养老保险金300多万元，200多名职工下岗、失业，物资系统仅有3家企业维持经营。

整合重组 一是对经营效益好、发展有前途的企业，推行股份制改造。1997年，将燃料销售中心、物资再生综合利用公司进行有限责任公司的改造。二是对经营无效益、尚有资产的企业，实行资产剥离、人员分流。是年，对原燃料公司，进行资产、债务、人员分离，分别组建煤炭供应中心、燃料销售中心2家新企业。2003年，对原破产企业机电化轻公司，实行资产剥离和人员分流。三是对扭亏无望、停止经营、且资不抵债的物资再生综合利用公司，通过与债权人协商，职工大会讨论通过，依法进行资产盘活和变现处置，对职工进行妥善安置。

两个置换 2000年后，妥善处理物资商场、木材公司、物资再生综合利用公司、燃料销售中心崮山煤厂等企业的资产债务链。通过与各债权人协调，征得法院及有关部门的支持，与全体干部职工协商，共解除债务近千万元，盘活资产1300多万元，变现资金800多万元，为职工补交拖欠的养老保险及失业保险700多万元。加强职工再就业工作，先后办理职工进入再就业服务中心、解除合同、享受失业救助300多人。物资商场、木材公司、物资再生综合利用公司、鲁清公司等企业资产与职工合理置换，企业平稳解体，职工得到妥善安置。

第二节 物资经营

金属建材经营 1986年，长清县金属材料实行计划供应与市场调节“双轨制”，计划内、计划外金属材料均由金属公司负责供应。主要经营品种有圆钢、角钢、板材、管材、线材、有色金属和水泥等。此后，国家计划指标逐年减少，市场调节比例加大，公司实行风险抵押，将职工的责、权、利捆在一起。1988年，全年销售钢材23199吨。1991年，钢材销售27793吨，计划内仅占272吨。1992年，计划内金属材料全部取消，建材市场放开，公司先后与济钢、莱钢、包钢等厂家建立业务关系，拓宽进货渠道。是年12月，物资商场综合办公室营业楼落成启用。1993年，国有、集体、个体私营业户多渠道加入到钢材销售行列，金属公司独家经营的局面被彻底打破，公司进行一业为主、多种经营的调整，始终未能扭转颓势。1996年年底，因扭亏无望、资不抵债而破产。

机电化轻经营 1986年，长清县机电设备等物资的调拨供应由机电化轻公司负责，年销售额446万元。1987年后，国家逐渐缩减机电化轻产品的调拨范围和数量，机电化轻公司采用协作串联、加工改制、补偿贸易等办法组织货源，以满足工农业生产的需要。1993年后，机电销售市场放开，公司市场逐步萎缩，效益降低，直至亏损严重。1996年底，破产。

煤炭经营 1978年，长清县燃料公司由长清县商业局划归物资局管理，担负着全县的工业用煤和城镇居民生活用煤供应任务，经营品种有烟煤、无烟煤及型煤，货源主要为省内肥城、兖州，省外山西阳泉、大同等国家大型煤矿。1991年后，计划内供应煤炭数量减少，计划外采购逐年增加。随着煤炭市场放开，燃料公司经营步入低谷。1997年，进行企业分离，形成燃料公司、煤炭供应中心、燃料销售中心3家企业，依旧经营困难。2006年，燃料公司、煤炭供应中心两企业资产处置，职工全员解除合同。

金属及废旧车辆回收 1988年，长清县物资回收公司改名为长清县物资再生综合利用公司，开展金属及废旧车辆的回收业务。各乡镇设置回收网点统一收集交钢厂，串换回钢材进行销售。1996年后，废旧回收市场放开，公司业务逐渐下滑。1998年，金属及废旧车辆回收业务停止。2003年，企业资产处置。

第五章 石油经营

第一节 购销业务

长清石油公司，主要经营汽油、柴油、润滑油以及其他石油产品。1986年，销售量9424吨，销售额660万元，利税56万元。1990年，石油供应逐步由计划经济推向市场经济，公司采取灵活多样的促销措施。是年，完成销售量10198吨，实现纯销售额897万元。其中，国家分配平价油7226吨，多渠道自采进货供应2972吨，实现利税28万元。1991年，石油市场全部开放后，石油经营已成为兴办经济实体的“热点”，国家、集体、个体纷纷建立石油经营网点。至1997年，全县石油经营网点96处，其中，石油公司系统占8.3%，系统外经营网点占91.7%。是年，石油销售量11500吨，销售额2600万元，利税58万元。2000年，公司资产重组，中石化实现“六统一”，即“统一标识、统一价格、统一服装、统一货源、统一配送、统一结算”。加油站实行敞开式24小时昼夜营业制度，全年完成石油成品油销售量10500吨，实现营业收入3000万元，利税70万元。2004年，企业推广标准化管理，开展“我为朝阳添光彩”和“我为你的事业加油，您给我的生活添彩”的行业服务建设活动。2008年，完成石油成品油销售量3800吨，实现营业收入3000万元，利税160万元。

济南分石油公司长清片区办公楼及加油站 (2008年 摄)

第二节 行业管理

1989年，长清石油公司制定完善《加油站服务

工作规范》《石油门市部服务工作规范》。1991 年起，开展“创优质服务、树石油新风”和“三评一创”社会主义劳动竞赛活动，推动石油行业规范化管理进程。1994 年，县工商、公安、物价、石油等部门联合对石油市场进行整顿，对全县 76 处加油站及零售网点进行清查，并登记造册，取缔 3 处不合法的废油加工厂，对 44 处加油站及零售网点限期进行整改。1997 年 6 月，改装罐车 1 辆，实行流动车加油及送货上门服务。公司第一、二、三加油站开展洗车、加机油、注黄油等配套服务项目。至 1997 年，公司所属加油站连续 12 年被济南石油总公司评为安全先进加油站。2004 年起，经营成品油须“三证”（工商营业执照、成品油零售经营批准证和化学危险品经营许可证）齐全。是年 5 月起，使用多年的油票加油逐渐被 IC 加油卡替代，实现“一卡在手，全国加油”的目标，客户享受到 IC 卡加油安全、方便、快捷的优质服务。2005 年 3 月，长清第 3、第 18 加油站先后安装油罐接卸自动显示液位仪；油品配送实现二次物流配送优化；油罐车启用电子铅封；启用全国范围的 ERP 大型管理系统，实现资金流、物资流和信息流“三流合一”的管理平台。2006 年 7 月，全系统加油站试行电子台账，取消手工记账传统模式。2007 年 6 月，实行 OA 办公自动化。2008 年 9 月，对电子账系统进行改造升级，新老电子账两套台账并行；12 月，正式启用电子账管理系统。

第三节　网点建设

1989 年前，长清石油公司只有 1 处加油站。1989 年年底，投资 30 余万元，在 220 国道陈庄段购买原“信丰加油站”1 处，并投资 15 万元进行扩建。1993 年 2 月，投资 90 万元，在 220 国道长清造纸厂南端征地 1733.3 平方米，按国标设计标准新建加油站 1 处，1995 年 5 月 28 日正式营业。加油站营业面积由原来的 2724.96 平方米，增加到 6448.26 平方米。至 1997 年，公司先后租赁张夏镇石店村、孝里镇南段、万德镇店台段、220 国道归德镇前夏段 4 处加油站。年吞吐量由 1992 年的 13438 吨，增加到 1997 年的 2.6 万吨。2000 年，股份公司成立后，先后收购长清境内的加油站 16 处，租赁 4 处，分布在长清境内的 104 国道、220 国道、104 省道 3 条主要交通干线，成功构筑和完善零售网络。2008 年，企业共有 20 处加油站，其中达标加油站 10 处，星级加油站 2 处。

第六章　烟草经营

济南市长清区烟草专卖局（营销部）系中央属国有企业（其前身是 1983 年 10 月成立的山东省烟草公司长清支公司），受济南市烟草专卖局（公司）和长清区人民政府双重管理，以行业垂直管理为主。主要职责是按照《中华人民共和国烟草专卖法》及其《实施条例》和《济南市烟草专卖管理条例》等法规的授权，在长清区行政范围内进行卷烟市场管理，保证市场卷烟供应，维护国家和消费者利益。

第一节　购销业务

1983 年 10 月 19 日，山东省烟草公司长清县支公司成立，负责全县市场卷烟供应的计划调拨和安排，对卷烟实行垄断经营，计划管理。1986 年，销售卷烟 0.33 万箱，销售金额 1011 万元，实现利润 19.7 万元。1987 年 2 月，由县副食品公司

长清区烟草专卖局办公楼　　（2008年 摄）

搬迁至清河街1828号。1992年，卷烟价格放开，县级公司在省烟草公司规定的批发中准价基础上，有对卷烟自主作价权，用价格指导销售，稳定市场。是年，销售卷烟2.2万箱，销售金额3535万元，实现利润65.2万元。1994年，省烟草公司出台宏观调控政策，卷烟流通实行计划管理和市场调节，既按供求计划满足供应，又按市场规律调节运作。是年，销售卷烟1.0万箱，销售金额1989万元，实现利润105万元。1997年3月15日，长清县烟草专卖局、工商局、公安局和技术监督局联合下发《关于实行卷烟销售"监销制"的联合通告》，在卷烟上加贴防伪标识，实施全面监销。2001年3月28日，县局（公司）卷烟零售"一价制"开始推行。卷烟零售一价制，就是由烟草公司提出，经与卷烟零售户协商，双方约定的全区卷烟统一零售价格，各卷烟零售户按该价格经营卷烟。2002年4月起，根据市局（公司）网建联动工作要求，县局（公司）制定《关于实行"城乡一体，访送分离"实施方案》，在全区开展访送分离工作，实行电话访销、隔日送货上门、电子结算服务。是年，销售卷烟1.01万箱，销售金额3822万元，实现利润146万元。2008年，全区销售卷烟1.70万箱，销售金额1.9亿元。

第二节　网点建设

1986年—1991年，全县卷烟由烟草公司经营，基层供销社代批。1993年始，逐步在各乡镇租赁或自建卷烟批发部，取消供销社代批，在万德镇设立卷烟批发网点。1994年，根据省烟草专卖局、省烟草公司《关于印发〈关于加快自设下伸批发网点建设实行配送服务的工作意见〉的通知》，先后在张夏镇、孝里镇、马山乡设立卷烟批发网点。1997年，公司制订《自设卷烟下伸网点实施方案》，全县批发网点调整为6个，分别设在城区、万德、孝里、归德、五峰、张夏。2002年4月起，全区撤销各网点批发部，实行"全面访销、集中配送"，建立起城乡一体、统一运行、全面访销、集中配送、专销结合的卷烟销售网络体系，全面实行访送分离，电话访销。

第三节　行业管理

1984年3月30日，长清县烟草专卖局成立，负责贯彻落实国务院颁发的《烟草专卖管理条例》，对烟草专卖实行全面行政管理。是年，全县共发放卷烟零售许可证1618份。1986年起，聘请常年法律顾问。是年，长清县烟草专卖局、工商局、物价局、公安局、税务局5部门联合下发《关于加强卷烟市场管理的通知》文件，联合开展卷烟市场集中整治活动，查处涉烟案件44起，罚没金额1073.64元。1998年，成立烟草专卖管理稽查大队，实行专卖管理目标责任制度，全年查处案件517起，查获各类违法卷烟568万支。2000年，制定《关于开展严厉打击制售假冒伪劣卷烟联合行动的实施方案》，在全县开展为期三个月卷烟市场集中整治活动，全年共查处违法案件1354起，查扣各类

公开销毁假冒卷烟 （2007 年 摄）

卷烟 719 万支，总案值 41 万元。2001 年，成立稽查科，下设 3 个稽查中队，实现涉烟案件查处分离。2002 年，区烟草专卖局制定《关于集中整治卷烟经营大户、集市流动摊位及无证经营卷烟行为的实施方案》，部署开展长清区卷烟市场专项整治工作；11 月 20 日，长清区烟草专卖局和长清区公安分局联合下发《联合打击涉及烟草专卖品违法犯罪活动工作制度》，全年共查处违法案件 3156 起，查扣各类卷烟 750 万支。2004 年，全区卷烟零售户更换 2003 版烟草专卖零售许可证，共换许可证 2820 个。2008 年，共计查获涉嫌违法案件 360 起，查获各类违法卷烟 104.2 万支，刑事拘留 5 人，行政拘留 3 人，取保候审 1 人，逮捕 2 人，判刑 1 人，破获符合公安部、国家烟草专卖局标准的涉烟非法经营网络案件 1 起。

附：典型案例

2008 年 4 月 28 日，长清区烟草专卖局根据举报信息，与区公安分局联合执法，在 104 国道长清区张夏收费站查获王某非法运输烟丝 50 公斤和烟末 240 公斤。根据当事人王某的供述，执法人员在王某的仓库内查获非法烟草专卖品烟丝 3250 公斤，烟末 1680 公斤，烟纸 78 箱，卷烟器 310 个，烟砖 60 公斤，烟叶 250 公斤。此后，区烟草专卖局与公安机关密切配合，以王某为突破口，辗转青岛、潍坊、临沂等省内 10 多个地区，对其上、下线进行追查。2008 年 10 月，成功破获以周某为首、分销下线 20 多人的特大非法经营烟丝烟末网络案件。该案涉案总案值 43.126 万元，涉案当事人 27 人，最终刑事拘留 4 人，取保候审 1 人，逮捕 2 人，判刑 1 人，行政处罚 11 人。

1986—2008 年长清区（县）烟草经营情况表

表 14－5

年份	销量（万支）	销售额（万元）	利税额（万元）	利润额（万元）	查办案件（起）	查扣卷烟（万支）
1986	82745	1011	24.3	19.7	44	30
1987	22640	299	7.2	5.3	31	16
1988	114170	1698	48.3	45.0	106	6
1989	61150	1235	29.7	22.3	55	20
1990	86360	2046	70.5	53.8	34	11
1991	105675	3173	75.0	60.0	164	82
1992	110195	3535	81.0	65.2	133	22
1993	81720	2825	127.3	107.5	124	31

续表 14－5

年份	销量（万支）	销售额（万元）	利税额（万元）	利润额（万元）	查办案件（起）	查扣卷烟（万支）
1994	49985	1989	114.3	105.0	115	55
1995	54475	2255	163.2	130.0	221	112
1996	24900	1995	109.5	72.7	108	73
1997	36770	2430	43.7	32.1	83	1
1998	46133	3368	75.1	0.8	203	48
1999	40580	2640	35.3	4.6	517	568
2000	49160	3887	102.6	29.4	1354	719
2001	38320	2934	190.0	117.0	1772	667
2002	50515	3822	232.0	146.0	3156	750
2003	52885	5879	441.0	302.0	2198	745
2004	59390	6852	788.0	569.0	1617	677
2005	70945	9861	—	—	926	607
2006	71680	11327	—	—	636	493
2007	75890	14226	—	—	1074	307
2008	84775	19157	—	—	360	104

说明：2005 年起，区县级单位取消财务核算，利税及利润由济南市烟草专卖局（公司）统一计算

第七章　盐业经营

1990 年前，长清县盐产品由县供销社土产杂品公司统一组织购销。1990 年 7 月，从长清县土产公司分离组建长清县果品盐业公司，地址五峰路 768 号，负责全县的食盐供应。1993 年 1 月，长清县实行食盐专营。2000 年 10 月，盐业公司从县供销社系统中析出，实行垂直管理。2003 年 9 月，长清盐业公司依法破产，由济南市盐务局出资设立长清区长青盐业批发中心，地址南山口 220 国道西侧。2005 年 9 月，迁至涠湖街东首南侧。是年 12 月，撤销长清区长青盐业批发中心，改设济南盐业公司长清分公司。2007 年 9 月，迁至济南经济开发区平安北路北侧，占地 0.67 公顷，建有 5 层办公大楼 1 幢，仓库总面积 3000 余平方米。

第一节　购销业务

1990 年，成立长清县果品盐业公司，供应长清县市场的食盐主要是麻袋包装的大粒盐，从昌邑盐场通过火车运到崮山转运站，再通过汽车运到销售点，销售点设在各乡镇基层供销社的中心

济南盐业公司长清分公司办公楼 （2008年 摄）

店及门市部。是年，销售工业盐和食用盐1000余吨。1993年，盐品种有塑料编织袋包装的大袋粗盐、细盐、粉碎盐等，销售点包括基层供销社的中心店、门市部和个体经销店，各类盐年销量1800余吨。1997年，长清县盐业有限责任公司申请办理食盐批发许可证，建立以10个基层供销社、660个综合服务站为依托的食盐经营网络。2000年，全年销售各种盐4600吨，其中食盐600吨，实现销售收入226万元。2003年，销售突破万吨。2008年，成立食盐网络建设领导小组，全区食盐销售网点1353个，经营品种有500克装加碘食用盐、500克装复合型营养盐、1000克装加碘日晒盐、50公斤装加碘食盐、50公斤装工业盐等，全年销售各种盐1.5万余吨，其中食盐1900吨，营业收入1300余万元，上缴利税260万元。

第二节 行业管理

1990年前，长清县供销社土产杂品公司负责盐政管理工作，受计划经济的影响，盐业管理体制疏松，贩卖私盐现象严重。1993年，成立盐政管理办公室，组建盐政稽查大队，对全县食盐市场进行清理整顿，从杜绝私盐、无碘盐上市流通入手，以市场查和路查相结合的原则，全年共查处制假贩假窝点和盐业违法案件200余起，查处私盐60余吨。2000年，长清县盐务局成立，盐政稽查力度增强，执法人员采取直接登门入户的方式，实地察看群众的“盐罐子”，宣传盐业法规和碘盐知识，全年共查处涉盐案件26起，没收私盐19吨，罚款5.1万元。2001年11月，长清县盐务局与长清县公安局联合成立盐政执法办公室，增强盐政执法力度。2004年，对全区各乡镇市场采取常规检查与突击检查相结合、执法与宣传相结合、治标与治本相结合的方法，全年共查处涉盐案件52起，查没私盐26吨，罚没收入3万元。2008年，盐政稽查大队下设3个稽查中队，有执法人员12人，全年共查处涉盐案件159起，查没私盐1.7吨，罚没收入0.74万元。

2000—2008年长清区（县）盐业经营情况表

表14－6

年 份	食盐销售（吨）	食盐价格（元/吨）	网点数量（个）	查处违法案件（起）	查没私盐（吨）
2000	600	960	800	26	19
2001	700	1440	860	20	14
2002	900	1440	910	135	10
2003	1000	1440	1020	132	33
2004	1200	2600	1130	52	26

续表 14－6

年　份	食盐销售（吨）	食盐价格（元/吨）	网点数量（个）	查处违法案件（起）	查没私盐（吨）
2005	1500	2600	1276	198	13
2006	1500	2600	1351	163	26
2007	1700	2600	1075	287	26
2008	1900	2600	1353	159	2

第八章　市场建设

1986 年，全县有集贸市场 67 处，大型商场仅有黄河商场。1996 年，万德镇建成灵岩商城，成为全县首家大型乡镇综合商城。2002 年，首家大型超市长清上海华联超市营业。至 2008 年，全区有开办证的市场 77 处，大型商场有黄河商场、清河商场、文昌市场、灵岩商城等，大型超市有心连心超市、银座购物超市等。

第一节　专业市场

木材市场　位于长清城区西门外窑头村，1986 年建成，投资 1.5 万元，占地面积 7000 平方米，经营面积 7000 平方米，设置摊位 50 户，主要经营木材。

建材市场　位于灵岩路中段路东，1993 年建成，占地面积 4 万平方米，经营面积 2 万平方米，设置摊位 100 余户，主要经营建筑材料。

蔬菜市场　位于长清镇水鸣庄，1998 年建成，投资 50 万元，占地面积 1.5 万平方米，经营面积 1.5 万平方米，设置摊位 300 户，主要经营各类时鲜蔬菜。

渤海商城　位于峰山路中段路东宾谷街以南，1994 年 10 月，由长清镇东关村投资 1200 万元建成，面积 1.5 万平方米，主要经营服装。

第二节　商场　超市

商场　黄河商场　位于峰山路西侧，1986 年 9 月建成，面积 9460 平方米，摊位 300 个，经营业户 197 户，主要经营蔬菜、服装、食品等。1995 年，

■ 黄河商场南门　（2008 年　摄）

清河商场 （2008 年 摄）

获国家级文明集贸市场称号。

清河商场 位于清河街中段路北，1997 年 5 月，由长清镇东关村投资 110 万元建成，占地面积 5000 平方米，建筑面积 3500 平方米，摊位 200 个，经营业户 83 户，主要经营蔬菜、食品等。

文昌市场 位于宾谷街东段路北，1999 年 8 月，由长清镇东王村投资 60 万元建成，占地面积 1600 平方米，建筑面积 1600 平方米，摊位 55 个，经营业户 49 户，主要经营蔬菜、副食、日用品等。

灵岩商城 位于万德镇驻地，1996 年 6 月，投资 1980 万元，建成灵岩商城，新建上宅下店式商店 208 家，主要经营各类农副产品、服装、鞋袜等。

莲台山商场 位于张夏镇驻地张夏村，1996 年，由张夏镇政府与张夏集团投资 1000 万元建成，占地面积 1300 平方米，建筑面积 1300 平方米，摊位近百个，经营业户 50 户，主要经营农副产品。

超市 心连心超市 位于宾谷街东段路北，济南心连心超市有限公司注册资金 207 万元，2005 年 5 月 1 日营业，经营预包装食品、散装食品、家用电器、计算机、软件及辅助设备、五金交电、百货、纺织品、针织品原料、服装、鞋帽、化妆品及卫生用品、洗涤用品、文具用品、体育用品、珠宝首饰、工艺美术品及收藏品、玩具、建材、电动车、通信设备、家具、鲜花、机电产品及配件、灯光音响、照相器材、厨房、卫生间用具及日用杂品等。

银座购物超市 位于大学路 1088 号明珠新世纪广场商贸中心，济南长清银座购物广场有限公司注册资金 500 万元，2006 年 8 月 21 日建成营业。地下一层为银座购物超市，经营预包装食品、散装食品、书刊、音像制品、保健品、纺织、服装、日用品、体育用品及器材、机械设备、五金交电、电子产品等。

第三节 集贸市场

1986 年，全县有集贸市场 67 处，其中摊位在 150 户以上的大型集市 10 处、80~140 户的中型集市 21 处、70 户以下的小型集市 36 处。2008 年，全区有市场开办证的市场 77 处，其中 71 处农村集贸市场。长期摊位 2354 户，临时摊位 2937 户。

2008 年长清区集贸市场情况表

表 14－7

集期 / 辖区	农历一六	农历二七	农历三八	农历四九	农历五十	综合市场	专业市场
文昌	—	长清小集	孟李	三庄	长清大集	黄河商场 文昌市场 清河商场	渤海商城
平安	新李	潘村	王宿	平安	—	—	—

续表 14－7

辖区＼集期	农历一六	农历二七	农历三八	农历四九	农历五十	综合市场	专业市场
崮云湖	新镇	大彦	大崮山	开山	大刘	—	—
五峰山	庄庄	黑峪	东黄 三官庙	东马	纸坊 王峪	—	—
归德	归北 平房 闫楼	国庄 北坦 程官庄 万庄	翟庄 石官 苾村 李官	归南 王魏 南坦	坟台 吴渡 小屯	—	—
孝里	广里 胡林	孝里三	孝里新镇	东障	下巴 宋庄	—	—
张夏	青杨	金庄 诗庄	靳庄 石店	张夏	纸坊	莲台山商场	—
万德	界首	武庄 石胡同	—	史庄 徐庄 马场	万德	灵岩商城	—
马山	关王 大河东	大核桃园 庄科	北站	马东	崮头 南李	—	—
双泉	尹庄	北付	后园	段店	柳杭	—	—

第九章　个体私营经济

第一节　发展概况

1978年起，长清县贯彻“对外开放、对内搞活”的经济方针，私营工业和个体商业得到迅速恢复和发展。1981年—1983年，扶持个体工商业的发展，个体工商业户开始涉足运输业。1983年年底，有营业执照的个体工商业户增长到3931户，从业人员5342人，营业额1900万元。1985年，长清县城乡有照个体工商户发展到6042户，从业人员11936人，营业额6320万元。1990年，在个体、私营企业中先后开展“信得过业户”“五好业户”“岗位学雷锋”等活动，共评出“信得过业户”30户、“五好业户”60户。1992年始，贯彻落实一系列鼓励个体私营经济发展的政策措施，开展“宣传、抓大扶优、清障护航”三大工程，解决“三乱”（乱收费、乱罚款、乱摊派）问题，保护个体私营经济发展。2001年，新发展个体业户2478户，个体私营经济实现年产值17.5亿元，年营业额27.41亿元。2002年，在全区个体协会成员中开展“五星级文明户、光彩之星、青年文明号”和“户户讲道德、店店无假货”争创活动，评出五星级文明户30户、光彩之星15

个、青年文明号10家。2008年，全区个体工商户7303户，私营企业1384家。

第二节 日常管理

年检 验照 1983年，对个体工商户进行年检验照。1984年，对合作经营组织实行年度检验制度。1989年，对私营企业进行年检，对情况属实、无违章违法行为者，确认为合格企业，加盖“年检”戳记；对不具备继续生产经营条件的或有严重违法行为的企业，按规定办理停业整顿或注销登记。1990年，重点检查企业是否按核准的经营范围、方式从事生产经营活动，有无擅自超越经营范围和改变经营方式的情况，企业自有资金增减超过20%是否进行变更登记，有无抽逃资金行为等。2003年起，依托“经济户口管理系统”，对个体、私营企业不定期的验照或抽查执照，通过查验证照，及时规范工商业户的经营行为。2006年—2008年，强化对各类无照经营行为的查处工作，共取缔无照业户632户。2008年10月起，按照国家工商总局公布新的《个体工商户验照办法》执行。

规费征收 包括登记注册费和管理费。2003年，长清工商分局对持有再就业优惠证、下岗职工证或特困证，从事个体经营的下岗失业人员，免除3年的个体工商管理费和登记费。2004年，对自谋职业的城镇退役士兵从事个体经营的，除国家限制的行业外，凭城镇退役士兵自谋职业证3年内免交个体工商户注册登记费、个体工商户管理费、集贸市场管理费。2005年始，坚持阳光收费，推行到所交费和微机打票。2008年9月1日起，国家停收个体工商户管理费和集贸市场管理费。

第十章 地方名吃

长清古为齐鲁之地，文化发达，对食品颇有研究。民间美食有长清素包、马蹄烧饼、崮山馍馍、双泉豆腐皮等，不胜枚举，凭借独具地方特色的原料、独特的制作工艺，享誉一方，经久不衰，崮山馍馍成为山东省名优小吃，孝里米粉成为济南名优小吃。

第一节 崮山馍馍

始于明末清初大崮山村。相传乾隆皇帝南巡时，耳闻崮山名气，曾下榻村内行宫，当地官员选送崮山馍馍供皇上品尝，乾隆皇帝品尝后，龙颜大悦，为崮山馍馍点上象征“福禄喜寿”的梅花标记，给店家赏银五百两，因此崮山馍馍名声大振。制作方法：将引酵加水搅成糊状倒入精面粉中，搓成噜苏后再加水揉成面团。面团发酵后在压面杠上反复挤压，然后按0.5公斤面摔成20个剂子揉搓成型，醒10多分钟后贴锅壁上蒸熟，按每10个一串

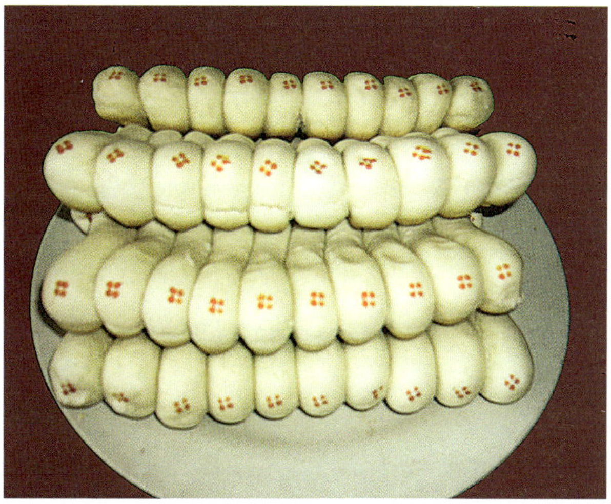

崮山馍馍 （1997年 摄）

掰开,点上红色梅花点,即可出售。吃起来硬中有柔,柔中有韧,形美味甜,丝丝清香,层层能剥。2004年起,崮山馍馍在大观园美食节参展,成为山东大厦、舜耕山庄、名仕学府等高档酒店的佳品,还远踏北京、徐州乃至美国。2006年,崮山馍馍获山东省名优小吃称号。

第二节　长清大素包

长清大素包,又名清素大包,始于清朝末年,历时百余年不衰。相传,清光绪年间在长清城关西门里路口处有经营素包者,附近的摆摊手艺人赵君祥时常买素包吃,食之味道与众不同,销路很好,便开始留意素包的制作方法,改摊经营素包。赵君祥在经营中逐步对素包的馅料选择、配料种类和数量进行改进,素包味道和质量得到提高,成为远近闻名的地方小吃,被人们称为"长清大素包"。制作方法:将豆腐蒸透,取出晾凉,切成1厘米厚的豆腐块,再炸成浅黄色,切成小丁。绿豆粉丝烫透切成末,菠菜切成末。姜片、炸豆腐丁和包有八角、桂皮、花椒的纱布袋放入水锅内,加热至豆腐丁入味,捞出豆腐丁晾凉,与粉丝末、菠菜末、胡椒粉、精盐、芝麻油、花生油搅拌均匀,调成馅料。面粉和酵面放入盆中,倒入水搅拌均匀,揉成面团,待面团发酵后,再加入溶有食碱的水,揉匀后搓成长条,摘成面剂。面剂擀成直径15厘米左右的面皮,左手托皮,右手挑入馅料,左手指向内虚拢,右手捏起皮边沿,边收口边捏褶边,最后收口处呈菊花顶状。素包逐个摆到笼内,用旺火蒸15分钟左右即熟。长清大素包呈菊花顶状,具有个大皮嫩、皮薄馅足、香辣味醇、清鲜夹口的特点。

第三节　马蹄烧饼

马蹄烧饼是回族人民传统食品"油香"的变种。马蹄烧饼因形状像马蹄而得名。始于清初张夏镇青杨树回民之家,历时300余年颇受人们喜爱。原料有面粉、食盐、芝麻。制作方法:用5公斤面粉掺入100克食盐,拌匀后加酵母发酵,揉成剂子(0.5公斤面摔10个剂子),拍成薄饼,撒上芝麻,贴吊炉鏊上加木炭火或锯末火细烤,10多分钟即熟。烤熟的烧饼向有芝麻一面鼓起,背面呈黄澄澄颜色,热吃香脆可口,冷吃筋硬有味。

第四节　关王锅饼

锅饼是长清地方传统名吃之一,历史悠久,特别是马山镇的关王锅饼最负盛名。关王锅饼传人刘德国制作锅饼的做法是:用面、曲和酒配在一起,晾干做酵母。和面时把酵母揉到面里,面和好后,进行醒面,一般醒面所需时间最短为1小时。醒面的时间最有讲究,若是时间短,面不开;若是面开过了,烙出的锅饼发酸不酥。醒好的面用压面机压15次左右,把面压匀压硬,将压好的面揉成一个团,用擀面杖擀成圆形,两只手的食指和中指对在一起放在锅饼上方,同时由一个地方向两边迅速抹出一个标准的圆形,然后在这个圆形范围内,抹上水后,捏一把芝麻,手在锅饼上方旋转抖动,芝麻均匀地落在锅饼上的圆形区域内。然后锅饼扔进自制的回笼铁炉锅中,饼烙熟需细火慢烤40分钟。关王锅饼两面呈金黄色,热吃香酥可口,有嚼劲,越嚼越香,而且放的时间长,不发霉。

第五节　双泉豆腐皮

双泉豆腐皮的制作可追溯到明末清初。据《尹庄陈氏族谱》载,明末陈良因避战乱,迁至双泉,以制豆腐皮为业,世代相传。双泉水源充足,水质清澈凉滑,含有人体所需的铁、钾等微量元素,适合制造优质豆腐皮。双泉豆腐皮使用当地一级大豆为原料,具有皮薄、鲜亮、韧度强、拉力大、筋道等特点,营养丰富,口味鲜美,常食能长寿。双泉豆腐皮长期盛产不衰,素有"九村十八庄,户户出佳坯"之称,双泉乡也以"豆腐皮之乡"而闻名。双泉豆腐皮制作工艺:采用双泉本地黄豆为原料,将优质黄

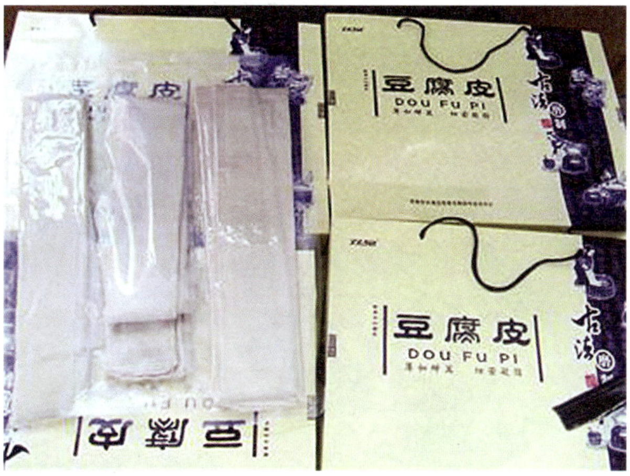

双泉豆腐皮 （2008年 摄）

豆浸泡12个小时，传统工艺中，人们都是用石磨将黄豆磨成糊状，上包进行筛渣，从粗棉布中把汁渣分离。现在的工艺是利用渣浆小孔分离器，分离出来的渣多，产量低，口感细腻。汁渣分离后，将豆浆倒入一个大锅中进行熬煮，沿着一个方向不断搅拌，直到白色泡沫消失，这个过程俗称“出沫”。这是第一次煮，沸腾后大概煮10分钟才能结束出沫。煮完豆浆，将适量石膏放入锅内，使得豆浆凝固成豆腐脑，老百姓称之为“点膏”。将豆腐脑倒入一个漏斗式的机器，在“漏斗”的下端接有一个约3米长的板子，“漏斗” 中的豆腐脑变成薄薄的一层豆腐皮铺在板上，上下都被一层纱布包裹着。接下来是挤水，挤干水后“拔皮子”，使得豆腐皮和纱布分离。除了生坯，豆腐皮还可做成熟坯。所谓熟坯，是指将生坯放入盐水内进行腌制，水沸腾后再煮2小时。这是第二次煮，是为了入盐，让豆腐皮有咸味。煮的时间越长，豆腐皮越筋道。出水后，将豆腐皮晾干、装袋、抽空。到此时，熟坯制作完成。双泉豆腐皮享有“轻似蝉翼白如雪，抖似细绸不闻声”之誉，可凉调、生吃、油炸，是居家做菜、宾馆宴会、外出旅行等必备食品。

第六节 翟庄“瘸巴鸡”

19世纪末，翟庄的李长林得到一个烧鸡制作秘方，他按照秘方工艺，经过多次研制和改进，在长清县城开小店卖烧鸡。因为他身材高大，被当地人称“大老李烧鸡”。1949年，年事已高的李长林把“大老李烧鸡”的制作秘方传给侄儿李寿刚，通过长时间研制和改进，烧鸡口味又有提高。在战争中因李寿刚左大腿负伤截肢，他做的烧鸡便慢慢被大家叫作“瘸巴”烧鸡或“瘸巴鸡”。1991年，李寿刚去世，儿子李志亭继承父亲的衣钵，继续制作“瘸巴”烧鸡。经过近20年的经营，“瘸巴”烧鸡已经成为远近闻名的长清地方名吃。每逢节假日，济南、泰安市区的市民会去翟庄村购买，每天还要送往长清区各大酒店，“瘸巴”烧鸡在文昌街道办事处东邻设专卖店。“瘸巴”烧鸡的制作过程：选择无病健康活鸡，品种为“二八八”公鸡和小柴鸡，体重约1~1.5公斤左右，鸡龄1年左右。鸡在宰杀前需停食10小时左右，给予充足饮水，利于排出消化道内容物，提高肉的品质。在鸡头、颈交界处下面切断三管放血，刀口不宜过大，不要切断颈骨，淋血30秒左右，直到将血完全放完。再将放血后的鸡放入热水中，水温保持在70℃左右，约经3分钟，将鸡毛褪干洗净，不能弄烂鸡皮，除去角质喙和脚爪质层。将褪完毛的鸡放在案板上，在颈部左侧皮肤剪开约1厘米小口，小心分离出嗉囊，同时拉出食管、气管，然后用剪刀围绕肛门周围剪开腹壁，成一环形切口，分离出肛门，掏出腹腔内脏洗净，再放入清水中浸泡1小时左右，取出沥干水分。当天宰的鸡，当天最好不用，经过一个自然排酸的过程后，给鸡刷匀饴糖，挂起备用。第二天对宰杀的鸡造型，双腿盘曲进腹，双翅交叉由鸡嘴两侧伸出，颈曲头挺冠直，形若卧凤。晾干水分后，用酱油涂满鸡全身，上色后将鸡放入盆中晾干表面水分。将鸡放入烧热的植物油中炸制，约经10~15分钟，鸡体表面呈黄色时，立即捞出。“瘸巴”烧鸡采用传统工艺，多年循环老汤，汤料主要由八香十二味、独家合理搭配熬制而成，不加任何化学添加剂，把油炸后的鸡逐层排放入锅内，上面用竹箅压住，再把食盐、酱油加入锅中。加入熬制的老汤使鸡淹没入液面之下，用旺火烧开，后改为微火烧煮。约需1小时将煮好的鸡出锅，按照5个一组，放入瓷缸中，经过1天1夜的浸泡，晾凉后就是“瘸巴”烧鸡的成品。翟庄“瘸巴鸡”外观油润发亮，肉质雪白，味道鲜美，香气浓郁，肉烂脱骨，冷食热食都可以。

第七节　孝里米粉

孝里米粉是长清地方传统名吃之一。传说在夏商时期（约公元前22世纪末），天下常年降雨，老百姓家里存放的粮米因受潮而发霉。而在龟庄（今长清区孝里镇，因孝里境内的孝堂山形状如龟，原称龟山，故山下村庄因山而得名龟庄）有个才智聪颖的村妇，把受潮不太严重的米用臼捣成面做成面食，却别有一番风味。后来这位村妇又经长期制作、反复实践，制成一种劲柔相济、香甜可口的面线食品——米粉。到东汉时期汉孝子郭巨的出现，致使一些帝王将相、文人墨客等到孝堂山郭氏墓石祠去朝拜，当地的饭铺就用米粉招待他们，受到他们一致赞誉。孝里米粉成为当地一大名吃。孝里米粉制作工艺较为考究，尤以王氏米粉最为正宗。王庆福是第九代王氏米粉制作传人，其精心制作的“孝里米粉”被济南市贸易服务局、济南市饮食业协会认定为济南名优（风味）

孝里米粉　（2008年 摄）

小吃。做法是：将小米浸泡3~4天（期间要经常换水，至水清为止），磨成稀糊糊，待沉淀后撇去水分倒入布袋内挤干，然后将挤干的粉团搓碎摊苇席或篷布上晾干用箩筛过。用时拌水揉成面团，放入架在开水锅上漏床靠压力挤成米粉条，猛火熬，煮熟后捞入凉水盆内。食用时拌以麻汁、醋、黄瓜丝、红萝卜、咸菜末、蒜汁、椿芽末等凉吃，口感劲道，清凉爽口，沁人心脾，是消夏防暑的好食品。亦可将米粉丝放锅内加热，配虾皮、香菜末、酱油、香油等佐料热吃。

第十五编

财税 金融 保险

Finance and Taxation, Insurance and Banking Business

长清区地方税务局办公楼 （2002年 摄）

地方税务服务大厅　　　　（2008年 摄）

中国银行长清支行办公楼　　　　（2008年 摄）

1986 年，全县财政收入 1530 万元。1994 年，实行分税制改革，全县地方财政收入 4484 万元。1997 年，地方财政收入首次突破亿元大关，实现 11266 万元。进入 21 世纪，随着改革开放的深入和招商引资力度的加大，经济总量大幅增长，财政收入不断增加，用于农林水事务、教育卫生、社会保障的支出明显增多。2005 年 6 月，长清区农业税及附加全部取消，新型农村合作医疗全面推行。2008 年，全区财政总收入实现 10.06 亿元，是 1986 年的 65.8 倍。

1986 年，全县有县级中央银行(人民银行)1 家，专业银行 3 家，保险公司 1 家，年末各项存款余额 9340 万元，各项贷款余额 10404 万元。2008 年，全区各类金融机构发展到 11 家，其中专业银行 7 家、保险公司 4 家；年末各项存款余额 78.44 亿元，各项贷款余额 54.71 亿元。

第一章 财 政

1986 年，长清县财政局从老城搬迁至清河街 2070 号，新办公楼总投资 116 万元，占地面积 6000 平方米，建筑面积 1700 平方米。是年，全县财政收入 1530 万元。1994 年，实行分税制改革，全县地方财政收入 4484 万元。1997 年，地方财政收入首次突破亿元大关，实现 11266 万元。2000 年 6 月，长清县工资发放管理中心成立，开始实行财政统一发放工资制度。2002 年 6 月，乡镇教师 3374 人工资全部上划区财政局统一发放。2005 年 6 月，长清区农业税及附加全部取消，新型农村合作医疗在长清区全面推行。2008 年，全区财政总收入实现 100644 万元，总支出 80807 万元。

第一节 财政体制

区(县)财政体制 1985 年，济南市财政局根据“划分税种，核定收支、分级包干”财政管理体制的规定，对长清县财政体制实行“总额分成加增长分档分成”的包干办法，即根据前三年县分成收入占总收入的比例，确定市对县总额分成比例为 28%。在总额分成的基础上，收入比上年增长 8%以内的部分，增加分成 10%；收入比上年增长 8%以上的

■ 长清区财政局办公楼 (2008 年摄)

部分，增加分成20%。比上年增长数额的计算口径，以每年年度财政决算的有关规定为准。核定长清县财政收入基数为785.6万元，支出基数888.84万元，工商税全部上缴，补助定额为668.84万元（因长清县定为省试点县，这一财政体制每年由市与省结算）。8月，山东省财政厅下达给济南市财政局、长清县财政局的通知规定：长清县为省试点县，该县财政支出大于收入，其财政体制采取"收入全留，不足支出部分定额补助，补助定额逐年递减"的办法，补助定额前两年不递减，从第三年起，按三、三、四的比例分三年减完。因政策、物价等因素，在执行中没有递减、照常补助。每年应补助的数额，在年初一次拨足，这一办法原则上一定五年不变。各项专款划拨仍由市办理，收支基数按市核定数为准，即收入基数785.6万元，支出基数888.84万元，定额补助103.24万元。因长清县实行试点县财政体制，影响济南市分成收入部分由省负担，年终决算单独结算。

1994年，中央对地方各级政府实施"分税制"财政体制改革。"分税制"就是按照税种来划分各级财政收入范围。县（市）区财政收入是：县（市）、区级以下企业缴纳增值税的25%部分、营业税、城市维护建设税、企业所得税、利润及亏损、城镇土地使用税、投资方向调节税、房产税、车船使用税、印花税、契税、按隶属关系征收的个人所得税、遗产税，其他原属县（市）、区级的各项收入。资源税、国有土地使用权有偿出让收入作为省与市地的共享收入。在资源税中，石油资源税作为省级收入，其他资源税暂不参与分成。国有土地使用权有偿出让收入除分享5%外，95%的部分按级次划分。财政支出的划分范围和内容没有变动。实行分税制以后，市上划中央的收入，中央财政按基数通过省返还市，市再按照国家的统一规定对各县（市）、区税收进行返还。即按1993年各县（市）、区实际收入以及税制改革和各级收入划分情况，计算出净上划中央的收入数额（即消费税+75%的增值税－中央下划收入），以此作为以后市对县（市）、区税收返还基数。1994年后，税收返还额在1993年基数上逐年递增，递增率按全国增值税和消费税的平均增长率的1∶0.3系数确定，即全国的消费税和增值税每平均增长1%，市对县（市）区税收返还额增长0.3%。如果1994年后上划中央收入达不到1993年基数，中央将通过省扣减市里的税收返还基数，市财政也将相应扣减有关县（市）、区的税收返还基数。1994年，市核定长清县的税收返还基数为2800万元。同时按照中央关于新老体制渐进过渡的规定，从1994年1月1日起，市对各县（市）、区按新体制运行。但老体制规定包干上交的县（市）仍继续递增上交，吃补贴县的仍吃补贴，上交额和补贴额不减少或增加税收返还额。长清县每年享受定额补助103万元至2008年。

2002年，中央和省实行所得税和营业税分享改革，改革的总体原则是：以2001年为基期，只对增量部分进行调节。所得税的分享改革是打破原企业隶属关系，中央只保留七大银行（工行、农行、中行、建行、国家开发行、农发行、进出口银行）和三大行业（铁道、邮政、海上石油）的所得税，其他企业所得税均实行共享。省级只保留四大电力（省国际电源、中华发电公司、华能发电公司、日照发电厂）和三大交通（济南铁路运输、省高速公路、省基建公司）的所得税，其他企业所得税均实行共享。市级在中央、省规定的分享范围基础上，规定原县（市）区级企业所得税和确定的规模以下市级企业的企业所得税作为中央、省与县（市）区共享收入，市不参与分享；其他企业所得税均实行中央、省与市共享；原县（市）区级地方个人所得税按财政体制规定的收入范围由中央与县（市）区分享，省、市暂不参与分享。分享比例是：企业所得税，2002年中央分享50%，省分享10%，县（市）区分享40%；2003年—2008年中央分享60%，省分享8%，县（市）区分享32%。个人所得税，2002年中央分享50%，县（市）区分享50%；2003年—2008年中央分享60%，县（市）区分享40%。基数确定是：以2001年为基期，按分

享范围和比例计算确定。各县(市)区分享的企业所得税、个人所得税收入,如果小于各自实际两项税收收入,差额部分由市财政作为基数返还地方;如果大于各自实际所得税收入,差额部分由各县(市)区作为基数上解市财政。市级按照全市平均增幅14%的比例核定长清区企业所得税的基数为1193万元,每年给予长清区企业所得税基数返还716万元。按照2001年个人所得税完成数1160万元加代扣代缴手续费9万元核定长清区个人所得税基数1169万元,每年给予长清区个人所得税基数返还585万元。营业税的改革中央没有出台政策,省自定政策实行分享。省级只保留两大交通(省高速公路、省基建公司)的营业税,其他企业营业税均实行分享。市级全部保留省下划市的金融保险业营业税,没有下划县(市)区。2002年—2008年,各县(市)区财政体制规定范围内的营业税实行省与县(市)区20%和80%分享,市财政不再另外增加分享比例。基数的确定同所得税一样,市按照2001年营业税完成数4344万元加代扣代缴手续费8万元核定长清区营业税基数4352万元,每年给予长清区营业税基数返还870万元。

2004年,济南市对各县(市)区实行"税收属地管理,主体税种两级分享"的财政体制。体制划分省地税局直属分局代征地方税收、跨地区分享所得税和少数大型企业及特殊行业、企业的地方税收为市级固定收入。划分土地增值税、资源税、印花税、固定资产投资方向调节税、车船牌照税、农业税、耕地占用税为县(区)级固定收入。增值税25%部分(不含中央四大部门企业上缴部分)、营业税(地方分享80%部分)、企业所得税(地方分享32%部分)、个人所得税(地方分享40%部分)、城镇土地使用税、房产税、契税,市与区四、六分享,市与县二、八分享。城建税、城市教育费附加收入实行县(市、区)一律与市分享。行政性收费、罚没收入、排污费收入、城市水资源费收入、其他收入、国有资产经营收益等,仍按原体制规定实行分级管理,分别作为市级、区级预算收入。同时保证各县(区)2003年的基数,仅对增量部分实行分享。长清区在收入分成上执行市与区四、六分享,市核定长清区补助基数为4012万元。

乡镇财政体制 1986年,长清县建立乡镇财政。是年,对乡镇实行"划分收支范围,核定收支基数,增收分档分成,减收抵减支出,超支不补,结余留用,收入上解,支出下拨"的财政管理体制。1988年1月,改为"定收定支,收支包干,定额递增上交(或定额补助),收入上解,支出下拨,一定三年"的乡镇财政管理体制。除武家庄乡外,全县10个乡镇建立乡镇国库,乡镇财政收支由乡镇国库直接办理,武家庄乡的财政收支业务由万德镇国库代理。1991年1月1日起,对乡镇分别实行三种财政管理模式:对城关、归德、平安店镇实行"核定收支,分级包干,总额分成加超收分成"的财政管理体制;对万德、张夏、崮山、马山、孝里5个乡镇实行"核定收支,分级包干,定额递增上交"的财政管理体制;对双泉、五峰山、武家庄3个乡实行"核定收支,分级包干,定额补助"的财政管理体制。该体制一定3年,1993年年底到期。自1994年1月1日起,根据国务院《关于实行分税制财政管理体制的决定》和省、市政府的统一部署,长清县由原"收入全留,加定额补助"的财政管理体制,改为分税制财政管理体制。该体制规定的收入全部留用,定额补助数不变,财政支出仍按原体制规定执行。是年,县政府出台与分税制相适应的改革配套措施,对乡镇实行"定收定支,收支挂钩,超收分成,短收抵支,一年一定"的财政管理体制。是年,将"超收分成"改为"超收全留"。1995年,沿用上述体制。1996年,对乡镇实行"划分收支,收支挂钩,定额上交或补助,逐年递增或递减,一定三年"的乡镇财政管理体制。2005年,实施区乡财政体制改革,建立保障性和激励性转移支付制度,实行"税收属地管理,核定乡镇(街道)收支基数,收支挂钩,增长分档分成"的财政管理体制,以现行"分税制"和2004年全市财政体制改革为基础,按照"税收属地管理"的原则,确定乡镇(街道)的收入范围为:各乡镇(街道)行政区划范围内实现的所有国、地税收入及财政的契税收入。同时按照国、地税部门及财政部门中契税的收入计划数，再根据乡镇(街道)各项调整因素，确定各乡镇(街道)的收入基数。

第二节　财政收支

财政收入　全区（县）财政收入总量　1986年，全县财政总收入1530万元。1996年，全县财政总收入12192万元，首次突破亿元大关。2008年，全区财政总收入实现100644万元。23年间，全区(县)财政收入年均增长20.0%。

地方财政收入　1994年，全国实行分税制，全县地方财政收入4484万元。1997年，地方财政收入11266万元。2002年起，先后经历4次省市分税制改革，地方财政收入留成比例多次调整。2008年，地方财政收入40415万元，其中税收27003万元、非税收入13412万元。

财政支出　1986年起，随着财政收入的不断增长，财政对经济和社会事业发展的支持力度越来越大。是年，全县财政总支出3236万元。2008年，全县财政总支出80807万元，比1986年增加77571万元，年均增长15.0%。在确保工资正常发放的基础上，农、教、医等专项投入均逐年提高，其中农林水事务支出11603万元，占总支出的14.4%；教育支出20573万元，占总支出的25.5%；医疗卫生支出6541万元，占总支出的8.1%；社会保障和就业支出11664万元，占总支出的14.4%；基本公共管理与服务支出14276万元，占总支出的17.7%。

1986—2008年长清区(县)财政收支情况表

表15-1　　单位:万元

年份	财政收入总量	增长(%)	地方财政收入	增长(%)	支出合计	增长(%)	其中:主要支出				
							农林水事务	教育	医疗卫生	社会保障和就业	基本公共管理与服务
1986	1530	18.9	—	—	3236	56.7	257	987	—	137	343
1987	1752	14.5	—	—	3167	-2.1	261	1071	—	217	398
1988	2154	22.9	—	—	4038	27.5	345	1413	—	237	433
1989	2798	29.9	—	—	4272	5.8	620	1614	—	223	489
1990	3163	13.0	—	—	5204	21.8	771	1845	—	238	518
1991	3698	16.9	—	—	5169	-0.7	593	2045	—	231	614
1992	4196	13.5	—	—	5982	15.7	727	2347	—	283	753
1993	6063	44.5	—	—	8064	34.8	821	2750	—	305	1251
1994	8058	32.9	4484	—	9099	12.8	944	3768	—	376	1399
1995	9502	17.9	6238	39.1	10728	17.9	966	4178	—	348	1688
1996	12192	28.3	8536	36.8	14888	38.8	1056	5387	—	350	2228
1997	16098	32.0	11266	32.0	18189	22.2	1426	6834	—	1309	2434
1998	19306	19.9	14218	26.2	21432	17.8	2176	5791	1403	1564	3642
1999	21160	9.6	16500	16.1	21395	-0.2	1613	6324	1370	1974	1344

续表 15－1

年份	财政收入总量	增长（%）	地方财政收入	增长（%）	支出合计	增长（%）	其中：主要支出				
							农林水事务	教育	医疗卫生	社会保障和就业	基本公共管理与服务
2000	19501	－7.8	15016	可比 14.2	19720	－7.8	1348	5940	1139	2193	1365
2001	25779	32.2	18026	20.0	24905	26.3	1662	6185	1142	3002	3527
2002	30398	17.9	18186	0.9	29186	17.2	2357	6807	1209	3446	4217
2003	37749	24.2	22080	21.4	33256	13.9	2543	7238	1240	3766	4768
2004	44752	18.6	19769	可比 22.0	39639	19.2	3357	9411	1414	5315	5595
2005	54728	22.3	23626	19.5	49946	26.0	4427	11866	2049	6024	7360
2006	69416	26.8	29126	23.3	57936	16.0	6678	12876	2775	6231	8581
2007	86481	24.6	34818	19.5	75866	30.9	8984	19752	5429	10271	15570
2008	100644	16.4	40415	可比 23.9	80807	6.5	11603	20573	6541	11664	14276

说明：1.2000 年调整收入预算，2004 年实行市级分税制改革，2008 年公安系统上划

2.1994 年分税制改革后，先后经历四次财政体制改革，地方财政收入留成比例多次调整，表中“地方财政收入的增长%”一栏，数据无实质参考性

3.1986 年—1997 年，主要支出中教育、卫生属一个科目

第三节 财政管理

行政事业财务管理 公共安全支出 保障行政政法部门办公、办案经费，支持社会治安综合治理、法律援助等工作。2004 年，全区实施法律援助办案补贴经费管理办法，为社会弱势群体依法维护自己的合法权益提供有力保障。2006 年，为推行“综治固垒”工程提供财力支持，全区呈现出刑事发案率降低、可防性案件降低、信访量降低、安全事故死亡人数降低和群众对治安状况满意率、安全感提高“四低一高”的工作局面。2008 年，全区公共安全支出 2671 万元。

增加教育投入 全面实施农村义务教育经费保障机制改革，建立农村中小学校舍维修改造长效保障机制，推进农村中小学“211”工程、校舍升级改造工程、远程教育工程、课桌椅更新工程、农村中小学及特殊教育学校仪器设备更新工程。2002 年起，每年安排免教科书专款和助学金专款，对贫困地区进行补助，用于家庭经济困难学生教科书、生活费补助及杂费抵减。2005 年，实施农村贫困家庭学生“两免一补”（免课本费、免杂费、补助寄宿生生活费）政策。2006 年，实施城市低保家庭义务教育学生“两免一补”政策。2005 年—2006 年，共安排“两免一补”资金 317 万元。2007 年起，实现免杂费政策全覆盖，继续对家庭经济困难学生免费提供教科书并补助寄宿生生活费。完善普通高中阶段学生资助政策及中等职业教育阶段学生资助政策。设立普通高中政府助学金，按不低于在校生 8%的比例，平均每人每年补助 1000 元，两年惠及高中贫困学生 1640 名。设立国家助学金，资助中等职业学校所有全日制在校农村学生及城市家庭经济困难学生，每生每年资助 1500 元，两年资助中等职业学校学生 1334 名。2008 年，争取上级资金 400 万元，完成全区 8 所学校的改厕治污工程，解决学生喝热水、吃热饭问题，为校园提供洁净能源。是年，教

育支出20573万元,比1986增长近21倍。

支持科技事业　2005年,实施科普"村村通"工程,筹集社会资金70万元,建成科普宣传栏619个。2008年,科技支出投入1150万元,占本级财政一般预算支出的1.59%,重点支持企业自主创新和成果转化,支持全区科技创新、科技服务体系建设。是年,投入财政资金3.59万元,用于科普宣传。

发展文体广播和旅游事业　2008年,共投入文体广播和旅游经费1336万元,实施广播电视村村通工程、文化资源共享工程、乡镇综合文化站建设工程、农村电影放映工程、农家书屋建设工程等公共文化服务体系五大工程。实施精品战略,加大文物保护修复、非物质文化遗产保护、特色旅游开发事业发展,争取中央财政国家文化产业发展专项资金,支持动漫、电影、出版等文化产业的发展。

加强接待费管理　2002年,全区对副区以上级别的九大部门实行接待费"定额包干,超支不补,节余结转下年使用或弥补当年经费不足"的管理办法。2006年,成立区接待办,负责全区的接待工作,呈现出"三高一低"的工作局面,即:客人满意率高,服务单位积极性高,接待单位水平高,接待费用降低。

推行通讯补贴改革　2000年,办公电话费用采取"定额包干、节余留用,超支不补"的包干办法,明确规定住宅电话、移动电话的安装范围,对通讯费实行按职务级别补贴到个人的管理办法,单位不再保留公费移动通讯工具,也不得报销通讯费用,达到节约开支、减少浪费、堵塞漏洞的目的。

控制公务用车费用　1992年,实行《县直机关机动车辆定点维修、定额包干的规定》。2001年,实行车辆统一保险制度,全县200辆公车统一保险后,节约保费60万元。实行小汽车购买审批制度,实行公务用车定编管理,规定公车配置标准,对超编、超标准公车实行公开拍卖制度。

规范津贴补贴　2007年,按照《长清区规范公务员津贴补贴实施方案》及《规范长清区区直机关公务员津贴补贴实施方案》,完成规范全区公务员津贴补贴工作。2008年9月,区直机关公务员津贴补贴全部发放到位。长清区规范后的津贴补贴实现"四个统一",即津贴补贴项目统一、标准统一、资金来源统一和发放办法统一。

农业财务管理　1988年,长清县实施农业综合开发。1997年起,世行贷款农业灌溉项目实施和山区农业开发工程。1998年起,对农业综合开发等专项资金实行县级报账制管理。2003年,设立小麦良种补贴,补贴标准为每亩10元,资金由省财政拨付到供种企业,补贴品种主要为优质强筋和弱筋小麦品种,兼顾优质高中筋和中筋小麦品种。2004年,设立玉米良种补贴,补贴标准为每亩10元,补贴品种主要为青储玉米、高淀粉、高油等专用玉米,补贴资金通过涉农"一本通"发放给农户;对种粮农民以小麦种植面积为依据给予补贴,每亩小麦补贴13元。是年起,由农业部、教育部、劳动部、财政部等六部门联合组织实施"阳光工程",该工程面向18~45周岁的农村(农业户口)富余劳动力,培训项目以短期职业技能培训为重点,辅助开展引导性培训,就业方式为培训学校推荐、公司招聘和自主择业,培训时间20~90天,学费全免(驾驶员培训除外)。是年,开始农机购置补贴,农机补贴总体上执行不超过30%的补贴比例,单机补贴额原则上最高不超过5万元。2005年,实现项目储备、立项和实施的科学化管理,对财政支农项目实行财政支农项目库管理。2006年,开始执行大中型水库移民补助,分为长清区大中型水库移民补助和三峡移民补助,补助标准为每人每年600元,连续补贴20年,按季发放。2007年,设立棉花良种补贴,补贴标准为每亩15元,补贴资金通过涉农"一本通"发放给农户。至2008年,共发放粮食直补资金7011万元,受益农户11.7万人。

企业财务管理　1986年,对企业实行承包经营责任制。承包上缴财政利润的形式主要有:"上缴利润递增包干""上缴利润基数包干,超收分成”“缴利企业上缴利润定额包干”“亏损企业减产(或补贴)包干”等。承包制的实行有利于财政收入的稳定增长,但也存在行政干预过多,企业短期行为,争论基数比例,以包代管,包盈不包亏的现象。针对上述情况,1990年起,对企业利润分配制度进一步改革。1.调整企业上缴利润的具体形式,即根据“确保财政收入稳定增长”的原则,实行各种超目标分成或分档分成的办法,对企业超收部分规定按超实现利润分成,财政分成比例一般不低于30%;2.严格控制税前还贷,取消利润还贷提“两金”办法;3.正确分配和使用企业留利,合理确定经营者和职工群众的收入;4.建立承包风险基金,试行风险抵押;5.严格承包期终检查清算,兑现承包合同,强化对承包企业的管理监督,克服企业短期行为。1992年起,县属企业实行改制,财政对企业财务的管理形式为:“四管四保”管理办法。即管上缴任务完成,确保财政收入;管财务核算,确保正确反映经营成果;管利润分配,确保国家与企业利益分配关系的正确处理;管国有资产,确保其保值增值。把经营自主权真正放给企业。1993年,按照“税利分流”的精神和新颁布的《企业会计准则》《企业财务通则》,通过强化培训,完成旧财务制度向新财务制度的过渡。1994年,按照中央关于财税体制改革的统一部署,进一步加强税制改革后的企业财务管理。至2005年,全区企业财务管理走上规范化管理轨道。

预算外资金管理(非税收入管理) 1986年起,长清县预算外资金增长较快,已经成为国民经济建设中的重要资金来源。预算外资金在所有权与使用权不变的前提下实行“财政专户储存,计划管理,财政审批,银行监督”的管理体制。1996年,成立预算外资金管理局,提出变“两权”(所有权、使用权)还“三权”(还所有权于政府、还管理权于财政、还监督权于人大),并在全国没有统一管理模式和具体操作办法可循的情况下,颁布《长清县第二预算管理暂行办法》,从资金上缴、账务处理到凭证使用等流程建立一整套财政第二预算管理办法,建立新的预算外资金管理体系。在济南市率先实施财政第二预算管理,打破预算外资金为部门所有、单位支配的格局,实现变“两权”还“三权”的设想,实现长清县预算外资金管理史上一次质的变化。1997年,制定乡镇财政第二预算管理办法,对乡镇全面实行财政第二预算管理。1998年,成立会计事务管理局,对行政事业单位中从事预算外资金管理的会计人员实行财政统管,将其工资及职务任免权划归财政,由财政统管、统用、统调、统配。1999年,改革资金结算办法,建立预算外资金结算专户。2000年,对预算外资金实行“票款分离”管理,实行“部门开票,银行收款,财政统管”的资金收缴和票据开具相分离的办法。2001年,全县执收单位全部实行“票款分离”,是济南市第一个全部实行“票款分离”的县区。2002年,区财政局会同监察局、物价局等有关部门联合下发《关于继续贯彻落实“收支两条线”规定工作实施意见》。2001年3月至2003年年底,推行农村税费改革。2003年,规范行政收费行为,成立收费办公室,把涉及两个开发区及规模以上企业收费单位的项目收费和在政务中心实现行政审批的收费项目全部集中到收费办公室管理,实行单位申报收费,物价核实审批,财政收取资金,票款分离,收费实现“一条龙”。2005年,实行统一收费办法,制定《长清区政务中心集中收费暂行办法》,与纠风办等各执收单位联合逐户走访摸底,最终落实环卫局、环保局、公安局、水务局、防疫站5个部门涉及有关收费项目的113家企业首批纳入管理。2006年,制定《长清区非税收入暂行管理办法》,加强非税收入的征管力度,保证非税收入的依法足额征收和科学合理支出。2008年,拓宽管理范围,开辟新的非税收入来源,重点对罚没收入、城市污水处理费、国有资产有偿使用收入等专项收入加强征管。

1986—2008 年长清区(县)预算外资金收支情况表

表 15 -2　　单位:万元

年 份	收 入	支 出	年 份	收 入	支 出
1986	1525	1484	1998	7996	8667
1987	1878	1618	1999	8107	8042
1988	2280	2015	2000	7732	7683
1989	2811	2918	2001	5368	5176
1990	2501	2384	2002	7994	7346
1991	3011	2812	2003	7140	6648
1992	4910	4958	2004	9123	8776
1993	2615	2894	2005	11267	10011
1994	4005	3937	2006	12921	11776
1995	4981	4590	2007	15703	13223
1996	12229	11719	2008	15795	14212
1997	7641	7676			

社会保障资金管理　1997 年，长清县财政局社保科成立，其职责是参与各项社会保障资金管理,监督各项社会保障资金的收缴、储存和支付,保证资金安全完整;负责提出卫生系统、社会保障部门经费开支标准、定额和年度部门预算安排建议；负责全县行政事业单位离退休经费、社会保障经费、抚恤与社会救济金的管理工作。

社会保险　基本养老保险　1986 年，实施合同制工人养老保险。1987 年,实施国有企业固定职工养老保险。1988 年,实施集体企业职工基本养老保险制度。1995 年,实施机关事业单位养老保险。

医疗保障　公费医疗。2001 年前,全县机关事业单位实行公费医疗管理,实行按比例报销医疗费和医疗费包干的管理办法。2001 年—2008 年,实行持证管理、定额到医疗单位和医疗费包干的管理体制。新型农村合作医疗。2004 年,新型农村合作医疗在全区 4 个乡镇试点,参合农民 51800 人,筹资标准每人每年 20 元(市、区财政补助 10 元,农民个人 10 元)。2005 年，全区建立新型农村合作医疗制度,参合农民 342993 人，筹资标准与 2004 年相同。2006 年,长清区被列入新型农村合作医疗省级试点区,参合农民 389431 人,筹资标准每人每年 40 元(省、市、区财政补助 30 元,农民个人 10 元);建立城乡医疗救助制度。2007 年,参合农民 395612 人,筹资标准每人每年 50 元(省、市、区财政补助 40 元,农民个人 10 元);建立城镇职工基本医疗保障制度。2008 年,参合农民 415869 人,筹资标准每人每年 70 元(省、市、区财政补助 60 元,农民个人 10 元);建立优抚对象基本医疗保障制度和城镇居民基本医疗保险制度。

城乡最低生活保障　1997 年，建立全县最低生活保障制度。2006 年,建立五保供养制度,资金由省、市、区财政共同承担。2007 年,建立由省、市、区财政共同承担的农村最低生活保障制度。

资金管理 1998年，县企业职工养老保险经办机构经费纳入财政管理，由同级财政预算支付，同时停止从养老金中提取管理费；长清县人民政府规定企业单位和职工必须缴纳基本养老保险费和事业保险金，加强社会保险基金管理。2000年，长清县机关事业单位退休人员养老金全部实现社会化发放。2001年，长清县委改革按比例报销公费医疗的管理办法，由医疗费定额包干到医疗单位，实行医疗费包干的人员仍然实行包干管理。2002年，长清区加强社会保险的稽核工作，建立优抚对象补助自然增长机制。2003年，长清区民政局、财政局规定关于伤残军人、“三属”抚恤金和老复员军人、带病回乡退伍军人的补助资金由原来的各乡镇发放改为银行系统发放，补助资金每半年发放一次。是年，长清区委、区人民政府规定各乡镇卫生院由区级卫生部门按照职责管理，经费预算指标划到区财政，上划经费基数三年不变，三年后经费增长幅度不低于同期财政经常性支出的增长幅度；区财政局明确下岗失业人员再就业资金的预算编制、专户管理、补贴到位、加强建设等一系列资金管理实施办法；残疾人就业保障金改由地税部门征收。2004年，区财政局下发对自然灾害救助资金实行专户管理、专款拨付、严格使用、监督管理等规定；建立企业军转干部医疗、就业、生活补助等解困长效机制，制定相关资金保障措施。2005年，全区行政事业单位职工均参加大额医疗费统筹，标准为每人每月4元，主要救助医疗费数额较大人员，原则上规定一个年度内累计未能报销的药费在3万以上6万以下的，按照80%的比例给予救助。2006年，所有离休干部全部纳入公费医疗管理。建立五保供养人员保障制度，按照全市统一标准，集中供养人员每年2400元、分散供养人员每年1400元，资金来源按市、区、乡镇4∶4∶2的比例承担。2007年，对全区9处卫生院进行改扩建，共投入资金2295万元，其中基建投资1690万元、设备投资605万元，资金来源按照市、区5∶5比例承担，区级资金分三年到位，分别是20%、30%、50%。2008年，规范五保供养和农村最低生活保障制度，集中供养人员每年提高到2700元、分散供养人员每年提高到1700元，资金来源改为市、区财政4∶6比例；建立优抚对象医疗保障；对全区10个乡镇117个村卫生室进行标准化建设改造，资金由省、市以奖带补予以补助。

经济建设财务管理 根据国务院1994年“三定”方案，长清县财政局于1996年4月收回长清县建行代行财政工作职能，成立长清县基本建设财务科，管理长清县大中型基本建设项目投资计划编制、资金运用的监督管理及工程项目的决算审查批复工作。1998年—1999年，利用国债转贷资金450万元，对全县沿黄4镇的治黄村庄进行搬迁，搬迁村庄30多个，搬迁2600多户9000多人。1999年—2002年，利用国债转贷资金3107.2万元，对全县农村低压线路进行改造，项目总投资1.6亿元，建设35千伏变电站4座，改造建设农村电网线路827公里。2004年—2008年，全区农村公路利用国债转贷资金896万元，建设农村公路101公里。2008年，根据商务部、财政部以及省、市政府关于《家电下乡试点工作实施方案》，制定《长清区实施方案和操作管理办法》，全年补贴家电4841台，补贴资金91.9万元。至2008年年底，累计基本建设财务管理建设工程项目共50多个，争取上级建设资金8000多万元，完成建设投资4.1亿元。

政府采购管理 2000年6月28日，长清县政府采购办公室成立，为副局级全额预算管理事业单位，挂靠县财政局，编制10人，设主任1人。主要职能是：根据国家有关政府采购的法律、法规，制定全县具体的采购制度和办法，对全县行政事业单位和社会团体等单位用财政资金(包括预算资金、预算外资金、事业收入及国内外政府贷款、捐款等)安排的采购项目，实行统一采购供应。是年12月，制定《政府采购资金拨付及会计账务核算具体规定》。2001年9月，对农业综合开发喷水灌溉工程实行公开招标。2002年5月，长清县政府采购办公室更名为济南市长清区政府采购办公室，为副处级全额预算管理事业单位，编制和职能不变。2003年1月1日，《中华人民共和国政府采购法》实施，长清区的政府采购占财政支出的比重逐年加大，采购范围由计算机、空调、公务用车等简单的设备采购向工程、服务等领域逐渐延伸。2004年6月，对全区车辆大修理实行政府采购。2005年3月，服装、大宗印刷、车辆保险等服务类项目纳入政府采购范围。是年5月，预算内资金负担的工程类项目纳入政府采购范围。2006年，制定《政府采购资金管理办法》。2008年，政府采购办职能转变，由原来的负责具体采购转变为监督管理，采购项目由采购单位委托给具有政府采购资质的代理机构组织采购。

工资发放管理 2000年6月21日，长清县工资发放管理中心成立，正处级事业单位，隶属于长清县财政局管理。事业编制7人，设主任1人，副主任1人。其主要职责是：会同长清县编办核定人员编制，清除不合理在编人员，控制人员不合理增长，建立人员工资数据库档案，掌握、调整行政事业单位人员日常变动后的工资情况；会同长清县人事局核定人员工资，清理乱发津贴、补助的不良支出，根据工资政策的变动，了解掌握各单位人员变动情况，及时调整工资数据；统一发放行政事业单位工资，每月将核定准确的人员工资及时拨付指定银行，通过银行系统统发工资。2005年，增加统发行政事业单位离退休人员住房补贴。至2008年年底，工资统发单位由2000年成立时的112个增加到122个，人数由4000人增加到近1万人；年均累计支出在职人员工资2.1亿元，离退休人员住房补贴1300万元，代扣代缴统发工资人员公积金1200万元，养老金340万元，失业金150万元，医疗救助金35万元，个人所得税120万元，防暑取暖补助33万元。

会计集中核算管理 2003年11月1日，长清区机关事业单位资金核算中心成立，正处级事业单位，隶属于长清区财政局管理，有工作人员8名。其主要工作职责是：贯彻执行《会计法》《预算法》等国家财经法律、法规和政策，维护财经纪律；执行统一的财务会计制度，规范会计集中核算工作，全面实施会计电算化，真实、完整、准确、及时反映各核算单位的财务状况；建立单一账户体系，统一办理各单位各项收支结报的划拨款和资金结算手续，统一办理工资发放的往来款项收付等会计核算业务；审核单位的原始凭证及其填制的结报单据，审查票据的合法性、真实性和准确性；依据审核后的原始凭证，及时、准确填制记账凭证，登记会计账簿，为单位提供会计报表和预算执行情况等会计信息；按规定做好核算单位的会计资料和会计档案的整理、归档、保管等工作，并负责保密工作；按照财政部门核定的单位年度预算，对核算单位的资金使用情况进行有效管理，提高财政资金的效益；加强核算单位报账员的业务培训，对各单位的财务管理情况进行监督和指导，协助单位编制部门预算。至2008年年底，全区纳入会计集中核算的单位82个，规范设置核算单位账84套，会计核算中心累计录入会计凭证31626笔，审核原始单据528834张，办理各类资金结算13.8亿元，纠正和退回不合规定支出498笔，涉及金额174万元。累计整理会计账簿1938册、记账凭证2322本、会计报表5544套。

政府投融资管理 2005年8月23日，长清区政府投融资管理中心成立，同时撤销长清区经济开发投资中心。投融资管理中心是正局级全额预算管理事业单位，隶属于区财政局管理，事业编制10人，主任1人，副主任2人，科长2人，副科长1人。2005年9月8日，组建长清区国有资产运营有限公司，与区政府投融资管理中心一套机构，两个牌子，由区财政局代表区政府行使出资人职责。主要职能：一是贯彻执行国家、省、市投融资和国有资产管理方针政策、法律、法规和规章，参与区政府投融资政策的调研工作；根据全区国民经济和社会发展规划，编制全区年度政府投融资计划。二是按照批准的政府投融资计划，管理政府项目的投融资业务；为政府承担投资、建设、管理和经营任务。三是利用政府信用取得建设性资金，实行统借统还，依还款来源建立稳定的还款机制和风险补偿机制，确保政府信誉。四是从事政府授权范围内的国有资产运营，承担保值增值责任，行使国有资产出资人收益权。主要承办长清区旧城改造项目、长清区汽摩商城片区开发项目、长清区滨河片区改造项目。2005 年 9 月至 2009 年 6 月，共调控资金 93 万元，办理直接贷款和担保贷款总额 99130 万元。其中，直接贷款本金 84130 万元，归还 4232 万元，本金余额 79898 万元。为山东黄金集团担保贷款 15000 万元。

会计管理 1984 年起，先后成立会计学会、财政学会和珠算协会。1987 年 4 月，成立会计事务管理科。1991 年 5 月，根据《山东省会计证管理办法实施细则》，组织会计人员进行上岗前培训，对合格人员颁发会计证。1992 年起，每年组织一次会计初、中级职称考试。1993 年 7 月 1 日，财政部颁布《企业财务通则》和《企业会计准则》，共组织 1500 多名会计人员进行学习培训。1995 年，会计学会、财政学会和珠算协会注销。1997 年起，会计人员档案开始采用电子计算机管理。1998 年，长清县会计局成立。1999 年，开始每年组织会计人员进行一次继续教育。2001 年，换第三代会计从业资格证书。是年，高级会计师、高级财税经济师考评开始，2003 年后停报。2004 年，乡镇实行村账乡管微机记账集中核算。2006 年，换第四代会计从业资格证书，并随证发放 IC 卡。2007 年，《新会计准则》颁布执行。2008 年，全区会计从业人员 3767 人，其中高级 23 人。

财政监督 1990 年 11 月，长清县税收财务物价大检查办公室成立，正局级单位，行政编制 5 人。1993 年 9 月 20 日，县政府开展 1993 年税收财务物价大检查，检查行政事业单位 75 个，共查出违纪金额 160 万元，入库 67 万元，检查私营企业、个体工商户 1316 户，查出违纪金额 193 万元，入库 188 万元。1994 年，税收财务物价大检查重点检查 290 户，查处违纪金额 460 万元，收缴入库 220 万元。1995 年 8 月 17 日，开展清理"小金库"工作，全县检查 150 户，有问题的 8 户，应交财政 5 万元，收缴财政 3 万元。1996 年，开展税收财务物价大检查，检查企事业单位共 2258 户，查出违纪金额 420 万元，入库 270 万元，其中偷漏工商税 177 万元，偷漏企业所得税及应缴利润 28 万元，不按规定支用财政资金 45 万元，其他违控白条列支两费 170 万元。1997 年 7 月 6 日，开展关于清理预算外资金的专项检查。1997 年 11月—12 月，税收财务物价大检查共检查 1541 户，共查出违纪金额 359 万元，入库 260 万元。1998 年 12 月 14 日，长清县税收财务物价大检查办公室更名为长清县财政监督局。2005 年，长清区监察局下发《关于对行政事业性非税收入开展专项检查的通知》，对全区具有行政事业性非税收入的各级行政机关、事业单位、社会团体以及代行行政职能的社会组织及其所属单位进行检查。2007 年 7 月 15 日始，对乡镇债务化解工作进行调研，提出"制止新债、摸清底数、明确责任、分类处理、逐年消化"的建议。2008 年 4 月，对劳动局、农村社会养老保险处、劳动就业办公室、公费医疗办公室、机关事业单位社保办等进行财务检查，查出违纪金额 8 万元，入库 1 万元。

第二章 税 务

长清区国税局办公楼 （2008 年 摄）

1986 年，全县完成工商各税 1378 万元，农业各税 153 万元。1994 年，实施新税制，国家税收、地方税收分别征收、记账、入库。是年 8 月 15 日，长清县国家税务局、地方税务局分别挂牌成立。2002 年，长清区地税收入突破亿元，实现收入 10538 万元。是年 8 月，长清区地税局由清河街 2225 号，搬迁至城区灵岩路 2288 号，办公楼面积 5850 平方米。2003 年，长清县国税收入突破亿元，实现收入 11475 万元。是年，国税局被评为省级文明单位。2005 年，济南市地方税务局长清分局被评为省级文明单位、获济南市五一劳动奖状。2008 年，全区完成国税收入 20350 万元、地税收入 36320 万元。

第一节 国家税务

税收收入 1994 年，完成税收收入 4684 万元。2003 年，长清区国家税收突破亿元，完成 11475 万元。2008 年，完成收入 20350 万元。累计完成 135805 万元。

1994—2008 年长清区(县)国税收入统计表

表 15－3 单位:万元

年 份	收 入	年 份	收 入
1994	4684	2002	7985
1995	5151	2003	11475
1996	5044	2004	11569
1997	6070	2005	10732
1998	6283	2006	11565
1999	6596	2007	14757
2000	5450	2008	20350
2001	8094	合计	135805

税种税率 1994年，国税、地税分设后，国税征收的税种主要有增值税、消费税、企业所得税、外商投资企业和外国企业所得税、利息所得税、车辆购置税等。

增值税 1986年10月，开始征收增值税。1994年1月，税制改革后，增值税征收范围扩大到所有货物销售(除不动产)以及加工修理、修配业务，基本税率17%，农产品和农业生产资料等实行13%的低税率，出口商品为零税率。小规模纳税人征收率为销售额的6%~4%。

消费税 1994年1月，开始征收消费税。消费税税目有烟、酒、酒精、化妆品、护肤护发品、贵重首饰和珠宝玉石、鞭炮焰火、汽油、柴油、汽车轮胎、摩托车、小汽车12个，大部分应税消费品实行从价定率征税，税率从3%到45%不等，小部分应税消费品实行从量定额征税，一般出口应税消费品免征消费税。

企业所得税 2002年月11日起，新办开业登记的企业，其企业所得税由国家税务局负责征收管理。企业所得税法定税率为33%，对年应纳税所得额在3万元（含3万元）以下的企业，暂减按18%的税率征收所得税，对年应纳税所得额在10万元(含10万元)以下至3万元的企业，暂减按27%的税率征收所得税。

外商投资企业和外国企业所得税 1991年7月，开始征收外商投资企业和外国企业所得税。以外商投资企业和外国企业在中国设立的机构、场所所取得的经营所得税率为30%，地方所得税税率为3%，总体税负是33%。对外国企业在中国境内未设机构、场所而有来源于中国境内的所得，或者虽然设立机构、场所，但是所得与其机构、场所没有实际联系的，税率为20%。

利息所得税 1999年1月1日，恢复对个人储蓄存款利息征收个人所得税，以取得储蓄存款利息的个人为纳税义务人，以办理结付个人储蓄存款利息的储蓄机构为扣缴义务人，税率20%。

车辆购置税 2001年1月1日，开始征收车辆购置税，征收范围包括汽车、摩托车、电车、挂车、农用运输车，税率为10%。

税收征管 1994年，全年完成各项收入4684万元。1996年，长清县国税局成立农村分局，在每个分局都建立征收服务厅，实现从分散征收到集中征收的转变。为加强增值税一般纳税人的管理，实行行业分类管理，初步建立“控管A类、管好B类、强化C类”为核心内容的新分类管理方式。是年9月，在县城驻地建起征收服务大厅，建立起“以申报纳税和优质服务为基础，以计算机网络为依托，集中征收，重点稽查”的征管新模式。1998年，贯彻“加强征管、杜塞漏洞、清缴欠税、惩治腐败”的方针，狠抓个体税收的清理整顿，推行个体户建账建制，实行查找征收，强化税收管理。1999年，组织全县增值税专用发票和普通发票专项检查，不断规范发票的使用行为。2000年，在各征收单位推行“划片管理、责任到人”的税源控管制度，收入计划层层落实到片、到户、到人，明确工作责任。2001年1月，启动金税工程；7月，全面推行

长清区国税局工作人员向大学生们讲解办税情况 (2008年 摄)

《中国税收管理信息系统》(CTAIS)征管软件,将全县3400多户纳税人全部纳入管理;9月,与中国银行、县农村信用合作社联社合作,开通网上申报和电话申报纳税系统。2002年,在全区推行个体双定业户定额核定管理系统。2003年,在所有办税服务厅推行"一窗式"服务,将多个窗口的服务事项集中在一个窗口办理;在全区聘请93名义务监督员,对纳税人依法纳税情况和税务人员执法、服务情况进行有效监督。2004年,推广应用《纳税信用等级评定管理系统》,同地税局联合完成对全区所辖的740户纳税人的纳税信用等级评定工作,共评出A级纳税人5户,B级纳税人592户,C级纳税人134户,D级纳税人9户。2005年,与工商管理部门建立联系制度,实现税务信息与工商信息的共享,加强税务登记管理。是年,清理有营业执照无税务登记的84户,控管户数增加到2734户。2006年,实行税警联合办公,实现车辆税收"一条龙"管理,全年共召开4次联席会议,征收车辆购置税211万元,其中公安部门协查征收车购税45万元,全年车购税收入比上年增收101%。2007年,整合资源,优化业务流程,实现区级集中征收,对原城区分局办税服务厅进行扩建、装修,重新配置柜台、微机等设施,把4个农村分局和个体分局办税服务厅撤销合并到原城区分局服务厅,将业务与征管人员进行归并,成立统一的办税服务厅,实现全区纳税人的统一集中办税。2008年,开展综合治税,实现国地税联合稽查,召开国地税联席会议,制定国地税联合稽查实施方案,确立国地税信息互通、资源共享的一体化机制,实现国地税联合稽查,共同打击涉税违法行为,全年共查补税款367万元,较上年增长71%。

税收检查 长清区(县)国税局稽查局不断完善稽查制度,加大稽查力度,开展多种形式的税收检查。1996年,对县内的金融、保险和邮电等8家汇总纳税企业所得税进行专项检查,共查增所得额155万元,应纳所得税85.4万元。1997年,在全县开展个体、私营企业税收专项检查,查补入库税款37万元。是年,重点检查偷逃税大户,全年共查补税款989万元,罚款12万元。1998年,查补税款644万元。2001年,对"异常申报业户""小规模纳税企业"等进行大规模的清理检查,查补税款373万元,罚款1万元。2002年,开展专项检查和日常稽查,查补税款87万元,罚款29万元。2003年,查补税款98万元,罚款40万元。2004年,推行稽查查前辅导制度,先后对企业进行查前辅导和检查,补缴税款131万元,罚款40万元。2005年,建立国地税联合检查制度、税警协作配合制度,实行稽查组长首查负责制、稽查工作底稿制、案件限时结案制等办法,共查补税款167万元,罚款79万元。2006年,查补税款64万元,罚款3万元。2007年,查补税款53万元,罚款49万元。2008年,查补税款25万元,罚款22万元。

第二节 地方税收

税收收入 1994年,完成税收收入2249万元。2002年,长清区国家税收首次突破亿元大关,完成10538万元。2008年,完成收入36319万元。累计完成211428万元。

1994—2008年长清区(县)地税收入统计表

表15-4　　单位:万元

年份	收入	年份	收入
1994	2249	1997	5025
1995	2689	1998	6904
1996	4055	1999	8016

续表 15－4

年　份	收　入	年　份	收　入
2000	7244	2005	22849
2001	8697	2006	30123
2002	10538	2007	35608
2003	13478	2008	36319
2004	17634	合计	211428

税种税率　营业税　1984 年 9 月，开始征收营业税。营业税共设 9 个税目，对每个税目明确规定税率。

2008 年长清区（县）营业税税目税率情况表

表 15－5

税　目	征　收　范　围	税　率（%）
一、交通运输业	陆路运输、水路运输、航空运输、管道运输、装卸搬运	3
二、建筑业	建筑、安装、修缮、装饰及其他工程作业	3
三、金融保险业	贷款、融资租赁、金融商品转让、信托业、保险及其金融业务	5
四、邮电通信业	邮政业、电信业、邮政储蓄、电话安装等	3
五、文化体育业	表演、播映、其他文化业、经营游览场所的业务及体育业	3
六、娱乐业	高尔夫球	10
	台球、保龄球、歌厅、舞厅、音乐茶座、网吧、游艺	5
七、服务业	代理业、旅店业、饮食业、旅游业、仓储业、租赁业、广告业及其他服务业	5
八、转让无形资产	转让土地使用权、专利权、非专利技术、商标权、著作权、商誉权	5
九、销售不动产	销售建筑物及其他土地附着物	5

企业所得税　1994 年 1 月 1 日起，在中华人民共和国境内，企业和其他取得收入的组织（以下统称企业）为企业所得税的纳税人，依照本法的规定缴纳企业所得税。纳税人应纳税额，按应纳税所得额计算，税率为 25%。

个人所得税　1994 年 1 月 1 日起，开始征收个人所得税。个人所得税的税率：工资、薪金所得，适用超额累进税率，税率为 3%~45%。个体工商户的生产、经营所得和对企事业单位的承包经营、承租经营所得，适用 5%~35%的超额累进税率。稿酬所得，适用比例税率，税率为 20%，并按应纳税额减征 30%。劳务报酬所得，适用比例税率，税率为 20%。特许权使用费所得，利息、股息、红利所得，财产租赁所得，财产转让所得，偶然所得和其他所得，适用比例税率，税率为 20%。

资源税　1984 年 9 月，开始征收资源税。1994 年 1 月起，执行新的资源税。在中华人民共和国境内开采应税矿产品或者生产盐的单位和个人，应当缴纳资源税。石灰石、石膏税额 2 元 / 吨；大理石、花岗石税额 3 元 / 立方米。1999 年 8 月 1 日起，对天然矿泉水、建筑用沙、其他黏土、其他建筑石料征收资源税，天然矿泉水税额为 3 元 / 吨，其他1元/立方米。2003年7月1日起,大理石、花岗石税额调整为6元/立方米。

城镇土地使用税　1994年,税制改革确定,在城市、县城、建制镇、工矿区范围内使用土地的单位和个人,缴纳土地使用税。土地使用税以纳税人实际占用的土地面积为计税依据,采用定额税率。长清区执行标准为:二等土地每平方米年税额为8元,三等土地每平方米年税额为4元,四等土地每平方米年税额为2.4元。

土地增值税　1994年1月,开始征收土地增值税。转让国有土地使用权、地上的建筑物及其附着物并取得收入的单位和个人,应当缴纳土地增值税。土地增值税实行四级超率累进税率:增值额未超过扣除项目金额50%的部分,税率为30%;增值额超过扣除项目金额50%、未超过扣除项目金额100%的部分,税率为40%;增值额超过扣除项目金额100%、未超过扣除项目金额200%的部分,税率为50%;增值额超过扣除项目金额200%的部分,税率为60%。

房产税(城市房地产税)　1994年税制改革,制定新的房产税课税制度,保留城市房地产税税种名称(对外资企业征收城市房地产税)。房产税在城市、县城、建制镇和工矿区征收,由产权所有人缴纳。产权属于全民所有的,由经营管理的单位缴纳;产权出典的,由承典人缴纳;产权所有人、承典人不在房产所在地的,或者产权未确定及租典纠纷未解决的,由房产代管人或者使用人缴纳。房产税的税率:依照房产余值(房产原值一次减除30%后的余值)计算缴纳的,税率为1.2%;依照房产租金收入计算缴纳的,税率为12%。

车船使用税　2007年1月1日,开始征收车船税。采用定额税率。微型客车每年240元,小型客车每辆每年420元,中型客车每辆每年480元,大型客车每辆每年600元,载货汽车按自重每吨每年96元,三轮汽车、低速货车按自重每吨每年60元,摩托车每辆每年60元,专项作业车、轮式专用机械车按自重每吨每年96元。

印花税　1994年,印花税由地税局负责征收。采用正列举征税办法,没有列举的不征税,共有13个税目。税率有比例税率和定额税率两种。比例税率分别为:千分之一、万分之三、万分之五、万分之零点五。许可证照和其他营业账簿,每年每件贴花5元。

城市维护建设税　以纳税人实际缴纳的增值税、消费税、营业税税额为计税依据,分别与增值税、消费税、营业税同时缴纳。税率为7%。

固定资产投资方向调节税　1994年,长清县地税局开始征收固定资产投资方向调节税。对进行固定资产投资的单位和个人,就其投资额征收,实行差别税率。税率分别为0%、5%、10%、15%、30%五个档次。2000年1月1日起,停止征收固定资产投资方向调节税。

屠宰税　1994年1月,开始征收新的屠宰税,按头定额征收。税额分别为:生猪每头10元,牛、马、驴、骡每头20元,羊每头2元。2002年6月18日起,停止征收屠宰税。

教育费附加　教育附加属于专项资金。1986年7月1日起,开征。教育附加以纳税人实际缴纳的增值税、消费税、营业税税额为计费依据,分别与增值税、消费税、营业税同时缴纳。地方教育附加的征收率3%。

税收征管　1994年,纳税户数控管1200余户,税收征管还处于手工化操作阶段。1997年起,加大基础设施投入,推进办公自动化进程,建立起"以纳税申报和优化服务为基础,以计算机网络为依托,集中征收、重点稽查"的新征管模式,取消手工作业,实现运用计算机进行征管、记账和计会统核算工作。1998年起,全面实施"信息化、专业化、规范化"建设,实行摸清税源底数,健全征管基础资料的管理办法。2000年起,先后3年投资200万元,建起现代化的中心机房,实现三级联网,人手一台微机。在全县取消专管员上门征收和划片统管的传统管户制度,形成纳税人上门申报缴税、办税服务厅集中征收模式,直属征收局和各乡镇税务所均开始推行计算机开票征税。在专业化管理上,实现征、管、查三分离,在全市地税系统率先通过 ISO 9000 质量管理认证。是年,长清县政府召开协税护税工作会议,地税局与公安、交通、土矿、农机、房管、工商六部门签订委托代征协议书。2001 年,完成“双委托”报税试点工作,逐步在全县推广应用。2002 年 8 月,长清区地税局迁至灵岩路 2288 号,举行新楼入住暨揭牌典礼,办公楼房面积 5850 平方米。2003 年,在全区开通网上报税系统,推行社会综合治税工作。2004 年起,全面推行片区管理责任制,以行政区划为基本标准,按属地管理与分类管理相结合的原则,以纳税人的经营场所所在地确定其主管地税机关,按各乡镇的行政区划划分二级片区,二级片区按照街道、办事处、管理区等划分三级片区;全区共划分 8 个二级片区,46 个三级片区,4292 户纳税人全部在网上实现人户对应,人片对应,税收管理责任到人,考核到人。是年,全系统推行“抓大、控中、定小”的管理办法。“抓大”就是对年纳税额在 50 万元以上的企业,实行专人管理;“控中”就是通过加强税源监控,解决中间层纳税户零申报和申报不实的问题。“定小”就是对符合条件的个体户和小企业,实行核定征收、双委托报税。2005 年,成立专门的纳税评估机构,在全区全面推行纳税评估,税收管理实现由监督打击型向管理服务型的转变。至 2008 年,纳税户数控管 6000 余户,依托信息化,建立启动税收指标考核体系,实行全方位实时监控考核,征期申报率、入库率、加滞率、处罚率等主要征管指标均达到 99%以上。

税收执法 1994 年起,组织开展新税制政策执行情况检查、享受税收优惠政策审查、重点行业检查、税收日常检查、税收专项检查和专案检查、人民来信查处等一系列税收执法活动。开展税收财务物价大检查、打击假发票专项检查、房地产业税收专项检查、交通运输业税收检查、年收入 12 万元以上高收入个人检查、收入质量检查、税收执法监察等专项检查活动。1996 年,直属分局改革税款征收办法,实行牡丹专用卡征税。1997 年,开展个人所得税专项检查。1998 年,对全县从事建筑安装装饰经营的企业进行专项检查,对非法印制和使用发票开展专项清理检查。1999 年,对个体、私营企业实施全面检查,共检查 1600 户,入库税款 21.6 万元,罚款 1.8 万元。2000 年 10 月,首次对县直八大口共 223 个行政事业单位、公司、工厂的车船使用税进行集中清缴,共清查应税机动车辆 680 余辆,入库税款近 4 万元。2000 年,在实行征、管、查三分离的基础上,在稽查体系实行选案、稽查、审理、执行四分离。2003 年 7 月,针对过去稽查管理模式存在的弊端,改“两人一组、小组稽查”为“五人一组、大组稽查”,实行科长和主查人员负责制的流水作业。全年稽查面 30%,稽查收入 590 万元。2006 年—2008 年,先后开展税收“管理年”“信息化建设应用年”“质效年”等活动,开发数据疑点提取程序、村财镇管、查管互动、甲方供料等一系列税收征管经验做法,得到省、市局领导的肯定,部分经验做法在全省地税系统推广。先后获全省地税系统税收专项检查先进单位、全省地税系统发票打假工作先进集体等称号。

查询纳税人银行账户 (2008 年 摄)

第三章 金 融

1986年6月，中国人民银行长清县支行恢复。是年，全县有县级中央银行(人民银行)1家，专业银行(工商银行、农业银行、建设银行)3家，保险公司1家，年末各项存款余额9340万元，各项贷款余额10404万元。1992年11月，中国银行长清支行成立；12月，长清县城市信用社成立。1993年4月，国家外汇管理局长清支局成立。1994年4月，中国农业银行长清县支行与长清县农村信用合作社由原来的合署办公改为分署办公，同时成立长清县农村信用合作社联社。1996年4月，中国人民保险公司长清县支公司分设为中保财产保险有限公司长清县支公司和中保人寿保险有限公司长清县支公司。是年11月，中国农业发展银行长清县支行成立；12月，中国太平洋保险公司长清支公司成立。2001年，中国太平洋保险公司长清支公司产寿险分业，成立中国太平洋财产保险股份有限公司济南市长清支公司和中国太平洋人寿保险股份有限公司济南市长清支公司。2003年4月，中国人民银行长清县支行撤销。至2008年，全区各类金融机构发展到11家，其中专业银行7家、保险公司4家；年末各项存款余额78.4亿元，各项贷款余额54.7亿元。

第一节 货 币

货币发行 1987年4月27日，中国人民银行发行第四套人民币，与第三套人民币在市场上同时流通。第四套人民币采取一次公布分次发行的办法，至1988年9月22日，陆续发行1元、2元、5元、10元、50元、100元6种主币和1角、2角、5角3种辅币。1992年8月20日，发行1990年版带安全线的50元、100元两种主币。1999年10月1日，中国人民银行发行第五套人民币，全县开始使用国家发行的第五套人民币，流通的面额有1元、5元、10元、50元、100元5种主币和1角、2角、5角3种辅币。2000年7月1日起，停止第三套人民币在市场上流通使用。10月16日起，陆续发行第五套人民币20元纸币和硬币1元、1角。2005年，发行2005年版50元、100元人民币。是年10月1日起，第二套人民币纸分币开始只收不付，2007年停止流通。

货币流通 1986年，全县现金总收入24145万元，现金总支出27212万元。现金收入主要是商品销售收入8067万元，储蓄存款收入2110万元。现金支出主要是工资性支出2836万元，储蓄存款支出1481万元；收支相抵净投放3067万元。1997年，全县现金总收入338130万元，总支出356481万元，收支相抵净投放18351万元。

货币结算管理 1988年12月，中国人民银行颁布《银行结算办法》，自1989年4月1日起实施。银行结算主体部分为汇票、银行本票、支票、信用卡4种结算方式，总称为“三票一卡”。金融机构使用的主要结算方式：银行汇票、商业汇票、支票、汇兑、委托收款、信用卡、异地托收承付等。1989年5月，中国人民银行山东省分行制定《账户管理暂行规定》，银行账户管理逐步规范。1993年5月，中国人民银行实施《商业汇票结算》。1995年，《中华人民共和国票据法》颁布后，对《支付结算办法》进行改革。1995年5月至1997年年底，中国人民银行长清县支行共清理各类账户4300多个，清理出多头开户的单位500多个，多头账户1400多个，清理撤销多头基本账户400余个，解决账户管理混乱问题。1997年，各银行先后实行全国联行往来，通存通兑。2003年9月，实施《人民币银行结算账户管理办法》，结算账户分为单位结算账户和个人结算账户。单位账户又分为基本户、临时户、一般户和专用户。

第二节 存 款

全区（县）各项存款主要包括企业存款、财政性存款、农业存款、储蓄存款和外币存款等。1986年，全县各项存款余额9340万元，其中储蓄存款5699万元。2008年，全区各项存款余额78.4亿元，其中城乡居民储蓄存款62.4亿元。

1986—2008年长清区（县）存款余额统计表

表15－6　　单位：万元

年份	存款余额	其中储蓄存款余额	年份	存款余额	其中储蓄存款余额
1986	9340	5699	1998	234197	200797
1987	12034	7210	1999	260912	221941
1988	19360	14157	2000	290626	234935
1989	17962	9566	2001	312399	251611
1990	34280	27340	2002	351267	272621
1991	41746	35195	2003	417464	302413
1992	53170	45163	2004	444292	337819
1993	69124	58578	2005	589005	393506
1994	98762	85134	2006	603001	458785
1995	136488	117847	2007	646626	503808
1996	176028	148127	2008	784369	623556
1997	195600	171323			

第三节 贷 款

全区（县）各项贷款主要包括工业贷款、农业贷款、乡镇企业贷款和个体私营企业贷款等。1986年，全县各项贷款余额10404万元。2002年，全区各项贷款余额227641万元。2008年，全区各项贷款余额547070万元。

1986—2008年长清区（县）贷款余额统计表

表15－7　　单位：万元

年份	贷款余额	年份	贷款余额
1986	10404	1990	32262
1987	11634	1991	39925
1988	22571	1992	48602
1989	19584	1993	60643

续表 15－7

年　份	贷款余额	年　份	贷款余额
1994	76694	2002	227641
1995	98666	2003	259470
1996	119246	2004	238620
1997	137244	2005	278019
1998	162642	2006	353102
1999	180111	2007	403031
2000	166810	2008	547070
2001	178126		

第四节　金融机构

中国人民银行长清县支行　1986年6月，中国人民银行长清县支行（简称人行）恢复，位于清河街以北、五峰路以东。是年7月1日，正式对外办公，设金融管理稽核科、会计发行科、计划调研科、人事秘书科，干部职工9人。1987年，人行开始办理专项贷款。是年，专项贷款余额为30万元。1988年，运用再贴现、再贷款、存款准备金和信贷计划管理、规模控制、利率管理、金融机构管理等手段，成功抑制长清县出现的通货膨胀。1993年4月，国家外汇管理局长清支局正式对外营业。1995年，人行实行贷款证制度，共审核贷款证资料6000多份，发放贷款证1020份。至1997年，人行对全县金融机构进行稽核活动119次，共查出违规存款余额37186万元，违规贷款13974万元，少、漏缴财政性存款和存款准备金626万元；对全县金融机构进行利率政策执行情况检查51次，共查出违反利率政策的存、贷款金额124785万元。2003年4月，人行撤销。

中国工商银行长清区支行　1984年5月，以中国人民银行长清县支行人员机构及设置为基础，成立中国工商银行长清县支行，地址在城里大隅首东南角，与中国人民银行长清县支行实行“一个机构，两块牌子，资金分开，两套账目”的过渡管理办法，兼理人民银行业务，业务受上级人民银行和工商银行双重领导，人民银行原设立4个营业网点全部划属工商银行长清县支行，设人秘科、计划科、信贷科、会计科、出纳科、储蓄科、工会。1987年6月，新城办公大楼竣工，位于清河街与五峰路交叉口东北，五峰路140号。1989年7月1日，购置第一台微机用于事后监督账务核算监督。至1991年，新设储蓄所6个，年末各项存款余额9085万元，完成年计划的285%，出纳科获总行集体一等功。1993年8月，第一个乡镇储蓄机构张夏储蓄所开业。是年，城里、东关、新城、永川4个储蓄所微机联网成功，率先在济南市五县专业行实现通存通兑。1995年5月，被评为全省文明服务先进单位；7月，10个储蓄所安装POS机，实现与市行牡丹卡中心联网；10月，对公业务实现与市行ES-9000大型计算机联网，在全市本系统范围内

中国工商银行长清区支行办公营业楼（2008年 摄）

实现通存通兑。1996年,开通全国电子汇兑业务。1997年,增设ATM取款机。2002年,推出支票直通车、电话银行、网上银行、银行卡等新业务品种。2003年3月,成立工行长清支行第一家理财中心。2005年10月26日,中国工商银行长清区支行更名为中国工商银行股份有限公司济南长清支行。2006年9月18日,守押业务移交后,将原守押用枪支弹药按规定程序和手续上缴当地公安机关。28日,守押移交工作结束,实现守押社会化运作。2008年,工行各项存款余额15.8亿元,各项贷款余额15.5亿元,利润5450万元。

1986—2008年中国工商银行长清区(县)支行主要经营数据统计表

表15-8 单位:万元

年份	各项存款余额	各项贷款余额	利润
1986	2915	4244	100
1987	3750	4320	170
1988	5060	6183	117
1989	6225	7161	131
1990	8042	8325	147
1991	9085	10096	259
1992	11702	12046	304
1993	15464	14902	161
1994	17451	18431	106
1995	21530	20702	80
1996	25812	22962	100
1997	31085	25016	126
1998	38333	26242	110
1999	47624	30263	221
2000	65350	26552	408
2001	71133	27542	703
2002	80220	39440	177
2003	88706	67234	353
2004	91706	66781	2161
2005	98602	73625	1927
2006	117532	84360	2514
2007	116532	90660	3752
2008	158058	154569	5450

■ 中国人民建设银行长清区支行办公楼　　（2008年 摄）

中国人民建设银行长清区支行 1979年1月，中国人民建设银行长清县支行成立，位于县财政局院内，设会计股、业务股，干部职工8人。1985年，干部职工38人。1987年3月，设立商场东门储蓄所。1988年5月，设立振兴路储蓄所。1990年10月，设立支行站南储蓄所。1991年12月，设房地产信贷部，会计独立核算。1992年7月，设立平安储蓄所和归德储蓄所。1993年1月，设对公存款科。1994年，年末各项存款余额突破1亿元；是年，被命名为济南市文明单位。1996年6月，设立清河街储蓄所。至1997年，县建行设办公室、稽审、纪检、工会、保卫5个职能部门和储蓄、信贷、会计出纳、微机4个业务科，辖储蓄所10个，干部职工152人。2001年12月，成立“两部一室”，即综合部、客户服务部、营业室。1998年2月，设立潘村储蓄所和崮山储蓄所。1999年10月，万德、崮山、炒米店、平安、归德等储蓄所撤销，合并到县支行。2000年，搬迁至灵岩路以东、宾谷街以北。2002年4月，长清支行划归省分行直管。2003年7月，长清支行划归省分行营业部代管。2005年3月，建行长清支行升格为副总经理级直属支行，由省行直管。是年9月，改为“三部一室”，即综合部、客户服务部、业务管理部、营业室。2008年，区建行设综合部、客户服务部、营业室，辖储蓄所3个，干部职工70人。年末各项存款余额7.58亿元，贷款余额13.14亿元。

中国农业银行长清区支行 1986年，中国农业银行长清县支行设11个科室，干部职工152人。是年，举办有奖储蓄活动。1988年，成立对公存款领导小组，加强对开户单位的库存限额管理。1994年，中国农业银行长清支行与信用社分门办公，成立长清县农村信用合作社。是年，开通6条储蓄通存通兑联网专线；成立长清农行金穗卡业务部，为居民提供上门发卡、代发工资、异地存取款等服务；成立县农行国际业务部，面向全县“三资”企业，办理外汇存贷款、信用证和外汇结算业

■ 中国农业银行长清区支行营业厅　　（2008年 摄）

务。1996 年 11 月，中国农业发展银行成立，完成从农业银行资产剥离、人员分流工作，农村信用社与农业银行脱离行政隶属关系。农业银行完成从国家专业银行向国有商业银行的转变。1997 年，农行机关设人秘部、资金营运部、财务会计部、审计部 4 部，辖营业部 1 个、分理处 1 个、储蓄所 6 个、银行办事处 10 个，干部职工 153 人。开办的主要业务有：储蓄存款、贷款、对公存款、金穗信用卡、电子联行汇兑、代理保险业务、国际外币业务、代发工资等。1998 年起，按照“做精个人业务”，做实“三农业务，突破对公业务”的市场定位，开展综合营销、大客户营销、电子银行业务营销等活动，加大对重点客户、重点产品的营销力度。2007 年，支行营业部完成现代银行网点装修改造。2008 年，各项存款余额 15 亿元，贷款余额 0.98 亿元。是年，推广“惠农卡”产品，农户小额贷款增加 786 万元，惠农卡发行 2351 张；新增借记卡 15942 张，贷记卡 1501 张；个人网银注册 1943 户，实现网上交易 13.3 亿元。

中国银行长清支行 1992 年 11 月 16 日，中国银行长清支行成立，设人秘科、财务科、储蓄专柜，干部职工 12 人。1993 年，设财会科、储蓄科、计划信贷科、人秘科，辖双城、西城、东城、五峰路 4 个储蓄所，1 个储蓄专柜和中苑集团长清分公司。1994 年 6 月，中国银行长清支行内设“长清国际业务部”正式挂牌，所辖第一个综合机构灵岩分理处在万德镇驻地营业。1995 年 11 月，中行长清支行举办建行 3 周年暨新大楼落成庆典；信用卡业务上机，实现全省联网。1996 年，安装全县首台 ATM 自动取款机，为客户提供 24 小时服务。是年，中行各项存款过亿元大关。1997 年，实现国际结算业务总量 1920 万美元，居全县各金融机构之首。1998 年，实现人民币全国联行业务全部电算化。2000 年 6 月，综合业务系统实现全省通存通兑。2002 年 5 月，中国银行长清支行更名为中国银行济南市长清支行。2004 年，更名为中国银行股份有限公司济南长清支行，率先在同行业推出“汇聚宝”和“春夏秋冬”系列外汇理财产品。2008 年，设综合管理部、业务发展部、营业部，辖分理处 2 个，员工 45 人，年末各项存款余额 4.7 亿元，各项贷款余额 2.8 亿元。

中国农业发展银行济南市长清区支行 1996 年 11 月，从中国农业银行长清支行分出，成立中国农业发展银行长清支行。2006 年，各项贷款余额 10619 万元，各项存款余额 139 万元。是年，发放调控粮食收购贷款 1539 万元，支持企业收购小麦 1059 万公斤，支持企业按最低收购价轮入中央储备粮小麦 547 万公斤。2008 年，发放地方储备粮贷款 258 万元，储备小麦 150 万公斤。是年，各项贷款余额 9338 万元，各项存款余额 4803 万元，实现利润 119.24 万元。

中国银行长清支行营业厅 （2008 年 摄）

济南市长清区农村信用合作联社 1985 年，设乡镇信用合作社 10 个，信用分部 14 个，储蓄所 2 个，村级信用站 520 个，办理农村和群众存款及贷款等业务，年末存款余额 5156

■ 长清区农村信用合作联社办公营业楼 （2008年 摄）

万元，贷款余额1905万元。1986年，以种养业为重点，发放农业贷款2107万元。1991年，发放农业贷款4493万元，优先支持粮棉油生产；发放计划性贷款419万元，支持农户多种经营；发放集体贷款3845万元，支持集体购买化肥、良种、农药、耕畜、拖拉机，支持山区发展林果业，支持养鸡、养鸭等养殖专业村；发放乡镇企业贷款4029万元，支持乡镇企业产品结构调整、技术进步、升级创优。1994年4月，信用社与中国农业银行长清支行分门办公，长清县农村信用合作社联合社成立，位于中川街2199号。1996年11月，信用合作社与中国农业银行脱离行政隶属关系。是年，长清联社设办公室、信贷计划科、人事劳资科、财务会计科、保卫科、审计科、工会委员会办公室，辖乡镇农村信用社10个、信用分社11个、储蓄所7个，员工326人，存贷款余额分别为5.94亿元、4.87亿元。1997年1月，联社营业部开通省辖人民币电子汇兑系统。2002年7月，率先在张夏镇青北村推广联户联保贷款业务，为150户农民授信500万元。2005年6月，全区10家农村信用社统一法人，成立济南市长清区农村信用合作联社。2008年，各项存款余额27.9亿元，各项贷款余额21.1亿元。

长清县城市信用合作社 1992年12月，长清县城市信用合作社成立，位于清河街中段，属集体性质的非银行金融机构，主管部门为济南市城市信用社联合社。1993年4月，对外营业，设办公室、会计科、出纳科、储蓄科，干部职工15人。1994年7月，增设黄河商场服务部及中川街服务部。1997年5月1日，划归济南市农村金融体制改革办公室管理，年末各项存款4673万元，各项贷款3221万元，干部职工35人。1999年1月，以收购兼并的形式并入长清县农村信用合作社联合社。

■ 长清区农村信用合作联社大学城分社营业厅 （2008年 摄）

第四章　保　险

第一节　财产保险

中国人民财产保险　1951年7月，中国人民保险公司长清县支公司成立，位于长清老城南门里街，下设人事秘书股、会计股、计划督导股、农保股、防灾理赔股。1953年，全面停办农村保险业务，长清县保险支公司撤销，并入县财政局。1956年，建立长清县保险所。1958年，撤销长清县保险营业所，长清县财政局设保险股，年底停办保险业务。1959年8月，保险业务工作处理完毕，撤销保险机构。1980年4月，在长清县人民银行设立保险股，全面恢复办理保险业务，主要开办企业财产险、家庭财产险、机动车辆险、小麦火灾险等。1984年4月，长清县人民银行保险股从长清县人民银行分出，成立中国人民保险公司长清县支公司，设人秘科、业务科、计财科，在工商银行大楼办公。1985年6月，搬到长清县服务公司大楼租赁办公室办公。1986年7月，位于新城清河街的办公大楼建成投入使用。1991年，长清县被山东省政府评为全省保险先进县。1992年、1993年，被评为全国保险先进县。1996年4月，中国人民保险公司长清县支公司一分为二，分别成立中保财产保险有限公司长清县支公司和中保人寿保险有限公司长清县支公司，实现产寿险的专业化经营。至1997年，财产保险公司开办的业务有企业财产险、家庭财产险、机动车辆险、货物运输险、农村种植业和养殖业险、居民住户险以及各类责任、质量险等40余个险种，年末保费收入630万元，理赔案件950起，赔付金额600万元。1999年1月，更名为中国人民保险公司长清县支公司。2002年5月，更名为中国人民保险公司济南市长清区支公司。2003年7月，更名为中国人民财产保险公司股份有限公司济南市长清支公司。2005年10月，保费收入突破1000万元大关。至2008年，承保险种发展到56个，承保金额21530万元，保费收入1500万元，理赔案件3800起，赔付金额950万元，赔付率63%。

■ 中国财产保险公司长清支公司办公楼　(2007年　摄)

太平洋财产保险　1996年12月，中国太平洋保险公司长清支公司成立，设国内国外业务部和计划综合部，干部职工13人。

1997 年,公司开办的保险种类共分三大类 29 个险种,业务范围覆盖全县 11 个乡镇,保费收入 400 余万元。1998 年 6 月,中国太平洋保险公司长清支公司保险理赔鉴定中心成立。2001 年,产寿险分业,成立中国太平洋财产保险股份有限公司济南市长清支公司。2008 年,承保险种发展 100 余个,保费收入 850 万元,理赔案件 1001 起,赔付金额 325 万元,赔付率 38.2%。

中国人寿保险公司长清区支公司办公楼 (2008 年 摄)

第二节　人寿保险

1996 年4 月,中国人民保险公司长清县支公司产、寿分设,成立中国人民保险公司人寿保险有限公司长清县支公司。是年 9 月,建立保险个人代理人营销机制。1997 年,开展全县乡村医生养老金保险、全县旅游景点保险。是年,保费收入 1096 万元,支付赔款 138 万元。1998 年,建立乡镇营销代办所,公司在长清县宾谷街兴建新办公楼。1999 年 1 月,更名为中国人寿保险公司长清县支公司。2000 年 7 月,开展新险种“母婴安康保险”。2001 年 1 月,公司迁至宾谷街东段新办公大楼,建筑面积 2049 平方米;4 月,公司新办公楼正式营业,建筑面积 2100 平方米的职工住宅楼竣工。2002 年 5 月,公司更名为中国人寿保险公司长清区支公司。2003 年 8 月,公司更名为中国人寿保险股份有限公司长清区支公司。2004 年 3 月,开办新险种鸿裕两全分红保险。至 2008 年,承保险种发展到 30 个,承保金额 3.5 亿元,保费收入 10200 万元,理赔案件 2200 起,赔付金额 600 万元,短险赔付率 75%。

第十六编

城建 环保

Urban Construction and Environmental Protection

长清新城区 （2008年 摄）

乐天小区　　（2008年 摄）

长清新城一角　　（2008年 摄）

长清县是济南市科学文化教育的卫星城。1985年,长清县城实施东迁后,全县城乡进入快速发展时期。至1997年,累计投资8亿多元,基本完成县城规划区内道路、供水、供电、通信等基础设施工程,现代化城市框架初步形成,新城区已成为全县政治、经济、文化中心。1999年,长清县被评为全国城市环境综合整治优秀县城。2006年,长清区获山东省建筑业十强县(区),被誉为"山东省建筑建材之乡"。至2008年年底,城区面积扩大到20平方公里,居民15万人,累计投资30亿元;形成七横八纵道路框架,总长30.71公里;建成设有物业管理住宅小区17个,现代化商业设施相继建成;有公园广场6处,总面积8.2万平方米;城市环境优美,绿化覆盖率40%,供水、供电、供热、供气、饮食娱乐等服务功能显著增强。

至2008年,长清区城乡环境质量明显好转,全年环境空气质量良好以上天数比例为89.8%,工业固体废物综合利用率98%以上。

第一章 城镇规划

第一节 总体规划

1984年,国务院批复《长清县新县城总体规划》,规划面积为5.17平方公里,控制面积为20.67平方公里,将县城分为工业区、仓储区、居民区、行政区、商业区、文教卫生区、公共绿地区七大功能区。1985年,长清县城实施东迁。1987年,第一次对原规划进行修改。突出总体规划中长清县城的性质,提高文教卫生、体育用地比例。文教用地达20公顷,体育用地达10公顷。调整工业用地,取消分散仓库用地为集中规划。办公、居住分开,体现各自功能。道路由窄变宽。修改电力、电讯网络。健全服务用地功能,增加绿化用地,建设街心公园,规划远期文昌山风景区,进一步完善城市各项功能。1990年,第二次修改规划。重点对东至灵岩路,西至峰山路,北至中川街,南至南环路的新城建成区进行详细规划。规划区内建设10条道路,南北6条、东西4条。清河街规划区分三段,西段以工农业办公机构和财贸单位为重点,中段安排全县的领导机关和权力机关,东段主要是安排文教卫生机构。沿道路建筑布置上采取前后错开手法,建筑与绿化密切配合,建筑形式多样化,同时设计公园和体育中心。第一居住小区规划指标为总用地18.48公顷,人均占地18.3平方米,共安排住户2200户,约8800人,住宅面积为11.88万平方米,设计300~400平方米小花园10余个,0.7公顷的小区公园1个,人均绿化面积达到2.5平方米。1993年起,根据长清经济和社会发展的实际,对县城总体规划进行第三次调整,调整后的新城区规划面积17.96平方公里,控制面积79.95平方公里。1996年,对县城总体规划进行第四次调整,编制1996年—2010年远景规划,规划面积为18.32平方公里,控制面积438平方公里(包括五峰山、莲台山风景名胜旅游区)。2001年6月26日,经国务院批准,长清撤县设区,城市建设迎来一个新的发展高潮。根据《济南市空间发展战略及新区发展研究》,济南市确定"东拓、西进、南控、北跨、中疏"的空间发展定位和"一带一城一区"的城市发展格局,长清成为"西进"战略的重要承载地和城市发展格局中的重要“一区”，为此确定“新区开发、老城提升、两翼展开、整体推进”的城市发展总体思路。2002 年，省、市政府决定在济南市长清区规划建设大学科技园。2003 年，大学科技园正式开工建设。至 2008 年，长清区在整个城市建设上形成政务商住区、大学科技园区、济南经济开发区、农高区、五峰山旅游度假区五大片区，城市规划控制面积 160 平方公里。

第二节 专项规划

渤海商城 1993 年规划，北临宾谷街，西临峰山路，占地 1.87 公顷，总建筑面积 1.5 万平方米，设计为营业、住宿为一体的综合性商场。

建材市场 1993 年规划，西临灵岩路，北临中川街，占地 2 公顷，总建筑面积 5000 平方米。

步行商业街 1994 年规划，在五峰路以西，清河街与宾谷街中间，东西走向，占地 1.76 公顷，沿街两侧设计造型各异的两层楼，形成县城居民购物的一条主要街道。

文昌小区 1996 年规划，东临文昌路，南靠宾谷街，占地 9.54 公顷。道路广场纳入小区规划，主道宽度为 14 米，次道为 12 米，沿次要道路设计大型停车场。小区规划设计 5 个组团，200 户为 1 个组团。住宅布置采取单位与群体相结合方式。沿宾谷街设计大型商业服务和办公设施，沿文昌路安排小型服务设施，建幼托 1 处。

第三节 村镇规划

1993 年，开始组织编制第二轮乡镇总体规划，平安、孝里、万德、双泉、张夏、崮山 6 乡镇实施小城镇总体规划编制，规划期限为近期至 2000 年、远期至 2010 年，以上 6 镇总规划于 1994 年经县政府审批。1994 年，对全县 600 个村庄实施村庄建设规划调整，历时 3 年，510 个村庄编制完成新一轮村庄建设规划，并报县政府审批。2005 年，开始进行第三轮村镇规划调整，除文昌街道、平安街道、崮云湖街道，其余 7 个街镇都编制本辖区总体规划。2006 年始，按照新农村建设要求，各街镇实施新农村建设规划编制工作。是年，市规划局实施“送规划下乡活动”，帮助长清区万德镇、归德镇、孝里镇分别实施 5 个村庄规划编制。2007 年，市规划局聘请济南市规划设计研究院对长清区实施镇村体系规划编制，历时 2 年，编制完成《济南市长清区镇村体系规划（2007—2020)》，该规划确定 7 个街镇 36 个中心村，22 个基层村。2008 年，市规划局对长清区 36 个中心村进行村庄建设规划编制。至 2008 年，全区共完成 150 个新农村建设规划。

第二章 城区建设

第一节 道 路

1985 年，长清新城建设开始。至 2008 年，先后建成清河街、龙泉街、水鸣街、中川街、宾谷街、玉符街、湄湖街、凤凰路、文昌路、莲台山路、灵岩路、五峰路、马山路、峰山路、孝堂山路 15 条城市道路，总里程 30.71 公里。

清河街 西起峰山路，东至凤凰路，共投资 417 万元，分两期施工。1986 年—1988 年，完成西段 2040 米；1996 年，完成东段 560 米，总长 2600 米。清河街宽为 60 米，快车道 16 米，慢车道 17

清河街　(2008年摄)

米，沥青路面。人行道各8米，铺装人行道花砖。中间绿化带2条各2米。共安装路沿石1.58万米。铺设排水沟管道5280米，砌筑雨水斗检查井264个。清河街为长清新城主干道。

灵岩路　1988年，灵岩路开始建设，全长2600米，宽50米，是220国道的一部分。主路为混凝土路面，宽16米，慢车道为6米，沥青路面。两边人行道各8米，铺水泥花砖，隔离带为3米。共安装路沿石1.56万米，铺设排水沟长5200米，砌筑检查井、雨水斗364个，硬化道路面积7.28万平方米，成为县城对外交通要道。工程总投资143万元(中间主车道由国家建设投资)。

灵岩路　(2008年摄)

五峰路　北起中川街，南至龙泉街。1987年，五峰路建设列为县重点建设项目，总投资130万元。五峰路全长1221米，宽36米，一条分车带，两条车道宽各8米，人行道路各7米。安装路沿石4884米，铺设排水沟2442米，直径800毫米，砌筑检查井、雨水斗174个，硬化面积1.71万平方米。五峰路是新城区的一条主要干道、商业街。2003年，翻修改造，道路红线宽度30米，其中车行道18米，两侧人行道各6米。

中川街　中川街原是宽6米的独板沥青道路，两侧树木粗大、大坑较多、地形复杂、拆迁房屋较多。设计成宽40米的街道，主车道两侧各10米，中间绿化隔离带为4米，人行道各8米。1991年下半年，完成排污管道铺设，长度5000米。安装路沿石1万米，砌筑检查井、雨水斗500个。1992年，铺设灰土8100立方米，铺设沥青路面4.05万平方米。总投资297万元。

水鸣街　西起五峰路，东至经十西路，1991年开始建设。2004年，翻修改造，道路全长1760米，道路红线宽度21米，其中车行道15米，两侧人行道各3米。

湄湖街　西起经十西路，东至法桐路，1990年开始建设。2005年，翻修改造，道路全长3500米，道路红线宽度25米，其中车行道16米，两侧人行道各4.5米。

文昌路北段　北起大学路，南至清河街，1994年开始建设。2005年，翻修改造，道路全长600米，道路红线宽度30米，其中车行道16米，两侧人行道各7米。

峰山路　北起长清大桥，南至G220与S104交汇处，该路为省道。2006年，拓宽改造，改造总长度7100米，道路红线宽度44米，其中车行道25米，慢车道6米，两侧人行道各6.5米。

莲台山路北段　北起湄湖街，南至大学路，1992年开始建设。2007年，翻修改造，道路全长460米，道路红线宽度25米，其中车行道14米，两侧人行道各5.5米。

龙泉街西段　西起孝堂山路，东至峰山路，原为3米的小路，两侧树木粗大、坑洼不平。2008年，翻修改造，道路全长2840米，道路红线宽度14米，其中车行道8米，两侧人行道各3米。

第二节 照 明

■ 1987年1月1日，建设部副部长谭庆琏在自来水厂落成典礼上剪彩

1985年起，县城东迁，清河街、灵岩路等城市主干道先后安装194基路灯。2001年，完成220国道253基路灯安装。2002年，完成灵岩路、五峰路、水鸣街、宾谷街、玉符街、龙泉街中段、凤凰路北段7条路段计447基路灯安装。2003年，完成凤凰路南段、龙泉街东段计113基路灯安装。2005年，完成文昌路、莲台山路、马山路、大学路、水鸣街、宾谷街、步行街7条路段计489基路灯安装。2006年，完成石麟广场计92基路灯安装工程。2007年，完成峰山路、文昌路南段、湄湖街、凤凰路四条路段计404基路灯安装工程。2008年，完成龙泉街西段、玉符街西段计74基路灯安装工程。至2008年年底，城区共有路灯1783基、4831盏，城区亮灯率始终保持在96%以上。

第三节 供 水

1984年7月，长清县自来水公司成立，隶属于县城乡建设环境保护委员会。是年9月，利用县水利局院内一眼农业灌溉机井开始临时供水，以满足县新城建设用水。1985年3月，在水鸣街中段兴建日供水规模为5000立方米的第一自来水厂，其中打深井2眼，建设500立方米清水池2座、200立方米吸水井1座、高低压配电室1幢、增压泵房1幢、消毒间2间、深井泵房2座及值班室，铺设直径100~300毫米城市供水管网4.5千米。1986年12月，在水鸣街中段兴建的第一自来水厂及供水管网工程竣工投入使用，工程总投资1200万元，实现日供水1500吨，填补县城无自来水的空白。1989年5月，总投资60万元，总面积1200平方米的一水厂办公大楼投入使用。1991年9月，进行第二水厂勘察设计。1993年2月，在东王村北兴建日供水规模5万吨的第二自来水厂，打深井6眼。1994年10月，第二自来水厂竣工投产，建成1500立方米清水池2座、300立方米吸水井1座、高低压配电室1幢、值班室及加压供水泵房1幢、深井泵房6座、加氯室1幢、水厂办公楼1幢。是年12月，第一水厂与第二水厂供水管网对接，实

■ 长清区自来水服务中心办公楼 (2008年 摄)

现两水厂联合供水，日供水量 1.1 万吨。1995 年 3 月，铺设长清工业园区（现济南经济开发区）供水主管道 4.7 千米。2002 年 8 月，位于长清大道（2006 年更名为大学路）西段总面积 4500 平方米高 9 层总投资 500 万元的自来水服务中心办公楼建成投入使用。2003 年 5 月，铺设直径 500 毫米大学科技园第一居民安置区供水主管道 1500 米。2004 年 7 月，铺设直径 600 毫米大学科技园供水管道 1200 米。是年年底，实现日供水 1.6 万吨。2005 年，地下供水管网分布新老城区、经济开发区、大学科技园区三大片区，累计铺设直径 200 毫米以下管道总长度 42.2 公里、直径 200 毫米以上管道总长度 63.4 公里，直径 300 毫米以上管道总长度 1.63 公里，实现日供水量 3 万吨。区自来水服务中心先后获省级文明单位、市级卫生单位。2007 年，铺设济南经济开发区、大学科技园、第三安置小区直径 50 毫米以上管道 77 公里。2008 年，供水量 572 万吨。

1986—2008 年长清区(县)供水情况表

表 16－1 单位：万吨

年份	供水量	其中			年份	供水量	其中		
		生活用水	经营用水	生产用水			生活用水	经营用水	生产用水
1986	0.3	0.3	—	—	1998	324	259	65	—
1987	11	11	—	—	1999	396	317	79	—
1988	15	15	—	—	2000	467	327	29	—
1989	23	18	5	—	2001	460	325	31	—
1990	31	25	6	—	2002	469	327	28	114
1991	56	45	11	—	2003	449	327	25	97
1992	78	62	16	—	2004	428	298	42	86
1993	97	78	19	—	2005	426	280	42	104
1994	144	115	29	—	2006	470	342	34	95
1995	216	173	43	—	2007	641	474	29	138
1996	288	230	58	—	2008	572	425	37	110
1997	252	202	50	—					

第四节 排 水

1985 年，长清老城区有汇泉路、车站街等 7 条主干道，道路排水以排水沟为主，且均为雨污混流，排水沟总长度约 20 公里。是年起，长清新城开始规划建设，先后建成清河街、龙泉街、水鸣街、中川街、宾谷街、灵岩路、五峰路、马山路、峰山路等 15 条城市道路。1996年—2000 年，陆续修建及改造东外环、西外环等道路，同时修建排水沟渠并在部分路段敷设陶土管道，排水管道总长度 200 公里。2000年—2005 年，对城区内原有道路进行全部改造和新建道路，全部实行雨污分流，铺设大管径混凝土管。至 2008 年年底，排水管道总长度 380 公里，城市污水集中处理率 90%。

第五节 污水处理

2004 年 9 月，济南市长清区污水处理厂（2007 年更名为济南市西区污水处理厂）开工建设，工程

济南市西区污水处理厂 (2007年 摄)

占地3.3公顷,位于叶庄村东,工程设计规模污水处理能力5万吨/日。一期工程为2.5万吨/日,采用一体化氧化沟工艺,设计出水水质达到国标GB8978-1996的一级标准,即化学需氧量小于60毫克/公升,氨氮小于15毫克/公升。工程共投资5300万元,其中污水处理厂建设投资3800万元,配套管网投资1500万元,主要处理长清城区及经济开发区的生活污水。2006年11月,竣工投入运行,结束长清区没有污水处理厂的历史,北大沙河的水环境得到改善。

第六节 供 气

液化石油气 1989年12月,长清县液化气供应站成立,仅有一部130汽车去济南运载液化气钢瓶,供应县城不足300户居民用气。1992年,建成1座储存液化气容量150立方米,集贮存、充装、供应为一体的综合性液化气罐装厂。1993年3月,县液化气供应站改为长清县液化气公司。是年底,全县有液化气用户6000户。1997年9月,储存容量60立方米的万德灵岩液化气站投入使用;年底,储存容量50立方米的张夏土门液化气站投入使用,全县液化气用户发展到近2万户。1999年8月,储存容量100立方米的张夏茶棚齐鲁液化气站投入使用。2002年10月,区液化气公司被区法院拍卖,将原液化气公司改为济南长兴液化气有限公司。2008年6月,济南泰丰洋煤气有限公司长清汇丰分站在潘村建成,该站储存容量为110立方米。是年,全区有5座液化气供应站,总容量470立方米,有液化气供气点79家,分布在城区及各个乡镇,年销售液化石油气6500余吨,近13万户居民使用上液化气。城区气化率在97%以上,乡镇驻地气化率在90%以上,农村气化率在80%以上。

天然气 2003年,中石化一条天然气管道从长清区穿越。2004年,中石油一条天然气管道从长清区穿越。是年2月,济南百江燃气有限公司和百江投资有限公司共同出资在济南市注册成立中外合资企业。注册资本1亿元人民币,投资总额2.2亿人民币。经营区域为济南市西部片区,由长清城区、大学科技园和济南经济开发区三部分组成。是年12月,开始投资建设天然气工程。2006年10月,天然气输送到长清。至2009年12月15日,济南市西部片区天然气工程总投资1.7亿元,其中建设有天然气门站1座,投资1031.73万元;高中压调压站1座,投资646万元;混气厂1座,投资3413万元;次高压管线19.76公里,投资3425万元;中低压管道99公里,投资3854万元。有9所大学用户、6户商业用户、4户工业用户、3479户居民用户。

天然气归德门站 位于归德镇工业路北侧,长孝路以东300米处,占地面积1.31公顷。长清归德门站向济南西部片区供应天然气,还承担着向济南市区输送天然气的任务。门站建有2个工艺装置区,分别接收中石油和中石化长清分输站输送的天然气。年接收能力5.4亿立方米。

高中压调压站 位于220国道以东、平安医院北侧,占地面积0.65公顷。由门站经次高压管道输送来的天然气进入平安店高中压调压站,经过滤后进入计量及调压装置向长清区的中压管道供气,设计输送能力为每年1亿立方米。

混气厂 在长清大道北侧建有混气厂1座,

占地面积 3.1 公顷。主要功能为管网燃气不足时，对备用气源进行混空气并输入管网，补充气量。混气厂建有 4 座卧罐，总储气容量为 400 立方米。

第七节 供 热

1993 年 12 月 20 日，渤海集团长清热电厂成立。1996 年 4 月，长清县热电公司成立。1997 年 10 月，县热电公司更名为县热电中心。1998 年，新建县委汽水换热站 1 处，铺设蒸汽供热管网管线 3.5 公里，热水供热管网 1 公里。是年 11 月，投入使用，实现城区集中供暖，供热用户 200 户，供热面积 1.8 万平方米，居民住宅供热价格每平方米 17 元。1999 年，投资 200 多万元，新铺设供热管网管线 15 公里，3 号换热站和 4 号换热站开始供热，新增供热面积 10 万平方米。3 号换热站位于第五居民小区内，供热范围主要包括第五居民小区和城关镇周围区域；4 号换热站位于工商银行宿舍内，供热范围为工商银行宿舍周围区域。12 月 15 日，《济南市城市集中供热管理条例实施细则》施行。2001 年 12 月，投资 150 万元，新建邢代庄汽水换热站投入使用，供热范围为宾谷街区域，新铺设供热管网管线 3 公里，新增供热面积 5 万平方米。2002 年 9 月，1 号（政府换热站）换热站收回由热电中心管理。2003 年 6 月，经山东省商业集团总公司和济南市长清区供电公司重组，渤海集团长清热电厂更名为济南银座奥森热电有限公司，双方持有股份分别为 51% 和 49%。投资 80 万元，新建二小区换热站，新铺设供热管网 4 公里，新增供热面积 4 万平方米；灵岩路以东区域循环水供热工程开工建设，实现文昌东西苑、汇富小区大范围区域集中供热，新铺设供热管网 6 公里，投资 2000 万元。是年，撤销换热站改为低温热水由厂区直供。2004 年 11 月 1 日，长清区供热价格及工业用蒸汽价格实行煤炭加价，居民住宅供热价格由每平方米 17.00 元调整为 19.70 元。是年，区热电中心和济南银座奥森热电有限公司合署办公，两个单位一套班子。2006 年，对城区原有汽水换热站进行循环水改造，新增供热面积 20 万平方米。至 2006 年，长清城区有换热站 6 处，铺设管道 40 公里，供热用户 4000 户，供热面积 30 万平方米。2007 年 9 月 27 日，冬季供热时间由当年 11 月 5 日至次年 3 月 25 日调整为当年 11 月 15 日至次年 3 月 25 日。2008 年 10 月 30 日，调整城区居民供热价格，居民住宅供热价格按套内建筑面积每季每平方米由 19.70 元调整为 23.00 元。至 2008 年年底，城区共铺设管道 56 公里，供热用户 6000 户，供热面积 60 万平方米。

第八节 公园广场

1994 年 3 月，成立长清县公园管理处，隶属于长清县城建局。2002 年 12 月，划归长清区市容环卫园林管理局，主要负责政务商住区公园、广场管理。2008 年，有公园广场 6 处，总面积 8.2 万平方米，均为开放式游园、广场。在建公园 3 处，分别为文昌山公园、滨河公园、长清湖公园。

长清乐园 位于清河街南侧，长清宾馆以西。

■ 长清乐园 （1994 年 摄）

长清乐园一角 (1994 年 摄)

清怡园喷泉 (2001 年 摄)

清怡园 (2008 年 摄)

清悦园 (2003 年 摄)

1993 年春，开工建设，10 月 19 日建成开放，初始面积 2.67 万平方米，为封闭式公园。公园有南、北两门，北门为主门，仿古式牌坊设计，门口有 2 座石狮，门内设 2 个龙凤石雕花瓶，雕刻精细，龙凤造型生动逼真，设有影壁墙(镶贴壁画)。建园采用堆山理水叠石造园手法，石块堆砌人工假山、六角攒尖亭(清风亭)、人工跌水、人工湖，峰回路转、曲径通幽，形成小桥流水园林景观。南部是以摩天轮、碰碰车、小火车等八大游乐设备为主的游乐活动区，北部为安静休息区。公园是一处集游乐、休息、观赏为一体的综合性公园。主要树种有黑松、油松、华山松、雪松、水衫、广玉兰、白玉兰、杨树、柳树、楝树、竹子、木槿、丁香、百日红、芍药、牡丹、海棠、月季等，特色植被有爬行卫矛。总投资 387 万元。先后组织大型游园活动 7 次，其中 1997 年春节、庆香港回归为两次大型游园活动，每年都举办花卉盆景展出，培育鲜花近 10 万盆。2003 年，翻修改造，拆除围墙与长清宾馆、清悦园连成一片，扩建增加绿地面积 1.2 万平方米。公园开放后，以为市民提供休闲健身场所为主，西侧设有花卉温室。

清怡园 位于区政府办公楼东侧，占地 1.33 万平方米。1992 年，始建，设东、南两大门，采用堆山、理水、叠石的传统建园形式，混合式布局，假山、湖面、松竹滴翠的湖心岛相映成辉，有仿古式南门牌坊。2000 年，改建，增设音乐喷泉，铺装圆形广场等，园内有绿化苗木 40 余种，主调树种为白皮松、雪松、龙柏、玉兰、海棠等。

清悦园 与清怡园南北相对，属文化集散广场。2002 年，始建，占地 1.33 万平方米，广场以铺装为主，绿化面积 4990 平方米，绿化树种 20 余种。广场南侧采用仿古亭廊作为背景，全园设计取法天圆地方，中心广场为全园最高标点，八根代表区内八处文化风景名胜的花岗石雕柱环绕广场南侧，与清怡园牌坊遥相呼应，中间有音乐喷泉，由南向北形成喷泉跌水，中心广场南部为娱乐健身区，东北角建有长清志铭、与时俱进钟，突出长清文明悠久的历史，文化气息浓厚。清悦园视野开阔，夜间霓虹闪烁、流光溢彩，成为政务商住区社会文化活动的重要场所。是年11月，建成开放。

清心园　位于马山路南首路西，始建于1994年，占地面积4200平方米，绿化面积2880平方米。2000年，进行部分修缮。以圆形铺装广场为中心，周边环绕亭廊花架，常春藤百折千迴，枝叶茂盛。园中建有蘑菇亭等小型设施，可供游人休憩游玩。园中绿化树种13种。常有老年人在此聚集、聊天，故又称老年公园。

大学路西首休闲绿地　位于大学路与经十西路交叉口，2007年建成，占地面积10370平方米，采用自然式布局，为开放式街头游园。在全区城市绿化中，首次将园林造景手法用于街头绿地建设，采用植物模纹组图、硬化广场、人工地形建设模式，园内配植园林苗木近30种。

石麟广场　位于龙泉街西段，石麟山烈士陵园下，建于2007年，占地面积8000多平方米，主调树种为雪松、桧柏等。

第九节　环境卫生

1989年，长清县环境卫生管理所以服务新城区环境卫生为主，新城区道路保洁面积不足20万平方米。随着城市化进程的不断加快，环境卫生工作不断向经济开发区、大学科技园区等新兴城市片区延伸，在抓好基础设施建设的同时，坚持规范化管理，强化市容环卫执法力度，环境卫生质量不断提高。1989年起，连续15年获济南市“泉城环卫杯”。1997年10月，通过“省级卫生县城”验收。1998年12月，被评为“齐鲁杯”创建现代化城市优秀县城。1999年，长清县被评为全国城市环境综合整治优秀县城。至2008年年底，建成区道路保洁面积553.7万平方米。

垃圾清运　1989年8月，长清县环卫所成立

垃圾中转箱　（2008年 摄）

时，有2台12马力拖拉机，主要负责新城区城市生活垃圾清运。1998年7月，长清县环卫清运服务中心成立，清运车辆增至7辆，生活垃圾实行规范化管理。2003年6月，在主城区范围内开始推广地下密闭式垃圾收集容器，设置沿街地下垃圾箱20个，购置配套叉车1台，摆臂车1台。2004年，沿街及单位内部垃圾收集点密封式垃圾收集箱普及率90%以上。2005年，长清区环卫部门开始在大学科技园推广23立方米垃圾中转箱收集生活垃圾。2006年，主城区、经济开发区生活垃圾90%以上实现垃圾箱整体清运，无密封设施垃圾清运车被逐年淘汰。2008年10月，长清第一个垃圾中转站——涠湖街生活垃圾中转站投入使用。是年，有密封式垃圾清运车辆9辆，生活垃圾清运车辆16辆，机械化清运量已占城市生活垃圾清运量的95%；垃圾清运点204个，清运中心职工30余人，全区城市生活垃圾平均日产量300多吨，密闭化收集运输率95%以上。

道路保洁　1989年，县城道路保洁面积20万平方米，以人工清扫保洁为主。随着城市化进程的加快，2005年—2006年，大学科技园、济南市经济开发区、济南市农业高新技术开发区（以下简称农高区）纳入城市道路保洁管理。2005年—2007年，先后购置机扫车3辆，道路洒水车12辆，道路保洁作业从以人工为主，逐渐向机扫、洒水冲刷加人工保洁精细化管理方式转变，建立保洁员包段、片长包片、环卫所包区域的全覆盖、网格化管理模

高压清洗车 （2008 年 摄）

新型扫车 （2008 年 摄）

式。至 2008 年年底，城市道路保洁面积 553.7 万平方米，城区主次道路机扫率和洒水冲刷率分别达 40%、60%。

公厕建设管理 1989 年，县城区有公厕 2 座，总建筑面积 130 平方米。1990年—1997 年，主城区

大学路公厕 （2008 年 摄）

有 8 座公厕投入使用。2002 年，以 BOT（建设－运营－移交）方式建设五峰路沿街公厕 1 座。2006 年起，先后有 6 座公厕投入使用，其中移动公厕 2 座。2007 年 2 月 1 日，环卫部门管理的公厕全部向社会免费开放。2008 年年底，建成区共有沿街公厕 17 座，其中环卫部门管理公厕 13 座，全部为水冲式公厕。

建筑垃圾管理 1998 年年初，按照建设部《城市建筑垃圾管理规定》，环卫部门对建城区建筑垃圾渣土运输处置实行统一管理，严格实行建设工程项目建筑垃圾渣土处置申报审核制度，由建设单位签订《建筑垃圾渣土处置承诺书》，施工单位签订《建设工程环境卫生责任书》。同时，环卫部门与建设、执法部门配合，开展乱拉乱倒建筑垃圾渣土专项整治活动，对违规运输、处置建筑垃圾渣土的单位和运输业户进行查处，有效遏制建成区乱拉乱倒垃圾渣土现象。

市容管理 2002 年 12 月，根据《济南市市容管理条例》，户外广告、门头牌匾审批纳入区市容环卫园林管理局管理职责。2005 年，在建城区范围内开展户外广告、门头牌匾及单位门前“五包”（包卫生、包绿化、包设施、包容貌、包秩序）专项整治活动，五峰路、清河街成为全区第一批户外广告、门头牌匾整治样板街和区第一批单位门前“五包”整治样板街。

生活垃圾处理 1990 年，单位内部生活垃圾实行统一清运，集中简易填埋处理。1998 年，长清县垃圾处理场投入使用，加强对垃圾处理场防渗、压实、回填、覆土和消杀等环节的控制，无害化处理水平不断提高。2008 年，长清区无害化垃圾处理场建设项目列入区重点工程。

第十节 城区绿化

1986年—2008 年，长清园林绿化发展迅速，以道路绿化、公园广场绿化、单位庭院绿化相互补充，相互融合的城市绿化结构进一步完善。2008 年，建成区内政务商住区（主城区）、大学科

技园、经济开发区、农高区公共绿地面积261.2万平方米(不含文昌山公园、滨河公园、长清湖等在建公园),其中政务商住区58.8万平方米,大学科技园135万平方米,经济开发区62.1万平方米,农高区5.3万平方米。政务商住区绿化覆盖率40%,绿地率31%,人均占有公共绿地面积14平方米。辖区内有省级花园单位8家,市级花园式单位48家,市级花园式小区6个。先后7次被济南市绿化委员会评为济南市城市绿化先进集体。

政务商住区 1986年,主城区内街道绿化仅有清河街1条街道。至2005年,增加到7纵6横13条道路,开放式公园、广场6处,绿化树种增加40余种。至2008年,通过绿地升级改造和拆墙透绿活动,政务商住区道路绿化景观效果进一步提升,道路绿化与单位庭院绿化相互补充,相映成趣,形成以"三季有花,四季常青"为基调,绿化效果、景观效果和生态效果并重的城市大绿化格局。

清河街绿化 清河街绿化始建于1985年。至2008年,清河街绿化面积50440平方米,绿化苗木量约80万棵。行道树为法桐,直径25厘米以上的有755棵,两侧另有毛白杨400棵,是全区城市道路绿化样板路段之一。主要绿化树种有法桐、毛白杨、桧柏、雪松、冬青球、百日红、紫叶李、小龙柏、小叶黄杨、金叶女贞、红叶小檗等。夏季浓荫匝地,凉爽舒适。

灵岩路绿化 即经十西路城区段绿化,始于1997年,全长2650米,绿化面积40438平方米,苗木量619235株,绿化树种主要有雪松、紫叶李、红叶小檗、小龙柏、小叶黄杨、龙柏球、洒金柏等,绿地内种植丰花月季,行道树为国槐。

凤凰路绿化 始建于2001年,长900米,绿化面积4200平方米,苗木量85920株,绿化树种有紫叶李、银杏、女贞球、金叶女贞、红叶小檗、小叶黄杨等。至2005年,经过道路绿化的改造提升,绿化面积9.1万平方米,绿化品种增加法桐、雪松、青桐、大叶女贞、石榴、龙爪槐、冬青、月季、小龙柏等近20个品种。模纹图案色调明快,简洁大方,对比鲜明,两侧每年绿地种植时令花卉,是政务商住区高标准绿化道路之一。

凤凰路绿化 (2008年 摄)

龙泉街绿化 1993年,以行道树绿化为主,全长2300米。2003年,升级改造,道路绿化主要集中于灵岩路以东,东段长900米,两侧分车带采用宽绿地几何模纹组图设计,绿化面积5.518万平方

清河街绿化 (2008年 摄)

龙泉街绿化 (2008年 摄)

米，两侧分车带宽 15 米，种植苗木 81.14 万株，绿化品种增加至 20 余种。主要有法桐、雪松、广玉兰、柿子树、云杉、大叶女贞、石楠、百日红、月季、小龙柏、连翘、金叶女贞、红叶小檗等，乔、灌、花、草合理搭配，色彩明快，季相鲜明，是全区高标准绿化路段之一。西段长 1400 米，以国槐行道树绿化为主。

大学科技园绿化 大学科技园道路绿化始于 2005 年。至 2008 年，完成大学路、丁香路、紫薇路、海棠路、芙蓉路、瓦特路、文汇路等道路绿化面积 135 万平方米。

大学路 全长 7111 米，道路绿化采用双分车带绿化加两侧绿地种植模式，主调树种为樱花，绿化面积 373351 平方米，配植苗木 80 多种，是大学科技园内重要的景观大道。

丁香路 全长 5060 米，采用中间分车带 + 两侧慢行一体 + 两侧绿地种植模式，主调树种有丁香、旱柳等，配植苗木 38 种。

大学路绿化 （2008 年 摄）

紫薇路 全长 10400 米，行道树为千头椿，绿化面积 253068 平方米，采用中间分车带 + 两侧慢行一体 + 两侧绿地种植模式，慢行一体绿化及两侧绿地均有较大比例的紫薇种植，花期长达 3 个多月，配植苗木 50 多种。

海棠路 全长 10050 米，行道树为白蜡，绿化面积 204955 平方米，采用中间分车带 + 慢行一体 + 两侧绿地种植模式。

芙蓉路 全长 7030 米，绿化面积 69623 平方米，采用分车带 + 慢行一体 + 两侧绿地种植模式。

经济开发区绿化 2008 年，经济开发区有道路 12 条，主要道路有玉清路、时代路、凤凰路、玉皇山路、晶恒路、沃德路、重汽黄河路，有平安广场、济柴广场开放式绿地 2 处，绿地面积共 62.1 万平方米。

农高区绿化 农高区绿化以单位庭院绿化为主，道路绿地主要集中在明发路、省计委路两侧，公共绿地面积 5.3 万平方米。

单位及居民区绿化 1986 年，单位绿化及居民区绿化以自发建设为主。1991 年，济南市绿化先进单位的评选推荐为规范绿化工作起到积极的推动作用，长清县自来水公司成为全县第一个济南市绿化先进单位。1999 年，实验小学成为第一批花园式庭院。至 2008 年，辖区内有省级花园单位 8 家，市级花园式单位 48 家，市级花园式小区 6 个。

海棠路绿化 （2008 年 摄）

芙蓉路绿化 （2008 年 摄）

2001—2008 年长清区园林绿化重点工程情况表

表 16－2

位置	工程名称	绿化面积(万平方米)	备注
主城区	龙泉街(东段)	5.5	2003 年建设
	清河街	3.9	2005 年升级改造
	凤凰路	9.1	2001 年建设,2005 年升级改造
	灵岩路	6.5	2005 年升级改造
	玉符街	1.5	2005 年绿化建设
	峰山路	9.2	2007 年绿化建设
	清悦园广场	1.3	2002 年建设
	大学路西首休闲绿地	1.0	2007 年建设,为长清区自主设计建造高标准绿地之一
大学科技园	1 号路(大学路)	37.3	2005 年,开始建设,由济南市西区工程建设指挥部负责组织建设,表内数据为 2008 年年底绿化数字
	2 号路(丁香路)	11.0	
	3 号路(紫薇路)	25.3	
	4 号路(凤凰路)	3.9	
	5 号路(海棠路)	20.5	
	6 号路(芙蓉路)	7.0	
	中心支路	10.7	
	长清湖	345.1	
济南经济开发区	经十西路	26.9	2007 年 7 月,竣工验收
	玉清路	4.2	
	玉皇山路	13.9	
	凤凰北路	4.3	
	晶恒路	1.5	
	时代路	1.1	
	华德路	1.0	
	同兴路	1.2	
	顺兴路	1.5	
	富美路	1.6	
	重汽黄河路	0.7	
	平安广场	2.2	
	济柴广场	1.2	
	重汽黄河路节点	0.8	

第十一节　城建监察

整治露天烧烤　(2006 年　摄)

综合整治　2001 年，以城建监察大队为主，建委、公安、卫生、工商、城关镇、宣传部、电视台等单位组成 100 多人的综合治理队伍，集中开展大规模的综合治理活动，共取缔市场 9 个，启动市场 5 个，规范市场 4 个；取缔马路市场摊点 800 余个，马路出租车 400 余辆；取缔各类非法广告包括门头牌匾、灯箱、移动广告牌、布幅等共 3700 余块（幅）、清理路面“三大堆”（建筑材料、生活垃圾、建筑垃圾）1.3 万余立方米；取缔近 100 户露天烧烤，露天作业的炉灶一律退室营业；城区内 7 街 7 路的 2000 余户门店全部退路进室；粉刷主干道两侧门头店 20 家；取缔城区废品收购站 3 处、钢材销售处 2 处和砂库 5 处；拆除城区内有碍观瞻的旧灯杆及各类线杆，实施灯亮工程，亮灯率 100%；拆除乱搭棚屋 60 余处。经过治理，占道为市的现象基本消失，城区交通环境改善。2002 年，以“创建全国文明城市”为出发点，坚持依法管理城市，共收缴非法广告 1 万余份，清理广告 8 万余处，调整规范集贸市场 4 处。2003 年，具体负责实施五峰路的道路重修、人行道铺装、路沿石施工和灵岩路、凤凰路、龙泉街的路灯安装。2005 年，实施经十西路北大桥和经十西路南雕塑、大型广告牌制作和整个绿化工程。规范经十西路、五峰路、宾谷街等部分路段门店牌匾，规范人力资源市场。2006 年，联合长清区建委对全区在建工程进行安全文明施工大检查，在山东轻工业学院召开文明施工现场观摩会。2007 年，交通、交警部门对城区车辆停放秩序和出租车进行规范整治。2007 年，实行“徒步巡查”“档案管理”制度，建立“流动商贩业户档案”，实行“首次违法免责制”，管理更加人性化。至 2008 年年底，共立案查处违法建设工程 5513 起，拆除违章建筑物 10 万余平方米；拆除鲁能工业园、五峰山旅游度假区、农高区（佳宝工业园周边）等乱搭乱建 2200 余处，制止突击建设 1578 户，取缔占道经营摊点 1.86 万处。

执法行动　(2005 年　摄)

城市管理老年志愿团成立大会（2006 年 摄）

城管老年志愿团 2006 年 7 月，长清区城管执法局在全国率先成立第一支由本区离、退休老干部、老职工组成的城市管理老年志愿团。至 2008 年年底，城管老年志愿团发展到 320 人。老年志愿团以"感动社会、带动市民、调动各界、推动执法"为宗旨，宣传城市管理法规，参与城管工作。老年志愿团按照居住区分为 18 个分队，5 个宣传站，向广大市民发放倡议书《致广大市民一封信》3000 余份，开展志愿者联系业户活动，"结对子""签状子"221 户。与城管执法队员"错时"互补，对违规者耐心说服。老年志愿团成员走街串巷清理"牛皮癣"4 万多条，整理乱存乱放车辆 2.25 万辆次，帮助业户退路还厅 18330 余次，协助执法局清理露天烧烤摊，采取分队包片的形式，划分责任区，协助执法局创建 4 条文明和谐责任街，给城管执法局提建议、金点子 56 条。城管执法局执法人员与老年志愿者成立城管艺术团，用喜闻乐见的形式和自编自导自演的文艺节目，宣传城市管理的法律法规，成功策划和演出"和谐之光"元旦文艺晚会、"长清区之韵"大型广场文艺晚会等文艺演出 22 场。

第三章 村镇建设

第一节 城镇建设

1986 年，全县乡镇驻地的机关、学校、医院、商业建筑均以砖木结构平房为主，居民多为土坯房、石头房。1988 年起，各乡镇驻地公共建设较快，其中万德镇城镇建设统一规划，镇驻地实施向北迁移，商业设施、机关办公楼相继开工建设。1989 年，县政府出台《长清县村镇规划建设管理暂行规定》，规定所有乡（镇）、村建设规划，在报县政府批准后，方可实施。凡是建设二层以上 500 平方米以上，跨度 12 米以上和投资 5 万元以上建筑，必须搞施工图设计，农民自建平房也提倡采用设计或通用图纸。1991 年起，全县各小城镇建设逐步掀起高潮，建设二层楼房，多为下店上宅式。是年，万德镇商业街开发建设，建成鑫源路商业街。1992 年，万德、崮山两镇被省政府命名为村镇建设新型乡镇。1993 年，万德镇被国家计委列入全国百家小城镇开发建设试点镇之一。是年，县政府制定《长清县主要公路两侧建设管理规定》，该规定要求，县城控制区以外的国道、省道、县道、旅游路两侧各500米以内，乡镇驻地、村庄和路边厂店的建设，纳入统一管理；对全县范围内国道两侧的商业门店进行外形改造和美化绿化；各乡镇驻地开始商业一条街建设，归德、张夏、马山、双泉等乡镇率先拆除拓宽、改造商业街；平安店镇、双泉乡、张夏镇、崮山镇编制乡镇总体规划；万德镇政府北迁，新办公楼启用。1994年，县委、县政府提出小城镇"三个一"（每个乡镇建设一条商业街，兴办一个综合专业市场，逐步形成一个工业小区）建设工程，"三个一"建设迅速展开。万德镇建成灵岩商城、济南石材城、义灵关旅游商品专业市场，张夏镇建成莲台山商城。万德、归德、孝里三镇编制完成小城镇总体规划。1995年，平安店镇政府办公楼北迁，张夏镇建成中国木鱼石城，归德镇建成蔬菜批发市场。是年，在全省第二次村镇建设"十百千"（即在全省每三年评出十个村镇建设先进县，一百个村镇建设新型乡镇，一千个村庄建设明星村）活动评比中，长清县被省政府命名为"十百千"活动先进县，归德镇被省政府命名为新型乡镇（按照城市化、现代化和社会化的方向建设小城镇），万德、归德两镇被省政府列入"百新工程"（即100个新型小城镇建设试点镇的统称）试点镇。1997年，全县"三个一"建设初见成效，建成综合专业批发市场13处、商业街17条，各乡镇工业区引进工业企业300余家。1998年，平安店镇被省政府评为村镇建设新型乡镇。2000年，万德、归德两镇列入省政府中心镇（县城驻地以外一定区域政治经济文化中心，对周围乡镇具有辐射带动作用）。2004年，万德镇被国家6部委（建设部、国家发改委、民政部、国土资源部、农业部、科技部）评为全国重点镇（重点建设发展的小城镇）。2005年，归德、万德两镇第三次编制完成小城镇总体规划并经省规划专家委员会论证通过，张夏、马山、双泉、武庄、孝里编制完成小城镇总体规划（没有进行论证）。是年，万德镇被省人事厅、建设厅评为小城镇建设示范镇。2007年，万德、归德两镇被市政府列为"城镇建设行动"试点小城镇，分别投资650万元、610万元，对镇驻地道路、供排水、绿化、照明设施、低压线路等进行改造建设。归德镇利用城镇建设行动专项资金建成顺和园、槐荫公园（因该园内有一棵古槐得名），万德镇建成一处1万平方米垃圾掩埋场，建成一处日供水2000立方米水厂。2008年，孝里镇被列为第三批"城镇建设行动"试点小城镇，建成"中华孝文化广场"、政府广场、休闲健身广场，完成投资800万元。是年，张夏镇被列入第三批城镇建设行动试点镇。

■ 中华孝文化广场 （2008年 摄）

第二节 村庄建设

1986年前，农村住房多为土坯房、石头房，房顶为平、坡两种模式，个别为砖木结构民居。一般村庄有水湾，用于雨季排水储水。1986年后，随着家庭联产承包责任制的推行，农村经济迅速发展，村庄建设步伐加快。农民修建石基、砖墙瓦房的越来越多，有的房屋建前出厦、锁皮厅房，房屋样式日趋新颖，室内客厅、卧室、餐厅、厨房、卫生间逐渐配套齐全，土坯房、石头房逐步被淘汰。至2008年，农民大部分住上砖混结构的房屋，有的盖起楼房，80%的村庄用上自来水，实现村村通电、村村通电话、宽带、有线电视、村村通水泥路。

1987年8月26日，马山镇西褚科村遭龙卷风袭击，农民房屋倒塌123户，县委县政府立即成立防灾指挥部，全县各级有关部门倾全力帮助灾民建设家园，在不到两个月的时间内建起123处砖瓦新房。1992年，在全省村镇建设“十百千”活动中，长清镇西三里、万德镇坡里庄等15个村被省政府命名为明星村庄。1993年，对村庄规划进行调整(对村庄住宅建设、道路建设、供排水系统、供电等进行规划布局)，全县开始实施小康屋建设，各乡镇分别确定1~2个村庄作为试点，其中，长清镇东王村、张夏镇金庄村、归德镇归南村、平安店镇东潘村首先开始建设小康屋。是年，金庄村建成15户小康屋。1994年，金庄村又建成45户，归南村建成24户，东王村建成34户，东潘村建成20户。是年，归德镇归南村小康屋在全省小康农居评比中获优秀设计方案二等奖。1995年，在全省村镇建设“十百千”活动中孝里镇广里店村、归德镇李官村等15个村被山东省建设厅评为明星村。1996年8月，沿黄四镇(平安店镇、长清镇、归德镇、孝里镇)部分村庄遭受洪涝灾害，近千户农民房屋受淹。是年，省委、省政府确定实施沿黄滩区村庄搬迁，在省、市各级政府扶持下，滩区建设开始实施。至1998年，滩区建设全部完成，整体搬迁12个村，2060户，局部搬迁30个村，4260户，加固房台安置25个村，1680户。1999年，因玉清湖水库建设，平安店镇罗屯、全福两村195户农民搬迁至220国道东长清聋哑学校北侧，是年开工建设并搬迁入住。2005年，崮云湖街道大梁、小梁、魏庄、王府、北孙、张庄、石围子王、周庄、段庄等9个村和文昌街道东八里、西八里两村村民相继搬入乐天小区，原村房屋全部拆除。是年，崮云湖街道务子北、务子西、务子中3个村村民全部入住丹凤小区，原村房屋全部拆除。是年，全区开始实施社会主义新农村建设，实施村庄环境整治，万德镇皮家店、崮云湖街道开山村被列为省村庄整治试点村，归德镇李官村、张夏镇金庄村、孝里镇龙泉官庄被列为市村庄整治试点村。2006年，崮云湖街道务子前村搬入丹凤小区，文昌街道牛山庄村搬入乐天小区，原村房屋全部拆除。2007年，崮云湖街道前大彦、后大彦村搬入丹凤小区，原村房屋全部拆除。是年，五峰山街道石窝村因齐鲁碑林建设220户农民拆迁，年初开始安置房屋建设，年底入住新居；归德镇永平村被列为省村庄整治试点村，归德镇薛庄村、文昌街道西李村、万德镇六律村和双泉乡尹庄村、马西村被列为市村庄整治试点村。2008年，崮云湖街道西辛村搬入丹凤小区，东辛村搬入乐天小区，原村房屋全部拆除。至2008年，乐天小区入住13个村，丹凤小区入住7个村。是年，文昌街道西李村、张夏镇黄草洼村被列入省村庄整治试点村，双泉乡陈沟村被列入市村庄整治试点村。

第三节　典型镇村

万德镇　地处长清区东南部。1986年，开工建设商业街道路，沥青路面，全长330米，宽20米，1987年竣工。1987年，在商业街两侧建商住房70户，建筑面积6000平方米，1989年投入使用。1988年，建设鑫源路、府前街、信合路、灵芝路，鑫源路全长260米，宽25米，沥青路面，两侧浆砌排水沟500米。府前街全长620米，宽30米，沥青路面，两侧浆砌毛石排水沟1000米。信合路全长550米，宽20米，沥青路面。灵芝路全长200米，宽14米，沥青路面。1989年，4条道路竣工，路基、排水沟是以农田水利会战形式实施，四条道路完成后与104国道、老灵岩路、商业街形成“田”字道路框架网。1989年，建设鑫源路商住楼6幢，建筑面积8000平方米，60户商铺，1993年竣工并使用。1992年，建设镇委、镇政府办公楼，占地1公顷，建筑面积3500平方米，1993年竣工并使用。1992年，万德镇被省政府命名为村镇建设新型乡镇。1993年，万德镇被国家计委列入全国百家小城镇建设试点镇之一。是年，建设农业银行综合楼、电业宾馆、供电办公楼，建筑面积分别为2200平方米、2200平方米、1700平方米，1995年投入使用。1994年，建设灵岩商城，占地1.33公顷，建筑面积8000平方米，主街道2条，呈“十”字形，附属道路4条，整个商城水、电、路全部进行配套，1997年竣工。1995年，建设信用社综合楼，建筑面积2600平方米，是年，万德镇工业园由国土资源部（国土资函〔2005〕217号）通过土地规划审核。1995年，万德镇被省政府列入“百新工程”试点镇。1998年，建设新华书店综合楼，建筑面积1200平方米。1999年，建设信合路商业楼、府前街东侧商业楼，总建筑面积1.2万平方米，2003年竣工。2000年，被省政府列为中心镇。2001年，建设老灵岩路（西段）商业楼，建筑面积4200平方米，2006年交付使用。2002年，被山东省建设厅评为中心镇建设示范镇。2004年，万德镇被建设部、国家发改委、民政部、国土资源部、农业部、科技部六部委评为全国重点镇。2005年，被山东省人事厅、山东省建设厅评为小城镇建设示范镇。2007年，万德镇被市政府列为“城镇建设行动”试点小城镇，对镇驻地中心区进行路面硬化、供排水、绿化、亮化工程，该工程共涉及府前街工程、信合路工程、鑫源路工程、商业街工程、104国道改造工程、环境整治工程和老镇委路改造7项工程。是年，工程竣工，完成总投资650万元。至2008年，万德镇小城镇建设已初具规模，镇驻地辖万德镇城镇居民委员会、万南、万北、小万德、义灵关共5个村居，总人口1.5万人，小城镇占地面积3平方公里，分行政区、商业区、工业区、居住区、文教区五大功能区，基础设施和服务设施配套齐全，形成三纵六横的道路框架，主要道路总长10公里，道路硬化率100%；镇驻地设有日供水2000立方米水厂1处，供水主管道12公里，设有35千伏变电站1座，绿化面积2.5万平方米，行道树3000株，建垃圾掩埋场1处，中心镇区实现道路硬化、环境绿化、街境美化、夜景亮化“四化”目标，小城镇功能配套齐全，环境优美。

李官村　位于济南市经济开发区南园内，有350户，1200人。2006年，被省人事厅、省建设厅评为山东省村庄建设示范村，同时被长清区政府列为社会主义新农村建设示范村。李官村两委会按照“生产发展、生活宽裕、乡风文明、村容整洁、管理民主”的方针，对村庄建设进行整体规划，新规划面积12公顷，南部为2层住宅区，北部为一层住宅区，2层住宅为两户联体，一层住宅四户为一个组团。先后投资200余万元，在村内修南北长600米宽24米沥青路大街，路中间设有2000平方米的绿化带，主要街道安装路灯147盏，新修两纵两横总长3.5公里、宽6米的水泥路面。发展“一池三改”农村沼气建设模式，已修建沼气池260户，全村74%农户用上沼气池。实施“阳光屋顶工程”，有257户安装“力诺牌”太阳能，全村73%农户用上太阳能。

拔山村　位于万德镇东部，全村共有180户，607人，耕地面积26.1公顷。2006年，拔山村两委会按照因地制宜、科学规划，以“山、水、林、田、路”综合治理的原则，以创建“绿色、生态、和谐”新农村为目标，对村庄进行规划设计，先后投资52万元，硬化村内街道1万平方米；投资1.5万元，安装路灯50盏，架设输电线路6000米，安装全天候多方位监控器1套；投资60万元，建设拦河坝22座，桥梁8座，顺河堰2800米，蓄水量20万立方米；投资8万元，建休闲文化娱乐广场3处，建观光花架长亭1个，铺设广场花砖面积600平方米，铺砌自然石地面面积800平方米，安装石桌、石凳20套，安装健身器材5组。栽植冬青、黄杨、垂柳、迎春花等各类绿化苗木3000余株。在村内街道硬化的基础上，开挖、疏通、铺砌排水沟5条，长1500米，新安装钢结构垃圾楼4个，建地上垃圾池5个，总投资5万元。结合省级旅游特色村的创建，新建旅游接待中心1处，建筑面积180平方米；投资7万元，建设高标准、水冲式公厕1处，面积16平方米。2007年，被评为省级旅游特色村。

第四章 房地产

第一节 住房制度改革

1992年6月，长清县政府从县建委、财政局、行管局、物价局、建行等部门抽调15人组建住房制度改革领导小组办公室，对城区居民住房进行调查、摸底、测算，制定房改方案。1998年5月，更名为住房制度改革办公室。长清县住房改革的主要内容是：公有住房出售、推行住房公积金制度、落实公有住房提租、住房补贴、住房保障。

公有住房出售 1992年8月起，县房改办先后出台两次房改实施方案，举办房改培训班4期，培训业务骨干800余人。至1997年，全县114个公房所有单位办理公房出售手续，出售公房3769户，发放产权证书，归集售房款4752万元。1998年起，又制定两次房改政策。至2008年，全区（县）共出售公有住房9000余户，出售面积72万平方米，累计售房款2.07亿元。

推行住房公积金制度 1994年，长清县全面推行公积金制度，缴纳比例为工资总额的4%，政策制定后先在城区有条件的单位实施，1996年扩展到乡镇，公积金有县住房资金管理中心专类账户管理。2002年，公积金归济南市资金管理中心管理。2004年，公积金缴纳比例提高到工资总额的7%。

公有住房提租 公有住房提租，进行4次动态性提租，租金标准砖混一等由1995年第一期的0.7元/平方米，分阶段提到2003年第四期1.92元/平方米，超面积部分实行加租。

住房补贴 长清县按照省、市关于深化住房制度改革的要求，制定实行货币化分配细则，济南市住房委员会批复，从1998年停止实物分配，实行住房分配货币化，同意从1999年1月1日起按职工基本工资的25%发放住房补贴。由于长清县的经济基础比较薄，没有能力负担货币化补偿和住房补贴，直到2005年4月1日起按基本工资的15%发放。2007年1月1日，住房补贴提高到基本工资的35%。

住房保障 2005年，济南市实施廉租住房管理办法，长清区对符合条件的800多户家庭发放租金补贴553万元。2005年，长清区经济适用房建设服务中心正式开始前期运作，实施住房保障政策。2006年1月，经济适用房进行招投标，长兴集团与港基集团中标。2007年5月10日，长清区第一个经济适用房小区雅居花苑住宅小区奠基。2007年，住房保障推出实物配租与经济适用房方式，申请实物配租的7户选房入住。2008年，经济适用房龙泉居与雅居花苑开始销售，出售经济适用房300多户。

第二节 住宅小区

住宅小区建设 1986年—1997年，新辟开放式居民小区5处，即第一居民小区、第二居民小区、第三居民小区、第四居民小区和文昌小区，总建筑面积9.8万平方米。至2008年，共建成有物业管理的住宅小区17个，总建筑面积195.26万平方米。

住宅小区简介 *汇富苑小区* 位于龙泉街东段以南，凤凰路以东，建筑面积20万平方米，类型为多层，2008年1月建成。

名仕居小区 位于凤凰路419号，建筑面积

汇富苑小区　　(2008 年 摄)

文昌花苑小区　　(2008 年 摄)

名仕居小区　　(2008 年 摄)

乐天小区　　(2008 年 摄)

7.8 万平方米，类型为多层，2008 年 6 月建成。

银河商住楼　位于清河街以北，灵岩路以东，建筑面积 0.8 万平方米，类型为多层，2004 年 10 月建成。

文昌西苑小区　位于宾谷街东段路北，建筑面积 4 万平方米，类型为多层，2001 年 12 月建成。

乐天小区　位于大学路以南，文昌山以东，建筑面积 63.52 万平方米，类型为多层，2004 年 12 月建成。

丹凤小区　位于丁香路南北两侧，济广高速以西，建筑面积 37.86 万平方米，类型为多层，2005 年 10 月建成。

警苑小区　位于龙泉街以南、文昌路以西，建筑面积 3.5 万平方米，类型为多层，2008 年 9 月建成。

常青花苑　位于龙泉街中段以南，建筑面积 3 万平方米，类型为混合，2007 年 6 月建成。

忠职巷长箭宿舍　位于忠职巷 110 号，建筑面积 9800 平方米，类型为多层，1999 年建成。

长箭园林宿舍　位于中川街农机公司南邻，建筑面积 3300 平方米，类型为多层，2006 年建成。

文昌山庄　位于凤凰路 245 号，建筑面积 7.46 万平方米，类型为多层别墅，2000 年建成。

长兴公寓　位于大学路 7266 号，建筑面积 2.1 万平方米，类型为小高层，2006 年建成。

文昌东苑小区　位于宾谷街东段，建筑面积 6.5 万平方米，类型为多层，2005 年建成。

鸣泉嘉园　位于峰山路 2336 号，建筑面积 8.13 万平方米，类型为混合，2004 年建成。

鸣泉嘉园西区　位于峰山路以西，建筑面积 1.56 万平方米，类型为多层，2006 年建成。

东方家园小区　位于大学路以北、莲台山路以西，建筑面积 1.6 万平方米，类型为多层，2007 年建成。

鲁商常春藤　位于大学路 2166 号，建筑面积 26.12 万平方米，类型为小高层，2008 年建成。

第三节 房地产管理

房地产登记 1995年4月前，县城辖区内房屋产权产籍由县建委房管科管理。是年4月，长清县房地产管理局成立后划归县房管局管理。1996年3月，成立县房地产交易市场，从事房地产买卖、租赁、抵押、评估、咨询等业务。至1997年，共发放公私房产产权证书1495份(不含房改售房)，共办理公私房产交易320户（处），评估房产32处，办理抵押登记10户。2002年，撤县划区后，产权登记业务上交济南市住房保障和房产管理局，长清区房管局不再具备审批权限，只负责预受理工作。2008年，长清区房管局启动房屋产权档案数字化管理工作，增加数码相机、扫描仪、打印机等设备，推进房屋交易与权属登记网上审核和资料传递。是年，共办理初始、变更登记100件，面积20万平方米，转移登记1134件，面积17.4万平方米，金额3.17亿元；抵押登记571件，面积18.8万平方米，金额6.85亿元，协税800万元；办理房改售房补齐产权15户，换购4户，房改出售5户，审核已购公房上市交易155户。

物业管理 1995年9月，长清县房管局物业管理公司成立，主要负责房改出售公房的共用部位和公共设施的维修管理、居民小区物业管理、商贸写字楼物业管理与安居工程的开发建设工作。至1997年，物业管理公司共筹集资金8万余元，为6个单位1500平方米的楼层进行检修。2008年，全区有30余个住宅类的物业管理项目，有资质的物业企业17家，其中注册三级资质以上的企业15家，获得省市级优秀住宅小区14家。有10余个老旧小区，配套设施不齐全，未实施正规物业管理。

第五章 建筑业

1986年起，长清建筑业立足本地实际，依托资源优势，企业规模加速膨胀，产业链条迅速拉长，核心竞争力不断增强。1995年和2006年两次被评为山东省建筑业十强县(区）。至2008年，建筑施工队伍由1986年的2家发展到49家，建筑业从业人员由7200人发展到5.8万人，施工产值由4395万元增长到46.8亿元，工程合格率由47%提高到100%，建筑业实现超常规、跨越式发展。建筑业已成为全区国民经济的重要支柱产业，被誉为“山东省建筑建材之乡”。

第一节 建筑队伍

1951年，成立长清县第一建筑公司，属国营企业。1978年12月，成立长清县第二建筑公司，由10个公社建筑队联合组成。1992年，将原属长清县第二建筑公司管理的平安、归德、城关工区改制为独立核算的县以上集体企业，即长清县第三建筑公司、长清县第四建筑公司、长清县第五建筑公司。是年，成立长清县装饰公司。1993年，将原属长清县第二建筑公司管理的五峰、马山、崮山、武家庄、万德工区改制为长清县第七建筑公司、长清县第八建筑公司、长清县第九建筑公司、长清县第十建筑公司和灵岩建安公司，均为县以上集体企业。根据机关办实体的要求，县物资集团成立鲁清建安公司，劳动局成立长清县第六建筑公司和长清建安公司，县人大成立灵岩园林开发服务中心，县建委成立长城建安公司，房地产开发总公司成立长清县开发总公司、建安公司和装饰公司，供电局成立云龙电力建设有限责任公司、凌云装饰公司，与外商合资成立延铭建安公司，能源办公室成立能源装饰公司，花岗石集团总公司成立花岗石板材装饰公司。外经委的外经建安公司归口县建委管理。同时还成立冶金化工设备安装公司、机械化施工公司、广里建安公司、马套建安公司。1997年，成立双鲁建安公司和长清锅炉设备安装公司。至1997年年底，全县有资质企业30家，其中二级资质9家、三级资质20家、四级资质1家；建筑施工队伍22家，装饰企业4家，设备安装3家，机械化施工1家。2002年，全区建筑业共有资质企业28家，一级企业2家（长兴建设集团、平安建设集团），二级企业12家，三级企业14家。2004年，港基建设集团晋升为全国一级总承包建筑企业。2007年，山东国舜建设集团晋升为国家机电工程总承包一级企业，填补济南市没有机电总承包一级企业的空白。是年，济南长泰建设集团晋升为国家一级总承包企业。至2008年年底，全区共有建筑业企业49家，涉及专业门类21个（房屋建筑、市政公用、预拌商品混凝土、装修装饰、混凝土预制构件、起重设备安装、建筑幕墙、钢结构、建筑防水、土石方、金属门窗、园林古建、机电安装、钢结构、环保、防腐保温、管道、地基与基础、城市及道路照明、送变电、空气净化）；施工总承包企业21家，其中房屋建筑总承包企业19家（一级5家、二级4家、三级10家），机电安装总承包企业2家（一级1家、二级1家）；专业承包企业20家，其中二级企业11家，三级企业9家；劳务分包企业8家；共有从业人员5.8万人。

第二节 建筑设计

1985年，成立长清县建筑设计室，设计资质为丙级。1993年3月，改名为长清县建筑设计院，设计资质为丙级。1988年，在省建委组织的“山东省‘七五’期间住宅方案设计竞赛”中，长清县建筑设计院获全省丙级设计单位第二名。1998年5月，改名为长清县建筑设计研究院。2000年9月，改名为济南市长清建筑设计研究院。2004年，申报工程勘察乙级资质，全院职工26人。2005年7月，申报城市规划编制资质。2008年，济南市长清建筑设计研究院具有城市规划编制丙级、建筑工程专业乙级、工程勘察专业乙级、工程测量和项目管理五项资质综合型设计单位，注册资产200万元，办公设备齐全，技术、质量、财务、行政管理体系和制度健全，通过ISO 2000质量管理体系认证。在职职工50人，其中高级职称7名，一级注册建筑师2名，二级注册建筑师6名，一级注册结构师2名，注册城市规划师2名，从事规划设计工程师4名，其他专业中级职称13名。至2008年年底，共完成单项工程设计1100余项，设计总面积300余万平方米，先后获山东省优秀村镇规划设计项目二等奖1项、三等奖4项、优秀奖4项，获济南市新农居设计方案评选一等奖2项、三等奖4项，获济南市优秀工程勘察设计一等奖3项、二等奖4项、三等奖1项。

第三节 建筑管理

建筑队伍管理 1985年，在建筑队伍中组织技术考核，评定专业技术职称，评出一级技术员25人，二级技术员15人，三级技术员3人。1986年，长清县建委施工科负责队伍、工程、市场管理的全部职能。1990年，施工科改为基建管理科。2002年，全区28家企业通过资质就位，新注入资金1.5亿元，新培训取证项目经理195名，累计300人，职业技能培训2000人，累计5462人。2003年—2004年，共培训技能工2502人。2006年，共培训三级项目经理资质申请41人，二级项目经理资质变更113人，三级项目经理资质变更57人；培训鉴定技术工种15个464人，组织培训技师24人，关键岗位培训676人，一线工人持证上岗率45%以上。2008年，全区共培训建筑职业技能工人1312人，累计14812人，共有高级工2221人，中级工5924人。是年，帮助指导建筑业

企业一级、二级项目经理过渡临时建造师工作，200 人全部通过省建设厅、建设部审核。

工程质量管理　1986 年 7 月，长清县建筑工程质量监督站成立。主要负责长清县行政区域内建筑工程、市政工程、设备安装工程和建筑构配件产品的监督和检测，有职工 6 人，其中专业技术人员 4 人。1989 年起，长清县建筑工程质量逐年提高，在全市同行业评比中名列前茅，多次被省、市业务主管部门评为先进单位。1993 年，县城邮电营业楼被评为全市“十佳”工程，填补县创市级“十佳”工程的空白。1994 年，县城粮贸大厦被评为市“十佳”工程。1995 年，开展对建筑材料检验检测工作，利用科学手段，对建筑材料监督检验。1996 年，石麟小学教学楼、县建设银行住宅楼、县政府 8 号住宅楼、济南军区教导队办公楼被评为市“十佳”工程。至 1996 年，平均每年监督工程 30 余个，面积约 10 万平方米。至 1997 年，获济南市“双十佳”工程 19 项。1997 年《中华人民共和国建筑法》和 2000 年《建设工程质量管理条例》等法规的颁布实施，工程质量监督管理纳入法制化轨道，监督管理的职能和方式进一步转变，质量监督管理由只监督施工企业转向监督参建各方，由眼看、手摸、尺量等一般检查手段转向利用先进的仪器设备、数据采集、数据分析为依据的科学检查手段。2000年—2006 年，全区建筑企业共创“泰山杯”工程 13 个，“泉城杯”（含双十佳及优质样板）工程 34 个。2005 年，全市建筑业企业 20 强评选中，长清区有平安建设集团、长兴建设集团、港基建设集团 3 家企业。2008 年，全区在建工程面积 423 万平方米，实现产值 46.8 亿元，增加值 8.9 亿元，利税 1.7 亿元。

招投标管理　1991 年，长清县招标投标办公室成立，主要职责是宣传、贯彻招投标相关法律、法规，负责本行政区域内房屋建筑和市政基础设施施工、相关重要设备、材料的招投标监管及招投标中违法违规行为的查处。县政府制定《长清县建设工程招标投标管理办法》，改变过去建设工程由建设单位自行确定队伍，实行严格按照招投标方式确定队伍。2000 年，《中华人民共和国招标投标法》颁布实施，县建委先后制定《长清县建设工程招标投标实施办法》《关于进一步加强有形市场管理大力推行建设工程公开招标的意见》《长清县建委关于进一步加强建设工程招标投标管理的意见》等招投标实施办法、意见。2003 年，全区先后有阳光正大、十城圣泰 2 家招标代理机构成立。2008 年，济南建设工程交易中心长清分中心成立，为招投标活动提供专业化、程序化、规范化的服务设施，并且为政府有关部门和相关机构实施监督和管理建立工作平台。

第四节　外地市场

1986 年，长清建筑企业仅有长清县第一建筑公司、长清县第二建筑公司，主要是在长清境内进行工程施工，几乎没有外地市场。20 世纪 90 年代起，随着县属建筑企业和安装企业实力的不断壮大，开始在济南周边地区承接工程，安装企业开始逐步在省外承揽工程，以高科技技术含量工程为主导，以北京、上海、西部和东北为重点，以劳务合作和专业承包为主，拓展省外市场。在环保、机电设备制造安装等方面重点是支持企业资质升级，拓宽承接工程领域；鼓励引导与高校、研究机构的合作，争取国家节能环保科技项目；以长清环保设备、压力容器等制造业优势为依托，发展对应专业安装公司，销售与安装、维修配套成龙，取得显著的经济效益。2007 年，长清区建筑企业承接工程的范围已遍布省内青岛、济宁、泰安、枣庄、聊城等地区，安装企业承接工程的范围遍布东北三省、广东省、海南省、山西省、河北省、浙江省等，产值 28287 万元，施工面积 21 万平方米。2008 年，产值 35176 万元，施工面积 22 万平方米。

第五节　企业选介

济南长兴建设集团　前身为1975年成立的归德建筑队(亦称老六队)。1985年起,相继成立长清第二建筑工程公司归德工区、长清第二建筑工程分公司。1992年2月,经济南市计划委员会同意批复设立自负盈亏的独立公司长清县第四建筑工程公司。1999年12月,在全县集体所有制企业中率先完成股份制改革,更名为长清县第四建筑工程有限公司。2001年6月,注册成立济南长兴建设工程有限公司。2002年1月,公司被建设部评定为国家一级房屋建筑施工总承包资质企业,并经国家工商总局商标局认定注册"齐鲁长兴及图"商标。2004年8月,更名为济南长兴建设集团有限公司,注册资本5360万元,后注册资本增加为8006万元。2008年,济南长兴建设集团有限公司系济南长兴建设集团的母公司,下设长兴房地产、长兴商砼、君兴材料试验3个子公司和28个项目部,下属企业有胜杰劳务、为民物业、得顺广告、力智园林、夏津长兴置业等11个,共有员工5100多人,总注册资本2.72亿元。2008年,长兴集团完成总产值11亿元,税金2715万元。

1994年9月,公司在济南市白马山建成办公大楼,结束长期流动办公的历史。是年10月,在全国城市住宅建设试点单位济南市佛山苑小区劳动竞赛活动中获工程质量奖第一名。1995年10月,公司施工的济南市佛山苑住宅小区4–13号楼获鲁班奖。1996年12月,公司被评为山东省工程质量先进企业,是济南五区五县(市)集体建筑企业中唯一一家。2002年1月,公司成为长清区第一个晋升为国家一级资质的施工企业。2004年3月,公司成为长清区第一个获全国守合同重信用企业称号的建筑企业。2006年9月,全国人大常委会副委员长、中华全国总工会主席王兆国视察公司承建的济南市第二工人文化宫劳动广场改扩建工程。2008年11月,中共中央政治局常委、国务院副总理李克强视察公司承建的济南棚户区顺河片区工程。2009年4月,中共中央总书记胡锦涛莅临该工程视察。

集团公司先后创鲁班奖1个、泰山杯奖10个、泉城杯奖39个,优质工程372个;获全国优秀施工企业、全国守合同重信用企业、中国工程建设社会信用AAA企业、全国优秀民营科技企业、全国双爱双评先进企业、山东省建筑业先进集体、山

济南市西客站片区安置房一期5~7号楼获2008年度济南市建筑工程泉城杯奖 (2008年 摄)

济南长兴公司二号楼获2008年度泰山杯奖 (2008年 摄)

东省质量安全管理先进单位、山东省消费者满意单位、山东省文明单位、改革开放30年山东百强私营企业、山东省文明诚信民营企业、山东省著名商标企业、济南市建筑业综合实力20强企业等称号57项。

■ 董事长刘曰东（左）与长清区委副书记张洪武（右）进行捐款交接仪式（2008年 摄）

长兴集团关爱公益事业，履行社会责任。在长清区慈善总会设立200万元基金，救助贫困家庭和贫困学生。在2008年四川汶川大地震救灾中，公司捐助现金106万元、捐助彩板房100套86万元，组建60人的抗震救灾突击队在擂鼓镇奋战55天，安装彩板房249套，被济南市委、市政府授予济南市抗震救灾先进单位、济南慈善奖最具爱心慈善捐赠企业。

附：优秀人大代表刘曰东

刘曰东，男，汉族，1946年9月生，长清区归德镇凤鸣村人。山东广播电视大学毕业。高级工程师。1969年1月，参加工作。1973年7月，加入中国共产党。1975年12月，归德建筑队走过“九年换十任经理”的历程，濒临破产，归德公社党委临危授命刘曰东担任第十一任经理。1985年12月，任长清第二建筑工程公司归德工区主任。1989年12月，任长清第二建筑工程公司归德分公司经理。1992年2月，任长清县第四建筑工程公司总经理。1993年3月至2005年5月，兼任归德镇党委挂职副书记。1999年12月，任长清县第四建筑工程有限公司董事长兼总经理。2001年6月，任济南长兴建设工程有限公司董事长兼总经理。2004年8月，任济南长兴建设集团有限公司党委书记、董事长。是济南市长清区第十四届人大常委、济南市第十三届人大代表。

1985年12月，刘曰东担任长清二建归德工区主任时，全镇仅有百名建筑工人，承揽的建筑工程是普通的民房、公房。通过考察市场，他聘请16名技术人员，设立对口管理科室，坚持工程质量以优取胜、现场管理以严取胜、施工工期以快取胜、跟踪服务以好取胜的“四个取胜”发展战略，先后创造长清县（区）建筑史上的“六个第一”：第一个优良工程、第一个双十佳工程、第一个部优工程、第一个通过ISO 9000国际质量体系认证企业、第一个承接29层面积近7万平方米的高层建筑工程并创建省科技示范工程的企业、第一个晋升为国家一级资质的建筑企业。1999年12月，企业率先完成股份制改革，建立产权清晰、权责明确的现代企业制度，确立股东大会、董事会

■ 济南市第十三届优秀人大代表刘曰东

和监事会与总经理相互信任、相互协作的“三会一总”的法人治理机制，企业实现健康稳定发展。同时历经10年的探索实践，董事长刘曰东对下属项目部成功推行“五统一、四放权”(“五统一”即由公司统一承揽工程、统一验收交付工程、统一设备管理、统一财务管理、统一预决算管理;“四放权”即班子组阁权、人员录用辞退权、工资发放权、材料的采购供应权)的栋号负责制管理模式。

长泰集团办公楼 (2008年 摄)

在任职人大代表期间，刘曰东认真履行代表职责，提出的加快长清区域民营经济发展、组建长清区中小企业发展担保中心、组建长清区企业家协会以及在归德国庄等村庄建立水厂等建议，都被区委、区政府采纳并落实。

他还热心公益事业，在四川汶川大地震救灾中代表企业捐款106万元、个人捐款3万元，先后资助长清一中贫困学生21人，接纳退役士兵、下岗职工37人，及时兑现农民工工资，并为农民工办理养老保险。《中国建设报》《济南日报》等媒体先后对他和企业进行报道。其事迹被编入《中国人大代表风采录》等，先后获全国优秀民营科技企业家、山东省富民兴鲁劳动奖章、山东省优秀建筑企业家、山东省建工系统先进生产者、济南市五一劳动奖章、济南市优秀共产党员、济南市优秀人大代表等称号。

济南长泰建设集团有限公司 济南长泰建设集团有限公司，其前身应追溯到1975年成立的南山城关建筑队，办公地点位于长清县城南(现长清汽车驾校院内)。1986年7月，搬迁至长清县黄河商场东门，公司改名为长清县第二建筑工程公司城关工区。1988年5月，成立长清县房地产开发公司城关分公司，位于黄河商场东门。1990年年底，长清县第二建筑工程公司城关工区与长清县房地产开发公司城关分公司合并。1991年年初，搬迁至灵岩路北首路西。1992年，改名为长清县第五建筑工程公司。1993年9月23日，在长清县第五建筑工程公司的基础上成立济南长泰集团公司。2003年10月，集团公司搬迁至长清城区大学路以南(自来水公司以东)总投资1000多万元建筑面积3850.71平方米的办公楼。2006年8月31日，济南长泰集团公司

长泰大厦工程获省优质工程泰山杯奖 (2008年 摄)

更名为济南长泰建设集团有限公司，柴洪生任董事长兼总经理。2007年，晋升为房屋建筑工程施工总承包一级资质企业。2008年，投资6500万元，地上29层地下1层高99.7米总建筑面积23918.72平方米的济南长泰大厦建成，成为长清第一高楼。

至2008年，集团公司已发展成为实力雄厚的房屋建筑工程一级资质企业，甲级取费等级，具有独立的法人资格。主要经营房屋建筑工程、建筑安装、建筑装饰、道路工程、钢结构工程、市政工程施工及塑钢门窗、金属门窗制作和安装。集团下设济南市长清拓展置业有限公司、济南长泰建设集团鸿祥物业管理有限公司、济南长鑫泰园林绿化有限公司、济南大建钢木构件有限公司、长泰云起电气有限公司、济南长泰恒德木业装饰有限公司等分公司，有员工416人，工程技术人员及经济管理人员306人。其中高级工程师12人，工程师68人，助理工程师121人；高级会计师6人，高级经济师4人；国家一级资质建造师15人，二级资质建造师32人。公司注册资本5100万元，固定资产2853万元，年产值4亿元，年创利税400万元。

集团公司始终贯彻“以顾客满意为中心，以市场需求为导向”的经营方针，实施“精品工程”战略。先后承建长清粮贸大厦、邮电大楼、莲台山庄、长清供销大厦、国泰大酒店、长清中行营业楼、石麟小学教学楼、长清实验中学综合楼、长清第一中学综合教学楼、鲁能打火机车间、鲁能专家公寓、鲁能恩翼帕瓦车间、长泰大厦、长泰商住楼、园博园工程、西客站安置房等大型工程，其中园博园工程获“鲁班奖”、长泰大厦工程获“泰山杯”，创“泉城杯”工程4个、“双十佳”工程16个，工程质量合格率100%，优良率80%以上。济南长泰建设集团连年被评为省级和市级“重合同守信用”企业，省、市级质量管理先进单位、安全生产先进单位，市区文明单位、明星企业。

济南长泰建设集团有限公司热心公益事业，先后向社会各界捐款150多万元，连年获尊师重教先进单位。2008年“5·12”汶川地震发生后，公司为灾区人民捐款捐板房共50万元，并组织突击队随济南市抗震救灾指挥部率先入川，为济南市过渡性板房建设作前期协调及准备工作，主动承担

长清实验中学综合楼获泉城杯奖 （2008年 摄）

长泰集团获得的部分奖杯

擂鼓镇幼儿园的建设，以高标准、高质量、快速度提前完成任务。共建设板房280套，有3人立功受奖，1人火线入党，集团公司被当地政府授予长泰铁军称号，被济南市建委授予抗震救灾英雄集体称号。

附：一个从农村走出来的企业家

柴洪生，男，汉族，1952年7月生，济南市长清区文昌街道北门里村人。山东大学毕业，高级工程师。1970年，入伍。1971年9月，加入中国共产党。1974年6月，退股。1977年，在城关镇北门里村任党支部书记。1986年，任城关镇城关管理区副书记。1988年，任长清县房地产开发公司城关分公司经理。1991年，任城关镇建委主任。1993年9月，任城关镇建委主任兼济南长泰集团公司总经理。1995年1月，兼任城关镇(长清镇)挂职副书记。2003年9月，任文昌街道党工委挂职副书记兼任济南长泰集团公司总经理。2006年8月，任济南长泰建设集团有限公司董事长兼总经理。先后当选为济南市第十三届、第十四届人大代表，获山东省建筑系统先进个人。在部队期间立三等功1次，省、市、县三等功各1次。

济南市人大代表柴洪生

柴洪生是一个从农村走出来的企业家，曾任村党支部书记。1988年5月，创办长清县房地产开发公司城关分公司。公司在董事长总经理柴洪生带领下，坚持以人为本的经营理念，发扬敬业、团队、创新的企业精神，集团公司得到快速发展，先后组建长清第五建筑公司、济南长泰建设集团，建成长泰集团公司办公楼、长泰大厦。至2008年，济南长泰建设集团有限公司已是房屋建筑工程一级资质企业，各项经济指标都位于长清区同行业的前列。

他热心教育事业和慈善公益事业，连续多年任长清区实验小学、长清第十四中学、长清第一中学名誉副校长。自1998年起，每年拿出数十万元资助教育事业。2002年，垫资2000余万元支持长清第一中学的新校建设。2008年，在“5·12”汶川大地震后，董事长总经理柴洪生向灾区捐款20万元，组建抗震救灾突击队，为灾区建设板房280套，得到当地政府和济南抗震救灾指挥部的高度赞扬。

山东港基建设集团 前身为济南港基房地产开发有限公司，公司成立于1992年6月，是与香港桥峰发展有限公司合资成立的房地产开发三级资质企业，注册资本160万美元。1995年7月，在济南港基房地产开发有限公司所属施工队伍的基础上成立济南市外经建安工程有限责任公司。2004年12月，公司晋升为房屋建筑工程施工总承包一级资质企业。2005年5月，更名为济南港基建设集团。2007年10月，更名为山东港基建设集团。

至2008年，山东港基建设集团是中国施工企业管理协会会员、全国优秀施工企业、山东省优秀建筑企业，是具有建筑施工总承包一级资质、房地产开发二级资质、园林绿化二级资质和大峰山旅游景区的大型企业集团，主要产业有建筑施工、房地产开发、园林绿化、齐长城旅游、市政工程、装饰装修、试验检测、电务工程、设备租赁、钢结构、拆迁服务、物业管理等。有员工6000多人，注册资本2.6亿元，各类高、中、初级专业人员1000多人，其中高级46人，中级156人，总资产近15亿元，年产值16亿多元，年开发面积30万平方米，年施工面积200万平方米以上，年上缴税金5000多万元。自1997年起，港基集团是长清区文昌街道第一纳税大户，列长

济南国际园博园(国家优质工程奖——鲁班奖) (2009 年 摄)

清区本地企业纳税首位。

集团通过质量(ISO 9001)、环境(ISO 14001)和职业健康安全(OHSAS18001)三合一体系认证。先后开发港基一区、港基二区、文昌花苑、文昌山庄别墅区、鸣泉嘉园、滨河华庭、城市经典等小区，承建园博园公建工程、济南中大槐树安置房 9 号楼、贤文社区安置房 13 号楼、润华奥迪 4S 店、长清供电大厦、滨河华庭 3 号楼等工程。公司参建的第七届园博园工程获鲁班奖，另获“泰山杯”工程 5 个，创“泉城杯”工程和优质样板工程等 50 多个，优良工程 180 多个，工程合格率 100%，优良品率 80%以上。

滨河华庭 3 号住宅楼(泰山杯工程) (2008 年 摄)

山东港基建设集团多次被评为省级、市级“重合同守信用”企业、省级消费者满意单位、山东省建筑业 50 强企业、济南市建筑业 20 强企业、山东省著名商标、济南市“十佳房地产开发”企业、济南市文明单位等。

山东港基建设集团热心社会公益事业和教育事业。2000年—2003 年，垫资 1200 万元，为石磷小学建成教学楼、公寓楼。垫资 1000 万元，为长清一中建成教职工食堂和住宅楼。垫资 1000 万元，为长清中学建成艺术楼。2007 年，公司主动冠名承担文昌街道港基段庄小学的改造建设，垫资 180 余万元。投资 50 多万元无偿承建文昌东王实验小学校舍改造工程。2008 年，“5·12”汶川抗震救灾中，公司捐款 100 万元，捐赠彩板房 2000 平方米，先后组织 4 批次突击队前往灾区第一线抗震救灾，被济南市政府授予抗震救灾先进单位称号。

附：山东省富民兴鲁劳动奖章获得者杨连玉

杨连玉，男，汉族，1957 年 7 月生，长清区孝里镇太平村人。清华大学高级工商管理硕士，高级工程师。1976 年 8 月，参加工作。1986 年 6 月，加入中国共产党。1978 年 12 月，任长清县第二建筑工程公司技术负责人。1988 年 4 月，任长清县第五建筑工程公司经理。1992 年 6 月，任济南港基房地产开发有限公司总经理。2005 年 5 月，任山东港基建设集团董事长。

董事长杨连玉获省富民兴鲁劳动奖章

1992年6月，济南港基房地产开发公司成立后，杨连玉带领公司一班人，坚持"以人为本、诚信经营"的理念，发扬敬业、团队、创新的企业精神，实施品牌战略、企业文化战略，建立健全企业各项规章制度、流程和工作标准，企业管理制度化、标准化、规范化，公司由小到大，由弱到强，得到快速发展。2008年，山东港基建设集团完成产值16亿多元，上缴税金5000多万元。

他热心教育事业和慈善事业。2000年起，累计捐款10万元，资助石麟小学、长清一中10名贫困学生完成学业。2008年，在"5·12"汶川大地震后，他带头捐款，缴纳特殊党费3万元，山东港基建设集团向灾区捐款100万元及价值100多万元的彩板房。先后获济南市劳动模范、济南市优秀建筑企业家、济南市专业技术拔尖人才、山东省建筑业先进个人、山东省富民兴鲁劳动奖章等称号。当选为济南市长清区第十四、十五届人大常委，长清区慈善总会副会长，长清区企业家协会副会长，长清区红十字会副会长，济南市建协常务理事。

第六章　环境保护

1986年起，开始监测全县工业废水及主要污染物的排放情况。1991年，完成城区噪声功能区划，严格控制噪声污染。1992年起，在县城范围内对大气污染进行监测和控制。1995年起，对全县范围内固体废物、废气、废水排放实行申报登记制度，并对重点污染企业进行限期治理。1998年，对化学需氧量、烟尘、二氧化硫三种主要污染物实行总量控制，并把控制指标分配到企业。2004年，全区工业污染源实现达标排放，城区空气和噪声均符合国家标准，饮用水水源地没有受到污染。北大沙河由于承纳城区所有生活污水和企业废水，污染较重。2006年11月27日，长清区污水处理厂正式投入运行，北大沙河环境得到明显改善。2008年，全区企业污染防治设施正常运转率95%以上，稳定达标率90%以上，全区环境质量得到整体提升。环保局先后被济南市政府评为"八五"期间环境保护先进单位，被济南市委、济南市政府评为蓝天工程、大环境绿化、"一环九射"工程突出贡献单位，被济南市环保局评为环境监理工作先进单位。

第一节　环境质量

空气　1986年始，监测全县大气污染源排

放物的情况。1989年，全县推行环境目标责任制，加大对大气污染的管理和治理力度。1994年，渤海集团长清热电厂关停15台分散燃煤锅炉，空气质量得到改善。1996年，通过对空气中二氧化硫、氮氧化物、总悬浮颗粒物、降尘4个项目的监测结果评价分析，长清县城大气环境质量属于中度污染，大气污染处在警戒水平（I = 1.82），大气污染类型为煤烟型污染。1997年起，对全县排污企业分期、分批实施限期治理。1998年，对全县工业锅炉、供暖锅炉实施“一控双达标”（污染总量控制，环境功能区达标、工业污染源排放污染物达标）。2000年年底，工业污染源排放污染物达到国家或地区规定的标准，辖区污染物排放总量控制在规定指标内，并达到环境功能区所规定标准。2001年，集中供热面积增大，空气污染有所缓解，全年全区耗煤量24.84万吨，排放二氧化硫1446吨，烟尘1073吨，粉尘1603吨。2008年，全区工业废气排放量287735万标立方米，烟尘排放量898吨，二氧化硫排放量907吨，工业粉尘排放量2175吨。

1986—2008年长清区（县）污染物排放量统计表

表16－3

年份	工业废气排放总量（万标立方米）	二氧化硫排放量（吨）	烟尘排放量（吨）	工业粉尘排放量（吨）
1986	7486	740	680	120
1987	126674	1710	1230	180
1988	143532	1860	1980	240
1989	203456	1765	1706	320
1990	203325	1325	1230	420
1991	210033	1425	1206	650
1992	262230	1450	1320	1680
1993	262233	1670	1320	1780
1994	272532	1760	1450	1960
1995	262538	1835	1640	1850
1996	272236	2100	1760	1930
1997	303718	2456	2032	1930
1998	323211	2107	1932	3054
1999	325033	1829	1085	2955
2000	385132	1798	1320	2940
2001	385167	1446	1073	1603
2002	328555	1858	1313	1051
2003	324500	2135	1489	2356
2004	317300	1126	1026	2509
2005	307700	1085	1007	2430

续表 16 - 3

年份	工业废气排放总量（万标立方米）	二氧化硫排放量（吨）	烟尘排放量（吨）	工业粉尘排放量（吨）
2006	298845	1022	990	2372
2007	290025	993	936	2286
2008	287735	907	898	2175

1986—2008 年长清区（县）空气污染物年均浓度统计表

表 16 - 4　　单位:毫克/立方米

年份	二氧化硫（SO_2）	氮氧化物（NO_X）	总悬浮颗粒物（TSP）	大气污染综合指数（P）
1986	0.036	0.032	0.25	2.25
1987	0.037	0.041	0.23	2.28
1988	0.036	0.040	0.22	2.20
1989	0.038	0.050	0.23	2.41
1990	0.046	0.052	0.26	2.72
1991	0.048	0.050	0.25	2.68
1992	0.053	0.050	0.28	2.91
1993	0.055	0.042	0.27	2.79
1994	0.059	0.052	0.33	3.28
1995	0.061	0.048	0.31	3.17
1996	0.049	0.041	0.34	3.03
1997	0.067	0.034	0.30	3.04
1998	0.069	0.042	0.36	3.48
1999	0.059	0.026	0.39	3.26
2000	0.061	0.026	0.34	3.04
2001	0.060	0.037	0.23	2.59
2002	0.059	0.072	0.19	2.84
2003	0.053	0.048	0.13	2.15
2004	0.055	0.047	0.14	2.18
2005	0.038	0.042	0.14	1.86
2006	0.037	0.096	0.03	1.97
2007	0.050	0.117	0.03	2.45
2008	0.050	0.042	0.03	1.51

■ 长清区污水处理厂 （2006 年 摄）

水 1986 年起，监测全县工业废水及主要污染物的排放情况。根据 1996 年监测数据，长清县北大沙河上游水质符合地面水三类标准，下游南张村至黄河入口段严重污染。1995 年，长清县造纸厂停产。2001 年，化肥厂停产。两厂停产后，该段水质有所改善。是年，全县工业废水排放量 39 万吨，工业废水有效处理率 100%。2006 年 11 月 27 日，长清区污水处理厂正式投产运行，日处理能力 2.5 万吨，长清城区及北大沙河的综合水体环境得到改善。2008 年，工业废水排放量与化学需氧量排放量均略有下降，主要污染物为化学需氧量、氨氮、高锰酸盐指数。

1986—2008 年长清区（县）工业废水及主要污染物排放情况表

表 16－5

年 份	工业废水排放量（万吨）	工业废水中污染物排放量（吨）	
		化学需氧量（COD）（吨）	氨氮（吨）
1986	38	279	9.6
1987	60	382	9.8
1988	73	387	10.0
1989	72	432	10.2
1990	74	404	10.4
1991	75	408	10.6
1992	76	417	10.9
1993	189	432	11.1
1994	199	455	11.3
1995	186	476	11.5
1996	147	472	11.8
1997	146	446	12.0
1998	143	430	12.3
1999	42	48	12.5
2000	40	26	12.8
2001	39	18	13.0

续表 16－5

年份	工业废水排放量(万吨)	工业废水中污染物排放量(吨)	
		化学需氧量(COD)(吨)	氨氮(吨)
2002	79	15	13.3
2003	68	16	13.6
2004	52	32	13.8
2005	50	31	14.1
2006	48	30.2	14.4
2007	47	29.5	14.7
2008	46	27.5	15.0

1986—2008 年长清区(县)主要河流水质情况表

表 16－6

年份	河流	污染物程度	趋势	主要污染物
1986—1990	北大沙河	微清洁	上升	化学需氧量(CODcr)、氨氮、高锰酸盐指数(COD_{Mn})
	南大沙河	微清洁	稳定	化学需氧量(CODcr)、氨氮、高锰酸盐指数(COD_{Mn})
1991—1995	北大沙河	严重	加剧	化学需氧量(CODcr)、氨氮、高锰酸盐指数(COD_{Mn})
	南大沙河	微清洁	稳定	化学需氧量(CODcr)、氨氮、高锰酸盐指数(COD_{Mn})
1996—2000	北大沙河	严重	稳定	化学需氧量(CODcr)、氨氮、高锰酸盐指数(COD_{Mn})
	南大沙河	轻度	上升	化学需氧量(CODcr)、氨氮、高锰酸盐指数(COD_{Mn})
2001—2004	北大沙河	严重	稳定	化学需氧量(CODcr)、氨氮、高锰酸盐指数(COD_{Mn})
	南大沙河	轻度	下降	化学需氧量(CODcr)、氨氮、高锰酸盐指数(COD_{Mn})
2005—2008	北大沙河	轻度	下降	化学需氧量(CODcr)、氨氮、高锰酸盐指数(COD_{Mn})
	南大沙河	微清洁	稳定	化学需氧量(CODcr)、氨氮、高锰酸盐指数(COD_{Mn})

噪声　区域环境　1986年，城区昼间区域环境平均值56.87分贝。2008年，49.80分贝，符合《城市区域环境噪声表标准》2类标准。

交通干线　1995年，交通干线噪声平均值为69.61分贝。2008年，交通干线噪声平均值为67.9分贝。

1986—2008年长清区(县)区域环境及交通干线噪声平均值统计表

表16－7　　　　单位：dB(A)

年份	区域环境噪声平均值 Leq		交通干线噪声平均值 Leq	年份	区域环境噪声平均值 Leq		交通干线噪声平均值 Leq
	昼间	夜间	昼间		昼间	夜间	昼间
1986	56.87	—	—	1998	59.22	51.35	71.38
1987	55.76	—	—	1999	54.39	45.89	70.50
1988	56.20	—	—	2000	54.60	47.10	72.20
1989	56.34	—	—	2001	54.80	43.30	71.50
1990	57.65	—	—	2002	51.80	41.60	70.20
1991	56.37	—	—	2003	52.28	40.43	68.45
1992	56.98	—	—	2004	52.98	42.75	68.72
1993	57.96	—	—	2005	51.42	40.64	66.70
1994	59.38	—	—	2006	52.15	40.26	67.56
1995	59.87	—	69.61	2007	50.90	40.80	66.90
1996	54.03	—	61.80	2008	49.80	38.30	67.90
1997	56.32	46.78	68.10				

说明：1995年，开始监测昼间交通干线噪声；1997年，开始监测夜间区域环境噪声

第二节　环境监测

监测设施　1986年起，随着全县经济的发展，监测基础设施、仪器设备不断增加，主要有大气采样器、空气采样泵、烟尘测试仪、分光光度计、噪声仪、分析天平等仪器设备。1989年5月，长清县监测站通过济南市环保局四级站标准验收。1995年，被山东省技术监督局授予计量认证合格单位称号。2005年，有原子吸收分析仪、水质多功能自动分析仪、生化培养箱、电子天平、离子计、722分光光度计、紫外分光光度计、全自动烟尘测试仪、烟气测试仪、噪声测试仪、振动测试仪、降水自动采样器、便携式水质

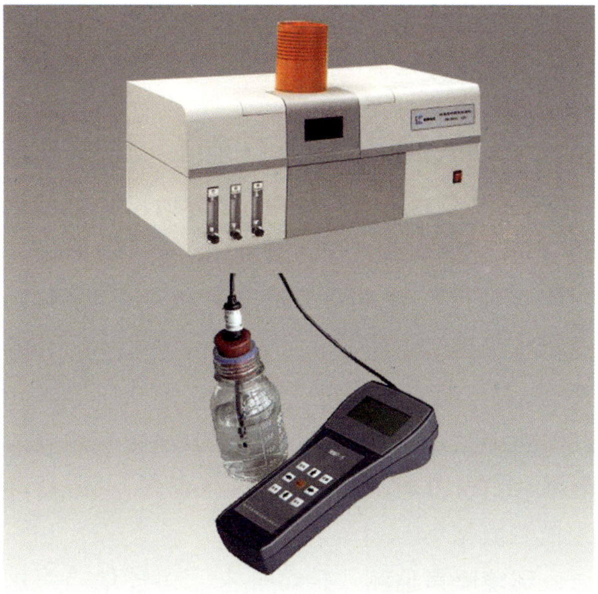

■ 监测仪器

现场测试仪、测烟望远镜、原子吸收分光光度计、红外线测油仪、汽车尾气测试仪、离子色谱仪、原子荧光分析仪、大气采样器等大型检测仪器。2008 年,按照国家"建设先进的环保监测预警体系"的要求,配备自动监测仪等一批污染源监管和监测设施,建立环境自动监控中心,对重点污染源安装在线自动监控系统,并与省、市环保局联网,实现对重点企业的 24 小时监控。

地面水监测 1992 年,地面水监测设茶棚、南张、王府 3 个监测点。1998 年,地面水监测扩展为 6 个监测点,每年枯、丰、平 3 个水期进行 6 次监测。1999 年,新增入黄河口下游断面监测点。2001 年前,地面水源地每年采样 6 次,分别于每年的 2、4、6、8、10、11 月各采样 1 次。2001 年起,改为每月采样 1 次。至 2008 年,全区地面水监测点有北大沙河茶棚、崮山、南张、入河口断面,黄河西魏、老王府断面,济平干渠赵庄断面。监测项目有水温、pH 值、溶解氧、化学需氧量、高锰酸盐指数、氨氮。

饮用水源监测(地下水监测) 1991 年始,对饮用水源进行监测,每年对饮用水进行枯水期、平水期水质监测。监测点为自来水公司泵房,监测项目主要有水温、pH 值、总硬度、氨氮、氯化物、化学需氧量、高锰酸盐指数、挥发酚、氯化物、氰化物、砷、六价铬、石油等。

大气及降水监测 1990 年起,对城区大气环境质量进行监测,设长清石材厂、清河街与峰山路交叉口、中医院 3 个监测点位,每季度采样 1 次,每次采样时间为 5 天,测定项目为二氧化硫、氮氰化物和总悬浮颗粒物(TSP)。1992 年起,对降水进行监测,设区环保局院内 1 个监测点,逢雨雪必测,监测项目为 pH 值、电导率。1999 年起,大气监测改为每月监测 12 天,隔日采样。2001 年起,总悬浮颗粒物监测改为大气可吸入颗粒物(PM10)监测。至 2008 年年底,共取得降水监测数据 1454 个。

环境噪声监测 1986 年起,对环境噪声进行监测,监测范围为清河街、峰山路、灵岩路城内 3 条交通干线。1991 年,噪声监测的必测项目为区域噪声和交通噪声,每年 5 月份监测 1 次。1999 年起,改为每季度监测 1 次。2000年—2008 年,共取得监测数据 10366 个。

污染源监测 主要对辖区内污染源进行监测。1993 年前,监测范围为县化肥厂、皮革厂、长清县第五电镀厂、益民制药厂、县医院,每季度监测 1 次。2008 年,污染源监测范围主要有中国重汽长清工业园、济南沃德汽车零部件有限公司、济南佳宝乳业有限公司、济南鲁日钧达皮革有限公司、济南柴油机厂、山东天诺光电材料有限公司,监测项目主要有化学需氧量、总悬浮颗粒物、PH 值、氨氮等。

第三节 环境污染防治

大气污染治理 1990 年,开始监测长清城大气环境质量。是年,确定长清城区烟尘控制区。1992 年,城区烟尘控制区面积 2.4 平方公里,覆盖率 60%。1997 年起,对全县排污企业分期、分批实施限期治理,县属企业相继投资建成污染治理设施。1998 年,对全县工业锅炉、供暖锅炉实施"一控双达标",烟尘排放量由 1996 年的 1760 吨减至 1999 年的 1085 吨,二氧化硫由 1996 年的 2100 吨减至 1999 年的 1829 吨。1999 年,区烟尘控制区面积 5.4 平方公里,覆盖率 90%。至 2004 年,城区空气质量明显改善。2008 年,全年环境空气质量良好以上天数比例为 89.8%,达到国家环境空气质量二级标准,实现功能区达标。

水污染治理 20 世纪 80 年代初,水污染严重,县造纸厂、县酿酒厂、县化肥厂等企业排放未经处理的废水,造成北大沙河水质不断恶化,水质类别为劣Ⅴ类。1990 年起,对重点污染源实施限期治理。1995 年,关闭污染严重的造纸厂,北大沙河污染程度有所下降。"九五"期间,加大污染源治理力度,关停县酿酒厂等企业,其余污染源也先后实现达标排放。2000 年年底,全县主

孝里淀粉园区在建污水处理池 （2007 年 摄）

要企业实现废水达标排放，工业污染源排放污染物达到国家或地区规定的标准，辖区污染物排放总量控制在规定指标内，并达到环境功能区所规定标准。2001年—2002 年，对已达标排放企业实施污染治理设施再提高工程，全区污水排放量逐年减少。2003 年，关停济南铭峰纺织有限公司和长清武庄花岗石材厂。是年，筹建区污水处理厂项目，完成规划设计工作。2006 年 11 月 27 日，长清区污水处理厂正式投入运行，日处理能力 2.5 万吨。2007 年起，开展小淀粉加工专项整治行动，部分淀粉加工业户停止生产，完善淀粉小区污水处理设施。2008 年，实施济南银座奥森热电公司的烟气脱硫工程和污水处理厂升级改造工程，改善长清城区空气质量及城区饮用水源状况，全年长清区环境监测站对饮用水进行 12 次监测，监测结果表明，城区饮用水水质均为优良。

流域污染治理 1988 年起，调查北大沙河水质污染状况。1989 年—1992 年，利用排污费治理补助资金对北沙河沿岸的 5 个村庄进行饮用水改造，打深井 10 眼，解决污染区 2.2 万人的饮水问题。2005 年，完成《长清区北大沙河流域生态保护及综合整治规划》，按规划内容分步实施。至 2008 年，流域污染治理取得明显成效，其中茶棚、崮山两断面污染负荷较小，水环境质量达到《地表水环境质量标准》（GB3838-2002）Ⅱ类表标准。

噪声污染防治 城区噪声源主要是工业噪声、建筑工地噪声、社会生活噪声和交通噪声。2000 年起，每年中、高考期间开展噪声严查活动。2001 年下半年，开始创建环境噪声达标区，面积 5.4 平方公里。2002 年，通过济南市环保局验收。2005 年，噪声达标控制区 6.8 平方公里，噪声达标区覆盖率 60%。2008 年，噪声达标区面积（含大学园区）77.26 平方公里，噪声达标区覆盖率 80%。

工业固体废物污染防治 城区工业固体废物主要是炉渣和粉煤灰，通过企业内部处理和再利用等方式进行处理。2003 年，全区共产生炉渣 1.2 万吨，全部用于水泥企业生产和建筑用，节省大量矿产资源。2005 年起，全区工业固体废物综合利用率 100%，全面实施清洁生产。至 2008 年，长清区（县）工业固体废物（煤渣）年均产生量 1.2 万吨，综合利用率 98%以上。

放射源防治 2004 年，放射源管理工作开始由环保部门统一监督管理，全区共有涉源单位 3 家，放射源 35 枚，其中在用放射源 32 枚，废弃 3 枚。2006 年，对存在放射源安全隐患的单位实施限期整改，消除各涉源部位的安全隐患。2008 年，除水利水泥厂的 3 枚废弃放射源送贮外，其他两家单位均有山东省环保厅颁发的辐射安全许可证，并建立较完整的放射源管理制度和程序，对放射源设置放射源标志并采取防火、防盗和防人员损伤安全措施。

2008 年长清区放射源情况表

表 16－8

单 位	核素名称	核素代码	放射源数量	使用情况
长清第二水泥厂	铯－137	CS137	8 枚	在用
济南水利水泥厂	铯－137	CS137	3 枚	废弃
山东泉港辐射科技有限公司	钴－60	CO060	24 枚	在用

第四节 环境监督管理

目标管理 1989 年，全县开始推行环境保护目标责任制，济南市政府与长清县政府签订环境保护目标责任书。至 1997 年，共签订目标责任书 3 届。1998 年，济南市政府与长清县政府签订 1998 年—2000 年环境保护目标责任书，长清县政府与县经委、建委等 26 个责任单位签订目标责任书。全县环保投资 1.34 亿元，占国内生产总值 1.0%，其中污染治理投资 0.46 亿元，实施治理废水、废气为主要内容的蓝天、碧水工程，落实“一控双达标”，完成省、市限期治理任务，全县实现各类污染源的达标排放；环境基础设施投资 0.82 亿元，城区集中供热率 80%以上；环境管理设施投资 0.06 亿元。2001 年，将环境保护工作纳入全县全方位目标管理。2003年—2008 年，全区污染治理资金 1.2 亿元。

建设项目环境管理 1996 年，县政府成立项目建设领导小组，帮助企业搞好项目考察论证，提供信息服务，保证各项工程顺利开工。1999 年，针对建设项目环境管理中存在的问题，重点加强环保部门与计划、经济、工商等部门之间的协调配合，对拟建项目登记入册，办理环保审批手续。环境保护局严把项目审批关、验收关，围绕“增产不增污，增产减污”原则，尽最大限度消减污染负荷。2003 年，《中华人民共和国环境影响评价法》实施后，严格审批制度。至 2008 年年底，共审批项目 204 个。

治理设施管理 1986 年起，先后投资 1800 万元，实施以造纸、化工、酿造、水泥等行业为重点的污染治理工程 25 项，新上治理设备 10 台（套），新上废气污染治理设备 30 台（套）。1998 年，成立环境监理站，配备监察人员、仪器设备和车辆，对企业污染治理设施运转情况实施 24 小时监督检查。建立系统的实施档案，污染点源设立明显标志，重点污染源设立警示牌。2000 年，根据“一控双达标”要求，开展排污口规范化整治工作，对全县 11 家单位的排污口进行整治。2004 年，投资 20 余万元，购置监察用车、数码相机、pH 计、酸度仪、COD 速测仪等仪器设备。2008 年，建立环境自动监控中心和空气自动监测子站，对污水处理厂、银座奥森热电厂、创新水泥、佳宝乳业等 7 家重点污染源安装在线自动监控系统，并与省、市环保局联网，实现对污染治理设施现代化监控。

第十七编

交通 邮电

Transportations, Posts and Telecommunications

张夏镇孔庄公路　　　　(2005年 摄)

京沪铁路金山铺大桥

（2004年 摄）

京福高速、104国道、京沪铁路纵贯长清（2008年 摄）

灵岩路改造工程

（2008年 摄）

■ 长清区交通局　（2008 年 摄）

1986 年，全县公路通车总里程 333.1 公里，其中国道、省道 114.6 公里。2001 年，省道 104 陈庄至肥城 25 公里的路段改建为二级公路。2002 年，国道 220 陈庄至平阴界 28.49 公里的路段改建为二级公路。2003 年，全面启动村村通公路工程，历时 5 年，改造修建县乡村公路 567 条，“村村通”公路率 96.2%。2007 年，国道 104 济南市南二环路至五峰路口 20.4 公里的路段拓宽改建为一级公路。是年，区公路局获省级文明单位称号。2008 年，境内有京沪铁路和正在建设的京沪高速铁路，有高速公路 2 条、国道 2 条、省道 1 条、县道 8 条、乡道 32 条、村道 525 条，公路通车总里程 1475.3 公里，形成“以高速公路为依托，干线公路为骨架，县乡路为经络，乡村路为补充”的三横五纵一环的公路交通网络。区交通局先后获省级文明机关、省级文明交通行业、济南市交通系统先进单位等称号。

1986 年，全县邮电业务总量 78.2 万元。1992 年，开通无线寻呼业务。1994 年，境内投入使用美国摩托罗拉蜂窝模拟移动电话。1996 年 7 月，长清县开通 163 国际互联网。1998 年 9 月，邮电分营，成立长清县邮政局、电信局。2002 年 11 月，长清区开始小灵通基站网络建设。至 2008 年年底，长清区建成以光纤传输为载体，本地电话网、高速宽带互联网、基础数据、移动通信、信息技术为框架的完善通信网络。

第一章　交通设施

1986 年，境内有京沪铁路，220 国道、104 国道和 003 省道，国省道干线公路总里程 114.6 公里；县道 8 条，里程 97.9 公里；乡道 9 条，里程 120.6 公里。至 2008 年年底，境内有京沪铁路和正在建设的京沪高速铁路，有京福高速公路、济菏高速公路 2 条，里程 81.5 公里；104、220 国道 2 条，里程 83.1 公里；104 省道 1 条，里程 31.5 公里；县道 8 条，里程 115 公里；乡道 32 条，里程 236.3 公里；村道 525 条，里程 927.9 公里；全区通车总里程 1475.3 公里。

■ 京福高速崮山收费站　　　　（2008 年　摄）

第一节　干线公路

高速公路　京福高速公路长清段（2009 年改名为京台高速公路 –G3）北起殷家林，经平安、崮云湖、张夏、万德 4 个街道（镇），南至泰安界，1996 年开工建设，1999 年 9 月竣工通车。长清段全长 40.2 公里，双向六车道，全封闭、全立交，设计时速 120 公里 / 小时。路面结构为沥青混凝土路面，路基宽 35.5 米，路面宽 31 米，养护里程 40.2 公里，可绿化里程 39.2 公里，已绿化里程 39.2 公里。在炒米店和小万德设 2 个出入口，出口分别连接国道 104 线、大学科技园和灵岩寺旅游景点。在崮云湖设服务区 1 处，有餐饮、汽修、住宿等服务项目。

济菏高速公路长清段（2009 年改名为济广高速公路 –G35）北起殷家林，经平安、文昌、归德、孝里 4 个街道（镇），南至平阴界，2004 年开工建设，2007 年 10 月竣工通车。长清段全长 41.3 公里，双向四车道，全封闭、全立交，设计时速 120 公里 / 小时。路面结构为沥青混凝土路面，路基宽 28.0 米，路面宽 23.5 米，养护里程 41.303 公里，可绿化里程 40.303 公里，已绿化里程 40.303 公里。在归德镇胡同店和孝里镇胡林设 2 个出入口，孝里胡林设服务区 1 处，有超市、餐饮、汽修等服务项目。

■ 济菏高速胡同店出入口　　　　（2008 年　摄）

国道　104 国道长清段　北起平安街道南桥，南至泰安界，穿越平安、崮云湖街道和张夏、万德镇的 24 个村庄。全长 41.6 公里（497K+260—538K+869）。1986 年 6 月，界首公铁立交桥竣工通车；7 月，济微公路（属国道 104 线）竣工通车。1991 年 4 月 1 日至 9 月 28 日，国道 104 线大修，完成 17.76 公里的沥青混凝土罩面工程。1993 年 6 月，南桥至石店桥 18.2 公里的改建工程开始施工，11 月 4 日竣工。改建后的水泥路宽 18 米，厚 0.24 米，设双向 4 车道。1995 年 6 月 1 日，石店桥至界首 21.2 公里的水泥混凝土路面工程开工建设，9 月 28 日全线竣工。2005 年，济南市南二环至五峰路口拓宽改建工程开工建设。是年 9 月，国道 104 线长清境内开始实施机械化保洁。2007 年年初，南二环至五峰路口拓宽改建工程竣工通车，该路段全长 20.4 公里，按照一级公路标准设计，双向 8 车道，沥青混凝土路面，路面宽 32.5 米，路基宽 50

■ 104 国道长清段　　　　（2008 年　摄）

■ 220 国道长清段 （2008 年 摄）

■ 104 省道长清段 （2008 年 摄）

米。道路绿化一级路部分以立体绿化为主，二级路部分以法桐、桧柏为主，共栽植法桐 3350 株、桧柏 83 株、冬青球 257 株、木瑾花 101 株。

220 国道长清段　北起槐荫长清界，西南至平阴界，穿越平安、文昌街道和归德、孝里镇，全长 41.5 公里(229K+403—270K+930)。1986 年 3 月，国道 220 线长清境内 34.2 公里新改线工程开工建设，即济南至兰考公路长清段，为二级新改路线，路基宽 15 米，1987 年竣工通车。是年，前夏桥、凤凰桥竣工。1988 年 6 月，下巴沟大桥、胡林大桥(1 孔 40 米钢架大型拱桥)竣工。7 月，国道 220 线修建沥青路面 26.3 公里，路面宽 12 米。12 月，三里庄大桥竣工。1995 年 3 月，槐荫长清界至三里庄桥 7.75 公里混凝土路面拓宽改建工程于 11 月 15 日竣工，一级公路标准。2002 年 3 月 20 日，陈庄至平阴界路段改建工程开工建设，全长 28.49 公里，二级公路标准，沥青混凝土路面，路面宽 12 米，路基宽 15 米，7 月 15 日竣工。2008 年 1 月，槐荫界至陈庄(经十西路)拓宽改建工程开工建设，全长 14.1 公里，公路技术等级为一级，双向八车道，沥青混凝土路面，主路面宽 32.5 米，路基宽 58.5 米，2009 年 6 月 21 日竣工通车。道路绿化以法桐、毛白杨、桧柏为主，共栽植法桐 3828 株、桧柏 2439 株、火炬 434 株。沿线设防撞护栏 300 余米、警示标志 36 处、石砌边沟 6338 米、石护坡 1138 米。长清公路局落实桥梁“四个一”责任制(行政领导、技术员、养护员、路政员)，对存在安全隐患的下巴沟桥和胡林桥实施 24 小时动态监管。

省道　104 省道长清段北起长清三里庄，南至肥城界，穿越文昌街道、归德镇、五峰山街道、马山镇 24 个村庄。全长 31.471 公里(18K+775—50K+246)。2001 年 4 月，陈庄至肥城路段改建工程开工建设，全长 25 公里，二级公路标准设计，沥青路面，路基宽 15 米，10 月 16 日竣工。2005 年 9 月 25 日，长清大桥至陈庄改建工程开工建设，全长 6.87

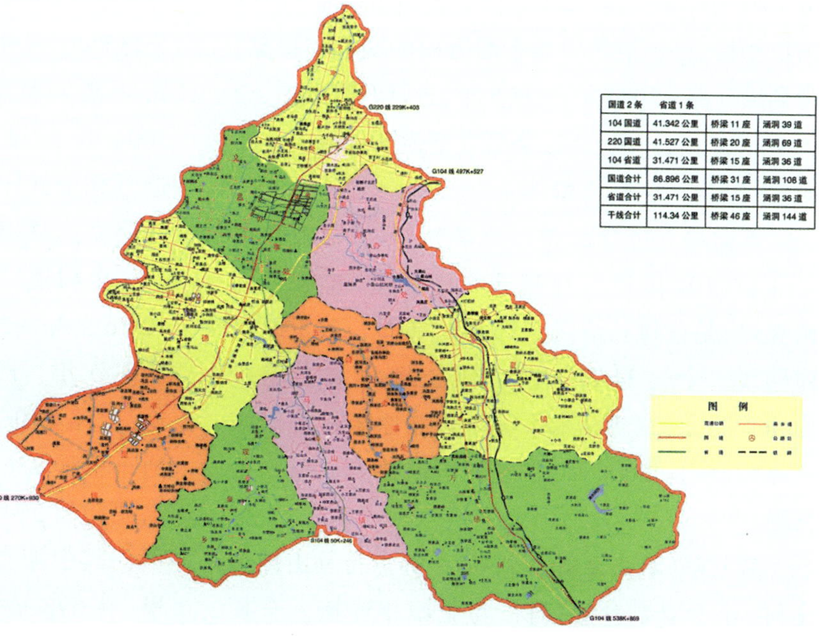

图 12　长清区内国道省道公路网络示意图

公里，穿越长清城区，按照平原微丘区一级公路标准建设，路面宽 24 米，2006 年 11 月 7 日竣工。104 省道长清段 15 座桥梁累计长度 802.64 米，上部结构多为钢筋混凝土空心板，其中一类桥 10 座、二类桥 5 座；34 道 /718 米涵洞以钢筋混凝土板涵和条石板涵为主；14 道 /718 米倒虹吸多为直径在 0.3 米左右的混凝土圆管。道路绿化以桧柏、法桐为主，共栽植法桐 525 株、桧柏 3868 株、槐树 143 株。沿线设防撞护栏 1085 米、石砌边沟 7647 米、石挡墙 364 米、石护坡 3316.8 平方米和警示、指示牌 163 块。

第二节 县乡道路

县道 1986 年，境内县道 8 条，通车里程 97.9 公里，其中沥青（水泥）路面 13 公里。至 2008 年年底，县道 8 条，里程 115 公里，其中沥青路面 68.6 公里，水泥路面 46.4 公里。

长西路（长清至西魏公路） 起点自峰山路，止于文昌街道西魏村（浮桥），与德州市齐河县相连，该路为县级公路。2002 年，改造为水泥路面，全长 7.9 公里，宽 7 米，路基宽 9 米，三级公路。

长崮路（长清至崮云湖公路） 起点自文昌街道水鸣庄村（峰山路），止于崮云湖街道驻地与 104 国道相接，是长清区一条东西方向的交通连接路，为县级公路。2004 年—2005 年，进行升级改造，全长 10.6 公里，一级公路，路面类型为沥青混凝土路面，宽 25 米，路基宽 30 米。

万归路（万德至归德公路） 起点自万德镇万北村（104 国道），穿越五峰山街道，止于归德镇驻地，是连接长清区东部和西部的一条重要交通路线。全长 34.2 公里，三级公路，大部分路段为沥青路面，宽 7~9 米不等。该路原宋村至五峰公路为县道。2006 年，调整规划时将万归路列为县道。

漩刘路（漩庄至刘口公路） 起点自马山镇漩庄村，止于双泉乡刘口村，与肥城相连接。全长 15.3 公里，三级公路，大部分为水泥路面，宽 6~7 米、12 米（双泉乡驻地段）不等，该路是双泉乡最主要的出口路，也是连接肥城的一条交通道路。原县道为漩庄至段店（双泉乡驻地）。2002 年，改建段店至刘口路段。2006 年，调整规划时将漩刘路列为县道。

燕傅路（燕庄至傅庄公路） 起点自孝里镇燕庄村（浮桥），止于双泉乡傅庄村。全长 17.8 公里，三级公路，该路大部分路段为水泥路面，宽 6 米。2000 年，改造孝里镇驻地至燕庄段。2006 年，改造傅庄至孝里镇驻地段。是年，调整规划时将燕傅路列为县道。

崮五路（崮云湖至五峰山公路） 起点自崮云湖街道土山村（104 国道），止于五峰山街道驻地（五峰山景区路口）。全长 6.6 公里，二级公路，路面宽 14 米，路基宽 16 米，路面结构为沥青路面。该路是通往五峰山旅游景区、高尔夫球场的主要道路之一。

义岩路（义灵关至灵岩寺公路） 起点自万德镇义灵关村（104 国道），止于万德镇灵岩村，与灵岩寺景区相接。全长 6.2 公里，三级公路，路面宽 6.5 米，路基宽 8 米，路面结构为沥青路面。该路是连接灵岩寺的唯一道路。

万药路（万德至药乡公路） 起点自万德镇万北村（104 国道），止于万德镇拔山村，通往历城区药乡森林公园。全长 16.4 公里，三级公路，路面宽 7 米、8 米不等，路面结构为水泥路面。2001 年，建设武庄水库至拔山村段。2004 年，改造万德至武庄水库段。2008 年，调整规划时将万药路列为县道。

乡村道 1986 年，全县乡道 9 条，通车里程 120.6 公里。2003 年，全面启动村村通公路工程，历时 5 年，改造修建县乡村公路 567 条，“村村通”公路率 96.2%。至 2008 年年底，乡道 32 条，通车里程 236.3 公里，其中沥青路面 31.5 公里，水泥路面 204.8 公里。村道 525 条，里程 927.9 公里，其中沥青路面 50.9 公里，水泥路面 877 公里，有 578 个行政村通沥青（水泥）路，占行政村总数的 92.6%。

张夏镇于盘公路 （2005 年 摄）

2008 年长清区县乡公路情况表

表 17－1

行政等级	路线名称	起止点		里程（公里）	路面等级（公里）			路基宽度（米）	路面宽度（米）	备注
					二级	三级	四级			
县道	长西路	峰山路	文昌街道西魏村	7.9	1.3	5	1.6	9	7	
	长崮路	峰山路	崮云湖街道驻地	10.6	—	—	—	30	25	
	万归路	万德镇万北村	归德镇驻地	34.2	26.1	8.1	—	10	7～9	
	漩刘路	马山镇漩庄村	双泉乡刘口村	15.3	6.7	—	8.6	10	6～12	
	燕傅路	孝里镇燕庄村	双泉乡傅庄村	17.8	1.5	8	8.3	7	6	
	崮五路	崮云湖街道土山村	五峰山街道驻地	6.6	6.6	—	—	16	14	
	义岩路	万德镇义灵关村	万德镇灵岩村	6.2	—	6.2	—	8	6.5	
	万药路	万德镇万北村	万德镇拔山村	16.4	—	16.4	—	10	7～8	
乡道	长孝路	长清城区	平阴县界	24.5	—	24.5	—	8	7	
	长中路	长清城区	平安街道中楼子村	4.8	—	4.8	—	7	6	
	西兴隆浮桥路	长清热电厂	文昌街道西兴隆村	6.5	—	6.5	—	8	7	
	西燕路	文昌街道西苏村	文昌街道燕王村	4.7	—	4.7	—	8	7	
	晶怀路	城区晶恒路	平安街道怀庙村	12.7	—	—	12.7	6	5	
	名王路	平安街道名庄	平安街道老王府村	8.8	—	3.6	5.2	7	6	
	藤靳路	平安街道藤屯村	平安街道靳庄村	3.0	—	3.0	—	7	6	
	晶西路	城区晶恒路	平安街道西大张村	4.8	—	4.8	—	7	5	
	薛董路	归德镇薛庄村	归德镇董洼村	6.6	—	6.6	—	6	5	

续表 17－1

行政等级	路线名称	起止点		里程（公里）	路面等级（公里）			路基宽度（米）	路面宽度（米）	备注
					二级	三级	四级			
乡道	卫吴路	归德镇卫楼村	归德镇吴渡村	7.4	—	—	7.4	6	5	
	归胡路	归德镇驻地	归德镇胡同店村	4.8	—	3.5	1.3	10	9	
	东坦路	归德镇东赵村	归德镇坦山村	3.6	—	3.6	—	5.5	4.5	
	码头浮桥路	归德镇归南村	归德镇码头浮桥	6.5	—	6.5	—	10	9	
	张大路	孝里镇张营村	孝里镇大峰山	6.8	—	6.8	—	6	5	
	广燕路	孝里镇广里村	孝里镇燕庄村	8.2	—	—	8.2	6	5	
	段邵路	双泉乡段店村	双泉乡邵家背村	9.3	—	9.3	—	8	7	
	尹黄路	双泉乡尹庄村	双泉乡黄立泉村	5.2	—	—	5.2	7	6	
	马双路	马山镇小刘村	双泉乡柳杭村	5.6	—	5.6	—	6	5	
	大马路	马山镇大核桃园村	马山镇马东村	4.5	2.3	—	2.2	8	7	该路为两条路，起止点相同
	石西路	五峰山街道石窝村	五峰山街道西马村	2.6	1.2	1.4	—	7	6	
	五马路	五峰山街道驻地	104 省道	9.1	—	—	9.1	6	5	
	李葛路	五峰山街道李家店村	五峰山街道葛条峪村	5.3	—	—	5.3	6	5	
	万北路	万德镇驻地	马山镇北站村	11.2	—	11.2	—	8	7	
	武历路	万德镇武家庄村	历城区高而界	6.1	—	—	6.1	8	7	
	万肥路	万德镇驻地	肥城市界	8.6	—	8.6	—	6	5	
	石史路	万德镇石胡同村	万德镇史庄村	7.8	—	—	7.8	6	5	
	灵岩南路	万德镇义灵关村	万德镇灵岩村	5.5	—	—	5.5	6	5	该路为通往灵岩寺专修道路
	界马路	万德镇界首村	万德镇马场村	10.8	—	—	10.8	5.5	4.5	
	青小路	张夏镇青杨村	张夏镇小寺村	6.5	—	6.5	—	6	5	
	张高路	张夏镇驻地	历城区高而界	15.5	—	15.5	—	6	5	
	张王路	张夏镇驻地	张夏镇王泉村	9.0	—	9.0	—	5.5	4.5	

第三节　铁　路

津浦铁路始建于 1908 年，1912 年全线通车。1969 年，津浦铁路更名为京沪铁路，境内 42.8 公里，北起玉符桥，南至界首，经崮山、张夏、万德 3 镇，设炒米店、崮山、张夏、青杨、万德、界首站和皮家店旅客乘降所。1997 年 4 月 1 日零时，京沪铁路第一次大提速。1998 年 10 月 1 日零时，京沪铁路第二次大提速。2000 年 10 月 21 日零时，京沪铁路第三次大提速。2001 年 10 月 21 日零时，京沪铁路第四次大提速。2004 年 4 月 18 日零时，京沪铁路第五次大提速。2006 年，皮家店乘降所改为线路段。2007 年 4 月 18 日零时，京沪铁路第六次大提速。2008 年，长清区境内京沪高速铁路动工修建，与京沪铁路并行，经崮云湖街道、张夏镇、万德镇，全长 31 公里，张夏镇境内开凿西渴马一号、二号隧道及张夏隧道 3 处，全长分别为 1008 米、2812 米、722 米。

第四节　渡　口

1986 年，境内有庞道口、宋庄、袁道口、顾小庄、桃园、杨庄、杜圈、小码头、董庄、北苗、刘套、贾庄、吴渡、李庄、西魏、北魏、后隆、老李、郭庄、怀庙 20 处黄河渡口。2002 年 7 月 15 日，黄河调水调沙期间，在西魏至阴河渡口发生 10 人死亡沉船事件后，全部渡口撤销，从此辖区内无渡口。

第五节　桥　涵

干线公路桥涵　1986 年，境内干线公路有桥梁 31 座，其中，国道有桥梁 16 座，省道有桥梁 15 座。大、中、小桥分别为 6 座、8 座和 17 座。至 2008 年年底，京福高速公路有涵洞 66 道，桥梁 53 座，其中特大、大、中、小桥分别为 1 座、7 座、13 座、32 座；济菏高速公路有涵洞 27 道，桥梁 118 座，其中特大、大、中、小桥分别为 1 座、11 座、26 座、80 座；

■ 崮云湖高架桥　　（2008 年 摄）

104 国道有涵洞 38 道，桥梁 12 座，其中大、中、小桥分别为 4 座、3 座、5 座；220 国道有涵洞 63 道，桥梁 18 座，其中大、中、小桥分别为 3 座、2 座、13 座；104 省道有涵洞 36 道，桥梁 15 座，其中大、中、小桥分别为 1 座、9 座、5 座。

崮云湖高架桥　位于崮云湖街道崮山村（桥梁中心桩号为 423.441），属京福高速公路特大桥，桥梁全长 1055.16 米，跨径总长 1050 米，桥梁全宽 35.5 米，上部结构为箱型梁，下部结构为多柱框架式桥台，支座为盆式橡胶支座，设计荷载为汽车－超 20 级，双向 6 车道，技术状况评定为一类。该桥于 1999 年初开工建设，10 月 30 日建成。

长清大学园区桥　位于崮云湖街道小梁村（桥梁中心桩号为 64.253），属济菏高速公路特大桥，桥梁全长 3533 米，跨径总长 3527.4 米，桥梁全宽 28 米，上部结构为箱型拱梁，下部结构为多柱墩，支座为盆式橡胶支座，设计荷载为公路－Ⅰ级，双向 4 车道，技术状况评定为一类。该

■ 长清大学园区桥　　（2008 年 摄）

国道 104 线夹河北桥 (2008 年 摄)

长清大桥 (2007 年 摄)

桥于 2004 年 3 月开工建设,2005 年 9 月 30 日建成通车。

夹河北桥　位于张夏镇金庄村北 2.5 公里处(桥梁中心桩号为 10.055),属 104 国道大桥,桥梁全长 189 米,跨径总长 182 米,桥梁宽 19.5 米,上部结构为空心板梁,桥台类型为多柱墩,埋置式台,支座为板式橡胶支座,设计荷载为公路-Ⅰ级,双向 4 车道,技术状况评定为二类。该桥于 1983 年初开工建设,12 月 30 日建成通车。

三里庄桥　位于文昌街道三里庄北(桥梁中心桩号为 259.773),属 220 国道大桥,该桥于 1988 年开工建设,类型为刚架拱桥。2008 年初,重建,年底主体完工,桥梁全长 126.1 米,跨径总长 120 米,桥梁全宽 56.5 米,上部结构为空心板梁,桥台类型为多柱墩,埋置式台,支座为板式橡胶支座,设计荷载为公路-Ⅰ级,双向 8 车道,技术状况评定为一类。

三里庄桥 (2008 年 摄)

长清大桥　位于文昌街道三里庄北(桥梁中心桩号为 19.115),属 104 省道大桥,始建于民国 27 年(1938 年),原 30 孔,长 107 米,条石漫水桥,墩台石砌,净宽 4.1 米。1953 年,由泰安工程公路段改建为 18 孔,2 米钢筋混凝土支简板桥(漫水),净跨 0.9 米,净宽 6.5 米,石砌墩台。1975 年 8 月,县革委修建指挥部组织施工改建,次年竣工。2006 年年初,改建工程开工建设,11 月 30 日完工,类型为双曲拱桥。改建后的桥梁全长 133 米,跨径总长 117 米,桥梁全宽 25 米,上部结构为空心板梁,桥台类型为多柱墩,扶壁(空腹)式,支座为板式橡胶支座,设计荷载为公路-Ⅰ级,双向 6 车道,技术状况评定为二类。

县乡公路桥涵　1986 年,境内有县乡公路桥梁 485.9 米/21 座,其中县公路桥梁 328.2 米/15 座,乡公路桥梁 157.7 米/6 座。2008 年年底,全区共有县乡桥梁 1335.1 米/33 座,其中县道 1017.6 米/23 座,乡道 317.5 米/10 座;县乡公路涵洞 5385.7 米/364 个,其中县道 2991.7 米/167 个,乡道 2394 米/197 个。

铁路桥涵　1986 年,铁路桥梁 3873 米/104 座,涵洞 140 米/28 个。2008 年年底,京沪铁路桥梁 3873 米/104 座,铁路涵洞 140 米/28 个;京沪高铁建交通涵洞 50 米/10 个,通水涵洞 35 米/7 个。

浮桥　1986 年,境内无浮桥。1993 年—2003 年,境内先后建成 7 座浮桥。2008 年年底,境内除吴渡浮桥拆除外,其他浮桥正常运行。

吴渡浮桥 1996年8月18日,正式通车投入运营,浮桥连接归德镇吴渡村和德州市齐河县胡官乡纸坊村,桥长280米,承压舟27对,趸船1个,车流量100台次/天。2008年3月,因亏损拆除。

西魏浮桥 1997年4月1日，正式通车投入运营，浮桥连接文昌街道西魏村和德州市齐河县阴河村,桥长280米,承压舟14对,趸船2个,车流量400台次/天。

燕李浮桥 1997年10月6日,正式通车投入运营，浮桥连接孝里镇燕庄村和聊城市东阿镇李营村,桥长330米,承压舟20对,趸船2个,车流量420台次/天。

北魏浮桥 2000年3月18日,正式通车投入运营，浮桥连接文昌街道西兴隆村和德州市齐河县谯庄村,桥长330米,承压舟20对,趸船2个,车流量1200台次/天。

平安浮桥 2001年1月1日，正式通车投入运营，浮桥连接平安街道北张村和德州市齐河县东张村,桥长340米,承压舟23对,趸船1个,车流量1000台次/天。

码头浮桥 2002年9月12日,正式通车投入运营，浮桥连接归德镇码头村和德州市齐河县大码头村,桥长230米,承压舟14对,趸船1个,车流量450台次/天。

顾娄浮桥 2003年6月13日,正式通车投入运营，浮桥连接归德镇顾小庄村和德州市齐河县娄集村,桥长235米,承压舟15对,趸船1个,车流量450台次/天。

黄河西魏浮桥 (2005年 摄)

第六节 车 站

长清客运站始建于1966年,位于东关大街东首路南,属三级客运站。1986年,位于渤海商城南邻的长清公用型发车区建成投入使用，属非等级简易客运站。2006年下半年,由于旧城改造施工,长清客运站被拆除,发车点临时设在位于原址(清河街与峰山路)的十字路口路边，无固定场所。2008年年底,公交车发车点3个,分别是长清中学发车点、清河街发车点和公交运营中心发车点,每天245个班次,客流量近2万人次。

第二章 运 输

1986年，全县运输方式为公路运输、铁路运输、水路运输三种运输方式,公路运输由两家集体运输公司承担,人畜车运输逐渐消失。1996年,县运输公司、第二运输公司停运,客、货运输转由个体运输经营者经营,自负盈亏。2008年年底,全区运输方式以公路运输和铁路运输为主,水路运输的渡船被浮桥代替,全区有客车325辆,货车4878辆。

第一节 公路运输

客运 1985年起,全县陆续开通各乡镇至长清城区的客运线路。1986年,全县有客运车辆10

辆，客运量10万人次，客运周转量300万人公里。1990年起，全县陆续开通各乡镇至济南的客运线路。2004年9月，投资420万元购置宇通豪华大客12辆，开通长清至市华联的济长巴士1路。2005年，投资530万元购置豪华大客15辆，开通长清途经大学科技园至济南长途汽车总站的济长巴士2路；投资700万元购置宇通豪华大客21辆，开通长清途经大学园至济南火车站的客运线路。2005年8月，济南公交公司开通20、22、24、25路公交线路。2006年，济南公交公司开通301路（长清公交营运中心—章丘）、302路（长清公交营运中心—洛口）公交线路，形成以长清城区和大学园区为中心，以乡镇为节点，通达济南市区、泰安、齐河，辐射各乡镇村的客运网络。2008年年底，全区有客运车辆325辆，客运量695万人次，客运周转量17529万人公里；客运线路67条，其中公交线路6条，公交车辆86辆，客运线路61条，客运班车239辆。

货运　1986年，全县有货运车辆1224辆，货运量69万吨，货运周转量2926万吨公里。2008年年底，货运汽车发展到4878辆，载货吨位23665吨，货运量211万吨，货运周转量13868万吨公里；车辆运力结构明显改变，重型货车数量占全部车辆的20%，轻型厢式货车运营数量呈逐年增加趋势。是年，全区专业化运输企业7家；危险货物运输企业2家，危险品运输车辆62辆、530吨。

1986—2008年长清区（县）客运货运统计表

表17－2

年份	货运			客运		
	货运量（万吨）	货物周转量（万吨公里）	货车（辆）	客运量（万人次）	客运周转量（万人公里）	客车（辆）
1986	69.0	2926	1224	10.0	300	10
1987	76.2	3455	1339	28.9	867	16
1988	78.8	5078	1696	56.6	1698	31
1989	53.5	5402	1848	63.6	1899	50
1990	50.8	4952	1915	67.9	2025	56
1991	49.0	4420	2082	138.9	3558	74
1992	66.6	5097	2883	161.9	5012	102
1993	68.3	4797	2865	178.0	5350	108
1994	81.8	6014	2971	192.1	5618	134
1995	83.5	5886	3212	217.0	6179	151
1996	91.9	6002	3247	242.0	6185	185
1997	99.7	6691	3354	257.1	6450	205
1998	108.7	6736	2859	270.1	6564	216
1999	108.8	7383	3345	278.6	7158	219
2000	115.1	7858	4102	287.2	7537	232
2001	122.2	8186	3977	286.1	7686	235
2002	125.8	8299	4028	299.4	7730	156

续表 17-2

年份	货运			客运		
	货运量（万吨）	货物周转量（万吨公里）	货车（辆）	客运量（万人次）	客运周转量（万人公里）	客车（辆）
2003	133.2	9213	4186	285.6	7250	160
2004	133.0	8772	4391	308.9	7592	165
2005	181.0	11800	4144	426.0	10427	202
2006	188.6	11087	3399	603.0	15372	276
2007	199.0	13080	3347	653.0	16220	308
2008	211.0	13868	4878	695.0	17529	325

2008 年长清区客运线路情况表

表 17-3

序号	线路名称	经营区域	主要途经站点	里程（公里）	单程运行时间（分钟）	车辆（辆）
1	24 路(公交)	区内	公交营运中心、大学路、丁香路、龙泉街、宾谷街	18.5	40	5
2	25 路(公交)	区内	公交营运中心、大学路、紫薇路、宾谷街	18	40	5
3	北张—长清	区内	平安	21	35	2
4	后刘—长清	区内	凤鸣庄、陈庄	15	30	2
5	娘娘店—长清	区内	平安、新李	28	50	2
6	山贾庄—长清	区内	凤鸣庄、小屯	18	30	2
7	吴渡—长清	区内	十里、卫楼	20	40	3
8	五峰—长清	区内	宋村、胡同店、陈庄	21	45	6
9	万德—长清	区内	张夏、崮云湖、丹凤小区	40	65	10
10	武庄—长清	区内	万德、张夏、崮云湖、丹凤小区	49	85	1
11	长清—潘村	区内	丹凤小区、清河街、乐天小区、山师、联大	25	65	10
12	长清—灵岩寺	区内	乐天小区、山师、张夏、万德	49	75	2
13	长清—石胡同	区内	宋村、五峰	53	80	2
14	长清—万德	区内	丹凤小区、崮云湖、张夏	40	65	10
15	20 路(公交)	市内	公交营运中心、大学路、220 国道、经二纬十二	28.5	75	11
16	22 路(公交)	市内	公交营运中心、大学路、104 国道、营市街	23	60	11

续表 17－3

序号	线路名称	经营区域	主要途经站点	里程（公里）	单程运行时间（分钟）	车辆（辆）
17	301 路（公交）	市内	公交营运中心、大学路、经十路、章丘	82	130	24
18	302 路（公交）	市内	公交营运中心、大学路、104 国道、经一路、长途东站	32	90	30
19	长清—华联	市内	平安、段店、五院	27	60	12
20	长清—长途总站	市内	交院、山师、炒米店、党家庄	32	90	15
21	长清—火车站	市内	公交营运中心、山师、炒米店、党家庄	32	90	21
22	百石崖—济南	市内	马山、胡同店、长清、平安	68	120	12
23	大峰山—济南	市内	东障、小屯、长清、平安	75	120	2
24	东房—济南	市内	武庄、万德、张夏、崮云湖、党家庄	71	120	2
25	东南山—济南	市内	田庄、张夏、崮云湖、党家庄	65	110	1
26	东升—济南	市内	武庄、万德、张夏、崮云湖、党家庄	68	110	1
27	董庄—济南	市内	归德、长清、平安	55	95	1
28	方峪—济南	市内	东障、小屯、长清、平安	75	120	2
29	房庄—济南	市内	双泉、崮头、长清、平安	69	120	1
30	凤凰岭—济南	市内	武庄、万德、张夏、崮云湖、党家庄	68	110	2
31	葛条峪—济南	市内	五峰、宋村、长清、平安	68	120	4
32	侯庄—济南	市内	武庄、万德、张夏、崮云湖、党家庄	68	110	3
33	后园—济南	市内	双泉、崮头、长清、平安	67	120	1
34	胡林—济南	市内	孝里、归德、长清、平安	61	120	1
35	黄立泉—济南	市内	双泉、崮头、长清、平安	70	120	1
36	黄崖—济南	市内	孝里镇、凤鸣庄、长清、平安	72	120	2
37	界首—济南	市内	万德、张夏、崮云湖、党家庄	65	110	1
38	刘口—济南	市内	双泉、崮头、长清、平安	71	120	1
39	刘营—济南	市内	孝里、归德、长清、平安	71	120	1
40	罗庄—济南	市内	双泉、崮头、长清、平安	68	115	1
41	马山—济南	市内	苾村、胡同店、长清、平安	60	110	7
42	马套—济南	市内	万德、张夏、崮云湖、党家庄	67	120	1
43	庞道口—济南	市内	东障、小屯、长清、平安	70	110	1
44	上营—济南	市内	万德、张夏、崮云湖、党家庄	63	105	2

续表 17－3

序号	线路名称	经营区域	主要途经站点	里程（公里）	单程运行时间（分钟）	车辆（辆）
45	邵家背—济南	市内	双泉、崮头、长清、平安	73	120	2
46	诗庄—济南	市内	张夏、崮云湖、党家庄	50	90	1
47	孙东—济南	市内	万德、张夏、崮云湖、党家庄	65	110	2
48	孙家庙—济南	市内	五峰山、崮云湖、党家庄	60	100	1
49	孙土—济南	市内	马山、胡同店、长清、平安	63	110	1
50	孙庄—济南	市内	万德、张夏、崮云湖、党家庄	65	110	1
51	坦山—济南	市内	凤鸣庄、陈庄、长清、济南	55	95	4
52	田庄—济南	市内	万德、张夏、崮云湖、党家庄	64	105	3
53	万德—济南	市内	张夏、崮云湖、党家庄	57	100	1
54	王魏—济南	市内	归德、长清、平安	55	95	4
55	卧龙峪—济南	市内	万德、张夏、崮云湖、党家庄	64	105	1
56	五峰—济南	市内	宋村、胡同店、长清、平安	53	100	3
57	五眼井—济南	市内	双泉、崮头、长清、平安	67	120	1
58	雾露河—济南	市内	归德、长清、平安	55	95	1
59	西侯—济南	市内	万德、张夏、崮云湖、党家庄	65	110	1
60	西野老—济南	市内	张夏、崮云湖、党家庄	53	95	1
61	下营—济南	市内	万德、张夏、崮云湖、党家庄	63	105	1
62	小寺—济南	市内	张夏、崮云湖、党家庄	52	100	2
63	孝里—济南	市内	归德、长清、平安	56	110	30
64	燕李浮桥—济南	市内	孝里、归德、长清、平安	68	130	1
65	尹庄—济南	市内	双泉、崮头、长清、平安	63	120	17
66	张庄—济南	市内	马山、胡同店、长清、平安	68	120	1
67	纸坊—济南	市内	五峰山、崮云湖、党家庄	55	90	8

第二节　铁路运输

客运　1986 年，客车每天发送 20 对，客运年发送量 51 万人次。1990 年，客流量减少，客运年发送量 41 万人次。1997 年，铁路提速，各乘降所先后改为线路段，不再承担客运任务，辖区内无客运站点。

货运　1986 年，经长清地区货物发送量 157 万吨，大宗货物有煤炭、木材、粮食、燃料，收入 390 万元。1991 年 4 月，开办集装箱运输，有 5 吨、10 吨集装箱。1997 年 6 月，开办 20 吨集装箱运输。2002 年，货运量达到最高 341.5 万吨。2008 年，货运量 298.9 万吨，主要大宗货物有煤炭、木材、建材、粮食、燃料，货运收入1800万元。

第三节　水路运输

境内水运主要靠黄河，运输对象主要是行人、生活用品、小型车辆、沙石、百货等。1986年，辖区共有20处黄河渡口，机轮渡船55艘，长航船4艘，共计776吨位，261名船工。境内运输量最大的渡口是西魏渡口和董庄渡口，两个渡口均为个体联户经营。西魏渡口有8艘机轮渡船，46名船工，年货运量30万吨；董庄渡口有6艘机轮渡船，38名船工，年货运量27万吨。1994年，两处渡口年货运量最高分别达37万吨和32万吨。1996年，除西魏渡口及董庄渡口有渡船运行外，其他渡口渡船均停运。2001年，西魏渡口有2艘机轮渡船，年货运量不足万吨。2002年，境内渡口全部撤销，辖区内水运全部通过浮桥运输。

第三章　交通管理

交通局负责全区运政管理工作，县乡公路的规划、建设、养护和管理，指导镇村道路规划、建设、养护和管理；全县交通规费征收，机动车辆维修、汽车技术状况检测、汽车配件销售、社会从业人员培训的行业管理；治理营运车辆非法营运、车辆超限、超载、私自改装、货物撒漏等交通稽查，负责辖区内客运出租车市场的规划、管理，规范经营行为等工作。2002年，根据市交通局、区政府的有关规定，承担区政府、武装部的交通战备职能。

第一节　运政管理

运政服务　1982年12月，交通局运输管理所成立，负责全县范围内具体运政管理工作。2005年，长清区行政审批中心交通局分中心挂牌成立，设行政审批服务窗口，负责全区道路客运、货运、维修、驾驶培训等运政许可业务集中受理，实行交通行政许可工作“两集中、两到位”（即行政许可事项集中、行政许可科室集中；审批事项到位、审批权限到位）。

市场管理　1986年起，根据“道路运输经营许可证”和“道路运输证”制度，对参与道路运输经营的单位和个人进行管理。1996年，《山东省道路运输管理条例》颁布实施，对道路运输实行统一管理、多家经营、协调发展的方针，保护正当竞争，禁止非法营运。1997年，成立客运所，将运管所承担的客运职能纳入管理范围，对无证经营，不按线路、站点、班次发车，超员、超速、倒客、甩客，私自抬压票价、携带危险品行车等行为进行监督检查。2001年起，逐步将原油、气体、化学品等危险品运输业纳入管理重点，规范危险品运输车辆30多辆，认定长清区运输公司具备危险品运输资质，取缔达不到危险品运输资质条件的车辆20余辆。2004年，《中华人民共和国道路运输条例》实施，按照规定，强化运输市场监管，开展道路运输市场运输秩序整治工作，打击“五黑”（即黑客车、黑出租、黑船舶、黑车站、黑经营业户）违法经营行为。2005年起，整顿货运市场、搬运装卸市场和货物配载市场，规范货运配载、信息服务、场站经营、零担快运等道路运输业的经营行为，统一、开放、有序的道路运输市场逐渐形

成。2008年年底，长清区经营性货运车辆4878辆，载货吨位23665吨；其他载货机动车1188辆，1024吨；拖拉机167辆，250吨；许可专业型运输企业15家。

出租车管理　境内客运出租车始于20世纪90年代中期，起初全是散户微型客车（面的），处于自然状态，无人管理。1998年12月，县交通局组建出租车管理办公室，管理城区内出租车辆，纳入管理的“面的”67辆。2001年9月，引进合资经营的济南良友宏运出租公司，投入运输市场捷达出租车20辆，因当时群众认可度不高，没能正常营运。2005年4月，引进济南海翔出租车公司吉利出租车30辆。2006年5月，引进济南鸿运出租公司和陈文出租车公司奇瑞出租车各50辆。2007年3月，济南良友公司更新奇瑞出租车20辆。是年11月，济南海翔出租公司新增奇瑞出租车20辆。是年，长清区交通局组织开展城区出租车专项整治活动，取缔“面的”，实行“五统一”（即统一车型、统一颜色、统一标识、统一服装、统一服务用语）标准，严格执行出租车辆6年淘汰制度，对全区出租车实行公司化经营，集约化管理。2008年2月，济南鸿运出租公司新增奇瑞11辆、捷达12辆；陈文出租车公司新增奇瑞11辆、捷达10辆。2008年年底，全区有4家出租车公司，有吉利30辆、奇瑞162辆、捷达22辆，共214辆。

汽车维修　1988年5月，成立长清县汽车维修行业管理所，开展机动车维修市场清理整顿工作。1991年，将全县机动车维修行业纳入集中统一管理。2000年3月，建立长清县交通局机动车检测站，实现车辆技术和维修质量管理的标准化和规范化。是年12月，成立长清县机动车维修行业协会，实现政府引导、行业自律的健康发展模式。2003年3月，长清区发展计划局批准机动车检测站项目投资改建。2004年，机动车检测站迁至国道220线西侧石麟山西南，设备进行升级改造，将原来的“B”级站提升为“A”级站。2007年10月，检测站更名为济南市长清区利通机动车检测中心，实行自主经营、自我发展、自负盈亏的企业化管理。2008年年底，全区共有各类汽车维修企业（业户）142家。

第二节　路政管理

1986年9月，济南市人民政府颁发《济南市公路管理实施细则》。1998年，《中华人民共和国公路法》实施后，依法配合县公安、工商等部门治理集市贸易、摆摊设点占用公路现象。2003年，长清区交通局成立路政管理小组，设专职路政员4人。2004年，成立路政科，编制4人，配备汽车1辆，购置路政专用数码相机1部，配置专用计算机1台。至2008年年底，共清除建筑堆料垃圾12.2万立方米，拆除公路违章建筑1500万平方米，增设公路标志2420块，清除各类杂牌2300块，开通平面交叉道口14处，处理路政案件4500起。

第三节　航运管理

1986年，辖区水路运输管理工作由渡口管理所负责，负责贯彻执行水上运输安全法规；监督船舶人员配备，对船员进行培训发证；监督检查船舶技术、航行和装载情况；审批监督水上、水下工程施工和大型拖带及其他；监督管理载运危险货物船舶，审批水上禁航区域，发布航行通告、警告；调查处理水上事故和污染事故，管理沉船沉物的打捞。1993年，渡口管理所更名为港航监督所。2002年，更名为山东省长清区地方海事处，主要开展对各浮桥的监督管理和内湖游船的管理工作。是年，渡口全部关闭。

第四节　公路养护

长清境内的公路养护是：干线公路由国家拨款，国家和地方共同养护；县乡公路由地方拨款，群众养护。1970年，公路站经过不断更新和逐年

■ 公路养护　　（2008 年 摄）

完善，公路修筑和养护基本实现半机械化。1986 年，全县养护队伍有 13 个养路道班，21 名道班工人，5 个群众养护组，群众养路员发展到 156 人。有汽车 13 辆（含油灌车 1 辆，自卸翻斗车 5 辆），推土机 1 辆，压路机 6 辆，沥青拌合机 1 台，沥青洒布机 1 台，摊铺机 1 台。公路修筑养护实现汽车运料、摊铺、沥青洒布、机械碾压机械化。是年，境内公路长 241.5 公里，养护里程 240.3 公里，其中干线公路 111.2 公里、县乡公路 130.3 公里；公路绿化里程 179.2 公里，其中干线公路 105 公里、县乡公路 74.20 公里。绿化办法是：干线公路由国家拨款绿化，县乡公路绿化是谁栽谁受益。2002 年，按照分级管理的原则，地方公路（县道、乡道 402 公里）划归交通局管理，区公路局负责国道、省道 114.3 公里的养护管理。2006 年 1 月 1 日，《济南市农村公路管理条例》施行，村道正式列入养护管理范围。农村公路中县道、乡道和村道的养护主体分别是县级交通部门、乡镇政府和村委会，农村公路养护资金筹集与使用遵循省市补助、区级配套、镇村筹集、多方筹措、分级管理、专户存储、专款专用的原则。2008 年，全区 10 个街道、乡镇分别成立农村公路管理站，具体负责辖区内的农村公路的日常养护管理、绿化、环境综合整治工作和镇村公路的维修、安保工程的组织实施。农村公路按照区道每 1.3 公里、镇道每 2 公里、村道每 2.5 公里 1 人的标准配备养护员，全区共配备养护员 460 名，养护农村公路里程 1076.5 公里，其中区道 123.3 公里、镇道 236.1 公里、村道 717.1 公里。

第五节　交通稽查

1996 年，组建长清县交通稽查大队，每年平均检查车辆 2.6 万辆次。2001 年，被授予省级青年文明号称号。2004 年 6 月，开展超限超载运输专项整治活动，投资 10 万余元，购买 4 台超限检测仪及取证设备，印制业户违章处理手册等，对车辆超限、大吨小标、非法改装、集中闯卡等问题进行重点治理。至 2008 年年底，共检查各类货车 10.5 万辆次，其中查处超限超载货车 15183 辆次，非法改装车辆 8712 辆，大吨小标车辆 3926 辆。

第六节　规费征收

交通局规费征收　1978 年，收取的交通规费项目主要是养路费和运输管理费，全年征收额 13 万元。1985 年 5 月 1 日，开征车辆购置附加费。1986 年 6 月 1 日，开征客运建设基金。1990 年 1 月 1 日，开征货运建设基金。1993 年 7 月 1 日，开征经济欠发达地区公路建设还贷资金。1997 年 1 月 1 日，开征路港费建设基金。2001 年 1 月 1 日，车辆购置附加费改为车辆购置税，仍由交通部门代征。2004 年，全年共征收运管费 218.8 万元，养路费 255 万元，货运基金 518.4 万元，客运基金 260 万元。是年，车辆购置税的征收及管理整体划转到国家税务局。2006 年，征收各项交通规费

1449.19万元。2008年，征收运管费255万元，养路费303万元，客货运附加费1095万元。2008年12月31日起，交通部门不再征收公路养路费、航道养护费、公路运输管理费、公路客货运附加费、水路运输管理费、水运客货运附加费，取而代之的是燃油税，由税务部门征收。

公路局规费征收 1986年，收取的交通规费主要是公路养路费，采取手工开具定额养路费票证的方式，全年征收额711.71万元。1992年，开始用微机打印养路费票证。1993年，全县养路费征收突破千万元。1995年，开征铁路道口安全管理费，按照核定载重吨位计征。1996年11月，根据鲁政发〔1996〕106号文件批复，成立104国道金家收费处，级别为正处级事业单位，编制95人，完成通行费征收100万元。2001年，全县养路费征收突破2000万元。2002年6月21日，根据省交通厅〔2002〕鲁交财审(30)号文件，成立国道220长清孝里收费处，人员编制62人，当年完成通行费征收787.94万元。2003年2月21日，在省道104线马山北站成立省道104线长清收费站，人员编制37人，完成通行费征收821.7万元。2005年，养路费征收采取市内联网就近缴费和委托银行收费，方便车主缴费，当年开发和推广PDA公路规费稽查系统，可将车辆漏费信息传输到掌上电脑，进行针对性的稽查，最大限度减少漏费。2008年年底，发改委出台成品油税费改革方案，停止征收养路费。

第四章 邮 政

1986年，长清县邮电局开办的邮政业务有函件、包裹、汇兑、报刊发行、机要通信等。1998年，邮电分营，邮政业务从邮电局析出。1999年，县邮政局被评为市级文明单位。2008年，开办的邮政业务扩展到集邮、邮政储蓄、特快专递、物流、代办业务、中邮广告等。

第一节 邮政网络

干线邮路 1986年，济南自办汽车邮路2条，济南至菏泽途径马山支局设自办点，济南至聊城途径归德、孝里支局设自办汽车邮路，两局对开日往返。同时双泉、黑峪两支局设委办汽车运邮，日接4次，自办汽车当日往返。至2008年，每天接济南邮区中心局、市局汽车邮路3次，分别为早晨、上午、下午邮车各1班。

支线邮路 *乡镇邮路* 1998年，县局自办邮路(汽车)1条，邮路总长160公里。2008年，区局设自办汽车邮路2条，一条为双泉、马山、五峰、万德、张夏、崮山、山东交通学院乡镇线路，一条为山东联合大学、山东师范大学、中华女子学院山东分院、山东轻工业学院、山东中医药大学大学科技园线路，邮路总长200公里。

投递邮路 1986年，全县有12条投递线路。1998年，投递线路增到50条(城市投递段道10条、农村投递线路40条)，城市投递段道长度(单程)1173公里，农村投递线路长度(单程)1883公里。2008年，全区投递线路59条，其中城区投递段道25条，乡镇投递线路34条，投递线路3500公里；邮政网点19处，设农村局所11处，全部提供邮政全功能服务；邮政储蓄联网办理异地存取业务网点15处，联网电子汇兑网点16处；投递

部门 11 处，邮政信报箱群 6 处，邮政信箱 252 个，邮政妥投点 2765 个，其中直接投递的 2402 个，与用户签订妥投协议的 342 个，全区 613 个行政村实现村村通邮。

第二节　邮政业务

函件　1986 年，主要经营业务有函件、包件、汇款、报刊发行等。1991 年，开办法院诉讼公文和回执邮寄业务。2000 年 1 月，开办邮政快件业务。2008 年，开办中邮专送广告、数据库商函等个性化函件业务。

包裹　1986 年，县邮电局主要经营普通包裹、保价包裹、小包、大宗包裹等业务。2002 年 12 月，开办交寄到台湾的小包裹业务。2008 年，除经营普通包裹业务外，6 月—7 月在大学科技园办理学生包裹业务。是年年底，为部队官兵提供军队包裹业务。

报刊　1986 年，全县订阅《人民日报》《大众日报》《济南日报》《农村大众》《农民文摘》《半月谈》等刊物的有 11 个乡镇，611 个行政村。订阅《人民日报》的有 192 个村，订阅省报的 541 个村，其中当天看到的有 55 个村，第二天看到的有 486 个村，机关单位均能当天看到省、市报纸。报刊期发份数 31.9 万份，报刊流转额 26.3 万元。2006 年，长清区邮政局发投公司成立，报刊业务的订阅及投递均由发投公司管理。2008 年，实现报刊流转额 379 万元。

汇兑　1986 年，县邮电局办理普通汇票、电报汇票、私人汇款和小额汇款业务，每笔汇款最高限额 5000 元。1996 年 12 月，提高到 1 万元。1999 年，提高到 5 万元。2002 年 1 月 1 日，开办 24 小时到账电子汇兑和投单汇款业务。2008 年，开办中石油营业款汇款业务、招商银行信用卡还款业务。

机要通信　1986 年，县邮电局设立机要室，配专职机要员 1 名，主要办理县以上机要通信业务，部队机要通信业务。2008 年，开始办理学生档案寄递业务。

集邮　1984 年，县邮电局开办集邮业务，主要经营普通邮票、纪念邮票、特种邮票、首日封、邮折、明信片、集邮册等集邮品。1991 年 12 月，长清县集邮协会成立，同时举办首届集邮展。2006 年，开办个性化邮票业务，为个人、团体、企事业单位办理个性化邮票、商务年册服务。2008 年，销售集邮票册 2.2 万册，收入 19.5 万元。

特快专递　1992 年，县邮电局开办特快专递业务，主要办理信函、文件资料和物品的快速投递。1994 年，成立速递公司。1996 年，开办高考录取通知书专递业务。是年，开办鲜花礼仪业务。2001 年，开办法院文书特快专递业务。2008 年年底，长清区邮政速递物流公司成立，实现独立经营。

邮政储蓄　1986 年 5 月，县邮电局开办邮政储蓄业务。1996 年，储蓄余额实现 1.5 亿元。1999 年，邮政储蓄实现全国联网，全国范围内异地通存通取。全县设乡镇网点 10 个，城区网点 1 个。2008 年 5 月，邮政储蓄银行成立，实现独立运营，年末储蓄余额 7.3 亿元。

第三节　邮政设施

经营场地　1986 年，长清县邮电局位于老城县委对面，建房面积 745 平方米。1996 年，迁至新城区五峰路与清河街交叉口。邮电分营后，2000 年，长清区邮政局迁往五峰路 685 号（原物资局大楼）。2008 年，房屋建筑面积 8386 平方米，其中邮政经营用房面积 5690 平方米（营业用房面积 4883 平方米、投递用房面积 807 平方米），其他经营用房面积 698 平方米，非经营用房面积 1998 平方米。

经营设备　1986 年，县邮电局有自行车 37 辆，轻骑 14 辆，机动三轮车 1 辆，用于接送邮件。1998 年，邮政通信生产用车 9 辆。2008 年，更新邮政通信运输设备，办公用车 2 辆，押运车辆 2 辆，接送邮件车 4 辆，服务三农用车 3 辆。

1986年，信箱30个，每个信箱平均服务16508人，每个邮电所平均服务5022人。邮政营业的计量工具主要为50公斤台磅、扇形磅秤等。1988年4月起，县邮电局各营业网点先后配置多功能电子秤，用于生产用微机18台，包裹收寄机12台。至2008年年底，邮政营业场所均配备新式多功能电子秤，用于生产用终端机器超过100台，ATM自动取款机4台，各储蓄网点实现与公安110联网，营业网点门前均配备新式信箱，城区内各小区开始安装信报箱。

1986—2008年长清区(县)邮政业务量统计表

表17-4

年 份	函件（万件）	包件（万件）	汇票（万张）	报刊流转额(万元)	储蓄余额（万元）	集邮（万枚）	特快专递（万件）
1986	41.23	0.98	1.70	26.30	400.32	—	—
1987	45.31	1.01	1.25	28.00	500.00	—	—
1988	43.00	1.25	1.30	26.00	2100.00	—	—
1989	53.87	2.45	1.75	33.00	6250.00	—	—
1990	50.00	1.88	1.60	35.00	8300.00	—	—
1991	50.11	2.96	1.77	37.00	8023.00	—	—
1992	52.23	3.63	2.24	61.00	12085.12	2.23	—
1993	52.30	3.06	2.35	59.00	12080.11	4.32	0.10
1994	52.00	2.55	3.47	66.00	1301.77	6.25	0.20
1995	48.46	0.86	3.25	75.00	13000.51	8.90	0.80
1996	49.50	1.11	2.05	93.50	15025.76	14.85	1.50
1997	47.35	1.25	2.85	125.00	18000.35	18.25	1.43
1998	51.75	0.96	2.52	143.46	20000.70	25.33	1.90
1999	52.00	1.10	2.83	175.67	17383.60	30.40	2.30
2000	48.23	0.96	2.36	197.77	23892.00	19.48	0.68
2001	56.21	0.93	2.02	284.86	29031.79	21.81	0.87
2002	51.79	1.34	1.97	391.53	34541.03	18.14	3.35
2003	128.98	3.50	2.17	300.06	41343.40	22.39	2.45
2004	179.90	2.16	1.38	379.99	49007.57	31.77	5.08
2005	123.43	1.12	1.67	343.62	61780.82	26.80	4.28
2006	188.92	1.92	5.76	399.82	79989.32	25.18	7.65
2007	155.30	2.32	3.99	436.35	76559.04	7.79	7.65
2008	177.86	2.46	3.88	379.00	72819.00	8.35	7.93

第五章 电 信

1986年，长清县邮电局有100门磁石式长途电话交换机3部，市内用户装机385部，农话用户装机352户。1988年4月，开通1000门纵横制921自动交换机，结束使用手摇电话的历史，实行全自动拨号。1992年，境内开通无线寻呼(BP机)业务。1993年12月，4000门上海贝尔数字程控交换机开通。1995年，开通中国公用分组交换数据网(CHINAPAC)业务。1996年，安装开通中国公用数字数据网(CHINADDN)业务。2008年年底，长清区建成以光纤传输为载体，本地电话网、高速宽带互联网、基础数据、移动通信、信息技术为框架的完善电信网络，全区固定电话总量121560部。

■ 邮电大楼 (1997年 摄)

第一节 电 报

1986年，长清县邮电局有电传打字机2台，机械式电传机2台，55型机械电传机1台，利用1条电报线路与济南市电信局通报，同时备有八一式无线电报收发机1台，作为线路中断时应急通报用。1987年，开通半自动电报处理分集器，收

1986—2002年长清区(县)电报量统计表

表17－5　　单位:份

年份	去报	来报	年份	去报	来报
1986	32556	32156	1994	8150	6120
1987	39310	38185	1995	6278	5355
1988	48883	46288	1996	5132	3591
1989	43319	39270	1998	3100	2051
1990	37598	35144	1999	2813	1846
1991	22234	18451	2000	2655	2304
1992	26191	18192	2001	1567	1156
1993	26495	22503	2002	1342	942

发电报纳入济南256路自动转报系统。1988年，接收报数量达历史最高值，来去报总量95171份。1994年，开通自动转报网，电报进入全国公众自动转报网，各乡镇支局均通过传真从县局接收和发送电报。随着电话装机量增加，电报业务逐年减少。2003年，长清区取消电报业务。

第二节 电 话

长途电话 1986年，长清县设3部100门容量磁石式长途交换机，至济南的有线电路13条，其中架空明线3条，载波电路2条，载波电话终端机30部，用户开始使用国内长途和国际电话业务。1988年，开通30门共电式长途交换机，磁石式长途交换机停用，至济南长途线路增至21条，开通3路载波终端机6部，长途对端设备容量32路。1993年12月，开通144M长清至济南PDH（准同步数字系列）设备，中继电路300条。2000年，长清县开通至济南的光纤数字电路，长途传输设备开通SDH（同步系统），全县的传输链路形成东西两个保护环，中继电路1116条，至乡镇的传输中继电路3689条。2005年8月，长清撤销长途中继，所有出局中继并入济南智能网汇接局，实现全网智能化。

市内电话 1986年，市内电话采用600门磁石交换机，架空明线30对公里，电缆30.3皮长公里，电磁芯线600对公里，出局电缆500对，电缆管道18管孔公里，有手摇市话用户394户。1988年4月，开通1000门纵横制921自动交换机，所有电话采用拨号方式，市话用户增至624户。1993年，4000门上海贝尔数字程控交换机开通，电话号码由6位升至7位，长清县电话网并入济南本地网，程控交换机容量4096线，出局电缆增至7200线，市话用户数增至2956户，全县电话实现程控化，用户电缆覆盖长清城区。2000年，投资1亿元，实施千百万工程，推动电话县建设。是年，全县交换机总容量13.18万门，新建接入网点55个，接入网容量57376线，电话来电显示普及率100%。2005年5月，长清区电话号码升至8位。2008年，交换机总容量16万门。

农村电话 1986年，长清县11个乡镇采用磁石交换机，设有国营交换点10个，乡村经营农村电话交换点16个，有42路中继电路连接长清县城和各乡镇，手摇电话共352部，有9个乡镇与长清县设直达电路。农村杆路总长度634公里，架空明线1016对公里，电缆16.1公里。1988年，万德、马山2个乡镇首先更换纵横制自动交换机；是年，11个乡镇实现自动交换，农村电话装机达到750部。1994年，马山乡率先开通华为程控交换机，是济南市五县第一个结束使用纵横制电话的乡镇。至1994年12月，11个乡镇全部开通程控电话，农村电话增至1650部，杆路总长度671公里。1996年，11个乡镇固定电话计费统一纳入济南本地网。1997年，电话村建设工程启动。是年，建成电话村41个。2000年，在五峰山镇设立交换母局，乡镇电话交换能力得到提升。2002

1986—2008年长清区（县）电话用户数统计表

表17－6 单位：部

年 份	电话数	年 份	电话数	年 份	电话数	年 份	电话数
1986	737	1992	2096	1998	20793	2004	111800
1987	766	1993	2847	1999	33544	2005	119921
1988	1003	1994	7288	2000	57657	2006	113560
1989	1268	1995	10550	2001	86130	2007	116336
1990	1450	1996	15077	2002	96000	2008	121560
1991	1619	1997	17168	2003	103362		

年，实施撤小交换机进虚拟网工程。是年，农村杆路总长度 2231 杆程公里，光缆线路 583 皮长公里，电缆总长度 4358 皮长公里，通信管道 31 管程公里。2008 年，全区农村电话 85201 部。

第三节 数据通信

1995 年，开通中国公用分组交换数据网（CHINAPAC）业务，安装 DPN-100 型分组交换接点机接入模块（AM）1 台；6 月，工商银行长清支行开通分组交换网 4 条，实现储蓄所微机联网；8 月，邮政储蓄开通分组交换专线 13 条，实现全县邮政储蓄营业窗口微机联网；10 月，农业银行长清支行计算机接入分组交换网，组成通存兑储蓄网。是年，建设银行、公安局户籍科等 7 个单位相继接入分组交换网。1996 年，安装开通中国公用数字数据网（CHINADDN）业务，引进加拿大北电公司生产的新桥 3600DDN 设备。2000 年，市局开展帧中继（FR）业务，农业银行长清支行首家利用 ATM 交换机提供帧中继数据传输业务。2001 年，国税局、农村信用合作社联社、中国银行长清支行等单位相继开通帧中继数据传输业务。2004 年，10 个乡镇电信经营部相继开通 DDN 接入设备。随着中国公用数字数据网和宽带业务的开通，公用分组交换数据网用户逐渐减少。2008 年，分组交换设备停用，数字数据用户点 178 个。

第四节 互联网业务

1996 年 7 月，长清县开通 163 国际互联网（CHINANET）、169（中国公众信息网）电话拨号上网业务。是年，建立演示厅，配备微机 20 台，专职人员 13 名，负责培训辅导上网用户，演示上网浏览，年内发展拨号上网用户 956 户。1997 年 2 月，“长清信息港”建成；7 月，成功实施“长清县政府上网工程”，发展政府部门网上办公用户 85 家；12 月新上 ISDN（一线通）设备，建成覆盖全县及各乡镇的窄带 ISDN（2B+D）综合业务数字网，为用户提供 128K 双信道信息接入，发展上网用户 2469 户。2000 年 4 月，长清第一个证券交易网联合证券成立，配备微机 40 台；8 月，实施“长清企业上网工程”，30 余家企业开展域名注册和电子商务活动，多家企业上因特网。是年，一线通业务用户 23 户，因特网用户 632 户。2002 年，安装 10 个点的宽带设备，推出 ADSL、ADSL+LAN、FT-TX+LAN 等多种宽带接入方式。2003 年 12 月，采用宽带技术设备在济南地区率先组建党政信息网，50 余家企事业单位入网。2007 年 3 月，党员远程教育网建设开始启动。是年，全区 613 个行政村全部安装党员远程教育网。2008 年年底，全区在互联网上建立主页的企业单位 822 家，互联网用户 44326 户。

第六章 移动通信

第一节 无线寻呼

1992 年，境内开通无线寻呼（BP 机）业务，建立人工寻呼台，使用特服号码“126”，实行昼夜服务；是年，无线寻呼用户 161 户。1996 年，人工寻呼系统撤销，增设“127”“128”自动寻呼特服号，服务项目有常规呼、群呼、定时呼、紧急呼等；是年，发展寻呼机 3630 部。1999 年，无线寻呼发展量达到顶峰，用户 6297 户。2000 年起，开通网上呼、如意呼、信息点播业务。随着手机的快速普及，无限寻呼业务逐年减少。2002 年，无线寻呼业务停用。

第二节　小 灵 通

2002 年 11 月，长清区开始小灵通基站网络建设。是年年底，建成覆盖城区和乡镇驻地的小灵通网络，发展小灵通用户 560 户。2003 年，投资 3000 万元，建设长清小灵通网络，建设小灵通基站 330 个，RAIU 设备 15 套，增设延伸器 2 个，小灵通网络初具规模，小灵通用户发展到 7911 户。2004 年，启动第六期小灵通基站建设工作，完成 13 个小灵通 RAIU 设备的安装、调测、开通工作，安装基站复用器 15 套，新开通小灵通基站 231 个，开通 10 个接入网点的 8M 光端机和基站延伸器，开通 8 条小灵通基站 2M 控制器。2004 年，发展小灵通用户 16000 户，累计 30129 户。2008 年年底，小灵通基站总量 1200 个，小灵通用户 42484 户，在全区主要的干道、城镇、村庄实现无缝隙覆盖。

移动发射基站　（2008 年 摄）

第三节　移动通信

1994 年，境内投入使用美国摩托罗拉蜂窝模拟移动电话，采用 900MHZ 频率。1995 年 3 月，长清邮电局引进美国摩托罗拉模拟移动基站开通；5 月，移动电话号码由 6 位升至 7 位。1996 年 12 月，引进的瑞典爱立信 GSM 数字基站设备开通。1997 年，全县实现省内乃至全国联网自动漫游的数字通信工程建设。1999 年 7 月，移动通信业务从电信局分出，成立山东移动通信公司长清分公司。2001 年，长清移动通信公司在东部城区莲台山路征地 1 万平方米，建成营业综合办公楼，建筑面积 2700 余平方米，其中营业大厅面积 500 余平方米，内设大客户业务办理区、新业务演示区、客户休息区、手机展示销售柜台。2002 年 5 月，开通 GPRS 通用分组无线业务；6 月推出无线上网卡，采用笔记本

1999 年 7 月，山东移动通信公司长清分公司成立揭牌仪式举行

电脑+无线上网卡使“移动办公”成为现实，移动电话通信业务提供基本语音业务、GPRS移动书籍业务、短消息、IP电话、信息点播、手机杂志、手机银行、手机彩票投注等多种电信业务，有“全球通、神州行、动感地带、移动梦网”等著名品牌，网号139、138、137、136、135、134、147、150、151、152、157、158、159、187、188共计15个号段。2008年起，开始建设TD-SCDMA（TD-SCDMA是中国通信产业第一个有自主知识产权系统的国际标准）基站，年底建成TD-SCDMA基站120个、载频1879个，用户容量15万户。2008年年底，全区移动基站190个，移动用户31万户。

《长清区志（1986—2008）》
荣获2014年度山东省优秀
市县级志书

济南市

长清区志

(1986—2008)

济南市长清区地方史志编纂委员会　编

(下卷)

方志出版社
Publishing House of Local Records

目　　录

下　卷

第十八编　经济管理

第十九编　教育　科技

第二十编　文化　体育

第二十一编　卫　生

第二十二编　文　物

第二十三编　旅　游

第二十四编　精神文明建设

第二十五编　社会生活

第二十六编　街道　乡镇

第二十七编　组织机构

人　物

附　录

索　引

第十八编

经济管理

Economic Management

长清区居民住宅供热价格调整听证会　　（2008年 摄）

西李村专业合作社成立揭牌仪式 （2007年 摄）

双泉乡土地整理项目区 （2006年 摄）

1986年—2008年，为适应市场经济发展的需要，全区(县)各经济管理部门职能有较大变化。计划管理由“计划经济为主、市场调节为辅”到“市场调节为主、计划调节为辅”，再到市场经济体制初步确立，指令性计划被取消或转变为指导性计划，由偏重年度计划制定转为年度计划和中长期规划并重，管理重点也由微观管理转向宏观调控。统计工作从1993年实施新的国家统计报表制度，并逐步改革和完善统计指标体系，工作日趋规范化。审计工作建立以国家审计为主体、以内部审计和社会审计为重要组成部分的审计体系，开辟领导干部经济责任审计等领域，在促进地方经济发展、维护财经纪律、加强廉政建设等方面发挥了重要作用。价格改革不断深化，逐步形成以市场调节价为主体的价格体系。工商部门从侧重管理集贸市场、个体私营经济和企业登记等，转变为监督管理各类市场及市场交易行为和维护公平交易执法。技术监督部门强化质量认证监督、标准计量管理、特种设备安全管理，实施标准化战略，产品质量有较大提高。国土部门加强对土地矿产资源的开发、利用管理和执法力度，强化保护措施，逐步将土地、矿产资源管理纳入法治化、规范化轨道。建立健全区、乡镇(街道)、管理区、村(居)四级食品药品监管网络，群众饮食用药安全得到保障，长清区被确定为山东省农村药品“两网”(药品监督网、药品供应网)建设示范区。

第一章 计划管理

第一节 计划体制改革

第一阶段（1978—1983） 重点是改进计划管理，引入市场调节。根据国家计委《关于改进和加强计划管理的意见》，长清县计划管理逐步实行指令性计划、指导性计划和计划指导下的市场调节三种管理形式。一是对关系国计民生产品的生产和分配，关系经济全局的骨干企业和关系国民经济全局的任务，下达指令性计划；对不影响全局的其他经济和社会活动，不列计划，也不下达计划指标，由企事业单位按照社会需要安排计划。二是完善计划体系，搞好长期规划。实行长、中、短期计划相结合，经济、科技和社会发展计划相结合，全面规划和专项规划相结合。三是改进经济效益指标，建立和完善计划的综合指标体系。

第二阶段（1984—1991） 1984年10月，根据国家计委《关于改进计划体制的若干暂行规定》，长清县在国民经济和社会发展的编制中逐步以五年计划为主要形式，简化年度计划，制定长远规划，同时编制行业规划、国土规划和若干专项规划，缩小对重要工农业产品产量的指令性计划范围，扩大指导性计划和市场调节的范围。

第三阶段(1992—1997) 1992年10月，中共中央提出建立社会主义市场经济体制的目标，指出要“使市场在社会主义国家宏观调控下对资源配置起基础性作用”“国家计划是宏观调控的重要手段之一”。长清县更新计划观念，改进计划方法，重点是合理确定国民经济和社会发展的战略目标，搞好经济发展预测、总量调控、重大结构与生产力布局规划，集中必要的财力、物力进行重点建设，综合运用经济杠杆，促进经济更快更好地发展。1993年11月，中共十四届三中全会通过《中共中央关于建立社会主义市场经济体制若干问题的决定》，确立适应社会主义市场经济体制新的宏观调控体系，进一步明确计划在宏观调控中的地位、作用、范围和职能，计划体制改革进入以建立社会主义市场经济的新型计划为主要内容的制度创新阶段。按照中央一系列关于计划体制的文件精神，长清县及时调整计划工作的方式方法，合理确定国民经济和社会发展的战略、宏观调控目标和产业政策，搞好经济预测，规划重大经济结构、生产力布局、国土整治和重点建设。在突出计划工作宏观性、战略性、政策性的同时，把重点放到中长期规划上，综合协调宏观经济政策和经济杠杆的运用。

第四阶段（1998—2004） 全区（县）重点领域改革稳步推进。市场化进程明显加快，多种所有制经济相互渗透、共同发展的格局初步形成，全区（县）非公有制经济实现增加值占全区GDP的比重提高到55%。以产权制度改革为核心，以股份制改造为主要形式，推进企业改革改制，区（县）乡属国有集体企业改革改制基本完成，民营产权控股企业90%以上。农村各项改革稳步推进，税费改革逐步深化，取消农业税，深化完善土地承包、路林产权、小农水、“四荒”拍卖等制度。社会事业单位改革积极推进，政府机构改革成效明显，社会管理和公共服务能力进一步增强。行政审批改革力度加大，按照《中华人民共和国行政许可法》要求，对所有审批事项进行清理、规范，设立区行政审批中心，建立重大决策事项公示、听证制度和民主评议制度，行政效能和办事效率明显提高，行政成本明显降低。

第五阶段（2005—2008） 是中国加快推进经济体制改革，进一步完善社会主义市场经济体制的关键阶段。2005年起，根据中央计划体制改革的有关精神，长清区第十一个五年计划的编制发展为规划编制。在基本方针、主要目标和重大政策上，充分体现科学发展新理念：更加注重科学发展，转变发展模式，提高发展质量，保持经济社会又快又好发展；更加注重结构调整，加快转变经济增长方式，着力提高资源利用效率，保护生态环境，把发展建立在资源和环境可承载的基础上；更加注重自主创新，把提高自主创新能力放在战略层面，促使经济增长由主要依靠物质要素投入为主转向主要依靠科技进步为主；更加注重城乡区域协调发展，构建以城带乡、以工哺农新机制，努力促进城乡协调发展；更加注重以人为本，切实解决好人民群众最关心、最直接、最现实的利益问题，促进经济社会协调发展，促进社会公平和谐，努力使发展成果惠及全体人民；更加注重因地制宜、分类指导，立足发挥优势、突出特色、把握规律，力求规划的科学性。

第二节　计划编制与实施

年度计划 1986年起，县政府每年与各乡镇、各经济责任单位签订“经济目标责任书”，辅之相应的奖惩措施，使全县计划落到实处，较好地与中长期计划衔接，使中长期计划得到顺利实施。1988年—1991年，主要是深化企业改革，扩大和完善企业承包责任制，推行厂长（经理）负责制，调整投资结构，压缩非生产性建设，加强建设用地计划管理，发展外向型经济。商品房建设开始纳入计划管理。1992年，全方位、多层次搞好改革开放，培育社会主义市场体系，全县总需求基本平衡，经济运行良好。1994年，把握“抓住机遇，深化改革，扩大改革，促进发展，保持稳定”的工作大局，正确处理改革、发展、稳定的关系，全县国民经济保持快速发展的良好势头，运行质量不断提高，综合实力进一步增强。1995年，实施“城乡一体，多业并举，发挥优势，重点突破”的经济发展战略，全县国民经济保持持续快速增长，各项事业进一步发展，被评为全国第三届综合实力百强县。1996年，是实施“九五”计划的第一年，推进“两个转变”（经济体制从计划经济向社会主义市场经济体制转变，经济发

展从粗放型向集约型转变),经济增长方式转变取得初步成效;物价明显回落,人民生活继续改善,各项社会事业进一步发展,实现“九五”开好头、起好步的目标。1997年,发扬“脚踏实地、团结奋进、自我加压、争创一流”的精神,坚持以经济建设为中心,顺利完成各项工作任务。1998年,实施“依市兴县、全面发展、发挥优势、重点推进”的经济发展战略,大力培植6个新的经济增长点(农业产业化、规模经济、个体私营经济、工业园区经济、旅游业开发、建筑建材业),全县国民经济继续保持快速、健康发展的良好势头,社会各项事业取得全面进步,顺利通过小康县验收。1999年,实施增加投入、扩大内需为主的一系列有效措施,不断深化各项改革。2001年,围绕“增加财政收入、加快城市化进程、搞好开发区建设”三大任务,优化调整第一产业结构,重点发展第二产业,加快发展第三产业,全县经济呈现良好发展势头,经济运行质量明显改善,社会各项事业全面进步,人民生活水平稳步提高,实现“十五”计划的良好开局。2002年,全区以撤县设区为新契机、新起点,按照“发挥区位优势,膨胀经济总量,提高运行质量,加快发展步伐”的总体要求和“着眼一个应对、搞好三个承接、加快五个提升”(研究应对加入世贸组织的相关措施,承接济南总量膨胀,承接省会城市规模的扩张,承接城市居民改善生活质量的需求,加快提升综合经济实力,加快提升对外开放水平,加快提升城市形象,加快提升经济发展活力,加快提升全社会文明程度)的工作思路,采取调整农业产业结构、培植骨干企业、搞活第三产业、发展个体私营经济、加快城市经营力度等有效措施,促进全区经济较快发展。2003年,确立“超常规,跨越式建设新长清”的奋斗目标,全区经济和社会各项事业都取得显著成绩。2004年,牢牢把握发展第一要务,以经济建设为中心,大力推进工业化、城市化、信息化进程,努力提高经济整体素质和运行质量,确保综合竞争实力全面提高。2005年,全面落实科学发展观,借助省会经济,坚持“招商强区、工业立区、三产富区、科教兴区”,调整经济结构、转变经济增长方式,推进“两化”(工业化、城市化)进程,加快“三区”(城区、高校区、济南经济开发区)建设,确保“十五”奋斗目标的全面完成和综合竞争实力的全面提升。2006年—2008年,以科学发展观统领经济社会发展全局,按照“5321”发展思路,即突破“五区”(济南经济开发区、大学科技园区、现有主城区、济南农高区、五峰山旅游度假区),做强“三园”(济南经济开发区南园、水龙王工业园、万德工业园),推进“两化”(工业化、城市化),尽快把长清建设成为经济繁荣、生态良好、文明富裕的省会现代化新城区。大力实施“211”工程(开展两大主题教育活动,干好十项重点工程,关注民生十大行动),国民经济和社会各项事业发展速度不断加快、发展质量明显提高、发展后劲显著增强。

中长期计划 《长清县国民经济和社会发展第七个五年计划(1986—1990)》 主要任务是:全面开展经济体制改革,为建立新的经济体制奠定基础;继续调整工农业内部产业结构,进一步理顺经济关系;大力发展第三产业,与第一、二产业和人民生活的改善相适应;抓好重点建设,搞好技术改造,加强智力开发,努力推进技术进步;在提高经济效益的前提下,保持经济稳定增长,人民生活进一步改善。主要目标是:1990年社会总产值7.18亿元,比1985年增长48%,其中工农业总产值6.4亿元,增长48%,平均增长8.15%。其中,工业总产值3.7亿元,比1985年增长57.1%,平均增长9.5%;农业总产值2.7亿元,比1985年增长37.05%,平均增长6.5%。国民收入3.26亿元,平均增长7.85%。财政收入2100万元,比1985年增长63.2%,平均增长10.3%。全县固定资产投资规模6446万元,比“六五”期间增长150.1%,其中基本建设投资4446万元,技术改造2000万元。社会商品零售额2亿元,比1985年增长59.6%,年平均增长9.8%;出口商品收购总值1100万元,比1985年增长139.1%,平均增长19%。人均国民收入629.3元,比1985年增长39.5%,平均增长6.9%;社会劳动生产率每人1488元,比1985年增长36%,平均增长6.8%。职工平均工资1200元,比1985年增长

22.2%，年平均增长 4.1%；农民人均收入 765 元，比 1985 年增长 43.2%，年平均增长 7.4%。

《长清县国民经济和社会发展第八个五年计划(1991—1995)》 主要任务是：深入贯彻党的十三届七中全会精神，进一步促进经济振兴和社会进步；认真进行治理整顿和深化改革，全面完成治理整顿目标和深化改革任务；初步建立适应以公有制为基础的社会主义有计划商品经济发展的计划经济和市场调节相结合的经济体制和运行机制；继续控制社会总需求，抑制通货膨胀，保持适当的经济增长速度和投资规模，实现国民经济持续、稳定、协调发展；调整优化经济结构，强化农业基础地位，发展主导产业，促使经济效益明显提高；加快对外开放步伐，不断扩大对外开放的规模和领域，使外向型经济有较大发展；大力发展教育事业，推动科技进步，改善经济管理，搞好重点建设，为经济和社会的持续发展奠定物质和技术基础；在发展经济、提高效益的基础上，妥善安排劳动就业，进一步改善人民生活使之逐步达到小康水平；严格实行计划生育，控制人口过快增长；社会主义民主和法治建设进一步健全。主要目标是：1995 年全县完成地区生产总值 6.89 亿元，年均递增 8.6%；国民收入 5.75 亿元，平均每年增长 8.8%；工农业总产值 20.7 亿元，平均每年增长 9%；社会消费品零售总额实现 4 亿元，平均每年增长 10%；外贸出口供货总值 4760 万元，平均每年增长 15%；外汇收入 800 万美元；财政收入 5200 万元，平均每年增长 10.5%；农民人均纯收入 900 元；职工人均年工资 2080 元；固定资产累计投资 5.7 亿元；全县总人口控制在 54.5 万人以内。

《长清县国民经济和社会发展第九个五年计划(1996—2000)》 主要任务是：建立和完善社会主义市场经济体制，深化改革，扩大开放，进一步解放和发展社会生产力，到 20 世纪末构筑起现代企业制度和农村经济新体制的基本框架；稳步增加社会有效供给，落实日益增长的社会需求；进一步调整优化产业结构，合理安排生产力布局；积极发展“两高一优”农业，推动农业由数量型向质量效益型转变；培植支柱产业，加强企业管理，带动工业经济再上新台阶；完善基础设施，大力发展第三产业，抓住机遇，发挥优势，加快发展外向型经济，实现与国际经济的对接互补，合理配置和开发经济资源，提高资源利用的经济效益、社会效益和生态效益；抓好城市建设，加快转移剩余农村劳动力，加快农村城镇化进程；加快科技进步，优化发展教育；大力发展文化、体育、卫生、广播电视等社会事业；促进社会主义物质文明和精神文明共同进步、协调发展。主要目标是：2000 年全县完成地区生产总值 80 亿元，年均递增 19%；第一产业增加值年均递增 8%，第二产业增加值年均递增 22%；第三产业增加值年均递增 24%；2000 年三次产业比例 19：48：33；社会消费品零售总额实现 30 亿元，年均递增 26.5%；财政收入 2.5 亿元，年均递增 20.1%；社会固定资产投资 5 年累计投入 100 亿元，比“九五”增长 41%，年均增长 11%；到 2000 年，出口总额 30 亿元，实际利用外资 5 年完成 5 亿美元。

《长清县国民经济和社会发展第十个五年计划(2000—2005)》 主要任务是：以经济建设为中心，以提高人民生活水平为目标，正确处理改革、发展和稳定的关系，进一步发挥区位优势，膨胀经济总量，提高运行质量，加快发展步伐，促进全县国民经济和社会事业持续、快速、健康发展。主要目标是：2005 年全区完成地区生产总值 100 亿元，年均递增 10.7%；第一产业增加值实现 17 亿元，年均递增 4.9%，第二产业增加值实现 48 亿元，年均递增 12%；规模以上工业增加值 24 亿元，年均增长 12.2%；利税 8 亿元，年均 14.3 增长%；建筑业产值 20 亿元，年均增长 8.2%；高新技术产业占工业总产值的比重 30%；第三产业增加值实现 35 亿元，年均递增 12.4%；到 2005 年三次产业比例 17：48：35；社会消费品零售总额实现 32 亿元，年均递增 8.1%；各项存款余额 39.6 亿元，年均递增 19.3%；各项贷款余额 39.6 亿元，年均递增 18.9%；财政收入 3.1 亿元，年均递增 15.6%；全社会固定资产投资 5 年累计投入 100 亿元，比“九五”增长41%，年均增长11%；出口创汇1亿美元，年均增长43.9%，实际利用外资5年完成1亿美元，比“九五”增长17.6%，累计2.21亿美元。

《长清县国民经济和社会发展第十一个五年计划》(2006—2010) 主要任务是：以邓小平理论、“三个代表”重要思想为指导，深入贯彻中共十六大和十六届五中全会精神，以科学发展观统领全局，以全面建设小康、构建和谐社会为目标，坚持走好“工业立区、招商强区、调整活区、科教兴区”的路子，着力自主创新，转变增长方式，做大做强济南经济开发区、大学科技园区、现有主城区、农高区、五峰山旅游度假区五大片区，强力推进工业化、城市化、国际化，规划建设以104国道和经十西路及延长线为轴线的，体现“山水长清、泉城新区”风貌的两个经济发展新亮点，经过5年的努力接近或达到全国百强水平，建设经济繁荣、生态良好、文明富裕的现代化新长清。主要目标是：2010年生产总值282亿元，年均增长20.3%。其中：一、二、三产业增加值分别24.4亿元、163亿元和94.6亿元，年均分别增长5.9%、22.5%和22%。三次产业构成由2005年的16：53：31调整为9：58：33；工业增加值136亿元，年均增长23.2%，其中，规模以上工业增加值123亿元，年均增长24.6%，规模以上工业利税42.3亿元，年均增长27.2%；建筑业增加值28.2亿元，年均增长20.1%；万元生产总值能耗率降低20%左右；全社会固定资产投资5年累计700亿元，年均增长24.6%；大地域财政收入17亿元，年均增长25%；其中，地方财政收入6.65亿元，年均增长23%；社会消费品零售额95亿元，年均增长20%；其间累计利用外资3亿美元，年均增长24.2%；2010年，出口创汇1.32亿美元，年均增长20%；城镇居民人均可支配收入和农民人均纯收入分别为13470元和7600元，年均分别增长9%和9%。人口自然增长率控制在5‰以内，全区林木覆盖率30.1%，城区绿化率40%，饮用水源水质达标率100%，空气环境质量达到二级标准，烟尘控制区覆盖率100%，污水处理率100%，废气处理率100%，工业固定废弃物处置利用率95%以上。

计划实施 “七五”计划 “七五”期间，长清县坚持以经济建设为中心，进行治理整顿和深化改革，努力扩大对外开放，通过对产业结构进行调整，落实各项农村政策，全面推行和不断完善家庭联产承包责任制，进一步改善农业生产条件，工业生产出现良好发展势头，国民经济稳步发展，经济实力明显增强。1990年，全县完成地区生产总值7.5亿元，年均递增12.5%；工农业总产值17.3亿元，年均递增31%；地方财政收入3163万元，年均递增19.7%；社会商品零售总额2.49亿元，年均递增14.7%；出口商品供货总值完成2480万元，年均递增44%；农民年人均纯收入716元，职工年平均工资1503元。

“八五”计划 “八五”期间，全县以经济建设为中心，以改革为动力，以开放为契机，大力发展社会生产力，实现国民经济和社会事业的快速发展，综合经济实力明显增强，超额完成“八五”计划，全县城乡面貌发生深刻变化。1995年，全县完成地区生产总值36.4亿元，按可比价格计算比1990年增长3.4倍，年均递增27.3%；人均国内生产总值7055元，年均递增27%；第一产业增加值实现10.07亿元，年均递增13.6%，第二产业增加值实现16.8亿元，年均递增36.4%；第三产业增加值实现9.54亿元，年均递增33.8%；社会消费品零售总额实现9.3亿元，年均递增30.1%；出口商品供货值完成6亿元，年均递增89.1%；财政收入6238万元，年均递增26%；农民年人均纯收入1860元，年均递增21%。

“九五”计划 “九五”期间，全县国民经济全面发展，产业结构趋向合理，城乡建设成效显著，经济体制改革进一步深化，外向型经济发展步伐加快，科技教育等社会事业全面发展，城乡人民生活水平不断提高。2000年，全县完成地区生产总值60.1亿元，按可比价格计算，年均递增12.5%；第一产业增加值实现13.5亿元，年均递增7.5%；第二产业增加值实现27.2亿元，年均递增12.5%；第三产业增加值实现19.5亿元，年均递增16.9%；三次产业结构调整到 22.3∶45.3∶32.4;社会消费品零售总额实现 9.3 亿元,年均递增 30.1%;固定资产投资 70.9 亿元,比"八五"期间增长 3.2 倍;完成出口创汇 1620 万美元,年均增长 15.7%;实际利用外资 8500 万美元,5 年累计 1.21 亿美元; 实施各类科技项目 120 项, 科技进步对经济增长的贡献率 57.3%;财政收入 1.5 亿元,年均递增 19.4%;农民年人均纯收入 3082 元,年均递增 10.6%;职工平均工资 7420 元,年均递增 10.8%。

"十五"计划 "十五"期间,全区各项社会事业全面发展,重点领域取得重大突破,城市建设迈出实质性步伐,完成"十五"预期发展目标。2005 年,全区生产总值 118.8 亿元,年均增长 14.4%。其中:第一产业增加值 18.3 亿元,年均增长 5.1%;第二产业增加值 65.9 亿元,年均增长 18.8%;第三产业增加值 34.6 亿元,年均增长 15.6%。实现大地域财政收入 5.55 亿元,年均增长 23.3%,其中地方财政收入 2.36 亿元,年均增长 17.3%(可比口径);完成社会固定资产投资 97.5 亿元,年均增长 48.5%;三次产业构成调整为 16∶53∶31; 工业发展速度明显加快。规模以上工业企业发展到 149 家,完成规模以上工业增加值 40.9 亿元,年均增长 24.8%;完成建筑业增加值 11.3 亿元,年均增长 15.8%;实现社会消费品零售额 38.6 亿元,年均增长 12.2%;全区非公有制经济实现增加值占全区 GDP 的比重提高到 55%;实际利用外资 4396 万美元,年均增长 40.2%;实现出口创汇 5286 万美元,年均增长 26.7%;农民人均纯收入 4939 元,年均增长 9.9%;城镇居民可支配收入 8754 元,年均增长 9.4%。

"十一五"计划 "十一五"计划实施 3 年中,经济活力明显增强,投资、消费、出口继续对经济发展保持综合强劲拉动,3 年累计完成投资 453.9 亿元,累计实际利用外资 2.22 亿美元,2008 年,实现生产总值 193.18 亿元,其中一、二、三产业分别实现增加值 24.29 亿元、107.42 亿元和 61.47 亿元,年均分别增长 11.67%、15.02%和 20.76%;实现出口创汇 1.3637 亿美元; 实现社会消费品零售额 68.1 亿元, 年均增长 26.6%; 实现地方财政收入 4.04 亿元,年均增长 17.8%;城镇居民人均可支配收入实现 15579 元,年均增长 28.3%;农民人均纯收入实现 7517 元,年均增长 14.6%。

第三节 固定资产投资

1986 年,固定资产投资实际完成 1755 万元,其中全民基本建设投资 243 万元,县以上集体投资 259 万元, 措施投资 1253 万元。重点项目:长清县水泥厂项目, 完成投资 875 万元; 长清县供电局,完成投资 120 万元;自来水公司,完成投资 80 万元。

1987 年,固定资产投资实际完成 1929 万元,其中全民基本建设投资 757 万元,县以上集体投资 100 万元,全民技措投资 981 万元。重点项目:长清县水泥厂项目, 完成投资 800 万元; 长清县招待所,完成投资 260 万元;长清县委办公楼,完成投资 100 万元。

1988 年,固定资产投资实际完成 2442 万元,其中全民基本建设投资 610 万元,县以上集体投资 191 万元, 全民技措投资 1568 万元。重点项目:长清县建材厂项目,完成投资 639 万元;长清县化肥厂, 完成投资 600 万元; 长清县万德邮电所,完成投资 120 万元。

1989 年, 固定资产投资实际完成 906 万元,其中全民基本建设投资 257 万元,县以上集体投资 70 万元, 全民技措投资 483 万元。重点项目:长清县水泥厂扩建项目, 完成投资 234 万元;长清县粮油加工厂, 完成投资 124 万元; 长清县造纸厂,完成投资 75 万元。

1990 年,固定资产投资实际完成 1945 万元,其中全民基本建设投资 473 万元,县以上集体投资 46 万元, 商品房建设 305 万元。重点项目:长清县造纸厂新上 1575 纸机项目,完成投资 219 万元;长清县水泥厂 30 万吨水泥改装项目,完成投资 400 万元; 长清县粮油供应公司车间改装,完成投资 110 万元。

1991 年,固定资产投资实际完成 2892 万元,其中城镇集体所有制单位投资260万元，商品房开发223万元。重点项目：长清县花岗石厂车间及生产线项目，完成投资278万元；长清县自来水公司建水厂项目，完成投资147万元；长清县水泥厂技改项目，完成投资822万元。

1992年，固定资产投资实际完成8547万元，其中基本建设投资2358万元，城镇集体投资1007万元，商品房建设546万元。重点项目：商业局商业服务中心项目，完成投资200万元；自来水公司第二水厂项目，完成投资272万元；体委体育场项目，完成投资130万元。

1993年，固定资产投资迅速增长，实际完成3.6亿元，其中基本建设投资1.07亿元，城镇集体投资1695万元，商品房开发2434万元。重点项目：山东省皮革工业集团总公司长清实验厂项目，完成投资4700万元；财政局娄敬洞山度假村项目，完成投资1500万元；长清县自来水公司第二水厂项目，完成投资1135万元。

1994年，固定资产投资宏观调控成效显著，投资过快增长势头得到有效抑制，固定资产投资实际完成3.6亿元，其中基本建设投资1.1亿元，城镇集体投资4983万元，商品房开发1304万元。建筑业完成增加值2.1亿元，被市政府命名为“建筑建材之乡”。重点项目：长清热电厂项目，完成投资3542万元；长清万德塑料五金制品公司项目，完成投资2912万元；济南卢堡麦芽有限公司项目，完成投资1500万元。

1995年，固定资产投资增幅较大。固定资产投资实际完成5.2亿元。其中基本建设投资1.58亿元，城镇集体投资3589万元，商品房开发1611万元。从产业结构来看，城镇及以上单位投资中，第一产业投资518万元，增长87.5%；第二产业投资1.93亿元，增长39.6%；第三产业投资1.98亿元，增长66.7%。重点项目：国道104线、220线项目，完成投资8519万元；石鸟开发公司建材市场项目，完成投资1600万元；济南铭峰纺织有限公司项目，完成投资4156万元。

1996年，固定资产投资增幅较大，固定资产投资实际完成8.64亿元。其中国有单位投资2.4亿元，城镇及农村私人建房投资2.5亿元，商品房开发0.11亿元。从产业结构来看，城镇及以上单位投资中，第一产业投资1015万元，第二产业投资1.85亿元，第三产业投资1.29亿元。重点项目：长清县邮电局项目，完成投资1322万元；山东省畜牧良种推广中心项目，完成投资1015万元；五峰—万德公路建设项目，完成投资1950万元。

1997年，固定资产投资总量继续增大，实际完成12.13亿元。其中国有单位投资4.81亿元，城镇及农村私人建房投资3.51亿元，比上年均有较大增长。从产业结构来看，城镇及以上单位投资中，第一产业投资579万元，第二产业投资2.15亿元，第三产业投资1.5亿元。重点项目：济南市新世界游乐园项目，完成投资6600万元；长清县邮电局项目，完成投资1848万元；济南铭峰纺织有限公司二期工程项目，完成投资1.49亿元。

1998年，固定资产投资实际完成13.5亿元。其中国有单位投资1.9亿元，集体单位投资3.2亿元；其他类型5.9亿元；城镇及农村私人建房投资2.5亿元，比上年均有较大增长。从产业结构来看，城镇及以上单位投资中，第一产业投资2720万元，第二产业投资6.14亿元，第三产业投资1.47亿元。重点项目：平安玉清湖蓄水工程指挥部项目，完成投资2757万元；长清县泰陵塔陵园项目，完成投资2050万元；济南铭峰纺织有限公司二期工程项目，完成投资4.95亿元。

1999年，固定资产投资总量快速增长，实际完成21.7亿元。其中国有单位投资2.3亿元，集体单位投资4.15亿元；其他类型2.9亿元；城镇及农村私人建房投资3.8亿元，比上年均有较大增长。从产业结构来看，城镇及以上单位投资中，第一产业投资3090万元，第二产业投资1.46亿元，第三产业投资2.0亿元。房地产开发投资持续增长，全县竣工商品房面积3.29万平方米。重点项目：山东鲁能房地产总公司，完成投资3230万元；长清县泰陵塔陵园项目，完成投资6300万元。

2000年，固定资产投资实际完成13.5亿元。其中国有单位投资1.9亿元，集体单位投资3.8亿元。城镇及农村私人建房投资4.7亿元，比上年均有较大增长。从产业结构来看，城镇及以上单位投资中，第一产业投资3727万元，第二产业投资1.68亿元，第三产业投资2.2亿元。房地产开发投资持续增长，2000年累计投资5385万元，比上年增长140.7%，全县竣工商品房面积2.6万平方米。重点项目：鲁能帆茂物流有限公司，计划总投资1亿元，完成投资8187万元；山东省长清县第一中学新校建设项目，计划总投资2600万元，完成投资1000万元；长清县供电局农网改造项目，计划总投资1亿元，完成投资4166万元。

2001年，全县加大招商引资力度，投资环境明显改善，投资结构不断调整优化，固定资产投资快速增长。完成全社会固定资产投资16.4亿元。其中国有单位投资2.7亿元，城镇集体以上单位投资8.7亿元。投资结构方面，城镇集体以上单位投资中，第一产业完成1067万元，第二产业完成4.8亿元，第三产业完成3.8亿元。房地产开发投资持续增长，全年商品住宅投资8500万元，全县竣工商品房面积5.3万平方米。重点项目：济南铭山毛纺有限公司设备购置，计划投资2.47亿元，实际完成投资3.05亿元；长清县电信局设备扩容、线路改造，计划总投资3431万元，完成投资2797万元；长清县公路管理局104省道扩建，计划总投资4720万元，完成投资4720万元。

2002年，投资环境明显改善，投资结构不断调整优化，完成全社会固定资产投资20.9亿元。其中基本建设投资7.5亿元，更新改造投资3.7亿元。投资结构方面，城镇集体以上单位投资中，第一产业完成2.3亿元，第二产业完成5.6亿元，第三产业完成5.4亿元。房地产开发投资持续增长，全年商品住宅投资9112万元，全区竣工商品房面积8.3万平方米。重点项目：佳宝工业园新建项目，计划投资5亿元，实际完成投资2.2亿元；高尔夫球场项目，计划总投资1.5亿元，完成投资3000万元；济南市捷迈工业园项目，计划总投资7000万元，完成投资3000万元。

2003年，固定资产投资规模扩大，完成全社会固定资产投资33.2亿元。城镇集体以上单位投资26.8亿元，其中基本建设投资18.7亿元，更新改造投资5.3亿元。投资结构改善，全社会固定资产投资中，第一产业投资2.5亿元，第二产业投资13.1亿元，第三产业投资17.6亿元。房地产开发投资持续增长，全区竣工商品房面积116万平方米。重点项目：济南市西区指挥部大学城建设项目，计划投资4.6亿元，实际完成投资2.35亿元；中华女子学院长清校区项目，计划总投资1.81亿元，完成投资5510万元；济南晶恒山田电子精密科技有限公司项目，计划总投资3386万元，完成投资1261万元。

2004年，完成全社会固定资产投资54.3亿元。城镇集体以上单位投资40.1亿元，其中基本建设投资26.6亿元。房地产业发展较快，全区全年房地产开发完成投资1.18亿元。全区50万元以上固定资产投资中，第一产业投资4.9亿元，第二产业投资20.3亿元，第三产业投资21亿元。重点项目：济南市西区指挥部安置房建设项目，计划投资19.5亿元，实际完成投资3.46亿元；济南柴油机厂迁建项目，计划总投资10亿元，完成投资2.8亿元；中国重汽商务车有限公司配件厂项目，计划总投资2亿元，完成投资1.8亿元。

2005年，完成全社会固定资产投资97.5亿元。城镇集体以上单位投资90.2亿元。全区全年房地产开发完成投资1.4亿元。大学园区、开发区两大片区的建设推动全区二、三产业投资。全区50万元以上固定资产投资中，第一产业投资3.2亿元，第二产业投资28.6亿元，第三产业投资62.5亿元。重点项目：济南市西区指挥部安置房建设项目，计划投资11.3亿元，实际完成投资7亿元；济南柴油机厂厂区建设项目，计划总投资10亿元，完成投资7.4亿元；山东师范大学新校建设项目，计划总投资9.9亿元，完成投资3.4亿

元，山东轻工业学院新校建设项目，计划总投资10.78亿元，完成投资1.9亿元。

2006年，固定资产投资规模有较大增长，完成全社会固定资产投资125.3亿元。城镇集体以上单位投资109.2亿元。全区全年房地产开发完成投资6.9亿元。全区50万元以上固定资产投资中，第一产业投资3.65亿元，第二产业投资42.7亿元，第三产业投资62.9亿元。重点项目：长清区拆迁改造旧城区建设项目，计划投资21.4亿元；山东三泽置业有限公司大学商业街项目，计划总投资10亿元；港基房地产公司鸣泉家园建设项目，计划总投资2.6亿元。

2007年，完成全社会固定资产投资144亿元。全区全年房地产开发完成投资5.3亿元。在全区50万元以上固定资产投资中，第一产业投资4.1亿元，第二产业投资48.1亿元，第三产业投资91.8亿元。重点项目：济南市西区指挥部二期安置房建设项目，计划投资9亿元；济南市西区指挥部北大沙河综合治理、河道整理项目，计划总投资16亿元；山东交通学院新校建设项目，计划总投资9.1亿元。

2008年，完成全社会固定资产投资184.6亿元。全区全年房地产开发完成投资5.1亿元。全区50万元以上固定资产投资中，第一产业投资7.3亿元，第二产业投资56.5亿元，第三产业投资120.8亿元。重点项目：京沪高铁建设项目，计划投资50亿元；济南市西区指挥部鲁能专家公寓建设项目，计划总投资11.3亿元；大学科技园路桥基础设施建设项目，计划总投资40亿元。

第二章 统计管理

长清区（县）统计局围绕全区（县）工作中心，做好统计调查、统计服务、统计执法等项工作。1993年，实施新的国家统计报表制度，并逐步改革和完善统计指标体系，统计工作日趋规范化。至2008年年底，共开展农村经济、城市经济、工业、建筑业、交通运输、贸易业、餐饮业、服务业、劳动工资、固定资产投资、能源和原材料、科技、国民经济核算、综合14项专业调查。

第一节 统计调查

专业统计调查 1986年，建立起综合统计、国民经济核算统计、农业统计、工业统计、固定资产投资统计、建筑业统计、批零贸易餐饮业统计、劳动工资统计、农村经济调查9项专业统计调查制度。1990年，建立外经外贸服务业统计。1991年，在农村基层统计中推行“一套表”制度，内容涉及农林牧副渔生产及农田水利、农业机械和农村社会、科技、文教卫生等方面，并逐级上报。1993年，停止实行农村基层统一“一套表”制度，推行国家新统计报表制度，由基层表和各专业综合表两部分组成，基层表由基层报表单位填报，综合表由计算机超级汇总形成。基层表按行业性质分为农林牧副渔企业报表、工业企业报表、建筑业企业报表、批发零售贸易业及餐饮业报表和固定资产投资基层报表。1994年起，新统计报表制度的内容保留，搜集资料的方式按单位性质统计改为按专业内容分别进行统计调查。2000年，规模以上工业企业实施“一套表”统计制度，规模以下工业企业实行抽样调查，农民收入、粮食产量、畜牧业、蔬菜、农村固定资产投资等实施“多目标”抽样调查。2001年12月,开始进行城市经济调查,通过对城镇居民基本情况摸底调查,抽选出30户城镇居民作为记账户样本,进行常年记账调查,记账户样本每三年转换一次。2002年,批发零售贸易业和社会服务业实施“一套表”统计制度,规模以下批发零售贸易餐饮业实行抽样调查制度。2003年,建筑业实施“一套表”统计制度,固定资产投资统计由按项目统计改为按单位统计。至2008年年底,共开展农村经济、城市经济、工业、建筑业、交通运输、贸易业、餐饮业、服务业、劳动工资、固定资产投资、能源和原材料、科技、国民经济核算、综合14项专业调查。

重大专项统计调查 人口普查 第四次全国人口普查 1990年,进行第四次全国人口普查。普查时点为1990年7月1日零时。长清县于1989年成立领导小组,全县共抽调近4000名普查人员。普查结果显示:全县总户数134492户,总人口504513人。其中家庭户134067户,家庭户人口500128人。总人口中男性254889人,女性249624人;少数民族人口4150人;6岁及6岁以上人口456410人;具有大学本科文化程度的327人,具有大专文化程度的1681人,具有高中(中专)文化程度的34073人,具有初中文化程度的145804人,具有小学文化程度的180820人。1989年7月1日至1990年6月30日,全县出生8676人,出生率17.29‰,死亡3518人,死亡率7.01‰,人口自然增长率10.28‰。

第五次全国人口普查 2000年,进行第五次全国人口普查。普查时点为2000年11月1日零时。1999年1月,长清县成立第五次人口普查工作领导小组。2000年6月,调整长清县第五次人口普查领导小组,下设15人组成的办公室。抽调2372名普查员,638名普查指导员。整个普查工作经人员培训、普查试点、区域图绘制、户口整顿、调查摸底、普查登记、快速汇总、抽查验收、编码、光电录入、数据评估、资料开发、编印汇总资料等过程。普查结果显示:2000年11月1日,全县总户数151722户,总人口506579人。其中家庭户150387户,家庭户人口497107人。总人口中男性254075人,女性252504人;少数民族人口5129人;6岁及6岁以上人口468737人。其中具有大学本科及以上文化程度的2092人,具有大专文化程度的6727人,具有高中(中专)文化程度的45574人,具有初中文化程度的212976人,具有小学文化程度的146665人。1999年11月1日至2000年10月31日,全县出生6159人,出生率11.84‰,死亡3992人,死亡率8.04‰,人口自然增长率3.80‰。2002年1月,获全国第五次人口普查先进单位称号。

工业普查 全国第二次工业普查 1985年,进行全国第二次工业普查。普查时点为1985年12月31日零时。普查结果显示:1985年年底,全县工业企业1741家,其中全民工业16家,县属集体工业26家,乡镇村户工业1699家。全县工业企业从业人员44860人,其中全民工业从业人员3200人,县属集体工业从业人员1697人,乡镇属工业从业人员8823人,村户工业从业人员31140人。全县工业固定资产原值8834万元,其中全民工业3899.3万元,县属集体工业941.4万元,乡镇属工业2351.9万元,村户工业1641.4万元。全县工业总产值(现价)23127万元,其中县属工业总产值5142万元,乡镇办工业总产值7229万元,村户工业总产值10756万元。1987年12月,获全国第二次工业普查省级先进单位称号。

全国第三次工业普查 1995年,进行全国第三次工业普查。普查对象为全县全部工业企业,重点是国有企业、乡镇企业和外商投资企业。普查时点为1995年12月31日零时。普查结果显示:全县工业总产值(现价)456059万元,其中县属工业54868万元,乡镇属工业112911万元,村户工业288280万元。1997年4月,获全国第三次工业普查省级先进集体称号。

第三产业普查 1993年,进行全国第一次第三产业普查,普查范围是县内所有从事第三产业的单位,普查1991年度和1992年度数据。长清县成立第三产业普查工作领导小组,领导小组由17人组成,下设10人组成的办公室。全县共抽调工作人员400余人。1993年12月底,普查工作结束。普查结果显示:1991年,全县3842个第三产业普查单位、10776个第三产业个体户,全县第三产业增加值22692.2万元。1992年,全县3976个第三产业普查单位、10845个第三产业个体户,全县第三产业增加值为28743万元。1994年9月,获全国第三产业普查省级先进集体称号。

基本单位普查 全国第一次基本单位普查 1996年,进行全国第一次基本单位普查。普查对象是全县所有法人单位、产业活动单位。普查时点是1996年12月31日。普查结果显示:全县法人单位1612个,多产业法人所属的产业活动单位1507个。1997年6月,获全国第一次基本单位普查省级先进单位称号。

全国第二次基本单位普查 2001年,进行全国第二次基本单位普查。普查对象是全县所有法人单位、产业活动单位及个体经营户。普查时点是2001年12月31日。普查结果显示:全县法人单位2007个、多产业法人所属的产业活动单位1780个,个体经营户11003户。2003年1月,获全国第二次基本单位普查先进单位称号。

农业普查 第一次全国农业普查 1996年,进行第一次全国农业普查。普查对象是县内所有农业生产经营单位、农村住户、行政村和乡镇。普查时点指标的标准时间是1996年12月31日,时期指标的标准时间是1996年1月1日至1996年12月31日。普查结果显示:1996年12月31日,全县农村住户124456户,农村人口451695人,耕地面积4.81万公顷,果园面积2979公顷,林地面积1.86万公顷,渔业养殖面积446.1公顷,农作物播种面积5.53万公顷(其中粮食作物面积4.63万公顷,油料作物面积3509公顷,蔬菜播种面积5183公顷,瓜类面积117.5公顷)。存栏黄牛60374头、奶牛900头、马2238匹、驴10284头、骡4015匹、羊167106只、猪199743头、家禽3175467只。有大中型拖拉机458台、小型拖拉机7119台、联合收割机23台、农用载重汽车386辆、农用运输车9795辆。

第二次全国农业普查 2006年,进行第二次全国农业普查。普查对象是区内所有农业生产经营单位、农村住户、行政村和乡镇。普查时点指标的标准时间是2006年12月31日,时期指标的标准时间是2006年1月1日至2006年12月31日。普查结果显示:2006年12月31日,全区农村家庭户131432户,家庭户总人口451127人(外来人口10850人),集体户324户。耕地面积3.61万公顷,实际经营园地面积3601公顷,林地面积2.19万公顷,渔业养殖面积509公顷,农作物播种面积6.18万公顷(其中小麦播种面积2.25万公顷,玉米播种面积2.10万公顷,花生播种面积488公顷,蔬菜播种面积8300公顷);牛存栏80829头、羊存栏262377只、猪存栏261269头、家禽存栏3326569只。有大中型拖拉机757台、小型拖拉机4309台。2008年4月,获全国第二次农业普查省级先进集体称号。

经济普查 2004年,进行全国第一次经济普查。普查时点为2004年12月31日,时期指标为2004年度。普查对象是全区从事第二产业、第三产业的全部法人单位、产业活动单位和个体经营户。普查结果显示:2004年年底,全区共有从事第二、三产业的法人单位2479个。其中企业法人单位1468个,机关、事业法人单位286个,社会团体法人单位18个,其他法人单位707个。多产业法人所属的产业活动单位1266个。全部产业活动单位3745个,其中第二产业777个,第三产业2968个。个体经营户20782户,其中第二产业3501户,第三产业17281户。2005年6月,获全国第一次经济普查省级先进集体称号。

抽样调查 农村住户和农产品产量抽样调查 1983年起,进行农村住户和农产品产量抽样调查。农村住户抽样是采取有关标志排队、三段、等距抽样方法,在固定的有代表性的农村中进行经常性登记的基础上取得资料,全县共抽取城关公社的孙庄大队、潘庄大队,孝里公社的孝里四大队、朱庄大队,马山公社的焦庄大队、南苾村大队,共抽取6个大队,每大队10户,共60户。农产品产量抽样方法：根据全县自然条件、地势的差别分为平原、沿黄、山丘三种类型，按类型抽取大队，在抽中的大队中抽地块，再在抽中的地块中抽取样本进行实割实测，全县共抽取9个大队。1987年1月起，农村住户抽样为兼顾乡镇同时具有代表性，对原来的住户点进行撤换，从每个乡镇抽选3~9个村，每村抽10户，全县共抽54个村、540户进行常年记账，形成乡级网点。1995年1月起，为适应农村小康检测的需要，在乡级网点的基础上，全县抽选100户，作为调查对象，形成省、市、县三级共用调查网点，实行超级汇总，简称农经小样本，原乡级网点简称农经大样本。2001年1月，开展农村多目标抽样调查，全县抽取粮食调查点15个，农村住户和农村固定资产调查点11个110户，实行常年跟踪记账。2006年1月起，农村住户调查点扩大为12个120户。据抽样调查结果推算：2008年，全区农民人均纯收入7517元，人均生活消费支出3991元，小麦单产389公斤，玉米单产449公斤。

人口抽样调查　按照国家的规定，每10年进行一次人口普查，每5年进行一次人口抽查。2004年10月26日，国务院下发通知，部署2005年进行全国1%人口抽样调查工作。2005年6月，成立长清区人口抽样调查领导小组，下设5人组成的办公室，抽调41名调查人员，开展1%人口抽样的调查工作。调查范围是文昌街道、崮云湖街道、五峰山街道、归德镇、万德镇、马山镇、武家庄乡，调查对象是全区常住人口的1.3%，共计0.7万人。调查的标准时点是2005年11月1日零时。抽样调查结果经济南市人口抽样调查领导小组办公室核准，长清区2005年末常住人口为54.62万人，出生率为12.36‰，死亡率为7.12‰。

规模以下工业抽样调查　1999年起，对年销售收入500万元以下工业企业和个体工业户进行抽样调查。2002年，依据第二次基本单位普查资料，对抽样调查样本进行维护。2006年12月，依据第一次经济普查资料，对抽样调查样本又进行维护，从中抽取25家企业、25个村的117户个体工业进行常年跟踪调查。2008年，据调查结果推算：全区有规模以下工业企业880家，工业总产值13.69亿元，年末从业人员10378人；个体工业2010家，个体工业产值6.01亿元，年末从业人员6472人。

城镇住户抽样调查　2001年起，开展城镇住户抽样调查，主要包括生产、流通、消费三大领域各种商品价格和城镇居民人口、就业、收入、消费、储蓄、住房、商品需求等内容。2001年12月，抽选30户居民从2001年12月21日开始常年跟踪调查。调查结果显示：2002年，城镇居民人均可支配收入6604元，人均消费支出5030元；2008年，城镇居民人均可支配收入15578元，人均消费支出9095元。

限额以下批发零售、住宿餐饮业抽样调查　2002年，开展限额以下（批发业年主营业务收入2000万元以下，零售业年主营业务收入500万元以下，住宿、餐饮业年主营业务收入200万元以下）批发零售、住宿餐饮业抽样调查，涉及10个街道乡镇。2006年，依据第一次经济普查资料，对抽样调查样本进行维护，批发业从113家企业中抽取6家企业、291户个体中抽取7户个体，零售业从89家企业中抽取6家企业、6508户个体中抽取15户个体，住宿业从11家企业中抽取4家企业、34户个体中抽取4户个体，餐饮业从84家企业中抽取6家企业、1243户个体中抽取9户个体进行常年跟踪调查。调查结果显示：2006年全社会消费品零售总额445323万元，2007年全社会消费品零售总额542344万元，2008年全社会消费品零售总额680622万元。

第二节　统计服务

1978年—1991年，编印出版《长清县国民经济统计资料》，每年300册。1978年—1997年，定期为县领导和有关部门提供《长清县统计资料》活页。1984年，编印出版《山东省长清县三十五年国民经济统计资料（1949—1983）》。1987年，编印出版《长清县第二次全国工业普查资料汇编》。1991

年，编印出版《山东省济南市长清县1990年人口普查资料》。1991年起，每年定期发布年度国民经济和社会发展公报并编印《国民经济概况》100本。1992年起，编印《长清统计年鉴》，每年350册。1995年，编印出版《长清县首次第三产业普查资料》。1998年，创办《统计月报》。至2008年年底，共编印《统计月报》1.1万本。

第三节 统计执法

1986年—1990年，开展统计“一五”普法活动和执法工作，累计举办普法培训班28期，培训人数1190人，共立案查处统计违法案件9件并全部结案。1991年—1995年，开展统计“二五”普法活动和执法工作，累计举办普法培训班30期，培训人数1200人，共立案查处统计违法案件11件并全部结案，经济处罚2件，罚金1.1万元，对其余9件给予警告处分。1996年—2000年，开展统计“三五”普法活动和执法工作，共立案查处统计违法案件33件并全部结案，经济处罚14件，罚金9.2万元，对其余19件给予警告处分。2001年—2005年，开展统计“四五”普法活动和执法工作，共立案查处统计违法案件46件并全部结案，全部给予警告处分。2006年起，开展统计“五五”普法活动和执法工作。至2008年年底，共立案查处统计违法案件20件并全部结案，全部给予警告处分。

第三章 审计管理

1984年3月3日，长清县审计局成立后，开展工业交通审计、商业粮食外贸审计、财政金融行政事业审计、基本建设审计。1988年，长清县审计事务所成立，开展社会审计工作。1998年，长清县审计局从县政府办公大楼搬迁至灵岩路1187号。至2008年年底，全区有内部审计机构29个，审计人员45人，社会审计机构有天衡会计师事务所，形成国家审计、内部审计、社会审计“三位一体”的审计监督体系。

■ 长清区审计局办公楼 （2008年 摄）

第一节 国家审计

财政审计 预算执行审计 1995年，《中华人民共和国审计法》颁布实施，财政“同级审”有了法律依据。1995年—1997年，累计对县财政局、县地税局等40个一级预算单位进行审计，延伸审计83个二、三级预算单位，共查出违纪金额3766万元，上缴财政182.60万元。2001年，对县财政、县地税、县国库、县公检法司系统及县科委、县教委等部门及其所属二、三级预算执行单位2000年度预算执行情况和其他财政收支进行审计,共审计12个主管部门,40个二、三级预算执行单位。2003年,对区财政局、区地税局、区国库和农业局、林业局、水务局、农机局、蔬菜局、科技局、档案局等10个预算执行单位及其所属的20个二、三级预算执行单位2002年度预算执行情况和其他财政收支进行审计;根据《山东省审计厅关于结合2002年度本级预算执行审计开展2项专题审计的工作意见》,对全区2002年度财政债务情况、两税分享改革对财政的影响进行专题审计。2006年,开展2005年度区级预算执行和其他财政收支审计,主要对区财政局具体组织区级预算收支情况、区地税系统税收征管情况以及区经贸局、区执法局等7个区直部门的财政财务收支情况审计。审计发现的主要问题:虚收空转预算收入755万元,因政府优惠政策、奖励政策等造成的预算支出中的不合理支出415.42万元。2008年,开展2007年度区本级预算执行和其他财政收支审计,主要对区财政局具体组织区级预算执行和其他财政收支情况、济南市地方税务局长清分局税收征管情况及民政局、林业局、交通局、建委、劳动局、农机局和残联7个区直部门的预算执行进行审计,延伸审计13个二级预算单位。发现的主要问题:虚收空转预算收入、滞留专项资金、区级扶贫配套资金到位不足、未计缴个人所得税及个别企业漏缴税金的问题,7个部门招待费合计超支61.18万元。

乡镇决算审计 1990年9月,对五峰山乡和归德镇1989年度财政收支决算情况进行试审。自1991年起,按每两年审一遍的模式,每年对4~6个乡镇的财政决算进行审计。至1997年,累计实施审计44个次,查出违纪金额3383万元,上缴财政178.9万元。2001年4月—5月,对长清镇、崮山镇、平安店镇2000年度的财政决算进行审计,发现的主要问题:三乡镇自筹资金超支,挤占农民统筹款计328.84万元;欠账较多,财政包袱沉重。2002年10月,对万德镇、五峰山镇、平安店镇、武家庄乡2001年财政决算情况进行审计,同时对农村税费、乡镇政府机构和财政体制改革等情况进行专题审计调查,并对有关部门和行政村进行延伸审计。发现的主要问题:一是财政收入结构不够合理,非税收入的比重明显较大,分别占4乡镇财政收入总量的24.5%、33.2%、21.9%、33%;二是税收和农业税征管中,存在垫付及滞留税款的情况;三是预算支出存在虚列支出和应列支未列支、应拨付未拨付以及超范围拨款问题。2005年11月—12月,对文昌街道、武家庄乡2004年度财政决算情况进行审计,发现的主要问题:虚列预算支出、挤占专款未支付用款项目单位、预算外白条列支工程款及未办理政府采购、招待费超支及违规处置国有资产等问题。2008年3月,对马山镇2007年度财政决算和其他财政收支情况进行审计,发现的主要问题:专项资金存在拨付不及时和挤占、挪用的情况及向非预算单位拨款、无依据收费、未办理政府采购、招待费超支等问题。

金融审计 金融审计始于1988年9月。至1993年,先后对中国工商银行长清县支行等5家国有金融及保险机构进行审计。1994年起,金融机构审计权限上划,县审计局只负责县属集体金融组织的审计监督。1996年—1997年,分别对县农村信用社联合社及所属10个信用社和县城市信用社进行财务收支审计,共查出违纪金额305.40万元,上缴财政189.70万元。2003年7月,对区农村信用合作社联合社自2001年—2002年度资产负债损益情况进行审计,并对其所属2个基层农村信用社进行延伸审计,发现的主要问题:漏交副食品价格调节基金14万元,漏交河道工程维护管理费3.47万元,漏交水资源费3.78万元,漏缴税金19.88万元。2006年11月,对区农村信用合作社联合社2005年度资产负债损益情况进行审计,并对其所属五峰、万德基层农村信用社进行延伸审计。发现的主要问题:部分报销费用单据不合规,五峰信用社、万德信用社挤占费用缴纳企业所得税5.08万元。

行政事业审计 1986年—1997年,对行政事

业单位定期审计，累计对327个单位实施定期审计981次，查出违纪金额2480.4万元，上缴财政187.2万元。2001年，对县气象局2000年度及2001年1月—3月财务收支进行审计，发现存在事业经费严重不足的问题，审计建议县政府对气象事业费增加投入。2002年，对区人民医院、中医院2001年至2002年8月财务收支情况进行审计，发现违规发各类奖金补助509万元，超标准收取治疗费、床位费等65.89万元。2003年，对区水务局、区畜牧局2002年度财务收支情况进行审计，发现存在挤占专项资金89.2万元，未办理政府采购等。2004年，对区民政局2003年度及2004年1月—6月财务收支情况进行审计，并对所属军休所、殡仪馆实施延伸审计，发现的主要问题：未进行政府采购及招待费超支；殡仪馆虚列支出，套取现金及不合规单据入账。2005年12月，对市公安局长清分局、市食品药品监督管理局长清区分局、区劳动和社会保障局2004年度财务收支情况进行审计，发现的主要问题：无依据收费并违规设置账外资金、未办理政府采购及招待费超支、无依据收取查体资料费、收入未上缴财政专户及事业支出不真实、漏缴税金。2006年6月，对区石麟小学、区实验小学2005年度财务收支情况进行审计，发现的主要问题：存在收费未上缴财政、无依据超标准收费问题。2008年，对长清一中、长清中学及实验中学2007年度财务收支情况进行审计，发现的主要问题：未执行收支两条线、累计挤占代收费、无依据收取择校费、无标准收取课本费等。

企业审计 1986年，对17家企业进行审计。至1997年，累计审计企业409家，共查出违纪金额1551.55万元，上缴财政212.20万元；提出审计建议56条，有48条被有关单位和被审企业采纳，促进被审计单位提高效益3210万元。2001年，对济南第二汽车配件有限公司、山东北辰集团、长清县商业集团总公司、长清县第二水泥厂、长清县农药厂、双泉集团有限公司、长清县热压件厂、长清县孝里陶瓷厂、长清县物资集团进行审计，共审计查出漏缴税金34.62万元。2002年，对山东北辰集团、山东鲁意白丝金公司、山东灵岩花岗石公司、长清区商业集团总公司及下属单位进行审计，审计查出漏缴税金28.31万元，票据不合规1000余万元，其中山东鲁意白丝金审计项目获山东省优秀项目。2003年，对济南市长清医药公司、济南水箱厂暖风器分厂、济南冶金化工厂、济南市永丰种业有限公司进行审计，审计查出发票不合规支出46.78万元，漏缴税金3.5万元。2004年，对山东灵岩花岗石公司、长清区运输公司、济南第二汽车配件厂进行审计，查出违规金额315万元，漏缴税金2.5万元。2005年，对新华书店、长清第二水泥厂、长清区银河商厦进行审计，查出违规金额435万元，漏缴税金4.4万元。2006年，对全区破产企业改制情况进行专项审计调查，查出违规金额600余万元，其中漏缴税金23.45万元。2007年，对济南先行公路工程有限公司、长清区民爆器材专卖站、长清区商业集团总公司进行审计，共查出违纪金额30余万元。2008年，首次对长清区民营企业发展情况进行专项审计调查，对山东宏达集团、济南第二汽车配件厂、济南长虹高科技复合管有限公司进行专项审计调查，查出违规资金50余万元。

固定资产投资审计 1987年4月到1993年年底，对自筹资金建设项目的审计，累计审计21个项目，查处资金来源不合法、不充分和乱支乱用问题。1991年—1997年，对基建项目竣工决算审计，累计审计45个项目，审计总金额5125万元，审减额1127.50万元，平均审减率22%。1998年，对东风水库建设进行跟踪审计，对石麟小学等7个基建项目进行竣工决算审计，审计总金额1084万元，审减金额158.46万元，平均审减率14.62%。1999年，对6个基建项目进行竣工决算审计，审计总金额854.63万元，审减金额103.75万元，平均审减率12.14%。2000年，对东风水库等8个项目进行决算审计，审计金额1832.57万元，审减302.67万元，平均审减率16.52%。2001年，对大中型水库除险加固项目进行跟踪审计，对广电大楼等12个项目进行决算审计，审计金额2058.52万元，审减433.98万元，平均审减率21.08%。2002年，对全区农村电网建设改造项目实施审计，项目总投资9884.04万元。发现的主要问题：项目决算存在较大漏洞，招投标文件等档案资料不实。审计审减工程造价581.41万元。2003年，审计投资项目4项，审结3项，审计总金额2200余万元，核减工程造价246万元，占原报造价的11.1%。2004年，完成对全区农村公路改造工程自项目开始至2004年6月底建设情况的审计，累计审计项目119个，资金3917万元。对区长炒路、区污水处理厂、长清一中新校部分建设项目等6个固定资产投资项目进行工程决算审计，审计工程总造价1726万元，核减工程造价121万元。2005年，先后对济南大学科技园建设指挥部及2个职能局、2个街道、22个村的大学园区拆迁安置资金进行审计，审计总金额2.82亿元，审计覆盖面90%以上。是年，《济南市长清区固定资产投资项目审计暂行规定》施行。2006年，对济南市高校科技园2005年4月至2006年9月拆迁补偿资金兑付情况进行全面审计，审计涉及济南市国土资源局长清分局、区房管局和文昌、崮云湖街道以及相关32个村，审计总金额9.1亿元；对济菏高速公路占地补偿资金进行专项审计，审计面覆盖5个乡镇(街道)24个村，总金额8700余万元；对5个乡镇的土地整理项目实施跟踪审计；对区计划生育局、区农业局、崮头水库固定资产投资项目进行审计，审减工程造价约240余万元，审减率21%。对大梁村、段庄村安置资金分配、小柿子园村为交通局修建停车场争议3个群访事件进行审计，根据审计结果，批捕1人，取保候审7人，退回违纪违规资金40余万元。2007年，对污水处理厂、法院羁押车库等11个项目工程造价实施审计，审计总造价2821.96万元，审减199.56万元，审减率7.07%。对104国道绿化工程实施跟踪审计，该工程全长10.85公里、总绿化面积约27万平方米。2008年，对2006、2007年度农村公路建设和管理养护审计，历时3个月，审计总金额5500余万元，涉及全区10个乡镇(街道)193个受益行政村，审计总里程270余公里，该项目2008年被评为全省优秀项目。全年共完成固定资产投资审计15项，审计总金额4351.57万元，审计核减工程款438.68万元，平均核减率10.08%。

经济责任审计 经济责任审计始于1988年1月。是年，对12家国有企业负责人1987年承包经营合同完成情况进行审计。至1993年，共对88家企业进行承包经营责任审计，县有关部门依据审计结果对17家企业的承包人进行奖励，对12家企业的承包人进行处罚。是年起，接受县委、县政府委托，对全县部分党政“一把手”进行任期经济责任审计。1996年4月起，对山东灵岩花岗石集团公司等28个单位的法定代表人实施离任审计。1997年，对1家企业的法人代表实施离任审计。1996年—1997年，共查出违规金额357万元，提出建议86条，均被县委、县政府采纳。2000年起，经济责任审计步入制度化轨道，组织部门委托审计局对离任的行政事业单位领导干部进行离任审计，审计覆盖率100%。2001年，共完成36个经济责任审计项目，审计40位领导干部及企业法人。2004年，共完成经济责任审计23项，查出违规违纪及管理不规范金额182万元。2005年，共完成经济责任审计16项，其中离任审计14项、任中审计2项，查出违规违纪及管理不规范金额338万元。2006年，下发《关于进一步做好经济责任审计工作的意见的通知》，共完成经济责任审计10项，查出违规违纪及管理不规范金额41万元。2007年，共完成经济责任审计19项，其中离任审计17项、任中审计2项，共查出违规违纪及管理不规范资金1861.6万元。全年制发审计报告19份，报送审计信息、论文3篇被《审计报》采用，1篇被市经济责任审计工作简报采用。2008年，成立长清区经济责任审计工作领导小组，制定《济南市长清区经济责任审计实施意见》《长清区村居经济发展和村居干部经济责任履行情况审计调查实施方案》，全年共完成经济责任审计33项，其中离任审计29项、任中审计4项，查出违纪违规及管理不规范资金2901.81万元，组织开展20个村的村居经济责任审计项目，审计发现各类问题资金200万元。

第二节 内部审计

1986年，全县有内部审计机构17个，配备审计人员30人。1997年，全县内部审计机构30个，其中乡镇机构11个，从业人员54人。至1997年，共审计2760个单位，纠正错账1041笔，计款212.30万元，查出损失浪费金额156.56万元。2002年9月10日，济南市内部审计师协会成立后，建立例会、联系点、考核、学习培训等多项指导工作制度，定期召开全区内部审计工作会议，总结经验，表彰先进，指导工作。至2008年年底，全区内部审计机构40个，内审人员60人，纠正错账102笔，计款356万元，查出损失浪费金额188万元。

第三节 社会审计

1988年7月，长清县审计事务所成立，为审计局下属自收自支事业单位。1993年1月，改名为长清县审计师事务所，专职人员12人，其中注册会计师6人。至1997年，长清县审计师事务所开展服务项目1250个，其中验资850个单位，核验资金总额8.5亿元，其中核减资金4500万元；基建决算审计320项，审减支出4700万元，审减率22.4%；开展资产评估及其他业务80项，共实现业务收入202万元。1999年10月，长清县审计师事务所从审计局完成脱钩改制，事务所与挂靠单位长清县审计局不再具有隶属关系，事务所从业人员不再列入行政或事业单位，其人事档案转由县人才交流中心管理。

第四章 物价管理

1985年起，按照“放调结合，以放为主”的改革方式，改革价格管理体制，扩大市场调节范围，逐步形成“国家定价、国家指导价、市场调节价”并存的价格体系。1997年起，实行以企业自主定价为主，政府指导价为辅的价格管理形式，价格管理重点由对具体商品价格进行管理，转变为对整个市场进行宏观管理，逐步形成以市场调节价为主体的价格体系。2001年，长清县物价检查所被命名为全国规范化物价检查所。2008年，长清区政府制订应对价格异常波动工作预案，以行政措施调控、稳定市场物价。

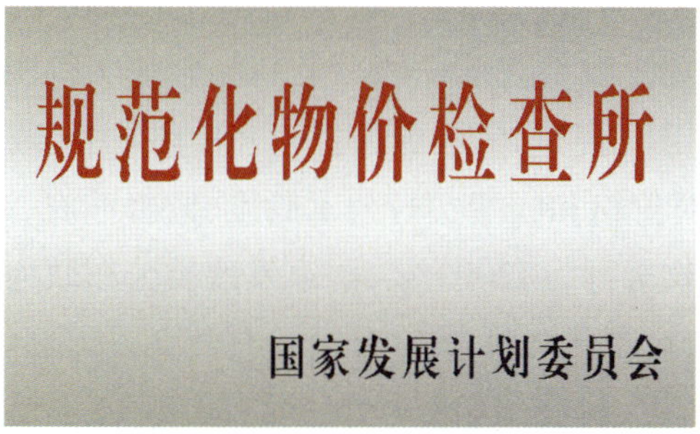

2001年，长清县物价检查所获全国规范化物价检查所称号

第一节 物价体制改革

1979年起，实行改革开放发展经济的方针政策后，为改变“一统天下”的国家定价格局，采取“调放结合，以调为主”的价格改革措施，先从提高农副产品收购价入手，有计划、有步骤地进行一系列价格改革。1985年起，采取“放调结合，以放为

主"的价格改革措施。至1986年,已下放和放开大部分商品价格。是年,国家物价主管部门分别修订国务院有关部门分工管理的农产品、消费工业品和重工业品价格目录,初步形成国家定价、国家指导价和市场调节价三种价格形式并存的价格机制和价格管理机制。1988年,由于计划内物资迅速减少,加之改革政策不够配套,多年来积累下来的供需矛盾造成通货膨胀,有些商品价格失去控制,一度出现"抢购风"。长清县制定措施严格控制调价出台项目,除国务院出台外,本县不出台调价项目;控制理顺不合理价格,稳定群众生活必需品价格;对已放开的电冰箱、洗衣机、黑白电视机、自行车、黑色金属、有色金属实行价格申报制度,严格执行批零差率;加强对生产资料价格的整顿和管理,尤其严格对农资的整顿和管理,报批农机作业和农村用电价格;全面清理整顿非商品收费,包括行政事业性及服务收费,对行政事业性收费按下达的收费项目办理收费许可证。同时加大调查研究力度,对确需调价的,深入企业调查测算,制定调价方案,写出调查报告,报上级物价部门。按中央治理整顿方针,理顺价格体系,推进价格改革。1989年—1991年,物价体制改革是根据治理整顿的要求整顿价格秩序,调整、补充、完善已经实行的价格改革措施,解决市场物价上涨过快,秩序混乱的问题。至1991年,物价体系发生根本性变化,山东省在商品零售总额中,国家定价占16.2%,国家指导价占4.1%,市场调节价占79.7%。在农副产品收购总额中,国家定价占29.1%,国家指导价占6.4%,市场调节价占64.5%;在工业生产资料销售中,国家定价占33.7%,国家指导价占12.6%,市场调节价占53.7%。1992年,国家加大改革力度,价格改革全面进入市场价格机制形成阶段,国家物价部门依据经济体制总体进程修订国家物价部门和有关部门管理的农副产品、轻工业消费品、重工业商品和交通运输价格目录,放开大部分商品价格,实行市场调节,以促进价格形成机制的转换。是年,放开粮油销售价格,将粮油价格推向市场参与市场调节,国家管理的商品除少数关乎国计民生的重要资料外大部分已放给企业自主定价参与市场调节。1992年—1996年,价格改革的重点是根据加强和改善宏观调控,实现经济"软着陆"的精神,围绕抑制通货膨胀、健全价格调控体系,放、调并举,进一步完善价格形成机制,规范市场价格行为,整顿市场价格秩序,减轻企业和农民负担。经整顿、规范、改革,企业成为定价主体,计划价格格局彻底被打破,形成国家定价、国家指导价和市场调节价三种价格形式并存,以市场调节价为主的新价格体制。至1996年,在山东省商品零售总额中国家定价占9.3%,国家指导价占1.6%,市场调节价占89.1%。在工业生产资料销售总额中国家定价占15.9%,国家指导价占6%,市场调节价占78.1%。面对价格改革的新形势,长清县在价格管理方面主要采取两大措施:调整价格结构,疏导价格矛盾,调整钢材和主要粮食价格;根据原材料涨价和市场供求,提高燃料、农膜及农村分类电价;将水泥、橡胶价格并轨;将白酒原由国家定价改为国家指导价;调整价格的商品包括国家管23种、省管150种、市管42种,共215种,减少财政补贴85万元。下放管理权限,给企业更大价格自主权,放开117种产品价格由企业自主定价;取消洗衣机、黑白电视机和水产品的调价申报制;实行"四放开"(经营范围放开、价格放开、用工放开、财务收支放开),给经营企业发放定价许可证促进企业经营机制的转换。1998年5月,《中华人民共和国价格法》颁布实施,逐步建立国家宏观经济调控下主要由市场形成价格的机制,初步理顺各种主要商品之间的比价关系,市场机制在资源配置中的基础性作用明显增强。2000年,落实国家发改委重新下发的《商品和服务实行明码标价规定》,促进市场经营公正、竞争有序、诚信透明。对价格和收费实行公示制度,监督涉农、涉企、涉民收费行为。2003年,国家发改委公布政府定价目录,区管价格目录有11项。是年2月,全区建立区、乡镇、村三级价格监督网络体系,各乡镇建立价格监督站,共配物价义务监督员32名。2004年,按照国家发改委价格异常波动监督预警制度要

求，增设价格监测中心，建立监测网点11个，监测品类12个，监测品种92个。是年，国家放开粮食收购市场，对主要粮食小麦、稻谷实行最低保护价敞开收购。2006年，国家发改委下发政府制定价格行为的规定，推进煤、电、油、气、运等资源性产品价格改革，建立煤电、油运、煤热等价格联动机制，先后调整煤价、电价、铁路运价，用电价格实行同网同价，居民生活用电价格为0.5469元/千瓦时。2007年，物价部门先后进入11个社区、24所学校、23所医院、43家商场、2个旅游景点及8家生产企业开展“价格服务进万家活动”，宣传依法经营、生产常识，解答价格疑难、价格维权。根据发改委制定的价格成本监审办法，开展成本监审业务，完善对服务等价格的有效监控。2008年1月，根据价格应急机制，制定适合当地情况，应对价格异常波动预案，以行政措施，调控稳定市场物价；企业实行调价备案制，对主要商品调整报价备案，调控市场平稳有序运行。是年，出台价格听证会制度和医疗服务价格管理办法。

第二节　价格信息

1985年，县物价局设立农产品成本调查点12户，对小麦、玉米种植和生猪饲养成本及销售情况进行调查，掌握农户实际收入和支出、农户种植意向、农户农资购买等情况，分别直报省价格信息中心农调队、市物价部门农调队。1990年，在县内设立价格监测网点23个，向济南市物价部门上报市场商品价格信息。1992年4月，成立长清县价格信息中心，利用省、市价格信息网络，为县域内生产、经营企业和服务行业提供价格信息服务和政策支持。1995年，建立主要农产品及副食品价格报告制度，对主要粮食及肉禽蛋、蔬菜、干鲜果品等商品和部分农机、农资产品价格的变动情况进行定点、定时监测，定期向省、市物价业务部门信息中心及县政府信息主管部门报送价格监测结果。1997年，增加茄子、黄瓜、芹菜、西红柿、马铃薯、油菜等蔬菜品种和肉鸡、蛋鸡的生产、饲养成本调查。1999年，有293个单位加入省市价格信息网。2003年，增加生猪小规模饲养成本调查。2006年，根据《中华人民共和国价格法》和经济发展的要求，区物价部门增设成本监审中心，对居民生活密切及存有争议的公用价格定、调前进行成本监审。2007年，增加特色农业玉杏种植成本调查。至2008年，农调室在全区设立33个农本调查户，承担小麦、玉米、花生、规模饲养生猪、鸡蛋、养鱼及蔬菜12个品种的种植、养殖成本调查。是年，对学校培养成本、景区、经济适用房、供暖等，进行成本监审，为召开价格听证会提供必要的价格数据。

第三节　价格认证

1996年，县物价局开展涉案物品价值认定工作，是年介入案件认定91起，认定价值215.7万元，对公安、法院、交警执法机关罚没、涉案物品进行价值认定，价值认定范围涉及刑事、民事、经济、保险等案件。2001年3月，县价格信息中心更名为县价格认定中心，有价值认定师资格者5名。是年，介入各类价格认证案件225起，认证总标的额793.4万元。2003年，介入各类价格认证案件361起，认定总标的额为1284.4万元。2008年，涉案认证主要涉及刑事、事故车辆、保险、民事纠纷等，介入价格认证案件309起，认证总标的额为859.3万元。

第四节　价格管理

1978年前，商品实行计划价格，价格管理以政府行政手段调控。1980年起，根据计划经济为主、市场调节为辅的原则，将部分农副产品的收购定价权，由省级下放到县级。1982年8月，国务院颁布《中华人民共和国物价管理暂行办法》，将单一的国家定价改为国家定价、议价和市场贸易价等多种价格形式。1983年，先后放开10大类586种工业品价格，国家管理的商品种类占72.6%，市场调节的商品种类占27.4%，对部分工业品及生产资料价格实行双轨制管理，国家计划调拨部分实行国家定价，单位自行采购部分控制差率来确定价格。1987年9月，《中华人民共和国价格管理条例》的颁布把市场机制引入价格形成机制，经济手段引入价格管理机制。1988年，放开肉蛋糖等副产品零售价格，提高部分工业原材料、燃料价格。1989年，物价管理工作主要是根据治理整顿的要求，整顿价格秩序，平抑市场价格，对粮食、食用油等主要农产品及化肥、柴油、农膜等农业生产资料实行专营，对群众生活密切的日用品实行最高限价制度，对已放开的电视机、电冰箱、自行车等商品，实行定、调价申报制度，由县物价主管部门统一审批，定期检查执行情况。是年，放开部分药品价格，对所有行政事业性收费及某些服务收费，实行收费许可证制度，国家物价主管部门要求将商品和服务价格收费实行明码标价制度。1990年，根据价格管理到基层的要求，在乡镇建立8个物价所。至1991年，先后放开水产品、副食品、服装、家用电器、文化用品、建筑建材等商品价格。1992年，取消居民粮油计划供应，粮油销售价格全部放开。是年，计划内、外生产资料价格并轨，放开18类轻工商品、7类化工商品、9类重工商品价格。1994年，将化肥国家定价、省定价和计划外最高限价，统一改为国家指导价格。1998年，《中华人民共和国价格法》颁布实施，正式确立国家定价、国家指导价和市场调节价并存，以市场形成价格为主体的价格管理体系，实行企业自主定价为主，政府指导价为辅的价格管理形式，价格管理的重点由管理具体商(产)品价格向宏观调控管理转变。对涉及全局性的国家定价、国家指导价格调整，根据《中华人民共和国价格法》的规定，以县物价主管部门为主体，会同有关利益各方，召开听证会的方式决定。

2001年10月22日，根据《山东省城市污水处理费征收办法》，召开污水处理费征收标准调整听证会。经报县政府同意，市物价局批复，自2001年12月1日起，居民、大中小学、托幼园所污水处理费每吨0.19元；全额财政拨款的机关、事业单位、团体、部队等单位污水处理费每吨0.30元；工业、交通、商业、服务业、副食品加工业和差额拨款的事业单位等污水处理费每吨0.35元；宾馆、饭店(旅馆、招待所)、建筑工地污水处理费每吨0.40元。2002年10月16日，召开供热价格定价听证会。经报区政府同意，市物价局批复，确定居民住宅、学校、托幼园所供暖价格按建筑面积每采暖季每平方米17元；非居民住宅供暖价格按建筑面积每采暖季每平方米19.8元。居民住宅、学校、托幼园所采暖用蒸汽每吨60元；非居民采暖用蒸汽每吨70元；工业用蒸汽每吨75元。至2002年，放开除行政事业性收费以外的全部服务价格。2003年10月15日，根据《关于加快推进城市供水价格改革工作的通知》，召开供水价格调整听证会。经报区政府同意，市物价局批复，自2003年12月1日，居民生活用水到户价格为每吨1.95元，其中基本水价1.50元，水资源费0.25元，污水处理费0.20元。工业生产用水到户价格为每吨2.50元，其中基本水价1.80元，水资源费0.25元，污水处理费0.45元。经营服务用水到户价格为每吨2.80元，其中基本水价2.10元，水资源费0.25元，污水处理费0.45元。特种行业用水到户价格为每吨8.75元，其中基本水价8.00元，水资源费0.25元，污水处理费0.50元。2006年3月17日，根据山东省人民政府办公厅《关于提高污水处理费征收标准促进城市污水处理市场化的通知》，召开调整污水处理费征收标准听证会。经报区政府同意，市物价局批复，自2006年3月17日，居民生活用水污水处理费由每吨0.20元调整为每吨0.50元；工业用水污水处理费由每吨0.45元调整为每吨0.80元；经营服务用水污水处理费由每吨0.45元调整为每吨0.90元；特种行业用水污水处理费由每吨0.50元调整为每吨1.00元。2007年11月30日，召开龙泉居经济适用住房销售基准价格定价听证会。经报区政府同意，市物价局批复，龙泉居一期工程经济适用住房基准价格为每平方米建筑面积1679元。实际销售价格在批准的销售基准价的基础上上浮或下浮，上浮幅度不超过基准价格的3%，下浮不限。半地下储藏室销售价格每平方米

1000 元。2008 年 10 月 24 日，召开居民供热价格调整听证会，经报区政府同意，市物价局批复，居民住宅按套内建筑面积每采暖季每平方米 19.70 元调整为 23.00 元，中小学及托幼园所按建筑面积每采暖季每平方米 23.00 元。2008 年 11 月 21 日，召开雅居花苑经济适用住房销售基准价格定价听证会。经报区政府同意，市物价局批复，雅居花苑一期工程经济适用住房基准价格为每平方米建筑面积 1783.97 元。实际销售价格在批准的销售基准价的基础上上浮或下浮，上浮幅度不超过基准价格的 3%，下浮不限。半地下储藏室销售价格每平方米 1200 元。至 2008 年年底，除水、电、暖、食盐等关乎民生的服务、商品等由国家定价外，其余价格全部放开，实行市场调节。

第五节　收费管理

1978 年前，无行政事业性收费，收费主要是服务行业和修理加工业，收费标准由主管部门制定，价格管理部门定期检查收费情况。至 1984 年，已放开修理行业收费，大多服务行业收费标准已调整。1988 年，行政事业性收费逐步实行收费许可证制度。是年，有 64 个收费单位办理收费许可证，有 201 个收费项目，第一个报批的部门是长清一中。1989 年，有 61 个收费单位办理收费许可证，共 181 个收费项目。1990 年，治理乱收费、乱摊派、乱罚款，分三批取消省以上制定的 36 个收费项目、市制定的 19 个收费项目。1991 年，审验收费许可证 243 个，共有 291 项收费，废除 51 项收费。1992 年，全县行政村每年核算农村电网分类最高限价，报市物价部门审核批准后执行。是年，严格收费管理，行政村实行收费员收费制。1995 年，检查预算外资金，对全县 47 个部门 273 个收费单位检查，全县预算外收费金额 5000 万元，查出不合理收费 152 项。是年，在全县工商企业和个体经营户实行收费监督卡制度，共发放收费监督卡 2600 个。1996 年 9 月，由物价部门在县内部分事业单位及餐饮经营企业收取副食品价格调节基金。2005 年，审验收费许可证 386 个，审验总金额 12009 万元，注销收费许可证 55 个，废止收费项目 38 项。至 2008 年 1 月，共收取副食品价格调节基金 16.9 万元。是年，审验收费许可证 310 个，审验金额 10847 万元，其中行政收费 26 项，收费金额 2217 万元；事业性收费 35 项，收费金额 8630 万元，注销收费许可证 51 个，换发收费许可证 279 个。

居民生活用水价格　1989 年 6 月，居民生活用水价格定为每吨 0.24 元。1993 年 4 月，调整为每吨 0.45 元。1999 年 4 月，调整为每吨 0.83 元。2001 年 12 月，调整为每吨 1.02 元。2003 年 10 月，调整为每吨 1.95 元（其中基本水价为每吨 1.50 元，水资源费为每吨 0.25 元，污水处理费为每吨 0.20 元）。2006 年 3 月，调整为每吨 2.20 元(其中含污水处理费 0.50 元)。

居民生活照明用电价格　1987 年 1 月，居民生活照明用电网位电价为每千瓦时 0.18 元。1992 年 1 月，调整为每千瓦时 0.30 元。1992 年 5 月，调整为每千瓦时 0.32 元。1993 年 6 月，调整为每千瓦时 0.35 元（其中三峡工程建设基金为每千瓦时 0.03 元，省用电附加费为每千瓦时 0.015 元）。1998 年 5 月，调整为每千瓦时 0.368 元。2006 年 6 月，调整为每千瓦时 0.5469 元。

检查长清区人民医院药品明码标价情况　（2008 年 摄）

第六节 物价监督检查

1986年，检查石油、煤炭、木材经营，查出10个单位混淆平价、议价和市场价销售，违价金额6.3万元。是年，财税、物价大检查，抽查单位56个，查出违价金额21.6万元，主要为水泥计划外加价、煤炭平转议价销售违价。1988年，春季农资专项检查，检查33个生产、经营单位和个体经营户，其中13个单位和个体户因违价受到罚没，其违价金额为24.88万元，退还用户168268.52元，罚款2120元。本县所产化肥因超国家规定价格销售，被查出违价金额6.9万元。1990年，7个乡镇建立物价检查所。1992年，国家放开粮油价格，实行市场调节后，大部分物价由生产企业和经营企业按市场供求自主定价，监督检查的重点多偏向行政事业性收费和国家管价的服务性收费。1995年，在较大的企业及县直机关，建立3个职工物价监督站。1996年，财税、物价大检查重点检查人口落户、汽车落籍、婚姻登记、学生上学、病人就医、过桥过路、邮电附加等收费情况，共查出违价单位81个，违价金额185万余元，其违价罚没金额全部上缴入库。

2000年，实行价格和收费公示制度，服务价格收费一并公示，全县公示项目800余项。2001年5月，县物价局价格举报电话“12358”自动接报系统开通。2002年，在经济开发区内对所有企业收费实行“一站式”收费制。2006年，检查57个行政事业性和服务收费单位，查处包括教育、医疗、殡葬、公安在内28个单位的违价金额82.4万元，罚没24.7万元。举报案件15起，办结15起。2008年10月，所有行政事业性收费项目和价格，在《新长清》报上刊登公示。是年，检查95个行政事业和服务性收费单位，查出6个单位违价金额3.3万元，退还用户3.3万元。咨询和举报电话120起，办结119起。

第五章 工商行政管理

1971年3月，成立长清县工商行政管理局，主要负责市场管理、企业登记、合同管理等工作。1986年9月，全县最大的钢柱铁架结构黄河商场竣工使用。20世纪90年代起，工商行政管理逐步转变为运用法律、行政手段对市场进行宏观监督调控。1999年7月，更名为济南市工商行政管理局长清分局，实行垂直管理。2007年7月，成立全区第一家农民专业合作社。2008年，工商行政管理的范围扩展到监管生产、交换、消费各个领域，涉及国有、集体、个体、私营、外商投资等多种经济成分和工业、农业、建筑业、贸易业、服务业等行业。长清工商分局先后获全省消费维权工作创新先进单位、全省工商系统政务信息工作先进单位、济南市文明单位、济南市工商行政管理系统先进集体、济南市文明窗口单位等称号。

第一节 市场监督管理

1980年，开展“五好文明集市”管理活动，全县80%的集市达到“五好文明集市”要求。1986年—1989年，在黄河商场、孝里大集、长清大集开展全国“文明市场”创建活动。1991年，开展“文明集贸市场”评比活动，共创建黄河商场、归德大集、孝里大集、长清大集、万德大集5处样板市场。1996年起，加大市场巡查力度，探索实行区域性巡查三级督察制，维护市场经济和商品流通秩序，形成大、中、小相结合，专业、综合并举，批发、零售配套，布局合理、功能齐全的市场网络；每年对全县市场进行登记、年审，市场管理步入规范化轨道；开展创建文明规范市场活动，实行“分行划市、编号定位、对号入市、入场收费”的管理方法，规范市场秩序和市场行为；在黄河商场开始设置意见箱、公平秤和监督台。1998年，国务院《粮食收购条例》颁布后，加强粮食市场监管，对1家国有粮食收储企业和27家粮食经营、加工户重新核定经营资格，查处违法购销粮食案件49起，没收粮食29万公斤。1999年，按照机构、职责、人员、资财“四分离”的原则，对黄河商场制定具体的“管办脱钩实施方案”。2002年，对黄河商场进行清产核资，移交给东关村。

2003年，围绕制售假冒伪劣商品等7种重点违法行为，开展“两节”市场专项整治、“毒鼠强”专项检查、虚假医疗广告查处、防“非典”商品市场集中整顿、农资市场专项治理、食品市场集中整治等专项治理活动。是年，在落实区域经济监管服务责任制方面制定《区域经济监管人员职责》等工作规范，印制《区域监管服务登记台账》等7类标准文书，工商局与12个工商所、工商所与监管组和监管人员形成三级责任落实体系，各工商所组建成立综合服务室、市场巡查队、监管督察队，依据职责对辖区市场主体实施动态监管及分类监管。2005年年初，成立长清区农业生产资料协会。是年，开展夏令食品、儿童食品、节日食品等专项整治，严查含“苏丹红”食品。2006年，国家工商总局、省市局领导到长清检查指导工作，充分肯定长清农资监管经验，省外140多个单位先后到长清参观学习。2007年，扶持辖区内涉农企业及涉农农户发展，在“合同帮农”“合同惠农”“经纪活农”等方面给予指导，发展农民专业合作社。是年7月，成立第一家农民专业合作社济南市长清区文昌西李苗木花卉和无公害山药专业合作社，注册资本12.41万元。2008年年底，全区共有307家农民专业合作社。

第二节　企业登记管理

1986年，全县累计企业登记259家，从业人员21337人。1988年10月至1989年8月，重点整顿公司官商不分、政企不分、转手倒卖、牟取暴利等问题，共清理12家。1989年—1990年，清理整顿的重点是撤销重复设置、不具备开办条件严重违法乱纪的公司，以及长期经营不善、严重亏损、业不抵债的公司，共撤销21家。1990年，企业登记管理工作由对企业经营权的许可登记变为依法确立企业的法人资格和合法经营权的企业法人登记。1991起，对辖区内所属国营、集体企业、行政事业单位和相关部门企业成立的劳动服务公司、外地企业驻辖区分支机构等进行登记注册和管理，对许可证和专项审批手续进行清理。是年，对企业名称进行清理规范，取消企业的第二名称。1993年，对全县营业性歌舞娱乐场所进行集中清理、整顿，重新审查核准并登记。1994年7月1日，开始对辖区内的公司进行日常检查管理和年检。1995年起，重点清理无资金、无场地、无机构等不具备企业法人条件的“三无”企业，查处骗买骗卖、欺诈经营等扰乱社会经济秩序的不法行为，共清理“三无”企

国家工商局领导视察农资市场　（2006年　摄）

业14家。2002年8月，登记注册与检查管理工作分开，企业科负责对国营、集体企业和改制企业的登记注册工作，综合管理科负责企业年度检查和日常检查管理工作。2003年，在登记过程中实行首办责任制，兑现“只要手续全，三天就办完”的承诺。2004年，制定《关于进一步促进环境优化服务保障发展的优惠措施》，主要是“四放宽、两支持、一提速”，即：放宽企业名称登记、放宽企业经营范围、放宽企业筹建期限、放宽企业年检，支持民营企业做大做强、支持国有企业和集体企业改革，提速工作效率。至2008年年底，累计登记内资企业462家，注册资金4.2亿元，外资企业50家，注册资金32.4亿元。

第三节 经济合同管理

1982年起，对经济合同实行统一管理。1984年，长清县政府批准成立长清县工商行政管理局经济合同仲裁委员会，设立经济合同仲裁庭，负责受理全县经济合同纠纷案件。1986年，县工商局鉴证经济合同25份，鉴证金额1600万元；仲裁纠纷13起，争议额60万元。是年起，开展“重合同、守信用”企业评定活动，对申报企业进行严格考核评定，通过报社、电台发布“重合同、守信用单位名单”，申请参加活动的16家，全部通过“重合同、守信用”企业认定。1988年，开始对企业承包、租赁合同和技术合同的监督管理，对企业承包、租赁经营合同进行鉴证和合同纠纷仲裁；对技术合同主要是确认和查处无效合同及仲裁合同纠纷。1988年—1990年，长清县工商行政管理局仲裁委员会向基层工商所派出仲裁庭13个，各工商所配备一名仲裁员，处理案情较简单、标的较小的合同纠纷。1991年起，打破“重合同、守信用”企业称号终身制，已命名的企业若发生严重违约或违法行为将撤销称号。是年，撤销2家。1992年，开始推行经济合同示范文本制度，要求企业、个体工商户租赁用于生产、经营的房屋、商亭及其他场地所签订的合同，必须使用由国家工商局制定的《房屋租赁合同》文本，作为办理营业执照时的法律凭证进行审核。1995年，取消仲裁业务。1996年起，开展抵押合同登记工作，对工商企业合同管理人员进行岗位培训。1997年，共鉴证经济合同1506份，鉴证金额9.5亿元，办理抵押登记109件，抵押金额2.34亿元。1999年，新《中华人民共和国合同法》颁布实施。

2000年起，建立和完善企业合同管理制度和规范合同文本，加强对建筑工程承包、买卖、租赁等合同进行监管，开展打击合同欺诈专项整治。是年8月，完成对省级、市级“重合同、守信用”企业的评比、整顿和年检工作，共有省级9家，市级59家，其中新发展省级2家、市级4家，撤销省级1家、市级2家。2002年8月，市场监督管理科和合同管理科合并为市场合同管理科。2005年，共检查各类企业400家，检查各类合同3068份，查处合同欺诈案件2起，罚没款1.2万元。2006年—2008年，全区共检查各类经济合同7859份，标的金额4.1亿元，查处各类合同违法案件33起，罚没款7.1万元。2008年，全区共有“守合同、重信用”企业省级17家、市级42家；合同行政调解13起，争议额27.5万元。

第四节 商标广告管理

商标 1986年年初，长清县注册商标9件。是年起，县工商部门深入企业宣传，提高企业商标意识，指导企业运用商标搞好经营。1992年，在全省第一届著名商标评选活动中，长清县的水龙王、山菊花商标被评为全省著名商标。1997年，全县注册商标201件。1998年—2008年，实施商标点对点帮扶培育，建立驰名、著名商标三级培育库，齐鲁长兴、环冠、山水东岳等商标先后通过省著名商标认定；济南柴油机股份有限公司的驰动商标于2008年获得国家驰名商标认定，全区实现驰名商标零的突破。至2008年年底，累计注册商标448件，其中国家级驰名商标1件、省级著名商标11件、市级著名商标12件。

2008 年长清区市级以上著名商标情况表

表 18－1

序号	企业名称	商标名称	级别	认定年份
1	济南柴油机股份有限公司	驰动	国家级	2008
2	济南冶金化工设备有限公司	万通 W	省级	2007
3	山东宏达科技集团有限公司	jhd	省级	2007
4	济南佳宝乳业有限公司	佳宝	省级	2007
5	山东环冠科技有限公司	环冠 huanguan	省级	2007
6	济南家家乐味精有限公司	紫荆花	省级	2007
7	济南长兴建设集团有限公司	齐鲁长兴 qiluchangxing	省级	2008
8	济南桑乐真空管有限公司	山大宏扬 shandahongyang	省级	2008
9	济南仙峰泰山化工设备有限公司	仙峰 xianfeng	省级	2008
10	山东山水水泥集团有限公司	山水东岳 SHANSHUIDONGYUE	省级	2008
11	济南家家乐味精有限公司	紫藤花	省级	2008
12	山东省长清农药厂有限公司	山青	省级	2008
13	济南山水集团有限公司	山水东岳	市级	2007
14	济南环冠设备有限公司	环冠	市级	2007
15	济南桑乐真空管有限公司	山大宏扬	市级	2007
16	济南仙峰环保有限公司	仙峰及图形	市级	2007
17	济南张夏酿酒有限公司	长清泉	市级	2007
18	山东北辰集团有限公司	sdbc	市级	2007
19	济南立泰山茶业有限公司	灵岩 LING YAN	市级	2007
20	山东双泉散热器有限公司	双泉	市级	2007
21	济南陆丰容器机电成套设备有限公司	陆通	市级	2008
22	济南鲁日钧达皮革有限公司	钧达 jun da	市级	2008
23	济南驰名酒业有限公司	张夏	市级	2008
24	济南长泰建设集团有限公司	ct	市级	2008

广告 1982年，建立广告管理机构，配备专职人员，对辖区内的广告进行统一管理。1983年，对经营广告的企业和单位进行专项检查，取缔一批无证经营的企业、单位，对符合条件的广告公司，发给营业执照或许可证。1994年，通过采取上街宣传、广播宣传、举办培训班等多种形式对新颁布的《中华人民共和国广告法》进行宣传。1994年—2005年，先后开展对户外广告、印刷品广告、医疗广告、药品广告、招生广告、店堂广告等专项检查68次，检查户外广告793余处，医疗机构30家，药品经营点150处，责令拆除非法设置的户外广告牌307块，收缴非法印刷品广告60余万份，共查处各类违法广告案件121起，罚没款50多万元。2005年，对大学城校园及周边地区进行集中检查，查结广告违法违章案件60起，收缴各类印刷品广告2万余份，发出整改通知30多份。2006年—2008年，共查处各类违法广告案件35起，罚没款7.1万元。

第五节 经济监督检查

1986年，查处经济违法违章案件13起。1990年，集中查办违法大案，召开打假现场会，当众销毁伪劣产品。1992年，开展打击非法经营，保护合法经营，为企业保驾护航为重点的经济检查工作，重点清理整顿制售白酒、食盐不法活动，共查获假冒伪劣白酒2200公斤、不合格食盐300公斤，各类假劣商品货值共1.2万元。1993年，开展打击制售假冒伪劣商品和查处走私贩私专项活动，共依法立案查处投机违法案件7起，案值162万元，上缴国库罚没款3.5万元。1995年，实行生猪定点屠宰，县工商部门组织力量打击私屠乱宰生猪行为，严禁病死注水猪肉上市。1997年，共查办各类经济违法案件552起，罚没款12万元，查获假冒伪劣商品8类，为企业和消费者挽回损失17.5万元。2000年—2008年，坚持专项整治与日常监管相结合，对重点区域、重点行业、重点商品开展专项整治行动16次，检查各类经营业户156户次。

第六节 消费者权益保护

1989年11月，长清县消费者协会成立。1992年，全县各乡镇成立消协分会。1994年，在全县推行消费者协会会员制度。1996年5月，成立长清县消费者协会办公室和投诉中心，负责消费教育、消费咨询、受理调查调解消费者的投诉、保护消费者的合法权益等工作。1997年，受理劣质种子坑农案件，依法维护广大农民的合法权益。是年，共受理消费者投诉148件，为消费者挽回经济损失25.67万元。2000年12月，成立"12315"热线投诉举报中心，基层12个工商所设立"12315"申诉举报站，维权兼(专)职人员30余人，在大型集贸市场、商场、超市设立"12315"联络点。2001年，开展"红盾护农"活动，共查获假农药29箱，劣质化肥280余吨。2002年，设消费者权益保护科，"12315"挂靠在消费者权益保护科，与分局消协办公室合署办公，理顺"12315"申诉举报体系。2003年，设立申诉举报

■ 长清区"红盾护农"行动启动仪式 (2007年 摄)

长清区政务"一号通"热线调度中心（2008年摄）

联络站120个，每个联络点都配备2名以上联络员。2005年，全区450个行政村、46个商场和市场、4个社区、5个景区、5所学校建立济南"12315"申诉举报联络点，"12315"维权网络遍布全区，形成指挥中心、受理中心和受理站、联络点于一体的"12315"网络维权格局。是年，共接受消费者咨询服务6000余人次，受理消费者投诉800余件，为消费者挽回经济损失182万元。2006年6月，设立长清区"12315"投诉联动机制，由21个部门组成联动投诉处理机制，实行一号对外、集中受理、分类处置、统一协调、部门联动、限时办理。2008年8月，区政府将"12315"联动处置机制上升为长清区政务"一号通"热线，先后建立健全《12315案件登记制度》《分局12315值班制度》《工作人员职责》《责任追究制度》，建立工作纪律、承诺、申诉举报网络流程图、申诉举报站职责、联动规程、监督规程等制度，在辖区内的大型商场、超市建立食品质量查验制度、特殊商品进货报告制度、不合格食品退市制度、食品质量承诺制度等。是年，"12315"联动处置机制共移交咨询电话3160人次，移交投诉举报案件107件，帮助消费者挽回经济损失123万元。

附：典型案例

案例一　2005年4月17日，长清区消费者协会收到归德镇张官村22人的群体投诉，投诉长清区归德镇凤鸣庄种子经销部销售的抗倒680麦种存有质量问题，导致3.7公顷麦苗干枯减产。经消协工作人员现场勘察，协调经营者向受损农户按照每亩450元的标准支付补偿金2.5万元。

案例二　2005年6月8日，长清区五峰山街道庄家庄某村民因小麦联合收割机在麦收期间无法正常使用同销售者发生争议，投诉至区消费者协会。经消协工作人员调解，销售者向消费者支付赔偿金1800元，并对设备进行维修调试。6月15日，该消费者因设备再次出现故障，第二次投诉，经消协调解，销售者为消费者办理退货手续，向消费者退还货款7万元。

第六章　质量技术监督管理

1979年，成立长清县标准计量所。1991年，撤销标准计量所，成立计量监督检定所、产品质量监督检验所、器材服务站，形成标准、计量、质量三位一体的管理体制。是年，长清县标准计量局被山东省标准计量局、山东省人事局评为质量、品种、效益年执法与服务先进集体。1994年3月，长清县标准计量局更名为长清县技术监督局。1995年，被山东省技术监督局评为山东省实行法定计量单位先进单位。2000年，长清县被国家技术监督局列入首批全国消灭无标生产试点县。2001年9月，被国家技术监督局授予全国消灭无标生产县称号。至2008年，先后开展计量检定、建立工业产品标准档案、产品标准登记、产品质量检验、打击生产假冒伪劣产品等工作。是年，被济南市委、市政府评为文明单位。

第一节 计 量

■ 衡器检测 （2008年 摄）

计量器具 1986年，县内计量器具主要有木杆秤、台案秤、竹木直尺、压力表、天平、地中衡。1990年，县内主要计量器具有木杆秤、台案秤、压力表、天平、地中衡、电子汽车衡、加油机、长度、电子计价秤、双面度盘秤。至1997年，共检定木杆秤32万支，台案秤3万台(件)，地秤400台，天平820台，压力表8600块，氧气表2000块，医用血压表1500块，加油机3800台，长度量器1000件，车速里程表2000块。2008年，全区通过检测的有台案秤2104台(件)、汽车衡(地秤)41台、天平100台、压力表700块、氧气表124块、医用血压计(表)73块、加油机360台等。

计量管理 1984年，根据《关于全国统一实行法定计量单位的命令》，在全县推广普及法定计量单位。1986年，对市制单位的衡器、压力表、木杆秤进行淘汰和改制管理。1987年，对全县18家县属企业及乡镇企业、个体企业、流通领域的1800余台日用衡进行市制改公制。1995年，开始限制木杆秤，推广电子计价秤和双面度盘秤。至1997年，全县基本统一实施法定计量单位。是年，开展商品定量包装。至2005年9月，计量所开展压力表、衡器、血压计、车速表、长度、定量包装、天平、加油机、电三表(电压表、电流表、电阻表)12类18项计量器具的检定。2005年9月至2007年11月，长清计量监督检定所职能被济南市计量监督检定所上收。2007年12月，济南市质量技术监督局长清分局恢复计量所建制。2008年9月，建立压力(检定项目：弹簧管式一般压力表)、衡器(检定项目：数字指示秤、非自行指示秤、模拟指示秤)、加油机(检定项目：燃油加油机)、天平（检定项目：1~500mg和1~200g砝码、1~500mg和1~200g机械天平、1~200g架盘天平)血压计(检定项目：血压计(表))5类11项标准。

1986—2008年长清区(县)计量器具检定情况表

表18－2

年 份	衡器检定(台件)	合格率(%)	其他计量器具(件)	合格率(%)
1986	3640	96	1159	89
1987	3682	95	1250	89
1988	3690	96	1240	89
1989	3660	95	1170	90
1990	3680	96	1271	90
1991	3700	96	1240	91
1992	3720	96	1205	92
1993	3730	97	1180	90

续表 18－2

年 份	衡器检定(台件)	合格率(%)	其他计量器具(件)	合格率(%)
1994	3750	96	1189	90
1995	3690	95	1200	89
1996	3650	94	1281	89
1997	3634	93	1290	90
1998	3600	95	1331	90
1999	3592	95	1330	90
2000	3550	95	1400	92
2001	3520	94	1405	93
2002	3530	95	1320	93
2003	3537	96	1398	93
2004	3550	96	1400	94
2005	3410	96	1041	95
2008	2145	96	1357	90

说明:2005 年 9 月至 2007 年 11 月,长清计量监督检定所职能被济南市计量监督检定所上收

第二节 标准化管理

标准化工作始于 1987 年。是年,举办第一次标准化培训班,全县有 86 家企业标准化管理人员参加。1989 年 4 月 1 日,《中华人民共和国标准化法》颁布施行,全县 17 家企业通过考核验收。1990 年,根据国家标准局《采用国际标准管理办法的通知》,长清县水泥厂生产的 425 号普通硅酸盐水泥和长清县化肥厂生产的工业用碳酸钾等产品通过“企业产品采用国际标准”验收,制定企业审查备案标准 10 个。1995 年,举办强制性国家标准 GB7718-1994《食品标签通用标准》培训班,全县 40 余家企业负责人参加培训。1997 年,先后对 14 家企业、20 个新产品标准审查备案。2000 年,长清县被国家技术监督局列入首批全国消灭无标生产试点县。2001 年,长清县政府印发《消灭无标准生产试点工作实施计划》,成立消灭无标准生产工作领导小组,对 123 家工业企业进行申报登记,为 86 家企业颁发工业产品标准年审证书,全县标准化覆盖率 95%以上。是年 9 月,顺利通过考核验收,被国家质量技术监督局授予全国消灭无标生产县称号。至 2004 年年底,全区通过 ISO 9000 等系列国际标准体系认证企业 28 家。2005 年,开始对农业标准化示范区建设进行宣传。2006 年,无国家标准、行业标准和地方标准的 15 个企业制定备案 21 个企业标准,262 家企业的 525 个产品标准有效性进行确认,39 家食品企业的 131 项食品添加剂和加工助剂进行备案。2007 年,组织申报卧龙峪果品蔬菜营销开发有限公司标准化示范区、济南清园蔬菜营销有限公司标准化示范区等 4 个农业标准化示范区的任务计划书。2008 年,济南柴油机股份有限公司参与 4 项国家标准制定起草工作,成立全国内燃机燃气发动机、燃气发电设备两个标准化技术委员会。至 2008 年年底,备案企业标准 143 个,为 201 家企业的 558 个产品进行标准登记,7 家企业的 14 个产品通过企业产品采用国际标准认可,8 个产品采用国际标准产品标志。

第三节 质量监督

1988 年,根据国务院《产品质量监督试行办法》规定,首次发布《长清县 1988 年度受检产品目录》,对 150 家生产企业的产品列入监督检验范围。是年,建立食品化验室和建材化验室,主要对面粉、饮料、植物油、糕点等食品和烧结普通砖等建材产品进行监督检查。1991 年 4 月,成立长清县产品质量监督检验所。1993 年,长清县产品质量监督检验所通过计量认证和审查认可,成为完全独立于开发、生产、使用和销售单位具有第三方公正性的事业性检验机构,承担产(商)品质量监督检验、第三方评价性检验、产(商)品质量体系仲裁检验和各单位的委托检验工作。1998 年,长清县产品质量监督检验所通过计量认证的换证审查。2003 年,通过审查认可的换证审查,通过认证的业务范围主要包括食品、化工、建材三大类 50 种产品。至 2008 年年底,全区共有 22 家企业获工业产品生产许可证,33 家企业获食品生产许可证,6 家企业获 CCC 产品认证,50 家企业获 ISO 9000 质量体系认证,2 家企业通过 HACCP 食品安全管理体系认证,2 家企业通过 GB/T14001 环境管理体系认证,完成产品质量监督检验累计 1.5 万批次,合格率 86%。

商品质量执法检查 (2008 年 摄)

第四节 执法检查

1994 年,《中华人民共和国产品质量法》颁布实施后,11 月成立长清县市场管理所,制定执法责任制,成立案件审理委员会,建立技术监督行政案件审理规则等执法制度。至 2000 年,共组织 11 次打假活动和 35 次专项执法检查,共出动执法人员 6500 人次,检查商品 3 万批次,查处假冒伪劣商品总价值 3.8 万元,查处制售假冒伪劣产品案件 135 起,共受理群众投诉 31 起,为群众挽回经济损失 3.8 万元。2001 年—2003 年,对市场商品、计量器具、化肥、农药、建材、“黑心棉”棉被、食品等产品进行专项执法检查,共抽查化肥、磷肥 86 吨,查获农药 3.4 吨,查处销售不符合标准的螺纹钢 10 吨,关停“小轧钢”生产单位 2 家,查获“地条钢”20 吨,查获假冒白酒 6000 余瓶,查获“黑心棉”棉被 300 床,有效地规范产品市场秩序。2004 年 5 月,成立济南市质量技术监督局长清分局稽查队,成为质量技术监督专职执法机构。至 2008 年年底,对全区范围内的生产、销售企业进行执法检查,出动 1000 余人次,检查生产、销售企业 300 多家次,查处各类违法案件 86 宗,查处涉案货值 200 余万元,受理“12365”投诉 51 起,挽回经济损失 60 余万元。是年,被济南市质量技术监督局评为行政执法先进集体。

第五节 区域监管

区域监管工作是以县(市)区为基础,以监管责任区为单元,以生产企业为重点,行使质监部门对质量、计量、标准化、特种设备和组织机构代码等工作的综合管理职能。2005 年 6 月,长清质监分局对各乡镇、街道经济状况综合分析比较的基础上,划分四个监管区域。根据企业的规模、性质、质量管理、生产必备条件等方面情况，将生产类企业184家划分为A、B、C、D四类（A类5家，B类154家，C类21家，D类4家），按照企业的分类情况，制定详细的巡查实施计划，建立健全动态电子监管档案。至2008年年底，全区共有监管企业358家。

第六节 组织机构代码

1993年10月13日，长清县人民政府印发《关于颁发党政机关企业事业单位和社会团体统一代码证书的通知》，成立由24人组成的全县统一代码颁证工作领导小组。1993年10月20日，申报登记工作开始。1994年6月，长清县技术监督局设立组织机构代码办公室，主要负责组织机构代码登记、商品条码的申办工作。2007年，被评为市级文明窗口。至2008年年底，共办理组织机构代码3669条。

1994—2008年长清区（县）办理组织机构代码情况表

表18－3

年 份	办证数量（条）	年检数量（条）	年检率（%）	总量（条）
1994	769	—	—	—
1995	289	—	—	—
1996	557	—	—	—
1997	169	—	—	—
1998	221	—	—	—
1999	299	—	—	—
2000	273	340	—	—
2001	226	343	—	—
2002	435	370	—	—
2003	937	154	—	—
2004	614	563	—	—
2005	442	317	32.6	2328
2006	748	240	42.0	2352
2007	1337	416	62.0	2798
2008	1314	946	61.6	3669

第七节 特种设备安全监察

2000年12月15日，劳动和社会保障局管理锅炉压力容器特种设备安全监察、检测职能划归济南市技术监督局，长清设特种设备安全监察科。2001年，长清县人民政府印发《关于开展锅容管特质量监督和安全监察的通知》，对全县350台锅炉、压力容器、压力管道等设备进行摸底登记。

特种设备安全检查 （2008年 摄）

2003年,对全区418台设备进行普查登记,其中锅炉77台、容器128台、电梯36台、起重机械136台、游乐设施4台、厂内机动车辆37台,全部录入山东金质网。2005年,全区特种设备生产企业有18家,使用企业210家,设备总数627台;在11个乡镇培训协管员11名、联络员60名,完成特种设备安全监察网络建设。至2008年年底,全区特种设备生产企业有22家,使用企业260家,设备1277台,其中锅炉154台、压力容器342台、电梯133台、起重机械564台、厂内机动车辆80台、游乐设施4台;10家气体充装企业,办理气瓶注册登记10202个。

第七章 国土资源管理

1988年前,长清县农业局负责土地管理。1988年1月,成立长清县土地管理局,对地籍进行管理。1992年起,逐步改革土地使用制度。1993年始,长清县城镇国有土地登记发证。1994年,成立长清县土地矿产资源管理局,加强对土地矿产资源的开发、利用管理和执法力度,制定土地利用总体规划,强化保护措施,逐步将土地、矿产资源管理纳入法治化、规范化轨道。至2008年,在土地资源管理、矿产资源管理、土地登记发证、土地开发复垦、土地使用制度改革及严格依法行政等方面成效显著,被评为全省土地管理先进单位、先进集体等。

第一节 土地使用制度改革

1986年—1990年,农村宅基地由乡镇政府负责管理。1991年—1992年,农村宅基地有偿使用制度全面推开。1992年始,土地使用制度逐步改革,国有土地由单一的行政划拨走向行政划拨与出让双轨并行。1993年,农村宅基地有偿使用费停止收取。2000年3月,长清县土地收购储备交易中心建立。2001年,县政府印发《关于政府垄断土地一级市场工作程序等有关问题的通知》《关于建立土地收购储备制度的通知》。是年2月13日,在长清县宾馆对位于县城中川街南侧、灵岩路西侧的一宗面积2581.77平方米的国有储备土地进行公开拍卖,用途为商住综合用地,起拍价为120万元。参加竞买的有8家开发商,经过10轮激烈的竞价,最终由03号竞买人(济南新天地房地产工程有限公司)以154万元的价格取得该宗土地50年使用权。至2002年年底,共收储土地39宗,总面积22.66万平方米。2003年起,建立"储备—前期整理—公开出让"的土地经营新模式。至2008年,对储备的8宗6458.75平方米国有土地进行拍卖、挂牌,按市场机制供地31宗,为公益事业提供用地1宗,为教育事业提供用地1宗。

第二节 地籍管理

长清区(县)地籍管理始于1988年11月,地籍管理主要包括土地利用现状调查、土地动态监测、土地确权登记发证、权属纠纷调处、地籍信息系统的建立与维护。

土地利用现状调查 1986年—2008年,先后进行两次土地利用现状调查。第一次是自1989年4月至1990年12月,查清全县总面积和各类土地面积,各权属单位各类土地面积以及不同坡度级差内的耕地面积;编绘县1∶50000土地利用现状图1幅,乡(镇)1∶10000土地利用现状图72幅,全县1∶10000分幅土地权属界线图72幅;编写

《长清县土地资源调查报告》和乡(镇)土地资源调查说明书;签订相邻县(区)之间的交界边界协议书和各村之间、村与权属单位之间的土地边界协议书;建立行政村和土地权属单位的基层土地统计簿和土地统计台账。为保持调查资料的现实性,每年10月底都进行一次土地变更调查,对原有资料进行更新。1991年,《长清县土地利用现状调查》获省土地管理局科技进步二等奖。第二次是2008年5月,通过土地调查,查清各类用地数量及其使用情况,为开展日常的地籍管理工作以及调整土地使用权流向,达到土地资源的合理配置提供依据;明晰土地权属,划清界址。全区共调查土地1208平方公里,调查1∶2000地形分幅图1373幅,调查村界607个行政村,签订村界协议书5481个(包括相邻县区之间、村与村之间、村与权属单位之间),解决村界争议17条,处理权属纠纷21起。城镇土地地籍调查共调查宗地8649宗,调查面积38.33平方公里,测量面积38.33平方公里,布设图根点2506个。

城镇地籍调查 1991年10月至1993年10月,进行长清县城区5平方公里的调查,查清全县城区内3813宗地的权属界址、面积,并设立固定标志;查处违法用地67起,调解权属纠纷198起。绘制1∶500地籍铅笔原图、着墨二底图各112幅,宗地图3813幅;整理形成各种调查资料412卷;编写《长清县城区地籍调查工作报告》《长清县城区地籍调查技术总结》《长清县土地确权有关规定》《长清县城区地籍调查实施方案》《长清县城区地籍调查自检互检报告》等文字资料。1994年,《长清县城区地籍调查》获省土地管理局科技进步一等奖。2006年6月,在济南经济开发区(包括济南长清大学新校区)的主要拐点埋设15个界桩,范围东至济菏高速公路,南至北大沙河,西至大于庄、桥子李村,北至藤屯村。

农村地籍调查 1991年10月至1993年10月,进行农村地籍调查,全县共调查宗地13.5万宗,其中宅基地13.1万宗,乡镇企业用地1050宗,村企业用地500宗,个体户用地2450宗。

土地登记 长清县城镇国有土地登记发证始于1993年。1993年11月,对104国道、104省道、220国道颁发土地证书。1994年9月,对城区大量国有土地颁发土地证书。1995年,对京沪铁路用地颁发土地证书。1998年,对黄河河道的护堤坝颁发土地证书。2003年,对全区房改房用地颁发土地证书。至2008年年底,全区共颁发国有土地证书5011份,颁发乡镇企业用地土地证书981份,颁发宅基地土地证书13.2万份,办理土地变更登记转让土地使用权115宗,办理抵押土地使用权461宗。

土地权属纠纷调处 至2008年年底,共处理个人土地权属纠纷321起,单位与单位之间土地权属纠纷31起,单位与个人之间土地权属纠纷28起。

第三节 土地保护

基本农田保护 1996年,全县基本农田保护区分为粮田保护区(主要分布在长清镇、平安店镇、归德镇、孝里镇的全部及其他乡镇的一部分)、花生用地保护区(主要分布在万德、张夏、崮山、马山、双泉、五峰山等乡镇的部分耕地)、菜田保护区(主要分布在平安店镇、长清镇、归德镇、孝里镇、万德镇等)。根据全县国民经济和社会发展战略布局及全县土地适宜性评价结果,结合各乡镇耕地资源总量,人均占有量和人口增长,耕地现状、耕地质量和农产品产量等情况,将全县基本农田保护指标分解到各乡镇。长清县的基本农田保护根据耕地需求量预测和上级规划下达的指标,保护面积42316公顷,基本农田保护率88%。1997年起,基本农田保护采取五项措施:一是从土地收益中拿出一部分作为土地开发整理专项经费,用于改善农业生产条件,提高农业综合生产能力。二是实施农田示范项目,将中低产田改造为高产、稳产的基本农田。三是侧重于基本农田的设施建设,通过建设水渠、机耕路等设施改造中低产田。四是将土地整理项目优先安排在可以确保实现永久保护的基本农田保护区。五是减免农业税及提留,将基本农田的保护责任、地力状况及产出效益与种植直补相挂钩。2003 年，制定长清区基本农田保护责任制度、长清区基本农田保护区用途管制制度、长清区占用基本农田严格审批与占补平衡制度、长清区基本农田质量保护制度、长清区基本农田环境保护制度、长清区基本农田保护监督检查制度。2004 年，成立长清区基本农田保护工作领导小组。2006 年 6 月，全区耕地面积 47171.3 公顷，基本农田面积 41953.8 公顷。2007 年，耕地面积 47141.1 公顷，基本农田面积 41953.8 公顷。2008 年，耕地面积 47116.4 公顷，基本农田面积 41953.8 公顷。是年，基本农田保护区以乡（镇）为单位在主要交通道路沿线设立保护标志牌 47 块，保护标志牌上注明保护面积、编号、四至地界、责任人及保护措施等。

土地开发整理复垦 2000 年，编制土地开发整理 10 年规划，确定长清县（2000—2010）开发整理土地 2.8 万公顷，增加农用地 3856.3 公顷。2002 年，安排各乡镇组织土地开发整理，发挥沿黄河外荒滩地、河道和荒山荒坡等土地后备资源的优势，本着“谁开发，谁受益”的原则，制定优惠政策，支持投资少、见效快、规模较大的土地开发整理项目。是年，加强对砖瓦窑厂取土用地复垦工作的监督管理，限期进行复垦，签订“年度复垦责任书”。2003 年，归德镇刘套村旧村整理，面积 10.05 公顷。2004 年，对土地开发整理工作的运行机制进行全面改革，在土地开发整理项目中引入市场机制，采用招投标的方式确定项目承担单位。推行“政府主导、社会参与、专家规划设计、市场招标运作、立体化全方位监督”的开发模式。为保证项目实施的可行性、科学性，在摸清土地后备资源的基础上，根据《长清区土地利用总体规划》，本着“宜耕则耕、宜林则林、宜果则果和先易后难、分步实施”的原则，制订《长清区土地开发整理规划》和土地开发整理方案。2005 年，平安街道老李村旧村整理，面积 11.3 公顷。2007 年，归德镇前、后刘官村旧村整理，面积 10.6 公顷。至 2008 年，全区各乡镇（街道）土地开发、复垦验收项目 54 个，共引进土地开发整理资金 7353.9 万元，开发、复垦、整理土地 2449.6 公顷，新增耕地 583.4 公顷，实现耕地占、补的动态平衡。孝里镇孝里洼土地整理项目，规划总面积 560.7 公顷，新增耕地面积 72.0 公顷，总投资 1619.6 万元；双泉乡尹庄片区土地整理项目，规划总面积 209.6 公顷，新增耕地面积 25.7 公顷，总投资 527.1 万元；文昌街道南五片区土地整理项目，规划总面积 208.1 公顷，新增耕地面积 46.2 公顷，总投资 428.1 万元。

双泉乡尹庄土地整理项目 （2006 年 摄）

2002—2008 年长清区土地开发复垦整理情况表

表 18－4

年 份	完成土地开发整理面积（公顷）	投资金额（万元）	年 份	完成土地开发整理面积（公顷）	投资金额（万元）
2002	103.2	14.6	2006	103.2	733.0
2003	40.8	9.4	2007	263.9	824.5
2004	233.2	922.1	2008	1073.4	3273.8
2005	631.9	1576.7	合 计	2449.6	7353.9

第四节 土地利用

土地利用总体规划 1995年，制定《长清县土地利用总体规划》，包括长清县土地利用总体规划文本、长清县土地利用总体规划说明、长清县土地利用现状图、长清县基本农田保护区规划图、长清县土地利用总体规划工作总结、长清县土地利用总体规划技术总结、长清县基本农田保护区规划文本、长清县土地利用现状分析等专题研究。9月6日，由济南市土地利用总体规划领导小组办公室邀请省内8名专家组成鉴定委员会，对长清县土地利用总体规划成果进行技术鉴定。10月20日，长清县政府上报济南市政府关于报批《长清县土地利用总体规划》的报告，12月19日，济南市政府正式批复《长清县土地利用总体规划》。1996年，《长清县土地利用总体规划》获全省科技进步一等奖。1999年6月，省政府下发关于调整济南经济开发区区域位置的批复，规划面积9平方公里，起步区面积2平方公里。2005年，区国土资源局开展新一轮土地利用总体规划修编工作，聘请山东省地质科学实验研究院、全国知名专家与合作单位拟定长清区上一轮土地利用总体规划实施评价、长清区建设用地需求量及城市发展规模预测研究、长清区土地利用现状分析与土地集约利用研究、长清区耕地及基本农田保护研究、长清区土地资源潜力分析、长清区园区规划研究、长清区风景旅游用地规划研究。

土地审批 土管部门严格按照规定的用地条件和审批权限、报批程序办事，坚持用地计划指标总量和建设项目用地指标核定双重指标控制，坚持“以项目带开发”，严把“用地审核报批关”。实行建设项目用地“报前参与、报中审核、批后跟踪验收”的全程管理制度。1991年—2002年，共审批各类建设用地540宗。2003年—2007年，共报批、供应各类建设用地21宗。

1991—2008年长清区(县)审批、供应土地情况表

表18－5　　单位:公顷

年份	省审批		市审批		县审批		合计
	用地批次	土地面积	用地批次	土地面积	用地批次	土地面积	
1991	4	39.8	6	2.7	31	6.7	49.2
1992	10	52.1	31	41.1	42	36.7	129.9
1993	3	20.6	40	62.2	50	65.8	148.6
1994	4	34.0	34	44.3	47	18.6	96.9
1995	4	27.4	29	62.0	44	14.1	103.5
1996	3	15.0	20	27.0	15	5.9	47.9
1997	1	16.4	31	58.2	17	5.7	80.3
1998	7	148.9	3	5.2	16	5.2	159.3
1999	16	86.8	—	—	—	—	86.8
2000	10	52.1	2	2.7	8	9.0	63.8
2001	5	116.5	1	1.3	—	—	117.8
2002	5	99.2	1	1.2	—	—	100.4
2003	2	52.7	—	—	—	—	52.7

续表 18－5

年　份	省审批		市审批		县审批		合计
	用地批次	土地面积	用地批次	土地面积	用地批次	土地面积	
2004	3	42.1	—	—	—	—	42.1
2005	3	106.1	—	—	—	—	106.1
2006	4	103.5	—	—	—	—	103.5
2007	9	265.9	—	—	—	—	265.9
2008	—	—	—	—	—	—	—

第五节　土地执法

执法检查　1986 年—1987 年，长清县对 1982 年以来非农建设用地进行清理。1993 年—1994 年，清理整顿土地市场。1995 年，开展保护耕地大检查。1997 年 4 月 15 日，中共中央、国务院下发《关于进一步加强土地管理切实保护耕地的通知》后，全县共清查出 1991 年 1 月 1 日至 1997 年 4 月 15 日形成的各类非农业建设项目违法用地 2169 宗，面积 630.47 公顷。1998 年，开展创建土地执法模范县活动。1999 年，被省、市政府授予土地执法模范县称号。是年 4 月，成立长清县土地矿产监察大队。2002 年，全国开展第三次土地卫片执法检查工作，卫片执法检查涉及全区图斑 77 个，共计 81 宗地，面积 132.3 公顷，其中违法用地 28 个图斑，37 宗地，全部处理到位，顺利通过上级部门的验收。2003 年 2 月，全国开展土地市场秩序治理整顿工作，全区共查出各类违法用地 1664 宗，新法(《中华人民共和国土地管理法》)前 1157 宗，新法后 507 宗。是年，按照《关于清理各类园区用地，加强土地供应调控的紧急通知》要求，对工业园区进行清理。全区共有各类园区 9 个，规划面积 1668.3 公顷，其中省级政府批准的园区 2 个，乡镇设立的园区 7 个，进驻企业 123 家，项目用地面积 348.7 公顷；园区内违法用地 12 宗，面积 10.1 公顷。2006 年，经国家发改委第 74 号公告和国土资源部第 8 号公告审核批准，保留园区 2 个，分别是济南经济开发区（包括大学科技园，规划面积 1189.8 公顷)和济南市长清区万德镇企业示范园。2007 年，全国开展第七次卫片土地执法检查工作，第七次卫片监测全区共有变化图斑 233 个，图斑监测面积 373.6 公顷，涉及 245 宗地，实地测量面积 373.6 公顷。其中合法用地共 50 宗地，图斑实测面积 155.1 公顷；实地未变化的 49 宗，实地测量面积 53.5 公顷；农业结构调整用地图斑 19 个，实地测量面积 6.3 公顷。违法用地图斑 127 宗，面积 158.7 公顷。对 127 宗违法用地依法下达行政处罚决定，按照既处理事又处理人的原则，对违法用地依法进行处理的同时，对违法用地责任人从重处理，包括 3 名处级干部、7 名科级干部。2007 年 9 月，国土资源部下发《全国土地执法百日行动方案》，决定从 2007 年 9 月 12 日起到年底，集中 100 天时间，开展以查处“以租代征”为重点的全国土地执法百日行动，全区共清查出以租代征违法用地行为 8 起，面积 4.7 公顷。是年，按照上级的安排部署开展查处土地违法违规案件专项复查活动，对 2005 年 1 月至 2006 年 9 月的新增建设用地情况进行复查，全区新增建设用地 185 宗，面积 487.2 公顷，其中合法用地 53 宗，面积 322.8 公顷；违法用地 132 宗，面积 164.4 公顷。

案件查处　1988 年—2008 年，全区(县)共依法立案查处各类违法用地案件 10500 起，下达停工通知书 485 份，申请法院执行 1680 起，关停砂石厂 300 处、砖厂 79 处。

第六节 地价评估

1995年1月，成立长清县地产交易物业估价所。1996年，估价所完成县城基准地价的测算，按《国家技术规程》规定的方法完成县城区基准地价的外业调查、内业计算等工作，年内编制完成县城区土地级别分布区间表和县城区土地基准地价表。1995年7月至1996年5月，县政府成立以县长任主任，分管副县长任副主任，由土地、城建、物价、计委、建委、财政等有关部门组成的城区土地估价委员会，具体负责城区土地的估价工作，历时10个月，顺利完成城区土地定价的各项工作。1997年2月，全县开展农用土地分等定级估价工作，以国家土地管理局的《农用地分等定级技术规范》为指导，采用"分等定级估价相结合"综合定级，历时8个月，经过调查收集、整理、分析县内有关资料和实地调查资料，完成《长清县农用地进行分等定级和估价》项目，被国家土地管理局评为科技进步二等奖。2000年3月，建立土地收购储备交易中心，长清县政府制定下发《关于政府垄断土地一级市场工作程序等有关问题的通知》《关于建立土地收购储备制度的通知》。2007年，撤销长清区地产交易物业估价所。

第七节 矿产资源管理

采矿登记管理 1989年，进行采矿登记工作。是年，办理采矿许可证的企业46家。至1995年，采矿企业123家。1999年，换发全国统一采矿许可证的企业68家。2008年，全区采矿企业33家。

矿山企业年检 1992年起，对采矿企业进行年度检查，主要检查矿山企业的采矿权设置以及依法开采、依法缴费情况。是年，应检矿山58个，合格率85%。1995年，应检矿山合格率为95%。1999年—2008年，应检矿山合格率为100%。

矿业秩序整顿 1996年起，县矿产资源管理部门针对无序开采的局面，进行矿业秩序整顿。是年，关闭矿产企业4家，停业整顿9家。2001年起，根据矿产资源总体规划设定的"禁采区、限采区、集中开采区"范围和准入条件，禁采区、限采区内不准再上新的采矿点，新上采矿点将主要安置在集中开采区，并在矿山布局和矿点设置上充分考虑地质环境、资源条件、安全生产等因素。对每一处新上采矿点，聘请省地质工程勘察院、省地质环境监测站的专家和区林业、文物、环保、建材等部门一起进行现场勘查、论证，提高新办矿山企业在规模、环保、设计、安全、技术等方面的准入条件。2001年1月，长清县被山东省国土资源厅评为山东省矿产秩序根本好转先进单位。至2008年年底，全区共取缔违法采矿点36处，石灰窑3座，拆除加工设备50台，拆除电力设备50多处，没收采矿工具300余件，收缴爆炸物品280公斤，没收各类证照27个。

矿业权使用制度改革 2003年起，在全区范围内进行矿业权使用制度改革，通过市场运作，以招标、拍卖、挂牌等竞争方式有偿出让采矿权。是年，对济南市长清区双泉乡满井峪建材厂、济南市长清区双泉乡陈沟湾建材厂等20个新办矿山进行挂牌出让。2004年，对归德镇、孝里镇8个新办矿山进行挂牌出让。2005年，对济南市长清区石锅峪石料厂、济南市长清区金岩石料厂、济南市长清区永平石料厂、济南市长清区坦山石料厂和济南市长清区李庄兴华石料厂5个新办矿山进行挂牌出让。至2008年年底，共分3批对全区33处新办矿山进行挂牌出让，共收取采矿权价款248万元。

矿产资源补偿费征收 1991年起，对矿山企业按照矿产品销售的一定比例计征矿产资源补偿费，征收初期由于法规不健全，阻力较大，进展缓慢。1994年，国务院《矿产资源补偿费征收管理规定》颁布实施，征收工作纳入正轨。1995年，矿产资源补偿费征收率80%。2003年，矿产资源补偿费征收12.5万元。2004年，长清区被山东省国土资源厅评为矿产资源补偿费征管工作先进单位。至2008年年底，共征收矿产资源补偿费79万元，矿产资源补偿费征收面100%，征收率95%。

矿产规划编制 2001年，编制完成《长清县矿产资源总体规划》，明确矿业布局、矿业结构、矿产资源的综合利用以及矿山自然生态治理的具体目标和工作措施，划分禁采区、限采区和开采区。

破损山体治理 2007年，全区需治理破损山体33处198.7万平方米。是年，共治理破损山体3处，累计筹集资金3500万元，共栽植各类树株160余万株，新增未利用地93.3公顷。2008年，根据《山东省地质环境保护条例》，采取因地制宜、灵活多样的方式进行综合整治。针对有绿化条件的破损山体垒堰砌台，种植耐旱、速生、爬秧等适应性强的植物，达到绿化美化的效果。山水集团投资450万元，对其东面的山体通过挖穴培土、垒堰砌台、植树的方式进行治理；平安集团投资80万元，对其东侧的湖山破损山体实施综合治理；山东师范大学长清校区投资150万元，对东面的山体通过开平整地、建高楼遮挡，达到预期效果；争取市专项资金210万元，对范庄西山进行治理。根据济南市委、市政府关于破损山体恢复整治的统一部署和济南市国土资源局对破损山体整治的指导意见，为迎接第十一届全运会和园博会的召开，创造优美的绿化环境，提升济南市整体形象，展开济菏高速两侧地质地貌景观的恢复工作，长清区济菏沿线破损山体整治工程总平面面积61.6万平方米，立面面积27.4万平方米，共15个标段，总投资6081.5万元。

第八节 矿产资源调查与勘查

调查与评价 调查 区域地质调查 1958年—1960年，北京地质学院完成1：200000济南市等10幅第一轮区调报告，控制全县境域。1996年，山东地矿局地调院完成1：200000济南市等2幅第二轮区调报告，控制全县境域。

水文地质调查 1958年—1961年，山东省开展第一轮1：200000综合水文地质调查及编图，控制全县境域。1979年，山东地矿局第一水文地质队完成1：200000济南市区域水文地质调查报告，控制全县境域。

区域地球物理调查 航空磁测。20世纪70年代初，地矿部、冶金部航磁大队完成1：100000~1：200000全省航空磁力测量，覆盖全县境域。1980年—1983年，山东地质局物探队提交《山东省长清—东阿铁矿普查磁法总结报告》，覆盖全县境域。区域重力测量。1979年—1992年，山东地矿局物探队完成全省1：200000区域重力测量，覆盖全县境域。

遥感地质调查 1997年，山东地矿局遥感中心完成1：500000山东省遥感构造解释图，控制全县境域。

环境地质调查 2000年，山东地质环境监测总站完成济南市环境地质调查评价，控制全县境域，为全县生态环境保护与治理提供依据。

评价 根据省、市矿产资源总体规划部署，围绕长清区经济建设对基础地质资料的需要和矿业结构调整对矿产资源的需求，确定煤、地热、黄河淤泥、砖瓦用页岩、建筑石料用灰岩等和城市生态地质环境调查评价为长清区公益性地质矿产调查评价项目。至2008年年底，共规划矿产资源及环境地质调查项目7项。

黄河北煤田长清井田煤及煤层气调查评价[Pch-1]（调查评价区及编号）：长清井田位于文昌街道和归德镇境内，规划区面积40平方公里。是省矿产资源总体规划项目。

长清区归德镇胡同店地热调查评价[Pch-2]：位于归德镇境内，规划区面积50平方公里。是市矿产资源总体规划项目。

马山—滚球山寒武系底部紫红色页岩调查评价[Pch-3]：位于马山镇和五峰山街道境内，紫红色页岩为砖瓦用黏土替代资源，规划区面积70平方公里。是市矿产资源总体规划项目。

平安—孝里黄河淤泥调查评价[Pch-4]：位于平安街道和孝里镇境内，黄河淤泥为砖瓦用黏土替代资源，规划区面积100平方公里。是市矿产资源总体规划项目。

济南市长清区北部城市生态地质环境调查评

价[Pch-5]:是一项跨行业、跨部门并为生态城建设和生态环境保护服务的地质环境评价工作。该项调查评价着眼于城市的长远发展,立足于环境资源的合理布局,以1:50000生态环境地质条件(容量和质量,适宜性和脆弱性)综合调查为基础,辅以矿产资源、水文地质、工程地质、地质灾害及空间载体、垃圾场基底选址等专项调查,面积400平方公里。

张夏镇井字村[Pch-6]和双泉乡陈沟湾[Pch-7]建筑石料用灰岩调查评价:分别位于张夏镇和双泉乡境内,规划区面积各20平方公里。

以上共规划矿产资源及环境地质调查项目7项,预期提交可供进一步勘查的大、中型矿产地2~3处。

勘查 长清区矿产资源勘查工作包括水泥用石灰岩勘探、铁矿普查、多金属普查工作。

长清区矿产资源勘查情况表

表18-6

年 份	实施单位	工作性质	提交成果
2003	中国建筑材料工业地质勘查中心山东总队	勘探	山东省济南市长清区井子水泥石灰岩勘探报告
2003	山东省第一地质矿产勘查院	普查	山东省济南市长清区刘峪地区铁矿普查报告
2004	山东省物化探勘查院	普查	山东省济南市长清区马山地区铁矿普查报告
2005	山东华腾矿业勘查开发有限公司	勘查	山东省济南市长清区王仙庄地区多金属普查报告

勘查程度 1986年—2008年,在查明资源储量的矿产和矿区(矿床、井田)中,达到勘探程度的矿产(不含地下水)有水泥用灰岩(1处)、饰面用花岗岩(1处);达到详查程度的矿产有煤(1处)、地热(1处)、水泥用灰岩(1处)、化肥用蛇纹岩(1处)、饰面用花岗岩(2处)、矿泉水(2处);达到普查程度的矿产有铁矿(1处)、熔剂用白云岩(1处)、钾长石(1处);达到预查程度的矿产有铜矿(1处)、金矿(1处)、饰面用花岗岩(1处)、玉石(1处)、木鱼石(2处)。达到勘探、详查、普查、预查程度的矿产地分别占全区查明矿产地总数的15%、40%、15%、30%。已查明矿产的保有资源储量结构:煤、地热、水泥用灰岩、化肥用蛇纹岩、饰面用花岗岩及矿泉水等基础储量比例较高,而铁矿、钾长石、熔剂用白云岩等矿产均为资源量,金矿、铜矿、铅矿及木鱼石等多为矿点。

禁止勘查区域 禁止勘查区包括:济南市长清片区城市规划区[Jch-1](禁止勘查区及编号),面积154.3平方公里;灵岩寺国家级文物、风景名胜保护区[Jch-6],面积16.0平方公里;长清寒武纪地质遗迹国家级自然保护区[Jch-8,Jch-9](崮山、张夏寒武纪地层层型剖面),面积7.21(区内6.84)平方公里;五峰山省级森林公园[Jch-4],面积5.18平方公里;齐长城(遗址)国家级风景区[Jch-3],面积12.74平方公里;卧龙峪省级森林公园[Jch-5],面积4.44平方公里;莲台山旅游度假区(省级文物保护区)[Jch-10],面积2.4平方公里;五峰山街道小庵风景区[Jch-7],面积4.75平方公里;红石湾旅游度假区[Jch-11],面积2.41平方公里;炒米店—界首重要交通干线生态环境保护区[Jch-2],面积168.1平方公里。以上共规划鼓励勘查区1个,限制勘查区1个,禁止勘查区11个。

地质灾害 地质灾害安全隐患的分布:主要地质灾害类型有崩塌、滑坡、泥石流等,主要分布在张夏、万德两镇,主要的灾害点有5处:张夏镇梨枣峪村滑坡、张夏镇大娄峪村滑坡、万德镇拔山村东南泥石流、张夏镇王泉村崩塌、张夏镇井字村东山崩塌。防灾避险对策及采取的措施：成立以区（县）长任组长，分管副区（县）长任副组长，区国土、建设、规划、城管、公安、财政、林业、民政、交通、卫生等部门负责人为成员的领导小组，按照分工，各负其责。层层签订地质灾害防治责任状，区政府与乡镇政府、乡镇政府与村委会层层签订《地质灾害防治责任书》，拿出20万元专项资金，委托省地质环境监测总站编制长清区中长期的地质灾害防治规划，编写《长清区地质灾害调查与区划报告》，对潜在的地质灾害隐患进行调查，并对其稳定性和危害性进行实际评估；对已发生灾害点的分布范围、规模、结构特点、影响因素和诱发因素、复活性和危害性进行综合评述。区政府每年编制《地质灾害防治预案》，作为开展防灾、避让、监测、预警、治灾的工作指南。建立群测群防体系：张夏、万德（武庄）两镇按照区政府的要求，每年成立与上级相对应的领导小组，主要负责人任总指挥，辖区内办事处、村两委会成员在汛期内定人、定时、定岗进行监测，雨天加密监测，实行24小时值班制度。2007年，获国土资源部地质灾害防治先进单位。

第八章　食品药品监督管理

1987年10月，长清县药品检验所正式对外办公，负责监督检查各医疗单位对《中华人民共和国药品管理法》的贯彻执行情况。1996年12月，长清县药品检验所通过计量认证。2001年起，长清县实行药品集中招标采购。2004年4月，成立济南市药品监督管理局长清区分局。2005年1月，增加食品综合监管职能，更名为济南市食品药品监督管理局长清区分局。2006年12月，长清区获山东省“两网”（药品监督网、药品供应网）建设示范区称号。至2008年，建立健全区、乡镇（街道）、管理区、村四级食品药品监管网络，市场逐步规范，全区群众饮食用药安全得到保障。

■ 济南市药品监督管理局长清区分局成立　（2004年 摄）

第一节　食品药品管理

1986年7月25日，根据长清县政府《关于卫生局成立药品检验所的批复》，成立长清县药品检验所。1987年10月，正式挂牌对外办公，负责监督检查各医疗单位对《中华人民共和国药品管理法》的贯彻执行等情况，并配合有关部门查处假劣药品、游医药贩。是年，聘请县级药品监督员，形成药政、药检、药品监督员三位一体的药品监管执法队伍。1993

年，长清县药品检验所建成药品检验室，设理化室（含仪器室）、生测室（含无菌室、半无菌室）、中药室（含标本室）、电热室各1处，建筑面积160平方米，开展化学及生化药品、中药材、中药饮片、中成药、抗生素药品的检测检验，对中西药品ph值、含量、装量、澄明度、热源等31个质量项目进行检查检测。1996年10月，通过山东省计量监督局检查组现场验收。是年12月，山东省计量监督局，同意长清县药品检验所通过计量认证。

鉴别真假药品 （2007年 摄）

2001年，实行药品集中招标采购。2003年，开展传染性非典型肺炎（以下简称"非典"）防控药械专项检查，对辖区涉药单位实行地毯式检查，重点加强药品质量监督检查，特别对抗病毒、抗菌、消毒药品和中药板蓝根、金银花等进行检查，依法查处销毁过期失效药品和中药等一批假劣中西药品，确保"非典"防控药品质量。2004年4月，济南市药品监督管理局长清区分局成立，设综合办公室、检验室、稽查队，负责药品监管，开展零售药店GSP（GSP是英文Good Supplying Practice缩写，指国家对药品经营企业建立经营质量管理体系并使之有效运行的情况进行检查认可和监督管理的过程）认证工作。是年10月，在区直部门、单位共聘任药品社会监督员12人，乡（镇、街道）聘任药品协管员22人，农村聘任药品信息员124人，信息员覆盖80%的行政村，构建起区、乡镇（街道）、村三级药品监督网络。2005年1月，增加食品综合监管职能，承担食品安全综合协调、查处大案要案职能。3月，区政府办公室下发《关于明确济南市长清区食品药品安全协调委员会及成员单位工作职责的通知》，明确区药监、卫生、工商、公安、质监、农业、林业等16个部门关于食品安全工作的职责。是年，按照济南市食品药品监督管理局"两网"（药品监督网、药品供应网）建设要求，全区10个乡镇（街道）驻地逐步设立食品药品安全监督办公室，协管员增至79人，各乡镇（街道）食品药品信息员增至216人，各乡镇属管理区建立信息员片组。药品供应实行政府药品招标办公室统一招标采购，配送到区医院、乡镇（街道）卫生院，由各乡镇（街道）

药品安全知识宣传 （2008年 摄）

卫生院统一配送到村卫生室；同时医药公司把药品直接配送到各药品经营企业，补充供应村卫生室，逐步形成两条渠道的药品供应网络。2006 年 12 月 13 日，长清区获山东省“两网”建设示范区称号。2007 年 7 月，成立济南市长清区食品药品安全协调委员会，构成区、乡(镇、街道)、管理区、村四级监督网络。至 2008 年，形成政府负总责，区、乡镇设食品药品安全监管办公室、农村有信息员，相关部门监管责任明确，协调配合，全面覆盖长清区食品药品市场的监管体系。是年年底，长清区共有零售药店 149 处，其中 141 处零售药店符合认证条件，取得 GSP 认证证书。

第二节 执业药师管理

1994 年始，全国实行执业药师资格制度，取得执业药师资格证书并注册的执业药师可在涉药单位工作。2004 年，长清区药品监督管理部门根据《济南市开办药品零售企业暂行办法》《药品经营质量管理规范》等文件规定把配备执业药师作为开办药店的条件。至 2008 年年底，全区共有执业药师 91 名，配备执业药师的药店 44 处。

第九章 安全生产管理

1986 年，长清县安全生产管理工作由劳动局负责。2000 年 11 月，劳动和社会保障局内设的安全办公室承担的职业安全卫生监察和锅炉压力容器安全监察分别划归县经济委员会管理和县技术监督局管理。2001 年 1 月，设立长清县安全生产委员会，办公室设在县经委。2002 年 10 月，长清区安全生产监督管理局(以下简称安监局)成立，负责全区的安全生产监督管理工作，安全生产监督工作得到进一步加强。2007 年 1 月，区安监局被评为全省安全生产先进集体。至 2008 年，区安监局连续 3 年被评为济南市安全生产先进单位。

第一节 宣传培训

安全宣传 2002 年 6 月，开展全国第一个“安全生产月”活动，设立咨询台 1 处，发放安全生产宣传资料 3000 余份，制作展板 60 余块，进行新闻专题报道 3 场。2003 年 6 月，在人员比较集中的场地、企业单位内，悬挂条幅，制作安全知识宣传栏，宣传安全生产法律法规和安全常识。2004 年起，在每年的“安全生产月”活动中，突出一个主题，安排一项主要活动。2005 年，开展安全“进企业、进家庭、进社区、进学校、进农村”的“五进”活动。至

■ 长清区安监局组织开展安全生产月宣传活动 (2006 年 摄)

2008 年年底，开展安全文艺演出 6 场次，发放宣传资料 3 万份，制作展板 500 余块、悬挂条幅 200 余幅、播放安全生产事故案例 18 次，发放法律法规及安全知识手册 6 万余份。

长清区汽车维修行业安全管理人员培训班　（2006 年　摄）

安全培训　2003 年起，组织安全监管人员参加执法学习培训。至 2005 年，全区共培训安全生产一线执法人员 60 余人次，全部取得安全生产行政执法证。至 2008 年年底，共举办特种作业人员培训班 7 期，培训 460 人；生产经营单位主要负责人与安全生产管理人员培训班 12 期，培训 1003 人。

2003—2008 年长清区安全生产培训情况表

表 18－7

年　份	单位主要负责人和安全生产管理人员培训班		特种作业人员培训班	
	期数（期）	参加人员（人）	期数（期）	参加人员（人）
2003	2	126	—	—
2004	2	150	1	60
2005	2	168	1	70
2006	2	177	1	80
2007	2	186	2	120
2008	2	196	2	130
合计	12	1003	7	460

第二节　安全管理

监督检查　2002 年，在重点领域开展安全生产专项整治工作，全面实行安全生产责任制，推行行政首长安全生产负责制，区政府制定《济南市长清区安全生产“一票否决”暂行规定》，每年对各乡镇和区直部门进行安全生产管理目标考核。2003 年 4 月，区政府下发《关于继续深入开展安全生产专项整治的通知》，在非煤矿山、交通运输、旅游、公共场所、压力容器等重点领域开展专项整治工作，共检查 127 家，查出事故隐患 505 处，当场整改 237 处，下达安全隐患整改通知书 68 份。是年，制订《重特大事故应急救援处理预案》，成立应急救援领导小组，规范重特大事故处置程序及应急措施。2004 年，在全区建立起以主管部门、乡镇街道和企业本身为主的三级安全生产网络，健全安全管理体系，建立由化工、矿山、建筑、电力等方面的专家组成专家库，协助安监局对各行业开展安全生产隐患排查，形成“专家查隐患，政府搞督查，

指导安全标准化工作 (2008年 摄)

部门抓监管，企业抓落实”的安全生产监管格局。2005年，成立打击非法经营烟花爆竹领导小组，联合公安、工商、城管、质监等部门对春节烟花爆竹市场进行执法检查，依法查处取缔违法销售点5处。2005年12月，根据济南市长清区政府办公室《关于开展安全大检查的通知》要求，开展安全大检查，查找隐患，落实整改，查出隐患467处，下达安全隐患整改通知书41份。2007年，在全区重点行业和领域开展安全生产隐患排查专项行动，建立重大危险源监控机制和重大隐患排查治理机制及分级管理制度，对全区1000多家企业进行划分，形成区直管理和乡镇管理的格局。2008年，在危险化学品、非煤矿山、烟花爆竹、机械制造等企业开展安全标准化工作，对全区重点企业实行安全生产台账化管理，进一步规范企业的安全管理；制定全区危化品和非煤矿山应急救援预案，成立应急救援领导指挥小组，明确和规范应急处理程序，举行危化品和非煤矿山应急救援实战演练；在全区开展“隐患治理年”活动，进一步深化重点行业领域安全专项整治，发现各类事故隐患630余处，现场整改70余处，下达各类执法文书50余份。至2008年年底，共关停6家危化品企业、8家非煤矿山企业、2家烟花爆竹企业。

许可证办理 2004年，开展危化品、烟花爆竹、非煤矿山的安全生产许可工作，共办理许可证106个。至2008年年底，全区共办理特种作业人员操作许可证460个，安全生产许可证35个，安全经营许可证235个，其中危化品生产企业8家、危化品经营单位235家、非煤矿山企业27家。

安全事故 2002年—2005年，长清区工矿商贸领域未发生一起较大以上生产安全事故。2006年，某建筑公司在清洗建筑物外墙时，未做好高空作业防护，发生高空坠亡事故1起，死亡1人。2007年，某企业电工不按操作规程，带电作业，发生触电事故，死亡1人。是年，某酿造企业在清理酱油池时未做好安全防护措施，发生窒息事故，死亡2人。至2008年年底，共发生安全生产、交通事故678起，死亡619人，直接经济损失495万元。

2002—2008年长清区安全生产及交通事故情况表

表18－8

年份	事故（起）	死亡（人）	直接经济损失（万元）	年份	事故（起）	死亡（人）	直接经济损失（万元）
2002	146	92	60	2006	82	80	63
2003	109	86	57	2007	56	70	65
2004	124	108	70	2008	39	60	90
2005	122	123	90				

第十章　农村经济管理

第一节　农村财务管理

1986年起，全县实行统一经营与分户经营相结合的双层经营体制，由于“分”的部分重于“统”的部分，村集体资产总量大幅度减少，全县农村财务管理工作出现弱化倾向。1987年5月，全县开展百点竞赛活动，布置1000户农村记账户，落实200户成本核算点，搞好9村81户基点统计户工作，安排一个经济效益评价点。通过竞赛，农村财务工作形成“流水作业线”，形成农户记账——成本核算——技术经济效益评价一条龙。1988年2月，全县完成村合作经济组织的建章建制工作，以办事处为单位率先建立起一季一次的汇账制度，乡镇一年一审账制度，并搞好审计服务。1989年3月，贯彻执行山东省财政厅、农业厅《关于改革农村会计制度的通知》，改革记账方法即由原来的收付记账法改为借贷记账法，全县对村会计组织培训和指导，保证记账方法的顺利过渡。实行账簿、凭证、报表、会计科目“四统一”，统一印制账簿600套。6月，经县审计局同意，县农牧局下发文件，县（乡）镇两级成立内审机构，全县审计组织共78人，形成一支强有力的兼职审计队伍。

1991年3月，县政府在全县范围内对农村集体财产进行一次全面、彻底的清理整顿活动。制定下发《关于清理整顿农村集体财产的工作意见》，成立领导小组，对清理整顿工作进行部署，历时3个月，达到“五清四相符”的村467个，占全县总村数的76%，收回各种欠款240万元，办理“借转贷”34万元，回收率54%。1993年2月，对800多名农村财会人员进行系统培训，考试合格后，对700多名财会人员颁发山东省统一印制的会计证书，实行持证上岗制度，全县村会计定期（1年1次）培训制度得以继续和完善。1994年年初，全县在11个乡镇逐步推行村级账目、村级资金由乡镇代管的“双代管”制度，重点实施以财务公开为主要内容的管理办法。9月，在双泉乡召开村账乡管现场会，推广双泉乡“村账乡管”的做法。是年，全县实行“村账乡管”的村568个，实行财务公开制度，占全县总村数的92.6%。1995年4月，长清县政府下发《关于发布〈长清县农村财务管理办法〉的通知》。1996年5月，山东省农业厅确立长清县为全省农村集体资产管理工作试点县。10月，县政府下发《关于成立长清县农村集体资产管理领导小组的通知》，成立由县长任组长的长清县农村集体资产管理领导小组，领导小组办公室设在农业局。首先在五峰山镇进行试点，后全面铺开。经过清产核资，资产评估，界定产权，登记产权，建章立制等程序，全县10个乡镇（武家庄乡除外）清查后资产总额98699.16万元，总负债33673.23万元，净资产57222.96万元，比清查前增加资产5826.63万元。11月，县政府下发《关于长清县农村集体资产管理暂行规定》，巩固清产核资成果，实现集体资产保值增值。1997年9月，根据国务院〔1995〕35号文件精神，长清县政府制定下发《关于印发〈农村集体资产管理若干制度〉的通知》，明确村级生产经营支出和非生产性开支管理制度，农村集体资产流转制度，农村集体资产民主理财制度，集体资产档案管理制度，农村集体资产产权登记、年检制度，农村集体资产评估、审计制度。1998年6月，县委、县政府在全县推行以“五民主、两公开”（民主选举、民主议事、民主决议、民主管理、民主监督，政务公开、财务公开)为主要内容的加快农村民主法治建设的新制度。1999年5月,县政府制定下发《长清县农村财务管理办法》,在财务管理、民主理财和财务公开、财务审计、财会人员等方面做出详细规定,全县实行“村账乡(镇)管”“村资乡(镇)管”的“双代管”财务管理制度。

2000年4月,针对部分村存在村务假公开、半公开、公开不及时和民主管理不够等问题,长清县委制定下发《关于进一步抓好农村村务公开和民主管理制度落实的意见》,明确规定公开的10项内容,在全县农村普遍实行村务公开“四日”制度(统一村务公开日、村务公开质询日、乡镇接访日、电视曝光日)。2001年12月,县政府制定《关于实行农村财务“双代管”暨会计职业化工作意见》和《关于农村财务“双代管”暨会计职业化工作细则》,在原来“村账乡(镇)管”“村资乡(镇)管”的基础上建立农村财务“双代管”(村级资金、财务委托乡镇代管)制度及会计职业化运行机制。各乡镇(街道)经管站按业务量大小配备专职会计,取消各村的会计人员设置,财务人员改为报账员。2002年1月,进行验收,11个乡镇(除开发区外)普遍实行农村财务“双代管”暨会计职业化,全区613个村,实行双代管的村500个,占全区总村数的81.6%;代管资金余额2185.50万元,配备专职会计87人,专职出纳员12名。2003年7月,根据长清区政府办公室《关于组织开展农村集体经济审计工作的通知》,在全区范围组织开展农村集体经济审计工作。审计内容包括财政专户存储资金审计、代管资金审计、村级财务收支审计、“两工”审计、村干部离任审计和财务管理制度审计等。2004年9月,在归德镇、双泉乡先行试点会计电算化管理工作的基础上,长清区委下发《关于实施镇村会计集中核算暨电算化管理工作的意见》,区财政局、农业局联合下发《关于印发〈济南市长清区镇村会计集中核算报账员工作规程(试行)〉的通知》以及《关于印发〈济南市长清区镇村会计集中核算管理暂行办法〉的通知》,全区农村财务管理工作实现电算化管理,11个乡镇(街道)共配备24台电脑及12台打印机,配备职业会计76名。至2005年6月,实行农村财务“双代管”的村591个,占全区总村数的97%,其中实行会计电算化的村582个,代管资金村数396个,累计代管集体资金2.22亿元。2006年6月,在全区评选30个村级规范化管理标兵单位及先进个人,颁发农村集体资产与财务规范化管理证书,通报表彰,召开现场会,将好经验、好做法在全区宣传推广。2007年3月,区政府重新制定《济南市长清区农村集体资产与财务管理办法》,农村税费改革以后的集体资产与债务管理、农村财务管理与监督、农村会计人员管理等方面有据可依。6月,在集体财产所有权、使用权、监督权、收益权、处置权“五权”不变的情况下,全面实行村级会计委托代理制和民主理财、财务公开制度。至2008年年底,实行委托代理账务的村591个,占全区总村数的97%,累计代管集体资金8.6亿元,建立健全民主理财小组570个,定期进行财务公开的村575个,占全区总村数94%,其中利用电算化统一打印公开内容的村328个,占全区总村数的53%。

第二节　农村合作基金会

1991年起,全县11个乡镇相继成立农村合作基金会。1999年6月,根据国务院及省、市政府关于清理整顿农村合作基金会的文件精神,开始清理整顿农村合作基金会工作,县政府下发《长清县清理整顿农村合作基金会工作实施方案》,经过清理,全县基金会总资产5536万元,其中货币资金2021万元;总负债5471万元,个人股金4939万元,集体存款237万元。至2000年5月,完成清产核资分类处置、首期兑付等阶段性工作。在资金兑付工作中,县政府组织人员清欠,全县共回收欠款1130万元,向市政府申请1100万元专项贷款,共筹集资金3700万元用于首期兑付,前期兑付资金3451万元,占负债总额的63%。县财政局、农业局制定资金兑付计划,各乡镇根据清欠及兑付资金筹集情况逐年进行兑付。至2008年年底,全区未兑付资金138.8万元。

第十九编

教育 科技

Education, Science and Technology

长清第一中学 （2003年 摄）

1988年11月，长清县获全国扫除文盲先进县称号

长清区庆祝第二十三个教师节暨表彰大会 （2007年 摄）

1986年，全县有幼儿园443所，在园幼儿22616人，幼儿教师569人；有小学359所、初中64所、高中6所、进修学校1所、师范1所、职业学校3所、聋哑学校1所，在校生79925人，教职工4762人。1988年11月，长清县被评为全国扫除文盲先进县。1995年10月，长清县通过省政府“两基”（基本普及九年义务教育、基本扫除青壮年文盲）达标验收，被国家教委确认为全国第二批“两基”达标县。2008年，全区有幼儿园203所，在园幼儿10117人；有小学100所、初中19所、高中4所、进修学校1所、职业学校1所、聋哑学校1所，在校生61554人；全区共有教职工4876人。

1986年，长清县确定“科技兴县”战略。1995年起，全县11处乡镇建立科技领导小组。1996年7月，长清县获全国科技工作先进县称号。至2008年年底，全区共有各类研发团体28家，专业技术人员1.5万人；有高新技术企业76家，其中省级28家，高新技术产品86个，高新技术产值比重31%；共实施各级各类科技计划400余项，其中国家级28项，省级65项；获市级以上奖项共233项，其中省级38项，市级195项；全区共实现专利申请1521项。

第一章　教　育

第一节　教育改革与科研

学校管理体制改革　学前教育　1986年，长清县学前教育工作归县妇联主管。1989年，学前教育工作由妇联移交教育局主管，长清县教育局教研室小学组设学前教研员，负责学前教育的业务工作。1993年，教育局教育科与教研室双重管理学前教育工作，教育科抓管理，教研室抓教育教学。2005年，教育局成立学前教育科，全面管理学前教育工作。2008年，长清区实验幼儿园为省级实验园，文昌街道、归德镇、孝里镇、双泉乡、马山镇、五峰山街道、张夏镇、万德镇中心幼儿园为市级达标乡镇中心幼儿园。规范幼儿园常规教学管理，关停幼儿园11所，整改幼儿园25所。

中小学　1986年，全县中小学由县教委统一管理。1988年起，逐步实行高中由县管理，初中和小学由乡镇管理的分级办学、分级管理体制。至1995年，长清四中、六中、七中、八中、九中、十一中、十二中7所县属初中交乡镇管理，并分别改名为藤屯中学、孝里中学、归德中学、双泉中学、马山中学、崮山中学、界首中学。

学制改革　1986年，长清县的中小学学制为小学五年、初中三年、高中三年。1992年起，实行小学五年、初中四年的“五四”学制，高中学制仍为三年。2002年起，改为小学六年、初中三年的“六三”学制，高中学制仍为三年。

教学改革　1986年起，实行以加强“双基”教学为中心的课堂教学。1987年—1988年，整顿提升学校办学水平，相继开展以教师学历达标和强化教学基本功为目标的教师队伍建设工作，乡镇学校办学水平明显提高。1991年起，重点是围绕“三个要点”（在教学中废止满堂灌，正确把握教学起点，注重能力培养），落实“三个转化”（在教学过程中，由教师为主向教为主导、学为主体转化；在教学方法上，由讲授为主向讲练结合转化；在教学要求上，由单纯传授知识向强化基础知识、培养能力转化)。1993年—1994年，贯彻实施九年义务教育课程方案。1996年，全县开展包括通用基本功、学科基本功和综合教育教学能力在内的教师基本功训练及考核活动。1997年起，推行说课教研活动方式，全县举办说课比赛评优活动。1998年，在学习湖南省汨罗经验基础上，全县教学实行全方位目标量化考核工作，全面推行"单元达标"教学改革，对新授课、复习课、讲评课等基本课型进行全面探讨，通过教学研究，不断改革和创新课堂教学模式。2000年起，每学期初的第一个月均开展"优质课展示月"活动。是年3月，开展课堂教学"立标、学标、达标"活动。至2002年11月，分5批对全区5000余名中小学教师进行达标验收。2004年，全区开展"教学研究月"及"一周一课一研"活动。2005年，全区以评选"教学示范学校"为契机，开展"教学质量年"活动；组织全区青年教师新课程教学能力大赛，组团参加济南市青年教师新课程教学能力大赛。2007年起，开展"同课异构"磨课教研活动。2008年，全区推广联片教研方式，促进教育教学均衡发展。至2008年年底，在各级优质课评比中获国家级一等奖2人次、省级一等奖5人次、市级一等奖38人次。

普及九年义务教育 1986年，全县实施义务教育，从提高普及程度和改善办学条件入手，义务教育工作力度逐步加大。根据《中国教育改革和发展纲要》《中华人民共和国义务教育法》《全国扫除文盲工作条例》的要求，全县基础教育发生巨大变化，"两基" 工作一直走在全市前列，是济南市义务教育带头县。1992年，完成城镇中小学校舍改造；普及初等义务教育，并开始"五三制"向"五四制"的过渡。1995年，通过省政府"两基"评估验收。2000年，全县合理调整学校布局，大多数校舍基本达到"普九"验收标准。2002年，九年义务教育由"五四制"过渡为"六三制"。2005年，不断完善"以县为主"的教育管理机制，增加生均公用经费拨付数额，城市教育费附加和地方教育费附加做到足额征收，专款专用。2008年，全区适龄儿童小学、初中的入学率、巩固率均稳步提升。

教育科研 1999年，全县启动中小学教育科研课题研究，建立健全县、镇、校三级教育科研网络，确立县级以上教科研课题40余项。2000年，由县教研室主持的教育科研课题 "主体分层，合作探究"被确定为山东省"九五"重点课题并于2003年顺利结题推广。2003年4月，长清区教育局教育科学研究室成立，有专人负责教育科研工作，先后制定《长清区教育科研工作规程》《长清区教育科研工作评估方案》《学校教育科研工作制度》《长清区学校教育科研评估标准》《长清区教育科研工作手册》 等。2004年12月，实验小学承办省级"自主习作"课题现场会。2008年，石麟小学承办山东省"诗词文化"课题现场会。至2008年年底， 全区共承担国家级课题2个、省级课题12个、市级课题122个，教师教研教改论文在国家级报刊上发表490余篇，省级报刊发表2200余篇，市级报刊发表5400余篇。

济南市初中数学课堂教学改革成果展示现场会在长清区举行
(2003年 摄)

第二节　基础教育

石麟幼儿园　（2008年 摄）

学前教育　1986年，全县有幼儿园443所，在园幼儿22616人。幼儿园使用全国通编教材，分为语言、计算、常识、音乐、体育、美术6科教学。2005年，统一使用山东省教研室编写教材，分为健康、语言、社会、科学、艺术5科教学。2008年，全区有幼儿园203所，其中政府办园1所、教育办园4所、事业单位办园1所、乡镇（街道）办园10所、村办园65所、个体办园122所，405个班，3~6岁幼儿在园数10117人，幼儿入园率85.3%，有幼儿教师511人，其中园长44人、教师430人（在编教师51人）、其他人员37人。

1986—2008年长清区（县）幼儿教育基本情况表

表19－1

年　份	幼儿园（所）	班（个）	在园幼儿（人）	入园率（%）		幼儿教师（人）
				3~6岁	学前一年	
1986	443	275	22616	48.5	91.7	569
1987	449	287	21423	84.0	92.0	643
1993	279	351	9769	69.8	95.8	521
1994	267	365	10081	71.2	96.0	569
1995	282	383	10297	71.5	96.1	585
1996	301	411	11012	72.5	97.0	613
1997	346	435	11198	75.8	97.5	633
1998	343	433	11226	76.2	97.9	621
1999	377	446	12101	78.6	98.1	633
2000	357	443	14381	81.0	98.8	649
2001	301	431	11002	81.6	99.0	588
2002	306	438	12279	82.3	99.0	591
2003	301	412	13595	82.9	99.1	611
2004	286	402	12541	83.5	99.3	598

续表 19－1

年　份	幼儿园（所）	班（个）	在园幼儿（人）	入园率（%）		幼儿教师（人）
				3～6岁	学前一年	
2005	255	412	11085	83.9	99.5	587
2006	235	405	12869	84.5	99.5	601
2007	217	411	13251	85.1	99.7	576
2008	203	405	10117	85.3	99.8	511

说明：1988 年—1992 年档案丢失

小学教育　1986 年，全县有小学 359 所，班级 1845 个，在校生 50574 人，适龄儿童入学率 99.93%；全县小学占地面积 122.01 万平方米，校舍建筑面积 17.92 万平方米，固定资产总值 7188.99 万元。1989 年，征地 1.67 公顷，建设东城小学（1999 年，更名为实验小学）。1995 年，动工兴建石麟小学新校。是年起，根据学生居住情况适当调整合并，小学设置更为合理。至 1998 年，全县有小学 139 所，班级 857 个，在校生 31439 人。2002 年起，全面实施中小学危房改造工程，先后 5 年总投资 2000 万元，改造学校 30 余处，竣工面积 4 万平方米，消除危房 2 万平方米。至 2005 年，通过调整布局、合点并校，全区小学合并为 118 所，班级 937 个，在校生 37770 人，适龄儿童入学率 100%、巩固率 99.98%。2006 年，小学占地面积 90.41 万平方米，校舍建筑面积 20.54 万平方米，固定资产总值 1.4 亿元。2008 年，全区小学共有 100 所，班级 910 个，在校生 37388 人，适龄儿童入学率、巩固率均为 100%。

马山中心小学教学楼落成　（2003 年　摄）

1986—2008 年长清区（县）小学教育基本情况表

表 19－2

年　份	学校（所）	班级（个）	在校生（人）	年　份	学校（所）	班级（个）	在校生（人）
1986	359	1845	50574	1993	351	1672	45832
1987	359	1821	50512	1994	351	1436	39363
1988	358	1821	50018	1995	349	1138	39436
1989	358	1821	49916	1996	139	1091	34906
1990	232	1820	49889	1997	139	891	34957
1991	356	1805	49477	1998	139	857	31439
1992	352	1798	49286	1999	136	856	29653

续表 19－2

年　份	学校(所)	班级(个)	在校生(人)	年　份	学校(所)	班级(个)	在校生(人)
2000	137	832	27786	2005	118	937	37770
2001	136	962	26114	2006	114	932	38781
2002	137	954	32116	2007	107	925	38827
2003	128	928	33576	2008	100	910	37388
2004	121	939	36031				

初中教育　1986 年，全县有初中 64 所，在校生 26670 人，教职工 1401 人；全县初中占地面积 51.48 万平方米，校舍建筑面积 4.51 万平方米，固定资产总值 5554.58 万元。1990 年，开始实施校舍改造工程。至 1992 年，完成长清三中、七中等 10 余所学校的校舍改造任务，并于 1993 年通过省级验收。至 1998 年，通过合理调整学校布局，整合教育资源，初中布局日趋合理，全县有初中 20 所，在校生 21386 人。2006 年，初中占地面积 58.50 万平方米，其中绿化面积 13.48 万平方米，校舍建筑面积 15.65 万平方米，固定资产总值 1.2 亿元。2008 年，全区有初中 19 所，在校生 15715 人，入学率 99.48%，巩固率 98.73%。

1986—2008 年长清区(县)初中教育基本情况表

表 19－3

年　份	学校(所)	班级(个)	在校生(人)	年　份	学校(所)	班级(个)	在校生(人)
1986	64	456	26670	1998	20	381	21386
1987	64	457	26756	1999	20	407	22460
1988	59	456	26670	2000	20	460	24258
1989	48	456	26683	2001	20	482	26124
1990	47	458	26736	2002	18	371	20660
1991	43	460	26838	2003	18	385	20297
1992	41	461	27015	2004	18	369	19062
1993	27	461	26903	2005	19	334	16245
1994	27	458	26579	2006	19	305	14311
1995	26	460	26683	2007	19	295	14030
1996	24	383	21502	2008	19	319	15715
1997	24	383	21493				

普通高中教育　1986 年，全县有高中 6 所，54 个班，在校生 2681 人；全县高中占地面积 24.11 万平方米，校舍建筑面积 3.24 万平方米，固定资产总值 7750.84 万元。1990 年，长清一中、长清三中、长清五中、长清七中相继成立学校教研领导小组，确定教学研究重点和目标，选派优秀教师参加教研会议(活动)和赴国外学习，聘请全国知名教师、教育专家作专题讲座。县教研室每年召开高中工作

会议及高考总结表彰会，督促、指导各高中学校的教学教研工作，高中教学质量呈逐年上升趋势。1995年，长清师范改办高中。1998年起，全面推行目标管理，采用量化评估与激励机制，教学质量明显提高。1998年，长清一中同十五中合并。2000年起，征地14公顷，投资建设长清一中新校区，建成一所完全中学，高中部规模92班，初中部规模12班。2006年，高中占地面积50.08万平方米，其中绿化面积9.05万平方米，校舍建筑面积12.31万平方米，固定资产总值1.8亿元。2008年，全区高中有长清第一中学、长清中学、长清第三中学、长清第五中学4所，144个班，在校生8451人。

1986—2008年长清区(县)高中教育基本情况表

表19－4

年　份	学校(所)	班级(个)	在校生(人)	年　份	学校(所)	班级(个)	在校生(人)
1986	6	54	2681	1998	5	60	3200
1987	6	60	3105	1999	5	60	3773
1988	6	54	2778	2000	5	70	4461
1989	6	54	2698	2001	4	91	5517
1990	5	54	2600	2002	4	130	7739
1991	5	54	2650	2003	4	146	8470
1992	5	56	2700	2004	4	150	8670
1993	5	56	2764	2005	4	150	8967
1994	5	56	2725	2006	4	150	8895
1995	5	56	2717	2007	4	151	8874
1996	5	70	3850	2008	4	144	8451
1997	5	56	2607				

普通高考　1986年—1991年，高考实行全国统一命题。1992年，全国普通高考科目采用“3+2”模式。“3”为语文、数学、英语，文理科均考，文科类“2”为政治、历史，理科类“2”为物理、化学。1997年，长清一中本科上线97人，在济南市区县升学率中名列前茅。1999年，学生朱继刚被清华大学录取，成为长清40年“考上清华大学第一人”。2001年—2006年，高考科目采用“3+X”模式。“3”为语文、数学、英语，文理科均考，“X”为文科综合科目(政治、历史、地理)或理科综合科目(物理、化学、生物)。2003年，全区音体美特长生本科录取140人，居济南市各区县之首，其中长清中学音体美特长生本科录取106人。2007年起，高考科目采用“3+X+1”模式。“3”为语

高考长清考区监考教师培训会　(2007年　摄)

文、数学、外语，文理科均考，“X”为文科综合科目（政治、历史、地理）或理科综合科目（物理、化学、生物），“1”为基本能力测试。

1986 年—2000 年，高考时间为每年 7 月 7 日—9 日。2001 年—2002 年，高考时间为每年 7 月 7 日—8 日。2003 年—2006 年，高考时间为每年 6 月 7 日—8 日。2007 年起，高考时间为每年 6 月 7 日—9 日。

1986—2008 年长清区（县）高考录取统计表

表 19－5　　　　单位：人

年份	高考人数	录取人数	本科	专科	电大（高职）	高中中专	年份	高考人数	录取人数	本科	专科	电大（高职）	高中中专
1986	430	207	29	114	—	64	1997	1302	510	113	214	41	142
1987	474	184	56	74	—	54	1998	1246	579	144	240	67	128
1988	1062	265	66	136	34	29	1999	1302	877	263	250	216	148
1989	829	185	41	121	—	23	2000	1179	816	268	175	373	—
1990	790	152	44	81	—	27	2001	1278	1074	416	658	—	—
1991	863	265	93	132	—	40	2002	1588	1366	542	824	—	—
1992	778	309	80	150	—	79	2003	1808	1539	576	963	—	—
1993	921	470	79	272	—	119	2004	2290	1884	657	1227	—	—
1994	1059	468	61	260	41	106	2005	2969	2065	752	1313	—	—
1995	1163	488	41	310	43	94	2006	3734	2522	773	1749	—	—
1996	1166	410	42	206	31	131	2007	3304	2444	696	1748	—	—

说明：1. 1996 年双招录取 6 人，未统计进表中

2. 2008 年开始，省考试院规定每年的高考成绩及录取情况均不公开

第三节　成人教育

广播电视教育　1979 年 2 月，济南广播电视大学长清县工作站成立，校址设在长清县教师进修学校内，业务上受山东省广播电视大学济南分校指导。1989 年，校址迁入长清县东方红中学。1994 年，迁入长清县公正街 1 号（原长清县委办公大楼）。1999 年，与长清县成人中等专业学校合并（挂两块牌子）。2008 年 1 月，被评为山东省县级示范电大，加挂“山东广播电视大学长清学院”校牌。至 2008 年，学校经历以电大普通班为主到成人业余班为主，并将高等教育延伸到乡村的办学变革，办学形式包括电大普通专科教育、成人中等专业教育、成人开放教育和山东省广播电视大学“一村一名大学生计划”以及短期培训。学校固定资产 99.7 万元，建有多媒体网络教室 3 个，卫星地面接收站 1 座，建有“长清广播电视大学”网站、电大在线教学平台，配有网上教学资源和 VBR 装置。

成人中等专业教育　1988 年，长清县教育中心成立，位于长清县东王村，占地 3.73 万平方米，新建教学办公大楼 3210 平方米，共有教室 95 间，暑假开始招生，开设英语、艺体、电气 3 个专业，学制 3 年，共招新生 105 人。1989 年，长清县教育中心改为长清县成人中等专业学校，是一所由省政府批准成立、教育部备案的国办全额局级事业单位，隶属于长清县教育委员会，主要培养具有中等专业水平的管理干部和学校师资，学校规模为 12 个班，教职工 75 人。1989 年 9 月，学校迁入长清县公正街 1 号（原长清县委办公大楼）。1999 年 1 月，

与济南广播电视大学长清县工作站合并（挂两块牌子），将电大教育纳入学校工作，形成开放教育、网络教育、大专普通教育、成人教育、短期培训等多层次、多规格、多渠道的办学格局。2002年5月，长清县成人中等专业学校改为长清区成人中等专业学校。是年，被确定为山东省劳动预备役培训基地。2003年，被评为济南市十大重点成人中等专业学校。2004年、2005年，被济南电大评为教学管理先进单位。至2008年，学校先后开设外贸英语、英语教育、政治教育、汉语言文学教育、法学、计算机应用、财会、文秘、物业管理、机电、经济管理、小学教育、教育管理、工商管理、企业管理、行政管理、工民建、高级护理、林业技术、农业管理20个专业，培养大中专毕业生5000余人。是年，有教职工55人，其中高级教师15人、中级教师26人，教学班25个，在校生798人。

高等教育自学考试 长清高等教育自学考试始于1984年。1989年，县教委设立自学考试办公室（与招办合署办公），设有法律、汉语言文学、会计、英语、农村经济管理、政治教育、历史、数学、体育、金融、中医、教育管理、公安管理等专业。每三年为一个周期，自考人员根据自身情况报考专业。规定课程均考试合格后，由省高等教育自学考试指导委员会和主考高等学校联合颁发毕业证书，国家承认相应学历。至2008年，专业涉及汉语言文学、法律、会计、英语、行政管理、电子商务、旅游管理、餐饮管理、音乐教育、韩国语等本、专科94个专业。

职工教育 1986年起，长清区（县）贯彻国务院《关于改革和发展成人教育的决定》，以工会职工学校、劳动就业训练中心、职业中专、成人中专、济南广播电视大学长清县工作站等学校为重点教育培训基地，对职工进行岗前培训、岗位培训、学历教育、继续教育。1987年起，围绕“优质、高效、低耗”的班组生产管理目标这个中心，分两次对县属和乡镇企业900余名生产班（组）长进行管理知识培训。1990年5月至1991年12月，全县有182家企业9120名35岁以下的青年职工参加以“基本国情、基本路线”为主要内容的“双基”政治轮训，共组织培训班298个。轮训期间，成立教研组织11个，编写辅导教材623册，组织演讲活动42场（次），举办专题报告27场（次）、组织知识竞赛49场（次），组织理论考试340班（次），发证9080个。1992年—1993年，根据县政府《关于在全县开展外语培训的实施意见》，共举办适应性英语培训班10期650人（适应性培训要求掌握常用礼仪性或服务性语言300句以上），初级英语班5期340余人。1993年，县委宣传部、县经济委员会、县总工会、县职工教育办公室联合下发《关于在全县职工中开展社会主义市场经济教育的通知》和《关于举办社会主义市场经济教育竞赛活动的通知》，决定在全县职工中集中开展关于社会主义市场经济的宣传教育活动，县委、县政府召开动员大会。此次活动，全县共购买教材1500余册，培训教师80余名。6月，组织200名职工参加全省社会主义市场经济知识竞赛，有4人被省委宣传部、省职工教育办公室评为优秀奖。是年8月，长清县举办市场经济教育“千人百题大赛”，986名干部职工参加比赛，有37人得分在92.5分以上，受到县委的表彰。是年，全县累计举办学习班235期，举办各类竞赛活动、报告会68场（次），培训干部职工1.1万人。1994年，对全县职工重点进行职业道德教育，共举办职业道德讲座60余期，受教育面99.8%。各企业根据行业特色，共制定职业道德规范130余条，广大职工的敬业爱岗意识增强。至1997年，共举办职工高中班26个，中专班58个，干部专修班5个，大专班16个，毕（结）业人数6139人；全县有1.5万名县属企业职工参加技术业务培训，有1.4万名乡镇企业职工参加管理知识和应用技术培训；县属企业共培训高级工790人，中级工6900人，初级工3005人。是年，县属企业职工大专以上文化程度占9%，中专（高中）文化程度占67%，初中以下文化程度占24%。1998年，进行以建设“三支队伍”（企业家队伍、技术专家队伍、技术工人队伍）为重点的全员培训，培训率49.5%。是年，在全县职工中开展社会主义思想道德教育活动，全县

统一订购教材，举办培训班30次，受教育面1.2万人次。2000年，职工全员培训率50%，其中岗位培训8000人，继续教育7000人，学历教育1200人，计算机培训800人，“三资”、民营、乡镇企业培训人数8000人次。2001年，按照济南市劳动和社会保障局《关于加强失业职工职业技能培训管理工作的意见》，针对原县造纸厂、印刷厂、汽车改装厂等破产企业职工开展失业职工技能培训，累计培训失业职工5658人，培训合格率100%，培训就业率80%。2005年，采取进厂矿企业办学方式开展在岗在职培训，累计培训各类企业职工3237人。至2008年年底，累计培训各类人员43873人次。

农民教育 1986年，设有成人教育办公室，各乡镇成立成人教育委员会，设有农村成人教育专职干部。1995年4月，更名为长清县成人教育局。2004年，并入教育局，保留成人教育局牌子。2005年4月，成人教育局撤销。是年6月，教育局设立成人教育科，管理全区成人教育。

1986年起，县、乡镇成立扫盲委员会，村村都建立以村主任为组长的扫盲工作领导小组，逐步建立县、乡镇、村三级办学网络。在开展全民文化调查的基础上，县、乡镇、村层层签订扫盲合同书，建立健全奖惩制度和人口文化档案，形成以教育部门为主导，以教师和中学生为骨干，以农民夜校为基地，民兵、妇联、共青团紧密配合的扫盲工作格局。1988年，全县11个乡镇都建立成教中心，其中5处达到省级示范学校标准，613处村办夜校有63处常年办班，乡镇成教中心、村办夜校平均年培训9万人次，农村成人教育形成多层次、多形式、全方位、立体化的社会办教育的格局。是年，长清县被评为全国扫除文盲先进县。1995年12月，通过省政府“两基”达标验收，被国家教委确认为全国第二批“两基”达标县。2001年，开展“十、百、千、万”实用人才培训，完成培训任务1.5万人。2002年9月至2005年5月，举办农村干部学历培训班，三批共计培训农村干部504人。2004年起，劳动力转移培训每年4000人。2004年5月，开展科技、文化、卫生“三下乡”活动，发放科技信息6000余份，制作展板20块，推广科技新品种50种。省星火计划科研组在张夏万亩杏园举办科技讲座32场，参加人数2600余人。是年9月，开展“一村一名大学生”培训工作。2005年，开展失地农民培训工作，培训失地农民2169人。至2007年9月，“一村一名大学生”培训共有286名农村大学生毕业。2008年，以非学历短期技术培训为主的民办学校发展到20所，年培训能力6900人次，全区有科普服务站11所，科普大学1所，培训规模6000人次。

教师进修 1978年，设立山东省长清县教师进修学校，位于峰山路370号，占地3243平方米，建筑面积1399平方米。1984年10月，在山东省教育厅备案。1986年12月，被山东省教育厅列为办学条件合格学校。1988年12月，为局级事业单位，隶属于县教育委员会。1991年5月，为副县级事业单位，编制59人。1992年3月，迁至清河街以北，灵岩路以东，学校占地1.58万平方米，校舍使用面积7504平方米。2002年5月，山东省长清县教师进修学校更名为济南市长清区教师进修学校。2006年10月，通过济南市县级教师培训机构达标验收。是年，学校申报的8个“十一五”教育科学规划课题全部批准立项，其中山东省重点课题1项，济南市重点课题7项。2007年12月，经山东省教育厅验收为“省级示范性县级教师培训机构”。2008年，学校有教职工32人，其中专任教师21人，学历达标率100%。学校先后被评为山东省教师继续教育科研先进单位、全省中小学校长岗位培训先进单位、济南市教书育人先进集体、济南市中小学教师继续教育工作先进单位等。

教师培训 1986年起，先后举办中小学新教师试用期培训、小学骨干教师培训。1996年起，举办全县小学教师通用基本功培训，学科基本功培训，中小学计算机培训，小学自然实验教师培训，中小学实验、仪器、图书、阅览室管理员培训，小学信息技术教师培训，小学数学教师学具应用培训，全区教师现代教育信息技术培训等，共培训教师11820人次。2008年，举办全区教育技术装备人员

教师培训班开学合影　（2007 年　摄）

新课程标准培训，全区小学、初中体育教师“校园集体舞”培训，中小学远程研修技术人员培训，中小学新教师课堂教学研究专题培训，小学英语、思品、科学和初中化学、物理、地理、历史 7 个学科的骨干教师培训班，全区中小学骨干教师、骨干班主任培训，全区中小学班主任全员培训等，共培训教师 2280 人次。

干部培训　1986 年起，先后对小学校长和中小学中层干部进行培训。1990 年起，先后举办小学校长岗位培训班、小学校长提高培训班、中青年后备干部培训班等。2008 年，举办第八期小学校长任职资格培训班和中小学教科室主任培训班等。累计培训中小学教育干部 690 人。

学历教育　1986年—1990 年，以举办中师函授、山东师范大学和山东教育学院函授、音像培训班等为学校学历教育的主要办学形式，中师函授毕业 1380 人，函授专科毕业 110 人、本科毕业 60 人。1990 年起，以中、小学教师“三沟通”培训，中、小学教师“助学自考”，幼儿教师“学前教育”大专班，中、小学教师“研究生进修班”等形式开展学历教育，研究生进修班结业 145 人，本科毕业 660 人，专科毕业 542 人。2005 年 11 月，山东省教育厅同意该学校设立北京科技大学远程教育长清学习中心，学校通过上挂下联，同全国知名高校联合办学，先后与北京科技大学、曲阜师范大学、济南职业学院等联合办学。至 2008 年年底，已毕业 39 人，在校生 110 人。

第四节　职业教育

师范教育　1958 年，建立山东省长清师范学校，位于长清老城东南，小柿子园西侧（现长清区龙泉街 546 号），占地 4.7 公顷。是年暑假后，招收第一届学生，教学班 2 个，学生 72 名。学校教材除专业课如心理学、教育学外，其他的公共课语文、数学、物理、化学等采用普通高中教材。1959 年 10 月，撤销长清县制，长清师范学校更名为历城第二师范学校。1961 年，恢复长清县制，学校恢复原名。1962 年，学校停办，校舍先后被长清一中高中部、长清农业职业学校、军队营房占用。1971 年，恢复长清师范，开办短期培训班，培训对象为全县的部分在职教师，两年共培训 1183 人。1973 年，开始实行推荐与考试相结合的方法招收高中毕业

长清师范学校　（1986 年　摄）

生，学制两年，培养中小学教师。招生范围是长清、肥城、平阴、章丘4县。1977年，恢复高考制度，长清师范学校实行中等专业学校统一考试招生。1978年，长清县划归济南市，学校由泰安地区和长清县两级管理改为济南市和长清县两级管理，学校招生范围扩大到济南市郊。1979年起，由原来每年招收2个班，增加到4个班。至1981年，培养中师毕业生1478人，由国家统一分配到肥城、章丘、平阴、长清县和济南市郊工作。1981年起，学校从招高中毕业生改为招初中毕业生，学制由2年改为3年。1986年，有10个教学班，教职工67人。1990年，学校招生扩至济阳、商河，在校生500人，教职工80人。至1990年年底，共培养中师毕业生2542人，短期分科培训在职教师2393人。1991年5月，明确为县级事业单位。1992年9月，停止招生。1993年—1995年，为济南师范、历城师范代培学生。1995年，改办高中。1997年，长清师范最后一届（1994年入校）学生毕业，长清师范学校正式撤销，济南市把长清师范学校无偿划拨给长清县。

长清职业中专 （2008年 摄）

职业中等专业教育 济南市长清区职业中等专业学校 长清区职业中等专业学校原名长清县农业技术中学，创办于1981年，位于长清城南3公里220国道西侧。1986年7月，更名为山东省长清县第一农业技术中学，占地4万余平方米，房屋110间，教职工59人，招收学生200人。1988年5月，更名为山东省长清县第一职业高级中学。1990年12月，建成教学楼1幢。1991年5月，更名为山东省长清县职业中等专业学校。1999年，建成实验办公楼1幢。是年12月，被山东省政府命名为省级重点中等职业学校。2002年6月，更名济南市长清区职业中等专业学校。2005年，建成餐厅1幢。2006年，建成公寓1幢。2007年，建成实训楼1幢。是年10月，长清区第二职业高中并入长清区职业中等专业学校，分南北两个校区。2008年，学校有教师职工198人，在校生1500余人；占地面积87751平方米，建筑面积32433平方米，有教学楼2幢，实训楼2幢，实验办公楼、餐厅和学生公寓各1幢；有微机室、校园闭路电视教学网、多媒体教室、PLC实验室、电子电器实验室、电工操作室、车工操作室、钳工操作室、电焊操作室、服装工艺室等。该校是山东省农村劳动力转移培训基地、国家职业教育重点课题研究基地、中国西部教育顾问单位、长清区双拥培训基地和失地农民培训基地。

1986年，学校开设机电、农林和工业会计3个专业。其中机电2个班，农林和工业会计各1个班，共有学生194人。开设的文化课有语文、数学、政治、体育、物理、化学等，专业课有：机电专业有电工基础、机械制图、机械基础、金属工艺、液压与气压传动、电工电子等课程，农林专业有土壤肥料、遗传育种、作物栽培、植物保护等，工业会计专业有基础会计、财政金融基础知识、税收基础、经济法律法规、企业财务会计、财务管理和珠算等。1987年起，学校除自办专业以外，开始实行联合办学，分别与长清县经委和长清水泥厂联合办学，开办招收高中毕业生的工业会计班，以水泥厂职工子女为主的水泥工艺班，各招生55人，学制2年。文化课由学校负责，专业课由联办单位选派技术骨干到校任教,共办 2 届。1990 年,与历城职专联合开办机电、牧医 2 个中专班,学制 3 年。1992 年,与县卫生局联合开设乡村医士班,专业教师由卫生局选派优秀临床医士担任,至 2001 年共办 10 届,完成长清县乡村医生培训和提升工作任务。1995 年,经上级批准与县武装部联合开办预备军人专业,至 2000 年共办 6 届;与县供电局联合开办供用电专业,至 1997 年共联办 3 届。1997 年,学习德国"双元制"教学与德玛公司联合开办"金属结构工"班,学生 34 人。2002 年,与济南物业管理学校联合开设物业管理专业班,学生 42 人,学制 3 年,前两年在本校学习,第三年转到物业管理学校学习。学校根据社会和市场需求情况调整专业和课程,不断开设新专业,除机电、农林、会计、牧医、医士、预备军人专业外,还开设机械、建筑、服装、旅游、对口高职、机械、金属焊接、汽修、计算机、幼师等专业。至 2005 年,整合保留机电、计算机、电子等骨干专业。至 2008 年,增设平面设计、电子商务专业,学校所有专业均为自办形式,学制均为 3 年,职业中专学历。

1986年—2008 年,共有毕业生 14030 人,升入对口高职院校 460 人,安排就业 13500 人。

长清第三职业高级中学　长清第三职业高级中学前身是张夏农中,建校于 1985 年,位于张夏镇驻地,是一所区属职业学校,占地 7 公顷。1985 年,更名为长清第三农技中学,教职工 29 人。1986 年,职业学校达标验收合格,更名为长清第三职业高级中学。2004 年 1 月,并入长清第三中学。

1985 年,开设林果、财会、农学三个专业。1989 年,开设企业管理、农学等专业。1991 年,开设汽车维修、机电、服装等专业。1993 年,开设烹饪、机电、武术等专业。1995 年,开设机电、汽修、烹饪专业。1999 年,开设服装、汽修、烹饪专业。2001 年,开设烹饪、汽修、机电等专业。至 2004 年,学校先后设林果、服装、农学、武术、财会、企业管理、机电、烹饪、汽修 9 个专业,学制均为 2 年。

毕业生就业主要是根据市场采取推荐就业与自谋职业相结合的原则,采用校企联合办学"定向分配"方式,以及供需见面、与用人单位联合进行"订单式培养"的模式,拓展毕业生就业渠道,毕业生就业安置率一直保持在 92%以上。学生毕业可考取对口高职院校,接受高等教育。

济南市技工学校长清分校　1995 年 1 月,济南市技工学校长清分校建立(长清县技工学校),为正局级事业单位,校址在老城区石麟路 11 号,定编 60 人,其中全额拨款 40 人,自收自支 20 人,隶属于县劳动局管理。1995 年 8 月,开始招生,主要招收初中毕业生。2000 年,停止招生。是年 8 月,长清县技工学校整建制划归长清实验中学,长清县技工学校的牌子保留,并保留 3 名工作人员。

1995年—2000 年,长清县技工学校根据市场需求,陆续开设钳工、车工、电工、财会、微机、建筑安装、汽车驾驶、发酵、导游等专业。导游专业学制 2 年,其他专业学制 3 年。

1995年—1999 年,共招收学生 4328 名,采取订单培养、推荐就业、定向分配等方式,共安置毕业生 3840 人,就业率 89%。

第五节　农广教育

农民教育培训　"农村劳动力转移培训阳光工程"项目　2004 年,山东省农业广播电视学校长清区分校(以下简称长清区农广校)经过招投标,承担长清区农村劳动力转移培训阳光工程"项目,历时 3 年,共培训转移农民 700 人。

"致富早班车"下乡进村项目　2006 年,长清区农广校作为济南市唯一试点单位,承担"致富早班车"下乡进村试点项目。选取马山镇双泉庄村、崮头村、宋庄村、中义合村、北李村、周庙村、华庄村、老庄村、郭峪村、三合村 10 个村庄作为试点村,利用村广播室,选配 10 名农广信息员向农民播放相关的农业科技知识和致富信息。2008 年,试点村 30 个,累计播放节目 6000 期,受益农民 1 万人。

长清区农广校科技书屋揭牌仪式 （2007 年 摄）

农村科技书屋捐建项目 2006 年，在全区开展捐建“农村科技书屋”活动。在“致富早班车”的 10 个试点村建起农村科技书屋，捐助各类科技图书 5000 余册，科技光盘 100 余片，磁带 60 余盒。2007 年，在归德镇薛庄村、沙河辛村、翟庄村、归北村、归南村 5 个村庄建起农村科技书屋，捐助各类科技图书 3000 余册。2008 年，在万德镇拔山村、马场村、石都庄村、店台村、马套村、界首村 6 个村庄建起农村科技书屋，捐助各类科技图书 3500 余册。

“百万中专生计划”项目 2007 年，承担中央农业广播电视学校“百万中专生计划”项目，招收中专生 50 人。2008 年，招生人数 100 人。

日常农民培训 长清区农广校每年结合农时，通过向农民发放科技明白纸、走进田间地头现场授课等方式向广大农民群众传播农业科技知识。累计发放科技明白纸 10 万余份，培训农民 8 万人次。

科技宣传 （2008 年 摄）

学历教育 1989 年，长清县农广校经省、市教委、中央农广校及省农广校达标验收评估后，被正式列入国家成人业余中等专业学校。2008 年，通过全国县级农广校办学水平评估，被评为“优秀”等次。

中专教育 1989年—1997 年，共招收各类学员 5194 人，其中中专 3594 人，初等农业技术教育 1600 人。毕业学员中，有 405 人被评为高级农民技师，615 人被评为中级农民技师，1486 人被评为农民技术员。科技示范带头户 465 户，成为科技兴农（兴企）先进典型的 120 户，其中受到中央、省、市表彰的有 15 人。东铺村的韩春荣因培育黄瓜新品种“长黄一号”，发展大棚蔬菜等设施农业，带领周围农民致富，1995 年被山东省农业厅评为优秀学员。1997 年起，中专学历教育主要有两个方向：一是与农民培训项目相结合；二是与职工教育相结合。1997 年，与长清县供电局联合开办职工教育，设置农村电气化专业，3 年共培训学员 500 人。是年，与灵岩寺管委会、五峰山管委会、莲台山管委会、济南味精厂联合开办职工教育，2 年培训学员 1000 人。1998 年，与县计生委联合开办职工教育，2 年共培训农村计划生育干部 700 人。2001 年，与县妇联联合办学，5 年累计培训农村妇女 3000 人。2006 年，长清区农广校被省妇联评为巾帼科技培训先进单位。

成人高等教育 1995 年—2008 年，先后与 6 所大专院校联合办学，开设 60 个本专科专业，涵盖农、理、工、经、管、文、法、教育等学科门类，累计培养大专以上人才 1960 人。

1995 年，与山东省干部函授大学联合办学，培养大专以上学历干部，设有大专班和本科班，1995年—1997年，共培养大专以上学历人才400人。

1997年，与山东省委党校联合办学，开设农业经济管理专业，主要为全县农业系统培养农业经济管理人才，招收大专班学员26人。至2008年年底，共培养学员500人。

2001年，与山东农业大学联合办学，招收大专班学员60人。至2008年年底，共培养学员800人。

2004年，与青岛农业大学(原莱阳农学院)联合办学，招生89人。至2008年年底，共培养学员150人。

2006年，与曲阜师范大学联合办学，招生7人，其中本科生6人，专科生1人。至2008年年底，共培养学员50人。

2007年，与东北农业大学联合办学，东北农业大学为网络教育，分春秋两季入学。至2008年年底，共培养学员60人。

第六节　特殊教育

1959年，县民政局、教育局合办长清县盲聋哑小学，校址在南关大街。招收学员32名(其中成年人15名)，组成聋哑、盲目各1班。本届毕业生都分配到社会福利院，成为正式职工。“文化大革命”期间，学校停办。1984年，县政府决定在平安店区石马村西北(原平安农中)复建长清县聋哑学校。由县民政局、教育局、平安店区教育组各抽调一人组成筹建小组，教育局拨款1万余元作开办经费。学校占地面积1.2公顷，教室、办公室及附属用房30间(平房)，建筑面积1200平方米，教职工7人。1985年12月30日，学校举行开学典礼，从全县范围内招进聋童15名(男6名，女9名)，学习小学教材。1986年，县聋哑学校办起济南地区农村第一个弱智儿童辅读班。1991年9月，县聋校送出首批毕业生。是年，全县盲、聋哑、弱智儿童的入学率分别为33.3%、56.2%、94.1%。1992年，新建1幢3层教学办公楼，面积1230平方米，硬化路面2000多平方米。是年，通过省校舍达标验收。1993年，长清县被表彰为全国特殊教育先进县，长清县聋哑学校被评为山东省特殊教育先进学校。1995年，全县共有适龄盲童5人，全部入市盲校学习；有聋童59人，入学57人，入学率96.6%；全县从事特殊教育的专、兼职教师29人，学历合格的28人，合格率97%，其中受过专业培训的13人，占44.8%。县委、县政府对特教加大投入，除将上级拨付的35万元特教专项补助投入聋校外，累计向聋校投入51.11万元，为每位聋生落实每月10元的生活补助，安排26名毕业生就业。1997年，县教委向聋校拨款7万余元，用于购置各种设备，修建1500平方米操场1处，对全校进行绿化，建起聋生训练学习的律动室、实验室、家政室、图书室、语训室等，通过省级规范化特殊学校验收。1999年，聋哑学校被评为县残疾人之家。是年，聋校教师李朋花被评为全国优秀特教工作者，聋生薛天利美术作品获全国青少年绘画大赛“新人奖”。2000年，全县有适龄盲童6人，全部入市盲校学习；适龄聋童54人，入县聋校52人，随班就读1人；适龄弱智儿童381人，入县聋校辅读班6人，随班就读375人。是年，长清县聋哑学校教职工33人，专任教师29

■ 长清区聋哑学校　(2008年 摄)

人，其中在特殊教育师范毕业的教师和受过特教培训的教师20人。2002年9月，区教育局、区残联联合制定《长清区特殊教育“十五”发展规划及实施方案》，重点进行随班就读弱智生的个别教学工作，在加强体能、智能、心理康复训练和社会适应能力培养方面有所提高和突破。配备教学、电教器材，定期智商测查，建立健全残疾生档案，制定“个别教育计划”，做到因材施教。2003年，长清区聋哑学校被评为区师德建设先进集体。2004年，区特殊教育学校被评为市残疾人之家。2006年，学生陈琳琳、赵忠玉获济南市特殊教育学生艺术节作品一等奖。2007年，投资6万元，建起2个感统训练室，智障学生用上全套感统器材及开发学生智力的启智教具“木脑袋”。2008年，投资11万元，建起智力残疾儿童语言矫正室，购置“启智博士”语言矫正训练机。至2008年，长清区聋哑学校有教学办公楼1幢，平房100余间，建筑面积3371平方米；教职工35人，专任教师31人，本科学历28人，学历达标率100%；有8个教学班，在校生64人；就业安置毕业生120人。

第七节 教 师

教师队伍 1986年，全县共有教职工4762人，其中中学2609人、小学2153人；专任教师4582人，专任教师中民办教师2353人，占专任教师的51%。1998年，完成民办教师转公办教师工作。是年，全县高中教职工163人，其中专任教师143人；普通中学教职工1854人，其中专任教师1854人；普通小学教职工2608人，其中专任教师2596人；职业中学教职工115人，其中专任教师111人；特教教职工24人，其中专任教师20人；幼教教职工15人，其中专任教师10人。2008年，全区共有教职工4876人，其中专任教师4755人；全区教师队伍中的高层次人才94人，其中省特级教师3人、全国模范教师1人、全国优秀教师5人、省优秀教师19人、济南名师培养人选4人、市级拔尖人才1人、市级青年学术技术带头人3人、区名师培养人选22人、市级学科带头人25人、区级拔尖人才11人；大专以上文化程度的教师由1986年的6%上升至2008年的76%。

教师待遇 1985年9月，全县召开庆祝第一个教师节大会，表彰先进。是年，增发教龄津贴。1986年，民办教师工资由乡镇统筹。1988年，为符合条件的3204名教职工办理提高工资标准10%的待遇。1993年，长清县3545名教师工资与专业技术职务挂钩，并建立正常的年度考核增资制度。1995年12月，对长清城区以外的3254名教职工实行浮动工资，人均月增29.58元，浮动满8年后转为固定工资。1996年，有3254名教职工实行工资浮动。2002年6月，长清区建立“以区为主”的教师工资统一发放机制。2004年1月，文昌、平安、崮云湖、五峰山4街道的教师浮动工资取消。2006年7月，事业单位工资改革，加上各种津贴，教师月均收入为2069元，其中中学高级、中级、初级专业技术职务教师月平均收入分别为3057元、2369元、1876元。2008年，教师月均收入2155元。

教师评聘 1986年12月，根据国家《中小学教师职务试行条例》，长清县开始实行教师职务评聘制。1986年，全县高级、中级、初级职称教师分别为55人、648人、3709人。2008年，全区高级、中级、初级职称教师分别为387人、1977人、1617人。

教师管理 1986年，普通中学实行在党支部领导下的校长负责制。1993年开始，推行校长负责制、教师聘任制、岗位责任制和结构工资制改革。1995年，全面实行“四制”改革，开展“万名学生评教师、千名家长评学校、教师学生评学校领导”的“三评”活动。1996年上半年，在全县实施教师专业技术职务聘任工作，引入竞争机制。1998年，制定落实《实施教师素质工程的意见》，加强三支队伍（校长队伍、班主任队伍、学科带头人队伍）建设，实施“三名工程”（名牌校长、名牌教师、名牌学校），完善“四制改革”，建立起“能上能下、能进能出、公平竞争、量才适用”的竞争管理机制；在全县教师队伍中全面推行“竞争聘任专业技术职务，实施聘约管理”工作。是年，改革师范类毕业生就业制度，本着“双向选择、公平竞争、择优录用”的原则，为中小学考录新教师；引进优秀外地毕业生到重点高中任教。2004 年始，推行以聘任制为主要内容的事业单位用人制度，实行教职工全员聘用合同制，对教职工由“身份管理”转向“岗位管理”。至 2005 年，先后从全国知名高校招聘优秀毕业生 130 人，其中长清一中录取 103 人，占一线教师的 35%；长清中学录取 27 人，占一线教师的 13%。2008 年，全区 4113 名教师参加专业技术职务竞聘，通过综合考评，中学高级、中学一级和小学高级教师受聘率分别为 88%、94%、77%。

1986年—2008 年，在全区（县）教育系统进行通用基本功和学科基本功训练培训、新课程培训、职业道德教育全员培训、计算机全员培训、新一轮中小学教师全员培训等。参加国家、省、市、区级培训的骨干教师 2232 人，参加省、市、区组织的学科教师培训 6721 人次，参加提高学历层次培训 3992 人、参加新课程培训 3500 人、参加新教师培训 1376 人。长清区（县）街道（乡镇）义务教育阶段教师实行内部定期交流制度，至 2008 年，全区（县）参加双向交流教师 2352 名。

师德考核评估　1986年—2008 年，贯彻执行济南市教育局《中小学教师职业道德规范》《关于加强教师职业道德建设的若干规定》《关于加强教师职业道德建设的意见》《关于对教师进行职业道德评价的意见》，在全区中小学教师中实施以“铸师魂、倡师德、练内功、树形象”为主题的教师素质工程，建立“一述三评”师德考核评估制度，制定师德建设先进集体、先进个人评选办法、条件，开展师德教风建设演讲比赛、优秀师德案例评选、优秀师德教师报告团、师德建设回头看等活动。2008 年，全区有全国十佳师德标兵 1 人（张广祥）、市师德标兵 3 人（袁吉廷、刘传英、宋丽），市师德建设先进集体 12 个（1997 年：长清一中、十四中学、职业中专、东城小学；1999 年：长清一中、长清三中；2001 年：实验中学、崮山中心小学；2003 年：石麟小学、界首中学；2006 年：第二职业高中、乐天小学）。

第八节　教育行政

教育经费　1986 年，教育经费主要是事业费拨款、社会捐资和勤工俭学等，全年教育经费 631.5 万元。1988 年 12 月，县政府下发《关于征收教育事业费附加的暂行办法》，实行“乡征、县管、乡用”；城市教育费附加按专项资金管理，用于改善县级以上公办中小学和职业中学办学条件，拓宽教育经费筹措渠道。20 世纪 90 年代，教育经费增加较快，增幅较大。1990年—1993 年，全县每年教育经费分别为 1232.4 万元、1407.8 万元、1854.1 万元和 1639.9 万元。1995 年，按照省市有关文件要求，教育经费要保证“三个增长”，即对教育拨款的增长要高于财政经常性收入的增长，在校学生人数平均教育费用逐步增长，教师工资和生均公用经费逐年增长。2002 年，农村税费改革后，农村教育事业费附加停止征收。中小学公用经费主要来源是学校按规定收取的杂费及县、乡镇两级政府的财政预算安排。农村初中杂费收费标准为每生每年 140 元，城区初中 180 元，政府拨付每生每年 65 元；农村小学杂费收费标准为每学年 80 元，城区小学 110 元，政府拨付每生每年 33 元。2007 年起，实施农村义务教育经费保障机制改革，对农村义务教育阶段学生实行“两免一补”，即免杂费、免课本费，补助寄宿困难生生活费，所需费用由省、市、县三级分别承担，比例为 4：4：2。是年，生均公用经费初中 365 元，小学 255 元，困难生生活补助费为 500 元。2008 年，生均公用经费提高为初中 470 元，小学 310 元，困难寄宿生生活费补助标准提高到 800 元。

教育设施　校舍改造　20 世纪 80 年代初，全县农村校舍破旧，校舍维护基本靠村（队）解决，国办中学由财政拨款，按上级规定标准进行设计、兴建，一般均系平房。1986 年起，各乡镇投资对农村普通中小学校舍进行“六配套”（校舍、课桌凳、院墙、厕所、操场、校门）改造，同时也对部分县属学校进行改造。至1991年,全县共改造校舍、院墙、厕所、操场等场地(所)11.7万平方米,"六配套"累计投入资金1984万元。1992年—1993年,完成县属学校校舍"五达标"(学校规模、校舍、桌凳、操场、校园环境),包括部分乡镇属学校的设施改造,累计投入资金1978万元,改、扩、建、修校舍及操场10.2万平方米。1994年起,县东城小学(现区实验小学)新建文博教学楼,长清一中建实验楼,孝里中学新建教学楼,全县共改、扩建教学楼、办公实验楼和维修校舍8.2万平方米,加上仪器配备,累计投资1760万元。1996年起,进入"普九"巩固阶段。至2000年,全县共新建、改造和维修校舍及场地28万平方米,包括设施配备总投入6123万元。2001年,长清县政府办公室下发《关于转发济政办发〔2001〕21号文件的通知》以及《关于成立长清县中小学危房改造工程协调小组办公室的通知》,长清县全面启动中小学危房改造工程。至2003年,包括新建一中东校区在内,共完成改造任务22.3万平方米,累计投入资金1.1亿元,完成危房改造任务,长清区被评为山东省中小学危房改造先进单位。2004年起,进入校舍全面升级改造阶段,新建乐天中学、乐天小学,用于安置大学科技园搬迁户子女就学,万德镇两所小学、文昌街道十里小学和马山中心小学相继竣工,加上各乡镇(街道)校舍升级改造等项目,至2008年年底,全区累计建设校舍19.3万平方米,投入资金8700万元,全区校舍达标率87%。

设施配备 20世纪80年代,全县中小学"四室"(教学实验室、仪器室、图书室、阅览室)逐步建成。1988年,全县中小学建设实验、仪器、图书、阅览室85个,配备教学仪器6万余件。20世纪90年代,全县实验室和教育信息化建设取得快速发展。1993年,长清教育电视台建成并开播。1995年,全县投资400多万元,共建成实验室125个、仪器室132个;图书阅览室106个,有图书80.5万册;教学仪器总价值1200余万元。是年年底,通过省"普九"验收。1999年—2000年,县、乡镇、村"普实"总投入850余万元,农村完小以上学校建起二类标准以上实验室,教学仪器配备率90%以上。2001年,通过济南市"普实"工作验收。是年,全县中学、乡镇中心小学建起计算机教室。2002年,长清教育信息中心建成并开通。2004年,全区完小以上学校新配备计算机3586台,所有完小以上学校全部开设信息技术课。2007年,投入160余万元,实现农村中小学现代远程教育,覆盖率100%。2007年—2008年,投入500余万元实施农村中小学教学仪器更新工程,80%中小学建起多媒体教室。长清一中、长清中学、实验中学、石麟小学、乐天小学等实现班班多媒体;长清一中、乐天中学等10余所中小学建起校园网和网站;全区所有中小学接入互联网,实现校校通。至2008年年底,全区中小学教育技术装备总额5300余万元。

附:长清教育电视台

长清教育电视台是济南市第一家教育电视台,1993年9月16日在县教委举行开播典礼,省教委副主任单兆众、省教委电教处处长周新立、山东省无线电管委会工程师孙洪忠、县委副书记郭恩庭、副县长赵保健出席开播仪式。主要有《教育新闻》《教育专题》等栏目,播放百部爱国主义影片、电视剧《西游记》等古典名著剧作。2002年7月18日,由于国家不允许区、县级办教育电视台,停止播出。

教育督导 "两基"达标验收督导 1984年,全县普及初等教育,是全省首批普及初等教育的区县。1991年,开展争创济南市义务教育先进县建设活动,对乡镇"两基"工作进一步检查督导。1995年,通过山东省评估验收和国家验收。1999年11月,通过市政府的抽检复查。

专项督导检查 学校建设督查 1986年起,结合学校升级改造,加强对学校建设的检查指导,先后完成长清一中新校,长清二中迁城建设,长清二职高、石麟小学、实验中学迁址,长清职业中专升级改造等重大工程。1992年,完成城镇中小学校舍改造任务。2001年起,督查指导创建济南教育改造示范乡镇和农村中小学标准化改造。

调整学校布局督查　结合全市布局调整规划，加强与乡镇政府的沟通与协调，重点解决乡镇中小学数量偏多、学校规模偏小、办学效益偏低的问题。按照高中向城区集中、初中向城镇转移、简小向完小合并的发展思路，结合“两基”达标、普及实验教学、学校信息化建设、市教育工作示范乡镇争创和农村中小学标准化建设改造等工作进行督导。至2008年，高中、初中、小学分别调整到4所、19所、100所。

教学设施建设督查　督促和指导全县中小学按配备标准配齐教学仪器、器材和配套设施。2001年，启动济南市教育示范乡镇争创工作，督促各乡镇政府进一步加大投入，不断完善内部设施，补足、补齐功能室，优化学校教育资源。指导乡镇教办和学校教学设施建设，争创乡镇（办）中心中学内部设施达到一类标准，其他学校达到二类标准。2004年，达到山东省“实验教学普及县工程”标准。

危房改造督查　2001年，危房改造工程启动，督导室配合有关科室对有危房改造任务的学校进行督查，指导学校合理利用资金。2006年，根据山东省政府《关于继续实施农村中小学危房改造工程的通知》，把危房改造工作的成绩作为评估乡镇教育工作的重要指标，纳入对乡镇学校考核的内容。

农村教育事业费附加征收和使用督查　2002年，长清区政府办公室下发《关于转发区教育局财政局〈关于继续增加教育投入的意见〉的通知》，结合省市督导要求，对全区各乡镇教育事业费附加征收和管理使用情况进行全面检查，加大对乡镇筹措教育经费、加大教育投入的监督和检查，依法保障教育经费的落实，加强对教师工资和生均公用经费落实情况定期进行调度和检查，依法保证教师工资得到落实、生均公用经费按时足额拨付。

济南市教育示范乡镇争创工作督导　2001年，启动济南市教育示范乡镇争创工作，下发《长清区示范乡镇争创工作意见》，按照示范乡镇标准，督促协调各乡镇政府增加投入，指导学校具体工作。2006年万德镇、双泉乡，2007年孝里镇、五峰山街道，2008年崮云湖街道先后通过济南市教育示范乡镇的验收。

全方位目标管理考核　制定对各乡镇教育工作和全区中小学、幼儿园、职、成、特教学校工作的考核细则和办法，组织对乡镇、学校工作的全面考核，促进乡镇教育工作和学校全面工作的进一步提高。

第九节　区属学校

济南市长清第一中学　学校前身是1904年创建的县立高等学堂，校址在老城区东南隅。1926年11月，成立县立初级中学。1948年8月，定名为山东省长清中学。1955年，增设高中，成为完全中学。1958年，改名为山东省长清第一中学。1959年10月，长清县制撤销，划归历城县，改名为历城第五中学，后又改为历城第一中学。1961年，长清县建制恢复，学校恢复原名“山东省长清第一中学”。1986年，学校占地面积4.49万平方米，建筑面积1.35万平方米，有办公楼、教学楼、实验楼各1幢，其余皆为平房；学校有教职工125人，24个高初中教学班，在校生1289人。是年，高考升学率60%，本专科升学率36%。1988年，进行校改。至1995年，校改完成，改建办公楼、食堂，新建学生宿舍、阶梯教室，扩建实验室、餐厅、图书室，对校园进行整体规划。1997年，学校本科录取112人，突破百人大关，升学率70%以上。1998年，长清第十五中学并入山东省长清第一中学。2000年11月6日，长清一中新校建设工程奠基仪式举行，新校区位于新城区龙泉街东段。2001年7月1日，完成一中新校一期工程；9月8日，高一新生全部进入新校区，高中部陆续由老校迁入新校。新校总占地面积13.99万平方米，建筑面积8万平方米，共投资7000余万元。建有科技文化大楼1幢，建

长清一中 （1986年 摄）

长清一中办公楼 （1986年 摄）

筑面积1.45万平方米，内设图书馆、实验室、计算机中心、艺术馆等。学生、教工餐厅各1幢，建筑面积6830平方米，可容纳3000名学生同时就餐，附有学生浴室和学生超市。学生宿舍楼2幢，每间配有单独卫生间、洗漱间和磁卡电话。教学楼1幢，建筑面积1.2万平方米，有60个教室，3个阶梯教室。建有5幢教职工宿舍楼和广场、喷泉、亭廊、园林、运动场等。2003年6月，改称济南市长清第一中学。2004年，通过省级规范化学校验收。至2008年，长清一中东、西两个校区占地24.06万平方米，建筑面积10万平方米，有教职工460人，专任教师377人，学历达标率100%；高级教师92人，中级教师139人，市以上优秀教师15人；有100个高、初中教学班，在校生6000人；逐渐熔铸成“求真、求知、求严、求实”的校风，“严谨治学、认真负责、无私奉献”的教风和“勤奋、扎实、认真、规范”的学风以及“同心同德、卧薪尝胆、甘为人梯、勇攀高峰”的一中精神。1986年—2008年，共输送本科生6000余人、专科生5000余人，有70余人被清华大学、北京大学、复旦大学、北京师范大学、南开大学等全国名牌大学录取。其中，1999年朱继刚以全市理科第一名的成绩被清华大学录取，方彬以全市文科第一的成绩被南开大学录取。学校先后被评为山东省文明单位、省级卫生先进单位、省级绿色学校、济南市教书育人先进单位等。

济南市长清中学 位于新城区龙泉街546号。前身为山东省长清师范学校，始建于1958年。1995年，改办高中，有高中班2个，学生69人，教职工103人。1998年，更名为山东省长清

长清一中新校 （2005年 摄）

■ 长清中学 （2008 年 摄）

中学，学校有教学楼、实验楼、办公楼、学生公寓各 1 幢。2001 年 9 月，新教学楼建成使用。2002 年 5 月，更名为济南市长清中学。2004 年 9 月，艺术楼建成使用，教室内安装交互式教学网络系统，配有电视、广播。学校有语音室、微机室、多媒体教室、电子备课室等现代化教学设施。2005 年 5 月，学校通过省级规范化学校验收。2008 年，校园占地面积 4.9 公顷，建筑面积 2.9 万平方米，教职工 244 人，专任教师 230 人，学历达标率 99%。高级教师 61 人，中级教师 65 人，市以上优秀教师 4 人，有 50 个教学班，在校生 2822 人，年升学率 86.5%。至 2008 年，共输送本科生 1929 人、专科生 5415 人，考入全国名牌大学的 7 人。学校先后被评为山东省学校民主管理先进单位、省级卫生先进单位、济南市文明单位，获济南市高考特长生培养优胜奖。

济南市长清第三中学 位于长清区张夏镇张夏中街南 2 号。学校始建于 1958 年 4 月，原名山东省长清第三中学，占地 3.17 公顷。1959 年 10 月，撤销长清县制，学校更名为历城七中。1961 年。长清复县后恢复原名。1968 年 8 月，开始高中招生。1986 年，学校建筑面积 1.01 万平方米，教职工 46 人，初中 6 个班，高中 6 个班，在校生共 680 人，高考升学率 13%。1996 年—1998 年，停止高中招生。1999 年 8 月，恢复高中招生。2002 年 5 月，山东省长清第三中学更名为济南市长清第三中学。2004 年 1 月，长清三职高并入长清第三中学；8 月，张夏镇纸坊中学并入长清第三中学；9 月，在原三职高建成教学楼 1 幢，实现高、初中校区分离。2005 年 4 月，通过省级规范化学校验收。2007 年 8 月，张夏镇青杨中学并入长清第三中学。2008 年，学校分南、北两个校区，总占地面积 12.3 万平方米，建筑面积 1.3 万平方米，建有教学楼、实验办公楼、男生公寓、女生公寓、学生餐厅，建有 300 米跑道的运动场。配有微机室、图书室、音乐室、画室、多媒体室等各种功能室，图书室藏书 4 万册，另有 10 万册的电子图书。教职工 164 人，专任教师 157 人，学历达标率 98%；中学高级教师 23 人，中级教师 59 人。有 36 个教学班，在校生 2161 人。学校先后被评为市级绿色学校、市教书育人先进单位、区全方位目标管理工作先进单位、区教书育人先进单位等。

济南市长清第五中学 位于长清区万德镇驻地。长清第五中学始建于 1958 年，1969 年开始高

■ 长清三中 （2008 年 摄）

长清第五中学 （2005 年 摄）

中招生。1986 年，学校占地面积 4.42 万平方米，建筑面积 2138 平方米，教职工 35 人，初中 6 个班，高中 6 个班，在校生共 615 人，高考升学率 10%。2002 年 5 月，更名为济南市长清第五中学。2004 年 12 月，界首中学并入济南市长清第五中学。2006 年，被评为市级文明单位、市级绿色学校、区师德建设先进集体。2008 年，学校分南、北两个校区，南校区占地面积 1.89 万平方米，建筑面积 3254 平方米；北校区占地面积 3.73 万平方米，建筑面积 9149 平方米，有教学楼 2 幢，学生公寓 1 幢，学生餐厅 1000 平方米。微机室、实验室、仪器室达到农村一类标准，音体美器材达到农村三类标准。全校有教职工 110 人，专任教师 100 人，学历达标率 94%；高级教师 23 人，中级教师 46 人。设高中班 6 个，初中班 23 个，在校生 1660 人。

济南市长清实验中学 位于老城区龙泉街 1 号。学校始建于 1976 年，原名为山东省长清第十四中学，地址在长清城南杨庄，1982 年迁入现址。1986 年，学校有高中教学班 6 个，在校生 390 人，教职工 40 人，有教学楼 1 幢，占地面积 1.1 万平方米。1988 年 9 月，学校由高级中学改为初级中学。1993 年 3 月，明确为副局级事业单位。1999 年 6 月，改称为山东省长清实验中学。2002 年 5 月，改称为济南市长清实验中学。2006 年，通过省级规范化学校验收。2008 年，学校建筑面积 4.4 万平方米，有探究活动室、电子备课室、语音室、音乐教室、图书室、阅览室等，教学班 48 个，在校生 2965 人，教职工 218 人，专任教师 171 人，其中大学本科学历 145 人，学历达标率 100%；有中学高级教师 57 人，中级教师 114 人；有全国优秀教师 2 人，省级优秀教师 3 人，济南市名师 2 人，区级名师 5 人。45 人获市级主管部门颁发的百佳教师、优秀教师、优秀班主任、教学能手、学科带头人等称号。学校先后被评为山东省初中教学工作先进单位、山东省教学示范学校，连续多年被评为济南市教书育人先进单位、长清区初中教学质量先进单位、长清区教育工作全方位目标管理先进单位。

长清区石麟小学 位于新城区龙泉街 288 号。学校始建于 1929 年，初名长清县立第二小学，校址在县城南门里大街路西。1934 年，因校址在原石麟书院改名县立石麟小学。1947 年，改

长清实验中学办公楼 （2008 年 摄）

长清县石麟小学 （1986 年 摄）

■ 长清区石麟小学新校　　（2008 年 摄）

称麟峰镇国民中心小学。1948 年，改称长清县实验小学。1948 年秋，长清县城解放后，称长清县石麟小学。1966 年，“文化大革命”初，改称东方红小学，发展到 18 个班。1969 年，增设中学部，改称东方红学校。1980 年，中学部与小学部分开，小学部复名长清县石麟小学。1981 年 7 月，被市政府定为重点小学。1993 年，被评为全国地方名校。1995 年，被评为山东省教书育人先进单位。1996 年 9 月，迁至现址，学校占地 3.62 万平方米，总建筑面积 1.51 万平方米。1999 年 1 月，被评为省优秀家长学校。2002 年 5 月，长清县石麟小学改为长清区石麟小学。2003 年 6 月，通过省级规范化学校验收。2005 年 12 月，被评为中小学教师校本培训省级示范学校。2006 年起，学校开始校园诗教的实践，以诗教为特色文化建设在省市产生积极影响。是年，被评为省级卫生先进单位、山东省现代科技教育研究先进单位。2007 年，被评为市教学示范校、教学管理先进单位。2008 年，有教学班 68 个，在校生 3937 人，教职工 136 人，专任教师 133 人，学历达标率 100%；小学高级教师 4 人，中级教师 86 人，省、市级骨干教师、学科带头人 20 人。

长清区实验小学　位于新城区中川街 1918 号。学校始建于 1989 年，原名为长清县东城小学，占地 1.67 公顷，建筑面积 4132 平方米，教学班 6 个，学生 120 人，教师 15 人。1994 年，通过省级规范化学校验收。1999 年，更名为长清县实验小学。2002 年 5 月，更名为长清区实验小学。2008 年，学校设有两个校区，占地面积共 3.6 万平方米，建筑面积 1.23 万平方米，有教学楼 4 幢，办公楼、综合楼各 1 幢，文化广场 1 处，建有 6000 平方米的人造草皮运动场及看台。有微机 376 台，实现班班都是多媒体教室。有实验室、仪器室、劳技室、美术室、音乐室、钢琴室、手风琴室、多功能室、广播室、校园电视台等 50 个专用教室，建有铜管乐队、手风琴乐团、合唱团。教学班 78 个，在校生 4687 人，教职工 237 人，专任教师 248 人，学历达标率 100%；中学高级教

■ 长清区实验小学　　（2004 年 摄）

师8人，小学高级教师108人，全国骨干教师、省特级教师、劳动模范、优秀辅导员、市专业技术拔尖人才、教学能手、优秀教师、优秀班主任等共83人。13名教师获国家级优质课一等奖，18名教师获省级优质课奖。学校先后被评为省花园式单位、省艺术教育示范学校、省少先队工作规范化学校、中央教科所课题实验先进单位、省教学示范学校、省优秀家长学校、省绿色学校等。

▇ 长清区实验幼儿园 （2008年 摄）

长清区实验幼儿园 位于新城区第二居民小区内。始建于1957年，原址在西门里两间平房内。1963年，迁至老城阁后街路西，建筑面积300平方米。1983年，迁至老城后街北段，建筑面积420平方米，活动场地650平方米。1985年，定名为长清县直机关幼儿园，隶属于长清县行管局。1986年，有大、中、小3个班，在园幼儿135人，教职工14人。1993年8月，迁至现址，幼儿园建筑面积859平方米，占地面积1442平方米。是年，长清县机关幼儿园改名为长清县实验幼儿园，隶属于长清县教委。1996年7月，加盖二层楼，建筑面积383平方米。1997年，被评为省级实验园。2001年7月，建二层综合楼，建筑面积368平方米。2002年5月，长清县实验幼儿园更名为长清区实验幼儿园。2006年8月，被评为济南市优秀家长学校、济南市托幼工作先进集体。2007年3月，被授予中国西部教育顾问单位称号。2008年，占地面积1442平方米，建筑面积1610平方米，教职工30人，在园幼儿198人，设大、中、小6个班。

长清区乐天中学 位于长清区乐天小区内，是2005年9月按省级规范化标准建设的一所区属中学。学校占地2万平方米，建筑面积1.2万平方米。2008年，有15个教学班，在校生665人，教职工49人，专任教师49人，学历达标率100%；高级教师6人，中级教师20人；市优秀班主任3人，市师德标兵4人。该校秉承“建设个性化学校，成就个性化教师，培养个性化学生”的理念，以“细节决定成败”为校训，开展小班化教学，实行精细化管理。学校创建以“学案引导、师生互导、生生互导，学生主动、师生互动、生生互动”为主线的“三导

▇ 长清区乐天中学 （2008年 摄）

三动”课堂教学模式，学校的经验做法被《语言文字报》刊登。

长清区乐天小学 位于长清区乐天小区内，是 2005 年 6 月按省级规范化标准建设的一所区属小学，学校占地 1.73 万平方米，教学楼面积 8888 平方米。2008 年，有教学班 24 个，在校生 1230 人，专职教师 54 人，学历达标率 100%；高级教师 2 人，中级教师 26 人；省三八红旗手 1 人、济南市“五一”劳动奖章获得者 1 人、区专业技术拔尖人才 1 人，市、区级学科带头人及教学能手 16 人。学校以教育、研究、服务“三位一体”为办学指导思想，秉承“让孩子拥有快乐的童年，让人生从这里坚实起步”办学理念，全面实施素质教育，促进学生主动、全面、创新、个性化发展。学校先后被评为山东省少先队工作规范化学校、济南市教学示范学校、济南市师德建设先进集体、济南市绿色学校、长清区教书育人先进单位等。

2005 年 6 月 1 日，举行乐天小学落成暨开学典礼仪式

第二章 科学技术

1986 年，长清县确定“科技兴县”战略，把科技工作列入重要议事日程，每年召开两次科技专题会议。1995 年起，全县 11 个乡镇建立科技领导小组，县政府与各有关单位、乡镇政府签订科技工作目标责任书。至 2008 年，区(县)委、区(县)政府先后出台 28 个关于科技工作方面的政策法规、决定和意见，在科技兴区(县)、加强科技领导、重奖科技人员、健全科技机构、增加科技投入等方面做出明确规定，全区以发展高新技术及其产业为先导，以科技兴工、兴农、兴第三产业为主体，形成全方位、多层次科技与经济相结合的新格局，共获得区(县)以上科技成果奖 347 项。

第一节 科研机构

1986 年，全县仅有 1 个厂办科研所。2006 年，全国科技大会召开后，区委、区政府鼓励和支持企业创办研发机构。至 2008 年年底，全区共有各类研发团体 28 家，其中国家级企业技术中心 1 家，省级工程技术研究中心 5 家、企业技术中心 5 家，市级工程技术研究中心 2 家、企业技术中心 15 家。

2008 年长清区市级以上技术研发团体情况表

表 19－6

级　别	单位名称	评审年份
国家级企业技术中心 1 家	中国石油集团济柴动力总厂	2008
省级工程技术研究中心 5 家	山东省乳业工程技术研究中心	2007
	山东省农作物标准化区域试验工程技术研究中心	2007
	山东省传热传质设备工程技术研究中心	2008
	山东省铸造机械装备工程技术研究中心	2008
	山东省热传导设备工程技术研究中心	2008
省级企业技术中心 5 家	山东水龙王集团有限公司	1997
	山东山水水泥集团有限公司	2003
	西电济南变压器股份有限公司	2003
	济南佳宝乳业有限公司	2004
	济南柴油机股份有限公司	2008
市级工程技术研究中心 2 家	济南市热交换设备工程技术研究中心	2007
	济南市节能环保激光硒鼓工程技术研究中心	2008
市级企业技术中心 15 家	济南市长清计算机应用公司	2005
	山东北辰集团有限公司	2005
	山东双泉散热器有限公司	2005
	山东宏达科技集团有限公司	2005
	济南第二汽车配件有限公司	2005
	山东泺源集团有限公司	2006
	济南金跃暖风机有限公司	2006
	济南鲁日钧达皮革有限公司	2006
	济南三九益民制药有限责任公司	2006
	济南冶金化工设备有限公司	2007
	济南张夏供水换热设备有限公司	2007
	济南长虹高科技复合管有限责任公司	2008
	富美科技有限公司	2008
	济南巨能液压机电工程有限公司	2008
	山东桑乐太阳能真空管有限公司	2008

第二节　科研队伍

1986 年，全县各级科技服务体系建立健全，科技队伍不断壮大，共有各类专业技术人员 3372 人。2008 年，全区专业技术人员 1.5 万人，其中博士 6 人、硕士 13 人、市级专业技术拔尖人才 5 人、市级青年学术技术带头人 4 人、市级乡村优秀科技人才7人、区级专业技术拔尖人才46人。

第三节 科技服务

科技宣传培训 1986年—2008年，全区（县）围绕重大科研项目，先后组织撰写《丹参栽培技术要点》《长清区核桃优质丰产栽植技术》《地膜花生栽培技术要点》《小麦春季管理技术意见》《马山雪桃品种更新换代及优质高效栽植技术》《杏树的花期管理和修剪知识》《波尔山羊的饲养管理技术》《美国白蛾防治技术》等重要科技资料；以树标牌、上电视、登报纸、送书籍为主要宣传形式，以《科技天地》《长清新视线》和《科技日报》《科技月刊》《长清报》《长清商讯》等报刊为宣传阵地，组织科技活动周、科技三下乡、科技服务直通车等活动，累计举办计划申报、种植、养殖、绿色农业等培训班160多期，培训人员10万人次，发放"明白纸"35万余份，制作科普展板1350块，发放科技图书9200余册，放映科普宣传片1000余次，受教育群众60万人次。

科技兴工 1986年起，长清区（县）通过出台科技政策、加强科技领导、健全科技机构、增加科技投入、召开科技大会等措施，实现科技资源有效整合，科技创新能力和核心竞争力显著增强，科技体制改革大力推进，科技创新环境不断优化，科技对经济社会发展的引领与支撑能力全面提升。1987年，县政府下发《关于推进企业技术进步工作的决定》。1992年—1997年，共实施火炬计划15项，新产品鉴定试制计划5项，总投资6500万元，县城工业开发区新上中外合资高新技术项目9个，全县在362个企业中实施技术嫁接改造传统产业项目380项。济南益民制药有限责任公司、归德长虹集团特种铸管厂、双泉机床厂、双泉散热器厂、马山特种锅炉厂、长清计算机公司、后三阻燃器材厂、长清农药厂被省科委认定为高新技术产业。2006年，制定奖励政策，企业被认定为国家、省、市级企业技术中心、工程技术研究中心的区财政分别给予50万元、30万元、3万元的扶持，企业被批准设立博士后工作站的区财政给予5万元扶持。至2008年年底，有高新技术企业76家，其中省级28家，高新技术产品86个，实现高新技术产值103亿元，高新技术产值比重31%；共实施各级各类科技计划400余项，其中国家级28项、省级65项。

科技兴农 1986年起，长清县深化农村经济体制改革，加大对农业的投入，实施"科技兴农"战略，加快农业科技项目的研究开发与推广应用，促进全县优质高效农业发展进程。1987年，县政府下发《长清县科技示范户组织管理条例（试行）》。1989年—1990年，完成《小麦生产综合机械化技术的研究开发》，小麦平均每公顷单产较开发前3年平均增加942公斤，增产小麦703.4万公斤，该项目被评为山东省农机化科技进步三等奖。1990年，印发《开展乡镇科技工作达标活动的意见》《关于依靠科技进步振兴农业的决定》。1992年—1994年，全县推广小麦、玉米、花生、大豆、种鸡、蛋鸡、瘦肉型猪、肉牛、蔬菜、果树等新品种50个，优良品种覆盖率99%；配方施肥、地膜覆盖、以"四作四收"为主要内容的高产高效栽培模式、立体种植、精量播种、病虫害综合防治、农业机械化技术、节水灌溉技术、秸秆青贮、氨化饲料、水产高产精养、网箱养鱼、保护地栽培技术等50项先进适用技术得到大面积推广应用，覆盖率94%。1993年—1994年，全县开展"农业实用技术推广年"活动，重点推广主要农作物良种引进、繁育工程，畜禽良种引进、繁育、饲养工程，农作物立体种植、间作套种高产、高效工程，农作物病虫害综合防治工程，地膜覆盖和蔬菜保护栽培工程，配方施肥工程，旱作农业工程，节水灌溉工程，水产高产精养工程，优质果园建设和老果园更新改造工程10项应用工程。农业新技术、新成果的推广应用，土地复种指数由1990年的1.72提高到1995年的1.9。1996年5月，市科委确定归德镇为济南市科技兴农示范基地，市委常委、副市长沈建国出席命名授牌仪式。至1997年，全县有科技示范乡镇3个，科技示范企业21家，科技示范村124个，科技示范户7076户；建立县级专业推广服务组织40个，乡镇科技推广服务组织252个，村级科技服务组织613个；建立农民科技研究会139个，会员4643人。至1998年年底，先后承担和完成国家火炬计划、攻关计划和高新技术产业发展项目及省市科技计划项目80余项，获国家专利9项，各类科技成果奖70余项，辐射带动周边县（市）区面积2.4万公顷。2008年，以农业产业结构优化调整为主线，实施农业科技项目为手段，培植农业主导产业和名优特农产品，发展"两高一优农业"、旅游农业和创汇农业；在农作物种植、畜牧、蔬菜、林果、食用菌五大支柱产业，推广应用良种、保护地栽培、节水灌溉、病虫害综合防治等先进农业新技术，小麦、玉米等主要农作物和牛、羊等主要畜牧品种的良种覆盖率达98%以上。至2008年年底，区内有济南佳宝乳业、山东明发兽药、济南澳利种业、省计委绿色科技服务公司和团省委青少年素质拓展中心等科技型企事业单位30多家，涵盖农业良种、奶业、兽药、水资源等领域。

科技服务体系　1986年起，科技服务体系不断发展完善，技术服务范围涉及农作物、蔬菜、畜牧、林业、养殖、农机具维修等七大领域，实施技术承包、技术入股、"植物医院"、定期上门服务、电话咨询热线等服务形式。至2008年年底，全区建立各类科技服务组织264个，其中区、乡镇级68个，形成区、乡镇、村、户四级科技服务网络，有示范企业32个、示范村33个、示范乡镇2个、示范户6000个。

第四节　科技成果

1999年，科技星火奖取消，星火计划项目所获得的奖项列入科技进步奖。至2008年，全区（县）获市级以上奖项共233项，其中省级38项、市级195项；评出区（县）级科技进步奖114项。

1986—2008年长清区（县）科技成果获奖情况表

表19－7

年份	成果名称	研制单位	奖励类别	奖励等级
1986	FRDI－6型400毫米圆周顶扇	济南市长清县电扇厂	科技进步奖	市二等奖
1986	玉米杂交制种	长清县种子公司	科技进步奖	市二等奖
1987	NZG系列束式自动给水装置	长清县张夏水暖器材厂	科技进步奖	省三等奖
1987	稀土灰铸铁散热器	长清县锅炉厂	科技进步奖	省三等奖
1988	NZG系列束式自动给水装置技术开发	长清县张夏水暖器材厂	星火示范企业奖	市三等奖
1989	低度酒尾回收新工艺	长清酒厂张夏分厂	科技进步奖	市二等奖
1989	ZXG(Y)系列锅炉风机综合消声装置	长清县环保节能设备厂	科技进步奖	市三等奖
1989	150毫米台灯风扇	长清电扇厂	科技进步奖	市三等奖
1989	欧美类杨无性系对比试验	长清县林业局	科技进步奖	市三等奖
1989	ZNC侧压浓缩机技术开发	长清县第一轻工机械厂	星火奖	市三等奖
1989	推广内燃砖生产新工艺科技管理与培训	长清县企业局、长清县科委	星火管理与培训奖	市三等奖
1990	防治芦苇虫草两害万亩开发实验研究	长清县孝里镇农技站	科技进步奖	市二等奖
1990	孝里洼综合开发技术	济南市农业局、山东省淡水水产研究所、长清县水利水产局	科技进步奖	市二等奖
1990	长清森林植物检疫对象普查	长清县林业局	科技进步奖	市三等奖
1990	栝楼丰产栽培技术的研究	长清县科委	科技进步奖	市三等奖

续表 19－7

年份	成果名称	研制单位	奖励类别	奖励等级
1990	山区补淡蔬菜基地建设丰产优质栽培试验	长清县科委、济南市农科所	科技进步奖	市三等奖
1990	JEA3－1 型并条机标准（DB/3701W9300L－88）	济南第三纺织机械厂	科技进步奖	市三等奖
1990	激光治疗宫颈炎疗效的研究	长清县中医院	科技进步奖	市三等奖
1991	小麦蚜虫种群动态及其应用的研究	长清县科委	科技进步奖	市二等奖
1991	罐装冷启动液	济南长清冷启动装置厂	科技进步奖	市三等奖
1991	LFW 系列无压热水锅炉	济南市长清无压热水锅炉厂	科技进步奖	市三等奖
1991	TZY2－6－5(8)型灰铸铁柱翼型散热器	济南市散热器厂	科技进步奖	市三等奖
1992	玉米良种杂交繁育开发试验	长清县种子站	科技进步奖	市二等奖
1992	地埋型塑料软管输水技术推广	长清县水利水产局局	科技进步奖	市二等奖
1992	ZZH0.7－4/95/70－AII 型灰铸铁高效节能热水锅炉	济南市长清锅炉厂	科技进步奖	市二等奖
1992	10 万亩夏玉米高产栽培技术开发	长清县农机站	科技进步奖	市三等奖
1992	SPI－8701 防治芦笋茎枯病技术推广	长清县多种经营办公室	科技进步奖	市三等奖
1992	长清县瘦肉猪人工受精技术开发	长清县畜牧局	科技进步奖	市三等奖
1992	花生带壳早播增产技术研究及推广	长清县经济作物站	科技进步奖	市三等奖
1992	佛手瓜技术开发试验	长清县科委	科技进步奖	市三等奖
1992	生态农业在庭院中综合应用技术开发	长清县归德镇政府	科技进步奖	市三等奖
1992	吨粮田技术开发推广	长清县农技站	科技进步奖	市三等奖
1992	电脑控制给水设备系列产品开发	济南市张夏水暖器材厂	星火奖	市一等奖
1992	长清县 20 万亩小麦综合增产技术推广	长清县农机站	星火奖	市二等奖
1992	农机保修服务体系建设及农机节能技术开发	长清县农机局农机修配站	星火奖	市二等奖
1992	TZY2－6－5(8)型灰铸铁散热器	济南市散热器厂	星火奖	市三等奖
1992	S86－71 聚氨酯无光马路划线漆	济南市造漆厂	星火奖	市三等奖
1992	TZY2－5－5(8)型灰铸铁散热器	济南双泉机床厂	星火奖	市三等奖
1992	花生中低产田综合增产技术开发	长清县经济作物站	星火奖	市三等奖
1992	长清县 10 万亩杂交玉米综合丰产技术	长清县农机站	星火奖	市三等奖
1993	铸铁多翼散热器	长清县双泉机械厂	科技进步奖	省三等奖
1993	RV－04 单管束立式换热器	济南张夏水暖器材厂	科技进步奖	市二等奖
1993	中药新方治疗烧烫伤的研究	长清县中医院	科技进步奖	市二等奖
1993	木鱼石工艺保健品	济南市张夏石材玉器厂	科技进步奖	市二等奖
1993	“粮种安”新药储粮技术研究	长清县科委	科技进步奖	市三等奖

续表 19－7

年份	成果名称	研制单位	奖励类别	奖励等级
1993	SLA－T 型慢裂阳离子沥青乳化剂	长清化工实验厂	科技进步奖	市三等奖
1993	美洲黑杨无性系列引种试验	长清县林业局、山东林科所	科技进步奖	市三等奖
1993	DX 系列多管旋风除尘器	济南市环冠除尘器厂	科技进步奖	市三等奖
1993	长清县 2 万亩地瓜增产技术开发	长清县职业中等专业学校	科技进步奖	市三等奖
1993	北沙河重污染河段沿岸浅层地下水污染现状及趋势预测	长清县环境保护监测站	科技进步奖	市三等奖
1993	电脑控制给水设备系列产品开发	济南张夏水暖器材厂	星火奖	省二等奖
1993	小麦高产综合机械化增产技术推广	长清县农机局、长清县农机推广站	星火奖	市二等奖
1993	管架式热水锅炉	济南市特种锅炉厂	星火奖	市二等奖
1993	LR6 碱性锌——锰干电池	济南市麦芽厂	星火奖	市二等奖
1993	长清县小杂粮开发	长清县农业技术推广站	星火奖	市三等奖
1993	万德镇夏玉米高产开发	长清县万德农技站	星火奖	市三等奖
1993	花生夏直播万亩高产栽培技术开发	长清县经济作物站	星火奖	市三等奖
1994	中药新方治疗烧烫伤的研究	长清县中医院	科技进步奖	省三等奖
1994	侯庄小流域水土保持综合治理开发工程	长清县水土保持办公室	科技进步奖	市二等奖
1994	双效溴化锂吸收式制冷机	张夏水暖器材厂	科技进步奖	市二等奖
1994	LSG(0.4Mpa)系列立式双功能锅炉	济南市特种锅炉厂	科技进步奖	市二等奖
1994	灵芝茶系列产品研制	长清县食用菌研究开发中心	科技进步奖	市二等奖
1994	稀土球墨铸铁管件	济南张夏煤气铸管总厂	科技进步奖	市二等奖
1994	灰铸铁柱翼型散热器	长清双泉机械厂	科技进步奖	市二等奖
1994	保健乾隆营养粥	山东振国保健食品有限公司	科技进步奖	市二等奖
1994	RV－04 单管束立式容积式换热器系列产品开发	济南张夏水暖器材厂	星火奖	市二等奖
1994	铸铁多翼型散热器	长清双泉机械厂	星火奖	市二等奖
1994	小麦良种“54368”高产栽培技术开发	长清县农业技术推广站	星火奖	市三等奖
1994	泰山小白梨山区丰产栽培技术开发	长清县多种经营办公室、长清县科委	星火奖	市二等奖
1994	管架式热水锅炉	济南特种锅炉厂	星火奖	市二等奖
1994	鸡法式囊新城疫双抗信息运作	长清县畜牧兽医站	信息成果奖	市一等奖
1994	水长期供求关系	长清县水利局	信息成果奖	市三等奖
1994	小流域治理是长清南部山区经济开发的重要途径	长清县水利局水保办公室	信息成果奖	市三等奖
1994	加快小麦精播科技信息成果的应用	长清县农机局推广站	信息成果奖	市三等奖

续表 19－7

年份	成果名称	研制单位	奖励类别	奖励等级
1994	鸡 IBD. NO 高免抗体信息运作	长清县畜牧兽医站	信息成果奖	省三等奖
1995	SX20.6－35D 型双效溴化锂吸收式制冷机	济南市张夏水暖器材厂	科技进步奖	省二等奖
1995	等离子体改性强化汽水换热器	济南市张夏水暖器材厂	科技进步奖	市二等奖
1995	陶瓷内衬钢管	济南长虹特种铸管有限责任公司	科技进步奖	市二等奖
1995	泰山小白梨优质栽培及出口外销配套技术研究	长清县多种经营办公室	科技进步奖	市二等奖
1995	缩合葡萄糖原料药及制剂	济南益民制药有限责任公司	科技进步奖	市二等奖
1995	梯唇型橡胶圈接口铸铁管	济南张夏煤气铸管总厂	科技进步奖	市三等奖
1995	ZXZ－600 直燃型溴化锂吸收式冷热水机组	济南市张夏水暖器材厂	科技进步奖	市三等奖
1995	RV－04 单管束立式容积式换热器系列开发	济南市张夏水暖器材厂	科技星火奖	省二等奖
1995	耐热高合金炉管	济南长虹特种铸管有限责任公司	科技星火奖	市二等奖
1995	轻骑系列缸体产品开发	济南市长清汽缸厂	科技星火奖	市二等奖
1995	GSH 降解膜	济南泉都集团总公司	科技星火奖	市二等奖
1995	立式强化燃烧型煤双功能锅炉	济南市特种锅炉厂	科技星火奖	市二等奖
1995	播科技星火、强地方经济、促全面发展	长清县科委	科技星火奖	市二等奖
1995	嫩枝扦插脱毒组培快繁林果花木苗	长清县林业局	科技星火奖	市二等奖
1995	花生综合配套栽培技术推广应用	长清县经济作物站	科技星火奖	市三等奖
1996	缩合葡萄糖原料及制剂	济南益民制药有限责任公司	科技进步奖	省三等奖
1996	泰山小白梨优质栽培及出口外销配套技术研究	长清县多办、长清县科委	科技进步奖	省三等奖
1996	立式异型花岗石锯试制	济南异型花岗石设备科技实验场	科技进步奖	市二等奖
1996	LSG 系列立式双燃室消烟除尘蒸汽热水锅炉	山东三友锅炉有限公司	科技进步奖	市三等奖
1996	缩放式波纹管换热器	济南市张夏水暖器材厂	科技进步奖	市三等奖
1996	獭兔毛皮质量的研究与开发	长清县特种养殖试验基地	科技进步奖	市三等奖
1996	矮化苹果苗木快繁技术研究	长清县林业局	科技进步奖	市三等奖
1996	高产高效田综合技术开发	长清县农业技术推广站	科技进步奖	市三等奖
1996	山区渡淡菜优质高效配套技术研究与开发	长清县蔬菜局	星火奖	市二等奖
1996	XZJ 型旋阻式高压静电除尘器与 XJ 旋激湿式脱硫除尘器	济南环冠除尘器厂	星火奖	市二等奖
1996	3 万吨麦芽生产线示范工程	济南市麦芽厂	星火奖	市二等奖
1996	MLH－II 型自动焊接操作机	济南金马机械制造总厂	星火奖	市三等奖

续表 19－7

年份	成果名称	研制单位	奖励类别	奖励等级
1996	轻骑系列缸体产品开发	济南市长清汽缸厂	星火奖	省三等奖
1996	GSH 降解膜	济南泉都集团总公司	星火奖	省三等奖
1996	立式强化燃烧型煤双功能锅炉	济南特种锅炉厂	星火奖	省三等奖
1996	播科技星火、强地方经济、促全面发展	长清县科委	星火奖	省三等奖
1997	等离子体改性强化汽水换热器	济南市张夏水暖器材厂	科技进步奖	省二等奖
1997	农村到户远程抄表及用电管理系统	长清县供电局	科技进步奖	市二等奖
1997	粮油蒜高产高效模式研究	长清县农业技术推广站	科技进步奖	市二等奖
1997	WNS－95/70－Y 系列燃油中央热水机组	济南福信锅炉有限公司	科技进步奖	市三等奖
1997	ZRJ 型直燃式中央热水机	济南市张夏水暖器材厂	科技进步奖	市三等奖
1997	高效节能 U 型翅片管散热器	山东双泉集团有限公司	科技进步奖	市三等奖
1997	长清县农用土地分等定级评估	长清县土地矿产管理局	科技进步奖	市三等奖
1997	长清县小麦主栽培品种(鲁麦 14、54368)提纯复壮及繁育推广	长清县良种示范农场	科技进步奖	市三等奖
1997	长清县综合国土规划	长清县计划委员会	科技进步奖	市三等奖
1997	XJ－旋激湿式脱硫除尘器	济南环冠除尘器厂	科技进步奖	省二等奖
1997	MLH－II 型自动焊接操作机	济南金马机械制造总厂	科技进步奖	省三等奖
1997	GS125 摩托车气缸头组合产品开发	济南顺达气缸有限公司	科技进步奖	市一等奖
1997	激光治疗婴儿腹泻的考察论证报告	长清县人民医院	信息成果奖	省三等奖
1997	肛周脓肿预期根治术的考察论证报告	长清县人民医院	信息成果奖	省三等奖
1997	数据库在野生动物资源保护中的应用	长清县森保站	信息成果奖	省三等奖
1997	GS125 摩托车汽缸头组合产品开发论证报告	济南顺达气缸有限公司	信息成果奖	市一等奖
1997	旱地小麦地膜周年覆盖栽培技术的论证	长清县农机站	信息成果奖	市一等奖
1997	激光治疗婴幼儿腹泻的考察论证报告	长清县人民医院	信息成果奖	市一等奖
1997	肛周脓肿预期根治术的考察论证报告	长清县人民医院	信息成果奖	市一等奖
1997	自体游离脾组织片移植论证报告	长清县人民医院	信息成果奖	市一等奖
1997	引进地瓜新品种 868 红心王的论证	长清县农技站	信息成果奖	市二等奖
1997	旱地小麦机械化覆膜信息的应用	长清县农机站	信息成果奖	市二等奖
1997	长清县生物防火林带工程建设规划	长清县林业局	信息成果奖	市二等奖
1997	内镜下治疗急性上消化道出血的探讨	长清县人民医院	信息成果奖	市二等奖
1997	长清县农村电费管理系统	长清县供电局	信息成果奖	市二等奖
1997	关于数据库在野生动物资源保护中的应用	长清县森保站	信息成果奖	市二等奖

续表 19－7

年份	成果名称	研制单位	奖励类别	奖励等级
1997	关于农村用电管理——远程抄表系统的论证	长清县供电局	信息成果奖	市三等奖
1997	马套小流域综合治理规划	长清县水利水产局	信息成果奖	市三等奖
1997	经尿道气化切除前列腺信息的论证	长清县人民医院	信息成果奖	市三等奖
1997	关于小麦联合收获科技信息应用	长清县农机站	信息成果奖	市三等奖
1997	长清县林业发展规划	长清县林业站	信息成果奖	市三等奖
1997	布鲁化菌病监测	长清县卫生防疫站	信息成果奖	市三等奖
1997	裸岩山地高标准绿化技术研究	长清县林业站	信息成果奖	市三等奖
1997	肉牛改良育肥科技信息论证	长清县畜牧局	信息成果奖	市三等奖
1997	C45 系列断路器在建筑工程上的应用探讨	长清县建筑设计院	信息成果奖	市三等奖
1998	立式异型花岗石锯	长清县科委	科技进步奖	省三等奖
1998	双折线拱角管锅炉	济南市特种锅炉厂	科技进步奖	市二等奖
1998	旱地农业高产高效模式研究与示范	长清县农业局	科技进步奖	市二等奖
1998	ZR 系列等离子体真空热水机组	济南市张夏水暖器材厂	科技进步奖	市三等奖
1998	MT125 型摩托车气缸产品开发	济南市长清汽缸厂	科技进步奖	市三等奖
1998	马套小流域综合治理、侯庄小流域治理推广应用	长清县水保办	科技进步奖	市三等奖
1998	小麦良种引进及原种繁育技术研究	长清县良种示范农场	科技进步奖	市三等奖
1998	引进生产线开发摩托车发动机箱体	济南顺达气缸有限公司	星火奖	市二等奖
1998	玉米高产优良品种配套增产技术	长清县农技站	星火奖	市二等奖
1998	QTQ(S)H 系列强制湍流换热器	济南市宏达供热设备有限公司	星火奖	市三等奖
1998	JNSTR 暖风机	济南水箱厂暖风机分厂	星火奖	市三等奖
1998	杨树丰产栽培配套技术推广	长清县林业局	星火奖	市三等奖
1998	蔬菜双万元高值田技术开发	长清县蔬菜局	星火奖	市三等奖
1998	长毛兔良种引进与综合配套技术开发	长清县畜牧局	星火奖	市三等奖
1998	GS125 摩托车汽缸头组合产品开发	长清汽缸厂	星火奖	省二等奖
1999	旱地农业高产高效模式研究与示范	长清县农业局	科技进步奖	省三等奖
1999	ZR 系列等离子体真空热水机组	济南市张夏水暖器材厂	科技进步奖	省三等奖
1999	长清县西汉济北王陵出土文物修复技术研究	长清县博物馆	科技进步奖	市一等奖
1999	改良闭式修补术治疗直肠前突性便秘的临床应用	长清县人民医院	科技进步奖	市三等奖

续表 19－7

年份	成果名称	研制单位	奖励类别	奖励等级
1999	CWNS－95/70－Y(Q)系列燃油(气)常压热水锅炉	济南市宏达供热设备有限公司	科技进步奖	市三等奖
1999	花菇高产栽培及研究开发	长清县农技站	科技进步奖	市三等奖
2000	智能换热机组	济南市张夏水暖器材厂	科技进步奖	省三等奖
2000	长清县西汉济北王陵出土文物修复技术研究	长清县博物馆	科技进步奖	省三等奖
2000	智能换热机组	济南市张夏水暖器材厂	科技进步奖	市二等奖
2000	QT 离散度预示急性心肌梗塞近期预后的价值	长清县人民医院	科技进步奖	市三等奖
2000	良种牛繁育及推广	长清县孝里镇畜牧兽医站	科技进步奖	市三等奖
2000	TS244FM 摩托车发动机产品开发	山东泰山摩托车有限责任公司	科技进步奖	市三等奖
2000	大棚厚皮甜瓜(洋青瓜)引进可行性论证	长清县科委	信息成果奖	市一等奖
2000	脑穿刺治疗脑出血探讨	长清县人民医院	信息成果奖	市一等奖
2000	乳房保留术治疗女性乳腺癌的论证报告	长清县人民医院	信息成果奖	市一等奖
2000	复方止痛灵胶囊治疗癌痛论证	长清县中医院	信息成果奖	市一等奖
2000	三联固定法治疗腓骨不稳定性骨折	长清县中医院	信息成果奖	市一等奖
2000	保留幽门及幽门部迷走神经胃大部切除论证报告	长清县人民医院	信息成果奖	市二等奖
2000	外剥内扎侧切术治疗混合痔的考察论证报告	长清县人民医院	信息成果奖	市二等奖
2000	小剂量胰岛素持续静滴治疗 DKA 并脱水时血糖下降速度观察分析	长清县人民医院	信息成果奖	市二等奖
2000	川穹嗪对肺心病加重期血液流变学及微循环的影响	长清县人民医院	信息成果奖	市二等奖
2000	筋骨愈贴膏治疗骨折的考察论证报告	长清县中医院	信息成果奖	市二等奖
2000	经皮穿刺切吸术治疗椎间盘突出症	长清县中医院	信息成果奖	市二等奖
2000	感冒口服液 II 号论证报告	长清县中医院	信息成果奖	市二等奖
2000	调理脾胃法治疗 2 型糖尿病临床研究	长清县中医院	信息成果奖	市二等奖
2000	新式剖宫术的考察论证	长清县中医院	信息成果奖	市二等奖
2000	小麦跨区作业联合收获科技信息应用	长清县农机推广站	信息成果奖	市二等奖
2000	三秋大型农机跨区作业科技信息应用	长清县农机管理站	信息成果奖	市二等奖
2000	波尔山羊改良本地山羊信息论证报告	长清县畜牧局	信息成果奖	市二等奖
2000	长清县林业分类经营分类区划规划	长清县林业局	信息成果奖	市二等奖
2000	变种引种的可行性分析	长清县林业局	信息成果奖	市二等奖

续表 19－7

年份	成果名称	研制单位	奖励类别	奖励等级
2000	妊娠期健康妇女血浆 ALP 含量调查	长清县人民医院	信息成果奖	市三等奖
2000	对本地儿童缺锌、缺钙状况的调查研究	长清县人民医院	信息成果奖	市三等奖
2000	关于送教下乡万名机手培训科技信息的论证	长清县农机化学校	信息成果奖	市三等奖
2000	粮食产后过程综合配套技术信息成果的应用	长清县农机推广站	信息成果奖	市三等奖
2000	BFD－904 节油剂推广科技信息的论证	长清县农机监理站	信息成果奖	市三等奖
2000	曲马多布比卡因预防前列腺炎切除术后膀胱痉挛	长清县人民医院	信息成果奖	市三等奖
2000	优质高产生态奶业科技信息的论证	长清县畜牧局	信息成果奖	市三等奖
2001	TQ(S)H 系列湍流高效容积式换热器	济南市宏达供热设备有限公司	科技进步奖	市二等奖
2001	绕丝强化波导换热器	济南市张夏水暖器材厂	科技进步奖	市二等奖
2001	山丘旱作农业综合栽培技术研究与示范	长清县农业局	科技进步奖	市二等奖
2001	改良牛育肥配套技术推广	长清县畜牧兽医站	科技进步奖	市三等奖
2001	7001 汽车暖风机研制	济南水箱厂暖风机分厂	科技进步奖	市三等奖
2001	景区景观美化与林木资源保护开发技术研究	长清县林业局	信息成果奖	市三等奖
2002	TQ(S)H 系列湍流高效容积式换热器	济南市宏达供热设备有限公司	科技进步奖	省三等奖
2002	换热器智能网络控制系统	济南市宏达供热设备有限公司	科技进步奖	市二等奖
2002	小麦垄作高效栽培技术研究及在良种繁育方面的示范推广	农业部山东小麦原种总厂	科技进步奖	市三等奖
2002	黑小麦繁育示范开发	长清区良种示范繁殖农场	科技进步奖	市三等奖
2003	换热器智能网络控制系统	济南市宏达供热设备有限公司	科技进步奖	省三等奖
2003	智能 MBR 中水一体化回收设备	济南市宏达供热设备有限公司	科技进步奖	市三等奖
2003	智能可燃气体测控台	济南市长清计算机应用公司	科技进步奖	市三等奖
2003	传统食管胃吻合术与食管胃吻合附加胃底折叠囊状瓣成形术防反流的对比研究	长清区人民医院	科技进步奖	市三等奖
2003	优质专用小麦良种万亩示范开发	长清区良种示范繁殖农场	科技进步奖	市三等奖

续表 19－7

年份	成果名称	研制单位	奖励类别	奖励等级
2004	智能 MBR 中水一体化回收设备	济南市宏达供热设备有限公司	科技进步奖	省三等奖
2004	智能可燃气体测控台	济南市长清计算机应用公司	科技进步奖	省三等奖
2005	海藻糖合酶固定化连续生产海藻糖技术的研究	山东轻工业学院 济南瑞丰生物工程有限公司	科技进步奖	省二等奖
2005	等离子体表面改性凝汽器	济南市张夏水暖器材厂 山东大学	科技进步奖	省二等奖
2005	智能型可燃气体控制中心	济南市长清计算机应用公司	科技进步奖	省三等奖
2005	智能化高效节能换热器	山东宏达科技集团有限公司	科技进步奖	省三等奖
2005	100/0t/α 过瘤胃蛋氨酸中试	山东省化工研究院、化学工业(全国)饲料添加剂工程技术中心	科技进步奖	省三等奖
2005	镍钛离子改性换热器	山东宏达科技集团有限公司	科技进步奖	市三等奖
2005	等离子体表面改性凝汽器	济南市张夏水暖器材厂	科技进步奖	市三等奖
2006	替米考星及其系列产品的研制与产业化	山东华尔康兽药有限公司	科技进步奖	省二等奖
2006	鸡传支病毒变异株分子生物学特性与防治研究	山东明发兽药股份有限公司 山东农业大学	科技进步奖	省三等奖
2006	镍钛离子改性换热管	山东宏达科技集团有限公司	科技进步奖	省三等奖
2006	鸡传支病毒变异株分子生物学特性与防治研究	山东明发兽药股份有限公司 山东农业大学	科技进步奖	市一等奖
2006	北方地区龙柏快繁技术研究与开发	长清区林业局种苗站	科技进步奖	市二等奖
2006	华北农区(山东)奶业现代化生产技术集成与产业化示范	济南佳宝乳业有限公司、山东农业大学	科技进步奖	市二等奖
2006	生态农业研究与开发	济南市华新乳业有限公司	科技进步奖	市二等奖
2006	CPU－智能燃气表	济南市长清计算机应用公司	科技进步奖	市二等奖
2006	串联式快速湍导高效换热器	济南市宏达供热设备有限公司	科技进步奖	市三等奖
2006	蜂窝状固定化微生物填料	济南泉水叮咚净化有限责任公司	科技进步奖	市三等奖
2007	肛周脓肿预期根治的研究	长清区人民医院	科技进步奖	市三等奖
2007	丰产林定向培育综合技术推广与应用	长清区林业局	科技进步奖	市三等奖
2007	燃气红外辐射采暖系统	济南市长清计算机应用公司	科技进步奖	市三等奖
2008	丰田 8A 气门挺杆的设计开发	济南沃德汽车零部件有限公司	科技进步奖	市三等奖
2008	C4 型太阳能热水器薄板冲压生产线	济南铸锻所捷迈机械有限公司	科技进步奖	市三等奖

第五节 科技管理

计划管理 1986年起，每5年制定一次科技发展规划。1986年—1997年，县科委先后编制《长清县“七五”科技发展规划》《长清县科技兴县实施方案》《长清县“八五”科技发展规划纲要》《长清县科技发展“九五”规划及到2010年规划纲要》。2004年—2007年，长清区先后下发《关于完善科技创新体系加快高新技术产业发展的决定》，制定《济南市长清区中长期科学和技术发展规划纲要（2006—2020）》《济南市长清区建设创新型城区若干政策》《济南市长清区创新型城市建设总体发展规划》。每年向上级主管部门申报科技计划项目（包括科技攻关项目、“星火”计划、“火炬”计划、成果推广计划），从项目立项、资金使用、项目实施到验收鉴定进行全程管理，确保各类科技计划顺利实施。至2008年年底，共实施市级以上科技计划400余项。

经费投入 1986年起，科技开发研究经费列入区（县）财政预算，科技投入不断增加。1986年—1991年，县财政每年拨付科技经费5万元。1992年—1994年，每年10万元。1995年，科技经费增至135万元，其中科技开发研究经费85万元，科技周转金50万元。1997年，全县科技开发研究经费120万元。2008年，区本级财政科技三项经费达到1150万元，占本级财政一般预算支出的1.59%。是年，实现高新技术产业增加值25亿元，占工业增加值的27.85%。

科技进步考核 1993年4月，长清县开始实施两年一度全国县（市）科技进步考核工作。根据国家、省、市科技部门关于开展科技进步考核工作要求，成立领导小组，制定实施方案，明确考核任务，细化考核内容，召开全县科技工作会议，与各乡镇、县直有关部门签订“科技进步考核责任书”。是年，长清县通过省科委专家组考核验收。1996年8月，长清县获全国科技工作先进县称号；11月，长清县被市委、市政府授予科技兴市先进县称号。2000年—2008年，4次国家科技进步考核验收全部合格。

第六节 知识产权

1985年4月1日，《中华人民共和国专利法》颁布施行。1986年，县科委设兼职专利管理工作人员1名。至1995年，申请专利35项。2007年，长清区知识产权局成立。是年，华新集团建成全市第一家农业企业专利数据库。至2008年年底，全区共实现专利申请1521项。

第七节 地震测报

1986年，县科委配地震监测兼职工作人员1名。1995年，成立防震减灾工作领导小组。2002年12月，区地震局成立，负责全区的防震减灾工作，定编3人，隶属于区科学技术局。是年建立地震监测预报、震害预防、紧急救援三大工作体系。2004年4月，区地震局职能及人员整建制划转区科学技术局，区科学技术局加挂区地震局牌子，制定防震减灾工作规划，开展防震减灾宣传教育，负责协调防震减灾工作。2006年，制定印发《济南市长清区地震应急预案》。2008年，结合全区防震减灾工作实际对应急预案进行修订完善。是年，全区有水井观测点（老县委院内）1处，动物宏观观测点10处，均由专人负责，发现异常及时上报。

第八节 气象测报

1986年起，长清区（县）随着科学技术的快速发展，气象设施不断增加和改进，气象观测站建起自动气象站，全区新建多处区域自动站。气象预报运用micaps系统、711测雨雷达分析资料做预报，并通过局域网实现与济南市气象台的视频会商，利用多媒体自制电视天气预报节目。农业气象服务可通过政府网服务，设施先进，预报准确率明显提高，服务更加准确、及时、超前。

1992年起，县气象局被命名为市级文明单位。2001年，被评为文明创建示范单位。2007年，被评为济南市国防建设十佳单位。2008年，被评为济南市气象科技服务先进单位、综合目标管理优秀达标单位。

气象设施 气象观测站 1986年，县气象站主要观测设备有测量气压、气温、湿度、风速、风向、雨量、日照、地温、冻土等常规器具。2004年1月1日，建成自动气象站，与人工观测同时运行。2006年，建区域自动站6处。2007年，建区域自动站5处。2008年，人工观测仪器和自动气象站同时运行，自动气象站气象资料通过光纤局域网传输，全区有区域自动站11处。

气象预报设施 1986年，使用现代化预报工具ZSQ-IB型气象图传真收片机，组成较完整的天气预报系统。1987年，增置高频电话机1台。1990年，增加气象警报发射机1台。2000年，安装使用“9210”气象卫星单收站。2001年3月，安装“121”天气预报声讯自动答询系统；9月，新上多媒体天气预报制作系统。2002年4月，建立市县业务、办公网络光纤局域网。2003年6月，711测雨雷达正式运行。2004年，安装使用micaps系统。2005年1月，“121”电话升位为“12121”。2008年，运用micaps系统、711测雨雷达分析资料做预报。

专业气象服务设施 1996年5月，购置高炮3门，开展增雨作业。2001年8月，建成3个人工影响天气高炮炮点。2004年5月，购置两部人工增雨火箭车。2007年9月，新增文昌街道、马山镇、万德镇、张夏镇、归德镇5处固定火箭作业点。2008年，人工影响天气办公室有高炮3门，人工增雨火箭车2部，全区有人工影响天气高炮炮点3个，固定火箭作业点5处。

■ 人工增雨作业现场 （2006年 摄）

气象测报 地面气象观测 有器测和目测，器测项目包括气压、空气的温度和湿度、风向风速、降水、日照、蒸发、地温(0厘米、5厘米、10厘米、15厘米、20厘米、40厘米、80厘米)、冻土、雪深雪压；目测项目包括云、能见度、天气现象。以上项目每天8时、14时、20时3次观测，同时，向省气象局拍发小图报、重要天气报、降水报。2004年，建立自动气象站。2008年8月，使用光纤局域网传输气象资料。

农业气象观测 1964年6月至2008年，开展农业气象观测，进行测墒发报。农业气象测报是在有代表性的固定地段测定农田土壤相对湿度和干土层，了解全区(县)的旱涝面积，用来评定当地的农田墒情，写出“墒情信息”等服务材料，为区(县)政府提供决策服务，并向省气象局拍发墒情报。每月逢8、18、28日进行固定地段土壤墒情观测，

■ 711测雨雷达操控室 （2008年 摄）

26日—28日普查墒情，春秋播种期间逢3、13、23日加测墒情。干旱严重时，不定期的加测墒情。1985年起，增加农业气象服务工作，包括农业气象旬月报（2000年7月由旬月报改为气象信息服务周报）、墒情信息、春秋播预报、主要农作物生育期气象条件分析、开拓性服务、灾情调查服务上报、气候资源开发应用、气候评价。

充放庆典气球　　（2008年 摄）

气象预报　1984年5月起，使用传真机接收天气图，制作天气预报，通过长清县广播站发布预报。1988年，利用高频电话机与省气象局会商和气象图传真收片机做出较完整的天气预报。1990年6月，建成气象预警服务系统，服务到乡镇村。1993年9月，通过县电视台发布天气预报信息。1998年9月，预报所需资料全部通过县级业务系统进行网上接收。1999年，开始参考风云二号卫星发回的气象云图、地面、高空形势图、降水量、气压、风等要素预报图，与省、市气象台会商，结合本站的气象要素进行分析加工，发布短、中、长期天气预报。2000年4月，建成县级地面气象卫星接收小站。2001年3月，安装“121”天气预报声讯自动答询系统，随时提供24小时、48小时及下周预报和周边城市预报、生活气象；9月，利用多媒体自制电视天气预报节目，通过电视台对外发布。2005年，短期预报一般每天8时、17时发布，遇有重要灾害性天气通过“121”、电视随时向外发布。2008年，运用micaps系统、711测雨雷达分析资料做预报，并通过局域网与济南市气象台进行会商后，利用多媒体自制电视天气预报节目，通过电视台对外发布。遇有重要天气或灾害性天气时，通过传真和书面送发重要天气预报或灾害预警信息，为地方政府和有关部门服务。遇有突发性天气先电话通知、发传真，再书面送达。

气象服务　气象决策服务　1986年起，县气象站每年定期发布旬、月气象预报，及时向有关部门提供实时天气预报趋势。除搞好常规服务外，麦收、汛期等农事关键季节，开展滚动天气预报服务。遇到关键性、转折性、灾害性天气，及时向有关部门汇报。2003年起，开办长清区兴农网，为发展地方经济服务。

专业气象服务　1987年，增加专业气象有偿服务，利用氢气、氦气充放庆典气球，用鼓风机充气施放彩虹门。1990年，利用气象警报发射机，定时为各乡镇和企事业单位提供每日天气预报，遇有突发性天气随时服务。2001年7月，长清县人民政府人工影响天气办公室成立，挂靠在县气象局。2004年5月起，实施人工火箭增雨，根据天气预报，抓住有利时机，适时开展人工增雨、人工消雹。

雷电监测　1989年，气象局成立避雷防静电监测中心，开展对全县高大建筑物、易燃、易爆、化工场所的防雷装置进行监测，每年春季对防雷装置检查，防御和减少雷电灾害。2002年，行政审批业务进入长清区政务大厅。2004年，根据《中华人民共和国气象法》《山东省防御雷电灾害管理规定》等有关法律法规，成立气象科技服务中心。

第二十编

文化 体育

Culture and Physical Education

长清区文化中心 （2005年 摄）

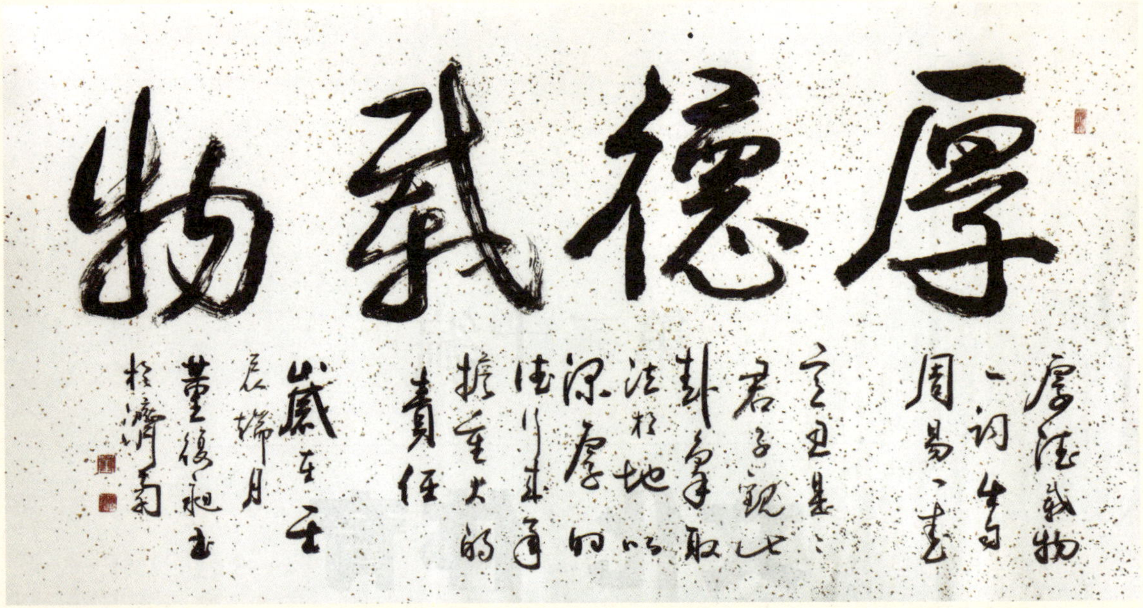

董复昶书法

园博园曙光

（李爱国 摄）

长清文化底蕴深厚,民间文艺活动活跃。1986年起,每逢重大节日,举办各类文艺演出活动。1993年,建立长清广播电台、电视台、有线电视台。1995年起,每年农历正月十三在区(县)体育场开展庆新春大型民间艺术广场会演,主要有舞龙、舞狮、高跷、手龙绣球灯、武术表演等,观众年均3万人次;每年举办消夏文化广场演出活动,年演出30余场次。至2008年年底,全区文学创作硕果累累,出版著作22部,在各类报刊发表文学作品3400件。年末有艺术表演团体1个,文化馆1座;公共图书馆1座,馆藏量6万册;档案馆1座,馆藏量5.05万册(卷)。申报成功非物质文化遗产省级1项、市级20项,省非物质文化遗产山东快书传承人1人。全区有线电视用户70835户,电视人口覆盖率89%。

1986年,全县有业余传统训练项目中小学16所。1991年,长清县体育总会成立,设6个分会,群众性体育活动广泛开展。1995年,长清县举办第一届全民运动会,全县11个乡镇和县直八大系统1800余人组队参赛。1996年9月,长清县被评为全国体育先进县。至1997年年底,全县11个乡镇全部跨入省级体育先进乡镇行列。2008年,全区有400米田径场26处,有200米田径场20处,活动室74处,羽毛球场36处,篮球场102处,其他场地151处;全区经常参加体育活动的人数19万余人,占全区人口的33%。

第一章 文学艺术

第一节 文 学

1988年,李良森创作的短篇小说《落日的辉煌》获《当代小说》月刊一等奖。1989年,李良森创作的作品《青石口》参加济南解放40周年汇演获创作二等奖,创作的中篇小说《山楂峪闹剧》获济南市委、市政府颁发的首届泉城文艺奖;房泽民创作的幻灯剧本《春花与秋实》获省创作二等奖,报告文学《在黄土地上崛起》《他点燃了蓝色火焰》《壮哉,弄潮人》在国家级刊物《世纪的挑战》丛书中发表,《为了心中那一片绿林》在市级刊物发表。1991年,县文学工作者协会成立,有会员40人。1992年,文联创办不定期刊物《灵岩文苑》,每期发稿10万余字。至1995年,共出版刊物4期,发表小说、散文、诗歌、报告文学、评论等作品300余件。1995年,李良森创作的短篇小说《天意》获山东省纪念抗日战争胜利50周年文学创作征文奖,创作的长篇小说《相思河》获济南市第五届精神文明建设"精品工程奖"和"济南文学奖";李贞寅撰文并编纂的《千年古刹——灵岩寺》大型画册被济南市评为精品工程,获国务院外宣品三等奖。1997年,房泽民剧本《双凤攀龙》获省优秀奖,故事《曹二半吊子进京》在省级刊物发表,论文《乡镇文化站建设的问题与对策》获省三等奖。2001年6月,吴广文创作的16集大型系列专题片《长城之源》先后获中国广播电视学会一等奖、山东省对外宣传二等奖、济南市精品工程奖、香港回归十周年"最高艺术成就奖紫荆花奖"。2002年,李贞寅的散文、游记《山乡秋雨》出版。2004年,吴广文创作的小说《葫芦村的故事》获贵州省作家协会、北京"先觉杯"全国文学大奖赛优秀奖。2007年,吴广文在

《中国作家报》发表小说《考验》、诗歌两首，并获全国三等奖。至2008年年底，全区会员增加到100人，区内作者在出版社出版著作22部，在各类报刊上发表的文学作品3400件。

1986—2008年长清区(县)作家出版著作情况表

表20－1

作品名称	作　者	体　裁	出版机构	出版年份
李良森小说选	李良森	中短篇小说集	山东文艺出版社	1993
风雨大刘人	李良森　房泽民	报告文学	山东文艺出版社	1993
风雪青春	陈　燕	诗集	中国文联出版社	1997
爱珍诗集	田爱珍	诗集	中国文联出版社	1999
牛山谣	段德泉	长篇小说	中国文联出版社	2000
相思河	李良森	长篇小说	中国文联出版社	2000
灵岩游翰辑古	房泽水	古籍整理	中国文联出版社	2000
阳光地带	毕　琼	诗集	作家出版社	2000
长清风景名胜	李良森	游记	中国戏剧出版社	2001
可爱的长清	于存波	随笔	中国戏剧出版社	2001
名山古邑	李良森	游记	济南出版社	2002
卢邑故事(a\b卷)	李良森	民间文学	中国广播电视出版社	2003
扬清诗集	于若涛	诗词	中国文联出版社	2004
鸠摩罗什	张风水	历史小说	银河出版社	2004
浮桥上的流	赛春雪	长篇小说	群众出版社	2005
峰山怒火	李良森	非虚构小说	中国工人出版社	2005
出山梦	李良森	报告文学	中国文史出版社	2006
西域的梦	张风水	长篇小说	银河出版社	2007
卿云集	房玉喜	古体诗集	北京新世界出版社	2006
凌波集	房玉喜	格律诗词	北京新世界出版社	2008
醉人的微笑	陈　莹	散文、随笔	中国文史出版社	2008

第二节　美术　书法　摄影

美术　刘小青的中堂画《雄鸡报春》于1982年由上海人民美术出版社首次出版发行，并于1986年再版发行。1987年，周长俊绘画《春华秋实》获省文化厅、计生委二等奖。1990年8月，万德镇中学教师李卫东向北京第十一届亚运会组委会捐赠的3幅国画被收藏并颁发证书。1991年，成立长清县书法美术摄影协会。1993年，张寒的国画《红萝图》获北京第一届国际绘画书法艺术大展三等奖。1995年6月，刘小青的国画《牡丹》获“日本东京第三届国际书画展”优秀奖。王富华作品《春晓图》在文化部、中国文联举办的“中华世纪之光”大奖赛中获金奖。1996年，高桂兰剪纸《红楼人物》获省文化厅银奖、获省民协民俗博览会剪纸优秀奖和市文化厅一等奖。2000 年，青年画家杨金勇绘画作品《十渡印象》入选中国美协全国画展。2001 年，杨金勇作品《万山云动禅家静》获中国美协全国画展优秀奖，先后在济南、北京、厦门、深圳等地举办画展 7 次。周长俊的国画 4 次在全国和国际参展并获奖。房桐君作品《红梅寄情报春来》获第三届世界华人艺术大会香港大型艺术展特别金奖。2008 年 4 月，书法美术协会分为美术协会和书法协会，美术协会有会员 200 人。至 2008 年，长清区（县）美术作品在由文化部、中国文联和中国美协举办的国家级美展中有 6 人获 10 个奖项，在省、市级美术展览比赛中有 10 人获得金、银、铜奖牌。

房桐君绘画

《硕果图》 李卫东

杨金勇绘画

高桂兰剪纸

周长俊绘画

宋春玲绘画

《清夏图》 曹相泉

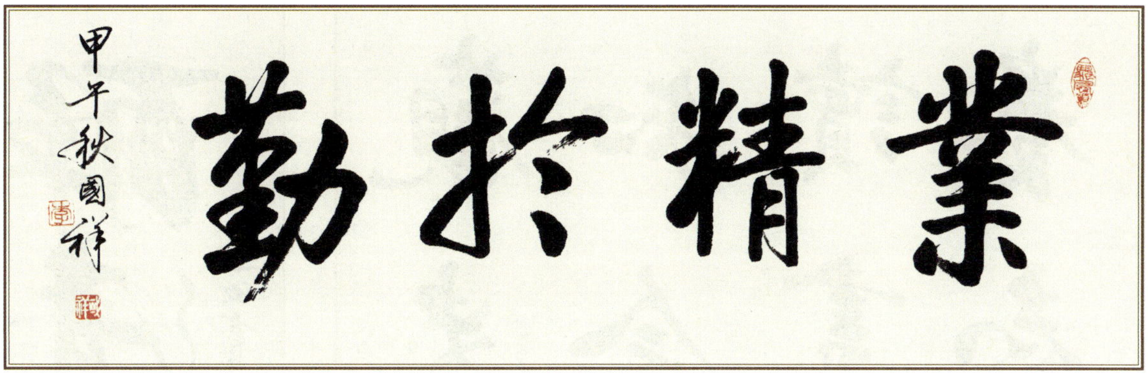

李国祥书法

书法 1991 年，成立长清县书法美术摄影协会，有会员 115 人。每逢重大庆祝纪念活动，协会都举办大型书画展。1997 年，举办庆祝香港回归书法美术摄影展。1999 年，举办庆祝中华人民共和国成立 50 周年书画展。2001 年，举办庆祝中国共产党成立 80 周年书画摄影展。2004 年，举办庆祝中华人民共和国成立 55 周年书画展。2006 年，举办庆祝中国共产党成立 85 周年书画摄影展。2008 年，举办长清区改革开放 30 周年书画摄影展。协会每年组织数次兄弟区县及省市书画联谊活动，开展送书画展进社区、送书画展进学校、送书画展进部队活动，创作出大量思想性、艺术性的书法作品，涌现出一批在全国、省市有一定影响的书法作者。刘连璋的书法作品在《工人日报》《解放日报》《大众日报》等十多家报纸上发表，4 次在全国参展获奖。刘小青多次参加全国和国际书法大展并获奖，由内蒙古大学出版社出版《刘小青书法作品选》，中国书协代主席沈鹏为该书题写书名。董复昶工于小楷，用楷书抄录的《古文观止》百米长卷作品，由中央电视台和省、市电视台展播，《山东文艺界》《大众日报》等六家报刊介绍其书艺成就。杜化町的草书在首届中日书艺交流展中入展，书法理论文章《从蔡卞行书写经看宋人"尚意"书风》，刊于《书法》双月刊第二期论坛栏目。杜虔的作品在中国书法家协会主办的第四届、第五届全国刻字艺术展、第八届国际刻字艺术交流展、全国首届大字书法作品展中入展。王景吾书法作品在中国书协主办的"羲之杯"书画大赛中获奖，并在中国书法家协会举办的第六届、第七届全国刻字展、第十二届"国际刻字艺术交流大展"中入展。张寒的书法作品在济南市科协举办的书画展中获一等奖，硬笔书法作品入选《中国书法作品集》并赴新加坡展出。王鹏图的书法作品在中国书画家大展赛中获金奖、在中国国际科技文化成果博览会书画大展赛中获金奖。肖昌升的书法作品获省文化厅二等奖、在第五届新春春联比赛中获省文化厅一等奖，书法作品《满江红》在第三届唐诗宋词书画作品大展中获银奖。高常忠的书法作品被收录《首届羲之奖全国书法篆刻大赛优秀作品集》。房玉芳书法作品在首届中国"幽兰赋杯"书画大展中获金奖，并被授予中国翰墨艺术精英称号。2008 年 4 月，书法美术协会分为美术协会和书法协会。是年年底，书法协会有会员 500 人，其中国家书协会员 3 人、省书协会员 20 人、市书协会员 50 人。

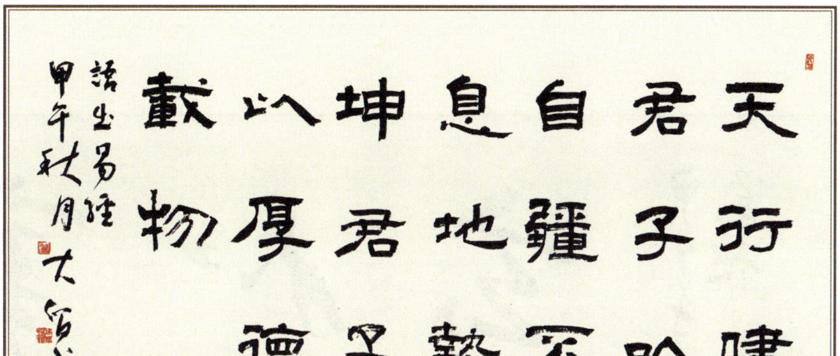

于大智书法

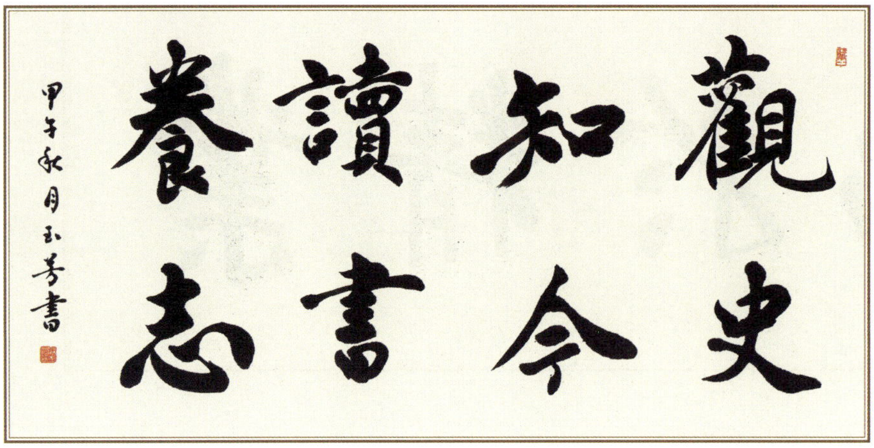

房玉芳书法

李建新书法

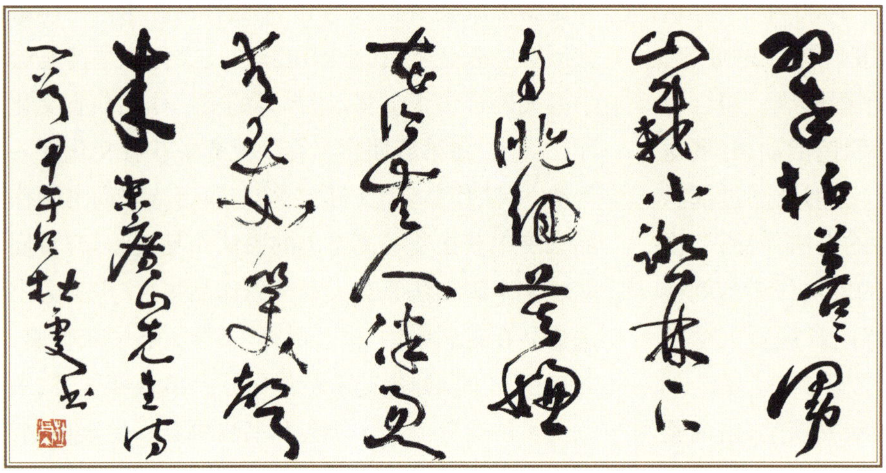

杜虔书法

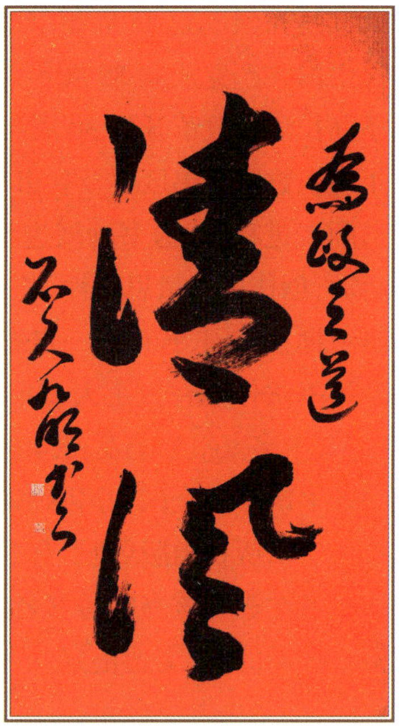

杜九明书法

刘懿书法

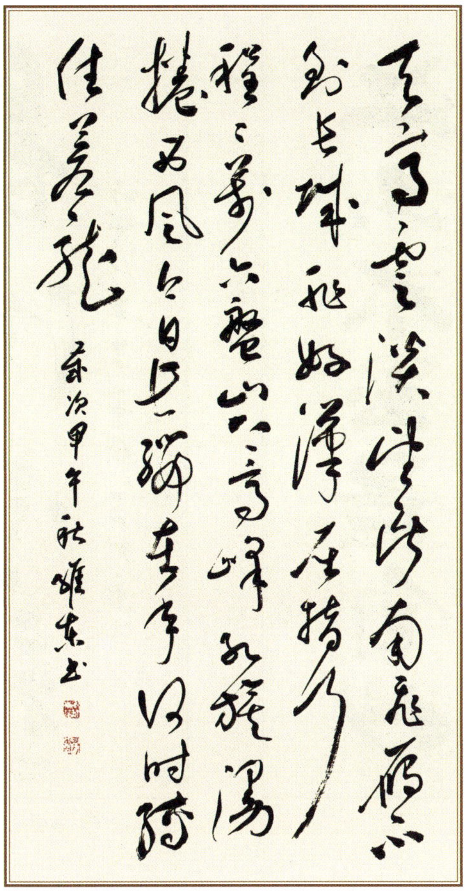

秦维东书法

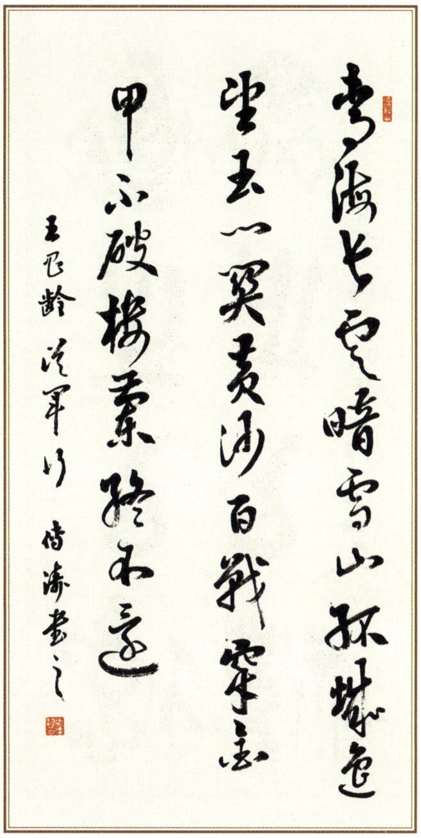

卢传涛书法

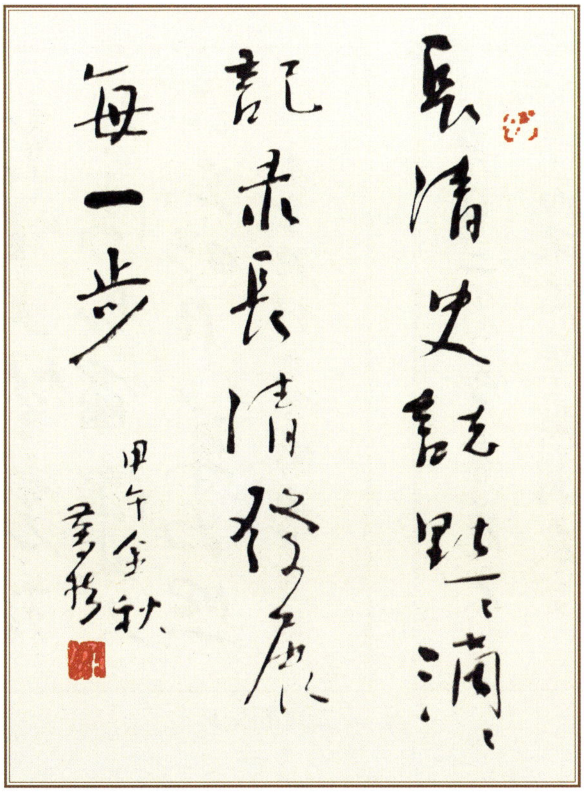

董庆哲书法

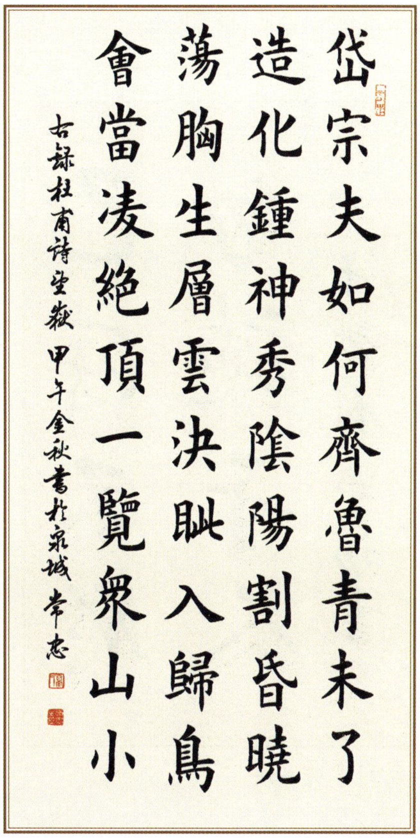

高常忠书法

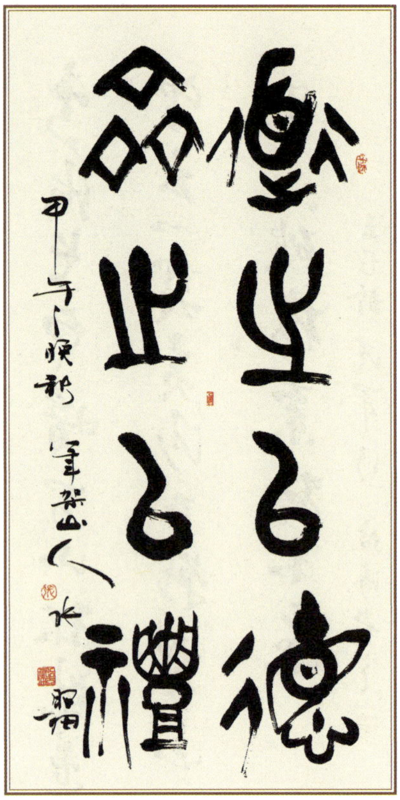

■ 张照福书法

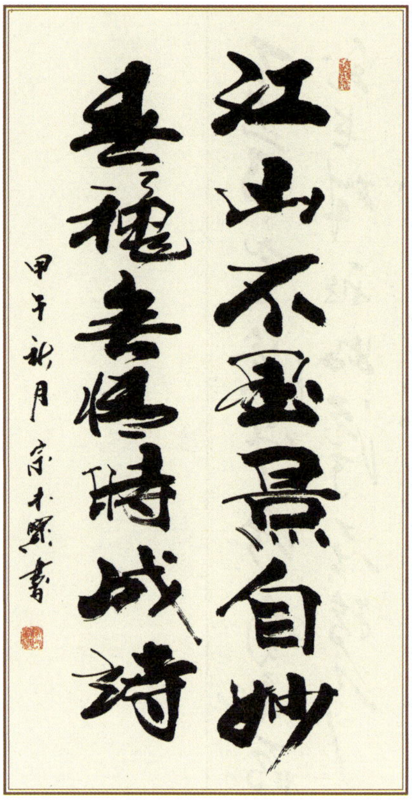

■ 宗木宝书法

■ 马衍长书法

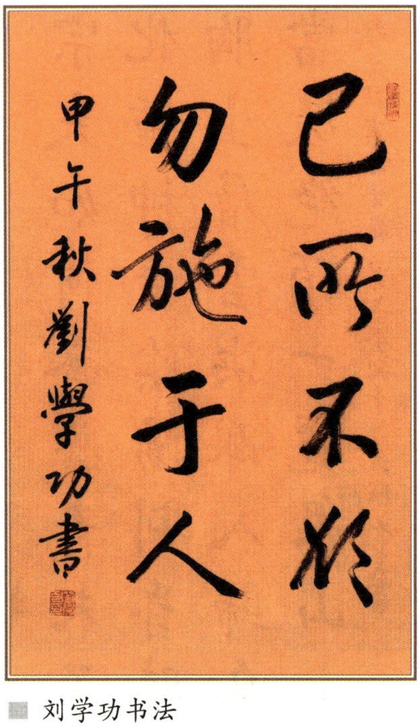

■ 刘学功书法

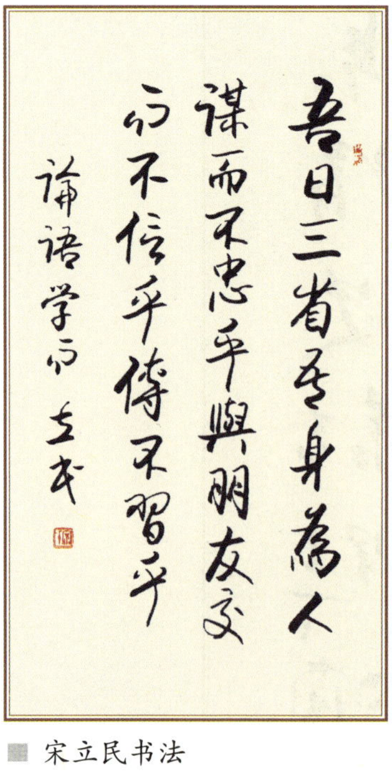

■ 宋立民书法

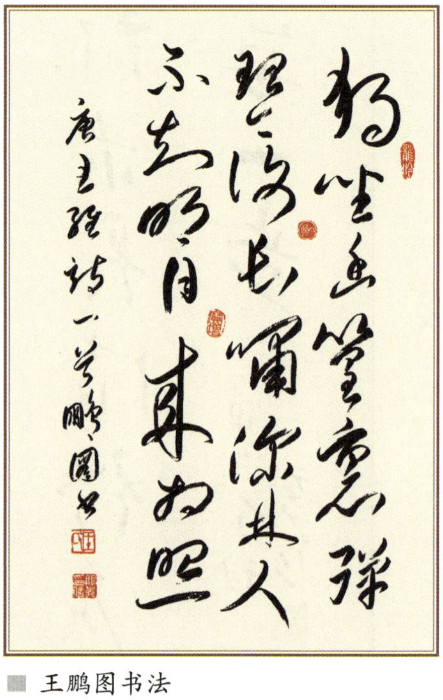

■ 王鹏图书法

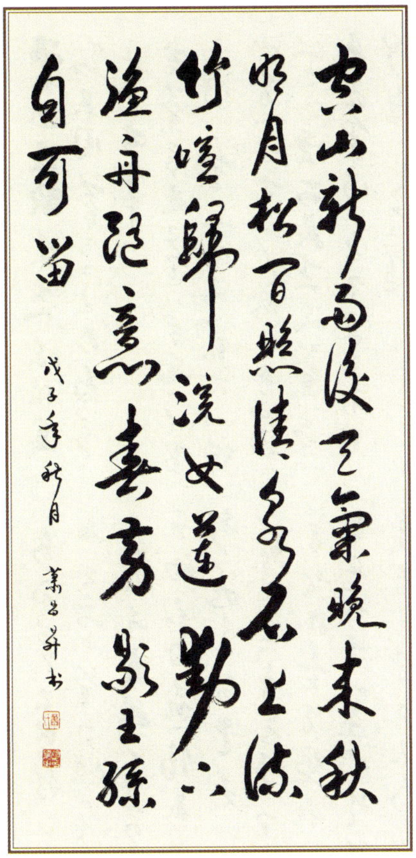

肖昌升书法

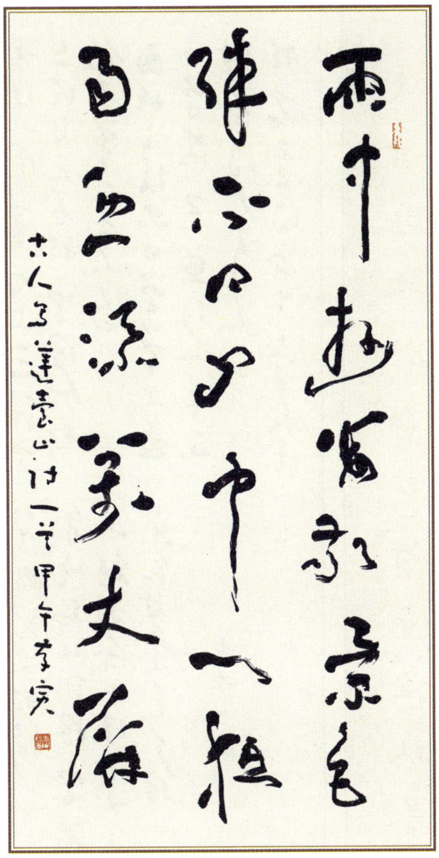

李存寅书法

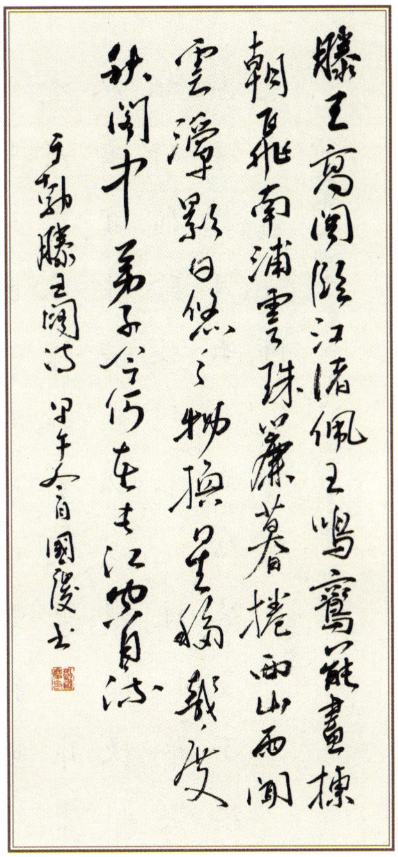

刘国庆书法

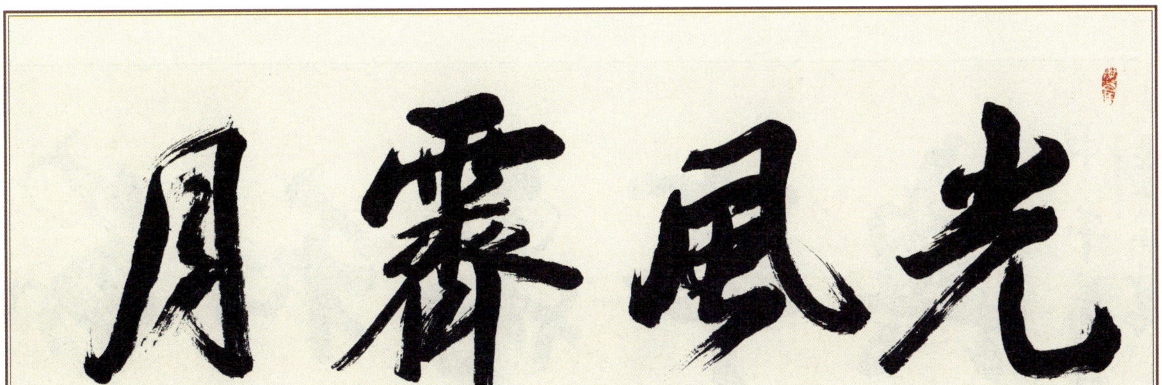

王强书法

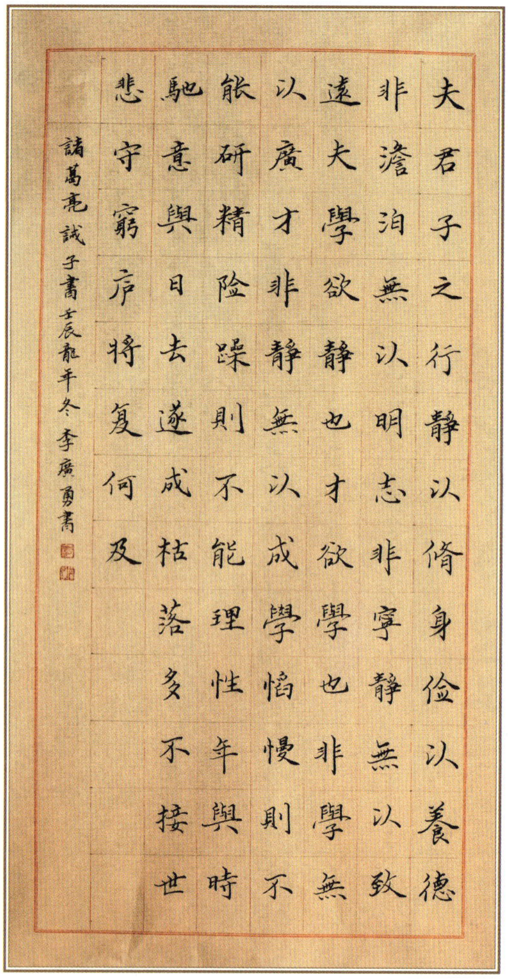

李广勇书法

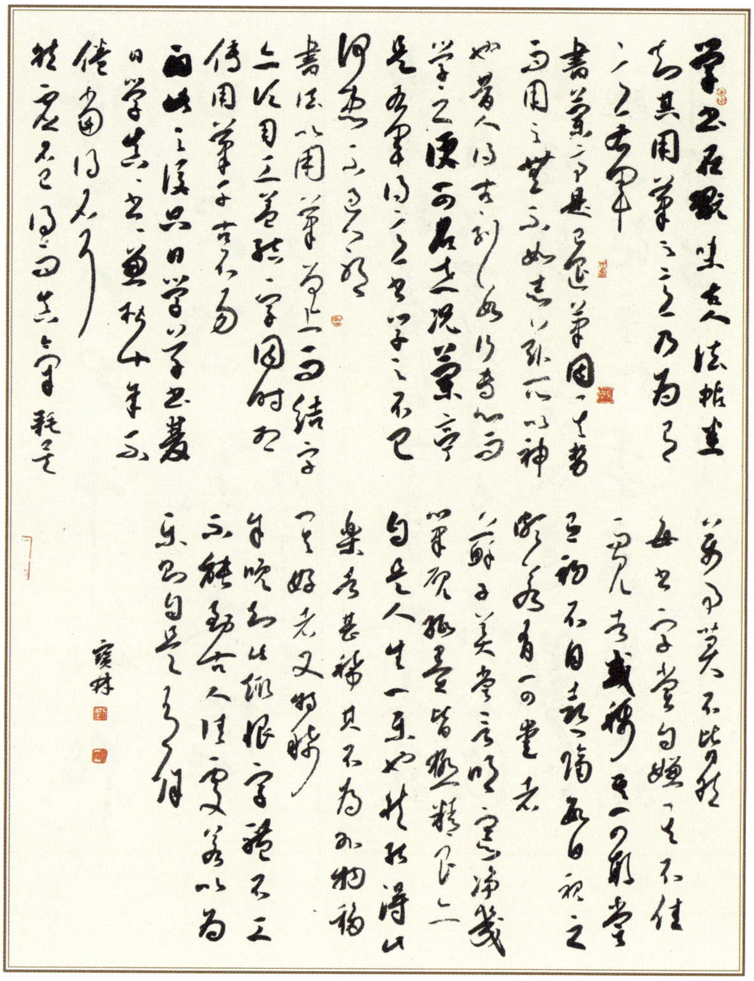

刘宝林书法

刘小青书法

水天一色 （曹相泉 2009 年 摄）

枯木逢春 （李文德 2005 年 摄）

山村报喜讯 （曹建民 2008 年 摄）

摄影 1991 年，成立县书法美术摄影协会。1996 年 9 月，摄影协会分立。是年，摄影工作者协会有会员 50 名。1997 年起，协会先后举办庆祝香港回归摄影展，庆祝中华人民共和国成立 50 周年、庆祝中华人民共和国成立 55 周年摄影展，庆祝中国共产党成立 80 周年、庆祝中国共产党成立 85 周年摄影展，长清区改革开放 30 周年摄影展等大型活动。刘振东的摄影作品在《人民政协报》《中国强县（市）风采》《中国统计年鉴》《香港文汇报》《香港大公报》等 10 多家报刊上发表，并被编入《中国摄影家大辞典》《中国当代艺术界名人录》等大型辞书。曹建民作品《母亲河》入选《中国优秀摄影作品集》，作品《双龙迎盛会》获首届国际摄影网络摄影大赛优秀奖。至 2008 年年底，全区有会员 60 人，在全国省市级报刊发表摄影作品 30 件，在香港《文汇报》等报刊发表作品 17 幅，出刊《长清》画报 2 册。

第三节 戏剧 曲艺

剧场 1954年，在县城内线市街路东建立县人民剧场，建筑面积765平方米，可容纳724人。1973年—1975年，由县财政拨款12万元，对剧场扩建。扩建后的新剧场长39米，宽21米，舞台长12米，宽20米，高8米，木椅座位1204个。同时建成建筑面积200平方米的演员宿舍楼、食堂。1984年—1985年，省、市、县拨防震和维修专款10.9万元，对剧场进行防震加固，翻修屋顶，更换为塑料顶棚，抬高后坡座椅，剧场面貌改观，剧场共有干部职工9人。1974年—1985年，共演出1530场，观众80997人次，年平均纯收入3677.39元。自1986年起，共接待艺术团体196个，演出392场；会议用场210次。1997年后，闲置。

剧团 长清县京剧团 1950年，正式建立县京剧团，共50多人。后被县政府明确为民间职业剧团，由县文化馆管理。1955年，改属县文教科领导，并确定为集体性质的自负盈亏单位。至1958年，剧团发展到80多人。1959年10月，撤销长清县建制，剧团改为历城县京剧团，后与济南市京剧三团合并。

长清剧院 (2008年 摄)

济南市豫剧团 沿革 1946年，评剧演员花春兰吸收流散评剧艺人50多名，在济南大观园组建“新新舞台”戏班。1954年，济南市政府审定该戏班为集体所有制团体，并取名为“济南市新新评剧团”，由花淑娟为团长，张冠英、黄云程为副团长。1957年，剧团改为“济南市评剧团”。1958年，转为地方国营。1961年，下放到泰安地区。1962年5月，泰安地区评剧团下放到长清县，名为“长清县评剧团”，体制由原来的地方国营改为集体性质。1966年3月，评剧团改为长清县文工团。1967年4月，县文工团解散。1971年1月，成立长清县毛泽东思想文艺宣传队，有20人；是年10月，发展到46人。1978年1月，长清县毛泽东思想文艺宣传队改名为长清县豫剧团，体制为国营，共55人。1986年，长清县豫剧团率先对剧团的分配制度进行改革，由平均分配改为根据工作量，评分发放补助费的方法，调动演职员积极性。1992年，被山东省文化厅、人事厅命名为“山东省文化系统先进单位”。1993年，豫剧团调整领导班子，由张美娟任团长，新领导班子面临戏曲演出市场疲软的现状，明确扩大演出市场，重点面向农村的思路。每年送戏下乡演出近300场，深受城乡观众欢迎。1995年5月，豫剧团由长清镇南关村迁至老城区府前街县人武部旧址，总面积4000平方米，演职员共40人，内设艺委会、演员男队、演员女队、乐队、后勤队。1996年，自筹资金、自行设计制作出山东省首家流动剧场，解决农村观众看戏难问题。1998年，自筹资金建起集办公、仓库、排练为一体的综合排练厅。2001年，豫剧团团长张美娟调入山东省柳子剧团，由高世德任团长兼支部书记，郝延平、姜方娟、张德华任副团长。2002年4月，长清县豫剧团更名为济南市豫剧团。2006年3月，豫剧团赴河南省各市戏校及山东

省菏泽、泰安招收演员。2007 年 4 月，对招收的演员进行专业考核，录用 20 名，并办理转招手续。是年，成立全省首家双拥艺术团，每年于“八一”、春节前后，走进驻长清部队，送文化进军营。2008 年，被省政府命名为“山东省双拥示范基地”。是年，豫剧团有职工 56 人，其中高级职称 9 人、中级 15 人。

豫剧演出　1986 年，长清县豫剧团排演孙家琪根据宋朝济南名士刘庭式的故事创作的古装戏《情深恨长》，参加山东省第三届戏剧演出月演出，被载入山东省艺术研究所山东梆子腔类优秀剧目。张德华获优秀表演奖，张美娟、张士友获表演奖，房泽民获作曲奖。1987 年，排演孙家琪根据长清县农民企业家、优秀党支部书记、模范共产党员梁金贵创作的现代戏《梁金贵》，巡回全县各乡镇演出 30 场。1988 年，在济南市第四届中青年演员汇演“艺广杯”大奖赛中，长清县豫剧团获表演一等奖 1 人、二等奖 2 人、三等奖 3 人，优秀配角奖 1 人，剧团获优秀组织奖，乐队获集体伴奏奖。在济南市大众剧场演出根据川剧同名剧移植的豫剧《潘金莲》，在济南市文联和戏曲界专家研讨会上对该剧目给予高度评价。1989 年，排演创作剧目《招贤择婿》，参加济南市第二届创作汇演，获优秀剧本奖，演员张美娟获表演一等奖，张德华获表演二等奖，张鹏、姜方娟获表演三等奖，剧团获优秀组织奖。1990 年，配合计划生育工作，排演现代戏《家家有本难念的经》，巡回全县演出。

1991 年，排演创作现代戏《山魂》，参加山东省暨济南市第三届艺术节，被山东电视台录制播放。创作改编民间舞蹈《手龙舞》，参加山东省第三届艺术节暨“九一”世界旅游日演出，被中央电视台录制播放。创作排演宣传环保小品《自食其果》，获济南市环保作品创作表演一等奖。演员张美娟参加山东省第二届地方戏邀请赛获表演三等奖。《济南日报》记者于显采写《一步一个深深的脚印》，对长清县豫剧团在困难中谋生存、求发展的创业精神给予报道。1994 年，长清县豫剧团去山西演出，历时百天，《济南时报》做系列报道；创作排演剧目《孔繁森》，在长清、章丘、历城等地巡回演出 60 场。1996 年，在山东省地方戏邀请赛演出中，张美娟、姜方娟获表演一等奖，仉兰香、刘贵云、张鹏获表演二等奖，冯经国、刘正玲获表演三等奖。1997 年，青年演员张美娟参加全国豫剧“香玉杯”大赛，获“香玉杯”奖。参加山东省地方戏邀请赛演出，演员张美娟、姜方娟获表演一等奖，另有 8 名演员分别获二、三等奖。排演新创作现代戏《龙吟潮头》，歌颂长清县省优秀农民企业家梁国利的创业精神。房泽民创作的剧本《新编赤桑镇》《双凤攀龙》分别获市创作一等奖，其中《双凤攀龙》获省优秀创作奖。1998 年，参加山东省第二届地方戏邀请赛，姜方娟获表演一等奖，刘贵云、刘正玲、仉兰香等 10 多位演员分获省、市奖项。

2001 年 6 月 26 日，长清撤县设区，剧团做专场庆贺演出。2002 年，豫剧团开展文化下乡活动，到归德、五峰山、孝里等乡镇共演出 10 场。2003 年 3 月，参加济南市首届青年演员展演，获

豫剧团下乡演出　　(2004 年　摄)

一等奖4名，二等奖3名，三等奖4名，剧团获优秀组织奖；5月，配合抗击“非典”，排演大合唱《我们有伟大的民族精神》、小品《天职》、相声《把关》；7月，参加省戏协首届“红梅杯”大赛，剧团获优秀组织奖，有10名演员获优秀表演奖；9月，在长清区各界人士中秋茶话会上，演出《打鸾驾》《鞭打芦花》。2004年1月，在长清区春节联欢晚会上，演出《群英荟萃庆长清》和表演唱《逛新城》；3月，新排大型古装戏《程婴救孤》《马前泼水》。2006年1月，创作反映长清区发展变化的小品《家乡巨变》、话剧短剧《大年三十》和豫剧联唱《群芳争妍庆新春》，在长清电视台春节晚会上演出播放；7月，根据长清区全国十大优秀检察官孟红伟先进事迹创作排演小品《情丝绵长》，在长清体育场演出。2007年，青年演员杜婉在济南市“泉荷奖”演员比赛中，获济南市十佳演员，青年演员康沙、刘元新、杨羚翔获一等奖。在山东省首届山东梆子“心酒杯”专业大赛中，青年演员康沙获金奖第一名，刘元新、杨羚翔、耿双获表演一等奖。6月，参加全国第三届“红梅杯”山东赛区选拔赛，1名演员被推荐参加全国决赛，2名演员获一等奖，剧团获优秀组织奖。11月30日，到山东电视台录制播放《手龙舞》。2008年，根据郭巨孝母的故事，演员张德华与姜方娟合作，创作新编大型古装戏《郭巨传奇》。12月29日，在济南北洋大戏院参加“泉荷奖”青年演员艺术比赛，参赛演员13人，参赛剧目折子戏12个，获奖演员、演奏员13人，其中一等奖4名、三等奖5名。至2008年年底，长清豫剧团排演精品剧目30多台，每年增排新戏3台，每年演出300场，演出足迹遍及晋、冀、鲁、豫；配合形势和党政中心工作排演创作剧目、节目20余个，每年公益性演出100多场；培养戏剧曲艺骨干100人，组建农村业余剧团3个。

曲艺 1986年，成立长清曲艺说唱团，坚持业余时间深入厂矿、农村演出，活跃群众文化生活。1991年4月，成立县戏剧曲艺协会，有会员44名，其中有国家戏曲协会会员1人，山东省戏曲协会会员10人，济南戏曲协会会员20人。1995年，赵光晨创作演出的竹板书《换瓦》获山东省“宇光杯”曲艺大赛表演一等奖。1996年10月，徐立平创作演出的落子《扑克迷》获山东省首届农民艺术节曲艺比赛铜奖。1997年2月，赵光晨“家庭曲艺说唱团”的事迹在《齐鲁晚报》头版头条刊登，赵光晨被编入《全国曲艺界名人大辞典》。2007年，山东落子传承人徐立平被评为市级非物质文化遗产传承人。2008年10月，区文化馆与山东省艺术研究所共同录制山东省非物质文化遗产代表性传承人于派竹板快书代表人赵光晨《武松传》专辑。

第四节 音乐舞蹈

1991年，成立县音乐舞蹈协会，有会员60名。是年2月，由闫新玲、王友惠整理创作的舞蹈《龙球起舞庆丰收》，由山东电视台拍成专题片，在中央电视台和海外播出，被誉为“华夏一绝”，被评为国家级三等奖。1995年，长清县被评为山东省艺术教育示范县；吴振华撰写的论文《围绕经济建设中心，音乐工作大有作为》在《山东文艺界》杂志上发表。1996年，由罗辑明作词、傅厚朴作曲的歌曲《茁壮成长向未来》在国家级刊物《当代校园歌曲精粹》发表。傅厚朴的《培养兴趣教学识谱》获山东省音乐论文三等奖。是年10月，傅厚朴参加全国老年合唱比赛获二等奖，被评为山东省优秀艺术教育工作者。2004年起，组织各种形式的歌舞大奖赛，其中排舞大赛在省市比赛中获奖，手龙舞获省市比赛一等奖，并列为省级非物质文化遗产。2007年7月，参加济南市首届“天地人”杯威风锣鼓、腰鼓大赛获金奖。至2008年年底，在音乐舞蹈创作演出活动中，共获国家级奖2个、省级奖15个、市级奖30个。

第二章　社会文化

第一节　文 化 馆

1950年8月，在县城东门里文庙内建立文化馆，设馆长、干部各1人。1953年，设馆长、副馆长各1人，业务干部10人，分为行政、图书、美术、文艺4个组。1959年10月，长清县建制撤销，长清县文化馆改为历城县第三文化馆，工作人员10人，馆址由文庙迁至县工人俱乐部。1961年5月，长清县建制恢复后，复称县文化馆，原历城县博物馆并入，人员增至16人。1973年—1976年，拆除文庙前厅和东西厢房，建成1100多平方米的3层文化馆楼，扩大群众文化、图书借阅活动场地。1986年，馆内设办公室、文艺组、美术摄影组，干部职工14人，负责全县11个乡镇文化站群众文化工作的辅导、组织发动、文艺创作和文艺会演等。是年，辖城关、平安店、崮山、万德、五峰山、孝里、归德、马山、张夏、双泉、武家庄11处文化站。2002年5月，文化馆由长清老城区迁至新城清河街中段文化中心，馆设办公室、文艺组、美术组、创编室。2007年8月，在乐天小区新增1处近2000平方米的活动辅导场所，内设美术展厅、舞蹈排练厅、琴房等各种多功能活动室11个。2008年，文化馆有干部职工15人，其中馆长1人、副馆长2人，馆内设办公室、文艺部、美术部，辖文昌街道、平安街道、五峰山街道、崮云湖街道、归德镇、孝里镇、张夏镇、马山镇、万德镇、双泉乡10处文化站。

第二节　文艺演出

1986年起，每逢元旦、三八、五一、六一、七一、八一、十一等重要节日及庆祝活动，与各单位密切配合举办文艺演出活动。1986年1月，举办"热爱家乡、建设长清"文艺汇演。1987年5月，举办"首届少儿文化艺术周"，演出5场；9月，举办"首届工人艺术节"，演出9场。1988年10月，举办庆祝长清解放40周年文艺晚会。1989年10月，举办建国40周年庆祝晚会。1990年5月，举办"学雷锋"歌咏比赛；10月，举办"庆国庆迎亚运会"文艺联欢会。1991年7月，举办建党70周年文艺联欢会。1992年5月，举办纪念毛泽东《在延安文艺座谈会上的讲话》发表50周年歌咏比赛。1993年12月，举办纪念毛泽东100周年诞辰文艺晚会。1995年起，每年自5月底到10月1日止，举办消夏文化广场演出活动，每年演出30余场次。1995年7月，举办庆祝"八一"建军节暨纪念抗日战争胜利50周年歌咏晚会。1997年7月，迎香港回归"百狮进济"，在济南植物园演出，全县有4个乡镇参加汇演。2004年，省电视台大家一起来走进长清，组织策划节目30余个。2006年6月26日，举办庆祝撤县设区5周年大型文艺晚会。2007年7月14日，长清区3支演出队伍参加济南市首届"天地人"杯威风锣鼓大赛。2008年4月24日，举办长清区"排舞"大赛，参赛队伍12支，400余人。4月30日，区文化馆组织3支队伍80余人参加济南市迎奥运倒计时100天首届"排

广场消夏晚会 (2007 年 摄)

舞"公益大赛,获一等奖1个、二等奖2个。5月16日,参加山东电视台"家乡好"比赛。长清区选送的四重唱《利格莱托》获最佳表演奖、少儿舞蹈《家乡美》获最具活力奖等。5月23日,举办"情系汶川"抗震救灾募捐义演晚会。7月23日,组织4支队伍200余人参加济南奥运圣火传递庆祝活动。8月9日,举办"欢聚长清,祝福奥运"文艺晚会。9月30日,举办济南市长清区"城管执法杯"首届中老年才艺大奖赛。10月30日,举办庆祝改革开放30周年大型文艺晚会。至2008年年底,共举办大型文艺演唱会42场,中小型演唱会110场,举办比赛40余场。每年都举办农村文艺汇演、创作调演等。

第三节 电影放映

影院 新中国成立初,县城内无电影放映场所。1956年11月,在城关东门里路北设立露天电影院,占地面积1500平方米,容纳观众3000余人。1979年9月,露天电影院被废除,在县城东关大街路北、济兖公路西侧建成长清影院,共投资60万元,建筑面积1250平方米,前门楼3层,东西宽24米,南北长65米,高15米;观众厅至影幕区,南北长37米,东西宽24米,高9米。放映设备为东风疝灯35毫米座机,1321个座席。20世纪80年代,影院效益较好。1985年,全院有职工18人,其中放映员4人。全年放映1197场,年收入11.35万元。自90年代中期,随着电视的普及和发展,影院的效益逐渐下滑。2007年,长清影院在老城改造中被拆除。

放映 1986年,长清县电影发行放映公司由文化事业单位改为文化企业单位,内设办公室、发行、放管、修理、财务、宣传、业务7个科室,有县级电影院1座,乡镇级电影院1座,国办电影队7个;有乡镇电影管理站11个,乡镇电影队16个,放映人员48人;有村办电影队18个,放映人员36人。是年,放映故事片5624场,放映科教片530场,放映普及率70%。1987年,长清县电影发行放映公司被评为全国科教片放映先进单位。1992年起,电影受电视及各种演出

长清影院 (1986 年 摄)

的影响，影院上座率急剧下降。至1995年，各乡镇电影队全部停止放映。2002年5月，长清县电影发行放映公司改称长清区电影发行放映公司。2007年，长清影院在老城改造中被拆除，电影公司迁至11万变电站南邻办公。2008年，公司共有干部职工48人，设有财务科、业务科、办公室，电影放映设备有16毫米放映机3套，投影机2套，数字电影放映机24套。是年，由省、市、区财政拨款的公益电影在全区铺开，全区组建24个放映队，放映人员48人，在全区放映故事片5750场，放映农民致富、交通安全、饮水卫生等科教片3000场，全区行政村放映普及率80%。

第四节　春节文化活动

艺术会演　1995年起，每年农历正月十三在区（县）体育场开展庆新春大型民间艺术广场会演。至2008年，共举办14届。每年会演由区宣教口及各乡镇（街道）组织演出队伍参加演出，演出形式主要有舞龙、舞狮、高跷、手龙绣球灯、武术表演等，观众年均3万人次。

元宵灯会　1995年起，每年农历正月十五前后，在龙泉街举办庆新春大型元宵灯会。至2008年，共举办14届。区（县）直各机关、各乡镇（街道）、企事业单位踊跃参加，每年参展灯数80余展，观灯人数30余万人次。

元宵节焰火晚会　1995年起，每年正月十五晚在区（县）体育场举办庆新春大型焰火晚会。至2008年，共举办14届。焰火有高空、中空、低空礼花，瀑布等，场面非常壮观，全城居民、乡镇群众纷纷前来观看，每年观众5万人。

第五节　书画展览

1995年起，每年春节、国庆等重大节庆日组织大型书画展。

艺术会演　（2008年 摄）

元宵灯会　（2006年 摄）

元宵节大型焰火晚会　（2008年 摄）

1995年1月，在长清乐园、妇女儿童活动中心举办“建设百强县、实现位次前移”专题书画展。1997年6月，举办喜迎香港回归书画展，展览作品近200幅。1999年，在文化馆举办“改革开放20周年暨庆祝元旦百米长卷现场书画”活动、“长清县迎新春书画展”“建国50周年书画摄影展”。2001年1月，在妇女儿童活动中心举办“长清县青少年书画展”，历时15天；在妇女儿童活动中心举办“新世纪之春中老年书画展”“庆祝建党80周年书画展”。2002年，在长清区体育馆举办“济南市民间手工艺展览”，参展作品700余件。2005年6月，举办第二届农民书画展、民间艺术精品创作展。2007年8月，举办长清区青年书画家联展。2008年10月，举办“纪念改革开放30周年书画展”。

第三章　非物质文化遗产

2005年，国务院下发《关于加强我国非物质文化遗产保护工作的意见》后，长清区对全区的非物质文化遗产项目进行普查、挖掘和整理，共普查项目500余项，涉及民间文学、音乐、舞蹈、曲艺、手工艺、美术、生产商贸习俗7个门类。至2008年年底，申报成功省级1项，省非物质文化遗产山东快书于派传承人1人，市级20项。在此基础上编纂《山东省非物质文化遗产普查资料汇编(长清卷)》和《山东省非物质文化遗产资源普查资料汇编(长清卷)》第一卷、第二卷。

2008年长清区非物质文化遗产名录

省　级

手龙绣球灯
山东快书于派传承人赵光晨

市　级

民间传说
《孟姜女传说》
《扁鹊传说》
《大周三藏法师、大唐三藏法师义净的传说》
《“五股穿心柏”的传说》
《郭巨埋儿传说》
《黄巢寨传说》
《孙膑与庞涓的故事》
《马山故事》
《娄敬洞山的传说故事》
《玉皇山的故事传说》
《灵岩寺传说故事》
《“泰山北界界碑之谜”等名人名地历史故事传说》
传统音乐
响山东
民间舞蹈
手龙绣球灯
四蟹灯
八卦益智灯
曲艺
长清落子
民俗
孝堂山庙会
马山三月三庙会
传统美术
剪纸

第一节 省级非物质文化遗产

手龙绣球灯表演 （2008 年 摄）

手龙绣球灯 手龙绣球灯是以手龙和绣球灯相结合的舞蹈艺术。原有《绣球灯》《手龙绣球舞》之称。起源于长清区平安街道赵营村。手龙绣球灯由 8 条龙和 80 个绣球灯组成，44 人表演，以瓦步、云步、起、蹲、跳、跑、扑步、虚步托珠、瓦步托珠、瓦步晃珠、抖珠、旋子和空翻等动作为基本动作，以“龙出水”“跳龙门”“麦浪翻滚”“穿马花”“双脱皮”“四门斗”“卧龙”“对灯”“龙折身”“八龙打囤”“丰收圆囤”“倒挂金钟”“二龙戏珠”“二龙腾空”“单桥（反扫堂）”“龙舟”“半月桥”“龙珠穿花”“群龙戏珠”“群珠飞舞”“龙盘柱吐雾”“龙摆尾”等套路为链条，把整个舞蹈衔接起来。手龙绣球灯自 1979 年起，几经修改，日臻完善。1991 年，手龙绣球灯在世界旅游日开幕式上演出后，受到世界 25 个国家的国际友人和国内数万名观众的一致好评。1994 年 10 月，参加省电视台举办的“庆祝建国 45 周年‘星光 50’文艺晚会”演出。1995 年，参加省电视台“春节文艺晚会”演出。1996 年 3 月，在京九铁路试运行仪式上，代表山东省参加由河北、香港等 9 省市电视台在石家庄市联合举办的“龙腾大中国”文艺晚会演出，中央电视台进行专题播放。两次为国家著名歌唱家魏金栋演唱的“中国龙”伴舞。2005 年，获山东省“群星奖”，在全省艺术节表演中获一等奖。载入《中国民族民间舞蹈集成·山东卷》。2006 年 11 月，被评定为山东省第一批省级非物质文化遗产保护项目。“手龙绣球灯”被誉为“中华一绝”。

山东快书于派传承人赵光晨 赵光晨，男，汉族，1933 年 4 月生，长清区文昌街道人。1980 年 5 月，任长清县曲艺队队长。1981 年 5 月，任长清县曲艺杂技团团长。1986 年 11 月，退休。曾任济南市曲艺家协会理事、山东省曲艺家协会会员、济南市老艺术家协会会员、长清县文联戏曲协会名誉主席。

20 世纪 60 年代，“于派”竹板快书传人傅永

山东快书著名表演艺术家傅永昌（右二）与赵光晨（左二）合影

赵光晨在马山庙会现场表演竹板快书 （2006年 摄）

昌代师收徒传艺于赵光晨。因名师指点加上勤学苦练，说唱水平大幅度提高。创作并演出的竹板快书《换瓦》，参加全省会演并获奖，被收录《1982年济南市优秀作品选》《济南市三十年优秀作品创作选》《农村大众》《山东艺术馆》《山东农民演唱》等刊物。1995年，参加山东省"宇光杯"演出，获表演一等奖、创作二等奖；是年9月，参加山东省"天坤杯"快书邀请赛，表演的快书《实打实》获表演特别奖。2003年，被选入《文艺报》、艺术人生"百名人民艺术家"画刊。2004年，被中国作协、文艺报社《艺术人生》编辑部授予全国百名之一人民艺术家称号。2007年5月，赵光晨被命名为山东快书于派——省级非物质文化遗产传承人。2008年10月，区文化馆与山东省艺术研究所共同录制赵光晨《武松传》专辑。

第二节 市级非物质文化遗产

民间传说 *《孟姜女传说》* *孟姜女出世* 从前有两户人家，住在寿山的长城岭下，一家姓孟，一家姓姜，他们是一墙之隔的好邻居，但两家都无子女。

有一年，孟家栽了一棵葫芦，葫芦长得很旺盛，葫芦秧都爬到了姜家的屋顶上去了。奇怪的是这棵葫芦只结了一个葫芦，葫芦长在两家共有的墙上。秋天葫芦成熟了，孟、姜两家都希望葫芦归自家，两家各不相让，争吵不休。最后，在村人的调和下决定每家各分一半。

两家把葫芦摘下来，当场就要锯为两半，但孟家找到锯后怎么也锯不开，后经木匠师傅指点才总算锯开。当锯开后，众人十分惊讶！里面竟然端坐着一位俊俏的小姑娘，长得似仙女下凡。两家一见这小姑娘都不争着要那葫芦了，却抢着要抱那小姑娘。两家谁也不能说服谁，最后还是由众人调解，两家轮流抚养这个小姑娘。

从此之后，这个小姑娘就被孟、姜两家养活着。一天，孟家对姜家说："我们给她取个名吧"。经双方商量便起名孟姜女。从此，孟姜女这个名字就被人们叫开了。

孟姜女哭长城 相传，长城村的孟、姜两家，共同抚养着一位俊俏的姑娘，叫孟姜女。那时候，齐国强大，经济繁荣，国富民强，盐铁业、工商业都比邻近国家先进发达，齐国的商人就琢磨着把生意做到邻国去。正巧，在泰山西边崇山峻岭的大峡谷中，自古以来就有一通衢大道。国力较差的鲁国为了防御强大的齐国，就在这个交通要道的边界一带用又高又粗的木桩建了一道边防寨墙，在路口处留有寨门，屯兵把守。齐国的商人就是经过这个通道与鲁国进行贸易往来，为了经营方便，又不至于因为距边界太近而招惹麻烦，聪明的人们就选择了这个离界首路口不近不远的地方设立商铺、建客店，并且很快形成一个店铺，村名也干脆就叫作"铺子"。

再说那孟姜女，从小长得聪明伶俐、招人喜爱，长大之后更是心灵手巧，纺线织布、剪裁缝衣、米面饭食、烹炸炒煎，无所不能。到了成亲嫁人的年纪，爹娘千挑万选，为他选中了也是从临淄迁来

做生意的樊家独子樊杞良。樊杞良模样俊、身板硬郎、读书写字、务农经商都是人中尖子，所以成亲后小夫妻甜甜蜜蜜，恩恩爱爱，日子过得有滋有味。孟姜女既孝敬公婆，又兼顾爹娘，还百般地体贴丈夫，两家人亲如一家，街坊邻居看了也眼红。

可好日子没过多久，齐国就开始修长城，修长城是个大工程，国内的青壮人丁都得征调去出工，樊杞良当然也难脱得过。刚开始修建的是泰山以西到济水东岸这一段，虽然苦些累些，可隔三岔五地还能回家看望双方父母和孟姜女。待铺子村东山、西山都修起高大宽厚的长城，铺子村也修完高大雄伟的阁子关，樊杞良就被征调到沂山以东。谁想到这一去竟然三年没有音信，父母牵挂儿子泪流满面，孟姜女白天侍候公婆和爹娘，夜里思念樊杞良泪成行。

一转眼又过了立冬，眼见得北风一天比一天紧，天气一天比一天冷。孟姜女想起丈夫一去三四年，带去的衣服早该穿破了，磨烂了，遮挡不住风寒了，就连夜赶制一身棉袄，辞别公婆和爹娘，顺着修起的长城往东找。她一路打听一路走，不知道爬了多少个山头，也不知道翻过了多少道沟，终于打听到丈夫的消息，可等她急急忙忙赶到那儿，才听说丈夫早已累饿而死，连尸首也给垒进了长城里，孟姜女千里寻夫，别说见一面了，就是尸体也没捞着看一眼，便扑在埋砌丈夫的城墙上悲悲切切地哭起来。一连十天，哭的群山呜咽，日月无光，天昏地暗，风雨大作。忽然，“轰隆隆”一声巨响，那坚如磐石、威武雄壮的石长城竟让她哭得倒塌了400公里。露出来一堆一堆的人骨头。面对那么多白骨，哪里是丈夫樊杞良的尸骨啊？处于悲痛焦急中的孟姜女，突然急中生智，采用“点血入骨”的方法来辨认丈夫的尸骨。孟姜女咬破手指，对着一堆堆的白骨头说：“哪里是俺丈夫的尸骨就把俺手指上的血吸进去。”说完就举着滴血的手指一个一个地挨着试。孟姜女手指上的血快滴尽了，脸色全白而体力也难以支撑了，突然有一堆白骨果真把她的最后一滴血吸了进去，孟姜女确认这就是丈夫樊杞良的尸骨了。于是又趴在白骨上痛哭起来，其哭声惊天动地，撕心裂肺，感动了所有在场的民夫，大家纷纷上前劝阻，可都无济于事，直到流干最后一滴眼泪。孟姜女本想一死了之随丈夫而去，可想到家中还有年老的公婆和爹娘，只得强忍着悲痛，在修长城民夫们的帮助下掩埋了丈夫，又回到铺子村。俗话说，没有不透风的墙，尽管她把丈夫的死信牢牢憋在心里头，可公婆、爹娘还是从别人的口中得到了儿子、女婿的凶信儿，风烛残年的老人如何经得这震天惊雷的打击？四位老人很快相继过世。孟姜女料理完老人的后事之后，觉着原本红红火火，亲亲热热的一家人，转眼之间就落下孤苦伶仃、无依无靠一个人，便纵身跳进村东的五龙江，追赶樊杞良去了。孟姜女投入五龙江后，江水变成了红水，红水将江两岸的岩石染红，人们为了怀念这位忠贞善良的孟姜女，就将这五龙江改名为红石江，直到二千年后的今天，在孟姜女投江处的两岸的岩石还殷红殷红的呢。远近百姓为了纪念孟姜女，便在城门阁子东边修起一座孟姜女庙，不但在正殿里塑了孟姜女的神像，连墙上也绘满了描述孟姜女和樊杞良悲欢故事的壁画。

《扁鹊传说》 扁鹊，号卢医。据考证，约生于周威烈王十九年（公元前407年），卒于赧王五年（公元前310年）。扁鹊里籍在长清，最权威的依据来自唐朝张守节《史记正义》。其引《黄帝八十一难序》说：秦越人与轩辕黄帝时的扁鹊相似，所以人们称之为“扁鹊”；又家于卢国，所以称之为“卢医”。卢城西的孝里镇孝堂山郭巨祠中的壁画上，有个人首乌身者为人治病的画面，正是扁鹊行医的艺术表现。“扁鹊”绰号的由来可能与《禽经》中“灵鹊兆喜”的说法有关。因为医生治病救人，走到哪里，就为那里带去安康，如同翩翩飞翔的喜鹊，到哪里，就给那里带来喜讯。因此，古人习惯把那些医术高明的医生称为扁鹊。秦越人在长期医疗实践中，刻苦钻研，努力总结前人的经验，大胆创新，成为一个学识渊博，医术高明的医生。他走南闯北，真心实意地为人民解除疾病的痛苦，获得人民普遍的崇敬和欢迎。于是，人们也尊敬地把他称

为扁鹊。

扁鹊善于运用四诊，尤其是脉诊和望诊来诊断疾病。《史记·扁鹊仓公列传》中记述了与他有关的两个医案：一个是用脉诊的方法诊断赵简子的病，一个是用望诊的方法诊断齐桓侯的病。

有一次，他到了晋国（今山西、河北、河南一带），正碰到了晋国卿相赵简子，由于他“专国事”，用脑过度，突然昏倒，已五天不省人事。大夫（官名）们十分害怕，急忙召扁鹊诊治。扁鹊按了脉，从房里出来。有人尾随着探问病情，显得很焦急。扁鹊沉静地对他说：“病人的脉搏照常跳动，你不必大惊小怪！不出三日，他就会康复的。”果然过了两天半，赵简子就醒过来了。准确地用切脉诊病是扁鹊的首创。著名历史学家司马迁高度赞扬说：“至今天下言脉者，由扁鹊也。”近代历史学家范文澜也说：“扁鹊是切脉治病的创始人”。

又有一次，他路过齐国都城临淄的时候，见到了齐国的国君齐桓侯。他看齐桓侯的气色不好，就断定他已经生病了，便直言不讳地对他说：“你有病在肤表，如不快治，就会加重。”桓侯听了不以为然，说：“我没病。”扁鹊见他不听劝告就走了。这时，桓侯对左右的人说：“凡是医生都是贪图名利的。他们没有本事，就把没有病的人当有病的来治，以显示本领，窍取功利。”过了五天，扁鹊又来见齐桓侯，作了一番观察之后，对齐桓侯说：“你的病到了血脉，不治会加重的。”桓侯听了很不高兴，根本没有把扁鹊的话放在心上。再过五天，扁鹊又来见齐桓侯，经过细致的观察，严肃地对他说：“你的病进入肠胃之间，再不治，就没救了！”齐桓侯听了很生气，当然也没有理睬扁鹊的话。等到扁鹊第四次来见桓侯，他只瞥了一眼，就慌忙跑开了。齐桓侯发觉扁鹊不理睬自己，就派人询问。扁鹊说：“病在肤表，用汤熨可以治好；病进入血脉，用针灸可以治好；病到了肠胃，用酒剂也能治愈。如今齐桓侯的病已经深入骨髓，再也没法治了，我只好躲开。”又过了五天，齐桓侯果然病重，派人请扁鹊来治，扁鹊早已逃离齐国，而齐桓侯因误了治病时机，不久也就死了。早在两千四百多年前，扁鹊就能从齐桓侯的气色中，看出病之所在和病情的发展，这是很不简单的。所以，汉代著名的医学家张仲景赞赏不绝地说：“余每览越人入虢之诊，望齐侯之色，未尝不慨然叹其才秀也。”

在他行医经过的共约四千华里的路途上，历代人民为他建陵墓、立碑石、筑庙宇、朝香火。在伏道村扁鹊庙的墙上，有这样一首诗，概括了他的一生，同时寄托了人民对他的哀思：

昔为舍长时，方伎未可录。
一遇长桑君，古今皆叹服。
天地为至仁，既死不能复。
先生妙药石，起虢效何速！
日月为至明，覆盆不能烛。
先生具正眼，毫厘窥肺腹。
谁知造物者，祸福相倚伏。
平生活人手，反受庸医辱。
千年庙前水，犹学上池绿。
再拜乞一杯，洗我胸中俗。

《大周三藏法师、大唐三藏法师义净的传说》

在佛教史上，唐代义净与东晋法显和玄奘并称为“三大求法高僧”，他又与后秦鸠摩罗什、梁朝真谛和玄奘并称为“四大译经家”，他的著作译为法、英、日等国文字。

土窟寺出家　义净（635年—713），俗姓张，名文明。齐州山茌县人。义净出身于官宦门第，他很早就皈依佛门。他到土窟寺出家时，年才七岁。

义净拜土窟寺的善遇法师为亲教师，慧智禅师为轨范师。善遇和慧智原是神通寺的僧人，即朗公的法嗣，二人都是虔诚的修行者和博学的高僧。义净曾感激地回忆幼年的师生之情，把善遇比作严父，把慧智比作慈母。义净在慧智的教导下，于十四岁正式成为沙弥，二十一岁时，于永徽六年（655）随师父到大寺（当是神通寺）执行受具足戒的仪式，正式成为比丘（僧人）。义净自幼拜二位博学的高僧为师，打下坚实的佛学基础并获得较高的文化教养，对于他日后赴西天求法，学习佛典以及理解外国的文化风习是很有利的。

万里求法 据义净自述，他十七岁时就曾立志去西天求法，在玄奘生前功德卓越，死后哀荣盛大的感召下，义净决定继玄奘之后，西行求法。

玄奘死后六年时，义净在咸亨元年(670)在长安与志同道合的法侣——并部(太原)处一法师、莱州(掖县)弘袆论师等四五个人，相与结伴同赴印度。他们确定从海路出发，成行前，处一因母老难舍而退出，弘袆行至江宁也因故半途而废，另一位玄瞻虽到了广州，面临大海竟也后悔不走了。义净只和一位晋州(临汾)的年轻僧徒善行结伴起航浮海了。临行前他赋诗言志，作绝句二首：

“我行之数万，愁绪百重思；那教六尺影，独步五天陲?”

“上将可凌帅，匹夫志难移。如论惜短命，何得满长祇。”

义净抱着“三军可夺帅也，匹夫不可夺志也”的决心，不惜“舍生取义”而冒险远行。

义净到广州之前，是从京师顺道返回济南向恩师请命并向老家辞行的。他于当年秋季回到土窟寺，得到慧智的支持鼓励，并到善遇的墓前祭拜。在返故乡途中，得到了山东道俗资助的绝绢等物，濮州玄律师并请他带往佛土奉献的罗盖疋头等。当他由济南南下道经扬州时，恰逢赴岭南道就任龚州太守的冯道铨。冯道铨大力帮助他，携他同行直达广州，并在广州资助他钱财作为路资。咸亨二年(671)十一月义净遂乘船航行，当时他正值三十七岁的壮年。航行二十余日到达室利佛逝国(今印尼苏门答腊)，此地佛教兴盛，印度与中国僧人居留者不少，佛寺拥有大量经卷。在这些华夷杂处的佛寺中正是学习梵文的好地方。义净在这里受到国王的礼遇，他因在此居留半年学习梵文。但唯一的同伴善行小僧却又因病回国，只剩下他一人了。

义净于咸亨四年(673)二月孤身一人航行赴南亚次大陆，到达天竺(印度)本土。他登岸至耽摩立底国（今孟加拉邦的塔姆卜克的古港口处)，遇上来自爱州(今越南清化)的大乘灯禅师，结伴同到中印度，不幸路遇山贼，脱难后继续在各地访问参学。他主要是到玄奘当年求法修行的著名的那烂陀寺。它位于摩揭陀国的王舍城东(今印度比哈尔邦的巴拉贡)，是座宏大的佛教最高学府。全寺分为八个大院，容纳僧众万人。这里是兼容各派的，不仅有部派佛教的上座部和大众部，也有改良佛教的自夸为“大乘”的有宗(瑜伽行派)、空宗(中观学派)以及密宗等。甚至对释迦持批判的提婆达多派也在此寺参学。义净于上元二年(675)继玄奘之后来此研修，时年四十一岁，他在此寺总共居住十年，于光宅元年(684)才离开返国。

义净学习期间曾与来自江陵的无行禅师等人巡游佛教古迹，他曾到释迦当年说法的鹫峰参拜。他“遐眺乡关，无任殷忧”，并赋长诗寄意。特别是他巡游庵摩罗跋国时看到另一先他而来的济南高僧道希法师。道希也曾到过那烂陀寺，将自中国带来的中文译本佛经四百多卷捐赠该寺。他在该国大觉寺曾造唐碑一座，这些均有益中印的交流，不幸年仅五十余岁即命终异国。义净见到他生前住过的居室，“伤其不幸”，遂赋诗云：

“百苦忘劳独进影，四恩在念契流通。如何未尽传灯志，溘然于此遇路穷。”另外还有一位齐州同乡师鞭法师，曾在庵摩国王家寺院与道希相遇，同居一夏，不幸英年早逝，年仅二十五岁。义净比他们晚到十来年，均未相会。据此，可知唐代的济南，起码有三位僧人远赴印度求法，仅有义净能够生还。

垂拱元年(685)义净携求得的大量梵本经文五十余万颂回国。归途中又遇到劫贼，侥幸脱险。直至垂拱四年才航行到达佛逝(苏门答腊)。他想利用此地寺院的藏经并可凭借来自各地僧众的帮助，校理梵文经典；又因靠近祖国，可获得纸墨(当时是中国独有的先进产品)的方便。于是他于689年先回广州，住在制旨寺，除募化纸墨等物资外，又约请学问僧贞固律师作为助手，还有三位年轻僧徒去任抄录工作。义净偕同他们返回佛逝，开始了紧张的撰译工作。用六年的时间不仅译出佛经数种，而且写完了《大唐西域求法高僧传》，记载了中国到印度求法的高僧五十六人（包括唐朝属国新罗、爱州等)的事迹。更撰写了《南海寄归内法传》，详细介绍了印度的佛教状况、寺院生活，特别结合戒律的实施情形强调了律法的重要。当武则天改国号为周，登皇帝位，改元天授(690)，并崇尚佛教时际，义净请在佛逝结识的来自澧州的大津法师携带他的上述著作和所译经文十卷回国进京呈上朝廷，在得到了嘉许后，于是在证圣元年(694)启程北上朝见。武则天在陪都洛阳召见，她亲自排驾，迎接义净于上东门外，其礼遇之隆，超过了玄奘回朝仅由宰相派员迎接的规模。当时义净呈献了金刚座金容一铺，舍利(所谓佛骨)三百粒，梵本经论四百部。义净在道俗群众夹道欢迎中，在幢幡仪仗和音乐的奏鸣下，奉旨到佛授记寺居住，并主持翻译经论。义净自671年出国到695年止，泛海求法前后历时25年，经历30多个国家，已是61岁的老人了。

实至名归　义净为取得皇帝支持来弘扬佛教，不仅追随武则天在长安和洛阳两地各设译经场尽心工作外，也从权配合了武则天的一些政治宣传运作。如武则天声称得到民间贡献的“天赐石函”，其中有十二个神奇文字，众不能识，她就命令义净辨认，义净居然译写出来，则是“天册神皇万岁忠辅圣母长安”。则天大喜，于当年九月为自己加上“天册金轮大圣皇帝”的称号，大赦天下，改元号为“天册万岁”。或许是武则天事先请他人用梵文写于玉册上，然后命义净译出的，义净本人只是个被动者。不管如何，义净已成为皇室倚重的大师级的佛教权威。从弘扬宗教而言，是有利于义净的译经工作的。武则天册封义净为“大周三藏法师”。长安四年(704)义净于七十岁时曾到嵩山少林寺参加重结戒坛的典礼，并撰写了《少林寺戒坛铭序》(文见《金石粹编》卷七十)。他的译经，至死未辍。前后共译出经论107部，总428卷之多。著作除两《传》外，尚有数种，其中可注意者，他写了部《梵唐千字文》，足见他继承了恩师注重教育后进的作风。

义净晚年居大荐福寺(今西安之小雁塔所在)卧病。门人特请画家为他画像，后经唐睿宗特为他撰《画像赞》。先天二年(713)正月，义净奏请返回老家，太上皇特遣内监和官员慰问，准予回齐州。他病中所写遗书，谆谆叮嘱门徒说：“齐州孤妹、诸亲眷属，并言好住。”然而他并未回到济南与孤妹相见，终于在当年正月十七日圆寂，享年七十九岁，法腊(僧龄)五十九年。唐帝追赠他为“鸿胪寺卿”的官衔，安葬于长安延兴门外，在此修筑灵塔，命光禄大夫同安侯卢璨撰写《大唐龙兴翻经三藏义净法师之塔铭并序》，由高僧智业书碑。其后为表彰义净翻译《金光明最胜王经》等功绩，在塔周围建寺，赐名金光明寺。唐中宗即位，恢复大唐国号时，纪念义净的译经功德，曾亲撰《大唐龙兴三藏圣教序》，显然是效法唐太宗为玄奘写的《大唐三藏圣教序》的方式，那么，义净也可称“唐三藏”而与玄奘并列了。

义净虽不能生返，但其舍利也分出一份归葬故乡。齐州山茌(今长清)的小娄峪山后的四禅寺(在今张夏镇土屋村)为他建塔保存，并在堂中悬挂了来自长安绘制的义净肖像。寺内建有由齐州书法家、时任御史的唐奉一书写的唐中宗撰文的《唐中兴圣教序》。四禅寺成为济南的名胜。古文大家苏辙曾来此瞻仰，赋诗志感(见《栾城集》)。李清照的丈夫赵明诚也曾来过，并著录了碑文，收录于他的《金石录》之中。这幢唐碑后来移至长清的大清河畔的河阴寺中，清代咸丰年间黄河决口侵夺了大清河道，此碑遂被冲淹而失踪。

《“五股穿心柏”的传说》　著名的五峰山旅游区内的更鸡桥东侧，生长着一棵形状奇特的古柏，五股苍劲而又匀称的枝杈像巨人的手指一样同生于一个古老的树桩之上，树桩的中心有个洞，故名“五股穿心柏”。据说，这是五峰仙峰的化身。古人曾有诗赞曰：

天生五股似苍龙，高枝千年对五峰。

此中似有精灵在，为见树中有洞生。

关于“五股穿心柏”的来历，当地村庄里流传着这样一个故事：

在很久以前，土山村(石窝村北，现属崮云湖街道)有一个大财主，他雇着很多长工为他干活，有年冬天，长工们在山坡上整平土地，从土地的高

处挖壕子撤土填满，为了让长工多做此活，财主派一小伙计往地里送饭。这一天，小伙计把稀饭和饭碗送到地里，可是分饭时却发现少了一个碗(财主规定送饭的与长工们一块在地里吃，回家没饭吃)，长工们每人分到了一碗稀饭，只有小伙计因为缺碗只能眼巴巴地看着别人吃。其中有一名长工说:“小伙计，我们挖壕子时挖出了一个小瓷盆，就在地边上，你不嫌脏的话，就用那个小盆吃吧！”小伙计找到小盆，拔了把枯草擦了擦，去盛饭时发现饭已经没有了。财主非常狠心，干这样的累活，每人还分不到一碗稀饭，天下穷人怜穷人，长工们纷纷把自己碗中的饭匀给小伙计，说来奇怪，盆中的饭尽吃尽有，不但小伙计吃了顿饱饭，连长工们也都吃了顿饱饭。大家十分高兴，决定让小伙计保管好这个瓷盆，每次送饭时都带来，从此长工们有了饱饭吃，笑声也多了起来。小伙计呢，则精心保管小盆，晚上睡觉都放在枕边。到了年度领工钱，小伙计将自己领到的少得可怜的几年制钱放到了小瓷盆中，奇迹出现了，盆中的钱取了还有，用了还有，真是成了取之不尽、用之不竭。小伙计心里甭提多高兴了，心里想，有了这个宝盆，天下受苦的人就会有饭吃，有钱花，从此不再受穷了。

大财主听说了这件事，派家丁将小伙计毒打了一顿并抢走了小瓷盆，财主得到瓷盆之后非常高兴，决定在他六十大寿宴请宾客的时候拿出来展示一下。

财主六十大寿的日子到了，其亲朋好友，远亲近邻纷纷前来祝寿，大厅之内热闹异常，于是财主命人取出瓷盆，当众宣称:此为宝盆，放入一个元宝，便有取之不尽用之不竭的元宝！大厅内的所有宾客都屏住气，瞪大眼睛看着瓷盆，都期待着能从宝盆中分得几个元宝。财主亲手将一个元宝放入盆中，两眼直直地盯着瓷盆，突然一阵青烟过后，瓷盆内爬出了成千上万只癞蛤蟆，宾客吓得一哄而散，老财主气得嚎叫一声，倒在地上不省人事，财主老婆急命家丁把瓷盆扔到村外的大沟中去，摔碎砸烂。从此以后，老财主又气又急，卧病不起，不久便一命呜呼了。

小伙计听到此事后，便跑到大沟边，对着摔碎的盆片放声大哭，正哭着，突然间他看到盆片自动汇合到一齐，恢复成一个完整的瓷盆，与原来的一模一样，小伙计高兴得跳了起来，抱紧小盆，一溜烟跑回家去。

阴历四月八日，五峰山一年一度的庙会到了，小伙计把宝盆揣在怀中去赶会，盘算着，五峰山会上讨饭的、乞求的穷人一定很多，这宝盆的钱取不尽用不完，何不送与他们，也让他们在会上能买饭吃，买衣穿。小伙计边想边走，不多时就到了“一天门”，进了“一天门”一看，呵，赶会的人黑压压的，人头攒动，非常拥挤，小伙计害怕挤坏了宝盆，就跑到路边的一块山地里，用手挖了一个土坑埋藏起来。为了好找，小伙计折了一个生有五个枝杈的柏树枝子插在上面做标记，之后。小伙计兴高采烈地赶会去了。

中午时分，小伙计赶忙去寻找埋藏宝盆的地方，但是一看整个山坡、山地都插满了柏树枝子，无法辨认自己所做的记号。找呀找呀，宝盆再也找不到了。小伙计望着满山遍野的柏树枝子，很久，很久，突然他开心地笑了。

后来，满山的柏树枝就长成了现在五峰山上的密密麻麻的柏树林，那插在宝盆上的五个枝杈的柏树枝就长成了这株“五股穿心柏”，宝盆已长在柏树墩中，盆口处还有一小洞。

现在“五股穿心柏”已成为五峰山的一大景观，人们在纷纷观赏的同时，那个美丽的传说也不胫而走。

《郭巨埋儿传说》 相传，很久很久以前，河南温州(今河南沁县)一带闹起了旱灾，那真是连年大旱啊，整整三年滴雨没下，庄稼颗粒无收，把老百姓给弄的民不聊生，怨声载道。祸不单行的是旱灾还没过去呢又流行起霍乱病来了，真的是雪上加霜，这饿死病死的人不计其数啊。当时要是谁家死了个人儿，那是再正常不过的事儿了，而谁家一个人儿没死倒成了重大新闻了，大路两边儿全是一具一具饿死病死的尸体，人们早就见怪不怪了，你想这大活人都饿得起不来了，谁来有力气来埋死人啊。可人总得活下去啊，实在没办法了，就只好带上妻儿老小到外州府县逃荒要饭去了。

在这逃荒的队伍中有个年轻人，叫郭巨，也是河南温州人。这郭巨呢一开始家境也是挺富裕的，不愁吃不愁喝，出门还能坐上马车。他上有爹娘，下有两个弟弟，一家人的小日子过得倒也真不赖。可一样在这天底下过日子，人家都受灾了，他们也跑不了。开始郭巨一家人因家底儿还厚实点，在旱灾时倒没饿死人，但他爹却没能挺住，染上霍乱病死了。他爹这一死，这家可就塌了架喽，郭巨的两个弟弟本来就不如哥哥老实厚道，一看爹死了，又值灾年，马上明争暗斗地夺起家产来。你今天偷着拿了块干粮，那我明天说啥也得偷偷地藏起俩红薯来，一下子弄得家里鸡飞狗跳不得安宁，本来没病的老娘也给气地躺在床上起不来了。郭巨眼看一个好端端的家就要四分五裂了，心疼地没法儿，可也知道这日子是无论如何过不下去了，于是左寻思右掂量，又和老娘商量了不知多少回儿，最后一咬牙一拍大腿豁出去了：将爹留下的财产分给两个弟弟算了，免得天天这样鸡飞狗跳的。财产固然重要，可要为了财产弄出啥不好的事儿来那就不值当得了，总不能为了家产再让亲兄弟打破头吧。想好之后，他把两个弟弟叫到跟前儿说："咱爹没了，日子也不好过了，可也不能不过啊。这样吧，爹留下的钱财和宅子啥的，你们两个平分了吧。我是老大，我独个儿养着咱娘好了。"两个弟弟一听心里自然高兴，但嘴上却说的很好听："不行，不行，怎么能让你一个人养着咱娘呢！那样我们也太不孝顺了，何况家产还全让我们俩分了，这要传出去我们还咋见人儿啊，还不得让人家戳破我们的脊梁骨？不行不行说啥也不行。"郭巨是实在人，态度很坚决："你们不同意也没办法，这是我自愿的，与你们没关系，就这样了，我的主意定了谁也改不了，你们谁说也没用。"就这样，为了让娘过上几天清心的日子，郭巨把所有的钱财及宅子和地都分给了他的两个弟弟，自己和媳妇儿带着老娘一路北上，找清静地儿去了。当不住(可能)有人说了，郭巨这不是瞎胡闹么，他这么穷折腾，他媳妇还不跟他急喽啊！哎，对了，说起他媳妇啊，还有一段故事哩。

郭巨他媳妇原来娘家家境也不错，不能说趁多大的家业吧，按现在的话说怎么着也称的上是个小康人家，最起码吃不愁喝不愁，衣食无忧的。这个媳妇呢，长得虽说不上是什么绝色美女，但也是眉清目秀，周周正正的，一看就是那知书达理的小家碧玉。而且从小就性情温顺，又跟着父亲学了一些书，认了一些字儿，那真是人人见了人人夸。成年以后，那说媒的算是踏破了门槛儿了。其中有一户人家，那家境在当地可是数一数二的，可以说是骡马成群、家财万贯，比郭巨这小家小业的可强多了。可这闺女就是相中郭巨了，也不管人家说啥不说啥的。在当时这嫁闺女娶媳妇可是老百姓一辈子的大事儿，这闺女不嫁有钱的大家主，却偏偏要嫁郭巨，这让很多人在背后里议论纷纷，都说该不是这孩子脑子有毛病吧。但她却不顾人家的说三道四算是一头撞在南墙上了，不为别的，就图个小伙子人儿实诚。嫁过来以后，更是操持家务、孝敬老人，第二年呢又生了个大胖小子，这日子过的真是没法说了，不是有句话么：吃西瓜还要撒白糖，真真儿是比蜜还甜呢。媳妇和郭巨商量着今后要多存钱多存粮食，这样才能更好地孝敬有年纪儿的，所以就给儿子取名叫郭存。郭巨媳妇抚养孩子没耽搁侍候婆婆，这好媳妇的名声方圆十几里没不知道的。所以当郭巨做出这种平常人难以理解的决定的时候她是从心眼里理解支持他。看看吧，这在现在来说也是不可思议的事，人家郭巨媳妇在老古年间就做到了，真是让人佩服啊。

这郭巨和媳妇带着娘和孩子一路走一路找，但赶上了这连年大旱，想太太平平过清静日子是不可能了，实在没办法，他只好和人家一样用小推车推着老娘和刚刚会跑的儿子，让媳妇在后边跟着，一路向北要饭去了。

这要饭也不是说张嘴就能要来的。这年头儿逃荒的多，要饭的就多，有时候这一天下来求爷爷告奶奶的磨破了嘴皮子也不一定能要着一口吃的，好不容易要个地瓜把儿什么的郭巨就赶紧拿

给老娘，再给孩子一小口，自己和妻子也就是吃口野菜充饥，再饿也只好硬挺着。

走啊走，也不知道哪一天才是个头儿。话说这一天郭巨累的是眼冒金星，双腿发软，无论如何走不动了，主要是肚子里没食儿，脚底下发虚啊。怎么办呢，眼看着日头也掉山底下去了，郭巨没别的法儿只好对媳妇说：“你看好咱娘和孩子，我到旁边村子里打听打听，找个住的地方。”郭巨来到旁边的村子里，去向一户人家打听，一问才知道原来是到了山东境内的巫山脚下，这个村子叫水里铺。

这水里铺还真是个名副其实的好地方哩。官道的西边是一片镜子似的水面，都和黄河连成一片了。在家经历了两年干旱的郭巨一家见着水可是分外的亲啊，回来对娘和媳妇把这里的情况说了，他娘岁数大了真是巴不得赶紧能有个地方住下来，就对儿子媳妇说：“我算是认准了这个有山有水的好地方了，咱们就在这里住下吧。”儿子和媳妇见娘这样说了，也觉得这想法好，立马儿就同意了。

在这村子南边有一片树林，因为是许姓人家的林子，所以叫许家林。这个许家林里有一处很旧的看林房正好空着，郭巨就借房子的南墙搭了个棚子，一家人住进去就算是有了个小窝儿，周边拾掇的干干净净。许家人也是心地善良的好人家，一看郭巨大老远儿的从河南来到这儿了，上有老下有小怪不容易的，就发了善心了，对郭巨说房子反正也空着，搬进去住吧，还特别说旁边那一小块地也是他的，初来乍到总不能饿死呀，就先种着好了。郭巨一家自是感激涕零，于是千恩万谢地住进去了。

住的地方倒是有了，口袋里可是镚子儿没有，可一家人总得活命，孬好你得有口吃的啊。老天爷饿不死瞎家雀儿，为了全家人活命，郭巨没别的办法，只有天天在这破房子旁边侍弄那块地。郭巨可是个仔细人儿，他对这块赖以生存的地真是比对自己的孩子还亲，每天不是刨就是耙的，不是有句老话说是“人勤地不懒”嘛。

这一天，郭巨像以前一样想再把地耙一遍，这样小苗苗就长得更高更好喽。可耙着耙着，锄头尖儿就被什么东西给挂住了，他使劲儿一掳，锄头倒是出来了，锄尖上却勾着一个大罐子，郭巨拿起来打开一看，不由大吃一惊，原来里面竟是满满一罐子铜钱！郭巨愣了片刻，马上寻思过来，这钱可是从人家地里挖出来的，理应归人家所有，人家能让自己在这儿住还给了一小块地，这就是天大的恩情了，自己可不能见钱眼开啊。想着，郭巨拿起钱罐就往许姓人家家里跑。这姓许的一听这事儿，愣住了，再看看这钱，心想这郭巨还真是个实在人儿呢，心里很是感动就说：“这钱虽然是从我地里挖出来的，可不能归我，我在这儿种地种了几十年了，可从没挖出过钱来，你一来就挖着钱了，这说明你真是个有福之人，连老天都在照顾你哩，这钱啊，我是说啥也不能要。”郭巨就更不会要这钱了，说：“这是从你的地里挖出来的，我要是留下了，那于天于理都不容。”说完放下罐子转身就走，许姓人就扯着他的衣襟不让走，最后，实在没办法，竟闹着上了县衙。县官还从来没遇见过这种事儿，以前都是为了争钱闹着上衙门的，这回倒好，还有为了不要钱上衙门的。他倒也是个通情达理的人，仔细的了解了事情的来龙去脉，笑着说：“本县内竟有此不贪钱财之人，真是令本县高兴，这钱本是在许姓人家的地里挖出来的，兴许是许家祖上所埋，理应由许姓人所有，你们就不要再推让了。”这样，许姓人家也不好再说什么了，就把钱拿了去，但因从心里佩服郭巨的为人，自此以后对郭巨一家更是百般照顾，郭巨对他也是万分感激。

因为郭巨是个非常孝顺的人，所以他种粮种菜总是先给老娘和孩子留下点口粮，余下的卖了再算计着买点儿油盐酱醋啥的，并且常常地给多病的娘买点儿可口儿的，加点小灶儿。这样倒是勉强能让一家人填填肚子，可就这样吃糠咽菜的日子也不是天天都有，往往在保证了老娘和孩子的口粮之后，郭巨两口子就得经常勒紧裤腰带饿肚子了。要不是许家人经常接济一下，恐怕还真挺不了几天呢。

为了养活老婆孩子以及多病的老娘，郭巨的

日子过得真是不易啊，他起早贪黑，天天算计着怎么给家里多弄点吃的，真是恨不得把街头的石头碾子也搬下来让家人啃两口。他的老娘呢，虽然差不多总能吃上儿子给她开的小灶儿，却还是一天比一天瘦，这让郭巨心里像揣了只小耗子似的没抓没挠的。左寻思右寻思也没想出是什么原因来，只好再拼命地干活，多挣点儿钱给娘买吃的。但是，过了一段时间，郭巨贤惠的媳妇却发现娘的身子不但没有像他们估摸的那样一天比一天好，反而还是一天天瘦下去。两口子心里像油煎了一样难受，暗地里寻思："这到底是咋回事呢？就算胖不起来也不该这么一直瘦下去啊？"

这一天，郭巨像平时一样用家里仅有的一点面烙了一块饼，等娘一早起来就恭恭敬敬地送到娘的床边。看着送到眼前的烙饼，她娘立马儿接过去放在一边。郭巨说："娘啊，你快趁热把饼吃了吧。"她娘高兴地答应着："行啊，行啊，我知道咧，你快干活去吧，老挂着我干啥哩"。说完就撵郭巨快走。郭巨从娘屋里出来，拿起链刀走了。可他媳妇却多了个心眼儿，偷偷地藏在了门外的墙角旮旯里伸头瞅着他娘的屋门，心想这回非得弄清楚到底是咋回事不可。哎，你还别说，一霎儿的功夫，她就看见他们那三岁的儿子郭存蹦蹦跳跳的到奶奶屋里去了，接着就听到她娘亲热的招呼孙子："小儿哎，快点，快点，快把这块饼吃喽吧，可香哩，快点吃，千万别让你爹娘看见。"她悄悄地凑到窗户底下一看，吓了一大跳，只见屋里她娘正紧忙的把郭巨一早送过来的烙饼递到孙子手里，郭存还是这么小的小孩子，在这年月看见吃的了还顾得了别的啊，接过来"啊呜"就是一大口。她娘看着孩子大口大口的吃饼，可高兴咧，不都说奶奶看孙子儿强起拾金子儿么，郭巨他娘当然也不例外，这不，摸着孩子的头咧着没牙的嘴笑的一张老脸都成了一朵大菊花了。媳妇总算明白了，怪不得哪天都费尽心思为娘准备点吃头儿，可娘还是一天比一天瘦呢，怎么就没想到是郭存把她的东西儿给吃喽呢！

好不容易等郭巨回来，媳妇就赶紧把这事儿给他说了，这下把郭巨给气的，在地下一连转好儿个圈儿，都不知道说么好了。最后他哭着找他娘去了，说："娘啊，孩子还小，他吃好么的日子在后头呢，可是你已经这么大岁数了，再不吃就捞不着咧！"说着揪过儿子来就踹了两脚。这下子他娘可不干了，老人都疼孙子啊，看着孙子挨揍了，能不疼得慌么。他娘一把把郭存揽怀里，抱着紧紧地，说："你揍他干么，是我让他吃的，他一个小孩子正长呢，不多吃点儿行吗？我一个快入土的老太婆子，还吃这么好的吃食儿，这不是糟蹋东西么！你要打就打我吧，再打孩子我和你拼命！"说着，就把头拱到郭巨跟前来了。郭巨一看娘本来就没吃着东西，再把她气坏了，那不就麻烦了么。郭巨没敢再说啥，只好叹了一口气扭头出来了。

后来郭巨一想还是不行啊，这么下去还了得，就和媳妇轮流去劝说他娘去，可不管郭巨和媳妇说多少回儿，他娘总是答应的挺好，可一转身儿就把吃的给郭存了。他娘有她的老主意儿：我早寻思好了，反正你们也不能把我怎么着，我先把俺孙子喂饱了再说。看着娘饿得越来越不行，郭巨两口子心里明镜儿似的。可就算他俩想破脑袋也没想出什么好法儿来，哎！你说她一个老的，说不得骂不得，真让人怵头啊。这一天，郭巨好不容易多打了两捆柴禾，赶紧买了两个白面馒头给他娘送过去了，可一霎儿的功夫，郭巨又看见儿子摇头晃脑地吃上了，这回可真把他气死了，他恨不能一把夺回来塞进娘嘴里，可是他又不敢。从这里看，倒不是说郭存这孩子不是他亲生的，郭巨不疼他，实在是他太孝顺了，吃的就这么一点儿，顾这个就顾不上那个，实在是没办法的事儿。郭巨眼看着两个大馒头让儿子一霎儿就吃进去了，他真是又急又气。忽然他的脑子里闪过一个念头：如果没有小儿了，那娘也就没指望了，说不定就舍得吃了。这个想法一出来，算是阴魂不散地折磨上郭巨了，他看看孩子嫩甜瓜似的小脸儿，再看看娘丝瓜瓤似的老脸，真是左右为难啊。实在熬不住了，只好去和媳妇商量这事儿。可毕竟是亲骨肉，媳妇还真有点儿舍不得哩。郭巨看他媳妇低头不吱声，心里就明白了，开

导她说:“孩子光争咱娘的嘴,再这样下去,咱娘非饿死不可。咱俩年纪轻轻的,孩子没了以后还可以再生,可是娘只有一个啊,没了可就再也没有了。”媳妇到底是个孝顺媳妇,难过了一阵儿也狠着心答应了。可是说起来容易做起来难,他们是左寻思右掂量怎么也想不出怎么处理这孩子。最后一咬牙一跺脚:埋掉儿子!

在一个夜深人静的晚上,娘已经睡着了,孩子疯玩儿了一天,也是倒头就睡,两口子一看到时候儿了,就悄没声儿地抱起孩子拿上铁锹上山了。挑了一个不大来人儿的地方,郭巨就开始挖坑了。她媳妇紧紧地抱着熟睡的儿子站在一边儿。四下里除了山底下传来的一两声狗叫,啥动静儿也没有,只有郭巨吭哧吭哧的挖坑和铁锹碰石头的当当声。过一霎儿,郭巨小声地问媳妇:“行了吧?”媳妇头也不抬地盯着儿子的小脸儿说:“不行,太浅了,再挖。”郭巨便又低下头去挖起来,挖了半天,又问:“行了吗?”媳妇依然抽抽搭搭地亲着儿子的脸说:“不行,还是太浅。”郭巨说:“行了,我看差不离儿了。”可是媳妇说:“这山上野狗太多了,让狗把咱孩子扒出来吃了咋办?”其实他俩都知道,这哪里是嫌坑太浅啊,他们实在是舍不得自己的孩子啊,明明知道最后是什么结果,可还是自欺欺人的多抱一霎儿是一霎儿,真是可怜天下父母心啊。

就这么着,媳妇说不行,郭巨就挖,再说不行就再挖。这坑是越挖越深,越挖越深。猛格丁的,就听“噔”的一声,铁锹像是碰到了什么东西,震的郭巨的两手麻抖搜的。开始还寻思是一块大石头呢,可搬上来一看,原来是一口大锅。两口子弯下腰儿,借着月亮地儿仔细一看,发现锅盖上还写着金光闪闪的十二个大字:天赐郭巨,官不得取,民不得夺。打开一看原来是满满一大锅金子。郭巨两口子当时就傻在那儿了,过了老半天才明白是自己的孝心感动了天地,上天赏赐自己的啊!一家人真是高兴的又哭又笑的。有了金子了,孩子就不用再埋了,郭巨和媳妇就抱着孩子带着金子高高兴兴的下山了。又用金子买了新房子和几块好地,一家人就过上了吃穿不愁的舒坦日子咧!

郭巨埋儿得金的事儿在当地迅速的传扬开了,大家算是夸奖上他两口子了,说,你看看人家郭巨,可真是了不得,为了娘连儿子都不要了,这样孝顺的人你上哪儿找去,真是开了眼了!就这样一传十十传百,不久郭巨就因他的孝道而名扬天下了。当地官员因为本地出了这样的一个大孝子,就大力向上举荐,说自己治理得当,教人有方,以此来说明自己很英明。很快,皇上也听说了郭巨的事儿,觉得这还真是个好事儿呢,应该大力宣扬宣扬。由于当时奉行举孝廉,为了让天下人都有能向朝廷进忠尽孝,就把他召进京城做了官。

然而,郭巨的官儿是当上了,但当时朝廷的很多官员认为他的官是单纯依靠“孝”当上的,只是驴粪蛋子表面光,根本没有什么根基和本事,很不把他放在眼里,更谈不上什么尊重他了,巴不得能有机会向他发难呢。可巧了,不久,南方兴兵作乱,相互攻击,背叛朝廷,皇帝需要派大军平息。朝廷的官员认为这下子可算是逮住机会了,心说:“你不是能吗,厉害吗,好啊,这次就让你能个够,让你出风头!”于是就联名奏本,故意说郭巨是文武全才,是个了不起的人物,他要去南方平乱那一准儿的兵到乱消,根本不用费劲儿,都极力地推荐他去平乱。你别说,皇帝还真就准了这个本了,你想啊,这么多的文武大臣都全力举荐这一个人,皇帝要再不准那不成傻瓜了吗?于是命郭巨率领大队人马到南方去平乱。

圣旨一下,皇命难违,郭巨是去也得去不去也得去了。临走前几天他把媳妇叫到跟前是千叮咛万嘱咐:“我这一走可说不准儿多攒回来,你在家里别挂着我,好好侍候咱娘,把孩子照顾好,你就受受累吧。”媳妇抹着泪儿说:“早知道这样咱还不如不当这官儿呢,咱在家里好好地过咱的日子多好!你这一去谁知道会怎么着呢。”郭巨就说了:“你呀,我可知道你,你不是拖后腿的人,别说气话了,干什么说什么话,我既然当上这个官儿了就得当好。你说是吧?”媳妇红着眼圈说:“好了,你还不知道我么,你放心,我保证把咱娘侍候的好好儿的,把孩子养的胖胖的。”郭巨这就把心放在了肚子里。不过这几天，他发现媳妇老是一个人在屋里躲着，心里还以为是女人家心眼儿小，舍不得他去，独自待在屋里难过呢。到了他走的这一天，他媳妇忽然拿出一面绣着“孝”字的大旗交给郭巨，这大旗做的真是漂亮，黄的底儿，红的字儿，举起来迎风一摆真是威风啊。郭巨问：“咦，啥时候做的这个呀？”媳妇说：“这是我熬了两天两夜赶做出来的，你带去吧，别的你就别问了，听我的没错。”郭巨当然知道自己的媳妇是聪明过人的，不再多问就带领人马浩浩荡荡向南方开过去了。

■ 孝堂山郭氏墓石祠 （2008年 摄）

很快，郭巨就带领大军南下了，一路上，很多人和官吏都听说了他的事儿，对他和他的大军真是照顾有加，又听说是到南方去平息战乱，自是有钱的出钱，有力的出力。他媳妇做的大旗很是扎眼，刚到南方，乱军老远就看到了，还有的乱军不知道郭巨这事儿的，不由地心里犯嘀咕：“这旗子上绣个‘孝’字干吗啊，总不会是这个领兵的姓孝吧？”有的乱军可是听说过郭巨的事儿，他们一看这旗子就知道了，哟，郭巨来了！于是又添油加醋的把郭巨的事在军中传播开了。这下子郭巨在乱军心里就成了神人儿了，他们心说：“郭巨为了母亲竟然要埋掉自己的亲生儿子，这样的事儿是一般人能做出来的吗？而且连上天都感动了，还赐给他一锅金子，我要是和天都知道的孝子打仗，恐怕连老天爷都要怪罪我的。干脆也别自找不痛快了，赶快跑吧。”于是叛军竟然像退潮时的海水一样“呼啦”一下子不战而退了，跑的那叫个干净。郭巨这才知道媳妇让他做大旗的用意，真是暗地里佩服起媳妇来。这下好了，乱军退了，这仗也甭打了。郭巨没用一兵一卒就这样打了好几场胜仗，又领着浩浩荡荡的大军回来了。回来以后如实禀报，皇帝大喜，认为郭巨还真是不得了啊，朝廷上还没有这么有本事的大臣呢，于是当廷宣布郭巨平乱有功，加封他为“平南王”。

郭巨任职期间，为官清廉，对朝廷忠心耿耿，虽然当了这么大的官，但却没有一丝一毫的骄奢淫逸，很受百姓爱戴。

后来郭巨死了，被运回家乡，人们在巫山上为他修了祠堂，立了塑像，立了碑，供世代人敬仰。从此巫山改名为孝堂山，山下的水里铺也改名叫孝里铺了。

《黄巢寨传说》 黄巢寨位于东岳泰山西北，万德镇西南，东西走向，海拔628.4米，山峰阴阳两侧悬崖陡壁，怪石嶙峋，山势险要，只有东侧崎岖小路可以攀登，西、中两路登峰极为困难。这座山寨就是唐朝农民起义领袖黄巢率领起义军与唐王朝军队交战的地方。

黄巢寨之战，即是黄巢起义率队最著名的一场生死之战，此次歼敌最多。当年为了打好这一仗，黄巢在山上修筑工事，在山下安营扎寨（今上营、下营两个村）。起义军因占领了山头，把攻打起义军的唐朝军队在山寨东侧山谷里（后人称此地为杀人场）全部歼灭，血流至山下起义军宿营地（时称血胡同，今石胡同村）。当时的情景，虽然后人没有见过，但从记载和山寨遗留下来的起义军用过的盆碗等器皿残片，以及山顶峭壁上的旗座，擂鼓台、石墙、土堆和宿营地（今上营村）保留

下来的饮马槽，就可清楚当年黄巢起义军势力多么强大。

上营村的来历　上营村在郎英寨山脚下，黄巢起义军在此山上构筑工事，建立聚议厅、议事厅。由于人多势众，山上地面容纳不下几千人的起义军队，因此就在山下平整地面上安营扎寨，屯兵储粮，招兵买马，军训备战。当时人烟稀少，此处没有百姓，只有义军，因地势较高，称之为上营。1369年，有杜姓人由山西洪洞县迁来居住，曾命名为杜家营。1850年，杜氏迁居长城村后，又更名为上营。

下营村的由来　黄巢起义军在黄山招兵买马，人马越聚越多，不大的上营已容纳不下众多的参入者，于是他们分派出部分下级首脑，带领部分新增人员又开辟了上营以东平地为军营。后来看此地不易驻军，又迁至该地以北安营扎寨，称之为下营，(因该地势较低)，下营地段较为平整，是把守外侵之敌的重要关口。1363年—1398年，来自山西洪洞县野鹊窝老槐树下的贾氏在此定居，命名为贾家营。清朝末年，继杜家营更名上营之后，更名下营。

石胡同原叫血胡同　黄巢起义军势力越来越强大，使得唐王朝惶惶不可终日，真是吃不下饭，睡不着觉，于是急忙派兵前来围剿义军。起义军占据着有利的地形，利用天时、地利、人和之优势，把官兵引入义军的包围圈中，全歼于山寨东侧(戴家河村)的山谷里，因杀人众多，称之为杀人场。当时战斗场面非常惨烈，真是尸横遍野，血流成河，血顺小河沟淌到石胡同的河里，成了血河，因此地有两条南北方向的石崖，很像一个胡同，鲜血染红了河水和街道，因而起名叫血胡同。后人嫌血字不吉利，故更名为石胡同。

《孙膑与庞涓的故事》　春秋战国时期，群雄逐鹿，烽烟四起。著名的纵横家鬼谷子隐居于学城水帘洞内。孙膑与庞涓拜为其师，学习兵法布阵、纵横捭阖。同学期间，两人情谊甚厚，并结拜为兄弟。三年后，庞涓听说魏国招贤求将，便有下山之意，又怕先生不肯放过，心中犹豫不决。鬼谷子见状，早知其意，笑着对庞涓说："你时运已至，可以下山求取富贵。你去摘取山花一枝，我为你占吉凶。"庞涓只找到一些草花，鬼谷先生道："此花乃马儿铃(止咳润肺中草药)，一开十二朵，为你兴盛之年数。我有八字，你牢记在心：遇羊而荣，遇马而卒。"至今，还能在学城北的马山脚下，找到马儿铃草，这个地方有个村庄，叫庞庄村，据说就是当年庞涓采花之地。庞涓拜见魏惠王时，正遇侍者为惠王进膳烤羊，庞涓暗自高兴："老师说我遇羊而荣，果其然也。庞涓向惠王讲了些富国强兵的道理。魏惠王听了非常高兴，就拜庞涓为大将。庞涓天天操练兵马，先从附近几个小国下手，一连打了几个胜仗，后来把齐国也打败了。从此，魏惠王更加信任庞涓。魏惠王后来听到孙膑的名声，便跟庞涓说起孙膑。庞涓派人把孙膑请来，跟他一起在魏国共事。哪知道庞涓心存妒忌，背后在魏惠王面前诬陷孙膑私通齐国。魏惠王十分恼怒，把孙膑法办，在孙膑的脸上刺了字，并剜掉了他的髌骨。幸好齐国有使臣到魏国访问，偷偷地把孙膑救了出来，带回齐国。齐国大将田忌知道孙膑是将才，把他推荐给齐威王。齐威王正在改革图强，他跟孙膑谈论兵法后，大为赏识，并有相见恨晚之意。公元前354年，魏惠王派庞涓进攻赵国，围了赵国的国都邯郸。第二年，赵国向齐威王求救。齐威王想拜孙膑为大将，孙膑忙推辞说："不行。我是个受过刑的残废人，当了大将，会给人笑话。大王还是请拜田大夫为大将吧。"齐威王就拜田忌为大将，孙膑为军师，发兵去救赵国。孙膑坐在一辆有篷帐的车子里，帮助田忌出主意。孙膑对田忌说："现在魏国把精锐的兵力都拿去攻赵国，国内大多是些老弱残兵，十分空虚。咱们不如去攻魏国大梁。庞涓听到了，一定要放弃邯郸，我们在半路伏兵，两路夹击，准能获胜。"田忌按照此计策去做。庞涓的军队已经攻下邯郸，忽然听说齐国打大梁去了，立刻吩咐退兵。刚退到桂陵，正碰上齐国兵马。两军交战，庞涓大败。齐国大军得胜而归，邯郸之围解除。这就是历史上三十六计之一的围魏救赵。公元前341年，魏国又派兵攻打韩国，韩国也向齐国求救。齐宣王派田忌、孙膑带兵救韩国。孙膑又故计重使，不去救韩，却直接去攻魏国。庞涓得到本国的告急文书，只好退兵赶回去，齐国的兵马已经进魏国了。

魏国发动大量兵力，由太子申率领，抵抗齐军。这时候，齐军已经退了。庞涓察看齐军扎营的地方，数了数做饭的炉灶，足够十万人吃饭用的。庞涓大惊。第二天，庞涓带领大军赶到齐国军队第二次扎营的地方，数了数炉灶，只有能够供五万人用的了。第三天，他们追到齐国军队第三次扎营的地方，仔细数了数炉灶，只剩了两万人用的了。庞涓这才放心，笑着说："我早知道齐军无胆。十万大军到了魏国，才三天工夫，就逃散一大半。"他吩咐魏军彻夜按着齐国军队走过的路线追上去。一直追到马陵，正是天快黑的时候。马陵道十分狭窄，路旁边都是障碍物。庞涓恨不得一步赶上齐国的军队，就吩咐大军摸黑前进。忽然兵士报告说前面的路已被堵住。庞涓上前一看，果然见道旁的树全砍倒，只留下一棵最大的柏树，细细瞧去，那棵树的一面还刮去了树皮，上面写着几个大字，庞涓拿火来照。那树上面写着："庞涓死于此树下。"庞涓大吃一惊，连忙吩咐将士撤退，但为时已晚。四周弓箭齐发，马陵道两旁杀声震天，到处是齐国的兵士。

原来这是孙膑设下的计策，他故意天天减少炉灶的数目，引诱庞涓追上来。他算准魏兵在这时辰到达马陵，预先埋伏着一批弓箭手，吩咐他们只等树下有火光，就一齐放箭。庞涓走投无路，只得拔剑自杀。"遇羊而荣，遇马而卒。"庞涓果然死于马陵，庞涓仕魏至身死，刚好十二年，应花开十二朵之兆。鬼谷之占，纤微必中，神妙莫测。

在双泉乡大张村西的马陵道上，至今仍生长着一棵千年古柏，而且在柏树的树杆上，还能看到那块被刮掉的树皮。

孙膑见庞涓死于此地，心中仍念师兄之情，便有远离喧嚣、归隐修行之心，忽听不远处黄鹂鸣叫，似有招孙膑之意，孙膑随黄鹂行进至一山洞，见此地幽邃曲折，泉水叮咚，卉草呈祥，百鸟争鸣，

马陵道千年古柏 (2008年 摄)

乃是修行宝地，于是取名为黄鹂洞。所在的村庄，就是现在的黄鹂泉村，据说村里的人是孙膑的后代，至今该村还大都是孙姓。

《马山故事》 三位元君争高低　相传鲁中三座仙山泰山、马山、五峰山是玉皇大帝的三个女儿，都位列仙班，有元君之尊称，说到她们的长幼排序，其中有一段动人的故事。

马山元君丰施侯到五峰元君家串门，给五峰奶奶说："连上泰山，咱三个用三天的时间看谁长得高谁为姐姐，谁长得低谁是妹妹吧！"五峰元君说："太好啦！"马山丰施侯又到了泰山碧霞元君那里约合，碧霞元君也愿意打个赌玩玩儿，姊妹仨当真较上了个儿。

姊妹仨各自回到自己的家中盘算怎样才能长得快、长得高。

马山丰施侯当天回到家顾不得休息，到了罗圈峪山顶上一站，运作仙力，"噌、噌"长了很高，三座山相比马山最高（现在罗圈峪的山顶上留有

马山奶奶的小脚印、拐杖印和马蹄印)。马山愈长愈高,五峰山怎么撵也撵不上她。这时候,碧霞元君就说:“坏事儿了,咱们撵不上这个黄毛丫头了,三天后,咱们俩就只能当妹妹了!”五峰山奶奶心眼儿多,说:“咱得想个办法,咱们长不高,也不能叫她(马山)长高。你有金马车,我有两匹马,咱得给她点厉害瞧瞧!”眼看就要天亮,她俩赶忙套上金马车,赶着马,咕咕碌碌照着马山当腰轧过去了。马山奶奶实在,只顾着自己凭本事长,没料想她俩会使出这样的损主意,马山被这一轧,长得慢了下来,但还有力气继续长。碧霞元君一看她还活着怕她再长,干脆一不做二不休,为争老大必须置马山于死地。手中没有兵器忙拔下头上银簪,运上法术朝马山当心便刺,银簪穿透了心脏,留下了一长约百米的山洞,马山再也不能动了,就成了现在这个样子。自此后马山留下了车辙峰和鬼谷洞(穿心洞)。而泰山碧霞元君回去以后,第三天夜里又运气做功,成了长得最高的山,夺了老大的位子。虽然如此泰山留下了骂名,至今山顶上不长草只生刺毛狗。五峰山顶上老长一种叫“死贼毛”的草;而马山头那块儿,还有几个马蹄印儿和老深的车辙缝。

鹰嘴山　站在马山顶上向正北方看,约距2.5公里的地方,有一突起的山峰,坐西朝东像一只巨大的老鹰在那里立着。传说很早以前,天宫里有一只玉兔下凡来到人间,看到有很多嫩绿的禾苗,于是就嘴馋地吃起来,久而久之对庄稼造成很大损害,当地的老百姓对玉兔很是恼恨。此事传入天宫玉皇大帝那里,玉皇大帝降旨派一神仙化成一只雄鹰来到人间要把玉兔带回天宫。那鹰来到人间从南向北搜寻着,当这只雄鹰到了马山北边时,看到玉兔在东面的山坡上香甜地啃着地里的庄稼。神鹰心想:这会儿可找到你了。鹰是兔的天敌,只要让鹰看到,那还有个跑。神鹰和玉兔对视着,相距不过2.5公里路,忽听得马山上“轰轰隆隆”山响和惨烈的撕打声,震得整个大地都在动,原来是泰山奶奶赶着金马车轧马山,神鹰哪受过这种惊吓,这一惊,就定在原处不动了,形成了现在的鹰嘴山状,而在距鹰嘴山东2.5公里处的螃蟹沟,那只玉兔正想再啃庄稼苗时,看到雄鹰在朝它观望,更是吓得不能动弹,就形成了一座兔子耳朵山。现在这两座山已成为两处供游客观光的景点。

烧饼石　马山北面有个叫槐树口子的山坡上,大片黑乎乎扁圆的石头,样子真跟烙熟的烧饼差不多儿,当地人就叫它烧饼石。在古代的时候,有个大将奉命东征打仗。这天,正好来到马山下边,被敌人围住。将军虽然武艺高强,但手下兵将已经累得筋疲力尽,加上又渴又饿,连刀枪也举不动。硬冲几回,也不管事儿,倒死了不少兵将。后来,将军看看不行,抽出宝剑就要自杀。偏巧这时候有个挎篮子、提瓦罐的老嬷嬷从山上下来,老嬷嬷说:“将军你可不能寻短见啊,你还要为国家做大事呢。俺个老嬷嬷子今儿个没别的心意,给大伙送点儿干粮、饭汤充充饥吧!”这伙人看着她挎的这个竹篮和瓦罐,心里话:这几个烧饼还不够俺这伙塞牙缝儿的哩!那点饭汤也就够一个人喝的,就见老嬷嬷挨着分烧饼,一人一个,一匹马两个。光

马山烧饼石　(2007年 摄)

见她从篮子里一个劲儿往外拿，里边的烧饼就不见减少，饭汤即喝即有。吃饱了，个个来了精神儿。将军想谢谢这个老嬷嬷，可是一眨眼儿的工夫连影子也没了。就见山坡上到处是烧饼，再拿起来吃吧，霍！都变成一些像烧饼样的石头，放瓦罐的地方有一洼泉水，这就成为以后人们常说的饭汤泉。敌人满以为这伙兵将被困在山里头没吃没喝，不投降就得饿死。没想到他们竟像猛虎一样冲杀出来，吓得敌人四下里乱窜。仗打完后，就到山顶奶奶庙里歇一霎，抬头一看里边那马山奶奶塑像，立时愣了，刚才送烧饼的那个老嬷嬷，长得跟这塑像一个模样。齐大伙地跪在地下给马山奶奶磕头。将军得胜回朝把这个事儿禀报皇上，皇上立刻封马山奶奶为丰施侯，又修庙又塑像，山顶的石碑上对这桩事有记载。

马山栝楼　这事出在清代以前，长清城南有座马山，马山旁边有一个村庄叫庄科，庄里有户姓张的娘儿俩，日子过得很穷，时常吃了上顿没下顿。

俗话说：年好过，春难捱，这日子可怎么过法？娘儿俩愁得了不得。这年春天，她儿子做了个蹊跷梦，梦见个白胡子老头跟他说："咱们是邻居家，俺就住在你家对过儿，没事儿找我玩去吧！"年轻人睡醒了后，越琢磨觉得这个梦越蹊跷，俺们家对过儿是块荒地，哪有白胡子老头在那里住哇？早晨，又到那地间儿看了看，除了些荒草，别的么也没有。正在那里愣神儿，忽见乱草里有一缕缕从没见过的绿秧子长出来。嫩绿嫩绿的令人喜爱。年轻人小心翼翼地拔净了周遭的野草，隔三岔五的还去看看，光怕让牛羊给啃了。说着念着夏天就到了，那瓜秧长得挺旺，还开了一丛的白花，粉粉丹丹的，把蜜蜂也都给引来了。转眼到了秋天，花慢慢地败了，结出一个小绿瓜儿来。年轻的不敢碰不敢摸，像宝贝似的。秋风凉了，那些圆瓜变得黄澄澄的，跟金瓜一样。这天夜里，他又做了一个梦，又梦见了那个白胡子老头，老头笑眯眯地对他说："年轻人，你是个勤劳的好心人，对待俺太好了，赶明天你把那些瓜摘下来，拿到济南府大药堂把它卖了吧！"年轻人醒了，照着白胡子老头说的办了，果然卖了不少钱。听药铺的人说，这物儿叫栝楼，根儿和仁都是治病的药材。有了钱，娘儿俩那日子一天好起一天，又把那些栝楼移到自己家院子里，就这样越种越多，越种越好，不几年工夫就过富咧。穷人到底还是跟穷人贴心呀，娘儿俩年年把那些栝楼分给穷兄弟爷们儿，又手把手地教大伙怎么个照应法。庄科这一片儿的老百姓就都学会了种栝楼，坡里、院里、沟头、巴窝儿都是，后来马山一带就成了栝楼丰产之地。

因为马山这个地方是宾谷河的源头，水好、土肥，栝楼长得个儿大，仁多，药性大，药铺都抢着要。后来老百姓就编了几句顺口溜儿："要讲栝楼数山东，山东栝楼数长清，长清要数马山好，庄科栝楼最有名。"素有马山"栝楼之乡"的美誉。据县志记载：清代以前这里就开始种植栝楼。马山栝楼以个大、皮厚、籽多、含糖量高、药用价值大的特点誉满国内外。据说药圣李时珍就到过这里，他的《本草纲目》里就写到了庄科的栝楼。

《娄敬洞的传说故事》　张大由成仙的故事　据传说，张大由只身推一木轮推车贩卖油，一天推车来到莲台山峪口的油坊崖时，车轱辘坏了，便手持斧头进莲台山峪伐木修车。进山后，见洞前面有两位老人在下棋，他们身边放着茶水和野果子。张大由凑过去观阵，他口渴便喝老人杯子里的水，感到饿了拿野果子吃。这时，树叶一时青了，一时又黄了，也不知道过了多长时间，张大由便想起修车之事，立即砍了木头，带回油坊崖修车，一到油坊崖，一个熟人也没有了，他贩油的推车也早已趴在地上成了一堆朽木。张大由返回家乡，祖家的人也都不认识他了，只听晚辈们讲，他们有个老爷爷贩过油，后来也不知到哪里去了。张大由这才知道那两位下棋的老人是神仙。他急忙回到山中寻找，两位老人都不见了，只有寂静的山林和洞口的那用石板凿的石棋盘。张大由追悔莫及，便一头碰死在洞口的一块巨石上。他流的血染红了那块巨石，后来成为迹血石。

娄敬洞山的油葫芦鸟　传说娄敬洞是汉将军

娄敬晚年隐居的地方,洞内有范蠡、张良、娄敬石像和油博士王质像。传说,晋代油博士王质,推着卖油的车子路经娄敬洞山外的油房崖时,车轴断了,便持斧到山内来砍树修车。进山后看见洞前老槐树下有两老人在下棋,王质便站在一边看棋。一老人给他一颗如枣核一样的东西让他含在嘴里,于是感到清香满口不饥不渴。他看到身边的树木花草时绿时黄,手中的斧柄也朽烂了,方想起修车的事。回到油房崖时车没有了,周围的景物也全变了,一打听才知道砍树修车的事已经有一百多年了。原来下棋的两个老人是神仙。急于成仙得道的王质急忙返回山中,但只有寂寞空山不见人影。王质追悔莫及,十分懊丧,忧郁而死,死后变成一只飞鸟,在洞前老槐树上做窝,终日啼叫"油葫芦"!声音凄凉,当地人把这种鸟叫作油葫芦。据说这种鸟只有娄敬洞山里有,其他地方没有。

《玉皇山的故事传说》 玉皇山与车辙沟的来历 原始天尊在天上料理神仙天界的大事,忽然眼前闪过一道亮光,发现凡间东方有一座小山,正在闪闪发光,就对身边的道德天尊老子说:"你看东方那座小山,很有灵气,你推着天车,把几位神仙安排下去吧。"于是,老子就推着天车下了天界。

将要来到这座小山时,一道山梁挡住了车轮,

玉皇山 (2006年 摄)

老子稍一用力,就推过去了,留下一道很深的车辙,就是现在庙东峪东山上的车辙沟。

来到这座小山上,老子吹了口法气,一座金碧辉煌的大殿就呈现在面前,玉皇道君被安排在正位,成为现在的玉皇大帝。又把三官老爷、真武上帝分别列在玉皇殿两侧,让张、葛、许、丘四大天师护卫玉皇宝殿,将六大帅安排在前殿,另有送子娘娘、山神、土地、文昌帝君等神都一一安排妥当。而太上老君老子自己,却隐居在山东南下半山腰的老君洞内。

聚宝盆的传说 相传,在很久很久以前,大崮山村有个寡妇老太太,家里养了一条狗看家护院。喂狗的那个泥巴盆子已锔了好几道口子了,破破烂烂,很普通的样子。只是盆子里的狗食总是吃不完,吃饱了还有,吃饱了还有,并且总是那么多。

从南方来了个锔盆子锔碗锔大缸的锔匠,发现了这件事,认得这就是人们常说的聚宝盆——一件要什么就来什么的无价之宝。于是,那锔匠来到寡妇家说:"那破盆子你都锔过多少次了,买个新的钱也够了,不如我给你二两银子买个新的,那破盆子送给我当尿盆算了。"那寡妇一听二两银子能买好几个盆子呢,还要那破盆子什么用?于是就答应了。那锔匠拿到聚宝盆,高兴得心花怒放。

当年恰逢兵荒马乱,锔匠怕半路被人抢去或砸坏,就连夜爬到玉皇山上,挖了个坑,把聚宝盆埋起来,还在上面插上柏枝作为记号,想等天下太平时再来取。

多年以后天下太平,这锔匠乘着马车来到崮山,本想白天先找到埋聚宝盆的地方,待黑夜无人时再把聚宝盆挖出来。可是到了山上一看,漫山遍野都是一模一样的柏树,根本无法找到聚宝盆,只得怏怏而回。

从此,聚宝盆的传说便流传开来,多少人想要找到它但都是竹篮子打水一场空。有位村官在玉皇山的东南角挖了个大口子,并且把上千年的又高又大的古柏树刨了好几棵也没找到聚宝盆,但过了没几年他就死了,可能是动了山或者是柏树的缘故。

玉皇山上为啥没泉水？　很久以前，在玉皇山的西南侧，冲着大崮山街的半山腰里有个泉子，叫卧龙泉，水流很大，并且再旱的年景也从没有干过。

相传，在卧龙泉的下方住着一户姓段的人家，妻子相当龌龊，一连生了七、八个孩子，脏得不得了。她家的院子里到处都是水洼、泥巴，就连屋里也潮湿得很，赶上阴天下雨更是没法住。再加上她龌龊，家里整天是脏乎乎的，气味难闻。街坊邻居见了她，都在背后指她的脊梁骨。

段妻非常生气，心想这都是那可恶的泉子惹的祸，要是没那泉子，我家肯定比谁家都干净。于是她就带着一大包尿布，跑到卧龙泉，用尿布把泉子堵住了。

村子里的人见泉水不流了，纷纷跑到泉子上，见有尿布堵着，连忙掏了出来，可是泉水再也流不出来了。那姓段的人家受到全村人的指责，感到无脸见人，就搬到外乡去住了。

这个卧龙泉，就是现在的卧龙洞。传说泉里的龙很爱干净，一碰到脏东西，就飞到天上，再也不回来了。玉皇山从此就没有泉水了。

唐王寨的传说　大唐高祖皇帝李渊，封次子李世民为天策上将军，率十万大军攻打刘黑闼农民起义军，来到山东济南府的白皮关与刘黑闼对阵，于是便有了“李世民夜探白皮关”之说。

此时的农民军还很强大，李世民战败，退到东北方向的山寨（现大崮山村北），被围困的李世民派两员大将突出重围，直奔长安（今陕西西安）求救兵增援。

高祖皇帝李渊派齐王李元吉和幽洲总管罗艺两面夹击，李世民从中里应外合，把刘黑闼打败逃到北突厥去了。后来李世民当上了皇帝，认为是神灵保佑他渡过难关，转败为胜，为感恩于此地，就在白皮关建起了“走桥不见桥”“青云观”“光明寺”“官道”“官井”等，并且还在附近的小山上建起了玉皇庙。

李世民曾被围困的山寨，至今山上还有石屋一百余座，另外还有点将台、天水池、一夫当关万夫莫开的山门等。唐王寨山下的峪沟，就是现在的唐沟六个峪。至今在大崮山街的官井石碑上，还记载着“敬德监制”的字样。

皇宫院与东大营　在大崮山村东街，也就是过去的光明寺东墙外，便是庙场。庙场内直冲着玉皇山前山门盘路的对面，便是戏台。每年三月三、九月九都有两台大戏，买的卖的，游山玩水求神拜佛的，真是人山人海，非常繁华。

庙场的东侧过去有一处皇宫院，据说是历代皇帝路过此地时临时居住的行宫。再往东不远，还有保护皇宫的清兵大营，就是现在的东大营——已是有名无实了。

相传当年乾隆皇帝南巡路过此处时，就住在皇宫院内。乾隆皇帝对崮山一带早有耳闻，就对大臣和坤、纪晓岚等人说：“听说崮山很有名气，不如到街中一看。”于是就换上便装，带着和坤、纪晓岚来到街上。

乾隆等人找一小摊，坐在兀撑子上，边吃边问纪晓岚：“这地方的‘好’怎么说法？”纪说：“这里的好叫‘岗赛’”。“那不好呢？”纪说：“不好就叫‘疵毛’。”此时乾隆皇帝便念道：“吃着崮山馍馍，就碟八宝咸菜，可谓岗赛。”纪晓岚闻听，心想这准是让我对下联呀，便稍加思索，开口答道：“咬口长清素包，喝碗五香甜沫，不算疵毛。”和坤见状也不甘落后，随口便道：“品尝邵家油条，来盘四喜丸子，俺也挺得”。众人哈哈大笑。从此，崮山馍馍、长清素包的名气就更大了。

饿狼山的传说　在玉皇山西北不远处，有一座“饿狼山”，过去这山叫双龙山，它是怎么被叫成“饿狼山”的呢？

相传很久很久以前，双龙山顶上有座道观。石筑的庙内塑着泰山奶奶，每年的三月三、六月六、九月九香客不断。庙院内还建有两间北房，有个道士长年吃住在山上，守护着双龙山上的奶奶庙。

有一天，道士下山到各村化缘，顺便提上些水来用。这时有只狼跑进道士的住室寻找吃的东西，听到外面有动静，就钻进道士的床下藏了起来。道士化缘回到山上，天色已黑，吃饱喝足后便上床睡

饿狼山(双龙山) (2008年 摄)

着了。饿狼见没了动静,便从床下钻出来,爬到床上,一口把道士咬死,美滋滋地吃了起来。一连吃了好几天,把道士身上的肉和屋子里所有能吃的东西都吃光了。由于道士插死了房门,并且又用大粗杠子顶得结结实实,这狼使了全身的力气也没能把门弄开,几天后又急又饿,最后死在庙里头。

山下村里的人们多日不见道士下山化缘,以为道士病了,就上来几个人看看情况。只见庙门紧关着,怎么叫也无人答应。最后费了好大的劲才把门打开,看见道士只剩下了一堆白骨,里面还有一只饿死的狼。消息一传开,人们大为震惊,从此双龙山就叫成了饿狼山。

崮山馍馍为啥点四个红点? 明末清初,天下大乱,李自成、张献忠等农民起义军风起云涌,摧垮了明朝的黑暗统治。满清大军趁机打进关来,烧杀抢夺,广大人民挣扎在水深火热的灾难中,关中难民离乡背井,四处逃难。

这时,从大崮山村东的山那边,来了逃难的一家六口人。一个四五十岁的汉子,一条扁担两只筐,挑着饿得皮包骨头的四个儿子,老婆子背着破被子、旧衣服艰难地来到大崮山村,找了个场院屋子住了下来。后来这老汉开荒种地,勤劳持家,日子一年比一年强,虽然不怎么富裕,但也还算是温饱,过年还能吃上白面馍馍。可白面馍馍不可能每人一个,便一个分成两个,两个分成四个,后来就形成了十个一条现在崮山馍馍的样子。大家都以为这个办法好,便在全村推广起来。

老汉以唐沟的劲麦子为原料,从磨面、发面、杠压制作等程序,严格要求,做出的馍馍越来越好,越来越有名气。从此,老汉就做崮山馍馍,卖崮山馍馍,以崮山馍馍为营生。

待四个儿子都成家立业,老汉的年龄也大了,就让四个儿子分家,各自卖起崮山馍馍来。为了区分兄弟四人各自的馍馍,老汉就让老大在馍馍上点一个红点,老二点两个红点,老三点三个红点,老四呢,就点四个红点。老大老二老三的馍馍后来偷工减料。质量越来越差,直到关门闭户改行了事。只有老四坚持父辈传下的精工细作程序,生意越做越红火,所以那点着四个红点的崮山馍馍就一直流传至今,后人就以四个红点作为崮山馍馍的标记了。

另有传说是当年乾隆皇帝南巡时,路过崮山住在皇宫院内,亲口品尝了崮山馍馍后感到味道极佳,非常高兴,便亲手点上梅花红印,并赏银五百两,因此名声大震,盛名远扬。

孙二娘大闹光明寺 话说当年武二郎路过铁板桥黑风口,大闹十字坡(就是现在的石窝村北),与孙二娘大战一百二十回合还不分胜负,又吃了孙二娘的迷药差点被做了人肉包子,正巧张青回到了家中一看是武松,忙对孙二娘说:“大水冲了龙王庙,一家人不认得一家人了,这就是我常给你说的武二弟。”孙二娘这才重摆酒席,拉起家常。武二郎问起张青夫妻怎么来到这里,张青才说道:前些年在故山(现大崮山村)的光明寺杀了人……

这玉皇山下的大崮山村过去每年两台大戏,

非常繁华。玉皇山上的玉皇庙、庙场西侧的光明寺、街中的青云关、观音堂、北街的真武庙等，香火都很兴盛。南来北往的香客，尤其从官道上过往的皇帝大臣、文官武将都有赏赐给寺庙。因此寺庙内的和尚道士都很富足。光明寺以东的庙东峪几十亩良田都归光明寺所有。他们雇用了许多长工和短工。张青孙二娘一家就租了光明寺的几亩土地，靠勤劳种地过日子。

本来光明寺的和尚都非常本分，与当地人的关系也处得很好，但自打从京城里来了个叫宝轮的和尚当住持后，这里就好像变了个天地，宝轮不仅对本寺的弟子态度蛮横，对长工、短工们更是欺诈苛刻，并且与当地人的关系也是搞得非常紧张。不仅如此，这个宝轮和尚还强占土地，霸占民女。在光明寺内的千佛殿后，也就是玉皇山南面山根，有一个秘密的山洞，宝轮和尚就经常抢来民女藏在洞内，供他任意糟蹋。

孙二娘性格爽朗，为人正直，爱打抱不平。见宝轮和尚有官府给他撑腰，横行霸道，欺诈乡里，非常气愤，又耳闻他霸占民女，更是气不打一处来，总想找机会教训教训这个恶霸和尚。

这天晚上，张青在青云观与道士善正法师喝了几两老白干，从山根往东走，路过光明寺的后墙时听到寺内有动静，就跃上墙头看，只见月光下一个和尚从千佛殿后墙根溜过来，从荆草棵的石梁下一晃就不见了，接着听到开锁声，再后来隐约听到有妇女的哭叫声……张青急忙回到家，与正要睡觉的妻子一说，孙二娘大怒，带上腰刀便与张青直奔光明寺而来。孙二娘让张青看着人，纵身翻过墙，按张青讲的路线来到千佛殿后墙的山崖下，在乱草丛中发现一个山洞。她猫着腰向前一摸，有道铁门紧闭着。她想：反正这么黑也看不见里边的人，不知进去会伤着谁，不如等他出来再杀他也不迟。于是孙二娘倒退了几步躲在一旁。一会儿听到开门的声音，一个身影转身出来，刚要关门上锁，只听背后有人大叫一声：“秃驴看刀！”孙二娘单刀直入与宝轮和尚大战几十个回合，最后手起刀落，结果了和尚的性命。

孙二娘召呼洞内的妇女赶快从洞内出来，由张青在墙外接应，一个个将她们托出墙，让他们分头回家了。

孙二娘张青回家收拾了一下东西，连夜翻过南山黑风口，来到铁板桥头，在五峰山下的十字坡安下身来，开了个小酒馆，这才遇上了打虎的好汉武二郎，后来他们与鲁智深等一起上青龙山落了草，再后来三山聚义打青州与桃花山上的小霸王周通一起上梁山，于是才有了后来的梁山泊一百单八将。

皇姑井的传说　在玉皇山西南十几里的地方，有一个小山村叫皇姑井，是以村中的一口井为名成为村名的，那为什么这口普通的水井会成为皇姑井呢?

相传在很久很久以前，皇帝的女儿正在皇宫内的绣花楼上梳妆，忽然来了一阵黑风，一个妖怪把皇姑给卷走了。皇帝见没了女儿，便四处寻找，可是怎么也找不到，于是便贴下了皇榜，重金悬赏：谁若能找到皇姑，尚黄金万两，并把皇姑许他为妻，成为东床驸马。

话说济南府西南，长清县境内的一个小山村里，有个打柴的青年叫王二小，这天从山上打柴回家的路上，把柴挑子放下，坐在路边井台子上休息，忽然从井口中冒出一股黑烟卷着风飞到远处去了。王二小吓了一惊，之后隐约听到井中有女人的哭声，王二小便轻声喊道：“你是谁呀？怎么掉到井里的？”只听井里那女子说：“我是皇上的女儿，被妖精抓来的，你赶快到京城告诉我父皇，派兵来救我！”他们正在说话，只见那妖精卷着黑风狂奔而来，王二小见状急忙取出斧子照那黑风砍去，这妖精刚取食物回来，正要入井，却被猛的飞出的一把斧子砍在了头上，疼得它一溜黑烟钻到井里不敢出来了。

王二小急忙赶到京城，听说张贴了皇榜，上去就把皇榜揭了下来，当兵的马上把他送进了皇宫，向皇上报告了皇姑的下落，皇上立即派军队去解救皇姑，并暗示领兵的将军等救出皇姑后立刻除掉这个打柴的王二小，因为皇上不想把自己的女

儿许给一个打柴的穷小子当驸马。

王二小领着兵将来到井边，这将军派人将王二小坐在箩筐里用绳子放到井下，那妖精受了致命的一斧子后，没几天就死了，皇姑在井中又怕又饿不久也昏了过去，王二小连忙把皇姑放到箩筐里让井上的兵将把皇姑拉了上去，王二小眼巴巴地等着箩筐放下来好到京城当驸马，领那万两黄金，可那将军救上皇姑就直奔京城而去了。王二小在井中一直待了好几天，他又急又气，直到村里的乡亲们发现后，才把只剩一口气的王二小救了上来。从此这口井就叫皇姑井了，至今这个村里的姑娘个个长得很漂亮，据说就是喝了这井里水的原因。

《灵岩寺传说故事》 朗公说法石点头 东晋时候一个叫朗公的和尚，当时是历城神通寺的方丈。那时有个叫张忠的隐士，很有能耐，但得不到朝廷的重用，为避那时候的战乱，便来到灵岩峪修行隐居。朗公和张忠是多年的好朋友，无话不谈，交心的话什么也说。所以朗公经常从历城仲宫那边翻过两座山来找张忠，相互交流佛理，舒泄胸中的憋闷。朗公每回来到灵岩峪，都被这里美丽的风景所吸引，高兴的时候总在灵岩山上讲《放光般若经》，每次都有一大堆人听讲。有一次讲到最精彩的时候，周围的山动了起来，石头跟着点头，老虎猛兽趴在地上也不起来，也听不到了平时的马嘶人叫和猿叫狼嚎，只有朗公的说法声在山谷中回荡。有一个信士问朗公："这是怎么回事？"朗公说："我讲法，我的内心急剧变化，穿过了人的理解边缘，扩展到了无限的境界中去了。因此，大地为我祝贺，用石头点头欢迎我。动物向我致敬，保持静默，此乃佛法之摄化。山有灵犀，不足为怪。"信徒立即磕头施礼，高呼"善哉……"。从此，这个地方就叫灵岩了。

朗公讲完法，当走到灵岩山的山顶时，身子突然定格，不动了。山顶上，突然出现了一个像披着袈裟，手拄禅杖，攀越山峰的老人形象的巨石，后人为纪念这位佛法高深的高僧，便称它为"朗公石"了。

现"朗公石"为灵岩寺浑然天成的一大自然景观。

法定与三泉 相传在北魏孝明帝的时候，法定高僧从西方来到灵岩寺，进入灵岩峪，并有一条巨蟒在前面为他引路，两只老虎为他驮着经卷。走着走着，忽然前面长出了一堵墙，无路可行。法定和尚对着墙坐下，闭着眼诵经。坐到第七七四十九天的时候，突然雷声大作，山石迸裂，崩下来的石头落在法定的面前，打断了他的修行。睁眼一看，只见头顶有一束强光向山下射去。原来法定高僧面壁打坐的真心感动了太阳神，阳光把山崖都射穿了，透过洞穴形成光束，为高僧指路。至今灵岩南山峭壁上留有一个圆洞，史称明孔洞。

法定顺光束下山，在山脚下遇到一位打柴的老头，法定向他问路，老头低头不说话，只用手指头一指，面前突然有一对白鹤飞起来，法定沿着双鹤飞行的方向，来到灵岩寺。只见青山一色，苍翠欲滴，地净气爽，云气生辉，实在是太美了！但最为遗憾的是寺院内没有水，显得没有灵气，老法师用禅杖在千佛殿东侧的山崖处就地一杵，只见一股泉水喷上来，并

朗公石 (2008年 摄)

灵岩寺五步三泉　　（2008年 摄）

了家里所有值钱的玩意，也没有拉住大壮的命。就在王干十二岁那年，大壮撇下妻儿离开了人世。

穷人的孩子早当家，懂事的王干小小年纪就挑起了家庭重担。他到灵岩寺重新租来二亩地，辛勤耕作，抽空就上山砍几担柴卖掉，换些油盐。莲儿也常到寺里干点小活，换点钱贴补家用。姚氏掌管家务，也喂些牲口，孤儿寡母到也过得下去。王干、莲儿挺懂事，兄妹相称，一家三口过的也算滋润。

形成小溪。两只鹤在空中看得清楚，一只鹤在空中直下，在东侧落地，一股清泉涌出来，后人取名为"白鹤泉"；另一只鹤落了南侧，又一股清泉涌出来，后人取名为"双鹤泉"。因三泉相距不远，故有"五步三泉"之称，是今灵岩寺的胜景之一。

清代诗人韩章曾赋曰："双鹤何年饮此泉，泉名得与鹤相传。而今不作长空唳，只在涓涓石窦边。"

王干哥的故事　每年的春秋两季，灵岩寺夜间都有一种奇特的鸟叫，"王干……哥，王干……哥"，叫声悲切凄凉，挺瘆人！远听感觉很远，回荡灵岩山夜空，给人一种空旷的感觉。这种鸟学名叫人参鸟，俗称棒槌鸟，它专门寻摸人参果吃。但这种鸟，灵岩人又给它取了一个特殊的名字，叫作王干哥，它来源于一个美好的民间传说故事。

相传，方山脚下，滴水崖边上，有一户姓王的人家，户主叫王大壮，妻子姓姚，大壮三十得子，为孩子起了个名叫王干，一家三口全靠大壮打柴过日子。有一天，大壮和他媳妇在卖柴火回家的路上，发现了一个用破麻袋包着的小女孩，两口子把小孩抱回了家，取名莲儿，莲儿比王干小半岁。实在的两口子硬撑着把两个孩子拉扯大。大壮每天天不亮就上山打柴，后挑到十里外的集市上去卖，回来还要顶着太阳拾掇租来的二亩地。日复一日，年复一年。常年没白没黑的劳累终于使大壮病倒了。他媳妇变卖

光阴似箭，转眼六年过去了，王干变成了五大三粗的小伙子，莲儿出落得如花似玉，媒婆跑断了腿，也没能给王干说成一个媳妇；媒婆说破了嘴，也没给莲儿说成一门婆家。老人看出了孩子的心事，便在农闲的时候为他们举行了婚礼，婚后的小日子过得既和睦又幸福。

天有不测风云，人有旦夕祸福。有一天，姚氏上山打草不慎滚下山坡，摔断筋骨昏死过去。王干急忙请来灵岩寺的和尚，开了药方，其中三味药尚未配齐：泰山后的灵芝草、灵岩山的人参果、莲台山滴血石旁的续骨草。王干好不容易上山找来了灵芝草和续骨草，但还差人参果。这一天王干按照老和尚的指点，跑遍了灵岩的边边坎坎，最后在一处断崖边上长着树根的地方看见了一棵人参苗。他特别高兴，解下缠在腰里的绳子，一头系在山顶的小树上，一头系在腰上，慢慢向下滑，谁知系在山顶的小树突然松动，小树连绳子同王干一起坠入山下，头撞在石头上，脑浆溢了出来……

莲儿在家等王干的人参果，等了三天三夜也没等来，婆母却因得不到医治也负痛病逝。莲儿忍着悲痛，在乡亲们的帮助下，掩埋了婆母，决定下山寻夫。登明孔山，穿白杨沟，攀方山顶，涉万人坑，边寻边喊："王干……哥，王干……哥"。日复一日，年复一年，莲儿的头发白了，面容苍老了，"王干……哥"的呼声却越发强劲起来了。一天晚上，

寻夫的莲儿一脚失落崖下，在摔死的莲儿身上飞起一只小鸟，嘴里不停地呼唤着：

“王干……哥，王干……哥”。

鸡鸣山的传说　在进入灵岩峪的山口，有一座奇形的山，犹如古代重要门户用以威严的阙。它确实是灵岩寺的门户，过山跨桥，就算是进入灵岩寺的境地了。此山有一个离奇而使人向善的传说。故事发生在很久很久以前，有一伙盗贼，夜间前去行窃，当盗贼路过此山时，山上突然雄鸡高鸣，盗贼以为拂晨报晓，原路返回。贼回去一计算时间，尚不到子夜，又集合行动。当再次路过此地时，山上仍有雄鸡鸣啼。这样盗贼行动三次未果，他们认为路经灵岩圣地门户，三次鸡鸣，是老佛爷在教化他们，从此，他们一改常态，弃恶向善了。后来有一个云游老道，听说这个故事后，他断定山上有金鸡，深藏此山，夜查暗探，费了很大的力气，果真将金鸡盗走，后人将此山命名为“鸡鸣山”。

鸡鸣山地处地壳变动的冲击带，同泰山一样，每年都有所增长，经过多年的地壳运动，其山形也越来越像金鸡了，鸡首高昂，雄冠高耸，告曰人们抑恶从善，遵纪守法，做一个文明善良之人。

汉柏　在千佛殿东南隅，有一棵枝子如龙、奇形怪状、中间空洞的柏树，通高得 20 多米，树干老粗，两个人都围不过来。柏树前置有一块“明万历三十六年四月朔日吉立”的《汉柏纪》碑。碑上说：西汉文帝刘恒有一天吃完晚饭后，心里烦烦的，就脱衣睡觉了，不长时间就做（方言读 zou）起梦来：在泰安的西北角下，有一片很壮观的庙，在庙的左边，长着一千多棵柏树，黑绿黑绿地，挺旺。汉文帝梦醒后，认为这是一个吉祥的征兆，于是就命令大臣邓通来泰山查看，以证虚实。邓通接到旨谕后不敢怠慢，紧麻利儿地率领人马从长安出发，直接来找泰山西北的庙。邓通一行经过长途跋涉，顺着泰山西北方向来到灵岩峪，只见一片荒草坡，找遍了山谷，不见有什么庙宇，倒看见有一棵刚刚长出一点的小汉柏苗。无功而返，邓通一行回到京城，上报皇上没见着什么大庙！文帝大喜，认为从梦中所见到的情景和这实地发现的柏芽，象征着贫穷的国家开始走向富强。于是汉文帝为此树祭祀，并预言：灵岩必兴圣教，渊源延绵，传播无尽，即“当兴此山，并传不朽”。从这以后，汉文帝一心为国政，加强边疆力量，发展国家经济，国家迅速强盛起来，使汉朝很快发展成为当时世界上以及中国历史上强大的国朝。而后来的灵岩寺，自东晋朗公大师开创道场以来，高僧辈出，佛光普照，“四绝称最”。至今以逾 1600 多年了。正应了文帝之言。

灵岩寺古汉柏　（2005 年 摄）

到了明朝万历三十六年（1608）四月，按察院派人来灵岩巡查，发现该树伸向东北方向的树枝叶，吃了可以延年长寿，故刊石树碑。即现立于千佛殿东侧的《汉柏纪》。

灵岩寺的柏树　从前，在灵岩寺山下附近的村里，有一个叫石柏的青年，因为爹娘去世的早，跟着哥嫂过日子。

石柏生性忠厚老实，勤劳善良。哥哥却为人奸刁,贪心太重,对弟弟还不如一个小长工。他见弟弟一年年长大了，心里便犯了嘀咕:“石柏长成小伙子得说亲娶媳妇,还得分去一半家产,不如早想办法除了他。”

一天石柏砍柴回来,哥哥对他说:“你今年已经15岁了,也该自己过日子了。我养活了你十多年,光吃饭穿衣的钱,算也算不清了;至于田产宅院,都是我操心费力,不然早就荒了。我看在兄弟情分上,送给你一根扁担两条绳子,你去自己谋生吧!

石柏一听又生气又难过，他知道争也争不过哥嫂,再在这个家里也没法生活了。第二天,便扛着扁担走出了家门。他走到灵岩的一座山崖边上,山崖又陡又峭,上面长着老些花草和小树,还有许多鸟儿。再看看山崖下,有个不大的石洞,他想,就在这里安身吧！山洞里有块非常光滑的石头,有蒲团子那么大,正好可以当枕头。晚上他就躺在山草上,头枕着那块石块睡着了。这一夜他睡得十分香甜，山草变得像棉花一样柔软温暖。那块光滑石头竟热热乎乎，脑袋一枕上去,那温热从头顶立刻传遍全身。天亮了,他舍不得起来,因为他长到这么大,还从来没睡过这样舒服的觉。他的脑袋在石头上得意的转来转去。忽然,他耳边响起潺潺的流水声,哗啦哗啦,哗啦哗啦……挺好听。他睁开眼,坐起身,向洞四周望了望,可什么也没看到。他又把耳朵贴到那光滑的石头上,潺潺的流水声又响起来。他一骨碌爬起来,双手把那块光滑的石头掀了个个儿,呀！石头下面有个月亮般的泉子，泉水吐着珍珠般的水花,并冒上地面,仿佛地皮下面流淌着一条小清河。它再看看那块翻过来的光滑石头,哟!也变样了,原来是座光洁漂亮的石槽子。他非常高兴,正好用它盛东西。

这一天，他砍了一担柴，挑到山下集市上卖了,买了几斤米,手里还剩几个铜钱,都放进了石槽里。说来这石槽真神了,石柏连眼皮都没眨,眼看着那米那钱,立刻涨满了石槽。石柏认为自己花眼了,伸手想把石槽里的米和钱全捧出来。他往槽外捧啊捧啊……累得满头大汗,可是他不论怎么向外捧,那米那钱一点也不减少。他高兴极了,心想:这石槽真神了,莫不是人们传说中的聚宝盆吧！从今以后,吃不愁,穿不忧了,再靠自己一双勤劳的双手,准能过上好日子!

三年过去了，石柏在山崖前盖起了一座漂亮的小宅院，在山洼里开出了一片黑黝黝的土地。牛羊满山跑,骡马“咴咴”叫。许多媒人闻讯都来给他说亲,石柏都没答应。石崖上有只长着五彩羽毛的鸟儿,天天朝他叫:“十八、十八！成家成家……”。石柏听着心里怪热乎,也怪心烦,冲那鸟儿说:“催呀催呀！你跟我成家呀？”谁知,话一出口,那鸟儿“嗖”地从崖上飞下来,落在石槽里,“扑愣愣”打了个滚儿，活脱脱变成了一个大姑娘,比天仙还美丽。石柏看呆了,魂儿也飞了……他和她成了家,日子过得甭提有多舒心了。

这事自然传到石柏的哥嫂的耳朵里。一天,哥哥来到弟弟家中，花言巧语地说:“弟弟啊,你就原谅我和你嫂子吧！全怨我一时糊涂,没有眼力。你是个有福分的人,咱们是亲兄弟,应该有福同享呀！”

石柏见哥哥一副可怜后悔的样子，就说:“你和嫂子有什么困难就尽管说吧！”

哥哥眨巴眨巴眼，想了想说:“你就把富起来得法子告诉我吧！”

石柏是个诚实的人,就把那个石槽的事儿,一五一十地说给哥哥听。啊!哥哥明白了,原来弟弟得到了一个聚宝盆呀!

哥哥装作没事似的慢悠悠地回了家。他想,我得把这个聚宝盆弄到手,到那时就有花不完的金银财宝和用不尽的绫罗绸缎,还有吃不完的山珍海味……,哥哥越想心越急、手越痒。

哥哥挨到三更半夜，便悄么声地摸进弟弟家中,用绳子捆起石槽就朝山下跑……,跑到山洼里,实在跑不动了。“扑通”一声,跪在地上。他喘着粗气再想搬那石槽,再搬也搬不动了。他想,明天再来搬走它。又想,石槽摆在路上,会被弟弟找回去或者被行人弄走！于是,他就地用手扒了个坑,把石槽埋了起来，又顺手拔了棵小柏树枝插在上面。

第二天，石柏的哥嫂来到埋石槽的地方。吃惊地发现，插在上面的小柏树枝长成了一棵大柏树。两口子使劲晃，晃也晃不倒，拔也拔不动。两口子急红了眼，取来斧子把大树砍倒了。可是一眨眼的工夫，树桩周围立刻又冒出了新芽……，又一眨眼，新芽变成了好几棵大树。石柏哥嫂像中了魔似的，砍呀……砍呀……，可是砍倒一棵，又长出一丛。后来，满山遍野变成了柏树林。原来埋石槽的地方再也找不到了，贪心的石柏哥嫂累死在柏树林里了。

到了东晋时期，朗公云游至此，见此处山石、林木、花鸟都灵秀无比，便在这里建起了灵岩寺。

你说，灵岩寺的柏树确实也奇怪，砍掉以后，残留得树根依然发芽，长成大树。别的地方就少有这种灵气，都说是地下埋着那个“聚宝盆”的缘故！

地涌铁袈裟　传说在北魏正光年间，法定禅师从西方来到灵岩寺，大兴土木，重建寺院。这是自朗公和尚创灵岩寺以来，最大的一次建设。

有一天，天空特别晴朗，几朵洁白的云彩，在空中凝固，法定禅师正在指挥弟子们建大雄宝殿，这一天正是大殿上梁的日子。正当僧侣们起架上肩抬梁时突然地面发出“咔咔”的声响。法定禅师率弟子们，顺着声音传来的方向找去。来到一个山沟里，只见霞光四射，“咔咔”之声越来越响。僧侣们惊呆了，个个睁着大眼……。只见较平的地面，山石开裂、隆起，冒出一个黑乎乎的东西，僧人急忙跪地诵曰：“南无阿弥陀佛……南无阿弥陀佛……”。约有半个时辰，僧人们正在瞑目诵语，突然山林里的小鸟齐鸣、猛兽同吼，大地“咔咔”之声静止了。僧侣们睁开眼，只见眼前矗立着一尊高得六尺，重达数千斤的圣物，表面暗红，花纹象袈裟的东西。这时，天上的白云在空中飘来飘去，一会上一会下，一会回旋，一会静止，太阳照在云彩上映出五颜六色，美妙至极。法定禅师认定这是佛祖的教化和恩赐，是大建庙堂的吉祥之兆！法定禅师急率弟子们叩拜“圣物”，叹呼“善哉……善哉……”。后来法定禅师在铁袈裟涌出的地方，兴建了袈裟殿。每天都率弟子们对其顶礼膜拜。从此，灵岩寺的发展越来越兴盛。清代，“铁袈裟”被乾隆皇帝誉为“灵岩八景”之一，并赋诗予以赞誉，现今为灵岩寺名胜之一。

摩顶松　在千佛殿前方，有一棵树干粗大弯曲，枝头东指的侧柏，其部分枝干苍枯，但生长枝干茂盛，其形很像一株巨大的“灵芝”，为千年名木——摩顶松。

据寺志载，摩顶松的名称来源于一个佛教故事。唐代初年，三藏法师玄奘，在去印度取经之前，来的灵岩寺。一天，他在寺院里闲游，忽然发现在千佛殿正前方，长着一棵小柏树，那天一点风都没有，但小柏树却不停地向玄奘法师摆头致意。法师纳闷，急忙向小柏树走来。“三藏”围着小树转了一圈，小树朝三藏法师点头一周。三藏感觉小树有灵气，就摸着小树，说：“我马上就要去西天印度学佛取经了，你很知道我的心思和动向，那么当我西去的时候，你可用枝头西指；当我

摩顶松　（2005 年 摄）

取经学成归国之时，枝头可向东指。”三藏西去后，枝头果然西向。十数年后，枝头忽然东指，庙里的师傅看到后，知道三藏法师应该回来了，马上清理寺庙，张灯结彩，迎候法师。果然不出所料，满腹经纶的三藏大师，载着浩瀚的佛经，回到了阔别许久的长安。为此，灵岩寺的僧众为纪念玄奘法师，就将该柏树取“摸”的谐音“摩”（意为高大），“柏”讳“悲”而称“松”，称其为“摩顶松”。

后来，在柏树东西两旁，又滋生出大、小不同的两种柿子树，后人又取“柏”的谐音“百”，“柿”的谐音“事”，冠以“百事如意”之称，以乞求“大（柿）事小（柿）事百事如意”。迄今，广大游客多在此留影纪念，以示吉祥。

证明功德龛的传说　传说唐代贞观年间，有一个外地的孩子，叫善子，聪明过人，与佛有缘，尚不满十岁，就读遍了很多佛家经典。一天，善子面对着镜子，审着自己的相貌，看到自己的前世曾在灵岩方山舍身。为此，他决定来灵岩方山舍身。

这一天晴空万里，祥云飘浮，山林里的鸟也不叫了，猛兽静静的趴在地上，一动不动，像有心灵感应一样，灵岩寺里的僧人抬着头望着天，大地没有一点响动，一切有情无情都在为善子的举动默默地祝愿，恳求极乐世界的佛菩萨能接引这位不满十岁的善子。善子站在方山顶上，好像已经进入向往已久的佛国世界，深感马上远离这个尘世间，而进入梦寐已久清凉自在的净土，心里是多么的高兴和欣慰。他仰首瞑目，双手合十——内心不存一切思虑，观佛在心，随之向崖下坠去。在坠至山腰半空中时，飘浮在不远处的五朵祥云，突然积聚在一起，将善子封裹起来，向西方飘逸而去。无形的音乐在山谷空中回荡，清脆悦耳。山林里的小鸟齐鸣，穴洞里的猛兽共吼，为善子的行为和西去而欢呼。寺院里的僧侣们有目共睹，异口同声地呼之“善哉，善哉……”。

事情发生后，慧崇高僧在方山开凿佛龛造像，以示善子的功德，名之曰“证明（meng）功德”。后来人们称佛龛为“证明功德龛”。现证明功德龛位于方山之阳，灵岩胜景最高处。

《“泰山北界界碑之谜”等名人名地历史故事传说》

“泰山北界界碑之谜”　自玉皇大帝封山以来，碧霞元君依仗其父玉皇大帝的权势，不断向外扩张，各路神仙议论纷纷。为此，玉皇大帝派姜子牙到泰山划定周围界限，姜子牙与碧霞元君协商以绣花鞋为依据，鞋飞到哪里，哪里就归元君管，南只绣花鞋，姜子牙命为：“叫岱宗坊吧”；向北一只绣花鞋，插到东、西野（阁）老的东北山顶上，姜子牙命名为：“留泰山”，并在北石门立一石碑，命名为“泰山北界界碑”。20世纪50年代，被人推倒水库里淤埋，现已经遗失。玉皇大帝封山命姜子牙到泰山划界，南“岱宗坊”；北界立设碑“泰山北界”。为此“孕育”出骑君岭、留泰山、南石门、北石门、镇山“神龟”、野（阁）老、老虎洞、仙人石脚印、柏树台、皇上岭、赐（四）狗窝、灵仙洞、双官石、龙角石、四摩旗、木鱼石、木炭场、野老寺、玉皇寺、四狗窝、化缘寺、南台、北台、东台、西台等二十余处脍炙人口的历史文化内涵丰富的名人、名地故事的传说。

“西野老”三字之谜，西野老位于泰山和济南市的交界处，居济南市长清区张夏镇东南黄金峪顶端。“西野老”三个字文化内涵非常丰富，亦组三词：“西野”“野老”“西野老”。

“西野”，“野”是指旷野、野地；界限、视野；据传说唐僧去西天取经，路经此地，把眼下的“西天”作“西野”之传说；“西天”觉得非常遥远，而用“西野”显得亲切，有近在咫尺之感，唐僧取经近至“西野”，远至“西天”，表现出一种正视现实，蔑视困难的精神与豪放。

“西野”，作为“界限”，不难想到传说中玉皇大帝令姜子牙为泰山划界，姜子牙给碧霞元君设符西野老为“泰山北界”的自然造化，顺理成章了，为此，被历代的文骚墨客习以借用之词，并将扩展到各个领域：

历代诗人还将“西野老”中的“西野”、作为自己的或他人的称呼和封号。

“野老”是指幽静而偏僻的山村，与“世外桃源”有相同之意，而“野老”有自然寿仙之意更浓，与世隔绝，与人无争般的仙山琼阁。

“西野老”为合成褒义词，词义广泛，无论是拆还是分都有独特的象征性讲解，都有对个人或他人的尊称和祝愿之意。

“君惊天地显神灵，血化甘泉骑君岭”。

响山东队员表演　（2008年 摄）

据传说：“《隋唐风云》李密的秘密”，李密（224—287），又名虔，字令伯，蜀汉西晋间犍为武阳（今四川彭山）人。父早亡，母改嫁，由祖母刘氏抚养成人。早年曾任蜀尚书郎、大将军主簿等职。隋末由于朝政腐败，名将各自为政，起义风起云涌，“李密在杨玄兵败后，侥幸从隋军手上逃脱，开始了长达数年的流亡生涯，其间风餐露宿，流落山野，不得不食树皮野草充饥，倍极艰辛后组织瓦岗军，成了隋末起义的一支主要军事起义力量，由于瓦岗起义军内讧，力量不断瓦解，瓦岗起义军领袖李密同名将王伯当被隋军围追堵截，帅、将二人仓皇撤逃，来到该山，遇隋军两面夹击，剑如倾雨，名将王伯当为保帅李密之命，赤胆忠心，以身遮剑，胸中数剑，因全身凝力，用力过猛将李密压死在此，鲜血横流。“君惊天地显神灵，血化甘泉骑君岭”，射死王伯当压死李密，“骑君岭”的历史文化故事传说，由此而得名。

传统音乐　响山东　起源于长清区孝里镇的龙泉官庄，是以铙子、锣鼓、大钹、小钹等5件民族打击乐器组成的锣鼓乐队演奏的民间艺术形式。“响山东”以丰富多变的锣鼓节奏为主要演奏形式，在表演上气势宏大，粗犷豪放，热烈有力，庞大的阵容振奋人心。

民间舞蹈　四蟹灯　四蟹灯是长清区常见的一种民间扮玩性质的耍灯游艺舞蹈。起源于清朝初期，天气干旱，人们利用水中四仙（鲤鱼、鳖、虾、蚌）的造型，扮玩祈雨，后来成为春节娱乐的一种民间扮玩性质的舞蹈，有近400年历史。“四蟹灯”并无“蟹”，而是运用鱼、鳖、虾、蚌的造型，并饰以做工精美、形象逼真的灯具，塑造出生机勃勃、栩栩如生的舞蹈造型。四蟹灯主要利用竹皮、铁丝、彩绸、油漆等扎制，扮玩者需要衣服、化妆品、假发、头饰等装扮，游玩时需音箱、多种乐器的伴奏。

八卦益智灯　是长清区平安街道北汝村传统

八卦益智灯表演　（2008年 摄）

民间花灯伴玩的一种。起源于明朝洪武年间，由15人架灯表演，每人手执不同的15个几何图形灯，或动或静做出各式形体动作。灯为立体两面图案相等，内置蜡烛，后改为电池灯。木材制作的支架，约厚45厘米，外面罩有白底纸，手绘八卦太极图、云朵、花卉等彩色图案。表演时舞灯者青布包头，在富于节奏、铿锵有力的锣鼓点中变幻各种队形，然后排成不同的图案。每排成一种图案，民乐队便奏起前奏。15人架灯齐唱灯歌——所唱歌词内容与排成的图案相辅相成。图案内容丰富，如“八卦图”“宝剑”“牌坊”“茶壶”、字形“欢度春节”等。

民间曲艺 山东落子 也称“莲花落”“莲花乐”，以其早期曲调衬词而得名，简称“落子”。初为僧家募化所唱警世歌曲，宋代已在山东流行。流行于山东地域的落子，统称“山东落子”，因其主要伴奏乐器为大钹、竹板，也叫“咣咣书”，或“荷叶吊板”。以其流行地域方式、曲调的不同，分“南口”“北口”。山东落子演出形式较为简单，无弦乐伴奏，一般是演唱者右手自打铜钹，左手以大竹板击节并配合表演；有一人击钹、一人打竹板演唱者，叫“擎板”。2007年，山东落子传承人徐立平被评为“市级非物质文化遗产传承人”。

徐立平在农家小院表演落子 (2008年 摄)

民俗 孝堂山庙会 是随孝堂山的诞生而起源的。早在夏商朝代，孝堂山原名龟山，后来当地百姓嫌“龟山”不雅改名巫山，在周朝时期封建迷信色彩相当浓厚，人们以鬼神为精神依托，有病有灾到巫山之顶祈祷鬼神，保佑平安。西汉中期汉孝子郭巨埋至此山，人们出于对郭巨的崇拜将巫山改名为孝堂山，随建孝子堂，并将郭巨全家塑像于祠内神台上。从此，来祠堂烧香拜崇之人络绎不绝，其中不乏有公子王侯、达官贵人。特别是春节后正月十六日那天，孝堂山上人山人海，人们自发将每年的正月十六日定为传统的孝堂山庙会。正月十六早饭后，人们怀着虔诚的心，从四面八方，不约而至，云集在孝堂山下，先由有身份的人入祠堂捧香举行“敬拜”，随后即有地方百姓摆上供果一一跪拜。在庙会最鼎盛期，还要搭戏台唱大戏以示祝贺。朝拜之人、看戏之人遍布整个孝堂山，多达10万多人。

跪拜郭巨全家像后，贸易游玩活动便自由进行。商贾游人除有本地老百姓之外，还有来自平阴、东平、临清、泰安、济宁、青州、肥城、聊城、齐河、济南等周边数十个县市的，贸易项目之广、游乐人员之多，在方圆几百里内享有盛名。

孝堂山庙会除在孝堂山上设小商小贩以外，会址蔓延至孝里街的各个角落，北至石岗村，南至孝堂山西麓，西至西北村教堂，东至孝堂山北麓清石沟以东。庙会先是有群众自发而起，后来逐步趋于正规化，原来的庙会杂乱无章，后来有当地政府协调有关协会、部门搞得井然有序。

孝堂山庙会的贸易大体可分为五类。第一类是风味小吃、饮食类。正月十六日的传统庙会即是“朝拜”会，也是“吃会”，过完春节了，人们都把自己的拿手小吃到庙会上展示一下，有“孝里米粉”“绿豆丸子”“东平小糟鱼”“泰安煎饼”“崮山馍馍”“长清大素包”

等，都带到庙会上相互交流，相互品尝。第二类是农用物资土产杂货类。春节后不久就要春耕、春播，农民要到庙会上筹办一些急用物资：有锄、镰、镢、掀、铁耙、铁铲、刀、锯等，家用的桌椅、杌、橱、柜、木箱等，生活用的簸箕、簸箩、筛子、筐子、苇箔、苇席、笤帚、扫帚等。第三类是日用百货、服装、鞋帽类。有水缸、水盆、水壶、勺子、热水瓶、炉具、鞋、帽、服装、毛巾、围巾、陶瓷、洁具等。第四类是牲畜、蛋、蔬菜、水产类。有牛、羊、骡、驴、鸡、鸭、兔、鹅，还有各种禽蛋、蔬菜、水产、鱼类等。第五类是杂耍、玩具和文娱演出。春节过后，人们都要借庙会之际轻松一下，各路艺人也要在此展示一下各自风采，有杂耍、“洋片”、杂技马戏表演、戏班唱戏，还有卖小儿刀枪的、吹糖人的、捏面人的、卖拨浪鼓的、小儿花啦棒槌的，还有套烟卷的、猜扑克牌的等，平素里社会上有的，庙会上是应有尽有。除上述五大类之外还有其他的如当地村庄的扮玩队来会上助兴的，卖鞭炮的，卖滴滴筋儿的，无所不有，好不热闹。

马山庙会 (2008年 摄)

孝堂山庙会深得民心，每年举办一次，但在“文化大革命”中曾一度被作为“四旧”废止过，“孝道”也曾被纳入“孔孟”之道批判过。1979年冬，孝里公社党委决定恢复传统的孝堂山庙会。现在，随着周边区县经济的发展，庙会的规模逐年缩小。

马山庙会　民国《长清县志》卷二“地舆志（下）·古迹”载：“马东街路东有官园子，官园子者，逐年三月三日附近十一庄报赛所也”。据此，官园子是马东附近11个村庄每年举行报赛、祭神娱神的场所。园中有神庙——马山奶奶庙，坐东面西，正对马山。

马山奶奶庙旧时香火极盛，三月三日庙会期间，进香的信众来自方圆百里，甚至有来自泰安、肥城、平阴以及河西齐河的。故而当地素有“千里泰山百里马山”之说。民众除了进香于山下的马山奶奶庙外，还要上山朝拜各路神祇。

马山庙会开始，先要提前三天祭山。带上祭品，由本年值班会首带领各会首一起，后有鼓乐，仪仗前导，众人捧香举行“朝山”仪式，山顶上供奉的左边是马山奶奶（丰施候）、右边是泰山奶奶（碧霞元君），中间靠后是二层庙宇，上层供奉的是玉皇大帝，底层供奉是天官、地官、水官三位神仙。祭祀仪式非常隆重，摆上供品，会首们轮流磕头，行祭拜大礼，以祈求来年风调雨顺，五谷丰登，民间俗称“拜山走社”，以报答神祇。

庙会期间的戏曲表演一连进行六天，古时戏场设在官园子里，由十一庄香会轮流坐庄，出钱雇戏班子演出，所以旧时有“十一庄会首到一处，商商量量把戏雇”一说。现在官园子已荒疏，挪作他用，取而代之的是在其西边的开阔地上新建了戏台。

马山庙会历史悠久，香火甚是兴旺，民间表演艺术向来发达。新中国成立前，各村均有锣鼓队，民间艺术活动团体，关王、庄科等村成立剧社，忙时务农，闲时学戏、扮玩，每逢“三月三”庙会、过年、正月十五，村村锣鼓响，处处闻曲声。许多村庄都有自己的表演团体，比较有名的有南李庄剧团和民间吹鼓手班、焦庄村的芯子灯、庄科戏班、北站戏班和吹鼓手班、杨土戏班、关王庙戏班、马东戏班、北李庄戏班、崮头戏班等10余个村戏班子。民间表演艺术有舞狮、舞龙、跑旱船、踩高跷、扭秧歌、打腰鼓、扮神像、二人摔跤等。

祭山仪式之后，先由唱大戏的开场，后各种贸易游乐活动便自由展开，从庙会场子到马山顶，十里山路上，漫山遍野商贾游人，日达数万。方圆百里，前来赶会者络绎不绝。上至山麓，下及平畴，酒肆茶坊，飞帘远眺，若蜂屯蚁聚。集会规模之大，贸易项目之多，前所未有。

马山庙会，以其绕山设市、摊点错落有致而独具特色。会址由马东村起，直到山顶。马东商业街、上山路两边搭棚设座卖茶水，以供赶会者休息游玩。

马山庙会的贸易大体可以分为三类。第一类是山货，指当地或远道而来的各种土产品。有木制农具、日用器物，如农具的把柄、犁架、木笓、风箱、桌、椅、板凳、案板、箱、柜、橱等；有铁制农具、日用器物，如锄、镰、锨、镢、铁耙、铁铲、瓦刀、木匠工具、门环、门扣、元钉、铁桶、担杖钩子等；有各种条编、草编、生产和生活用具，如簸箕、簸箩、筛子、筐子、苇箔、苇席、笤帚、扫帚、草腰子等。第二类是饮食与玩具。庙会不同于集市贸易，带有明显的游乐性质。因此，饮食与玩具交易特别活跃。庙会期间，饭馆、酒馆、茶馆多临时搭布棚、席棚或露天营业，更有许多小贩穿行叫卖于庙会人群之中。会上，各种面食、菜肴、水酒、糕点、肉类、水产、山果、野味、特色小吃、地方名吃应有尽有。还有儿童喜爱的冰糖葫芦、欢喜团儿、山药喜儿、地瓜片儿、各种糖果等。为招徕顾客、商贩使尽各种招数。如卖茶汤的小贩肩挑水桶水炉，遇有主顾，以开水冲炒面成糊，上面撒上红糖，温热而甘香。卖糖葫芦的，以竹签穿山楂成串，蘸以糖稀，一只只插在麦秸所成的圆靶子上，扛在肩上，穿行于人群之中叫卖。庙会上的玩具市场最为花哨，吹糖人的、捏面人的、剪纸的民间艺人当场作业，你要什么就给制作什么。卖拨浪鼓的、卖鬼脸（假面具）的、卖竹木刀枪的、卖滑石猴的、卖琉璃弹的、卖不倒翁的，不胜枚举。泥玩具中的“皮老虎”，木玩具中的“哗啦棒”，最受儿童喜爱。第三类是文艺活动、娱乐杂耍。会场戏台聘专业演员演出戏剧、空场平地为民间艺人表演场所。有打把式卖艺的、有耍刀枪棍棒的、有玩杂技变戏法的、有耍猴跑马戏的、有说书练气功的、有占卜算卦的等，赶会者争相围观。每演一个或几个节目，艺人即绕场募钱。只有拉“洋片”的是按座收钱，“拉洋片”又称“看西洋景”，道具为一个大景箱，分上、下两层，皆有画片可轮转调换。上面画片开大景框对外，代为抬幌，下面景箱封闭，仅留4个圆“眼”，每“眼”皆镶有放大镜片，顾客坐在条凳上，俯首于圆眼上观看，每场仅限4人。艺人立箱前一侧，边操纵画片轮转，边以唱词作解说：“往里瞧来往里观，花花世界在里边……”箱顶悬挂一套锣鼓，以机线相，拉动机线即可为艺人的演唱伴奏。说说唱唱，观观瞧瞧，十分热闹。局外人不知道箱中所演何剧，很有些神秘感，颇为引人。

新中国成立后，受历次政治运动的冲击，马山上下的庙宇俱被拆毁，庙会停办数十年，马山一带的民间表演艺术渐趋式微。改革开放后，马山一带的民众自发在山上原庙址的基础上重修殿宇，再塑金身，登山游玩、祭山的人越来越多，政府为活跃当地经济，丰富人民精神生活，于1996年恢复三月三马山庙会。

传统美术 剪纸 长清区平安街道郭庄村的

剪纸艺人——王兰美 （2008年 摄）

王兰美是长清区的“鲁中派”剪纸艺术传承人。1946年4月生，从8岁开始学习祖上的剪纸技艺，并在剪纸技艺上有所突破和创新。长清剪纸剪出的作品，融汇长清民间剪纸艺人的才能和喜好，更加生动活泼，更加赋予地域特色，更加突出自己的创新特点和风格，形成淳补、粗犷、简练、明朗的特点，给人留下鲜明深刻的印象。

附：根艺

长清根艺发祥地是长清区城南5公里处的后三村，该村自古以来有植树和养花卉苗木的习惯，花农经常赴泰山、灵岩寺、五峰山、马山、大峰山等地采置松柏、荆棵的根材作为根艺材料进行雕刻。该村的赵广水就是其中的一个。他在继承古代根雕技艺的基础上，加以改革和创新，历经30多年，创作以飞禽走兽、人物以及民间典故为雕刻内容的作品千余件，由一个只会种庄稼的农民，一举成为闻名全国的根艺雕刻专家。赵广水被聘任为山东省根艺委员会副会长、山东省盆景艺术家协会副会长、山东省观赏石协会会员。

第四章　图书　报纸

第一节　图书音像

新华书店　1948年10月，长清县新华书店建店。1986年，新华书店位于东关大街西首与府前街交界处，有办公、营业楼1幢，营业销售收入81万元，固定资产200万元。1992年5月，县新华书店投资140万元，在清河街1869号建1700余平方米的办公综合营业楼1幢。1993年7月1日，长清县新华书店由老城搬迁至清河街1869号，正式对外营业，同时举办长清县新华书店首届灵岩书市。是年，投资20万元对张夏门市部进行搬迁改造。1997年，投资30万元扩建马山门市部。1998年1月1日，由书店出资、职工入股的形式成立三联集团长清家电商场有限责任公司。是年，投资70余万元，在孝里镇建成面积900多平方米的办公营业楼1幢，8月1日正式营业。1999年，投资80余万元，在万德镇建成面积1200平方米综合营业楼1幢，2000年1月1日正式营业。2002年8月，由三联集团长清家电商场有限责任公司出资、职工入

原老城新华书店　（2008年 摄）

莲台山路新华书店 (2008年 摄)

书店一角 (2008年 摄)

股的形式成立长清上海华联超市。是年10月，投资近2000万元，在莲台山路247号建设面积8900平方米的综合营业楼1幢。2005年5月1日，新华书店由清河街1869号搬至莲台山路247号，举行开业典礼仪式，同时成立济南心连心超市有限责任公司。2008年，营业销售收入1700万元，利税80余万元，固定资产2800万元。新华书店先后获省级文明单位、全市宣传系统先进集体、服务地方标兵单位等称号。

图书音像 1986年，县新华书店有中心门市部1处，下辖张夏、马山2个乡镇门市部，销售码洋81万元。1992年起，建起图书、电子、音像出版物发行网络，莲台山路中心门市部图书3万余种，音像制品5000余种。每年六一节、教师节，开展送书下乡活动，累计送书30余万元。2008年，图书销售码洋1700万元，音像制品销售6万元，上缴利税80万元，人均购书额30元，图书普及率明显提高。1986年—2008年，累计发行中小学教材及图书3060余万册，销售码洋22271万元。

1986—2008年长清区(县)新华书店经营情况表

表20-2 单位:万元

年份	图书销售	音像销售	年份	图书销售	音像销售
1986	81	—	1998	1330	3.2
1987	92	—	1999	1400	3.3
1988	116	—	2000	1480	3.5
1989	173	—	2001	1550	3.7
1990	211	—	2002	1600	4.0
1991	250	—	2003	1620	4.5
1992	264	—	2004	1650	4.6
1993	344	2.1	2005	1660	4.8
1994	466	2.3	2006	1670	5.3
1995	619	2.6	2007	1690	5.6
1996	1005	2.6	2008	1700	6.0
1997	1300	2.8			

第二节 图书馆

1984 年 9 月，长清县图书馆建立，馆址在老城区 499 号，隶属于长清县文化局，建筑面积 216 平方米。有馆长 1 人、管理员 6 人，设办公室、借书室、成人阅览室、儿童阅览室、资料室、业务辅导室。1986 年，总藏书刊 1.6 万册，其中报刊 451 种 5410 册。1989 年，被山东省文化厅评为先进图书馆。1998 年，被文化部评定为“三级图书馆”。2002 年 6 月，图书馆由老城搬迁到新城区清河街中段文化中心楼内，馆舍面积 1000 平方米，设采编室、业务辅导室、阅览室、借书室、电子阅览室、基藏库。是年 12 月，正式向全区读者开放，从办公到对外流通服务实现计算机自动化管理、全天候、全开架、零门槛对外服务。2004 年，新设少儿图书馆 1 处，馆址设在长清区体育中心西看台三楼，馆舍面积 446 平方米，内设办公室、少儿采编室、少儿微机学习室、图书资料阅览室、儿童阅览室。2005 年，被文化部评为二级图书馆，被济南市委宣传部、市文化局、市体育局、市总工会评为“百佳单位”。2007 年，长清区图书馆被列为“山东省文化信息资源工程”试点之一，将山东省文化厅配送的各种设备，按照省、市有关标准和要求进行安装、调试，并投入使用，建立 400 平方米的多媒体教室及文化共享工程中心机房。2008 年，图书馆总建筑面积 1846 平方米。在职人员 14 人，其中馆长 1 人，书记 1 人，职工 12 人；总藏书刊 6 万余册，其中报刊 3870 种 19387 册；累计发展扶持乡镇和企业图书室 12 个，村级图书室 60 个，辅导基层图书室 90 处。

2005 年，长清区图书馆被文化部评为二级图书馆

长清区文化中心 （2008 年 摄）

第三节 报 纸

1998 年 10 月 1 日，组建《长清天地》编辑部，出版《长清天地》，四开四版，一版为要闻版，二版为经济新闻，三版为政教社会新闻，四版为副刊。每周一期，每期发行 6000 份，实行无偿赠阅。2000 年 1 月 1 日，更名《长清报》，四开四版，一版为要闻版，二版为经济新闻，三版为政教社会新闻，四版为副刊。每周二期，每期发行 6000 份，实行无偿赠阅。2001 年 5 月 15 日，由县委批准正式成立长清报社，正局级全额事业单位，隶属于县委宣传部管理，编制 6 人，主要负责全县新闻信息宣传工作。2003 年 1 月起，《长清报》改为每周三期。2003 年 12 月 31 日，长清报社撤销，原长清报社人员整建制划转为长清区新闻信息中心，主要编辑出版济南日报《新长清》专版，由济南日报社负责出版印刷发行。2005 年 1 月，重新出版

《新长清》报，四开四版，一版为要闻版，二版为经济新闻，三版为政教社会新闻，四版为副刊。每周二期，每期发行6000份，实行无偿赠阅。2007年1月1日，《新长清》报扩版加彩印，由原来的四开四版双色印刷改为对开四版彩色印刷，一版为要闻版，二版为经济新闻，三版为政教社会新闻，四版为副刊。每周二期，每期发行6000份，实行无偿赠阅。

第四节　新闻出版管理

2001年，成立长清县新闻出版管理办公室，兼县扫黄打非办公室，正科级单位，隶属于县委宣传部领导。是年起，先后5次在印刷出版系统举办新闻出版法规知识竞赛和法规培训，增强从业人员的法规意识。每年都对印刷企业、复印打字业户和出版物发行业户进行定期检查。2004年，在印刷企业、复印打字、出版物经营业户中开展“新华杯”新闻出版法规知识竞赛，参赛人数1000多人。2004年—2005年，以打击政治性非法出版物和学校使用盗版教辅为重点，查处5处中学使用“世纪金榜”盗版教辅案件，收缴盗版教辅2000多册。2007年，在各高校及全区10余处中学、新闻出版系统举办“长泰杯”新闻出版法规知识竞赛，参赛人数3000多人，参赛人中有大学教授、大学校长、各中学校长、教师及印刷企业厂长和出版物经营业户。至2008年，长清新闻出版管理办公室连续8年被评为济南市先进单位。

第五章　党史研究

第一节　征编出版

1982年—2008年，区（县）委党史研究室以征集研究党史专题资料、编写党史书籍、整理党史人物传记为主要工作，先后组织采访老干部6000多人次，发函调信2000余封，录制磁带300余盘，建立268名老干部通信录，征集文字资料，整理回忆录，查阅、摘抄档案、历史文献等资料，形成文字稿800余万字，编辑出版党史资料总计247万字。

《长清党史资料》 自1982年8月至1991年6月，共出版《长清党史资料》11集，主要是根据泰安、济南及长清的部分档案资料摘抄和老干部回忆资料编写，记述新中国成立前的部分党史人物、党组织活动的回忆录、对部分老干部的访问录、老干部在座谈会上的发言、革命故事和抗日歌曲的歌词及一些专题资料，共计90万字。1990年7月，被评为济南市优秀党史成果三等奖。

■ 出版的党史资料　（2008年 摄）

《中共长清县党史大事记（1922—1949）》 该书主要记述1922年9月至1949年9月期间，长清党组织的建立、发展及重大活动和主要事件。1990年11月，出版发行，全书计11万字。是年，被评为济南市优秀党史成果三等奖。

《中国共产党山东省长清县组织史资料(1937—1987)》 该书资料征编始于1985年5月，至1990年年底结束。由县委组织部组织，县委党史委、县人事局、县人武部参与并抽调相关人员开展征编工作。对400余名民主革命时期参加工作的老干部进行登记，先后到济南、北京、上海、南京、杭州等30多个省、市、县访问曾在长清战斗、工作过的老干部2600多人次，发函1200余封，查阅档案900多卷次，摘抄资料30余万字，整理走访记录43万字。该书主要收录1937年至1987年11月长清县党组织以及政权、政协、地方武装、群众团体系统的组织史资料。1991年3月，该书出版，全书计41万字。

《中共长清党史大事记（1949—1992)》 该书主要记述1949年10月至1992年12月期间，中共长清地方组织领导全县人民进行社会主义革命、建设的历史。1998年11月，出版发行，全书计22万字。是年，被评为济南市优秀党史成果三等奖。

《中共长清地方史(第一卷)》 该书主要记述从抗日战争至解放战争结束中共长清地方组织的发展壮大及重要斗争的史实。2002年7月，该书出版，共13万字。是年，被评为济南市优秀党史成果三等奖。

《长清革命斗争史话》 该书发掘长清革命历史资源，将多年来的研究成果汇编并加以整理完善，作为长清革命历史研究的阶段性成果汇编成书，是爱国主义教育和革命传统教育的乡土教材。2006年7月，该书出版，共计20万字。

《中国共产党济南市长清区组织史资料(1987—2005)》 该书主要收录1987年12月至2005年12月期间，中共济南市长清区(县)组织、政权、地方军事、群团系统、上级驻长清及双管部门和部分重点企事业单位的组织机构沿革情况和领导人名录。2009年8月，该书出版，共计30万字。

长清区抗日战争时期人口伤亡和财产损失课题调研 2006年，开展全区抗日战争时期人口伤亡和财产损失课题调研工作。查阅档案与文献资料千余套(册、卷)，深入全区613个村走访调查，逐一走访70岁以上的老人近4万人，收集大量人证、物证，整理出一套齐全、确凿的书面证言和声像资料。整理出全区抗战时期人口伤亡和财产损失大事记，撰写课题调研报告和专题调研报告，汇总抗战时期长清人口伤亡和财产损失的精确数字和翔实证据。将55135份走访调查表、书面证言证词、查阅复印的有关历史档案1450页、查阅复印的文献资料650页、各种表格12万份等整理装订，共计58卷20万字。

第二节 宣传教育

1988年5月，借全国各地的长清籍老干部回故乡之际，召开党史座谈会，举行多次革命传统报告会，向青少年进行爱国主义和革命传统教育。是年9月，开展纪念长清解放40周年庆祝活动。1989年清明节，县委、县政府在石麟山烈士陵园举行为县委书记魏金三、第一任抗日民主政府县长张耀南树立纪念碑的悼念活动，县级领导人、各部委办局负责人、中小学师生等2000余人参加大会。1999年，与档案局联合举办纪念建国50周年“光辉历程”展览活动，展出图片100余幅，图片文字说明8000余字，参观人数2000多人次。2005年，在长清区革命历史纪念馆举办“欢迎香港传媒高层纪念抗战胜利60周年大陆行”纪念活动，参观人数600多人次。至2008年，先后多次与长清报社、长清电台、电视台合作，开辟《历史上的今天》等栏目，播发党史文章，登载长清抗日战争、解放战争时期的大型战斗、名人故事等。累计举办党史座谈会、报告会、广播会、党史展览、知识竞赛等600余次，受教育人数100余万人次。

第三节 教育基地

长清区革命历史纪念馆 位于国家AA级旅游景区、省级森林公园——大峰山景区内，纪念馆占地面积1150平方米。1979年9月3日，大峰山革命根据地被济南市革命委员会命名为大峰山革命遗址，列为济南市第一批文物保护单位。2002年4月—9月，长清区委党史研究室、长清区旅游局联合申请财政拨款4万元，本着“修旧如旧”的原则，对纪念馆进行修葺。2005年12月，被命名为济南市爱国主义教育基地。

下巴战斗纪念碑 (2008年 摄)

下巴战斗纪念碑 2007年9月，在长清打响开辟大峰山抗日根据地第一枪的下巴战斗遗址举行下巴战斗纪念碑揭幕暨张耀南塑像捐献仪式，区人大、区政府部分领导及关心下一代工作委员会的领导和老干部参加。下巴战斗纪念碑位于长清区孝里镇下巴中心小学院内，保护范围面积3593.5平方米。

第六章 地方史志

1982年3月，《长清县志》编纂委员会成立，临时抽调人员，编纂新中国成立后首部《长清县志》。1988年8月，成立长清县志办公室。1992年6月，《长清县志》出版发行。1994年2月，县志办并入县档案局。1996年12月，机构恢复并更名为长清县史志办公室。1998年9月，《长清年鉴》出版发行。2005年3月，长清区史志办公室获山东省史志系统先进集体称号。2006年6月，《长清人物年鉴》出版发行。8月10日，长清区情网站正式开通。2007年3月，长清区史志办公室被济南市史志办公室评为全市史志工作先进集体。2008年，长清区方志馆建设初具规模。

第一节 志书编纂

《长清县志（1840—1985）》 1982年3月11日，《长清县志》编纂委员会成立。1984年2月，成立地名县志办公室，局级事业单位，编制10人。是年8月，县直各部门相继建立编志机构73个，从事地方志工作人员150余人。1985年3月，长清县委、县政府下发《关于印发长清县志基本篇目》的通知，各单位撰稿人根据县志篇目的要求收集资料，编写部

《长清县志(1840—1985)》

门专业志。1988 年 8 月，县志、地名分开，成立长清县志办公室。是年年底，县志初稿编写完成，先后召开有山东省地方志办公室、济南市史志办公室等领导参加的 3 次志稿讨论会。1992 年 4 月 10 日，修改后的《长清县志》报省审批。山东省地方史志办公室于 1992 年 6 月 10 日批复，准予《长清县志》印刷出版。是年，《长清县志(1840—1985)》出版发行，该书除序、凡例、概述、大事记、附录、编后记外，设政区、自然环境、人口、农牧渔业、林业、水利、工业、交通运输、邮电、城乡建设、商业、物价工商行政管理、财税金融、党派社团、政权政协、政务、政法、军事、文化、教育、科技、卫生、体育、文物、民俗方言、社会、人物 27 篇，设 121 章 397 节，共 82.6 万字。全书一册，16 开精装，济南出版社出版，金勇(深圳)印务出版有限公司承印，印数 2100 册，国内外公开发行。

部门志编纂 20 世纪 80 年代起，各部门在完成新编《长清县志》供稿任务的同时，编纂完成一批专业(行业)志、部门志。至 1994 年，先后编纂出版《长清县卫生志》《长清县教育志》《长清县财政税务志》《长清县水利志》等。1996 年 5 月，《长清县地名志》出版。2008 年 12 月，《长清电业志》出版。

第二节 年鉴编纂

《长清年鉴(1986—1997)》 1997 年 5 月 4 日，长清县委、县政府下发《关于做好长清年鉴编纂出版工作的通知》。5 月 14 日，召开全县史志工作会议，县长王荣玉主持，县委书记雷建国作讲话，分管副县长赵文平部署《长清年鉴》编纂任务，山东省史志办主任张守富、济南市史志办主任许汝岭到会并讲话。1997 年 6 月，开始征集资料，至 1998 年 9 月搁笔付梓，历时一年零四个月。1998 年 9 月，《长清年鉴(1986—1997)》由中华书局出版，深圳当纳利旭日印刷有限公司印刷。该书除编辑说明、序、特载、大事记、附录外，设概况、政治、军事、法制、经济管理、财政税务、金融保险、工业、农业、乡镇企业、商业、交通邮电、城乡建设、外经外贸、科学技术、社会科学、教育、文化、卫生体育、社会生活、旅游、乡镇、人物、县长话长清、业绩论坛 25 个栏目，共 98 万字。1999 年 12 月，《长清年鉴》在第二届全国地方年鉴评奖中获一等奖，同时获条目编写特等奖、装帧版式设计一等奖、框架设计二等奖；《长清年鉴》在山东省年鉴优秀成果评比中获特等奖，同时获条目编写、美术装帧、框架设计、出版发行 4 个特等奖。

部门志书 (2008 年 摄)

《长清年鉴》获奖奖杯（1999 年 摄）

■《长清年鉴(1986—1997)》

■《长清人物年鉴》

《长清人物年鉴》 2001年9月,成立《长清人物年鉴》编纂委员会,长清县政府办公室下发《长清人物年鉴》综合卷编纂方案,召开全县《长清人物年鉴》编纂出版工作会议,部署落实编纂任务。2005年10月,完成《长清人物年鉴》稿件的编辑、总纂、校改及彩页设计等各项工作。2006年6月,经《长清人物年鉴》编纂委员会审定后出版发行。该书收录的人物分时政人物、先模人物、拔尖人物和社会知名人物,共收录各类人物1000余人,彩页160余码,共40余万字。

第三节 书刊供稿

1986年—2008年,长清区(县)史志办公室先后完成22部《山东年鉴》、20部《济南年鉴》供稿任务,撰稿近60万字,征集反映长清经济社会发展彩页300余码。为《济南市志》《山东各地概况》《山东省强镇名村志》《山东省志大全》《山东省历史文化村镇》《中华发展大典》《魅力长清》等撰写稿件近20万字。

第四节 方志馆 网站

方志馆 1989年7月,设立长清县志资料室,档案橱4个,藏有少量工具书和史籍。2008年,对资料室彻底清理、粉刷,淘汰原来橱具,更换8组橱具,安装橱帘,更名为长清区方志馆,馆内图书全部上架,藏有《山东省志》、历年《山东年鉴》《济南年鉴》及部分其他区县的志书年鉴、历史书籍、工具书等近2000册。

网站 2006年8月10日,长清区情网站正式开通。该网站设有区情概况、政区沿革、自然环境、

■ 网站主页 (2008年 摄)

领导简介、大事记、古今名人、旅游、五大片区、民俗风情、民间传说、图片集锦、乡镇风采、方志信息、招商引资、工业企业、时代先锋等18个栏目，《长清县志》《长清年鉴》转化为数字化地情资料，共计200万字，图片资料100余幅。2008年12月31日，长清区情网站升级改版工作完成，新版长清区情网站正式上网运行。新版长清区情网站以"传承文明、服务现实"为宗旨，突出"山水长清、泉城新区"的地方特色，增设聚焦长清、新农村建设、长清旅游、民间传说、艺术欣赏、史志法规、历史上的今天、实用查询等栏目，网站共24个栏目，图片资料近300余幅，文字资料近300万字。

第七章 档 案

第一节 档案馆

档案设施 1986年，长清县档案局（馆）在老城县委办公楼一楼办公，办公室2间，库房9间，使用面积254平方米，档案橱具88套，配有温湿度记录仪、去湿机等档案保管保护设备。是年5月，在新城筹建档案办公楼。1988年1月25日，档案局（馆）从老县委搬迁至清河街2265号新办公楼，面积1425平方米，其中库房面积760平方米，新购置81套铁制档案橱具。1992年6月，投资4万元，修缮房屋，购置70套档案橱具。1995年11月，长清县档案馆晋升为山东省二级档案馆。1996年11月，晋升为山东省一级档案馆。2008年12月，从市档案局争取大型密集架32组。是年年底，区档案馆有微机8台、打印机2台、空调11台、去湿机3台以及传真机、复印机、扫描仪、光盘刻录仪、档案图书消毒柜、防磁柜等现代化设备。

■ 长清区档案局办公楼 （2008年 摄）

档案馆藏 1986年，县档案馆有全宗86个，案卷23186个，资料9812册。2008年，区档案馆馆藏档案有全宗113个，案卷30906卷，资料19633卷（册），共计43个门类，上密集架排列总长度3024米，分为文书、婚姻、会计、非在职干部、林（地）权证、人物、下岗职工等门类档案。其中，革命历史档案（1948—1949）2个全宗16卷，557份文件，主要内容有鲁豫行政公署、华北人民政府、鲁中南行政公署、平原省人民政府、河西县民主政府、长清县人民政府关于解放战争时期支前运粮反扫荡、保丁保粮、防奸反特、军队荣誉、军

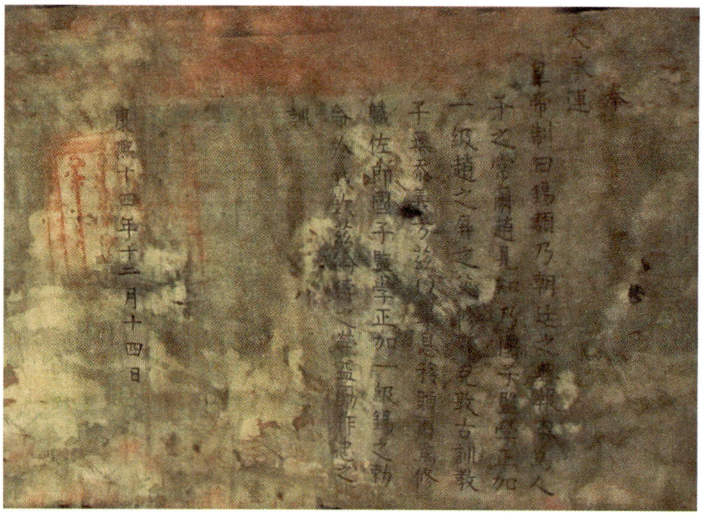

康熙十四年圣旨

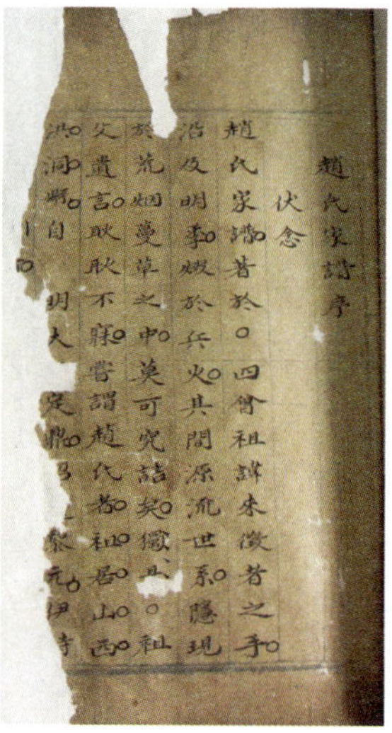

赵氏家谱

工烈荣退军人及民兵、民工优待抚恤、医药卫生、治安战勤、征收公粮、财政金融、土改、镇反运动等方面的命令、决定、通知、规定等；新中国成立后档案（1950—1988）69 个全宗 6547 卷。馆藏较珍贵的有康熙十一年（1672）《长清县志》，民国《长清县志》，长清历史名医扁鹊的考证材料，长清县早期共产党员庄东晓 1925 年入党时的材料，早期共产党员何长工的亲笔书信，国际共产主义战士史元厚的个人档案，共产党员宫川英男（日本）烈士在抗日战争中献身中国革命事业的个人材料，康熙十四年（1675）的圣旨 1 道，赵氏家谱（清）1 件等。

档案利用 1988 年 9 月 25 日，县委、县政府的两个主要全宗 4 个专题 833 卷档案向社会正式开放，《济南日报》进行专题报道。2001 年 12 月，档案局（馆）完成对长清县“名泉”的考察、论证，编写《长清名泉考略》。2003 年 5 月 18 日，完成康熙十一年（1672）《长清县志》抢救、保护工作。出版康熙十一年《长清县志》复制版和白话文版两种，满足社会各界人士的需求，并获山东省开发利用档案信息资源成果奖一等奖。2004 年 2 月 2 日，为抢救保护民国 23 年（1934）《长清县志》，投资 3 万元将县志进行复制。2006 年 5 月，山东省档案局开展“打开尘封的记忆——细说档案里的故事”活动，长清区档案局收集征文 30 余篇，推荐省局 10 余篇，其中归德镇推荐的“雷锋学习的榜样——刘成德老人的故事”和档案局推荐的“康熙圣旨”“国际共产主义战士——宫川英男”等 3 篇故事被省档案局选中出版。2007 年 7 月，出版发行《杜仁杰文献与研究》一书，并获济南市档案资源成果一等奖。区档案局开发利用档案信息资源，由“死”档案变为“活”信息，2007 年获省、市档案资源成果一等奖 2 项，三等奖 8 项。档案服务面向社会，普通公民凡持有身份证、工作单位证明等有效证件，随时可查阅婚姻档案和下岗职工档案。定期开放已满 30 年的机关档案。至 2008 年年底，分 13 批向社会开放 1948 年—1979 年的档案共计 1 万余卷，档案馆年均接待利用档案者 2000 人次，提供档案 3000 多卷（次）。

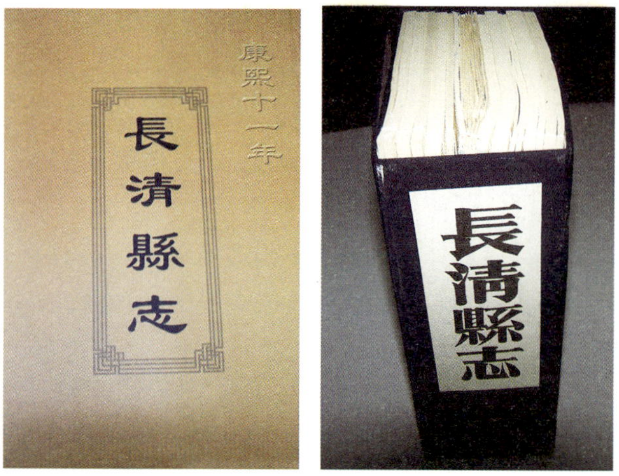

县志复制本

第二节 档案业务

机关档案 1986 年起，县直机关逐步建立健全档案室。2008 年，全区有省特级档案室 3 个（区法院、公路局、地税局），省一级 32 个，省二级31个，专兼职档案人员70名，库存档案3万余卷。

企事业单位档案 1987年始，全区(县)企事业单位实行档案综合管理，配备专(兼)职档案人员，每年归档率100%。2003年，全面开展档案目标管理年度考核工作。是年5月，开始对全区国有破产企业档案管理情况进行实地调研，初步摸清全区破产企业档案基本情况，随后对达到进馆标准的酒厂、化肥厂、汽改厂、水泥厂共2400余份职工档案接收保存，并提供免费利用。

农村农业档案 1996年始，在村级档案工作中开展“五有两创”(“五有”即有人管理、有专门库房、有适用需要的橱具、有完善的工作制度、有类别和归档齐全的档案内容；“两创”即创经济效益、创社会效益)活动，全县90%以上的行政村开展档案工作。1998年，贯彻《县乡村农业科技档案信息工作网络试行办法》，建立健全三级农业科技档案信息网络体系，收集保管农业科技档案2万多卷。2005年起，全省开展农业无公害蔬菜基地、农业合作社建档工作，省市档案局专家先后到长清大峰山蔬菜基地、立泰山有机茶叶基地、马山中药材基地检查验收，长清区连年获济南市农业农村档案工作先进县(区)称号。2008年，全区各街道、乡镇档案工作基本实现综合管理，全部达到省级档案管理水平。

第八章 广播电视

1985年11月，县广播电视局及县广播站迁至长清新城广电大楼。1993年1月，长清县广播站改建为长清人民广播电台，有线广播退出。同时，建立长清县电视台。2004年5月，电视实现数字化播出。2005年12月，五峰山青崖寨广播电视发射塔试播成功，全区电视人口覆盖率和广播人口覆盖率85%。2008年，全区电视人口覆盖率89%。

第一节 广 播

有线广播 1985年，全县有县至乡镇馈送线(双线)178公里，乡镇至村单线1300公里，地下

广播电视局原办公楼 (1996年 摄)

广播电视局大楼 (2008年 摄)

线50公里,线杆多为水泥杆。是年11月,县广播电视局及县广播站迁至长清新城广电大楼。1986年,电台共有编辑、记者6人,播音员4人。1993年,长清县广播站改建为长清人民广播电台,有线广播退出。

无线广播 1993年1月,长清县广播站改建为长清人民广播电台,投资1.5万元,设置100瓦调频发射机,频率为106.5兆赫。节目覆盖全县,每天3次播音,早上5:30—8:00,(冬天早上推迟半小时),中午11:30—1:30,晚上5:25—10:00。节目除转播中央人民广播电台的《新闻联播》《新闻和报纸摘要》节目及山东广播电台的《山东新闻》外,自办节目有《长清新闻》《长清文艺》《长清之声》。1996年4月,局台合一,电台、电视台人员统一办公,一稿两用。1997年11月,投资15万元,在广播技术综合大楼装修机房、购置设备,是年电台搬迁至综合大楼。1998年10月1日起,实现全天24小时播音。2008年,有编辑记者10人,其中具有高级专业技术职称1人,中级专业技术职称1人。

1993年,成立长清人民广播电台,播音员播报长清新闻

长清县人民广播电台节目时间情况表
(1998年10月1日执行)

表20－3

时 间	周一 至 周五	周六、周日	时 间	周一 至 周五	周六、周日
0:30—1:00	评书	评书	12:00—13:00	中国新闻	中国新闻
1:00—3:00	健康时间	健康时间	13:00—14:00	编歌	编歌
3:00—3:30	评书	评书	14:00—15:00	百家讲坛	百家讲坛
3:30—5:30	健康时间	健康时间	15:00—16:00	评书(乱世枭雄)	评书(乱世枭雄)
5:30—6:30	评书	评书	16:00—17:00	怀旧金曲(老歌版)	音乐会
6:30—6:45	长清新闻	长清新闻	17:00—17:30	商道	音乐会
6:45—7:30	长清娱乐步行街	长清娱乐步行街	17:30—18:00	养生	养生
7:30—8:00	岁月留声	岁月留声	18:00—18:30	长清新闻	长清新闻
8:00—8:30	第一时间	第一时间	18:30—20:00	经典财经	编歌
8:30—9:00	第一时间	第一时间	20:00—22:00	健康时间	健康时间
9:00—10:00	广告	广告	22:00—22:30	评书	评书
10:00—11:00	怀旧金曲(流行版)	编歌	22:30—00:30	健康时间	健康时间
11:00—12:00	编歌	编歌			

宣传成果 1988年,录音通讯《百万富翁的改革见识》获省好新闻评比一等奖。1990年,评论《由“野菜”“巧克力”“五角星”所想到的》被中央电台《九州巡礼》栏目采用。1992年,《西三里户均一名合资企业工人》获省广播电视厅二等奖。1993年,消息《家庭承包国营商业门市部》获省广播电视厅二等奖;专题报道《木鱼石传说》、栏目《经济大舞台》获1994年度省广播电视厅一等

奖。至1994年，连续10年被山东人民广播电台评为集体记者一等奖。1995年,在中央人民广播电台用稿5篇,《山东灵岩寺及海内第一名塑》在中国国际广播电台播出,山东人民广播电台用稿151篇,其中,《封封平安信》获省级优秀广播作品一等奖，获省广电学会山东广播二等奖；是年,《拳拳报国心,殷殷军妹情》在全省地方台站电台节目评比中获一等奖。1996年,通讯《这里有个孔祥森》《仙山脚下绣花女》《金庄农民自我农转非》被《人民日报》"大地"月刊、中华新闻工作者协会、中国广播电视学会评为三等奖。《科技当家,归德镇粮食连年增产》《县委书记雷建国关心教育二三事》在中央电台播出。1997年,新闻《长清种子压山东,户户书橱建奇功》获新华社一等奖。是年,录音报道《庄户剧团》《好雨知时节》《山乡文明村》在中央人民广播电台播出。2000年,《泰山脚下一棵松》获中华全国新闻工作者协会、中国广播电视学会征文二等奖,《站在长清县最高讲台上的老师》获中华全国农民报协会二等奖,并获著作权。2004年,《记者的歌》获中国世纪大采风银奖,《一砖一瓦筑大厦》获第四届"新世纪之声"共和国征文一等奖。

五峰山青崖寨广播电视发射塔　(2005年 摄)

第二节　无线电视

发展概况　1985年10月，投资15万元,建成石麟山转播台,建筑面积380平方米。1986年7月1日,正式开播,转播中央电视台第一套节目,发射功率为50瓦。1991年5月,购进摄录设备,试办自办节目;6月19日,正式播出《长清新闻》,每周三、六播出,每组15分钟。1993年10月,建成73米自立塔。是年12月,新上300瓦电视发射机。1994年1月,正式启用,覆盖5个乡镇。是年2月,省广播电视厅批准长清转播台为长清电视(发展对象)台(制作播出与正式台有关规定相同)。1995年,《长清新闻》改为每周一、三、五播出,次日重播。1999年,改为周一至周六播出,由每天播出一次改为播出二次。1997年6月，新装配1000瓦全固态电视发射机,7月1日,正式使用。2000年,被市委、市政府授予全市新闻宣传先进集体称号。2002年,被团省委授予青年文明号称号。2004年4月,电视节目实现硬盘自动播出。2005年,共有数字摄像机3部,非线编7套,硬盘播出设备2套,录像机5台。电视节目从8:55开机至23:24结束。2005年4月,基础设施投资248万元，设备投资500万元,在五峰山青崖寨新建广播电视发射塔。12月31日试播成功。是年,全区电视人口覆盖率和广播人口覆盖率85%。2006年—2008年，新购置3千瓦、5千瓦、10千瓦电视发射机3套;投资300多万元新上数字电视;投资100多万元更换摄录编设备,投资100多万元更换播出设备。2008年,全区电视人口覆盖率89%，广播人口覆盖率90%。

电视节目 长清电视台除转播中央台《新闻联播》外,自办节目有:

《长清新闻》 1991年6月创办。宣传党的路线、方针、政策及长清区(县)委、区(县)政府的工作部署,宣传全区(县)三个文明建设的新经验、新成就。

《每周话题》 1994年创办,1996年停办。主要内容是百姓话题评说,社会热点透视,大众舆论监督。其特点是围绕中心,突出重点,关注热点、反映民意,立足观众,为民服务。

《新视线》 1996年创办,2005年停播。主要是面向"三农",报道区(县)委、区(县)政府重点工作,反映社会民生百态,是典型人物专题节目。

《记录长清》 2005年创办,主要是服务于区委、区政府的中心工作和长清加快发展、加快崛起的大好形势以及市民群众关心关注的热点问题,以"创新、创优"为宣传导向,重点突出,基调鲜明,打造精品、名牌栏目。每周日18:30首播,每期共播出6次。

《长清公安》 2006年创办。该栏目立足公安,面向社会,报道警方,服务群众。包括《警方动态》《案件直击》《警营风采》《一周警情》4个子栏目。每周六18:30首播,每期共播出6次。

《教育园地》 2007年创办,内容以反映全区教育教学工作、校园文化、教育动态消息为主,旨在构建一个家庭社会教育的平台。有《教育快讯》《教育视点》《教育资讯》《名师名校风采》《快乐假期》等子栏目。每周五首播,周六重播。

《建设之光》 2007年开播,以展现城建工作、城乡建设的成果为主,探讨新形势下城市建设管理的新思路、新方法,为全区城市建设和三个文明建设营造良好的舆论氛围。包括《建设新闻》《建设专题》《建设资讯》等子栏目。每周二首播,周三重播。

2008年长清电视台一套节目设置表

表20-4

时间		星期一	星期二	星期三	星期四	星期五	星期六	星期日
午间	7:00	综合文艺	综合文艺	综合文艺	综合文艺	综合文艺	综合文艺	综合文艺
	9:00	长清新闻重播	长清新闻重播	长清新闻重播	长清新闻重播	长清新闻重播	长清新重播	长清新闻重播
	9:15	记录长清重播	科学电力行重播	建设之光重播	远教天地重播	工业之窗重播	教育园地重播	长清公安重播
	9:30	电视剧	电视剧	电视剧	电视剧	电视剧	电视剧	电视剧
	11:30	荧屏导视	荧屏导视	荧屏导视	荧屏导视	荧屏导视	荧屏导视	荧屏导视
	12:00	长清新闻重播	长清新闻重播	长清新闻重播	长清新闻重播	长清新闻重播	长清新闻重播	长清新闻重播
	12:15	记录长清重播	科学电力行重播	建设之光重播	远教天地重播	工业之窗重播	教育园地重播	长清公安重播
	13:30	电视剧	电视剧	电视剧	电视剧	电视剧	电视剧	电视剧
	14:50	广告文艺	广告文艺	广告文艺	广告文艺	广告文艺	广告文艺	广告文艺
晚间	18:30	科学电力行首播	建设之光首播	远教天地首播	工业之窗首播	教育园地首播	长清公安首播	记录长清首播
	18:40	长清新闻首播	长清新闻首播	长清新闻首播	长清新闻首播	长清新闻首播	长清新闻首播	长清新闻首播

续表 20－4

时间		星期一	星期二	星期三	星期四	星期五	星期六	星期日
晚间	19:00	转播中央台新闻联播	转播中央台新闻联播	转播中央台新闻联播	转播中央台新闻联播	转播中央台新闻联播	转播中央台新闻联播	转播中央台新闻联播
	19:30	长清天气预报	长清天气预报	长清天气预报	长清天气预报	长清天气预报	长清天气预报	长清天气预报
	19:35	黄金电视剧	黄金电视剧	黄金电视剧	黄金电视剧	黄金电视剧	黄金电视剧	黄金电视剧
	22:00	长清新闻重播	长清新闻重播	长清新闻重播	长清新闻重播	长清新闻重播	长清新闻重播	长清新闻重播
	22:10	科学电力行首播	建设之光首播	远教天地首播	工业之窗首播	教育园地首播	长清公安首播	记录长清首播

宣传成果 1996年，作品《夸夸咱的好支书孙士水》获省委宣传部二等奖。1997年，在中央电视台用稿9件，省台用稿107件，市台用稿283件，其中《96年考古十大发现——济北王陵》在中央电视台新闻联播节目中播出，《灵岩又添新景观——挖掘鲁班洞》在中央电视台新闻30分节目中播出。是年，专题片《无限风光论长清》在山东卫视今日山东栏目播出。1999年，《陈燕的故事》获省级一等奖。2000年，被中央台采用稿件142件，被省台采用稿件606件，列全省市地台第一名。2001年5月，16集大型纪录片《长城之源》获中国广播电视学会奖一等奖、第七届山东省对外传播奖二等奖、济南市精品工程奖、济南市广播电视奖一等奖、山东省广播电视奖一等奖。2003年，《让生命在瞬间闪光》获市级评选一等奖、省级二等奖。2007年，《好村官，刘兴胜》获山东新闻奖一等奖；《长城之源》解说词获庆祝香港回归十周年最高艺术成就奖“紫荆花金奖”。2008年，《乡亲血，女童命》获山东新闻奖二等奖。

第三节 有线电视

1993年12月1日，长清有线电视台正式成立，转播12套卫星电视节目。每天从6:30始到第二天凌晨3:00止。自办栏目有：《少儿节目》《点歌台》《快乐双休日》《文艺节目》《电视剧场》，每天播出1小时45分钟。有线电视（CATV）光缆系统采用临频前端中频处理550兆赫传输技术，1994年8月，通过济南有线电视论证委员会论证达标。1996年4月，成立乡镇有线电视安装公司。是年12月1日，增加中央电视台5~8套加密节目，共向用户传输中央台1~8套、山东1~2套、浙江、贵州、华娱、济南、长清等17套节目。12月26日，县政府成立长清县有线广播电视传输网领导小组。1997年4月，长清县广播电视局成立长清县有线广播电视传输网建设领导小组办公室，任务是保证国家广电部和全省光缆网在全县的顺利通过和全县光缆网工程建设技术、资金保障等工作。7月中旬，顺利接收改造长清镇700多户的有线电视网。10月，广电部和全县光缆网的杆路架设完毕，光缆线路接通。1998年1月，正式开通使用，全县光缆网由镇到村示范点建设工作开始。崮山镇、双泉乡和张夏镇金庄村新上有线电视前端，至年底共发展有线电视用户800多户。至1999年，架设光缆主干、支干线480芯公里，10个乡镇建立有线电视转播站台，建成有线电视村35个。是年，全县累计安装有线电视用户6000户。2002年12月，有线电视传输业务从长清区广播电视局析出，上划至济南市广播电视局，由济南市广播电视局网络中心代管。2004年7月，济南农村广电网络有限责任公司注册成立。是年 11 月，成立济南农村广电网络有限责任公司长清分公司，全区有线电视用户 31160 户。2005 年，全区有线电视用户 33110 户。2006 年，增加至 37996 户。2007 年起，有线网络实行城区划片量化管理，有线电视发展步伐加快，新增有线电视用户 12863 户。2008 年，全区有线电视用户 70835 户。

第九章 体 育

第一节 体育设施

体育场地 1996 年 8 月，第三次全国体育场地普查，全县有田径场 15 处，活动室 30 处，羽毛球场 10 处，篮球场 45 处，其他场地 78 处。2000 年 8 月，第四次全国体育场地普查，全县有 400 米田径场 21 处，200 米田径场 14 处，活动室 42 处，羽毛球场 21 处，篮球场 60 处，其他场地 101 处。2008 年 8 月，第五次全国体育场地普查，全区有 400 米田径场 26 处，200 米田径场 20 处，活动室 74 处，羽毛球场 36 处，篮球场 102 处，其他场地 151 处。

体育中心 1992 年，先后分 3 次征用城关镇邢代庄、东王村土地 4.7 公顷，建设体育馆。1994 年，投资 60 万元，建田径场 1.8 万平方米；投资 120 万元，建西看台楼（4 层），建筑面积 3700 平方米；投资 40 万元，建西看台，建筑面积 640 平方米。1995 年，投资 120 万元，建体育馆，建筑面积 1200 平方米。1996 年，完成游泳池一期工程，占地面积 2450 平方米；建篮球场 2 处，占地面积 1300 平方米，后改为塑胶篮球场，总投资 40 万元；建门球场 2 处，面积 1000 平方米，总造价 20 万元。1997 年，完成游泳池二期工程，因资金问题未能完善投入使用。1998 年，投资 100 万元，建体校办公楼，建筑面积 1600 平方米。2003 年，投资 120 万元，建体育馆前广场，面积 3000 平方米，对群众开放，有老年舞蹈队、锣鼓队、太极拳队等；投资 80 万元，建体校食堂、学生宿舍楼（2 层），建筑面积 850 平方米。2004 年，投资 120 万元，建东看台，建筑面积 1200 平方米；投资 20 万元，建训练房、活动房，建筑面积 430 平方米。2005 年，通过招标，由中标者出资完成游泳池后期工程，并签订经营承包合同。2006 年，游泳池正式启用，总造价 80 万元。2007 年，投资 80 万元，建训练馆 2 处，建筑面积 760 平方米。2008 年，投资 20 万元，建网球场 2 处，面积 1200 平方米；投资 56 万元，建莲台山网球场 2 处，占地面积 1200 平方米。至 2008 年年底，体育中心共有综合性体育馆 1 处，400 米田径场 1 处，篮球场 4 处，乒乓球台 16 处，游泳池 1 处，网球场 4 处，门球场 2 处，还设有晨练场地、室外健身器场地。

学校体育设施 1998 年始，全县不断加大学校体育设施投入力度，县直属中学建有“二场一室”（田径场、篮球场；乒乓球活动室）。长清一中、长清十五中建有 400 米田径场、篮球场、单（双）杠。至 2008 年，城区内学校建有高标准塑胶田径场 1 处（区实验小学），长清一中、长清中学、长清一中初中部、乐天中学、石麟小学分别建有风雨操场、乒乓球场、室内活动室等；乡镇中小学每个学校都有田径场、篮球场和活动室。

■ 长清区实验小学塑胶田径场　(2008年 摄)

第二节　学校体育

中小学体育　1986年，全县有业余传统训练项目的中小学16所。以田径训练为主的学校有长清一中、长清六中、长清七中等；以篮球训练为主的学校有长清三中；以乒乓球训练为主的学校有归德小学；以射击训练为主的有长清二中、长清四中；以足球训练为主的有石麟小学。1986年起，各中小学全面贯彻执行《体育教学大纲》，体育"两课""两操""两活动"在学校成为一种制度，学校的运动训练项目，逐渐从田径向球类、体操、游泳、射击、射箭、摔跤、柔道、武术等方面发展。以县业余体校、乡镇中小学为阵地的业余培训网络逐步形成。1989年3月，济南市组织"爱首都、迎亚运、济南至北京象征性长跑"活动，全县1500名学生参加，长清四中、石麟小学分别获市体委颁发的"攀登杯"。1992年，全县226人考取高等体育院校，567名队员输送到省、市体校及高中学校，教师张德泉获全国优秀体育教师称号。1995年起，形成以长清一中田径、长清中学艺术体操、实验中学田径及篮球、石麟小学田径、实验小学篮球、九州武校、精英武校为特色的体育教学体系，每年参训学生800多人。至2008年年底，全区(县)累计参加业余训练的学生运动员8192人，入体校受训3020人，平均每年132人次。每年在春秋两季召开两次运动会，赛前各中小学组织各种代表队，利用体育课、课外活动进行训练，平时每班划分体育小组，按照学校规定内容，进行经常性的锻炼。长清区中小学推行《国家体育锻炼标准》，施行面100%；累计853576人次通过《国家体育锻炼标准》；培训各类体育骨干285人，全区有418人次获市级以上教科研奖。

长清区竞技体育运动学校　1995年，长清县竞技体育运动学校成立，率先实行文化、食宿、训练三集中办学，并纳入九年制义务教育。1998年，被评为济南市体育人才输送先进单位。2008年，教职员工36人，在校生120人，输送的运动员参加市级以上比赛累计获奖牌270余枚，其中获世界级金牌1枚，国家级金牌8枚，

■ 长清区竞技体育运动学校　(2008年 摄)

涌现出张乃杰、赵玲、李萌、伊九宝、马传红等一批优秀体育人才。

第三节　群众体育

1986年—1990年，每年举办职工篮球、门球、象棋等比赛，门球象棋比赛形成制度化。1990年，《济南日报》以《火红的长清群众体育》和《晚霞更绚丽》为题报道长清县群众体育、老年人体育的盛况。1991年—1994年，举办长清县县直机关运动会3届，县直部门、企事业单位干部、职工参赛，参赛运动员累计600余人。长清县全县职工篮球比赛每年1次，共计20余支队伍参加比赛，参赛运动员累计400余人。全县有门球队20多支，队员300余人，每年组织“长寿杯”老年门球赛，组队参加济南市“长寿杯”离退休老干部门球赛，获第三名，组织人员参加济南市老年体育协会举办的门球裁判员、教练员学习班。1992年5月，张夏、归德、平安店、崮山4个镇被省体委授予山东省体育先进乡镇称号。1995年，全县经常参加体育活动的18万余人，占全县人口的35%；经常参加体育活动的职工人数占40%以上，县属百人以上企、事业单位全部配置“一场一室”，成立业余运动队。是年，举办长清县第一届全民运动会，全县有2188名运动员组成24支代表队，参加田径、球类、棋类等88个项目比赛。1996年1月25日，长清县体育总会成立，召开长清县体育总会第一次代表大会，并成立田径、篮球协会。5月，举办长清县第二届全民运动会。是年9月，长清县被国家体委评为全国体育先进县。1997年起，每年都至少举办一次篮球、乒乓球、门球、棋类等比赛。至1997年，长清县11个乡镇全都跨入省级体育先进乡镇行列。2000年，开展长清县国民体质测定工作，对全县幼儿园、金庄村民、农信社全体成员共1323人进行监测。是年，被省体育局评为国民体质监测工作先进单位。2005年，举办全区篮球比赛3次、乒乓球比赛2次，参加比赛的代表队累计50多支，运动员400余人。2005年、2006年，华新集团、区教委、区检察院联合举行万米长跑比赛，参赛者200人。2008年，举办“庆奥运、迎全运”长清区首届全民健身运动会，设置篮球、足球、乒乓球、羽毛球、田径等多种项目。是年，全区经常参加体育活动的19万余人，占全区人口的33%；经常参加体育活动的职工人数43%以上。

第四节　运动项目

田径　1986年，在各级各类学校中均有田径业余体育训练队。至2008年年底，共向市级以上体育运动学校输送队员100余人，其中1人成为国家运动健将。是年，有专职教练员1人，在训队员8人。

摔跤　1997年建队，有专职教练员1人，是全区(县)重点体育项目之一。至2008年年底，先后向市级以上运动队输送运动员180余人，培养出国家级运动员1名。

柔道　1994年建队，有专职教练员1人，是全区(县)重点体育项目之一。至2008年年底，向市级以上运动队输送运动员70余人。

举重　1996年建队，有专职教练员1人。至2008年年底，向市运动队输送运动员40余人。

跆拳道　1996年建队，有专职教练员1人。至2008年年底，向市运动队输送运动员40余人。

散手　2000年建队，有专职教练员1人。至2008年年底，向市运动队输送队员20余人。

武术　1996年建队，有专职教练员1人。至2008年年底，共培养队员200余人。

篮球　1986年起，全区(县)各学校内均有篮球队，每年举行各级各类比赛。

拳击　1996年建队，有专职教练员1人。至2008年年底，共培养队员100余人。

皮划艇　1996年建队，有专职教练员1人。至2008年年底，向市运动队输送队员100余人，

其中获国家级比赛冠军运动员 1 名。

射箭 1997 年建队，有专职教练员 1 人。至 2008 年年底，向市运动队输送队员 80 余人，培养出国家级运动员 2 名。

第五节 体育赛事

国家级以上体育竞赛 1986年—2008 年，长清区（县）在全国以上各级各类体育比赛中，共获金牌 8 枚、铜牌 1 枚。

1986—2008 年长清籍运动员参加国家级以上竞赛成绩情况表

表 20－5

姓名	性别	项目	名次	运动会名称	年份	地点
井远涛、郭 彪	男	皮划艇	3	全国皮划艇锦标赛	1988	上海
井远涛、郭 彪	男	皮划艇	5	第二届全国青少年运动会	1989	辽宁
李 萌	男	射箭	1	全国青年射箭锦标赛	1998	北京
赵 玲	女	射箭	1	第四届全国城市运动会	1999	西安
张乃杰	男	皮划艇	1	第九届全国运动会	2001	广州
赵 玲	女	射箭	1	世界大学生运动会	2002	巴塞罗那
伊九保	男	摔跤	1	全国摔跤锦标赛	2002	北京
赵 玲	女	射箭	1	第五届全国城市运动会	2003	长沙
周栩帆	男	网球	1	全国 12 岁组网球排名赛暨“李宁杯”网球公开赛	2008	北京
吴思晗	女	网球	1	全国 12 岁组网球排名赛暨“李宁杯”网球公开赛	2008	北京

省级体育竞赛 1986年—2008 年，长清区（县）在省级各类体育比赛中，共获金牌 12 枚、银牌 5 枚、铜牌 6 枚。

1986—2008 年长清籍运动员参加省级竞赛成绩情况表

表 20－6

运动会名称	年份	地点	姓名	性别	项 目	名次
十六届省运会	1992	淄博	井远涛	男	皮划艇	1
十六届省运会	1992	淄博	郭 彪	男	皮划艇	1
十六届省运会	1992	淄博	张乃杰	男	皮划艇	1
十六届省运会	1992	淄博	郭 彪	男	皮划艇	2
十六届省运会	1992	淄博	李 宁	男	皮划艇	3
十七届省运会	1994	泰安	周云丽	女	柔道	2
十七届省运会	1994	泰安	郝桂娟	女	射箭	3
十七届省运会	1994	泰安	高立超	男	国际式摔跤	3
十七届省运会	1994	泰安	周广利	男	短跑	3
十七届省运会	1994	泰安	韩小丽	女	柔道	3
省射箭锦标赛	2000	潍坊	周 英	女	射箭	1

续表 20－6

运动会名称	年份	地点	姓名	性别	项　目	名次
省希望杯散打赛	2000	济南	张　健	男	散打 56 公斤级	1
省拳击邀请赛	2002	淄博	张　健	男	拳击 61 公斤级	2
二十一届省运会	2006	烟台	高　鹏	男	拳击	2
二十一届省运会	2006	烟台	张建国	男	柔道	1
全省武术散打精英赛	2007	烟台	刘万龙	男	武术散打 60 公斤级	1
全省武术散打精英赛	2007	烟台	李长春	男	武术散打 70 公斤级	1
省摔跤锦标赛	2008	潍坊	朱平乐	男	摔跤 56 公斤级	1
省举重锦标赛	2008	肥城	王俊宽	男	举重乙组 62 公斤级	1
省举重锦标赛	2008	肥城	王俊宽	男	举重 56 公斤级	1
省举重锦标赛	2008	肥城	黄振华	男	举重甲组 56 公斤级	2
省举重锦标赛	2008	肥城	刘　芳	女	举重乙组 58 公斤级	3
省锦标赛	2008	肥城	张　雪	女	举重 48 公斤级	1

市级体育竞赛　1986年—2008 年，长清区(县)参加济南市第一至四届青年运动会，共获金牌 74.2 枚，银牌 80 枚，铜牌 84 枚。

1986—2008 年长清区(县)运动员市级运动会成绩情况表

表 20－7

运动会名称	年份	金牌数	银牌数	铜牌数
第一届青年运动会	1996	10	6	3
第二届青年运动会	2000	12	19	12
第三届青年运动会	2003	22	16	15
第四届青年运动会	2007	30. 2	39	54

区(县)级体育竞赛　1986 年—2008 年，长清区(县)每年在春秋两季召开两次运动会，各中小学组织代表队参加。

2008 年长清区小学田径最高记录(男子)情况表

表 20－8

项　目	成　绩	单　位	姓　名	时　间
60 米	7″88	张夏镇	张智超	2004. 04
100 米	12″5	东城小学	李鹏峰	1992. 04
200 米	25″8	东城小学	李鹏峰	1992. 04
400 米	1′01″6	石麟小学	王　波	1993. 04
800 米	2′25″34	石麟小学	赵寅虎	1992. 04
1500 米	5′02″36	石麟小学	于　飞	2004. 04
跳高	1. 55 米	石麟小学	王　凯	2007. 04

续表 20－8

项 目	成 绩	单 位	姓 名	时 间
跳远	5.10 米	实验小学	张晓森	2004.04
铅球	12.33 米	石麟小学	韩 煦	2007.04
4×100 米接力	53″60	石麟小学	—	2008.04

2008 年长清区小学田径最高记录(女子)情况表

表 20－9

项 目	成 绩	单 位	姓 名	时 间
60 米	8″58	实验小学	董欣馨	2006.04
100 米	14″19	实验小学	边 亚	2008.04
200 米	29″33	石麟小学	王超越	2008.04
400 米	1′09″60	石麟小学	王超越	2008.04
800 米	2′44″27	石麟小学	曹维红	2008.04
1500 米	5′34″35	石麟小学	房 丽	1994.04
跳高	1.28 米	实验小学	孔雪萌	2008.04
跳远	4.42 米	东城小学	康 伟	1991.04
铅球	9.50 米	石麟小学	关 晨	2007.04
4×100 米接力	57″3	东城小学	—	1991.04

2008 年长清区初中田径最高记录(男子)情况表

表 20－10

项 目	成 绩	单 位	姓 名	时 间
100 米	11″14	实验中学	张智超	2006.04
200 米	23″74	实验中学	张智超	2006.04
400 米	54″31	万德中学	宋绪超	2002.04
800 米	2′07″95	实验中学	李 波	2008.04
3000 米	9′16″9	十二中	肖舒生	1991.05
5000 米	16′18″03	平安	张振智	2004.04
110 米栏	15″67	一中	孟祥奎	2007.04
跳高	1.75 米	一中	孙 涛	1998.04
跳远	6.20 米	一中	孙 涛	1998.04
三级跳远	12.97 米	十四中	冯江涛	1991.05
撑杆跳高	2.65 米	十一中	栾吉武	1987.05
铅球	12.98 米	实验中学	张传盛	2008.04

续表 20－10

项　目	成　绩	单　位	姓　名	时　间
铁饼	49.58 米	实验中学	王吉斌	2004.04
标枪	52.3 米	一中	韩　军	1987.04
三项全能	1661 分	三中	李栋栋	2000.04
500 米竞走	22′37″1	十二中	孙业峰	1988.04
4×100 米接力	46″44	实验中学	—	2006.04
4×400 米接力	3′50″11	县队	—	2001.04

2008 年长清区初中田径最高记录(女子)情况表

表 20－11

项　目	成　绩	单　位	姓　名	时　间
100 米	12″8	实验中学	董　霞	1992.04
200 米	26″8	十二中	李廷芝	1987.04
400 米	59″95	一中	纪瑞芳	2004.04
800 米	2′26″21	一中	纪瑞芳	2004.04
1500 米	4′58″6	十二中	马传红	1987.04
3000 米	10′25″3	十二中	马传红	1987.04
100 米栏	17″64	实验中学	郑　慧	2005.04
跳高	1.50 米	实验中学	李　晶	2005.04
跳远	5.03 米	实验中学	肖昌花	2003.04
三级跳远	10.85 米	实验中学	肖昌花	2004.04
铅球	9.65 米	实验中学	张　坤	2003.04
铁饼	28.84 米	一中	张欣欣	2004.04
标枪	37.86 米	实验中学	董　玲	1991.04
三项全能	1631 分	平安中学	王　峰	1993.04
4×100 米接力	54″4	实验中学	—	2008.04
4×400 米接力	4′36″1	十二中	—	1987.04

2008 年长清区高中田径最高记录(男子)情况表

表 20－12

项　目	成　绩	单　位	姓　名	时　间
100 米	10″76	一中	李鹏峰	2003.04
200 米	23″24	一中	李鹏峰	2003.04
400 米	52″88	长清中学	赵玉磊	2005.04

续表 20－12

项 目	成 绩	单 位	姓 名	时 间
800 米	2′04″4	五中	李文军	1994. 04
1500 米	4′14″4	五中	刘玉臣	1991. 04
3000 米	9′21″5	一中	宋 波	1980. 04
5000 米	16′11″20	长清中学	刘昌振	2005. 04
10000 米	35′37″	第一职业高中	韩庆国	1987. 04
110 米栏	15″54	一中	韩 雯	1999. 04
200 米栏	29″6	一中	王如年	1984. 04
跳高	1.88 米	一中	张大凯	2005. 04
跳远	6.87 米	一中	李栋栋	2003. 04
三级跳远	13.78 米	长清中学	李学志	2003. 04
撑杆跳高	2.80 米	三中	马 明	1984. 04
铅球	13.89 米	一中	陈 一	2001. 04
铁饼	46.16 米	五中	刘振强	2001. 04
标枪	55.50 米	一中	张卫东	1985. 04
五项全能	2730 分	一中	张卫东	1985. 04
4×100 米接力	44″64	一中	—	2003. 04
4×400 米接力	3′38″32	一中	—	1998. 04

2008 年长清区高中田径最高记录（女子）情况表

表 20－13

项 目	成 绩	单 位	姓 名	时 间
100 米	12″74	一中	曹儒俊	2005. 04
200 米	27″1	一中	王 峰	1997. 04
400 米	1′02″34	一中	曹儒俊	2005. 04
800 米	2′29″94	五中	李良金	2001. 04
1500 米	5′00″39	五中	李良金	2001. 04
3000 米	10′40″5	第二职业高中	周云燕	1987. 04
5000 米	20′15″5	三中	吕文华	1987. 04
100 米栏	15″74	长清中学	王湛芳	2005. 04
跳高	1.40 米	长清中学	王 玮	2002. 04
跳远	5.18 米	一中	肖昌花	2005. 04
三级跳远	11.33 米	长清中学	王 玮	2003. 04

续表 20－13

项　目	成　绩	单　位	姓　名	时　间
铁饼	34.44 米	长清中学	刘　燕	2003.04
4×100 米接力	53″2	区队	—	2005.05
4×400 米接力	4′25″2	县队	—	2001.04

承办大型赛事　2003 年 11 月 14日—16 日，长清区体育总会主办的“工行杯”全国青年篮球邀请赛在长清区体育馆举行，邀请八一、南京、天津、山东 4 支青年队，有穆铁柱、徐长锁等知名教练带队，观众累计 6 万余人次。2004 年 6 月 19日—20 日，举办“汇富房产杯”山东省少儿蹦床锦标赛，全省 17 地市 200 余名运动员参加比赛。2004 年 8 月 21 日，承办“人民商场杯”山东省青年铁人三项锦标赛，全省 100 余名运动员参加比赛，观众 5 万余人。2006 年 5 月，举办“好运泉杯”山东省少儿体操锦标赛。

第六节　体彩发行

长清体彩即开彩票 1994 年发行，电脑体育彩票 2000 年发行，归省体彩中心直接管理。2003 年 5 月，长清设体彩管理人员，归长清区文化体育局管理。是年，体彩总销量 150 万元。2004 年，总销量 220 万元。2005 年，电脑彩票总销量 333 万元。2006 年，电脑彩票总销量 1770 万元。2007 年，电脑彩票总销量 3513 万元。2008 年，电脑彩票总销量 2368 万元，即开彩票销量 168 万元。

即开体育彩票销售现场　(2008 年　摄)

第二十一编

卫 生

Health

长清区创建国家卫生城市动员会议 （2003年 摄）

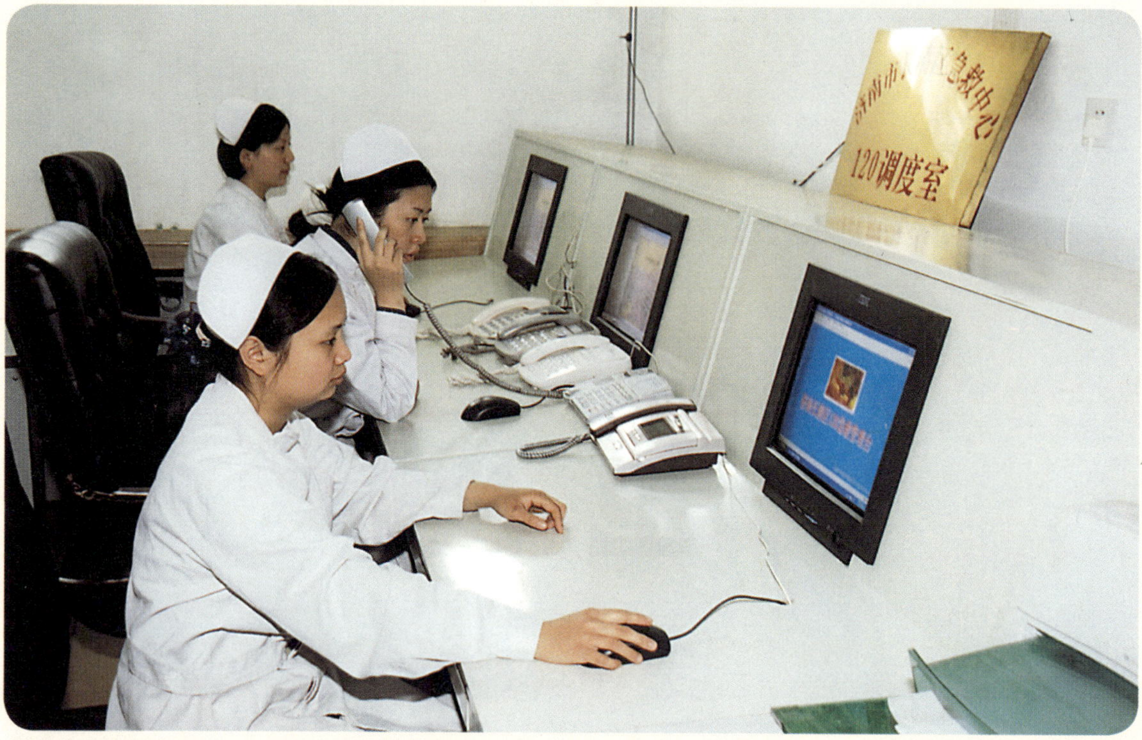

长清区人民医院120急救调度指挥中心 （2003年 摄）

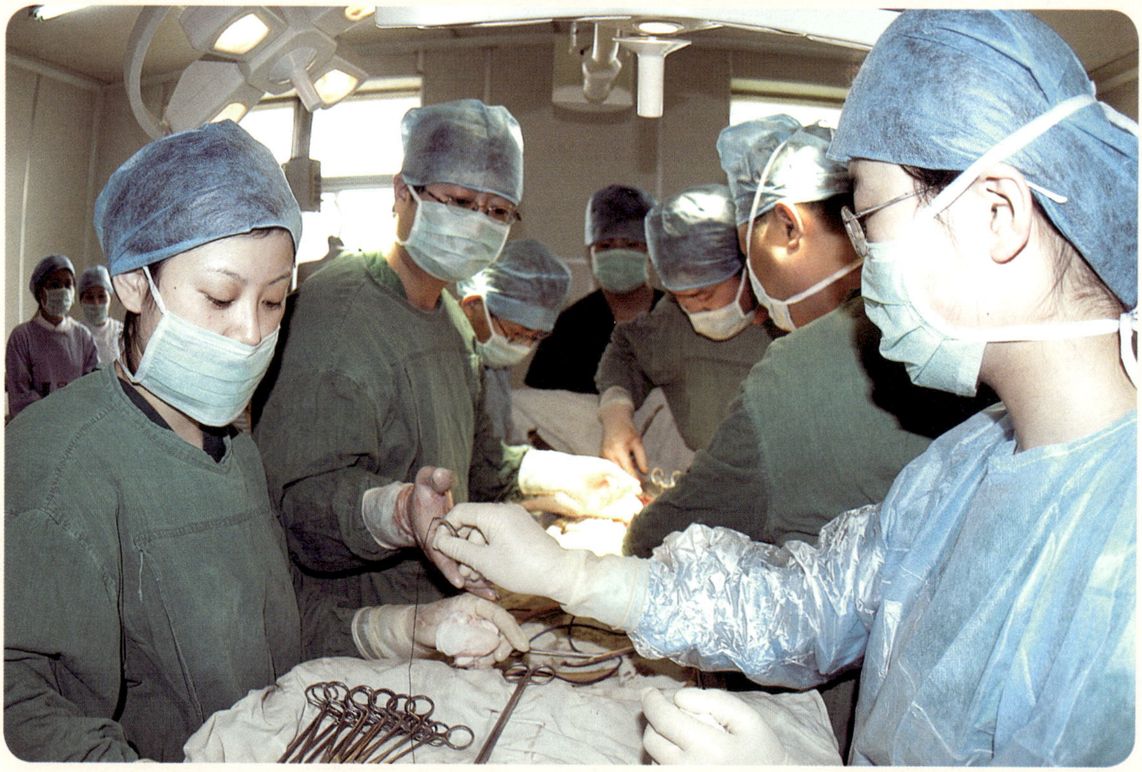

长清区人民医院专家正在精心为病人做手术 （2003年 摄）

1986年，全县有医疗机构16家，其中县级医院有县人民医院、县中医医院，乡镇卫生院10家，卫生技术人员781人。1991年，县政府决定在全县范围内实行集资医疗，制定《长清县农村合作医疗管理办法》。1994年，长清县城被命名为省级卫生县城。2005年，新型农村合作医疗制度在全区推行。2006年，长清区成为新型农村合作医疗省级试点区。2008年，全区有医疗机构18家，其中区级医院2家，乡镇（街道）卫生院10家，共有卫生技术人员1535人；村级卫生室395个，乡村医生1211人；全区参合人数415869人，参合率99.01%，行政村覆盖率100%。

第一章　卫生体制改革

第一节　管理体制改革

1986年，进行领导管理体制改革，卫生局内部按照“精简、统一、效能”原则，建立相应科室，实行院（站、所）长负责制，中层干部由院（站、所）长聘，院（站、所）长全权负责单位管理，各院（站、所）实行业务承包制，按任务完成情况实行奖罚。1987年，进一步完善业务承包合同，业务承包合同的主要内容是落实岗位责任制、各项具体任务及考核标准，合同签订以后，卫生局半年考核一次，将考核成绩与医院奖罚和院长工作绩效挂钩，各单位业务工作引入竞争机制。改革预防制度，改变过去预防接种由国家统包的做法，在崮山镇进行儿童计划免疫试点，逐渐实行计划免疫保偿制。1988年，卫生局下发《关于进一步加强医院管理工作意见》，全面规范医院的财务管理，强调医院是独立核算的经济实体。是年，建立多种途径多种形式的医疗联合体。1989年，继续推行业务承包合同，在执行过程中强化质量指标，医院逐步由“单纯医疗型”向“医疗保健型”转变，大目标分解到科室，变个人承包为全员承包。1991年，县政府决定在全县范围内实行集资医疗，制定《长清县农村合作医疗管理办法》。1992年，卫生局下发《关于医院分级管理的实施意见》，开展医院分级管理达标。1993年，县中医医院通过全省首批县级中医院二级甲等评审验收。1994年，卫生局成立合作医疗办公室，各

长清区卫生局、防疫站办公楼　（2006年 摄）

乡镇分别设立农村合作医疗工作委员会和农村合作医疗监事会。是年，县人民医院通过二级甲等医院等级评审。1996年，卫生局下发《长清县一级医院改革管理方案》，结合创建“爱婴医院”，加大县、乡两级医院妇产科建设，实现人员、房屋、药品、设备“四配套”。1998年11月，卫生部、财政部颁布新的《医院财务制度》，明确医院“核定收支、定额或定项补助，超支不补，结余留用”的预算管理，规定对医院药品实行“核定收入，超收上缴”以控制药品费用不合理增长。1999年，实行评聘分开的管理办法，本着因事设岗的原则，设各个技术岗位的事业技术人员名额。2000年，防疫站实行“计划单划”，经费由县财政直接拨发。2001年，成立药品集中招标采购办公室，统一管理各医疗机构的药品招标工作。2001年—2002年，进行劳动人事制度改革，在卫生事业单位完善专业技术人员竞聘上岗，聘约管理，实行待聘制度。2003年，区政府下发《关于理顺乡镇卫生院管理体制意见》，乡镇卫生院纳入区财政预算，由区级卫生行政部门管理。2005年，新型农村合作医疗工作被区委、区政府确定为全区十件实事之一。2008年，区委、区政府制定《关于切实做好新型合作医疗工作的意见》。是年，全区参合人数415869人，参合率99.01%，行政村覆盖率100%。

第二节 公费医疗制度改革

1986年—1990年，全县公费医疗费用支出逐年增加。1990年，达到209万元。1991年9月，对全县公费医疗制度进行改革，成立公费医疗管理委员会，办公室设在县卫生局，制定《长清县公费医疗管理办法》，采取个人、单位、医院、财政“四挂钩”的定额管理办法，按职务、年龄和健康状况，分成两个档次，核定定额标准。第一档次为离退休干部、在职县级领导干部、二等乙级以上革命残废军人，每年定额500元；第二档次为其他享受公费医疗的人员，每人每年定额150元。事业单位每季拨付一次，结余留用，超支自负。党政机关每月拨付、年底统算，结余留用，超支部分由医疗单位负担30%、享受单位和县财政分别承担35%，个人负担部分，按年龄不同、检查治疗的项目不同、分别负担5%、10%、20%。对大型仪器的检查治疗，采取与个人挂钩的办法，个人负担部分年累计200元封顶。是年，全县享受公费医疗人员8475人，1991年1月—8月，共支出医疗费120万元，月均支出15万元；1991年9月—12月，实行新的公费医疗制度后，共支出29万元，月均支出7.2万元。1993年10月，省财政厅在长清县召开公费医疗现场会。1995年，长清县财政局、卫生局、公费医疗办公室提出关于对享受公费医疗人员进行重新核定的报告，在机构改革中，成建制转为企业集团的单位和行政转事业单位，由公费医疗管理证改为公费医疗经费包干管理，行政人员核发新的公费医疗证。1999年4月，县政府决定将公费医疗工作移交给劳动局管理。2001年—2008年，实行持证管理、定额到医疗单位和医疗费包干的管理体制。

第三节 农村合作医疗

20世纪60年代初70年代末，长清县开始兴办社、队两级合作医疗。“文化大革命”后期，合作医疗一度停办。1991年，县政府决定实行集资医疗，制定《长清县农村合作医疗管理办法》，参加集资医疗的农民每人每年缴纳2元，经济条件好的乡镇适当提高，资金由乡财政代管或直接划拨卫生院管理，各乡镇分夏、秋两季统一筹资，参加集资的农民住院费、挂号费、住院药费凭乡镇卫生院发的合作医疗证在卫生院就诊或住院时可适度减免。资金专款专用，乡镇卫生院每季度与财政所结算一次。1994年，各乡镇分别设立农村合作医疗工作委员会和农村合作医疗监事会，卫生局成立合作医疗办公室，负责日常工作，指导和监督合作医疗工作。平安店、归德、双泉、马山、五峰山、万德、张夏、崮山8个乡镇共39个办事处，443个行政村，实行合作医疗制度，参加人数304599人，占全县农业人口的66.2%，合作医疗基金人均3~5元，其中平安店镇人均5元、崮山镇人均4.4元、其他乡镇人均3元，全县合作医疗基金总额110.2万元。1995年，全县有10个乡镇实行合作医疗，参加合作医疗的村为522个，覆盖率85%，参加人数372735人，占农业人口的82%。崮山镇、归德镇住院费报销50%，其他8个乡镇住院费报销10%~35%。1998年，县政府下发《关于加强卫生工作的意见》。2000年，乡镇都按人均8~12元的筹资标准筹集合作医疗资金，合作医疗人口覆盖率90%以上。2001年，县政府下发《关于长清县农村合作医疗保健管理办法》，缴纳合作医疗基金数额由各乡镇自行确定，标准为：10元、20元、30元三个档次，报销比例原则规定，人均缴纳10元的享受报销药费20%，其他费用40%；人均20元的享受报销药费30%、其他费用50%；人均30元的享受报销药费35%、其他费用60%。乡镇从扶持资金与村公益金中提取部分，主要用于大病医疗救助统筹。是年，乡镇卫生院与村委会签订承诺式农村合作医疗保健合同书，对全县546个村39.3万余人进行入户健康调查和免费查体，签订保健服务合同1.8万余份。2004年，区政府召开全区新型农村合作医疗试点会议，下发《关于建立新型农村合作医疗制度的实施意见》。在平安街道、崮云湖街道和孝里镇、万德镇进行新农合试点工作，参合率73%，共筹新农合基金229.4万元。2005年，新型农村合作医疗制度在全区推行，全区有597个行政村参加新型农村合作医疗，行政村覆盖率97.4%，应参合总人数411486人，有342993人参合，参合率83.4%，共筹集资金685.99万元。2006年，长清区成为省级试点区，全区行政村覆盖率100%，应参合总人数411404人，参合389431人，参合率94.7%，共筹集基金1476.46万元。是年，有27.38万人次得到补偿，补偿总数979.39万元。2007年，参合395612人，参合率96.01%，行政村覆盖率100%，共筹集基金1978.06万元，全年补偿62.31万人次，补偿总额1973.87万元。2008年，缴纳合作医疗基金数额每人每年增至60元，参合415869人，参合率99.01%，行政村覆盖率100%，共筹集基金2991.11万元，全年补偿42.36万人次，补偿总额2334.87万元。

第二章 医 疗

第一节 医疗队伍

医疗专业技术人员 1986年，有各类专业技术人员781人，其中副高级以上5人、中级57人、初级683人、未定职称36人。1990年，有各类专业技术人员1035人，其中副高级以上11人、中级119人、初级880人、未定职称25人。1995年，有各类专业技术人员1276人，其中副高级以上41人、中级309人、初级884人、未定职称42人。2000年，有各类专业技术人员1418人，其中副高级以上104人、中级393人、初级902人、未定职称19人。2005年，有各类专业技术人员1234人，其中副高级以上95人、中级356人、初级766人、未定职称17人。2008年，有各类专业技术人员1535人，其中副高级以上108人、中级569人、初级843人、未定职称15人。

乡村医生 1984年，全县村级医疗机构586个，有乡村医生903人。2002年，村级卫生室368个，乡村医生952人。2008年，村级卫生室395个，乡村医生 1211 人，职称全部为乡村医师。

企事业个体卫生人员 1986年—2001 年，在卫生局注册的县直企业、学校医疗机构 29 处，有卫生专业技术人员 65 人，个体诊所（室）7 家。2008 年，区直企业、学校医疗机构 19 处，有专业技术人员 58 人；个体诊所 13 家，有专业技术人员 39 人，其中中级职称 2 人，初级职称 37 人。

第二节　医疗技术

中医 1985 年，全县 10 处综合医疗单位设立中医门诊、病房，利用中医辨证施治方法，对脑血管意外后期的恢复、胆囊炎、黄疸型肝炎、慢性阑尾炎、细菌性痢疾、泌尿系统感染、胃炎、上呼吸道炎症、神经官能症等疾病进行治疗。整理、编写《土方、验方汇编》一册，共记载土方验方 1048 个方剂。1991 年，建立烧烫伤专科，《利用中医中药加激光治疗烧烫伤》项目被省卫生厅列入科研计划，1992 年获省级科技进步奖，1993 年获“首届中国科技成果博览会”创新奖，1994 年获“省科技进步三等奖”。1997 年，成立中医管理科，全县 10 个乡镇卫生院设立中医科门诊、中医病房，设中药房、药库、炮制室，达到三配套。2001 年，利用“偏瘫灵胶囊”“荣脑益寿宁”，结合光量子血疗仪和理疗治疗中风，获省“科技进步三等奖”和市“优秀医术成果三等奖”。采用调脾降糖系列疗法治疗 II 型糖尿病，获“市优秀信息二等奖”。2006 年，落实山东省《关于进一步加强中医医药事业发展的意见》，举办 8 期中医适宜技术推广培训班，在全区农村医疗机构（卫生室）推广使用中医适宜技术，共培训人员 1013 名。2008 年 4 月 12 日，举办“中医中药中国行走进扁鹊故里——济南·长清大型宣传活动”，省市各中药专家开展大型义诊，为 500 名群众进行义诊咨询，发放宣传及科普资料 1 万余份。至 2008 年年底，全区有中医专业医师 53 人，中医助理医师 28 人，发表学术论文 3 篇，其中国家级 2 篇、省级 1 篇。

西医 1986 年，全县西医科室配备齐全，医疗设备配套。1989 年，开展阑尾切除手术和疝修补术，开展宫外孕手术。1991 年，开展急腹症胃肠吻合术等，实施首例食管癌根治术、胃癌根治术、肺癌切除术。1994 年，开展胃大部切除术、肝破裂修补术。1995 年，开展乳腺根治术、直肠癌根治术、胰头癌切除术。1996 年，开展前列腺摘除术、股骨头置换术。1998 年，开展食道狭窄扩张术。2002 年，开展食道癌支架扩张术。2003 年，科研项目《传统食管胃吻合术与食管胃吻合术附加胃底折叠囊状瓣成形术防反流的对比研究》获济南市科技进步三等奖。2006 年，开展电镜下息肉切除手术。2008 年 4 月，采用同步及非同步电除颤 4 次治疗恶性心律失常患者获得成功，开展电镜下食管静脉曲张套扎术。

中西医结合 1983 年 4 月，长清县中医医院建立，坚持“突出中医特色，实行中西医结合”的方针，走中西医结合的路子。1986 年，开设内科门诊。1987 年，开设病床 40 张，分别由中西两科医师进行门诊及病房诊疗。中西医结合诊疗率保持在 96%以上，肝功能衰竭、心力衰竭、呼吸衰竭、高血压、脑病、休克等急危重症病人抢救成功率保持在 90%以上。1990 年，开展“引流汤”用于中期妊娠引产的疗效观察。1992 年 8 月，“引流汤”通过省级专家鉴定获市科技进步二等奖。1993 年 9 月，开展“天花粉引产术”，县中医医院与于冠华医师合作，采用其祖传秘方“肾安康”配合西药治疗肾病，在治疗轻中度肾功能衰竭病人上有所突破，中西医结合收治来自全国各地患者百余例，有效率 90%以上。1994 年，开展“芫花贴引产术”。1997 年，自制“血通王”治疗颈椎病、下肢溃疡、肠道粘连等疾病。利用中西医结合，根据经络喻穴理论开展推拿，按摩拔罐中药热浴康复保健项目，2001 年，获市“优秀学术成果”三等奖和县“科技进步三等奖”。2007 年，开展应用“益气升压汤治疗低血压、心绞痛的临床研究”，并通过市科学技术局组织的专家鉴定。是年，设针灸推拿病房，治疗中风后遗症、颈肩腰腿痛及小儿腹泻、高热、疳积、斜颈等疾病。

内科 1986 年起，内科对三衰（呼吸、循环、肾功能）病的抢救成功率明显提高，内科在心脏骤停、心肺复苏、大面积心肌梗塞、心源性休克、肺水肿、恶性心律失常、心脏起搏器安装与使用等都具有丰富的临床经验，能开展脑血栓的超早期溶栓技术。血液净化室集肾病、肾透析、中毒治疗为一体，开展慢性肾炎、肾衰竭的治疗，高压氧舱治疗各种脑损伤，药物微量泵治疗多种病症。1998 年，开展急性心肌梗塞静脉溶栓治疗，其科研课题《急性右心室梗塞（ARVI）多导联心电图系统性诊断研究》获长清县科技进步二等奖。2001 年，成功为一名急性下壁心肌梗塞和 IIIAVB 患者安装心脏临时起搏器。2002 年，开展食管调搏技术。2005 年，采用强化抗血小板及调脂治疗冠脉综合症。2007 年，科研项目《舌下含化异博定结合静脉应用西地兰治疗快速室上性心率失常疗效观察》，通过区科委鉴定并广泛用于临床。11 月 3 日，通过改良心肺复苏技术结合电除颤（14 次）成功抢救一名心肌梗塞患者。是年，采用机械辅助心肌结合综合治疗方案，治疗一名原发性肺动脉高压患者获得成功。

外科 1986 年，县人民医院开展腹会阴直肠癌联合切除术。1988 年，开展第一例颅脑外科手术。1990 起，开展右肝叶切除术、肝门胆总管癌切除术、乳腺癌改良根治术。1996 年，开展全胃肠营养（TPN）技术，用于吻合口瘘重大外伤手术。1997 年，引进电切镜和膀胱镜，开展经尿道增生前列腺气化电切术。是年，科研项目《经尿道汽化切除前列腺信息的论证》获济南市优秀科技信息成果进步三等奖，《肛周脓肿预期根治术的考察论证报告》获山东省科技信息成果三等奖、济南市科技信息成果一等奖。1998 年，开展多脏器复合伤救治新模式，建立重症监护病房（ICU）。1999 年，《改良闭式修补术治疗直肠前突性便秘的临床应用》获济南市科技进步三等奖。2000 年，引进腹腔镜，开展腹腔镜下精索静脉曲张高位结扎术、腹腔镜下腔静脉后输尿管游离复位吻合术、腹腔镜下肾上腺肿瘤切除术等。2002 年，开展全小肠切除术、半肝切除术、不规则肺切除术。2003 年，成功抢救一例多脏器损伤休克达 8 小时的车祸外伤病人。2005 年，救治一名妊娠近分娩期脑出血危重患者，母子平安。2006 年，购置徕卡显微镜，开展显微手术，《一种治疗肛肠疾病的外用中药制剂及其制备方法》获国家发明专利。2007 年，《肛周脓肿预期根治的研究》获济南市科技进步三等奖。2008 年，开展腹腔镜行胆囊切除、阑尾切除、精索静脉曲张高位结扎、腹外伤探查术，在胃镜配合下放置支架或营养管治疗晚期食道癌、胃癌、术后胃瘫等。医用镊子、套叠式肛门镜、手术钳、防渗漏导尿管、弯头手术钳获国家专利。

妇科 1986年—1993 年，开展经腹输卵管、卵巢肿瘤切除术，子宫切除术，子宫肌瘤挖除术等。1994 年起，开展卵巢癌、宫颈癌、子宫内膜癌根治术，恶性肿瘤化疗，异位妊娠输卵管开窗术，输卵管伞再成形术，经阴道子宫切除及阴道前后壁修补术。2000 年，开展早期宫颈癌筛查新技术——液基薄层细胞学检查及早检出宫颈癌前病变技术，宫颈癌得到早期筛查、诊断和治疗。2006 年，开展阴道镜检查和妇科内分泌治疗。2007 年，开展腹腔镜下子宫肌瘤、卵巢肿瘤切除术。2008 年，配备 RE920-C 型麻醉机和心电监护仪，开展静脉麻醉无痛人工流产。是年，配备 SE120/ 型 LeeP 刀，开展 LeeP 刀治疗宫颈病变。

产科 1986年—1993 年，主要治疗产科常见病、多发病和对各种病理产科的处理。1994 年，县人民医院通过“爱婴医院”评估，获爱婴医院称号。1995 年，开展新生儿苯丙酮尿症及先天性甲状腺功能低下疾病筛查。2001 年，开展新生儿听力筛查。2003 年起，开展妊娠合并肝炎、肾炎、糖尿病等和疑难疾病处理。开展一线疤剖宫产、宫颈内口缝扎术及各种计划分娩。2007 年，建立危重孕产妇急救绿色通道。2008 年 8 月，副主任医师马爱青参与编写《现代妇产科急症学》一书。

小儿科 1986 年起，小儿科主要开展小儿常见病、多发病的治疗。2004 年，购置经皮给药治疗仪、经皮测胆红素仪、雾化吸入器。开展新生儿肺炎、高胆红素血症、败血症、缺氧缺血性脑病治疗。2008年，建立儿科ICLI，购置心电图机、电除颤器、心电监护仪、集中供氧及吸痰设备，开展小儿心肌炎、心律失常和脑病、癫痫等疾病治疗。

眼科　1989年，眼科分立于五官科，开展沙眼滤泡压榨术、睑内翻倒睫矫正术、麦粒肿切开术、霰粒肿刮除术、泪囊摘除术、泪囊鼻腔黏膜吻合术、白内障囊内摘除术、青光眼巩膜灼瘘术、睫状体冷冻术、眼球摘除术、角膜异物取出术、验光及眼外伤处理等。1995年，购置眼科手术显微镜，开展白内障囊外摘除术、人工晶体植入术、青光眼巩膜瓣下小梁切除术、斜视及上睑下垂矫正术。1998年起，开展角膜移植、眶内异物取出、球内容物剜除术、泪小管断裂吻合术、瞳孔整形术、眼台植入术、复杂眼外伤、中西医结合治疗眼底出血。2006年8月，成立眼视光门诊，开展视功能评估和治疗非疾病引起的视力下降、近视、远视、老花、斜视、弱视、先天性视功能低下、后天性视功能下降等。

耳鼻咽喉科　1989年，购置激光治疗仪，治疗鼻炎、鼻息肉、鼻面部赘生物、粉瘤、痣、血管瘤等。2003年，购进鼻内窥镜，鼻咽喉部检查和耳鼻检查直观、便捷。2005年，购进综合治疗台、电测听仪器，用于检测听力损失程度和性质。2007年，购进支撑喉镜和声阻抗设备，用于检测中耳功能。

口腔科　1985年，县人民医院购置简易牙科综合治疗机及常用器械和镶复设备，开展口腔内、口腔外、口腔镶复等业务。1988年，县中医医院建立口腔科。1989年，县人民医院购置牙科综合治疗台、洗牙机等设备。1993年，县人民医院主治医师魏文林研制成功治疗口腔溃疡的局部用药——口腔药膜，获省级科技成果二等奖。1995年，县中医医院承担全县牙防任务，协助乡镇医院完善牙科建设，培训县、乡镇、村牙防人员，开展牙防知识宣传、牙病普查普治工作。1996年起，县中医医院开展固定桥、整畸、铸造、烤瓷、牙齿美容、上下颌骨全切、上下颌骨内外固定术。1999年，长清县通过牙防先进县评审。2003年，区人民医院开展烤瓷牙、铸造固定桥、全口金属网等口腔镶复技术。2006年，区中医医院购置牙科综合治疗台9台、法国产超声波洁牙机、光固化机、意大利产抽真空专用消毒柜、微型点焊机等。2007年，经市卫生局批准成立长清区口腔医院，设在区中医医院。

手术麻醉科　1990年前后，县人民医院开展硬膜外麻醉、乙醚开放麻醉、普鲁卡因静脉全身复合麻醉。1993年，开展气管插管全麻颈丛、臂丛麻醉等项目。2000年，购置国产全自动麻醉机、美国产监护仪2台，开展神经外科麻醉、小儿和老年麻醉、心肺脑复苏术后镇痛技术。2005年，成立疼痛门诊，采用神经阻滞法、针刀疗法、侧隐窝注射胶原酶溶盘治疗颈腰椎间盘突出病取得良好疗效，开展晚期癌症的镇痛治疗。2007年，开展腰硬联合麻醉、锁骨下深静脉穿刺技术。2008年，开展无痛人工流产、无痛膀胱镜检查技术，开展射频加臭氧治疗颈椎间盘突出、腰椎间盘突出及各种不明原因疼痛的微创手术。

医疗联合体　1988年9月，万德卫生院与山东省精神病医院建立医疗联合体，成立山东省精神病院万德康复中心。1990年，平安卫生院与山东省肿瘤防治院建立医疗联合体。1991年，张夏卫生院与省立医院退休专家建立医疗联合体。1992年，城关镇卫生院聘请肥城骨伤科专家到院建立骨伤科联合体。1993年—1994年，城关镇卫生院与济南市中医医院建立联合体，设立推拿科专家门诊。1994年，张夏镇卫生院与省立医院建立联合体，设立朱德琪中医专家门诊；平安卫生院与市立五院建立联合体。1996年，归德卫生院与山东省医科大学及106医院建立联合体；张夏镇卫生院与省立医院建立联合体，设立曲声赞教授儿科门诊。1996年—1998年，长清镇卫生院邀请济南医院外科主任杨建生建立周围血管病专家联合体。1999年，平安卫生院与济南医院外科主任杨建生联合设立济南建生脉管炎

医院；双泉卫生院与市立四院、省肝病防治研究院建立专家门诊。2001 年，五峰卫生院与千佛山医院、省立医院建立医疗联合体；马山卫生院与济南军区总医院建立医疗联合体。2004 年，平安卫生院与市立二院建立眼科专家联合体；孝里卫生院与 106 医院、武警医院、千佛山医院、市立医院建立多学科联合体。2008 年，平安卫生院与省立医院建立联合体，邀请省立医院著名推拿科专家到院坐诊。

第三节　医疗设备

1986 年，县人民医院万元以上医疗设备 20 余件，总价值 30 余万元。1999 年，购进美国泰索尼 12D 多普勒彩超、美国 GE 螺旋 CT 各 1 台。2001 年，购进北京中兴线扫描 DR1 台。2004 年，购进沈阳东软产永磁 MRI 和意大利产 1000 毫安数字机各 1 台。2005 年，购进美国德灵产 800 测试生化分析仪、日本双洛卡多普勒彩超各 1 台。2007 年 10 月，购进日本日机装单人机肾透析 4 台。至 2008 年，区人民医院共购进万元以上医疗设备 236 件，总价值 3268 万元。

1986 年，县中医医院有单目显微镜 2 架、小型离心机 1 台、国产 50 毫安 X 光机 1 台，总价值不足万元。1989 年，购进上海产 200 毫安 X 光机 1 台。1991 年，购进血球分析仪 1 台、721 分光光度计 1 台。1996 年，购进全自动生化分析仪、电解质分析仪、酶标分析仪各 1 台。1997 年，购进西门子 CT 机 1 台。2000 年，购进美国产 GE500 毫安 X 光机 CR 机 1 台。2003 年，购进美国产动态心电图机、富士康电子镜、眼科电子显微镜宫腔镜各 1 台。2005 年，购进美国 GE 彩超 1 台。2007 年，购进床边 X 光机 1 台。至 2008 年，区中医医院有 10 万元以上大型医疗设备 15 件，万元以上 87 件，设备总价值 1000 万元。

1986 年，全县乡镇卫生院有 200 毫安 X 光机 1 台、显微镜 10 台、心电图机、电冰箱等医疗器械合计 23 件。1990 年，有 200 毫安 X 光机 6 台、B 超机 5 台、显微镜 4 台，总医疗器械 314 件。2000 年，有 200 毫安 X 及 500 毫安 X 光机 10 台、分析天平 10 台、牙科椅 10 台、手术灯 9 台、各种治疗仪 23 台、救护车 9 辆、血流变分析仪 25 台、监护仪 26 台、微机 15 台、工作站 7 台。2007 年，全区 9 处乡镇（街道）卫生院由政府配发血细胞分析仪、彩色超声诊断仪、500 毫安 X 光机、救护车、医疗垃圾车、焚烧炉等医疗设备。2008 年，全区乡镇（街道）卫生院有救护车、各种运输车 37 辆，监护仪 41 台，各种医疗设备 128 台。

第四节　医疗机构

1986 年，全县有医疗机构 16 家，其中县级医院有县人民医院、县中医医院，乡镇卫生院 10 家。1987 年 11 月，设立武家庄乡卫生院。2006 年 9 月，武家庄乡卫生院整建制合并到万德镇中心卫生院。2007 年 1 月，长清区卫生防疫站整建制成立长清区疾病预防控制中心和长清区卫生监督所。至 2008 年年底，全区有医疗机构 18 家，其中区级医院 2 家，乡镇（街道）卫生院 10 家。

长清区人民医院　1946 年，在县城东门外路南建立卫生院。1948 年年底，在原卫生院的基础上建立长清县人民政府卫生院。1950 年 4 月，更名为长清县卫生院。1956 年，更名为长清县人民医院。1986 年，县医院占地面积 16074.9 平方米，建筑面积 9696.6 平方米，业务用房面积 6625.6 平方米；设置科室 33 个，其中内、外、妇、儿等临床科室 10 个，放射、检验、心电图等医技科室 10 个，行政后勤科室包括院长办公室、会计室、档案室等 13 个，开放床位 150 张；有干部职工 268 人，其中高级技术人员 5 人、中级技术人员 15 人。1989 年 6 月，县医院迁至新城灵岩路与清河街交叉路口东南，占地面积 47994 平方米，建筑面积 36243 平方米，其中业务用房建筑面积 16700 平方米，科室增至 35 个，开放床位 209 张。有干部职工 309 人，其中高级技术人员 7 人、中级技术人员 42 人。1994 年，县医院成为二级甲等医院。2002 年 5 月，更名为济南市长清区人民医院。2005年,获全国百姓放心示范医院、省级文明单位称号。2008年,区医院设有医疗、医技、行政后勤等科室69个;编制床位251张,开放床位279张;有干部职工478人,其中高级技术人员51人、中级技术人员202人;固定资产7225万元。

长清区中医医院 1983年4月,成立长清县中医医院,位于东北关大街中段路西,占地面积1252平方米。1989年,迁至县医院旧址,占地面积10725平方米,开放床位100张,职工74人,其中中级技术人员5人。1988年,加挂"长清扁鹊医院"牌子。1993年,成为二级甲等中医医院。1996年,迁至南环路西段路北(龙泉街999号),占地1.64万平方米,开放床位150张,职工196人,其中高级技术人员6人、中级技术人员42人。1998年,成为省重点中医医院。2000年,长清县获全国中医工作先进县称号。2002年,更名为济南市长清区中医医院。2004年,获全国百姓放心示范医院称号。2005年5月,病房楼启用。2007年,被省总工会授予山东省职工建功立业标兵岗称号。2008年,中医医院建筑总面积29025.24平方米,其中业务用房面积13165.24平方米,建有4个病区、14个临床科室、9个医技科室、9个职能科室、4个院外门诊部、2所大学医务室,开放床位260张;设中风、骨伤、烧烫伤、糖尿病4个专科;有职工271人,其中高级技术人员16人、中级技术人员112人。固定资产3234万元。

长清区疾病预防控制中心、卫生监督所 1956年7月,建立长清县卫生防疫站,位于县城东关路南。1959年10月,长清县卫生防疫站撤销。1961年5月,恢复。1966年—1973年,并入长清县人民医院,改为防保科。1973年,恢复县卫生防疫站,迁至老城东门里路南。1985年,在清河街与灵岩路交叉路口西南,征地5706.95平方米,新建办公楼1幢,建筑面积2778平方米。1986年,设站长办公室、宣传科、食品卫生科、卫生科、劳动卫生科、防疫科、地方病科、检验科、总务科9个科室,有干部职工53人。1987年7月,由老城搬至新址。1991年12月,经县编委批准为副局级全额事业单位。1994年,卫生防疫站在新城龙泉街东段路北,征地7913.73平方米,建1幢5层办公大楼,建筑面积3298.3平方米,建锅炉房45平方米,建计划免疫门诊平房面积338平方米,总计面积3681.3平方米,总造价2117.8万元。2001年,有干部职工73人,其中高级技术人员3人、中级技术人员32人。2007年1月,经长清区机构编制委员会批准,撤销长清区卫生防疫站,整建制成立长清区疾病预防控制中心和长清区卫生监督所。2008年,区疾病预防控制中心和长清区卫生监督所设16个科室,有干部职工68人,其中高级技术人员7人、中级技术人员32人。

长清区妇幼保健站 1956年,成立长清县妇幼保健站,位于县城东北关大街中段路东。1986年,迁至灵岩路与清河街交界处西南,设6个科室,职工13人,其中中级技术人员5人、初级技术人员8人。是年,被山东省卫生厅评为先进集体。1989年2月,评为甲级妇幼保健所。1990年,被济南市卫生局

长清扁鹊医院落成典礼 (1996年 摄)

授予“白求恩”杯双文明先进集体。1991 年 10 月,升为副局级单位。2002 年 5 月,因建清悦园广场,妇保站被拆除,借用老城文化馆和文昌卫生院房屋办公。2008 年,迁至新城灵岩路西,借用长清妇科门诊部办公,有干部职工 43 人,其中高级技术人员 5 人、中级技术人员 23 人。

长清区结核病防治站 1976 年 8 月,建立长清县结核病防治站,在县防疫站办公。1979 年 12 月,在长清县城关镇小柿子园村征地面积 1970 平方米,建平房面积 323 平方米。1986 年,设有门诊、化验室、放射科、药房,有职工 19 人,其中中级技术人员 2 人、初级技术人员 17 人。1988 年 4 月,迁至卫生防疫站一楼。1989 年,被山东省卫生厅评为甲级结核病防治所。1996 年 5 月,迁至卫生局办公楼。2001 年,有职工 23 人,其中高级技术人员 3 人、中级技术人员 8 人。2002 年 8 月,借用老城文化馆办公。2007 年,长清区被山东省卫生厅评为山东省结核病防治示范县。2008 年,设 6 个科室,有职工 21 人,其中高级技术人员 4 人、中级技术人员 7 人。

长清区皮肤性病防治所 1956 年 5 月,长清县麻风病防治站成立,位于双泉乡陈沟村。1971 年,更名为长清县皮肤病防治所。1983 年 11 月,迁至小柿子园村北邻,建面积 210 平方米办公楼 1 幢。1994 年 3 月,通过“基本消灭麻风病达标验收”。2000 年 6 月,建筑面积 2570 平方米的 6 层综合楼竣工使用,设有皮肤科、男女性病科、检验室、治疗室、观察室,有干部职工 27 人,其中中级技术人员 8 人、初级技术人员 19 人。2001 年 7 月,更名为长清县皮肤性病防治所。2008 年,设 8 个科室,有干部职工 23 人,其中高级技术人员 3 人、中级技术人员 9 人、初级技术人员 11 人。是年,被山东省麻风防治协会、山东省皮肤性病防治研究所授予麻风病防治先进集体称号。

街道(乡镇)卫生院 文昌街道卫生院 1958 年,建立城关卫生院,位于县城南关村。1986 年,设 15 个科室,职工 83 人,其中中级技术人员 1 人、初级技术人员 58 人,开放床位 50 张。1992 年,迁至中川街东段 30 号,建筑面积 1662 平方米。1993 年,城关卫生院通过市一级乙等卫生院评审。1995 年 12 月,改称为长清镇卫生院。2003 年 11 月,改称为文昌街道卫生院。2008 年,设 20 个科室,职工 99 人,其中中级技术人员 26 人、初级技术人员 65 人,开放床位 60 张。

平安街道卫生院 1958 年,建立许寺卫生院,位于平安店村。1976 年,扩建门诊大楼面积 1800 平方米。1985 年,许寺卫生院改称平安店镇卫生院。1986 年,设 30 个科室,职工 91 人,其中中级技术人员 10 人、初级技术人员 67 人,床位 67 张。1992 年,通过市一级甲等卫生院评审。1999 年,迁至 200 国道东侧。2003 年 11 月,平安店镇卫生院改称平安街道卫生院。2006 年,进行改建扩建,总建筑面积 4445.83 平方米,其中业务用房面积 4100.77 平方米。2008 年,设 35 个科室,职工 82 人,其中高级技术人员 1 人、中级技术人员 26 人、初级技术人员 48 人,床位 67 张。

崮云湖街道卫生院 1976 年,建立崮山卫生院,位于崮山镇政府东邻。1986 年,设 16 个科室,职工 38 人,其中中级技术人员 4 人、初级技术人员 31 人,开放床位 20 张。1993 年,通过市一级甲等卫生院评审。2003 年 11 月,崮山卫生院改称崮云湖街道卫生院。2006 年,进行改建扩建,总建筑面积 7849 平方米,其中业务用房面积 5940 平方米。2008 年,设 26 个科室,职工 64 人,其中高级技术人员 3 人、中级技术人员 12 人、初级技术人员 45 人,开放床位 40 张。

五峰山街道卫生院 1958 年,建五峰卫生院,位于五峰公社黑峪村。1959 年,五峰卫生院合并到马山卫生院。1976 年,恢复五峰卫生院。1979 年,五峰卫生院迁至西马庄村北。1986 年,设 20 个科室,职工 43 人,其中中级技术人员 1 人、初级技术人员 33 人,开放床位 25 张。2003 年 11 月,五峰卫生院改称五峰山街道卫生院。2006 年,进行改建扩建,总建筑面积 4666 平方米,其中业务用房面积 3552 平方米。2008 年,有 25 个科室,职工 51 人,其中高级技术人员 1 人、中级技术人员7人、初级技术人员43人，开放床位36张。

归德镇中心卫生院 1958年，建立归德卫生院，位于归北村北首。1986年，设25个科室，职工90人，其中初级技术人员68人，开放床位47张。1993年，通过市一级甲等卫生院评审。1995年4月，改称归德镇中心卫生院。2006年，进行改建扩建，总建筑面积13889平方米，其中业务用房面积5091平方米。2008年，设35个科室，职工85人，其中中级技术人员18人、初级技术人员62人，开放床位58张。

孝里镇中心卫生院 1958年，建立孝里卫生院，位于马家前街"大德生"旧址。1961年，迁至马家后街。1962年，迁至孝里三村北，占地面积3600平方米。1986年，设15个科室，职工60人，其中中级技术人员2人、初级技术人员53人，开放床位30张。1993年，通过市一级甲等卫生院评审。1995年4月，改称孝里镇中心卫生院。2006年，进行改建扩建，总建筑面积6862平方米，其中业务用房面积5644平方米。2008年，设25个科室，职工69人，其中中级技术人员13人、初级技术人员56人，开放床位39张。

双泉乡卫生院 1958年，建立双泉卫生院，位于段店村。1967年，迁至段店村南路东，建筑面积650平方米。1986年，有科室15个，职工41人，其中初级技术人员27人，开放床位20张。1993年，通过市一级乙等卫生院评审。2006年，进行改建扩建，总建筑面积4476平方米，其中业务用房面积1800平方米。2008年，设20个科室，职工46人，其中高级技术人员2人、中级技术人员5人、初级技术人员30人，开放床位25张。

马山镇卫生院 1958年，建立马山卫生院，位于马山宋庄村。1964年，迁至马东村。1968年，迁至河东村，占地面积6600平方米，建筑面积1500平方米。1978年，迁回马东村，占地面积1.07公顷，建筑面积2536平方米。1986年，设15个科室，职工43人，其中中级技术人员2人、初级技术人员22人，开放床位20张。1994年，通过市一级乙等卫生院评审。2006年，进行改建扩建，总建筑面积6475平方米，其中业务用房面积2500平方米。2008年，设30个科室，职工45人，其中中级技术人员9人、初级技术人员36人，开放床位25张。

万德镇中心卫生院 1958年，建立万德卫生院，位于万德北村。1960年，迁至万德南村。1965年，在万德南村征地700平方米，新增建筑面积170平方米。1972年，征地4300平方米，新增建筑面积1620平方米。1986年，设20个科室，职工60人，其中中级技术人员7人、初级技术人员53人，开放床位50张。1993年，通过市一级甲等卫生院评审。1995年4月，改称万德镇中心卫生院。2006年，进行改建扩建，总建筑面积11094平方米，其中业务用房面积5821平方米。2008年，设30个科室，职工93人，其中中级技术人员18人、初级技术人员75人，开放床位70张。

张夏镇中心卫生院 1958年，建立张夏卫生院，位于张夏村西。1990年，迁至原卫生院以南300米。1986年，设18个科室，职工61人，其中中级技术人员2人、初级技术人员46人，开放床位30张。1993年，通过部颁一级甲等医院评审。1995年4月，改称张夏镇中心卫生院。2006年，进行改建扩建，总建筑面积11962.5平方米，其中业务用房面积4900平方米。2008年，设16个科室，职工78人，其中高级技术人员2人、中级技术人员21人、初级技术人员55人，开放床位47张。

武家庄乡卫生院 1987年11月，建立武家庄乡卫生院，位于武家庄村，建筑面积742平方米，设内科、外科、妇科3个科室，干部职工17人，病床9张。2006年9月，武家庄乡卫生院整建制合并到万德镇中心卫生院。

1986—2008年长清区(县)医疗机构基本情况统计表

表21－1

年份	固定资产			住院							门诊			资产负债率(%)
	总值(万元)	其中		住院床位使用情况					每床位收费(元)		门诊(万人)	每人次收费(元)	其中药费(元)	
		房屋(万元)	专业设备(万元)	实开床位(张)	实际占用总床日(万床日)	出院人次(万人次)	病床使用率(%)	床位周转次数	每床收费	其中药费				
1986	347	256	—	503	9.7	0.98	52.83	19.48	7.74	5.11	63.5	3.23	2.69	—
1987	367	278	—	487	9.8	0.97	55.13	19.92	9.40	6.40	66.9	3.71	3.02	—
1988	409	289	—	523	11.2	0.91	58.67	17.40	15.76	10.84	67.7	5.59	4.61	—
1989	445	292	116	719	13.3	1.10	50.68	15.30	22.33	15.56	70.0	6.27	5.06	—
1990	805	348	334	603	13.9	1.00	63.15	16.58	19.28	13.24	35.0	10.51	8.29	—
1991	621	382	204	603	14.9	0.90	67.70	14.93	23.49	16.31	55.0	7.87	6.07	—
1992	645	434	156	611	12.7	0.80	56.90	13.09	27.03	17.89	49.8	9.94	7.45	—
1993	1252	770	232	668	12.0	1.00	49.22	14.97	40.83	24.75	46.0	16.57	12.33	—
1994	1383	857	338	607	11.6	0.80	52.36	13.18	49.83	24.31	43.0	20.26	14.28	—
1995	2158	1585	406	661	9.6	0.95	39.79	14.37	94.90	40.73	39.5	30.56	19.42	—
1996	2553	1594	713	856	10.4	0.95	33.29	11.10	102.35	41.90	51.7	28.10	17.61	—
1997	2836	1670	833	893	10.8	1.04	33.13	11.65	122.65	51.36	49.3	31.16	19.22	—
1998	3761	2276	1057	893	10.8	1.09	33.13	12.21	139.44	52.41	54.7	33.38	19.84	—
1999	4624	2774	1604	893	11.1	1.14	34.05	12.77	162.07	60.54	56.9	38.19	20.81	27.0
2000	5787	2816	905	893	11.6	1.30	35.59	14.56	193.71	68.53	60.0	40.78	21.17	33.7
2001	5907	2859	2660	906	9.6	1.30	29.03	14.35	244.27	86.67	63.0	44.21	22.37	30.9
2002	6380	3063	2516	823	11.2	1.40	37.28	17.01	236.34	87.86	67.6	43.93	22.86	30.0
2003	7098	3090	2704	857	11.2	1.20	35.81	14.00	267.50	104.38	49.3	63.61	33.49	30.0
2004	7856	3104	2883	823	11.7	1.50	38.95	18.23	306.41	118.55	63.4	54.89	28.15	35.0
2005	9039	4842	2380	794	11.7	1.54	40.37	19.40	361.62	149.74	61.7	70.02	37.67	27.4
2006	9534	3213	4187	874	12.9	1.64	40.44	18.76	352.09	137.36	68.4	68.63	36.81	20.5
2007	8950	3104	4492	839	15.0	1.86	48.98	22.17	397.93	180.87	76.5	79.37	45.69	25.5
2008	10978	4123	5021	839	14.8	1.75	48.33	20.86	453.45	217.43	87.0	81.56	49.22	25.5

第三章 医 药

第一节 中 药

长清县境内有着丰富的矿产药材和动植物药材。据1985年全县药材资源普查,县内有地产中药材307种,其中植物类药材260种,动物类药材39种,矿物类药材8种。2008年,全区使用中药材的医疗单位13家,经营中药的零售药店和区药材公司门市部72家。

野生药材 全区有野生药材164种,其中根茎类有射干、穿山龙、何首乌、草乌、防风、苍术、土贝母等49种;果实类有天仙子、车前子、菟丝子、苍耳子、地肤子、桑椹子等19种;全草类有甜地丁、苦地丁、气煞大夫、透骨草、旱莲草、仙鹤草、马鞭草、老观草、瓦松、茵陈、蒲公英、罗布麻等34种;皮类有五加皮、地骨皮、陈皮、桑白皮、苦楝皮5种;花类有野菊花、旋复花、葛花、闹羊花、洋金花、合欢花、蒲黄7种;叶类有艾叶、桑叶、竹叶3种;藤木类有松节、桑枝、山川柳、满山红、皂针、照山白6种;树脂类有松香;菌藻类有看谷老、马勃、灵芝3种。动物类有土元、蜗牛、鳖甲、鳖头、指甲、刺猬皮、九香虫、蜂房、夜明砂、望月砂、蚕砂等29种。矿物类有伏龙肝、土龙骨、五花龙骨、金礞石、青礞石、代赭石、石英、铁落花8种。

引种、家种药材 全区有引种、家种药材145种,其中根茎类有土三七、仙人头、桔梗等32种;果实类有大力子、沙苑子、女贞子等54种;草卉类有紫苏、荆芥、藿香、凤仙草、荷梗、苏梗、忍冬藤7种;花类有槐米、银花、红花、合欢花等24种;叶类有荷叶、大青叶、桑叶、苏叶、白果叶5种;动物类有鸡内金、蚕衣、僵蚕、牛角、蜂蜡、蜂蜜、狗鞭、驴皮、牛羊胆汁9种。加工类有陈曲和血余炭。皮类有牡丹皮、椿根皮、冬瓜皮、绿豆皮等12种。

特产中药材 全区质量优、产量高的特产中药材主要有10余种。

栝楼 有仁栝楼、糖栝楼和山栝楼3种,3个品种的栝楼果实均可入药,性甘、微苦、寒,有润肺去痰滑肠散结的功能。主产地为马山镇,据《长清县志》记载,清代前,马山的庄科、焦庄一带就开始种植,距今已有400余年历史,全区(县)最高年总产量46万公斤。

栝楼 (2008年 摄)

天花粉 由栝楼根加工而成,性甘、微苦微寒,有养胃生津解毒消肿的功能。

酸枣仁 即酸枣树的种子。性甘、酸、平,有养心、安神、敛汗的功能。向阳山坡、山谷和丘陵地区均有出产,万德、张夏两镇最多。年最高产量3.4万公斤。

柏子仁　是侧柏的种仁。性甘、辛、平，有养心安神、润肠通便的功能。主产东部山区，大峰山、五峰山林场产量为最多；灵岩柏子仁质量为上品。全区（县）年最高产量 1.5 万公斤。

全蝎　即文荆蝎的干燥全体。性辛、甘、平，有镇惊、熄风、攻毒等功能。本区文荆蝎多为野生，也有少量人工饲养。

丹参　唇形科鼠尾草属植物丹参之根。万德镇和五峰山街道产量最高，以野生居多，也有小量家养，最高年产量 5000 公斤，产量、质量均居全省前列。此药性苦微寒，有祛痰生津、活血调经、清心除烦的功能。

代赭石　矿物药材。张夏镇红石岭村产量最高，质量也好，销往国内诸省。性苦、寒，有平肝降逆，凉血止血的功能。

远志　草本植物远志的根和皮。长清远志质量好，入药为上品，年产量最高 1.5 万余公斤。性辛、苦、温，有益智安神、散郁化痰的功能。

土鳖虫　长清区土鳖虫产量高，质量为上品，多为野生，也有人工饲养的。性咸、寒，有小毒，能活血散瘀，通经止痛。

瞿麦　别名石竹草，主产于万德镇、张夏镇和五峰山街道、马山镇的高山阳坡地上，最高年产量 7500 公斤。有清热利尿，破血通经的功能。

金礞石　矿物药材产于张夏镇金庄西山，蕴藏量丰富，质量好，是全国金礞石的主要产地之一，满足全国对金礞石的需求。有止咳消痰，镇惊导滞的功能。

蛇床子　是蛇床草的成熟干燥果实。产于平安街道、文昌街道、归德镇的沿黄地带，入药列为上品。有补肾阳、散风寒、燥湿杀虫等功效。

第二节　西　药

1986 年，除县医院以外，各医疗单位和部分村卫生室生产的大输液和各种小制剂由于不符合质量要求和药品管理法规定，都停止生产和使用，县医院生产的制剂限于自产自用。2001 年，实行药品集中招标采购，15 个药品经营单位中标，中标品种 320 个。2008 年，14 个经营单位中标，中标品种 2250 个。是年，全区村卫生室药房 395 处，个体诊所、厂、校卫生室 28 处。区医院使用西药 685 个品种，制剂 17 个品种。

第四章　预防保健

第一节　计划免疫

1986 年，确定每年 4 月 25 日为“全国儿童预防接种日”。1988 年，实现计划免疫第一个 85%（以乡为单位，儿童免疫接种率 85%）。1990 年 9 月，实现计划免疫第二个 85%。1995年—2001 年，共接种卡介苗 46869 人次，脊灰疫苗 168168 人次，百白破三联疫苗 156860 人次，麻疹苗 46580 人次，乙脑 152765 人次，流脑 256936 人次，全县“四苗”接种率 98.5%以上。2001 年，全县 11 个乡镇建立规范化预防接种门诊，其中有 6 个乡镇卫生院接种门诊和县预防接种门诊达到省级示范门诊标准。2003 年 5 月，乙肝疫苗纳入计划免疫管理，产房 24 小时内接种率 95%以上，首针接种率 98%以上。2004 年，全区11处预防接种门诊统一配置计划免疫网络信息"金苗卡"管理系统。2006年12月,全区开展脊髓灰质炎疫苗强化免疫活动,第一轮服苗儿童28176名。2008年5月1日,开始实施扩大国家免疫规划工作,完成计划免疫相关疫苗的接种任务,全年冷链运转12次,完成"五苗"基础免疫及加强免疫接种任务,完成风疹、乙脑、流脑等疫苗的接种任务,卡介苗实种4103人,脊灰基础免疫实种12575人次,加强实种6人,百白破基础免疫实种13025人次,加强实种5009人,麻苗基础免疫实种4344人,加强免疫实种8658人,乙肝基础免疫实种12237人次,风疹实种4233人,乙脑疫苗实种9384人,流脑疫苗接种23200人次,甲肝疫苗接种5297人次,白破二联接种3862人,10微克乙肝疫苗接种11000人次,A+C群流脑疫苗接种20200人次。是年,卡介苗接种率99.87%,脊灰糖丸接种率99.56%,百白破疫苗接种率99.43%,麻疹疫苗接种率99.53%,乙肝疫苗接种率99.24%,其他疫苗接种率都在95%以上。

第二节 传染病防治

1986年,全县共发生传染病10种,总患病人数2974人,发病率0.59%。发病数居前三位的是痢疾、病毒性肝炎、流行性出血热,其中痢疾发病1708人,占总发病数的57.43%;病毒性肝炎1017人,占总发病数的34.20%;流行性出血热发病200人,占总发病数的6.72%。1990年,全县总发病人数2221人,发病率0.44%,其中病毒性肝炎发病1578人,占总发病数的71%;痢疾发病589人,占总发病数26.52%。1995年,全县发生传染病6种,共651人,发病率0.13%,其中病毒性肝炎372人,占总发病人数的57.14%;痢疾发病176人,占发病总人数27.03%。2001年,发现各种传染病8种,共发病771人,其中肺结核病是1997年规定纳入疫情报告的,仅肺结核一项增加113人。2005年,上报乙类传染病11种,共1073例,发病率199.66/10万,死亡1例(肺结核)。2008年,上报乙类传染病11种,共882例,发病率169.40/10万,死亡2例(乙肝)。

霍乱 1999年8月31日,归德镇张庄村一村民确诊霍乱。

痢疾 1986年—2008年,共报告发病9107例,均为细菌性痢疾,年均发病率为75.55/10万。

病毒性肝炎 1986年—2008年,共报告病毒性肝炎病例12772例,死亡29例,年均发病率为105.96/10万,死亡率为0.24/10万,病死率为0.22%。1990年起,病毒性肝炎开始分型管理,推行乙肝疫苗接种。至2008年,肝炎发病有3次高峰,分别在1986年、1990年、1999年。

流行性出血热 1984年,长清县发现首例流行性出血热病例。1986年—2008年,共发病1386例,死亡19例。

肺结核 1997年,被列入乙类传染病报告管理,发病率一直居于乙类传染病前三位,1997年—2008年,共发病2260例,死亡5例。

麻疹 2000年—2004年,发病13例。2005年—2008年,共发病86例,无死亡病例。

麻风病 1988年,长清县卫生局制定《关于长清县基本消灭麻风病达标验收的措施》。1994年3月,经省卫生厅组织麻防专家对长清县验收,患病率低于0.9/10万以下,长清县在全省率先达到基本消灭麻风病标准(1/10万以下)。2001年1月,发现新发多菌型病人1例。2005年12月,发现新发多菌型女性麻风病人1例,送市皮防院治疗。2006年11月,发现新发少菌型麻风病人1例,在家给予用药保密治疗。2007年4月,发现多菌型麻风病人1例,在家给予用药保密治疗。1956年—2008年,全区(县)累计发现各型病人352人,死亡241人,外迁11人,存活100人(含1个观察、3个现症,其中男74人、女26人;多菌型51人、少菌型49人)。

性传播性疾病 1985年,长清县政府颁发《关于加强性病防治工作的意见》。至2001年,门诊及查体发现病人633人。2004年,发现102例,

其中包括淋病 25 例，非淋菌性尿道炎 53 例，尖锐湿疣 21 例，生殖器疱疹 3 例，对以上病人均进行规范治疗。2008 年，发现 33 例，其中淋病 12 例，男 8 例、女 4 例；尖锐湿疣 7 例，男 4 例、女 3 例；非淋菌性尿道炎 13 例，男 10 例、女 3 例；生殖性疱疹女 1 例。

艾滋病 2002 年，发现首例艾滋病病毒感染者。是年，成立“济南市长清区人民政府防治艾滋病工作委员会”。2006 年，区文化局举办艾滋病文化宣传专场 46 场，卫生防疫人员入户调查，调查 10 个乡镇（街道)616 个村，124754 户 447140 人，查出既往有供血浆人员 4 人。2007 年 10 月，调查 1990 年后艾滋病重点流行省份的外来妇女 1094 人，检测到艾滋病病毒感染者。至 2008 年 9 月，先后对实施手术病人及产妇进行艾滋病病毒抗体检测的 800 例中，检测到艾滋病病毒感染者。

传染性非典型肺炎 2003 年 4 月 21 日，长清区卫生局发出“行动起来，积极做好传染性非典型肺炎（以下简称“非典”）防治工作的倡议。5 月 1 日，卫生局下发《关于进一步明确、落实村卫生室和乡村医生在农村“非典”防治工作中职责的通知》。5 月 12 日，卫生部发布《传染性非典型肺炎防治管理办法》。6 月 2 日，长清区招生委员会制定《关于考试期间预防非典的规定和要求》。9 月 4 日，济南市疾控中心发出《关于建立济南市公共卫生综合监测点的通知》，长清区按通知要求设立公共卫生监测点，其中发热门诊监测点 13 个、村卫生室监测点 25 个、社区服务站 4 个、学校卫生所 7 个、药店 2 个、公共场所（长清宾馆）1 个，共计 52 个。“非典”期间，长清区无“非典”病例。

第三节 慢性非传染性疾病防治

精神病防治 1988 年 9 月，万德卫生院与山东省精神病医院联合建立山东省精神病院万德康复中心，设病房 27 间，病床 50 张，男女两个病区，收治全县范围内的各类精神病障碍患者。至 2008 年年底，共收治各类精神病障碍患者 3860 例，治愈率 80%，显效率 100%。

糖尿病防治 1999 年，成立长清县中医医院糖尿病专科，由副主任医师龚玉宝采用调脾降糖系列药物治疗 II 型糖尿病，总有效率 96%以上。2002 年，成立内分泌门诊，成立长清区糖尿病协会。在门诊或入院病人治疗上，对 I 型糖尿病采取治疗方案：指导糖尿病人饮食治疗。皮下注射胰岛素治疗，一天 2 次或 4 次强化治疗。定期监测血糖，治疗预防糖尿病并发症。对 II 型糖尿病采取治疗方案：指导糖尿病人饮食治疗。个体化治疗，对肥胖代谢综合症病人进行合理指导，注意控制饮食和体重，配合口服药物治疗；口服药物失效的患者尽早应用胰岛素治疗；初发糖尿病人早期应用胰岛素治疗，改善胰岛功能，多数病人长时间可不再需要药物治疗。

第四节 地方病防治

疟疾病 1988 年，经山东省卫生厅疟疾考核工作队考核，宣布长清县已基本消灭疟疾。2001 年，发生 2 例。2003 年 5 月，来自云南省瑞丽市的孝里镇孝里一村村民确诊为间日疟疾。2008 年 10 月，孝里镇四街村一村民劳务输出在缅甸感染恶性疟疾而在本地发病。病人均治愈。

布鲁氏菌病 1956 年，马山牛角沟村发生第一例。至 1981 年，共确诊 812 例，主要发病疫区在崮山、张夏、马山等山区羊群较多的村庄。1984 年，张夏镇诗庄村出现暴发点，年发病 16 例布鲁氏菌病人。至 1986 年年底，治愈 504 例，治愈率 62%，好转和基本治愈的 156 人，仍有慢性病人 55 人。2008 年 4 月、7 月，万德东房村和归德闫楼村相继发生 2 例布鲁氏菌病，均为在没有任何防护措施的情况下为羊接生而感染，发病后均得到及时治疗。

肠道寄生虫病 为完成《1996年—2000 年全国寄生虫病防治计划》目标，长清县加大肠道寄生虫病防治力度。1998 年，成立寄生虫病防治领导小组。至 2000 年，全县 61564 户 110775 人服药驱虫。2002 年，全区 12932 户 18520 人服药驱虫。

碘缺乏病(地方性甲状腺肿) 地方性甲状腺肿，俗称“粗脖子病”。1979 年，进行全民普查，发病率 6.74%。1983 年，按照山东省地方病研究所考核要求，对每个病区总人口的 10%进行抽查，抽查结果表明患病率 2.03%。1994 年，长清县人民政府成立消除碘缺乏病领导小组，制定《长清县人民政府关于消除碘缺乏病工作实施方案》。是年，调查 1~14 岁中小学生 6921 人，甲状腺肿大 255 人，肿大率 3.68%，患病率 0.159%。1994年—1997 年，根据监测尿碘情况分析，对特需人群进行碘油丸的补服工作，共补服 267522 人，补碘率为 97%。1998 年，碘缺乏病防治工作经省检查组验收，提前 2 年达到消除碘缺乏危害标准。

狂犬病 1957年—1985 年，发生狂犬病 8 例，死亡 7 例。1988年—1992 年，发生狂犬病 29 人，病人全部死亡。1993年—2008 年，未发生狂犬病例。

第五节 妇幼保健

1986 年，长清县、乡、村三级妇幼保健网建立健全，县乡两级从事妇幼卫生工作人员 44 人，其中中级技术人员 2 人、初级技术人员 18 人。1991 年 10 月，县妇幼保健站升格为副局级单位。1992 年，长清县婚检工作开始试点。1993 年，长清县全面推行科学接生。1996 年，长清县获爱婴县称号。2001 年，长清县全国婚前保健评比达标。2008 年，区、乡镇(街道)两级从事妇幼保健人员 102 人，其中高级技术人员 5 人、中级技术人员 50 人、初级技术人员 47 人。

妇女病普查 1986 年，对已婚妇女子宫脱垂患者进行复查随访，查出病人 39 人，治疗 39 人，治疗率 100%；对 32417 名妇女进行查体，查出病人 13000 人，患病率 40%，治疗 12892 人，治疗率 99.2%。1991 年，对 34932 名已婚妇女进行查体，查出妇科病人 6996 人，患病率 20%，治疗 6951 人，治疗率 99.4%。2003 年，对 91329 名妇女进行查体，查出妇科病人 16142 人，患病率 17.6%。2008 年，对 100490 名已婚妇女进行查体，查出妇科病人 15801 人，患病率 15.7%，治疗 15801 人，治疗率 100%。

婚姻保健 1992 年 8 月，成立长清县婚检工作领导小组。1994 年 5 月，长清县妇幼保健站被确定为“山东省婚前检查定点单位”。2001 年—2008 年，共查体 3745 人，查出疾病 197 人，暂缓结婚 70 人，不能生育 2 人。

孕产期保健 1986 年，平安店、崮山、万德、马山、孝里 5 个乡镇，先行发放《母子保健手册》。全县孕产妇 6716 人，系统管理 5376 人，住院分娩率 66.0%。1990 年 11 月，长清县实行少生优生优育系列化管理措施，与各乡镇签订协议书，并纳入各级领导责任目标。1991 年年底，平安店镇、归德镇、万德镇、崮山镇新婚入保率 100%。1993 年，全面推广科学接生，推行住院分娩，减少家庭接生，平安店镇、城关镇作为试点单位，住院分娩率 100%，武家庄乡 74%，其余乡镇 80%以上。1995 年，全县孕产妇 4440 人，系统管理 4129 人，住院分娩率 95%。1997 年—2000 年，实行母婴同室和产科人员、房屋、资金、医疗器械“四配套”，全县 10 处乡镇卫生院获爱婴卫生院称号。2001 年，全县孕产妇 5407 人，系统管理 5115 人，住院分娩率 99.76%，孕产妇死亡率 3.69/ 万。2004 年，全区孕产妇 6701 人，系统管理 6350 人，住院分娩率 99.57%。2008 年，全区孕产妇 4893 人，系统管理 4507 人，住院分娩率 99.76%。

儿童保健 1985 年起，对 0~7 岁儿童系统化管理，按统一查体标准每年进行一次健康查体，对查出的佝偻病、贫血患儿进行治疗。1986 年，对全县 0~7 岁儿童实行 4：2：1 查体(0~1 岁每年查 4 次、1~3 岁每年查 2 次、3~7 岁每年查 1 次)，全县 0~7 岁儿童 43247 人，保健管理 37995 人，管理率 87.86%，婴儿死亡 85 人，婴儿死亡率 12.6‰。1993 年，实行 2：2：1 查体。1994 年，县城和崮山实行 4：2：1 查体，其他乡镇实行 2：2：1 查体。1995 年，全县 11 个乡镇全部实行 4：2：1 查体，全县

0~7岁儿童36796人，保健管理34179人，管理率92.89%，婴儿死亡76人，婴儿死亡率11.93‰。2001年5月，成立"儿童健康保健查体站"。是年，全县0~7岁儿童41500人，保健管理38877人，管理率93.68%，婴儿死亡62人，婴儿死亡率11.44‰。2004年，全区0~7岁儿童41866人，保健管理38477人，管理率91.99%，婴儿死亡58人，死亡率8.61‰。2008年4月，成立儿童保健科。是年，全区0~7岁儿童37256人，保健管理34302人，管理率92.07%，婴儿死亡35人，婴儿死亡率7.14‰。

新生儿疾病筛查 1997年，县医院开展新生儿疾病筛查工作，全年共筛查994人，筛查合格率98%。1998年7月，县中医医院开展新生儿疾病筛查工作。至1998年年底，县医院筛查2387人，中医医院筛查202人，筛查合格率均100%。2000年，长清、崮山、张夏、双泉、马山、孝里、归德7所卫生院相继开展新生儿筛查工作，共筛查108人。2001年，县医院接生1759人，筛查1681人；中医医院接生668人，筛查657人；11所乡镇卫生院接生1598人，筛查1248人，筛查率78%，筛查合格率100%。2004年，区医院接生2769人，筛查2731人，中医医院接生938人，筛查934人，乡镇卫生院接生1338人，筛查合格率100%。2008年10月，改为新生儿甲状腺功能低下、丙酮尿症、葡萄糖-6-磷酸脱氢酶缺乏症(G-6-P)、先天性肾上腺皮质增生症(CNH)"四病"筛查。是年，区医院接生1642人，筛查1632人，中医医院接生1303人，筛查1274人，乡镇卫生院接生576人，筛查合格率100%。

第六节 健康教育

农民健康教育 1990年9月18日—23日，在平安店镇卫生院举办农民健康教育师资培训班，共培训防保科人员15人，乡医28人。10月，在郭庄村培训家庭保健员195人，考试及格的183人，及格率93.85%；在广里村培训139人，考试及格的128人，及格率92.09%。1990年起，先后6年建立农民健康夜校418所，举办家庭保健员培训班1148期，共培训农村家庭保健员34440人次。每年平均发放医学科普等卫生杂志7200册，印发农民健康教育课本3.8万册，卫生广知园、卫生宣传手册等5000余册，卫生宣传单6000余份。1991年，全县建立300块专用卫生科普宣传黑板报和46处卫生宣传栏。1992年起，每年平均登出黑板报1200期，宣传栏更换内容850期。1995年，创建科普一条街。1998年，长清电视台拍摄制作预防肠道传染病的电视节目，先后为县广播站提供稿件6篇，为《长清天地》提供卫生科普稿件12篇。2003年，长清区《全国亿万农民健康教育行动规划》启动。2007年，长清区疾病预防控制中心开展"健康教育面对面"乡村行活动。2008年，开展《中国公民健康素养——基本知识与技能》宣传普及工作，在社区建立起"健康大教堂"，长清区代表队获"济南市农民健康知识竞赛"二等奖。

学校健康教育 1991年，县防疫站与县教委在全县中小学开设健康教育课，编写并印刷1~5年级的小学生健康教育课本，每处学校固定1~2名专(兼)职保健教师。1991年—2001年，95%以上的学生自觉做到"四不"(不喝生水，不吃零食，不吸烟，不随地吐痰、大小便)、"四勤"(勤洗手、剪指甲，勤洗澡、理发，勤换衣服，勤晒被褥)和"四坚持"(坚持饭前、便后洗净手，坚持饭后漱口，坚持早晚刷牙，坚持睡前洗(烫)脚)。加强对青少年危害较大的近视眼、龋齿、贫血、肠寄生虫病等疾病防治的宣传教育，发放宣传品5000份。2004年，学生健康知识知晓率96%，健康行为形成率90%，对1408名学生进行蛔虫感染检测，感染率2.13%。2006年，学生健康知识知晓率97%，健康行为形成率92%。2007年，长清区疾病控制中心成立，加强对健康教育督导。

从业人员健康教育 1986年—1995年，由卫生局食品卫生科每年对饮食行业人员进行培训，共培训人员4555人次。1995年—2008年，由卫生局健康教育科每年对饮食行业人员进行培训，共培训人员60561人次。

第五章 爱国卫生

第一节 公共卫生

食品卫生 1986年，全县有大小饭店126个，各类食品加工厂、站(包括家庭作坊)876个，各种副食品批发销售店82个，食品摊贩1090个，集体食堂104个，共有各类食品从业人员4856人。1987年，对全县879个大小食品加工点进行彻底整顿，发现85%以上达不到基本的卫生要求，经整顿改造合格者允许开业，不合格者予以取缔。2001年，全县有大小饭店421家，副食品批发销售店256个，各类食品加工厂(店、站)102个，集体食堂32个，食品摊位1887个，全县饮食、副食品从业人员4485人。2002年4月，开展《中华人民共和国食品卫生法》执法检查工作，对全县48个食品生产单位进行检查，其中餐饮业16个，学校食堂6个，食品加工业4个，批发、零售业22个，查处并销毁假冒、伪劣过期食品113公斤，肉制品12公斤，调料制品8公斤，提出监督意见15项次，限期改进9个单位，查处违法案件2起。2003年，“非典”期间，重点检查卫生设施配备使用情况、食品储存加工过程卫生情况、食品采购情况、从业人员个人卫生及健康情况、单位持证经营情况及预防“非典”工作情况，共检查指导食品单位1089户次。2004年，开展“食品放心工程”专项检查工作，共出动卫生监督员2126余人次，立案查处16起，罚款2.1万元，销毁伪劣食品260公斤，全区实行量化分级管理的餐饮单位有202个，D级单位51个。2006年5月24日，根据市监督所及市食品安全协调委员会关于《食品安全核查紧急通知》的要求，自6月份开始，实施餐饮业及各类食堂食品卫生量化分级管理。至9月30日，全区有餐饮业及各类食堂386个，颁发新卫生许可证176个，210个餐饮业及各类食堂全部实行量化分级管理，其中A级单位5个、B级单位32个、C级单位121个、D级单位52个。2007年1月，开展“食品放心工程餐饮业示范单位”评比活动，评出餐饮业示范单位29个，其中集体食堂6个，评出食品安全示范街1条(五峰路)，查处违法案件3起，取缔无证经营单位6个。2008年，根据市卫生监督所《转发卫生部办公厅关于查处不合格消毒产品的通知》要求和《消毒管理办法》，共检查消毒产品经营单位38个，其中药店6个、超市12个、批发零售店20个。

环境卫生 1987年4月1日，国务院颁布实施《公共场所卫生管理条例》。1988年，对全县各类公共场所招待所进行梳理分类，全县共有公共场所6类13种91家。1990年起，对全县内旅馆、浴池、理发店、影剧院每月监督检测1次，游泳馆开放季节每周1次，其他类公共场所每季1次。1997年起，与食品卫生实行综合执法。2000年，各类公共场所共7类26种，从业户450户，从业人员1333人，卫生监督1547户次，覆盖率100%，签发审验卫生许可证958件次，卫生知识培训4645次，调离“五病”(痢疾、伤寒、病毒性肝炎、活动性肺结核、化脓性或渗出性皮肤病)患者124人，主要卫生指标和顾客用具消毒效果监测25950次，对违法业户立案处罚158户次，罚款8.6万元。2003年—2007年，监督检测

636 户，从业人员查体 1333 人次，发放卫生许可证 212 件，各类公共场所主要卫生指标合格率 90%以上。2008 年，监测 118 户，合格 102 户，从业人员查体 359 人，发放卫生许可证 102 个。

1986 年，全县有自来水（包括自备水源）92 处，农村饮用水井和平压机井 6216 个，全县饮用井水人口 38 万余人，占总人口的 76%以上。在自来水供水点采样 92 份，合格 85 份，合格率 92.4%；农村井水采样 188 份，合格 133 份，合格率 70.7%。1990 年，自来水采样 649 份，合格 626 份，合格率 96.5%。1995 年，农村井水采样 209 份，合格 181 份，合格率 86.6%。2001 年，农村井水采样 186 份，合格 170 份，合格率 91.4%；自来水采样 647 份，合格 641 份，合格率 99.1%。是年，全县有自来水 281 处（包括自备水源和土自来水），201003 人吃上自来水，占全县总人数 37.9%。2002年—2005 年，按照《生活饮用水卫生监督管理办法》和《生活饮用水集中式供水单位卫生规范》要求，每年枯水期、丰水期定期对出厂水和末梢水进行定期检测，水厂工作人员定期进行健康查体。2007 年，对区自来水公司、乡镇驻地供水单位、农村自建集中式供水单位进行监督检查，对自来水公司出厂水、水源水、末梢水和乡镇供水、农村集中式供水水质进行抽检监测。2008 年，对全区 35 个监测点按照枯水期和丰水期进行采样监测，每个监测点都对出厂水和末梢水进行采样检测，全年共采集水样 140 份，分析项目 2800 项次。

大学科技园区学校卫生 2005 年，对大学科技园高校食堂的 600 名从业人员进行健康查体，不合格人员全部给予调离；举办高校后勤负责人、食堂管理员、承包经营者和从业人员食品卫生法律、法规和卫生知识培训班两期，学员 400 余人，会同市卫生监督部门监督检查 10 余次。2006 年，对大学科技园 9 所大学食堂的 1324 名从业人员进行健康查体培训，查出“五病”人员 25 人，全部调离。2007 年，开展对建筑工地食堂的专项检查，全年共出动监督人员 261 人次，车辆 70 次。是年，9 所大学食堂取得卫生许可证，其中 3 所食堂为卫生 A 级单位。2008 年，对大学食堂 1524 名人员进行健康查体培训，查出“五病”人员 18 人，全部调离。是年，高校各类食堂 14 处，其中 A 级 5 处，食品超市 15 家。

第二节 灭鼠 蚊蝇消杀

1986 年，全县开展夏季蚊蝇消杀和冬春季灭鼠活动，消杀面积 30 万平方米，投放灭鼠毒饵 6 万公斤，购置消杀室内药品 150 公斤，室外药品 140 公斤，灭鼠药品 300 公斤，总投资 18 万元，鼠密度由灭鼠前的 14.8%降低到 0.87%。1988 年 4 月，经中央爱卫会考核，县城内各项指标均达到“无鼠害县”标准。1990 年 4 月，长清县爱国卫生委员会下发《关于进一步搞好夏季灭蚊蝇活动的通知》和《关于今冬明春开展灭鼠活动的实施方案》，与各乡镇和县直各部门签订“除四害”责任书。1993 年，长清县政府办公室下发《关于今冬明春大力开展灭鼠活动的通知》和《长清县创建灭蝇先进县城的实施意见》。1994 年 5 月，长清县被命名为省级卫生县城。1997 年，对县直各单位及各乡镇进行 3 次灭鼠工作大检查，检查机关单位 18 个，企业单位 6 个，中小学校 3 所，幼儿园 3 所，乡镇 4 个，村 6 个，鼠密度监测由灭鼠前 8.5%下降为灭鼠后 0.7%。是年，全县消杀面积 70 万平方米，共投入灭鼠毒饵 7.8 万公斤，设毒饵盒、毒饵站 2380 个，覆盖率 100%。2000 年 3 月 13 日，成立消杀站。2003 年 4 月 26 日，长清区政府召开“安全卫生清洁日”大会，印发《关于开展爱国卫生预防传染性非典型肺炎活动的通知》。4 月 27 日，开展第十五个爱国卫生月活动，全区共出动 10 万人次，在城区开展以消灭蚊蝇鼠害为主要内容“两灭消杀”工作，城区消杀面积 30 万平方米，投放毒饵 3000 多公斤。2005 年，全区消杀面积 160 万平方米，投放灭鼠毒饵 1.36 万公斤。2008 年，对城区河道沟渠、花坛绿地等进行大面积消杀，消杀面积300万平方米，投放灭鼠毒饵500公斤。

第三节　改水改厕

1986年，长清县按照《山东省1984—1990年农村改水改厕工作规划》要求，把改水改厕工作列入村镇建设计划，作为建设文明村庄的条件之一。是年，全县农村新建自来水7处，受益7300户，32805人；城区和乡镇驻地2.4万户10.8万人用上自来水；城区有公厕4座。1987年，自来水用户增加到2.6万户，11.7万人。是年，在城区农贸市场、新旧城结合部人口稠密区、新城区建高标准水冲式厕所6座，对机关、企事业单位的138座公厕进行维修改造。1994年—1996年，长清县农村改水村共492个，受益人口40.87万人，自来水普及率78%，共投资947.52万元；农村改厕10964座，其中无害化处理4683座，共投资578.80万元。2005年，全市改厕工作会议在长清区双泉乡柳杭村召开。是年，全区农村自来水普及率86.7%，卫生厕所普及率64.8%。2007年，双泉乡高庄村、文昌街道杨庄村改建节水型卫生厕所400户。是年，全区共改厕8115户，卫生厕所普及率70.11%，自来水普及率90%。2008年，全区改厕6500户，卫生厕所普及率75.16%，自来水普及率94%。

第四节　创建卫生城市

1994年5月，长清县城被命名为省级卫生县城。2003年8月，区委、区政府决定争创国家卫生城市，与39个职能部门签订目标责任书。2005年2月，对40多个部门1000多人进行培训。是年，上街清理死角335处、清理垃圾190吨、清理乱贴乱画5000处。2007年9月，通过省级卫生先进单位的验收。至2008年年底，先后有长清区计生委、公路局、长清一中等14个单位被评为省级卫生先进单位，长清区房地产管理局、检察院等50个单位被评为市级卫生先进单位。

第二十二编

文物

Cultural Relics

孝堂山郭氏墓石祠　　　　（2001年 摄）

灵岩寺千佛殿　　（2008年 摄）

齐长城杜庄山寨段　　（2006年 摄）

长清区(县)历史悠久、文化底蕴深厚,是山东省重要文物大县(区)。1986 年,长清县有全国重点文物保护单位 2 处,省级文物保护单位 1 处,市级文物保护单位 3 处。2005 年 12 月,长清区被评为全国文物工作先进区。2008 年,长清区有各级文物保护单位 106 处,其中全国重点文物保护单位 4 处,省级文物保护单位 8 处,市级文物保护单位 13 处,县级文物保护单位 61 处,依法登记单位 20 处。

第一章 全国重点文物保护单位

1986 年,长清县有孝堂山郭氏墓石祠、灵岩寺 2 处全国重点文物保护单位。2008 年,长清区有孝堂山郭氏墓石祠、灵岩寺、齐长城遗址、汉济北王墓 4 处全国重点文物保护单位。

第一节 孝堂山郭氏墓石祠

位于城区西南 22 公里孝里铺南孝堂山上。孝堂山原名龟山,春秋战国时期称巫山,山顶上建有一石屋,相传是汉代孝子郭巨的墓祠。孝堂山以此命名。此石祠是中国现存最早的地面房屋建筑。石祠始建年月不详,从石室内石梁上有东汉永建四年(129)参观者的题记,证明石祠在此前即存在,从石祠内壁画风格分析其年代当在东汉之初。

石祠坐北朝南,平面为长方形,室内东西长 3.8 米,南北进深 2.13 米。前正中用八角石柱分隔为二,在八角石柱与后墙之间置三角石梁,使祠成为两间。石室内的北墙下横列东西向的低矮石台 1 座,系作为供奉祭祀之用。前檐东、西角有小八角柱各一,并有后代所加石板,支撑着前部房檐。

■ 孝堂山郭氏墓石祠外景 (2005 年 摄)

石祠的墙壁均以石材砌成,厚 0.2 米左右,东西山墙上端作三角形的大石,顶端直抵前后坡屋顶交叉点上,以承托屋顶两边的重量。后墙为长方形石块,承受后半坡屋顶的重量。前面东西两檐角下,各有竖立石条 1 块,以支持前檐的重量。

前檐有 3 根八角形石柱,两端各 1 根,直径较小,中间 1 根较大,上下端各有 1 个大斗,斗高均为27厘米，八角柱高0.86米，下面的大斗斗口向下，起柱础的作用，上面的大斗斗口向上，因需承托巨大的三角石梁的缘故，比例非常之大。上下大斗与八角柱系用1块整石刻成，非常坚固，经2000多年的沧桑变迁，石祠没有坍塌、变形，即与此支柱有关。而两旁的小八角柱，是后代人为补充前檐的两端支撑力量所添加。东边石柱上，刻有“维大中五年(851)九月十四日建”11个大字，西边石柱上，刻有“大宋崇宁五年(1106)岁次丙戌七月庚寅朔初三日，郭华自备重添此柱，并垒外墙”字样，可知，唐宋时代，即曾先后有人对石祠采取维护加固措施。

石祠屋顶的重量约20吨，主要落在东、西、北3面石板墙壁和南面3根八角石柱上。同时，在正中八角柱与后墙之间，安置一幅三角石梁，净跨2.03米，高0.78米，后山并有小出头，在前檐与三角石梁直角相交处，安设有石制挑檐枋1条，搁于八角柱和两端竖立的石条之上，以承托出挑之前檐。

石祠为两面坡的石板屋顶，雕刻出脊背、瓦垄、勾头、椽头、连檐等形状。屋顶单檐悬山卷棚式，在前后两坡相交的屋脊上，瓦垄作成卷背式，屋顶瓦垄用板瓦仰铺，筒瓦俯铺，檐头的结构是在挑檐枋之上出大连檐，刻出椽子出头，椽子头上承托小连檐，小连檐头上刻出仰置板瓦和瓦当，无飞檐。椽头与瓦当数目一致，但上下并不对齐，板瓦没有滴水。檐头均刻出卷杀，在屋顶的两端，即悬出两山之上的部分，以5行横向的短瓦垄作成“排山”的形式，檐角的一垄作45度的斜出形状。

山东是汉画像石荟萃之地，孝堂山郭氏墓石祠汉代画像是历代金石学家、学者和美术家重视的艺术珍品，在宋代金石家赵明诚的《金石录》、清代金石家翁方纲的《两汉金石志》、阮元的《山左金石志》、王昶的《金石粹编》和冯云鹏、冯云鹓的《金石索》中均有论述。这些技艺高巧的汉代风俗画，以流畅洒脱的阴文线条，再现了2000多年前山东地区的社会风貌和达官显贵的生活状况，是一幅珍贵而又生动的历史画卷。

石祠三面墙壁和三角石梁上，刻有精美的汉画，刻法是在平滑的石面上，用阴线刻出画像，部分采用凹入平面刻法。

北壁壁画正中，是3座高大的2层殿堂，旁有亭阁式阙门，殿堂内各有朝拜参谒图像，楼上各坐一排人物。殿堂下方，有人物和车马行列，上列是孔子见老子的故事，下列是车骑队伍，计车9辆，乘骑6匹，躬身迎送者各1人。左起第一辆车，上刻“二千石”3字。汉朝官员的等级，按俸米计算，地方最高长官是“二千石”，可见车内乘坐的是一位高级官员。殿堂高大，门前车骑如云，显示出死者生前社会地位的显赫。

殿堂上方的车骑巡行行列，与东西墙壁画同一水平线上的车骑图相互衔接，行进方向一致，实为一体，形成一幅横贯全室的庞大车骑巡行图。整个画面长达8米，计有各类人物117人，其中乘车者17人，御者8人，步卒17人，骑士60人，乘骆驼者2人，骑象者3人，迎宾者10人，车8辆，马74匹，骆驼和象各1头。其中北壁左端一辆华盖四马车，上方刻“大王车”字样，车前有鼓乐车导引，

■ 汉画像石·大王出巡图(部分) (2006年 摄)

说明车中乘坐者是一位高贵的王者。东墙壁画右端，有两列人物共 10 人，面向车骑迎接，最前一人头上方有一“相”字。按汉朝制度，当时封在各地的诸侯王，不得过问政事，政事有中央派去的“相”负责处理。今济南地区，汉时曾设有济南国和济北国。济北国在长清、平阴一代，因此，据推测，石祠主人应是汉济北王中的一个。

东墙壁画上端的三角部分，蛇尾人身手中持矩的是伏羲，持弓坐于屋下的是东王公，周围还有乐人、鼓车、戴镣的罪人等。下半部分，有历史故事、庖厨、乐舞、车猎、投谒等多种图像。庖厨图，有井有灶，牛、羊、犬、豕、鸡、鸭、鱼、兔俱全，厨夫忙碌操作，锥牛、宰羊，一片紧张准备景象。乐舞杂技，有建鼓舞、弄丸、高竿倒挂等演出节目。

西墙壁画上端的三角部分，是人首蛇尾的女娲，手中持规。西王母凭几端坐，近旁有手拿灵芝草的仙人、捣药的玉兔、三足鸟和九尾狐。下半部分，表现的是战争、献俘和围猎图景。战场上，胡汉两军对垒，张弓飞矢，人马奔驰，断头坠马，追亡逐北，战斗十分激烈。围猎图中，狩猎者或荷筚(捕鸟兽的网具)而行，或驱遣鹰犬，或举矛刺兽。陷入重围的虎、豹、鹿、兔惊慌万状，四处奔窜，画面表现的是对功业、胜利的赞颂，是对自然征服者的赞歌。

三角石梁东壁画像，正中是升鼎的故事，据《金石志》引《南越书》云：“熙安县山下有神鼎，天晴水澄可见，刺史刘道锡使人系其耳牵之，耳脱而鼎乃沉，执靷者莫不疾耳，盖尉陀之鼎也。”此画是打捞尉陀鼎的情形。在河岸的人头兽、人头鸟，像是《山海经》里说的神奇禽兽，其引弓射鸟者正是象征后羿射日的故事。

三角石梁西壁，画的是在一座桥上发生坠车的故事；石梁的底面是一幅星辰日月图。另外还有一块后补的画像石，上面画的是飞龙和类似猿的图像。

石祠西山墙外壁，刻有一篇北齐武平元年(570)《陇东王感孝颂》。额题“陇东王感孝颂”为篆书两行，颂文为隶书。申嗣邕撰文，梁恭之书。文后又刻有唐开元二十三年(735)杨杰题记。陇东王是当时担任齐州刺史的胡长仁。石刻字迹工整，笔势开张，用笔近似楷书，这是北齐隶书的共同特征。

《感孝颂》认为，孝堂山石祠，是汉孝子郭巨墓前的石堂。但是宋代金石学家赵明诚，已对此说表示怀疑。他在《金石录》中说：“右北齐《陇东王感孝颂》，陇东王者，胡长仁也，武平中为齐州刺史，道经平阴有古冢，寻访耆旧，以为郭巨之墓，遂命僚佐刻此颂焉。墓在今平阴县东北官道旁小山顶上，……冢上有石室，制造工巧，其内镌人物车马，似是后汉时人所为。余自青社如京师，往还过之，累登其上，按刘向《孝子图》云，郭巨河内温(今河南沁阳)人，而郦道元《水经注》云，平阴东北巫山之上有石室，世谓之孝子堂，亦不指言为何人之冢，不知长仁何所据，遂以为巨墓乎？”

郭巨是西汉时人，家居河南沁阳，距山东有千里之遥，显然不可能安葬于千里迢迢之外的异乡。而且壁画内容也完全与郭巨生平无关。目前考古学者，多认为石祠主人，应是汉代一个身份高贵的王者。

关于郭巨其人，清道光《长清县志》载：“郭巨，孝堂山下人，父早逝，事母至孝，家贫，甘旨苦不继。有子方三岁，虑其常分母食，因与妻谋曰：‘吾家财用寡乏，既不能致丰美以奉母，又分其半以饲子，是贻亲以饥馁也，思子可复得，而亲之年不可复得，不如陇此子并力以事母。’遂掘地欲埋之，至尺余，得金一釜，镌字十余曰：‘天赐郭巨，官不得取，民不得夺。’其纯孝格天如此。迄今《二十四孝录》尤传其事。”陇东王写的《感孝颂》，内容也是如此。看来，早在 1400 余年前这个孝悌伦理的神话故事就已传开。孝堂山郭氏墓石祠，为研究中国建筑学和绘画史及汉代社会生活提供实物资料。

石祠院东侧有明成化二十二年（1486）立的“汉孝子郭巨之墓”石碑。石祠外面原来曾有罩室，年久已废。新中国成立后，为保护好这一珍贵历史文物，于 1953 年重建罩室，并加筑一道围墙。1961 年，国务院在此室前西旁立“孝堂山郭氏墓石祠”大理石碑，列入国家第一批重点文物保护单位。至 1983 年，国家先后拨款 5.25 万元，7

孝堂山郭氏墓石祠碑刻 (2005 年 摄)

灵岩寺千佛殿泥塑 (2008 年 摄)

次对孝堂山郭氏墓石祠进行全面维修。1999 年,对石词及周边进行维修扩建,新建围墙、罩室,东西厢房及办公区等。

第二节 灵 岩 寺

灵岩寺位于万德镇境内的灵岩山南坡上,初建于东晋,兴于北魏,盛于唐宋。唐李吉甫将其与浙江天台国清寺、江苏南京栖霞寺、湖北江陵玉泉寺誉为域内“四绝”,宋人赞灵岩寺为“四绝中最幽”者。灵岩寺整个寺院依山就势而建,为一规模宏大的古建筑群。至清中叶,仍有殿宇 36 处,亭阁 18 座。历史文物众多,尤以 40 尊宋塑罗汉享誉海内外,被清末著名学者梁启超誉为“海内第一名塑”,被艺术大师刘海粟赞为“灵岩名塑,天下第一;有血有肉,活灵活现。”还有大雄宝殿、千佛殿、辟支塔、墓塔林等也享有盛誉。灵岩寺风景区峰峦奇秀,风景幽深,泉石秀丽,景象迷人。1982 年,灵岩寺被列为全国重点文物保护单位。1987 年,作为泰山的附属部分被联合国教科文组织公布为世界自然遗产。2001 年,灵岩寺旅游区被确定为全国首批 AAAA 级风景旅游区。

附:艺术大师刘海粟长清轶事

1983 年 11 月 23 日上午 9 时,著名艺术大师刘海粟偕夫人夏伊乔,在政协山东省委员会办公厅有关领导陪同下来到灵岩空军部队招待所。长清县委书记姬广文、县长尚瑞亭及县委办公室主任董荷荣、副主任赵光君、行政科长杜金三、区政府办公室副主任李文德等来到灵岩寺负责接待。稍事休息后,便驱车到灵岩寺游览。按游览路线,径直去千佛殿看彩塑罗汉,待行到大殿台阶前,导游介绍说:千佛殿内有 40 尊彩色泥塑罗汉,系宋代所造。其雕塑技艺精湛、个个传神生动、栩栩如生。历代文人骚客在灵岩寺留下很多诗词、碑刻,赞颂巧夺天工的彩塑罗汉。请看右边这通碑“海内第一名塑”便是梁启超所题。对梁启超的这一评价,刘海粟当时未作可否。于是,随人便搀扶着他进入殿内,由东往北而西逐一细察。当导游员讲解到“精进比丘鬼逼禅师”与“东土摩诃普提尊者”因谈论问题“说一不二”引起争执时,只见大师刘海粟左顾右盼驻足不前。并对夫人夏伊乔嘀咕了几句。接着转过头来对着大家两眼炯炯有神地说:“好啊!你看把神塑成人了。”他又指着“东土摩诃普提尊者”,“你看他不仅面部、肢体

个个唤起可谈心的彩塑罗汉 (2008 年 摄)

有气的感觉，就连衣服也有气的感觉。人人看了都会跟着生气！”经他这一指点，大家都伸头曲颈争睹这尊罗汉的灵气。随后，导游循循介绍“双贵堂神通破山和尚”“灵岩寺普朝郎公老和尚”以及被大家通称的“济公”即“灵山会上泊陀夷尊者”等。对导游员的讲解，艺术大师刘海粟或颌首称是，或补充遗缺，或纠其谬误。看完彩塑罗汉，他移足东面流连忘返。并说“我来山东20多天了，好东西没让我看。”陪同人员怕他劳累，劝他休息一会。可他还是望着“精”“东”二罗汉，反复谈论着那娴熟的技艺，有血有肉的灵气。从精神的饱满、情绪的洋溢、观看的兴致，可以说艺术大师刘海粟完全被那“个个唤起可谈心”的彩塑罗汉的艺术魅力所折服。然而他对导游员称宋代彩塑却不愿苟同。

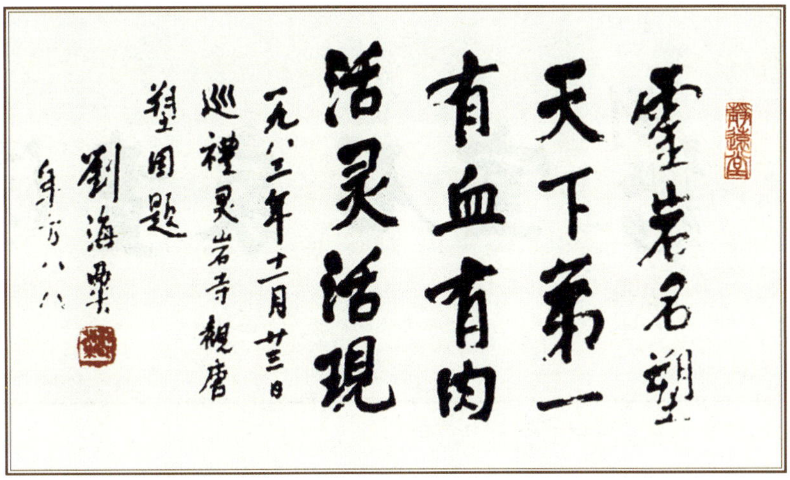

刘海粟为灵岩寺千佛殿泥塑题词

由千佛殿左拐汉柏北面西墙上镶嵌有一块苏轼的碑(现已拆除)。走到近前，还没等导游员介绍，刘海粟一边用手摸着漫漶的字迹，一边朗朗有声的读着：“醉中走上黄茅岗，满岗乱石如群羊。岗头醉倒石作床，仰观白云天茫茫，歌声落谷秋风长。路人举首东南望，拍手大笑使君狂”。读完，刘海粟凝视良久，又抱怨说：“我听说这里有苏东坡的碑，到山东20多天了，叫看不重要的。我今天看的是最好的”。经辟支塔到墓塔林后，县长尚瑞亭把大家都感兴趣的打曲棍球的塔座浮雕介绍给刘老，他说：“我不是来看故事的。”在他看完多种大力士的造型、欣赏了生动活泼的狮子、完善的花卉雕刻后，感慨地说：“真是佛法无边。”尚瑞亭不解其意，以为他信奉佛教。就问他：“说这话是什么意思呢？”。他说：“我所说的是文化的力量。”

回到灵岩空军招待所会议室，姬广文、尚瑞亭与刘海粟交谈，介绍长清物华天宝——“生谷之地未尽垦，山泽之利未尽出”，人杰地灵——小屯商代遗址的铜器、元代散曲家杜仁杰、清代黄崖山的张积中等众多的自然和人文景观。唯全国第一批重点文物保护单位——孝堂山郭氏墓石祠引起了他浓厚的兴趣。随即确定第二天去孝堂山看郭氏墓石祠。

饭后，陪同人员都忙着准备笔、墨、纸、砚。六尺的安徽宣纸平整地铺在会议桌上，墨是现研的。姬广文、尚瑞亭请刘海粟为灵岩寺题字。刘海粟边润笔边思索着。刹那间挥毫疾书“灵岩名塑天下第一”八个大字，他慢慢提笔抬头两眼凝视着大家说：“灵岩名塑是天下第一，我和梁启超是同学，他是高年级的。他是为官的，我是做学问的。他没有走出过国门，所以他说海内第一。”接着他又书下八个大字“有血有肉活灵活现”，从而使入静打坐千多年的彩塑罗汉具有了人的灵气，仿佛呼之欲出。待到题款时，他又搁笔伫立，口中吟吟有词：造型丰满、线条流畅、刀法遒劲、色彩……。霎时，他伏案落笔：一九八三年十一月二十三日　巡灵岩寺观唐塑因题　刘海粟　年方八八。这时有人提醒：“刘老，是宋塑。”然而刘老却手指唐塑几个字不容置疑地说：“是唐塑不是宋塑，错了我负责。”对这位学识渊博的艺术权威的定论，除夫人夏伊乔粲然一笑点头称是外，因大家都不谙艺术，所以都报以热烈的掌声表示赞同。到底是宋塑还是唐塑？作为长清县来讲，当然欢迎这一评价。因为这不仅仅是个时间提前的问题，而且对提高灵岩寺和长清县的知名度，以及彩塑罗汉的文化品位都有重大的意义。所以制碑时县里的意见就按原稿刻制。但去省文物局汇报时，局长刘谷极力反对，

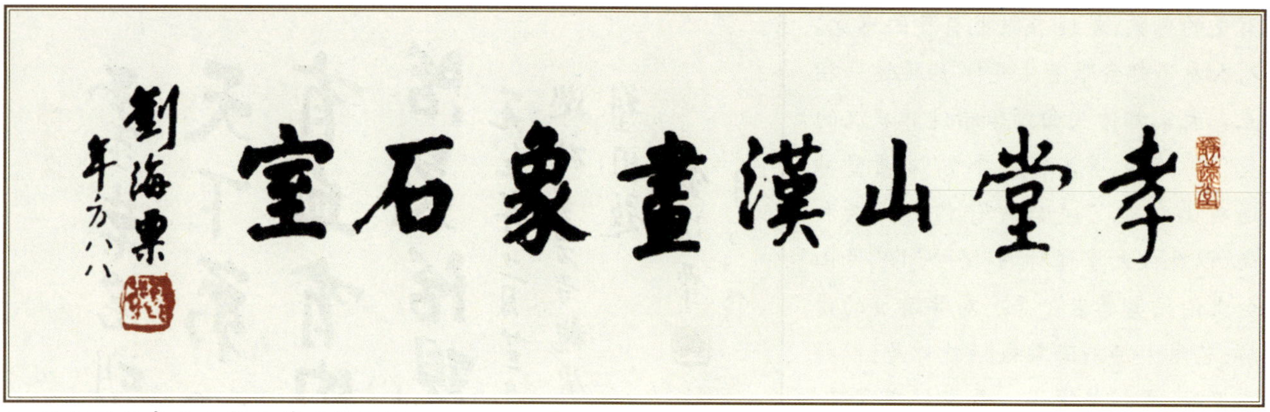

刘海粟为孝堂山郭氏墓石祠题词 (1983年 摄)

不能以某个人云就一锤定音。因此，现在伫立在千佛殿前的碑上“唐塑”两字就不见了（刘海粟回去一年后，由省文物局副局长由少平转来刘海粟更正“唐塑”的两个“宋塑”字）。

紧接着又书写了“鲲鹏展翅九万里”七个大字，题款为“长清县委谨存”。

第二天11月24日。为搞好接待，县里除原有参加接待的人员外，又增加熟悉孝堂山情况的县文化馆副馆长祝志诚。上午9点多钟，刘海粟一行到达孝里后直接参观孝堂山郭氏墓石祠。在祝志诚的导引下，先参观国务院公布为全国第一批重点文物保护单位的碑文，后走到罩室前，祝志诚扼要介绍“文化大革命”中山大红卫兵在破四旧时要砸毁，由于当地群众竭力保护才幸免被毁坏。刘海粟无比喜悦地说：“幸哉，幸哉！价值连城啊！”接着由姬广文、尚瑞亭搀扶他进石室看壁画。尚瑞亭用手灯照明，祝志诚在一旁躬腰介绍说：“这是治水的……；这是大王出巡……。”“啊！好啊！”突然刘海粟滔滔不绝地说：“我在上学时就知道孝堂山，我的保险柜里有拓片，不全了。在国外讲学也讲（1929年，刘海粟赴欧洲举办中国画展，并在德国法兰克福中国学院讲中国传统绘画理论），没实地察看过，可惜来晚了。你看这壁画，以阴纹刻线绘形，刻线婉转流畅，遒劲豪放。造型古朴典雅，构图优美，刀法娴熟。”他顺着手电指着西壁上胡汉两军对垒图中的人马奔驰、刀枪相搏的场景说：“刻马，气势雄健，你看那马的姿态就可以知道马跑的速度……中国画马就从这个时期开始，这里是画马的老祖宗。”在出罩室走到国务院1961年立的“孝堂山郭氏墓石祠”碑时，县里的领导说：“刘老，长清县的稀世珍宝灵岩寺彩塑你题了字，这里也请您给题字留念吧。”他欣然同意。同时又指着碑说：“确切讲这里应叫‘汉画像石室’，而不该叫‘郭氏墓祠’”，并叹息懂的人太少。最后大家合影留念，中午便返回济南。在济南南郊宾馆，刘海粟为孝堂山题字是“孝堂山汉画像石室”。

（李文德 撰稿）

艺术大师刘海粟（前右三）、夫人夏伊乔（前右二）与长清县委书记姬广文（前右一）、县长尚瑞亭（前右五）及县政府办公室副主任李文德（后右二）等合影

齐长城起点 （2008 年 摄）

第三节 齐长城遗址

齐长城为春秋战国时期齐国修建的军事防御体系，是中国现存最早的长城，是山东历史上最伟大的建筑工程。齐长城比著名的秦长城早近 500 年，比欧洲的雅典壁垒护道墙早百余年，被誉为“中国长城之最”和“世界壁垒之最”，被中国著名古建筑专家罗哲文誉为“长城之父”。齐长城西起长清区孝里镇广里村北 0.5 公里处，东至青岛市黄岛区小珠山入海，全长 618.9 公里。长清区齐长城遗址大致呈东西走向，呈“几”字形分布，犹如一条巨龙横卧在南部群山之中，依次经过孝里、双泉、马山、万德 4 乡镇，东入泰安境内，境内全长 97.8 公里，其中有遗址 79.2 公里，占全长的 81%。齐长城建筑结构以土、石及土石混筑为主，墙基有石筑和土筑两种，山上多为片石干垒、平原多以泥土夯筑。齐长城经过长清区南部多处高山，沿线多有山寨和城堡，从建筑的风格和地理条件分析，长清段应早于东部地区，筑城当在春秋时期。齐长城脉络清晰，丰韵犹存，双泉乡的杜庄山寨，其城墙、垛口、马道、兵营等防御设施保存完好。齐长城因地制宜、就地取材的特点以及在沿途设置不同等级、大小的关隘、城堡、军营、烽火台所构成的完整的军事防御体系，为研究中国古代政治、军事和文化提供较高的学术价值。中国的长城被列入世界文化遗产名录，齐长城是其不可或缺的重要组成部分。2000 年 6 月，中国东方文化研究会、中国文物学会、中国长城学会在长清召开首届中国齐长城文化学术研讨会，来自全国的 60 多位专家学者就齐长城的建筑年代、建筑特点、遗迹蕴藏等一系列问题进行学术研讨，取得丰硕成果。2001 年，齐长城遗址被国务院公布为第五批全国重点文物保护单位。

大峰山齐长城遗址 （2008 年 摄）

第四节 汉济北王墓

汉济北王墓位于长清区西南 15 公里处，由双乳山汉墓、福禄山汉墓和东辛汉墓三座墓葬组成，皆分布于济北国都城（今长清区归德镇卢城洼）以南 3 公里周边区域。20 世纪 70 年代，双乳山成为当地村民的采石场，在不断的开山采石中，墓道暴露。经国家文物局批准，由山东大学考古系、山东省文物局和长清县文化局联合组建考古队，对陵墓进行抢救性发掘。双乳山一号墓发掘工作自 1995 年 10 月开始，至 1996 年 7 月结束，历时 8 个多月，共出土包括金器、玉器、青铜器、铁器等文物 2300 余件，其中金饼、玉覆面、玉枕、错金银车马器等文物工艺

■ 凿岩成穴的大型双乳山西汉墓 （1995 年 摄）

汉墓葬具使用二重椁、三重棺，共五重棺椁。据《汉书》中记载“天子棺椁七重，诸侯五重，大夫三重，士再重。”在古代丧葬制度中棺椁数量的不同标志着墓主社会地位的等级。该墓以葬具五重棺椁证实墓主当属诸侯王级别。

经考古发掘确认，该墓虽严重破坏，但墓葬的主要部位未经盗扰。双乳山西汉济北王陵是新中国成立后山东省考古发掘中唯一未被盗掘的西汉王陵。双乳山西汉济北王陵的墓主身高 1.8 米，为仰身直肢葬。墓主头枕玉枕，面部覆有玉覆面，玉枕下铺金饼 19 枚，胸前后及身体左右各置一面玉璧；两手各握一玉猪；腰部置玉具铁剑及小金饼；身上七窍处置有九窍玉塞。反映出西汉以“玉敛尸求不朽”崇尚金玉的丧葬制度。

金饼，计出土 20 枚，为 19 枚大金饼和 1 枚小金饼。小金饼出土时放置在墓主人的下腹部位，19 枚大金饼放在墓主人头下玉枕南边。20 枚金饼总重量为 4262.5 克。在 1951年—1983 年国内发现的战国至西汉的金饼中，济北王陵出土的金饼数量不算最多，但重量却居第一。济北王陵出土的金饼上多有刻文和符号，文字多数为“王”字，少数为“齐”或“齐王”(有刻文和符号者均为国家一级文物)。这些刻文和符号，对研究济北国史和西汉时期经济流通状况等有着重要的价值。

玉璧，共出土 5 件。古代的人们以玉璧象征天圆，《周礼》记载：“以苍璧礼天”。在先秦时期，玉璧是代表身份的重要礼器。古人赋予玉璧特殊的意义，乃贵族墓葬中随葬的重器。墓中随葬的玉璧一般都玉质纯净、制作精良，放置在墓主人身体的周围，身体下边及前心处。但双乳山汉墓的 5 件玉璧，其玉质一般，在器物表面上可以清楚地看到雕琢和加工的痕迹，未经抛光处理，是什么原因如此草率简陋？这是西汉济北王陵考古中的一大迷案。

在双乳山汉墓出土的玉器中，尤以玉覆面最

精湛、精美绝伦，出土文物珍藏于长清区博物馆。双乳山一号墓规模宏大、形制奇特、保存完好，墓主为西汉第四济北国王刘宽。双乳山一号、二号汉墓均位于山顶，东西并列，相距 42 米，只是二号墓在形制规模上略小于一号墓，当为王后陵寝。双乳山汉墓东北约 1 公里处的福禄山，经调查考证亦有两座陵墓，封土高大，保存完好。双乳山汉墓西北 1 公里处的东辛村，亦有巨大的封土遗存。从规模、形制及地望等方面论证，福禄山汉墓和东辛汉墓，当属西汉济北王墓。双乳山汉墓发掘被评为 1996 年“全国十大考古新发现”之一。2001 年，汉济北王墓被国务院公布为全国重点文物保护单位。

双乳山一号墓位于双乳山山顶东部，依山为陵，凿岩为穴，坐南朝北，主要由封土、墓室、墓道几部分组成。封土为覆斗状，高约 10 余米，占地面积 4000 余平方米，封土 3 万多立方米，底边各长 65 米；封土下的墓室、墓道，总体呈“甲”字形双重竖穴式结构，即墓室、墓道都留有较大的二层台，分为上下两部分，上大下小，上浅下深。墓道南端靠近墓室的东西两侧，各有一向内凸出的 1.5 米的基岩石壁，以象征阙门。墓室、墓道南北总长 85 米，墓室总深度 22 米，墓道总深度 18 米，总面积近 1500 平方米，总凿石量 8800 多立方米，填土总量 5 万立方米左右。该墓以占地面积最大，封土、填土、凿石量最多，而居西汉王陵考古之最。

双乳山汉墓出土的玉覆面
（1996 年 摄）

为精美，为国家一级文物。玉覆面出土时盖在墓主人的面部，其组合、形状、结构都很清晰，由额、腮、颊、颌、耳等 17 块玉片和玉鼻罩组合而成，它的各部件都是用玉料直接加工而成，各部件形状和总体造型均为写实风格，形象逼真，为连缀而设的穿孔均隐蔽在背侧面，做工极为细致。特别是鼻罩是由一整块玉石雕镂而成，其形状为半锥体，内琢空，鼻梁直挺，两翼微鼓，透雕有云雷纹，下端透雕两个三角形鼻孔，造型新颖，是至今为止所发现玉覆面中最为精致的一件。

玉枕，出土时置于墓主人的头下，由木板、玉枕足、底板、玉面板、玉边板和兽头饰等 14 块玉组成，其结构布局合理，雕刻工艺水平很高，玉枕足由青绿玉雕成，正面饰有勾连云纹和凹玄纹，中部两侧为对称透雕的涡纹组成兽眼，下部有分开的两足象征兽嘴。该玉枕保存完好，是一件难得的艺术珍品，为国家一级文物。

出土的九窍玉塞由口晗、玉耳塞、玉鼻塞、肛塞、玉阴罩和手握组成。玉晗，放置于墓主人的口中（用饭玉放置于死者的咽喉部是当时的一种葬仪），做成蝉形乃取其蝉蜕复生之意。两件猪形玉手握，出土时置于墓主人的手中。手握为长柱形，其上用简单的线条，即俗称的“汉八刀”以宽阴线刻画出猪头及四肢，寥寥数刀，概括传神。

该墓还出土 20 枚西汉五铢，置于墓主人的腰部位置。据汉书记载，汉武帝元狩五年（公元前 118），开始使用五铢钱。这些钱币，外部清晰，文字规范，铸工精细，“五”字两竖交笔较直。“铢”字的金旁和朱旁平齐，金字头基本呈三角形，朱头方折，具有明显的早期特征，为准确确定墓葬的年代提供直接证据。

济北王陵中出土九鼎、八壶等青铜器具。鼎在原始社会最初出现时是一种炊具。商周时期，演变成一种重要的礼器，象征着权利及身份的尊贵，成为统治者显示身份和地位的标志。当时社会的用鼎制度为：周天子用九鼎，诸侯七鼎，卿大夫五鼎，士三鼎，老百姓不准使用鼎。春秋战国之后用鼎制度日趋式微，墓葬中也有超越级别的多鼎出现。西汉时，鼎已进一步淡化为统治阶层的日常生活用具，用鼎制度已不复存在。济北王陵中虽然出土九鼎、八壶，但相比于商周时期的九鼎，已不可同日而语。从出土的鼎来看，器壁较薄，造型简单，特别是鼎耳铸在器物的腹部，形成汉代铜鼎的显著特点和风格。

双乳山汉墓出土马车 5 辆，其中大车 3 辆，冥器小车 2 辆（马车木质部分已经腐烂）。5 辆车共出土各类铜、铁实用车马器和车马冥器 1734 件（套），大部分为铜质鎏金和纹饰精美的错金银器。其中的四件错金银铜环，为国家一级文物，上面有云雷纹、山川纹饰，还有天狗吃月亮的神话故事图案和奔鹿、猛虎、猴子、鸽子、大雁、仙鹤、野兔等飞禽走兽的动物造型，构图简洁明快，造型生动逼真，惟妙惟肖，嵌工精细、线条流畅，金、银、铜三色对比鲜明，再现西汉时期超前的现实审美思想和高超的工艺。

据考证，双乳山西汉济北王陵的墓主为第四济北国王刘宽，而陵墓的发掘也为今天揭开已湮灭 2000 多年的西汉济北国一段惊心动魄的兴亡历史。济北国，始见于秦朝末年，公元前 207 年刘邦、项羽攻克咸阳，秦朝灭亡。前 206 年 4 月，项羽分封各诸侯王时以秦济北郡封齐人田安，这是第一济北国。是年 10 月，因田安参加反对项羽的阵营，被项羽擒杀，济北国因之灭亡。前 202 年，楚汉相争中项羽败亡，刘邦称帝，定都长安，成立西汉王朝。前 195 年，汉高祖刘邦驾崩。前 179 年，汉文帝刘恒立，于前 178 年封刘兴居为济北王，这是第二济北国。前 177 年，第二济北王刘兴居因谋反而废，第二济北国撤除。前 164 年，因刘志有功于汉景帝而被封为济北王，这是第三济北国。前153年，衡山王刘勃因平叛吴楚七国叛乱有功封济北王，这是第四济北国，也是西汉最后一代济北国。前140年，汉武帝刘彻立，开创中华民族一个最辉煌时期。前97年，济北王刘勃薨，其子刘宽立。刘宽于汉武帝天汉四年（前97）继位，后来因与其父之后、姬淫乱，逆悖人伦，同时又犯有在祭祀时诅咒天子等罪行，在公元前87年被汉昭帝派人查办，在逮捕其进京时，刘宽因畏罪自刎而亡，济北国也因之撤除，其封国划归西汉位于今平阴县东北的北安县管辖，西汉济北国从此以后灭绝。畏罪非正常死亡的墓主刘宽就是“为什么济北王陵形制如此宏伟，但像玉璧等重要的礼器却又简单草率”的原因。

第二章　省级文物保护单位

1986年，长清县有小屯遗址1处省级文物保护单位。2008年，长清区有省级文物保护单位8处，分别是小屯遗址、张官遗址、大柳杭遗址、月庄遗址、明德王墓群、石佛堂、五峰山洞真观、莲花洞石窟造像。

第一节　小屯遗址

位于长清区归德镇小屯村东、前平村西南的濒河高地上，小屯水库北侧，占地面积7200平方米，该遗址为1956年修建小屯水库时发现的。1961年冬，修建水库溢洪道时，在东部高地南端又发现青铜器20余件，前后共发现青铜、陶器文物计140件，其中青铜器114件。经省文物管理局和有关考古部门鉴定是商、周时期的觚樽、鼎、爵、戈等，分别由中国历史博物馆、山东省博物馆和区文化馆收藏，其中有两件文物出国巡展。该遗址对研究商代历史、山东古国史有着极重要的价值。1977年12月，小屯遗址被公布为山东省文物保护单位。

第二节　张官遗址

位于长清区归德镇张官村北，为新石器时代遗址，遗址分布有后李、北辛文化遗存。1988年，文物普查时发现。1992年，被公布为山东省第二批文物保护单位。张官遗址东西长约200米，南北宽约150米，总面积3万平方米，文化堆积厚约1.5米，土质较坚硬，采集遗物未见石、骨、蚌器。1999年、2003年先后两次发掘，发掘的陶器均为夹砂陶，未见泥质陶，纹饰均以附加堆纹为主；器类以釜为主，骨器以骨锥为主，而石器以磨盘、磨棒为大宗。经发掘证明：张官遗址介于新石器时代后李文化早期与北辛文化早期之间，属后李文化晚期类型。张官遗址的发现弥补山东地区新石器时代谱系的空白，具有重要的研究价值。

第三节　大柳杭遗址

位于长清区双泉乡大柳杭村西南，为新石器时代遗址，有新石器时代大汶口与龙山文化遗存，兼有少量汉代遗存。采集陶器标本中有大汶口文化特征的夹砂红陶鼎、夹砂灰陶鼎、泥质红陶壶、泥质黄褐陶盆、泥质灰陶罐等，龙山文化的夹砂黑陶鼎及汉代的夹砂灰陶瓮、罐，泥质灰陶盆、罐、纺轮等。遗址保存较好，一直未曾发掘。1992年，被公布为山东省第二批文物保护单位。

第四节 月庄遗址

位于长清区归德镇月庄村东北部。20 世纪 80 年代,文物普查时发现。1997 年,公布为县级文物保护单位。该遗址主要为新石器时代早期文化遗存。2000 年、2003 年先后两次发掘,发现新石器时代、东周、唐时期的遗迹和遗物。遗迹主要有灰坑、墓葬和沟,遗物以陶器、石器、骨器为主。器形主要有釜、钵、罐、壶、碗等,釜的数量最多,形制有带扳釜、叠唇釜等几类。石器以磨制为主,有少量打制石器,器形有斧、锛、磨盘、磨棒、石球等。月庄遗址发现的新石器时代遗存晚于后李文化的西河、小荆山遗址所代表的一类遗存,而早于北辛文化早期遗存。月庄遗址的发现弥补山东地区史前时代后李文化与北辛文化之间的缺环。2006 年,被公布为省级文物保护单位。

月庄遗址出土的部分文物 (2003 年 摄)

第五节 明德王墓群

位于长清区五峰山街道东马村路东,青崖寨之阳,当地俗称“十八王林”。德王是明英宗朱祁镇第二子朱见潾及其嫡长子孙的封号。清道光版《长清县志》载:“明德庄王墓、德懿王墓、德怀王墓、德恭王墓、德定王墓、德端王墓俱在县东南四十里青崖山之阳。”各墓碑刻、石像均已无存,多数陵墓及垣墙也已倾塌。1993 年春,对最大的一座德王墓进行抢救性发掘,文物大部被盗,仅存石棺床 3 个,石刻两宗,是德庄王朱见潾和王妃刘氏及其子的

明德王墓陵园围墙 (2008 年 摄)

合葬墓。德王墓群,是全国规模最大、保存最为完整的明代亲王的家族墓地,对于明代亲王陵墓制度的研究具有重要意义。2006 年,被公布为省级文物保护单位。

第六节 石佛堂

位于长清区孝里镇北黄崖村北约 800 米处的

石佛堂 (2008 年 摄)

山坡上。石佛堂创建于唐开元二十五年(737),为悬山式全石建筑,坐北朝南,东西长180厘米,南北宽152厘米,高186厘米。堂内刻有大小佛雕像89尊,室外两侧刻有天王像各1尊,最大石像高60厘米,宽30厘米,最小石像高12厘米,宽6厘米,刻纹清晰,栩栩如生。1914年,修建单体覆斗室方形石罩室,佛堂石像面部大多在"文化大革命"中被毁,部分还较完整。2006年,被公布为省级文物保护单位。

五峰山洞真观——皇宫门 (2006年 摄)

第七节 五峰山洞真观

亦名神虚宫、北观,俗称大庵,位于长清区五峰山街道石窝村东侧。五峰山因由五个并列秀丽山峰而得名。五座山峰呈半圆形,从西向东依次为迎仙峰、望仙峰、会仙峰、志仙峰、群仙峰,五峰绵亘错列,云绕峰巅,泉出石罅。古有"登泰山而小天下,上五峰始知清幽"之说。五峰山自南北朝以来便有佛事活动,金元以来,辟为道观。明万历年间,又进一步整修扩建,分为南观、北观,成为道教圣地,为江北最大的道教圣地之一,与泰山、灵岩并称"鲁中三山"。洞真观坐落在五峰山山阳志仙峰下,环抱在绿树浓荫之中,宫、亭、台相互掩映,风景绝佳,其主要建筑有皇宫门、钟鼓楼、玉皇殿、碧霞祠、真武殿、隆寿宫石坊、百丈阶、三元殿、九莲圣母殿、鲁班祠、朝阳洞、青帝宫等,古建筑群遗址占地面积187万平方米。洞真观中有众多古碑,最早者为三元殿前金大定十年(1170)礼部牒碑。1979年9月,五峰山古建筑群被评为市级文物保护单位。2006年,被公布为省级文物保护单位。

第八节 莲花洞石窟造像

位于五峰山迎仙峰西侧的山崖处,借自然山体,凿岩成窟。广阔各近3.3米,窟高3米,窟外另砌券拱门,门额置"天启六年五月圣佛莲花洞"刻石。洞中雕有主佛1尊,为一佛二菩萨二弟子建造样式,四壁及拱门两侧雕小佛254尊,窟顶有彩色莲花52朵。洞门两侧有佛像33尊,洞内造像题字大半尚可辨认,有"卢义基为之妻造像"等20余处,还有洞左边东魏武定五年(547)、北齐乾明元年(560)的造像题名。造像雕凿年代为东魏、北齐之间。1979年9月,被评为市级文物保护单位。1992年,被公布为省级文物保护单位。

莲花洞石窟造像 (2007年 摄)

第三章　市级文物保护单位

1986年，长清县有莲花洞石窟造像、五峰山古建筑群遗址、大峰山革命遗址3处市级文物保护单位。2008年，长清区有市级文物保护单位13处，分别是万德西南遗址、东三里遗址、陈庄遗址、张营遗址、卢故城遗址、神宝寺遗址、四禅寺遗址、真相院释迦舍利塔地宫、大成殿、王泉摩崖造像、龙兴寺丈九佛、大峰山革命遗址、史元厚烈士纪念堂。

第一节　万德西南遗址

位于长清区万德镇万德村西南约400米，北大沙河西岸。1988年4月，文物普查时发现，面积1万平方米，文化堆积厚1米左右。采集遗物有陶钵、鼎、罐、盂及石磨棒、斧、锛、铲等，有后李——西河类型、北辛文化和大汶口文化遗存，保存尚好。是济南地区新石器时代早期的重要遗址之一。1995年，被公布为济南市文物保护单位。

第二节　东三里遗址

位于长清区文昌街道东三里村东北。1988年4月，文物普查时发现，面积10万平方米，文化堆积厚约2米，内涵单纯，为岳石文化遗存。采集遗物有陶鼎、罐、舟形器及石斧、镰等，保存较好，是济南市岳石文化重要遗址之一。1995年，被公布为济南市文物保护单位。

第三节　陈庄遗址

位于长清区文昌街道陈庄村西南，西部紧临省道104公路，遗址所处地势平坦，面积约10万平方米。遗址为商周文化遗址，另有少量大汶口及岳石文化遗存。1985年春，由山东省文物考古研究所和济南市文物处调查发现。从村南东西向生产路以北的取土场断崖观察，文化堆积厚在1.5米以上，内含遗物极为丰富。采集遗物中有大汶口文化的泥质红陶片等，岳石文化陶片中可辨器形有夹砂黑灰陶甗、泥质灰褐陶绳纹罐、浅盘豆等。商周时期的陶片中夹砂陶多于泥质陶。陶色以红为主，次为灰色，亦见少量黑灰陶。纹饰以绳纹最为常见，亦有附加堆纹、弦纹、三角划纹等。器形有鬲、罐、盆、瓮、假腹豆等。初步观察属于商代殷墟中后期至西周早期的遗物。遗址保存较好，对于研究商周文化特点及其中原地区关系，具有重要价值。1995年，被公布为济南市文物保护单位。

第四节　张营遗址

位于长清区孝里镇张营村东南。1981年，调查发现。1988年，作复查。遗址处于南北长360米、东西宽300米的高台上，面积10万平方米，文化堆积厚2.5米左右，包含龙山文化和商周等时期的遗存。采集遗物有商周时期的铜爵杯、陶鬲、豆、罐及石斧、石刀等，保存尚好。1995年，被公布为济南市文物保护单位。

第五节　卢故城遗址

卢故城遗址位于长清区归德镇国庄一带。新中国成立初期，尚有土城垣断墙，夯土墙基宽约15

卢故城遗址 （2004 年 摄）

米，上端为 10 米，高约 5 米，四门为石拱券门。1958年—1977 年，古城址整为平地，现已无痕迹。经调查，遗址长约 2000 米，宽约 1200 米，总面积约 240 万平方米。曾在此出土灰黑陶片、大筒瓦、石砖、铜铁器等遗物，从器物考证为西周遗址。卢故城是世界卢姓发祥地。2007 年，被公布为济南市文物保护单位。

附：韩国前总统卢泰愚到长清县寻根问祖

1987 年 12 月，卢泰愚当选为总统。1988 年 2 月 29 日，为打开韩国与中国外交问题，卢泰愚在青瓦台总统府召见他的家庭私人主治医生和挚友韩晟昊，决定派韩晟昊先到中国探路。韩晟昊是祖籍山东省诸城的著名社会活动家，找到好友韩国爱国老华侨吕其本，经吕其本又找到香港籍山东省政协委员、香港日东有限公司总裁张锡九，并向张锡九说明卢泰愚的愿景。张锡九随即飞往山东进行沟通协商。1988 年 4 月，韩晟昊、吕其本、张锡九三人经香港乘火车到济南，山东省省长姜春云热情地接待了他们。经过多次交谈，双方达成协议，先开展民间经贸交流。几经周折，于 1992 年 8 月 24 日，中国与韩国正式建立大使级外交关系。是年，山东省副省长李春亭对韩国进行访问，卢泰愚在会见李春亭时说：“我的祖籍在山东，先祖是太公姜子牙，我也是山东人啊！”并恳切希望李春亭能够帮他寻根，以便日后拜祭卢氏先祖。李春亭回国后，立刻批示省地方史志办公室查证。省地方史志办公室向全省发出通知，在全省史志系统展开深入的卢氏族姓源流历史调查。长清县志办、文物部门接到通知后一致认为：本县归德镇古卢城洼疑似卢氏发祥地。于是组织马前卫、李勇等分赴平安店镇石马、名庄、卢庄等卢姓村庄走访询问卢氏源流状况，到归德镇国街村、坟台村走访调查卢故城和“坟台”卢国国君墓（俗称卢王墓）遗址的佐证材料，同时又查阅《长清县志》等古籍资料。在此基础上，省、市组织山东大学教授任相宏等专家学者到归德镇卢城洼进行实地考察、论证，最后确认卢故城即是世界卢姓发祥地。

约公元前 730 年—698 年，齐襄公荒淫无道。他的几个弟弟为避祸纷纷外逃，其中公子小白在鲍叔牙的辅佐下逃往莒国。齐襄公被杀后，国、高二氏密召小白回国继任，小白抢在公子纠之前先回，立即被国、高二氏立为国君，这便是后来称霸诸国的齐桓公。高氏即高傒，乃姜太公第十一代（又说十三代）孙，因拥立齐桓公为王而封赏于卢，并创建卢子国，卢傒为首任卢子国王。高氏自此改姓为卢，卢傒是天下卢姓的始祖。

史载，唐朝卢氏有八任宰相，至公元 874 年，山东曹县黄巢、河南濮州（今濮阳）王仙之起义，于公元 880 年攻陷洛阳，潼关也随即失守，京师长安大乱。为躲避灾难，时任刺史的大学士卢惠携家眷及 9 子和另外 7 名要好的大学士任责、陆重、田火、徐稻、苏、朱稷、阎稽，乘船东渡到朝鲜。卢惠与一路同船的 7 位好友结为金兰，誓曰虽不能同姓但可同名，议定各在名讳旁加一“禾”，卢惠遂改名为卢穗。他的 9 个儿子即为韩、朝卢氏的九大支，繁衍至今，韩国卢氏家族已有 40 多代，30 多万人。

卢泰愚(前排右四)及其夫人金玉淑(前排右五)等访问长清县卢庄村（2000 年 摄）

2000 年 6 月 18 日，韩国前总统卢泰愚偕夫人一行到长清县寻根问祖。上午 9 时，在平安店镇卢庄村举行欢迎仪式，卢泰愚在主席台就座并发表热情洋溢的讲话。欢迎仪式结束后，卢泰愚走到宗亲当中与大家畅叙亲情。随后，卢泰愚偕夫人金玉淑一行驱车 10 公里，到长清县城西南归德镇的“卢城洼”。在卢故城遗址碑前，长清县人大常委会副主任、长清县卢氏源流研究会名誉会长卢现起，向客人详细介绍卢故城的方位、规模、沉没原因等，主客并进行深入交流。到卢国国君墓(高侯死后葬于封地，俗称卢王墓)遗址后，卢现起指着附近的村庄说，这个村叫“坟台”，是因卢国国君墓在此而得名。卢泰愚随即与夫人金玉淑来到墓碑前，怀着虔诚而崇敬的心情，恭敬地向卢氏鼻祖卢国国君墓碑深深三鞠躬，并在墓前合影留念。上午 11 时许，卢泰愚及夫人一行参加在长清县委会议厅举行的“世界卢氏源流研究会创立大会”。会上，县长卞允斗首先致辞表示热烈欢迎，卢泰愚发表激励辞。来自韩国、泰国、马来西亚、新加坡等国家和香港、台湾及全国各地 800 余名卢氏代表参加这次大会。会后，长清县政府在长清宾馆举行欢迎宴会款待韩国客人。县长卞允斗致欢迎辞、卢泰愚致答谢辞，双方互赠礼物。席间，宾主亲切交谈，气氛十分欢乐融洽，充分体现了卢氏族人和中、韩两国之间的友好情谊。（李文德 卢宪震 撰稿）

第六节 神宝寺遗址

位于灵岩寺西北向约 3 公里的灵岩山后，原名静默寺，由北魏正光元年(520)法定与僧朗和尚共创，因处于深谷宝山之中，唐代改称为神宝寺。《灵岩志》中载有“先建方山之阴曰神宝，后建方山之阳曰灵岩”。从现存的《大唐齐州神宝寺之碣》、盛唐遗存精品四方佛上看，神宝寺在唐代时期是具有相当规模的寺庙。《大唐齐州神宝寺之碣》碑侧刊有唐大书法家李邕书写的《佛说密多心经》，说明社会名流亦经常光顾。至唐武宗会昌五年(845)灭法，神宝寺与灵岩寺一样，遭到空前的劫难，再也没有兴起。遗址现被小寺村落覆压。1995 年，被公布为济南市文物保护单位。

第七节 四禅寺遗址

四禅寺原名永庆寺，位于长清区张夏镇驻地东北 2.5 公里处土屋村北。现存有证盟塔(内有宋代主佛 1 尊、菩萨 3 尊)1 处，宋代经幢 1 座，清代钟楼、墓塔 2 处，还有宋至民国碑刻 9 通、华表构件等，其中尤以宋代经幢最为著名，幢础、幢身、宝盆、露盘、刹顶均完整，经幢呈八角形，高 4 米，雕刻细巧，古朴大方，具有较高的艺术水准。证盟塔位于四禅寺遗址北面的小山上，是一座石砌单层塔，保存完好，塔成方形，南面开半圆形拱门，塔身之上用石板叠涩挑出 3 层塔檐，塔的顶部用 19 层石板向上收叠，形成锥形屋顶，顶部置石制仰莲塔刹，塔依山而建，只有西、南两面墙，另两面凭借山体。整个四禅寺内容丰富，为佛教史的探讨与研究提供较为重要的实物资料。1995 年，被公布为济南市文物保护单位。

四禅寺证盟塔 (2005年 摄)

四禅寺经幢与钟楼 (2008年 摄)

附:"李布政耙和尚"传说

明嘉靖年间,"李布政耙和尚"传说就发生在四禅寺。李布政是指李侨,李侨是长清城西庞庄(今文昌街道三龙庄)人,明嘉靖间癸卯科进士,仕至山西左布政。李侨小时,在张夏土屋村亲戚家读书,村旁有四禅寺,寺里有个和尚名"法元",他仗势欺凌妇女无数,李侨发誓要除掉这一害。后来李侨官至山西左布政,在皇帝面前参了"法元"一本,皇帝碍于情面,说了声"罢了",意思是说算了。李侨便将计就计,回来便把"法元"栽在地里,只露个脑袋,用牛拉着耙给耙了。皇帝知道后也无可奈何。这个故事在济南周边地区广为流传。当地人称"和尚林子"的墓塔林,"文化大革命"期间被破坏,仅存的一块记载藏有十八罗汉等古物的地宫密口方位碑,现已流失。

第八节 真相院释迦舍利塔地宫

位于长清区老城区粮油加工厂院内,始建于北宋元丰八年(1085)。塔基之上建筑早已毁坏。地宫位于塔基中间,为砖筑仿木结构,由宫室和两侧的甬道3部分组成。地宫高3.80米、宽3米,通长13.2米。宫室内平面呈方形,南北长2.63米,东西宽2.53米,底部至深井顶部高3.72米。地面经夯打实,用条砖横列错缝平铺。南北两壁之间有券门,高1.78米,宽0.84米,与两侧的甬道贯通。共出土文物19件,其中有银罗汉9件,均立姿,神态各异,形象生动;碑刻3通,其

真相院舍利塔地宫——舍利函 (2008年 摄)

中苏轼元祐二年(1087)撰书的《齐州长清县真相院释迦舍利塔铭》刻石,刻工精细,无一残缺,堪称古代书法的瑰宝,弥足珍贵。1995年,被公布为济南市文物保护单位。

第九节 大成殿

位于长清区老城东门里,原县文化馆院内,系县文庙之正殿,肇于宋,历元、明、清,多有修葺。面阔7间,进深3间,单檐庑殿顶,8架椽,4架梁,前后接单双步梁,顶施灰瓦,5脊俱存,檐下施以斗拱,为六铺作,单挑双昂,横拱安3个装饰浮云、麻叶头尾饰,用一挑杆斜承于下金檩的下面。中3间,安四钏袱,内置以平基,其间隔上下。中3间安隔扇,稍间安槛窗。斗拱除尽间、补间铺作一朵,余均为二朵,现该殿保存完好。1995年,被公布为济南市文物保护单位。

文庙大成殿 (2006年 摄)

第十节 王泉摩崖造像

位于长清区张夏镇王泉庄东南800米处的山峪中,由朝阳洞、"五十三参"、背阴洞三组造像组成。造像分别依山凿穴于北山腰之阳、南山腰之阴,均为自然岩洞略加工而成。朝阳洞,主佛像高1.07米,坐于莲花之上,迦叶、阿难像高0.54米,分列两侧。"五十三参"(当地俗称)由53尊佛像组成,主佛高大居中,小龛造像分列四

隋朝摩崖造像五十三参 (2007年 摄)

周,形态各异。造像从雕凿风格上为唐代遗风。背阴洞刻有观世音菩萨造像,菩萨坐于菩提树下,旁又刻有人与动物、武士问樵夫、刀劈活人等神话传说及形象,整铺造像虽历侵蚀,但整体基本完整,为南北朝早期作品。1995年,被公布为济南市文物保护单位。

第十一节 龙兴寺丈九佛

位于长清区文昌街道陈庄村南端,坐北朝南,现存有一石筑方形盝顶佛殿,佛殿全石砌筑。殿内立有丈九佛一尊,佛为释迦牟尼像,圆雕,立于硕大莲花之上,身躯及莲花座各为一巨石凿成。佛着通肩式衣衲,面部扁平,颐颊丰满,鼻高隆起,直通额平,两脚肌肉丰满,应为初唐之佳作。现佛像虽经多年风蚀,但风采依旧。室内四周原皆有佛像,后两像面南,前两像相对,现西南及东北造像已无存。1995年,被公布为济南市文物保护单位。

龙兴寺丈九佛（2008 年 摄）

第十二节　大峰山革命遗址

位于长清区孝里镇岚峪村东，距城区 24.5 公里，西临 220 国道。大峰山林深谷幽，峰峦峻峭，海拔 376.2 米。1938 年，冀鲁豫军区第八分区政治部主任魏金三等人来此开辟大峰山革命根据地，是年 6 月，中共长清县委在此成立。1938 年 6 月至 1948 年 9 月，中共长清县委一直在此办公。大峰山革命根据地，为开展抗日武装斗争，建立人民民主政权，建设人民军队，解放全中国，做出重大贡献，培养大批领导骨干和高级将领。新中国成立后，县政府在此修建革命烈士陵园，陵园内安葬着 22 名革命先烈，其中包括一位在抗日战争中牺牲的日本反战同盟战士（共产党员）。大峰山还有璇玑洞、峰云观、三教堂、天麻峪、簸箕掌、南北大山寨等文物遗迹。大峰山革命遗址是济南市重要的爱国主

中共长清县第一届县委办公地址　（2008 年 摄）

义、革命传统教育基地。1979 年，被公布为济南市文物保护单位。

第十三节　史元厚烈士纪念堂

位于长清区马山镇潘庄村内，距城区 19 公里。史元厚烈士生前为上海铁路局公安处战士，1953 年 2 月赴朝鲜参加抗美援朝。1953 年 12 月，为抢救朝鲜落水儿童光荣牺牲，被中央军委授予国际主义战士称号。1954 年，为纪念和弘扬史元厚烈士的爱国主义精神和国际主义精神，由中央政府批准在烈士的家乡修建史元厚烈士纪念堂。纪念堂为四合院式建筑，占地面积 1067 平方米。大门呈八字形，砖券门，墙基为青石砌筑，木制直棂双扇大门。院内正房 5 间，东西配房各 3 间。正房迎面悬挂着“罗盛教式”的国际主义战士史元厚烈士的遗像，四周挂有巨幅挽幛。史元厚烈士纪念堂是进行爱国主义、国际主义及革命传统教

史元厚烈士纪念堂　（2008 年 摄）

育的基地。1995年，被公布为济南市文物保护单位。

附：长清仙人台邿国贵族墓地

位于长清区五峰山街道北黄崖村南约500米的一块突兀的小平地上，自1958年钓鱼台水库建成后，库水积蓄水位上升，致使北、南、西三面环水，呈一岛屿状。遗址高出河床及周围地面4~20米，是一处典型的河旁高台遗址。其文化性质较为复杂，包括岳石文化和西周、东周、汉代等不同历史时期的遗存，其中以西周早期聚落和周代邿国贵族墓地的资料最为丰富和重要。1995年，山东大学历史系考古专业92级学生来此实习发现，由教授任湘宏及方辉、崔大庸带领，后经国家文物局、国家考古队批准发掘。仙人台遗址面积1000平方米，共发现墓葬6座。除1号墓于1975年被洪水冲塌，铜礼器(大部分现藏区博物馆)暴露被取出扰乱之外，其余5座墓葬只是局部遭到自然破坏，没有被盗掘，保存尚好。出土随葬品共计320多件(套)，其中青铜礼器79件、青铜乐器29件、青铜兵器57件、青铜车马器36件，玉石礼器20多件、石乐器24件、玛瑙玉骨等装饰品10多件、陶器60件等。有许多随葬品是首次发现，如利用失蜡法铸造并镶嵌宝石的双龙镂孔圆柄短剑，是全国所见到的最早的蜡模铜铸件。该墓地时代跨度为西周晚期偏晚阶段到春秋晚期偏晚阶段。邿国是周代东方一个附庸小国，由于国小位卑，所以文献记载极少。墓地的发现不仅补充文献记载的不足，更为邿国历史研究提供可靠丰富的材料，彻底改变人们对于邿国地望的传统认识，也为商周考古的研究提供一批珍贵的资料。长清仙人台邿国贵族墓地，以其保存完好，埋葬习俗奇特，随葬品丰富珍贵，年代清晰，国属明确，意义重大，被评为1995年全国“十大考古新发现”之一。

仙人台遗址出土文物 (1996年 摄)

第四章 文物管理

第一节 馆藏文物

1984年9月，长清县博物馆建立。1985年年底，县博物馆共征集收藏文物1200件，其中铜器150件、陶器700件、石器50件、玉器20件、字画10件、石刻艺术品160余件、革命文物110余件，全县境内有唐至民国碑碣700余块，其中有保护价值的200块。1996年，双乳山西汉济北王陵文物出土后入藏长清县博物馆。1997年，由于西汉济北王陵出土文物均有不同程度的损坏，县博物馆组建专业的文物修复队伍，在中国

双乳山出土文物精品展 （2002 年 摄）

社会科学院考古研究所文物修复专家的技术指导下，严格遵循“不改变文物原状”和“修旧如旧”的原则，形成传统工艺与现代科技相结合的系统修复方法，对所出土的 2300 余件文物进行修复保护。“西汉济北王陵出土文物修复技术研究”项目通过国家结项验收，先后获山东省文化科技进步一等奖、山东省科学技术进步三等奖、济南市科技进步一等奖等，长清的文物修复技术走在全国前列。2002 年，长清区博物馆利用双乳山汉墓出土文物布置“双乳山出土文物精品展”，并长期对外开放。展览以济北王陵出土的近千件（套）各类文物精品为主，以复原出土的车马及墓道景观等为辅，按照石破天惊、金碧辉煌、香车宝马、长河日落四个专题，系统、形象、完整地展示西汉济北王陵历史风貌，再现出土文物精品的艺术辉煌。2003 年，入展山东省博物馆“山东省十年考古精品展”。2004 年，该展览被评为山东省十佳优秀陈列最佳设计奖。2008 年，区博物馆被列为国家三级博物馆，馆藏珍贵文物近万件，所藏文物时代跨度达 8000 年，其中国家一级文物 25 件套，二级文物 148 件套，三级文物 221 件套。基本陈列有“双乳山出土文物精品展”“长清文物通史展”，所藏文物多次入展中国历史博物馆、山东省博物馆。2008 年 11 月 26 日，与中国文物报社合作成立山东省唯一一处文物修复复制工作室。

第二节　管理机构

长清区文物局　2000 年 6 月，成立长清县文物局。文物局是长清区（县）文物行政主管部门，与文化体育局合署办公，为一套班子，两块牌子，无固定编制。文物局下设文物管理所、博物馆、文物保护队 3 个事业单位。文物管理所代表文物局行使辖区内文物管理职能，博物馆负责文物的征集、珍藏、修复、研究及宣传等职能，文物保护队负责辖区各级各类文物的巡查保护，兼管孝堂山郭氏墓石祠日常管理工作。

长清区文物管理所　县文物管理所成立于 1979 年 2 月，是山东省较早的县级文物管理综合部门。文管所办公地点在灵岩寺，与灵岩寺文物管理所合署办公。1989 年 7 月，县文物管理所由灵岩寺迁至县城办公。1997 年，成立长清县文物保护队（编制 6 人），隶属于文物管理所。2002 年，长清县文物管理所更名为济南市长清区文物管理所。文物管理所隶属于区文化体育（文物）局，设有办公、业务两个科室，编制 15 人，其中高级职称 1 人、中级职称 3 人。

长清区博物馆　长清县博物馆建于 1984 年 9 月，工作人员 3 人，位于老城西首。1986 年，增至 5 人。1997 年，组建文物专业修复队伍。2002 年 12 月，长清区博物馆由老城迁至新城文化中心大楼，馆舍面积 1600 平方米，内设办公室、修复室、安全部、群工部、陈列部、保管部。2008 年，长清区博物馆被列为国家三级博物馆，有工作人员 18 人。

长清区文物保护队　长清县文物保护队成立于 1997 年 11 月，全额事业单位，核定编制 6 人，是全省第一个专职文物保护队，隶属于长清县文化局。2008 年，在职人员 10 人，负责全区各级文物保护单位的安全保护，兼管孝堂山郭氏墓石祠日常管理工作，发展专职文保员 25 人、义务文保员 138 人，义务文物保护队 3 支，被市公安局授予集体嘉奖称号，先后 7 人次获个人嘉奖，1 人获个人三等功。

第二十三编

旅游

Tourism

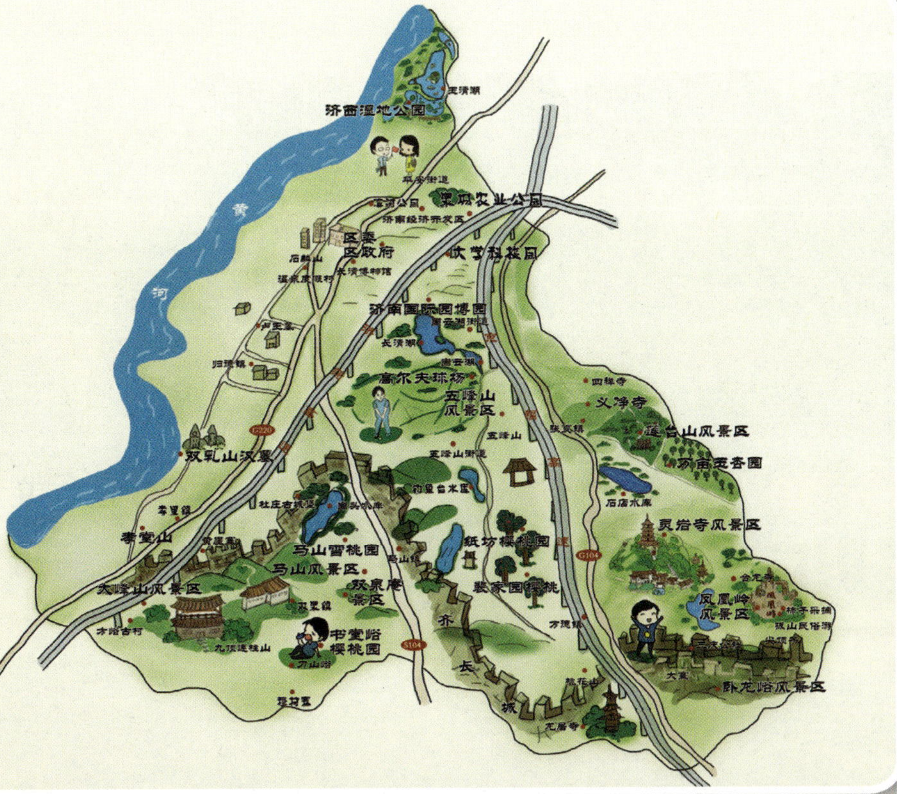

长清区旅游示意图

灵岩寺风景区　　（2008年 摄）

五峰山洞真观　　（2008年 摄）

长清区是旅游资源大区,旅游资源丰富,自然风光秀丽,文物古迹荟萃,有"海内名刹"灵岩寺、"世界壁垒之最"齐长城、"第一古迹"汉石祠、"西汉济北王墓"双乳山、"齐鲁仙境"五峰山、"世外桃源"莲台山、"国际园林"园博园、"革命遗址"大峰山、"国家级水利风景区"长清湖、"度假胜地"崮云湖、"自然生态"卧龙峪等旅游资源,以及杏花节、樱桃节、雪桃采摘节、柿子节等节庆旅游资源,全区构成东线以佛教道教文化为主、西线以秦汉文化为主的"山河文化"景观群,形成宗教观光、生态旅游、休闲度假、乡村旅游四大旅游品牌,是省会济南的"后花园",被誉为"山水长清,齐鲁仙境"。可谓是:"东西两条线,景点连成片;围着长清转,处处有景观"。至2008年年底,长清区有A级景区4家,其中有AAAA景区灵岩寺、AAA景区五峰山、AA景区卧龙峪生态旅游区和大峰山齐长城旅游区;有山东黄金集团高尔夫度假村、名仕学府酒店、灵岩宾馆、檀园宾馆、三仙堂宾馆、五峰阁宾馆、莲台山度假村、银东生态园等较高档次宾馆酒店10余家,其中星级宾馆酒店6家;旅行社(包括旅行社驻长清营业部)10家;农家乐200多家。是年,旅游业从业人员3.8万人,全年接待海内外游客182万人次,旅游业总收入1.32亿元,有木鱼石系列茶具、灵岩绿茶、泉城绿茶及其他干鲜农产品等旅游商品。

第一章 风景名胜

第一节 灵岩寺风景区

灵岩寺位于长清区万德镇灵岩山南坡上,西距104国道7.5公里,北距省会济南45公里,南距泰安25公里,距长清城区31.5公里(直线距离,下同),是一座具有深厚文化内涵的千年古刹。1982年3月,经国务院批准,被列为全国重点文物保护单位。1987年12月,作为泰山的附属部分被联合国教科文组织公布为世界自然遗产。2001年,灵岩寺旅游区被确定为全国首批AAAA级风景旅游区。

灵岩寺方山 (2003年 摄)

灵岩山,原名方山,因山顶四壁如削四面方正而得名,又因山形似玉玺,亦称玉符山。北魏郦道

千年古刹灵岩寺 (2008年 摄)

元《水经注》称玉符山。灵岩名字的由来和朗公和尚的故事有关。《神僧传》云:“朗公和尚说法泰山北岩下,听者千人,石为之点头,众以告,公曰:‘此山灵也’,遂名灵岩。”灵岩山系东岳泰山12支脉之一,在泰山主峰西北麓20公里处,海拔683.7米。灵岩寺就坐落在山之阳的翠谷之中。

灵岩寺因山而得名,创建于东晋。东晋升平年间(357—358),竺僧朗公在此说法传教,开山辟地,拓建山场,开始灵岩寺创建。因此,朗公法师被誉为灵岩开山第一祖。前秦苻坚(351—384)为“重其人而神其地”,赐方山名为“昆仑山金舆谷”。

朗公创建的寺院,兴盛不到100年,北魏太武帝(拓跋焘)太平真君七年(446)诏诛天下沙门,毁佛像,遭灭佛之劫,庙宇全部被毁,被革除昆仑山金舆谷之名,仍恢复方山的旧称,寺院一度荒废。这是中国历史上的第一次灭佛。至北魏孝明帝正光年间(520—525),法定禅师来此,重建寺院于方山之阴曰“神宝”(在小寺村南现仅存遗址),后又建寺于方山之阳曰“灵岩”(在今寺址东北甘露泉旁)。从太武帝灭法,到法定的再创,其间荒废70余载。

法定复兴之后,历经50多余年的发展,灵岩寺又成为闻名一时的寺院。北周建德三年(574)5月,武帝下诏禁佛道二教,灵岩寺再次遭到摧残,又一度衰败。但武帝死后,宣帝废除诏书,佛教又很快得到恢复,灵岩寺也随之复兴壮大。

朗公与法定先后建造的寺院,在今寺院的东北,甘露泉以西。两度的废佛之举,使寺院大伤元气。今灵岩寺是唐贞观年间(627—649)惠崇高僧建造的,慧崇高僧在现今寺址重新开辟山场,营建寺院。首先建造千佛殿和御书阁。随后又募集捐助,大兴土木,在近山顶处开凿积翠证盟龛造像,灵岩寺历史上出现又一次高峰。

会昌五年(845)唐武宗灭法,“天下僧尼还俗已尽,天下毁折佛堂兰若寺舍已尽”(日本僧圆仁《入唐求法巡礼记》)。这次灵岩寺遭到空前的劫难,仅存方山证盟功德龛造像,致使寺院第三次荒废。山后的神宝寺也遭到毁灭性的摧残,此后再也没有复兴。唐大中五年(851),主持从心上书朝廷,获准重修灵岩寺,灵岩寺又得到恢复和发展。

宋真宗景德年间(1004—1007),灵岩寺改名称“敕赐景德灵岩禅寺”。宋仁宗景祐年间(1034—1038)琼环长老(法号重净)拓广,重修五花殿(今已圮)。嘉祐六年(1061),重修千佛殿时再次扩建。北宋熙宁三年(1070),灵岩寺敕赐更名为“十方灵岩禅寺”。元代,曾三次颁诏,明确寺院地位,豁免寺院粮徭,香火甚是兴旺。寺院当时规模很大,寺僧达到2000人,是史料记载中寺僧数量最多的时期。明代灵岩寺发展平稳,英宗、武宗曾分别颁赐经藏于灵岩,要求“永充供养,僧官僧徒看诵赞扬”。明宪宗成化四年(1468)又改称“敕赐崇善禅寺”。明世宗嘉靖年间(1522—1566)复名灵岩寺,至此灵岩寺的规模已相当可观。

明代晚期,灵岩寺宗教开始混乱,灵岩寺成为三教合一的场所。明崇祯十三年(1640)荒旱,孙化亭啸聚万人,以灵岩为巢穴,骚扰寺院,掠夺财物,以至香火顿减,盗树不息,古柏殆尽,致使灵岩失秀。清代寺僧也出现以伐木为生的悲惨局面。寺僧无力修复殿宇,任其倒塌,情景十分悲惨。墓塔林中未发现清代墓塔,证明此时灵岩寺的确已荒颓。乾隆三十年(1765),灵岩行宫建立,位于袈裟亭北

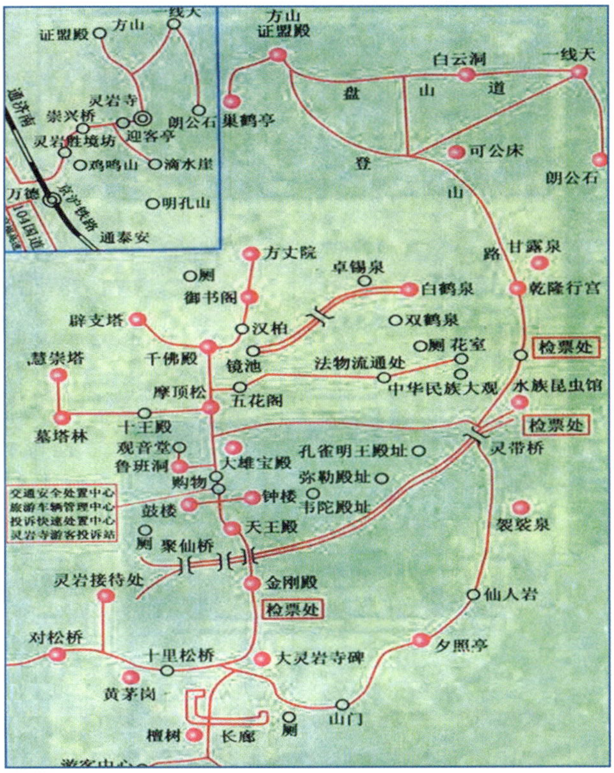

图 13 灵岩寺风景区游览线路图

百余步，共有房屋 164 间，周围垣墙 308 丈，有爱山楼、绝景亭、观花亭、甘露亭(今已倾圮)。据乾隆四十年史料记载，从寺院至山巅尚有殿阁 36 处，亭榭 18 座，残存还有一定的规模。此后寺院僧人没有再增建任何殿堂，直到 1947 年灵岩寺僧人还俗，全部撤出灵岩寺。僧人撤出灵岩寺后有济南空军后勤 87318 部队接管。1973 年，灵岩寺设立保护小组，隶属于长清县文化馆。1979 年，成立长清县灵岩寺文物管理所。1989 年 4 月，长清县灵岩寺文物管理所更名为长清县灵岩寺旅游区管理委员会。1993 年，请进僧人，重新恢复灵岩寺佛事活动。僧人在灵岩寺管委会管理下从事佛事活动，天王殿、大雄宝殿为僧人活动场所，鲁班洞西北至小塔林之间和方丈院为僧人居住区。

灵岩寺初建于东晋，兴于北魏，盛于唐宋，最盛时殿阁 40 余处，禅房 500 多间。唐李吉甫在《十道图》中将它与浙江天台国清寺、湖北江陵玉泉寺、江苏南京栖霞寺同称“城中四绝”，灵岩寺居海内“四大名刹”之首。灵岩寺经历代修葺增建，寺院布局恢宏，文物古迹丰富，主要建筑有千佛殿、大雄宝殿、御书阁、钟鼓楼、辟支塔等，还有积翠证明龛、墓塔林、五花殿石柱及唐代李邕书《灵岩寺颂碑》、元代日本僧人邵元撰书《息庵禅师道行碑》等唐宋以来碑碣，具有较高的历史价值和艺术价值，最为引人入胜的是千佛殿内 40 尊宋代彩色泥塑罗汉，历来为观者和专家们赞誉不绝，梁启超称其为“海内第一名塑”。灵岩寺峰峦奇秀，风光旖旎，以风景幽深、泉石秀丽著称于世。这里群山环抱、岩幽壁峭；柏檀叠秀、泉甘茶香；古迹荟萃、佛音袅绕。有高耸入云的辟支塔，传说奇特的铁袈裟；亦有隋唐时期的般舟殿，宋代的彩色泥塑罗汉像；更有“朗公石”“一线天”“五步三泉”“千岁云檀”“方山积翠”“明孔晴雪”等自然奇观，无不体现出灵岩寺作为世界自然遗产的巨大魅力。寺内外有宋·释仁钦题灵岩十二景：鸡鸣山、明孔山、卓锡泉、双鹤泉、般舟殿、铁袈裟、绝景亭、甘露泉、石龟泉、证明龛、朗公山、置寺殿；有明户部主事金鼎题灵岩八景：方山积翠、甘露澄泉、镜池春晓、明孔晴雪、书楼远眺、默照幽吟、松

■ 灵岩寺 (2008 年 摄)

斋皎月、竹径晚风；还有乾隆御题灵岩八景:巢鹤岩、甘露亭、卓锡泉、摩顶松、铁袈裟、白云洞、雨花岩、爱山楼。古往今来，李白、苏轼、苏辙、王安石、杜仁杰、边贡、康熙、乾隆、梁启超、刘海粟等文人骚客驻足其间，流连忘返。故明代学者王世贞有"灵岩是泰山背最幽绝处，游泰山而不灵岩，不成游也"之说。

灵岩胜境坊 屹立在景区的西端，在六律庄东北，与鸡冠山对峙，为石坊。建于乾隆二十六年(1761)，"灵岩胜境"4字为爱新觉罗·弘历皇帝亲笔题写。

通灵桥 俗称大石桥，曾名崇兴桥、崇福桥，在灵岩胜境坊之东。为宋徽宗大观二年(1108)灵岩寺住持僧仁钦修建，明嘉靖十七年(1538)重修。桥西有宋碑(即"大观碑")，碑文是北宋末知名学者、画家郭思撰，思子郭升卿书石，行书，碑阴飞白大书"灵岩道场"4字，为宋神宗元丰年间(1078—1085)兵部郎中王临所书，立碑时补刻。

明空桥 也叫小石桥、对松桥，在通灵桥东。明代重修，清乾隆间修葺，桥头古柏蓊郁，远望如搭的松门，故有"对松桥"之称，是僧侣迎客的地方。

滴水崖 又名雨花岩，在通灵桥南。因泉水从崖壁缝隙中泄出，故名飞泉。又因泉水沿壁滑下，石润水滴，又称此处崖壁为"滴水崖"。清乾隆二十二年(1757)弘历皇帝游览至此，因每遇霞光照来，颗颗水珠流光溢彩，乾隆帝取其名为"雨花岩"，并挥笔写下"雨花岩"三个大字，雨花岩石碑矗立在滴水崖旁。乾隆帝还写有"未见飞空天女散，落来岩际尽天花"的诗句。雨花岩为乾隆御题灵岩八景之一。

新石桥 为明天启年间(1621—1627)释圆桂建造。桥栏望柱上雕刻有形象逼真的石狮，桥头北面崖壁上嵌"十里松"大字石刻，是明万历年间(1573—1620)户部主事刘亮彩所书。桥下为饮马沟，据传宋徽宗游灵岩时，曾在此饮马而得名。该桥2003年改造成现代建筑风格。新桥桥面用鱼子石石材铺装，桥栏板用旧栏板组砌安装，抱鼓石采用鱼子石石材砌安。

■ 大灵岩寺碑 (2008年 摄)

大灵岩寺碑 原嵌于广场戏楼前，后移到灵岩寺山门西南处，今位于山门正南方。"大灵岩寺"4字为元至正三年(1343)山东廉访副使文书讷书写。

金刚殿 也称一山门。面阔3间，进深2间，单檐硬山式屋顶，约始建于元代，现存为清代遗物。早期塑像已毁。1985年，新塑金刚2尊。

天王殿 也称二山门。面阔3间，进深3间，单檐硬山顶，约创建于金末元初，现存为明代建筑，使用早期柱础。原塑像早已毁坏。1994年，重塑弥勒佛、韦陀菩萨和四大天王像于内。

■ 天王殿 (2008年 摄)

钟鼓楼 天王殿北面院落两侧的钟鼓二楼，宋政和四年(1114)至金皇统元年(1141)间，由妙空和尚营建，后代不断重修，现存为清代遗物。平面为方形，单檐歇山顶。钟楼内悬正昂和尚于明正德六年(1511)铸造的2500公斤重铜钟。鼓楼内置

钟楼 （2008 年 摄）

1984 年复制的鼓。此钟鼓是僧人举办大型法会时使用的法器。

大雄宝殿 原为宋代的献殿，在千佛殿南偏东处。宋崇宁大观年间(1102—1110)，住持僧仁钦创建，是寺僧诵经的地方。明正德年间（1506—1521)，鲁王捐塑佛像于其内后，更名大雄宝殿，面阔 5 间，进深 6 间，前为外廊式卷棚顶，后是硬山顶，建造精巧，勾角玲珑，上施黑瓦，现存的殿是清朝中叶建造。早期塑像已毁。1994 年，新塑释迦牟尼佛和菩萨像。今这里是寺中僧人佛教活动的主要场所。

大雄宝殿 （2008 年 摄）

灵岩寺颂碑 在灵岩寺鲁班洞中。是唐代大书法家李邕于天宝元年(742)撰文并书写的。字体为行书共 21 行，满行 41 字。碑最早见于宋赵明诚《金石录》。清乾隆间，阮元撰《山左金石志》时，此碑已不详所在。咸丰六年(1856)，书法家何绍基来济南访得此碑，已断为二石，文字也有不少残缺。

五花殿 又名五花阁，位于大雄宝殿北邻。宋嘉祐中(1056—1063)，由琼环长老创建。《灵岩志》载：“架阁两层，龟首四出，极具精工，称为天下第一。”明正统间(1436—1449)僧志昂重修，清乾隆十一年(1746)，僧性端重修，三次重修后皆毁于火灾。现存遗迹为高大宽厚的石砌四面墙，各向辟一门洞，原有回廊围绕，今仅存一组立柱，余皆倾倒。

五花殿遗址 （2008 年 摄）

千佛殿 位于寺内，是灵岩寺中保持完好、规模最宏大的主体建筑物。唐贞观年间(627—644)，由慧崇和尚创建。唐宋时为大雄宝殿，千佛殿一名始见于宋庆历年间(1042—1048)张公亮《齐州景德灵岩禅寺记》：“千佛殿、般舟殿、辟支塔皆为古刹塔。”宋嘉祐六年(1061)琼环长老重建。现存之

千佛殿彩色泥塑罗汉 （2007 年 摄）

殿为明嘉靖年间（1522—1556）重建，梁间有“时大明万历十五年岁次丁亥九月初八日德府重修”的墨迹为记。

千佛殿屹立于踏步11级高约2米的石基之上，殿面阔7间，进深4间，单檐庑殿顶，上盖灰筒瓦和绿琉璃瓦，前檐8根石柱，雕刻精丽华美，柱周雕深凹入直棂16条，至顶微微收分，檐下多棱石柱，彩绘斗拱，檐下出“铺作”斗拱三跳，使该殿出挑疏朗宏大。该殿虽经历代重修，有些已非原物，但它仍保存着唐宋的风格。

千佛殿正中，置长方形石座，上有3尊大佛，中为毗卢遮那佛，通高5.46米，通体贴金。据李公颜《金像记碑》记载，这尊佛是宋治平二年（1065）僧惠在钱塘制造运来，是藤胎髹漆塑造，端坐在莲花座上。东侧为卢舍那佛，通高3.87米，铜质，通体贴金。明成化十三年（1477），孙海、邓通发愿募施，用铜2500公斤铸造。西侧为释迦牟尼佛，通高3.67米，铜质，通体贴金。明嘉靖二十二年（1543），贾信施资用铜2500公斤铸造。三尊大佛于1998年6月又重新贴金。毗卢遮那佛像前两侧梁上立有二飞天，供养佛像。殿内四周墙壁上有数以千计高30厘米铜铸或木制小佛，千佛殿由此得名（现为1998年重新复制，原明代木质小佛共284尊存放于文物库房）。殿东西及后壁台座上有40尊彩色泥塑罗汉像，其中32尊塑于宋治平三年（1066），在明万历年间从般舟殿迁入千佛殿内，同时又补塑8尊，现为40尊。罗汉像于康熙五十三年（1714）净意和尚重修千佛殿时进行过装銮。同治十三年（1874）用银2700两重修千佛殿时又为塑像妆銮敷彩。每尊罗汉像头顶距座面高度在105~110厘米之间。其制作方法是先做出木质骨架，再用芦苇和谷草构成肌体雏形，然后压大泥，塑制胚胎，采用压、贴、塑、削等手法做出具体形象，雕琢细部，泥胎即完成。阴干后再实施彩绘。泥塑罗汉身上的妆銮用朱砂红、黄丹、雄黄、石绿、大青、天蓝、茄皮紫等矿物质颜料涂饰，故永不褪色。每个罗汉不同肤色、袈裟、袍袖、手帕、衣带、缨穗以及花边图案等，设色非常和谐精当，与身份神态十分协调。服饰的细微处也卓见工巧。每尊罗汉的神情状貌喜怒哀乐俱形于色，无一雷同。

刘海粟题词　　(2008年 摄)

自1981年5月，国家文物部门对40尊罗汉像进行为期两年多的修复，黏接遗落的手指，整修彩绘的起甲，黏补加固下垂于石座前开裂的罗汉下肢和衣裾。为不改变原貌，黏接部位进行做旧处理。在维修过程中，从部分罗汉像残损的体腔内，发现一些文物，有一具完整的丝质内脏，还有隋至宋嘉祐年间（1056—1063）的铜币78枚，其中“五铢”1枚，“开元通宝”16枚，余皆为宋代前三朝的铜币，共18种61枚；另有宋代亚形缠枝铜镜11面及宋治平三年（1066）六月墨书题记等。从西第十一尊罗汉体腔内，还剥离出一尊比较完整的铁质罗汉，体腔中空，双手抱拳，善跏趺坐，形象、动态与外层罗汉相同，头部模制，眼球嵌琉璃珠，局部尚存施彩痕迹。座后壁铸阳文题记：“大宋兴得军长清县和平乡天花南管寺侯丘三村□首创铁铸□罗汉。都维那头李宗平。时熙宁三年岁次庚戌□冬月□日……高氏……汉……官刘……和同高。”根据以上实物资料，罗汉系宋代塑造，距今已有900余年历史，是中国泥塑遗存的艺术瑰宝之一。1922年7月，清末著名学者梁启超来此游览，亲笔写下的“海内第一名塑”碑碣，立于千佛殿前。艺术大师刘海粟题写：“灵岩名塑，天下第一；有血有肉，活灵活现。”

御书阁　位于千佛殿东北面，是唐代住持僧慧崇和尚专为存放皇帝赐书建造。现存建筑为明

御书阁 （2008 年 摄）

代遗物。原藏有唐太宗李世民、宋太宗赵炅、真宗赵恒、仁宗赵祯、徽宗赵佶等御书。金贞祐二年(1214)，寺遭兵燹，珍藏御书尽毁，唯阁幸存。阁额为宋释仁钦篆书。阁前有宋人蔡卞所书圆通经碑，书体优美豪放，成为灵岩名笔。明万历年间(1573—1620)，寺僧在阁内塑大悲菩萨像。明崇祯年间(1628—1644)，又改塑玉皇大帝像，失去这座楼阁原有的含义。该建筑面阔 3 间，进深 2 间，单檐歇山式屋顶，屋面铺绿色琉璃瓦。檐下置斗拱，单翘单昂，保持明代的建筑风格。御书阁门楣的墙壁缝隙间长出一棵青檀，古枝纵横，盘根错节，状若云朵，称“云檀”或“银檀”，亦称“千岁檀”，视为一大奇胜。

辟支塔 始建于宋淳化五年(994)，建成于嘉祐二年(1057)，历时 63 年完工。“辟支”出于佛教，音译为“辟支迦佛陀”，略称“辟支佛”，辟支塔，意即辟支佛塔。它耸立在千佛殿西北百米处，是一座 8 角 9 层 12 檐的楼阁式砖塔，底围 48 米，塔高 55.7 米，塔基为石筑八角。1995 年，考古发掘时将塔基周围於土清理后，发现塔基的 8 个立面有 37 幅精美的石刻浮雕(原来应为 40 幅)，浮雕内容为古印度孔雀王朝阿育王皈依佛门的故事，雕刻构图活泼，刀法娴熟，为全国少见的宋代石刻艺术杰作。塔身为青砖砌筑，东西南北四面设门，底部 3 层为重檐，余皆单檐。塔檐由华拱两跳组成，朵数逐层变化，塔层高度与塔径自下而上逐层递减，收分得体，挺拔雄伟。塔内底层有塔心柱，1~4 层内设有登塔阶梯，第 5 层以上为实砌塔体，台阶设于塔身外檐，登塔时须沿塔檐平座绕行，可登塔顶。塔顶是铁质塔刹，由复钵、相轮、圆光、仰月、宝珠组成。另有 8 根铁链分别由 9 层塔檐的 8 尊金刚拽引加固。倘若蹬上 9 层塔顶，可尽览灵岩风光。辟支塔气势雄伟、造型美观、结构复杂、比例适当，呈典型的宋代风格，为灵岩寺标志性建筑。宋代文学家曾巩有诗赞曰“法定禅房临峭谷，辟支灵塔冠层峦”。

辟支塔 （2008 年 摄）

墓塔林 位于千佛殿西南 0.5 公里，是灵岩寺历代高僧的墓地。塔林中有北魏、唐、宋、金、元、明时期的遗物，但没有清代墓塔。现存墓塔 167 座，志铭碑 81 通。墓塔和志铭反映着不同历史时期的雕刻特征，寺宇史实。墓塔的形制多样，造型古朴、雕工精细。一般墓塔均由塔座、塔身、塔刹组成。塔座由地栿、圭脚、覆莲、束腰和仰莲组成，多呈方形或圆形，雕刻成莲瓣式金刚、力士顶托，多至数层，有的做成须弥座式。塔身光滑平整，一般较高大，

墓塔林 （2008 年 摄）

有圆形、长方形、钟形等，正面刻某禅师之塔，背面刻墓主生卒年月及立塔时间。塔刹分相轮、覆盆、仰月、宝珠、花卉、龙图等图案造型，一般呈长方形，雕刻着莲华瓣的复钵和圆形相轮，上置宝瓶或相轮式宝尖。墓塔旁通常有墓碑，记载高僧经历，见证灵岩寺历史沿革，是研究佛教发展史的珍贵史料。墓塔林中部为一南北甬道，其北端建有砖石结构、单层重檐式北魏祖师塔（法定墓塔），甬道两侧列峙全石结构群塔，依塔身形制分为方碑形塔、钟形塔、鼓形塔、窣堵婆塔（喇嘛塔）、经幢式塔、亭阁式塔六种。

方碑形塔　共 78 座，其中元代 10 座，明代 68 座。结构基本一致，塔座由地栿、圭脚、覆莲、束腰和仰莲组成，束腰部分是雕刻装饰的重点，其纹饰多为狮子、麟兽及天王力士。塔身光滑平整，正面一般题刻“某某禅师之塔”，背面刻墓主生卒及立塔时间。上至庑殿式屋顶，再施塔刹。

钟形塔　共 56 座，其中宋代 1 座，金代 1 座，元代 17 座，明代 29 座，未查明的 8 座。这种形制的塔，宋代雄浑、华丽；金塔雕工粗犷，饱满精美，比例匀称；元塔多形体高大，雕工粗放；明代规模较小，雕工趋于简化。此类塔持续至明弘治十三年（1500），以后不见。

鼓形塔　共 14 座，其中金代 4 座，元代 1 座，明代 3 座，未查明的 6 座。鼓形塔形体多比较高大，雕刻精美，金大定二十七年（1187）的才公塔，将鼓面与鼓钉雕刻出来，两侧还刻有鼓环，如同真鼓一般。

窣堵婆塔（喇嘛塔）　共 5 座，其中明代 4 座，未查明的 1 座。窣堵婆塔的位置在塔林中比较显赫，加上形体高大，结构特殊，引人注目。

经幢式塔　共 3 座，其中宋代 2 座，明成化三年（1467）1 座。经幢式塔为经幢改作墓塔，塔身原刻“佛顶尊圣陀罗尼经”，立塔时又补刻某某禅师寿塔铭文，并加座置刹，规模不大，结构简朴。

亭阁式塔　共 3 座，其中时代最早的 2 座分别是北魏晚期的法定祖师塔（位于塔林中央甬道北端的砖石结构墓塔）和唐天宝（742—756）年间的慧崇塔（塔林北端台阶最上面的石结构墓塔），另一座为海会塔，为宋宣和五年（1123）妙空禅师为众僧筑造的，亦称普同塔。亭阁式塔建筑规模最大，位置最为显耀，在塔群中起到中心作用，还具有造型古朴、轮廓明快、雕饰刻画简洁凝重、无堆砌之感的艺术风格。

塔林中另有 8 座塔座残体，形制不详。

在塔林的东南方向有 4 座石塔，除西端为至元三年（1266）的钟形“广公提点寿塔”，其余 3 座喇嘛塔均为俗家权贵之塔。

在墓塔林历代墓志铭碑中，有日本和尚邵元于元至正元年（1341）为灵岩寺第 39 代禅师息庵撰写的《息庵禅师道行碑记》，此碑高 1.63 米，宽 0.74 米，碑额刻篆书《息庵禅师道行碑记》。碑文共 25 行，满行 49 字。首行题“灵岩禅寺第三十九代息庵让公禅师道行之碑”，第二行题“日本国山阴道但州正法禅寺住持沙门邵元撰并书”。字体为行书，间有草字，潇洒有致。

邵元，姓源氏，号古源，日本国越前州人，生于1295年，1364年卒。1327年，邵元33岁时来中国求法，他遍访天台山、天目山、玉泉山、五台山等佛教圣地，虚心求教。他还到过镇江金山寺，参与过元朝在宫廷中转读大藏经的活动。由于邵元宗教信仰的虔诚，精研佛典，同时又熟谙中国儒家经籍，赢得中国僧众的尊敬。他曾先后在玉泉寺和河南登封少林寺任首座僧职，并在少林寺居住很久。这期间同该寺住持息庵禅师，朝夕相处，结下很深的友谊。息庵禅师，俗姓李，名义让，真定人，元顺帝至元六年(1340)在少林寺去世。由于他生前曾在灵岩寺担任过住持，所以他的弟子又分灵骨筑塔于灵岩，并请邵元撰写碑文，立碑于灵岩。

邵元在碑文中历数息庵生平成就，然后赞扬说："息庵师乃大宗匠，而道价超伦之人也"，"师之生世，幼而至于壮，壮而至于老，皆道丰时盛，而得遂其志，以至嫡嗣古岩大和尚，而天下禅老谁能出于其右乎？主于灵岩天下名刹，谁闻而不仰与其风欤？终于少林，天下宗风谁敢不偃于其学欤？"。表现他对息庵的敬佩。

慧崇塔 是塔林中的典型塔刹，建于唐天宝年间(742—756)，是唐贞观中(627—649)高僧慧崇的墓塔，为一重檐单层方石塔，全部石砌。塔地面面积为45.5平方米，通高5.3米，上雕狮头、飞天、伎乐、武士等图案。塔身的南面辟真门，东西两门雕凿成半掩式假门，内侧身迈出1人做启门状，券门上为火焰状半圆浮雕。塔顶为重檐，以石板叠

慧崇塔 (2008年 摄)

鲁班洞遗址 (2008年 摄)

涩挑出，又逐层内收，以露盘、仰莲、宝珠组成塔刹。此单层石塔，古朴浑厚，颇有盛唐风格。

鲁班洞 位于寺院内大雄宝殿西侧，是沉埋于地下的建筑遗迹。在发掘前有传说这是灵岩寺开山祖师朗公墓地；还有传说五花阁为鲁班所建，这是鲁班的墓穴，于是自古以来就称它为"鲁班洞"。1995年，经国家文物局批准，省市文物部门同灵岩寺管委会共同对鲁班洞遗址进行发掘。经过清理发现，所谓"鲁班洞"实际是一座石拱券式门洞，当为早期进入寺院的山门。洞内石壁上嵌有唐天宝元年(742)大书法家李邕撰写的《灵岩寺碑颂并序》残碑，以及唐、宋、明时期的题记，最早为唐景云二年(711)所刻。券洞北端有七级石阶，阶上为一平台，上有盝顶覆罩，构成方室，辟有东、西、北三门。北门门楣上雕刻着人面纹饰，门前两侧各立一座雕刻古朴粗犷、挺胸蹲坐的雄狮，据考察为早期作品。方室东西两门均有石阶可通顶部的山门殿。从顶部殿堂遗址残存的柱网局部看，山门殿应为面阔3间，进深2间的建筑。殿后为一石拱桥，桥面中央刻有纵向排列的4朵莲花。经专家综合推断，鲁班洞遗址的建筑年代不晚于隋代，是发现时代最早的拱券式门洞。鲁班洞的发掘，被国家文物局评为1996年全国重大考古发现之一。

般舟殿 1995年，与鲁班洞同时发掘的般舟殿遗址位于千佛殿北面，是唐宋时期的建筑遗存，发掘出高大的台基，台基底部石砌部分为唐代遗迹，上部砖砌部分为宋代遗迹。从柱网布局看，般

般舟殿遗址 （2008年 摄）

舟殿面阔5间，进深3间，殿内置有3尊佛像的佛台，两侧及后部砌有罗汉台，地面布石质柱础，有2座柱础饰龙凤花纹，雕刻精湛，纹饰华美。殿前为月台。遗址前出土1座唐开元二十三年(735)建造的龙虎纹饰楼阁式佛塔和2座雕饰极为精美的唐代八角经幢，以及部分石佛头像，均是佛教艺术的精品。

积翠正盟殿 亦称证明功德龛、方山证盟殿，位于千佛殿北、灵岩山巅南坡半腰，依山凿壁而成。古有"灵岩削出玉芙蓉，岚光秀色自重重"的诗句。龛中镌刻唐大中八年(854)进士牟珰撰写的《修方山证明功德记》题刻，证明龛为唐贞观年间(627—649)开凿。龛平面呈椭圆形，殿楣上题"积翠证盟殿"5个大字。殿正中雕有一尊高约5米的释迦牟尼佛坐像，面部硕圆风韵，体态丰盈自然，身着袈裟，结袈趺坐，掌前伸。龛东西两壁各有菩萨1尊(原有4尊，2尊已佚)，雕刻手法与释迦牟尼相同，皆为唐代造像。龛内有唐宋题记多处，较早的有唐贞元十三年(797)及长庆四年(824)题刻，其余多为宋代题刻。明嘉靖三十八年(1559)又在龛外增修方形石室，叠涩出檐一坡水顶，墙垩朱红色，故亦称红门。石佛像左右两侧分别为二菩萨、二弟子、二狮，共七躯雕像。佛像为圆雕，结跏趺坐于高大石台上，肩宽胸平，身着通肩式袈裟，衣纹生硬单调，长颈，高肉髻，面部丰腴，两耳垂肩，高鼻大眼，手施说法印，形体硕壮，神情庄严。造型承袭北朝时期的做法，风格古朴。观音、地藏立侍主佛两侧，脚踩莲花，裸露上身，胸佩璎珞。两弟子为迦叶和阿难。双狮为蹲坐式，双目凝视，风格亦很古拙。

摩顶松 在大雄宝殿西北隅。四周砌以石栏，旁嵌明代嘉靖年间山东巡按监察御史张鹏所题"珠树莲台""名山胜水"大字石刻，以及乾隆皇帝御书"摩顶松"字碑和御制图诗碑。清康熙《灵岩志》对此松载："大可数围，内空外窍，老杆尽枯，孙枝独茂，翠色欲滴，苍古可爱，数千年物也。"僧人将玄奘的传说附会到本寺，称当年大唐玄奘去西天取经，临行时，手摩此松顶曰：吾西去求佛，汝枝西长；归时，东向，使吾门弟子知之。玄奘走后，树枝年年西指，一年忽东指，弟子西迎，玄奘果然归来，得佛经六百部。"摩顶松"由此得名。谓之青松，实为翠柏，因"柏""悲"同音，其意不祥，故改之。后来寺内僧人为图吉利，便在柏侧栽柿树一株，取"百事如意"之意。柿树长得秀丽，与苍劲古柏相映成趣。为乾隆御题灵岩八景之一。

摩顶松 （2008年 摄）

一线天 积翠岩之东南为狮尾峰、灵辟峰。"两峰矗立，狭通一线"，好似神灵用巨斧劈开一般，仅可容一人侧身通过。于此峡中仰望，只见蓝

■ 一线天 （2008 年 摄）

天一线，故名“一线天”。因处于东侧山巅，又称“东天门”“小天门”。

可公床 在大石广、小石广之中有峭壁平台曰：“可公床”。相传，明代灵岩寺住持真可常于此石上竖卧休息，故名“可公床”。

白云洞 由小石广而上，便是白云洞。阴雨天，于山下依稀可见洞内溢出白色云气，故名。白云洞所在之山岩，平平展展，上有翠柏荆棵，山花芳草。洞穴岩壁之下，有一平坦隙地，立于此，可俯瞰灵岩胜景。为乾隆御题灵岩八景之一。

朗公石 道光《长清县志》载：石类老僧伛立之状，在昔朗公石畔说法，听者千有余人，共见石为点头，惊以告公。公曰：“山灵也，无足为怪！”灵岩之名，盖始于此。

巢鹤岩 道光《长清县志》载：兹寺泉水秀丽，围甲海右，但松岚四塞，不能远眺，于游人之豪怀弗畅耳。斯岩高可千仞，三面斗绝，登则蹑云而上，眼界颇宽，四时皆佳，惟秋尤胜，烟树、云山、黄花、红叶，鸟鸣谷应，心旷神怡，觉得另是乾坤。

绝景亭 亭为钦公创建，所谓绝景有四：曰群山献秀，曰甘泉漱玉，曰松舟挺翠，曰岩花啼鸟。今则亭虽就圮，而景尚依然，来游者必选胜于此，爱其景之绝也。

第二节 五峰山风景区

五峰山属泰山支脉，主峰海拔 395 米，位于五峰山街道石窝村东侧，在城区东南 15.5 公里处。五峰山古来以其环境僻静、古幽秀丽而著称，赢得“登泰山而小天下，上五峰始知清幽”之誉，世人故将其与泰山、灵岩并称为“鲁中三山”。

五峰山因有 5 个并列的秀丽山峰而得名。5 座山峰呈半圆形，从西向东依次为：聚仙（亦称迎仙）、望仙、会仙、志仙、群仙峰。五峰绵亘错列，云绕峰巅，泉出石罅，环抱在绿树浓荫之中，宫、观、亭、台相互掩映，风景绝佳，堪称“齐鲁仙境”。有山内八景和山外八景。山内八景是仙人台、七星泉、迎仙桥、更鸡桥、无影庙、青龙峪、白虎峪和清泠泉。山外八景是青崖积翠、润玉七峰、明泉早照、凤山烟雨、滚粟朝霞、鱼台钓月、杏堤春晓、薛岭牧樵。五峰山文物古迹众多，有宫、观、亭、阁等古建筑 27 处，南北朝、宋、元、明、清历代碑碣、石刻等文物古迹 30 处。《五峰山志》载：“五峰山始建于秦，兴发于北魏，广拓于金元，繁荣于元明，垢污于明末清初。”金元时期道教在此兴盛，规模宏大，明朝时期最为繁盛，是金元以来江北最大的道教圣地之一，自古是隐士幽居和人们游览的

■ 五峰山远眺 （2008 年 摄）

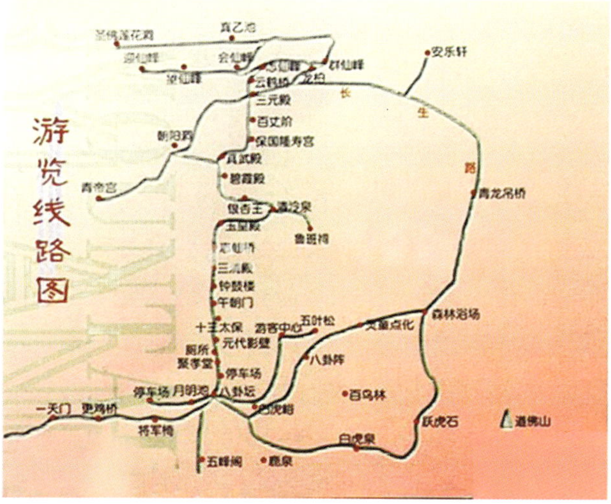

图 14　五峰山风景区游览线路图

好地方。

五峰山古建筑群遗址位于五峰山上，占地面积 187 万平方米。分南观、北观，庙宇多修在北观，后院向北有高达 91 级的石阶，上有月台。观内建筑有：碧霞宫、真武殿、三元殿、玉皇殿、龙神殿等，大部分在清代已倾圮。

1979 年 9 月 3 日，经济南市革命委员会批准，五峰山古建筑群为市级文物保护单位。1992 年 11 月，五峰山森林公园被山东省林业局批准为省级森林公园。1995 年 11 月，五峰山被山东省政府确定为省级旅游度假区。2001 年，五峰山旅游区被国家旅游局评为首批 AAA 级旅游景区。2006 年 12 月 7 日，五峰山洞真观被省政府批准为山东省第三批省级文物保护单位。

一天门　位于峪口处，有石砌盘路，盘路开始处，两崖并峙，形如关隘。明代万历年间，道士周云青的弟子史奇峰曾在这儿修建过“广生殿”“伏魔宫”等殿宇，并用巨石筑门，称为“一天门”，门上修阁，为“迎恩阁”。清顺治十一年(1654)重修。1997 年，筹资修复。

秀丽五峰　迎仙峰　又名聚仙峰，位于五峰山 5 个山峰的最西端。峰前悬崖峭壁上雕凿孔毓圻所书“环翠”两个巨幅大字，是迎仙峰点睛之笔。峰上建一五角仿古观景亭，曰：迎仙亭。立迎仙亭中，下瞰青帝宫，东望道佛山，西眺黄河之水，抬眼可遍览五峰山外八景。迎仙峰西侧有可容百人同时观山赏景的“眺台”。迎仙峰上多奇洞，位于迎仙峰西侧山崖中的莲花洞为其中之最，莲花洞石窟造像 1992 年被列为省级文物保护单位。

望仙峰　是自西向东第二峰。峰顶峻峭异常，自下而观之，可见峰前悬崖大部被柏树遮盖，许多大可合抱的柏树将虬根牢牢扎于石缝中，苍枝伸展，鹰鹞盘旋，为望仙峰别一景致。

会仙峰　位居五个仙峰中间，洞真观正上方。会仙峰峭壁如削，危如累卵，峰顶却十分平阔。置身会仙峰，可观五峰山道观全貌。峰顶有一六角仿古观景亭，名曰：会仙亭。会仙亭亭檐高挑，红柱绿瓦，于亭中间闲坐歇息，远山近树尽收眼底。会仙峰下，有一单孔石拱桥，桥上有扶栏，栏杆上刻有白云、仙鹤等图案，是通往会仙峰的必由之路。

志仙峰　位于会仙峰东侧，是“五峰”之中最小峰。志仙峰上有个志仙台，志仙台上有棵十手树。志仙台正南面对九顶莲花山。

群仙峰　又名仙人台，位于五个仙峰的最东侧，海拔 395 米，是“五峰”之中最高最大者。山峰

迎仙峰　　(2008 年　摄)

三面如削，奇绝陡险。山顶略成方形，孤悬天半，风光无限；叠嶂巨石，岿然而立；老树古藤，密布峰峦；青天渺渺，白云悠悠；虎啸龙吟，风涛莫辩。峰顶南部有刻石两块，东有“五峰”，西有“大元至元三十年春三月廿四日中大夫赵文昌明□题”。峭壁上有巨幅石刻“仙台”二字。

洞真观 一名神虚宫，北观，俗称大庵。坐落在五峰山山阳志仙峰下，是全山的主要建筑，建有三元殿、真武庙、玉皇殿、三清殿、九莲殿、吕祖庙等，是风光精华之所在。《五峰山志》记载，洞真观创建于金章宗泰和年间（1201—1208），为全真教道士丘志原所建，王志深、李志清等增修扩建，始有道院，金宣宗贞祐年间（1213—1217）定名为“洞真观”。洞真观在元、明两代均有所扩建，元代又封为“护国神虚宫”。明万历年间，明神宗朱翊钧命黄冠周云清劈山重修，“创构宫宇，楼殿岿崇，金碧辉荧，号称极盛”。朱翊钧为供奉其母李太后，修建豪华的九莲殿1座，封太后为九莲菩萨。万历二十七年（1599），派遣全真道士周玄真（即周云清）在这里刻印《道藏》全经480函。改洞真观为“保国隆寿宫”，并敕建隆寿宫石坊。望仙峰山腰上尚存“青帝宫”遗址。青帝是道教奉祀的神灵，为五天帝之一，居东方，主春，又称“苍帝”“春帝”。此时，这里的道教活动空前兴旺，宫观殿宇富丽辉煌。观内古柏参天，青翠欲滴。

洞真观中有许多古碑，其中最早的碑刻是三元殿前金大定十年礼部牒碑，碑文记载金世宗（完颜雍）大定二年（1162）礼部奉敕赐万寿院牒文。玉皇殿前西壁有元定宗三年（1248）元好问撰文、王万庆书石的“金洞虚宫记”石刻。元好问（1190—1257）字裕之，号遗山，太原秀容（今山西忻县）人，仕金，曾任尚书省左司员外郎等职，诗文蔚为一代之宗。金亡后第二年（1235），他曾到济南游历，撰《济南行记》，对济南山川多有题咏。

元都观 又称南观、玄都观，址在洞真观正南，是明德王的香火院。观南的棣山之阳，是明朝德王府的陵园（德王府在今济南市珍珠泉大院）。明英宗（朱祁镇）天顺元年（1457）封其二子朱见潾为德王，初国德州，后改济南。宪宗成化三年（1467），朱见潾到济南就藩，直至崇祯十二年（1639）德王朱由枢被清兵俘虏，共历7代172年，其中六代德王（德庄王、德懿王、德怀王、德恭王、德定王、德端王）的陵墓都在五峰山附近的青崖山南麓。民国初年，元都观内建筑已废圮，仅有的殿堂成为看林人的住所，现存“八字墙”、墓门等。新中国成立后，为解放军某部驻地。1994年，由济南市政府投资建设济南五峰阁宾馆。

崔先生像赞碑 洞真观内有明清碑碣数十块，以此碑最为珍贵，该碑立于玉皇殿前东侧。崔先生，名道演，字玄甫，号真静，是金代道士，洞真观的修人。此人秉性善良，博览“三教”群书，融儒、道、佛三教为一炉，更精通医术，为穷人治病，不取分文，为穷人做过许多好事。他父母去世后，离家拜东海刘长生为师，在五峰山修炼得道。后人为纪念他，修此碑。碑正面是沈士元刻画的崔先生肖像，另有元好问、刘祁、杜仁杰像赞各一，书体分籀、篆、隶3种；碑阴是杜仁杰写的《真静崔先生小传》。此碑书、画、刻俱佳，后世金石家多有著录。

崔先生像赞碑 （2007年 摄）

■ 清泠亭　　（2008 年　摄）

清泠亭　又称志仙亭，在志仙峰下，清泠泉边。亭为石筑，单檐四角攒尖顶，四檐翘飞，彩绘斗拱，碧瓦流光。亭子的梁架构造十分奇巧，三层叠起，每层皆为正方形，亭顶则为四棱锥形，极为少见。清泠亭为四柱方亭，亭柱上分别镌刻英树琴和黄易二人的楹联。英联为“到此息尘虑，对之清客心”；黄联为“露滴仙人掌，云流玉女盆”，作于清嘉庆二年（1797）。亭边泉水叮咚，昼夜不息，如琴弦筑击声，与山谷相回应，悦耳动听。

九莲圣母殿　位于清泠亭东北处，是明万历帝朱翊钧为供奉其母李太后所建。该殿面阔 3 间，进深 1 间，前出廊厦，单檐硬山顶。现存建筑为 2008 年重建。

■ 九莲圣母殿　　（2008 年　摄）

■ 皇宫门　　（2008 年　摄）

皇宫门　又称木牌坊，为进北观之始，牌坊建于石台基上，四柱三门式，其底座建于金元时期，底座上面刻有八个卧狮，两两相向，各具情态。坊的上顶均为木制，始建于明代万历年间。1990 年，重修，雕饰一新，飞阁流丹，气势雄伟，颇为壮观。古人在木牌坊周围的庭院里栽 13 棵柏树，名叫“十三太保”，现存 12 棵。

五叶松　五叶松位于仙膳堂东客厅前，已有 800 多年树龄，依然虬枝高耸，枝繁叶茂，郁郁葱葱，亭亭如盖，树冠直径达 10 米，集侧柏、桧柏、圆柏、松柏、刺柏五种松柏枝叶于一身，故名“五叶松”。

附：五叶松的传说

北魏年间，五峰山的道士石童子偷看师傅赵天雷的“天书”，识得调遣天兵天将的密令，便令四大天王将南观的柏树挪到洞真观，不知是出于爱护每一片绿叶，还是为消踪灭迹，竟将散落于地上的枝叶统统捡来嫁接到东大殿前的一棵小松树上。后来，小松树渐渐长成大松树，便成这棵“嫁接”得天衣无缝的五叶松。

玉皇殿　玉皇殿为洞真观主殿，建于金代，面阔 3 间，进深 3 间，单檐硬山顶，顶部为绿色琉璃瓦覆盖。前出廊厦，柱下施双复莲柱础。1992 年，复修。1994 年，装塑修复一新。玉皇殿东西两侧配殿是龙王殿和虎神殿。东侧的龙王殿内有清泠泉的泉水流过；西侧的虎神殿内有五音石，敲击五音石四角及中央，能发出宫、商、角、徵、羽 5 个音阶，相当于 1、2、3、5、6（乐谱音

玉皇殿 （2008 年 摄）

阶：刀、来、米、嗦、拉）。玉皇殿前是“仙亭桥”，桥面上和桥下水池旁均有石栏，共 28 根石柱，号称“二十八宿”。

天津客(秦柏) 玉皇殿前西侧，有一株“身在故土为异客”的秦柏，它树干挺直，虬枝高耸，亭亭如盖。1900 年，八国联军入侵中国时，此树已卖给天津法租界客商，后意外地保留下来，所以人们称之为“天津客”。

银杏树 在玉皇殿后，清泠泉边，有一棵 2600 多年树龄的银杏树，树高 35 米，腰围 6.5 米，树冠覆盖面积 2540 平方米。枝柯参天，浓荫匝地。此树雌雄同株，它虽然孤独无偶，但年年开花结果，世间稀有，被誉为“银杏之王”。据《五峰山志》记载，此株银杏树“花中有精子，在植物中为特异。”它上擎一片绿云，下注一泓清凉，无数翠叶赶走盛夏的暑气。据测定：此处暑季气温比外界低 3~5 摄氏度。来到此处，全身每个毛孔都透进山间的清凉，五脏六腑都透进山间的清新，历来是游客歇脚乘凉之地。树上的繁枝密叶中栖息着众多禽鸟，啁啾婉转的鸟声，与清泠泉叮咚的水声相应和，演奏出美妙的乐章。

千年银杏树 （2005 年 摄）

碧霞宫 在玉皇殿正北，又名奶奶殿，是供奉“五峰山奶奶”的殿堂，始建于明万历年间，面阔 3 间，进深 1 间，后遭破坏。1992 年，修复。1994 年，修缮。

真武殿 始建于明嘉靖年间，毁于明末清初。1992 年，修复。1994 年，修缮。

隆寿宫石坊 位于三元殿百丈阶下，全部石筑，形体高大，结构简洁。三门洞，当心间高，两肩门低，皆为庑殿式顶，翼角起翘，勾头滴水，仿木结构，形象逼真，惟妙惟肖。方形石础上立柱，前后有抱鼓石镶嵌。柱头之间由阑额、垫板拉扯承重。元代曾被敕封为“护国神虚宫”，明代万历年间封为“保国隆寿宫”，始建年代不详。明末清初，此坊被雷击毁大部。1997 年 6 月 29 日，修复时在原柱间掘出大宋年间铜币 2 枚。修复后，隆寿宫石坊长 9 米，高 8 米，气势雄伟，威武壮观。

隆寿宫石坊 （2008 年 摄）

百丈阶 (2008 年 摄)

百丈阶 始于隆寿宫边,依山借势斜立山前,壮阔雄浑,气势非凡。宽 10 米,共有台阶 91 级,含道家"九九归一"思想学说,故又名"九十一级台阶"。据说百丈阶是亚洲古代建筑中最宽的石阶,且自下而上逐级增厚,内蕴"步步登高"之祥瑞。正是:

百丈阶上望洞观,
万般风情在眼前。
轩槛倚岩高几许?
去岩三尺触青天。

三元殿 在隆寿宫北,为隆寿宫的后殿,青石台阶上有月台,列醮碑数 10 通,皆万历年间立。三

三元殿 (2008 年 摄)

元殿始建于元代。1996 年年底,开始修复。1997 年,主体竣工。

鲁班祠 位于清泠泉东南角,又名公输子祠。鲁班祠建筑奇特,从辰时到未时,门口总是向阳。鲁班祠始建年代不祥,据碑文记载,清代曾经重修。1995 年,再度修复。

朝阳洞 朝阳洞在真武殿西侧,明代万历年间周云清创修,后多次重修。1992 年,重修并扩庭院和月台。1997 年,再度装塑世神,重饰金碧,洞顶修葺装饰一新,并设泄水护墙,使之焕然如初。朝阳洞是棲真洞(居中)、隐仙洞(居东)、崇玄洞(居西)的总称。此洞全为砖石拱形建筑,深邃、奥妙、神奇。洞中壁上有神龛。棲真洞中所祀为老子的塑像。明代孔毓圻题诗为:"五峰幽胜地,想象足棲真。自有烟霞趣,原无车马尘。"

青帝宫 青帝宫位于朝阳洞西南侧,始建于明代,由主殿文昌阁和四个配殿构成,建筑面积 2030 平方米,占地面积 6056 平方米。原是五峰山内规模最大、最豪华的一古建筑群。至 1996 年年底,仅存

青帝宫远眺 (2008 年 摄)

青帝宫 （2008年 摄）

断壁残垣。前面门楣书写“青帝宫”3个字，后面门楣上有“青未了”3字石刻，旁署嘉庆丁卯浴佛后二日英和、蒋予薄过此题识。2008年，修复青帝宫。

观景亭 从三元殿东侧沿石级蜿蜒而上，登迎仙亭、会仙亭，则可将五峰仙境尽收眼底。两亭于1995年修建。迎仙亭为五角仿古观景亭，会仙亭为六角仿古观景亭。

安乐轩 “曲径通幽处，半壁见书房”。青龙峪北侧上面的岩石，是清咸丰年间张金堂、程鹏程、李桐等人开凿，并在这里读书，借此避开战乱。石壁上刻有标志，命名为安乐轩。

五峰山内八景 仙人台 又名群仙峰，据《五峰山志》记载：“在神虚宫东山畔有台突出一宫，有羽化之仙，前有赵天雷，后有王独庵，故名仙人台。仙人台是道人羽化成仙的地方。据传，在此成仙的有“两驾半神仙”。东汉建安年间，五峰道观中有一位道士，叫赵天雷。他精通医术，为百姓治病不取分文。他修善积德，感天动地，玉皇大帝得知，派太上老君授以符箓。从此他便能呼风唤雨，役使鬼神。每逢五峰山一带大旱、民生涂碳之时，赵天雷用修得的法术，请来甘霖，润泽万物。为此百姓欢呼，纷纷设坛叩首谢恩。赵天雷在仙人台趺坐修炼，于天汉四年三月二十八日羽化成仙。后来又有一道士邋遢章（因他穿带邋遢得名），拜赵天雷为师，超度成仙。其后又有道士石童子修道于此，道成一半。这就是两驾半神仙的由来。后人有诗曰：仙在五峰莫远求，五峰只在你心头。人人有个五峰意，好向五峰山中修。

七星泉 在龙王殿东。平时细流如丝，雨季成泉。泉水在碎石中涌出，随着不断涌动的泉水，如七星荟萃，色彩斑斓，流光溢彩。

迎仙桥 又名青龙桥，位于午朝门前，始建于明代万历年间，是单孔石拱桥，风格朴拙，小巧精致。桥上刻有三道细槽沟，雨天时水流桥上形成“水倒流”的景象。因此有“迎仙桥上仙人走，迎仙桥上水倒流”之说。

迎仙桥下的水来自青龙峪中的青龙泉。从前，桥下清水长流，雨涝不增，天旱不减，声如龙吟，鳞光闪闪。传说青龙峪中酣睡着小青龙，如醒来跃起，雷声震天，怪云升腾，暴雨倾盆。小青龙是东海龙王的幼子，因私自为百姓下几场及时雨而被贬下界，变成一个小伙子给山下一财主家扛活。小伙子勤劳憨厚，聪明能干，财主把小女许配与他。天旱时小青龙夜间浇地均畦满透地，但听不到辘轳声。邻人疑惑，便夜间窥测。只见青龙数丈，鳞光万点，寒光夺目，它入井吸水再吐入畦内，窥视者被吓倒。小青龙知道事情败露，决定离开人间。它与妻子告别说：“我回家，我家住在青龙峪。”说完便化龙乘风而去。妻子紧追不舍，小青龙怕吓坏妻子，便一头扎进清冷泉边的卧龙池内，永不露面。

据当地百姓讲，每逢天旱不雨时，人们在卧龙池边祈祷求雨，无不灵验。后来在此修龙王堂，现仅存遗址和石碑。当地百姓有口皆碑，颂其功德：“卧龙之池，渊渊莫测。有祷必应，沛降甘泽。粒食生民，永祀功德。”

更鸡桥 进一天门沿新修的公路东行，便进入“仙境”。泉水汩汩，鸟语松涛。路上横柯上蔽，在昼犹昏。路北有溪，溪上有桥，名叫“更鸡桥”（又名金鸡桥）。传说，桥下有一大石，内藏金鸡，名曰“金鸡石”，金鸡夜半自鸣，分秒不差。后有好奇之人，劈开大石寻找金鸡，却一无所获。此后，桥北面的山崖上出现一洞，名叫“金鸡窝”，金鸡飞离桥下在“金鸡窝”栖身。再后来，有一贪财者，爬到金鸡窝内去掏金鸡蛋，金鸡便远走高飞，金鸡窝内仅存金鸡爪印，再也听不到金鸡叫声。现在桥下仅存碎石一片。

传说八仙之一蓝采和与金鸡桥曾有一番道缘。蓝采和下世时，被童子金斗猛击一掌，便昏昏沉沉地栽下凡尘，一路径奔南海而去，眼看就要坠入海眼。恰逢观音菩萨自天庭归来，见状大惊，急命善才童子取出一柄小扇对准蓝采和猛扇两下。霎时，一阵狂风卷着蓝采和脱离险境，忽忽悠悠向北方飘去。他醉意阑珊随风飘游，至午夜子时，忽闻五峰山上金鸡桥下金鸡长鸣，便寻声落于五峰山上，开始漫长的修道生涯。

无影庙　在安乐轩或三元殿门前南望，便见“近看为石，远看为庙”的无影庙。无影庙在五峰山南的青崖山上，是五峰山的内八景之一。山上巨石巍立，方约数丈，远远望去，很像一座凝重的庙宇，牌坊、石柱、飞檐楚楚有致。当登临山顶，远看到的庙宇却荡然无存，仅是一片散乱的巨石。巨石侧立，日光斜射时也看不到石头的影子，故名“无影庙”。据《五峰山志》记载：“青崖山之麓有大石方广寻丈，远睇之如庙宇然。石侧立，日无影，故名。”

青龙峪　是五峰山三大深谷鹿泉峪、白虎峪、青龙峪之一。

白虎峪　八卦坛东有“白虎峪”巨幅石刻，沿登山盘路上山，经卧虎石，七折八拐，便是白虎泉。白虎泉常年不竭，平时水流潺潺，雨季声若虎啸，在五峰山七名泉中水量最大。泉水清冽甘美，水质纯净。“跃虎石”活像一只腾空跃起的老虎，故名。下面的山涧叫“虎饮涧”。在跃虎石北2米处的悬崖上生一古柏，树根、树干、树冠活像一条盘旋的巨龙，故名“盘龙柏”。这里流传着二十四孝中的“扼虎救父”的故事：相传晋代杨香跟父亲在这里打猎，在虎饮涧饮水的老虎恶狠狠地向父亲扑来，年仅14岁的杨香为救父亲与老虎展开搏斗，青龙峪小青龙来此相助，杨香扼住老虎的喉咙，扼死老虎，救出父亲。后来老虎化作跃虎石，小青龙化作盘龙柏，永远戏弄着这个狼狈不堪的老虎。在盘龙柏与跃虎石之间有一狭路相通，沿路上山，可看到青崖寨古战场的遗迹。这里五步三景，景点繁多。“百鸟与人语，山泉伴君行。连岩觉路塞，林密便径迷。”1992年，白虎峪开辟为省级森林公园。

清泠泉　位于五峰山玉皇殿东。

五峰山外八景　青崖积翠　据《五峰山志》载：“青崖山在五峰东南里许，与五峰实一山也，阴霁望之常青青然，故名”。又名青岩山，青崖寨山，道佛山。青崖山东西绵延近3公里，南端形如道冠，北面酷似卧佛，中间连体如一、浑然天成。在当地“道佛山”之名反而比青崖山更响亮一些。这里形势险峻，陡峭如削，仅西北山麓有一条小路可达山巅。古为兵家必争之地。金元时，东平路行军万户严实曾屯兵于此镇守。严实系长清人，死后被追封加谥为武惠鲁国公。明崇祯十三年（1640），以孙化亭为首的农民起义军，曾驻守于此。山顶平坦而宽阔，方圆百亩，上有260间半穴式营房、南北吊桥、石瓮、石臼、旗杆石等遗存。清代文人于绍舜诗赞此山，曰：“青崖壁立回千寻，点点苍苔太占心。天造庄严成胜概，纤尘不到白云深。”

滚粟朝霞　五峰山东南2公里处，有滚粟山（又名滚球山），山势巍峨险峻，陡峭异常。旧县志载：“山石陡峻，不容一粟，故名”。《五峰山志》记载：“其山北石崖皆绚然，五色溪流环抱，石之佳者，可以制砚，不减端溪之蕉叶白。”滚粟山，环境优美，绚烂多彩的山石和五色溪流，与朝霞交相辉映，蔚然壮观，于绍舜赞曰：“滚粟峰头看早霞，山光先到野人家。红梅翠柳春无限，五色云笼满地花。”

明泉早照　明泉，位于棣山顶。棣山，又名五峰南山。相传燕王朱棣起兵发动“靖难之役”时，曾在此祈佑，故得名“棣山”。明泉水自岩缝渗出，沿地缓势平的山坡漫流，形成偌大一个水面。旭日东升，霞光普照，明亮耀眼，酷似一方巨镜，绚丽多彩。置身棣山山顶，明德王陵、秀丽五峰、鱼台钓月诸景悉收眼底。于绍舜赞曰：“棣山绝顶见泉流，贮露含云天际浮。日日看山复看水，不知身外更何求。”

凤山烟雨　凤山即凤凰山，位于五峰山南3公里处的黑峪东侧。凤凰山形美山秀，夏天多雨季节，云雾缭绕之时，山腰在雾中朦胧隐现，山顶在云中恍惚游移，启人灵智，让人遐思。于绍舜赞曰："烟雾迷离一望间，云霄咫尺凤凰山。小窗独立怀孤赏，何必丸泥始塞关。"

鱼台钓月　钓鱼台山位于五峰山东南3公里处，北连五峰东接灵岩，属泰山伸向西北方向之余脉。该山草木葱茏，翠柏盈顶，置身其上颇有抚天驾雾之感。下临源自泰山西侧的南大沙河，碧水青山相映成趣，天光一色恍如画中。河北岸有巨石突峙，观光垂钓皆相宜，名曰钓鱼台，传说是姜太公钓鱼的地方。山叨石光，得名钓鱼台山。于绍舜赞曰："秋风夜月钓鱼台，云水苍茫碧浪开。泽畔行吟闲失笑，垂纶空有子陵才。"1957年，修建钓鱼台水库，长年波光粼粼，一碧万顷，又增添一道美丽的风景线。

杏堤春晓　杏堤，位于五峰山南侧3公里处，钓鱼台水库南面。初春季节，杏林繁花盛开，粉红嫩白，特别是早晨太阳初升之时，朝霞与杏花互相辉映，组成一片锦绣世界。于绍舜赞曰："仙崖如锦护柴门，日日春风酒一樽。醉里凭高时极目，桐村竟是杏花村。"昔日的杏堤也让巍巍高耸的钓鱼台水库大坝替代。20世纪90年代，五峰山镇在沙河北岸的山坡上建起千亩"玉杏园"，为"杏堤春晓"增添新的内涵。

薛岭牧樵　薛岭，位于五峰山西南3公里处的黑峪村西，岭巅起伏，山径蜿蜒，草木葱茂，云霭浮荡。日暮黄昏时自五峰山望去，可见樵人担柴在山径上时隐时现，忽起忽伏，构成一幅水墨丹青"樵人暮归图"。于绍舜赞曰："蹑屐寻幽入翠微，径迷薛岭往来稀。谁人驰担和云立，何处歌牛带雨归。"

润玉七峰　因润玉泉而生。润玉泉，在五峰山东南润玉泉村内的石崖下。因泉水顺山岩流下，气势如雨，取名"润雨泉"，后人依音改称"润玉泉"。又因此泉出自7处，亦称"润玉七泉"。村民临岩凿池蓄水，盈盈碧水，清澈见底。泉水长年不竭，池水常常溢出池外，沿街旁石渠漫流，成为山区中极为少见的奇特景观。昔日，连同润玉泉村西北方的青崖山、黄山顶等七山并称为"润玉七峰"。于绍舜原诗佚，邵承照补诗赞曰："五峰南望七峰连，岚翠遥笼润玉泉。指点初阳刚上处，参差牙笏俨朝天。"

第三节　莲台山风景区

莲台山位于长清区东南张夏镇境内，南与海内"四大名刹"之首灵岩寺相邻，西与"道教圣地"五峰山相望，距济南市区35公里，距长清城区22.5公里。因汉代大将军娄敬在此栖隐，故名"娄敬洞山"。历史上曾称张山、万花山、娄景山、盘龙山。民国时，因山势环抱，山形似莲朵，又似佛座莲台又名"莲台山"。

春秋时范蠡、秦末汉初张良和娄敬曾在莲台山隐居。莲台山佛、道、儒三教并存，而以道教为盛，道观历经唐、宋、元、明、清，千年不衰。极盛时殿宇金碧辉煌，神像众多璀璨，香客络绎不绝。清嘉庆二十年（1815）十二月，道观被官府查抄封禁，没收田产14公顷，庙房75间，寺观树木尽被砍伐，道观由此衰败。1919年，邑人李镜容进山定居，自号"文法道人"，集会道众，四处化缘，重修洞观及上山的盘道。抗日战争和"文化大革命"期间，许多古建筑和文物遭到严重破坏，有些已荡然无存。现存建筑有莲台胜境坊、观音堂（亦名无梁殿）、张

莲台山远眺　（2007年 摄）

莲台秋色 （2008 年 摄）

仙祠、玉皇殿、主佛殿等，匾额 13 块，碑文石刻 21 块（其中宋代 1 块、明代 2 块、清代 5 块、民国时期 13 块）。

莲台山被誉为“人间仙境，世外桃源”，以其洞奇、林秀而著称。洞穴有 72 处之多，著名古洞有娄敬洞、王母洞、朝阳洞、老君洞、三清洞、八卦洞、仙姑洞、青龙洞等，有的洞是洞内有洞，洞上有洞，洞内有佛，洞内藏山，山中有洞，洞穴幽深，奥妙无穷。莲台山气候宜人，自然风景优美，植物众多，树木 33 科 100 余种，鸟类 8 目 4 科 30 多种，林木覆盖率 90% 以上，因此有“江北第一植物园”的美称。山之东、南、北三面皆为峭壁，丹崖翠嶂，西面翠绿如屏，山前沙河横流，景色如画，加之该山环抱如城，形成独有的“小气候”，冬暖夏凉，与其他地方温差大约有 2~5 摄氏度。景区内景色如画，美不胜收。春天到来，迎春盛开，桃杏争艳；春夏之交，满山碧绿，野花纷呈；盛夏雨季，各山谷泉水潺潺，尤其是“玉柱峰”下的“虎啸泉”，狂奔如涛；最美的是莲台秋色，漫山遍野的黄栌树、枫树、柿子树，一夜秋霜，染遍满山红叶，分外妖娆。诗曰：“置身着色莲台山，红叶醉倒回家难”。

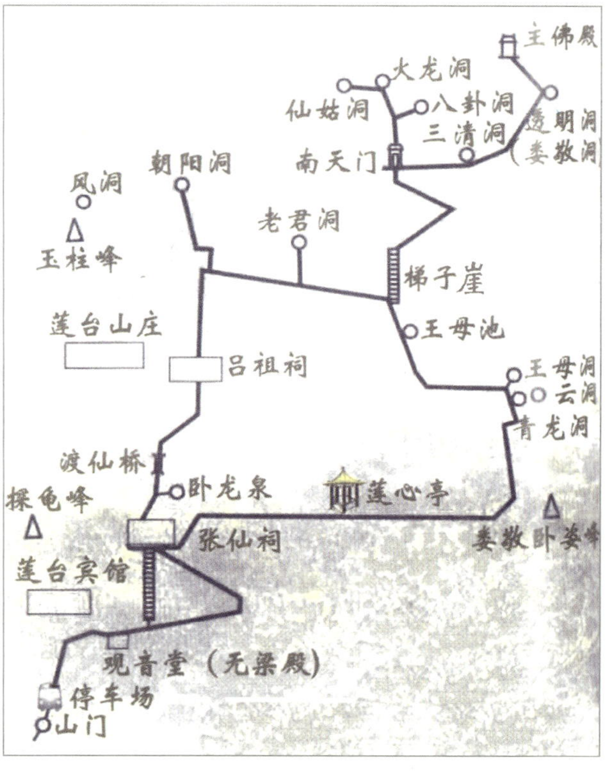

图 15 莲台山旅游路线图

莲台山风景区山色秀丽，峰高峭俊，谷深林密，百花丛生，古洞荟萃，文物古迹众多。20 世纪 90 年代，开发为旅游度假胜地。

莲台胜境坊 位于小娄峪峪口，始建于 1935 年，是用青石砌叠，坊阔面 4.6 米，高 3.47 米，厚 0.79 米，坊上嵌有“莲台胜境”匾额，坊石下侧嵌有“修建石坊字版”。据字版记载，石坊为历下（今济南）善士马尚芹捐铜圆 600 余公斤所筑。由于年久失修，后倒塌无存。1994 年，新建“莲台胜境”牌坊，造型似莲花，坊面阔 23 米，高 18.3 米，坊身用白色瓷面砖镶嵌，坊上“莲台胜境”匾额用大理石制成，远眺似一朵洁白欲放的莲花，为莲台山风景区标志性建筑物。

三元宫 始建年代不详，在历史上先佛后道，几经兴衰。其前身为观音堂，观音堂是供奉观音菩萨的场所，始建年代无从查考，有明崇祯九年（1636）十一月重修观音堂的石碑一块，立于堂前。清康熙二十一年（1682），在此始建万花山三

三元宫 (2008 年 摄)

元宫(即天宫、地宫、水宫)。三元为道教所供奉的神,传说天宫赐福、地宫赦罪、水宫解厄。清康熙三十七年(1698),在此重建泰山云台庵蓬莱观。1922 年,重修无梁殿。1924 年,重修观音堂院落。三元宫院落布局完整,无梁殿为硬山顶,面宽三间,室内顶皆为石券,保护完好。1996 年重修,观音像高 2.13 米。

张仙祠 由三元宫拾级而上便是张仙祠。相传汉留侯张良曾在此隐居。张良,汉初大臣、政治家、字子房,相传为城父(今安徽亳县东南)人。1918 年 8 月,重建张仙祠四合院,正殿、配房皆为硬山式,正殿刻有游龙图案,栩栩如生。1990 年,改建,新塑张仙神像,高 2.55 米。

张仙祠外景 (2008 年 摄)

渡仙桥 位于张仙祠南,是一座古石桥,因古代仙人常从此桥经过,由此而得名。

吕祖祠 位于莲台山庄东侧,该祠为供奉八仙之一的吕洞宾而建,原祠门上刻“清静别墅”,建于 1922 年,有前殿后殿,皆面阔 3 间。因年久失修,现为残墙断壁。

朝阳洞 由吕祖祠登高而上,便是朝阳洞。此洞为一自然岩洞,深 30 米,高 4 米,宽 5 米。1919 年,对该洞进行修整。洞内设有神龛,供有“孚佑帝君吕祖”“太上混元老君”“白鹤真人”神像,三尊神像均为线刻,线条流畅,形象逼真。朝阳洞洞阔如厦,钟乳石千姿百态,甚为壮观。站在洞口仰观悬崖,奇石压顶,峭壁如削,古柏倒挂,青檀挺拔,一派令人叫绝的天然景观。洞门上书有“朝阳洞”三字,并有一副对联:上联“洞古山深修罗汉”,下联“阳生阴灭炼真人”,横批“默朝上帝”。

朝阳洞 (2008 年 摄)

老君洞　（2008 年 摄）

梯子崖　（2008 年 摄）

老君洞　位于莲台山庄以东百米处。洞嵌在悬崖峭壁间，洞口刻有“老君洞”三字。洞口对联为“前古后今道远大，上天下地我独尊”，横批“福佑群生”。据碑文记载，1923 年，对该洞进行重修。老君洞宽、高、深各 4 米，内有老君像一尊，置于莲花宝座上，高 0.8 米，刻工精细，该像头部已被毁。

玉柱峰　朝阳洞北是玉柱峰，因孤峰拔地而起，峻秀奇峭，如玉柱擎天而得名，峰上有一透明小洞，当风从洞间穿过，呜呜作响，又名风洞。每年夏季，大雨过后，水从石滹喷出，飞瀑万丈，景色壮观。《雨中游娄敬山》诗曰：

雨中游娄敬，景色殊不同。
山中一夜雨，忽添万丈屏。

梯子崖　是登南天门、观娄敬洞必经之路。梯子崖用巨石砌叠，百步九折，共 65 级。每到盛夏，云雾缭绕，游客攀登梯子崖时，恰似在天空云中行。登上梯子崖，再回首，犹似泰山十八盘！

南天门　位于梯子崖以东，建于明朝，是一个古檐灰瓦的石门楼，石门高 4.2 米，宽 3.13 米。

玉皇殿　登上南天门，便是玉皇殿。建于明万历年间，殿内塑有玉皇及童男、童女。此殿依山而建，为硬山式建筑形式，面阔 8 米，进深 6 米。据玉皇殿碑文记载：“到此者悦如人居天上，境如桃源，福地洞天，为全山胜景之冠者”。1996 年，重修。

南天门及玉皇殿　（2008 年 摄）

火龙洞　(2008 年 摄)

火龙洞　由玉皇殿沿曲径小路而行不远处便是火龙洞。此洞上窗下户，内有石榻，因冬暖如火炉而得名。洞两侧有一副对联："乐是神儒好洞府，别开天地非人间。"

八卦洞　亦名炼丹洞，位于火龙洞西侧，洞深10 米，高 20 米，洞内夏季清凉无比。

仙姑洞　距火龙洞 10 米。仙姑洞内如悬伞宝盖，雅秀奇观。明嘉靖十八年(1539)立碑文载："道姑商大霞在此修身，80 余岁攀梯子崖，登王母洞，上下自如。"此洞因此而得名。

三清洞　出南天门向东便是三清洞。洞宽 5

三清洞　(2008 年 摄)

娄敬洞北口　(2008 年 摄)

米，高 4 米，深 10 米。洞内有神龛，供有元始天尊，灵宝天尊和道德天尊三尊神像，原像已毁，新塑三尊神像。神龛镌有对联："道大千年祀，清高万世师"，横批"古今独尊"。

娄敬洞(透明洞)　位于玉皇殿东南。娄敬洞呈三角形，洞内南北贯通，长 200 余米，洞北开口处高 30 米，宽 20 米。进入洞北口不远处有一巨石大床，相传为汉代大将军娄敬休息的地方，旁边还有他的一块拴马石。洞南口石上凿一神龛，祀娄敬、张良、范蠡像。从洞口望去，阴森黑暗，不测深浅。洞内有山，山内有洞。借灯光可看清洞壁上灿烂的花纹，有如莲花，有如灵芝，惟妙惟肖，千姿百态。洞中间最开阔处 20 余米，有一块巨大的探海石。此洞亦是北方最大的蝙蝠洞，洞内有 3 种蝙蝠，约万余只。走出洞口，豁然开朗，弯弯的山路，层层的梯田，山下便是大娄峪村。

主佛殿　位于娄敬洞北口上方 50 米处，建于 1926 年，建筑形式为叠涩式，窗棂是用石板雕刻。殿内有石刻佛像 1 尊，佛高 3 米，造型优美，神志端庄，佛山一体，该佛为镇山之佛，已

主佛殿 (2008年 摄)

王母洞 (2008年 摄)

毁。2006年，新塑一佛，高5米。

王母洞 位于梯子崖南100余米处，王母洞高3米，深30多米，宽7米，洞中又有上洞，称鹞子翻身洞。上洞开口处12米，深60多米，宽3米，下洞高2米，宽1米，深20米。王母洞，洞上叠洞，洞中套洞，为莲台山洞穴中最秀美的洞。洞口镌一对联："壶中灵药山中采，宴内蟠桃洞中寻"，横批是"西望瑶池"。洞门口有一尊手持宝剑，身披盔甲，赤脚而立的武士石像，高1.70米，系清末所雕。传说，这是王禅老祖的徒孙孙武。王母洞分上下两层，洞中间是个井筒式的洞口，直上直下，洞内幽暗，从下往上看，约十几米高。洞壁上凿有登台，并置有铁把手，供游人攀登。当沿井筒式洞口向上攀登到中间，需要转身再往上攀登，鹞子翻身洞的名字由此而来。爬上洞口，俯首观望，谷深万丈，使人头晕目眩。站在万仞悬崖的石缝中，山峪中的美景尽收眼帘。远处，峰峦叠嶂，足下，花木丛生。峪中建筑，风格独特，错落有致。绿瓦飞檐的张仙祠，簇拥在绿树丛中，在轻霭雾蒙中忽隐忽现，宛如海市蜃楼。

莲心亭 位于莲台山的中部，由张仙祠向东拾级而上便可到达。亭与莲台山庄、莲台宾馆南北、东西相呼应。亭高12米，顶为六角圆庑式，用琉璃瓦铺成，6根立柱连接亭台，远观清秀大方，是观景、歇息的最佳位置。

莲心亭 (2008年 摄)

第四节　大峰山风景区

■ 峰云观　　（2005 年 摄）

大峰山位于长清城区西南24.5 公里处的孝里镇境内，与肥城、平阴交界，海拔 376.2 米。山峦重叠，翠柏漫山。大峰山素有“一山四景”之说，即：南有簸箕掌，北有天麻峪，东有璇玑洞，西有三教堂。山势险要，是屯兵的好地方。大峰山古建筑有道教峰云观遗址，坐北朝南，建筑面积3000 多平方米。现存建筑遗址有门楼、五小开间过道、道人住院、峰云观、奎文阁、金蝉洞、玉皇殿（下有夹墙密室）等，均有大字门额。除两座二层殿、过道屋、奎文阁顶外，其余所有木梁架的房顶及门窗全无，但整个建筑布局尚完整。1938 年，魏金三等来此开辟大峰山革命根据地，第一届长清县委就诞生在这里。抗战期间，大峰山抗日根据地总共为革命输送过 13.8 万兵员，在大峰山工作过的干部中，后来成为党和国家领导人的有万里、田纪云、段君毅等多人，将军和高级干部不下 400人。1979 年 9 月，命名为大峰山革命遗址，列为市级文物保护单位。1998 年 6 月，被列为省级森林公园。2001 年，大峰山齐长城旅游区被评为首批国家AA 级旅游景区。大峰山既是一处道教圣地，又是长清人民的革命摇篮，它是泰西抗日根据地的重要组成部分。

峰云观　系明万历年间道士范真峰创建，清康熙时，已发展成为有 60 余道人、占地面积数千平方米的著名道场。主要建筑有山门、云根、吕祖坛、峰云观、月窟、回月楼、碑亭、关帝庙、玉皇三清殿、泰山行宫、智慧圆通楼、天极殿、奎文阁、东西配殿等。其中玉皇三清殿为道观主体建筑，殿内旧时以阁板分为上下两层，下层供奉彩塑的元始天尊、灵宝天尊、道德天尊塑像，上层供奉彩塑的玉皇大帝像。玉皇三清殿背后的摩天巨崖突怒偃蹇，崖根左有豆腐泉，右有金蟾洞。道观西南隅有“坐化真人室”，始建于清顺治年间，乾隆年间重修。在峰云观二山门处，有“云根”和“青云得路”两块匾额。云根，就是云彩出生的地方。“青云得路”匾额是民国二十六年官

■ 大峰山全景　　（2008 年 摄）

云根 (2005年 摄)

殿已圮毁，石阶、院墙、山门、照壁、东西书房等建筑，规模宛在。璇玑洞西侧为一立陡绝壁，高20余米，上有古柏、黑檀蔽日遮雨，下有圣父圣母洞石窟，有石雕圣父圣母像和侍立两旁的金童玉女，洞高2米，宽2米。石窟规模不大，但浮雕刀法细腻，造型精美，堪称古代石窟造像之精品。

三教堂 位于大峰山西麓，形制似塔，圆形攒尖顶，内阔5米，高4米，以供奉老子、孔子以及释迦牟尼而得名。三教堂北边有禅寺遗址。

员陈仙携进香朝拜，而后连升三级，所以来这还愿时题“青云得路”四个字。意思是：由此上大殿真心朝拜，就会青云直上，得偿所愿。“待月泉”是峰云观的一大奇观，从前每到冬季皓月当空时，观内道士就在“待月泉”边观赏月亮倒映在泉水中的影子，甚是美丽。有诗云：“月到天心月有影，风来水面风生情。”

簸箕掌 以山腰凹入，形似簸箕而得名，峰云观就坐落在其中。《创建泰山行宫记》载：“大峰山之南隅，去巅里许，石壁三面环抱，有地不盈数步，面阳如掌。”簸箕掌上古树参天蔽日，草木繁杂，鸟语花香，清爽宜人，人称仙境福地。

天麻峪 位于大峰山北麓，地极幽绝，石奇泉冽，林木苍茫。据说，这里的土壤、水质、地温以及阳光透射度等自然条件适宜天麻、人参等名贵药材生长。而附近山村盛传的“参娃落泪出天”的神话故事，更为天麻峪增添一层神秘色彩。

璇玑洞 位于山东麓老柏古桧掩映下的悬崖峭壁上，洞宽16米，高25米，夏季温度在15~20摄氏度之间。洞内高大宽阔，空气流通，是登山游人歇脚纳凉的好地方。洞侧有璇玑道观和圣父圣母石窟，璇玑道观主殿真武

璇玑洞 (2005年 摄)

第五节　马山风景区

位于长清城南21公里处，主峰海拔512.3米，南北走向，绵亘十余里，系马山镇与双泉乡之界山。马山本名格马山。《左传》记载，鲁襄公十八年（前555）十一月初一日，以晋国为首的诸侯联军攻克齐国的防门重地（今长清区孝里镇广里村西北）而进占平阴邑（故址在今孝里镇东障一带），然后沿着现在孝里经义合、土屋至崮头的山涧谷地尾追溃退的齐军。当时，齐军负责殿后的阉人夙沙卫，为阻挡追兵，将战车拴成一排堵塞道路。大夫殖绰、郭最曰："子殿国师，齐之辱也。子姑先乎！"怀恨在心的夙沙卫为报复，就在小路的狭隘处杀掉几匹战马，堵住隘口，将殖绰、郭最挡在后面，晋国人追来，轻而易举就把他俩俘虏。夙沙卫杀马塞路的隘口即今马山与归德两镇交境上的石门。与石门隔河相望者即马山，近在咫尺，因此后人遂称此山为"格马山"。"格马"者，杀马也。迨及唐宋，格马山讹为"隔马山"。以"杀马山隔道"而得名，遂成定说；亦有"谓山势高峻，马不能过，故有隔马之称"；唐宋以后，隔马山也可省作马山。马山之得名还有一说，民国《长清县志》云："因此山形势似马，故又称曰马山。"

云雾中的马山头　（1998年 摄）

马山是古代谋略文化最发达的地区之一。据载：谋略学鼻祖鬼谷子曾隐居马山，马山西麓的学城便是战国兵家孙膑、庞涓，纵横家苏秦、张仪从师鬼谷子之所在。马山古为道教圣地，也是风景优美的游览胜地，有"马山之胜在山顶"之说。马山西北隅有两个山门，东西开。这两个山门，是由山左和山右两条路登马山的必经之路。两个山门，孤悬天半，十分险绝。进山门，便到达山顶。山顶青石上凿有两个水池，小的能盛水数十斗，大的能盛数百斗，系道士"凿岩蓄雨水以备饮者"。山顶地势宽不满17米，长不足500米。清代末，山顶自北向南尚有灵官庙、丰施侯庙、天王殿、钟楼、后土殿、碧霞元君殿等，不知始建于何年。在钟楼前火池外壁曾刻有南乡子一阙，文曰："一座好高山，鸡鸣犬吠五云间。鬼哭隐形今尚在，依然水外流水山外山。星斗栏杆，羡尔道人竟敢攀。听法龙来驼虎去，非凡梦入华胥天外天。"傍署名生生子。清代邑人庸敬子游览马山之后，写诗赞道："满路飞花满岭松，岩高削出玉芙蓉。鸟声清亮泉声雅，人立马山第一峰。"

马山　（2008年 摄）

车辙峰下有通明洞，东西相通，长 1.5 公里，崎岖难行。马山西侧弯处，通明洞北旧有马泉院，也叫马湾庙，曾是道士聚居的地方。抗日战争初期，长清县抗日游击队成立并驻扎于此，在这里得到壮大，因此马山又是大峰山抗日游击队诞生地之一。

马山上的一切古建筑至“文化大革命”期间，除石阶、东西山门、无梁无椽的司阍老人所居的大石屋以及成排的用来避乱的简陋石屋外，其他仅有遗址可寻。近几十年，附近的村民自发于原址重建殿宇庙堂，皆过于简陋。遗址附近有碑碣 20 余块，或立或仆，年代最早者为元世祖至元三年《丰施侯庙碑记》，其他都是明、清、民国年间碑碣，大多字迹漫漶，难以释读。马山西山坳遍植刺槐，北山尾有千亩雪桃园，三月桃红四月槐白，再值雨季，山上五泉竞涌，山下一河翠带，自然风光十分优美。2003 年 6 月，马山被命名为市级森林公园。

天街 登上峰巅，是不足 500 米长的“天街”。这里是佛境仙界，释迦牟尼、玉皇大帝、碧霞王母、太上老君诸天尊聚会；菩萨娘娘、哼哈二将、眼光奶奶、王令官各神鬼皆有。东、西山门历史悠远，天井、天池、布道场、晒经台皆留仙踪，眺岳台、望河亭、观马台都有意趣。尤其是从观马台向南望，马山峭崖由南北方向转向东北西南方向，形似巨形马首贴伏地面，马面、马耳、马鬃、马鞍惟妙惟肖。

丰施侯庙 是马山的主体建筑之一，内塑马山圣母神像，是马山一带的地方神。据陈彦元《隔马神君庙记》载，唐中和二年(882)，国子祭酒兼御史大夫李公瞻就在马山上构筑隔马神君庙，祠祀齐国大夫殖绰和郭最。北宋徽宗年间，长清知县晁端肃祷雨于隔马神君庙，甘霖沛然而下，朝廷于是封隔马神君为“丰施侯”。故马山主神庙或称隔马神君祠，或称丰施侯庙，合二为一则称隔马丰施侯庙。后多次重建和维修。

玉皇殿 又名玉帝祠，创建于明朝弘治十年(1497)，主其事者为道人程守真，清代又屡有修葺。

碧霞元君祠 又名泰山行祠，为明正德十年(1515)长清人程鉴、程良父子所创建，据正德十五年《碑记》，该庙大门为底方上圆的石券门，祠中立有碧霞元君的铜铸金身，又据山巅遗留的清康熙十七年(1678)长清知县岳之岭的题刻，马山碧霞元君还曾得到康熙帝的敕封。

后土殿 始建年代不详，乾隆三年(1738)《重修隔马丰施侯庙碑记》云：“山巅旧有丰施侯、泰山宫、后土殿之制，道人白阳仙葺而新之。”该殿于乾隆以前即已存在。

马山圣母影堂 位于马山北侧登山所必经的山梁上，由董元顺等人创建于民国 20 年(1931)，是祭祀马山奶奶的专门场所。《建修马山圣母院影堂碑记》云：“此山(马山)之北石庙子有圣母遗像，为当时修道成真之所。石屋半间，以白云为藩篱，碧山为屏风焉，一片荆棘，几成废址，后人屡欲建修，有志未逮。善士董元顺等募化四方，善男信女随意捐输，为集腋成裘之举，于是鸠工庀材，竭力整饬，不数月而工告竣。”

车辙峰（缝） 是马山最惊险奇绝的地方，似刀劈斧削，从上往下看，令人耳晕目眩，毛骨悚然，从下往上看天似一线，令人感叹，成为马山的一大景观。“车辙峰”因临百丈山崖上一道裂缝而得名。

■ 马山圣母影堂 (2005 年 摄)

裂缝将“天街”一分为二，游人至此无法前行。

印台山 在马山主峰西天门下有一巨石，状似印台，又似官帽，人们称此为印台山。传说是当年鬼谷先生送学生孙膑、庞涓下山时赠别之地。

鬼谷洞 因战国时鬼谷先生隐居马山时住在这里而得名，又称通明洞、穿心洞，是马山十大洞中最大的山洞，全长百米，贯通马山东西，狭窄处只容一人通过。该洞高的地方有七八米，最矮地方也有二三米。从东面进洞 20 多米后，紧靠洞壁南边有一长 3 米、宽 2 米的天然石炕，是鬼谷子隐居时睡过的石炕。鬼谷子是中国古代纵横家、军事家鼻祖王栩，他的四大高徒苏秦、张仪、孙膑、庞涓都成为战国时期的名将名相。在马山西边山下 1.5 公里的地方有一古城遗址即学城，就是鬼谷先生授艺之所。洞内上午刮西北风，下午刮东风，冬暖夏凉。

天井 位于马山顶无梁殿西墙脚南 5 米处。从前无论天多么干旱，井里的水从来就没有干过，水特别好喝，山上的道士吃水用水都靠这口水井，井不深，用担杖就能提上水来。叫天井有苍天所赐之意。水井壁半腰的地方有一块石乳向外伸着，很碍事，提水时不小心常常把瓦罐碰破，挑水工便凿去石乳头，井水干了，成为枯井。道长为惩罚挑水工，责令挑水工在山门前的硬石板上凿出两个方池，以注天水(雨水)，供道人饮用。

晾经台 晾经台平整光滑，形似桌面。据说当年王禅老祖鬼谷子来马山讲经时，忽遇大雨把经卷淋湿，待雨过天晴，老祖把经卷放在此处晾干。故此，将此处取名为“晾经台”。

植物标语“毛主席万岁” 是由百万株柏树栽植而成，位于马山东侧 35~60° 开阔的山坡上，平均每字长 235.2 米，宽 142.6 米，南北总长 764.8 米，18.5 公顷。近观苍松翠柏，青山掩映；远望字体苍劲，气势恢宏。该植物标语栽植于 1959 年 3 月，当时，刚刚成立人民公社，群众怀着对共产党的崇敬和爱戴，由时任公社党委副书记张广林、齐秉祥组织抽调周庙小学的美术教师张毅、石凤仙、杨兆庚、王玉香策划设计，在张毅老师的带领下，运用米尺、绳子等工具丈量，写出字的范围，先后用石灰、秫秸做标记，几易方案，最后用几千张白纸按笔画用石头压住，铺设在山坡上，人在 3 公里以外观察、调整，然后画线定穴，完成栽植设计。

马山鬼谷洞 (2006 年 摄)

马山大型植物标语“毛主席万岁” (2008 年 摄)

■ 马山观山亭 （2004 年 摄）

1959 年的农历 3 月底，组织全公社 53 个村的村民和工、农、商、学、兵各阶层人员 2 万余人上山栽树，调集马山公社苗圃和五峰公社林场的百万余株侧柏树苗。除老人和小孩以外，全部上山，有很多人是自发去的，因为在人们的心目中，共产党毛主席的恩情比天高、比地厚、比海深，能够上山亲自栽上几棵树是最好的报答。

植树那天，天上碧空万里，地上红旗招展，锣鼓喧天，人群布满山坡，按预先分工，两人一组，一字一群，争先恐后的干起来。运树苗的队伍排成长龙，山脚下埋锅做饭，炊烟袅袅。此起彼伏的口号声，响彻马山大地，传出十数里。仅用一天的时间，百万株树苗全部栽完，“毛主席万岁” 五个松柏组成的巨型大字巍然镶嵌在马山上。2001 年 5 月中旬，马山镇正式向世界基尼斯大会上海总部提出申请。是年 9 月 25 日，世界基尼斯大会上海总部将植物标语“毛主席万岁”正式命名为“大世界基尼斯之最”。2003 年 3 月，马山镇政府在马山脚下修建一座观山亭，亭内立碑以示标志和说明。

第六节 卧龙峪生态风景区

位于长清区万德镇，距济南市区 50 公里，占地 400 公顷。卧龙峪风景区依偎在齐长城脚下，自然风光优美，沟谷幽深，纵横交错，怪松奇石遍布，四周山峰峭壁环绕，植被茂密，四季常青，潭瀑溪流常年不断。风景区前段地貌突出，中部地带湖泊、沼地错落有致，青龙潭至聚龙居为山峪通道，从聚龙居向后为风景区的后段，山包、游线（山脊）与沟谷相间分布呈放射状展开。风景区的终端山巅之处的齐长城，绵延起伏，与山脊、松林浑然一体，充满山林野趣，构成一幅和谐的山水画。卧龙峪之美，美在“山、木、水、草”四绝。步入山林，深处生长着名贵的中草药人参、何首乌、黄芩、灵芝等。1999 年 10 月，济南胜鑫园林工程有限公司与长清县万德镇店台村签订该景区 50 年（1999 年 10 月始至 2049 年 10 月止）租赁承包协议，由其下属济南卧龙峪旅游开发有限公司开发建设，投资 1300 余万元，建成宾馆、餐厅、道路、水坝等。2000 年 9 月，该景区正式对外接待游客。2001 年，被评为首批国家 AA 级旅游景区，属省级森林公园。

第七节 凤凰岭生态旅游区

位于长清区万德镇拔山村，南可望泰山极顶，北远眺灵岩胜景，是济南市面积较大、保存较完好的纯生态旅游区。凤凰岭生态旅游区以自然、生态、环保为主题，以健

■ 凤凰岭 （2003 年 摄）

凤凰休闲园开业仪式　　(2003 年 摄)

康、休闲、和谐为宗旨,对原始的自然景观进行完整的保存,进行筑坝蓄水植树造林等有利于可持续发展的建设。景区内瀑布高悬、溪流潺潺、清泉喷涌、潭水碧蓝,虫吟鸟鸣、彩蝶翩翩、松枫绿野、山花烂漫。凤凰岭生态旅游区由凤凰岭景区、龙溪岭景区、石门峪景区三部分组成,主要景点有凤凰岭、青龙潭、小龙湾、水帘洞、飞瀑群、摩天顶、灵泉、钉头崖、青松岭等,有济南市最高峰摩天岭,又有红石崖、百鸟林、蟠龙洞、神龟潭、霸王石、凤凰石、寿星石、卧象石、吻泉等众多的自然景观。凤凰岭生态旅游区气候温润,森林茂密,是天然的氧吧。山泉甘冽清澈,富含人体所需的矿物质。野菜、中草药品种繁多,果树主要有柿子、板栗、核桃等。2003 年 5 月 1 日,投资 2600 万元的凤凰岭旅游区开园迎客,建有集客房、会议、餐饮为一体的服务区。

第八节 地质名山馒头山

位于张夏镇,约有 5.5 亿年历史,属早、中寒武纪浅海相沉积地层,是华北寒武纪地层剖面的重要组成部分。2001 年 4 月 21 日,馒头山被列为省级地质遗迹自然保护区。2002 年,山东省拨款 40 万元,组织实施该保护区的建设。2003 年,被世界教科文组织命名为世界第三地质名山。2004 年 1 月 19 日,被省国土资源厅批准为省级地质公园。馒头山属低山丘陵,海拔 200~400 米。馒头山所属的张夏—崮山寒武纪地层层型剖面,是生物地层、年代地层、岩石地层、层序地层观察研究的理想地区,具有层序完整的寒武纪地层剖面。该地区有发育完整的寒武纪地层,北坡整合面保存并出露的不整合现象十分清晰和典型,其自上而下分为朱砂洞组、馒头组等 5 个组级岩石地层单位,其岩石组合各有其特点。馒头山的基底是在太古形成的,石灰岩盖帽,周围为黄土披沙,馒头山又可分为馒头组、毛庄组、徐庄组、张夏组四个部分,馒头组为硅质石灰岩,毛庄组多为云母多的紫色页岩,徐庄组为耳状页岩,张夏组即为馒头山的馒头部分。自然保护区总面积 261.7 公顷,其中缓冲区面积 19.5 公顷,实验区面积 242.2 公顷。馒头山是国内

钉头崖　　(2003 年 摄)

馒头山 （2003 年 摄）

外寒武纪年代地层和生物地层的标准剖面，对研究中国华北寒武系的起源地，具有重要的科研和科普价值。

第九节 双泉庵风景区

位于双泉乡最南端，与泰安市肥城市接壤。风景区总面积约 6 平方公里(南至穆柯寨下的人头山、北至小马山、西至银子山、东至金牛山)，区域内有小Ⅱ型水库 1 处，塘坝 6 座，水面清澈见底，两岸绿树成荫。上游两侧各有一泉，常年清流不断，人称“活命泉”，“双泉”由此而得名。相传唐贞观十四年(640)，被后人称之为“药王”的医学家孙思邈游历至此，发现这一钟灵宝地后在此深居简出，长住数十月之久，就地采集特效药物 30 余种，因此而成“人命之重，有贵千斤，一方济之，德愉于此”的《千金方》第三卷。孙思邈居此期间，周围数百里的老百姓纷至沓来，求方索药，灵验无比，无一不愈。至唐朝中叶，当地百姓为纪念神医，自愿捐银出工，在此修建药王庙 1 座，内塑药王孙思邈神像，像高 3.2 米。据传，周围三县百姓，凡家有疾症者，前来拜求药王老爷，然后并取两泉之水，归而饮之，则百病皆除。因此曾一时门庭若市，扶老携幼者络绎不绝。明朝万历八年(1580)间，当地民间又聚资重修药王庙，并且新修左右前后十大院落，新增玉皇大殿、镇武大殿、忠义大殿(刘、关、张三英塑像)等，至此已形成规模，蔚为壮观。明朝末年，在药王大殿一侧又建起一个别致壮观的戏台。每年二月十五日始，方圆几百里百姓，都前来赶庙会。会期为 8 天，每天都是车水马龙，人山人海，香火缭绕，生意兴隆。双泉庵庙会与马山庙会、泰山庙会并称“齐鲁三会”。1965 年，因“破四旧”和双泉庵适宜建库蓄水，利农利民为由被强行拆除，庙会从此销迹。双泉庵风景区因山环水抱、风景如画、鸟语花香、林茂果丰、钟灵毓秀、气候宜人而远近闻名，是旅游、垂钓、狩猎、避暑、纳凉的理想之地。

第十节 穆柯寨

位于双泉乡的刀山峪，区内名胜有唐朝古刹资圣院、明朝修建的无木建筑八角形文昌阁、牛山寺、三清殿等，其中穆柯寨最为著名，号称山东第一古寨。由牛山往西为陶山，陶山风景秀丽，山势险要，现存有范蠡墓、西施隐居处、栖幽寺、唐仲冕母墓及大量的范蠡西施文化遗迹，尤其以 72 洞闻名。穆柯寨，相传为北宋时期穆桂英及其父穆羽，因不堪忍受枢密使王强的迫害，挂冠归隐回到故乡，构筑山寨，在此避祸。现存宽约 2 米的寨墙 3600 米，高约 6 米，石拱寨门 3 座，整个山寨占地面积 25 公顷，寨内有兵营、哨房、石碾、石臼等遗址 100 多处。点将台，在穆柯寨中心位置，有一处高 10 余米的巨石，相传为穆桂英点将之所，该石上面平整，中间因雷击风蚀开裂，其东北角有石梯可攀登至顶。招军石，在穆柯寨西南门要塞内，高约 4 米，宽 2 米，似有招兵收将之意。出穆柯寨西门约 300 米，有 5 块巨石相垒而成的天然石门，人称“夕阳降石门”，封住进寨的道路，中间只能容一个人低头弯腰而过。石门两边为峭壁陡坡，地势险要且此处是西路进寨的必经之路。

杜庄古城堡 （2008年 摄）

第十一节 双泉小泰山

位于双泉乡的翟科村西南方向，地处济南与泰安的边界上，距济南30余公里，东距泰山30余公里，属于泰山山脉。石峰顶上有石殿，石殿前有四根方形石柱托起前厦，前厦的中间成半圆形拱起，中间位置写着：“小洞天”，两侧分别是“五行一气”和“三元同心”。因峰顶面积有限，石殿仅有殿堂两间。西侧的一间殿堂内供奉着泰山娘娘，东侧一间殿堂内供奉着老子。群山之间，环抱着一个小湖，在山峪谷底有三个代表性的石洞。玉皇洞，位于谷底北侧的山崖上，洞口朝南，在洞口附近的洞壁上有造像壁刻。在玉皇洞西邻，是“观音洞”，它是一个溶洞。第三个山洞，当地人称其为“八仙洞”，是八仙聚会的地方。

双泉小泰山 （2008年 摄）

第十二节 杜庄古城堡

位于双泉乡的杜庄村西，是春秋战国时期齐国修筑的军事防御工事齐长城的一要塞，距今已有2500年的历史。古城堡总面积1.5万平方米，是千里齐长城上现存完好、防御体系严密的一座古城堡。该城堡所有城墙都像刀削一样，城墙上的垛口非常整齐。城堡所在的山顶为东西走向，在狭长的山脊两侧是天然形成的绝壁悬崖，而东端的山顶则呈贺形，山的东坡呈缓慢下沉之势，为防止敌人从东坡突破，城堡在此建有三道城墙防线。城墙的南北两端都是绝壁深涧，形成天然屏障。中间的山脊只有大约3间屋的宽度，是整座城堡最为险要的地方，在这里建有第三城墙，靠南端留门，门内有大型石屋4间。石坪上还凿有插旗的旗杆窝。城堡西面的第四、第五道城墙，同样是建在南北悬崖峭壁之间，是防备敌人从西面偷袭，因此战台和连墙石屋都设在城墙的东侧。整个城堡设计缜密，结构严谨，易守难攻，匠心独运。2000年6月8日，全国著名文物专家、长城专家罗哲文登上杜庄古城堡考察时给予高度评价。

第十三节　卧牛山寨

距长清城区东南9.5公里，整个山面积2.7平方公里，海拔338米。卧牛山因远远望去形似卧着的一头牛，有头、有身、有尾而得名。山上筑有三国时期的山寨，故称卧牛山寨。相传，公元190年，归德镇后夏村有一位性格豪爽、为人耿直、不畏强暴的汉子名叫周仓，带领村民在卧牛山上筑寨、举旗为王。寨民从开始数十人到数百人，后来发展到数千人，山寨上的房舍由数间增加到上千间。清朝咸丰年间(1851—1861)，太平军又重筑山寨，将山寨加固扩建。

自西向东有一条登卧牛山寨的小道，这是山寨上的将士们骑马登山的道路。沿马道向上攀登，就来到一寨门，寨门用青石板砌垒，门宽约3米，寨墙厚两米多。这是山寨的第一道防线，两边悬崖绝壁，正中有一石砌的山门，真是"一夫当关万夫莫开"。再向前行，就是二寨门，比一寨门更为险峻。走进二寨门后，迎面是座石屋，顺石屋左侧的道路向上行进，便是一片平坦辽阔的空地，宽约300~600米，长约2500多米。传说这片空地是当时兵家的演练场地。山寨上的石屋，多数是用青石板收顶筑造的，无檩梁建筑，现虽有不少倒塌，漫山遍野的石屋竟有数千间之多，石屋均用加工后的石材垒砌而成，建筑式样与其他所见的山寨不同，多成长方形。但看上去仍气势磅礴，蔚为壮观。山寨主峰有一条向南的支脉，支脉尽头与南侧山脉之间有一天然的断崖，此处有一吊桥遗迹。还发现刻在石头上的不明篆书字体，字不可辨，其中一块刻有"五世王"，字体隽秀清晰。离断崖与主峰的结合部有一座南寨门，气势宏大、用工精细，虽风化严重但仍保存完好。二道门两侧万丈悬崖，深不可测。山顶两面是刀削似的悬崖峭壁，易守难攻，被戏称为"瓮城"。山寨里的石屋大约有3000多间，分别在两个时期形成：一是关公千里走单骑收降的周仓部所建(史志记载周仓系长清人)；二是太平天国时期，洪秀全的部队所建。卧牛山寨不仅仅是一处古寨，在这里也曾经发生过抗日战争卧牛山寨保卫战。

卧牛山寨　　(2007年 摄)

1940年6月22日，红枪会头子朱存祯在北坦山胡庄观音堂成立长清肥城平阴红枪会总团部，配合日伪军对大峰山抗日根据地进行扫荡，袭击抗日组织，捕杀革命干部群众。长清独立营被迫撤到黄河西。7月23日，长清独立营一连连长孔步健、指导员田化一奉命率部回黄河东，侦察"红枪会"暴乱情况。24日，遭"红枪会"袭击，退至卧牛山寨，长清城、孙家土、石岗据点千余名日伪军齐集山下，用机枪掩护"红枪会"暴徒向一连战士攻击。一连战士子弹打光，临危不惧，除一、二排及三排部分战士转移外，100多名战士壮烈牺牲，剩余15人弹尽粮绝时，在连长孔步健带领下跳下山崖为国捐躯，其中5人在跳崖中因半山腰的树木挂住而侥幸生还。

第十四节　古村方峪

位于孝里铺东南7.9公里，明洪武间(1368—1399)，王氏建村，因村坐落在山峪中，命名王峪庄。后来，王氏乏嗣，更名方峪，距今已有600余年的历史，石头建筑的房舍是方峪村最大的特色。座座老屋依山而建，高低错落有致，线条清晰。石寨、柴门、黄牛、老井、辘轳、石磨、碑刻随处可见。在村口有一座石碑立在道旁，碑身下的赑屃头部已经损坏，现在是用水泥重新复原的。石碑上的碑文为《重修观音五圣堂》，碑文字迹大都漫漶不清，碑文末尾有“大清康熙八年，邑人王耀撰。”石碑西侧的一座破败院落是五圣堂，大殿、门殿以及钟楼等在20世纪70年代被毁，现在只剩下一座门楼。在大门内的左侧墙壁上镶嵌有一通石碑，碑文为《五圣堂建醮神会三年圆法碑记》，大多数字迹已经看不清楚。而在大殿正门上方也嵌有两通石碑，其中一通为《重修五圣堂碑记》，是清道光十四年(1834)刻制的。五圣堂西侧有一座戏台，坐西面东，前设有台基，后设有待场室，戏台两侧墙上嵌有方形壁龛。沿着五圣堂门前的石板路向上走，两边全是用石头修砌的房屋。走在街上，不时就能发现墙壁上嵌着的拴马桩，还有大殿柱子底座。老方峪村的中心大街称作前街。走不多远，拐进一条名叫“镰刀巷”的小街，走到尽头，旁边还有一条小路，再进去是“吴家大院”。这个院落是方峪村民居建筑的典型代表，户户相通，路路相通，从一家院子前门进去，从后门或旁门就可进到另一家院子里，几乎不用走大街就可转遍每家每户。沿着石板路在村中走一圈，能发现20世纪60年代的石拱桥、影壁等现代文物，石碾子、磨盘等上百年的老物件还有一定数量，显示着古村的悠久历史，明清时期的古建筑、街道等基本保留完好。

方峪村古街 (2008年 摄)

方峪村石碑 (2008年 摄)

第十五节 山东黄金崮云湖国际高尔夫球场

位于五峰山省级旅游度假区内，依山傍水，球道紧邻崮云湖近500万平方米的原生态水面。由山东黄金集团投资兴建，是济南市唯一符合美国USGA标准的18洞山地高尔夫球场。2007年3月，总投资约1.6亿元的高尔夫球场竣工投入使用。球场一期18洞球道总长7300码，占地面积133公顷。高尔夫会所使用面积7300平方米，内设专卖店、中餐厅、VIP包房、比赛专用厅、更衣室、咖啡厅、水

吧、商务厅、多功能厅及会员休息区、贵宾房、练习场等服务设施。练习场打席长廊为二层结构，共有 52 个打位，设有咖啡厅、迷你专卖店和休息厅等服务设施。球场巧妙运用原有地势、湖泊、山川、峰谷等自然风光与高尔夫充分结合，将五峰山、崮云湖的山川水色融入其中，自然原生态的山水美景，令人心旷神怡。

崮云湖国际高尔夫球场 （2007 年 摄）

第二章 节庆旅游

第一节 山东灵岩寺佛教文化节

2006 年 6 月 11 日，山东灵岩寺首届佛教文化节举办。至 2008 年，共举办 3 届。灵岩寺佛教文化节活动以“走进灵岩圣境，体悟佛教文化”为主题，内容主要有：灵岩寺稀世舍利瞻礼活动、“做一天出家人”灵岩寺佛教修行生活体验游、灵岩寺风光摄影大赛、茶艺表演、佛教文化论坛、佛教音乐会、“点亮心灯”祈愿会等。灵岩寺佛教修行生活体验游共分“礼佛”“早晚功课”“过堂用斋”“听经”“拜塔”“瞻拜舍利”“品味禅茶”“坐禅开示”“参与寺务劳作”和“摄影留念”10 个程式。参与体验游的游客，可以亲身感受到佛教僧人修行生活。

大灵岩寺佛教音乐会 （2008 年 摄）

灵岩寺新年祈福会 （2007 年 摄）

第二节 灵岩寺新年祈福会

2005 年农历初一至十五，灵岩寺首届新年祈福会举办。至 2008 年，共举办 4 届。灵岩寺祈福活动历史悠久，古代皇帝多次御驾灵岩寺，借助佛寺灵气，举行与泰山封禅规模相似的灵岩祈福活动。农历正月初一，以灵岩寺新年祈福大典为重点，以敲新年第一钟、击新年第一鼓、敬新年第一香、迎新年第一福为主要内容，配合佛家礼仪，共同祈愿新的一年万事吉顺、四海升平、国泰民安、人民安居乐业。同时，举行精彩的手龙舞、威风锣鼓、老年秧歌等精彩的艺术表演。

第六届杏花节开幕式 （2007 年 摄）

第三节 济南市杏花节采摘节

2002 年 3 月 15 日，济南市第一届杏花节在张夏镇黄家峪焦台村举办。至 2008 年，共举办 7 届。张夏镇是著名的“玉杏之乡”，玉杏种植面积 600 公顷，约 70 万株。万亩玉杏基地位于张夏镇的黄家峪流域。杏花节期间，举行杏花节山会、文艺团体和剧团演出、山货一条街、评选杏花仙子及杏花仙子树、拍卖御杏王采摘权等活动，组织游客到农户家中干农家活、吃农家饭，享受农家乐趣，还组织游客观赏名泉，体味泉水文化等，游客可乘车环山赏花、观光。

2002 年 5 月 16 日，济南市第一届玉杏采摘节在张夏镇黄家峪焦台村举办。至 2008 年，共举办 7 届。采摘节期间，金黄色的玉杏挂满枝头，游客可到树下亲自采摘个大、新鲜、酸甜可口的玉杏，还能与玉杏种植专业户组成“旅游亲戚”，进行生活方式、情感、信息等方面的交流，尝试新型的互动旅游模式，亲近大自然，游览田园风光，体验农家民俗风情。

第四节 马山庙会

农历三月三日是马山传统庙会。马山奶奶庙坐东面西，正对马山，旧时香火极盛，三月三日庙会期间，进香的信众来自方

■ 马山庙会一角（2002 年 摄）

■ 马山登山比赛（1997 年 摄）

圆百里，故而素有“千里泰山百里马山”之说。马山庙会的戏曲表演 6 天，戏场设在官园子里，由 11 庄香会轮流坐庄，出钱雇戏班子演出，所以旧时有“十一庄会首到一处，商商量量把戏雇”一说。有戏班、舞狮、舞龙、跑旱船、踩高跷、扭秧歌、打腰鼓、扮神像、二人摔跤等民间艺术表演。1996 年 4 月 16 日，马山镇重新恢复“三月三”6 天庙会，年观光游客多达数十万人次。每年山会期间，千亩雪桃花竞相开放，有各种民俗表演、民间小吃，还举办登山比赛，游客逛庙会，烧高香，品小吃，登奇山，赏桃花，尽在马山三月三。

第五节　中国孝堂山孝文化旅游节

2007 年 3 月 5日—11 日，第一届中国孝堂山孝文化旅游节在孝里镇举办。至 2008 年，共举办 2 届。孝里曾因地势低洼名水里铺，东汉初年，村南

■ 孝文化旅游节开幕式（2008 年 摄）

巫山（今孝堂山）上建郭巨墓，遂因郭巨埋儿孝母的故事改名孝里，清改名孝里铺。山以孝名，镇以孝名，人以孝名，孝里镇孝文化底蕴深厚。孝文化旅游节期间，举办纪念郭巨活动、十大孝子评选、孝文化书画展、天下父母孝里行、慈孝文化论坛等活动，弘扬传承孝文化。

第六节　济南市金秋柿子节

2003 年 10 月 14 日，第一届济南市金秋柿子节在武家庄乡凤凰岭举办。至 2008 年，共举办 6 届。武家庄乡是山东柿子之乡，种植面积上万亩，有“生态武庄，齐鲁柿乡”的美誉。先后被山东电视台、山东省旅游局评为“山东省公众最喜爱的十大乡村游景区”，被山东省旅游局命名为“山东省农业旅游示范点”。柿子节期间，举办

■ 济南市第五届金秋柿子节开幕式（2007 年 摄）

具有地方特色浓厚的旋柿子、挂柿子比赛、柿子王评比、登山比赛、自驾车游柿乡、农家乐、果品采摘、山乡物资文化交流大会、篝火晚会等活动，游客在赏红柿的同时，还可游览凤凰岭、合龙寺等景区。

长清区首届樱桃采摘节开幕　　（2007 年 摄）

第七节　济南市大学生旅游节

2007 年 4 月 22 日，由济南市旅游局、济南市长清区人民政府、山东省交通运输集团共同主办，济南市长清区旅游局、济南旅游发送中心等具体承办的“山东交运杯”首届济南市大学生旅游节在长清大学科技园开幕。同时，济南旅游发送中心专门设立“长清大学生旅游发送中心”，方便长清大学科技园大学生出游。至 2008 年，共举办 2 届。大学生旅游节期间，举办“驻济高校长清旅游形象大使”选拔赛，大学生征文比赛、摄影比赛及大学生登长清名山等活动，推出特色旅游线路，主要有“宗教文化之旅”（参观灵岩寺、五峰山、四禅寺、大峰山）、“孝文化之旅”（参观孝堂山郭氏墓石祠）、“民俗田园之旅”（参观张夏镇万亩玉杏基地、马山镇雪桃基地、双泉乡和万德镇樱桃基地及万德镇拔山村等）、“长清历史文化之旅”（参观齐长城、双乳山、长清博物馆、孝堂山）、“长清访古之旅”（四禅寺访古、灵岩寺考古）及考察世界地质名山馒头山和大学生高尔夫体验游等。

长清大学生旅游发送中心揭牌仪式　　（2007 年 摄）

第八节　长清樱桃采摘节

2007 年 5 月3 日，济南市长清区第一届樱桃采摘节在万德镇裴家园举办。至 2008 年，共举办 2 届。樱桃采摘节期间，举办樱桃采摘、吃樱桃比赛、评选种植果树状元、摄影比赛、知识竞赛、赏园探宝等一系列活动。长清区境内主要有万德镇裴家园、五峰山街道纸纺村、双泉乡书堂峪 3 处樱桃采摘基地，樱桃种植面积共 833 公顷。

第九节　济南（马山）雪桃采摘节

2006 年 9 月 28 日，济南（马山）第一届雪桃采摘节在马山风景区举办。至 2008 年，共举办 3 届。马山镇桃树种植面积近万亩，适宜采摘点遍布全镇。全镇优质果品众多，主要有中华寿桃、雪桃、青州蜜桃等优质品种。中华寿桃个大色鲜、口感香郁；雪桃果肉细腻、甘凉甜脆。马山雪桃还以晚熟、质优受到各地消费者的青睐。中华寿桃、雪桃均在中秋、国庆节期间上市。游客在享受田园采摘、农家乐趣的同时，还可尽情欣赏马山美丽的自然风光。

第十节　灵岩寺浴佛法会

每逢农历四月初八是汉传佛教纪念佛祖释迦牟尼诞生的日子，普天下大小寺院举行纪念法会。灵岩寺每年也由法师主法举行浴佛盛典。

附：浴佛的由来

公元前 623 年农历四月初八，印度迦毘罗卫国的王后摩耶夫人，在蓝毗尼花园的无忧树下，生下悉达多太子，也就是后来成道的佛陀。太子诞生后，一手指天，一手指地，说道："天上天下，唯我独尊。"随即天出九龙，齐吐甘露，沐浴太子真身。后来，佛教徒每年为庆祝佛陀诞辰就沿用此例举行浴佛活动。

第三章　旅游开发

第一节　旅游规划

1998 年 4 月 21 日，中共长清县委县政府颁布《关于加快旅游业发展的十项规定》。2002 年 6 月 28 日，长清区第十三届人大常委会第三十次会议经过审议，批准《长清区旅游发展总体规划》。2006 年 8 月 16 日，由山东省旅游规划设计研究院编制完成《长清区旅游产业发展五年行动规划》，长清区政府批准实施。该规划总体定位以生态、宗教文化为本底，利用山水圣人黄金旅游线重构、济南城市空间拓展和济南都市圈构建的契机，发挥区位与资源优势，将长清区建设成以高品质的休

长清区旅游产业发展五年行动计划研讨会　　(2006 年　摄)

闲与娱乐，面向大中城市中高收入群体，以短期假日、家庭假日和户外活动为主的近郊型旅游目的地，成为带动济南南部山区密度最大、品位最高、集群化程度最强的绿色山水走廊，与泰安一起打造齐鲁第一休闲带。依据长清旅游资源空间分布、发展基础及其发展潜力，将长清区划分为三条旅游发展轴带，东部发展轴带、中部发展轴带和黄河发展轴带。2006 年 12 月 12 日，由济南市园林规划设计研究院编制的《灵岩寺风景名胜区总体规划》完成。2007 年 1 月 31 日，《五峰山省级旅游度假区崮云湖区域 9.6 平方公里规划》编制完成。

第二节 景区开发

1985 年 2 月，五峰山 11 座别墅始建，是年 7 月 7 日竣工投入使用，同时成立长清县五峰山旅游开发公司。1990 年 4 月 3 日，山东省委书记姜春云到五峰山视察，对五峰山道教建筑群的修复作重要指示。1992 年 5 月，长清县娄敬洞山旅游区管理所成立。1993 年 3 月，莲台山风景区管理处成立，该景区定名为"莲台山度假村"。是年，完成莲台山庄和基础设施配套工程的开发并投入运营。2000 年，灵岩寺进行灵岩广场和水族馆改造的规划论证工作。灵岩广场总投资 500 万元，建成江北地区最大的一座汉白玉牌坊"灵岩胜境"坊。2006 年，高尔夫球场建成开业。至 2008 年，长清旅游基础设施水平不断提高，景区综合环境进一步优化提升，旅游资源得到较为合理的开发和利用。

灵岩寺 新中国成立后，1956年—1985 年，共拨款 299.5 万元，10 余次对灵岩寺主要建筑物进行全面维修。1986 年，投资 70 余万元，砌寺院围墙 890 米。1989 年，长清县灵岩寺文管所晋升为长清县灵岩寺旅游区管理委员会。1990 年，投资 200 万元，新建山门 1 座及夕照亭、袈裟泉景点 2 处。1993 年，从江苏请进 8 名僧人，重新恢复灵岩寺的佛事活动，天王殿、大雄宝殿为僧人活动场所，鲁班洞西北至小塔林之间和方丈院为僧人居住区。佛事活动的恢复，吸引海内外佛教人士和社会各界投资 100 余万元，重塑大雄宝殿和天王殿佛像、罗汉像 27 尊。1994 年 9 月，与新加坡碧祥有限公司合资 600 万元，兴建的国内最大规模的灵岩世界水族昆虫馆正式营业；与福建南坪市樟湖游艺场合资 100 万元，兴建以介绍灵岩传说为主要内容的游乐城开业。1995 年 6 月 23 日，灵岩寺隆重举行佛像开光仪式。是年，投资 110 余万元，对般舟殿、鲁班洞、辟支塔塔基进行清理发掘，重修墓塔林石路。1996 年，投资 80 万元，建画廊工艺品门市部。1997 年，投资 220 万元，装修大型会议室。2004 年，投资 400 万元，修建白杨沟景区及竹园休闲度假旅游区。2005 年，投资 650 万元，建成民俗

白杨沟景区 (2008 年 摄)

村度假旅游区。2007 年，投资 150 万元，修建十里松停车场；投资 120 万元，对山门外广场进行改造。2008 年，投资 150 万元，对接官亭、金刚殿、天王殿、钟鼓楼进行维修。是年，灵岩寺风景区共接待国内外游客 72 万人，其中外宾 4 万人，实现景区收入 7220 万元。

1986—2008 年灵岩寺历次主要投资维修建设情况表

表 23－1

年　份	资金来源	金额(万元)	主持单位	维修项目
1988	灵岩寺文物管理所	170	灵岩寺文物管理所	购买 87318 空军后勤灵岩四站教导楼并改造为长清县政府第二招待所
1993	济南市政府	2300	济南市政府	建造三仙堂宾馆
1993	灵岩寺僧团	100	灵岩寺僧团	大雄宝殿佛像、罗汉像；天王殿内弥勒佛、韦驮菩萨及四大天王像
1994	国家文物局	50	山东省文物保护中心	维修千佛殿殿顶
1995	国家文物局	55	山东省文物保护中心	发掘鲁班洞、般舟殿、清理辟支塔塔基
1997	国家文物局	50	中国文物研究所	对千佛殿内罗汉像进行除尘、杀菌、防护、加固工作
2008	国家文物局	150	灵岩寺管委会	对接官亭、金刚殿、天王殿、钟鼓楼进行维修

五峰山　1985 年 2 月，由长清县政府和 10 个区公所共投资 140 万元，在五峰山建成别墅庭院 11 座，取名五峰山庄。7 月，长清县五峰山旅游开发公司成立，同时开始接待游客及各种会议。1989 年，维修洞真观木牌坊、志仙亭等古建筑。1991 年 12 月，五峰山旅游开发公司更名为长清县五峰仙庄旅游文物管理处。1992 年起，先后 10 年自筹资金 600 万元，修复午朝门、玉皇殿、碧霄殿、真武殿、鲁班祠、三元殿、朝阳洞、青帝宫、观景亭、保国隆寿宫等，建成办公楼、商务楼。1993 年 6 月，济南市以五峰山自然景观、人文景观为依托，兴建“中华周易苑”，并建立济南市五峰山旅游度假区。度假区规划控制面积 38.5 平方公里，规划面积 11.8 平方公里，主要有中华周易苑景区、钓鱼台水库景区、旅游经济区、高尔夫球场、丛林别墅区、民俗商业街、崮山水库景区 7 个功能小区。1995 年 11 月，济南五峰山旅游度假区被确立为省级旅游度假区。1997 年 8 月 8 日，五峰阁宾馆投入试运营。至 1997 年年底，度假区内 25 米宽的公路竣工通车，供电、供水、通讯、卫星电视等基础设施工程完备，原有的别墅小区装修改造。2008 年，利用原五峰山宾馆资产引进五峰山生态养生院项目，投资 500 万元，对餐厅、客房、快餐、大会议室、旧办公楼装修改造。是年，宗教和社会人士分别投资 90 万元和 60 万元，完成青帝宫和九莲圣母殿的修复完善工程；自筹资金 20 余万元，对洞真观内建筑设施进行保护和修缮，设立洞真观、清泠泉、国家 AAA 级旅游区、省级森林公园、省级文物保护单位等碑刻。

1985—2008 年五峰山主要投资建设情况表

表 23－2

年　份	资金来源及金额	主持单位	建设项目	备注
1985	长清县政府和当时设立的 10 个区公所共投资 140 万元	县政府	11 幢别墅	
1992—2001	自筹资金 600 余万元	五峰山管委会	午朝门、玉皇殿、碧霞宫、真武殿、鲁班祠、三元殿、朝阳洞、青帝宫、观景亭、保国隆寿宫、办公楼、商务楼等	
2008	银色世纪投资 500 万元	五峰山管委会	对餐厅、客房、快餐、大会议室、旧办公楼装修改造	利用原五峰山宾馆资产引进五峰山生态养生院项目
2008	宗教和社会人士投资 90 万元和 60 万元	五峰山管委会	完成青帝宫和九莲圣母殿的修复完善工程，于 6 月 8 日和 15 日分别举行开光仪式	
2008	交通部门投资 16 万元	五峰山管委会	整修进入景区路口的路面和桥涵	
2008	管委会自筹资金 20 余万元	五峰山管委会	对洞真观内建筑设施进行保护和修缮，粉刷墙壁，铺设、整修部分路面，设立洞真观、清泠泉、国家 AAA 级旅游区、省级森林公园、省级文物保护单位等碑刻。对皇宫门、停车场及周边环境进行综合整治	

莲台山　1990年—1991 年，县委、县政府部署各职能部门启动对莲台山的开发。交通部门负责张夏到景区内道路的铺设，水利部门负责打井，供电部门负责景区内的线路架设，宣传、文化部门负责景区的宣传、景点文物普查及民间故事的编辑。通过发行门票、奖券、上级扶持等共筹集资金 45 万元，恢复张仙祠及上山的部分游览线路，景区的协调管理工作由五峰山文物管理处负责。1992 年 5 月，成立长清县娄敬洞山旅游区管理所。1993 年 3 月，县政府组织省、市专家对莲台风景区的交通、地理、资源等方面进行详尽的考察论证，制定出开发规划，正式成立莲台山度假村管理机构："长清县莲台山风景区管理处"，负责度假村的开发建设工作。至 2002 年，莲台山风景区管理处多方筹集资金，对风景区按计划分阶段进行开发建设，先后铺设 800 米环山公路，修复玉皇殿、三元宫等景点，清理以娄敬洞为代表的洞穴 8 个，增建莲心亭等新景点，完善供电、通讯、供水、供热等基础设施，建成莲台山庄、莲台宾馆、莲台别墅、康乐中心及综合楼、停车场等配套项目。

莲台山度假村始建于 1992 年 10 月，总体规划建筑面积 1.4 万平方米，占地 1.8 公顷，总投资 5000 万元，建筑设计为别墅和连体式相结合的现代风格。度假村由莲台山庄、莲台宾馆、莲台别墅、康乐中心及基础设施配套工程五部分组成，分三期开发。第一期：1993 年 3 月—12 月，完成工程量 2200 万元，实际到位投资 1600 万元，完成莲台山庄、莲台宾馆和基础设施配额套工程的开发。第二期：康乐中心1997年3月开始动工，10月投入使用，由地下一层（游泳池、桑拿）、地下二层（保龄球及各种娱乐设施房）、地上一层（舞厅、美容美发）等组成，建筑面积3200平方米，其结构为框架结构。2000年，投资64万元，对莲台宾馆餐厅、客房进行改造。第三期：莲台别墅2001年3月开始动工，10月16日开业运营，其结构为框架结构，建筑面积2200平方米。2003年，投资690万元，对莲台山庄进行改造。2004年，投资700万元，对莲台宾馆基础设施进行全面改造。

第三节　市场开发

2000年前，长清旅游市场开发和宣传促销基本处于自然和自发状态。2000年后，逐步进入快速发展时期。

媒体宣传　2000年，在山东电视台、齐鲁电视台、济南电视台和《中国市场经济报》《中国旅游报》《齐鲁晚报》《济南时报》《齐鲁周刊》上作长清旅游广告宣传及报道，同时在因特网上建立灵岩、五峰两个互联网站和长清旅游信息网。中央电视台《夕阳红》栏目、凤凰卫视中文台《旅游》栏目的记者到长清县实地拍摄，分别制作大型宣传节目。2001年，中央电视台二频道、山东电视台齐鲁频道、济南电视台、泰安电视台分别拍摄播放长清旅游或景点专题片，灵岩寺代表全县到全省八地市的电视台进行送风光片宣传活动。2002年，中央电视台《夕阳红》栏目组摄制的《长清寻古》旅游专题片在中央电视台一套、二套、四套及山东卫视、济南电视台多次播出。中央电视台及省内外多家媒体对“泉城新春第一游——济南市首届杏花节”和“中国体育彩票全国健康老人五峰山登山健身”系列活动作专门报道。2003年，济南电视台《早新闻》栏目全年播放“美丽的长清欢迎您”图片广告；山东电视台农科频道播出“长清古邑新春游”节目。是年，中央级各新闻单位的百名记者到长清区灵岩寺、五峰山采风；台湾马可波罗传媒集团到灵岩寺采风；长清区旅游资源在新华网上宣传促销。2004年《济南日报》“今日长清”版每期都刊有《长清旅游》专栏，在济南电视台《早间新闻》栏目播放2个月旅游广告，济南电视台《天天旅游》栏目举办每天5分钟的长清旅游集中宣传月、宣传周活动，全年每天35秒钟的长清旅游广告。2005年，在济南电视台《天天旅游》栏目举办“长清旅游宣传月”活动。省、市百家媒体到灵岩寺进行采风活动，对长清区的旅游景点进行全面翔实的宣传报道。在济南电视台商务频道做40分钟的长清旅游专题节目，集中宣传灵岩寺、五峰山、大峰山、马山等景区，同时做4个月的旅游宣传广告。2006年，在山东电视台《新山东》栏目中做一周的集中宣传活动，制作播出长清旅游专题节目，主要包括灵岩寺、五峰山、莲台山、大峰山、张夏杏花节与馒头山5个专题。2008年，山东卫视《旅游365》栏目与灵岩寺、五峰山两景区开展“爱在春天”大型贫困学生公益旅游等活动。

旅游合作　2000年，与泰安铁信旅行社、天贶旅行社等10余家旅行社联合开通泰安至长清各景点的旅游专车。2001年，泰安电视台和《泰安日报》的记者到长清采风，邀请泰安市旅游局负责人和泰安市15家大型旅行社的总经理在灵岩寺举行联谊会。灵岩寺随泰安市旅游局大篷车赴南方杭州、福州、厦门、泉州等地进行为期17天的宣传促销。2002年，召开长清与泰安旅游联谊会，达成合作发展共识；举办驻济南、泰安高校团委书记联谊会。2003年，与济南、泰安两地旅行社，签订带团合作协议，邀请曲阜15家旅行社的经理在灵岩寺召开联谊会，考察灵岩寺、五峰山两个景区，签订合作协议。“十一”黄金周期间，曲阜各旅行社向灵岩寺发送团队20多个。2004年，成功举行驻济高校团委联谊会和济南、泰安、曲阜等地旅行社联谊会，联系天津市20多家旅行社，签订旅游合作协议800多份。2007年，以灵岩寺为主，建立长清旅游宣传大篷车，加强灵岩寺与泰山景区的合作，形成泰山客源在长清的延伸。2008年，与泰安市30家旅行社、泰安华通旅游汽车服务有限公司对灵岩寺和五峰山景区进行实地考察采线，签订协议30份。

研讨推介 2000年，举办"中国齐长城文化学术研讨会""长清县城市建设与旅游发展战略研讨会""长清旅游暨齐长城旅游区试营业"新闻发布会，赴北京、青岛等地召开"长清旅游新闻发布会"。是年，到泉城广场、烟台、大连、郑州、开封、洛阳等地举行长清旅游现场促销会。2001年，参加中国（济南）国际旅游交易会、全省东西两线现场促销会、东北旅游促销会、济南市旅游宣传周等省市组织的大型旅游宣传活动。在灵岩寺、五峰山召开5次长清旅游宣传推介会。2002年，在灵岩寺召开"中国济南大灵岩寺佛教文化与艺术高级学术研讨会"；参加南京旅游交易会、北京世界文化遗产风情展、济南国际旅游交易会、华东地区旅游促销会；在北京召开长清旅游宣传推介会；随济南市、泰安市旅游大篷车到江苏、浙江、上海、河南等地进行现场促销。2003年，在济南市舜耕会展中心举行"金秋旅游在长清"新闻发布会，参加2003年中国（济南）国际旅游交易会，发放宣传品5000多份，签订协议650多份；参加济南市第三届旅游业务洽谈会，签订协议400多份。2004年，在济南丽景大酒店和泉城广场举行"五一黄金周长清旅游大型推介会"。2005年，组成长清旅游促销大篷车，到淄博、潍坊、聊城、滨州、德州、济宁、临沂、曲阜、泰安走访旅行社136家，发放宣传折页、宣传画册6000多份，签订旅游合作协议428份，促销期间各地旅行社组团2000多人到长清区景点游览。举行"长清旅游景区与高校联谊会"，在各高校进行长清旅游图片巡展，推出大学师生持有效证件到各景区均享受门票半价、住宿半价的优惠措施，发放景区宣传品3万份，启动高校学生游市场。2007年，举办灵岩寺祈福文化研讨会、灵岩新年祈福新闻发布会暨新年第一钟拍卖会，泉城广场10万"福"字大赠送，灵岩新年祈福大典等活动。2008年，举办灵岩寺佛教文化遗产保护、旅游发展论坛，参加山东省周边城市旅游业务洽谈会，邀请济南游客中心和济南29家旅行社到五峰山采线；组织灵岩寺、五峰山等景区参加山东省大学生旅游节，在泉城广场进行宣传推介。

影像宣传 2000年，邀请词作家乔羽创作长清旅游专题歌曲《会唱歌的石头在哪里》。是年，印制《长清旅游》大型宣传画册，著名漫画家华君武题写书名。2001年，出版发行长清旅游风光片专辑，在济南交通地图上设计长清旅游宣传专页，对各景区及乘车路线进行专门介绍。2002年，出版发行《美哉长清》旅游光盘。2003年，制作柿子节光盘、柿子节纪念门票。2005年，印制2万份长清旅游折页，设计制作长清旅游览胜扑克2万副。2008年，在济南市区多条公交线路做车体广告，黄金集团五峰山旅游公司在济南济微路、泉城路等主要道路做大型广告。

节庆宣传 2002年，举办"泉城新春第一游——济南市首届杏花节"。2003年，举办首届金秋柿子节和首届大峰山山会，在大峰山景区举行山东省"百万市民健身游"济南启动仪式暨"三箭杯"济南市民健身登山活动。2004年，举办以"六大景区迎接您，五一长清去登山"为主

灵岩寺佛教文化遗产保护、旅游发展论坛 （2008年 摄）

题的有奖登山活动。参加由济南市旅游局和济南时报社共同发起的“我所喜爱的泉城十大景区(点)”评选活动,灵岩寺景区、五峰山景区入选泉城市民喜爱的十大精品景区(点)。2005年,灵岩寺景区举办“四世同堂游灵岩”“游客佛家体验游”“赏泉、听琴、炒茶、茶艺表演和品茶”活动,并免费向游人推出“观雨花滴水,赏海内名竹”生态旅游线路。2006年,在万德镇拔山村举行济南市长清区乡村游启动仪式;在济南游客发送中心,与济南交通旅行社、济南时报社共同举办济南市民游长清活动。2007年,举办“山东交运杯”首届大学生旅游节,成立“长清旅游发送中心”和“长清大学生旅游发送中心”,发行50元游遍长清4个知名景区的大学生旅游“一票通”门票。2008年,区旅游局与山东交通学院在长清区委会议厅举办“驻济高校长清旅游形象大使”比赛,获得冠、亚、季军的3名佳丽成为长清区和灵岩寺景区旅游形象大使。

旅游线路 休闲之旅 线路一 上午游园博园(大学科技园)、崮云湖、高尔夫,中午在五峰山品道家养生宴,下午游五峰山后返回。

线路二 上午游园博园(大学科技园)、齐鲁文化产业园,中午在崮云湖假日酒店就餐,下午游崮云湖、高尔夫球场后返回。

宗教文化之旅 线路一 上午游灵岩寺(祈福、礼佛),中午在灵岩宾馆就餐,下午游五峰山后返回。

线路二 上午游灵岩寺,中午在灵岩宾馆就餐,下午游大峰山(参观抗日根据地纪念馆、游大峰山、登齐长城)后返回。

线路三 上午游灵岩寺,中午在灵岩宾馆就餐,下午游莲台山(观七十二洞,看漫山红叶)后返回。

乡村民俗之旅 线路一 上午游大学科技园、长清湖、民俗馆,中午在武庄拔山农家乐就餐,下午体验拔山乡村民俗、游凤凰岭后返回。

线路二 上午体验拔山乡村民俗、游凤凰岭,中午在武庄拔山农家乐就餐,下午游裴家园樱桃园和张夏万亩杏园后返回。

线路三 上午游马山,赏桃花,中午在农家乐就餐,下午游双泉庵、杜庄古城堡后返回;

红色之旅 上午游园博园(大学科技园)、齐鲁文化产业园、孝堂山,中午在大峰山就餐,下午参观抗日根据地纪念馆、游大峰山、登齐长城后返回。

古文化之旅 上午参观长清博物馆、卢王墓、孝堂山,中午在大峰山就餐,下午参观游览大峰山、登齐长城后返回。

自驾车一日游 园博园(大学科技园)—崮云湖—高尔夫—五峰山

园博园(大学科技园)—灵岩寺—武家庄乡村民俗—凤凰岭

园博园(大学科技园)—万亩杏园—莲台山

园博园(大学科技园)—马山—雪桃园赏花

精彩二日游 线路一 D1:上午游园博园(大学科技园)、齐鲁文化产业园,中午在银东生态园就餐。下午游卧龙峪原生态旅游区、灵岩寺,晚宿灵岩寺宾馆;

D2:上午游凤凰岭,体验拔山乡村民俗,中午在武庄拔山农家乐就餐,下午游莲台山后返回。

线路二 D1:上午游园博园(大学科技园)、齐鲁文化产业园,中午在银东生态园就餐,下午参观长清博物馆,晚宿汇富温泉度假村。

D2:上午游孝堂山,参观大峰山抗日根据地纪念馆,中午在大峰山就餐,下午游大峰山、登齐长城后返回。

线路三 D1:上午游灵岩寺,中午在灵岩宾馆就餐,下午游莲台山,晚宿莲台山宾馆。

D2:上午游崮云湖、打高尔夫,中午在五峰山养生院就餐,下午游五峰山后返回。

第四章 旅游服务

第一节 旅行社

长清县早期的旅游业务较为零散，处于自发状态。2000 年 4 月 24 日，济南长清旅行社有限公司成立。2003 年，山东省中国青年旅行社在长清开设营业部。2005 年 2 月 21 日，济南泰山旅行社有限公司成立。2006 年 8 月 23 日，济南海景旅行社有限公司成立。至 2008 年年底，全区有 3 家在长清注册的国内旅行社，外地旅行社驻长清营业部有 7 家，分别是济南长清青年旅行社（原山东省中国青年旅行社长清营业部）、济南泉城假期旅行社长清营业部、泉都旅行社长清营业部、交通旅行社长清营业部、康辉旅游集团长清营业部、山东航空国际旅行社长清营业部、济南优胜美地旅行社长清营业部，各旅行社开展旅游业务日趋广泛，旅游线路遍布全国各地。

灵岩宾馆 （2008 年 摄）

第二节 旅游宾馆

灵岩宾馆 1988 年 10 月，投资 170 万元，购买 87318 空军后勤部队教学楼并改造为长清县政府第二招待所。1993 年，投资 240 万元，改造招待所，易名灵岩宾馆。灵岩宾馆是长清区灵岩寺旅游区管委会下属的一家二星级旅游涉外宾馆。宾馆位于灵岩寺西侧，自然环境优美，服务设施齐全，有豪华套间、单人间和标准间，床位共 128 个，有可容纳 20~300 人的会议室 4 处，宾馆餐厅可供 200 人同时用餐。

檀园宾馆 1984年—1985 年，省、市政府投资 220 万元，建檀园宾馆，面积 1200 平方米。1989 年 10 月，檀园宾馆增加餐厅。1992 年 10 月，投资 90 万元，整修檀园宾馆。1993 年 6 月，檀园宾馆快餐营业。宾馆位于灵岩寺南侧，依山而建，环境幽雅，因馆内生长有千岁鸳鸯檀而得名。宾馆有豪华套房、单人间和标准间，共有床位 50 个，各类餐厅可供 200 人同时用餐，还设有多功能厅、旅游商品服务部、快餐部等，是外出旅游、休闲度假的最佳选择。2007 年—2008 年，灵岩寺管委对檀园宾馆进行重新装修改造，有标准客房、豪华套房、商务套房 24 间，可同时入住 41 人。宾馆餐厅共有餐桌 8 个，可同时接待 80 人就餐。宾馆设有会议室 2 个，

檀园宾馆　　(2008年 摄)

可容纳10~40人。

三仙堂宾馆（济南市政府第三接待处） 位于灵岩寺景区内，在灵岩宾馆东侧，是济南市政府投资2300万元兴建和管理的宾馆。1995年3月，建成营业。依山而建的3幢别墅式建筑，错落有致，以福、禄、寿三仙而得名，三仙堂宾馆占地面积2.2万平方米，建筑面积1.3万平方米。有标准客房、商务套房及豪华套房83间(套)，大、中、小型宴会厅，西式餐厅同时可容纳220人用餐，设有5个会议厅，可容纳10~180人，配有先进的多媒体视听设备、康乐中心、保龄球馆、室内游泳池、塑胶网球场及互联网等配套设施一应俱全，是接待、会议、洽谈、娱乐、旅游、度假的理想场所。

五峰山别墅 1985年2月始建，由长清县政府和10个区公所共投资140万元建设。有8种建筑形式，设计新颖，别具一格，共11幢别墅。是年7月7日，全部竣工，并正式营业，开始接待游人及各种会议。包括6间会议、餐厅两用室，3间小型会议室，5间食堂伙房，占地面积5357平方米，建筑面积2131.40平方米。双泉区公所(现双泉乡)承建1号别墅楼；崮山区公所(现崮云湖街道)承建2号别墅楼；许寺区公所(现平安街道)承建3号别墅楼；张夏区公所(现张夏镇)承建4号别墅楼；孝里区公所(现孝里镇)承建5号别墅楼；县政府承建6号别墅楼；归德区公所(现归德镇)承建7号别墅楼；城关区公所(现文昌街道)承建8号别墅楼；马山区公所(现马山镇)承建9号别墅楼；五峰山区公所(现五峰山街道)承建10号别墅楼；万德区公所(现万德镇)承建11号别墅楼。

三仙堂宾馆　　(2008年 摄)

济南五峰阁宾馆(济南市政府第五接待处) 坐落在道教圣地五峰山省级旅游度假区内，占地面积6.8万平方米，建筑面积1.8万平方米。1994年，开工建设。1997年8月8日，竣工开业。由济南市政府投资建设，主要承担省、市级的各种会议和接待任务，是一个集会议、客房、餐饮、娱乐、观光旅游为一体的综合性

五峰阁宾馆 （2008 年 摄）

服务场所。内设容纳 200~300 人的大型会议室 1 个，其他会议室 7 个；客房楼 5 座，设单人间、双人间、套房、豪华套房共 200 多个床位；餐饮可接待不同档次、不同规格的宴会，承做包括西餐在内的各种餐饮，有“八系名菜”“地方特色名菜”等。餐厅可容纳 400 人同时就餐，大、中、小餐厅 11 个，其中大餐厅设有 200 多个餐位。另外，还设有乒乓球室、台球室、歌舞厅、健身房、网球场、室内游泳池等。为贵宾备有观光餐厅和豪华风景套房，客房设宽带网络。“古色古香”的五峰阁，承传道教文化，标志性的主楼寓“七星高照”之意，五座客房楼冠名“金、木、水、火、土”，“八八六十四”根连廊立柱，红装素裹，阴阳轮回，处处体现出八卦易理情趣。“天人合一”的五峰阁地处五峰山的南观，蔽日成荫，清泉激石，地域开阔，环境优美，是避暑、休闲、生态旅游的好去处。

莲台山度假村 设计造型为别墅式和连体式相结合的现代化风格建筑，度假村由莲台山庄、莲台宾馆、莲台别墅、康乐中心及基础设施配套工程五部分组成。

莲台山庄 1993 年 12 月，建成投入使用。位于海拔 340 米高、著名的朝阳洞下，日本和式建筑风格，由 5 幢别墅式客房楼和一幢服务中心楼组成，为二层建筑，局部三层，建筑面积 3300 平方米，院内 80 米长廊将别墅和接待大堂连为一体，公用部分设有背景音乐。室内全部采用中央空调，观景部位均用 12 毫米厚无框强化玻璃装饰。程控终极通讯线路具备国际、国内直拨功能。卫星闭路电视传送 60 余套电视节目。锅炉房和制冷机组具备 24 小时供热和制冷功能。山庄别墅式客房内设床位 34 个，其中豪华套房 1 套、高级套房 4 套、标准间 14 套。服务中心为多功能设计，设有接待大堂、商务中心、餐厅、歌舞厅、会议室、健身房、棋牌室、换热站等。餐厅设贵宾厅 2 处，可供 80 人同时就餐，会议室可容纳 40 人，整个山庄内外均按照四星级硬件标准配置。

莲台宾馆 1995 年 10 月，建成投入使用。莲台宾馆总建筑面积 6000 平方米，由服务中心和连体客房两部分组成，为三层建筑。设有 3 个

莲台山庄 （1995 年 摄）

莲台宾馆多功能厅　(2008 年 摄)

康乐中心游泳馆　(2008 年 摄)

套房,49 个标准间,8 个 3 人间, 共有床位 100 个。服务中心为多功能设计,设有接待大堂、商务中心、商品购买、咖啡厅、酒吧、300 人宴会厅、10 套风味餐厅、300 人多功能会议厅、中小型会议厅、中小型接待厅等,具有高雅、别致、豪华、气派的特点。

莲台别墅　2001 年 10 月, 建成投入使用。位于莲台宾馆东侧, 建筑面积 2200 平方米,属欧式风格,为三层建筑,一层由服务中心和餐饮部组成,二、三层为客房,服务中心设有英式台球、棋牌室和会议室各 1 处, 会议室可容纳 20 人,餐饮部设有大餐厅 2 间,中餐厅 2 间,小餐厅 1 间,可同时容纳 80 人就餐。客房设有标准间 8 间,套房 7 间,共有 23 个床位。

康乐中心　1997 年 10 月,建成投入使用。位

莲台别墅　(2008 年 摄)

康乐中心歌舞厅　(2008 年 摄)

于莲台宾馆南侧,建筑面积 3200 平方米,建筑形式为阶梯式结构,外装饰均以斧剁花岗石与 12 毫米玻璃为主,内设 4 道保龄球、4 泳道游泳池、健身房、乒乓球、台球及棋牌室、歌舞厅、KTV 包房,外设网球场等。

配套设施　主要是动力设备区和办公生活区。动力设备区由锅炉房、换热设备房、制冷房、洗衣机房等组成,单层连体砖混结构,建筑面积 650 平方米。办公生活区是依山错落而建的四层砖混结构楼房,建筑面积 1600 平方米。

长清宾馆　位于长清县城清河街中心, 始建于 1986 年,1987 年 5 月正式营业。宾馆主楼 4 层,卷檐八角式建筑,院内人工喷泉常年涌流,绿树、花草郁郁葱葱,环境幽雅。宾馆内设客房部、餐饮部、财务部、后勤部和办公室,有标准间 76 间,豪

■ 长清宾馆（1997 年 摄）

华间 4 间，标准套房 27 间，豪华套房 2 间，中央空调、有线电视等设施齐全。大厅 20 桌，宴会厅 10 桌，可容纳 350 人的会议室 4 间，会议设备完善。是集餐饮、住宿、会议、康乐、购物和旅游服务、产品销售为一体的二星级宾馆。2008 年 5 月，长清宾馆更名为金宝座大酒店。

山东黄金集团高尔夫度假村 位于风景秀丽的道教名山五峰山北麓，隶属于山东黄金集团。2008 年，被评为三星级旅游涉外宾馆。该度假村有大、中、小 6 个会议室，娱乐项目有：全玻璃幕墙的室内游泳馆、七道保龄球馆、灯光网球场、草地烧烤、草地日光浴、篝火晚会、露天酒吧、钓鱼、登山，以及高保真的小型视听影院、歌舞厅、棋牌室、台球室、健身房等；度假村还有 7 个蔬菜种植大棚和 1.67 公顷养殖基地，基本实现蔬菜、散养山鸡、山鸡蛋、山羊的自给自足。

崮云湖假日酒店 隶属于山东黄金集团，有大中小多媒体会议室 10 个，宴会包房 24 个，百余人宴会厅 2 个，近百间客房，内设棋牌、影院、KTV 等项目，外设 18 洞高尔夫、游艇、垂钓、沙滩、浴场等，提供正宗粤、湘、鲁美食及农家土菜等服务。

鲁能贵友专家公寓 是鲁能集团所属的二星级旅游涉外酒店。位于长清区鲁能工业园内，由山东贵友大酒店经营管理。酒店共有各类高档客房 26 间(48 个床位)，每个房间均设有小厨房、卫生间、有线电视、美国约克空调系统、国际国内直拨电话、MINI 酒吧等服务设施，提供 24 小时冷热水、洗衣以及免费夜宵服务。酒店还有豪华宴会包间 4 个，中西餐厅各 1 个，可为宾客提供西餐、川、鲁、粤、淮扬、谭家菜等各种不同风味的菜肴。酒店有可容纳 20~60 人和 150 人的会议室各 1 个，以及贵宾接待室、商务中心、台球室、多功能厅、健身房等配套服务设施，是商务、旅游、度假的理想去处。

恒德酒店 1999 年 8 月，成立营业，酒店总面积 2000 余平方米，主要经营餐饮、酒水及饮料销售、会议接待等。2007 年 4 月，恒德大酒店通过济南市首批星级餐馆专家评定，被授予济南市首批三星级餐馆。

名仕学府酒店 位于长清区大学科技园紫薇

■ 名仕学府酒店（2008 年 摄）

路中段，系济南市西区工程建设指挥部投资兴建的集餐饮、住宿、商务会议、休闲娱乐等服务于一体的四星级旅游饭店。2007 年 10 月，名仕学府酒店建成营业。名仕学府酒店占地 1.32 万平方米，总投资 1.1 亿元，建筑面积 3 万平方米，主楼高 12 层、48 米；有豪华客房 230 间（其中标准间 198 间，单人间 22 间，豪华套房 10 间），每个房间均开通国际互联网，房内设备先进；有 40~400 人的大、中、小会议室 16 个，能够满足不同的会务、学术交流的需要；酒店设有可容纳 1000 人同时就餐的各式宴会厅、零点厅、咖啡厅、西餐厅、酒吧等，主要经营鲁、川、湘、粤等各式菜系，还有西式大餐和各国特色小吃；酒店康体中心、桑拿中心、歌舞娱乐中心、美容中心、购物中心等一应俱全，可满足宾客不同的消费需要。

■ 银东生态园豪华包房　　（2008 年 摄）

山东银东生态园　2008 年 8 月 19 日，山东银东生态园举行开业典礼仪式。银东生态园隶属于东铺社区居委会，地处长清新城区龙泉街以南，文昌路以东，三面环山，风光秀丽。银东生态园占地面积 33 公顷，建筑面积 1.5 万平方米，工程总投资 5000 万元。银东生态园以全新超前的设计理念，精湛的造园技法，自然景观与人文景观融为一体，风格独特，园内规模宏大，气势磅礴，奇石叠翠，小桥流水，树木交错，花草掩映，鸟语花香，可谓人间仙境，都市世外桃源。园内设有豪华包房、阳光中式包房、江南风情苑、休闲餐厅、日式包间等风格各异的园林式包房 80 多间，设有 2 个形式各异的多功能大厅，可同时容纳 1500 人就餐。透明的采光玻璃顶，将其完整地沐浴在天体之间，是集美食、商洽、休闲、观光、养身于一体的生态园林，是山东

■ 银东生态园　　（2008 年 摄）

省内最大的生态园。生态园设有中、高、低档消费区，环水包房、院落式包房，以及景观包房，院落式散台相结合，给人以动态、静态不同角度的视觉。就餐休闲其中，一览山水美景。广场设有音乐喷泉、大型停车场。生态园聚集大江南北名厨，精心推出国宴菜、农家菜、地方名吃等，是接待亲朋好友的最佳场所，享誉济南地区。

旅游707路专线车　（2008年 摄）

第三节　旅游购物

2004年，举办济南灵岩寺旅游商品展销会。2005年，大峰山景区举办以“游峰山仙景，赶山货大集，购节日大礼包”为主题的“大峰山山会暨金秋山货节”。2006年，参加在泉城广场举办的“旅游商品暨民俗文化展示”，长清区的“鲁岩牌”木鱼石系列产品，获山东省十大旅游商品称号，灵岩茶和“全亭牌”木鱼石获济南市十大旅游商品称号。长清旅游商品丰富，极具地方特色。有用会唱歌的石头精心雕琢的木鱼石工艺精品，有北方高纬度地区特有的清香怡人留芳的有机灵岩绿茶和泉城绿茶及各种土特产品。长清土特产品主要有：张夏玉杏、泰山小白梨、武庄柿子、万德樱桃、崮山馍馍、马山雪桃、马山栝楼、双泉樱桃、双泉豆腐皮、孝里西瓜、孝里米粉、归德大蒜、平安圆葱、西李山药、五峰煎饼等。一年一度的杏花、桃花节，樱桃、玉杏、雪桃、柿子采摘节会让您流连忘返，满载而归。购物中心主要有银座购物超市、心连心超市等。

第四节　旅游交通

景区位置　灵岩寺风景区：位于万德镇境内，沿104国道（或京福高速公路万德出口）至万德镇驻地北灵岩广场东行6公里。五峰山旅游度假区：位于五峰山街道境内，沿104国道至崮云湖路口南行6公里。大峰山景区：位于孝里镇境内，沿经十西路、220国道至孝里镇东风渡槽东行5公里。莲台山景区：位于张夏镇境内，沿104国道至张夏镇驻地南莲台山路口东行3公里。凤凰岭景区：位于万德镇境内，沿104国道到万德镇驻地，向东南经武庄；或沿103省道经历城仲宫、高而、药乡，向西南沿武药公路可直达。马山景区：位于马山镇境内，沿经十西路、104省道至马山镇政府驻地西行1公里。长清园博园：从市区乘坐20路公交车，在山东轻工业学院长清校区下车，路南就是园博园的水之门，还可乘坐K301、K302和济长巴士2路等均可到达。自驾车，从市区出发，沿国道104，或国道220，或京福高速到长清大学路，就能到达园博园。

旅游专线车　游707路旅游专线车　早8:00市区解放桥发车，经泉城广场、体育中心、市立五院到五峰山、灵岩寺。15:30自灵岩寺返回。

济南至大峰山（往返）　发车地点为济南长途客运中心站和大峰山。

济南至五峰山（往返）　发车地点为济南长途客运中心站和五峰山。

济南至卧龙峪（往返）　发车地点为济南长途

客运中心站和卧龙峪。

公交车 K301路 章丘市山东技师学院→济南市区→长清城区→大学科技园、园博园

K302路 长清大学科技园—泺口汽车站

1路 交通学院→丹凤小区→长清一中→区人民医院→汽车站→黄河商场东门→区地税局→国泰→明珠广场→乐天小区→轻工业学院→山师→潘村

济长巴士2路 长清汽车站→区医院→长清一中→工会学院→交通学院→中医药大学→省劳技→女子学院→山师→炒米店→山东力明学院→山水集团→济南大学→五院→经七纬十二→华联→交校路→汽车总站

20路 轻工业学院→中医药大学→明珠广场→国泰→玉符街→济柴→平安店→朱庄→大杨庄→长途汽车西站→段店立交→齐鲁儿童医院→经七纬十二

22路 长清客运中心→龙泉街→清河街→宾谷街→莲台山路→宾谷街东口→文昌路→明珠广场→八里庄→中医药大学→轻工业学院

24路 公交营运中心→山艺→景观湖→交通学院→省工会→丹凤小区→凤凰路→文昌路→长清一中→龙泉街→长清区政府→五峰路→宾谷街

25路 宾谷街→莲台山路→文昌步行街→长泰小区→明珠广场→八里庄→中医药大学→轻工业学院宿舍→省劳技→女子学院→金街→工艺美院→山师

第二十四编

精神文明建设

Development of Spiritual Civilization

双泉乡十大孝子　　（2007年 摄）

宽阔的文明一条街 （2006年 摄）

我与文明同行暨文明交通礼让行动启动仪式 （2006年 摄）

1986年起，长清区（县）以提高公民思想道德素质、科学文化素质、社会文明程度和培养有理想、有道德、有文化、有纪律“四有”新人为目标，以群众性精神文明创建活动为载体，开展社会主义精神文明创建活动。1996年5月、1998年12月，先后获第三、四届山东省精神文明建设工作先进县称号。2008年8月，长清区被省委、省政府命名为“省级创建文明城市工作先进区”。至2008年年底，全区共有全国创建文明村镇工作先进镇1个，省级文明单位（机关）20个，省级文明村镇7个，省级文明社区4个，市级文明单位（机关）76个，市级文明村镇99个，市级文明社区8个，市级文明风景区3个。

第一章　思想教育

第一节　公民思想道德教育

1986年，开展向南疆战士“十看”“十学”“十比”活动，团员青年受到深刻的共产主义教育。1989年10月，制定文明单位评比条件，重新修订各类文明单位乡（镇）、村、工厂、商店、学校、医院、机关等七个类型评比条件。1994年1月，开展“公仆杯”“护航杯”“满意杯”“园丁杯”“创业杯”“五好杯”“贡献杯”“文明杯”八大文明杯评选、“唱响主旋律，塑造新形象”和“文明进家、家家美（富）”主题活动。1997年，对双泉乡党委实施“民心工程”“十星级文明户”评选活动予以肯定和推广。1998年10月16日，县文明委印发《关于在全县农村实施精神文明建设“521”工程的意见》，“5”是指村村建一条标准的进村路、一条文明街、一处宣传阅读栏、一处政务公开栏、一条精神文明建设宣传标语；“2”是指在全县200个行政村建立图书阅览室；“1”是指全县村村要有一处农民夜校或文化大院。1999年，制定“十星级文明村镇（乡）”评分细则，从班子建设、经济发展、为民服务、城镇建设、社会文化等方面对“十星级文明村镇（乡）”制定具体的评分标准。2000年4月，开展“倡导文明新风，共建美好家园”活动，围绕美化居住环境、维护治安秩序、丰富文体生活、普及科学知识、拓展社区服务、密切人际关系六个方面的内容开展群众性精神文明创建活动。2001年，《公民道德建设实施纲要》颁布后，全县认真贯彻落实，精心组织实施，采取各种形式，倡导爱国、敬业、诚信、友善等道德规范，开展社会公德、职业道德、家庭美德、个人品德教育，扎实推进公民道德建设。2002年3月，开展“以德治县”试点工作，长清镇、万德镇、电信局、供电局、教委、卫生局、交警大队、界首村、青北村9个单位成为首批试点单位。2005年起，以加强市民文明素质教育为重点，大力实施市民素质提升工程，先后开展“勤政廉政、科学发展”“养老育小、勤劳致富”“提升市民素质、建设文明长清”主题教育活动。2007年，开展以“知荣辱、讲文明、树新风、促和谐”为主题的道德实践活动，推动“八荣八耻”进机关、进企业、进社区、进农村、进校园、进家庭，在全区兴起学习贯彻社会主义荣辱观的热潮。2008年9月2日，《济南日报》头版头条以《“两头”擎起文明新天地》为标题，全面介绍长清区开展提升市民素质加强思想道德建设的做法，并编发《提升文明程度的一剂“良药”》记者评论文章。11月，在文昌街道华新社区挂牌成立8所首批泉城文明市民

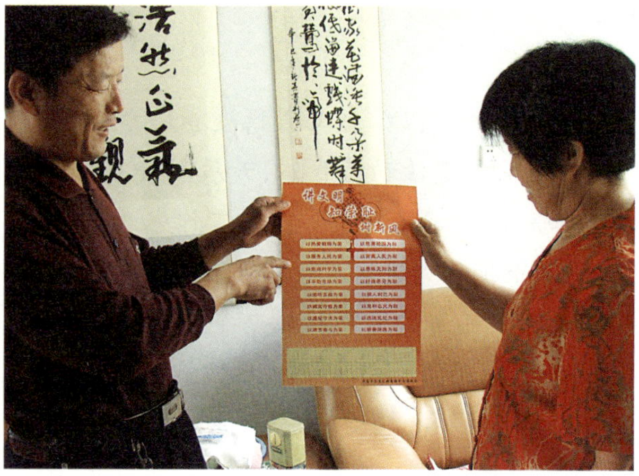
荣辱观教育进村入户 (2007 年 摄)

学校，组建由区文明办、区民政局、区委党校等 20 名具有一定专业知识和授课经验的专家、学者组成泉城文明市民学校讲师团，根据市民需要制订教学计划表，通过举办专题讲座、巡回宣讲等形式加强市民思想道德建设。至 2008 年年底，文明市民学校共举办各类培训班 120 余场(次)，受教育群众 1.8 万人(次)。

第二节 未成年人思想道德教育

2004 年，中共中央、国务院颁布《关于进一步加强和改进未成年人思想道德建设的若干意见》后，长清区把未成年人思想道德建设工作列入重要议事日程。7 月 8 日，成立未成年人保护委员会及其办公室，聘请区关工委秘书长张建厚(原县公安局政委)等 20 人为未成年人特邀研究员，以加强未成年人工作深层次研讨及有效监督。2005 年，组织开展未成年人思想道德建设"十优秀"(优秀思想品德课、优秀团课队会、优秀德育工作者、优秀校外辅导员、优秀家庭、优秀社区、优秀创新案例、优秀社会实践活动、优秀校外教育阵地、优秀家长学校)评选活动。2007 年，组织开展"做一个有道德的人"系列主题实践活动，乐天小学被确定为全省"做一个有道德的人"主题实践活动联系点，长清实验中学、区实验小学被确定为全市主题实践活动联系点。是年 12 月，区文明办成立未成年人思想道德建设工作科。2008 年，在全区开展"提升学生素质、建设文明校园"活动，通过唱一首文明歌曲、背一首文明歌谣、答一份文明答卷、评一个文明之星"四个一"活动，教育引导广大中小学生从自身做起、从身边事做起、从点滴做起，争做文明小卫士。是年 6 月 3 日，在乐天小学召开全区"提升学生素质、建设文明校园" 活动现场经验交流会。至 2008 年年底，共选出全市优秀思想品德课 4 个、优秀团课队会 4 个、优秀德育工作者 3 名、优秀校外辅导员 4 名、优秀家庭 4 个、优秀社区 3 个、优秀创新案例 4 个、优秀社会实践活动 3 个、优秀校外教育阵地 2 个、优秀家长学校 3 个。

第二章 创建活动

第一节 创建文明区(县)

1986 年起，先后制定"七五""八五""九五""十五""十一五"期间社会主义精神文明建设规划，《精神文明建设工作任务分解方案》及《关于在全县深入开展争创全省精神文明建设工作先进县活动的意见》等 20 多个指导性文件，县委主要领导与各乡镇、县直各部门一把手签订"精神文明建设目标责任书"，建立严格的考核制度，年终对各乡镇、县直部门文明创建情况进行综合评比，召开精神文明建设表彰大会。1990 年 8 月，省文明委印发《关于评选"山东省精神文明建设工作先进县(市、区)"的实施方案》，决定在全省开展评选"山东省精神文明建设工作先进县(市、区)”活动。是年9月,县文明委印发通知,要求全县各级按照实施方案条件,对照工作,制定措施,组织实施。县委把创建工作列入重要议事日程,定期召开书记办公会、常务会和文明委全委会,专题研究创建工作。1996年5月、1998年12月,长清县先后获第三、四届山东省精神文明建设工作先进县称号。2005年4月,市委、市政府作出建设“文明济南”创建文明城市的决定。是年5月19日,区委、区政府印发《关于建设“文明长清”创建文明城市的决定》,提出2008年争创省级文明区的奋斗目标。区委、区政府把创城作为推动全区政治建设、经济建设、文化建设和社会建设“四位一体”的总抓手,确定创建文明城市“必须从为人民群众办实事抓起,办什么实事请群众提出,办实事过程请群众监督,办实事结果让群众评议”的基本思路。2006年,开展“建设文明长清、创建文明城市”主题实践活动。2008年,以“迎奥运创文明城”为主题,开展“提升市民素质、建设文明长清”主题教育实践活动,开展创城集中宣传月、先进事迹报告会、文艺专场演唱会等创城宣传活动,涌现出“全国优秀检察官”孟红伟、“中华全国孝亲敬老之星”马春梅、“泉城文明好市民”张现力、“好村官”刘兴胜等一大批先进典型。推出“知心孟姐”“王梅工作法”“文明市民大家唱”“文明交通劝导队”等泉城精神文明创建活动品牌。8月,长清区被省委、省政府命名为“省级创建文明城市工作先进区”。至2008年,连续3年被评为济南市创建文明城市主题行动先进单位。

文明一条街——平安街道罗屯村　（2004年　摄）

第二节　创建文明村镇

1986年,开展“文明七杰村庄”和文明单位评选创建活动,共评出文明单位218个、文明村庄107个、文明七杰村14个、五好家庭579户、双文明户7650户、市级文明单位18个、省级文明村庄1个。1997年,县委印发《关于在全县集中开展精神文明创建活动的实施意见》,要求在全县范围内深入开展文明乡镇、文明机关、文明企业、文明行业、文明村庄、文明家庭、文明楼院、军(警)民共建先进单位八大群众性精神文明创建活动。1999年,制定“十星级文明村镇(乡)”评分细则,从班子建设、经济发展、为民服务、城镇建设、社会文化等方面对“十星级文明村镇(乡)”制定具体的评分标准。2004年,开展“文明一条街”创建活动;年底,全区文明一条街389条,占全区村居总数的62.3%。2005年起,开展“百家文明单位包百村”活动。归德镇开展“弘扬四德、建设归德”主题教育活动,大力弘扬社会公德、职业道德、家庭美德和个人品德。孝里镇依托孝堂山独有的文化资源,弘扬慈孝文化,精心打造“文化古镇”品牌。2006年,马山镇开展“农家书屋乐农家”活动,全镇53个村,村村建立农家书屋,其做法在全市得到肯定和推广。2007年3月,孝里镇举办首届“中华孝堂山文化旅游节”;4月,在全市城乡共建共享“乡风文明”经验交流会上,长清区做典型发言,区交通局等6个单位被评为全市“千家文明单位包千村”先进单位。至2008年年底,全区有全国创建文明村镇工作先进村镇1个、省级文明村镇7个、市级文明村镇99个。

第三节　创建文明社区

双泉乡星级文明户评选　　（2006年　摄）

1991年起，先后设立34个社区居民委员会，其中村改居24个，城区居委会8个，乡镇中心居委会2个。在创建文明社区活动中，开展法律、科技、文体和卫生“四进社区”活动，因地制宜打造特色社区。崮云湖街道小梁社区依托文明市民学校，加强失地农民科技文化素质教育的做法得到肯定和推广，在全市“创文明社区、迎和谐全运”活动现场经验交流会上做典型发言。2008年7月，全区创建文明社区动员大会在崮云湖街道召开。至2008年年底，全区有6个社区被评为区级文明社区、8个社区被评为市级文明社区、4个社区被评为省级文明社区。

第四节　创建文明家庭

1993年，开展“五育进家(科学技术进家、“三优”知识进家、法治教育进家、文明道德进家、健康生活进家)家家美”美好家庭评选活动。1994年7月，县文明委印发《关于深入开展家庭文明建设活动及文明家庭评选活动的意见》，决定在全县城乡开展“文明进家、家家美”“文明进家、家家富”的家庭文明建设活动。是年，开展纪念“国际家庭年”及“国际家庭日(5月15日)”宣传活动，在全县设宣传站17个，发放宣传材料2万余份，咨询人数1500人(次)。1996年，组织文明家庭事迹巡回报告会，作巡回报告12场次，受教育群众3万余人次。1997年，开展“家庭美德进万家”活动，发放倡议书3万余份，全县1万多名妇女参加“争做优秀家庭成员、创建五好文明家庭”签字仪式。1998年10月，县文明委印发《关于开展“讲文明、树新风、创建文明店”活动的意见》，决定在全县开展创建文明店活动。1999年10月，县委、县政府印发《关于命名表彰尊老、敬老、养老、助老、好党员、好干部、好儿女、好儿媳、好女婿、好青年的决定》，对王现亮等326人进行表彰。是年12月，县文明委印发《关于表彰文明业户的决定》，对积极参与“讲文明、树新风、创建文明店”和“创建文明国道”活动的71个文明业户进行表彰。2000年，开展评选“五好文明家庭、优秀家庭成员”活动。2001年，制定《2001年—2005年美在家庭活动实施意见》，是年评选出750户五好文明家庭。2004年，开展“五好文明家庭(户)”“美德在农家”创建活动，涌现出“五好文明家庭(户)”100个、“美在家庭”示范户和示范村220个。2007年，实施“爱我长清，建我家园”主题行动，鼓励农村妇女踊跃参与“美在家庭”“平安家庭”文明创建活动。2008年，组织实施“创和谐家庭，建文明长清”主题行动，开展文明家庭、平安家庭、绿色家庭、爱心家庭、学习家庭创建评选表彰活动，共评出47户和谐家庭标兵户。至2008年年底，全区共评出文明户、标兵户1.64万户、“好婆婆”2000个、“好媳妇”2100个。

第五节　文明单位管理

1988年4月，县文明委印发《关于进一步加强

文明单位创建活动和管理工作的通知》。1989 年 10 月，县文明委印发《文明单位评比条件》，重新修订各类文明单位乡（镇）、村、工厂、商店、学校、医院、机关等七个类型评比条件。规定文明单位称号是“由党委、政府授予的综合性最高荣誉称号”，文明单位评选实行条块结合、逐级晋升、提档升格、动态管理。对已获得文明单位称号的单位（机关）每年复查一次，并规定廉洁勤政、计划生育、社会治安、刑事案件、环境保护、安全生产、信访稳定 7 个“一票否决权”，文明单位管理逐步走上科学化、制度化、规范化轨道。

2008 年长清区省级以上各类文明先进单位名单

全国创建文明村镇工作先进村镇（1 个）

济南市长清区归德镇

省级文明村镇（7 个）

济南市长清区孝里镇

济南市长清区归德镇

济南市长清区万德镇

济南市长清区马山镇

济南市长清区万德镇拔山村

济南市长清区崮云湖街道开山村

济南市长清区马山镇双泉庄村

省级文明单位（16 个）

济南市长清区环境保护局

济南市长清区供电公司

济南市长清区国家税务局

济南市公安局交通警察支队长清区大队

中国网通（集团）有限公司济南市长清区分公司

济南市长清区新华书店

济南市长清区灵岩寺旅游区管理委员会

山东水龙王集团有限公司

济南市长清区农村信用合作联社张夏信用社

济南市地方税务局长清分局

济南市长清区人民医院

济南市长清区文昌街道

济南市长清区供电公司文昌供电所

济南市长清区人口和计划生育局

济南市长清区公路管理局

济南市长清区自来水服务中心

省级文明机关（4 个）

济南市长清区人民检察院

济南市长清区交通局

济南市长清区财政局

济南市公安局长清区分局

省级文明社区（4 个）

济南市长清区文昌街道东关社区居民委员会

济南市长清区文昌街道东铺社区居民委员会

济南市长清区文昌街道华新社区居民委员会

济南市长清区崮云湖街道小梁社区居民委员会

第三章　风尚典型

第一节　道德模范评选

2007 年 8 月，长清区文明办、区总工会、团区委、区妇联联合开展长清区第一届道德模范及省市道德模范推荐评选活动。12 月 28 日，举办“我身边的模范”长清区第一届道德模范颁奖晚会，评选出助人为乐、见义勇为、敬业奉献等道德模范 10 类 57 名，为 57 名道德模范和 84 名道德模范提名奖获得者颁奖。其中，孟红伟、马春梅、赵金川、张诗俭、郝丽丽、张厚涛获济南市道德模范称号。是年，孟红伟、马春梅获“山东省道德模范提名奖”。

2007年长清区第一届道德模范情况表

表24－1

类　型	姓　名	性别	单位及职务
助人为乐模范（6人）	张厚涛	男	归德镇东杨村村民
	孙丰文	男	东关派出所民警
	吴永红	女	长清区广电局新闻部副主任
	张振祥	男	归德镇执法中队队长
	高　训	男	孝里镇赵庄村党支部书记
	董桂金	男	长清区政府办公室秘书科副科长
见义勇为模范（6人）	李志海	男	归德镇翟庄村治保主任
	陈传铎	男	孝里镇派出所所长
	张现力	男	原长清区供水服务中心职工
	王　凯	男	长清区文化稽查队干部
	高增国	男	原归德镇某酱油厂职工
	李孟国	男	原归德镇某酱油厂职工
爱心捐助模范（3人）	邹　宁	男	山东平安建设集团副总经理
	刘　强	男	济南泉鑫暖通设备厂厂长
	杨连玉	男	济南港基建设集团董事长
诚实守信模范（5人）	王　平	男	山东平安建设集团副总经理
	赵德江	男	工商银行长清支行办公室主任
	李　鹏	男	长清区财政局干部
	岳嘉林	男	长清区交通局干部
	庄庆奎	男	济南市平安广告有限公司经理
敬业奉献模范（17人）	刘兴胜	男	原张夏镇孔庄村委会主任
	孟红伟	女	长清区人民检察院反渎职侵权局局长助理
	张广祥	男	张夏镇龙箭希望小学教师
	马　新	男	马山供电所职工
	范先广	男	长清区委政研室副主任
	张胜堂	男	长清工商所所长
	韩　晖	男	长清区供电公司检修公司副经理
	李　美	女	长清区人民法院民事审判第三庭副庭长
	石绍海	男	长清中学教师
	王云河	男	长清区旅游局副局长

续表 24－1

类　型	姓　名	性别	单位及职务
敬业奉献模范（17 人）	周广来	男	长清区建设委员会城建科科长
	赵培新	男	长清区政府办公室秘书科副科长
	刘文斗	男	长清第三中学校长
	杨巧伟	女	济南市质量技术监督局长清分局干部
	姚　强	男	长清第一中学教科处主任
	王本珍	女	崮云湖街道小梁社区党支部书记
	韩春银	男	文昌街道东铺社区党支部书记
爱护环境模范（3 人）	杜九明	男	长清区环境保护局环境保护监理站站长
	尹　浩	男	济南市国土资源局长清分局干部
	王桂林	男	文昌街道城管执法中队队长
文明礼仪模范（5 人）	郝丽丽	女	济南市工商行政管理局长清分局干部
	吴柏丽	女	工商银行长清支行大堂经理
	李　强	男	五峰供电所所长
	李德俊	男	万德镇中心小学校长
	陈翠平	女	长清区委接待办公室副主任
孝老爱亲模范（5 人）	马春梅	女	万德镇计生办主任
	孔祥泉	男	山东平安建设集团项目经理
	吴小忠	男	长清区审计局投资审计科科长
	谢化英	女	长清区农业局职工
	曾昭凯	男	孝里镇北凤村农民
志愿服务模范（4 人）	赵金川	男	长清区委宣传部退休干部
	李贞寅	男	长清区委统战部退休干部
	张希玲	女	孝里镇人民政府“三支一扶”志愿者
	王兴月	女	万德镇东房小学支教教师
邻里和睦模范（3 人）	张诗俭	男	长清区城管老年志愿团副团长
	柴　娜	女	长清石油公司办公室主任
	唐国义	男	文昌街道华新社区党支部副书记

第二节　创建文明品牌

“和谐之星”评选　归德镇在传统“十星级文明户”评选的基础上,1997 年开始“和谐之星”评选活动。镇委、镇政府成立以党委书记任组长,镇长、分管副书记任副组长,各部门主要负责人、办事副书记为成员的评选领导小组和工作机构。明确以“和谐兴国,和谐兴镇,和谐兴家”为主要内容的“和谐之星”六项评选标准:爱党爱国爱集体爱家乡讲政治为“公民楷模星”,遵纪守法讲公德尽义务讲正气为“立身之本星”,诚实守信严律己知荣辱讲文明为“处世之师星”,尊老爱幼睦乡邻善友亲讲团结为“百姓榜样星”,勤劳致富济贫弱助公益讲奉献为“社会富星”,一村一户、优中选优、强中挑星为“民之表率星”。评选活动先以村或村民小组为单位召开村民会议或户代表会议,按照总户数 10%的比例评选出“十星级文明户”,然后由村两委会复审确定,报办事处党总支和镇党委存档备查;村级“十星级文明户”评选结果确定后,由村两委组织召开党员、群众代表和村民小组长以上全体干部参加的推荐会议,按“优中选优、每村一户、强中挑星”的原则,推荐“和谐之星”初步人选,由办事处党总支汇总后上报镇精神文明建设办公室;镇委、镇政府成立“和谐之星”评选专题考察组,进村入户进行考察,通过查看有关记录资料、档案、群众座谈、走访等方式,确定全镇“和谐之星”。至 2008 年年底,共评选出 200 名“和谐之星”。

“十大孝子、十大好媳妇”评选　2003 年起,双泉乡在全乡 48 个村开展“十大孝子、十大好媳妇”评选活动。乡党委下发评选实施意见、评选方法和步骤,采取召开群众会,按照评选条件采用无记名投票的方式评选出候选人,经村党员代表会、群众代表会、两委会审核确定为村级“十大孝子”和“十大好媳妇”。在此基础上推荐参评乡“十大孝子”和“十大好媳妇”各 1 名,连同事迹材料上报乡评选领导小组,作为全乡“十大孝子”和“十大好媳妇”的候选人。村级和乡级“十大孝子”和“十大好媳妇”分别在全村和全乡进行公示,公示时间为 3 天;对评选出的十大孝子和好媳妇召开全乡表彰大会,颁发证书,并分别给予 1000 元奖励。

文明市民大家唱　2006 年,区委宣传部、区文明办在全区开展“文明市民大家唱”活动,精心挑选《歌唱祖国》《没有共产党,就没有新中国》《在那桃花盛开的地方》《团结就是力量》 等 100 首爱国主义歌曲推荐给社会各界,并在文昌街道召开“文明市民大家唱”现场会,号召社会各界行动起来,投入到“文明市民大家唱”活动中去。在清怡园、长清乐园、老年公园、石麟山公园设立 7 个教唱点,参与人数 3500 余人。群众还自发组织合唱队、锣鼓队、秧歌队,深入机关、企事业单位、乡村社区、学校演出 260 余场次。

孝心教育　长清区孝文化底蕴深厚, 历史上“二十四孝”之一的孝子郭巨孝母的故事发生在孝里镇。2006 年 8 月,孝里中学利用本地民俗文化特有优势,在未成年人中开展孝心教育。主要做法是:组织学生收集本地及古今中外的孝子故事,充分挖掘孝文化资源;邀请当地的“孝子贤媳”到校现身说法,用学生身边鲜活、生动的故事开展孝心教育;开展“孝敬父母,从小事做起”的“五个一活动”:每天为父母做一次家务、每周和父母交一次心、每天向父母说一句问候话、逢年过节亲自动手为父母、长辈制作一件礼物、为父母过一次生日;开展“孝心行动手拉手”活动。经过层层推选、社会调查、评委打分推选出王成清等“十名小孝星”。2007 年 8 月,孝里中学被确定为山东电视台《天下父母》亲情教育基地。2008 年 2 月,孝心教育被评为济南市未成年人思想道德建设优秀创新案例。

第三节　文明风尚典型

孟红伟　女,汉族,1967 年 7 月生,山东省临

沂市人，大学文化。1985年11月，参加工作，任长清县人民检察院经济犯罪检察科书记员。1990年5月，任长清县人民检察院助理检察员。1994年7月，加入中国共产党。1995年4月，任长清县人民检察院经济犯罪检察科检察员。1996年1月，任长清县人民检察院刑事检察二科审查一室副主任。1998年1月，任长清县人民检察院审查起诉科副科长。1999年1月，任长清县人民检察院渎职侵权侦查局综合科科长。2006年8月，任济南市长清区人民检察院副处级检察员、四级高级检察官。从事检察工作20多年来，她忠实履行党和人民赋予的神圣职责，在每个岗位上都出色地完成工作任务，先后41次立功受奖，被授予全国模范检察官、全国三八红旗手、全国五一劳动奖章、山东省优秀共产党员、人民满意政法干警并记个人一等功、济南市廉洁勤政模范个人等称号。她在幼子夭折、爱子重伤、身患癌症两次手术的情况下，以强烈的事业心，全身心地投入工作中，把事业作为强大的动力，让生命在事业中延续，事业因奉献而闪光，在平凡的岗位上做出不平凡的业绩。先后主办和参办职务犯罪案件百余起、公诉案件近百起，件件铁案。2000年，身患癌症后，她将对检察事业的执着追求作为延续生命的精神动力，顽强拼搏，努力工作，参与查办渎职犯罪案件43起，为国家挽回经济损失1000多万元。她心系群众，竭诚为民，对社会奉献出博大无私的爱心。11年的上访老户在她的耐心开导下心悦诚服，险些失明的受害人在她的资助下留住光明，想自杀的在押犯人在她的帮助下重新唤起生活的希望，面临辍学的少年儿童在她的救助下重返课堂。2006年8月，最高人民检察院、中共山东省委联合在济南召开授予长清区人民检察院检察官孟红伟"全国模范检察官"和山东省优秀共产党员称号表彰大会。是月19日，长清区人民检察院以她的名字命名成立"知心孟姐"工作室，为老百姓和检察官打开面对面交流的窗口和平台，先后接待来自全国各地的咨询、求助、举报680余件，为群众解答涉法咨询3700人次，她以一个共产党员的情怀，真心为百姓办事，诚心为百姓解忧，赢得老百姓的真诚爱戴。她热心社会公益事业，先后担任区青联副主席、区妇联"爱心使者"等职务，奉献爱心，关爱他人，多次救助贫困失学儿童。2007年6月1日，全区第一个"知心孟姐"春蕾班成立，20名女童得到救助。四川汶川抗震救灾中，她和丈夫捐款1万元。2008年7月23日，孟红伟作为北京2008年奥运会火炬手，参加在济南站的火炬接力传递。

马春梅　女，汉族，1958年7月生，中共党员，长清区万德镇人口与计划生育办公室主任。她二十年如一日，精心伺候前夫的父亲、母亲和现在的公公、婆婆、父亲和母亲六位老人，用自己的行动谱写一曲爱的篇章。她1979年结婚，生有两个孩子，家庭温馨。然而天有不测风云，1982年丈夫患病去世，撇下年迈的公婆和一个两岁、一个六个月大的孩子。她对公婆说："孩子他爸走了，但还有我，咱没有过不去的坎。"几句话暖透公婆的心。冬天，她为公婆早早地备好棉衣。早上，她早早起床，生好炉子，浸上碗鸡蛋，端到老人床前。1985年，经人介绍与现在的丈夫相识，从那时起，她就挑起照顾双方六位老人的担子。婚后，她又生一对龙凤胎，每逢星期天休息，她总是买上东西带着孩子去看望双方公婆。她省吃俭用，三年未添一件新衣服。1994年，原来的公公患病卧床不起，她没吭一声，东借西凑，准备好所有医疗费用。当医生对老人家说"你这闺女可真孝顺"时，老公公流出眼泪，说："这是俺的儿媳妇，儿子死得早，俺老两口全靠她生活，她比俺亲闺女还亲啊。"马春梅以赤诚孝心演绎人间真情，用实际行动诠释"孝"字的真实含义，从街坊邻居的夸赞声里，道出她那颗金子般的心灵。连续四届被推选为长清区（县）人大代表。1998年，被县委、县政府评为十大标兵。1999年10月，被中共济南市委、市政府授予尊老敬老养老好儿媳称号；是年12月，被山东省老龄委授予齐鲁孝星称号。2007年7月，被授予中华全国孝亲敬老之星称号。

刘成德　男，汉族，1936年1月生，中共党员，长清区归德镇薛庄村人。1957年3月,参军入伍到沈阳军区某部。1960年5月,刘成德被沈阳军区政治部记三等功一次,并被评为五好战士。1961年春,刘成德和战友分乘两艘机帆船出海执行任务,在夜间返航时,第一艘船不幸触礁,向刘成德所在的第二艘船发出求救信号。刘成德脱去棉衣,腰系大绳,纵身跳入冰冷刺骨的海水里,在礁石丛生、激流回旋的海面上游80多米,用尽力气把大绳送到战友手中,接连救出14名战友,沈阳军区政治部为他记二等功。1962年2月,在沈阳军区首届共青团会议上,刘成德作为先模代表,与雷锋同住在沈阳军区招待所。雷锋为刘成德题下赠言:"亲爱的刘成德战友:您是优秀的共青团员,是我永远学习的榜样,为了共同完成党的事业,我给您留下几句话:我觉得一个革命者,就应把革命利益放在第一位,为党的事业贡献自己的一切,这才是最幸福的。"1964年,刘成德转业到国营754矿,先后被评为社会主义建设积极分子、五好职工。1968年,他跳海救人时落下的腰痛病越来越严重,被调回长清县农机修造厂,先后5次被评为先进工作者。后来,他的腰痛、心肌梗塞等病情加重。1985年,被特准提前退休回村。退休后,坚持每天义务清扫街道和村里的文化广场,发送报纸,经常为小学生上传统教育课,并长年照顾孤寡老人和残疾人。2006年6月起,主动当"义务交警",风雨无阻,每天学生上学、放学时,刘成德都站在十字路口,指挥过往车辆,保障学生的行路安全。汶川地震,捐款500元,交特殊党费100元。玉树地震,又捐款500元。他被群众誉为"活着的雷锋"。刘成德先后被济南市长清区聘为关心下一代工作委员会委员、"五老"报告团成员,被3家驻军单位和8所中小学校聘为义务宣讲员和校外辅导员,一家企业女子民兵连编外指导员,工商银行长清支行义务指导员。获山东好人、省级优秀校外辅导员、第三届济南市助人为乐道德模范、热心泉城事业十大杰出人物、长清区先锋共产党员等称号。

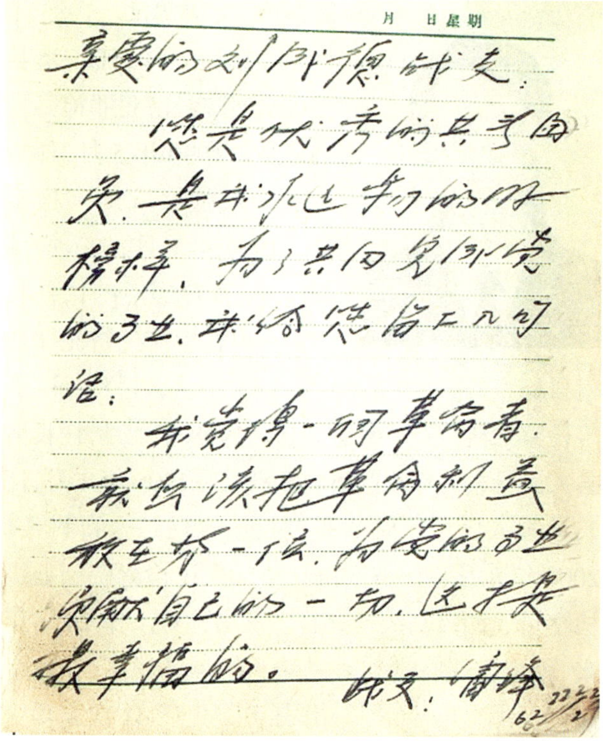

■ 雷锋为战友刘成德题词

■ 刘成德给学生讲雷锋故事 (2008年 摄)

第二十五编

社会生活

Social Life

老年腰鼓表演　　　　（2008年 摄）

“我也来练练！”
（2007年 摄）

文化大院里的“俏夕阳”演唱队　　（2006年 摄）

合龙寺　　（2008年 摄）

1986年，全县职工年平均工资1121元，农民人均年纯收入458元，居民储蓄存款余额5699万元。2008年，全区在岗职工年均工资21309元，城区居民人均可支配收入15578元，人均住宅使用面积33.5平方米；农民人均年纯收入7517元，人均住房面积36.5平方米；居民储蓄存款余额62.4亿元。随着收入的增加和消费水平的不断提高，全区居民消费开始由量的满足转向质的追求，崇尚“吃讲营养，穿讲新潮，用讲高档，住讲舒适”，空调、电脑、轿车等耐用消费品进入寻常百姓家。长清民风淳朴勤劳，民俗有着明显的历史痕迹和地方色彩，生产、生活、礼仪、节日等在沿袭传统习俗基础上都有不同的改变。

长清境内有佛教、道教、伊斯兰教、天主教、基督教五大宗教。2008年，宗教活动场所有佛教2处、伊斯兰教4处、天主教1处、基督教38处，道教无开放场所。

第一章 人民生活

第一节 物质生活

农村居民生活 1986年，全县调整农业种植结构，完善农村承包经营责任制，农民收入稳定增长，人均纯收入458元。食品消费由吃饱开始向吃好转变，食品消费支出结构明显改善。衣着改变色彩单调、款式单一的状况。自行车、收音机、缝纫机、钟表等日用、耐用消费品已普及，黑白电视机、电风扇进入农村居民家庭；居住支出增长迅速，居住条件明显改善。家庭经营支出增加，役用大牲畜增幅较大，农业机械、农村用电量、化肥使用量保持较快增长。1991年，农民人均纯收入792元。农村居民人均有大中型农具、农林牧渔业机械、运输机械、生产用房等生产性固定资产230.7元。人均家庭经营费用支出263.8元。人均生活消费支出531.5元，其中食品支出477元、衣着支出43元。每百户有自行车162辆、缝纫机64架、钟表113只、手表157只、电风扇73台、黑白电视机81台、彩色电视机3台；居住支出55元，人均住房面积23.1平方米。1992年起，全县农业结构进一步优化，农村居民收入继续提高。1999年，农民人均纯收入2979元。人均生活消费支出1978元，其中食品支出901元、衣着支出137元、家庭用品支出154元。每百户有自行车157辆、缝纫机70架、钟表和手表304只、电风扇169台、黑白电视机82台、彩色电视机38台；居住支出412元，人均住房面积27.8平方米。2008年，农民人均纯收入7517元。农村居民人均有大中型农具、农林牧渔业机械、运输机械、生产用房等生产性固定资产2048元。人均家庭经营费用支出623元。人均生活消费支出3991元，其中食品支出1590元、衣着支出236元、家庭用品支出246元。每百户有电动自行车29辆、洗衣机67台、空调19台、电冰箱60台、彩色电视机98台、手机79部、照相机19架；居住支出659元，人均住房面积36.5平方米。

城市居民生活 1986年，全县职工年平均工资1121元,其中全民所有制职工年平均工资1155元,集体所有制职工年平均工资1040元。城区居民食品消费品中副食品的消费量增大。衣着消费增加,改变颜色单调、款式单一、质地差的状况。彩色电视机、电冰箱、洗衣机等高档家庭日用耐用消费品增加，居住条件得到改善。1992年起,全县城区居民收入增长较快。在住房、养老、医疗、教育等方面,保持较高的消费水平。1994年起,长清区(县)多次提高机关、事业单位工作人员的工资标准及档次。2008年,全区在岗职工平均工资21309元,城区居民人均可支配收入15578元，年平均消费支出9095元,其中食品消费3561元、衣着支出936元、教育文化娱乐服务支出767元、医疗保健支出590元、居住支出704元、交通和通讯支出1904元,人均住房面积33.5平方米。每百户有洗衣机93台、摩托车47辆、电冰箱77台、空调30台、淋浴热水器27台、彩色电视机120台、家用电脑37台、微波炉7台、电话47部、移动电话120部。

第二节 精神生活

20世纪80年代初期,群众的精神生活比较单调,主要在节日期间搞文艺活动。春节期间除唱大戏外，常见的娱乐活动有扭秧歌、踩高跷、跑驴、划旱船、玩龙灯、耍狮子等。平时成人的主要娱乐项目有打扑克、下棋、听广播、看报纸。儿童的娱乐活动主要有“挤油油”(多人贴墙根站成一排,两头使劲往中间挤,中间的人被挤出队伍后,再到一头去挤别人)、弹蛋儿(用手弹出玻璃球,把对方的球击远,使自己的入坑为赢)、打瓦(手持较薄的石块或砖头,投击前面立着的瓦片或石片,击倒次数多者为胜)、掰手腕、捉迷藏等。80年代中后期,看电视、踢足球、打篮球和羽毛球逐渐兴起。20世纪90年代起,精神生活方式趋于多样化,各种报刊随处可见,很多农村建起图书室,城镇机关、企事业单位还建起阅览室、阅报栏等文化设施。舞厅、卡拉OK厅、网吧、健身房等娱乐设施兴起,彩色电视普及。2000年后,随着电脑和互联网进入单位和家庭,网上浏览、网络游戏、网上聊天逐渐兴起。

第二章 老龄事业

1987年9月25日,中共长清县委决定,成立长清县老龄问题委员会,将老龄问题列入党委、政府的重要议事日程。是年,全县有60岁以上老年人5.1万人,占总人口的10.2%。1997年,为61139人,占总人口的11.7%。2008年,达到80697人,占总人口的14.1%。

第一节 老年人供养

家庭供养 20世纪80年代，农村老年人由于其壮年时期处于计划经济年代,老来无积蓄,又无社会保障,吃穿住用全靠子女供养,养老问

1989年8月,在五峰山乡召开签订家庭赡养协议书现场会

题一度成为社会热点，全县民事案件中赡养案件占30%以上。1988年,根据五峰山乡统计,赡养案件占民事案件总数的35%，呈上升趋势。1989年7月,五峰山乡党委、政府决定,在全乡开展签订家庭赡养协议书活动，在两个村先行试点。8月9日,举办全乡签订家庭赡养协议书培训班。8月10日,召开全乡动员大会,签订家庭赡养协议书工作在全乡展开。活动全程在县老龄委、县公证处指导配合下开展,并将签订家庭赡养协议书活动与宣传山东省保护老年人合法权益的若干规定、弘扬尊老敬老传统美德有机结合,取得良好的社会效果,并得到省、市老龄委的充分肯定。8月18日,在五峰山乡召开济南市签订家庭赡养协议书现场会,市政协主席、市老龄委员会主任陈宝玺到会并讲话，全市五区三县及市直有关部门负责人，长清县六大班子主要领导、县直有关部门负责人、各乡镇分管副书记等参加会议。9月26日,省顾问委员会副主任、省老龄委员会主任王金山,在市政协主席、市老龄委主任陈宝玺，市人大常委会副主任、市老龄委副主任牛子重等陪同下，到长清调研指导签订家庭赡养协议书工作。11月14日,济南市老龄问题委员会、济南市司法局联合行文,印发《关于转发〈中共长清县委办公室、长清县人民政府办公室转发[长清县老龄委办公室、长清县司法局关于五峰山乡签订家庭赡养协议试点情况的报告]的通知〉的通知》,在全市推广签订家庭赡养协议书工作。是年，全县11个乡镇共375个村18445户签订家庭赡养协议书。根据被赡养人、赡养人情况变化及当地生活水平的变化情况及时修订赡养标准和续签协议,续签周期一般为3~5年,形成健全的续签、回签、兑现制度。

老年组织 1988年,健全村级老年组织,全县设农村老年协会587个。2003年,更名为村老年人工作委员会。将老年法律法规与村规民约有机结合，发挥村级老年组织在监督家庭赡养协议书执行和民事调解中的特殊作用，引导和组织广大农村老年人为新农村建设贡献余热。长清镇新徐村老年协会编写的《敬老歌》朗朗上口、通俗具体,制定老年人住房要宽敞舒适、向阳北屋不少于两间等8条具体赡养规定，每年年终按村规民约评选“好媳妇”“好婆婆”“五好家庭”等。“孝不孝,晒晒被子就知道!”该村年年举办“晒被子”活动,村委成

“晒被子”活动现场 (2003年 摄)

员和几十位村民组成评审团，认真评判村里儿媳妇为公婆做的被子。

老年公寓 南山庄园老年公寓 位于长清区城南2公里经十西路西侧。2004年,经民政部门批准成立,个人投资兴建,法人代表魏传胜。南山庄园老年公寓占地面积2.6万平方米,按其功能分为居住区、餐饮生活服务区、学习娱乐健身区、田园风光展示区4个部分。至2008年,累计投资1000余万元,建筑面积7000平方米,老人住房按星级宾馆设置,各类房间65间,床位108张,60余名老人入住。是年,通过省、市两级政府验收,获省级财政扶持资金20万元。

徕佛山老年公寓 位于长清区张夏镇纸坊村，由原黄台电厂退休职工侯继明夫妇筹资700余万元，新建徕佛山老年公寓1处，建筑面积4900平方米,床位120余张。2008年11月,建成开业。

第二节 老年人优待

长寿老人生活补贴 百岁老人生活补贴 1991年10月起，长清县开始对城乡百岁以上老人发放生活补贴费。标准为:非农业人口百岁以上老人每人每月30元；农业人口百岁以上老人每人每月25元。是年,全县有百岁以上非农业人口1人、农业人口4人。1995年10月,分别提高到每人每月50元和45元。1997年4月,城乡百岁以上老人生活补贴费统一提高到每人每月80元。1998年1月起,百岁以上老人的生活补助改为市、县两级发放,市级每月按个人实际年龄数发放(每岁1元)、县级每人每月60元。2005年1月起,区级补贴提高到每人每月100元。2007年起,省级每人每年发放补贴1200元,每位百岁以上老人每月可领到省、市、区三级生活补贴共300余元。2008年,全区共有百岁以上老人21人。

90岁老人生活补贴 2008年1月起,具有本区常住户口3年以上、年满90~99周岁、无离退休金的老人,每月可领取60元生活补贴。是年,全区共有90~99岁老人767人。

特困老人救济 1992年起，县老龄委每年对10~30名因大病、残疾等致贫的特困老人走访慰问,分别发给100~500元慰问品或救助金。1996年10月,县民政局、县财政局、县老龄委联合对社会特困老人进行生活救济。每个乡镇3个名额,非农业人口特困老人一次性发给救济费50元,农业人口特困老人一次性发给救济费45元。2000年,县财政局、县老龄委为全县3167名特困老人发放救助金11.6万元。随着社会救济制度不断完善,2001年起，低于最低生活保障线的老年人优先纳入低保范围。

其他优待 1994年4月起,对全县70岁以上老年人,游览县内各旅游风景点和公园,凭老年人优待证,实行免费优惠;免除农村村提留、乡镇统筹费;观看电影、戏剧半价优惠。1998年5月起,全县60周岁以上老年人不承担义务工、劳动积累工和各种集资,70岁以上老年人免缴村提留、乡统筹,县内电影院、剧场、文化宫、图书馆等公共文化娱乐和体育健身场所，凡收取门票费的一律实行半价。2002年,农村税费改革后,70岁以上的老年人免征新增农业税及附加,不承担出资义务,免交乡村公益事业金;老年人不承担筹劳任务,凡改革前不承担三提五统的，改革后也不缴纳乡村公益事业金。2003年起,老年人凭优待证进入区内各旅游风景点,实行半价,70岁以上老年人免费。2008年起,长清区老年人享受《济南市老年人优待乘车规定》的优待政策,老年人乘坐使用月票的公共汽(电)车,年满65~69岁的享受半价优待,年满70岁及以上享受免费乘车,在长清区城区运营的22、24、25路公交线路纳入优待范围。

社会助老 惠老医疗工程 2006年4月,区老龄办与区卫生局联合启动“惠老医疗工程”,对全区持“山东省老年人优待证”的老年人到长清区人民医院、长清区中医医院就医,门诊实行“四免、六减”(四免:免收专家挂号费、急诊挂号费、普通门诊诊疗费、急诊观察床位费。六减:心电图检查费、脑电图检查费、B超检查费、血电解质测定费、放射透视检查费减免20%，药品费减免5%）优惠；病房实行“五免、八减”（五免：即住院空调费、住院取暖费、血液常规检查费、尿液常规检查费、大便常规检查费。八减：即X线透视费、心电图检查费、脑电图检查费、B超检查费、血电解质测定费、血葡萄糖测定费、肾功能检查费减免20%，药品费减免5%）优惠；贫困老年人住家庭病床者免出诊费；对百岁以上老年人，每年提供1次免费体检；对村（居）民委员会组织老年人集体查体者，给予50%的优惠。

老年腰鼓队 （2007年 摄）

免费拍摄金婚纪念照 2006年4月起，梦巴丽婚纱摄影部为全区老年人“免费拍摄金婚纪念照”，凡达到金婚条件的老年夫妇，由区老龄办核实并出具介绍信，可到梦巴丽婚纱摄影部拍摄金婚照7吋2张。

关爱老人口腔健康 2007年1月起，永固牙科诊所开展“关爱老人口腔健康”献爱心活动，凡老年人就诊，可享受“四免”（免检查费、洗牙费、治疗费、补牙费）费用。

第三节 老年人文体活动

为丰富老年人文娱生活，每逢重大节日在清悦园、体育馆等举办大型老年文体表演。2005年5月20日，组织参加山东省第五届健身秧歌比赛，获二等奖；5月26日，组织140人的队伍参加济南市第三届太极拳比赛，获优秀表演奖（第三名）。2006年3月14日，举办长清区首届老年人运动会。8月，先后组织1000余名老人免费游览泉城风光。2007年10月，举办“重温激情岁月，金婚、银婚”大型庆典活动；10月19日，组织老年人举办“庆十七大、迎奥运、九九重阳节老年人健步走”活动。2008年，举办长清区“和谐城管杯”中老年艺术才华大奖赛。2006年—2008年，区老龄办争取上级扶持资金27万元，先后帮助全区54个村（居）建成符合“三室一场地”（学习教育室、文化娱乐室、健身室及室外活动场地）标准农村老年人活动基地，配置健身车、按摩椅、棋牌桌等健身娱乐设施。至2008年，全区共有老年文体活动场所54处，有老年腰鼓、京剧演唱、门球、登山、棋牌等13个团队，共举办大型老年文体活动5次，参与活动者2000余人。

第四节 老年人志愿行动

2006年7月，以服务城市、甘于奉献而组建的城管老年志愿团成立，吸纳团员320人，经常活跃在大街小巷，帮助维护城市秩序，治理城市环境，同时创作排练演出许多文艺节目，弘扬正气，促进社会和谐。是年9月，在区关工委的号召下，退下来的62名老干部成立“长清区校园交通安全志愿团”，每当放学时间，志愿团成员就会准时出现在区实验小学、石麟小学门口，帮助疏导交通，维持秩序，保护小学生的安全。中央电视台、山东电视台、《大众日报》《济南日报》等多家新闻媒体到长清区采访报道老年志愿服务工作，城管老年志愿服务团获热心泉城公益事业十大品牌称号，团长赵金川被选为2008北京奥运会火炬手，代表全济南市老年人参与奥运火炬在济南站的传递。老年人还结合自身实际和社会需求，开展关心教育下一代、传授科学文化知识、参与社会公益事业和社区精神文明建设等活动。

第三章 社会保障

第一节 养老保险

企业养老保险 1986年8月20日，长清县社会劳动保险事业处成立，为劳动局所属副局级事业单位。1987年11月1日，实行国营企业固定工退休费用社会统筹。1988年5月1日起，实行县以上集体企业固定工退休费用社会统筹，全年收缴国营和集体企业统筹基金240万元，支付退休费用165万元。1989年，全年收取合同制工人养老基金、固定职工退休费用统筹基金共352万元，为全县1210名企业离退休人员增加标准工资补贴和生活补贴，月增2.6万元，人均增加21.50元。1991年，收缴养老基金564万元，收缴率99.7%。是年，被市政府评为劳动保险先进单位。1993年，扩大社会保险范围，参保单位增加到93个，固定职工9851人，合同制工人2291人，离退休职工增加到1592人，全年收缴养老基金770万元，收缴率97%以上。1995年，为全县1715名离退休人员增补退休费45.2万元，月增42元。1996年1月，建立社会统筹与个人账户相结合新机制，全县参加养老保险职工12875人，收缴养老基金1265万元，收缴率99%，支付离退休金1112万元，退休费支付率100%，为1788名企业离退休人员增加待遇，其中离休人员月增162.3元，退休人员月增46.5元，退职人员月增35.35元。1997年6月，实现企业离休人员养老金社会化发放，离休人员直接通过银行按时足额领取养老金，社会化发放率100%。1998年，扩大养老保险覆盖范围，实现从国有企业职工向多种所有制职工的扩展，将私有企业(含民营企业)、股份制企业、外商投资企业及个体工商户纳入参保范围，退休人员养老金发放实行收支两条线制度。2003年12月，成立长清区企业退休人员社会化管理服务中心，全区退休人员2741人，遗属690人，实行社会化管理服务，退休人员养老金及遗属补贴由企业发放转入中心发放，社会化发放率100%。2006年，两次共为全区3757名退休人员增加待遇，人均月增资119.6元。2007年，养老保险覆盖面扩大到国家机关、事业单位非在编人员，全区征缴养老保险金7304万元，收缴率98%，按月领取养老金的离退休人员4216人，支付离退休人员养老金4638万元；是年10月，与济南市社会保险办公室数据联网，30个单位2637人实现按月申报缴费，实现养老、失业、工伤、生育、医疗“五险合一”“一票征收”，年底为企业退休人员增加待遇，人均月增资83.5元。2008年，征缴养老保险费9451万元，收缴率98%，离退休人员4639人，人均每月领取养老金1056元，全区企业养老保险参保单位682家，参保职工22389人，其中430家单位、12000人按月申报缴费。是年，全区退休人员增加待遇，人均月增资90.5元。

1987—2008 年长清区(县)企业职工养老保险收支统计表

表 25-1

年 份	参保人数(人)	退休人数(人)	基金收入(万元)	基金支出(万元)
1987	10280	1079	47	19
1988	10340	1138	240	165
1989	10672	1210	352	227
1990	11030	1335	530	314
1991	11241	1415	564	416
1992	11562	1469	561	394
1993	12142	1592	770	637
1994	12542	1653	875	759
1995	12740	1715	1049	1093
1996	12875	1788	1265	1112
1997	12987	1867	1251	1212
1998	13012	1970	1179	1351
1999	13212	2070	1430	1518
2000	13414	2248	1648	1653
2001	12804	2372	1691	1727
2002	15420	2530	1890	2170
2003	18920	2741	3046	2185
2004	19271	2991	4498	2461
2005	19766	3359	4730	2949
2006	22613	3757	5535	3697
2007	23254	4216	7304	4638
2008	22389	4639	9451	5881

机关事业单位养老保险 1994 年 5 月,长清县机关事业单位社会保险办公室成立,隶属于县人事局,为副局级自收自支事业单位。12 月 29 日,长清县人民政府下发《关于印发〈长清县机关事业单位工作人员社会养老保险实施细则〉的通知》,长清县机关事业单位养老保险在全县正式启动。按照国家、集体和个人共同负担的原则,济南市统一养老基金缴纳比例,单位按照在职工作人员工资总额的 24%缴纳,个人按月工资总额的 2%缴纳,对于缴纳和领取保险金比例倒置的自收自支和企业化管理的事业单位,按其差额的 50%加收保险费。至 1995 年,全县 170 个机关事业单位的 9340 人参加社会养老保险。1999 年 4 月,县机关事业单位社会保险办公室划归县劳动局。2001 年 10 月,为离退休人员增加离退休金每人每月 80 元。2003 年 10 月,为离退休人员增加离退休金每人每月 85 元。2004 年 3 月,由自收自支事业单位变更为全额预算拨款事业单位;12 月,

为离退休人员增长离退休金每人每月170元。2006年7月，为离退休人员增长离退休金每人每月180元。2008年7月，为离退休人员增长离退休金每人每月420元，年底离退休人员离退休金人均每月1910元。至2008年，全区机关事业单位有212个单位13177人参保，累计收缴养老保险费50280万元，离退休人员共3650人，支付养老保险金50019万元。

1995—2008年长清区(县)机关事业单位养老保险收支情况统计表

表25－2

年份	投保人数(人)	基金收入(万元)	退休人数(人)	基金支出(万元)
1995	9340	1110	1566	805
1996	11275	1090	1657	1191
1997	11866	1458	1779	1444
1998	12817	1717	1924	1699
1999	13822	2141	2196	2161
2000	13960	2546	2344	2544
2001	14010	2938	2440	2904
2002	14080	3389	2565	3356
2003	14100	3744	2673	3722
2004	14163	4161	2880	4108
2005	13869	4727	3100	4803
2006	13722	5315	3293	5391
2007	13418	7502	3416	7532
2008	13177	8442	3650	8359

农村养老保险 1992年，全县在马山乡、平安店镇、崮山镇试点。1994年5月，长清县农村社会养老保险处成立，为县民政局下属股级自收自支事业单位，农村养老保险工作在全县展开，参保对象为年龄20~60周岁农业户口人员，月缴费标准从2元到20元共10个档次。是年，全县参保人数22367人，收缴保险费276.6万元。1999年4月，农村社会养老保险处划归县劳动局。2001年，由自收自支事业单位变更为全额预算拨款事业单位。至2008年，全区参保总人数58634人，有4051人领取养老金，基金累计滚存结余1390万元。

2005年，长清区出台《大学科技园整体搬迁村庄失地农民基本生活保障暂行办法》，在被征地农民的养老保险就业补助费、抚养费中人均预留3.4万元，按5年定期银行存款利率加2个百分点的运营收入，作为基本生活费由长清区农村社会保险事业管理处发放给被征地农民，每季每人最低领取标准为476元。2006年3月，第一批有崮云湖街道的王府、周庄、张庄、北孙、段庄、大梁、小梁、石围子王庄、魏庄和文昌街道的东八里、西八里共11个村10376人纳入被征地农民基本生活保障。至2008年，崮云湖街道务中、务西、务北、务前、前大彦、后大彦、西辛村和文昌街道的牛山庄村共8186人相继纳入被征地农民基本生活保障。

第二节　医疗保险

1991 年9 月，成立长清县公费医疗管理委员会办公室，隶属于县卫生局，负责全县行政机关、事业单位工作人员的公费医疗管理，确定县医院、县中医医院、县委门诊部 3 处公费医疗点，实行凭证定点就医制度。离休人员、二等乙级以上残废军人，门诊药费报销 100%，退休人员报销 90%，在职工作人员按年龄 40 岁以上报销 85%，40 岁以下报销 80%，患病住院的同上述报销，部分事业单位实行医疗费包干制度。1999 年 4 月，长清县公费医疗办公室划归县劳动局管理。2003 年 12 月，长清区公费医疗办公室更名为长清区医疗保险办公室。长清区实施机关事业单位大额医疗救助，资金按照每月单位 4 元、个人 4 元的标准筹集，有 186 个单位，1.58 万人参加大额医疗救助。2005 年 1 月，实施城镇职工基本医疗保险，实行社会统筹和个人账户相结合的办法，医疗保险金由用人单位和职工共同筹集。单位按上年度职工月平均工资总额的 8%缴纳，职工按本人月平均工资的 2%缴纳，一个医疗年度内，在职职工参保病人发生的起付线以上住院费报销 85%，退休人员报销 88%，最高支付限额为上年底全市职工平均工资的 4 倍。普通门诊及定点药店购药实行医疗保险卡制度。是年，220 名企业军转干部参保。至 2008 年年底，全区有 181 家单位、14908 人参加城镇职工基本医疗保险。

2008 年 10 月，实施城镇居民基本医疗保险，行政区域内非就业城镇居民户籍人员均在参保范围，按照男 60 岁、女 55 岁以上人员 200 元，学生、儿童 40 元，其他人员 400 元的标准建立居民医疗保险金，不建立个人账户。在医疗年度内，参保人在一级医疗机构住院医疗报销 70%，二级医疗机构 60%，三级医疗机构 50%。是年，城镇居民医疗保险参保 65133 人。

第三节　工伤保险

1998 年 1 月，长清县工伤保险工作正式展开。工伤保险基金实行社会统筹，按照“以支定收，收支基本平衡”的原则，根据各行业的伤亡事故风险和职业危害程度，实行差别费率和浮动费率的缴费标准，由企业按上年度工资总额的一定比例按月缴纳。至 2008 年年底，累计征缴工伤保险金 495 万元，拨付各项工伤保险待遇 437 万元，参保企业 224 家，参保职工 1.8 万人。

第四节　生育保险

2002 年 12 月，长清区生育保险工作正式展开，生育保险基金实行社会统筹，由用人单位按照职工工资总额的 0.8%缴纳，职工个人不缴费。生育保险费的缴纳比例，由市政府按照“以支定收、收支基本平衡”的原则适时调整。至 2008 年年底，共有 209 家企业、1.1 万名职工参加生育保险，企业参保率 90%，征缴生育保险费 266 万元，拨付生育保险待遇 252 万元。

第五节　失业保险

1986 年 7 月，县劳动服务公司设立失业保险机构，全县国有企业和县以上集体企业职工全部参加失业保险，失业保险金按企业职工标准工资的 1%缴纳。1987 年，保险基金收缴率 95%，年收保费 11.79 万元。1993 年，按照山东省人民政府《关于山东省职工待业保险办法》规定，失业保险实施范围扩大到外资及独资企业的中方职工。基金缴纳比例由原来职工标准工资的 1%提高到工资总额的 1%，保险统筹范围由县区改为地市。1999 年 1 月，按照国务院《失业保险条例》，基金缴纳比例由单位缴纳职工工资总额的 2%，个人按工资总额的 1%缴纳。2001 年 1 月，基金收缴实行养老、失业、工伤“三险合一”社会保险一票征收制，由劳动保险事业处统一征收。社会保险金按月进行社会化发放（由事业保险机构在银行为每个失业人员设立个人账户，每月将失业保险金拨入失业保险金个人账户，失业人员在指定银行凭折领取）。是年10月，国家机关工勤人员和事业单位人员纳入失业保险范围，失业保险金由机关事业单位保险办公室统一征收。至2008年年底，失业保险参保人数24741人，其中企业13651人，事业单位11090人。是年，收缴失业保险金1069.52万元，发放失业保险金238.33万元。

1987—2008年长清区(县)失业保险金收缴与发放统计表

表25-3　　　　单位:万元

年份	收缴	发放	年份	收缴	发放
1987	11.79	—	1998	85.57	55.60
1988	16.05	—	1999	107.63	62.89
1989	16.77	—	2000	200.27	126.03
1990	19.28	—	2001	294.04	315.46
1991	31.79	—	2002	320.50	848.67
1992	28.98	—	2003	324.97	600.63
1993	46.51	15.85	2004	327.15	256.84
1994	47.54	13.58	2005	380.37	225.93
1995	47.92	29.94	2006	461.81	176.58
1996	48.30	30.38	2007	452.52	163.57
1997	52.25	43.08	2008	1069.52	238.33

第六节　最低生活保障

1997年，长清县政府实施《长清县城镇居民最低生活保障暂行办法》和《长清县农村最低保障暂行办法》，规定城镇居民最低生活保障标准为月人均110元，农村低保年人均600元，对达不到上述收入的家庭，实行差额补助。1998年，城乡居民最低生活保障制度启动运行。是年，全县有享受城镇最低生活保障的居民173户243人，发放保障金14.59万元，农村居民最低生活保障的居民983户2251人，发放保障金18.6万元。2000年，城镇低保标准提高到月人均143元。2004年，根

平安街道续保听证现场会　　(2008年 摄)

据《山东省城市居民最低生活保障工作规范》的要求，建立低保评审制。在各乡镇、各主管部门成立低保听证评议委员会，进行入保、续保听证，对低保程序实行全过程评审。2006年，城镇居民最低生活保障标准提高到月人均180元，农村居民最低生活保障标准提高到年人均850元。2007年，城镇居民最低生活保障标准提高到月人均220元，农村居民最低生活保障标准提高到年人均1080元。是年5月，城镇居民最低生活保障标准提高到月人均230元。2008年，城镇居民最低生活保障标准提高到月人均260元，发放2228户，金额925.9万元；农村居民最低生活保障标准年人均1080元，发放4693户，金额761.5万元。

1998—2008年长清区（县）城乡低保发放情况表

表25－4

年份	城市低保			农村低保		
	户数（户）	人数（人）	金额（万元）	户数（户）	人数（人）	金额（万元）
1998	173	243	14.6	983	2251	18.6
1999	208	291	17.5	991	2269	18.6
2000	345	482	28.9	997	2283	18.6
2001	951	1989	162.3	1002	2397	18.6
2002	1023	2152	294.3	1076	2465	20.0
2003	1090	2307	326.3	1102	2534	36.0
2004	1365	2838	351.2	1147	2625	38.0
2005	1423	2983	382.1	1147	2625	38.0
2006	1824	3795	494.3	1778	3194	50.0
2007	2127	4419	501.2	4637	9465	101.0
2008	2228	4591	925.9	4693	9243	761.5

第四章　宗　教

长清区（县）境内有佛教、道教、伊斯兰教、天主教、基督教五大宗教。1986年，信教群众2988人，宗教职业者3人，宗教活动场所87个。1990年，信教群众发展到4700人，宗教职业者4人，宗教活动场所124处。1997年，信教群众发展到8700人，其中信仰天主教的200人，信仰基督教的3400人，信仰伊斯兰教的穆斯林人口近5000人，其他100人。是年，全县共有宗教职业者 24 人，宗教活动场所 149 处，其中开放的寺庙、教堂 8 处。2008 年，宗教活动场所统一换证，共有佛教 2 处、伊斯兰教 4 处、天主教 1 处、基督教 38 处，道教无开放场所。

合龙寺——观音阁 （2007 年 摄）

第一节 佛 教

1986 年，长清县无开放寺院，衔草寺有 1 名女居士看护寺院。1992 年 10 月 31 日，灵岩风景名胜区管理委员会与苏州灵岩山寺签订《关于大灵岩寺恢复建立僧团的协议书》。1993 年，济南市政府批复，同意灵岩寺增设佛事活动。1995 年 6 月 23 日，经过维修、重塑的灵岩寺大雄宝殿佛像举行开光典礼。典礼由灵岩寺住持明学大和尚主持，青岛、泰安、苏州等地的宗教管理部门负责人及佛教人士约 500 人参加，济南市副市长王丕俊、长清县副县长赵宝健分别代表市、县政府致辞祝贺。2003 年，比丘尼通成、隆永到长清，在武家庄乡黄豆峪村东重修合龙寺。2005 年 1 月，明学大和尚辞去灵岩寺住持，本焕大和尚继任。2008 年，长清佛教开放场所有灵岩寺和合龙寺 2 处。

第二节 道 教

长清区尚无开放的道教场所。2008 年，道教有少量信徒，其中五峰山有道士 3 人。

第三节 伊斯兰教

1986 年，长清县信仰伊斯兰教的绝大多数为回民，主要集中在赵营、凤凰、青北 3 个村。3 个村都有清真寺，多为明末清初修建。1988 年 12 月，省政府宗教事务局拨款 5000 元，修缮青北村清真寺。1994 年，张夏金庄修建清真寺。1997 年，全县有伊斯兰教阿訇（教长）4 人，散班阿訇 2 人。是年 3 月 14 日至 5 月 3 日，长清县平安店镇赵营村穆斯林杨春生自费到穆斯林圣地沙特阿拉伯的麦加进行朝觐。这是长清县境内穆斯林群众有史以来的第一次，当地穆斯林和县宗教办为他举行欢送、欢迎仪式。是年 12 月 16 日，成立伊斯兰教协会。1998 年，赵营村群众集资 36 万元，重建清真寺大殿，建筑面积 380 平方米，11 月 28 日启用。2002 年 11 月 20 日，召开伊斯兰教协会第二届

赵营清真寺 （1999 年 摄）

青北村清真寺 （2008 年 摄）

代表大会，选举杨春生为会长。2008 年，全区共有平安街道赵营、崮云湖街道凤凰、张夏镇青北、张夏镇金庄清真寺 4 座，信徒 5000 多人。

第四节 天主教

天主教信徒和活动场所主要集中在孝里镇。1987 年，有信徒 50 多人，袁道口活动场所负责人袁希德，为政协长清县第二届委员会委员。1995 年，信徒近 200 人，有 3 处登记场所，分布在孝里镇的孝里二村、袁道口村和房头村。2008 年，换发宗教活动场所登记证，根据信徒数量分布，保留孝里三村 1 处，信徒不足百人，长清没有天主教神职人员。

第五节 基督教

基督教自 1885 年由美国牧师李嘉白传入。1987 年，信徒约 3300 人，分布于 106 个村庄，确定正式活动点 37 处。1988 年，教堂占用单位陆续向教会归还东关教堂部分、万北教堂和前封教堂。1990 年 5 月 18 日，召开基督教“三自”（自治、自养、自传）爱委会第二届代表大会，68 名代表参加，选举陈显光为名誉主任，李守泉为主任。1993 年 9 月 7 日，德国基督教访问团一行 9 人，在山东省基督教协会及山东省宗教局领导的陪同下，到长清县万德镇万北村参观考察，赠送给当地基督教信众一幅反映耶稣基督生平的布画。1994 年，召开第三届代表大会。1997 年，召开第四届代表大会。是年，有基督教长老 6 人，神学生 2 人，基督教活动日趋正常规范。2002 年，召开第五届代表大会。2008 年，有牧师 1 人，长老 9 人，活动场所 38 处，有信徒 8800 多名，成为辖区内信徒人数最多、分布最广的宗教。

2008 年长清区部分宗教寺观教堂情况表

表 25－5

教别	名称	始建年月	地址	沿革简介	现状
佛教	灵岩寺	东晋升平年间（357—358）	灵岩山	东晋升平年间（357—358）竺僧朗公在灵岩说法传教。北魏正光年间（520—525），法定禅师在方山之阴建神宝寺，后又在方山之阳建灵岩寺。盛于唐宋，是唐代四大名刹之一。盛时有殿阁 40 余座，禅房 500 多间，僧侣 500 余人。1982 年，被国务院列为全国重点文物保护单位。1993 年，经市政府批准，正式恢复佛事活动，重修天王殿、大雄宝殿等，新塑佛像。1995 年 6 月 23 日，长清灵岩寺举行佛像开光仪式。	2005 年，本焕大和尚任灵岩寺住持。

续表 25 - 5

教别	名称	始建年月	地址	沿革简介	现状
佛教	合龙寺	隋唐	侯庄	合龙寺群落有龙泉寺、青龙寺、观音庵组成,在历史上属于灵岩寺下院,分北南东西四个大殿。青龙寺建于明嘉靖二十五年(1546),占地面积2公顷;观音庵建于明末清初;龙泉寺占地面积3300平方米,有千余年历史。2003年批准为正式宗教活动场所并开始重建,先后共投资400多万元,修建大雄宝殿、观音阁、山门等。	现常住尼僧3名,通成为住持。
	衔草寺	北魏	关家峪	创建于北魏,后荒废,元代至元十三年(1276)重修殿宇,开堂受徒极盛。明末衰,清复兴。	现存元代石塔1座,墓塔1座等。
	四禅寺	不详	土屋村	曾名永庆寺。始建年代不详,已荒废,尚存宋代经幢等。	
	双泉庵	不详	通明山	四禅寺的下院。据碑载历史较早,约建于隋唐,明中叶为极盛期,明末遭兵燹,庵堂荒废,清、民国又曾两兴,该庵现存门楼、正殿、南配殿。	正在申请恢复开放。
道教	五峰道观	金章宗泰和年间(1201—1208)	五峰山	金代丘志原在长清五峰山创建道观,属全真道。金宣宗贞祐年间(1213—1217)定名为洞真观。元代又封为"护国神虚宫",明代万历年间是道教极盛期。清末民国初,道教逐渐衰落。20世纪50年代后道士还俗参加生产劳动。原有建筑已倾圮,只有树木遮天,是避暑的好地方。	1985年起,陆续修复文物和人文景观,现已开发成为旅游胜地。
	莲台庵	唐代	小娄峪	兴于唐,后盛衰无常,盛时田园几百亩,房屋近百间,是长清县最大的道庵之一。自清嘉庆二十年(1815)十二月被官查禁后渐衰。新中国成立前,此庵有道姑1人,道士2人,土地0.33公顷,房屋30间。20世纪60年代末,小娄峪最后一名道姑刘志贤去世。	1992年起开发,现辟为莲台山度假村。
	玉皇庙	不详	小寺村	此庙明代嘉靖年间进士高奎重修。现存明、清两代石碑12通,大殿3间,钟楼1间,乾隆二十三年(1758)铸造的大铁钟1口。	1985年,文化局拨专款修缮钟楼。

续表 25－5

教别	名称	始建年月	地址	沿革简介	现状
道教	峰云观	明代	大峰山	创建于明代，属道教龙门派，是长清最大的道场之一。在抗日战争和解放战争中，此庙道士对革命做出很大贡献。	现辟为大峰山旅游区。
伊斯兰教	赵营清真寺	清康熙十七年(1678)	赵营村	始建于清康熙十七年(1678)，由潘村杨氏行善事三载集财，于康熙二十年(1681)正式建成。1981年7月，批准重新开放，杨风奎为阿訇，马洪英为师娘。1998年，集资36万元，在原址重建。	现任阿訇哈广忠。
	凤凰庄清真寺	清代初期	凤凰村	建于清代初期，现存大殿1座，房屋12间，重修碑记2通。	现任阿訇杨玉垒。
	金庄清真寺	1994年	金庄村	1994年10月，由山东省宗教局和金庄村委、村民筹资10万元，建大殿3间，南北讲堂4间，大门楼1座。占地面积660平方米，建筑面积212平方米。	现任阿訇高方青。
	青北清真寺	明末清初	青北村	始建于明末清初，有大殿1座，南北讲堂和水屋等16间，明清石碑4通，藏有康熙五十六年(1717)四月十六日手抄《古兰经》两套60本和光绪元年“明德为本”木质祠匾1块。1981年7月，重新开放，周廷泰、米英志任阿訇，高廷刚任掌教。1983年，成立清真寺管理委员会，王兴富、赵忠亮、周廷良先后任主任。	现任阿訇米英志、寺管会主任王凤泉。
	东菜园清真寺	1725年	菜园	创建于清雍正三年(1725)，由本村回民金成德主持修建。清嘉庆十三年(1808)重修，新中国成立初，有大门和残破大殿1座，雍正三年重修碑1通。现均无存。	
天主教	孝里铺天主教堂	清光绪二十四年(1898)	孝里铺	清光绪二十四年(1898)由德籍神甫修建。新中国成立前夕，教堂由肖神甫主持，有信徒70人。“文化大革命”期间拆除。	有少量信徒。
基督教	东关教堂	1916年	老城区东关大街北侧	1916年，开始修建，分东西两院。1922年，由美籍传教士史金臣和李兆举长老共同主持。1934年，由牧师卢华亭、孙连芳主持。1951年2月，成立基督教革新联合会，推举王慎斋牧师担任主任。“文化大革命”中礼拜堂被拆除，房屋被占用。1988年，县政府发还部分房产，恢复活动，成为“三自”办公地点。	主任田兴勇。

续表 25－5

教别	名称	始建年月	地址	沿革简介	现状
基督教	前封教堂	1916 年	前封村	1916 年，陈延昌牧师、陈大宝、陈大玉等带领信徒集资买地 6 分，建教堂 1 座、礼拜堂 4 间、西屋 3 间、大门 1 间。	教堂完好。陈德芳长老主持活动。
	万德教堂	清光绪二十三年(1897)	万北村	万德教堂建于清光绪二十三年(1897)，属基督新教。1934 年，有信徒 30 人。	现有房屋 7 间，范玉明长老负责，活动正常。

第五章　习　俗

第一节　婚　俗

定亲　男女双方在介绍人的安排下进行非正式的相看，叫作“小见面”。若双方同意，男方给女方一定数量的礼金。随着交往的深入，男女双方如果都没意见，男方请媒人带着礼金、酒、肉、烟、糖、衣料等到女方家商量订婚。随后，女方择日到男方家进行正式见面，叫“大见面”。之后，男女双方交换订婚帖（换帖），双方均改口称呼对方父母及家人。20 世纪 90 年代后，男女订婚或领取结婚证后，一般拍婚纱照，制作影集，作为纪念。随着经济条件的改善，定亲礼金不断增长，20 世纪 80 年代为 500~1000 元，90 年代增至 1000~6000 元，亦有 1001 元（寓意千里挑一）、6600 元、8800 元。进入 21 世纪，定亲礼金达到 10001 元（寓意万里挑一）、10007 元（寓意万里挑妻）。

娶亲　娶亲前，先要“看日子”，即由男方择定举行婚礼的良辰吉日，请女方同意。男方择一吉日，向女方家送聘礼，女方接受聘礼后购置嫁妆。20 世纪 80 年代，嫁妆除家具衣物外，多是自行车、手表、缝纫机、收音机等，俗称“三转一提溜”。90 年代，多是家用电器，如电视机、电冰箱、洗衣机、摩托车等。进入 21 世纪，有的陪送轿车。男方整理新房，发送喜帖。结婚前一天，女家送嫁妆，一般派两名男子押车，也有的送嫁妆与娶亲合在一起。

举行婚礼的前一天，男方打扫庭院，张灯结彩，张贴大红“囍”字。布置新房的最后工作叫“铺房”，即安排床铺，有的在床四角放上红枣、栗子、花生，寓意为“早立子”“男孩女孩花开生”。男方大门顶上放两块红纸包的新砖，砖上用红绳系两双筷子。意为“龙凤呈祥”“快生贵子”。

婚礼当天，男方用车辆娶亲。20 世纪 80 年代用拖拉机，90 年代后用轿车车队，一般为 6 辆或 8 辆，伴有摄像、摄影。有的用白色的“头车”，象征新郎新娘白头偕老，百年好合。有的用红色的“头车”，象征红红火火，事事兴旺。去接新娘的人讲究“去单回双”（不包括摄像师、摄影师等工作人员），取成双成对之意。接新娘的路线要求“不走回头路”，即车队从婆家出发接新娘的路线和从娘家到

婆家的路线不重复。至男方家门口，鞭炮、礼炮齐鸣。在农村，结婚典礼一般在新郎家举行，在城镇一般在酒店举行。20世纪80年代，新娘一般抢在太阳出来之前“过门”，90年代后，举行婚礼的时间选在12:00之前，一般婚礼开始的时间及说法有11:00代表“一生一世，和和美美”，11:06代表“一生一世，圆满顺利”，11:08代表“一生一世，和美发达”，11:11代表“一生一世，一心一意”，11:16代表“一生一世，一切顺利”，11:18代表“一生一世，一定发达”。婚礼中，随着司仪“一拜天地，二拜高堂，夫妻对拜，送入洞房”和亲友的祝福，婚礼完毕。女方家的男客、女客分别由男方家的人陪同入席。婚礼这天，亲朋好友都拿礼金前来祝贺喝喜酒，新郎新娘给来宾敬酒。婚后三天，一对新人要回女方家，谓之“回门”。

第二节 丧 葬

1974年，在县城东务子山口修建火化厂，在全县范围内推行火葬。在农村仍沿袭守灵、吊丧、出殡、祭祀等程序，只是操作起来比过去简单。

人死后，净面、穿寿衣、置灵床，发讣告，同时，摆上贡品，上香、点长明灯。儿女穿孝服，门上贴白纸，亲友送丧礼，送花圈、挽联、烧纸等，一般当日火化。孝子孝女守灵三天，一天三次送浆水，第三天午后出殡。出殡时有的家庭聘请鼓乐队，吹奏致哀，有的家庭放哀乐。子女披麻戴孝，儿子拄哀仗，长子摔老盆，并送骨灰盒至坟地，放在墓穴内，然后正转三圈，逆转三圈，最后由帮忙的乡邻埋葬并筑圆锥形土坟。孝子谢过众街谊后“回丧”，晚上设宴招待乡里谓之“谢职”。葬后3日，孝子孝眷携带供品、铁锨前往墓前哭祭，添土坟上，谓之“圆坟”，也叫“复三”。每7天(共5个7天)或21天、35天均去墓前哭祭，谓之“烧七”。100天去墓前哭祭，谓之“过百日”。周年去墓前哭祭，谓之“过祀日”，3年后此祭式止。

城区居民或公职人员，丧事较简。人去世后，单位发讣告，开追悼会，亲属戴黑纱，亲友送花圈、挽幛、奠仪，向死者致哀，瞻仰遗容，向遗体告别后火化埋葬。

第三节 礼 俗

送祝米 吃面 生小孩，俗称“坐月子”。亲戚、邻居送鸡蛋、面条、红糖或小孩衣服，有的送礼金，表示祝贺，俗称“送祝米”。一般男孩出生12天，女孩出生9天，娘家携带礼物，召集亲戚去看闺女，婆家设酒宴招待，俗称“吃面”或“贺十二日”。

祝寿 60岁过生日，为祝寿。老人寿诞日，亲友、街谊携带祝寿礼品(寿糕、寿桃、酒肉、礼金、贺联之类)前来庆贺，主人家设宴款待。66岁为大寿，出嫁女儿带一块肉给老人祝寿，俗语说：“六十六，吃块肉”。20世纪80年代后，农村有的人家请戏班子、演电影给老人祝寿，城镇居民在酒店摆寿宴的较多。2000年前后，在电视台点播歌曲祝寿的增多。

温居 温居又称贺新居、乔迁之喜。有人迁新居时，其亲朋故友、邻里、街坊，有人牵头选定时间，带贺礼一同前往表示祝贺。此风今仍盛行。

贺开张 有人开设店铺、经营工厂、企业，开业前其亲朋故友、邻里送礼金或花篮、贺联、牌匾、条幅等表示祝贺。主人设宴款待，谓之贺开张。此风俗今仍盛行。

贺升学 子女高中毕业，升入高等院校，无论学校的层次如何，亲朋邻里都要送礼金为之庆贺，主人设宴予以款待。

洗泪 解恼 父母去逝，待其丧事之后，亲朋故友、邻里、街坊携带酒、菜、饭食前往表示安慰(城镇多在酒店举行)，谓之洗泪。对于死了子女的人以同一形式表示安慰，谓之解恼。

酒宴礼俗 宴席座次有上、中、下之分。民间多用“八仙方桌”，以冲门的两个座位为上坐，左座为最上，右座次之，两旁为四个中座，上座对面的为下座，入席时按辈分或年龄大小依次入座。主人敬酒，由上而下。城镇或单位宴客，多为圆桌。20世纪90

年代后，有主陪、副主陪、主客、次客之分。主陪坐进门面对的中心位置，主客、次客分坐两边，副主陪坐主陪对面的位置，其他客人分坐两旁。酒席一开始，先统一喝3杯、6杯，也有喝8杯、10杯、12杯的，然后进行其他项目。除互相敬酒外，还有多种劝酒游戏。如：猜枚，取与喝酒的人数相等的火柴棒，庄家任意攥住几根，让大家猜，猜对的喝酒，然后成为庄家，如都没有猜到，庄家喝酒，继续做庄家。划拳，双方伸出指头同时各说一个数，说出的数字与二人伸出指头之和相同者为赢，对方喝酒。压指儿，每人伸一个手指，大拇指、食指、中指、无名指、小拇指依次相压，被压者喝酒。上整条鱼时，鱼头一般朝东（有的朝主客）。吃酒次数有“头三尾四腹五背六”之说。吃饭前，往往要求将每人面前的酒一齐喝干，称为“门前盅”或“全家福”。

第四节　时弊陋俗

陋习　赌博　又名赌钱、耍钱。赌博方式颇多，有掷骰子（俗说掷色子）、推牌九、打麻将、看纸牌、押宝等。从事赌博也以人们的身份而有别。城区内外的官场、商贾多打麻将，居民、士兵、农民多推牌九、掷色子；城乡妇女多看纸牌。活动场所隐蔽。

卖淫嫖娼　受拜金主义的影响，卖淫嫖娼沉渣泛起，活动场所多在路边店、浴池、宾馆、酒吧、洗头房等。

迷信　结阴亲　青年未婚前死亡，家人给配一死偶，谓之结阴亲。经人说合后，男方采办女子妆殓的服装、棺木，于清明节或十月节（即古历十月一日）举行结阴亲仪式。以花轿抬死女牌位在前，棺木在后，至男子的墓前，以男女双方牌位行结拜仪式后，葬于男子墓穴的右侧。此陋俗逐渐减少。

挂锁子　换娃娃　小儿出生后遇病，请巫婆医，常以小儿是神童偷降人间，骗小儿父母买供品求神赐生，并用线系制钱挂小儿颈上谓之挂锁子。周年后再备丰盛供品，带上谢巫婆的钱、焚纸扎的童男或童女谓换娃娃。以后年复一年地到巫婆家的神龛前上供，直到小儿长到结婚时为止。新中国成立后，这一封建的迷信习俗被逐渐破除，在偏僻农村仍然存在。

祈雨　久旱不雨时，农家集资买纸、香，乡亲们头戴柳枝编成的雨帽，以柳枝扎轿抬龙王牌位，敲锣、打鼓到龙王庙前烧纸、焚香、祈祷下雨。新中国成立后，祈雨习俗逐渐废除。

看风水　修建房屋和坟墓时，请阴阳先生看自然形势（地脉、山水的方向等）择地选址，一是防止犯风水，冲了太岁；二是想占风水宝地，保家业兴旺。20世纪90年代末，此风俗有所抬头。

禁忌　婚姻禁忌　属牛的与属虎的、属龙的与属虎的、属鸡的与属猴的不能建立婚约，男女年龄相差6岁不能结亲。

丧事禁忌　发父母丧后3年内春节（正月初一）不拜年。

建房禁忌　新建房屋方位不能与太岁所在方位重合，新建房屋的房门不能与旧房舍窗户相冲，旧房舍的窗户不能改作房门。

语言禁忌　忌说“死”字。人死后一般会说“老了”“过去了”；过年不说不吉祥的话，说话时要尽量用吉祥的说法取代不吉的词语。饮宴时猜拳行令不猜五。不同行业亦有不同的禁忌。船工行船禁说“翻”字和与其同音或音近的字，如番瓜应说成北瓜，吃完鱼的一面，将其翻过来，应说成“辗过来”。

年龄禁忌　忌言七十三、八十四岁。据说孔子卒年73岁，孟子卒年84岁，因此人们认为这两个岁数是圣人都难以过去的“大关口”，普通人更不用提。有俗语曰“七十三，八十四，阎王不叫自己去”。

行为禁忌　“正月不剃头，剃头死舅舅”的习俗。源于汉族民众对满清统治的一种抵抗。清朝入关后，官方不准留全发，要求剃掉前额的头发，而在脑后扎一条辫子。许多人把遵从传统习惯和怀念故国的情感合并在一起，千方百计抵制剃发，因不敢与官方公然对抗，就想了一个“正月里不剃头”的法子，用以怀念明朝旧国和彼时留全发的传统，将这行动定名为“思旧”，并成一种风俗。这一“思旧”后被人们谐音附会为“死舅”，遂有流传至今的乡俗。

第五节　节　日

农历节日　春节　农历正月初一至初三是春节。腊月三十日（小月二十九），贴春联，包水饺，傍晚请家堂。除夕之夜守岁，放鞭炮、礼花，吃水饺，观看中央电视台春节联欢晚会。午夜时分，家家燃放鞭炮、礼花，吃水饺，庆贺新春。年初一早晨，穿新衣，吃水饺，饭前放鞭炮，祭拜天地和家堂。饭后晚辈给长辈拜年，长辈给晚辈压岁钱。邻居乡亲互相拜年祝福。机关、团体、企事业单位集体拜年，称为“团拜”。2000年后，人们打电话拜年的增多，并开始发电子邮件或手机短信互相祝福。年初二开始走亲访友，年初三黄昏送家堂。

元宵节　农历正月十五日是元宵节。中午吃水饺，也有吃元宵的。晚间院内悬灯，放烟花、鞭炮，并提灯笼照院内阴暗处。1995年起，每年正月十五晚在区体育场举办庆新春大型焰火晚会，每年农历正月十五至正月二十在城区举办庆新春大型元宵灯会。

二月二　农历二月二日，俗说在这天“龙抬头”，民间有吃炒豆子（俗称炒蝎子爪）的风俗。清晨，用草木灰在院内、屋内撒一圆圈谓之“打囤”。圆圈中央放入五谷杂粮或钱，表示祝愿新年内财茂粮丰，中午吃饺子改善生活。

清明节　清明节是二十四节气之一，也是民间上坟祭祖之日。农家清晨在门前插柳枝，傍晚携带烧纸、供品去茔地祭扫先人坟墓。国家机关、企事业单位团体、学校组织干部、职工、学生去烈士陵园扫墓，进行革命传统教育。

端午节　农历五月五日是端午节，又名端阳节。农家有门前插艾枝、用艾叶煮鸡蛋、吃粽子、饮雄黄酒，妇女腰间系香荷包、儿童手足系五色丝缕（俗称长命索）的习惯。新中国成立后，系香荷包和系长命索的习俗逐渐减少。

雨节　农历五月十三日传说是关羽磨刀日，常有雷雨应之。民间有“大旱不过五月十三”的说法。中午食饺子。

乞巧节　农历七月七日是乞巧节，俗名七夕会，神话传说是牛郎会织女的日子，民间有在葡萄架下能听到牛郎织女的私语声之说。农家妇女有在庭院摆瓜果供奉织女星，祈祷帮助提高刺绣、缝制技艺（乞巧）的习俗。

盂兰节　农历七月十五日是盂兰节。盂兰节是佛教用语，汉族称鬼节（清明节、七月十五、十月一总称为“三冥节”），这天佛教徒举行盂兰会等佛事活动，有超度亡魂之意。农家备烧纸、携带供品赴茔地祭扫先人坟墓。新中国成立前，黄河沿岸的农家有放河灯为死于河中的人招魂习俗。

中秋节　农历八月十五日是中秋节，俗称八月节。农家中午吃饺子改善生活，晚上在院内摆酒、菜、水果、月饼敬月。然后全家聚饮赏月（亦称圆月）。因时值秋收基本结束之际，故有喜庆丰收之意。

重阳节　农历九月九日是重阳节。因为《易经》中把“九”定为阳数，九月九日，日月并阳，两九相重，故叫重阳，也叫重九，重阳节有登高的风俗。“九九”与“久久”同音，包含有生命长久、健康长寿的寓意。1989年，国家把重阳节定为“老人节”，全区（县）开展多种形式的尊老敬老活动。

十月一　农历十月一日，是祭奠亡灵和扫墓的日子。农家有携带供品、烧纸赴茔地祭扫的风俗。

腊八节　农历十二月初八日为腊八节，又称扫尘节。这天气温最低，俗有腊七、腊八冻死叫花之说。这一天家家有熬“腊八粥”，腌“腊八蒜”的习惯，并有扫除庭院、房舍的习俗。

祭灶（辞灶）　腊月二十三日为祭（辞）灶日，俗称小年。农家晚间有以饴糖（又称糖瓜）、面叶祭灶王，然后将灶王与秫秸扎的马、烧纸一并烧掉辞灶的习俗，并祝愿灶王爷“上天言好事，下界保平安。”

公历节日　元旦　1月1日是元旦，俗称阳历年。国家机关、党政团体、企事业单位、学校放假1天。单位升国旗、挂彩旗、挂横幅标语以示庆祝。20世纪90年代后，渐兴寄贺卡、发电子邮件或手机短信以表庆贺。

“三八”国际劳动妇女节　3月8日是国际劳动妇女节。机关单位妇女放假1天,召开妇女表彰大会,组织文体活动表示庆祝。

植树节　3月12日为植树节。各单位组织植树活动,美化、绿化环境。

“五一”国际劳动节　5月1日是国际劳动节,国家机关、党政团体、企事业单位、学校放假3天。单位升国旗、挂彩旗、挂横幅标语,组织庆祝活动。

“五四”青年节　5月4日是青年节。各级团组织举行入团仪式、报告会、演讲会等,对团员青年进行革命传统教育和爱国主义教育。

“六一”国际儿童节　6月1日是国际儿童节,小学和社会有关部门举行文艺活动表示庆祝,各级党政领导到驻地小学进行慰问。

“七一”建党节　7月1日是中国共产党诞生纪念日。各级党组织举行新党员入党仪式,组织党员学习党的基本知识,召开民主生活会,逢五逢十周年庆祝会活动较多且较隆重。

“八一”建军节　8月1日是中国人民解放军建军纪念日。各地党委政府和部队均举行庆祝活动,党政机关、民政部门开展拥军优属活动。

教师节　9月10日是教师节。每年教师节期间,党政部门、学校举办庆祝活动,表彰先进教师,全社会开展尊师重教活动。

国庆节　10月1日是中华人民共和国国庆日,国家机关、党政团体、企事业单位升国旗、插彩旗、挂红灯,举行庆祝活动,逢五逢十周年庆祝会活动较多且较隆重。

舶来节日　改革开放后，与国外的文化交流日益增多,西方国家的一些节日随之传入境内,主要有:

情人节　公历2月14日为情人节。是西方的传统节日。情侣们在这一天互相馈赠礼物,用以表达爱意或友好。

母亲节　公历5月的第二个星期天是母亲节。起源于美国,通过各种方式表达对母亲的爱,子女们选择适当的贺卡或礼物赠送给母亲。母亲对子女们赠送的礼物尤为珍惜。

父亲节　公历6月的第三个星期天为父亲节。起源于美国,父亲会接到来自孩子的礼物和问候。

圣诞节　公历12月25日为圣诞节。是基督教的一个重要节日，大商店、饭店张贴圣诞老人画,在门口置圣诞树。

第六节　衣食住行用

服饰　20世纪80年代,衣料多以涤纶、弹力呢、的确良为主,棉布为辅,且毛料渐增,花色品种不再是单调的灰、蓝、黑、白。80年代后期,西装领带、羊毛衫、夹克衫、喇叭裤、牛仔裤、T恤衫、毛呢大衣、羽绒服、风衣流行一时。男子发型多为平头、偏分头,女子有烫发、留披肩发者,包头戴帽者渐少。耳环、项链、手镯、戒指等饰品开始流行。90年代,服装样式增多,有西服、茄克衫、面包服、休闲服、羽绒服、风雪衣,纯棉、丝织品。鞋类,除各种款式皮鞋外,还有运动鞋、旅游鞋等。2000年后,人们春秋季多穿夹克衫、西服、休闲服。夏季,男子多穿T恤衫，短袖衫；女子多穿连衣裙、套裙、迷你裙,或上着T恤衫,下着半裤、七分裤、九分裤。冬季穿各式羽绒服、皮衣、西装、内着保暖衣、羊毛衫。

饮食　境内饮食习惯为一日三餐。20世纪70年代,以地瓜干(面)、玉米、五谷杂粮为主,饼子、窝窝头、煎饼是主要食品,小麦面粉供节日改善生活和待客用,饮水多取井水或自然水源。1980年后,农村经济得到较快发展,主粮以小麦为主,辅以玉米、大豆、小米等。1990年后,饮食讲究营养保健,面食除馒头外,还有油条、面条、烙饼、包子、水饺等,花样较多。随着大棚蔬菜的发展,一年四季都能吃上新鲜的蔬菜,并伴以猪、牛、鸡、鸭、鱼等肉类及牛奶和海鲜食品。城镇居民饮用自来水，纯净水、矿泉水、果汁进入普通家庭。2008年,全区实现村村通自来水,群众都喝上卫生、安全的自来水。

住房　农村住房自古讲究纵长四合院落，以巽门为佳，北屋（又称堂屋）为上房，长辈居住。东西两配房为晚辈居住，南屋多用作家畜饲养室（亦有的设闲园子）。东屋南端一间，或南屋东首一间多辟为厨房（当地称饭屋）。院落的西南角，古时被认为是五鬼地，多设猪圈、厕所于此。“东南大门西南圈，饭屋靠近大门边”是常见的院落布局。房屋建筑结构，西部和北部因系沿黄平原，房屋建筑多用石砌高约六七十厘米的墙基，垒土坯为墙，圆木檩梁，覆苇箔、草泥后抹石灰糟轧光为顶，谓之平屋；东南和西部山区多以石块或土坯砌墙，圆木檩梁，覆苇箔、草泥后再覆以石子、黄沙、石灰混合泥浆夯实为顶，名曰大榧平屋。

20 世纪 80 年代，建筑标准有不同程度的提高。墙基增高，改木板门、木棂窗为二开扇的玻璃门窗，改平屋为起脊瓦房。90 年代后，砖混结构的房屋增多，敞亮的锁皮厅、地板砖铺地、二层楼房逐渐增多，有的还在外墙皮抹上水刷石或贴上瓷面砖、马赛克等。城镇以楼房为主，逐步建起水、电、暖、气等设施齐全、环境优美、管理规范的住宅小区。多为单元式砖混结构，装修美观，住房面积逐步扩大。

出行　20 世纪 80 年代，公共汽车逐渐增多，自行车普及，并开始出现摩托车，县城机关有吉普车、面包车和轿车。90 年代，摩托车增多，自行车、摩托车成为主要交通工具，机关事业单位普遍有小轿车。进入 21 世纪后，电动车逐渐兴起，城镇居民家庭轿车开始增多。

20 世纪 80 年代前后，乡村道路主要是沙土路，村民出行“晴天一身土，雨天两脚泥”。进入 21 世纪，随着“村村通”工程的实施，全区乡间道路及村内主要街道路面全部硬化，方便村民出行。

通讯　20 世纪 80 年代，书信是主要通讯方式，紧急情况拍发电报。电话只在党政机关、企事业单位使用。90 年代后，程控电话、移动电话、BP 机、小灵通等发展迅速。进入 21 世纪，互联网进入部分农民家庭，电子邮件成为快捷的通讯方式。

用具　20 世纪 80 年代，沙发、茶几、大衣橱、组合橱代替了传统家具，VCD、黑白电视、电风扇进入家庭。90 年代后，VCD 家庭影院、彩电、太阳能较为普遍。城镇居民多采用集中供暖，农村使用煤炭炉和土暖气取暖，使用蜂窝炉做饭，条件较好的使用电或液化气。进入 21 世纪，居民多使用电脑、空调、电冰箱、洗衣机、液化气炉具、电磁炉、电热锅、微波炉、电烤箱等，绝大多数家庭使用抽油烟机、换气扇。

第七节　游　艺

长清地区民间游艺丰富多彩、流传广泛。民间游艺多是儿童游戏，一般不需要特别的器械和设施。孩子们随便拣块石头、和块泥巴、拿根小绳、折张纸片都能尽兴地玩上半天。20 世纪 90 年代后，随着各式玩具、电子游戏和网络游戏的增多，这些游戏逐渐减少。

猫逮老鼠　多个儿童手拉手向内围成一圈，一个儿童站在圈外扮“猫”，一个儿童在圈内扮“鼠”。“鼠”自圈内窜出，“猫”趁势追捉。若“鼠”连钻数“洞”未被捉住，则轮换。若被捉住，则罚“鼠”。

打尜　多为男孩玩耍。“尜”一般为 10~15 厘米长，两头尖中间大，多为榆木、槐木等硬木砍削而成。玩时人数不限，一般分两组。就地画一方框为“城”。各组选一人站“城”内，轻捏尜一端，用一尺余长木板将尜用力打出，尜落点远者那组先正式开打，另一组为接方。游戏时，把尜放至“城”口，然后一组人相继打尜，其打法：用木板敲击尜的一端，使尜蹦起，迅速挥动木板将尜用力击出。一人打空再换一人接着打，最后一人打空时，另一组人则急忙拣起尜往回扔。打尜方则一边快速向回跑，一边可伺机用木板阻击抛掷在空中的木尜。跑回“城”边，挥动手中木板，不让对方将尜扔进“城”内，若扔进“城”内，则两组交换。若扔不进“城”内，打方可继续向前打第二轮。直到接方再也无法将尜扔进“城”内，接方就认输。

跳房　玩法多样。一般先在地上划一田字格形的“房”，在田字格一端或几端划一半圆形（俗称

“馍馍头”)。游戏时,把“瓦儿”(砖块、瓦块、石块等均可)掷于“馍馍头”内,玩者单脚跳入,并将“瓦儿”踢入下一格,依次转下一圈即可将“瓦儿”掷于第二格内,如此类推,跳完一圈便可“占房”一间。跳至自己的房内可双脚落地, 别人则须跨过该“房”。玩时,不能另一脚落地、不能“压杠”(“瓦儿”压在划线上)、也不能“踩杠”(脚踩在划线上),否则都算犯规,犯规者出局等待下一轮。最后,谁占的“房”多谁为胜者。

拾子儿 多为女孩玩的一种游戏。玩时,几个人就地选若干块石子,先由一人将石子撒散开,遂将一子抛起,同时迅速抓起地面的石子,再马上接住抛起的石子。有时拾单、有时拾双,拾多者为胜。拾子时,手不准触及不该拾的子儿,否则便是违背游戏规则,改换别人拾子儿,依次轮换。

走四棋儿 除少儿玩外, 成年人也常常摆局“厮杀”。玩时,在地上画一棋盘:纵横线各四条,每人执四个棋子(多用石块、砖块、木块等代替)对阵摆布。走子时,纵横进退,但每次只许走一步。若一方两子相邻,与对方一子在同一条直线上,且线上再无别子时,则“吃”掉对方一子。一方只剩下一子无法对阵时为输。

摔哇呜 一般是在雨后儿童常玩的游戏。玩时,人数多少无限制,各自备泥一团,并用泥团捏成各式各样的“泥碗儿”。捏好后,然后用力将泥碗口朝下摔在地上。“碗”内空气冲破“碗”底成一窟窿, 其他参赛者拿出备用泥团捏成片或蛋堵于泥洞上面。最后以各自的泥团多少决定胜负,多者为胜,少者为负。

摔宝 摔宝,又称为“砸摔片”,“宝”多用纸叠成,形状多为方形,有单面、双面之分。玩时,一般是一方先将“宝”安放地上,另一方寻找“宝”与地面的缝隙,然后用自己手中的“宝”用力掷地扇对方的“宝”。若将对方“宝”扇翻个,则胜,对方“宝”归己;若扇不翻,对方则拣起自己的“宝”扇对方“宝”,直至决出胜者。

翻绳 多为女孩玩耍。玩法分一人玩和双人玩。玩时,用一线绳,将绳系成圈状,套于手指上,通过手指的穿插、交错、缠绕等手法,使绳变换成各种形状,如降落伞、太阳、锯、鱼、天窗、面条、豆箕儿、牛槽、担架、鸡腚眼子等。

跳拉拉秧 玩时,3 人以上, 先由两人相对而坐,脚板抵着脚板。其他人则跑步跳过,并唱:“一步拉拉秧, 二步喝面汤, 三步吃韭菜, 四步架高台。”每唱一句要跳四次完成一个过程,坐着的人就摞高一只脚, 直到四只脚全摞起来高度仍能过去为胜,若跳者碰到坐者的脚,则轮换。

磕拐 男孩之间的一种对抗性游戏。一般是两人对抗,也有多人一起玩的。游戏时,双方单脚落地蹦行, 另一只腿折攀起来, 用膝盖向对方进攻。进攻方法多种多样,可磕、压、顶、砸等。游戏规则为谁被对方磕倒或双脚着地即输。

推铁环 用较粗的铁丝弯一大圆环, 再用铁丝弯一铁钩,铁钩的下端弯成 U 状,上端握手中,下端 U 状钩扣依铁环推其前进。也有的在铁环上套一个或若干个小铁环儿以便铁环滚动时“铃铃”作响。玩时,边走边推铁环,也有边跑边推者。比赛时,一般比谁推得远、推得快,铁环倒地为输。其他玩法有原地转圈、拐弯、推上坡等。

此外,还有剪子包袱锤、弹琉璃蛋儿、打呱儿、砸子儿、丢手绢、跳皮筋、踢毽子、跳绳等游戏。进入 21 世纪后,电子游戏、网络游戏盛行。

第六章 方言语汇

第一节 方 言

长清居民，多为明代永乐年间的山西移民。长清方言受这次移民影响较大，在语言上具有明显的地方特征。随着普通话的推广和人们文化素质的提高，长清地方语与普通话的差别越来越小，语言的地方特点逐渐消失。只有较为闭塞的文化不发达的部分村庄和老年人中，仍残留着地方语音的痕迹。

语音 长清方言语音的特点及规律：

声母：

普通话开口呼零声母的字，有读 ng 声母的习惯，如：熬、袄、欧、呕、沤、安、俺、岸、恩、昂等。

普通话 r 拼合口呼的字，有读 l 声母的习惯，如：如、入、褥、软、荣、熔等。

韵母：

普通话中与 o 相拼的部分字音，有与 e 相拼的习惯，如波、坡、摸、佛等。

普通话中与 e 相拼的部分字音，有与 ei 相拼的习惯，如德、客、勒、拆、策、色等。

普通话中与 ai 相拼的部分字音，有与 ei 相拼的习惯，如白、拍、麦、摘、拆等。

普通话中声母唇齿音 f 与韵母 ei 相拼的部分字音，有与 i 相拼的习惯，如飞、非、肥、肺等。

普通话中与 ie 相拼的部分字音，有与 iai 相拼的习惯，如街、解、鞋等。

普通话中的韵母 ei、ui 在长清方言中时有混淆。如雷、类、蕾、磊推、腿、退、褪等。

长清地区同其他北方地区一样，存在着大量的儿化韵，这些多用来表示温和、喜爱的感情色彩，或细小轻微的性质状态，如“小名儿”“蛋青儿”“没空儿”“一阵风儿”等。

声调 平声调值为 213，上声调值为 55，与普通话平声调值（55）和上声调值（214）近乎相反。

去声多读低降调 31，阳平的调值为 42。与普通话声调相比，去声的起音不够高，而阳平声调则上扬不够反有略降趋势。

方言语音举例：

白（bái）音　同北（běi）

半边（bàn biān）　音同半别（bàn biē）

刹（chà）　音同杀（shā）

小虫（xiǎo chóng）　音同小绰（xiǎo chuō）

德（dé）　音同得（děi）

风（fēng）　音同佛（fó）

公母（gōng mǔ）　音同锅母（guō mǔ）

岗（gǎng）　音同嘎（gǎ）

坑（kēng）　音同壳（kē）

麦（mài）　音同墨（mèi）

没空（méi kòng）　音同没阔（méi kuò）

客（kè）　音同剋（kēi）

嫩（nèn）　音同论（lùn）

弄（nòng）　音同能（nèng）

名（míng）　音同咩（mié）

农（nóng）　音同奴（nú）

虐（nüè）　音同月（yuè）

蛋青（dàn qīng）　音同蛋切（dàn qiē）

色（sè）　音同谁（shéi）

涩（sè）　音同谁（shéi）

宿（sù）　音同须（xū）

汤(tā ng) 音同塔 (tā)
抽烟(ch ō u yā n) 音同收烟(sh ō u yā n)
影(y ǐ ng) 音同也(y ě)
下种(xi à zh ǒ ng) 音同下卓(xi à zhu ó)
庄(zhu ā ng) 音同抓(zhu ā)

词汇 长清县方言俗语,词汇丰富,日常生活词语有明显地方特征。括号内为方言词汇。

生活用语:水饺(水包、下包、包子)、甘薯(地瓜、红薯、芋头)、甘蓝(洋白菜、卷心菜、大头菜)、马铃薯(地蛋、土豆)、高粱(蜀黍)、玉米(棒子)、西红柿(洋柿子)、落花生(花生、长果)、油条(香油果子)、棉花(娘花、黏花)、辣椒(秦椒)、分娩(坐月子)、怀孕(有喜、重身)。

日常用语:什么(么格)、没有份儿(没开壶)、好(刚赛)、有希望(有门儿)、愣小子(愣头青)、鲁莽(武怔)、传闲话(拉舌头)、挑拨(挑合眼子)、骂人(卷人)、闲谈(闲拉呱)、有病(不得饯)、背后议论(胡嘀咕)、憨蠢(肺头)、倔强(强眼子)、没心计(少心肺)、傻子(嘲摆)、认输(草鸡)、突然(猛个丁)、胡同(胡弄道)、池塘(湾坑)、厕所(茅子、茅房)、独轮车(手推车、胶轮的叫推不够;木轮的叫红车、二把手车子)、厨房(饭屋)、膝盖(胳拉拜)、调皮鬼(捣蛋包)、开玩笑(嬉溜、离戏)、低声议论(喊喳)、很好〈挺好〉、好好地干(正儿八经地干)、多得很(老鼻子了、大法啦)、外行(离把)、这一片(这一忽搭)、真高兴(真得)、好(沾闲)、不好(不沾闲)。

气象:太阳(日头)、彗星(扫帚星)、流星(贼星)、上午(头晌午)、中午(晌午、正晌)、下午(过晌午)、昨天(夜儿)、明天(灭儿)、今天(纪门)、傍晚(擦黑)、晚上(后晌)、漆黑夜(月黑头)、冰雹(巴子)、霰子(饭不拉子)、出着太阳下雨(下晒雨)。

动植物:公牛(牤牛、犍子)、母牛(实牛)、雄性动物(公、读 gu ō)、雄性动物(母)、雄狗(牙狗)、雌狗(母狗)、雄猪(牙猪、蛋猪、騟猪)、雌猪(母猪)、公驴(叫驴)、母驴(草驴)、雌马(骒马)、雄马(二马)、野兔(野猫)、猫(花花)、蛇(长虫)、蚂蚁(蚁羊)、壁虎(蝎虎)、蜘蛛(阿螂蛛)、蟋蟀(蛐蛐儿)、蝈蝈(乖子)、蝉(哨线、老哨)、蝗虫(蚂蚱)、知了(伏了、嘟了)、蝉的幼虫(老哨龟)、蝙蝠(眠眠虎)、乌鸦(老鸹)、喜鹊(喳喳子)、麻雀(家雀、小雀)、猫头鹰(夜猫子)、啄木鸟(餐打木子)、马齿苋(马生菜)、刺槐(洋槐)、蒲公英(婆婆丁)、东洋菊(地瓜花)。

动作:挪动(古涌)、滑下(搖离)、挪地方(挪窝)、伤着(葬弄着)、搅拌(搁冷、搅和)、行动慢(遇磨)、反应慢(木格张、卖呆儿)、麻木(木格支)、络绎不绝(趟趟似鸦)、气喘吁吁(沸沸的)、很满(纷纷的)、扔(拽)、用筷子夹食物(抄)。

呼唤畜禽:唤狗(孩孩孩)、唤鸡(拜拜、咕咕)、唤鸭(鸭鸭、哩哩)、唤猫(花花)、命令牲口走(驾喔)、命令牲口停(唷)、命令牲口向左右转(依、喔)、唤猪(唠唠)。

第二节 俗 语

恶人先告状。
恨铁不成钢。
看人下菜碟。
礼多人不怪。
艺高人胆大。
贪多嚼不烂。
向人难向理。
心静自然凉。
刀子嘴豆腐心。
井水不犯河水。
远水不解近渴。
拔出萝卜带出泥。
不见棺材不落泪。
打着灯笼没处找。
光棍不吃眼前亏。
好汉不提当年勇。
临死拉个垫背的。
磨刀不误砍柴工。
哪壶不开提哪壶。
强将手下无弱兵。
瞎猫碰上死老鼠。

站着说话不腰疼。
醉死不认那把壶。
丑媳妇总要见公婆。
远路的和尚会念经。
染坊里倒不出白布来。
一回生,两回熟。
光打雷,不下雨。
不怕慢,就怕站。
说你胖,他就喘。
当面是人,背后是鬼。
不怕一万,就怕万一。
过河拆桥,卸磨杀驴。
旧的不去,新的不来。
前人栽树,后人乘凉。
一个半斤,一个八两。
阎王好见,小鬼难缠。
睁一只眼,闭一只眼。
留得青山在,不怕没柴烧。
公说公有理,婆说婆有理。
一瓶子不满,半瓶子晃荡。
见利不要命,钻头不顾腚。
见人说人话,见鬼说鬼话。
南京到北京,买的不如卖的精。
纸里包不住火,眼里揉不得沙。
砍的不如旋的圆,会说的不如会听的。
鸡窝里飞不出凤凰,狗嘴里吐不出象牙。

第三节　民　谚

气象谚语

二月二,龙抬头。
早晨烧,晚上浇。
早晨下雨一天晴。
清明断雪,谷雨断霜。
淋了伏王,一天一场。
腊七腊八,冻死叫花。
冷在三九,热在三伏。
太阳倒照,晒得猫叫。
早看东南,晚看西北。
烟囱不出烟,必定是阴天。
日落火烧云,明天晒死人。
日晕三更雨,月晕午时风。
久晴大雾阴,久阴大雾晴。
早霞不出门,晚霞行千里。
大旱小旱,不过五月十三。
大雾不过三,过三,十八天。
冬至十天交九,夏至三庚入伏。
七月十五定旱涝,八月十五定年景。
八月十五云遮月,正月十五雪打灯。
一场春雨一场暖,一场秋雨一场寒。
燕子低飞蛇过道,大雨不久就来到。
冬天麦盖三层被,来年枕着馒头睡。

云彩向北一阵黑,云彩向南雨涟涟,云彩向东一阵风,云彩向西披蓑衣。

农业谚语

谷雨前后,种瓜种豆。
春雨贵如油,有雨人不愁。
杨树拍巴掌,遍地种高粱。
惊蛰不耕田,不会打算盘。
榆串落地,湿干耩地。
九尽杨花开,农活一齐来。
五月芒种麦不倒,四月芒种麦割了。
有钱难买五月旱,六月连阴吃饱饭。
龙去脉蚕老一时,麦熟一晌。

春栽早,雨栽巧,深秋落叶栽正好(造林时间)。

旱锄一遍光,涝锄十遍荒。

吃了端午粽,才把棉衣送;吃了仲秋饼,便把棉衣请。

头伏萝卜二伏菜,三伏天里种荞麦。
麦出不怕草,就怕坷垃咬。
种地不上粪,等于瞎胡混。
棉花锄八遍,桃子赛鸡蛋。
棉花转开身,一棵拾一斤。
立秋栽葱,白露种蒜。

白露早寒露迟，秋分种麦正适宜（因气温变暖，地温增高，播种的适宜时间推迟到10月初至10月上旬，即秋分后8~10天）。

立秋不立秋，六月二十头。

立了秋，哪里下雨哪里收。

一场秋雨一场寒，十场秋雨要穿暖。

冷在三九，热在中伏。

立冬不捣鼓，不如土里捂。

麦怕三月倒春寒，棉怕八月阴雨天。

七月核桃八月梨，九月柿子来赶集。

桃三杏四梨五年，枣树当年就卖钱。

该热不热，不成年月；该冷不冷，不成年景。

枣树发芽，快种棉花；寒食种花，谷雨种瓜。

清明花，大车拉；谷雨花，大把抓；小满花，不归家。

七宿麦子八宿谷，三宿出的是晚谷，豆子急了当宿出。

六月六，看谷秀；七月七，掐谷吃；八月八，大车小车往家拉。

一九二九不出手，三九四九冰上走。五九六九冻死牤牛，七九八九沿河看柳。七九六十三，路上行人把衣担。九九八十一，庄稼老汉田中立。

生活谚语

无零不成账。

不怕慢，就怕站。

守着草，饿死牛。

听人劝，吃饱饭。

先小人，后君子。

亲兄弟，明算账。

一扎不如四指近。

有钱难买后悔药。

有钱难买回头看。

有枣没枣打一竿。

有钱难买老来瘦。

吃饭穿衣量家当。

夫妻没有隔夜仇。

瞎猫碰见死老鼠。

十层单不如一层棉。

冻死懒人，饿死馋人。

过河拆桥，卸磨杀驴。

先尝后买，才知好歹。

漫天要价，就地还钱。

人心要实，火心要虚。

春捂秋冻，没灾没病。

酒大伤身，气大伤心。

守着矬子不能说矮话。

有多大荷叶包多大粽子。

兵熊熊一个，将熊熊一窝。

出门不叫哥，必然走路多。

打人不打脸，揭人不揭短。

爹矬矬一个，娘矬矬一窝。

孩不嫌娘丑，狗不嫌家贫。

话不说不明，木不钻不透。

宁拆十座庙，不破一门亲。

宁走十步远，不走一步险。

人比人得死，货比货要扔。

饭后百步走，活到九十九。

吃药不忌嘴，跑断医生腿。

早吃三片姜，胜似喝参汤。

吃肉不吃蒜，营养减一半。

身正不怕影斜，脚正不怕鞋歪。

风不来树不响，虱不咬不痒痒。

吃了人家嘴短，拿了人家手短。

没有金刚钻，别揽瓷器活。

早晨吃好，中午吃饱，晚上吃少。

冬吃萝卜夏吃姜，不用医生开药方。

天上下雨地上滑，自己跌倒自己爬。

黑字落在白纸上，钉子砸在木头里。

吃不穷，穿不穷，盘算不到一世穷。

软的欺，硬的怕，见了老虎就跪下。

一回生，两回熟，三回不用问师傅。

笑一笑，十年少；愁一愁，白了头。

好儿不如好媳妇，好闺女不如好女婿。

天上下雨地上流，小两口儿打仗不记仇。

三锥子扎不出血来，三棍子打不出屁来。

心急吃不得热豆腐，心急喝不得热黏粥。

人要脸，树要皮。人不要脸，天爷爷难管。

第四节 歇后语

比喻类

西瓜淌水——坏了
嘴上抹石灰——白说
唱戏的胡子——假的
屎壳郎带花——臭美
芝麻开花——节节高
猫哭耗子——假慈悲
瘫巴打围——坐着喊
竹篮打水——一场空
狗咬耗子——多管闲事
木匠戴枷——自作自受
狗熊坐轿——不识抬举
做梦娶媳妇——想好事
马尾拴豆腐——提不得
鼻子上长疮——犟不得
蚊子咬菩萨——没人味
老虎的屁股——摸不得
老鼠舔猫鼻子——找死
属铁公鸡的——一毛不拔
变戏法地跪下——没法了
泥菩萨过河——自身难保
夜猫子进宅——无事不来
哑巴吃黄连——有苦难言
哑巴吃扁食——肚里有数
快刀斩乱麻——一刀两断
墙头上跑马——有去无回
肉包子打狗——有去无回
六个指头划拳——多一招
小葱拌豆腐——一清二白
头顶上栽菠菜——露青头
擀面杖吹火——一窍不通
长虫钻竹筒——直来直去
长虫钻竹筒——回不过头来
瞎子打灯笼——白搭一支蜡
秃子头上的虱子——明摆着
老鼠拉木锨——大头在后边
沙锅子捣蒜——一锤子买卖
十一个人走路——人五人六
心口窝里长草——荒了心啦
老妈妈的裹脚——又臭又长
屎壳郎打哈欠——满嘴臭气
茅子里的石头——又臭又硬
高射炮打蚊子——大材小用
掉了毛的刷子——有板有眼
骑着毛驴看唱本——走着瞧
井底的蛤蟆——见过多大的天
老鼠钻到风箱里——两头受气
十五只吊桶打水——七上八下
洗脸盆里扎猛子——不知深浅
胡同道里扛檀条——直来直去
一张纸画了个鼻子——好大的脸
蛐蛐蜷吃格棒——挺起腰板来了
卖豆腐的合了筐——哪块对哪块
癞蛤蟆想吃天鹅肉——心高妄想
黄鼠狼子给鸡拜年——没安好心
怀里揣着二十五个小老鼠——百爪挠心

谐音类

孔圣人搬家——净书（输）
外甥打灯笼——照舅（旧）
狗头上长角——羊（洋）相
猪鼻子里插葱——装象（相）
梁山上的军师——吴（无）用
半天云里挂口袋——装风（疯）
锅腰子上山——前（钱）头紧
茅子里的瓦碴——臭瓷（词）儿
半天云里刷浆子——糊云（胡说）
扛着杆子上天——戳星（邪）儿
吃了胡萝卜包子——咸（闲）操心
西北风刮葛针——连风（讽）带刺儿
茶壶里的包子——有嘴倒（道）不出来
砘轱辘子砸门砧——石（实）打石（实）
嗑瓜子嗑出个臭虫来——什么仁（人）都有

故事类

八仙过海——各显其能

关公门前耍大刀——显能

唐僧念紧箍咒——治猴儿

司马昭之心——路人皆知

猪八戒摔耙子——不伺候孙

猪八戒照镜子——里外不是人

武大郎盘杠子——上下不够头

大水冲到龙王庙——自家人不认自家人

孔圣人门前卖字画——充那有学问的

第二十六编

街道 乡镇

Streets, Towns and Villages

2003年11月28日，济南市长清区平安街道办事处成立大会

济平干渠平安街道段　　（2008年 摄）

玉清湖水库　　（2008年 摄）

1986年，全县设城关、平安店、归德、孝里、张夏、万德、崮山7镇和五峰山、双泉、马山、武家庄4乡。1995年4月，撤销五峰山乡、马山乡，设立五峰山镇和马山镇；12月，城关镇更名长清镇；全县行政区划调整为9镇2乡。2003年9月，撤销长清镇、平安店镇、崮山镇、五峰山镇，分别设立文昌街道、平安街道、崮云湖街道、五峰山街道。2006年1月，撤销武家庄乡，将其行政区域并入万德镇。2008年，全区辖文昌、平安、崮云湖、五峰山4个街道和归德、孝里、万德、张夏、马山5个镇及双泉乡，34个居民委员会，590个村民委员会。

第一章 街道

第一节 文昌街道

地理环境 文昌街道因文昌山而得名，寓文明昌盛之意，地处长清城区，是全区政治、经济、文化的中心，区位优势明显，东与崮云湖街道、大学科技园接壤，南到母猪岭和前三村分别与五峰山街道、归德镇相连，北至北大沙河与平安街道相邻，西以黄河为界，与齐河县隔河相望。文昌街道交通便利，境内公路纵横交错，形成完善的路网框架，经十西路、104省道、220国道、济菏高速公路纵贯南北，大学路、长崮路、西魏路、兴隆路横贯东西，西魏、兴隆两座浮桥连接黄河两岸，南水北调工程穿越境内。街道东部是山区丘陵，中部是平原，西部是黄河滩区，地势东高西低，东西最大距离14.42公里，南北最大距离16.84公里，总面积97.6平方公里，耕地面积4885公顷。主要山脉有石麟山、金牛山、文昌山、卧牛山、母猪岭等，其中母猪岭最高。地下水资源丰富，西部黄河沿岸蕴藏着大量的煤炭资源。

文昌山 （2008年 摄）

南水北调工程三龙庄段 （2008年 摄）

发展概况 1986年，城关镇辖城关、东王、杨庄、三朱、段庄、孟李、新屯7个办事处，69个行政村，15911户，70635人。全镇完成地区生产总值9773万元，财政收入114万元。2003年，撤镇设文昌

中日绿色黄河友好林纪念碑 (2003年 摄)

街道起，制定“维护城区稳定，发展城区经济，建设美丽文昌”发展思路，街道经济社会发展成绩显著。招商引资保持强劲势头，广东恒大地产、浙江名仕置业、浙江逸和置业等过亿元的项目先后落户文昌；工业经济快速发展，限额以上工业企业37家；现代服务业强势发展，长泰大厦、华新大厦、银东大厦、汇富大厦、龙泉大厦、齐鲁文化产业园、园博缘商务酒店、银东生态园、星光大道娱乐商城、山东大舜商务酒店等相继建成，成为城区经济的新亮点；港基、长泰、常青等建筑企业不断壮大；农业和农村经济得到快速发展，新农村建设稳步推进，建有高标准的农业科技示范园3处，注册华新“爱宕梨”、“袁庄园”蔬菜、“金西李”山药等农业品牌13个。2008年，街道辖城关、东王、杨庄、三朱、段庄、孟李、新屯7个管理区，69个行政村（其中11个社区居委会）及8个城区社区居委会，36572户，108051人，地区生产总值43.7亿元，地方财政收入9064万元。文昌街道先后获首届中国乡镇投资环境百强镇、第二次全国农业普查先进集体、省级文明单位、山东“十大魅力乡镇”、山东省安全文明镇、山东省先进基层党组织、平安山东建设先进单位、全省信访工作先进单位、平安济南建设先进集体并记集体二等功、全市绿色小康乡镇等称号。

农业　1986年，全镇耕地面积5207公顷，粮食总产3.07万吨，农业总产值9773万元，机械总动力29529千瓦。1994年—1996年，在十里铺村、燕庄村、新徐村、老徐村、段庄村、燕王村等8个村实施黄淮海开发，投资420万元，开发面积933公顷，建生产路11公里，打井配套36眼，修防渗渠1.24万米。1998年10月至2003年4月，利用世行贷款实施节水灌溉开发工程，第一期在潘庄片区、前三村、后三村实施开发面积667公顷；第二期在义合村、东仓村、西房村、东房村、孟李村开发面积1333公顷；第三期在袁庄村、吕庄村等5个村进一步完善节水灌溉工程，开发面积267公顷；三期共投资1050万元，开发面积累计2267公顷，新建维修道路12条2万米，栽植路林2万株，建成机井房68间，机井配套68眼，修建防渗渠3万米。1999年10月，长清镇农业科技示范园在杨庄管理区南王村开工建设高标准大棚30余个。是年，在孟李管理区西仓村建设中日绿色黄

佳宝奶牛基地 (2006年 摄)

河友好林，植树造林6.7公顷5500株。2000年，在燕王村和南五村实施节水灌溉，打井配套18眼，面积333公顷。2002年，成立文昌街道无公害蔬菜协会。是年，蔬菜种植面积1533公顷。2005年，南五村土地整理项目，投资424万元，新增土地21.7公顷，新上变压器3台，打井配套17眼，新建机井房17间，防渗渠4200米。2006年，发展无公害蔬菜基地，新增无公害蔬菜133公顷，累计1000公顷；发展山药种植，成立文昌街道山药协会，在西李村建成13.3公顷的山药示范基地；发展苗木花卉，建成苗木花卉基地3个，成立山东川大庄园园林有限公司、山东远景绿化有限公司、济南东岳园林工程有限公司，面积1067公顷；发展奶牛养殖，以佳宝、华新奶牛养殖基地为依托，新增奶牛1000头，奶牛存栏量达3000头。是年，实施节水灌溉项目，共整修道路13条21公里，栽植路林2.1万株，打井配套10眼，修机井房22座，埋设地下电缆1万米，铺设地下PVC管道1.2万米，农田节水灌溉面积发展到3333公顷。2007年，实施村村通自来水工程，在西李村、三龙村建设水厂2处，总投资1540万元，安装供水管道53公里，受益村49个，受益群众3.5万人。在义合、孟李、南小房等片区进行土地整理，总投资1355万元，整理土地344公顷，打井47眼，新修道路1.5万米，新建变电室4座，新上变压器4台，架设电缆1.15万米。2008年，引进美资项目山东嘉迪诺畜牧发展有限公司，

嘉迪诺养猪厂 （2008年 摄）

由美籍华人曾凡迪投资500万美元，在孟李村租赁土地2.7公顷，以生猪养殖为主，存栏量可达1万头。投资50万元，在前隆村建成占地1.3公顷，建筑面积5000多平方米的肉食鸡养殖基地。投资1000万元，新建君子兰基地1处，品种100多个，产品远销日本、韩国等国家。至2008年，文昌街道苗木花卉、无公害蔬菜、林果、畜牧养殖四大产业基地初具规模。苗木花卉基地，以西李村为辐射，在山东川大庄园园林有限公司、山东远景绿化有限公司、济南东岳园林工程有限公司等龙头企业的带动下，花卉苗木总面积1333公顷，年总产值8600万元。无公害蔬菜基地，全街道形成“龙头+协会+合作社+基地+农户”的产业化发展模式，蔬菜种植面积1333公顷，绿色甘蓝获AA认证，茄子、大白菜、豆角、土豆、黄瓜等蔬菜产品获无公害认证，注册“金西李”山药和“袁庄园”蔬菜等品牌。林果产业基地，沿黄丰产林800公顷，形成南北长10公里的绿色黄河景观带；华新集团种植的爱宕梨获绿色AA级认证，被定为北京奥运会专供产品。畜牧养殖基地，山东佳宝奶业有限公司、华新养猪基地、嘉迪诺养猪基地、前隆肉鸡蛋鸡养殖基地等一批龙头企业带动全街道畜牧养殖业快速发展，奶牛、猪、鸡存栏量分别达3000头、24330头、298450只。是年，全街道

西李水厂 （2008年 摄）

■ 爱宕梨 (2008 年 摄)

■ 天聚工业园 (2005 年 摄)

耕地面积 4885 公顷，有效灌溉面积 4040 公顷，粮食总产 5.15 万吨，蔬菜 21.66 万吨，农业机械总动力 5.55 万千瓦，农业龙头企业 16 家。

工业 1986 年，城关镇镇属企业有长清电扇厂、水泥厂、砖瓦厂、建材厂、丝织厂、水磨石厂、轻工机械厂、联合石厂、铆焊厂、预制厂 10 家；村办集体企业有长清孙庄造纸机械厂、长清西三里明星化工厂、济南星港装饰品有限公司等 6 家；户办企业 32 家；从业人员 568 人。1990 年，引进总投资 6200 万元、占地 20 公顷的鲁能工业园。1993 年，相继成立山东国安集团、华新集团、东青公司和三科达公司等。1995 年，镇属企业有长清电扇厂、长清城关水泥厂、长清水磨石厂、长清化工厂、济南长清丝绸厂、长清振动机械厂等 17 家；村办企业有后三制药厂、孙庄造纸机械厂、东风机械厂、西三里国大塑化、星港家俬、德玛公司等 16 家，其中德玛公司生产的高档中空玻璃门窗被国务院迎宾楼使用，孙庄造纸机械厂生产的造纸设备网笼畅销全国 10 多个省市，被誉为“网笼之乡”；户办企业 168 家，其中民营企业乾隆八宝粥食品有限公司于 1995 年 9 月成立，投资 120 万元，占地 1.3 公顷，厂房 1200 平方米，并在中央电视台做广告宣传。是年，全镇从业人员 8000 人，年销售收入 1.9 亿元，实现利税 2000 万元。1997 年起，济南长清丝绸厂、济南长清化工厂、长清城关农具厂、长清电扇厂、长清城关水泥厂、长清水磨石厂、长清振动机械厂等企业转型改制，企业实行股份制、租赁制、破产、私人买断、零价位转让等形式。2000 年 5 月，投资 1200 万元、占地 1.6 公顷、建筑面积 1260 平方米的济南天聚有限公司成立。至 2008 年，街道工业已形成建筑建材、机械制造、医药化工、服装家具等支柱产业，限额以上工业企业有济南长清石油化工厂、山东鲁丰动物保健品有限公司、山东友邦铸造有限公司、济南天聚公司等 37 家，限额以下工业企业 70 家，年销售收入 60 亿元，利税 7 亿元，工业总产值 63 亿元。

■ 孙庄造纸机械厂 (1997 年 摄)

建筑业 1986 年，城关建筑队有从业人员 128 人，建筑面积 1.8 万平方米。1992 年，成立长清县第五建筑工程公司、济南港基房地产开发有限公司。1995 年 9 月，成立济南常青房地产开发有

文昌街道办公楼 （2008年 摄）

限公司。2008年，全街道有3家建筑企业，其中一级资质企业有长泰建设集团、山东港基建设集团，从业人员1.26万人，其中高级职称74人，中级职称239人；共承接各类工程135项，在建面积92万平方米，共完成建筑面积43万平方米，产值20.45元，利税5560万元。

商贸 财税 1986年，农村商业网点1629户，从业人员3584人，有长清大集、长清小集、三庄、孟李4处集贸市场，实现社会消费品零售额3716万元，完成工商税收113万元。1986年9月，黄河商场竣工，总投资87万元，面积9460平方米，系钢柱铁架结构。1994年，孟李商业街建成，投资130万元，面积2790平方米。是年，投资2300万元，建成宾谷街商业街，建筑面积2.2万平方米、商户725户；投资385万元，建成东海大厦，建筑面积5500平方米；投资1200万元，建成渤海商城，建筑面积1.5万平方米。1995年，投资2400万元，建成五峰路商业街，建筑面积2.6万平方米。1996年，完成税收1154万元，首次突破千万元大关。1997年，马山路步行街开工建设，总投资1800万元，建成面积2万平方米。是年，全街道个体工商业户4200户，从业人员1万人，实现社会消费品零售总额1.63亿元，财税收入1465万元。2004年6月，投资1000万元，建成东王商城，共2.1万平方米。是年，引进大型综合商场明珠新世纪商业广场，总投资1.2亿元，占地8公顷，面积5万平方米。2008年，全街道有黄河商场、清河商场、渤海商城、明珠广场、文昌市场5处大型商业设施，有长清大集、长清小集、三庄集、孟李集4处集贸市场，个体工商业户4260户，社会消费品零售额17.8亿元，地方财政收入9064万元。

村镇建设 1986年，全镇农村住房条件较差，黄河滩区多是土坯房，乡镇机关办公室为砖瓦房。1988年10月，投资150万元，建筑面积3500平方米的镇政府办公楼落成，位于中川街以北、灵岩路以西。1990年，实施黄河滩区村庄搬迁，新垫房台26万平方米，对新村进行统一规划设计，其中西魏、后隆、老屯、义和、孟李等村整体搬迁。1994年，东王村投资250万元，建成占地面积1.3公顷建筑面积6800平方米的34户小康屋。是年，投资1.5亿元，建成占地23.3公顷建筑面积2.4万平方米的文昌山庄。2005年，

黄河商场东门 （2008年 摄）

东、西八里共 422 户、1034 人整体搬迁入住乐天小区。2005 年起，东铺村实施旧村改造工程。2007 年，华新社区投资 2000 多万元，建成 19 层的华新大厦。2008 年，投资 6500 万元、地上 29 层地下 1 层、高 99.7 米、总建筑面积 2.4 万平方米的济南长泰大厦建成，为长清第一高楼。至 2008 年，全街道农村居民住房以钢筋混凝土结构平房为主，部分居民建起小康楼，农民居住条件大为改善，城中村大柿子园、小柿子园、东王、西三里 4 个社区旧村改造工程开始实施。

段庄港基中心小学入住剪彩仪式　（2008 年 摄）

交通　1986 年，全镇道路以沙子路、土路为主，仅有 003 省道、220 国道为柏油路。1990 年，长清至西魏路由沙子路铺成柏油路，投资 60 万元，路面宽 6 米，长 6 公里。1997 年，集资 300 万元，建成西魏黄河浮桥。1998 年，长清至西魏路拓宽改造，投资 350 万元，由柏油路改造成水泥路。2000 年，集资 360 万元，建成西隆黄河浮桥。2003 年起，实施村村通公路工程。至 2008 年，共投资 1200 万元，修建农村公路 44 条 105 公里，实现村村通公路。是年，街道共有交通车辆 32000 辆，其中汽车 560 辆、农用汽车 420 辆、拖拉机 2640 辆、三轮车 8730 辆、摩托车 19650 辆，货运量 65 万吨，客运量 120 万人次。

邮电　1986 年，城关镇有城郊邮电所 1 处。1994 年，邮电业务总量 820 万元。1997 年，全镇实现村村通电话，程控电话机 12460 部，邮电业务总量 2650 万元。2008 年，邮电业务总量 6140 万元，农村安装电话 16100 部，移动电话 17260 部。

教育　科技　1986 年，城关镇有东方红、东王、杨庄、三朱、徐洼、义和、前隆、新屯 8 处中学，教职工 138 人，在校生 2468 人，初中毕业率 98%；有小学 54 处，教职工 384 人，在校生 989 人，适龄儿童入学率 98.7%，在校生巩固率 98.6%。1991 年 7 月，前隆中学合并到新屯中学。1992 年，投资 70 万元，建成新屯小学、前隆小学两处教学楼；投资 102 万元，建成面积 1846 平方米、容纳 18 个教学班的镇中学教学楼 1 幢。1993 年，投资 80 万元，建成能容纳 18 个教学班的东王教学楼。1995 年 7 月，新屯中学、义和中学合并到镇中学，东王中学并入长清第十五中学。1996 年，投资 500 万元，新建容纳 24 个教学班的杨庄初级中学。是年 9 月，三朱中学、徐洼中学并入杨庄中学。2000 年，投资 40 余万元，扩建文昌中心幼儿园。2001 年，杨庄中学被评为第一批市级规范化学校。2002 年，投资 53 万元，建成孙庄小学教学楼，面积 1036 平方米。2008 年，投资 396 万元，在新徐村建成高标准规范化的明德小学（段庄港基中心小学）。是年，全街道有中学 2 所，教职工 118 人，教学班 19 个，在校生 921 人，初中毕业生率 100%；有小学 9 所，教职工 207 人，84 个教学班，在校生 2679 人，适龄儿童入学率 100%，文昌中心小学被评为省级绿色学校。

1986 年—2008 年，累计举办科技培训班 62 期，科普赶集 35 次，科普村村通 100%，69 个村设置高标准的科普示范宣传栏，村村有科普宣传员 1 人。2008 年，文昌街道科普服务站被评为市级示范性乡镇科普服务站。

卫生　1986 年，城关镇卫生院位于南关村，设

城关卫生院门诊大楼落成典礼剪彩仪式 （1992 年 摄）

15 个科室，有职工 83 人，床位 50 张；东关门诊有内、外、妇、儿 4 个科室；全镇有村级卫生室 69 个，其中村级卫生员 116 人。1992 年，投资 100 多万元，在中川街以南灵岩路以西建成占地 4200 平方米、建筑面积 1662 平方米的三层门诊综合楼，设有内、外、妇等 18 个科室，全院医务人员 98 人。是年 11 月，增挂长清县康复医院牌子。1995 年 12 月，城关镇卫生院更名为长清镇卫生院。2003 年 11 月，更名为文昌街道卫生院。2008 年 10 月，投资 180 万元，将门诊楼后院危房改建为三层双面楼房，建筑面积 834 平方米。是年，文昌街道卫生院设 20 个科室，职工 99 人，有万元以上的设备 10 余件，床位 60 张。全街道有村级卫生室 51 个，村级卫生员 156 人。

文化　体育　1986 年，全镇有文化站、广播站各 1 处，村文化大院 6 处，健身广场 2 处，农村以广播喇叭为主，有线广播发展先进村 12 个。1992 年，被济南市广播电视局评为有线广播先进乡镇。2005 年，实现有线电视村村通。至 2008 年，全街道共有文昌文体中心 1 处，文化大院 62 个，文化团体 22 个，图书室 24 个，健身广场 38 处，体育团队 6 个。

人民生活　1986 年，人均纯收入 611 元，人均住房面积 30 平方米，百户有自行车 140 辆、钟表 81 只，年末居民储蓄额 1.5 亿元。1994 年，人均纯收入 2062 元，人均住房面积 34 平方米，百户有电风扇 120 台、电冰箱 52 台、洗衣机 120 台、收录机 62 台、电话 11 部，居民储蓄 3.4 亿元。2008 年，农民人均纯收入 8955 元，人均住房面积 40 平方米，百户有摩托车 82 辆、电话 88 部、手机 120 部、彩电 120 台、冰箱 80 台、洗衣机 95 台、电脑 42 台，居民储蓄 12.7 亿元。参加基本医疗 5 万人，养老保险参保 4 万人，享受居民最低生活保障 1000 人。

村(居)选介　华新社区　华新社区居民委员会前身为邢代庄村，位于长清新城区宾谷街两侧，五峰路以西，灵岩路以东，文昌街道驻地南 500 米。1986 年，全村 50 户 220 人，耕地 12.9 公顷，人均纯收入 700 元。1994 年，全体党员一致看好勤劳致富的张同新，投票选举他担任村党支部书记。张同新上任之后，确定了立足县城优势、大力发展村办企业和民营经济、走共同富裕的发展思路。张同新将自己经营多年的装饰公司捐给集体，成立以建安为龙头的华新集团。1997 年，投资 140 万元，建

华新集团办公楼 （1998 年 摄）

华新社区居民1号楼 (2000年摄)

成3层沿街楼1幢,建筑面积3600平方米。1999年,投资1000万元,建成1号居民楼,总建筑面积1.2万平方米,共88户,户均1套。2001年,投资900万元,建成2号居民楼,建筑面积8000平方米,共72户。是年起,张同新带领村两委会一班人,积极调整发展战略,利用二、三产业积累的资金,进军现代农业,租赁外村土地,建起牧草种植基地、奶牛养殖基地和林果种植基地,形成“畜禽养殖——畜禽粪便产沼气、沼液灌溉林果——牧草喂畜禽”的良性循环生态农业。至2004年,华新社区已形成133.3公顷的种养基地,饲养良种奶牛400头、良种种羊110头,种植爱宕梨2万株,日产鲜奶3吨。种植的“日本爱宕梨”被农业部中国绿色食品发展中心认证为“有机食品和绿色食品”,注册“齐鲁华新爱宕梨”品牌,被评为奥运会推荐食品。奶牛养殖基地先后被评为全国奶牛养殖示范小区、济南市农业产业化龙头企业、济南市高新技术企业、山东省高新技术企业。2005年9月,邢代庄更名为华新社区居民委员会。2006年,区国资局处置原计生委办公楼,华新集团以412万元的价格竞标。2007年年底,投资3300万元,建成19层的华新大厦。2008年,积极对外招商,先后有济南市商业银行、星光大道、园博缘商务酒店、平安保险、华泰保险、长清妇幼医院等入驻华新社区。2008年,华新社区共82户320人,人均纯收入2.6万元,家家户户都有门头房和公寓式楼房,户均3套住房,年实现集体收入300余万元,集体固定资产从1994年的200万元增加到过1亿元,成为远近闻名的富裕村。华新社区为解决老有所养的问题,专门设立养老金,每年举办老人节,60岁以上的老年人每月发260元生活补助,每增加1岁增长10元,每天免费供应0.5公斤鲜奶。还设立教育奖励基金,对每个上小学的孩子补助50元,考上初中补助200元,考上高中补助500元,考上大学奖励3000元,其中考上本科一次性奖励5000元。该社区先后获全国双拥模范城先进单位、全国敬老模范社区、全国妇联基层组织建设示范社区、省文明单位、省科普先进村、纳税先进村、发展个体私营经济先进单位等称号。

华新社区居民委员会成立大会 (2005年摄)

华新社区举办老人节庆祝活动 (1999年摄)

华新大厦　地处长清城区的黄金地带,位于灵岩路以西,宾谷街以北。2006年11月,规划设计,地下2层,地上17层,共19层,占地面积4000余平方米,建筑面积11289平方米,总投资3300

华新大厦 (2008年 摄)

万元。2007年底竣工,大楼6层以上为住宅,居民每户分到110平米的新居,设有中央空调,免收物业费,6层以下是办公商业用房。2008年,济南市商业银行率先入驻,签定15年的长期租赁合同,年租金80万元;引进的台资企业“园博缘商务酒店”开业,该酒店是集餐饮与住宿于一体的高档大型服务场所,餐厅设有28个豪华包房,可容纳300人就餐,宾馆设66个标准间,共有床位130余个。

园博缘商务酒店开业庆典仪式 (2008年 摄)

星光大道 (2008年 摄)

是年,还有平安保险、华泰保险入住华新大厦。

星光大道　位于灵岩路以东,宾谷街以南。1997年,总投资140万元,建成3层沿街楼1幢,建筑面积3600平方米,占地面积1万平方米。1998年,燕京酒店入驻,是长清城区当时规模最大、最高档的酒店之一,设有46个豪华包房,可容纳400余人同时就餐。2008年,星光大道入驻,成为长清城区最高档的娱乐场所。至2008年年底,累计租金收入460万元。

东铺社区　位于长清新城区鸣泉街东段路南,坐落在秀丽的文昌山、凤凰山西麓。1986年,全村225户820人,耕地面积94.4公顷,人均纯收入260元。1986年起,该村开始发展运输业、养殖业。1996年,运输个体户韩春银经党员群众选举,担任东铺村党支部书记、村委会主任。他带领村两委会一班人,多方筹集资金,大兴水利设施,大力发展运输业、养殖业、种植业。至2003年,累

东铺村旧村一角 (2004年 摄)

东铺村改造后的居民小区　　(2008年　摄)

计总投资360万元,打深水井18眼,铺设地下防渗渠13万米,新增水浇地53.3公顷;蔬菜种植面积扩大到26.7公顷,种植爱宕梨40公顷;硬化街道6条300米、安装路灯60盏,村容村貌有很大改观。2004年,确定"大规划、大整合、大投入、大发展"的思路,决定实施旧村改造工程,制定《旧村改造的可行分析报告》《新村规划》《东铺村拆迁安置补偿方案》等一系列详细方案。2005年1月18日,正式启动旧村改造工程,定名"凤凰山庄"。1月19日,全部拆迁完毕,拆迁326户,拆除面积10万平方米。3月16日,旧村改造工程第一期工程开工建设,总投资1亿元。仅用8个月的时间,建成14幢居民楼建筑面积8万平方米、绿化面积3.5万平方米的居住小区。2005年9月,撤村设立文昌街道东铺社区居委会。2005年12月26日,东铺村举行居民回迁庆祝仪式,实现当年拆迁、当年建设、当年回迁的目标。是年,投资160万元,建成凤凰广场;投资220万元,为居民安装太阳能、有线电视、天然气等生活设施。2006年1月起,开发商品住宅楼,先后建成商品楼26幢。2006年9月,东铺社区老年公寓建成投入使用,总投资2000万元,4幢公寓楼总建筑面积15万平方米,东铺社区凡年满55岁的老人全部免费入住,共入住老人200人。12月26日,银东大厦开工建设,框架结构,地上19层,地下2层,总建筑面积2万平方米,总投资1亿元。2007年11月,成立山东银东集团,注册资本5000万元,下设房地产开发公司、餐饮有限公司、物业管理有限公司、商贸有限公司。是年,投资700万元,建成社区居委会办公楼,建筑面积4670平方米。2008年,总投资1.76亿元,规划建设银东商城、银东商贸楼,总建筑面积4.8万平方米。2008年8月19日,山东银东生态园举行开业典礼仪式。是年,投资500万元,在玉皇山建成山亭3座。至2008年,东铺社区居委会共220户856人,耕地面积58.5公顷,人均纯收入1.5万元,人均住房面积40平方米,人均商品房面积25平方米,年人均分红5000元,累计建设楼房66幢,建筑面积35万平方米,设有山东银东集团、银东生态园、银东国际大酒店、老年公寓、银东商城、银东商贸楼等,固定资产6亿元。先后获全国群众体育先进单位、省级文明村、文明社区,市级卫生先进居委会、市级花园式小区、平安济南建设先进基层单位等称号。

银东集团办公楼　　(2008年　摄)

19层银东国际大酒店效果图

银东国际大酒店　位于长清区龙泉街东段路南。2006年12月，银东国际大酒店开工建设。该酒店定位为四星级酒店，由东铺社区居委会自筹资金、自主兴建，框架结构，地上19层，地下2层，总建筑面积2万平方米，总投资1亿元。内设中、西餐厅，可供1000人就餐；设总统套房、套房、标准间，可供1200人入住；设健身房、棋牌室、娱乐室、歌舞厅、保龄球、桑拿浴、游泳室、茶社、酒吧、电子商务、大中型会议接待中心（200~800人），是一座集现代化、多功能、娱乐性于一体的大型综合性酒店。2008年年底，完成主体工程建设。

玉皇庙　位于东铺社区东侧玉皇山上。玉皇山海拔123.9米，属奥陶纪石灰岩。明洪武年间（1368—1398），山顶建玉皇庙后，更名玉皇山。清道光《长清县志》载：“玉皇山山形似垚字，为东南诸峰落脉处，桧柏森密不露拳石，内隐玉皇殿、关帝祠，殿前古柏屈蟠如卧龙，俗称卧龙柏，称胜览焉”。玉皇庙历来香火旺盛。20世纪50年代中期，古迹遭到人为破坏，建筑物几成废墟，荒置。2008年起，先后投资500万元，在山顶300平方米旧址处修建玉皇殿、玉皇阁、东西配殿、钟楼、鼓楼、玉皇山牌坊、青龙桥、九龙壁、石狮等，恢复历史文化景观。

国安社区　位于中川街以北，经十西路以西，西靠峰山路，北临大沙河，玉符街贯穿村中心，是文昌街道驻地村。1986年，全村267户1088人，耕地面积99.5公顷，人均纯收入600元。该村有明星化工厂、面粉厂、铸造厂、蜂窝厂、木材加工厂、建筑队、向群服务社、汽车运输等。其中明星化工厂投资108万元，占地6667平方米，厂房1000平方米；铸造厂投资50万元，占地2000平方米，建筑面积260平方米；向群服务社投资50万元，占地4000平方米，建筑面积600平方米。1987年起，相继创办星港装饰品有限公司、塑料制品厂、乙炔厂、建筑装饰安装公司、汽车修理厂、华宇公司、乳制品厂等。其中星港装饰品有限公司投资1200万元，占地6667平方米，建筑面积4600平方米；建筑装饰安装公司投资320万元，占地0.8公顷，建筑面积2600平方米；乳制品厂投资60万元，占地2666平方米，建筑面积400平方米，奶牛30余头。20世纪90年代，占地20公顷的鲁能工业园和占地6.7公顷的热电厂落户该村。

东铺社区玉皇庙

国安社区牌坊（2006 年 摄）

国安社区美食烧烤城（2006 年 摄）

1993 年，成立国安集团。1994 年，投资 1200 万元，成立与德国合资的国内首家生产中空玻璃门窗的企业德玛建筑制品有限公司，占地 2 公顷，建厂房面积 3000 平方米。1995 年，建成进村牌坊 2 座。1997 年，村办企业华宇公司、国泰汽修厂、乳制品厂等相继破产改制。2005 年，投资 30 余万元，实施自来水改造工程；投资 160 万元，硬化街道 3000 米，安装路灯 60 盏；投资 750 万元，建成国安烧烤一条街，占地 1.3 公顷；投资 2100 万元，建成国安汽车商贸城，占地 3.3 公顷。2006 年 9 月，撤销西三里村民委员会，成立国安社区居民委员会。2008 年，社区共 586 户 1915 人，耕地面积 9.7 公顷，人均纯收入 8000 元。先后获省精神文明先进单位、省双文明先进单位、市尊师重教先进单位、市调解工作先进集体、市治保会先进集体等称号。

小柿子园社区　位于城区龙泉街西段以南，经十西路以西。1986 年，全村 250 户 1021 人，耕地面积 77.6 公顷，人均纯收入 650 元，蔬菜种植面积 23.3 公顷。1988 年，投资 30 万元，建成建筑面积 1200 平方米的村办企业电镀厂。1994 年，投资 25 万元，建成建筑面积 1000 平方米的村办企业福利厂；投资 260 万元，建成南环路商业街，面积 1.2 万平方米。2000 年，投资 50 万元，建成村委会办公楼，面积 1000 平方米；投资 50 万元，村内街道全部硬化，安装路灯 32 盏。2005 年 9 月，小柿园村民委员会更名为小柿子园社区居民委员会。2006 年 6 月 20 日，小柿子园社区旧村改造工程由市旧村改造领导小组批准，共批复居民安置和生活保障用地 11.5 公顷，开发用地 28 公顷。是年，位于该村的长清区经济适用房雅居苑小区建成，占地 4 公顷，建筑面积 1.2 万平方米。2008 年，社区共 360 户 1430 人，耕地面积 47.1 公顷，居民人均纯收入 9876 元，有各种轿车 60 余辆，大型运输设备 20 余台，个体经商业户占 70%以上，全村固定资产 2000 万元。先后被评为市、区社会治安综合治理先进单位。

东王社区　位于长清新城区清河街东首。1986 年，全村 450 户 1652 人，耕地面积 188.6 公顷，人

小柿子园社区办公楼（2006 年 摄）

东王商城 （2008年 摄）

均纯收入800元。1991年,投资80万元,建成小学教学楼1幢,14个教学班,建筑面积1500平方米。1992年,投资70万元,打深水井2眼,解决村民吃水和农田灌溉问题。1993年,投资40万元,建起村办企业文昌木鱼石开发公司，从业人员80余人。1994年,投资250万元,建成占地1.3公顷建筑面积6800平方米的34户小康屋。1995年,投资700万元，建成1.5万平方米共63户的宾谷街商业街。是年，建成占地23.3公顷的文昌山庄别墅。1996年,投资200万元,建成文昌大厦(现东王社区居委会办公楼),建筑面积2360平方米。1997年,投资60万元,在文昌山下打深井10眼。2004年6月,投资1000万元，建成2.1万平方米的东王商城。是年,投资1.2亿元、占地8公顷建筑面积5万平方米的明珠新世纪广场落户该村。2006年9月,东王村更名为东王社区居民委员会。2008年,投资70万元,修村内水泥路1500米。是年,社区共720户2530人,耕地面积28公顷,人均纯收入8677元。先后获山东省村镇建设明星村、山东省先进党员活动室、长清区综合治理先进单位等称号。

东关居委会　位于东关大街和清河街西段,南至水鸣庄,北至东北关,西至护城河东门。1986年,全村295户1027人,因县城东迁大部分耕地被征用,仅有耕地1.8公顷，人均纯收入786元，村民以从事第三产业为主。1986年10月，黄河商场竣工，投资87万元，面积9460平方米。1991年1月,东关村村民转为非农业人口,更名为东关居民委员会。1994年，投资385万元，建成5500平方米的东海大厦;融资230万元,建成峰山路至宾谷街西段沿街商业房,面积1.2万平方米。是年,投资1200万元，建成渤海商城，面积1.5万平方米。1995年，投资2400万元，建成面积2.6万平方米的五峰路商业街。1997年，马山路步行街开工建设，投资1800万元,建筑面积2万平方米。投资110万元,建成清河商场,面积3500平方米,摊位200个。2000年6月,投资320万元,建成面积2160平方米的综合办公大楼。2008年,融资300万元,将渤海商场扩建为钢构框架式二层市场，面积5300平方米。2008年,社区共380户1307人,无耕地,人均纯收入9900元。先后获省级文明社区、省级优秀人民调解委员会、市文明单位、市平安济南建设先进单位、市民主法制示范村、长清区发展民营经济先进村、五好红旗村等称号。

东关居委会办公楼 （2008年 摄）

五峰路商业街 （2008 年 摄）

东北关村　位于峰山路以西，中川街西段。1986 年，全村 316 户 1080 人，耕地面积 54 公顷，人均纯收入 650 元。1988 年起，先后购买黄河牌汽车 3 部，大型 50 拖拉机 2 台，大型链轨车 1 台，成立运输队、建筑队、家具加工厂等。1995 年，投资 10 万元，安装变压器 1 台，打井配套 20 眼。2005 年，投资 30 万元，修村内水泥路 2 条 1500 余米、农田水泥路 2000 米。2006 年，投资 36 万元，建成面积 1000 平方米的二层办公楼和门头房。2007 年，投资 25 万元，建成汽车修理厂、废品收购站。2008 年，投资 20 万元，新建中心幼儿园 1 所、卫生室 1 个。2008 年，全村 359 户 1353 人，耕地面积 42.7 公顷，人均纯收入 9250 元，有面包车、轿车、重型汽车、挖掘机等各种车辆 100 多辆。先后被评为市、区社会稳定先进单位。

西李村　位于长清城区西南 4 公里处。1986 年，全村 196 户 845 人，耕地面积 88 公顷，人均纯收入 500 元。1990 年起，先后建起油坊、面粉厂和红砖厂，相继购置小型拖拉机 13 台，黄河车 2 部。2000 年，投资 20 万元，全村通上自来水。2005 年起，开始发展苗木花卉产业，先后成立济南东岳园林工程有限公司、山东川大庄园园林有限公司、山东远景绿化有限公司 3 家有国家二级资质的企业，成立花卉苗木、无公害山药、农村经济人 3 个专业协会，形成“支部 + 协会 + 龙头企业 + 农户”的生产经营管理模式，带动周边农户种植苗木花卉 273 公顷，种植无公害山药 33.3 公顷，注册“金西李”品牌，取得 AA 认证，其中“金西李”山药被评为泉城市民最喜爱的十佳特色农产品。投资 20 万元，修建进村牌坊 2 座，修建村内道路 9 条 2.2 公里，绿化面积 500 平方米，健身广场 3 处 350 平方米，安装路灯 15 盏，健身运动娱乐中心 1 处 500 平方米。2008 年，全村

西李村白皮松 （2008 年 摄）

西李村山药王大赛 （2007 年 摄）

234户857人，耕地面积87.6公顷，农民人均纯收入8773元。先后获全国绿色小康村、省级文明村、小百强农村经济协会、山东省十佳商标促动型农民专业合作社、市优秀农技协会、市农业合作社示范社、市文明村等。

前朱村　位于城南5公里，104省道以东。1986年，全村137户569人，耕地面积61.1公顷，人均纯收入500元。2003年，引进济南佳宝奶牛基地，占地16公顷；引进济南同发科贸有限公司，占地2.7公顷，投资30万元。2004年，投资25万元，打井6眼，铺设地下管道1万米，硬化街道1500米。2007年，投资30万元，建起350平方米的2层办公楼。是年，户户建沼气池，安装太阳能。2008年，投资20万元，新上200千瓦变压器1台。2008年，全村162户607人，耕地面积40.2公顷，农民人均纯收入8500元。先后获济南市文明村、长清区计划生育先进村、长清区先进党支部等称号。

袁庄村　位于长清城区西南2.8公里处，济平公路以西。1986年，全村185户640人，耕地面积106.1公顷，其中蔬菜种植面积66.7公顷，人均纯收入580元。1987年，发展小弓棚、大棚蔬菜，主要种植甘蓝、茄子、大白菜、豆角、土豆等，面积102.5公顷。是年，该村被定为济南市蔬菜基地。1996年起，投资180万元，改造低压线路，新修变电室2处，新增变压器300千伏安，打井配套30眼、修桥3座、过路桥涵30座、修节水管道1.5万米，修农田路3500米。1997年，实施村庄规划，户户建起2层小楼房。2000年起，投资300万元，打井配套32眼，整修道路3000多米。2005年，投资70万元，硬化街道3700米，安装路灯30盏。2007年，注册“袁庄园”蔬菜品牌，成立清园蔬菜公司、蔬菜生产合作社。2008年，成立蔬菜昆虫监测站，为蔬菜种植专业户提供服务信息。是年，全村231户820人，耕地面积106.1公顷，人均纯收入8200元。先后获省、市科技带头村、市级文明村、区红旗单位等称号。

孟李村　位于长清城西5公里，西临黄河，农历三八为集。1986年，全村180户900人，耕地面积82.7公顷，农民人均纯收入550元，有村办印刷厂1处，产值10万元，12马力拖拉机100辆。1990年起，发展食用菌养殖，养殖户56户，产量6万公斤。1994年，投资130万元，建成孟李商业街，面积2790平方米，商户32户。1995年，食用菌养殖户发展到100余户，总产量10万公斤以上。1995年—1996年，连续两年被评为全县食用菌生产先进单位。2007年，投资20万元，全村用上自来水。2008年，进行旧村改造，迁移64户，新开发土地13.3公顷；投资80余万元，新修水泥路7条5600米。至2008年，全村有个体印刷厂6家，个体工商户30余户，从事木材加工和木材转运的20户，个体大型养鸡场1处，养牛场1处。是年，全村230户826人，耕地面积76公顷，人均纯收入8888元。先后获区综合治理先进单位、信访稳定先进单

袁庄村甘蓝　（2008年 摄）

位等称号。

老屯村　位于长清县城西北7公里。1986年，全村181户821人，耕地面积75.5公顷，人均纯收入520元。1988年，进行村庄整体规划，搬运土方25万立方米，垫房台3万平方米，规划南北街5条，东西街5条，统一规划村民住房，共搬迁150户。2000年，投资20万元，修建水泥路4公里，建老年娱乐场所1处，建村两委会办公室1处。2004年，投资10万元，户户通上自来水。2008年，全村229户892人，耕地面积75.5公顷，人均纯收入8296元。先后获济南市文明单位、市综合治理先进单位、长清区红旗村先进党支部、计划生育先进单位等称号。

城区社区居委会揭牌仪式　(2006年 摄)

城区居委会　2006年9月13日，根据长清区人民政府《关于同意长清城区村改居和新设社区居委会的批复》，文昌街道办事处下发《关于设立长清区文昌街道清河街第一社区等八个社区居民委员会的通知》，成立8个城区社区居民委员会。

清河街第一社区居民委员会　东起经十路，西至五峰路，北起中川街，南至清河街。辖区内包括区委区政府机关及其宿舍、区工商银行、区质监局、实验小学及宿舍等。面积0.22平方公里，1530户居民。

清河街第二社区居民委员会　东起经十路，西至五峰路，北起清河街，南至龙泉街。辖区内包括长清宾馆、区人民保险公司、医药公司、区房管局、区卫生局等单位。面积0.33平方公里，2240户居民。

清河街第三社区居民委员会　东起五峰路，西至峰山路，北起中川街，南至清河街。辖区内包括区经贸局、东海大厦、区邮政局、区农机局等单位。面积0.38平方公里，2151户居民。

清河街第四社区居民委员会　东起五峰路，西至峰山路，北起清河街，南至龙泉街。辖区内包括区供销大厦、原钢窗厂、原化肥厂等单位。面积0.34平方公里，1370户居民。

清河街第五社区居民委员会　东起莲台山路，西至经十西路，北起大学路，南至清河街。辖区内包括银河大厦、体育场、区法院、建行、工商分局、新华书店、心连心超市等，面积0.28平方公里，940户居民。

清河街第六社区居民委员会　东起文昌路，西至经十西路，北起清河街，南至龙泉街。辖区内包括长清一中、区人民医院、区检察院、区人武部、区水务局、区公安局。面积0.34平方公里，978户居民。

中川社区居民委员会　东起经十西路，西至峰山路，北起北大沙河(西三里社区除外)，南至中川街。辖区内包括原运输公司、军休所、民政局宿舍、粮食局汽修厂等单位。面积0.16平方公里，896户居民。

文昌社区居民委员会　东起文昌路，西至莲台山路，北起大学路，南至宾谷街。辖区内包括长清移动公司、自来水公司、文昌东苑、文昌西苑等。面积0.27平方公里，2418户居民。

1986—2008 年文昌街道更名村庄情况表

表 26－1

原　名	现　名	地理位置	更名时间	原　因
东关村	东关居民委员会	街道驻地西南 2 公里	1991.01	东关村村民转为非农业人口,更名为东关居民委员会
邢代庄村	华新社区居民委员会	街道驻地正南 0.5 公里	2005.09	由邢代庄更名为华新社区居民委员会
小柿子园村	小柿子园社区居民委员会	街道驻地正南 2 公里	2005.09	由小柿子园村更名为小柿子园社区居民委员会
东铺村	东铺社区居民委员会	街道驻地东南 4 公里	2005.09	由东铺村更名为东铺社区居民委员会
东八里村	东八里社区居民委员会	街道驻地正东 3 公里	2005.09	整体搬迁乐天小区,更名为东八里社区居民委员会
西八里村	西八里社区居民委员会	街道驻地正东 2 公里	2005.09	整体搬迁乐天小区,更名为西八里社区居民委员会
牛山村	牛山社区居民委员会	街道驻地正东 2.5 公里	2006.09	整体搬迁乐天小区,更名为牛山社区居民委员会
大柿子园	大柿子园社区居民委员会	街道驻地东南 2 公里	2006.09	由大柿子园村更名为大柿子园社区居民委员会
东王	东王社区居民委员会	街道驻地东南 1.5 公里	2006.09	由东王村更名为东王社区居民委员会
东三里	东三里社区居民委员会	街道驻地东北 2 公里	2006.09	由东三里村更名为东三里社区居民委员会
西三里	国安社区居民委员会	街道驻地正北 0.5 公里	2006.09	由西三里村更名为国安社区居民委员会
无	清河街第一社区居民委员会	街道驻地正南 1 公里	2006.09	新建清河街第一社区居民委员会
无	清河街第二社区居民委员会	街道驻地正南 1.5 公里	2006.09	新建清河街第二社区居民委员会
无	清河街第三社区居民委员会	街道驻地西南 1 公里	2006.09	新建清河街第三社区居民委员会
无	清河街第四社区居民委员会	街道驻地西南 1.5 公里	2006.09	新建清河街第四社区居民委员会
无	清河街第五社区居民委员会	街道驻地东南 1 公里	2006.09	新建清河街第五社区居民委员会
无	清河街第六社区居民委员会	街道驻地东南 1.5 公里	2006.09	新建清河街第六社区居民委员会
无	中川社区居民委员会	街道驻地正西 0.05 公里	2006.09	新建中川社区居民委员会
无	文昌社区居民委员会	街道驻地东南 1.5 公里	2006.09	新建文昌社区居民委员会

2008年文昌街道管理区、行政村（居）基本情况表

表26－2

<table>
<tr><th>管理区</th><th colspan="2">行政村（居委会）</th><th>村名由来</th><th>总户数（户）</th><th>总人口（人）</th><th>耕地面积（公顷）</th><th>人均纯收入（元）</th></tr>
<tr><td rowspan="11">东王管理区</td><td colspan="2">国安社区</td><td>该村前名耿家庄。明洪武二年（1369）王氏祖伯通，由山西洪洞县迁来，择县城东北三里定居，故名三里庄。建东三里庄后，更名西三里庄。2006年9月，成立国安社区居民委员会。是文昌街道驻地村。</td><td>586</td><td>1915</td><td>9.7</td><td>8000</td></tr>
<tr><td colspan="2">牛山社区</td><td>明万历间（1573—1620），张家桥陈氏游山至此，因其山明水秀，购地建花园1处。清顺治初年，五世祖慧迁此建村，命名游山庄。光绪年间邻村梁家套（原八里庄）人民生活富足，陈氏以“风水”游去，即取牛拉套之意，更名牛山庄。2006年9月，成立牛山社区居民委员会。</td><td>291</td><td>660</td><td>33.4</td><td>8000</td></tr>
<tr><td colspan="2">东八里社区</td><td rowspan="2">明洪武间（1368—1398），梁氏由山西洪洞县迁此定居，以村处县城东八里处，命名八里庄。清中叶以村庄坐落于山环处更名。1949年，复名八里庄。以村中学校为界分为东八里、西八里。2005年，因大学城建设拆迁安置在乐天小区，成立东八里、西八里社区居民委员会。</td><td>153</td><td>511</td><td>10.0</td><td>7960</td></tr>
<tr><td colspan="2">西八里社区</td><td>142</td><td>517</td><td>8.0</td><td>8700</td></tr>
<tr><td colspan="2">东三里社区</td><td>明洪武间（1368—1398），孟氏祖承义由山西洪洞县迁来清邑，择县城东北三里许定居，以村西有三里庄，命名东三里庄。曾与西三里全称三里庄。后复名东三里庄。2006年9月，成立东三里社区居民委员会。</td><td>128</td><td>452</td><td>—</td><td>8000</td></tr>
<tr><td colspan="2">华新社区</td><td>清光绪十九年（1893），黄河泛滥，西仓坊东保邢家庄邢氏，相保义合庄肖氏因村被淹，经迁民局劝迁来此建村。命名邢肖庄。肖氏乏嗣后，戴氏迁入，更名邢戴庄。不久戴氏后继无人，写作邢代庄。2005年9月，成立华新社区居民委员会。</td><td>82</td><td>320</td><td>—</td><td>26000</td></tr>
<tr><td rowspan="2">东王社区</td><td>东王</td><td>明洪武间（1368—1398），王氏由山西平阳府洪洞县迁来建村，命名王家庄。以区别县城南王家庄故名城东王家庄，今名东王庄。2006年9月，成立东王社区居民委员会。</td><td rowspan="2">720</td><td rowspan="2">2530</td><td rowspan="2">28.0</td><td rowspan="2">8677</td></tr>
<tr><td>武庄</td><td>明洪武二年（1369），武氏祖由山西平阳府洪洞县迁来，建村名武家庄。今名武庄。1984年，改属东王庄村民委员会。</td></tr>
<tr><td colspan="2">小柿子园社区</td><td>明洪武间（1368—1398），郝氏由山西洪洞县迁居该村，以村边有柿树林，命名柿子园。后为区别村东柿子园，更名小柿子园。2005年9月，成立小柿子园社区居民委员会。</td><td>360</td><td>1430</td><td>47.1</td><td>9876</td></tr>
<tr><td colspan="2">大柿子园社区</td><td>该村为刘、游二姓所建，以村南山下柿树林，命名柿子园。后为区别村西柿子园，更名大柿子园。2006年9月，成立大柿子园社区居民委员会。</td><td>477</td><td>1858</td><td>138.8</td><td>9000</td></tr>
</table>

续表 26－2

<table>
<tr><th>管理区</th><th colspan="2">行政村（居委会）</th><th>村名由来</th><th>总户数（户）</th><th>总人口（人）</th><th>耕地面积（公顷）</th><th>人均纯收入（元）</th></tr>
<tr><td>东王管理区</td><td colspan="2">东铺社区</td><td>该村为曹王二氏所建，名曹王庄。明嘉靖间（1522—1566），韩氏祖鹏由泰安府尚高庄迁居长清城东耿西里曹王庄。后来，曹氏乏嗣，王氏人烟不旺，以村东垚山和村中设了邮铺，更为垚山铺。1949 年，始名东铺。2005 年 1 月，正式启动城中村改造工程，定名为“凤凰山庄”。是年 12 月，居民回迁安置。2005 年 9 月，成立东铺社区居民委员会。</td><td>220</td><td>856</td><td>58.5</td><td>15000</td></tr>
<tr><td rowspan="9">城关管理区</td><td rowspan="2">叶庄</td><td>叶庄</td><td>叶氏祖居浙江德王庄。明洪武二年（1369）迁山左历城。成化二年（1466），复迁长清城北四里立村，名叶家庄。今名叶庄。</td><td rowspan="2">323</td><td rowspan="2">1205</td><td rowspan="2">79.7</td><td rowspan="2">9050</td></tr>
<tr><td>边庄</td><td>光绪十九年（1893）黄河泛滥，边家庄（今属齐河县）被淹，边氏 6 户人家经迁民局劝迁来此建村，命名新边庄。今名边庄。1984 年，改属叶庄村民委员会。</td></tr>
<tr><td rowspan="2">刘庄</td><td>刘庄</td><td>明洪武间（1368—1398），刘氏祖大禄由山西洪洞县徒居长清城北，以村旁有破庙，命名破庙子刘庄。后称刘家庄。后因村居县城北门外故名城北刘家庄。今名刘庄。</td><td rowspan="2">369</td><td rowspan="2">1393</td><td rowspan="2">84.2</td><td rowspan="2">9042</td></tr>
<tr><td>松园</td><td>明洪武间（1368—1398），涂氏由山西洪洞县迁此建村，以村边有松树林，命名松园。1984 年，改属刘庄村民委员会。</td></tr>
<tr><td rowspan="2">东北关</td><td>东北关</td><td>明天启间（1621—1627），内阁忠书候补主事于冒光由今齐河县于家屯迁来建村，以村居县城东北角下，命名为东北关。民国间以吉祥嘉言更名北义合街。1949 年，复名东北关。</td><td rowspan="2">359</td><td rowspan="2">1353</td><td rowspan="2">42.7</td><td rowspan="2">9250</td></tr>
<tr><td>小戴庄</td><td>清光绪十九年（1893），黄河泛滥，西仓坊东保戴家庄（今属齐河县）被淹，戴氏经迁民局劝迁来此建村，命名小戴家庄。今名小戴庄。1984 年，改属东北关村民委员会。</td></tr>
<tr><td rowspan="3">西关</td><td>西关</td><td>该村址原是李氏花园，因坐落在村北，名后花园。明洪武间（1368—1398）董氏祖超，由枣强县迁此建村，以地处县城西门外，命名西关。后来，徐家花园并入该村，沿称西关。</td><td rowspan="3">177</td><td rowspan="3">528</td><td rowspan="3">44.7</td><td rowspan="3">8850</td></tr>
<tr><td>周庄</td><td>清光绪十九年（1893），黄河泛滥，西仓相保后周家庄（今属齐河县）被淹，周氏经迁民局劝迁来此建村，命名周家庄。今名周庄。1984 年，改属西关村民委员会。</td></tr>
<tr><td>李三槐庄</td><td>明洪武间（1368—1398），李氏由山西洪洞县迁此建村，命名李家庄。明中叶村人李英字三槐，官至临清指挥佥事，后封为武威将军，为官清廉，体抚乡民，倍受拥戴，在他去世后更村名李三槐庄。1984 年，改属西关村民委员会。</td></tr>
</table>

续表 26－2

管理区	行政村（居委会）	村名由来	总户数（户）	总人口（人）	耕地面积（公顷）	人均纯收入（元）
城关管理区	西门里	该村古名刺榆店，建村年代无考。唐武德四年（621）于此置济北县治所。宋至道二年（966），长清县移治所于刺榆店。元至正十四年（1354）始城土筑，设四门，形成纵横街道。 该村居西门内，故名西门里大街，今名西门里。辖后太平、关帝庙、城隍庙3条街和魏家、赵家、卢家、房家4条胡同。	200	721	43.4	8950
	北门里	该村居北门内，故名北门里大街，今名北门里。辖县门前（曾名公正街）、阁北（曾名阁后街）、西新、东辛4条街。	238	892	33.1	9050
	南门里	该村居南门内，故名南门里大街，今名南门里。辖维新（曾名糖市）、火神庙、公店后、西太平4条街和仁义胡同。	173	614	24.5	9150
	东门里	该村居东门内，故名东门里大街。今名东门里。辖东太平（曾名孝堂街）、阁南街（曾名线市街）、望麟街、中学前街（曾名考棚街）、中学后街（曾名王家湾）5条街和小井胡同。	118	408	30.1	9050
	东关	建置年代无考。以《王氏族谱》载："明洪武间（1368—1398）王氏祖伯果由山西洪洞县城东二十里铺徒居清邑东郭寰阁居斯焉"文考，其建村时间当时在元代之前。后与长兴庄连为一村，名东关大街。后名东关。1991年1月，成立东关居民委员会。	380	1307	—	9900
	窑头	明天顺间（1457—1464），石姓祖邦柱由齐河县潘店镇石家围子徒居清邑城西南窑前建村，命名窑头庄。今名窑头。	407	1525	131.7	8850
	南关	明万历间（1573—1620），葛氏祖环由德平县（今属德州）葛家老庄徒居长邑城南门外建村，命名南关。后因村沿南去大道，古为长清商业中心故名南关街。今复名南关。	177	528	44.7	8850
	水鸣庄	明洪武间（1368—1398），孙氏祖大斌由山西洪洞县枣林村迁长邑城东南石麟山西北建村，时逢夏秋泉水甚旺，潺潺作响，故命名水鸣庄。	524	1888	59.0	9050
新屯管理区	西隆	该村前名高家庄，建村于北宋前。明嘉靖间（1522—1567）魏氏由河北直隶梅雪县（今梅县、景县）迁来定居，高氏乏嗣后，以村处河套间，更名河圈魏家庄。清光绪间与靖庄、王其封庄合称兴隆庄。以村居三村西故名西兴隆，俗称北魏。今名西隆。	223	821	57.4	8296

续表 26－2

管理区	行政村（居委会）		村名由来	总户数（户）	总人口（人）	耕地面积（公顷）	人均纯收入（元）
新屯管理区	前隆		清乾隆间（1736—1795），王氏族凤楷由西三里庄迁此建村，继有肖氏、冯氏来此定居，命名王肖冯庄。光绪间与河圈魏家庄、靖庄合称兴隆庄。以村居靖庄南故名前兴隆，俗称老王其封庄。今名前隆。	122	448	68.0	8296
	后隆		明洪武间（1368—1398），靖氏祖督由山西洪洞县迁长邑城西北九里立村，名靖家庄。清光绪间与河圈魏家庄、王肖冯庄合称兴隆庄。以村居王肖冯庄北故名后兴隆。今名后隆。	180	689	101.0	8296
	老屯		该村为尚、高二姓所建，以此地是官府屯垦地，命名尚高屯，建村年代无考。张氏祖自前明迁居此地，沿称尚高屯。清光绪十九年（1893）黄河泛滥，村庄被淹，部分村民东迁建新尚高屯，该村更名为老尚高屯。今名老屯。	229	892	75.5	8296
	新屯	新屯	清光绪十九年（1893），黄河泛滥，西仓坊西保尚高屯被淹，潘、乔二姓经迁民局劝迁来此建村，命名新尚高屯。今名新屯。	411	1502	133.5	8296
		小王其封庄	清光绪十九年（1893），黄河泛滥，东仓坊东保前兴隆庄（原名王其封庄）被淹，张氏经劝迁来此建村，命名小王其封庄。1984 年，改属新屯村民委员会。				
	郭庄		该村为郭氏所建故名，建村年代无考。明中叶王氏祖兹，由鱼台县迁长清城北刘家庄，二世祖析居于此。因村小与贾庄一排行事名贾郭庄。民国初年，始名郭家庄。今名郭庄。	223	857	84.5	8296
	贾庄		明永乐间（1403—1424），贾氏祖昂由归德镇贾庄徙城北五里建村，命名贾家庄，后与郭庄合称贾郭庄。民国初年复名贾家庄。今名贾庄。	148	551	57.1	8296
	北小房		清康熙间（1662—1722），房氏祖柜桴由县城南苏家庄迁居此建村，命名房家庄。曾名小房庄。1948 年，为区别县城南小房庄，更名北小房。	37	127	11.3	8296
	三龙庄		该村为庞氏所建，故名庞庄，建村年代无考。后来因村庄零落，人称“爬庄”。民国二十六年（1937），村长艾连生为正村名，以“庞”字的部首“广”三笔画和“龙”字，更名三龙庄。	413	1631	147.0	8296
孟李管理区	孟李	孟李	明洪武间（1368—1398），李氏祖伯宁由山西洪洞县徒清邑城西十里建村，名李家庄。后来与村南孟家庄合称孟李庄。	230	826	76.0	8888
		小董庄	大明中叶，董氏祖文由西关迁此建村，命名小董庄。俗称小东庄，以村处孟李庄东故名。1984 年，改属孟李村民委员会。				

续表 26－2

管理区	行政村（居委会）		村名由来	总户数（户）	总人口（人）	耕地面积（公顷）	人均纯收入（元）
孟李管理区	小卢		明洪武间（1368—1398），卢氏由山西洪洞县迁长清城西大清河（今黄河）东岸建村，命名小卢家庄。清咸丰五年，黄河夺大清河道后，河水泛滥，沙土沉积故称沙窝卢庄。民国初年，始名小卢庄。今名小卢。	56	187	11.1	8887
	西仓		三国间（220—265），曹操追杀袁绍途经县境时在此建粮草仓库。明天顺间（1457—1464），郝氏祖琦兄弟三人，由山西洪洞县徙居长邑城西9里建村，以村是古粮草仓库的西仓，命名西仓廒庄。今名西仓。	219	791	91.2	8887
	东仓		三国间（220—265），曹操追杀袁绍途经县境时在此建粮草仓库。明天顺间（1457—1464），卢氏祖能由齐河县卢家围子徙居长邑城西8里建村，以村是古粮草仓库的东仓，命名东仓廒庄。今名东仓。	137	480	39.1	8887
	义合		明永乐间（1403—1424），肖氏由山西洪洞县徙居长清城西肖家井，其后代移居此地，建村于沟南者名肖家庄，建村于沟北者名沟里庄。清初，大清河（今黄河）泛滥，沟被淤平，两村合称义合庄。今名义合。	175	612	60.1	8887
	西魏		明永乐二年（1404），魏氏由山西洪洞县八里庄迁居此地，命名魏家庄。1950年，为区别北魏家庄（西兴隆）更名西魏庄。今名西魏。	131	470	21.9	8887
	西房		该村最晚建于明初，命名房家庄。后来，为区别村西南房家庄（今西小房）更名东房家庄。1949年，以村中南北大沙沟分为两村西大房、东大房。今名西房、东房。	189	643	100.3	8887
	东房			222	854	97.3	8887
	新五		含大段庄、西小房、小段庄、李庄、于庄5个自然村。1984年，合并为新五村村民委员会。	345	1238	102.9	8887
		大段庄	清光绪十九年（1893）黄河泛滥，河床东移，西仓相保段家庄（今小段庄）受黄河威胁，迁村至此，沿称段家庄。后来，部分村民为种地方便，迁回原村，该村遂更名大段庄。				
		西小房	清乾隆间（1736—1795），房氏祖德所由大房家庄（今东西大房）迁来建村，命名小房家庄。曾名小房庄。1956年，为区别村东南小房庄，更名西小房。				
		小段庄	该村前名长辛店，最晚建于北宋间。清光绪十九年（1893），东迁建村，沿称段家庄。后来部分村民复迁此地，始名小段庄。				
		李庄	明嘉靖初年，李氏祖月复迁河西刘家集，三世祖阶，徙居今址（当时名于家庄西街），五世祖粹五始立李粹五庄，曾名于李庄。1948年，始名李庄。				
		于庄	明正德间（1507—1521），于氏祖文科由山西洪洞县徙居清邑城西南十里许定居，名于家庄。曾名于李庄。1948年，始名于庄。				

续表 26－2

<table>
<tr><th>管理区</th><th colspan="2">行政村（居委会）</th><th>村名由来</th><th>总户数（户）</th><th>总人口（人）</th><th>耕地面积（公顷）</th><th>人均纯收入（元）</th></tr>
<tr><td rowspan="11">段庄管理区</td><td colspan="2">段庄</td><td>清光绪十九年（1893），黄河泛滥，西仓相保段家庄（今小段庄）被淹，部分村民经迁民局劝迁来此建村，命名新段庄。今名段庄。</td><td>199</td><td>730</td><td>51.9</td><td>8934</td></tr>
<tr><td rowspan="2">袁庄</td><td>袁庄</td><td>该村为袁氏所建故名。明崇祯间（1628—1644），石氏祖擎柱由齐河县石家围子复迁长邑城西南袁家庄。清称元家庄（“元”是袁字之误）。民国间，称袁庄。</td><td rowspan="2">231</td><td rowspan="2">820</td><td rowspan="2">106.1</td><td rowspan="2">8200</td></tr>
<tr><td>小袁庄</td><td>清光绪十五年（1889），黄河泛滥，袁庄被淹，吴氏等几户村民迁此建村，命名小袁庄。1984 年，改属袁庄村民委员会。</td></tr>
<tr><td colspan="2">吕庄</td><td>明洪武间（1368—1398），吕氏由山西洪洞县迁此定居，命名吕家庄。民国初年，始称吕庄至今。</td><td>167</td><td>598</td><td>70.0</td><td>8981</td></tr>
<tr><td colspan="2">燕庄</td><td>该村为鄢氏所建，名鄢庄。明嘉靖间（1522—1566），李氏祖兴善由金里庄迁此定居。鄢氏乏嗣后因地势低洼常遭水淹，疑“鄢”与“淹”同音颇不吉祥，拟音写作燕家庄。今名燕庄。</td><td>97</td><td>331</td><td>33.8</td><td>9037</td></tr>
<tr><td colspan="2">金里</td><td>明永乐间（1403—1424），李氏祖显由山西藿州灵石县奉命迁于斯土安茔立业。时逢初秋，林葱草密，一片沃野，取富饶之意，命名金里庄。今名金里。</td><td>75</td><td>260</td><td>17.9</td><td>8949</td></tr>
<tr><td colspan="2">燕王</td><td>张氏祖居山西洪洞县，始祖因仕长清训导，于明洪武间（1368—1398）入籍清邑，择城南 2.5 公里余居，名张家庄。数年后，因燕王南征曾在村住宿，更名燕王庄铺。今名燕王。</td><td>371</td><td>1265</td><td>126.9</td><td>8930</td></tr>
<tr><td colspan="2">老徐</td><td>该村为胡氏所建，以地势低洼，命名胡家洼。清乾隆间（1736—1795），徐氏祖天宝由登州府莱阳县贺家庄迁来定居。胡氏乏嗣后，更名徐家庄。因不被称说更名徐家洼。1950 年，黄河泛滥，村庄被淹，部分村民东迁建新徐家洼后，更名老徐家洼。今名老徐。</td><td>98</td><td>383</td><td>41.9</td><td>8967</td></tr>
<tr><td colspan="2">南小房</td><td>清光绪十九年（1893），黄河泛滥，西仓相保大房家庄（今东大房）被淹，部分村民经迁民局劝迁来此建村，命名小房庄。后来，为区别县城北小房庄，更名南小房。</td><td>55</td><td>190</td><td>12.3</td><td>8794</td></tr>
<tr><td colspan="2">新徐</td><td>1949 年，黄河泛滥，徐家洼被淹，徐、刘、张、王四姓迁此建村，命名徐家洼新宅子，更名新徐家洼。今名新徐。</td><td>169</td><td>615</td><td>58.0</td><td>9151</td></tr>
<tr><td colspan="2">十里</td><td>该村为孟、葛二姓所建，名孟葛庄。清朝初年，刘氏祖东江兄弟二人由今万德镇小刘庄迁居此地，以村距县城十里，和村边有铺子坑地名，命名十里铺。今名十里。</td><td>306</td><td>1121</td><td>83.0</td><td>8439</td></tr>
</table>

续表 26－2

<table>
<tr><th>管理区</th><th colspan="2">行政村（居委会）</th><th>村名由来</th><th>总户数（户）</th><th>总人口（人）</th><th>耕地面积（公顷）</th><th>人均纯收入（元）</th></tr>
<tr><td rowspan="12">杨庄管理区</td><td colspan="2">杨庄</td><td>明洪武间（1368—1398），杨氏祖增由山东青州府诸城县北关迁来建村，命名杨家庄。今名杨庄。</td><td>227</td><td>865</td><td>59.1</td><td>8873</td></tr>
<tr><td colspan="2">南王</td><td>明嘉靖间（1522—1566），王氏祖忠由县城东王家庄迁来建村，命名王家庄。清光绪间，为区别县城东王家庄，更名南王庄。今名南王。</td><td>223</td><td>770</td><td>63.1</td><td>9773</td></tr>
<tr><td colspan="2">新周</td><td>该村原名新孟李庄、新周家庄。清光绪十九年（1893），黄河泛滥，西仓相保孟李庄董氏迁此，于沟南建村，名新孟李庄。周氏由黄河西联五村前周家庄迁此于沟北建村，名新周家庄。1956 年，并为一村，始名新周庄。</td><td>122</td><td>391</td><td>16.3</td><td>11500</td></tr>
<tr><td colspan="2">西李</td><td>该村为李氏所建，名李家庄。明万历间（1573—1620），刘氏祖建鹏由齐河县枣木刘家庄迁长清城南李家庄。1958 年，为区别东南李家庄，更名西李。</td><td>234</td><td>857</td><td>87.6</td><td>8773</td></tr>
<tr><td colspan="2">西苏</td><td rowspan="2">该村为苏王两姓所建，名苏王庄，该村当建于元代之前。因王氏乏嗣更名苏家庄。民国 30 年（1941），以村中大道分为两村西苏庄、东苏庄。今名西苏、东苏。</td><td>140</td><td>453</td><td>38.1</td><td>9505</td></tr>
<tr><td colspan="2">东苏</td><td>189</td><td>655</td><td>32.3</td><td>8547</td></tr>
<tr><td rowspan="2">仁合</td><td>仁合</td><td>清顺治间（1644—1661），王氏祖汝登由南王庄迁此建村，以坐落在沙滩处，名沙王庄。建楼竣工后，双目失明的王绅士，双手摸楼以示验收，故人称王摸楼，遂为村名。清康熙间（1662—1722），村人以村名不雅，更名仁合庄。今名仁合。</td><td rowspan="2">228</td><td rowspan="2">879</td><td rowspan="2">66.5</td><td rowspan="2">6862</td></tr>
<tr><td>小郭庄</td><td>明万历间，郭氏祖之松由城东南朱家庄迁此建村，命名小郭家庄。后来，曾因朱氏兴旺更名朱家庄，西朱庄。因不被称说，今复名小郭庄。1984 年，改属仁合庄村民委员会。</td></tr>
<tr><td colspan="2">孙庄</td><td>该村前名菜铺，以村民多种菜营生故名，建村年代无考，清雍正间（1723—1735），孙氏五世祖由水鸣庄复迁于此，更名孙家庄。今名孙庄。</td><td>253</td><td>955</td><td>109.6</td><td>9399</td></tr>
<tr><td colspan="2">陈庄</td><td>该村为陈氏所建，故名陈家庄。明弘治间（1488—1505），庄氏祖汝度由城南 20 里许范家庄迁居县南八里丈八佛陈家庄。曾名八里庙子陈庄。今名陈庄。</td><td>223</td><td>785</td><td>67.0</td><td>9319</td></tr>
<tr><td colspan="2">后三</td><td rowspan="2">明洪武间（1368—1398），赵氏祖安奉诏由山西锡阳县迁居长清城南三埝东西两侧建村，命名三埝庄。清末分为两村，三埝以西名后三庄，三埝以东名前三庄。今名后三、前三。</td><td>222</td><td>826</td><td>53.4</td><td>9999</td></tr>
<tr><td colspan="2">前三</td><td>286</td><td>1005</td><td>137.7</td><td>8986</td></tr>
</table>

续表 26－2

管理区	行政村（居委会）	村名由来	总户数（户）	总人口（人）	耕地面积（公顷）	人均纯收入（元）
三朱管理区	前朱	明洪武三年（1370），朱氏祖成由山西洪洞县迁于山东济南府长清县城南十里建村，命名朱家庄。后有薛氏迁此定居，更名朱薛庄。1949 年，以东西大街划分，街南名前朱村，街北名后朱村。	162	607	40.2	8500
	后朱		215	818	82.3	8500
	东齐	明洪武间（1368—1398），齐氏祖嘉宾由山西洪洞县奉诏迁长邑东南朱薛庄东首定居。1949 年，因村较大，独立成村，命名为东齐村。	135	508	44.5	8500
	山峪	明末，袁氏祖顺由山西洪洞县迁居长邑城北桥子李庄定居，以其地四境荒凉，复迁于此建村，以村处群山环拱处，命名山峪家庄。后因与水泉峪一排行事更名峪泉庄。民国初，两村分开，复名山峪家庄。今名山峪。	242	798	60.2	8450
	南李	村址前名罗家园子。明洪武间（1368—1398），李氏祖由山西洪洞县迁居长邑城南罗家园子定居。清康熙间（1662—1722），山洪爆发，李氏祖暹西迁今址建村，命名李家庄。后来曾以村西建丈八佛庙，名丈八佛李庄。1958 年，为区别西北李家庄（今西李庄），更名南李庄。今名南李。	134	473	49.9	8600
	潘庄	明永乐间（1403—1424），潘氏祖成由夏津县迁此建村，名潘家庄。今名潘庄。	334	1239	134.5	8650
	荆庄	清顺治间（1644—1661），荆氏祖献玉，由山西洪洞县迁居山东济南府长清城北荆家庄，后复迁城东南辛屯里建村，命名小荆家庄。今名荆庄。	154	388	65.0	8450
	水泉	明朝中叶，郝氏祖文登由山西洪洞县迁居长邑东南 15 里山峪建村，以村边有山泉，命名水泉峪庄。后来与山峪庄一排行事更名峪泉庄。民国初年，两村分开，复名水泉峪庄。今名水泉。	242	798	141.6	8400

第二节　平安街道

地理环境　平安街道位于长清区北部，东临济南市中区，北与槐荫区搭界，南接大学城和长清城区，西邻黄河。因原平安店镇政府驻地位于平安店村而得名。地势东高西低，以平原为主，西北部是黄河滩区，东南有少量丘陵，面积 86.8 平方公里。平安街道交通便利，京沪铁路、京福高速公路、济

■ 玉清湖　　　　(2008 年 摄)

济西湿地 (2008 年 摄)

菏高速公路、104 国道、经十西路纵贯南北。平安街道地下水资源丰富,济西湿地、玉清湖水库大部在平安街道境内。辖区内有济南市农业高新技术开发区、济南经济开发区。

发展概况 1986 年,平安店镇辖王宿、小范、大刘、新李、后王、小王 6 个办事处,78 个行政村,84 个自然村,11045 户,49258 人,全镇财政收入 106 万元,农民人均纯收入 512 元。2003 年,撤销平安店镇设平安街道后,充分发挥外向型经济"窗口"的优势,突出承接济南新城区建设的区位优势,强化商贸、交通集散、辐射功能,先后引进规模以上企业 46 家,机械制造装备基地、食品产业基地、新材料基地初具规模,形成蔬菜、奶牛、花卉、苗木为主导的四大产业。2008 年,全街道辖王宿、潘村、大刘、后王、新李、小王、赵庄 7 个管理区,78 个行政村,14751 户,55636 人,地区生产总值 42.9 亿元,地方财政收入 5013 万元,人均纯收入 7580 元。先后被评为首届中国乡镇投资环境"300 佳"乡镇、齐鲁乡镇之星、全省信访工作先进单位、山东省林木种苗示范基地、济南市工业十强街道、平安济南建设先进集体等。

农业 境内以农作物种植、林果、畜牧养殖为主。1986 年,耕地面积 5020 公顷,有效灌溉面积 4486 公顷,农业机械总动力 21684 千瓦,粮食总产量 2508 万公斤。1987 年起,对传统农业种植结构进行调整,发展沿黄速生片林 533 公顷。1990 年,潘村养鸡场养殖规模 20 万只。1992 年,引进种植黄皮系列圆葱直接出口日本,面积 66.7 公顷,产量 2.3 万吨。1993 年,济南市农业高新技术开发区落户平安店镇潘村管理区。是年,全镇发展反季节蔬菜种植,新建蔬菜大棚 80 余个。1994 年,发展苹果 200 公顷。1995 年,投资 120 万元,在怀庙村建 1.5 立方米 / 秒的排涝站 1 处。1996 年,开始实施黄河滩区治理农业综合开发工程,投资 360 万元,动用土石方 46.6 万立方米,总投工 27.1 万个,维修 16 公里排水干沟 1 条、支沟 11 条,过桥涵洞 79 座;投资 227.6 万元,新打机电井 135 眼,修建防渗渠 4000 米;投资 104.4 万元,改造滩区中低产田 2333 公顷;投资 151.8 万元,投工 25.3 万个,挖土 50.6 万立方米,开挖水面 25.3 公顷,建鱼塘 70 个;投资 59.7 万元,投工 1.9 万个,植树 467 公顷 38.5 万株,建黄河防护林带 19.2 公里;投资 33.84 万元,植树 13.5 万株,建设滩区林

东潘村奶牛养殖基地 (2008 年 摄)

港基蝴蝶兰培育基地　（2008年 摄）

道路8000米，整理土地106.7公顷。至2008年，先后对张庄、前朱、后朱、赵庄、景庄5个村进行旧村改造，复垦还田206公顷。2008年，全街道有耕地3733公顷，有效灌溉面积3510公顷，粮食总产量4.27万吨，蔬菜总产量9.26万吨，肉类总产量2516吨，禽蛋总产量2856吨，形成蔬菜、奶牛、花卉、苗木为主导的四大产业，奶牛存栏量4000头，牛奶总产量1648万公斤，猪2.26万头，家禽22万只。

网；投资40万元，进行滩区防汛道路建设。通过滩区建设，4个办事处50个村2.2万人解除黄患之苦，1647公顷土地改造成高产田。改建老李、后朱、红庙3处扬水站，引黄灌溉面积扩大到233公顷。1997年，引进花卉苗木种植，面积53.3公顷。2001年，发展美国无核葡萄53.3公顷。2002年，佳宝工业园落户东潘村后，带动奶牛业快速发展，培育奶牛养殖专业村1个，专业户40户，奶牛3000头。2003年，港基花卉园林有限公司培育蝴蝶兰40万株，成为全省最大的蝴蝶兰培育基地。2005年，成立果蔬技术协会。2006年，投资248万元，对赵庄项目区进行土地整理，挖排水沟3000米，修建桥涵28座，新建配电室4座，修建

花卉种植面积86.7公顷，苗木面积266.7公顷，蔬菜面积800公顷，其中种植黄皮圆葱400公顷、冬瓜266.7公顷、其他133.3公顷。果品总产量1460吨，沿黄速生片林500公顷。各类养殖种植合作社22个，专业村15个，专业户369户。

工业　1986年，有镇、村、户办工业企业334家，其中镇属企业有汽车修理厂、制刷厂、平安石厂、建材厂、平安砖瓦一厂、二厂等11家，年产值2653万元，利税265万元。1990年，创建济南菱镁制品有限公司。1992年，先后成立以平安工区为依托的长清县第三建筑公司、以汽修厂为主的济南长清鑫顺公司。1994年，引进四海木业有限公司，系新加坡独资企业，投资120万美元。1996年，引

济南佳宝乳业有限公司　（2008年 摄）

进皮革制品厂。1999 年,济南经济开发区落户平安店镇。2000 年,对镇属企业进行改制,平安建设集团、第二汽车配件厂成立股份制公司。2008 年,街道有济南佳宝乳业有限公司、济南平安建设集团、济南第二汽车配件有限责任公司、济南巨能液压设备有限公司等规模以上企业共 46 家,中小型企业 640 家,从业人员 18498 人,实现工业总产值 109.2 亿元、利税 8.1 亿元,机械制造装备基地、食品产业基地、新材料基地初具规模,形成汽车配件、机械加工、装备制造、钢窗配件、兽药、铸造、农产品加工等 10 多个门类的主导产品。

商贸　财税　1986 年,全镇有镇、村、户办商业 650 家,集贸市场有新李、潘村、小王、后王、王宿 5 处,年交易额 80 万元,财政收入 106 万元。1995 年,在平安北路和 220 国道交界处新建中国济南肉类市场 1 处,投资 1000 万元,占地 7 公顷,建成 18 平方米的标准生猪待宰圈 160 个,能容生猪 4500 头;标准屠宰院 150 处,可容纳屠宰加工业户 300 个;配套建设 2 万立方米三级污水沉淀池 1 处,并建有急宰间、化制间各 1 处,该市场是集生猪交易、屠宰加工、猪肉批发为一体的肉类专业市场,日交易生猪 1000 头以上,日生产加工生肉 6 万公斤,大部分供应省会济南,被省政府列为全省"菜篮子工程"重点项目之一。1997 年 11 月,被列为农业部"菜篮子工程"定点鲜活农产品中心批发市场。1999 年,投资 260 万元,在平安北路和 220 国道交界处新建粮油市场 1 处。2003 年,投资 2000 万元,新建新李商贸城,建筑面积 4 万平方米,年贸易额 500 万元。2006 年,投资 5000 余万元,新建东潘商贸城,占地 4 公顷,建筑面积 5 万平方米,入驻商户 300 户,年贸易额 7000 万元。2008 年,有专业市场 4 处,有新李、潘村、小王、后王、王宿、平安 6 处集贸市场,商业网点 328 家,社会消费品零售总额 87595 万元,完成地方财政收入 5013 万元。

村镇建设　1986 年,全镇基础设施差,仅有 20 世纪 70 年代建的供销社 5 层楼 1 幢、平安医院 2 层楼 1 幢,农村住房多为土坯房。1990 年,后朱村 90 户村民搬迁至原村西 0.5 公里,占地 8 公顷。1993 年,由山东省建工学校规划系专家对城镇建设进行全面系统规划。1995 年,投资 120 万元,建成镇党政办公楼,建筑面积 2000 平方米,平安店镇党政机关由平安中路迁至平安北路,平安派出所、潘村派出所、平安法庭、敬老院、平安医院、计生服务站、平安山庄、农电大厦等 20 多处工程相继竣工并投入使用。1996 年起,实施滩区建设,投资 1100 万元,完成 10 个村的房台加固,后王办事处史庄村一次性整体搬迁 60 户,全部实行高标准建房。1997 年,全镇本着"统一规划,合理布局,房屋高档化,街道整齐化"的原则,先后在王宿铺、赵家营、后朱、郭庄、平安店、大于等 8 个村建成"小康楼"300 幢,建筑面积 2.96 万

中国济南肉类市场　(1997 年　摄)

平安街道办公大楼 （2008年 摄）

220国道沿街商品楼 （2008年 摄）

平方米，累计投资1285万元。1998年，进一步修订城镇规划，实行南扩北移，规划面积6平方公里，形成行政区、商业区、工业区、居民区、文化区。2001年，张庄村30户村民搬迁至原村东南2公里处，占地11.3公顷。至2008年年底，沿220国道和平安街道驻地开发建设商品楼，累计投资2亿元，建成建筑面积26万平方米商品楼。

交通　1986年，全镇道路基础设施建设比较落后，镇内道路除济兖路、104国道外，均为土路，交通运输以拖拉机、骡马车、自行车为主。1990年始，开辟、拓宽、延伸平安中路、平安北路、平安南路。1993年起，累计投入2000多万元，相继修建平安北路、平安中路西段、平安北路东段、平安南路中段、教委西路、环山路，全部进行硬化、美化，形成以220国道为中心的三纵三横交通网。1995年，累计投资1000万元，完成平安南路东段、四中路、明王路、三八路、北潘路、高怀路、浮桥路、长中路等总长75公里的道路建设，全街道形成四纵四横的道路网络。1998年起，改造高怀路、青年路、三八路等10多条镇村主干路，新建、拓宽、整修道路23条，20个村通沥青路，全镇公路通车里程100多公里。2001年1月，北张浮桥建成通车。是年，开展农村公路改造工程。至2008年年底，累计总投资3750万元，修建入村公路75公里，73个村实现村村通公路，村内道路硬化率85%。

邮电　1986年，平安店镇有邮电所1处。1990年，建成邮电大楼，建筑面积683平方米，装机总容量2048门。至1997年年底，全镇安装程控电话960部，其中有62个行政村通电话，700户农民安装住宅电话。2008年，全街道邮电业务总量1045.8万元，农村安装电话8883户，移动电话4万余部，互联网接入3000户。

北张浮桥 （2008年 摄）

教育　科技　1986年，全镇有高中1所，在校生360人，教职工30人；中学10所，在校生2300人，教职工152人；小学67所，在校生4500人，教职工326人。1989年，投资80万元，建成平安中学4幢教学楼，可容纳32个教学班。1990年，长清四中高中部撤销。1992年，镇成人教育中心被省政府命名为农村成人教育示范学校。是年，全镇中学合并为平安中学、藤屯中学、小王中学、新李中学4所，小学合并为50所。1993年，平安中心中学投资120万元，建成建筑面积4400平方米的办公实验楼。1994年，全镇中学合并为平安中学、藤屯中学2所，小学合并为平安小学、新李小学、小王小学等36所。1995年年底，通过省政府“两基”达标验收。1996年，平安店镇被济南市政府命名为义务教育先进乡镇。2000年，全镇小学合并为19所。2004年，对小王小学实施校舍升级改造，投入20余万元对24间危房进行拆除重建。是年，藤屯中学(原长清四中)并入平安中学。2005年，平安街道教育办公室被评为省级危房改造先进单位。2006年，投资130万元，对平安中心小学进行扩建，新建教室18间，新建操场3600平方米。2007年，实施教育人事制度改革，中小学校级领导、中层干部全部参加竞聘上岗。至2008年，平安街道有平安中学1所，在职教职工142人，在校生768人；小学12所，在职教职工197人，在校生2879人；幼儿园23所，在园幼儿1485人；适龄儿童入学率、巩固率均100%，初中生毕业率96.7%，幼儿入园率96%。

平安小学 (2008年 摄)

1986年，全镇有科研机构2个，科技人员40人。1997年，全镇有科技机构4个，科技人员50人，农民技术员284人，各类农民技术研究会10个，获济南市农委颁发的“绿色证书”240人。至2008年，共推广玉米杂交繁育开发试验、地埋塑料软管输水、夏玉米高产栽培技术、瘦肉型猪人工授精技术等农业新技术、新成果共126项，引进开发新产品200项，举办科技培训班230期，培训人员1.3万人次。是年，有科技机构30个，科技人员200人，农民技术员500人，科普村村通100%，各村均设置高标准的科普宣传栏，并配有专职的科普宣传人员。

卫生　1986年，有平安店卫生院1所，位于平安店村，济兖公路以西，职工91人，设科室30个，床位67张；村卫生室63所。是年，镇卫生院被卫生部授予全国卫生文明先进单位称号。1987年始，连续11年被评为市级文明单位。1988年，被评为山东省计划生育先进单位。1990年，美籍华人刘佩贞投资20万美元，在220国道以西300米、藤屯村东，建成德春新长医院。是年6月，世界卫生组织康复医学专家来平安考察社区康复工作。1992年，平安卫生院通过省级初级卫生保健达标验收，达到一级甲等卫生院标准。1995年，投资113万元，在220国道东侧建设卫生院新门诊办公综合楼，建筑面积3000平方

平安中学 (2008年 摄)

平安街道社区卫生服务中心 （2008年 摄）

米。1997年12月，通过“爱婴卫生院”验收。1999年，卫生院搬迁新址。2003年，通过省级接种门诊达标验收。2004年6月，实行新型农村合作医疗，人均交纳10元，参加合作医疗27493人。2008年3月，成立社区卫生服务站，建设高标准卫生室14个，通过“卫生室标准化建设”验收。是年10月，平安卫生院转型为平安街道社区卫生服务中心。是年，平安街道社区卫生服务中心有职工82人，设科室35个，有病床67张，总门诊量2.45万人次，基本医疗参保率99.2%，村卫生室45所。

文化 体育 1986年，有文化站、广播站各1处，农村以广播喇叭为主。1993年，老年门球队在全县组织的比赛中获第一名。1994年，赵营村的双龙绣球灯、前朱村的高跷云彩灯被选为参加济南市文艺汇演节目。成立美术、书法、文学、摄影爱好者协会，举办书画展览5次，展品90余件，其中11件次参加省、市展览。1995年，在全县首届农民运动会上，平安店镇获总分第一名。1996年，被评为全国体育先进乡镇。1997年，有文体站1处，广播放大站1处，电视差转台1处，文化大院47处，文化专业户40家，图书室12处，藏书3.5万册，民间艺术表演队5个，有农民体协、老年体协，有篮球、门球、乒乓球等业余体育队。2002年，藤屯村舞龙队参加山东省电视台文艺联欢晚会现场直播。2006年11月，赵营村手龙绣球灯确定为山东省非物质文化遗产。是年，平安街道被评为“济南市健身路径大赛十佳社区”。2008年4月，北汝村八卦益智灯、王兰美剪纸被确定为济南市非物质文化遗

手龙绣球灯表演 （2008年 摄）

王兰美剪纸作品《喜迎故乡人》 （2008年 摄）

产。是年，有文体站、广播站各 1 处，电视差转台 1 处，文化大院 60 处，文化专业户 80 家，图书室 42 处，藏书 43 万册，民间艺术表演队 10 个，有线电视入户率 80%，有文体业余队伍 20 支。

人民生活　1986 年，农民人均纯收入 512 元，人均住房面积 15 平方米，多为土坯房。百户有自行车 80 辆、钟表 90 只。1994 年，人均纯收入 2468 元，人均住房 30 平方米，百户有电风扇 136 台、黑白电视机 98 台、彩色电视机 22 台、电冰箱 7.6 台、洗衣机 10 台、摩托车 17.5 辆、自行车 200 辆、钟表 99 只、收录机 102 台、电话 8 部 / 每百人，居民储蓄额 2092 万元。1996 年，在镇委旧址新建平安敬老院 1 所，占地面积 4669 平方米，建筑面积 1700 平方米，可安置五保老人 80 人，为全县标准最高的敬老院。2008 年，农民人均纯收入 7580 元，人均住房面积 38.4 平方米，每百户有摩托车 100 辆、汽车 20 辆、固定电话 90 门、手机 246 部、电脑 10 台，年末居民储蓄余额 43646.4 万元。养老保险参保人数 1100 人，享受居民最低生活保障 311 户 760 人。

村庄选介　东潘村　位于平安街道以东，距街道驻地 5 公里。长方聚落，纵横主要街道各 2 条。1984 年，潘村大队划分为东西两村，即东潘村和西潘村。1986 年，东潘村 315 户 1336 人，耕地 142.3 公顷，人均纯收入 527 元。2000 年起，先后有山水工业园、佳宝乳业、奶牛一牧、共青团山东省青少年素质教育拓展中心、奥利花卉、明发兽药、大发制药有限公司等大中型企事业单位落户该村。该村借助佳宝工业园的入驻，奶牛养殖业得到快速发展，并成为该村的特色产业。2006 年，投资 5000 万元，建成占地 4 公顷建筑面积 5 万平方米的东潘商贸城。2008 年，全村 429 户 1650 人，耕地面积 50.5 公顷，人均纯收入 8600 元，全村奶牛养殖户发展到 100 余户，存栏奶牛 3000 余头，其中 60 个专业养殖户平均每年纯收入 10 万元以上。该村先后获省级民主法制示范村、济南市先进基层党组织、人口与计划生育示范村、长清区魅力乡村、新农村建设示范村等称号。

大于村　位于经十西路西侧，距街道驻地 0.5 公里。长方聚落，东西向主要街道 2 条。1986 年，全村 292 户 1273 人，耕地 122.5 公顷，人均纯收入 529 元。1997 年起，先后投资 60 万元，铺沥青路 1 公里，水泥硬化路面 2 公里，安装路灯 14 盏，修节水防渗渠 1000 余米。2005 年，龙安机械厂建成，投资 200 万元，占地 3.3 公顷。2008 年，双龙机械厂建成，投资 1000 万元，占地 1.3 公顷。2008 年，全村 350 户 1298 人，耕地 96.8 公顷，人均纯收入 6700 元，太阳能普及率 87%。该村先后多次获济南市法制模范村、济南市学习实践“三个代表”先进单位等称号。

小于村　位于平安街道北部，经十西路以西，距街道驻地 2.5 公里。长方聚落，东西向主要街道 1 条。1986 年，全村 149 户 521 人，耕地 51.4 公顷，人均纯收入 504 元。1987 年起，开始引进圆葱 6 号、10 号等新品种，发展圆葱种植，面积 20 公

东潘商贸城　(2008 年 摄)

小于圆葱种植基地 （2005年 摄）

条。1986年，全村178户896人，耕地86.5公顷，人均纯收入518元。该村村民主要从事废旧金属回收、车辆经营、运输、石材加工、餐饮服务等行业。2005年起，村集体先后筹措资金210多万元，新修180立方米储水池1座，重新安装自来水；改造村中心文体广场1处；修水泥路2.8公里，硬化街道7条，共2.56万平方米，新修排水沟（管道）5300多米，村内街道全部实现硬化、绿化、亮化和净化；发展节水灌溉，铺设PVC输水管道1.89万米。2008年，全村232户1132人，耕地59.6公顷，人均纯收入8900元，个体工商户80户，有家庭轿车35辆，大型运输车20辆，建小康楼40幢。该村获济南市民主法制示范村、济南市文明村、长清区先进党支部等称号。

顷，年产量2000吨。1988年起，先后投资50万元，硬化村内道路1000米，整修道路5000米。至1998年，圆葱种植面积扩大至33.3公顷，产量3750吨，主要销往日本、韩国、俄罗斯等国家。至2008年，累计投资40余万元，打井13眼。是年，全村140户594人，耕地47.7公顷，人均纯收入7980元。该村被区委、区政府评为蔬菜种植模范村。

赵营村　是回民村，位于平安街道东部，距街道驻地3公里。长方聚落，东西向主要街道3

王宿铺村　位于平安街道西南，经十西路西侧，距街道驻地2公里。长方聚落，东西向主要街道1条。1986年，全村212户906人，耕地97.3公顷，其中蔬菜种植面积40公顷，是蔬菜种植专业村，人均纯收入541元。1987年起，发展蔬菜大棚种植，新建大棚18个。1991年，蔬菜大棚发展到62个，蔬菜种植面积53.3公顷，被济南市政府确定为蔬菜区。1994年，有46户村民建起小康楼，被长清县委、县政府命名为文明七杰村。1999年，投资70万元，建成王宿铺新世纪小学，建筑面积4620平方米。是年，新建王宿居民楼（5层）1幢，入住村民30户。2000年起，先后有沃德汽车

赵营村一角 （2008年 摄）

■ 王宿铺村蔬菜大棚 (1998年 摄)

配件有限公司、晶恒工业园、志友变压器厂、艺高数控机床有限公司等10余家企业落户该村，农民开始从种植业转型为从事二、三产业。2008年，全村260户952人，耕地13.3公顷，人均纯收入9600元。该村获济南经济开发区重点项目建设先进单位、长清区人均纳税先进村。

新李村　位于平安街道北部，距离街道驻地3.5公里。三角聚落，纵横主要街道各2条。1986年，全村107户425人，耕地28.2公顷，人均纯收入507元。1990年起，该村开始发展生猪屠宰加工业，有专业生猪屠宰加工户8户。先后投资60万元，建成13.3公顷黄河沙棘种苗示范基地，成立山东省黄河沙棘种苗研究所、平安店种苗园艺场和绿宝园生态示范基地，每年种植的沙棘每亩增收8000元。2000年，集资10万余元，修建新李大街2条。2002年，投资10万元，村民使用上自来水。是年，投资20万元，硬化道路1条1000米。2003年，先后投资2000万元，建设新李商业街，面积4万平方米，商户100户。2006年，投资50万元，成立新李社区医疗服务站。2008年，筹集资金60万元，建起新李村科技文化大院、党员活动室、群众健身广场、远程教育站点等。是年，全村118户428人，其中从事生猪屠宰户14户，耕地27.8公顷，人均纯收入7681元。先后获省级文明单位、市级先进党支部等称号。

罗屯村　位于平安街道北部，距街道驻地3.3公里。1986年，全村90户422人，耕地60.1公顷，人均纯收入520元。1999年，因济南市玉清湖水库建设占地，全村整体迁移至经十西路以东，石马部队北邻。全村统一规划，统一标准建设，村内街道全部硬化、绿化、亮化，90%以上的户建沼气池、安装太阳能、有线电视和电话，户户通自来水，新建办公、娱乐为一体的文化大院1处。2001年，省长李春亭、市长谢玉堂到该村检查指导新农村建设工作。2006年，被山东省定为社会主义新农村建设示范村、阳光屋顶新能源建设示范村、党的建设红旗村。是年，全国人大常委会有关领导

■ 新李商贸城 (2005年 摄)

罗屯村新貌 (2004 年 摄)

来村检查指导工作，并在该村召开新农村建设现场会。2008 年，全村 141 户 451 人，耕地 24 公顷，人均纯收入 7500 元。先后获市级文明村、省级文明村等称号。

四里村 位于长清区最北部，西临黄河，距离街道驻地 13 公里。长方形聚落，南北向主要街道 1 条。1986 年，全村 183 户 815 人，耕地 124.1 公顷，人均纯收入 483 元。1990 年，全村开始发展冬瓜种植，面积 40 公顷，年产量 1600 吨，每年冬瓜收入 400 万元以上。1996 年，投资 30 万元，建成冬瓜加工厂，年纯利润 10 万元。2000 年起，投资 40 万元，硬化道路 2 条 2000 米。2008 年，全村 251 户 878 人，耕地 114 公顷，人均纯收入 7800 元，冬瓜种植专业户 50 户，面积 53.3 公顷，30% 家庭安装宽带。先后获济南市精神文明村、计划生育先进单位、综合治理先进单位等称号。

高套村 位于平安街道西北部，北靠黄河，距街道驻地 5 公里。圆形聚落，东西向主要街道 1 条。1986 年，全村 24 户 135 人，耕地 7.3 公顷，人均纯收入 497 元。林业、养殖业是该村的特色产业，是年，有养殖专业户 7 户，经济林种植面积 2 公顷。1990 年起，先后投资 7 万元，建成农田灌溉机井 8 眼，深水井 13 眼。1998 年，投资 8 万元，安装路灯 6 盏，硬化道路 3 公里。2006 年，投资 30 万元，安装自来水地下管网，修建健身娱乐场所。2004 年起，全村 70 岁以上老人享受定额生活补贴。2008 年，全村 64 户 209 人，耕地 22 公顷，人均纯收入 6300 元，经济林种植面积 24 公顷，有养羊专业户 15 户。先后获区级先进村、模范村、红旗村、精神文明村等称号。

2008 年平安街道管理区、行政村基本情况表

表 26－3

管理区	行政村	村名由来	总户数（户）	总人口（人）	耕地面积（公顷）	人均纯收入（元）
王宿管理区	王宿铺	明万历间（1573—1620），有位王爷南巡途经此地逢雨住进一家店铺，人称王宿铺，演为村名。	260	952	13.3	9600
	郭庄	清顺治间（1644—1661），郭氏祖元瓒由济南西关土街迁来建村，命名郭家庄。今名郭庄。	137	457	49.5	9300
	齐庄	明崇祯间（1628—1644），宋氏来此建村，名宋家庄。后齐氏迁来定居，宋氏乏嗣后，更名齐家庄。今名齐庄。	287	976	45.9	8500
	北汝	清顺治间（1644—1661），汝氏由汝家庄迁此建村，以村居原村北，故命名北汝家庄。今名北汝。	450	1517	110.0	8200

续表 26－3

管理区	行政村	村名由来	总户数（户）	总人口（人）	耕地面积（公顷）	人均纯收入（元）
王宿管理区	南汝	据村内庙钟铸文“唐元和辛卯，汝兴于兹”考，该村最晚建于唐代，以姓氏命名汝家庄。后来，部分人北迁建北汝庄，该村遂更名南汝庄。今名南汝。	203	703	73.6	9200
	高垣	明隆庆间（1567—1572），村人为确保安全，绕村筑起很高围墙，人称高垣墙，演为村名。今名高垣。	294	1026	51.3	8700
	张桥	明洪武间（1368—1398），张氏由山西洪洞县迁居此地后于村西小河沟上架一石桥，人称张家桥遂为村名。今名张桥。	210	668	18.6	8600
	桥子李	明洪武间（1368—1398），李氏祖由山西洪洞县野鹊窝徙居长清县城北10里许建村，命名李家庄。天顺间（1457—1464），与高家庄共名高李庄。清末两村分开，以村南有大石桥，命名桥子李庄。今名桥子李。	184	628	71.0	6530
	石庄	明万历间（1573—1620），石姓兄弟两人迁居该村，命名石家庄。今名石庄。	428	1415	130.1	6885
	高庄	该村为苑氏所建，名苑家庄。明朝初年，高氏祖起南迁居该村，人烟兴旺更名高家庄。天顺间（1457—1464），与村北李家庄团结相处，合称高李家庄。清末两村分开后，复名高家庄。今名高庄。	150	510	27.2	6800
潘村管理区	东潘	元天历间（1328—1330），潘氏来此建村，以传说村址是官家屯垦之地，命名潘屯村，后称潘村。1984年，改潘村大队建潘村西、潘村东两村民委员会。今名东潘、西潘。	429	1650	50.5	8600
	西潘		386	1460	96.5	8600
	南桥	明代此地有横架在玉符河上的大石桥，因临近奠山（今名檿山）故命名奠山桥。此桥是去济南府的必经地，部分人迁来桥南北开店营生，形成村落后，以桥命村名。民国间分为两村，该村居南，故名南奠山轿。今名南桥。	89	319	14.8	8500
	赵营	该村最晚建于明中叶。村址原是赵氏茔地，为保护林木觅河北逃荒来此的杨氏看守。数年后形成村落，人称赵家茔遂为村名。杨氏后人更名赵家营，今名赵营。	232	1132	59.6	8900
	百王	王氏建村。以村西南玉皇山有百突泉，命名百突泉王庄。今名百王。	140	550	28.7	6360
	大范	明洪武间（1368—1398），范氏兄弟迁居该村，命名范家庄。建文年间其弟在村东建小范家庄后，该村更名大范家庄。今名大范。	87	332	27.7	6500
	小范	明建文间（1399—1402），范氏由大范庄迁此建村，命名小范家庄。今名小范。	236	849	72.8	6400

续表 26－3

管理区	行政村	村名由来	总户数（户）	总人口（人）	耕地面积（公顷）	人均纯收入（元）
大刘管理区	大刘	明弘治间（1488—1505），赵氏迁来建村，命名赵家庄。后来，刘氏兄弟数人来此定居，日久年远人烟兴旺，更名刘家庄。清嘉庆间，因村西南建小刘家庄，该村遂更名大刘家庄。今名大刘庄。	201	834	59.8	8050
	小刘	清嘉庆间（1796—1820），刘氏兄弟迁居该村，以村东有刘家庄，命名小刘家庄。今名小刘庄。	98	306	35.3	6100
	平安店	明洪武间（1368—1398），董氏迁此定居，命名董家庄。清顺治间（1644—1661），村东百突泉涨水，将村中店铺房舍冲毁一半，人称半边店演为村名，其后人为图吉祥，更名平安庄。清朝末年，因村中开设店铺者增多，始名平安店。	265	830	46.1	6900
	冷庄	明洪武间（1368—1398），冷氏兄弟由莱州府城南八里庄迁来建村，命名冷家庄。今名冷庄。	152	702	58.1	8000
	名庄	明洪武间（1368—1398），名氏迁居该村，命名名家庄。今名名庄。	232	889	66.0	8100
	石马	该村原为石马庄、仁合庄两村。明成化间（1465—1487），陈钦由济南府东迁来建家族住宅和佃农住区。为统治佃农，即以村北故有石马编造谎言："夜间常有马铃声响，是天助我富贵"，故命名石马庄，佃农住区名棚户庄。后来，佃农戳穿了陈氏诡计，更名仁合庄。清末，陈氏败落后，两村统称石马庄。今名石马。	249	910	133.4	8020
	靳庄	该村为李氏所建，名李家庄。该村最晚建于元代初期。李氏乏嗣后，靳氏更名靳家庄。今名靳庄。	133	624	35.6	8120
	藤屯	该村址原是官府屯垦地，明崇祯间（1628—1644）建村，以此地佛爷庙前有藤枝缠古槐景观，命名藤槐树屯。今名藤屯。	449	1785	180.8	8110
	乙武	明崇祯间（1628—1644），乙氏兄弟由山西迁此定居，命名乙家庄。小武庄原为刘氏所建，名刘家庄。清顺治间（1644—1661），村人习武成风，人称武家庄，演为村名。后因村小，更名小武庄。1984 年，乙家庄和小武庄合并，成立乙武村民委员会。今名乙武。	378	1513	49.7	8100
	小于	明崇祯间（1682—1644），于氏兄弟由青州府迁居该村，为区别村南于家庄，命名小于家庄。今名小于庄。	140	594	47.7	7980
	大于	明洪武间（1368—1398），于氏祖强、岳、刚 3 人，迁居该村，命名于家庄。明末村人迁登州府建小于庄，该村更名大于家庄。今名大于。	350	1298	96.8	6700
后王管理区	娘娘店	清顺治间（1644—1661），此地是通往齐河县城的交通要道，人们来此开店铺营生，形成村落后，以故有的娘娘庙（今庙址尚存）命名娘娘店。今名娘娘店。	94	362	26.5	5635

续表 26－3

管理区	行政村	村名由来	总户数（户）	总人口（人）	耕地面积（公顷）	人均纯收入（元）
后王管理区	后王	明永乐间（1403—1424），王氏祖清福由青州府诸城县迁来建村，以烧制陶皿营生，命名盆子王庄。后因改业造纸，更名抄纸王庄。清乾隆间大清河（今黄河）泛滥村庄被淹，部分人南迁建村，名前王庄，又更名为大王家庄。后以方位更名后王。	164	601	62.5	6390
	怀庙	清顺治间（1644—1661），大清河（今黄河）泛滥，耿氏被淹后迁此建村，以村临渡口开店营生，名耿积店，遂为村名。1949 年，黄河又次泛滥，小李庄、纪店等村民集来定居，以村西怀氏捐地建的土地庙，更名怀家庙。今名怀庙。	76	294	19.7	5910
	纪店	建于唐永祯元年（805），以与大清河（今黄河）北岸的北店子相对，命名南店子。清初，以姓氏更名纪家庄。今名纪店。	160	600	68.5	5870
	小庞	清光绪间（1875—1905），黄河泛滥，庞家庄（今属齐河县）被淹，部分村民迁此建村，以方位命东庞家庄。今名小庞。	76	294	36.3	5895
	红庙	此地古有一庙，垣墙和庙门垩红色，故俗称红庙。清顺治间（1644—1661），大清河（今黄河）泛滥，被淹村民迁庙前后建村，名前红庙、后红庙。后来并为一村，名红庙庄。今名红庙。	137	481	32.1	6130
	义合	清光绪间（1875—1908），黄河泛滥，纪店、娘娘店、四里庄、小庞庄被淹后部分村民迁此建村，以求和睦相处，命名义合至今。	171	676	51.5	5950
	四里	清顺治期间（1644—1661），大清河（今黄河）泛滥，沿黄被淹村民迁此建村，以北距齐河县故城四里，命名四里庄。今名四里。	251	878	114.0	7800
	前王	清乾隆间（1736—1795），大清河（今黄河）泛滥，抄纸王家庄被淹，部分村民迁此建村，以村居故庄南，命名前王家庄。今名前王。	57	217	31.5	6015
	潘庄	该村为唐李两姓所建，故名唐李庄。明洪武间（1368—1398），潘氏祖能自平度州洪度沟迁居长邑城东北唐李庄。后因唐氏乏嗣，李氏人烟不兴旺，更名潘家庄。今名潘庄。	119	516	58.3	7800
	罗屯	相传，元代有府官路经该村，见张氏门前将旗高悬，遂将自己的旗牌收起，前去拜见，人称落旗屯，演为村名。后来，误写作罗旗屯。今名罗屯。1999 年，因玉清湖水库建设，全村整体搬迁至经十西路以东，石马部队北邻。	141	451	24.0	7500
	史庄	史氏祖应开由阳邱（今属章丘县）迁此定居，以村临大清河（今黄河）渡口，命名史家道口，清中叶更名史家庄。今名史庄。	106	405	50.3	6023

表26－3

管理区	村名	村名由来	总户数(户)	总人口(人)	耕地面积(公顷)	人均纯收入(元)
后王管理区		…村为宋氏所建，名宋家庄。后来，宋氏家境败落，人…宋庄。光绪年间(1875—1905)，刘、王两姓迁居…因村名不雅，更名全福庄。今名全福。1999…湖水库建设，全村整体搬迁至经十西路以…北邻。	71	261	20.4	6540
	丁店	明洪武…8—1398)，丁氏迁居该村，以村西有大清河(…)渡口，开店营生，人称丁家店演为村名。今名丁…	263	976	137.7	5950
	北郭庄	明弘治…8—1505)，郭氏迁居该村，命名郭家庄。1949年…南郭家庄，更名北郭庄。	78	272	7.4	5950
	老李	…李氏来此建村，名李家庄。后来，村内街道…称拐子李庄，遂为村名。清光绪十九年…新拐子李庄(今新李)后，该村复更名老拐…名老李。	130	514	45.7	6510
新李管理区	新李	…，黄河泛滥，拐子李庄被淹，部分村民迁…新拐子李庄，小李家庄。今名新李。	118	428	27.8	7681
		…44—1661)，邢氏迁居该村，以村内故有…名邢家楼。今名邢楼。	153	596	44.1	7677
	张庄	…间(1621—1627)，张氏兄弟由即墨县迁居该村，命名张家庄。后来，长支迁济南西郊建棉花张庄后，曾名老张家庄。1976年，黄河泛滥，张庄被淹，部分村民迁此建村，命名新张庄。今名张庄。	72	297	24.1	7692
	新五	清光绪十九年，黄河泛滥，潘家庄、前红庙、后红庙、韩庄被淹，部分村民经迁民局劝迁来此建村，命名新五村。	156	586	32.8	7664
	鹁鸽孙庄	明永乐间(1403—1424)，孙氏来此建村，命名孙家庄。后来，孙氏喂了很多鹁鸽，常飞向田间吃下地种籽，人们告向官府后被抄了家，从此人称鹁鸽孙庄，演为村名。今名鹁鸽孙庄。	133	505	35.3	7654
	冯庄	明洪武二年(1369)，冯氏兄弟由山西洪洞县大槐树乌鸦窝迁居该村，名冯家庄。光绪十九年(1893)，黄河泛滥，村庄被淹后迁今址，始名冯庄。	106	402	24.3	7691
	许寺	文考该村建于清光绪间，以寺为村名。今名许寺村。	124	425	30.9	7684
	抄纸王	清光绪十九年(1893)，黄河泛滥，前王家庄(又名前抄纸王庄)被淹，部分村民经迁民局劝迁来此建村，沿称前王家庄。1980年，地名标准化处理时，定名抄纸王庄。	192	796	52.5	7671
	韩庄	明洪武三年(1370)，韩氏祖由山西洪洞县迁长清城北25里立村，名韩家庄。今名韩庄。	212	821	70.5	7670

续表 26－3

管理区	行政村	村名由来	总户数(户)	总人口(人)	耕地面积(公顷)	人均纯收入(元)
新李管理区	后朱	明万历间(1573—1620),朱、王两姓相继迁来于河堤南北两侧建村,命名朱王庄。光绪十九年(1893),黄河泛滥,堤北居民被淹,经迁民局劝迁来此建村,命名后朱王庄。今名后朱庄。	278	1024	55.4	7670
	新朱	1957 年,黄河泛滥,后朱庄被淹,部分村民迁此建村,命名新后朱庄。今名新朱庄。	106	398	26.3	7681
	卢庄	该村为李氏所建,名李家庄。明成化间(1465—1487),卢氏从青州府益都县迁居此地。后因李氏乏嗣,更名卢家庄。今名卢庄。	190	657	41.8	7680
小王管理区	小王	明洪武间(1368—1398),汪氏来此建村,名汪家庄。清顺治间(1644—1661),汪氏乏嗣,王氏由楼子王家庄迁居该村,更名小王家庄。后称小王庄。1984 年后,由村西北里许迁今址。今名小王。	250	767	92.0	6530
	北张	清乾隆间(1736—1795),大清河(今黄河)泛滥,张家庄被淹,部分村民迁此建村,以居原村北,命名北张家庄。今名北张。	76	292	7.3	6450
	老王府	明洪武间(1368—1398),王氏由山西洪洞县迁居该村,名王家庄。后来一村人做了京官,世人尊称他的门第为王府,演为村名。宣统间(1909—1911),黄河泛滥,村庄被淹,部分村民东迁建新王府庄,该村名老王府庄。今名老王府。	110	402	18.0	6800
	老楼子	明洪武间(1368—1398),王氏父子由山西太原府迁居该村,以村中故有的神龛命名楼子王家庄。宣统年间(1909—1911),黄河泛滥,村庄被淹,部分村民东迁建东楼子王庄、中楼子王庄后,该村遂更名老楼子王庄。今名老楼子。	39	125	21.0	5900
	高套	清光绪间(1875—1908),高氏由黄河西岸迁此建村,以村坐落在黄河折向处,命名高家套。今名高套。	64	209	22.0	6300
	西大张	该村前名褚家岸,建村年代不祥。明洪武二十五年(1392),张氏祖由河北省密云县迁此定居。清朝初年,更名张家庄。清乾隆间,大清河(今黄河)泛滥,村庄被淹,部分村民迁村东北建北张庄后,该村更名南张庄。光绪十九年,黄河泛滥,村庄再次被淹,部分村民经迁民局劝迁去村东南建村,名南张庄。1948 年前后,始名西大张庄。今名西大张。	101	367	69.2	6700
	乌鸦刘	该村为刘氏所建,名刘家庄。清代前期,大清河(今黄河)泛滥,西大张、北张庄、刘庄(今属文昌街道)被淹,部分村民迁居该村,为图吉祥,更名五福庄。后因村内树木繁茂,乌鸦群居,人称乌鸦刘家庄,演为村名。乌鸦土名老鸹,故俗称老鸹刘庄。1980 年,地名标准化处理时,定名乌鸦刘。	138	500	99.0	6860

续表 26－3

管理区	行政村	村名由来	总户数（户）	总人口（人）	耕地面积（公顷）	人均纯收入（元）
小王管理区	后升	该村址原是官府屯垦地。清乾隆间（1736—1795），苗氏由泰安迁来建村，命名苗官屯。道光元年（1821），房氏由县城西门里迁居该村后，苗氏复迁原籍，房氏因村北有乌鸦刘庄，犯地名忌讳，更名凤凰屯。乌鸦刘庄人以凤凰为鸟中之王而不允，更名升官屯。1949年，该村分为两村，北街始名后升，南街始名前升。	75	219	47.0	5800
	前升		102	360	33.0	5870
	南张	清光绪十九年，黄河泛滥，今西大张被淹，部分村民经迁民局劝迁来此建村，命名小张庄。后以方位，命名为南张庄。	107	418	41.0	6500
	三合	清宣统间（1909—1911），黄河泛滥，西大张、乌鸦刘庄、后兴隆（今属文昌街道）被淹，部分村民迁此建村，命名三合。	136	483	56.0	6800
赵庄管理区	赵庄	明嘉靖间（1522—1566），赵氏祖由山西太原府洪洞县迁居清邑城北为徐氏养花，形成村落后名徐家花园子。徐氏败落后，以附近有座锣夫楼，命名锣夫赵庄，讹称萝卜赵庄，萝卜头子赵庄。后人因村名不雅，更名赵家庄。今名赵庄。	177	691	63.3	7360
	前朱	明万历间（1573—1620），朱、王两姓相继迁来，于河堤南北两侧定居，命名朱王庄。光绪十九年，黄河泛滥，河堤北居民被淹迁村后，该村因居河堤南更名前朱王庄。今名前朱庄。	161	587	80.9	6890
	马店	清光绪十九年（1893），黄河泛滥，马家店被淹，部分村民经迁民局劝迁来此建村，命名新马店。今名马店。	213	817	93.1	6950
	中楼	清光绪十九年（1893），黄河泛滥，楼子王家庄被淹，部分村民迁此建村，因位于故村和东楼子之间，命名中楼子王庄。今名中楼子。	88	321	40.0	7150
	袁庄	清顺治间（1644—1661），袁氏祖样父子由山西迁居该村，名袁家庄。今名袁庄。	82	283	28.6	6920
	后孙	明万历间（1573—1620），胡、华两姓相继迁孙家庄北定居。清朝末年，因与孙氏发生纠纷，即自立村名后孙。	108	403	27.7	7035
	前孙	明洪武间（1368—1398），孙氏由山西洪洞县迁居该村，命名孙家庄。清朝末年，因与居住村北侧的胡、华两姓发生纠纷，分为两村，该村居南故名前孙。	43	139	12.0	7210
	景庄	该村为曹氏所建，名曹家庄。明天启间（1621—1627），景德雨由山西洪洞县迁居该村，因曹氏败落，更名曹景庄。民国间始名景庄。	76	242	20.9	7320

续表 26－3

管理区	行政村	村名由来	总户数（户）	总人口（人）	耕地面积（公顷）	人均纯收入（元）
赵庄管理区	东楼子	清光绪十九年(1893)，黄河泛滥。楼子王家庄被淹，部分村民经迁民局劝迁来此建村，以位居原村东，命名东楼子王庄，今名东楼子。	75	177	13.7	7250
	新王府	清光绪十九年(1893)，黄河泛滥，王府庄被淹，部分村民经迁民局劝迁来此建村，命名新王府庄。今名新王府。	46	161	20.3	7250
	老马店	明洪武间(1368—1398)，马氏迁居该村，命名马家庄。后来，村民因村临大道开店营生，人称马家店，演为村名。光绪年间(1875—1909)，黄河泛滥，村庄被淹，部分村民迁出建新马店后，该村更名老马店至今。	38	142	17.7	6830

第三节　崮云湖街道

地理环境　崮云湖街道位于长清区东部，西接长清城区，东与历城区接壤，北与平安街道和市中区毗邻，南与张夏镇和五峰山街道相连，因辖区内风景秀丽的崮云湖水库而得名。地势南高北低，以低山丘陵为主，面积94.4平方公里，是大学科技园、济南国际园博园所在地。崮云湖街道交通便利，京沪铁路、京沪高铁、京福高速公路、济菏高速公路、104国道纵贯南北，大学路、芙蓉路、丁香路横穿东西。境内物产丰富，石灰石、黄石、花岗石、木鱼石储量丰富，素有“建材之乡”“建筑安装之乡”之美誉。崮云湖街道是著名的龙山文化发祥地，境内名胜古迹众多，唐王寨被联合国教科文组织列为保护范围。崮云湖、长清湖相连，崮云湖水上游乐项目与高尔夫球场联为一体。

发展概况　1986年，崮山镇辖3个办事处，34个行政村，36个自然村，7726户，34587人，全镇农业总产值2467.88万元，工业总产值2758万元，农民人均纯收入440元。2003年，撤销崮山镇设立崮云湖街道后，充分发挥环境和区位优势，利用104国道、京福高速公路、京沪高速铁路纵贯南北的交通优势，强化商贸和交通的集散、辐射功能，形成发展合力。2008年，崮云湖街道辖3个管理区，21个行政村，14个居委会，12940户，66471人，完成地区生产总值26.4亿元，全社会固定资产投资71.65亿元，地方财政收入8201万元，人均纯收入8520元。先后获山东省村镇建设明星乡镇、山东省五好乡镇(街)党委称号，在第二届全国“千强镇”评选中综合排名第798位。

农业　1986年，全镇总耕地面积3000公顷，农作物播种总面积5013公顷，有效灌溉面积1693公顷，粮食总产量2万吨，果品6440吨。1989年，全镇投资250万元，投工20万个，新打配套机井103眼，修建水渠2.8万米，改善扩大水浇地面积233公顷。1994年，完成荒山绿化867公顷，实现林业部“八五”绿化达标。至1997年，累计投资1350万元，投工270万个，完成水利工程项目260个，有效灌溉面积1884公顷；建立良种基地333.33公顷，年培育良种100万公斤，全镇实现种植良种化。是年，新建前大彦、东辛等3个集体和15个个体饲养场，全镇大牲畜、生猪存栏量分别为1.06万头、2.06万头，饲养业总产值4366万元，粮食总产量2.79万吨，蔬菜种植面积166.66公顷，果品总产量2564吨，农机总动力32132千瓦。2003年，大学科技园开工建设后，农业占经济发展总量下降。2008年，完成荒山造林367公顷，植树164万株，新发展经济林67公顷，全街道耕地面积1108公顷，有效灌溉面积247公顷，粮食总产量

1.76万吨,农业机械总动力4.65万千瓦。

工业 1986年,有镇、村办企业155家,工业总产值2758万元,其中11家镇属企业产值1007万元,利税60万元。1988年,被济南市列为城郊型乡镇和对外开发区,镇委、镇政府制定30条优惠办法,引进技术人才27名,资金370万元,新上长清气焊机厂、崮山金属制品厂、崮山电子厂、崮山防水粉厂、兰顿环保设备厂、长清安装三处、长清安装四处、长清安装十二处8家镇属企业,长清热压件厂(长清气焊机厂)生产的新产品高径法兰盘销往美国、日本、德国及中国台湾地区,年产值1050万元,利润50万元。村办企业开发研制的城市控噪消声器,填补省内空白,获星火计划金奖。1992年起,泰山热压件厂在生产高径法兰盘基础上新上轧钢生产线,企业规模扩大1倍;崮山安装三处投资200万元与济南低压环保锅炉厂联合研制生产的节能角管式锅炉受到省内外客户欢迎。1993年,济南全元肥料厂落户崮山,合成树脂厂、精细化工厂等4家企业整建制迁到崮山,组成济南鸿华集团,当年建厂、当年投产、当年见效。1994年,全镇工业产值9760万元,全县40家产值、利税、销售收入最大企业中,崮山分别占有7家、5家、6家。1995年,村办企业陆通实业公司与高等院校、名优酒厂联合开发研制高科技产品——窖泥专用活性功能菌,浓香型酒质量得到提高。1996年,江北最大的环形件加工基地济南鲁环集团建成投产,铝镁粉、预热防尘器、稀土镁铁球化剂、囊式换热机组等一批中高档产品成为工业支柱产品。1997年,全镇有镇、村、户企业260家,从业人员6670人,形成机械、化工、建材、环保、安装、食品等10个门类的主导产业,实现销售收入1.58亿元,利税2668万元。2002年,山水集团总部落户崮山镇,占地30公顷。是年,长兴搅拌站开工建设,占地6.2公顷,投资2000万元;济南国际高尔夫俱乐部开工建设,占地133公顷。2008年,全街道引进项目5个,续建项目10多个,到位资金27亿元。是年,全街道注册企业218家,规模以上工业企业13家,实现增加值8.9亿元,实现利税4.06亿元。

商贸 财税 1986年,全镇有王府、大崮山、大彦3处集贸市场。1988年,在镇政府驻地投资10万元,建起崮山商场,先后建成新镇、开山、大刘3处集贸市场。1992年后,在镇政府驻地新址建成崮山商场,建筑面积3.98万平方米。沿104国道和长崮、长炒路以及崮云湖畔开发饮食、加工、服务项目,民营企业和个体业户达569户。1997年,全镇实现第三产业增加值8500万元,利税231万元,占全镇财政总收入的40.5%,实现社会消费品零售额4550万元。2005年起,在乐天、丹凤两个小区开设超市1家,农贸市场3处,商业经营网点80个。2008年,全街道有集贸市场8处,乐天、丹凤小区和街道驻地建有大中型超市、商场各1处,大学城内建起大型商业街,经营业户450户。实现地方财税收入8201万元。

村镇建设 1986年,镇政府驻地平房多,且道路狭窄。1988年,制定镇政府驻地新址建设规划,并被列为全省小城镇建设示范镇。1988年,偏远的关王、池子村通电,至此全镇实现村村通电。1992年起,加快城镇建设步伐,拓宽道路、兴建楼房、架设工业用电专线。1993年,投资100万元,建成镇办公大楼,面积1400平方米。至1995年,形成“五区一园”(工业园区、商贸区、文卫区、行政服务区、居民生活区、水上游乐园)格局,达到“五纵五横五化”标准,城镇面积由2.7平方公里扩大到6平方公里,村庄建设全部实行建设规划设计。2002年12月,山东师范大学率先落户大学科技园。2007年3月,常春藤商业住宅区开工建设,占地100公顷,计划投资30亿元。至2008年,在辖区西北部43.1平方公里范围内先后建成山东师范大学、山东轻工学院、山东中医药大学、山东交通学院、山东艺术学院、山东工艺美术学院、中华女子学院山东分院、山东工会管理干部学院、山东劳动职业技术学院9所院校和乐天、丹凤2处居民小区、两大游乐园区(景观湖、高尔夫),开辟常春藤、康桥、建邦、御龙湾四个商业住宅区,一座现代化科技文化城初具规模。

交通　1986年，京沪铁路贯穿镇域南北，设炒米店、崮山2个火车站，境内104国道、长(清)崮(山)路、长(清)炒(米店)路、崮(山)五(峰)路纵横交错。1997年，有15个村铺沥青或水泥路。2003年起，在大学科技园新建交通主干线7条和9条中心区支路总长70公里。2008年，开山、大刘、炒米店、土山"村村通工程"总投资155万元，修建道路5.1公里。是年，辖区内有2路、3路、22路、24路、25路等公交车及济南至泰安、长清至万德、长清至泰安等客车运行在辖区和市区之间，达220班次，日客运量1.5万人次。

邮电　1986年，邮政支局在大崮山村内，位置偏僻、设备简陋。1990年，邮电支局在新镇建邮电楼，新上程控电话设备。1997年，实现村村通电话，装机总容量1000部；投资340万元，新上移动电话机站；邮路总长152公里，业务收入140万元。2008年，辖区内有14个邮政支局。

教育　科技　1986年，全镇有魏庄中学、大彦中学、炒米店中学、崮山农中、大刘中学、皇姑井中学、崮山中学7所，在校生1260人，教职工96人；小学33所，在校生1187人，教职工143人。1987年—1989年，镇政府投资140万元，建起镇中心小学和王府中学。1991年—1994年，筹资200万元，建成崮山中学教学楼2幢，建筑面积3700平方米。1995年，33所小学调整为18所，魏庄中学、皇姑井中学、炒米店中学、大刘中学、崮山农中、大彦中学合并到长清第十一中学即崮山中学，达到"六配套"标准。是年，被济南市委、市政府验收为基本普及九年义务教育、基本扫除青壮年文盲达标乡镇。1997年，全镇中小学有教职工327人，其中具有中级以上专业技术人员240人，在校中小学生4077人。2001年，投资65万元，其中书法家武中奇捐款10万元，建成大彦小学(中奇小学)新校。2002年，钟庄小学、池子小学、皇姑井小学合并到大彦小学。2005年6月，乐天小学建成，总投资403万元，建筑面积8888平方米；乐天幼儿园南园建成，投资149万元，建筑面积3647平方米；乐天幼儿园北园建成，投资202万元，建筑面积3043平方米。是年9月，乐天中学建成，投资1400万元，建筑面积11908平方米。2006年3月，丹凤幼儿园南园建成，投资180万元，建筑面积4250平方米；6月，丹凤小学建成，投资400万元，建筑面积4980平方米。2007年12月，丹凤幼儿园北园建成，投资100万元，建筑面积2520平方米。2008年9月，大刘小学教学楼投入使用。至2008年，全街道有中学1所，小学5所，在校生1350人，教职工106人，成教中心1所，幼儿园16所。是年，被省政府认定为义务教育示范乡镇。

1986年—2008年，累计举办科技培训班264期，科普赶集176次，科普村村通96%，其中29个村设置高标准的科普示范宣传栏。

卫生　1986年，镇卫生院有干部职工38人，设有办公室、会计室、防保科、综合门诊(含内科、外科、小儿科)、中医科等16个科室，床位20张。1991年，镇卫生院建起门诊楼，购置心电图机、B超机、X光机及救护车等先进医疗设备。1994年，恢复农村合作医疗，实行儿童计划免疫、母婴健康保险。1994年12月，获全省卫生系统先进集体。1995年，与济南市立五院联合，建立济南市立五院崮山分院。1997年，全院设有34个科室，医务人员60人，年门诊量2.61万人次以上，病员治愈率98%，村级卫生室33个，乡医62人，其中甲级卫生室30个，率先实现人人享有初级卫生保健的目标。是年，被卫生部、联合国儿童基金会评为"爱婴医院"。1997年—1999年，获全省优质服务百佳医院。2008年，崮山卫生院设医疗科、中医科、康复科、妇产科、妇幼保健科、预防保健科、放射科、检验科、心电B超室等科室26个，职工64人，床位40张。主要医疗设备有500毫安数字DR片X光机、美国产飞利浦彩色B超机、血球计数仪、血生化分析仪、牵引床、裂隙灯、双目显微镜、心电监护工作站、血流变工作仪等，总建筑面积7849平方米，其中业务用房5940平方米，其他用房1909平方米。设乐天社区卫生服务中心和丹凤社区卫生服务站各1处，村级卫生室20个，其中标准化卫生室8处。

文化　体育　1986年，镇设文化站1处、广播

崮云湖瀑布 （2008 年 摄）

站 1 处、电影队 1 个。1992 年起，全镇每逢重大节日都举办群众性文艺联欢、书画展览等活动。1993 年，大刘村的雄风摩托车队、前大彦村的 60 名大嫂组成的秧歌队、范庄村的群猴闹春等节目先后在市、县表演中获优秀节目奖。1996 年，建起有线电视设施，收看 10 个频道的电视节目。2003 年，街道健全文化活动室，组建演唱队。2004 年 1 月，齐鲁电视台“大家一起来”首次走进崮云湖畔演出。诗朗诵《赞歌唱给建设中的长清高校新区》入选《中华颂歌获奖作品选》和《共和国史册中的优秀儿女》，获金奖；歌词《崮云湖故事多》入选《共和国放歌优秀作品选》和《世界知识》，获银奖；诗朗诵《小泉政府，你莫蹈历史的覆辙》入选《世界重大学术成果精选》和《中国优秀共产党人论坛》，获特等奖；快板书《长清巾帼创新篇》入选《中华儿女》，获银奖；老党员诗朗诵《党啊，我们永远跟您走》入选《感动中国艺术人物》，获创作奖。2008 年，有文化站、广播站各 1 处，书店 6 处，村级文化大院 6 处。

1990 年始，群众性体育活动蓬勃兴起，有篮球、乒乓球、门球等活动场所 20 处，每年都利用节假日进行体育项目比赛。1992 年，被省验收为体育达标乡镇。2008 年，有 11 个村修建体育活动场所。

旅游 崮云湖街道境内名胜古迹有 20 余处，山、水、泉、洞、寺、碑星罗棋布，各种历史传说感人动听。辖区内唐王寨、玉皇山、衔草寺、玉珠泉等名胜古迹保存完好，唐王寨被联合国教科文组织列为保护范围。崮山山顶明代建有玉皇庙古建筑群，清乾隆皇帝下江南时，在此建有行宫。崮云湖南岸，青龙山巍巍葱茏，半山腰有狩猎场，还有千年古刹“衔草寺”遗址，乾隆帝赠于寺院住持的“龙头杖”保存完好。1992 年，崮云湖开发建设。2007 年，高尔夫球场竣工并投入使用。2008 年，游客总人数 10 万人次。

崮云湖 位于街道驻地南 1 公里处，属北大沙河水系。1965 年 1 月，崮山水库开工建设。1966 年 9 月，投入使用，流域面积 290 平方公里。1992 年，水上乐园动工开发。1995 年夏，初具规模，对游客开放，并更名为崮云湖。崮云湖水面面积 3

崮云湖 （2005 年 摄）

平方公里，湖中有沙滩、浴场、滑水道、各种游船、摩托艇，供游客水上娱乐；有柳荫长堤、湖中栈桥、豪华游轮，供游客憩息散步；有大坝飞瀑、跨湖大桥使人赏心悦目；湖畔有翠柏覆盖的青龙山、狩猎场、牛魔洞、衔草寺及明朝石屋群分布在山峰幽谷间，供游客习武、探险、览胜。停车场、小商业街和集会议、就餐、娱乐、住宿于一体的崮云湖饭庄相继配套建成，崮云湖已成为游客暑期度假的理想去处。

人民生活　1986年，农民人均纯收入440元。2003年起，大学科技园建设后，2万多农民先后分批搬进人均40平方米的安置楼房，人人享有月均150元以上的基本生活保险金。2008年，农民人均收入8520元，百户有摩托车80辆、电话97部、手机108部、彩电119台、冰箱84台、洗衣机95台、电脑47台。城镇居民基本医疗保险参保人员4281人，其中缴费人员4272人，位居全区第一。劳务输出2400多人、城镇灵活就业800余人。全街道搬迁村庄17个，有16266人享有生活保障金，年发放生活保障金3229.3万元。

村(居)选介　务子前社区　1986年，全村共128户623人，耕地面积57公顷，人均纯收入440元。该村利用当地的砂石资源优势，先后建成开采点近百处，石子厂、石灰窑10多处。1989年起，先后投资20多万元，村民出义务工5000多个，打深井2眼，修防渗石渠3000多米，扩大水浇面积40公顷，全村80%的土地变成水浇地。1995年，投资10万多元，给每家每户安装自来水；对村内两条狭窄和半截街进行拓宽和贯通，共拆除民房20多间，并安装路灯。1996年，发展苹果种植业示范园10公顷。2002年，全村果树种植面积40公顷，每公顷增收10.5万元，成为果树种植专业村，被济南市财政局确定为“财税示范基地”。2003年起，因大学科技园建设，全村仅果树补偿金额达千万元以上，户均5万元。2006年，由原务子前村整体搬迁到丹凤小区南区，更名为务子前社区居民委员会，家家住上人均40平方米的安置楼，人人领取土地补偿款和生活保障金。务子前社区设有党员活动室、老年活动室、青少年之家、民兵之家、文化大院、农家书屋、室外健身场、室外篮球场等，居民自发成立秧歌队、舞蹈队、健身队。2008年，社区共281户820人，未征耕地7.3公顷，山林面积49.8公顷，人均纯收入8700元。是年，社区被长清区委、区政府评为人口和计划生育工作连续20年(以上)无违法生育村(居)，被街道党工委、办事处评为标兵单位。

大刘村　位于崮云湖街道东南部，紧靠104国道、京沪铁路，辖4个自然村(大刘庄、陆庄、关家峪、王庄)。1986年，全村586户2525人，耕地面积166公顷，人均纯收入1400元。1989年2月21日，首届大刘庄安装节开幕，每年的2月16日定为大刘安装节。是年，新打深井13眼，累计36眼，改造新建水渠总长6000米，新购大型联合收割机6台，人均纯收入2400余元。1991年，调整粮食种植结构，发展玉米良种繁育，年创收182万元，人均纯收入3800余元。1993年，以安装业为龙头建立大刘大汇丰集团总公司，实行企业化管理，以工业强村、富民。1994年，将关王村兼并。1997年，集团总公司有企业27家，从业人员900人，其中技术人员300人，主要产品有7大类，年产值1.15亿元，创税1500万元。2007年，先后投资70万元，硬化村内道路1900米；投资80余万元，建小学教学楼；投资46万元，为学校办公室、教室配置空调；投资16万元，建成健身广场1处。2008年，全村682户2988人，耕地面积128.8公顷，人均纯收入8050元。先后获市级文明村庄、长清区先进基层党组织、尊师重教先进单位等称号。

小梁社区　1986年，全村98户412人，耕地面积42公顷。该村两委会引导村民发展豆腐皮加工销售业。到2003年，全村90%以上的户从事豆腐皮加工，仅此一项全村人均增收3000余元，黄豆在这里变成“金豆子”。2005年4月，因大学科技园建设，由小梁村整体搬迁到乐天小区第四区。因小梁村第一个带头搬迁，为此每人获300元奖励，村集体获7.5万元奖金。村两委把奖金全部拿出补贴居民安装太阳能。进入小区后，党支部书记王本珍带领居民开办居民学校，提升居民文明素质，组织居民参加技能培训，从事中国结、棉被、衣服加工，吸收社区内的妇女就业。2008 年，社区共 135 户 478 人，人均纯收入 8690 元，累计推荐就业 107 人。先后获大学科技园建设先进单位、济南市先进妇代会、济南市先进基层党组织、全国美德在农家示范点等称号。

2005 年 4 月 21 日，小梁村安置房分配大会召开　（2005 年 摄）

2008 年崮云湖街道管理区、行政村(居)基本情况表

表 26－4

管理区	行政村（居委会）	村名由来	总户数（户）	总人口（人）	耕地面积（公顷）	人均纯收入（元）
	欣源居委会	2000 年 4 月，崮山镇欣源社区居民委员会成立。	455	2255	—	—
崮山管理区	大崮山	该村前名白马店，又名白皮关，古有唐王李世民令秦琼夜探白皮关的传说。北宋初年，以村北崮山（今玉皇山）更名崮山庄。明崇祯间（1628—1644），村内设驿站后，更名崮山街。清中叶为区别村西小崮山，始名大崮山。	513	2114	49.9	7964
	小崮山	元至正间（1341—1368），邢、徐、范三姓相继迁此定居，村民以村居大崮山村西的济南去肥城大道边而开店营生，故命名西店子。明中叶，更名小崮山。	314	1370	47.0	8010
	范庄	该村前名茶棚。明洪武四年（1371 年），范氏祖海野从苏州阎门大街迁居该村，更名范家庄。今名范庄。	384	1398	43.5	8095
	土山	明洪武间（1368—1398），张氏由山西洪洞县迁居该村，以村坐落在土山脚下，命名土山庄。清中叶，始名土山。	392	1436	17.2	7606
	六里庄	明洪武间（1368—1398），刘、李两姓由山西洪洞县相继迁居该村，命名刘李庄。清中叶以村南距石窝、北距土山各六里，更名六里庄。	107	356	33.0	7347
	坡庄	明弘治间（1488—1505），朱氏由山西洪洞县迁此建村，以村坐落在山坡上，命名坡庄。	310	1062	19.7	7665

续表 26－4

管理区	行政村（居委会）	村名由来	总户数（户）	总人口（人）	耕地面积（公顷）	人均纯收入（元）
崮山管理区	凤凰庄	唐贞观十八年(644)，回民彭、安、苏三姓相继迁此建村，以村南米山脚下有形似“鸡窝”的大石棚，命名鸡窝。民国初年，因村名不雅，更名凤凰庄。	229	840	40.1	7316
	大刘	唐咸通间（860—874），刘氏建村，命名刘家庄。1940年，为区别村西刘家庄，更名为大刘家庄。今名大刘庄。	682	2988	128.8	8050
	东辛	明洪武间（1368—1398），马氏由山西洪洞县迁来河边建村，每逢山洪暴发，土地房屋常被毁坏，村人因整地修房十分辛苦，故名辛庄。后来，山洪暴发，沙河改道，将村分隔两岸，本村居东，故名东辛庄。2008年，整体搬迁至乐天小区。	215	836	51.0	8050
	东孙庄	明弘治间（1488—1505），孙氏由济南府迁来建村，命名孙家庄。1958年，为区别村西北孙家庄，更名为东孙庄。	254	944	45.3	8062
	小刘	清康熙间（1662—1722），刘氏由辛庄迁来建村，命名刘家庄。后来，为区别村南刘家庄，更名小刘家庄。今名小刘。	171	619	60.1	5985
王府管理区	开山	明洪武间（1368—1398），陈氏由山西洪洞县迁居该村，以开山卖石营生，故命名开山。民国间，名开山庄。今名开山。	158	654	9.5	8760
	炒米店	该村自古缺水，村民常以炒米为食，明代始御路过村，村人开设店铺者数十家，人称“炒米店”演为村名。清康熙二十八年(1689)，山东巡抚佛伦路经此地，闻民苦于水，即捐资凿井，泉水甚旺，民为感佛伦功德名佛公井，村遂更名佛公店。新中国成立后，村名又叫炒米店。	583	2248	122.5	8040
	王府庄社区	建村于元朝，始称十八乱滩。明洪武间（1368—1398），邵、王两姓由山西洪洞县迁居该村，以村北大山之巅耸立巨石和山前有古代反抗帝王统治的农民英雄墓，依据“立石山前出王位，通沟以下出国公”的传说，命名王府庄。2005年，整体搬迁至乐天小区，更名为王府庄社区居民委员会。	582	1654	—	8210
	段庄社区	明洪武间（1368—1398），段氏祖由顺天府密云县迁居该村，命名段家庄。2005年，整体搬迁至乐天小区，更名为段庄社区居民委员会。	309	1143	—	8460
	石围子王庄社区	明洪武间（1368—1398），王氏由山西洪洞县迁居该村，命名王家庄。后来，为防战乱绕村建石围墙，人称石围子王庄，演为村名。民国初年与大梁庄共名梁王庄。1949年，复名石围子王庄。2005年，整体搬迁至乐天小区，更名为石围子王庄社区居民委员会。	306	1069	—	8200

续表 26－4

管理区	行政村（居委会）	村名由来	总户数（户）	总人口（人）	耕地面积（公顷）	人均纯收入（元）
王府管理区	大梁庄社区	明永乐间（1403—1424），梁氏由山西洪洞县迁居该村，命名梁家庄。嘉靖间（1522—1566），梁氏分居建小梁家庄后，该村更名大梁家庄。民国初年，与石围子王庄共名梁王庄。1949 年，复名大梁家庄。后改为大梁庄。2005 年，整体搬迁至乐天小区，更名为大梁庄社区居民委员会。	265	819	—	8170
	小梁庄社区	明嘉靖间（1522—1566），梁氏兄弟分居后次支由梁家庄迁此建村，命名小梁庄。2005 年，整体搬迁至乐天小区，更名为小梁庄社区居民委员会。	135	478	—	8690
	魏庄社区	明洪武间（1368—1398），魏氏由山西洪洞县迁居该村，命名魏家庄。后改为魏庄。2005 年，整体搬迁至乐天小区，更名为魏庄社区居民委员会。	584	1515	—	8700
	北孙社区	清雍正间（1723—1735），孙氏迁居该村，命名孙家庄。1958 年，为区别村东南孙家庄更名北孙庄。2005 年，整体搬迁至乐天小区，更名为北孙社区居民委员会。	268	758	—	8250
	张庄社区	明建文间（1399—1402），燕王朱棣“靖难”军向应天府（今南京）进兵路经此地，其部下将军张来义留居炒米店。后来迁此建村，以经营小商品谋生，人称张家铺子，逐渐成为村名。清朝末年，更名为张家庄，后改名张庄。2005 年，整体搬迁至乐天小区，更名为张庄社区居民委员会。	197	648	—	8090
	周庄社区	明洪武间（1368—1398），周氏由山西洪洞县迁居该村，命名周家庄。后改名周庄。2005 年，整体搬迁至乐天小区，更名为周庄社区居民委员会。	513	1319	—	8460
大彦管理区	前大彦	明洪武间（1368—1398），于、王两姓由山西洪洞县迁居该村，以村坐落在来佛山大山岩下，命名前大岩、后大岩。清道光间，名前戴彦、后戴彦。清末共名大岩庄。1949 年，两村分开，村人为求村内多出人才，写作前大彦、后大彦。2007 年，整体搬迁至丹凤小区。	570	2215	188.0	8710
	后大彦		348	1217	114.4	8700
	务子前社区	该村建于唐乾宁间（894—898），以其地势中间高而平坦，命名兀子庄。后来以村三面环山一面靠河，夏秋清晨大雾弥漫露水遍野润育作物生长，写作雾滋庄。1949 年，始名务子。村内有前、北、中、西四街，1960 年，东风水库溢水时村庄被淹，中、西、北三街村民迁出建村，该村以原为务子前街，更名务子前。2006 年，整体搬迁至丹凤小区，更名为务子前社区居民委员会。	281	820	7.3	8700
	务子北社区	1960 年，东风水库溢水，务子庄被淹，北街村民迁此建村，因在老务子村正北方向，故名务子北。2005 年，整体搬迁至丹凤小区。2006 年，更名为务子北社区居民委员会。	182	736	—	8700

续表 26－4

管理区	行政村（居委会）	村名由来	总户数（户）	总人口（人）	耕地面积（公顷）	人均纯收入（元）
大彦管理区	务子西社区	1960年，东风水库溢水，务子庄被淹，西街村民迁此建村，故名务子西。2005年，整体搬迁至丹凤小区。2006年，更名为务子西社区居民委员会。	265	749	—	8700
	务子中社区	1960年，东风水库溢水，务子庄被淹，中街村民迁此建村，故名务子中。2005年，整体搬迁至丹凤小区。2006年，更名为务子中社区居民委员会。	283	846	—	8700
	西辛	明洪武间（1368—1398），马氏由山西洪洞县迁来河边建村，每逢山洪暴发，土地房屋常被毁坏，村人因整地修房十分辛苦，故名辛庄。后来，山洪暴发，沙河改道，将村分隔两岸，本村居西，故名西辛庄。2008年，整体搬迁至丹凤小区。	103	351	34.5	8540
	钟庄	明洪武年间（1368—1398），马氏由山西洪洞县迁来建村，以村南有马湾放牧之说，命名方坦。后来钟氏由周王庄（今属槐荫区）迁来定居，于清光绪十六年以族大人众，更名钟家庄。今名钟庄。	142	575	49.8	8210
	皇姑井	早年池子庄有一韩姓姑娘挖野菜到此，见地面湿润遂掘地，有水渗出，村人即募工穿凿，数丈后泉水涌出，故命名韩姑井。清康熙间（1662—1722）樊成名、尚风鸣迁此建村以井为名。后来，村人以韩姑娘被康熙帝收为义女的传说，更名皇姑井。	394	1239	145.0	8210
	池子东	明洪武间（1368—1398），田氏由山西洪洞县迁居该村，以村西有天然蓄水湾命名池子庄。后改名池子。1980年1月，分为池子东村和池子西村。	159	627	82.1	8210
	池子西		221	768	58.7	8210

第四节　五峰山街道

地理环境　五峰山街道位于长清区东南部，东邻张夏镇，南接万德镇，北与崮云湖街道毗邻，西与马山镇、归德镇接壤。地势东高西低，以山区为主，总面积90.5平方公里，因“齐鲁仙境”五峰山坐落于境内而得名。五峰山旅游度假区是长清区重点发展的五大片区之一，也是省级文化旅游休闲度假区。区位优势明显，交通便利，北与104国道相距7.2公里，西与104省道相接，五峰至万德公路（简称五万路）、归德至五峰公路（简称归五路）、五峰—李店—葛条峪公路（简称李葛路）3条主干路横穿境内。五峰物产丰富，核桃、樱桃、玉杏三大基地已具规模；矿产资源储存量大，品种多，有花岗石、钾长石、大理石等。

发展概况　1986年，五峰山乡辖庄庄、菜园、邱庄、三官4个办事处，39个行政村，7580户，30564人，完成地区生产总值2500万元，财政收入45万元，农民人均纯收入491元。2007年起，五峰山街道充分发挥工业基础雄厚、旅游资源丰富、生态环境良好三大优势，按照“3221”总体发展思路（规划建设五万路旅游观光带、归五路科技工业带、五马路至葛条峪生态农业带；做大做强旅游度假区、城镇商贸服务区；推进工业化、城市化进程；实现强街富民新跨越这一目标），实施工业立街、旅游兴街、招商强街三大战略，经济和社会各项事业实现又好又快发展。2008年，五峰山街道辖4个

五峰山远景 (2008 年 摄)

管理区,41 个行政村,9437 户,31257 人,完成地区生产总值 11.5 亿元,地方财政收入 670 万元,农民人均纯收入 6180 元。先后获山东省文明单位、社会治安综合治理先进单位、济南市工业十强办事处等称号。

农业　境内以丘陵为主,山区占三分之二。农业以农作物种植、林果、畜牧业为主,主要种植小麦、玉米、花生、红薯等。1986 年,耕地面积 2493 公顷,粮食总产 1.49 万吨,农业总产值 2005 万元。1992 年始,全镇推广"三作三收"、"四作四收"、花生覆膜种植、地瓜切块覆膜种植等 32 项农业科学新技术,引进普及优良品种 105 种。1993 年,完成国家"黄淮海"综合开发二期工程,治理面积 1000 公顷。1994 年,完成荒山绿化任务,开始推行荒山使用权拍卖政策,至 1997 年,全镇累计拍卖荒山 766.7 公顷。是年,全镇果园总面积 366.7 公顷,明陵杏园被市政府命名为"市长科技示范园"。2000 年,培育农业龙头企业,成立秀震兔业养殖基地,以其为中心,辐射带动纸坊、邱庄、宋庄及万德、马山等乡镇兔业养殖经济圈。2000 年—2005 年,实施退耕还林还果工程,形成纸坊樱桃园、东莱园明陵杏园、三官核桃园 3 个万亩干鲜果品基地。2008 年,五峰山街道耕地面积 2398 公顷,粮食总产量 1.8 万吨,蔬菜总产 9643 吨,养殖专业村 15 个,大牲畜存栏量 7235 头,家禽存栏量 31.5 万只,肉类总产量 3367 吨,农业机械总动力 2.19 万千瓦,农业机械耕作面积 50%以上,农业总产值 3.5 亿元。

五峰纸坊大樱桃基地 (2008 年 摄)

工业　1986 年,有乡、村、户办企业 92 家,其中乡办企业 13 家,实现工业总产值 1874 万元。1993 年,开展"村办企业年"活动,新上工业企业 40 家,15 个村有工业项目。1994 年—1995 年,对原威风钢厂和皮件厂进行兼并,对刺绣厂实行拍卖,对针织厂实行依法破产。同时制定实施《加快五峰山经济发展的若干优惠政策》。至 1997 年年底,全镇有工业企业 69 家,其中镇办 9 家,外资企业 1 家,形成压力容器、电站辅机设施、水处理设备、工业砂轮、除尘

北辰集团 （2008 年 摄）

设备、食品等 10 多个生产门类，固定资产百万元以上的有 10 家，实现工业总产值 9966 万元。其中以北辰、宏达、国舜等为主的压力容器产业集群已初具规模，被誉为“压力容器之乡”“铆焊之乡”。2005 年 4 月，济南盛阳管道有限公司成立，占地 2.7 公顷，注册资金 300 万元，主要生产 3PE 防腐保温管、2PE 防腐保温管单层熔结环氧防腐管道、钢套钢保温管道、泡沫夹克保温管道、管道内防腐等产品。2005 年 8 月，山东鲁润热能科技有限公司成立，占地面积 3.9 万平方米，建筑面积 8000 平方米，通过 ISO 9001 质量体系认证，获得 D 级压力容器制造许可证，主要生产高、低压加热器，热网加热器，闭式循环冷却水热交换器，高效智能换热机组，双螺纹管换热器，板式换热器，冷却器。2008 年，全街道共有企业 54 家，其中规模以上企业 13 家，规模以上工业销售收入 11.75 亿元、工业增加值 2.9 亿元、利税 5946 万元。其中，山东北辰集团有限公司主导产品有高压加热器、低压加热器、热网加热器、除氧器、板式换热器等，具有 A1、A2 级压力容器设计和制造资质，通过 ISO 9001 质量体系认证、美国 ASME 国际压力容器质量认证、3C 认证，取得 A3 级板式换热器安全注册证，被认定为市级技术中心企业、山东省热传导设备工程技术研究中心，被评为山东省明星企业、省重合同守信用企业、省星火计划示范企业、山东省高新技术企业等。山东宏达科技集团有限公司是一家集科研设计、生产加工、安装调试于一体的大型专业压力容器制造企业，主要从事 A1、A2 类压力容器、各种换热器、智能换热机组、电站设备、石化设备、深冷容器、核容器的设计、制造销售及出口业务，通过 ISO 9001 质量管理体系认证，有国家质量监督检疫总局 A1、A2 级压力容器设计与制造资质，GB1、GB2、GC2 级压力管道安装资质，一级锅炉安装资质，公司被评为中国专利山东明星企业、山东省著名商标企业、山东省重合同守信用企业、省科技优秀民营企业等。

山东宏达集团 （2008 年 摄）

商贸　财税　1986 年，有马庄、黑峪、庄家庄、纸坊、宋村 5 处集贸市场，商贸交易额 100 万元。1993 年，增设三官庙集贸市场。1995 年，增设东黄崖集贸市场。是年，马庄集贸市场由老商业街迁址镇政府驻地新商业街。2001 年，增设王峪集贸市场。

商业街 (2008年 摄)

2008年，集贸市场8处，各类商店410家，社会商品零售总额3.25亿元，财政收入670万元。

村镇建设 1986年，有商业街1条，与马庄集贸市场同街，街道两旁均为平房。农村住房以土坯房为主，乡镇机关全是平房。1993年，开始对老商业街进行拓宽改造。1994年—1995年，建成镇政府驻地新商业街、石窝村民俗街，新修公路3条，硬化2条。1997年，投资240万元，建成镇委镇政府办公楼，建筑面积3000平方米；邮电、工商、税务营业楼、计生办办公楼、中心小学教学楼相继建成。2002年起，北辰路、宏达路、国舜路、五峰商业街相继整修，峰华商住楼、供销社商住楼、中小学职工宿舍楼、仕湾度假村、峰山生态园等相继建成。2005年，成立城镇执法大队，对违法建筑、农贸市场、出租车辆进行规范化管理，城镇综合环境进一步改善，农民住房新建翻建率90%。2006年，对石窝村进行旧村改造。2007年起，对街道驻地及主要道路进行美化、绿化。至2008年，街道形成"四纵三横"（四纵：崮五路、归五路、五峰新商业街、东马商业街；三横：北辰路、宏达路、国舜路）城镇建设新框架。

交通 1986年，境内有主干路2条，通车里程50公里，道路以土路为主。1995年，修建五万路。2002年，修建归五路，是年，竣工通车。2006年，五峰—李店—葛条峪公路竣工通车。至2008年，全街道41个行政村全部实现村村通公路，公路总里程89.6公里，其中区道21.3公里，镇道13.8公里，村道54.5公里。是年，共有摩托车6180辆，交通运输车辆3679辆，其中汽车（轿车、面包车、客、货车）3112辆、拖拉机211辆、三轮车356辆；完成货运量8万吨，客运量30万人次。

邮电 1986年，有邮电所1处。1993年起，先后投资420万元，建成多功能现代化邮电营业楼及移动电话、BP机发射站。1994年，程控电话取代手摇电话。1997年，全镇程控电话机容量2000门，行政村通话率100%，邮电业务总量80万元。2008年，邮电业务总量86万元，市话总量3655门、移动电话7512部。

教育 科技 1986年，有长清十中、菜园、西山、五峰4所中学，小学35所。1989年，实施普及九年义务教育。是年，投资80万元，建五峰中心中学教学楼，建筑面积2200平方米。1995年，

五峰山街道办公大楼 (2008年 摄)

五峰中学 （2008年 摄）

投资350万元，建中心小学教学楼，建筑面积2896平方米。至1995年，西山中学、莱园中学撤销，合并到长清十中（长清二职高）、五峰中学，小学合并为21所。1997年，长清十中（长清二职高）、五峰中学合并为五峰山镇中心中学，有26个教学班，在校生1358人，专任教师103人，学历达标率85%；小学合并为17所，60个教学班，在校生2588人，专任教师132人，学历达标率98.4%；幼儿园23所，教学班30个，在园幼儿760人，幼儿教师36人，学历达标率80%。2002年9月，五峰中心小学建成投入使用，总投资200万元，面积4326平方米；宋村中心小学投入使用，投资40万元，面积735平方米。2005年9月，朱庄中心小学投入使用，投资60万元，建筑面积800平方米。2008年，街道有中学1所，在校生741人，巩固率100%，升学率98%以上，教师77人，学历合格率100%；小学6所，在校生2118人，巩固率100%，教师124人，学历合格率100%。

1997年，全镇有科技机构4个，专业科技人员18人，各类农民技术研究会8个。至2008年，共举办各类科技培训班120期，科普赶集130次，引进科技人员50余人，累计研发新产品29项，其中国家重点新产品3项，市级高新技术产品5项，申报国家专利23项。街道高新技术企业8家，高新技术产值占规模以上工业总产值的比重70%以上，有北辰、宏达2家市级研发中心。北辰集团的SH双纹管换热器获中国专利技术博览会金奖及山东省科技进步三等奖，承担的高效纵翅片换热器项目被国家科学技术部火炬技术产业开发中心认定为国家火炬计划重点项目。宏达公司与航天研究一院合作生产的深冷容器已研制成功并被使用。济南盛阳管道有限公司取得两项国家专利，填补直径159以下口径3PE、2PE防腐技术国内空白，其研发的新产品被评为国家科技创新绿色低碳节能优质产品。

旅游 五峰山街道自然条件得天独厚，旅游资源丰富。境内五峰山有省级旅游度假区（1995年批准）、省级森林公园（1992年批准）、省级文物保护单位，景区以其景幽、山奇、水秀、树翠、桥绝而闻名，是国家首批AAA级景区（2001年批准）。五峰山主峰海拔395米，与泰山、灵岩并称“鲁中三山”，是江北最

五峰三官小学 （2008年 摄）

道教圣地五峰山　（2008年 摄）

著名的道教圣地之一，素有“齐鲁仙境”的美誉。有玉皇殿、三元殿、青帝宫、雌雄同株银杏树、崔先生画像碑、清泠泉、百丈阶等人文景点213处。五峰古迹众多，境内有明德王陵、仙人台遗址。其中明德王陵位于五峰山南，系明英宗之子朱见嶙及其六世嫡系子孙的墓穴，对研究明代帝王墓葬制度，具有重要价值；仙人台遗址，系西周早期的部落遗址和西周时期的邿国贵族墓地，出土青铜礼乐器、兵器、车马器等精美文物320件（套），被评为1995年全国十大考古发现之一。景区内五峰阁（济南市政府第五招待所）、山东黄金集团高尔夫度假村、峰山生态园3处宾馆，集餐饮、住宿、会务、休闲、娱乐于一体。以小庵生态旅游为中心，辐射带动东马、石窝等村，发展农家乐50余家。2008年，游客25万人次。

卫生　1986年，卫生院有干部职工43人，病床25张，农村卫生室39个，农村医生67人。1989年，投资60万元，建门诊楼，建筑面积860平方米。1992年，实行合作医疗。1996年，农村卫生室实行乡村一体化管理体制，通过德、能、勤、绩考核，聘任农村医生67人，农村卫生室合并为15个。至1997年，全为甲级卫生室。2007年，五峰卫生院建起社区卫生服务中心，全面推行新型农村合作医疗，农村人口覆盖率98%。2008年，卫生院有职工51人，病床36张，年门诊量2.4万人次，业务总量240万元。

文化　体育　1986年，有文化站1处，广播站1处，电影队1个。每年春节举办芯子灯、舞龙灯、玩旱船、踩高跷等民间娱乐活动。1991年—1993年，有40个行政村建起文化大院。2008年，有综合文化站1处、广播站1处、书店（含私营）8处，村级文化活动中心24处。1986年—2008年，共举办大型运动会20次，输送各类优秀体育人才200多人。

人民生活　1986年，人均纯收入491元，人均住房面积13平方米，多为土坯房，砖瓦房占30%，每百户居民有自行车120辆、摩托车1辆、电视机30台。2008年，人均纯收入6180元，人均住房面积35平方米，每百户居民有摩托车83辆、电话80门、手机70部、彩电100台、冰箱40台、洗衣机36台、家用电脑6台、家庭轿车（面包车）3辆，居民储蓄余额2.75亿元，有线安装入户率52%，互联网入户率

五峰山街道卫生院　（2008年 摄）

北宋庄村两委会（2008年 摄）

8%，基本医疗、养老保险参保人数分别为2345人、2256人，享受居民最低生活保障人数575人。

村庄选介 东马村 位于五峰山脚下，五峰山街道办事处驻地。农历四、九日为集。1986年，全村257户930人，耕地76.1公顷，人均纯收入512元。1989年，修机井6眼、打深井1眼。1995年，修建北辰路，引进捷利公司，投资110万元，占地面积2公顷。2001年，引进峰华技术开发中心项目，投资1000万元，占地面积2.7公顷。2004年，引进鲁能供热设备制造厂，投资300万元，占地面积8670平方米。2008年，投资60万元，修建东马商业街。2008年，全村290户1008人，耕地63.8公顷，人均纯收入6471元。先后获济南市先进基层党支部、市区平安建设工作先进单位、长清区党建工作红旗村等称号。

北宋庄村 位于五峰山街道西北3.25公里处。1986年，全村303户1083人，耕地108.1公顷，人均纯收入490元。1990年，打深井1眼。1992年，在村南进行土地整治，整修河道260米，建扬水站1座，埋设地下管道500米。1997年，投资34万元，在村南河道建生产大桥2座。2003年—2004年，维修村北干渠、支渠500米。2005年—2007年，建自来水厂1处，打深水井1眼。2008年，投资30万元，修建村内公路3.5公里，建设520平方米村办公卫生服务站综合楼，建设960平方米文化娱乐健身广场1处。2008年，全村320户966人，耕地108.1公顷，人均纯收入6781元。先后获济南先进基层党组织、济南市政府明星村、济南市绿色小康村、济南市优秀人民调解委员会、长清区新农村建设先进村、长清区红旗村等称号。

石窝村 位于五峰山街道北1.5公里处，纵长块状聚落，东西向街1条，南北向街2条。1986年，全村308户1205人，耕地127.3公顷，人均纯收入520元。1990年，济南工业砂轮厂建立，投资40万元，占地4200平方米，主要生产工业砂轮、无心磨砂轮、无心磨导轮、大气孔砂轮、石墨砂轮等产品。1991年，运动鞋厂成立，投资20万元，占地3000多平方米，主要生产桑纳特运动鞋。1994年，全村通上自来水。2004年，投资70多万元，修建村内道路2500米。2006年，建设石窝新村。2007年，修建

石窝村文化休闲广场（2007年 摄）

新村道路3300米，修建广场1处，栽植绿化苗木1万株。2008年，全村386户1180人，耕地116.5公顷，人均纯收入6839元。先后获山东省村镇建设明星村、济南市先进基层党组织、济南市"五好红旗村"、济南市文明村镇等称号。

黑峪村　位于五峰山街道南1.75公里处，莲花山西北1公里。农历二、七日为集。1986年，全村393户1540人，耕地117.8公顷，人均纯收入517元。1998年，投资6万元，硬化道路500米。2004年，投资10万元，硬化道路600米。2007年，投资15万元，全村通上自来水。2008年，全村324户1089人，耕地82.9公顷，人均纯收入6854元。先后获济南市民主法制示范村、市妇联百佳村妇代会、长清区敬老模范村、长清区平安建设先进单位等称号。

三官庙村　位于五峰山街道南7.2公里处。1986年，全村260户1120人，耕地112.5公顷，人均纯收入480元。1990年，打深井1眼。1995年，建200立方米大水池1个，修塘坝2座。2000年，投资12万元，修村北至高庄环山路2000米。2003年，栽植核桃树20公顷，樱桃树6.7公顷。2008年，全村360户1150人，耕地112.5公顷，人均纯收入5673元。先后获长清区敬老模范村、长清区平安建设先进单位等称号。

纸坊村　位于五峰山街道东南9公里处，青龙山东脚下，农历五、十日为集。1986年，全村363户1496人，耕地103.7公顷，人均纯收入490元。2006年，投资4万元，修建生产路2700米。2007年，投资20万元，修建生产路1000米，开挖整修停车场3000平方米。2008年，投资23万元，硬化生产路800米，垒石堰100米，整修塘坝1座；投资13万元，退耕还果40公顷。2008年，全村401户1442人，耕地103.7公顷，人均纯收入5353元。先后获长清区林果（苗木花卉）生产先进村、长清区十大农业特色品牌基地、新农村建设先进单位等称号。

2008年五峰山街道管理区、行政村基本情况表

表26－5

<table>
<tr><th>管理区</th><th colspan="2">行政村</th><th>村名由来</th><th>总户数（户）</th><th>总人口（人）</th><th>耕地面积（公顷）</th><th>人均纯收入（元）</th></tr>
<tr><td rowspan="7">庄庄管理区</td><td colspan="2">小庵</td><td>该村建于元至元间（1264—1294），以此地有座建于金大定十二年（1172）的小尼庵，命名小庵。</td><td>136</td><td>431</td><td>15.0</td><td>6473</td></tr>
<tr><td colspan="2">石窝</td><td>该村古代名石窖邑。金大定二年（1162），拓广五峰山道场时，在此开山采石，以其遗迹更名石窝庄。今名石窝。</td><td>386</td><td>1180</td><td>116.5</td><td>6839</td></tr>
<tr><td colspan="2">东洋河</td><td>清雍正间（1723—1735），张氏十九世祖珩，由黄崖庄迁此建村，以村西北有西洋河村，命名东洋河。</td><td>130</td><td>420</td><td>34.1</td><td>6775</td></tr>
<tr><td colspan="2">西洋河</td><td>明洪武间（1368—1398），齐、吴两姓迁次定居，以村坐落在沙河东岸，命名西沿河，后更名西洋河。</td><td>200</td><td>526</td><td>68.7</td><td>6749</td></tr>
<tr><td colspan="2">庄南山</td><td>明崇祯年间（1632），庄氏由今归德镇庄家楼迁此建村，以村坐落在南山大沟北侧，命名庄家沟，后更名庄南山。</td><td>40</td><td>115</td><td>14.9</td><td>6700</td></tr>
<tr><td rowspan="2">庄家庄</td><td>庄家庄</td><td>明洪武元年（1368），庄氏由登州府莱阳县青崖刘家庄迁此建村，命名庄家庄。</td><td rowspan="2">440</td><td rowspan="2">1528</td><td rowspan="2">163.8</td><td rowspan="2">6761</td></tr>
<tr><td>杨家峪</td><td>清咸丰二年（1852），杨氏由池子庄（今属崮云湖街道）迁此建村，因村坐落在山峪中，命名杨家峪。1984年，改属庄家庄村民委员会。</td></tr>
</table>

续表 26－5

管理区	行政村	村名由来	总户数（户）	总人口（人）	耕地面积（公顷）	人均纯收入（元）
庄庄管理区	北宋庄	宋咸淳间（1265—1274），宋氏建村，命名宋家庄。1960年，为区别马山镇宋家庄，更名北宋庄。	320	966	108.1	6781
	徐南山	明永乐八年（1410），徐氏由今齐河县故城北徐家老庄迁此建村，命名徐家大沟。1951年，因村名不雅，更名徐南山。	83	225	27.9	6606
	王峪	该村建于北宋前，王氏建村，以村坐落在峪口处，命名王峪庄。清朝末年始名王峪。	290	1018	100.5	6758
	北套	明洪武间（1368—1398），以村坐落在王峪北山环处，更名王峪套。1940年，为区别村南王峪始名北套至今。	200	713	61.1	6746
	讲书院	明隆庆三年（1569），张俊觉、王牧嗜两学士，见此地云壑幽胜乃卜居于此，后来建“愿学书院”从教育人，村以书院命名讲书院。	181	607	61.1	6755
	宋村：宋村	该村前名徐家庄，相传建于秦代。东汉末年，三国争雄，战争频发和霍乱症为灾，村民死亡甚多，幸存下来的人们更名剩村。唐朝初年，村民以“剩”不雅，拟音宋村。	750	2586	287.7	6754
	宋村：柳杭	清光绪九年（1883），吕氏由兴隆庄迁此建村，以村坐落在沙河南岸的柳树杭子边，命名柳杭。1984年，改属宋村村民委员会。				
菜园管理区	东马	金兴定二年（1218），长清县令严实为防宋兵攻城，外出督粮而城陷，有人诬陷实献城与宋而伐之，实乃屯兵青崖山，以其为蓄马池。建村后，以历史故事命名马庄。清顺治间（1644—1661），按东西分为两村东马庄、西马庄。	290	1008	63.8	6471
	西马		204	757	63.3	6879
	官庄	明成化间（1465—1487），董氏迁居该村，以族人在州为官，命名官庄。	98	307	26.3	5718
	黑峪	宋乾德间（963—968），该峪建有一座寺院，寺僧无恶不作，人称黑寺，峪随寺名。宋咸淳间（1265—1274），寺被查封，安氏迁此建村，村以峪命名黑峪庄。今名黑峪。	324	1089	82.9	6854
	西沟	清光绪间（1875—1908），赵氏由宋村迁此建村，以村处黑峪西大沟中，命名西沟。	40	130	8.6	6329
	展庄	明弘治间（1488—1505），展氏建村，命名展家庄。今名展庄。	98	294	19.4	6663
	西菜园	明成化间（1465—1487），任氏由山西洪洞县迁来建村，时逢明德王墓施工，即种菜供工匠食用，以村坐落在菜园西，命名西菜园。	103	305	31.1	6302
	东菜园	明成化间（1465—1487），金氏由济南府西郊小金庄迁居该村，时逢明德王墓施工，即种菜供工匠食用，以村坐落在菜园东，命名东菜园。	600	1830	104.9	6570

续表 26－5

管理区	行政村	村名由来	总户数（户）	总人口（人）	耕地面积（公顷）	人均纯收入（元）
菜园管理区	西黄	明正统间（1436—1449），黄氏建村，以村坐落在黄土崖东命名黄家崖子。清朝初年，始名黄崖。1958 年，因村划入钓鱼台水库区，村民分三地建村，分别居水库西南、北、东，故命名西黄崖、北黄崖、东黄崖。今名西黄、北黄、东黄。	63	245	11.5	5875
	北黄		135	535	29.5	6069
	东黄		126	482	24.3	5897
	会子峪	该村古为回民所居，人称回回峪。明万历间（1573—1620），殷氏迁此定居，以村处形似“会”字的山峪中，更名会子峪。	140	420	25.3	5989
	润玉泉	村外有山泉悬崖上流下，气势似雨状，名润雨泉。明洪武八年（1375），高氏由山西洪洞县迁此建村，村随泉名。后误写作润玉泉。	232	690	44.4	5983
三官管理区	陈庄	明崇祯间（1628—1644），陈氏为种地方便，由展家庄迁来建村，命名陈家庄。今名陈庄。	78	270	25.2	5163
	李店	宋宣和间（1119—1125），李氏建村，命名李家庄。清末年，李氏以村临大道开店营生，人称李家店，演为村名。今名李店	220	734	59.3	5610
	高庄	清康熙三年（1664），高氏建村，命名高家庄。光绪间以村东大土崖子更名高家崖子。1958 年，复名高家庄。今名高庄。	260	788	86.0	5612
	三官庙	元朝初年，道教盛极一时，村人信奉“天官赐福、地官赦罪、水官解厄”之说，故修三官庙，后演为村名。	360	1150	112.5	5673
	兴隆	该村建于清代之前，吕氏由山西洪洞县迁此建村，为图吉祥，命名兴隆庄。今名兴隆。	60	184	21.6	5565
	赵庄	清乾隆间（1736—1795），赵氏由西洋河迁此建村，命名赵家庄。今名赵庄。	70	238	22.3	5550
	后太平	明嘉靖间（1522—1566），贾氏建村，命名贾家庄。崇祯间，村民饱受战乱之苦，盼能安居乐业，更村名太平庄。同治间，战争又起，人们倍受骚害，更村名后太平。	102	345	25.4	5583
	张庄	明万历间（1573—1620），张氏由山西洪洞县迁居该村，命名张家庄。今名张庄。	196	650	65.7	5634
	葛条峪	明崇祯间（1628—1644），董氏祖敬舜迁此建村，以峪内葛条横生，命名葛条峪。	114	381	33.5	5638
邱庄管理区	西石	明崇祯间（1628—1644），黄氏为种地方便，由纸坊迁此建村，以村西有畸形巨石，命名西石庄，后来兄弟分居南北，该村居北，故命名北西石。今名西石。	90	272	23.3	5356

续表 26－5

管理区	行政村	村名由来	总户数（户）	总人口（人）	耕地面积（公顷）	人均纯收入（元）
邱庄管理区	纸坊	明隆庆间（1567—1572），韩氏由山西洪洞县迁居该村，以修制耕地犁营生，命名拾掇犁子庄。后因改业造纸，更名纸坊庄。清末年，始名纸坊。	401	1442	103.7	5353
	朱家庄	明嘉靖间（1522—1566），朱氏分别由县城南朱家庄和今归德镇坟台迁此建村，名朱家庄。	365	1365	88.7	5353
	邱庄	唐贞观间（627—649），邱子荣诞生于该村。后来占据青崖寨山，领导农民反抗唐王朝统治，后人为纪念他，更村名邱家庄。今名邱庄。	270	873	54.3	5355
	蔡庄	该村为蔡氏所建故名。清康熙间（1662—1722），李氏由青州府寿光县迁居该村，沿称蔡家庄。今名蔡庄。	137	448	20.5	5352
	德峪	明洪武间（1368—1398），汪氏迁居该村，以村坐落在山峪中，命名汪家峪。后来汪氏犯法，为避灾难，拆“汪”字名三王峪。清光绪二十八年（1902），徐氏由今马山镇大河东迁此定居后，以德为尚，更名德峪庄。清末，始称德峪。	256	850	63.9	5354
	下铺子	明万历间（1573—1620），刘、李、徐三姓迁此建村，房舍布局呈三角形，命名三角台。清乾隆间，刘氏以村临通泰山大道开店营生，又居李、徐两姓下方，人称下饭铺子，演为村名。1950 年，始名下铺子。	69	246	20.4	5347

第二章　镇

第一节　归德镇

地理环境　归德镇位于长清中西部，西至黄河与德州市齐河县相望，南邻孝里镇，东靠五峰山街道、马山镇，北接文昌街道，距长清城区 10 公里。归德镇因镇政府驻地在归北村而得名，总面积 148.8 平方公里。地形呈东南高西北低的倾斜地势，山、滩、平原各占三分之一。黄河自西南向东北从镇域西部流过，黄河河岸线长 18 公里，建有码头、顾小庄两座黄河浮桥。南大沙河自东南向西北流经全镇，属季节性河流，沿南大沙河建有小屯水库。镇内交通条件优越，辖区内济菏高速公路、220 国道、104 省道、济平公路纵贯南北，济菏高速公路在归德镇胡同店村设有出入口，农村公路四通八达。自然资源、旅游资

济菏高速公路胡同店出入口 （2008 年 摄）

源丰富，东部山区砂石资源丰富。

发展概况 1986年，归德镇辖归德、翟庄、坦山、小屯、苾村、李官、国庄、董洼、王魏 9 个办事处，106 个行政村，18121 户，81252 人。全镇农业总产值完成 6632 万元，工业总产值完成 7666 万元，全镇财政收入完成 220 万元，农民人均纯收入 423 元。1993 年，归德镇被命名为济南市首批小康镇、山东省“百强乡镇”（第 76 位）。1994 年，跨入全国综合实力 500 强乡镇列第 182 位。1996 年，被济南市科委命名为济南市科技兴农示范基地乡镇。2006 年，被济南市经济委员会评为济南经济十强乡镇。2008 年，归德镇辖归德、翟庄、坦山、小屯、苾村、李官、国庄、董洼、王魏 9 个办事处，106 个行政村，22371 户，80101 人。全年完成地区生产总值 27.83 亿元，地方财政收入 710 万元，农民人均纯收入 7020 元。归德镇先后被评为全国创建文明村镇工作先进镇、全国新农村建设科技试点镇、省级文明镇、省级卫生镇、全省计划生育先进单位、平安山东建设先进基层单位、全区科学发展综合考核标兵单位。

农业 归德镇土地肥沃，水源充足，是济南市“蔬菜之乡”，素有“大蒜之乡”“山东粮仓”的美誉。镇内特色农产品主要有大蒜、大葱、菠菜、冬枣、核桃、果树苗等。1986 年，全镇粮田面积 5620 公顷，总产 46545 吨。1989 年，筹集资金 120 多万元，石料 2 万立方米，黄沙 5.3 万立方米，水泥 1.5 万吨，建成 1.02 万米引黄渠道，并正式通水，年增收 200 万元。1991 年，全镇粮食总产量 5126.5 万公斤，成为山东省第一个粮食产量超 5000 万公斤的乡镇，提前 4 年实现“八五”计划指标。1994 年起，连续 3 年实施“黄淮海”开发三期工程，涉及归德、小屯、李官、国庄 4 个办事处，25 个行政村，共开发整理土地 800 公顷，埋设 PVC 管道 33 公里，建机井房 180 间，建生产路 70 公里等。1995 年，归德镇重点在调整粮经作物比例、提高种植效益上搞突破，筛选出小麦、菠菜、玉米、花生“四作四收”高产高效模式，作为发展大农业的成功模式在中央电视台《新闻联播》节目中播出。1996 年，投资 80 万元建成路庄排涝站。是年，被命名为济南市“两高农业”示范乡镇。1997 年，全镇“四作四收”面积 2000 公顷。2003 年，注册“卢城”

万源蔬菜科技示范基地 （2008 年 摄）

■ 农村供水工程国庄水厂　（2008年　摄）

牌大蒜，成立济南卢城蔬菜有限公司。是年，实施坦山片区连片供水工程，供水入户率100%。2005年，通过土地流转，建成万庄村万源蔬菜科技示范基地，总占地66.7公顷，安排300多名劳动力就业，被列为济南现代农业特色品牌核心区，成立万源蔬菜种植合作社，叫响“万鲁”牌有机韭菜品牌。2006年，五万亩世行三期项目开始实施，历时4年，总投资1728万元，涉及5个办事处，29个行政村，2.8万人，共疏挖排水沟88公里，土方20余万立方米，新修生产桥10座，新建涵洞126座，新打机电井120眼，建机井房190间，维修井房21间，新上变压器22台套，硬化田间生产路120公里，埋设PVC管材350公里，安装出水口4200个，开发中低产田3333.3公顷。2007年—2008年，先后实施黄河生产堤维护、董庄渡口涵桥西围堰修复、沙河顺河堤加固、南河桥基础修复加固和西张水库加固工程；实施生态家园富民工程，建成沼气池村106个，阳光屋顶工程重点村34个、示范村4个；实施规模化还田免耕，还田面积5333公顷，免耕面积1333公顷，成为济南市乡镇级最大还田免耕基地。2008年，总投资290万元，建成国庄、曹楼、万庄3座水厂，解决3个办事处37个村的饮水问题；全镇新植树40万株，其中路林4.5万株，绿化道路48条、长45公里，片林、丰产林267公顷22万株，荒山绿化植树3.5万株，森林覆盖率32%。至2008年，全镇耕地面积7000公顷，其中传统间作大蒜、菠菜种植面积2667公顷，发展无公害蔬菜基地2333公顷，建冬暖式蔬菜大棚220个，蔬菜小拱棚1500个，在山区建梨、枣、核桃、石榴、苹果等林果基地333公顷。

工业　1986年，全镇有镇村户企业849家，大多数企业属于小手工业、小作坊式生产，镇属企业主要有锅炉厂、造漆厂、塑料厂等15家，全镇工业总产值7666万元。1988年，镇工业总产值1.82亿元。1992年—1995年，选择济南泉都集团和东辛橡胶厂作为改制试点企业，新增股金1306万元。先后有155家镇村企业推行股份制、股份合作制，逐步建立起现代企业制度。1996年，山东泉都、长

■ 济南经济开发区南园管委会　（2005年　摄）

天然气产业园 （2007 年 摄）

兴、长虹、冰山、泺源集团5家企业成为省级集团(总公司),山东三友锅炉成为省级有限公司,济南福禄集团、鲁越集团成为市级企业集团(总公司)。1997年，全镇镇属、村办、户办企业1000余家,其中镇属企业19家,村办企业156家,合资企业10家，外商独资企业1家。2005年5月18日，济南经济开发区南园挂牌成立，南园是长清区委、区政府确定的全区优先发展的"一区三园"之重要一园，实现道路、通讯、供水、供电、供气、排水、排污、场地平整在内的"七通一平"，设立50千伏开关站为企业提供电源；中石油、中石化设天然气分输站,直接为区内企业供应管道天然气。2007年—2008年,新引进山东西能天然气、山东海伦环保科技、济南方圆发制品、济南博惠纺织、山东豪诺医药、济南贵景骏商贸、济南奥凯氟塑料、济南中旭机械、济南浩博液压等一批科技含量高的企业26家,总投资20多亿元。其中:山东海伦环保科技发展有限公司建成1.5万平方米的单体车间,年实现销售收入1.2亿元,利税1000万元,安排300人就业;中外合资企业济南博惠纺织有限公司,专业生产服装,产品全部出口,年设计生产能力50万件套，年销售收入1000万美元,安排500人就业。2008年,全镇共有各类企业76家,其中规模以上企业17家,形成天然气、机械制造、食品医药、生物技术、精细化工五大支柱产业,规模以上工业增加值完成7.62亿元,利税4.3亿元,工商税收2345万元。济南长兴建设集团跻身泉城建筑企业综合实力二十强（第七名);志信电力新研发的变频热水器和加强型复合钢管获国家专利认证；三友锅炉取得生产大吨位蒸汽锅炉资质;济南活力饲料有限公司，被评为山东省饲料50强企业。

泰山海伦 （2008 年 摄）

商贸 财税 1986年,归德镇有归德、国街、程官庄、翟庄、苾村铺、石官庄、北坦、南坦、雾露河、小屯10处集贸市场。1987年,吴渡村立集。1993年,归南村立集。1994年,万庄村立集。1995年,李官村立集。1997年，全镇个体工商业户5000多户，第三产业增加值2.1亿元；镇政府驻地商业街商贸网点140个,成为一条新

顺和园 (2008年 摄)

兴的三产聚集带；建成占地4.3公顷的蔬菜批发市场，成立蔬菜批发市场管理办公室，全镇的菠菜、大蒜及其他蔬菜打入东北市场；以220国道两侧开发为重点，在后夏村西新建1处专业批发市场，开发建设凤鸣、万庄2处商业小区；苾村、翟庄、国庄办事处驻地村各建1条长50米的商业街。2001年，平房村立集。2003年，坟台村立集。2006年，闫楼村立集。2007年，对驻地沿街商品房进行集中连片开发、配套式建设、市场化运作，长兴路西段、沙河辛街两侧商住房全部进行开发，100余户私营业户入驻经营，营业面积10万余平方米；对归德商场进行改造，建成归德供销社百货大楼金合作直营超市。2008年，岗辛村立集。是年，全镇共有工商业户5000户，专业市场2处，集市18处，其中逢农历一、六有平房、闫楼、归北、岗辛集；逢农历二、七有国庄、万庄、北坦、程官庄集；逢农历三、八有翟庄、石官、苾村铺、李官集；逢农历四、九有王魏、南坦、归南集；逢农历五、十有吴渡、坟台、小屯集。是年，完成地方财政收入710万元。

村镇建设　1986年，全镇大多是低矮的民房，且街道狭窄。1987年，建成镇委、镇政府办公大楼，总投资100万元，建筑面积3000平方米，是年，建成镇府前街。1990年起，基础设施日臻完善，服务功能配套齐全。1992年，投资1000万元，建成宽26米、长2000米的商业街，粮所大楼、农电大楼相继完工，总建筑面积5万平方米。1994年，归南村小康屋在全省康农居评比中获优秀设计方案二等奖。1995年，归德镇被列入山东省"百新工程"试点镇和济南市小城镇建设示范乡镇，被省政府评为村镇建设"十百千"活动新型乡镇。1997年，小城镇规划面积10平方公里，计生服务大楼、派出所大楼等相继竣工使用。2000年，归德镇被列为山东省首批中心镇。2004年4月，聘请省城镇建设规划设计院等有关专家设计《归德镇2004年—2020年总体规划方案》，并顺利通过专家评审，成为归德镇小城镇第一个较为全面、完整、系统的规划。2007年，归德镇被确定为济南市"城镇建设行动"首批试点镇，投资610余万元，对5公里长的长兴路，2公里长的商业街路面进行挖补修整近2万平方米，铺沥青6.3万平方米，铺设人行道花砖1.08万平方米。府前街向东打通新修道路850米，向西扩展新修道路450米。镇驻地新增绿地2.5万平方米、绿化苗木4万余株，安装路灯126盏；新建排水沟3500米，对归德商场进行改造，建成"顺和园""槐荫园"两处公园。2008年7月，"城镇建设行动"顺利通过验收。

交通　1986年，归德客运站日发客运汽车110班次，4500余人次。1992年，投资80万元，建成归北至胡同店路，长3.86公里。1996年，整修卫楼村至董洼村的沥青路，开通归南村至王魏办事处的防汛路，220国道标准路建设一期工程完成。1996年8月，建成吴渡浮桥。2001年，投资300万元，修建凤鸣至岗辛庄路，长3.1公里。2002年9月，码头浮桥正式通车投入运营。是年，投资170万元，修建220国道至后夏路，长1.2公里。2003年6月，建成顾娄浮桥。2004

归德大桥 （2008 年 摄）

年，投资 1700 万元，改建长孝公路，长 11.8 公里。2004 年—2005 年，投资 300 万元，修建 220 国道至归南路，长 3.9 公里；修建路庄至王庄路，投资 1200 万元，长 6.4 公里。2005 年，工业路命名为长兴路。到 2008 年，“村村通公路”工程共投资 3465 万元，硬化道路 350 余公里，106 个村全部实现村村通公路，83 个村实现街街通、户户通，全镇形成“三纵四横”的布局（“三纵”是 220 国道、104 省道、长孝公路，“四横”是长兴路、220 国道—路庄—王庄、220 国道—凤鸣庄—岗辛庄、220 国道—后夏庄）。

邮电　1986 年，全镇有邮电所 1 处。1995 年，投资 200 万元，建成邮电通讯大楼，全镇有 80%的村通电话，电话装机量 800 多部。1997 年，镇邮电局投资 300 多万元，修建寻呼台，铺设地下电缆 3000 米。2008 年，全镇有邮政所 1 个，邮政服务网点 14 个，交换机总容量 2.2 万门，实占容量 1.6 万门。移动基站 13 个，其中中国移动基站 7 个、中国联通基站 6 个。

教育　科技　1986 年，全镇有长清七中、归德中学、月庄中学、翟庄中学、坦山中学、国庄中学、董洼中学、平房中学 8 所，小学 76 所，教职工 690 人，在校生 1.2 万人。1995 年，归德镇实施教育“两基”达标，投资 1000 多万元，新建教学楼 15 幢，建筑面积 2 万平方米，购买一批教学设备。1990 年，平房中学合并到月庄中学，董洼中学合并到国庄中学。1995 年，坦山中学合并到翟庄中学。1996 年，被评为济南市义务教育先进镇。1997 年，有中学 4 所，小学 49 所，幼儿园 74 所，教职工 643 人，在校生 1 万人。适龄儿童入学率 100%，小学毕业升学率 99%，小学在校生巩固率 100%，初中在校生巩固率 100%。1999 年，国庄中学合并到长清七中。2004 年，归德中学与翟庄中学合并到长清七中。2006 年，月庄中学被评为第十三批山东省规范化学校。2008 年，长清七中新建 1 座集功能室、办公室于一体的 3 层综合楼，总建筑面积 1100 平方米；坦山小学新建校舍 18 间，建筑面积 600 平方米；李官小学投入 30 余万元，建成阶梯教室；小屯教学楼升级改造工程完成，并投入使用。2008 年，全镇有中小学 11 所，教职工 486 名。其中中学有长清七中、月庄中学，教学班 32 个，在校生 1767 人；完全小学 9 所，教学班 100 个，在校生 4986 人；中心幼儿园 1 所。全镇省级规范化学校有月庄中学 1 所，市级绿色学校有月庄中学、国庄小学、翟庄小学 3 所，区级规范化学校有归德中心小学、长清七中、翟庄小学 3 所。教学仪器、图书等内部设施，七中、月庄中学、中心小学达省一类标准，其他完小达二类标准。中小学专任教师学历达标率均为 100%。

1986 年，镇、办事处、村设立科技工作领导小组，完善组织网络，配备科技干部。1987 年，投资 130 万元，修建归德镇成教中心，先后举办培训班 96 期，培训科技人员 8000 名。1989 年 4 月，归德镇科协被中国科协命名为全国农村科普先进集体。是年，归德镇被国家教委评为全国实施“燎原计划”先进乡镇。1996 年，归德镇被省

归德镇召开和谐之星表彰大会 (2005 年 摄)

科委命名为科技星火示范乡镇。至 2008 年，共实施各类科技计划 38 项，长虹集团耐热高合金离心铸管列入国家级星火计划、国家“863”计划和火炬计划，济南泉都集团光可解膜列入国家级星火计划，冰山集团醇醚型制动液列入省级星火计划。

卫生　1986 年，归德镇卫生院有医务人员 90 人，床位 47 张，年诊疗 5.97 万人次，设医疗点 106 个，乡村医生 168 人。1994 年，恢复农村合作医疗，实行儿童计划免疫。2006 年，归德卫生院依托政府“1127”工程，投资 180 万元，新建病房楼 1800 平方米；投入 90 万元，修建 1000 平方米的东西厢房和 330 平方米十字走廊；筹资 400 万元，改造门诊楼 2300 平方米，修建职工宿舍楼 3300 平方米，开发沿街房 1200 平方米。2008 年，归德镇中心卫生院有医务人员 85 人，床位 58 张，年诊疗 4.56 万人次，村级卫生室 65 个，乡村医生 276 人，有 2.2 万户、6.6 万人参加新型农村合作医疗。

文化　体育　1986 年，全镇有文化站 1 处，广播站 1 处，影剧院 1 处。1996 年，投资 50 万元，建成电视转播台。是年，承办省、市文化下乡开幕式。1996 年，归德镇组团参加全县第二届农民运动会，取得全县总分第一名。三合村狮子舞获市民间艺术演出一等奖。翟庄村被市文化局命名为“民间文化艺术村”。每逢春节都举办踩高跷、扭秧歌等丰富多彩的民间娱乐活动。1996 年—1997 年，归德镇的民间艺术节目获市一等奖 3 个、二等奖 4 个，县一、二等奖 20 个。2006 年，长清区归德镇曲艺说唱团被评为全省优秀“庄户剧团”。2007 年，在全镇开展“弘扬四德，建设归德”主题教育活动，编发《四德教育读本》第一册。是年，在全镇评选出先进个人 29 名，将他们的事迹编撰成以“绽放的党性光芒，执着的事业追求”为题，长达 6 万余字的《四德教育读本》第二册。“弘扬四德，建设归德”主题教育活动被评为“泉城精神文明创建品牌”。是年，举办“庆五四、迎两会”乒乓球比赛；归德镇被省农业厅、省体育局、省农民体协评为第五批“全省亿万农

归德镇电视差转台 (1996 年 摄)

归德镇敬老院落成揭牌仪式 （2008年 摄）

民健身活动先进乡镇”。2008年，投资100余万元，对原镇影剧院进行更新改造，建成卢城文体中心，设有图书室、阅览室、棋牌室、器材室、多功能厅和文化资源共享活动室等10大功能室，总面积6000平方米，可容纳1000余人。有线电视入户1.2万户。

文化古迹　辖区内古遗址、古墓、碑刻、造像众多，彰显出归德灿烂的文化。月庄遗址是新石器时代北辛文化发源地，是济南市考古发掘最早的文化年代，为省级文物保护单位。张官遗址，弥补了山东地区新石器时代谱系的空白。小屯遗址是商周时期的遗址，对研究商代历史、山东古国史有着极重要的价值。卢故城遗址是春秋时期卢邑即卢子国的城都，也是世界卢姓的发祥地。双乳山西汉济北王陵始建于西汉武帝天汉四年（前97），主墓总面积1500多平方米，凿石总量为8800立方米。双乳山汉墓出土玉剑、玉覆面等珍贵文物2300多件，被评为1996年全国考古十大发现之一。2001年，被国务院公布为全国重点文物保护单位。石门摩崖造像，位于归德镇土屋村南云头山、赵化山的连接处，有一尊高1.3米的像刻在西崖峭壁上，为唐代遗物，有明代造佛龛题记，现保存完好。圣佛洞石窟造像，位于归德镇胡同店村东南1公里处的水母山上。洞为一自然洞穴略凿而成，洞门为石券门，造像均为高浮雕。洞北壁刻有1佛2菩萨2弟子，沿南壁刻有2尊菩萨，为唐宋时期所雕刻，现保存基本完好。大觉寺石碑，位于归德镇大觉寺村西南，大觉寺原址已平，此寺创建何时无考。村东北观音堂旧址已建学校，砌墙内有碑碣24通，碑刻内容丰富，艺术水平高，现保存尚好。

人民生活　1986年，农民人均纯收入423元，人均住房面积15平方米，百户有自行车142辆、钟表76只、缝纫机53台、黑白电视机51台，年末居民储蓄额867万元。2008年，全镇人均纯收入7020元，人均住房面积30平方米，百户有摩托120辆、电话115部、手机97部、彩电110台、冰箱134台、洗衣机126台、电脑86台，居民储蓄额2.7亿元，基本医疗3200人，养老保险参保450人，享受居民最低生活保障319人。是年，位于翟庄村的归德镇敬老院建成，占地1.07万平方米，总投资120万元，新建房屋41间，建筑面积1200平方米，改造房屋900平方米，硬化道路300米，可安置100人，入住40人。

村庄选介　归南村　位于镇驻地。1986年，全村415户1758人，耕地123公顷，人均纯收入470元。1989年，投资300万元，配套各类农用机械，全村实现从耕到收病虫害防治统一作业。1990年前后，在全村推广“四作四收”农业立体种植模式。发展第三产业，全村个体经营户300多户。1992年起，先后4年投资400万元，建起高标准学校，修砌村内排水沟，铺设沥青路面，安装路灯、自来水。1993年，归南村率先在全县成立第一个村级企业集团——山东冰山集团，实行党政、村企合一的村级工作管理机制，“冰山牌”商标被评为山东省驰名商标。1994年，“冰山牌”起动液获中华科技精品博览会金奖。1995年,冰山集团获全国化学工业行业最大规模乡镇企业称号。是年起,村里设立老年人补助金,男年满60周岁、女年满55周岁以上的村民,每年可领取60元钱的老年补助金;制定奖学金制度,对考取高、中等专业学校的学生分别给予奖励。1998年,冰山集团实现产值4000万元,上交税金100余万元。2008年,全村525户1980人,耕地121.7公顷,人均纯收入7988元。先后被评为济南市文明村庄、计划生育先进单位,长清区五好红旗村、纳税总量先进单位。

归北村　位于镇驻地,南大沙河南岸。1986年,全村408户1628人,耕地132公顷,人均纯收入510元。是年,投资78万元,建起三层沿街商住楼,建筑面积2000平方米。1987年,投资70万元,归北村建成小学教学楼,建筑面积3000平方米。1993年起,归北村推广秸秆还田,投资20万元,购买农业机械15台,连续两年全县秸秆还田、小麦免耕种植现场会在归北村召开。是年,归北村坚持以发展二、三产业为重点,先后办起16处村办企业。1997年,投资20万元,建成归德商场,面积1万平方米,容纳商户200户。1999年—2000年,投资16万元,打深井12眼,受益146户。2007年,投资100万元,对村委办公楼进行更新改造;投资40万元,硬化道路面积6000平方米,新修排水沟1500米;投资1.5万元新上2台变压器,修变电室1座,铺设电缆1000米。2008年,全村480户1518人,耕地113.1公顷,人均纯收入7760元。先后获长清区(县)先进党支部、红旗村、文明村庄、秸秆综合利用先进单位等称号。

沙河辛村　位于镇驻地东0.5公里处,南大沙河南岸。1986年,全村445户1900人,耕地178公顷,人均纯收入420元。1989年,投资30万元,建成三层村委办公楼,面积660平方米。1992年,投资90万元,修建高标准四层教学楼。1998年起,对全村进行整体规划,先后投资26万元,拆迁65户,拆迁面积1.1万平方米,硬化道路长6400米,面积5.6万平方米。2002年,村自筹资金60万元,修建宽9米、长88米的沙河大桥1座,王街河口小桥1座,南北交通贯通。投资32万元,修建排水沟5600米。2006年始,对70岁以上老人春节每人补助100元。是年,修垃圾池7个,固定专人及时清理外运;全村实现通电话、通有线电视。2007年,开通村中心街,东西交通贯通。2008年,投资56万元,村内主要道路安装高标准路灯38盏,修花园3处,健身器材场地5处。是年,全村532户1853人,耕地178.2公顷,人均纯收入7899元,村集体收入36万元。先后获全省民主法治示范村、济南市五个好村党支部、济南市文明一条街建设示范村、市农村文化小康"五十佳"等称号。

路庄村　位于镇驻地西1.5公里处。长方聚落,东西向街1条,宽3米,长464米。1986年,全村362户1626人,耕地160公顷,人均纯收入460元。是年,路庄村规划前东西街、后东西街、西南北街、东南北街。1995年冬,投资100万元,将原主要东西向街拆迁拓宽,共搬迁23户,道路由3米拓宽为15米,东西延长为747米。2003年起,全村大蒜种植面积140公顷以上,年产大蒜5500吨。2004年,投资90万元,对村内4条街道进行硬化,长2.3里,路庄村在全镇率先实现街街通水泥路;是年,投资10万元,建成幼儿园。2007年—2008年,投资40万元,修建农业生产路6条,3.2公里。2008年,全村420户1510人,耕地159.8公顷,人均纯收入7983元。先后获长清区(县)先进党支部、红旗村、文明村庄、综合治理先进单位等称号。

曹楼村　位于镇驻地西南2.5公里处,方形聚落。1986年,全村320户1318人,耕地122公顷,人均纯收入410元。1987年起,该村种植的大蒜品质好、产量高,种植面积67公顷,年产量3000吨,打入国际市场,被誉为济南市外贸出口第一村。1990年起,曹楼村混合科学养鱼典型经验在全县推广,是年,全村21.3公顷鱼塘生产商品鱼11.2万公斤，收入56万元，被省政府授予淡水养鱼先进单位称号；全国沿黄渔业综合开发现场会在长清召开，对长清县沿黄渔业综合开发取得的成绩给予充分肯定。2003年，投资10万元，修建村办公室9间200平方米。2005年—2006年，投资80万元，修建长平路至村东西大街4公里。2008年，全村390户1200人，耕地111.3公顷，人均纯收入7384元。曹楼村多次获长清区红旗村称号。

翟庄村 位于镇驻地西南3.5公里处，长方聚落。济平公路穿村而过，东距220国道3公里，西距黄河2公里。逢农历三、八为翟庄集。村南有福禄山汉墓。翟庄石雕工艺闻名遐迩，曾选派石匠参加北京人民大会堂的建设。1986年，全村575户2715人，耕地254公顷，人均纯收入400元。1986年起，先后打深井、大口井、机井35眼，全村水浇地扩大到187公顷。推广玉米良种种植，建立起20公顷蔬菜基地。1988年，林地面积发展到40公顷，被济南市授予林业先进单位称号。1989年，投资50万元，重建占地2公顷的翟庄中学，建高标准教学楼4幢。1991年，绿化荒山4座，植树造林67公顷。1992年，建起3000平方米的村办公大院，建筑面积1200平方米。是年，被济南市文化局命名为“民间艺术之乡”，其“叠罗汉”“高跷舞”和“舞狮子”等艺术项目技艺精湛。1993年始，全村开展小麦、玉米科技育种和葡萄育苗工作，被农业部定为小麦原种场，被省农业科学院作为定点育种单位。在农业用水方面开展节水试验，被世界银行选为节水灌溉项目区，安装PVC管道1.4万米。1994年，对旧村进行改造，形成“三纵四横”的新格局，拓宽硬化集市街道，拆除旧房108间，建筑面积1200平方米。1995年，建立轻骑配件厂。1997年，组建济南福禄集团。1999年，新建变压楼3座，安装200千伏安、100千伏安变压器各1台。至2000年，先后投资100多万元用于教育事业，购置微机和大量先进教学设备，新建校图书馆，先后有230名学生考入大中专院校，其中研究生2名、本科13名，《大众日报》《济南日报》进行专题报道，成为远近闻名的“状元村”。2001年，投资50万元，全村安装自来水。2002年起，先后7年总投资1000万元，硬化道路8公里，新打深井12眼，浅井4眼，新上变压器8台。2006年，投资30万元，建起村幼儿园，建筑面积400平方米。2008年，投资10万元，对村700平方米办公室进行装修；投资6万元，建文化大院1处。是年，全村720户2240人，耕地200公顷，人均纯收入7920元。先后获全国计划生育协会先进单位、济南市文明村庄、民主法治示范村及市、区先进党组织、五好红旗村等称号。

万庄村 位于镇驻地东4.9公里处，220国道以东，济菏高速公路以西，长方聚落。1986年，全村176户753人，耕地99公顷，人均纯收入480元。是年，县自来水公司扶持资金2万元，全村实现户户通自来水。1989年—1991年，引进长虹铸管、泉都集团、面粉厂3家企业；投资35万余元，修建2层酒楼1幢，楼房28间；投资10万余元，给每个生产队打井1眼，配套齐全。1991年，购买东方红75型链轨车1台。1994年，投资5万余元，通街、赶会、立集，设立二、七万庄村集贸市场。1997年，投资300万元，在220国道两侧修建门头房30余处，建起汽修厂、饭店、旅馆、批发部、理发店。1999年，投资近20万元，修建硬化宽8米、长600米中心大街1条。是年，万庄村被规划为归德镇民营经济示范区。1999年—2001年，投资20余万元，新打160余米深井2眼，铺设6寸PVC地下管道4500余米。2002年起，先后引进济南红利味业发展有限公司、济南中外博惠服装有限公司、济南天星钢结构有限公司、济南活力饲料有限公司等企业。2003年，投资1000万元，规划建设33公顷奶牛小区1处，饲养奶牛1100头，成立万泉奶牛养殖专业合作社，日收购鲜奶10余吨，所产生的牛粪、沼液用于蔬菜

种植、施肥，生产无公害绿色蔬菜。2005年，投资6万元，打160米深井1眼。通过土地流转，建成万庄村万源蔬菜科技示范基地，总占地66.7公顷，发展冬暖大棚30余个，中小拱棚50余个，安排劳动力就业300多名，被列为济南现代农业特色品牌核心区，成立万源蔬菜种植合作社，注册“万鲁”牌有机韭菜品牌。2008年，成立万生源农牧发展有限公司；投资18万元，建成高9米、宽12米“龙”字青石牌坊1座；全村新上变压器10台，共1200千瓦；对119名60岁以上老人，春节及中秋节每人发放200元礼品。是年，全村198户630人，耕地57.1公顷，人均纯收入7988元。先后获济南市先进基层党组织、市级生态文明村、市党风廉政建设示范村、市新农村建设十大行动示范村等称号。

薛庄村文化广场　（2007年摄）

薛庄村　位于镇驻地北2.5公里处。1986年，全村306户1469人，耕地144公顷，人均纯收入470元，村集体收入2万元。1992年，投资4万元，建起村委办公大院。1995年，投资3万元，修建中心大街主干道。2000年，扩大蔬菜种植规模，生产的土豆、胡萝卜远销深圳、香港等地；投资3万元，架设路灯线路，安装路灯50盏。是年起，每年组织评选“十佳”文明户、好婆婆、好媳妇活动。2003年，投资30万元，建起奶牛小区。2004年，投资91万元，硬化环村路和村内全部道路。2005年，投资12万元，建成2座配电室。投资30万元，建起村内中心广场，安装健身器材10套；投资15万元，修建长132米高标准排水沟，全村普及有线电视，建沼气池，安装太阳能。2006年，投资20万元，建起村幼儿园1所。2007年，投资2万元，修建垃圾池6个。2008年，投资15万元，实现户户通自来水。是年，全村402户1520人，耕地124.2公顷，人均纯收入7960元，村集体收入45万元。先后获市级文明单位、全区先进基层党组织、新农村建设先进单位等称号。

大觉寺村　位于镇驻地西北2公里处，南大沙河北岸，西距黄河3公里，长方聚落，纵街4条，横街3条。大觉寺村历史悠久，唐武德间在古冢上建一寺院，大殿三教堂中，供奉佛、道、儒三教始祖像。1977年，自旧村向东1公里处垫部分村台。1983年，全村整体规划建设。1986年，全村335户1463人，耕地143公顷，人均纯收入430元。1987年，投资5万元，全村安装自来水。1988年—1990年，该村全部搬迁完毕，将旧村村址改造为34公顷的良田。1998年—2002年，投资80万元，将村内街道全部硬化，共7条2万平方米。是年，投资100万元，修建1700米的出村路。是年起，对村房屋进行整改规划，由原来的平房向二层楼房发展，建成楼房100幢。2007年，投资20万元，重新安装自来水；投资100万元，改造复垦沙河荒滩地20公顷。2008年，全村400户1462人，耕地150.5公顷，人均纯收入7864元。

2008 年归德镇办事处、行政村基本情况表

表 26－6

办事处	行政村	村名由来	总户数（户）	总人口（人）	耕地面积（公顷）	人均纯收入（元）
归德办事处	归南	唐武德年间，高氏建村，以村北中间高四周低形似乌龟背，名龟背庄。后人因龟背不雅，拟音归德庄。至宋代形成镇店，始名归德镇。明崇祯间（1628—1644），名归德街。民国初年，始名归德。1984 年，改归北、归南两个大队，建归北、归南两个村民委员会。	525	1980	121.7	7988
	归北		480	1518	113.1	7760
	路庄	该村为孙氏所建名孙家庄。明洪武间（1368—1398），路氏由山西洪洞县迁居该村后，孙氏乏嗣，更名路家庄。今名路庄。	420	1510	159.8	7983
	东杨	明万历间（1573—1620），杨氏迁居该村，名杨家庄。杨氏乏嗣后，杜氏沿称杨家庄。1984 年，为区别村西杨庄，改名东杨庄。今名东杨。	82	249	17.8	7200
	后垛	明洪武间（1368—1398），吴氏祖仓，由山西洪洞县迁居褚堂裕。后迁前刘官庄西建村，名吴家庄。清中叶因与邻村不睦，吴全、吴刚迁此建村，命名躲庄。后来，因“躲”与“垛”音近写作垛庄。清末，又因村居前垛北，更名后垛庄。	81	298	26.3	7430
	前刘官	明洪武间（1368—1398），刘氏祖善由山西洪洞县迁居该村，以村北是官府垦荒形成村落的传说，命名刘官庄。后来，为区别村北刘官庄，更名前刘官庄。	450	1506	115.9	7586
	陈庄	该村为陈氏所建故名。明洪武间（1368—1398），田氏、房氏先后由山西洪洞县迁居该村后，陈氏乏嗣后沿称陈家庄。今名陈庄。	102	340	39.9	7661
	后刘官	该村为刘氏所建，以村北是官府垦荒而形成村落的传说，命名刘官庄。明洪武间（1368—1398），陈氏祖永振，由山西平阳府洪洞县野鹊窝迁居长清刘官庄。后因坐落在前刘官庄北，更名后刘官庄。	430	1510	146.3	7720
	房庄	该村前名谭家庄，房家庄。明正统间（1436—1499），房氏人烟兴旺，房舍与谭家庄连在一起，遂统称房家庄。民国间，始名房庄至今。	192	608	58.1	7520
	新张	清光绪十九年（1893），黄河泛滥，小张家庄被淹，部分村民经迁民局劝迁来此建村，命名新张庄。今名新张。	102	364	25.6	7450
	新曹	清光绪十九年（1893），黄河泛滥，曹家楼被淹，村民经迁民局劝迁来此建村，命名新曹庄。今名新曹。	98	295	38.9	7320
	黑沟桥	东汉光武帝避兵夜入沟中，昏暗不见，故名黑沟。后建桥沟上，故名黑沟桥”。清光绪十九年（1893），黄河泛滥，朱官庄、张庄、杜圈、雾露河、西李庄、西杨庄、桃园被淹，村民迁此建村，以桥命名黑沟桥至今。	56	184	9.3	7800

续表 26 -6

办事处	行政村	村名由来	总户数（户）	总人口（人）	耕地面积（公顷）	人均纯收入（元）
归德办事处	前垛	房氏祖进贤，在此买孙氏荒场地建村，以其地势低洼，命名孙家洼。后来，因庄稼丰收，柴垛遍地，更名垛庄。清中叶村北建躲庄后，因“躲”与“垛”音近，复更名前垛庄。	44	135	1.6	7322
	三官庙	明崇祯间（1628—1644），魏氏迁居该村，以村西有天官、地官、水官三神庙，命名三官庙。	38	140	15.1	7100
	司庄	明洪武二年（1369），司氏族原籍山西洪洞县古罗村，奉旨东迁来鲁，卜居长清县城西南 25 里，名司家庄。民国初年，始名司庄至今。	65	185	16.8	7521
	沙河辛	明洪武间（1368—1398），张氏由山西洪洞县迁居该村内，因居南大沙河之阴，房舍耕地常遭山洪淹害，以修房整地付出的辛劳，命名辛庄。民国间为区别村南辛庄，更名沙河辛庄。今名沙河辛。	532	1853	178.2	7899
	兴隆	明洪武间（1368—1398），母氏由山西洪洞县迁居该村，名母家庄。清初，村人去孝里铺赶集遇公庄人受辱后，经房世杰倡议，更名兴隆庄。今名兴隆。	38	114	13.4	7366
翟庄办事处	曹楼	该村为曹氏三世祖所建。清，曹鈇仕至卫辉知府，告老回籍后，退居城南祖庄。自题其斋曰“止足”。人称曹家楼，演为村名，今名曹楼。	390	1200	111.3	7384
	西辛	明洪武间（1368—1398），建村，以村处大清河（今黄河）东岸，名水坡辛庄。清光绪十九年（1893），黄河泛滥，村庄被淹，部分村民经迁民局劝迁至翟庄西建村，名新辛庄。该村更名老辛庄。民国初年，以方位更名西辛庄。	74	280	32.9	6838
	东辛	清光绪十九年（1893），黄河泛滥，水坡辛庄被淹，部分村民经迁民局劝迁来此建村，命名新辛庄。民国初年，以方位更名东辛庄。	216	680	84.4	7938
	翟庄	明洪武间（1368—1398），翟氏由山西洪洞县迁居该村，命名翟家庄。明中叶，由于扩建房舍与李家庄、后李家庄连在一起，遂统称翟家庄。今名翟庄。	720	2240	200.0	7920
	前封	该村前名前桥庄，封家庄。明洪武二十五年（1392），曹氏祖兴，由山西平阳府洪洞县八里村迁清邑南建村，以村南水沟上架有石桥，命名前桥庄。封家庄是以姓氏命名。民国间，合为一村名桥封庄。1949 年，始名前封庄。	365	1540	140.3	7122
	双乳	明正统间（1436—1499），曹氏由前桥庄迁来建村，以村南有两座形似乳头的小山，命名双乳山。民国二十二年，因村中小河上架起石桥，更名双浮桥。1949 年，复名双乳山。今名双乳。	417	1615	95.9	6986

续表 26－6

办事处	行政村	村名由来	总户数（户）	总人口（人）	耕地面积（公顷）	人均纯收入（元）
翟庄办事处	水坡	曹氏六世祖迁此建村，以村处大清河（今黄河）岸，命名水坡庄。清光绪十九年（1893），黄河泛滥，乡民受害，迁村来此，沿称水坡庄。今名水坡。	69	254	6.5	6636
	顾道口	明朝末年，大清河（今黄河）泛滥，河床东移，顾家道口阻于河西岸，部分村民东迁建村，命名东顾家道口。清光绪十九年（1893），黄河又次泛滥，东顾家道口被淹后，迁村今址，复名顾家道口。今名顾道口。	78	267	9.0	6572
	顾小庄	明洪武间（1368—1398），顾氏由山西洪洞县野鹊窝迁居该村，命名顾家庄。清初，为区别村南顾家道口，更名北顾家庄。民国初年，始名顾家小庄。今名顾小庄。	151	502	71.6	7062
	东马	清顺治间（1644—1661），马氏由齐河县官家庄迁此建村，以村坐落在小马山东北脚下，命名马家山。1949年，为区别村西南马家山，更名东马山。今名东马。	85	280	32.9	6556
	南马	明洪武间（1368—1398），建村，以村坐落在小马山南坡上，命名马家山。后来，为区别村东北马家山，更名南马家山。今名南马。	240	810	47.6	7040
坦山办事处	永平	明洪武二年（1369），赵氏由山西洪洞县迁居该村，时逢元、明战争结束不久，村人以渴望社会太平，命名永平庄。今名永平。	490	1380	148.2	7020
	西张	明洪武间（1368—1398），张氏由山西洪洞县迁居该村，以村坐落在山峪西首折向处，命名张家拐。后更名西张家庄。民国初年，始称西张庄。今名西张。	210	630	77.1	6412
	闫楼	明正德间（1506—1521），阎氏迁居该村，以村中有神龛（当地称神楼），命名阎家楼。今名闫楼。	385	1120	132.7	6312
	李庄	明洪武间（1368—1398），李氏迁居该村，命名李家庄。今名李庄。	203	700	77.2	6200
	东义合	明洪武间（1368—1398），张氏迁居该村，以村内故有小神龛，命名张家楼。清嘉庆间（1796—1820），与西山坡庄合称义合庄。1957年，按东西分为东义合庄、西义合庄两村。今名东义合、西义合。	70	197	31.5	6789
	西义合		68	194	30.5	6400
	南赵	明永乐间（1403—1424），赵氏兄弟分居后，次支由今东赵庄迁来建村，命名小赵家庄。后来，以方位更名南赵家庄，今名南赵。	120	360	39.0	6122
	前胡	明洪武间（1368—1398），胡氏迁居该村，命名胡家庄。清末以村中东西向街分为两村，居南者为前胡，居北者为后胡。	120	321	42.9	6212
	后胡		56	180	18.5	6023

续表 26－6

办事处	行政村	村名由来	总户数（户）	总人口（人）	耕地面积（公顷）	人均纯收入（元）
坦山办事处	东赵	明洪武间（1368—1398），赵氏祖彦良由山西洪洞县迁居该村，命名赵家庄。明永乐间（1403—1424），赵氏兄弟分居后，长支居此故名大赵庄。后来，以方位更名东赵家庄。今名东赵。	299	965	110.8	6540
	土屋	该村前名曹家楼。清康熙间（1662—1722），曹氏乏嗣，村民由东山坡窑洞迁居该村，更名土屋庄，俗称土屋。	275	900	115.4	6310
小屯办事处	小屯	村址早在公元前十六世纪到公元前七百七十一年，已有部落聚居。小屯始于元朝末年，陶氏迁居该村后，以屯是官兵驻扎地，乱人不敢轻犯故名。	783	3106	280.6	7860
	山贾庄	清康熙间（1662—1722），贾氏建村，命名贾庄。民国间称贾家庄。1949 年后，为区别西贾庄，以村处山坡上，更名山贾庄。	176	560	76.7	6433
	凤鸣	该村前名欧家庄。北宋期间，在朝为官的欧阳方犯法，被捉拿时藏于一家地窖中，免祸后，更村名窝庄。清朝后期，村人以村名不雅，更名凤鸣庄。	139	522	29.7	7374
	月庄	月庄寺在县南二十里，月庄寺前名龙槐寺。唐贞观间（627—649），建村，以寺命名龙槐庄。后来，宾谷水（今南大沙河）毁寺，明正德十一年（1516），复修，更名兴福寺，村遂寺名。清顺治间（1644—1661），以村处沙河南岸，更名月庄。	275	1030	78.6	7300
	程官庄东	明永乐间（1403—1424），程氏兄弟由山西洪洞县迁居该村，以村址是官府垦荒后形成村落的传说，命名程官庄。曾分两村。清末并为一村，复名程官庄。1984 年，改东程、西程大队建程官庄东、程官庄西村民委员会。	311	1065	116.7	7198
	程官庄西		310	1063	105.5	7354
	庄楼	明崇祯间（1628—1644），庄氏由今五峰山街道庄家庄迁来建村，以村西古有土地神龛（当地人称神楼）命名庄家楼。今名庄楼。	398	1519	121.1	7980
	张官	明万历间（1573—1620），张氏建村，为图吉祥，命名张官庄。	202	772	53.2	7109
	姜庄	明光绪间（1875—1908），姜氏、张氏为种地方便，先后由小屯和凤鸣庄迁此建村，命名姜家庄。今名姜庄。	72	256	15.3	7069
苾村办事处	苾村铺	该村前名石门镇。明建文间（1399—1402），铁铉曾阻燕王靖难军于石门镇，朱棣登基后，铁铉被处死，村民恐受株连，以村沿苾河（俗名香草河）更名苾村。清代，村中设驿站后，始名苾村铺。	240	860	87.5	7253
	岗辛	元至元间（1264—1294），韩氏由县城南关街迁此建村，因开店营生，十分辛苦，命名辛店庄。清中叶，以村坐落在石岗上，曾名石子辛庄。民国间，始名岗辛庄。今名岗辛。	230	860	80.0	6506

续表 26－6

办事处	行政村	村名由来	总户数（户）	总人口（人）	耕地面积（公顷）	人均纯收入（元）
苾村办事处	后平	宋建隆间（960—963），建村，以村西有宾谷水（今南大沙河）流经的山涧，命名涧东庄。清初，更名平安庄。民国初年，分为两村，居北者为后平安庄，居南，者为前平安庄。今名后平、前平。	161	570	60.0	6877
	前平		190	650	55.3	6506
	北河洼	明洪武间（1368—1398），邢氏建村，以村处沙河北岸地势低洼，命名河洼庄。明嘉靖间，冠以“北”字，始名北河洼。	150	500	53.3	6723
	南河洼	明洪武间（1368—1398），邢氏祖始入山左居，命名邢家庄。清康熙间（1662—1722），因多姓氏聚居，村处沙河南岸，地势低洼，更名南河洼。	140	430	28.1	6800
	麒麟	该村为侯氏所建，以村坐落在苾河两岸，命名西苾村。明中叶，更名侯家庄。清康熙间（1662—1722），因村坐落在虎头山下，犯地名忌讳，更名麒麟村。	76	202	21.3	7201
李官办事处	平房	宋咸淳间（1265—1274），田氏祖世龙由青州府益都县迁此建村，以所建房屋皆平顶，命名平房庄。今名平房。	422	1428	119.1	7400
	坟台	祭坟台，在卢城北，俗传卢王墓。该村北是周朝卢王的墓地，唐代建村，以祭坟台命村名坟台庄。今名坟台。	351	1216	118.2	7446
	李官	明洪武间（1368—1398），李氏由山西洪洞县迁居该村，以村是官府垦荒而形成村落的传说，命名李官庄。	368	1160	104.1	7905
	前夏	元至正间（1341—1368），徐氏建村，名徐家庄。徐氏乏嗣后，村人以村处南大沙河东岸，地势低洼，更名水门下庄。后为区别村北夏庄，更名前下庄。清末，村人以“下”字不吉，写作前夏庄。今名前夏。	330	1041	106.7	7466
	后夏	明洪武间（1368—1398），简、汪二姓先后迁居该村，命名简汪庄。明中叶，赵氏人做御史官后，更名大赵庄。清顺治间（1644—1661），赵氏转衰，以村坐落在南大沙河之阳，地势低洼，又区别村南下庄，更名后下庄。后来村人以“下”字不雅，写作后夏庄。今名后夏。	330	1012	86.7	7569
	胡同店	该村前名佛冢庄。后来，村人于胡同口开店营生，人称胡同店，演为村名。清中叶，村人因胡同与“呼咚”同音，颇不吉祥，更名辛店庄。民国初年，复名胡同店至今。	154	504	52.3	7567
	万庄	明洪武间（1368—1398），万氏由山西洪洞县迁居该村，命名万家庄。今名万庄。	198	630	57.1	7988

续表 26-6

办事处	行政村	村名由来	总户数（户）	总人口（人）	耕地面积（公顷）	人均纯收入（元）
国庄办事处	石官庄	明洪武二年（1369），石姓由山西洪洞县迁居该村，以村址是官府垦荒形成村落的传说，命名石官庄。	169	587	81.2	7226
	后刘	明洪武间（1368—1398），柳氏、刘氏先后由山西洪洞县迁居该村，命名柳家庄。明崇祯间（1628—1644），柳氏乏嗣，刘氏更名大刘家庄。清朝末年，始名刘家庄。民国初年与高家庄合称高刘庄，1949 年，两村分开，复名刘家庄。1984 年，改后刘大队建刘庄后街村民委员会。今名后刘。	162	540	58.3	7785
	高庄	明洪武间（1368—1398），高氏由山西洪洞县迁居该村，命名高家庄。民国初年与刘家庄合称高刘庄。1949 年，两村分开复名高家庄，今名高庄。	87	298	43.0	7384
	边苗	清光绪十九年（1893 年），黄河泛滥，北苗庄被淹，苗氏部分经迁民局来此建村，命名新苗庄。 清光绪十九年（1893 年），黄河泛滥，西睦里庄（今边庄）被淹，边氏部分人经迁民局劝迁来此建村，命名新边庄。 现两村合称边苗。	87	210	28.6	7264
	国街	国氏世居陕西翔府岐山县，宋元战争间，始祖后亭迁汶上，十六支祖光御迁长清国家庄。该村最晚建于南宋间（1127—1279）。清中叶与张家庄（今张街）共名国张庄。民国间，复名国家庄。1950 年，始名国街。	151	528	59.2	7560
	贺街	明成化间（1465—1487），贺氏建村，命名贺家庄，后来因与国家庄一排行事，遂称国家庄。清中叶，属国张庄。民国间，与尹家庄（今尹街）共名尹贺庄。1950 年，始名贺街。	90	260	28.8	7044
	刘街	明成化间（1465—1487），刘氏建村，命名刘家庄。后来，因与国家庄一排行事，遂称国家庄。清中叶，属国张庄。民国间，与张家庄（今张街）共名张刘庄。1950 年，始名刘街。	134	423	51.7	7046
	张街	明成化间（1465—1487），张氏建村，命名张家庄。后来，因与国家庄一排行事，遂称国家庄。清中叶，属国张庄。民国间，与刘家庄（今刘街）共名张刘庄。1950 年，始名张街。	80	318	39.5	7289
	卫楼	清顺治间（1644—1661），卫氏由今历城区王儒庄迁居该村，因建一座小楼，人称卫家楼，演为村名。1976 年，黄河泛滥，村庄被淹后，北迁里余（今址）建村，沿称卫楼。	141	516	44.3	7946

续表 26－6

办事处	行政村	村名由来	总户数（户）	总人口（人）	耕地面积（公顷）	人均纯收入（元）
国庄办事处	尹街	明成化间（1465—1487），尹氏建村，命名尹家庄。后来因与国家庄一排行事，遂称国家庄。清中叶，属国张庄。民国间，与贺家庄（贺街）共名尹贺庄。1949年，始名尹街。	116	362	40.7	7506
	前刘	明洪武间（1368—1398），柳氏、刘氏先后由山西洪洞县迁居该村，命名柳家庄。明崇祯间（1628—1644），柳氏乏嗣，刘氏更名大刘家庄。清朝末年，始名刘家庄。民国初年，与高家庄合称高刘庄。1949年，两村分开，复名刘家庄。1984年，改前刘大队建刘庄前街村民委员会。今名前刘。	83	298	39.8	7234
	薛庄	明崇祯间（1628—1644），薛氏迁此建村，命名薛家庄。清中叶，始名薛庄。	402	1520	124.2	7960
	大觉寺	该村东古有大冢，唐武德间（618—626），于古冢上建一寺院，大殿“三教堂”中，供奉佛、道、儒三教始祖像，故名大觉寺。唐天祐间（904—907），建村时以古冢和寺命名冢寺庄。清嘉庆间（1796—1820），古冢被毁后，更名大觉寺。	400	1462	150.5	7864
	褚集	明洪武间（1368—1398），褚氏由山西洪洞县迁居该村，以村曾设过集的传说，命名褚家集。今名褚集。	145	505	51.5	7289
	三合庄	该村前名堤口庄，以村处大清河（今黄河）堤附近得名。明洪武间（1368—1398），焦氏由山西洪洞县迁居该村，以村南有宾谷水（今南大沙河），村东有小溪注入大清河（今黄河），更名三合庄。	296	967	92.9	7341
	唐李	该村前名李唐庄，为李、唐两姓所建故名。清乾隆间（1736—1795），李氏转衰，更名唐李庄。	160	530	56.7	7202
董洼办事处	吴渡	该村最晚建于元代，以姓氏命名。后引地理实体更名吴家渡店。今名吴渡。	258	890	107.5	6418
	董洼	明洪武间（1368—1398），董始祖政，由河北冀州枣强县迁居该村，以村庄坐落在大清河（今黄河）东岸边，地势低洼，命名董家洼。后来，因与边家庄睦邻相处，合称睦里庄。又因该村居东，名东睦里庄。清朝末年，复名董家洼。今名董洼。	140	506	63.0	6510
	边庄	明洪武间（1368—1398），边氏建村，命名边家庄。后来，因与董家洼睦邻相处，合称睦里庄。又因该村居西，名西睦里庄。清朝末年，复名边家庄。今名边庄。	120	460	46.1	6149
	刘套	明崇祯间（1628—1644），刘氏由朱官庄迁来建村，以村坐落在大清河（今黄河）渡口处，命名刘家道口。清中叶，以村大清河折向处，更名刘家套。今名刘套。	147	505	50.9	6418

续表 26 - 6

办事处	行政村	村名由来	总户数（户）	总人口（人）	耕地面积（公顷）	人均纯收入（元）
董洼办事处	北苗	明洪武间（1368—1398），苗氏由山西洪洞县迁居该村，命名苗家庄。后来，为区别沙河南岸苗家庄，更名北苗庄。	45	164	15.1	6722
	颜庄	明洪武间（1368—1398），颜氏由山西洪洞县迁居该村，命名颜家庄。今名颜庄。	62	189	22.7	6453
	焦寨	明洪武间（1368—1398），焦氏由山西洪洞县迁居该村，以在房舍四周置栅栏围墙，命名焦家寨。今名焦寨。	131	455	45.3	6089
	朱寨	明万历间（1573—1620），朱氏由齐河县朱家楼迁此建村，以在房舍四周置栅栏围墙，命名朱家寨。今名朱寨。	123	450	46.3	6420
	侯庄	明洪武间（1368—1398），侯氏由山西洪洞县迁此定居，命名侯家庄。清末，与李祥庄、满家庄合称侯李满庄。1950 年，复名侯家庄。今名侯庄。	75	300	29.5	6769
	李祥	明洪武间（1368—1398）李氏祖祥，由山西洪洞县迁此定居，村以人名。清末与侯家庄、满家庄合称侯李满庄。1950 年，复名李祥庄。今名李祥。	55	195	25.1	6533
	贾庄	明洪武间（1368—1398），贾氏由山西洪洞县迁居该村，命名贾家庄。今名贾庄。	86	306	34.2	6402
	周庄	明洪武间（1368—1398），周氏由山西洪洞县迁居该村，命名周家庄。后称周庄。	140	502	53.2	6610
	董岗	清光绪十九年（1893），黄河泛滥，东睦里庄（今董洼）被淹，董氏部分人迁此建村，以地势隆起，命名董家岗。今名董岗。	160	602	59.2	6210
	满庄	明洪武间（1368—1398），满氏由山西洪洞县迁此定居，命名满家庄。清末与李祥庄、侯家庄合称侯李满庄。1950 年，复名满家庄。今名满庄。	80	240	33.8	6029
王魏办事处	西杨庄	明洪武间（1368—1398），杨氏由山西洪洞县迁居该村，命名杨家庄。后来，杜氏由杜圈迁来，杨氏乏嗣沿称杨家庄。民国间，与桃园合称桃杨庄。1949 年，复名杨庄。1981 年，为区别村东杨庄更名西杨庄。	34	113	17.8	6394
	桃园	明洪武间（1368—1398），张氏兄弟 3 人由雾露河迁来建村，以时逢此地桃花盛开，命名桃园庄。民国间与杨庄合称桃杨庄。1949 年，始名桃园。	66	230	25.5	6594
	雾露河	元至元间（1264—1294），张氏、杜氏逃荒经此，因天色已晚，前有大河阻路，歇宿此地，次日晨大雾弥漫，露水遍野不能前行，又住了下来。几日后安然无恙，便定居下来，故命名雾露河。	128	485	43.6	6456

续表 26－6

办事处	行政村	村名由来	总户数（户）	总人口（人）	耕地面积（公顷）	人均纯收入（元）
王魏办事处	苗庄	明洪武间（1368—1398），苗氏由山西洪洞县迁居该村，命名苗家庄。后来，董氏于村北建一座马王庙，苗氏以犯地名忌讳，徙居今址，更名南苗庄。今名苗庄。	120	412	45.5	6301
	张庄	明永乐二年（1404），张氏由山西迁居该村，以北临南大沙河，东靠沙岗，命名沙河门子张庄。清初，名张家庄。民国间，始名张庄至今。	146	501	58.3	6568
	董庄	董氏祖世籍洪洞，明洪武二年（1369），经迁稠民至直隶枣强。永乐二年（1404）复迁于此，命名董家庄。民国间，始名董庄至今。	275	825	80.8	6806
	王庄	明洪武二十五年（1392），王氏祖进由汴梁城外花牛村，奉诏徙清邑河西王家庄复迁于此，以此地有“碧霞元君祠”，命名娘娘庙王庄，又名娘娘庙。民国初年，与魏庄合称王魏庄。1927 年，始名王庄。	65	251	26.3	6541
	码头	明洪武间（1368—1398），李氏祖李由山西洪洞县迁居该村，命名李家庄。后来，大清河（今黄河）泛滥，村庄被淹，多数村民迁北岸建村，以村临渡口，命名码头，该村遂更名小码头。今名码头。	102	278	35.5	6790
	朱东	明洪武间（1368—1398），朱氏由山西洪洞县迁居该村，以传说该村是官府垦荒形成的村落，故命名朱官庄。1984 年，改朱东、朱中、朱西大队建朱官庄东、朱官庄中、朱官庄西村民委员会。今名朱东、朱西、朱中。	65	303	27.5	6377
	朱西		62	353	40.1	6511
	朱中		73	313	35.1	6610
	杜圈	明洪武间（1368—1398），杜氏由山西洪洞县迁居该村，以村坐落在大清河（今黄河）折向处，命名杜家圈。民国间与李庄共名圈李庄。1949 年，始名杜圈。	100	350	42.2	6465
	西李庄	清光绪十九年（1893），黄河泛滥，小码头村被淹，李氏部分人迁此建村，命名李家庄。民国间，与杜家圈合称圈李庄。1949 年，复名李家庄。1959 年，为区别村东南李家庄，更名西李庄。	53	200	36.1	6391
	魏庄	明洪武间（1368—1398），魏氏由山西洪洞县迁居该村，命名魏家庄。民国初年，与娘娘庙王庄合称王魏庄。1927 年，始名魏庄。	90	300	29.7	6740

第二节 马山镇

地理环境 马山镇位于长清区南部，以辖区内的历史名山——马山命名，镇政府驻地郭庄，距长清城区21公里。南与泰安市接壤，西与双泉乡搭界，北与归德镇毗连，东与五峰山街道、万德镇为邻，面积87.4平方公里。马山镇古为齐鲁两国交界之地，是中国古代谋略家、纵横家鼻祖鬼谷子王栩教授苏秦、张仪、孙膑、庞涓学艺的地方。马山镇交通便利，自古就有“齐国咽喉”之称，是古齐鲁两国的重要通道。104省道穿境而过，毗邻220国道、济菏高速公路，形成四通八达的公路网。马山镇矿产资源丰富，境内探明的矿产资源20余种，花岗石、木鱼石、石英石、钾长石等储量丰富。水资源丰富，发源于马山脚下的宾谷河蜿蜒25公里流入黄河，有中型水库崮头水库，还有杨土水库、地楼水库、褚科水库、大元水库、华庄水库、老庄水库及星罗棋布的溪流塘坝。马山栝楼是《本草纲目》记载的道地原产名贵中草药，野生灵芝、山参、何首乌、金银花、野菊花、柴胡等遍及马山山麓。

发展概况 1986年，马山乡辖漩庄、马东、季庄3个办事处，53个行政村，8315户，33403人，工农业总产值3986万元，农民人均纯收入412元。1995年4月，马山乡撤乡设镇。马山镇按照“农业产业化、工业集群化、城镇聚集化、社会管理精细化和发展保障制度化”的思路，工业经济快速发展，先后引进工业企业13家，招商引资累计到位资金4.5亿元，形成以金拓、鼎润为主的北部工业园，以长宏、鲁聚为主的中部工业园，以关王村、庄科村为主的南部电炉工业小区；农业形成以高端畜牧养殖、特色林果、中药材种植三大特色产业，新农村建设扎实推进，村容村貌得到较大改观。2008年，马山镇辖漩庄、马东、季庄3个办事处，53个行政村，9520户，32545人，实现地区生产总值9.3亿元，社会固定资产投资完成3.5亿元，完成地方财政收入416万元，工业投入1.5亿元，实际利用内资1.7亿元，农民人均纯收入6215元。马山镇先后获省级文明镇、济南市先进党委、平安济南建设先进集体等称号，被山东财富论坛评为最具成长性乡镇。

农业 1986年，主要农作物有小麦、花生、玉米、甘薯、谷子、高粱等，耕地面积3240公顷，粮食总产量16855吨。1986年—1990年，坚持“统一规划，综合治理，小型配套，当年见效”的原则，全镇重点改造原有水利设施和修复配套为主的水利工程，总投资343万元，投工90万个，新打机井68眼，配套、维修机井92眼，建塘坝6座，铺设地下防渗管道28公里，扩大水浇地面积420公顷。1991年，全镇实施“黄淮海”开发工程，历时3年，投资361万元，投工290万个，搬运土石294万立方米，完成大元、崮头、老庄中低产田改造各33.3公顷。1994年，通过林业部灭荒达标验收。1995年，代表全县通过省委、省政府“八五”绿化达标检查验收。1996年，代表全市通过省委、省政府的“八五”绿化达标返点检查。20世纪90年代，发展玉米良种繁育基地100余公顷、小麦良种繁育基地133公顷，引进果树新品种有寒香蜜桃树、中华寿桃、沾化冬枣、圆铃大枣等。2000年，引进波尔山羊，共杂交改良当地山羊

马山雪桃 （2008年 摄）

收获中药天南星 （2008 年 摄）

5000余只。2003年—2007年，实施崮头水库加固工程，该工程共用土石54.4万立方米，干砌石1.48万立方米，浆砌石0.95万立方米，钢筋混凝土1.08万立方米，投工20.1万个，项目概算总投资4225万元。2008年，全镇播种面积4455公顷，粮食总产量22250吨，形成以北李、马东为中心，辐射宋庄、关王、小崔等村的雪桃基地，种植总面积667公顷，总产2500万公斤，实现经济收入5000万元。是年，马山镇确定发展中药材的农业结构调整战略，初步形成覆盖全镇46个村的中药材种植规模，种植品种5个，总面积266公顷，平均每公顷增收3万元。

工业 1986年，全乡有工业企业168家，其中乡镇工业有马山锅炉厂、砖瓦厂、化工厂、压力机配件厂等21家，村户办企业147家，拥有固定资产439.8万元，从业人员2887人。1986年起，先后建起金马机械制造总厂、搪瓷厂等，与全国、省、市30余家科研单位和大专院校建立长期技术合作关系，引进高中级专业人才186名，开发新产品153个。1987年，建成立德粉厂。至1991年，济南宏源特种锅炉集团（原济南特种锅炉厂）、金马机械制造总厂、马山建材公司已发展成为高科技含量、高附加值、高市场占有率的镇办企业，年产值均过千万元。1993年，小河东村党支部书记刘振泉，带头创办民营企业，将多年亏损的村办企业成功改制为民营股份制企业，与济南水箱厂合作开发生产重型汽车配套暖风机，研制的7001汽车暖风机，获济南市科学技术进步奖三等奖。是年，马山立德粉厂停产。1993年起，先后建立济南广运农副产品开发有限公司、济南博颖文具有限公司等中外合资企业。1994年，马山冲压件厂（原农具厂）被锅炉厂兼并。1995年，化工厂进行股份制改造，建立济南天马硅碳制品有限公司。至1997年，在镇政府以北大元、周庙、马东一带建起工业区，全镇工业形成耐火材料、精密机械、化工、建材、食品、搪瓷、特种锅炉、建筑安装和金属编织9个门类的主导产品。2000年前后，原镇属企业发展进入停滞阶段，金马机械制造总厂、天马硅碳制品有限公司、八建公司陆续倒闭，马山镇政府开始引进新企业。至2008年，新引进长虹管业公司、济南不锈钢制管厂、龙禹天

长虹工业园 （2008 年 摄）

源公司等20余家公司。是年，全镇规模以上企业完成销售收入6.5亿元，完成工业增加值1.8亿元，实现利税6500万元。

商贸　财税　1986年，集贸市场有马东、北站、关王庙、崮头4处。1994年起，先后建成郭庄商业群楼、马东村商业群楼、供销营业楼。1996年，投资40万元，建起马山商场，营业面积1700平方米，被评为全市市场建设和网点建设先进单位。2008年，全镇有马东、北站、崮头、关王庙、河东、大核桃园、庄科、李庄8处集贸市场，地方财政收入416万元。

村村通公路工程　（2008年摄）

村镇建设　1986年，镇政府驻地仅有镇机关办公大楼和供销社大楼。至1993年，先后建起成教中心楼、财税楼、马山中学教学楼、卫生院门诊楼。1994年，制定小城镇建设总体规划，以建设一个工业区、一条商业街、一个农贸市场为重点的基础设施建设工程全面展开，先后投资2500万元，建成供电大楼、邮电营业楼等10大工程，建筑总面积4万平方米。1997年，投资80万元，建新华书店楼和计生服务大楼，总建筑面积2000平方米。2000年，规划以北站为中心的民营经济区南区，以大河东为中心的民营经济区北区，镇政府所在地商业区、文化教育区。2003年，第二条商业街规划建成。2004年，建成漩庄村南4公顷商贸区。2005年，完成镇驻地所有街道的硬化。

交通　1986年，境内仅有003省道、漩庄至双泉路2条沥青路，其他均为沙石路或乡间道路。1995年，马山镇福源路、南至镇政府北至工业园区、周庙至中义合、马山工业路硬化。2002年，北站至万德镇公路路经马山境内北站、张庄、庄科、焦庄、南李等村，约4公里，修为沥青路面。2003年，实施村村通工程，漩庄至双泉乡公路修为水泥路面，路面宽9米，路基3米；马东至五峰山街道公路修为水泥路面，路面宽6米。村村通工程历时3年，全镇实现村村通，共修公路23条，总长58公里，每公里上级补助10万元，乡镇自筹500余万元，路面有沥青、水泥两种。2008年，境内有103省道、区级道路有万德至北站路、马东至五峰路、漩庄至双泉路，客运车20余辆。

邮电　1986年，乡邮电局主要业务有报刊、书信、汇款、包裹、电话、电报等，设营业室、报刊、杂志分发室及电话、电报接送室，年营业额5000元。1988年，投资20万元，安装200门纵横交换机1台，安装按键式自动电话75部，率先在长清县农村实现通讯自动化。1990年，在周庙新建1处通信大楼，年营业额突破50万元。1992年，投资27万元，安装并开通137门程控自动电话，全镇53个行政村，村村通电话，成为济南市第一个实现电话自动化的乡镇。20世纪90年代后期，开始使用移动电话。至2008年，马东设移动、联通服务部2处，无线通讯网络全部开通，无盲区。

马山镇委、镇政府　（2008年摄）

教育　1986年，全镇有中学3所、小学31所，初中、小学教师共280人，在校生4500余人。1990年，长清九中教学楼、办公楼建成并投入使用。1992年—1993年，北站、南李两校分别建成教学楼。1993年，马山中心幼儿园建立，设在镇政府院内。1995年11月，长清第九中学更名为马山中学。1996年8月，投资100万余元，建成1800平方米的马山中学新教学楼投入使用；季庄中学撤销并入马山中学。1997年，关王中学并入马山中学。1999年，马山中学实验楼建成并投入使用。2001年10月，民办学校九州武术学校创办，校址在原关王中学，占地1.1公顷，建筑面积1.26万平方米，投资80万元。2002年春，全区幼教工作现场会在马山中心幼儿园召开。2003年，中心幼儿园获全区"三八文明示范岗"和全区"精神文明先进单位"称号。是年，省福彩中心投资20万元，建成关王庙福彩小学。2007年起，投资300万元，进行中心小学改造提升工程；投资40万元，对南李小学改造。2008年，全镇有中学1所，在校生746人，教师61人；小学有马山中心校、保健希望小学、南李小学、关王小学、褚科小学、崮头小学6所，在校生1973人，教师108人。

马山镇卫生院　(2008年 摄)

卫生　1986年，马山乡卫生院占地1.07公顷，建筑面积2536平方米，设有内、外、妇等15个科室，医务人员43人。全乡53个行政村均建有卫生室，乡村医生56名。1992年7月，提前8年实现"人人享有初级卫生保健"的目标并通过省级验收。是年9月，投资40万元，建成新门诊楼，建筑面积1100平方米。1994年8月，恢复合作医疗制度。是年12月，镇卫生院通过达标验收，达到一级乙等卫生院标准。1996年5月，实施镇村卫生一体化，建成15处中心卫生室，卫生室甲级率100%。是年，与省千佛山医院联合开办专家门诊，实施疝气、子宫肿瘤、甲状腺肿瘤切除等手术42例。1997年11月，镇卫生院建立高标准的集中定点接种门诊。2000年10月，通过市级验收，"四苗"接种率97%。2007年，建成1995平方米的新办公楼。2008年，设30个科室，职工45人，开放床位25张。

马山中学　(2008年 摄)

文化　体育　1986年，有文化站、广播放大站各1处。1989年，投资70万元，建起电视差转

马山庙会 （2006 年 摄）

台 1 处，可收看亚洲二号卫星电视频道的电视节目。1996 年，三月三马山庙会恢复。每年农历三月三，在马山脚下举办庙会，邀请豫剧团、杂技团、歌舞艺术团等演出，同时组织登山比赛。至 1997 年，全镇有村级文化大院 53 处。每年的元宵节举办花灯展、踩高跷、玩旱船等艺术活动。逢重大节日举办丰富多彩的文艺节目表演。2005 年，全镇实现村村通有线电视。

1990 年、1996 年，先后举办两届全镇农民运动会。1997 年 3 月，举办首届马山山会登山活动。是年 10 月，通过省级体育先进乡镇达标验收。

旅游 旅游资源丰富，境内马山主峰海拔 512.3 米，与泰山、五峰山并称鲁中“姊妹三山”，山上悬崖百丈，大树参天，森林茂密，景色秀丽，有丰施侯殿、碧霞元君殿、玉皇殿，山下有“五泉十洞”“四十八景”，东坡有上海大世界基尼斯之最大型植物标语“毛主席万岁”。齐长城环绕在马山群峰之上，是齐长城过镇境里程最长的一段。2006 年 9 月，马山雪桃采摘节在马山风景区举办，主要活动有桃王比赛、单果称重赛、雪桃采摘等。

人民生活 1986 年，人均纯收入 412 元，人均住房面积 15 平方米，百户拥有自行车 4 辆、钟表 39 只，年末居民储蓄额 9200 万元。2008 年，人均纯收入 6215 元，人均住房 54 平方米，百户拥有摩托 110 辆、电话 60 部、手机 92 部、彩电 89 台、冰箱 35 台、洗衣机 30 台、电脑 2.7 台。有线电视安装 7680 户。居民储蓄额 41083 万元。养老保险参保 5900 人，享受居民最低生活保障 1620 人。

栝楼之乡 马山镇是著名的栝楼之乡。马山栝楼以个大、皮厚、籽多、含糖量高、药用价值大的特点誉满国内外。1987 年，全乡种植栝楼 130 公顷，总产量 10 万公斤。1988 年，种植面积发展到 200 公顷，产量 15 万公斤。1989 年后，因产品供大于求，价格下滑，利润降低，栝楼种植面积逐年减少。1997 年，全镇栝楼的种植面积不足 10 公顷。2008 年，在镇政府的倡导下，庄科村开始逐步恢复栝楼种植，面积 20 公顷。

村庄选介 双泉庄村 位于马山镇驻地以北 8 公里处，省道 104 东侧，龙象山下。1986 年，全村

栝楼基地 （2008 年 摄）

80户314人，耕地54.1公顷，人均纯收入309元。2001年1月，省军区与双泉庄结成帮扶对子，成立帮扶办驻村帮扶。是年，投资200余万元修建进村道路4.3公里；投资200万元硬化上山道路3.7公里；2002年，投资70余万元，为双泉庄打深水井3眼，建蓄水池1个，全村通上自来水；投资40余万元，建起高标准的村委办公室和居民样板房。2004年，投资40余万元，修建拦水坝1处，扩大水浇地面积10公顷，农民增收9万元；投资60万元，建双泉庄矿泉水厂；制定双泉庄龙象山风景区发展规划，修建观光亭等。2005年，协调速生杨树苗10万棵，果树苗6.1万棵。2008年，协调水泥900吨，投资10万元，修建占地2100平方米的文化广场，硬化村内道路3.6公里，安装路灯30盏，安装价值20余万元的体育健身器材。是年，全村81户278人，耕地40.8公顷，集体经济收入30余万元，农民人均纯收入6420元。连续多年被评为济南市精神文明建设先进单位、新农村建设先进单位。

双泉庄村两委会 （2008年 摄）

南宋庄村 位于马山镇驻地以南2公里处，104省道两侧，马山脚下。1986年，全村308户1217人，耕地107.3公顷，人均纯收入420元。2003年起，调整种植结构，发展雪桃种植，先后举办各类培训班20多期，培训1000人次，发放资料800余份，播放科技录像8场次，共发展雪桃33.3公顷。2008年，全村362户1406人，耕地107.3公顷，人均纯收入6215元。

小崔庄村 位于镇驻地以北3公里处。1986年，全村154户585人，耕地40.2公顷，人均纯收入421元。2000年起，发展花圃、雪桃种植，先后建花圃40公顷，千亩雪桃园。2003年起，推广太阳能、沼气池等，共安装太阳能80户，建沼气池110个。2008年，全村154户591人，耕地40.2公顷，人均纯收入6254元。

2008年马山镇办事处、行政村基本情况表

表26－7

<table>
<tr><th>办事处</th><th colspan="2">行政村</th><th>村名由来</th><th>总户数（户）</th><th>总人口（人）</th><th>耕地面积（公顷）</th><th>人均纯收入（元）</th></tr>
<tr><td rowspan="3">马东办事处</td><td rowspan="3">郭庄</td><td>小东山</td><td>清光绪间（1875—1908），郭氏由郭家峪迁此建村，以村坐落在郭庄东山脚下，并区别大东山，命名小东山。1984年，改属郭庄村民委员会。至1994年，全部搬迁至郭庄村。</td><td rowspan="3">335</td><td rowspan="3">1314</td><td rowspan="3">131.5</td><td rowspan="3">6115</td></tr>
<tr><td>大东山</td><td>清咸丰间（1851—1861），薛氏从周家庙迁来建村后，赵、张、刘三姓相继迁居此地。因与郭家庄一排行事，命名郭庄东山。1949年，为区别村西东山、更名大东山。1984年，改属郭庄村民委员会。</td></tr>
<tr><td>郭庄</td><td>元至元间（1335—1343），郭氏由山西洪洞县迁此建村，命名郭家庄。民国初年，为区别村东郭家庄（今大东山）更名大郭家庄。今名郭庄。</td></tr>
</table>

续表 26－7

<table>
<tr><th>办事处</th><th colspan="2">行政村</th><th>村名由来</th><th>总户数（户）</th><th>总人口（人）</th><th>耕地面积（公顷）</th><th>人均纯收入（元）</th></tr>
<tr><td rowspan="12">马东办事处</td><td colspan="2">小崔庄</td><td>明洪武三十年（1397），崔氏兄弟由山西洪洞县迁来，分两地建村，该村为次支所居，命名小崔家庄。民国初年，始名小崔庄。</td><td>154</td><td>591</td><td>40.2</td><td>6254</td></tr>
<tr><td rowspan="2">大核桃园</td><td>大核桃园</td><td>明洪武间（1368—1398），建村，以村处河套边，村民种菜谋生，命名河套园。误写作核桃园。后来，为区别小核桃园，更名为大核桃园。</td><td rowspan="2">174</td><td rowspan="2">675</td><td rowspan="2">37.8</td><td rowspan="2">6220</td></tr>
<tr><td>螃蟹沟</td><td>清顺治间（1644—1661），建村，以村中小河沟内出产螃蟹，命名螃蟹沟。1984 年，改属大核桃园村民委员会。</td></tr>
<tr><td colspan="2">周家庙</td><td>明洪武间（1368—1398），周氏迁居该村，以村东古有七圣庙命名七圣庄。清朝末年，更名周家庙。</td><td>121</td><td>462</td><td>32.9</td><td>6190</td></tr>
<tr><td colspan="2">北李庄</td><td>元至正间（1341—1368），李氏由山西洪洞县迁来建村，命名李家庄。1952 年，为区别村南李家庄，更名北李庄。</td><td>223</td><td>826</td><td>67.7</td><td>6210</td></tr>
<tr><td colspan="2">中义合</td><td>明崇祯间（1628—1644），孟氏由今归德镇路庄迁此建村，因村小与义合庄一排行事，故随其名。清朝初年，与义合庄一并更名东义合庄。1949 年，始立村名中义合，以村居上义合西和今归德镇义合庄东故名。</td><td>117</td><td>449</td><td>50.4</td><td>6310</td></tr>
<tr><td colspan="2">地楼</td><td>清顺治间（1644—1661），陈、李两姓来此建村，以村南地势低洼处有一古楼旧址，故命名下地楼。后写作夏地楼。今名地楼。</td><td>37</td><td>135</td><td>17.5</td><td>6109</td></tr>
<tr><td colspan="2">马东</td><td>明建文间（1399—1402），建村，以村坐落在马山东，命名马东庄。后来，因村临南北大道，商业繁荣，人称马东街。今名马东。</td><td>174</td><td>679</td><td>58.1</td><td>6230</td></tr>
<tr><td rowspan="3">南宋庄</td><td>南宋庄</td><td>宋宝祐间（1253—1258），宋氏建村，命名宋家庄。清朝末年，为区别今五峰山街道宋家庄，更名南宋庄。</td><td rowspan="3">362</td><td rowspan="3">1406</td><td rowspan="3">107.3</td><td rowspan="3">6215</td></tr>
<tr><td>红山头</td><td>明嘉靖间（1522—1566），建村，以村坐落在红山北脚下，命名山后庄。民国间，以南山顶岩石呈红色，更名红山头至今。1984 年，改属南宋庄村民委员会。</td></tr>
<tr><td>棉花店</td><td>明嘉靖间（1522—1566），董氏兄弟建村，以村坐落在红山南脚下，命名山前庄。后来，因村民多经营棉花生意，称棉花店，演为村名至今。1984 年，改属南宋庄村民委员会。</td></tr>
</table>

续表 26－7

办事处	行政村	村名由来	总户数（户）	总人口（人）	耕地面积（公顷）	人均纯收入（元）
马东办事处	三合庄	该村前名黄家庄，因黄氏所建故名。明永乐十三年（1415），季氏迁居该村，以村西有三条小河汇流，更名三河庄。后误写作三合庄。清朝末年，复名黄家庄。1949年，又名三合庄。	145	556	52.8	6215
	庄家峪	元至正间（1341—1368），庄氏由山西来此建村，以村坐落在山沟中，命名庄家峪。	61	213	34.7	6000
	郭家峪	明隆庆间（1567—1572），郭氏祖士文、士武由县城西南魏庄迁此建村，命名郭家庄。后来，以村坐落在山峪中，更名郭家峪。	53	193	28.1	6005
	薛家峪	明洪武七年（1374），薛氏由山西洪洞县迁居该村，以村坐落在山峪中，命名薛家峪。	76	265	46.5	5995
	关王庙	三国时（220—265），蜀将关羽路过此地，以长矛戳水井一眼，村民为纪念他，修关王庙一座，演为村名。	356	1366	118.2	6225
	王家岭	明崇祯间（1628—1644），王氏祖延龄迁此建村，以村坐落在关王庙西，命名关王庙西山。民国间，因村居马山东南山坡上，更名王家岭至今。	69	232	29.5	6210
	小尹庄：小尹庄	清嘉靖初年(1522)，尹氏祖肇礼由圣佛站(今北站)迁此建村，命名小尹家庄。今名小尹庄。	99	330	48.2	6205
	小尹庄：陈家峪	明崇祯间（1628—1644），陈氏由山西洪洞县迁居该村，以村坐落在山峪中，命名陈家峪。1984年，改属尹庄村民委员会。				
	华庄	清崇祯间（1628—1644），华氏建村，名华家庄。今名华庄。	82	300	32.1	6310
	小刘庄	明永乐间(1403—1404)，刘氏祖冠由马山西北欧家庄（今归德镇凤鸣庄）迁此建村，命名小刘家庄。今名小刘庄。	192	652	65.4	6220
	西太平	刘氏家原居山西洪洞县，明初，刘聘始来山东济南府长清，离城二十五里马山西北欧家庄（今归德镇凤鸣庄）定居。聘生五子……长支迁马南建村，名大刘家庄。民国初年，因公路过村，分为两村，为图安定更名东、西太平庄。今名西太平、东太平。	143	522	51.2	6217
	东太平		78	256	29.5	6190
	上义合	明天启间（1621—1627），段氏祖得学由马山西段家庄迁来建村，为求子孙和睦，命名义合庄。清朝初年，为区别今归德镇义合庄，更名东义合庄。1949年，与附于本村的孟氏分村（中义和），以村处山坡上，命名上义合至今。	58	187	27.7	6005

续表 26－7

办事处	行政村		村名由来	总户数（户）	总人口（人）	耕地面积（公顷）	人均纯收入（元）
季庄办事处	季家西山	季家西山	明崇祯间（1628—1644），季氏建村，以村坐落在连环山东脚下，命名季家庄西山。今名季家西山。	259	1078	136.1	6100
		孙家西山	明崇祯间（1628—1644），孙氏建村，以村坐落在连环山东脚下，命名孙家庄西山。今名孙家西山。1984年，改属季西山村民委员会。				
		赵家西山	明崇祯间（1628—1644），赵氏建村，以村坐落在连环山东脚下，命名赵家庄西山。今名赵家西山。1984年，改属季西山村民委员会。				
		邢家西山	明崇祯间（1628—1644），邢氏建村，以村坐落在连环山东脚下，命名邢家西山。今名邢家西山。1984年，改属季西山村民委员会。				
		杨家西山	明崇祯十七年（1644），杨氏由季家庄迁来建村，以村坐落在连环山东脚下，命名杨家庄西山。今名杨家西山。1984年，改属季西山村民委员会。				
		张家西山	明崇祯间（1628—1644），张氏由季家庄迁此建村，以村坐落在连环山东脚下，命名张家庄西山。今名张家西山。1984年，改属季西山村民委员会。				
	季家庄		明洪武间（1368—1398），冀氏由山西洪洞县迁居该村，命名冀家庄。清初，季氏由肥城县陶山迁此定居，冀氏乏嗣后，始名季家庄。	292	996	153.7	6105
	杨土	杨土	明嘉靖三十年（1551），杨氏由今季家庄迁此，因无力建房，住在山崖下土洞中。建村后，以原居土洞命名杨家土屋。今名杨土。	281	1041	128.9	6225
		万家沟	明天启间（1621—1627），万氏建村，以村南有大山沟，命名万家沟。1984年，改属杨土村民委员会。				
	小岭	小岭	明嘉靖二十五年（1546），杨氏由季家庄迁此建村，以村南有小山，命名小岭庄。今名小岭。	134	434	64.5	6110
		小王家岭	清嘉庆二十三年（1818），王氏由王家庄迁此建村，以村坐落在土丘上，并区别村西北王家岭，命名小王家岭。1984年，改属小岭村民委员会。				
	白石崖	白石崖	明洪武间（1368—1398），建村，以村东山脚下有很多石崖子，命名百石崖。后来误写作白石崖。	172	643	60.5	6248
		砣臼	明崇祯间（1628—1644），建村，村民多采石雕琢石碾营生，以凿石的声响命名砣臼。1984年，改属白石崖村民委员会。				
	北站		该村是个古老村庄，以地处肥城县城北，又是古驿站地，命名北站。明崇祯间（1628—1644），尹氏八世祖进财，由肥城县蔡村迁居此地。以村中故有圣佛寺，更名圣佛站。清朝末年，名神佛站。民国间，复名北站。	278	1024	122.1	6335

续表 26－7

办事处	行政村	村名由来	总户数（户）	总人口（人）	耕地面积（公顷）	人均纯收入（元）
季庄办事处	王家庄	明崇祯间（1628—1644），王氏由王家庄迁此建村，以村处北站东，命名东王家庄。民国间，曾命名站东王家庄。今名王家庄。	97	381	45.5	6105
	魏家庄	明崇祯间（1628—1644），魏氏迁此建村。命名魏家庄。	86	309	41.5	6300
	孙土	明正统间（1436—1449），孙氏迁居此地，因无力建房，住在山崖下土洞中，建村后以原居土洞，命名孙家土屋。民国初年，始名孙家土。今名孙土。	192	758	75.8	6110
	焦庄	明永乐间（1403—1424），焦氏由山西洪洞县迁居石官庄。后来，长支迁此建村，命名焦家庄。今名焦庄。	133	492	36.6	6215
	张家老庄	明崇祯十四年（1641），张氏四世祖廉、让、逊由鸾台迁此建村，命名张家庄。清雍正年间（1723—1735），村人迁出建新张庄后，该村更名张家老庄。	215	816	72.0	5990
	于家庄	清顺治间（1644—1661），于氏由张家庄迁来建村，以村处北站西，命名站西于家庄。今名于家庄。	85	272	30.6	6195
	南李庄	明嘉靖间（1522—1566），李氏由南宋庄迁此建村，命名李家庄，清末，更名李庄。1949 年，为区别村北李家庄，更名南李庄。	146	521	49.7	6338
	南张庄	明崇祯十七年（1644），张氏由齐河县季韩庄（今富足店）张家老庄迁居杨家土屋后，一支迁此建村，命名张家庄。清中叶，为区别村西张家庄，更名东张家庄。民国初年，曾命名站西张家庄，以村居北站西故名。今名南张庄。	139	500	46.7	6100
	黄路山	明崇祯间（1628—1644），王氏由山西洪洞县迁居该村，以古代有位皇帝路经此地，在村东小山下小憩的传说，命名皇路山。后误写作黄路山。	76	254	36.9	5890
	庄科	该村为庄氏所建，以村处丘陵环抱中，命名庄坑（坑当地读 Kē）。后来，为图吉祥，写作庄科。清顺治十五年（1659），张氏祖鉴由章丘县小康庄迁鸾台，四世祖复迁此地定居，沿称庄科。	255	936	87.5	6346
	碾砣沟	清康熙十五年（1677），张氏由庄科迁来建村，以地形和雕琢石碾营生，命名碾砣沟。	76	275	37.3	5899
漩庄办事处	小核桃园	明洪武间（1368—1398），建村，以村北是河套，村民多以种菜谋生。为区别村南河套园，命名小河套园。后写作小核桃园。	84	341	26.0	6310
	大崔	明洪武三十年（1397），崔氏兄弟由山西洪洞县迁来，分两地建村，该村为长支所居。命名大崔家庄。民国初年，始名大崔庄。今名大崔。	167	638	47.0	6218

续表 26－7

办事处	行政村	村名由来	总户数（户）	总人口（人）	耕地面积（公顷）	人均纯收入（元）
漩庄办事处	漩庄	明洪武间（1368—1398），建村，以村南两溪汇流相互冲击而形成的漩涡，命名漩庄。	209	759	53.0	6277
	崮头	明洪武间（1368—1398），赵氏、高氏相继迁来该村南北定居，名赵家行、高家行。后来，合为一村，以村处山顶凹平的鹰嘴子山北脚下，命名崮头街。今名崮头。	532	2041	125.6	6366
	潘庄	明嘉靖间（1522—1566），潘氏由山西洪洞县迁居该村，命名潘家庄。潘氏乏嗣后，赵氏、高氏分别由赵家行、高家行（今崮头）迁居该村，亦名赵家行、高家行。清朝末年，独立成村，复名潘家庄。今名潘庄。	223	842	45.6	6270
	龙凤庄	明崇祯年（1628—1644），建村，以村西南有形似卧龙的土丘，命名龙虎庄。后来村边地面裂一巨缝，村民挖土丘填平裂缝，更名拢缝庄。后更名龙凤庄。	223	839	70.7	6344
	小河东	明洪武间（1368—1398），徐氏由山西洪洞县迁居该村，以村坐落南大沙河东岸，并区别村南河东庄，命名小河东庄。清朝末年，始名小河东。	96	343	54.1	6289
	大河东	明洪武九年（1376），建村，以村坐落在南大沙河东岸，命名河东庄。后来，因区别村北小河东庄，更名大河东。	206	754	78.5	6278
	东褚科	明洪武二十六年（1392）年，褚氏迁居该村，因村址低洼，以在坑内，命名褚坑庄。后来，褚氏为盼望子孙科考得中，拟音写作褚科庄。清朝末年，按村所居方位，分为东褚科、西褚科。	155	585	61.5	6304
	西褚科		117	462	50.1	6218
	大崖	明洪武五年（1372），张氏祖彪由山西洪洞县迁城西庞庄定居，后徙此建村，以村南、北各有一个大崖子，命名大崖庄。民国初年，始名大崖。	357	1364	141.7	6010
	王家坊	该村前名王家庄，为王氏建村故名。明洪武间（1368—1398），以村外故有“王氏祖茔坊”，遂更名王家坊。20世纪80年代，全村陆续迁至省道104公路以东。	59	222	17.1	6213
	牛角沟	以山沟形状，似牛角，命名牛角沟。清道光间，名牛角庄。今名牛角沟。	131	443	69.7	5912
	南苾	明洪武二十年（1379），辛氏由山西洪洞县迁居该村，以村处石门镇（今苾村铺）南，命名南辛庄。永乐间（1403—1424），为区别苾村铺，该村遂更名南苾。	98	363	29.1	6230
	双泉庄	明洪武间（1368—1398），建村，以村东、西各有一山泉常年不竭，命名双泉庄。	81	278	40.8	6420

第三节 万德镇

地理环境 万德镇位于长清区东南部，距城区40公里，南与泰安交界，东与历城区相邻，西南与肥城市接壤，西与马山镇相接，北与五峰山街道、张夏镇毗连。以镇政府驻万德而得名，面积217.0平方公里。境内有京沪高速铁路、京沪铁路、京福高速公路（万德设有出入口）、104国道四大交通要道。有国内“四大名刹”之首的灵岩寺风景区、凤凰岭风景区、卧龙峪风景区等，有济南新七十二名泉之中的檀抱泉、袈裟泉、双鹤泉。境内资源丰富，有铁矿石、钾长石、蛇纹石、花岗石、界首碧玉等，武庄柿子、裴家园樱桃等远近闻名。

千年古刹灵岩寺 （2008年 摄）

发展概况 1986年，万德镇辖小万德、长城、石胡同、史庄、徐庄5个办事处，54个行政村，12895户，54438人，完成工农业总产值7600万元，财政收入76万元，人均纯收入413元。2006年，武家庄乡撤销划归万德镇，全镇辖小万德、长城、石胡同、史庄、徐庄、大刘、武庄、马场8个办事处，75个行政村，1个居民委员会，21669户，71821人。万德镇以建设现代小城镇为总体目标，制定“一二三四五”（即：明确现代化小城镇建设和旅游开发建设强镇一个定位；实现农民增收、财政增长两个目标，实践观念、产业、环境三个创新；落实跟踪检查、分线领导、工作调度、月报季总四项制度；突出石材开发、特色农业、林果基地建设、旅游开发和城镇建设五个重点）的发展思路，工业发展突出招商引资，农业发展突出大棚蔬菜、玉米良种繁育、干鲜果品、畜禽养殖，旅游发展突出山水林开发，城镇建设突出硬化、美化、亮化、环保等配套改造提升，全镇发展环境不断优化。2008年，全镇辖小万德、长城、石胡同、史庄、徐庄、大刘、武庄、马场8个办事处，75个行政村，1个居民委员会，122个自然村，21869户，72234人，财政收入545万元，农民人均纯收入6938元。万德镇先后被山东省政府命名为城镇建设新型乡镇、环境优美乡镇，被国家计委列入全国百家小城镇开发建设试点单位，被全国双拥工作领导小组、中共中央宣传部、中央文明办评为军民共建社会主义精神文明先进单位。

农业 种植业 1986年，境内主要种植小麦、玉米、花生、地瓜，耕地面积3620公顷，粮食总产22680吨，农业机械总动力16513千瓦，农业总产值5600万元。是年，万德镇开始大面积发展玉米杂交育种。1987年，注册“长青”牌玉米杂交种。1989年，万德镇被定为全国玉米制种基地。1991年，在小万德、长城、史庄3个办事处的37个村，进行夏玉米高产开发，重点是挖掘优良品种掖单12号的增产潜力。至1993年，开发面积1000公顷，亩产690公斤，比开发前平均亩产增225.8公斤，3年间全镇总计增产玉米484万公斤，总产值246.84万元，经省农业厅农业专家组鉴定，万德镇夏玉米高产开发技术在省内山丘地区达到领先水平，该项目被评为济南市星火计划三等奖。1992年—1994年，坡里庄承担市农科所“云南黑籽南瓜试验种植课题”，获得成功，解决北方黑籽南瓜不结籽问题，总结一整套北方地区的繁育技术。至

玉米制种基地　　(2005 年 摄)

1996 年，全镇玉米杂交育种规模扩大到 46 个村，面积 800 公顷，每年生产优质玉米良种 360 万公斤，销往全国 150 多个县市。2005 年，长城山区实施农业综合开发工程，该工程位于万德镇长城村，南至坡里庄，北至孙家峪村，东至 104 国道，西至环山路西侧，项目开发面积 467 公顷，总投资 426 万元。新打配套大口井 4 眼；新建容量 100~800 立方米蓄水池 16 个，15 立方米的蓄水池 40 个；新建风力提水站 13 座；架设农电线路 5000 米，衬砌渠道 1670 米，埋设管道 4.5 万米，建桥、涵 16 座，新修环山路、上山路 1.8 万米，新建绿化池 9 个；建农田林网 27 公顷，植树 1.2 万株，建护林房 9 间，小麦、玉米新品种示范推广 333 公顷，科技培训 2500 人次。农业综合开发项目的实施，达到旱能灌、涝能排、路相通、渠相连、道路林网化、灌溉节水化、作物优质高效的建设标准。至 2008 年，农技站先后承担省农科院和市农科所夏玉米生产开发、吨粮田开发、小杂粮开发、地瓜高产栽培、玉米制种高产优质开发、小麦稀播栽培技术等 10 余项课题研究和技术推广。

林业　1986 年，全镇有经济林 333 公顷，果树品种主要有苹果、桃、板栗、核桃、樱桃、杏、山楂、柿子等，年产值 500 万元，森林覆盖率 28%，荒山 1133 公顷。1994 年，实施春季治山整地、雨季造林植树、秋季补植 3 次大规模绿化行动，共绿化面积 1533 公顷。是年 12 月，通过国家林业部灭荒达标检查验收。1995 年，结合“市长三号”工程，实施以林业项目为重点的农业综合开发工程。1996 年 4 月，被山东省绿化总指挥部评为城乡绿化一期工程先进乡镇。是年 12 月，北马套村被全国绿化委员会授予全国绿化千佳村之一。至 1997 年，先后建成万亩核桃基地、万亩板栗基地、万亩柿子基地和裴家园 200 公顷樱桃基地。2002 年，成立 40 名专职护林队伍，配备 2 辆森林消防车和 60 套防火、病虫害防治机械。至 2008 年，全镇经济林 2667 公顷，森林覆盖率 51%，生态公益林面积 5400 公顷，林业产值 2000 多万元。

畜牧业　1986 年，全镇大牲畜存栏量 1737 头、猪 18173 头、羊 5712 只。1991 年，被确定为全市优质商品瘦肉型猪生产基地。1997 年始，先后引进和推广鲁西黄牛，养殖和改良瘦肉型猪，改良推广长毛兔，推广波尔山羊、奶牛养殖以及肉鸡、蛋鸡、蛋鸭养殖。2008 年，全镇有养鸡专业村 6 个、专业大户 120 户；养牛专业村 8 个、专业户 80 户；养猪专业户 60 户，养羊专业户 45 户，养鸭专业户 16 户，奶牛基地有界首、石都庄 2 处。大牲畜存栏量 7870 头、猪 38334 头、羊 25620 只、鸡 42.2 万只，全镇畜牧收入 6.2 亿元，成为万德镇的支柱产业之一。

蔬菜　1998 年起，石都庄大棚蔬菜生产基地开始建设，蔬菜大棚由地上式逐步改建为冬暖下卧式，全村共建大棚 200 多个，成立舜平蔬菜种植专业合作社，注册“舜丰”商标，仅此一项全村增加经济收入 1000 多万元，人均收入 5000 元。店台蔬菜生产基地兴建于 1999 年，全村先后共建节水秸秆浅水藕池 26 公顷，蔬菜大棚 37.3 公顷。2002 年，注册“卧龙峪”商标，成立济南市卧龙峪果品蔬菜营销开发有限公司。2008

年，石都庄蔬菜基地被济南市列为现代农业特色品牌示范基地和现代农业“双推技术”示范基地，店台蔬菜生产基地被济南市列为现代生态循环农业示范区。

工业　1986年，有镇、村办工业企业767家，其中镇办13家、村办754家，从业人员4857人，拥有固定资产568万元，实现利税187万元。1993年，万德麦芽厂在万德工业北区投资9600万元，新建麦芽北厂和东厂，成立灵芝集团；万德电磁线厂在万德南工业区新建电磁线厂，成立鑫源集团，生产铜铝漆包线和纸包线；万德机械厂在万德北工业区新建厂房，扩大生产规模，同时新建糠醛厂，引进大型航吊和最大的卷板机等先进设备，成立金铭集团。1994年7月，济南灵芝集团与加拿大卢堡集团合资兴建麦芽东厂，总投资2000万元人民币，年产量6万吨，成为江北第一家规模大、产量高的麦芽厂。是年9月4日，济南市投资最大的外商独资企业——新西兰铭峰纺织公司在万德镇北工业区奠基，总投资5000万美元。1995年，灵芝集团麦芽产量3万吨，产值突破亿元，利税1050万元。1996年4月，济南灵芝集团被农业部批准晋升为国家级企业集团——中国灵芝集团公司。1997年12月，万德镇工贸小区被农业部命名为第二批全国乡镇企业示范区。是年，全镇工业形成“灵芝牌”麦芽，龙门刨床、液压吊车大型压力机及炼钢炉配件、电磁线、糠醛、包装箱、花岗石板材、玉雕、石雕以及唐三彩壁画，涉及食品、机械、轻工、化工、建材、工艺、美术等10多个系列产品的生产规模。1999年起，济南牙膏厂灵岩包装分厂、金山花岗石厂、安装十处、灵岩建安公司4家镇属企业先后依法实施改制。至2000年，中国灵芝集团停产，鑫源集团和金铭集团相继破产。2005年4月14日，万德镇乡镇企业园被国家发展和改革委员会、国土资源部、建设部、商务部审核批准命名为“济南市长清区万德镇乡镇企业示范园”，成为山东省25个重点园区之一，是全市唯一乡镇园区。至2008年，先后引进新吉尔机械有限公司、济南桑乐真空有限公司、济南中宇再生资源利用有限公司、京沪高速铁路制梁厂、制板厂、济南龙庄园艺工程有限公司等12家企业落户万德，工业企业总数15家，从业人员4500人，实现工业总产值12.87亿元，利税1.1亿元。

商贸　财税　1986年，全镇集贸市场有万德、石胡同、界首、史庄、徐庄5处，财政收入76万元。1996年，投资1980万元，建成灵岩商场，新建上宅下店式商店208家，经营鞋帽、服装、照相、建材、饭店、副食、百货、家电、家具等。1998年，大候集村立集，农历二、七日为集。1999年，程庄村立集，农历一、六日为集。2000年，小王村立集，农历一、六日为集。2001年，上营村立集，农历四、九日为集。2008年，全镇共有万德、界首、石胡同、小王、上营、史庄、徐庄、程庄、大候集、东夏、武庄、马场12处集贸市场，个体商户1500余家，集市贸易成交额1.56亿元，社会商品零售总额7.7亿元。地方财政收入545万元。

村镇建设　1986年，全镇基础设施较差，农村住房多为土坯草房。1991年，万德镇实施商业

万德灵岩商贸城　(2008年 摄)

街开发建设，建成鑫源路商业街。1992年，被省政府命名为村镇建设新型乡镇。1993年，制定镇村建设规划，镇政府由万南村迁至万北村，新建2600平方米办公大楼，小城镇建设全面铺开。是年，被国家计委列入全国百家小城镇开发建设试点镇。1995年，省、市政府批准万德城镇建设总体规划，被省政府列入“百新工程”试点单位。2000年，万德镇被省政府列为中心镇。2004年，万德镇被国家6部委（建设部、发改委、民政部、国土资源部、农业部、科技部）评为全国重点镇。2005年，万德镇第三次编制完成小城镇总体规划，经省规划专家委员会论证通过，被省人事厅、建设厅评为小城镇建设示范镇。2007年，万德镇被市政府列为“城镇建设行动”试点小城镇。至2008年，先后建成府前街、商业街、金铭街、鑫源街、灵岩路，镇驻地道路全部绿化、硬化、亮化；新建邮政大楼、万德法庭办公楼、派出所办公楼、五中队办公楼、万德敬老院公寓、万德卫生院门诊楼和住院楼以及万德自来水厂、万德文体活动中心、工商办公楼、地税办公楼、汽车站、供电办公楼、宾馆、农行办公楼、信用社办公楼、新华书店商业楼、百货大楼、万北中心小学教学楼和镇中心中学教学楼，99%的农民住房已建成砖瓦或钢混结构房，镇驻地五分之一的农户住上二、三层小楼，群众的生活环境明显改善。是年，因京沪高速铁路建设，长城办事处曹庄村53户村民搬迁至村西入口处。

交通　1986年，境内除104国道外，万德至武庄、万德至五峰、万德至石胡同、万德至史庄、万德至灵岩公路路况较差，路面窄、弯道多、坡度大，道路全部是土路，里程102公里。1990年始，对乡间公路进行整修改造。至1997年，共投资2680万元，全镇公路里程134公里。2003年，实施“村村通”工程，对境内公路全面进行拓宽、落坡、整平、架桥、硬化，累计投资4590万元。至2008年，全镇公路通车里程255公里，村村实现通公路。

邮电　1986年，有邮电分局2处，邮电所1处。2008年，市话总量1.21万门，移动电话1.69万部，安装宽带1720户，邮政储蓄额1320万元。

教育　科技　1986年，全镇共有小学54所，在校生2670人；初中有万德中学、万德农中、三官庙中学、史庄中学4所，在校生1028人；全镇共有教职工420人，其中民办教师180人，中专以上学历310人，校舍全部为平房砖木结构。另有县属中学长清第五中学、长清第十二中学。1988年，经济南市教委检查验收，全镇54所学校全部达到“六配套”。1992年，镇成人教育中心被省教委、省农业厅评为全省农村成人教育示范学校。1994年6月，长清第十二中学改为界首中学。1995年，万北村投资200万元，新建4层建筑面积3600平方米的教学楼，容纳15个教学班。1996年，投资25万元，新建建筑面积800平方米的教委办公楼。1997年，店台村投资45万元，新建3层面积900平方米教学楼。1998年，界首村投资82万元新建4层面积1043平方米教学楼；三官中学投资70万元，新建3层面积1120平方米教学楼。1999年，田庄村投资48万元，新建3层面积900平方米教

万德小城镇新貌　（2008年 摄）

万德中学　　(2008年　摄)

学楼；镇中学投资150万元，新建3层面积3300平方米教学楼。2000年，小万德村投资72万元，新建3层面积1200平方米教学楼。2001年，万南村投资120万元，新建4层面积2200平方米教学楼。至2004年，万德农中、史庄中学、三官庙中学先后并入镇中学，全镇50所小学撤销合并为40所。2004年12月，界首中学并入长清第五中学。2006年，通过济南市首批教育示范镇验收。2008年，武庄中学并入镇中学。是年，全镇镇办中学1所，在校生1206人，教职工108人；小学18所，在校生4953人，教职工472人；幼儿园23所，教职工100人，中、小学教师达标率100%、适龄儿童入学率、巩固率和毕业率均为100%、初中毕业率99.7%。

1986年，全镇有科技机构2个。1997年，全镇有科技机构6个，科技培训中心2处，农民科技研究会8个，全镇有专业技术人员、农民技术人员1300人，农民科普夜校36所。2004年，镇政府为各村配备远程教育卫星接收器，组织农民收看科技影视资料。2007年，全镇村村统一安装科普宣传栏，定期张贴科普知识。至2008年年底，全镇共完成科技推广项目216项，引进推广新品种20项，获省、市、县科研成果奖30项，举办各类科技培训班400学期，培训3.5万人次，有400多人获得中央农业广播学校毕业证和函授学校毕业证，有375名妇女获得绿色证书。

卫生　1986年，镇卫生院有平房2839.48平方米，设综合门诊、外科手术室、化验室等20个科室，干部职工60人；村级卫生室77个，乡村医生124人。1997年起，镇卫生院投资300万元新建、改建门诊楼、宿舍楼、病房楼、精神病房楼等，建筑面积1万平方米，先后购置价值150万元的先进医疗设备。至2008年，万德中心医院，设30个科室，职工93人，开放床位70张；医院拥有500毫安"X"光机、心电工作站、B超、胎心监护、先进的手术器械、成套的急救设备等共30余台件，固定资产314万元；下设一体化管理卫生所38处，卫生服务中心9处。

文化　体育　1986年，有文化站、广播放大站、电影管理站、万北电影院各1处。1989年，建起电视差转台。1991年，镇中学美术教师李卫东向北京第十一届亚运会捐赠国画3幅，被组委会收藏。

万德卫生院　　(2008年　摄)

1992年，镇委宣传办自办《万德新闻》电视节目。1994年12月，投资30万元，建有线电视网，收看12个频道。1995年10月，石胡同村党支部书记王相金创作的豫剧《二胎风波》，获济南市第十六届农村文艺创作二等奖。南山村龙舞、狮舞表演队参加1996年、1997年济南市新春民俗文化博览会演出，获一、二等奖。1997年5月18日，南山、孙西、万南村狮子舞表演队参加省市联合举办的"庆香港回归、神舟同歌"大型文艺演出活动开幕式。是年10月，万德镇被评为省级体育先进乡镇。2008年，镇政府投资50万元，整修、改造、建起万德文化活动中心，购置各种文艺器材，组织文艺骨干开展文体活动。是年，全镇有村级文化大院45处、全民健身活动站点2处。

樱桃节采摘 （2007年 摄）

旅游 万德镇旅游资源丰富，有国家AAAA旅游景区灵岩寺。2000年，坡里庄影视城开发建设。2001年，槐荫区段店村投资8000万元，在万德镇六律村西、义灵关东南的丘陵建成影视城（现闲置）。2002年，卧龙峪自然生态风景区开发建设。2003年5月1日，投资2600万元的凤凰岭旅游区开园迎客。是年，界首红石湾旅游度假村开发建设，代家河村生态旅游开发建设。2004年，侯庄合龙寺、孙西村李家峪山庄、灵岩雨花岩旅游景点开发建设。2005年，孙家峪桃花山风景旅游区开发建设。2007年5月3日，济南市长清区第一届樱桃采摘节在万德镇裴家园举办；7月，拔山村成立济南旅游自驾游集散中心"拔山自驾游基地"。至2008年，成功举办6届柿子节、2届樱桃节，年均游客15万人次，旅游总收入1500万元。

人民生活 1986年，人均纯收入413元，人均住房面积12.7平方米，百户拥有自行车37辆、钟表32只，年末居民储蓄额216万元。1994年，人均纯收入1515元，人均住房面积21.3平方米，百户拥有电风扇116台、黑白电视机90台、彩色电视机10台、电冰箱4.5台、洗衣机6.7台、摩托车12.8辆、自行车170辆、钟表68只、收录机34台、电话90部，居民储蓄额469.7万元。2008年，人均纯收入6938元，人均住房面积36.4平方米，百户拥有摩托车75辆、电话89部、手机78部、彩电95台、冰箱36台、洗衣机65台、电脑18台。有线电视安装8950户，入

凤凰岭瀑布 （2008年 摄）

万德中心小学　　（2005年 摄）

户率41%。基本医疗7.1万人，享受居民最低生活保障892人。

村庄选介　万北村　是万德镇政府驻地村。逢农历五、十为集市。1986年，全村521户2160人，耕地面积129.1公顷，农民人均纯收入435元。1993年起，村两委会抓住镇政府、企事业单位以及万德大集北迁和小城镇开发建设的机遇，带领干部群众大力发展第三产业。至2008年，全村发展个体经销服装加工、蔬菜批发、食品加工、汽车修理、饭店宾馆、汽车运输、建筑安装、照相、家具、家电、理发、装饰、农资等服务业400余户，拥有汽车200余辆，从业人员1200余人，占全村劳动力的95%以上，40%村民住上二层小楼，成为万德镇首富村。村两委先后为村民办三件大事：一是投资220万元，建成长清区一流的村级教学楼，建筑面积3600平方米，能容纳15个教学班；二是整修村内主要街道，由6米拓宽到16米，全部水泥硬化，装上路灯；三是为年满60岁以上村民，每月发放20元生活补贴。2008年，全村820户2782人，耕地113.4公顷，农民人均纯收入6985元。先后获区级文明村庄、尊师重教先进单位、老龄工作先进集体、个体私营经济先进单位、五好红旗村党支部、纳税总量先进单位等称号。

界首村　位于万德镇政府驻地东南10公里，104国道和京福高速铁路、京沪铁路从村西通过，设有界首火车站，南与泰安市接壤，是济南市南大门。1986年，全村780户3250人，耕地206公顷，山场330.1公顷，人均纯收入460元。是年，村投资20万元，兴办界首泰山玉雕厂，全村以开采加工泰山蛇纹玉为主导产业。1990年起，玉石雕刻专业户快速发展。1992年起，进行农业种植结构调整，先后建蔬菜大棚100多个、浅水藕池60个。1993年起，发展玉米良种繁育基地，面积60公顷。20世纪90年代起，先后引进山东大绿色蓝天示范园、金凤集团揽月胶印中心、匡山观光度假村、康怡山庄、藤木沙发、玉雕制品、加油站等10余家企业，创办界首创业园。1998年，投资20万元，修建村中心大桥；投资130万元，新建小学教学楼。1999年，投资150万元，兴建村办公大楼。2002年，投资2200万元，建成界首奶

界首村办公楼　　（2000年 摄）

牛小区。2008年,投资58万元,新建幼儿园1所,入园幼儿260人。是年,全村886户3352人,耕地204.3公顷,农民人均纯收入6980元,玉石雕刻专业户发展105家,成为全村特色产业,年收入2000万元。界首村先后获全国军民共建先进单位、省村镇建设明星村、市文明村、市五好红旗村、全区人均纳税先进单位等称号。

马套文体广场 (2008年 摄)

店台村 位于镇政府驻地南7.5公里,京福高速公路、104国道东侧,京沪高速铁路、京沪铁路西侧,境内有卧龙峪风景区。1986年,全村415户1580人,耕地91.9公顷,山场宜林面积450公顷,人均纯收入450元。1986年起,先后投资100余万元,修建小型水库3座,总蓄水量50万立方米,打机井16眼,灌溉水渠6条,总长度3000余米,硬化村中道路1500米。1999年,进行农业种植结构调整,建成蔬菜大棚138个,开挖浅水藕池69个,粮菜比例4∶6。2002年11月,成立卧龙峪果品蔬菜营销开发有限公司,投资10万元,建立无公害蔬菜监测站,注册"卧龙峪"品牌。2004年起,由大棚蔬菜改种大棚大樱桃,投资30万元兴建冷库,成立德勇大樱桃合作社。至2008年,全村大樱桃种植面积26.7公顷,年总收入200万元。是年,全村453户1360人,耕地100.3公顷,农民人均纯收入6980元。先后获省文明村、省"巾帼示范村"、市先进基层党组织、区蔬菜生产先进村等称号。

马套村 位于泰山脚下,距万德镇驻地12公里,南与泰安接壤,是部队驻地村。1976年,孙士水任村党支部书记,立志改变家乡贫穷落后面貌,带领群众艰苦创业。1978年,成立建筑队,先后搬迁群众320户,新建房屋1500间。1982年,投资10万元,组织200多名石工兴建石料厂。1985年,投资142万元,新建小学教学楼,面积960平方米;投资200万元,兴建村办公楼,面积2400平方米。1986年,全村400户1540人,耕地86.1公顷,山场466.7公顷,人均纯收入420元。至2008年,先后投工200多万个,修大小水库塘坝35座,大口井12眼,铺设水管3.5万米,修防渗渠3500多米,封河造地4公顷,修生产路、环山路30公里,累计搬运土石238万立方米,封山育林433公顷,人均树木300多棵、果树120多棵,发展村办企业2处,马套村由一个贫穷落后的小山村成为市

店台村一角 (2008年 摄)

山清水秀马套村 (2008年 摄)

级文明富裕村。2008年,全村485户1532人,耕地114.9公顷,农民人均纯收入6975元。先后获全国计划生育先进单位、全国绿化千佳村、全国军民共建先进单位、省级文明村等称号。

石都庄村 位于万德镇驻地西北2公里处。1986年,全村427户1826人,耕地141.2公顷,人均收入433元。1986年—1989年,投资8万元,新建扬水站2座,开挖机井10眼,修建水渠4000米。1986年—1992年,村党支部组织村民开展学法用法活动,坚持农闲时集中时间统一学习,平日建立制度经常学习,制定村规民约共6章111条,成为全国依法治村的先进典型。至1992年,先后有全国13个省、市、区的70多个人大和司法部门的3000多人专程到该村参观学习典型经验。1998年起,调整农业产业结构,发展蔬菜大棚,先后建起大棚200多个,主要种植番茄新品种。2007年,成立济南长清舜平蔬菜种植专业合作社。2008年,成立舜平蔬菜果品有限公司,济南市农业局奖励汽车2辆,并被确定为济南市农业生产基地。是年,全村588户2125人,耕地163.3公顷,农民人均纯收入6980元。该村是全国普法先进单位、市级文明单位。

石都庄村蔬菜大棚 (2008年 摄)

2008年万德镇办事处、行政村基本情况表

表26-8

办事处	行政村	村名由来	总户数(户)	总人口(人)	耕地面积(公顷)	人均纯收入(元)
	万德镇城镇居民委员会	1996年8月,万德小城镇建设已初具规模,各类商户310余家。为加强管理,成立万德镇城镇居民委员会。至2008年,居委会共有480家商户,分设10个小区。	620	2570	—	—

续表 26－8

办事处	行政村		村名由来	总户数（户）	总人口（人）	耕地面积（公顷）	人均纯收入（元）
小万德办事处	万北		是万德镇政府驻地村。该村建于唐代（618—907），名安阜店。元朝中叶，村西南大湾被山洪淤平，村人以其地临南北交通要道，聚集其上建房经商，逐渐形成较大村镇，人称湾底街，演为村名，后来讹传为剜底街，湾德街。清中叶，始名万德街。民国初年，称万德镇。后来为区别村西北小万德，名为大万德。1984 年，万德大队分为万北、万德南两个行政村。	820	2782	113.4	6985
	万德南			895	2920	155.0	6970
	小万德		清乾隆年间（1736—1796），房氏迁居该村，以村临御路开店营生，因其是小本经营，人称小店，演为村名。后来因经营有方，服务周到，顾客称其幸福店，逐为村名。民国初年，因距大万德较近，更名小万德。	407	1435	80.9	6960
	义灵关		元至正间（1341—1368），此地有座阴灵后庙，又是石都寨辖区南去的关卡。明万历间（1573—1620），建村时以庙和关卡命名阴灵关。1947 年，有一军官居此，因“阴灵”不详，更名义灵关至今。	345	1138	101.5	6950
	六律庄		明永乐间（1403—1424），刘、李两姓建村，命名刘李庄。后来，因划属灵岩寺区，寺僧以音乐十二律有扬六律、阴六律，拟音更名六律庄。	403	1453	82.3	6940
	新刘		该村前名夏家庄。1978 年，建武家庄水库时，村址划入库区，刘氏迁此建村。因夏氏乏嗣，更名新刘村。	177	567	48.1	6940
	石家屋		清乾隆间（1736—1795），史姓来此建村前，因住东山坡山石屋内，故建村后命名史家屋。光绪间（1875—1908），赵氏由小候集迁居该村，史姓乏嗣，写作石家屋。	110	367	42.0	6940
	大候集		该村前名猴丘庄，以村西古有形似猿猴的土丘命名。民国中期以后，更名大候集。	462	1725	94.7	6945
	小候集		康熙四十八年（1709），赵氏由济南洛口迁居该村，为图吉祥，命名赵兴庄。后来以临近大候集，更名小候集。	287	1020	67.7	6945
	石都庄	石都庄	该村建于元代之前，前名石堵庄，以村东沙河中有石礁阻河下流故名。后写作石都庄。	588	2125	163.3	6980
		小石都庄	清光绪间（1875—1908），张氏由石都庄迁来建村，命名小石都庄至今。隶属石都庄管辖。1984 年，改属石都庄村民委员会。				
	裴家园	裴家园	清乾隆间（1763—1795），裴氏由石都庄迁来建村，以种菜为生，命名裴家园。	138	408	30.0	6950
		宋家园	民国初年，宋氏、裴氏先后由裴家园迁来建村，为区别裴家园，命名宋家园至今。1984 年，改属裴家园村民委员会。				
		御泉	清宣统间（1909—1911），王氏迁此建村，因村东山泉水呈黄色，人称黄泉，逐为村名，后改为御泉至今。1984 年，改属裴家园村民委员会。				

续表 26－8

办事处	行政村		村名由来	总户数（户）	总人口（人）	耕地面积（公顷）	人均纯收入（元）
小万德办事处	灵岩	灵岩	清道光间（1821—1850），李有春为种地方便，由六律庄迁至此建村，因此地原是圈养场所，故命名羊栏。1990 年，地名补查时，村人因村名不雅和邻近灵岩寺院，更名灵岩村。	266	882	42.0	6958
		北岭	清光绪三十年（1904），赵氏、张氏相继由义灵关迁来建村，以村坐落在大圈村北山坡上，命名北岭至今。1984 年，改属灵岩村民委员会。				
		柏果园	民国元年（1912），孟兆有为种地方便迁此建村，以此地盛长着几颗柏果树（银杏树），命名柏果园。1984 年，改属灵岩村民委员会。				
		三峪	清嘉庆间（1796—1820），范氏来此开荒种地，建村后，以村处灵岩寺西第三条峪中，命名第三峪。1984 年，改属灵岩村民委员会。				
		四峪	该村原名涤思峪，建村年代不详。明朝中叶，赵氏迁居该村后，以村坐落在南山脚下第四条峪中，始名第四峪。1984 年，改属灵岩村民委员会。				
		榆行	清咸丰元年（1851），马玉玲由大马庄迁此为寺僧种地，以建村在榆树杭子间，命名榆杭，今写作榆行。1984 年，改属灵岩村民委员会。				
		大圈	清光绪间（1821—1850），灵岩寺佃户王圣海为种地方便由六律庄迁来，住进寺区一大院内，以院大墙高命名为大圈。1984 年，改属灵岩村民委员会。				
		小窑	民国元年（1912），田氏由白杨沟迁此建村，以此地是兴建灵岩寺院时烧砖瓦的场所，故命名小窑。1984 年，改属灵岩村民委员会。				
长城办事处	长城		该村建于三国前后，村名无考。元朝末年，兵祸频繁，瘟疫流行，乡民死亡不计其数，唯郑、刘两家幸免。明洪武三年（1370），村民自山西洪洞县迁居该村，以村临齐长城关隘，民命长城堡。明中叶，村中设驿站后，名为长城铺。1949 年，始名长城。	610	1862	164.1	6950
	界首		北宋时，因村处交通要道，商业繁荣，名界首镇。后称界首。清代，村中设驿站后，名界首铺。民国初年，复名界首。	886	3352	204.3	6980
	马套		古时候，此地三面环山，野麻丛生，故名麻套。元至正间（1341—1364），任氏建村，以西路赴泰山的香客多在此停车歇马，命名马套庄。清朝初年，分南北两村，该村居北，故名北马套。1949 年，由泰安县划属长清县后始名马套。	485	1532	114.9	6975

续表 26－8

办事处	行政村	村名由来	总户数（户）	总人口（人）	耕地面积（公顷）	人均纯收入（元）
长城办事处	店台	村址是春秋时期的烽火台遗址，建村后命名垫台。明嘉靖二十八年(1549)，村中设驿站后，名垫台铺。清中叶，复名垫台。民国时期，名垫台庄。1949 年，写作店台。	453	1360	100.3	6980
	孙峪	明崇祯间(1628—1644)，孙氏迁居该村，以村庄坐落在山峪中，命名孙家峪。今名孙峪。	422	1506	120.9	6945
	曹庄	此地原是长城村的菜地，名东园。清嘉庆二十年(1815)，曹氏彦携子由张夏镇井子迁此建村，命名曹家庄。今名曹庄。	69	234	21.9	6950
	皮家店	清康熙间(1662—1722)，刘氏由县城北刘家庄迁居该村，以村庄坐落在发源于龙居寺旁的小河北岸，命名龙居河村。光绪间(1875—1908)，村民多经营皮货业，人称皮条店，演为村名。后因村名不雅，更名皮家店。	103	304	18.3	6950
	金山铺	该村前名合一河。以村北有两条小河在此汇流故名。清朝末年，村人在村旁开店营生。以村北金子山，命名金山铺，演为村名。	140	482	33.5	6945
	坡里庄	明崇祯间(1628—1644)，建村，时逢南山坡上藤花盛开，故命名藤花坡。清乾隆间(1736—1795)大旱，藤花枯死，更名坡里庄。	484	1728	65.9	6945
史庄办事处	史家庄	该村建于北宋初年，村名无考。清康熙间(1662—1722)，史姓迁居该村，始名史家庄。	290	920	56.1	6945
	郭家庄	该村为郭氏所建，故名郭家庄。明万历间(1573—1620)，刘进会由长清城西南刘家套迁居该村，郭氏乏嗣后，为图吉祥，更名兴隆庄。因不被称说，沿称郭家庄至今。	230	665	48.0	6940
	田家庄	明洪武间(1368—1398)，田氏由肥城县田家花峪迁居该村，命名田家庄。	726	1980	133.4	6940
	东夏峪	东西夏峪前名夏禹甸。起于公元前二十一世纪至公元前十六世纪，以夏禹治水居此故名。明崇祯间(1628—1644)，村人开店营生，常有鱼虾商来此销货，人称西虾鱼店、东虾鱼店，逐为村名。后来，村人因村名不雅，拟音写作西下峪、东下峪。民国间，写作西夏峪、东夏峪。	432	1312	78.0	6940
	西夏峪		380	1192	101.5	6940
	官庄	村址古为官农庄。明万历二十八年(1601)，李秀、曲守芬先后由山西洪洞县迁此建村，以村原为官农所居地，命名官庄。	523	1587	145.1	6940
	孙家圈	该村为孙氏所建，以村处群山环绕的山峪中，命名孙家圈。清康熙间(1662—1700)，赵氏祖士达兄弟三人由县城东三里庄迁居该村，孙氏乏嗣，袭村名至今。	158	470	48.0	6940

续表 26－8

办事处	行政村		村名由来	总户数（户）	总人口（人）	耕地面积（公顷）	人均纯收入（元）
史庄办事处	桃花		清康熙间（1662—1722），李氏祖煜然由肥城县稍门迁此建村，时逢此地桃花盛开，故命名桃花庄。今名桃花。	35	95	6.3	6930
	朱家泉	朱家泉	清咸丰间（1851—1861），朱氏祖玉河由徐家庄迁此建村，以村西有一山泉，命名朱家泉。土地改革时隶属三合庄。1984 年，从三合庄分出建立朱家泉村民委员会。	79	236	16.3	6930
		石瓮	清乾隆间（1736—1795），卢氏由长清城西魏家庄迁此建村，以村北有形似大瓮的石潭，命名石瓮至今。1984 年，改属朱家泉村民委员会。				
	程家庄		清康熙间（1662—1722），程氏祖大宾由大清河（今黄河）西程官庄迁此建村，命名程家庄。	176	522	52.7	6930
	三合庄		清咸丰间（1851—1861），朱氏由徐家庄、刘氏由孙家庙、程氏由程家庄相继迁此建村，故命名三合庄。	98	330	18.4	6930
	杨家岭	西山	清嘉庆间（1796—1820），张氏祖可观由徐家庄迁此建村，以村坐落在西山东脚下，命名西山庄，今名西山。1984 年，改属杨家岭村民委员会。	75	237	12.7	6930
		杨家岭	清嘉庆间（1796—1820），杨氏祖进孝由郭家庄迁此建村，以村坐落在山坡上，命名杨家岭。土地改革时隶属三合庄。1984 年，从三合庄分出建立杨家岭村民委员会。				
	南山	东南山	明万历间（1573—1620），王氏祖重光由西夏峪迁此建村，以村坐落在帽山北坡上、史家庄南，命名史家庄南山，简称南山。后来为区别西南山，更名东南山。	280	816	57.3	6930
		西南山	明万历间（1573—1620），王氏祖永文由田家庄迁此建村，以村坐落在帽山北脚下，命名田家庄南山，简称南山。后来为区别东南山，更名西南山。1984 年，改属南山村民委员会。				
	北山	李家北山	清康熙间（1662—1722），李氏祖文斗由肥城县稍门迁此建村，以村坐落在北山脚下，命名李家北山至今。	150	489	35.3	6930
		黄家庄	清嘉庆间（1796—1820），黄氏祖可观由今马山镇孙土迁此建村，命名黄家庄至今。1984 年，改属北山村民委员会。				
		绿豆囤	清嘉庆间（1976—1820），李氏祖永保由田家庄迁此种地，连年所种植物唯绿豆丰收，人称绿豆囤，逐为村名。1984 年，改属北山村民委员会。				

续表 26－8

办事处	行政村	村名由来	总户数（户）	总人口（人）	耕地面积（公顷）	人均纯收入（元）
石胡同办事处	石胡同	该村建于唐代前，村址原名血胡同，以唐代黄巢起义军在此与官兵交战时血流成河，和此地有两条南北走向的石崖故名。明洪武二年（1369），赵氏迁居此地，更名石胡同。	328	1190	86.5	6940
	上营	该村北是唐朝末年黄巢起义军的安营地。明洪武二年（1369），杜氏由山西洪洞县迁居该村，命名杜家营。清朝中叶，杜氏迁居长城村后，张、孙、王姓以村居黄山坡上，更名上营至今。	662	2005	137.5	6935
	代家河	该村为戴氏所建，以村坐落在小溪西侧，命名戴家河。清道光间（1821—1851），张建平由肥城县杨庄迁居该村，戴氏乏嗣后，写作代家河。1951 年，由肥城县划属长清县。	62	232	13.5	6940
	杨庄	清乾隆间（1736—1795），杨氏祖凤高为种地方便，由上营迁此建村，命名杨家庄。1951 年，由肥城县划属长清县后始名杨庄。	53	183	9.3	6920
	王先庄	该村前名杏叶，为赵氏所建。清乾隆间（1736—1795），王氏祖增和马氏先后由上营、大马庄迁居该村，更名王先庄。1951 年，由肥城县划属长清县。	117	355	21.5	6820
	下营	该村北是唐朝末年黄巢起义军的安营地。明洪武间（1368—1398），贾氏由山西洪洞县野鹊窝老槐树下迁居该村，命名贾家营。清朝末年，继杜家营更名上营之后，更名下营。	169	552	20.2	6938
	大马	明洪武二年（1369），马氏祖景廷由山西洪洞县迁居该村，命名马家庄。清嘉庆间（1796—1820），部分村民北迁建小马庄，该村遂更名大马家庄。民国间，始称大马庄。	355	1269	94.7	6938
	胡家崖	明洪武间（1368—1398），胡氏由山西洪洞县迁居该村，以村坐落在一大土崖前，命名胡家崖。	163	533	50.5	6938
	小王	该村前名兴隆庄，为耿氏、朱氏共建。元代朱氏逃荒外出，耿氏因官居河南王，在明灭元后被剿家，故人称削王庄，演为村名，后讹写为小王庄。	187	650	36.4	6835
	大王	明洪武间（1368—1398），王氏祖文能由肥城县中栾湾迁居该村，命名王家庄。清朝初年，为区别村东王家庄，更名大王家庄。民国初年，始为大王庄。	275	935	36.4	6935
	孙东	明洪武间（1368—1398），孙氏由山西洪洞县迁居该村，命名孙家庄。1984 年，改孙东大队建孙家庄东村民委员会。今名孙东。	170	591	48.7	6930

续表 26－8

办事处	行政村		村名由来	总户数（户）	总人口（人）	耕地面积（公顷）	人均纯收入（元）
石胡同办事处	西侯		清乾隆间（1736—1795），侯氏祖廷训，由泰安县侯家庄迁居该村，命名侯家庄。1951 年，由肥城县划属长清县。1958 年，为区别村东侯家庄。更名西侯庄。	132	462	28.5	6930
	孙西	孙西	明洪武间（1368—1398），孙氏由山西洪洞县迁居该村，命名孙家庄。1984 年，改孙西大队建孙家庄西村民委员会。今名孙西。	270	952	59.7	6930
		李家峪	清嘉庆间（1796—1820），李氏祖敬，由孙家庄迁此建村，以村处野花遍地的山峪中，命名李家花峪。1951 年，由肥城县划属长清县后，始名李家峪。1984 年，改属孙家庄西村民委员会。				
	小马	赵庄	清顺治间（1644—1661），赵氏祖子湖由齐东县迁此建村，命名赵家庄。1984 年，改属小马庄村民委员会。	162	582	38.7	6930
		小马庄	清嘉庆间（1796—1820），马氏由马家庄（今大马庄）迁此建村，命名小马家庄。今名小马。				
		侯家庄	清康熙间（1664—1722），侯氏祖传梦，由侯家庄（今西侯庄）迁此建村，命名侯家庄。1984 年，改属小马庄村民委员会。				
		安子沟	清顺治间（1644—1661），李氏祖邦柱由孙家庄迁此建村，以峪中吕祖庙院内的柏果树上住有叫声悠扬动听的安子鸟，命名安子沟。1984 年，改属小马庄村民委员会。				
徐庄办事处	徐庄		明洪武二年（1369），徐氏由山西洪洞县迁居该村，命名徐家庄。该村俗称“哨上”，以每逢战乱时，村人登村西山顶了望犯兵行动情况故名。年久日远，演为村之别名。	180	520	35.7	6918
	孙庙		明崇祯间（1628—1644），孙氏由肥城县迁居该村，以村中古有“九圣堂庙”命名孙家庙。清康熙间（1662—1722），郝氏十世祖自长清城西仓庄迁此定居，沿称孙家庙。	190	582	33.4	6916
	西房		该村前名柳家楼. 清雍正间（1723—1735），房氏十二世祖祭明，由长清城西大房家庄迁居该村，柳氏乏嗣后，更名房家庄。1958 年，为区别原武家庄乡房家庄，始名西房庄。	178	480	33.3	6918
	西石		该村前名柳御史花园。清雍正间（1723—1735），房氏祖永忠由县城西房家庄迁居此地。以村西山脚下巨石，命名西石庄。后来，兄弟分居建北西石庄，该村更名南西石庄。今名西石。	124	268	20.8	6916

续表 26－8

办事处	行政村		村名由来	总户数（户）	总人口（人）	耕地面积（公顷）	人均纯收入（元）
徐庄办事处	西山	孙家庙西山	明隆庆间（1567—1572），刘氏十五世祖复敬，由青城县（今高青县）携眷逃荒至此开荒种地，建村后以人少和村居孙家庙西，命名孙家庙西山。今名西山	190	582	33.4	6915
		王家窑	清乾隆间（1736—1795），王氏由今马山镇杨土迁此建村，因经营烧制木炭生意，人称王家窑，遂为村名。1984 年，改属西山村民委员会。				
武庄办事处	武庄		元至元间（1271—1294），吴氏来此建村，名吴家庄。明崇祯间（1628—1644），武氏移居来此。至清嘉庆间（1796—1820），因人烟兴旺，更名武家庄。今名武庄。	365	1103	23.1	6948
	黄豆峪		清顺治间（1644—1662）建村，名凤凰庄。清末，因村坐落在石旯山东峪中，土地瘠薄，所种农作物唯黄豆丰收，更名黄豆峪。1956 年，由历城县划属长清县。	87	356	10.3	6942
	辛庄		明景泰间（1450—1456），辛氏由山西洪洞县迁居该村，命名辛家庄。1956 年，由历城县划属长清县。	182	569	28.6	6935
	九曲		明隆庆间（1567—1572），此地小溪两岸散居着三圣、石庙等 9 个三、五户人家的小村，民国初年划为一个行政村，以弯曲小河，命名九曲。1956 年，由历城县划属长清县。	90	371	15.5	6935
	侯庄		东晋（391—392），侯氏由泰宁郡（今属河南省）汲县侯庄来此建村，命名侯家庄。1956 年，由历城县划属长清县。1958 年，为区别万德镇侯家庄，更名东侯庄。今名侯庄。	420	1267	47.1	6935
	杏元		清光绪间（1875—1908），史姓建村，时逢此处杏花盛开，风光秀丽，故名杏园。今名杏元。	75	296	10.5	6939
	刁庄	刁庄	清康熙间（1662—1722），刁氏建村，命名刁家庄。今名刁庄。	230	725	21.1	6930
		东岭	1979 年，李氏由刁家庄迁来建村，以村坐落在东山脚下，命名东岭。1984 年，改属刁家庄村民委员会。				
	小刘	小刘	该村为刘氏所建，故名刘家庄，最晚建于明朝中叶。民国初年，为区别村西刘家庄，更名小刘庄。今名小刘。	265	741	30.5	6286
		后峪子	1978 年，修建武家庄水库时，村民由小刘庄迁此建村，以村坐落在小刘村北山峪中，命名后峪子。1984 年，改属小刘庄村民委员会。				
		苹果园	1978 年，修建武家庄水库时，村民由小刘庄迁此建村，由此地原是苹果园地，引为村名。1984 年，改属小刘庄村民委员会。				
		南岭	1978 年，修建武家庄水库时，村民由小刘庄迁来建村，以村坐落在小刘庄南山岭上，命名南岭。1984 年，改属小刘庄村民委员会。				

续表 26－8

办事处	行政村		村名由来	总户数（户）	总人口（人）	耕地面积（公顷）	人均纯收入（元）
武庄办事处	卞庄	卞庄	清同治间（1862—1874），卞氏迁此建村，命名卞家庄。今名卞庄。	185	625	18.3	6930
		小八户	清宣统间（1909—1911），李氏等八户人家由卞家庄迁来建村，命名小八户。1984年，改属卞家庄村民委员会。				
		孟家庄	清宣统间（1909—1911），孟氏由卞家庄迁来建村，命名孟家庄。1984年，改属卞家庄村民委员会。				
大刘办事处	大刘庄		明洪武二年（1369），刘氏由山西洪洞县迁居该村，以村坐落在油篓山北峪中，命名大峪村，后更名刘家庄。民国初年，为区别村东刘家庄更名大刘家庄。今名大刘庄。	600	2016	100.4	6980
	贾庄		明嘉靖间（1522—1566），贾氏建村，命名贾家庄。今名贾庄。	117	427	17.8	6938
	邵庄	邵庄	明洪武二年（1369），邵氏由山西洪洞县迁来建村，命名邵家庄。今名邵庄。	209	703	24.9	6935
		土屋	明洪武间（1368—1398），史姓由山西洪洞县迁来时暂住土崖下洞中，建村后以原住土洞命名土屋庄。今名土屋。1984年，改属邵家庄村民委员会。				
		湛家庄	明洪武间（1368—1398），湛氏由山西洪洞县迁居该村，命名湛家庄。1984年，改属邵家庄村民委员会。				
	大韩		明洪武二年（1369），韩氏由山西洪洞县迁居该村，命名韩家庄。清乾隆间（1736—1795），部分村民迁建小韩庄后，该村更名大韩庄，俗称韩庄。今名大韩。	106	412	16.7	6934
	陈庄	陈庄	清乾隆间（1736—1795），陈氏由莱芜县城东陈家楼迁来建村，命名陈家庄。今名陈庄。	244	803	32.1	6938
		春峪口	清嘉庆二年（1797），暮春建村，以村坐落在南山峪口中，命名南春峪。曾名春峪庄，1949年，始名春峪口。1984年，改属陈庄村民委员会。				
		小韩庄	清乾隆间（1736—1795），韩氏由大韩庄迁来建村，命名小韩庄。1984年，改属陈庄村民委员会。				
		小东沟	清光绪间（1875—1908），潘氏由陈家庄迁来建村，以村坐落在陈家庄东山沟中，命名小东沟。1984年，改属陈庄村民委员会。				
	北纸坊	北纸坊	明崇祯间（1626—1644）建村，村民以造纸营生，命名纸房庄。清朝中叶，以村中东西贯穿的小河，分为两村，该村居北，故名北纸房。今名北纸坊。	216	862	36.7	6934
		西张峪	清道光间（1821—1850），张氏由纸房庄迁来建村，以村庄坐落在春峪口山西峪中，命名西张峪。1984年，改属北纸坊村民委员会。				

续表 26－8

办事处	行政村		村名由来	总户数（户）	总人口（人）	耕地面积（公顷）	人均纯收入（元）
大刘办事处	南纸坊		明崇祯间（1628—1644）建村，村民以造纸营生，命名纸房庄。清朝中叶，以村中东西贯穿的小河，分为两村，该村居南，故名南纸房。今名南纸坊。	374	1240	59.3	6936
	马场	马场	明嘉靖间（1522—1566）建村，以村址原是官家放牧场，命名官马场。1956 年，由历城县划属长清县后始名马场。	240	911	28.5	6932
		胡坦	清道光间（1821—1850），胡氏由官马场迁此建村，以村四面环山，村址平坦，命名胡家坦。1956 年，由历城县划属长清县后始名胡坦。1984 年，改属马场村民委员会。				
		张峪	清同治间（1644—1661），张氏由今马上镇张家老庄迁此建村，以村坐落在山峪中，命名张家峪。1956 年，由历城县划属长清县后始名张峪。1984 年，改属马场村民委员会。				
	拔山		明崇祯间（1628—1644），刘氏建村，以村西山坡上有许多形似八仙桌的巨石，命名八仙庄。后写作巴山庄。清朝末年，写作拔山庄。1956 年，由历城县划属长清县。	180	607	26.1	6982
	玉皇庙		唐贞观间（627—649）建村，以村处红色岩石山沟中，命名赤梁峪。后来因村北建起玉皇庙，更名玉皇庙庄。俗称玉皇庙。1956 年，由历城县划属长清县。“文革”期间，因破除迷信曾改名东升。1986 年，复名玉皇庙。	185	714	12.8	6932
	房庄	房庄	明崇祯间（1628—1644），房氏建村，名房家庄。1956 年，由历城县划属长清县。1958 年，为区别今万德镇房家庄，更名东房庄。今名房庄。	285	1098	34.5	6930
		青天	清乾隆间（1736—1795）建村，以群山环村，阻碍视野，只有抬头才见蓝天，故命名青天庄。1956 年，由历城县划属长清县后始名青天。				
	张庄		明崇祯间（1628—1644），张氏建村，命名张家庄。1956 年，由历城县划属长清县。今名张庄。	156	555	12.0	6928

第四节　孝 里 镇

地理环境　孝里镇位于长清区西南部，距城区 20.8 公里，地处黄河东岸，东与双泉乡接壤，北与归德镇毗连，西、南与齐河、东阿、平阴、肥城（市）交界，是济南—泰安—聊城三角区的中心。总面积 124.6 平方公里。因汉孝子郭巨孝母典故发源于此，故名孝里镇。地形东山西滩，区域特色明显。境内交通条件便利，220 国道、济菏高速公路贯穿南北，济菏高速境内设有出入口，燕李浮桥连接黄河两岸。孝里镇历史文化悠久，文物古迹荟萃。有孝堂山孝文化、长城文化、黄崖寨太谷文化、大峰山红色文化、方峪明清古村落文化、福

济菏高速公路孝里出入口 （2006 年 摄）

白莲藕基地 （1997 年 摄）

甘蓝 （2008 年 摄）

孝里西瓜 （2006 年 摄）

寿园陵园文化等。镇内物产丰富，孝里西瓜、罗非鱼、甘蓝、白莲藕、富源干果、大街芹菜等特色品牌远近闻名。

发展概况 1986 年，孝里镇辖孝里、下巴、东障、广里、马岭、胡林、宋庄 7 个办事处，57 个村，12337 户，52219 人。完成生产总值 4.5 亿元，农民人均纯收入 447 元。1986 年—2008 年，孝里镇按照“建设经济强镇，构建和谐孝里”思路，工业经济快速发展，先后引进规模以上企业 13 家，招商引资累计到位资金 4.5 亿元；农业形成畜牧、林果、蔬菜三大支柱产业，品牌农业成为一大特色；新农村建设扎实推进，龙泉官庄、广里、广里店、四街、大街、孟道口、赵庄、马岭、北凤、方峪 10 个村成为济南市新农村建设典型村。2008 年，孝里镇辖孝里、下巴、东障、广里、马岭、胡林、宋庄 7 个办事处，57 个行政村，13635 户，48084 人。完成地区生产总值 13.5 亿元，地方财政收入 192 万元，农民人均纯收入 6215 元。孝里镇先后被评为全国婚育新风进万家活动先进单位、全国畜禽良种推广先进单位、全国内部审计先进镇、山东省畜牧改良示范镇、山东省文明镇、山东省模范五保供养先进单位、山东省改革创新 50 强、山东省创安工作先进镇等称号。

捕捞罗非鱼 （1997 年 摄）

农业 1986 年，境内主要种植小麦、玉米、甘薯、花生等，棉花、谷子、高粱、大豆、芝麻也有少量种植，耕地面积 4693 公顷，粮食总产量 2205 万公斤，农业机械总动力 12475 千瓦，农业总产值 3312 万元。1988 年起，实施黄河滩区综合治理开发，先后投资 1538 万元，投工 190 万个，治理开发面积 533.6 公顷，建成以渔场为龙头的种养、加工、销售为一体的综合农业商品基地。1992 年，全国沿黄 9 省 1 市在孝里滩区召开现场会，对孝里滩区治理经验给予充分肯定。1994 年—1997 年，全镇大搞滩区治理，以治水为重点，投资 176 万元，投工 30 万个，建起姚河门排涝工程，孝里洼 867.1 公顷田地免遭涝灾；投资 110 多万元，在孝里洼打井配套 80 余眼，形成“以河补源，以井保丰”的良性水利格局。至 1997 年，沿黄滩区已形成年产商品鱼 30 万公斤、白莲藕 700 万公斤的能力，粮食、瓜果、畜禽等各业收入达 2100 万元。经省、市水产部门抽样验收，孝里渔场罗非鱼每公顷产量 9368.8 公斤，成为中国北方的一大创举。是年，大力推广旱作农业、规模饲养、保护地膜栽培等先进技术，形成独具特色的“六基一区”农业生产格局，即 667 公顷的油料基地、733.7 公顷的良种繁育基地、333.5 公顷的瓜果基地、346.8 公顷的蔬菜基地、466.9 公顷的鱼藕水产基地、猪牛羊鸡饲养总量在 68 万头（只）以上的畜禽基地和 667 公顷的农业科技示范区。1998 年，孝里镇被列为全省畜牧改良示范镇。畜牧业实现“肉改”向“奶改”的转变，对“利木赞”“西门塔尔”肉牛和“波尔”山羊进行改良，建成高标准奶牛小区 1 处。是年，该镇发展 15 个畜牧养殖专业小区，150 个畜牧专业户，黄牛存栏量 3 万头，畜牧业成为该镇支柱产业。2003 年，全镇注册第一个蔬菜品牌“灵芝山”。2006 年起，开始实施 2333 公顷世行灌溉、226.7 公顷土地整理等重点农业项目。其中世行灌溉项目涉及 38 个行政村，总投资 1261 万元；土地整理项目涉及 12 个村，2.4 万人，总投资 1619.6 万元。至 2008 年，先后注册“灵芝山”牌甘蓝、茄子，“大峰山”牌甜椒“孝堂山”“齐城源”“酱园村”“圣泉”等农业品牌，成立

奶牛小区 （2008 年 摄）

土地整理项目区 (2008 年 摄)

荣达养殖有限公司养殖场 (2008 年 摄)

大峰山瓜果蔬菜配送中心,规模农业、特色农业、品牌农业、标准化农业初具规模，无公害瓜菜种植面积 1333 公顷。素有“甘蓝之乡”美誉的广里店村，种植面积 120 公顷,是长清区重要的菜篮子。是年,全镇播种面积 8557 公顷，粮食总产 3.89 万吨，蔬菜总产 5.1 万吨,大牲畜存栏量 1.68 万头,家禽存栏量 80 万只，肉类总产量 2938 吨,农业机械总动力 61385 千瓦，农业机械化耕作面积 91.2%以上，农业总产值实现 2 亿元。有济南齐城源商贸有限公司、鼎龙食品、大峰山瓜果蔬菜配送中心、济南荣达养殖有限公司等 6 家农业产化龙头企业。

百信达工贸有限公司 (2008 年 摄)

工业　1986 年，镇办工业企业 9 家,村办企业 12 家,主要生产工艺陶瓷、磁性材料、建材等,全镇工业总产值 3700 万元,销售收入 1851 万元,税收 53.2 万元。1997 年 10 月,济南市长清磁业有限责任公司（原长清县磁性材料厂)和长清孝里面粉加工厂(原长清县孝里面粉厂）两家股份制企业召开创立大会。是年,镇属工业企业改制全面完成,工业企业 14 家,其中镇办 11 家、村办 3 家，工业总产值 4.9 亿元,利税 2428 万元。2000 年,孝里镇日用电器厂倒闭。2003 年,陶瓷厂倒闭。2007 年，环冠科技有限公司注册“环冠”牌商标并获省著名商标,生产的脱硫除尘器获山东省名牌产品。2008 年,全镇共有工业企业 31 家，从业人员 592 人，其中规模以上企业有环冠、百信达、奥能等 11 家,规模以上工业销售收入实现 11.6 亿元，规模以上利税实现 1.76 亿元。其中环冠科技有限公司和百信达工贸有限公司是孝里镇的两大产值过亿元企业。

商贸　财税　1986年，农村商业网点1300家，集贸市场有孝里、广里、东障、下巴4处，社会消费品零售额2642万元。至1997年，先后建立宋庄、胡林、孝城3处集贸市场，共有集贸市场7处，工商业户1429户，社会消费品零售额8719万元。2000年11月，成立山东省第一家肉牛合作社——济南市孝里肉牛合作社，投资450万元，建成畜牧专业交易市场1处。2008年，实施"万村千乡"工程，建成超市86家。是年，农村商业网点3646个，集贸市场7处，社会消费品零售额4.5亿元，完成税收599.6万元，地方财政收入192万元。

■ 城镇建设　(2008年 摄)

村镇建设　1986年，镇村基础设施简陋，农村住房以石头土坯平房为主，乡镇机关办公室为砖瓦房。1986年—1987年，建起经委办公楼。1991年—1994年，先后投资1600万元，拓宽镇前街，建起工商行政、供电站、信用社、日用电器厂、税务所等办公楼和邮电大楼、40户个体工商楼，建筑面积近2万平方米，并安装镇前街和沿济平公路的路灯80余盏。1995年，镇政府驻地东迁至220国道和孝里—双泉公路交接点，新镇驻地划分为行政办公区、文化教育区、工业园区、商贸区、住宅小区等。1995年12月29日，投资400万元建筑面积3000平方米的镇政府新办公楼建成投入使用。1996年—1997年，在新镇驻地先后建成计生服务站办公楼、镇中学2幢教学楼、镇机关宿舍楼和46户个体工商楼及无线传呼通讯塔，总建筑面积近3万平方米，完成新镇政府驻地的"水、电、路、邮"四通。2008年，投资800余万元，实施城镇建设行动，完成"三纵四横"道路工程、地下管网工程、中华孝文化广场、政务中心广场、健身广场等10项基础设施建设工程。成立新镇环卫所，配备12名保洁员，对城镇和广场卫生加强管理。全镇累计新植各类绿化苗木13万株，新建休闲小广场4处，新修村内排污管道6万米，新安路灯845盏。

交通　1986年，境内乡村道路均为土路。交通运输以拖拉机、自行车为主。1995年，全镇交通运输车辆大幅度增加，共有各种车辆1221辆，总动力1.5万千瓦。其中汽车250辆、拖拉机466辆、三轮车275辆、其他车辆230辆。客运是孝里镇的一大特色产业，通往济南、平阴、肥城、泰安的大小客车60余辆，客运总量21万人次。220国道在境内设有孝里、东障、广里3个车站。1997年，燕李浮桥建成通车。2003年起，实施村

■ 孝里镇办公楼　(2008年 摄)

村通工程。至2008年年底，累计投资2000余万元，57个行政村全部实现村村通水泥路，共修道路76.3公里；成立农村公路养护办公室，配备养护员40名，主要农村道路实现日常养护管理。新镇驻地建成“三纵四横”（郭巨路、子骞路、大舜路；孝堂山街、齐长城街、大峰山街、黄崖寨街）道路，与220国道、济菏高速、济平路、孝双路等道路纵横交织，道路总里程182公里，村内道路全部硬化的村21个。是年，全镇有交通车辆17370辆，其中汽车286辆、农用汽车138辆、拖拉机1036台、三轮车4680辆、摩托11230辆，货运量18万吨、客运量48万人次。

孝里中学 （2008年 摄）

邮电　1986年，镇驻地有邮电所1处。1994年，邮电业务总量50万元。1997年，全镇实现村村通电话，程控电话机489部，邮电业务总量96万元。2008年，邮电业务总量767万元，农村安装电话7682户，移动电话4256户。

教育　科技　1986年，全镇有中学7所、小学57所，初中、小学教师共420人，在校生5100人，适龄儿童入学率98.3%，初中毕业升学率80%，学校布局分散，校舍破旧且不足。1994年9月1日，投资80万元、占地面积1.65万平方米、由济南军区、省军区与地方共同兴建的长清县“八一”希望小学在孝里镇落成。1997年9月，投资400万元、设计规模32个班的峰山中学教学楼和办公楼正式落成。2001年，广里中学、新王中学合并到峰山中学。2001年9月，长清六中与峰山中学合并为孝里中学，设有35个教学班，在校生2100余人，建筑面积7950平方米。2005年，下巴中学并入孝里中学。是年，孝里中学通过省级规范化学校验收，成为全区第一所省级规范化管理的初级中学。2008年，通过市级教学示范学校的验收。是年，全镇有中学1所，在校生1319人，巩固率99.2%，升学率96%，教师129人，学历合格率100%；小学8所，在校生2739人，升学率100%，教师153人，学历合格率100%。

1986年—2008年，共举办科技培训班40期，科普赶集20次，主要科技成果有环冠集团的XJ旋激湿式脱硫除尘器，先后获省、市星火二等奖，专利有环冠集团的“氨基法脱硫除尘”技术。科普村村通100%，各村均设置高标准科普宣传栏，配备专门科普宣传人员。

卫生　1986年，孝里卫生医院有职工60人，建筑面积2688平方米，村级卫生室46个。1997年，有职工60人，门诊量2.4万人次，年收入107万元。全镇57个村均建有卫生室，其中甲级卫生室90%，乡村医生83人。投资120万元建起高标准的中心服务站1处，全镇计划生育服务站57个。2006年，投资400余万元，对孝里卫生院进行改、扩建，总建筑面积6862平方米，病床39张，是全区集门诊、急诊、医技、病房于一体乡镇中心卫生院。2008年，卫生院有职工69人，实现门诊量5.75万人次；全镇19个村建成标准化卫生室，新农合参合率99.3%。至2008年，孝里镇连续13年获得全区人口责任目标考核一等奖，先后被评为全国婚育新风进万家活动先进镇、济南市计划生

孝里中心卫生院　（2008 年 摄）

育优质服务先进镇，代表长清区接受创建国家优质服务先进镇的检查。

文化　体育　1986 年，有文化站、广播站、电影院各 1 处。农村以广播喇叭为主，传统文化娱乐活动较为活跃，活动时间主要集中在春节期间。有体育训练队 1 支，学校举办春、秋两季运动会，农村体育活动开展少。1997 年，有村级文化活动中心 57 处，文化专业户 62 家，有体育训练队 3 支，选拔 15 名优秀人才输送到市、县参加农民运动会。2007 年 3 月 5 日—11 日，成功举办第一届中国孝堂山孝文化旅游节，开展纪念孝子郭巨系列活动及评选“十大”孝子活动。2008 年 2 月 22 日—28 日，成功举办第二届中国孝堂山文化旅游节，举办齐鲁孝文化书画作品展、十大孝子表彰颁奖、孝里籍友人座谈会、齐鲁孝文化论坛、民间豫剧表演、地方名吃孝里米粉竞吃比赛等活动。是年，有文化站、广播站各 1 处，书店 4 处，村级文化大院 47 处，有 15 个村成立民间艺术表演队。有体育训练队 5 支，45 个村修建体育活动场所，有 48 个村成立晨（晚）练点，组织群众开展体育健身活动。

中华孝文化广场　2008 年，开工建设，位于孝里镇政府办公区东侧。广场总投资 245 万元，总面积 1.1 万平方米。2009 年 4 月 21 日，中华孝文化广场落成（郭巨铜像揭幕）暨“走进孝里，品味文化”自驾游启动仪式在中华孝文化广场举行。该广场以郭巨埋儿孝母的感人故事为设计背景，与现代建筑风格相融合，进一步凸显孝文化理念。广场主要包括郭巨雕像、二十四孝浮雕、孝经石刻、汉石祠画像浮雕等。广场正门碑刻由中国文物学家、古建筑专家罗哲文亲笔题写“中华孝文化广场”七个大字，碑刻上方刻有孝堂山汉石祠壁画中的“大王出巡图”，体现孝里镇悠久的历史文化。广场中心是花岗石铺装的古篆体“孝”字，面积 816 平方米，周围镶有多个水泥压膜花砖铺装的小古篆体孝字，进一步凸显孝的主题。广场北部为孝子郭巨铜雕像，底座高 2 米，雕像高 5 米。雕像后为长 24 米的“孝经石刻墙”，刻有孝经全文。塑像下为滴水池，与广场入口的涌泉池联在一起，寓意滴

举行首届孝堂山旅游文化节开幕式（2007 年 摄）

举行中华孝文化广场落成仪式　（2009 年 摄）

水之恩，涌泉相报。广场设有篮球场、羽毛球场及健身器材。

旅游　孝里镇旅游资源丰富，文化底蕴厚重。登孝堂山，可品味孝道文化。孝堂山郭氏墓石祠，是全国现存最早、保存最完整的地面房屋建筑，1961 年被国务院公布为第一批全国重点文物保护单位。游大峰山，可品味长城文化。大峰山风景区有全国唯一保存较完整的战国时期齐长城与规模宏大的屯兵营，有道观峰云观、璇玑洞和古城门、长清区革命历史纪念馆。齐长城始建于春秋时期，被史学家誉为“中国长城之父”和“世界壁垒之最”。2001 年，被国务院确定为第五批重点文物保护单位。攀黄崖寨，可品味太谷文化。黄崖寨规模宏大，体系完整，是国内罕见的高山建筑群，因创立太古学派的张积中在此讲学而名扬天下。访古方峪，可品味明清文化。明清古村方峪位于齐长城脚下，其村民房舍绝大多数用石头筑成。多数建筑 100 年以上，最古老的已近 500 年。2008 年，建造大峰山木屋别墅和万国风情园，成功申请省级南部山区农业旅游观光项目，并对孝堂山破损山体进行整治。孝里旅游品牌逐渐叫响，年均接待游客 1.2 万人。

大峰山屯兵营　(2006 年 摄)

人民生活　1986 年，人均纯收入 447 元，人均住房面积 15 平方米，百户拥有自行车 5 辆、钟表 46 只。1994 年，人均纯收入 2351 元，人均住房面积 17 平方米，百户拥有电风扇 116 台、黑白电视机 92 台、彩色电视机 12 台、摩托车 12.2 辆、自行车 90 辆、钟表 100 只、收录机 34 台，电话每百人 0.5 部。2008 年，人均纯收入 6215 元，人均住房面积 52.2 平方米，百户拥有摩托 100 辆、电话 90 部、手机 85 部、彩电 90 台、冰箱 48 台、洗衣机 42 台、电脑 2 台。有线电视安装 7177 户，入户率 52.6%。居民储蓄额 4.1 亿元，养老保险参保 6420 人，享受居民最低生活保障 1480 人。

大峰山　(2008 年 摄)

村庄选介　广里村　位于孝里镇西南，距镇驻地 8 公里，西濒黄河。三角形聚落，纵横主要街道 5 条。农历一、六日为集。1986 年，全村 684 户 2700 人，耕地 324.1 公顷，人均纯收入 560 元。1989 年起，开始发展建筑安装业，有村办建安公司、预制厂，从业人员 800 人。2000 年，投资 200 余万元，高标准建成村内水泥路 9 公里、环村水泥路和田间水泥路 10 公里，沙石路 6 公里。2002 年，投资 100 万元，建成占

区级示范化学校广里小学 （2006 年 摄）

地 4 公顷的磨山公园，成为全区第一个村级公园。2005 年，投资 200 万元，打井 8 眼，修水渠 4000 米，建成农业精品园 230 公顷。2006 年，投资 60 万元，新建广里小学教学楼 1 幢，成为长清区示范化学校。2008 年，全村共 789 户 2965 人，耕地 292 公顷，人均纯收入 6253 元。先后获山东省村庄建设示范村、济南市文明一条街建设示范村、济南市文明村、市区五好党支部等称号。

龙泉官庄　位于孝里镇西南部，距镇驻地 10 公里。长方聚落，南北向街 1 条。1986 年，全村 356 户 1304 人，耕地 92.3 公顷，人均纯收入 472 元。2005 年起，调整种植结构，先后种植核桃树 8 万多株，雨季植树 133.3 公顷，修盘山路 7.5 公里；扩大玉米制种面积 33.3 公顷，全村增收 150 万元；发展养殖业，12 个专业养殖户平均每户纯收入 3 万余元。筹资 60 万元，硬化村内道路 6.75 公里，全村户户通水泥路。投资 40 万元，完成机井配套维修，铺设管道 7000 多米，户户通上自来水。投资 150 万元，完成 6.5 公里的龙兴路修筑、硬化工程。投资近 50 万元，对村南水库进行整治、扩挖、防渗，对村东水库进行整修等。2006 年，投资 200 万元，建成高科技、高标准养殖小区 1 处，肉鸡年出栏量 60 万只。2008 年，全村 357 户 1223 人，耕地 92.3 公顷，人均纯收入 6401 元。先后获 2006 年山东乡村发展论坛最有发展潜力的新农村和最值得投资的新农村、平安长清建设先进单位等称号。

四街村　位于孝里镇南部，距镇驻地 4.5 公里，邻 220 国道，是古平阴邑所在地。长方聚落，纵横主要街道 4 条。1986 年，全村 360 户 1430 人，耕地 135 公顷，人均纯收入 520 元。1990 年，全村工农业总产值 178.6 万元，粮食总产 113.7 万公斤，创历史最高水平。1997 年，建成旱作小麦示范基地，省、市、县多次在四街村召开现场会；全村有村办企业 2 家，从事第三产业 400 人，运输专业户 20 户。是年，整修村庄道路 10 多条，搬迁受淹户 53 户，整修排水沟 1000 多米，修建小康屋 40 余户。2004 年，投资 14 万元，实施水利配套工程建设，新修管道 6000 多米，33.3 公顷旱地变成水浇地。2006 年—2007 年，实施户户通工程，投资 152 万元，硬化道路 6.86 公里。2008 年，对村内道路进行绿化、亮化。是年，全村

龙泉官庄村广场 （2007 年 摄）

388户1413人，耕地113.5公顷，人均纯收入5884元。先后获生态家园富民工程市级示范村、阳光屋顶工程市级示范村、市级文明村等称号。

石岗村　位于孝堂山以北，济平公路两侧，是原孝里镇驻地。方形聚落，东西向街1条。1986年，全村360户1458人，耕地122.5公顷，人均纯收入495元。1989年起，石岗村发展交通运输业及第三产业。至2000年，全村共有运输车辆12辆，个体工商户20户，集体固定资产200余万元。2000年，投资78万元，建成600余平方米的村委办公楼，配备远程教育室、党员学习室、老年人活动室、体育广场等。2002年，投资62万元，村民用上自来水，对全村进行道路硬化、亮化，电话联网。2008年，全村417户1492人，耕地113.3公顷，人均纯收入6393元。先后被评为济南市文明村、长清区(县)红旗单位、先进党支部、人民调解先进单位等。

孟道口村　位于孝里镇以北，黄河以东，220国道西侧。长方聚落，南北向街1条。1986年，全村129户502人，耕地31.7公顷，人均纯收入408元。1992年起，先后投资142万元，打深井3眼，村民吃上自来水，26.7公顷旱田变成高产稳产水浇田。2004年起，先后投资100余万元，硬化全村所有道路，建党员活动室和高标准卫生室各1处，大型超市2处，群众娱乐广场3处，安装健身器材，绿化村内主要道路。利用当地资源，发展淀粉加工项目，先后建成淀粉加工厂7家，其中销售量百万元左右的淀粉厂3家。2008年，全村134户429人，耕地31.1公顷，人均纯收入5615元。获济南市文明村称号。

赵庄村　位于孝堂山以北3公里处。长方聚落，东西向街1条。1986年，全村188户755人，耕地64.2公顷，人均纯收入480元。1987年，投资56万元，实施自来水改造工程。2000年，投资30万元，建设畜牧养殖小区1处。2005年，投资126万元，对村内道路全部进行硬化、亮化。发展民营企业，有19家淀粉厂、4家铸造厂和1家电器厂，年产值1500万元，上缴利税156万元，集体固定资产320万元。2008年，全村212户779人，耕地57.9公顷，人均纯收入6099元。先后被评为济南市先进基层党组织、济南市民主法制示范村、济南市精神文明先进村。2000年—2008年，连年被长清区委、区政府评为红旗村、纳税先进村。

北凤凰村　位于孝里镇东南部，距镇驻地2.5公里。长方聚落，南北向街1条。1986年，全村175户714人，耕地101.7公顷，人均纯收入402元。1999年—2000年，投资16万元，打深井2眼(260米)，铺设管道4000余米，建水塔2个。2004年，投资22万元，硬化道路1500米。2007年，投资58万元，硬化道路4800米，实现户户通水泥路，绿化街道1500米。2008年，投资8.9万元，安装路灯48盏、健身器材10余件。是年，全村175户681人，耕地94.5公顷，人均纯收入6123元。先后获长清区文明村、济南市文明村等称号。

常庄村　位于220国道东侧，济菏高速公路孝里出口处，是孝里新镇驻地。长方聚落，东西向街1条。1986年，全村61户265人，耕地20公顷，人均纯收入405元。1987年，投资7万元，打深机井1眼，修水池1个，容量150立方米，安装地下水管3000米，实现户户通自来水。1988年，投资10万元，购买原办事处砖厂，优先录用本村村民42人，村民人均增收300元。1992年，投资40万元，在220国道东侧修建商品房10户。2003年6月至2004年12月，投资30万元，挖运土石方2.8万立方米，修排水沟500米，安地下管道1800米，整地3.3公顷，西南荒沟变为水浇田。是年，胡林小学因济菏高速公路建设被占用，新校迁址到常庄。2008年，全村85户295人，耕地8.1公顷，人均纯收入6456元。先后4次被长清区委、区政府评为尊师重教先进单位。

刘营村　位于孝里镇西南部，与平阴县接壤，西部为黄河。长方聚落，东西向街1条。1986年，全村121户567人，耕地41.4公顷，人均纯收入409元，是典型的黄河滩区，四季黄沙满天飞。1986年起，植树造林。2005年，建成长清区孝里镇绿化基地，种植迷生杨8公顷。2007年，设团省委绿化基地，种植面积扩至20公顷，彻底改变黄沙满天飞的现象。2008 年，投资 47 万元，打深井 2 眼，铺设管道 5000 余米，户户通上自来水；整修村南敞口井，修石渠 1000 米；投资 35 万元，硬化道路 2.7 公里；投资 15 万元改善村委办公条件。是年，全村共 141 户 546 人，耕地 41.4 公顷，人均纯收入 6073 元。该村获长清区平安建设先进单位称号。

马岭村　位于大峰山南面，距镇驻地 10 公里。长方聚落，东西向街 1 条。1968 年起，马岭大队开始发展建筑安装业。1978 年起，开始山场绿化，发展林果业。1984 年，村民吃上自来水。1986 年，全村 275 户 1133 人，耕地 123.4 公顷，人均纯收入 420 元。2006 年，投资 18 万元，对自来水管线进行改造。至 2008 年，生态林发展到 133.3 公顷，果树（以核桃树为主）93.3 公顷，年产 16 吨；成立富源干鲜果专业合作社，经营核桃、山楂、小米、蜂蜜等，均经过国家无公害认证，注册“孝里”牌商标，入社社员 120 户 420 人，合作社被评为市级示范社；从事建筑安装人员 400 余人，个体经理 40 多个，拥有家庭汽车 30 余辆。是年，全村 323 户 1161 人，耕地 123.4 公顷，人均纯收入 6240 元。该村先后获山东省绿化示范村和济南市文明村、党风廉政建设先进村等称号。

马岭核桃　（2008 年　摄）

2008 年孝里镇办事处、行政村基本情况表

表 26－9

办事处	行政村	村名由来	总户数（户）	总人口（人）	耕地面积（公顷）	人均纯收入（元）
孝里办事处	孝里一	该村曾名小龟庄，以村东南龟山（又名巫山，今名孝堂山）命名。西汉初年，以村处清水（今黄河）之滨，是郡县间交通要道，更名水里铺。因汉孝子郭巨奉母避难来此，人皆感之，遂名其里，曰：“孝里”，山曰：“孝堂”。孝里铺一名始于东汉建安年间（196—219）前后。1941 年 8 月，由肥城县划属。1961 年，孝里铺设孝里一、二、三、四大队。1984 年，改孝里一、二、三、四大队分别建孝里一、二、三、四村民委员会。	397	1418	132.1	5831
	孝里二		217	801	74.1	6364
	孝里三		410	1455	109.8	6531
	孝里四		300	1043	101.5	5850
	石岗	明正德间（1506—1521），吴、安两姓建村，名吴安庄。清中叶，由于大清河（今黄河）多次泛滥，村边出现十余条沙岗子和吴氏乏嗣，更名石岗。1941 年，由肥城县划属。	417	1492	113.3	6393
	安兰	安家道口，居古清河（今黄河）之滨，自咸丰五年（1855），黄河东来，地亩坍塌者无数，宅基冲者尤多，至光绪十年，水之横漫愈甚……于七佛山前（今村址），买山场民地迁居吾里焉，赐名安澜村是举也。1941 年，由肥城县划属后写作安兰。	163	554	14.3	5817

续表 26－9

<table>
<tr><th>办事处</th><th colspan="2">行政村</th><th>村名由来</th><th>总户数（户）</th><th>总人口（人）</th><th>耕地面积（公顷）</th><th>人均纯收入（元）</th></tr>
<tr><td rowspan="6">孝里办事处</td><td colspan="2">老王坡</td><td>明崇祯间（1628—1644），大清河（今黄河）西兵乱，吴家庄王氏迁此建村，以村座落在土坡上，种小麦连年丰收，命名王家麦坡，曾名王坡。1941 年，由肥城县划属。1957 年，建新王坡后，更名老王坡。</td><td>42</td><td>170</td><td>17.1</td><td>6361</td></tr>
<tr><td colspan="2">新王坡</td><td>清光绪间（1875—1908），黄河泛滥，老王坡被淹，部分村民迁此建村，命名新宅子。1958 年，始名新王坡。</td><td>98</td><td>324</td><td>21.9</td><td>6384</td></tr>
<tr><td colspan="2">东辛</td><td rowspan="3">明天启六年（1626），侯、苗两姓由下巴庄迁此建村，命名新庄。后来，因生活艰难写作辛庄。民国初年，以村中横沟分为前辛庄、后辛庄两村。1956 年，前辛庄以德胜桥为界又分为西辛庄、东辛庄两村。今名东辛、西辛、后辛。</td><td>101</td><td>401</td><td>42.7</td><td>5862</td></tr>
<tr><td colspan="2">西辛</td><td>169</td><td>569</td><td>65.6</td><td>5831</td></tr>
<tr><td colspan="2">后辛</td><td>98</td><td>338</td><td>17.1</td><td>5907</td></tr>
<tr><td colspan="2">黄花园</td><td>明洪武间（1368—1398），孟、韩两姓建村后种菜谋生，因园内黄花盛开，命名黄花园。1958 年，黄河泛滥，村庄被淹，部分村民迁此建村，命名新黄花园。1979 年，原村因受黄泛威胁，全部村民迁居此地，复名黄花园。</td><td>270</td><td>1032</td><td>53.7</td><td>5775</td></tr>
<tr><td rowspan="9">下巴办事处</td><td rowspan="5">胜利</td><td>董庄</td><td>唐朝末年，董氏建村，故名董家庄，后名董庄。</td><td rowspan="5">296</td><td rowspan="5">1114</td><td rowspan="5">58.7</td><td rowspan="5">6126</td></tr>
<tr><td>石沟</td><td>唐代（618—907），石姓建村，以村南大深沟，命名石沟庄，今名石沟。</td></tr>
<tr><td>后傅庄</td><td>唐代（618—907），傅氏建村，因村处下巴诸村西北部，命名后傅庄。</td></tr>
<tr><td>西朱庄</td><td>唐朝末年，朱氏建村，命名朱家庄。民国间，村人因办灯节闹意见，即以村中南北大街分为两村，该村居西故名西朱庄。</td></tr>
<tr><td></td><td>1958 年，因董庄、石沟、后傅庄、西朱庄 4 个自然村合并成立“胜利高级农业生产合作社”而得名胜利村。</td></tr>
<tr><td colspan="2">朱庄</td><td>唐朝末年，朱氏建村，命名朱家庄。民国间，村人因办灯节闹意见，即以村中南北大街分为两村，该村居东故名东朱庄。1958 年，始名朱庄。</td><td>161</td><td>642</td><td>29.1</td><td>5867</td></tr>
<tr><td colspan="2">高庄</td><td>唐朝中叶，高氏建村，命名高家庄，清康熙间（1662—1722），与马庄合称二合庄。民国间，因大村出兵车，两村分开，复名高家庄，今名高庄。</td><td>195</td><td>680</td><td>92.5</td><td>6093</td></tr>
<tr><td colspan="2">马庄</td><td>唐代（618—907），马氏建村，命名马家庄。清康熙间（1662—1722），与高庄合称二合庄。民国间，因大村出兵车，两村分开，以村西形似砚池的小水坑，命名砚池庄。1948 年，复名马家庄。今名马庄。</td><td>95</td><td>351</td><td>19.4</td><td>6116</td></tr>
<tr><td colspan="2">郭庄</td><td>唐武德间（618—626），郭氏祖来此建村，命名郭家庄。今名郭庄。</td><td>121</td><td>446</td><td>29.4</td><td>5828</td></tr>
</table>

续表 26 - 9

办事处	行政村	村名由来	总户数（户）	总人口（人）	耕地面积（公顷）	人均纯收入（元）
下巴办事处	公庄	唐代（618—907），公氏建村，命名公家庄。后来，张氏、赵氏相继迁居该村，为求和睦相处，更名公庄。	90	362	27.1	5764
	赵庄	唐代赵氏建村，命名赵家庄。后来，为区别村东北赵家庄，更名前赵家庄。清朝末年，复名赵家庄。今名赵庄。	212	779	57.9	6099
	孟道口	明永乐间（1403—1424），孟氏建村，因村处大清河（今黄河）东岸渡口处，命名孟家道口。后来，大清河泛滥，村庄被淹，迁村此地，沿称孟家道口，今名孟道口。	134	429	31.1	5615
	土台子	1943 年，黄河泛滥，孟道口被淹，部分村民迁此建村，以土垫台建房，故命名土台子。	60	182	10.1	5122
东障办事处	后楚	南北朝时期（534—550），楚氏建村，命名楚家庄。后来，以村处东障诸村的北部，人称后楚庄，遂为村名。1941 年，由肥城县划属。	210	753	52.3	6080
	四街	该村建于西汉间（前 206—24），包括李庄、大伊庄、小伊庄、双庙四街村，1941 年，由肥城县划属。1946 年，合并为一村。以李庄、大伊庄、小伊庄三姓氏庄和双庙街命名四街。	388	1413	113.5	5884
	金村	南北朝时期（534—550），金氏建村，命名金家庄，后更名金村。1941 年，由肥城县划属。1946 年，堂门首并入该村，沿称金村至今。	276	944	105.3	5584
	张营	前 475 年—前 221 年，村址是战国时期齐兵护守长城的驻扎地。西汉初年，张氏建村，以村址是古兵营地，命名张家营。1941 年，由肥城县划属。1946 年，石香台子并入该村后始名张营。	259	936	92.8	6072
	三义	该村建于南北朝时期。以村中建三义庙，命名三义庙村。1941 年，由肥城县划属。1946 年，万家沟并入该村后始名三义村。	233	943	69.5	6048
	大街	该村建于南北朝时期（534—550），包括南大街、北大街、八棱碑后街。1941 年，由肥城县划属。1946 年，组成一村，以南、北大街之长，命名大街至今。	198	763	51.1	6073
广里办事处	广里	该村当建于秦统一六国后，广里曾是齐长城上的关隘，长年屯兵，齐灭亡后，守兵留居下来，形成村落，以广里关隘命村名，曾属平阴县，后划属肥城县。1941 年，由肥城县划属。	789	2965	292.0	6253
	广里店	宋朝初年（960—997），周、谷二姓迁此建村，以村临南北交通要道，开店营生，又因临近广里，故命名广里店。1941 年，由肥城县划属。	314	1220	145.2	6413

续表 26－9

办事处	行政村	村名由来	总户数（户）	总人口（人）	耕地面积（公顷）	人均纯收入（元）
广里办事处	潘庄	明正德间（1506—1521），潘氏迁居该村，命名潘家庄，简称潘庄。1941 年，由肥城县划属。	422	1595	158.4	6346
	龙泉官庄	明朝初年（1368—1398），官氏由山西洪洞县迁居该村，以村西故有龙泉，命名龙泉官庄。1941 年，由肥城县划属。	357	1223	92.3	6401
马岭办事处	马岭	唐朝初年，建村，以村坐落在马陵山西北脚下，命名马陵庄。明中叶，因进村不便迁今址后写作马岭。1941 年，由肥城县划属。	323	1161	123.4	6240
	岚峪	以该山峪自古缺水得名懒峪。明朝初年，燕阳秀道人来此，见大峰山四季雾气腾腾之景象更名岚峪，村以峪得名岚峪庄，简称岚峪。1941 年，由肥城县划属。	397	1370	220.1	6234
	方峪	明洪武间（1368—1399），王氏建村，以村坐落在山峪中，命名王峪庄。后来，王氏乏嗣，方氏更名方峪。1941 年，由肥城县划属。	322	1115	146.5	6223
	房头	该村前名防头。秦汉时期建村，以村临齐长城西尽头，命名防头。后来，房氏迁居该村，更名房头。1941 年，由肥城县划属。	245	941	113.9	6234
胡林办事处	南黄崖	该村建于唐代之前，以村居黄崖寨下，命名黄崖庄。明中叶，分为南黄崖、中黄崖、北黄崖三村。曾划属肥城县。1941 年，还属长清县，沿称南黄崖、中黄崖、北黄崖。	248	890	149.1	5874
	中黄崖		122	366	71.9	5563
	北黄崖		217	753	130.5	5742
	北凤凰	清顺治间（1644—1661），耿氏由石岗迁此建村，以村处凤凰山脚下，命名凤凰庄。清朝末年，耿氏建花园 1 处，更名耿家花园。后来因花园卖于齐氏，名齐家花园。齐氏乏嗣后，魏、李两姓复名凤凰庄。1941 年，由肥城县划属。1947 年，分为北凤凰、南凤凰两村至今。	175	681	94.5	6123
	南凤凰		69	256	34.8	5896
	常庄	北宋初年，常氏由今齐河县赵官镇迁此建村，命名常家庄。元朝初年，常氏迁回原籍（今有常家茔址），石、李两姓沿称常家庄。今名常庄。	85	295	8.1	6456
	胡林坡	明洪武间（1368—1398），王氏迁居该村，名新庄。清中叶，以村南东南山坡处有胡家林，更名胡林坡。	109	419	35.1	6327
	杨庄	明洪武间（1368—1398），杨氏迁居该村，命名杨家庄。今名杨庄。	107	388	29.7	6418
	大桥	元朝初年，杜氏建村，名杜家庄。乾隆二十二年（1757），在村东建起大桥，更名大桥庄。今名大桥。	323	1220	122.3	6180
	松竹店	明洪武间（1368—1395），建村，因村中建真武庙，命名真武庙庄。清乾隆间（1736—1795），村民因村临交通要道开店营生，客商以店中松竹茂盛，称松竹店，演为村名。	193	716	70.4	6216

续表 26 - 9

办事处	行政村	村名由来	总户数（户）	总人口（人）	耕地面积（公顷）	人均纯收入（元）
胡林办事处	陈家峪	清顺治间（1644—1661），陈氏由杜家庄（今大桥）迁此建村，以村坐落在形似葫芦的山峪中，命名葫芦套。清中叶，更名陈家庄。民国初年，始名陈家峪。	194	637	1234	6037
宋庄办事处	宋庄	该村建于南北朝时期，名大北庄。明朝初年，宋氏更名宋家庄。1941 年，由肥城县划属，始名宋庄。	204	789	46.8	6378
	燕庄	唐朝末年，燕氏建村，命名燕家庄。1941 年，由肥城县划属，今名燕庄。	196	756	73.7	6202
	米庄	宋朝初年，米氏建村，命名米家庄。1941 年，由肥城县划属，始名米庄。	161	635	57.5	6307
	许道口	宋朝初年，许氏建村，以村坐落在大清河（今黄河）渡口处，命名许家道口。清朝中叶，始名许道口。1941 年，由肥城县划属。	163	579	31.6	6246
	袁道口	唐朝初年，袁、范两姓建村，名袁范庄。明朝末年，袁氏更名袁家道口。清朝中叶，始名袁道口。1941 年，由肥城县划属。	180	653	80.3	6079
	付庄	唐朝初年，傅氏建村，命名傅家庄。1941 年，由肥城县划属，始名傅庄。今名付庄。	140	543	37.8	5946
	刘营	春秋时期（前 770—前 476），此地是齐兵护守长城的驻扎地，西汉初年，刘氏建村，以村址是古兵营地，命名刘家营。1941 年，由肥城县划属，始名刘营。	141	546	41.4	6073
	庞道口	唐朝末年，庞氏建村，以村坐落在大清河（今黄河）渡口处，命名庞家道口。1941 年，由肥城县划属，始名庞道口。	308	1108	80.8	6425
	洼里	唐朝初年，郭、翟两姓建村，命名新庄。后来以其地势低洼，常年积水，更名洼里。1941 年，由肥城县划属。	132	501	43.2	6007
	姚河门	宋咸淳间（1265—1274），姚氏建村，以村坐落在大清河（今黄河）渡口处，命名姚家渡。清光绪间（1875—1908），村北建起排水沟（南自广里北到该村）闸门后，更名姚河门。1941 年，由肥城县划属。	213	813	54.3	6045
	太平	古时登巫山（今孝堂山）西望，在地势平坦处有一村，以任其兵乱，均骚扰不着，命名太和庄。清乾隆间（1736—1795），更名太平庄。1941 年，由肥城县划属。	190	711	97.7	6293

第五节 张夏镇

■ 馒头山 (2002 年 摄)

地理环境 张夏原名张下，汉留侯张良曾隐居村东山中，遂名张山，村在张山之下故名张下，后讹写为张夏。汉代为茌县县治，三国魏时为山茌县县治，清代名张夏镇，民国间复名张夏，曾名张夏街、张夏店，是“齐川通鲁”古御道之重镇。张夏镇以驻地张夏村而得名。张夏镇位于长清区东南部，距长清城区19.5公里。南邻万德镇，北接崮云湖街道，翻东山棋子岭、老仙岭与历城区高尔镇、仲宫镇交界，西与五峰山街道依山相连，总面积137.4平方公里。京沪铁路、104国道、京福高速、京沪高铁四大主干线纵贯南北。镇内由东南向西北流向的中川水(现北大沙河)穿越全境。地质名山馒头山是世界地质标本，2004年被定为省级地质公园。张夏镇历史文化悠久，文物古迹荟萃，有四禅寺、五十三参摩崖石刻、莲台山、小寺佛教文化、李密行宫、李密墓、白莲寨，有济南新七十二名泉之一的晓露泉，还有“九沟十八垅，三山夹一井”(注：指酿造老张夏酒原井原貌和所处位置，九沟指石凿井口被井绳磨出九道沟，十八垅指菜园，三山是指井在三座屋山之中)酿造的“老张夏酒”。镇内物产丰富，有张夏玉杏、泰山小白梨、核桃、中华寿桃等。其中张夏玉杏基地成为全国最大的玉杏生产基地，面积600公顷。张夏玉杏和泰山小白梨注册为名牌产品，中华木鱼石品牌驰名中外。张夏镇峰迭的山和灵动的水，引来无数珍禽飞鸟，如鹩哥、白鹭、画眉及黑、白天鹅等在这里生衍，形成良好的生态环境。

发展概况 1986年，张夏镇辖张夏、青杨、黄家峪3个办事处，53个行政村，77个自然村，

■ 张夏镇驻地 (2008 年 摄)

10142户，45199人，生产总值1.28亿元，财政收入54万元，农民人均纯收入421元。1987年起，张夏镇调整发展战略，以建设现代化小城镇为总体目标，制定“一二三四五”发展思路(即明确现代化小城镇一个定位，实现农民增收、财政增长两个目标，实现观念、产业、环境三个创新，落实分线领导、跟踪检查、定期调度、月报季报四项制度，突出基层领导班子建设、特色产业、招商引资、旅游开发和小城镇建设五个重点)。至2008年，工业形成以冶金化工、“水龙王”为主的“水龙王”集团群，农业形成玉杏、泰山小白梨、核桃等基地，达到人均一亩果，新农村建设扎实推进，村村实现“五通”(路、电、水、有线电视、电信)，观光旅游、度假休闲成为全镇的特色产业。是年，张夏镇辖青杨管理区和张夏、纸坊、诗庄、车厢4个办事处，53个行政村，13389户，46682人，地区生产总值14.5亿元，完成地方财政收入827万元，农民人均纯收入6640元。

■ 北大沙河张夏段治理工程 (2008年 摄)

农业 1986年，全镇耕地面积3113公顷，主要种植小麦、玉米、花生、谷子、高粱等作物；山岭薄地栽植玉杏、泰山小白梨、核桃、柿子等干鲜果树；粮食总产量1.8万吨，林果总产量200万公斤；大牲畜存栏1640头、生猪11956头、羊4800只、家禽8万只，肉类总产量786吨；农业总产值2355.3万元。1996年始，实施“山、水、林、田、路”综合治理工程，先后6次加固修复葡萄湾、石店、滕沟、小刘等中小型水库和水坝，共搬运土石135万立方米，累计投资120万元，小流域治理50.78平方公里，扩大山区灌溉面积30公顷。1999年，引进优质利木赞牛和波尔山羊。2000年，以上泉村为养殖龙头基地，成立张夏镇畜牧养殖专业合作社，累计投资150万元，建成民营养鸡场、养鸭场53个，以养殖肉食鸡鸭为主。2001年始，实施北大沙河张夏段综合治理工程，共清挖淤泥沙石20万立方米，垒砌标准艺术河坝4000米，平整土地1200公顷，累计完成投资2.1亿元。2002年始，镇政府全面实施林果产业计划开发项目，建设黄家峪万亩玉杏基地。该项目以黄家峪为主，同时拉动小寺、车厢两峪和青杨西山、馒头山的林果发展。2003年，成立林果协会，与山东农业大学林果系专家合作开发传统名牌产品“张夏御杏”(后改为玉杏)，同时引进元丰核桃、中华寿桃、加州李子、爱宕梨、黄金梨等名优品种，累计投资3432万元，投工132万个，建成万亩玉杏基地，形成以玉杏为龙头的干鲜果品生产基地。2008年，全镇播种面积5282公顷，其中玉米良种推广面积1866公顷，粮食总产量2.8万吨，农业机械总动力4.9万千瓦；林果种植面积1333公顷，总产量6万吨，总产值1.56亿元，人均果品收入3460元；养殖场150个，养殖专业户1000余户，年出栏量160万只，总产值4000余万元；蔬菜总产量2.28万吨；林木覆盖率37.5%。

工业 1986年，有镇、村、户办企业212家，从业人员1803人，有建材、冶金化工、机械设备制造、天然饮料、建筑安装、供水设备等生产门类，镇属企业完成产值804万元，销售收入402万元，有4种产品填补国内空白，6种产品填补省内空白。1992年，水龙王企业发展到9家，注册“水龙王”商标。1995年，水龙王集团实现销售收入过亿元。1996年，专家评估“水龙王”名牌商标价值2.1亿元。1997

■ 莲台山商城　（2008 年 摄）

年，山东水龙王集团拥有固定资产 1 亿元，完成销售收入 2.2 亿元，上缴国家利税 800 万元，获山东省著名企业集团称号，晋升为国家级企业集团，产品被列为国家重点支持的星火计划项目。1998 年，济南冶金化工设备有限公司由集体所有制改为股份制。至 2007 年，全镇先后利用闲置资产引进济南智和机械、济南宏广石材、济南昌盛达、济南国建建筑工程有限公司的压力容器、济南丰波的建筑机械等公司。其中济南智和机械加工公司共投资 3500 万元，建成 6000 平方米框架式车间，年销售收入 5000 万元，同时解决原青杨窑厂 80 多名老职工工资和养老保险拖欠问题。2008 年，全镇规模以上工业企业 18 家，实现销售收入 27.1 亿元，增加值 9.5 亿元，利税 4.1 亿元，税收过 100 万元的企业 6 家。其中济南冶金化工设备有限公司固定资产 3800 万元，年产值 2.5 亿元，利税 1530 万元。

商贸　财税　1986 年，集贸市场有 3 处，社会消费品零售额 4655 万元。1995 年起，以靳庄、张夏两个经济大村为龙头，分别成立靳港集团、张夏集团。靳港集团主要经济项目有木鱼石生产与销售、饮食服务以及猪、鱼养殖等，年产值 1.7 亿元，利税 2500 万元；张夏集团以建筑业为主体，与镇政府共同投资 1000 万元，建成莲台山商城。1996 年，莲台山商城竣工开业，吸纳商户 50 户和近百个摊位。是年，张夏镇被市政府评为市场网点建设先进单位。2008 年，全镇有集贸 6 处，民营企业和个体工商户分别为 180 家、491 户，从业人员 1800 余人，社会消费品零售额 46087 万元，地方财政收入 827 万元。

村镇建设　1992 年，拓宽改造镇驻地东西大街，街宽 30 米，长 1000 米，铺沥青路。1993 年起，对镇政府驻地进行规划、改建、扩建、新建，将车站街（张夏火车站）划为中心大街，设办公区和文化区，莲台山商城及镇前黄金路、馒寿山路为商业区，设 104 国道沿线为工业开发区，镇政府以北至莲台山商城以东为居民区。1994 年，新开通宽 30 米的莲台山黄金路，分别与 104 国道、张夏大街连接。是年，投资 110 万元，建成建筑面积 2560 平方米的张夏供电所。1996 年，投资 300 万元，建成建筑面积 3200 平方米的镇党委、政府办公楼。是年，投资 1000 万元，建成建筑面积 1.2 万平方米的小

■ 张夏镇党政办公楼　（2008 年 摄）

拓宽硬化绿化后的府前街　　(2008 年 摄)

城镇一期楼群工程。2001 年,投资 150 万元,建成建筑面积 2100 平方米供销社大楼。2008 年,投资 850 万元,重新拓宽硬化镇驻地区域内街道,车道、人行道、花坛、商场、体育活动中心焕然一新。至 2008 年,投资 3000 万元,建筑面积 1.2 万平方米的小城镇二期楼群工程竣工。一个占地 1.88 平方公里,以旅游产品开发、农副产品批发、饮食服务、文化娱乐等功能齐全的“四纵四横”的新型卫星城初具规模。全镇 53 个行政村的村庄规划完成,建成水龙王集团 60 幢“小康楼”和居民楼。

交通　1999 年起,全镇实施交通硬化、绿化工程,共搬运土石 5.4 万立方米,投资 2700 万元,建成全长 135 公里的村级公路,其中海拔 400 米的孔庄村盘山公路和海拔 360 米的于盘村盘山公路共 9.5 公里,生态旅游景区内盘山公路和世界地质公园馒寿山的水泥路 8.5 公里。2008 年,全镇公路通车里程 157.47 公里,其中国道 22.47 公里,乡村公路 135 公里;全镇有运输汽车 532 辆,大小客车 100 余辆,轿车 300 余辆;京沪铁路、104 国道、京福高速公路、京沪高速铁路 4 条交通主干线贯穿张夏南北。

邮电　1986 年,全镇有邮电所 1 处。1997 年,市话 1768 部,无线寻呼 200 部,移动电话 120 部。2008 年,有邮电所 2 处,市话 9500 部,移动、联通电话 2 万多部,公用电话 376 部,全镇通电话行政村 53 个,覆盖率 100%,电话普及率 70 部 / 百人。

教育　科技　1986 年,全镇有学校 47 所,其中县办中学 2 所(长清第三中学、长清第三职业高中)、镇办初中 2 所(青杨中学、纸坊中学)、5 个学区 43 所小学,共有教职工 357 人,在校生 5554 人,适龄儿童入学率 98.5%,初中毕业生升学率 85%。1995 年,投资 120 万元,建成建筑面积 2000 平方米 24 个教学班的青杨教学楼。是年,经济南市政府验收,批准为“两基”(基本普及九年义务教育、基本扫除青壮年文盲)达标乡镇。1998 年,投资 74.1 万元,建成建筑面积 1274 平方米的纸坊中学教学楼。1999 年,全镇 123 名民办教师全部转为公办教师。2004 年,撤长清第三职业高中并入长清三中。2005 年,由济南慈善总会投资 20 万元,建成 1290 平方米的济南青西爱心慈善小学;由济南龙箭集团投资 8 万元,建成 150 平方米的于盘慈善小学。2006 年,

104 国道张夏段　　(2008 年 摄)

济南青西爱心慈善小学 （2008 年 摄）

由红星美凯龙装饰公司、圣象集团、大众网投资28.3万元，建成330平方米的诗庄慈善小学。2008年，全镇中小学14所，其中区属中学1所（长清第三中学），教职工164人，在校生2265人；小学13所，其中完小6所、初小6所，教学点1所，职教工244人，在校生3109人。幼儿园32所，幼儿教师47名，3岁以上儿童入园率86%。

1986年起，全镇共引进各类人才800名，培训各类人员15万次，53个行政村都建有科普宣传栏。共实施各类科技项目22项，其中良种推广15项。1990年，水龙王集团被评为市级星火骨干企业、明星企业、科技推广中心。2008年，有各类科技人员362名，发展农民科技协会、研究会8个，会员200名。

附：农民科技状元靖树章

靖树章，男，汉族，1933年3月生，张夏镇纸坊村人，农民，中共党员。1971年起，先后与山东省农科院、北京农业大学、南开大学建立良好关系，承担实验项目、引进试种示范新品种2600多个，筛选出高产、优质、抗病、适应性强的各种农作物优良品种42个进行推广和换代，累计推广面积3333余公顷，累计增产粮食1000万余公斤。在多年的科技实验中，他总结积累试验资料26万字，为科研单位提供翔实的数据。所培育的良种辐射到四川、湖北、江苏及东北等10个省市和地区。在周围地区，以商品粮价格为群众兑换良种11万多公斤，免费赠送良种1000余公斤，累计进行技术培训及现场咨询服务3万多人次。1984年6月，成立长清县张夏镇纸坊村良种研究会，他兼任会长。至2008年，会员发展到100多人，遍布纸坊村周围20多个村庄。研究会先后被评为济南市十佳农研会、山东省先进研究会。靖树章先后被评为农民科技状元、省市科技能手、济南市精神文明建设积极分子，被中国老龄委授予银龄行动先进个人称号。

卫生　1986年，卫生院有职工61人，拥有650平方米的二层门诊楼，占地面积7000平方米。1990年始，筹建新卫生院，占地面积11006平方米，先后投资360万元，建成总建筑面积12638平方米的门诊楼、住院楼。1993年，镇卫生院通过部颁一级甲等医院评审。1994年，在卫生院开设省立

张夏镇中心卫生院 （2008 年 摄）

莲台山文化广场 (2008年 摄)

医院专家门诊。1995年4月，改称为张夏镇中心卫生院。2008年，卫生院设办公室、门诊、住院部等16个科室，有床位47张，职工78人，配有X光机、B超机、心电图机等医疗设备，年门诊量47203人次。是年，全镇有甲级卫生室39个，村级卫生员169人。

文化　体育　1986年，全镇有电影放映队1个，黑白电视很少。春节期间，自发的民间艺术表演队走街串巷表演，乡村文化气息浓郁。1990年后，镇广播站在金庄、纸坊、三尖台、诗庄、车厢等安装电视转播台13处，电视节目覆盖率30%。1993年始，安装有线电视。2008年，投资300万元，建成莲台山文化广场。是年，全镇建有文化大院、宣传栏78处。逢年过节，镇文化站组织民间拌玩队、舞龙队、高跷队到镇、区、市汇演，张夏村的"撅大官"多次获市、区汇演奖。至2008年，在镇驻地连续19次举办秋末冬初物资交流会。

1986年—2008年，共举办各种体育比赛活动67次，参赛运动员10万余人次。全年经常参加体育活动的群众达2万余人。1993年，被评为全国亿万农民健身活动先进乡镇。

旅游　张夏境内山清水秀，旅游资源丰富。有著名的寒武纪世界地质公园馒头山，有莲台山、四禅寺、黄巢寺、李密墓等10多处；有白莲寨、焦赞台、杨家寨等名山；有新七十二名泉之一的晓露泉，有李密泉、米渍泉、白花泉等多处名泉。张夏名胜古迹众多，有战国时期的真武阁，砚台山古代书法真迹（嘉靖年间送北京鉴定未果），白莲教支脉占山为王的遗迹，隋朝李密的行宫遗迹和原山在县城旧址，隋末唐初的五十三参摩崖石刻，李布政耙和尚为民除害的正义史歌，李密避难、马僮失马的神话传说以及黄巢起义（后建有黄巢寺）在此屯兵储粮的感人故事。2002年起，镇政府对当地的优势进行发掘和利用，建成以黄金峪为主的万亩玉杏基地，连续7年成功举办济南市7届杏花节和采摘节，年均游客10万人次。

舞龙队 (2008年 摄)

人民生活　1986年，农民人均纯收入421元，人均住房面积10平方米，年末储蓄额34万元。2002年，新建敬老院3层楼面积

张夏杏花节 （2008年 摄）

张夏玉杏采摘节 （2008年 摄）

1200平方米，可容纳五保老人86人。2008年，农民人均纯收入6640元，人均住房面积20平方米，年末储蓄额4.24亿元，有线电视入户率95%，享受最低生活保障1164人。是年，敬老院入住50人。

附：张夏木鱼石轰动国内外

木鱼石产于张夏镇境内的群山峰峦中，它色如紫檀，纹理清晰，具有极高的观赏价值和保健作用。1992年，张夏木鱼石轰动国内外。是年3月15日，张夏镇玉器石材厂厂长徐方岭把一块张夏产的“红石头”样品送到山东地质检测中心，经全光谱分析：该“红石头”属早古生代海底沉积岩，矿物质中含有多种化学元素。4月16日，徐方岭又把样品送到山东医科大学卫生系营养食品教研室，经专家化验分析，揭开用“红石头”茶具存放茶水几天不变质的原因。“红石头”壶在茶水的浸泡下，由于水解作用，能够析出锰、钒、钼、钴、锶等多种对人体有益的微量元素，从而抑制黑霉菌的生长，延缓茶水变质。6月1日，张夏石材玉器厂第一次将“红石头”正名为木鱼石。6月4日，徐方岭带着木鱼石保健茶具，参加在北京顺义县举办的啤酒节。结果一炮打响，以每套500元的高价卖出2套茶具。次日，《北京晚报》编发消息。6月14日，《济南日报》头版头条刊发报道《长清县发现木鱼石》。6月16日，中央人民广播电台转播这条消息。6月21日，新华社向全国发通稿《神奇的“木鱼石”》，各大报纸纷纷转载，竞相报道，木鱼石产品在全国引起“轰动效应”。7月19日，美国金太阳公司捷足先登，与张夏镇签订中外合资开发木鱼石的协议。日本、韩国和中国香港、台湾地区等客商紧随其后，接踵而至。8月19日，张夏木鱼石厂向山东省科技情报研究所呈递“检索查新委托书”，经检索证实：国内尚无有关木鱼石保健工艺品的文献报道。即日，该厂向山东省工商局申请“华王牌”木鱼石工艺品商标登记注册。9月10日，张夏木鱼石厂制定出全国独一无二的《木鱼石保健品企业标准》。9月16日，张夏木鱼石厂聘请全国各地著名卫生营养学专家，在山东省乡镇企业局的主持下，召开木鱼石制品科研鉴定会。专家权威详加论证，木鱼石具有益脾、安脏气、定六腑、镇五脏之功效，含有人体所需许多微量元素和矿物质，确认木鱼石的独特价值和

1988 年，金庄村被评为省级文明单位

木鱼石茶具 （1995 年 摄）

该产品的独家地位。木鱼石储量丰富，为张夏镇独有资源，享有“中国的木鱼石在张夏”之美誉。1995 年，投资 300 万元，在新庄村西南 104 国道以西建成“中国木鱼石城”，全国人大常委会副委员长王光英题名。至 2008 年，已研发出木鱼石各类茶具、酒具、餐具等保健品及工艺品达 40 多个系列，近 400 个品种，产品除畅销国内，还远销日本、韩国、俄罗斯、加拿大及中国台湾、澳门等。木鱼石产品已成为张夏的知名产品。

村庄选介 金庄村 位于张夏镇驻地北 2.5 公里处，长方聚落，纵横街 6 条。1972 年，始建第一个小厂铸造厂。1984 年，村东的夹河、村北的赵庄、村西的小西庄三个小自然村并入金庄行政村。至 1985 年，全村发展到 7 个工业项目，有济南张夏铸管厂、济南张夏煤气管件厂、济南张夏水暖器材厂、济南张夏无压锅炉厂、济南张夏节能设备厂、济南张夏保温材料厂、济南张夏砖厂，企业固定资产 250 万元，年产值 370 万元，利税 80 万元，人均工业收入 350 元，是全县经济收入较高的村庄之一。1986 年，全村共 285 户 1238 人（其中回民 31 户 145 人），耕地 93.3 公顷，人均纯收入 960 元。是年，成立长清双桥农工商联合总公司，梁国利任总经理。1988 年，实现企业总产值 1200 万元，利税 210 万元，固定资产 700 万元，人均纯工业收入 960 元，成为全县第一富裕村，被评为省级文明单位。1991 年，公司员工 1100 人，引进专家教授 50 人，固定资产 1500 万元，产值 2800 万元，利税 550 万元，人均纯收入 1300 元，被济南市、长清县评为小康村。1992 年，工业项目发展到 9 个，注册“水龙王”商标。1996 年，专家评估“水龙王”名牌商标价值 2.1 亿元。1997 年，山东水龙王集团拥有固定资产 1 亿元，完成销售收入 2.2 亿元，上缴国家利税 800

金庄村 （2006 年 摄）

万元，获山东省著名企业集团称号，晋升为国家级企业集团，产品被列为国家重点支持的星火计划项目，共完成国家和省级星火科研项目6项。1999年，实行企业改革，由原来的大集团化为小企业，调整优化产品结构，全年销售收入6800万元，上缴国家税收245万元。2008年，全村共403户1369人(其中回民32户106人)，有小康楼60幢，耕地面积65.7公顷，人均纯收入8320元。先后获山东省文明单位、山东省先进基层党组织、省级卫生村、山东省村庄建设示范村、长清区纳税总量先进村等称号。

靳庄村　位于镇驻地南12公里处，长方聚落，南北向街1条，农历逢三、八为集。据村北现存古建筑真武阁门楣上横书的“齐川通鲁”额考，此地早在战国(前475—前221)前就是齐鲁两国的通道。世传为宋仙人靳八公故里，该村以姓氏命名靳庄，最晚建于北宋年间。该村东砚台山有面西背东的“碧霞元君行宫”，其建筑古朴典雅、雕梁画栋、斗拱飞檐，上有青砖镂空浮雕、飞凤腾龙、珍禽异兽、历史典故栩栩如生。殿内塑有“碧霞元君”坐像。殿前有碑刻，字体为榜书行草，其书法行云流水，飘逸洒脱，浓淡相济，铁笔雕刻精湛，堪称书法、铁笔双绝。嘉靖年间送北京鉴定未果，随之世人称为“天书”。山脚下有一自然洼坑，旁有巨石，上有天然人脚印，称为“仙人脚”。相传宋仙人靳八公一家救困济贫，礼佛斋僧，功满升天，靳家院落鸡犬随之飞升，仅剩一“坑”，所谓“一人成仙，鸡犬升天”的典故乃此地。

真武阁　(2008年 摄)

1986年，全村共545户2330人，耕地207.6公顷，人均纯收入650元，以农业为主，有少量运输车辆。至2008年，全村共711户2664人，耕地206.7公顷，各种货车、客车、轿车200余辆，人均纯收入7250元。

青北村　是回民集居村，位于张夏镇驻地偏东南7.5公里处。长方聚落，纵横街道各1条。逢农历一、六日为集。1986年，全村共376户1680人，耕地94.1公顷，人均纯收入825元。该村是牛羊肉加工、花生米加工专业村，有专业户100余户。1996年起，发展运输业。至2008年，青北村已由原来的牛羊肉、花生米加工专业村转型为全区最大的运输专业村，有大吨位运输汽车300余辆，轿车50辆，从事特色餐饮18户、汽车维修12户、加工制造业10户。是年，全村共有496户2000人，耕地面积93.3公顷，人均纯收入7170元。该村是全区最大的回民村，经济总量在全区名列前茅。先后获济南市文明村庄、济南市交通安全示范村、济南市明星村、长清区个体私营经济先进单位等。

附:青北清真寺

兴建于明末清初，有大殿1座，南北讲堂和水屋16间，藏有康熙五十六年四月十六日手抄《古兰经》，重44克，长2.7厘米，宽1.9厘米，厚1厘米，大小相当于一枚棋子。这部《古兰经》装在一只带有阿拉伯式花纹的小铁盒里，铁盒正面镶有一个直径为1.5厘米的圆形放大镜，供阅读使用。全书810页，约30余万字。此经于1982年由省博物馆收藏。1999年，村支部书记王洪奎主资40万元，由唐英贤等老人操办，在原样式的基础上结合现今阿拉伯样式，对清真寺进行修缮。

青北清真寺庆祝开斋节　　（2008年　摄）

纸坊村　位于张夏镇驻地东南7.5公里处，方形聚落，东西向街1条。逢农历五、十为集。纸坊村，山清水秀，地灵人杰，孕育一代代文武英杰。刘冠甲是清朝时期的武举；张耀南，1939年参加革命，曾任长清县抗日民主政府第一任县长、泰西专员、山东省卫生厅厅长等职。张明磊、张明皆、张慧心（女）系张耀南子女，早期参加革命，新中国成立后均为厅级干部。靖树森，1945年参加革命，后任铁道兵团独立师政委。1986年，全村共301户1193人，耕地90.7公顷，人均纯收入760元。1990年起，该村凭借得天独厚的地理优势，以玉杏为龙头产业，大力发展林果业。1996年起，先后投资150万元，兴修水利设施，打井配套5眼。2006年，引进种植金太阳品种。至2008年，已发展到人均一亩果树，泰山小白梨、中华玉杏、元丰核桃、柿子、大枣等干鲜果品，已成为果农的主导产业。纸坊村是张夏万亩玉杏基地的核心地带，已形成以观光赏花（杏花节）、采摘、休闲食宿为一体的生态旅游景点。是年，全村共298户1171人，耕地86.7公顷，人均纯收入6161元。先后获全国造林绿化千佳村、山东省计划生育先进村、长清区五好红旗村党支部等称号。

张耀南小学纪念碑　　（2008年　摄）

孔庄村　位于张夏镇驻地西南12公里处。1984年，马岩寺、张家庄、凤凰庄3个自然村改属孔庄村民委员会。孔庄是长清县海拔最高（400米）、自然条件最差、居住最分散、人均收入最低的山顶村落。1986年，全村共140户569人，耕地43.1公顷。1988年，由镇农电站筹集专款架设高压线上山，成为全镇最后一个通电村。2005年，由镇民政所争取专款帮助该村扬水上山，解决山顶人吃水困难问题。2006年，由村民出工，劈山修路，建成5公里盘山公路，并由国家投资全部硬化，结束汽车不能上山进村的历史。核桃和香椿芽是该村的特色产业。2008年，全村102户318人，耕地面积42.3公顷，人均纯收入6000元。先后获市级文明单位、市农村党风廉政建设示范单位等称号。

2008年张夏镇办事处、行政村基本情况表

表26－10

<table>
<tr><th>办事处</th><th colspan="2">行政村</th><th>村名由来</th><th>总户数（户）</th><th>总人口（人）</th><th>耕地面积（公顷）</th><th>人均纯收入（元）</th></tr>
<tr><td rowspan="2">张夏办事处</td><td rowspan="2">张夏</td><td>张夏</td><td>张夏原名张下。汉张良曾隐居村东山中，遂名张山。村在张山之下，故名张下。张夏者应是“下”字之误。该村最晚建于西汉初年。曾名张夏镇、张夏街、张夏店。民国间，复名张夏。</td><td rowspan="2">948</td><td rowspan="2">3415</td><td rowspan="2">169.6</td><td rowspan="2">6927</td></tr>
<tr><td>马家宅子</td><td>清光绪十一年（1885），马氏由张夏迁来建村，因村小，故名马家宅子至今。1984年，改属张夏村民委员会。</td></tr>
</table>

续表 26－10

<table>
<tr><th>办事处</th><th colspan="2">行政村</th><th>村名由来</th><th>总户数（户）</th><th>总人口（人）</th><th>耕地面积（公顷）</th><th>人均纯收入（元）</th></tr>
<tr><td rowspan="11">张夏办事处</td><td colspan="2">上龙化</td><td>明中叶，油氏迁居该村，因村坐落在龙化庄西山坡上，命名上龙化。</td><td>250</td><td>961</td><td>96.1</td><td>6927</td></tr>
<tr><td colspan="2">下龙化</td><td>该村以村西山坡上有古龙化石，命名龙化庄。最晚建于北宋年间。明中叶，建上龙化后，更名下龙化至今。</td><td>302</td><td>1039</td><td>67.5</td><td>6927</td></tr>
<tr><td rowspan="2">金峪</td><td>金家峪</td><td>该峪前名羊角峪，以山峪形似羊角得名。清顺治年间（1644—1661），金氏八世祖由济南府西大金庄迁张夏，九世祖复迁此建村，以村坐落在山峪中，故名金家峪。今名金峪。</td><td rowspan="2">127</td><td rowspan="2">432</td><td rowspan="2">43.2</td><td rowspan="2">6927</td></tr>
<tr><td>小河西</td><td>清光绪间（1875—1908），赵氏由张夏街迁此建村。以村坐落在北大沙河西岸，故名小河西。1984 年，改属金家峪村民委员会。</td></tr>
<tr><td colspan="2">韩庄</td><td>该村以韩氏所建故名，最晚建于明代中叶前。今名韩庄。</td><td>113</td><td>378</td><td>30.9</td><td>6927</td></tr>
<tr><td colspan="2">徐毛</td><td>明中叶，刘氏建村，故名刘家庄。清顺治间（1644—1661），徐氏由安徽宿县迁居该村，人烟兴旺，更名徐家庄。1984 年，以姓氏为名的毛家庄并入该村后始名徐毛。</td><td>318</td><td>1136</td><td>65.3</td><td>6927</td></tr>
<tr><td colspan="2">茶棚</td><td>该村前名李家庄。明中叶，丁仲选改恶从善后，在此搭棚舍茶济人，人称茶棚李家庄。李氏乏嗣后始名茶棚至今。</td><td>196</td><td>727</td><td>42.5</td><td>6927</td></tr>
<tr><td colspan="2">杜庄</td><td>清顺治间（1644—1661），史姓来此建村，名史家庄。史姓乏嗣后，杜氏更名杜家庄。今名杜庄。</td><td>136</td><td>412</td><td>26.0</td><td>6927</td></tr>
<tr><td colspan="2">丁庄</td><td>该村前名青云庄。明弘治间（1488—1505），历城人丁仲选来村定居后，于鸡鸣山上立寨行劫，一次进村逢兄弟二人诅咒：“谁做伤天害理事，出门碰上丁恶人……”丁听后，即改恶从善，在村西搭棚舍茶济人。行人感之，称丁善人。村遂名丁家庄。今名丁庄。</td><td>309</td><td>1071</td><td>68.2</td><td>6927</td></tr>
<tr><td colspan="2">石店</td><td>明洪武间（1368—1398），石姓由山西洪洞县迁居该村，以村坐落在山涧旁，命名石涧庄。崇祯间（1628—1644），村中设驿站后，更名石涧铺。清中叶，石姓开店营生，人称石家店，演为村名。今名石店。</td><td>548</td><td>1920</td><td>126.5</td><td>6927</td></tr>
<tr><td colspan="2">小刘</td><td>清乾隆间（1736—1795），刘氏由石店迁此建村，命名刘家庄。后为区别崮云湖街道刘家庄，以村坐落在馒头山和青龙山之间，更名刘家沟。现名小刘。</td><td>83</td><td>306</td><td>25.6</td><td>6927</td></tr>
</table>

续表 26－10

办事处	行政村		村名由来	总户数（户）	总人口（人）	耕地面积（公顷）	人均纯收入（元）
张夏办事处	金庄	金庄	北宋宣和间(1119—1125),金氏建村故名。明万历三年(1575),梁氏祖振琪由山西洪洞县诏迁来村定居,以人口兴旺更名兴隆庄。因不被称说,复名金家庄。1984年,赵庄并入该村。今名金庄。	403	1369	65.7	8320
		小西庄	清光绪间(1875—1908),邵氏建村,以村坐落在金家庄西,命名西庄。后来,与金家庄一排行事,始名小西庄。1984年,改属金家庄村民委员会。				
		夹河	该村原名四海村。清乾隆年间(1736—1795),金氏祖长有由凤凰庄迁居该村。以村临御路开店营生,名兴隆店,演为村名。民国初年,因村南北河床上架起两座石桥,更名夹河至今。1984年,改属金家庄村民委员会。				
车厢办事处	红石岭		元延祐间(1314—1320),刘氏建村,以村坐落在红石山下,命名红石岭。	172	656	76.4	5813
	北泉		清中叶,王氏七世祖思勤由车厢峪迁此建村,以村北有山泉,命名泉子庄。1949年,以方位更名北泉。	39	147	14.4	5806
	尹庄		清顺治间(1644—1661),尹氏由今平安街道百王村迁来建村,命名尹家庄。今名尹庄。	11	37	5.7	5816
	王庄		明万历间(1573—1619),王氏由今平安街道百王村迁来建村,命名王家庄。	34	107	13.0	5811
	井字坡		明崇祯间(1628—1644),王氏八世祖传方由车厢峪迁来建村,以村北山坡上有山泉,命名井子庄。清中叶,始名井子坡。后来误写作井字坡。	135	423	56.3	5810
	绿豆囤		明崇祯间(1628—1644),王氏六世祖珍由王家泉迁来建村后编条篓营生,因每只篓容量六斗,人称六斗囤,演为村名。后来,误写作绿豆囤。	104	316	37.1	5809
	土屋		明崇祯间(1628—1644),颜氏由齐河县颜家村迁来,住在土崖下窑洞内,故建村后名土屋庄。民国初年始名土屋至今。	104	361	31.7	5808
	车箱峪	车箱峪	明万历间(1573—1619),王氏三世祖奉恩由平阴县平地落村迁居该村,以村处山峪,房舍散如车网,命名车网峪。后来演为车厢峪。今名车箱峪。	235	772	56.7	5825
		大峪湾	明洪武间(1368—1398),王氏祖由山西洪洞县迁长清城北田谟。王氏祖讳兴旺兄弟二人于明末迁邑之东南筑室定居,以村坐落在车厢峪中大湾西侧,命名大峪湾。1984年,大峪湾改属车厢峪村民委员会。				

续表 26－10

办事处	行政村		村名由来	总户数（户）	总人口（人）	耕地面积（公顷）	人均纯收入（元）
车厢办事处	梨枣峪		清顺治间（1644—1661），王氏由王家泉迁来建村后，晚上常有大虫过村去泉边饮水，沿途不断伤人，村人在大虫经过的路上埋了尖刀，将虫杀死，故取名劙刀峪。后来，因梨枣丰收，便更名梨枣峪。	41	122	29.9	5812
	杨泉		明成化间（1465—1488），杨氏由今历城区迁居该村，以村南有山泉，命名杨家泉。今名杨泉。	12	34	6.0	5816
	王泉		宋朝初年，此地名寺旮旯。明嘉靖间（1522—1566），王氏四世祖化齐迁此建村，以村南有山泉，命名王家泉。今名王泉。	48	140	21.7	5808
	周家安		清顺治间（1644—1661），周氏由今历城区迁北峪后复迁此地开荒种地，建村后以村北有尼姑庵，命名周家庵。今名周家安。	84	259	19.9	5815
青杨管理区	青南		该村前名南梅花庄、北梅花庄。明洪武间（1368—1398），两村连成一体，名梅花庄。后来有皇帝南巡路经此地，在村头大杨树下停轿纳凉时遗一物，差人觅得后报曰："物在青杨树下"。帝以物未失，赐村名青杨村。1958 年，始名青杨。该村历史上分二排行事，故有青南、青北之名。1984 年，改青南、青北大队建青南、青北两个村民委员会。青北是回民居住村。	279	1090	51.0	7000
	青北			496	2000	93.3	7170
	吴庄	吴家庄	明朝中叶，吴氏由山西洪洞县迁居该村，命名吴家庄。今名吴庄。	286	1080	66.7	6730
		袁家	清顺治间（1644—1661），袁氏祖三才由大清河（今黄河）西迁来建村，命名袁家庄。1984 年，改属吴家庄村民委员会。				
		马家	清乾隆间（1736—1795），马氏由青杨树迁此建村，以村坐落在山坡上，命名马家岭。今名马家。1984 年，改属吴家庄村民委员会。				
		滕家	清宣统二年（1910），滕氏由青杨树迁来建村，以村坐落在山沟中，命名滕家沟。1966 年，建水库迁村今址，始名滕家。1984 年，改属吴家庄村民委员会。				
		张家	明成化间（1465—1487），张氏由大清河（今黄河）西张家老庄迁来建村，命名张家庄。今名张家。1984 年，改属吴家庄村民委员会。				
		李家庄	清顺治间（1644—1661），李氏由县城东三里庄迁此建村，命名李家庄。1984 年，改属吴家庄村民委员会。				
		明家庄	明顺治间（1644—1661），明氏由青杨树迁来建村，以村边有山泉，命名明家泉子。后更名明家庄至今。1984 年，改属吴家庄村民委员会。				

续表 26 - 10

办事处	行政村		村名由来	总户数（户）	总人口（人）	耕地面积（公顷）	人均纯收入（元）
青杨管理区	薛庄	薛庄	明崇祯间（1628—1644），薛氏由小寺村迁此建村，命名薛家庄。今名薛庄。	254	858	69.1	6715
		南赵庄	清乾隆间（1736—1795），赵氏由河北冀州大郝庄旅至青杨树与郭氏结亲后来此建村，命名赵家庄。为区别村北赵家庄，更名南赵庄至今。1984 年，改属薛家庄村民委员会。				
		曹家	清乾隆间（1736—1795），曹氏由今归德镇曹楼迁青杨村，继迁此地建村，命名曹家庄。今名曹家。1984 年，改属薛家庄村民委员会。				
		宋家	清顺治间（1644—1661），宋氏由今槐荫区段店镇周王庄迁来建村，命名宋家庄。今名宋家。1984 年，改属薛家庄村民委员会。				
		李家洼	明朝中叶，李氏为种地方便，由青杨树迁此建村，以村址原是李氏之地，地势低洼，命名李家洼。1984 年，改属薛家庄村民委员会。				
		河洼	清乾隆间（1736—1795），任氏四世祖思德由禹城县任家庄迁青杨树，继迁此地建村，以村坐落在沙河东岸地势低洼处，故名河洼。1984 年，改属薛家庄村民委员会。				
	井字		该村最晚建于北宋年间。油氏由大清河（今黄河）西迁此建村，以村坐落在地势低洼的水泉边，命名井子庄。后写做井字庄，今名井字。	510	1982	116.6	7000
	宋庄		该村最晚建于北宋期间。宋氏是首户，故名宋家庄。	459	1773	103.0	6715
	三尖台		明洪武间（1368—1398），闫、许、尹三姓先后迁此建村，以村处山坡上，命名三家台。后来，闫、许两家乏嗣，尹氏以村坐落的三尖台山命为三尖台。	294	1003	63.3	6715
	土门		该村曾名槐树庄，以村边古有大槐树命名。明嘉靖六年（1527），村北建有奶奶庙，庙门以土坯砌成，人称土门庙，演为村名。	399	1378	117.3	7000
	孔庄	孔庄	明洪武间（1368—1398），孔氏由大清河（今黄河）西孔家老庄迁居该村，命名孔家庄。今名孔庄。	102	318	42.3	6000
		马岩寺	此地古有福寿寺，俗称马牙寺，以马牙僧建寺故名。明中叶，刘氏由孔家庄迁此建村。以寺名拟音名马岩寺至今。1984 年，改属孔家庄村民委员会。				
		张家庄	清顺治间（1644—1661），张氏由大清河（今黄河）西张家老庄迁此建村，命名张家庄。1984 年，改属孔家庄村民委员会。				
		凤凰庄	清顺治间（1644—1661）建村，以村西山坡上有俗称“鸡窝”的大石棚，命名鸡窝。1948 年，因村名不雅，以山坡上镌刻的“凤凰石”三字更名凤凰庄。1984 年，改属孔家庄村民委员会。				

续表 26－10

办事处	行政村	村名由来	总户数（户）	总人口（人）	耕地面积（公顷）	人均纯收入（元）
青杨管理区	黄草洼	明洪武间（1368—1398），黄氏来此建村，以地势低洼，杂草横生命名黄草洼。后贾氏由今归德镇贾庄迁居该村，沿称黄草洼。	236	933	57.2	6740
	靳庄	此地早在战国（前475—前221）前就是齐鲁两国的通道。世传为宋仙人靳八公故里。该村以姓氏命名，最晚建于北宋年间。	711	2664	206.7	7250
	小寺	北魏孝明帝正光间（520—525），法定禅师，先建寺于方山之阴曰："神宝"，后建于方山之阳曰："灵岩"。世传神宝寺小于灵岩寺，故神宝寺俗称小寺。唐代李氏、张氏相继迁来建村，以寺命名小寺庄。后称小寺。	388	1482	99.1	6724
纸坊办事处	纸坊	明朝中叶，江氏由现历城区邱庄迁此建村，以造纸营生，故命名纸坊。	298	1171	86.7	6161
	大楼峪	西汉初（前206—前195），关中侯娄敬（赐姓刘名敬）隐居该峪，故名娄峪。宋朝初年，闫氏建村，名娄峪庄。明中叶，韩氏迁居该村后始名娄峪。后来为区别村西北小娄峪更名大娄峪。今名大楼峪。	173	603	48.3	5990
	岳家庄	明洪武二年（1369），岳氏由河南迁此建村，命名岳家庄。明中叶，张氏由今槐荫区林家庙迁居该村，沿称岳家庄。1966年，建岳庄（今石店）水库时迁村今址，袭旧名。	150	539	22.9	5990
	下泉	该村前名夏家泉，因夏氏建村故名。明洪武间（1368—1398），杨氏由山西洪洞县迁居该村，夏氏乏嗣后，以村坐落在南山北坡山泉下，更名下泉。1966年，建岳庄（今石店）水库时村庄划入库区，迁村至今。	74	309	18.6	6015
	桃园	明洪武间（1368—1398），杨氏由山西洪洞县迁来建村，时逢此地桃花盛开，故命名桃花村。清乾隆间（1736—1795），更名桃源。清朝末年，村中修三义庙后名桃园庄。今名桃园。	165	643	51.0	5600
	焦台：焦台	明洪武二年（1369），焦氏由山西新城县迁居该村，以宅后种蔬菜，命名焦家园子。后来，村庄向北扩展与胡树台村连在一起后共名焦家台。1989年，青石嘴编入该村。今名焦台。	296	1124	67.3	6145
	焦台：王府	清乾隆间（1736—1795），王氏因屡次参加省试不第而厌世，由今崮云湖街道大刘庄迁此建村，为求吉祥，命名王府庄。1984年，改属焦台村民委员会。				
	于盘	明洪武间（1368—1398），邢氏来此建村，以村坐落在山腰间，进村需盘旋而至，故命名盘道庄。于氏自济南大槐村迁居该村，人烟兴旺，于清初更名于家盘道。民国初年，始名于家盘。今名于盘。	54	163	23.3	5390

续表 26－10

<table>
<tr><th>办事处</th><th colspan="2">行政村</th><th>村名由来</th><th>总户数（户）</th><th>总人口（人）</th><th>耕地面积（公顷）</th><th>人均纯收入（元）</th></tr>
<tr><td rowspan="2">纸坊办事处</td><td colspan="2">上泉</td><td>明弘治间（1488—1505），杨氏由山西洪洞县迁居该村，以村坐落在长湾南观音堂侧，命名长湾南堂。后来，以村位于下泉村南山坡上，更名上泉。</td><td>83</td><td>288</td><td>16.8</td><td>6100</td></tr>
<tr><td colspan="2">长湾</td><td>明永乐间（1403—1424），王氏由土门迁此建村，以村南有长方形大水坑，命名长湾。</td><td>124</td><td>433</td><td>41.1</td><td>5833</td></tr>
<tr><td rowspan="10">诗庄办事处</td><td rowspan="2">积峪</td><td>积峪</td><td>明洪武间（1368—1398），姬氏由山西洪洞县迁此建村，命名姬家峪。姬氏乏嗣后，以村北山泉灌溉的作物连年丰收，更名为渍米峪。后误写作积家峪。今名积峪。</td><td rowspan="2">132</td><td rowspan="2">516</td><td rowspan="2">36.0</td><td rowspan="2">5860</td></tr>
<tr><td>小李庄</td><td>清乾隆间（1736—1795），李氏祖谨由今槐荫区吴家堡三教堂迁此建村，命名李家庄。后来，因村小，人称小李庄，遂为村名。1984 年，改属积家峪村民委员会。</td></tr>
<tr><td colspan="2">邵庄</td><td>宋咸淳间（1265—1274），邵氏建村，故名邵家庄。明中叶，葛氏由济阳县迁来建村，沿称邵家庄。今名邵庄。</td><td>199</td><td>704</td><td>51.3</td><td>5860</td></tr>
<tr><td colspan="2">诗庄</td><td>元至正间（1341—1368），建村，村民因受到村西尼姑庵师傅们的帮助，故命名师傅庄，后写作师家庄、诗家庄。今名诗庄。</td><td>334</td><td>1166</td><td>92.7</td><td>5860</td></tr>
<tr><td rowspan="2">井峪</td><td>井峪</td><td>明洪武间（1368—1398），孙氏由山西洪洞县迁此建村，以峪中有山泉，命名井峪庄。清朝末年，始名井峪。</td><td rowspan="2">193</td><td rowspan="2">701</td><td rowspan="2">48.7</td><td rowspan="2">5860</td></tr>
<tr><td>郑家庄</td><td>民国 35 年（1946），郑氏为种地方便，由井峪庄迁此建村，命名郑家庄。1984 年，改属井峪村民委员会。</td></tr>
<tr><td colspan="2">西野老</td><td>晋（317—420），隐士故居，名野老庄，在寺东逾岭五里许，石疃一处，乃晋人张忠隐居处，所谓野老，即符坚时隐士张巨和也。该村始建东晋前。明崇祯间（1628—1644），建东野庄后，名西野老庄。今名西野老。</td><td>194</td><td>672</td><td>47.3</td><td>5860</td></tr>
<tr><td colspan="2">东野老</td><td>明崇祯间（1624—1644），牟氏迁此建村，以村西有野老庄，命名东野老庄。今名东野老。</td><td>137</td><td>476</td><td>36.0</td><td>5860</td></tr>
<tr><td colspan="2">花岩寺</td><td>此地古有华岩寺，又名花岩寺。明朝洪武间（1368—1398），黄氏迁此建村，以寺命名花岩寺至今。</td><td>34</td><td>128</td><td>10.1</td><td>5860</td></tr>
<tr><td colspan="2">高庄</td><td>明洪武间（1368—1398），高氏由今槐荫区古城迁此建村，命名高家庄。今名高庄。</td><td>133</td><td>531</td><td>29.0</td><td>5860</td></tr>
</table>

第三章 乡

第一节 双泉乡

地理环境 双泉乡地处长清区西南部，东与马山镇相依，南与泰安肥城市相邻，西与孝里镇相连，北与马山镇、归德镇相接，全境南北长14.3公里，东西宽7.5公里，总面积93.5平方公里。双泉乡泉水遍布，尤因境内风景秀丽的双泉庵中的“双泉”而得名。乡驻地段店村。辖区属鲁中丘陵区，地处泰山西北麓，属纯山区，山势低凹处的河谷是南大沙河发源地。双泉至肥城公路贯穿南北，双泉至孝里公路连接济菏高速，双泉至漩庄、双泉至马山公路与104省道相通，境内村级道路全部硬化，纵横交织，交通条件优越，形成完善的交通体系。双泉乡地下水、林果、畜牧等资源丰富。

发展概况 1986年，双泉乡辖双泉、北付、王庄、龙湾4个办事处，47个行政村，59个自然村，全乡6805户30935人，农民人均纯收入429元。工农业基础薄弱，经济欠发达。1999年起，双泉乡确定“林果立乡、工业强乡”的总体发展思路。至2008年，全乡初步形成以核桃种植为主总面积1400公顷的九大林果生产基地，以波尔山羊养殖为主的市级畜牧业养殖基地，以散热器为主的散热器研发制造基地，以皮革制品、石材加工、铸造等多种行业为主的工业加工基地。2008年，双泉乡辖双泉、北付、王庄、龙湾4个办事处，48个行政村，59个自然村，全乡9063户29583人，完成地区生产总值5.7亿元，地方财政收入296万元，农民人均纯收入5122元。先后获济南市文明乡镇、济南市道路畅通先进乡镇、济南市先进基层党组织、济南市平安建设先进乡镇等称号。

农业 境内为纯山区，农业用水贫乏，以农作物种植、农产品加工、林果、畜牧业为主，种植小麦、玉米、棉花、地瓜、谷子、大豆等。1986年，全乡耕地面积3213公顷，农业机械总动力6990千瓦，粮食总产量1.4万吨，农业总产值1260万元。2002年起，先后7年总投资4400万元，实施段店片区、尹庄—北付片区、柳杭片区三大片区

双泉全景 （2008年 摄）

■ 波尔山羊防疫　(2003年 摄)

土地整理项目，整理土地1000公顷，农业基础条件得到较大改善，农业抵御自然灾害的能力得到加强。2003年，长清区第一个市级核桃林果生产基地在段店村揭牌。2007年，以波尔山羊养殖为主的畜牧养殖业迅速发展，双泉乡成为济南市波尔山羊养殖之乡。至2008年，全乡粮食、林果、畜牧业“三大”主导产业协调发展，农业产业结构调整成效显著，建成段店、后园、郝庄、书堂峪、大邹、李庄、刘峪、刀山峪、东坦等村为主的九大林果基地，面积1400公顷。是年，全乡粮食总产1.7万吨，果品总产2285吨，蔬菜总产16490吨，牛羊猪存栏8万头（只），家禽27万只，肉类总产量2984吨，农业总产值1.5亿元，农业机械总动力22166千瓦，农业机械耕作面积80%以上。

工业　1986年，有乡、村、户办企业12家，从业人员2350人，主要产品有散热器、机械、建材、面粉、砖瓦等，工业总产值687万元。1997年起，工业经济迅速发展，全乡形成以双泉散热器有限公司、泉鑫暖通设备厂为主的江北最大散热器制造基地，以鲁日钧达皮革加工为主的全市最大的皮革加工企业，以铁矿开采的原材料基地和石料加工为主的建筑建材基地。其中散热器产值5000万元，利税154万元。双泉乡素有“散热器之乡”的美称，已形成7大类50余种型号的产品，生产的翅片管散热器为山东省名牌产品，铜铝、钢制散热器被评为国家免检产品。2008年，全乡有乡、村、户办企业45家，从业人员3210人，工业总产值14.7亿元，其中规模以上工业8家，实现规模以上工业销售收入11.8亿元，规模以上利税9437万元，出口创汇118万美元。

商贸　财税　1986年，乡、村、户办商业159家，有段店、北傅、尹庄3处集贸市场，社会消费品零售总额450万元，商贸交易额569万元，地方财政收入59.5万元。2008年，工商业户768家，有段店、北付、尹庄、柳杭、红庙5处集贸市场，社会消费品

■ 双泉乡万亩土地整理项目区　(2006年 摄)

双泉散热器产品 (2008年 摄)

零售总额9454万元,地方财政收入296万元。

村镇建设 1986年,农村住房以石头房和土坯房为主,乡机关是在平房内办公,条件落后。1995年,乡驻地新修、改造道路6条,投资80万元,新建乡政府综合办公楼1幢,以府前街为依托,向两侧辐射带动。至2008年,制定完善城镇建设规划,完成府前街改造和政务区改造工程,商场大棚、双泉供电所、双泉中心小学、双泉中学、中心幼儿园、卫生院、派出所、敬老院、计生服务站、为民服务大厅等工程相继竣工,小城镇环境质量不断提升。实施滨河路和大沙河整治工程,通过层层建坝拦水、修筑护河堰、建设沿河步行街,与驻地西山的林果基地建设相结合,形成城中有林、林中有城、流水潺潺的新型小城镇。实施小城镇环境综合整治工程,组建城管执法中队,对违法建筑、农贸市场、出租车辆等规范化管理,改变小城镇综合环境。实施旧村改造工程,农民住房新建、翻建率95%。

交通 1986年,境内有双泉至孝里路、双泉路,其余道路以土路为主,乡村交通为生产路连接,交通设施相对滞后;有交通运输车辆71辆,其中汽车6辆、农用车19辆、拖拉机31辆、三轮车15辆。1997年—1998年,双泉至漉庄、双泉至肥城、双泉至孝里、双泉至马山等公路相继建成,形成四通八达的交通网络。2008年,全乡公路里程100.5公里,其中区道17公里,乡道18公里,村道65.5公里;有交通运输车辆538辆,其中汽车39辆、农用汽车35辆、拖拉机46辆、三轮车418辆,完成货运量9500万吨,客运量3.5万人次。

邮电 1986年,有邮电所1处,业务总量3.5万元。2008年,邮政业务总量39万元,电信业务量400万元。市话5048门,移动电话8000部。

教育 科技 1986年,有中学5所,小学20所,校舍陈旧,共有教师237人,在校生4040人,适龄儿童入学率89%,初中毕业升学率20%。1995年,教育环境得到初步改善,教学质量不断提高。中学合并为2所,小学合并为6所,教师214人,在校生3654人,适龄儿童入学率98%,初中毕业升学率68%。2003年,第二轮学校布局规划定格为7所学校,即1所中学,6所完全小学。2004年—2005年,投资307万元,建成双泉中学教学楼、图书实验楼、学生公寓、餐厅共1.57万平方米,完成中心幼儿园建设,完成6所定点小学的改扩建工程。为各学校配齐、配全内部设施,全乡7所中小学全部达到区级规范化学校办学标准,其中5所学校获济南市"绿色学校"称号,通过"济南市教育工作示范乡镇"评估验收。2008年,中学在校生611人,巩固率98.37%,升学率86%,教师91人,学历合格率100%;小学在校生1355人,巩固率100%,教师91人,学历合格率100%。

1986年—2008年,聘请专家举办各类科技培训班40余期,科普赶集200余次,获省科技成果3项、市级科技成果62项,专利7项,引进科技人员20余人,全乡48个行政村全部建立科普宣传栏。

卫生 1986年,乡卫生院有科室15个,职工41人,床位20张,村级卫生室10个。2008年,乡卫生工作实现乡、村一体化管理。投资250万元,新建2000余平方米的卫生院综合门诊楼投入使用,投资30万元,新建14处农村卫生所,农村医疗环境得到改善。全面推行新型农村合作医疗,农村人口覆盖率96%。是年,乡卫生院医务人员46人,病床25张,门诊量2.38万人次,业务总量250万元,村级卫生室17个,企业卫生室2个。

文化 体育 1986年,有文化站、广播站各1处,农村以有线广播为主,传统文化娱乐较为活

群众文化活动 (2007年 摄)

跃,活动时间主要集中于春节期间。1998年,双泉乡在全县组织的文化汇演中获一等奖。2008年,有乡文化活动中心1处、广播电视站1处、书店(含私营)3处,村级文化活动中心46处。对柳杭、孟庄、尹庄古宅等8处文化遗址实现立碑保护,郝庄村"靠山帮"剧种得到挖掘整理。每年各中小学举行春、秋两季运动会。

旅游　双泉乡历史悠久,文化底蕴深厚,有风景如画、鸟语花香的双泉庵,有钟灵毓秀、优美多姿的马山,有举世闻名的齐长城,齐长城要塞"杜庄古城堡",春秋战国时期清邑治所遗址"学城村",有"马陵之战"古战场马陵道,有"天然氧吧"穆柯寨、小泰山等人文和自然景观,还有牛山、人头山、九顶莲花山、石小子寨等旅游观光景区。双泉南部东西有10个自然村,村村井泉,泉水清澈甘洌无垢,且富含微量元素,是天然的矿泉水,较有名的当属黄鹂泉、五眼井、满井及双泉。书堂峪樱桃基地种植面积40公顷3万余棵。2008年,举办第一届书堂峪樱桃采摘节,是济南市十大采摘节之一,吸引游客4万余人前来采摘观光。

人民生活　1986年,人均纯收入429元,人均住房面积12平方米,多为土坯房,石头房占20%,每百户居民拥有自行车65辆、钟表75只,年末居民储蓄额260万元。2008年,人均纯收入5122元,人均住房面积24.5平方米,新盖砖瓦房占85%以上,每百户拥有自行车89辆、钟表109只、彩电96台、家庭影院70套、电话92部、手机86部、电冰箱55台、洗衣机52台、电风扇128台、摩托车78辆,居民储蓄总额16662万元。有线电视入户率30%,宽带入户率1%。基本医疗、养老保险参保4530人,纳入农村低保509户1038人。敬老院1处,集中供养25人,分散供养186人。五保人员全部实现集中和分散供养,供养率100%。

绿树掩映之中的双泉庵 (2008年 摄)

村庄选介　段店村　位于城区南23.5公里,牛头山东麓。是双泉乡政府驻地村,商铺众多,乡供电所、乡卫生院等各机关部门的办公地点驻在该村。长方形聚落,纵横主要街道7条。农历四、九为集市。1986年,全村共284户1256人,耕地122公顷,人均纯收入435元。2004年,投资300余万元,完成西山66.7公顷的土地整理项目,建66.7公顷核桃精品园区。2006 年,投资 200 万元,全村道路全部硬化,对主要道路进行绿化,户户安装太阳能热水器。2007 年,投资 500 余万元,完成东大沙河的综合整治工程,修建沿河步行街。全村户户实现通自来水、通电话。2008 年,全村 386 户 1301 人,耕地 122 公顷,人均纯收入 4939 元。先后获济南市文明单位、济南市委先进基层党支部、济南市综合治理先进单位等称号。

书堂峪村　位于双泉乡南部,由书堂峪和南辛庄两个自然村组成,三面环山,东靠双泉至肥城公路,距肥城市 20 公里。1986 年,全村 240 户 1084 人,人均纯收入 410 元,耕地 101.8 公顷,荒山面积 253 公顷。全村生态环境优美,林果资源丰富,栽植樱桃、核桃、春芽、花椒等 12 万株,林果面积 133 公顷,樱桃种植已有一百多年的历史,全村共有樱桃树 40 公顷 3 万余棵。2006 年,投资 4 万余元,聘请济南规划设计院对全村进行社会主义新农村建设整体规划。2007 年—2008 年,投资 30 余万元,对全村的环山道路进行整修;投资 140 万元,对长 8 公里,宽 4~5 米的环山路进行硬化,连通全村的旅游线路;投资 30 余万元,对村西塘坝进行整修;投资 4 万余元,对进村的广场进行硬化,实施 133.3 公顷的退耕还果工程,栽植优质核桃 12 万株。投资 2 万余元,清理河道 1000 余米,栽植 400 余棵绿化树株,对进村道路进行绿化,对村内环境进行综合整治。全村户户实现通自来水、通电话、通有线电视。2008 年,举办首届樱桃采摘节,吸引游客 4 万余人次,成为生态旅游的好去处。是年,全村共 292 户 961 人,耕地 101.8 公顷,人均纯收入 4936 元。先后获济南市文明单位、济南市综合治理先进单位、济南市扶贫开发先进单位等称号。

樱桃熟了　　　（2008 年　摄）

郝庄村　位于双泉乡南部,由郝庄、清泉峪、北寺 3 个自然村组成。1986 年,全村 321 户 1305 人,人均纯收入 400 元,耕地 156.2 公顷,种植花椒树 3 万余棵,有小二型水库 1 座。2005 年起,全村发展畜牧业和林果业,波尔山羊存栏量 5000 余只,核桃精品园基地 1 处,优质核桃 56.7 公顷 5 万棵。投资 40 万元,硬化道路 2200 米。投资 24 万元,新建沼气池 120 个,安装太阳能热水器 90 台。2008 年,全村 387 户 1209 人,耕地 156.2 公顷,人均纯收入 4927 元。先后获济南市文明村庄、济南市社会治安综合治理先进单位等称号。

柳杭村　位于双泉乡东南部,由柳杭、小柳杭 2 个自然村组成。长方形聚落,纵横主要街道 8 条。农历五、十为集市。1986 年,全村 345 户 1514 人,人均纯收入 412 元,耕地 177.3 公顷。有小二型水库 1 座,双泉庵生态风景区位于该村的北部,风景区总面积约 6 平方公里,山环水抱、风景如画、钟灵毓秀、气候宜人,是旅游、垂钓、狩猎、避暑、纳凉、休闲的理想之地。景区内建有山东省交通厅副食品种养殖基地、众源水厂和双泉乡都市农业园区。2006 年—2008 年,投资 60 余万元,硬化街道 3 条 3000 余米,建成长 500 余米、宽 12 米的高标准文明街 1 条,安装路灯 50 余盏,建花池 14 个,栽植绿化树株 120 余株,自来水入户率 100%,有线电视用户 80%,建沼气池 160 个,安装太阳能热水器 120 台。投资 100 万元,对河道进行综合整治,垒石砌护河堰 1200 余米,建桥梁 3 座,硬化建成长 600 米、宽 9 米的高标准集贸市场 1 处和占地 2000 平方米的文化活

■ 柳杭村新农村建设一角　　(2003年 摄)

顷。2005年,投资120万元,硬化村内主要街道。2006年,投资80万元,建成1800平方米的文化广场1处,新修花池500平方米,安装篮球、乒乓球、双杠等体育设施;建老年活动室1处,面积80平方米;新建沼气池120个;投资5万元,实施亮灯工程,安装路灯60盏;先后引进山东公路长清石料有限公司、济南蒸养砖厂等工业企业5处,引进资金4000万元,安排农村剩余劳动力300余人,运输车辆30多辆,村年集体收入10万元。2008年,全村227户812人,耕地89.6公顷,人均纯收入5204元。先后获济南市民主法制示范村、济南市扶贫开发先进集体、济南市荒山绿化示范村庄等称号。

尹庄村　位于双泉乡西南部。1986年,全村242户1125人,耕地107.5公顷,人均纯收入425元。尹庄村历来是双泉乡的重要交通要道和贸易集散地,号称双泉中南部的"桥头堡",是双泉客运中心,共有客车24辆。2006年起,先后投资630万元,硬化全部街道;投资8万元,在村内乡级公路两侧修建花坛48个,绿花苗木面积6000余平方米;建沼气池130个,在村内主街道安装路灯45

动广场1处。2008年,投资500余万元,进行土地整理,新打机井6眼,新建塘坝6座,改造生产路13条,新建扬水站6座,水渠6300米。是年,全村448户1618人,耕地177.3公顷,人均纯收入4931元。先后获市级文明村庄、文明一条街示范街、先进党支部、市综合治理先进单位等称号。

马西村　位于双泉乡北部。1986年,全村310户1282人,人均纯收入430元,耕地面积143.9公顷。2006年起,投资30万元,拓宽硬化村内主要街道3条1300米;投资10万元,新修排水沟1000米;总投资20万元,打深水井1眼,建水厂1处,实现户户通自来水;投资5万元,在主要街道修建高标准花池48个,栽植百日红200余株,黄杨300余平方米,绿花面积2600余平方米;修建沼气池80余个,安装路灯25盏。2008年,投资13万元,修建文化活动广场1处。是年,全村362户1321人,耕地143.9公顷,人均纯收入5188元。先后获济南市文明村庄、济南市综合治理先进单位等称号。

陈沟村　位于双泉乡北部。1986年,全村186户829人,人均纯收入429元,耕地89.6公

■ 陈沟村文化广场　　(2007年 摄)

盏。2007年，投资600余万元，完成尹庄村土地整理项目建设，建成核桃基地6.7公顷。是年，投资60余万元，全村实现通自来水。2008年，全村232户1215人，耕地103.5公顷，人均纯收入4942元。先后获济南市综合治理平安建设先进单位、市级文明村庄、长清区优秀党支部等称号。

尹庄村文明一条街 （2007年 摄）

2008年双泉乡办事处、行政村基本情况表

表26－11

<table>
<tr><th>办事处</th><th colspan="2">行政村</th><th>村名由来</th><th>总户数（户）</th><th>总人口（人）</th><th>耕地面积（公顷）</th><th>人均纯收入（元）</th></tr>
<tr><td rowspan="6">双泉办事处</td><td colspan="2">段店</td><td>该村前名索家庄。明嘉靖间（1522—1566），段氏迁居该村，后以人烟兴旺，更名段家庄。后来，段氏后人因村临东去泰安的大道，开店营生，人称段家店，演为村名。今名段店。</td><td>386</td><td>1301</td><td>122.0</td><td>4939</td></tr>
<tr><td colspan="2">西坦</td><td>该村为何氏所建，故名何家庄。明洪武二年（1369），武氏由山西平阳府洪洞县迁长清城东五里许武家庄，其子复迁马南保何家庄，建村时间最晚在元代。民国间与东坦划为一个行政村后，以村居东坦西，更名西坦至今。</td><td>188</td><td>584</td><td>55.8</td><td>4928</td></tr>
<tr><td colspan="2">东坦</td><td>此地原是官府屯垦地。明朝末年，郑氏由三郑庄（今郑庄、郝庄、徐庄）迁来建村，命名疃里庄。后来，以村坐落在沙河东岸，名东疃里庄。1949年始名东坦。</td><td>325</td><td>1095</td><td>102.2</td><td>4912</td></tr>
<tr><td rowspan="3">大邹</td><td>大邹</td><td>该村为邹氏所建，故名邹家庄。明永乐五年（1407），艾氏由山西东迁济阳遂徙邹家庄，清朝初年建小邹庄后，更名大邹庄。嘉庆间与小邹庄、肖家庄合称义合庄。1949年，复名大邹庄。今名大邹。</td><td rowspan="3">199</td><td rowspan="3">782</td><td rowspan="3">86.5</td><td rowspan="3">4941</td></tr>
<tr><td>小邹庄</td><td>清顺治间（1644—1661），邹氏为种地方便，由邹家庄迁此建村，命名小邹庄。嘉庆间与肖家庄、大邹庄合称义合庄。1949年，复名小邹庄。</td></tr>
<tr><td>肖庄</td><td>明隆庆四年（1570），肖氏由大清河（今黄河）西肖家井迁此建村，命名肖家庄。清嘉庆间与大邹庄、小邹庄合称义合庄。1949年，三村分开始名肖庄。</td></tr>
</table>

续表 26－11

办事处	行政村		村名由来	总户数（户）	总人口（人）	耕地面积（公顷）	人均纯收入（元）
双泉办事处	柳杭	柳杭	明天顺间（1457—1464），罗氏迁此建村，以村坐落在山坡上，命名坡庄子。后来，因村周围有五座山峰，更名五龙峰庄。明朝末年，由于村边柳树成林，又更名柳杭头。民国初年曾名柳杭庄，今名柳杭。	448	1618	177.3	4931
		小柳杭	清乾隆间（1736—1795），冯氏由柳杭头迁此建村，以村处柳杭头东北，命名东北庄，后更名小柳杭。				
	书堂峪	书堂峪	该村为楚氏所建，以村庄坐落在山峪东侧宽阔平坦的山坡上，命名楚堂峪。清朝初年，因栾拔贡由肥城迁来定居后办私塾一处，遂更名书堂峪。	292	961	101.8	4936
		南辛庄	清光绪间（1875—1908），张氏由书堂峪迁此建村，以建村时付出了辛勤劳动，命名辛庄。				
	刘口		明万历间（1573—1630），刘氏建村，名刘家庄。后来，以村南山口是通往肥城的大道，人称刘家山口，演为村名。今名刘口。	139	455	54.2	4902
	王纸坊		明洪武间（1368—1398），王氏由山西洪洞县迁肥城，遂迁此地建村，以造纸营生，命名王家纸坊。明万历间因与袁纸坊等四村共同负担关帝庙香火费用，名纸坊庄。民国间名四纸坊。1949 年，复名王纸坊。	47	187	12.4	4901
	李纸坊		明洪武间（1368—1398），李氏由山西洪洞县永行树迁居该村，以造纸营生，命名李家纸坊。明万历间因与袁纸坊等四村共同承担关帝庙香火费用，名纸坊庄。民国间名四纸坊。1949 年复名李纸坊。	37	139	14.3	4908
	河洼		明永乐间（1403—1424），王氏由王纸坊迁此建村，以村处沙河东岸，地势低洼，命名河洼。明万历间因与袁纸坊等四村共同负担关帝庙香火费用，名纸坊庄。民国间名四纸坊。1949 年复名河洼。	40	134	14.8	4906
	袁纸坊	袁纸坊	该村为王氏所建，以村西北有座似一乱石堆砌的小山，命名堆石庄。明嘉靖间（1522—1566），袁氏由肥城县迁居该村，以造纸营生。后来，因献地建关帝庙，更名袁家纸坊。明万历间因与李纸坊等四村共同承担关帝庙香火费用，名纸坊庄。民国间名四纸坊。1949 年复名袁纸坊。	152	540	75.2	4904
		罗庄	该村为高氏所建，名高家庄。后来，以姓氏更名罗家庄。清雍正间（1723—1735），尹氏、张氏相继由肥城县迁居该村后，罗氏乏嗣，沿称罗家庄，今名罗庄。				
	韩家峪		该村为韩氏所建，以村坐落在连环山下，命名韩家峪。清朝中叶，以村首建龙王庙，更名兴龙庄。后来，复名韩家峪。	92	330	31.3	4902

续表 26－11

办事处	行政村	村名由来	总户数（户）	总人口（人）	耕地面积（公顷）	人均纯收入（元）
北付办事处	杜庄	明崇祯间（1628—1644），杜氏由今归德镇垛庄迁居该村，命名杜家庄。清道光初年与孟家庄合称二贤庄。1949年，复名杜家庄。今名杜庄。	234	841	74.7	5154
	孟庄	明洪武间（1368—1398），孟氏建村，故名孟家庄。明朝末年，孟氏乏嗣，段氏由山西洪洞县野鹊窝段家胡同旋迁该村，沿称孟家庄。清道光初年，与杜家庄合称二贤庄。1949年，复名孟家庄。今名孟庄。	101	361	35.7	4283
	庞庄	明洪武间（1368—1398），庞氏建村，故名庞家庄。庞氏乏嗣后，房氏迁居该村，沿称庞家庄。今名庞庄。	98	307	35.1	4645
	马西	明嘉靖间（1522—1566），董氏来此建村，以村坐落在马山西脚下，命名马西庄。1949年，始名马西。	362	1321	143.9	5188
	陈沟	该村为申氏所建，名申家庄。申氏乏嗣后，以村坐落在马山南脚下山峪中，更名深沟庄。“深”当地读“chen”，故误写作陈家沟。今名陈沟。	227	812	89.6	5204
	学城	该村春秋战国时期名清邑，东汉始置卢县治所、济北国治所于此。东周时孙膑、庞涓曾在此跟鬼谷子学艺成名，故名学城。今村东有古城遗址。今名学城。	246	833	103.7	4673
	刘峪	该村为刘氏所建，以村处帽子峪中，名帽峪庄，亦作茅峪庄。清朝初年，更名刘家峪。今名刘峪。	102	331	34.1	4578
	马头	明崇祯六年，李氏八世祖进山，由长清城西庞庄迁学城，子复迁马山南建村，名马山南头。今名马头。	34	112	16.5	4453
	韩店	明洪武间（1368—1398），韩氏建村，名韩家庄。后来，村人以村临通往泰安大道，即开店营生，人称韩家店，演为村名。清朝初年，段氏由大清河西段家滩（今属齐河县）迁居该村，沿称韩家店。今名韩店。	89	276	17.3	4662
	南付	该村为张氏所建，名张家庄。后来，因与北傅庄合为一个村，人称小张庄，遂为村名。1949年，以村居北傅庄南，更名南傅庄。今名南付。	106	392	42.3	4660
	北付	该村为傅氏所建，故名傅家庄。该村最晚建于明朝初年。后来，为区别沙河南傅家庄，更名北傅庄。今名北付。	176	600	57.3	4563
	东庄	明万历间（1573—1620），刘氏由今归德镇刘套迁傅家庄东定居。后来，村人秦氏遭火焚讼至官府，刘氏为避嫌疑，始立村名小东庄。今名东庄	45	164	13.0	4664
	陈沟湾	该村前名郭家庄。后来因与邻村蔓菁犯地名忌讳，更名新庄。清初董氏十世祖大全迁居此地，以村座落在北山脚下大沟边，更名深沟湾。“深”当地读“chen”，故误写作陈沟湾。	216	697	67.9	5151

续表 26－11

办事处	行政村	村名由来	总户数（户）	总人口（人）	耕地面积（公顷）	人均纯收入（元）
北付办事处	满井峪	该村前名黄草湾。后来，以山峪形状更名蔓箐峪。清咸丰三年（1853），孟子五十六代孙希祥由邹县迁此，因与邻村郭庄（郭与锅同音）犯地名忌讳，和村人盼望解决人畜用水困难，拟音更名满井峪至今。	384	1257	149.3	5103
王庄办事处	尹庄	该村为温氏所建，故名温家街。明天启间（1621—1627），村遭兵焚后，更名尹家庄。后来高氏、陈氏相继迁居来村，沿称尹家庄。今名尹庄。	232	1215	103.5	4942
	王庄	明洪武四年（1371），王氏由淄川爰居肥城穆庄，越三代徙居此地建村，命名王家庄。今名王庄。	325	1127	122.4	4940
	高庄	该村为高氏所建，名高家庄。建村年代应在明代之前。后来，宋氏、贾氏相继迁居来此，沿称高家庄，今名高庄。	173	572	64.2	4886
	五眼井	该村为魏氏所建，名魏家庄。后来，因保护南山下的村民饮水山泉，就其周围筑起长方池子，加盖四块石板，形成五个井眼，人称五眼井，演为村名。建村年代应在明代之前。1941 年，由肥城县划属。	407	1290	138.6	4910
	大张	明洪武间（1368—1398），张氏迁居该村，命名张家庄。1941 年，由肥城县划属后，为区别村北张家庄，更名大张庄。今名大张。	182	632	100.5	4885
	李庄	明万历间（1573—1620），李氏由大清河（今黄河）西李家隮迁居该村，命名李家庄。1941 年，由肥城县划属。	118	385	51.6	4872
	黄立泉	该村为孙氏、谷氏所建，以村有黄鹂泉，村以泉名。明洪武间（1368—1398），刘氏由山西平阳府迁居于此，沿称黄鹂泉。后为书写方便，写作黄立泉。1941 年，由肥城县划属。	128	466	64.9	4872
龙湾办事处	小张	清顺治间（1644—1661），张氏由大张庄迁此建村，以村坐落在四台山前，命名前张庄。1941 年，始名小张庄。今名小张	110	340	51.5	4920
	沈庄	该村为沈氏所建，故名沈家庄。清朝末年与东龙湾等四村共同负责龙湾庙香火费用，名四龙湾。1949 年，复名沈家庄。今名沈庄。	127	388	52.8	4917
	东龙湾	村西大湾内曾有一蛟，故名龙湾。明洪武间（1368—1398），顾氏由山西古卢县迁此建村，以村居湾东，命名东龙湾。清初与西龙湾名龙湾庄。清末与沈家庄等四村共同负担龙湾庙香火费用，名四龙湾。1949 年，复名东龙湾。	130	436	41.9	4908

续表 26－11

<table>
<tr><th>办事处</th><th colspan="2">行政村</th><th>村名由来</th><th>总户数（户）</th><th>总人口（人）</th><th>耕地面积（公顷）</th><th>人均纯收入（元）</th></tr>
<tr><td rowspan="10">龙湾办事处</td><td colspan="2">西龙湾</td><td>村东大湾内曾有一蛟，故名龙湾。该村居湾西，因名西龙湾。明崇祯元年（1628），高氏迁居该村，沿称西龙湾。清初与东龙湾名龙湾庄。清末与沈家庄等四村共同负担龙湾庙香火费用，名四龙湾。1949 年，复名西龙湾。</td><td>115</td><td>395</td><td>62.1</td><td>4920</td></tr>
<tr><td colspan="2">房庄</td><td>清顺治间（1644—1661），房氏迁此建村，命名房家庄。清末与龙湾庄等四村共同负担龙湾庙香火费用，名四龙湾。1949 年，复名房家庄。今名房庄。</td><td>85</td><td>261</td><td>53.7</td><td>4890</td></tr>
<tr><td colspan="2">后园</td><td>该村为邵氏所建，以村后有地势平坦、水源较好的菜地，命名后园。清中叶，因负担“七圣庙”（红庙）香火费用，曾名红庙庄。清末名中红庙。民国初年名五红庙。1949 年，复名后园。</td><td>93</td><td>335</td><td>50.9</td><td>4904</td></tr>
<tr><td colspan="2">西屋</td><td>清顺治间（1644—1661），顾氏由今归德镇顾小庄迁来建村，以始建的西屋命村名。顾氏乏嗣后，王氏迁居该村，沿称西屋。清中叶，因负担“七圣庙”（红庙）香火费用，曾名红庙庄。民国初年，名五红庙。1949 年，复名西屋。</td><td>50</td><td>156</td><td>27.6</td><td>4902</td></tr>
<tr><td colspan="2">上崖头</td><td>该村以坐落在“七圣庙”（红庙）西土崖上，命名上崖头。清中叶，因负担“七圣庙”香火费用，曾名红庙庄。民国初年，名五红庙。1949 年，复名上崖头。</td><td>50</td><td>160</td><td>31.2</td><td>4906</td></tr>
<tr><td rowspan="2">翟科</td><td>翟科</td><td>该村为翟氏所建，以求后人科考题名，命名翟科。清中叶，因负担“七圣庙”香火费用，曾名红庙庄。国民初年，名五红庙。1949 年，复名翟科。</td><td rowspan="2">154</td><td rowspan="2">568</td><td rowspan="2">95.7</td><td rowspan="2">4896</td></tr>
<tr><td>河西崖</td><td>该村以坐落在沙河西岸，命名河西崖。清中叶，因负担“七圣庙”（红庙）香火费用，曾名红庙庄。民国初年，名五红庙。1949 年，复名河西崖。</td></tr>
<tr><td rowspan="3">贾庄</td><td>贾庄</td><td>明洪武间（1368—1398），贾氏建村，名贾庄。清中叶，因负担“七圣庙”（红庙）香火费用，曾名红庙庄。清末名中红庙。民国初年，名五红庙。1949 年，复名贾庄。</td><td rowspan="3">188</td><td rowspan="3">611</td><td rowspan="3">84.4</td><td rowspan="3">4896</td></tr>
<tr><td>河东崖</td><td>该村以坐落在沙河东岸，命名河东崖。清中叶，因负担“七圣庙”（红庙）香火费用，曾名红庙庄。清末名中红庙。民国初年，名五红庙。1949 年，复名河东崖。</td></tr>
<tr><td>邵家背</td><td>该村为邵氏所建，以村坐落在红山北脚下，命名邵家背。清中叶，因负担“七圣庙”（红庙）香火费用，名红庙庄。民国初年，名五红庙。1949 年，复名邵家背。</td></tr>
</table>

续表 26－11

办事处	行政村		村名由来	总户数（户）	总人口（人）	耕地面积（公顷）	人均纯收入（元）
龙湾办事处	郝家庄	郝家庄	该村前名辛家庄，因辛氏所建故名。明洪武间（1368—1398），郝氏由山西洪洞县迁居于此，更名郝家庄。清中叶，与郑家庄、徐家庄合称三郑庄。清朝末年，复名郝家庄。	387	1209	156.2	4927
		清泉峪	该村前名泉头庄，以村东有山泉故名。后来，因泉水澄清，更名清泉峪。				
		北寺	此地古有一寺院，因处郝家庄后，俗称北寺。建村后，以寺命名北寺庄，今名北寺。				
	徐家庄		该村为徐氏所建，名徐家庄。明天启间（1621—1627），贾氏由红庙庄迁居于此，沿称徐家庄。清中叶，与郝家庄、郑家庄合称三郑庄。清朝末年，复名徐家庄。	110	357	40.4	4926
	郑庄	郑庄	明洪武间（1368—1398），郑氏由山西洪洞县迁居该村，命名郑家庄。清中叶，与徐家庄、郝家庄合称三郑庄。清朝末年，复名郑家庄。今名郑庄。	117	345	35.4	4894
		东庄	明万历间（1573—1620），董氏由贾庄迁此建村，命名小董庄。董氏乏嗣后，写作东庄至今。				
	刀山峪		清朝中叶，贾氏、李氏相继迁此建村，以村坐落在刀山脚下，命名刀山峪。	54	162	22.5	4926
	隋家峪		清顺治间（1644—1661），隋氏来此建村，以村坐落在银子山下峪沟中，命名隋家峪至今。	73	237	26.1	4905

第二节　武家庄乡

地理环境　武家庄乡位于长清区东南部，距城区 50 公里，东与历城区高而乡相邻，东南至摩天岭与泰山相连，北倚四大名刹之首的灵岩寺，西邻万德镇。以乡政府驻地武家庄而得名，总面积 68.1 平方公里。武家庄乡地处泰山西北麓，海拔 500 米以上的有摩天岭、拔山、鸡冠山、北顶、油篓山、大寨山等 9 座高山，境内山岭重叠，沟壑纵横，是北大沙河的发源地。万(德)武(家庄)公路横贯中西部，武家庄经历城高而乡的公路沟通东北部山村与省会济南的往来，武家庄经马场过马套通泰安的公路连接东南部山村与外界的沟通，乡间道路纵横交错，西邻 104 国道、京福高速公路、京沪高铁、京沪铁路，交通便捷。境内矿产资源丰富，主要有铁矿石、花岗石、木鱼石、麦饭石等，石材资源储量大，品种多，质量优，全乡可开采的花岗石蕴藏量 100 亿立方米以上，有 13 个花色品种系列，加工的各类花岗石板材、铺路石、精雕而成的石狮、盘龙柱、人像等，远销日本、法国、芬兰、新加坡等国家，是济南市花岗石产品出口重要基地之一，被誉为“石材之乡”。盛产柿饼、核桃、板栗等干鲜果品，是远近闻名“林果之乡”，有“绿色武庄，齐鲁柿乡”之美誉。

发展概况　1986 年，武家庄乡辖武庄、大刘、马场 3 个办事处，21 个行政村，3951 户，16143 人，农民人均纯收入 359 元。1986 年—1991 年，全乡立足“修路、栽树、抓畜牧”思路，道路建设实现“打开北大门通济南，扒开南窗户进泰安”，林果生产实现层层梯田、行行果树，畜牧业收入实现双倍增长。1992年—1997年，全乡发挥石材、林果两大资源优势，实施"工业兴乡，林果富民，常抓林果，短抓石材"发展战略，全乡乡村企业27家，从业人员2200人，建成板栗、核桃、柿子三大果品基地。1998年—2005年，全乡实施"三产立乡，招商活乡，旅游兴乡"战略，一二三产业齐头并进，基础设施日趋完善，商业街建设初具规模，乡村面貌焕然一新，建成凤凰岭、三庆公社、合龙寺、武庄水库四大观光景区，全乡实现经济及社会事业快速、协调、健康发展。2005年，武家庄乡辖3个办事处，21个行政村，总人口16425人，全年完成地区生产总值1.67亿元，农民人均纯收入3296元。先后获全省农村科普教育工作先进集体、全省水土保持先进单位、济南市文明乡镇、平安济南建设先进单位、区人口与计划生育目标管理一等奖等。

农业　种植业　1986年，全乡总耕地面积947公顷，其中粮田569公顷，粮食总产量396.5万公斤，农业总产值398万元，主要粮食作物有小麦、玉米、地瓜，经济作物以花生为主。1986年—1990年，小麦大面积推广鲁麦11号、辅63、54368（代号），玉米推广掖单12号，小麦、玉米亩产量实现"双八百斤"的增产目标。1991年—1993年，花生中低产综合增产技术开发项目列入济南市"星火计划"，亩增产60公斤。1996年起，全乡大面积推广花生地膜覆盖技术，覆膜面积147公顷，花生种植面积247公顷。2005年，全乡粮食总产量600万公斤，农业总产值4160万元。

林业　1986年，全乡林业用地面积2817公顷，其中生态林790公顷，经济林433公顷，柿子、苹果、板栗、核桃、山楂、杏、桃、梨盛果期果树19万株，年产量300万公斤，果品收入125万元，森林覆盖率32%。1986年起，按照以林为主、从果突破的思路，制定林果强村富民的总体战略，本着"山头松柏、刺槐带帽，山间柿子、板栗、核桃缠腰，山下苹果、桃、杏护脚"的规划，实施退耕还果工程和"科技兴果"战略，推广土肥水、微滴灌、果品套袋等实用技术，引进改接优良品种，共嫁接改良板栗、柿子、核桃、苹果等新品种48万株。1988年，获济南市3年绿化责任状先进单位。1989年，柿树高产开发技术通过市县科协鉴定。1994年12月，代表济南市及长清县通过林业部门灭荒达标验收。1996年，全乡实现人均100棵果树目标。1997年，全乡建成万亩柿子基地、万亩板栗基地、万亩核桃基地。2002年，成立20名专职护林队伍，连续3年被泰山防火指挥部授予"防火先进单位"称号。2004年，对全乡林地落实大户承包和拍卖政策，成立林果科技推广服务中心，设立技术推广服务队，为果农提供产前、中、后服务。至2005年，全乡林地面积3400公顷，林果间作面积2333公顷，果树460万株，果品总产量1000万公斤，果品收入1920万元，林果业成为山区群众增收致富的支柱产业，森林覆盖率51.9%。

畜牧业　1986年，全乡牲畜存栏量牛870头、猪4500头、羊3200只。是年，全乡实施"修路、栽树、长毛兔"七字发展方针。至1987年，长毛兔存养量16万只，实现人均10只兔、增收100元的目标，建成邵庄、刁庄、贾庄、杏园等7个专业村。2002年起，市、县两级对8个村实施科技扶贫工程，扶贫人口6560人，以鲁西黄牛、波尔山羊、小尾寒羊、獭兔为重点，扶贫发展养羊716户、养牛184户、养兔52户，8个村畜牧人均增收600元。2005年，全乡畜牧存栏量猪8600头、牛2600头、羊2.5万只、鸡11万只，建有邵庄蛋鸡、陈庄蛋鸡、贾庄波尔山羊、玉皇庙黄牛、马场獭兔、刁庄小尾寒羊6个示范小区，畜牧收入960万元，人均收入600元。

小流域治理　1989年—1994年，实施侯庄小流域综合治理工程，总投工23万个，投资390万元，搬运土石23万立方米，治理流域面积9.2平方公里，该工程经济南市科委组织专家鉴定验收，达到国内同类先进水平，获济南市科技进步二等奖。1990年，武庄水库续建工程列入市县"八五计划"，5月10日施工，总投资3760万元，分期实施。是年春，万米石堰砌垒工程万德—武庄公路段实施。1991年，全乡实施武庄水库至北纸坊水渠加固维修工程，维修旧渠2900米，防渗渠4000米，路线长

武庄水库 （2008年 摄）

工业 1986年，全乡工业从零开始，与济南化肥厂联营建起全乡第一个花岗石加工企业——灵岩花岗石厂。是年，兴办乡村企业19家，从业人员2889人，拥有固定资产360万元，利税38万元，其中乡办6家，年总产值165万元，利税16万元。至1992年，全乡利用花岗石资源优势，走出一条开采、加工、销售一条龙的路子，形成1家国营万山红矿、11个村级花岗石矿、14家花岗石企业、1家花岗石雕刻厂。1993年，与香港园林局合资建鸿基石业公司，总投资260万元。1993年，在全市“乡村企业年”活动中，武家庄乡作为全市典型之一介绍经验，年终在全县11个乡镇经济指标综合评比中列第一。至1997年，乡村企业发展到27家，其中乡办5家、村办22家，从业人员2220人，拥有固定资产2450万元，年产值17530万元，利税1000万元，先后开发20个系列、30个品种的石材产品，年开采荒料2万立方米，年加工花岗石板材12万平方米，各类细料2万平方米，加工雕刻产品200套件。1998年，乡镇企业改制为私营企业。2005年，工业投入180万元，利用内资3548万元，完成建安产值1600万元，非公有制经济实现税金86万元，个体私营经济实缴税金51万元。

4公里，总工程量6040立方米。1995年，商业街东段南北大桥砌墙。1996年，实施马场小流域综合治理工程。2001年4月，济南市水利局投资543万元，实施武庄水库续建工程，大坝总长258米，水库总库容337.1万立方米，实灌面积166.7公顷。2003年，投资30万元，利用水库资源实施连片供水工程。至2005年，全乡完成侯庄、马场两个流域治理工程，面积18.2平方公里，建水库、塘坝35座，修防渗渠6000米，新打和修复机井23眼，整改土地133.3公顷，造地13.3公顷，旧村改造5处，治山整地833.3公顷，总拦蓄能力250万立方米，扩大灌溉面积200公顷。

侯庄小流域治理工程 （2008年 摄）

商贸 财税 1986年，全乡有武庄1处集贸市场。1992年10月24日，马场村立集，逢农历四、九为集。1997年，全乡实现交易额2700万元。其间举办物资交流大会10次。1986年—2005年，全乡以开发武庄—万德公路两侧为重点，发展第三产业，各类商户120余家。2005年，第三产业产值1200万元,地方财政收入180万元。

村镇建设 1986年—1996年,武家庄乡设立后,先后在乡政府东西两侧,成立新建武庄粮所、中心校、派出所、信用社、医院、税务所、邮政支局、电信支局、中学、法庭、机关干部家属院、农电站、公路管理所、中心门市部、水库管理所等机关、乡直部门和服务单位;商业街开发以万武公路为轴线,统一规划,分期建设。至2005年,形成连接大刘、乡政府、武庄中心街道长2公里的商业长廊。

交通 1986年—1997年,全乡以"打开北大门,扒开南窗户,村村通公路"为目标,累计投资800万元,投工700万个,搬运土石1050万立方米,拓宽武庄至历城高而公路、武庄至马场公路,打通张庄至马套环山公路,硬化武庄至万德公路,实现北接高而通济南、南接马套通泰安、西接万德至104国道相连的交通大格局,全乡沥青路面506万平方米,8个行政村修建沥青路。2001年,借助济南市南部山区旅游开发政策,修建武庄至药乡公路,全长15公里,架设大桥2座。2003年—2005年,实施"村村通"工程,先后硬化马场经张庄至马套、武庄至万德、小刘经杏园至房庄、马场至张峪、陈庄至郜庄、武庄至房庄、九曲至黄家峪7条公路,乡村路通车里程达45公里,14个村完成户户通,硬化生产路30公里。

邮电 1989年,武庄邮电支局建立,干部职工10人。1990年起,设立邮政储蓄业务。1997年,全乡邮电业务总量26万元,电话总量132部。1998年,邮电分营成立邮电支局和电信支局。至2000年,辖区内21个行政村,36个自然村,实现村村通电话,电话总量2468部。2003年起,开展农资配送业务。2005年,电信业务量110万元,储蓄业务总额1000万元,下设12个三农服务站,宽带互联网140户。

教育 1986年,全乡有中学1所,小学23所,幼儿园8所,校舍多为土坯草房、石木结构,在校生2400人,有教职工88人,其中民办教师50人,中专以上学历50人。1992年,成立教育中心。1994年,新建武庄中学教学楼,建筑面积1320平方米;投资45万元,新建华龙希望小学。1998年,全乡小学合并为20所,对所有学校进行更新改造,全部达到"六配套"标准。2002年6月,投资55万元,新建东侯希望小学,建筑面积702平方米。至2005年,全乡中学1所,小学合并为7所,在校生1439人,教职工139人,中学教师达标率100%,适龄儿童入学率、巩固率和毕业率100%,初中生毕业率100%。

卫生 1986年,有村级卫生室21个,乡村医生55人。1987年,建立武家庄乡卫生院,占地2125平方米,建筑面积742平方米,房屋31间,砖木结构,设内科、外科、妇科3个科室,干部职工17人,病床9张,购置X光机、洗胃机、B超机等医疗设备,固定资产21万元,年门诊量3285人次,年收入15.8万元。1992年,通过省初级保健合格乡镇验收。1999年7月,武家庄乡卫生院迁址至乡政府对面财税大楼,医院占地1350平方米,建筑面积560平方米,设置综合门诊、中医科、、理疗科、妇产科、放射科等15个科室,干部职工22人。是年,被授予"济南市2000年人人享有初级卫生保健规划

■ 武庄至药乡公路 (2008年 摄)

■ 合龙寺 （2008 年 摄）

目标合格乡镇”称号。2001 年，通过整合，下设 15 个村级卫生室，录用 32 名乡村医生。2005 年，武家庄乡卫生院固定资产 32.2 万元，业务收入 22.6 万元。

文化 体育 1986 年，有文化站 1 处，电影放映队 1 个，广播放大站 1 处。1992 年，建电视差转台 1 处。1990 年起，辛庄、大刘组织恢复春节民间办玩活动。至 1997 年，有村级文化大院 10 处，举办花灯展览 12 次，书画展览 15 次；同时举办民间玩龙灯、踩高跷、跑旱船等艺术活动。2005 年，全乡有村级文化大院 18 处，电影放映队 1 个，全民健身活动站点 1 处。

1986 年—1997 年，先后建立文体工作委员会、农民体协、老年体协和象棋、篮球、乒乓球训练队。1997 年，被评为全省体育达标先进乡镇。至 2005 年，全乡共建立体育活动室 32 处，篮球场 12 处，学校配备单杠、双杠、跳马、乒乓球台等体育器材，全乡年均经常参加体育活动 6000 余人，举办学校运动会 16 次。

旅游 武家庄乡生态旅游资源丰富，四面环秀峰之山，形成自然屏障，植被茂密，有“绿色武庄，天然氧吧”之称。武家庄乡流泉飞瀑众多，源于泰山之川，天然水质清澈。境内有睡佛、白马王子石、金钱眼、五女石、八仙石、摩天岭、朗公诵经等奇石奇景，有武娘祠、齐长城、钉头崖、龙泉观、玉皇庙等历史古迹。2003 年 5 月 1 日，投资 2600 万元的凤凰岭旅游区开园迎客；6 月，济南三庆公司在邵庄开发建设“三庆公社”旅游休闲度假区，累计完成投资 3200 万元，建筑面积 48 万平方米；8 月，乡党委、政府在凤凰岭召开建设生态旅游园区大会，下发《关于建设生态旅游园区的实施意见》，明确提出旅游活乡，建设生态旅游园区的目标；10 月 14 日，武家庄乡举办济南市首届金秋柿子节。至 2004 年 4 月，合龙寺佛教文化景点开发建设，累计投资 1200 万元，建成大雄宝殿、观音阁、寮房等主体建筑。至 2005 年，全乡初步形成凤凰岭旅游区、三庆公社度假区、合龙寺佛教文化区、武庄水库“农家乐”娱乐区四大旅游景点，累计接待游客 30 万人次，实现旅游收入 800 万元，被山东电视台、山东省旅游协会等十家单位评为“公众最喜爱的自驾乡村游景区”。武庄生态旅游成为全乡的主导产业，形成生态、民俗、休

■ 凤凰岭 （2008 年 摄）

闲、旅游度假于一体，吃、住、行、游、购、娱相配套的旅游格局。

人民生活 1986年，人均纯收入359元，人均住房面积12.7平方米，百户拥有自行车13.2辆、钟表28只，年末居民储蓄额216万元。1994年，人均纯收入1515元，人均住房面积21.5平方米，百户拥有电风扇116台、黑白电视机90台、彩色电视机10台、电冰箱4.5台、洗衣机6.7台、摩托车12.1辆、自行车170辆、钟表68只、收录机34台、电话每百人3部，居民储蓄额469.7万元。2005年，人均纯收入2996元，人均住房面积21.5平方米，百户拥有摩托车75辆、电话65部、手机68部、彩电90台、电冰箱38台、洗衣机60台、电脑17台。有线电视安装1750户，入户率38%。居民储蓄额3240万元，基本医疗15640人，养老保险参保2630人，享受居民最低生活保障298人。

村庄选介 武庄村 位于灵岩山南脚下，是武家庄乡政府驻地村。1986年，全村264户，1064人，耕地25.2公顷，人均纯收入359元。农历逢二、七日为集。设有武庄水库管理所、武庄中学、武庄医院、武庄公路管理所、武庄中心门市部等。1986年—1988年，投资25万元，加固配套村东石夹沟小型水库，坝体加高6米，增加库容50万立方米，修建扬水站1座，扩大水浇面积8公顷。1992年3月，引进资金60万元，兴建济南灵岩福利电缆厂。是年，投资12万元，开采武庄花岗石矿。1993年，由个体投资70万元，相继建成学利花岗石厂、有明花岗石厂、万顺花岗石厂，年产值480万元，利税42万元。至1997年，全村退耕还果工程累计栽植核桃、板栗、柿子等果树15万株，人均150株。是年，投资10万元，铺设地下水管5000米，修建600立方米大型蓄水池，户户吃上自来水。2004年，投资68万元，修建村公路3公里，其中街道1公里。2006年，投资46万元，修建北鸽子峪生产、观光路650米。发展第三产业，相继建设上宅下店式商店35家，建筑面积7000平方米，第三产业年收入120万元。2008年，全村共365户，1103人，耕地23.1公顷，人均收入6948元。是年，全村果品总产量75万公斤，人均果品收入1100元。先后被评为长清区先进党支部、长清区计划生育先进单位、长清区文明单位。

拔山村 位于武家庄乡最东端，泰山西北脚下。1986年，全村159户，590人，人均纯收入354元。1986年—1997年，拔山村发展林果生产，建成林果专业村，人均果树220株，林果业成为群众主要经济来源。1998年始，村两委会发挥生态资源优势，发展观光旅游农业，先后建成67公顷精品板栗园，33公顷精品核桃园、玉杏采摘园、生态茶园和绿化苗圃。2002年，引资开发凤凰岭生态旅游景区，相继开发建设自助式休闲度假村、心怡都市农业观光园，硬化街道和旅游观光环山路8公里，建设塘坝7座、拦河坝15座、架桥7座，流域治理形成梯级水坝景观。全村实现通自来水、通电讯、通有线电视，街道达到美化、绿化、亮化、硬化。2005年，被山东电视台、山东旅游协会评为公众最喜爱的十佳乡村游景区。2007年7月，成立济南旅游自驾游集散中心“拔山自驾游

■ 拔山小流域治理工程 （2008年 摄）

凤凰岭景区　　（2008年 摄）

基地”。2008年，全村180户，607人，耕地26.1公顷，人均纯收入6982元。先后被评为省级文明村、省级生态文明村、全省首批旅游特色村和农业旅游示范村、市“五好”红旗村、民主法治示范村等。

大刘村　位于武家庄乡政府西邻。1986年，全村476户，1930人，耕地126.7公顷，人均纯收入365元。设有武庄粮所、中心校、农电站、邮政支局、信用社。1986年起，全村分步实施退耕还林、还果工程，对老果树进行嫁接改良。1990年起，先后在商业街开发上宅下店式商户40家，建筑面积8000多平方米。1991年起，先后引进建材站北山矿、济南房管局花岗石矿、县武装部锯石场、乡矿锯石场。1992年，乡中心校在大刘村设立，村投资12万元，整修配套校舍36间，达到六配套要求。至1997年，全村人均果树80株，是全乡柿子生产重点村。2001年起，全村先后投资80万元，整修硬化街道7条3000米。2004年起，调整农业种植结构，在村北山坡地种植芍药、菊花等中草药材，面积40公顷，每公顷比常规种植增收2倍以上。2005年，投资30万元，开辟硬化葫芦峪水库至北山顶公路1500米。2008年，全村600户，2016人，耕地100.4公顷，人均果品收入900元，人均纯收入6980元。先后被评为区学习实践“三个代表”先进集体、计划生育先进单位、先进基层党组织和林果花卉苗木先进村。

第二十七编

组织机构

Institutional Framework

济南市长清区大学科技园管委会成立大会　　（2006年 摄）

2003年11月28日，济南市长清区五峰山街道办事处成立大会

第一章　中共济南市长清区(县)委员会及其工作机构

第一节　中共济南市长清区(县)委员会

1938年1月初，在长清县南坦山阎楼村成立“中共长清县临时支部”，隶属于中共鲁西北特委，书记万晓塘。是年6月初，在大峰山岚峪村，建立中共长清县委，书记万晓塘，隶属于泰西特委。是年8月，魏金三任书记。1939年5月至1941年9月，崔健、吴力践、尹笠夫先后任县委书记，设组织部、宣传部、民运部、社会部、敌工部、统战部、政府工作部、军事部和武装委员会、长清时报社等工作部门。

1941年9月，以黄河为界分为峰山县和长清县。黄河西称长清县，黄河东称峰山县。尹笠夫任中共峰山县委书记，设组织部、宣传部、敌工部、军事部和武装委员会，驻大峰山区，隶属于泰西地委。

1946年5月，峰山县改称长清县，长清县委设组织部、宣传部、民运部、武委会。1948年9月，长清县全境解放，县委驻长清县城。是年10月，增设民政训练班。1949年春，增设农村工作委员会。1950年5月，长清、河西两县委合并为长清县委，隶属于泰安地委。1956年10月，地处黄河西4个区委划归齐河县委。1958年9月，长清县委隶属于中共济南市委。1959年10月，中共长清县委随县制撤销而撤销。1961年5月，恢复中共长清县委，隶属于泰安地委。1967年2月，由群众组织夺权，县委日常工作瘫痪。1970年3月，成立中共长清县革命委员会核心领导小组，隶属于中共泰安地区革命委员会核心领导小组。

1971年12月，恢复中共长清县委员会。1978年11月，中共长清县委隶属于中共济南市委。1986年，中共长清县委工作机构有7个，全县共有基层党委20个，党总支88个，党支部979个。2001年6月26日，撤销长清县设立济南市长清区。2002年5月8日，成立中共济南市长清区委员会。2008年，中共济南市长清区委员会有常委12人，其中书记1人，副书记3人，设纪委、办公室、组织部、宣传部、统战部、政法委、机关工委共7个部门，全区共有基层党(工)委38个，党总支171个，党支部1496个。

1938—2008年中共长清县(区)委工作机构情况表

表27－1

设置时间	机构名称
1938.06—1941.09 (中共长清县委员会)	组织部　宣传部　民运部　敌工部(1941年设立) 社会部(1938年8月设立，1940年3月改称公安局) 统战部(1939年6月设立)　政府工作部(1940年3月设立) 军事部(1941年6月设立)　武装委员会(1940年6月设立) 长清时报社(1939年设立，1940年4月改为光明报社，是年11月停刊)

续表 27－1

设置时间	机构名称
1941.09—1946.05 （中共峰山县委员会）	组织部　宣传部 敌工部（1945 年撤销）军事部（1941 年 12 月撤销）　武委会
1946.05—1949.09 （中共峰山县委改称中共长清县委）	组织部　宣传部　民运部（1948 年 11 月建立） 武委会　农村工作委员会（1949 年 10 月设立） 民政训练班（1948 年 10 月设立）
1949.10—1956.05	秘书处（1955 年 12 月改称办公室） 纪律监察委员会（1950 年冬设立） 组织部　宣传部　统战部　农村工作委员会　生产合作部（1954 年 9 月设立） 财委（1953 年 7 月设立，1955 年 4 月改称财贸部） 民政训练班（1950 年 10 月改称县学，1955 年改称党训班）
1956.05—1959.10	办公室　政策调查研究室（1958.6—12）　纪律监察委员会 组织部　宣传部　统战部　政法工作部（1956 年秋设立，1958 年 12 月撤销） 工业交通部　财贸部　生产合作部（1959 年 6 月改称农村工作部） 文教部（1958 年 12 月并入宣传部）　机关党委（1959 年 4 月设立） 长清县报社（1959 年 2 月创办）　党训班（1958 年改称县学）
1959.10—1961.05	长清县建制撤销，1961 年 5 月恢复。
1961.05—1963.10	办公室　政策调查研究室（1961 年 7 月设立，1962 年撤销） 纪律监察委员会　组织部 宣传部 统战部　政法部　财贸部（1962 年 8 月撤销） 工业交通部　农村工作部　机关党委（1962 年 6 月撤销）　党校
1963.10—1967.02	办公室　监委会　组织部　宣传部　统战部（1964 年 4 月恢复） 财贸政治部（1964 年 7 月恢复）　农村工作部　机关党委　党校
1967.02—1971.12	“文革”开始后，1967 年 2 月，由群众组织夺权，建立长清县无产阶级革命造反联合总指挥部。是年 3 月，成立长清县革委会。是年 5 月，长清县革委会被冲垮。1968 年 3 月，重新建立长清县革委会。1970 年 3 月，中共长清县革委核心领导小组成立。1971 年 12 月，恢复中共长清县委。
1971.12—1976.10	办公室（1975 年 10 月设立）　组织部（1975 年 10 月设立） 宣传部（1975 年 10 月设立）　统战部（1975 年 10 月设立） 机关党委（1974 年 4 月设立）　党校（1972 年 9 月设立）
1976.10—1984.04	办公室　信访科（1979 年 11 月设立，隶属县委办公室） 纪律监察委员会（1979 年 6 月恢复）　组织部　宣传部 统战部　农村工作部　机关党委　党校　老干部科（1981 年 8 月设立） 党史办公室（1982 年 7 月设立）

续表 27－1

设置时间	机构名称
1984.05—1987.05	办公室　信息办公室(1984 年 11 月设立,1985 年 9 月改称调查研究室) 机要科(1984 年 12 月设)　信访办(1984 年 5 月信访科改称信访办公室) 组织部　组织员办公室(1984 年 9 月设立) 老干部科(1986 年 2 月,改称老干部局) 宣传部　统战部　政法委　企业政治部(1984 年 5 月设立) 农村工作部　机关党委　党校　党史资料征集委员会(1984 年 11 月改称) 五四三办公室
1987.05—1994.02	办公室　调查研究室　机要科　信访办　组织部　组织员办公室　老干部局 宣传部　统战部　政法委　企业政治部　农村工作部　机关党委　党校　党史资料征集委员会　精神文明建设协调委员(1987 年 11 月由五四三办公室改称) 打击严重经济犯罪办公室(1987 年 10 月设立)
1994.02—2002.09	1994 年 2 月,机构改革,保留县委工作部门 5 个:县委办公室(包括政策研究、保密、机要、接待、信息工作)、县委组织部(包括组织办、老干部局改称老干部工作办公室,归口组织部管理)、县委宣传部(包括新闻宣传、广播电视、精神文明建设、文联等工作)、县委统战部(包括对台办、民族宗教、工商联等工作)、政法委员会(社会治安综合治理办公室与其合署)。 按照党章宪法及其相关规定设置的机构:县(区)纪律检查委员会(监察局与其合署办公)、县(区)机关党委(包括机关武装部)、人民法院、人民检查院、人民武装部、总工会、团县委、妇女联合会,信访局归口县委办公室、县政府办公室管理。档案馆归口县委办公室。1994 年 8 月,恢复中共长清县委政策研究室、中共长清县委机要局、长清县保密局,由县委办公室管理;恢复长清县档案局,局馆合一,原党史办、县志办与其合并,归口县委办公室管理,不列政府序列。1996 年 12 月,县志办从档案局独立出来,成立长清县史志办公室,归县政府办公室管理。1997 年 12 月,党史从档案局独立出来,更名为党史研究室。1998 年 4 月,设立机关工委。
2002.09—2008.12	2002 年 9 月,机构改革,区委保留工作机构 7 个: 1. 纪律检查委员会机关(监察局与其合署) 2. 区委办公室(挂政策研究室牌子,内设机要局、保密局) 区委督查室(为区委办公室内设机构,挂区全方位目标管理办公室牌子) 信访局(由区委办公室、区政府办公室管理,以区委办公室管理为主) 农村工作办公室(由区委办公室管理;挂区农业综合开发办公室牌子) 3. 组织部 老干部局(由组织部管理) 干部下派办公室(由组织部管理) 4. 宣传部 5. 统一战线工作部 6. 政法委员会(社会治安综合治理委员会办公室与其合署) 7. 区直机关工作委员会(区直机关党委撤销,职能并入工委)

1986年—2008年中共长清区(县)委员会

书　记

贾文青	1984.02—1987.02	
刘善友	1987.02—1991.07	
李树山	1991.07—1995.01	
雷建国	1995.01—1997.12	
王荣玉	1997.12—1999.08	
许立全	1999.08—2002.12	
孙瑞祥	2002.12—	

副书记

董林洲	1982.03—1986.03	
陈淑水	1984.10—1990.02	
张新一	1985.03—1989.05	
于瑞昌	1986.03—1987.02	
李近仁	1987.02—1990.03	
曹维新	1989.05—1992.11	
金增厚	1990.03—1991.07	
郭恩廷	1990.03—1995.01	
雷建国	1991.05—1995.01	
王荣玉	1992.12—1997.12	
陈延河	1995.01—1997.12	
李连元	1995.01—1997.12	
王　良	1997.08—1998.11	挂职
卞允斗	1997.12—2001.01	
韩道亮	1998.01—1998.03	
刘太义	1998.01—2003.01	
张化富	1998.02—2001.01	
董海涛	1998.06—2001.01	
赵玉海	2000.03—2001.05	挂职
崔光文	2000.05—2000.11	挂职
孙瑞祥	2001.01—2002.12	
肖明才	2001.01—2002.12	
高辅卿	2001.01—2006.11	
迟丽华(女)	2001.01—2002.04	
国承彦(女)	2002.04—2002.12	挂职
覃俊文	2002.12—	
江　林	2002.12—2008.01	
周宝华	2003.03—2006.12	
齐家滨	2003.07—2004.12	挂职
马晓东	2003.08—2003.12	挂职
顾建军	2004.09—2006.12	
刘建武	2005.12—2006.12	挂职
毛华铭	2007.04—	
张洪武	2008.02—	

常　委

桑云芳	1984.02—1987.04
赵宝健(女)	1984.02—1990.02
周明俊	1984.02—1986.05
金增厚	1984.04—1990.03
李近仁	1986.04—1987.02
郭恩廷	1986.05—1990.03
李连元	1987.05—1995.01
潘德才	1990.03—1992.12
王义来	1990.03—1994.02
韩道亮	1990.03—1998.01
王陆军	1990.03—1998.02
王荣玉	1990.03—1992.12
张　明	1990.03—1993.08
陈延河	1992.12—1995.01
刘太义	1992.12—1997.12
张化富	1995.03—1998.03
赵聿兴	1995.03—1997.07
肖明才	1995.03—2001.01
司庆福	1995.03—2001.01
董海涛	1995.04—1998.06
赵宝健(女)	1998.01—2001.01
王振范	1998.01—2001.12
王　钟	1998.01—1998.11
朱兴林	1998.03—2002.12
崔　刚	1998.11—2001.12
贾乾水	2001.01—2002.12
周宝华	2001.12—2003.03

夏武军　　2001.12—2005.03
毛华铭　　2002.12—
顾建军　　2003.03—2004.09
李广贤　　2003.03—
庞　涛　　2003.03—
杨玉华(女)　　2003.03—2006.12
王福军　　2005.06—2008.03
刘延文　　2006.12—
葛殿起　　2006.12—
阴　波　　2006.12—2007.03
刘明霞(女)　　2006.12—
赵金民　　2007.05—
王　伟　　2008.03—
徐　宾　　2008.10—

第二节　区(县)委工作机构

长清区(县)委办公室　1949年10月,中共长清县委设秘书处。1955年12月,改称办公室。1959年10月,县委办公室随长清县制撤销而撤销。1961年5月,长清县制恢复后县委办公室恢复。1967年2月,由群众组织夺权后,机构瘫痪。1975年10月,设立中共长清县委办公室。2002年5月,中共长清县委办公室更名为中共济南市长清区委办公室。2008年,区委办公室下设政策研究室、机要局、保密局、督查室、接待办5个正局级单位和信息办公室1个副局级单位,共有工作人员42人,其中干部32人,职工10人。

主　任

　　1985.03—1986.01　空缺
杨洪祥　　1986.02—1987.06
金增厚　　1987.06—1990.04
韩道亮　　1990.04—1995.04
刘太义　　1995.04—1998.02
司庆福　　1998.02—2001.01
贾乾水　　2001.01—2002.12
　　2002.12—2003.02　空缺
庞　涛　　2003.03—2007.12
徐　宾　　2007.12—

长清区(县)委政策研究室　1958年6月,设政策调查研究室;12月撤销。1961年7月,设政策调查研究室。1962年撤销。1984年11月,设信息中心办公室。1985年9月,信息中心办公室改称调研室。1994年2月,政策研究室改为县委办公室内设机构。1994年8月,恢复中共长清县委政策研究室。2002年9月,机构改革,区委办公室挂政策研究室牌子。

主　任

　　1985.09—1990.04　空缺
赵　军　　1990.04—1990.09
　　1990.09—1990.12　空缺
韩忠诚　　1990.12—1998.04
刘宝林　　1998.04—2001.04
孙义俊　　2001.04—2003.05
　　2003.05—2003.08　空缺
郝兆林　　2003.08—2007.03
　　2007.03—2008.08　空缺
范先广　　2008.09—

长清区(县)委机要局　1984年12月,设中共长清县委机要科。1990年12月,改设中共长清县委机要局,为正局级单位。1994年2月,改称机要科,级别不变。1994年8月,撤销机要科,恢复机要局,级别不变。2002年9月,机要局改为区委办公室内设机构,名称级别不变。

局(科)长

李照水　　1990.12—2004.03
赵忠安　　2004.03—2005.04
曹明伟　　2005.04—2008.09
符学敏　　2008.09—

长清区(县)保密局　1990年12月,建立长清县保密局，正局级单位，与县委保密委员会办公室合署办公。1994年2月，改称中共长清县委办公室保密科，级别不变。1994年8月，恢复长清县保密局，级别不变。2002年9月，改为区委办公室内设机构，级别不变。

局(科)长

	1990.12—1992.12	空缺
张百镇	1992.12—1994.02	
	1994.02—1994.08	空缺
赵明刚	1994.08—2001.05	
李 伟	2001.05—	

长清区(县)委接待办公室 1991年12月，建立中共长清县委接待办公室，局级单位。2001年5月，撤销。2006年3月，成立长清区接待办公室，为正局级全额预算管理事业单位，由区委办公室管理。

主 任

李 伟	1991.12—2001.05	
	2001.05—2006.03	机构撤销
李 涛	2006.03—	

长清区(县)委督查室 1991年12月，设立中共长清县委办公室督促检查科，副局级单位。1994年2月，撤销。1996年3月，建立中共长清县委督查室，局级单位。2002年9月，改为区委办公室内设机构，挂区全方位目标管理办公室牌子。

主 任

李本文	1996.03—2001.02	
	2001.02—2001.05	空缺
房玉芳	2001.05—2003.03	
马衍长	2003.03—2003.08	
	2003.08—2004.03	空缺
孟宪德	2004.03—2006.03	
魏宏新	2006.03—2008.01	
魏庆法	2008.01—	

长清区(县)委信息办公室 1990年12月，设立中共长清县委办公室信息科，副局级单位。2002年5月，改称区委办公室信息办公室。

长清区(县)委组织部 1938年8月，中共长清县委建立，设组织部。1941年9月，以黄河为界，长清县分为峰山县和长清县，分设组织部。1946年5月，峰山县改称长清县，黄河以西改称河西县。1950年5月长清、河西两县重新合并为长清县，河西县委组织部并入长清县委组织部。1959年10月，长清县委组织部随县制撤销并入历城县委组织部。1961年5月，恢复长清县制同时恢复县委组织部。1967年2月，组织部工作停滞。1968年3月，泰安地区改组长清县革命委员会，改组后的革委会设立组织部。1968年11月，长清县革命委员会调整机构设置，组织部改称组织组。1975年10月，恢复组织部。1981年8月，组织部内设老干部科。1984年9月，设立组织员办公室，与组织部合署办公。1986年2月，老干部科改称老干部局。是年，组织部内设干部科、组织科、办公室。1992年3月，长清县设立部门包村包企业领导小组办公室，办公室设在组织部。1994年11月，中共长清县委设立长清县干部下派工作办公室(正局级行政单位)，归口组织部管理，部门包村包企业办公室自行撤销。1996年4月，县委设立党员电化教育中心(正局级事业单位)，隶属于组织部管理。2002年9月，机构改革时，长清区干部下派工作办公室改由组织部管理。2004年，长清区设立党员干部现代远程教育中心，与党员电化教育中心一个机构两块牌子。2006年3月，长清区干部下派工作办公室改为隶属于组织部管理。2008年，长清区委组织部内设办公室、干部科、组织科，组织员办公室、干部下派工作办公室、党员电化(远程)教育中心隶属于组织部管理，共有干部职工24人。

部 长

李近仁	1985.10—1989.11	
王义来	1989.11—1994.02	
王荣玉	1994.02—1995.04	
韩道亮	1995.04—1998.02	
肖明才	1998.02—2001.01	
崔 刚	2001.01—2001.12	
周宝华	2001.12—2003.03	
毛华铭	2003.03—2006.12	
阴 波	2006.12—2007.03	
	2007.03—2007.05	空缺
赵金民	2007.05—	

组织员办公室主任

	1984.09—1988.03	空缺
杨洪祥	1988.03—1995.06	
徐 华	1995.06—2002.12	
	2002.12—2003.02	空缺
孙庆东	2003.02—2008.01	
	2008.01—	空缺

干部下派工作办公室主任

赵成水	1994.11—2006.03
刘宝林	2006.03—

党员电化教育中心主任（党员干部现代远程教育中心）

王志怀	1996.04—2005.10	
	2005.10—2007.01	空缺
时军华	2007.01—	

长清区(县)老干部局 1981年8月，组织部内设老干部科。1986年2月，长清县老干部局成立，下设办公室、干休所、老年大学。1988年3月，设立党支部。1994年2月，改称老干部办公室。1996年3月，复称老干部局。是年4月，老年大学明确为正局级事业单位；10月，老干部活动中心、干休所明确为副局级事业单位；均隶属于老干部局管理。2002年5月，更名长清区老干部局。2008年，老干部局下设办公室，辖老年大学、老干部活动中心、干休所，均为事业单位，其中干休所设东干休所和南干休所，共有干部职工21人。

书 记

张立合	1988.03—1995.04
郭光才	1995.04—2001.06
王书法	2001.06—2008.05
杜存华	2008.05—

局 长

来永利	1986.02—1988.05
张立合	1988.05—1995.04
郭光才	1995.04—2001.05
王书法	2001.05—2006.03
杜存华	2006.03—

老年大学校长

王书法	1996.04—2001.05
高家志	2001.05—

长清区(县)委宣传部 1938年6月，中共长清县委建立时设宣传部。1959年10月，长清县建制撤销，县委宣传部撤销。1961年5月，恢复长清县建置时，恢复长清县委宣传部。1967年2月，受到“文化大革命”冲击，宣传部日常工作瘫痪。1968年4月，设立宣教组，隶属于县革委政治部。1970年3月，改设县革委政治部宣传组。1975年10月，撤销县革委政治部宣传组，恢复县委宣传部。1986年，县委宣传部有干部8人，设有办公室、新闻报道组、“五讲四美三热爱”委员会办公室、社会宣传科、党员教育科。1988年，县委企业思想政治工作部撤销。是年，在县委宣传部内设企业思想政治工作科。1990年11月，设立新闻科。2002年5月，长清县委宣传部改称长清区委宣传部，新闻科改为新闻办公室；是年9月，撤销企业思想政治工作科。2008年，宣传部设行政编制16人，工勤编制2

人，总编制18人，设办公室、新闻办公室，辖精神文明建设委员会办公室、新闻出版管理办公室、区新闻信息中心、区文学艺术界联合会。

部　长

陈兆昌	1984.07—1987.04
丁士显	1987.04—1990.04
王荣玉	1990.04—1992.12
刘太义	1992.12—1995.04
肖明才	1995.04—1998.02
王　钟	1998.02—1998.12
崔　刚	1998.12—2001.01
朱兴林	2001.01—2003.03
杨玉华(女)	2003.03—2006.12
刘明霞(女)	2006.12—

长清区（县）精神文明建设委员会办公室　1984年5月，成立长清县“五讲四美三热爱”委员会及其办公室。1987年6月，更名为长清县精神文明建设协调委员会及其办公室，成员单位29个。1990年6月，更名为长清县精神文明建设委员会及其办公室，成员单位29个。2002年5月，更名为长清区精神文明建设委员会及其办公室。2008年，长清区精神文明建设委员会成员单位35个，办公室有4人。

主　任

	1984.05—1987.06	空缺
丁士显	1987.06—1990.04	
万秀法	1990.04—1997.03	
	1997.03—1998.04	空缺
王忠民	1998.04—2005.04	
董江萍(女)	2005.04—	

长清区新闻出版管理办公室　1994年前，新闻出版管理办公室设在文化局。1994年—1996年，设在长清县新华书店。1996年，挂靠在县委宣传部新闻科。2001年，成立长清县新闻出版管理办公室，兼县扫黄打非办公室，正局级单位，编制2人，隶属于县委宣传部。2002年5月，更名为长清区新闻出版管理办公室。2008年，办公室有2人。

主　任

张玉清	2001.05—

长清区新闻信息中心　2001年5月15日，长清报社正式成立，正局级全额事业单位，隶属于县委宣传部，编制6人。2003年12月31日，长清报社撤销，同时成立长清区新闻信息中心，正局级全额事业单位，隶属于区委宣传部，定编6人(由原长清报社人员整建制划转)。2008年，有干部职工6人。

主任(总编辑)

高宝海	2001.05—

长清区(县)委统一战线工作部　1939年6月，中共长清县委员会统一战线工作部（以下简称统战部)成立。抗战期间，统战部曾被县委政工部或社会部代替。解放战争期间，统战部由保卫部代替。1953年初，恢复统战部机构。1966年，“文化大革命”开始后，统战部机构瘫痪。1975年10月，恢复统战部。1994年2月，工商业联合会、民宗办公室、台湾工作办公室同时并入统战部。2002年5月，更名为中共济南市长清区委统一战线工作部。是年10月，民族宗教办公室划入区政府办公室。2004年11月，台湾工作办公室单列，直属区委、区政府双重管理。2008年，统战部内设办公室，辖工商联，编制7人，实有9人。

部　长

董信荣	1984.05—1987.04
张广枫	1987.04—1993.03
李良盛	1993.03—1996.03
张瑞金	1996.03—2000.06
井永平	2000.06—

长清区(县)委台湾工作办公室　1989年11月，中共长清县委对台工作办公室成立，对外称长

清县人民政府台湾事务办公室，为副局级单位，归口县委统战部管理。1991 年 10 月，中共长清县委对台工作办公室更名为中共长清县委台湾工作办公室，为正局级单位，列县委局级机构，实行一个机构、两块牌子（中共长清县委台湾工作办公室、长清县人民政府台湾事务办公室）。1994 年 2 月，合并到统战部，为正局级内设机构。2002 年 5 月，更名为中共济南市长清区委台湾工作办公室（济南市长清区人民政府台湾事务办公室）。2004 年 11 月，单设中共济南市长清区委台湾工作办公室（济南市长清区人民政府台湾事务办公室），内设综合科，为区委、区政府双重管理部门，正处级行政单位，编制 5 人。2005 年 8 月，设立党支部。2008 年，实有 5 人。

书　记

宋传娥（女）	2005.08—2008.01	
高贵忠	2008.02—	

主　任

	1991.10—1993.01	空缺
李贞寅	1993.01—1995.04	
葛　静（女）	1995.04—2001.05	
宋传娥（女）	2001.05—2008.01	
	2008.01—2008.09	空缺
高贵忠	2008.09—	

长清区（县）委政法委　1984 年 4 月，建立中共长清县委政法委员会，为县委直属机构，有 4 人。1987 年 10 月，县打击严重经济犯罪斗争领导小组办公室由县纪委移交县政法委管理，为局级单位，定编 3 人。1989 年 4 月，成立县社会治安综合治理领导小组办公室（简称综治办），与政法委合署办公。1991 年 8 月，综治办改为社会治安综合治理委员会（简称综治委），办公室设在政法委。1994 年 8 月，撤销县打击严重经济犯罪斗争领导小组办公室（简称打经办）。2002 年 5 月，改称长清区委政法委员会。2008 年，区委政法委设办公室、区矛盾纠纷排查调处办公室，辖区社会治安综合治理办公室，有干部职工 15 人。

书　记

董林洲	1984.05—1986.03	
	1986.03—1987.02	空缺
李近仁	1987.02—1990.08	
郭恩廷	1990.08—1992.11	
张　明	1992.11—1993.08	
刘学真	1993.08—1995.04	
司庆福	1995.04—1997.03	
王陆军	1997.03—2003.03	
李广贤	2003.03—2006.12	
葛殿起	2006.12—	

副书记

桑云芳	1986.01—1987.10
李锡玉	1986.01—1987.10
傅佃三	1986.01—1987.10
闫　诚	1986.01—1987.10
李连元	1987.10—1992.11
魏来贵	1987.10—1990.04
刘学真	1990.05—1993.08
来永利	1990.05—2001.05
赵明刚	1994.02—1994.08
韩春时	1995.04—2001.05
尹建国	1996.04—2002.10
袁吉德	2001.05—
曹玉新	2003.08—2004.03
黄青水	2004.03—2006.03
张洪泽	2002.10—2003.08
韩　伟	2005.12—2007.10
董殿罡	2005.04—

综治办主任

董树芳	1989.04—1991.08
刘学真	1991.08—1993.12
来永利	1993.12—2001.05

袁吉德　　2001.05—

打经办主任

董树芳　　1988.05—1989.04

　　　　　1989.04—1990.05　空缺

来永利　　1990.05—1994.06

长清区防范和处理邪教问题领导小组办公室　2001年3月,长清县人民政府防范和处理邪教问题领导小组办公室成立,为正局级行政单位,挂靠县委政法委,行政编制6人。2002年11月,定编3人。

主　任

武乐文　　2001.03—2008.02

孟　谦　　2008.02—

长清区(县)直机关工委　1959年4月,长清县机关党委成立。1962年6月,撤销机关党委。1974年4月,恢复长清县机关党委。1986年,机关党委设办公室、县直机关纪委、县直武装部,共有干部职工6人。1989年,机关党委增设妇委会。1991年,增设机关团委。1996年,成立机关工会。1998年4月,成立县直机关工委,与机关党委合署办公,机关党委原职责不变,机关工委设立工委办公室、组织宣传办公室、纪检工委、群团办公室、县直人武部(均为副局级单位)。2002年9月,撤销县直机关党委,职能并入区直机关工委,工委设办公室、组宣办公室、区直机关纪工委、区直机关人武部。2008年,区直机关工委编制9人,实有8人。

机关党委书记

李广金　　1984.05—1987.03

董梦禄　　1987.03—1989.05

马庆福　　1989.05—1990.05

徐士显　　1990.05—1993.03

赵振栋　　1993.03—1994.02

肖明峰　　1994.02—2000.11

高常忠　　2000.11—2002.09

机关工委书记

朱兴林　　1998.04—2001.05

来永利　　2001.05—2007.03

魏庆法　　2007.03—2008.01

张洪英(女)　2008.09—

长清区(县)委党校　1948年10月,设立民政训练班。1950年10月,改为县学。1955年,改称党训班。1958年,又改称县学。1961年5月,改为党校。1966年底,“文化大革命”期间撤销党校。1972年9月,恢复为县委党校。1985年9月,设立党总支。1986年,中共长清县委党校设办公室、教研室、财务科、总务科,有教职工30人。1992年8月,改为中专体制,副县级规格。1994年,长清县行政干校成立。1995年11月,党校升格为副县级单位,同时成立党委。1997年,县委党校设办公室、教研室、教务科、财务科、总务科、干部业余教育办公室,有教职工29人。2002年5月,更名为中共济南市长清区委党校,事业编制34人。2008年,区委党校设办公室、教研室、教务处、财务处、总务处、干部业余教育办公室6个副局级处室,共有教职工25人。

党总支书记

李云宽　　1986.01—1987.03

万秀法　　1987.03—1990.04

陈　骥　　1990.04—1995.11

党委书记

陈　骥　　1995.11—2000.06

　　　　　2000.06—2005.10　空缺

王志怀　　2005.10—

校　长

　　　　　1986.01—1987.03　空缺

万秀法　　1987.03—1990.04

王荣玉　　1990.04—1993.03

刘太义　　1993.03—1994.07

李树山 1994.07—1995.03
雷建国 1995.03—1998.05
王荣玉 1998.05—1999.12
许立全 1999.12—2002.12
孙瑞祥 2002.12—

副校长

李云宽 1986.01—1986.12 主持工作
陈 骥 1990.04—1995.11
陈 骥 1995.11—2000.06 常务副校长
王友海 2000.06—2004.09 主持工作
王友海 2004.09— 常务副校长

长清区（县）委农村工作办公室 1949年10月，设农村工作委员会。1954年9月，设生产合作部。1959年6月，生产合作部改称农村工作部。1980年10月，农村工作部与农业委员会为一个机构两块牌子。1988年3月，撤销农村工作部，其各项工作由农业委员会负责。1990年12月，党总支部改设党委。2002年9月，撤销农业委员会，成立区委农村工作办公室（以下简称区农办）；同时，撤销党委，设立党支部。2008年，区农办设农业综合开发办公室、农村能源办公室、农村扶贫办公室、农办综合业务科。

县农村工作部

部 长

王学孔 1984.11—1987.06
时立范 1987.06—1988.01

县农业委员会

书 记

赵振栋 1987.12—1993.03
刘殿法 1993.03—1996.04
邵怀庆 1996.04—1998.04
刘延文 1998.04—2001.05
王圣才 2001.05—2002.09

主 任

王学孔 1984.11—1987.03
董梦尧 1987.03—1990.12
刘殿法 1990.12—1994.02
董梦尧 1994.02—1995.04
李良盛 1995.04—1996.04
邵怀庆 1996.04—1998.04
刘延文 1998.04—2001.05
王圣才 2001.05—2002.09

区委农村工作办公室

书记、主任

王圣才 2002.09—2007.12
王荣利 2007.12—

长清区（县）农业区划办公室 1981年10月，长清县农业资源区划办公室成立。1994年12月，归口县农委，正局级单位，定编3人。2003年，机构改革撤销区划办，管理职能归区农办。

主 任

1984.04—1988.08 空缺
肖殿泉 1988.08—2000.11
王志海 2000.11—2004.03

长清区（县）农村能源办公室 1978年10月，设立沼气办公室。1984年5月，沼气办公室改为农村能源办公室。1986年，长清县农村能源办公室（简称能源办）为县政府职能部门，独立正局级单位。1994年2月，县能源办划归农口，仍为正局级单位。是年，县政府成立由分管县长为组长的农村能源建设领导小组，乡镇设立农村能源办公室，配专兼职能源办主任。1995年4月，归口农委，定编3人。2003年，撤销能源办，职能归区农办。

书 记

赵忠水 1992.03—1993.03
王传荣 1993.03—2001.05

主　任

郝兆远	1986.09—1992.03
赵忠水	1992.03—1993.03
王传荣	1993.03—2001.05
张传清	2001.05—

长清区(县)农业综合开发办公室　1988年，设立黄淮海平原农业开发办公室。1994年3月，确立为股级单位。1995年4月，升格为副局级单位，隶属于农委，定编3人。1998年7月，更名为长清县农业综合开发办公室。2000年6月，明确为正局级单位，挂靠县农委。

主　任

王正兰(女)	2000.06—2006.04
王圣才	2006.04—2007.12
王荣利	2007.12—

长清区(县)农村扶贫开发办公室

2004年3月，长清区农村扶贫开发办公室成立。

主　任

王志海	2004.03—2007.03
王富华	2007.03—

长清区(县)老龄工作委员会办公室　1987年9月25日，成立长清县老龄问题委员会，办公室设在县劳动局。1988年8月，长清县老龄问题委员会办公室独立，为正局级行政单位。1990年6月，更名为长清县老龄工作委员会办公室。2002年5月，更名为长清区老龄工作委员会办公室。2003年11月，为参照公务员管理事业单位，设综合科，编制4人。2008年，实有4人。

主　任

庄延全	1987.09—1988.08
云盛杰	1988.08—1993.03
	1993.03—1994.02　空缺
韩春时	1994.02—1995.04
何胜川	1995.04—2000.11
王长兰(女)	2000.11—2001.05
刘恒安	2001.05—2008.01
翟庆忠	2008.01—

长清区(县)委信访局　新中国成立后，人民来信来访由县委、县政府负责接待处理。1962年7月，县委由1名副书记、县政府由1名副县长分管信访工作，县委、县政府两个办公室分别由1名秘书具体负责来信来访事宜。1964年8月，县委、县政府建立县级领导接访日，规定每月逢十、二十、三十为领导接访日，由县级领导轮流接待群众来访。1966年，“文化大革命”开始，信访工作瘫痪。1967年年初，县革命委员会办公室设立信访办事组。1971年12月，县委办公室设信访组，负责来信来访事宜。1978年年底，建立县委常委、县革委会主任接待人民来信来访值班制度。1979年11月，成立信访科，局级行政单位，由县委、县政府合设，隶属于县委办公室。是年，成立长清县信访工作领导小组。1984年5月，信访科改称信访办公室，局级行政单位，由县委、县政府合设，隶属于县委领导。1993年2月，更名为长清县信访局。1995年4月18日，更名为中共长清县委、县人民政府信访局，为局级行政单位，行政编制8人，归口县委办公室，设秘书科、接访科、查办科，工作人员13人。1998年4月，设立党组。2002年5月，更名为中共济南市长清区委、济南市长清区人民政府信访局。2002年11月，局设办公室、接访办信办案科(挂接访科牌子)，编制10人。2008年，信访局有12人。

书记、主任(局长)

	1984.08—1987.06　空缺
郭光才	1987.06—1995.04
王忠民	1995.04—1998.04
赵忠安	1998.04—2004.03
曹玉新	2004.03—

长清区(县)委党史研究室 1982年7月,成立中共长清县委党史资料征集研究领导小组,下设办公室。1984年11月,更名为中共长清县委党史资料征集研究委员会。1994年2月,机构撤销,人员并入档案局。1997年12月,恢复并更名为中共长清县委党史研究室。2002年5月,更名为中共济南市长清区委党史研究室。是年11月,设党史资料征编科。2008年,共有干部职工5人。

主 任

	1984.11—1989.11	空缺
赵明刚	1989.11—1994.02	
	1994.02—1997.12	机构撤销
	1997.12—2001.05	空缺
石允河	2001.05—2005.04	
杜玉国	2005.04—	

第二章 济南市长清区(县)人民代表大会常务委员会及其工作机构

第一节 长清区(县)人民代表大会常务委员会

1949年11月,长清县第一届第一次各界人民代表大会召开。1954年7月,长清县第一届人民代表大会召开。1980年5月,第八届人民代表大会起,设长清县人民代表大会常务委员会(简称人大常委会),人大常委会下设办公室。1984年9月,增设调查研究科、代表联络科。1986年,县人大常委会下设办公室、组织科、调查研究科、代表联络科,共有干部职工25人。1987年4月,下设办公室、代表联络科,取消组织科、调查研究科。是年6月,增设法制科、财政经济科。1988年8月,增设教科文卫科。1990年,下设办公室、代表工作室、法制工作室、财政经济工作室、教科文卫工作室。1991年3月,增设农村经济工作室。是年6月,增设信访工作室。1997年,下设办公室、代表工作室、法制工作室、教科文卫工作室、信访工作室、财政经济工作室、农村经济工作室,有干部职工36人。2002年5月,长清县人民代表大会常务委员会改称济南市长清区人民代表大会常务委员会。2004年1月,人大各工作室改为人大工作处。2008年,区人大常委会下设办公室、人事代表工作处、法制工作处、财政经济工作处、教科文卫工作处、农村经济工作处、信访工作处,共有干部职工33人。

党组书记、主任

尚瑞亭	1984.04—1990.03
李近仁	1990.03—1996.03
陈淑水	1996.03—1998.01
李连元	1998.01—2003.01
刘太义	2003.01—

副主任

孙肇治	1984.04—1998.01

路玉吉　1984.04—1987.04
郑立平　1984.04—1993.01
毛守纲　1984.04—1986.04
林开兴　1987.04—1990.03
马兆荣　1990.03—1998.01
魏方正　1990.03—1998.01
张继伟　1990.03—1998.01
王学孔　1991.03—1993.01
马庆福　1993.01—1998.01
李文德　1993.01—1998.01
郭恩廷　1995.03—1996.03
王继玉　1996.03—2007.12
李良盛　1996.03—2003.01
卢现起　1998.01—2006.08
王宪谱　1998.01—2003.01
韩庆森　1998.01—2003.01
陈兆禄　1998.01—2001.12
郝兆芳(女)　1998.01—2007.12
林开兴　2003.01—2007.12
王陆军　2003.01—2007.12
刘兆银　2003.01—2007.12
司云平　2007.12—
时华勤(女)　2007.12—
孟庆华　2007.12—
褚兴达　2007.12—
韩明清　2007.12—

第二节　区(县)人大常委会工作机构

办公室

主　任

孟　明　1984.05—1991.03
王学孔　1991.03—1991.12
王长一　1991.12—1995.04
赵忠安　1995.04—1998.04
韩明清　1998.04—2003.08
马衍长　2003.08—

组织科　1986年5月成立,1987年4月撤销。

科　长

刘学真　1986.05—1987.04

调查研究科　1984年9月成立，1987年4月撤销。

科　长

袁慎海　1985.07—1987.04

代表工作处　1984年9月,设立代表联络科。1990年4月,改称代表工作室。2004年1月,改为代表工作处。

处长(科长、主任)

赵念新　1984.09—1994.04
田友胜　1994.04—2002.10
李本友　2002.10—2003.04
高常忠　2003.04—

财政经济工作处　1987年6月，设立财政经济科。1990年4月,改称财政经济工作室。2004年1月,改为财政经济工作处。

处长(科长、主任)

袁慎海　1987.06—1990.04
　　　　1990.04—1990.08　空缺
岳庆禄　1990.08—1993.03
田友胜　1993.03—1994.02
贾长祥　1994.02—1998.04
张旺泉　1998.04—2008.10
张　波　2008.10—

法制工作处　1987年6月,设立法制科。1990年4月,改称法制工作室。2004年1月,改为法制工作处。

处长(科长、主任)

刘学真　1987.06—1990.04

田友胜	1990.04—1993.03
李俊岭	1993.03—2004.04
梁艳玲（女）	2004.04—

教科文卫工作处　1988年8月，设立教科文卫科。1990年4月，改称教科文卫工作室。2004年1月，改为教科文卫工作处。

处长（科长、主任）

	1988.08—1989.11	空缺
董梦禄	1989.11—1999.07	
李本友	1999.07—2002.10	
高常忠	2002.10—2003.04	
	2003.04—2004.04	空缺
李存寅	2004.04—2005.05	
王忠民	2005.05—2008.03	
	2008.03—	空缺

农村经济工作处　1991年3月，设立农村经济工作室。2004年1月，改为农村经济工作处。

处长（主任）

金富民	1991.03—2001.05
卢振阁	2001.05—2004.04
张　波	2004.04—2008.10
李　明	2008.10—

信访工作处　1991年6月，增设信访工作室。2004年1月，改为信访工作处。

处长（主任）

房立泽	1991.06—2001.05
宋训友	2001.05—2004.04
崔宗海	2004.04—

第三章　长清区（县）人民政府及其工作机构

第一节　长清区（县）人民政府

长清县抗日民主政府　1939年6月12日，成立长清县抗日民主政府，是泰西第一个县级抗日民主政府，设秘书室，民政、财政、建设、文教4个科和手枪队、动委会、县政工作队、运销合作社、河西办事处，辖12个区。1940年，抗日民主政府增设工商科、粮秣科、司法科、公安局，设耀南区和城北工委。1941年9月，原长清县黄河以东成立峰山县，峰山县抗日民主政府设民政、财政、建设、文教、司法、粮食、工商科和公安局、手枪队，辖9个区。1942年，将文教与民政合并为民教科（1943年又分开）；粮食与财政合并增设经济委员会，辖10个区。1945年，抗日民主政府设民政、财政、建设、民教、司法5个科和公安局，将工商科改为工商局（下设4个事务所、一个缉私队），增设治黄委员会（简称黄委），辖8个区。

长清县民主政府　1946年，峰山县改称长清县，成立长清县民主政府，政府机关驻大峰山区小屯，下设民政、财政、建设、文教、司法5个科和公安、工商2个局，治黄委员会撤销，辖8个区。1947年，县民主政府设民政、财政、建设、文教、司法5个科和公安局，撤销工商局改为工商科。1948年9

月17日，长清城解放，县民主政府机关进城办公，增设粮食局。1949年10月，县民主政府设秘书室、监察委员会、北海银行长清支行和民政、财政、工商、林业、水利、统计、交通、建设、卫生、教育、治黄、人事12个科，公安、邮电、税务、粮食4个局。

长清县人民政府 1950年9月15日，长清县民主政府改称人民政府，设秘书室、监察委员会、计划委员会、北海银行长清支行、黄河修防段、供销社和公安、粮食、邮电、税务、财政、教育6个局，民政、建设、卫生、统计、交通、工商、林业、水利、人事、治黄、手工业管理11个科，辖17个区(后改为15区)。

长清县人民委员会 1955年12月16日，县人民政府改称县人民委员会，设办公室、计委、监察室、供销社、人民银行长清县支行、气象站和民政、公安、邮电、手工业管理、财政(与税务合并)、工业、粮食、商业、农业、教育、林业、计划统计、文化13个局，人事、交通、卫生、治黄4个科。1958年3月，撤区改乡，全县划1镇17个乡。1959年10月，长清县撤销。1961年5月，长清县建制恢复，设办公室、供销社、气象站、人行、农行和工业、财贸、农业3个办公室，档案、物资、工业、社办企业、财政、粮食、商业、农业、水利、林业、教育、民政、卫生、统计、交通、邮电、人事监察、畜牧水产、农机、公安、税务21个局，及科学技术、计划生育、物价市场管理、计划4个委员会，辖8个人民公社。1966年7月，“文化大革命”开始；8月，县政府被冲垮，机构设置瘫痪。

长清县革命委员会 1967年1月，25个群众组织联合，组成7人的夺权筹备委员会。2月1日，夺取县委、县人委的党政财文一切权利。3月10日，全县8个公社、55个大队相继成立革命委员会。3月30日，建立由解放军、群众组织和领导干部“三结合”的革命委员会，实行“党政合一的一元化领导”。1968年3月4日，经泰安地革委批准改组县革委，设知青办及计划、财税、商业、农业、教育、水利、工交等组，物资、粮油公司先后成立革命委员会领导小组，邮电、银行、县社则成立革命委员会。1969年3月，县革委设办公室、生产指挥部、政治部、人民银行(简称人行)，知青、计划、防空3个办公室，民政、物资、工业、邮电、财税、粮食、农业、林业、交通、公安、供电、商业、水利、卫生、工商15个局和计划生育工作委员会，辖8个公社革命委员会。1973年10月，县革委撤销办公室和政治部，增设环保、财贸、农林水、科技、工交、文教卫生6个办公室，计划办改为计划委员会，增设劳动、轻工业、教育、广播事业管理、社办工业、基本建设、农业机械、文化、人事9个局及县供销社、农业委员会，辖10个公社革委会。1976年10月，县革委会增设办公室，多种经营、农村能源办公室，档案局、外贸局、公社工业局、黄河段、建行、体委、经委、科委、财政贸易委员会，环保办改为环保局，计划生育委员会改为计生办，撤科技办。辖10个公社革委会。

长清县人民政府 1980年5月28日，恢复县人民政府。1980年8月，县人民政府建立党组。至1985年12月，县政府设办公室和信访、地名县志、职教、蔬菜、多种经营、财贸、能源、区划8个办公室，民政、公安、司法、人事、劳动、档案、物资、统计、物价、审计、交通、工业、气象、乡镇企业、供电、城建、环保、财政、税务、工商、粮食、商业、烟草专卖、水利水产、农牧、农机、邮电、林业、教育、文化、广播、卫生32个局，计划生育、经济、体育、城乡建设环境保护、科学技术、计划、农业7个委员会，还设供销社、人行、建行、农行、黄河段、旅游公司、药材公司、保险公司、行政管理科、计量所、农业广播学校、法律顾问处、公证处、地震台、农工商综合开发公司，辖11个乡镇人民政府。1986年，行政管理科、旅游公司改为行政管理局，增设果树发展中心和食用菌发展中心。1987年，增设民族宗教外事侨务办公室和体制改革委员会。1994年2月，机构改革保留政府工作部门26个，分别为县政府办公室、县工业经济委员会、县农业经济委员会、县计划委员会、县城乡建设环境保护委员会、县科学技术委员会、县经济体制改革委员会、县对外经济贸易委员会、县教育委员会、县财贸委员会、县计划生育委员会、县公安局、县司法局、县民政局、县人事局、县劳动局、县财政局、县税务局、县交通局、县卫生局、县审计局、县工商行政管理局、县土地矿产管理局、县统计局、县乡镇企业局、县监察局。

长清区人民政府 2002年9月，区政府机构改革，共设工作机构24个，分别为区政府办公室、区发展计划局、区经济贸易局、区教育局、区科学技术局、区民政局、区司法局、区财政局、区人事局、区劳动和社会保障局、区国土资源局、区建设管理局、区环境保护局、区交通局、区水务局、区农业局、区林业局、区对外贸易经济合作局、区文化体育局、区卫生局、区计划生育局、区审计局、区统计局、区旅游局(区公安分局、区监察局列入,不计个数)。2003年9月,增设区行政执法管理局,列入区政府工作部门。2005年4月,撤销经济体制改革办公室,并入区发展计划局,更名为区发展和改革局。2005年5月,区安全生产监督管理局列入区政府工作部门。2005年9月，济南市长清区建设管理局更名为济南市长清区建设管理委员会。2006年3月,长清区发展和改革局更名为济南市长清区发展和改革委员会,济南市长清区建设管理委员会更名为济南市长清区建设委员会。2008年,区人民政府有区长1人、副区长6人;区人民政府党组成员7人,其中书记1人,副书记1人,共辖26个工作部门。

党组书记

张新一	1985.06—1989.05
曹维新	1989.05—1992.11
雷建国	1992.11—1995.01
王荣玉	1995.01—1998.01
卞允斗	1998.01—2001.02
孙瑞祥	2001.02—2002.12
覃俊文	2002.12—

区(县)长

张新一	1985.03—1989.05
曹维新	1989.05—1992.11
雷建国	1992.11—1995.01
王荣玉	1995.01—1998.01
卞允斗	1998.01—2001.02
孙瑞祥	2001.02—2002.12
覃俊文	2002.12—

副区(县)长

桑云芳	1981.12—1987.04
马兆荣	1984.04—1900.02
张继伟	1984.04—1987.04
李玉芝(女)	1984.04—1900.02
潘志民	1985.12—1986.11
卢现起	1986.03—1998.01
曹永庆	1986.11—1988.11 挂职副县长
李连元	1987.04—1993.01
于瑞昌	1987.04—1992.11
张信礼	1988.06—1992.08 科技副县长
邹世平	1989.04—1990.10
赵保健(女)	1990.02—1998.01
陈兆昌	1990.02—2001.01
张　墀	1990.10—1992.04
张清昌	1991.08—1993.01
韩宝晨	1992.04—1994.01 挂职副县长
陈延河	1993.01—1998.01
王宪谱	1993.01—1998.01
韩庆森	1993.01—1998.01
王章纪	1993.05—1993.11 科技副县长
袁守山	1993.05—1993.11 科技副县长
王慧文	1993.05—1993.11 科技副县长
林建华	1993.05—1993.11 科技副县长
谭振学	1993.05—1993.11 科技副县长
郭风晓	1993.05—1993.11 科技副县长
吕　杰	1993.05—1993.11 科技副县长
赵聿兴	1995.01—1997.07
赵文平	1995.11—2003.01
傅佑民	1996.03—2001.11 科技副县长
华尔丹	1996.06—1996.12 挂职副县长
顾建军	1998.01—2006.12
王家云	1998.01—2003.01
魏　军	1998.01—2005.11

宋家岭　1998.01—1999.05
司云平　1998.01—2007.12
董海涛　1998.08—2001.01
赵龙群　1998.12—2001.11 科技副县长
张昭森　2000.05—2006.10
国承彦（女）　2000.07—2002.04 挂职副县长
肖明才　2001.02—2003.01
姚显坤　2001.05—2001.11 挂职副县长
柳建军　2001.11—2003.05 科技副县长
徐　宾　2003.01—2007.12
房玉萍（女）　2003.01—
刘延文　2003.03—
张连峰　2003.10—2005.10 外经贸副县长
沈　雷　2004.01—2006.01 外经贸副县长
毛华铭　2006.12—2007.04
庞　涛　2007.12—
张　彦　2007.12—
李本文　2007.12—
韩　军　2007.12—

区（县）长助理

王宪谱　1992.03—1993.01
顾建军　1996.03—1998.01
王家云　1996.03—1998.01
李本文　2003.08—2007.12

第二节　区（县）政府工作机构

长清区（县）政府办公室　1949 年 10 月，县民主政府设秘书室。1950 年 9 月，长清县民主政府改称人民政府，设秘书室。1955 年 12 月，县人民政府改称县人民委员会，设办公室。1959 年 10 月，长清县撤销，办公室随之撤销。1961 年 5 月，长清县建制恢复，同时恢复办公室。1966 年 7 月，"文化大革命"开始，机构设置瘫痪。1969 年 3 月，县革委设办公室。1973 年 10 月，县革委撤销办公室。1976 年 10 月，县革委会增设办公室。1980 年 5 月，恢复县人民政府，县政府设办公室。2002 年 5 月，长清县政府办公室更名为济南市长清区人民政府办公室。2008 年，政府办公室设秘书科、综合科、接待科、督查科、信息科，辖法制、复议、外侨、应急、信息化办公室，共有干部职工 56 人。

主　任

时立范　1985.05—1987.06
王学孔　1987.06—1990.04
张瑞金　1990.04—1996.04
贾乾水　1996.04—2001.06
李本文　2001.06—2003.08
韩明清　2003.08—2008.01
刘兴刚　2008.01—

法制办公室　1989 年 11 月，县政府办公室法规科设立，为副局级单位。1990 年 12 月，撤销法规科，设立长清县人民政府法制室，局级单位。2001 年 1 月，更名为长清县人民政府法制办公室。

主　任

程传林　1990.12—1996.04
韩广峰　1996.04—1998.04
曹玉柱　1998.04—2003.04
马德祥　2003.04—2005.05
曹相伟　2005.05—

行政复议办公室　2000 年 1 月，设立行政复议办公室。

主　任

　　2000.01—2001.06　空缺
陈元成　2001.06—2002.11
　　2002.11—2004.11　空缺
张　华（女）　2004.11—2008.01
　　2008.01—2008.10　空缺
马景隆　2008.10—

外事侨务办公室　1987 年 12 月，设立外事侨务办公室。1989 年 4 月，设旅游、外事侨务办公室。1996 年 4 月，设外事侨务办公室。

主 任

	1987.12—1989.04	空缺
谭田祥	1989.05—1991.12	
	1991.12—1996.04	空缺
曹玉柱	1996.04—1998.04	
王庆波	1998.04—2001.06	
马衍长	2001.06—2003.04	
	2003.04—2003.11	空缺
孟庆海	2003.11—2005.05	
马德祥	2005.05—2006.03	
周振奎	2006.03—2008.01	
高远胜	2008.01—	

民族宗教办公室 1989 年 4 月，设立民族宗教办公室，副局级单位。1994 年 2 月，并入统战部。2002 年 11 月，划入区政府办公室，局级单位。2007 年 2 月，划出。

主 任

朱诚泉	2002.11—2006.03	
	2006.03—2007.02	空缺

旅游办公室 1995 年 4 月，设立旅游办公室，为局级事业单位，隶属于县政府办公室。1996 年 10 月，从县政府办公室析出。

主 任

张殿义	1995.04—1996.10

应急管理办公室 2008 年 10 月，设立应急管理办公室，为正局级单位。

主 任

邢兆勇	2008.10—

长清区(县)民族宗教事务局 1987 年 6 月，设立长清县民族、宗教、外事、侨务办公室。1989 年 4 月，撤销长清县民族、宗教、外事、侨务办公室，成立长清县民族宗教办公室(副局级)。2007 年 2 月，撤销长清区民族宗教办公室，成立长清区民族宗教事务局，正局级事业单位，隶属于区政府管理，编制 3 人。2008 年，实有 2 人。

局 长

张兴田	2007.04—

长清区(县)史志办公室 1982 年 3 月 11 日，《长清县志》编纂委员会成立，临时抽调人员，在地名办公室办公。1984 年 2 月，成立地名县志办公室，局级事业单位，编制 10 人。1988 年 8 月，县志、地名分开，成立长清县志办公室，编制 10 人。1989 年 12 月，改称长清县志编纂委员会办公室。1994 年 2 月，并入档案局，设县志科。1996 年 12 月，机构恢复并更名为长清县史志办公室，编制 6 人。1997 年 3 月，设立党组。2002 年 5 月，更名为济南市长清区史志办公室；12 月，设立综合编纂科。2008 年，实有 6 人。

书记、主任

	1984.02—1989.09	空缺
吴熙惠	1989.09—1994.02	
	1996.12—1997.03	空缺
范淑杰	1997.03—2001.05	
曹相泉	2001.05—2007.04	
陶明东	2007.04—	

长清区(县)人事局 1951 年 9 月，人事工作从民政科分出，建立县人事科。1959 年 10 月，撤销长清县建制时人事科撤销。1961 年 5 月，恢复长清县建制时恢复。1962 年 6 月，县人事科改称县人事监察局。1967 年 2 月，县人事监察局撤销。1972 年 2 月，县革委设政治部。1975 年 11 月，建立县革委人事局。1980 年 6 月，改为县政府人事局。1984 年 12 月，长清县人才交流服务中心成

立。1992 年 11 月，设立县人事局党组。1994 年 5 月，长清县机关事业单位社会保险办公室成立，隶属于县人事局，副局级自收自支事业单位。1996 年，长清县人才交流服务中心明确为副局级事业单位。1997 年 7 月，建立长清县人事争议仲裁委员会办公室，隶属于人事局。1997 年 12 月，成立长清县人事局考试中心。1999 年 4 月，将机关事业单位保险管理职能交由县劳动和社会保障局。2000 年 2 月，长清县人才交流服务中心升格为正局级事业单位。2002 年 5 月，长清县人事局更名为长清区人事局，下设办公室、公务员管理科（挂人事争议仲裁办公室的牌子）、工资福利科（挂老干部管理科牌子）、专业技术人员管理科。2007 年 1 月，长清区人才交流服务中心更名为长清区人才服务中心，内设综合科、人事代理科；同时中国济南留学人员创业园长清创业区管理委员会成立。2008 年，区人事局设办公室、公务员管理科、工资福利科、专业技术人员管理科，辖长清区人才服务中心、中国济南留学人员创业园长清创业区管理委员会，共有干部职工 26 人。

书　记

马成才	1985.05—1990.08	
	1990.08—1991.03	空缺
刘学忠	1991.03—1998.04	
何长伦	1998.04—2000.11	
李宪莲（女）	2000.11—2005.04	
孟庆华	2005.04—2008.01	
孙庆东	2008.01—	

局　长

马成才	1985.05—1990.08	
	1990.08—1991.03	空缺
刘学忠	1991.03—2000.04	
孟庆华	2000.04—2008.01	
孙庆东	2008.01—	

长清区（县）人才交流服务中心

主　任

孔垂乙	2000.02—2005.04
董　升	2005.04—

中国济南留学人员创业园长清创业区管理委员会

主　任

侯　敏（女）	2007.01—

长清区（县）委机构编制办公室　1963 年 3 月，长清县编制委员会成立，办公室设在人委人事监察局。1997 年 4 月，长清县事业单位登记管理办公室成立，股级，隶属于编办。2006 年 5 月，长清区事业单位登记管理办公室撤销，更名为济南市长清区事业单位登记管理局，副局级单位。2008 年，长清区委机构编制办公室辖长清区事业单位登记管理局，共有干部职工 3 人。

主　任

马成才	1985.05—1990.11
何长伦	1990.11—1998.04
刘学忠	1998.04—2000.03
孟庆华	2000.03—2008.01
孙庆东	2008.01—

长清区发展和改革委员会　1954 年 12 月，设长清县计划委员会，简称计委。1958 年 6 月，计委与计划统计科合并为计划统计局。1958 年 12 月，计划统计局改称计委。1959 年 10 月撤销。1961 年 6 月恢复。1969 年 11 月，长清县革命委员会设立计划组。1971 年 3 月，撤销计划组，成立计划办公室。1979 年 4 月，计划办公室改为计划委员会，简称计委。1985 年 2 月，成立长清县经济协作办公室。1992 年 4 月，撤销党组，设立党委。是年 4 月，经济协作办公室明确为局级单位，隶属于县计划委员会。1993 年 4 月，成立长清县信息中心，隶属于县计划委员会。2002 年 9 月，长清县计划委员会

更名为长清区发展计划局。2005 年 4 月，更名为长清区发展和改革局。同时撤销经济协作办公室，职能并入区发展和改革局，区发展和改革局增加经济发展科；撤销经济体制改革办公室，职能及人员并入区发展和改革局。2006 年 3 月，长清区发展和改革局更名为济南市长清区发展和改革委员会，内设办公室、综合计划科、固定资产投资科、经济发展科 4 个科室。

书 记

刘传英	1983.10—1995.04	
李庆祥	1995.04—1996.03	
王家云	1996.03—1998.04	
宋金忠	1998.04—2000.11	
	2000.11—2001.05	空缺
张能河	2001.05—2004.10	
刘学春	2004.10—2007.04	
郝继长	2007.04—2008.01	
张立合	2008.01—	

主任（局长）

刘传英	1983.10—1992.04
王家云	1992.04—1998.04
张能河	1998.04—2001.05
刘学春	2001.05—2008.01
郝继长	2008.01—

经济协作办公室主任

王家云	1992.05—1996.03
靖立祥	1996.03—2001.01
杜九甫	2001.01—2005.04

长清区（县）经济体制改革办公室 1988 年 3 月，成立长清县体制改革委员会。1992 年 11 月，设立党组。2002 年 9 月，更名为长清区经济体制改革办公室。2005 年 4 月，撤销经济体制改革办公室，职能及人员并入区发展和改革局。

书 记

张继伟	1988.03—1989.04	
秦培增	1989.04—1998.04	
韩广峰	1998.04—2000.03	
	2000.03—2001.05	空缺
孟宪德	2001.05—2004.04	
	2004.04—2005.04	空缺

主 任

	1988.03—1989.04	空缺
张继伟	1989.04—1990.04	
秦培增	1990.04—1996.08	
张百镇	1996.08—2001.05	
孟宪德	2001.05—2004.04	
	2004.04—2004.11	空缺
闫 国	2004.11—2005.04	

长清区（县）劳动和社会保障局 新中国成立初期，长清县劳动管理工作先后由县民政局、县工会负责。1956 年 9 月，长清县人委设立劳动科。1958 年 6 月，县劳动科与县计委、统计局合并为计划统计局。1961 年 5 月，恢复长清县建制后设县劳动科。1967 年 2 月，撤销。1969 年 11 月，成立长清县革委生产指挥部计划组，有一名干部分管劳动工作。1971 年 3 月，计划组更名县革委计划办公室，负责劳动管理工作。1973 年 12 月，劳动管理工作由县革委计划办公室分出，设立县革委劳动局。1980 年 6 月，县革委劳动局改为县劳动局。1982 年 4 月，建立长清县劳动服务公司，副局级事业单位，隶属于县劳动局。1986 年，长清县劳动局设办公室、安全办公室、工资培训科、计划统计科，辖劳动服务公司。是年 8 月，设立长清县社会劳动保险事业处，为劳动局所属副局级事业单位，定编 5 人。是年 9 月，设立长清县劳动争议仲裁委员会办公室，为劳动局股级内设机构。1992 年 8 月，设立长清县职业介绍所，隶属于劳动服务公司，与安置就业科一个机构两个牌子；11 月，设立党组。1994 年 3 月，劳动局设办公室、仲裁办公室、安全办公室、工资培

训科、计划统计科，辖劳动服务公司、社会劳动保险事业处。1995年1月，建立长清县劳动技工学校，为正局级事业单位；11月，设劳动监察室（对外称劳动监察大队），为股级。1996年5月，设立11个乡镇劳动服务站。1997年9月，长清县劳动服务公司更名为长清县劳动服务中心。1999年4月，县人事局所属的长清县机关事业单位社会保险办公室、民政局所属的长清县农村社会养老保险管理处、卫生局所属的长清县公费医疗管理委员会办公室的机构编制划归劳动局管理；是月，成立长清县职业技能鉴定所；6月，长清县劳动局更名为长清县劳动和社会保障局。2000年8月，长清县技工学校停止办学，资产、人员划拨给长清县实验中学，保留长清县技工学校牌子，由劳动和社会保障局管理。11月，安全办公室承担的职业安全卫生监察和锅炉压力容器安全监察分别划归县经济委员会管理和县技术监督局管理。2002年5月，长清县劳动和社会保障局更名为长清区劳动和社会保障局；9月，设立党委；11月，局内设党政办公室、劳动监察室、劳动争议仲裁委员会办公室，辖劳动服务中心、社会劳动保险事业处、机关事业单位社会保险办公室3个副局级事业单位和公费医疗管理委员会办公室、农村社会养老保险事业管理处、职业技能鉴定所3个股级事业单位。2003年5月，文昌、平安、崮云湖、五峰山4个街道成立劳动保障服务中心。9月，长清区劳动服务中心更名为长清区劳动就业办公室。12月，长清区公费医疗管理委员会办公室更名为长清区医疗保险办公室，长清区职业技能鉴定所更名为长清区职业技能鉴定中心。2004年4月，归德、孝里、万德、张夏、马山、双泉、武庄成立劳动保障事务所。2008年，局机关设党政办公室、劳动监察办公室、劳动仲裁办公室，共有在职干部职工66人，辖长清区劳动就业办公室、长清区社会养老保险事业处、长清区机关事业单位社会保险办公室、长清区医疗保险办公室、长清区农村社会保险事业管理处、长清区职业技能鉴定中心和4个街道劳动保障服务中心、6个乡镇劳动保障事务所。

书记、局长

赵振栋	1984.12—1987.09
庄延泉	1987.09—1990.03
陈兆禄	1990.03—1998.03
李荣祥	1998.03—2003.03
孟令敏	2003.04—

长清县劳动技工学校

书　记

刘时润	1996.03—1998.04
马德祥	1998.04—2000.08

校　长

陈兆禄	1995.02—1998.04
刘时润	1998.04—1999.08
李荣祥	1999.08—2000.08

长清区(县)物价局　1956年8月，长清县计划委员会配物价员1人。1957年，设长清县物价市场管理委员会。1959年10月，长清县建制撤销时长清县物价市场管理委员会撤销。1961年7月，恢复长清县建制后恢复县物价市场管理委员会，与商业局合署办公。1963年，物价市场管理委员会独立办公。1971年3月，物价由县革委工商行政管理局管理。1976年，物价归长清县革委计划委员会管理。1981年8月，设立县物价管理局。1982年10月，更名为县物价局。1984年3月，设长清县物价检查所。1986年，县物价局共有干部职工13人。1992年4月，增设县价格信息中心。1994年2月，县物价局撤销并入县工商管理局，在工商管理局内设县物价检查所，负责全县物价执法管理、检查监督工作。1996年4月，恢复县物价局，同时设立党组。1996年9月，增设县副食品价格调节基金办公室，为正局级事业单位。基金科作为县副食品价格调节基金办公室的工作机构，隶属于物价局管理。物价局设办公室、物价检查所、基金科、农调室、价格信息中心、价管科。2001年3月，县价格信息中心更名为县价格认证

中心。2002 年 5 月，长清县物价局更名为济南市长清区物价局。2004 年 5 月，设价格监测中心。2008 年，物价局设办公室、物价检查所、价格认证中心、基金科、价管科、农调室、价格监测中心，共有干部职工 36 人。

书记、局长

	1986.01—1987.03	空缺
陈兆禄	1987.03—1990.05	
朱维法	1990.05—1994.02	
	1994.02—1996.04	机构撤销
李庆祥	1996.04—2001.06	
	2001.06—2002.10	空缺
孙继民	2002.10—2007.06	
孟宪德	2007.07—	

长清区(县)统计局 1953 年，成立长清县人民政府统计科。1954 年 12 月 5 日，改为计划统计科。1956 年 8 月 1 日，计划统计科分设为计划委员会、统计科。1958 年 6 月，统计科与计划委员会、劳动科、市场物价管理委员会合并，成立计划统计局。1959 年 10 月，撤销长清县制时撤销长清县计划统计局。1961 年 6 月，恢复长清县制时恢复长清县计划统计局。1963 年 8 月，改称统计局。“文化大革命”期间，统计机构撤销。1981 年 8 月，恢复长清县统计局，有干部职工 5 人。1986 年，统计局有干部职工 12 人。1992 年 11 月，成立党组。1993 年 6 月，成立农村社会经济调查队。2002 年 5 月，长清县统计局改称长清区统计局。2003 年 9 月，农村社会经济调查队升格为副局级事业单位。2008 年，局内设办公室、调查科、管理科、农村社会经济调查队(副局级)、城市调查队、统计信息中心，有干部职工 27 人；各街道、乡镇均设统计站。

局长、书记

王继淑(女)	1985.11—1990.04
郭相苓	1990.04—1993.02
于绍新	1993.02—1998.03
王宝明	1998.03—2004.10
贾政斌	2004.10—2008.01
李秉岩	2008.01—

长清区(县)审计局 1984 年 3 月 3 日，长清县审计局成立，设工业交通审计股、商业粮食外贸审计股、财政金融行政事业审计股、基本建设审计股。1986 年，设工交基建股、商粮贸股、行财金股。1988 年，设工交股、基建股、商粮贸股、行财股；7 月，成立长清县审计事务所。1990 年 4 月，设立党组。1991 年 2 月，撤股为科，设企业科、基建科、内审指导科。1992 年，设办公室、基本建设审计科、企业审计科、行政事业审计科、内审指导科。1995 年，增设综合科。1997 年 3 月，撤销综合科，设法规科。1999 年，设办公室、行政事业财政审计科、企业审计科、基本建设审计科。2000 年 6 月，成立长清县领导干部任期经济责任审计中心，为股级事业单位。2002 年，设综合办公室、行财审计科、企业基建审计科(挂基建审计科牌子)。2003 年 9 月，成立长清区经济责任审计办公室，为全额预算管理副局级事业单位，同时撤销长清区领导干部任期经济责任审计中心。2007 年，区经济责任审计办公室设综合科、行政事业经济责任审计科。2008 年，区审计局设综合办公室、行财审计科、企业基建审计科(挂基建审计科牌子)，辖区经济责任审计办公室，行政编制 13 人、工勤编制 1 人、事业编制 8 人，实有 19 人。

书 记

朱维法	1984.03—1990.04
袁慎海	1990.04—1995.05
刘学真	1995.05—1999.07
王树海	1999.07—2001.05
褚兴达	2001.05—2007.03
郭其军	2007.03—2008.01
张 华(女)	2008.01—

局 长

朱维法	1984.03—1990.04

袁慎海	1990.04—1995.04
刘学真	1995.04—1999.07
王树海	1999.07—2001.05
褚兴达	2001.05—2008.01
郭其军	2008.01—

长清区(县)对外贸易经济合作局 1988年3月,成立长清县对外经济贸易委员会(简称外经贸委),设外商投资管理科、外商投资企业管理科、办公室,有干部职工10人。1992年5月,成立长清县外商投资服务公司;11月,外经贸委设立党组。1995年4月,成立长清县外商投资企业管理局(简称外企局),正局级单位,外商投资企业管理科随之撤销,改设对外经济贸易管理科。1997年9月,长清县外商投资服务公司更名为长清县外商投资服务中心,正局级单位。2002年9月,外企局撤销,职能并入长清区对外经济贸易委员会。是年,长清区对外经济贸易委员会改称长清区对外贸易经济合作局,设办公室、外商投资管理科、对外经济贸易管理科。

书　记

刘世祥	1992.11—2004.03
刘万峰	2004.03—

局　长

贾长祥	1988.04—1991.12
刘世祥	1991.12—2001.05
刘万峰	2001.05—

长清区(县)外商投资服务中心主任

刘世祥	1997.09—1998.04
李林军	1998.04—

长清区(县)粮食局 1948年9月,长清县粮食局设立,内设秘书、会计、调运保管3股,下设8个粮库,共有干部职工98人。1950年5月,长清县粮食局与河西县粮食局合并。1959年,撤销长清县建制,县粮食局并入历城县粮食局。1961年,恢复长清县建制,长清县粮食局同时恢复。1969年,县粮食局改为县粮油服务公司革命委员会。1974年,撤销县粮油服务公司革命委员会,恢复县粮食局。1983年,增设粮食局饲料公司和粮食局汽车队,县粮食局设人秘、财会、购销、储运、工业5个股,下设直属粮库、粮油加工厂、饲料公司、汽车队、3个战备库、10个粮管所、21个粮站。1984年,内设机构股改科,增设粮油议价公司。1985年8月,直属粮库变更粮油供应公司,粮站增加到30个。1986年,长清县粮食局有干部职工40人,设办公室、政工科、财务科、购销科、储运科、审计科、企业管理科、工会、调研室、基建科、纪检室、行政监察室、保卫科。1990年12月,粮食局党总支改为粮食局党委,设纪委。1993年12月,经长清县人民政府批准,由长清县粮食局组建"济南长清粮油集团",并成立集团总公司;1994年3月,挂牌成立。1998年6月,成立济南市长清军供粮供应中心。是年12月,组建长清县粮油收储中心,组建长清县粮油经贸中心,各粮所变更为粮油经贸商行,同时恢复长清粮库(直属粮库)。1999年4月,成立山东长清国家粮食储备库和长清县粮油收储中心。2000年6月,组建山东长清国家储备油脂管理站。2002年5月,长清县粮食局更名为济南市长清区粮食局;6月,恢复各乡镇粮所名称,并实行独立核算。2006年,长清区粮食局成立粮食行政执法大队、粮食监督检查科和粮食质检室。2008年,局设办公室、政工科、财审科、行政执法大队、业务科、物业科、保卫科、工会,粮食局有干部职工50人,下辖山东长清国家粮食储备库、长清区粮油收储中心。

书　记

刘运常	1984.05—1990.08
马成才	1990.08—1993.03
王玉瑚	1993.03—1998.04
刘海艇	1998.04—2003.08
宗木宝	2003.08—2006.03

张洪泽　2006.03—2008.01
刘　林　2008.01—2008.09
闫　国　2008.09—

局　长

刘运常　1971.03—1990.04
范长茂　1990.04—1995.06
刘海艇　1995.06—2003.08
张洪泽　2003.08—2008.01
刘　林　2008.01—

山东长清国家粮食储备库　1999年4月，山东长清国家粮食储备库成立，为局级事业单位，实行企业化管理，干部职工131人，设办公室、财务科、统计科、质检科、仓储科、经营科、保卫科、后勤科。2000年，增设设备维修科。2004年，撤销经营科，增设贸易科和经贸科。2008年，设办公室、财务科、统计科、质检科、仓储科、贸易科、经贸科、保卫科、基建设备科、后勤科、停车场，干部职工147人。

主　任

　　1999.04—1999.08　空缺
宗木宝　1999.08—2004.04
张树民　2004.04—2008.10
闫　国　2008.10—

长清区(县)粮油收储中心　1999年4月，成立长清县粮油收储中心，为局级事业单位，实行企业化管理，内设财务科、业务科、储运科、工会，干部职工120人。是年，各乡镇粮所变更为粮油经贸商行。2002年5月，长清县粮油收储中心更名为济南市长清区粮油收储中心，内设财务科、业务科、储运科、工会。2008年，设财务科、业务科、储运科、工会，干部职工116人。

主　任

　　1999.04—1999.08　空缺
武孟臣　1999.08—2003.03
　　2003.03—2003.09　空缺
张树民　2003.09—2004.04
刘　林　2004.04—

长清区(县)司法局　1980年前，司法工作由县法院负责。1980年11月，长清县司法局成立，下设秘书科、法制宣传科、基层调解科，共有干部7人。是年，建立司法局党支部。1981年3月，建立法律顾问处和公证处，均为副局级行政单位。1985年，司法局设立党组。1986年，县司法局设办公室、宣传科、基层科、法律顾问处、公证处、法律服务站，有干部职工35人，在全县11个乡镇建立法律服务站。1990年，各乡镇司法所成立。1991年，县法律顾问处改称县律师事务所。1993年1月，县公证处和县律师事务所升格为正局级全额拨款事业单位。1994年4月，建立县经济律师事务所。1995年6月，长清县律师事务所和长清县经济律师事务所分别改称济南公元律师事务所和济南天齐律师事务所，各乡镇法律服务站改称为法律服务所。2000年3月，成立县法律援助中心，为副局级全额拨款事业单位；6月，公元、天齐律师事务所脱钩改制为社会中介组织，分别改称为山东灵岩律师事务所和山东天齐律师事务所；12月，成立县"148"协调指挥中心，为副局级全额拨款事业单位。2002年5月，长清县司法局改称济南市长清区司法局。2003年6月，成立公证律师管理科。2006年5月，成立社区矫正科。2008年，设办公室、基层管理科、法制宣传科、公证律师管理科、社区矫正科，辖公证处、法律援助中心、"148"协调指挥中心和山东灵岩、山东天齐两个律师事务所，全区有司法行政机关干警27人，公证员5人，律师23人，基层法律服务工作者67人。

书记、局长

刘顺友　1983.12—1993.03
孙诚信　1993.03—1994.01
刘凤泉　1994.01—1998.04

李志华	1998.04—

公证处主任

伊传胜	1993.01—2001.06	
张　斌	2001.06—2007.03	
	2007.03—2008.03	空缺
董庆旺	2008.03—	

律师事务所主任

孙诚信	1993.01—1994.01
曹玉华	1994.01—1997.07
赵中华	1997.07—1999.07
梁艳玲(女)	1999.07—2001.06

长清区(县)民政局　1939年6月,长清县抗日民主政府成立,建立民政科。1948年9月,长清县解放,民政科下设民政、战勤、人事、优抚4股,后撤销战勤股。1951年,人事股分出,改设人事科。1958年1月,民政科改为民政局。1969年,民政局改为县革命委员会内务组。1971年,撤销内务组恢复民政局。1985年,民政局设优抚、社会、民政、军休、人秘、财会6个科室,有干部职工14人。1986年,长清县民政局设军队离退休干部安置办公室(简称军休办)和优抚安置科、人秘财会科、民政社会科。1991年4月,成立长清县残疾人联合会。1992年11月,民政局设立党组。1994年5月,长清县农村社会养老保险处成立,为民政局下属股级自收自支事业单位。1997年,民政局设办公室、优抚安置科、民政科、福利企业管理科、财务科、地名办公室、社会团体登记管理办公室、农村社会养老保险处,辖残疾人联合会。1999年4月,农村社会养老保险管理处的机构职能划归劳动局管理。2002年5月,长清县民政局改为济南市长清区民政局,内设拥军优属、拥政爱民工作领导小组办公室(简称"双拥办",正处级)、办公室、综合科、行政管理科,编制16人。2003年,成立济南市长清区城乡居民最低生活保障办公室,为科级全额事业单位,隶属于区民政局,定编4人。2008年,民政局设"双拥办"、办公室、综合科、行政管理科、城乡居民最低生活保障办公室,辖长清区军休所、殡仪馆、烈士陵园3个事业单位。

书记、局长

王玉生	1984.05—1990.04
李玉军	1990.04—1995.04
张德芳	1995.04—2000.11
王守营	2000.11—

"双拥办"主任

张德芳	1995.05—2000.11
王守营	2000.11—

长清区经济贸易局　1953年3月,成立手工管理科与县供销社合署办公。1955年9月,成立手工业联社。1956年5月,成立长清县工业科。1957年7月,工业科改设工业局,与手工业联社合署办公,一套班子两个牌子。1958年12月,撤销手工业联社和工业局,建立长清县重工业局和轻工业局。1959年7月,恢复手工业管理机构,即长清县手工业管理局。1959年9月,长清县撤销。1961年5月,恢复长清县建制后,设立长清县工业局和公社工业局。1962年,撤销公社工业局,成立长清县手工业管理局和手工业联合社。1963年7月,工业局与手工业联合社合并。1966年,"文化大革命"期间,工业管理机构瘫痪。1970年年初,解放军代表参与工业领导,成立长清县工交领导小组。1971年3月,长清县革委会工交组分开,成立长清县工业局和交通局。1974年2月,组建长清县工业交通办公室(简称工办)。1976年1月,在原工业局的基础上成立工业局、公社工业局和轻工业局(公社工业局和轻工业局一套班子两个牌子),按所有制性质归口管理。1978年7月,撤销轻工业局,原有企业归工业局领导,撤销公社工业管理局,建立公社企业局。1980年1月,长清县革命委员会工业局改为长清县工业局,公社企业局改为公社工业局。1980年7月,建立长

清县经济委员会。1982年6月,公社工业局改为长清县社队企业管理局。1983年1月,社队企业管理局与多种经营办公室合并为多种经营社队企业局。1984年1月,县经委、县工业局、县多种经营社队企业局合并为长清县经济委员会,下设5个科室,统一管理全县工业;6月,设党委;10月,县经济委员会重新分为县经委、县工业局、县多种经营社队企业局。1986年1月,多种经营社队企业局分成多种经营办公室和长清县乡镇企业管理局。1986年,长清县经济委员会(以下简称经委)设办公室、技术、生产、电大4个科室,有干部职工19人。1987年,电大撤销,增设企管科、食品工业科、散装水泥办公室。1989年4月,长清县工业局撤销,其职能并入经委,经委设党委办公室、行政办公室及劳动人事、生产、技术、财务、企管、食品工业、工会、计划生育、节能环保、规划、散装水泥办、物资供应站14个科室,有干部职工66人。1990年12月,计划生育办公室撤销,其职能并入工会。1993年4月,劳动人事科、节能环保科、食品工业科、规划科撤销,增设综合治理办公室、供销科。1994年3月,成立长清县经委供销总公司,系股级事业单位,编制25人。1997年,经委设有党委办公室、行政办公室及生产、技术、财务、工会、供销、综合治理、企管、经济技术服务中心10个科室,有干部职工61人。9月,长清县经委供销总公司更名为长清县经济技术服务中心。2002年9月26日,撤销长清区经济委员会、长清区乡镇企业局(民营经济发展局),合并组建济南市长清区经济贸易局(挂中小企业局牌子)。2004年4月,成立长清区企业家协会,办公室设在经贸局,与局工会合署办公。2005年5月,保留济南市长清区经济贸易局,不再挂中小企业局牌子,机关编制22人,内设办公室、政工科、工业生产调度室、投资规划发展科、财务审计科5个职能科室,撤销局属经济技术服务中心、乡镇企业局人才培训中心、乡镇企业局资产评估事务所三个事业单位,整合组建长清区企业综合服务中心,隶属于区经贸局管理,是全额预算管理的副局级事业单位,事业编制40人,内设社会事务管理科、信息咨询服务科、资产管理科、企业信用担保办公室。2005年10月8日,注册成立济南启新担保有限公司,注册资金500万元。2007年11月,成立长清区节能减排办公室,在区经贸局加挂济南市长清区节能减排办公室牌子,为正局级行政机构,内设节能减排科。2008年,区经贸局设办公室、政工科、工业生产调度室、投资规划发展科、财务审计科、社会事务管理科、信息咨询服务科、资产管理科、企业信用担保办公室、节能减排科、工会,有干部职工126人,辖长清区企业家协会办公室、长清区企业综合服务中心、济南启新担保有限公司、长清区节能减排办公室。

长清县经济委员会

党委书记

傅佃三	1984.10—1986.07	
金增厚	1986.07—1987.06	
杨洪祥	1987.06—1988.03	
	1988.03—1989.04	空缺
郭志荣	1989.04—1992.03	
孟祥增	1992.03—1994.02	
董海涛	1994.02—1995.04	
孙继民	1995.04—1996.03	
李荣祥	1996.03—1997.03	
王庆华	1997.03—2002.09	

主　任

郭志荣	1985.07—1989.04
张继伟	1989.04—1989.05
王宪谱	1989.05—1993.03
董海涛	1993.03—1995.04
李荣祥	1995.04—1998.04
王庆华	1998.04—2002.09

长清区经济贸易局党委书记、局长

王庆华	2002.09—2004.10
王宝明	2004.10—

长清县工业局局长

韩庆森	1985.07—1987.12
马庆福	1987.12—1989.04

长清区节能减排办公室主任

王宝明	2007.11—

长清县乡镇企业管理局 1986年1月12日，长清县乡镇企业管理局成立，设办公室、生技科和财务科，有干部职工24人；局属乡镇企业供销公司，有干部职工12人。1990年，撤销生技科，增设生产、技术、企管、职教和外经5个科室。1992年11月，成立乡镇企业总公司。1994年3月，成立长清县乡镇企业人才培训中心，系差额事业单位，编制10人。是月，成立长清县乡镇企业资产评估事务所，系企业化管理事业单位，编制10人。1995年6月，设立党组。1997年，乡镇企业管理局设办公室、生产、财务、技术、培训中心、资产评估事务所和基建7个科室，干部职工46人。2000年11月，成立长清县民营经济发展局，与长清县乡镇企业管理局合署办公，一套班子两个牌子。2002年9月26日，乡镇企业管理局撤销，并入区经济贸易局。

书　记

贾乾水	1995.06—1996.03
孙继民	1996.03—2002.09

局　长

张作敏	1986.01—1987.06
李庆祥	1987.06—1995.04
贾乾水	1995.04—1996.04
孙继民	1996.04—2002.09

长清区(县)安全生产监督管理局 1986年，长清县安生生产管理工作由劳动局负责。2001年1月，设立长清县安全生产委员会，办公室设在县经委。2002年8月，长清区安全生产监督管理局成立(以下简称区安监局)，正处级行政单位，配备行政人员6人，由区经贸局管理；9月，设立党组。2003年5月，区安全生产委员会办公室设在区安监局。2005年5月，区安监局列为政府组成部门，成立长清区安全生产监察大队，副处级事业单位，编制8人。2006年，全区10个乡镇、街道成立安全生产办公室。2007年5月，各乡镇街道成立安全监察中队。2008年，区安监局设办公室和监管一、二科3个科室，辖长清区安全生产监察大队。

书记、局长

	2002.08—2003.05	空缺
张　骐	2003.05—	

长清区(县)散装水泥办公室 1987年前，散装水泥工作由长清县水泥厂管理。1987年12月，成立长清县散装水泥办公室。1993年3月，为局级自收自支事业单位，编制7人。1993年6月，机构性质变更为企业化经营事业单位。1997年12月29日，机构性质变更为自收自支事业单位。2002年5月，更名为长清区散装水泥办公室。2008年，长清区散装水泥办公室设有综合科、财务科、征收科，编制12人，实有13人。

书记、主任

	1993.03—1995.02	空缺
李广水	1995.02—2000.11	
赵树祥	2000.11—2008.10	
范玉贵	2008.12—	

长清化肥厂 1968年，长清化肥厂筹建。1970年7月，建成投产。1991年4月，设立党委。2002年2月，破产。

党委书记

田肇玉	1991.04—1993.03
李荣祥	1993.03—1996.10

李友和　1996.10—2001.03
王建华　2001.03—2002.02

厂　长

许长山　1985.10—1991.04
李荣祥　1991.04—1996.04
李友和　1996.04—2001.03
王建华　2001.03—2002.02

长清酒厂　1949 年 6 月，长清酒厂建厂。1990 年 1 月，设立党总支。2001 年 3 月，长清酒厂破产。

党总支书记

郭洪胜　1990.01—1993.03
赵福祥　1993.03—1994.03
王庆友　1994.03—2001.03

厂　长

郭洪胜　1987.01—1993.03
赵福祥　1993.03—1994.03
王庆友　1994.03—2001.03

长清水泥厂　1954 年 4 月，由泰安专署批准为地方国营长清炒米店石料厂。1972 年 3 月，改名长清县石料厂。1976 年 2 月，改名为长清建材厂。1984 年 1 月 1 日，更名为山东长清水泥厂。1993 年 3 月，改称济南灵岩水泥有限公司。2001 年 2 月，破产。

党委书记

贾继昌　1984.06—1988.11
邢业水　1988.11—1996.03
贾继昌　1996.03—1997.03
王教明　1997.03—2001.02

厂　长

邢业水　1984.06—1996.03

董事长(总经理)

邢业水　1993.03—1996.03
贾继昌　1996.03—1997.03
王教明　1997.03—2001.02

长清造纸厂　1976 年，长清造纸厂筹建。1978 年，建成投产。1992 年，设立党总支。1998 年 4 月，破产。

党总支书记

李宪庚　1992.01—1995.02

厂　长

李庆祥　1985.02—1986.04
李宪庚　1986.04—1993.05
展恩元　1993.05—1996.03
曹正武　1996.03—1998.04

山东灵岩花岗石集团公司　山东灵岩花岗石集团公司前身是长清县花岗石开发总公司，1990 年 6 月建成。1993 年 3 月，改称山东灵岩花岗石集团公司。1994 年 4 月，建立党委。1997 年，陆续停产，等待破产。

党委书记

张延刚　1994.04—2003.08

董事长

国延林　1994.04—1996.04
张延刚　1996.04—2003.08

总经理

国延林　1993.04—1996.04
王教明　1996.04—1997.03
房立民　1997.03—2003.08

长清区(县)交通局　1952 年 2 月，建立公路站。1956 年 3 月，建立交通科。1958 年 9 月，由交通科和公路站合并成立长清县交通局，增设城关运管站、孝里运管站。1959年3月，建立县运输公司。1959年10月，撤县并入历城，机构随之合并，体制为政企合一(交通局、公路站、运输公司三位一体)，局下设路政股、人秘股、工会及调度、计划、财务、统计股。1961年5月，恢复县制，同时恢复交通局。1962年，建立交通局渡口管理所。1964年，建立黄河渡口管理所，增设归德运管站。1972年，建立县交通安全委员会，处理交通事故，办理监理业务。是年，设平安店运管站。1975年，增设万德运管站。1976年4月，成立县车辆监理站，增设崮山、马山运管站。1979年2月，车辆监理站改为交通管理站。1982年，成立第二运输公司；6月，建立交通局运管所，增设张夏运管站。1985年，增设双泉、五峰运管站。1985年5月27日，建立交通管理队。1986年，局设办公室、财务办、人事保卫安全室、行政管理室，共有干部15人，下属单位有运输公司、第二运输公司、公路站、监理站、运管所、运管站、渡口管理所、交管队，共有职工42人。1987年3月，监理站和交管队整建制划归公安局代管。1988年5月，成立长清县汽车维修行业管理所。1988年10月，10处乡镇运管站更名为交通管理所。1992年11月，设立党组；12月，公路站升格为副局级单位。1993年3月，渡口管理所更名为港航监督所。1994年3月，局设办公室、政工科、计财科。1995年1月，公路站更名为长清县公路管理局，升格为正局级单位，隶属于县交通局。1995年3月，在崮山炒米店设立山东省004号交通检查站。1996年11月，撤销004号检查站，组建长清县交通稽查大队。1996年，县运输公司、第二运输公司先后停运。1997年9月，成立客运管理所。2002年4月，港航监督所更名为山东省长清区地方海事处；5月，长清县交通局更名为长清区交通局；6月，成立长清区公路管理所；9月，撤销党组，建立党委。2004年9月，稽查大队升格为副处级事业单位。2008年，区交通局设办公室、政工科、计财科，干部职工13人，下属公路局、稽查大队、运管所、客运所、汽修所、公路所、海事处、10处乡镇(街道)交管所等17个事业单位，共有干部职工373人。

书记、局长

王玉瑚	1984.05—1993.04
马成才	1993.04—1998.04
邵怀庆	1998.04—2008.02
陈　华	2008.02—

长清区(县)公路管理局　1952年2月，成立长清县公路站。1986年，县公路站有干部职工158人，设有政工股、财务股、征收股、养护股、材料股、机务股、计统股、工程队。1992年12月，县公路管理站升格为副局级单位。1995年1月，县公路管理站更名为长清县公路管理局，升格为正局级单位。2002年5月，更名为长清区公路管理局。2002年12月，设立中共长清区公路管理局总支部委员会。2008年，局内设办公室、政工科、财务科、审计科、征收科、路政科、养护科、设备安全科、工程项目部，辖220国道孝里收费站、104省道马山收费站、沥青厂和平安、八里、小屯、凤凰、苾村、大刘、张夏、万德、皮家店9处公路站，共有干部职工225人。

书　记

马成才	1995.01—1998.04
陈　华	1998.04—2008.01
杨连强	2008.01—

局　长

于庆江	1995.01—2001.06
陈　华	2001.06—2008.01
杨连强	2008.01—

长清区(县)农业局　1939年，长清县抗日民主政府成立后，设立建设科管理农林事务。1950年11月，改为实业科；12月，复称建设科。1956年3月，撤销建设科，分别设农业科、林业所、水利科和交通科；11月，农业科改为农业局。1958年7月，成立长清县种子管理站(股级)、长清县农业技术推广站(股级)。1961年5月，恢复长清

县后成立农业局。1969 年 11 月，县革委生产指挥部设农业组。1970 年 3 月，撤销农业组设农林组。1971 年 3 月，农林组改为农林局。1973 年，农林局再次分为农业局、林业局。1981 年 3 月，成立长清县土壤肥料站（股级）、长清县植物保护站（股级）；6 月，成立中央农业广播电视学校山东省长清县领导小组。1983 年 8 月，农业局改称农牧局。1988 年 5 月，成立长清县农业环境保护站（股级）。1990 年 12 月 20 日，撤销农牧局，分别成立长清县农业局、畜牧局。1991 年 4 月，成立长清县植物检疫站（股级）；12 月，农业局设立办公室、财务科。1995 年 4 月，成立长清县农村经济经营管理办公室（副局级）。1997 年 10 月，成立长清县经济作物站（股级）。1998 年 3 月，成立长清县农业监察大队（副局级）；7 月，成立长清县农药检定所（股级）。2002 年 9 月，建立党委；12 月，增设农业科。2008 年，农业局设办公室、财务科、农业科，辖山东省农业广播电视学校长清区分校（正局级）、长清区农村经济经营管理办公室（副局级）、长清区农业监察大队（副局级）、长清区农药检定所（股级）、长清区农业环境保护站（股级）、长清区农业技术推广站（股级）、长清区植物保护站（股级）、长清区植物检疫站（股级）、长清区种子管理站（股级）、长清区土壤肥料站（股级）、长清区经济作物站（股级）11 个全额事业单位，长清区良种示范繁殖农场、长清区园艺场 2 个自收自支事业单位，长清区农业种子中心、长清区专用配方化肥实验厂 2 个企业化管理事业单位。

长清县农牧局

党总支书记

牛平贵	1986.01—1988.03
李秀廷	1988.03—1990.12

局　长

王士昌	1985.05—1988.03
李秀廷	1988.03—1990.12

长清区（县）农业局

书记、局长

孙君山	1990.12—1994.04
张作敏	1994.04—1996.04
刘殿法	1996.04—1998.04
王荣利	1998.04—2008.01
贾政斌	2008.01—

山东省农业广播电视学校长清区分校　1981 年 6 月，中央农业广播电视学校山东省长清县领导小组成立。1986 年 12 月，成立中央农业广播电视学校济南市长清县分校（正科级）。1989 年 5 月，更名为山东省农业广播电视学校长清县分校，为正局级单位。1990 年，成立党支部。2002 年 5 月，更名为山东省农业广播电视学校长清区分校。2004 年 8 月，济南市长清区农村科技教育培训中心成立。2008 年，下设办公室、教务科、培训科、教研科、宣教科，辖济南市长清区农村科技教育培训中心，10 个乡镇农广校教学点，共有职工 12 人。

书记、校长

	1989.05—1990.05	空缺
李学德	1990.05—1995.04	
房兆水	1995.04—2001.05	
	2001.05—2003.04	空缺
董孟乾	2003.04—	

长清区（县）畜牧局　1952 年，长清县畜牧兽医站建立。1952年—1958 年，各乡镇兽医站相继建立。1983 年 8 月，成立长清县农牧局。1990 年 12 月 20 日，撤销农牧局，分别成立长清县农业局、畜牧局。畜牧局设内审科、财务科和办公室。1992 年 1 月，成立长清县牧工商公司，为全民股级事业单位，实行企业化管理。1993 年 2 月，建立长清牧工商大厦，为全民企业。1992 年 11 月，设立长清县畜牧局党组。1995 年，增设长清县兽医卫生监督检验所。1995 年，长清县畜牧局改为事业管理局。1997 年，增设兽药监察所。2002 年 11 月，畜牧局内设财

务科、办公室、畜牧生产科。2005年4月，区屠宰办撤销与区畜牧兽医技术服务中心合并成立长清区牧政执法大队，县兽医卫生监督检验所撤销，人员编制划拨牧政执法大队。2008年，畜牧局设办公室、财务科、畜牧生产科，辖畜牧兽医站、兽药监察所、区牧政执法大队和10处街道(乡镇)兽医站。

书　记

董梦尧	1990.12—1994.04	
卢振阁	1994.04—1995.06	
董梦尧	1995.06—2003.03	
	2003.03—2003.05	空缺
张晶兆	2003.05—2005.09	
赵成祥	2005.09—	

局　长

董梦尧	1990.12—1994.04
卢振阁	1994.04—1995.04
董梦尧	1995.04—2001.06
张晶兆	2001.06—2005.11
赵成祥	2005.11—

长清区(县)林业局　1949年10月，县人民政府设立建设科，主管农、林、水利事业。1954年，成立长清县林业所。1955年，改林业所为林业科。是年11月，改林业科为林业局。1958年6月，林业、水利两局合并成立林业水利局。1959年10月，撤销长清县建制时撤销。是年10月，在东风水库两侧建立国营长清东风林场。1961年，恢复长清县制，成立林业局。1965年，撤销东风林场，改建为东风苗圃。1970年3月，设农林组。1971年3月，农林组改为农林局。1973年9月29日，恢复林业局。1984年，设森保站和林政股。1985年8月，东风苗圃改为长清县苗圃。1986年，林业局设林业站、森保站、种苗站、公安科、林政股，辖11个乡镇林业站及2处国营林场、2处国营苗圃，共有干部职工102人。1988年，撤销原长清县果树技术服务中心，其业务归属于县林业局，县林业局内设果树技术服务站，同时撤销乡镇设立的果树站，其业务和人员并入乡镇林业站。1992年2月29日，成立县果树脱毒组培苗木试验厂。11月，林业局设立党组。1996年10月，果树脱毒组培苗木试验厂划归县苗圃管理。1997年3月6日，成立场圃站。8月，长清县果树脱毒组培苗木试验厂更名为长清县种苗脱毒试验场。是年11月，成立长清县林果科技服务中心。1997年，林业局设办公室、林政股、林业站、林木种苗站、森保站、果树站、林业公安科及林工商总公司，辖11个乡镇林业站和大峰山林场、五峰山林场、茶棚苗圃、县苗圃、县果树脱毒组培苗木试验厂，共有干部职工273人(含局机关46人)。2002年4月3日，成立生态公益林管理办公室。2002年9月，林业局设立党委，党委下设1个总支(机关总支)，6个支部(办公室支部、林业站支部、公安林政支部、大峰山林场支部、茶棚苗圃支部、长清苗圃支部)。是年，乡镇林业站下放到乡镇。2007年2月12日，茶棚苗圃更名为莲台山林场。2008年，林业局设党政办公室（挂计财科牌子）、林业公安科、林政科、场圃站、生态公益林管理办公室、林业站、果树站、林木种苗站、森保站，下辖大峰山林场、长清区苗圃、莲台山林场。区政府森林防火指挥部和区绿化委员会办公室设在林业局。

书　记

李明水	1984.06—1987.12
李福海	1987.12—1998.04
路兆丰	1998.04—2001.05
张殿义	2001.05—

局　长

李明水	1984.06—1987.12	
	1987.12—1988.04	空缺
李福海	1988.04—1997.03	
路兆丰	1997.03—2001.05	
张殿义	2001.05—	

长清区水务局 1949年10月，成立建设科，管理农林水利事业。1955年8月，成立长清县水利科，干部职工8人。1956年6月，改水利科为长清县水利局，下设水利队，有干部职工21人。1958年6月，林业局、水利局合并为林业水利局。1959年，长清县林业水利局撤销，并入历城县水利局。1961年5月21日，恢复长清县建置重设县水利局。1970年3月，长清县革命委员会设水利组。1971年初，水利组撤销。1971年3月1日，成立长清县革委会水利局。1979年，长清县各公社成立水利站。1984年6月，改称长清县水利水产局。1986年，水利水产局设办公室、业务科、建设站、工管站、水利保持办公室、财务科、机井管理站、水产站。1994年4月，设立党委。2002年9月，水利水产局改称长清区水务局。2008年，全局共有干部职工71人，内设办公室、计划财务科、审计科、水政科、水产科、建设科、水管科、经管站、勘测设计室及水土保持、水资源管理、规费征收、抗旱防汛办公室，辖崮头、石店、钓鱼台、武庄、长清湖水库管理所、东风引黄电灌站及水利水泥厂、打井队、水利建筑公司、饲料厂，4个街道(文昌、平安、崮云湖、五峰山)水利站，6处乡镇(归德、孝里、双泉、马山、万德、张夏)农业服务中心。

书　记

李传鑫　1983.05—1995.04
卢振阁　1995.04—2001.05
胡立敏　2001.05—

局　长

李传鑫　1983.05—1994.04
孙君山　1994.04—2001.05
胡立敏　2001.05—

长清区(县)农业机械管理局 1961年5月，设立长清县农机局。是年8月，成立长清县拖拉机总站，隶属于县农业局。1975年11月，成立长清县农业机械管理局，同时设立农机局党总支。1976年1月，县拖拉机站划属县农业机械管理局。1984年，改局为公司。1985年1月，恢复长清县农业机械管理局。1986年，长清县农业机械管理局设办公室、农机安全监理站、农机化学校、农机推广站、职教办公室，职工33人，辖11个乡镇农机站和长清县农机公司、长清县拖拉机站。1987年4月，设农机管理站、修配管理站。1990年10月，各乡镇农机站和拖拉机站合并为农机管理服务站。1991年4月，设计财科。1994年3月，各乡镇农机管理服务站下放到乡镇政府管理。1995年5月，设人事科。1997年4月，各乡镇农机管理服务站又收归县局管理。是年，局机关设办公室、农机安全监理站、农机化学校、农机推广站、农机管理站、修配管理站、计财科、人事科，辖长清县农机公司、长清县拖拉机站、正大石油集团、大通贸易公司、农机联包中心。2003年3月，设立党组。2008年，农机局设办公室、农机监理站、计财科、人事科、农机推广站、农机修配站、农机管理站、农机校、企管科、行政审批科10个科室，干部职工56人。

书记、局长

闫贵海　1985.01—1990.03
马庆福　1990.03—1993.03
赵忠水　1993.03—2001.10
　　　　2001.10—2003.03　空缺
张国栋　2003.03—

长清区(县)蔬菜局 1976年4月，成立县多种经营办公室，局级事业单位。1984年8月，多种经营办公室与乡镇企业局合并，成立多种经营乡镇企业局。1985年8月，多种经营乡镇企业局分为多种经营办公室和乡镇企业局。1986年10月，设立蔬菜生产办公室，定编5人，副局级单位。1992年11月，设立党组。1993年3月，更名为蔬菜局，定编10人，升格为正局级单位。1994年2月，与多种经营办公室合并，取消蔬菜局，保留牌子。2002年11月，改称蔬菜局，挂多种经营办公室牌子，一个单位两块牌子。2008年，蔬菜局设办公室、蔬菜生产科、多种经营科，在编人员27人。

长清县多种经营办公室

书记、主任

	1985.08—1987.06	空缺
刘国来	1987.06—1989.11	
李继怀	1989.11—1994.02	

长清县蔬菜局

书记、局长

房士忙	1993.03—1994.02	

长清县多种经营办公室(蔬菜局)

书记、局长

房士忙	1994.02—2001.05	
赵成祥	2001.05—2002.11	

长清区蔬菜局(多种经营办公室)

书记、局长

赵成祥	2002.11—2005.09	
	2005.09—2006.03	空缺
郑富和	2006.03—	

长清区建设委员会 1939年6月,长清县抗日民主政府设建设科。1946年,长清县民主政府设建设科。1955年11月,建设科改称农业局。20世纪60年代起,县城建设由县政府办公室、计划委员会、民政局负责,有关公共建筑由部门报送计划,县计委审批和组织施工。1975年11月,成立长清县基本建设局。1984年2月,撤销基本建设局、环境保护局、城市建设局,成立长清县城乡建设环境保护委员会,下设办公室、基本建设科、城建科、设计室、综合开发公司、环境保护办公室、乡村建设办公室、防空办公室。是年6月,设立党委。1986年5月,长清县城建局恢复分出。1989年4月,长清县建委环境保护办公室更名为长清县环境保护局,分出。2002年5月,长清县城乡建设环境保护委员会更名为济南市长清区城乡建设环境保护委员会。2002年9月,更名为济南市长清区建设管理局。2005年9月,更名为济南市长清区建设管理委员会。2006年3月,更名为济南市长清区建设委员会。2008年,区建委设办公室、计财科、工程建设管理科、城镇建设管理科、公用事业科、人防工作室、政务中心建委窗口、路灯科、勘察设计监督站,共有干部职工116人;直属事业单位有招标投标办公室、城建档案馆、拆迁办公室、村镇建设服务中心、建筑工程质量监督站、建筑工程质量检测站、建筑市场管理中心;辖环保局、建材局、房管局、环卫局、执法局、设计院、自来水公司、房地产公司、热电中心、一箭公司、二建公司、国舜安装有限公司、液化气公司、鑫龙装饰公司、市政公司。

党委书记

赵明玉	1985.07—1987.12	
徐世显	1987.12—1990.05	
方传林	1990.05—1995.04	
王长一	1995.04—1997.03	
刘发山	1997.03—2008.04	
	2008.04—2008.09	空缺
韦传湖	2008.09—	

主任(局长)

田锡德	1985.10—1986.06
杨存俊	1986.06—1989.04
方传林	1989.04—1997.03
刘发山	1997.03—2005.05
赵贵华	2005.05—

长清县城市建设局 1982年12月,设立长清县城建局。1984年2月,与城乡建设环境保护委员会合并。1986年5月,恢复长清县城建局,设办公室、规划科、财务科和城管科,下辖自来水公司、房地产开发公司、市政工程公司和环卫绿化队。1987年,成立环卫所。1992年11月,设立党组。1993年,环卫所改称环卫处,绿化队改称园林处,成立建筑设计院。1994年,成立公园管理处。1996年10

月，长清县环境卫生管理处从城建局析出，更名为长清县环境卫生管理局，副局级单位。1997年，局设办公室、财务科、城管科、规划科、施工科，有干部14人，辖市政公司、公园管理处、绿化处、设计院，共有干部职工144人。2001年6月，更名城市建设局。2002年9月，撤销。

书　记

文玉石	1986.05—1998.04
徐国元	1998.04—2001.06

局　长

文玉石	1986.05—1998.04
徐国元	1998.04—2001.02
徐世敬	2001.02—2002.09

长清区城市管理行政执法局　2000年11月，成立长清县城建监察大队，副局级单位，隶属于城建局。2003年8月，成立长清区城市管理行政执法局，挂区城市管理监察大队牌子，处级建制，设办公室，下设一、二、三中队，撤销城建监察大队。2006年3月，城市管理监察大队更名为城市管理行政执法大队。2008年，局设办公室、法制科、指挥中心、督查机动中队和一、二、三、四、五、六中队。

书记、局长（大队长）

	2003.08—2004.03	空缺
赵福林	2004.03—	

长清区城市管理警察大队

大队长

高恩和	2004.04—2006.03
王玉国	2006.03—

长清区（县）环保局　1973年1月，成立长清县环境保护办公室。1982年12月，改为环境保护局。1984年2月，合并到长清县城乡建设环境保护委员会，下设环境保护办公室。1985年，建立环境监测站。1986年，长清县环境保护办公室设办公室、管理科、监测站，共有干部职工25人。1989年4月，长清县建委环境保护办公室更名为长清县环境保护局。1995年9月，长清县环境监理站成立，编制9人。1998年4月，设立党组。2002年5月，长清县环境保护局更名为济南市长清区环境保护局。2004年，环境保护局设办公室、宣教法制科、财务科、管理科、监测站、监理站。2008年，区环境保护局设办公室、宣教法制科、财务科、管理科、监测站、监理站、申报科、审批科、生态科，共有干部职工59人。

局长、书记

杨存俊	1989.04—1992.03
赵忠智	1992.03—2003.03
杨立新	2003.03—

长清区（县）市容环卫园林管理局　1986年，长清县城建局环卫绿化队成立，隶属于长清县城建局。1989年8月，长清县环境卫生管理所成立，同时成立长清县园林绿化队。1993年3月，长清县环境卫生管理所更名为长清县环境卫生管理处，副局级事业单位；长清县绿化队更名为长清县园林绿化处，隶属于长清县城建局。1994年3月，成立长清县公园管理处。1996年10月，长清县环境卫生管理处从城建局析出，更名为长清县环境卫生管理局，副局级单位。1998年8月，成立长清县环卫清运服务中心，为环卫局下属单位。2000年6月，长清县环卫局与园林绿化处合并，成立长清县市容环卫园林管理局，升格为正局级单位。2002年5月，更名为长清区市容环卫园林管理局。2002年12月，长清区公园管理处（原隶属于区城建局）划归区市容环卫园林管理局。2004年12月，成立党总支。2006年8月，成立长清区机械化清扫队。2007年1月，成立大学科技园环卫所、经济开发区环卫所。2008年，局设办公室、财务科、监察科、统管科、绿化科、大学科技园环卫所、经济开发区环卫所、环卫队、绿化队、机械化清扫队、公园管理处、环卫清运服务中心12个科室，在职人员134人。

书记、局长

付　勇　　2000.06—2004.10
陈元成　　2004.10—

长清区（县）自来水服务中心　1984年7月，长清县自来水公司成立，全民企业，人员7人，隶属于县城乡建设环境保护委员会。1991年6月，升格为副局级事业单位。1993年3月，升格为局级事业单位。1997年10月，长清县自来水公司更名为长清县自来水服务中心。2002年5月，更名为长清区自来水服务中心，设办公室、财务科、生产科、线管科、收费科、保卫科、小户科、安装公司和一、二水厂。2008年，自来水服务中心设管理科、水厂、社区科、生计科、财务科、材料科、宣传科、稽查科、安装公司、污水厂、保卫科、线管科、收费科、供水服务中心、办公室，共有职工181人。

书　记

李志臣　　1993.03—1998.04
卢宪震　　1998.04—2004.03
于瑞华　　2004.03—2007.03
吴存保　　2007.03—

主任（经理）

李志臣　　1993.03—1998.04
卢宪震　　1998.04—2003.08
于瑞华　　2003.08—2007.03
曹德忠　　2007.03—

长清区（县）房地产管理局　1992年6月，长清县政府从县建委、财政局、行管局、物价局、建行等部门抽调15人组建房改办公室，隶属于房地产开发总公司。1993年5月，房改办定为副局级单位，隶属于县建委，有干部职工10人。1995年4月，建立长清县房地产管理局。是年，房改办升格为局级单位与县房管局合署办公（两块牌子，一套班子），设办公室、房改办、产权产籍科、房产交易监理所、房产评估所，有干部职工22人，辖物业公司。是年6月，设立党组。2001年，房产评估所脱离县房地产管理局。2002年5月，更名为长清区房地产管理局，设办公室、财务科、产权交易科、房改科、档案科、法规科、物业科，辖房屋测绘中心、经济适用房建设服务中心、安居房地产物业公司。2008年，区房管局设办公室、财务科、产权交易科、房改科、档案室、稽查队、物业科，辖房屋测绘中心、经济适用房建设服务中心、房地产物业管理中心、长青学府物业公司，干部职工86人。

书　记

杨锦华　　1995.05—2000.03
刘学忠　　2000.07—2002.09
曹恒然　　2002.9—

局长（主任）

杨锦华　　1995.05—2000.03
　　　　　2000.03—2000.07　空缺
刘学忠　　2000.07—2002.09
　　　　　2002.09—2003.04　空缺
曹恒然　　2003.04—

长清区（县）建筑材料工业局　1985年，设立建筑建材办公室。1986年，长清县建筑材料工业公司属事业单位，科股级。1990年3月，长清县设矿产资源管理办公室，与长清县建筑材料工业公司一套班子，两块牌子。1990年11月，成立长清县矿产资源管理局，与长清县建筑材料工业公司、长清县花岗石开发公司一套班子，三块牌子。1993年1月，长清县矿产资源管理局、长清县建筑材料工业公司、长清县花岗石开发公司一分为三，同时将长清县建筑材料工业公司改为济南市长清建筑材料工业总公司，系局级全民事业单位，实行企业化管理。1993年3月，成立长清县建筑材料工业局，与建材总公司一套班子，两块牌子。1997年，长清县建筑材料工业局共有干部职工147人，下设办公

室、人事科、车管组、建材管理科、票证科、行管科、财务科、审计科、保卫科、第三产业办公室、驻济黄沙销售处、驻济铁路运销办事处、驻济涉外办事处13个科(室处),全县11个乡镇设建材管理经营站16个。2008年,设科室13个。

书　记

于瑞华　　1993.03—2001.05
葛广庭　　2001.05—2004.03
翟庆忠　　2004.03—2007.04
范先常　　2007.04—

局长(总经理)

于瑞华　　1993.03—2003.08
　　　　　2003.08—2004.04　空缺
翟庆忠　　2004.04—2007.04
范先常　　2007.04—

长清区(县)热电中心　1996年4月,长清县热电公司成立,局级单位,设在供电局。1997年9月,县热电公司更名为县热电中心。2001年3月,中心下设办公室、财务科、供热科、经营科、生技科,人员31人。2004年9月,成立供热管理办公室。2008年,热电中心下设办公室、财务科、供热科、经营科、生技科。

书　记

　　　　　1996.04—1998.11　空缺
潘兆刚　　1998.11—2002.05
杜玉国　　2002.05—2004.09

主任(经理)

　　　　　1996.04—1997.10　空缺
司云平　　1997.10—1998.11
王全林　　1998.11—2001.05
杜玉国　　2001.05—2004.09
王　龙　　2004.09—

长清区供热管理办公室

主　任

杜玉国　　2004.09—2005.04

长清区(县)房地产开发中心　1992年5月,长清县房地产开发总公司成立。1997年9月,更名为房地产开发中心。2008年,中心辖3个公司,干部职工56人。

书　记

高长金　　1993.06—1996.05
李化贤　　1996.05—1998.06
国德隆　　1998.06—2001.03
马训新　　2001.03—2004.11
　　　　　2004.11—2005.04　空缺
王　波　　2005.04—

总经理(主任)

于瑞昌　　1992.05—1993.03
韩庆森　　1993.03—1994.04
高长金　　1994.04—1996.04
李化贤　　1996.04—1998.04
房玉重　　1998.04—2001.01
　　　　　2001.02—2001.05　空缺
马训新　　2001.06—2004.11
　　　　　2004.11—　　　　空缺

长清区(县)教育局　1939年,长清县成立抗日民主政府,设教育科。1949年,成立长清县文教科。1955年11月,改文教科为教育局。1959年10月,撤销长清县建制,长清县教育局撤销。1961年5月,长清县恢复建制,教育局恢复。1967年春,长清县成立革命委员会,下设政治部宣教组,主持文化、教育工作。1971年,组建教育局革命领导小组。1975年,撤销教育局革命领导小组恢复教育局。1985年,教育局下设四科(教育科、秘书科、人事科、计财科)、两室(教研室、农民教育办公室)、两站(电大工作站、电教仪器站),县政府所属的招生办公室附设在教研室内。1986年,增加招生办公室和勤工俭学办公室。是年8月，建立党委。1988年7月30日，长清县教育局更名为长清县教育委员会。1993年3月，教学研究室、招生委员会办公室明确为副局级事业单位；是年8月，设立教育委员会教育督导室。1994年2月，文化局、体育运动委员会并入教育委员会，分别称教育委员会文化办公室、体育办公室；是年4月，撤销教育委员会体育办公室，成立体育运动委员会；是年7月，撤销教育委员会文化办公室，重新成立文化局。1995年9月，教育委员会教育督导室改称县人民政府教育督导室，升格为副局级事业单位。1997年，县教委设办公室、人事科、计财科、教育结算中心、审计科、督导室、教育科、教研室、招生办、职教办、成教办、勤工俭学办、电教仪器站、教育电视台、信访办、图书代办站、艺教办、档案室、老教协、幼教办等21个科室，有干部、职工113人，下辖11个乡镇教委，17所县直学校。2002年5月，长清县教育委员会改名长清区教育委员会。是年，济南市长清区教育委员会更名为济南市长清区教育局。2004年4月，成人教育工作职能划入区教育局。2008年，区教育局设办公室、人事科、计财科、教育结算中心、督导室、教育科、教研室、教科室、招生办、职教办、成教办、安全科(勤工俭学)、电教仪器站、信访监察室、图书代办站、体卫艺办公室、老教协、学前科、工会、共青团、妇委会21个科室，辖10个街道(乡镇)教委、14所区直学校。

书　记

费振海	1975.08—1990.04	
丁士显	1990.04—1991.05	
	1991.05—1991.12	空缺
费振海	1991.12—1995.04	
	1995.04—1996.03	空缺
谭田祥	1996.03—1998.03	
韩忠诚	1998.04—	

局长(主任)

费振海	1975.08—1994.02
谭田祥	1994.02—1998.03
陈　骥	1998.03—2000.07
韩忠诚	2000.07—2007.04
王传成	2007.04—

长清区(县)成人教育局　1989年12月，长清县职工教育管理委员会办公室改称长清县职工教育办公室，行政编制5人，正局级。1994年2月，职工教育办公室归属长清县教育委员会，称长清县教育委员会职工教育办公室，正局级。1995年4月，更名为长清县成人教育局，局级事业单位，行政编制6人，隶属于县人民政府。是年6月，设立党组。2003年6月，内设综合办公室。2004年4月，成人教育局职能及人员整建制划转区教育局。2005年4月，成人教育局撤销。

书　记

张振法	1987.12—1990.12
于若涛	1990.12—1995.04
张立合	1995.06—1998.04
刘殿法	1998.04—2002.09
王长一	2002.09—2004.04

局长(主任)

	1987.12—1990.05	空缺
张振法	1990.05—1995.04	
张立合	1995.05—1998.04	
刘殿法	1998.04—2002.09	
王长一	2002.09—2004.04	
韩忠诚	2004.04—2005.04	

长清县体育运动委员会　1975年10月，设立长清县体育运动委员会。1994年2月，体育运动委员会并入教育委员会，成立教育委员会体育办公室。是年4月，撤销教育委员会体育办公室，成立体育运动委员会。2002年11月，撤销。

书　记

房士忙	1986.01—1994.02

1994.02—1994.04 并入教委
1994.04—1997.03 空缺
王长一 1997.03—2002.09

主 任

谭田祥 1985.10—1986.01
房士忙 1986.01—1994.02
1994.02—1994.04 并入教委
张兆江 1994.04—1995.03
1995.03—1997.03 空缺
王长一 1997.03—2002.09

济南市长清第一中学 前身是1904年创建的县立高等学堂。1926年11月，成立县立初级中学。1928年，师范讲习所、乙种职业学校合并于县立初级中学。1938年—1943年，学校停办。1944年春，恢复长清中学。1948年8月，定名为山东省长清中学。1958年，改名为山东省长清第一中学。1959年10月，长清县制撤销，划归历城县，改名为历城第五中学，后又改为历城第一中学。1961年，长清县建制恢复，学校恢复原名“山东省长清第一中学”。1991年5月，山东省长清第一中学明确为县级事业单位，同时设立党组。1998年7月，长清第十五中学并入山东省长清第一中学。8月，撤销党组，设立党总支。2003年6月，改称济南市长清第一中学。

书 记

牛玉水 1983.05—1991.05
费振海 1991.05—1996.04
牛玉水 1996.04—1998.08
陈惠生 1998.08—2002.12
韩忠诚 2002.12—2003.10
郝继增 2003.10—2008.12
王少辉 2008.12—

校 长

牛玉水 1983.05—1996.04
陈惠生 1996.04—2002.12
李兆生 2002.12—2003.10
郝继增 2003.10—2008.12
王少辉 2008.12—

长清师范学校 长清县师范教育始于1914年，为单级养成所。1916年，改为师范讲习所。1928年，合并于县立初级中学，为附设师范班。1958年，建立长清师范学校。1959年10月，长清县制撤销，长清师范学校更名为历城第二师范学校。1961年，恢复长清县制时学校恢复。1962年，学校停办撤销。1971年，恢复长清师范。1991年5月，明确为县级事业单位；是年6月，设立党组。1995年，改办高中。1997年，长清师范学校正式撤销。1998年10月，改称济南市长清中学。

党组书记

张士宗 1981.12—1987.03
陈淑勤 1987.03—1991.05
丁士显 1991.05—1998.10

校 长

张士宗 1981.12—1987.03
陈淑勤 1987.03—1993.03
丁士显 1993.03—1998.10

济南市长清中学 前身为山东省长清师范学校。1998年10月，更名山东省长清中学。2002年5月，更名为济南市长清中学。

书 记

丁士显 1998.10—2001.01
2001.01—2004.05 空缺
王荣生 2004.05—

校 长

丁士显 1998.10—2001.02
郝继增 2001.02—2003.11
王荣生 2003.11—

长清区（县）教师进修学校 1978年，山东省长清县教师进修学校建校。1988年12月，明确为局级事业单位，隶属于县教育委员会。1991年5月，列为副县级事业单位，编制59人，同时设立党组。1998年8月，撤销党组，设党支部。2002年5月，山东省长清县教师进修学校改为济南市长清区教师进修学校。

书 记

董献祥	1988.12—1989.11	
	1989.11—1991.05	空缺
段伯文	1991.05—1993.03	
边心元	1993.03—1998.08	
陈 骥	1998.08—2000.07	
	2000.07—2002.12	空缺
王荣生	2002.12—2003.10	
王百元	2003.10—	

校 长

边心元	1991.05—1998.10	
陈 骥	1998.10—2000.07	
	2000.07—2002.12	空缺
王荣生	2002.12—2003.11	
王百元	2003.11—2007.01	
薛正家	2007.01—	

长清区成人中等专业学校 1988年，长清县教育中心成立。是年12月，长清县教育中心改为长清县成人中等专业学校，为局级事业单位，隶属于长清县教育委员会。1999年1月，与济南广播电视大学长清县工作站合并（挂两块牌子）。2002年5月，更名为长清区成人中等专业学校。2008年，有教职工55人。

书 记

郝穆廉	1991.12—1993.03	
李大连	1994.02—2003.04	
	2003.04—2005.03	空缺
张晋蘅	2005.03—	

校 长

	1988.12—1993.09	空缺
李大连	1993.09—2001.02	
刘爱国	2001.02—2003.11	
	2003.11—2005.04	空缺
张 勇	2005.04—	

长清区职业中等专业学校 1981年12月，成立长清县农业技术中学。1986年7月，更名为山东省长清县第一农业技术中学。1988年5月，更名为山东省长清县第一职业高级中学。1991年5月，更名为山东省长清县职业中等专业学校，并升格为副县级单位。是年6月，设立党组。2002年6月，更名为济南市长清区职业中等专业学校，副处级单位。2006年9月，长清区第二职业高级中学并入该校。

书 记

刘传英	1991.06—1996.09

长清区（县）卫生局 1951年10月，成立长清县民主政府卫生科。1956年，成立长清县卫生防疫站、长清县妇幼保健站、长清县皮肤病防治所。1961年5月，成立长清县卫生局。1967年，县卫生局撤销，由县医院等4个单位联合组成“长清县六·二六卫生公社”。1969年，恢复县卫生局。1975年10月，设立党组。1976年8月，成立长清县结核病防治站。1983年4月，建立长清县中医院。1984年，建立卫生局党总支。1985年11月，建立党委。1986年，卫生局设有办公室、人事科、财务科、防保科、妇幼保健科、后勤科，辖县人民医院、县中医医院、县卫生防疫站、县妇幼保健站、县皮肤病防治所、县结核病防治站和城关、平安、归德、孝里、双泉、马山、五峰、万德、张夏、崮山10所乡镇卫生院。1987年，增设武家庄卫生院。1988年，长清县中医医院加挂长清扁鹊医院。2001年7月，长清县皮肤病防治所更名为长清县皮肤性病防治所。

2002年5月，长清县人民医院、长清县中医医院、长清县卫生防疫站，长清县妇幼保健站，长清县结核病防治站，分别更名为长清区人民医院、长清区中医医院、长清区卫生防疫站、长清区妇幼保健站、长清区结核病防治站。2006年，增设卫生局合作医疗管理办公室。2006年9月，武家庄卫生院与万德镇中心卫生院合并。2007年1月，撤销长清区卫生防疫站，整建制成立长清区疾病预防控制中心和长清区卫生监督所。2008年，卫生局设办公室、政工科、人事科、防保科、医政科、财务科、审计科、档案信息科、医管所、合作医疗管理办公室，辖区人民医院、区中医医院、区疾病预防控制中心和区卫生监督所、区妇保站、区结防站、区皮防所、炒米店卫生服务站及文昌街道卫生院、平安街道卫生院、归德镇中心卫生院、孝里镇中心卫生院、张夏镇中心卫生院、崮云湖街道卫生院、万德镇中心卫生院、五峰山街道卫生院、马山镇卫生院、双泉乡卫生院。

党委书记

田忠民	1985.11—1990.03	
李文德	1990.03—1993.03	
孙洪福	1993.03—1998.04	
张国勇	1998.04—2003.03	
房玉芳	2003.03—2006.03	
刘希森	2006.03—	

局　长

田忠民	1982.03—1990.03	
李文德	1990.03—1993.03	
张国勇	1993.03—2001.05	
房泽国	2001.05—2002.11	
刘希森	2002.11—	

长清区(县)人民医院　1946年，建立卫生院。1948年年底，成立长清县人民政府卫生院。1950年4月，更名为长清县卫生院。1956年，更名为长清县人民医院。1986年，设党总支，科室33个。1987年6月，定为局级单位。2002年5月，长清县人民医院改称济南市长清区人民医院。2008年，设有科室69个，有干部职工478人。

党总支书记

孙洪福	1987.06—1990.05	
曹善富	1990.05—1998.08	
房泽国	1998.08—2002.11	
阮　军	2002.11—2008.09	
宋信亮	2008.09—	

院　长

孙洪福	1987.06—1990.05	
	1990.05—1991.03	空缺
宋长贵	1991.03—1993.03	
房泽国	1993.03—2001.05	
阮　军	2001.05—2008.09	
宋信亮	2008.09—	

长清区(县)中医医院　1983年4月，成立长清县中医医院。1984年9月，成立党支部。1986年，设有科室9个，职工74人。1987年6月，定为局级单位。1988年，加挂长清扁鹊医院。1993年5月，成立党总支。2002年5月，更名为济南市长清区中医医院。2008年，区中医医院设有科室58个，职工271人。

书　记

宋长贵	1989.06—1991.03	
李玉文	1991.03—1998.10	
赵德峰	1998.10—2002.02	
	2002.02—2002.11	空缺
韦传湖	2002.11—2005.04	
宋信亮	2005.04—2008.09	
杨明利	2008.09—	

院　长

宋长贵	1987.06—1991.03	

李玉文　1991.03—1998.10
赵德峰　1998.10—2002.02
　2002.02—2003.09　空缺
宋信亮　2003.09—2008.09
杨明利　2008.09—

长清区(县)红十字会　1981年8月,在许寺公社成立红十字会。1982年12月,长清县红十字会正式成立,为正局级事业单位,会长由区政府分管领导兼职。万德、城关、孝里、张夏、归德5个镇及长清县人民医院、长清县中医医院相继建立红十字会。2006年3月,长清区卫生学校整建制划转长清区红十字会,编制5人。

会　长

李玉芝(女)　1984.04—1990.10
赵保健(女)　1990.10—1993.03
赵文平　1993.03—2003.04
徐　宾　2003.04—2004.10
李本文　2004.10—

副会长

田忠民　1984.11—1990.03
孙洪福　1990.03—1997.03
孟凡森　1997.03—2007.01
孙建军　2007.01—

长清区(县)爱国卫生运动委员会　1952年,成立长清县防疫委员会。1953年,改为长清县卫生委员会。1954年,在县卫生委员会的基础上,成立长清县爱国卫生运动委员会,县委书记李元明兼任主任,县长张凤荣兼副主任,日常工作由县卫生防疫站站长负责。1979年起,爱国卫生运动委员会在县卫生防疫站设办公室,配备人员4名,负责爱卫会的日常工作。1994年4月,明确长清县爱国卫生运动委员会办公室为正局级单位,行政编制6人,隶属于县政府领导。2004年9月,隶属于区卫生局管理,事业编制6人。2008年,设综合科,实有6人。

主任委员

李玉芝(女)　1984.03—1990.11
赵保健(女)　1990.11—2000.06
赵文平　2000.06—2004.11
周宝华　2004.11—2008.04
李本文　2008.04—

副主任委员

田忠民　1984.03—1990.10
王学礼　1987.07—1990.10
田友胜　1987.07—1990.10
于时民　1987.07—1990.10
韩道亮　1990.11—2003.03
张瑞金　1990.11—2003.03
李文德　1990.11—1993.02
张国勇　1993.03—2003.03
郝兆芳(女)　2003.03—2004.11
徐　宾　2003.03—2004.11
李本文　2004.10—2008.04
于海波　2008.04—
董江萍(女)　2008.04—
刘希森　2008.04—
赵贵华　2008.04—
杨立新　2008.04—

爱卫会办公室主任

宋长贵　1994.04—2000.06
韦传湖　2000.06—2004.11
黄　华　2004.11—

长清区(县)文化体育局　1939年,长清县抗日民主政府设立文教科,负责文化、教育工作。1955年7月,文、教分离,成立文化科,辖文化馆、新华书店、电影队、人民剧场、京剧团等。1962年,县文化科、教育科合并为县文教局。1967年,改为宣教组,隶属于县革委政治部。1975年,成立文化局。1984年2月,改为文化广播事业局。是年10月,恢复文化局,辖文化馆、博物馆、图书馆、电影公司、灵岩寺文物管理所、人民剧场、豫剧团等7个单位。1992年12月,设立党组。1994年2月,文化局并入教育委员会成为教育委员会文化办公室。是年7月,撤销教育委员会文化办公室,重新成立文化局。2000年6月,成立长清县文物局,与文化局合署办公,一套班子,两块牌子。2002年11月,长清区文化体育局成立,挂文物局牌子,局内设办公室、文体科、文管科,辖济南市豫剧团、竞技体育运动学校、文化馆、博物馆、图书馆、文物管理所、文化市场稽查队、文物保护队、人民剧场、电影公司等10个单位,其中济南市豫剧团、竞技体育运动学校为副局级事业单位。

文化局

书 记

谭田祥	1986.01—1989.05	
	1989.05—1990.05	空缺
徐洪亮	1990.05—1994.02	
	1994.02—1994.07	机构撤销
徐洪亮	1994.07—1995.05	
何卫国	1995.05—2001.05	
王传昌	2001.05—2002.11	

局 长

谭田祥	1986.01—1989.05	
	1989.05—1990.05	空缺
徐洪亮	1990.05—1994.02	
	1994.02—1994.07	机构撤销
徐洪亮	1994.07—1995.05	
何卫国	1995.05—2002.11	

文化体育局(文物局)

书 记

王传昌	2002.11—2004.06
王长瑞	2004.06—2007.03
马洪昌	2007.03—

局 长

何卫国	2002.11—

长清区(县)广播电视局 1950年,设置长清县收音站。1958年,成立县广播站。1959年10月,撤销长清县建制后,归历城县广播站。1961年5月,恢复长清县广播站。1975年11月,成立县革委广播事业管理局。1984年2月,县文化局和县广播事业局合并为文化广播事业局。是年10月,文化、广播分开,改为长清县广播电视局。1986年,长清县广播电视局设办公室、财务科、技术科、线路科、编辑部、事业科,共有干部职工38人,辖家电公司、11个乡镇广播站。1992年11月,县广播电视局设立党组。1993年1月,建立长清人民广播电台、长清电视台,均为副局级事业单位;8月,长清电视台升格为局级事业单位;10月,长清人民广播电台升格为局级事业单位。1994年7月,成立广播电视发展中心,局级事业单位,实行企业化管理,隶属于广播电视局,编制8人。1996年4月,局台合一。2002年5月,长清县广播电视局改称长清区广播电视局。2002年12月,有线电视网络上划济南农村广电网络有限公司。2008年,广播电视局设办公室、财务科、社会管理科,辖长清广播电台、电视台。

书记(局长)

陈 英	1982.03—1990.04
肖明峰	1990.04—1994.02
焦景勇	1994.02—2004.03
齐守才	2004.03—

广播电台

台 长

	1993.10—1996.04	空缺
焦景勇	1996.04—2004.03	
齐守才	2004.03—	

电视台

台　长

	1993.08—1996.04	空缺
焦景勇	1996.04—2004.04	
齐守才	2004.04—	

广播电视发展中心

主　任

	1994.07—2007.04	空缺
吴广文	2007.04—	

济南农村广电网络有限责任公司长清分公司 1993年12月1日，长清有线电视台正式成立。1996年4月，成立乡镇有线电视安装公司。1997年4月，长清县广播电视局成立长清县有线广播电视传输网建设领导小组办公室。2002年12月，有线电视传输业务从长清区广播电视局析出，上划至济南市广播电视局，由济南市广播电视局网络中心代管。2004年11月，成立济南农村广电网络有限责任公司长清分公司。

经理(台长)

焦景勇	2002.12—2004.03	
齐守财	2004.03—2004.10	
	2004.10—2005.01	空缺
杨方成	2005.01—2006.08	
颜景国	2006.08—	

长清区(县)科学技术局 1958年，建立县科学领导小组。是年，建科学工作委员会(简称科委)。1959年5月，全县各公社均设科委。是年10月，撤销长清县建制，长清县科委并入历城县科委。1961年5月，恢复长清县建制，县科委恢复。1962年秋，县科委撤销，其职能并入宣传部。1964年4月，恢复县科委。1968年，县科委撤销。1971年，长清县革命委员会生产指挥部设科技组，隶属于县计委。1975年，设长清县革命委员会科技办公室。1977年12月，恢复长清县科学技术委员会，辖计量所、地震办公室。1986年，县科委设办公室、科技计划科、科技干部科，干部职工12人。1987年4月，成立长清县科技开发服务中心(科股级)，事业编制3人，隶属于县科委。1992年11月，设立党组。1994年，县科委设办公室、综合计划科、科技管理科、技术市场科，干部职工20人。1995年，县科协与科委合署办公，干部职工22人。1996年，县科协单独设置。2002年11月，长清区科学技术委员会更名为长清区科学技术局。是年，机构改革行政编制调整为9人、工勤1人，设有办公室、综合计划科。12月，组建区地震局，编制3人，为全额预算管理事业单位，隶属于区科学技术局管理。2004年4月，长清区地震局职能及人员整建制划转区科学技术局。2005年11月，撤销区科技开发服务中心，成立区科技创新服务中心，事业编制5人，由区科学技术局管理。2007年1月，长清区知识产权局成立，定编3人(编制从区科技创新服务中心调剂，调剂后区科技创新服务中心编制为2人)，隶属于区科技局管理。2008年，长清区科学技术局设办公室、发展规划科、科技推广科(挂地震办公室牌子)，行政编制10人，辖区知识产权局、科技创新服务中心。

书记、局长　(主任)

杨常之	1985.10—1992.03
郝兆远	1992.03—2005.05
武孟臣	2005.05—

长清区(县)地震局

局　长

尹建国	2004.04—2007.11
武孟臣	2007.11—

长清区知识产权局

局　长

张洪英(女)	2007.04—2008.10
樊　敏	2008.10—

长清区人口和计划生育局 1963年4月，成

立长清县计划生育工作委员会。1964年,设立县计划生育工作委员会办公室,为科局级机构。1967年“文化大革命”初期,县计划生育机构瘫痪。1970年4月,恢复县计划生育工作委员会及其办公室。1972年12月,县计划生育工作委员会改为县革委计划生育领导小组,下设县革委计划生育办公室。1973年,各公社均设立计划生育办公室。1982年3月,更名为县计划生育局。1984年4月,改为县计划生育委员会;12月,成立长清县计划生育宣传技术指导站,各乡镇建立计划生育服务站。1986年,县计划生育委员会设办公室、业务科。1987年9月25日,长清县计划生育协会成立。1992年10月,长清县计划生育协会办公室成立,为正局级事业单位。是年11月,县计划生育委员会设立党组。1993年5月,长清县计划生育宣传技术指导站为副局级事业单位。1997年12月10日,长清县流动人口计划生育管理办公室成立,为副局级事业单位。是年,县计划生育委员会设办公室、宣传教育科、统计规划科、财务科、法规信访科、科技办公室、药具管理站、流动人口计生管理办公室、县直计划生育办公室。2002年9月,更名为长清区计划生育局。2005年5月,更名为长清区人口和计划生育局。2008年,局内设办公室、财务科、政工科、信访政策法规科、统计科、宣教科、药管站、区直计划生育办公室、总务科、科技中心,辖计划生育协会办公室、区计划生育宣传技术指导站和流动人口计划生育管理办公室,共有干部职工63人。

书记、局长(主任)

李玉军	1985.07—1990.05	
	1990.05—1990.12	空缺
董海涛	1990.12—1993.03	
王春红(女)	1993.03—2001.05	
张卫华	2001.05—	

计划生育协会办公室

主　任

	1992.10—1993.03	空缺
张振禄	1993.03—2001.06	
贾绪英(女)	2001.06—	

长清区(县)新华书店　1948年10月,长清县新华书店成立,隶属于泰安地区新华书店。1978年12月,归属济南市新华书店。1986年,长清县新华书店内设财务股、业务股、储运股、农村流动供应股、机关服务部、县店中心门市部,下辖张夏、马山2个乡镇门市部,共有干部职工29人。2002年5月,更名为长清区新华书店。2008年,长清区新华书店内设办公室、财务科、业务科、教材发行科、中心门市部,下辖张夏、马山、万德、孝里4个乡镇门市部,共有干部职工47人。

书记、经理

王兴泰	1985.11—1987.06
王振海	1987.07—1996.06
徐汉生	1996.07—

长清区财贸办公室　1953年7月,设立长清县财委。1955年5月,改为长清县财贸部。1961年5月,设立财贸办公室。1966年8月,“文化大革命”期间机构瘫痪。1974年7月,恢复设立财贸办公室。1979年4月,改称财政贸易委员会。1983年10月,改称财贸办公室。1992年,增设商业网点管理办公室,为副局级事业单位。1993年5月,改称财政贸易委员会,并设立党委。1996年4月,增设生猪定点屠宰管理办公室,为正局级事业单位。2002年12月,改称长清区人民政府财贸办公室。2005年4月,生猪定点屠宰管理办公室和商业网点管理办公室撤销。2008年,区财办设办公室、资本市场处、金融协调服务处,干部职工10人。

书　记

薛正喜	1985.05—1990.04
潘兆刚	1990.04—1998.04
张立合	1998.04—2000.06
刘建国	2000.06—

主　任

薛正喜　1985.05—1990.04
潘兆刚　1990.04—1998.04
焉立勤　1998.04—2000.06
张立合　2000.06—2008.01
朱广山　2008.01—

生猪定点屠宰管理办公室

主　任

崔绪成　1996.04—2000.04
　　　　2000.04—2001.01　空缺
程家亮　2001.01—2004.03
　　　　2004.03—2005.04　空缺

长清区(县)财政局　1939年6月，长清县抗日民主政府成立，设财政科。1956年，改科为局。1959年10月，撤销长清县制时撤销。1961年5月，恢复长清县制后，恢复财政局。1967年2月，"文化大革命"中撤销。1968年3月，设立县革委财税组。1971年3月，改为财政税务局。1980年，分为财政、税务两局，仍合署办公。1983年，两局正式分开办公，财政局内设人秘监察、预算、农财、企财4个股。1986年，局设预算科、行财科、企财科、办公室，干部职工26人。1992年11月，设立党组。2002年5月，更名为长清区财政局，设办公室、预算科、行财科、农财科、社保科、国资科和区财政监督局(正处级)。2008年，区财政局设办公室、预算科、行财科、农财科、社保科、国资科，辖工资发放管理中心、预算外资金管理局、政府采购办公室、政府投融资管理中心、机关事业单位资金核算中心、国资局6个局级事业单位，干部职工55人。全区设乡镇(街道)财政所10个。

书记、局长

王耀东　1975.04—1990.12
顾建军　1990.12—1998.04
井永平　1998.04—2000.06
宋云福　2000.06—2003.03
马训生　2003.03—2008.04
呼　强　2008.04—

长清区(县)财政监督局　1990年11月，成立长清县税收、财务、物价大检查办公室。1998年12月，更名为长清县财政监督局。2002年5月，更名为长清区财政监督局。

局　长

　　　　1990.11—1991.03　空缺
王家云　1991.03—1992.03
顾建军　1992.05—1993.03
杨存俊　1993.03—2001.06
陈延顺　2001.06—

长清区(县)国有资产管理局　1992年4月，成立长清县国有资产管理局，副局级事业单位。1995年1月，升格为局级事业单位。

局　长

顾建军　1995.02—1996.04
李继堂　1996.04—1998.04
卢宪水　1998.04—

长清区政府投融资管理中心　1992年9月，成立长清县经济开发投资公司。1997年11月，更名为长清县经济开发投资中心。2005年8月，更名为长清区人民政府投融资管理中心。2005年9月，组建长清区国有资产运营有限公司与区政府投融资管理中心一个机构、两个牌子。

总经理(主任)

顾建军　1992.09—1994.02
房士琪　1994.02—1998.04
宋云福　1998.04—2005.08
　　　　2005.08—2007.04　空缺
张海水　2007.04—

长清区(县)预算外资金管理局 1996年10月，成立长清县预算外资金管理局，局级事业单位。1998年7月,成立长清县会计事务管理局,局级事业单位,与预算外资金管理局一个机构、两个牌子。2002年5月,更名为长清区预算外资金管理局、长清区会计事务管理局。

局 长

	1996.10—1998.04 空缺
房士琪	1998.04—

长清区(县)工资发放管理中心 2000年6月,成立长清县工资发放管理中心,局级事业单位。2002年5月,更名为长清区工资发放管理中心。

主 任

马训生	2000.06—2008.04
呼 强	2008.04—

长清区机关事业单位资金核算中心 2003年11月,组建长清区机关事业单位资金核算中心,局级事业单位。

主 任

许长征(女)	2005.05—

长清区(县)商业局(集团总公司) 1948年9月,成立长清县工商科。1956年,撤销县工商科,成立县商业局,设秘书、会统、业务、物价4股,先后建立食品公司、油脂公司、烟酒专卖公司、贸易公司、百货公司、花纱布公司(后改称纺织品公司)、药材公司、副食品加工厂。1957年1月,成立县服务局,商业局将所属烟酒专卖公司、食品公司和饮食服务公司移交县服务局。1958年6月,服务局、县供销社与商业局合并,统称长清县商业局。1959年10月,撤销长清县建制时撤销。1961年5月,恢复长清县建制时恢复长清县商业局。是年,增设煤建公司。1976年7月,增设蔬菜公司。1977年,增设石油公司、五金交电化工公司。1978年5月,煤建公司划归物资局;12月，商业局机关设人秘科、业务科、财务统计科、物价科、工会、团委。1979年10月,药材公司划属济南药材站。1984年2月,增设商业综合公司;11月,商业局党组改设商业局党委。1985年5月,设立蔬菜办公室;是年,长清县商业局设人秘科、业务科、会计科、宣教科、蔬菜办、保卫科、工会、团委,辖百货公司、五金交电化工公司、食品公司、石油公司、副食品公司、蔬菜公司、综合公司、饮食公司、服务公司、副食品加工厂,共有干部职工943人，其中干部165人、全民职工456人、集体职工322人。1986年10月,蔬菜办划归农委管理。1988年1月,县石油支公司改由市石油分公司和县财贸办共同管理。1992年3月,长清县副食品加工厂更名为济南市食品酿造厂。1993年12月9日,长清县商业局整建制转为济南市长清商业集团，同时成立济南市长清商业集团总公司,保留长清县商业局牌子。1994年5月,肉类食品经营公司成立;6月,食品公司破产。10月,糖茶酒水采购供应站成立；年底，副食品公司破产。1995年12月,银河商厦竣工开业。1997年2月,业务科、宣教科分别改为企管科、政工科。1997年,总公司设办公室、财务科、企管科、政工科、安储科和工会、团委,辖银河商厦、百货大楼、百货公司、五金公司、糖茶酒水采购供应站、肉类食品经营公司、饮食公司、服务公司、蔬菜公司、食品酿造厂(原副食品加工厂)10家企业，共有干部职工811人。2008年,商业局设办公室、企管科、政工科、财务科、审计科、安储科和工会、团委,辖百货公司、五金交电公司、银河商厦责任有限公司、糖茶酒水供应站、肉类食品经营公司、蔬菜公司、饮食公司、服务公司、食品酿造厂9家企业，共有干部职工670人,其中局机关17人。

党委书记

辛化河	1984.03—1986.06
李锡玉	1986.06—1989.04

孔凡礼	1989.04—1991.11
郝庆柱	1991.11—1994.02
陆继信	1994.02—2000.10
李全升	2000.10—2003.09
杜善忠	2003.09—2007.12
孟黎明	2008.01—

局长(总经理)

辛化河	1984.03—1986.06
李锡玉	1986.06—1989.04
孔凡礼	1989.04—1991.11
焉立勤	1991.11—1998.03
李全升	1998.03—2003.09
孟黎明	2003.09—

长清区(县)物资局(集团总公司) 1961年6月,建立长清县物资局。1962年,县物资局撤销,由县计划委员会代管。1963年年初,县物资局恢复。是年7月,县商业局所属煤业建筑器材公司所经营的木材划归物资局,成立物资综合公司和木材经营组。1971年3月,成立县革委物资局。1977年,局设办公室和业务、财务、储运3个组。1978年5月,煤建公司由商业局系统划归物资局,改称长清县燃料公司。是年,在马山、万德成立物资供应站。1980年9月,长清县革委物资局改为长清县物资局。1983年4月,组建木材公司、金属建材公司、机电化轻公司。1986年8月,长清县物资服务公司改名为长清县生产资料服务公司,长清县物资局待业青年门市部改名为长清县物资局青年服务公司;12月,建立长清县物资商场、物资回收公司;是年,局设办公室、业务科、财务科、审计科。1987年1月,长清县青年服务公司改名为长清县物资回收公司。是年,在马山镇建立物资供应站。1988年2月,成立长清县物资综合公司。是年,长清县物资回收公司改名长清县物资再生综合利用公司。1990年12月,设立物资局党委。1992年,组建长清县鲁清建筑安装工程公司。1993年1月8日,经济南市体改委、济南市计划委、济南市经委批准,长清县物资局整建制转为济南长清物资集团,并成立集团总公司,为中型一企业,保留物资局牌子,局设办公室、财务科、审计科,辖金属建材、物资商场、燃料、木材、机电化轻、物资回收、物资综合、鲁清建安8个专业公司。是年8月,组建长清县物资服务中心、齐鲁远东贸易总公司长清公司、济南市长清鲁闽实业公司、长清县汽车贸易公司。1994年8月,成立长清县物资贸易中心。1996年12月,组建长清县建筑材料贸易中心、长清县机电化轻销售中心,金属公司、机电公司、综合公司依法破产。1997年8月,燃料公司分离后组成原燃料公司、煤炭供应中心、燃料销售中心3个独立法人单位;10月,物资再生综合利用公司改为长清县物资再生有限责任公司,燃料销售中心改为长清县燃料销售有限责任公司。1998年4月,组建长清县民爆器材专卖站;下半年,木材公司、物资商场、鲁清公司、物资协作公司、物资服务中心、物资贸易中心、汽贸公司、鲁闽事业公司相继停业。2003年4月,将机电化轻销售中心撤销,人员及资产(东山药库除外)划归建材贸易中心管理,东山药库由民爆器材专卖站管理。2008年,集团总公司设党政办公室、纪检办公室、工会办公室、财务科、综合管理办公室,辖民爆器材专卖站、燃料公司、煤炭供应中心、燃料销售中心、建材贸易中心。

县物资局

书记、局长

朱敬保	1985.09—1993.03

区(县)物资集团总公司

党委书记

朱敬保	1993.03—1995.04
曹修平	1995.04—1998.04
杜玉国	1998.04—2001.05
石文平	2001.05—

董事长

朱敬保	1993.03—1995.06
曹修平	1995.06—1996.08
杜玉国	1996.08—2001.05

石文平	2001.05—	

总经理

朱敬保	1993.03—1995.06	
	1995.06—1996.08	空缺
杜玉国	1996.08—2001.05	
石文平	2001.05—	

长清区（县）供销合作社联合社 1948年9月，长清县城解放，县政府接管青年消费合作社，改称前进社。1949年3月，建立长清县合作推进社。1950年8月，改称长清县合作社总社。1951年4月，改名为长清县合作社联合社。1954年，更名为长清县供销合作社。1958年6月，服务局、县供销社与商业局合并，统称长清县商业局。1961年9月，商业局与县供销合作社分开办公。1966年，“文化大革命”期间，县社原机构全部解体，成立革命生产领导小组。1968年12月，成立长清县供销合作社革命委员会。1976年4月，改称长清县供销合作社。1984年4月，县社总支改称县社党委。1984年6月，改称长清县供销合作社联合社。1993年12月，整建制转为济南市长清县供销合作社集团。1994年4月，成立集团总公司，保留供销合作社联合社牌子。2002年5月，更名为济南市长清区供销合作社联合社。2008年，设办公室、企业管理办公室、财务科、审计科、基建科、人事科、基层科，辖济南市长清区土产杂品公司、济南市长清区农业生产资料公司、济南市长清区再生资源公司、济南市长清区供销大厦、济南市金合作商贸有限公司以及业务指导下的10处基层社。

书　记

段德荣	1985.05—1986.03	
王永臣	1986.03—1988.03	
	1988.03—1988.08	空缺
陈兆坤	1988.03—1993.03	
宋金忠	1993.03—1995.04	
李昌华	1995.04—1998.08	
赵德荣	1998.08—2002.05	
李昌华	2002.05—2004.10	
胡光华	2004.10—	

理事会主任

曹恒才	1985.05—1986.03
闫正礼	1986.03—1987.04
陈兆坤	1987.04—1991.03
宋金忠	1991.03—1994.04

理事会主任（总经理）

宋金忠	1994.04—1995.04
赵德荣	1995.04—1998.10
李昌华	1998.10—2004.10
胡光华	2004.10—

长清区（县）档案局 1961年11月，设档案科。1963年2月，长清县档案局成立，与长清县档案馆一套班子，两个牌子，合署办公。“文化大革命”期间档案局改成档案组。1979年11月，恢复档案局。1992年11月，设立党组。1994年2月，撤销长清县档案局，保留长清县档案馆，中共长清县委党史资料征集研究委员会和长清县志办公室并入档案馆。1994年8月，恢复长清县档案局，局馆合一，一个机构两块牌子，正局级单位，局内设办公室、党史科、县志科、档案管理科、业务指导科。1996年12月，县志科从档案局分出。1997年12月，党史科从档案局分出。2002年5月，长清县档案局（馆）更名为济南市长清区档案局（馆），档案局内设机关文书指导科、法规和科技指导科、档案管理科、办公室，编制15人。2008年，有工作人员12人。

书记、局（馆）长

陈法兰	1979.11—1987.03
张富聚	1987.03—1993.03
韩春时	1993.03—1994.02
王立才	1994.02—2001.05
马忠平	2001.05—

长清区(县)机关行政事务管理局 1961年5月,设行政科。"文化大革命"期间撤销。1980年4月,建立长清县委、长清县革委行政科。1986年1月,长清县行政科和长清县旅游公司合并,成立长清县旅游行政管理局。1989年4月,撤销长清县旅游行政管理局,成立长清县机关行政事务管理局,行政编制25人。2002年5月,改称长清区机关行政事务管理局。2006年7月,长清区机关行政事务管理局转为事业单位,编制27人。2008年,局内设办公室、综合管理科、财务科,编制27人,实有32人。

书 记

庄延节	1986.01—1989.11	
	1989.11—1990.03	空缺
王树泉	1990.03—1993.05	
卢宪震	1993.05—1997.02	
李志国	1997.02—1998.05	
刘希森	1998.05—2003.04	
陈元成	2003.04—2004.11	
周 胜	2004.11—	

局 长

赵光君	1986.01—1989.05
董梦禄	1989.05—1989.11
王树泉	1989.11—1993.03
曹玉柱	1993.03—1996.04
卢宪震	1996.04—1998.04
刘希森	1998.04—2002.11
陈元成	2002.11—2004.11
周 胜	2004.11—

长清区(县)旅游局 1986年1月,县旅游公司与县行政科合并,设立旅游行政事务管理局。1989年4月,长清县行政旅游事务管理局撤销,设立旅游外事侨务办公室,隶属于政府办公室。1991年12月,长清县旅游办公室成立。1994年2月,机构改革时撤销,并入政府办公室。1995年4月,设立长清县旅游办公室,隶属于县政府办公室。1996年10月,更名为长清县旅游局,从县政府办公室析出,为局级单位,编制7人。1998年1月,成立长清县旅游培训中心,隶属于县旅游局。1998年4月,设立党组。2002年5月,更名为济南市长清区旅游局。是年9月,设立党委。2005年11月,长清旅游培训中心更名为长清区旅游质量监督管理所,编制4人。2008年,旅游局设办公室,辖旅游质量监督管理所。

书 记

张殿义	1998.04—2001.05
朱广山	2001.05—2008.01
王云河	2008.01—

局长(主任)

谭田祥	1989.05—1991.12	
贾长祥	1991.12—1994.02	
	1994.02—1995.04	机构撤销
张殿义	1995.04—2001.05	
朱广山	2001.05—2008.01	
周振奎	2008.01—	

长清区(县)灵岩寺旅游区管理委员会 1979年,成立长清县灵岩寺文物管理所,隶属于长清县文化局。1989年4月,更名为长清县灵岩寺旅游区管理委员会,为副局级事业单位,设7个科室,共69人;6月,长清县灵岩寺文物管理委员会成立,与灵岩寺旅游区管理委员会一个机构两块牌子。1992年5月,成立济南市灵岩寺旅游开发总公司,隶属于长清县政府。1993年6月,长清县灵岩寺旅游区管理委员会升格为正局级事业单位,实行企业化管理,下设17个科室。1996年8月,党支部改设党总支。2002年5月,更名为济南市长清区灵岩寺旅游区管理委员会,设有办公室、财务科等13个科室,编制182人。2008年,长清区灵岩寺旅游区管理委员会,下设13个科室,共156人。

书　记

李庶生　　1993.06—1996.08
范玉贵　　1996.08—2003.04
王长瑞　　2003.06—2004.06
王传昌　　2004.06—

主　任

李庶生　　1993.06—1996.08
王长瑞　　1996.08—2004.06
王传昌　　2004.06—

长清区(县)五峰山旅游区管理委员会　1985年7月,长清县五峰山旅游开发公司成立。1991年12月,更名为长清县五峰仙庄旅游文物管理处,副局级事业单位。1994年2月,升格为正局级事业单位,实行企业化管理。1995年5月,五峰山林场划归五峰仙庄旅游文物管理处管理。1997年5月,长清县五峰山旅游区管理委员会成立,与长清县五峰仙庄旅游文物管理处实行一套机构两块牌子,设办公室、财务科、保卫科、宾馆、综合科、检票科、林场等部门,编制184人。2000年6月,成立党总支,设机关支部、保卫支部、宾馆支部。2008年,五峰山旅游区管理委员会设办公室、财务室、营销科、检票科、售票科、环卫科、基建科、后勤科8个科室,编制123人,实有166人。

书　记

刘长昆　　1994.02—2000.03
刘新华　　2000.03—2004.04
张祥一　　2004.04—2007.07
　　　　　2007.07—2008.09　空缺
朱吉军　　2008.09—

主　任

刘长昆　　1994.02—2002.10
　　　　　2002.10—2004.04　空缺
张祥一　　2004.04—2007.07
　　　　　2007.07—2008.09　空缺
朱吉军　　2008.09—

长清区(县)莲台山度假村风景区管理处　1992年5月,成立长清县娄敬洞山旅游区管理所,为全额事业单位,编制3人。1993年3月,成立长清县莲台山风景区管理处。1994年1月,成立长清县莲台山旅游管理处和长清县莲台山度假村,正局级单位,一个机构两块牌子,实行企业化管理,隶属于长清县财政局,设办公室、财务部、基建维修部、动力设备部、保卫部;5月,设党支部。2002年5月,更名为长清区莲台山度假村风景区管理处、长清区莲台山度假村,设有莲台山庄、莲台宾馆、莲台别墅、康乐中心及旅游文物部5个经营部门和办公室、财务科、保卫科、基建维修及动力设备部5个后勤保障部门,编制76人。2008年,实有102人。

书　记

顾建军　　1994.05—1998.04
井永平　　1998.04—2000.06
宋云福　　2000.06—2003.08
闻洪宝　　2003.08—2008.04
邢庆凯　　2008.04—

主任(经理)

宋云福　　1994.02—1998.04
庞　涛　　1998.04—2000.08
刘清忠　　2000.08—2003.08
闻洪宝　　2003.08—2008.04
邢庆凯　　2008.04—

长清区(县)外商投资企业管理局　1995年4月18日,长清县外商投资企业管理局成立,为局级事业单位,定编5人。是年6月,设立党组。2002年5月,更名为长清区外商投资企业管理局。2002年9月,撤销区外商投资企业管理局。

书记、局长

　　　　　1995.04—1995.05　空缺

宋金忠　　1995.06—1998.04
朱广山　　1998.04—2001.05
王庆波　　2001.05—2002.09

长清区招商局　2002年9月17日，撤销区外商投资企业管理局，组建济南市长清区招商局，为全额预算管理局级事业单位，隶属于区政府办公室管理，内设办公室、项目科、综合信息科，编制10人。

书记、局长

王庆波　　2002.09—2003.03
武孟臣　　2003.03—2004.04
孙宝良　　2004.04—

长清区行政审批服务中心　2002年4月，长清县政务中心成立，为县委、县政府派出的非在编的常设机构。2005年8月，更名为济南市长清区行政审批服务中心，为正局级全额预算管理的事业单位，编制8人，内设办公室、业务科。2006年8月，设立党组。2008年，长清区行政审批服务中心内设办公室、业务科，实有5人，辖长清区政务大厅。

书　记

李　宏　　2006.08—

主　任

刘凤泉　　2002.04—2006.03
孟宪德　　2006.03—2007.07
李　宏　　2007.07—

长清宾馆　始建于1986年，1987年5月正式营业。1993年3月，升格为局级单位。

书　记

郝延忠　　1993.03—1996.04
刘希森　　1996.04—1998.04
周　胜　　1998.04—2004.10
杨素英（女）　　2004.10—2005.08
　　2005.08—2006.03　空缺
齐爱芳（女）　　2006.03—

经　理

郝延忠　　1993.03—1996.04
王兴孝　　1996.04—2004.06
　　2004.06—2004.11　空缺
杨素英（女）　　2004.11—2005.08
　　2005.08—2006.03　空缺
齐爱芳（女）　　2006.03—

第四章　政协长清区（县）委员会及其工作机构

第一节　政协长清区（县）委员会

1983年，中国人民政治协商会议山东省长清县第一届委员会筹备委员会成立。1984年4月6日，成立中国人民政治协商会议山东省长清县委员会，设办公室、经济咨询服务科、组织宣传科；同时设党组。1990年12月，撤销组织宣传科、经济咨询服务科，设立学习提案委员会、文史社会文教卫生委员会、经济科技委员会、三胞联谊委员会。1998 年 4 月，三胞联谊委员会更名为港澳台侨委员会。2002 年 5 月更名为政协济南市长清区委员会。2008 年，区政协设办公室、学习提案委员会、文史社会文教卫生委员会、经济科技委员会、三胞联谊委员会。

党组书记

董林洲	1984.04—1986.04	
	1986.04—1987.04	空缺
桑云芳	1987.04—1990.02	
陈淑水	1990.02—1996.03	
郭恩庭	1996.03—2001.01	
张化富	2001.01—2006.12	
周宝华	2006.12—	

主　席

董林洲	1984.04—1986.04	
	1986.04—1987.04	空缺
桑云芳	1987.04—1990.02	
陈淑水	1990.02—1996.02	
郭恩庭	1996.02—2003.01	
张化富	2003.01—2007.12	
周宝华	2007.12—	

副主席

董信荣	1984.04—1987.04
韩方顺	1984.04—1990.02
韩密山	1984.04—1990.02
谯廷祥	1986.04—2001.03
傅佃三	1987.04—1990.02
罗辑明	1987.04—1998.01
李玉芝(女)	1990.02—1993.01
林开兴	1990.02—2003.01
刘振铎	1990.02—2003.01
邱兆虎	1990.02—2003.01
徐立英(女)	1993.01—2003.01
张瑞金	1996.02—2007.12
李良森	1998.01—2007.12
张化富	2001.03—2003.01
井永平	2001.03—
赵文平	2003.01—2007.12
宋云福	2003.01—2007.12
时华勤(女)	2003.01—2007.12
周宝华	2007.01—2007.12
赵贵华	2007.12—
王圣才	2007.12—
张　勇	2007.12—
郭卫东	2007.12—
赵　洁(女)	2007.12—

第二节　政协长清区(县)委员会工作机构

办公室主任

李文德	1984.04—1990.03	
	1990.03—1990.12	空缺
郝延忠	1990.12—1993.03	
闫正礼	1993.03—1997.04	
史文成	1997.04—2001.05	
刘学功	2001.05—	

组织宣传科科长

	1984.04—1990.05	空缺
陈　英	1990.05—1990.12	

经济咨询服务科科长

王绍江	1984.11—1986.11
闫正礼	1986.11—1990.12

学习提案委员会主任

陈　英	1990.12—1992.03
曹文景	1993.03—1995.04
毕玉伟	1995.04—1998.04
曹文景	1998.04—1999.10
张守元	1999.10—2007.03
董传堂	2007.03—2008.01

	2008.01—2008.09	空缺
袁 浩	2008.09—	

文史社会文教卫生委员会主任

	1990.12—1993.03	空缺
张善俊(女)	1993.03—2001.05	
	2001.05—2003.10	空缺
刘海艇	2003.10—2004.07	
王 强	2004.07—	

经济科技委员会主任

闫正礼	1990.12—1993.03	
岳庆禄	1993.03—1994.02	
安兴桂	1994.02—2001.05	
路兆丰	2001.05—2004.07	
李鸿伟	2004.07—	

港澳台侨委员会主任

林开兴	1990.12—1995.04	
曹文景	1995.04—1998.04	
董献德	1998.04—2004.06	
	2004.06—2004.10	空缺
高 英(女)	2004.10—	

第五章 济南经济开发区管委会及其工作机构

第一节 济南经济开发区管委会

1996年4月，长清县工业区管理委员会办公室成立,为局级单位。1998年1月,更名为济南市工业园(南区)管理委员会,为县级事业单位。2000年9月，正式成立济南经济开发区管理委员会和中共济南经济开发区管理委员会，为市政府派出机构,正局级建制,下设党政办公室、经济发展局、建设局、财政局、社会事务局,均为处级建制。2004年8月，济南经济开发区管理委员会不再作为市政府派出机构交由长清区管理。10月,撤销社会事务局,组建开发区招商局。12月,成立济南经济开发区管委会社会事务局，为开发区管委会的非常设机构。是年12月,成立中共济南经济开发区管理委员会党组。2006年10月,撤销济南市农业高新技术开发区管理委员会，其管理职能移交济南经济开发区管理委员会。2007年1月,在平安街道加挂济南经济开发区社会事务局的牌子，同时成立济南经济开发区综合服务中心。是年3月,济南经济开发区管理委员会加挂济南市农业高新技术开发区管理委员会牌子，内部机构增设农业高新技术发展局,处级建制。同时,成立中共济南市长清区委济南经济开发区（济南市农业高新技术开发区)工作委员会。至2008年,济南经济开发区管理委员会下设党政办公室、经济发展局、建设局、财政局、招商局、社会事务局、农业高新技术发展局，在平安街道加挂济南经济开发区社会事务局的牌子。

长清县工业区管理委员会办公室

主 任

陈兆昌	1996.04—1998.01

济南市工业园(南区)管理委员会

主　任

陈兆昌　　1998.01—1999.06

中共济南经济开发区委员会

书　记

许立全　　2000.09—2002.12
孙瑞祥　　2002.12—2004.09
　　2004.09—2004.11　空缺
顾建军　　2004.12—2006.10
孙瑞祥　　2006.10—

副书记

卞允斗　　2000.09—2001.02
万　里　　2000.09—2004.09
孙瑞祥　　2001.06—2002.12
陈兆昌　　2004.12—
张昭森　　2007.03—

纪委书记

赵保健(女)　2001.01—

济南经济开发区管理委员会

主　任

卞允斗　　2000.09—2001.02
孙瑞祥　　2001.06—2006.10
张昭森　　2006.10—

常务副主任

万　里　　2000.11—2004.09
顾建军　　2004.09—2006.10

副主任

陈兆昌　　2000.11—
陈广银　　2000.11—2004.08
王庆华　　2004.09—
马训生　　2008.03—
张振河　　2008.03—

第二节　济南经济开发区管委会工作机构

党政办公室

主　任

　　2000.09—2001.04　空缺
焉立勤　　2001.04—

经济发展局

局　长

　　2000.09—2003.06　空缺
刘　平(女)　2003.06—2004.10
张能河　　2004.10—2007.04
张　坚　　2007.04—

建设局

局　长

　　2000.09—2003.06　空缺
解汉忠　　2003.06—

财政局

局　长

　　2000.09—2003.06　空缺
呼　强　　2003.06—2008.04
闻洪宝　　2008.04—

招商局

局　长

刘　平(女)　2004.10—

农业高新技术发展局

局　长

司国强　　2007.04—

社会事务局

书　记

　　2000.09—2001.04　空缺

张能河	2001.04—2004.10	
	2004.10—2004.12	机构撤销
	2004.12—2007.02	空缺
周　杰	2007.03—	

局　长

	2000.09—2001.04	空缺
张能河	2001.04—2003.06	
宋家海	2003.06—2004.10	
	2004.10—2004.12	机构撤销
刘兴刚	2004.12—2007.03	
翟贵祥	2007.03—	

第六章　长清区(县)纪律检查委员会

1950年5月,成立长清县委纪律检查委员会。1956年2月，改为县委监察委员会。1959年10月,撤销长清县建制时撤销。1961年5月,恢复长清建制后,6月重新设立县委监察委员会。1966年,“文化大革命”开始后，撤销党的纪律检查机构。1979年6月，中共长清县纪律检查委员会恢复。1986年,县纪委设纪检办公室、经打办公室、纪检科、案件审理科、信访科、调查研究科6个副局级科室,共11人。1988年1月23日,长清县监察局成立,设办公室、监察科、信访科、审理科4科室,共9人。1989年4月,纪委下设的信访科、案件检查科、案件审理科、调研科统一改称室。1993年3月,县纪委与监察局合署办公,实行一套工作机构,两个机关名称,设办公室、信访室、调研室、案件审理室、案件检查室、执法监察室、党风廉政建设室7个副局级内设机构。2002年5月,更名为中共济南市长清区纪委检查委员会、长清区监察局。2003年5月,增设纠风执法监察室。2004年1月,纠风执法监察室明确为正局级内设机构。2008年,区纪委、区监察局下设办公室、党风室、执法监察室、案件检查室、案件审理室、信访室、调研室、纠风执法监察室8个科室,共有干部职工26人。

纪委书记

徐慎斋	1984.05—1990.03
潘德才	1990.03—1992.12
李连元	1992.12—1995.03
张化富	1995.03—1998.03
赵保健(女)	1998.03—2001.01
迟丽华(女)	2001.01—2002.04
高辅卿	2002.04—2002.12
江　林	2002.12—2006.12
李广贤	2006.12—

副书记

潘兆刚	1985.10—1990.03
张化富	1987.04—1990.03
张德芳	1990.03—1995.03
郝兆芳(女)	1990.03—1992.11
张绍武	1991.10—1997.03
李志华	1993.03—1998.03
贾玉珍(女)	1993.03—2002.09
徐士显	1996.04—2001.05
刘道辰	2001.05—
戴传华	2001.05—

监察局局长

张作敏	1988.01—1991.03
韩春时	1991.03—1993.03
张德芳	1993.03—1995.04

张绍武　1995.04—1997.03
徐士显　1997.03—2001.05
刘道辰　2001.05—

纠风执法监察室主任

邵家荣　2004.01—2005.04
谯新民　2005.04—

第七章　中国人民解放军长清区(县)人民武装部

1940年3月，长清县设立人民武装委员会(简称武委会)。1941年9月，长清县武委会改为峰山县武委会。1946年5月，峰山县武委会改为长清县武委会，各区均设武装委员。1950年4月，建立长清县人民武装部，隶属于泰安地区武装部。1952年2月，长清县人武部隶属于泰安军分区，下设军事股、政工股。1954年10月，县人民武装部加挂县兵役局牌子，一个机构两块牌子，保留人武部番号，设征集科、动员科、军官科、预备役统计科、民兵科。1958年9月，长清县划归济南市，隶属于济南市兵役局，局下设预备役军官科、征集科、动员科、民兵科、统计科。1959年10月，长清县兵役局(县人武部)随县建制一同撤销。1961年8月，恢复长清县建制后成立长清县人民武装部，隶属于泰安军分区，下设组织动员、作训、政工3个科。1978年11月，长清县武装部隶属于济南军分区。1981年3月，县人民武装部下设作动科、政工科、供管科。1986年6月20日，长清县人民武装部由军队序列改为地方建制，由军队正团级单位改为地方副县级单位，接受地方党委政府和军队系统的双重领导，下设办公室、军事科、政工科，科(室)为局级。1988年12月，增设后勤科、民兵工程兵训练基地、民兵装备仓库，训练基地和民兵装备仓库为副局级事业单位。1996年4月，长清县人民武装部由地方建制收归军队建制，称中国人民解放军长清县人民武装部，编制为正团级，接受军队系统和地方党委政府的双重领导，设军事、政工、后勤科，隶属于济南军分区。民兵工程兵训练基地为长清县全额拨款副局级事业单位，民兵装备仓库列长清县全额拨款正局级事业单位。2002年5月，改称济南市长清区人民武装部。2008年，设军事、政工、后勤科和民兵工程兵训练基地、民兵装备仓库2个事业单位，下辖10个乡镇(街道)武装部和1个区直武装部。

党委书记

贾文青　1984.02—1987.02
刘善友　1987.02—1991.07
李树山　1991.07—1995.01
雷建国　1995.01—1998.01
王荣玉　1998.01—1999.09
许立全　1999.09—2002.12
孙瑞祥　2002.12—

政　委

孙宜祥　1986.02—1987.06
1987.06—1988.05　空缺
王陆军　1988.05—1997.08
王振范　1997.08—2001.04
夏武军　2001.04—2005.05

王福军　2005.05—2008.02
王　伟　2008.02—

部　长

郭恩廷　1983.08—1990.06
王继玉　1990.06—1996.03
吕素材　1996.03—1999.01
孙世群　1999.01—2002.06
赵　虎　2002.06—2005.02
罗　矗　2005.02—2008.02
付少柱　2008.02—

副部长

张德芳　1985.11—1986.12
王继玉　1989.02—1990.03
吕素材　1992.06—1996.03
贾云国　1996.04—1997.12
高贵忠　1998.01—2001.01
董立林　2000.02—2000.11
邓奕宏　2000.02—2004.01
仲崇柱　2001.02—2001.11
王传元　2001.04—2003.06
王　伟　2003.01—2003.11
马士宝　2004.01—2005.03
丁立法　2005.04—2006.03
石文城　2006.02—2007.12
王　磊　2006.02—2007.12
潘兴强　2008.02—

第八章　长清区(县)人民法院

1939年，长清县抗日民主政府民事诉讼由县民政科兼理。1940年，成立长清县抗日民主政府司法科。1950年5月，成立长清县人民法院。1951年，设民事审判组和刑事审判组。1953年，先后设立婚姻法庭和普选法庭。1956年，设张夏人民法庭。1957年，设段家店人民法庭。1958年，法院、检察院和公安局三机关合并为政法部。1959年10月，撤销长清县建制，长清县政法部撤销。1961年，恢复长清县建制时恢复长清县人民法院。是年，改段家店人民法庭为马东人民法庭。1966年2月，设归德人民法庭。1968年，长清县公、检、法合并办公，实行军事管制。1973年，撤销军事管制，恢复长清县人民法院，下设刑事审判庭、民事审判庭以及张夏人民法庭、马东人民法庭、归德人民法庭和秘书室。1981年10月，设经济审判庭。1982年5月，增设许寺、孝里、五峰、万德、崮山、双泉6处人民法庭。1984年4月，成立政工组；12月，增设城关人民法庭。1986年，长清法院设刑事审判庭、民事审判庭、经济审判庭、办公室、政工科和城关、平安、崮山、万德、张夏、马山、五峰、归德、双泉、孝里10处乡镇法庭，全院共有51人。1987年9月，撤销政工科；10月，增设执行庭。1989年4月，增设告诉申诉审判庭；6月，增设武家庄人民法庭；8月，增设行政审判庭、调研室。1991年3月，恢复政工科。1995年3月，增设纪检监察室、法医室，原调研室更名为研究室。1996年10月，增设司法警察大队、督察室、保卫科。1997年6月，武家庄法庭并入万德法庭，城关法庭改为长清法庭。1999年9月，设立案庭，撤销原长清、崮山、双泉、五峰、孝里5处法庭，保留平安、归德、马山、张夏、万德5处法庭，崮山法庭并入张夏法庭，双泉、五峰法庭并入马山法庭，孝里法庭并入归德法庭，长清法庭撤销改为民事审判第二庭；撤销保卫科、督察室；撤销告诉申诉审判庭，成立审判监督庭。2000 年，撤销执行庭，成立执行局，设执行一庭、执行二庭；法医室更名为技术室。2001 年，增设审判委员会办公室，与研究室合署办公；增设书记员办公室，与政工科合署办公。2002 年 5 月，长清县人民法院更名为长清区人民法院；9 月，经济庭更名为民事审判第二庭，民事审判第二庭更名为民事审判第三庭，成立司法科学技术鉴定中心，政工科更名为政治处，与执行局升格为正局级内设机构。2005 年 6 月，成立执行三庭。2007 年 11 月，成立开发区法庭。2008 年，长清区人民法院设立案庭、刑事审判庭、民事审判第一庭、民事审判第二庭、民事审判第三庭、行政审判庭、审判监督庭、执行局、执行一庭、执行二庭、执行三庭、司法警察大队、技术室、司法科学技术鉴定中心、政治处（书记员办公室）、纪检监察室、研究室（审判委员会办公室）、办公室、平安法庭、归德法庭、马山法庭、张夏法庭、万德法庭、开发区法庭，全院共有 116 人。

书记、院长

程绪泉	1984.03—1996.03
杨洪祥	1996.03—2007.10
赵其魁	2007.10—

党组副书记

李俊岭	1985.01—1993.03
曹玉华	1987.09—1990.04
刘顺友	1993.03—1995.10
杨洪祥	1995.06—1996.03
李明东	2001.05—2007.09
郭久明	2001.06—2008.01
刘万国	2001.11—
韩广峰	2008.01—

副院长

李俊岭	1985.01—1993.03
曹玉华	1987.09—1990.04
王长武	1987.09—2001.05
张保起	1991.03—1999.07
郭久明	1991.03—2008.01
刘顺友	1993.03—1995.10
杨洪祥	1995.06—1996.03
刘光耀	1998.04—
潘士河	1998.04—
吕素财	1999.07—2000.06
李明东	2001.05—2007.09
苏　华	2001.05—2005.02
刘长义	2004.11—
李忠林	2007.03—
韩广峰	2008.01—

纪检组长

张保起	1995.01—1996.03
周仕仁	1996.03—2001.06
刘万国	2001.06—2007.01
孟　敏（女）	2007.01—

执行局长

刘春茂	2002.09—2006.03
顾业坤	2006.03—

政治处主任

李明东	2002.09—2007.09
魏来芝（女）	2007.09—

第九章 长清区(县)人民检察院

1950年11月,成立长清县人民检察署。1954年,更名为长清县人民检察院。1958年,撤销长清县人民检察院,公安局、检察院和法院三机关合并为政法部。1959年10月,撤销长清县建制,长清县政法部撤销。1961年,恢复长清县建制时恢复长清县人民检察院。1968年,长清县公、检、法合并办公,实行军事管制。1973年,撤销军事管制,在县公安局设立检察科,行使检察职权。1978年7月,恢复长清县人民检察院。是年12月,建立党组。1986年,县检察院共有干警45人,内设刑事检察一科、刑事检察二科、经济检察科、法纪检察科、刑事技术科、监所信访科、办公室、政工科。1988年5月,在县税务局设立驻税务局检察办公室(1997年11月撤销);6月,成立经济法纪罪案举报站;12月,监所信访科分为控申检察科和监所检察科。1991年12月,成立民事行政检察科。1993年5月,成立法律政策调查研究室。1995年1月,长清县人民检察院驻万德镇检察室、驻归德镇检察室成立(2002年11月撤销)。1996年4月,成立反贪污贿赂局。1997年11月,设立保卫科(1999年1月撤销)。1998年3月,撤销法纪检察科;4月,成立渎职犯罪侦查局。2000年6月,成立法警大队。2002年5月,长清县人民检察院改称为长清区人民检察院。2002年11月,渎职犯罪侦查局更名为渎职犯罪检察局;撤销政工科,设政治处(处级机构)。2003年6月,设立职务犯罪预防科、监察科。2005年6月,渎职犯罪检察局更名为反渎职侵权局;11月,成立济南市长清区人民检察院驻济南经济开发区检察室。2008年,区检察院共有干警71名,内设办公室、政治处、侦查监督科、公诉科、反贪污贿赂局、反渎职侵权局、民事行政检察科、监所检察科、控告申诉检察科、检察技术科、法律政策研究室、法警大队、职务犯罪预防科、监察科、驻济南经济开发区检察室。

书记、检察长

潘德才	1984.02—1990.03
魏来贵	1990.03—1998.01
郭绪庭	1998.01—2003.01
范　芸(女)	2003.01—2007.10
张　生	2007.10—

副检察长

王继和	1984.05—1994.02
孙秉南	1985.09—2001.05
祁传祥	1991.12—1998.01
齐兆润	1995.04—
刘凤泉	1998.04—2006.03
刘京坤	1998.04—
王荣河	1998.04—
李　军	2004.04—
路公华	2004.04—

纪检组长

王开山	1999.07—

反贪污贿赂局局长

李　军	1998.04—2005.04
朱　明	2005.04—

反渎职侵权局局长

路公华	1998.04—2005.04
程玉祥	2005.04—

第十章　人民团体

长清区(县)总工会　1953年,长清县工会联合会筹备委员会成立。1954年,长清县工会联合会成立。1959年10月,长清县工会随县制撤销并入历城县工会。1961年5月,恢复县制后同时恢复长清县工会机构。1963年9月,长清县工会联合会改称长清县总工会。1967年4月,县工会并入县革委会政治部群工部、群工组。1973年,恢复长清县总工会。1986年,县总工会机关设办公室、组织部、宣传部、财务部,有干部职工6人。1992年11月,设立党组。1993年,增设女工部、生产部。2002年5月,更名为长清区总工会。2003年11月,区总工会设综合办公室。2008年,长清区总工会设综合办公室,编制6人,实有7人。

书记、主席

王福堂	1986.01—1987.04
孙法堂	1987.04—1991.12
李良盛	1991.12—1993.03
刘发山	1993.03—1997.03
万秀发	1997.03—2001.04
李秉岩	2001.04—2008.01
宋传娥(女)	2008.01—

共青团长清区(县)委员会　1949年8月,中国新民主主义青年团长清委员会建立。1957年,改称为中国共产主义青年团长清县委员会。“文化大革命”开始后,团组织由团革命委员会政治部群工组取代后瘫痪。1973年11月,长清县第九次团代会召开,恢复建立团县委。1986年,共青团长清县委设办公室、组织部、宣传部、工农青年部,有干部7人。1997年,设办公室、组织部、宣传部、工农青年部、权益部5个部室,有干部职工6人。2002年5月,中国共产主义青年团长清县委员会改称中国共产主义青年团济南市长清区委员会。2003年11月,机构改革时设办公室,行政编制5人,工勤编制1人。2006年3月,长清区关心下一代工作委员会办公室(对外挂长清区青春创业行动指导中心牌子)成立,正科级全额预算管理事业单位,由团区委管理,设编制2人。2008年,团区委内设办公室和关工委办公室,有干部职工8人。

书　记

赵保健(女)	1984.01—1990.03	
	1990.03—1990.11	空缺
王友海	1990.11—1992.03	
	1992.03—1992.11	空缺
万秀水	1992.11—1995.04	
张振河	1995.04—2001.04	
董庆哲	2001.04—2003.04	
	2003.04—2003.08	空缺
李忠林	2003.08—2007.04	
许　兵	2007.04—	

长清区(县)妇女联合会　1950年,长清县各界民主妇女联合会成立。1956年,长清县各界民主妇女联合会改称长清县妇女联合会(以下简称县妇联)。“文化大革命”初期,县妇联组织瘫痪。1973年,县妇联组织恢复。1986年,县妇联机关有干部职工10人。1992年11月,设立党组。1994年8月,成立长清县妇女儿童工作委员会,办公室设在县妇联。1995年,

成立长清县妇女儿童活动中心。1996年4月，长清县妇女儿童工作委员会办公室定为正局级规格，行政编制2人。2001年6月，领导称谓由主任改称主席。2002年5月，县妇联改称长清区妇女联合会(以下简称区妇联)。2003年11月，区妇联内设妇女儿童工作委员会办公室、综合科，辖妇女儿童活动中心。2008年，区妇联共有干部职工11人。

书记、主任(主席)

王萍庆(女)	1973.03—1990.04
徐立英(女)	1990.04—1992.11
郝兆芳(女)	1992.11—1998.04
郭瑞兰(女)	1998.04—2001.05
葛　静(女)	2001.05—2006.03
郝　青(女)	2006.03—

妇女儿童工作委员会办公室主任

郭瑞兰(女)	1996.04—2001.05.
邵秀华(女)	2001.05—2004.03
郝　青(女)	2004.03—2006.03
蔺红红(女)	2006.03—

长清区(县)科学技术协会　1958年，长清县科学技术普及协会成立，设专职秘书1人，由宣传部代管。1959年10月，撤县并入历城县科协。1961年8月，成立县科委、县科普协会，县科委、科普协会合署办公。1963年6月，县科协从科委分出，建立科协筹委会，办事机构设在宣传部。1966年，“文化大革命”开始后，县科协停止办公。1981年，县科协恢复，与县科委合署办公。1984年3月，由县科委分出单独设置。1986年，县科协共有干部职工8人。1992年11月，设立党组。1994年4月，并入县科委。1996年6月，单独设置。2002年5月，更名为长清区科学技术协会。2003年，区科协下设办公室。2008年，区科协共有干部职工5人。

书记、主席

	1986.01—1987.04	空缺
李树春	1987.05—1994.02	
	1994.03—1995.08	空缺
张振法	1995.08—2001.05	
史文成	2001.05—	

长清区(县)文学艺术界联合会　1991年4月，长清县文学艺术界联合会(简称文联)成立，为正局级机构，隶属于县委宣传部。同时成立文学工作者协会、书法美术摄影协会、音乐舞蹈协会、戏剧曲艺协会。1992年11月，设立党组。1996年9月，书法美术摄影协会分立为书法美术协会和摄影工作者协会。2002年5月，长清县文学艺术界联合会改称为长清区文学艺术界联合会。2008年4月，书法美术协会分立为美术协会和书法协会。是年，长清区文学艺术界联合会下设文学工作者、书法、美术、摄影、音乐舞蹈、戏剧曲艺6个协会。

书　记

赵金川	1992.11—1995.05	
	1995.05—1998.04	空缺
齐守财	1998.04—2004.03	
董江萍(女)	2004.03—2005.04	
	2005.04—2005.12	空缺
张世君	2007.03—	

主　席

赵金川	1991.04—1995.05	
	1995.05—1996.04	空缺
郝延忠	1996.04—2004.03	
	2004.03—2006.04	空缺
李存寅	2006.04—	

长清区(县)工商业联合会　1949年1月，长清县城关区工商联合会成立。1959年，撤销长清县，工商联合会同时撤销。1961年，恢复长清县建置时恢复。1963年3月，城关区工商联合会改为县工商联合会。1966年，“文化大革命”开始后，工商业联合会停止活动。1987年，长清县工商业联合会

(商会)恢复。1988 年 11 月,设立党组。2002 年 5 月,更名为长清区工商业联合会,编制 3 人。

书　记

曹恒才	1988.11—1997.04	
方传林	1997.04—2000.11	
	2000.11—2001.05	空缺
李　宏	2001.05—2005.04	
	2005.04—2006.03	空缺
宗木宝	2006.03—	

会　长

韩方顺	1988.11—1993.05
刘振铎	1993.05—1997.04
曹恒才	1997.04—2001.05
李修灵	2001.05—2005.04
孟庆海	2005.04—2007.03
田宪云	2007.04—

长清区(县)残疾人联合会　1991 年前,残疾人工作由民政局负责。1991 年 4 月,长清县残疾人联合会建立,为正局级事业单位,由县民政局代管,编制 5 人。是年,11 个乡镇均成立残疾人联合会。1998 年 3 月,长清县残疾人联合会调整为残疾人事业团体。2000 年 4 月,成立长清县残疾人康复中心,为股级自收自支事业单位,编制 2 人。2002 年 5 月,长清县残疾人联合会改称为长清区残疾人联合会。2003 年 6 月,成立党组。是年 7 月,建立长清区残疾人劳动就业管理服务中心,为股级自收自支事业单位,与残疾人康复中心一个机构,两块牌子。2006 年 9 月,成立党支部。2008 年,有干部职工 10 人,辖残疾人康复中心、残疾人劳动就业管理服务中心。

书　记

王　峰	2003.06—

理事长

李玉军	1991.05—1998.04
褚允芝	1998.04—2001.04
孙家生	2001.04—2003.04
王　峰	2003.04—

长清区(县)个体私营企业协会　1982 年年初,建立长清县个体劳动者协会。2002 年,更名为济南市长清区个体私营企业协会。

主　任

张宗山	1982.03—1986.07
曹恒才	1986.07—1987.11
李文升	1987.12—1993.03
徐士显	1993.03—1996.04
程传林	1996.04—2000.01
侯吉广	2000.01—2003.08
张对一	2003.08—

第十一章　垂直管理单位

济南市公安局长清区分局　1939 年 8 月,中共长清县委成立社会部。1940 年 3 月,社会部改为县抗日民主政府公安局。1941 年 9 月,公安局设秘书股、审讯股、组教股和一个 30 余人公安队。1942 年,县公安局增设侦查股。1943 年,撤销组教股。1945 年,县公安局设万德派出所。1948

年9月，县公安局增设治安股。1949年6月，县公安局设立周王庄派出所。1950年，县民主政府公安局改称县人民政府公安局，设治安股、审讯股、侦查股、秘书股和看守所，辖周王庄、赵官镇、董寺3个派出所。1951年年初，县公安局增设劳管股。1952年，县公安局增设政治协理室。1953年，县公安局设秘书股、侦审股、保卫股、治安股和政治协理室，辖万德、赵官镇、董寺3个派出所。1956年1月，长清县人民政府公安局改称长清县公安局。1958年，公、检、法三部门合署办公称政法部。1959年10月，长清县制撤销，设长清派出所。1961年5月，恢复长清县后，恢复县公安局，设秘书股、政保股、治安股、预审股和看守所，辖万德、城关派出所。1966年，增设界首、张夏、崮山派出所。1968年，长清县公、检、法合并办公，实行军事管制。1973年，撤销军事管制，恢复长清县公安局。是年，设红光派出所。1974年4月，县公安局设内保股。1975年4月，设消防股。1979年5月，设刑警队。1983年，设行政拘留所。1984年，公安局改股为科。1985年，增设法律政策研究室。1986年，长清县公安局设纪检组及秘书、政保、内保、治安、预审、政工、户籍、消防、行政、法制、通讯11个科及看守、治安拘留、自行车管理3个所和武警中队、刑警队，辖万德、张夏、崮山、许寺、城关、东关、归德、孝里、红光、双泉、马山、五峰山、灵岩寺、武家庄14个派出所，共有干警147名（不含武警）。1989年6月，设潘村派出所、新城派出所，交警队划归公安建制。1993年3月，建立党委，成立重点建设工程项目办公室、信访科、公安局机关保卫科。1994年1月，建立外事、宣教科。1994年6月，许寺派出所更名为平安店派出所。1997年，县公安局设纪委、督察室及秘书、行政、户籍、信访、治安、政工、政保、外事、法制、内保、通讯、信息、消防14个科及重点建设工程项目办公室，刑警、交警、巡警、保安4个大队，武警中队、看守所、治安拘留所，辖武家庄、万德、灵岩寺、张夏、崮山、潘村、平安店、城关、东关、新城、五峰山、马山、双泉、红光、孝里、归德16个派出所，共有干警345人（不含武警中队、消防科现役军人）。2001年3月，成立开发区派出所。2002年6月，长清县公安局更名为济南市公安局长清区分局，内设办公室、政治处、财务装备科、户政管理科、出入境管理科、法制科、警务督察科（挂警务督察大队牌子）、信访科、宣传科、保安管理科、国内安全保卫大队、反邪教侦察大队、经济犯罪侦查大队、治安警察大队、刑事警察大队、巡警大队、监所管理大队（挂看守所牌子）17个科（所、队），辖东关、新城、城关、平安、潘村、崮山、张夏、万德、灵岩、武庄、五峰、马山、双泉、孝里、归德、开发区16个派出所。消防大队为武警现役编制，其组织人事关系归消防支队管理。2008年，长清区分局垂直移交济南市公安局管理，内设办公室（加挂指挥中心牌子）、政治处、法制处、警务保障处、国内安全保卫大队、经济犯罪侦查大队、治安警察大队（与城市管理警察大队合署）、刑事警察大队（加挂区禁毒委员会办公室牌子）、巡警大队、特警大队、警务督察大队11个处、室、大队，辖东关、新城、城关、平安、潘村、崮山、五峰、归德、张夏、孝里、马山、万德、武庄、双泉、灵岩、开发区16个派出所，共有民警515人。

书　记

闫　诚	1978.06—1989.06
杜九平	1989.06—1998.07
付　文	1998.07—1999.08
于国庆	1999.08—2003.10
王宗岩	2003.10—2007.04
刘　刚	2007.04—

副书记

李元才	1993.03—2001.05
付　文	1995.04—1998.07
刘文泉	2001.05—

局　长

闫　诚	1978.06—1989.06

杜九平	1989.06—1998.08
付　文	1998.08—1999.08
于国庆	1999.08—2003.10
王宗岩	2003.10—2007.04
刘　刚	2007.04—

政　委

来永利	1988.03—1990.04
张建厚	1990.04—1993.03
李元才	1993.03—2001.05
刘文泉	2001.05—

副局长

刘秉坎	1980.04—1989.12
曲新亭	1986.08—1990.04
李元才	1990.05—1993.03
崔洪波	1990.05—2005.03
武乐文	1990.05—
刘荣誉	1993.03—1997.04
刘文泉	1993.03—2001.05
邵学谦	1993.03—1999.08
张卫东	1993.03—
刘锡刚	1994.04—2006.03
付　文	1995.06—1998.08
高恩和	1999.07—2007.04
张庆林	2000.11—2008.12
王纯阁	2005.07—
董庆鸣	2006.03—
闫新珂	2007.04—
吴存祥	2007.04—

副政委

付　文	1986.08—1995.06
董庆鸣	2000.08—2006.03
邹华元	2007.03—

纪委书记

付　文	1993.03—1995.04
郭家平	1995.04—2001.05
闫新珂	2001.05—2007.03
赵昌军	2007.03—

城管执法局政委

高恩和	2004.03—2007.03
闫新珂	2007.03—2008.12

交警大队大队长

李文法	1993.03—1988.08	
刘文泉	1998.08—2001.05	
张卫东	2001.05—2004.03	
	2004.03—2005.07	空缺
王纯阁	2005.07—2008.12	

交警大队政委

郑福山	2005.07—

济南市国土资源局长清分局　1988年前，土地管理由长清县农业局负责。1988年1月，成立长清县土地管理局，编制5人，设计划科、地籍科、监察科、办公室。1992年11月，设立党组。1994年2月，长清县土地管理局与长清县矿产资源管理局合并成立长清县土地矿产资源管理局，定编19人，内设办公室、用地科、地籍科、监察科、矿产科。1999年4月，长清县土地矿产监察大队成立，为副局级事业单位，定编6人，隶属于长清县土地矿产资源管理局管理。2002年9月，长清县土地矿产资源管理局更名为济南市长清区国土资源局，编制17人，内设办公室、执法监察科、地政科、矿产开发管理科。是年，长清县土地矿产监察大队更名为济南市长清区国土资源监察大队。2002年12月，制定全区国土规划和土地利用总体规划，职能由区发展计划局划入；开采矿泉水、地热水办理许可证职能交由区水务局承担。2007年1月，济南市长清区国土资源局更名为济南市国土资源局长清分局，编制17人，内设办公室、地籍管理科、地质矿产科、规划用地科、

耕地保护科。是年,成立万德、张夏、马山、双泉、孝里、归德6个国土所,归济南市国土资源局长清分局垂直管理,共20人。

书记、局长

时立范	1988.01—1994.09	
	1994.09—1995.02	空缺
刘兆银	1995.02—2003.03	
王玉法	2003.03—	

长清县矿产资源管理局 1990年12月,成立长清县矿产资源管理局,编制5人。1992年11月,设立党组。1994年2月,与长清县土地管理局合并成立长清县土地矿产管理局。

书记、局长

	1990.12—1991.03	空缺
张作敏	1991.03—1994.02	

长清区(县)供电公司 1957年,建长清县发电厂。1966年9月,发电厂撤销,成立长清农业供电所。1971年1月12日,县农电办公室与供电所合并,成立长清县供电局。1978年,成立县革委三电工作领导小组,三电办公室设在县供电局为常设办事机构。1986年,长清县供电局机关设11个科室,有干部职工207人。1992年11月,设立党组。1993年3月,建立供电局党委。1997年,局机关设办公室、纪委、宣传、财务、材料、用电、行政、微机、工会、职教、审计、工区、调度13个科室,辖12处供电站、11个变电站(其中110千伏变电站3座,35千伏8座)和县第二水泥厂、电器制修厂、安装公司、实业总公司,共有干部职工582人。2003年1月,长清县供电局正式改称长清区供电公司。2008年,公司机关设办公室、人事部、工会、监察审计部、政治思想工作部、财务部、生产技术部、安全监察部、发展策划部、乡镇电管部、稽查中心、信息中心、营销部,辖10处供电所、14个变电站,共有干部职工784人。

书　记

李连元	1984.02—1987.03
韩庆森	1987.03—1994.02
司云平	1994.02—1998.04
王全林	1998.04—2005.04
刘儒水	2005.04—2006.08
康文明	2006.08—

局长(经理)

李连元	1984.02—1987.04
韩庆森	1987.04—1993.03
司云平	1993.03—1998.05
王全林	1998.05—2003.10
康文明	2003.10—

长清区(县)邮政局 1947年,长清成立战时邮局,设在双泉区尹王庄村,主要传递党的各种文件。1948年9月,长清解放后,邮局设在县城大隅首北,路西小四合院内。1949年,邮政、电信分管。1950年5月,长清、河西两县合并为长清县,邮政、电信机构合并为长清县邮电局。1959年10月,撤销长清县建制时改为历城县邮电局长清邮电支局。1961年5月,恢复长清县建制,县邮电局同时恢复。1969年12月,分设长清县邮政局和电信局。1973年,长清邮政、电信再次合并为长清县邮电局。1986年,长清县邮电局有职工200人,农村支局所10处,城区支局所1处。1997年2月,成立长清县邮电局党委。1998年9月,邮电分营,成立长清县邮政局,邮政业务独立运营,人员编制95人。是年,设邮政局党委。2002年5月,长清县邮政局更名为长清区邮政局。2008年5月,中国邮政储蓄银行长清分行成立;12月,济南速递物流公司长清营业部成立。2008年,邮政局设8个科室,辖农村支局所10处,城区支局所2处,大学城支局所6处。邮政局党委设4个党支部,有党员48名。

书　记

张立田	1994.10—1996.10

杨太生 1996.10—1998.09
焦光华 1998.09—2003.02
柳汝水 2003.02—2004.12
刘 欣 2004.12—2008.04
孔祥彬(女) 2008.04—

局 长

张立田 1985.12—1994.10
杨太生 1994.10—1998.09
焦光华 1998.09—2001.05
李 骁 2001.05—2003.02
柳汝水 2003.02—2004.12
刘 欣 2004.12—2008.04
孔祥彬(女) 2008.04—

中国联合网络通信有限公司济南市长清区分公司 1998年9月，邮电分营，成立长清县电信局，人员编制131人，同时成立电信局党委。1999年7月，移动通信业务从电信业务中分出。2002年10月，长清县电信局更名为山东省通信公司济南市长清分公司。2004年10月，更名为中国网通(集团)有限公司济南市长清区分公司。2008年11月，中国联通与中国网通合并，成立中国联合网络通信有限公司济南市长清区分公司。

书记、局长(总经理)

杨太生 1998.09—2001.10
张泽军 2001.10—2007.12
范 伟 2007.12—

中国移动通信集团山东有限公司长清分公司 1999年7月，移动通信业务从电信局分出，成立山东移动通信有限责任公司长清分公司，同时设立党支部。2006年10月，更名为中国移动通信集团山东有限公司长清分公司。2008年，公司下设综合部、市场部、网络部、重点客户服务部、校园营销中心、乡镇营销中心，共有员工140余人，辖城区及大学园区13处自办营业厅、96处代办网点及乡镇营业厅11处。

书记、总经理

郭 涛 1999.07—2001.10
赵向军 2001.10—2002.07
张红兵 2002.07—2004.07
谢树基 2004.07—2007.09
石 飞 2007.09—

长清县税务局 1939年6月，长清县抗日民主政府建立后，税务工作由财政科办理。1945年7月，县民主政府设工商管理局，内设税务股负责税征工作。1948年，撤销工商管理局，税务工作由财政科负责，内设税政股，区设稽征所。1950年5月，成立县税务局，区稽征所改称税务所。1958年6月，税务所撤销，并入财政局，内设税政股。1962年，复建税务局。1967年2月，“文化大革命”中税务局被撤销。1968年3月，成立县革委财税组。1971年3月，改称财政税务局。1980年，成立税务局，仍与财政局合署办公。1983年，财、税两局正式分开办公。税务局设人秘、税政、监察、会计和票证5个股，设10处税务所。1986年，县税务局设办公室、计会科、税政科、征管科、人监科、涉外科、咨询所，辖11个税务所和1个税务稽查队。1992年11月，设立党组。1994年8月，长清县税务局分设长清县国家税务局和长清县地方税务局。

书记、局长

郝庆柱 1984.05—1990.04
张广水 1990.04—1994.08

济南市长清区国家税务局 1994年8月15日，长清县国家税务局正式挂牌成立，设办公室、监察室、人事科、税管科、征管科、计财科6个科室，直属分局、涉外分局、稽查分局3个分局，辖城关、平安、归德、崮山、张夏、万德、武庄、马山、双泉、孝里、五峰11个税务所和1个税务咨询所，共有干部职工128人。1996年8月，长清县第一个农村分局五峰分局正式挂牌成立，为副局级单位，辖五峰、双泉、马山3个乡镇。是年9月，崮山分局成立，辖崮山、张夏2镇；万德分局成立，辖万德、武庄2乡镇；归德分局成立，辖归德、孝里2镇。2001年，局下设办公室、监察室、人事科、税管科、征管科、计划征收局6个科室，辖城区分局、稽查局、归德分局、五峰分局、崮山分局、万德分局6个分局，信息中心、发票所2个事业单位。2002年5月，更名为长清区国家税务局。2005年，增设农业高新技术开发区税务分局，万德分局更名为张夏分局，崮山分局更名为崮云湖分局。2008年，国税局设办公室、监察室、计划统计科、征收管理科、政策法规科、税收管理科、人事教育科、稽查局，辖城区分局、归德分局、五峰分局、崮云湖分局、张夏分局、农业高新技术开发区税务分局和信息中心。

书记、局长

张广水	1994.08—1997.10
傅爱国	1997.10—2000.01
亓圣平	2000.01—2002.08
李道东	2002.08—2004.12
王德玉	2004.12—2007.12
张鹤华	2008.01—

济南市地方税务局长清分局 1994年8月，长清县地方税务局成立，下设1个副科级直属征收分局、1个稽查队和11个基层所，局机关设政治工作科、业务综合科、计划会计科、办公室，实行同级政府和上级地税局双重领导，以同级政府领导为主的管理体制。1995年7月，成立咨询事务所，将稽查队改为稽查分局(副科级)。1997年7月，成立涉外分局(副科级)。1998年10月1日，地方税务系统实行上级地税机关和同级政府双重领导，以上级地税机关垂直领导为主的管理体制，长清县地税局受山东省地税局垂直管理。1999年，增设监察科，成立工会。2000年8月，改业务综合科为法规征管科和税收管理科，成立孝里分局、开发区分局、五峰分局、崮山分局、万德分局，下辖9个税务所。2002年5月，更名为长清区地方税务局。是年12月，成立平安分局、归德分局。2003年1月，改称济南市地方税务局长清分局，为济南市地方税务局的派出机构，内设办公室、法规征管科、税收管理科、计划财务科、人事政工科、税源管理科、监察科、纳税服务中心8个科室，下设稽查局、直属征收局和平安、崮云湖、五峰山、归德、孝里、万德6个中心税务所。2003年4月，成立信息管理科。2005年，开发区分局并入平安分局，同时成立张夏分局。2008年，局机关内设办公室、人事政工科、法规征管科、税收管理科、信息管理科、计划财务科、监察科、纳税服务中心8个科室，下设直属、稽查、崮山、五峰、万德、张夏、平安、归德、孝里9个分局，干部职工116人。

书记、局长

井永平	1994.08—1998.04
李继堂	1998.04—2006.05
孙　静(女)	2006.05—

济南市工商行政管理局长清分局 1940年3月，长清县抗日民主政府设工商科。1945年7月，峰山县民主政府设工商局，局内设行政股、税务局和缉私大队，下设翟庄、孝里、崮头、马东、黑峪等9个事务管理所。1950年5月，长清县民主政府设工商科。1951年，各区建立工商行政管理所。1956年2月，工商科并入商业局，各工商所并入区供销社。1959年10月，长清县建制撤销。1961年5月，长清县建制恢复时成立长清县市场物价管理委员会，各公社设市场物价管理所。1965年8月，物价业务移交县计委管理。1966年8月，市场物价管理委员会与财政、税务合并为财税组。1971年3月，成立长清县工商行政管理局，各公社设立工商行政管理所。1978年10月，长清县工商行政管理局内设人事秘书、市场管理、企业登记3个股。1980年，将城关、许寺、归德、孝里、双泉、马山、崮山、张夏、万德、五峰10个工商所并为7个(崮山所并入张夏所，五峰、双泉两所并入

马山所）。1983年，恢复成原有的10个工商所。1985年，县工商局设办公室、人事秘书科、市场管理科、企业登记科、个体登记科、经济合同科、经济监督检查科、商标广告管理科、经济合同仲裁委员会，辖城关、平安店、归德、孝里、双泉、马山、崮山、张夏、五峰、万德10个工商行政管理所。1986年，成立机动车辆交易市场管理所和黄河商场直属工商所。1989年6月，增设灵岩寺工商所。1993年5月，设立建材市场工商所。1994年3月，县物价局并入工商局，长清县工商局内设机构调整为办公室、个体私营登记管理科、企业登记管理科、市场监督管理科、经济合同管理科、公平交易科。是年5月，设立专业市场工商所。1995年4月，设立党委。是年11月，设立建筑安装市场管理所。1996年5月，成立长清县消费者协会办公室和投诉中心、长清县个体劳动者协会办公室、长清县私营企业协会办公室；6月，物价局从工商局分出，长清县工商行政管理局设法制科、人秘宣教科、计财科、监察室、车辆管理科、基建科、保卫科、注册登记办公室、商标广告科、经检一科、经检二科。是年，成立长清县合同协会办公室、长清县广告协会办公室。1998年6月，成立消费者权益保护科。是年7月，成立长清县粮食稽查大队、长清县生猪市场稽查队。1999年7月，更名为济南市工商行政管理局长清分局，实行垂直管理。2002年7月，长清分局内设机构为办公室（含法制科）、人事政工科、财务装备科、市场合同管理科、商标广告管理科和消费者权益保护科（含“12315”申诉举报指挥中心），辖企业注册局和公平交易局，企业注册局内设企业注册科、个体注册科、综合监管科；公平交易局（挂山东省工商行政管理经济检查总队长清大队和打击传销办公室牌子），内设经检一科、经检二科。是年8月，长清工商分局基层工商所调整为12个，即：黄河工商所（副局级）、长清工商所（副局级）、平安工商所（副局级）、归德工商所（副局级）、孝里工商所（副局级）、万德工商所（副局级）、张夏工商所（副局级）、崮山工商所、双泉工商所、马山工商所、五峰工商所、武庄工商所。2008年，长清分局设办公室、人事政工科、纪检监察室（法制科）、财务装备科、市场合同管理科、商标广告管理科、消费者权益保护科7个科室，辖企业注册局、公平交易局和12个工商所，设消费者协会办公室、个体私营企业协会办公室、广告协会办公室、合同协会办公室4个事业单位，编制205人，实有205人。

书　记

李文升	1985.05—1993.03	
徐士显	1993.03—1995.04	
邵怀庆	1995.04—1996.03	
张作敏	1996.03—2002.07	
侯吉广	2002.07—2004.11	
	2004.11—2007.07	空缺
解　伟	2007.07—	

局　长

李文升	1985.05—1993.03	
徐士显	1993.03—1996.04	
程传林	1996.04—2000.01	
侯吉广	2000.01—2004.11	
	2004.11—2007.07	空缺
解　伟	2007.07—	

济南市规划局长清分局　2002年9月，设立济南市规划局长清分局。2008年，分局有20人。

书记、局长

徐世敬	2002.09—2008.07
郭　群	2008.07—

济南市质量技术监督局长清分局　1979年，成立长清县标准计量所。1990年12月20日，长清县标准计量局成立，为局级行政单位，下设办公室、综合科，保留标准计量所，共有干部职工29人。1991年4月，撤销标准计量所，成立计量监督

检定所、产品质量监督检验所、器材服务站。1992年11月，设立党组。1994年3月，更名为长清县技术监督局；10月，成立市场管理所。2001年5月，成立稽查队。是年，局设办公室、财务科、综合科、稽查队、计量监督检定所、产品质量监督检验所、计量器材服务站，共有职工83人。2002年5月，更名为长清区技术监督局。2004年7月，由济南市质量技术监督局实行垂直管理，更名为济南市质量技术监督局长清分局，编制75人，设办公室、综合业务科、监管一科、监管二科、监管三科、监管四科、稽查队和长清区计量监督检定所、长清区产品质量监督检验所。2005年8月，长清区计量监督检定所、长清区产品质量监督检验所职能上收；9月，济南市质量技术监督局稽查局成立，长清分局的执法职能上收。2007年12月，济南市质量技术监督局将长清区的计量检定职能下放。2008年6月，将执法职能下放。是年，济南市质量技术监督局长清分局下设办公室、综合业务科、监管一科、监管二科、监管三科、监管四科、稽查队和长清区计量监督检定所。

书记、局长

赵明玉	1990.12—1996.04
张启和	1996.04—2004.07
张　建	2004.07—2006.09
徐进东	2006.09—

长清区(县)烟草专卖局(山东济南烟草有限公司长清营销部)　1983年10月19日，山东省烟草公司长清支公司成立，公司下设人秘科、业务科、财务科，正局级单位，直属济南市分公司管理，为独立核算的企业性公司。1984年4月5日，长清县烟草专卖局成立，下设专卖科，烟草专卖局与烟草公司合署办公，一套机构、两块牌子，行使政府授予的烟草专卖行政管理职权。1985年9月25日，长清烟草支公司下属的人秘科、业务科、财务科改称人秘股、业务股、财务股。1988年1月15日，公司更名为山东省烟草公司长清县公司，股改称科。1995年11月29日，公司更名为山东将军烟草(集团)有限公司长清分公司。1998年10月30日，公司更名为山东烟草购销(集团)有限公司(济南)长清分公司。2000年7月27日，公司更名为山东济南烟草有限公司长清分公司。2001年11月，烟草专卖局设立市场稽查科。2002年8月16日，长清县烟草专卖局更名为济南市长清区烟草专卖局。2003年3月，增设经济运行科。2005年9月1日，公司更名为山东济南烟草有限公司长清营销部(以下简称营销部)。是年10月，区烟草专卖局(营销部)内设机构调整为综合办公室、卷烟营销科和专卖监督管理科。2007年11月5日，增设法制科。2008年，区烟草专卖局(营销部)内设综合办公室、卷烟营销科、专卖监督管理科(内管科)、法制科4个职能科室，辖稽查大队和3个专卖管理所，共有干部职工68人。

书　记

郑元鹏	1983.10—1985.04	
	1985.04—1993.07	空缺
张　华	1993.07—2000.01	
张宗良	2000.01—2002.12	
邱顺山	2002.12—2004.03	
冀德华	2004.03—2007.01	
赵传友	2007.01—	

经　理

祁　禄	1983.10—1986.01	
	1986.01—1987.01	空缺
张　华	1987.01—2000.01	
张宗良	2000.01—2002.12	
邱顺山	2002.12—2004.03	
冀德华	2004.03—2007.01	
赵传友	2007.01—	

局　长

祁　禄	1985.05—1986.01	
	1986.01—1987.01	空缺

张　华	1987.01—1998.09
张宗良	1998.09—2002.12
邱顺山	2002.12—2004.03
冀德华	2004.03—2007.01
赵传友	2007.01—

济南市盐务局长清区分局（济南盐业公司长清分公司） 1990 年 7 月，从长清县土产公司分离，组建长清县果品盐业公司，隶属于长清县供销社联合社，在职人员 32 人。1993 年 1 月，成立长清县盐政管理办公室。1997 年 9 月，成立长清县盐业有限责任公司。2000 年 10 月，长清县盐业有限责任公司更名为长清盐业公司，同时加挂长清县盐务局的牌子，受县政府及市局的双重领导，正局级单位。2002 年 9 月，设立党总支。2003 年 9 月，长清盐业公司依法破产。是月，成立长清区长青盐业批发中心，行使长清区内盐业经营管理职能。2005 年 12 月，撤销长清区长青盐业批发中心，改设济南盐业公司长清分公司，济南市长清区盐务局更名为济南市盐务局长清区分局。2008 年，分局（分公司）设办公室、财务科、业务科、销售部、3 个盐政稽查队、3 个销售片区，在岗职工 40 人。

书记、局长（经理）

张振文	2000.10—2007.3
马德峰	2007.03—

中国石油山东济南石油分公司长清片区 1977 年 2 月，石油业务从煤建公司划出成立长清县石油公司，行政归属商业局，业务隶属于泰安地区石油供应站。1978 年 5 月，设立党支部。1979 年 6 月，改为济南石油采购供应站长清分站，业务隶属于济南石油采购供应站。1985 年 1 月，改称山东省石油公司长清支公司。1988 年 1 月，县石油支公司改由市石油分公司和县财贸办共同管理。1994 年 1 月，改称山东省石油集团长清公司。2000 年 7 月，改称中国石油化工股份有限公司山东济南长清石油分公司。2003 年 9 月，成立中国石油化工股份有限公司山东济南石油分公司长清片区，取消县公司独立核算职能，实行报账制。2008 年，公司设经理 2 人、管理员 5 人，共有 7 人。

经　理

刘国庆	1978.09—1988.11
刘兴民	1988.11—2000.09
刘子瀛（女）	2000.09—2003.05
吕金生	2003.05—2004.05
颜丙河	2004.05—2008.03
董立君（女）	2008.03—

济南市长清药材公司 1956 年 1 月，实行公私合营，由县供销社“药材经理部”与“益民药店”实行公私合营，建立山东省长清县药材经理部，归长清县供销社领导。是年 7 月，成立中国药材公司山东省长清分公司，隶属于长清县商业局。1957 年 4 月，改称山东省长清县药材公司，隶属于长清县卫生科。1959 年 9 月，长清县建制撤销，与历城县药材公司合并，原长清药材公司改为历城县药材公司长清药材经营部。1961 年 5 月，恢复长清县药材公司建制，隶属于长清县卫生局，归属泰安专区药材公司管辖。1964 年，地方隶属关系转为长清县商业局。1979 年，县药材公司隶属于济南药材站。1984 年 2 月，更名为山东省济南市长清医药公司，隶属于济南市医药公司；5 月，晋升为局级企业单位。1996 年，改属济南市食品药品监督管理局。2001 年 7 月，隶属于济南市化学医药国有资产经营公司。2003 年 7 月，山东省济南市长清医药公司整合到力诺集团股份有限责任公司。2008 年，长清医药公司设 7 个科室，16 个药品零售门市部，员工 91 人。

书　记

李桂珍（女）	1984.05—1989.09
李文吉	1989.09—1999.07
李文远	1999.07—2005.06

经　理

李文吉	1984.05—1999.07
李文远	1999.07—2005.06
于迎信(女)	2005.06—2006.06
刘喜一	2006.06—

长清黄河河务局　1971年10月，长清县临时组建长清黄河组。1972年8月，更名为山东黄河河务局长清管理段。1978年12月，更名为长清黄河管理段。1991年1月，更名为长清县黄河河务局。1991年5月，建立党组。2002年5月，更名为济南市长清区黄河河务局。2004年11月，更名为济南黄河河务局长清黄河河务局。2008年，局下设办公室、防汛办公室、水政水资源科、人事劳动教育科和二级管理机构管理段，编制59人，实有55人。

书记、局长

张　卿	1986.01—1998.06	
	1998.06—1999.12	空缺
徐　宏	2000.01—2005.05	
张延彬	2005.08—	

长清区(县)气象局　1958年10月10日，长清县气候站成立，人员4人，与农科所合并办公。1959年10月，气候站撤销。1960年5月3日，重建长清县气候服务站。1962年6月撤销。1963年6月重建，人员3人。1966年1月，更名为长清县气象服务站。1971年7月，更名为长清县革命委员会气象站。1980年1月，更名为长清县气象站。1981年8月，改为长清县气象局，人员10人。10月，长清县气象局定为正局级单位。1983年6月，成立党支部。1986年，气象局下设办公室、预报科、测报科、农气科，人员12人。1991年，成立避雷防静电监测中心。1994年，长清气象局气象站改为长清气象局辅助站。1999年，辅助站改为气象站。2001年7月，长清县人民政府人工影响天气办公室成立，挂靠在县气象局。2002年5月，长清县气象局更名为长清区气象局。2004年，成立济南蓝天防雷中心。2007年1月1日，长清气象局气象站调整为国家气象观测站二级站。2008年，气象局下设综合办公室、气象台、防雷减灾办公室，有干部职工11人。

局长、书记

	1981.07—1990.04	空缺
吕传富	1990.04—1992.01	
孙岱文	1992.01—2006.08	
董　勇	2006.08—	

济南市食品药品监督管理局长清区分局　1987年10月，成立长清县药品检验所。2004年4月，成立济南市药品监督管理局长清区分局，设综合办公室、检验室、稽查队。2005年1月，增加食品综合监管职能，更名为济南市食品药品监督管理局长清区分局，设综合办公室、稽查队、检验室、食品案审科，共有职工21人。

书记、局长

王道祥	2004.04—2008.06
董小鹏	2008.07—

中国人民银行长清县支行　1946年2月，冀南银行冀鲁豫区行第一分行长清县支行设立。1948年11月，更名为华北银行冀鲁豫区行长清县支行。是年12月，更名为中国人民银行冀鲁豫区行长清县支行。1950年5月，改称中国人民银行长清县支行，设人事、秘书、私人业务、农金、会计、出纳6股和警卫班。1956年6月，人行与农行合并。1964年2月，恢复中国农业银行长清县支行。1965年12月，人行再次与农行合并。1980年9月，人、农两行第三次分设后，中国人民银行长清县支行设人事、秘书、信贷、计划、储蓄、会计、出纳7股和工会。1984年5月，撤销中国人民银行长清县支行，成立中国工商银行长清县支行，代理人民银行业务。1986年6月，中国人民银行长清县支行恢复，7月1日正式对外办公，设金融管理稽核科、会计发行科、计划调研科、人事秘书

科，干部职工9人。是年，县纪委向中国人民银行长清县支行派驻金融系统纪检组。1987年，会计发行科分设为会计科、货币发行科。1988年12月，增设保卫科。1990年5月，撤人事秘书科，设人事科、办公室。1993年4月，国家外汇管理局长清支局成立，设外汇管理科。1995年8月，设人事教育科、办公室、计划调统科、金融管理稽核科、会计国库科、货币保卫科。1996年10月，金融管理稽核科分为金融管理科、稽核科。1997年8月，成立农村合作金融管理科。1997年，中国人民银行长清县支行内设人事教育科、办公室、计划调统科、稽核科、金融管理科、会计科、货币保卫科、农村合作金融管理科，职工43人。2003年4月，中国人民银行长清县支行撤销。

书记、行长

陈士金	1986.09—1997.01	
	1997.01—1997.03	空缺
成彩虹(女)	1997.03—1998.07	
康寿峰	1998.07—2002.09	
杜恒华	2002.09—2003.04	

中国工商银行长清区(县)支行 1984年5月，以中国人民银行长清县支行人员机构及设置为基础，成立中国工商银行长清县支行，与中国人民银行长清县支行实行“一个机构，两块牌子”，下设人秘科、计划科、信贷科、会计科、出纳科、储蓄科、工会。1986年6月，中国人民银行长清县支行恢复独立。1989年，工行增设保卫科、稽核科。1993年，增设业务发展科、公存科。1995年，增设保全科。1996年5月，设立党组。1997年，设办公室、工会、政工科、保卫科、稽核科、营业部、储蓄部、业务发展科、公存科、保全科、信贷科和计划科，辖第一分理处、崮山分理处及城里、东关、南山、新城、永川、灵岩路、大桥、峰山路和万德9个储蓄所。1999年，撤销党组，改设党总支。2000年1月，科室合并为“两部一室”(业务部、会计部、办公室)。2003年5月，改设党委。2004年4月，工行设“三部一室”(业务部、会计财务部、住房金融业务部、办公室)。2008年，中国工商银行长清区支行设“两部一室”(风险管理部、市场营销部、办公室)，辖营业室1个、分理处3个(第一分理处、东关分理处、大学城分理处)、储蓄所2个(灵岩路储蓄所、五峰路储蓄所)，员工111人。

书记、行长

陈金海	1984.10—1986.02	
岳庆禄	1986.02—1988.04	
李明水	1988.04—1993.02	
孔云飞	1993.02—1995.11	
	1995.11—1996.02	空缺
朱岩峰	1996.02—1999.09	
	1999.09—2000.11	空缺
杨京泉	2000.11—2002.09	
	2002.09—2003.04	空缺
朱　燕(女)	2003.04—2007.09	
王学俭	2007.09—2008.08	
郝　军	2008.08—	

中国人民建设银行长清区(县)支行 1979年1月，中国人民建设银行长清县支行成立，设会计股、业务股。1986年，设2个科室。1990年8月，设办公室。1991年12月，设房地产信贷部。1993年1月，设对公存款科。1997年，设办公室、稽审、纪检、工会、保卫5个职能部门和储蓄、信贷、会计出纳、微机4个业务科，辖储蓄所10个，干部职工152人。1999年12月，撤销党组，设立党支部。2001年12月，成立“两部一室”，即综合部、客户服务部、营业室。2002年5月，中国建设银行长清县支行更名为中国建设银行济南市长清区支行。2005年9月，改为“三部一室”，即综合部、客户服务部、业务管理部、营业室。2008年，区建行设两部一室，即综合部、客户服务部、营业室，辖储蓄所3个，干部职工70人。

书　记

李云宽	1989.02—1991.12

陈国民	1991.12—1993.10	
	1993.10—1995.02	空缺
郑玉国	1995.02—1996.03	
赵忠顺	1996.03—1997.12	
侯　勇	1997.12—2001.01	
路公熙	2001.01—2003.09	
李兆敏	2003.09—2004.02	
刘廷涛	2004.02—2008.03	
郭　峰	2008.03—	

行　长

杜树三	1985.08—1989.02	
李云宽	1989.02—1992.02	
陈国民	1992.02—1993.10	
	1993.10—1995.03	空缺
郑玉国	1995.03—1997.12	
侯　勇	1997.12—2001.01	
路公熙	2001.01—2003.09	
李兆敏	2003.09—2004.02	
	2004.02—2004.06	空缺
刘廷涛	2004.06—2008.03	
郭　峰	2008.03—	

中国农业银行长清区（县）支行 1956年2月,中国农业银行长清县支行设立。是年6月,与人行合并。1964年2月,恢复中国农业银行长清县支行。1965年12月,再次与人行合并。1980年9月,恢复中国农业银行长清县支行,设人秘、会计、出纳、计划、社队农业信贷、信用合作、社队企业信贷7股和10个乡、镇营业所。1986年,中国农业银行长清县支行设11个科室,干部职工152人。1994年,信用社从中国农业银行长清支行分出,成立长清县农村信用合作社。1996年11月,中国农业发展银行成立,完成从农业银行资产剥离、人员分流工作,农村信用社与农业银行脱离行政隶属关系。1997年,农行机关设人秘部、资金营运部、财务会计部、审计部4部,辖营业部1个、分理处1个、储蓄所6个、银行办事处10个,干部职工153人。1999年1月,设立党委。2002年5月,设公司部、个人部、信贷一部、信贷二部、账务计划部、保卫部和办公室,辖营业部1个、分理处1个、储蓄所6个、银行办事处10个,干部职工157人。2004年12月,设客户部、信贷管理部、计财部、安全保障部、办公室,辖营业部1个、分理处1个、储蓄所6个、银行办事处10个,共有干部职工162人。2007年1月,设客户部、计划财务部、信贷管理部、安全保障部、办公室,辖营业部1个、分理处1个、储蓄所6个、银行办事处10个,干部职工164人。2008年,设5个部室,辖营业部1个、分理处2个、储蓄所3个、办事处6个,干部职工163人。

书记、行长

李荣璋	1982.06—1996.01
付广海	1996.01—2001.01
葛树河	2001.01—2008.01
张　立	2008.01—

中国银行长清支行 1992年11月16日,中国银行长清支行成立,设人秘科、财务科、储蓄专柜,有干部职工12人。1993年1月,设立党支部。是年,设财会科、储蓄科、计划信贷科、人秘科,辖双城、西城、东城、五峰路4个储蓄所,1个储蓄专柜和中苑集团长清分公司。1994年12月,设立党组。1995年,设办公室、财会科、存款科、计划信贷科、信用卡科,辖储蓄所6个、分理处1个。1997年,增设保卫科、电脑室。1998年12月,撤销党组,设立党支部。1999年,内设"三部一室",即营业部、零售业务部、公司业务部、行长办公室。2002年5月,中国银行长清支行更名为中国银行济南市长清支行。2004年,更名为中国银行股份有限公司济南长清支行。2008年,内设综合管理部、业务发展部、营业部,辖分理处2个,员工45人。

书　记

王建民	1993.01—1994.02

魏刚强 1994.02—1998.02
刘继忠 1998.02—1998.09
仲维功 1998.09—2000.02
李学涛 2000.02—2002.04
周传民 2002.04—2005.03
王利民 2005.03—2008.10
刘 震 2008.10—

行 长

魏刚强 1992.11—1998.02
刘继忠 1998.02—1998.09
仲维功 1998.09—2000.02
李学涛 2000.02—2002.06
周传民 2002.06—2005.03
王利民 2005.03—2008.10
刘 震 2008.10—

中国农业发展银行济南市长清区支行 1996年11月，从中国农业银行长清支行分出，成立中国农业发展银行长清支行，设办公室、计划信贷部、会计出纳部，员工23人。1997年11月，设立党组。1999年2月，撤销党组，设立党支部。2006年，支行设客户部、会计结算部。2007年，支行设办公室、计划信贷部、会计出纳部。2008年，支行设会计结算部、客户部，共有员工21人。

书 记

赵成森 1996.11—2000.11
2000.11—2002.01 空缺
宫 波 2002.01—2007.02
马 青 2007.02—

行 长

1996.11—1997.11 空缺
赵成森 1997.11—2000.11
2000.11—2001.12 空缺
宫 波 2001.12—2007.02
马 青 2007.02—

中国邮政储蓄银行股份有限公司济南市长清区支行 2008年5月，中国邮政储蓄银行股份有限公司济南市长清区支行成立，设综合管理部、综合业务部、信贷部，营业网点3处，职工42人。

行 长

蔡思明 2008.05—

长清区(县)信用合作社联社 1953年3月，在杨庄乡建立长清县第一家农村信用合作社。至1956年，全县农村信用合作社52处。1959年1月，全县成立8处人民公社信用部，下设72处信用分部，农村信用合作社改为人民公社信用分部。是年6月，人民公社信用部撤销，信用社恢复。1972年12月，将辖区内57处农村信用合作社合并为8处人民公社信用合作社，并与人行在人民公社的银行所合署办公。1976年8月，设立五峰、崮山人民公社信用合作社；全县信用合作社10处，下设47个业务片。1980年9月，中国农业银行长清县支行恢复，辖区内信用合作社改由农行领导管理，分别与当地农行所合署办公。1994年4月，信用合作社与农行分门办公，长清县农村信用合作社联合社成立，辖职能科室4个、信用社10处、分社11个、储蓄所7个，在职员工269人。1995年6月，长清县农村信用合作社联合社设立党组。1996年11月，信用合作社与中国农业银行脱离行政隶属关系。2002年5月，更名为济南市长清区农村信用合作社联合社。2005年6月，全区10处农村信用社统一法人，成立济南市长清区农村信用合作联社。2007年7月6日，撤销联社党组，成立党委。2008年，内设人事综合部、财务会计部、风险管理部、资产管理部、公司业务部、稽核部、监察保卫部、科技部，辖营业部1个、分支机构37个(信用社10个、信用分社27个)，员工446人。

书 记

杜兆顺 1995.06—2005.05

刘长禄　　2005.05—2007.07
杨兆福　　2007.07—

理事长

杜兆顺　　1998.11—2005.06
刘长禄　　2005.06—2007.03
杨兆福　　2007.03—

主　任

杜兆顺　　1994.04—2005.06
刘绍旺　　2005.06—2008.12
肖建华　　2008.12—

长清县城市信用合作社　1992年12月,长清县城市信用合作社成立,主管部门为济南市城市信用社联合社。1995年6月,设立党组。1996年4月,与济南市城市信用社联合社脱钩。1997年5月1日,划归济南市农村金融体制改革领导小组办公室管理。1999年1月18日,以兼并收购的方式,长清县城市信用社并入长清县农村信用合作社联合社。

书记、主任

李玉海　　1992.12—1999.01

中国人民保险公司长清县支公司　1951年7月,中国人民保险公司长清县支公司成立,设人事秘书股、会计股、计划督导股、农保股、防灾理赔股。1953年,长清县保险支公司撤销,并入县财政局。1956年,建立长清县保险营业所。1958年,撤销长清县保险营业所,长清县财政局设保险股。1980年4月,在长清县人民银行设立保险股。1984年4月,保险股从长清县人民银行分出,成立中国人民保险公司长清县支公司,下设人秘科、业务科、计财科。1996年4月,中国人民保险公司长清县支公司一分为二,分别成立中保财产保险有限公司长清县支公司和中保人寿保险有限公司长清县支公司。

书　记

陈庆水　　1984.04—1990.05
庄延泉　　1990.05—1993.05
王洪军　　1993.05—1996.04

经　理

陈庆水　　1984.04—1992.01
庄延泉　　1992.01—1993.05
王洪军　　1993.05—1996.04

中国人民财产保险股份有限公司济南市长清支公司　1996年4月,成立中保财产保险有限公司长清县支公司。1999年1月,更名为中国人民保险公司长清县支公司。2002年5月,更名为中国人民保险公司济南市长清区支公司。2003年7月,更名为中国人民财产保险股份有限公司济南市长清支公司。2008年,公司设科室8个,辖营业所7个,员工30人。

书记、经理

王洪军　　1996.04—1999.08
　　　　　1999.08—1999.12　空缺
杨　明　　1999.12—2004.01
吴建新　　2004.01—2005.11
符元峰　　2005.11—2006.08
谭　蔚　　2006.08—

中国人寿保险股份有限公司济南市长清区支公司　1996年4月,中国人民保险公司长清县支公司一分为二,成立中保人寿保险有限公司长清县支公司。1997年7月,撤销党组,设立党支部。1999年1月,更名为中国人寿保险公司长清县支公司。2002年5月,更名为中国人寿保险公司济南市长清区支公司。2003年7月,更名为中国人寿保险股份有限公司济南市长清区支公司。2008年,公司设科室6个,辖营业所9个,员工36人。

书　记

武　勇　　1996.04—1997.12

王营建　　1997.12—1998.12
张世俭　　1998.12—2000.03
　　　　　2000.03—2003.03　空缺
昝圣彬　　2003.03—2004.09
　　　　　2004.09—2005.01　空缺
孙　飚　　2005.01—2006.04
苏　勇　　2006.04—

经　理

武　勇　　1996.04—1998.12
张世俭　　1998.12—2000.03
　　　　　2000.03—2002.01　空缺
孙　飚　　2001.01—2003.03
昝圣彬　　2003.03—2004.09
孙　飚　　2004.09—2006.04
苏　勇　　2006.04—

中国太平洋财产保险股份有限公司济南市长清支公司　1996年12月，中国太平洋保险公司长清支公司成立，设国内国外业务部和计划综合部，员工13人。2001年1月，产寿险分业，成立中国太平洋财产保险股份有限公司济南市长清支公司。至2008年，公司设业务科、渠道科、营业室，员工9人。

书记、经理

桑近东　　1997.01—2000.10
孙士军　　2000.10—

中国太平洋人寿保险股份有限公司济南市长清支公司　2001年1月，产、寿险分业，成立中国太平洋人寿保险股份有限公司济南市长清支公司。2008年，公司有员工9人。

经　理

卢小杰　　2001.01—2003.12
徐　伟　　2004.01—2007.12；
李　森　　2008.01—

第十二章　街道　乡镇

第一节　街　道

长清区文昌街道　抗日战争前后，为一区和二区十五乡的十里铺。1948年后为一区。1950年后为一区和十七区的石麟镇、李庄乡、朱庄乡、潘庄乡、杨庄乡、滨河乡。1952年后为一区和十一区的小卢庄、小段庄、窑头、十里铺等25个村，及二区北大沙河以南的前兴隆、后兴隆、新屯、三龙庄等14个村。1956年后，为城关镇和石麟区的三庄乡。1958年，撤区并乡后沿称城关镇。是年秋，撤镇建石麟公社。1959年，撤销长清县建制后划属历城县，更名长清公社。1961年，恢复长清县建制后还属，更名城关公社。1982年，复名城关镇。1995年12月，城关镇改为长清镇。2003年9月，撤销长清镇设文昌街道。

党委（工委）书记

马庆福　　1984.11—1987.04
陈兆昌　　1987.04—1990.04
张　明　　1990.04—1993.01
张化富　　1993.01—1995.04
朱兴林　　1995.04—1998.04
刘学春　　1998.04—2001.04

李广贤	2001.04—2003.03
葛殿起	2003.03—2007.04
刘兴刚	2007.04—2008.01
卢云成	2008.01—

人大工作办公室 1989年11月，设立城关镇人大工作办公室。1996年1月，镇人大工作室主任改称人大主席。2003年9月，改称长清区人大常委会文昌街道工作室。

主席(主任)

	1989.11—1990.2	空缺
于振源	1990.02—1994.02	
季法银	1994.02—2002.02	
郝　勇	2002.02—2008.10	
宋传猛	2008.10—	

镇长(主任)

李锡玉	1985.10—1986.05
孟祥增	1986.05—1987.06
王树泉	1987.06—1989.11
司云平	1989.11—1990.04
张化富	1990.04—1993.01
刘学春	1993.01—1998.04
袁吉德	1998.04—2001.05
周　杰	2001.05—2003.04
卢云成	2003.04—2008.09
王恩庆	2008.09—

政协统战工作室 1991年10月，设立城关镇政协统战工作室。1996年1月，更名为长清镇政协统战工作室。2003年9月，撤销。

主　任

郝传德	1992.11—1999.08	
	1999.08—2000.08	空缺
王玉亮	2000.08—2006.08	

长清区平安街道 抗日战争前后为四区一镇和1至20乡的全部或部分村庄及三区十乡的奠山桥(今南桥)。1949年，为第四区。1952年，为二区(后改小王区)、三区(后改赵庄区)的大部分村庄和石麟区的南汝乡。1958年，撤区并乡后为王宿乡、许寺乡、赵庄乡。是年秋，并三乡建许寺公社，同时将许寺乡的大庞庄、前河圈、后河圈划属齐河县。1959年，撤销长清县建制后划属历城县。1961年，恢复长清县建制时还属，同时将古城、丰齐、赵庄等20个村留属济南市。1984年2月，撤销许寺公社成立平安店区。1985年10月，撤销平安店区成立平安店镇。2003年9月，撤销平安店镇成立平安街道。

党(工)委书记

陈兆禄	1985.10—1987.03
张　明	1987.03—1990.04
司云平	1990.04—1993.03
王庆华	1993.03—1996.03
陈兆昌	1996.03—1997.03
张能河	1997.03—1998.04
赵万才	1998.04—1998.06
王玉法	1998.06—2001.04
刘兴刚	2001.04—2007.03
周　杰	2007.03—

人大工作办公室 1989年11月，设立平安店镇人大工作办公室。1996年1月，镇人大工作办公室主任改称人大主席。2003年9月,改称长清区人大常委会平安街道工作室。

主席(主任)

王绍江	1989.11—1992.11
王树吉	1992.11—2001.04
王其平	2001.04—2006.03
陈士俊	2006.03—

镇长(主任)

张会清	1985.10—1987.03

孟祥增	1987.03—1989.04
刘太义	1989.04—1990.04
董泗贵	1990.04—1993.03
张能河	1993.03—1997.03
王玉法	1997.03—1998.06
王圣才	1998.06—2001.04
张振河	2001.04—2003.03
曹　军	2003.03—2007.03
翟贵祥	2007.03—

政协统战工作室　1991年10月，设立平安店镇政协统战工作室。2003年9月，撤销。

主　任

	1991.10—1992.11	空缺
叶海亭	1992.11—1997.03	
张守元	1997.03—1998.04	
纪文昌	1998.04—2006.12	

长清区崮云湖街道　抗日战争前后为三区一镇和1至9乡的部分村庄。1949年为三区的部分村庄。1952年，为三区（后改赵庄区）的段庄乡、炒米店乡和四区（后改崮山区）的大彦乡、辛庄乡、大刘乡及金庄乡的部分村庄。1958年，撤区并乡后为崮山乡和王府乡的大部分村庄。是年秋，撤乡建崮山公社。1959年2月，撤销崮山公社并入张夏公社。是年，撤销长清县建制后划属历城县。1961年5月，恢复长清县建制时还属。1976年8月，由张夏公社析出，复建崮山公社。1984年2月，撤销崮山公社设崮山区。1985年10月，撤崮山区设崮山镇。2003年9月，撤销崮山镇设立崮云湖街道。2005年8月，设立济南市长清区大学科技园党工委、管委会，与崮云湖街道党工委、办事处合署办公，一套班子，两块牌子。

党（工）委书记

孙法堂	1985.10—1987.06
陈延河	1987.06—1993.01
宋家岭	1993.01—1998.04
李广贤	1998.04—2001.04
孟令敏	2001.04—2003.03
阴　波	2003.03—2007.03
杨方明	2007.03—

人大工作办公室　1989年11月，设立崮山镇人大工作办公室。1996年1月，镇人大办公室主任改称人大主席。2003年9月，改称长清区人大常委会崮云湖街道工作室。

主席（主任）

	1989.11—1994.02	空缺
张洪义	1994.02—1995.04	
于存海	1995.04—1998.04	
孟宪德	1998.04—1998.12	
于存海	1999.01—2004.03	
	2004.03—2006.03	空缺
马洪昌	2006.03—2007.03	
亓　明	2007.03—2008.10	
李　刚	2008.10—	

镇长（主任）

陈延河	1985.10—1987.06	
赵忠水	1987.06—1989.11	
王传荣	1989.11—1992.03	
宋家岭	1992.03—1993.01	
贾乾水	1993.01—1995.04	
李广贤	1995.04—1998.04	
孟令敏	1998.04—2001.04	
刘宝林	2001.04—2003.04	
杨方明	2003.04—2007.03	
张士忠	2007.03—2008.04	
	2008.04—2008.10	空缺
亓　明	2008.10—	

政协统战工作室　1991年10月，设立崮山镇政协统战工作室。2003年9月，撤销。

主　任

	1991.10—1992.03	空缺
王云河	1992.03—1992.11	
路兆丰	1992.11—1994.04	
葛　静(女)	1994.04—1995.04	
	1995.04—1996.03	空缺
申继华	1996.03—2002.01	
	2002.01—2003.09	空缺

长清区五峰山街道　抗日战争前后为第三区四镇东洋河等3村，11至16乡和20乡的李家店，七区2乡展家庄等6村、3乡太平等5村。1949年，为三区三镇庄家庄、黑峪、东莱园、讲书院等24村和七区三官庙、邱家庄等18村。1952年，为四区庄家庄乡、三官庙乡、菜园乡。1956年，为马东区邱庄乡、黑峪乡、三官庙乡。1958年，撤区并乡后为黑峪乡。是年秋，撤乡建五峰公社。1959年，撤销长清县建制后划属肥城县。1961年，恢复长清县建制时还属。1962年，撤销五峰公社，并入马山公社。1976年8月，由马山公社析出复建五峰公社。1984年2月，撤销五峰公社建五峰山区，同时将万德区所辖西房庄、孙家庙等5村划属该区。1985年10月，五峰山区撤销，设立五峰山乡，原万德区划属的5村还属万德镇。1995年4月，撤销五峰山乡，设立五峰山镇。2003年9月，撤镇设五峰山街道。

党(工)委书记

朱兴林	1984.09—1989.11
赵忠水	1989.11—1992.03
刘凤泉	1992.03—1994.02
赵万才	1994.02—1998.04
张卫华	1998.04—2001.04
潘兴华	2001.04—2003.03
韩广峰	2003.03—2008.01
郝兆林	2008.01—

人大工作办公室　1989年11月，设立五峰山乡人大工作室。1996年1月，镇人大工作办公室主任改称人大主席。2003年9月，改称长清区人大常委会五峰山街道工作室。

主席(主任)

	1989.11—1991.10	空缺
李永祥	1991.10—1994.02	
于存海	1994.04—1995.04	
程家瑞	1995.04—2006.03	
高远胜	2006.03—2008.10	
齐玉鹏	2008.10—	

主任(镇长、乡长)

司庆福	1985.10—1987.04
金福民	1987.04—1991.03
刘凤泉	1991.03—1992.03
赵万才	1992.03—1994.02
张卫华	1994.02—1998.04
李秉岩	1998.04—2001.05
张国栋	2001.05—2003.03
赵建民	2003.03—2007.03
郝兆林	2007.03—2008.01
董培忠	2008.01—

政协统战工作室　1991年10月，设立五峰山乡政协统战工作室。2003年9月，撤销政协统战工作室。

主　任

	1991.10—1992.11	空缺
张印堂	1992.11—1994.02	
许元忠	1994.02—1998.04	
张国栋	1998.04—2001.04	
刘乃华	2001.04—2007.03	

第二节　镇

长清区(县)归德镇　抗日战争前后为二区一镇归德、二镇国庄等6村，三镇翟庄等3村，1至23乡的全部或部分村和七区二镇苾村铺等4村，

15乡永平等3村，16乡义合庄等9村。1949年前后，为二区。1952年，为八区(后改小屯区)、十一区(后改归德区)的大部分村庄。1958年，撤区并乡后为小屯乡，归德乡的大部分村庄。是年秋，并乡建归德公社。1959年，撤销长清县建制后划属历城县。1961年，恢复长清县建制时还属。1984年2月，撤归德公社建归德区。1985年10月，撤区建归德镇。

党委书记

孙君山	1984.11—1990.04	
刘太义	1990.04—1992.12	
肖明才	1992.12—1995.04	
刘延文	1995.04—1998.04	
王友海	1998.04—2000.06	
庞　涛	2000.06—2003.03	
赵贵华	2003.03—2005.04	
郭其军	2005.04—2007.04	
曹　军	2007.04—	

人大工作办公室 1989年11月，设立镇人大工作办公室。1996年1月，镇人大工作办公室主任改称人大主席。

主席(主任)

	1989.11—1991.10	空缺
李本寅	1991.10—1992.12	
季法银	1992.12—1994.02	
何卫国	1994.02—1995.04	
李寿元	1995.04—2001.04	
庞　涛	2001.04—2003.03	
	2003.04—2004.04	空缺
李　安	2004.04—2007.04	
曹　军	2007.04—	

镇　长

陈淑勤	1985.10—1987.06	
司云平	1987.06—1989.11	
李兆坤	1989.11—1992.03	
肖明才	1992.03—1992.11	
赵子斌	1992.11—1994.02	
刘延文	1994.02—1995.04	
朱广山	1995.04—1998.04	
刘建国	1998.04—2000.06	
赵贵华	2000.06—2003.03	
郭其军	2003.03—2005.04	
张海水	2005.04—2007.04	
李成刚	2007.04—	

政协统战工作室 1991年10月，设立归德镇政协统战工作室。2006年8月，撤销。

主　任

	1991.10—1994.02	空缺
陈国振	1994.02—2002.02	
	2002.02—2006.08	空缺

长清区(县)孝里镇 抗日战争前后为峰山县八区和1941年由肥城县第八区划入的孝里铺等28村。1952年，为长清县第十区。1956年，为孝里区的孝里乡、下巴乡、大桥乡、黄崖乡、马岭乡、傅刘乡、潘广乡和东障乡。1958年，撤区改乡后为孝里乡和峰山乡的部分村庄。是年秋，孝里乡更名为孝里人民公社。1959年10月，撤销长清县建制时，划属平阴县。1961年，恢复长清县建制时还属。1984年2月，孝里公社改称孝里区。1985年10月，改孝里区建孝里镇。

党委书记

于瑞昌	1985.07—1986.02	
刘殿法	1986.02—1991.01	
井永平	1991.01—1994.02	
魏　军	1994.02—1998.03	
万秀水	1998.03—2001.04	
贾政斌	2001.04—2004.10	
郝继长	2004.10—2007.03	

董庆哲	2007.03—	

人大工作办公室 1989年11月，设立孝里镇人大工作办公室。1996年1月，镇人大办公室主任改称人大主席。

主席(主任)

	1989.11—1992.11	空缺
方传柱	1992.11—1994.04	
	1994.04—1994.08	空缺
杜九甫	1994.08—1995.12	
	1995.12—1996.03	空缺
陈胜元	1996.03—2002.12	
	2002.12—2004.04	空缺
李成刚	2004.04—2005.05	
李昌升	2005.05—2007.04	
董庆哲	2007.04—	

镇　长

刘殿法	1985.10—1987.06
李兆坤	1987.06—1990.02
井永平	1990.02—1991.03
肖明阶	1991.03—1993.01
杨锦华	1993.01—1995.04
万秀水	1995.04—1998.03
贾政斌	1998.03—2001.04
杨方明	2001.04—2003.04
刘明忠	2003.04—2005.12
董庆哲	2005.12—2007.03
董培忠	2007.03—2008.01
魏宏新	2008.01—

政协统战工作室 1991年10月，设立孝里镇政协统战工作室。2006年8月，撤销。

主　任

	1986.01—1992.11	空缺
方传孔	1992.11—1995.04	
	1995.04—1996.03	空缺
魏吉春	1996.03—2005.04	
	2005.04—2006.08	空缺

长清区(县)万德镇 抗日战争前后为六区一镇大万德、小万德，四镇界首等4村，五镇东夏峪等4村，1至6乡的长城、阴灵关(今义灵关)、三官庙、石胡同、大王庄等23村，8乡贾家庄等4村，14乡徐家庄等6村和肥城县一区王先庄等6村，泰安县的北马套。1949年，为六区的万德、界首、东夏峪三镇和五、六乡及肥城县一区王先庄等6村，泰安县的北马套。1955年11月，六区改称万德区。1957年5月，设万德工委，工委辖万德、史庄、武家庄3个乡。1958年，撤区并乡后为史庄乡和万德乡的大部分村。是年秋，撤乡建万德公社。1959年10月，撤销长清县建制时划属历城县。1961年5月，恢复长清县建制时还属。1984年2月，改称万德区。1985年10月，万德区划分为万德镇和武家庄乡。2006年1月，武家庄乡撤销划归万德镇，武庄成立党工委。

党委书记

孔凡礼	1985.10—1989.04
孟祥增	1989.04—1992.04
司庆福	1992.04—1995.04
王友海	1995.04—1998.04
葛殿起	1998.04—2003.03
潘兴华	2003.04—

人大工作办公室 1989年11月，设立万德镇人大工作办公室。1996年1月，镇人大办公室主任改称人大主席。

主席(主任)

侯贯武	1989.11—1992.03	
王家河	1992.03—1995.04	
杨玉环	1995.04—2003.03	
董传堂	2003.04—2004.10	
	2004.10—2005.03	空缺

赵 博	2005.04—2006.09
潘兴华	2006.09—

镇 长

邵怀庆	1985.05—1988.08
司庆福	1988.08—1992.03
魏 军	1992.03—1994.02
王 钟	1994.02—1995.04
葛殿起	1995.04—1998.04
潘兴华	1998.04—2001.04
韩广峰	2001.04—2003.04
张世忠	2003.04—2006.09
赵 博	2006.9—

政协统战工作室 1991年10月，设立万德镇政协统战工作室。2006年8月，撤销。

主 任

王立才	1991.10—1992.12
杨清水	1992.12—2001.04
李国庆	2001.04—2006.08

长清区（县）张夏镇 抗日战争前后为六区二镇土门等3村，三镇青杨树等3村，9至13乡和三区二镇张夏17至20乡的全部村庄。长清解放前后，为第六区。1952年，为五区（后改为张夏区），辖土门乡、小寺乡、车厢峪乡、张夏乡、青杨乡、岳庄乡、诗庄乡。1958年，撤区并乡后为张夏乡。是年秋，改乡建张夏公社。1959年2月，崮山公社并入，沿称张夏公社。是年9月，撤销长清县建制划属历城县。1961年，恢复长清县制后还属。1976年8月，崮山公社析出。1984年2月，撤销张夏公社建张夏区。1985年10月，改张夏区为张夏镇。

党委书记

王荣玉	1984.07—1990.04
邵怀庆	1990.04—1995.04
褚兴达	1995.04—2001.04
王玉法	2001.04—2003.03
周 杰	2003.03—2007.03
王庆波	2007.03—

人大工作办公室 1989年11月，设立张夏镇人大工作办公室。1996年1月，镇人大主任改称人大主席。

主席（主任）

	1989.11—1991.04	空缺
田思厚	1991.04—1994.03	
李传明	1994.04—2001.04	
郝进强	2001.04—2006.09	
	2006.10—2007.02	空缺
王庆波	2007.03—	

镇 长

井永平	1985.10—1987.02
李继怀	1987.02—1989.11
邵怀庆	1989.11—1990.02
房士忙	1990.02—1992.03
王友海	1992.03—1994.02
褚兴达	1994.02—1995.04
武孟臣	1995.04—1998.04
胡立敏	1998.04—2001.05
杨玉华（女）	2001.05—2003.04
王庆波	2003.04—2007.03
刘兴文	2007.03—

政协统战工作室 1991年10月，设立张夏镇政协统战工作室。2006年8月，撤销。

主 任

	1991.10—1994.02	空缺
李德芬	1994.01—2001.04	
史 安	2001.04—2006.08	

长清区（县）马山镇 抗日战争前后，为七区

一镇崮头等4村，二镇南苾村，三镇宋家庄等3村，一乡双泉庄等10村，4至7乡的义合庄、马东街、太平庄、季家庄等4村，六区15乡庄科等6村、16乡的魏家庄等8村。1949年前后为第六区和第七区的部分村庄。1952年，为第七区。1956年，为马东区的庄科乡、关王庙乡、郭庄乡、北站乡、崮头乡和宋村乡的南苾村、大河东等村。1958年，撤区并乡后为马山乡和崮头乡的潘庄、南苾村等。是年秋，并乡建马山公社。1959年，撤销长清县建制时划属肥城县。1961年，恢复长清县建制时还属。1962年，五峰公社并入马山公社。1976年8月，五峰公社析出。1984年2月，撤销马山公社建马山区。1985年10月，改马山区建马山乡。1995年4月，改乡建马山镇。

党委书记

卢现起	1984.05—1986.02
郝兆元	1986.02—1986.09
王义来	1986.09—1989.11
朱兴林	1989.11—1995.04
徐国元	1995.04—1998.04
刘吉利	1998.04—2000.05
刘兴刚	2000.05—2001.05
阴　波	2001.05—2003.03
张振河	2003.03—2008.04
张世忠	2008.04—

人大工作办公室　1989年11月，设立马山乡人大工作办公室。1996年1月，人大办公室主任改称人大主席。

主席(主任)

	1989.11—1991.10	空缺
张祥岭	1991.10—1995.04	
张传海	1995.04—2001.04	
孟宪生	2001.04—2004.04	
符连河	2004.04—2007.02	
张振河	2007.02—2008.04	
张世忠	2008.04—	

镇长(乡长)

郝兆元	1985.10—1986.02
王义来	1986.02—1986.09
刘世祥	1986.09—1991.03
李修灵	1991.03—1994.02
徐国元	1994.03—1995.04
刘万峰	1995.04—1998.04
刘兴刚	1998.04—2000.06
阴　波	2000.06—2001.05
郝继长	2001.05—2004.10
翟贵祥	2004.10—2007.03
苗兴臣	2007.03—2008.09
徐笃峰	2008.09—

政协统战工作室　1991年10月，设立马山乡政协统战工作室。2006年8月，撤销。

主　任

	1991.10—1994.02	空缺
周元文	1994.02—1997.03	
王道祥	1997.03—1998.04	
赵学诚	1998.04—2001.04	
张敏新	2001.04—2006.08	

第三节　乡

长清区(县)双泉乡　抗日战争前后，为七区四镇段店等6村，8至12乡和18乡的四龙湾，以及由肥城八区划入的李家庄、黄立泉等4村。1949年前后，为第七区。1952年，为第九区。1956年，为峰山区所辖的马西、段店、柳杭、尹庄、郝庄、五眼井、五红庙、四龙湾8个乡。1958年，撤区并乡后为双泉乡和崮头乡的孟庄、庞庄、杜庄等村。是年秋，撤乡建双泉公社。1959年10月，撤销长清县建制时双泉公社划归肥城县。1961年5月，恢复长清县建制时还属。1984年2月，撤销双泉公社改为双泉

区。1985 年 10 月，改双泉区设双泉乡。

党委书记

方传林	1984.01—1989.04	
赵忠智	1989.04—1992.03	
卢振阁	1992.03—1994.02	
王友海	1994.02—1995.04	
王　钟	1995.04—1998.03	
王守营	1998.03—2000.11	
	2000.11—2001.02	空缺
王道祥	2001.02—2004.03	
王传成	2004.03—2007.03	
赵建民	2007.03—	

人大工作办公室　1989 年 11 月，设立双泉乡人大工作办公室。1996 年 1 月，乡人大工作办公室主任改称人大主席。

主席（主任）

	1989.11—1992.11	空缺
张兆正	1992.11—1998.04	
刘兴金	1998.04—2006.03	
刘兴文	2006.03—2006.09	
王传成	2006.09—2007.04	
赵建民	2007.04—	

乡　长

张　明	1985.09—1987.04
赵忠智	1987.04—1989.04
卢振阁	1989.04—1992.03
王志海	1992.03—1995.04
王守营	1995.04—1998.04
王道祥	1998.04—2001.05
王传成	2001.05—2004.04
刘明霞（女）	2004.04—2007.03
方宝军	2007.03—

政协统战工作室　1991 年 10 月，设立双泉乡政协统战工作室。2006 年 8 月，撤销。

主　任

	1991.10—1992.11	空缺
栾绪泉	1992.11—1996.03	
高常忠	1996.03—1997.03	
刘兴忠	1997.03—2006.08	

长清区（县）武家庄乡　抗日战争前后，为六区 7 乡纸坊等 4 村，8 乡武家庄、贾家庄、刘家庄、小刘庄和历城县仲宫乡辛庄、九曲等 12 村。1949 年，为长清县第六区辖地。1956 年春，辛庄、九曲、黄豆峪、马场、侯庄、张峪、拔山、胡坦、玉皇庙、房庄、张庄、青天 12 村由历城县划归长清县六区管辖。1958 年，撤区后建立武家庄乡，是年秋划属万德公社为武家庄办事处。1984 年 2 月，撤销万德公社建万德区后，为万德区辖武家庄乡。1985 年 10 月，由万德镇析出建武家庄乡。2006 年 1 月，撤销武家庄乡并入万德镇，改设万德镇武庄党工委。

党委书记

李良盛	1985.10—1991.12
孙继民	1991.12—1995.04
刘吉利	1995.04—1988.04
刘道辰	1998.04—2001.04
杨立新	2001.04—2003.04
韩　伟	2003.04—2005.12

人大工作办公室　1989 年 11 月，设立武家庄乡人大工作办公室。1996 年 1 月，乡人大办公室主任改称主席。

主席（主任）

	1989.11—1991.10	空缺
曲臣芳	1991.10—1995.04	
冯绪法	1995.04—2003.04	
	2003.04—2004.04	空缺

王宝德　　2004.04—2005.12
董庆哲　　2003.04—2005.12

乡　长

贾明跃	1985.10—1987.06
王传荣	1987.06—1989.11
刘兆银	1989.11—1992.03
徐国元	1992.03—1994.02
刘吉利	1994.02—1995.04
刘道辰	1995.04—1998.04
杨立新	1998.04—2001.04
韩　伟	2001.04—2003.04

政协统战工作室　1991年10月，设立武家庄乡政协统战工作室。2006年1月，撤销。

主　任

	1991.10—1996.04	空缺
董　华	1996.04—1997.03	
王德法	1997.03—1998.04	
王义平	1998.04—2003.03	
	2003.03—2005.12	空缺

人物

Figures

第一届人民好公仆合影 （1998年 摄）

长清县第三届人民好公仆表彰大会 （2000年 摄）

人物传略

（一）

扁鹊（约前 407—约前 310） 生卒年不详，战国时医学家，姓秦，名越人，齐国渤海卢（今长清区）人。学医于长桑君，有丰富的医疗实践经验，反对巫术治病。遍游各地行医，擅长各科，最早提出“望、闻、问、切”诊断方法，通过望色、听声，即能知病之所在，创造脉学理论，是全国切脉治病的先驱。应用砭刺、针灸、按摩、汤液、热熨等法治疗疾病，被尊为医祖。带领弟子到各地行医，在邯郸为“带下医”（妇科），在洛阳为“耳目痹”医（即五官科），在咸阳为“小儿医”。因其医术高明，被人尊称为“扁鹊”（相传是黄帝时代的名医）。后为秦武王治病，遭太医李醯嫉妒，派人把他杀死。据《史记》记载，扁鹊看病行医有“六不治”原则：一是依仗权势，骄横跋扈的人不治；二是贪图钱财，不顾性命的人不治；三是暴饮暴食，饮食无常的人不治；四是病深不早求医的人不治；五是身体虚弱不能服药的人不治；六是相信巫术不相信医道的人不治。《汉书·艺文志》所录《扁鹊内经》《外经》早佚。今存《难经》一本，是后人托作。

娄敬（生卒年不详） 汉初齐国卢（今长清区）人，著名的政治家、谋略家，是汉高祖刘邦的重要谋士之一，对于汉初政策的制定及西汉政权的稳定起过很大作用。始皇二十九年（前 218），韩相张

良来茌县（今张夏）会见娄敬，秘商刺杀秦始皇事宜，其事未遂，为避秦始皇抄杀，娄敬隐居在莲台山古洞中。秦末加入农民起义队伍，汉高祖五年（前 202），汉王朝完成统一后，打算定都洛阳。时娄敬作为齐国的戍卒，正被发往陇西（今甘肃一带）戍边，经过咸阳时，他穿着破旧的羊皮外套去拜见同乡虞将军，要求面见汉高祖刘邦。虞将军见他穿着寒酸，想给他换一套体面些的衣服，娄敬却道：“臣衣帛，衣帛见；衣褐，衣褐见”。面见汉高祖，娄敬直言道：洛阳虽处天下之中，然“大战七十，小战四十”，经济残破，民怨沸腾，定都于此，利小弊大；而关中一带地腴民富，且被山带河，地势险要，易守难攻。娄敬的建议得到张良的支持，刘邦最终决定建都长安。为表彰娄敬，赐姓“刘”，号“春申君”。汉高祖七年，韩王信勾结匈奴反叛，刘邦率军亲征。军至晋阳（今山西太原），刘邦派出使者赴匈奴，探听虚实。匈奴将精壮的士兵和牛马隐藏起来，示以羸弱之师，以迷惑汉朝使者。使者回来皆言匈奴易击，唯娄敬独持异议，指出匈奴将“伏奇兵以争利”，认为汉军不可出击。刘邦不听，被匈奴围困于平城白登山达 7 天 7 夜，这便是所谓“平城之围”，结果大败而归，始信娄敬见识超人，擢升他为建信侯，封 2000 户，封地在今万德、张夏、崮山一带。刘邦向他问计，娄敬认为“天下初定，士卒罢于兵，固不可以武胜也”，建议把嫡长公主嫁给匈奴单于，实行“和亲”政策。高祖于是派娄敬亲自护送公主远嫁匈奴冒

顿单于。后“和亲”之策成为汉王朝对匈奴长期实行的一项基本政策。汉高祖七年七月，娄敬向刘邦提出迁徙关东原六国王族豪富，以充实关中，指出这样“无事可以备胡；诸侯有变，亦足以率以东伐”。刘邦采纳这一建议，并命娄敬负责实施。于是，关东贵族后裔及豪强大族10万余人被迁至关中。娄敬所提定都、和亲、迁豪三项计策，对稳定汉初的政治形势起到重要作用。其后，他厌倦世俗的官场争斗，与好友张良为邻隐居在莲台山娄敬洞内，经常和张良一起下棋，娄敬洞口巨石棋盘依然存在，莲台山娄敬洞内祀有张良、娄敬、范蠡神像。

义净（635—713） 俗姓张，字文明，法号义净，齐郡山茌（今长清区张夏镇）人。唐代著名高僧，为中国古代佛教四大译经家之一，与法显、玄奘并称为中国历史上到印度取经求法最著名的三大高僧，与鉴真并称为中国著名的医僧。

义净，七岁出家山茌县土窟寺，后更名为四禅寺。从慧智禅师受具足戒，学习道宣、法砺两家律部文疏5年，又赴洛阳学《对法》《集论》《摄论》，赴长安学《俱舍》《唯识》。他天资聪慧，经书倒背如流，并懂梵语经书。唐高宗李治与武则天于公元665年12月9日，驻跸齐州（今济南市）10天，于19日进发泰山封禅，路经四禅寺，寺主义净迎驾圣君圣母，对李治、武则天的提问，义净是对答如流。武后非常满意，对义净提及去印度学习经律论，同意支持，并建造大航渡派义净去取经，封义净为灵岩寺教主（住持）。咸亨二年（671），义净已36岁，整个齐州寺院僧侣为他饯行。因而史书称“发自全齐，达于广府（今广州市）”，从广州到香港出海，经苏门答腊入印度，巡礼鹫峰、鸡足山、鹿野苑和祇林精全等佛教圣迹后，又在那烂陀寺修行10余年，游历30余国，于证圣元年（695）返回洛阳，受到武则天的亲驾迎接。归国后，在洛阳佛授记寺从事佛经翻译的传授律仪工作，门徒弟子遍布京都西安和东都洛阳。

义净，去印度历时25年，取回经律论400余部，为弘扬佛法，他在西安建“灾义难陀”译场，亲自译出经律论107部，并为武后执政做出一定贡献，深受武后称述。唐中宗李显为他撰写《大唐中兴圣教序》碑文，唐奉一八分楷书，于神龙三年五月立于四禅寺。同时册封义净为“大唐三藏法师”。义净取经回途中还撰写《大唐西域求法立僧传》（二卷）《南海寄归内法传》（四卷）等著作，为中印文化交流做出巨大贡献。

玄宗先天二年（713），义净在长安大荐福寺翻经院去世。家乡门人弟子为纪念他，在他的启蒙寺院“四禅寺”建真身塔一座，明代更为他名。在他经营过的灵岩寺也建真身塔一座，已更名为法定祖师塔。为让义净大师的事迹传于后世，灵岩寺僧徒把他的取经经历做成浮雕镶嵌在辟支塔底座周围。

严实（1181—1240） 字武叔，金元之际泰安州长清县人。严实幼时机警聪敏，略通诗书，性格豪放豁达。金末，应征入伍，初为百夫长。金宣宗完颜珣贞祐二年（1214），因守长清城有功，被授予金长清尉。1218年，任金长清令。后联宋抗金，屯聚青崖山（五峰山南），宋授为济南治中，所到之处攻无不克，太行山以东均受他管辖。元太祖十五年（1220），降于蒙古元太师木华黎，拜严实为金紫光禄大夫、行尚书省事。继之，会同蒙军在黄陵冈大败金重兵，攻下楚丘、单州等城，攻克东平并建行省。元太祖二十年（1225），又会同蒙军败宋大名忠义总管彭义斌，所属扩至54城。元太宗二年（1230），赴蒙古行宫觐见窝阔台汗，太宗赐以虎符，称之为“真福人”。元太宗六年（1234），再至和林觐见，授东平路行军万户，为元初汉地七万户之一。严实在东平招揽名儒，兴学养士，东平文教之昌盛，天下莫与之比。在战乱和灾荒中，拯救城破后居民和灾荒难民达数十万人。元太宗十二年（1240），严实卒，年59岁。严实去世时群众很悲痛，野哭巷祭10余天不止。元世祖中统二年(1261)，追封其为鲁国公，谥号“武惠”。严实有七子。长子严忠贞，成吉思汗时为质子，拜金紫光禄大夫，先严实而卒。次子严忠济，字紫芝，雄伟善骑射，兼有文才，袭父爵为东平路行军万户、管民长官。后随元世祖南征，屡立战功。官至资德大夫、中书左丞、行江浙省事。现存作品有小令《落梅风》《天净沙》等。

杜仁杰(1205—1285) 原名之元，又名徵，号善夫、善甫；后改名仁杰，字仲梁，号止轩、散人，金元间散曲家，元代济南府长清县清亭乡(今长清区平安街道)人，墓在城北王宿铺西0.5公里处。出生于诗书之家，博学多才，擅长写诗，尤喜散曲，才宏学博，德行文章冠冕南北。平生与诗人元好问相契。元世祖闻其贤，授他“翰林承旨”“资善大夫”。他不愿做官，屡征不起，隐居期间，遍游名山大川，县内灵岩寺、五峰山及济南名山胜水，都留下他许多碑文游记和碑刻墨迹。游娄敬洞山，作《娄敬洞洞虚观碑记》。游五峰山洞真观，撰写《五峰山真静崔先生传碑》和《崔先生像赞》。他多次登泰山，撰《泰山天门铭》和《东平张宣尉登泰山记》等。到灵岩时，写《游灵岩》诗。其他著作有《逃空丝竹集》《善夫先生集》《河洛遗稿》《雁儿落过得胜令》《庄家不是勾栏》等。晚年隐居在灵岩寺石龟泉。杜仁杰死后，武宗追谥他为“文穆”。其著作多已佚失，仅存诗26首、词2首、散曲6首及碑文、游记等文章17篇。清人辑有《善夫先生集》。其子，杜元素，任福建闽海道廉访使。

张立(1219—1286) 济南长清人，初隶严实麾下。忽必烈率军征伐南宋，张立从军攻打江淮时因功任百户长。蒙哥汗伐蜀，从诸道征兵，张立随刘千户率东平兵从行，驻军于大获山。宋人以山为阻，以江为堑，恃险固守，张立英勇奋战攻克宋军外堡，夺战舰百余艘。在攻打钓鱼山的战役中，亦立下战功，受赐金帛。中统元年(1260)，张立从世祖北征叛军，授管军总把，佩银符。至元二年(1265)，张立晋升侍卫军镇抚，更佩金符。元至元八年(1271)，张立任侍卫军千户，不久升任左卫亲军副指挥使，赐金虎符。张立虑事精细，反应机敏，常受命监督转运粮草及宫室营造之役。元至元十四年(1277)春，张立率步卒千人，运粮至和林。抵达应昌时，有将领密谋不轨，率3000骑暗中跟在运粮车之后，欲乘机夺其资粮。张立感觉有异，环车立木栅保护粮草。原来张立自上都出发时，每车载有二块木板以备不测。贼众至僻静处，包围运粮车，虽发矢如雨下，而粮草由于木板的围护丝毫无损。如此与贼相持数日，贼只好退去，粮草最终顺利运抵和林。白河宫殿落成后，世祖忽必烈汗命赐金以旌其劳，张立固辞不受。至元十六年(1279)，中朝增设前后卫两军，张立任明威将军兼后卫亲军都指挥使，赐双珠虎符，加昭勇大将军。张立长子张温，以世爵为千户，加宣武将、右卫亲军总管。父子并佩虎符，乡里荣之。张立后以老病致仕，逝于家中，终年67岁。

李纲(1425—1479) 字廷张，明代长清城南李庄人。父亲李琮明宣德年间举人，官至朔州判官。李纲幼时聪明伶俐，以奇才著称。明天顺元年(1457)，李纲考取进士，被授予监察御史，巡按南畿、浙江。李纲铁面无私、执法严明，弹劾浙江贪官污吏达400余人。每到一个地方，人们都对他敬畏有加，李纲被当时人称为“铁御史”。宪宗即位后，李纲第一个上书请求皇帝驱逐惑乱朝政的胡僧伎士。李纲后又奉敕整编陕西、延绥士兵。返京后，李纲升为太仆寺少卿，按巡畿辅马政。有人多次向他赠送礼物，他都一概谢绝。后来，李纲巡按冀州期间，在路上遇到强盗。强盗问一个随从：“这不是太仆寺的李公吗？从他这儿能捞到钱吗！”于是他们也没翻李纲的箱子就走了。可见，连强盗也知道李纲为官清廉。成化十三年(1477)，李纲任右佥都御史，不久又升为左佥都御史。李纲奉命到地方督察漕运，与平江伯漕运总督陈锐共事。陈锐独断专行，肆官虐民，而李纲忠直耿介，看不惯陈锐的作风，因此常常与之发生争执，也曾多次上书弹劾陈锐。李纲兢兢业业，积劳成疾，于成化十五年(1479)，卒于任上，时年55岁。陈锐为李纲料理后事时，发现其箱子中只有若干书籍和几件破旧的衣服，陈锐不禁深感愧疚，挥泪叹道："想不到在掌管财货的官府里竟有这样的铁御史，李纲是真君子啊！"陈锐如实将李纲的事迹报告给朝廷。明宪宗感其刚正廉洁、忠节可嘉，特命赐祭葬，破格入乡贤祠。

鲁钦(1574—1626) 字承宇，明代济南长清人。出生于武将家庭，青年时期袭任父职，以府军卫身份中武进士。明万历年间任山西副总兵，天启元年(1621)，改任神机营副将，不久署都督佥事，任保定总兵。天启二年，彝族土司首领安邦彦、奢崇明在贵州发动叛乱，总理川贵湖广军务的杜文焕畏怯称病不出。是年十月，明廷命鲁钦总理川、贵、湖广军务，南下平乱。天启三年正月，贵州巡抚王三善在陆广兵败。鲁钦身先士卒，率部支援王三善，历五次血战，贵州局势得以安定。天启四年正月，王三善轻敌冒进，兵溃被杀，鲁钦被迫率残卒败退。明廷将其革职，命戴罪治事。安邦彦乘机围困贵州战略要地都匀、凯里，鲁钦奉命率军救援，在汪家冲一带将叛军击败。天启五年，鲁钦率军回撤，中叛军埋伏，部下死伤甚众，再次被贬，命立功自赎。是年春，叛军之间发生分裂，鲁钦乘机兵分三路进行围剿，在米墩山一带生擒叛军头目天保和阿买，破焚174寨。因此役被官复原职。天启六年(1626)，安邦彦率部再犯，破明军营垒，明军溃败，鲁钦拔剑自刎。鲁钦勇敢善战，为西南诸将之冠。崇祯皇帝继位后，追赠少保、左都督，世荫指挥佥事，并为其建"旌忠祠"，谥"忠烈"。

(二)

魏金三(1913—1942) 原名魏福品，别名魏晋，字金三，生于长清区归德镇南坦山阎家楼村一个贫农家庭。1930年，在本村初级小学结业后，

进入县立第一小学读高小。1931年，考入县立初级中学。在进步教师影响下，开始阅读进步书刊，接受马克思主义。1934年，中学毕业后，在城北筐李庄及河西索庄小学任教。在教学中，对贫苦农民的子弟倍加爱护，并自编抗日救国内容的教材，向学生讲授。1936年春，魏金三辞去教师职务，与另一位小学教员韩丹桂到济南寻求革命道路。1936年下半年，他投入济南抗日救亡活动，不顾安危，参加各种秘密集会，宣传党的抗日主张，不久被吸收为济南抗日救国会会员。是年秋，被发展为中华民族解放先锋队队员。1937年4月，经韩丹桂介绍，加入中国共产党。是年6月，联系进步青年，组织抗日救亡团体"文化友联社"，出版秘密刊物《联系》，并担任部分编辑、出版、发行工作。随着此刊物的发行宣传，更多的青年走上革命道路。这时，他在警察学校已结业，接受组织上安排，在敌侦缉队内隐蔽活动，多次获识暗藏敌人的阴谋，使党组织及济南请愿队伍免遭破坏。是年8月，由于敌人告密，《联系》被迫停刊，主要负责人被捕，他在伪警察局开展营救活动，终使被捕同志脱险。1937年7月，济南失守前夕，魏金三回到长清，其家乡成为联系团结有志青年开展抗日救亡活动的中心，他四处宣传鼓动，筹备枪支，组织抗日力量。上级党组织派万晓塘、冯乐进、袁振、冯晓云等来长清加强抗日武装工作。1938年1月，成立中共长清县坦山临时支部，他任军事委员。是年春节前夕，党支部带领30余人的武装力量举行"马湾抗日武装起义"，队伍不断发展壮大。是年2月，被编入山东西区人民抗日自卫团第四大队，魏金三任中队长。是年6月，中共长清第一届县委正式建立，魏金三任县委委员。是年7月，任中共长清县委书记。是年11月，部队改编为大峰山独立营，他兼任政委，是大峰山革命根据地的创始人和领导人之一。在大峰山地区坚持游击战

争，粉碎日伪军的多次“扫荡”。1939 年 4 月，长清独立营改编为鲁西军区第四团（后改番号为九团）第三营，他任营教导员，从此他由地方转入主力部队。是年秋，他调到鲁西军区政治部任组织科副科长兼军区直属队政工科长。是年冬，到教三旅八团任政治处主任。1942 年 9 月，到冀鲁豫军区新组建的第八军分区担任政治部主任。是年 9 月 27 日，日伪军数千人，对以范县张秋镇古柳村一代为中心的第八军分区驻地进行“铁壁合围”，魏金三在掩护部队机关及群众的突围战中，腿部负伤，因流血过多，于 9 月 30 日牺牲，时年 29 岁。

张耀南（1901—1974）原名张星寿，字耀南，出生于张夏镇纸房村一个地主家庭。8 岁开始读私塾。1916 年，入县立高等小学。1919 年，考入教会办的济南济美中学，因反对读圣经、做礼拜被校方开除。1920 年夏，他考入曲阜省立第二师范学校，受进步刊物和进步教师的影响，成为一名民主主义者和爱国主义者。1925 年冬，他怀着教育救国和振兴实业的理想，回家乡与其弟张澄秋用家中的财产开办农民义学。为办学，他卖掉家里的 2.67 公顷土地。未及 3 年，家资耗尽而破产。1928 年 7 月，张耀南发动并带领家乡一带农民 2000 多人到长清县城与当时军阀张宗昌委任的代理县长边兰舫开展抗苛捐杂税斗争，他被推选为县农民协会筹备委员会主任。不久，因国民党长清县政府对农协不支持，农民的要求得不到解决，他愤然离职。后到县立第一小学（东关小学）任教员，一年后任校长。他聘请思想进步的教师来校任教，经常同一些进步教员一起探讨俄国十月革命和马列主义理论。1932 年秋，他冒着风险，邀请留苏学生、当时传闻是共产党员的庄毓英（济南女子师范学生，1925 年加入中国共产党），到校作报告，传播俄国十月革命和中国革命理论。抗日战争爆发后，他联络全县 9 个县立小学的校长，为抗日经费问题同当时国民党县教育科长王辑五进行斗争。1937 年 10 月，经本校教员董荣轩介绍，他参加中国共产党领导的“中华民族解放先锋队”。是月，任长清县各界人民抗敌后援会会长，联系进步学生，组织抗日武装力量。不久，经魏金三、夏页文介绍，他携带几支大枪及部分捐款来到南坦山阎家楼，同党组织取得联系。1938 年 2 月，长清县第一支抗日武装部队“山东抗日救国军”在七区马湾庙正式成立，设军事委员会，他任军事委员会委员长。2 月下旬，部队改编为山东西区人民抗敌自卫团第四大队，他任参谋长。5 月，部队改编为山东省第六区抗日游击队第十支队大峰山独立营，他任营部副官。是年 10 月，任长清县抗日动员委员会主任。他搞武器、筹粮款、拉队伍，开展统一战线工作，并动员全家参加抗战。张耀南是大峰山抗日根据地的主要创始人之一，为大峰山抗日根据地的创立做出巨大贡献。1939 年 1 月，经吴力践、孟可铭介绍，加入中国共产党。3 月，115 师师部任命他为大峰山武装工作团团长。6 月，被选为长清县第一任抗日民主政府县长，并兼任大峰山独立营营长。1939 年 12 月，他当选为泰西专员公署第一任专员。1940 年，当选为解放区出席全国国民代表大会代表。1943 年初，泰西、运东专署合并为泰运专署，他任泰运专署专员。1946 年年底，两公署又分开，他仍任泰西专署专员。新中国成立后，张耀南先后任山东省泰安专区副专员、山东省卫生厅厅长、党组书记，山东省林业厅厅长等职。曾当选为中共山东省第一、二届代表大会代表，山东省第一、二届人代会代表。1957 年，“反右”斗争中，受到错误处理。1959 年，主动要求到泰山林场任场长，决心把泰山建设好。1962 年，组织上对其“右派”问题甄别改正，决定恢复其卫生厅厅长的职务，他婉言谢绝。不久，山东省创办社会主义劳动大学，他主动要求把三分校设在泰安，自荐兼任校长，为农村培养一批发展农、林、牧业的人才。“文化大革命”

中受到不公正的对待，受到残酷的精神折磨和肉体摧残。1974 年 10 月 5 日，因患癌症，在泰安去世，终年 73 岁，葬于长清烈士陵园。1979 年 4 月 13 日，中共泰安地委为其平反昭雪恢复名誉。

刘晋（1915—1998） 原名刘承晋，男，汉族，1915 年 4 月生，长清区平安街道王宿铺人。1932 年，在长清中学初中读书。1937 年 5 月，加入中华民族解放先锋队。1938 年 2 月，参加长清县马湾抗日武装起义。是年 4 月，任山东西区人民抗敌自卫团第四大队班长。年底，自卫团等部改编为八路军山东纵队第六支队，任二团一营司务长。1939 年，任第 115 师 343 旅 4 团团部管理员，后任鲁西军区第 343 旅 9 团管理参谋、管理主任，冀鲁豫军区第三军分区 9 团供给股副股长，冀鲁豫军区司令部生活队长，冀鲁豫军区司令部管理科管理股长、管理科长，冀鲁豫军区第六军分区供给处第一副处长，冀鲁豫军区供给部炸弹二厂厂长，冀鲁豫军区供给部供校副校长。1946 年冬，参加在河南笼固集、张丰镇地区消灭国民党第 32 旅的战斗。1948 年秋，参加济南战役。新中国成立后，任平原省军区司令部管理科科长、华北军区第二初级后勤干部学校校长、华北军区后勤丰台混合仓库管理处处长、北京军区后勤部军需部被装处处长、北京军区后勤部天津仓库管理处处长、北京军区后勤部第八分部副部长、北京军区后勤部直属供应部部长、北京军区后勤部司令部顾问（副军职）。1955 年，被授予中校军衔。1957 年，被授予二级独立自由勋章、三级解放勋章。1964 年，晋升为上校军衔。1981 年 3 月，离休。1988 年，被授予二级红星功勋荣誉章。1998 年 7 月 20 日，在北京病逝。

董荣轩（1915—1987） 1915 年 6 月生，长清区归德镇薛庄人。1929 年，就读于长清县立第一小学，毕业后考入山东省第一中学。1933 年，考入北京师范大学附属中学。高中毕业后，他参加"一·二九"运动，加入中华民族抗日先锋队。1936 年 9 月，受中国共产党选派，进入张学良在北平秘密接收的青年学兵队。西安事变和平解决后，去沙源参加红军。是年，加入中国共产党。1937 年 2 月，他应聘到东关小学当教员，宣传抗日救亡、中国革命问题，在教师和学生中产生积极影响。是年 10 月，离开东关小学，去山西临汾参加八路军，先后在 115 师教导大队、山东军区教导团搞政治工作。日本投降后，到东北参战，后在四野搞政治工作。1957 年，调任武汉军区防化兵副军级主任。1969 年，因患肝硬化离休。1987 年，病逝。

万晓塘（1916—1966） 曾用名万星师，生于齐河县生官屯。8 岁开始在本村读书，1933 年，入县立高等小学。1934 年，转惠民乡师就学。1937 年 9 月，在乡师由赵明新介绍加入中国共产党，随之离开学校。10 月—11 月，在山东阳信县发展游击队。是年 12 月，同袁振、冯乐进到长清县坦山组织抗日武装。

■ 毛泽东（右三）主席到天津视察，天津市委书记万晓塘（右二）陪同

1938年1月3日，组建长清县坦山临时支部，被选为支部书记。是年春，和魏金三等人一起在长清一带发展党的组织，组织武装起义。是年6月，组建中共长清县委，任长清县第一任县委书记。不久到泰西特委会工作部工作。随后又调东平、阳谷等县任县委书记。后任泰西区四大队中队长、大队副教导员，区党委社会部部长、公安局局长等职。1945年5月10日，他被选为冀鲁豫边区政府委员。新中国成立后，万晓塘任中共天津市第一书记，中共中央第八届委员会委员。1966年9月19日，病逝于天津，终年52岁。

韩宗正（1916—1977） 长清区五峰山街道德峪村人。青年时在长清师范读书，毕业后任小学教员。1938年，加入中国共产党，任长清六区指导员，参加大峰山革命根据地的开辟工作。后调任曹县县委书记、湖北省襄阳县委书记等。新中国成立后，曾任湖北省农委书记。后到苏联学习冶金，回国后任武汉钢铁厂经理、党委书记等。1966年，调北京外贸一局任局长。1967年，任中华人民共和国对外经济联络部副部长、党的核心小组副组长。1977年2月21日，在北京病逝。

张治安（1917—1987） 原名张泰祥，1917年1月生，长清区五峰山街道庄家庄村人。1931年，入长清县立中学读书。“九一八”事变后，参加抗日救亡活动。1934年，毕业于长清县立中学，曾任小学教师，在校期间接受进步思想。1937年10月，加入长清县各界人民抗敌后援会。1938年2月，参加马湾抗日武装起义，后编为山东西区人民抗敌自卫团第四大队。是年，加入中国共产党。进驻大峰山区，创建抗日根据地。历任连指导员、营总支书记、教导员，齐河县大队教导员，齐禹县大队副政委，齐禹县委书记兼县大队政委。解放战争时期，先后任团政委、师政治部副主任、师副政委等职。率部参加过济南、淮海、渡江等重大战役。新中国成立后，任铁道兵第六师副政委、政委，铁道兵政治部副主任、铁道兵东北指挥部政委等职，参与组织领导中国西南和东北林区铁路建设和黎湛、鹰厦、沙通等新线铁路建设。1985年1月，离职休养。1987年11月13日，在北京病逝。

夏页文（1917—1988） 原名夏芳林，长清区文昌街道南门里人。早年就读于长清县立中学、山东省立师范学校。1936年，加入中华学生救亡联合会和抗日救亡团体文化友联社。1937年5月，经魏金三介绍加入中国共产党。7月，被党组织派回长清，在县立中学组织母校同学会，联络进步学生。8月，建立长清中华民族解放先锋队，为负责人。10月，与魏金三、张耀南等建立长清县各界人士抗敌后援会，任宣传队队长。1938年2月，参加马湾起义，成立党领导的抗日武装。5月部队改编，任抗日十支队独立营一连指导员、党支部书记。参加创建、发展大峰山抗日根据地。11月，国民党军进犯大峰山抗日根据地，他率一连在营长曹洪胜指挥下，全歼敌人一个连。11月26日，大峰山独立营改编为八路军山东纵队第六支队，先后任八路军山东纵队第六支队政治部组织干事、鲁西支队组织股长、营教导员，抗大一分校总支书记、教导员、冀鲁豫军区第四军分区教导大队政委、第一军分区政治部组织副科长、科长、四团政委等。解放战争时期，任晋冀鲁豫军区第七纵队19旅55团政委，参加陇海线出击。后任第一纵队政治部敌工科长，挺进大别山，后参加淮海战役。1949年5月起，任西进支队七大队政治部主任，进军贵州。新中国成立后，历任中共贵阳市委宣传部部长兼市教育局局长、市委副书记、书记处书记，贵阳市政协主席、市长，中共贵阳市委常务书记、第一书记，贵州省农业厅党组书记、厅长等。1965年，在“四清”运动中受到批判斗争。“文化大革命”中受到迫害。1978年10月28日，为其平反。1979年，重返工作岗位，历任中共贵阳市委常务书记、贵阳市革命委员主任、党组书记、贵阳市委第一书记兼贵阳军分区第一书记、贵阳市委书记兼贵阳军分区第一书记、贵州省委委员，贵州省人大常务副主任、党组副书记。全国第六届人大常委会代表。1988年1月2

日，在贵阳病逝。

王洪川（1918—1979） 长清区万德镇石都庄人。1938年，参加八路军。1939年，加入中国共产党。抗日战争时期，历任八路军第115师连政治指导员，营政治教导员。解放战争时期，历任冀鲁豫军区分区卫生处政委、组织科科长，豫皖苏军区分区政治部副主任，河南军区分区政治部主任。参加豫东、淮海、广西等战役。新中国成立后，历任军组织部部长、总政治部组织部处长。1955年9月，被授予大校军衔。1956年，毕业于解放军政治学院。后历任解放军铁道兵组织部部长、师政委。1968年8月，任解放军铁道兵政治部副主任。1969年8月，任解放军铁道兵政治部主任。1971年2月，任解放军铁道兵副政委兼政治部主任。1975年8月，任解放军铁道兵顾问。获二级独立自由勋章、二级解放勋章。1979年10月，病逝。

杜镜秋（1918—1999） 1918年9月生，长清区归德镇小屯村人。1933年—1936年，在长清中学读书。1937年10月，参加革命。1938年1月，加入中国共产党。抗日战争时期，先后任山东西区人民抗敌自卫团战士、鲁西北十支队独立营指导员、筑先纵队教导员、129师8旅直属队分支书记、冀南三分区曲周县大队副政委。解放战争时期，先后任冀南三分区独立团政治处主任、晋冀鲁豫14纵队625团政委、冀南207师619团政委。参加组织指挥解放冀南曲周县、河北永年县战斗，参加淮海、河南安阳、新乡等战役。新中国成立后，任华北防空兵高炮511团政委。1952年4月，参加抗美援朝；是年8月，被任命为朝鲜铁道高炮指挥所参谋长。1953年5月至1982年10月，先后任华北防空司令部高炮指挥部司令员、空军高炮110师师长、北京军区空军司令部副参谋长、北京军区空军高射炮兵指挥部司令员、空10军副政委、空6军政委、北京军区空军副政委兼政治部副主任。1988年，被授予中国人民解放军独立功勋荣誉章。1999年7月27日，在北京病逝。

崔健（1918—2001） 曾用名崔建义，长清区文昌街道徐家洼村人。1937年年初，参加抗日团体山东济南友联社；8月，在长清县参加中华民族解放先锋队；10月，加入中国共产党，任长清县抗日游击队小队长。1938年5月，任中共长清县许寺区委书记、长清县委组织部部长、县委副书记、书记。1939年11月，任中共山东泰西地委常委、政府工作部部长、敌工部部长。1940年5月，在延安马列学院、中共中央党校学习。1945年9月，任中共泰运地区第一工委书记，冀鲁豫区第一地委、第七地委组织部部长。1949年2月，任冀鲁豫南下第七干部大队政委；5月，任中共浙江省建德地委书记。1950年3月，任中共浙江省金华地委书记。1952年1月，任中共浙江省温州地委书记。是年11月，任中共浙江省委工业部部长。1954年1月，任哈尔滨锅炉厂、哈尔滨汽轮机厂筹备处主任，哈尔滨锅炉厂厂长、党委书记。1956年3月，任第一机械工业部四局副局长。1957年11月，任大连工学院党委书记。1965年8月至1971年在外交学院学习。1972年3月，任中国驻民主也门大使。1977年10月，任中国驻突尼斯大使。1980年6月，任中共浙江省委副书记。1983年12月至1988年12月，任中共浙江省顾问委员会副主任。是第七届全国政协委员、中共七大代表、十二大当选为中央纪律检查委员会委员。2001年5月26日，在杭州病逝。

唐刚（1919—1999） 曾用名唐庆波，1919年11月生，长清区归德镇唐李庄人。1932年—1935年，在长清中学简师一级读书。1937年，“七七”事变后，积极投入抗日救亡运动。1938年2月，加入中国共产党。抗日战争期间，历任冀鲁豫军区教导第3旅第9团第12连指导员、冀鲁豫第11分区巨南独立营教导员。解放战争时期，历任冀鲁豫军区第1纵队第2旅第12团第2营政委，晋冀鲁豫军区第1纵队第2旅第12团政治处主任，第二野战军五兵团第16军第47师第140团政治处主任，参加平汉、黄梁子、圣地泉、涡蒙等战役及战斗。新中国成立后，历任贵阳军分区独立团政治委员、第七航校训练处处长、第三航校训练处处长、空军军事学院管理部计划处处长、空军第十五航校训练部部长、空军第四高级专科学校训练部部长、副校长，空军技术学院副院长兼训练部部长，空军第二高射炮兵学校校长，空军第二高射炮兵学院院长、政委等职。1955年，被授予上校军衔，获三级独立自由勋章、二级解放勋章。1983年，离职休养。1988年，被授予中国人民解放军独立功勋荣誉章。1999年9月，病逝。

张成德（1920—1993） 1920年9月生，长清区平安街道北汝村人。1934年—1937年，在长清中学简师三级读书。1937年12月，入伍。1938年3月，加入中国共产党。历任山东省泰西县人民自卫团班长、山东省东平县大队特派员、中国人民解放军343旅7团连长、冀热辽军区警卫营副营长、45军工兵营营长、司令部工兵主任、54军坑道被复工程指挥部主任、工程兵建筑国防工程设计院筑城处处长、工程兵直属工区指挥部副主任、工程兵建筑第51师副师长、师长、工程兵司令部副参谋长、工程兵技术学校校长等。1955年，被授予中校军衔。1962年，晋升为上校，被授予中华人民共和国三级独立自由勋章、三级解放勋章。1980年10月，按正军职离职休养。1988年，被授予中国人民解放军独立功勋荣誉章。1993年12月，病逝。

刘广桐（1921—1992） 男，汉族，1921年8月生，长清区孝里镇岚峪村人。早年读小学一年半。1938年8月，参加鲁西北抗日游击第十支队独立营二连，后任八路军山东纵队第六支队二团战士。1939年5月，加入中国共产党，任班长。1940年夏，阳谷战斗中负伤。次年起任八路军一一五师独立旅第四团侦察员、侦察班长、排长、侦察参谋。1943年，任冀鲁豫军区兼教导第三旅第九团侦察参谋。1945年12月，任晋冀鲁豫军区第七纵队第二十旅第五十九团特务连连长。后任155团1营营长，在解放大西南时带领155团英雄营追歼国民党宋希濂残部并参与俘虏宋希濂。修建川藏公路时任155团参谋长。对印度自卫反击战时任155团团长，后任副师长、149师师长、50军参谋长、50军副军长、50军代军长、成都军区副参谋长等职，离休前为成都军区司令部顾问。1992年1月14日，在成都病逝。

刘若（1921—2003） 1921年11月生，长清区归德镇薛庄村人。1933年，在长清中学简师二级读书。1937年5月，参加长清县抗敌后援会。1938年2月，加入中国共产党。1939年7月，参加八路军。抗日战争时期，历任鲁西六支队独立营民运工作员、民运干事、书记、三营技术书记，鲁西第343旅统计干事，冀鲁豫三旅政治部政治指导员、教导队学员、政治区队长、政治部组织干事、干部干事等。先后参加泰西凤凰庄、苏村、八孔桥、高庄、东平、谢集等战役战斗。解放战争时期，历任冀鲁豫第二分区政治部组织科副科长、科长，晋冀鲁豫第7纵队政治部干部科副科长、科长，平原省濮阳分区政治部组织科科长等。先后参加滑县朱庄、金乡、鱼台外围城等战役战斗。新中国成立后，先后任平原省新乡分区政治部副主任、平原军区新乡分区副政委、河南省军区军法处处长、武汉军区军事检察院检察长、汉口高级步兵学校政治部副主任、武汉军区政治部组织部副部长、武汉军区后勤部政治部副主任、河南省军区副政委、武汉军区纪律检查委员会专职委员等职。1955年，被授予上校军衔。1964年，晋升为大校军衔，获三级独立自由勋章、三级解放勋章。1988年7月，被授予中国人民解放军独立功勋荣誉章。2003年2月6日，在武汉病逝。

程超（1924—2007） 原名程家尧，男，1924年3月生，长清区五峰山街道黑峪村人。1938年6月，参加革命。1939年3月，加入中国共产党。历任宣传员、队长、政治战士。抗日战争时期，任泰西军分区一团二连指导员、连长等，作战勇敢，舍生忘死。1941年秋，在长清县东辛庄伏击战中，他同战友击毙日本侵略军10余名和部分伪军后，又亲手活捉3名日本侵略军，受到冀鲁豫军区和泰西军分区登报表扬，被冀鲁豫边区行署誉为“英雄小八路”，并将其事迹编入抗日中学课本。1943年，他奉命率领全连在平阴至长清公路上的栾湾镇设伏，全歼日军一个小分队，以英勇善战的“铁帽子连”“歪把子（日式机枪）连”享誉泰西地区。1944年，在攻打肥城县城战斗中，他率全连首先登城，突入城内与敌展开激烈巷战，在短兵相接、日军指挥官挥舞战刀向他扑来的瞬间，他机智沉着地将其击毙，而自己左臂也被敌人砍伤。解放战争时期，他先后参加上党、平濮、陇海、定陶、鄄南、豫北、羊山集、挺进大别山、淮海、渡江、进军大西南、成都等重大战役。1946年，鄄南战役高奎庄战斗中，他指挥全营首先突破，协同友队全歼守敌，受到纵队通令嘉奖。1948年11月，淮海战役第二阶段初期，他率全营作为团的先头部队与黄维兵团第八十五军遭遇，在与后续部队失去联系的情况下，机智果断，率部直扑敌人军部和炮兵阵地，俘敌20余人并缴获许多机密作战文件，了解敌行动企图，受到纵队表扬。是年12月初，黄维兵团企图突围，其精锐整编十一师在飞机大炮掩护下，疯狂突击阵地。他率全营指战员英勇阻击，反复拼杀，至弹药耗尽与敌展开白刃战，终将敌击溃，粉碎敌人突围企图，为全歼敌军创造有利战机。纵队首长亲自写信给予二营嘉奖，中原野战军给二营记集体大功。在成都战役中，胡宗南部被解放军十二军追击，他带前卫营率先在邛崃地区进入战斗，断敌退路，为主力赶到赢得宝贵时间，粉碎敌南逃企图。成都战役结束后，奉命到川南宜宾地区东四县（南溪、江安、长安、兴文）担任剿匪、反霸和建设地方政权的任务。在战争年代，他6次负伤，多次立战功，为人民的解放事业做出巨大贡献。新中国成立后，他入南京军事学院基本系学习，担任过二十八师八十三团团长、坦克团团长、六十九军坦克兵主任。1961年，任坦克某师副师长兼参谋长，后升任师长。1968年，任北京军区装甲兵参谋长、副司令员。1976年7月28日，唐山发生大地震时，他率部队最先开进灾区。在酷暑、阴雨、生活条件极其恶劣的条件下，他始终坚持在现场指挥，同战士吃住在一起，同甘苦共患难，千方百计抢救人民生命财产，采取各种措施帮助群众重建家园。1979年，任北京军区装甲兵司令员。1981年，他亲自指挥坦克部队演练参演课题，获得圆满成功，受到军委主席邓小平和党中央、国家领导人的高度赞扬。1982年，入中央党校学习。是年，作为代表参加党的第十二次代表大会。1983年，因病退居二线。1986年，离休后安度晚年，喜爱书法，每日挥毫泼墨。曾获三级独立自由勋章、三级解放勋章、独立功勋荣誉章。正军职离休干部。2007年4月11日，在北京病逝。

李兆亭（1924—1989） 男，汉族，1924年6月生，长清区孝里镇南黄崖村人。1939年3月，参加抗日游击队。是年8月，加入中国共产党。历任班长、排长、连长、区队长、纠察队长、营长、副团长兼参谋长、作战科长、团长，甘南军分区副司令员兼参谋长，甘南、武都、临夏军分区和兰州警备区司令员等职。抗日战争时期，在冀鲁豫边区工作，曾参加山东阳谷县七集战斗，机智勇敢，负伤不下火线，出色地完成战斗任务。解放战争时期，参加延安保卫战，曾4次参加榆林、洛川等战斗，杀敌英勇，多处负伤。新中国成立初期，参加甘川剿匪、川北及甘青川平叛战斗。1952年6月起，在条件艰苦的大西北甘南地区工作20余年，曾任

兰州市第九届人大常委会委员。1989 年 8 月 22 日，在北京病世。

张怀连（1933—2006） 男，汉族，原名张传礼，1933 年 3 月生，长清区万德镇张庄村人。1951 年 3 月，参加中国人民解放军，历任中国人民解放军华东军区 98 师 293 团 2 营 5 连战士、枪炮连战士，中国人民解放军空军第 5 预科总队 1 大队 5 中队学员，中国人民解放军空军第 1 预科总队 4 大队 26 中队学员，中国人民解放军空军第 3 航校 7 大队 2 中队学员，中国人民解放军空军第 3 航校 1 团 2 大队、2 团 2 大队、3 团 2 大队学员。1955 年 4 月，任中国人民解放军空军飞行员。1964 年 12 月，任中国人民解放军空军副中队长。1965 年 7 月，任中国人民解放军空军中队长，晋升少校军衔。1966 年 6 月，任中国人民解放军空军副大队长。1970 年 6 月，任中国人民解放军空军团长。1974 年 12 月，任中国人民解放军空军第四师师长。1979 年 12 月至 1983 年 5 月，任中国人民解放军空军第三军副军长。1984 年 1 月至 1985 年 8 月，任中国人民解放军空军副军职顾问。是中共第十届、第十一届中央候补委员。2006 年 6 月 9 日，在大连病逝。

（三）

贾文青（1936—1993） 男，汉族，1936 年 9 月生，历城区姚家镇下井村人。初中文化。1952 年 8 月，在历城县建设科参加工作，任会计、文书。1956 年 7 月，加入中国共产党。1957 年 8 月，任历城县孙村区科员。1960 年，任历城县农业局人事干部。1962 年，任历城县农村工作部股长。1963 年 5 月，任历城县东郊公社秘书。1965 年，任历城县牛旺公社代理书记。1971 年 5 月，任历城县向阳公社党委书记。1975 年 12 月，任历城县委常委、县革委副主任。1977 年 9 月，任历城县委副书记、县革委副主任。1980 年 12 月，任济南市农业局副局长、党组成员。1983 年 8 月，任济南市农牧渔业局局长，党组书记。1984 年 2 月，任中共长清县委书记。1987 年 2 月，任中共济南市委副秘书长、市委研究室主任。1988 年 8 月，任济南市农委主任、党组书记、中共济南市委农工委副书记。是年 12 月，任济南市天然气工程指挥部副指挥，兼任济南市天然气开发利用办公室主任。1991 年 3 月，任济南市乡镇企业局局长兼党组书记。1993 年 6 月 8 日，在济南病逝。

主持中共长清县委工作期间，深刻领会党的路线、方针、政策，深入群众，了解实情，制定一系列切合长清实际的富民政策。狠抓农业基础建设，推行科学种田，大搞植树造林，滩区推广丰产林，山区大力发展林果业，落实党的富民政策，激发农民致富热情，发动全县人民大力发展庭院经济，利用现有庭院大搞一种、二养、三加工，同时决定以庭院经济为突破口，将庭院经济纳入“双文明建设轨道”。为发展商品经济，增强商品意识，带领部分县级领导和县直部门负责人、乡镇党委书记，赴苏南、温州实地考察，学习苏南、温州发展商品经济的经验，鼓励农民进城经商办企业，大力发展乡镇村企业及民营经济。科学规划长清新城区，建设三季见花、四季常青的高标准新城主街道清河街，启动建设长清县委办公大楼等 10 幢大楼。加快长清商品经济发展，规划建设全省一流的黄河商场。充分利用长清文物古迹众多的资源优势，开发修复灵岩寺、五峰山等旅游景点，启动发展长清的旅游经济。

李树山（1939—1998） 男，汉族，1939 年 10 月生，文登市天福乡前北风口村人。大学文化。1962 年 9 月，在章丘县教师进修学校参加工作，任教师。1966 年 10 月，在章丘县教育局工作。1969

年12月，任章丘县教育革命委员会办公室负责人。1970年3月，任章丘县革命委员会教育组办事员、副组长。1971年11月，加入中国共产党。1972年12月，任共青团章丘县委副书记。1976年4月，任章丘县埠村公社党委书记。1983年10月，任章丘县政府县长助理。1984年2月，任章丘县委常委、副县长。1987年2月，任章丘县委副书记。1991年7月，任中共长清县委书记、县委党校校长。1995年1月，任济南市总工会党组书记。1998年3月，病逝。

主持长清县委工作期间，提出更新观念换脑筋，开阔思想调架子，拓宽思路抓经济，团结奋斗促发展的总体工作思路。1994年，结合调整“八五规划”，提出奋斗百亿，建设强县的目标，制定四级书记层层分解任务逐级签订工作目标责任状等措施，形成四级书记直接抓经济，县级领导成员分工抓，千斤担子众人挑，人人肩上扛指标，团结奋斗奔小康的局面。在城市建设上，完善新城规划，开发建设五峰路、宾谷街、南环路、中川街，规划建设清怡园、长清乐园、长清老年公园等公益文化设施，规划建设高标准体育场和体育馆。各乡镇规划建设商业一条街。长清县被评为全国计生先进县、济南市双拥模范县。

桑云芳（1932—2004） 男，汉族，1932年4月生，山东省宁津县时集乡桑庄村人。1947年4月，入伍。1948年9月，在渤海干校实业大队学习。1949年5月，任渤海行署实业处合作科办事员。是年，加入中国共产党。1950年1月，任河西县供销社合作社办事员；6月，任长清县供销合作社合作股办事员。1951年6月起，任长清县社秘书室文书、干部股副股长、干部科科长。1954年11月，任长清县委审干办公室副主任。1956年8月，任长清县委组织部副部长。1957年3月，在泰安干部文化补习学校学习。1959年4月，在济南市农委生产处任干事；11月，任济南蔬菜园艺场党委副书记。1960年6月，任济南市人民公社事务管理局经营管理科科长。1961年2月，任济南市财政局公社财务科科长。是年7月，任长清县拖拉机总站党委书记。1962年1月，任长清县农村工作部副部长兼拖拉机总站党委书记。1962年5月，任长清县归德公社苾村管理区书记。1963年8月，任长清县归德公社党委副书记。1970年2月，任长清县计划委员会副书记。1973年3月，任长清县马山公社党委书记。1978年7月，任长清县计划委员会副主任。1980年11月，任长清县计划委员会主任。1981年12月，任长清县政府副县长。1984年4月，任长清县常务副县长。1987年4月，任政协长清县委员会主席兼党组书记。1990年2月，任政协长清县党组书记。1993年4月，离休。2004年10月，病逝。

（四）

武迹沧（1903—1939） 又名武钟瑜、武竹平，长清区崮云湖街道后大彦村人，武中奇、武思平的胞兄。小时候家境贫寒，生活艰难，父亲武秀生到济南谋生，此后全家先后由长清迁居济南。母亲王桂英，参加中国共产党领导下的人民革命，在济南以开香油铺为名，掩护山东省委的秘密工作，积极营救被捕中共党员。在家庭的影响下，武迹沧早年投入革命，加入中国共产党。“七七”事变后，跟随山东省委由济南迁往泰安，参加省委领导的徂徕山起义，最初在起义部队“山东抗日军第四支队”任排长。1938年9月，党组织派武迹沧到“胶东八路军五支队”在胶东区党委做统战工作。是年冬，区党委又派他到八路军五支队二十五旅司令部任政治特派员（副政委）。1939年3月4日，25旅司令部在掖县的朱桥镇以南15公里的枣李蒋家与土顽部队焦盛卿部发生遭遇战时，武迹沧在战斗中壮烈牺牲，时年 36 岁。新中国成立后将烈士遗骨葬于济南英雄山烈士陵园。

张贻祯　张贻荣　张贻昌（一门三烈士）　在长清区崮云湖街道的西辛村，祖居着忠厚善良的半农半医的张继武一家。1938 年正月，日侵略军血洗邻村前大彦，激起他们全家对日本帝国主义的强烈仇恨，张继武三个儿子张贻荣、张贻昌、张贻祯相继参加革命。1943 年 4 月—10 月，弟兄三人先后殉国。

张贻祯（1896—1943）　一直与父亲在家以农耕为业，因两个弟弟张贻荣、张贻昌是八路军，他家成为敌人眼中的“赤匪户”，日伪军多次抄家搜索，并把张贻祯和他的父亲逮到崮山据点、东辛据点严刑逼供，他们誓不供认，后被党组织营救。1940 年，到泰西专署任通讯员，后调到泰西军分区情报科当情报员，经常深入敌后搜集情报。由于积劳成疾，加之多次遭受敌人的肉体折磨，身患重病。1943 年 6 月 26 日，在泰西军分区医院病逝，终年 47 岁。

“一门三烈士”纪念碑　　（1997 年摄）

张贻荣（1907—1943）　字仁卿。青少年时期就读于长清县立高等小学，后考入山东省立第一师范。1931 年，参加抗日学生运动。1934 年冬，师范毕业后，到长清县第一小学任教员。1937 年年初，到桓台师范讲习所任教，发动爱国学生参加抗日救亡运动。“七七”事变后，他从桓台回到长清，投笔从戎，参加魏金三、张耀南组织领导的抗日武装起义。1938 年 10 月，任长清县民众抗敌动员委员会委员兼任宣传部部长、秘书，又继任副主任和民运部长，并加入中国共产党。1939 年 11 月，调往泰西专员公署担任文教科长，负责专区的宣传、教育、干部培训、报刊创建等工作。1941 年秋，调鲁西范县、濮县、冠城一带参与冀鲁豫边区筹建参议会的工作。1942 年 9 月，在范县白衣阁召开参议会时，遭日本侵略军扫荡袭击，突围中，张贻荣为掩护同志脱险，身受重伤。1943 年 10 月 12 日，在昆吾县（现濮阳县境）吴桥镇遭日本侵略军围困被捕。他面对敌人收买利诱，严刑拷打，毫不动摇，最后惨遭活埋，年仅 37 岁。张贻荣在参加革命的 6 年中，动员教育自己的哥哥、弟弟和亲人全都参加抗日，从没顾及过自己家庭的安危，足迹遍踏长清大地、泰山南北、黄河两岸、鲁西平原，全部心血倾注到中国人民的民族独立事业。

张贻昌（1913—1943）　字文卿。高小毕业后，与父母、大哥在家务农，后到济南一家印刷厂打工。1938 年秋后，在二哥张贻荣的引导下，投奔大峰山革命根据地，走上革命的道路。被分配到长清县委创办的《长清时报》社任文印员，后当上一名八路军战士。1940 年，选调到抗日军政干部学校学习，在学校加入中国共产党。干校结业后，分配到泰西专署工作。1942 年 3 月，任长清县耀南区副区长。1943 年 4 月 21 日，张贻昌等 4 人到崮云湖街道的大刘庄执行任务。第二天早晨，由于叛徒告密，被东辛庄据点的五六十个伪军包围。他藏到一个地瓜窨子里，被敌人发现，敌人向里扔手榴弹，放柴禾，用火烧。张贻昌身临绝境，仍还击敌人，最后无法脱身，引弹自尽，时年 30

岁。

张爱华是“一门三英烈(张贻荣、张贻昌、张贻祯)”的唯一后代,从小由国家抚养到高中毕业。1984年,为弘扬革命先烈精神,教育青少年一代,她同爱人张正新(张耀南县长之侄)、养母鞠玉香(张贻祯烈士遗孀)一起,在崮山区公所的资助下,兴建“革命烈士永垂不朽”纪念碑,立于长崮路辛庄桥畔的“一门三英烈”墓前。1997年,“一门三烈士”纪念碑被长清县命名为首批青少年爱国主义教育基地,后该纪念碑又被选入“齐鲁百年名碑集”中的革命烈士纪念碑。

■ 史元厚烈士墓 (1985年 摄)

史元厚(1929—1953) 长清区马山镇潘家庄人。抗日战争时,在本村加入儿童团,传送情报、站岗放哨。在崮山集市上,他经常和小伙伴盘查日货,打击奸商。1945年,参加民兵。1948年11月,参加中国人民解放军,曾参加过淮海战役。1949年5月,部队改编为铁路人民警察部队,进驻上海。他关心别人,逢战友生病,就端汤送药、热情照顾。他艰苦朴素,衣服破了缝补后再用,发新衣服有时送给战友,还刻苦学习文化。抗美援朝开始后,史元厚连续7次写申请书和决心书,要求参加志愿军。1953年2月,被批准赴朝。在朝鲜,他不怕苦不怕累,一次挖山洞,连续57天,完成任务。有一次,一列停在山洞里的军用火车突然失火,他和战友们奋不顾身,全力抢救,扑灭大火。是年5月,美机轰炸顺安地区石岩贮水库,他冒着生命危险,和战友们与洪水搏斗,捞线杆、接通电线,抢救被冲走的财物,保护人民的生命财产。是年12月1日,史元厚完成警卫祖国慰问团的任务返回部队。从车站路经龙潭池时,发现一朝鲜儿童滑冰时因冰塌陷入水中。他迅速脱下棉衣跃入水中,3次潜入水底抢救落水儿童,终于将儿童托出水面。赶来抢救的战友用长竹竿将儿童救出,他却因精疲力竭沉入水底。当他被救出水面时,已停止呼吸,光荣牺牲,年仅24岁。被救儿童赵元弘,父母均被敌人杀害,靠伯父收养。

是年12月5日,朝鲜平安南道安州郡人民及他所在部队3000多人举行隆重仪式,把史元厚的遗体安葬在龙潭岭下,并把龙潭岭改名为“史元厚岭”,把龙潭池改名为“史元厚池”。为表彰他的国际主义精神,志愿军领导机关为他追记“一等功”,并授予“二级爱民模范”称号。同时追认他为中国共产党党员、中国新民主主义青年团模范团员,山东省政府在他的家乡修建国际主义战士史元厚烈士纪念堂。

1985年,为纪念中国人民志愿军入朝作战35周年,朝鲜政府决定为史元厚建立铜像。10月23日,烈士之弟史元太应邀赴朝参加铜像揭幕仪式,受到朝鲜民主主义人民共和国主席金日成的接见。10月24日,朝鲜政府授予史元太“二级友谊勋章”。10月25日下午,在金日成体育场由5万多名青少年表演的大型团体操《光辉的朝鲜》中呈现出

1985年10月23日,金日成接见史元太(左四)

当年史元厚抢救落水儿童赵元弘的动人画面。

汤正岭(1962—1991) 男,汉族,1962年生,长清区平安街道新五村人。1980年入伍。1982年3月,加入中国共产主义青年团。1985年8月,加入中国共产党。立三等功1次,获嘉奖1次,并被评为优秀共产党员。1991年7月1日,所在军营发生火灾,在救火中受重伤。7月8日,因伤势过重牺牲,时年29岁,被所在部队追认为革命烈士。

刘学恭(1963—2005) 男,1963年9月生,长清区平安街道大刘村人。1981年10月入伍。1984年3月,加入中国共产党。1991年、2002年,立三等功各1次。任北京陆军航空兵学院训练处政委(正团职)。2005年3月,因公牺牲,被解放军北京陆军航空兵学院批准为革命烈士。

吕光明(1969—1989) 男,汉族,1969年6月生,长清区平安街道冷庄村人。1987年11月入伍,中国共产主义青年团团员。1989年9月13日,在保护抢救战友时牺牲,被陆军第27集团军政治部批准为革命烈士。

张峰(1975—1994) 男,汉族,1975年生,长清区归德镇兴隆村人,生前系长清县职业中专九二级牧医班学生。1994年11月6日,为抢救落水少女献出自己的生命,年仅19岁。11月8日,共青团长清县委决定:追授张峰为"长清县优秀共青团员"称号,并号召全县团员青年向他学习。是年,共青团济南市委追授张峰为优秀共青团员。1996年,山东省人民政府追认张峰为革命烈士。

孙明珠(1981—2006) 男,汉族,1981年7月生,长清区张夏镇东野老村人。1999年12月入伍。2003年12月,被部队评为优秀士官。2004年9月,加入中国共产党。是年12月,被评为优等训练士官。2006年9月19日,在河南省济源参加演练中牺牲,被追认为革命烈士。

王守峰(1983—2003) 男,汉族,1983年1月生,长清区孝里镇大街村农民,共青团员,生前系南通中远船务公司外包工程分承包单位的电焊工。2003年7月13日下午3点10分,3名10多岁的少年相约在南通任港闸下游外江口处游泳,其中一名少年突然被卷入激流。路过此地的王守峰当即跳入江中,奋力将落水少年托出水面往回游,落水少年得救了,王守峰却因体力不支,被激流卷入漩涡而献出年轻的生命。王守峰的事迹在社会上引起强烈反响,分别被授予山东省新长征突击手、山东省精神文明建设标兵、济南市新长征突击手等称号。江苏省委、省政府追授王守峰为江苏省见义勇为英雄、江苏省见义勇为先进个人称号;南通团市委授予王守峰新长征突击手、南通市见义勇为英雄称号。2003年11月,被山东省人民政府追认为革命烈士。2004年8月,被济南市社会治安综合治理办公室授予济南市见义勇为先进分子称号。2007年7

王守峰烈士墓　　（2007 年摄）

月 8 日，王守峰烈士铜像落成仪式在济南市长清区孝里镇举行，山东省人大常委会原主任李振为其题词：见义勇为英雄。是年 9 月，被济南市文明办、总工会、共青团市委、妇联授予济南市见义勇为模范称号。

付光金（1983—2004）　男，汉族，1983 年 9 月生，长清区平安街道藤屯村人。2000 年 12 月，入伍。2003 年，加入中国共产党。2004 年，在部队执行任务时因车祸牺牲，被所在部队追认为革命烈士。

（五）

张积中（？—1866）　字石琴，江苏仪征人。贡生出身，以屡试不第，绝意仕进。道光年间拜周太谷为师，传习太谷学派，合儒释道三家为一，被清吏斥为“妖教”。清咸丰六年（1856），扬州战乱，江北大营骚扰不堪，他携眷北上山东济南，迁居于济南附近长清与肥城间的黄崖山中，讲学授徒。1861 年，黄崖山中迁入逃难群众达 8000 余家。为免受溃兵骚扰，他命弟子修筑山寨，购置武器，凡入山者以其财物半数归公，又在山外各城市派人设立商号，以所赚归山寨。这些措施引起清吏怀疑，认为他聚众图谋不轨，上书告变。山东巡抚阎敬铭命其出山投案对质，他坚决拒绝。山寨旋即遭到阎敬铭所派万余名大军围攻。清同治五年（1866），山寨被攻破，他和亲眷弟子 200 余人在祭祀厅自焚身亡，被清军杀害的寨民达 2000 余人，成为震惊中外的“黄崖寨教案”。

王桂英（1886—1970）　是武迹沧、武中奇、武思平的母亲。生于长清区崮云湖街道土山村农家。年轻时与后大彦村武秀生结婚，后全家由家乡迁居济南。王桂英全家倾向中国共产党领导的人民革命，她和 3 个儿子都参加党的秘密工作。1936 年，山东省委曾以她家为联络点进行党的地下工作，她以开香油铺为名掩护山东省委及其领导人。当时省委领导赵健民、姚仲明等都曾在她家开会，研究部署工作。每当有革命者被捕，她都千方百计进行营救。她还和儿子武中奇化装用洋车把手枪运出济南送给游击队。因为王桂英为革命贡献大，人们称她为“革命的老妈妈”。抗日战争和解放战争时期，王桂英不能在济南定居，一直跟随三儿子武思平转战祖国各地，过着部队生活，享受着部队的供给制待遇。实行工资制后，由部队每月发给生活费 50 元。转地方后，每月由省政协发给生活费。1963 年，王桂英被选为山东省政协委员，继续为党为人民勤恳工作。1970 年，她在济南家中安坐在沙发椅里去世。

武中奇（1907—2006）　1907 年 9 月 20 日生，长清区崮云湖街道后大彦村人。出生于贫苦农民家庭，少年时代跟随父母到济南谋生，在印刷厂当童工。30 年代初，应聘为泰安武训学校书法金石教员，任教两年余回济南。“九一八”事变后，他投身于抗日救亡运动。1936年4月，由中共山东省委书记黎玉介绍加入中国共产党。1937年，“七七事变”后，随山东省委撤至泰安。1938年1月，参加发动徂徕山起义，建立起山东省第一支抗日革命武装，并先后担任团长、支队司令等职务，率部转战齐鲁，屡立战功，曾指挥战士用步枪打下日本人的轰炸机，成为山东抗日根据地的一大新闻和奇迹，日本侵略军曾悬赏缉拿“赤匪武老二”，是敌伪闻名丧胆的英勇指挥员。1940年，被山东军区授予扩军模范称号。1941年，入中共山东分局党校第二期培训班学习。1943年6月，任中共济南工委委员、济南市抗日民主政府办事处主任。1944年9月，兼任历城县抗日民主政府首任县长。1945年8月，成立济南市民主政府，武中奇任市政府秘书长。是年11月，任联合国救济总署山东分署秘书长。1949年，任第三野战军南下干部纵队参谋长，参加接管上海的工作，任上海市人民政府秘书科科长。一生参加过孟良崮战役、淮海战役和渡江战役等270余次战役战斗。50年代初，先后任上海提篮桥监狱典狱长、治淮劳动纵队司令员。“三反”运动中遭诬陷受到错误处分，于1954年秋派至江苏省劳改局工作。1959年，任南京钟表厂厂长。1963年，调任南京市文物保管委员会主任。“文化大革命”开始后，受到冲击，1970年被诬为“五一六反革命分子”，身陷囹圄。1973年春，平反结束关押。1979年，任江苏省国画院副院长。1980年，任江苏省人大常委会委员、中国书法家协会理事、江苏省书法家协会主席。生前任江苏省文联顾问、江苏省书法家协会顾问。2006年3月29日，病逝于南京，享年100岁。

他幼年即酷爱书法，因家境清贫，辄以麻束笔、清水代墨、方砖当纸、坚持自学，勤奋临摹《九成宫醴泉铭》《郑文公碑》《泰山经石峪》等拓本，并兼攻金石。早在30年代初期，他的书法、篆刻艺术已日趋成熟，故经人举荐，受冯玉祥将军之聘，担任山东武训中学书法金石教员。抗日战争、解放战争期间，仍不时以木棍划地、以指书膝，对书法、金石进行揣摩和研究，并多次为革命烈士纪念碑书丹，为部队、机关镌刻印信、钤记。上海解放时，受市长陈毅之托，书写“上海市人民政府”七个大字，为上海总工会大楼书写“上海总工会”和“全世界无产者联合起来”等巨字。20世纪60年代初，在南京担任文物保管委员会主任期间，得以博览诸名家法帖、墨迹、汲取众家之长，融会贯通，其书法艺术得到新的发展。他的书法在汲取唐碑风骨、魏晋神韵，博涉诸家的基础上，形成气势浑厚、挺拔苍劲的独有的艺术风格，尤以真、草见长，世称“武体”，在中国书法史上占有重要的位置。其真书峻宕雄伟、刚健质朴、紧中见放，草书则动静相依、错落有致、抑抑应节、气势开豁。至于篆刻则以秦汉为宗、因石奏力、取其自然，盎然天趣。故而人们有“笔如风云气如虹，积健为雄见此翁”的赞誉。1985

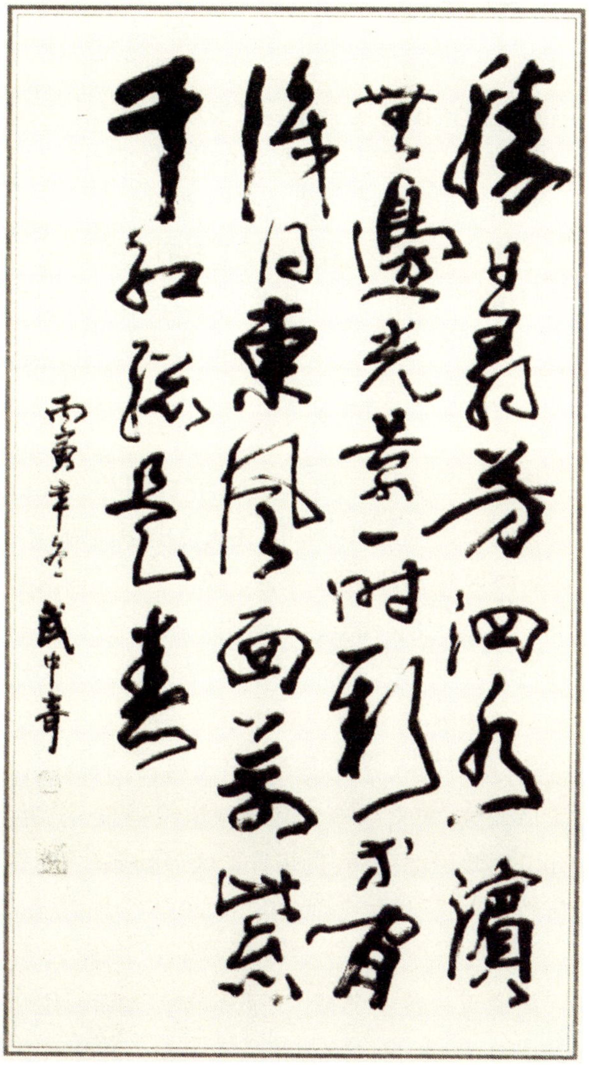

武中奇书法

年、1987年，先后两次将数百幅书画作品捐赠给济南市人民政府。济南市人民政府择五龙潭畔辟建“武中奇书法篆刻作品展览馆”，将其作品收藏、陈列馆中。他的作品在国内外多次展出，被国内外数百家博物馆、美术馆、陈列馆收藏。他还曾题写“南京市口腔医院”“济南市儿童医院”等牌匾标志以及一些饭店酒楼店招牌，作品多为主旋律题材和商业标牌字。出版有《武中奇书法篆刻集》《武中奇书法选集》《琴心剑胆武中奇百年艺术人生书画篆刻选》《武中奇书法选粹》等多种书法作品集。

人物简介

（一）

董涛 1916年1月生，长清区归德镇南苗庄人。早年就读济南师范学校。1937年4月，回长清县，在东关小学参与组织抗敌后援会。1938年1月，加入中国共产党，参加长清县抗日游击队。历任大峰山独立营指导员、县大队总支部书记、副政委、团政委、湖北省军区司令部副参谋长、军分区司令员、省军区参谋长。

田化一 又名田兴同，1919年11月生，长清区归德镇平房村人。1934年，在长清中学简师三级读书。1938年8月，参加革命。是年10月，加入中国共产党。历任长清县抗日游击大队指导员、平阴县独立营总支书记、政治教导员、冀鲁豫六分区情报站总站政委、平阴县大队政委、六分区基干三团政治处副主任、六分区政治部组织科长、六分区教导大队政委、冀鲁豫军区独立旅组织科长，江西、贵州分区政治部主任，贵州省军区后勤部政委、省军区政治主任、省军区副政委。1983年7月，离休。

高逢五 曾用名褚云、郝赤峰、王逢五，生于1920年1月，长清区归德镇高家庄人。1928年入本村小学读书。1934年—1935年，在长清中学初

中九级读书。因家庭生活困难失学，在校学习期间接受进步思想，“七七”事变后，参加抗日游击队，历任山东西区人民抗敌自卫团战士，中共长清县委宣传部教育科科长。1939年9月，加入中国共产党。1940年7月，一区区委书记离职逃跑后，他按照县委指示，重新组建区委，领导区队恢复开展抗日斗争。1941年4月，他担任七区区委书记。1942年8月，任中共长清县委负责人。1943年7月，任中共长清县委宣传部长。1944年4月，任中共长清县委组织部部长。在抗日战争时期，他不畏艰险，英勇战斗，直至取得抗日战争的胜利。

解放战争时期，历任中共长清县委副书记兼组织部部长、县委书记。1947年3月，国民党重点进攻，大军压境，他带领全县军民坚持“县不离县，区不离区”的原则，英勇抗击国民党的残酷进攻，多次粉碎敌军围剿。在极端困难的形势下，县委进行大规模的动员参军工作。全县先后共有4000名青壮年加入中国人民解放军。长清县解放后，按照上级指示，组织大批干部北上南下，分赴全国各地支援新解放区的建设。

新中国成立后，他历任中共泰西地委委员、秘

书主任、中共山东分局组织部干部处副处长、中共济宁地委第一书记、中共泰安地委副书记、代理书记、书记，泰安地区革委会主任，山东省人大常委会副主任、党组副书记、政法委员会主任。

吴志笃 1920年1月生，长清区马山镇漩庄村人。1937年，在济南师范读书；6月，加入中国共产党，参加长清县抗敌后援会。1938年春，参加马湾抗日武装起义；5月，他先后任八路军山东纵队第六支队政治指导员、六支队二营分支书记、副教导员、115师343旅侦察干事兼特务队长、营政委等，长期在长清、肥城、泰安等地坚持抗日斗争。解放战争时期，任长清县独立团团长、军分区基干七团团长、徐州警备团团长、冀鲁豫军区独立五师副团长，参加济南、淮海等重大战役。新中国成立后，历任铁道兵团侦察爆破处处长、铁道兵七师副师长兼参谋长、九师师长、铁道兵东北指挥部副司令员等。1981年5月，离休。

董超 1920年11月生，长清区五峰山街道宋村人。1938年2月，入伍；7月，加入中国共产党。历任指导员、干事、营长、团参谋长、团长，铁道兵第一师参谋长、师长，铁道兵军政干部学校校长、铁道兵学院院长等，国防科学技术大学正军职离休干部。

张有壬 原名张培林，1920年12月生，长清区文昌街道徐家洼村人。1936年冬，在济南师范读书时，积极参加抗日宣传和抗日募捐活动。1937年2月，加入"中华民族解放先锋队"。是年10月，参加长清县抗敌后援会。1938年2月，加入中国共产党。历任山东西区抗敌自卫团四大队战士、一大队指导员、长清县独立营教导员。1941年9月，任冀鲁豫军区一分区基干营教导员、政治部组织科科长、一团政治处主任、四团政委。1945年10月，任冀鲁豫军区第七纵19旅57团政委。解放战争时期，转战冀鲁豫平原，后随刘邓大军挺进大别山。新中国成立后，历任师政治部主任、军政干校政委。1955年，授上校军衔。1956年4月起，历任总政治部军事检察院处长、总政治部保卫部处长、总参三部九局副政委、政委。1972年，任空降兵第15军副政委。1981年1月，离休，正军职待遇。

李伯时 原名李庆信，1921年12月生，长清区归德镇程官庄人。1933年—1937年，在长清中学简师三级读书。1938年11月，参加革命。先后参加抗日战争、淮海战役、渡江战役和西南剿匪作战。历任连指导员、团政委、坦克副军长、坦克学校副政委和装甲兵学院政治部主任等。1968年9月，遵照国务院总理周恩来的指示，副总理陈毅亲自去长春将李伯时接到北京，在人民大会堂受到总理接见后，即令前往外国专家局任军管组组长，负责该局及友谊宾馆一切事务。当时正值"文化大革命"动乱时期，专家局内部两派之间吵闹不休，处于无政府状态。为保证外国专家的生命和财产安全，李伯时对专家和两派群众及原领导进行思想引导工作，稳定情绪，力求团结，取得明显效果。这段时间，在周恩来的直接领导下进行工作，多次受到周恩来的接见。

朱光 原名朱玉洲，男，1922年11月生，长清区文昌街道十里铺村人。1938年，在长清县参加革命。1939年10月，加入中国共产党。是年，参加八路军，先后任八路军115师343旅教导大队政治队学员、一队（军事干部队）党支部书记、二队（政治干部队）政治指导员、十一队（军事干部队）政治指导员。1943年7月后，任冀鲁豫军区直属队组织干事、军区特务营党总支部书记、军区直属队党总支书记、军区政治部组织科副科长。1946年5月后，任冀鲁豫军区政治部军人储蓄科科长，兼裕华总号经理，军区政治部组织科长，干部科科长。1949年3月，任第二野战军5兵团17军政治部干部科科长。参加淮海、渡江、西南等战役。1950年1月，调中国人民解放军总干部部工作，历任人事科长，特种兵干部任免部副处长，空军处处长。1958年10月，任中国人民解放军总政治部干部二处（特种兵处）处长。1964年8月，任中国人民解放军总政治部干部部副部长。1970年6月，任沈阳军区空军政治部副主任。1974年1月，任中国人民解放军空军第三军政委。1978年10月，任沈阳军区空军副政委，兼政治部主任、部党委书记。1982年9月，任中国人民解放军总政治部干部部部长、部党委书记。1985年3月，任中央军委纪律检查委员会副书记。是年7月，任中国人民解放军空军政委，党委书记。1988年，被授予中国人民解放军空军中将军衔。1992年11月，退役。1993年 3 月，任第八届全国人大内务司法委员会副主任委员。1997年1月，著有《新时期政治工作学习与实践》一书及《朱光回忆录——我的人生之路》。获中华人民共和国三级独立自由勋章、二级解放勋章，中国人民解放军独立功勋荣誉章。中共第九次代表大会代表。中共第十三次代表大会代表、中央委员，中共第十四次全国代表大会代表。第八届全国人民代表大会代表、内务司法委员会副主任委员。

刘瑞　原名刘化东，1923年1月生，长清区五峰山街道王峪村人。1934年，在长清中学简师三级读书。1938年6月，加入大峰山独立营。1939年1月，加入中国共产党。在抗日战争中，他参加景阳冈伏击战、朝城战役战斗。1945年，任冀鲁豫军区军政干校六队政委兼队长。1949年，任大军区解放军官教导团三团组织股股长。新中国成立后，调入空军导弹学院，主要负责系、部的领导工作。1978年，调任空军政治学院训练部副部长。1983年，离休，离休前为副军职。1988年，被授予中国人民解放军独立功勋荣誉章。

郭扬儒　1923年5月生，长清区归德镇唐李村人。1933年，在长清读高小。1934年，在长清中学简师三级读书。1938年7月，参加八路军。1939年4月起，历任六支队三营政治员、鲁西独立旅政治锄奸科干事、鲁西三团一营特派员、黄河支队十团团直特派员、11分区政治部保卫干事、11分区丰鱼县大队特派员、第一纵队二旅政治部保卫干事、二旅五团二营政委、教导大队副政委、政委、16军政治处主任、坦克253团团长、坦克153团团长、16军装甲兵处主任、总参军部副处长、冶金部军代表、总后军运部公路运输处处长、总后勤部军教部办公室主任（副军职）。1982年，离休。

宋子元　1923年11月生，长清区五峰山街道讲书院村人。1939年8月，参加革命。是年9月，加入中国共产党。曾任中共昆同县区委书记、第二野战军第18军政治部保卫部科长。新中国成立后，历任拉萨市公安局副局长，中共拉萨市委副书记，昌都地委书记、第一书记，中共西藏自治区区委副书记、书记，西藏自治区第三、四届政协副主席。

董玉森　1925年4月生，长清区双泉乡杜庄人。1938年，参加革命。1943年，加入中国共产党。曾任长清县六区青年救国团团长、中共博平县区委书记、黄安县西工委书记。新中国成立后，历任中共黄陂县委组织部部长，汉川县委书记，孝感专署专员，中共孝感地委书记，湖北省第五、六届政协副主席，中共十二大代表。

陈兴印　1930年2月生，长清区万德镇九曲人。1945年7月，参加泰山警备旅。1946年4月，加入中国共产党。历任排长、副连长、连长，师作训科参谋，团军务股股长，师军务科副科长、科长，团长，师参谋长、师长。1983年5月，任吉林省军区司令员。1988年9月，被授予少将军衔。1990年6月，退役。

（二）

历任区（县）委书记

刘善友　男，汉族，1945年4月生，山东省肥

城市王庄镇演马村人。大学文化。1964年8月，在中共山东省委党校青训班学习（学习期间1964年10月至1965年7月，参加省委组织的“社教”工作团在齐河参加“四清”运动）。1968年7月，任肥城县桃园公社东伏庄小学教师。是年11月，任肥城县王庄公社演北大队学校负责人、村革委副主任。1970年2月，任平阴县城关公社胡庄联中教师。是年10月，任平阴县城关公社中土楼村联中负责人。1971年2月，任平阴县城关公社团委副书记。是年3月，加入中国共产党。1975年7月，任平阴县玫瑰公社党委副书记。1976年7月，任平阴县玫瑰公社党委书记。1978年8月，任孝直公社党委书记。1981年4月，任平阴县委常委、办公室主任。1984年2月，任平阴县委副书记、县长。1986年2月，任济南市农委副主任、党组副书记。1987年2月，任长清县委书记。1991年7月，任济南市政法委副书记。1992年2月，任济南市粮食局局长。1993年3月，任济南市市政府秘书长。1998年3月，任济南市市政府副市长。2003年2月，任济南市市政府特邀顾问。

雷建国 男，汉族，1955年4月生，河北省高碑店市人。大学文化。1970年11月，在济阳县机械厂参加工作。1972年5月，在山东机械工业学校学习。1974年8月，加入中国共产党，是年任济阳县农具厂技术员。1975年10月，任济阳县工交办公室办事员。1976年11月，任济阳县工业局党总支副书记、领导小组副组长。1978年4月，任济阳县工业局党总支副书记、副局长。1982年6月，任共青团济阳县委书记。1983年9月，在中国青年政治学院政教专业学习。1985年6月，任济阳县委宣传部部长。1987年4月，任济阳县委常委、宣传部部长。1988年11月，任济阳县委副书记。1990年3月，任济阳县委副书记、县纪委书记。1991年5月，任长清县委副书记。1992年11月，任长清县委副书记、代县长、县长（1991年8月至1993年12月，在中央党校函授学院本科班党政管理专业学习）。1995年1月，任长清县委书记。1997年12月，任济南市委副书记（1998年9月至1999年7月，在中央党校中青年干部培训班学习；1998年9月至2001年7月，在中央党校在职研究生班经济管理专业学习；2003年10月至2005年3月，在南开大学国际商学院学习，获工商管理硕士学位）。2007年3月，任德州市委书记、市委党校校长。2008年1月，任德州市委书记，市人大常委会主任、党组书记，德州市委党校校长。中共十七大代表，山东省第八次、九次党代会代表。

王荣玉 男，汉族，1949年7月生，长清区平安街道三合村人。大学文化。1965年9月，在泰安水利学校学习。1970年1月，在高唐县水利局工作。1974年7月起，先后任长清县水利局技术员、张夏公社水利站技术员、站长。1976年8月，加入中国共产党。1980年2月，任张夏公社党委委员、管委会委员、水利站站长。是年8月，任长清县崮山公社党委副书记（1982年9月至1984年7月，在山东农业大学干部专修班脱产学习）。1984年7月，先后任长清县张夏区委书记、镇委书记。1990年4月，任长清县委常委、宣传部部长兼县委党校校长。1992年12月，任长清县委副书记，其间于1994年2月至1995年4月兼任县委组织部部长。1995年1月，任长清县委副书记、县长。1997年12月，任长清县委书记、党校校长。1999年9月，在山东省委党校学习。2001年1月，任济南市农业局副局长。2002年6月，任济南市农业局巡视员。

许立全　男，汉族，1955年5月生，山东省聊城市人。工学博士。1972年6月，任聊城县斗虎屯公社许庙大队农业技术员。1976年4月，任聊城地区水利局工人。1978年3月，华东石油学院地球物理测井专业学生。1982年1月，加入中国共产党。是年，任华东石油学院教师、校团委常委。1984年9月，任华东石油学院团委副书记。1986年12月，任华东石油学院团委书记。1989年7月，在聊城地委组织部工作。1990年2月，任共青团聊城地委书记。1993年12月，任聊城地委副秘书长（其间曾挂职任莘县县委副书记，阳谷县委副书记、副县长，1994年9月至1996年12月，在山东省委党校在职研究生班政治学专业学习）。1995年3月，任茌平县委副书记、县长。1997年12月，任聊城地委委员、茌平县委书记。1998年3月，任聊城市（地级）委常委、茌平县委书记。1999年8月，任长清县委书记（原副厅级不变）；12月，兼任长清县委党校校长。2000年9月，兼任济南经济开发区管委会党委书记。2001年1月，任济南市市委常委，长清县委书记、县委党校校长兼济南经济开发区管委会党委书记。2002年5月，任济南市市委常委，长清区委书记、区委党校校长兼济南经济开发区管委会党委书记；12月，任济南市市委常委、秘书长。2006年9月，任潍坊市委副书记、代市长。2007年3月，任潍坊市委副书记、市长。

孙瑞祥　男，汉族，1956年8月生，山东省商河县人。大专学历。1978年12月，任商河县农业局技术员。1979年12月，任商河县展家乡政府技术员。1983年4月，加入中国共产党。1984年4月，任商河县展家乡副乡长。1986年5月，任商河县展家乡党委副书记。1987年5月，任商河县展家乡乡长、党委副书记。1991年3月，任商河县玉皇庙镇镇长。1992年11月，任商河县玉皇庙镇党委书记。1993年1月，任商河县副县长、玉皇庙镇党委书记。是年3月，任商河县副县长（1993年9月至1996年6月，在山东广播电视大学专科班行政管理专业学习）。1996年12月，任商河县委常委、副县长。1998年1月，任商河县委副书记。1999年7月，任商河县委副书记（正县级）。2001年1月，任长清县委副书记；2月，任长清县委副书记、县长；6月，兼任济南经济开发区管委会主任、党委副书记。2002年5月，任长清区委副书记、区长，济南经济开发区管委会主任、党委副书记。2002年12月，任长清区委书记、区委党校校长，济南经济开发区管委会主任、党委书记。2006年10月28日，任长清区委书记、区委党校校长，济南经济开发区管委会党委书记。

历任区（县）人大常委会主任

尚瑞亭　男，汉族，1928年6月生，山东省龙口市渚由镇尚家村人。初中文化。1947年2月，加入中国共产党。是年4月，参加工作，任西海地委地方医院文书；11月，任西海军分区卫生处三所文书。1948年11月起，历任西海军分区卫生处医疗队政治干事、西海军分区卫生处三所政治干事、华东五旅政治部直工科见习宣传干事。1951年7月，任华东野战十三院政治干事。1952年2月，任华东第十九陆军医院组织助理员。1954年3月，任中共肥城县委宣传部干事；是年7月，任肥城县委组织部干事。1956年9月起，历任肥城县委组织部副部长、王瓜店区委第一书记、汶阳公社社长、革委会主任、党委书记、肥城县委常委、政治部负责人。1974年11月，任肥城县委常委、组织部部长。1976年10月，任肥城县委常委、办公室主任。1977 年 1 月，任长清县委副书记。1980 年 4 月，任长清县委副书记、县长。1984 年 4 月，任长清县人大常委会主任、党组书记。1990 年 3 月离任，12 月离休。

李近仁　男，汉族，1936 年 11 月生，长清区五峰山街道人。山东省气象学校毕业，中专学历。1952 年 7 月，在长清县归德供销社参加工作，任文书。1954 年 3 月，任长清县粮食局人秘股文书、股长。1956 年 6 月，任中共长清县委肃反办公室定案组干部；8 月，加入中国共产党。1958 年 8 月，在山东省农业干校学习。1959 年 1 月起，历任长清县气象站站长，章丘县气象站站长、农业局气象科科长、副局长。1961 年起，历任长清县农林局副局长，许寺公社小王、王宿管区主任、书记。1976 年 1 月，任马山公社党委副书记。是年 7 月，任五峰公社党委副书记、管理委员会主任。1979 年 5 月，任长清县马山公社党委书记、革委会主任。1984 年，任长清县纪委常务副书记。1985 年 10 月，任长清县委组织部部长。1986 年 4 月，任长清县委常委、组织部部长、老年大学校长。1987 年 2 月，任县委副书记、组织部长、政法委书记。1989 年 11 月，任县委副书记兼政法委书记。1990 年 3 月，任长清县人大常委会主任、党组书记。1996 年 3 月，离岗。1998 年 3 月，退休。离岗后，担任长清区关心下一代工作委员会顾问、常务主任。先后获山东省先进工作者、省离退休优秀干部党员、全国关工委先进工作者等称号。

陈淑水　男，汉族，1938 年 8 月生，长清区归德镇人。山东工学院毕业，大学本科学历。1965 年 8 月，在济南二钢参加工作，任技术员。1966 年 6 月，加入中国共产党。历任水电站站长、党支部书记。1970 年，主持完成的变压器强迫油循环和四合一环形供电技术改革项目，提高工作效率 4 倍，被山东省革命委员会评为先进工作者。1978 年 3 月，任长清供电局生产技术组组长、工程师。1982 年 2 月，任长清县工业局副局长。1984 年 6 月，任长清县经委副主任。是年 10 月，任长清县委副书记。1990 年 2 月，任长清县政协主席。1996 年 3 月，任长清县人大常委会主任、党组书记。1998 年 1 月离任，10 月退休。

李连元　男，汉族，1943 年 10 月生，山东省齐河县人。山东工学院毕业，大学本科学历。1968 年 7 月，参加工作，历任长清县供电局技术员、生产技术科科长、副局长。1978 年 12 月，加入中国共产党。1984 年 2 月，任长清县供电局局长。1986 年，被评为济南市劳动模范、山东省劳动模范。1987 年 4 月，任长清县政府副县长。是年 5 月，任长清县委常委、常务副县长。1992 年 12 月，任长清县委常委、县纪委书记。1995 年 1 月，任长清县委副书记。1998 年 1 月，任长清县人大常委会主任、党组书记。第九届山东省人民代表大会代表。2003 年 1 月，离任。2008 年 4 月，退休。

刘太义　男，汉族，1953 年 2 月生，长清区孝里镇刘营村人。中共山东省委党校毕业，研究生学历。1974 年 2 月，任孝里公社刘营村民办教师。1975 年 9 月，在长清师范学习。1976 年 12 月，加入中国共产党。1977 年 8 月，任长清县革委办公室秘书。1978 年 8 月，任长清县政府办公室秘书。1984年5月，任双泉区党委副书记。1984年8月至1986年6月，在山东农业经济管理干部学院进修。1986年7月,任归德镇党委副书记。1989年4月,任平安店镇党委副书记、镇长。1990年4月,任归德镇党委书记。1992年12月,任长清县委常委、宣传部长兼任长清县委党校校长。1995年4月,任县委常委、县委办公室主任。1998年1月,任长清县(区)委副书记。2003年1月,任长清区人大常委会主任、党组书记。

历任区(县)长

张新一 男，汉族，1947年6月生，长清区孝里镇四街村人。大专文化程度。1968年8月,任泰安地区道朗公社小学教师。1971年1月，加入中国共产党。历任长清县孝里公社中学教师、党委秘书、党委副书记。1980年9月,任马山公社党委副书记。1983年4月,任双泉公社党委书记。1984年2月,任长清县委常委、县委办公室主任。1985年3月,任长清县委副书记、代理县长、县长。1989年5月起，任平阴县委副书记、代理县长、县长、县委书记。1993年12月,任济南引黄工程指挥部副总指挥。1996年3月,任济南市农工委委员、市农委副主任、党组成员。2001年6月,任济南市气象局党组书记、局长。2005年4月,任山东省气象局助理巡视员。

曹维新 男，汉族，1940年3月生，济南市槐荫区吴家堡镇东曹村人。大学文化。1965年8月,任上海隧道设计院技术员。1972年11月,任历城"八一"农业机械厂技术科副科长。1980年9月，任历城县工业局副局长。1984年1月，任历城县委副书记。1989年5月,任长清县委副书记、县长。1992年11月，任济南市乡镇企业局党组书记、副局长。1993年5月,任济南市乡镇企业局局长、党组副书记。1993年7月,任济南市乡镇企业管理局局长、党组书记。1998年2月,明确为副厅级。是年4月,任济南市乡镇企业管理局巡视员。2003年4月,退休。

卞允斗 男，汉族，1952年5月生，济南市济阳县孙耿镇人。研究生学历。1974年10月,任济阳县孙耿公社大路联中民办教师。1977年1月,加入中国共产党,任济阳县孙耿公社卞家大队党支部书记。1977年12月，任济阳县孙耿镇干部。1984年3月,任济阳县孙耿镇副镇长。1986年1月,任济阳县垛石桥镇党委副书记、镇长。1987年3月,任济阳县垛石桥镇党委书记。1990年3月,任济阳县委常委、宣传部长。1995年1月,任济阳县委常委、副县长。1998年1月,任长清县委副书记、代县长、县长。2000年9月,兼任济南经济开发区管委会主任、党委副书记。2001年2月,任济南市计划生育委员会党组书记、主任。

覃俊文 男，汉族，1960年3月生，四川省射洪县人。大学学历,中共党员。1982年1月,在济南市向阳果园参加工作,任技术员。1983年7月,任济南市园林局助理工程师。1984年6月,任济南市建委城建管理处助理工程师。1988年2月,任济南市建委主任科员;是年9月,任济南市政府办公厅综合处主任科员。1990年8月,任济南市政府办公厅副处级秘书。1993年5月,任济南市政府办公厅正处级秘书。1997年3月,任济南市城建局副局长、党委委员。1998年11月,任济南市房管局党委副书记、副局长。2000年3月,挂职济阳县委副书记。2001年5月,任济南市建委副主任、党组成员,济南市城市管理局局长、党委书记、济南市城建监察总队队长、党组书记。2002年12月,任长清区委副书记、代区长。2003年1月,任长清区委副书记、区长。

历任区(县)政协主席

董林洲 男,汉族,中专文化。1938年1月生,长清区归德镇南苗庄村人。1952年,考入济南中等专业技术学校,毕业后分配在长清县农业局工作。先后在孝里区、崮山区农技站工作,后到县农业局农技站任农业技术员。1959年,撤县到济南市农业局植保站工作。1961年,恢复长清县后回县农业局工作。后在长清县人民委员会生产指挥部工作。1964年,加入中国共产党。1975年,任县生产指挥部办公室副主任。1976年,任万德公社党委书记。1980年,任长清县委组织部长。1982年,任县委副书记。1984年4月,任长清县委副书记兼政协主席。1986年4月,任济南郊区区委副书记。1987年,郊区撤销任槐荫区委副书记兼政协主席,享受副厅级待遇。1992年,任槐荫区人大常委会主任。1998年,退休。

郭恩庭 男,汉族,1941年11月生,山东省沂南县人。中专学历。1961年8月,入伍。1966年1月起,在泰安军分区司令部任台长、通信科参谋。1965年10月,加入中国共产党。1977年1月起,历任长清县人武部组动科副科长,作训科科长,人武部副部长、部长。1986年5月,任中共长清县委常委、县人武部部长。1990年3月,任长清县委副书记兼政法委书记。1995年3月,任长清县人大常委会副主任。1996年2月,任政协长清县委员会主席、党组书记。2001年1月起,任政协长清县(区)委员会主席。2003年1月,离任。2008年4月,退休。

张化富 男,汉族,1947年9月生,长清区归德镇人。山东省农业大学经济管理专业本科班毕业。大学本科学历。1969年10月,参加工作。1971年12月,加入中国共产党,历任教师、长清县许寺公社小王管理区文书、副书记、书记,公社党委组织干事,管委会副主任。公社划区后任副区长、党委副书记、区长。1987年4月,任长清县纪律检查委员会副书记。1990年4月起,历任城关镇党委副书记、镇长、书记。1995年3月,任长清县委常委、纪委书记。1998年2月,任长清县委副书记。2001年1月,任政协长清县(区)委员会党组书记、副主席。2003年1月,任政协济南市长清区委员会主席、党组书记。2006年12月,任政协济南市长清区委员会主席。2007年12月,离任。

周宝华 男,汉族,1957年1月生,山东省泰安市人。山东省委党政干部研究生班毕业,工学学士,研究生学历。1975年12月,为临邑县下乡知青,任知青组长。1977年12月,在济南钢铁厂修建部工作。1978年8月,在山东省机械学校机制专业本科班学习。1982年7月,任济南第二运输公司大修厂技术员。1984年4月,历任济南市第二运输公司机装队副队长、公司副经理。是年6月,加入中国共产党。1989年9月,山东省委党校干部研究生班学员。1991年12

月,任中共济南市委组织部知工处正处级巡视员、副主任。1998 年 5 月,任济南市委组织部干部教育处处长。2001 年 12 月,任中共长清县(区)委常委、组织部部长。2003 年 3 月,任长清区委副书记。2006 年 12 月,任政协济南市长清区委员会党组书记、副主席。2007 年 12 月,任政协济南市长清区委员会主席、党组书记。

(三)

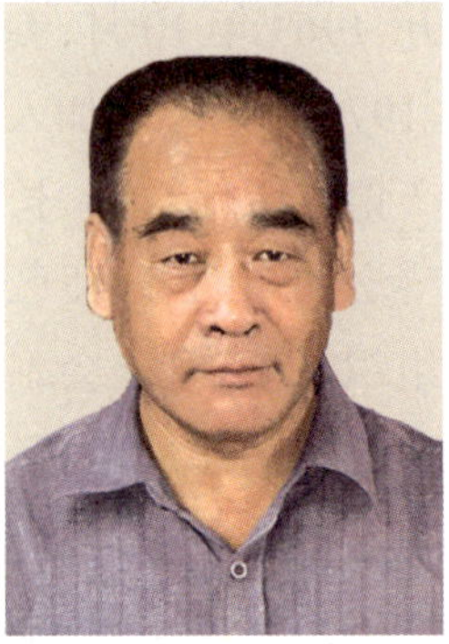

孙士水 男,汉族,1948 年 5 月生,长清区万德镇马套村人,大专文化。1968 年 3 月,在部队服役。是年 10 月,加入中国共产党。1974 年 3 月,任本村会计。1976 年起,任村党支部书记,曾两次放弃招工机会,立志改变家乡贫穷落后面貌,团结带领全村干部群众自力更生、艰苦创业。1984 年起,带领全村大力发展集体经济,兴办工业项目 5 个,实现强村富民目标,成为全县有名的小康村。1999 年,引进立泰山茶业有限公司,通过流转土地,发展茶园 40 公顷,实现人均增收 1000 元。他带领群众 30 余年坚持治山治水,共计搬运土石 260 万立方米,搬迁村民 320 户,先后修建水库、塘坝 20 座,扩大灌溉面积 40 公顷,户户吃上自来水;坚持造林绿化,共绿化荒山 467 公顷,人均树木 300 多棵、果树 120 多棵。2008 年,全村农民人均纯收入 6975 元。马套村先后获全国计划生育先进单位、全国绿化千佳村、全国军民共建先进单位、省级文明村称号,被市委、市政府表彰 11 次,获区委、区政府表彰 18 次。他先后被评为市、省、全国劳动模范,山东省优秀共产党员,当选山东省第九届政协委员,济南市第十二、十三、十四届人大代表。

张广祥 男,汉族,1953 年 8 月生,长清区张夏镇邵庄村人。1974 年,参加教育工作。1988 年 3 月,张广祥辞去张夏镇纸坊学区中心校教师兼会计的职务,主动到全县最偏僻、最落后、最艰苦的张夏镇于盘小学任教。其间,他一人一校,不怕艰苦,乐于奉献。课余时间,他抡锤破石,平整校园,垒院墙、厕所。山上缺水,他用塑料桶从家里背水吃。他背残疾学生上下山参加集体活动。为提高适龄儿童入学率,他允许学生带着弟弟妹妹上学,自己当“保姆”,还免费代办学前教育。为让每位学生都上得起学,他从微薄的收入中为贫困生垫付书费。是年起,全村适龄儿童入学率、巩固率、合格率均达 100%。1993 年 5 月,加入中国共产党。1996 年 12 月,获曾宪梓北京教育基金会民办教师三等奖。1997 年 9 月,被评为山东省优秀教师。1998 年 4 月,被评为山东省先进工作者。是年 9 月,获全国教育系统劳动模范、全国模范教师称号。2001 年 4 月,获全国“五一”劳动奖章;9 月,被评为全国师德标兵。2008 年 4 月,调任济南市长清区张夏镇纸坊小学教师。是中共济南市第八次、第九次代表大会代表。

袁吉廷 男,汉族,1955 年 1 月生,长清区孝里镇袁道口村人。1975 年 6 月,在孝里公社袁道口中学担任数学教师。1984 年 7 月,在长清第六中学任教。1990 年,患低分化贲门癌晚期,先后 8 次住院手术和化疗。在与病魔抗争的同时,仍执着于教育教学工作,在教学中探索出“教学辅导法”。他的教改实验《把时间交给学生》获山东省教育科研成果三等奖,学术论文《计算题中的“单位”与

"答"》被编入《新世纪教育教学优秀论文集》，论文《用运动观点从特殊认识一般》在《中学生报》举办的"中学生学习方法指导论文"评选中获一等奖，自传《为了生命的承诺》被编入《"以德治国"理论与实践》。2000年，他所教的初中生8人参加数学竞赛全部获省级奖，一人获国家级奖，升学考试成绩全区第一。2004年9月10日，作为全国100位优秀教师代表之一在人民大会堂受到中共中央总书记胡锦涛、国务院总理温家宝等党和国家领导人的接见。先后被评为长清区"十佳"文明标兵、济南市优秀教师、山东省优秀教师、全国中小学德育先进工作者、全国模范教师，立三等功1次。

张同新 男，汉族，1963年7月生，长清区文昌街道华新社区居民委员会人，大专学历。1991年7月，加入中国共产党。是年，任长清永新装饰公司经理。1994年7月，任邢代庄村党支部书记。是年，成立华新集团，任总经理。2005年9月，邢代庄村更名为华新社区居民委员会，张同新任华新社区党支部书记兼主任、华新集团董事长，兼任山东省台属联谊会副秘书长、济南市台属联谊会副会长、长清区台属联谊会会长、长清区人民检查院人民监督员。

1991年，张同新响应党的号召，成立永新装饰公司，经过3年的勤奋经营，率先走上致富路。1994年，他成为拥有固定资产近百万元，年纳税近10万元的民营企业家。是年，他当选为村党支部书记。上任之后，他以发展集体经济为己任，以为民造富为使命，确定了立足县城优势，大力发展村办企业和民营经济，走共同富裕的发展思路。他带领班子成员，创新思路，大力发展经济，将自己经营多年的装饰公司捐给集体，成立以建安为龙头的华新集团。1997年，投资140万元，建成3层沿街楼1幢，建筑面积3600平方米。1999年起，先后投资1900万元，建成居民1号楼、2号楼。2001年起，为了寻求更大的发展空间，他利用二、三产业积累的资金，进军现代农业，租赁外村土地，形成"畜禽养殖——畜禽粪便产沼气、沼液灌溉林果——牧草喂畜禽"的良性循环生态农业，建成占地133.3公顷的奶牛、牧草、果品3个科技示范基地。2007年，投资3300万元，建起19层的华新大厦。2008年，积极对外招商，先后有济南市商业银行、星光大道、园博缘商务酒店、平安保险、华泰保险、长清妇幼医院等入住华新社区，年集体收入300多万元。至2008年，华新社区已是远近闻名的富裕村，家家户户都有门头房，户均住房3套，集体固定资产由1994年的200万元增加到2008年的过亿元。华新社区专门设立养老金、教育奖励基金，每年举办老人节。他先后获长清区十大杰出青年、济南市优秀共产党员、济南市优秀青年民营企业家、济南市乡村优秀科技人才、山东省劳动模范、山东省农村科技致富能人等称号，当选为政协济南市第十一届、十二届委员。

韩春银 男，汉族，1968年3月生，长清区文昌街道东铺社区居民委员会人。1994年7月，加入中国共产党。1996年6月，任长清镇东铺村党支部书记、主任。2005年9月，任文昌街道东铺社区党支部书记、居委会主任。2008年8月，任文昌街道东铺社区党支部书记、居委会主任、山东银东集团董事长。

1987年，开始从事个体运输业。至1996年，他已是有6辆大型运输车、年收入几十万元的"富裕户"。是年，经党员群众选举，他担任东铺村党支部书记、村委会主任。他和村两委会一班人，带领群众大兴水利设施，大力发展运输业、养殖业，调整农业产业结构。至2003年，全村运输业户发展到30户，5000只以上规模的养鸡专业户50余户，蔬菜种植面积扩大到30公顷，种植爱宕梨40公顷；硬化街道6条300米、安装路灯60盏，村容村貌有很大改观。2004年起，他确定“大规划、大整合、大投入、大发展”的思路，立足实际，科学规划，亲自拟定《东铺村拆迁安置补偿方案》等一系列详细方案。2005年1月18日，正式启动旧村改造工程，实现当年拆迁、当年建设、当年回迁的目标，为居民安装太阳能、有线电视、天然气等生活设施。实施老人安置工程，建成老年公寓楼4幢，55岁以上的老年人全部免费入住。为解决居民失地以后的生活保障问题，他又先后实施“三个一”工程，即：建设银东商城、银东商贸楼，让每户有一处门头房；成立山东银东集团，让每个人都能有一份股份；为居民加入社会养老和医疗保险，人人有一份保险。至2008年，东铺社区已成为高楼林立，环境优美的现代化居民小区，设有山东银东集团、银东生态园、银东国际大酒店、老年公寓、银东商城、银东商贸楼等，固定资产6亿元，被命名为省级文明村、省级文明社区。他本人先后获全国农村青年创业致富带头人十大标兵、山东省十大杰出青年农民、第十四届泉城十大杰出青年、济南市平安建设记二等功、济南市劳动模范、济南市优秀党支部书记、长清区十大优秀党支部书记、长清区十大标兵、长清区优秀共产党员、长清区十大杰出青年等称号。

（三）

李良森　男，汉族，1946年7月生，长清区万德镇马套村人。大专文化，文学创作二级。1962年，初中毕业在本村务农。1985年，调长清县文化馆任创作辅导员。是年，通过成人高考进济南师专中文系脱产学习。1996年，任长清县文联副主席。1998年—2007年，任长清县（区）政协副主席。是济南市第十届政协委员、山东省第九届政协委员，历任长清县（区）一至七届政协委员。连续被评为长清县第一至四批专业技术拔尖人才。

任职政协委员期间，在调查了解社情民意的基础上撰写多份提案，其中《调整农业产业结构，必须加快涉农服务部门的改革步伐》提案，部分内容被《大众日报》《联合日报》摘登；《应该尽快启动城镇无业居民医疗保障机制》提案得到省卫生厅高度重视，并在试点后陆续推开。

1979年，开始发表文学作品，短篇小说《喜酒不醉人》《落日的辉煌》先后获文学刊物短篇一等奖，《天意》获山东省纪念抗日战争胜利五十周年征文短篇小说奖，《山楂峪闹剧》获济南市委、市政府颁发的泉城文艺奖，长篇小说《相思河》获济南市精神文明建设精品工程奖和泉城文艺奖，因主编《长清民间文学集成》获全国艺术科学规划领导小组颁发的先进工作者称号。中篇小说《黄草坡风情》入选《济南市建国五十年文学作品选》“中篇卷”六部作品之一。先后出版《李良森小说选》、长篇报告文学《风雨大刘人》、长篇小说《相思河》、旅游文学《长清风景名胜》《古邑长清》、民间故事集《卢邑故事》、特写集《峰山怒火》、长篇报告文学《出山梦》等200余万字。

赵金川 男，汉族，1937年10月生，济南市槐荫区人，中专学历。1961年9月，在长清县农业局工作。1964年3月，任长清县张夏公社团委书记；5月，加入中国共产党。1970年1月，任长清县广播站记者。1984年，获全国优秀新闻记者。是年12月，任长清县广播局副局长。1985年8月，任长清县委宣传部副部长。1991年4月，任长清县委宣传部副部长兼文联主席、党组书记。1998年12月退休。退休后，热心社会公益事业和全民健身活动。2002年，被国家体育总局授予“全国健康老人登山明星”称号。2005年，长清区建立登山协会，被选为协会主席。2006年，成立长清区城管老年志愿团，被选为志愿团团长。2007年，被评为山东省模范老人、济南市道德模范。2008年，当选为第29届北京奥运火炬手，参加奥运火炬接力济南站传递。是年，被中共中央组织部授予全国离退休干部先进个人称号。

曹建民 男，汉族，1958年10月生，长清区归德镇双乳村人。大学专科学历。1975年7月，参加工作，任归德公社双乳中学语文教师。1984年12月，加入中国共产党。1989年4月起，先后任长清县供销合作社联合社宣教科副科长、科长、供销职工学校校长。1995年1月，任长清尼美影楼经理。现任山东泰维能源发展有限公司长清分公司经理。中国摄影函授学院研修班毕业，为高级摄影技师、国际摄影协会四星国际摄影师、中国人像摄影学会会员、山东省摄影家协会会员、济南市摄影家协会理事、济南市长清区摄影家协会常务副主席兼秘书长。

在长清县供销社联合社工作期间，利用业余时间进行文学创作，小说《说说俺媳妇》《心愿》分别在《济南日报》上刊登。小说《那摔坏的盆》在《牡丹》杂志上发表。小说《好事不出门》由《当代小说》《群众艺术》编辑部在长清召开作品研讨会。1995年起，专门从事摄影工作，为机关、学校、企事业单位等拍照数万幅，担任《山东年鉴》《济南年鉴》《长清年鉴》《长清人物年鉴》《山东省齐长城志》《长清政协工作概要》等特邀摄影师。为《新长清》报、长清电视台大型文艺晚会等提供优质照片数千幅，参加各种社会活动，为各级领导拍摄肖像、新闻图片等，配合有关部门搞好宣传工作。在《中国摄影报》《人民摄影》《信息快报》《济南日报》等报刊发表作品20余幅，作品《莲台秋色》入选《济南市优秀美术书法摄影作品集》，作品《母亲河》入选《中国优秀摄影作品集》，作品《双龙迎盛会》获首届“国际摄影网络摄影大赛”优秀奖，作品《坝上珍珠》获“第十二届全国当代摄影艺术邀请赛”风光类铜奖，作品《中华魂》参加东北亚摄影巡回展，并入选《今日中国摄影“中华复兴奖”纪念改革开放30周年专集》画册，作品《露珠里的风景》获“美丽中国老干部摄影大赛”二等奖，作品《秋到武庄》获《齐鲁晚报》一等奖。被授予中华复兴奖、中国当代优秀摄影艺术家、济南市德艺双馨会员称号，被评为济南市摄影名师、全国十佳摄影师等。

人物表

长清区(县)师厅级以上干部情况表

(以姓氏笔画为序)

表人物-1

姓名	出生年月	入伍时间	入党时间	曾任职务	籍贯	备注
王　震	1922.08	1939.06	1940.02	南京海军学院留学系主任、副军、大校	崮云湖街道后大彦村	
王子亭	1921.09	1938.06	1938.02	山东省供销社副主任	孝里镇南黄崖村	
王习善	1947.10	1968.01	1970	山东省法官培训学院党委副书记、纪委书记(副厅级)	张夏镇绿豆囤村	
王云衡	1924.03	1941.03	1940.01	昆明军区军马总场政委(师职)	孝里镇潘庄村	
王世德	1924.03	1938.07	1940.11	河北省军区门诊部主任(师级)	归德镇王庄村	
王允信	1954.04	1972.12	1975.07	总后勤部司令部参谋(副师级)	万德镇石都庄村	
王玉水	1924.03	1941	1942	广州军区参谋长(军级)	张夏镇东野老村	
王冉明	1930.12	1948.06	1960.11	北海舰队政治部副主任(师职)	万德镇石都庄村	
王发运	1928.03	1941.10	1945.05	军委52997部队政治部副主任(副师)	崮云湖街道大刘村	
王好学	1931.12	1942.02	1947.08	海军青岛舰艇支队副政委	文昌街道东王社区	
王明智	1913.01	1938.01	1939.10	福建省军区国防工业办公室主任	崮云湖街道王家庄	
王金山	1915.09	1936.02	1936.10	新疆维吾尔自治区阿克苏行署副专员	万德镇上营村	2000.10病逝
王席珍	1925.03	1943.08	1944.03	河南省民政厅副厅长	马山镇双泉庄村	
王洪川	1918	1938	1939	铁道兵副政委兼政治部主任	万德镇石都庄村	1979.10病逝

续表人物－1

姓名	出生年月	入伍时间	入党时间	曾任职务	籍贯	备注
王朝柱	1917.04	1947	1958	湖北省总工会主任、9～11届中共中央委员	马山镇焦庄村	
方　军	1966.01	1988.07	1987.10	全国人大常委会办公厅正局级干部	孝里镇燕庄村	
石中白	1914.06	1937.06	1938.02	铁道兵政治部群工部部长	文昌街道袁庄村	
石砺山	1917.11	1937.07	1938.04	贵州省地质勘探局局长	归德镇苾村铺村	1975.07 病逝
叶学德	1940.03	1960.07	1961.08	北京海军作战部参谋、少将	万德镇坡里庄村	
田化一	1919.11	1938.08	1938.10	贵州省军区副政委	归德镇平房村	
田采庭	1916.09	1937.05	1938.08	中国人民解放军八一医院政委	归德镇平房村	1990.01 病逝
田薪夫	1921.04	1945.12	1940.08	空军第3军后勤部政委	归德镇平房村	
申殿友	1934.12	1949.02	1953.12	中国人民解放军总参装甲兵部卫生部(正师)	崮云湖街道魏庄村	
边　涛(女)	1920.06	1938.10	1939.01	北京市邮政局党委常委、副局长	文昌街道南门里村	2003.10 病逝
曲丰亭	1914.01	1937.10	1938.10	农机部机关党委副书记	孝里镇广里村	
吕子洲	1919.01	1939.11	1939.07	山东省测绘局副局长	文昌街道燕庄村	
朱　光	1922.11	1938	1939.10	全国人大内务司法委员会副主任	文昌街道十里铺村	
朱　清	1905.01	1937.07	1938.06	贵州省委组织部部长	文昌街道三朱村	
朱　慧	1920	1938.02	1938.10	轻工业部机关党委书记	文昌街道东关居委会	
朱长富	1949.09	1960.08	1971.07	山东电力集团董事长、党委副书记	文昌街道东关居委会	原籍齐河县
华克夫	1920	1938	1939	山东省冶金研究所副所长(厅级)	双泉乡陈沟湾村	
庄东晓(女)	1908	1924	1925	广东省文史研究馆研究员	归德镇庄楼村	2000.11 病逝
庄庆臣	1937.01	1951.07	1957.09	山东省政协人口资源委员会副主任、政协常委	归德镇麒麟村	
齐章武	1912.04	1939.10	1938.11	北京市疗养院副院长(厅级)	文昌街道东齐村	2005.05 病逝
刘　若	1921.11	1937.05	1938.02	河南省军区副政委	归德镇薛庄村	2003.02 病逝
刘　晋	1915.04	1937.09	1938.02	北京军区后勤部司令部顾问(副军职)	平安街道王宿铺村	1998.07 病逝
刘　瑞	1923.01	1938.06	1939.01	上海空军政治学院训练部副部长	五峰山街道王峪村	
刘万坤	1965.04	1984.09	1986.01	济南军区空军司令部军务处高工(副师)	归德镇刘套村	
刘广桐	1921.08	1938.08	1939.05	成都军区司令部副参谋长	孝里镇岚峪村	1992.01 病逝

续表人物－1

姓名	出生年月	入伍时间	入党时间	曾任职务	籍贯	备注
刘云亭	1915.01	1939.02	1938.11	上海市徐汇区副区长(厅级)	双泉乡五眼井村	
刘发科	1939.11	1958.12	1959	中国亚太经济发展研究中心高级研究员	平安街道高套村	
刘杭舟	1920.09	1938.10	1939.08	山东省德州军分区政治部副主任(副师)	孝里镇傅庄村	
刘树明	1929.05	1945.08	1946.06	铁道兵 15 师政治部主任	张夏镇徐毛村	
闫先国	1962.02	1979.11	1983.07	北京军区后勤部军需处处长，大校	万德镇侯庄村	
许子杰	1916.05	1938.02	1939.02	温州军分区部长(师职)	文昌街道小柿子园村	
许兴旺	1961.10	1980.11	1985.05	北京军区空军司令部管理处参谋(副师)	孝里镇孝里四村	
许彦林	1954.05	1975.09	1977.02	济南市物价局巡视员	孝里镇许道口村	
孙世文	1920.12	1946.08	1943.08	铁道兵邯郸钢厂 2672 指挥部副主任(副师)	张夏镇东野老村	
孙业堂	1929.10	1946.03	1947.03	上海手表二厂厂长	双泉乡黄立泉村	
孙兆长	1954.10	1972.12	1976.11	总后勤部二管处处长、大校(正师)	万德镇马套村	
孙振华	1913.04	1938.07	1938.01	总后勤部油料部油库主任(副师)	文昌街道段庄村	
孙培琦	1909.11	1938.01	1938.03	福建省民政厅救济处顾问(副厅级)	文昌街道袁庄村	
杜镜秋	1918.09	1937.10	1938.01	北京军区空军副政委	归德镇小屯村	1999.07 病逝
杨　志	1919.10	1940.01	1939.08	南京市革委会副主任、市委常委	文昌街道燕庄村	
杨臣国	1953.12	1972.12	1976.03	总后勤部油料研究所(副师)	万德镇万德北村	
李文钧	1921.01	1938.09	1938.09	湖北省轻工业学校副校长	五峰山街道王峪村	
李　广	1912.03	1938.09	1938.10	广东省副省长	文昌街道东齐村	2002.08 病逝
李长舜	1952.11	1972.12	1974.06	总后勤部司令部管理局社会化指导办公室主任(大校)	万德镇官庄村	
李仁岭	1927.12	1945.04	1947.02	福建兵工厂书记、兵器工业部 5357 厂副厂长(厅级)	文昌街道国安社区	
李玉俊	1955.05	1974.10	1975	66040 部队干休所所长(副师职、正师职待遇)	张夏镇青杨村	
李兆亭	1924.06	1939.03	1939.08	兰州警备区司令员	孝里镇南黄崖村	1989.08 病逝
李兴正	1952.06	1972.11	1978.09	解放军审计署(师级)	孝里镇广里村	

续表人物－1

姓名	出生年月	入伍时间	入党时间	曾任职务	籍贯	备注
李好臣	1960.12	1978.02	1981.05	济南市政协副主席、党组成员	归德镇西李村	
李志超	1923.05	1939.05	1939.05	新疆维吾尔自治区物资局副局长	孝里镇袁道口村	
李伯时	1921.12	1938.11	1939.03	装甲兵学院政治部主任	归德镇程官庄村	
李尚才	1953.08	1972.12	1975.04	解放军总装备部军械技术研究所高级编辑、高级工程师（师职）	万德镇长城村	
李树贵	1928.08	1944.06	1946.02	四川省中医学校副校长	五峰山街道庄家庄村	
李洛夫	1917.10	1939.05	1940	山东省总干校副校长	五峰山街道宋村	
李振中	1913.09	1938.01	1938.08	内蒙古自治区伊克昭盟政协副主席	归德镇路庄村	
李鲁村	1918.02	1938.10	1938.08	江苏省徐州市人大常委会副主任	文昌街道老屯村	2005.07 病逝
肖安农	1919.10	1938	1937	海军航空兵训练基地政治部主任	孝里镇太平庄村	
吴华林	1921.02	1940.04	1940.02	贵州省遵义地区纪律检查委员会书记	孝里镇东障村	
吴志笃	1920.01	1937.06	1937.06	铁道兵东北指挥部副司令员	马山镇漩庄村	
吴金荣	1935.11	1960.08	1959	南京工程兵学院教授（师级）	文昌街道东八里村	
宋子元	1923.11	1939.08	1939.09	西藏自治区政协副主席	五峰山街道讲书院村	1987.04 病逝
宋立志	1954.11	1972.11	1976.01	天津市卫生局副局长	孝里镇宋庄村	
宋传民	1951.11	1972.12	1976.06	中国人民解放军总参谋部管理局服务处副局级助理	万德镇石都庄村	
宋鲁峰	1917.01	1938.10	1938.10	江苏省常州市副市长	双泉乡五眼井村	
张　明	1925	1938.10	1940.01	湖北省计划生育委员会主任	张夏镇纸房村	
张　鹏	1919.07	1939.09	1939.08	炮兵某师政治部主任	双泉乡邹庄村	
张文俊	1926.05	1940.06	1943.08	四川省泸州市人大常委会副主任	崮云湖街道范庄村	
张有壬	1920.12	1937.10	1938.02	空降兵 15 军副政委	文昌街道徐家洼村	
张百鼎	1921.10	1938.01	1938.02	贵州省轻工业厅副厅长	五峰山街道东黄崖村	
张成德	1920.09	1937.12	1938.03	工程兵技术学校校长（正军职）	平安街道北汝村	1993.12 病逝
张传谋	1950.06	1972.12	1974.06	总后勤部卫生处处长、大校	万德镇上营村	
张传堂	1950.03	1968.08	1972.06	山东省东营市人大常委会主任	马山镇老庄村	
张会林	1966.03	1988.07	1988.07	鲁商集团副总经理、鲁商物产集团董事长	孝里镇朱庄村	
张庆杰	1953.02	1972.11	1974.07	总后勤部军事交通运输部第一运输局局长，大校	孝里镇姚河门村	

续表人物－1

姓名	出生年月	入伍时间	入党时间	曾任职务	籍贯	备注
张志健	1921.01	1938.08	1938.08	铁道兵西南指挥部政治部副主任	归德镇西张庄村	
张希奎	1930.01	1948.12	1950.02	贵州省电力工业局副局长	马山镇华庄村	1992.01 病逝
张怀连	1933.03	1951.03	1956.06	空3军副军长、9～11届中共中央候补委员	万德镇张庄村	2006.06 病逝
张明久	1952.06	1972.12	1975.12	总后勤部财务处处长、大校	万德镇代家河村	
张明润	1963.10	1982.11	1984.07	济南军区后勤部后勤处处长	万德镇代家河村	
张明磊	1929.09	1941.10	1943.06	解放军总医院政治部副主任	张夏镇纸房村	
张金波	1915.10	1937.11	1935.07	贵州省公安厅副厅长	马山镇华庄村	
张治安	1917.01	1937.10	1938	铁道兵东北指挥部政委	五峰山街道庄家庄村	1987.11 病逝
张致清	1914	1937.11		铁道兵司令部副参谋长	孝里镇金村	
张振峰	1924.03	1939.09	1939.09	浙江省水利厅副厅长	孝里镇南黄崖村	
张润德	1922.05	1939.07	1940.07	中央警卫1师副政委	孝里镇姚河门村	
张海光	1915.07	1939	1938	陕西省钢铁研究所党委副书记（厅级）	双泉乡郝庄村	1996.04 病逝
张新一	1947.06	1968.08	1971.01	山东省气象局助理巡视员	孝里镇四街村	
张道润	1945.05	1964.11	1966.06	兰州军区总医院政治部主任（副师）	万德镇店台村	
张慧心（女）	1924.03	1939.08	1939.09	浙江省卫生厅机关厅级党委书记	张夏镇纸房村	
张耀南	1901.02	1937.10	1939.01	山东省卫生厅厅长	张夏镇纸房村	1974.10 病逝
陈　雨	1946.07	1966.09	1971.10	济南市人大常委会农村经济工作室主任	孝里镇潘庄村	
陈　骥	1954.09	1974.07	1981.06	山东省广播电视大学党委委员、副校长	孝里镇石岗村	
陈兴印	1930.02	1945.07	1946.04	吉林省军区司令员、吉林省省委常委、少将	万德镇九曲村	
陈村农	1924.06	1939.11	1939.07	河北省地方铁路管理局党委书记	孝里镇潘庄村	1990.05 病逝
武中奇	1907.09	1936	1936.04	江苏省国画院副院长	崮云湖街道后大彦村	2006.03 病逝
武思平	1911.05	1935	1936.02	山东省民政厅副厅长	崮云湖街道后大彦村	1975.09 病逝
范　辉	1920.03	1938.10	1939.03	中国核工业部第三研究所党委书记	孝里镇太平庄村	
范乐春	1918	1939	1939	泰安地区粮食局局长（享受厅级待遇）	崮云湖街道范庄村	2003. 病逝

续表人物－1

姓名	出生年月	入伍时间	入党时间	曾任职务	籍贯	备注
范继亭	1953	1972.12	1975.12	总后勤部京丰宾馆党委书记、大校	万德镇下营村	
昌光水	1954.05	1972.12	1978.08	总后勤部司令部办公室副主任	双泉乡	
岳剑秋	1916.12	1940.07	1942.06	舟山地区科委党组副书记、科协副主席	张夏镇娄峪村	2006.04 病逝
周庆海	1947.01	1969.03	1972.12	某师副政委、大校	归德镇东扬庄村	
周治华	1921.11	1944.08	1944.04	浙江省国防工业办公室副主任	张夏镇徐毛村	
周海舟	1918.12	1937.08	1938.06	山东省农业委员会副主任	文昌街道段庄村	1991.10 病逝
周德臣	1936.02	1953.07	1954.12	南京军区前线报总编辑兼党委副书记	平安街道后升村	
郑心斋	1925.04	1941.05	1944.10	第 145 野战医院政委（正师）	万德镇官庄村	
郑家友	1925	1943.05	1944.07	浙江省舟山地委党校党委书记、副校长	张夏镇娄峪村	2011.07 病逝
房泽山	1926.12	1944.08	1945.12	贵州省都匀军分区政委	归德镇翟庄村	
孟叶鸣	1918.11	1937.10	1940.04	湖北省教育厅厅级顾问	文昌街道东北关村	
孟庆华	1916.01	1937.09	1938.01	山东省经济委员会副主任	五峰山街道宋村	
孟祥军	1965.03	1982.11	1986.07	解放军枣庄军分区参谋长	孝里镇孟道口村	
孟祥增	1949.12	1965.09	1972.02	济南市林业局巡视员	孝里镇土台子村	
孟寒三	1921.05	1939.09	1939.09	贵州省机械工业厅副厅长	归德镇高庄村	
胡大立	1964.08	1980.12	1982.07	北京武警总队二师副政委	归德镇土屋村	2012.08 病逝
赵子明	1910.08	1938.05	1938.11	宁夏回族自治区银川市纪检委顾问（副厅级）	归德镇南马山村	
赵玉瑞	1924.12	1942.10	1943.03	四川省交通厅厅长	马山镇马东村	1989.08 病逝
赵光瑞	1926.11	1944.01	1945.02	国家兵器部教育司副司长	张夏镇韩庄村	
赵仲鸣	1913.04	1938.07	1949.04	广西壮族自治区石油化工厅科长（副厅级）	归德镇曹楼村	
赵明贤	1931.10	1950.12	1951.02	武汉军区某师参谋长（正师）	万德镇店台村	
赵忠岭	1954.03	1972.12	1976.01	总后勤部司令部全军保障社会化领导小组办公室参谋长、大校	万德镇石胡同村	
赵法海	1929.02	1944.10	1944.07	中国科学院植物研究所党委书记	张夏镇韩庄村	
赵春义	1954.02	1972.12	1976.03	总后勤部管理保障局第一管理处处长、大校	万德镇万德北村	

续表人物－1

姓名	出生年月	入伍时间	入党时间	曾任职务	籍贯	备注
侯伯衡	1918.09	1944	1941.09	安徽省国防工业办公室机关党委书记(厅级)	万德镇西夏峪村	1991.04 病逝
郗泗泉	1931.12	1948.09	1954.10	空军第一军副军长	文昌街道新屯村	
姜殿章	1929.09	1944.08	1946.03	69 军司令部副参谋长	崮云湖街道魏庄村	
类　涛	1921.02	1941.02	1943.11	湖北省郧阳军分区副参谋长(副师级)	马山镇关王庙村	
袁长泽	1918.02	1945.01	1944.08	浙江省温州市委副书记	孝里镇袁道口村	
夏页文	1917	1937.01	1937.05	贵州省人大常委会副主任	文昌街道南门里村	1988.01 病逝
徐正平	1913.06	1938	1938.06	解放军 33 疗养院副院长	马山镇崮头村	
徐希明	1964.10	1982.09	1985.10	济南军区司令部办公室副主任、大校	张夏镇徐毛村	
徐丙灿	1926.01	1941	1944	辽阳市铁合金医院院长	张夏镇徐毛村	
徐希忠	1934	1949	1953	驻瑞士、柬埔寨、塞内加尔大使参赞	张夏镇徐毛村	
高云超	1912.07	1938.06	1938.06	北京市建筑工程局副局长	五峰山街道三官庙村	
高逢五	1920.01	1938.02	1939.09	山东省人大常委会副主任	归德镇高庄村	
郭扬儒	1923.05	1938.07		总后勤部军教部办公室主任(副军)	归德镇唐李村	
郭延禄	1925.04	1940.03	1941.10	四川省阿坝军分区政治部主任(正师)	马山镇庄峪村	
郭瑞三	1947.12	1968.08	1976.06	济南市政协巡视员	孝里镇广里村	
唐　刚	1919.11	1938.10	1938.02	空军第 2 高射炮兵学院院长	归德镇唐李庄村	1999.09 病逝
唐立全	1909.04	1937.10	1939.03	安徽省阜阳行署副专员	归德镇唐李庄村	2001.05 病逝
陶洪修	1921.02	1942.03	1943.06	吉林省保密委员会办公室主任(副厅)	万德镇西夏峪村	1996.07 病逝
崔　健	1918	1937.10	1937.10	浙江省委副书记	文昌街道徐家洼村	2001.05 病逝
董　涛	1916.01	1937.04	1938.01	湖北省军区参谋长	归德镇南苗庄村	
董　超	1920.11	1938.02	1938.07	铁道兵学院院长	五峰山街道宋村	
董千里	1922.03	1938	1939.08	黑龙江省绥化军分区政委	长清区	
董云超	1918.03	1937.05	1936.09	武汉军区国防工业办公室副主任	马山镇牛角沟村	
董文江	1916.03	1938.06	1938.09	北京市工商行政管理局副局长	归德镇平房村	

续表人物－1

姓名	出生年月	入伍时间	入党时间	曾任职务	籍贯	备注
董玉森	1925.04	1938	1943	湖北省政协副主席	双泉乡杜庄村	
董志成	1926.12	1938.06	1940.04	云南省军区11军后勤部政委（师级）	马山镇牛角沟村	
董荣轩	1915.06	1936	1936	武汉军区防化学兵主任（副军级）	归德镇薛庄村	1987病逝
董俊水	1922.11	1938.10	1939.07	西藏军区生产部办公室主任	文昌街道北门里村	
董炳宇	1924.03	1938.09	1938.09	中国水稻研究所党委书记	文昌街道东齐村	
董海涛	1955.04	1971.12	1977.11	济南市人民政府副秘书长兼信访局局长	归德镇薛庄村	
董桂林	1923.11	1945.02	1945.03	东北工学院党委书记	孝里镇北黄崖村	
董鲁展	1918.03	1939.03	1938.10	辽宁省师范学院院长兼党委书记	马山镇南宋庄村	
蒋文彩	1956.11	1974.06	1976.07	潍坊市委常委、纪委书记	孝里镇潘庄村	
韩宗正	1916.09	1937	1938	中国对外经济联络部副部长	五峰山街道德峪村	1977.02病逝
韩健秋	1918.08	1936	1937.04	辽宁省文化局顾问	文昌街道北门里村	1984.12病逝
韩道亮	1954.02	1972.02	1976.04	济南市劳动和社会保障局党委委员、副局长，巡视员，济南市技师学院党委书记	孝里镇南凤凰村	
韩培诚	1911.03	1938.04	1938.12	河南省水利厅副厅长	五峰山街道德峪村	1985.04病逝
程　超	1924.03	1938.06	1939.03	北京军区装甲兵司令员	五峰山街道黑峪村	2007.04病逝
程永康	1924.01	1939.01	1943.02	炮兵某师副师长	五峰山街道小庵村	
程庆云	1930.03	1946.07	1947.01	沈阳军区16军某师副师长	五峰山街道小庵村	
焦其鲁	1928.08	1944	1949	人民解放军69医院副院长	归德镇后刘村	
焦剑侠	1917.04	1938.02	1938.11	陕西省西安电力学校校长（厅职）	归德镇三合庄村	
曾少东	1916.08	1938.08	1938.07	浙江农业大学、农业科学院党委书记	孝里镇北凤凰村	
靖树森	1921.12	1945.10	1940.10	铁道兵4师政委	张夏镇纸房村	
魏立政	1922.12	1938.01	1938.09	贵州省经济委员会主任	归德镇闫楼村	1996.11病逝
魏焕斋	1915	1938.01	1939.05	贵州省安顺军分区副司令员	归德镇闫楼村	
魏承学	1921.02	1938.08	1938.12	吉林省吉林市委副书记	孝里镇南黄崖村	
魏金三	1913.06	1936	1937.04	冀鲁豫军区第八军分区政治部主任	归德镇闫楼村	1942.09病逝

1986—2008 年长清区（县）级以上劳模奖章获得者情况表

（以类别、时间为序）

表人物－2

姓　名	性别	工作单位	称号	获奖年份
孙士水	男	长清县万德镇马套村	全国劳动模范	2000
张广祥	男	长清县张夏镇于盘小学	全国“五一”劳动奖章	2001
孟红伟	女	长清区人民检察院	全国“五一”劳动奖章	2007
刘宗臣	男	长清县供电局	省劳模	1986
李连元	男	长清县供电局	省劳模	1986
岳恩财	男	长清县张夏供销社	省劳模	1989
王教明	男	长清锅炉厂	省劳模	1990
刘书民	男	长清县公路局	省劳模	1992
李福海	男	长清县林业局	省劳模	1994
王全林	男	长清县供电局	省劳模	1994
张同新	男	长清县城关镇邢代庄村	省劳模	1994
魏来水	男	长清县河务局	省劳模	1994
刘儒水	男	长清县供电局	省劳模	1998
张广祥	男	长清县张夏镇于盘小学	省劳模	1998
庄伯珍	女	长清区归德镇李官小学	省劳模	2003
潘玉堂	男	长清区实验小学	省劳模	2008
刘继杰	男	长清区文昌街道西李村	省劳模	2008
邢业水	男	长清县水泥厂	省富民兴鲁奖章	1987
董书山	男	长清县粮油加工厂	省富民兴鲁奖章	1988
郭洪胜	男	长清县酒厂	省富民兴鲁奖章	1989
宋朝印	男	长清县水泥厂	省富民兴鲁奖章	1991
滑玉林	男	长清县花岗石集团	省富民兴鲁奖章	1994
刘法亭	男	长清县劳动局	省富民兴鲁奖章	1996
司云平	男	长清县供电局	省富民兴鲁奖章	1996
王延茂	男	长清县供电局	省富民兴鲁奖章	1998
王如泉	男	长清县水龙王集团	省富民兴鲁奖章	2000
李朋花	女	长清县聋哑学校	省富民兴鲁奖章	2001
刘曰东	男	济南长兴建设有限公司	省富民兴鲁奖章	2004
刘文泉	男	长清区公安局	省富民兴鲁奖章	2005

续表人物－2

姓　名	性别	工作单位	称号	获奖年份
邵怀庆	男	长清区交通局	省富民兴鲁奖章	2005
邹景泉	男	平安建设集团	省富民兴鲁奖章	2005
孟红伟	女	长清区检察院	省富民兴鲁奖章	2006
刘继营	男	济南长兴建设有限公司	省富民兴鲁奖章	2007
张洪武	男	长清区委	省富民兴鲁奖章	2008
杨连玉	男	山东港基建设集团	省富民兴鲁奖章	2008
李连元	男	长清县供电局	市劳模	1986
张振法	男	长清县科协	市劳模	1986
赵振栋	男	长清县委机关党委	市劳模	1987
赵金川	男	长清县委宣传部	市劳模	1987
朱敬保	男	长清县物资局	市劳模	1987
段耀珠	男	长清县崮山镇段庄	市劳模	1987
宋承勇	男	长清县五金交电公司	市劳模	1990
房泽鑫	男	长清县石磷小学	市劳模	1990
卢业荣	男	长清县一箭公司	市劳模	1990
郭洪胜	男	长清县酒厂	市劳模	1990
卢圣昌	男	长清县供电局	市劳模	1990
刘书民	男	长清县公路局	市劳模	1990
靖树章	男	长清县张夏镇纸坊村	市劳模	1990
王道明	男	长清县武家庄乡	市劳模	1990
李国庆	男	长清县万德镇政协	市劳模	1990
张　炜	男	长清县万德医院	市劳模	1990
郝继坤	男	长清县城关镇西仓村	市劳模	1990
郭衍林	男	长清县孝里供销社	市劳模	1990
董传风	女	长清县马山镇杨土村	市劳模	1990
艾现敏	男	长清县双泉乡大邹村	市劳模	1990
邹景泉	男	平安建筑集团	市劳模	1991
邢业水	男	长清县水泥厂	市劳模	1991
张钦生	男	长清县城关镇小柿子园	市劳模	1991
郭光明	男	长清县粮油加工厂	市劳模	1994
李志臣	男	长清县自来水公司	市劳模	1994

续表人物－2

姓　名	性别	工作单位	称号	获奖年份
杨庆洲	男	长清县水泥厂	市劳模	1994
房玉刚	男	长清县汽改厂	市劳模	1994
孙荣元	男	长清县崮山卫生院	市劳模	1997
乔学峰	男	长清正大石油有限公司	市劳模	1997
崔延庚	男	长清县特种养殖基地	市劳模	1997
纪东民	男	长清县西三里村	市劳模	1997
王　力	男	长清县商业集团总公司	市劳模	1997
郑吉顺	男	长清县邦和实业公司	市劳模	1997
王延茂	男	长清县供电局	市劳模	1997
李友和	男	长清县化肥厂	市劳模	1997
郝广风	女	长清县振兴工艺部	市劳模	1997
卢传儒	男	长清县张夏镇井字村	市劳模	1997
张卫东	男	长清县公安局	市劳模	1997
张广祥	男	长清县张夏镇于盘小学	市劳模	1997
孙士水	男	长清县万德镇马套村	市劳模	1997
李兴相	男	长清县归德镇归南村	市劳模	1997
马祥文	男	长清县马山镇崮头村	市劳模	1997
董庆国	男	长清县立泰山茶庄	市劳模	2000
郑兆远	男	长清县邦和实业公司	市劳模	2000
李朋花	女	长清县聋哑学校	市劳模	2000
王全林	男	长清县供电局	市劳模	2000
王如泉	男	水龙王集团	市劳模	2000
魏建泉	男	长清县归德镇翟庄村	市劳模	2000
张家兴	男	长清县平安多种经营办公室	市劳模	2000
阮　军	男	长清区人民医院	市劳模	2004
王玉国	男	长清区新城派出所	市劳模	2004
阚　伟	女	长清区环卫局	市劳模	2004
王庆华	男	长清区经贸局	市劳模	2004
宋鲁生	男	长清区公路局	市劳模	2004
王登法	男	长清区张夏镇焦台村	市劳模	2004
金延辰	男	北辰集团	市劳模	2004

续表人物－2

姓　名	性别	工作单位	称号	获奖年份
石绍祥	男	长清区文昌街道袁庄村	市劳模	2004
万克敏	男	长清区归德镇万庄村	市劳模	2004
宋信亮	男	长清区中医医院	市劳模	2007
李长元	男	济南汇富建设开发集团	市劳模	2007
李丙岩	男	长清区总工会	市劳模	2007
赵贵华	男	长清区建委	市劳模	2007
王登富	男	济南市冶金化工设备公司	市劳模	2007
韩春银	男	长清区文昌街道东铺社区	市劳模	2007
杨连玉	男	山东港基建设集团有限公司	市劳模	2007
王　平	男	平安建设集团	市劳模	2007
王本珍	女	崮云湖街道小梁社区	市劳模	2007
张传勇	男	济南长虹高科技复合管公司	市劳模	2007
孟红伟	女	长清区检察院	市劳模	2007
王宝明	男	长清区经贸局	市劳模	2007
潘玉堂	男	长清区实验小学	市劳模	2007
刘继杰	男	长清区文昌街道西李村	市劳模	2007
杨绪国	男	长清区孝里镇龙泉官庄村	市劳模	2007
宋传猛	男	长清区文昌街道办事处	市劳模	2008
肖　光	男	济南三九益民制药有限责任公司	市五一劳动奖章	2001
邹　艳	女	长清县造纸厂工人(下岗)	市五一劳动奖章	2001
国乃臣	男	长清县公路局	市五一劳动奖章	2001
李玉文	男	长清县中医医院	市五一劳动奖章	2001
庄庆芬	男	长清县总工会	市五一劳动奖章	2001
马　国	男	长清区人民医院	市五一劳动奖章	2002
司冬梅	女	长清实验中学	市五一劳动奖章	2002
陈家钧	男	长清双泉钧达皮革公司	市五一劳动奖章	2002
刘曰东	男	济南长兴建设有限公司	市五一劳动奖章	2002
孙彩虹	女	济南三九益民制药公司	市五一劳动奖章	2002
滕爱华	女	长清区人民医院	市五一劳动奖章	2003
董传华	女	长清区教育局教研室	市五一劳动奖章	2003
邵卫东	男	长清区交通局	市五一劳动奖章	2003

续表人物－2

姓　名	性别	工作单位	称号	获奖年份
刘继营	男	济南长兴建设工程公司	市五一劳动奖章	2003
傅士勇	男	济南市公安局长清区分局	市五一劳动奖章	2003
秦旭昌	男	长清区计算机应用公司	市五一劳动奖章	2003
李丙岩	男	长清区总工会	市五一劳动奖章	2005
董树奎	男	中国网通济南长清分公司	市五一劳动奖章	2005
邵怀庆	男	长清区交通局	市五一劳动奖章	2005
杨连民	男	长清区万德宏扬太阳能公司	市五一劳动奖章	2005
张海军	男	长清区公安局治安大队	市五一劳动奖章	2005
李全升	男	济南市西城指挥部	市五一劳动奖章	2005
马训生	男	长清区财政局	市五一劳动奖章	2006
王纯阁	男	长清区公安局交警大队	市五一劳动奖章	2006
李长元	男	济南汇富建设开发集团有限公司	市五一劳动奖章	2006
王荣生	男	长清中学	市五一劳动奖章	2006
王宝明	男	长清区经济贸易局	市五一劳动奖章	2006
钟　新	女	长清区国龙药业公司	市五一劳动奖章	2006
孟　敏	女	长清区人民法院	市五一劳动奖章	2006
郭卫东	男	长清区人民医院	市五一劳动奖章	2006
邵怀庆	男	长清区交通局	市五一劳动奖章	2007
赵宝刚	男	长清区供电公司	市五一劳动奖章	2007
秦旭昌	男	山东济南计算机公司	市五一劳动奖章	2007
杜建青	女	乐天小学	市五一劳动奖章	2007
宋传猛	男	长清区文昌街道办事处	市五一劳动奖章	2007
赵树斗	男	长清区崮云湖街道办事处	市五一劳动奖章	2007
张志群	男	长清区政府办公室	市五一劳动奖章	2007
李　豹	男	长清区供电公司	市五一劳动奖章	2007
陈延顺	男	长清区财政局	市五一劳动奖章	2008
朱玉法	男	山东国舜集团有限公司	市五一劳动奖章	2008
段　平	男	长清区经贸局	市五一劳动奖章	2008
赵　强	男	长清区供电公司	市五一劳动奖章	2008
陈　华	男	长清区交通局	市五一劳动奖章	2008
孙　涛	男	长清区第二水泥厂	市五一劳动奖章	2008

续表人物－2

姓　名	性别	工作单位	称号	获奖年份
曹雪平	男	长清区第二水泥厂	市五一劳动奖章	2008
柴洪生	男	长泰建设集团	市五一劳动奖章	2008
曹红霞	女	济南家家乐味精有限公司	市五一劳动奖章	2008
曹振林	男	长清区归德镇	市五一劳动奖章	2008
张玉新	男	长清区第二汽车配件厂	市五一劳动奖章	2008
经　凯	男	山东鲁能恩翼帕瓦电机有限公司	市五一劳动奖章	2008
刘传礼	男	长清区公路管理局	市五一劳动奖章	2008
王荣新	男	长清区公路管理局	市五一劳动奖章	2008
徐养军	男	长清区交通局	市五一劳动奖章	2008
周文东	男	济南巨能液压机电工程有限公司	市五一劳动奖章	2008
高　伟	男	山东鲁能恩翼帕瓦有限公司	市五一劳动奖章	2008
李荣璋	男	长清县农业银行	县劳模	1994
王　力	男	长清县银河商厦	县劳模	1994
房泽鑫	男	长清石磷小学	县劳模	1994
王星龙	男	长清十四中学	县劳模	1994
邢业水	男	长清县水泥厂	县劳模	1994
国延林	男	灵岩花岗石集团	县劳模	1994
康风江	男	长清县水泥厂	县劳模	1994
王长征	男	长清县公路局	县劳模	1994
张立田	男	长清县邮电局	县劳模	1994
李荣祥	男	长清县化肥厂	县劳模	1994
张昌富	男	长清县万德机械厂	县劳模	1994
邵怀新	男	长清县灵岩电磁线厂	县劳模	1994
柴洪生	男	长泰集团	县劳模	1994
刘曰东	男	长兴集团	县劳模	1994
王传玉	男	长清第二汽车配件厂	县劳模	1994
张　林	男	长清益民制药厂	县劳模	1994
王纯阁	男	长清县交警大队	县劳模	1994
郭新利	男	长清县水务局	县劳模	1994
王荣利	男	长清县农业局	县劳模	1994
吴志平	男	长清归德锅炉厂	县劳模	1994

续表人物－2

姓　名	性别	工作单位	称号	获奖年份
赵学泉	男	泉都集团	县劳模	1994
刘汉龙	男	长清双泉散热器厂	县劳模	1994
张　炜	男	长清县万德医院	县劳模	1997
孙荣元	男	长清县崮山医院	县劳模	1997
王德祥	男	长清县工商局	县劳模	1997
李传平	男	长清县燃料公司	县劳模	1997
赵怀才	男	长清县食品酿造厂	县劳模	1997
刘长坤	男	长清县人大常委会办公室	县劳模	1997
梁艳玲	女	长清公元律师事务所	县劳模	1997
张广祥	男	长清县张夏镇于盘小学	县劳模	1997
陈惠生	男	长清一中	县劳模	1997
董传华	女	长清县长清镇中心小学	县劳模	1997
卢圣昌	男	长清县供电局	县劳模	1997
马成才	男	长清县交通局	县劳模	1997
李友和	男	长清县化肥厂	县劳模	1997
乔学峰	男	正大石油公司	县劳模	1997
王延茂	男	长清县供电局	县劳模	1997
卫光家	男	长清县第二水泥厂	县劳模	1997
孙焕君	女	长清县农药厂	县劳模	1997
郭衍苍	男	长清县孝里镇广里村	县劳模	1997
卢传儒	男	长清县张夏镇井子村	县劳模	1997
孙士水	男	长清县万德镇马套村	县劳模	1997
王忠林	男	长清县五峰山镇计生办	县劳模	1997
金延辰	男	长清五峰压力容器厂	县劳模	1997
陈桂兰	女	长清县长清镇东王计生办	县劳模	1997
伊圣澜	男	长清县马山镇马东办事处	县劳模	1997
张卫东	男	长清县公安局	县劳模	1997
赵至领	男	泺源集团	县劳模	1997
赵德田	男	长清县双泉乡林业站	县劳模	1997
卢传儒	男	长清县张夏镇井子村	县劳模	1997
李广鹏	男	国安集团	县劳模	1997

续表人物－2

姓　名	性别	工作单位	称号	获奖年份
侯本荣	男	长清县武家庄乡马场办事处	县劳模	1997
陈玉泉	男	长清县孝里镇计生办	县劳模	1997
庄振水	男	长清县归德镇李官村	县劳模	1997
党跃霞	女	长清县人民医院	县劳模	1999
滕爱华	女	长清县人民医院	县劳模	1999
李士良	男	长清县工商所	县劳模	1999
刘法亭	男	长清实业集团总经理	县劳模	1999
徐汉生	男	长清县新华书店	县劳模	1999
李朋花	女	长清县聋哑学校	县劳模	1999
马家厚	男	长清县教委教研室	县劳模	1999
刘曰功	男	长清建筑设计院	县劳模	1999
贾传禄	男	长清县水泥厂矿山车间	县劳模	1999
李成禄	男	长清县供电局	县劳模	1999
王全林	男	长清县供电局	县劳模	1999
袁广海	男	长清县孝里陶瓷厂	县劳模	1999
王如泉	男	张夏水龙王集团	县劳模	1999
王登法	男	长清县张夏镇焦台村	县劳模	1999
王忠林	男	长清县五峰山镇计生办	县劳模	1999
石少奎	男	长清县五峰山镇	县劳模	1999
赵德田	男	长清县双泉乡林业站	县劳模	1999
郝宗祥	男	鲁双集团	县劳模	1999
房立国	男	长清县长清镇西房村	县劳模	1999
程绪河	男	长清三友锅炉厂	县劳模	1999
魏传胜	男	长清县崮山农机站	县劳模	1999
张立顺	男	长清县良种场	县劳模	1999
刘兴兰	男	长清县平安店镇东楼村	县劳模	1999
刘绍利	男	长清县武家庄乡兽医站	县劳模	1999
王吉英	女	长清县孝里八一小学	县劳模	1999
张　勇	男	长清酒厂	县劳模	1999
郑兰芳	女	长清县崮山镇魏庄	县劳模	1999
马恒辉	男	长清县公安局	县劳模	1999

续表人物－2

姓　名	性别	工作单位	称号	获奖年份
刘承军	男	长清区人民医院	县劳模	2002
冯元琴	女	长清区宾馆	县劳模	2002
刘振辉	男	长清第八中学	县劳模	2002
董怀玲	女	长清实验小学	县劳模	2002
张　勇	男	长清区酒厂	县劳模	2002
陈玉泉	男	长清区孝里镇计生办	县劳模	2002
庄振水	男	长清区归德镇李官村	县劳模	2002
李成刚	男	长清区平安店镇东潘村	县劳模	2002
王玉国	男	长清区公安局	县劳模	2002
李昌利	男	泺源集团	县劳模	2002
石少奎	男	长清区五峰山镇	县劳模	2002
肖　光	男	长清区益民制药厂	县劳模	2002
吴兰昌	男	长清区归德镇	区劳模	2008
许家同	男	长清区统计局	区劳模	2008
马春梅	女	长清区万德镇计生办	区劳模	2008
李宝民	男	山东港基建设集团	区劳模	2008
陈家均	男	济南鲁日均达皮革有限公司	区劳模	2008
周文东	男	济南巨能液压机电有限公司	区劳模	2008
邹　宁	男	山东平安建设集团有限公司	区劳模	2008
靳卫兰	女	济南荣达养殖有限公司	区劳模	2008
王登才	男	长清区公路局	区劳模	2008
刘振泉	男	长清区马山镇小河东村	区劳模	2008
卢宗汉	男	长清区张夏镇青杨管理区	区劳模	2008
张桂兰	女	长清区林业局	区劳模	2008
刘少儒	男	长清区建设委员会	区劳模	2008
王　祯	男	长清区崮云湖街道大刘村	区劳模	2008
姜小兴	男	济南柴油机厂	区劳模	2008
王振国	男	山东中医药大学信息管理学院	区劳模	2008
周希勤	男	长清中学	区劳模	2008
王兴南	男	长清区地税局	区劳模	2008
李洪祥	男	长清区委办公室秘书科	区劳模	2008

续表人物－2

姓　名	性别	工作单位	称号	获奖年份
靳宗兵	男	长清区五峰街道派出所	区劳模	2008
马　庆	男	长清区旅游局	市五一劳动奖章	2008
郭兴臣	男	长清区文昌街道供电所	市五一劳动奖章	2008
吴小忠	男	长清区审计局	市五一劳动奖章	2008
李　静	女	长清区人民检察院	市五一劳动奖章	2008
魏刚毅	男	济南市长箭建设集团	市五一劳动奖章	2008
赵学林	男	张夏供热设备有限公司	市五一劳动奖章	2008
王长龙	男	长清区广播电视局	市五一劳动奖章	2008
张国明	男	长清区孝里镇四街村	市五一劳动奖章	2008
胡公岱	男	长清区万德镇界首村	市五一劳动奖章	2008
李传海	男	长清区双泉乡段店村	市五一劳动奖章	2008

1986—2008 年长清区(县)获省部级以上表彰人物情况表

(以姓氏笔画为序)

表人物－3

姓　名	性别	出生年月	工作单位	授予时间	授予单位	荣誉名称
丁传希	男	1969.05	长清区检察院	2005	山东省检察院	一等功
于延云	女	1953.11	平安店镇小于村	1993.11	山东省委、省政府	山东省计划生育先进工作者
于绍新	男	1940.07	长清县统计局	1996.05	国家统计局	全国先进个人
马光振	男	1966.01	长清县公安局万德派出所	2000.01	山东省公安厅	二等功
马忠平	男	1959.10	长清区档案局	2007	山东省人厅、省档案局	全省档案优秀工作者、二等功
马衍东	男	1941.10	长清县水利水产局	1990.10	山东省政府	救灾先进个人
马春梅	女	1959.07	万德镇政府	2006.10	全国敬老爱老助老主题教育评选活动组委会	全国孝亲敬老之星
马家厚	男	1939.01	长清县教委	1995.09	国家教委、人事部	全国优秀教师
王长一	男	1949.09	长清区体委	2002.10	山东省体育局、省人事厅	三等功
王凤英	女	1941.10	长清县防疫站	1993	卫生部	卫生防疫工作 30 年证书

续表人物－3

姓　名	性别	出生年月	工作单位	授予时间	授予单位	荣誉名称
王文森	男	1952.10	崮云湖街道土山卫生室	2003	中国农村卫生协会	全国优秀乡村医生
王玉国	男	1965.10	长清县公安局新城派出所	2001.10	公安部	全国优秀人民警察
王立才	男	1944.10	长清县档案局	1999	山东省人事厅、省档案局	二等功
王百元	男	1954.05	长清县教委	1992.11	山东省教委、省财政厅、省城建委、省人事厅	全省城镇中小学校舍改造先进个人
王传泰	男	1960.04	万德镇孙家峪村	1987.12	卫生部	全国卫生文明建设先进工作者
王守峰	男	1983.01	南通中远船务公司	2003.08	山东省精神文明建设委员会	山东省精神文明建设标兵
王兴霞	女	1963.12	长清县统计局	1997.09	第一次全国基本单位普查办公室	全国先进个人
王陆军	男	1950.08	长清县委政法委	2001.12	山东省委、省政府	一等功
王希刚	男	1962.06	张夏镇计生办	1993.11	山东省委、省政府	山东省计划生育先进工作者
王昌雨	男	1966.08	山东港基建设集团	2008.03	中国施工企业管理协会	全国工程建设优秀项目经理
王忠民	男	1953.03	长清区委宣传部	2004.12	山东省文明办 、山东省人事厅	全省精神文明建设先进工作者
王荣生	男	1961.11	长清中学	2004.09	山东省教育厅、省人事厅	山东省优秀教师
王荣河	男	1956.12	长清县检察院	1994	山东省检察院	检察系统先进工作者
王星龙	男	1950.03	长清实验中学	1995.09	国家教委、人事部	全国优秀教师
王振同	男	1955.04	双泉乡人大工作办公室	1994.10	山东省财政厅、山东省人事厅	全省财政系统先进工作者
王教明	男	1950.10	锅炉厂厂长	1990	山东省委、省政府	山东省农业劳动模范
王绪伟	男	1966.12	长清县畜牧局	2006.08	农业部全国畜牧总站	“中国－欧盟奶业和食品加工业的技术及商务合作项目”先进个人
王联宝	男	1936.11	长清县物价局	1987.09	国家物价局	全国先进物价检查员

续表人物－3

姓　名	性别	出生年月	工作单位	授予时间	授予单位	荣誉名称
韦传湖	男	1954.10	长清区卫生局	2003	山东省人事厅、山东省卫生厅	全省农村卫生工作先进个人、三等功。
方传林	男	1943	长清县城乡建设环境保护委员会	1996	建设部	全国优秀村镇建设工作者
孔令文	男	1956.09	长清县统计局	1997.09	第一次全国基本单位普查办公室	全国先进个人
石竹林	男	1956.07	长清县公安局交警大队	2001.01	公安部	创建平安大道先进个人
石敬东	女	1942.01	长清第十四中学	1989.09	国家教委、人事部、中国教育工会全国委员会	全国优秀教师
卢云贞	男	1946.05	武家庄乡计生办	1988	山东省政府	计划生育先进工作者
卢振阁	男	1949.11	长清县水利局	1991.02	山东省人口普查领导小组	优秀普查员
田冬梅	女	1975.04	归德镇计生办	2006.06	国家计生委	全国人口与计划生育科技工作先进个人
史文成	男	1954.09	长清区科协	2005	中国科协	全国农村科普工作先进个人
史春彦	女	1977.05	长清区气象局	2007.03	中国气象局	质量优秀测报员
冯绪君	男	1964.12	武家庄乡司法所	1990	山东省人口普查领导小组	人口普查先进工作者
冯富新	男	1955.04	孝里镇卫生院	1993.10	中国农村卫生协会、卫生部医政司、健康报社	全国优秀乡村医生
边绍林	男	1965.11	长清第五中学	1997.09	山东省人事厅、省教委	山东省优秀教师
邢俊明	男	1949.11	长清第二职业高中	1993.09	山东省人事厅、省教委	山东省优秀教师
朱　明	男	1966.01	长清区检察院	2007.01	山东省委政法委、省人事厅	公正执法标兵、二等功
刘文顺	男	1945.09	归德镇中心卫生院	1989	山东省委、省政府	山东省地方病防治工作先进个人
刘传禄	男	1946.07	长清县委宣传部	1992.07	山东省人民政府	山东省先进个人

续表人物－3

姓　名	性别	出生年月	工作单位	授予时间	授予单位	荣誉名称
刘兆银	男	1951.12	长清县土地管理局	1998	国家土地管理局	科技进步二等奖
刘尚芹	女	1961.12	孝里镇广里村	2000.09	中国计划生育委员会	全国优秀计划生育中心户组长
刘学生	男	1950.05	归德坦山小学	1995.07	山东省教委、省人事厅	山东省优秀教师
刘明章	男	1953.10	长清区台办	2003.01	山东省人事厅 山东省委台办	全省涉台工作先进个人、三等功
刘金玉	男	1960.10	长清区卫生局	2005	全国农村卫生工作协会	全国农村卫生工作协会先进个人
刘京坤	男	1954.4	长清县检察院	1995	山东省检察院	枪管先进工作者
刘洪华	女	1972.01	长清聋哑学校	1995.09	山东省教委、人事厅	山东省优秀教师
刘爱国	男	1964.09	长清县成人中专	2000.06	山东省教育厅、省人事厅	全省成人教育先进个人
刘家珍	男	1951.12	长清县统计局	1994.03	国务院三产普查协调小组	全国先进工作者
刘继杰	男	1959.08	文昌街道西李村	2007.09	中国科协、财政部	全国科普惠农兴村带头人
庄云香	女	1950.02	长清实验小学	1998.09	山东省教委、人事厅	山东省优秀教育工作者
庄庆法	男	1949.06	长清县教委	1989.04	山东省教委、省计委、省经委、省财政厅、省人事厅、省劳动局	全省中小学勤工俭学先进个人
庄伯珍	女	1944.10	归德镇万庄小学	1989.10	山东省委、省政府	山东省职工劳动模范
闫　诚	男	1931.08	长清县公安局	1988.04	公安部	全国优秀公安局长
闫述江	男	1963.09	长清县农机局	2001.12	山东省人事厅、山东省财政厅、山东省农业机械管理办公室	第四批山东省优秀乡镇农机技术人员
许家同	男	1957.01	长清县统计局	2002.01	国务院人口普查领导小组	全国先进个人
孙立新	男	1967.01	长清区检察院	2005	山东省检察院	全省优秀派驻检察官
孙传武	男	1946.12	长清五中	1989.09	国家教委、人事部、中国教育工会全国委员会	全国优秀教师

续表人物－3

姓　名	性别	出生年月	工作单位	授予时间	授予单位	荣誉名称
孙延林	男	1954.01	中国灵芝集团	1994	农业部	全国乡镇企业家
孙荣元	男	1942.04	崮山镇卫生院	2001.09	中国农村卫生协会	全国乡镇卫生院优秀院长
孙树庆	男	1949.04	文昌街道十里小学	1993.09	山东省教委、省人事厅	山东省优秀教师
杨明生	男	1950.07	长清县建委	2002.01	山东省人事厅、建设厅、建管局	全省建筑系统先进个人、二等功
杨清水	男	1944.09	万德镇政协统战工作室	1996.08	政协山东省委	政协系统先进工作者
李　军	男	1963.03	长清区检察院	2003	山东省检察院	十佳反贪局长
李　霞	女	1965.11	长清区检察院	2003	山东省检察院	优秀接待员
李化贤	男	1947.08	长清县建委	1999.02	山东省人事厅、省建管局	全省建筑系统先进个人、二等功
李传录	男	1942.03	平安店镇卫生院	1991	卫生部	全国百名优秀乡镇卫生院院长
李庆国	男	1967.05	长清区检察院	2003	山东省检察院	宣传工作先进个人
李志臣	男	1938.10	长清县自来水公司	1993	山东省委宣传部、省委组织部	优秀企业思想政治工作者
李秀青	女	1960.06	平安店镇石马小学	1993.09	山东省教委、省人事厅	山东省优秀教师
李良盛	男	1945.11	武家庄乡党委	1991.06	山东省委	优秀党务工作者
李良森	男	1946.07	长清县委宣传部	1991.07	全国艺术科学规划领导小组	全国先进工作者
李朋花	女	1959.04	长清县聋哑学校	1987.01	中国残疾人福利基金会	全国优秀教育工作者
李宝强	男	1966.11	文昌街道武装部	2006.09	山东省委、省政府、山东省军区	民兵预备役政治工作先进个人
李洪俊	女	1967.03	平安小学	2001.09	山东省教育厅、省人事厅	山东省优秀教师
李福海	男	1939.08	长清县林业局	1996.03	全国绿化委员会、林业部、人事部	全国绿化先进工作者
肖学新	男	1966.02	长清黄河河务局	2008.07	水利部黄委会	抗震救灾先进个人
时立范	男	1939.06	长清县土地管理局	1993.07	国家土地管理局	全国土地管理系统先进个人

续表人物－3

姓　名	性别	出生年月	工作单位	授予时间	授予单位	荣誉名称
吴兰平	男	1952.08	长清县防疫站	1995	卫生部	全国地方病防治工作先进个人
邹景泉	男	1950.04	济南平安建筑集团有限公司	2004.05	中国农村劳动力发展中心	全国“创业之星”
汪卫兵	男	1966.01	长清区结核病防治站	2002.06	卫生部	全国结核病防治工作先进个人
宋承峰	男	1962.07	长清县爱卫会	1996	山东省爱卫会、省人事厅	三等功
宋信亮	男	1964.05	区中医医院	2006	中华医院管理学会	全国百姓放心示范医院优秀管理者
张　水	男	1965.10	孝里镇政府	2007.09	山东省人事厅、省财政厅、省水利厅	山东省优秀基层水利技术人员
张　坚	男	1968.01	长清区水务局	2005.02	山东省人事厅、省水利厅	全省水利系统先进个人
张　晖	女	1978.03	济南市公安局长清区分局办公室	2006.02	山东省公安厅	二等功
张　骐	男	1959.01	长清区安全生产监督管理局	2007	国家安监总局	安全生产工作先进个人
张义成	男	1951.03	长清县计生委	1993.11	山东省委、省政府	山东省计划生育先进工作者
张广祥	男	1953.06	张夏镇于盘小学	1998.09	国家教育部、人事部	全国模范教师
张卫东	男	1956.12	长清县公安局	1998	山东省公安厅、省人事厅	二等功
张卫华	男	1963.08	五峰山镇	1998.10	山东省委、省政府	全省发展民营经济先进个人
张玉山	男	1965.06	双泉乡政府	1994.03	国务院全国第三产业普查协调小组办公室	全国第三产业普查先进工作者
张玉凤	女	1944.09	长清县农广校	1989.10	农业部	全国农业系统成人教育先进工作者
张玉胜	男	1962.07	长清县公安局户籍科	1991.12	山东省人事局、省公安厅、省颁发居民身份证办公室	山东省先进工作者

续表人物－3

姓　名	性别	出生年月	工作单位	授予时间	授予单位	荣誉名称
张传军	男	1964.04	长清区纪委	2008.07	山东省纪委、省监察厅	信访先进个人
张连登	男	1963.05	长清县统计局	1997.09	第一次全国基本单位普查办公室	全国先进个人
张秀兰	女	1954.09	万德镇计生办	1989.03	国家计生委、全国生育节育领导小组	全国生育节育抽样调查国家级优秀调查员
张昌富	男	1946.06	济南金铭集团	1996.05	山东省政府	省乡镇企业系统先进工作者
张诗俭	男	1934.02	文昌街道中心小学	1999.12	教育部	全国教育系统关心下一代工作先进个人
张荣发	男	1946.05	万德镇经委	1992.04	山东省人民政府	乡镇企业先进工作者
张前东	男	1976.07	长清区气象局	2007.03	中国气象局	质量优秀测报员
张振河	男	1964.09	团县委	2001.05	团中央	全国优秀团干部
张振禄	男	1944.06	长清县计生委	1993.11	山东省委、省政府	山东省计划生育先进工作者
张海军	男	1967.07	济南市公安局长清区分局治安大队	2004.04	山东省公安厅	二等功
张殿林	男	1930.08	万德镇教育委员会	1988	山东省人民政府	山东省农村校舍改造先进工作者
陈士林	男	1957.02	张夏镇高庄小学	1999.09	山东省人事厅、省教委	山东省优秀教师
陈士俊	男	1957	平安店镇	1991.11	山东省计生委、省人事局	全省计划生育系统先进个人
陈惠生	男	1942.01	长清一中	1999.09	山东省人事厅、省教委	山东省优秀教育工作者
邵怀新	男	1952.11	济南鑫源集团	1995	山东省人民政府	山东省优秀乡镇企业家
苑景忠	男	1942.10	长清县公安局双泉派出所	1988.08	山东省公安厅	二等功
范　芸	女	1962.10	长清区检察院	2005	山东省妇联、省检察院	全省优秀女检察官
范培元	男	1946.12	崮云湖街道卫生院	2005	国家中医药管理局	全国农村基层优秀中医
国玉荣	男	1942.11	长清县防疫站	1993	卫生部	卫生防疫工作30年证书

续表人物－3

姓　名	性别	出生年月	工作单位	授予时间	授予单位	荣誉名称
岳思财	男	1936.07	张夏供销合作社	1989.09	商业部、中国财贸工会	全国商业劳动模范
周希勤	男	1963.01	长清第十四中学	1991.09	山东省教委、省人事厅	山东省优秀教师
周茂俊	男	1951.01	归德镇教育委员会	1989.09	国家教委、人事部、中国教育工会全国委员会	全国优秀教师
郑富和	男	1957.08	长清县水利水产局	1994.02	山东省人事厅、省水利厅	全省水利系统先进工作者
房　杰	男	1968.07	长清实验小学	1999.01	山东省教委、省人事厅	省优秀少先队辅导员
房玉光	男	1963.02	归德镇房庄村	1996.01	团中央、国家科委	全国科技星火带头人
房玉喜	男	1959.02	石麟小学	2007.09	山东省教育厅、省人事厅	山东省优秀教育工作者
房立河	男	1949.02	长清县检察院	1992	山东省检察院	山东省先进工作者
房洪泽	男	1944.11	归德镇归德小学	2004.12	全国敬老爱老助老主题教育评选活动组委会	全国孝亲敬老之星
孟凡林	男	1947.04	孝里镇中心卫生院	2004	山东省委、省政府	三等功
胡立敏	男	1959.01	长清区水务局	2005.10	山东省人事厅、省水利厅	全省农田水利先进个人
胡光华	男	1957.08	长清区供销合作社联合社	2007.12	人事部、中华全国供销合作总社	全国供销合作社系统劳动模范
郝　青	女	1962.10	长清区妇联	2007.12	山东省人事厅、省妇女联合会	二等功
郝吉坤	男	1943.03	城关镇西仓村	1989	全国绿化委员会	全国绿化奖章
郝兆芳	女	1952.12	长清县妇联	1986.09	民政部	民政工作先进个人
郝兆忠	男	1965.02	双泉乡统计站	2008.04	国务院第二次全国农业普查领导小组办公室	第二次全国农业普查先进个人
赵　震	男	1981.01	长清区统计局	2008.04	国务院农普办、国家统计局	全国先进个人

续表人物－3

姓　名	性别	出生年月	工作单位	授予时间	授予单位	荣誉名称
赵士东	男	1968.08	归德镇党政办公室	2007	山东省人事厅、省档案局	优秀档案工作者三等功
赵广乾	男	1976.03	长清区统计局	2008.04	国务院第二次全国农业普查领导小组办公室	第二次全国农业普查先进个人
赵子生	男	1962.08	长清一中	1997.09	山东省教委、省人事厅	山东省优秀教师
赵子明	男	1953.03	长清县广播电视局	1991.12	山东省委宣传部	全省模范遵守新闻职业道德准则先进工作者
赵云松	男	1963.01	城关镇水利站	1994.12	山东省人事厅、省水利厅	山东省优秀水利技术人员
赵玉兰	女	1949.01	长清实验小学	1989.09	国家教委、人事部	全国优秀教师
赵立新	男	1963.09	长清区统计局	2005.07	国务院经济普查领导小组	全国先进个人
赵成祥	男	1955.10	长清区畜牧局	2007.02	山东省人事厅、省畜牧办	畜牧兽医工作先进个人、三等功
赵金川	男	1938.10	长清区委宣传部	2002.10	国家体育总局	全国健康老人登山明星
段德菊	女	1960.07	万德镇马套村	2002.06	全国各族农村妇女“双学双比”竞赛活动领导小组	“双学双比”竞赛活动先进女能手
段德镇	男	1961.08	长清县公安局刑警大队	1998.02	公安部	全国优秀人民警察
姜殿林	男	1660.09	长清县计生委	1993.11	山东省委、省政府	山东省计划生育先进工作者
费振海	男	1935.09	长清县教委	1989.09	国家教委、人事部、中国教育工会全国委员会	全国优秀教育工作者
姚　强	男	1972.09	长清一中	2007.08	山东省教育厅、省人事厅	山东省优秀教师
秦元安	男	1958.08	平安街道社区卫生服务中心	2004.12	山东省人事厅、省卫生厅	三等功

续表人物－3

姓　名	性别	出生年月	工作单位	授予时间	授予单位	荣誉名称
袁曰信	男	1960.02	崮山镇大崮山小学	1991.09	山东省人事厅、省教委	山东省优秀教师
袁吉廷	男	1955.01	孝里中学	2004.09	人事部、教育部	全国模范教师
贾绪英	女	1958.08	长清区人口计生局	2005.12	中国计划生育协会	全国计划生育协会先进志愿者
顾建海	男	1960.09	长清县教委	1992.11	山东省教委、省财政厅、省城建委、省人事厅	全省城镇中小学校舍改造先进个人
徐士斌	男	1958.05	平安店镇教委	1990.09	山东省政府	山东省优秀少先队辅导员
徐文成	男	1937.12	长清三中	1989.09	国家教委、人事部、中国教育工会全国委员会	全国优秀教师
徐世春	男	1958.03	平安店镇藤屯小学	1995.09	山东省教委、省人事厅	山东省优秀教师
徐秉法	男	1949.10	崮山镇大刘村卫生室	1993	中国农村卫生协会、卫生部医政司、健康报社	全国优秀乡村医生
高淑元	男	1928.01	长清县检察院	1986	山东省检察院	先进个人
郭大鹏	男	1982.10	长清黄河河务局	2008.07	水利部黄委会	抗震救灾先进个人
郭绪庭	男	1953.01	长清县检察院	2001	山东省检察院	一等功
陶明东	男	1960.01	长清区史志办公室	2008	山东省人事厅、省政府办公厅	全省史志工作先进个人、三等功
陶遵爱	女	1939.02	长清县防疫站	1990	卫生部	卫生防疫工作30年证书
曹相伟	男	1965.12	长清县政府办公室	2001.8	山东省人事厅、省法制办	全省政府法制工作先进个人、二等功
曹相林	男	1940.03	归德镇曹楼村	1990	山东省委、省政府	山东省劳动模范
曹修仁	男	1941.05	归德镇中心卫生院	1989	山东省政府	地方病防治工作先进个人
龚玉宝	男	1954.12	长清区中医医院	2003	山东省人事厅、省卫生厅	全省中医工作先进工作者、三等功
盛召吉	男	1950.01	长清县计生委	1988.12	山东省委、省政府	山东省计划生育先进工作者
常淑敏	女	1945.11	长清县人民医院	1987.09	国防部	征兵工作先进个人
崔科军	男	1969.05	济南市公安局长清区分局交警大队	2007.03	山东省公安厅	二等功

续表人物－3

姓　名	性别	出生年月	工作单位	授予时间	授予单位	荣誉名称
符学敏	男	1968.12	长清县保密局	1991	中央办公厅机要局	全国党政系统机要业务技术能手
梁继增	男	1954.02	长清一中	1991.09	国家教委、人事部	全国优秀教师
梁魁元	男	1947.11	长清县公安局政工科	1998.02	山东省公安厅	二等功
韩明玲	女	1946.03	长清县妇幼保健站	1996.12	卫生部	妇幼卫生工作先进工作者
韩春时	男	1946.02	长清县监察局	1990.03	山东省人事厅、监察厅	监察系统先进工作者
韩春银	男	1968.03	文昌街道东铺社区	2008.01	共青团中央、农业部	全国农村青年创业致富带头人标兵
葛　静	女	1955.07	长清县台办	2001.02	山东省人事厅、山东省委台办	二等功
董传华	女	1953.02	城关镇中心小学	1993.09	山东省人事厅、省教委	山东省优秀教师
董传贤	男	1959.06	万德镇城镇居委会	1991.06	山东省政府、山东省军区	山东省百名国防后备力量建设先进个人
董海霞	男	1938.07	长清县防疫站	1992	卫生部	卫生防疫工作30年证书
程庆勇	男	1968.06	长清区建委	2007.12	山东省人事厅、建设厅	山东省城乡环境综合整治活动先进个人
程海金	男	1974.01	团区委	2008.12	团中央	抗震救灾志愿者先进个人
焦京科	男	1962.05	万德镇林业站	1994	山东人事厅、省林业厅、省财政厅	省优秀乡镇林业技术员
焦绪明	男	1966.01	长清一中	2004.09	山东省教育厅、省人事厅	山东省优秀教师
靳卫兰	女	1964.06	孝里镇荣达养殖厂	2007	全国妇联	全国双学双比女能手
路　敏	女	1967.02	长清县检察院	1990	山东省检察院	优秀档案员
靖树章	男	1933.03	张夏镇纸坊村	2006.12	全国老龄办	全国银龄行动先进个人
魏来贵	男	1939.12	长清县检察院	1997	山东省检察院	二等功

人物名录

中共山东省历次代表大会长清区(县)代表名录

第九次

孙瑞祥　孟红伟

山东省历届人民代表大会长清区(县)代表名录

第六届

白兆光　孙法堂　张庆晓

第七届

张庆晓　张新一　程永生
谢传香

第八届

石敬东　乔凤华

第九届

孙延林　崔洪芹　梁国利
谢化英

第十届

孙延林　邹景泉

第十一届

邹景泉　金延辰　覃俊文

历届政协山东省委员会长清区(县)委员名录

第八届

邱兆虎

第九届

孙士水　李良森

中共济南市历次代表大会长清区(县)代表名录

第五次

王义来　王珂玲　王荣玉
王炳琴　王宪谱　文玉石
方传林　孔凡礼　石敬东
朱兴林　刘善友　刘殿法
孙君山　孙积汉　李玉芝
李近仁　李良盛　李润武
张　明　张玉凤　张新一
陈延河　陈兆昌　苗秀芝
金增厚　徐慎斋　郭志荣
郭恩廷　程绪泉

第六次

井永平　王义来　王玉琴
王庆华　王陆军　王春红
王荣玉　文玉石　卢振阁
司庆福　朱兴林　刘凤泉
孙继民　杜九平　李连元
李荣祥　李树山　肖明才
宋家岭　张化富　张玉凤
张明山　张美娟　张福山
邵怀庆　孟祥增　赵玉兰
郝兆芳　梁国利　雷建国

第七次

万秀水　王友海　王玉法

王庆华 王如泉 王守营
王荣玉 卞允斗 刘太义
刘长昆 刘吉利 刘延文
刘道辰 庄云香 付 文
孙焕君 纪东民 李广贤
肖明才 宋金忠 张立合
张国勇 金延辰 赵忠智
赵保健 郭瑞兰 葛殿起
雷建国 褚兴达 谭永青
翟永涥

第八次

王玉国 王玉法 王庆华
王道祥 毛华铭 毛红红
刘子瀛 刘发山 刘兴刚
庄振水 江 林 阴 波
孙瑞祥 杨立新 李广贤
李全升 吴桂荣 张广祥
张传勇 张桂兰 陈国栋
庞 涛 孟令敏 胡公岱
姜文娟 高辅卿 贾政斌
葛殿起 覃俊文 雷建国
谭永青 翟永涥 潘兴华

第九次

王本珍 王圣才 王传诚
毛华铭 刘 勇 刘兴刚
阴 波 孙培森 孙瑞祥
孙福宁 杜建青 宋传娥
张 泽 张才奎 张广祥
张传勇 张守菊 张良风
张洪英 张桂兰 张振河
陈 虎 陈国栋 范 云
周 杰 庞 涛 郝 青
郝继长 赵贵华 郭其军
韩光峰 韩春银 葛殿起
覃俊文 雷建国 谭永青
潘兴华

济南市历届人民代表大会长清区(县)代表名录

第九届

马兆荣 王元忠 王兆起
王好武 王桂芳 王萍庆
王淑芳 毛守纲 刘玉喜
齐太恒 杨俊生 李兆荣
李明水 李朋英 李焕尧
吴振美 张传宝 张齐发
张秀芳 张秀英 张作敏
张昌富 陈国胜 尚存学
尚瑞亭 房 坤 郝传生
赵传安 赵向光 赵延增
赵修英 侯长春 徐立美
唐文荣 崔相凤 麻立福
焉维松 韩庆森 程秀云
鲁秀峰 谢教利 魏化水
魏方正

第十届

于桂兰 马光和 马宪文
王荣华 史寿成 刘传英
李文禄 李成海 李连元
李近仁 李朋花 李荣璋
张昌富 张承维 陈延顺
陈承香 陈淑勤 林开兴
尚瑞亭 胡广凤 赵忠美
郭延仓 高立荣 曹维新
梁国利 董传凤 董传湖
钟离新民

第十一届

王 平 王 敏 王光泉
王荣玉 邢业水 刘传英
刘国厚 刘殿法 孙延林
纪东民 李友君 李文禄
李志翠 李近仁 李朋花
李荣璋 李润武 张承维

张秋兰　赵文平　赵新华
党耀霞　郭延仓　高家彬
焦念忠　雷建国

第十二届

马　莉　王　平　王长瑞
王春红　王荣玉　卞允斗
成彩虹　刘发山　刘学春
许立全　孙士水　李　刚
李友和　李志翠　李连元
张卫华　陈家钧　陈淑水
陈惠生　邵怀庆　林开兴
郑吉顺　赵文平　赵至岭
郭延仓　董云霞　雷建国

第十三届

王　平　王全林　王洪奎
刘太义　刘曰东　刘学春
孙士水　孙瑞祥　杨延玲
李志翠　李连元　李昌利
李继堂　肖　光　时华勤
张卫华　张德利　陆奉刚
陈家钧　郝继长　赵文平
秦旭昌　柴洪生　郭延仓
覃俊文　雷建国

第十四届

王　平　王荣利　王洪奎
王道祥　王登富　刘　刚
刘万峰　刘太义　刘继营
卢云成　吕和武　孙　静
孙士水　孙瑞祥　李长元
李志翠　吴志平　张卫华
张德利　陈家钧　房玉萍
秦旭昌　柴洪生　康文明
覃俊文

历届政协济南市委员会长清区（县）委员名录

第八届

邢兆凤　张广枫　张兴泉
周玉银　桑云芳　崔连宝
傅一臻

第九届

刘　鹏　刘家成　杜建青
陈淑水　国宝山　周秉智
房世柱　徐立英　韩春荣
魏文林

第十届

田宝山　邢龙海　李良森
张瑞金　房世柱　觉　印
郭恩廷　郭瑞刚　崔延庚
韩春荣

第十一届

井永平　王东良　王恩宝
张化富　张心如　张同新
金延辰　赵　洁　郭卫东
郭瑞刚

第十二届

井永平　王　祯　王志勇
王恩宝　苏钦东　李宝东
张心如　张同新　周立更
周宝华　郝　青　赵　洁

长清区（县）十大人民好公仆

第一届（1998 年）

陈惠生　井永平　陈　骥
褚兴达　万秀水　魏传胜
杨仁志　马光振　刘汉龙
焦念勇

第二届（1999 年）

陈　骥　陈惠生　井永平

褚兴达　　万秀水　　李继堂
张庆林　　李　梅　　庄云香
郭绪庭

第三届（2000 年）

陈惠生　　井永平　　郭瑞兰
郭绪庭　　孟庆华　　褚兴达
庄云香　　张能河　　张庆林
邹景泉

长清区（县）十大杰出青年

第一届（1996 年）

王纯阁　　高　兴　　房玉光
焦念勇　　王　平　　杜建青
乔学峰　　谯风信　　朱成旺
陈　虎

第二届（1999 年）

张庆林　　王如泉　　贾绪兰
肖　光　　郑兆远　　屈云海
司冬梅　　王　祯　　石绍祥
张　晓

第三届（2002 年）

李　军　　王少辉　　李　波
马　国　　张同新　　孙彩虹
王宪亮　　胡连国　　阚　伟
王荣发

第四届（2005 年）

徐养军　　杨明利　　王庆祝
韩春银　　孟红伟　　赵　洁
孔祥成　　李宝民　　孟庆柏
于　磊

第五届（2008 年）

邹　宁　　周文东　　赵振河
田志国　　赵　华　　孟　敏
王　利　　石　飞　　薛平涛
张祥华

济南市长清区（县）拔尖人才

第六批（2000 年 10 月）

王荣利　　尹承国　　安兆杰

第七批（2004 年 6 月）

刘汉龙　　李降龙　　吴桂荣

第八批（2006 年 1 月）

张才奎　　张立顺　　张德利
康文明　　潘玉堂

第九批（2009 年 1 月）

刘汉龙　　李胜伟　　康文明　　潘玉堂

说明：2000 年以前无档案

长清区（县）拔尖人才

第一批（1989 年）

于芳浩　　刘月功　　刘儒水
李良森　　邱兆虎　　张美娟
房泽新　　孟令玮　　魏方正

第二批（1992 年）

于芳浩　　兰俊宝　　刑业水
刘元厚　　刘月功　　刘儒水
李良森　　邱兆虎　　张美娟
房泽新　　赵广业　　赵富祥
陶俊昌　　韩明玲　　谯风华

第三批（1997 年）

马家厚　　王连文　　兰俊宝
刘　强　　刘元厚　　刘月功
刘汉龙　　刘儒水　　李友和
李良森　　李铁鹰　　肖意林
邱兆虎　　张应荣　　张美娟
房泽新　　赵子明　　赵志强
赵鸿贵　　段益平　　袁日信
陶圣昌　　陶俊昌　　崔延庚
韩明玲　　谯风华

第四批（2000 年）

马德波　　王公贵　　王连文

兰俊宝　刘元厚　刘月功
刘汉龙　刘承军　刘儒水
杜建青　李卫东　李友和
李良森　李降龙　肖意林
吴广文　邱兆虎　宋信亮
张应荣　金延辰　房立忠
赵子明　赵鸿贵　段益平
陶俊昌　崔延庚　焦念勇
潘玉堂

第五批(2004 年)

马德波　王少辉　王荣生
王新勇　巨传祯　吕和武
刘承军　齐平坤　庄延战
安承喜　孙彩虹　杜建青
杨明利　李昌利　吴广文
吴红英　宋信亮　张立顺
张洪河　张德利　金延辰
屈云海　赵鸿贵　秦旭昌
郭卫东　谢化英　鞠福友

第六批(2008 年)

马德波　王守松　王金池
王金祥　王荣生　王瑞明
王新勇　巨传祯　邓洪刚
付资兑　边　平　刑　菊
吕和武　刘　斌　刘汉龙
阮　军　闫新玲　杜建青
杨连玉　杨明利　李天平
李长元　李传山　李胜伟
肖兆帅　吴红英　吴志平
吴国洪　邱长征　邹景泉
汪卫兵　宋信亮　张玉新
张永利　张兴龙　张树林
张洪河　周希勤　房　杰
徐世春　郭卫东　董　浦
董庆国　董希智　潘福泉
薛平涛

长清区优秀农村实用人才

第一批(2006 年)

王登发　边　红　刘　强
刘光利　刘振泉　杨东明
陈家钧　赵祥喜　段德菊
蒋振旺　靖树章

附录

Appendix

千年古刹灵岩寺　（2008年 摄）

齐长城　　(2008年 摄)

前志提要

《长清县志》(1992 年版) 编纂始于 1982 年,3 月 11 日,成立长清县志编纂委员会,下设办公室,从档案局、地名办公室等单位临时借调人员,拉开长清县新编地方志工作的序幕。1988 年年底,县志初稿编写完成,先后召开有山东省地方史志办公室、济南市史志办公室等领导专家参加的 3 次志稿讨论会。1992 年 4 月 10 日,修改后的《长清县志》报省审批。山东省地方史志办公室于 1992 年 6 月 10 日批复,准予《长清县志》印刷出版。是年,《长清县志 (1840—1985)》出版发行,上限 1840 年,下限 1985 年,为记事完整,适当上溯下延。全书有概述、大事记、政区、自然环境、人口、农牧渔业、林业、水利、工业、交通运输、邮电、城乡建设、商业、物价工商行政管理、财税金融、党派社团、政权政协、政务、政法、军事、文化、教育、科技、卫生、体育、文物、民俗方言、社会、人物、附录等部分组成,共 121 章 397 节,82.6 万字。全书一册,16 开精装,济南出版社出版,金勇(深圳)印务出版有限公司承印,印数 2100 册,国内外公开发行。

长清县位于山东省西部,省城济南西南,泰山西北麓,黄河东岸。东邻济南市区,东南与泰安市相连,南和西南分别与肥城、平阴两县接壤,西和西北隔黄河与东阿、齐河两县相望。总面积 1178.08 平方公里。从南向北地形依次是山地丘陵、山前平原和沿黄低洼区,形成东南高西北低的倾斜地势。河流由南向北流,注入黄河。属暖温带大陆性半湿润季风气候,四季分明,年平均气温 13.7℃,年平均降水量 628.2 毫米。

长清是全国设县最早的县份之一,秦代即在境内设卢县。隋开皇十四年(594)始设长清县,县治升城(今称卢城洼)。因地处黄河(古济水、大清河)岸边受洪水威胁,至道二年(996)由升城迁至刺榆店(今长清老城区)。长清地处齐鲁交界,隶属关系多次变动。1978 年 11 月,经国务院批准,长清县划属济南市,成为济南市郊区县之一。1985 年,全县划为 4 乡 7 镇,610 个行政村,744 个自然村,11.54 万户,49.52 万人。

长清县位置冲要,自古即为兵家必争之地。修建于春秋战国时期巨大的军事防御工程齐长城,始于县境广里附近,在县境南部群山中蜿蜒 70 余公里。战国时的齐晋之战、东汉耿弇伐张步之战、南北朝时的魏宋升城之战,均发生在长清县境内。唐代农民起义军领袖黄巢在海拔 628 米的黄山建黄巢寨,青崖山和五峰山曾是金元时严实屯兵之地和明末以孙化亭为首的农民起义军的驻扎地。1930 年,蒋系和阎系军队在黄河至五峰山一线恶战一个多月。抗日战争和解放战争时期,长清县人民在中国共产党的领导下,以大峰山为根据地同敌人展开殊死斗争,打败敌人,建立和巩固人民政权。黄河经孝里、归德、城关、平安店 4 镇,境内总长 52 公里。220、104 国道和 003 省道、京沪铁路纵贯南北。水陆交通十分便利,是省城济南的西南大门。

长清县历史悠久,文物荟萃,名胜古迹众多,有全国、省、市重点文物保护单位 47 处之多。孝堂山郭氏墓石祠,是中国现存最早的地面房屋建筑,祠内的汉代画像,是珍贵的历史画卷。1961 年,孝堂山郭氏墓石祠被国务院列为全国首批重点文物保护单位。灵岩寺被唐代李吉甫誉为全国寺院"四绝之一",千佛殿内 40 尊彩塑罗汉,栩栩如生,被清代梁启超赞为"海内第一名塑";现代艺术大师刘海粟称赞彩塑罗汉“灵岩名塑，天下第一；有血有肉，活灵活现。”灵岩寺于1982年被国务院列为国家级重点文物保护单位。县境内的齐长城西端遗址、小屯商周遗址、五峰山古建筑群遗址、黄崖寨遗址和莲花洞石窟造像等历史文物，都反映出长清县的悠久历史和灿烂的古代文化。长清众多的历史文物和优美的自然景色，吸引着国内外游人前来观光览胜，年接待游客数十万人次，成为长清县重要的旅游资源。

长清钟灵毓秀，历代人才辈出。历史名人有战国神医扁鹊，金元时散曲家、诗人杜仁杰，元代鲁国公严实，明代以清正廉洁闻名被世人誉为“铁御史”的李纲等。现代名人有中共长清县地方党组织和大峰山革命根据地的创始人魏金三、张耀南以及韩健秋、韩培诚、韩宗正、张治安、夏页文等。有长清县早期女共产党员庄毓英（又名庄东晓），书法家武中奇和国际主义战士史元厚等。

新中国成立后，长清县人民在中国共产党领导下进行社会主义革命和社会主义建设，不断取得新胜利。中共十一届三中全会后，长清的工作重点转移到以经济建设为中心，国民经济得到快速发展。1985年，人均社会总产值比1949年增长21.3倍，人均工农业总产值比1949年增长11.5倍。

长清县农业生产历史悠久。勤劳的长清人民培育出“宫廷贡品玉杏”“张夏小白梨”“武庄柿子”和名贵中药材“马山栝楼”等土特产品。新中国成立后，通过土地改革、农业合作化、联产承包责任制等生产关系变革，解放农村生产力；又经过兴修水利，加大投入，改良技术，科学种田，生产条件得以改善，农业经济不断发展。1985年，农业总产值达19700万元，是1949年的9.4倍；粮食总产2.36亿斤，是1949年的4.5倍，平均亩产达503公斤，是1949年的6.6倍；造林总面积9165公顷，是1949年的46.7倍；有效灌溉面积2.5万公顷，是1949年的14.7倍；农业机械从无到有，农机总动力15.3万千瓦。

新中国成立前，长清工业极不发达。全县官办工厂仅有1913年开办的染织厂、1930年开办的监狱工厂和1931年开办的民生工厂3家，且规模很小，连年亏损。其他为民间个体手工业。新中国成立后，长清工业从小到大逐步发展壮大起来。完成对手工业的社会主义改造，建立全民所有制和集体所有制工业。至1959年，全县有县属工业企业20家，职工2121人，工业总产值1228万元，是1949年的25.6倍。1978年，中共十一届三中全会后，贯彻执行“调整、改革、整顿、提高”和“对外开放，对内搞活”的方针，实行不同形式的经济承包责任制，推行厂长（经理）负责制，管理水平、产品质量和经济效益不断提高。1985年，全县工业总产值达23127万元，比1980年增长4.4倍。乡镇工业异军突起，发展尤为迅速，乡镇工业产值是1980年公社工业产值的4.9倍。全县有冶金、化工、机械、建材、木材加工、食品、纺织、缝纫、皮革、造纸、文教用品等工业门类，主要获奖工业产品有峰山牌425号水泥、马山金牛牌红砖、复合防护材料、防腐蚀空腹钢窗、塑料油膏、稀土灰口铸铁散热器、120万大卡（500万焦耳）热水锅炉、白鹤泉特酿、泰山康乐饮料、冰雪牌圆周顶扇、镶金绣花工艺鞋及羽绒系列服装等，花岗石板材也成为国内外畅销产品。

长清县商业清末民国初甚为繁荣。长清曾是章丘、滨县及周围各县客商经营交易场所，全县有14个行业，商号约300家。抗日战争和解放战争时期，商业萧条，呈下降趋势。新中国成立后，对私营商业实行社会主义改造，国营商业逐步建立发展。1978年起，贯彻“改革、开放、搞活”方针，打破商品流通中单一、封闭的模式，国营、集体、个体商业齐发展，城乡经济活跃，市场繁荣。1985年，全县商业网点达5779处，从商人员11704人，商业总产值2880万元，社会商品零售总额12532万元。

新中国成立后，长清县教育、卫生、文化、科技事业不断发展。1949年，全县仅有初级中学1所，在校中小学生为1.78万人，儿童入学率为25%。1985年，全县有中小学378所，在校生

80051人，学龄儿童入学率达98%。1949年，有县医院1所和为数不多的乡村医生。1985年，全县有县、乡镇医院卫生院12所，地方病防治站所4处，病床493张，各类卫生技术人员816人；乡村医疗点617个，乡村医生1209人。县人民医院和部分乡镇卫生院，能作一般胸外科、骨科、泌尿系统、部分癌症、子宫全切和剖腹产等手术。境内解放前，长清仅有民众教育馆1处，解放后文化事业不断发展。1985年，全县设有文化馆、博物馆、图书馆、电影公司、灵岩文物管理所、人民剧场、豫剧团等文化事业单位，全县有电影院8座，电影队53个，文化站11个。至1985年，全县共取得科技成果80余项，其中达到国内先进水平的7项，达到省内先进水平的15项，科技专业人员3376人，科学技术已成为振兴长清经济的重要力量。

新中国成立后，长清县经济恢复发展，人民生活水平逐步改善。1980年起，随着改革的深化，人民生活水平显著提高。1985年，全县预算内财政收入1286万元，银行各项存款2368万元。全县居民生活费平均收入348.04元，生活费平均支出328.27元。农民人均住房面积达15.7平方米，砖木石结构房屋占78%以上。城镇居民人均居住面积8.24平方米。电视机、收录机、摩托车、缝纫机、电风扇、沙发、写字台等高档耐用品，进入城乡居民家庭，人们的生活由温饱型向小康型转化。每百户农民拥有自行车113辆、缝纫机45架、收音机103台、钟表178只（其中手表98只）、电视机10台、电风扇12台，沙发、写字台等新型家具90件。

前志勘误表

表附-1

页码	行数	错误	应改为
4	21	621处	378处
5	5	元魏	北魏
39	11	25	26
59	13	村南	村西
61	5	分由	分布
61	表3行	9.96	9.69
149	表11行	3745	37.45
311	20	民教	文教
488	6	东褚科	西褚科
535	9	小卿	少卿
539	表8行	兰州军区	兰州警备区
540	表1行	党委书记	政协副主席
588	2	壮严	庄严

文件辑存

中共长清县委文件

长发〔2000〕48 号

中共长清县委　长清县人民政府关于撤销长清县设立长清区的请示

市委：

根据第 48 次市长办公会议精神，为适应在济南和泰安之间、泰山山脉西侧，建立“齐鲁硅谷”，并规划建设“走廊式省会城市”的总体发展要求，发挥长清县的优势，加快“齐鲁硅谷”和“走廊式省会城市”的建设步伐，特申请撤销长清县，设立济南市长清区。现将有关情况报告如下：

一、概况

长清县东依泰山，西临黄河，紧靠省会济南，整个辖区位于济南、泰安两市区之间。全县总面积 1178 平方公里，辖 9 镇 2 乡、613 个行政村、52.4 万人，其中县城驻地非农业人口已达 6.9 万人。长清县有着极其优越的区位、交通优势和矿产资源优势，济南经济开发区、济南农业高新技术开发区以及五峰山旅游度假区坐落在长清境内，县内“三山二峪”（灵岩山、五峰山、大峰山、小娄峪、卧龙峪）已形成独特的旅游格局，为建成省会济南后花园奠定了基础。县城是经国务院划定的济南市科技、教育、文化“卫星城”，1998 年被国家建设部命名为全国城市环境综合整治优秀县城，被省政府命名为省级卫生县城和“齐鲁杯”优秀县城。1999 年全县实现国内生产总值 56.5 亿元，财政收入完成 2.2 亿元，其中地方财政收入 1.65 亿元，职工平均工资 6650 元，农民人均纯收入达到 3050 元。

二、设区的理由

撤销长清县，设立长清区，将更好地发挥长清所拥有的诸多优势，为把 104 国道两侧建成国内一流的创业环境和全省高科技发展中心，形成面向 21 世纪的“走廊式省会城市”，必将起到积极有力的推动作用。

1.发挥地理区位优势，有利于加快“走廊式省会城市” 建设步伐。连结济南至泰安之间的 104 国道两侧全部处于长清县行政辖区，在济南、泰安之间、泰山山脉西侧建立“齐鲁硅谷”的规划，包括了整个长清版图。县城距济南市区仅 20 公里，距泰安市区仅 50 公里，正处于“走廊式省会城市”规划的核心地带。而且境内矿产资源异常丰富，尤其是花岗石资源储量在 200 亿立方米以上，具有保健功能的木鱼石、墨玉等稀有矿产开发前景十分广阔；长清水资源十分丰富，可利用水储量在 3.2 亿立方米以上，其中地下水储量在 1.8 亿立方米以上，泰山山脉水系和黄河水都为建设新的“走廊式省会城市”提供了优质充足的水源。根据长清所具有的地理、区位优势，将其划为济南的一个区，具有历史的客观必然性和紧迫性。长清设区后，将按照省、市统一规划要求，合理安排区域设置，科学划分高新产业布局，增强省会竞争优势；大力发展建筑建材业，为 21 世纪泰山大道和新的城市建设提供充足优质的建材产品；进一步保护开发利用好水资源，提供优质的城市用水，也为泉城济南保泉补源起到重要的作用。

2.发挥便利的交通条件，有利于增强“齐鲁硅

谷”的辐射带动功能。长清县有着极为便利的交通条件，境内黄河流经西部四镇，津浦铁路、京福高速公路、104国道、220国道、003省道等贯穿南北，加之待建的济菏高等级公路，形成了穿过长清、四通八达的交通网络，长清已成为济南连结华南、华北的重要枢纽区。长清设区后，我们将最大程度地综合利用以上交通优势，利用一切可以利用的政策，采取一切可以采取的措施，借鉴国内外一切可以借鉴的经验，尽最大努力使长清成为人流、物流、信息流、资金流、技术流的集散地，使其转化为经济优势，竞争优势，为“齐鲁硅谷”的发展创造更好的条件。

3.发挥土地资源优势，有利于创建国内较大规模的农业高科技园区。在长清东部建设国内较大规模的农业高科技园区，是市农业产业结构调整的必然要求。根据统计资料提供的数字表明，济泰之间，只有长清地段是一级耕用土地，沿104国道两侧平安、崮山、五峰、张夏、万德五镇范围内有24.8万亩良田，具有很高的开发利用价值，长清以外其他地段多为六级、五级或四级土地。并且长清拥有农业部小麦原种总场、济南市农业高新技术开发区、省畜禽良种推广中心等农业开发科技力量，为济南市发展高科技农业创造了良好的技术和基地条件。长清划区后，丰厚的土地资源可在全市统筹规划下，合理布局，充分开发利用，依托近在泰安、济南的山东农业大学、山东农业科学院、山东大学生命科学微生物技术国家实验室和长清的农业科技基地等重要研究力量，形成具有山东特色的、国内一流的农业科学园、农业产业园、农业国际合作园、现代农业综合园和农业实验推广基地等若干功能区，为加快建设全市、全省的现代农业做出更大的贡献。

4.发挥高新技术力量优势，有利于加快“齐鲁硅谷”规模效应的形成。一是现有高新技术企业优势。长清县目前拥有高新技术企业9家，承担了一项国家“863”计划，多项国家火炬计划，国家星火计划项目及省级攻关项目，主要产品有特种铸管、等离子体散热器、生物制药、制剂、摩托车配件、环保设备、中空门窗等，填补多项国内空白，均达到国内领先水平，年产值可达4.6亿元，年创利税达1.2亿元。二是国家、省、市属高新技术企业优势，尤其是农业部小麦原种总场，省畜禽良种推广中心、市农业高新技术开发区等已成为带动区域经济发展的龙头企业。三是外资高新技术企业优势。我县已形成一批投资规模大、科技含量高的外资企业群体，生产门类涉及电子电器、机械、医药、新型材料等，美国霍尼韦尔、日本富士、澳大利亚帆茅和BBC公司以及瑞典沃尔沃等世界驰名大企业都在开发区投资建厂，拥有雄厚的科技实力。长清划区后，可充分利用国家政策优势、体制优势等，进一步吸引大专院校、科研院所和高科技企业来此创业，建设一流的人才创业基地，形成山东省高科技发展的有效载体。

5.发挥济南经济开发区优势，有利于加快建设出口加工区、保税区。济南经济开发区是1999年6月底被省政府批准的省级开发区，位于长清县城北部，北接省会济南，规划面积40平方公里，起步区9平方公里，开发区企业已达54家，企业总投资12.1亿元，投资者来自美、德、澳、意、韩、日、新等国家以及中国台湾、香港，是山东省中西部对外开放的窗口。长清划区后，将充分依托济南经济开发区的对外开放优势，加快建设21世纪泰山大道西侧出口加工区，保税区等，使其有机地结合起来，扩大开放，从而带动山东中西部地区外向型经济的快速发展。

6.发挥人文历史文化资源，有利于创建良好的自然环境和发展空间。长清山河壮美，景色奇丽，从泰山到长清卧龙峪、灵岩山、小娄峪、五峰山、大峰山等，整个泰山山脉的绿化和自然风光是国内最好的地方之一，森林覆盖率较高，景区一般在30%以上。境内古迹荟萃，文物繁多，旅游资源异常丰富，是山东省重点旅游区之一，县内有各级文物景点122处，重点文物保护单位52处，其中国家级2处，省级4处，市级16处。东线灵岩山、五峰山、小娄峪、卧龙峪四大旅游度假区已形成规模，省市重点旅游项目新世界游乐园、齐鲁碑林、高尔夫球场正在建设中；以齐长城、双乳山、孝堂山等古文化旅游景区和大峰山森林公园为代表的西线旅游区正在开发建设；目前市政府的第三、第五接待处就设在长清旅游景区内。长清设区后，将在全市统一规划下，进一步开发利用旅游资源，提高整个区域森林覆盖率，加快全市旅游业发展步伐，形成“走廊式省会城市”最佳的生态环境和“齐鲁硅谷”一流的创业环境。

三、设区后的规划设想

一是设区后，总的行政区域不变，区内建制适当调整，区政府驻地仍在县政府驻地，人员在现有编制内调剂。

二是积极配合“走廊式省会城市”建设，调整城建规划，加快城镇建设步伐。本着依托现有城镇和积极发展的原则，按照省、市的整体规划要求，加快东部104国道沿线的各项设施建设，同时带动县城和中西部小城镇的建设，尽快把长清城区建设成为布局合理、环境优美、文明整洁、经济繁荣的济南市新区。

三是以撤县划区为动力，在市委、市政府的正确领导下，紧紧围绕建立社会主义市场机制，突出城郊型经济发展，着力培植特色农业、高新技术产业、旅游业、建筑建材业，推动全县经济和各项社会事业不断登上新的更大的台阶，为省会济南的发展作出应有的贡献。

以上请示如无不当，请予研究报批。

2000年10月18日

济南市人民政府文件

济政〔2000〕121号

济南市人民政府
关于撤销长清县设立长清区的请示

省政府：

济南市总面积8154平方公里，其中市区面积2119平方公里。总人口562.65万人，其中非农业人口207.67万人，从事非农产业人口25.4万人；市区总人口264.45万人。济南市现辖五区、一市、四县，即历下区、市中区、槐荫区、天桥区、历城区、章丘市(代管)、长清县、平阴县、济阳县、商河县。为适应济南市经济协调发展和加快城市化进程的需要，拟撤销长清县设立长清区，现将有关情况报告如下：

一、长清县行政区域现状

长清县位于济南市西部，东邻市区，西连平阴县，南交泰安市，北与聊城、德州接壤。1999年，该县面积1178平方公里，辖9镇2乡，613个行政村，52.5万人。其中从事非农产业人口22.42万人，国内生产总值55.5亿元；财政收入2.24亿元，其中地方财政收入1.65亿元；人均GDP10563元。县政府驻地长清镇面积97.58平方公里，从事非农产业人口15.36万人，其中非农业人口10.28万人。

二、撤县设区的理由

(一)长清撤县设区是贯彻落实省委七届四次全会精神的需要。省委七届四次全会提出了进一步扩大济南、青岛两个中心城市的规模，增强其“龙头”带动作用的目标任务。要求济南努力建设成为全省的政治、经济、文化、教育、高新技术产业中心和全国区域性金融中心。为了贯彻落实省委七届四次全会精神，我市把推进城市化发展作为“十五”期间的重头戏，研究确定了城市发展的总体思路：即全面发展大城市，积极发展中小城市，大力发展小城镇。为了达到城市常住人口300万人的发展目标，我市将调整优化城市发展布局，保护和突出泉城特色，适度扩大市区，发展周围县市。撤销长清县设立长清区是济南市向西部发展的重要步骤。

(二)长清撤县设区是加快济南城市化进程的重要措施之一。济南是山东省的省会城市，现行行政区划的基本构架十余年无大的变化。城市中心区域面积狭小，限制了济南市作为中心城市对周围地区应有的辐射带动作用，也阻滞了自身的进一步“极化”过程，这与济南成为整个山东半岛城市群“龙头”和跨省际区域性中心城市的合理决策

极不适应。按照山东省委、省人民政府《关于加快城市化进程的意见》精神，我市进行了2001年—2010年济南市大城市区域规划和行政区划调整研究，按城市中心区、次中心城市（区）和一般城市区三个不同层次确定城市发展目标。根据长清县的地理位置和区位优势，已列为济南的次中心城市（区）。长清改区后，从功能角度看，它有条件、有能力成为城市中心区对广阔腹地发挥辐射、带动和影响作用的“纽带”。这不仅拓展了市区的发展空间，也为济南向大城市发展创造了条件。

（三）长清县基本具备了撤县设区的条件。长清县地理位置优越，县城距离市区10余公里，区域规划紧密配合城市中心区纳入了济南市城市建设发展规划，交通等基础设施已与城市中心区共用。境内西有黄河流经，东有津浦铁路、京福高速公路、104国道、003省道贯穿南北，交通运输发达。长清位于济南、泰安两市之间，生态环境优美，旅游资源丰富，独具特色，县内有重点文物保护单位52处，其中国家级文物保护单位“灵岩寺”，被誉为“海内四大名刹”之一，是“一山一水一圣人”旅游体系的重点旅游区域。近年来，长清的外向型经济有了新的发展，来自美、日、韩、澳等境外投资企业达54家，已成为济南市对外开放的重要窗口。全县科技、文化、教育、卫生等也有了长足发展，是经国务院划定的济南市科技、教育、文化“卫星城”。县内土地地质优良，水资源、花岗石等矿产资源十分丰富，济南经济开发区、济南农业高新技术开发区坐落于此。县城长清镇建成区面积12平方公里，规划面积18.32平方公里。城区开通道路31条，总长56.6公里，建设公园3处，主要街道实现了“三季见花，四季常青，整日保洁”，城市绿化覆盖率25%；建成排水管道78公里；建成居民生活小区5个，总建筑面积27万平方米；建成热电厂一座，日供气能力405吨；建成水厂两座，日供水能力13万吨，自来水普及率达100%；电话装机总容量4.35万门；建成220千伏和110千伏变电站各一座；人民保险、人寿保险、太平洋保险、中行、建行、工行、农行、农信社等一批保险金融机构，联合证券公司、华夏证券公司等商务中介机构，以及一批商业、文化、办公设施相继建成，一座基础设施配套、服务功能齐全、环境优美的现代化“卫星城”已具雏型。

三、长清县设区后的发展规划

（一）长清县撤县设区后，行政区域不变，地名不变，长清区政府驻地仍在长清镇。撤县设区后的机构设置和人员编制由区内自行调整解决。

（二）长清设区后，将与市区连成一体，通过调整城建规划，加快基础设施建设，发挥区位优势，逐步建成全省的农业产、学、研综合园区；生态、人文旅游景区；国际农业合作园区和交通枢纽区；成为人流、物流、信息流、技术流和资金流的集散地，对促进济南早日成为现代化省会城市和区域性国际化城市起到重要作用。长清撤县设区后，济南市辖六区、一市、三县，即历下区、市中区、槐荫区、天桥区、历城区、长清区、章丘市（代管）、平阴县、济阳县、商河县。

当否，请批示。

2000年12月6日

山东省人民政府文件

鲁政发〔2001〕23号

山东省人民政府
关于撤销长清县设立济南市
长清区的请示

国务院：

为加快济南市城市化进程，充分发挥省会城市的辐射带动作用，促进区域经济社会发展，我省申请撤销长清县，设立济南市长清区。现将有关情况报告如下：

一、长清县的基本情况

（一）长清县位于济南市西部，距市区10公里。全县现辖9镇2乡，总面积1178平方公里，总人口52.5万人，其中从事非农产业人口22.42万人。1999年全县国内生产总值55.5亿元，财政收入2.24亿元，其中地方财政收入1.65亿元，人均

GDP10563 元。县政府驻地长清镇面积 97.58 平方公里，人口 18.42 万人，从事非农产业人口 15.36 万人，其中非农业人口 10.28 万人。从长清县的区位条件、自身经济社会发展状况以及济南市的长远发展来看，我们认为长清撤县设区是适宜的。

二、长清撤县设区的主要理由

(一)长清撤县设区将大大加快济南市城市化进程。党的十五大提出加快城市化进程的战略目标。山东作为经济、文化比较发达的省份，迫切需要进一步加快城市化进程。从实际状况看，省会济南的辐射带动能力还没有充分释放出来，近年来其拓展势头强劲。为此，中共山东省委七届四次全会提出，要进一步扩大济南、青岛两个中心城市的规模，增强其“龙头”带动作用，济南市要建设成为全省的政治、经济、文化、教育、高新技术产业中心和全国区域性金融中心。济南市现辖市中区、天桥区、历下区、槐荫区、历城区、长清县、平阴县、济阳县、商河县、代管章丘市，共 5 区 1 市 4 县，总面积 8154 平方公里，总人口 562.6 万人，其中 5 区总面积 2119 平方公里，总人口 264.4 万人。现行行政区划的基本框架 10 多年无大的变化，城市中心区域面积特别是西部市区狭小，限制了济南市作为中心城市应有辐射带动作用的发挥，也限制了济南市自身的膨胀发展，这与济南市成为整个山东半岛城市群“龙头”和跨省际区域性中心城市的需要极不适应。按照济南市 2001 年—2010 年城市规划，长清县被列为济南的次中心城市(区)。受地理条件的限制，济南市的主要发展方向是向西即长清方向，长清撤县设区，将大大拓宽济南市的发展空间，为济南向大城市发展创造极佳的条件。长清设区后，通过调整城市建设规划，加快基础设施建设，转移城市中心区功能，并充分发挥其区位优势，逐渐将其建设成为农业产学研综合园区，国际农业合作园区，生态、人文旅游景区和交通枢纽区，这对促进济南早日成为现代化省会城市和区域性国际化城市具有重要意义。

(二)长清撤县设区有利于充分发挥其固有优势，促进济南市乃至全省旅游业和经济与社会的全面发展。长清县地理位置优越，县城距济南市区仅 10 多公里，区域发展规划已纳入济南市城市建设总体规划；交通发达，京沪铁路、京福高速公路、104 国道、220 国道贯穿南北；境内旅游资源丰富，植被茂密，有重点文物 52 处，其中灵岩寺被誉为“海内四大名刹”之一，是我省“一山一水一圣人”旅游体系的重点区域。该县科技、文化、教育、卫生等事业近年来获得长足发展，是国务院划定的济南市“卫星城”。县域内矿产丰饶，水资源富有，高新技术农业发达，外向型经济发展迅速，是济南市重要的资源库和对外开放窗口。县政府驻地城市建设初具规模，基础设施配套齐全，环境优美，建城区面积 12 平方公里，规划面积 18.32 平方公里，城市绿化覆盖率 25%，道路铺装率 90.2%，自来水普及率 100%。长清撤县设区，有利于更好地发挥其各方面的优势，加快济南市作为全省旅游中心的建设，进而促进整个山东旅游业及其他产业的发展。

三、长清撤县设区后的行政区划设想

长清撤县设区后，拟称济南市长清区，其行政区域不变，区政府驻长清镇。

本着精简、高效的原则，在不增加机构和人员编制的前提下，由济南市自行解决长清撤县设区后的机构和人员编制问题。

此次区划调整后，济南市辖市中区、天桥区、历下区、槐荫区、历城区、长清区、平阴县、济阳县、商河县、代管章丘市，共 6 区 1 市 3 县，城市建设布局进一步趋向合理。

当否，请批复。

2001 年3 月 22 日

中华人民共和国国务院

国函〔2001〕73 号

国务院关于同意山东省撤销长清县设立济南市长清区的批复

山东省人民政府：

你省《关于撤销长清县设立济南市长清区

的请示》(鲁政发〔2001〕23号)收悉。同意撤销长清县,设立济南市长清区,以原长清县的行政区域为长清区的行政区域,区人民政府驻长清镇。

长清区的各类机构要按照“精简、效能”的原则设置,所需人员编制和经费由你省自行解决。

2001年6月26日

山东省人民政府

鲁政字〔2001〕209号

山东省人民政府
关于撤销长清县设立济南市
长清区的通知

济南市人民政府:

2001年6月26日,国务院以国函〔2001〕73号文批复我省,同意撤销长清县,以原长清县的行政区域设立济南市长清区,区人民政府驻长清镇。

望你们按照“精简、效能”的原则和有关规定,认真做好长清区的组建工作。

2001年7月17日

济南市人民政府文件

济政字〔2001〕57号

济南市人民政府
关于撤销长清县设立长清区的通知

长清县人民政府:

省政府以鲁政字〔2001〕209号文通知,国务院已批复同意撤销长清县,以原长清县的行政区域设立济南市长清区,区人民政府驻长清镇。为做好撤县设区的工作,现将有关问题通知如下:

一、认真搞好区域规划。撤县设区后,你区要按照全市“十五”规划和城市总体规划的要求,高标准、高起点搞好区域规划和城市建设规划。要充分发挥区位优势,坚持可持续发展战略,合理配置资源,进一步促进全区经济和社会事业的发展。

二、加快城市化进程。要加强城市基础设施建设,完善城市服务功能,强化城市管理,不断提高城市化水平。

三、加强对组建工作的领导。要以撤县设区为契机,按照国务院批复和省政府通知精神,本着“精简、效能、节俭”的原则,认真做好撤县设区工作。要加强政治思想工作,搞好宣传教育,确保各项工作的有序、高效开展和社会稳定。

四、行政区划调整结束后,你区要向市政府写出报告。

2001年8月15日

济南市机构编制委员会文件

济编发〔2000〕46号

关于组建济南经济开发区
管理委员会的通知

各县(市)区,市直各部门:

经省政府鲁政字〔1999〕130号文件批准,济南经济开发区(原济南外向型工业加工区)调整到济南市工业园位置。市委、市政府决定,组建济南经济开发区管理委员会。现将有关事项通知如下:

一、主要职责任务

1.依据国家法律、法规和有关规定,制定开发区的相关政策和管理方法,并组织实施。

2.拟定开发区经济、社会发展长期规划和年度计划,并组织实施。

3.按照规定权限,负责开发区投资项目的申报和审批。

4.根据开发区总体规划,负责开发区内土地规划、征地拆迁、施工管理、工程质量监督。

5.负责开发区内各项基础设施、公用设施的建设和管理。

6.负责开发区的财政、国有资产、劳动人事、环境保护等项工作。

7.按照国家规定,管理开发区的进出口业务。

8.代管开发区内的农村经济工作,配合有关部门搞好开发区所属单位及派驻机构的协调服务工作。

9.承办市委、市政府交办的其他事项。

二、建制级别及内部机构

济南经济开发区管委会建制级别为正局级。

根据工作需要，开发区管委会设1办4局，均为处级建制。

1.党政办公室

负责管委会各项决定执行情况的检查、督办、协调；负责开发区党的组织建设、宣传、统战及所属企事业单位工会、共青团、妇联等工作；负责开发区机关、事业单位的劳动人事管理、人才引进等工作；负责开发区的办文、办会、对外联络、接待、保卫等工作；承担开发区内政策、法律的咨询工作。

2.经济发展局

制定开发区国民经济和社会发展长期规划和年度计划；负责开发区科技规划与管理、外经外贸、招商引资及项目审批、管理工作；承担开发区的经济技术咨询工作。

3.建设局

对开发区进行统一规划、开发、建设；制定开发区土地开发、利用详细规划并组织实施；负责开发区基础设施建设、公共服务配套设施建设、环境保护、拆迁等工作。

4.财政局

负责编制并实施经济开发区财政预算、决算工作；负责开发区所属单位的国有资产管理、审计、物价监督管理工作；负责工商、税务等部门在开发区设立的分支机构的综合协调工作；根据国家经济政策，管好、用好各项资金。

5.社会事务局

负责代管村党的基层组织建设和党务工作；负责代管村的经济建设及各项社会事务；负责代管村被征用土地的农民转为地方城市户口的补偿安置等项工作。

三、人员编制及经费渠道

济南经济开发区管理委员会暂定行政编制27名，工勤人员编制3名，机关编制总额30名。所需编制从长清县机关编制中调剂解决。开发区管委会配党委书记1人，副书记2人；主任1人，副主任3人；中层配正职5人(处级)，中层副职岗位实行助理制，配助理6人(科级)。中层(包括中层)以下人员实行聘任制。

济南经济开发区管委会人员经费，由县财政列支。

2000年9月11日

济南市长清区机构编制委员会文件

济长编发〔2007〕14号

关于印发《济南经济开发区管理委员会职能配置、内设机构和人员编制意见》的通知

济南经济开发区管理委员会、区直有关部门：

《济南经济开发区管理委员会职能配置、内设机构和人员编制意见》已经区机构编制委员会办公室审核，区机构编制委员会批准，现予印发。

长清区机构编制委员会

2007年1月18日

济南经济开发区管理委员会职能配置、内设机构和人员编制意见

根据济编发〔2004〕10号和济编发〔2006〕34号文件精神，济南经济开发区管理委员会不再作为市政府派出机构，交由长清区管理，为区政府独立设置的派出机构。

一、主要职责

(一)依据国家法律、法规和有关规定，制定开发区的相关政策和管理办法，并组织实施。

(二)拟定开发区经济、社会发展长期规划和年度计划，并组织实施。

(三)按照规定权限，负责开发区投资项目的申报和审批。

（四）根据开发区总体规划，负责开发区内土地规划、征地协调、施工管理、工程质量监督。

（五）负责开发区内各项基础设施、公用设施的规划和监督建设管理。

（六）负责协调开发区的财政、国有资产、劳动人事、环境保护等项工作。

（七）按照国家规定，管理开发区的进出口业务，协调开发区涉外事务。

（八）对开发区企业事业单位和其他经济组织进行监督管理。

（九）负责进区项目单位和派驻机构的协调、管理、服务工作。

（十）承办上级党委、政府交办的其他事项。

二、内设机构

根据以上职责，济南经济开发区管委会内设1办4局，均为处级建制。

（一）党政办公室

负责管委会各项决定执行情况的检查、督办、协调；负责开发区党的组织建设、宣传、统战及所属企事业单位工会、共青团、妇联等工作；负责开发区机关、事业单位的劳动人事管理、人才引进等工作；负责开发区的办文、办会、对外联络、接待、保卫等工作；承担开发区内政策、规定的咨询工作。

（二）招商局

负责拟定开发区对外招商引资的优惠政策和配套措施，研究制定招商引资工作的总体规划和年度计划；负责组织开发区召开的各类招商引资活动，建立招商引资信息网络；负责开发区的对外形象宣传和推介；负责引进项目的筛选、洽谈及项目申报等前期工作；负责招商代理的选择、委托和管理，提供其他招商中介服务；负责与国内外其他地区的招商合作与交流。

（三）经济发展局

负责制定开发区国民经济和社会发展长期规划和年度计划；负责项目引进后的协调管理工作，协调驻区企业的相关社会事务工作；负责高新技术企业和产品的审核认定；负责开发区科技发展规划和科技、知识产权工作的协调服务；监测分析开发区工业经济的运行态势，组织解决工业经济运行中的重大问题；组织驻区企业各种统计、汇总工作；汇集分析、发布有关经济技术信息；指导企业法制工作，依法维护企业合法权益，指导企业职工教育、培训工作；承担开发区的经济技术咨询工作。

（四）建设局

负责对开发区进行统一规划、开发、建设；制定开发区土地开发、利用详细规划并组织实施；负责协调开发区市政工程、公用设施、工业、商业网点和民用建筑的规划管理工作；参与开发区建设项目的选址定点工作；承担开发区环境保护和人民防空设施规划，以及房屋开发、房产管理工作；负责开发区基础设施建设、公共服务配套设施建设、环境保护、拆迁等工作。

（五）财政局

负责编制并实施经济开发区财政预算、决算工作；负责开发区所属单位的国有资产管理、审计、物价监督管理工作；负责工商、税务等部门在开发区设立的分支机构的综合协调工作；根据国家经济政策，管好、用好各项资金。

三、人员编制和领导职数

济南经济开发区管委会配行政编制30人，工勤人员编制10人，机关编制总额40人；领导职数配主任1人，副主任4人；内设机构配局长（主任）5人，副局长（副主任）5人；科级职数6人。

党的组织、纪检监察、工会、共青团、妇女工作等机构设置和领导干部配备按有关规定执行。

济南市长清区机构编制委员会文件

济长编发〔2007〕18号

关于济南经济开发区管理委员会加挂牌子的通知

济南经济开发区管理委员会：

按济南市机构编制委员会《关于济南经济开发区管理委员会加挂牌子的批复》（济编发〔2007〕3号文件），经研究同意，济南经济开发区管理委员会加挂济南市农业高新技术开发区管理委员会的牌子，内设机构增设农业高新技术发展局，处级建制，领导职数增配局长1人(正处级)，副局长1人(副处级)，科级职数1人，工勤人员编制1人，人员编制从内部调剂。

2007年3月6日

中共长清县委文件

长发〔1997〕36号

中共长清县委　长清县人民政府关于进一步深化企业改革的若干规定

近几年来，我县先后制定了关于企业改革的一系列文件规定，这对推进企业改革起到重要作用，但在实际工作中遇到了一些新问题需要进一步明确。为此，按照党的十五大精神的要求，依照国家、省、市有关政策和县里的有关文件，借鉴外地经验，结合我县实际，现就进一步深化企业改革的有关问题作如下规定：

一、企业改革的目标、范围和主要形式

(一)目标：通过各种形式的改革，切实转换企业机制，把企业改造成符合现代企业制度要求的产权清晰、权责明确、政企分开、管理科学的新型企业，真正把企业推向市场，成为具有自主经营、自负盈亏、自我发展、自我约束能力的法人实体和市场竞争主体，实现“六个好”：即建立一个好机制，成立一个好班子，培育一个好产品，创造一个好环境，制定一个好制度，实现一个好效益。

(二)范围：除公益性和政策性强的企业外的所有县办国有、集体企业(包括工业、农业、商贸流通、建筑、交通等企业)；中外合资企业的中方部分；乡镇办企业；县、乡镇部门所办经济实体。

(三)形式：从实际出发，因企制宜，一企一策，以(一般不设国有、集体公有股)企业内部职工全员参股，经营者持大股的股份制和股份合作制为主要形式，以“先出售，后改制”为重点，突出一个“卖”字，鼓励一个“买”字，支持企业法人代表、企业内部职工、机关干部、离退休老干部、私营业主、农民以及社会各界人士购买企业或到企业入股；欢迎外地法人、自然人和外商购买我县企业；同时，“租、兼、破”等多管齐下，多形式推进，抓好已改制企业的规范完善。

二、企业改革中应把握的几个问题

(一)坚持六条原则：

1.坚持以“三个有利于”为标准的原则。凡是符合“三个有利于”的改革形式和措施，都可以大胆地试，大胆地闯，大胆地干。

2.坚持一切从实际出发的原则。根据企业自身的特点和实际情况，选择改革途径，制订改革方案。

3. 坚持群众路线的原则。相信和依靠职工群众，尊重其民主权利，调动职工群众支持、参与改革的积极性和自觉性。

4.坚持“三改一加强”的原则。引导改制企业，按照新的组织形式，转变经营机制，加快技改步伐，建立严格、科学的管理制度，增强市场竞争力。

5.坚持一把手负总责的原则。各级党政及各系统、各企业主管部门的一把手，都要从讲大局、讲政治的高度出发对待改革，尽职尽责。

6.坚持改革、发展、稳定相统一的原则。以改革促发展，保稳定；以发展和稳定，巩固改革成果，保证各项改革工作的顺利进行。

(二)严把六个关键环节：

1.宣传发动。要以思想领先，坚持把政治思想工作贯穿于企业改革的全过程，采取多种宣传形式广造舆论，形成全社会特别是企业干部职工关心、支持、参与改革的良好社会氛围。

2.清产核资，资产评估。先由企业在乡镇、主管部门和评估机构指导下自行清产核资。然后由国资局负责，以会计师事务所、审计事务所、济南第二会计师事务所长清分所为主，制订评估办法，培训评估骨干，分片分线，搞好资产评估。并按有关规定对评估结果予以确认。

3.产权界定。遵照“谁投资谁拥有所有权”的原则，按照有关文件规定，明晰产权归属，在此基础上拟定改革方案。

4.招股募股。动员职工全员入股，鼓励经营者持大股。所有投资者按规定按时交足认购股份数额。

5.组建班子。经批准改制的企业，按法定程序召开首次股东大会，选举董事长、监事会主席；由董事会聘任总经理。

6.建章立制，切实转机。按照建立现代企业制度的要求和有关政策法规，深化企业内部三项制度改革，建立健全各项规章制度，使企业真正按新机制运转。

三、有关配套政策

（一）资产处理

1.出售改制

（1）企业经资产评估，总资产减去总负债，剩余的净资产为出售底价，然后剥离土地使用权（职工同意购买的除外），净资产存量大的还可再剥离非经营性资产，扣除按规定扣除的净资产（净资产为负数的不再剥离、扣除），将其生产经营性资产全部或部分出售给内部职工，改造成为企业内部职工持股的股份制、股份合作制企业。可以原存量资产为基础，吸收职工增量资本重组改制；也可视企业资产情况，采取以下办法：

①先出售，后改制。企业净资产人均在5000元以下的，由内部职工一次买断；资债基本持平的，按“零”价向本企业职工转让，把企业改制为全部由内部职工持股的股份制或股份合作制企业。

②股售结合。企业净资产人均在5000~10000元，内部职工全部购买有困难的，可将部分出售给内部职工，剩余部分向外部法人或个人招股，把企业转换成多种形式持股的股份制和股份合作制企业。

③售租结合。对净资产较大，职工一次买不断的，国家或集体将其保留的部分净资产，租给改制后企业，按实计租，租金由产权部门收取。

④国家、集体控股。企业人均净资产1万元以上，规模较大的企业，可以设部分国家、集体股，但内部职工持股一般不低于企业股本总额的40%，特殊情况报县企业改革领导小组批准。

对关系国计民生、受政策因素影响及垄断经营的企业，可由国家、集体控股，也可将其中竞争性强的部分切块改制。

（2）改制企业从评估基准日起向前推10年，按应收账款总额的0.5~1%提取，作为呆账准备金，以冲减呆账损失，从净资产中扣除，无净资产的视为企业负债。企业的呆账由财政、国资、企业主管部门、体改委共同确认。企业改制后，若能收回已冲销的呆账，一律用于增补企业资本公积金。

（3）改制企业从1991年开始计算应当提取而未提取的工资基金、奖励基金、福利基金，从国有、集体净资产中一次性扣除，经批准，可按规定将其部分或全部折成职工个人股，不计入当年工资总额；也可由改制企业按原用途继续使用。如无净资产视为企业负债处理。

（4）改制企业的非经营性资产（如宿舍、食堂、浴池等）可以从净资产中剥离，剥离设施可交政府，也可按国家有关规定留企业管理使用。职工宿舍按房改政策办。对企业占用的土地使用权，根据企业负债情况和职工承受能力确定是否出售，职工愿意购买的，可将土地使用权出售给职工，作为向企业投入的资本金，也可暂不作价出售或入股。

（5）改制企业离退休职工的医疗费用，有净资产的可以按照每人3000~5000元从净资产中一次性扣除，作为职工集体股，用其红利支付离退休职工医疗费用，节余部分滚动使用，不足部分由企业补助。死亡职工的抚恤金、伤残职工及职工病患者的补助费、应交未交的养老保险金和失业保险金等，按有关规定计算出总额，可从净资产中一次性扣除，留给企业使用，由企业从其红利中统一支付。没有净资产的按具体情况，一企一策处理。

（6）企业净资产较大，在改制中为安置富余人员所发生的费用，经县属、乡镇企业改革领导小组批准，可从净资产中扣除。

（7）改制企业资产评估费用和其他直接用于改制的费用，可从净资产中扣除。

（8）改制企业净资产在作各种扣除之后，如切块资产数大于净资产，视为企业资债持平，按“零”价出让改制。

（9）改制企业界定为国有、集体资产没有出售的部分（包括土地使用权、宿舍、食堂、离退休职工医疗费及留给企业使用的用于支付保险金而提取的资金等），均要到国有资产、土地、房产管理等有关部门办理产权登记，并由国资部门委托改制后的企业管理。

（10）企业的商标、商誉、专利技术等无形资产均评估作价，办理有关变更手续后，留改制后的企业无偿使用。

（11）改制企业所办的第三产业和其他附属企业，原则上从企业中分离出来，分离时这些产业所占的资产负担应随人员一起划拨。划拨办法有两种：（1）实行独立核算、自负盈亏，隶属关系不变；（2）划出后独立核算、自负盈亏尚有困难的，母体企业对其实行定期、定额补贴，以维持其生存和发展。

2.社会出售

（12）对企业资产不宜于本企业内部职工购买的企业，可征得主债权银行或2/3以上债权人同意，经资产评估、产权界定，按照“公开、公正、公平”的原则，向社会公开出售。出售的形式和价格可分为五种：①对现有资产向社会公开竞价出售；②购买总资产的，在价格上以八折优惠，并可根据企业产品市场占有率状况再确定优惠比例；③购买净资产的以九折优惠；④对承担原企业债权债务，接受原企业职工的，经批准，根据情况还可再优惠；⑤一次性付清款额的可按出售价的10%给予优惠。

社会出售所得首先用于离退休人员和在职职工的安置。

（13）对资产数额较大，购买者一次付不清全部价款的，经县属、乡镇企业改革领导小组批准，可分期付款，但首期付款不少于50%，其余部分不超过二年付清。欠交部分按银行同期储蓄存款利率付息。

3.租赁

（14）微利小企业可按法规程序通过产权转让、融资租赁将公有企业转为私有企业。采取融资租赁形式的，由承租方在约定期限内，逐年向企业资产所有者支付租赁费，取得相应比例的企业产权，剩余资产按银行同期贷款利率有偿使用；当支付租赁费总数与承担基准年资产评估价相等时，经核准，企业产权转为承租人所有。

（15）通过租赁实行资产公有民营和公有私营的企业，其资产量较大的，可实行固定资产租赁，流动资产视同借贷办法，其中流动资产参照银行同期流动资产贷款利息交纳资产占用费；规模较小、职工人数较少且生产工艺简单的小企业实行租赁经营时，经财税部门核定，可采取确定经营指标，按照定额、定率办法征税。

（16）剥离租赁。对包袱沉重，生产经营严重困难，难以从整体上搞活的企业，允许部分资产从母体中剥离出来，承担相应债务，吸收职工投资入股，建立股份制或股份合作制企业。也可保留原企业名称、法人地位，承担原债务，职工投资入股，按股份制或股份合作制组建新企业，新企业租赁原企业部分或全部固定资产，向企业交租费，或将企业固定资产折价入股，老企业以租费或红利收入还债和作为离退职工费用补贴。

4.兼并

（17）优势企业接收小企业的，经县政府批准，在纳税渠道不变的条件下，可无偿划转。凡有偿接受被兼并、收购企业债权债务及职工的，允许从产权价格中扣除职工安置费；未全部接收职工的，应从产权转让收入中划出一部分用于支付未被接收职工的安置费用。被兼并、收购企业欠交的养老保险和失业保险金，可从企业资产中一次性扣除。

5.出售改制资产收入的收缴、管理

（18）国有、集体企业净资产出售给内部职工的资金，一般的可继续留给企业，用作技改、扩大再生产及弥补流动资金不足，使用3～5年，不得用于归还银行贷款。企业使用这些资金，要按银行同期贷款利率，与国资局、乡镇财政所办理有关手续，结算资金占用费；对于微利企业（人均税后利润在1500元以下的），3年免收资金占用费；亏损企业5年内免收占用费。

（19）对企业净资产整体出售且职工一次交清

出售价款的，可在资产出售价基础上适当优惠。分期付款的，第一次出资额不得少于出售净资产的50%，付清款项不得超过两年，欠交部分按银行同期贷款利率付息。

（20）对超期欠交出售资金或占用费的，按同期银行贷款利率的50%罚息。

（21）出售国有、集体资产的收入及占用费收入用于建立企业产权改革基金，分别在国资局、乡镇财政所设专户储存，由县、乡镇政府掌握使用，主要用于国有、集体资本的再投入，扶持支柱产业和骨干企业的发展。

（二）改制企业的股权设置与管理

（22）企业主要设职工个人股、法人股（包括企业法人和社团法人）和社会自然人个人股，实行“先出售、后改制”的股份制或股份合作制企业，一般以内部职工持股为主要的股权形式。原企业的国有、集体资产由职工认股后置换。改制企业应向产权部门办理原产权转让手续。

（23）鼓励原企业职工集体购买原企业，认购方式为定额认购和自愿认购。定额认购每人一股5000元，对个别长期亏损，职工认购确有困难的企业，报县属、乡镇企业改革领导小组批准，可以适当降低认购限额，但最少不得低于2000元；对一个家庭两人以上在亏损企业工作及个别有特殊困难的职工，经职代会同意可暂缓购股或分期购股。分期购股者首次付款不得少于认购股份的50%，延期付款不得超过二年，延期付款部分按银行同期储蓄存款利率付息。对改制前连续三年亏损企业，职工欠交部分可以二年内不计息。企业净资产为负数或职工认购部分超过可出售净资产部分，视为增量扩股，所募集股金作为企业流动资金。

生产经营较困难的企业，经职代会同意，可由一人或数人合伙购买全部净资产。

（24）企业净资产为负数或职工认购部分超过可出售净资产的部分，视为增量扩股，所募集股金作为企业流动资金。

（25）鼓励企业职工人人投资入股，允许职工特别是经营者持大股。董事会持股原则上可占股本总额的50%。也可按法人代表、副职、中层干部分别不低于一般职工5倍、3倍、2倍认购股份。

（26）集体企业改制为股份合作制的，可拿出部分资产（一般不超过净资产的30%）作为职工基本股，按职工的工龄、岗位、贡献等条件量化给职工，买一配一、不买不配。职工基本股只有分红权，无所有权及继承、馈赠、转让权，职工调离、退休时自然终止。集体企业整体出售改制的，不再享受虚分量化政策。

（27）设有国家股的企业，由国资管理（经营）部门委托产权代表参加企业的重大决策。国家股、集体股、法人股经出资人同意可作为企业优先股。

（28）股金的募集，须能维持企业正常生产经营的需要。

（29）职工认购的股份，发给由县统一印制的记名式股权证，作为出资证明和分红依据。股东不能退股，一年后可以在本企业内部转让，其他股东有优先受让权。其表决方式由本企业章程确定。

（30）改制企业应制定企业内部股权管理办法，明确股权管理的部门、人员和职责、股份的认购和登记、股东收益和支付、股权行使和变更以及股东的权利和义务等。企业股权管理职能由企业财务部门承担。

为促进股权的合理流动，保证股东的合法权益，县审批设立机关应委托专门机构对企业的股权证实行集中托管，并由其负责对股份收益、股本增值、股份转让与继承、股权证的保管与挂失、股份纠纷的协调处理等，实施统一服务与监督。

（31）股份合作制企业运行后，职工集体股经股东会和职代会同意，报原审批设立机关批准，可由内部职工购买转为个人股。购买前，要根据股本增减值情况重新核定股值，其中占集体股30%的股份继续为职工集体股，其收益用于补充离退休职工养老和医疗费用；剩余70%股份（包括量化的职工基本股）由职工一次或几次买断。出售企业集体股收回资金列入企业资本公积金。

（32）改制企业连续三年盈利，经股东会同意、原审批机关批准可进行扩股。扩股前应对企业资产重新核实，合理确定新购认购价格。并按确定规模和范围募集股金，股金到位后及时办理增加注册资本手续。

(33)改制企业因运营效果造成股本的大幅度增值或减值，可向原审批机关申请调整，批准后，按股本重新核实，通过提高或减少每股面值或配送股方法实施。调整后按新规定增减股本总量，并办理有关手续。

(三)债权债务

(34)不论国有、集体企业或其他性质的企业，所欠国家、银行贷款、债务及本企业应享有的债权，视企业的不同改制形式，其应承担的责任和享有的权利，不得悬空，并办理有关变更手续。鼓励债权人将债权投资或入股欠债企业。

国有企业使用县本级财政逾期资金可采取以下办法处理：县本级财政逾期周转金本息经批准可以改为贷改投，入股分红；资不抵债企业逾期县本级财政周转金本息经批准可以豁免（县属集体企业经县企业改革领导小组批准也可豁免）。

(35)对企业改制前造成的贷款损失，企业还本付息确有困难的，各开户银行应积极向上请示，从贷款风险金中核销或实行挂账停息。

(36)对改制企业发生对外担保贷款的，原则上仍由受让方承担责任。确实不能担保的，银行应采取转移担保关系或被担保单位的资产自行抵押，解除担保关系。

(37)从原企业剥离出来的新的法人实体，可以不承担原企业的债权债务，租赁占用部分或全部资产，实行公有民营，工商部门凭租赁合同办理注册登记手续。也可以承担与占用资产相应或相关的债权债务，银行应给予积极配合和支持。

(38)对兼并亏损严重、资不抵债企业的，被兼并企业原有贷款，银行应积极申请给予挂帐停息、计息缓交或免息还本等扶持，并在贷款额度上适当放宽。对企业破产，各专业银行应积极配合，并努力向上争取贷款风险金，以核销其贷款损失。

(39)企业改制时，法人代表购股有困难的，银行应支持由个人贷款或承担原企业部分贷款的办法购股或转股，但担保人应是贷款人所在企业之外的单位或个人。

(四)职工问题

(40)改制企业必须接收原有企业全部职工(包括退离休人员)，并实行全员劳动合同制，与职工签订劳动合同并依法鉴证。对不持股职工，当企业需裁员时，经股东大会讨论，可以首先予以裁减。

(41)改制企业的所有职工必须按规定参加养老、失业、医疗等社会保险，企业不得随意降低或减发职工应得的保险福利待遇，不得无故擅自降低企业的工资水平。

(42)改制企业在劳动部门指导下，通过劳动力市场、人才市场自行确定招用企业员工的时间、条件、方式和数量。职工招用或流动，必须到劳动部门办理有关手续。改制企业有接收国家统一分配的大中专、技校毕业生、军队转业干部及随迁家属、城镇退伍军人、志愿兵等安置任务。

(43)对改制企业富余人员，可采取以下办法安置处理：

①鼓励企业对富余人员通过签订合同或协议实行停薪留职的办法，让他们自谋职业。在此期间，按合同规定向企业交管理费和社会保险费者计算工龄，享受在职职工政策待遇(记入档案)。不交者不计算工龄(保留自谋职业前的工龄)，待达到法定退休年龄时，根据有关规定，按实际工龄计算办理退休手续。

②企业富余人员经企业批准，可提前5年办理退养手续。

③对45周岁以上男性职工和40周岁以上女性职工，其工龄不超过10年，距法定退休年龄相差10年的富余人员，经本人申请、企业同意，可实行退职的办法，按工龄长短一次性发给退职费；对50岁以上男性职工和40岁以上女性职工，其工龄不超过15年，距法定退休年龄相差10年的，实行企业内退养，享受当地最低工资标准或基本工资的50%～70%，待达到法定退休年龄时，再办理退休手续。

④鼓励新办企业或其他企业接收下岗职工，

凡招用45周岁以上男性职工和40岁以上女性职工，与其签订劳动合同并依法鉴证5年的，原单位可给予吸纳单位一定的资助，企业所得税经批准可按招收下岗职工占本企业职工的比例进行减免。

⑤对工龄较短的富余人员，劳动合同到期的，可不再与其续签劳动合同，享受失业待遇，待二次就业。劳动合同未到期的，可按有关规定一次性发给就业安置补助费，鼓励其离开企业，自谋职业；经协商，也可解除劳动合同，按其在本企业的工作年限，每满一年发给一个月工资的补偿金，进入劳动力市场实现重新就业。

（五）分配问题

（44）改制企业要按照按劳分配、效率优先和“两低于”（即工资总额的增长率低于经济效益增长率、职工年平均工资增长率低于本企业劳动生产率的增长率）的原则，由企业根据有关规定自主确立。企业按照劳动技能、劳动强度、劳动条件、劳动贡献等采取多种形式确定职工工资收入；拍卖给个体私营、外商经营的企业，职工工资由企业按有关规定确定。

（45）改制企业缴纳所得税后，利润分配按下列顺利进行：

①弥补亏损；

②提取10%法定公积金（达到注册资本50%时可不再提取）；

③提取5%~10%的法定公益金；

④视企业经济效益等情况，由股东大会决定提取任意盈余公积金；

⑤按股分配红利。

企业法定公积金和盈余公积金主要用于扩大再生产，公益金主要用于职工的集体福利。

企业未分配利润可以并入下年度向投资者进行分配，也可用于增资扩股。

（46）经股东大会同意，可以在分配利润中提取一部分进行按劳分配，用于奖励对企业有特殊贡献的职工。

（47）股份制、股份合作制企业实行同股同利、有利共享、风险共担。国家股红利原则上留企业有偿使用，待企业增资扩股时转为国有股股金。职工集体股的红利，可用于弥补离退休职工养老、医疗费用不足，补充职工社会保障，也可用于按劳分配或用于职工集体股的增资扩股。

（48）改制企业从资产评估基准日始所产生的利润，在纳税后归改制后企业所有。

（49）改制企业利润分配方案必须经审计部门或有资格的社会中介机构审计后，根据企业实际、经营业绩，按照《公司法》的规定制定，经股东大会批准实施，并报体改委、国资局、财政局、企业主管等部门备案（企业未经审计不得分红）。

（六）税费征收

（50）改制企业按税收政策交纳所得税，5年内对应交纳所得税额3万元以上、10万元以下的微利企业，自改制起按15%税率交纳；3万元以下的按10%税率交纳；对亏损企业自改制起5年内盈利部分先弥补亏损，弥补亏损后的剩余部分税负超过10%部分由财政返还。

（51）对资不抵债企业改制后的房产税、土地使用税、城建税、水利基金等地方税，经批准可以减征。

（52）对改制前资不抵债部分，视其情况，在改制后3—5年内用所得税前利润弥补。数额较大或政策性亏损的，可在5年内由地方税弥补债务。

（53）对剥离分立后的改制企业交纳的所得税，允许改制企业转给老企业，以弥补老企业亏损。

（54）改制后的民政福利企业，仍享受原来的有关优惠政策，私人或外商购买后的企业，享受各自的优惠政策。

（55）改制企业个人股年收益率不高于银行同期3年定期存款利息部分，免征个人所得税。

（56）企业改制中，涉及资产评估、产权交易、公证、验资、注册及变更登记等费用，资不抵债企业免收，一般企业可适当收取工本费。

（57）兼并、收购停产一年以上或半停产2年以上和资不抵债的企业，经财税部门批准，被兼并、收购企业的欠税，在兼并、收购后5年内挂税免罚滞纳金；其经评估未能核销、超过弥补期的挂账损失，允许兼并企业在兼并、收购5年内由税前利润弥补。

(58)对租赁连续3年亏损的企业，发租方可在商定年限内不收取租赁费，企业承租前累计亏损部分，允许在3年内企业应交所得税弥补。

(59)小企业，包括民营、私营企业，凡安置本企业外待业职工和企业富余职工，占到本企业职工30%以上的，经批准可享受所得税2年免征、3年减半征收待遇。

(七)工商注册

(60)实行股份合作制的企业，原企业为“公司”名称的，仍可保留其公司名称。改组或新建股份合作制企业可以冠以“公司”名称，按股本额注册资本，进行工商登记。

(61)企业改制后资本金过小的，在工商注册时可将土地使用权作为注册资本，准予工商登记。

(八)其他规定

(62)企业改制应取得职工、出资人、主贷款银行和主管部门的同意，由企业提出申请，经政府指定的部门审批。

(63)企业清产核资按国家有关规定进行，同时应有企业出资人、主贷款银行和职工代表参加。资产评估由省以上国有资产行政管理部门颁发“评估资格证书”的评估机构来承担。评估结果，国有和县属集体企业由国资局确认；乡镇企业由县国资局委托乡镇政府确认；部门经济实体由国资局确认，供销社由县联社自行组织评估和确认。

(64)按照谁投资、谁享有所有权的原则，在清产核资、资产评估基础上，搞好原有企业的资产界定，属于国家和集体所有的净资产，企业在出售时应按市场原则有偿转让，不能无偿分给个人。

(65)企业改革必须坚持改组、改造和加强管理相结合。改制后要围绕市场需要制定企业发展规划，抓紧进行改组和技改，盘活存量资产，提高投入产出率；要加强企业内部管理，建立行之有效的经济责任制度，制定正确的营销策略；要正确处理好积累与分配的关系，注意增加积累，增强发展后劲。

(66)企业无论采取哪种改革形式，都要配套推进劳动、人事、分配三项制度改革。建立精干、高效的企业管理机构，根据需要定岗定员，层层推行部门经理负责制；建立优胜劣汰的用人机制，实行优化组合、竞争上岗；建立奖勤罚懒的激励机制，全面推行岗位技能工资，多劳多得，奖罚分明。

(67)企业改制后，其党、政、工、团、计划生育、精神文明建设、统计报表及各项社会公益活动的管理，仍由原主管部门负责，企业必须无条件地接受。企业主管部门及各职能部门应适应企业改制新形势，转变职能，强化服务，为改制企业创造宽松的外部环境。

(68)改制企业必须遵守国家各项法规，承担各项社会义务，接受政府领导。要按规定及时足额缴纳各项税款，不得以任何借口或理由偷漏、拖欠国家和地方税款。为增强行业管理部门的服务功能，企业仍按原规定缴纳管理费。企业上交的管理费税前列支，上交县财政统一管理。

(69)本规定由县企业改革领导小组委托宣传教育政策指导组负责解释。

(70)本规定自发布之日起施行。过去凡与本规定不符的，按本规定执行。

1997年9月25日

中共长清县委文件

长发〔1999〕7号

中共长清县委　长清县人民政府关于稳定完善土地承包关系延长土地承包期的实施意见

为贯彻落实《中共中央关于加强农业和农村工作若干重大问题的决定》及省、市有关延长土地承包期的指示精神，切实做好我县土地承包期延长工作，保持党在农村基本政策的长期稳定，特提出如下实施意见：

一、指导思想及目的意义

稳定完善土地承包关系，延长土地承包期工

作的指导思想是：以党的十五届三中全会提出的“稳定农村家庭联产承包责任制，完善统分结合的双层经营体制”为指针，以延长土地承包期30年不变为核心，以加强土地承包合同管理，逐步建立土地流转机制为重点，坚持“大稳定、小调整”的原则，以点带面，扎实稳妥地搞好土地延包工作，调动农民生产积极性，促进农业和农村经济持续、稳定、健康发展。

长期稳定以家庭联产承包为主的责任制，完善统分结合的双层经营体制，是党在农村的基本政策。稳定土地承包关系，是这一政策的核心内容。保持党在农村的基本政策长期稳定，当前要重点落实好稳定土地承包关系的政策。我县是个农业县，在相当长的时期内，土地不仅是农业最基本的生产要素，而且是农民最基本的生活保障，稳定土地承包关系，完善以家庭联产承包为主的责任制和统分结合的双层经营体制，对于调动农民的积极性，促进农村经济发展和社会稳定具有重大意义。因此，各级各部门必须把思想统一到中央、省、市文件精神上来，把稳定土地承包政策，做好土地延包工作，当作深化农村改革，稳定农村大局，促进农村经济发展的大事，不折不扣地抓好落实。

二、认真落实土地延包的各项政策

1.坚持土地延包期30年不变的原则

对第一轮土地承包到期合同要及时续签，做到合同到期一批，续签一批，不留空档。凡1994年1月1日后，已进行了新一轮土地承包合同续签的，但承包期不到30年的，要做好基层干部和群众的工作，直接将承包期限延长30年；1994年1月1日前签订的土地承包合同，待合同到期后，再进行30年的承包合同续签工作；合同已到期但尚未续签的；这次必须本着再延长30年的原则，搞好合同的续签；以前没有签订合同的，这次一律要签订合同，承包期一定30年不变。

2.坚持“大稳定、小调整”的原则

延长土地承包期工作的核心是“稳定”，不得随意打乱，重新划分现有的承包关系。只要原土地承包办法基本合理，绝大多数群众基本满意的，应保持原承包办法不变，直接延长承包期，续订承包合同。因人口增减，耕地被占用等原因造成的承包土地严重不均，地块过于零碎，群众意见较大的，经村民大会或村民代表大会三分之二以上成员的同意，并报县农业局审批备案，可作小调整，并签订30年的承包合同。小调整主要是个别农户之间的调整，调整时应妥善解决原承包户对土地投资的补偿。要保护好耕地“附着物”，耕地的“附着物”，应本着“物随地走”的原则，合理确定价值给予补偿。

3.坚持机动地不超过5%的原则

目前尚未留有“机动地”的地方，要征求群众意见，确定是否再留“机动地”。已留有“机动地”的地方，必须将“机动地”严格控制在耕地总面积5%的限额内，并严格用于解决人地矛盾，超过部分应按公平、合理的原则，分包到户。对“机动地”的使用和经营坚持公平、公正、公开、尊重多数群众的意愿，不得强行经营和发包。

4.坚持不得随意改变土地权属关系和用途的原则

凡以原生产队为单位发包的，不要随意打破原生产队土地的界限在全村范围内平均承包。对于那些多数群众认可，乡镇以上人民政府批准，已实行以村为单位发包的，要保持稳定，不再改变。要保护好耕地，不得随意改变耕地的用途，未经批准，自行改变用途的，除按有关法律法规予以处理外，集体应收回原承包土地，另行发包。

严禁荒芜土地。在承包期内，发包方有权收回承包户失去耕作能力及抛荒两年以上的承包耕地。

5.坚持不加重农民负担的原则

延长土地承包和进行必要的土地调整时，不得随意提高承包费，变相加重农民负担。除工副业、果园、桑园、鱼塘、山林“四荒”承包项目以外，其他的土地，无论如何承包，其承包费都属于农户向集体经济组织上交的村提留、乡统筹的范围。对于少数地方不顾客观条件，违背群众意愿，借搞“两田制”随意抬高承包费，加重农民负担的，坚决给予纠正。

三、加强对土地承包合同及土地承包费的管理

在续签合同工作中，集体经济组织和村委会与承包户要按照《山东省农村集体经济承包合同管理条例》的有关规定签订土地承包合同。承包合同使用县农业局经管办统一监制的合同样本，并由乡镇经管站鉴证。要保持合同的严肃性，合同一旦签订就具有法律效力，发包方和承包方都必须严格履行。承包方不履行合同，造成土地荒芜或不按时交纳承包金，发包方有权收回另行发包。发包方单方终止合同，应加倍赔偿承包方的经济损失。要切实加强合同规范化管理，在全县范围内，要做到格式、签订、鉴证、调解仲裁、档案管理五统一，逐步使土地承包管理工作规范化、制度化、科学化、法制化。

合理确定"四荒"和果园合同承包费。农户经批准在承包的荒山、荒坡、荒滩、荒水上改田造地，其新增的耕地按"谁投资改造，谁使用受益"的原则处理，不改变承包基数。原承包地按照当地统一规划栽种果树的，五年以内按粮田承包基数确定，五年以上的按果树承包基数确定。

合理确定承包土地的人口。承包土地的人口应是户口在本地的常住人口。按国家计划生育政策规定生育的子女，在服役期内的义务兵，这次续签工作中应视作承包土地人口。户籍已外迁及死亡绝户、义务兵已提干、中高等专业学校学生已毕业分配工作的，这次不再作为承包土地人口。全村整建制农转非的，其成员应参加土地承包；部分农转非，其转非者仍承担村义务的也应视为承包人口。前几年农转城而又没安排工作的，应视作承包人口，已安排工作但又下岗的不视作承包人口。

四、建立土地承包经营权流转机制

在坚持土地集体所有和不改变土地农业用途的前提下，允许承包方在承包期内，对承包土地依法转包、转让、互换、入股。土地承包经营权的流转形式，经济补偿方式，由双方协商，签订书面合同并报发包方和农业承包合同管理机关备案。在承包土地转让时，要切实保护实际耕种者的利益。各地要逐步建立土地投资补偿机制和有偿使用制度，同时建立相应的约束机制，规范土地流转行为。

五、及时发放《土地承包经营权证》

《土地承包经营权证》是确认农户承包土地30年不变的证明。《土地承包经营权证》由农业厅统一印制，盖县级人民政府印章，由农村集体经济组织或村委会在签订承包合同后向农户填发。颁发《土地承包经营权证》的范围，主要是承包集体耕地的村集体经济组织成员，下列情况应区别对待：

1.正在服役的义务兵，中、高等专业学校在校学生，全村整建制农转非和部分农转非的，承包土地期限可长可短，暂不发给《土地承包经营权证》。

2.承包机动地的只签订承包合同，不发《土地承包经营权证》，承包期按实际情况确定。

3.全家外出打工，长年外出不归或正在服刑，其原承包耕地可以由集体暂时收回，另行发包，待其归来后，集体再与其签订合同，颁发《土地承包经营权证》。

4.对个别无故拖欠承包费的农户，经说服教育，既不归还，也不签订转贷还款协议的，集体可以不与该户续订承包合同，暂不发给《土地承包经营权证》。

5.在续签合同中无理取闹，拒不签订合同或因某些具体问题的处理不满而不签订合同的，应移交乡镇承包合同主管部门处理，收回承包地，在处理之前，暂缓发《土地承包经营权证》。

6.没安排工作的农转非人员承包土地的，暂不发给《土地承包经营权证》。

六、统一步骤，分步实施

做好土地延包工作，关系到广大农民的切身利益，关系到农村经济的发展和稳定。因此，既要积极，又要稳妥，既要统一要求，又要分步实施。总的要求是：土地延包工作要在三月底前结束，从现在起，各级各部门要采取措施，精心组织，确保工作顺利进行，整个工作安排大体分四个阶段：

第一阶段：宣传培训阶段。各级各部门要利用多种形式，大力宣传党的土地承包政策，县广播、电视、报刊等宣传媒介要开办专题宣传栏目，乡、

村两级要召开村民大会或村民代表大会，反复学习文件精神，吃透有关政策，达到家喻户晓，人人明白。

第二阶段：试点阶段。县里选择有代表性的乡镇进行试点。每个乡镇也要选择1～2个班子强，思想过硬的村搞好试点，以点带面，促进工作全面展开。

第三阶段：全面铺开阶段。各级各部门要在总结试点经验的基础上，全面铺开土地承包合同续签及发证工作。

第四阶段：检查验收阶段。延包结束的乡、村在根据上级文件精神搞好自查自纠的基础上，写出总结报告，报上一级政府，县稳定完善土地承包关系领导小组从3月下旬开始组织力量进行全面检查验收。

七、切实加强对土地延包工作的领导

稳定土地承包关系，延长土地承包期，与广大农民切身利益密切相关，政策性强，涉及面广，任务艰巨。因此，要切实加强对这一工作的领导。县里成立稳定和完善土地承包关系，延长土地承包期工作领导小组，各乡镇也要成立专门班子，把这项工作作为当前的一项重要任务抓紧抓好。各级要实行一把手负责制，采取分片包村，机关干部包村等办法。县主管部门要搞好业务培训和指导，加强督促检查。要加强调查研究，注意发现新情况，及时汇报并研究解决，确保土地延包工作按时完成。要把土地延包工作与"四荒"资源开发、农田基本建设、调整优化农业结构、发展壮大集体经济、发展个体私营经济、活化土地使用权等结合起来，通过土地延包工作调动农民积极性，促进农业和农村经济的快速健康发展。

1999年1月22日

中共济南市长清区委文件

长发〔2004〕1号

中共济南市长清区委 济南市长清区人民政府 关于加快乡村经济发展的意见

为认真贯彻落实党的十六大和十六届三中全会精神，根据省、市一系列重要会议和区委工作会议的部署，结合我区实际，为进一步加快乡村经济发展，提出以下意见。

一、加快乡村经济发展的战略意义和总体要求

加快乡村经济发展，是实现全区经济持续、快速、健康发展的客观要求，是全面建设小康社会、解决"三农"问题的必然选择，也是我区跨入全省三十强目标的重要举措。改革开放以来，特别是近年来，全区乡村经济和社会事业有了长足发展，但与先进地区相比，与实现超常规跨越式建设新长清的要求相比，还有较大差距。现阶段，我们正处于加快发展的战略机遇期，乡村经济发展既要面临传统优势弱化、竞争压力增大的严峻挑战，也面临经济结构战略性调整的新机遇。各级各部门要从实践"三个代表"重要思想，落实"立党为公、执政为民"要求的高度出发，充分认识加快乡村经济发展的重大意义，增强紧迫感和责任感，统筹规划，突出重点，全面推进，推动乡村经济超常规、高速度、跨越式发展。

加快乡村经济发展是一项艰巨的历史任务。要按照"解放思想、干事创业、加快发展"的总体要求，围绕提升全区经济整体竞争力，建立充满活力的经济发展机制，大胆探索，勇于实践，创造性地开展工作。坚持行政推动与市场机制相结合，重点突破与全面推进相统一，激活内力与政策扶持并重；坚持统筹城乡发展，统筹区域发展，统筹经济社会发展；坚持用市场经济的手段促进乡村经济发展。

二、切实把握加快乡村经济发展的工作重点

1.大力培育区域特色经济，加快建设八大农业产业体系。

根据济南市实施农业“双十工程”的要求，结合我区实际，紧紧围绕农业增效、农民增收的目标，坚持以市场为导向，以效益为中心，以龙头企业建设为重点，以规模生产基地为依托，以市场化运作为手段，选择一批市场前景好、比较效益高、开发潜力大的高效特色产业进行整体建设，经过五年左右的调整和发展，基本建立起我区结构明显优化、布局较为合理、能够较好适应国内外市场需求的八大农业产业体系，逐步构筑我区具有城郊特色的现代农业和农村经济新格局。

——依托佳宝乳制品加工企业，突出奶牛饲养小区建设，大力培植奶业产业。沿黄河一线，以归德、孝里为重点，加快奶牛小区建设步伐，以此为载体，着力培植一批专业大户、专业村，带动全区奶牛业的发展。到2007年，全区奶牛饲养小区达到30处，良种奶牛存栏量达到3万头以上，奶业产值占农业总产值的10%以上，真正形成沿线奶牛养殖带。

——依托平安肉类批发市场、省畜禽良种推广中心、五峰兔业中心等龙头企业，加快建设生猪、肉牛、肉羊、肉食兔、肉食鸡、蛋鸡等产业带。以归德、孝里、双泉、马山、万德、武家庄和五峰山为重点，大力发展肉食畜禽，到2007年，优质生猪存栏达到32万头，羊、肉食兔、肉食鸡、蛋鸡存栏分别达到33万只、62万只、154万只和312万只，肉牛饲养规模保持在10万头左右，其产值占农业总产值的30%以上。

——依托省城和大学园区消费市场，大力发展无公害蔬菜产业。重点发展平安万亩圆葱、5000亩牛蒡和5000亩冬瓜基地；规范建设文昌万亩绿色蔬菜精品园、巩固发展归德2.5万亩大蒜和5000亩胡萝卜基地；发展壮大孝里、双泉、万德等乡镇的万亩西瓜、朝天椒、西红柿等精细瓜菜基地。到2007年，全区无公害瓜菜面积达到22万亩，蔬菜产值占农业总产值的20%以上，创建知名无公害、绿色、有机蔬菜品牌。

——以双孢菇、平菇生产为重点，大力发展实用菌产业。以崮云湖和孝里的洞穴养菇为重点，大力发展食用菌产业。以崮云湖和孝里的洞穴养菇为重点，扩大基地规模，到2007年，全区食用菌投料达到720万公斤，提高食用菌业产值占农业总产值的比重。

——以退耕还果为重点，大力培植优质果品产业。在张夏、万德、武家庄、五峰山、马山、双泉及孝里、归德的部分山区，建设布局合理，特色明显，品质优良的3万亩核桃、3万亩板栗、2万亩玉杏、1万亩柿子、1万亩石榴、1万亩冬枣、1万亩雪桃、5000亩大樱桃、5000亩梨和3000亩葡萄基地，到2007年力争全区干杂果品面积达到20万亩，果品产值占农业总产值的比例达到20%以上。

——依托区三大林场、三大苗圃基地，大力发展花卉苗木产业。以文昌、平安、崮云湖、归德为重点，以盆栽花卉、切花、观叶植物、大规格落叶乔木和常绿苗木等优势畅销乔、灌、花为主，到2007年花卉苗木面积发展到3万亩，提高花卉苗木产业在农业总产值中的比重。

——建设林纸一体化加工企业，大力培植速生丰产林产业。以沿黄四个乡镇（街道）为重点，大面积种植速生丰产林和农田林网，五年新发展7万亩，最终形成10万亩的规模，在黄河沿岸形成一道104华里的防风固沙绿色屏障。整合三龙、窑头、叶庄等木材加工销售市场，带动周边地区丰产林和木材加工业发展。到2007年，速生丰产林业产值占农业总产值的10%以上。

——依托长清种业集团，大力培植良种产业。万德、孝里、双泉、张夏要引导农民稳固种子生产基地，加大科技投入，提高单产，确保制种质量。到2007年，全区农作物良种繁育基地达到10万亩，其中玉米杂交制种8万亩，小麦、蔬菜等2万亩，良种业产值占农业总产值的5%以上。

2.加快推进工业化。

全区上下要坚持牢固树立“全党抓经济、重点抓工业、关键抓投入、突出抓招商”的思想观念，进一步加大投入，膨胀规模，在全区形成支持工业、关心工业、大办工业的浓厚氛围，再造工业发展新优势,促进乡村经济超常规发展。要充分发挥资源和劳动力优势,大力实施招商引资。各级党员干部要把招商引资作为乡村经济工作的“命根子”来抓,特别是各乡镇、街道一把手,要拿出主要精力亲自抓,亲自参与重大项目的洽谈,亲自解决有关问题。在引进项目中,要突出引进一批外向型、高科技、后劲足、效益好的大项目,尤其要大力发展农产品加工项目,培植大的龙头企业。要集中力量抓好已列入省市的各街道和乡镇的工业园建设,实行集中投入、多渠道招商,提高园区投入产出效益。要以优势产品为纽带,拉长产品链条,形成分工合理、相互配套协作的园区格局,使园区成为推进乡村经济跨越式发展的主要载体,实现乡村城市化的重要支柱。

3.加快发展民营经济。

发展民营经济是镇村级的主要任务,是壮大乡村经济的必由之路,是发展乡村经济的主战场。各级要进一步解放思想、更新观念,把发展民营经济作为主攻方向,并真正在思想上放心、放胆,政策上放宽、放活,工作上放手、放开,凡是国家法律法规没有禁入的行业和领域,如基础设施、公用事业、教育等都可以进入,为民营经济提供一个公平竞争的机会。要坚持高起点规划、高标准建设、高效能管理,抓好民营经济园区和市场建设,为民营经济发展搭建载体。要进一步落实鼓励机关、事业单位工作人员积极参与民营经济的激励政策,调动机关、事业单位工作人员发展民营经济的积极性。在农村基层干部的选人用人上,要把是否具有经济意识、发展意识、能否带领群众发家致富作为重要条件之一,确实让那些懂经济、会管理、拔尖冒富的能人进入村两委会班子,充分发挥他们的模范带头作用。要加强和改进对民营企业的服务,扶持有一定基础的民营企业做大做强,树立典型,培植大户,尽快形成一批在全省乃至全国有影响力、竞争力的民营大户或企业集团。到2007年,全区民营经济增加值占国内生产总值的比重达到65%以上,民营经济创造的税收占地方财政收入的70%以上。

4.创新体制和机制,不断增强乡村经济的发展活力。

加快乡村经济发展要把体制改革和制度创新作为根本动力,发挥市场在资源配置中的基础性作用。深化产权制度改革,大力发展非公有制经济,积极引导内外资参与企业的改制、改组,参与农业开发,参与城镇基础设施建设,为乡村经济发展增添新的活力;要继续深化农村税费改革,进一步完善各项配套政策措施,严格治理“三乱”,切实减轻农民负担。在保持农村土地承包关系长期稳定的前提下,按照依法、自愿、有偿的原则,规范引导土地承包经营权的流转。深化粮食流通体制改革,积极创造条件,全面放开粮食市场,探索直接补助种粮农民的渠道和方式。

5.统筹城乡经济社会发展,促进社会事业全面进步。

要围绕推进城乡一体化,科学合理地利用资源,最大限度地提高使用效益,增强城区的聚集效应和辐射带动作用。要把统筹城乡就业,加快农村劳动力转移作为一项长期的战略任务,积极培育各类劳务输出中介组织、劳务协会、劳务经纪人,鼓励支持涉农服务部门、各类经济实体、群众团体和农村基层组织、农村能人兴办农村劳动力转移中介服务组织,逐步形成以公共就业服务为主体,市场中介就业服务为补充,集择业信息咨询、职业介绍、培训教育为一体的社会化就业服务体系。深化户籍制度改革,完善流动人口管理,切实解决好进城农民与城镇居民在就业和子女入托、就学方面的问题,促进农村劳动力向非农产业和城镇有序转移。

三、加快乡村经济发展的政策措施

(一)培育农业龙头,推进乡村经济发展。

1.积极扶持发展农业龙头企业。

——要不断壮大龙头企业规模,继续按照长政发〔2002〕36号文规定,采取财政贴息、信贷扶持的办法,有计划、有选择、分期分批地对全区的农业龙头企业予以扶持。各乡镇、街道也要建立相应的专项基金,对龙头企业予以扶持壮大。

——凡是列入市级重点龙头企业，或通过鉴定确认是高新技术企业的，按照财政部、国家税务总局财税字〔1999〕290号文件执行。对龙头企业从事种植业、养殖业和农副产品加工的企业所得，要切实按照国家的税收政策，免征企业所得税。

2.加大退耕还林还果扶持力度。对充分抓住省直部门对口支持济南南部山区发展退耕还林还果和建设生态县(区)机遇，在区生态经济建设规划区内从事经济林建设且规模大、品种优的街道、乡镇，免费提供苗木，予以扶持。

(二)加大政策鼓励，发展民营经济。

3.发展民营经济享受与招商引资同等待遇。凡新上民营项目，在奖励投资者、引进者和用地、收费优惠政策方面，一律按照区委、区政府关于招商引资的优惠政策(长发〔2003〕22号)执行。

4.鼓励民营经济提高效益。对发展速度快、后劲足的民营企业，从现在开始，两年内按新增地方财政贡献的大小给予10%～25%的奖励；新增地方财力5万元～10万元的奖励10%；新增地方财力50万元～100万元的奖励20%；新增地方财力100万元以上的奖励25%。

5.鼓励机关干部发展民营经济。对新发展民营经济的，从现在起，两年内对领办、创办民营企业，且年纳税额2万元以上的机关干部，第一年按其对地方财力贡献部分的50%奖励，第二年按增长部分的50%奖励。

6.树立典型，表彰先进。区委、区政府将每年召开一次促进民营经济发展的总结表彰大会，且纳税前十名的民营企业大户和从事民营经济的机关干部，进行大张旗鼓地表彰奖励。

7.实行乡级财政返还村的办法，调动村两委会发展民营经济的积极性。根据各村民营经济提供的税收，按照基数增长额的20%，从乡镇财政受益部分于次年初返还到村，作为对村集体发展民营经济的奖励；从奖金额中拿出部分用于奖励两委会主要成员，具体数额由街道、乡镇自行确定。

8.建立区级领导和区直部门帮扶民营企业制度。每位区级领导干部帮扶一个销售收入（营业额)过500万元的民营企业，每个区直部门帮扶一个销售收入(营业额)过100万元的民营企业。

(三)建立促强扶弱机制，促进平衡发展。

9.提高贫困乡镇干部职工待遇。为充分调动贫困乡镇干部工作积极性，促进贫困乡镇加快发展，对在双泉、武家庄两个贫困乡工作的干部职工(不含区统发工资人员)实行岗位补贴。按照100元/人、月标准，由区财政予以补助。

10.合理分税，鼓励项目落户“三区”和街道、乡镇间异地安置。为进一步加快引进开放步伐，加大招商引资力度，充分调动乡镇招商引资的积极性，促进全区经济和社会事业的快速发展，结合区委、区政府《关于引进开放招商引资的优惠政策》，对各乡镇引进项目落户于大学城区、农高区、经济开发区(以下简称“三区”)的税收预算级次划分办法和街道、乡镇间项目异地安置的税收分成办法作以下规定、调整。

——以街道、乡镇为第一牵头人引进的项目落户于“三区”的，实现的地方可用收入平时缴入区级国库，年终体制结算时，由区财政把该项目实现全部地方可用收入的20%奖励给引进街道、乡镇。

——非街道、乡镇为主引进的项目落户于“三区”，但驻地街道、乡镇在土地、厂房、公用设施等方面提供了优惠条件的，可以把该项目实现的地方可用收入平时缴入区级国库，年终体制结算时，由区财政将该项目实现全部地方可用收入的20%部分，按照招商引资认定的比例奖励给驻地街道、乡镇。

——以街道、乡镇为主引进的企业项目落后于其他街道、乡镇，驻地街道、乡镇在土地、厂房、公用设施等方面提供了优惠条件的，该企业项目实现的地方可用收入平时缴入区级国库，年终体制结算时，由区财政将该企业项目实现的全部地方可用收入按乡镇间达成的协议比例分成。协商不成的，按对半分成。

11.重奖先进，促进街道、乡镇经济跨越式发展。为充分调动各街道、乡镇发展经济的积极性，

对照区委、区政府《2003年乡镇和区直部门全方位目标考核方案》，对年度地方财政收入增长幅度超过50%的乡镇，区委、区政府将授予“超常规、跨越式发展先进单位”称号，同时给予奖金奖励。每超过50%的一个百分点奖励奖金5000元，奖金额的40%用于奖励党政主要负责人，党政一把手一人兼职的按一人奖励。

12.加大扶持力度，帮助困难乡镇开拓国内外市场。对南部孝里、马山、双泉、武家庄等困难乡镇，今后凡参加区里统一组织的对外招商等活动的，摊位费一律由财政负担。

13.鼓励各类人才到困难乡镇工作。为稳定南部困难乡镇（孝里、马山、双泉、武家庄）现有人才，鼓励和引导各类科技人才（有高级职称以上、第一学历为本科的大学毕业生）向南部困难乡镇流动，按照双向选择的原则，凡到南部困难乡镇工作的，属于从原单位离职、辞职人员或未落实就业单位的，根据本人意愿，其人事关系可放在区人才交流中心。到非事业单位工作的，工资可参照区直全额事业单位同岗人员标准计发；到事业单位工作的，按本单位同岗同类型工作人员标准发放。以上人员工资由区财政列支50%~70%。对自带项目、有科研成果、确能致富一方百姓、有重大贡献的科技人才，除享受以上待遇外，可按国家有关政策给予奖励，同等条件下，优先考虑提拔重用。对以单位选派形式到南部贫困乡镇支援工作的，支援工作期间，其职务、工资、编制“三不变”。工资（不含未经人事部门审核、本单位自主发放的出发费、奖金等各种补贴）由原单位照发。并由用人单位按其贡献大小，每月发放不低于500元的补助费。支援期满，经原单位、用人单位和个人协商同意后可延长支援工作期限，愿回原单位工作的，原单位要及时予以安排，不得以任何理由拒收。

14.进一步完善和规范转移支付办法，加大转移支付力度。

一般性转移支付办法：为保持现行财政体制的稳定性、规范性、公平性，在维持现行街道、乡镇财政体制不变的前提下，对2001年县委、县政府出台的《长清县财政横向转移支付（暂行）办法》进行完善和规范，除街道、乡镇之间的横向转移支付外，区财政同时拿出120万元，并且以20%的比例逐年递增，用于转移补助困难乡镇，增强其自身快速发展的能力。对人均财力超过全区平均水平的乡镇，分档按比例转移部分财力用于解决因区位等原因形成的街道、乡镇间的差距。对人均财力低于全区平均水平的乡镇，区财政拿出部分资金，加上乡镇间集中的部分资金，分档按比例予以补助，以保证各乡镇社会公共服务水平的均等化和全面提高，并逐渐向标准分税制财政体制过渡。同时积极争取省、市转移支付资金，加大对各乡镇的转移支付力度。

专项性转移支付办法：对于乡镇因各种自然灾害造成的财政减收，以及所进行的道路、水利等重大工程建设，区财政每年将拿出部分资金用于个别事项的调整，专项补助有关乡镇。

15.做好部门包村对口帮扶工作。加大对马山镇、武家庄乡、双泉乡等重点乡镇的帮扶力度。区直各部门要从所包村实际出发，进一步加大工作力度，完善制度，强化服务，使所包村社会稳定、经济发展。

（四）加强对乡村经济发展工作的领导。

16.要制订切实可行的政策措施，加强领导，落实责任，强化调度。各级各部门要密切配合，形成合力，明确任务，抓出成效。要强化督查，制定有效的监督制约机制，实行定期调度、跟踪考核。

2004年2月3日

诗词碑刻

诗词

题灵岩寺泉池

唐·李白

远公爱康乐，为我开禅关。
萧然松石下，何异清凉山。
花将色不染，水与心俱闲。
一坐度小劫，观空天地间。

其二

客来花雨际，秋水落金池。
片石含青锦，疏松挂绿丝。
高僧扶玉柄，童子献双梨。
惜去爱佳景，烟萝欲暝时。

题灵岩寺

北宋·苏辙

青山何重重，行尽土壤底。
岩高日气薄，秀色如新洗。
入门尘虑息，盥漱得清泚。
升堂见真人，不觉手自稽。
祖师古禅伯，荆棘昔亲启。
人迹尚萧条，豺狼夜相柢。
白鹤导清泉，甘芳胜醇醴。
声鸣青龙口，光照白石陛。
尚可满畦塍，岂惟濯蔬米。
居僧三百人，饮食安四体。
一念但清凉，四方尽兄弟。
何言庇华屋，食苦当如荠。

灵岩十二景诗

宋·释仁钦

置寺殿

青蛇引路破樵径，二虎驮经莫厌频。
周汉魏时于此往，年过八百又重新。

般舟殿

般舟古殿最先风，运载含灵不可穷。
生死海中波浪险，莫教沉溺失前功。

铁袈裟

我佛慈悲铁作衣，谁知方便示禅机。
昔年庾岭家风在，直到如今识者稀。

朗公山

万象森罗古此峰，传来几世朗公容。
知音会遇无先后，今日依前旧日踪。

明孔山

凿开灵穴玲珑晓，一窍圆光似月明。
照古照进传万代，不知谁向此安名。

绝景亭

四顾林峦似列屏，一源流水响泠泠。
游人到此忘归去，名称虚堂绝景亭。

甘露泉

甘露香泉竞日流，有时天旱四方求。
随缘赴感无偏党，古往今来不记秋。

石龟泉

团团特石凿灵龟，口内喷流世莫疑。
造化始知心所有，几人到此乱针锥。

锡杖泉

历历金环振一声，滔滔千古迸流清。
香厨日用无穷竭，饮者甘和悦众情。

白鹤泉

云鹤双双去几年，遗踪依旧涌灵泉。
澄澄皎洁无增减，石铫煎茶味更全。

鸡鸣山

鸡鸣欲晓惊行路，回首思量却再来。
两两三三皆省觉，一人独上妙高台。

证明殿

万丈岩前作证明，十方檀信等空平。
一针一草无遗漏，百劫千生果自成。

送灵岩新住持赴寺

宋·王安石

灵岩开辟自何年？草木神奇鸟兽仙。
一路紫苔通窈窕，千岩青霭落潺湲。
山祇啸聚萧神宝，象众抵摧想法筵。
雪足莫辞重跰往，东人香火有因缘。

题灵岩方丈

宋·曾巩

法定禅房临峭谷，辟支灵塔冠层峦。
轩窗势耸云林合，钟磬声高鸟道盘。
白鹤已飞泉自漫，青龙无迹水常寒。
更闻雷远相从乐，性迈尘嚣岂可干。

游灵岩

元·杜仁杰

涧冰消尽水声喧，山杏开时雪满川。
老木嵌空从太古，断碑留语自前贤。
蓬莱不合居平陆，兜率胡为下半天。
金色界中无量在，可能此地了残年。

题五峰山

元·杜仁杰

青崖何亭亭，险绝不可状。
中有仙人台，曾此簇大仗。
千年迹已陈，剪灭复谁创。
贤哉王真隐，志欲铲垒障。
林中万古滩，手独辟空旷。
得非借天巧，毋乃烦鬼匠。
向来樵木场，今天锦绣嶂。
泉鸣灌木杪，人语飞鸟上。
居人固自轻，过客诚难忘。
时危乍便静，境胜翻增怆。
信宿已过期，久留非涉妄。
明日黄尘中，回头失昆阆。

题隆寿宫

清·邵承照

金作楼台玉作横，九重宫阙比增城。
洞真旧勒遗山记，隆寿犹题万历名。
四面峰峦朝碧殿，诸天旌节拥丹楹。
秦皇不识神仙境，空遣韩徐泛海行。

顺治已亥仲秋重登灵岩

清·顾炎武

重来绝巘更攀缘，壤阁崔嵬起暮烟。
山静鼪猱栖佛地，堂空龙象散诸天。
芰林果熟红椒后，入定僧归白鹤前。
莫问江南身世事，残疆兵火一凄然。

长清颂

房玉芳

悠悠长清，遐迩闻名。
东依泰山，黄河西经。
周为卢邑，史载详明。
春秋战国，齐属之境。

秦称卢县，东障为城。
五九四年，始称长清。
隶属区划，几多变更。
二〇〇一，县改区名。
京沪京广，南北贯通。
东丘西平，处处胜境。
古刹灵岩，塑名岩灵。
道教圣地，仙境五峰。
蹄印马山，神话传颂。
英雄峰山，齐之长城。
莲台山中，娄张隐名。
孝堂汉祠，郭巨孝行。
济南名泉，五处长清。
名人贤达，计数难清。
神医扁鹊，千年仰颂。
高僧义净，玄奘齐名。
杜公仁杰，散曲著称。
明代李纲，青史留名。
当代英杰，层出不穷。
今日长清，再展新容。
园博园美，长清湖清。
济西湿地，壮观恢泓。
高校十所，培育精英。
物华天宝，人杰地灵。
山清水秀，人寿年丰。
物产丰富，经济繁荣。
政通人和，纯朴民风。
美哉长清，感怀难铭。
歌以咏之，长清常青。

碑刻

齐州景德灵岩寺记

宋张公亮庆历中长清尉至和中官至秘书省著作佐郎

泰山西北址，群山拥翼，连属百余里。摩空千云，秀拔万状，曲如列屏，削如立壁，矗如攒剑，锐如植圭，帏幌掩映。城堡环绕，虎兕奔突，龙蛇盘屈。壑为岩谷，岈为洞穴，断为溪涧，引为林麓。峰卓岭耸，峦跳巘叠，翠木荫蔚，飞泉激越。中有川焉，厥土衍沃。齐鲁通道，出于其间。左一山峙起，曰鸡鸣。缘北麓绝涧，循谷口上，东北二十里，险尽地平，山势围抱，四面峭绝如堵墙。苍岩之下，绀殿崛起。峻塔贯云，宝楼结瑶，高门嵯峨，长廊连延，远而望若画图中物，即是寺也。按《图经》本希有佛出现之地。后魏正光元年，法定师始置寺，有青蛇、白兔、双鹤、二虎之异。我朝景德中，方锡今额。先是旧制质略率意缔构。因地任材，行列不次。景佑中主僧琼环者，即众堂东架殿两层，龟首四出，南向安观音像。文楣藻拱，颇极精丽，设虡刻鲸，以警昏晓。后主事者，复植殿之两楹，辟正门，叠石填涧为回廊。庭除显敞，乃为大壮，寺有石三门，千佛殿、般舟殿、辟支塔，皆古刹。塔西长松状若偃盖，背有一峰，耸起百丈。北望正方，青壁削成如碧玉，中有石龛，金容俨然。西尖峰可登，下视深谷千仞。前有洞，东西南三门相通，中设罗汉像。西南望，一山壁穴如车轮，午达，晴日在南，飞光透彻。讲堂东石壁下，一泉曰锡杖，又东五步二泉曰白鹤。一见一伏；又东北二百步，一泉曰甘露，寺门西百步，一泉曰黄龙，皆为绝景。太宗章圣赏赐御书，琅函凤篆，辉映岩谷。皇上复降御篆飞白为赐，天文炳焕，云日相昭。寺之殿堂廊庑，厨库僧房，间总五百四十，僧百，行童百有五十，举全数也。每岁孟春迄首夏，四向千里居民老幼匍匐而来，散财施宝，惟恐不及。岁入数千缗，斋粥之余，羡盈积多。以至计司管榷，外台督责，寺僧纷扰，应接不暇，大违清净寂寞之本教。庆历、皇佑间，荐饥旧供者千百，无一二至，僧徒解散，仅有存焉。职是官禁亦驰。虽财货所殖，非复曩时之盛，而方袍圆顶得以宴坐噫！天其或者俾释氏徒复其本欤！老氏谓“祸兮福所倚”，斯可见矣。东北崖上土平处，古堂殿基宛然，石柱础、铁像下体尚存，盖法定始置于此，为后来者迁之也。今其屋尚存，僧之辟谷者、讲习者居之，以远喧杂。川中有一易之田，十夫屋千楹，岁租月僦，以足经费。唐相李吉甫，纂《十道图》，以润之栖霞，台之国清、荆之玉泉，合兹寺为四绝。庆历三年，予为长清尉，寺居封内，周览绝景，不知属厌，余三则未之见也。尔后十二年，之官道，复过寺，主僧重净以记见假他日，因具道山水奇伟，经始肯构，盛

衰本末，附勒于石，或模之远方，俾未游者见之，一览如目击，且使知灵迹巨丽，信为一绝，得以较雄胜于三者云。

齐州长清县真相院释迦舍利塔铭并引

宋翰林学士朝奉郎知　苏轼撰

洞庭之南，有阿育王塔，分葬释迦如来舍利，尝有作大施会出而浴之者，缁素传捧涕泣作礼。有比丘窃取其三，色如合桃，大如薏苡，将寘之他方，为众生福田。久而不能，以授白衣方子明。元丰三年，轼之弟辙，谪官高安，子明以畀之。七年轼自齐安恩徙临汝，过而见之。八年移守文登，召为尚书礼部郎，过济南长清真相院，僧法泰，方为砖塔十有三成，峻峙蟠固，人天鬼神所共瞻仰，而未有以葬。轼默念曰，予弟所宝释迦舍利，意将止于此耶。昔予先君文安主簿，赠中大夫讳洵，先夫人武昌太君程氏，皆性仁行廉，崇信三宝，捐馆之日，追述遗意，舍所爱，作佛事，虽力所止，而志则无尽。自顷犹患废而不举，将二十年矣，复广前事，庶几在此泰闻踊跃，明年来请于京师，探箧中得金一两、银六两，使归求之众人，以具棺椁。铭曰：如来法身无有边，化为丈六示人天，伟哉有形斯有年，紫金光聚飞为烟。惟有坚固百亿千，轮王阿育愿力坚。役使空界鬼与仙，分置众刹奠山川。棺椁十袭閟精圜，神光昼夜发层巅。谁其去此智且权，佛身普现众目前。昏者坐受远近迁，冥行黑月堕坎泉。分身来化会有缘，流转至此谁使然，并包齐鲁穷海壖，犷悍柔淑冥愚贤。愿持此福逮我先，生生世世离垢缠。

元祐二年八月甲辰

重修五峰山碑记

清·李雨沾

县治之东南四十里，有古刹曰五峰山。其形若仙人壁立，其势若碧鸾飞舞，且茂林郁葱，漩水瀑布。而远迩士女，咸不惮千里而来。观瞻者，盖数千年于斯矣。即观历代碑篆，有汉武之封禅记焉，有李斯之小篆存焉。考历代创建，大宋封为洞真观，大元封为护国神虚宫，逮我明，有淡然子周法师，奏请神宗为保国隆寿宫，创建三元殿，历来增新，骚人题咏，称胜地也。时有明光宗替道史羽士讳和训者，修真于兹。殆于赵天雷、崔真人相伯仲焉。伊时奉命鸠龙，金碧辉煌，视向来之所创建者，倍加流丹矣。迄崇祯十三年间，土寇蜂起，以及我顺治已丑，相继十三年有奇。所谓五峰山者，非真人驻节之处，实绿林盘据之薮也。至夏，有县公李父母讳维翰者，来镇兹土，传檄招抚，卖剑归农，已小康矣，乃遍求史道人而雅重之，得至岱麓之天书观。神像之凋残者，金玉之；榱桷之风雨者，丹雘之。募住持、侍香火、给牛种、免赋役，十余年之蹂躏，今扫净矣，千余年之胜地，又复古矣，是李父母之口碑，不惟脍炙于茌县，而名山之恢复，又镌志于五峰山矣。想阿护之洪庥自绳绳而未艾也。予是以志终始，大有望于后之君子尔。

顺治七年岁在庚寅，中吕既望之吉

娄敬洞虚观碑记

元·杜仁杰

山至于岱宗天下无山矣。其尊雄浑厚，固应为群岳之长。然面向阳则峣峋，若无生意。凡物之在阴便觉深秀，泉则甘洌，土则膏润，木茁而拱然，梨栗实拳许，是其人力所能成？地势使然也。有洞号娄敬者，盖耳之热矣，独以不到为恨。先天居民室于其间，是以人罕到焉。壬辰后，有道士曹志冲自燕蓟来，直抵所谓娄敬者。至则以日为岁，朝畚暮劳，锸芟除剪，经理不出者余三十年。其徒稍稍来集，于是有殿，有廊、有厨、有斋、有库、有厩。志冲盖尝师掌教，李真常得以额请，因揭为洞虚观。或者曰境如是其邃，人如是其坚，缔构如是其美，不以文石寿之，所以恐难久也。曹致宁者，贰于曹志冲者也。致宁性绝巧，凿斧斤锯日不去手，前规后模，左布右置，率皆致宁所为，勤矣哉！一日走东平，凝予以文记其颠末。予辞之曰："顷当亲诣其所，必周览胜概，尽得之然后秉笔，庶几无渗漏，在如斯而可也。”致宁诸而去。予岁以结夏泰安为例，因取道由吾清亭行不五十里，居民指以谓：“此走洞虚路也”少北而东，分丛薄欹仄以上。跂而望之，北山绝如立屏，诸峰迤逦如拥抱，前有大岭横截如平云翳，以树林蓊然如比栉，若无间可入，俳伽欲返辔者数四，从者曰：“业已来此，今薄暮，将安所税驾？”至则窅然无所见。名旦辄晴，净无纤滓，方丈瀛洲徒闻海上，阆风玄圃只在目前，信奇观也！若夫洞之名不一，大者以间架计，厥基有三。榱桶之相钩连，柱础之相负戴，甚类匠手设绳墨而为之者也。旧有玉皇殿，不知何代所作，绘塑犹有存者。小者似悬钟，仅容三四人。旁有玉柱峰，高数百尺。攀援未半，又得若龛若坞者，扪之凝滑可爱，主者以上圣像实之。噫！渠能不见夫他山之物也，顽矿殆不可以力穿而穴焉，政使强之能深得几许？抑亦劳哉！岂若兹山通彻飕漱，其与仇池接境，诚不远矣。此岂非万古烟霞之传舍，四时风月之蘧庐者耶，其名曰：“洞虚”固宜，遂记之。

索引

Index

长清湖　　（2009年 摄）

灵岩寺辟支塔　　(2006年 摄)

本索引设条目索引、表格索引、人物索引三部分。条目索引按编章节目编制。条目索引和人物索引以词题的首字拼音声母顺序排列,表格索引以在本志中页码先后排列。相同词题的索引以本志中页码先后顺序集中排列,同音字以音调顺序排列。

条目索引

A

B

C

D

E

F

G

H

J

K

L

M

N

P

Q

T

W

X

Y

Z

表格索引

人物索引

B

C

D

F

G

H

J

L

Q

S

T

W

X

Y

Z

供稿人员

《长清区志(1986—2008)》供稿人员情况表

单　位	姓　名
区委办公室	赵明刚 李照水 赵忠安
区人大办公室	王　峰 曹云川
区政府办公室	马建国
区政协办公室	王　强 李鸿伟 袁　浩
区纪委	王　东
区人武部	安成军
区机关工委	吴光敏
区委组织部	赵成水 薛　亮
区委统战部	田正岭 韩　玮
区人事局	张教强 王　萍 范　晶
区旅游局	董文明
区委党校	张春丽
区民宗局	张　健
区委老干部局	刘　军
区委台办	董　玲
区档案局	赵德水
区史志办	边绍林
区委党史委	魏　珺
区总工会	薛　莉
团区委	焦玉燕
区妇联	闵婷婷
区科协	房　坤
区老龄委	朱成良 王怀波
区行管局	杜维家
区政务中心	董　青
区招商局	董立超
区长清宾馆	齐爱芳
区灵岩寺管委会	王允琼
区五峰山管委会	李胜利
区莲台山管委会	王　波
区委宣传部	宗　磊 孟祥江
区教体局	刘应阶
区卫生局	栾绪廷
区广播电视局	房立慧 亓　丽
区计生局	邢广涛 王怀明
区科技局	赵福昌
区文化体育局	吴广文 张　栋 刘　斌
区药监局	张墩培
区新华书店	刘海宁
区广电网络公司	刘　岩
区委政法委	郑付伟 张明礼
区法院	商安岭
区检察院	王运伟
区公安局	王庆志 范　娟
区委信访局	卢圣娟
区司法局	陶昌庆
区民政局	李瑞奇
区残联	孙　建
区发改委	丁兆军
区劳动保障局	王传福
区物价局	张家奎

续表

单　位	姓　名
区统计局	许家同
区审计局	张　宁
区国土资源局	魏文林
区外经贸局	姬厚增
区粮食局	房　震
区农发行	谷为民
区经贸局	葛广志
区交通局	段德瑞
区公路局	崔　波
区安监局	周彦熙
区质监局	赵艳美
区供电公司	王　峰 赵正林
区网通公司	孙焕伟
区邮政局	宋　佳
区移动公司	徐文明
区散装水泥办公室	李　峰
区委农办	娄　斌 张绪江
区农业局	王玉军 王厚军
区林业局	王　峰
区水务局	李伟民
区畜牧局	尹衍峰 丁衍涛
区农机局	孙　倩 张元轶

单　位	姓　名
区蔬菜局	杜英虎
区河务局	郭大鹏
区气象局	耿大伟 王金平
区农广校	卫　亮
济南西区 投融资中心	张志群 潘齐齐
区财办	方宝琴
区财政局	万汶超
区国税局	陆　波 从光雯 李　好
区地税局	靖心悦
区工商局	张立勇
区商业局	董　健
区物资局	石　玉
区供销社	李　健
区工商银行	曹　光
区建设银行	李承刚
区中国银行	周培河
区农业银行	杜俊杰
区信用社	付兆法
区烟草公司	杜海波
区盐务局	王　颂
区人寿保险公司	杨金键
区财产保险公司	王洪军
区太平洋财险公司	曹冬梅
区石油公司	张　燕

单　位	姓　名
区医药公司	王传华
区建委	陈　峰
区城管局	姜庆鲁
区环卫局	朱广伟
区环保局	王　燕
区房管局	程海金
区建材局	范先常
区自来水服务中心	张庆雨
区房地产开发中心	李秀国
区热电中心	肖　磊
济南经济开发区	李继涛 程　锋
文昌街道	黄传增 段好生
平安街道	赵志河
崮云湖街道	闫兆群 于存信
五峰山街道	孙建刚
归德镇	张　珂
马山镇	马德祯
万德镇	张传银 邢兆水
孝里镇	孟文祥 卢　霞
张夏镇	王希武 吕怀义
双泉镇	路玉湘
武家庄乡	邢兆水 马洪利

编 后 记

《长清区志(1986—2008)》是1992年版《长清县志》的续志。编纂工作始于2009年,历时6年,2014年12月出版,被列为省重点志书。编纂过程大致经历五个阶段。

筹备启动 2009年年初,《长清区志(1986—2008)》编纂出版工作写入《长清区政府工作报告》,长清区史志办公室开始筹备第二轮修志工作,确定志书断限为1986年—2008年。借鉴已出版的第二轮优秀志书,结合长清实际,制定编目体例。为彰显长清时代特征和地方特色,设置大学科技园、园博园、济南经济开发区、泉水、文物、旅游等编章节。2009年3月30日,成立长清区志编纂委员会。4月23日,长清区委、区政府召开《长清区志(1986—2008)》编纂出版工作大会,区委、区政府、区人大、区政协有关领导出席大会并讲话,济南市史志办公室主任袁淑玲出席大会并作讲话。会上,区委办、区政府办下发《关于做好长清区志编纂出版工作的通知》及《长清区志(1986—2008)》编目设计及供稿分工,把供稿任务分解落实到各承编单位,长清区志编修工作正式启动。

培训供稿 《长清区志(1986—2008)》编纂出版动员大会召开的同时,举办了全区范围内区志撰稿人培训班,邀请济南市史志办公室市志编审处副处长庞新华对全区各供稿单位撰稿人进行集中培训,重点是党的方针政策、前志研读、编目设置、文字图片资料征集、撰稿方法、行文规范等。2009年5月—10月,区史志办分行业、分部门先后举办10期培训班,印发《长清区志培训材料》《长清区志编纂行文规范》及优秀志书样稿,对150余名撰稿人进行有针对性的培训,收到事半功倍的效果。之后,区史志办采取电话催稿、会议调度、上门指导、以点带面和样稿引路等多种形式进行督促指导,对一些任务重、力量弱、机构撤并、档案不全、资料难以搜集整理的单位,派专人帮助撰写志稿。至2010年年底,基本完成志稿初稿征集任务,供稿单位120余个,征集资料近500万字,图片1000余幅。

分工编辑 2009年11月起,分期培训结束后,采取压茬进行的办法,及时转入初稿编辑阶段。区史志办编辑力量明显不足,聘请两名责任心强、文字功底厚、熟悉地情、热心修志的同志充实到修志队伍,共4名编辑组成初稿编审班子,对每名编辑进行分工,责任到人。为提高自身业务素质,先后到高青、章丘等县市考察学习,充分借鉴《高青县志》《章丘市志》《曹县志》等全省优秀志书的经验和做法。在整个编辑过程中,坚持边学习、边实践、边修改的原则,采取编辑先审再集中审稿的方法,对照优秀志书定编章节目,集思广益定反馈意见,分工编辑具体抓落实。对所征集的资料多次返回供稿单位,查漏补缺,反复修改,直至合格为止。坚持每周两天审稿制度,研究编辑过程中遇到的疑难问题,纠正部门稿件中存在的错误,补充遗漏的资料。至2013年11月,完成初稿编辑工作。

志稿总纂 2013年12月,转入志稿总纂阶段。总纂中,主编统揽全局,副主编负责理顺编目,规范体例,完善结构,统一文风,锤炼语言,力求做到整部志书的和谐统一。其间,搜集省内外各具特色的优秀志书,对其编目认真研究,博采众长,吸取他们的新观点、新做法,做到与时俱进,不断创新,多次对编目进行修改完善,力求总纂工作中少走弯路。同时把定稿的各单位稿件返回,撰稿人本着对历史高度负责的态度，反复核对，办公室主任、单位主要负责人审核确认，加盖公章后报区史志办。2014 年 8 月 26 日，经过六易其稿、数次增删，《长清区志（1986—2008）》评审稿印制完成。

评议完善　2014 年 9 月 22日—23 日，《长清区志（1986—2008）》志稿评议会在大学科技园名仕学府酒店召开。山东省地方史志办公室副主任翟世林、市县基层志编纂指导处处长李刚、主任科员屈婉情，济南市史志办公室主任翟旭东、副巡视员郭建群、市志编审处处长丁爱军，长清区区长张洪武、副区长李廷正以及省修志业务专家咨询组成员李德辉、邵鸿志、郭能勇、段祥泰、王笃银等参加会议。通过评审，省、市史志办领导以及省修志业务专家咨询组部分成员对《长清区志》评议稿给予高度评价，一致认为是一部质量高非常成功的志稿。全志观点正确，编目设置科学合理，体例规范；紧扣时代发展脉络，反映社会发展的新变化、新事物，时代特点鲜明；框架设计、资料剪裁等方面多层次、多角度、多方位展现地域特色，地方特色突出；图文比翼双飞，反映时代变迁，别具匠心；资料丰富翔实，记述完整合理，图表运用充分，竖写比较到位；文字精练朴实，行文简洁流畅，交叉处理到位，达到优秀志书的要求。同时也对志稿提出许多意见和建议。针对这些意见和建议，编辑人员逐条梳理、分类汇总，举一反三，触类旁通，逐编、逐章、逐节审核校对，字斟句酌，精雕细刻。同时对个别编、章、节设置及内容作了进一步调整和补充，把“济南经济开发区”编调整为“开放型经济”一编的一章，把“组织建设”一节升格为一章等，还对数字、人名、时间和重大事件等逐一进行核实修订。2014 年 11 月，完成修订工作，于 12 月定稿。经济南市史志办公室审查通过准予出版。

《长清区志（1986—2008）》的编修工作，得益于省市史志业务主管部门的指导和帮助，得益于长清区委、区政府的关心和支持，得益于所有供稿单位及撰稿人的密切协作，得益于社会各界人士的关注和厚爱。区史志办全体人员，团结一致，心力合一，淡泊名利，加班加点，始终保持持之以恒的工作热情和精益

2014 年 9 月 22 日—23 日，《长清区志（1986—2008）》志稿评议会在名仕学府酒店举行

求精的工作态度，不惧清苦地辛勤工作，《长清区志（1986—2008）》编修工作才得以顺利完成。千滴汗水一行字，万般辛苦一卷书，笔耕六载，鸿篇巨制，《长清区志（1986—2008）》终于付梓，欣慰之际，谨向所有关心、支持长清区修志的领导、专家、同仁和社会各界人士表示衷心的感谢！

在修志过程中，刘宣忠、赵子明同志参与了部分编、章的编辑工作；县人大常委会原副主任李文德、高级摄影技师曹建民提供了大量照片和文字资料，王传昌、董梦乾、刘斌、李瑞勇、董立新及部分不知名的同志提供了多幅照片；区统计局、区档案局、区新闻信息中心等提供了大量史料和照片；区委副书记、区长张洪武及时安排编纂出版经费，分管副区长李廷正协调在编纂过程中遇到的困难和问题，区财政局局长呼强在修志经费上给予了大力支持；区委办主任刘兴刚、曹军及政府办主任魏宏新及时协调和支持；省史志办副主任翟世林、处长李刚及市史志办副巡视员郭建群、处长丁爱军精心谋划和指导；省修志业务专家咨询组成员李德辉、邵鸿志、郭能勇、段祥泰、王笃银、郭建群为志稿提出了许多修改意见和建议；长清一中教师李会滨、刘刚、薛霞、刘凤、黄文娟在语言文字、标点符号等方面认真审核，方志出版社社长冀祥德、综合编辑部主任李江、责任编辑王笃银对志稿内容提出了宝贵意见和建议；济南世同华印图文有限公司精心设计制版，山东新华印刷厂倾力印刷装订；在此一并表示由衷的感谢！

编修《长清区志（1986—2008）》是一项庞大的系统工程，修志人员主观上力求写得更好、更全面一些，虽已尽到最大努力，还有许多该记而未记之人、事，还存在着收录不全，资料不尽完整准确等问题，在此，深表歉意和遗憾。加之编者水平有限，书中错漏在所难免，敬请广大读者批评指正。

编者

2014 年 12 月

《长清区志（1986–2008）》编审人员合影

2014年9月22日,《长清区志(1986—2008)》编审人员合影

前排:主审　长清区委副书记、区长张洪武(中)　副主审　长清区副区长李廷正(右二)　主编　长清区史志办公室主任陶明东(左一)

副主编　长清区史志办公室副主任边绍林(右一)　摄影　长清县人大常委会原副主任李文德(左二)

后排自右至左:曹建民　董　芳　刘宣忠　赵子明　赵志波

《长清区志（1986—2008）》志稿评议会全体人员合影

2014 年 9 月 22 日—23 日，《长清区志（1986—2008）》志稿评议会在名仕学府酒店举行。

前排：长清区委副书记、区长张洪武（中），山东省史志办公室副主任翟世林（左四），济南市史志办公室主任翟旭东（右四），山东省史志办公室市县基层志编纂指导处处长李刚（左三），长清区副区长李廷正（右三），济南市史志办公室副巡视员郭建群（左二），济南市史志办公室市志编审处处长丁爱军（右二），长清区史志办公室主任陶明东（右一），长清县人大常委会原副主任李文德（左一）。

后排自右向左：曹建民　董　芳　边绍林　王笃银　李德辉　段祥泰　邵鸿志　郭能勇　屈婉情　刘宣忠　赵子明　赵志波

双成教育

成人成才·品学双成

ChengRen ChengCai PinXue ShuangCheng

学道系列丛书

学道

创新课堂

CHUANGXIN KETANG

精编版

丛书主编：劳其文

小学同步随堂作业本

课时练 单元测

期中测 期末测

数学

四年级 下

吉林出版集团

時代文藝出版社